DaimlerChrysler AG
Forschung und Technologie
Postfach 23 60
89013 Ulm

D1694195

Nr. 24871-0001

Hans-Jürgen Scheibl

Visual C++.NET

für Einsteiger und Fortgeschrittene

Bleiben Sie einfach auf dem Laufenden:
www.hanser.de/newsletter
Sofort anmelden und Monat für Monat
die neuesten Infos und Updates erhalten.

Hans-Jürgen Scheibl

Visual C++.NET

für Einsteiger und Fortgeschrittene

HANSER

Der Autor:

Professor Dr.-Ing. Hans-Jürgen Scheibl, Fürstenfeldbruck

Alle in diesem Buch enthaltenen Informationen wurden nach bestem Wissen zusammengestellt und mit Sorgfalt getestet. Dennoch sind Fehler nicht ganz auszuschließen. Aus diesem Grund sind die im vorliegenden Buch enthaltenen Informationen mit keiner Verpflichtung oder Garantie irgendeiner Art verbunden. Autor und Verlag übernehmen infolgedessen keine Verantwortung und werden keine daraus folgende oder sonstige Haftung übernehmen, die auf irgendeine Art aus der Benutzung dieser Informationen – oder Teilen davon – entsteht, auch nicht für die Verletzung von Patentrechten, die daraus resultieren können.

Ebenso wenig übernehmen Autor und Verlag die Gewähr dafür, dass die beschriebenen Verfahren usw. frei von Schutzrechten Dritter sind. Die Wiedergabe von Gebrauchsnamen, Handelsnamen, Warenbezeichnungen usw. in diesem Werk berechtigt also auch ohne besondere Kennzeichnung nicht zu der Annahme, dass solche Namen im Sinne der Warenzeichen- und Markenschutz-Gesetzgebung als frei zu betrachten wären und daher von jedermann benutzt werden dürften.

Bibliografische Information Der Deutschen Bibliothek
Die Deutsche Bibliothek verzeichnet diese Publikation in der Deutschen Nationalbibliografie; detaillierte bibliografische Daten sind im Internet über http://dnb.ddb.de abrufbar.

Dieses Werk ist urheberrechtlich geschützt.
Alle Rechte, auch die der Übersetzung, des Nachdruckes und der Vervielfältigung des Buches, oder Teilen daraus, vorbehalten. Kein Teil des Werkes darf ohne schriftliche Genehmigung des Verlages in irgendeiner Form (Fotokopie, Mikrofilm oder ein anderes Verfahren), auch nicht für Zwecke der Unterrichtsgestaltung, reproduziert oder unter Verwendung elektronischer Systeme verarbeitet, vervielfältigt oder verbreitet werden.

© 2003 Carl Hanser Verlag München Wien
Gesamtlektorat: Fernando Schneider
Copy-editing: Sandra Gottmann, Bonn
Herstellung: Monika Kraus
Datenbelichtung, Druck und Bindung: Kösel, Kempten
Printed in Germany

ISBN 3-446-22329-0

http://www.hanser.de

Inhalt

Hinweis:

Die Kapitel 3 sowie 27 bis 29 sind aus Platzgründen im Buch nicht abgedruckt, aber auf der beiliegenden CD als PDF-Datei zu finden. Im Inhaltsverzeichnis sind diese Kapitel zusätzlich grau unterlegt.

Einführung 1

1 Einführung 3
1.1 Softwareentwicklung 3
    1.1.1 Traditionelle Programmentwicklung 3
    1.1.2 Voraussetzungen für die industrielle Softwareproduktion 4
    1.1.3 OOA, OOD, OOP 5
1.2 Überblick über die Programmiersprachen 6
    1.2.1 Imperative Programmiersprachen 6
    1.2.2 Funktionale Programmiersprachen 7
    1.2.3 Deklarative Programmiersprachen 7
    1.2.4 Objektorientierte Programmiersprachen (OOP) 8
    1.2.5 Ereignisorientierte Programmiersprachen 8
1.3 Was heißt eigentlich „objektorientiert"? 9
    1.3.1 Objekte 9
    1.3.2 Klassen 10
    1.3.3 Vererbung 10
    1.3.4 Dynamische Bindung (späte Bindung = Late Binding) 11
    1.3.5 Geschichte 11
    1.3.6 Weitere Details 13
    1.3.7 Beispiele 16
    1.3.8 Klassenbildung 19
    1.3.9 Beispiel 20
1.4 Aufgaben 33
1.5 Installation von Visual Studio .NET 34
    1.5.1 Varianten von Visual Studio .NET 34
    1.5.2 Grundinstallation 36

	1.5.3	Installierbare Komponenten	39
	1.5.4	Erweiterungsinstallation	42
	1.5.5	Funktionstest von Visual Studio .NET	42
	1.5.6	Verzeichnisse	44
1.6	Allgemeine Hinweise		45
	1.6.1	Typografie	45
	1.6.2	Begriffe	46
	1.6.3	Ungarische Notation	47

Mein erstes Programm ... 51

2	Mein erstes Programm		53
2.1	Start der Entwicklungsumgebung		53
	2.1.1	Neues Projekt anlegen	53
	2.1.2	Konsolenanwendung entwickeln	55
	2.1.3	Konsolenprogramm testen	62
	2.1.4	Fehlersuche	65
2.2	Nützliches zur Oberflächenbedienung		68
	2.2.1	Maus und/oder Tastatur	69
	2.2.2	Desktop	70
	2.2.3	Explorer	73
	2.2.4	Projekte, Dokumente, Fenster und Symbolleisten	74
	2.2.5	Fenster, Scheiben	75
	2.2.6	Symbolleisten	77
	2.2.7	Dokumente und Fensterscheiben	80
	2.2.8	Visual Studio .NET-Optionen einstellen	82
2.3	MFC-Anwendung		83
	2.3.1	Anwendungsassistenten aufrufen	83
	2.3.2	Rahmengerüst einer MFC-Anwendung	93
	2.3.3	Programmierung	100
	2.3.4	Programmierumgebung	103
2.4	Fehlersuche in Visual C++-Programmen		114
	2.4.1	Debugging mit der IDE	115
	2.4.2	Zusicherungen (Assertions)	133
	2.4.3	Zwischenausgaben	135
	2.4.4	Aktivierung/Deaktivierung der Fehlerprüfung	136
	2.4.5	Präprozessordirektiven	138
	2.4.6	Objektreferenzen, Ereignisse und Koordinaten	139

Einführung in C ... 5

3	Einführung in C		5
3.1	Allgemeines		7
3.2	Struktur von C-Programmen		8
3.3	Daten		11
	3.3.1	Daten deklarieren	11

	3.3.2	Daten zuweisen	16
	3.3.3	Daten einlesen bzw. ausgeben	17
	3.3.4	Daten mit Funktionen berechnen	17
	3.3.5	Daten ansprechen	18
	3.3.6	Datentypen wandeln	20
	3.3.7	Daten im Detail	21
	3.3.7.1	Grundlagen (Gleitkommadarstellung nach IEEE 754)	21
	3.3.7.2	Wandlungsfehler	23
	3.3.7.3	Rechenfehler	24
3.4	Steuerfluss		27
	3.4.1	Grundlagen	27
	3.4.2	Folge	28
	3.4.3	Auswahl	29
	3.4.4	Wiederholung	33
	3.4.4.1	Schleifen	33
	3.4.4.2	Abbrüche mit break oder continue	36
	3.4.4.3	Rekursionen	39
	3.4.5	Parallelverarbeitung	41
	3.4.6	Schrittweise Verfeinerung	42
3.5	Datenstrukturen		42
	3.5.1	Array	43
	3.5.2	Zeichenketten (Strings)	46
	3.5.2.1	Zeichenketten speichern	47
	3.5.2.2	Zeichenketten definieren	47
	3.5.2.3	Zeichenketten ein- und ausgeben	48
	3.5.2.4	Zeichenketten bearbeiten und vergleichen	51
	3.5.2.5	Dynamische Strings	55
	3.5.3	Mehrdimensionale Arrays	58
	3.5.4	Mehrdimensionale Arrays mit Zeigern	60
	3.5.5	Suchen in Arrays	63
	3.5.6	Arrays sortieren	65
	3.5.7	Zeiger auf Funktionen	67
3.6	C-Systematik		68
	3.6.1	Blockbildung	69
	3.6.2	Speicherklassen	70
	3.6.3	Operatoren und Ausdrücke	72
	3.6.3.1	Rangfolge der Operatoren	73
	3.6.3.2	Arithmetische Operatoren	73
	3.6.3.3	Vergleichs- und logische Operatoren	74
	3.6.3.4	In- und Dekrement-Operator	74
	3.6.3.5	Bitverarbeitung	74
	3.6.3.6	ANSI-Escapesequenzen	77
3.7	Ein-/Ausgabe-Funktionen		77
	3.7.1	Konzept der Ströme (Streams)	78
	3.7.2	Dateibearbeitung	78

		3.7.2.1	Allgemeines	78
		3.7.2.2	Textdateien	80
		3.7.2.3	Formatierte Ein- und Ausgabe	82
		3.7.2.4	Binärdateien	84
3.8		Deklaration benutzerspezifischer Datentypen		87
	3.8.1	Aufzählungen mit enum		87
	3.8.2	Datenverbunde mit struct		88
	3.8.3	Überlagerungen mit union		91
		3.8.3.1	Grundlagen	91
		3.8.3.2	Hardwarenahe Programmierung mit union	91
		3.8.3.3	Simulation der OOP in C mit union	92
3.9		Präprozessor		94
	3.9.1	Aufgaben und Funktionen		94
	3.9.2	Quelltexte einbinden mit #include		95
	3.9.3	Makros definieren		96
	3.9.4	Makros mit Parametern		97
	3.9.5	Bedingte Übersetzung		99
	3.9.6	Funktionen mit Makros generieren		100
3.10		Modularisierung		102
	3.10.1	Grundlagen		102
	3.10.2	Modularisierung in C		102
3.11		Algorithmen		106
	3.11.1	Türme von Hanoi		106
	3.11.2	Formale Sprachen und Automaten		109
		3.11.2.1	Automaten und reguläre Ausdrücke	109
		3.11.2.2	Formale Sprachen	116
		3.11.2.3	Automaten und Graphen	121
		3.11.2.4	Deterministischer, endlicher Automat (DEA)	124
		3.11.2.5	Reguläre Sprachen und reguläre Ausdrücke	126
		3.11.2.6	Dualität von Automat und regulärem Ausdruck	128
		3.11.2.7	Verknüpfung von mehreren endlichen Automaten	130
		3.11.2.8	Wandlung eines NEA in einen DEA	133
		3.11.2.9	Begriffe	136
		3.11.2.10	Reguläre Ausdrücke für endliche Automaten	136
		3.11.2.11	Operationen auf NEA bzw. DEA	137
		3.11.2.12	Programmierung	139
		3.11.2.12.1	Programmarchitektur	139
		3.11.2.12.2	Alternative Datenstrukturen	140
		3.11.2.12.3	Simulation eines DEA mit Arrayspeicherung	141
		3.11.2.12.4	Simulation eines DEA mit Adjazenzlistenspeicherung	143
		3.11.2.12.5	Myhill-Potenzmengenverfahren	150
		3.11.2.12.6	Brzozowski-Verfahren	152
		3.11.2.12.7	Minimieren	153
		3.11.2.12.8	R^k_{ij}-Verfahren liefert regulären Ausdruck	155

3.11.2.12.9	Abschmelzen von Knoten liefert regulären Ausdruck	155
3.11.2.12.10	ε-Kanten eliminieren	155
3.11.2.12.11	Regulären Ausdruck in NEA transformieren	156
3.11.2.12.12	Erweiterte Funktionen	157
3.11.2.12.13	Grammatiken	158
3.11.2.12.14	Mögliche Fortsetzungen	159

Objektorientiertes Programmieren mit C++ 149

4	Objektorientiertes Programmieren mit C++		151
4.1	Klassen und Objekte		151
	4.1.1	Einführung	151
	4.1.2	Klassische Deklaration neuer Datentypen in C	153
	4.1.3	Objektorientierte Deklarationen neuer Datentypen in C++	154
	4.1.4	Einsatz von Klasse und Objekt	156
	4.1.5	Elemente der Klassen	158
	4.1.6	Auf- und Abbau von Objekten	162
	4.1.7	Zugriff auf Datenelemente	162
	4.1.8	Mehrfache Konstruktoren	165
	4.1.9	Quellcode-Browser	169
4.2	Objekte in Objekten		172
	4.2.1	Objekte als Klassenelemente	172
	4.2.2	Kopf- und Implementationsdateien	175
	4.2.3	Konstante Objekte	179
4.3	Rückblick		182
4.4	Zusammenfassung		183

Dynamische Speicherverwaltung 185

5	Dynamische Speicherverwaltung		187
5.1	Freispeicher (Free Store)		187
5.2	Neue Operatoren zur Objektverwaltung		187
	5.2.1	Der Operator `new`	187
	5.2.2	Der Operator `delete`	188
	5.2.3	Speicherbelegung für Standard-Datentypen	189
	5.2.4	Arrays	189
	5.2.5	Klassen mit Zeigerelementen	190
	5.2.6	Zuweisungsoperator	193
5.3	Der Zeiger `this`		198
	5.3.1	Bedeutung des Zeigers `this`	198
	5.3.2	Funktionsergebnis `*this`	199
5.4	Zuweisung oder Initialisierung?		200
	5.4.1	Unterschiede	200
	5.4.2	Kopierkonstruktor	201
5.5	Objekte und Funktionen		203

	5.5.1	Werteparameter	203
	5.5.2	Objekte als Funktionsergebnisse	204
	5.5.3	Objektreferenzen in Funktionen	205

Weitere Klasseneigenschaften 209

6	Weitere Klasseneigenschaften	210
6.1	Statische Elemente	210
	6.1.1 Statische Datenelemente	210
	6.1.2 Statische Methoden	212
6.2	Freundschaften	215
	6.2.1 Die `friend`-Funktion	216
	6.2.2 Die `friend`-Klasse	217
6.3	Klassenarrays	221
	6.3.1 Statische Klassenarrays	221
	6.3.2 Dynamische Klassenarrays	222
6.4	Weitere Freispeicher-Techniken	223
	6.4.1 Die Funktion `_set_new_handler`	223
	6.4.2 Überladen der Operatoren `new` bzw. `delete`	224

Vererbung und Polymorphie 225

7	Vererbung und Polymorphie	227
7.1	Verwandte Datentypen in C	227
7.2	Verwandte Datentypen in Visual C++	228
	7.2.1 Ableitung einer Unterklasse	228
	7.2.2 Konstruktoren abgeleiteter Klassen	231
	7.2.3 Redefinition (Überschreiben) von Methoden der Oberklasse	233
	7.2.4 Erweiterte Zuweisungskompatibilität	236
	7.2.5 Oberklassenzeiger für Objektsammlungen	241
7.3	Virtuelle Methoden	243
	7.3.1 Definition virtueller Methoden	243
	7.3.2 Polymorphie	246
	7.3.3 Dynamische Bindung	250
	7.3.4 Implementation virtueller Methoden	251
	7.3.5 Rein virtuelle (abstrakte) Methoden	254
	7.3.6 Destruktoren in abgeleiteten Klassen	255
7.4	`Protected`-Klassenelemente	256
7.5	Zugriffssteuerung bei der Vererbung	257
7.6	Polymorphie über die Basisklasse	257
7.7	Mehrfachvererbung	262
	7.7.1 Grundlagen	262
	7.7.2 Virtuelle Klassen	265

Überladen und Typwandlung ... 267

8 Überladen und Typwandlung ... 269
8.1 Überladen von Operatoren ... 269
- 8.1.1 Grundlagen ... 269
- 8.1.2 Regeln für das Überladen von Operatoren ... 270
- 8.1.3 Grenzen des Überladens ... 271
- 8.1.4 Überladen von Operatoren für eine numerische Klasse ... 271
- 8.1.5 Überladen mit `friend`-Funktionen ... 275
- 8.1.6 Hinweise zum Überladen arithmetischer Operatoren ... 277
- 8.1.7 Überladen von Operatoren für Array-Klassen ... 277

8.2 Konvertierungen zwischen Klassen ... 283
- 8.2.1 Konvertierung durch den Konstruktor ... 284
- 8.2.2 Konvertierungsoperatoren ... 286
- 8.2.3 Mehrdeutigkeiten von Konvertierungen ... 287

Microsoft Foundation Class Library (MFC) ... 291

9 Microsoft Foundation Class Library (MFC) ... 293
9.1 Grundlagen ... 293
- 9.1.1 Schlüsselkonzepte ... 295
- 9.1.2 Arbeiten mit der Programmierumgebung von Visual C++ ... 299
- 9.1.3 Programmvorbereitung ... 300
- 9.1.4 Programmgerüst ... 301
- 9.1.5 Meldungsverarbeitung ... 307
- 9.1.6 Ereignis, Meldung und Überschreibung ... 312
- 9.1.7 Namens- und Nummerungskonventionen der MFC ... 314

9.2 Ableiten eigener Klassen von der MFC ... 314
- 9.2.1 Grundlagen ... 314
- 9.2.2 Mehrere Dokumenttypen, Ansichten und Rahmenfenster ... 318

Visual Studio ... 319

10 Visual Studio ... 321
10.1 Komponenten von Visual Studio ... 321
10.2 MDI-Anwendungsgenerierung mit dem Anwendungsassistenten ... 323
- 10.2.1 Aufruf ... 324
- 10.2.2 Optionen ... 324
- 10.2.3 Generierte Klassen ... 330
- 10.2.4 Untersuchung der generierten Dateien ... 332
- 10.2.5 Übersetzen des generierten Programms ... 336
- 10.2.6 Programmieren ... 338
- 10.2.7 Dokument und Ansicht ... 341
- 10.2.8 SDI-Anwendungsgenerierung ... 346

10.3 Ressourcendesign mit den Ressourcenassistenten ... 353

	10.3.1	Einführung 353
	10.3.2	Menügestaltung 356
	10.3.3	Zugriffstasten festlegen 360
	10.3.4	Zeichenfolgen bearbeiten 362
	10.3.5	Dialogfeld anlegen 364
	10.3.6	Dialogklasse anlegen 375
	10.3.7	Member-Variablen anlegen 377
	10.3.8	Versionsinformationen 382
	10.3.9	Anwendungsikone 382
	10.3.10	Zusammenfassung 384
10.4	Ereignisfunktionen programmieren 385
	10.4.1	Ereignisfunktion für eine Menüoption hinzufügen 385
	10.4.2	Ereignisfunktion programmieren 387
	10.4.3	Ereignisfunktion für ein Windows-Ereignis hinzufügen 389
	10.4.4	Zusammenfassung 396
10.5	Anwendung ohne Dokument/Ansicht-Architektur 398
10.6	Minimale MFC-Anwendung 401
	10.6.1	Grundgerüst einer minimalen MFC-Anwendung 401
	10.6.2	Fensterklassen und Fensterobjekte 406
10.7	Wie kann ich 408
	10.7.1	... erkennen, welche Veränderungen generiert wurden? 408
	10.7.2	... verhindern, dass sich der Dialog mit der Zeilenschaltung beendet? ... 408
	10.7.3	... verhindern, dass sich der Dialog mit der Escape-Taste schließt? 412
	10.7.4	... mehrere Ereignisse auslösen? 413

Dialoganwendungen 415

11	Dialoganwendungen 417
11.1	Dialoganwendungen generieren 417
11.2	Programmieren 423
11.3	Ereignisorientierung 434
	11.3.1 Benutzereingaben auswerten 434
	11.3.2 Erweiterungen programmieren 439
	11.3.3 Ereignisbearbeitung verzögern 459
11.4	Menü 462
	11.4.1 Menü einbauen 462
	11.4.2 Menüoptionen im Dialog bearbeiten 469
	11.4.3 Menüoptionen in SDI-/MDI-Anwendungen bearbeiten 470
	11.4.4 Kontextmenü 473
11.5	Wie kann ich 478
	11.5.1 ... eine Dialoganwendung beenden? 478
	11.5.2 ... einen Dialog zentriert auf dem Bildschirm anzeigen? 478
	11.5.3 ... ein Steuerelement sichtbar bzw. unsichtbar machen? 479
	11.5.4 ... ein Steuerelement aktivieren bzw. deaktivieren? 480
	11.5.5 ... Daten über ein Steuerelement verarbeiten? 480
	11.5.6 ... auf ein Dialogfenster bzw. Steuerelemente zeichnen? 481

	11.5.7	... einen Dialog umkopieren?	483
	11.5.8	... die Eingabe auf nationale Eigenheiten umstellen?	484
	11.5.9	... Befehlszeilenargumente einlesen?	485

Dialoge und Steuerelemente 489

12 Dialoge und Steuerelemente 491
- 12.1 Dialoge 491
  - 12.1.1 Allgemeines 491
  - 12.1.2 Meldungsdialoge 492
  - 12.1.3 Hilfsausgaben 497
  - 12.1.4 Standarddialoge 497
  - 12.1.5 Programmierung modaler Dialoge 504
  - 12.1.6 Nichtmodale Dialoge 505
  - 12.1.7 Ansichten und/oder Dialoge 511
- 12.2 Steuerelemente 513
  - 12.2.1 Probleme 513
  - 12.2.2 Steuerelemente dynamisch anlegen 514
  - 12.2.3 Übersicht über die Standard-Steuerelemente 520
  - 12.2.4 Klasse für eine Dialogressource anlegen 524
  - 12.2.5 Existenz der Steuerelemente 525
  - 12.2.6 Dialog mit der Ansicht verbinden 526
  - 12.2.7 Spezielle Ereignisprogrammierung 526
  - 12.2.8 Wie finde ich die Methoden zum Überschreiben? 527
- 12.3 Übung zu den Steuerelementen 528
  - 12.3.1 Oberflächenentwurf des Dialogfelds 529
  - 12.3.2 Bezeichnungs- und Textfelder 535
  - 12.3.3 Schaltflächen, Optionenfelder und Kontrollkästchen 538
  - 12.3.4 Listen- und Kombinationsfelder 541
  - 12.3.5 Bildfelder 552
  - 12.3.6 Laufleisten, Schieberegler und Drehfeld 556
  - 12.3.7 Fortschrittsanzeige und Zeitgeber 567
  - 12.3.8 Listenelement 572
  - 12.3.9 Strukturansicht (Baumfeld) 581
  - 12.3.10 Register 600
  - 12.3.11 Animationsfeld 602
  - 12.3.12 Zusammenfassung und Problembehandlung 605
- 12.4 Eigenschaftenfenster 607
  - 12.4.1 Eigenschaftendialog vorbereiten 608
  - 12.4.2 Datumswähler 618
  - 12.4.3 Rich Edit-Steuerelement 621
- 12.5 Wie kann ich 636
  - 12.5.1 ... eine Nachricht ausgeben? 636
  - 12.5.2 ... einen Warnton (Pieps) ausgeben? 637
  - 12.5.3 ... auf ein Steuerelement zugreifen? 638
  - 12.5.4 ... die Farbe eines Steuerelements ändern? 639

		12.5.5	... eine Menüoption auf der Oberfläche beeinflussen?..	645
		12.5.6	... die Ein-/Ausgabe und Prüfungen für ein Steuerelement abwandeln?..............	647
		12.5.7	... Blasentexte (Tooltips, QuickInfos) anzeigen?...	651

ActiveX-Steuerelemente nutzen 655

13 ActiveX-Steuerelemente nutzen 657
- 13.1 Grundlagen 657
- 13.2 ActiveX-Steuerelement im Testcontainer.. 658
  - 13.2.1 Vorbereitung... 658
  - 13.2.2 Registrierung 659
- 13.3 Nutzung des Gittersteuerelements 666
  - 13.3.1 ActiveX-Steuerelement in ein Projekt einbinden.................................... 667
  - 13.3.2 Gittersteuerelement programmieren 673
- 13.4 Datenübertragung über die serielle Schnittstelle 682
  - 13.4.1 Installation von ActiveX-Steuerelementen 682
  - 13.4.2 Steuerelement `MSCOMM32.OCX` 683
  - 13.4.3 Funktionsweise der seriellen Schnittstelle 683
  - 13.4.4 Eigenschaften des Steuerelements `MSCOMM32.OCX` 686
  - 13.4.5 Ereignisse des Steuerelements `MSCOMM32.OCX` 688
  - 13.4.6 Steuerleitungen der Schnittstelle ansprechen... 688
  - 13.4.7 Schnittstellentest 692
  - 13.4.8 Datenaustausch über die serielle Schnittstelle 695
  - 13.4.9 Datentyp `VARIANT`, Klasse `COleVariant` 696
  - 13.4.10 Datenaustausch programmieren 698
- 13.5 Wie kann ich 701
  - 13.5.1 ... ein „fremdes" Steuerelement nach Visual C++ transponieren?............ 701

Symbol- und Statusleisten 705

14 Symbol- und Statusleisten 707
- 14.1 Symbolleisten 707
  - 14.1.1 Eigenschaften der Symbolleiste 707
  - 14.1.2 Symbolleisten bearbeiten 710
- 14.2 Statusleiste 717
  - 14.2.1 Eigenschaften... 717
  - 14.2.2 Benutzerdefinierte Statusleiste 720
- 14.3 Wie kann ich 726
  - 14.3.1 ... eine eigene Symbolleiste erstellen?... 726
  - 14.3.2 ... Steuerelemente in eine Symbolleiste einbauen?.................................. 726

Grafik 727

15 Grafik 729
- 15.1 Windows Graphical Device Interface (GDI) 729

	15.1.1	Klasse `CDC`	730
	15.1.2	Anzeigekontextklassen `CClientDC` und `CWindowDC`	732
	15.1.3	Konstruieren und Zerstören von `CDC`-Objekten	732
	15.1.4	Einstellung des Gerätekontexts	734
	15.1.5	GDI-Objekte	734
	15.1.6	Farbgebung unter Windows	738
	15.1.7	Koordinatensystem	742
	15.1.8	Zeichenfunktionen	745
	15.1.9	Schriftarten	747
15.2	Übungen mit dem GDI		749
	15.2.1	Freihandzeichnen	749
	15.2.2	Zeichnung beschneiden (Clipping)	754
	15.2.3	Zeichnungen persistent machen	758
	15.2.4	Interaktiv zeichnen	761
	15.2.5	Ziehen und Ablegen (Drag and Drop)	764
	15.2.6	Grafikfenster mit Bildlaufleisten	770
	15.2.7	Schriften	774
15.3	Mathematische Funktionen		782
	15.3.1	Mathematische Grundlagen	782
	15.3.2	Interpolation mit stückweise definierten Funktionen	783
	15.3.3	Realisationen	810
15.4	Bitmaps		829
	15.4.1	GDI-Bitmaps und DIBs	829
	15.4.2	Einsatz von GDI-Bitmaps	829
	15.4.3	Bitmaps als Ressource anzeigen	830
15.5	Darstellung geräteunabhängiger Bitmaps (DIBs)		837
	15.5.1	Klasse `CDib`	837
	15.5.2	PCX-Format für Bilddateien	838
	15.5.3	Programmierung	840
15.6	Dateiformate		864
	15.6.1	Einführung	864
	15.6.2	BMP-Format	871
15.7	Wie kann ich …		873
	15.7.1	… die Schrifteigenschaften zur Laufzeit einstellen?	873
	15.7.2	… Spezialeffekte in Schriften erzeugen?	874
	15.7.3	… einen Funktionator schreiben?	874
	15.7.4	… einen Interpolator schreiben?	875
	15.7.5	… einen Approximator schreiben?	876
	15.7.6	… einen Fraktator schreiben?	877
	15.7.7	… ein CAD-Programm schreiben?	879

Dokument und Ansicht, Auflistungen 881

16	Dokument und Ansicht, Auflistungen		883
16.1	Hauptrahmenfenster		883
	16.1.1	Kindfenster des Hauptrahmenfensters	883

	16.1.2	Meldungsverarbeitung	883
	16.1.3	Aktualisierung von Menüoptionen	886
16.2	Interaktionen zwischen Dokument und Ansicht		886
	16.2.1	Methoden der Klasse `CView`	887
	16.2.2	Methoden der Klasse `CDocument`	888
	16.2.3	Reihenfolge der Ereignisse	891
16.3	Ausgewählte Klassen der MFC		892
	16.3.1	Klasse `CFormView`	892
	16.3.2	Klasse `CObject`	893
16.4	Auflistungen		897
	16.4.1	Grundlagen	897
	16.4.2	Typsichere Auflistungen	900
16.5	Übungen		910
	16.5.1	MFC-gerechte Datenklassen	910
	16.5.2	Listenverarbeitung mit Personen `CPersonInfo`	927
	16.5.3	Listenverarbeitung mit Typzeigern	927
16.6	Wie kann ich		938
	16.6.1	... eine Liste von Punkten `CPoint` verwalten?	938

Serialisierung und Persistenz ... 939

17	Serialisierung und Persistenz		940
17.1	Grundlagen der Serialisierung		940
17.2	Klassen `CFile` und `CArchive`		941
17.3	Entwurf einer serialisierbaren Klasse		941
	17.3.1	Benutzerdefinierte Methode `Serialize`	941
	17.3.2	Eingebettete Objekte und Zeiger	943
	17.3.3	Serialisierung von Auflistungen (Collections)	945
	17.3.4	Aufruf der Methode `Serialize`	945
17.4	Persistenz über die Registrierung		946
	17.4.1	Registrierdatenbank	946
	17.4.2	Zugriffsmethoden auf die Registrierdatenbank	947
17.5	Übungen		948
	17.5.1	Serialisierung der Personalliste	948
	17.5.2	Persistente Fenster	957
	17.5.3	Persistente Personalliste	963
	17.5.4	Serialisierung und Dateiverarbeitung	965
	17.5.5	Textdateien	969
17.6	Wie kann ich		970
	17.6.1	... eine erfolgreiche Serialisierung sicherstellen?	970
	17.6.2	... eine Serialisierungsdatei untersuchen?	970

MDI- und (fast) gleichberechtigte Fenster ... 971

18	MDI- und (fast) gleichberechtigte Fenster	973
18.1	Grundlagen der MDI-Anwendungen	973

	18.1.1	Begriffe	973
	18.1.2	MDI-Anwendungsobjekt	975
	18.1.3	MDI-Dokumentvorlage	975
18.2	MDI-Rahmen- und Kindfenster		976
	18.2.1	Anwendungsrahmen	976
	18.2.2	Ressourcen	977
	18.2.3	Menüs	977
18.3	Übungen		978
	18.3.1	Umwandlung einer SDI- in eine MDI-Anwendung	978
	18.3.2	Fenster auf höchster Ebene	988
18.4	Wie kann ich …		991
	18.4.1	… eine MDI-Anwendung ohne Kindfenster öffnen?	991
	18.4.2	… Kindfenster ordentlich anordnen?	992

Erweiterte Ansichten ... 993

19	Erweiterte Ansichten		994
19.1	Teilbare Fenster		994
	19.1.1	Grundlagen	994
	19.1.2	Vorbereitete Methoden	995
19.2	Übungen zu SDI-Anwendungen		997
	19.2.1	SDI-Anwendung mit dynamischer Teilung, gleiche Ansichten	997
	19.2.2	SDI-Anwendung mit unterschiedlichen Ansichten	1003
	19.2.3	Umschalten von Ansichtsklassen in einer SDI-Anwendung	1008
19.3	Wie kann ich …		1011
	19.3.1	… ein mehrstufig geteiltes Fenster erzeugen (Fenster im Fenster)?	1011
	19.3.2	… dynamisch geteilte Fenster verarbeiten?	1014

Softwaremodule ... 1017

20	Softwaremodule		1018
20.1	Grundlagen		1018
20.2	Erstellen einer .LIB-Bibliothek		1019
	20.2.1	Vorhandene Klassen in eine .LIB-Bibliothek integrieren	1019
	20.2.2	Statische Bibliothek nutzen	1022

Dynamic Link Libraries ... 1027

21	Dynamic Link Libraries		1029
21.1	Grundlagen		1029
	21.1.1	Architektur	1029
	21.1.2	Struktur einer DLL	1033
	21.1.3	Deklaration exportierter DLL-Funktionen	1034
	21.1.4	Suchhierarchie des aufrufenden Programms	1035

	21.1.5 Reguläre DLLs und MFC-Erweiterungs-DLLs 1035
21.2	Erstellen einer regulären DLL 1036
	21.2.1 DLL erstellen 1036
	21.2.2 DLL unter Visual Basic testen 1042
	21.2.3 DLL unter Visual C++ testen 1049
	21.2.4 Probleme der Parameterübergabe 1053
21.3	MFC-Erweiterungs-DLL 1064
	21.3.1 Klasse `CFestesFenster` 1064
	21.3.2 Erzeugung der DLL 1070
	21.3.3 Testprogramm für eine DLL 1072
21.4	DLL-Spion 1075
	21.4.1 PE/COFF-Dateiformat 1075
	21.4.2 Datei-Header 1077

ActiveX-Steuerelemente 1081

22	ActiveX-Steuerelemente 1083
22.1	Grundlagen 1083
	22.1.1 Hauptkomponenten eines ActiveX-Steuerelements 1084
	22.1.2 Steuerelemente mit Fenstern und ActiveX-Steuerelement-Container 1084
	22.1.3 Aktive und inaktive Zustände eines ActiveX-Steuerelements 1085
	22.1.4 Serialisieren 1086
	22.1.5 Unterschiede zwischen ActiveX- und normalen Steuerelementen 1086
22.2	ActiveX-Steuerelemente erstellen 1087
	22.2.1 Grundstruktur erstellen 1087
	22.2.2 Programmieren eines ActiveX-Steuerelements 1098
	22.2.3 Benutzerdefinierte Eigenschaft hinzufügen 1106
	22.2.4 Hinzufügen einer benutzerdefinierten `Get`/`Set`-Eigenschaft 1113
	22.2.5 Ereignisse programmieren 1117
	22.2.6 Verarbeiten von Text und Schriftarten 1134
	22.2.7 Eigenschaftenseiten programmieren 1140
	22.2.8 ActiveX-Steuerelement unter Visual Basic testen 1148
	22.2.9 Einfache Datenverbindung 1155
	22.2.10 Versionierung und Serialisierung 1163

Multitasking/Multithreading 1173

23	Multitasking/Multithreading 1175
23.1	Grundlagen 1175
	23.1.1 Multitasking 1175
	23.1.2 Multithreading 1176
23.2	Programmierung paralleler Prozesse 1177
	23.2.1 Multitasking 1177
	23.2.2 Multithreading 1177
23.3	Beispiele 1194
	23.3.1 Multitasking in einer dialogfeldbasierenden Anwendung 1194

	23.3.2	Multitasking in einer SDI-/MDI-Anwendung	1194
	23.3.3	Multithreading	1200
23.4	Wie kann ich …		1210
	23.4.1	… feststellen, ob ein Faden noch aktiv ist?	1210
	23.4.2	… weitere Fäden mit eigenen Fenstern starten?	1212
	23.4.3	… mehrere Fäden ordnungsgemäß beenden?	1217
	23.4.4	… mehrere Arbeiterfäden verarbeiten?	1222
	23.4.5	… gleichberechtigte Fäden untereinander kommunizieren lassen?	1223

Internet/Intranet/lokale Netzwerke 1229

24	Internet/Intranet/lokale Netzwerke		1230
24.1	Grundlagen		1230
	24.1.1	Das ISO-Referenzmodell	1230
	24.1.2	TCP/IP	1234
	24.1.3	Adressierung	1237
	24.1.4	Protokolle höherer Ebenen	1239
24.2	Sockets		1242
	24.2.1	Einführung	1242
	24.2.2	Socket-Modi	1243
24.3	Socket-Programmierung mit der MFC		1244
	24.3.1	Die Klasse `CAsyncSocket`	1245
	24.3.2	Die Klasse `CSocket`	1248
24.4	Übungen		1249
	24.4.1	Netzwerkanwendung	1249
	24.4.2	Datensauger	1261

Datenbankzugriff 1273

25	Datenbankzugriff		1275
25.1	Grundlagen		1275
	25.1.1	Microsoft Datenbankkomponenten	1275
	25.1.2	Architektur einer Microsoft-Datenbankanwendung	1277
25.2	Datenbanken und/oder Serialisierung?		1279
25.3	Datenbankentwurf		1281
	25.3.1	Theorie	1281
	25.3.2	Das Datenbankbeispiel	1283
25.4	Open Database Connectivity (ODBC)		1288
	25.4.1	Grundlagen	1288
	25.4.2	Registrierung von ODBC/OLE DB-Datenbanken	1288
	25.4.3	Direkter Zugriff auf die ODBC-Schnittstelle	1292
25.5	DAO (Data Access Objects)		1293
25.6	ADO (ActiveX Data Objects) und ADO.NET		1294
	25.6.1	Architektur von ADO	1294
	25.6.2	Klassen-/Objektmodell von ADO	1296
	25.6.3	Auflistungen unter ADO	1298

	25.6.4	Ereignisprozeduren unter ADO	1300
	25.6.5	Datenbankzugriff	1301
	25.6.6	ADO und COM	1302
25.7	Anwendungsbeispiele zur DAO		1307
	25.7.1	Grundprogramm	1307
	25.7.2	Sortierung	1314
	25.7.3	Filterung	1315
	25.7.4	Neueingeben und Löschen von Datensätzen	1317
25.8	Anwendungsbeispiele zur ADO		1318
	25.8.1	Grundprogramm	1318
	25.8.2	Verwenden der #import-Compilerdirektive	1319
	25.8.3	Verwenden von Property-Direktiven	1323
	25.8.4	Auflistungen, `GetItem`-Methode und die `Item`-Eigenschaft	1324
	25.8.5	COM-spezifische Datentypen	1325
	25.8.6	Fehlende Parameter und Standardparameter	1327
	25.8.7	Fehlerbehandlung	1328
	25.8.8	Visual C++-Äquivalente zu den Visual Basic-Konventionen	1328
25.9	Visual C++-Erweiterungen für ADO		1338
	25.9.1	Verwenden der Visual C++-Erweiterungen für ADO	1338
	25.9.2	ADO mit Visual C++-Erweiterungen (Beispiel)	1345
25.10	Verwenden der ADO-Datenbindung in VC++		1348
	25.10.1	Programmierter ADO-Zugriff	1348
	25.10.2	ADO-Datenbindung in Visual C++	1361

Verwalteter Code im .NET Framework 1367

26	Verwalteter Code im .NET Framework	1369
26.1	Grundlagen des .NET Frameworks	1369
26.2	Verwaltete C++-Anwendung erstellen	1372
26.3	Windows Form-Anwendung programmieren	1374
26.4	Bestehende MFC-Anwendung mit verwalteten Erweiterungen	1378
26.5	Steuerelemente und Grafik	1380

Druckfunktionen 3

27	Druckfunktionen		3
27.1	Grundlagen		3
	27.1.1	Standarddialoge	3
	27.1.2	Seitenauswahl	5
	27.1.3	Unterschiede zwischen angezeigten und gedruckten Seiten	6
27.2	Druckvorschau		6
27.3	Druckerprogrammierung		6
	27.3.1	Druckerkontext	7
	27.3.2	Ereignisfunktion CView::OnPrint	9
	27.3.3	Druckbeginn und Druckende	10
27.4	Beispiele		11

Inhalt XXI

      27.4.1 WYSIWYG-Druckausgabe 11
      27.4.2 Mehrseitiger Druck 15

Kontextabhängige Hilfe 3

28 Kontextabhängige Hilfe 3
28.1 Grundlagen 3
28.2 Help Workshop zur Erstellung einer Hilfe 4
      28.2.1 Einführung 4
      28.2.2 Rich Text Format (RTF) 8
      28.2.3 Interne Logik einer Hilfedatei 10
      28.2.4 Klassische Hilfe 11
      28.2.5 Hilfe im Win32-Stil 18
28.3 HTML Help Workshop zur Erstellung einer Hilfe 23

Fehlersuche und Ausnahmebehandlung 3

29 Fehlersuche und Ausnahmebehandlung 3
29.1 Debugmodus und Auslieferungsmodus 3
29.2 Compilerfehler 5
      29.2.1 Unerwartete Fehlerstelle 5
      29.2.2 Fehlende Semikola 7
      29.2.3 Ignorierte oder nicht gefundene Funktionsaufrufe 8
29.3 Fehlersuche im Debugmodus 11
      29.3.1 Fehlersuche mit der MFC 12
      29.3.2 Compilervariable _DEBUG 12
      29.3.3 Zwischenausgaben 13
            29.3.3.1 Zwischenausgaben mit dem TRACE-Makro 13
            29.3.3.2 Zwischenausgaben mit dem ATLTRACE2-Makro 14
            29.3.3.3 Ausgabe des Inhalts eines Objektes mit DUMP 15
      29.3.4 Zusicherungen 16
            29.3.4.1 Zusicherungen mit ASSERT 16
            29.3.4.2 Zusicherungen mit ASSERT_VALID 22
            29.3.4.3 Zusicherungen mit VERIFY 24
      29.3.5 Speicherüberwachung 25
            29.3.5.1 Verfolgen der Speicherreservierung 27
            29.3.5.2 Feststellen von Speicherverlusten 27
            29.3.5.3 Speicherdiagnose 28
            29.3.5.4 Eingrenzen von Speicherverlusten 29
            29.3.5.5 Ausgeben der Speicherstatistik 30
            29.3.5.6 Ausgabe aller Objekte 32
29.4 Automatische Überprüfungen 33
      29.4.1 Undefinierte Variablen 33
      29.4.2 Undefinierte Zeiger 34
      29.4.3 Zerstörung des Kellerspeichers (Stacks) 35

		29.4.4	Zerstörung des Heaps	36
		29.4.5	Zahlenüber- und -unterläufe	36
		29.4.6	Überläufe des Stacks bzw. Heaps	38
29.5	Manuelle Fehlersuche			39
29.6	Ausnahmebehandlung			40
		29.6.1	Grundlagen	40
		29.6.2	Interne Ausnahmen auslösen	42
		29.6.3	Benutzerdefinierte Ausnahmebehandlung	45
29.7	Ausnahmebehandlung in verwaltetem C++			47
		29.7.1	Ausnahmen abfangen	47
		29.7.2	Ausnahmen aufwerfen	49
		29.7.3	Ausnahmen im Konstruktor verwenden	50

Vorwort

Willkommen bei Visual C++.NET. Ich gratuliere Ihnen, dass Sie sich für dieses Buch entschieden haben ...

So oder so ähnlich fängt ein Fachbuch an, dessen Autor nach vollbrachter Arbeit das Nachwort als Vorwort schreibt. Tatsächlich aber gratuliere ich mehr mir, da ich es geschafft habe, dieses Buch endlich fertig zu stellen.

Als ich das Manuskript ablieferte, telefonierte ich mit meinem Lektor, der mich fragte, ob ich mit dem Ergebnis zufrieden sei. Zum Glück sah er nicht, wie ich blass wurde. Vielleicht hat er an der zögerlichen Antwort erkannt, dass diese Frage eigentlich nur negativ zu beantworten ist. Welches Buch, welches Programm ist jemals fertig? Kann man mit einem Buch zufrieden sein? Nun, ich gebe zu, dass ich auf das Buch stolz bin, aber zufrieden bin ich mit ihm nicht.

Das Buch, das Sie in den Händen halten, umfasst mit 1456 Seiten gedrucktem Text etwa ein Drittel mehr als sein Vorgänger. Tatsächlich aber sind es mehr als 1700 Seiten Text. Woher dieser Widerspruch? Nun, vier Kapitel, nämlich

3   Einführung in C
27 Druckfunktionen
28 Kontextabhängige Hilfe
29 Fehlersuche und Ausnahmebehandlung

finden Sie im PDF-Format auf der Buch-CD. Die Erklärung hierfür ist simpel: Der Abdruck dieser Kapitel wäre nur möglich gewesen, wenn der Buchpreis angehoben worden wäre. Das aber wollten wir ebenso strikt vermeiden wie den Wegfall von Kapiteln. Also haben wir um jede Seite gekämpft und im fertigen Manuskript am Ende diejenigen Kapitel auf CD gebrannt, die verzichtbar schienen und nicht mehr ins Buch passsten!

Dadurch, dass der Inhalt derart im Vordergrund stand, musste die Schönheit bisweilen in den Hintergrund treten. So sind einige Rückseiten der Deckblätter bedruckt, und die Hinweissymbole neben dem Text haben wir aus Platzgründen vergleichsweise klein gedruckt.

Dafür aber finden Sie im Buch, wenn ich mich nicht verzählt habe, insgesamt 224 Projekte. Ich spreche dabei bewusst nicht von Übungen, denn einige dieser Projekte haben doch einen Umfang erreicht, den man nicht einfach mal in 21 Tagen herunterprogrammiert. Hinzukommen bei einigen der Programme aus Kapitel 3 die Aufgaben, die die Studenten der Technischen Informatik der Fachhochschule für Technik und Wirtschaft (FHTW) Berlin im Sommersemester 2003 zu lösen hatten. Des weiteren enthält das Buch auch noch mehr als 800 Bilder, davon 783 Screenshots – schließlich sagen Bilder bekanntlich mehr als 1000 Wörter. Diese Seiten wurden natürlich nicht mitgezählt.

Bei dem Buch handelt es sich, wie anfänglich schon erwähnt, um eine Baustelle. Beispiele zur systemnahen Programmierung, Regelungstechnik, Fuzzy Logic oder Künstlichen Intelligenz würden das Spektrum zweifelsfrei sinnvoll ergänzen, waren aber aus Zeit- und Platzgründen nicht mehr zu realisieren. Einige der Highlights sollen aber dennoch kurz hervorgehoben werden.

Automaten und reguläre Ausdrücke
Im Kapitel 3 wird diese Aufgabenstellung in einer Reihe von Projekten realisiert, die aus der nichtnumerischen DV stammt. Zusammengesetzt stellen sie den aktuellen Stand der Technik dar. Sowohl die Theorie wie auch die einzusetzenden Programmiertechniken stellen hohe Anforderungen an Sie; bei Bedarf sollten Sie daher zusätzliche Literatur zu Rate ziehen.

CAD-Projekt
Dieses Beispiel zieht sich durch das ganze Buch. Es zeigt in besonderer Weise die Vorteile der OOP auf. Auch wenn von allen Seiten behauptet wurde, eine Mehrfachvererbung unter Einsatz der MFC sei so gut wie nicht möglich, wird mit diesem Programm der Nachweis erbracht, dass es funktioniert. Neben diesen programmtechnischen Feinheiten finden Sie hier Lösungen für anspruchsvolle numerische Aufgaben.

Grafik-Projekte
Neben dem Zeichnen beliebiger Funktionen, der Interpolation und Approximation von Messwerten und der fraktalen Geometrie finden Sie ein Projekt zur digitalen Bildverarbeitung, mit dem Sie Pixelbilder für technische Aufgabenstellungen bearbeiten können.

Personenverwaltung
Die Verwaltung von Auflistungen wird nicht nur im CAD-Projekt eingesetzt. Hier finden Sie eine beispielhafte Lösung für ein klassisches Problem.

Serielle Schnittstelle
Dieses Projekt zeigt Ihnen eine Aufgabenstellung aus einem ganz anderen Gebiet. Hier nähern wir uns der Hardware und der Datenübertragung.

Client/Server-Applikation und Datensauger für das Internet
Das zuletzt erwähnte Gebiet ist hochaktuell. Daher setzen wir einen Socket ein, um eine Client/Server-Anwendung zu schreiben. Sehr hilfreich ist ein kleiner Datensauger, der alle angegebenen Seiten automatisch aus dem Internet herunterlädt.

Vorwort

Datenbank-Projekt
Eigentlich kann man das gesamte Gebiet nicht in einem einzigen Kapitel abhandeln. Wenn Sie aber dennoch wissen, wie es geht, dann können Sie das Projekt gewinnbringend einsetzen. Ganz besonders möchte ich Ihnen hier aber den Tabellenentwurf ans Herz legen. Versuchen Sie ihn einmal nachzuvollziehen.

Hilfsprogramme
Natürlich dürfen die Programmiertechniken nicht zu kurz kommen. Sie finden daher ein allgemeines Gitter-Projekt zur Dateneingabe in Tabellenform, das Erstellen von statischen und dynamischen Bibliotheken, die Realisation von ActiveX-Komponenten, den Umgang mit dem Drucker, das Erstellen einer kontextsensitiven Hilfe und zuletzt den Einsatz von verwaltetem Code.

Falls Sie nun noch Anregungen zu Erweiterungen haben, Fehler entdecken oder aber Kritik üben möchten, so senden Sie mir diese bitte per E-Mail an Scheibl@fhtw-berlin.de. Korrekturen und Aktualisierungen des Buches finden Sie künftig unter

www.f1.fhtw-berlin.de/Scheibl.

Ganz herzlich möchte ich mich am Schluss dieses Vorworts bei all denen bedanken, die direkt oder indirekt am Gelingen dieses Buches mitgewirkt haben.

So geht mein erster Gedanke zur Familie, die mich nur selten zu Gesicht bekam. Der Blick wandert weiter zu den Studenten der FHTW aus den letzten Semestern. Diese haben nicht nur einen Teil der Programme ausprobiert, sondern auch tatkräftig mitentwickelt. Um alle Namen hier aufzuführen, würde der Platz des Vorworts nicht ausreichen; es sind dies die Studenten der Studiengänge Technische Informatik und Informationstechnik/Verteilte Systeme aus dem letzten und dem aktuellen Jahr. Aus den vielen guten Ideen habe ich versucht, einheitliche Programme zu gestalten, die Ihnen hoffentlich viele nützliche Anregungen geben.

Große Geduld und Durchhaltevermögen mussten die Mitarbeiter des Hanser-Verlags aufbringen. Wenn sie mir nicht irgendwann das Manuskript entrissen hätten, würde ich heute noch daran herumbasteln. Wie schon erwähnt wurde dann um jede Seite gerungen. Aber wir wollten wirklich nichts streichen, um Ihnen möglichst viele Informationen an die Hand zu geben.

In diesem Sinne wünsche ich Ihnen eine gewinnbringende Lektüre!

Berlin, im Juli 2003
Ihr Hans-Jürgen Scheibl

1 Einführung

1	**Einführung** 3	
	1.1 Softwareentwicklung 3	
	1.2 Überblick über die Programmiersprachen 6	
	1.3 Was heißt eigentlich „objektorientiert"? 9	
	1.4 Aufgaben 33	
	1.5 Installation von Visual Studio .NET 34	
	1.6 Allgemeine Hinweise 45	

Einführung

1 Einführung

In diesem Kapitel wollen wir einige Sprachkonzepte von C, C++, Visual C++ und Visual C++ .NET betrachten. Weiterhin wollen wir die Grundlagen der OOP (Objektorientierten Programmierung) kennen lernen, ohne deren Verständnis das Programmieren in VC++ einem angelernten Einhacken vorgefertigter Programmfetzen entspricht. Den Abschluss bildet die Installation des Programmpakets, so dass wir im nächsten Kapitel mit einem ersten Programm starten können.

1.1 Softwareentwicklung

1.1.1 Traditionelle Programmentwicklung

Schon seit den 60er-Jahren geistert der Begriff der „Softwarekrise" durch die EDV. Sie bezeichnet das Phänomen, dass sich die Produktivität der Softwareentwicklung nicht im gleichen Maß wie die Produktivität der Hardware weiterentwickelt. Andererseits ist die Innovationsgeschwindigkeit so hoch, dass viele Entwickler und auch Anwender kaum noch nachkommen. Es ist auch so leicht, einem Kollegen vorzuwerfen, er arbeite mit einem Produkt der vorletzten Version oder sogar der vorletzten Generation. Er müsse doch unbedingt die Version 7.0b oder Ähnliches einsetzen.

Meine Studenten sind an dieser Stelle in ihrer Argumentation einsame Spitze:

- Habe ich eine neuere Version, dann setzen sie diese nicht ein, weil sie noch nicht stabil sei, zu viele Ressourcen verbrauche und außerdem keine wirkliche Verbesserung darstelle.
- Haben Sie die neueste Version, dann lebe ich offensichtlich hinter dem Mond. Schließlich sei es doch ein Klacks, mehrere hundert Anwendungen an die neue Version anzupassen.

Die Einführung der PCs hat hier zu keiner wesentlichen Veränderung beigetragen. Die Programme wurden für diese Plattform neu geschrieben und mit größtem Aufwand ausgetestet. Der geniale Programmierer sieht sich als Künstler und Schöpfer dieser Kunstwerke.

Interessant ist es, immer wieder zu beobachten, wie große Künstler in der Vergangenheit ihre Schöpfungen vorbereitet haben. Ab und an gibt es Ausstellungen, die die verschiedenen Vorstudien und Modelle bis zum eigentlichen Kunstwerk darstellen. Diese Vorgehensweise scheint heute fast völlig ausgestorben zu sein. Wir setzen uns an den Rechner, erzeugen sehr schnell Programme mit einer nach außen hin annehmbaren Oberfläche und ziehen uns dann für Wochen zum eigentlichen Programmieren zurück. Werden wir gefragt, wie weit wir sind, so schwanken unsere Aussagen zwischen 93 und 98 %, je nach Tagesform bzw. der Schwere des zuletzt entdeckten Fehlers. Diese Aussage können wir beliebig oft wiederholen, bis der Kunde oder zumindest der Projektleiter unruhig wird und behauptet, er könne auch mit 98 % leben.

Sucht man nach einem Entwurf, einer Beschreibung oder gar einem Handbuch, so sollen diese unwichtigen Dinge irgendwann einmal von einem Praktikanten erstellt werden, wenn es denn einen solchen gibt und man selbst nicht schon an einem neuen Projekt arbeitet.

Systematische Fehlersuche, Sammlung der Testfälle, Entwicklung geeigneter Testwerkzeuge usw. wird nicht wirklich ernsthaft betrieben. Wird ein Fehler entdeckt, so probieren wir schnell eine Änderung aus. Führt sie zum Erfolg, ist es gut, wenn nicht, dann wird weiter probiert. Nachdenken soll der Compiler, nicht der Programmierer. Ist dieser zu langsam, muss eine größere, schnellere Maschine her.

Hier sehnen wir uns dann doch wieder nach den alten Großrechnerzeiten zurück. Einen halben Tag in der Woche gab es so genannte Systemzeiten. Dies war die Gelegenheit, einmal in Ruhe über sein Programm nachzudenken, mit Kollegen zu reden, die gerade auch nicht hacken konnten, zu lesen und zu lernen.

Aber wir wollen nicht nur jammern!

1.1.2 Voraussetzungen für die industrielle Softwareproduktion

Den Übergang von der handwerklichen Einzelfertigung zur industriellen Serienfertigung erlebten wir zu Anfang unseres Jahrhunderts in Form des Tailoring. Die Aufgaben wurden in kleine und kleinste Schritte zerlegt, die seriell hintereinander, aber auch zeitlich parallel ausgeführt wurden. Taktgeber wurde das Fließband.

Wir wissen nun, dass diese Methode natürlich auch ihre Nachteile hat. Daher gehen wir heute zu Fertigungsinseln über, bei denen ein Team ein Produkt unter der Zielvorgabe „Nullfehler" erstellt. Offensichtlich fürchten sich aber auch die genialen Programmierer vor dieser Form der Entwicklung.

Tatsache ist, dass ein komplexes Produkt nur durch Parallelentwicklung in einer angemessenen Zeit erstellt werden kann. Dies führt notgedrungen zu einer Zerlegung (Decomposition) des Problems in Modulen, die alle etwa mit dem gleichen Aufwand erstellbar sind. Bei dieser Zerlegung stand in der Vergangenheit hauptsächlich der funktionale Aspekt im Vordergrund. Eine Tätigkeit und deren Zerlegung in Teilabläufe scheinen uns auch viel einfacher von der Hand zu gehen als der Entwurf von Datenstrukturen und der Methoden, die auf sie anzuwenden sind.

Heute entwickeln wir dagegen objektorientiert. Wir sollten uns daher diesen Begriff einmal näher anschauen. Schließlich wollen wir doch verstehen, was wir eigentlich programmieren und was das ++ am Visual C++ bedeutet. Mit diesem Ansatz weicht dieses Manuskript deutlich von den meisten Visual C++-Büchern ab, die eigentlich nur den Gebrauch der verschiedenen Sprachkonstrukte erklären. Ihr Einsatz wirkt dann teilweise wie Zauberei. Durch wiederholten Einsatz des gleichen Tricks wird dieser dann selbstverständlich, ohne wirklich verständlicher zu werden.

Es gibt EDV-Gurus, die behaupten, dass es unter 100 guten Programmierern nur einen gibt, der einen guten Objektentwurf (die so genannte Klassenhierarchie) erstellen kann. Eine solche Klassenhierarchie ist eine Steigerung des Datenbankentwurfs, und auch hier können wir die Spezialisten mit der Lupe suchen (es soll etwa zehn auf 100 davon geben).

Wenn also der Entwurf einer Klassenhierarchie so aufwändig und schwierig ist, so sollten wir die entstandenen Produkte möglichst oft wiederverwenden. Leider können wir aber bei der Erstentwicklung nicht alle Sonderfälle der späteren Einsatzgebiete voraushahnen bzw. implementieren, selbst wenn wir diese kennen würden. Dies würde die Modulbibliothek unnötig aufblähen und die Programme beliebig verlangsamen. Wir benötigen daher eine Modulsammlung, welche die Grundstrukturen und Grundfunktionen vorgibt, die aber auch beliebig abgeändert werden kann. Wichtig ist dabei, dass dies auch bei Bibliotheken möglich ist, deren Quelltexte uns nicht vorliegen, weil wir sie z. B. dazugekauft haben.

Neben der *Zerlegung* eines komplexen Problems und der *Wiederverwendung* von Modulen stellen anerkannte *Standards* eine wesentliche Voraussetzung für die industrielle Softwareproduktion dar. Dies bezieht sich einerseits auf die Funktionalität des Programms wie auch auf seine Konstruktion. Bei der Funktionalität sehen wir den Fortschritt am besten. Wer erinnert sich noch daran, wie unterschiedlich früher die Bedienung der verschiedenen Programmpakete war. Für jede Anwendung hatte man eine andere Tastenbelegung. Und, seien wir ehrlich, Produktivität hat auch etwas mit primitiven Fähigkeiten wie der Bedienungsgeschwindigkeit über die Eingabemedien zu tun.

Hier haben das SAA-Konzept (System Application Architecture) der Firma IBM und die darauf aufbauenden Windows Style Guides usw. wesentliche Fortschritte gebracht. So müssen wir heute kaum noch über Standarddialoge wie die Suche nach einer Datei usw. nachdenken, da diese fertig vorbereitet sind, ja sogar mit dem Wandel der Betriebssystemversionen mitwachsen.

1.1.3 OOA, OOD, OOP

Die Lösung der genannten Probleme soll uns

OOA   Objektorientierte Analyse
OOD   Objektorientiertes Design
OOP   Objektorientierte Programmierung

bringen.

Der wesentliche Unterschied zur traditionellen Entwicklung liegt darin, nicht mehr nur die Funktionen, Prozesse oder Algorithmen auf der einen bzw. die Daten, Datenstrukturen usw. auf der anderen Seite zu betrachten, sondern beide in den Objekten zusammenzufassen. In Fortentwicklung des Gedankens von Prof. Wirth (Erfinder der Programmiersprachen Pascal und Modula) können wir definieren

Objekte = Daten + Algorithmen

Objekte sind die Vereinigung von Daten und Algorithmen oder, genauer gesagt, die Vereinigung der Daten mit den auf den Daten operierenden Algorithmen.

Ein Objekt sendet eine Meldung an ein anderes Objekt mit der Absicht, ein gewünschtes Ergebnis zu erzeugen. Misstrauische Objekte wollen dann noch eine Rückantwort usw., alles wie im richtigen Leben. Dies deutet schon an, dass wir Meldungen absetzen können, die zeitverzögert oder nie bearbeitet werden. Weiterhin erkennen wir, dass die einzelnen Objekte mehr oder weniger eigenständig aktive Einheiten eines Systems (z. B. eines Programms) sind, die Meldungen empfangen und senden können. Auch der Benutzer kann als Objekt betrachtet werden, das seine Wünsche in Form von Meldungen an das Programm absetzt.

Das Anwendungssystem (z. B.) Windows oder das Hauptprogramm stellt also hauptsächlich einen Transportmechanismus zur Verfügung, der die Meldungen aufnimmt, zwischenspeichert und an Objekte weitergibt. Bevor wir uns jetzt in Details verlieren, wann ein Objekt eine Meldung ausliest, wie das Objekt eigentlich dazu veranlasst wird nachzuschauen usw., wollen wir dies als gegeben und funktionierend annehmen und uns wieder der Programmentwicklung selbst zuwenden. Hierzu betrachten wir zuerst einmal die verschiedenen Programmiersprachen, um dann eine erste Klassenhierarchie selbstständig zu entwerfen.

1.2 Überblick über die Programmiersprachen

In diesem Abschnitt wollen wir uns einen kurzen Überblick über die gängigsten Programmiersprachen verschaffen.

1.2.1 Imperative Programmiersprachen

Sowohl die ersten als auch die meisten der heute eingesetzten Sprachen gehören zur Klasse der imperativen Sprachen. Hierzu gehören die Programmiersprachen *Fortran, Cobol, Algol, PL/1, Basic, Pascal, Modula* und *C*. Alle diese Sprachen wurden von ihren Uranfängen weiterentwickelt, d. h., haben gegenseitig Eigenschaften übernommen, so dass sie sich teilweise nur noch wenig voneinander unterscheiden.

Auch später eingeführte Programmiersprachen der dritten Generation wie dBase, Clipper usw. sind letztendlich imperative Programmiersprachen geblieben, auch wenn ein Großteil der Funktionen z. B. zur Datenbankbehandlung hinzugekommen ist, die bei den erstgenannten Sprachen noch fehlen. Selbst die neu entwickelte Sprache Java kann ihre Abkunft von C nicht leugnen.

Der Programmierer befiehlt dem Rechner (wie es das unten stehende Diagramm andeuten soll) jeden einzelnen Arbeitsschritt, und zwar in recht kleinen Schritten. Nachteilig dabei ist neben dem großen Aufwand die Tatsache, dass es eine Vielzahl von globalen Daten zum Informationsaustausch gibt, die an jeder Stelle des Programms mit den entsprechend unerwünschten Seiteneffekten manipuliert werden können.

Tue dies
Tue das
Tue sonst noch was

1.2.2 Funktionale Programmiersprachen

In einem ersten Schritt hin zu einer "idealen" Programmiersprache wurden die funktionalen Programmiersprachen entwickelt. Sie bestehen aus einer Vielzahl von Funktionen, die mit Hilfe der übergebenen Parameter neue Daten schaffen. Daten werden also nur noch als Konstanten deklariert und als Argumente an Funktionen übergeben. Die Programme entwickelten sich zu mathematischen Anweisungsfolgen, die den Vorteil haben, theoretisch auf Korrektheit überprüfbar zu sein.

Ein bekannter Vertreter dieser Sprachgruppe ist *Lisp*. Aber auch alle klassischen Programmiersprachen bieten heute mehr oder minder die Möglichkeit, beliebige UFDs (User Defined Functions) zu definieren.

Die Logik geht dabei von den Primitivschritten zu komplexeren Aufgaben. Nachteilig ist die schwach ausgeprägte Universalität. Oft enthalten die Sprachen Konstrukte, die wir selbst nicht benötigen, andere fehlen dagegen.

1.2.3 Deklarative Programmiersprachen

Einen weiteren Schritt vorwärts machen die deklarativen Programmiersprachen. Bei ihnen wird das Problem in Form von *Regeln* beschrieben. Wie das Problem zu lösen sei, wird (fast) gänzlich einem eingebauten Algorithmus überlassen. Das Programm hat die Aufgabe, seine Lösung gegenüber den Regeln zu beweisen. Ggf. findet es auch keine Lösung.

Fakt ist ...
Wenn ... gilt, dann gilt auch ...
Beweise!

Bis heute kann man eigentlich Regeln nur in einer besonderen Form (Hornklauseln) definieren, so dass auch in einer solchen Sprache die Beschreibung nicht beliebig erfolgen kann. Die Programmentwicklung setzt ein streng formales Denken voraus. Außerdem ist der Beweisalgorithmus recht zeitintensiv, so dass die Programmiersprachen wie *Prolog* eine eher bescheidene Rolle spielen.

1.2.4 Objektorientierte Programmiersprachen (OOP)

Diese Programmiersprachen sind zwar theoretisch relativ alt, kommen aber in letzter Zeit verstärkt zur Anwendung. Sie sind nach Expertenmeinung der menschlichen Denkweise sehr viel näher als andere Programmiersprachen. Schwierig ist aber der Übergang für Programmierer, die „imperativ" erzogen sind.

Wesentliche Kennzeichen der objektorientierten Sprachen sind *Vererbung* und *Polymorphie*. Da gerade die Polymorphie häufig mit Überschreiben von Funktionen oder Überladen von Operatoren verwechselt wird, wollen wir diese Eigenschaft in diesem Kapitel noch einmal näher behandeln.

Bekannte Vertreter der objektorientierten Sprachen sind *Smalltalk, C++* und *Borland/Turbo Pascal* ab der Version 5.5 (mit dem Nachfolger Delphi).

1.2.5 Ereignisorientierte Programmiersprachen

Die ereignisorientierten Programmiersprachen sind der neueste Spross der Entwicklung. Ihr Ursprung geht auf den Einsatz grafischer Benutzeroberflächen zurück. Diese operieren auch mit Objekten und setzen die so genannte Polymorphie (Vielgestaltigkeit) voraus, d. h., egal welche Ikone man wohin zieht, der Empfänger soll etwas Vernünftiges damit anstellen (**Bild 1.1**).

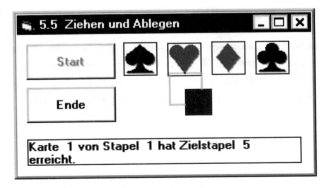

Bild 1.1: Ereignis „Ziehen und Ablegen"

Wichtige Vertreter dieser Programmiersprachen sind *Visual Basic, Visual C++* und *Delphi*. Mit diesen Programmiersprachen ist es sehr schnell möglich, Benutzeroberflächen zu entwerfen (Prototyping) und auf Benutzeraktionen zu reagieren. Nicht ganz unproblematisch ist die Parallelität der möglichen Benutzerereignisse, da dieser ja jedes Element anklicken kann (wenn es nicht bewusst gesperrt ist). Da nun ein Ereignis wiederum andere Ereignisse auslösen kann, kommt es u. U. zu langen Ereignisketten mit ggf. unerwünschten Seiteneffekten. Daher ist auch hier sorgfältige Planung notwendig.

1.3 Was heißt eigentlich „objektorientiert"?

Das Eigenschaftswort „objektorientiert" findet man in der aktuellen Informatik an allen Stellen. Natürlich kann jeder behaupten, er arbeite mit Objekten, schließlich wollen wir mit der Datenverarbeitung etwas verändern. Aber ist objektorientiert gleich objektorientiert? Ist Windows objektorientiert oder Visual Basic? Natürlich operiert Windows mit Objekten, die wir auf der Oberfläche herumschieben können. Im Sinne der Programmierung ist es aber nicht objektorientiert. Windows und die eng mit ihr verknüpfte Sprache Visual Basic ist *ereignisorientiert,* aber nicht *objektorientiert.* Viele andere Sprachen haben inzwischen komplexe Gebilde definiert und sie Objekte genannt, ohne dass die Sprache als solches objektorientiert wurde. Die Begriffe wie:

- Objekt
- Eigenschaft
- Methode

werden im Sinne der Objektorientierung benutzt, in einem kleinen Nebensatz wird aber erwähnt, dass man eigentlich nicht wirklich „objektorientiert" ist.

Wir müssen also im Grunde mehrere Definitionen für die Objektorientiertheit einführen:

Objektorientierung im Sinne eines Endbenutzers

Für den Endbenutzer ist die Objektorientierung auf dem Bildschirm sichtbar, indem er mit beliebigen Objekten manövrieren kann, ohne an deren Typ usw. zu denken. Ob Bilder, Texte, Videos, Grafiken, Musik usw., alles lässt sich anklicken, bewegen, verändern, speichern usw.

Objektorientierung im Sinne des Programmierers

Die Definition des Begriffes ist hier sehr viel strenger. Es genügt nicht, eine spezielle, ausgefeilte Modularisierung zur Wiederverwendbarkeit von Programmcode und zur Erhöhung der Qualität darunter zu verstehen. Vielmehr müssen einige recht präzise definierte Eigenschaften erfüllt sein, bevor man ein System objektorientiert nennen kann.

Ohne nun ein theoretisch untermauertes und abgesichertes Kalkül aufzubauen, seien die vier zentralen Eigenschaften eines objektorientierten Systems und damit einer objektorientierten Programmiersprache erläutert.

1.3.1 Objekte

Die „Bausteine" eines objektorientierten Systems sind allgemeine *Objekte.* Objekte sind *Modelle* (Abbildungen) der realen Welt auf die Datenverarbeitung. Sie umfassen die *Ei-*

genschaften (Daten) und das *Verhalten* (Methoden). Objekte kapseln Daten ab und lassen Operationen auf die gekapselten Daten nur über die in der *Schnittstelle* definierten *Methoden* (Aufrufe, Nachrichten) zu. Objekte entstehen durch *Instanziierung* von *Klassen*. Dies hat große Ähnlichkeit mit der Instanziierung von Variablen aus vorgegebenen Typdeklarationen. Diese Instanziierungen können statisch zur Entwicklungszeit oder dynamisch zur Laufzeit vorgenommen werden.

Für den klassischen Programmierer ist es sehr hilfreich, sich ein Objekt als eine komplexe Datenstruktur vorzustellen, an die verschiedene Methoden ähnlich wie Variablen angehängt werden. Diese Objekte müssen wir zuerst einmal leer anlegen, wobei bereits die Methoden initiiert werden. Dann können die einzelnen Variablen mit Werten gefüllt, später verändert werden usw. Ganze Objekte können wir z. B. durch Klonen vervielfältigen oder löschen usw. usw.

1.3.2 Klassen

Objekte entstehen wie erwähnt als Instanziierung von Klassen. Eine Klasse stellt eine statische Beschreibung gleichartiger Objekte dar (d. h. der Eigenschaften einer Menge von Objekten). Die Beschreibung umfasst die Daten sowie die Definition der auf diese Daten anwendbaren Operationen (Methoden). Das Wesentliche an einer Klasse ist, dass sie in eine *Klassenhierarchie* eingebunden ist, d. h., es existieren Oberklassen, deren Eigenschaften an die Unterklasse vererbt und dort ggf. erweitert oder abgewandelt werden. Im Allgemeinen existieren in den objektorientierten Programmiersprachen bereits fundamentale Klassen, aus denen wir spezielle Klassen für unsere Zwecke ableiten.

Die Konstruktion von Klassen zeigt uns den wesentlichen Unterschied zur klassischen Programmierung, die vom Ganzen durch *schrittweise Verfeinerung* zum Detail geht. Bei der objektorientierten Programmierung untersuchen wir dagegen primär die *Gemeinsamkeiten* der verschiedenen Einzelteile eines Systems und erstellen daraus eine *Hierarchie*.

Die Klassenbeschreibung ist programmtechnisch nur eine reine Anweisung an den Compiler (Deklaration), d. h., es wird kein (Laufzeit-)Speicherplatz benötigt. Es sind keine Daten abspeicherbar usw. In Visual C++ erfolgt die Beschreibung in der `class`-Deklaration, wie auch alle anderen Typbeschreibungen, wie z. B. `struct`. Die Klasse wird daher auch als *Objekttyp* bezeichnet.

Diese Aussage stimmt bis auf eine kleine, aber entscheidende Ausnahme. Jede Klasse kann eine so genannte VMT (virtuelle Methodentabelle) besitzen, auf die wir später gesondert eingehen werden.

1.3.3 Vererbung

Das Prinzip der Ableitung von Klassen aus Oberklassen setzt das Konzept der *Vererbung* voraus. Nur so ist es möglich, dass eine Klasse die Eigenschaften ihrer Oberklasse übernehmen kann. Vererbung heißt, dass eine Klasse sämtliche Daten (Instanzvariablen) sowie

1.3 Was heißt eigentlich „objektorientiert"?

die Methoden einer Oberklasse übernimmt. Diese Vererbung ist nicht statisch, sondern dynamisch, d. h., alle späteren Änderungen an einer Oberklasse werden bei allen Nachkommen dieser Oberklasse wirksam. Dies gilt auch für Klassen, die nur indirekt von einer Oberklasse (d. h. über andere Klassen) abhängen. Somit ist der Begriff *Vererbungsprogrammierung* eigentlich die bessere Bezeichnung für die OOP.

> Der Objekttyp, der die Eigenschaften eines anderen Objekttyps erbt, wird *Nachkomme* genannt. Der Typ, von dem der Nachkomme seine Eigenschaften übernimmt, ist der *Vorfahr* oder *Vorfahrentyp*.

Im Wesentlichen geht es beim Entwurf nicht darum, viele neue Klassen zu erstellen, sondern diese möglichst effektiv aus bestehenden Klassen abzuleiten. Hierdurch ist es möglich, das Know-how zurückliegender Projekte weitgehend wieder zu verwenden.

1.3.4 Dynamische Bindung (späte Bindung = Late Binding)

Die letzte zentrale Eigenschaft der objektorientierten Programmierung ist die *dynamische Bindung*. In der klassischen Programmierung gehen wir davon aus, dass spätestens zur Übersetzungszeit (genauer zur Linkzeit) bekannt ist, welche ausführende Prozedur zu einem Aufruf gehört. Dies erreichen wir entweder durch explizite Angabe des Prozedur- oder Funktionsnamens, oder der Compiler kann durch den bekannten Typ der Prozedurparameter in einem Aufruf erkennen, welche Prozedur zu verwenden ist.

In objektorientierten Systemen wird diese Zuordnung aber erst zur Laufzeit durchgeführt, indem je nach Klasse des Objekts (klassisch: je nach Typ der Variablen) die entsprechende Methode (klassisch: Funktion/Operation) aufgerufen wird.

Ziehen wir z. B. mit der Maus ein Dateisymbol in ein anderes Verzeichnis, dann soll das genauso richtig abgearbeitet werden, als würden wir ein Verzeichnissymbol auf ein Laufwerkssymbol dorthin ziehen. Eine Anweisung wie

```
Figur[n].Zeichne
```

soll automatisch das `n-te` Element des Arrays `Figur` zeichnen, unabhängig davon, ob es sich z. B. um eine Bitmap-Grafik oder eine Vektorgrafik handelt.

1.3.5 Geschichte

Aufgrund der beschriebenen Eigenschaften können wir also relativ genau feststellen, ob ein System objektorientiert ist oder nicht. Die hin und wieder zu hörende Meinung, die eine oder andere Eigenschaft sei überflüssig, entspringt eher dem Vertriebsdenken mit dem Wunsch, fehlende Eigenschaften großzügig zu kaschieren.

Sehen wir uns unter diesen Gesichtspunkten kurz an, wie objektorientierte Programmiersprachen entstanden sind (**Bild 1.2**).

Die Norweger Kristian Nygaard und Ole Johan Dahl entwickelten ab 1964 eine allgemeine Simulationssprache SIMULA 1, um damit erweiterte Möglichkeiten zu haben, betriebliche Abläufe zu simulieren.

SIMULA 1 führte das Konzept der Klassen als neues Programmkonstrukt ein, in dem sowohl Datenstrukturen wie auch darauf anwendbare Methoden zusammengefasst wurden. Diese Zusammenfassung bezeichnet man auch als *abstrakte Datentypen*. Auch die Klassenhierarchien und die dazu erforderliche Vererbung wurde definiert. Seit 1986 ist SIMULA standardisiert.

SMALLTALK wurde ab 1970 im Palo Alto Research Center der Firma Rank Xerox entwickelt. Mit dieser Programmiersprache wurde einerseits das Prinzip der objektorientierten Programmierung konsequent verwirklicht. Andererseits wurden mit ihr die Grundlagen der heutigen, grafischen Benutzeroberflächen entwickelt, die Basis der Betriebssysteme der Apple-Rechner, von Windows, OS/2 usw. sind.

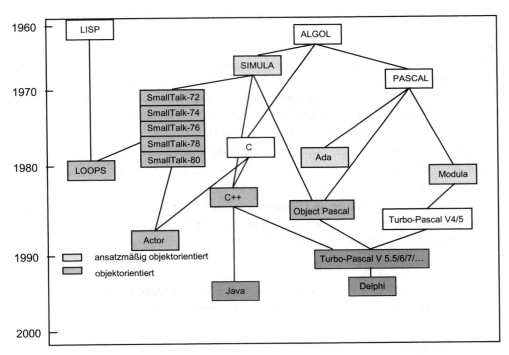

Bild 1.2: Entwicklung objektorientierter Programmiersprachen

Die wenigen, grundlegenden Konzepte von SMALLTALK kann man in fünf Schlüsselwörtern zusammenfassen, die auch in der Syntax dieser Sprache zu finden sind (**Bild 1.3**).

1.3 Was heißt eigentlich „objektorientiert"?

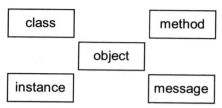

Bild 1.3: Konzepte in Smalltalk

C++ wurde ab 1985 vom Dänen Bjarne Stroustroup als Ergänzung zur Programmiersprache C entwickelt. Er zeigte auf, wie man objektorientierte Sprachelemente in eine bestehende prozedurale Sprache integrieren kann.

Turbo (Borland) Pascal ab Version 5.5 ist sozusagen ab 1989 die Antwort einer streng typisierten Programmiersprache der Algol-/Pascal-Familie auf C++. Sie zeigt, wie man das Prinzip der OOP in eine strenger formalisierte Programmiersprache als z. B. C einführen kann.

1.3.6 Weitere Details

Neben den beschriebenen grundlegenden Merkmalen wollen wir noch einen kurzen Blick auf begleitende Begriffe werfen, die z. T. schon erwähnt wurden.

Instanz (Instance)

Eine Instanz ist eine Konkretisierung (Ausprägung) der in einer Klasse beschriebenen Menge aller möglichen Objekte. Dieses wird in der Mengenlehre auch treffend Individuum (Element) genannt. Die Beschreibung der Eigenschaften einer Instanz erfolgt in den *Instanzvariablen*. Dies sind nichts anderes als die Datenfelder eines klassischen Verbundes (`record`, `struct`).

➢ Beispiel:

```
Lassie ist ein Hund.
```

Das Objekt `Lassie` ist eine Instanz der Klasse `Hund`. Die Instanzvariablen wie z. B. `Farbe`, `Größe` usw. müssten nun mit den entsprechenden Werten für `Lassie` belegt werden.

Lassie
ist Hund
Farbe:=Schwarz
Größe:=60 cm
Typ:=Collie

Die Klassenbeschreibung erfolgt in Visual C++ mit
```
class CHund : public CSaeugetier {
private:
    char* Farbe;
    float Groesse;
    char* Typ;
```

```
public:
    void SollBellen();
};
```

 Anmerkung: Klassenbezeichner beginnen in diesem Buch einheitlich mit dem Buchstaben C, Zeigertypen (Pointer) einheitlich mit dem Buchstaben p.

Zur Laufzeit belegt ein Objekt Speicherplatz und ist über den Namen (Zeiger) ansprechbar. Die Erzeugung eines Objekts erfolgt statisch zur Entwurfszeit:

```
CHund Lassie;
```

oder dynamisch zur Laufzeit als Zeiger-(Pointer-)Variable:

```
CHund *pHund;          //Pointer-Typ auf die Klasse CHund
pHund = new CHund;
```

Methode (method)

Methoden sind die:

- auf das Objekt *anwendbaren Operationen,* die zu einer Zustandsänderung des Objekts führen
- vom Objekt *angebotenen Dienste,* die gewünschte Aufgaben ausführen.

Eine Methode gehört immer zu einem konkreten Objekt. Der Bezeichner einer Methode besteht daher aus dem *Selektor* (Methodenname) und dem Instanznamen:

```
Lassie.sollBellen()
Instanz   Selektor.
```

Der Aufruf einer Methode erfordert die Ausführung operationellen Codes auf den Daten des Objekts, der mit der Definition der Methode implementiert werden muss.

Meldung (Nachricht, Botschaft, Auftrag, Message)

Damit eine Methode zur Anwendung gelangt, sendet eine aktive Anwendung eine *Meldung* an ein Objekt. Eine Meldung besteht aus der Empfängerinstanz (dem Objekt), dem (Methoden-)Selektor und ggf. weiteren Parametern:

```
Lassie.SollBellen(laut)
Empfänger.Selektor(Parameter)
```

Es wird z. B. nicht verlangt, dass die Methode sofort ausgeführt wird. Vielmehr kann eine Meldung in einem Meldungspuffer (Warteschlange, Queue) abgelegt werden, der vom Empfänger zur gegebenen Zeit bearbeitet wird. Die Verarbeitung erfolgt nach dem Schema in **Bild 1.4**.

1.3 Was heißt eigentlich „objektorientiert"?

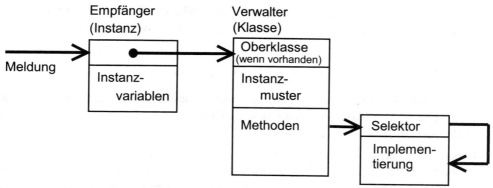

Bild 1.4: Meldungsverarbeitung in einem Objekt

Der Empfänger (immer eine konkrete Instanz) reicht die Meldung an seinen Klassenverwalter weiter. Dieser untersucht die Meldung und vergleicht sie mit den implementierten Methoden. Findet er sie, so wird die Implementierung der Methode ausgeführt, d. h., eine Funktion oder Prozedur aufgerufen. Findet er sie dort nicht, so setzt ein erweiterter Mechanismus ein (dies wird im Folgenden noch ausführlicher beschrieben).

Das Bild soll Folgendes klarstellen: Der Empfänger ist eine Instanz mit den aktuellen Instanzvariablen (so genannte Objektvariablen), die die aktuellen Daten enthalten. Er besitzt einen Zeiger auf seine Klassenbeschreibung. Dort ist die Beschreibung der Variablen als Instanzmuster und eine Liste der Methoden abgelegt. Diese Liste enthält neben den Bezeichnern (Selektoren) auch Zeiger auf die Implementierungen der Methoden. Wir können uns dabei vorstellen, dass die Instanzvariablen die Instanzmuster aktuell auffüllen. Mit diesen Daten wird dann die Methode ausgeführt.

☞ Anmerkung: Jede Instanz hat einen individuellen Datenteil und einen mit allen anderen Instanzen der Klasse gemeinsamen Methodenteil. Dieser ist 'reentrant', d. h., wird für jede Instanz unabhängig ausgeführt.

Kapselung (Encapsulation)

Unter Kapselung versteht man das Abschotten der Details (hier der Daten) eines Teilsystems gegen Manipulationen von außen. Die Kommunikation mit dem Teilsystem erfolgt nur über erlaubte, d. h., vordefinierte Methoden. Diese beschreiben das WAS. Die Implementierung, das WIE, bleibt der aufrufenden Anwendung verborgen.

Durch die Kapselung entsteht ein neuer Datentyp.

Abstrakter Datentyp (ADT)

Abstrakte Datentypen (benutzerdefinierte Datentypen) sind Datenverbunde, die aus primitiven Datentypen und/oder anderen abstrakten Datentypen entstehen. Sie sind die Vorstufe für Klassen. Sie entsprechen den Entitätstypen (Datensätzen) der Datenbanktheorie.

Polymorphie (griechisch: Vielgestaltigkeit)

Unter Polymorphie versteht man die Möglichkeit, die Eigenschaften einer Methode (Funktion) an die verschiedenen Objekte anzupassen, d. h., eine Methode nimmt unterschiedliche Formen an.

➢ Beispiel: `objekt.ziehe(Parameter)` ∎

Eine polymorphe Methode erhält in der gesamten Klassenhierarchie den gleichen Namen, auch wenn die Implementation von Klasse zu Klasse variiert. Dabei *überschreibt* die Methode einer Unterklasse die der Oberklasse.

Neben dieser klassischen Eigenschaft umfasst die Polymorphie aber auch die Möglichkeit, Methoden zu benutzen, deren Implementationen zum Zeitpunkt der Programmierung noch nicht bekannt sind. Eine ausführliche Beschreibung dieser Eigenschaft folgt anschließend.

1.3.7 Beispiele

Interessant sind nun Fragen, wie Methoden ausgelöst werden, die für die Klasse selbst nicht implementiert sind, oder wie Methoden individuell auf das Objekt angepasst werden.

In unserem Beispiel einer Kontoverwaltung gibt es gemeinsame Daten und Funktionen, Daten-/Funktionserweiterungen und Daten-/Funktionsüberschneidungen usw.

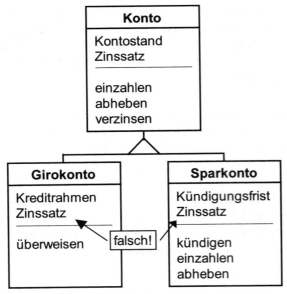

Bild 1.5: „Naiver" OO-Entwurf

☞ Das unten stehende Diagramm (**Bild 1.5**) ist „naiv". Einerseits hat jedes Konto einen Kontostand. Der Zinssatz ist zwar für verschiedene Konten unterschiedlich, aber zu einem

1.3 Was heißt eigentlich „objektorientiert"?

bestimmten Zeitpunkt eindeutig festgelegt. Grundsätzlich ist festzuhalten, dass es keine Datenüberschreibungen gibt. Bei der Implementierung des Beispiels wird also nur der Zinssatz der Oberklasse übrig bleiben. Nachkommen haben niemals gleichnamige Datenfelder.

Das Bild enthält also einen logischen Fehler. Instanzvariablen treten nur einmal in einer Klassenhierarchie auf. Sie werden immer vererbt. Eine Wiederholung bei einem der Nachkommen ist daher *nicht* notwendig!! Ja, es ist sogar verboten und wird vom Compiler als Fehler erkannt.

Anmerkung: Der naive Entwurf soll ein wenig den Ansatz eines klassischen Programmierers nachvollziehen. Dieser legt für alle Eigenschaften Felder an und vereinigt diese in einem großen Datensatz. Um seinen Chef oder nachfolgende Programmierer zu verwirren, verwendet er häufig Felder mehrfach, d. h., gibt ihnen unterschiedliche Bedeutungen, nur weil zufällig der Datentyp übereinstimmt. Für die einzelnen Instanzen benutzt er dann nur eine beschränkte Menge von Feldern, die restlichen bleiben einfach leer.

Sehen wir uns nun an, wie der erweiterte Meldungsmechanismus z. B. das Problem der beim Sparkonto gleichnamigen Methoden 'einzahlen' oder der beim Girokonto fehlenden Methode 'einzahlen' abhandelt.

Erweiterter Meldungsmechanismus in einem System mit Vererbungsstruktur

Wird in der Klasse einer Instanz die aufgerufene Methode nicht gefunden, dann sucht das System in den Oberklassen (**Bild 1.6**), bis es die Methode zum ersten Mal findet. Das Bild zeigt sehr gut die Prioritäten. Wird in einer Klasse eine Methode mit dem gleichen Namen wie in einer Oberklasse implementiert, dann wird zuerst diese Methode gefunden und ausgeführt. Fehlt eine Implementation, so wird in der Hierarchie nach oben gesucht, bis die Methode oder keine weitere Oberklasse gefunden wird.

Das Bild soll auch andeuten, dass die Menge der Instanzvariablen aus den ererbten und den neuen Datenfeldern besteht, wobei diese i. A. hinten angehängt werden.

Nun ist natürlich noch eine weitere Variante neben den beiden Möglichkeiten

- eine Methode wird vollständig in der Klasse implementiert
- eine Methode wird vollständig von einer Oberklasse geerbt

denkbar:

- eine Methode wird unter Verwendung der Oberklassenimplementation modifiziert (d. h., sie sollte die Funktionalität der Oberklassenmethode durch zusätzliche Funktionen ergänzen).

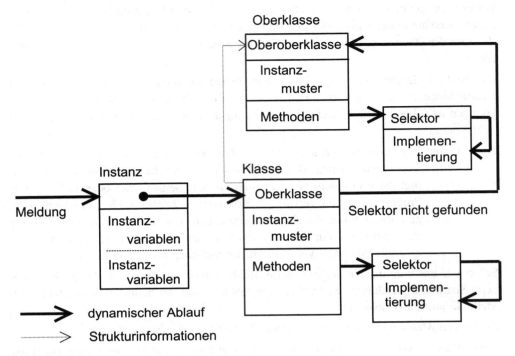

Bild 1.6: Meldungsverarbeitung in einer Unterklasse

In diesem Fall sieht der dynamische Ablauf wie im **Bild 1.7** dargestellt aus. Die Meldung findet bereits in der Klasse die (überschriebene) Methode. In der Implementierung wird die gleiche Methode noch einmal aufgerufen. Diese wird über den Zeiger der Oberklasse in einem der Vorgänger gefunden. Damit es zu keiner Rekursion kommt, muss der Aufruf natürlich auf die ererbte Methode hinweisen.

Ein weiterer, besonders interessanter Fall ist die Möglichkeit, dass eine Methode der Oberklasse eine überschriebene Methode aufruft. Diese Methode ist sowohl in der Oberklasse wie auch in der Klasse implementiert. Soll sie nun ihre Implementation oder die „neuere" Implementation der Unterklasse benutzen? Dieses Problem der „Polymorphie" (Vielgestaltigkeit) werden wir später noch einmal an einem Beispiel genauer behandeln.

1.3 Was heißt eigentlich „objektorientiert"?

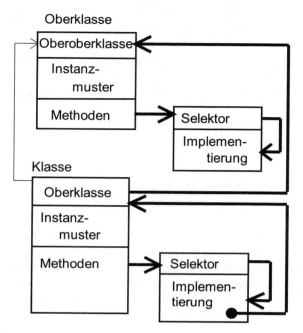

Bild 1.7: Methode ruft Methode

1.3.8 Klassenbildung

Die Klassenbildung stellt offensichtlich einen neuen Entwicklungsschritt im Systementwurf dar. Die Klassenbildung unterscheidet das OOD (Objektorientiertes Design) grundsätzlich vom klassischen Entwurf:

1. Unterklassenbildung

Spezialisierung (Konkretisierung) einer bestehenden Klasse

durch

- Hinzufügen weiterer Datenfelder
- Hinzufügen neuer Methoden
- Erweitern vorhandener Methoden

2. Oberklassenbildung

Generalisierung von Klassen

durch

- Erkennen von Gemeinsamkeiten verschiedener Klassen und deren Beschreibung in einer Oberklasse

Die Kunst des guten objektorientierten Programmierens besteht nun darin, optimale Klassenhierarchien aufzubauen und dabei ggf. abstrakte Klassen zu definieren, die als solches gar nicht benutzt werden, sondern nur der Vererbung dienen.

Leider ist es nicht immer so, dass nur die Sammlung der größtmöglichen Übereinstimmungen zu einem optimalen System führt. In einer tieferen Entwurfsstufe könnte sich das eine oder andere Problem ergeben, das mit einem suboptimalen Startpunkt vielleicht besser zu realisieren wäre.

1.3.9 Beispiel

Betrachten wir hierzu ein Beispiel aus der Geometrie, sozusagen als Vorstufe eines CAD-Programms. Es soll eine mögliche Vorgehensweise demonstrieren.

☞ Hinweis: Der Entwurf ist nicht vollständig. Er dient ausschließlich der Erklärung der Vorgehensweise. Sollte Ihrer Ansicht nach etwas fehlen, dann fehlt es ausschließlich aus didaktischen Gründen. Weiterhin werden einige Methoden wegen der Übersichtlichkeit nicht weitergeführt (durchgestrichen), obwohl sie notwendig sind. Sie müssten bei einer beabsichtigten Realisierung natürlich berücksichtigt werden.

☞ Zukunft: Um zu beweisen, dass der Entwurf grundsätzlich richtig ist, wird das CAD-Beispiel sowohl als Konsolenprogramm ✎ U07A als auch als MFC-Programm ✎ U15I realisiert. Bei letzterem führen wir dabei eine Mehrfachvererbung durch.

1. Schritt

Versuchen Sie es einfach einmal selbst. Nehmen Sie ein leeres Blatt Papier, und schreiben Sie alle Objekte (es sind eigentlich schon Klassen) auf, die Ihr CAD-Programm verarbeiten soll. Eine (bescheidene) Auswahl könnte wie **Bild 1.8** aussehen.

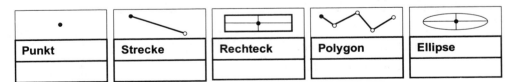

Bild 1.8: Sammlung geometrischer Objekte

2. Schritt

Ergänzen Sie alle Eigenschaften (nicht Methoden/Funktionen). Es ergeben sich die Eigenschaften jeder Klasse (**Bild 1.9**).

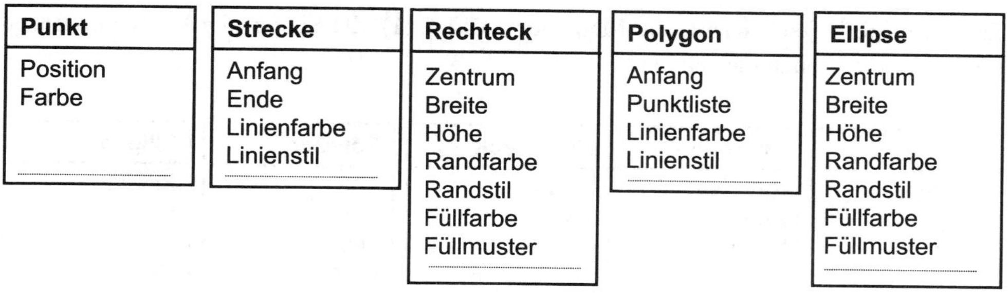

1.3 Was heißt eigentlich „objektorientiert"?

Punkt	Strecke	Rechteck	Polygon	Ellipse
Position Farbe	Anfang Ende Linienfarbe Linienstil	Zentrum Breite Höhe Randfarbe Randstil Füllfarbe Füllmuster	Anfang Punktliste Linienfarbe Linienstil	Zentrum Breite Höhe Randfarbe Randstil Füllfarbe Füllmuster

Bild 1.9: Ergänzung der Klasseneigenschaften

3. Schritt

Denken Sie dabei auch an DV-technische Eigenschaften (**Bild 1.10**).

Eine Figur kann durchaus existieren, ohne sichtbar zu sein. Sicher haben Sie sofort an diesen Fall gedacht (ich bei meinen ersten Versuchen auf jeden Fall nicht) und sich gewundert, dass diese Eigenschaft fehlt. Die Idee, die Sichtbarkeit über die Farbe zu steuern, führt dazu, dass die Originalfarbe verloren geht bzw. mühsam zwischengespeichert werden müsste.

Mit Schritt 3 wäre ein Datenbankentwurf (bis auf die Normalisierung) weitgehend fertig. Die einzelnen Klassen könnten als Entitätstypen bereits implementiert werden. Die OOP geht nun einen Schritt weiter.

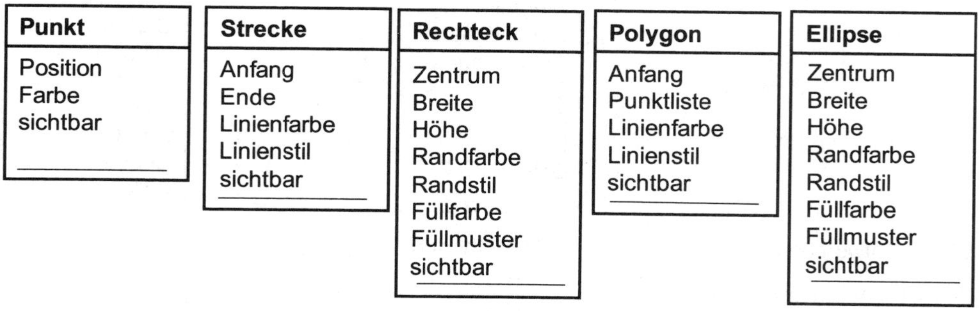

Punkt	Strecke	Rechteck	Polygon	Ellipse
Position Farbe sichtbar	Anfang Ende Linienfarbe Linienstil sichtbar	Zentrum Breite Höhe Randfarbe Randstil Füllfarbe Füllmuster sichtbar	Anfang Punktliste Linienfarbe Linienstil sichtbar	Zentrum Breite Höhe Randfarbe Randstil Füllfarbe Füllmuster sichtbar

Bild 1.10: Ergänzung DV-technischer Eigenschaften

Über die Normalisierung nachzudenken ist gar nicht verkehrt. Auf jeden Fall sollte die 1. NF (Normalform) kritisch überdacht werden. Sind alle unsere Felder atomar? Die Eigenschaft `Linienstil` ist z. B. zusammengesetzt aus `Linienbreite` und `Linienform` (gestrichelt, gepunktet usw.). Die Präzisierung ist wichtig, führt aber in unserem Fall zu keiner nachhaltigen Verbesserung des Entwurfs. Die zusammengesetzte Eigenschaft wird daher weiter verwendet, wobei wir die Zerlegung im Hinterkopf behalten.

4. Schritt

Ergänzen Sie in jeder Klasse die Methoden (**Bild 1.11**), die Sie auf die Klasseninstanzen (Objekte) anzuwenden gedenken.

Punkt	Strecke	Rechteck	Polygon	Ellipse
Position	Anfang	Zentrum	Anfang	Zentrum
Farbe	Ende	Breite	Punktliste	Breite
sichtbar	Linienfarbe	Höhe	Linienfarbe	Höhe
	Linienstil	Randfarbe	Linienstil	Randfarbe
	sichtbar	Randstil	sichtbar	Randstil
SetzPosition		Füllfarbe		Füllfarbe
SetzFarbe	SetzAnfang	Füllmuster	SetzAnfang	Füllmuster
Setzsichtbar	SetzEnde	sichtbar	AddierePunkt	sichtbar
GibPosition	SetzLinienfarbe		LöschePunkt	
GibFarbe	SetzLinienstil	SetzZentrum	SetzLinienfarbe	SetzZentrum
Gibsichtbar	Setzsichtbar	SetzBreite	SetzLinienstil	SetzBreite
Zeichne	GibAnfang	SetzHöhe	Setzsichtbar	SetzHöhe
Ziehe	GibEnde	SetzRandfarbe	GibAnfang	SetzRandfarbe
	GibLinienfarbe	SetzRandstil	GibPunkt	SetzRandstil
	GibLinienstil	SetzFüllfarbe	GibLinienfarbe	SetzFüllfarbe
	Gibsichtbar	SetzFüllmuster	GibLinienstil	SetzFüllmuster
	Zeichne	Setzsichtbar	Gibsichtbar	Setzsichtbar
	Ziehe	GibZentrum	Zeichne	GibZentrum
	Drehe	GibBreite	Ziehe	GibBreite
	Dehne	GibHöhe	Drehe	GibHöhe
		GibRandfarbe		GibRandfarbe
		GibRandstil		GibRandstil
		GibFüllfarbe		GibFüllfarbe
		GibFüllmuster		GibFüllmuster
		Gibsichtbar		Gibsichtbar
		Zeichne		Zeichne
		Ziehe		Ziehe
		Drehe		Drehe
		Dehne		Dehne
		Fülle		Fülle

Dieser Entwurf enthält 29 Variablen und 77 Methoden.

Bild 1.11: Ausgangsklassen

Vielleicht schütteln Sie bereits den Kopf und überlegen. Dehne ? kann man ein Polygon dehnen? Drehen ? Ein Rechteck zu drehen, mag ja gerade noch angehen, aber wie stellt man ein Rechteck in allgemeiner Lage dar?

Die Funktionen zum Zeichnen aller Rechteckfiguren (Rechteck, Ellipse, Kreis) gehen in den meisten Programmiersprachen von der Hauptachsenlage parallel zu den Bildschirmkanten aus. Versuchen Sie doch einmal eine schräg liegende Ellipse zu zeichnen. Natürlich mit der Nebenbedingung, dass der Rand geschlossen ist, d. h., jedes Pixel zwei Nachbarpixel hat (in der so genannte 4er- oder 8er-Umgebung, also Stufen oder Diagonalen).

Wenn wir eine allgemeine Drehfunktion zulassen wollen, dann müssen wir uns bei einigen Figuren andere oder zusätzliche Klasseneigenschaften überlegen. Ein Rechteck in allgemeiner Lage ist dann eben nicht mehr durch Zentrum, Höhe und Breite festgelegt. Sicher, wir könnten es durch vier Eckpunkte bestimmen. Dieses würde aber bei der Ellipse nicht funktionieren. Eine andere Idee wäre es, die Definition wie dargestellt zu belassen und einen Drehwinkel zu ergänzen, d. h., wir zeichnen die Figur in Normallage und drehen sie anschließend. Eine Strecke können wir aber leicht drehen, indem wir dies auf den Endpunkt umrechnen. Aber auch hier können wir zwei Methoden `Dehne` unterscheiden. Soll der Benutzer den Endpunkt anklicken und beliebig verschieben können, oder soll der Endpunkt nur in Richtung des Streckenvektors verschiebbar sein? Hierzu muss er z. B. zusätzlich die Taste ⇧ drücken.

Problematisch sind auch mögliche Funktionen, die Objekte einer Klasse in eine andere Klasse überführen würden. So wäre `Schere` (Parallelverschiebung der oberen Kante eines Rechtecks) eine Funktion, die aus einem Rechteck ein Parallelogramm oder – etwas allgemeiner – ein Viereck macht.

Die Definition des `Polygons` ist in unserem Entwurf eine offene Figur. Was ist mit geschlossenen Polygonen (Vielecken)?

Wir wollen hier Schluss machen, da wir sonst vor lauter Entwerfen nicht zum Programmieren kommen. Daher sind im Entwurf einige Methoden durchgestrichen. Das Gleiche gilt für alle Abfragefunktionen. Natürlich werden wir in irgendeiner Form die Werte wieder abfragen wollen. Um aber die Bilder nicht zu überladen, werden diese Methoden vorerst gestrichen. Das Beispiel zeigt sehr deutlich, dass wir folgende Punkte beachten müssen.

1. Ein sorgfältiger, umfassender Entwurf muss der eigentlichen Realisation vorangehen. Die Einführung einer Drehfunktion kann bedeuten, die gesamte Implementation zu wiederholen, weil die gewählte Datenstruktur nicht ausreicht.
2. Die Datenstruktur wird bereits frühzeitig von den gewünschten Methoden mitbestimmt. Wir können es uns nicht leisten, einfach Dinge auf später zu verschieben. Das wird dann schon irgendwie klappen. Es wird garantiert Pfusch.
3. Es ist besser, möglichst zu viel zu sammeln und dann bewusst zu streichen als zu wenig zu sammeln, um dann bei der Implementation auf Lücken zu stoßen.
4. Wird bei der Implementation eine Lücke entdeckt, so sollte sofort wieder in den Entwurf umgeschaltet werden, um frühzeitig diese Lücke zu schließen. Hier ist ggf. ein Teil der Programme wegzuwerfen.

5. Schritt

In einem ersten Versuch entwerfen wir folgende Hierarchie (**Bild 1.12**) mit den Symbolen der *Object Modeling Technique (OMT)* bzw. der *Unified Modeling Language (UML)*, auf die sich die drei Wegbereiter der objektorientierten Modellierung Grady Booch, Ivar Jacobson und James Rumbaugh geeinigt haben. Dabei verwenden wir nur das Symbol *Generalisierung* des Klassendiagramms, ein Dreieck. Es fasst mehrere Unterklassen (Spezialisierungen, an der Basis zusammengeführt) zu einer Oberklasse (Generalisierung, an der Spitze angesetzt) zusammen. Die Unterklassen erben die Elemente der Oberklasse.

Wir vergleichen zuerst einmal (ziemlich blind) die Bezeichner der Eigenschaften. Ein reiner Vergleich der Namen zeigt eigentlich nur Übereinstimmung bei der Eigenschaft `sichtbar`.

Bei den übereinstimmend benannten Methoden wird es schon schwieriger. Die Setz- und Gib-Methoden sind klar, sie gibt es nur einmal. Was ist aber mit `Ziehe` und `Zeichne`? Lassen sich alle unsere Figuren gleichermaßen ziehen und zeichnen? Beim Zeichnen können wir dies mit Sicherheit verneinen. Für das Herumziehen überlegen wir uns folgenden (naiven) Algorithmus

```
Ziehe(neuePosition) =
    Zeichne(mit Hintergrundfarbe)
    SetzePosition(neuePosition)
    Zeichne(mit Vordergrundfarbe)
```

Er ist deshalb naiv, weil er keine Rücksicht auf Überdeckungen nimmt, also von eigenständigen Figuren ausgeht. Es ist aber ganz hilfreich für das Verständnis, diese Methode erst einmal so einzuführen. Sie hat folgende Eigenschaften:

1. Sie ist für alle Figuren gleich.
2. Sie benötigt die Methode `Zeichne(mit Farbe)`, von der wir noch nicht wissen, wie sie für die einzelnen Nachkommen implementiert wird. Ja, wir wissen nicht einmal, ob wir schon alle Figuren bei unserem Entwurf berücksichtigt haben.
3. Wir wissen aber, dass `Zeichne` einen Parameter `Farbe` haben sollte.

Damit nun der Compiler prüfen kann, ob wir `Zeichne` richtig aufrufen, benötigen wir eine Art Platzhalter, der die Deklaration von `Zeichne` festlegt, aber keinen Code enthält. Eine solche Methode wird in der OOP als *abstrakte Methode* bezeichnet. Klassen, die abstrakte Methoden enthalten, sind *abstrakte Klassen*. Wir werden also nie eine Figur selbst zeichnen können (schließlich kennen wir ja nach unserem Entwurf nicht einmal ihre Position).

Abstrakte Methoden müssen im Hierarchiebaum überschrieben werden, um sie benutzen zu können. Dabei müssen wir uns an die vorgegebene Deklaration halten, d. h., auf die richtige Anzahl und die richtigen Typen der Parameter achten.

1.3 Was heißt eigentlich „objektorientiert"?

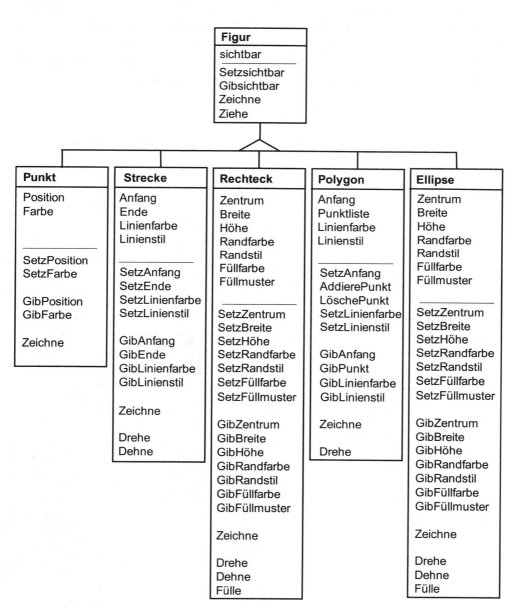

Dieser Entwurf enthält 25 Variablen und 62 Methoden.

Bild 1.12: Erste Hierarchie

6. Schritt

Jetzt sollten wir prüfen, ob dieses „blinde" Zusammenfassen von Variablen und Methoden sinnvoll und vollständig war.

Wir erkennen schnell, dass durchaus noch Schwächen vorhanden sind, die auf frühere Schritte zurückzuführen sind. Hätten wir etwas mehr Sorgfalt auf die Bezeichnungen verwendet, so wäre das „blinde" Zusammenfassen sehr viel erfolgreicher gewesen.

So finden wir die Variable `Farbe` in verschiedenen Varianten. Wäre es nicht sinnvoll, die Farbe der Punkte und Strecken als Sonderfall einer Randfarbe anzusehen?

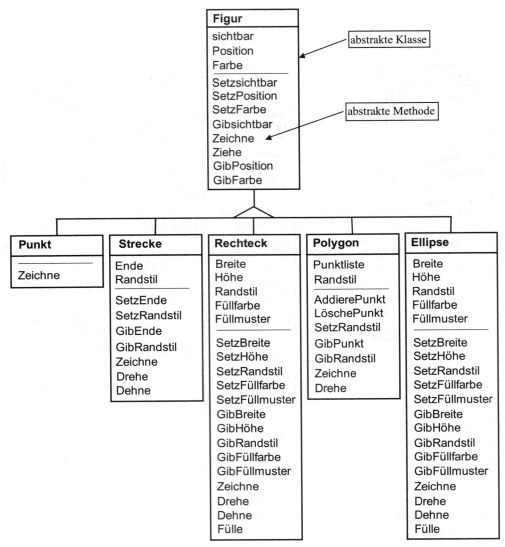

Dieser Entwurf enthält 17 Variablen und 51 Methoden.

Bild 1.13: Korrigierte Hierarchie

Jede geometrische Figur hat eine *Position* in einem Koordinatensystem, auch wenn wir sie ggf. unterschiedlich bezeichnen (Zentrum, Anfang usw.). Diese Eigenschaft beginnt beim Punkt und setzt sich bei allen anderen Figuren fort. Unterschiede ergeben sich dadurch, dass die Position zur Figur gehört oder nicht. Der (Positions-)Punkt wird gern als *Bezugspunkt* (neudeutsch: Hot Point) interpretiert. Dieser kann beim Rechteck links oben oder aber wie bei der Ellipse im Schnittpunkt der Hauptachsen liegen. Beziehen wir alle Koordinaten auf diesen Bezugspunkt, so können wir mit relativen Figurkoordinaten rechnen.

Wir korrigieren nun unseren ersten Entwurf etwas eleganter (**Bild 1.13**).

Interessant ist, dass die Klasse `Punkt` nun keine eigenen Variablen mehr hat. `Figur` ist eine *abstrakte Klasse*, die nie selbst dargestellt wird, aber im Punkt sozusagen eine Inkarnation findet. Dort finden wir auch die konkrete Implementation von `Zeichne`.

`Zeichne` ist nicht nur abstrakt, es ist auch *polymorph*. Es verändert je nach Objekttyp sein Verhalten. Erst zur Laufzeit erkennt das Laufzeitsystem anhand des übergebenen Objekts, welches `Zeichne` es benutzen soll, d. h., ob wir einen Punkt oder ein Rechteck herumziehen.

7. Schritt

Nachdem wir nun die allen Objekten gemeinsamen Eigenschaften zusammengestellt haben, versuchen wir es weiter mit Untergruppen. Hierbei könnten wir uns an der Dimension der Figur orientieren, die bekanntlich beim Punkt `0` bei den Linien `1` und bei den Flächen `2` beträgt (wenn man einmal von der Fraktalen Geometrie absieht, die einen anderen Dimensionsbegriff kennt) (**Bild 1.14**).

Anschaulich gesehen wandeln wir die Breite des Entwurfs in Tiefe um und sparen dabei Deklarationen gleichartiger Variablen und Implementationen gleicher Funktionen.

Zum ersten Mal tritt neben der gewollten Wiederholung der abstrakten Methode `Zeichne` eine weitere Wiederholung bei `Drehe` auf. Uns beschleicht der dringende Verdacht, dass wir eine Strecke anders drehen müssen als ein Polygon (nur Endpunkt im Gegensatz zur Punktliste). Bevor wir dieses weiterverfolgen, wollen wir noch einmal auf die erwähnte Abstraktheit eingehen.

`Figur`, `NichtPunkt`, `Flächenfigur` und `Linienfigur` sind *abstrakte Klassen*, deren Instanzen als solche nie gezeichnet werden können. Solche abstrakten Objekte können durchaus zur Optimierung des Hierarchiebaums dienen. So ist `Linienfigur` selbst leer, und es stellt sich die Frage, ob wir diese Klasse anlegen werden.

Alle Nachkommen von Flächenfigur sind eigentlich Rechteckfiguren (in Normallage). Bleiben wir bei dieser Vorstellung, so können wir sie gleichartig drehen, indem wir das umhüllende Rechteck drehen und die Figuren selbst relativ zu diesem Rechteck zeichnen.

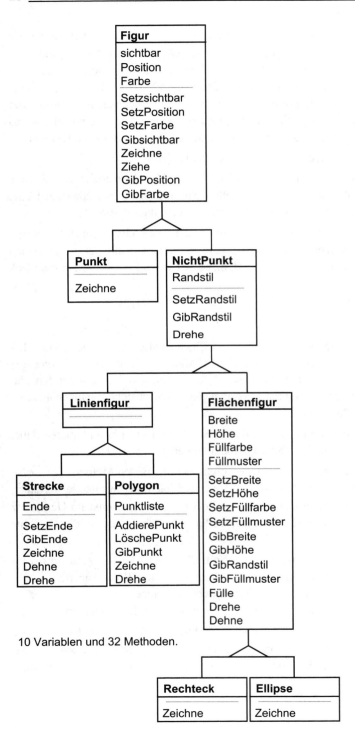

10 Variablen und 32 Methoden.

Bild 1.14: Erweiterte Hierarchie

1.3 Was heißt eigentlich „objektorientiert"?

8. Schritt

Wir kommen nun auf die Idee, unseren Entwurf weiterzuentwickeln. So möchten wir z. B. auch geschlossene Polygone zeichnen. Ist nun das geschlossene Polygon ein Sonderfall des offenen Polygons, das beim Zeichnen einfach durch eine Abschlussstrecke ergänzt wird, damit es geschlossen ist, oder handelt es sich hierbei um eine Flächenfigur, die u. a. die Eigenschaft `Füllfarbe` und die Methode `Fülle` besitzen sollte? Ein geschlossenes Polygon hat beide Eigenschaften, nämlich die eines offenen Polygons (Punktliste) und die einer Flächenfigur (Füllung). Beide sollten sinnvoll miteinander vereinigt werden.

Müssen wir uns für eine direkte Variante entscheiden (**Bild 1.15**), oder können wir eine so genannte *Mehrfachvererbung* durchführen (Alternative 3)? Nicht alle Programmiersprachen bieten eine solche Mehrfachvererbung an.

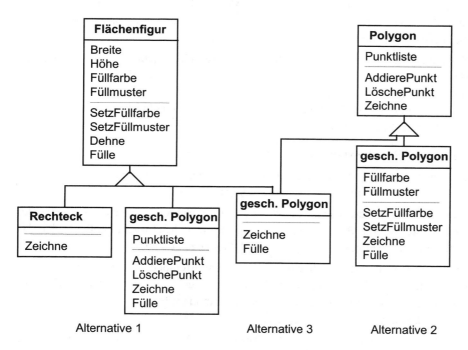

Bild 1.15: Alternative Entwürfe

Hierzu noch folgende Erläuterung. Aus einem offenen Polygon ein geschlossenes zu machen ist denkbar einfach. Wir benötigen nur eine neue Methode `Zeichne`. Diese ruft die gleichnamige Methode ihres Vorgängers auf. Damit ist ein offenes Polygon auf dem Bildschirm zu sehen. Anschließend zeichnen wir nur noch den Abschlussstrich, und das geschlossene Polygon ist fertig. Dummerweise wird aber dabei aus einer Linienfigur eine Flächenfigur, die wir z. B. füllen können.

Probleme über Probleme! Wir befinden uns aber durchaus in guter Gesellschaft. Probieren Sie einfach einmal in Word den Kreisbogen aus. Er ist immer eine Flächenfigur, auch wenn er keine Berandung u. Ä. besitzt. Die Füllfarbe wird einfach nur auf transparent gesetzt.

Diese Überlegungen zeigen uns aber auch, dass es gar nicht so einfach sein wird, eine allgemeine Füllfunktion zu schreiben. Wie Sie wahrscheinlich wissen, benötigen wir hierfür einen Startpunkt, von dem aus die Farbe nach außen bis zur Randlinie verläuft (so in Paint). Bei Rechteck und Ellipse können wir gleichartig den Mittelpunkt berechnen. Beim geschlossenen Polygon geht das aber nicht so einfach. Wir leben also mit dem Risiko, die Füllfunktion aus der `Flächenform` herauszunehmen, um sie auf die Nachkommen zu verteilen. Hier zeigt sich aber ein wesentlicher Vorteil der OOP. Wir können eine Füllfunktion in der `Flächenform` implementieren, die für (fast) alle Flächen funktioniert. In den Sonderfällen überschreiben wir die Methode einfach.

Diese Beispiele zeigen, dass es sinnvoll ist, Basisklassen für verschiedene Aufgabengebiete anzulegen. Diese Basisklassen werden heutzutage bereits in großem Umfang mit den Programmiersprachen mitgeliefert. In Pascal finden wir die Object Windows Library (OWL). In C++ liefert z. B. Microsoft die so genannte Foundation Class Library (MFC) aus. Visual J++ arbeitet ausschließlich mit Klassen.

Polymorphie und virtuelle Methoden

Nachdem wir nun unseren Entwurf fertig gestellt haben, soll noch einmal ein Wort zur Polymorphie und zu den virtuellen Methoden gesagt werden.

Wir hatten bereits den Suchmechanismus für vererbte Methoden über die so genannten Selektoren kennen gelernt. Bereits dies stellt eine, wenn auch schwache, Polymorphie dar. Schließlich sollte jedes Objekt wissen, welche Methoden es besitzt.

Noch einmal zur Erinnerung: Fehlt einem Objekt eine Methode, so wird nach dieser im Hierarchiebaum „nach oben" (also zur Wurzel hin) gesucht, bis sie gefunden wird. Der Compiler kann bereits prüfen, ob es eine solche Methode gibt, indem er den Baum entsprechend durchwandert.

So soll in dem (vereinfachten) Diagramm (**Bild 1.16**) ein Rechteckobjekt die Meldung erhalten, sich an eine neue Position zu ver-„ziehen".

Es wird dann in der Vererbungshierarchie die ererbte Methode gesucht, da das Rechteck selbst `Ziehe` nicht direkt kennt.

In `Ziehe` wird `Zeichne` aufgerufen. Dies ist aber in `Figur` ein abstraktes Zeichnen, d. h., es tut nichts bzw. weiß sicher nicht, wie sich ein `Rechteck` zeichnet. Also muss der Suchalgorithmus wieder den Baum nach unten absuchen, um das „neueste" `Zeichne` (in Richtung von `Rechteck`) zu finden.

Unser Compiler darf also auf keinen Fall schon die Adresse der virtuellen Methode `Figur.Zeichne` in die Methode `Figur.Ziehe` eintragen. Dies wäre die so genannte *frühe Bindung* (Early Binding) zur Übersetzungszeit. Stattdessen muss er die

1.3 Was heißt eigentlich „objektorientiert"?

Adresse offen halten (und als offen markieren), damit das Laufzeitsystem die Adresse später einträgt. Dies nennt man *späte Bindung* (Late Binding).

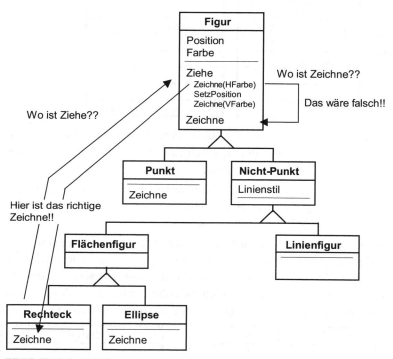

Bild 1.16: Polymorphie

Die dabei von OO-Compilern eingesetzte Technik ist einfach und genial. Sie entspricht der indirekten Adressierung von Daten, die Sie vielleicht schon von Ihrer Programmiererfahrung her kennen.

Jedes Objekt erhält zusätzlich zu seinen Daten einen Zeiger auf die Klasse, genauer auf die so genannte virtuelle Methodentabelle (VMT) (dieser Name variiert natürlich von Sprache zu Sprache, in Visual C++ ist dies z. B. die `vftable`, die virtuelle Funktionentabelle). In der VMT stehen die Adressen sämtlicher virtueller Methoden des Objekts. Wird nun eine virtuelle Methode für ein Objekt aufgerufen, so nimmt das Laufzeitsystem die Daten des Objekts und springt damit in die VMT, um dort den richtigen Einsprungpunkt der Methode zu finden und sie auszuprobieren. Wie funktioniert dies? Sobald der Compiler auf eine Vererbung trifft, d. h., auf eine neue Klassendefinition mit Vorgänger, so klont er die gesamte Struktur der Vorgängerklasse. Diese Struktur enthält eine Beschreibung aller Klassendaten (nicht die Daten selbst, diese werden erst mit der Instanziierung angelegt) und die VMT. Vereinfacht sieht dies so aus (Db = Datenbeschreibung):

Figur
Db Position
Db Farbe
Db sichtbar
Db VMT-Zeiger
VMT

Rechteck (geklont)
Db Position
Db Farbe
Db sichtbar
Db VMT-Zeiger
Db Linienstil
Db Breite
Db Höhe
Usw
VMT

Rechteck (fertig)
unverändert
korrigierte VMT

Die Basisklasse legt Datenbeschreibungen für die notwendigen Klassenvariablen an (z. B. Typ, Speicherbedarf usw.). Zusätzlich bereitet sie einen Zeiger auf die VMT vor, da der Compiler eine virtuelle Methode `Zeichne` erkennt.

Auch für alle nichtvirtuellen Methoden wird eine Liste angelegt. Diese wird später vom Linker benutzt, um die Einsprungadressen einzutragen. Im Gegensatz zu den VMT der verschiedenen Klassen werden diese Tabellen dann aber weggeworfen.

Eine Nachfolgerklasse kopiert nun die Beschreibung ihrer Oberklasse und ergänzt ihre eigenen Daten im Beschreibungsteil, indem sie die Liste verlängert. Anschließend wird die VMT verändert. Alle neuen Methoden werden am Ende angehängt. Bei allen Methoden, die in der Unterklasse neu implementiert sind, werden die Adressen des neuen Maschinencodes eingetragen. Der Rest bleibt unverändert. Dies sieht stark vereinfacht so aus:

Figur
Figur.Zeichne

Rechteck (geklont)
Figur.Zeichne
Flächenfigur.Fülle
usw.

Rechteck (fertig)
Rechteck.Zeichne
Flächenfigur.Fülle
usw.

Es fehlen die Funktionen `Figur.Ziehe`, `Figur.Setz…` usw., da diese nur einmal programmiert werden und von keinem Nachfolger überschrieben werden müssen. Sie sind nicht *virtuell*. In der VMT finden wir nur solche Methoden, die als „virtuell" deklariert werden. Alle nicht virtuellen Methoden kann der Compiler (genauer der Linker) bereits „verdrahten" (frühe Bindung).

Die Methoden `Zeichne`, `Fülle`, `Drehe` sind Methoden, die sich von Klasse zu Klasse sehr stark ändern. Dies ist aber kein Grund sie virtuell anzulegen, da auch nichtvirtuelle Methoden jederzeit überschrieben werden können.

Entscheidend ist die Frage, ob wir eine Methode in einer Form benutzen wollen, die erst später (in der Hierarchie tiefer) implementiert wird.

Es wird also in der Wirklichkeit nicht im Baum gesucht. Vielmehr bereitet der Compiler (auf Kosten des Speichers) für jede Klasse eine eigene VMT vor, in dem das Laufzeitsystem die für den Objekttyp richtigen (virtuellen) Methoden findet. Alle nicht virtuellen Methoden kann der Linker direkt dereferenzieren, d. h., die richtige Einsprungadresse eintragen, was natürlich etwas schneller ist.

Wird also eine Methode innerhalb einer Klassenhierarchie überschrieben und könnte sie dabei in der jeweils neuesten Version von einer Vorgängermethode aufgerufen werden, dann müssen wir sie als virtuell markieren.

Es ist aber durchaus möglich, dass eine Methode zwar überschrieben wird, aber trotzdem nicht virtuell sein muss. Nehmen wir als Beispiel eine Methode `drucke`, die alle Elemente eines Objekts ausdrucken soll. Diese Methode ruft sinnvollerweise ihre Vorgänger auf, damit diese alle ererbten Variablen ausdrucken. Anschließend ergänzt sie nur noch die neu hinzu gekommenen Variablen. Eine solche Methode könnte dann nichtvirtuell deklariert werden.

Es gibt folgende Grundregeln zu beachten:

1. Im Zweifel eine Methode virtuell anlegen. Eine nichtvirtuelle Methode kann später nicht mehr umdeklariert werden.
2. Eine virtuelle Methode bleibt auch überschrieben virtuell.
3. Abstrakte Methoden sind immer virtuell.

Wie geht es nun weiter? Um auf ein Objekt einer Klasse zuzugreifen, müssen wir es instanziieren. Wir legen also z. B. ein Objekt (eine Instanz) `r1` von unserem Rechteck an. Dann wird vom Compiler der Speicherplatz entsprechend den Datenbeschreibungen reserviert und der VMT-Zeiger gesetzt.

Rufen wir nun die Methode `r1.Ziehe` auf, so ist diese bereits durch den Compiler richtig verdrahtet (frühe Bindung), d. h., die Einsprungadresse wird in den Maschinencode eingetragen. Dies ist die Adresse von `Figur.Ziehe`. `Figur.Ziehe` ruft aber `?.Zeichne` auf. Sein eigenes `Zeichne` kann es nicht sein. Es ist einerseits abstrakt oder (wenn z. B. als Setzen von Pixeln programmiert) dann doch für ein Rechteck falsch. Da `Zeichne` virtuell deklariert wurde, hat der Compiler stattdessen für das `?` die Adresse einer Suchfunktion eingetragen, der er zusätzlich einen Zeiger auf das Objekt übergibt. Zur Laufzeit wird die Suchfunktion mit dem Zeiger auf `r1` aufgerufen. Sie findet nun den Zeiger auf die VMT des Rechtecks. Hier sucht sie nach der Methode `Zeichne`, die auf `Rechteck.Zeichne` verweist. Damit kann das Programm beliebige Figuren herumziehen (späte Bindung).

1.4 Aufgaben

➢ Aufgabe 1-1:

Beide Varianten unserer Geometriehierarchie sind noch nicht vollständig und auch noch nicht optimal. Versuchen Sie doch selbst einmal, weitere Gemeinsamkeiten herauszuarbeiten. Das Ziel muss sein, so viele Eigenschaften und Methoden wie nur möglich in die Basisklasse zu verschieben. ∎

- Aufgabe 1-2:

  Wo gehört das geschlossene Polygon hin? ■

- Aufgabe 1-3:

  Ändert sich der Entwurf, wenn Sie Methoden wie `Fuelle` implementieren wollen, d. h., das Füllen einer Flächenform mit einer Füllfarbe? ■

- Aufgabe 1-4:

  Derzeit ist die Methode `Ziehe` nur einmal implementiert. Gibt es hier Schwierigkeiten, wenn die Flächenformen gefüllt sind? ■

- Aufgabe 1-5:

  Wenn wir die Methode `Ziehe` folgendermaßen implementieren:

```
Zeichne mit Hintergrundfarbe
Verschiebe die Figur
Zeichne mit Vordergrundfarbe
```

kommt es zum Verschwinden eigentlich sichtbarer Figuren. Was können wir dagegen tun? ■

Nach so viel Theorie nehmen wir uns auf jeden Fall vor, die dargestellte Vererbungshierarchie mit ihrer virtuellen Polymorphie auf jeden Fall zu programmieren. Vorher müssen wir aber noch unseren Rechner vorbereiten.

1.5 Installation von Visual Studio .NET

1.5.1 Varianten von Visual Studio .NET

Je nach Version erhalten wir eine erkleckliche Menge von Installations-CDs. Bei der Professional-Version sind es fünf, beim Enterprise Architect immerhin nicht weniger als 14 CDs (bei einer DVD ist der Umfang nicht so deutlich). Also müssen wir uns einige Stunden Zeit für die Installation nehmen.

Im Folgenden sollen nun nicht alle einzelnen Installationsschritte haarklein dargestellt werden, da dieses Verfahren bei den meisten Programmen ähnlich bildschirmgesteuert abläuft. Wir wollen uns daher auf die wichtigsten Schritte konzentrieren.

Der Umfang der Installations-CDs lässt natürlich sofort die Frage aufkommen, ob der Platz auf dem Rechner noch ausreicht. Hier müssen wir zwischen dem Speicherbedarf während und nach der Installation unterscheiden. Aber wer schon während der Installation Speichermangel hat, wird später bei der Programmentwicklung keine große Freude haben, da die Programme und ihre Hilfsdateien sehr schnell recht umfangreich sind.

Visual Studio .NET Version 2002 wird in folgenden Varianten ausgeliefert:

1.5 Installation von Visual Studio .NET

Professional	eigentlich die Basisversion, aber den Verkaufsstrategen war wohl der Name Standard oder Ähnliches zu mickrig.
Academic	eine Erweiterung der Professional-Variante für den Hochschulbetrieb mit Werkzeugen für den Fachbereich und die Studierenden.
Enterprise Developer	Entwicklungsumgebung für Teams mit Datenbankanbindung an einen SQL-Server und Webdiensten.
Enterprise Architect	zusätzliche Entwurfswerkzeuge zur Programmentwicklung, z. B. Visio.

Die verschiedenen Varianten unterscheiden sich hauptsächlich im Speicherbedarf auf der Festplatte. Da die Academic-Variante für den normalen Einsatz eher unwahrscheinlich ist, wird sie nicht weiter betrachtet. Ebenso werden die Server-Varianten außer Acht gelassen. Folgende Eckwerte werden von Microsoft genannt bzw. empfohlen, wobei erst mit letzteren ein vernünftiges Arbeiten möglich ist:

	Visual Studio .NET		
	Enterprise Architect	**Enterprise Developer**	**Professional**
Prozessor	PC mit einem Prozessor der Pentium II-Klasse, 450 MHz (**Empfohlen**: Pentium III-Klasse, 600 MHz)		
RAM	Windows NT 4.0 Workstation: 64 MB (**empfohlen:** 96 MB für Workstation) Windows 2000 Professional: 96 MB (**empfohlen**: 128 MB für Professional) Windows XP Professional: 160 MB (**empfohlen:** 192 MB) Windows XP Home: 96 MB (**empfohlen:** 160 MB)		
Verfügbarer Festplattenspeicher	600 MB auf dem Systemlaufwerk, 3 GB als Installationslaufwerk		
Betriebssystem	Windows 2000®, Windows XP und Windows NT 4.0		
Laufwerke	CD-ROM- bzw. DVD-ROM-Laufwerk		
Grafikkarte	800 x 600, 256 Farben (empfohlen: High Color 16-Bit)		
Maus	Microsoft-Maus oder kompatibles Zeigegerät		

Mit dem Einlegen der CD startet diese automatisch (es sei denn, die Funktion ist abgeschaltet). Das Installationsprogramm meldet sich mit einem Eingangsfenster (**Bild 1.17**), das uns drei Schritte vorschlägt.

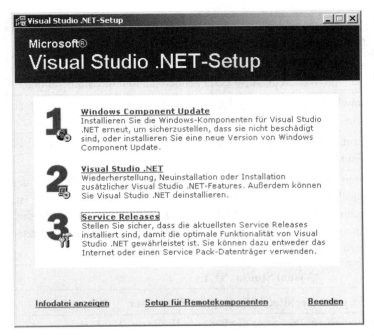

Bild 1.17: Visual Studio Setup

1.5.2 Grundinstallation

Die nachfolgende Installation sowie die Beschreibung der Beispiele basiert auf Windows 2000. Dieses wurde mit dem Service Pack 2 auf den neuesten Stand gebracht. Dabei fällt auf, dass das Betriebssystem mit dem Schritt 1 gesondert auf die Verwendung der .NET-Technologie vorbereitet werden muss, was nicht durch die Service Packs erledigt wird.

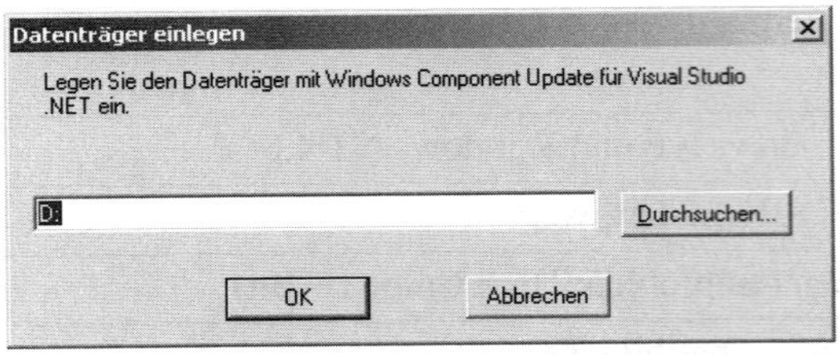

Bild 1.18: MS Windows Component Update wird angefordert

Tatsächlich ist eine CD allein mit diesen neuen Komponenten gefüllt und muss entsprechend eingelegt werden, wenn wir mit diesem Schritt starten (**Bild 1.18**).

Nachdem die angeforderte CD eingelegt und bestätigt wurde, beginnt das temporäre Vorladen der Komponenten (**Bild 1.19**).

1.5 Installation von Visual Studio .NET

Das Installationsprogramm prüft dabei, welche Komponenten fehlen. Dabei kann es zu Hinweisen kommen, wenn die Sprachversionen des Betriebssystems und der Komponenten nicht übereinstimmen. Nur wenn man viel Zeit hat, sollte man die Folgen seines Tuns bei diesen Widersprüchen ausprobieren. Stimmen alle Randbedingungen, so informiert uns das Installationsprogramm über die nächsten Aktionen (**Bild 1.20**). Das Bild zeigt übrigens die Situation nach einer erfolgreichen Erstinstallation. Es enthält die Zeile `Windows Service Pack 2` mit Neustart des Rechners zusätzlich, was die Vermutung aufkommen lässt, dass alles erst einmal rückgängig gemacht wird. Die Reihenfolge von Service Pack 2 mit nachfolgendem Component Update muss somit unbedingt beachtet werden.

Bild 1.19: Komponenten werden temporär geladen

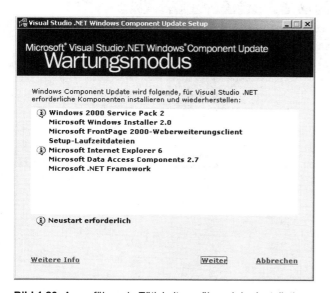

Bild 1.20: Auszuführende Tätigkeiten während der Installation

Während der Installation der verschiedenen Komponenten erscheinen die üblichen Hinweise auf die Lizenzbedingungen EULA, die wir jeweils bestätigen müssen. Weiterhin verlangen einige Produktteile wie das Visual Studio selbst einen gültigen Produktschlüssel, der üblicherweise auf der Verpackung zu finden ist und sorgfältig aufgehoben werden sollte.

Auch Windows 2000 muss zwischenzeitlich neu gestartet werden, so wie wir es aus den Zeiten von Windows 98 gewohnt sind. Damit diese Aktionen unbeaufsichtigt ablaufen können, bietet uns das Installationsprogramm die Möglichkeit, durch Eingabe des Passworts das Login zu automatisieren. Dies bezieht sich jedoch nur auf das Windows-Login. Falls Sie ein BIOS-Passwort eingerichtet haben, so müssen Sie entweder bei Ihrem Rechner bleiben oder dieses Passwort mit einem Neustart im BIOS-Setup löschen.

Da natürlich – zumindest temporär – das Passwort irgendwo zwischengespeichert wird, um dann beim automatischen Start eingetragen zu werden, sollte doch durch einen abschließenden Warmstart sichergestellt werden, dass die Installationsprozedur vollständig abgearbeitet ist und das automatische Login beendet wurde.

Wenn alles normal verläuft, haben wir die Gelegenheit, unseren Arbeitsplatz gründlich aufzuräumen, bis sich das Setup-Programm wieder meldet, um zum Schritt 2 überzuleiten.

Die weitere Vorgehensweise hängt jetzt davon ab, ob es sich um eine Erst- (**Bild 1.21**) oder eine Nachinstallation bzw. ein Upgrade auf eine höhere Variante handelt (**Bild 1.22**).

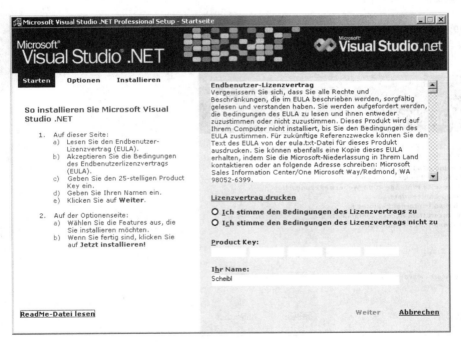

Bild 1.21: EULA und Eingabe des Produktschlüssels

1.5 Installation von Visual Studio .NET

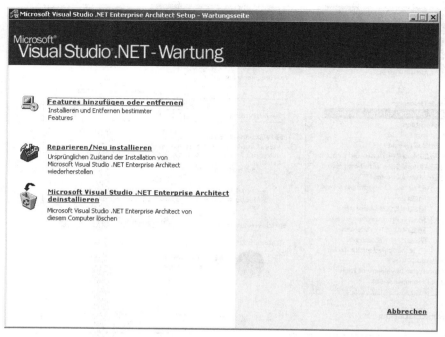

Bild 1.22: Nachträgliche Wartung

Auf jeden Fall lohnt es sich, die verschiedenen Optionen zu kontrollieren und bei Bedarf zu ergänzen (**Bild 1.23**). Natürlich lassen sich auch Komponenten ausblenden, wenn man genau weiß, dass man beispielsweise in naher Zukunft eine bestimmte Sprache nicht einsetzen wird.

Mit der Bestätigung der Auswahl läuft das Installationsprogramm automatisch ab und meldet abschließend den Erfolg der Installation.

Den Schritt 3 müssen wir derzeit noch nicht durchführen. Er dient bei gegebenem Anlass zur Nachinstallation der Service Packs.

1.5.3 Installierbare Komponenten

Zu Ihrer Unterstützung folgt jetzt eine Kurzbeschreibung der verschiedenen Komponenten.

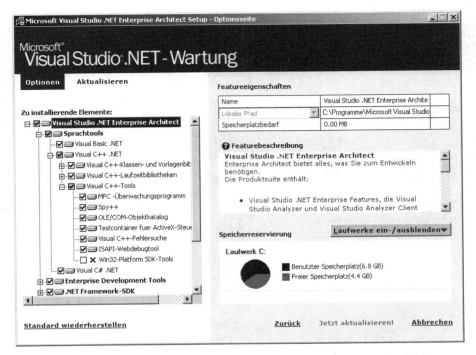

Bild 1.23: Optionenseite

Common Run-Time Libraries

Eine Besonderheit der .NET-Technologie besteht in der Verwendung eines gemeinsamen Kerns durch alle Programmiersprachen. Neben dem gleichartigen Verhalten von Funktionen, die zwar unterschiedliche Namen haben können, steht dabei die Nutzung einer Menge gleicher Datentypen im Vordergrund. Komplizierte Konvertierungen gehören daher der Vergangenheit an. Der Datenaustausch zwischen Programmen, die wir auf verschiedenen Plattformen entwickelt haben, wird deutlich einfacher.

Visual Basic .NET

Dies ist die letzte Stufe der stetigen Entwicklung dieser einfachen, intuitiven Programmiersprache. Die wesentliche Neuerung ist wohl die so genannte Implementationsvererbung, so dass jetzt von benutzerdefinierten Basisklassen abgeleitete Klassen erstellt werden können. Weiterhin können nun sehr einfach *Verteilte Anwendungen, XML-Webdienste, Web Forms* und *Win Forms* erstellt werden. Mit Hilfe der *DataSets* lassen sich Daten zwischen Clients und Servern austauschen.

Visual C++ .NET

Mit C und seinen Varianten konnte man bisher schon alles programmieren, wenn man wusste wie. Die Komplexität dieser Sprache hat sich noch einmal durch das Einführen neuer Konstrukte erhöht.

Zu den neuen Eigenschaften gehören *Verwaltete Erweiterungen, Programmierung mit Attributen, Programmierung von Webanwendungen, einheitliches Ereignismodell, verbesserter Datenzugriff* und die Möglichkeit des *Integrierten Entwickelns,* die wir im Laufe dieses Buches noch näher kennen lernen werden.

Visual C# .NET

Visual C# (sprich: Ci scharp oder wie Musiker sagen: Cis) ist das Konkurrenzprodukt zu Java, mit dem es fast hundertprozentig übereinstimmt. Im Grunde handelt es sich um ein konsequent komprimiertes und verschlanktes C++, bei dem auf viele spezielle Datentypen und insbesondere Zeiger verzichtet wird. Es ist eine OOP-Sprache, die vollständig auf virtuelle Vererbung abgestellt ist.

Visual J++ .NET

Im August 2002 hat Microsoft Visual J++ als Ergänzung zum Visual Studio .NET-Paket ausgeliefert. Es handelt sich um eine Java-ähnliche Sprache, die aufgrund fehlender Zertifizierung nicht den Namen Java tragen darf.

Zusatzprogramme

Die Anzahl der Zusatzprogramme hat sich gegenüber der Version 6.0 deutlich reduziert (**Bild 1.24**). Wir erkennen folgende Einträge:

Bild 1.24: Zusatzprogramme

- ISAPI-Webdebugtool zur Fehlersuche in Webserver- und Webclient-Anwendungen.
- MFC-ATL-Nachverfolgungstool zur Fehlersuche in MFC- und ATL-Anwendungen.
- SPY++ zeigt die aktiven Tasks und Dialogfenster an. Insbesondere lässt sich der Meldungsaustausch zwischen den Dialogfenstern bzw. dem Benutzer beobachten.
- Visual C++ Remotedebugger ist ein Werkzeug zur Ferndiagnose mit Hilfe eines zweiten Rechners.
- Visual C++-Fehlersuche übersetzt die internen Fehlernummern in Klartext.
- Visual Studio .NET-Eingabeaufforderung liefert uns ein Konsolenfenster (oder landläufig ein DOS-Fenster), aus dem wir mit `Exit` wieder herauskommen.

Installierte Hilfen

Im Start-Menü finden wir einen weiteren Eintrag `Microsoft .NET Framework SDK` mit Dokumenten und Beispielen für den Programmierer.

1.5.4 Erweiterungsinstallation

Je nach .NET-Variante können noch weitere Programme installiert werden. Als Beispiel sei hier die Installation von Visio dargestellt, einem Werkzeug zum grafischen Entwurf von Anwendungen.

Mit dem Einlegen der Visio-CD-ROM startet das Installationsprogramm normalerweise automatisch (**Bild 1.25**).

Der Rest der Installation erfolgt dann weitgehend automatisch.

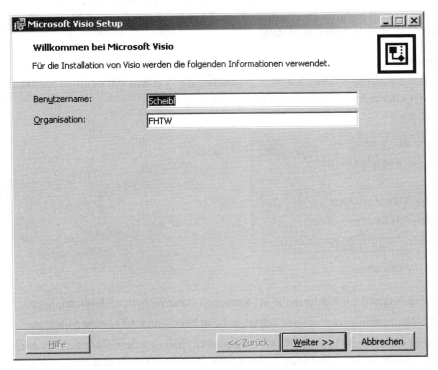

Bild 1.25: Visio Setup

1.5.5 Funktionstest von Visual Studio .NET

Natürlich brennen wir darauf, auch das Visual Studio .NET nach seiner Installation auszutesten. Da es eine Fülle von Funktionen bietet, wollen wir uns zuerst einmal auf

1.5 Installation von Visual Studio .NET

Grundsätzliches beschränken. Insbesondere wollen wir Einstellungen vornehmen, die für den Rest des Buches gelten.

Wir gehen in folgenden Schritten vor:

1. Über `Start|Programme|Visual Studio .NET|Visual Studio .NET` starten wir das Studio. Dabei fällt dem erfahrenen Visual Studio 6.0-Programmierer auf, dass er keine Sprache auswählen kann. Es erscheint das Eingangsfenster (**Bild 1.26**), das für den Visual C++-Programmierer etwas ungewöhnlich erscheint, während der Visual Basic-Programmierer zumindest auf der rechten Seite einige gute Bekannte erblickt.

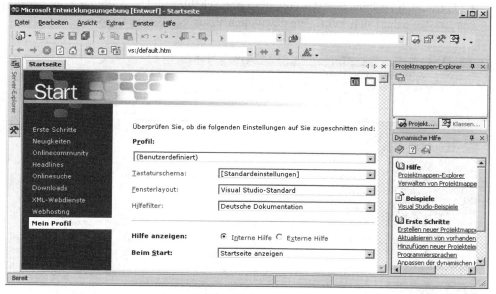

Bild 1.26: Eingangsfenster Visual Studio

2. In diesem Fenster erkennen wir auf der linken Seite sehr schön die Gründe, warum Visual Studio .NET mindestens Windows NT benötigt. Es handelt sich nämlich um eine Mehrbenutzer-Entwicklungsumgebung. Einzelplatz-Betriebssysteme sind daher nicht für das Visual Studio .NET geeignet. Es sieht daher wie auch ein Mehrbenutzer-Betriebssystem vor, verschiedene Profile anzulegen und bei Bedarf die Sichtbarkeit von Ordnern, Dateien, Dokumenten usw. einzuschränken. Wir können folgende Einstellungen vornehmen:

   - *Profil:* Name des Profils
   - *Tastaturschema:* Festlegung von Tastaturbelegungen, d. h., von Schnelltasten (Shortcuts)
   - *Fensterlayout:* Anordnung der Fenster und Leisten auf der SEU (Software-Entwicklungsumgebung) bzw. IDE (Integrated Development Environment)

- *Hilfefilter:* Festlegung der in der Hilfe angezeigten Hilfethemen. Hierdurch werden bei Bedarf andere Programmiersprachen ausgeblendet.
- *Hilfe anzeigen:* Mit diesem Optionenfeld legen wir fest, ob die Hilfe im Arbeitsbereich der SEU oder in einem eigenen Fenster angelegt wird.
- *Beim Start:* Legt fest, welche Aktion beim Start der IDE ausgeführt werden soll. In einer Mehrbenutzer-Umgebung bzw. bei der Verwendung mehrerer Programmiersprachen ist es sinnvoll, mit der Voreinstellung `Startseite anzeigen` zu beginnen. Arbeiten wir dagegen allein auf dem Rechner, so können wir auch das zuletzt bearbeitete Projekt bzw. mit einer leeren IDE beginnen.

3. Wir legen für das Buch die Arbeitsumgebung auf `Visual C++ Developer` (**Bild 1.27**) fest, d. h., wählen eine der vorgefertigten Schablonen. Die Aufteilung der Fenster und Leisten nähert sich sofort dem gewohnten Visual Studio 6.0-Layout.

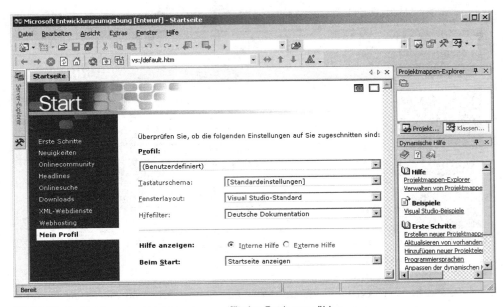

Bild 1.27: Profil `Visual C++ Developer` für das Buch auswählen

1.5.6 Verzeichnisse

Die IDE des Visual Studios .NET geben Standardverzeichnisse vor. Typisch hierfür sind `C:\Dokumente und Einstellungen\Scheibl\Eigene Dateien\Visual Studio-Projekte`.

Der Pfadname beinhaltet einerseits den Anwendernamen, was gut ist. Andererseits aber lange Ordnernamen, die für FAT-Systeme eher ungeeignet sind (hierauf werden wir noch einmal zurückkommen). Wechselt man – wie ich im Unterricht – häufig die Rechner und

Plattformen, so hat es Vorteile, wenn der Arbeitspfad sich auf den Zielplattformen unterscheidet (also die Musterlösungen in einem anderen Ordner liegen).

Um die Programme an die Buchkapitel anzupassen, wird folgender Hierarchiebaum eingesetzt:

```
C:                                     Laufwerk
  \Dokumente und Einstellungen         Vorgabeordner
    \Scheibl                           Benutzername
      \Eigene                          ab hier eigene Namen
        \Programm                      acht Zeichen, Abgrenzung zu Doku, …
          \VCNET                       Programmiersprache
            \U02_MeP                   Buchkapitel 2 (Mein erstes Programm)
              \U021                    Übungsordner
```

1.6 Allgemeine Hinweise

1.6.1 Typografie

Sowohl im Text wie auch in den Programmen werden Sie verschiedene Eigenheiten bemerken, die sich entweder an übliche Konventionen halten oder durch praktische Erfahrungen bestätigt sind.

Folgende Schriftarten und Symbole dienen der Erläuterung bzw. der Heraushebung:

Schriftart bzw. Symbol	Bedeutung
Arial	In dieser Schriftart ist der laufende Text dargestellt.
Courier New	Diese Schriftart bezeichnet Text, der am Bildschirm angezeigt wird, d. h., in Programmen verwendet oder von Programmen erzeugt wird.
COURIER NEW Courier New	Reine Groß- oder Groß-/Kleinschreibung deuten auf Schlüsselwörter der Programmiersprache hin. Dabei wird die in den Handbüchern übliche Schriftform oder die fest vorgeschriebene gewählt. Es ist empfehlenswert, die Schreibweise dieser Schlüsselwörter beizubehalten.
courier new	Reine Kleinschreibung deutet auf benutzerdefinierte Wörter hin. Diese können oder müssen sogar entsprechend abgewandelt werden.
[ ]	Eckige Klammern umschließen optionale Klauseln, die bei Bedarf eingegeben werden.

Schriftart bzw. Symbol	Bedeutung
☞	Diese Hand verweist auf wichtige Hinweise.
⊠	Das Kreuz markiert die Beschreibung von Verfahren und Techniken.
➢	Dieser Pfeil verweist auf Aktionen, die Sie durchführen müssen (Aufgaben, Übungen usw.).
■	Mit diesem Zeichen enden Aufgabenbeschreibungen, Übungen usw., die ggf. überlesen werden können.
↯	Dieser Pfeil verweist auf ein Programm, das eine geeignete Lösung eines Problems enthält.
💣	Die Bombe soll auf gefährliche Aktionen aufmerksam machen, bei denen die Vorgehensweise genau überlegt sein sollte.
`U021`	Dieser Hinweis auf ein Programm soll Ihnen die Suche nach der entsprechenden Übung erleichtern.
`Strg` `Alt` `A`	Hier ist die entsprechende Taste bzw. Kombination zu drücken.
`Ansicht|Units`	Der senkrechte Strich trennt einzelne Funktionsaufrufe in Menüs. Im gezeigten Beispiel ist also zuerst `Ansicht` und anschließend `Units` anzuklicken. Die Kurztasten sind unterstrichen.
`tfBetrag`	So werden in den Oberflächenentwürfen (Formularen) die Namen der Felder markiert. Weitere Eigenschaften werden im laufenden Text angegeben.

Wichtig ist auch die Darstellung der verschiedenen Symbole in der Benutzeroberfläche, d. h., hauptsächlich dem Quelltexteditor. Dort wird eine Reihe von Symbolen **fett** dargestellt. Es handelt sich hierbei um die so genannten *reservierten Wörter*.

Alle Maßeinheiten sind grundsätzlich im Singular geschrieben, insbesondere wird die Schreibweise *bit* und *Byte* in Klein-/Großschreibung eingesetzt, um mögliche Verwechselungen zu vermeiden.

1.6.2 Begriffe

An dieser Stelle können wir auch gleich noch ein paar Begriffe festlegen, so wie sie schon teilweise benutzt wurden:

Begriff	Bedeutung
Kurztaste	Unter der Kurztaste (Hotkey) wollen wir die Tastenkombination `Alt` ☐ verstehen, wobei die leere Taste ein beliebiges Zeichen bedeuten soll. Unter Windows sind diese Tasten meist unterstrichen dargestellt.

1.6 Allgemeine Hinweise

Begriff	Bedeutung
Schnelltaste	Unter der Schnelltaste wollen wir die Tastenkombination [Strg][ ] verstehen, wobei die leere Taste ein beliebiges Zeichen bedeuten soll.

In der Microsoft-Dokumentation wird die Schnelltaste auch *Zugriffstaste* genannt.

1.6.3 Ungarische Notation

1.6.3.1 Allgemeine ungarische Notation

Schon in den Anfängen der Programmiersprachen war eine der ersten Maßnahmen zur Qualitätssicherung, bestimmte Namenskonventionen zu verwenden. Teilweise erzwangen die Compiler wie beispielsweise Fortran eine bestimmte Notation, indem festgelegt war, dass Ganzzahlvariablen mit den Anfangsbuchstaben i, j, ..., n beginnen mussten. Danach begann die große Freiheit mit Cobol, Algol, Pascal und wie sie alle heißen. Irgendwann stellte man fest, dass diese Namenskonventionen doch nicht so schlecht waren, und entwickelte verschiedene Verfahren. Selbst innerhalb einer Firma wie Microsoft finden wir verschiedene Systeme. Die *ungarische Notation* heißt nicht deshalb ungarisch, weil sie kaum einer versteht, sondern nach ihrem Erfinder, dem Ungarn Charles Simony von Microsoft. Die Festlegungen stammen – und das wird viele C-Programmierer überraschen – nicht aus C, sondern aus Visual Basic für Anwendungen (VBA).

Ein Bezeichner (Name) beginnt mit einem dieser Präfixe in Kleinbuchstaben. Beim ersten Großbuchstaben beginnt der semantische Name. Dieser kann abwechselnd Groß- und Kleinbuchstaben enthalten. Durchgängig in Großbuchstaben schreibt man Konstanten und Makros (auch Skripte, typischerweise die SQL-Skripte und Ähnliches).

Hier ein (kurzer) Ausschnitt aus den Präfixen:

Tabelle 1.1: Access-Konvention für Objektnamen-Präfix

Präfix	Steuerelement	Präfix	Steuerelement
app	Application	ole	ObjectFrame
chk	CheckBox	opt	OptionButton
cbo	ComboBox	fra	OptionGroup (frame)
cmd	CommandButton	brk	PageBreak
ctl	Control	pal	PaletteButton
ctls	Controls	prps	Properties
ocx	CustomControl	shp	Rectangle
dcm	DoCmd	rpt	Report
frm	Form	rpts	Reports

Präfix	Steuerelement
frms	Forms
img	Image
lbl	Label
lin	Line
lst	ListBox
bas	Module

Präfix	Steuerelement
scr	Screen
sec	Section
fsub	Subform
rsub	SubReport
txt	TextBox
tgl	ToggleButton

Tabelle 1.2: Standard-Präfix für den Datentyp der Variablen

Präfix	Datentyp	Speicherbedarf	Beispiel
byte	Byte	1 Byte	byteArray
f	Boolean	2 Byte	fSecurityClear
int	Integer	2 Byte	intLoop
lng	Long	4 Byte	lngEnv
sng	Single	4 Byte	sngValue
dbl	Double	8 Byte	dblValue
cur	Currency	8 Byte	curCostPerUnit
dat	Date and Time	8 Byte	datStartTime
obj	Object	variiert	objActiveObject
str	String	1 Byte/Zeichen	strFirstName
stf	String (fixed)	10 Byte + 1 Byte/Zeichen	stfSocNumber
var	Variant	16 Byte + 1 Byte/Zeichen	varInput

Tabelle 1.3: Präfix für Jet-Objekte/Auflistungen

Präfix	Objekttyp
cnt	Container
cnts	Containers
...	...

1.6 Allgemeine Hinweise

Tabelle 1.4: Präfix für scope und lifetime

Präfix	Beschreibung
(nichts)	lokale Variable mit Lebenszeit auf Prozedurebene
s	lokale Variable mit Lebenszeit auf Programmebene (statische Variable)
m	private (Modul-)Variable mit Lebenszeit auf Programmebene
g	öffentliche (globale) Variable mit Lebenszeit auf Programmebene

1.6.3.2 Komprimierte ungarische Notation

Tatsächlich wird diese Notation nicht in aller Konsequenz in Visual C++ .NET eingesetzt. Hier eine kompakte, vereinfachte Zusammenstellung der üblichen Präfixe.

Eigentlich möchte man viele verschiedene Dinge unter einen Hut bekommen. So ist die Sichtbarkeit (Gültigkeit) von Variablen von ihrem Typ zu unterscheiden. Durch Zusammenstellungen in Strukturen und Klassen bilden sich immer komplexere Objekte. Die Notation beschränkt sich daher auf die Basistypen.

Tabelle 1.5: Präfixe für Sichtbarkeit und Lebensdauer

Präfix	Beschreibung
(nichts)	lokale Variable mit Lebenszeit auf Prozedurebene
s_	lokale Variable mit Lebenszeit auf Programmebene (statische Variable)
m_	private (Modul-)Variable mit Lebenszeit auf Programmebene
g_	öffentliche (globale) Variable mit Lebenszeit auf Programmebene

Die Präfixe werden meist mit einem Unterstrich vom Rest abgetrennt. Sehr häufig werden wir auf Variablen mit m_ stoßen, die Membervariablen einer Klasse bzw. des davon abgeleiteten Objekts sind.

Tabelle 1.6: Strukturen und Basistypen

Präfix	Typ	Beispiel
a	Array	aName, aNamen
b	Boolean	bGeaendert
by	Byte, unsigned char	byMerker
ch	char	chZeichen
d	double (siehe n)	dZahl
h	handle	hWnd
i	integer (Zähler)	iZaehler

Präfix	Typ	Beispiel
lp	long pointer	lpZeiger (im 32-Bit-System überflüssig)
n	int, float, double	nWert (allgemeiner numerischer Wert)
p	pointer	pZeiger
s	string, CString	sNachname
sz	nullterminierter String	szNachname
u	unsigned int	uMin
v	void	vPointer (typloser Zeiger)

Es lässt sich sicher gut darüber streiten, wie die Namen zu bilden sind. Schon aus Ökonomiegründen wähle ich oft bei Auflistungen den Singular, weil ich nur ein Element wie aName [5] anspreche.

Speziell für C, C++ und natürlich Visual C++ sind Konventionen der Art:

Tabelle 1.7: C-Spezifika

Präfix	Typ	Anmerkung
_	interne Variable	eigene Namen sollten tunlichst nicht mit _ beginnen
afx	Application Frameworks	Variablen des Anwendungsgerüsts
C	class	Klasse

2

Mein erstes Programm

2	**Mein erstes Programm** 53	
	2.1 *Start der Entwicklungsumgebung* *53*	
	2.2 *Nützliches zur Oberflächenbedienung* *68*	
	2.3 *MFC-Anwendung* *83*	
	2.4 *Fehlersuche in Visual C++-Programmen* *114*	

2 Mein erstes Programm

In diesem Kapitel werden wir das berühmte „Hallo, Welt!"-Programm auf verschiedenen Wegen entwickeln. Dabei wollen wir hauptsächlich den Umgang mit der IDE erlernen, was besonders wichtig für die Umsteiger von Visual C++ 6.0 auf Visual C++ .NET erscheint.

Es handelt sich dabei einmal um eine klassische Konsolenanwendung in der „DOS-Box", zum Zweiten um eine MFC SDI-Anwendung (Microsoft Foundation Classes, Single Document Interface).

2.1 Start der Entwicklungsumgebung

2.1.1 Neues Projekt anlegen

U021 Nachdem wir im letzten Kapitel die Grundeinstellungen von Visual Studio .NET vorgenommen haben, können wir nun mit einem neuen Projekt starten. Damit es in den späteren Kapiteln nicht langweilig wird, soll dieses Grundrezept einmal gründlich dargestellt werden.

Um sozusagen auf der grünen Wiese zu starten, gehen wir immer in folgenden Schritten vor:

1. Wir starten das Visual Studio .NET über die Startleiste `Start|Programme|Visual Studio .NET|Visual Studio .NET`. Es erscheint dann (aufgrund unserer Einstellungen) die Startseite, die uns die zuletzt bearbeiteten Projekte zur Verfügung stellt (**Bild 2.1**).

2. Wenn wir keines der vorhandenen Projekte öffnen, dann können wir entweder über die Schaltfläche `Neues Projekt`, über die Menüoption (**Bild 2.2**) `Datei|Neu` oder über die Tastenkombination `Strg+⇧+N` auf das Dialogfeld (**Bild 2.3**) `Neues Projekt` gelangen.

3. In diesem Dialogfeld müssen wir bei allen neuen Projekten die folgenden Punkte markieren bzw. prüfen:

   - Projekttyp markieren (normalerweise `Visual C++-Projekte`)
   - Vorlage für den Anwendungstyp auswählen (im Beispiel ein Win32-Projekt)
   - Namen vergeben. Dieser Name wird zu einem Ordnernamen
   - Speicherort festlegen bzw. kontrollieren. Der vollständige Speicherort ist noch einmal unterhalb des Kombinationsfelds zu sehen
   - Mit der Schaltfläche `OK` die ausgewählte Vorlage aktivieren

4. Danach laufen je nach Vorlage unterschiedliche Dialogsequenzen ab, die wir im Laufe dieses Buches kennen lernen werden. ■

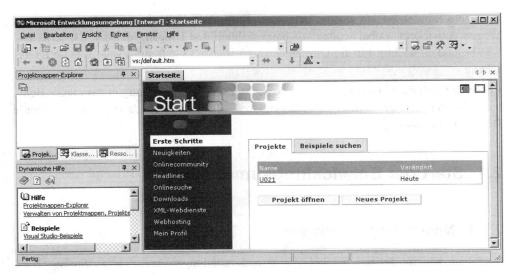

Bild 2.1: Start der Entwicklungsumgebung

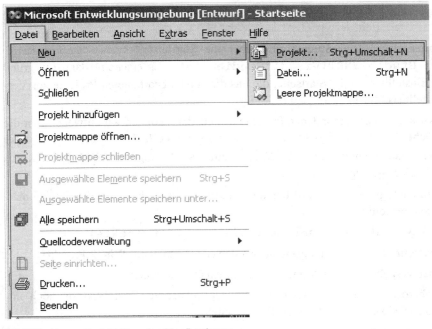

Bild 2.2: Neues Projekt über das Menü anlegen

2.1 Start der Entwicklungsumgebung

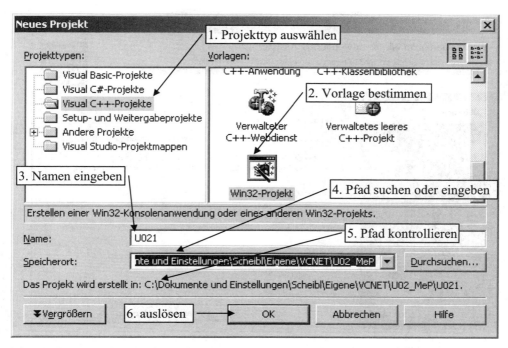

Bild 2.3: Dialogfeld Neues Projekt mit Eingaben

2.1.2 Konsolenanwendung entwickeln

Wie schon im letzten Kapitel erwähnt, unterscheiden sich die Vorgehensweisen nach der Wahl der Vorlage doch erheblich. Wir beginnen jetzt mit der einfachsten aller Anwendungen, einer klassischen *Konsolenanwendung*, die in einer „DOS-Box" endet. Solche Anwendungen haben den Vorteil, nicht durch einen Wust generierter Anweisungen den Blick auf das eigene Programm zu erschweren. Später werden wir komplexere Anwendungen mit ausgefeilter grafischer Oberfläche schreiben.

Zum Anlegen eines Konsolenprojekts gehen wir in folgenden Schritten vor:

1. Wir legen – wie gerade beschrieben – das Projekt U021 als Win32-Projekt an und bestätigen die Einstellungen mit OK .

2. Es erscheint das Dialogfeld Win32-Anwendungs-Assistent (**Bild 2.4**), das aber eher langweilig ist, so dass wir den Menüpunkt Anwendungseinstellungen anklicken.

3. Diese Seite ist schon interessanter, da wir hier die Einstellungen für unser Projekt verändern können (**Bild 2.5**). Wir werden einige der Möglichkeiten in späteren Projekten ausprobieren, so dass wir uns mit dem Markieren von Konsolenanwendung begnügen.

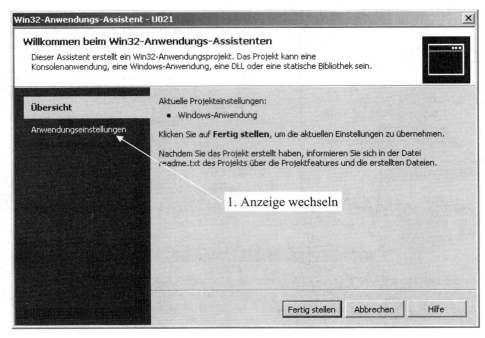

Bild 2.4: Win32-Anwendungs-Assistent für U021

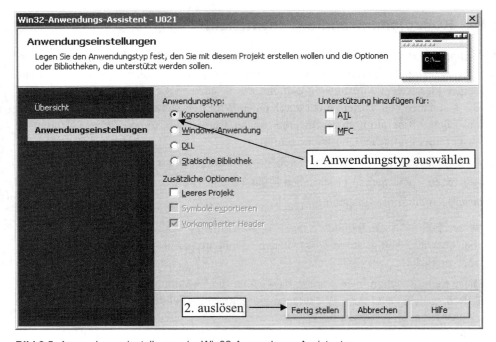

Bild 2.5: Anwendungseinstellungen im Win32-Anwendungs-Assistenten

2.1 Start der Entwicklungsumgebung 57

4. Durch Auslösen der Schaltfläche `Fertig stellen` starten wir den Generator, der das eigentliche Programmgerüst erstellt.

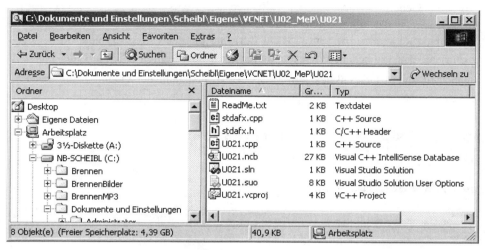

Bild 2.6: Vom Win32-Anwendungs-Assistent erzeugte Dateien

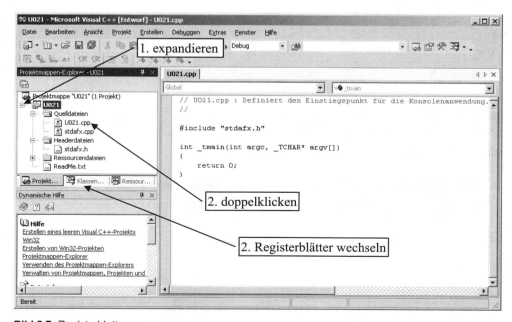

Bild 2.7: Registerblatt `Projektmappen-Explorer`

5. Über den Explorer können wir bereits feststellen, dass eine Reihe von Einzeldateien erzeugt wurde (**Bild 2.6**). Alle diese Dateien gehören zu einem Projekt. Die Erweiterungen bzw. die Erläuterungen zum Typ geben uns einen Hinweis auf den Inhalt.

6. Mit dem Generieren des Projekts füllt sich das Registerblatt `Projektmappen-Explorer` in der linken Spalte (**Bild 2.7**). In dieser Fensterscheibe sind noch das Registerblatt `Klassenansicht` (**Bild 2.8**) und das leere Registerblatt `Ressourcenansicht` zu sehen. Wir expandieren die Knoten durch Klick auf die `+`-Zeichen. Mit einem Doppelklick auf `U021.cpp` erscheint der Quelltext unseres Programms. ∎

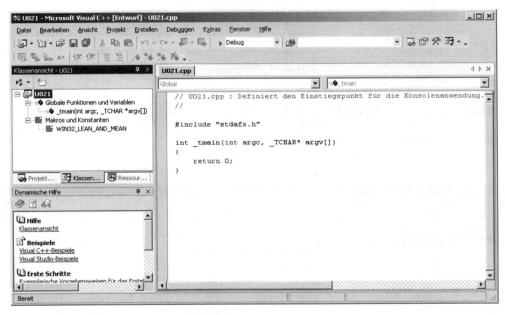

Bild 2.8: Registerblatt `Klassenansicht`

Bevor wir nun fortfahren, wollen wir das Programm analysieren:

```
// U021.cpp : Definiert den Einstiegspunkt für die Konsolenanwendung.
//

#include "stdafx.h"

int _tmain(int argc, _TCHAR* argv [])
{
  return 0;
}
```

Das Programm beginnt mit einer Kommentarzeile, die durch `//` eingeleitet wird. Es handelt sich um einen so genannten *Zeilenkommentar,* der bis zum Ende der aktuellen Zeile geht, also an der Zeilenschaltung (Carriage Return, Line Feed) endet.

2.1 Start der Entwicklungsumgebung

☞ Hinweis: (Für Profis) Nicht alle Programme/Betriebssysteme arbeiten mit zwei Steuerzeichen `CR+LF`, gerade auf Unix-Systemen finden wir nur das `CR`-Zeichen.

Ersatzweise gibt es den *Bereichskommentar*. Dieser wird in die Zeichen `/*  */` eingeschlossen.

☞ Tipp: Gerade beim Programmieren kommt es häufig vor, dass wir einige Zeilen auskommentieren wollen, ohne sie gleich zu löschen. Mischen wir nun die Kommentarzeichen sehr kräftig, so ist es mühsam, einen solchen Block „unsichtbar" zu machen. Es ist daher empfehlenswert, für die normale Kommentierung nur die Zeilenkommentare zu benutzen und Bereichskommentare für Überschriftenblöcke und Debugzwecke zu reservieren. Umschließen wir nämlich einen Block mit den Zeichen `/* */`, der selbst diese Kombination enthält, dann hebt das erste Auftreten von `*/` den Kommentar wieder auf, und es kommt zu Fehlermeldungen (Ähnliches gilt für die Anführungszeichen).

Nach dem Kommentar folgt eine *Präprozessordirektive* `#include`. Ein Präprozessor ist ein Programm, das vor dem eigentlichen Compiler läuft und einem speziellen Editor entspricht. Er sucht unter anderem nach den Anweisungen, die mit dem Lattenzaun `#` (Raute, Nummernzeichen, sharp, …) beginnen und führt diese aus. In unserem Fall ersetzt er die Anweisung durch den Inhalt der dahinter angegebenen Datei. Er fügt also den Quelltext der Datei `stdafx.h` ein.

☞ Hinweis: (Für Profis) Wir finden den Dateinamen einmal in Anführungszeichen und einmal in spitzen Klammern. Dies beeinflusst die Suchreihenfolge. Geben wir den Namen `"stdafx.h"` in Anführungszeichen an, so wird im aktuellen Ordner des Projekts nach der Datei gesucht. Wird sie nicht gefunden, so wird in den eingestellten Systemordnern gesucht. Geben wir den Namen `<stdafx.h>` dagegen in spitzen Klammern ein, so geht es genau anders herum.
Existieren z. B. zwei Dateien mit dem Namen `stdafx.h`, so können wir damit steuern, welcher gewählt werden soll.

Die Erweiterung `.h` weist uns darauf hin, dass es sich um eine *Kopfdatei* (header file) handelt, die nur eine Schnittstellenbeschreibung enthält. Unsere Datei `U021.cpp` ist dagegen eine *Implementationsdatei* mit den ausführbaren Anweisungen.

Natürlich doppelklicken wir jetzt auf alle anderen Dateien, um unsere Neugier zu befriedigen.

Die Kopfdatei `stdafx.h` ist relativ übersichtlich:

```
// stdafx.h : Includedatei für Standardsystem-Includedateien,
//  oder projektspezifische Includedateien, die häufig benutzt, aber
//  in unregelmäßigen Abständen geändert werden.
//

#pragma once

#define WIN32_LEAN_AND_MEAN // Selten verwendete Teile der Windows-Header
 nicht einbinden
```

```
#include <stdio.h>
#include <tchar.h>

// TODO: Verweisen Sie hier auf zusätzliche Header, die Ihr Programm
 erfordert
```

Sie bindet zwei weitere Kopfdateien ein:

`stdio.h`   Die Standard-Input-/Output-Datei enthält Funktionen zur Ein- und Ausgabe auf dem Bildschirm und der Tastatur usw. Sie gehört zur klassischen C-Ausstattung und ist eigentlich nicht mehr C++-gerecht (dazu später mehr).

`tchar.h`   Diese Datei dient zur Verwaltung verschiedener Zeichensätze. Auf der Welt gibt es mehr Sonderzeichen als Normalzeichen. Derzeit gehen die Bestrebungen zum so genannten Unicode, bei dem jedes Zeichen in zwei Bytes gespeichert wird, so dass alle nationalen Sonderzeichen und viele andere Alphabete damit dargestellt werden können. Einen Blick auf diese Zeichen erlaubt uns z. B. Word über die Menüoption `Einfügen| Symbole...` (**Bild 2.9**).

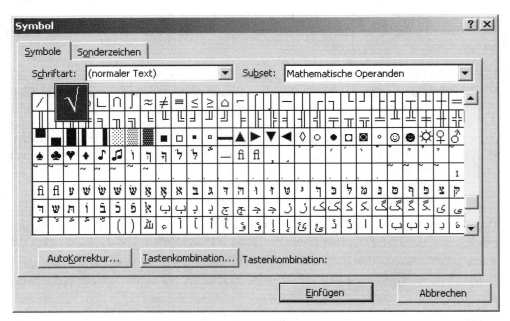

Bild 2.9: Ausschnitt aus dem Unicode in Word

`#pragma once`   sorgt dafür, dass die Datei nur einmal während einer Übersetzungssitzung geöffnet wird.

`#define ...`   definiert eine Variable, die dafür sorgt, dass nur die wichtigen Kopfdateien eingebunden werden.

2.1 Start der Entwicklungsumgebung

Die Kopfdatei `stdafx.h` sieht auf den ersten Blick abschreckend aus, kann aber auch von uns verändert werden, wie der `TODO`-Kommentar ausweist. Da diese Datei frühzeitig eingebunden wird, kann sie alle anderen, öfter notwendigen Kopfdateien inkludieren. Dadurch sparen wir uns entsprechende Anweisungen in den weiteren Dateien.

Die Implementationsdatei `stdafx.cpp` ist leer. Sie inkludiert standardmäßig ihre eigene Kopfdatei:

```
// stdafx.cpp : Quelltextdatei, die nur die Standard-Includes einbindet
//   U021.pch ist der vorcompilierte Header
//   stdafx.obj enthält die vorcompilierte Typinformation

#include "stdafx.h"

// TODO: Verweisen Sie auf zusätzliche Header, die in STDAFX.H
// und nicht in dieser Datei erforderlich sind.
```

Natürlich fragen Sie sich, was `stdafx` heißen könnte. Gut, `std` ist das übliche Kürzel für Standard. `afx` dagegen ist die Abkürzung für frameworks, also Rahmen, Gerüst. Erneut sehen wir, dass ein x nicht nur Christ(mas) (X-mas) oder Cross(ing) (X-ing) heißt.

Die Datei `Readme.txt` wird für jedes Projekt generiert und erläutert einige der Hilfsdateien. Sie hier noch einmal zu interpretieren ist wohl unnötig. Wir kehren daher lieber wieder zu unserem Hauptprogramm `U021.cpp` zurück.

Es folgt die Anweisung

```
int _tmain(int argc, _TCHAR* argv[])
```

bei der die Wörter `int` blau hervorgehoben sind. Es handelt sich um *Typdeklarationen*, d. h., um zwei Integerwerte (Ganzzahlwerte).

☞ Hinweis: (Für Profis) Eigentlich hat die Deklaration `int` nichts mehr in guten Programmen zu suchen, da sie maschinenabhängige Zahlen erzeugt. Ist diese Zahl nun 2 Byte oder 4 Byte lang? Richtig sind die von der IEEE in der Empfehlung 754 festgelegten Typen `short` (2 Byte) bzw. `long` (4 Byte).

Auf die Datentypen müssen wir noch im nächsten Kapitel etwas näher eingehen.

Die gesamte Anweisung ist der Kopf des *Hauptprogramms* `_tmain()`. In klassischen C-Programmen finden wir dort den Namen `main()`. Die Ergänzung `_t` erinnert uns wieder an den erwähnten Unicode. Das Hauptprogramm definiert den *Einsprungspunkt* des Programms. Wenn Windows das Programm startet, so lädt es das Programm in den Speicher und beginnt es an dieser Stelle. Genau genommen handelt es sich um einen *Funktionskopf*. Eine Funktion liefert einen Wert zurück, der durch `int` als Ganzzahl festgelegt wird.

In den Klammern stehen die *Argumente* oder *Parameter*. Es handelt sich hier um Daten, die an eine Funktion übergeben bzw. von einer Funktion geliefert werden. Vor jedem Argument steht wieder der Datentyp. `int` vor `argc` kennen wir schon. Den Namen interpretieren wir einmal als argument count, also als Anzahl der weiteren Parameter. Der zweite Parameter dagegen sieht richtig kompliziert aus. `_TCHAR` sieht wieder wie ein möglicher Unicode-Kandidat aus. Tatsächlich wird z. B. über die Konstante _UNICODE gesteuert, ob wir mit normalen ANSI-Zeichen oder mit Unicode-Zeichen arbeiten. Mit einzelnen Zeichen werden wir aber nur sehr selten operieren. Wir benötigen normalerweise *Zeichenketten*. Der Stern _TCHAR* weist darauf hin, dass es sich um variabel lange Zeichenketten handelt, die besonders verarbeitet werden. Nun folgt der Name argv des/der Argumente. Beim Programmaufruf können wir schon seit DOS-Zeiten viele durch Leerstellen getrennte Parameter an ein Programm übergeben. Es handelt sich also um eine Liste von unbekannt vielen Argumenten. Dies wird durch die eckigen Klammern [] angegeben.

Nach dem Funktionskopf folgt der *Funktionsrumpf.* Damit der Compiler erkennt, wo er beginnt und endet, wird er in geschweiften Klammern eingerahmt. Man nennt dies einen *Block.* Solche Blöcke können an verschiedenen Stellen auftreten. In etwas epischeren Programmiersprachen heißen sie begin und end. Es ist also nicht verkehrt, diese Klammern so auszusprechen.

Im Funktionsrumpf finden wir eine einzige Anweisung:

```
return 0;
```

Sie sorgt dafür, dass unsere Funktion (unser Hauptprogramm) die Zahl 0 zurückliefert.

Bild 2.10: Menüoptionen zum Übersetzen und Debuggen von Programmen (Montage)

2.1.3 Konsolenprogramm testen

☞ Nach so viel Theorie wollen wir nun zur Tat schreiten:

1. Wir wollen unser Programm nun zum Laufen bringen. Hierzu stehen uns mehrere Möglichkeiten offen. Zum einen können wir die Menüoptionen unter Erstellen bzw. Debuggen benutzen (**Bild 2.10**). Zum anderen stehen uns die folgenden Schnelltasten zur Verfügung:

2.1 Start der Entwicklungsumgebung

Kompilieren `Strg` `F7`	Es wird eine Syntaxprüfung durchgeführt.
Erstellen `F7`	Es wird ein lauffähiges Programm erstellt.
Programm ausführen `Strg` `F5`	Das Programm wird gestartet.
Ausführen `F5`	Das Programm wird im Debugmodus gestartet.

2. Eigentlich sollten aber auch Ikonen für einen kurzen Klick vorhanden sein. Dies ist eine gute Gelegenheit, die fehlenden Steuerleisten zu aktivieren, was am Ende dieser Übung dargestellt wird.

3. Als vorsichtige Menschen beginnen wir einfach mit dem Erstellen (**Bild 2.11**). Es wird eine zusätzliche Ausgabescheibe eingeblendet, in der wir die Fortschritte des Erstellens beobachten können. Nacheinander werden die einzelnen Teile des Projekts übersetzt. Wie nicht anders zu erwarten, tritt kein Fehler auf.

4. Wir werden mutiger und führen das Programm mit `F5` aus. Dass es funktioniert, erkennen wir an einem kurzen Aufblinken und den neuen Meldungen im Ausgabefenster (**Bild 2.12**). Wir sehen in der letzten Zeile den Rückgabecode.

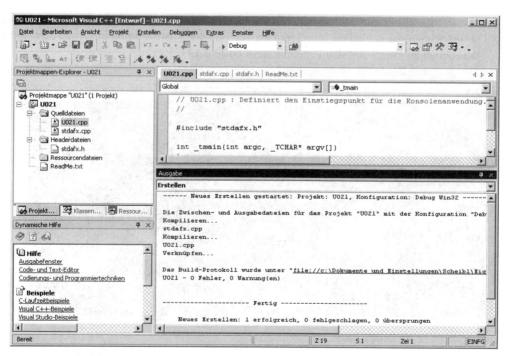

Bild 2.11: U021 erstellen

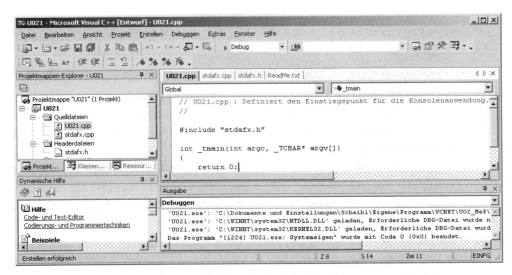

Bild 2.12: U021 im Debugmodus ausführen

5. Da offensichtlich Konsolenanwendungen die Eigenheit haben, sich im Debugmodus sofort wieder zu schließen, probieren wir es mit der Tastenkombination [Strg][F5], die tatsächlich zu einem stabilen Ergebnis führt (**Bild 2.13**).

Bild 2.13: U021 im Direktmodus

6. Nun wollen wir endlich selbst programmieren und ändern das Programm folgendermaßen (die geänderten Zeilen sind grau hinterlegt, optische Korrekturen werden jedoch nicht markiert):

```
// U021.cpp : Definiert den Einstiegspunkt für die Konsolenanwendung.
//
```

2.1 Start der Entwicklungsumgebung

```
#include "stdafx.h"

int _tmain(int argc, _TCHAR* argv []) {
  printf("Hallo, Welt!\n");
  return 3;
} //END _tmain
```

Um die Effekte testen zu können, müssen wir das Programm in beiden Modi starten. Im Debugmodus können wir den Rückkehrcode 3 bestätigen, im Direktmodus wird jetzt der Text "Hallo, Welt!" ausgegeben (**Bild 2.14**). Der Aufruf der Funktion printf() sorgt für die gewünschte Ausgabe. Die seltsam anmutende Zeichenkombination \n bewirkt einen Zeilenvorschub (New Line).

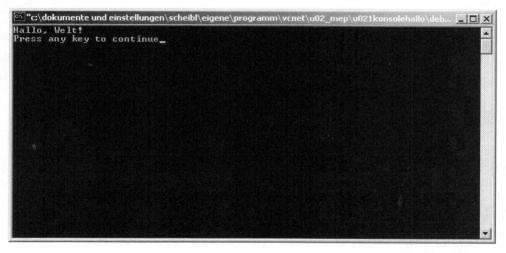

Bild 2.14: Mein erstes Programm

7. Nachdem unser Programm jetzt offensichtlich läuft, sollen wir noch einmal im Explorer untersuchen, was durch unser Kompilieren geschehen ist. Wir finden einen neuen Ordner Debug, der alle Hilfsdateien sowie das Endprodukt U021.exe enthält. Durch diese Abtrennung ist es möglich, alle Hilfsdateien durch Löschen des Ordners auf einen Schlag zu vernichten.

8. Zusätzlich zu den aus Version 6.0 bekannten Dateien finden wir eine Protokolldatei BuildLog.htm mit umfangreichen Informationen. ∎

2.1.4 Fehlersuche

Da es im echten Leben sehr schwer ist, ein Programm auf Anhieb fehlerfrei zu gestalten, ist jetzt eine gute Gelegenheit, einige wohl gezielte Fehler einzubauen:

1. Wir kommentieren zuerst den Rückgabebefehl aus.

2. Im Gegensatz zur Version 6.0 erscheint nicht einmal eine Warnung, dass kein Wert zurückgegeben wird. Der Debugmodus zeigt uns, dass einfach 0 generiert wird.

3. Wir müssen also zu härteren Mitteln greifen und geben einen Text statt der 0 zurück. Das Übersetzen liefert uns jetzt endlich die lang ersehnte Fehlermeldung (**Bild 2.15**). Vorsichtshalber wollen wir sie uns ganz genau anschauen:

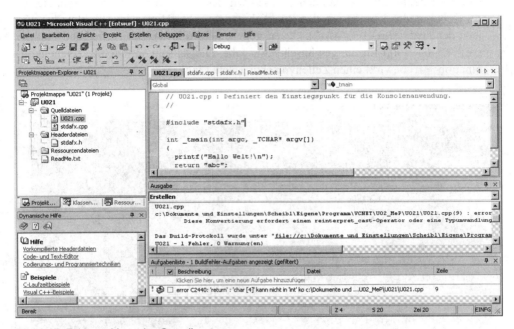

Bild 2.15: Fehlermeldung des Compilers

```
------ Erstellen gestartet: Projekt: U021, Konfiguration: Debug Win32 ------

Kompilieren...
U021.cpp
c:\Dokumente und
  Einstellungen\Scheibl\Eigene\Programm\VCNET\U02_MeP\U021\U021.cpp(9) :
  error C2440: 'return' : 'char [4]' kann nicht in 'int' konvertiert werden
        Diese Konvertierung erfordert einen reinterpret_cast-Operator oder
  eine Typumwandlung im C- oder Funktionsformat

Das Build-Protokoll wurde unter "file://c:\Dokumente und
  Einstellungen\Scheibl\Eigene\Programm\VCNET\U02_MeP\U021\Debug\BuildLog.ht
  m" gespeichert.
U021 - 1 Fehler, 0 Warnung(en)


---------------------- Fertig ----------------------

    Erstellen: 0 erfolgreich, 1 fehlgeschlagen, 0 übersprungen
```

Wir sehen die Fehlernummer C2440, die bei allen Compilerfehlern mit C beginnt. Der auslösende Befehl ist return. char [4] deutet auf eine Zeichenkette hin. Verwun-

2.1 Start der Entwicklungsumgebung

derlich ist die Anzahl, da wir nur drei Zeichen angegeben haben. Das vierte Zeichen muss somit eine besondere Bedeutung haben. Richtig, es ist das *Nullbyte*. Jede Zeichenkette in C wird durch ein Byte mit dem hexadezimalen Wert `0x0` abgeschlossen. Man nennt diese Zeichenketten daher *nullterminierte Strings*. Bei dieser Gelegenheit sehen wir auch gleich, wie hexadezimale Angaben in C gemacht werden. Das `x` zeigt dem Compiler an, dass ein hexadezimaler Wert angegeben wird.

Das Programm versucht nun, diese vier Bytes in eine Ganzzahl umzuwandeln, was ihm jedoch nicht gelingt. Eine solche explizite oder implizite Typumwandlung wird *Casting* genannt. Da dem Compiler eine solche Funktion fehlt, zeigt er den Fehler an.

4. Wenn wir schon beim Fehlererzeugen bzw. beim Fehlersuchen sind, probieren wir folgende Änderung aus:

```
void _tmain(int argc, _TCHAR* argv []) {
  printf("Hallo Welt!\n");
  return 3;
} //END _tmain
```

`void` benutzen wir für Funktionen, die keinen Wert zurückgeben sollen (in anderen Programmiersprachen Prozeduren bzw. Unterprogramme im Gegensatz zu den Funktionen genannt).

Der Compiler erkennt diesen Fehler und zeigt ihn als `C2562` an.

5. Die folgende Variante ist meiner Meinung nach besonders heimtückisch:

```
// U021.cpp : Definiert den Einstiegspunkt für die Konsolenanwendung.
//

//#include "stdafx.h"

int _tmain(int argc, _TCHAR* argv []) {
  printf("Hallo Welt!\n");
  return 3;
} //END _tmain
```

Sie liefert nämlich die beeindruckende Fehlermeldung:

```
fatal error C1010: Unerwartetes Dateiende während der Suche nach der
Direktive für die vorkompilierte Headerdatei
```

Es fehlt das Einbinden der Kopfdatei `stdafx.h`. Solche „vergessenen" Kopfdateien kommen übrigens häufiger vor, so dass diese Fehlermeldung immer zur Überprüfung der Inkludierungen führen sollte.

6. Fehler sind unvermeidbarer Bestandteil der Programmierung. Fehler oder die harmlosere Form der Warnung dienen dazu, das Programm zu verbessern. In unserem Fall haben wir ein Hauptprogramm, das keinen Rückgabewert liefert.

7. Natürlich wissen wir, was wir bei unseren Beispielen am Programm verändert haben. Dies ist aber nicht immer der Fall. Wir wollen daher lernen, was bei einem Fehler oder einer Warnung zu tun ist.

Zuerst sollten wir die Fehlermeldung analysieren. Dazu müssen wir sie natürlich in der Ausgabescheibe sehen. Wir verschieben daher mit der Bildlaufleiste die Registerkarte so weit nach oben, dass die erste Meldung sichtbar wird. Es kommt nämlich nicht selten vor, dass ein Fehler eine Reihe von Folgefehlern erzeugt. Daher ist immer der oberste Fehler zuerst zu untersuchen.

8. Wenn wir die Fehlerstelle in einem größeren Programm sehen wollen, dann doppelklicken wir auf die Fehlerzeile. Der Editor positioniert dann den Arbeitsbereich und markiert die Zeile mit einem kleinen Pfeil. Oft ist aber diese Zeile nicht die eigentliche Ursache des Fehlers. Vielmehr stellt der Compiler den Fehler erst an dieser Stelle fest. Die eigentliche Ursache kann daher im Programmablauf einige Anweisungen früher liegen.

9. Wenn wir die Meldung nicht auf Anhieb verstehen, so positionieren wir den Cursor auf sie und drücken F1, in der (meist unbegründeten) Hoffnung, über die Hilfe Licht in das Dunkel zu bringen. Dieses Mal ist die Hilfe (**Bild 2.16**) aber durchaus brauchbar.

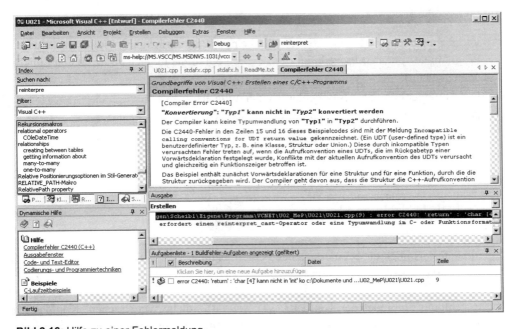

Bild 2.16: Hilfe zu einer Fehlermeldung

10. Bevor wir das Programm wechseln oder beenden, sollten wir die Projektmappe schließen. ■

2.2 Nützliches zur Oberflächenbedienung

Sicher werden Sie festgestellt haben, dass ein Programmierer perfekt im Umgang mit der Windows-Oberfläche sein sollte, um auf „Geschwindigkeit" zu kommen. Viele Abläufe werden automatisiert (im Kleinhirn gespeichert) und laufen unbewusst deutlich schneller

2.2 Nützliches zur Oberflächenbedienung

ab. Beobachten Sie sich einmal selbst, schauen Sie anderen Bedienern zu. Wechseln diese bei der Eingabe ständig von der Tastatur zur Maus? Lösen diese bestimmte Funktionen erst nach mehrmaligem Klicken über eine mehrstufige Menühierarchie aus?

Das folgende Kapitel soll Ihnen ein paar Tipps zur schnelleren Oberflächenbedienung geben. Diese Anregungen können Sie natürlich auch zur Gestaltung Ihrer Anwendungsprogramme nutzen. Gute und schlechte Vorbilder lassen sich bereits vor der aufwändigen Eigenprogrammierung austesten.

2.2.1 Maus und/oder Tastatur

Schon bei den zurückliegenden Beispielen haben wir immer wieder mehrere Möglichkeiten der „Erreichbarkeit" einer bestimmten Funktion dargestellt. Dies wird sich im Laufe dieses Buches sogar noch steigern. Dabei können wir feststellen, dass die Erreichbarkeit auf mehreren Ebenen abläuft:

- Erreichbarkeit über verschiedene Eingabemedien wie Tastatur, Maus (in Zukunft einmal Sprache usw.)
- Erreichbarkeit über verschiedene Wege (siehe als Beispiel das Öffnen eines neuen Projekts)

Grundsätzlich sollte eine Anwendung die Erreichbarkeit einer Funktion über alle Eingabemedien erlauben, d. h., Funktionen, die wir über eine Schaltfläche auslösen können, sollten auch über eine Menüoption und möglichst auch über eine Ikone in einer Symbolleiste aktiviert werden können. Für die wichtigsten Funktionen legen wir Schnelltasten an, wobei wir uns an gewisse Standards halten.

Tatsächlich ist bereits diese Aussage problematisch. Welches sind die Standards? Wer in der Version 6.0 sowohl Basic- wie auch Visual C++-Projekte entwickelt hat, wird die Unterschiede beim Start der Kompilierung, beim Debuggen usw. aus leidvoller Erfahrung kennen. Tatsächlich waren hier die Entwicklungsumgebungen unterschiedlich. Jetzt haben wir eine einheitliche IDE und entscheiden erst in dieser Umgebung den Anwendungstyp.

Profile sind natürlich etwas Schönes. Besonders die benutzerdefinierten Profile strahlen einen nicht unerheblichen Charme aus. Wir sollten aber daran denken, dass wir hin und wieder die Rechner wechseln. Bleiben wir im gleichen Netz, so hilft uns ein serverbasiertes Profil. Wechseln wir aber zum Kunden usw., so finden wir unser persönliches Profil dort sicher nicht vor. Es sollte also sehr sorgfältig geprüft werden, welche Einstellungen sinnvoll sind und welche nicht.

Eine weitere Gefahr besteht in der Überheblichkeit. Wir sollten nicht über Menschen lächeln, die eine Tastaturbedienung vorziehen. Diese sind wahrscheinlich sogar schneller als der Mausbediener. Bei Letzterem macht sich nämlich der Umstand bemerkbar, immer mehr auf die Oberfläche zu packen, indem man einfach die Ikonen und Schaltflächen kleiner und kleiner macht. Moderne (coole) Designs (Skins) verstecken die Ikonen dann möglichst noch, so dass wir erst durch Mausbewegungen die richtige Stelle suchen müssen (siehe WinAmp oder Bildbearbeitungsprogramme). Die Maus als umgedrehte Rollkugel (diese gab es übrigens lange vor der Maus) hat doch den Vorteil, schnell lange Strecken überspringen zu können, um dann abgebremst, langsam positioniert zu werden.

Ein typisches Beispiel (**Bild 2.17**) verdeutlicht die Problematik. Gestylte Schaltflächen unterschiedlichster Größe, verschiedenster Formen und abweichendem Verhalten (einige werden grün, andere verlieren ihren Hintergrund usw.) beschleunigen nicht gerade die Verarbeitung, sehen aber gut aus.

Bild 2.17: Modernes Layout führt zum Suchbild nach Bedienelementen (Ja, wo sind sie denn?)

2.2.2 Desktop

Der Desktop ist ein typisches Beispiel für die Erreichbarkeit von Funktionen. Wir können ein Programm:

- über das Startmenü öffnen
- über eine Ikone auf dem Desktop öffnen
- über eine Ikone in der Taskleiste aktivieren
- automatisch starten und in den Hintergrund stellen (Ikone erscheint im Statusbereich der Taskleiste rechts außen)

und vieles mehr.

2.2 Nützliches zur Oberflächenbedienung

Auf unserer Arbeitsfläche tummeln sich meist eine Vielzahl von Fenstern. Auch wenn Microsoft bereits mit Windows 98 angekündigt hat, dass MDI (Multi Document Interface) „out" sei, ist diese Technik noch weit verbreitet. Die Abkehr von den MDI-Anwendungen erkennen wir typischerweise an Word. Ab Word 2000 erscheinen die einzelnen Dokumente in getrennten Fenstern und werden in die Taskleiste aufgenommen.

Die wichtigste Funktion ist daher, den Desktop aufzuräumen. Hierzu stehen uns – wie immer – mehrere Möglichkeiten offen:

- über die Ikone ![] auf der *Schnellstartleiste* der Taskleiste
- über die Tastenkombination <Win>+D
- über einen Rechtsklick auf einen freien Bereich der Taskleiste erscheint ein Kontextmenü (**Bild 2.18**) mit der Option `Alle Fenster minimieren`

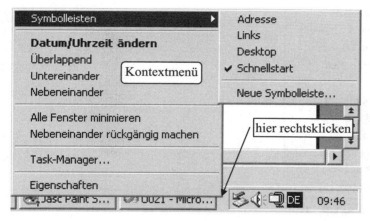

Bild 2.18: Kontextmenü der Taskleiste

Dieses Kontextmenü birgt noch weitere Geheimnisse. Da die Taskleiste wiederum nur ein Container von Symbolleisten ist, können wir die vorgefertigten Leisten oder selbst definierte Leisten einblenden. Hierzu erscheinen jeweils eigene Bereiche, die sich über einen Handgriff (Handle = senkrechter Strich am linken Rand) per Maus gegeneinander verschieben lassen:

- Mit der Symbolleiste `Adresse` können wir schnell zu einer angegebenen Webseite wechseln.
- Mit der Symbolleiste `Links` erhalten wir Zugriff auf eine Reihe von Internetadressen.
- Die Symbolleiste `Desktop` platziert Objekte vom Desktop noch einmal auf der Taskleiste (**Bild 2.19**). Dies erspart uns manchmal das Aufräumen des Desktops, um ein Programm von dort zu aktivieren.

- Mit der Symbolleiste `Schnellstart` können wir leicht auf häufig verwendete Programme zugreifen. Eine Reihe von Programmen trägt sich dort automatisch ein. Wir können diese Leiste durch Ziehen und Ablegen mit eigenen Programmen füllen bzw. durch Ziehen auf die Papierkorbikone von nicht mehr benötigten Einträgen befreien. Alternativ können wir aber auch den Ordner `C:\Dokumente und Einstellungen\Scheibl\Anwendungsdaten\Microsoft\Internet Explorer\Quick Launch` bearbeiten, der alle Verknüpfungen beinhaltet.

Bild 2.19: Objekte des Desktops in der Taskleiste aufrufen

Das Kontextmenü erlaubt uns, mehrere Fenster nebeneinander oder untereinander anzuordnen. Diejenigen, die sich nach dem Dateimanager aus den Urzeiten von Windows oder nach dem Layout des Norton Commanders mit zwei parallelen Dateilisten sehnen, öffnen einfach zwei Windows-Explorer und setzen diese nebeneinander (**Bild 2.20**).

Natürlich wollen wir nicht immer nur aufräumen, sondern nur einmal schnell zwischen zwei Anwendungen wechseln. Sicher geht dies mit Hilfe der Maus über die Taskleiste. Aber wo ist die Maus? Immerhin ist sie jetzt funkgesteuert, so dass sie sich schnell verstecken kann. Es geht elegant über die Tastenkombination [Alt][⇆]. Es erscheint eine Taskleiste in der Mitte des Bildschirms. Weitere [⇆]-Tastendrücke lassen den Fokus wandern. Sobald wir die Tasten loslassen, wird die gerade markierte Anwendung in den Vordergrund gebracht.

2.2 Nützliches zur Oberflächenbedienung

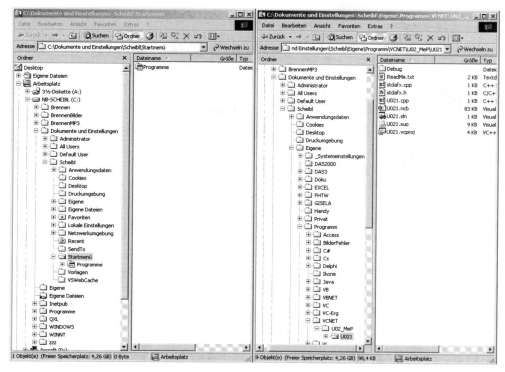

Bild 2.20: Desktop im Norton Commander-Stil

2.2.3 Explorer

Natürlich kann man über Geschmäcker trefflich streiten. Für den Programmierer sind aber einige Einstellungen des Windows-Explorers gewöhnungsbedürftig. Da sich dessen Einstellungen auf einige andere Objekte wie die Standardmenüs auswirken, sollten wir frühzeitig über eine Anpassung nachdenken.

Sicher kann man die Erweiterungen anhand der klitzekleinen Ikonen im Explorer raten, aber die Anzeige der Erweiterungen kostet doch keine Ressourcen. Auch die Darstellung des vollständigen Pfads ist zum Kopieren in die Zwischenablage hilfreich. Ob man lieber eine detaillierte Liste oder eine Anhäufung von Ordner- und Programmsymbolen vorzieht, ist Ansichtssache.

Die Einstellungen des Explorers erreichen wir über die Menüoption Extras| Ordneroptionen... Auf dem Registerblatt Allgemein ändern wir lediglich die Webansicht (**Bild 2.21**).

Für ein schnelles, sinnvolles Arbeiten hat sich die Einstellung der Optionen nach **Bild 2.22** bewährt. Damit diese Einstellungen für alle anderen Ordner aktiv werden, lösen wir die Schaltfläche Wie aktueller Ordner aus.

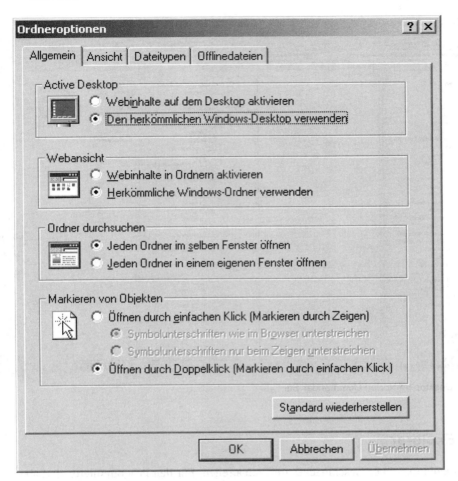

Bild 2.21: Einstellungen des Explorers auf dem Registerblatt `Allgemein`

2.2.4 Projekte, Dokumente, Fenster und Symbolleisten

Im Visual Studio .NET bearbeiten wir normalerweise ein Projekt, das aus einer Vielzahl verschiedener Dokumente (Dateien) besteht, die weitgehend voneinander abhängig sind. Löschen wir einige oder verändern sie außerhalb des Visual Studios .NET, so können wir meist davon ausgehen, dass anschließend nichts mehr funktioniert.

2.2 Nützliches zur Oberflächenbedienung

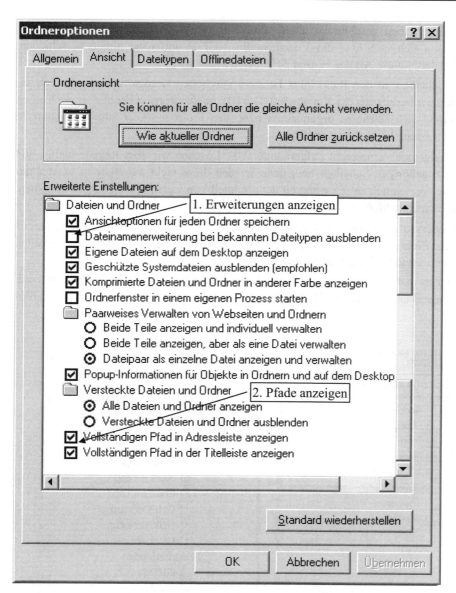

Bild 2.22: Einstellungen des Explorers auf dem Registerblatt `Ansicht`

2.2.5 Fenster, Scheiben

Auf einer modernen Windows-Oberfläche wird es immer problematischer, von Fenstern zu sprechen. Wir finden klassische Anwendungsfenster, Fenster mit Fensterscheiben (kurz Scheiben = Panes), Fenster mit eingefangenen Kindfenstern, verschiebbare Symbolleisten, andockbare Scheiben, gekoppelte Fenster usw. Schließen wir das Visual Studio .NET, so werden alle Scheiben geschlossen. Diese sind aber nicht wie Kindfenster eingefangen, sondern lassen sich auch über das Visual Studio .NET-Hauptfenster hinaus verschieben. Wir werden daher diese Art der Fenster *Scheiben* nennen.

Wenn die Scheiben an den Rand ihres Fensters geschoben werden, docken sie sich an. Dies kennen wir bereits aus der Version 6.0. Die IDE ab der Version kennt aber noch einen anderen Trick, sich selbst zu organisieren bzw. den Programmierer zum Wahnsinn zu treiben. Die Lösung heißt *Registerblätter*.

Bild 2.16 zeigt noch eine recht aufgeräumte IDE. Löschen wir aber Registerblätter und öffnen die zugehörigen Scheiben neu, dann werden diese nicht automatisch wieder mit dem Register verschmolzen. Es wimmelt dann schnell von vielen unabhängigen Scheiben, die wir aufräumen sollten.

An die Ränder zu schieben hilft nicht weiter, da sich dort die anderen Scheiben bereits wohl fühlen. Ziehen wir aber eine Scheibe auf den linken, oberen Bereich einer zweiten Scheibe, dann verschmelzen diese zu einem Register.

Einfach ziehen und ablegen ist problematisch, weil dann ggf. unerwünscht gedockt wird. Wir erkennen aber die von der IDE beabsichtigte Aktion am veränderten Umriss (**Bild 2.23**).

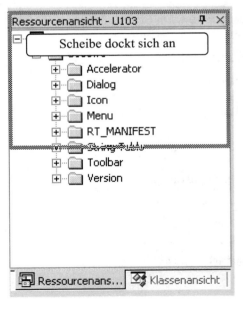

Bild 2.23: Scheiben andocken oder im Register stapeln

2.2 Nützliches zur Oberflächenbedienung

2.2.6 Symbolleisten

Schon bei der Einstellung der Taskleiste haben wir Verfahren zur Aktivierung und durch Ziehen und Ablegen zur Anpassung von Leisten kennen gelernt. Ähnliches lässt sich nun für die IDE von Visual C++ durchführen. Die Technik ist besonders dann wichtig, wenn uns Fensterscheiben oder Symbolleisten „abhanden" kommen. Dann heißt es: „Nur keine Panik!" Irgendwo können wir die fehlenden Elemente wieder aktivieren.

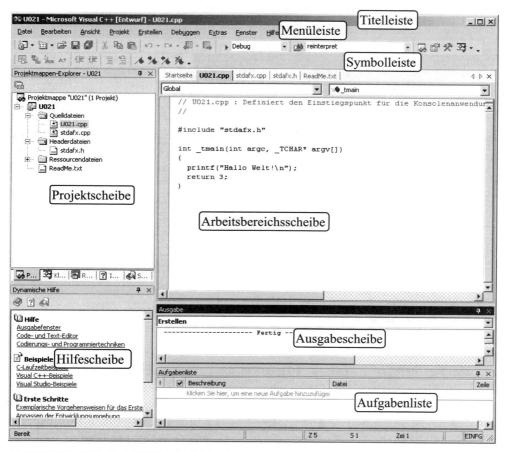

Bild 2.24: Visual Studio .NET-Standardbildschirm im Visual C++-Modus

Der normale Bildschirm einer Visual C++-Sitzung (**Bild 2.24**) umfasst eine Reihe von Fensterscheiben und Leisten. Im vorliegenden Beispiel wird in der Projektscheibe der Projektmappen-Explorer angezeigt. Durch Aktivierung der Hilfe hat sich die Anzahl der Registerblätter dort auf fünf erhöht. Auch hier können wir durch Rechtsklick auf eine freie Stelle in einer der Symbolleisten das Kontextmenü zur Ansteuerung der Leisten öffnen (**Bild 2.25**). Durch Klick auf die Optionen schalten wir deren Zustand um, d. h., blenden die Objekte ein bzw. aus.

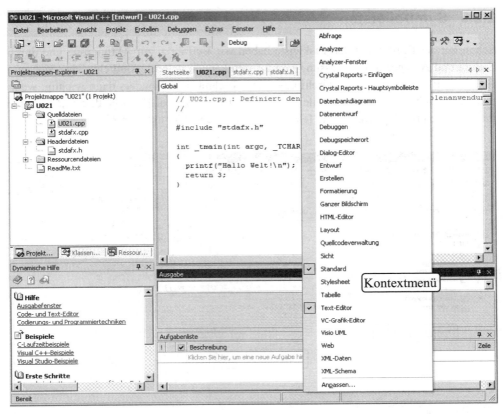

Bild 2.25: Kontextmenü von Visual Studio .NET

Durch einen Querstrich abgetrennt finden wir die Anpassfunktion. Sie erlaubt uns, die Symbolleisten individuell anzupassen. Das erste von drei Registerblättern enthält quasi eine Kopie des Kontextmenüs (**Bild 2.26**).

Mit dem Registerblatt `Befehle` können wir die Leisten unseren speziellen Wünschen anpassen. Wie schon erwähnt werden wir zu Testzwecken öfters Zeilenbereiche auskommentieren. In Visual C++ funktioniert dies mit Hilfe von Zeilenkommentaren `//` über alle Zeilen oder einem Bereichskommentar `/* */`. In Visual Basic finden wir dagegen nur den Zeilenkommentar `'`. Unter Visual Basic gab es schon seit längerer Zeit eine entsprechende Editor-Funktion. Was liegt also näher, das Ein- und Ausschalten dieser Kommentare möglichst über Ikonen zu vereinfachen? Auf dem Registerblatt `Befehle` markieren wir im Listenfeld `Kategorien` den Eintrag `Bearbeiten`. Im Listenfeld `Befehle` erscheinen sofort sämtliche Befehle dieser Kategorie zusammen mit ihren Ikonen (**Bild 2.27**). Wir suchen nun den Eintrag `Auswahl auskommentieren` und ziehen ihn nach oben in die Leiste Text-Editor. Dort legen wir ihn an geeigneter Stelle ab. Die Ikone erscheint und kann ggf. mit der Maus noch einmal verschoben werden.

2.2 Nützliches zur Oberflächenbedienung

Bild 2.26: Registerblatt Symbolleisten im Dialogfeld Anpassen

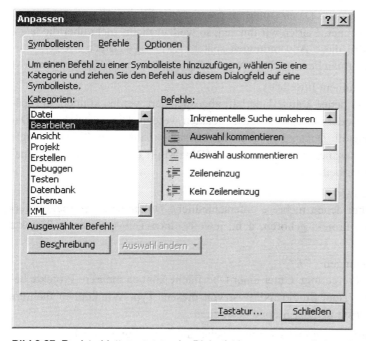

Bild 2.27: Registerblatt Befehle im Dialogfeld Anpassen mit dem Listenfeld Befehle

> Aufgabe 2-1: Symbolleisten anpassen

Führen Sie diese Aktion noch einmal für die Funktionen `Auswahl einkommentieren` und `Visuellen Bereich umschalten` aus. Die letztere Funktion schaltet die Anzeige der Steuerzeichen (Leerstellen, Tabulatoren) ein und aus. ■

☞ Hinweis: Die Einstellung der Oberfläche bleibt auch in den anderen Programmiersprachen erhalten. Dabei wird die Funktionalität an die jeweilige Sprache angepasst. So wechseln die Kommentarzeichen automatisch mit der gewählten Sprache.

2.2.7 Dokumente und Fensterscheiben

Bei der Bearbeitung eines Projekts erscheinen und verschwinden nicht nur Steuerleisten, sondern auch Fensterscheiben. Im Laufe der Jahre haben sich verschiedene Architekturen entwickelt, die wir hier kurz rekapitulieren wollen, um später bei Bedarf die richtige Entscheidung zu treffen.

Das Visual Studio entspricht der aktuellen Architektur, d. h., es ist eine Mehrscheiben (Multi Pane)- und keine Mehrdokument(Multi Document)-Anwendung. Dies klingt zuerst einmal etwas verwirrend, wenn man die Begriffe nicht sauber trennt. Zunächst können wir eine Gliederung nach dem Inhalt vornehmen:

- Dokumentlose Anwendungen
  sind Anwendungen, die keine Daten dauerhaft (persistent) ablegen. Ein typischer Vertreter ist der Taschenrechner. Starten wir ihn neu, so weiß er nichts mehr über die letzte Sitzung. Microsoft wird diese Anwendungen später `Auf Dialogfeldern basierend` bezeichnen (man beachte den Mut, das Partizip Präsens zu verwenden).

- DI-Anwendungen (Document Interface)
  sind Anwendungen, bei denen Daten dauerhaft abgespeichert werden können, die später wieder automatisch oder benutzergesteuert geladen werden. Die gespeicherten Daten werden bei Microsoft *Dokumente* genannt. Hierbei können ein (SDI = Single Document Interface) oder mehrere Dokumente (MDI = Multi Document Interface) parallel angezeigt und verarbeitet werden.

- Ein-Projekt-Anwendungen
  sind Anwendungen, bei denen mehrere unterschiedliche Dokumente verarbeitet werden, die alle zu einem Projekt gehören, d. h., jeweils einen Teilaspekt eines Projekts enthalten.

- Mehr-Projekt-Anwendungen
  sind die derzeit letzte Steigerung. Unter einer Oberfläche können mehrere Projekte bearbeitet werden. Das Visual Studio .NET ist von diesem Typ. Wir können mehrere (gleichsprachige) Projekte in einer Mappe bearbeiten.

Eine zweite Dimension der Gliederung können wir über die Darstellung vornehmen:

2.2 Nützliches zur Oberflächenbedienung

- Ein-Fenster-Darstellung
  sind Anwendungen mit einem einzigen Fenster, das weitgehend statisch ist. Diese Art der Darstellung ist typisch für dokumentlose oder SDI-Anwendungen (Single Document Interface-Anwendungen). Hin und wieder werden zusätzliche Hilfsfenster aufgeklappt, was aber der Grundphilosophie nicht widerspricht.

- Ein-Fenster-mit-Kindfenster-Darstellung
  sind Anwendungen, bei denen ein Rahmenfenster kein, ein oder mehrere Kindfenster verwalten kann. Die Kindfenster werden nicht durch den Bildschirmrand, sondern durch das Rahmenfenster kontrolliert. Je nach Dokumentbasis können die Kindfenster nur ein einziges Dokument an unterschiedlichen Positionen oder verschiedene Dokumente enthalten. Die Steigerung ist, dass jedes Kindfenster noch einmal eine unterschiedliche Darstellung (Text, Baum, Grafik) des jeweiligen Dokuments enthalten kann.

- Splitterfenster
  sind Anwendungen, bei denen die einzige Fensterscheibe „gesplittert" ist. Wenn eine Scheibe „einen Sprung" hat, dann überschneiden sich die einzelnen Restscheiben nicht. Internetseiten sind typische Splitterfenster, wenn sie *Rahmen* enthalten. Die einzelnen Fensterscheiben lassen sich nur auf Kosten der Nachbarscheiben in ihrer Größe verändern.

- Folienfenster
  sind Anwendungen, bei denen transparente oder undurchsichtige Folien auf einem Hauptfenster „herumschwimmen" und immer obenauf bleiben. Diesen Fenstertyp finden wir ebenfalls im Internet wieder.

- Mehrscheiben-Fenster
  sind Anwendungen, bei denen unterschiedliche Aspekte eines Projekts in verschiedenen Scheiben dargestellt werden. Im Gegensatz zu den Kindfensterdarstellungen werden diese aber *angedockt,* d. h., an die anderen Scheiben angepasst, indem sie ihre Form und Größe ändern. Typischerweise ändert eine Scheibe ihr Format, wenn wir sie in die Nähe einer senkrechten oder waagerechten Kante schieben. Gleichzeitig sind sie aber in der Lage, als eigenständiges Fenster zu existieren, wobei sie z. B. eine Titelleiste und verschiedene Ikonen usw. ein- bzw. ausblenden.

- Mehrfenster
  sind Anwendungen, die mehrere weitgehend eigenständige Fenster verwalten. Diese Fenster tauschen Meldungen untereinander aus und zeigen gewisse „familiäre Banden". So kann ein Fenster das Elternfenster sein, bei dessen Schließen auch alle Kindfenster geschlossen werden. Sind die Kinder dagegen erwachsen, so ist mehr Gleichberechtigung angesagt. Hier verhält sich beispielsweise das letzte Fenster noch besonders. Word 2000+ ist dafür typisch. Jedes Dokument existiert in einem oder mehreren Fenstern, die auch alle in der Taskleiste auftauchen. Kein Dokument hat die Elternfunktion. Schließen wir das letzte Dokument, so bleibt ein leeres Fenster übrig.

Im Anwendungsassistent können wir später diese Mehrfenster-Anwendungen als `Mehrere Dokumente auf höchster Ebene` auswählen.

➢ Aufgabe 2-2: Windows-Anwendungen klassifizieren

Versuchen Sie nun einmal selbst, verschiedene Anwendungen zu klassifizieren. Der Windows-Explorer ist z. B. eine Eindokument-Splitterfenster-Anwendung. Es wird immer der Ordnerbaum des Rechners angezeigt, jedoch auf zwei Scheiben (panes), einmal in der Baumdarstellung, zum anderen in einer Listendarstellung. Wobei wir die Listendarstellung noch in verschiedenen grafischen Varianten (Detailliste, Ikonensammlung usw.) beeinflussen können. ■

➢ Aufgabe 2-3: Fensterscheiben bearbeiten

Alle Fensterscheiben verfügen über eine Schließikone (kleines Kreuz). Ist der Platz knapp, so können wir eine Scheibe durch Klick auf diese Schließikone verschwinden lassen. Probieren Sie dies an der Ausgabescheibe des Visual Studios .NET aus. Lassen Sie diese verschwinden.

Nachdem dies geschehen ist, sollte die Ausgabescheibe aber wieder erscheinen. Führen Sie die notwendigen Schritte dazu durch. ■

2.2.8 Visual Studio .NET-Optionen einstellen

Für unsere Übungen ist es sinnvoll, neben dem anfänglichen Profil weitere Optionen einzustellen. Wobei wir uns hier wieder nur auf die wichtigsten Punkte beschränken wollen.

Wenn Sie die Symbolleiste erfolgreich verändert haben, so können Sie feststellen, dass der Editor eine bestimmte Einrücktiefe hat, nämlich standardmäßig vier Leerzeichen. Bei tief geschachtelten Programmen ist dies für das Ausdrucken in einem Buch eher hinderlich. Wir sollten daher beispielsweise diese Eigenschaft auf den Wert 2 ändern. Bei dieser Gelegenheit lernen wir, die Optionen einzustellen.

Wir gehen dazu in folgenden Schritten vor:

1. Wir öffnen über die Menüoption `Extras|Optionen...` das Dialogfeld `Optionen`.
2. Es zeigt eine logische Ordnerhierarchie an, in der wir den Punkt `Text Editor|C/C++|Tabstopps` markieren (**Bild 2.28**).
3. Hier können wir nun das Einrücken über die Eingabefelder unseren Wünschen anpassen.
4. Zuletzt schließen wir dieses Fenster wieder mit `OK`. ■

2.3 MFC-Anwendung

Nachdem wir eine erste Konsolenanwendung realisiert haben, wollen wir nun Windows-gerechter werden und eine MFC-Anwendung realisieren. Die MFC (Microsoft Foundation Classes) ist eine Sammlung von Einzelklassen sowie eine große Klassenhierarchie, die uns von vielen, immer wiederkehrenden Aufgaben entlasten soll.

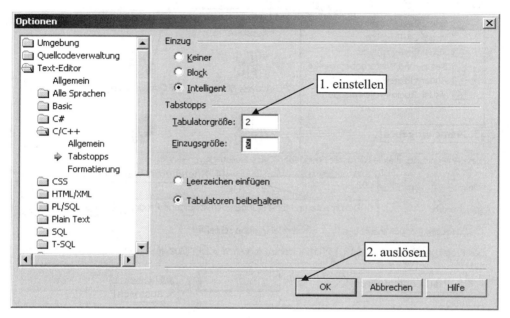

Bild 2.28: Tabstopps im Dialogfeld `Optionen` einstellen

2.3.1 Anwendungsassistenten aufrufen

U022 Um ein Windows-gerechtes „Hallo, Welt!"-Programm zu erstellen, gehen wir in folgenden Schritten vor, wobei wir die Schritte noch einmal recht genau beschreiben wollen:

1. Sollte noch ein Projekt in Arbeit sein, so schließen wir dieses mit der `Datei|Menüoption Projektmappe schließen`. Sollten wir dagegen nicht im Visual Studio .NET sein, so öffnen wir es. Auf jeden Fall beginnen wir immer mit einer „aufgeräumten" Umgebung.

2. Wie immer haben wir mehrere Möglichkeiten, das neue Projekt zu beginnen. In der Arbeitsscheibe sehen wir die Startseite, die uns die Schaltfläche `Neues Projekt` anbietet. Der Weg über das Menü mit `Datei|Neu|Projekt...` ist dagegen etwas aufwändiger. Die Schnelltastenkombination `Strg`+`⇧`+`N` müssen wir dagegen auswendig können. Es erscheint das Dialogfeld `Neues Projekt`.

3. Da wir eine MFC-Anwendung generieren wollen, wählen wir die entsprechenden Punkte aus und geben als Namen U022 ein. Die Aktionen sowie die Reihenfolge der Schritte sehen wir in **Bild 2.29**.

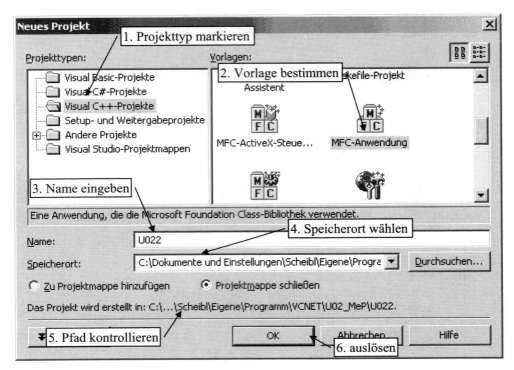

Bild 2.29: MFC-Anwendung generieren

4. Der Anwendungsassistent möchte nun eine Reihe Dinge von uns erfahren, um das Rahmengerüst (Framework) genau auf unsere Wünsche anzupassen. Da dieser Vorgang nur einmal durchlaufen werden kann, müssen wir sehr sorgfältig die Einstellungen überlegen (**Bild 2.30**). Umgekehrt gibt es sehr viele Variationen, die wir an dieser Stelle nicht alle erläutern, geschweige denn ausprobieren können.

5. Im Dialogfeld Anwendungstyp (**Bild 2.31**) legen wir die zwei wichtigen Dimensionen unserer Anwendung fest, die wir schon recht ausführlich behandelt haben. Mit dem Kontrollkästchen Unterstützung für die Dokument-/Ansichtarchitektur bestimmen wir, ob unser Programm so generiert werden soll, dass es Daten persistent in Dokumenten speichert. Mit dem Optionenfeld Anwendungstyp legen wir die grafische Präsentation fest. Für unser erstes Programm ändern wir hier nichts.

Den Projektstil Windows-Explorer wählen wir nur, wenn unsere Oberfläche wie der Windows-Explorer in zwei Fensterscheiben mit einer Baumsicht und einer Listensicht gesplittert sein soll, was wohl nur in Sonderfällen sein wird.

2.3 MFC-Anwendung

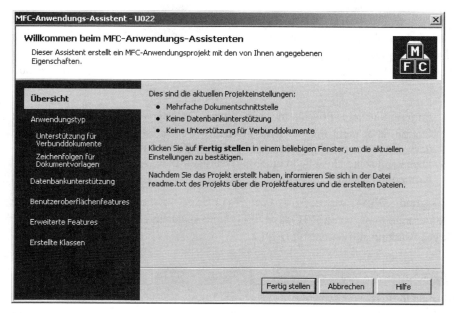

Bild 2.30: Eingangsfenster des MFC-Anwendungsassistenten

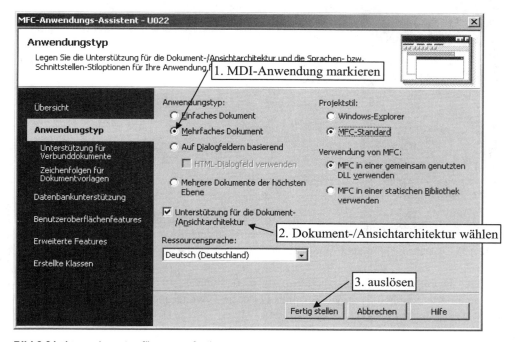

Bild 2.31: Anwendungstyp für U022 festlegen

Die Option MFC in einer statischen Bibliothek verwenden sorgt dafür, dass unser übersetztes Programm „vollständig" ist. Da der Verpackungsassistent (Installationsprogramm) normalerweise alle notwendigen Teile für einen Transport auf eine andere Plattform zusammensammelt, werden wir diese Option sehr selten benutzen.

☞ Hinweis: Funktioniert ein Programm nach einem Rechnerwechsel zwar mit dieser Option, aber nicht mit der dynamischen MFC, so ist dies ein Zeichen dafür, dass die fehlenden Programmteile auf dem Zielrechner nicht registriert sind. Dies kann seine Ursache in einer notwendigen Lizenzierung einer eingesetzten Komponente sein.

6. Im Dialogfeld Unterstützung für Verbunddokumente nehmen wir nur dann Änderungen vor, wenn z. B. unser Programm später in einem Steuerelement eine fremde Anwendung aktivieren soll (**Bild 2.32**).

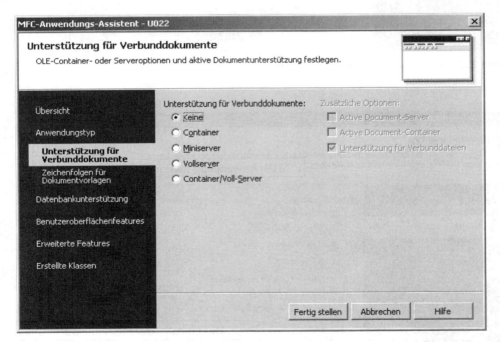

Bild 2.32: Dialogfeld Unterstützung für Verbunddokumente

7. Das Dialogfeld Zeichenfolgen für Dokumentvorlagen dient u. a. dazu, generierte Namenteile sowie beispielsweise die Erweiterung für die Dokumentdateien festzulegen (**Bild 2.33**).

☞ Hinweis: Aus einem langen Namen wird ein kurzer Dateiname usw. generiert. Da der Anwendungsassistent bis zu vier Zeichen an den Projektnamen anhängt, gleichzeitig aber die 8.3 Regel beachtet (**8** Zeichen für den Namen, **3** Zeichen

2.3 MFC-Anwendung

für die Erweiterung), ist es empfehlenswert, die Projektnamen nur vierstellig zu wählen. Dies ist ein Grund für die Namenswahl `U999` der Übungsaufgaben.

8. Soll unsere Anwendung auf eine Datenbank zugreifen, so füllen wir das Dialogfeld `Datenbankunterstützung` aus. So weit sind wir aber noch nicht (**Bild 2.34**).

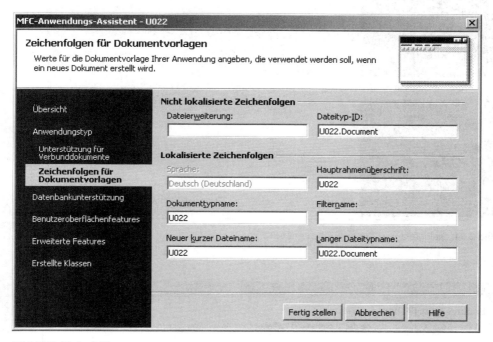

Bild 2.33: Dialogfeld `Zeichenfolgen für Dokumentvorlagen`

9. Verglichen mit den zurückliegenden Dialogfeldern gehört das Dialogfeld `Benutzeroberflächenfeatures` wieder eher zu den „primitiven" Eigenschaften. Hier legen wir einige Eigenschaften des Fensterlayouts fest (**Bild 2.35**).

Die Eigenschaften sind mehr oder weniger selbsterklärend. `Breiter Rahmen` bedeutet logischerweise, dass das Fenster eine entsprechende Umrandung hat. Der Rahmen ist beispielsweise eine unveränderbare Eigenschaft. Ob aber das Fenster am Anfang normal oder als Ikone dargestellt wird, kann während einer Programmsitzung verändert werden. Einige der weiteren Eigenschaften, wie z. B. `Geteiltes Fenster`, werden wir noch in gesonderten Kapiteln aufgreifen.

10. Das Dialogfeld `Erweiterte Features` enthält ebenfalls in seiner Gewichtigkeit sehr unterschiedliche Eigenschaften. Da steht die Anzahl der Einträge in der Dateiliste (History-Liste) neben dem Einbinden von Windows-Sockets zur Internet-Programmierung (**Bild 2.36**). Es erscheinen daher einige Erläuterungen notwendig.

88 2 Mein erstes Programm

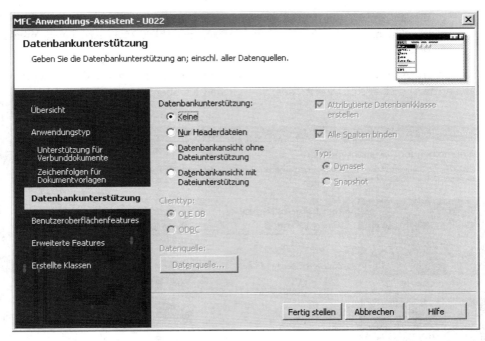

Bild 2.34: Dialogfeld Datenbankunterstützung

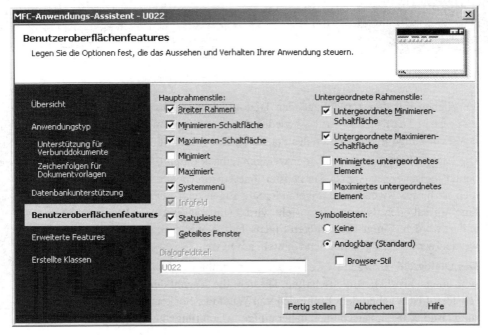

Bild 2.35: Dialogfeld Benutzeroberflächenfeatures

2.3 MFC-Anwendung

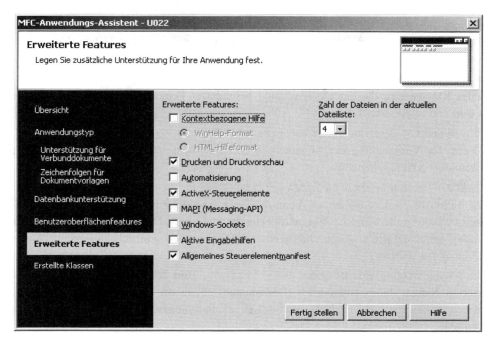

Bild 2.36: Dialogfeld Erweiterte Features

Kontextbezogene Hilfe
Es wird eine Reihe von Hilfsdateien erzeugt, die bereits das generierte Verhalten beschreiben. Bei Bedarf müssen wir nur unsere eigenen Ergänzungen beschreiben. Es stehen zwei verschiedene Formate zur Verfügung, die jedoch erst aktiviert werden, wenn dieses Kontrollkästchen angeklickt ist. Es handelt sich um das klassische WinHelp-Format oder HTML-Format, in dem auch Webseiten geschrieben werden.

Drucken und Druckvorschau
Der Anwendungsassistent generiert Oberflächenelemente und Code zum Drucken, zur Seitenansicht (Druckvorschau) und zur Druckereinrichtung. Da das Drucken auf der Dokumentklasse aufsetzt, muss die Anwendung die Dokument-/Ansichtarchitektur unterstützen.

Automatisierung
Unter Automatisierung versteht man den Aufruf von Objekten in fremden Programmen wie Word, Excel usw.

ActiveX-Steuerelemente
Steuert, ob eine Anwendung ActiveX-Steuerelemente verwenden kann.

MAPI (Messaging-API)
Sorgt dafür, dass der Benutzer in der Anwendung E-Mail-Nachrichten erstellen, bearbeiten, übertragen und speichern kann.

Windows-Sockets
Windows-Sockets sind für alle Anwendungen notwendig, die über TCP/IP-Netzwerke kommunizieren, was sowohl im LAN wie auch im Internet heutzutage der Standard ist.

Active Accessibility
Fügt Klassen ein, die der Unterstützung behinderter Personen dienen (Lesehilfen in Form von Lupen usw.).

Allgemeines Steuerelementmanifest
Dient der Verwendung der allgemeinen Steuerelemente, die im Lieferumfang von Windows XP enthalten sind.

Zahl der Dateien in der aktuellen Dateiliste
Gibt die Anzahl der Dateien an, die in der Liste der zuletzt verwendeten Dateien angezeigt werden sollen. Die Anzahl beträgt standardmäßig 4. Da diese Dateien über ihren Index per Kurztaste angesprochen werden können, ist es natürlich interessant, Werte über 9 zu wählen.

11. Im letzten Diaglogfeld Erstellte Klassen (**Bild 2.37**) können wir die generierten Namen der Komponenten (Dateinamen) sowie der Klassennamen verändern, was wir aber nur dann machen, wenn wir ein „Kündigungsschutzprogramm" schreiben wollen.

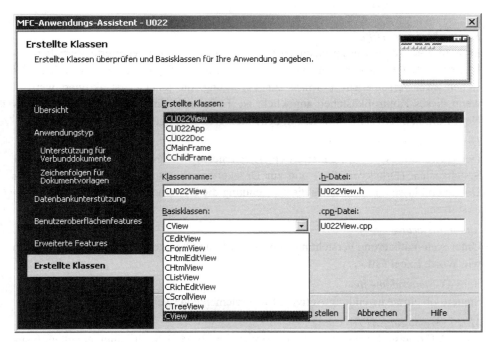

Bild 2.37: Dialogfeld Erstellte Klassen

2.3 MFC-Anwendung

Wenn wir uns die einzelnen Klassen ansehen, dann variieren die Änderungsmöglichkeiten. Bei allen können wir den internen Klassennamen ändern. Damit Windows die Applikation auch wirklich starten kann, dürfen die Dateinamen `U022App` nicht verändert werden. Bei allen Klassen, außer der Ansichtsklasse `U022View`, sind die Basisklassen fest vorgegeben. Bei der Sichtklasse können wir aus einer Vielzahl von Varianten wählen. Dies zeigt uns, dass wir für die unterschiedlichsten Anwendungsfälle entsprechende Vorlagen wählen können. Wir erkennen die Basisklasse `CEditView`, mit der wir mit wenigen Klicks ein Programm wie `Notepad` erzeugen können.

12. Sind wir durch alle Dialogfelder hindurch, so können wir bei Bedarf noch Änderungen vornehmen. Irgendwann müssen wir aber `Fertig stellen` auslösen. Im Gegensatz zur Version 6.0 erscheint keine Zusammenfassung zur Kontrolle. Daher muss vor diesem entscheidenden Klick alles kontrolliert sein, denn den Anwendungsassistenten können wir nur einmal für ein Projekt starten. Haben wir etwas vergessen, so ist es ziemlich hoffnungslos, dies nachzuprogrammieren.

13. In der Projektscheibe sehen wir jetzt bereits eine Vielzahl von Einträgen. Ein schneller Blick in den Windows-Explorer zeigt, dass es 21 Dateien zuzüglich fünf weiterer Dateien im Ordner `res` sind.

Werfen wir noch einen kurzen Blick auf die generierten Klassen. Einige sind in ihrer Bedeutung schon erklärt worden. Dies wollen wir noch einmal zusammenfassen.

`CU022App` ist das *Hauptprogramm*. Es wird von Windows aufgerufen und verteilt die Meldungen an die anderen Programmkomponenten.

`CMainFrame` ist die *Hauptrahmenfensterklasse*, das entweder leer oder mit Kindfenstern gefüllt ist.

`CChildFrame` ist die *Kindrahmenklasse*, d. h., jedes Kindfenster hat einen Rahmen mit Titelleiste usw.

`CU022View` ist die *Ansichtsklasse*. Sie implementiert das Verhalten des Kindfensters innerhalb des Anwendungsbereichs von `CChildFrame`, also des inneren Rechtecks.

`CU022Doc` ist die *Dokumentklasse*. Sie enthält die Implementation der Datenstrukturen und deren Verarbeitung. Diese Daten werden automatisch gespeichert oder geladen.

Die Beschreibung zeigt uns bereits, dass einige Objekte andere Objekte beinhalten in Form einer Schachtelung. Teilweise handelt es sich sogar um Auflistungen, da das einzige Hauptrahmenfensterobjekt eine beliebige Anzahl von Kindfenstern verwalten muss, die es in eine geeignete Liste eintragen wird. Ebenso wird es von der Dokumentklasse beliebig viele Instanzen (Objekte) geben, die jeweils ein getrenntes Dokument verarbeiten.

Die Redeweise hört sich ein wenig geschraubt an, ist aber präziser, als nur von Klassen zu sprechen. Klassen sind nur Beschreibungen. Objekte sind Instanzen dieser Klassen. Klassen existieren nur einmal, Objekte je nach Aufgabe mehrfach. So gibt es nur ein Anwendungsobjekt als Instanz der Klasse `CU022App`, ein Hauptrahmenfensterobjekt als Instanz der Klasse `CMainFrame`, beliebig viele Kindrahmenobjekte und deren Inhalt, die Sichtobjekte der Klasse `CU022View`. Für jedes neue Dokument wird ein Dokumentobjekt der Klasse `CU022Doc` im Speicher angelegt. Ein Dokumentobjekt muss dann mit einem oder mehreren Sichtobjekten verknüpft werden, um es auf dem Bildschirm sichtbar zu machen.

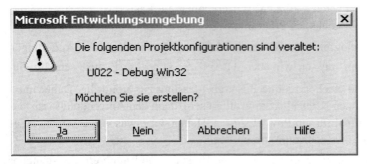

Bild 2.38: Visual Studio .NET meldet fehlende oder veraltete Komponenten

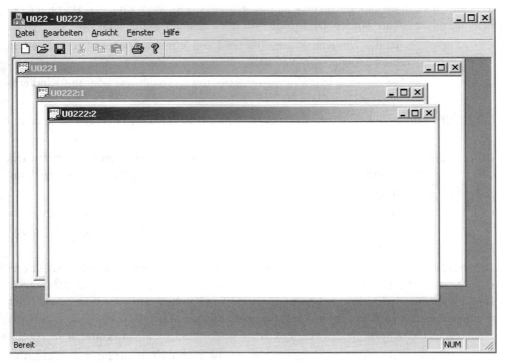

Bild 2.39: MDI-Anwendung `U022`

2.3 MFC-Anwendung

14. Um dies gleich einmal auszuprobieren, übersetzen und starten wir das Programm mit [F5] (oder einer der anderen Techniken). In Zukunft wird uns Visual Studio .NET dann anzeigen, was es vorhat bzw. was ihm fehlt (**Bild 2.38**).

15. Die Übersetzung funktioniert ohne Probleme, schließlich haben wir ja noch nichts selbst programmiert. Das Ergebnis (**Bild 2.39**) zeigt alle Eigenschaften einer MDI-Anwendung:
    - Jedes neue Dokument erhält eine laufende Nummer der Art `U022x`.
    - Jede neue Ansicht auf dasselbe Dokument erhält eine Nummer der Art `U022x:y`.

16. Damit können wir das Programm erst einmal abschließen und speichern. ∎

2.3.2 Rahmengerüst einer MFC-Anwendung

Nach dem Rezept im letzten Kapitel wollen wir erst einmal einen Blick auf die Dateien werfen, die der Anwendungsassistent erzeugt hat. Diese Untersuchung kann nicht vollständig sein, da uns noch viele Grundlagen fehlen.

Bei der Betrachtung der Dateiliste können wir feststellen, dass für jede Klasse eine Kopfdatei mit der Erweiterung `.h` und eine Implementationsdatei `.cpp` existiert. Des Weiteren finden wir diese beiden Dateien auch für die schon bekannte Standardrahmengerüstdatei `stdafx`. Einzig die **Resource.h** taucht als Kopfdatei auf.

Ressourcendatei `Resource.h`

Da sie recht kurz ist, können wir sie hier ausdrucken.

```
//{{NO_DEPENDENCIES}}
// Microsoft Visual C++ generated include file.
// Used by U022.rc
//
#define IDD_ABOUTBOX            100
#define IDP_OLE_INIT_FAILED    100
#define IDR_MAINFRAME          128
#define IDR_U022TYPE           129
#define IDR_MANIFEST           CREATEPROCESS_MANIFEST_RESOURCE_ID

// Nächste Standardwerte für neue Objekte
//
#ifdef APSTUDIO_INVOKED
#ifndef APSTUDIO_READONLY_SYMBOLS
#define _APS_NEXT_RESOURCE_VALUE    130
#define _APS_NEXT_CONTROL_VALUE     1000
#define _APS_NEXT_SYMED_VALUE       101
#define _APS_NEXT_COMMAND_VALUE     32771
#endif
#endif
```

Sie besteht ausschließlich aus Präprozessordirektiven, die im ersten Teil bestimmte Konstanten definieren, während der zweite Teil offensichtlich die nächsten freien Nummern speichert.

Wir werden beim Entwurf von Oberflächen feststellen, dass die Kürzel:

`IDD`   die ID eines Dialogs
`IDR`   die ID einer Ressource

kennzeichnen. Über diese Identnummern kommuniziert Windows mit unserem Programm. Da diese Nummern nur bekannt gegeben werden müssen, existiert also keine Implementationsdatei `Resource.cpp`.

Anwendungsrahmen U022.h

Aus den anderen Dateien wollen wir nur jeweils einige wichtige Anweisungen herausnehmen und besprechen. Wir hatten schon gehört, dass eine Anwendung ein Hauptprogramm hat, das der Meldungsverteilung dient. Wir betrachten daher zuerst die Kopfdatei `U022.h`. Die Kommentarzeile

```
// U022.h : Hauptheaderdatei für die U022-Anwendung
```

bestätigt unsere Behauptung. Durch die Präprozessordirektiven:

```
#pragma once
#include "resource.h"        // Hauptsymbole
```

werden zuerst hardware- und betriebssystemspezifische Eigenschaften festgelegt. In unserem Fall bedeutet `once`, dass die Datei nur einmal geöffnet wird. Anschließend werden die gerade beschriebenen Konstanten unserem Programm sichtbar gemacht (Insider sprechen von `resource.h` wird „gezogen", d. h., geladen).

```
class CU022App : public CWinApp
{
public:
  CU022App();
// Überschreibungen
public:
  virtual BOOL InitInstance();
};

extern CU022App theApp;
```

Die Kopfdatei enthält bekanntlich die Schnittstellenbeschreibung eines Moduls. Es wird die Klasse `CU022App` deklariert, die ein öffentlicher Nachkomme von `CWinApp` ist. Eine Nachfolgerklasse erbt alle Eigenschaften und Methoden der Vorgängerklasse, d. h., unsere Anwendungsklasse hat somit alle Eigenschaften einer Windows-Anwendung. Der Konstruktor `CU022App()` ist immer öffentlich. Damit sie sich irgendwann von den anderen Anwendungen auf unserem Rechner unterscheidet, müssen wir ihr Verhalten neu definieren. Dazu wird die öffentliche, virtuelle Methode `InitInstance()` überschrieben. Sie liefert einen logischen Wert. *Virtuelle Methoden* sind Funktionen, die entweder *abstrakt* (ohne Funktionalität) sind oder eine gewisse Grundfunktionalität besitzen, die wir an unsere Wünsche anpassen können. Die Neudefinition wird *Überschreibung* genannt. Wir können aber auch nicht virtuelle Methoden überschreiben.

Etwas Besonderes stellt die letzte Zeile dar. Mit ihr wird das Objekt `theApp` vom Typ `CU022App` als extern deklariert, damit Windows den Einsprung auf unsere Anwendung

2.3 MFC-Anwendung

kennt. Normalerweise ist dies die einzige externe Variable, die es in unserem Programm gibt.

Anwendungsrahmen U022.cpp

Wir wechseln nun in die Implementationsdatei U022h.cpp, um dort die wesentlichen Elemente zu untersuchen. Zuerst fällt ein besonderer Block außerhalb der Funktionen und Methoden auf:

```
BEGIN_MESSAGE_MAP(CU022App, CWinApp)
  ON_COMMAND(ID_APP_ABOUT, OnAppAbout)
  // Dateibasierte Standarddokumentbefehle
  ON_COMMAND(ID_FILE_NEW, CWinApp::OnFileNew)
  ON_COMMAND(ID_FILE_OPEN, CWinApp::OnFileOpen)
  // Standarddruckbefehl "Seite einrichten"
  ON_COMMAND(ID_FILE_PRINT_SETUP, CWinApp::OnFilePrintSetup)
END_MESSAGE_MAP()
```

Es handelt sich um den Meldungsverteilungsplan (oder kurz Meldungsverteiler, Message Map) unserer Anwendung. Auf ein bestimmtes Kommando (ON_COMMAND) hin, das durch den ersten Parameter wie z. B. ID_FILE_NEW bestimmt wird, verzweigt das Programm in eine Meldungsverarbeitungsfunktion (oder im weiteren Text – wie bei den meisten anderen Programmiersprachen – als *Ereignisfunktion* bezeichnet), also CWinApp::OnFileNew. Hierbei handelt es sich um die Methode OnFileNew der Klasse CWinApp, also einer vorhandenen Klasse (später werden wir sehen, dass dies eine wichtige Klasse der MFC ist). In der neuen Sprachversion sind die etwas sperrigen Bezeichnungen der Version 6.0 überarbeitet worden. Eine Ereignisfunktion heißt nun *Meldungshandler*.

Im Meldungsverteilplan können wir bei Bedarf also ablesen, auf welche äußeren Ereignisse unser Programm reagiert.

Es schließt sich nun der so genannte *Konstruktor* der Klasse an. Mit den Konstruktoren werden wir uns in der OOP (Objektorientierten Programmierung) intensiv beschäftigen.

```
CU022App::CU022App()
{
  // TODO: Hier Code zur Konstruktion einfügen
  // Alle wichtigen Initialisierungen in InitInstance …
}
```

Nun wird das einzige Objekt

```
// Das einzige CU022App-Objekt
CU022App theApp;
```

unserer Anwendungsklasse CU022App mit dem Namen theApp angelegt, man sagt auch: Das Objekt wird *instanziiert*.

Es folgt nun eine umfangreiche Implementierung der Methode InitInstance(), die hier verkürzt mit entsprechenden Kommentaren dargestellt wird:

```
BOOL CU022App::InitInstance()
{
  //Initialisierung allgemeiner Steuerelemente
  InitCommonControls();
```

```cpp
  //Aufruf der Vorgängermethode aus der MFC
  CWinApp::InitInstance();

  //OLE-Bibliotheken initialisieren
  if (!AfxOleInit())
  {
    AfxMessageBox(IDP_OLE_INIT_FAILED);
    return FALSE;
  }

//Ermöglicht die Verwendung von Containern mit OLE-Steuerelementen
  AfxEnableControlContainer();

  //Trägt die Anwendung in die Registrierungsdatei ein. Hier geben wir
  //unseren Firmennamen usw. vor.
  SetRegistryKey(_T("Vom lokalen Anwendungs-Assistenten generierte
  Anwendungen"));
  LoadStdProfileSettings(4); //Standard INI-Dateioptionen laden
  //Dokumentvorlagen der Anwendung registrieren. Dokumentvorlagen
  //dienen als Verbindung zwischen Dokumenten, Rahmenfenstern und Ansichten.
  CMultiDocTemplate* pDocTemplate;
  pDocTemplate = new CMultiDocTemplate(IDR_U022TYPE,
    RUNTIME_CLASS(CU022Doc),
    RUNTIME_CLASS(CChildFrame), // Benutzerspezifischer MDI-Child-Rahmen
    RUNTIME_CLASS(CU022View));
  AddDocTemplate(pDocTemplate);
  //Haupt-MDI-Rahmenfenster erstellen
  CMainFrame* pMainFrame = new CMainFrame;
  if (!pMainFrame->LoadFrame(IDR_MAINFRAME)) //prüfen, ob erfolgreich
    return FALSE;
  m_pMainWnd = pMainFrame; //Zeiger auf das Hauptfenster setzen

  //mit diesen Befehlen können wir eine Datei auf unser Programmfenster
  // ziehen und bei richtigem Suffix (Erweiterung) von diesem laden lassen.
  CCommandLineInfo cmdInfo;
  ParseCommandLine(cmdInfo);

  //Einlesen und Auswerten (Verteilen) von Kommandozeilenparametern
  if (!ProcessShellCommand(cmdInfo))
    return FALSE;

  //Das Hauptfenster ist initialisiert und kann jetzt angezeigt und
  // aktualisiert werden.
  pMainFrame->ShowWindow(m_nCmdShow);
  pMainFrame->UpdateWindow();
  return TRUE;
}
```

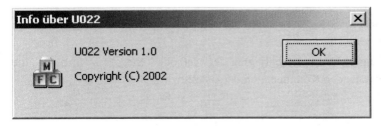

Bild 2.40: Informationsdialog des Programms U022

2.3 MFC-Anwendung

Die Implementationsdatei `U022h.cpp` enthält noch eine zweite Klasse `CAboutDialog`, die ein Fenster mit Informationen zum Programm anzeigt. Dieses Fenster aktivieren wir über die Menüoption Hilfe|Info über U022 **(Bild 2.40)**.

Diese Klasse legt uns den Rahmen eines Dialogfensters offen. Wir erkennen eine öffentliche Methode `CAboutDlg()`, eine Aufzählung (`enum`) der Steuerelemente (hier nur den Dialog selbst) und eine geschützte, virtuelle Methode `DoDataExchange()` zum Datenaustausch mit dem Dialog, die aber derzeit nur die ererbte Methode aus der Klasse `CDialog` aufruft. Es folgt ein leerer Meldungsverteilplan, d. h., wir lösen keine besonderen Aktionen mit dem Infodialog aus. Zuletzt finden wir die Ereignisfunktion zur Anzeige des Infodialogs:

```
// Anwendungsbefehl zum Ausführen des Dialogfelds
void CU022App::OnAppAbout()
{
  CAboutDlg aboutDlg;
  aboutDlg.DoModal();
}
```

Die beiden Anweisungen sind schnell erklärt. Zuerst wird ein Objekt `aboutDlg` der Infodialogklasse `CAboutDlg` angelegt. Diese verfügt über eine Methode `DoModal()`, mit der sie auf dem Bildschirm dargestellt wird. *Modale Dialoge* sperren die Anwendung, d. h., der Anwender muss erst den Infodialog schließen, bevor er mit der Anwendung weiter arbeiten kann.

Normalerweise wird für jede Klasse eine Kopf- und eine Implementationsdatei angelegt. Dies ist hier nicht der Fall. Wir können also durchaus mehrere Klassen in einem Modul abspeichern, ohne dass für alle Klassen eine Schnittstellenbeschreibung in der Kopfdatei existiert. Der Infodialog ist eine rein interne Klasse.

Hauptrahmenfenster MainFrm.h

Nachdem unsere Anwendung gestartet ist, wird sie das Hauptfenster anzeigen. In der Kopfdatei `MainFrm.h` finden wir folgende (neue) Informationen. Die Hauptklasse `CMainFrame` ist ein Nachkomme von `CMDIFrameWnd`, also ein MDI-Rahmenfenster.

Das Makro

```
DECLARE_DYNAMIC(CMainFrame)
```

sorgt dafür, dass wir zur Laufzeit Informationen über diese Klasse abrufen können, die in der MFC-Basisklasse `CObject` gespeichert werden.

Der Hauptrahmen verfügt über eine virtuelle Methode `PreCreateWindow()`, die einen logischen Wert zurückliefert und einen Parameter über eine komplexe Erzeugungsstruktur `cs` besitzt. Mit ihr werden wir bei Bedarf den Hauptrahmen verändern.

Es folgt die Deklaration des *Destruktors* `~CMainFrame()`, der den Hauptrahmen zerstört, d. h., den Speicher aufräumt.

Es schließen sich Anweisungen zur Fehlersuche an:

```
#ifdef _DEBUG
  virtual void AssertValid() const;
  virtual void Dump(CDumpContext& dc) const;
#endif
```

Die erste Methode `AssertValid()` dient zur Überprüfung auf Gültigkeiten. Hiermit lässt sich der Erfolg von Funktionen abprüfen. Die zweite Methode `Dump` erlaubt das Ausgeben der gesamten Objektinformationen zur Fehlersuche.

Wenn wir beim Generieren des Programmgerüsts die Status- und/oder die Werkzeugleiste angefordert haben, so werden hierfür entsprechende Variablen angelegt:

```
CStatusBar   m_wndStatusBar;
CToolBar     m_wndToolBar;
```

Hauptrahmenfenster MainFrm.cpp

Die letzten Anweisungen sorgen dafür, dass der Hauptrahmen die Windows-Meldung `WM_CREATE` in der Ereignisfunktion `OnCreate` verarbeitet, um sich zu erzeugen. Diese Ereignisfunktion finden wir in der Implementationsdatei **MainFrm.cpp**.

Sie ruft ihre Vorgängerfunktion `CMDIFrameWnd::OnCreate(lpCreateStruct)` auf, um anschließend die Symbolleiste mit verschiedenen Voreinstellungen zu erzeugen. Sollte dies nicht erfolgreich sein, so wird mit `TRACE0()` eine Fehlermeldung abgesetzt. Das Gleiche erfolgt mit der Statusleiste. Die restlichen Methoden sind selbsterklärend.

Kindrahmenfenster ChildFrm.h

Wir wechseln daher zur Kopfdatei **ChildFrm.h** der Kindklasse `CChildFrame`, ein Nachkomme von `CMDIChildWnd`. Hier fällt uns das Makro:

```
DECLARE_DYNCREATE(CChildFrame)
```

auf. Es bereitet diese Klasse darauf vor, dynamisch zur Laufzeit erzeugt zu werden. Dies ist bei Kindrahmen notwendig, da der Anwender beliebig viele dieser Kindrahmen aktivieren kann. Ansonsten ähnelt der Kopf dieser Klasse dem Kopf der Hauptrahmenklasse. Sie verfügt über eine Vorbereitungsmethode `PreCreateWindow`, die programmtechnische Einstellungen vor der eigentlichen Anzeige des Fensters erlaubt.

Kindrahmenfenster ChildFrm.cpp

Die Implementationsdatei `ChildFrm.cpp` enthält kein Überraschungen, so dass wir auf die Sichtklasse `CU022View` mit der Kopfdatei `U022View.h` übergehen können. Die Sichtklasse beschreibt das Verhalten eines Kindfensters im so genannten *Anwendungsbereich* (auch Client Area genannt). Dies ist sozusagen das innere Rechteck eines Fensters ohne den Overhead wie Titel-, Menü-, Symbol- und Statusleisten sowie Rahmen.

Ansichtsklasse U022View.h

Wird ein Kindrahmen erzeugt, so muss dieser mit der Ansicht gefüllt werden. Also wird auch sie zur dynamischen Erzeugung mit:

```
DECLARE_DYNCREATE(CU022View)
```

2.3 MFC-Anwendung

angelegt. Dann folgt unter der Überschrift `Attribute` eigentlich eine Methodendeklaration `GetDocument()` mit einigen Besonderheiten:

```
// Attribute
public:
  CU022Doc* GetDocument() const;
```

Zwischen Klassenbezeichner und Methodenname sehen wir den Operator `*`. Dieser zeigt an, dass die Methode einen Zeiger (Pointer) auf ein Objekt und keinen Wert liefert. `GetDocument()` ist also eine Methode, die uns über einen Zeiger den Zugriff auf das Dokument, eine Instanz der Dokumentklasse liefert.

Mit `const` werden alle Methoden einer Klasse markiert, die den Zustand eines Objekts nicht ändern, d. h., nur lesend auf das Objekt zugreifen.

Es folgen dann Überschreibungen verschiedener Ereignisfunktionen, die wir am Präfix `On` erkennen. Neu sind `OnDraw()` und Funktionen, die durch den Zusatz `Printing` darauf hinweisen, dass sie zum Drucken verwendet werden. Diese Anweisungen tauchen aber nur auf, wenn wir die Druckunterstützung beim Generieren angeklickt haben.

Am Ende der Kopfdatei finden wir dann noch eine spezielle Konstruktion für die Fehlersuche, für die der Zeiger auf die Dokumentklasse noch einmal uminterpretiert wird.

Ansichtsklasse U022View.cpp

Die Implementationsdatei **U022View.cpp** enthält einen Meldungsverteilplan für die Druckereignisse. Im Vergleich zur Anwendungsklasse enthält diese die Druckereignisse. Dies ist logisch, da sich diese auf ein Dokument beziehen. Schauen wir noch einmal zurück auf die Anwendungsklasse, dann finden wir dort nur die Ereignisse, die sich auf die gesamte Anwendung auswirken. Somit werden die Ereignisse den Klassen zugeordnet, die für die Bearbeitung verantwortlich sind.

Es folgen dann weitgehend leere Ereignisfunktionen, die bei Bedarf ihre Vorgängerfunktion aufrufen. Einzig in der Zeichenmethode:

```
void CU022View::OnDraw(CDC* /*pDC*/)
{
  CU022Doc* pDoc = GetDocument();
  ASSERT_VALID(pDoc);

  // TODO: Code zum Zeichnen der systemeigenen Daten …
}
```

wird zusätzlich der Zeiger `pDoc` auf das zugehörige Dokumentobjekt angefordert. Danach erfolgt eine Überprüfung, ob es sich tatsächlich um ein vollständiges Dokument handelt.

☞ Hinweis: Ab der Version 7.0 ist der Parameter `pDC` auskommentiert und muss bei Bedarf einkommentiert werden.

2.3.3 Programmierung

Kommentare wie beispielsweise:

```
// TODO: Code zum Zeichnen der systemeigenen Daten …
```

weisen uns darauf hin, dass entsprechender Code von uns eingegeben werden kann. Tatsächlich ist die Ereignisfunktion `OnDraw` die richtige Stelle für uns, eine erste Programmierung vorzunehmen.

Hierzu gehen wir in folgenden Schritten vor:

1. Wir suchen die Ereignisfunktion `OnDraw`. Hierzu stehen uns – wie immer – verschiedene Techniken zur Verfügung. Wir wissen, dass sich die Implementation dieser Ereignisfunktion in der Quelltextdatei `U022View.cpp` befindet. Ein Doppelklick auf den Dateinamen im Projektmappen-Explorer führt uns in diese Datei (**Bild 2.41**). Hier müssen wir nun die richtige Stelle suchen.

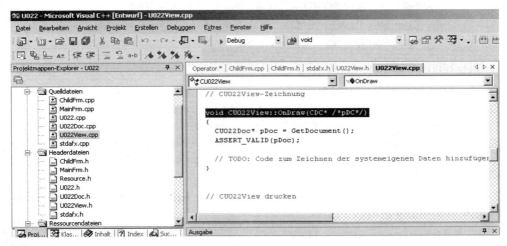

Bild 2.41: Quelltextdateien über den Projektmappen-Explorer öffnen

Deutlich eleganter ist der Weg über die Klassenansicht. Hierzu wechseln wir auf die Registerkarte `Klassenansicht` und expandieren die Klasse `U022View` (**Bild 2.42**). Ein Doppelklick auf die gesuchte Methode `OnDraw` positioniert und markiert diese sofort im Quelltexteditor.

2. Haben wir die Funktion gefunden, so können wir sie ändern. Gegenüber der Version 6.0 fällt auf, dass das Argument `pDC` mit Hilfe eines Bereichskommentars auskommentiert ist. Dies ist ein Zeiger auf den Gerätekontext (DC = Device Context). Hinter diesem Begriff verstecken sich alle Treiber unter Windows. Jedes Gerät, das wir unter Windows installieren, besitzt so einen Gerätekontext. Er wird einmal installiert und ersetzt die vielen, vielen Treiber, die früher für jede Anwendung und jedes Gerät geschrieben werden mussten.

2.3 MFC-Anwendung

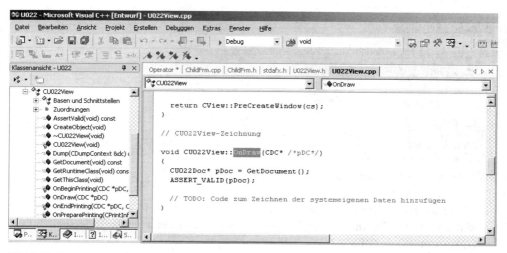

Bild 2.42: Ereignisfunktion über die `Klassenansicht` finden

Durch Übergabe eines anderen Gerätekontextes zeichnet unser Programm die systemeigenen Daten auf dieses Gerät. Somit kann die Ereignisfunktion `OnDraw` sowohl für den Bildschirm als auch für den Drucker, den Plotter usw. eingesetzt werden. Wir ändern den Quelltext folgendermaßen (die geänderten Zeilen sind grau hinterlegt).

```
void CU022View::OnDraw(CDC* pDC)
{
  CU022Doc* pDoc = GetDocument();
  ASSERT_VALID(pDoc);

  pDC->TextOut(10,10,"Hallo, Welt!");
}
```

3. Jetzt wollen wir das Programm natürlich übersetzen und ausprobieren. Wir entscheiden uns für die Debugvariante, um bei Laufzeitfehlern usw. das Programm schrittweise ablaufen zu lassen. Wie immer stehen uns mehrere Möglichkeiten offen. Unter der Menüoption `Debuggen` finden wir die entsprechenden Optionen. Über die Tastatur wird das Programm mit `F5` (mit Debuggen) oder `Strg F5` (ohne Debuggen) gestartet.

   Hat man gerade seine Hand auf der Maus, so ist auch die Ikone `Debug` interessant. Wir können über die Rolloikone den Modus bestimmen, der auch nach dem Schließen erhalten bleibt. Durch Klick auf das Dreieck startet das Programm.

4. Visual Studio .NET erkennt anhand der Zeitstempel, welche Teile des Programms geändert wurden. Es werden nur diese neu übersetzt (**Bild 2.43**). Man nennt dies *inkrementelles Kompilieren*.

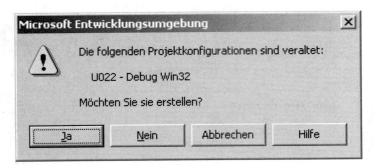

Bild 2.43: Inkrementelles Erstellen einer Anwendung

5. Ist die Übersetzung erfolgreich, so erscheint das Programm mit einem Kindfenster. Wir können nun wiederum mehrere Dokumente neu anlegen bzw. mehrere Sichten auf ein Dokument öffnen (**Bild 2.44**).

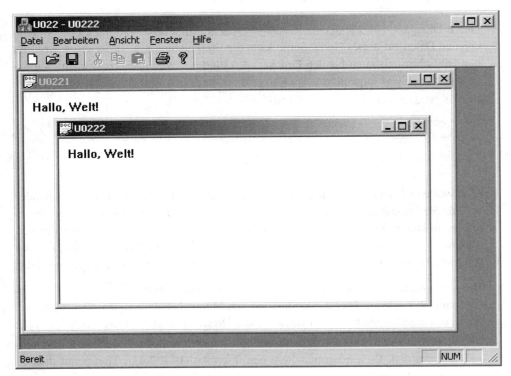

Bild 2.44: Dokumente der MDI-Anwendung `U022 Hallo, Welt!`

6. Entspricht das Programm unseren Vorstellungen, so speichern und schließen wir die Anwendung. ∎

2.3 MFC-Anwendung

2.3.4 Programmierumgebung

2.3.4.1 Übersicht über die generierten bzw. übersetzten Dateien

An dieser Stelle können wir einige nützliche Dinge besprechen und erfahren. Der Windows-Explorer zeigt uns, dass eine Vielzahl von Dateien und einige neue Ordner entstanden sind (**Bild 2.45**).

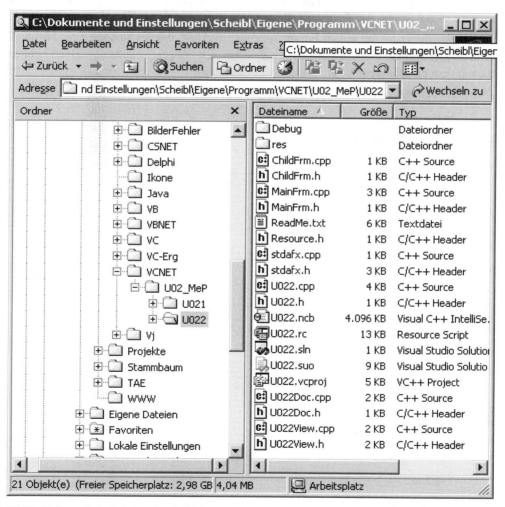

Bild 2.45: Generierte Dateien einer MDI-Anwendung

Wir erkennen die Kopf- und Implementationsdateien der verschiedenen Klassen. Solution- und Projekt-Dateien dienen der Verwaltung des Projekts. Sie enthalten unter anderem die Übersetzer- und Linker-Anweisungen, aber auch das Layout von Visual Studio .NET usw.

Die Visual C++ IntelliSense Database schlägt mit über 5 MB kräftig beim Speicherbedarf zu. Da sie bei Bedarf neu erstellt wird, können wir sie für den Versand der Anwendung löschen.

Zuletzt finden wir noch eine Ressourcendatei `U022.rc` und eine Textdatei `ReadMe.txt`. Letztere lässt sich im Visual Studio .NET öffnen und lesen. Sie enthält Informationen zu den generierten Dateien. Da der Inhalt weitgehend verständlich ist, soll hier auf ein Ausdrucken verzichtet werden.

Die Ressourcendatei lässt sich dagegen nur etwas umständlich in einem Editor öffnen, da sie dem Visual Studio .NET zur Layoutgestaltung dient und in eine Grafik umgesetzt wird.

Öffnen wir die Datei mit einem Editor, so stellen wir fest, dass es sich um eine Textdatei handelt. Der Anfang dieser Datei sieht folgendermaßen aus (die vollständige Datei können Sie mit dem eingebauten Editor, Word usw. betrachten):

```
//In Microsoft Visual C++ generiertes Ressourcenskript.
//
#include "resource.h"

#define APSTUDIO_READONLY_SYMBOLS
/////////////////////////////////////////////////////////////////////////////
//
// Von der Ressource TEXTINCLUDE 2 generiert.
//

#include "afxres.h"

/////////////////////////////////////////////////////////////////////////////
#undef APSTUDIO_READONLY_SYMBOLS

#ifdef APSTUDIO_INVOKED

/////////////////////////////////////////////////////////////////////////////
//
// TEXTINCLUDE
//

1 TEXTINCLUDE
BEGIN
   "resource.h\0"
END

2 TEXTINCLUDE
BEGIN
   "#include ""afxres.h""\r\n"
   "\0"
END

3 TEXTINCLUDE
BEGIN
    "#define _AFX_NO_SPLITTER_RESOURCES\r\n"
    "#define _AFX_NO_OLE_RESOURCES\r\n"
    "#define _AFX_NO_TRACKER_RESOURCES\r\n"
    "#define _AFX_NO_PROPERTY_RESOURCES\r\n"
  "\r\n"
  "#if !defined(AFX_RESOURCE_DLL) || defined(AFX_TARG_DEU)\r\n"
  "LANGUAGE 7, 1\r\n"
  "#pragma code_page(1252)\r\n"
```

2.3 MFC-Anwendung

```
  "#include ""res\\U022.rc2""  // Nicht mit Microsoft Visual C++ bearbeitete
  Ressourcen\r\n"
  "#include ""afxres.rc""      // Standardkomponenten\r\n"
  "#include ""afxprint.rc""    // Ressourcen für Drucken/Seitenansicht\r\n"
  "#endif\r\n"
  "\0"
END

#endif    // APSTUDIO_INVOKED


/////////////////////////////////////////////////////////////////////////////
//
// Symbol
//

// Symbol mit dem niedrigsten ID-Wert an erster Stelle platziert, um es als
  Anwendungssymbol zu verwenden
// ist auf allen Systemen einheitlich.

#if !defined(AFX_RESOURCE_DLL) || defined(AFX_TARG_DEU)
LANGUAGE 7, 1
#pragma code_page(1252)
IDR_MAINFRAME           ICON           "res\\U022.ico"
IDR_U022TYPE            ICON           "res\\U022Doc.ico"
#endif
/////////////////////////////////////////////////////////////////////////////
//
// Bitmap
//

IDR_MAINFRAME           BITMAP         "res\\Toolbar.bmp"

/////////////////////////////////////////////////////////////////////////////
//
// Symbolleiste
//

IDR_MAINFRAME TOOLBAR    16, 15
BEGIN
    BUTTON        ID_FILE_NEW
    BUTTON        ID_FILE_OPEN
    BUTTON        ID_FILE_SAVE
    SEPARATOR
    BUTTON        ID_EDIT_CUT
    BUTTON        ID_EDIT_COPY
    BUTTON        ID_EDIT_PASTE
    SEPARATOR
    BUTTON        ID_FILE_PRINT
    BUTTON        ID_APP_ABOUT
END


#if !defined(AFX_RESOURCE_DLL) || defined(AFX_TARG_DEU)
LANGUAGE 7, 1
#pragma code_page(1252)
/////////////////////////////////////////////////////////////////////////////
//
// Menü
//
```

```
IDR_MAINFRAME MENU
BEGIN
  POPUP "&Datei"
  BEGIN
    MENUITEM "&Neu\tStrg+N",              ID_FILE_NEW
    MENUITEM "Ö&ffnen...\tStrg+O",         ID_FILE_OPEN
    MENUITEM SEPARATOR
    MENUITEM "Dru&ckeinrichtung...",       ID_FILE_PRINT_SETUP
    MENUITEM SEPARATOR
    MENUITEM "Letzte Datei",               ID_FILE_MRU_FILE1,GRAYED
    MENUITEM SEPARATOR
    MENUITEM "&Schließen",                 ID_FILE_CLOSE
    MENUITEM "&Beenden",                   ID_APP_EXIT
  END
  POPUP "&Ansicht"
  BEGIN
    MENUITEM "&Symbolleiste",              ID_VIEW_TOOLBAR
    MENUITEM "Status&leiste",              ID_VIEW_STATUS_BAR
  END
  POPUP "&Hilfe"
  BEGIN
    MENUITEM "&Info über U022...",         ID_APP_ABOUT
  END
END
IDR_U022TYPE MENU
BEGIN
  POPUP "&Datei"
  BEGIN
    MENUITEM "&Neu\tStrg+N",               ID_FILE_NEW
    MENUITEM "Ö&ffnen...\tStrg+O",          ID_FILE_OPEN
    MENUITEM "&Schließen",                 ID_FILE_CLOSE
    MENUITEM "&Speichern\tStrg+S",          ID_FILE_SAVE
    MENUITEM "Speichern &unter...",        ID_FILE_SAVE_AS
    MENUITEM SEPARATOR
    MENUITEM "&Drucken...\tStrg+P",         ID_FILE_PRINT
    MENUITEM "&Seitenansicht",             ID_FILE_PRINT_PREVIEW
    MENUITEM "Dru&ckeinrichtung...",        ID_FILE_PRINT_SETUP
    MENUITEM SEPARATOR
    MENUITEM "Letzte Datei",               ID_FILE_MRU_FILE1,GRAYED
    MENUITEM SEPARATOR
    MENUITEM "&Beenden",                   ID_APP_EXIT
  END
  POPUP "&Bearbeiten"
  BEGIN
    MENUITEM "&Rückgängig\tStrg+Z",         ID_EDIT_UNDO
    MENUITEM SEPARATOR
    MENUITEM "&Ausschneiden\tStrg+X",       ID_EDIT_CUT
    MENUITEM "&Kopieren\tStrg+C",           ID_EDIT_COPY
    MENUITEM "&Einfügen\tStrg+V",           ID_EDIT_PASTE
  END
```

Auch wenn wir vielleicht den einen oder anderen Punkt nicht verstehen, so erkennen wir doch einige wesentliche Informationen.

- Die Datei `resource.h` wird eingebunden.
- Die Datei ist in mehrere Abschnitte unterteilt, die verschiedene Ressourcengruppen umfassen.
- Wir erkennen die Angaben zur Symbolleiste (Toolbar) sowie zum Menü.

2.3 MFC-Anwendung

- Alle auslösenden Elemente verfügen über einen Eintrag `ID_`, der jedem Steuerelement eine numerische Kennung zuordnet.
- Wenn wir uns später der Ressourcen-Ansicht näher zuwenden, werden wir erkennen, dass die Beschreibung der Ressourcen in dieser Datei abgelegt ist.
- Bei Bedarf lässt sich diese Datei auch manuell mit großer Vorsicht bearbeiten.

Im Ordner `res` befinden sich die erweiterten Ressourcen-Dateien (**Bild 2.46**). Die Bedeutung ist wieder gut zu erraten. Die beiden Ikonen-Dateien werden für den Haupt- und die Kindrahmen benutzt. Die Bitmap-Datei enthält die Symbole der Werkzeugleiste. Die zweite Ressourcen-Datei ist weitgehend leer und nimmt manuell bearbeitete Ressourcen auf. Die Manifest-Datei wird für Windows XP eingesetzt.

Bild 2.46: Dateien im Ordner `res`

Der Ordner `Debug` ist dann vorhanden, wenn wir die Anwendung im Debugmodus übersetzen. Ansonsten entsteht der Ordner `Release`. Beide Ordner können jeweils neu erstellt werden, so dass sie bei Bedarf gelöscht werden können (insbesondere der Ordner `Debug`). Im Ordner (**Bild 2.47**) finden wir das lauffähige Programm `.exe`, die übersetzte Ressourcendatei `.res`, eine HTML-Protokolldatei, eine Datei `.ilk`, die den inkrementellen Linker steuert, einige verschiebliche Dateien `.obj`, eine sehr große Datei `.pch` mit den vorübersetzten Kopfdateien sowie Hilfsdateien `.pdb` zum Debuggen.

Nähere Einzelheiten liefert teilweise die Datei `ReadMe.txt`. Ansonsten kommen wir mit diesen Dateien selten in Berührung.

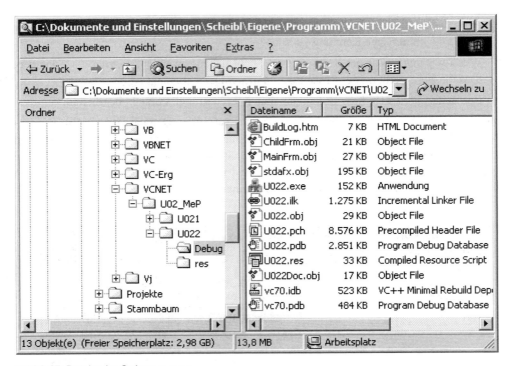

Bild 2.47: Dateien im Ordner Debug

Neben bereits besprochenen Dateien werden je nach Anwendungstyp weitere Dateien erzeugt (**Tabelle 2.1**).

Tabelle 2.1: Allgemeine Dateierweiterungen eines Visual C++ .NET-Projekts

Dateierweiterung	Typ	Inhalt
.asmx	Quelle	Weitergabedatei
.asp	Quelle	Active Server Page-Datei
.atp	Projekt	Anwendungsvorlagen-Projektdatei
.bmp, .dib, .gif, .jpg, .jpe, .png	Ressource	Allgemeine Bilddateien
.bsc	Kompilierung	Browsercodedatei
.cpp; .c	Quelle	Hauptquellcode-Dateien für die Anwendung
.cur	Ressource	Cursor-Bitmap-Grafikdatei
.dbp	Projekt	Datenbankprojekt-Datei
.disco	Quelle	Dynamic Discovery-Dokumentdatei. Verarbeitet XML-Webdienstsuche.
.exe, .dll	Projekt	Ausführbare oder DLL(Dynamic Link Library)-Dateien
.h	Quelle	Header- oder Includedatei

Dateierweiterung	Typ	Inhalt
.htm, .html, .xsp, .asp, .htc, .hta, .xml	Ressource	Allgemeine Webdateien
.HxC	Projekt	Hilfeprojektdatei
.ico	Ressource	Symbol-Bitmap-Grafikdatei
.idb	Kompilierung	Statusdatei mit Informationen zu Abhängigkeiten zwischen Quelldateien und Klassendefinitionen, die vom Compiler für minimale Neuerstellungs- und inkrementelle Kompilierungsprozesse genutzt werden kann.
.idl	Kompilierung	IDL(Interface Definition Language)-Datei
.ilk	Verknüpfung	Datei für inkrementelle Verknüpfung
.map	Verknüpfung	Textdatei mit Linker-Informationen
.ncb	Projektmappe	NCB(No Compile Browser)-Datei
.obj, .o		Kompilierte, aber unverknüpfte Objektdateien
.pch	Debug	Vorkompilierte Headerdatei
.pdb	Debug	Debugdatenbank-Datei des Programms
.rc, .rc2	Ressource	Ressourcenskriptdateien zur Erstellung von Ressourcen .res
.sbr	Kompilierung	Quellbrowser-Zwischendatei. Eingabedatei für BSCMAKE
.sln	Projektmappe	Projektmappendatei
.suo	Projektmappe	Projektmappen-Optionsdatei
.srf	Projekt	Serverantwortdatei. Diese Datei enthält den HTML-Code für eine ATL-Serveranwendung.
.txt	Ressource	Textdatei (meistens die Infodatei)
.vap	Projekt	Visual Studio Analyzer-Projektdatei
.vbg	Projektmappe	Kompatible Projektgruppendatei
.vcproj	Projekt	Visual C++-Projektdatei
.vdproj	Projekt	Visual Studio-Weitergabeprojekt-Datei
.vmx	Projekt	Makroprojektdatei
.vup	Projekt	Dienstprogrammprojekt-Datei

2.3.4.2 Übersicht über die Programmstruktur

Auch wenn wir erst im Laufe dieses Buches einige Eigenschaften vertiefend erklären, so können wir auf der IDE verschiedene interessante Details feststellen.

Projektmappen-Explorer

Im Projektmappen-Explorer finden wir eine hierarchisch gegliederte Übersicht über alle Quelltextdateien und Ressourcendateien. Diese Ansicht ist recht übersichtlich und hat sich gegenüber der Version 6.0 nicht wesentlich verändert.

Klassenansicht

Die Klassenansicht hat dagegen eine wesentliche Erweiterung erfahren. Genau genommen sind viele verteilte Ansichten der Version 6.0 jetzt in die Klassenansicht eingeflossen. Im Wesentlichen stellt sie jetzt eine Vereinigung der klassischen Klassenansicht mit dem Objektexplorer dar. Somit können wir die Vererbungshierarchie der Elemente in ihr bis auf die tiefste Ebene verfolgen.

Als Erstes fallen die vielfältigen, teilweise neuen Symbole auf. Es handelt sich um Einzelsymbole (**Tabelle 2.2**) und Symbolgruppen, bei denen das vordere Symbol *Signalsymbol* (**Tabelle 2.3**) genannt wird. Die folgenden Tabellen zeigen diese Symbole.

Tabelle 2.2: Symbole in der Klassenansicht und dem Objektbrowser

Symbol	Beschreibung	Symbol	Beschreibung
{ }	Namespace		Methode oder Funktion
	Klasse		Operator
	Schnittstelle		Eigenschaft
	Struktur		Feld oder Variable
	Union		Ereignis
	Enumeration		Konstante
	TypeDef		Enumerationselement
	Modul		Zuordnungselement
	Intrinsisch		Externe Deklaration
	Delegat		Makro
	Ausnahme	‹T›	Vorlage
=	Zuordnung		Unbekannt oder Fehler
	Global		

Tabelle 2.3: Signalsymbole

Symbol	Beschreibung
Ohne	Öffentlich – Der Zugriff ist von jeder Position innerhalb dieser Komponente und von jeder Komponente, die darauf verweist, möglich.
	Geschützt – Der Zugriff ist von der enthaltenden Klasse oder dem enthaltenden Typ oder den von dieser bzw. diesem abgeleiteten Klassen oder Typen möglich.
	Privat – Der Zugriff ist nur innerhalb der enthaltenden Klasse oder des enthaltenden Typs möglich.
	Intern – Der Zugriff ist nur innerhalb dieser Komponente möglich.
	Friend – Der Zugriff ist innerhalb des Projekts möglich.
	Verknüpfung – Eine Verknüpfung zu dem Objekt.

2.3 MFC-Anwendung 111

Ein etwas manipuliertes Beispiel unserer aktuellen Anwendung zeigt bereits eine Fülle der Symbole (**Bild 2.48**). Das Bild beginnt mit dem Namensraum `U022`.

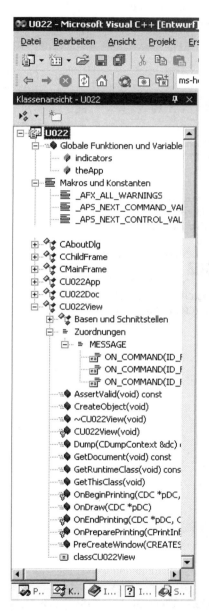

Bild 2.48: Klassenansicht mit expandierten Einträgen

Die externe Variable `theApp` finden wir in den `Globalen Variablen und Funktionen`. Dort sind auch noch die `indicators` eingetragen, die zur Anzeige der

Tastenstellungen in der Statusleiste dienen. Die Klasse `CU022View` ist expandiert. Wir sehen den Konstruktor, den Destruktor, die Methoden u. a. `GetDocument()` usw.

Ähnliche Informationen, aber anders angeordnet, erhalten wir über den *Objektbrowser*, den wir über die Menüoption `Ansicht|Andere Fenster|Objektbrowser` oder [Strg][Alt][J] öffnen (**Bild 2.49**).

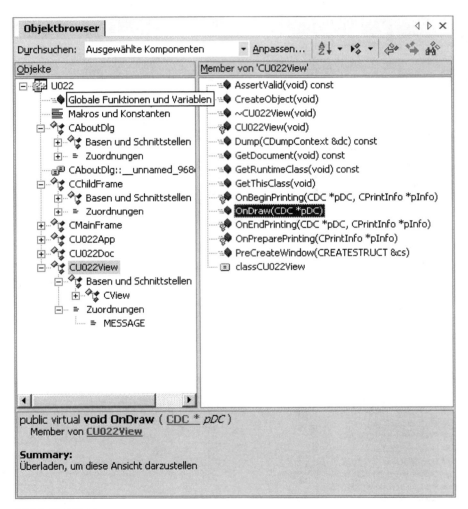

Bild 2.49: Objektbrowser

Wir sehen, dass uns der Objektbrowser für das markierte Element den Aufruf, den Vorgänger und einen kurzen Kommentar liefert. Mit einem Doppelklick gelangen wir sofort zur referenzierten Stelle im Quellcode und können diesen dann bearbeiten.

2.3 MFC-Anwendung 113

➢ Aufgabe 2-4: Objektbrowser durchlaufen

Wandern Sie durch den Objektbaum des Objektbrowsers, und beobachten Sie dabei die rechte und die untere Fensterscheibe. Springen Sie bei interessanten Objekten auch in den Quelltext.

Da Microsoft große Teile der MFC im Quelltext mitliefert, ist es möglich, auch die Vorgängerklassen zu browsen (**Bild 2.50**) und in deren Quelltext zu springen (**Bild 2.51**). ∎

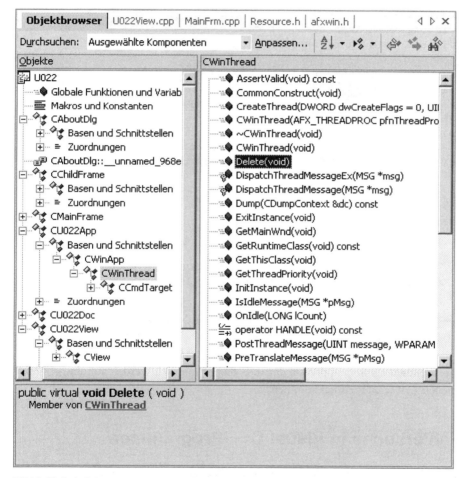

Bild 2.50: Lokalisieren einer Vorgängerklasse im Objektbrowser

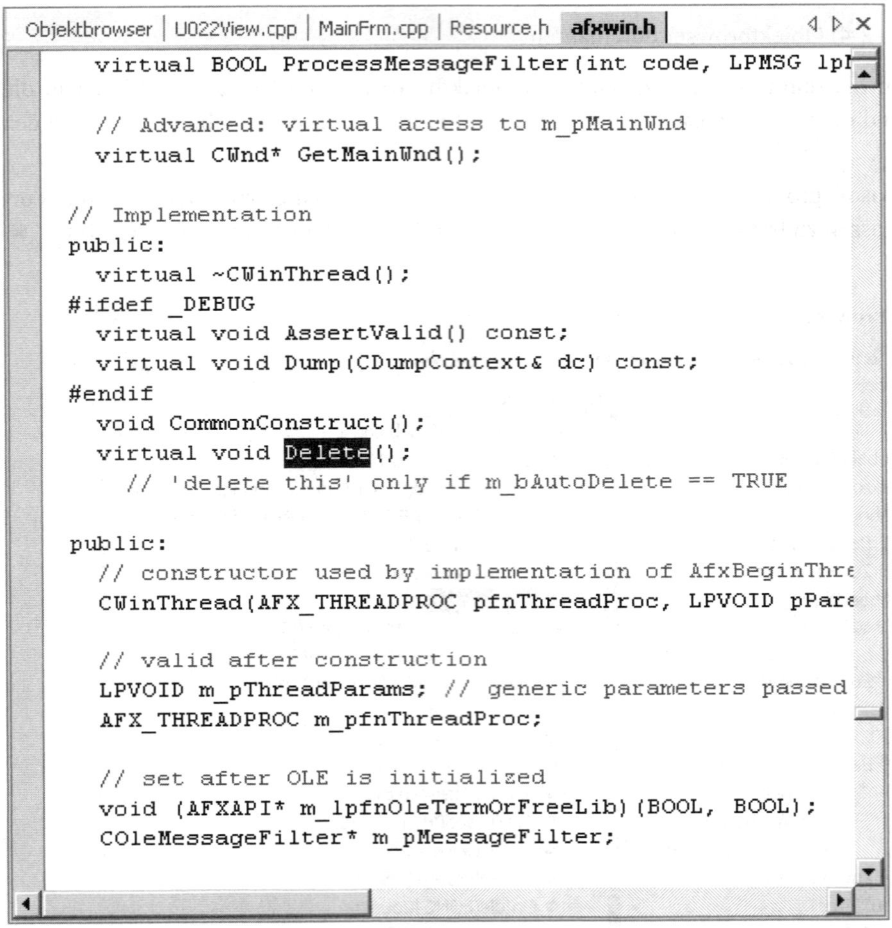

```
Objektbrowser | U022View.cpp | MainFrm.cpp | Resource.h | afxwin.h

    virtual BOOL ProcessMessageFilter(int code, LPMSG lp

    // Advanced: virtual access to m_pMainWnd
    virtual CWnd* GetMainWnd();

// Implementation
public:
    virtual ~CWinThread();
#ifdef _DEBUG
    virtual void AssertValid() const;
    virtual void Dump(CDumpContext& dc) const;
#endif
    void CommonConstruct();
    virtual void Delete();
        // 'delete this' only if m_bAutoDelete == TRUE

public:
    // constructor used by implementation of AfxBeginThre
    CWinThread(AFX_THREADPROC pfnThreadProc, LPVOID pPara

    // valid after construction
    LPVOID m_pThreadParams; // generic parameters passed
    AFX_THREADPROC m_pfnThreadProc;

    // set after OLE is initialized
    void (AFXAPI* m_lpfnOleTermOrFreeLib)(BOOL, BOOL);
    COleMessageFilter* m_pMessageFilter;
```

Bild 2.51: Positionierung in der MFC-Quellcodedatei `afxwin.h`

Dies soll erst einmal als Schnuppern in der IDE ausreichen. Wir werden auf einige Punkte zur gegebenen Zeit wieder zurückkommen.

2.4 Fehlersuche in Visual C++-Programmen

Wir hatten schon eine kurze Behandlung dieses Themas bei den Konsolenprogrammen durchgeführt. Dies wollen wir jetzt noch einmal vertiefen.

Es mag recht ungewöhnlich sein, bereits hier dieses Thema anzusprechen. Aber die heile Welt der Bücher existiert in der Wirklichkeit nicht. Wenn Sie (brav wie Sie sind) auf die Programme der CD verzichten und alle Schritte nachvollziehen, werden Sie mit Sicherheit die eine oder andere Fehlermeldung erhalten. Bei einer Fehlermeldung heißt es: „Ruhe bewahren und den gesunden, DV-geschulten Verstand einzuschalten."

2.4 Fehlersuche in Visual C++-Programmen

Ich persönlich halte mehrere Punkte für die Entwicklung eines weitgehend fehlerfreien Programms für wichtig:
- Gute Beschreibung des gewünschten Ergebnisses
- Aufstellen eines geeigneten Algorithmus
- Umsetzen der Oberfläche in einen Prototyp
- Testen des Prototyps in Zusammenarbeit mit einigen Anwendern
- Programmieren des Algorithmus
- Fehlersuche
- Test und erneute Fehlersuche
- Erstellen eines Benutzerhandbuchs
- Abnahme und Übergabe
- Parallele Dokumentation der Programmentwicklung

Wir greifen uns nun aus dieser Vielzahl von Aufgaben nur die Fehlersuche heraus.

Fehler können wir in mehreren Ebenen gliedern:
- Syntaxfehler, die durch den Compiler gemeldet werden
- Fehlende Elemente, die durch den Linker gemeldet werden
- Logische Fehler, die beim Testen erkannt oder vom Anwender gemeldet werden
- Bedienungsfehler zur Laufzeit, die repariert werden können (z. B. fehlende Datei)

Wir wollen an dieser Stelle nur auf die Syntax- und die logischen Fehler eingehen. Später werden wir dann lernen, die so genannten reparablen Fehler abzufangen.

2.4.1 Debugging mit der IDE

Visual C++ bietet uns mehrere Möglichkeiten zur Fehlersuche. Ein wesentliches Mittel ist der integrierte Debugger des Visual Studios. Mit ihm können wir jedoch ein Windows-Programm nicht vollständig schrittweise verfolgen, da ein solches Programm nicht sequenziell abläuft und hin und wieder in die „Tiefe des Raums" abgleitet, d. h., den Assembler-Code der Laufzeitbibliotheken abarbeitet. Wir können daher nur an den kritischen Stellen Haltepunkte setzen, an denen das Programm anhält. Regelungstechniker würden sagen, wir müssten die Stellen im Programm suchen, die *zugreif-* und *beobachtbar* sind. Zum Glück sind unsere ersten Programme noch so einfach, dass alle Beobachtungspunkte auch *erreichbar* sind. Schließlich müssen wir durch einen geeigneten *Stimulus* (entsprechende Eingabedaten und Ereignisse) auch über den Beobachtungspunkt laufen. Tatsächlich werden wir sehen, dass es hierbei zu unerwarteten Schwierigkeiten kommen kann.

In den Symbolleisten finden wir eine Reihe von Ikonen zur Übersetzung usw., es fehlt aber eine schnelle Möglichkeit, einen Haltepunkt zu setzen. Es ist daher eine gute Gelegenheit, unsere Kenntnisse aus dem Kapitel «2.2.4 Projekte, Dokumente, Fenster und Symbolleisten» einzusetzen, um die Symbolleiste `Erstellen` entsprechend anzupassen. Die richtige Funktion finden wir in den Befehlen unter Neuer Haltepunkt und Alle Haltepunkte löschen. Unsere neue Leiste sieht jetzt wie in **Bild 2.52** aus.

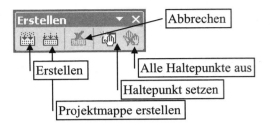

Bild 2.52: Ikonen der geänderten Symbolleiste Erstellen

Mit Erstellen übersetzen wir alle Programmteile neu. Dies kann notwendig sein, wenn einige der übersetzten Teile beschädigt sind. Hier hilft oft der Klick auf diese Ikone. Mit Projektmappe erstellen übersetzen wir alle Teile eines Programms neu.

Da der Ablauf des Programms nicht sequenziell ist, müssen wir in allen Ereignisprozeduren, die uns interessieren, Haltepunkte setzen. Die Zeile wird mit einem dicken roten Punkt markiert (**Bild 2.53**). Den Haltepunkt können wir nun mit unserer neuen Ikone in der Symbolleiste Erstellen erzeugen. Fast noch einfacher geht es mit einem Klick auf den grauen Steg am linken Rand der Editorscheibe.

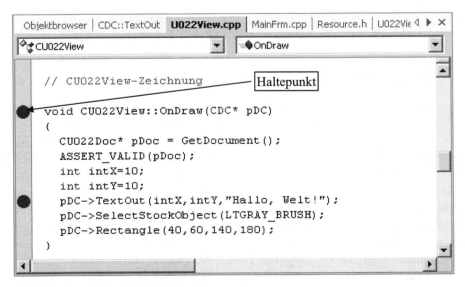

Bild 2.53: Programm mit Haltepunkt

Wenn wir das Programm nun mit [F5] starten, dann läuft es bis zu diesem Haltepunkt durch und hält an. Sollte sich das Symbol des Haltepunkts verändern in: ❓ = *Code nicht*

2.4 Fehlersuche in Visual C++-Programmen

geladen, ● = *Fehler*, ○ = *deaktiviert* oder der Haltepunkt verrutschen, dann liegt ein Problem vor, das korrigiert werden sollte.

Es gibt keine Ikone und keine Menüoption, mit der wir das Programm schrittweise starten können. Mit einem Trick gelingt es uns dennoch. Hierzu starten wir das Programm nicht mit der Taste [F5], sondern mit der Taste [F11].

Um beides auszuprobieren, gehen wir in folgenden Schritten vor:

1. Wir ändern unser Programm folgendermaßen:

   ```
   void CU022View::OnDraw(CDC* pDC) {
     CU022Doc* pDoc = GetDocument();
     ASSERT_VALID(pDoc);

     int intX=10;
     int intY=10;
     pDC->TextOut(intX,intY,"Hallo, Welt!");
     pDC->SelectStockObject(LTGRAY_BRUSH);
     pDC->Rectangle(40,60,140,180);
   } //CU022View::OnDraw
   ```

2. Wir setzen mit [F9] einen Haltepunkt auf die 1. Zeile der Ereignisfunktion (also auf den Funktionskopf). Es gibt Zeilen, auf die kann kein Haltepunkt gesetzt werden, z. B. der Funktionskopf. In diesem Fall rutscht der Haltepunkt auf die Zeile mit der öffnenden, geschweiften Klammer {, falls diese in der nächsten Zeile steht. Dies ist der eigentliche Beginn der Funktion.

3. Wir setzen einen weiteren Haltepunkt auf die Zeile mit `TextOut`.

4. Wir starten das Programm mit `Starten` ([F5]) im Debugmodus. Es erscheint die Symbolleiste `Debuggen` mit weiteren Ikonen (oder auch nicht, dann müssen wir sie aktivieren) (**Bild 2.54**). Wenn die Debugleiste nicht erscheint, so aktivieren wir sie über den Rechtsklick auf einen freien Bereich der Ikonenleisten und Anklicken von `Debug`.

Gelangt das Programm an einen Haltepunkt, dann bleibt es stehen und wechselt in den Programmcode. Wir erkennen die Position an einem gelben Pfeil. Jetzt können wir mit der Ikone `Einzelschritt` ([F11]) einen Schritt weitergehen. Mit der nächsten Ikone `Prozedurschritt` ([F10]) überspringen wir einen Funktionsaufruf, während wir mit der Ikone `Ausführen bis Rücksprung` ([⇧][F11]) ans Ende der Funktion springen. Bei jedem Schritt wandert ein gelber Pfeil auf die nächste auszuführende Anweisung (**Bild 2.55**). Man könnte ihn als *Programmcursor* bezeichnen. Den Vorgang der Spurensuche nennt man „tracen".

Das Kontextmenü können wir am rechten Rand herunterklappen. Es enthält neben anderen Optionen insbesondere diejenigen zur Darstellung der verschiedenen Debugfenster.

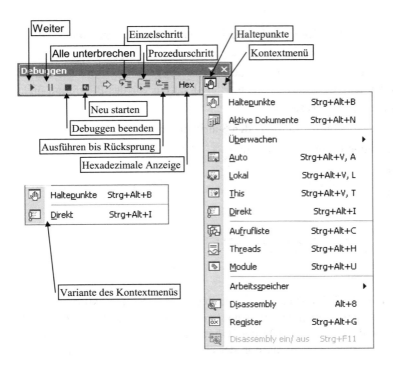

Bild 2.54: Debugleiste

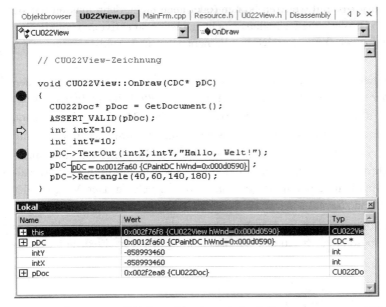

Bild 2.55: Programm mit Haltepunkten (verschoben), Programmcursor und Dialogfeld `Lokal`

2.4 Fehlersuche in Visual C++-Programmen 119

☞ Hinweis: Das Kontextmenü verändert – wie der Name bereits ausdrückt – seinen Inhalt in Abhängigkeit der Editorscheibe. Im **Bild 2.54** ist eine solche zweite Ausprägung zu sehen.

5. Verglichen mit der Version 6.0 fehlen auf den ersten Blick einige Funktionen wie bis Cursor usw. Diese sind in das Kontextmenü gewandert, das bei Rechtsklick herunterklappt (**Bild 2.56**). Hier finden wir nicht nur die gerade vermisste Funktion, sondern eine Reihe von Erweiterungen.

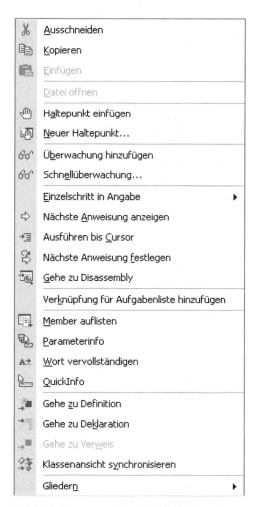

Bild 2.56: Kontextmenü beim Klick auf eine Zeile eines Programms unter dem Debuggen

6. Wir setzen den Cursor in (oder vor) eine Variable (z. B. pDC) und warten einen Augenblick. Es erscheint der Wert der Variablen sowie ihr Typ als Blasentext. Im Bild erkennen wir die hexadezimale Adresse (Zeiger) auf den Gerätekontext.

7. Markieren wir pDC und lösen die Brillen-Ikone Schnellüberwachung (⇧ F9) im Kontextmenü, so erscheint der Inhalt der angewählten Variablen in einem gesonderten Dialogfeld Schnellüberwachung (**Bild 2.57**). Bei komplexen Objekten wie dem Gerätekontext erscheint jetzt eine Vielzahl von Objekten, die wiederum selbst Objekte enthalten (Objekte in Objekten, hierzu werden wir ein gesondertes Kapitel finden). Diese können wir bis auf ihre Werte hinunter expandieren.

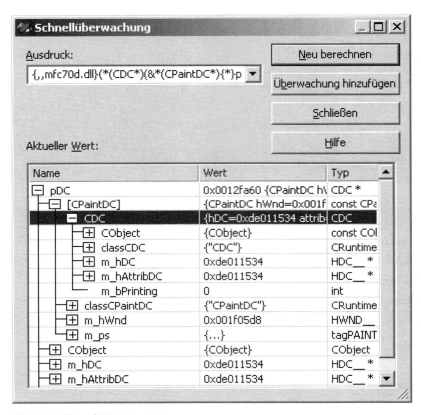

Bild 2.57: Dialogfeld Schnellüberwachung

8. Wir können den Inhalt (einfacher Variablen) verändern und/oder die Variable mit Überwachung hinzufügen in ein Überwachungsfenster übernehmen, in dem sie dauerhaft angezeigt wird. Bei jedem Programmschritt sehen wir sofort mögliche Veränderungen dieser Variablen und müssen sie nicht dauernd anklicken. Dabei können wir bis zu vier verschiedene Überwachungen anlegen und verwalten.

9. Wir fügen auf die gleiche Technik die Variable intX unserem Überwachungsfenster hinzu. Bei ihr sticht der Wert ins Auge. Offensichtlich wurde ihr kein Standardwert wie 0 zugewiesen.

2.4 Fehlersuche in Visual C++-Programmen

Zur Überwachung von Variablen können wir auch mit dem Makro `TRACE` Meldungen bzw. Variableninhalte auf das Ausgabefenster des Debuggers ausgeben.

Der Zeiger `pDC` auf einen Gerätekontext ist sehr eindrucksvoll, da ein Gerätekontext sehr komplex ist. Durch Klick auf die Knotensymbole können wir die Struktur schrittweise expandieren. Mit unserem jetzigen Kenntnisstand können wir mit den angezeigten Informationen aber relativ wenig anfangen.

10. Das Überwachungsfenster bzw. die anderen Fenster zur Variablenanzeige befinden sich nach ihrer Aktivierung als Registerblätter in einem einzigen Fenster (**Bild 2.58**). Über die Registerblätter `Auto`, `Lokal`, `this` können wir den Umfang der angezeigten Variablen steuern. Bei `Auto` wählt der Debugger selbsttätig die wichtigen Variablen aus (z. B. alle in der aktuellen und der letzten Anweisung). Mit `Lokal` erzwingen wir die Anzeige aller lokalen Variablen in der aktiven Funktion. Mit `this` beschränkt sich die Anzeige der Variablen auf das Objekt selbst. Die verschiedenen Blätter `Überwachen 1...4` zeigen individuell zusammengestellte Variablen an.

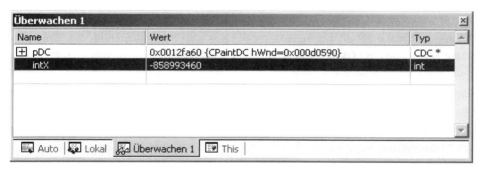

Bild 2.58: Verschiedene Registerblätter auf dem Fenster zum Debuggen von Variablen

11. Klicken wir doppelt auf den Wert einer Variablen, so wird diese veränderbar. Wir können dann bei Bedarf einen neuen Wert eingeben. Dies sollten wir aber möglichst nicht für generierte Variablen und Zeiger machen. Wir ändern daher beispielsweise den Wert von `intY` auf `20`. Nach der Bestätigung wird die akzeptierte Änderung rot herausgehoben.

12. Das `Ausgabefenster`, das `Befehlsfenster` und die `Aufgabenliste` sind ebenfalls als Registerblätter in einem gemeinsamen Fenster zusammengefasst. Im `Befehlsfenster` können wir im *unmittelbaren Modus* z. B. kleine Berechnungen direkt ausführen (**Bild 2.59**). Im *Befehlsmodus* werden dagegen Visual Studio-Befehle verarbeitet.

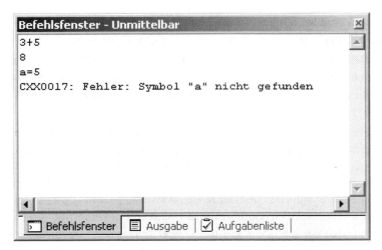

Bild 2.59: Unmittelbare Berechnungen im Dialogfeld Befehlsfenster

13. Die weiteren Fenster dienen den hartnäckigen Fällen:

   Hervorzuheben ist dabei die *Aufrufliste*, die uns die Verschachtelung der Unterprogrammaufrufe anzeigt (**Bild 2.60**). Wir sehen anhand der Symbole (roter Punkt, gelber Pfeil), wo wir uns gerade befinden.

   Nach unten zeigt die Liste die rufenden Programme auf. Andersherum gelesen können wir den Ablauf unseres Programms nachvollziehen.

   Es wird von Windows (KERNEL32) über AFX-Prozeduren aktiviert. Daran schließen sich Methoden der MFC an. OnPaint schließlich ruft OnDraw auf.

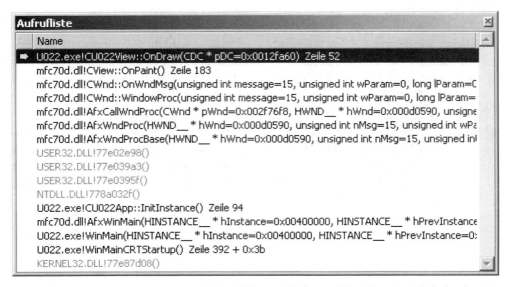

Bild 2.60: Dialogfeld Aufrufliste mit debugfähigen Aufrufen und Maschinencode-Aufrufen (grau)

2.4 Fehlersuche in Visual C++-Programmen

Mit einem Doppelklick auf einen dieser Aufrufe gelangen wir direkt in den Quellcode (**Bild 2.61**). Beide Stellen werden zur Synchronisation mit einem grünen Pfeil markiert.

Wer dann noch in der Lage ist, Assembler zu interpretieren, der lässt sich den Maschinencode disassemblieren (**Bild 2.62**).

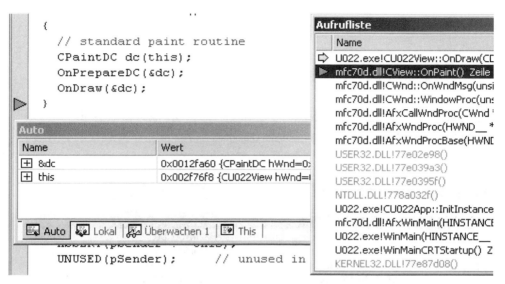

Bild 2.61: Lokalisation und Synchronisation der Aufrufe über das Dialogfeld `Aufrufliste`

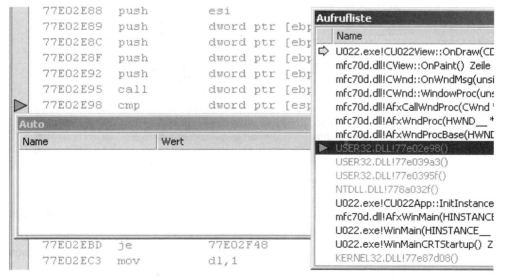

Bild 2.62: Disassemblierter Maschinencode

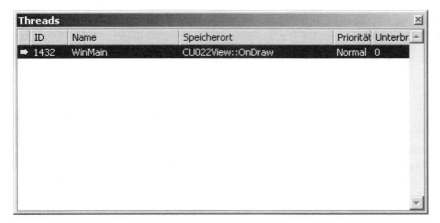

Bild 2.63: Liste der Programmfäden (Threads) im Dialogfeld `Threads`

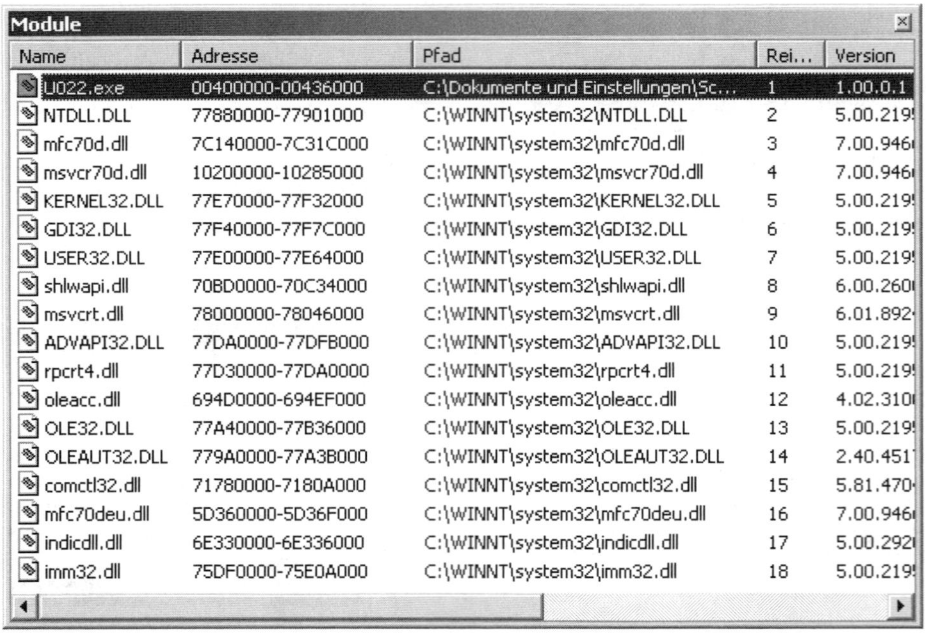

Bild 2.64: An Programm `U022` beteiligte Module im Dialogfeld `Module`

Wir erkennen die typischen Kommandos `push` zum Retten der Register sowie den Aufruf `call` eines Unterprogramms.

Arbeiten wir in unserem Programm mit mehreren Programmfäden (Threads), so kann es wichtig sein, diese zu überwachen (**Bild 2.63**).

Wahrscheinlich überrascht auch Sie die große Anzahl von Modulen, die notwendig ist, um unsere einfache Anwendung zum Laufen zu bringen (**Bild 2.64**).

2.4 Fehlersuche in Visual C++-Programmen

Mit Hilfe von bis zu vier Hex-Editoren können wir den `Arbeitsspeicher` an verschiedenen Stellen beobachten (**Bild 2.65**).

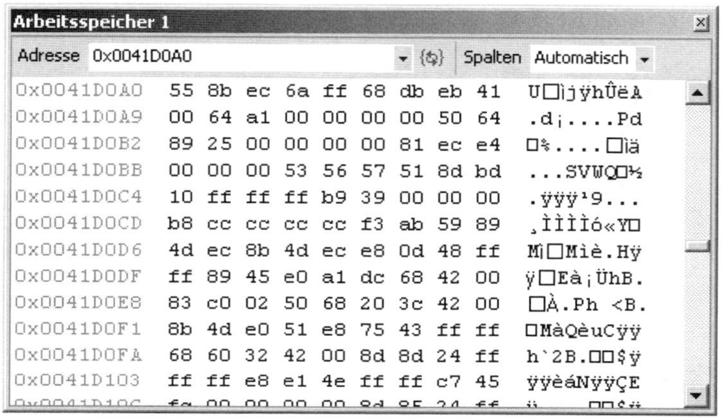

```
Arbeitsspeicher 1
Adresse 0x0041D0A0                    Spalten Automatisch
0x0041D0A0    55 8b ec 6a ff 68 db eb 41     U ìjÿhÛëA
0x0041D0A9    00 64 a1 00 00 00 00 50 64     .d¡....Pd
0x0041D0B2    89 25 00 00 00 00 81 ec e4     %....  ìä
0x0041D0BB    00 00 00 53 56 57 51 8d bd     ...SVWQ ½
0x0041D0C4    10 ff ff ff b9 39 00 00 00     .ÿÿÿ¹9...
0x0041D0CD    b8 cc cc cc cc f3 ab 59 89     ¸ÌÌÌÌó«Y
0x0041D0D6    4d ec 8b 4d ec e8 0d 48 ff     Mì Mìè.Hÿ
0x0041D0DF    ff 89 45 e0 a1 dc 68 42 00     ÿ Eà¡ÜhB.
0x0041D0E8    83 c0 02 50 68 20 3c 42 00      À.Ph <B.
0x0041D0F1    8b 4d e0 51 e8 75 43 ff ff      MàQèuCÿÿ
0x0041D0FA    68 60 32 42 00 8d 8d 24 ff     h`2B.  $ÿ
0x0041D103    ff ff e8 e1 4e ff ff c7 45     ÿÿèáNÿÿÇE
```

Bild 2.65: Hex-Editor mit einem Ausschnitt des Arbeitsspeichers im Dialogfeld `Arbeitsspeicher 1`

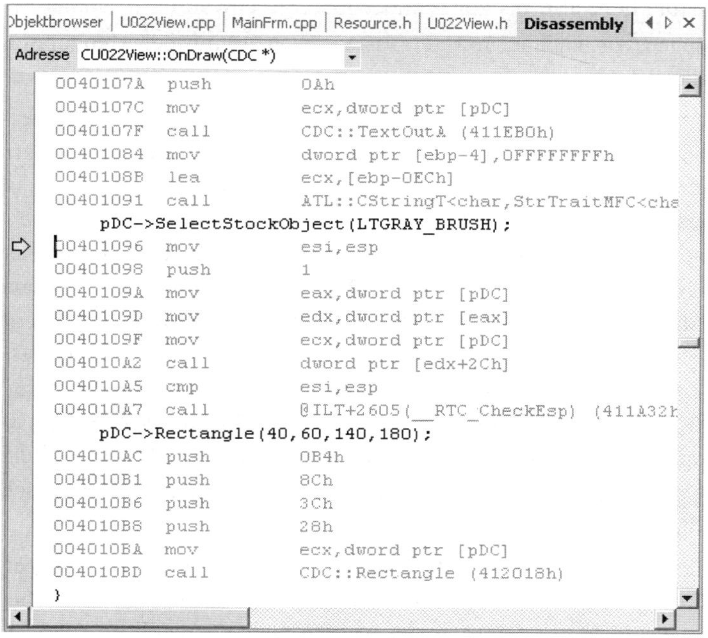

```
Objektbrowser | U022View.cpp | MainFrm.cpp | Resource.h | U022View.h | Disassembly
Adresse CU022View::OnDraw(CDC *)
    0040107A    push        0Ah
    0040107C    mov         ecx,dword ptr [pDC]
    0040107F    call        CDC::TextOutA (411EB0h)
    00401084    mov         dword ptr [ebp-4],0FFFFFFFFh
    0040108B    lea         ecx,[ebp-0ECh]
    00401091    call        ATL::CStringT<char,StrTraitMFC<cha
        pDC->SelectStockObject(LTGRAY_BRUSH);
⇨   00401096    mov         esi,esp
    00401098    push        1
    0040109A    mov         eax,dword ptr [pDC]
    0040109D    mov         edx,dword ptr [eax]
    0040109F    mov         ecx,dword ptr [pDC]
    004010A2    call        dword ptr [edx+2Ch]
    004010A5    cmp         esi,esp
    004010A7    call        @ILT+2605(__RTC_CheckEsp) (411A32h
        pDC->Rectangle(40,60,140,180);
    004010AC    push        0B4h
    004010B1    push        8Ch
    004010B6    push        3Ch
    004010B8    push        28h
    004010BA    mov         ecx,dword ptr [pDC]
    004010BD    call        CDC::Rectangle (412018h)
    }
```

Bild 2.66: Maschinencode mit eingestreutem Quellcode

Disassemblieren wir dagegen das Programm an der aktuellen Stelle, dann sehen wir, wie der Compiler die einzelnen Zeilen in Maschinencode wandelt (**Bild 2.66**). Mit der

Tastenkombination [Strg][F11] schalten wir den Anzeigemodus um. Dadurch wird der Maschinencode zusätzlich angezeigt bzw. unterdrückt.

Da viele Daten in den Registern gehalten werden und die eigentliche Verarbeitung dort erfolgt, ist die Überwachung der Register für den Profi wichtig (**Bild 2.67**).

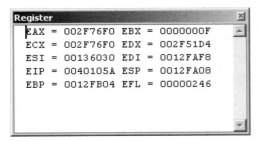

Bild 2.67: Anzeige der Registerinhalte

14. Wir stehen mit unserem Programmcursor noch mitten in der Ereignisfunktion `OnDraw`. Um nicht gleich in die Tiefen des Programms abzutauchen, verfolgen wir nun mit der Taste [F10] den Rest der Anweisungen. Tatsächlich gelingt uns dies nur bis zum Ende der Ereignisfunktion, also bis zur schließenden, geschweiften Klammer }. An dieser Stelle versuchen wir es daher mit der Taste [F5] bzw. mit der Menüoption `Weiter` in der Debuggen-Leiste.

15. Die erwartete Anzeige unserer laufenden MDI-Anwendung erfolgt aber nicht. Stattdessen springt der Programmcursor (gelber Pfeil) sofort wieder auf die erste ausführbare Zeile in der Ereignisfunktion `OnDraw`. Wir konstatieren, dass es nicht möglich ist, in unser Programm zu wechseln. Tatsächlich können wir die Ereignisfunktion `OnDraw` nur sehr schwer tracen. Sie wird immer dann aufgerufen, wenn das Programmfenster vollständig oder teilweise gezeichnet werden muss. Dies geschieht aber immer, wenn wir vom Debugger in das Anwendungsfenster wechseln wollen. Windows setzt darauf die Meldung `WM_PAINT` ab, um dem noch nicht sichtbaren Fenster mitzuteilen, dass es sich zeichnen soll. Das Programmgerüst hat diese Meldung mit der Ereignisfunktion `afx_msg void OnPaint()` verknüpft, die wiederum `OnDraw` aktiviert. (Später werden wir in dialogfeldbasierenden Anwendungen die Methode `OnPaint` direkt überschreiben.) Damit wird der Debugger wieder aktiviert usw. und überschreibt gleich wieder unsere Anwendung.

16. Hier hilft nur ein Trick: Die beiden Fenster dürfen sich nicht überdecken (beantragen Sie also gleich noch einen größeren Bildschirm bei Ihrem Chef). Wir verkleinern daher durch Klick auf die Ikone `Verkleinern` in der rechten Ecke der Titelleiste das Visual Studio .NET und ziehen dann den rechten Rand nach links. Das Anwendungsfenster muss dann unter dem Visual Studio .NET hervorgezogen werden. Erst wenn uns dies vollständig gelungen ist, können wir die Wirkung jeder Anweisung in unserem Programmfenster beobachten, d. h., zuerst erscheint nur `Hallo, Welt!` Nach zwei

2.4 Fehlersuche in Visual C++-Programmen

weiteren Schritten ist auch das Rechteck zu sehen. Abschließend erhält dann unsere Anwendung den Fokus (Titelzeile wird blau). ∎

Wenn wir schon beim Debuggen sind, so sollten noch einige interessante Zusätze erläutert werden, die im vorliegenden Beispiel aber nur bedingt anwendbar sind.

1. Da es eigentlich nur vertrackte Fehler gibt (die trivialen sehen Sie natürlich sofort), wird unser Programm nach einiger Zeit mit lauter Haltepunkten übersät sein. Wenn dann endlich der Fehler gefunden ist, wollen wir so schnell wie möglich alle Haltepunkte loswerden. Dazu haben wir unsere Symbolleiste `Debuggen` schon vorbereitet und eine Ikone zum Löschen aller Haltepunkte eingefügt.
2. Bei Programmen mit Wiederholungen (z. B. ist das vorliegende Programm schon eines, da `OnDraw` ständig vom Benutzer bewusst oder unbewusst ausgelöst aufgerufen wird) möchten wir vielleicht nur den vierten Durchlauf beobachten, da dann der Fehler erst auftritt.
3. Es gibt auch Haltepunkte, die wir uns „merken" wollen, obwohl das Programm gerade einmal dort nicht anhalten soll. Haltepunkte sollten also auch deaktiviert werden können usw.

Zur Bearbeitung der Haltepunkte steht uns eine Reihe von Varianten offen:

4. Unter der Menüoption `Debuggen` finden wir am Ende einige Optionen zur Bearbeitung der Haltepunkte.
5. In der Symbolleiste `Debuggen` gibt es einige Optionen. Insbesondere im Kontextmenü finden wir die Bearbeitungsfunktionen.
6. Die Tastenkombination `Strg` `Alt` `B` führt uns direkt zum Dialogfeld `Haltepunkte` (**Bild 2.68**). Wenn das Programm gestartet ist, so sind die Namen fett markiert, d. h., die Haltepunkte sind aktiv. In der Symbolleiste erkennen wir die Ikonen, um

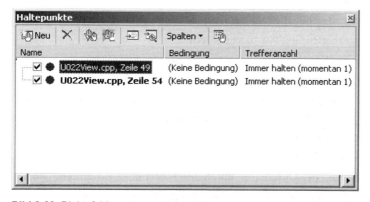

Bild 2.68: Dialogfeld `Haltepunkte`

- neue Haltepunkte einzufügen (es erscheint ein weiteres Dialogfeld (**Bild 2.69**))

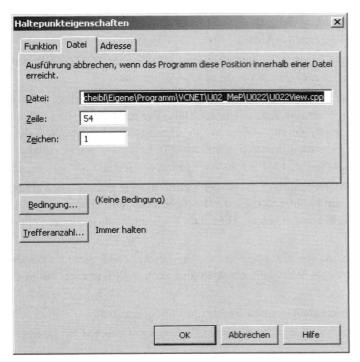

Bild 2.69: Dialogfeld `Haltepunkteigenschaften` für den zweiten Haltepunkt

- Haltepunkte zu löschen
- alle Haltepunkte zu löschen
- alle Haltepunkte zu deaktivieren
- zum Quellcode zu gehen
- zur Disassemblierung zu gehen
- die Auswahl der angezeigten Spalten zu verändern
- Eigenschaften zu setzen

Die Liste der Haltepunkte enthält standardmäßig drei Spalten:

- `Name`: generierter oder benutzerdefinierter Name des Haltepunkts. Vor dem Namen sehen wir ein Kontrollkästchen, das den Aktivierungszustand anzeigt. Diesen können wir mit einem Mausklick umschalten
- `Bedingung`: eine zusätzliche Bedingung, die für das Anhalten erfüllt sein muss
- `Trefferzahl`: Anzahl der Durchläufe durch den Haltepunkt, bis er aktiv wird
- Die weiteren optionalen Spalten hängen von der Art des Haltepunkts ab.

Richtig spannend wird es auf dem Dialogfeld `Haltepunkteigenschaften`, das sowohl beim Neuanlegen wie beim Ändern erscheint (**Bild 2.69**), wobei sich aber die Anzahl der Registerblätter verändern kann.

2.4 Fehlersuche in Visual C++-Programmen 129

Für den zweiten Haltepunkt wollen wir nun eine Bedingung eingeben. Dazu lösen wir `Bedingung...` aus. Es erscheint das Dialogfeld `Bedingung für Haltepunkt`, in dem wir einen ersten Versuch wagen (**Bild 2.70**).

Wenn wir nun unser Programm mit `F5` immer weiter schubsen, so hält es an jedem Haltepunkt an. Die Bedingung ist also erfüllt.

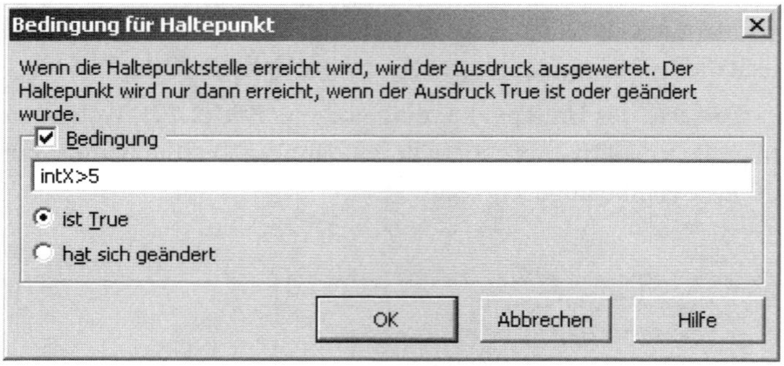

Bild 2.70: Dialogfeld `Bedingung für Haltepunkt`

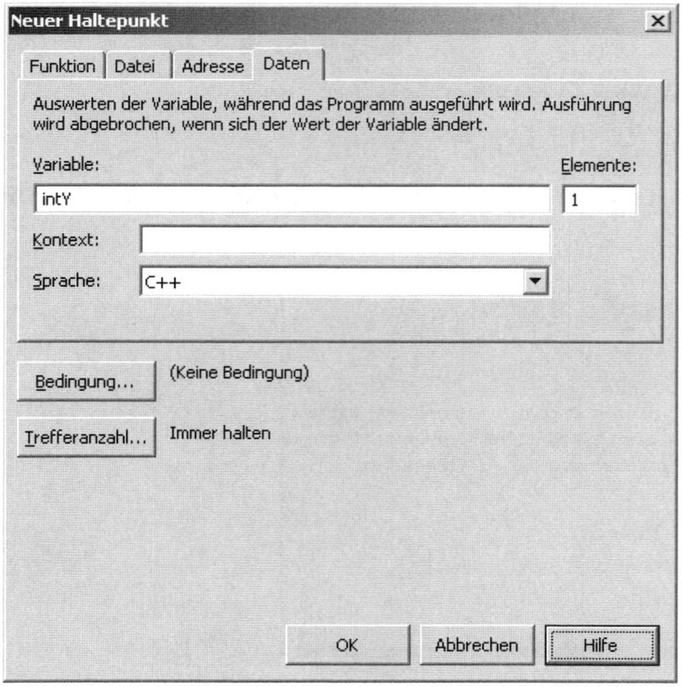

Bild 2.71: Konfiguration der Überwachung einer Variablen im Dialogfeld `Daten`

➢ Aufgabe 2-5: Programm debuggen

Ändern Sie jetzt die Bedingung auf `intX>10` und debuggen das Programm auf gleiche Weise. Es müsste nun über den Haltepunkt hinweg laufen. ■

Lösen wir die Ikone `Neu` aus, so finden wir ein Registerblatt `Daten` zusätzlich. Dieser Haltepunkt hebt insoweit von den anderen drei Varianten `Funktion`, `Datei` und `Adresse` dadurch ab, dass er „floatet". Wir geben bei ihm nicht den Namen der Funktion bzw. den Namen der Datei und den Offset in diesen oder gar eine Speicheradresse an. Vielmehr bezieht sich der Haltepunkt auf eine Variable, wobei bei (eindimensionalen) Arrays noch ein Index als zusätzliche Bedingung mitgegeben werden kann (**Bild 2.71**).

Der neue Haltepunkt wird in die Liste der Haltepunkte eingetragen (**Bild 2.72**), wobei wir gleichzeitig die übrigen Haltepunkte deaktivieren. Sie werden dann im Quelltexteditor nur noch als Kreis und nicht mehr als Scheibe angezeigt.

Bild 2.72: Ergänzter Haltepunkt im Dialogfeld `Haltepunkte`

Wenn wir das Programm jetzt starten, so hält es nicht an. Stattdessen meldet uns die IDE einen Fehler (**Bild 2.73**).

Bild 2.73: Hinweis auf einen Fehler in einer Haltepunktdefinition

2.4 Fehlersuche in Visual C++-Programmen 131

Wenn wir jetzt durch Rechtsklick auf die Fehlerzeile und Auswahl von `Eigenschaften` im Kontextmenü das Dialogfeld `Haltepunkteigenschaften` des Haltepunkts öffnen, dann werden zusätzliche Hinweise angezeigt (**Bild 2.74**).

Bild 2.74: Fehlerhinweise für einen falsch definierten Daten-Haltepunkt

☞ Hinweis: Das Fragezeichen und die Hinweise werden nur dann angezeigt, wenn das Programm noch läuft.

Damit der Haltepunkt gesetzt werden kann, müssen wir noch den Kontext bestimmen. Dieser Kontextoperator muss folgende Syntax erfüllen:

```
{[Funktion], [Quelle], [Modul] } Position
{[Funktion], [Quelle], [ Modul] } Variablenname
{[Funktion], [Quelle], [ Modul] } Ausdruck
```

Diese besagt, dass bei fehlenden Elementen auf jeden Fall die Kommata zu setzen sind. Nachfolgende Kommata dürfen aber entfallen. Wir ändern daher unsere Eigenschaften entsprechend ab (**Bild 2.75**).

Bild 2.75: Haltepunkteigenschaft mit korrigiertem Kontext

Wenn wir jetzt das Programm starten, warnt uns Visual Studio .NET vor Laufzeitproblemen (**Bild 2.76**).

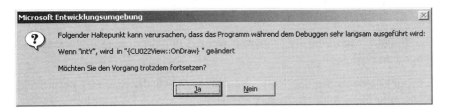

Bild 2.76: Warnung vor Laufzeitproblemen beim Debuggen einer Variablen

Das Programm meldet nun die Wertänderung der Variablen `intY` in einem weiteren Meldungsdialog (**Bild 2.77**).

2.4 Fehlersuche in Visual C++-Programmen

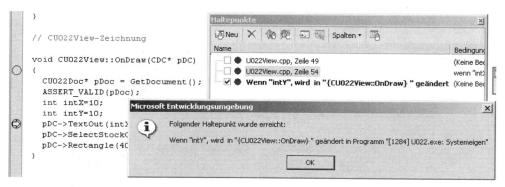

Bild 2.77: Haltepunkt beim Debuggen von Variablen wird gemeldet

Da der Haltepunkt erst nach der Änderung der Variablen erkannt wird, steht der Programmcursor auf der nächsten Zeile.

2.4.2 Zusicherungen (Assertions)

Der Anwendungsassistent hat im Programmgerüst schon einige Makroanweisungen eingefügt, die für die Überwachung des Programms hilfreich sind. So erkennen wir Zusicherungen der Art `ASSERT` bzw. `VERIFY`. Sie dienen der Absicherung des Programmablaufs.

Im Debugmodus überprüft das `ASSERT`-Makro eine vorgegebene Bedingung. Ist sie nicht erfüllt, so zeigt das Makro einen Fehler in einer Meldungsbox an und beendet das Programm. In der Auslieferungsversion des Programms werden diese Makros nicht ausgewertet.

Das Makro `VERIFY` bestimmt die angegebene Bedingung in beiden Umgebungen. Es druckt und beendet das Programm aber nur in der Debugumgebung.

Um eine solche Absicherung auszuprobieren, ergänzen wir eine zusätzliche Zeile im Quellcode:

```
void CU022View::OnDraw(CDC* pDC)
{
  CU022Doc* pDoc = GetDocument();
  ASSERT_VALID(pDoc);
  int intX=10;
  int intY=10;
  ASSERT(intY>20);
  pDC->TextOut(intX,intY,"Hallo, Welt!");
  pDC->SelectStockObject(LTGRAY_BRUSH);
  pDC->Rectangle(40,60,140,180);
}
```

Diese Absicherung ist bewusst falsch gewählt, damit sie reagiert. Durch Variation des Vergleichswertes (z. B. `intY>5`) können wir auch den „Normalfall" testen, was aber eher langweilig ist. Provozieren wir dagegen eine Ausnahme, so erhalten wir eine entsprechende Meldung (**Bild 2.78**).

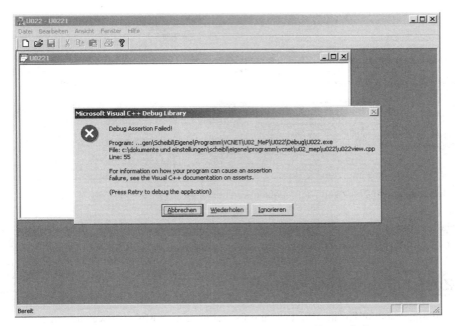

Bild 2.78: Meldungsfenster bei Verletzung einer zugesicherten Eigenschaft

Im vorliegenden Beispiel folgt unmittelbar darauf eine weitere Fehlermeldung (**Bild 2.79**), die auch dann ausgelöst wird, wenn wir selbst keine Haltepunkte im Programm mehr besitzen.

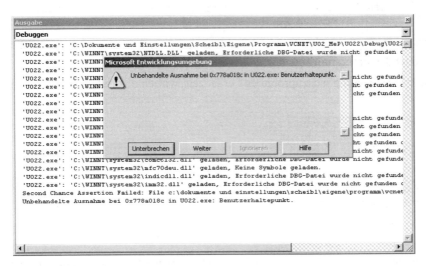

Bild 2.79: Zweite Fehlermeldung

Das Dialogfeld `Ausgabe` weist darauf hin, dass auch die zweite Chance schief gegangen ist. Hier haben wir wieder einen Punkt erreicht, wo guter Rat teuer ist.

2.4 Fehlersuche in Visual C++-Programmen

Das Dialogfeld Ausgabe zeigt mit dem Start des Programms die Ladevorgänge an. Dabei wird gemeldet, ob ein Modul Debug-Informationen enthält oder nicht. Nur Module mit diesen Informationen lassen sich von uns debuggen.

2.4.3 Zwischenausgaben

Bei der Besprechung des generierten Rahmenprogramms haben wir bereits das Makro TRACE behandelt. Es dient dazu, Informationen auf das Dialogfeld Ausgabe auszugeben, ohne dass wir hierzu besondere Dialogfelder usw. anlegen und verwalten müssen. Diese Debuganweisungen werden zusätzlich in das Programm aufgenommen. Sie wirken während der Testphase wie ein printf (C) oder cout (C++). Daher ist die Syntax sehr ähnlich:

```
TRACE("Ergebnisse: a= %d b= %x c= %3.1f, VarA, VarB, VarC);
```

Der erste Parameter ist eine Schablone (ein so genanntes *Image*), die ausgegeben wird. Vorher werden aber bestimmte *Platzhalter*, die mit einem Prozentzeichen % beginnen, durch die Werte der nachfolgenden Variablen ersetzt. Die wichtigsten Formatierungsangaben sind:

Symbol	Wirkung
%d	dezimal
%.6d	dezimal ausgerichtet (der Dezimalpunkt wird bei der Ausgabe verschoben)
%u	dezimal, ohne Vorzeichen
%x	hexadezimal
%o	oktal
%i	dezimal aus anderen Basen
%10c	Zeichen
%20s	String
%f	Gleitpunktzahl
%.2f	Gleitpunktzahl, gerundet auf zwei Nachkommastellen
%e	Exponentialzahl
%p	Zeiger

Zu den Typzeichen können noch Längenangaben hinzukommen, so bedeutet z. B. %11u, dass eine vorzeichenlose Ganzzahl mit 11 Stellen ausgegeben wird.

Auch hier wollen wir ein kleines Beispiel anfügen und erweitern unseren Quelltext um eine weitere Zeile:

```
void CU022View::OnDraw(CDC* pDC)
{
  CU022Doc* pDoc = GetDocument();
  ASSERT_VALID(pDoc);
  int intX=10;
  int intY=10;
```

```
  TRACE("\nintY=%d\n\n",intY);
  ASSERT(intY>20);
  pDC->TextOut(intX,intY,"Hallo, Welt!");
  pDC->SelectStockObject(LTGRAY_BRUSH);
  pDC->Rectangle(40,60,140,180);
}
```

Wenn wir jetzt das Programm starten, so erscheint im Dialogfeld Ausgabe eine zusätzliche Zeile mit dem Wert von intY (**Bild 2.80**). Lösen wir dann noch auf dem nachfolgenden Meldungsdialog über die Verletzung einer Zusicherung die Schaltfläche Abbrechen aus, werden im Dialogfeld Ausgabe Speicherlecks (Memory Leaks) gemeldet und die Objekte gedumpt. Da wir zum Verständnis dieser Meldungen doch noch einige Kenntnisse benötigen, soll die Behandlung dieser Fehlermeldungen usw. auf ein späteres Kapitel verschoben werden.

Die Meldungen vermeiden wir, indem wir einfach Ignorieren auslösen.

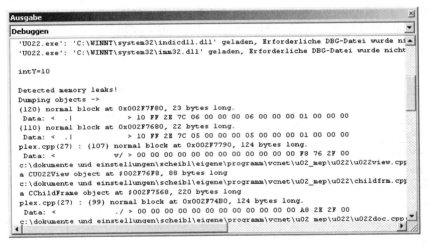

Bild 2.80: Ausgabe des Makros TRACE und Anzeige von Speicherlecks

2.4.4 Aktivierung/Deaktivierung der Fehlerprüfung

Ist die Testphase abgeschlossen, so müssen wir die Debuganweisungen nicht entfernen. Es genügt, beim Umwandeln des Programms einen Schalter umzustellen. An dieser Stelle unterscheiden sich beispielsweise ASSERT und VERIFY. Letzteres bleibt immer erhalten, während Ersteres einfach überlesen wird. Beide Makros enthalten so genannte *Zusicherungen*. Dies sind Annahmen, die wir über Variablen treffen. So können wir im Handbuch zwar schreiben, dass eine Funktion nur mit Parameterwerten zwischen 0 und 3 aufgerufen werden darf. Wenn aber ein Programmfehler einen falschen Wert setzt, so soll

2.4 Fehlersuche in Visual C++-Programmen

das Programm eine Meldung abgeben. Ein Beispiel hierzu haben wir im vorletzten Kapitel demonstriert.

Umgekehrt müssen wir überprüfen, ob der Schalter gesetzt ist. Hierzu rufen wir die Menüoption Erstellen|Konfigurations-Manager... auf. Im Dialogfeld Konfigurations-Manager (**Bild 2.81**) haben wir die Möglichkeit, den Debug- oder den Release-Modus einzustellen. Dies führt dazu, dass die erwähnten Debuganweisungen auf Assemblerebene hinzugefügt oder entfernt werden.

Bild 2.81: Wechsel der Konfiguration einer Projektmappe im Konfigurations-Manager

Besitzt unsere Projektmappe mehrere Projekte, so lassen sich die Konfigurationen einzeln einstellen (**Bild 2.82**).

Bild 2.82: Wechsel der Konfiguration eines Projekts im Konfigurations-Manager

Wir können übrigens auch ohne Umstellung der Konfiguration sozusagen temporär Wirkversionen (Release-Versionen) erstellen, indem wir in der Menüleiste die Option Erstellen mit dieser Variante auslösen. Dann wird ein Ordner Release angelegt (den wir ggf. wieder löschen sollten). Daraufhin wird das Projekt vollkommen neu erstellt (**Bild 2.83**).

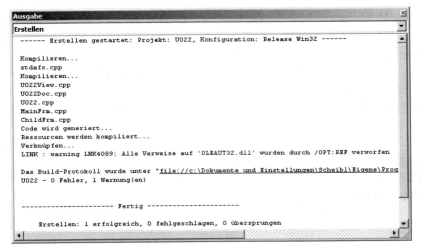

Bild 2.83: Dialogfeld `Ausgabe` mit Erstellungsprotokoll

2.4.5 Präprozessordirektiven

Auch die Präprozessordirektiven hatten wir schon kurz behandelt. Sie werden vom Programmgerüst selbst für die Unterscheidung von `Debug-` und `Release-Modus` genutzt. Typisch sind Sequenzen dieser Art:

```
#ifdef _DEBUG
void CU022View::AssertValid() const
{
  CView::AssertValid();
}

void CU022View::Dump(CDumpContext& dc) const
{
  CView::Dump(dc);
}

CU022Doc* CU022View::GetDocument() const // Nicht-Debugversion ist inline
{
  ASSERT(m_pDocument->IsKindOf(RUNTIME_CLASS(CU022Doc)));
  return (CU022Doc*)m_pDocument;
}
#endif //_DEBUG
```

Schalten wir zwischen den beiden Konfigurationen hin und her, so wird unter anderem die Konstante `_DEBUG` definiert oder nicht. Mit der Direktive:

```
#define DEMOVERSION
```

können wir ebenfalls eine solche Konstante anlegen. Sie bleibt so lange erhalten, bis entweder das Programm endet oder wir sie mit:

```
#undef DEMOVERSION
```

aufheben.

2.4 Fehlersuche in Visual C++-Programmen

Nachdem eine solche Konstante vorbereitet ist, können wir sie in weiteren Anweisungen nutzen. Typisch dafür sind Alternativen der Form:

```
#ifdef DEMOVERSION
  AfxMessageBox("In der Demoversion nicht möglich!");
#ifelse
  Anweisungen für die Vollversion
#endif
```

Diese Art der Programmierung erlaubt es, durch Umschalten einer einzigen Anweisung aus einer Demoversion eine Vollversion zu machen. Dabei wird kein Code für die Vollversion erzeugt, kann also auch nicht von Hackern usw. geknackt werden.

Selbstverständlich können wir neben unseren eigenen Konstanten die Systemkonstanten (die übrigens mit einem Unterstrich anfangen) benutzen.

```
void CU022View::OnDraw(CDC* pDC)
{
  CU022Doc* pDoc = GetDocument();
  ASSERT_VALID(pDoc);
  int intX=10;
  int intY=10;


#ifdef _DEBUG
  TRACE("\nintY=%d\n\n",intY);
  ASSERT(intY>20); //erzeugt Fehlermeldung im Debugmodus
#endif
  pDC->TextOut(intX,intY,"Hallo, Welt!");
  pDC->SelectStockObject(LTGRAY_BRUSH);
  pDC->Rectangle(40,60,140,180);
}
```

Dieses Programm übersetzen wir einmal im Debugmodus und einmal im Release-Modus. Im Letzteren kommt es zu keinen Meldungen mehr. Die Anweisungen zwischen den Präprozessordirektiven werden nicht übersetzt.

2.4.6 Objektreferenzen, Ereignisse und Koordinaten

Die nachfolgenden Ergänzungen gehören nicht unbedingt zur Fehlersuche, zeigen aber sehr schön die Bezüge (Referenzen) in OO-Programmen auf. Weiterhin werden wir Neues zum Auslösen von Ereignissen und der Berechnung von Bildschirmpositionen lernen: Viele Dinge werden erst durch die weiteren Ausführungen in den folgenden Kapiteln verständlich. Es wird daher empfohlen, dieses Kapitel später noch einmal zu wiederholen.

Zuerst kommen wir auf die Idee, einen Text mit `DrawText` auszugeben. Dieser soll mittig im Kindfenster zu sehen sein. Über allem soll noch ein Text stehen, der für die gesamte Anwendung zentriert ist:

```
void CU022View::OnDraw(CDC* pDC) {
  CU022Doc* pDoc = GetDocument();
  ASSERT_VALID(pDoc);
  int intX=10;
  int intY=10;
#ifdef _DEBUG
```

```
  TRACE("\nintY=%d\n\n",intY);
  ASSERT(intY>20); //erzeugt Fehlermeldung im Debugmodus
#endif
  pDC->TextOut(intX,intY,"Hallo, Welt!");
  pDC->SelectStockObject(LTGRAY_BRUSH);
  pDC->Rectangle(40,60,140,180);
  CRect rcRechteck;
  //wir holen uns den Innenbereich des Hauptrahmens
  theApp.m_pMainWnd->GetClientRect(&rcRechteck);
  pDC->DrawText("Zentriert im Hauptrahmen",&rcRechteck,
                DT_SINGLELINE|DT_CENTER|DT_VCENTER);
  GetClientRect(&rcRechteck);
  pDC->DrawText("Zentriert im Kindfenster",&rcRechteck,
                DT_SINGLELINE|DT_CENTER|DT_VCENTER);
} //CU022View::OnDraw
```

Das Programm legt jetzt eine Instanz `rcRechteck` der Klasse `CRect` an, die eigentlich nur aus zwei Punkten, dem linken oberen und dem rechten unteren Eckpunkt, besteht. Nun ja, so ganz stimmt das nicht. Wollen wir nämlich ein Rechteck über den Bildschirm bewegen, so müssen beide Punkte neu berechnet werden. Mit relativen Koordinaten, also einem linken, oberen Eckpunkt und den Abmessungen Breite und Höhe wäre diese Aufgabe einfacher zu lösen. Tatsächlich interessiert uns aber die interne Struktur der Klasse `CRect` nicht wirklich. Hier sollten sich die für diese Klasse Zuständigen den Kopf zerbrechen.

Wir fragen die Innenbereiche der beteiligten Fenster mit Hilfe der Methode `GetClientRect()` ab und speichern sie hintereinander in `rcRechteck`. Durch geeignete *Qualifizierung* (auch *Referenzierung* genannt) dieser Methode bestimmen wir, um welchen Innenbereich es sich handelt. So besitzt unsere Anwendung `theApp` einen Zeiger `m_pMainWnd` auf das Hauptrahmenfenster, das natürlich einen Innenraum umschließt. Der zweite Aufruf dieser Methode ist unqualifiziert, was auch als

```
    this->GetClientRect(&rcRechteck);
```

interpretiert werden kann. Somit erhalten wir den Innenbereich des aktuellen Kindfensters.

Wenn wir nun mit dem Programm experimentieren, treten Fehler auf, die wir sicher so nicht erwartet haben (**Bild 2.84**).

Hierzu müssen wir die Fenster in ihrer Größe ändern. Im Kindfenster bleibt der Text dabei immer schön in der Mitte. Verändern wir das Rahmenfenster, so geschieht erst einmal nichts. Sobald wir dann das Kindfenster vergrößern oder verkleinern, springt auch der Text des Hauptrahmens in die Mitte. Wirklich in die Mitte? Eigentlich nur, wenn das Kindfenster noch am oberen linken Rand steht.

Denn wenn wir dann das Kindfenster herumziehen, stimmt die Zentrierung erneut nicht. Werden weitere Kindfenster generiert, so enthalten diese natürlich auch den Text, aber unter Umständen nach entsprechenden Verschiebungen an ganz anderen Stellen, auf jeden Fall nicht in der Mitte unserer Anwendung. Was ist zu tun?

Im Grunde haben wir folgende Probleme:

1. Wird der Hauptrahmen in der Größe verändert, müssen alle Kindfenster neu gezeichnet werden, um den Text zu zentrieren.

2.4 Fehlersuche in Visual C++-Programmen

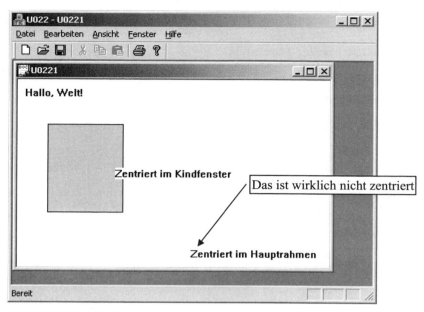

Bild 2.84: Fehlerhafte Anzeige

2. Wird ein Kindfenster bewegt, so muss es allein neu gezeichnet werden, um den Text zu zentrieren.
3. Die Koordinaten (das Rechteck) werden relativ auf den Nullpunkt der jeweiligen Innenbereiche bezogen. Dadurch wird CMainFrame.Rect auf das Kindfenster verschoben. Der Text steht nicht mehr zentriert im Anwendungsfenster, wenn das Kindfenster stark verschoben ist.

Bevor wir uns nun in die Tiefen der MFC verabschieden, wollen wir die Lösung dieser Probleme nur kurz andeuten.

Zuerst einmal muss das Ereignis WM_SIZE für den Hauptrahmen abgefangen werden, damit dieser alle Kindfenster neu zeichnet. Dazu überschreiben wir die Ereignisfunktion OnSize. Nun wäre es schön, einen Befehl zu finden, der die Liste der Kindfenster durcharbeitet und neu zeichnet. Wir finden aber nur Umschaltbefehle, um Kindfenster in den Vordergrund zu stellen. Also verfallen wir auf die Idee, alle Kindfenster nacheinander zu aktivieren. Dadurch haben wir die Möglichkeit, entweder die Ansicht im Kindfenster direkt mit Invalidate() für ungültig zu erklären, was ein Neuzeichnen veranlasst, oder die Aktivierung des Kindrahmens dazu zu verwenden, die Ansicht des Kindfensters neu zu zeichnen. Im Beispiel wird beides eingesetzt. Das gerade aktive Kindfenster wird mit der ersten Technik neu gezeichnet, da es nicht erneut aktiviert werden kann. Alle weiteren Kindfenster werden über die zweite Technik aktualisiert:

```
// CMainFrame Meldungshandler

void CMainFrame::OnSize(UINT nType, int cx, int cy) {
  CMDIChildWnd *pAktivesFenster, *pKindfenster;
```

```
  BOOL bMaximiert;
  CMDIFrameWnd::OnSize(nType,cx,cy);
  pAktivesFenster=MDIGetActive(&bMaximiert);
  (pAktivesFenster->GetActiveView())->Invalidate();
  MDINext();
  pKindfenster=MDIGetActive(&bMaximiert);
  while (pKindfenster!=NULL && pKindfenster!=pAktivesFenster && bMaximiert)
  {
    (pAktivesFenster->GetActiveView())->Invalidate();
    MDINext();
    pKindfenster=MDIGetActive(&bMaximiert);
  }
}
```

Damit dies funktioniert, müssen wir im Kindrahmen die Ereignisfunktion `OnActivate` überschreiben und das Neuzeichnen hinzufügen:

```
// CChildFrame Meldungshandler

void CChildFrame::OnActivate(UINT nState,CWnd* pWndOther,BOOL bMinimized) {
  CMDIChildWnd::OnActivate(nState, pWndOther, bMinimized);
  GetActiveView()->Invalidate();
} /*CChildFrame::OnActivate*/
```

Damit wir das aktive Kindfenster sozusagen unter der Textzeile bewegen können, müssen wir den Text parallel zur Bewegung verschieben:

```
void CChildFrame::OnMove(int x, int y) {
  CMDIChildWnd::OnMove(x, y);
  if (GetActiveView()!=NULL) {
    GetActiveView()->Invalidate();
  }
} /*CChildFrame::OnMove*/
```

Da diese Funktion vom Anwendungsgerüst bereits beim Aufbau des Fensters aufgerufen wird, müssen wir eine zusätzliche Abfrage einbauen. Zuletzt sollten wir noch die Koordinaten reparieren:

```
// CU022View-Zeichnung

void CU022View::OnDraw(CDC* pDC) {
  CU022Doc* pDoc = GetDocument();
  ASSERT_VALID(pDoc);
  int intX=10;
  int intY=10;
#ifdef _DEBUG
  TRACE("\nintY=%d\n\n",intY);
//  ASSERT(intY>20); //erzeugt Fehlermeldung im Debugmodus
#endif
  pDC->TextOut(intX,intY,"Hallo, Welt!");
  pDC->SelectStockObject(LTGRAY_BRUSH);
  pDC->Rectangle(40,60,140,180);
  CRect rcRechteck,rectKind,rectRahmen;
  //wir holen uns den Innenbereich des Hauptrahmens
  //theApp.m_pMainWnd->GetClientRect(&rcRechteck);
  theApp.m_pMainWnd->GetWindowRect(&rectRahmen);
  GetParent()->GetWindowRect(&rectKind);
  rcRechteck=rectRahmen-rectKind.TopLeft();
  pDC->DrawText("Zentriert im Hauptrahmen",&rcRechteck,
```

2.4 Fehlersuche in Visual C++-Programmen

```
                 DT_SINGLELINE|DT_CENTER|DT_VCENTER);
    GetClientRect(&rcRechteck);
    pDC->DrawText("Zentriert im Kindfenster",&rcRechteck,
                 DT_SINGLELINE|DT_CENTER|DT_VCENTER);
} /*CU022View::OnDraw*/
```

Im Beispiel operieren wir mit absoluten Koordinaten bezogen auf die linke obere Ecke des Bildschirms. Wenn das Programm richtig funktioniert, dann sollte der Text `Zentriert im Hauptrahmen` immer in der Mitte der Anwendung stehen. Keiner kann sagen, ob der Text auf jedem Kindfenster einzeln existiert oder die Kindfenster überdeckt. Na ja, wenn wir genau hinschauen, dann sehen wir natürlich die Ränder über dem Text (**Bild 2.85**).

Der Text steht also auf allen Kindfenstern und baut sich bei Verschiebungen scheinbar im Zentrum des Hauptfensters auf.

Schnell erkennen wir, dass die Verwendung von `Invalidate()` zu einem unangenehmen Flackern der Fenster führt. Dieses Optimierungsproblem wollen wir aber nun wirklich auf das Kapitel zur Grafik verschieben, denn dafür müssen wir `InvalidateRect()` einsetzen und vorher das betroffene Rechteck mit dem Text berechnen.

Dort werden wir auch eine Geräteklasse kennen lernen, die den Zeichenvorgang im Speicher durchführt und erst dann die Bildschirmdarstellung aktualisiert. Aber vielleicht haben Sie bereits Lust, die folgende Aufgabe zu lösen.

➢ Aufgabe 2-6: Flackern durch direktes Zeichnen beseitigen

U023 Kaum dass das Programm funktioniert, kann man an ihm herummäkeln. Sicher wird Ihnen auffallen, dass beim Herumziehen eines Kindfensters die Grafik heftig flackert. Sie sehen den direkten Zeichenvorgang auf den Grafikspeicher. Im Vorgriff auf das Grafikkapitel können Sie sich die Lösung auf der CD anschauen, die eine pfiffige Ergänzung aus dem Internet nutzt. Dazu wird der Gerätekontext auf dem Speicher abgelegt. ∎

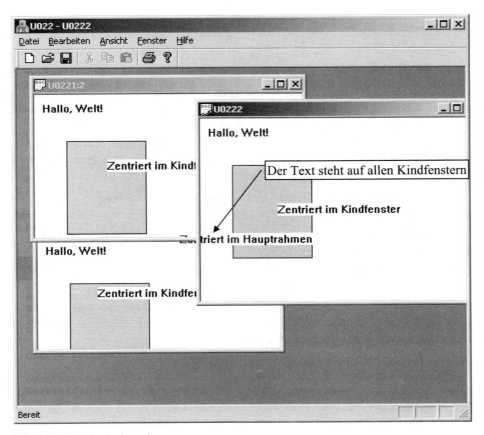

Bild 2.85: Koordinatenberechnungen

3

Einführung in C

Dieses Kapitel finden Sie als besondere Zugabe im PDF-Format auf der Begleit-CD.

3   Einführung in C 5
   3.1   *Allgemeines* 7
   3.2   *Struktur von C-Programmen* 8
   3.3   *Daten* 11
       3.3.1   Daten deklarieren 11
       3.3.2   Daten zuweisen 16
       3.3.3   Daten einlesen bzw. ausgeben 17
       3.3.4   Daten mit Funktionen berechnen 17
       3.3.5   Daten ansprechen 18
       3.3.6   Datentypen wandeln 20
       3.3.7   Daten im Detail 21
            3.3.7.1   Grundlagen (Gleitkommadarstellung nach IEEE 754) 21
            3.3.7.2   Wandlungsfehler 23
            3.3.7.3   Rechenfehler 24
   3.4   *Steuerfluss* 27
       3.4.1   Grundlagen 27

3.4.2	Folge	28
3.4.3	Auswahl	29
3.4.4	Wiederholung	33
3.4.4.1	Schleifen	33
3.4.4.2	Abbrüche mit `break` oder `continue`	36
3.4.4.3	Rekursionen	39
3.4.5	Parallelverarbeitung	41
3.4.6	Schrittweise Verfeinerung	42
3.5	*Datenstrukturen*	*42*
3.5.1	Array	43
3.5.2	Zeichenketten (Strings)	46
3.5.2.1	Zeichenketten speichern	47
3.5.2.2	Zeichenketten definieren	47
3.5.2.3	Zeichenketten ein- und ausgeben	48
3.5.2.4	Zeichenketten bearbeiten und vergleichen	51
3.5.2.5	Dynamische Strings	55
3.5.3	Mehrdimensionale Arrays	58
3.5.4	Mehrdimensionale Arrays mit Zeigern	60
3.5.5	Suchen in Arrays	63
3.5.6	Arrays sortieren	65
3.5.7	Zeiger auf Funktionen	67
3.6	*C-Systematik*	*68*
3.6.1	Blockbildung	69
3.6.2	Speicherklassen	70
3.6.3	Operatoren und Ausdrücke	72
3.6.3.1	Rangfolge der Operatoren	73
3.6.3.2	Arithmetische Operatoren	73
3.6.3.3	Vergleichs- und logische Operatoren	74
3.6.3.4	In- und Dekrement-Operator	74
3.6.3.5	Bitverarbeitung	74
3.6.3.6	ANSI-Escape-Sequenzen	77
3.7	*Ein-/Ausgabe-Funktionen*	*77*
3.7.1	Konzept der Ströme (Streams)	78

3.7.2	Dateibearbeitung	78
3.7.2.1	Allgemeines	78
3.7.2.2	Textdateien	80
3.7.2.3	Formatierte Ein- und Ausgabe	82
3.7.2.4	Binärdateien	84

3.8 Deklaration benutzerspezifischer Datentypen *87*

3.8.1	Aufzählungen mit `enum`	87
3.8.2	Datenverbunde mit `struct`	88
3.8.3	Überlagerungen mit `union`	91
3.8.3.1	Grundlagen	91
3.8.3.2	Hardwarenahe Programmierung mit `union`	91
3.8.3.3	Simulation der OOP in C mit `union`	92

3.9 Präprozessor *94*

3.9.1	Aufgaben und Funktionen	94
3.9.2	Quelltexte einbinden mit `#include`	95
3.9.3	Makros definieren	96
3.9.4	Makros mit Parametern	97
3.9.5	Bedingte Übersetzung	99
3.9.6	Funktionen mit Makros generieren	100

3.10 Modularisierung *102*

3.10.1	Grundlagen	102
3.10.2	Modularisierung in C	102

3.11 Algorithmen *106*

3.11.1	Türme von Hanoi	106
3.11.2	Formale Sprachen und Automaten	109
3.11.2.1	Automaten und reguläre Ausdrücke	109
3.11.2.2	Formale Sprachen	116
3.11.2.3	Automaten und Graphen	121
3.11.2.4	Deterministischer, endlicher Automat (DEA)	124
3.11.2.5	Reguläre Sprachen und reguläre Ausdrücke	126
3.11.2.6	Dualität von Automat und regulärem Ausdruck	128
3.11.2.7	Verknüpfung von mehreren endlichen Automaten	130
3.11.2.8	Wandlung eines NEA in einen DEA	133

3.11.2.9   Begriffe 136
3.11.2.10 Reguläre Ausdrücke für endliche Automaten 136
3.11.2.11 Operationen auf NEA bzw. DEA 137
3.11.2.12 Programmierung 139
    3.11.2.12.1   Programmarchitektur 139
    3.11.2.12.2   Alternative Datenstrukturen 140
    3.11.2.12.3   Simulation eines DEA mit Arrayspeicherung 141
    3.11.2.12.4   Simulation eines DEA mit Adjazenzlistenspeicherung 143
    3.11.2.12.5   Myhill-Potenzmengenverfahren 150
    3.11.2.12.6   Brzozowski-Verfahren 152
    3.11.2.12.7   Minimieren 153
    3.11.2.12.8 R^k_{ij}-Verfahren liefert regulären Ausdruck 155
    3.11.2.12.9   Abschmelzen von Knoten liefert regulären Ausdruck 155
    3.11.2.12.10   ε-Kanten eliminieren 155
    3.11.2.12.11   Regulären Ausdruck in NEA transformieren 156
    3.11.2.12.12   Erweiterte Funktionen 157
    3.11.2.12.13   Grammatiken 158
    3.11.2.12.14   Mögliche Fortsetzungen 159

4

Objektorientiertes Programmieren mit C++

4   Objektorientiertes Programmieren mit C++ 151

4.1   Klassen und Objekte 151

4.2   Objekte in Objekten 172

4.3   Rückblick 182

4.4   Zusammenfassung 183

4 Objektorientiertes Programmieren mit C++

Dieses und die nächsten Kapitel sind ein Kurzlehrgang in C++ mit dem Schwerpunkt auf dem ++, d. h., der Objektorientierung. Wir werden dabei mehrere unterschiedliche Objekthierarchien entwickeln, um die wesentlichen Vorteile der OOP (Objektorientierten Programmierung) kennen zu lernen.

4.1 Klassen und Objekte

4.1.1 Einführung

Wir wollen uns im ersten Kapitel dieser Serie noch einmal pragmatisch dem neuen *Paradigma* der *Objektorientierten Programmierung* (OOP) nähern. Dazu gehen wir von bekannten Tatsachen aus und erweitern unseren Kenntnisstand langsam auf unbekanntes Territorium.

> Ein Objekt vereinigt im Wesentlichen die Daten (Eigenschaften) und die Funktionen (Methoden), die man auf diese Daten anwenden kann. Es reagiert auf äußere Ereignisse mit Zustandsänderungen seiner Eigenschaften (Daten), indem es geeignete Methoden aufruft.

Nun, Daten werden schon seit den Anfängen der Datenverarbeitung zusammengefasst. Eine erste Datenstruktur haben wir bereits in Form des Felds (Array) kennen gelernt. In seiner einfachsten Form, dem Vektor, ist es eine Wiederholung von Daten des gleichen Typs. Ein zweidimensionales Feld (Matrix) ist wiederum eine Wiederholung von Vektoren, ein dreidimensionales Feld eine Wiederholung des zweidimensionalen Felds usw. Somit haben wir zum einen das typische Grundkonstrukt „Wiederholung" der *Strukturierten Programmierung*, zum anderen können wir das Feld als eine *rekursive* Definition ansehen. Jede weitere Dimension ist eine Wiederholung der Vorgängerstruktur. Der Anfangswert ist das einzelne Element.

Die OOP basiert dagegen auf dem *Datenverbund*. Dieser Verbund ist bereits in den ersten Programmiersprachen zu finden. Denken Sie nur an Cobol, das von seiner ersten Normung (1964) an schon den Verbund von Daten unterschiedlicher Typen kannte. Nur konnte man diese nicht im Rechner, sondern ausschließlich auf den peripheren Speichern in Dateien darstellen. Aus dieser Zeit stammt auch die Bezeichnung *Record,* wie ein Verbund z. B. in Cobol oder Pascal heißt.

Interessanterweise finden wir bei einigen Programmiersprachen nach Cobol den Datenverbund nicht mehr, wie z. B. in Fortran (zeitlich parallel zu Cobol entstanden) oder Basic (deutlich später entwickelt). Gerade Basic hat aber dieses Manko später mit dem TYPE in den letzten Jahren ausgeglichen und stellt sich inzwischen als vollwertige Sprache auf diesem Sektor dar, die inzwischen alle Eigenschaften einer vollwertigen OO-Sprache besitzt.

In Pascal finden wir den Verbund als `RECORD`, in C als `struct`. Eine solche Struktur ist erst einmal eine reine Beschreibung eines Datenverbunds. Würde der Compiler diese Beschreibung nicht während der Übersetzung speichern, so würde die Beschreibung allein keinen Platz im Rechner verbrauchen.

Erst wenn wir eine Variable mit einem solchen strukturierten Datentyp anlegen, so wird entsprechender Speicherplatz angefordert. Dies ist im statischen Fall der gesamte notwendige Speicher für den Verbund. Im dynamischen Fall wird nur ein Zeiger eingerichtet, der auf die noch zu erstellende Struktur zeigt. Diese Struktur muss dann zur Laufzeit auf dem Heap (Haufenspeicher, Halde) angelegt werden.

Eine strukturierte Variable ist somit weder initialisiert noch existieren angepasste Funktionen, die auf diesem Datentyp definiert sind. Beides muss in jedem Programm für jede Struktur nachgeholt werden. Jede Änderung der Datenstruktur, z. B. das Hinzufügen eines weiteren Elements, führt automatisch zu Umgestaltung der begleitenden Funktionen in allen Programmen.

C++ und damit Visual C++ erweitern ganz entscheidend die Vorgehensweise. Zur Unterscheidung von der klassischen Programmierung werden einige neue Begriffe eingeführt.

Hier ist als Erstes die Deklaration zu nennen. Da Objekte nicht nur Daten, sondern auch Funktionen beinhalten, beschreiben wir sie nicht als reine Datentypen, sondern als *Objekttypen*. Diese Objekttypen nennen wir nicht Strukturen (oder Verbunde), sondern *Klassen* mit dem Schlüsselwort `class`, welches das Schlüsselwort `struct` ersetzt.

Die Funktionen innerhalb der Klassen erhalten ebenfalls einen anderen Namen, nämlich *Methoden*. Methoden sind Funktionen, die wir nur auf die Objekte selbst anwenden können. Visual C++ hält sich leider nicht ganz an diese übliche Namensvergabe, sondern benutzt die Begriffe:

- Memberelemente (als Vereinigung der Variablen und Funktionen)
- Membervariablen
- Memberfunktionen

Objekte sind die Inkarnationen (Verwirklichungen) einer Klasse. Sie werden auch *Instanzen* oder *Individuen* genannt. Das Anlegen einer Variablen vom Datentyp `string` wird in der OOP zur *Instanziierung einer Klasse* `CString`.

Die Klasse stellt somit eine Obermenge der Struktur dar. Sie beinhaltet alle Eigenschaften einer Struktur, wie z. B. einen eindeutigen Namen (Bezeichner). Darüber hinaus hat sie aber einige zusätzliche Elemente, die eine Struktur logischerweise nicht hat, z. B. die Methoden.

Die Deklaration einer (Basis-)Klasse unterscheidet sich daher nur wenig von der Deklaration einer Struktur:

```
struct eineStruktur  { Deklaration };
class  eineKlasse    { Deklarationen, Methoden };
```

4.1 Klassen und Objekte

Wir können, wenn wir auf die eigentlichen Vorteile der OOP verzichten wollen, jede Struktur als Klasse deklarieren und wie gewohnt damit operieren. Dies sollte aber nicht unser Ziel sein. Dies wird häufig in Büchern gemacht, die klassische C-Programmierer an C++ heranführen wollen. Es muss aber noch einmal betont werden, dass die OOP eigentlich erst mit der ersten Vererbung (Objekt von Objekt) beginnt.

Die Deklaration einer abgeleiteten Klasse sieht schon etwas komplizierter aus:

`class abgeleiteteklasse : oberklasse { Deklarationen , Methoden };`

Hier kommen die Informationen der Oberklasse hinzu, während die ererbten Elemente (Daten und Methoden) erhalten bleiben.

4.1.2 Klassische Deklaration neuer Datentypen in C

Nach so viel Theorie wollen wir dies an einem praktischen Beispiel konkret ausprobieren. Hierzu gehen wir von einer besonders in der kommerziellen Datenverarbeitung wichtigen Datenstruktur aus, nämlich dem Datum. Dieses wird natürlich auch in technischen Anwendungen ständig gebraucht, so dass wir unsere Verarbeitung möglichst universell entwerfen sollten. Die klassische Deklaration würde etwa so lauten:

```
struct Datum {
  short Jahr,Monat,Tag; //Datum im internationalen Format
}; //END struct Datum
```

☞ Hinweis: Zur Erhöhung der Lesbarkeit wird in diesem Manuskript (fast) immer ein END-Kommentar angehängt, der den Blocktyp und den Namen oder eine nähere Erläuterung enthält.

In unserem Programm können wir nun den Wert der einzelnen Datenfelder in deren Geltungsbereich beliebig setzen, z. B.:

```
Datum Datum1;
Datum1.Monat=12;
```

Bei der Ausgabe möchten wir den Monat ausgeschrieben sehen, so dass wir hierzu eine eigene Funktion definieren, die so aussehen könnte:

```
void zeigeDatum(struct Datum *pDatum) {
  static char *Name[]= {"Januar","Februar","März","April","Mai","Juni",
    "Juli","August","September","Oktober","November","Dezember"}
  } //END static char *Name[]
  printf("%d. %s %d",pDatum->Tag,Name[pDatum->Monat-1],pDatum->Jahr);
} //END zeigeDatum
```

Diese Technik hat einige Nachteile, von denen einige herausgehoben werden sollen:
- Es kann durch die Deklaration des Datentyps nicht sichergestellt werden, dass immer richtige Datenwerte in einer Instanz des Datentyps `struct Datum` stehen, auch wenn wir es uns bei der ersten Deklaration überlegt haben. So ist es also ohne weiteres möglich, ein Datum `-12.02.-1994` einzugeben.

- Da wir die Instanz zwar anlegen, aber nicht initialisieren, verarbeiten wir undefinierte Daten, wenn wir die Initialisierung vergessen. Natürlich wissen wir, dass eine Initialisierung vor der ersten Verwendung erfolgen sollte. Der Compiler sagt uns aber mit keinem Wort, dass wir es im konkreten Fall vergessen haben.
- Eine nachträgliche Änderung der Datenstruktur ist nicht ohne ganz erhebliches Umprogrammieren möglich. Stellen Sie sich hierzu vor, dass Sie aus Speichermangel die interne Darstellung des Datums von den jetzt gewählten 6 Byte auf das unter DOS gebräuchliche Speicherformat von 2 Byte mit der Bit-Einteilung `jjjjjjjm mmmttttt` übergehen wollen. Sie berechnen zwar dann das Datum, z. B. wie Bill Gates von „PC-Geburt" (01.01.1980) an, und wissen, dass spätestens in 127 Jahren Ihr Programm zusammenbricht, aber wer sollte Sie dann noch belangen? Auf jeden Fall müssten Sie Ihr Programm und ggf. eine Vielzahl weiterer Programme ändern, um mit der neuen Speicherstruktur arbeiten zu können. Plötzlich ist die Anweisung `Datum1.Monat=12;` schlichtweg falsch, da es jetzt dieses Feld nicht mehr gibt.

Durch den Einsatz von Klassen lassen sich solche Probleme in VC++ elegant umschiffen.

4.1.3 Objektorientierte Deklarationen neuer Datentypen in C++

In den nachfolgenden Übungen arbeiten wir anfänglich mit Konsolenanwendungen. Das Anlegen einer Konsolenanwendung haben Sie in Kapitel 2 «Mein erstes Programm» ausführlich geübt. Es wird daher schon aus Platzgründen auf die ständige Wiederholung der gleichen Arbeitsschritte verzichtet. Bei der Namensvergabe benutzen wir `U04_OOP` als Ordnernamen und wie üblich `U041` als Anwendungsnamen.

U041 Die Deklaration einer Klasse umfasst die Deklaration von Datenelementen und die Definition von Methoden. Wir können dabei die Deklaration der Schnittstelle von der Definition der Methoden trennen. Zu diesem Zweck beginnen wir mit der Schnittstelle, in der wir die Klasse `CDatum` festlegen. Damit ein lauffähiges Programm entsteht, ergänzen wir die entsprechenden Anweisungen:

```
//Übung U041   Klasse CDatum
#include <IOSTREAM.H>
//zuerst einige allgemeine verwendete INLINE-Funktionen (Makros)
inline short Max(short a,short b) {return a>b ? a:b;}
inline short Min(short a,short b) {return a>b ? b:a;}
class CDatum {
public:
  CDatum(short Tg,short Mt,short Jr);  //Konstruktor
  ~CDatum();                           //Destruktor
  void Zeige();                        //Bildschirmausgabe
private:
  short Jahr,Monat,Tag;                //private Datenelemente
}; //END class CDatum
```

☞ Tipp: Das Semikolon nach der Ende-Klammer `};` nicht vergessen!

4.1 Klassen und Objekte

Wie wir sehen, besteht die Schnittstellendefinition aus der Deklaration einer Struktur `CDatum` mit den drei (privaten) Datenelementen `Jahr`, `Monat`, `Tag`. Zusätzlich sind drei Funktionsprototypen `CDatum`, `~CDatum`, `Zeige` und die beiden Marken `public:` und `private:` hinzugekommen. Die Funktionen sind die bereits erwähnten *Methoden*. Offensichtlich können wir auf eine nähere Spezifizierung von `Zeige` verzichten, d. h., es fehlen alle Argumente. Wir werden sehen, dass die Methode durch den Instanznamen qualifiziert wird, so dass es beliebig viele unterschiedliche Aufrufe der Methode `Zeige` geben kann.

Jede Instanz der Klasse `CDatum` enthält also:

- drei Ganzzahl-Elemente `Jahr`, `Monat`, `Tag`, die Datenelemente der Klasse
- drei Funktionen `CDatum`, `Zeige`, `~CDatum`, die Methoden der Klasse
- zwei Bereiche `public:` und `private:`

☞ Hinweis: Wählen Sie grundsätzlich für die Namen der Funktionsargumente andere Bezeichner als die Instanzvariablen, sonst können Sie die Daten nur umständlich (mit einem zusätzlichen Qualifizierer `this`) verarbeiten.

Diese Schnittstelle ist das Einzige, was wir oder ein anderer Programmierer später noch von dieser Klasse sehen werden. Den Rest, d. h., die Implementierung der Methoden, verstecken wir bei Bedarf in einer zweiten Datei, die wir getrennt und dann natürlich übersetzt weitergeben. Vorerst werden wir aber die Schnittstelle und die Implementation in einer Datei vereinigt lassen. Dieser Teil kann folgendes Aussehen haben:

```
//Implementationen
//Konstruktor der Klasse CDatum
CDatum::CDatum(short Tg,short Mt,short Jr) {
  static short Laenge[]={31,28,31,30,31,30,31,31,30,31,30,31};
  Monat=Max(1,Mt);
  Monat=Min(Monat,12);
  Tag  =Max(1,Tg);
  Tag  =Min(Tag,Laenge[Monat-1]);
  Jahr =Max(1,Jr);
} //END CDatum::CDatum(short Tg,short Mt,short Jr)
//Methode der Klasse CDatum zur Bildschirmausgabe
void CDatum::Zeige() {
  static char *Name[]=
  {"Januar","Februar","März","April","Mai","Juni","Juli",
   "August","September","Oktober","November","Dezember"
  }; //END static char *Name[]
  cout << Tag << ". " << Name[Monat-1] << " " << Jahr;
} //END CDatum::zeige()
//Destruktor der Klasse CDatum
CDatum::~CDatum() {
  //Dies ist nur ein Platzhalter
} //END CDatum::~CDatum()
```

Zuerst fällt Ihnen sicher auf, dass zwei der Methoden besondere Namen haben, nämlich der *Konstruktor* und der *Destruktor*. Ihre Aufgaben bestehen darin, wie es die Namen schon andeuten, ein Objekt zu konstruieren (zu instanziieren und zu initialisieren) bzw. nach der Verwendung wieder abzubauen, d. h., den Speicherplatz wieder freizugeben.

Alle drei Methoden werden durch den Klassennamen `CDatum` und den Zugriffsoperator `::` klassifiziert. Jetzt können wir uns schon vorstellen, warum aus `zeigeDatum` die verkürzte Bezeichnung `Zeige` geworden ist. In irgendeiner Form werden wir dem Rechner mitteilen, welches Datum er anzeigen soll.

Der Konstruktor wird durch `klassenname::klassenname` eingeleitet. Ihm übergeben wir die Anfangswerte unseres Datums zur Initialisierung. Tatsächlich prüft der Konstruktor eingehend das Datum, bevor er die internen Datenelemente auf diese Werte setzt.

Der Destruktor `klassenname::~klassenname` unterscheidet sich vom Konstruktor durch eine vorangestellte Tilde im Namen und natürlich durch den Prozedurinhalt, der in diesem Fall aus nichts besteht. Offensichtlich erledigt der Destruktor eine Reihe von Aufgaben, wie das Freigeben des Speicherplatzes, automatisch. Dies müssen wir nicht gesondert programmieren. Nur wenn das Objekt besondere Merkmale besitzt (z. B. aus einer dynamischen Liste besteht), müssen wir den Destruktor selbst programmieren.

Sie können sich vorstellen, dass diese erste Deklaration einer Klasse noch unvollständig ist. So werden wir nach und nach weitere Methoden hinzufügen, wie:

- Setzen von Tag, Monat, Jahr
- Verschiebung des Datums um n Kalendertage nach vorne oder hinten
- Vergleich mit einem zweiten Datum
- Berechnung des Abstands zu einem weiteren Datum
- Abfragen von Tag, Monat, Jahr
- und vieles mehr

Bevor wir dieses aber ausführen, wollen wir im nächsten Kapitel schon mit dieser Klasse arbeiten, um damit sicherer umgehen zu können. Wer aber noch nicht mit der bisherigen Definition zufrieden ist, kann in einer ruhigen Minute einmal folgende Aufgabe lösen.

➢ Aufgabe 4-1: Berücksichtigung des Schaltjahrs

Ändern Sie den Konstruktor so, dass er auch Schaltjahre berücksichtigt. Beachten Sie dabei, dass die Säkularjahre (volle Jahrhundertjahre) keine Schaltjahre sind, aber der Schalttag alle vierhundert Jahre wieder auftaucht. ∎

4.1.4 Einsatz von Klasse und Objekt

Zum Ausprobieren der Klasse und zur Instanziierung von Objekten entwerfen wir folgendes einfaches Hauptprogramm:

```
void main() {
  CDatum Datum1(24,12,1999);      //Instanziierung eines gültigen Datums
  CDatum Datum2(35,28,-1999);     //Instanziierung eines ungültigen Datums
  Datum1.Zeige(); cout << endl;   //Bildschirmausgabe
  Datum2.Zeige(); cout << endl;
} //END U041
```

4.1 Klassen und Objekte

> Damit ist das gesamte Programm `U041` fertig. Sie können es hintereinander eingeben und ausprobieren. Das Ergebnis sollte sich mit **Bild 4.1** decken. ∎

☞ Tipp: Statt der Konstanten `endl`, die in `iostream.h` definiert ist, können wir auch die aus C bekannte Escape-Sequenz `"\n"` benutzen.

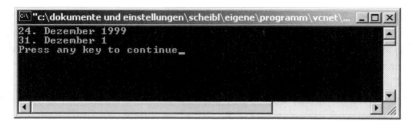

Bild 4.1: Ergebnisse des Programms `U041`

Sehen wir uns die ersten Zeilen des Hauptprogramms an, so handelt es sich um Deklarationen zweier Variablen `Datum1`, `Datum2` vom Typ `CDatum`, dies wird in der OOP als Instanziierung von Objekten (Instanzen) bezeichnet. Diese Instanziierung unterscheidet sich aber vom üblichen Anlegen von Variablen dadurch, dass die Objekte gleich initialisiert werden müssen. Die Werte geben wir dabei wie bei einer Funktion als Parameter in runden Klammern nach dem Instanznamen an. Im Gegensatz zu einer Funktion kann ein Konstruktor keinen Wert zurückliefern, nicht einmal `void`. Er hat keinen Typ, oder besser ausgedrückt, er gibt ein Objekt seines Typs zurück. Damit liegt der Typ des Konstruktors automatisch fest.

Das Programm legt aufgrund der Deklaration im statischen Datenbereich einen Zeiger auf die Instanz an, fordert den erforderlichen Speicherplatz auf dem Heap an und ruft dann den Konstruktor auf, der die übergebenen Parameter auf die Instanzvariablen abbildet. Im Konstruktor können wir beliebige Umrechnungen, Prüfungen usw. durchführen.

Interessant ist auch der Aufruf der Anzeigemethoden, z. B. `Datum1.Zeige()`. In C würden wir jede der neu angelegten Strukturen als Zeiger über die Parameterliste einer Funktion übergeben, z. B.:

```
zeigeDatum(&Datum1);
zeigeDatum(&Datum2);
```

In der OOP qualifizieren wir die Methode mit einer Instanz. Dadurch weiß die Methode, welches Objekt sie zu verarbeiten hat. Die Syntax:

```
Datum1.Zeige();
```

ist eine Mischung aus Datenqualifizierung `Datum1.` und Funktionsaufruf `Zeige()`. Nun hat natürlich nicht jede Instanz einer Klasse eine Kopie aller Methoden. Dies würde das Programm unnötig vergrößern. Vielmehr werden bei der Instanziierung nur die Datenelemente neu angelegt. Jedes Objekt erhält einen Zeiger auf die Methoden der Klasse, die es nur einmal gibt. Die Technik haben wir im ersten Kapitel ausführlich beschrieben.

In der Terminologie der OOP senden wir eine Nachricht, in unserem Fall `Zeige`, an eine Instanz `Datum1`. Diese Instanz stellt ihre Instanzvariablen zur Verfügung und reicht die Nachricht an die Klasse weiter. Hier wird der passende Empfänger `Zeige` gesucht. `Zeige` ist also ein *Selektor* für die richtige Methode. Über den Selektor findet dann das Programm die Implementierung. Dort werden die Instanzvariablen eingesetzt und verarbeitet, so dass der Selektor immer mit den richtigen Daten versorgt wird.

Der Empfänger der Nachricht ist eine Instanz mit den Instanzvariablen, die die aktuellen Daten enthalten. Er besitzt einen Zeiger auf seine Klassenbeschreibung. Dort ist die Beschreibung der Variablen als Instanzmuster und eine Liste der Methoden in Form von Funktionsprototypen abgelegt. Diese Liste enthält neben den Bezeichnern (Selektoren), der Beschreibung der Parameter usw. auch Zeiger auf die Implementierungen der Methoden. Wir können uns dabei vorstellen, dass die Instanzvariablen die Instanzmuster aktuell auffüllen. Mit diesen Daten wird die gewünschte Methode ausgeführt. Die Instanzmuster werden dann benötigt, wenn eine neue Instanz auf dem Heap angelegt wird.

☞ Anmerkung: Jede Instanz hat einen individuellen Datenteil und einen mit allen anderen Instanzen der Klasse gemeinsamen Methodenteil. Dieser ist 'reentrant', d. h., er wird für jede Instanz unabhängig ausgeführt.

4.1.5 Elemente der Klassen

Bisher haben wir noch keine Bemerkung zu den in der Klassendeklaration verwendeten Marken `public:` und `private:` gemacht. Diese bedeuten eigentlich genau das, was ihr Name aussagt. Es gibt eine *öffentliche* Schnittstelle, über die eine Klasse Methoden, aber auch (in eher seltenen Fällen) Variablen anderen Programmteilen zur Verfügung stellt. Die *privaten* Methoden und erst recht die *privaten* Variablen sind von außen nicht sichtbar. Auf diese Elemente kann nur innerhalb der Klasse selbst zugegriffen werden.

☞ Hinweis: Die Schlüsselwörter `public:` und `private:` gelten bis zur nächsten Marke oder bis zum Ende des Konstrukts `}`, d. h., bis zum Ende der Klassendeklaration.

Mit einem einfachen Programm können wir diese *Kapselung* der internen Daten überprüfen:

```
main() {
  CDatum Datum1(24,12,1994);
  short Tg=Datum1.Tag;  //Fehler: Element nicht verfügbar
  Datum1.Monat=12;      //Fehler: Element nicht verfügbar
} //END main
```

Den Fehler entdeckt schon der Compiler und meldet:

```
error C2248: "CDatum::Tag": Kein Zugriff auf private Element, dessen
   Deklaration in der Klasse "CDatum" erfolgte
```

4.1 Klassen und Objekte

☞ Empfehlung: Es hat sich in der Praxis bewährt, sämtliche Daten nach außen hin abzukapseln und auf alle Daten nur über Methoden zuzugreifen, auch wenn dies auf den ersten Blick umständlich erscheint. Somit sollte der `public:`-Teil nur aus Methodenprototypen, der `private:`-Teil aus den gekapselten Daten und den privaten Methoden bestehen. Visual C++ bietet uns einen internen Zugriffsmechanismus an, der keine Geschwindigkeitsnachteile mit sich bringt.

Jede Klasse muss mindestens einen Konstruktor besitzen. Er erhält den gleichen Namen wie die Klasse. Sollte ein Destruktor notwendig sein, so wird dieser aus einer Tilde ~ und dem Klassennamen zusammengesetzt. Beide sind selbstverständlich `public`.

Die anderen Methoden können freie Namen besitzen, wobei diese in unterschiedlichen Klassen durchaus gleich sein können. Schließlich werden sie beim Aufruf immer durch ihre Instanz qualifiziert.

➤ Aufgabe 4-2: Optimierung von `CDatum`

Ergänzen Sie die restlichen Methoden zur Bearbeitung des Datums. Optimieren Sie dabei den Code (**Bild 4.2**). ∎

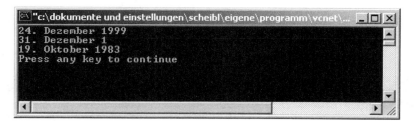

Bild 4.2: Ergebnisse des Programms `U042`

U042 Die Musterlösung zu dieser Aufgabe enthält schon einige Techniken, die erst im nächsten Kapitel erläutert werden. Sie lässt sich aber mit den bisher gelernten Mitteln ohne Probleme erstellen:

```
//Übung U042 Klasse CDatum
//Optimierte Methoden
#include <IOSTREAM.H>

//zuerst einige allgemeine verwendete INLINE-Funktionen (Makros)
inline short Max(short a,short b) {return a>b ? a:b;}
inline short Min(short a,short b) {return a>b ? b:a;}

class CDatum {
public:
        CDatum(short Tg,short Mt,short Jr);     //Konstruktor
  short GibTag()            { return Tag; }     //liefert den Tag
  short GibMonat()          { return Monat; }   //liefert den Monat
  short GibJahr()           { return Jahr; }    //liefert das Jahr
  void  SetzTag(short Tg);                      //setzt den Tag
  void  SetzMonat(short Mt);                    //setzt den Monat
```

```cpp
  void  SetzJahr(short Jr);                          //setzt das Jahr
  void  SetzDatum(short Tg,short Mt,short Jr);       //setzt das Datum
  void  Zeige();                                     //Bildschirmausgabe
        ~CDatum();                                   //Destruktor
private:
  short Jahr,Monat,Tag;                              //private Datenelemente
}; //END class CDatum

//Implementationen
//Konstruktor der Klasse CDatum
CDatum::CDatum(short Tg,short Mt,short Jr) {
  SetzDatum(Tg,Mt,Jr);
} //END CDatum::CDatum(short Tg,short Mt,short Jr)
//Methode der Klasse CDatum zum Setzen des Tages
void CDatum::SetzTag(short Tg) {
  static short Laenge[]={31,28,31,30,31,30,31,31,30,31,30,31};
  Tag  =Max(1,Tg);
  Tag  =Min(Tag,Laenge[Monat-1]);
} //END CDatum::SetzTag(short Tg)
//Methode der Klasse CDatum zum Setzen des Monats
void CDatum::SetzMonat(short Mt) {
  Monat=Max(1,Mt);
  Monat=Min(Monat,12);
} //END CDatum::SetzMonat(short Mt)
//Methode der Klasse CDatum zum Setzen des Jahres
void CDatum::SetzJahr(short Jr) {
  Jahr =Max(1,Jr);
} //END CDatum::SetzJahres(short Jr)
//Methode der Klasse CDatum zum Setzen des Datums
void CDatum::SetzDatum(short Tg,short Mt,short Jr) {
  SetzJahr(Jr);
  SetzMonat(Mt);
  SetzTag(Tg);
} //END CDatum::SetzDatum(short Tg,short Mt,short Jr)
//Methode der Klasse CDatum zur Bildschirmausgabe
void CDatum::Zeige() {
  static char *Name[]=
    {"Januar","Februar","März","April","Mai","Juni","Juli",
     "August","September","Oktober","November","Dezember"
    }; //END static char *Name[]
  cout << Tag << ". " << Name[Monat-1] << " " << Jahr;
} //END CDatum::zeige()
//Destruktor der Klasse CDatum
CDatum::~CDatum() {
  //Dies ist nur ein Platzhalter
} //END CDatum::~CDatum()

void main(void) {
  CDatum Datum1(24,12,1999);   //Instanziierung eines gültigen Datums
  CDatum Datum2(35,28,-1999);  //Instanziierung eines ungültigen Datums
  Datum1.Zeige(); cout << endl;//Bildschirmausgabe
  Datum2.Zeige(); cout << endl;
  Datum1.SetzDatum(19,10,1983);
  Datum1.Zeige(); cout << endl;
} //END U042
```

➢ Aufgabe 4-3: Julianisches Datum als `private:`-Methode

U043 Um ein Beispiel für eine `private:`-Methode zu konstruieren, können Sie das Datum als julianisches Datum ausdrucken (`public`), die Berechnung aber als `private` durchfüh-

4.1 Klassen und Objekte

ren. Die Umrechnungsfunktion wird daher `private` deklariert. Beim julianischen Kalender werden die Tage jeweils vom Jahresbeginn an gezählt (**Bild 4.3**). ∎

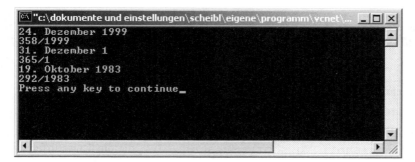

Bild 4.3: Ergebnisse von `U043` julianisches Datum

▷ Lösung:

Wir korrigieren unser Programm an folgenden Stellen (vereinfacht ohne Schaltjahre):

```
  void Zeige();                         //Bildschirmausgabe
  void ZeigeJul();                      //zeigt julianisches D.
  ~CDatum();                            //Destruktor
private:
  short Jahr,Monat,Tag;                 //private Datenelemente
  short JulDatum();                     //private Methode
}; //END class CDatum
//Methode der Klasse CDatum zur Berechnung des julianischen Datums
short CDatum::JulDatum() {
  static short Laenge[]={31,28,31,30,31,30,31,31,30,31,30,31};
  short Summe=0;
  for (short i=0;i<Monat-1;i++) Summe+=Laenge[i];
  return Summe+=Tag;
} //END CDatum::JulDatum()
//Methode der Klasse CDatum zur Bildschirmausgabe julianisches Datum
void CDatum::ZeigeJul() {
  cout << JulDatum() << "/" << Jahr;
} //END CDatum::ZeigeJul()
```

Zum Testen passen wir das Hauptprogramm an:

```
void main(void) {
  CDatum Datum1(24,12,1999);       //Instanziierung eines gültigen Datums
  CDatum Datum2(35,28,-1999);      //Instanziierung eines ungültigen Datums
  Datum1.Zeige(); cout << endl;    //Bildschirmausgabe
  Datum1.ZeigeJul(); cout << endl;
  Datum2.Zeige(); cout << endl;
  Datum2.ZeigeJul(); cout << endl;
  Datum1.SetzDatum(19,10,1983);
  Datum1.Zeige(); cout << endl;
  Datum1.ZeigeJul(); cout << endl;
} //END U043
```

Für diejenigen, die noch nicht ganz fit in C sind, eine kurze Erläuterung zu diesem Programm. Wir deklarieren zuerst eine Liste `Laenge` mit den Monatslängen. Die mit 0 initialisierte Summe wird dann mit den Monatslängen aufsummiert, wobei vom letzten Monat nur der Tageswert berücksichtigt wird. Beachten Sie bitte, wie die Variable i implizit in der Schleife deklariert und initialisiert wird. Die kombinierten Operatoren bedeuten:

```
+=     summe=summe+laenge[i]
++     i=i+1
```

> Aufgabe 4-4: Datumsoperationen

Schreiben Sie folgende Methoden:

- `void AddTage(short anzahl)`, die auf das jeweilige Datum die gegebene Anzahl aufaddiert. Es sollen auch negative Anzahlen möglich sein.
- `short DiffTage(short Tg,short Mt,short Jr)`, die die Tagesdifferenz zum aktuellen Datum als Ganzzahl zurückliefert.

☞ Hinweis: Rechnen Sie das Datum jeweils in ein julianisches Absolutdatum (also vom 1.1.0001 unter Berücksichtigung der Schalttage berechnet) um. Addieren Sie dann die Anzahl hinzu und rechnen das Datum wieder zurück. Analog berechnen Sie die Differenz der beiden Datumsangaben. Sie umgehen damit alle Probleme von Monats- und Jahreswechseln. ∎

4.1.6 Auf- und Abbau von Objekten

Es ist ganz interessant festzustellen, wie und wann Objekte aufgebaut und abgebaut werden.

> Aufgabe 4-5: Aufbau und Abbau von Objekten

Setzen Sie Haltepunkte in den Konstruktor und den Destruktor von `CDatum` und starten das Programm.

Verfolgen Sie Auf- und Abbau der Objekte. Beobachten Sie, wie der Destruktor ausgeführt wird, ohne dass er jemals explizit aufgerufen wird. Es handelt sich hier um eine Art der *Ereignisorientierung,* d. h., Sie schreiben eine Funktion, ohne explizit festzulegen, wo sie aufgerufen wird.

☞ Hinweis: Die vorliegenden Programme sind bereits für diese Experimente geeignet. Es genügt, entsprechende Haltepunkte einzufügen. ∎

4.1.7 Zugriff auf Datenelemente

Um auf die Instanzvariablen zugreifen zu können, sollten wir diese eigentlich als `public:` deklarieren. Dies verbietet aber die Philosophie der *Kapselung* (Information Hiding). Vielmehr sollte die Klassenschnittstelle nur aus Funktionsprototypen bestehen, die wir in den `public:`-Teil aufnehmen.

4.1 Klassen und Objekte

An dieser Stelle kommen leichte Zweifel an Visual C++ auf. Zum einen müssen wir natürlich mehr programmieren (aber nur einmal). Zum anderen bedeutet ein „offizieller" Funktionsaufruf einen erheblichen Rechenaufwand. Die Rückkehradresse muss gekellert (neudeutsch: auf dem Stack gespeichert) werden. Darauf werden auch die Übergabeparameter gestapelt, dann erfolgt ein Sprung in das Unterprogramm. Dort erfolgen die Zugriffe auf die Variable im Keller. Alle eingekellerten Daten müssen nach dem Rücksprung und der Datenrückgabe wieder abgebaut werden. Dies ist bei einer auf Geschwindigkeit ausgelegten Sprache wie C eigentlich kaum vertretbar. Warum also nicht direkt auf die Daten zugreifen?

Wenn wir also unsere Schnittstelle folgendermaßen erweitern wollen:

```
short GibTag();                 //liefert den Tag
short GibMonat();               //liefert den Monat
short GibJahr();                //liefert das Jahr
```

so könnten wir die lesenden Funktionen, um sie schnell zu machen, als `inline`-Funktionen definieren:

```
inline short CDatum::GibTag()    { return Tag; }
inline short CDatum::GibMonat()  { return Monat; }
inline short CDatum::GibJahr()   { return Jahr; }
```

Diese Art der Funktionendefinition verzichtet auf den beschriebenen Verwaltungsüberbau. Die Funktion ist damit genauso schnell wie der direkte Zugriff auf `public:`-Variablen. Um den Schreibaufwand weiter zu reduzieren, erlaubt es uns Visual C++, diese `inline`-Funktionen gleich in die Schnittstelle zu schreiben:

```
short GibTag()     { return Tag; }    //liefert den Tag
short GibMonat()   { return Monat; }  //liefert den Monat
short GibJahr()    { return Jahr; }   //liefert das Jahr
```

Das sieht nun schon sehr elegant aus, hat aber den Nachteil, dass Code in der Schnittstelle zu sehen ist, die ja bekanntlich öffentlich ist. Jeder könnte diesen Code ändern. Was geschieht eigentlich, wenn der Anwender nun mit dieser Technik auf interne Variablen zugreift, die wir gar nicht nach außen freigeben wollten?

➢ Aufgabe 4-6: Änderungen in der Schnittstelle

Übersetzen Sie die Implementierung einer Klasse (dies werden wir erst später kennen lernen), und ändern Sie dann die Schnittstelle z. B. in folgender Weise:

```
short GibTag();     { return Monat; }    //liefert ??
```

Das letzte Experiment wird Ihnen zeigen, dass es keine Schwierigkeit bedeutet, alle privaten Variablen eines Objekts auszulesen (auch wenn wir sie nicht ändern können). ∎

Die Setzfunktionen müssen wir klassisch programmieren, wie es das Beispiel des Tages demonstriert:

```
//Methode der Klasse CDatum zum Setzen des Tages
void CDatum::SetzTag(short Tg) {
  static short Laenge[]={31,28,31,30,31,30,31,31,30,31,30,31};
  Tag  =Max(1,Tg);
```

```
    Tag  =Min(Tag,Laenge[Monat-1]);
} //END CDatum::SetzTag(short Tg)
```

Diese Methode erwartet, dass immer ein gültiger Monat gesetzt ist, was der Konstruktor gewährleistet.

➢ Probieren Sie einmal folgendes Hauptprogramm aus:

```
void main() {
  short Mon;
  CDatum Abgabetermin(31,01,1999);
  Mon=Abgabetermin.GibMonat();     //liest den Monat
  Abgabetermin.SetzMonat(11);      //setzt den Monat neu
  Abgabetermin.SetzMonat(Abgabetermin.GibMonat()+2);//in 2 Monaten
} //END main
```

und erklären Sie das Ergebnis. ∎

Kritik:

Wenn Sie das bisherige Programm ausprobieren, werden Sie sicher die Fehler schnell erkennen. Die gewählte Programmierung erlaubt zwangsläufig diese Fehler. Das Setzen des Monats muss eigentlich auch zu einer Veränderung bzw. zumindest zu einer Kontrolle des Tages führen, da es keinen `31.11.` gibt. Eine Erhöhung des Monats um `2` führt ab dem Monat November ins nächste Jahr.

Ursache unserer Probleme ist die logische Verknüpfung der beteiligten Instanzvariablen. Dies ist übrigens ein Grundproblem der ereignisorientierten Programmierung. Wir lassen mit der gewählten Technik einerseits jede Änderung zu, wollen aber andererseits alle Fehlerfälle möglichst ausschließen.

Hierzu können wir verschiedene Programmierphilosophien verfolgen:

1. Wir bieten ein Minimalobjekt an, indem wir nur absolut sichere Methoden einsetzen. In diesem Fall dürften wir nur vollständige Daten akzeptieren. Bei dieser Alternative können wir trotzdem darüber diskutieren, ob der `31.13.1999` zum `31.12.1999` korrigiert oder in den `31.01.2000` umgerechnet wird. Im ersten Fall gehen wir von einem Eingabefehler aus. Im zweiten Fall berücksichtigen wir das in unserem letzten Beispiel aufgetretene Additionsproblem. Der Additionsüberlauf wird durch eine solche Korrektur dann abgefangen.

2. Eine zweite Lösung besteht darin, möglichst alle Eingaben zu erlauben und dabei alle Fehlervarianten abzudecken. So müssten wir bei einer Änderung des Monats noch einmal den Tag überprüfen. Bei Änderungen des Jahres könnte es ein Problem mit dem `29.02.` geben, wenn er im Ausgangsjahr erlaubt ist, im Zieljahr dagegen nicht.

3. Eine dritte Lösung schlagen die Banken ein, die von einem gleichmäßigen dreißigtägigen Kalender ausgehen. Die Überschusstage (immer einer, in Schaltjahren zwei) werden entsprechend unterdrückt.

4. Wir bieten eigene Additionsmethoden usw. an. Einen Zugriff auf die Einzelterme des Datums lassen wir nicht mehr zu. Es entfallen also die `Setz`-Methoden auf die Einzelelemente. Somit können keine Additionen mehr außerhalb des Objekts ausgeführt werden.

4.1 Klassen und Objekte

Wer hätte gedacht, dass uns dieses kleine Beispiel so viele Probleme (Entwurfsprobleme) bereitet? Umgekehrt sehen wir aber, welche Probleme auftreten können, wenn wir das Setzen der verschiedenen Werte dem Anwendungsprogrammierer überlassen, der sich u. U. nicht die gleichen Gedanken (oder unnötige Sorgen) macht.

4.1.8 Mehrfache Konstruktoren

Lassen Sie uns wieder zu unserer eigentlichen Aufgabe zurückkehren, das Wesen von Objekten zu erläutern.

In weiser Vorausschau auf weitere Übungen, aber auch zur Demonstration, wie wir Methoden und insbesondere den Konstruktor überschreiben können, wollen wir nun zulassen, dass ein Datum ohne Parameter deklariert werden kann. Zu diesem Zweck ändern wir die Klasse in:

```
class CDatum {
public:
   CDatum(short Tg,short Mt,short Jr);   //Konstruktor
   CDatum();                             //weiterer Konstruktor
```

Visual C++ erwartet nun für diesen zweiten Konstruktor auch eine Implementation:

```
//2. Konstruktor der Klasse CDatum
CDatum::CDatum() {
  Tag=Monat=1;
  Jahr=1980;
} //END CDatum::CDatum()
```

womit wir also fast wie ein alter IBM-PC reagieren, der noch keine Systemuhr hatte und daher immer mit seinem Geburtsdatum 1.1.1980 startete. Eine Instanziierung:

```
   CDatum datum3;         //Deklaration ohne Parameter
```

erfolgt nun nicht nur ohne Parameter, sogar die Klammern entfallen ganz. Diesen Konstruktor ohne einen Parameter nennt man *Standardkonstruktor*. Er wird uns im Rest des Manuskripts immer wieder beschäftigen.

Sobald wir einen Funktionsprototyp programmieren, der eine abweichende Anzahl von Parametern besitzt, erwartet der Compiler eine neue Implementation, d. h., wir können Methoden zulassen, bei denen immer ein Parameter weniger existiert. Eine Umsortierung der Parameter ist dagegen nicht möglich.

Richtig:

```
CDatum(short Tg,short Mt,short Jr);   //mit 3 Parametern
CDatum(short Tg,short Mt);            //mit 2 Parametern
CDatum(short Tg);                     //mit 1 Parameter
CDatum();                             //mit 0 Parametern
```

Falsch:

```
CDatum(short Tg,short Jr);            //Monat fehlt
```

Der Compiler ist nicht in der Lage, zwischen `Tg,Mt` und `Tg,Jr` zu unterscheiden.

Durch Einsatz von Vorgabewerten können wir uns häufig mehrere Konstruktoren sparen:
```
CDatum(short Tg=1,short Mt=1,short Jr=1980); //mit 0 bis 3 Parametern
```

Dieser Konstruktor ersetzt alle vier Einzelkonstruktoren, indem er fehlende Parameter vorbesetzt. Hat ein Argument einen Vorgabewert, so müssen alle nachfolgenden Argumente ebenfalls einen Vorgabewert besitzen. Die Argumente können dann beim Aufruf von rechts her abgebaut werden.

> Aufgabe 4-7: Zwei Konstruktoren

U044a Schreiben Sie ein Demoprogramm mit zwei Konstruktoren (**Bild 4.4**). ∎

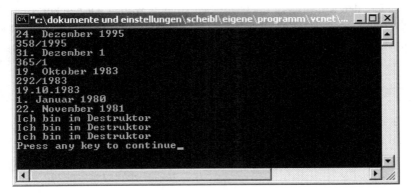

Bild 4.4: Ergebnisse von U044 Mehrfache Konstruktoren

```
//Übung U044   Klasse CDatum
//Mehrfache Konstruktoren
#include <IOSTREAM.H>
//zuerst einige allgemeine verwendete INLINE-Funktionen (Makros)
inline short Max(short a,short b) {return a>b ? a:b;}
inline short Min(short a,short b) {return a>b ? b:a;}
class CDatum {
  public:
        CDatum(short Tg,short Mt,short Jr);     //Konstruktor
        CDatum();                                //weiterer Konstruktor
        //Vorgabewerte machen viele Konstruktoren überflüssig
        //CDatum(short Tg=1,short Mt=1,short Jr=1980);
    short  GibTag()          { return Tag; }   //liefert den Tag
    short  GibMonat()        { return Monat; }//liefert den Monat
    short  GibJahr()         { return Jahr; } //liefert das Jahr
    void SetzTag(short Tg);                    //setzt den Tag
    void SetzMonat(short Mt);                  //setzt den Monat
    void SetzJahr(short Jr);                   //setzt das Jahr
    void SetzDatum(short Tg,short Mt,short Jr); //setzt das Datum
    void SetzDatum(short Tg,short Mt);         //Datum mit altem Jahr
    void Zeige();                              //Bildschirmausgabe
    void ZeigeJul();                           //zeigt julianisches Datum
    ~CDatum();                                 //Destruktor
  private:
    short Jahr,Monat,Tag;                      //private Datenelemente
    short JulDatum();                          //private Methode
```

4.1 Klassen und Objekte 167

```
}; //END class CDatum
//Implementationen
//1. Konstruktor der Klasse CDatum
CDatum::CDatum(short Tg,short Mt,short Jr) {
   SetzDatum(Tg,Mt,Jr);                   //Methodenaufruf im Konstruktor
} //END CDatum::CDatum(short Tg,short Mt,short Jr)
//2. Konstruktor der Klasse CDatum
CDatum::CDatum() {
   Tag=Monat=1;
   Jahr=1980;                //direktes Setzen ist hier sicher schneller
   //SetzDatum(1,1,1980);    //als dieser Aufruf
} //END CDatum::CDatum()
//Methode der Klasse CDatum zur Berechnung des julianischen Datums
short CDatum::JulDatum() {
   static short Laenge[]={31,28,31,30,31,30,31,31,30,31,30,31};
   short Summe=0;
   for (short i=0;i<Monat-1;i++) Summe+=Laenge[i];
   return Summe+=Tag;
} //END CDatum::JulDatum()
//Methode der Klasse CDatum zum Setzen des Tages
void CDatum::SetzTag(short Tg) {
   static short Laenge[]={31,28,31,30,31,30,31,31,30,31,30,31};
   Tag  =Max(1,Tg);
   Tag  =Min(Tag,Laenge[Monat-1]);
} //END CDatum::SetzTag(short Tg)
//Methode der Klasse CDatum zum Setzen des Monats
void CDatum::SetzMonat(short Mt) {
   Monat=Max(1,Mt);
   Monat=Min(Monat,12);
} //END CDatum::SetzMonat(short Mt)
//Methode der Klasse CDatum zum Setzen des Jahres
void CDatum::SetzJahr(short Jr) {
   Jahr =Max(1,Jr);
} //END CDatum::SetzJahres(short Jr)
//Methoden der Klasse CDatum zum Setzen des Datums
void CDatum::SetzDatum(short Tg,short Mt,short Jr) {
   SetzJahr(Jr);
   SetzMonat(Mt);
   SetzTag(Tg);
} //END CDatum::SetzDatum(short Tg,short Mt,short Jr)
void CDatum::SetzDatum(short Tg,short Mt) {
   SetzDatum(Tg,Mt,GibJahr()+1);    //Selbstaufruf??
} //END CDatum::SetzDatum(short Tg,short Mt)
//Methode der Klasse CDatum zur Bildschirmausgabe
void CDatum::Zeige() {
   static char *Name[]=
   {"Januar","Februar","März","April","Mai","Juni","Juli",
    "August","September","Oktober","November","Dezember"
   }; //END static char *Name[]
   cout << Tag << ". " << Name[Monat-1] << " " << Jahr;
} //END CDatum::Zeige()
//Methode der Klasse CDatum zur Bildschirmausgabe julianisches Datum
void CDatum::ZeigeJul() {
   cout << JulDatum() << "/" << Jahr;
} //END CDatum::ZeigeJul()
//Destruktor der Klasse CDatum
CDatum::~CDatum() {
   //Dies ist nur ein Platzhalter
   cout << "Ich bin im Destruktor\n";
} //END CDatum::~CDatum()
void main(void) {
```

```
    CDatum Datum1(24,12,1995);    //Instanziierung eines gültigen Datums
    CDatum Datum2(35,28,-1995);   //Instanziierung eines ungültigen Datums
    Datum1.Zeige(); cout << endl;   //Bildschirmausgabe
    Datum1.ZeigeJul(); cout << endl;
    Datum2.Zeige(); cout << endl;
    Datum2.ZeigeJul(); cout << endl;
    Datum1.SetzDatum(19,10,1983);
    Datum1.Zeige(); cout << endl;
    Datum1.ZeigeJul(); cout << endl;
    cout << Datum1.GibTag() << "." << Datum1.GibMonat() << "."
                            << Datum1.GibJahr() << endl;
    CDatum Datum3;
    Datum3.Zeige(); cout << endl;
    Datum3.SetzDatum(22,11);        //verkürzter Aufruf
    Datum3.Zeige(); cout << endl;
} //END U044
```

U044b Während der Präsentation dieses Programms in einem Lehrgang wurde der Vorschlag gemacht, nicht `SetzDatum` im Konstruktor aufzurufen, sondern den Code dieser Methoden in den Konstruktor aufzunehmen und stattdessen den Konstruktor aus `SetzDatum` aufzurufen, also in der Form:

```
CDatum::CDatum(short Tg,short Mt,short Jr) {
  SetzJahr(Jr);
  SetzMonat(Mt);
  SetzTag(Tg);
} //END CDatum::CDatum(short Tg,short Mt,short Jr)
//Methoden der Klasse CDatum zum Setzen des Datums
void CDatum::SetzDatum(short Tg,short Mt,short Jr) {
  CDatum(Tg,Mt,Jr); //!!Konstruktor wird aufgerufen!!
} //END CDatum::SetzDatum(short Tg,short Mt,short Jr)
void CDatum::SetzDatum(short Tg,short Mt) {
  SetzDatum(Tg,Mt,GibJahr()+1);    //Selbstaufruf??
} //END CDatum::SetzDatum(short Tg,short Mt)
```

Der Compiler sieht keine Probleme. Testen wir das Programm, dann erhalten wir ein überraschendes Ergebnis. Das Hauptprogramm:

```
void main() {
  CDatum Datum1(24,12,1999);     //Instanziierung eines gültigen Datums
  CDatum Datum2(35,28,-1999);    //Instanziierung eines ungültigen Datums
  Datum1.Zeige(); cout << endl;    //Bildschirmausgabe
  Datum1.ZeigeJul(); cout << endl;
  Datum2.Zeige(); cout << endl;
  Datum2.ZeigeJul(); cout << endl;
  Datum1.SetzDatum(19,10,1983);
  Datum1.Zeige(); cout << endl;
  Datum1.ZeigeJul(); cout << endl;
  cout << Datum1.GibTag() << "." << Datum1.GibMonat() << "."
       << Datum1.GibJahr() << endl;
  CDatum Datum3;
  Datum3.Zeige(); cout << endl;
  Datum3.SetzDatum(22,11);         //verkürzter Aufruf
  Datum3.Zeige(); cout << endl;
} //END U044
```

liefert für die beiden Setz-Funktionen ein nicht erwartetes Ergebnis (Ausprobieren! Das Datum wird nicht gesetzt!). Wir ergänzen daher den Destruktor folgendermaßen:

4.1 Klassen und Objekte

```
//Destruktor der Klasse CDatum
CDatum::~CDatum() {
  //Dies ist nur ein Platzhalter
  cout << "Ich bin im Destruktor mit Objekt " << this << endl;
} //END CDatum::~CDatum()
```

womit wir die Adresse des jeweilig zu zerstörenden Objekts anzeigen lassen.

Das Ergebnis aus **Bild 4.5** zeigt uns, dass der Aufruf des Konstruktors im Objekt selbst das Objekt nicht verändert. Vielmehr wird ein temporäres Datumsobjekt in `SetzDatum` angelegt und am Ende wieder zerstört. Das rufende Objekt bleibt unverändert. Wir erkennen dies an den Adressen, die unser erweiterter Destruktor ausgibt.

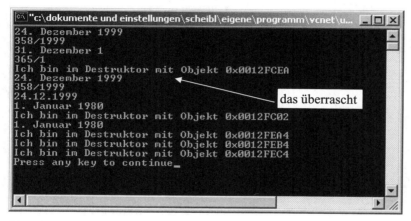

Bild 4.5: U044A mit zusätzlichen Destruktoraufrufen

Wir können daher folgende Regel ableiten:

| Niemals den Konstruktor in einer der Klassenmethoden aufrufen! |

4.1.9 Quellcode-Browser

Da wir nun unsere erste Klasse angelegt haben, können wir diese auch gleich im Quellcode-Browser untersuchen. Hierzu gehen wir in folgenden Schritten vor:

1. Wir wählen in der Klassenansicht die gewünschte Klasse `CDatum` aus. Sollte das Registerblatt `Klassenansicht` nicht im Projektmappen-Explorer sichtbar sein, so aktivieren wir es über A̲nsicht|K̲lassenansicht oder ⇧ Strg C .

2. Den Quellcode-Browser erreichen wir über A̲nsicht|Andere Fenster|O̲bjektbrowser Er benötigt eine spezielle Datei mit der Erweiterung .bsc, die bei Bedarf neu erstellt werden muss, sonst entspricht die Anzeige des Objektbrowsers der Klassenansicht (**Bild 4.6**).

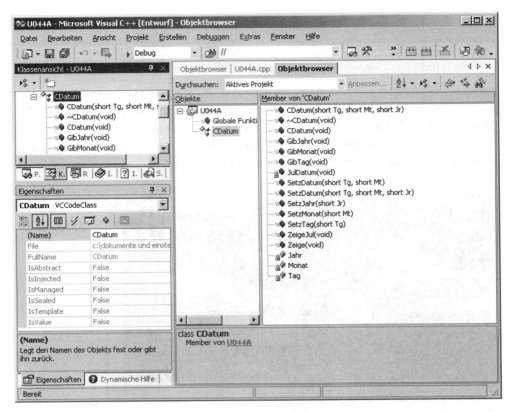

Bild 4.6: Objektbrowser

3. Zur Erstellung dieser Informationsdatei markieren wir im Projektmappen-Explorer das Projekt und öffnen durch Rechtsklick über das Kontextmenü das Dialogfeld Eigenschaftenseiten (**Bild 4.7**).

4. Hier setzen wir im Ordner Konfigurationseigenschaften auf der Eigenschaftenseite Allgemein die Eigenschaft Browserinformationen erstellen auf Ja.

5. Danach übersetzen wir das Projekt neu.

6. Klicken wir nun rechts auf ein Symbol im Projektmappen-Explorer oder im Quellcode-Editor, so erscheint im Kontextmenü die neue Option Gehe zu Verweis (**Bild 4.8**). Lösen wir diesen aus, so springt der Cursor auf den ersten Verweis im Quelltext.

7. Wollen wir die weiteren Referenzen sehen, so blättern wir mit ⇧ Strg 1 weiter. So können wir alle Verweisstellen eines Symbols durchlaufen.

8. Aufgrund der (noch) fehlenden Klassenhierarchie sind die Möglichkeiten des Objektbrowsers bezüglich der Vererbung noch bescheiden, werden sich aber in den weiteren Beispielen ständig erweitern.

4.1 Klassen und Objekte

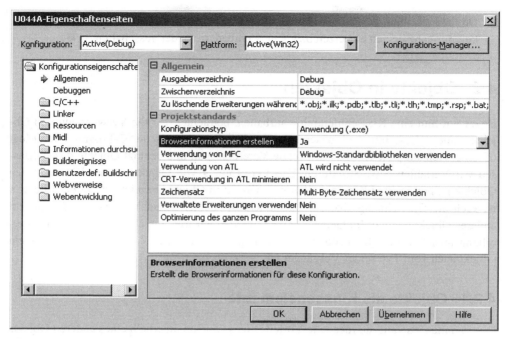

Bild 4.7: Auf den Eigenschaftenseiten das Erstellen der Browserinformationen einschalten

Bild 4.8: Erweiterung des Kontextmenüs durch `Gehe zu Verweis`

9. Da die Erstellung der `.bsc`-Datei natürlich aufwändig ist, sollten wir diese Möglichkeit nur ganz gezielt einsetzen bzw. bei Nichtbedarf wieder ausschalten. ■

4.2 Objekte in Objekten

Bevor wir nun eine Klassenhierarchie aufbauen, betrachten wir die Verwendung von Objekten einer Klasse innerhalb unserer Programme. Der „klassische" C-Programmierer legt oft eine Vielzahl „flacher" Klassen (ohne Vererbung) an und benutzt Objekte dieser Klassen wir Variablen bzw. Strukturen. Die Verwendung von Objekten einer Klasse in den Objekten einer zweiten Klasse wollen wir „Objekt in Objekt" bezeichnen. In der Literatur ist auch die Bezeichnung „hat ein" zu finden. Sie deutet darauf hin, dass ein Objekt ein anderes Objekt benutzt. Im Gegensatz dazu werden wir mit „Objekt von Objekt" die Vererbung umschreiben. Die analoge Bezeichnung dazu ist „ist ein". Sie deutet an, dass ein Objekt auch vom Typ seiner Vorgänger ist.

4.2.1 Objekte als Klassenelemente

Wir kommen also auf die Idee, alle Vorteile eines Objekts innerhalb eines anderen Objekts zu nutzen. Als Beispiel dient uns die Aufgabe, eine Personalstammdatei zu verwalten, bei der das `Geburtsdatum` vom Typ `CDatum` als wesentliches Element enthalten ist. Ein einfacher Klassenentwurf könnte folgendermaßen aussehen:

```
class CPersonInfo {
public:
   //alle öffentlichen Methoden
private:
   char    Name[30];       //Name
   char    Ort[20];        //Wohnort
   CDatum  Geburtsdatum;   //Geburtsdatum
}; //END class CPersonInfo
```

Es stellt sich sofort die Frage, wie dieses integrierte Objekt instanziiert wird, wenn wir eine Instanz von `CPersonInfo` erzeugen. Offensichtlich deklarieren wir es ja ohne Parameter. Haben wir vielleicht deshalb einen Standardkonstruktor im letzten Kapitel ohne Parameter entwickelt? Wenn ja, ist dies auch sinnvoll? Müssen wir für alle Klassen solche Standardkonstruktoren einführen, weil sie irgendwann in einem anderen Objekt verwendet werden könnten?

Also interessante Fragen über Fragen. Ideal wäre es schon, wenn wir bei der Initialisierung eines Objekts auch die darin enthaltenen Objekte initialisieren könnten. Schließlich gilt auch für das benutzende Objekt die Forderung nach der vollständigen Initialisierung. Da wir unsere Person vorbelegen müssen, wäre es sehr mühsam, den Namen und den Wohnort an einer Stelle und das Geburtsdatum an einer anderen Stelle einzugeben.

Natürlich bietet Visual C++ für diesen Fall eine bessere Lösung an, und zwar in der Form eines *Elementinitialisierers* mit folgender Syntax:

4.2 Objekte in Objekten

```
xclass(typ1 p1,typ2 p2,...):xobject1(p1a,p1b,..),xobject2(p2a,..);
```

An die Parameterliste des Konstruktors der umschließenden Klasse (xclass) wird ein Doppelpunkt und der Name der zu initialisierenden Objekte (xobject1) zusammen mit den Parametern für den Konstruktor dieses Objekts angehängt.

Für unser Beispiel sieht dies folgendermaßen aus, die Schnittstelle bleibt unverändert:

```
class CPersonInfo {
public:
  CPersonInfo(char *Nm,char *Ot,short Tg,short Mt,short Jr);
  void Zeige();
private:
  char    Name[30];       //Name
  char    Ort[20];        //Wohnort
  CDatum  Geburtsdatum;   //Geburtsdatum
}; //END class CPersonInfo
```

Die Implementation lautet dagegen:

```
//Konstruktor der Klasse CPersonInfo
CPersonInfo::CPersonInfo(char *Nm,char *Ot,short Tg,short Mt,short Jr)
 : Geburtsdatum(Tg,Mt,Jr) {
  strncpy(Name,Nm,sizeof(Name));
  strncpy(Ort,Ot,sizeof(Ort));
} //END CPersonInfo::CPersonInfo(...)
```

Durch diese Anweisungen werden die letzten drei Parameter gleich an den Konstruktor der Instanz Geburtsdatum weitergereicht.

Um die Kopierfunktion strncpy benutzen zu können, müssen wir eine weitere Kopfdatei einbinden:

```
#include <STRING.H>
```

Wie kommen wir aber an die Geburtsdaten heran, die wir mit der folgenden Anweisung initialisieren?

```
void main(void) {
  CPersonInfo Person1("Scheibl","Fürstenfeldbruck",18,10,1945);
  ???
} //END U045
```

Sicher nicht über Person1.Zeige();, eher schon über die vollständige Qualifikation Person1.Geburtsdatum.Zeige(). Hier erhalten wir die Fehlermeldungen:

```
error C2248: "CPersonInfo::Geburtsdatum" : Kein Zugriff auf private Element,
   dessen Deklaration in der Klasse "CPersonInfo" erfolgte
```

Auch Geburtsdatum.Zeige() ist wenig sinnvoll, da es ja mehrere Personen geben kann. Richtig ist der Weg, eine neue Methode Zeige() für die Klasse CPersonInfo anzulegen:

```
//Methode Zeige der Klasse CPersonInfo
void CPersonInfo::Zeige() {
  cout << Name << "   ";
  Geburtsdatum.Zeige();
} //END CPersonInfo::Zeige()
```

und diese im Hauptprogramm aufzurufen:

```
void main(void) {
  CPersonInfo Person1("Scheibl","Fürstenfeldbruck",18,10,1945);
  Person1.Zeige(); cout << endl;
} //END main
```

Damit ergibt sich das gewünschte Ergebnis (**Bild 4.9**).

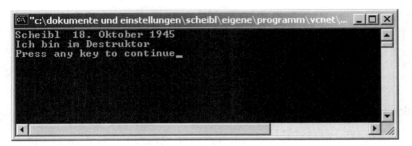

Bild 4.9: Ergebnisse aus U045 Objekt im Objekt

U045b Ganz sicher werden Sie nicht dem schlechten Stil des schreibfaulen Programmierers folgen, der sich über die mangelhafte Geschwindigkeit seines Programms wundert:

```
//Konstruktor der Klasse CPersonInfo
CPersonInfo::CPersonInfo(char *Nm,char *Ot,short Tg,short Mt,short Jr) {
  strncpy(Name,Nm,sizeof(Name));
  strncpy(Ort,Ot,sizeof(Ort));
  Geburtsdatum.SetzDatum(Tg,Mt,Jr);
} //END CPersonInfo::CPersonInfo(...)
```

Das Geburtsdatum wird jetzt zweimal gesetzt. Zuerst wird der Standardkonstruktor ohne Parameter aufgerufen, der das Datum auf `01.01.1980` setzt. Anschließend werden die Instanzvariablen noch einmal neu auf ihren endgültigen Wert gesetzt.

➢   Aufgabe 4-8: Mit und ohne Elementinitialisierer

Legen Sie einmal das Projekt ohne und einmal mit den beiden beschriebenen Techniken an, und verfolgen Sie den Ablauf schrittweise. Sie werden erkennen, dass in der ersten Variante der Standardkonstruktor aufgerufen wird. Erst danach wird das Geburtsdatum auf den richtigen Wert gesetzt. Das ist zum einen unnötig und führt bei der Verwendung von konstanten Objekten zu einer Fehlermeldung während der Initialisierung. ■

Um diese letzte Behauptung zu verifizieren, deklarieren wir das Geburtsdatum zusätzlich logisch richtig als unveränderlich (es kann nur einmal gesetzt werden) mit der Klausel `const`, dann müssen wir auf jeden Fall den zuerst beschriebenen Weg über den Elementinitialisierer einschlagen. Nur so ist es möglich, das Geburtsdatum überhaupt zu setzen:

```
class CPersonInfo {
public:
  CPersonInfo(char *Nm,char *Ot,short Tg,short Mt,short Jr);
  void Zeige();
private:
```

4.2 Objekte in Objekten

```
         char    Name[30];      //Name
         char    Ort[20];       //Wohnort
   const CDatum  Geburtsdatum;  //Geburtsdatum
}; //END class CPersonInfo
```

Ändern wir nur den Typ (wie oben angegeben), so erhalten wir die Fehlermeldung:

```
error C2662: 'CDatum::Zeige' : this-Zeiger kann nicht von 'const CDatum' in
   'CDatum &' konvertiert werden
error C2663: 'CDatum::SetzDatum' : für 2  Überladung(en) gibt es keine
   zulässige Konvertierung für den this-Zeiger
```

Da die konstanten Objekte nur bei der Instanziierung einmal initialisiert werden können, muss ein eingebundenes Objekt sofort über den Elementinitialisierer vorbesetzt werden.

Ganz einfach ist die Umstellung auf konstante Objekte nicht, da wir eine Reihe von Änderungen vornehmen müssen. Bevor wir dies jedoch tun, sollten wir uns der Frage zuwenden, wie wir überhaupt die obigen Beispiele zum Laufen bringen, ohne den gesamten Quelltext der Klasse `CDatum` neu schreiben zu müssen.

☞ Falls Ihnen die Beschreibung der Programme nicht ausreicht, so schauen Sie bitte in den Musterlösungen auf dem Datenträger nach.

4.2.2 Kopf- und Implementationsdateien

4.2.2.1 Trennung von Schnittstelle und Implementation

Wenn wir eine oder mehrere Klassen anlegen, dann wollen wir diese auch vielseitig einsetzen. Hier unterstützt uns das Modulkonzept moderner Programmiersprachen. Visual C++ unterscheidet dabei wie C grundsätzlich zwei Typen:

Kopfdateien	`.h`	Includedateien
Implementationsdateien	`.c/.cpp`	Quelltextdateien

In den Kopfdateien werden die öffentlich zugänglichen Schnittstellen der Module beschrieben. Hierdurch ist es den anderen Programmteilen möglich, auf die Variablen und die Methoden-Implementationen zuzugreifen. Werden dazu die Implementationsdateien vorübersetzt weitergereicht, so sind sie nicht mehr veränderbar.

Wir wollen daher zuerst die Kopfdatei für unsere Klasse `CDatum` anlegen. Hierzu schneiden wir aus der letzten Übungsdatei des Kapitels 4.1.8 den passenden Teil aus und ergänzen ihn um einige Anweisungen:

```
//Datum.h  Kopfdatei für die Klasse CDatum
//31.12.2002  Prof. Scheibl
#if !defined _Datum_H_
#define      _Datum_H_
class CDatum {
public:
      CDatum(short Tg,short Mt,short Jr);    //Konstruktor
      CDatum();                              //Standardkonstruktor
```

```
    short   GibTag()            { return Tag; }   //liefert den Tag
    short   GibMonat()          { return Monat; }//liefert den Monat
    short   GibJahr()           { return Jahr; }  //liefert das Jahr
    void SetzTag(short Tg);                       //setzt den Tag
    void SetzMonat(short Mt);                     //setzt den Monat
    void SetzJahr(short Jr);                      //setzt das Jahr
    void SetzDatum(short Tg,short Mt,short Jr);   //setzt das Datum
    void Zeige();                                 //Bildschirmausgabe
    void ZeigeJul();                              //zeigt julianisches Datum
      ~CDatum()                 {};               //Destruktor
private:
    short Jahr,Monat,Tag;                         //private Datenelemente
    short JulDatum();                             //private Methode
}; //END class CDatum
#endif //_Datum_H_
```

und legen diese Datei im Ordner `U00_Incl` ab, den wir parallel zu unseren Übungsordnern platzieren.

Die zusätzlichen Anweisungen für den Präprozessor sorgen dafür, dass eine mehrfache Einbindung dieser Deklarationen und Definitionen verhindert wird. Wir können also ungestraft diese Kopfdatei auch in unsere Implementationsdatei aufnehmen:

```
//Datum.CPP   Implementationsdatei für die Klasse CDatum
//31.12.2002   Prof. Scheibl
#include <IOSTREAM.H>
#include "Datum.h"

//zuerst einige allgemeine verwendete INLINE-Funktionen (Makros)
inline short Max(short a,short b) {return a>b ? a:b;}
inline short Min(short a,short b) {return a>b ? b:a;}

//Implementationen der Klasse CDatum
//1. Konstruktor der Klasse CDatum
CDatum::CDatum(short Tg,short Mt,short Jr) {
  SetzDatum(Tg,Mt,Jr);
} //END CDatum::CDatum(short Tg,short Mt,short Jr)
//2. Konstruktor der Klasse CDatum (Standardkonstruktor)
CDatum::CDatum() {
  Tag=Monat=1;
  Jahr=1980;
} //END CDatum::CDatum()
//Methode der Klasse CDatum zur Berechnung des julianischen Datums
short CDatum::JulDatum() {
  static short Laenge[]={31,28,31,30,31,30,31,31,30,31,30,31};
  short Summe=0;
  for (short i=0;i<Monat-1;i++) Summe+=Laenge[i];
  return Summe+=Tag;
} //END CDatum::JulDatum()
//Methode der Klasse CDatum zum Setzen des Tages
void CDatum::SetzTag(short Tg) {
  static short Laenge[]={31,28,31,30,31,30,31,31,30,31,30,31};
  Tag  =Max(1,Tg);
  Tag  =Min(Tag,Laenge[Monat-1]);
} //END CDatum::SetzTag(short Tg)
//Methode der Klasse CDatum zum Setzen des Monats
void CDatum::SetzMonat(short Mt) {
  Monat=Max(1,Mt);
  Monat=Min(Monat,12);
} //END CDatum::SetzMonat(short Mt)
```

4.2 Objekte in Objekten

```
//Methode der Klasse CDatum zum Setzen des Jahres
void CDatum::SetzJahr(short Jr) {
  Jahr =Max(1,Jr);
} //END CDatum::SetzJahres(short Jr)
//Methode der Klasse CDatum zum Setzen des Datums
void CDatum::SetzDatum(short Tg,short Mt,short Jr) {
  SetzJahr(Jr);
  SetzMonat(Mt);
  SetzTag(Tg);
} //END CDatum::SetzDatum(short Tg,short Mt,short Jr)
//Methode der Klasse CDatum zur Anzeige
void CDatum::Zeige() {
  static char *Name[]=
  {"Januar","Februar","März","April","Mai","Juni","Juli",
   "August","September","Oktober","November","Dezember"
  }; //END static char *Name[]
  cout << Tag << ". " << Name[Monat-1] << " " << Jahr;
} //END CDatum::Zeige()
//Methode der Klasse CDatum zur Anzeige des julianischen Datums
void CDatum::ZeigeJul() {
  cout << JulDatum() << "/" << Jahr;
} //END CDatum::ZeigeJul()
```

Beide Module werden gemeinsam in einem Programm eingesetzt. Dazu müssen wir `Datum.h` auch in die Implementationsdatei `Datum.cpp` aufnehmen, um dieses Modul überhaupt getrennt übersetzen zu können. Weiterhin müssen wir später dem Linker mitteilen, dass er `Datum.OBJ` einbinden soll.

4.2.2.2 Einbinden von Kopf- und Implementationsdateien in Module

Immer wieder spannend ist die Frage, ob Visual C++ die Kopfdateien findet. An der Syntax erkennen wir schon zwei Varianten:

```
#include <dateiname>
#include "dateiname"
```

Syntaxform	Aktion
`"name"`	In dieser Form sieht der Präprozessor zuerst im aktuellen Verzeichnis und anschließend in den durch die Umgebung festgelegten Pfaden nach.
`<name>`	In dieser Form sieht der Präprozessor nur in den durch die Umgebung festgelegten Pfaden nach.

U046 Sollten wir das nachfolgende Programm direkt übersetzen, so erhalten wir die Fehlermeldung:

```
fatal error C1083: Include-Datei kann nicht geöffnet werden: 'Datum.h': No
  such file or directory
```

Zur Ertüchtigung der Programmierer wechselt Microsoft die Festlegung der Umgebung von Version zu Version. Wir finden sie unter E<u>x</u>tras|<u>O</u>ptionen...|Ordner Projekte|Registerkarte VC++ Verzeichnisse anzeigen für: Include-

Dateien. Hier tragen wir den Pfad (mit Doppelklick auf die freie Zeile) zusätzlich ein (**Bild 4.10**).

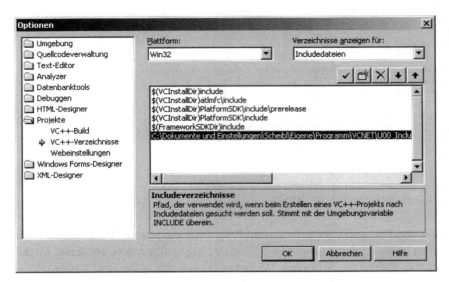

Bild 4.10: Zusätzlichen Pfad für Includedateien festlegen

Im derzeitigen Experimentierstadium verzichten wir auf diese Technik, da wir noch einiges zu ändern haben. Wir importieren also immer die Quelltexte beider Module in das Projekt mit Projekt|Vo̱rhandenes Element hinzufügen... Somit sieht unser erstes Programm zur Bearbeitung der Personeninformationen folgendermaßen aus:

```
//Übung U046   Klasse CPersonInfo
//Objekt im Objekt, include
#include <IOSTREAM.H>
#include <STRING.H>
#include "Datum.h"
#include "Datum.CPP" //entfällt bei Vorübersetzung

class CPersonInfo {
public:
  CPersonInfo(char *Nm,char *Ot,short Tg,short Mt,short Jr);
  void Zeige();
private:
  char  Name[30];     //Name
  char  Ort[20];      //Wohnort
  CDatum Geburtsdatum; //Geburtsdatum
}; //END class CPersonInfo
//Implementationen
//Konstruktor der Klasse CPersonInfo
CPersonInfo::CPersonInfo(char *Nm,char *Ot,short Tg,short Mt,short Jr)
  : Geburtsdatum(Tg,Mt,Jr) {
  strncpy(Name,Nm,sizeof(Name));
  strcpy(Ort,Ot);       //eine weitere Möglichkeit
} //END CPersonInfo::CPersonInfo(...)
//Methode Zeige der Klasse CPersonInfo
void CPersonInfo::Zeige() {
```

4.2 Objekte in Objekten

```
  cout << Name << " aus " << Ort << ", geboren: ";
  Geburtsdatum.Zeige();
} //END CPersonInfo::Zeige()

void main() {
  CPersonInfo Person1("Scheibl","Fürstenfeldbruck",18,10,1945);
  Person1.Zeige(); cout << endl;
} //END U046
```

☞ Hinweis: Leider ist die Trennung von Schnittstelle und Implementation beim heutigen Stand der Visual C++-Compiler nicht vollständig. So tauchen die `private:`-Elemente und alle `inline`-Funktionen in der Schnittstelle auf.

In der vorliegenden Form inkludieren wir sowohl die Kopf- wie auch die Implementationsdatei, d. h., es ist jederzeit für einen Benutzer unserer Klassen möglich, das Verhalten zu verändern und z. B. unsere Regeln außer Kraft zu setzen. Dies kann aber nicht im Sinne der OOP sein.

Da wir während der Entwicklung in den verschiedenen Modulen Änderungen vornehmen, übersetzen wir die Kopfdateien nicht getrennt. Stattdessen binden wir alle notwendigen Quelltextdateien über die Menüoption P̲rojekt|V̲orhandenes Element hinzufügen... ein. In diesem Fall können wir auf das Inkludieren der Implementationsdateien verzichten.

4.2.3 Konstante Objekte

U047 Wir wollen noch einmal auf die bereits erwähnten konstanten Objekte zurückkommen. Nur durch die Änderung:

    const CDatum Geburtsdatum; //Geburtsdatum

bei der Benutzung der Klasse lässt sich der Compiler von uns nicht überlisten. Das Geburtsdatum wird dadurch nicht automatisch zu einem konstanten Objekt. Vielmehr müssen wir unsere gesamte Klasse `CDatum` entsprechend einrichten, damit ihre Instanzen als konstante Objekte verwendet werden können. Zu diesem Zweck erhalten alle Methoden, die das Objekt nicht verändern, die zusätzliche Klausel `const`.

Dazu schreiben wir die Kopfdatei um und speichern sie als `DatumC.h` ab (es sind nur die Codeänderungen unterlegt):

```
//DatumC.h   Kopfdatei für die Klasse CDatum konstant
//31.12.2002   Prof. Scheibl
#ifndef _DatumC_H_
#define _DatumC_H_

class CDatum {
public:
        CDatum(short Tg=1,short Mt=1,short Jr=1980); //Konstruktor
        //CDatum(); //Standardkonstruktor entfällt wegen Vorgabewerten
  short  GibTag()    const    { return Tag; }  //liefert den Tag
  short  GibMonat()  const    { return Monat; }//liefert den Monat
  short  GibJahr()   const    { return Jahr; } //liefert das Jahr
  void SetzTag(short Tg);                      //setzt den Tag
```

```
    void SetzMonat(short Mt);                       //setzt den Monat
    void SetzJahr(short Jr);                        //setzt das Jahr
    void SetzDatum(short Tg,short Mt,short Jr);     //setzt das Datum
    void Zeige()       const;                       //Bildschirmausgabe
    void ZeigeJul() const;                          //zeigt julianisches Datum
     ~CDatum()                  {};                 //Destruktor
protected:
   short Jahr,Monat,Tag;                            //private Datenelemente
   short JulDatum()   const;                        //private Methode
}; //END class CDatum
#endif //_DatumC_H_
```

Zugegebenermaßen beziehen sich nicht alle Änderungen auf die Umstellung zur konstanten Klasse. Es sind folgende Erweiterungen versteckt:

1. Es wird die „klassische" Präprozessordirektive `#ifndef` benutzt.
2. Es wird die neue Technik zum Setzen der Vorgabewerte in der Deklaration benutzt. Alle Parameter, die von rechts beginnend abgebaut werden, erhalten die angegebenen Vorgabewerte. Damit ist es möglich, auf die explizite Deklaration des Standardkonstruktors zu verzichten. Dieser ist im ersten Konstruktor enthalten.

Weiterhin ergänzen wir in unserer Implementationsdatei an allen betroffenen Methoden die Klausel `const` und kommentieren oder löschen den Standardkonstruktor:

```
//DatumC.cpp   Implementationsdatei für die Klasse CDatum konstant
//31.12.2002   Prof. Scheibl
#include <IOSTREAM.H>
#include "DatumC.h"

//zuerst einige allgemein verwendete INLINE-Funktionen (Makros)
inline short Max(short a,short b) {return a>b ? a:b;}
inline short Min(short a,short b) {return a>b ? b:a;}

//Implementationen der Klasse CDatum
//1. Konstruktor der Klasse CDatum
CDatum::CDatum(short Tg,short Mt,short Jr) {
   SetzDatum(Tg,Mt,Jr);
} //END CDatum::CDatum(short Tg,short Mt,short Jr)
//2. Konstruktor der Klasse CDatum
//CDatum::CDatum() {
//   Tag=Monat=1;
//   Jahr=1980;
//} //END CDatum::CDatum()
//Methode der Klasse CDatum zur Berechnung des julianischen Datums
short CDatum::JulDatum() const {
   static short Laenge[]={31,28,31,30,31,30,31,31,30,31,30,31};
   short Summe=0;
   for (short i=0;i<Monat-1;i++) Summe+=Laenge[i];
   return Summe+=Tag;
} //END CDatum::JulDatum()
//Methode der Klasse CDatum zum Setzen des Tages
void CDatum::SetzTag(short Tg) {
   static short Laenge[]={31,28,31,30,31,30,31,31,30,31,30,31};
   Tag  =Max(1,Tg);
   Tag  =Min(Tag,Laenge[Monat-1]);
} //END CDatum::SetzTag(short Tg)
//Methode der Klasse CDatum zum Setzen des Monats
void CDatum::SetzMonat(short Mt) {
   Monat=Max(1,Mt);
```

4.2 Objekte in Objekten

```
    Monat=Min(Monat,12);
} //END CDatum::SetzMonat(short Mt)
//Methode der Klasse CDatum zum Setzen des Jahres
void CDatum::SetzJahr(short Jr) {
    Jahr =Max(1,Jr);
} //END CDatum::SetzJahres(short Jr)
//Methode der Klasse CDatum zum Setzen des Datums
void CDatum::SetzDatum(short Tg,short Mt,short Jr) {
    SetzJahr(Jr);
    SetzMonat(Mt);
    SetzTag(Tg);
} //END CDatum::SetzDatum(short Tg,short Mt,short Jr)
//Methode der Klasse CDatum zur Anzeige
void CDatum::Zeige() const {
    static char *Name[]=
    {"Januar","Februar","März","April","Mai","Juni","Juli",
     "August","September","Oktober","November","Dezember"
    }; //END static char *Name[]
    cout << Tg << ". " << Name[Monat-1] << " " << Jahr;
} //END CDatum::Zeige()
//Methode der Klasse CDatum zur Anzeige des julianischen Datums
void CDatum::ZeigeJul() const {
    cout << JulDatum() << "/" << Jahr;
} //END CDatum::ZeigeJul()
```

Die Bezeichner usw. behalten wir bei, da wir niemals beide Varianten in demselben Programm einsetzen werden (die konstante Klasse ist sozusagen die „fortschrittlichere"). Es genügt dann, den Namen der Kopfdatei zu ändern. Zum Testen benutzen wir beide Dateien in folgendem Programm:

```
//Übung U047    Personalstamm
//konstantes Objekt im Objekt
#include <IOSTREAM.H>
#include <STRING.H>
#include "DatumC.h"
#include "DatumC.cpp" //entfällt bei Vorübersetzung

class CPersonInfo {
public:
    CPersonInfo(char *Nm="unbekannt",char *Ot="unbekannt",short Tg=1,short
    Mt=1,short Jr=1980);
    void Zeige();
private:
        char    Name[30];       //Name
        char    Ort[20];        //Wohnort
    const CDatum Geburtsdatum; //Geburtsdatum
}; //END class CPersonInfo
//Implementationen
//Konstruktor der Klasse CPersonInfo
CPersonInfo::CPersonInfo(char *Nm,char *Ot,short Tg,short Mt,short Jr)
 : Geburtsdatum(Tg,Mt,Jr) {
    strncpy(Name,Nm,sizeof(Name));
    strncpy(Ort,Ot,sizeof(Ort));
} //END CPersonInfo::CPersonInfo(...)
//Methode Zeige der Klasse CPersonInfo
void CPersonInfo::Zeige() {
    cout << Name << " aus " << Ort << ", geboren: ";
    Geburtsdatum.Zeige();
} //END CPersonInfo::Zeige()
```

```
void main() {
  CPersonInfo Person1("Scheibl","Fürstenfeldbruck",18,10,1945);
  Person1.Zeige(); cout << endl;
  CPersonInfo Person2; //geht dies auch?
  Person2.Zeige(); cout << endl;
} //END U047
```

Es sind also relativ wenige, aber wesentliche Änderungen durchzuführen, um mit konstanten Objekten arbeiten zu können. Nach außen wirken sich die Änderungen nicht sichtbar aus.

Wenn Klassen angelegt werden, so sollte auch über deren Einsatz als konstante Objekte nachgedacht werden.

4.3 Rückblick

Nachdem wir nun zumindest formal die wichtigsten Punkte der Klassenbildung kennen, sollten wir dieses Wissen einmal an unserem ersten Windows-Programm, d. h., dem generierten Programm, ausprobieren.

Wir beginnen mit der Kopfdatei `U022.h`:

```
// U022.h : Hauptheaderdatei für die U022-Anwendung
//
#pragma once

#ifndef __AFXWIN_H__
  #error include 'stdafx.h' before including this file for PCH
#endif

#include "resource.h"        // Hauptsymbole

// CU022App:
// Siehe U022.cpp für die Implementierung dieser Klasse
//

class CU022App : public CWinApp
{
public:
  CU022App();

// Überschreibungen
public:
  virtual BOOL InitInstance();

// Implementierung
  afx_msg void OnAppAbout();
  DECLARE_MESSAGE_MAP()
};

extern CU022App theApp;
```

Es wird eine neue Klasse `CU022App` angelegt, die von `CWinApp` abgeleitet wird, um die Methode `InitInstance` zu überschreiben. Weiterhin wird ein Verteiler für Ereignisse vorbereitet, der z. Z. aber nur auf die Menüoption „Info" reagiert. Die Begriffe „virtuell" und „überladen" werden wir noch näher betrachten.

Die dazugehörige Programmdatei `U022.CPP` enthält die umfangreiche Implementation dieser Methode `InitInstance`, die recht ausführlich kommentiert ist.

Dieser Ausflug soll an dieser Stelle enden, damit nicht der gesamte Quelltext ausgedruckt wird. Schauen Sie sich einfach die anderen Dateien unter den bisher erläuterten Gesichtspunkten an. Achten Sie auf Objekte in Objekten, Elementinitialisierer usw.

4.4 Zusammenfassung

In diesem Kapitel haben wir die ersten Aspekte der Objektorientierten Programmierung (OOP) kennen gelernt. Die OOP zeichnet sich durch:

- Klassen mit Eigenschaften und Methoden
- Kapselung der Daten und damit Prüfung der Eingabedaten auf Konsistenz
- Vererbung der Eigenschaften und Methoden
- Polymorphismus durch Überschreiben und Überladen

aus. Die letzten Punkte werden wir aber erst in den folgenden Kapiteln näher behandeln. Wichtig sollte aber die Erkenntnis sein, dass eine Klasse sowohl die eigentlichen Daten wie auch die Verarbeitungsregeln (Geschäftsregeln usw.) beinhaltet. Hier erkennen wir die Nähe zu den Datenbanken, die sich ebenfalls im Laufe ihrer Entwicklung vom reinen Datenspeicher zu einem System mit festgelegten Regeln entwickelt haben.

➢ Aufgabe 4-9: Komplexe Zahlen

Entwickeln Sie eine Klasse `CKomplex` zur Verarbeitung komplexer Zahlen. Diese Klasse soll die vier Grundrechenarten, das Potenzieren und das Umrechnen in kartesische bzw. polare Koordinaten enthalten. ∎

➢ Aufgabe 4-10: Brüche

Entwickeln Sie eine Klasse `CBruch` zur Verarbeitung von Brüchen. Die Klasse soll die vier Grundrechenarten beherrschen und alle Brüche gekürzt verarbeiten. ∎

➢ Aufgabe 4-11: CAD-Programm

Natürlich warten Sie auf die Programmierung unseres CAD-Programms. Sie können es schon einmal probieren. Da die Basisklasse `CFigur` abstrakt ist, können Sie mit dieser Klasse noch nichts anfangen. Hier müssen Sie auf das Kapitel zur Vererbung warten.

Sollten Sie trotzdem ungeduldig sein, so können Sie ja diese Klasse als Punktklasse auffassen, die sich selbst als Punkt zeichnet. Als Zeichenbrett benötigen Sie noch eine zweite Klasse `CLeinwand` (oder `CCanvas`, wenn es Sie lieber englisch mögen). Diese stellt ein 80×24 Zeichen großes Array dar. Die 25. Zeile benötigen wir für die Systemmeldung. ∎

> Aufgabe 4-12: `CPointD` mit doppelt genauen Koordinaten

Die Klasse `CPoint` der MFC enthält zwei Koordinatenwerte vom Typ `int`. Zur Beschreibung der „realen Welt" sind oft Punkte mit Koordinaten vom Typ `double` erwünscht. Legen Sie eine solche Klasse an und versuchen Sie möglichst viele Methoden von `CPoint` zu übertragen. Auch Erweiterungen wie Multiplikation eines Punkts mit einer Konstanten, Division usw. sind denkbar. ∎

Übrigens lässt sich diese Klasse später bei der Erstellung von Bézier-Kurven einsetzen. Hierzu müssen Sie aber auf das Kapitel ↳ 15 «Grafik» warten.

5

Dynamische Speicherverwaltung

5	**Dynamische Speicherverwaltung**	**187**
5.1	Freispeicher (Free Store)	187
5.2	Neue Operatoren zur Objektverwaltung	187
5.3	Der Zeiger `this`	198
5.4	Zuweisung oder Initialisierung?	200
5.5	Objekte und Funktionen	203

5 Dynamische Speicherverwaltung

Die meisten Objekte zeichnen sich dadurch aus, dass sich ihr Platzbedarf erst zur Laufzeit feststellen lässt. Wir benötigen also dynamische Objekte. Grundsätzlich stehen uns drei Speicher zur Verfügung:

Statischer Speicher   enthält alle statischen Daten, deren Länge zur Übersetzungszeit bekannt ist. Nur über Zeiger in diesem Speicher kann ein Programm auf dynamische Variablen im Freispeicher zugreifen.

Freispeicher   enthält alle dynamischen Daten (Heap).

Kellerspeicher   enthält die Daten beim Unterprogrammaufruf (Stack).

5.1 Freispeicher (Free Store)

Der Begriff des Haufenspeichers (Heap) wird in Visual C++ erweitert zum Freispeicher (Free Store). Diese Bezeichnung lässt offen, wie der Speicher zur Verfügung gestellt und vom System verwaltet wird. In C wird der Speicher normalerweise durch die Funktion `malloc` (und verwandte Funktionen) angefordert und belegt:

```
void *malloc(size_t groesse); //Prototyp von malloc Memory Allocation
```

Die Funktion belegt und reserviert einen Speicherblock der Größe `groesse` und liefert einen Zeiger auf diesen Block zurück, den wir im statischen Speicher ablegen:

```
struct TDatum *Datumszeiger = (struct date*) malloc(sizeof struct date));
```

Mit der letzten Anweisung legen wir eine Struktur (Typ) `TDatum` auf den Haufen. Der Zeiger `*Datumszeiger` auf diese Struktur liegt im statischen Speicher. Er ist untypisiert `void*`. Die Position des Operators ist Geschmackssache. Er kann auch völlig frei zwischen der Typangabe und dem Variablennamen stehen.

Insbesondere durch letztere Eigenschaft ist die Funktion `malloc` für die Verwaltung von Objekten ungeeignet. Diese müssen ja, wie wir bereits gesehen haben, initialisiert werden. Daher gibt es in Visual C++ zwei neue Operatoren: `new` und `delete`.

5.2 Neue Operatoren zur Objektverwaltung

5.2.1 Der Operator `new`

U051   Für die dynamische Speicherbelegung bietet Visual C++ den Operator `new` an. Er übernimmt nicht nur alle Eigenschaften von `malloc`, sondern führt auch noch alle Aktionen zur dynamischen Speicherbelegung für Objekte aus. Im Gegensatz zu `malloc` kennt der Operator `new` die Klasse des Objekts, das er anlegen soll. Somit benötigt er keine Größenangabe mehr. Er ruft implizit den Konstruktor auf, der die Initialisierung des Objekts vornimmt. Die Verwendung könnte folgendermaßen aussehen:

```
//Übung U051  Anwendung des Operators new für dynamische Objekte
#include <IOSTREAM.H>
#include "Datum.h"
#include "Datum.cpp"

void main(void) {
  CDatum* Zgr1, *Zgr2; //wo der Operator * steht, ist egal
  int I;

  Zgr1=new CDatum;
  I=Zgr1->GibMonat();
  cout << I << endl;

  Zgr2=new CDatum(04,12,1996);
  I=Zgr2->GibMonat();
  cout << I << endl;
} //END U051
```

Der Operator `new` ruft je nach Anzahl und Typ der Argumente in der Klassenangabe den richtigen Konstruktor auf. Damit wird das Objekt initialisiert. Im Beispiel benutzen wir beide Konstruktoren.

Wie Sie sicher bemerkt haben, wird `new` als unärer *Operator* bezeichnet. Er besitzt daher nicht die bei Funktionen üblichen Klammern usw. Als Operand verwendet er einen Typ:

```
ZeigerAufTyp = new Typ;
ZeigerAufKlasse = new CKlasse(Argumentliste);
```

vor. Bei den Klassen können wir über die gewählte Argumentliste den gewünschten Konstruktor auswählen.

`new` liefert einen Zeiger auf die (Start-)Adresse des dynamisch belegten Speichers zurück. Dieser ist vom Typ `Zeiger auf den Typ`, den wir als Operand übergeben haben. Eine explizite Typumwandlung wie bei `malloc` ist daher nicht mehr nötig. Der Typ wird vom Compiler selbstständig streng überwacht.

Ist kein Speicher mehr vorhanden, dann liefert `new` den Wert `NULL` zurück, so dass wir den Erfolg der Instanziierung überprüfen können. (Achtung! Das englische `NULL` bedeutet so viel wie „undefiniert".)

5.2.2 Der Operator `delete`

Das Pendant zu `free` in C lautet in Visual C++ `delete` in der Form:

```
delete ZeigerAufTyp;
```

Dieser Operator gibt den durch `new` belegten Speicher wieder frei. Hierzu ruft es den Destruktor der Klasse auf. Da `delete` seine Klasse kennt, muss der Destruktor ggf. weitere Objekte zerstören, die wir dynamisch in einem Objekt angelegt haben. Stellen wir uns dazu eine Liste von CAD-Elementen vor. Die einzelnen Elemente können sehr unterschiedlich sein. Sie müssen erst zerstört werden, bevor wir die Liste zerstören können.

Logischerweise können wir ein Objekt nur einmal zerstören, so dass wiederholtes Aufrufen unzulässig ist. Tun wir es trotzdem, so kommt es leicht zu einem Systemabsturz, da die Wirkung unvorhersehbar ist. Zur Not können wir, wenn es sich nicht vermeiden lässt, den Zeiger auf `NULL` setzen, da dann ein späterer Aufruf keinen Schaden mehr anrichtet.

Über das Zerstören eines dynamischen Objekts können wir indirekt den Destruktor aufrufen. Für statische Objekte ist dies nicht vorgesehen, obwohl der Compiler dieses nicht beanstandet. Mit der Zerstörung wird das Objekt entfernt, nicht jedoch der Zeiger auf ein dann nicht mehr vorhandenes Objekt.

5.2.3 Speicherbelegung für Standard-Datentypen

Die beiden Operatoren lassen sich auch auf Standard-Datentypen und Arrays anwenden, wie es das folgende Beispiel zeigt:

```
int* IZgr=new int;
...
delete IZgr;
```

5.2.4 Arrays

Um ein Array anzulegen, verwenden wir folgende Syntax:

```
ZeigerAufTyp=new Typ[nElement];
```

D. h., wir hängen einfach die Anzahl der gewünschten Elemente an den Typ an. `ZeigerAufTyp` zeigt dann auf das erste Element des Arrays. Neben den eindimensionalen *Vektoren* lassen sich so auch mehrdimensionale Objektarrays erstellen:

```
ZeigerAufTyp=new Typ[nElement1][nElement2]...;
```

Dabei müssen aber die weiteren Dimensionen konstant sein.

Damit Visual C++ erkennt, dass wir ein Array zerstören wollen, geben wir die Dimension mit an:

```
delete [nElement] ZeigerAufTyp;
delete [] ZeigerAufTyp;
```

Die Angabe von `nElement` ist optional, so dass auch die zweite Variante funktioniert

Das erste Beispiel zeigt das Anlegen eines Vektors:

```
int n;
char* cZgr;
...
n=20;
...
cZgr=new char[n];
...
delete [] cZgr;
```

So sieht dies bei einer Matrix aus:

```
int (*matrix)[20];
int n;
...
n=40;
...
matrix=new[n][20];
...
delete [] matrix;
```

5.2.5 Klassen mit Zeigerelementen

U052 Die Operatoren `new` und `delete` lassen sich auch im Code der Methoden einer Klasse aufrufen. Dies wollen wir an einem neuen Beispiel, der Klasse `CKette`, demonstrieren, die die Verarbeitung von Zeichenketten vereinfacht:

```
//Übung U052  Anwendung der Operatoren new und delete in Klassen
#include <IOSTREAM.H>
#include <STRING.H>

class CKette {            //Deklaration einer Klasse für Zeichenketten
public:
  CKette();               //Konstruktoren
  CKette(const char *k);
  CKette(char c,int n);

  void Setz(int Position,char NeuesZeichen);
  char Gib(int Position) const;
  int  GibLaenge() const {return Laenge;}
  void Zeige() const {cout<<Text;}
  ~CKette();
private:
  int Laenge;
  char *Text;
}; //END class CKette

CKette::CKette() {        //Standardkonstruktor
  Laenge=0;
  Text=0;                 //leere Zeichenkette
} //END CKette::CKette()

CKette::CKette(const char *k) { //Initialisierung mit konstantem Text
  Laenge=strlen(k);             //Länge ohne NULL
  strcpy(Text=new char[Laenge+1],k);//Puffer mit NULL anlegen, kopieren
} //END CKette::CKette((const char *k)

CKette::CKette(char c,int n) { //Initialisierung mit einem Zeichen
  Laenge=n;
  Text=new char[Laenge+1];   //Puffer mit NULL anfordern
  memset(Text,c,n);          //Puffer mit einem Zeichen füllen
  Text[Laenge]='\0';         //NULL anhängen
}   //END CKette::CKette(char c,int n)

void CKette::Setz(int Position,char NeuesZeichen) {//setzt neues Zeich.
   if((Position>=0)&&(Position<Laenge))  Text[Position]=NeuesZeichen;
} //END CKette::Setz(int Position,char NeuesZeichen)
```

5.2 Neue Operatoren zur Objektverwaltung

```
char CKette::Gib(int Position) const { //gibt ein Zeichen zurück
  register char reg=0;       //Variable im Register halten
  if((Position>=0)&&(Position<Laenge)) reg=Text[Position];
  return reg;
} //END CKette::Gib(int Position)

CKette::~CKette() {          //Destruktor
//bei dynamischen Strukturen ist ein Destruktor notwendig
  delete [] Text;            //fehlerfrei, auch wenn leer
} //END CKette::~CKette()

void main(void) {
  CKette MeinText("Dies ist mein Text!");
  MeinText.Zeige(); cout << endl;
  MeinText.Setz(9,'D');
  MeinText.Zeige(); cout << endl;
} //END U052
```

Jedes Objekt der Klasse `CKette` enthält eine Zeichenkette. Es gibt einige Programmiersprachen, die solche Ketten einfach auf 255 Zeichen festlegen und kürzere Ketten darin verstecken. Dies ist aber nicht besonders elegant. Vielmehr ist die Länge der Zeichenkette erst zur Laufzeit bekannt und sollte daher erst dann berücksichtigt werden.

Wir sehen drei verschiedene Konstruktoren vor, wobei der erste eine leere Zeichenkette, der zweite eine Zeichenkette mit (konstantem) Text und der dritte eine Zeichenkette aus Zeichenwiederholungen anlegt. Der erste Konstruktor ist nur dann interessant, wenn wir den Text später verlängern können. Dies führen wir in der nächsten Übung durch.

Die Daten des Objekts sind an zwei verschiedenen Stellen gespeichert. Einmal haben wir den statischen Teil (klassisch im Datensegment) mit der Variablen `Laenge` und dem Zeiger `Text`, zum anderen den dynamischen Teil (klassisch auf dem Heap) aus dem eigentlichen Textkörper. Der Operator `sizeof` liefert nur die Länge des statischen Teils. Der dynamische Teil kann (fast) beliebig in seiner Länge variieren.

Zum ersten Mal enthält unser Destruktor eine Anweisung, da zwar der Zeiger `Text` automatisch zerstört würde, nicht aber der dynamische Teil auf dem Freispeicher. Diesen müssen wir explizit selbst zerstören. Vergessen wir dies, so arbeitet das Programm scheinbar ohne Fehler. Durch häufigen Gebrauch unterschiedlicher Objekte gelingt es uns aber, den Freispeicher irgendwann zum Überlauf zu bringen. Da hier die Fehlersuche sehr zeitaufwändig wäre, stellt uns Visual C++ einen Überwachungsmechanismus zur Verfügung, den wir im Kapitel «Fehlersuche und Ausnahmebehandlung» näher erörtern werden.

U053 Nun kehren wir zu unserer Aufgabe zurück, den Text in seiner Länge zu verändern, z. B. ein weiteres Stück Text anzuhängen:

```
//Übung U053  Anwendung der Operatoren new und delete in Klassen
//Erweitern eines Objektes
#include <IOSTREAM.H>
#include <STRING.H>

class CKette {              //Deklaration einer Klasse für Zeichenketten
public:
     CKette();              //Konstruktoren
     CKette(const char *k);
     CKette(char c,int n);
```

```
    void Setz(int Position,char NeuesZeichen);
    char Gib(int Position) const;
    int  GibLaenge() const {return Laenge;}
    void HaengAn(const char *Zusatz);
    void Zeige() const       {cout<<Text;}
        ~CKette();
private:
    int Laenge;
    char *Text;
}; //class CKette

CKette::CKette() {           //Standardkonstruktor
    Laenge=0;
    Text=0;                  //leere Zeichenkette
} //END CKette::CKette()

CKette::CKette(const char *k) { //Initialisierung mit konstantem Text
    Laenge=strlen(k);            //Länge ohne NULL
    strcpy(Text=new char [Laenge+1],k);//Puffer mit NULL anfordern, kopie.
} //END CKette::CKette((const char *k)

CKette::CKette(char c,int n) {  //Initialisierung mit einem Zeichen
    Laenge=n;
    Text=new char [Laenge+1];    //Puffer mit NULL anfordern
    memset(Text,c,n);            //Puffer mit einem Zeichen füllen
    Text [Laenge]='\0';          //NULL anhängen
} //END CKette::CKette(char c,int n)

void CKette::Setz(int Position,char NeuesZeichen) { //setzt neues Zeichen
    if((Position>=0)&&(Position<Laenge)) Text [Position]=NeuesZeichen;
} //END   CKette::Setz(int Position,char NeuesZeichen)

char CKette::Gib(int Position) const { //gibt ein Zeichen zurück
    register char reg=0;                 //Variable im Register halten
    if((Position>=0)&&(Position<Laenge)) reg=Text [Position];
    return reg;
} //END CKette::Gib(int Position)

void CKette::HaengAn(const char *Zusatz) { //hängt Text an Zeichenkette
    int AlteLaenge=Laenge;
    Laenge+=strlen(Zusatz);        //Längen ohne NULL
    char *Temp=new char [Laenge+1]; //Puffer mit NULL anfordern
    strcpy(Temp,Text);             //alten Text übertragen
    strcat(Temp,Zusatz);           //neuen Text anhängen
    delete [] Text;                //alten Speicherplatz freigeben
    Text=Temp;                     //Adresse übertragen
} //END CKette::HaengAn(const char *Zusatz)

CKette::~CKette() {         //Destruktor
    delete [] Text;         //fehlerfrei, auch wenn leer
} //END CKette::~CKette()

void main(void) {
    CKette MeinText("Dies ist mein Text!");
    MeinText.Setz(9,'D');
    MeinText.HaengAn(" Er wird jetzt länger!");
    MeinText.Zeige(); cout << endl;
} //END U053
```

5.2 Neue Operatoren zur Objektverwaltung

Die neue Funktion `HaengAn` zeigt, dass nur der dynamische Teil zerstört wird, während der statische Teil weiter zur Verfügung steht. Der Zeiger `Text` kann mit einem neuen Speicherbereich im Freispeicher verknüpft werden.

Nicht immer lustig ist die Verarbeitung deutscher Umlaute. Hier zeigt sich die unterschiedliche Codierung unter Windows (ANSI) und DOS (ASCII) (**Bild 5.1**).

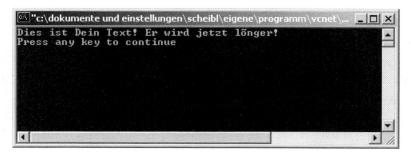

Bild 5.1: Umlautprobleme

5.2.6 Zuweisungsoperator

Als Nächstes taucht die interessante Frage auf, was bei Zuweisungen zwischen zwei Objekten geschieht. Hierzu gehen wir von folgendem Programmfragment aus:

```
CKette MeinText("Dies ist mein Text!");
CKette DeinText("Dies ist Dein Text!");
DeinText=MeinText;
```

Sicher werden beide Objekte angelegt. Wohin zeigen aber nach der Zuweisung die beiden Variablen (**Bild 5.2**)?

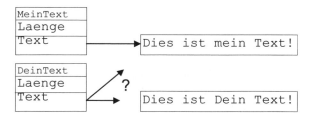

Bild 5.2: Probleme beim Zuweisungsoperator

Diese Zuweisung ist syntaktisch in Ordnung und wird folgendermaßen abgearbeitet:

```
DeinText.Laenge=MeinText.Laenge;
DeinText.Text=MeinText.Text;
```

bzw.

```
memmove(&DeinText, &MeinText, sizeof(CKette));
```

Wir erkennen, dass nun zwei Zeiger `DeinText.Text` und `MeinText.Text` auf denselben Bereich des Freispeichers zeigen. Weiterhin gibt es einen Bereich auf dem Freispeicher, der nicht mehr über einen Zeiger aus dem statischen Bereich angesprochen werden kann. Dieser Speicher ist tot (nicht ansprechbar, weg). Der Speicher ist aber trotzdem belegt und erzeugt ein Speicherleck (Memory Leak) im verarbeitbaren Speicher (**Bild 5.3**).

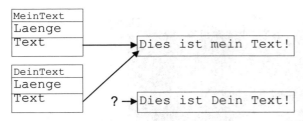

Bild 5.3: Situation nach der Zuweisung

Die Zuweisungen von Text funktionieren gerade noch. Was geschieht aber, wenn wir eines der beiden Objekte zerstören? Sofort zeigt der andere Textzeiger auf einen jetzt undefinierten oder sogar neu belegten, also verbotenen Bereich, was über kurz oder lang zu einem Absturz des Programms führt, falls wir den Zeiger später im Programm noch benutzen.

Richtig wäre es, die Zeiger bei der Zuweisung unverändert zu lassen, dafür aber die dynamischen Teile zu kopieren, wobei natürlich die Länge des belegten Freispeichers anzupassen ist. Hier hilft nur ein neuer Zuweisungsoperator (**Bild 5.4**).

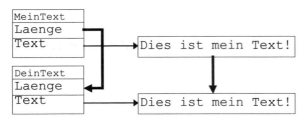

Bild 5.4: Wirkung eines neuen Zuweisungsoperators

Wir haben schon gesehen, dass sich Methoden überladen lassen. Diese haben den gleichen Namen. Das Programm sorgt dafür, dass immer die aktuelle Methode für das Objekt angewandt wird. Die gleiche Technik ist in Visual C++ auch für Operatoren anwendbar. So können wir dem Zuweisungsoperator eine abgewandelte Bedeutung geben.

Da das *Überladen von Operatoren* später noch einmal allgemein behandelt wird, soll hier nur die wesentliche Technik erklärt werden. Dabei gehen wir davon aus, dass ein allgemeiner Operator $\otimes$ überladbar ist. Die Anwendung eines Operators ist gleichzusetzen mit einer Funktion, die die Operatoren als Argumente erhält. Wo die Operatoren stehen, ist dabei (fast) unerheblich. Wir kennen neben der üblichen Infixnotation (also zwischen den Operanden) noch die Präfix- und die Postfixnotation (umgekehrte polnische Notation).

5.2 Neue Operatoren zur Objektverwaltung

Wir müssen eine passende Methode schreiben, die den Operator überlädt. Die Syntax besteht aus dem Schlüsselwort `operator` mit angehängtem Operatorsymbol, also:

`operator⊗()`

Haben wir eine Methode `operator=(CKette)` definiert, dann wird die Zuweisung:

`DeinText=MeinText;`

vom Programm als Methodenaufruf der Art:

`DeinText.operator=(MeinText);`

U054 interpretiert. Wir implementieren Folgendes:

```
//Übung U054   Anwendung der Operatoren new und delete in Klassen
//Überladen von Operatoren
#include <IOSTREAM.H>
#include <STRING.H>

class CKette {                //Deklaration einer Klasse für Zeichenketten
public:
  CKette();                   //Konstruktoren
  CKette(const char *k);
  CKette(char c,int n);

/*void operator=(const CKette &Operand);       //zum Testen */
  CKette & operator=(const CKette &Operand); //zum Testen

  void Setz(int Position, char NeuesZeichen);
  char Gib(int Position) const;
  int  GibLaenge() const {return Laenge;}
  void HaengAn(const char *Zusatz);
  void Zeige() const {cout<<Text;}
  ~CKette();
private:
  int Laenge;
  char *Text;
}; //class CKette

CKette::CKette() {            //Standardkonstruktor
  Laenge=0;
  Text=0;                     //leere Zeichenkette
} //END CKette::CKette()

CKette::CKette(const char *k) { //Initialisierung mit konstantem Text
  Laenge=strlen(k);
  strcpy(Text=new char [Laenge+1],k);
} //END CKette::CKette((const char *k)

CKette::CKette(char c,int n) { //Initialisierung mit einem Zeichen
  Laenge=n;
  Text=new char [Laenge+1];
  memset(Text,c,n);
  Text [Laenge]='\0';
} //END CKette::CKette(char c,int n)

/* --------------------------------------------------------------------
void CKette::operator=(const CKette &Operand) { //überladener Operator
  delete [] Text;                //eigenen Speicher freigeben
  Laenge=Operand.Laenge;         //Länge vom Operand übernehmen
```

```
  Text=new char [Laenge+1];      //neuen Speicher anfordern
  strcpy(Text,Operand.Text);     // und füllen
} //END CKette::operator=(const CKette &Operand)

void CKette::operator=(const CKette &Operand) { //überladener Operator
  if(&Operand!=this)             //Selbstzuweisung?
  {delete [] Text;               //eigenen Speicher freigeben
    Laenge=Operand.Laenge;       //Länge vom Operand übernehmen
    Text=new char [Laenge+1];    //neuen Speicher anfordern
    strcpy(Text,Operand.Text);   // und füllen
  }
} //END CKette::operator=(const CKette &Operand)

void CKette::operator=(const CKette &Operand) { //überladener Operator
  Laenge=Operand.Laenge;
  char *Temp=new char [Laenge+1];
  strcpy(Temp,Operand.Text);
  delete [] Text;
  Text=Temp;
} //END CKette::operator=(const CKette &Operand)

void CKette::operator=(const CKette &Operand) { //überladener Operator
  char *Temp=new char [Laenge=Operand.Laenge+1];
  if(Temp)
  { strcpy(Temp,Operand.Text);
    delete [] Text;
    Text=Temp;
  }
  else Laenge=0;
} //END CKette::operator=(const CKette &Operand)
------------------------------------------------------------------*/

CKette & CKette::operator=(const CKette &Operand) {//überladener Operat
  Laenge=Operand.Laenge;
  char *Temp=new char [Laenge+1];
  if(Temp)
  { strcpy(Temp,Operand.Text);
    delete [] Text;
    Text=Temp;
  }
  else Laenge=0;
  return *this;
} //END CKette::operator=(const CKette &Operand)

void CKette::Setz(int Position, char NeuesZeichen) { //neues Zeichen
  if((Position>=0)&&(Position<Laenge)) Text[Position]=NeuesZeichen;
} //END  CKette::Setz(int Position, char NeuesZeichen)

char CKette::Gib(int Position) const { //gibt ein Zeichen zurück
  register char reg=0;
  if((Position>=0)&&(Position<Laenge)) reg=Text[Position];
  return reg;
} //END CKette::Gib(int Position)

void CKette::HaengAn(const char *Zusatz) { //hängt Text an Zeichenkette
  int AlteLaenge=Laenge;
  Laenge+=strlen(Zusatz);
  char *Temp=new char [Laenge+1]; //neuen Speicherplatz anfordern
  strcpy(Temp,Text);              //alten Text übertragen
  strcat(Temp,Zusatz);            //neuen Text anhängen
  delete [] Text;                 //alten Speicherplatz freigeben
```

5.2 Neue Operatoren zur Objektverwaltung

```
  Text=Temp;                        //Adresse übertragen
} //END CKette::HaengAn(const char *Zusatz)

CKette::~CKette() {                 //Destruktor
  delete [] Text;                   //fehlerfrei, auch wenn leer
} //END CKette::~CKette()

void main(void) {
  CKette MeinText("Dies ist mein Text!");
  MeinText.Zeige(); cout << endl;

  CKette DeinText("Dies ist Dein Text!");
  DeinText.Zeige(); cout << endl;
  cout << endl;

  DeinText=MeinText;
  MeinText.Zeige(); cout << endl;
  DeinText.Zeige(); cout << endl;

  CKette *ZMeinText, *ZDeinText;
  ZMeinText=new CKette("Dies ist mein Text!");
  ZDeinText=new CKette("Dies ist Dein Text!");
  ZMeinText->Zeige(); cout << endl;
  ZDeinText->Zeige(); cout << endl;
  *ZDeinText=*ZMeinText;
  delete ZMeinText;
  ZDeinText->Zeige(); cout << endl;
  delete ZDeinText;
} //END U054
```

☞ Hinweis: Im Quelltext sind mehrere Operatoren vorbereitet, von denen aber immer nur einer aktiviert werden kann. Die Varianten werden nachfolgend beschrieben.

Wahrscheinlich werden Sie nicht an die Folgen Ihres Tuns denken und sich nach den ersten erfolgreichen Tests zufrieden zurücklehnen. Aber was geschieht, wenn wir ein Objekt sich selbst zuweisen? Also etwa in folgender Form:

`MeinText=MeinText;`

Diese Anweisung könnte einem Programmierer vielleicht auffallen, so dass er sie vermeidet. Aber es kann auch versteckt sein, z. B. in der Form:

```
CKette *KtZgr=&MeinText      oder
CKette &KtRef=MeinText
...
MeinText=*KtZgr;             oder
MeinText= KtRef;
```

Sehen wir uns die Methode an, so löscht diese zuerst den eigenen Textpuffer, um ihn neu anzulegen und zu füllen. Dies würde bei einer Selbstzuweisung dazu führen, dass wir unseren eigenen Textpuffer zuerst zerstören, um ihn anschließend mit sich selbst neu zu füllen. Vielleicht geht das ja ohne Absturz.

Wenn wir also den Zuweisungsoperator überladen, dann müssen wir eine mögliche Selbstzuweisung erkennen und vermeiden. Hierzu dient der Zeiger `this`. Dieser wird im nächsten Kapitel beschrieben. Wir können aber folgende Regel aufstellen:

> Immer wenn ein Objekt selbst dynamische Zeigerelemente enthält, sollten wir standardmäßig einen Zuweisungsoperator definieren.

5.3 Der Zeiger `this`

5.3.1 Bedeutung des Zeigers `this`

Der Zeiger `this` auf sich selbst ist ein spezieller Zeiger, der automatisch jeder Methode einer Klasse zur Verfügung steht. Er zeigt auf das Objekt, für das die Methode gerade aufgerufen wurde (mit Ausnahme der statischen Methoden, die später erläutert werden).

Die Methode benötigt diesen Zeiger, da sie nur über ihn auf die Objektvariablen zugreifen kann. Er ist immer existent und wird daher nicht explizit in der Argumentliste aufgeführt. Rufen wir die gleiche Methode für ein anderes Objekt der Klasse auf, dann findet diese über den Zeiger `this` den geänderten Parametersatz. Die Methode schaltet somit zwischen den Objekten hin und her.

Da wir diesen Zeiger auch selbst benutzen können, erlaubt er uns eine elegante Prüfung dieses Problems:

```
void CKette::operator=(const CKette &Operand) { //überladener Operator
  if(&Operand!=this) {            //Selbstzuweisung?
    delete [] Text;               //eigenen Speicher freigeben
    Laenge=Operand.Laenge;        //Länge vom Operand übernehmen
    Text=new char [Laenge+1];     //neuen Speicher anfordern
    strcpy(Text,Operand.Text);    // und füllen
  }
} //END CKette::operator=(const CKette &Operand)
```

Natürlich können wir eine Zwischenvariable einsetzen, was aber zeitaufwändig ist:

```
void CKette::operator=(const CKette &Operand) { //überladener Operator
  Laenge=Operand.Laenge;
  char *Temp=new char [Laenge+1];
  strcpy(Temp,Operand.Text);
  delete [] Text;
  Text=Temp;
} //END CKette::operator=(const CKette &Operand)
```

Wenn wir nun noch absichern wollen, dass der Freispeicher nicht überläuft, dann finden wir die (fast) endgültige Version zu:

```
void CKette::operator=(const CKette &Operand) { //überladener Operator
  char *Temp=new char [Laenge=Operand.Laenge+1];
  if(Temp)
   { strcpy(Temp,Operand.Text);
     delete [] Text;
     Text=Temp;
   }
  else Laenge=0;
} //END CKette::operator=(const CKette &Operand)
```

5.3.2 Funktionsergebnis `*this`

Eine Methode kann das Objekt, zu dem sie aufgerufen wurde, über die Anweisung:

`return *this`

als Funktionsergebnis zurückliefern, sofern die Funktion von ihrem Typ her entsprechend deklariert ist.

Grundsätzlich erfolgt die Zuweisung in C und Visual C++ als Ausdruck. Dies erlaubt u. a. die Mehrfachzuweisungen usw. Dabei wird der Wert der rechten Seite der linken Seite zugewiesen. Der Typ des Ausdrucks (und damit des Werts) ist der Typ des Empfängers, also der linken Seite, der daher auch als `LValue` bezeichnet wird. Bei Mehrfachzuweisungen erfolgt die Abarbeitung von rechts nach links, wobei ggf. erlaubte Typumwandlungen erfolgen.

Damit diese Regel auch für überladene Operatoren gilt, muss die bisherige Definition des Operators etwas erweitert werden. Sehen wir uns das am Beispiel der drei Objekte `a`, `b` und `c` vom Typ `CKette` an:

`a=(b=c)`

Diese Zuweisungskette wird interpretiert als:

`a.operator=(b.operator=(c))`

Da die Methode `operator=` als Argument eine Referenz auf ein `CKette`-Objekt erwartet, muss `operator=` eine Referenz auf das modifizierte Objekt zurückliefern – nämlich `*this`:

```
CKette & CKette::operator=(const CKette &Operand) { //überladener Operator
  Laenge=Operand.Laenge;
  char *Temp=new char [Laenge+1];
  if(Temp) {
    strcpy(Temp,Operand.Text);
    delete [] Text;
    Text=Temp;
  }
  else Laenge=0;
  return *this;
} //END CKette::operator=(const CKette &Operand)
```

Damit lassen sich Mehrfachzuweisungen und der Einsatz der Deklaration in Argumentlisten usw. realisieren.

Durch die Deklaration des Operators als *Referenz* wird nicht das ganze Objekt übergeben, sondern nur ein Zeiger vom richtigen Typ. Dies ist sehr effizient.

Anmerkung: Mit Hilfe dieser Technik wird die Standardein- und -ausgabe realisiert:

`cout << a << b << c;`

Die Schiebeoperation ordnet ihre Operanden von links nach rechts an, so dass sie in der richtigen Richtung arbeitet. Zunächst wird `a` nach `cout` geschoben. Der überladene Linksschiebe-Operator liefert als Ergebnis `*this`, also `cout` selbst. Jetzt kann `b` in derselben Anweisung nach `cout` geschoben werden usw.

5.4 Zuweisung oder Initialisierung?

5.4.1 Unterschiede

Die beiden Anweisungsblöcke:

```
int i;      //Deklaration
i=3;        //Zuweisung
```

und

```
int i=3;    //Deklaration mit Initialisierung
```

haben in C den gleichen Effekt und werden auch so implementiert. In Visual C++ müssen wir dagegen strikt zwischen Zuweisung und Initialisierung unterscheiden:

- Eine *Initialisierung* erfolgt immer zusammen mit der Deklaration *einmalig* zu Beginn der Lebenszeit eines Objekts.
- Eine *Zuweisung* erfolgt auf ein bestehendes Objekt und kann *mehrmals* durchgeführt werden.

Der Unterschied zwischen Initialisierung und Zuweisung wird sowohl bei Referenzen wie auch bei als `const` deklarierten Variablen deutlich. Beide können nur initialisiert, aber nicht verändert werden.

Bei dieser Gelegenheit wird auch noch einmal der Unterschied zwischen Referenz `&` und Zeiger `*` deutlich. Nur der Zeiger kann verändert werden.

Mit dem Referenz-Operator `&` legen wir eine Variable fest, die die Adresse eines Objekts enthält, sich aber syntaktisch wie das Objekt verhält.

Sehen wir uns den Unterschied noch einmal anhand eines Objekts an:

```
CKette MeinText("Dies ist mein Text!");
CKette DeinText;
```

DeinText=MeinText;

In diesem Fall wird der überladene `operator=` aufgerufen.

Bei einer Initialisierung der Art:

```
CKette MeinText("Dies ist mein Text!");
CKette DeinText=MeinText;
```

funktioniert das jedoch nicht, da der neue Operator nur auf vorhandene Objekte angewendet werden kann. Somit würde die zweite Anweisung dafür sorgen, dass beide Objekte auf den gleichen Speicherbereich im Freispeicher zeigen und dass ein „herrenloser" Bereich vorhanden ist.

5.4 Zuweisung oder Initialisierung?

Wollen wir trotzdem diese Technik beibehalten, dann benötigen wir einen besonderen Konstruktor.

5.4.2 Kopierkonstruktor

Dieser Konstruktor unterscheidet sich von einem normalen Konstruktor dadurch, dass er ein vorhandenes Objekt derselben Klasse übernimmt und es vollständig in das Zielobjekt kopiert. Um die Syntax einfach zu halten, gelten folgende beiden Aufrufvarianten:

```
CKette DeinText(MeinText);      //wie ein normaler Konstruktor
CKette DeinText=MeinText;       //wie eine Variable
```

Für die zweite Variante sollten wir immer einen Kopierkonstruktor anlegen:

```
class CKette {          //Deklaration einer Klasse für Zeichenketten
public:
  CKette();                     //Konstruktoren
  CKette(const char* k);
  CKette(char c,int n);
  CKette(const CKette& Operand); //Kopierkonstruktor

  void operator=(const CKette &Operand);
} //END class CKette

CKette::CKette(const CKette& Operand) { //Kopierkonstruktor
  Laenge=Operand.Laenge;
  Text=new char [Laenge+1];
  strcpy(Text,Operand.Text);
} //END CKette(const CKette &Operand)
```

Die Ähnlichkeit mit dem überladenen Zuweisungsoperator ist unverkennbar. Es fehlt nur das Zerstören des Textpuffers auf dem Freispeicher. Somit lassen sich einige Regeln zu den Unterschieden ableiten:

- Der Zuweisungsoperator wird auf bestehende Objekte angewendet. Daher baut er Objekte (insbesondere im dynamischen Teil) teilweise ab, bevor er es wieder vollständig mit den übernommenen Daten aufbaut.
- Bei der Initialisierung kann es keine Selbstzuweisung geben. Daher können besondere Schutzmaßnahmen entfallen.
- Damit Mehrfachzuweisungen usw. möglich sind, enthält der Zuweisungsoperator die Rückgabeanweisung `return *this` über eine Referenz. Konstruktoren haben grundsätzlich keinen Rückgabewert.

☞ Tipp: Für Klassen, die Zeiger enthalten, sollten grundsätzlich je ein Zuweisungsoperator und ein Kopierkonstruktor definiert werden. Man kann nie wissen!

➢ Aufgabe 5-1: Debuggen von Konstruktoren und Destruktoren

Verfolgen Sie das Programm schrittweise mit dem Debugger. Achten Sie darauf, welche Konstruktoren und Destruktoren aufgerufen werden. ■

Das vollständige Programm sieht folgendermaßen aus:

```cpp
//Übung U055  Anwendung der Operatoren new und delete in Klassen
//Kopierkonstruktor
#include <IOSTREAM.H>
#include <STRING.H>

class CKette {              //Deklaration einer Klasse für Zeichenketten
public:
  CKette();                 //Konstruktoren
  CKette(const char *k);
  CKette(char c,int n);
  CKette(const CKette & Operand); //Kopierkonstruktor

  CKette & operator=(const CKette & Operand);
  void Setz(int Position, char NeuesZeichen);
  char Gib(int Position) const;
  int  GibLaenge() const {return Laenge;}
  void HaengAn(const char *Zusatz);
  void Zeige() const {cout<<Text;}
  ~CKette();
private:
  int Laenge;
  char *Text;
}; //END class CKette

CKette::CKette() {          //Standardkonstruktor
  Laenge=0;
  Text=0;                   //leere Zeichenkette
} //END CKette::CKette()

CKette::CKette(const char *k) { //Initialisierung mit konstantem Text
  Laenge=strlen(k);
  strcpy(Text=new char [Laenge+1],k);
} //END CKette::CKette((const char *k)

CKette::CKette(char c,int n) { //Initialisierung mit einem Zeichen
  Laenge=n;
  Text=new char [Laenge+1];
  memset(Text,c,n);
  Text [Laenge]='\0';
} //END CKette::CKette(char c,int n)

CKette::CKette(const CKette &Operand) { //Kopierkonstruktor
  Laenge=Operand.Laenge;
  Text=new char [Laenge+1];
  strcpy(Text,Operand.Text);
} //END CKette(const CKette &Operand)

CKette & CKette::operator=(const CKette &Operand) { //überladener Operator
  Laenge=Operand.Laenge;
  char *Temp=new char [Laenge+1];
  if(Temp)
   { strcpy(Temp,Operand.Text);
     delete [] Text;
     Text=Temp;
   }
  else Laenge=0;
  return *this;
} //END CKette::operator=(const CKette &Operand)

void CKette::Setz(int Position, char NeuesZeichen) { //neues Zeichen
  if((Position>=0)&&(Position<Laenge)) Text [Position]=NeuesZeichen;
```

5.5 Objekte und Funktionen

```
} //END    CKette::Setz(int Position, char NeuesZeichen)

char CKette::Gib(int Position) const { //gibt ein Zeichen zurück
  register char reg=0;
  if((Position>=0)&&(Position<Laenge)) reg=Text [Position];
  return reg;
} //END CKette::Gib(int Position)

void CKette::HaengAn(const char *Zusatz) { //hängt Text an Zeichenkette
  int AlteLaenge=Laenge;
  Laenge+=strlen(Zusatz);
  char *Temp=new char [Laenge+1]; //neuen Speicherplatz anfordern
  strcpy(Temp,Text);             //alten Text übertragen
  strcat(Temp,Zusatz);           //neuen Text anhängen
  delete [] Text;                //alten Speicherplatz freigeben
  Text=Temp;                     //Adresse übertragen
} //END CKette::HaengAn(const char *Zusatz)

CKette::~CKette() {              //Destruktor
  delete [] Text;                //fehlerfrei, auch wenn leer
} //END CKette::~CKette()

void main(void) {
  CKette MeinText("Dies ist mein Text!");
  MeinText.Zeige(); cout << endl;

  CKette DeinText=MeinText;
  cout << endl;
  MeinText.Zeige(); cout << endl;
  DeinText.Zeige(); cout << endl;
} // END U055
```

5.5 Objekte und Funktionen

In diesem Kapitel wollen wir weitere Besonderheiten beim Einsatz von Objekten im Zusammenhang mit der modularen Programmierung in Form von benutzerdefinierten Funktionen untersuchen.

➢ Aufgabe 5-2: Debuggen von `U055`

Verfolgen Sie unbedingt das Beispielprogramm `U055` mit dem Debugger und notieren Sie dabei die aufgerufenen Methoden. ∎

5.5.1 Werteparameter

Die folgende Funktion:

```
void Werteparameter(CKette param) {
  ...
} //END Werteparameter
```

übernimmt bei einem Aufruf der Art:

```
main() {
  CKette MeinText("Dies ist mein Text!");
```

```
  Werteparameter(MeinText);
} //END main
```

ein Objekt als Werteparameter. Dies sollte nach der Theorie eine Kopie des Objekts sein, das lokal für die Funktion eingesetzt wird. Änderungen am Objekt werden im aufrufenden Programm nicht wirksam.

Damit dies auch bei Objekten funktioniert, erfolgt implizit ein Aufruf des Kopierkonstruktors, also:

```
CKette param(MeinText);
```

Wäre dem nicht so, dann würde wiederum nur der statische Teil des Objekts kopiert. Dies hat die bereits beschriebenen Folgen auf den Inhalt des Textpuffers. Ganz problematisch wird es am Ende der Funktion. Hier werden bekanntlich alle Parameter vom Kellerspeicher wieder abgebaut. Dazu ruft die Funktion den Destruktor auf, der den dynamischen Teil vom Freispeicher entfernt. Das rufende Programm „glaubt noch immer", dass es an den Text kommt.

Wenn wir das Programm verfolgen, so stellen wir folgende Aufrufe fest:

Stelle	Aktion
Einsprung	Aufruf des Kopierkonstruktors der Klasse `CKette`
Zuweisung	Aufruf des Konstruktors mit konstantem Text
	Aufruf des Zuweisungsoperators
Aussprung	zweimaliger Aufruf des Destruktors

5.5.2 Objekte als Funktionsergebnisse

Nehmen wir einmal an, wir würden eine Funktion zum Einlesen (oder einfacher zum Festlegen) des Objekts schreiben:

```
CKette Rueckgabe() {
  CKette Temp("Zurückgelieferter Text");
  return Temp;
} //END Rueckgabe

main() {
  CKette MeinText;
  MeinText=Rueckgabe();
} //END main
```

Die Funktion `Rueckgabe` gibt als Rückgabewert ein `CKette`-Objekt zurück, das sie selbst erzeugt hat. Hierzu legt der Compiler ein temporäres Objekt im Geltungsbereich des aufrufenden Programms an, damit er die Zuweisung auf `MeinText` durchführen kann. Der Rücksprung erfolgt etwa mit folgenden Anweisungen:

```
CKette Tmp(Temp);       //Deklaration mit Aufruf des Kopierkonstruktors
MeinText=Tmp;           //Zuweisung mit Hilfe des Zuweisungsoperators
```

Auch hier benötigen wir dringend beide Methoden.

5.5 Objekte und Funktionen

Beim Aufruf dieser Funktion geschieht Folgendes:

Stelle	Aktion
Einsprung	–
Zuweisung	Aufruf des Kopierkonstruktors
Aussprung aus der Funktion	Aufruf des Destruktors
Rückkehr ins aufrufende Programm	Aufruf des Kopierkonstruktors Aufruf des Destruktors

5.5.3 Objektreferenzen in Funktionen

Die beiden vorherigen Kapitel haben gezeigt, dass die Übergabe und Rückgabe von Objekten einen nicht unerheblichen Aufwand durch den Aufruf von Kon- und Destruktoren erzeugt. Dies lässt sich vermeiden, indem wir Objekte nicht als Werteparameter, sondern als Referenzparameter übergeben:

```
void verbrauche(CKette& param) {
  ...
} //END verbrauche

main() {
  CKette MeinText("Dies ist mein Text!");
  verbrauche(MeinText);
} //END main
```

Jetzt wird eine Referenz übergeben, d. h., der Kopierkonstruktor wird nicht benötigt. Stattdessen wird die übergebene Referenz mit dem übergebenen Objekt initialisiert, etwa so:

```
const CKette& param=MeinText;      //Initialisierung einer Referenz
```

Die Funktion arbeitet damit direkt auf dem originalen Objekt. Durch die zusätzliche Klausel `const` kann sich die aufrufende Funktion darauf verlassen, dass keine Änderungen am Objekt genommen werden. Die Funktion `verbrauche` kann dabei nur die Methoden der Klasse aufrufen, die `const` sind.

Der Kopierkonstruktor erhält eine Referenz auf das Quellobjekt als Werteparameter und nicht auf das Objekt selbst. Wäre dies nicht so, dann müsste der Kopierkonstruktor sich selbst aufrufen, um zuerst einmal eine Kopie des Objekts zu erstellen, das er selbst verarbeiten will. Dies hätte eine Endlosrekursion zur Folge.

Referenzen sind auch als Rückgabewerte meist effizienter als die Rückgabe der Objekte selbst. Hierzu betrachten wir noch einmal unseren Zuweisungsoperator:

```
CKette& CKette::operator=(const CKette& Operand) { //überladener Operator
  ....
  return *this;
} //END CKette::operator=(const CKette &Operand)

main() {
  CKette MeinText("Dies ist mein Text!");
  CKette DeinText,SeinText;
```

```
DeinText=SeinText=MeinText;
} //END main
```

Würde der Operator das Objekt als Wert zurückliefern, dann müsste erneut der Kopieroperator aufgerufen werden. Für die zweite Zuweisung `SeinText=MeinText` generiert der Compiler nur folgende Anweisungen:

```
CKette& TempRef=MeinText;
SeinText=TempRef;
```

Die Verwendung von Referenzen als Rückgabewert ist aber nicht ganz unproblematisch. Wir sollten die Regeln beherzigen und auf keinen Fall Referenzen auf lokale Variablen oder Objekte zurückliefern. In unserem Beispielprogramm geschieht in der Funktion `Referenzparameter1` Folgendes:

Stelle	Aktion
Einsprung	–
Zuweisung	Aufruf des Konstruktors
	Aufruf des Zuweisungsoperators
	Aufruf des Destruktors
Rücksprung	–

In der Funktion `Referenzparameter2` geschieht dies:

Stelle	Aktion
Einsprung	–
Zuweisung	Aufruf des Konstruktors
	Aufruf des Zuweisungsoperators
	Aufruf des Destruktors
`return`	Aufruf des Kopierkonstruktors
	Aufruf des Destruktors
Rücksprung	–

U056 Das gesamte Programm sieht folgendermaßen aus:

```
//Übung U056   Objekte und Funktionen
#include <IOSTREAM.H>
#include <STRING.H>

class CKette {            //Deklaration einer Klasse für Zeichenketten
public:
  CKette();               //Konstruktoren
  CKette(const char *k);
  CKette(char c,int n);
  CKette(const CKette & Operand); //Kopierkonstruktor

  CKette & operator=(const CKette & Operand);
  void Setz(int Position, char NeuesZeichen);
  char Gib(int Position) const;
  int  GibLaenge() const {return Laenge; }
  void HaengAn(const char *Zusatz);
  void Zeige() const {cout<<Text; }
  ~CKette();
private:
```

5.5 Objekte und Funktionen

```cpp
    int Laenge;
    char *Text;
}; //class CKette

CKette::CKette() {              //Standardkonstruktor
   Laenge=0;
   Text=0;                      //leere Zeichenkette
} //END CKette::CKette()

CKette::CKette(const char *k) { //Initialisierung mit konstantem Text
   Laenge=strlen(k);
   strcpy(Text=new char [Laenge+1],k);
} //END CKette::CKette((const char *k)

CKette::CKette(char c,int n) {  //Initialisierung mit einem Zeichen
   Laenge=n;
   Text=new char [Laenge+1];
   memset(Text,c,n);
   Text [Laenge]='\0';
} //END CKette::CKette(char c,int n)

CKette::CKette(const CKette &Operand) { //Kopierkonstruktor
   Laenge=Operand.Laenge;
   Text=new char [Laenge+1];
   strcpy(Text,Operand.Text);
} //END CKette(const CKette &Operand)

CKette & CKette::operator=(const CKette &Operand) {//überladener Operat
   Laenge=Operand.Laenge;
   char *Temp=new char [Laenge+1];
   if(Temp) {
      strcpy(Temp,Operand.Text);
      delete [] Text;
      Text=Temp;
   }
   else Laenge=0;
   return *this;
} //END CKette::operator=(const CKette &Operand)

void CKette::Setz(int Position, char NeuesZeichen) { //neues Zeichen
   if((Position>=0)&&(Position<Laenge)) Text [Position]=NeuesZeichen;
} //END  CKette::Setz(int Position, char NeuesZeichen)

char CKette::Gib(int Position) const { //gibt ein Zeichen zurück
   register char reg=0;
   if((reg&&Position)>=0&&Position<Laenge) reg=Text [Position];
   return reg;
} //END CKette::Gib(int Position)

void CKette::HaengAn(const char *Zusatz) { //hängt Text an Zeichenkette
   int AlteLaenge=Laenge;
   Laenge+=strlen(Zusatz);
   char *Temp=new char [Laenge+1]; //neuen Speicherplatz anfordern
   strcpy(Temp,Text);              //alten Text übertragen
   strcat(Temp,Zusatz);            //neuen Text anhängen
   delete [] Text;                 //alten Speicherplatz freigeben
   Text=Temp;                      //Adresse übertragen
} //END CKette::HaengAn(const char *Zusatz)

CKette::~CKette() {         //Destruktor
   delete [] Text;          //fehlerfrei, auch wenn leer
} //END CKette::~CKette()
```

```
/////////////////////////////////////////////////////////////////////
//Testfunktionen

void Werteparameter(CKette Kette) {
  Kette="Ich bin in Funktion Werteparameter";
} //END Werteparameter(CKette Kette)

CKette Rueckgabe() {
  CKette Temp="Ich bin in Funktion Rueckgabe";
  return Temp;
} //END CKette Rueckgabe()

void Referenzparameter1(CKette & Kette) {
  Kette="Ich bin in Funktion Referenzparameter1";
} //END Referenzparameter1(CKette & Kette)

CKette Referenzparameter2(CKette & Kette) {
  Kette="Ich bin in Funktion Referenzparameter2";
  return Kette;
} //END Referenzparameter2(CKette & Kette)

void main(void) {
  CKette MeinText("Dies ist mein Text!");
  MeinText.Zeige(); cout << endl;
  Werteparameter(MeinText);
  cout << "Nach Aufruf von Werteparameter: ";
  MeinText.Zeige(); cout << endl;

  CKette DeinText;

  DeinText=Rueckgabe();
  DeinText.Zeige(); cout << endl;

  Referenzparameter1(MeinText);
  MeinText.Zeige(); cout << endl;

  Referenzparameter2(MeinText);
  MeinText.Zeige(); cout << endl;
} //END U056
```

mit dem Ergebnis nach **Bild 5.5**.

Bild 5.5: Ergebnisse von U055

Wir sehen, dass die Übergabe als Werteparameter den Originaltext nicht verändert, während die anderen Übergabetechniken neue Werte zurückgeben.

6

Weitere Klasseneigenschaften

6　　Weitere Klasseneigenschaften 210

    6.1　　Statische Elemente 210

    6.2　　Freundschaften 215

    6.3　　Klassenarrays 221

    6.4　　Weitere Freispeicher-Techniken 223

6 Weitere Klasseneigenschaften

In diesem Kapitel wollen wir noch einige wichtige zusätzliche Klasseneigenschaften kennen lernen, bevor wir die Vererbung und Polymorphie behandeln. Da wir erst einmal ohne Vererbung auskommen wollen, wiederholen wir teilweise die Felder. Im nächsten Kapitel werden wir dazu eine verbesserte Technik einsetzen.

6.1 Statische Elemente

Die Elemente einer Klasse werden bei jedem Objekt instanziiert, d. h, sie werden auf dem Freispeicher angelegt und mit dem Konstruktor initialisiert.

Gar nicht selten treffen wir auf eine Klasse mit einer Eigenschaft, die übergreifend nur einmal auftreten sollte. Kindfenster sind ein typisches Beispiel. Diese haben eine individuelle Nummer. Wollen wir aber ihre Gesamtzahl nach oben begrenzen, so benötigen wir eine einzige Variable mit dieser Obergrenze innerhalb der Klasse.

Ein weiteres Beispiel sind die Kundendaten einer Sparkasse. Hier erfassen wir die Kundendaten (wobei wir bereits auf unsere Klasse `CPersonInfo` zurückgreifen könnten) und den jeweiligen Kontostand. Als Methoden werden wir Einzahlungen, Auszahlungen und natürlich die Zinsberechnung realisieren. Der Zinssatz muss einerseits variabel sein, sollte aber nicht für jeden Kunden individuell abgespeichert werden. Die wiederholte Speicherung des Zinssatzes kostet nicht nur viel Speicherplatz, sondern erfordert bei jeder Änderung das Durcharbeiten sämtlicher Kunden.

Nun könnten wir den Zinssatz als globale Variable deklarieren mit dem Erfolg, dass jede andere Funktion im Programm auf die Variable lesend und schreibend zugreifen kann. Visual C++ bietet folgenden Ausweg an.

6.1.1 Statische Datenelemente

Deklarieren wir ein Datenelement in einer Klasse mit dem Schlüsselwort `static` als statisches Datenelement, so wird es für alle Objekte einer Klasse nur einmal angelegt. Für alle Instanzen der Klasse verhält sich dieses Element wie ein globales Element. Ist es als `public` deklariert, so ist es auch nach außen sichtbar. Wird es aber als `private` deklariert, dann ist es nur für die Methoden der Klasse sichtbar, während externe Funktionen nicht direkt auf das Element zugreifen können. Als Beispiel führen wir einen Sparer ein, der starke Ähnlichkeiten mit unserer Personeninformation hat, aber über weitere Datenfelder verfügt:

```
class CSparer {
public:
       CSparer();         //Konstruktor
   void BerechneZinsen()  {Kontostand+=Kontostand*Tageszinssatz;}
   ....
```

6.1 Statische Elemente

```
private:
   char    Name[30];      //Name
   char    Ort[20];       //Wohnort
   CDatum Geburtsdatum;   //Geburtsdatum
   float   Kontostand;    //Kontostand
   static float Tageszinssatz;
   ....
} //END class CSparer
```

Mit dieser Deklaration existiert das Datenelement `Tageszinssatz` nur einmal, unabhängig davon, wie viele Instanzen wir von der Klasse `CSparer` anlegen.

Wie wir sehen, können wir derzeit den Tageszinssatz nicht verändern, ja nicht einmal setzen. Eine mögliche Lösung besteht darin, das gemeinsame Datenelement als `public` zu deklarieren, also:

```
public:
   static float Tageszinssatz;
```

In diesem Fall können wir nun z. B. im Hauptprogramm Folgendes programmieren:

```
main() {
   CSparer Ich, Du;
   Ich.Tageszinssatz=0.000162;
   Du.Tageszinssatz=0.000158
   Ich.BerechneZinsen();
   Du.BerechneZinsen();
} //END main
```

Mit welchem Zinssatz wird nun gerechnet? Da es nur ein einziges Klassenelement gibt, ist der zuletzt eingegebene Wert `0.000158` gültig. Angenommen, diese Werte werden an verschiedenen Stellen im Programm gesetzt, dann ist eine ordnungsgemäße Buchhaltung so gut wie unmöglich. Niemand kann nachweisen, wo letztendlich der gültige Zinssatz tatsächlich gesetzt wird. Erst wenn wir in der Klassendeklaration nachschauen, erkennen wir, dass die letzte Zuweisung auf `DeinKonto` auch für `MeinKonto` gültig ist.

Wir umgehen dieses Problem, indem wir den Bereichsauflösungsoperator (Zugriffsoperator) `::` benutzen. Jetzt wird der Tageszinssatz direkt über den Klassennamen angesprochen:

```
main() {
   CSparer::Tageszinssatz=0.000162;
   CSparer Ich, Du;
   Ich.BerechneZinsen();
   Du.BerechneZinsen();
} //END main
```

Das Beispiel zeigt weiter, dass das statische Datenelement schon vor der Instanziierung des ersten Objekts existieren muss, sonst könnte man es nicht setzen. Auch nach der Zerstörung der Objekte bleibt ein statisches Datenelement erhalten.

Andererseits können wir ein solches Element auch nicht mit einem Konstruktor initialisieren. Dies wäre auch wenig sinnvoll, da wir dann mühevoll bei jedem neuen Kunden (Objekt) den Wert neu setzen würden. Da solche Objekte auch temporär angelegt werden, wäre wiederum eine Verfolgung des ordnungsgemäßen Ablaufs unseres Programms so gut wie unmöglich.

Die Initialisierung eines statischen Elements lehnt sich daher an die Initialisierung einer globalen Variablen an. Für unser Beispiel wäre eine Anweisung der Form:

```
float CSparer::Tageszinssatz=0.000162;
```

außerhalb jeder Methode durchzuführen.

Bei dieser Initialisierung werden die Zugriffsrechte auf das statische Datenelement ignoriert, so dass es sowohl `private` oder `public` deklariert sein kann. Weiterhin ist zu beachten, dass auch ein statisches Element erst nach seiner Initialisierung zur Verfügung steht. Daher erfolgt die Initialisierung normalerweise in den Quellcode-Dateien und nicht in der Headerdatei, die in mehrere Quellcode-Dateien eingebunden werden kann.

Wollen wir ein statisches Element nicht initialisieren, so müssen wir es trotzdem im Quellcode leer anlegen, also:

```
float CSparer::Tageszinssatz;
```

Der Grund hierfür liegt darin, dass das statische Element nicht durch die Klassendeklaration angelegt wird, aber trotzdem initialisiert werden muss.

6.1.2 Statische Methoden

U061 Wollen wir nun unseren Zinssatz nachträglich ändern, so benötigen wir eine Methode, die ausschließlich auf statische Elemente zugreift. Hierzu stehen uns die statischen Methoden zur Verfügung:

```
class CSparer {
public:
        CSparer();           //Konstruktor
  void BerechneZinsen() {Kontostand*=Tageszinssatz;}
  static void SetzTageszinssatz(float NeuerWert);
  ....
private:
  char    Name[30];          //Name
  char    Ort[20];           //Wohnort
  CDatum  Geburtsdatum;      //Geburtsdatum
  float   Kontostand;        //Kontostand
  static float Tageszinssatz;
  ....
} //END class CSparer
```

Der Aufruf erfolgt wie bei normalen Methoden:

```
float CSparer::Tageszinssatz;

main() {
  CSparer Ich;

  Ich.SetzTageszinssatz(0.000158);
  CSparer::SetzTageszinssatz(0.000162);
} //END U061
```

Statische Methoden haben keinen Zugriff auf nichtstatische Elemente (Variablen und Methoden) einer Klasse. Es fehlt ihnen der Zeiger `this`, der dazu unbedingt nötig wäre.

6.1 Statische Elemente

▷ Beispiel: Statische Datenelemente und Methoden

Das folgende Programm demonstriert weitgehend die dargestellten Möglichkeiten (**Bild 6.1**):

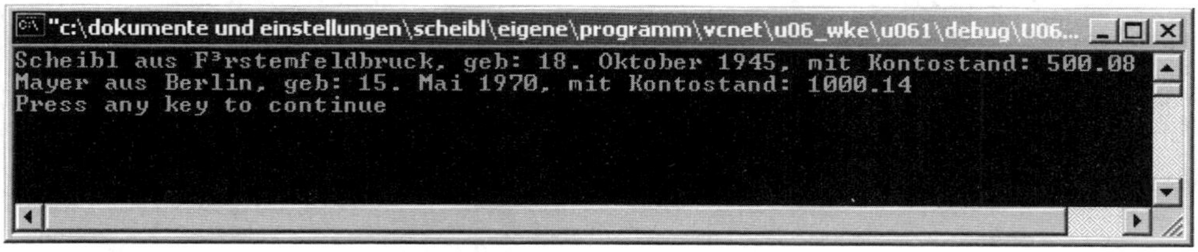

```
"c:\dokumente und einstellungen\scheibl\eigene\programm\vcnet\u06_wke\u061\debug\U06...
Scheibl aus Fürstenfeldbruck, geb: 18. Oktober 1945, mit Kontostand: 500.08
Mayer aus Berlin, geb: 15. Mai 1970, mit Kontostand: 1000.14
Press any key to continue
```

Bild 6.1: Ergebnisse von U061 Klasse mit statischen Elementen

```cpp
//Übung U061  Statische Elemente in Klassen
#include <IOSTREAM.H>
#include <STRING.H>
#include "DatumC.h"
#include "DatumC.cpp"

class CSparer {
public:
         CSparer(char *Nm,char *Ot,int Tg,int Mt, int Jr,float Kd);
  void BerechneZinsen() {Kontostand+=Kontostand*Tageszinssatz;}
  void Zeige() const    {cout << Name << " aus " << Ort << ", geb: ";
                         Geburtsdatum.Zeige();
                         cout << ", mit Kontostand: " << Kontostand;}
  static void SetzTageszinssatz(float NeuerWert)
                                            {Tageszinssatz=NeuerWert;}
private:
  char    Name[30];
  char    Ort[20];       //Wohnort
  CDatum Geburtsdatum; //Geburtsdatum
  float Kontostand;     //Kontostand Nur zur Demo! Ändernde Methoden
  static float Tageszinssatz; //gehören nicht in die Schnittstelle!
}; //END class CSparer

CSparer::CSparer(char *Nm,char *Ot,int Tg,int Mt, int Jr,float Kd)
      : Geburtsdatum(Tg,Mt,Jr) {
  strncpy(Name,Nm,sizeof(Name));
  strncpy(Ort,Ot,sizeof(Ort));
  Kontostand=Kd;
} //END CSparer::CSparer(char *Nm,char *Ot,int Tg,int Mt, int Jr,...)

float CSparer::Tageszinssatz=float(0.00016);

void main() {
  CSparer Ich("Scheibl","Fürstenfeldbruck",18,10,1945,500.0f);
  CSparer Du("Mayer","Berlin",15,5,1970,float(1000.0));
  Ich.BerechneZinsen();
  CSparer::SetzTageszinssatz(float (0.00014));
  Du.BerechneZinsen();
  Ich.Zeige(); cout << endl;
  Du.Zeige(); cout << endl;
} //END U061
```

> Bespiel: Statische Datenelemente und Methoden

U062 Als Ergänzung wollen wir einen typischen Einsatzfall statischer Elemente betrachten. Dies ist z. B. die Zählung der Kunden, die wir bisher angelegt haben:

```cpp
//Übung U062  Statische Elemente in Klassen
//Zählung der Objekte
#include <IOSTREAM.H>
#include <STRING.H>
#include "DatumC.h"
#include "DatumC.cpp"

class CSparer {
public:
        //Konstruktor mit Name als Mussfeld
        CSparer(char *Nm,char *Ot="",int Tg=1,int Mt=1,int Jr=1980,
                float Kd=0.0f);
        CSparer(); //Standardkonstruktor als weiteres Beispiel
   void BerechneZinsen() {Kontostand+=Kontostand*Tageszinssatz;}
   void Zeige() const    {cout << Name << " aus " << Ort << ", geb: ";
                          Geburtsdatum.Zeige();
                          cout << ", mit Kontostand: " << Kontostand;}
   static void SetzTageszinssatz(float NeuerWert)
                                       {Tageszinssatz=NeuerWert;}
        static int Wieviele() {return Anzahl;}
        ~CSparer() {Anzahl--;}      //Destruktor
private:
   char    Name[30];       //Name
   char    Ort[20];        //Wohnort
   CDatum Geburtsdatum;    //Geburtsdatum
   float Kontostand;       //Kontostand
   static float Tageszinssatz; //statischer Tageszinssatz
   static int Anzahl; //Anzahl der Sparer
}; //END class CSparer

CSparer::CSparer(char *Nm,char *Ot,int Tg,int Mt, int Jr,float Kd)
: Geburtsdatum(Tg,Mt,Jr) {
  strncpy(Name,Nm,sizeof(Name));
  strncpy(Ort,Ot,sizeof(Ort));
  Kontostand=Kd;
  Anzahl++; //neuen Sparer hinzuzählen
} //END CSparer::CSparer

CSparer::CSparer() {
  //statisch funktioniert es auch ohne die Null am Ende,
  // aber nicht im dynamischen Fall!
  memset(Name,' ',sizeof(Name)-1); //schnelles Füllen
  Name[sizeof(Name)-1]='\0';
  memset(Ort,' ',sizeof(Ort)-1); //schnelles Füllen
  Ort[sizeof(Ort)-1]='\0';
  Geburtsdatum.SetzDatum(31,12,1960);
  Kontostand=0.0;
  Anzahl++;
} //END CSparer::CSparer()

float CSparer::Tageszinssatz=float(0.00016);
int CSparer::Anzahl=0;
const CSparer Er; //unbedingt debuggen

void main() {
```

6.2 Freundschaften

```
CSparer *pSie=new CSparer;
CSparer Ich("Scheibl","Fürstenfeldbruck",18,10,1945,500.0f);
CSparer Du("Mayer","Berlin",15,5,1970,float(1000.0));
Ich.BerechneZinsen();
CSparer::SetzTageszinssatz(float (0.00014));
Du.BerechneZinsen();
Ich.Zeige(); cout << endl;
Du.Zeige(); cout << endl;
Er.Zeige(); cout << endl;
pSie->Zeige(); cout << endl;
cout << "Anzahl der Konten: " << CSparer::Wieviele() << endl;
delete pSie; //wir "zerstören" einen dynamisch angelegten Sparer
cout << "Anzahl der Konten: " << CSparer::Wie viele() << endl;
} //END U062
```

Natürlich reicht es uns nicht, nur einen statischen Zähler einzubauen. Vielmehr wird auch ein dynamischer Sparer angelegt und wieder „zerstört" (Objekte werden nun einmal zerstört). Damit die Zählung stimmt, müssen wir nun einen Destruktor schreiben, der die statische Klassenvariable `Anzahl` herunterzählt.

> Aufgabe 6-1: Experimente zu den statischen Elementen

Der Kunde `Er` ist global und konstant angelegt (sehen Sie dazu im Projektmappen-Explorer nach). Verfolgen Sie seine Initialisierung.

Kann auch ein dynamisches Element global angelegt werden? Probieren Sie es aus.

Die Kundin `Sie` wird dynamisch im Hauptprogramm angelegt und wieder zerstört. Achten Sie auf die Zählung der Kunden. ∎

6.2 Freundschaften

Schon in der Einführung haben wir gesehen, dass es wünschenswert wäre, wenn wir die Eigenschaften zweier getrennter Klassen erben könnten (**Bild 6.2**). Da wir die Vererbung noch nicht besprochen haben, können wir die Möglichkeiten und die Vorteile einer Mehrfachvererbung noch nicht abschätzen.

Visual C++ bietet uns aber eine (schwächere) Möglichkeit an, die so genannte „Freundschaft" zwischen zwei Klassen bzw. zwischen einer Klasse und einer Funktion.

Diese Freundschaften können wir uns als Verwandtschaften vorstellen, die etwas weniger eng als die Vererbung in direkter Linie sind. Bei Freundschaften herrschen zusätzliche Vertrauensverhältnisse, so dass die Zugriffe auf die privaten Daten nicht unbedingt über den Umweg der öffentlichen Methoden erfolgen muss. In diesem Fall können für bestimmte Klassen oder Funktionen die Zugriffsbeschränkungen aufgehoben werden.

Damit sich aber nicht jede wildfremde Klasse zum Freund einer bestehenden Klasse erklären und damit die Schutzmechanismen aufheben kann, gehen Freundschaften immer von der Klasse aus, die ihre Elemente zur Verfügung stellt.

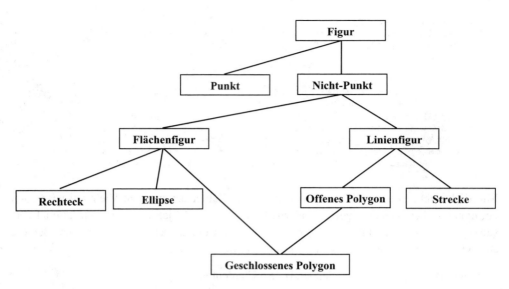

Bild 6.2: Mögliche Freundschaften zwischen zwei Klassen

6.2.1 Die `friend`-Funktion

Einzelne Funktionen (Achtung! Das gilt nicht für Methoden!) können über das Schlüsselwort `friend` zu Freunden einer Klasse werden. Damit erhält diese Funktion die gleichen Zugriffsrechte wie eine Methode der Klasse mit der Ausnahme, dass sie nicht über den Zeiger `this` verfügt.

```
class CMeineKlasse {
public:
  friend void DeineFunktion(CMeineKlasse&);

private:
  int MeinPrivatesElement;
}; //END class CMeineKlasse

friend void DeineFunktion(CMeineKlasse&) {
  CMeineKlasse.MeinPrivatesElement=5;
} //END DeineFunktion
```

Durch die Freundschaft kann die Funktion `DeineFunktion` auf die öffentlichen und privaten Elemente der Klasse `CMeineKlasse` zugreifen. Wir übergeben die Referenz (also den Zeiger `this`) an die Funktion, die auf alle Elemente der Klasse über diese Referenz zugreifen muss.

Wir sehen, dass die Klasse selbst die Funktion `DeineFunktion` zum Freund erklärt. Die Umkehrung ist dagegen nicht möglich. Der Entwerfer der Klasse muss sich also überlegen, ob eine solche Freundschaft erforderlich ist. Die Funktion kann dann zu einem beliebigen Zeitpunkt von einem Anwender der Klasse implementiert werden.

6.2 Freundschaften

Freundschaften lassen sich vom Compilerbau her sehr viel einfacher realisieren. Es gibt daher Programmiersprachen (Java), die nur diese Art der Klassenbeziehungen (neben der einfachen Vererbung) kennen.

Sollen alle Methoden einer zweiten Klasse Freunde sein, dann deklarieren wir die ganze Klasse als Freund.

6.2.2 Die `friend`-Klasse

Wollen wir die Methoden einer anderen Klasse vollständig nutzen, dann deklarieren wir die ganze Klasse als Freund:

```
class CMeineKlasse {
public:
  friend class CDeineKlasse;
private:
  int MeinGeheimnis;
}; //END class CMeineKlasse

class CDeineKlasse {
public:
  void Aendere(CMeineKlasse CMK);
}; //END class CDeineKlasse

void CDeineKlasse::Aendere(CMeineKlasse CMK) {
  CMK.MeinGeheimnis++;
} //CDeineKlasse::Aendere
```

Im Beispiel wird in `CMeineKlasse` bestimmt, dass `CDeineKlasse` ein Freund ist. Dadurch können ihre Methoden auf alle Datenelemente von `CMeineKlasse` zugreifen.

▷ Beispiel: Freundschaften

U063 In einem Beispiel wollen wir nun den Einsatz der Freundschaft demonstrieren. Eine immer wiederkehrende Aufgabe ist die Verarbeitung von Listen. Diese können unterschiedliche Elemente enthalten. Trotzdem ist die Listenverarbeitung unabhängig vom Datentyp einer Zeile. Aber auch bei gleichem Aufbau stellen sich einige allgemeine Aufgaben. So wollen wir u. U. mehrere getrennte Zeiger (Marken) in den Listen laufen lassen, ohne dass sich diese gegenseitig stören.

Die Grundfunktionen wie das Hinzufügen, das Bewegen usw. sind in jeder Liste gleich. Wir definieren daher eine Klasse `CListe`. Diese umfasst die Methoden `Addiere` und `Suche`. Eine zweite Klasse `CListenZeiger` stellt einen unabhängigen Zeiger (Cursor) in der Liste dar. Hiervon kann es pro Liste mehrere geben.

Dies ist übrigens eine gute Gelegenheit, sich wieder an unser CAD-Beispiel aus dem ersten Kapitel zu erinnern. Für ein CAD-Programm benötigen wir doch eine Liste aller Figuren, die der Benutzer zeichnet. Warum sollten wir dies nicht mit der Klasse `CListe` realisieren?

In Erweiterung des Entwurfs wollen wir jedem Element für diese Übung einen Namen geben, damit die Ergebnisse besser lesbar sind. Weiterhin können wir dabei die Suche nach einem Text usw. demonstrieren.

```cpp
//Übung U063  friend-Klassen
#include <IOSTREAM.H>
#include <STRING.H>

struct TSatz { //Struktur eines Datensatzes in der Liste
  char Name[30];
  bool Sichtbar;
  long X;
  long Y;
  long Farbe;
}; //END struct TSatz
const int MAXANZAHL=50; //Obergrenze der Liste

//nutzende Klasse CListe -------------------------------------------
class CListe {              //Deklaration der Liste
  friend class CListenZeiger;
public:
        CListe() {ErsterFreier=0;}   //Konstruktor
  int   Addiere(const TSatz &NeuerSatz);
  TSatz *Suche(char *Suchschluessel);
private:
  TSatz Satzliste[MAXANZAHL];       //Array der Einträge
  int   ErsterFreier;               //erster freier Eintrag
}; //END class CListe

int CListe::Addiere(const TSatz &NeuerSatz) { //Eintrag anhängen
  if(ErsterFreier<MAXANZAHL-1) Satzliste[ErsterFreier++]=NeuerSatz;
  else return -1;
  return 0;
} //END CListe::Addiere(const TSatz &NeuerSatz)

TSatz *CListe::Suche(char *Suchschluessel) { //sucht Eintrag in Liste
  TSatz *Erg=0;
  for(int I=0;I<=ErsterFreier && !Erg;I++) {
    if(!strcmp(Satzliste[I].Name,Suchschluessel)) Erg=&Satzliste[I];
  }
  return Erg;
} //END *CListe::Suche(char *Suchschluessel)

//genutzte Klasse CListenZeiger -------------------------------------
class CListenZeiger { //Freund der Klasse CListe
public:
  CListenZeiger(CListe &CL);
  TSatz *GibErsten();      //liefert ersten Eintrag
  TSatz *GibLetzten();     //liefert letzten Eintrag
  TSatz *GibNaechsten();   //liefert nächsten Eintrag
  TSatz *GibVorherigen();  //liefert vorherigen Eintrag
private:
  CListe *const Meine;     //const-Zeiger auf Liste
  int    LaufenderIndex;   //aktueller Index
}; //END class CListenZeiger

//Konstruktor der Klasse CListenZeiger initialisiert das Element Meine
CListenZeiger::CListenZeiger(CListe &CL):Meine(&CL) {
  LaufenderIndex=0;
} //END CListenZeiger::CListenZeiger(const CListe &CL)
```

6.2 Freundschaften 219

```cpp
TSatz *CListenZeiger::GibErsten() {
  LaufenderIndex=0;
  return &(Meine->Satzliste[LaufenderIndex]);
} //END *CListenZeiger::GibErsten()

TSatz *CListenZeiger::GibLetzten() {
  LaufenderIndex=Meine->ErsterFreier-1;
  return &(Meine->Satzliste[LaufenderIndex]);
} //END *CListenZeiger::GibLetzten()

TSatz *CListenZeiger::GibNaechsten() {
  if(LaufenderIndex<Meine->ErsterFreier-1) {
    LaufenderIndex++;
    return &(Meine->Satzliste[LaufenderIndex]);
  }
  else return 0;
} //END *CListenZeiger::GibNaechsten()

TSatz *CListenZeiger::GibVorherigen() {
  if(LaufenderIndex>0)
  {
    LaufenderIndex--;
    return &(Meine->Satzliste[LaufenderIndex]);
  }
  else return 0;
} //END *CListenZeiger::GibVorherigen()

//allgemeine Funktionen ----------------------------------------
void ZeigeListe(CListe Liste) { //zeigt eine Liste auf Bildschirm an
  TSatz *Jeder;
  CListenZeiger Zeiger(Liste);
  Jeder=Zeiger.GibErsten();
  do
    cout << Jeder->Name << " " << Jeder->Sichtbar << dec << " "
         << Jeder->X << " " << Jeder->Y << " " << hex << Jeder->Farbe
         << endl;
  while((Jeder=Zeiger.GibNaechsten())!=0);
}; //END ZeigeListe(CListe Liste)

void ZeigeSuche(CListe Liste, char *Suchschluessel) {
  TSatz *Einer;
  Einer=Liste.Suche(Suchschluessel);
  cout << Einer->Name << " " << Einer->Sichtbar << dec << " "
       << Einer->X << " " << Einer->Y << " " << hex << Einer->Farbe
       << endl;
} //END ZeigeSuche(CListe Liste, char *Suchschluessel)

//Hauptprogramm -----------------------------------------------
void main() {
  CListe Liste;
  CListenZeiger Zeiger1(Liste); //1. Listenmarke
  CListenZeiger Zeiger2(Liste); //2. Listenmarke
  TSatz   Satz;

  strcpy(Satz.Name,"Dreieck");
  Satz.Sichtbar=true;
  Satz.X=456;
  Satz.Y=201;
  Satz.Farbe=16777215;
  Liste.Addiere(Satz);
```

```
   strcpy(Satz.Name,"Viereck");
   Satz.Sichtbar=false;
   Satz.X=212;
   Satz.Y=202;
   Satz.Farbe=0xFF00FF;
   Liste.Addiere(Satz);
   strcpy(Satz.Name,"Polygon");
   Satz.Sichtbar=true;
   Satz.X=319;
   Satz.Y=203;
   Satz.Farbe=0xFF0000;
   Liste.Addiere(Satz);
   strcpy(Satz.Name,"Ellipse");
   Satz.Sichtbar=true;
   Satz.X=561;
   Satz.Y=204;
   Satz.Farbe=0xFF00FF;
   Liste.Addiere(Satz);

   cout << "Liste:" << endl;
   ZeigeListe(Liste); cout << endl;

   //Zeiger1 beginnt vorn
   cout << "Erster:      " << Zeiger1.GibErsten()->Name;
   cout << endl;
//Zeiger2 beginnt hinten
   cout << "Letzter:     " << Zeiger2.GibLetzten()->Name;
   cout << endl;
   cout << "Zweiter:     " << Zeiger1.GibNaechsten()->Name;
   cout << endl;
   cout << "Dritter:     " << Zeiger1.GibNaechsten()->Name;
   cout << endl;
   cout << "Vorletzter:  " << Zeiger2.GibVorherigen()->Name;
   cout << endl;
   cout << "Drittletzter: " << Zeiger2.GibVorherigen()->Name;
   cout << endl;

   cout << endl << "Suche nach dem 1. Polygon" << endl;
   ZeigeSuche(Liste,"Polygon");
} //END U063
```

Die Liste unserer Figuren verwalten wir mit einer eigenen Klasse `CListe`. Sie enthält in ihrer einfachsten Form eine Additions- und eine Suchfunktion. Wollen wir nun die Elemente der Liste nacheinander durchlaufen, um dabei gezielt eine Operation auszuführen, dann legen wir eine freundschaftliche Klasse `CListeZeiger` an, die uns einen Datensatzzeiger zur Verfügung stellt.

Instanzen der Klasse `CListeZeiger` müssen bei ihrer Deklaration mit einer Liste initialisiert werden. Die Instanz verwaltet dann einen aktuellen Satzzeiger in der Liste. Diese Technik demonstriert die Funktion `ZeigeListe` (**Bild 6.3**).

Was zeichnet nun die Klasse `CListenZeiger` aus?

- Wir können von dieser Klasse mehrere Instanzen anlegen, die sich auf die gleiche Liste beziehen. Hierbei entstehen mehrere Zeiger, die wir unabhängig voneinander bewegen können. Im Beispiel läuft ein Zeiger nach hinten, einer nach vorn.

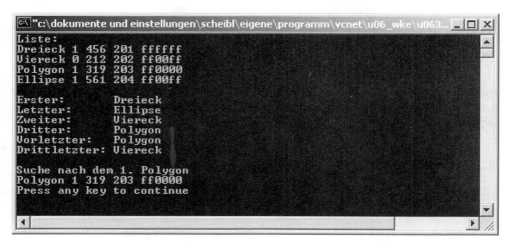

Bild 6.3: Verwaltung einer Figurenliste mit `U063`

- Das Beispiel eignet sich auch hervorragend zur Demonstration der Vererbung sowie der Kapselung. Hier ist die Liste als internes Array realisiert. Wir könnten es aber auch als einfach verkettete Liste anlegen. Dies würde sich an der Schnittstelle zu den Programmen nicht bemerkbar machen. Wir müssten nur die interne Programmstruktur ändern. Ein Anwender der Klasse müsste seine Anwendungen nur ein weiteres Mal mit den neuen Modulen binden statt sie zu übersetzen.

➢ Aufgabe 6-2: Löschen in einer Liste

Ergänzen Sie das Programm um eine Löschfunktion. Diese nutzt die Suchfunktion und entfernt das gefundene Element. ■

6.3 Klassenarrays

6.3.1 Statische Klassenarrays

In Visual C++ lassen sich Arrays aus Objekten einer Klasse deklarieren:

```
Klassenname ArrayName[nElemente];
```

So fällt es uns nicht schwer, ein Array für Geburtstage anzulegen:

```
CDatum Geburtstage[10];
```

Wir wissen aber, dass jedes Objekt initialisiert werden muss. Dies fehlt in der obigen Syntax noch. Das Programm würde hier nach einem Standardkonstruktor (ohne Parameter) suchen, um die Elemente zu initialisieren. Diese würden dann alle auf `1.1.1980` stehen.

Zur Initialisierung von Objektarrays ist in C++ die Syntax etwas erweitert worden:

```
CDatum Geburtstage[10]={
  CDatum( 3, 2,1978),
  CDatum( 2,10,1946),
  CDatum(15,05,1963),
};
```

Aufgrund der Mengenklammern ruft der Compiler für die ersten drei Objekte des Arrays den Konstruktor von `CDatum` auf, während für den Rest der Standardkonstruktor bemüht wird.

6.3.2 Dynamische Klassenarrays

Mit Hilfe des Operators `new` lassen sich Klassenarrays auch dynamisch im Freispeicher anlegen. Dies geschieht in zwei Schritten:

1. Anlegen eines Zeigers im statischen Speicher vom Typ der Klasse.
2. Anlegen der Elemente des Arrays.

U064 Es ist es aber nicht möglich, die Elemente einzeln zu initialisieren. Vielmehr wird immer der Standardkonstruktor aufgerufen:

```
//Übung U064   dynamisches Klassenarray
#include <IOSTREAM.H>
#include <STRING.H>
#include "Datum.h"

#include "Datum.cpp" //entfällt bei Vorübersetzung

CDatum *Geburtstag;

void main() {
  Geburtstag=new CDatum[10];
  Geburtstag[0].SetzDatum( 3, 2,1978);
  Geburtstag[1].SetzDatum( 2,10,1946);
  Geburtstag[2].SetzDatum(15, 5,1963);

  for (int I=0;I<10;I++) {
    cout << "Geburtstag[" << I << "]= ";
    Geburtstag[I].Zeige(); cout <<endl;
  }

  delete [] Geburtstag;
} //END U064
```

Das Beispiel zeigt, wie ein solches Array angelegt und initialisiert wird. Fehlende Elemente werden automatisch mit dem Standardkonstruktor der gewählten Klasse initialisiert (**Bild 6.4**). Wichtig ist dabei auch, dass ein solches Array ordnungsgemäß zerstört wird. Hierzu muss `delete` mit den eckigen Klammern verwendet werden. Ohne diese Klammern wird nur das erste Element, auf das der Zeiger deutet, zerstört werden. Die restlichen neun Elemente würden auf dem Freispeicher ohne Referenz verbleiben.

Rufen wir dagegen `delete` mit den eckigen Klammern auf, so bestimmt der Compiler die Anzahl der mit `new` erstellten Elemente selbstständig und ruft für jedes den Destruktor auf. Eine Angabe der Elemente wird als überflüssig ignoriert.

6.4 Weitere Freispeicher-Techniken 223

Anmerkung: Tatsächlich ist das vorliegende Beispiel nicht ganz so kritisch, da `CDatum` keine dynamischen Elemente enthält. Hier könnten die eckigen Klammern entfallen, ohne dass der Compiler eine Fehlermeldung bringt. Aus Sicherheitsgründen sollte aber diese Feinheit nicht ausgenutzt werden.

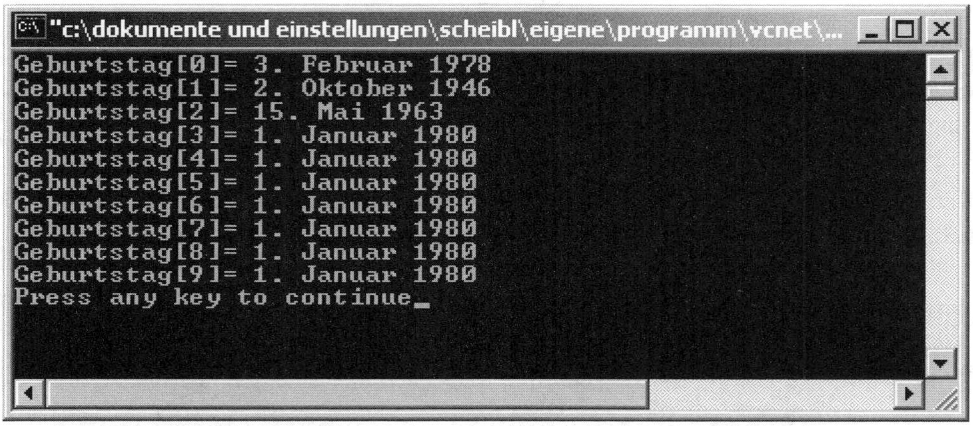

```
Geburtstag[0]= 3. Februar 1978
Geburtstag[1]= 2. Oktober 1946
Geburtstag[2]= 15. Mai 1963
Geburtstag[3]= 1. Januar 1980
Geburtstag[4]= 1. Januar 1980
Geburtstag[5]= 1. Januar 1980
Geburtstag[6]= 1. Januar 1980
Geburtstag[7]= 1. Januar 1980
Geburtstag[8]= 1. Januar 1980
Geburtstag[9]= 1. Januar 1980
Press any key to continue_
```

Bild 6.4: U064 demonstriert das Initialisieren dynamischer Klassenarrays

6.4 Weitere Freispeicher-Techniken

6.4.1 Die Funktion `_set_new_handler`

U065 Sehr viele Programmabstürze lassen sich darauf zurückführen, dass der Programmierer den Erfolg des Operators `new` nicht überprüft. Er geht einfach davon aus, dass es mit der Speicheranforderung schon klappen wird. Eigentlich müssten wir nach jedem Aufruf das Ergebnis auf `NULL` (undefiniert) prüfen. Dies ist mühsam und aufwändig. Es existiert daher in Visual C++ eine neue, bequeme Methode der Überwachung:

```cpp
//Übung U065 _set_new_handler

#include <IOSTREAM.H>
#include <STDLIB.H>
#include <NEW.H>
#include <WINDOWS.H> //für UINT

#define GROSSE_ZAHL 100000000000000

int KeinSpeicherMehr(size_t Groesse) {
  UINT G=Groesse;
  cerr << "\aNEW: Freispeicher reicht nicht aus!\n(Angefordert: "
       << G << " Bytes)\n";
```

```
   return(0); //dieser Rückgabewert verhindert einen weiteren Versuch
} //END KeinSpeicherMehr

void main() {
  _set_new_handler(KeinSpeicherMehr);
  int *pInt=new int[GROSSE_ZAHL];
  if (pInt==NULL) {
    cerr << "\nEs konnte nicht genug Speicher allokiert werden!\n\n";
  }
} //END U065
```

Der Fehlerausgang wird in diesem Programmbeispiel auf `KeinSpeicherMehr` umgesetzt. Diese Funktion wird aufgerufen, wenn der Freispeicher unterläuft und die Anforderung nicht mehr befriedigen kann. Diese Technik ist vergleichbar mit der Anweisung `On Error Goto` von Visual Basic.

Der Standardfehlerstrom `cerr` schreibt die Meldung immer auf den Bildschirm (**Bild 6.5**).

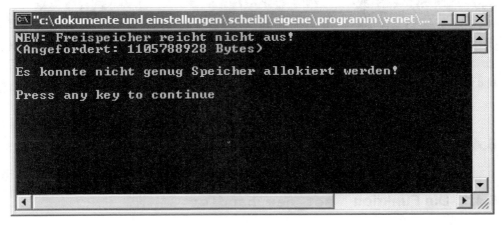

Bild 6.5: Fehlermeldung in `U065` bei Überlauf des Freispeichers

6.4.2 Überladen der Operatoren `new` bzw. `delete`

Beide Operatoren lassen sich, wie in C++ allgemein üblich und bereits beschrieben, überladen. Dies soll an dieser Stelle nur der Vollständigkeit halber erwähnt werden. Wer eine eigene Speicherverwaltung auf diese Art und Weise gestalten will, muss die entsprechenden Hinweise in der Hilfe bzw. in der tiefergehenden Literatur zu Rate ziehen.

Wir werden diese Operatoren im Zuge der Mehrfachvererbung überschreiben. Schauen Sie sich dazu das Programm ↳ `U15I` an. Dieses Programm enthält eine Fülle weiterer interessanter Lösungen.

7

Vererbung und Polymorphie

7	Vererbung und Polymorphie	227
	7.1 Verwandte Datentypen in C	227
	7.2 Verwandte Datentypen in Visual C++	228
	7.3 Virtuelle Methoden	243
	7.4 `Protected`-Klassenelemente	256
	7.5 Zugriffssteuerung bei der Vererbung	257
	7.6 Polymorphie über die Basisklasse	257
	7.7 Mehrfachvererbung	262

7 Vererbung und Polymorphie

In diesem Kapitel wollen wir unsere Klassenhierarchie erweitern, d. h., abgeleitete Klassen entwickeln, dabei die virtuellen Methoden und das Prinzip der späten Bindung (Late Binding) kennen lernen. Nach diesem Kapitel kennen wir die vier wichtigsten Prinzipien der OOP: *Datenkapselung, Vererbung, Polymorphie* und *Virtualität*.

Auch wenn wir bereits einen „Vererbungsstau" vor uns herschieben (`CDatum`, `CPersonInfo` und `CFigur` warten auf Nachfolger), wollen wir in einem kurzen Rückblick die Realisierung verwandter Datentypen in C betrachten, die sozusagen als Grundlage der Vererbung dienen kann.

7.1 Verwandte Datentypen in C

In unserem ersten Beispiel wollen wir auf den Datentyp `CDatum` aufbauen. Hierzu nehmen wir an, dass wir einen Kalender mit verschiedenen Tagestypen für Feiertage, Verabredungen usw. entwickeln wollen. Der Kalender selbst nutzt die neuen Datentypen, gehört aber nicht zu deren Klassenhierarchie.

Wollten wir ein solches Verwaltungsprogramm in C schreiben, so würden wir wahrscheinlich eine gemeinsame Datenstruktur entwickeln, die alle Möglichkeiten eines Datums enthält, d. h., ob es ein Feiertag ist, ob wir eine Verabredung haben usw. Mit hoher Wahrscheinlichkeit hätte jeder Datensatz einige Felder, die wir in der aktuellen Situation undefiniert lassen würden. Diese Sammlung aller Felder in einer Struktur führt natürlich zu einem erhöhten Speicherbedarf und widerspricht dem Grundgedanken der OOP. Noch schlimmer ist der „geniale" Ansatz, unbenutzte Felder „umzuwidmen" und sie in unterschiedlicher Bedeutung einzusetzen. Auch das widerspricht der OOP zutiefst.

Eine Alternative besteht darin, für jeden Datumstyp eine eigene Datenstruktur anzulegen. In diesem Fall müssen wir die zugreifenden Funktionen mehrfach definieren.

In einer dritten Möglichkeit kann, wenn auch mit recht hohem Aufwand, ein varianter Datensatz in Form einer `union` angelegt werden. Dieser Datensatz enthält alle Variationen:

```
//Verschiedene Datenstrukturen für eine Kalenderverwaltung
struct Urlaubstag {                         //Urlaubstag
  char   *Ausflugsziel;
  int    Kosten;
}
struct Feiertag {                           //Feiertag
  char   *Verwandte;
  float  Stunden;
}
struct Arbeitstag {                         //Arbeitstag
  float  Beginn;
  float  Ende;
  float  Stundenlohn;
}
```

Zur Unterscheidung der verschiedenen Datumstypen wird ein neuer Datentyp definiert:

```
enum {URLAUBSDATUM, FEIERDATUM, ARBEITSDATUM} DATUMSTYP;
struct kalendertag {
  int Jahr,Monat,Tag;
  DATUMSTYP Typ;
  union { //anonyme Union
    struct Arbeitstag  Arbeit;
    struct Urlaubtag   Urlaub;
    struct Feiertag    Feiern;
  };
}
```

Die Struktur `kalendertag` enthält neben einigen Variablen eine Vereinigung mehrerer weiterer Strukturen. Die Auswahl erfolgt über `Typ`. Bei einer Aktion wird hierüber die Funktion gesteuert:

```
void Zu_tun(struct Kalendertag *Datum) { //Anzeige, was zu tun ist
  switch(Datum->Typ) {
    case URLAUBSDATUM:
      printf("Wir fahren nach %s mit d% DM.",Datum->Urlaub.Ausflugsziel,
             Datum->Urlaub.Kosten);
      break;
    case FEIERDATUM:
      printf("Wir fahren zu %s.",Datum->Feiern.Verwandte);
      break;
    case ARBEITSDATUM:
      printf("Wir arbeiten von ...");
      break;
  }
}
```

Neben der aufwändigen Definition dieser komplexen Strukturen ist deren Verarbeitung auch noch recht langsam. Kommt ein neuer Sonderfall hinzu, so müssen wir ganze Fallunterscheidungen neu strukturieren. Es ist daher müßig, weiter über die Nachteile dieser Technik nachzudenken, da uns die Objekte in Visual C++ die Arbeit abnehmen.

7.2 Verwandte Datentypen in Visual C++

7.2.1 Ableitung einer Unterklasse

Ziel der Klassenbildung unter Visual C++ ist es, übergeordnete und untergeordnete Strukturen festzulegen. Dabei enthält eine Oberklasse nicht die Summe aller Eigenschaften der Unterklassen. Vielmehr versuchen wir, die allen Objekten gemeinsamen Eigenschaften in den Oberklassen zusammenzufassen. Unterklassen sind *Spezialisierungen* der Oberklassen.

Alle Kalendertage haben mindestens das Datum gemeinsam. Ein Urlaubstag ist ein spezieller Kalendertag, an dem wir nur Verwandte besuchen können (als ein sicher nicht ganz

7.2 Verwandte Datentypen in Visual C++

aus dem Leben gegriffenes Beispiel). Wir definieren also unsere Datumstypen als Nachfolger der Basisklasse `CDatum`.

In **Bild 7.1** ist die Klassenhierarchie verkürzt als UML-Diagramm dargestellt, um die Übersichtlichkeit noch zu erhalten.

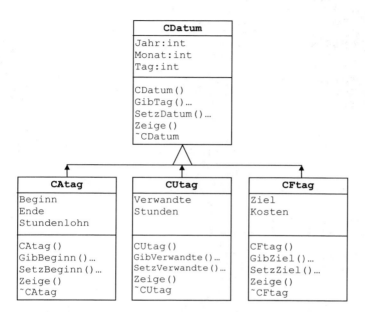

Bild 7.1: Klassenhierarchie verschiedener Tagestypen zur Verwendung in einem Kalender

Die Basisklasse `CDatum` ist uns bereits bekannt. Wir führen eine Klasse `CAtag` (Arbeitstag) ein, die einen Beginn und ein Ende hat und für einen bestimmten Stundenlohn abgerechnet wird. An einem Urlaubstag (`CUtag`) besuchen wir für einige Zeit unsere Verwandten. An einem Feiertag (`CFtag`) verschonen wir unsere Verwandten und fahren zu einem Besichtigungsziel, was natürlich Kosten verursacht.

Die UML (Unified Modeling Language) lässt uns bekanntlich große Freiheiten in der Darstellung, so dass wir den Datentypen wie bei `CDatum` angeben können, aber nicht müssen. Die Unterklassen (Subclass) sind Spezialisierungen der Oberklasse (Superclass). Sie

- erben alle Elemente der Oberklasse
- können die geerbten Methoden überschreiben

U071a Basis dieser drei neuen Klassen ist unsere bekannte Datumsklasse. Hiervon leiten wir in der ersten Übung nur die Klasse `CAtag` ab, die die speziellen Eigenschaften eines Arbeitstags enthält. Vorsichtshalber überschreiben wir jedoch noch nicht die Methode `Zeige()`. Vielmehr führen wir eine neue Methode `Zeig()` ein:

```
//Übung U071   Kalender
//Vererbung: Objekt von Objekt
#include <IOSTREAM.H>
```

```cpp
#include "DatumC.h"

class CAtag : public CDatum { //Vererbung
public:
    CAtag(float Bn,float Ed,float Sn,int Tg,int Mt,int Jr);
    float GibBeginn()       const { return Beginn; }
    float GibEnde()         const { return Ende; }
    float GibStundenlohn() const { return Stundenlohn; }
    void SetzBeginn(float Bn);
    void SetzEnde(float Ed);
    void SetzStundenlohn(float Sn);
    void Zeig() const;
private:
    float Beginn;      //Beginn des Arbeitstages
    float Ende;        //Ende des Arbeitstages
    float Stundenlohn; //Stundenlohn
}; //END class CAtag
//Implementationen
//Konstruktor der Klasse CAtag
CAtag::CAtag(float Bn,float Ed,float Sn,int Tg,int Mt,int Jr)
 : CDatum(Tg,Mt,Jr) {
    Beginn=Bn;
    Ende=Ed;
    Stundenlohn=Sn;
} //END CAtag::CAtag(...)
//Methode SetzBeginn der Klasse CAtag
void CAtag::SetzBeginn(float Bn) {
    Beginn=Bn;
} //END CAtag::SetzBeginn(FLOAT Bn)
//Methode SetzEnde der Klasse CAtag
void CAtag::SetzEnde(float Ed) {
    Ende=Ed;
} //END CAtag::SetzEnde(float Ed)
//Methode SetzStundenlohn der Klasse CAtag
void CAtag::SetzStundenlohn(float Sn) {
    Stundenlohn=Sn;
} //END CAtag::SetzStundenlohn(float Sn)
//Methode Zeig der Klasse CAtag
void CAtag::Zeig() const {
    Zeige();
    cout << " von: " << Beginn << " bis: " << Ende << " ";
} //END CAtag::Zeig()

void main() {
    CAtag Atag(7.15f,16.45f,float(36.45),28,10,2002); //Varianten
    Atag.Zeig();   cout << endl;
    Atag.Zeige(); cout << endl;
    Atag.SetzDatum(29,10,2002);
    Atag.Zeig();   cout << endl << endl;
} //END U071
```

Wir erkennen in der Klassendeklaration die wesentliche Angabe der Basisklasse:

```
class Unterklasse : public Oberklasse {
    //Spezialisierungen der Unterklasse
} //END class Unterklasse
```

durch die die Vererbung hergestellt wird. Aufgrund dieser Anweisung erbt die Unterklasse alle Eigenschaften (Variablen und Methoden) der Oberklasse und fügt anschließend eigene Spezialisierungen in Form weiterer Variablen und Methoden hinzu.

7.2 Verwandte Datentypen in Visual C++

In diesem Fall ist die Vererbung `public`, wodurch alle `public`-Elemente der Oberklasse zu `public`-Elementen der Unterklasse werden. Wählen wir dagegen `private`, dann werden diese Elemente ab sofort nach außen unsichtbar. Die folgende Tabelle zeigt alle Möglichkeiten auf:

Deklaration in der Basisklasse	Basisklasse vererbt als	Zugriffsrechte in der abgeleiteten Klasse
public protected private	public	public protected keine
public protected private	protected	protected protected keine*
public protected private	private	private private keine*

*Zugriffe sind auch hier möglich, wenn die Basisklasse sie über explizite Deklarationen als `friend` erlaubt.

Durch die Vererbung erhält die Unterklasse alle Variablen der Oberklasse. Die neu deklarierten Variablen kommen hinzu. Diese Vererbung können wir uns an einem Beispiel folgendermaßen vorstellen:

	CDatum
Tag	28
Monat	10
Jahr	2002

→
→
→

	CAtag
Tag	28
Monat	10
Jahr	2002
Beginn	7.15
Ende	16.45
Stundenlohn	36.45

Diese Darstellung ist insoweit falsch, als Klassen keine Variablen besitzen. Erst bei der Instanziierung werden diese für ein Objekt angelegt. Zur Erläuterung ist diese Vorstellung aber ganz hilfreich.

7.2.2 Konstruktoren abgeleiteter Klassen

Die erste Frage, die sich natürlich stellt, ist die, wie wir die Daten in die Instanz einer abgeleiteten Klasse eingeben können. Auch für sie benötigen wir einen Konstruktor, wie er bereits in der Schnittstelle vorbereitet ist. Dieser muss einerseits die neuen Variablen setzen, sollte aber auch die vererbten Variablen initialisieren. Er sieht wie folgt aus:

```
//Konstruktor der Klasse CAtag
CAtag::CAtag(float Bn,float Ed,float Sn,int Tg,int Mt,int Jr)
 : CDatum(Tg,Mt,Jr) {
  Beginn=Bn;
  Ende=Ed;
  Stundenlohn=Sn;
} //END CAtag::CAtag(…)
```

Die Initialisierung der Oberklasse erfolgt somit in gleicher Form wie die Initialisierung eines eingebetteten Objekts (Objekt in Objekt) mit Hilfe eines *Elementinitialisierers*:

```
XCLASS::XCLASS(typ p1,typ p2,...):oberklassenname(pi,pj,...);
```

Der Rest des Konstruktors ist trivial, ebenso die `Setz`-Methoden. Etwas verschämt blicken wir auf die Methode `Zeig()`, die bewusst einen anderen Namen als `Zeige()` in der Oberklasse hat. Mit dieser Methode wollen wir alle Daten wieder darstellen. Kommen wir auf die Idee, in dieser Methode die Anweisung:

```
  cout << Tag;
```

zu programmieren, so erhalten wir die Fehlermeldung:

```
error C2248: "CDatum::Tag" : Kein Zugriff auf private Element, dessen
    Deklaration in der Klasse "CDatum" erfolgte
```

Wir können in einer abgeleiteten Klasse weder auf `private`-Variablen noch `private`-Methoden der Oberklasse zugreifen. Würde diese Einschränkung nicht existieren, so könnten wir die Kapselung der Elemente einer Klasse leicht umgehen. Wir müssten nur eine abgeleitete Klasse deklarieren und in den Methoden dieser Klasse einfach auf die Elemente der Oberklasse zugreifen.

Somit können wir nur die `public`-Methoden der Oberklasse aufrufen:

```
//Methode Zeig der Klasse CAtag
void CAtag::Zeig() {
  Zeige();
  cout << " von: " << Beginn << " bis: " << Ende << " ";
} //END CAtag::Zeig()
```

Mit folgendem Programm testen wir unser Programm:

```
void main() {
  CAtag Atag(float(7.15),float(16.45),float(36.45),28,10,2002);
  Atag.Zeig();   cout << endl;
  Atag.Zeige();  cout << endl;
  Atag.SetzDatum(29,10,2002);
  Atag.Zeig();   cout << endl;
} //END U071
```

und erhalten als Ergebnis das **Bild 7.2**. Hierbei rufen wir im Hauptprogramm eine Methode mit `Atag.SetzDatum` auf, die nicht direkt für diese Klasse definiert ist. Sie wurde von der Oberklasse geerbt und steht damit ebenfalls zur Verfügung.

> Aufgabe 7-1: Experimente zur Vererbung

Diese Aufgabe ist nur für Hartgesottene, die sich nicht leicht verwirren lassen.

Inkludieren Sie statt `DatumC.h` nur `Datum.h` und versuchen das Programm zu übersetzen. `Zeige()` wird nun als nichtkonstante Funktion in einer konstanten Funktion `Zeig()` bemängelt:

```
error C2662: 'CDatum::Zeige' : this-Zeiger kann nicht von 'const CAtag' in
    'CDatum &' konvertiert werden
```

7.2 Verwandte Datentypen in Visual C++

Ändern Sie die Anweisung in `const Zeige();` Nun beschwert sich der Compiler zwar nicht mehr, aber die Funktion wird nicht aufgerufen. Testen Sie diese Behauptung durch Tracen der Anwendung bzw. durch Überprüfen der Ausgabe. Das Datum fehlt. ■

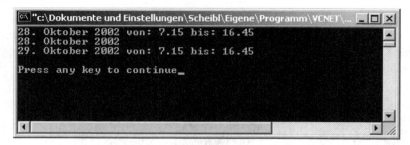

Bild 7.2: Ergebnisse der Vererbung in `U071`

➢ Aufgabe 7-2: Klassen `CUtag` und `CFtag` anlegen

Ergänzen Sie das Programm um die beiden noch fehlenden Klassen `CUtag` und `CFtag`. ■

➢ Aufgabe 7-3: Klasse `CRtag` entwerfen und implementieren

Entwerfen Sie eine Klasse `CRtag` (Reisetag), die wie ein Arbeitstag vergütet wird, aber noch zusätzlich die Variable `Reisekosten` enthält. Wo müssen Sie diese Klasse ableiten? ■

Die letzte Aufgabe zeigt, wie man eine weitere Hierarchieebene einführt, so dass sich die Vererbung beliebig tief betreiben lässt. Die Musterlösung können Sie dem folgenden Beispiel entnehmen.

➢ Aufgabe 7-4: Schutzart `protected` ausprobieren

Dass Blutsverwandte natürlich das eine oder andere Geheimnis voreinander haben müssen, ist unbestritten, aber muss das auch für das Datum gelten? Tatsächlich können Sie den Schutz abschwächen. Ändern Sie hierzu in der Kopfdatei `DatumC.h` den Modifizierer `private` in `protected` um, und versuchen Sie dann auf die Variablen in der Unterklasse zuzugreifen. Normalerweise ist somit die Schutzart `protected` ausreichend und vorzuziehen. ■

7.2.3 Redefinition (Überschreiben) von Methoden der Oberklasse

Vielleicht sind Sie bei der letzten Klasse in Schwierigkeiten geraten, einen neuen Namen für die Methode `Zeige` zu finden. Es wäre doch von Vorteil, wenn wir `Zeige` für alle unsere Klassen benutzen könnten.

Tun wir dieses sowohl in der Schnittstelle als auch in der Implementation:

```
//Methode Zeige der Klasse CAtag
void CAtag::Zeige() {
  cout << "Von: " << Beginn << " bis: " << Ende << " ";
  Zeige();
} //END CAtag::Zeige()
```

und drehen auch die Ausgabe herum, so erhalten wir nach ausgiebiger Bildschirmausgabe einen Überlauf des Kellerspeichers (Stack-Overflow), was auf den rekursiven Aufruf von Zeige() zurückzuführen ist (**Bild 7.3**).

Bild 7.3: Überlauf des Kellerspeichers bei rekursivem Aufruf von Zeige()

Irgendwie müssen wir dem Compiler mitteilen, dass wir nicht die aktuelle Methode Zeige(), sondern die geerbte Methode der Basisklasse CDatum benutzen wollen. Dies erreichen wir durch entsprechende Qualifizierung mit dem Bereichsauflösungsoperator :::

```
//Methode Zeige der Klasse CAtag
void CAtag::Zeige() {
  CDatum::Zeige();
  cout << " von: " << Beginn << " bis: " << Ende << " ";
} //END CAtag::Zeige()
```

So können wir nun die Datenausgabe bei jeder Vererbung „logisch verlängern". Es ist aber auch möglich, durch diese Auflösung direkt auf eine geerbte Methode zuzugreifen:

```
void main() {
  CAtag Atag(7.15f,16.45f,float(36.45),28,10,2002); //Varianten
  Atag.Zeige(); cout << endl;          //Methode aufrufen
  Atag.CDatum::Zeige(); cout << endl;  //Vorgängermethode aufrufen
  Atag.SetzDatum(29,10,2002);          //geerbte Methode aufrufen
  Atag.Zeige(); cout << endl << endl;
} //END main
```

Die voranstehenden Ausführungen zeigen uns, wie wir gleichnamige Methoden innerhalb einer Klassenhierarchie einsetzen können. Durch entsprechende Programmierung vermei-

7.2 Verwandte Datentypen in Visual C++

den wir mögliche Rekursionen. Jedes Objekt kann mit der Methode aufgerufen werden. Der Compiler kann bereits zur Übersetzungszeit die richtigen Methoden mit dem Objekt verknüpfen (frühe Bindung). Dies ist ein (schwacher) Aspekt der Polymorphie.

Dies ist übrigens eine gute Gelegenheit, die Klasse in Kopf- und Implementationsdatei zu zerlegen und getrennt zu speichern. Wir legen im Verzeichnis U00_Incl daher die Kopfdatei Atag.h:

```
//Atag.h   Kopfdatei für die Klasse CAtag
//31.12.2002   Prof. Scheibl
#if ! defined _Atag_H_
#define _Atag_H_

#include <IOSTREAM.H>
#include "DatumC.h"

class CAtag : public CDatum { //Vererbung
public:
  CAtag(float Bn,float Ed,float Sn,int Tg,int Mt,int Jr);
  float GibBeginn()       const { return Beginn; }
  float GibEnde()         const { return Ende; }
  float GibStundenlohn() const { return Stundenlohn; }
  void SetzBeginn(float Bn);
  void SetzEnde(float Ed);
  void SetzStundenlohn(float Sn);
  void Zeige() const; //überschreibende Methode
protected:
  float Beginn;      //Beginn des Arbeitstages
  float Ende;        //Ende des Arbeitstages
  float Stundenlohn; //Stundenlohn
}; //END class CAtag
#endif //_Atag_H_
```

und die passende Implementationsdatei Atag.cpp an:

```
//Atag.cpp   Implementationsdatei für die Klasse CAtag
//31.12.2002   Prof. Scheibl
#include "Atag.h"

//Konstruktor der Klasse CAtag
CAtag::CAtag(float Bn=6.0f,float Ed=16.0f,float Sn=20.55f,
             int Tg=1,int Mt=1,int Jr=1980)
:CDatum(Tg,Mt,Jr)
{
  Beginn=Bn;
  Ende=Ed;
  Stundenlohn=Sn;
} //END CAtag::CAtag(...)
//Methode SetzBeginn der Klasse CAtag
void CAtag::SetzBeginn(float Bn) {
  Beginn=Bn;
} //END CAtag::SetzBeginn(FLOAT Bn)
//Methode SetzEnde der Klasse CAtag
void CAtag::SetzEnde(float Ed) {
  Ende=Ed;
} //END CAtag::SetzEnde(float Ed)
//Methode SetzStundenlohn der Klasse CAtag
void CAtag::SetzStundenlohn(float Sn) {
  Stundenlohn=Sn;
} //END CAtag::SetzStundenlohn(float Sn)
//Methode Zeig der Klasse CAtag
```

```
void CAtag::Zeige() const {
  CDatum::Zeige();
  cout << " von: " << Beginn << " bis: " << Ende << " ";
} //END CAtag::Zeige()
```

> Aufgabe 7-5: Methoden überschreiben

U071b Führen Sie diese Änderungen durch, und experimentieren Sie mit den verschiedenen Methodenaufrufen. ∎

7.2.4 Erweiterte Zuweisungskompatibilität

U072 Visual C++ führt normalerweise eine Typprüfung vor einer Zuweisung durch. Hierdurch werden grobe Programmierfehler frühzeitig verhindert.

Es stellt sich nun die Frage, inwieweit diese Prüfung auch für Objekte durchgeführt wird. Schließlich handelt es sich hierbei um mehr oder weniger komplexe Elemente. Hin und wieder kann es aber interessant sein, z. B. nur das Datum aus einem unserer abgeleiteten Objekte herauszuziehen. Hierbei handelt es sich um Objekte derselben Klassenhierarchie aus unterschiedlichen Ebenen.

Objekte unterschiedlicher Klassenhierarchien lassen sich grundsätzlich nicht direkt zuweisen. Sie weisen keine Verwandtschaft auf. Bei Objekten der gleichen Hierarchie haben wir noch zwei Möglichkeiten:

- Zuweisungen in Richtung der Wurzel, d. h., von einer Instanz der Nachfolgeklasse zu einer Vorgängerklasse
- Zuweisung in Richtung der Blätter, also von einer Vorgängerklasse zu einer Nachfolgerklasse

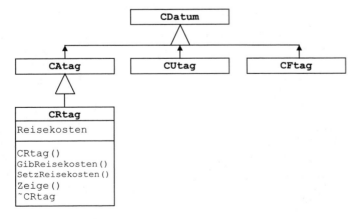

Bild 7.4: Erweiterte Klassenhierarchie

7.2 Verwandte Datentypen in Visual C++

Für den Test legen wir zuerst die Klasse `CRtag` an (**Bild 7.4**) (Lösung einer der letzten Aufgaben). Auch hier trennen wir wieder in Kopfdatei:

```
//Rtag.h   Kopfdatei für die Klasse CRtag
//31.12.2002  Prof. Scheibl
#if ! defined _Rtag_H_
#define _Rtag_H_

#include <IOSTREAM.H>
#include "Atag.h"

class CRtag : public CAtag { //Reisetag
public:
  CRtag(float Rn,float Bn,float Ed,float Sn,int Tg,int Mt,int Jr);
  float GibReisekosten() const { return Reisekosten; }
  void SetzReisekosten(float Rn);
  void Zeige() const;
protected:
  float Reisekosten;         //Reisekosten
}; //END class CRtag
#endif //_Rtag_H_
```

und Implementationsdatei:

```
//Rtag.cpp  Implementationsdatei für die Klasse CRtag
//31.12.2002  Prof. Scheibl
#include "Rtag.h"

//Konstruktor der Klasse CRtag
CRtag::CRtag(float Rn=18.20f,float Bn=6.0f,float Ed=16.0f,
             float Sn=20.55f,int Tg=1,int Mt=1,int Jr=1980)
:CAtag(Bn,Ed,Sn,Tg,Mt,Jr)
{
  Reisekosten=Rn;
} //END CRtag::CRtag(...)
//Methode SetzReisekosten der Klasse CRtag
void CRtag::SetzReisekosten(float Rn) {
  Reisekosten=Rn;
} //END CRtag::SetzReisekosten(float Rn)
//Methode Zeige der Klasse CRtag
void CRtag::Zeige() const {
  CAtag::Zeige();
  cout << " Reisekosten: " << Reisekosten;
} //END CRtag::Zeige()
```

Wir legen nun Instanzen `Atag` bzw. `Rtag` von diesen Typen sowie eine Instanz `Datum` vom Typ `CDatum` an, wobei wir bei Letzterer auf den parameterlosen Konstruktor zurückgreifen.

Diese beiden Instanzen wollen wir nun über geeignete Zuweisungen in unserem Hauptprogramm miteinander verknüpfen:

```
void main() {
  CAtag Atag(float(7.15),float(16.45),float(36.45),28,10,2002);
  Atag.Zeige(); cout << endl;        //Methode aufrufen
  Atag.CDatum::Zeige(); cout << endl; //Vorgängermethode aufrufen
  CDatum Datum=Atag; //Basisinstanz anlegen und mit Nachfolgerinstanz ver-
  cout << "Datum des Arbeitstags: ";
  Datum.Zeige();      //knüpfen
  cout << endl << endl;
```

```
    CRtag Rtag(50.2f,float(6.25),float(22.10),float(36.45),29,10,2002);
    Rtag.Zeige(); cout << endl;
    Rtag.CAtag::Zeige(); cout << endl;
    Rtag.CDatum::Zeige(); cout << endl;
    Datum=Rtag;
    cout << "Datum des Reisetags: ";
    Datum.Zeige();
    cout << endl << endl;
} //END U072
```

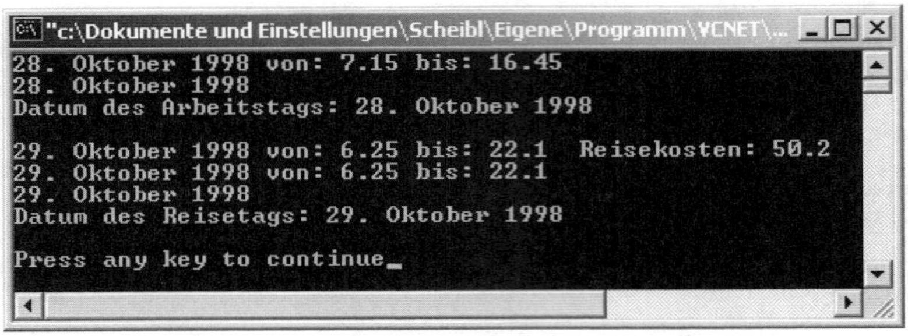

```
"c:\Dokumente und Einstellungen\Scheibl\Eigene\Programm\VCNET\...

28. Oktober 1998 von: 7.15 bis: 16.45
28. Oktober 1998
Datum des Arbeitstags: 28. Oktober 1998

29. Oktober 1998 von: 6.25 bis: 22.1    Reisekosten: 50.2
29. Oktober 1998 von: 6.25 bis: 22.1
29. Oktober 1998
Datum des Reisetags: 29. Oktober 1998

Press any key to continue_
```

Bild 7.5: Zuweisungskompatibilität in Richtung der Basisklasse

In Richtung der Wurzel funktioniert es. Das Ergebnis ist beispielsweise das Datum der Reiseinstanz (**Bild 7.5**).

Die Umkehrung der Anweisung:

```
Rtag=Datum;
```

führt sofort zu einer Fehlermeldung:

```
error C2679: Binärer Operator '=' : Es konnte kein Operator gefunden werden,
    der einen rechtsseitigen Operator vom Typ 'CDatum' akzeptiert (oder keine
    geeignete Konvertierung möglich)
```

Dies ist verständlich, da wir durch die Zuweisung möglicherweise eine Instanz Rtag anlegen würden, bei der erhebliche Teile undefiniert blieben (hier müssen wir auch an erweiterte Zuweisungen während der Initialisierung denken). Wir können also feststellen:

> Vorgängerobjekte sind zuweisungskompatibel, Nachfolger dagegen nicht. Es werden nur die Klassenvariablen der Vorgängerklasse übernommen, alle anderen Variablen werden verworfen.

Eine interessante Frage ist natürlich, was die Anweisung Datum=Rtag; wirklich heißt. Wird hier nur ein Zeiger von Datum auf das Objekt Rtag umgebogen, oder werden tatsächlich alle Variablen der Oberklasse in die neue Instanz kopiert?

Wir prüfen dies durch das Verändern von Datum nach. Ändert sich damit auch Rtag, so haben wir zwei Zeiger auf das gleiche Objekt. Andernfalls existieren zwei getrennte Objekte. Das Ergebnis des folgenden Hauptprogramms (**Bild 7.6**) zeigt:

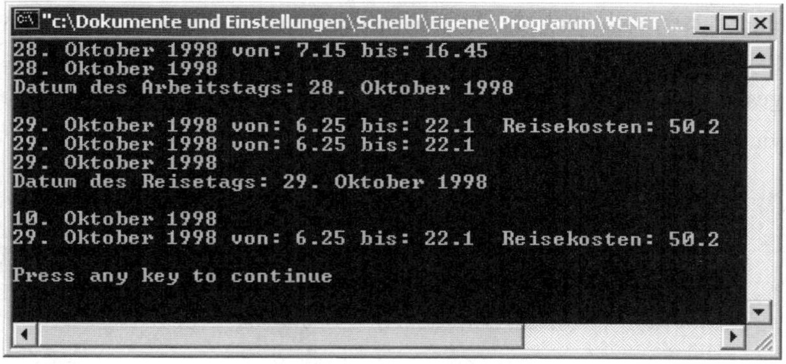

7.2 Verwandte Datentypen in Visual C++

```
28. Oktober 1998 von: 7.15 bis: 16.45
28. Oktober 1998
Datum des Arbeitstags: 28. Oktober 1998

29. Oktober 1998 von: 6.25 bis: 22.1   Reisekosten: 50.2
29. Oktober 1998 von: 6.25 bis: 22.1
29. Oktober 1998
Datum des Reisetags: 29. Oktober 1998

10. Oktober 1998
29. Oktober 1998 von: 6.25 bis: 22.1   Reisekosten: 50.2

Press any key to continue
```

Bild 7.6: Zuweisung klont die Daten

```cpp
//Übung U072   Klassenhierarchie Datum
//Vererbung: Erweiterte Zuweisungskompatibilität
#include <IOSTREAM.H>
#include "DatumC.h"
#include "Atag.h"
#include "Rtag.h"

void main() {
  CAtag Atag(float(7.15),float(16.45),float(36.45),28,10,1998);
  Atag.Zeige(); cout << endl;          //Methode aufrufen
  Atag.CDatum::Zeige(); cout << endl; //Vorgängermethode aufrufen
  CDatum Datum=Atag; //Basisinstanz anlegen und mit Nachfolgerinstanz ver-
  cout << "Datum des Arbeitstags: ";
  Datum.Zeige();     //knüpfen
  cout << endl << endl;

  CRtag Rtag(50.2f,float(6.25),float(22.10),float(36.45),29,10,1998);
  Rtag.Zeige(); cout << endl;
  Rtag.CAtag::Zeige(); cout << endl;
  Rtag.CDatum::Zeige(); cout << endl;
  Datum=Rtag;
  cout << "Datum des Reisetags: ";
  Datum.Zeige();
  cout << endl << endl;

  Datum.SetzTag(10);
  Datum.Zeige(); cout << endl;
  Rtag.Zeige();
  cout << endl << endl;
} //END U072
```

dass die Objekte `Rtag` und `Datum` unabhängig voneinander sind. Tatsächlich gibt es im statischen Fall ja keine Zeiger, die umgebogen werden können. Die Zuweisung klont die Datumsangabe in das Objekt `Datum`.

Führen wir nun die Experimente mit Zeigern statt mit statischen Objekten durch, so stellen wir fest:

- Ein mit einer Oberklasse typisierter Zeiger kann sowohl auf Objekte dieser Oberklasse wie auch auf Objekte aller Unterklassen zeigen.

- Über diesen Zeiger lassen sich auch die Methoden des Objekts aufrufen. Mit einem Oberklassenzeiger können wir aber nur auf die Methoden der Oberklasse zugreifen.

Den Quelltext des gesamten Beispiels finden Sie auf der beigefügten CD-ROM.

Das Ganze testen wir mit folgendem Hauptprogramm:

```
void main() {
  CDatum *pDatum; //Zeiger auf Oberklasse anlegen
  CAtag   *pAtag; //Zeiger auf Unterklasse anlegen
  CRtag   *pRtag; //Zeiger auf Unterunterklasse anlegen
  CAtag Atag(float(7.45),float(17.15),float(48.22),11,11,1996);
  CRtag Rtag(float(39.0),float(7.15),float(16.45),float(36.45),28,10,2002);
  pDatum=&Atag; //Zeiger auf Unterklasse, Konvertierung nach CDatum
  pDatum->Zeige(); cout <<endl;
  pDatum=&Rtag;
  Rtag.Zeige(); cout <<endl; //zeigt Original
  pDatum->SetzTag(27);       //verändert Original
  pDatum->Zeige(); cout <<endl;
  Rtag.Zeige(); cout <<endl;cout <<endl;//zeigt Veränderung
  pAtag=&Rtag;
  pRtag=&Rtag;
  Atag.Zeige(); cout <<endl;
  Rtag.Zeige(); cout <<endl;cout <<endl;
  pAtag->SetzBeginn(float(7.30)); //Aufruf von CAtag::SetzBeginn
  pRtag->SetzEnde(float(16.00));  //Aufruf von CRtag::SetzEnde
  Rtag.Zeige(); cout <<endl;cout <<endl;
// pAtag->SetzReisekosten(float(45.50)); //das geht nicht
  pRtag->SetzReisekosten(float(55.55)); //Aufruf Rtag::SetzReisekosten
  Rtag.Zeige(); cout <<endl;
} //END U073
```

Wir sehen, dass der Zeiger `pDatum` (das Präfix `p` von Pointer wird üblicherweise für Zeiger verwendet) auf Objekte seiner Unterklassen verweisen kann. Es werden keine Daten geklont!

Obwohl die beiden Zeiger `pAtag` und `pRtag` auf dasselbe Objekt `Rtag` vom Typ `CRtag` verweisen, lässt sich die Methode `SetzReisekosten` nicht über den Zeiger `pAtag` aufrufen. Er ist mit dem Typ `CAtag` typisiert und kennt daher diese Methode in seiner Klasse nicht.

Ist eine Methode sowohl in der Oberklasse wie auch in der Unterklasse definiert (Beispiel `Zeige`), d. h., von der Unterklasse überschrieben, dann wird abhängig vom Typ des Zeigers die jeweilige Version verwendet. In unserem Beispiel erscheint also eine Zeile ohne und eine Zeile mit den Reisekosten auf dem Bildschirm (**Bild 7.7**).

Die Aufrufe der Objekte und der Zeiger unterscheiden sich daher durch ihre Vorgeschichte. Objekte können wir immer nur bei gleicher Klasse zuweisen. Das Ergebnis der Zuweisung hängt dabei davon ab, ob wir einen speziellen Zuweisungsoperator definiert haben oder nicht. Bei Zeigern können wir dagegen eine erweiterte Zuweisungskompatibilität feststellen.

Konvertierungen in umgekehrter Richtung können wir zwar auch erzwingen. Das führt aber in vielen Fällen zu katastrophalen Ergebnissen, so dass wir dies hier nicht weiter verfolgen wollen.

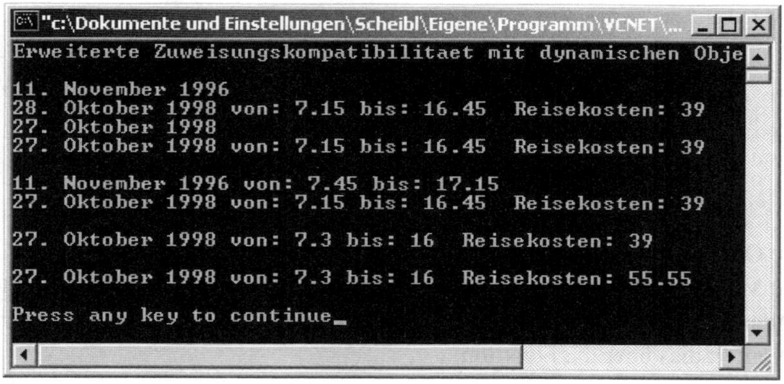

7.2 Verwandte Datentypen in Visual C++

```
"c:\Dokumente und Einstellungen\Scheibl\Eigene\Programm\VCNET\...
Erweiterte Zuweisungskompatibilitaet mit dynamischen Obje
11. November 1996
28. Oktober 1998 von: 7.15 bis: 16.45   Reisekosten: 39
27. Oktober 1998
27. Oktober 1998 von: 7.15 bis: 16.45   Reisekosten: 39

11. November 1996 von: 7.45 bis: 17.15
27. Oktober 1998 von: 7.15 bis: 16.45   Reisekosten: 39

27. Oktober 1998 von: 7.3 bis: 16   Reisekosten: 39

27. Oktober 1998 von: 7.3 bis: 16   Reisekosten: 55.55

Press any key to continue_
```

Bild 7.7: Zeiger auf dynamische Objekte

7.2.5 Oberklassenzeiger für Objektsammlungen

U074 Wenn wir diese Konvertierungen anschauen, so fragen wir uns natürlich, wozu dies nützlich sein soll. Hierzu betrachten wir eine neue Klasse CKalender, die eine Auflistung von Objekten unterschiedlicher Klassen unserer Klassenhierarchie CDatum werden soll. Schließlich wissen wir nicht, an welchem Tag unser Anwender arbeitet, Urlaub macht usw.:

```
class CKalender {
public:
  Kalender();                     //Konstruktor
  Addiere(CDatum *NeuesDatum);    //Anhängen an die Kalenderliste
  ...
protected:
  ...
}; //END class Kalender
```

Die Methode Addiere erwartet als Parameter einen Zeiger auf ein Objekt der Klasse CDatum. Dieser Methode können wir nun auch Objekte übergeben, die von CDatum abgeleitet sind. So ist es uns möglich, unseren Kalender aus verschiedenen Datumstypen zusammenzustellen:

```
void main() {
  cout << "U074 Oberklassenzeiger fuer Objekt-Sammlungen\n\n";
  CKalender    Kalender; //Liste aller Kalendertage
  CAtag      *pAtag;   //Zeiger auf einen Arbeitstag
  CUtag      *pUtag;   //Zeiger auf einen Urlaubstag
  CRtag      *pRtag;   //Zeiger auf einen Reisetag
  CDatum     *pDatum;  //Zeiger auf ein Datum

//Objekte anlegen
  pAtag= new CAtag(float(7.45),float(17.15),float(48.22),11,11,2002);
  pUtag= new CUtag("Oma",float(2.5),12,11,2002);
  pRtag= new CRtag(float(39.00),float(7.15),float(18.15),float(48.22),
            13,11,2002);
  pDatum=new CDatum(1,1,2000);
```

```
//Objekte in den Kalender aufnehmen
  Kalender.Addiere(pAtag);    //Eintrag eines Arbeitstags
  Kalender.Addiere(pAtag);    // und noch einmal derselbe Arbeitstag
  Kalender.Addiere(pUtag);    //Eintrag eines Urlaubstags
  Kalender.Addiere(pRtag);    //Eintrag eines Reisetags
  Kalender.Addiere(pDatum);   //Eintrag eines Datums
  ZeigeKalender(Kalender);    //Ausgabe der Kalenderliste
  cout << endl;
} //END U074
```

Wollen wir nun die Objekte mit Hilfe von Schleifen in gleicher Art verarbeiten, so können wir auf sie über die Methoden der Oberklasse zugreifen. Hier hilft uns das Iterationsobjekt für Listen entscheidend weiter (vergleiche Hauptkapitel 6). Wollen wir unseren Kalender ausgeben, so funktioniert dies über die Funktion:

```
void ZeigeKalender(CKalender &Kalender) {
  CDatum *Jeder;
  CKalenderZeiger Zeiger(Kalender);
  Jeder=Zeiger.GibErsten();
  int i=1;
  do {
    cout << i++ << " " << Jeder->GibTag() << "." << Jeder->GibMonat()
         << "." << Jeder->GibJahr() << endl;
  } while((Jeder=Zeiger.GibNaechsten())!=0);
} //END ZeigeKalender
```

Diese Methode „läuft" elementweise durch die Kalenderliste. Jedes Element der Liste wird dabei unabhängig von seinem tatsächlichen Typ vom Iterationsobjekt als Zeiger auf `CDatum` zurückgeliefert. Über diesen Oberklassenzeiger rufen wir dann die Methoden `GibTag()`, `GibMonat()` usw. auf.

Eine Einschränkung hat diese Technik. Wir können zwar die gemeinsamen Variablen ausgeben, aber nicht die Spezialisierungen. Die Oberklasse kennt diese Methoden nicht. Nun wäre es bedauerlich, wenn wir vor diesem Problem kapitulieren müssten. Andererseits ist zu erwarten, dass Visual C++ für diesen sicher häufig auftretenden Fall eine allgemeine Lösung anbietet. Die „virtuellen Methoden", die wir im nächsten Kapitel besprechen, machen es möglich. Die Details dieses Programms finden Sie auf dem beigefügten Datenträger unter ✎ U074.

Wenn wir den Datentyp des Objekts, auf das dieser Zeiger verweist, kennen würden, dann könnten wir vielleicht mit entsprechendem Casting alle Elemente sichtbar machen. Dies übernimmt das Programm glücklicherweise, wie wir im nächsten Kapitel sehen.

➢ Aufgabe 7-6: Verbesserung der Ausgabe

Die Ausgabe nach Anforderung der Einzeldaten ist natürlich nicht besonders elegant. Da wir für jede Klasse eine Methode `Zeige()` implementiert haben, sollten Sie die richtige in einer Variante des Programms einsetzen. ■

7.3 Virtuelle Methoden

7.3.1 Definition virtueller Methoden

Wir haben in den zurückliegenden Kapiteln gelernt, wie eine Methode der Oberklasse durch eine neue Definition in einer Unterklasse redefiniert wird. Dies hat auf die Methode der Oberklasse keinen Einfluss, d. h., wir können über den Oberklassenzeiger diese Methode aufrufen. Die Oberklasse selbst ruft dagegen immer nur ihre eigenen Methoden auf.

Sinnvoller wäre ein Ersatz der Oberklassenmethode, so dass ein Aufruf der Oberklassenmethode automatisch auf die neue Unterklassenmethode zugreift. Die Gründe hierfür haben wir im Einführungskapitel anhand der Methoden Ziehe und Zeichne ausführlich beschrieben. Hierzu stehen uns die *virtuellen Methoden* zur Verfügung, die wir mit dem Schlüsselwort virtual deklarieren:

virtual typ methodenname(parameterliste);

Da eine virtuelle Methode immer virtuell bleibt, müssen wir diese Klausel in C++ nur in der Oberklasse einsetzen, die die Methode zum ersten Mal definiert. Später können wir auf die Klausel verzichten, obwohl dies die Lesbarkeit reduziert. Andere Sprachen verlangen auch bei den überschreibenden Methoden eine entsprechende Kennzeichnung. Virtuelle Methoden können nicht gleichzeitig static sein.

Um die Virtualität auszuprobieren, legen wir zwei neue Module DatumV.h und DatumV.cpp für unsere Basisklasse CDatum mit einer virtuellen Methode Zeige an. Hierbei bereiten wir schon den Einsatz einer Präprozessorvariablen virtuell vor (bitte nicht englisch schreiben, da sonst Namenskonflikte entstehen!), mit der wir später das Verhalten des Programms entscheidend verändern. Diese Ergänzung ist nur für Testzwecke und wird im Wirkbetrieb natürlich weggelassen:

```
//DatumV.H  Kopfdatei für die Klasse CDatum virtuell
//31.12.2002  Prof. Scheibl
#if ! defined _DatumV_H_
#define        _DatumV_H_

#define virtuell

class CDatum {
public:
        CDatum(int Tg,int Mt,int Jr);       //Konstruktor
  int   GibTag()    const   { return Tag; } //liefert den Tag
  int   GibMonat()  const   { return Monat; }//liefert den Monat
  int   GibJahr()   const   { return Jahr; }//liefert das Jahr
  void  SetzTag(int Tg);                    //setzt den Tag
  void  SetzMonat(int Mt);                  //setzt den Monat
  void  SetzJahr(int Jr);                   //setzt das Jahr
  void  SetzDatum(int Tg,int Mt,int Jr);    //setzt das Datum
#ifdef virtuell
  virtual void Zeige() const; //virtuelle, konstante Variante
#else
        void Zeige() const; //nichtvirtuelle, konstante Variante
#endif
```

```cpp
    void ZeigeJul() const;                    //Bildschirmausgabe Julian.
    ~CDatum()              {}                 //Destruktor
  protected:
    int Jahr,Monat,Tag;                       //protected Datenelemente
    int JulDatum() const;                     //protected Methode
};  //END class CDatum
#endif //_DatumV_H_
```

Im Modul `DatumV.cpp` (sowie im Hauptprogramm) ändert sich nichts:

```cpp
//DatumV.cpp   Implementationsdatei für die Klasse CDatum (virtuell)
//31.12.2002   Prof. Scheibl
#include <IOSTREAM.H>
#include "DatumV.h"

//zuerst einige allgemeine verwendete INLINE-Funktionen (Makros)
inline int Max(int a,int b)  {return a>b ? a:b; }
inline int Min(int a,int b)  {return a>b ? b:a; }

//Implementationen der Klasse CDatum
//Konstruktoren der Klasse CDatum
CDatum::CDatum(int Tg=1,int Mt=1,int Jr=1980)  {
  SetzDatum(Tg,Mt,Jr);
} //END CDatum::CDatum(int Tg,int Mt,int Jr)
//Methode der Klasse CDatum zur Berechnung des julianischen Datums
int CDatum::JulDatum() const {
  static int Laenge []={31,28,31,30,31,30,31,31,30,31,30,31 };
  int Summe=0;
  for (int i=0;i<Monat-1;i++) Summe+=Laenge [i];
  return Summe+=Tag;
} //END CDatum::JulDatum()
//Methode der Klasse CDatum zum Setzen des Tages
void CDatum::SetzTag(int Tg)  {
  static int Laenge []={31,28,31,30,31,30,31,31,30,31,30,31 };
  Tag  =Max(1,Tg);
  Tag  =Min(Tag,Laenge [Monat-1 ]);
} //END CDatum::SetzTag(int Tg)
//Methode der Klasse CDatum zum Setzen des Monats
void CDatum::SetzMonat(int Mt)  {
  Monat=Max(1,Mt);
  Monat=Min(Monat,12);
} //END CDatum::SetzMonat(int Mt)
//Methode der Klasse CDatum zum Setzen des Jahres
void CDatum::SetzJahr(int Jr)  {
  Jahr =Max(1,Jr);
} //END CDatum::SetzJahres(int Jr)
//Methode der Klasse CDatum zum Setzen des Datums
void CDatum::SetzDatum(int Tg,int Mt,int Jr)  {
  SetzJahr(Jr);
  SetzMonat(Mt);
  SetzTag(Tg);
} //END CDatum::SetzDatum(int Tg,int Mt,int Jr)
//Methode der Klasse CDatum zur Bildschirmausgabe
void CDatum::Zeige() const  {
  static char *Name []=
   {"Januar","Februar","März","April","Mai","Juni","Juli",
    "August","September","Oktober","November","Dezember"
   }; //END static char *Name []
#ifdef virtuell
  cout << "virtuell: ";
#else
  cout << "nichtvirtuell: ";
```

7.3 Virtuelle Methoden

```
#endif
  cout << Tag << ". " << Name [Monat-1] << " " << Jahr;
} //END CDatum::Zeige()
//Methode der Klasse CDatum zur Anzeige des julianischen Datums
void CDatum::ZeigeJul() const {
  cout << JulDatum() << endl << Jahr;
} //END CDatum::ZeigeJul()
```

Wir schalten mit der Präprozessorvariablen `virtuell` bei der Methode `Zeige` die Klausel `virtual` ein bzw. aus.

Wenn wir Methoden aus den Unterklassen in die Oberklasse übernehmen (Beispiel `Zeichne`), so legen wir gelegentlich leere Implementationen an, so genannte *rein virtuelle Methoden,* damit der Compiler keine Fehler meldet. Da diese übernommenen Methoden für die Oberklasse *abstrakt* sind, d. h.„ nicht wirklich etwas bewirken (eine allgemeine Figur kann sich nicht zeichnen), könnten wir selbst einen Hinweis an den Programmierer einbauen:

```
typ Oberklasse::virtuelleMethode() const {
    cout << "Die Methode ist noch nicht definiert\n";
}
```

Eine abstrakte Methode dient somit in einer Oberklasse als Platzhalter, der in den Unterklassen auf jeden Fall überschrieben werden sollte. In Visual C++ gibt es aber noch ein eleganteres Verfahren, um über die rein virtuellen Methoden eine Redefinition zu erzwingen. Hierzu wird die Methode mit `=0` als rein virtuell markiert.

U075 Natürlich probieren wir die neue, virtuelle Basisklasse mit einem etwas abgewandelten Hauptprogramm aus U073 aus. Das Programm setzt die Klassen noch einzeln ein und benutzt keine Auflistung:

```
//Übung U075  Klassenhierarchie Datum
// mit virtuellen Methoden
#include <IOSTREAM.H>

#include "DatumV.h"
#include "AtagV.h"
#include "RtagV.h"

//-- main ------------------------------------------------
void main() {
  cout << "U075 Klassenhierarchie Datum mit virtuellen Methoden\n\n";
  CDatum *pDatum; //Zeiger auf Oberklasse anlegen
  CAtag  *pAtag;  //Zeiger auf Unterklasse anlegen
  CRtag  *pRtag;  //Zeiger auf Unterunterklasse anlegen
  CAtag Atag(float(7.45),float(17.15),float(48.22),11,11,1996);
  CRtag Rtag(float(39.0),float(7.15),float(16.45),float(36.45),28,10,2002);
  pDatum=&Atag; // Zeiger auf Unterklasse, Konvertierung nach CDatum
  pDatum->Zeige(); cout << endl;
  pDatum=&Rtag;
  Rtag.Zeige(); cout << endl; //zeigt Original
  pDatum->SetzTag(27);         //verändert Original
  pDatum->Zeige(); cout << endl;
  Rtag.Zeige(); cout << endl << endl;//zeigt Veränderung
  pAtag=&Rtag;
  pRtag=&Rtag;
  Atag.Zeige(); cout << endl;
  Rtag.Zeige(); cout << endl << endl;
```

```
  pAtag->SetzBeginn(float(7.30)); // Aufruf von CAtag::SetzBeginn
  pRtag->SetzEnde(float(16.00));  // Aufruf von CRtag::SetzEnde
  Rtag.Zeige(); cout << endl << endl;
// pAtag->SetzReisekosten(float(45.50)); // das geht nicht
  pRtag->SetzReisekosten(float(55.55)); // Aufruf Rtag::SetzReisekosten
  Rtag.Zeige(); cout << endl << endl;
} //END U075
```

Die Ergebnisse des Programms in **Bild 7.8** unterscheiden sich in der virtuellen Variante und der normalen Variante nicht vom **Bild 7.7** (abgesehen von den zusätzlichen Kommentaren).

Wir schließen daraus, dass `pDatum->Zeige();` und `pRtag->Zeige();` auf zwei verschiedene Methoden zeigen, obwohl sie wegen `pDatum=&Rtag;` die gleichen Objektdaten verwalten. Der Zusatz `virtual` veranlasst die Klasse `CDatum` also nicht, nach einer überschriebenen Methode zu suchen.

Die weiteren Klassendateien `AtagV.h` bzw. `RtagV.h` sind leider notwendig, um die Datei `DatumV.h` einzubinden. Da wir im Wirkbetrieb solche Variationen nicht vornehmen, kommt es dann nicht zu einer eigentlich unnötigen Vervielfachung der Klassendateien.

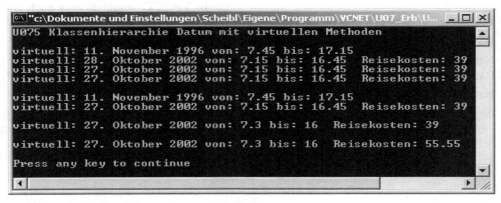

Bild 7.8: Ergebnisse von `U074` mit virtuellen Methoden

7.3.2 Polymorphie

Die Möglichkeit, eine Methode für ein Objekt aufzurufen, ohne dessen Typ bereits zu kennen, nennt man *Polymorphie*. Im ersten Kapitel haben wir uns ausführlich bei unserem CAD-Beispiel damit auseinander gesetzt. So kann es vorkommen, dass wir für eine Figur die Methode `Zeichne` aufrufen, um sie z. B. zu ziehen, ohne zu wissen, um welche Figur es sich handelt und wie die Methode für die aktuelle Figur definiert ist. Wir haben in der letzten Übung bereits damit begonnen, nachzuweisen, dass das reine Überschreiben nicht das eigentliche Wesen der Polymorphie ausmacht.

7.3 Virtuelle Methoden

In Visual C++ kann (wie wir im letzten Kapitel gesehen haben) ein Zeiger auf Objekte verschiedener Klassen derselben Klassenhierarchie zeigen. Sind in dieser Hierarchie virtuelle Methoden definiert, so sucht sich der Zeiger die jeweils richtige Methode aus. In unserem Beispiel ist dies der Zeiger pDatum, der die richtige Methode Zeige findet.

Der notwendige Verwaltungsaufwand für diese objektorientierte Technik ist verhältnismäßig gering, so dass die Programme kaum langsamer werden. Die eingesetzte Technik (im ersten Kapitel beschrieben) nennt man *dynamische* oder *späte Bindung*.

Senden wir die Meldung Rtag.GibTag(); an unsere Klassenhierarchie (**Bild 7.9**), so besteht die Aufgabe des Programms darin, diese Methode zu suchen, und zwar in Richtung der Wurzel (gestrichelt dargestellt). Diese Technik ist für uns – schlicht gesagt – nicht überraschend, schließlich hat CRtag die Methode GibTag() unverändert geerbt. Die Meldung Rtag.Zeige(); wird von der Klasse CRtag selbst abgearbeitet, weil wir die Methode Zeige() überschrieben haben.

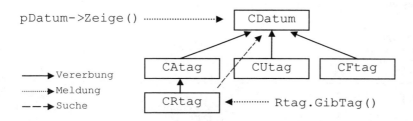

Bild 7.9: Meldungsverarbeitung in der Klassenhierarchie

Auch der Aufruf von pDatum->Zeige(); bietet keine Überraschungen, selbst wenn wir vorher eine Zuweisung pDatum=&Rtag; ausgeführt haben. In diesem Fall wird das Objekt Rtag an die Klasse CDatum mit der Aufforderung Zeige() übergeben. Diese Aufforderung kann aber von der Klasse CDatum selbst ausgeführt werden, wobei nur ein Teil der Daten (nämlich die geerbten) von Rtag ausgenutzt werden.

Um das wahre Wesen der Polymorphie zu verstehen, müssen wir in einer Vorgängerklasse eine neue Methode definieren, die andere (virtuelle) Methoden der Klasse aufruft. Wobei letztere von den Nachkommen überschrieben werden.

▷ Beispiel: Virtualität und Polymorphie

U076 Wir definieren in der Klasse CAtag eine Methode Drucke(), die die Methode Zeige() benutzt. Die Klasse CRtag ist Nachkomme von CAtag und verfügt ebenfalls über eine Methode Zeige(). Dabei können wir ausprobieren, was mit der Klausel virtual bzw. ohne virtual geschieht (**Bild 7.10**).

Die neue Methode Drucke() hätten wir natürlich auch in der Basisklasse implementieren können. Hierauf wird aber bewusst verzichtet, um zu zeigen, dass die Verwendung der virtuellen Methode Zeige() unabhängig von der Ebene der rufenden Methode ist.

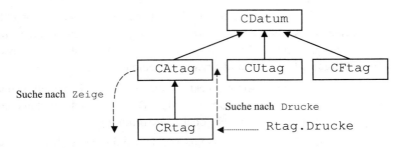

Bild 7.10: Suche nach virtuellen Methoden (echte Polymorphie)

Die Meldung `Drucke()` an das Objekt `Rtag` sorgt nun dafür, dass diese Methode in Richtung der Wurzel gesucht wird. Sie wird in `CAtag` gefunden. Dort wird `Zeichne()` aufgerufen. Jetzt wird aber nicht `CAtag.Zeichne()` ausgeführt. Vielmehr wird der Baum in Richtung von `CRtag` durchsucht, um das letzte gültige `Zeichne()` zu finden. Dieses wird in `CRtag` selbst gefunden:

```cpp
//Übung U076  Klassenhierarchie Datum
// echte Polymorphie
#include <IOSTREAM.H>
#include "DatumV.h"

//--- CAtag ------------------------------------------------------------
class CAtag : public CDatum {
public:
  CAtag(float Bn,float Ed,float Sn,int Tg,int Mt,int Jr);
  float GibBeginn()     const    { return Beginn; }
  float GibEnde()       const    { return Ende; }
  float GibStundenlohn() const   { return Stundenlohn; }
  void SetzBeginn(float Bn);
  void SetzEnde(float Ed);
  void SetzStundenlohn(float Sn);
  void Zeige() const;
  void Drucke() const; //ruft Zeige() auf
protected:
  float Beginn;       //Beginn des Arbeitstages
  float Ende;         //Ende des Arbeitstages
  float Stundenlohn;  //Stundenlohn
}; //END class CAtag

//Implementationen
//Konstruktor der Klasse CAtag
CAtag::CAtag(float Bn,float Ed,float Sn,int Tg,int Mt,int Jr)
            :CDatum(Tg,Mt,Jr) {
  Beginn=Bn;
  Ende=Ed;
  Stundenlohn=Sn;
} //END CAtag::CAtag(...)
//Methode SetzBeginn der Klasse CAtag
void CAtag::SetzBeginn(float Bn)  {
  Beginn=Bn;
} //END CAtag::SetzBeginn(float Bn)
//Methode SetzEnde der Klasse CAtag
void CAtag::SetzEnde(float Ed)  {
  Ende=Ed;
```

7.3 Virtuelle Methoden

```
} //END CAtag::SetzEnde(float Ed)
//Methode SetzStundenlohn der Klasse CAtag
void CAtag::SetzStundenlohn(float Sn) {
  Stundenlohn=Sn;
} //END CAtag::SetzStundenlohn(float Sn)
//Methode Zeige der Klasse CAtag
void CAtag::Zeige() const {
  CDatum::Zeige();
  cout << " von: " << Beginn << " bis: " << Ende << " ";
} //END CAtag::Zeige()
void CAtag::Drucke() const {
  Zeige();
} //END CAtag::Drucke()

//--- CRtag ------------------------------------------------
class CRtag : public CAtag { // Reisetag
  public:
    CRtag(float Rn,float Bn,float Ed,float Sn,int Tg,int Mt,int Jr);
    float GibReisekosten() const { return Reisekosten; }
    void SetzReisekosten(float Rn);
    void Zeige() const;
  protected:
    float Reisekosten;       // Reisekosten
}; //END class CRtag

//Implementationen
//Konstruktor der Klasse CRtag
CRtag::CRtag(float Rn,float Bn,float Ed,float Sn,int Tg,int Mt,int Jr)
            :CAtag(Bn,Ed,Sn,Tg,Mt,Jr) {
  Reisekosten=Rn;
} //END CRtag::CRtag(...)
//Methode SetzReisekosten der Klasse CRtag
void CRtag::SetzReisekosten(float Rn) {
  Reisekosten=Rn;
} //END CRtag::SetzReisekosten(float Rn)
//Methode Zeige der Klasse CRtag
void CRtag::Zeige() const {
  CAtag::Zeige();
  cout << " Reisekosten: " << Reisekosten;
} //END CRtag::Zeige()

//-- main ----------------------------------------------------
void main() {
  //auf das Wesentliche gekürzt
  CDatum Datum(1,1,2000);
  CAtag Atag(float(7.15),float(16.45),float(36.45),29,10,2002);
  CRtag Rtag(float(39.0),float(7.15),float(16.45),float(36.45),28,10,2002);
  //Datum.Drucke(); cout << endl; //ergibt Compiler-Fehler
  Atag.Drucke(); cout << endl;
  Rtag.Drucke(); cout << endl << endl;
} //END U076
```

Entscheidend ist die Deklaration von `Zeige()` in der Headerdatei `DatumV.H`. Wenn wir hier die Klausel `virtual` **nicht** aktivieren, dann werden nur die Daten der Oberklasse `CAtag` angezeigt (**Bild 7.11**), d. h., die Meldung `Rtag.Drucke()` findet den Selektor in der Oberklasse `CAtag::Drucke()`. Diese Funktion ruft `CAtag::Zeige()` auf, weil der Linker die Verknüpfung schon hergestellt hat (frühe Bindung).

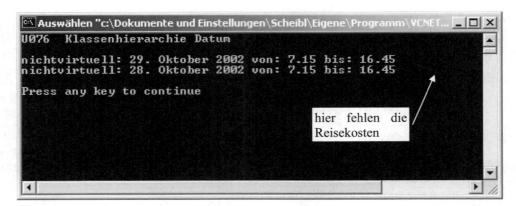

Bild 7.11: Aufruf einer nichtvirtuellen Methode in einer tieferen Klasse

Ergänzen wir dagegen bei der Methode `Zeige()` die Klausel `virtual`, so wird automatisch `CRtag::Zeige()` benutzt, so dass nun alle Daten erscheinen (**Bild 7.12**).
■

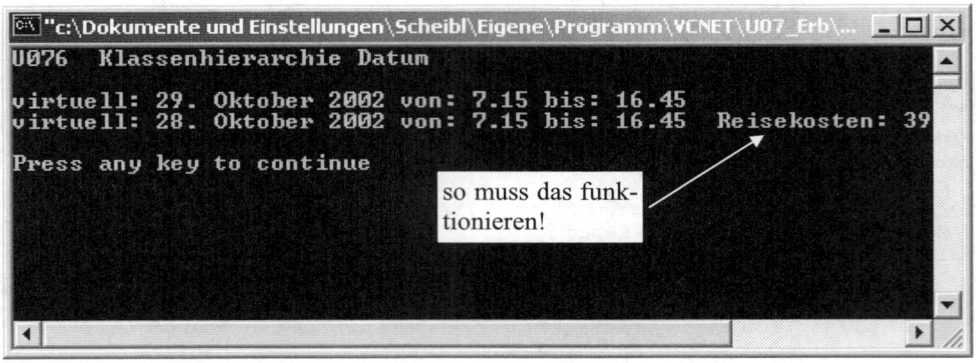

Bild 7.12: Aufruf einer virtuellen Methode

7.3.3 Dynamische Bindung

Die dynamische oder späte Bindung (auch Bindung zur Laufzeit genannt) wird vom Compiler nur vorbereitet, aber noch nicht realisiert. Normalerweise wird ein Funktionsaufruf durch den Compiler und endgültig durch den Linker durch eine Einsprungsadresse ersetzt. Dies nennt man *statische* oder *frühe Bindung*. Bei einem Aufruf:

`pDatum->Zeige();`

ist dies nicht möglich, da der Typ des Zeigers noch nicht bekannt ist bzw. sich in einem Benutzerdialog durchaus ändern könnte. Denken wir nur daran, wenn ein Urlaubstag in einen Arbeitstag umgewandelt werden soll.

7.3 Virtuelle Methoden

Eine besondere Eigenschaft der dynamischen Bindung liegt darin, das Verhalten von übersetzten Modulen nachträglich zu ändern, ohne diese neu übersetzen zu müssen. Dies ist besonders bei der Verwendung vorhandener Bibliotheken interessant, bei denen wir Eigenschaften verändern wollen, ohne überhaupt an den Quelltext heranzukommen.

Nehmen wir z. B. an, wir würden unsere Module `DatumV.H` und `DatumV.cpp` in übersetzter Form als `DatumV.H` und `DatumV.OBJ` weiterreichen. Der Anwender möchte nun noch einen Datumstyp `Kurzarbeitstag` einführen. Dann legt er ein neues Modul `VDatumK.cpp` an, in dem er eine neue Klasse:

`class CKtag : CDatum`

deklariert und die dazugehörigen Eigenschaften und Methoden neu definiert. Nach dem Übersetzen dieses Moduls können wir Objekte dieser neuen Klasse anlegen und verarbeiten. So ist es sofort und ohne weitere Änderungen möglich, den neuen Typ in den Kalender aufzunehmen, da er sich (fast) wie ein Datum verhält.

Durch Auslieferung der `.H`- sowie der `.OBJ`- bzw. `.LIB`-Dateien geben wir dem Anwender die Möglichkeiten, auf das bestehende Grundgerüst beliebig aufzubauen, d. h., weitere Klassen abzuleiten, virtuelle Methoden neu zu definieren usw. Die Aufrufe auf die virtuellen Methoden innerhalb der Bibliothek arbeiten dann sofort mit den neu definierten Methoden zusammen.

7.3.4 Implementation virtueller Methoden

Natürlich ist es hilfreich, wenigstens einmal den Mechanismus der virtuellen Methoden verstanden zu haben. Nur so können wir verstehen, welcher Unterschied in den folgenden Anweisungen besteht:

```
CRtag Rtag(float(39.0),float(7.15),float(16.45),float(36.45),28,10,2002);
CRtag *pRtag;
pRtag=&Rtag;
Rtag.Zeige();
pRtag->Zeige();
```

Die nachfolgenden Ausführungen sind der Programmiersprache Delphi entlehnt, da die Hilfe zu Visual C++ keine Auskunft über die internen Strukturen gibt.

In unserem Beispielprogramm ist der Typ des Objekts `Rtag` zur Übersetzungszeit bekannt, so dass die Methode `CRtag::Zeige()` direkt (statisch) eingebunden werden kann. Gleiches gilt für den Zeiger `pRtag`, vorausgesetzt, die Methode ist nicht virtuell. Andernfalls könnte die Methode ja überschrieben sein.

Enthält eine Klasse eine virtuelle Methode, dann legt der Compiler sofort eine Tabelle dieser virtuellen Methoden an (VMT, Virtual Method Table). Dieses Array aus Zeigern befindet sich bei der Klassendefinition und bleibt auch nach der Übersetzung erhalten. Es besteht aus den Methodennamen und jeweils einem Zeiger auf die Implementation der Methode, d. h., ihren Einsprungpunkt.

252   7 Vererbung und Polymorphie

Jede Instanz einer Klasse legt nun einen Speicherbereich auf dem Heap an und initialisiert ihn. Zusätzlich zu dem durch die Variablen festgelegten Speicherbedarf wird ein weiterer, unsichtbarer Zeiger auf die VMT der Klasse angelegt.

Rufen wir nun eine virtuelle Methode für eine Instanz auf, so ist dort kein Sprung in die entsprechende Methode vorbereitet. Stattdessen erfolgt ein Sprung in eine zentrale Routine. Diese extrahiert den VMT-Zeiger aus den Objektdaten, durchsucht die VMT, auf die dieser Zeiger aktuell zeigt, und springt dann in die virtuelle Methode. Aufgrund dieser mehrfachen indirekten Indizierung kann der syntaktisch gleiche Aufruf einer Methode zu unterschiedlichen Ergebnissen führen, wenn zwischenzeitlich z. B. der VMT-Zeiger verändert wurde.

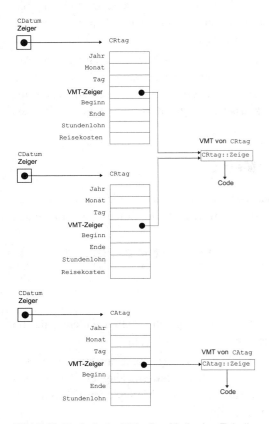

Bild 7.13: Technik der Virtuellen Methoden-Tabelle

Nun können wir Zeiger der Oberklasse auf ein Objekt der gleichen Klassenhierarchie zeigen lassen. Hierbei haben wir gesehen, dass sich damit sozusagen die Sichtbarkeit der Klassenvariablen immer weiter verkürzt, die zusätzlichen Variablen werden unsichtbar. Damit wird verständlich, dass der VMT-Zeiger unmittelbar an die Variablen der Basisklasse angehängt wird. Eine kürzere Variabelenmenge gibt es nicht.

7.3 Virtuelle Methoden

Im Gegensatz zur statischen Bindung müssen zwei Zeiger dereferenziert werden. Dies erfolgt in Visual C++ schneller als komplizierte Vergleiche, wie sie in einer `switch`-Anweisung in C notwendig wären, um die verschiedenen Typen zu unterscheiden. Somit sind OO-Programme zwar etwas langsamer als solche mit früher Bindung, was aber durch die weiteren Vorteile mehr als wettgemacht wird.

Die in **Bild 7.9** bzw. **Bild 7.10** dargestellten Suchvorgänge werden nicht tatsächlich durchgeführt. Vielmehr wird beim Anlegen der Basisklasse eine erste VMT mit allen virtuellen Methoden gefüllt. Bei der ersten Vererbung wird nun diese ganze Tabelle geklont. Für die Methoden, die eine geerbte Methode überschreiben, werden die Einsprungpunkte in die Tabelle eingetragen. Alle Einsprungpunkte der nicht überschriebenen virtuellen Methoden bleiben erhalten. Neue virtuelle Methoden werden hinten angehängt. Ab diesem Zeitpunkt können sie überschrieben werden. Durch diesen Mechanismus wird auch verständlich, warum eine virtuelle Methode immer virtuell bleibt.

CDatum
CDatum::Zeige
usw.

CAtag
CAtag::Zeige
usw.

CRtag
CRtag::Zeige
usw.

Bei einer zweiten Vererbung wiederholt sich das Spiel. Damit hat jede Klasse einen vollständigen, aktuellen Satz von virtuellen Methoden. Wird eine Meldung an ein Objekt gesandt, so wird die Tabelle durchsucht, auf die der VMT-Zeiger des Objekts verweist. In der Tabelle werden dann die jeweils gültigen Methoden gefunden, seien sie geerbt, überschrieben oder neu definiert. Zur Laufzeit weiß die Klasse nichts mehr über ihre Oberklassen. Alle Informationen stecken in der Tabelle.

Bild 7.13 zeigt diese Technik noch einmal genauer. Ein Zeiger der Basisklasse kann auf verschiedene Objekte der Klassenhierarchie zeigen.

Jedes Objekt besitzt einen VMT-Zeiger auf seine VMT. Dort findet das Laufzeitsystem den Einsprungpunkt für die aktuelle Methode.

Es stellt sich natürlich die interessante Frage, ob diese Zeiger irgendwo zu sehen sind. Zu diesem Zweck rufen wir beispielsweise das Hauptprogramm `U076` erneut auf und setzen einen Haltepunkt auf die letzte Zeile des Programms. In der Überwachungsscheibe `Lokal` (**Bild 7.14**) sehen wir nun die Objekte, von denen wir z. B. `Rtag` und `Datum` expandieren.

Tatsächlich finden wir in beiden Objekten Zeiger `__vfptr` auf die virtuelle Funktionentabelle `vftable` (wie sie in Visual C++ genannt wird). Wir sehen sogar, auf welche Klasse diese Zeiger verweisen. Daran schließt sich ein Array mit den virtuellen Methoden an. Da wir nur eine virtuelle Methode deklariert haben, ist nur die Position `0` belegt. Die erste Klasse mit einer virtuellen Methode legt diesen Zeiger sowie die Tabelle an und vererbt beides. Damit verfügen auch alle Nachfolgeklassen über diesen Zeiger. Kommen dann weitere virtuelle Methoden hinzu, so werden diese in die geklonte Tabelle eingetragen und ab dieser Stelle weiter vererbt.

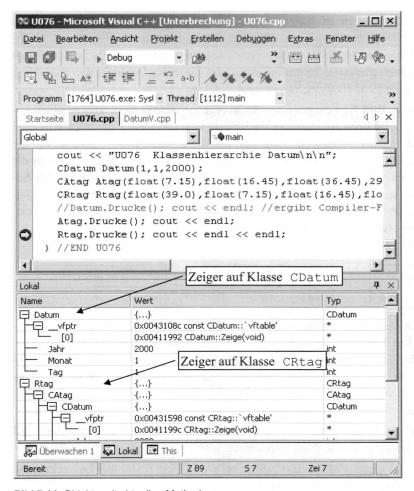

Bild 7.14: Objekte mit virtuellen Methoden

Aufgrund der dargestellten Struktur können wir schließen, dass Visual C++ im Gegensatz zu Delphi den Zeiger auf die virtuelle Funktionentabelle am Anfang der Objektdaten speichert. Dies ist mit ein Grund dafür, dass Objekte nicht einfach zwischen verschiedenen Programmiersprachen ausgetauscht werden können.

7.3.5 Rein virtuelle (abstrakte) Methoden

Wir hatten schon erwähnt, dass es u. U. notwendig ist, in eine Oberklasse virtuelle Methoden aufzunehmen, die in dieser Klasse keine Funktion wahrnehmen, aber zur Typprüfung durch den Compiler notwendig sind. In Visual C++ werden diese als *rein virtuelle Methoden* bezeichnet. In Objekt-Pascal (Delphi) und anderen Sprachen nennt man sie *abstrakte*

Methoden. Enthält eine Klasse abstrakte Methoden, so ist die Klasse selbst abstrakt. Visual C++ verhindert in diesem Fall, dass ein Objekt dieser Klasse instanziiert wird.

Wir können theoretisch eine konkrete Methode mit einer Meldung für den Programmierer versehen, wie dies schon dargestellt wurde. Die deutlich bessere Alternative hierzu ist eine Methode, die weder semantisch noch physikalisch existiert (und auch keinen Platz im Codesegment benötigt). Eine solche rein virtuelle Methode deklarieren wir mit einer Zuweisung von =0 in der Schnittstelle:

```
class klassenname {
public:
  virtual typ methodenname() const =0;   //rein virtuelle Methode
};
```

Nach dieser Anweisung bemängelt der Compiler eine trotzdem vorhandene Implementation in dieser Klasse als fehlerhaft. Er erkennt auch, wenn die Methode in einer Unterklasse nicht redefiniert wurde. In diesem Fall kann keine Instanz der Klasse angelegt werden. Somit wird eine Klasse mit einer abstrakten Methode selbst zur *abstrakten Klasse*. Könnten wir nämlich von einer solchen Klasse Instanzen anlegen, so könnten wir logischerweise auch die abstrakte Methode aufrufen, die aber gar nicht existiert. Redefinieren wir in einer abgeleiteten Klasse eine abstrakte Methode nicht, so wird die abgeleitete Klasse selbst zur abstrakten Klasse. Dies vererbt sich also.

Im Gegensatz zu den abstrakten Klassen heißen die Klassen, die wir instanziieren können, *konkrete Klassen.* Diese Klassen enthalten sowohl konkrete Methoden wie auch virtuelle, wobei letztere über eine Implementation verfügen. Überschreibt ein Nachkomme eine solche virtuelle Methode nicht, so erbt er die Methode in der letztgültigen Form.

In der Praxis sind die meisten Basisklassen und viele Oberklassen abstrakt. Wir können dies durchaus mit der Klassenhierarchie in der Biologie vergleichen. Auch hier gibt es keine Individuen zu den Oberklassen „Wirbellosen" oder „Säugetiere". Erst an den Enden der Hierarchie (Blättern des Baumes) existieren reale Ausprägungen.

➢ Aufgabe 7-7: Rein virtuelle Methoden debuggen

Debuggen Sie ein Programm mit rein virtueller Methode (unser CAD-Beispiel ist ein geeigneter Kandidat). Bei der Konstruktion eines Objekts gelangen Sie bis auf die Ebene der abstrakten Klasse. In der virtuellen Funktionentabelle finden Sie dort einen Zeiger auf die Funktion __purecall. Sollte der Compiler die fehlende Überschreibung einer rein virtuellen Methode nicht erkennen, so erzeugt diese Funktion einen entsprechenden Laufzeitfehler. ∎

7.3.6 Destruktoren in abgeleiteten Klassen

Der Destruktor einer abgeleiteten Klasse ruft erst seinen eigenen und dann den Destruktor seiner Oberklasse auf. Damit löst sich das Objekt „von hinten" auf. Der Konstruktor arbeitet genau umgekehrt. Er ruft erst den Konstruktor seiner Oberklasse auf und fügt dann die restlichen Variablen an, die in seiner Klasse neu hinzukommen.

Nun können wir aber auch über einen Zeiger vom Typ einer der Oberklassen auf ein Objekt zugreifen. Wenden wir nun den Operator `delete` an, so würde der Destruktor der Oberklasse auch dann aktiviert, wenn der Zeiger auf ein Objekt einer Oberklasse zeigt.

Ein Ausweg bietet sich dadurch an, den Destruktor selbst `virtual` zu deklarieren. Damit werden alle abgeleiteten Destruktoren virtuell, auch wenn sie einen anderen Namen haben. In diesem Fall werden die Destruktoren in der richtigen Reihenfolge abgearbeitet:

> Destruktoren können (sollten) als virtuell deklariert werden, Konstruktoren dagegen nicht.

7.4 Protected-Klassenelemente

Die Zugriffsrechte auf die Objektvariablen einer Klasse steuern wir mit bestimmten Schlüsselwörtern. Neben `private` und `public` steht uns eine weitere Option, `protected`, zur Verfügung. Dieses Schlüsselwort wurde eingeführt, um eine sinnvolle Vererbung auch über Modulgrenzen (Quelltextdatei) hinaus zu realisieren.

Mit der Option `private` legen wir fest, dass die auf das Schlüsselwort folgenden Elemente „privat", d. h., nicht für Routinen außerhalb der Klasse verfügbar sind. Abgeleitete Klassen in einem weiteren Modul können daher nicht auf so deklarierte Objektvariablen zugreifen (es sei denn über entsprechend vorbereitete Methoden). Solche Klassen benutzen wir eigentlich ständig, wenn wir die MFC einsetzen oder eine fremde Objektbibliothek benutzen.

Um nun auch den Zugriff auf entsprechende Objektvariablen in abgeleiteten Klassen zu ermöglichen, benutzen wir die Klausel `protected`:

```
//U077 Zugriffsrechte
//#define MitFehler

class Basisklasse {
public:
   //PrivatesElement ist über OeffentlicheFunktion() (lesend) erreichbar
   int OeffentlicheFunktion() { return PrivatesElement; }
private:
   int PrivatesElement;
}; //END class Basisklasse
class AbgeleiteteKlasse : public Basisklasse {
public:
#ifdef MitFehler
   void BenutzePrivate(int i) {PrivatesElement = i; } //FEHLER:
   PrivatesElement nicht direkt verfügbar
#endif
   int HolePrivat(void) {return OeffentlicheFunktion(); } //OK
}; //END class AbgeleiteteKlasse
class AbgeleiteteKlasse2 : private Basisklasse {
public:
   //OeffentlicheFunktion() steht der abgeleiteten Klasse zur Verfügung,
   //ist außerhalb dieser Klasse aber nicht erreichbar
   int BenutzePublic() {return OeffentlicheFunktion(); }
}; //END AbgeleiteteKlasse2
```

```
void main() {
  Basisklasse aBasis;
  AbgeleiteteKlasse  aAbgeleitet;
  AbgeleiteteKlasse2 aAbgeleitet2;
#ifdef MitFehler
  aBasis.PrivatesElement=1;        //FEHLER: PrivatesElement ist private
  aAbgeleitet.PrivatesElement = 1;//FEHLER: PrivatesElement nicht
                       //direkt in der abgeleiteten Klasse verfügbar
  aAbgeleitet2.OeffentlicheFunktion();//FEHLER: OeffentlicheFunktion()
                 //nicht direkt in der abgeleiteten Klasse verfügbar
#endif
  aAbgeleitet2.BenutzePublic();    //OK
} //END U077
```

7.5 Zugriffssteuerung bei der Vererbung

Beim Anlegen einer abgeleiteten Klasse können wir den Zugriff auf die Objektelemente gezielt beeinflussen. Normalerweise wird die abgeleitete Klasse folgendermaßen deklariert:

`Abgeleitet : public Basis {....};`

Bei dieser `public` Vererbung bleiben alle in der Basisklasse als `public` deklarierten Elemente auch in der abgeleiteten Klasse öffentlich sichtbar. Auch die Eigenschaft `protected` bleibt unverändert erhalten.

Benutzen wir stattdessen die Klauseln `protected` oder `private`:

`Abgeleitet : private Basis {....};`
`Abgeleitet : private Basis {....};`

so erfolgt eine `protected` bzw. `private` Vererbung. In diesem Fall werden alle Elemente der Basisklasse in der abgeleiteten Klasse zurückgestuft. Mit anderen Worten: Die öffentlichen Elemente werden `protected` oder `private`. Sie können dann nur noch über die öffentlichen Methoden der abgeleiteten Klasse verändert werden. Diese Eigenschaft kann durch eine erneute Vererbung nicht wieder aufgehoben werden, d. h., die Zugriffsrechte können bei jeder Vererbung nur weiter eingeschränkt, aber nie erweitert werden.

Auch wenn diese Art der Vererbung eher selten eingesetzt wird, nimmt der Compiler diese Klausel als Vorgabe an, wenn wir keine Klausel bei der Vererbung angeben. Durch diese Vererbung verhindern wir sowohl eine Konvertierung der abgeleiteten Klasse in ihre Basisklasse als auch die Polymorphie. Wir legen sozusagen eine neue Basisklasse an, die ihre Herkunft von anderen Klassen schlichtweg verleugnet.

7.6 Polymorphie über die Basisklasse

Wir haben die virtuellen Methoden in ihrer kompliziertesten Variante eingeführt, indem wir gezeigt haben, dass eine Meldung (Aufruf einer konkreten Methode) in der Klassenhierarchie in Richtung der Wurzel weitergereicht wird, um von einer zentralen Methode verarbeitet zu werden. Werden dort virtuelle Methoden aufgerufen, so erfolgt eine Suche in Richtung der Blätter.

Häufig wird die Polymorphie aber durch Meldungen an die Basisklasse ausgelöst. Grundidee dabei ist, Objekte verschiedener Ebenen der Klassenhierarchie in Auflistungen (Arrays usw.) zusammenzufassen und über geeignete Schleifen zu verarbeiten.

Um hierzu eindrucksvoll zu demonstrieren, sollten wir darangehen, die Klassenhierarchie unseres CAD-Programms aus dem ersten Kapitel zu implementieren.

➢ Aufgabe 7-8: CAD Klassenhierarchie

U07A Eigentlich könnten Sie mit dem bisherigen Wissen bereits einen Versuch machen, unser CAD-Programm in Zeichendruckerqualität zu realisieren, d. h., die Figuren sollen aus druckbaren Zeichen z. B. *, -, + usw. zusammengesetzt werden, wobei auf schräge Linien usw. verzichtet wird. Das Zeichen ersetzt dabei die Eigenschaft *Farbe*.

Tipp: Das Positionieren der Figuren direkt auf dem Bildschirm ist etwas mühsam, auf einem Drucker sogar unmöglich (kann normalerweise das Papier nicht zurückrollen). Legen Sie daher ein Array `Leinwand` an, auf das zuerst gezeichnet wird, um dann auf einen Schlag ausgegeben zu werden. ∎

Die Klassenhierarchie hilft uns nun, beliebige Objekte der verschiedenen Figuren anzulegen. Natürlich können wir jeder Figur einen eigenen Namen geben. Aber damit könnten wir kein Programm realisieren, bei dem der Anwender einmal viele, einmal wenige Figuren anlegen kann. Werden Figuren verändert, was bei einem CAD-Programm selbstverständlich sein sollte, so muss beispielsweise die gesamte Anzeige erneuert werden.

Es wäre also gut, alle Figuren in einer Auflistung verwalten zu können. Bevor wir diese allgemeine Aufgabe angehen, wollen wir den einfacheren Fall der Verwaltung mit einem Array darstellen. Dabei wissen wir, dass sich unter anderem folgende Nachteile ergeben:

- Die maximale Zahl der Figuren wird durch die Dimensionierung und nicht den verfügbaren Speicherplatz begrenzt.
- Beim Löschen müssen wir Mechanismen zum Auffüllen der Lücken bereitstellen.
- usw.

Andererseits können wir die Schleifenverarbeitung sehr einfach realisieren, was uns hier gerade zupass kommt. Wir legen daher verschiedene Figuren in einem Array an und verarbeiten diese über einfache Zählschleifen. Unser Hauptprogramm fällt daher wirklich sehr kurz aus:

```
//U07A.cpp: CAD als Konsolenanwendung
// Demonstration einer Klassenhierarchie

#include "stdafx.h"
#include "Figuren.h"
#include "Leinwand.h"

const maxN=4; //maximale Anzahl von Figuren
```

7.6 Polymorphie über die Basisklasse

```cpp
int main(int argc, char* argv []) {
  CLeinwand *pLeinwand=new CLeinwand; //Leinwand anlegen
  CFigur *pFigur [maxN]; //Array von Zeigern auf Figurobjekte
  CRechteck Rechteck(60,12,20,5,'=',true); //ein einzelnes Objekt
  int i,n;

  pFigur [0]=new CPunkt(2,2,'x',true);//Figuren anlegen,Zeiger speichern
  pFigur [1]=new CStrecke (4,10,15,'+',true);
  pFigur [1]->setzPosition(6,8); //ererbte Methode aufrufen
  pFigur [2]=new CStrecke (45,8,20,'*',true);
  pFigur [3]=new CRechteck (7,15,16,8,'-',true);
  pFigur [3]->setzPosition(20,15); //geht auch mit Rechteck
  n=4;

  for (i=0;i<n;i++)              //Figuren auf Leinwand zeichnen
    pFigur [i]->zeichne(pLeinwand);//Polymorphie der Basisklasse
  Rechteck.zeichne(pLeinwand);

  pLeinwand->ausgebe(); //Leinwand ausgeben

  for (i=0;i<n;i++)
    pFigur [i]->ziehe(-2,-2,pLeinwand); //Polymorphie der Methode
  Rechteck.ziehe(-4,3,pLeinwand); //Polymorphie der Unterklasse

  pLeinwand->ausgebe(); //Leinwand ausgeben

  delete pLeinwand;      //Leinwand löschen (geschieht auch automatisch)
  for (i=0;i<n;i++)                //Figuren löschen
    delete (CFigur*) pFigur [i]; //egal welche Figur (polymorph)

  return 0;
} //END U07A.cpp
```

Wir legen ein Zeigerarray `pFigur` an, das tatsächlich ein Zeigervektor mit 4 Byte langen Zeigern ist. Ob man die Leinwand dynamisch oder statisch deklariert, ist für das Programmergebnis nicht wesentlich. Die Schleife über das Zeigerarray funktioniert aber nur bei dynamischen Figuren.

Zum Verständnis der Virtualität legen wir auch noch ein einzelnes Objekt `Rechteck` an. Den Zeigervektor füllen wir nun mit verschiedenen Figuren. In einem aufwändigeren Programm würde dies vom Benutzer gesteuert werden können. Die Figuren lassen sich vor dem Zeichnen auch noch ohne Probleme verändern.

Lassen wir nun eine Schleife über alle Figuren laufen, bei der wir jeder Figur die Meldung geben, sich selbst zu zeichnen, so weiß tatsächlich jede Figur, wie sie sich zu zeichnen hat.

Wäre dies nicht der Fall, so würde die Anweisung:

`pFigur [i]->zeichne(pLeinwand);`

sofort auf einen Fehler laufen, da diese Methode in der Klasse `CFigur` bekanntlich abstrakt ist. Ein Objekt der Basisklasse weiß tatsächlich nicht, wie es sich zeichnen sollte.

Um die komplexe Virtualität zu nutzen, werden nun alle Figuren auch noch einmal gleichförmig verschoben. Da dies relativ schlecht erkennbar ist, wird im Beispielprogramm die alte Position noch als „Schatten" angedeutet.

In regelmäßigen Abständen wird die gesamte Leinwand auf dem Bildschirm ausgegeben. Am Ende zerstören wir noch alle unsere dynamischen Objekte. Alle jetzt angelegten Klassen haben eine feste Größe. Daher ist nirgends ein Destruktor notwendig. Realisieren wir beispielsweise das Polygon mit einer Punktliste, dann müssten wir für dieses einen Destruktor schreiben.

Bild 7.15 zeigt das Programmergebnis. Ein Punkt, zwei Strecken und ein Rechteck sind parallel verschoben (Translation). Das Einzelobjekt bewegt sich in eine andere Richtung.

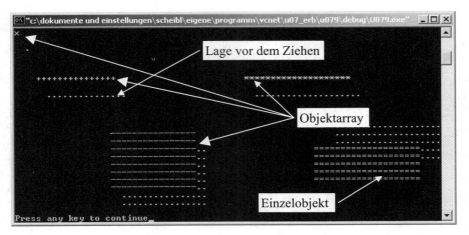

Bild 7.15: CAD-Programm

> Aufgabe 7-9: Debuggen

Debuggen Sie das Programm, und schauen Sie sich insbesondere den Zeigervektor an. Der Debugger zeigt das erste Element vollständig an, bei den anderen Elementen werden nur die Daten der Basisklasse aufgeführt.

Sie können dies durch Auswechseln der Indizes nachprüfen. Machen Sie z. B. das Rechteck zum Element 0 usw. Einzig an den virtuellen Methoden können wir die tatsächliche Klasse ablesen.

> Aufgabe 7-10: Virtualität prüfen

Das CAD-Programm diente uns als gutes Beispiel, um zu demonstrieren, dass bestimmte Grundfunktionen wie `Ziehe()` nur einmal in der Basisklasse geschrieben werden müssen, um für alle denkbaren Figuren zu funktionieren. Das Modul `Figuren` ist so angelegt, dass mit einem Präprozessorschalter die Virtualität ein- bzw. ausgeschaltet werden kann. Schalten Sie die Virtualität ab.

Natürlich müssen Sie etwas tricksen. Schließlich muss eine abstrakte Methode auch immer virtuell sein (rein virtuell). Für diesen Fall müssen wir der Methode eine Implementierung geben. Im vorliegenden Fall ist das die bereits erwähnte Meldung zur Abstraktheit.

7.6 Polymorphie über die Basisklasse

Sie werden schnell feststellen, dass das Ausschalten der Virtualität das Ziehen totlegt (**Bild 7.16**). Fügen Sie in die Implementierung von `Zeichne()` eine geeignete Aktion ein, so dass z. B. die Position markiert wird, dann erscheinen statt der erwarteten Figuren nur noch diese Punkte, die u. U. gar nicht zur Figur gehören (**Bild 7.17**). ■

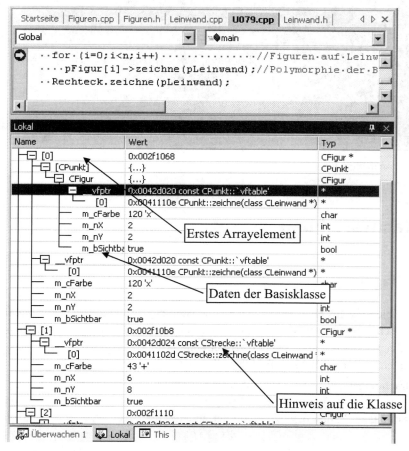

Bild 7.16: Zeigervektor debuggen

Tauschen Sie also die Elemente unbedingt aus und beobachten das Ergebnis im Debugger. ■

➢ Aufgabe 7-11: CAD-Programm mit Auflistung

U07B Ersetzen Sie das Array durch eine Auflistung aus dem Kapitel über C. ■

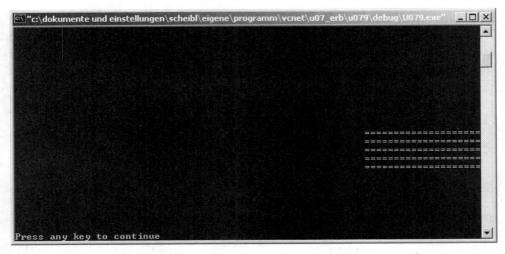

Bild 7.17: CAD-Programm ohne Virtualität

7.7 Mehrfachvererbung

7.7.1 Grundlagen

Die wiederholte Ableitung aus einer beliebigen Klasse ist in den zurückliegenden Kapiteln als selbstverständlich eingeführt worden. Diese Vererbungslinie wird nicht als Mehrfachvererbung bezeichnet. Kommen aber zwei bisher getrennte Vererbungslinien in einer Klasse wieder zusammen, so sprechen wir von *Mehrfachvererbung*.

Bei unseren Betrachtungen sind wir schon auf solche gar nicht so seltenen Fälle gestoßen. Ist nun ein geschlossenes Polygon eine Flächen- oder eine Linienfigur? Von der einen wollen wir die Fülleigenschaften benutzen, von der anderen die Eigenschaften der Punktliste.

Visual C++ bietet uns nun die zusätzliche Möglichkeit, neue Klassen aus mehreren Basisklassen abzuleiten.

Als Beispiel nehmen wir an, dass wir an einem Urlaubstag auch (wenn auch nur kurz) Verwandte besuchen wollen, so dass wir eine Klasse benötigen, die beide Eigenschaften vereinigt (**Bild 7.18**). Da nun CFUtag zwei Vorgänger besitzt, ist unser Graph kein gerichteter Baum mehr, sondern ein *Netz*.

7.7 Mehrfachvererbung

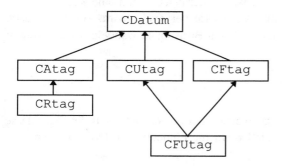

Bild 7.18: Mehrfachvererbung

Eine solche Klasse ist sehr einfach anzulegen:

```
class CFUtag : public CUtag, public CFtag {
   //...
}; //END class CFUtag
```

Die neue Klasse `CFUtag` erbt sowohl die Datenelemente wie auch die Methoden beider Basisklassen. Die Reihenfolge der Basisklassen in der Auflistung beeinflusst den Aufruf der Konstruktoren und Destruktoren. In der Liste der Basisklassen darf dabei jede Klasse nur einmal auftreten. Dies gilt aber offensichtlich nur für die eigentliche Deklaration, nicht jedoch für deren Vorgängerklassen. So enthält unsere Klasse `CFUtag` zweimal die Elemente von `CDatum`. Damit wird der Zugriff auf das Datum schwierig:

```
CFUtag FUtag;
int Tag;
Tag=FUtag.GibTag();   //FEHLER: nicht eindeutig
```

In diesem Fall kann der Compiler nicht unterscheiden, welches Datum er verwenden soll, schließlich enthält die Klassendeklaration zwei davon, die u. U. sogar unterschiedliche Werte enthalten können. Man hätte nun festlegen können, dass in diesem Fall das erste Element benutzt wird. Dies ist aber wenig sinnvoll. Wir müssen daher dem Compiler explizit mitteilen, welches Element wir wirklich meinen. Hierzu setzen wir den Bereichsauflösungsoperator `::` ein:

```
Tag=FUtag.CFtag::GibTag();
```

Mit dieser Anweisung wird der Tag zurückgeliefert, der im `CDatum`-Objekt der Klasse `CFtag` gespeichert ist.

In unserem Beispiel haben wir das Problem dadurch heraufbeschworen, dass wir Klassen mit gemeinsamen Vorgängern benutzt haben. Damit verdoppeln sich die Elemente der gemeinsamen Vorgängerklasse. Dasselbe Problem der Mehrdeutigkeit kann aber auch bei völlig getrennten Vorgängerklassen eintreten, wenn Elemente gleiche Namen enthalten (aber nicht notwendigerweise denselben Typ besitzen). Auch hier müssen wir über den Bereichsauflösungsoperator die Eindeutigkeit herstellen.

Ein weiteres Problem ergibt sich bei den Typkonvertierungen, wenn eine Klasse (wie im Beispiel `CDatum`) indirekt mehrfach als Basisklasse verwendet wird. Wenn wir dann einen Zeiger auf ein Objekt in einen Zeiger auf sein Basisobjekt wandeln wollen, kommt es zu Mehrdeutigkeiten:

```
CDatum *DatumZeiger;
CFUtag *FUtagZeiger;
DatumZeiger=FUtagZeiger;
```

Auch hier steht der Compiler vor der Frage, welches der beiden Daten aus der Basisklasse gemeint ist (`Ftag` oder `Utag` ?). Hier stellen wir die Eindeutigkeit durch eine einfache Typumwandlung her:

```
DatumZeiger=(Ftag *) FUtagZeiger;
```

Mit dieser Anweisung wird der Zeiger `FUtagZeiger` explizit in einen Zeiger auf `Ftag` konvertiert, um dann in einen Zeiger auf `CDatum` gewandelt zu werden, so dass dieser auf die „richtige" Hälfte zeigt.

U078 Das folgende Programm soll nur als Anregung dienen, diese Probleme einmal auszutesten:

```
// Übung U078   Klassenhierarchie Datum
//Mehrfachvererbung
#include <IOSTREAM.H>
#include <STRING.H>
#include "DatumV.h"     //in der virtuellen Variante
#include "AtagV.h"
#include "FtagV.h"
#include "RtagV.h"
#include "UtagV.h"

//--- CFUtag -----------------------------------------------------
class CFUtag : public CUtag, public CFtag {
public:
   CFUtag(float Bt,char* Vt,float Sn,char* Zl,float Kt,
          int Tg,int Mt,int Jr);
private:
   float Beurteilung;
}; //END class CFUtag
//Konstruktor der Klasse CUtag
CFUtag::CFUtag(float Bt,char* Vt,float Sn,char* Zl,float Kt,int Tg,int
 Mt,int Jr)
:CUtag(Vt,Sn,Tg,Mt,Jr),CFtag(Zl,Kt,Mt,Tg,Jr) { //Vertauschung!!
   Beurteilung=Bt;
} //END CUFtag::CFUtag(...)

void main() {
  /*CUtag Utag("Oma",2.5f,28,10,2002);
   Utag.Zeige(); cout << endl;
   CFtag Ftag("Ammersee",35.5f,28,10,2002);
   Ftag.Zeige(); cout << endl; */
   CFUtag FUtag(1.0f,"Oma",2.5f,"Ammersee",35.5f,01,10,2002);
   FUtag.CFtag::Zeige(); cout << endl;
   FUtag.CUtag::Zeige(); cout << endl << endl;
} //END U078
```

Durch eine bewusste Verdrehung der Parameter in den Elementinitialisierern stellen wir fest, dass beide Datumsangaben unabhängig voneinander gespeichert werden. Es ist ganz

7.7 Mehrfachvererbung

hilfreich, dieses Programm schrittweise zu durchlaufen, um zu sehen, wie nacheinander die Konstruktoren von `CFtag` und `CUtag` aktiviert werden. Sehen wir uns die Variable `FUtag` in der Überwachung an, so finden wir dort zwei Variablen des Typs `CDatum` (**Bild 7.19**).

7.7.2 Virtuelle Klassen

Aufgrund dieser Vielfalt von Problemen, gepaart mit der Frage, ob die doppelt vorhandenen Datenelemente nicht hochgradig überflüssig sind, stellt sich die Frage, ob die Mehrfachvererbung überhaupt sinnvoll ist und ob nicht die Freundschaft schon ausreicht.

Wäre es nicht naheliegend, gemeinsame Vorgängerklassen in irgendeiner Weise nur einmal in unsere Vererbungshierarchie aufzunehmen? Bei Einzelelementen, die zufällig oder gewollt denselben Namen besitzen, stellt sich diese Frage nicht.

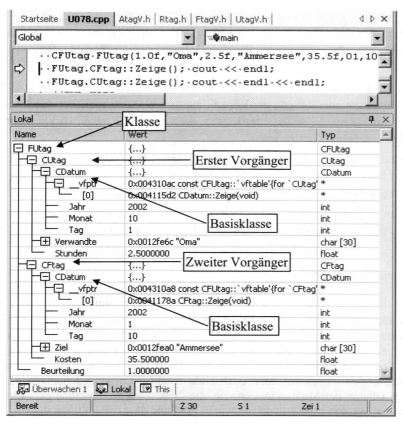

Bild 7.19: Objektstruktur bei Mehrfachvererbung

Wir erreichen diese Beschränkung auf eine einmalige Aufnahme, indem wir `CDatum` als *virtuelle Basisklasse* der beiden abgeleiteten Klassen `Ftag` bzw. `Utag` verwenden:

```
class CDatum {
  //...
};
class CFtag : public virtual CDatum {
  //...
};
class CUtag : public virtual CDatum {
  //...
};
class CFUtag : public CFtag, CUtag {
  //...
};
```

Das Beispiel zeigt uns, dass nur `CDatum` als virtuelle Basisklasse deklariert wird, in `CFUtag` fehlt die Klausel. Durch diese Technik wird nun nur noch ein Datum in die Klasse `CFUtag` aufgenommen. Analoges gilt auch für die Methoden. Damit werden die Zugriffe auf die Elemente eindeutig, womit auch Typkonvertierungsprobleme mit Basisklassenzeigern entfallen.

Was geschieht aber, wenn wir eine dritte Klasse ohne `virtual CDatum` deklarieren und in einer Mehrfachvererbung benutzen? Für diese Klasse wird die Basisklasse wieder vollständig vererbt.

Wenn dies so problemlos geht, fragen wir uns, ob wir nicht alle Vererbungen virtuell deklarieren sollten. Dem steht aber der größere Verwaltungsaufwand entgegen, der den Vorteil leider wieder zunichte macht, so dass der Einsatz der virtuellen Klassen wirklich nur auf das Notwendige beschränkt werden sollte.

Beim obigen Beispiel gibt es noch ein Problem. `CFtag` und `CUtag` enthalten beide die Methode `Zeige()`. Dies führt zu einer nicht auflösbaren Namensüberschneidung. Der Compiler weiß nicht, welche der beiden Methoden er weitervererben soll.

U079 Selbst wenn wir nun in einer Klasse die Methode z. B. in `Zeigen()` umbenennen, so hat diese `Zeige()` von `CDatum` geerbt. In diesem Fall tritt dann eine Dominanzregel ein

`warning C4250: 'CFUtag' : Erbt 'CUtag::CUtag::Zeige' via Dominanz`

Details hierzu finden Sie im Programm U079.

☞ Hinweis: Die Mehrfachvererbung von Klassen, die von `CObject` innerhalb der MFC abgeleitet werden, ist deutlich komplizierter. Daher schauen Sie sich unbedingt das Programm ✎ U15I an. Dort ist das CAD-Programm mit einer Mehrfachvererbung des Polygons zu finden. Natürlich könne ich als Autor diese Probleme einfach totschweigen, d. h., unerwähnt lassen. Aber ganz so einfach wollen wir es uns dann doch nicht machen. Oft sind diejenigen die großen Gegner der Mehrfachvererbung, die diese noch nie zustande gebracht haben. Sie werden es jedoch sehen, wie es geht und dass es funktioniert.

8

Überladen und Typwandlung

8	**Überladen und Typwandlung** **269**	
	8.1 Überladen von Operatoren 269	
	8.2 Konvertierungen zwischen Klassen 283	

8

Überwachen und Verantwortung

8 Überladen und Typwandlung

Klassen sind dazu geeignet, mathematische Datentypen aufzunehmen, die in ihrer besonderen Form nicht zu den Bestandteilen von Visual C++ gehören. Bei diesen Klassen wäre es wünschenswert, die Operatoren in der üblichen mathematischen Form benutzen zu können. Hierzu *überladen* wir die Operatoren. Sollten dabei verschiedene Datentypen zusammentreffen, so wäre es vorteilhaft, Regeln für die Typumwandlung festlegen zu können. Letztendlich sind die in diesem Kapitel vorgestellten Techniken natürlich nicht nur auf mathematische Datentypen beschränkt. Vielmehr lassen sie sich auf alle Klassen erweitern.

8.1 Überladen von Operatoren

8.1.1 Grundlagen

Bereits im Kapitel «Dynamische Speicherverwaltung» hatten wir eine Möglichkeit des Überladens von Operatoren kennen gelernt. Dort war die Redefinition des Zuweisungsoperators = notwendig geworden. Dieser Operator wird sicher am häufigsten überladen. Wir wollen in diesem Kapitel auch andere Operatoren überladen. Hierbei kann es sich um Operatoren handeln, an die wir auf den ersten Blick nicht denken.

Bei unserem Datumsbeispiel ist ein Additionsoperator durchaus sinnvoll. Er hat aber schon den Nachteil, dass er unterschiedliche Datentypen (Datum und Ganzzahl) miteinander verknüpft. Operatoren für unsere Beispielklasse `CDatum` mit einheitlichen Datentypen wären Vergleichsoperatoren. Statt einer Vergleichsfunktion:

```
if (KleinerAls(datum1,datum2)) {...};
```

wäre es mit einem < Operator möglich, kurz zu schreiben:

```
if (datum1<datum2) {...};
```

Eigentlich arbeiten wir auch in einer „klassischen" Programmiersprache ständig mit überladenen Operatoren. Eine Addition + kann dort auf verschiedene numerische Typen, angefangen von den Ganzzahlen bis zu den doppelt langen, reellen Typen, und sogar auf Texte angewendet werden.

Weitere typische Beispiele für überladene Operatoren finden wir in der Rechnung mit komplexen Zahlen oder etwas einfacher in der Rechnung mit rationalen Zahlen (Brüchen). In der Mathematik definieren wir hierfür neue Operatoren und rechnen mit diesen in gewohnter Art. So addieren wir ungeniert zwei Brüche. Wollen wir den Wert bestimmen, so müssen wir den Hauptnenner bestimmen, beide Brüche erweitern, die Addition durchführen und bei Bedarf kürzen (ganz einfach, oder nicht?).

Warum sollten wir auf diese einfache Schreibweise in Visual C++ verzichten, wenn es in der Mathematik funktioniert?

8.1.2 Regeln für das Überladen von Operatoren

Es sind beim Überladen von Operatoren einige Regeln zu beachten. Als Erstes wollen wir uns die überladbaren Operatoren anschauen:

+	-	*	/	%	^	&	|
~	!	,	=	>	<	<=	>=
++	--	<<	>>	==	!=	&&	||
+=	-=	*=	/=	%=	^=	&=	|=
<<=	>>=	[ ]	( )	->	->*	new	delete

Die beiden Operatoren `new` und `delete` haben wir schon früher besprochen. Der Zeiger-auf-Element-Operator `->*` (Pointer-to-Member Operator) wird in der *Referenz der Sprache C++* beschrieben. Einige der Operatoren können sowohl unär wie auch binär eingesetzt werden. So dient das Minuszeichen - sowohl der Differenzbildung als auch der Negation. In diesem Fall lassen sich die Operatoren für jede Bedeutung separat überladen.

Operatoren können auch so überladen werden, dass sonst bedeutungslose Ausdrücke eine Wirkung zeigen:

```
cout << "Hallo, Welt!";
```

Der Operator `<<` für bitweises Linksschieben ist so überladen worden, dass eine Ausgabe erfolgt. Wäre er nicht überladen, so würde die Operation keinen Effekt zeigen. Der Compiler würde aber eine Meldung liefern (da das Ergebnis der Operation nicht ausgewertet wird). Nun ist die Anweisung syntaktisch erlaubt, so dass der Operator in dieser Form mit einer anderen Funktion überladen werden kann.

Für das Überladen von Operatoren gelten, wie schon erwähnt, einige Regeln:

− Wir können die Programmiersprache Visual C++ nicht durch neue Operatoren erweitern. Somit lassen sich nur bereits definierte Operatoren überladen.

− Die Anzahl der Operanden ist durch die Grunddefinition festgelegt und lässt sich nicht ändern. So können wir aus dem unären Operator ~ (bitweises Not) durch Überladen keinen binären Operator machen.

− Wir können die Rangfolge von Operatoren nicht ändern. Der Multiplikationsoperator * hat immer eine höhere Priorität als der Additionsoperator +. Die Reihenfolge kann nur durch Klammernsetzung verändert werden.

− Die Gruppierungsreihenfolge gleichgeordneter Operatoren (von links nach rechts) lässt sich durch Überladen nicht verändern.

− Die Bedeutung von Operatoren mit Standard-Datentypen (`int`, `float`,...) ist fest vorgegeben und lässt sich durch Überladen nicht ändern.

− Folgende Operatoren lassen sich grundsätzlich nicht überladen:
  - .   Zugriff auf ein Element eines Objekts

8.1 Überladen von Operatoren

.* Zeiger auf einen Elementoperator
:: Zugriffsoperator (Bereichsoperator)
?: Operator für bedingte Ausdrücke

8.1.3 Grenzen des Überladens

Das Überladen von Operatoren stellt eine Möglichkeit dar, eine Aufgabe zu lösen. Dies muss aber nicht immer die eleganteste Lösung eines Problems darstellen. Operatoren sollten grundsätzlich nur dann überladen werden, wenn ihre Bedeutung danach klar und eindeutig ist. Das Pluszeichen + stellt mathematisch eine Addition dar. Also kann es sinnvoll zur Addition von komplexen Zahlen verwendet werden. Die Addition zweier Daten unserer Klasse CDatum ist aber weniger sinnvoll:

```
NeuesDatum=Datum1+Datum2;   //Was soll das bedeuten?
```

Anders verhält es sich mit der Addition eines Datums und einer ganzen Zahl bzw. der Differenzbildung zweier Datumsangaben:

```
NeuesDatum=Datum1+nTage;
nTage=Datum1-Datum2;
```

wobei natürlich die Frage auftaucht, ob solche „gemischten" Operatoren erlaubt sind, insbesondere wenn Standard-Datentypen (hier z. B. `int`) beteiligt sind.

Für `String`-Klassen lassen sich z. B. auch die relationalen Operatoren wie >, < oder == überladen. Im letzten Fall wird aber die Interpretation schon wieder problematisch:

```
if (String1==String2) {   };
```

Wird bei diesem Vergleich die Groß-/Kleinschreibung beachtet? Wird die Länge der beiden Strings beachtet usw.? Wir sollten daher auch an die Zukunft denken, wenn ein solches Programm wieder gelesen und verstanden werden muss. Im Zweifelsfall sollten wir daher auf benannte Funktionen ausweichen.

Zu viele überladene Operatoren können ein Programm schwer lesbar und damit schwer verständlich machen. Wir sollten daher überladene Operatoren nicht dazu missbrauchen, Tipparbeit einzusparen.

8.1.4 Überladen von Operatoren für eine numerische Klasse

U081 Als durchaus sinnvolles Beispiel für das Überladen von Operatoren wollen wir eine Klasse CBruch einführen. Diese Klasse soll Brüche bearbeiten können, deren Zähler und Nenner aus Ganzzahlen (Typ `long`) bestehen. Wir werden sie immer dann einsetzen, wenn es auf höchste Genauigkeit von rationalen Zahlen (nicht für irrationale Zahlen) ankommt, so dass die Stellenzahl der Datentypen `float` oder `double` nicht mehr ausreicht.

⊠ Zur Realisation gehen wir in folgenden Schritten vor, wobei der dargestellte Code bereits einen Vorgriff auf die folgenden Ausführungen beinhaltet:

1. Wir beenden das aktuelle Projekt und schließen alle Fenster.

2. Wir starten eine neue Win32-Konsolenanwendung `U081`. In dieser Anwendung legen wir die in den nächsten Schritten beschriebenen drei Dateien an.
3. Wir öffnen eine neue Kopfdatei `Bruch.h` und geben den folgenden Quelltext für unsere Klasse `CBruch` ein. Hierbei beschränken wir uns zuerst auf die Addition zweier Brüche:

```
//Bruch.h Kopfdatei für die Klasse CBruch
// 31.12.2002  Prof. Scheibl

#if ! defined _Bruch_H_
#define       _Bruch_H_

#define unaerFriend //testet die unäre Friend-Variante

//Deklaration der Klasse
class CBruch {
public:
  CBruch(long nZaehler=0,long nNenner=1);              //Konstruktoren
  void Zeige() const;                                  //Anzeige
  CBruch operator+(const CBruch &Op2) const;           //Bruch+Bruch
  CBruch operator+(long Wert) const;                   //Bruch+Ganzzahl
  friend CBruch operator+(long Wert,const CBruch &Op2);//Ganzzahl+Bruch
  #ifndef unaerFriend
    CBruch operator-() const;                          //unärer Operator
  #else
    friend CBruch operator-(CBruch &Op1);              //Alternative
  #endif
private:
  static long GGT(long Op1,long Op2); //größter gemeinsamer Teiler
  long Zaehler;
  long Nenner;
}; //END class CBruch
#endif // _Bruch_H_
```

4. Die Datei speichern wir unter `Bruch.h` in unserem zentralen Verzeichnis `U00_Incl`. In der Projektmappe sollte die Datei aber aufgeführt bleiben.
5. Wir legen eine neue Implementationsdatei `Bruch.cpp` mit folgendem Inhalt an:

```
//Bruch.cpp  Implementationsdatei für die Klasse CBruch
//31.12.2002  Prof. Scheibl

#include <stdlib.h>
#include <math.h>
#include <iostream.h>
#include "Bruch.h"

//Konstruktoren (inklusive Standardkonstruktor)
CBruch::CBruch(long nZaehler, long nNenner) {
  if (nNenner<0) {
    nZaehler=-nZaehler;
    nNenner=-nNenner;
  }
  Zaehler=nZaehler;
  Nenner=nNenner ?nNenner:1;         //Prüfung auf 0
  long Faktor=GGT(Zaehler,Nenner);   //Kürzen
  if (Faktor>1) {
    Zaehler/=Faktor;
    Nenner/=Faktor;
```

8.1 Überladen von Operatoren

```cpp
    }
  } //CBruch::CBruch(long nZaehler, long nNenner)

//Funktion zur Anzeige eines Bruches
void CBruch::Zeige() const {
  if (Nenner==1) {
    cout<<Zaehler;
  } else {
    if (Zaehler>Nenner) {
      cout<<Zaehler<<'/'<<Nenner<<"="<<Zaehler/Nenner<<' '<<Zaehler%Nenner<<'/'<<Nenner;
    } else {
      cout<<Zaehler<<'/'<<Nenner;
    }
  }
} //CBruch::Zeige()

//Überladen des Operators + Bruch+Bruch
CBruch CBruch::operator+(const CBruch &Op2) const {
  long Faktor=GGT(Nenner,Op2.Nenner);
  long Mult1=Nenner/Faktor;
  long Mult2=Op2.Nenner/Faktor;

  long ZaehlerNeu=Zaehler*Mult2+Op2.Zaehler*Mult1;
  long NennerNeu=Nenner*Mult2;

  return CBruch(ZaehlerNeu,NennerNeu);
} //CBruch::operator+(const CBruch &Op2)

//Überladen des Operators + Bruch+Ganzzahl
CBruch CBruch::operator+(long Wert) const {
  return CBruch(Zaehler+Wert*Nenner,Nenner);
} //CBruch::operator+(long Wert)

//friend-Funktion des Operators + Ganzzahl+Bruch
CBruch operator+(long Wert,const CBruch &Op2) {
  return CBruch(Op2.Zaehler+Wert*Op2.Nenner,Op2.Nenner);
} //operator+(long Wert,const CBruch &Op2)

#ifndef unaerFriend
//Überladen des unären Operators - Bruch
CBruch CBruch::operator-() const {
  return CBruch(-Zaehler,Nenner);
} //CBruch::operator-()
#else
/*Alternative, es genügt eine der beiden Definitionen */
CBruch operator-(CBruch &Op1) {
  return CBruch(-Op1.Zaehler,Op1.Nenner);
} //operator-(CBruch &Op1)
#endif

//Größter gemeinsamer Teiler nach Euklid
long CBruch::GGT(long Op1,long Op2) {
  Op1=labs(Op1);
  Op2=labs(Op2);
  while (Op2) {
    long Zwi=Op1%Op2;
    Op1=Op2;
    Op2=Zwi;
  }
  return Op1;

} //CBruch::GGT(long Op1,long Op2
```

6. Auch diese Datei speichern wir als `Bruch.cpp` im zentralen Verzeichnis `U00_Incl` ab. Die Datei muss aber unter den Quelldateien eingetragen bleiben.
7. Zuletzt generieren wir eine neue, leere Konsolenanwendung `U081` mit den Anweisungen für das Hauptprogramm:

```
//U081.cpp Hauptprogramm zum Testen der Klasse CBruch
#include <IOSTREAM.H>
#include "Bruch.h"

void main() {
  CBruch A,B(46,22),C(4,6);
  A.Zeige(); cout<<endl;      //testet Standardkonstruktor
  B.Zeige(); cout<<endl;      //testet Kürzen
  C.Zeige(); cout<<endl;
  A=B+C;                      //testet überladenen Operator
  A.Zeige(); cout<<endl;
  A=B+123;                    //überladener Operator mit fremder Klasse
  A.Zeige(); cout<<endl;
  A=345+B;                    //überladenen Operator mit friend-Funktion
  A.Zeige(); cout<<endl;
  A=-A;                       //unärer Operator
  A.Zeige(); cout<<endl<<endl;
} //END U081
```

8. Das fertige Projekt sollte die Ergebnisse aus **Bild 8.1** liefern. ∎

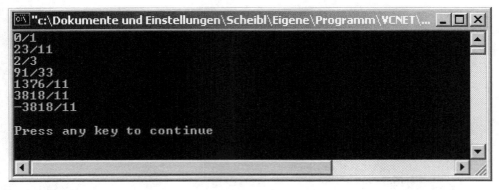

Bild 8.1: Bruchrechnung mit `U081`

Die Addition `B+C` wirkt wie ein Methodenaufruf der Methode `operator+` mit dem Argument `C`

`A=B.operator+(C);`

Ein überladener Operator kann auch Operanden mit Datentypen enthalten, die nicht zu einer gemeinsamen Klasse gehören. Einer der Operanden muss aber vom Typ der Klasse sein, für die der Operator überladen wird.

So können wir den Operator auch zur Addition einer Ganzzahl zu einem Bruch bewegen, wie dies im Programm bereits mit folgender Deklaration:

8.1 Überladen von Operatoren

```
CBruch operator+(long Wert) const;        //Bruch+Ganzzahl
```

bzw. folgender Implementation geschehen ist:

```
//Überladen des Operators + Bruch+Ganzzahl
CBruch CBruch::operator+(long Wert) const {
  return CBruch(Zaehler+Wert*Nenner,Nenner);
} //CBruch::operator+(long Wert)
```

Die Testanweisung im Hauptprogramm:

```
A=B+123;                //überladener Operator mit fremder Klasse
```

lässt sich nicht in umgekehrter Reihenfolge schreiben, d. h., ohne zusätzliche Maßnahmen führt die Anweisung:

```
a=123+b;   //falsch!!
```

zu einem Fehler. Die Ursache ist schnell bestimmt. Auch in diesem Fall sucht der Compiler nach einem Operator `operator+` zum ersten Operanden

```
A=123.operator+(B);
```

Wir sehen sofort, dass `123` keine Instanz einer Klasse `int` ist, da es diese Klasse nicht gibt. Also gibt es auch keine Methode `operator+`. Dies führt zu einer Fehlermeldung.

Nun wäre es ziemlich ärgerlich, wenn wir im Handbuch unserer Klasse schreiben müssten, dass eine (mathematisch nicht notwendige) Reihenfolge einzuhalten ist. Die Lösung hierzu bietet aber die `friend`-Funktion von Visual C++, die uns eine von der Reihenfolge unabhängige Definition erlaubt.

8.1.5 Überladen mit `friend`-Funktionen

Die zurückliegenden Ausführungen haben uns gezeigt, dass wir nur Operatoren überladen können, wenn der erste Operand aus der eigenen Klasse stammt. Nur dann existieren für alle Operatoren Methoden vom Typ `operator⊕`, wobei ⊕ eines der erlaubten Operatorsymbole darstellt. Diese Methoden können wir nach unseren Wünschen überladen. Operatoren, die nicht in die Kategorie „eigene Methoden" fallen, können wir mit `friend`-Funktionen überladen. Dies ist in unserem Programm bereits mit folgenden Anweisungen in der Kopfdatei `Bruch.h`:

```
friend CBruch operator+(long Wert,const CBruch &Op2);//Ganzzahl+Bruch
```

und der Implementationsdatei `Bruch.cpp`:

```
//friend-Funktion des Operators + Ganzzahl+Bruch
CBruch operator+(long Wert,const CBruch &Op2) {
  return CBruch(Op2.Zaehler+Wert*Op2.Nenner,Op2.Nenner);
} //operator+(long Wert,const CBruch &Op2)
```

geschehen. Die `friend`-Funktion führt hauptsächlich eine Typumwandlung durch. Der Aufruf im Hauptprogramm:

```
//U081.cpp Hauptprogramm zum Testen der Klasse CBruch
#include <IOSTREAM.H>
#include "Bruch.h"
```

```
void main() {
  CBruch A,B(46,22),C(4,6);
  A.Zeige(); cout<<endl;    //testet Standardkonstruktor
  B.Zeige(); cout<<endl;    //testet Kürzen
  C.Zeige(); cout<<endl;
  A=B+C;                    //testet überladenen Operator
  A.Zeige(); cout<<endl;
  A=B+123;                  //überladener Operator mit fremder Klasse
  A.Zeige(); cout<<endl;
  A=345+B;                  //überladenen Operator mit friend-Funktion
  A.Zeige(); cout<<endl;
  A=-A;                     //unärer Operator
  A.Zeige(); cout<<endl<<endl;
} //END U081
```

wird nicht als Operation mit einem (als Klasse nicht existierenden) Integer-Objekt, sondern als Aufruf der `friend`-Funktion interpretiert:

```
A=operator+(345,B);   //Aufruf der friend-Funktion
```

Der `friend`-Funktion `operator+` werden hier zwei Parameter übergeben, während die Methode `operator+` nur einen Parameter benötigt. Das sieht zunächst wie ein Widerspruch aus. Woher erhält die Methode ihren ersten Parameter (Operanden)? Offensichtlich wird der erste Operand implizit als „momentanes" Element an die Methode übergeben, während der zweite Operand explizit in der Argumentliste als Parameter auftritt. Wird der Operator dagegen mit einer `friend`-Funktion aufgerufen, dann existiert kein solches „momentanes" Objekt, so dass beide Operanden übergeben werden müssen.

Wie bei den Konstruktoren orientiert sich der Compiler an den Parameterlisten, um die verschiedenen Fälle zu unterscheiden. Daher dürfen keine zwei Methoden bzw. `friend`-Funktionen mit identischen Parameterlisten definiert werden.

Unäre Operatoren lassen sich wie binäre Operatoren sowohl mit `friend`-Funktionen als auch Methoden überladen. Der zweite Operator fällt einfach weg, also:

```
friend CBruch operator+(long Wert,const CBruch &Op2);//Ganzzahl+Bruch
```

mit der Implementation:

```
//Überladen des unären Operators - Bruch
CBruch CBruch::operator-() const {
  return CBruch(-Zaehler,Nenner);
} //CBruch::operator-()
```

Da Operatoren nur in Verbindung mit einer Klasse überladen werden können, stellt sich natürlich die Frage, wozu bei einem unären Operator die `friend`-Funktion eingesetzt werden soll. Aber es funktioniert in folgender Form:

```
friend CBruch operator-(CBruch &Op1);            //Alternative
```

mit der Implementation:

```
CBruch operator-(CBruch &Op1) {
  return CBruch(-Op1.Zaehler,Op1.Nenner);
} //operator-(CBruch &Op1)
```

Damit das so ist, muss eine Klasse vorhanden sein, in der diese `friend`-Funktion deklariert wird. Beim Überladen mit Methoden wird als impliziter Parameter ein Objekt vom Typ der Klasse übergeben. Somit lassen sich die Operatoren der Standard-Datentypen nicht überladen.

➤ Aufgabe 8-1:

Testen Sie auch diese Variante des Überladens mit Hilfe einer `friend`-Funktion. ■

Zusammenfassung:

Wollen wir einen Operator einer neuen Klasse überschreiben, so benötigen wir eine Methode dafür. Kann einer der Operanden von einem anderen Datentyp sein, so müssen wir jeweils zwei weitere Operatorfunktionen ergänzen, welche die beiden Stellungen des unterschiedlichen Datentyps berücksichtigen. Da die letzte Aussage für alle weiteren Operatoren gilt, können wir den Aufwand realistisch abschätzen, der auf uns zukommt. Zum Glück können wir durch Konvertierungen zwischen den Klassen solche Mehrfachdefinitionen weitgehend vermeiden.

8.1.6 Hinweise zum Überladen arithmetischer Operatoren

Für den Compiler ist jeder Operator völlig unabhängig von seinen Kollegen. Somit hat das Überladen des Operators `+` keinerlei Auswirkungen auf den Operator `+=`. Wollen wir auch den Operator `+=` überladen, müssen wir hierzu erneut eigene Methoden schreiben. Es gehört zu unseren Aufgaben, darauf zu achten, dass bei `A+=B` dasselbe herauskommt wie bei `A=A+B`. Es sei denn, wir wollen ein Kündigungsschutzprogramm schreiben.

Wenn wir Operatoren für Klassen überladen, deren Objekte viel Speicherplatz benötigen, so übergeben wir diese Objekte als `const`-Referenzparameter.

Der Ergebnistyp einer Operatorfunktion ist vom jeweiligen Operator abhängig. Die Ergebnisse der Operatoren `+`, `-` usw. werden in temporären Objekten zurückgeliefert und dann erst dem Empfänger zugewiesen. Im Allgemeinen sollten daher die Operatorfunktionen denselben Typ wie die Klasse selbst haben. Bei den Operatoren `+=`, `-=` usw. erhalten wir einen effizienteren Code, wenn wir das Ergebnis als Referenz zurückliefern. In diesem Fall ist die Veränderung eines bereits existierenden Objekts über den Zeiger `this` möglich.

8.1.7 Überladen von Operatoren für Array-Klassen

U082 Arrays werden von C und C++ nur in bescheidenem Maß unterstützt, d. h., wesentliche Funktionen wie das Addieren, das Multiplizieren usw. von Arrays müssen programmiert werden. Hinter der Variablen für ein Array versteckt sich ein Zeiger auf das erste Element. Alle anderen Elemente werden über einen Offset von diesem Eintrittspunkt angesprochen. Daher ist es durch falsche Indizes leicht möglich, Elemente außerhalb des Arrays anzusprechen und zu zerstören.

In Visual C++ ist es nun möglich, mit Hilfe von Klassen Arrays zu definieren, die wesentlich mehr Möglichkeiten zur Verarbeitung bieten. Um eine solche Array-Klasse syntaktisch wie ein normales Array verwenden zu können, überladen wir den Indexoperator [ ]. Dadurch sind wir z. B. in der Lage, eine eigene Indexüberwachung durchzuführen.

Wir gehen in folgenden Schritten vor:

1. Wir beenden das aktuelle Projekt und schließen alle Fenster.
2. Wir legen eine neue Win32-Konsolenanwendung U082 an.
3. In diese Anwendung fügen wir eine Kopfdatei IntVekt.h mit folgendem Inhalt ein:

```
//IntVekt.h Kopfdatei für die Klasse CIntVekt (Vektor aus Integer-Zahlen)
// 31.12.2002  Prof. Scheibl

#if ! defined _IntVekt_H_
#define          _IntVekt_H_

class CIntVekt {
public:
  CIntVekt(int nLaenge);        //Konstruktor legt einen Vektor an
  int GibLaenge() const {return Laenge; }; //liefert Anzahl der Elemente
  int &operator [](int Idx);    //überlädt den Operator []
  void Zeige() const;           //zeigt Vektor an
  ~CIntVekt();                  //Destruktor zerstört den Vektor
private:
  unsigned Laenge;              //enthält die Länge
  int *Vektor;                  //Zeiger auf den Vektor
}; //END class CIntVekt
#endif //_IntVekt_H_
```

4. Wir legen eine neue Implementationsdatei IntVekt.cpp mit folgendem Inhalt an:

```
//IntVekt.cpp Implementationsdatei für die Klasse CIntVekt
#include <iostream.h>
#include <string.h>
#include "IntVekt.h"

//Konstruktor des Vektors belegt Freispeicher
CIntVekt::CIntVekt(int nLaenge) {
  Vektor=0;
  Laenge=0; //im Fehlerfall bleibt die Länge 0
  if (nLaenge>0) {
    if ((Vektor=new int [nLaenge])!=0) {
      memset(Vektor,0,sizeof(int)*nLaenge);//Vektor anlegen
      Laenge=nLaenge;           //Länge speichern
    }
  }
} //END CIntVekt::CIntVekt(int nLaenge)

//Methode operator [] überlädt den Indexoperator. Sie liefert einen
//geprüften Zeiger auf ein Element zurück
int &CIntVekt::operator [](int Idx) {
  static int Muell=999;         //Muell für ungültige Indizes
  int *Zeiger;                  //Zeiger auf das indizierte Element
  if ((unsigned)Idx<Laenge) {   //negative Zahlen werden >32687
    Zeiger=Vektor+Idx;          //Zeiger auf das indizierte Element
  } else {
    cout<<"\nFEHLER: Index ungueltig "<<Idx<<"\n";
```

8.1 Überladen von Operatoren 279

```
      Zeiger=&Muell;            //bei ungültigem Index: Zeiger auf Muell
   }
   return *Zeiger;
} //END &CIntVekt::operator [](int index)

void CIntVekt::Zeige() const {
   for (unsigned I=0;I<Laenge;I++) {
      cout<<Vektor[I]<<" ";
   }
   cout<<endl;
} //END CIntVekt::Zeige()

//Destruktor gibt Speicher wieder frei
CIntVekt::~CIntVekt() {
   delete [Laenge] Vektor;
} //END CIntVekt::~CIntVekt()
```

5. Wir erzeugen ein Hauptprogramm mit folgendem Inhalt:

```
//U082.cpp  Hauptprogramm zum Testen der Klasse CIntVekt
#include <IOSTREAM.H>

#include "IntVekt.h"

void main(void) {
   CIntVekt Zahlen(10);
   cout<<Zahlen.GibLaenge()<<endl;
   for(int I=0;I<10;I++) {
      Zahlen[I]=I; //Zuweisung an das Funktionsergebnis von operator []
   }
   for(I=0;I<12;I++) { //Grenzüberschreitung
      cout<<Zahlen[I]<<" ";
   }
   cout<<endl;
   cout<<Zahlen[-1]<<endl<<endl;

   Zahlen.Zeige();
   cout<<endl;
} //END U082
```

6. Das fertige Programm wird nun getestet. Aufgrund der Bereichsverletzung in der Anzeigeschleife sollte es entsprechende Fehler produzieren (**Bild 8.2**). ∎

Da wir den Speicherplatz für den Vektor programmgesteuert (dynamisch) anfordern, müssen wir ihn auch wieder selbst freigeben. Die Methode operator [] überlädt den Indexoperator []. Sie liefert eine Referenz auf das indizierte Element zurück. Hierbei erfolgt eine Bereichsüberprüfung mit geeigneter Fehlermeldung. Gleichzeitig wird die Referenz auf eine statische Variable Muell zurückgegeben, so dass die Zuweisung keinen Schaden anrichten kann. Natürlich wären auch andere Lösungen sowohl bei der Überwachung (über Zusicherungen) als auch bei der Fehlerbehandlung (durch Abbruch) möglich.

Im Hauptprogramm legen wir eine Instanz der Klasse CIntVekt mit zehn Elementen (nummeriert von 0 bis 9) an und weisen allen Elementen einen Wert zu. Die Anweisung Zahlen[i]=i; wird vom Compiler folgendermaßen interpretiert:

Hier liefert die Methode Zahlen.operator [] keinen Wert zurück. Vielmehr wird dem Funktionsergebnis ein Wert zugewiesen. Dies ist nur möglich, weil das Ergebnis der

Methode eine Referenz auf eines der Vektorelemente ist. Damit wird der Methodenaufruf zum Ersatzbezeichner für ein indiziertes Element.

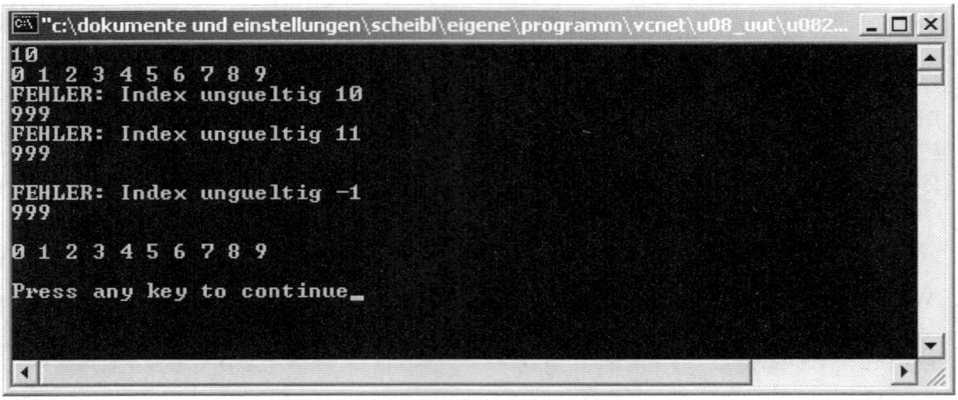

```
10
0 1 2 3 4 5 6 7 8 9
FEHLER: Index ungueltig 10
999
FEHLER: Index ungueltig 11
999

FEHLER: Index ungueltig -1
999

0 1 2 3 4 5 6 7 8 9
Press any key to continue_
```

Bild 8.2: Überladene Operatoren einer Array-Klasse in U082

```
Zahlen.operator[](i)=i;
```

U083 In der aktuellen Version der Klasse CIntVekt verhält sich der Vektor wie ein klassisches, eindimensionales Array mit der Zählung der Variablen ab 0. Wir können aber die Indizierung auch beliebig verschieben (wie es in Delphi-Programmen möglich ist), indem wir eine zusätzliche Verschiebung einführen, die wir bei der Indexberechnung einfach subtrahieren. Hierzu ergänzen wir die Member-Variable startwert und legen einen weiteren Konstruktor mit zwei Parametern an, die die Länge und den Startwert übergeben. Beim vorhandenen Konstruktor setzen wir den Startwert auf 0, so dass sich für bereits bestehende Programme nichts ändert.

▷ Wir gehen in folgenden Schritten vor:

1. Wir beenden das aktuelle Projekt und schließen alle Fenster.
2. Wir beginnen eine neue Konsolenanwendung U083.
3. Wer „faul" ist, kopiert die Quelltextdateien aus U082 um. Ansonsten geben wir die folgenden Quelltexte neu ein.
4. In der Kopfdatei IntVekt.h nehmen wir folgende Änderungen vor:

```
//IntVekt.h Kopfdatei für die Klasse CIntVekt (Vektor aus Integer-Zahlen)
// Variante mit variabler Untergrenze
// 31.12.2002  Prof. Scheibl

#if ! defined _IntVekt_H_
#define         _IntVekt_H_

class CIntVekt {
public:
    CIntVekt(int nLaenge=0,int nStart=0); //Konstruktor legt Vektor an
    int GibLaenge() const {return Laenge; }; //gibt die Anzahl der Elemente
    int GibStart()  const {return Startwert; }; //gibt die Untergrenze
```

8.1 Überladen von Operatoren

```cpp
    int &operator [](int Idx);  //überlädt den Operator []
    void Zeige() const;         //zeigt Vektor an
    ~CIntVekt();                //Destruktor zerstört den Vektor
  private:
    unsigned Laenge;            //enthält die Länge
    int Startwert;              //enthält die Untergrenze
    int *Vektor;                //Zeiger auf den Vektor
}; //END class CIntVekt
#endif //_IntVekt_H_
```

5. Analog dazu korrigieren wir die Implementationsdatei `CIntVekt.cpp`:

```cpp
//IntVekt.cpp Implementationdatei für die Klasse CIntVekt
// Variante mit Untergrenze
#include <iostream.h>
#include <string.h>
#include "IntVekt.h"

//Konstruktor des Vektors belegt Freispeicher
CIntVekt::CIntVekt(int nLaenge,int nStart) {
  Vektor=0;
  Laenge=0; //Standardwerte, falls Fehler auftritt
  Startwert=nStart;
  if (nLaenge>0) {
    if ((Vektor=new int [nLaenge])!=0) {
      memset(Vektor,0,sizeof(int)*nLaenge);//Vektor anlegen
      Laenge=nLaenge;                      //Länge speichern
    }
  }
} //END CIntVekt::CIntVekt(int nLaenge)

//Methode operator [] überlädt den Indexoperator. Sie liefert einen
//geprüften Zeiger auf ein Element zurück
int &CIntVekt::operator [](int Idx) {
  static int Muell=999;        //Muell für ungültige Indizes
  int *Zeiger;                 //Zeiger auf indiziertes Element
  if ((unsigned)Idx-Startwert<Laenge) { //negative Zahlen werden >32687
    Zeiger=Vektor+Idx-Startwert;        //Zeiger berechnen
  } else {
    cout<<"\nFEHLER: Index ungueltig "<<Idx<<"\n";
    Zeiger=&Muell;             //bei ungültigem Index: Zeiger auf Muell
  }
  return *Zeiger;
} //END &CIntVekt::operator [](int index)

void CIntVekt::Zeige() const {
  for (unsigned I=0;I<Laenge;I++) {
    cout<<Vektor [I]<<" "; //intern mit Indizierung ab 0
  }
  cout<<endl;
} //END CIntVekt::Zeige()

//Destruktor gibt Speicher wieder frei
CIntVekt::~CIntVekt() {
  delete [Laenge] Vektor;
} //END CIntVekt::~CIntVekt()
```

6. Mit einem erweiterten Hauptprogramm können wir dann weitere Fehler provozieren:

```cpp
//U083.cpp  Hauptprogramm zum Testen der Klasse CIntVekt
// mit variabler Untergrenze
#include <IOSTREAM.H>
```

```
#include "IntVekt.h"

void main(void) {
  CIntVekt Zahlen(10,2);
  cout<<Zahlen.GibLaenge()<<endl;
  for(int I=Zahlen.GibStart();I<Zahlen.GibStart()+Zahlen.GibLaenge();I++)
  {
     Zahlen[I]=I; //Zuweisung an das Funktionsergebnis von operator []
  }
  for(I=0;I<13;I++) { //Grenzüberschreitungen
     cout<<Zahlen[I]<<" ";
  }
  cout<<endl;
  cout<<Zahlen[-1]<<endl<<endl;

  Zahlen.Zeige();
  cout<<endl;
} //END U083
```

So können wir auch eine Grenzüberschreitung nach unten testen (**Bild 8.3**). ∎

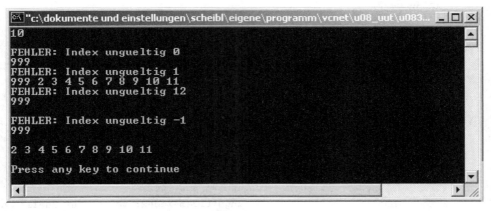

Bild 8.3: Vektor mit beliebiger Untergrenze in U083

Die Klasse `CIntVekt` hat folgende Vorteile:

- Die Größe des Vektors muss nicht über Konstanten angegeben werden. Sie lässt sich zur Laufzeit ohne die explizite Verwendung von `new` bzw. `delete` festlegen.
- In den Objekten sind sowohl die Elemente wie auch die Länge gespeichert. Damit müssen wir diese Länge nicht zusätzlich verwalten (z. B. an Funktionen zusammen mit dem Array übergeben).
- Die Größe des Arrays kann dynamisch erweitert werden. Hierzu müssen die entsprechenden Methoden ergänzt werden.

Auf einen möglichen Nachteil soll auch hingewiesen werden:
- Der Operator `[]` ist nur eindimensional für Vektoren einsetzbar.

Der Operator [] lässt sich nicht nur für Klassen überladen, die Arrays enthalten. Vielmehr können wir mit diesem Operator auch die Elemente einer verketteten Liste in Arrayschreibweise ansprechen. Dabei ist die Indizierung mit Ganzzahlen nicht unbedingt notwendig. Mit einer Operatorfunktion wie:

```
float &operator [](const char *name)
```

die einen String als Index erwartet, könnten wir einen Schlüssel übergeben. Damit können wir Ausdrücke der Form:

```
Gehalt ["P. Mayer"]=4512.36;
```

einsetzen, die über den Schlüssel das richtige Element in der verketteten Liste oder dem Array sucht, um den neuen Wert zuzuweisen. (Die MFC wird uns in den folgenden Kapiteln solche Strukturen zur Verfügung stellen.)

Die Funktion operator [] kann nur als nichtstatische Methode deklariert werden, weil sie sich immer implizit auf ein „momentanes" Objekt beziehen muss. Dies hat auch zur Folge, dass sich der Operator [] nicht mit einer friend-Funktion überladen lässt.

Der Operator [] ist binär. Somit benötigt er als Methode nur einen einzigen Parameter (den Index). Daraus folgt die schon erwähnte Einschränkung, dass mit [] nur eindimensionale Arrays simuliert werden können.

Hier hilft uns ersatzweise das Überladen des Operators () weiter, der eine beliebige Anzahl von Operanden erlaubt. Eine Matrixklasse CMatrix könnte also so definiert werden:

```
int &CMatrix::operator()(int Zeile,int Spalte);
```

Die einzelnen Elemente eines solchen zweidimensionalen Arrays werden dann folgendermaßen angesprochen:

```
CMatrix Matrix;
...
Matrix(5,3)=7;
```

Diese Syntax ist sowohl für C wie auch für C++ äußerst ungewöhnlich und sollte daher sorgfältig erläutert werden. Basic-Programmierer werden sich dagegen richtig heimisch fühlen.

8.2 Konvertierungen zwischen Klassen

Sowohl in C wie auch in C++ benutzen wir ausgiebig implizite und explizite Typumwandlungen. Implizite Typumwandlungen werden in folgenden Fällen durchgeführt:
- *Wertzuweisung*: Bei einer Zuweisung eines Werts vom Typ int an eine Variable vom Typ long wird der Integerwert in einen long-Wert konvertiert.
- *Arithmetische Operationen:* Bei einer Addition eines Integerwerts zu einer Fließkommazahl (float) wird der Integerwert in eine Fließkommazahl konvertiert.

- *Parameterübergabe an Funktionen:* Wird ein Integerwert an einen formalen Parameter vom Typ `long` übergeben, so erfolgt eine Konvertierung nach `long`.
- *Funktionsergebnisse:* Weisen wir einer Funktion mit dem Ergebnistyp `double` einen Rückgabewert vom Typ `float` zu, dann wird dieser im `return`-Befehl in `double` konvertiert.

Diese Konvertierungen werden automatisch vom Compiler durchgeführt. Alle anderen Konvertierungen nehmen wir durch explizite Angabe des gewünschten Typs selbst vor.

Wir können nun implizite Typumwandlungen durch den Compiler auch für Klassen vornehmen lassen. Hierzu müssen wir angeben, was er zu tun hat. Dabei geben wir in der Deklaration der Klasse an, welche Konvertierungen zwischen verschiedenen Klassen bzw. zwischen Klassen und Standard-Datentypen vorgenommen werden sollen.

8.2.1 Konvertierung durch den Konstruktor

Wir können den Konstruktor einerseits als Mechanismus auffassen, der ein Objekt in geeigneter Weise auf dem Freispeicher anlegt und initialisiert. Konstruktoren, die mit einem einzigen Parameter versorgt werden, können aber auch als „Konvertierungsfunktion" interpretiert werden.

Als Beispiel wollen wir noch einmal unsere Klasse `CBruch` betrachten. Wir stellen uns die Frage, was geschieht, wenn wir den zweiten Parameter des Konstruktors durch eine Standardvorgabe ergänzen:

```
class CBruch {
  public:
    CBruch();                                //Konstruktoren
    CBruch(long nZaehler, long nNenner=1);
    ...
}; //END class CBruch
```

Dadurch haben wir einen Konstruktor entworfen, mit dem wir einerseits ein Objekt der Klasse `CBruch` deklarieren und initialisieren können und andererseits eine Zuweisung eines Werts vom Typ `int` zu einem Objekt der Klasse `CBruch` durchführen können:

```
CBruch B(3);   //entspricht B(3,1)
B=6;           //entspricht B=CBruch(6) oder genauer B=CBruch(6,1)
```

Der Compiler sucht zuerst nach einem Konstruktor, der mit nur einem Parameter auskommt. Ein solcher steht durch die feste Vorgabe des 2. Parameters zur Verfügung. Mit ihm legt der Compiler ein temporäres Objekt der Klasse `CBruch` an, die er dann als Quelle einer Zuweisung an ein (bereits vorhandenes) Objekt `B` verwendet.

Solche impliziten Typumwandlungen sind nicht auf direkte Zuweisungen beschränkt. Sie werden auch bei Funktionen eingesetzt, die ein Objekt der Klasse `CBruch` erwarten, wenn die aufrufende Routine einen Wert vom Typ `int` verwendet.

Eigentlich werden in unserem Beispiel sogar zwei implizite Typumwandlungen durchgeführt. Schließlich erwartet unser Objekt einen Parameter vom Typ `long`. Die Zahl 6 wird aber zunächst als `int` gespeichert. Da die Konstruktorfunktion den Typ `long`

8.2 Konvertierungen zwischen Klassen

erwartet, wird ein erstes Mal konvertiert, bevor der Konstruktor eine zweite Konvertierung vornimmt. Die Zuweisung wird also folgendermaßen übersetzt:

```
B=6;         //B=CBruch((long)6,1);
```

Dies ist nun der Weg, den wir nutzen können, um mit einer Operatorfunktion mehrere Ausdrücke unterstützen zu können, ohne für jeden Ausdruck eine eigene Operatorfunktion deklarieren zu müssen. Zur Erläuterung gehen wir von einer einzigen Variante von `operator+` aus:

```
class CBruch {
  public:
    CBruch();                             //Konstruktoren
    CBruch(long nZaehler, long nNenner=1);
    friend CBruch operator+(const CBruch &Op1,const CBruch &Op2);
    ...
}
//friend-Funktion des Operators + für verschiedene Datentypen
CBruch operator+(const CBruch &Op1, const CBruch &Op2) {
  return CBruch(Op2.Zaehler*Op1.Nenner+Op1.Zaehler*Op2.Nenner,
                Op1.Nenner*Op2.Nenner);
} //operator+
```

Mit diesem Konstruktor und der `friend`-Funktion `operator+` kann der Compiler nun folgende Anweisungen richtig auswerten:

```
CBruch A,B(46,22),C(4,6);

A=B+C;       //A=opertor+(B,C);
A=B+123;     //A=B+CBruch(123);
A=456+B;     //A=CBruch(456)+B;
A=123+456;   //A=CBruch(123+456);
```

Der Compiler prüft immer zuerst, ob eine exakt passende Operatorfunktion vorhanden ist. Findet er keine, so sucht er die Operatorfunktion, die nach der Konvertierung möglichst weniger Operanden aufgerufen werden kann. In den Beispielen werden daher die `int`-Werte vor den Additionen in `CBruch`-Objekte konvertiert.

Eine Ausnahme bildet die letzte Anweisung. Hier wird aufgrund der Rechtsgruppierung des Zuweisungsoperators zuerst die rechte Seite ausgewertet, d. h., eine Integer-Addition ausgeführt und in einer Zwischenvariablen gespeichert. Dann erst wird diese Zwischenvariable in ein temporäres `CBruch`-Objekt gewandelt und dem Objekt a zugewiesen.

Mit einem Konstruktor, der genau einen Parameter enthält (die weiteren werden ggf. mit Standardvorgaben belegt), deklarieren wir also implizit eine Möglichkeit zur Typkonvertierung des Parameters in den Klassentyp. Für den umgekehrten Weg, also die Konvertierung des Klassentyps in einen anderen Datentyp, müssen wir einen so genannten *Konvertierungsoperator* definieren. Er ermöglicht es, die Klasse als Quelltyp von Operationen zu verwenden.

8.2.2 Konvertierungsoperatoren

Irgendwann wollen oder müssen wir unsere Brüche an Funktionen übergeben, die Argumente des Typs `float` erwarten. In diesem Fall müssen wir eine Konvertierung vornehmen. Visual C++ bietet uns hier die Möglichkeit, einen Konvertierungsoperator zu definieren

```
class CBruch {
  public:
    CBruch();                                    //Konstruktoren
    CBruch(long nZaehler,long nNenner=1);
    friend CBruch operator+(const CBruch &Op1, const CBruch &Op2);
    operator float() const;                      //Konvertierungsoperator
    ...
}; //END class CBruch
```

Dieser Konvertierungsoperator überlädt gewissermaßen den Typ `float` in Kombination mit Objekten der Klasse `CBruch`. Hierzu müssen wir ihn natürlich implementieren:

```
CBruch::operator float() const {
  return((float)Zaehler)/Nenner;
} //CBruch::operator float
```

Bei diesen Operatoren sind einige Regeln zu beachten:

- Konvertierungsoperatoren lassen sich nur als nichtstatische Methoden ohne Parameter definieren (sie beziehen ihre Daten vollständig aus den Objektvariablen).
- Sie haben keinen explizit festgelegten Ergebnistyp.
- Wir können sie als Konstruktoren interpretieren, die aus dem Objekt einer Klasse ein temporäres Objekt eines anderen Typs erzeugen.

Der Compiler erkennt eine Reihe von Aufrufen der Konvertierungsoperatoren an:

```
CBruch B;
float  F;
//...
F=B;                       //implizite Typkonvertierung
F=(float)B;                //explizite Typkonvertierung
F=float(B);                //Konstruktor-Syntax
F=B.operator float();      //expliziter Aufruf der Funktion
```

Hinweis: Der Konvertierungsoperator „beißt" sich mit dem zuvor definierten Operator + (siehe folgendes Kapitel zur Mehrdeutigkeit).

Auch hier ist der Compiler wieder in der Lage, eine von uns definierte Typkonvertierung mit einer der impliziten Standardkonvertierungen (siehe Einführung in dieses Kapitel) zu kombinieren:

```
CBruch B(1,3);
//...
int I=B; //Konvertierungen: CBruch->float->int
```

In diesem Fall wird also zuerst das `CBruch`-Objekt in einen Wert vom Typ `float` konvertiert, um dann mit Hilfe der Standardkonvertierung von `float` nach `int` gewandelt zu werden. Erst dann erfolgt die Zuweisung.

8.2 Konvertierungen zwischen Klassen

> Aufgabe 8-2:

Verfolgen Sie mit Hilfe des Debuggers diesen Programmablauf. Es wird zuerst der float-Operator aufgerufen, um anschließend eine Ganzzahl daraus zu machen.

Es ist auch möglich, Konvertierungsoperatoren für Klasse-zu-Klasse-Umwandlungen zu deklarieren, wobei die Zielklasse benutzerdefiniert sein kann. Nehmen wir dazu an, dass wir eine Klasse CComplex deklariert hätten, in deren Realteil wir einen Bruch wandeln wollen:

```
class CBruch {
  public:
    operator CComplex() const;
    //...
}; //END class CBruch
```

Diese Konvertierungsoperatoren werden vom Compiler wie alle anderen Konvertierungsoperatoren eingesetzt.

Konvertierungsoperatoren sind besonders dann nützlich, wenn wir implizite Typumwandlungen der Objekte unserer Klasse in Objekte einer anderen Klasse ermöglichen wollen, auf deren Quellcode wir keinen Zugriff haben.

Typisch hierfür sind gekaufte Klassenbibliotheken (Toolboxen), die wir nur über ihre Schnittstelle ansprechen können. In diesem Fall können wir die Bibliothek nicht mit einem passenden Konstruktor (mit einem einzigen Parameter) erweitern, um die Konvertierungen auf diesem Weg vornehmen zu können. Hier müssen wir auf Konvertierungsoperatoren ausweichen.

8.2.3 Mehrdeutigkeiten von Konvertierungen

Leider ist der Einsatz von Konvertierungsfunktionen in der Praxis komplizierter, als es die Beispiele vermuten lassen. Die Implementation des Konvertierungsoperators operator float() in der Klasse CBruch führt zu einigen Problemen. Wir betrachten hierzu:

```
A=B+123;     //FEHLER: Mehrdeutigkeit
```

Der Grund für diese Mehrdeutigkeit liegt in den Möglichkeiten der Interpretation begründet

```
A=CBruch((float)B+123);
A=B+CBruch(123);
```

Der Compiler ist irritiert und reagiert mit einer Fehlermeldung. Wir müssen dem Compiler helfen und diesen Ausdruck eindeutig machen. Dazu gibt es mehrere Möglichkeiten. Eine erste Möglichkeit besteht darin, die Addition über eine normale Methode anstelle des überladenen Operators durchzuführen:

```
class CBruch {
  public:
    //...
    friend CBruch add(const CBruch Op1,const CBruch Op2);
};
```

Der Aufruf der Funktion ist natürlich nicht mehr so elegant wie die Verwendung des Operators +. Eine weitere Lösungsmöglichkeit besteht darin, eine der beiden Alternativen auszuschalten:

```
A=B+CBruch(123);    //oder:  A=B+CBruch(123,1);
```

Wir können aber auch die Addition als Addition zweier Standardtypen ausführen, also immer über die float-Konvertierung gehen, obwohl dies einem Mathematiker im Herzen weh tut. Schließlich führt er ja die Bruchrechnung zur Genauigkeitserhöhung ein:

```
A=CBruch(B+123);
```

So, wie wir die Addition durch eine normale Funktion realisiert haben, können wir auch die Konvertierung von CBruch nach float durch eine normale Methode ersetzen:

```
class CBruch {
  public:
    //...
    float cvtToFloat() const;  //statt operator float();
    //...
};
```

Auch in diesem Fall wird die Addition eindeutig:

```
A=B+123;   //A=B+CBruch(123);
```

Wollen wir diese Operation doch als Addition von float und int durchführen, schreiben wir:

```
F=B.cvtToFloat()+123;
```

Wollen wir dagegen das Problem nicht auf den Anwender abwälzen, dann bleibt uns nichts anderes übrig, als auf die Definition einzelner operator+-Funktionen auszuweichen, bei denen der Compiler ohne implizite Typumwandlung auskommt:

```
class CBruch {
  public:
    //...
    friend CBruch operator+(const CBruch Op1,const CBruch Op2);
    friend CBruch operator+(long         Op1,const CBruch Op2);
    friend CBruch operator+(const CBruch Op1,long         Op2);
    //...
};
```

Da der Compiler immer zuerst nach einer Funktion sucht, die für die angegebenen Argumente exakt passt, kommt es zu keinen Mehrdeutigkeiten mehr. Der Entwickler der Klasse muss also etwas mehr arbeiten.

Zusammenfassung:

Wir stellen zusammenfassend fest, dass das Überladen von Operatoren und die Definition von Konvertierungsoperatoren zu Mehrdeutigkeiten führen können, was eine sorgfältige Planung notwendig macht.

8.2 Konvertierungen zwischen Klassen

Mehrdeutigkeiten können auch dann auftreten, wenn wir für verschiedene Klassen dieselben Konvertierungsfunktionen deklarieren und Objekte beider Klassen in einer Anweisung verwenden

```
class CFestpunkt;

class CBruch {
  public:
    //...
    CBruch(CFestpunkt FpVar);    //konvertiert CFestpunkt -> CBruch
    //...
};

class CFestpunkt {
  public:
    operator CBruch();           //konvertiert CBruch -> CFestpunkt
    //...
}
```

Die Anweisung

```
CBruch      B;
CFestpunkt  F;

B=F;        //FEHLER: Mehrdeutigkeit!
```

kann dann folgendermaßen interpretiert werden:

```
B=CBruch(F);
B=B.operator CBruch
```

Somit reagiert der Compiler mit einem Fehler. Wir können dann mit:

```
F=B.operator CBruch();
```

die Verwendung des Konvertierungsoperators erzwingen. Das Umgekehrte funktioniert aber nicht:

```
F=CBruch(B);     //FEHLER: Mehrdeutigkeit
F=(CBruch)B;     //FEHLER: Mehrdeutigkeit
```

Diese Art der Mehrdeutigkeit tritt nur dann auf, wenn sich die beiden Klassen kennen, d. h., in einem einzigen Modul (wahrscheinlich von demselben Programmierer) definiert wurden. Es genügt, eine der beiden Konvertierungsmöglichkeiten zu löschen.

Eine weitere Möglichkeit, Mehrdeutigkeiten zu erzeugen, besteht dann, wenn für mehrere Klassen ähnliche Konvertierungen definiert sind. Als Beispiel nehmen wir an, dass wir die Klasse `CBruch` gemeinsam mit einigen Funktionen einsetzen, die Objekte der Klasse als Argumente erwarten:

```
class CBruch {
  public:
    //...
    CBruch(float Wert);     //Konvertierung: float -> CBruch
    //...
};

void rechne(CBruch param);    //eine Funktion
```

Parallel dazu verwenden wir eine Klasse `CFestpunkt`, zu der ebenfalls eine Funktion `rechne` gehört, aber mit einem passenden Parameter:

```
class CFestpunkt {
  public:
    //...
    CFestpunkt(float Wert);   //Konvertierung: float -> CFestpunkt
    //...
};

void rechne(CFestpunkt param);    //eine Funktion
```

Rufen wir nun `rechne` auf, dann erkennt der Compiler am Typ des Parameters, welche Funktion er benutzen soll, vorausgesetzt, der Typ entspricht der Klasse. Ist eine Konvertierung notwendig:

```
rechne(24.236);  //FEHLER: Mehrdeutigkeit! rechne(CBruch(24.236));
```

oder

```
rechne(CFestpunkt(24.236));  ??
```

so ist diese Entscheidung nicht mehr vom Compiler zu treffen. In diesem Fall müssen wir explizit angeben, welche Funktion wir wollen, also z. B.:

```
rechne(CBruch(24.236));   //so wird der Aufruf eindeutig
```

Die Beispiele zeigen, dass es so gut wie unmöglich ist, alle Möglichkeiten der Mehrdeutigkeiten frühzeitig zu erkennen. Wenn wir eine robuste Klasse schreiben wollen, dann sollten wir daher nur ein Minimum an Konvertierungsfunktionen einbauen. Der sicherere Weg besteht darin, für alle Fälle eine gesonderte Methode bzw. `friend`-Funktion vorzusehen.

Fehlen Konvertierungsfunktionen, so müssen diese vom Programmierer in Form von Konstruktoren oder Konvertierungsoperatoren nachprogrammiert werden.

➢ Aufgabe 8-3:

Entwickeln Sie eine Klasse für die Vektorrechnung mit Addition, Multiplikation, Skalar- und Vektorprodukt. Sehen Sie eine Möglichkeit, eine Vererbung einzusetzen? Denken Sie dabei an den zwei- und den dreidimensionalen Raum. Welche Methoden müssen Sie im 3D überschreiben, welche kommen neu hinzu bzw. fehlen im 2D? ∎

➢ Aufgabe 8-4:

Schreiben Sie die verschiedenen Operatoren für die Klasse `CPointD`, die Punkte in 2D vom Typ `double` bearbeiten soll. Achten Sie besonders auf die Konvertierungen zur Klasse `CPoint`. ∎

➢ Aufgabe 8-5:

Entwickeln Sie eine Klasse `CKomplex` zum Rechnen mit komplexen Zahlen. Eine komplexe Zahl ist ein geordnetes Paar reeller Zahlen (x, y) meist als $z = x + iy$ geschrieben mit i als imaginäre Einheit, dem Ergebnis von $\sqrt{-1}$. ∎

9

Microsoft Foundation Class Library (MFC)

9 Microsoft Foundation Class Library (MFC) 293

    9.1   Grundlagen 293

    9.2   Ableiten eigener Klassen von der MFC 314

9 Microsoft Foundation Class Library (MFC)

Nachdem wir in den vorigen Kapiteln die Grundzüge der OOP in Visual C++ kennen gelernt haben, wollen wir nun zur Windows-Programmierung zurückkehren. Schließlich werden wir unsere Anwendungen nur sehr selten als Konsolenanwendungen im DOS-Modus entwickeln. Die MFC nutzt die vorgestellten Techniken, indem sie uns vorgefertigte Funktionalität zur Verfügung stellt.

9.1 Grundlagen

Die MFC ist die Basis der Windows-Programmierung unter Visual C++. Sie ist sozusagen das Abbild der Windows-Struktur in dieser Programmiersprache (und noch ein wenig mehr). Mit der MFC steht einerseits ein fertiges Programmgerüst und andererseits eine Schnittstelle zu Windows bereit.

Windows stellt uns seine Funktionalität über die einheitliche Schnittstelle API (Application Program Interface) zur Verfügung. Ein direktes Programmieren der API-Funktionen ist äußerst aufwändig und fehleranfällig. Die verschiedenen Programmiersprachen verstecken daher hinter eigenständigen Oberflächen (so genannte Shells) die API-Funktionen, um sie indirekt aufzurufen. Diese Oberflächen sind sehr viel einfacher zu bedienen als die Programmierung mit API-Funktionen. Die MFC stellt eine Ebene mit höherem Abstraktionsgrad als die darunter liegende Win32-API her.

Die verschiedenen Sprachbibliotheken unterscheiden sich dabei in der Zielsetzung und damit in ihrem Abstraktionsgrad. So haben z. B. die Java-Klassenbibliotheken das Ziel der Betriebssystemunabhängigkeit. Also werden dort alle Betriebssystemobjekte in gleicher Form gekapselt. Dies führt dazu, dass die Klassen jeweils nur den gemeinsamen Durchschnitt aller Betriebssystemeigenschaften umfassen. Somit sehen beispielsweise die Oberflächen solcher Anwendungen vergleichsweise karg aus.

Die MFC verfolgt dagegen das Ziel, die Betriebssystemobjekte etwas handlicher zu machen. Damit können die Möglichkeiten der Zielplattform weit besser genutzt werden. Sollte die MFC selbst nicht ausreichen, so besteht für den Programmierer immer noch die Möglichkeit, direkt auf die Win32-API zuzugreifen.

Wie der Name MFC schon sagt, stellt sie eine Sammlung von Klassen, genauer mehrerer Klassenhierarchien dar. Der Begriff der Klassenhierarchie stammt aus der OOP (objektorientierten Programmierung) und sagt aus, dass die MFC völlig objektorientiert aufgebaut ist. Die Klassen lassen sich in große Gruppen einteilen: Windows-spezifische Klassen für Fenster, Dialoge usw., datenorientierte Klassen zur Datenbankunterstützung und Verwaltung von Listen, Arrays usw. und Hilfsklassen zur Zeichenkettenverarbeitung, Grafik usw.

Für den klassischen C-Programmierer erscheint die MFC und die OOP auf den ersten Blick übermächtig und schwer verständlich. Es existieren aber beim genaueren Hinschauen erstaunlich viele Gemeinsamkeiten. Ein Großteil der Win32-Funktionen arbeitet mit vorgegebenen Objekten wie Prozesse, Programmfäden (Threads), Fenster, Speicherbereichen und Fenster. Die Handles, die wir bei den Win32-Funktionen als Parameter übergeben, sind nichts anderes als Referenzen auf diese Objekte (man könnte auch Zeiger sagen). Damit wird aus dem API-Aufruf:

```
SetWindowText(Handle_auf_MeinFenster,"Hallo, Welt!");
```

der objektorientierte Methodenaufruf:

```
Handle_auf_MeinFenster.SetWindowText("Hallo, Welt!");
```

Das mag wie Kosmetik aussehen. Tatsächlich stecken dahinter aber die bereits ausführlich beschriebenen Grundsätze der OOP wie Vererbung und Polymorphie. Wir können von den API-Objekten keine eigenen Objekte ableiten, um ihre Eigenschaften nachhaltig zu verändern. Nun haben Sie mich wieder bei einer Ungenauigkeit ertappt. Tatsächlich können wir ja nur von Klassen Objekte instanziieren. Da dies so ist, entspricht in der API die Klasse auch immer ihren Objekten.

Microsoft hat im Laufe der Zeit die MFC geändert und weiterentwickelt, so dass es unterschiedliche Versionen der MFC gibt. Die Version 1 der MFC kam im April 1992 als Bestandteil von Microsoft C/C++ 7 heraus. Unter Visual C++ 5.0 arbeiteten wir mit der Version 4.21, ab der Version 6.0 von Visual C++ wurde die Nummerierung der MFC an die Versionen des Visual Studios angepasst. Daher hat die aktuelle Version die laufende Nummer 7.0.

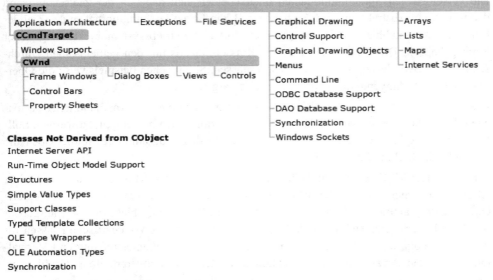

Bild 9.1: Übersicht über die MFC-Kategorien

9.1 Grundlagen

Die Vererbungshierarchie finden wir in der Hilfe unter „Hierarchy Chart". Es ist sehr empfehlenswert, diese Seite zu den Favoriten hinzuzufügen, um sie schnell referenzieren zu können.

Eine erste Übersicht über die Kategorien der aktuellen MFC finden wir ebenfalls in der Hilfe. **Bild 9.1** zeigt uns eine Klassenhierarchie, die von `CObject` abgeleitet ist, sowie einige eigenständige Klassen.

Auf diese Klassen greift der Anwendungsassistent zu, der uns ein erstes Programmgerüst erstellt. Dieses Gerüst können wir dann nach unseren Wünschen abändern. Hierbei verändern wir aber nicht die Klassenbibliothek selbst. Vielmehr leiten wir neue, eigene und damit spezialisierte Klassen ab. Diese eigenen Klassen „erben" dabei die gesamte Funktionalität ihrer Vorgängerklasse(n).

Da die Vorgängerklassen schon die wesentlichen Funktionen der Windows-Oberfläche nutzen, müssen wir nur die „richtigen" Objekte zusammenstellen, um unsere eigene Anwendung zu erstellen.

Von `CObject` sind die „Kommandoempfänger" `CCmdTarget` abgeleitet. Ein Teil dieser Elemente haben die Eigenschaften von Fenstern `CWnd`, welche sich wieder in Spezialfenster zerlegen. Für die Verarbeitung benötigen wir eine Reihe weiterer Klassen, die entweder direkt von `CObject` abgeleitet werden oder vollkommen eigenständig sind.

Aufgrund der Größe der MFC ist es nicht möglich, sie vollständig auf einer Seite darzustellen (**Bild 9.2**), (**Bild 9.3**). In beiden Bildern sind die Klassen, die wir häufig oder immer selbst anlegen, optisch herausgehoben. Sie beginnen mit der Bezeichnung `user`.

9.1.1 Schlüsselkonzepte

Der Aufbau der MFC und die Strukturierung der Klassen ist natürlich nicht willkürlich. Die MFC unterstützt verschiedene Anwendungsgerüste (Application Frameworks), besser bekannt als SDI, MDI und dialogfeldbasierende Anwendungen. Wir müssen das jeweils für unsere Aufgabe optimale Gerüst auswählen. Dieses Programmskelett wird anschließend von uns mit „Fleisch" gefüllt.

Wie wir bereits bei unseren ersten Übungen gesehen haben, sind diese Programmgerüste lauffähige, aber „leere" Anwendungen. Sie verfügen meist über leere Anwendungsbereiche in einem Rahmenfenster, habe aber bereits Menüs, Symbolleisten, Statusleisten usw.

Die folgenden Elemente bilden die Schlüsselkonzepte eines Visual C++-Programms. Nicht jedes Element ist in allen Programmgerüsten vorhanden. Sie verfügen beispielsweise über keine Dokumentklassen:

- Das „Anwendungsobjekt" bildet den Kern unserer Anwendung. Es existiert pro Anwendung nur einmal. Wir können es als klassisches Hauptprogramm (Einsprungpunkt des Betriebssystems) auffassen.

  Das Anwendungsobjekt verwaltet eine Liste von Dokumenten (Dokumentobjekten) und Ansichten. Es nimmt die Meldungen von Windows entgegen und verteilt sie an seine Objekte bzw. gibt Meldungen (Nachrichten, Botschaften) an andere Objekte weiter.

- Die Daten, mit denen unsere Anwendung arbeitet, sind in einem Dokumentobjekt zusammengefasst. Dokumentobjekte verwalten jeweils ein einzelnes Dokument, indem sie hauptsächlich den Transfer der Daten von und zum Massenspeicher organisieren. Die Dokumentklasse ist in der Lage, sich selbsttätig zu speichern und wieder zu laden. Damit überdauert sie die Programmsitzung. Wir können somit eine Dokumentklasse *persistent* machen.

- Der Benutzer sieht auf dem Bildschirm ein „Ansichtsobjekt" (einfach ausgedrückt ein Windows-Fenster), über das er mit seiner Anwendung kommuniziert. Auf einem solchen Fenster sind die Daten eines Dokuments dargestellt. Oft reicht das Ansichtsobjekt nicht aus, um alle Daten eines Dokuments darzustellen (denken Sie nur an Word). In diesem Fall zeigt das Ansichtsobjekt nur einen Ausschnitt aus einem Dokument.

  Für eine Dokumentklasse können wir bei MDI-Anwendungen mehrere Ansichten implementieren, so dass wir die Daten in unterschiedlichen Ausschnitten und in unterschiedlichen Darstellungen präsentieren können. Durch den Einsatz mehrerer Dokumentobjekte ist es möglich, unterschiedliche Daten parallel zu bearbeiten.

  Das Ansichtsobjekt nimmt die Benutzeraktionen (Ereignisse) entgegen. Sie werden durch Maus- oder Tasteneingaben erzeugt. Daneben gibt es eine Reihe anderer Ereignisse. So können eine Schnittstelle, der Zeitgeber und andere Steuerelemente Ereignisse auslösen. Diese Ereignisse aktivieren i. A. eine Ereignisfunktion.

  Die wesentliche Aufgabe des Programmierers besteht darin, diese Ereignisfunktionen zu definieren.

- Das Ansichtsobjekt (Fenster) stellt die oberste Hierarchiestufe einer Anwendung dar (Windows selbst kennt mehrere Anwendungen). Auf einem Fenster finden wir eine Reihe von Elementen wie Menüs, Symbolleisten, Schaltflächen, Listen, Eingabefelder, Optionsfelder, Kontrollkästchen usw. Ein Klick auf eines dieser Elemente führt zu einer speziellen Meldung an die Anwendung, die eine Reaktion hervorruft.

- Ab der Version 7.0 verfügt Visual C++ noch über eine übergeordnete Hierarchieebene. Es handelt sich um weitgehend lose gekoppelten Fenster, die sich zwar gegenseitig benachrichtigen, ansonsten aber unabhängig operieren.

Die Aufzählung der Elemente verrät uns schon einiges über das Grundkonzept der Dokument-Ansicht-Architektur (Document View Architecture) der Visual C++-Programme. Durch die strikte Trennung von Benutzerschnittstelle und Dokumentverwaltung lassen sich insbesondere Änderungen auf der Oberfläche ohne tief greifende Veränderungen an der Dokumentstruktur durchführen. Weiterhin ist es möglich, dass die Dokumente die Geschäftsregeln unabhängig von der Präsentation enthalten. Sie verteidigen sich also selbst gegen Fehleingaben und sind nicht mehr so stark auf die Hilfe der Oberflächenprogramme angewiesen.

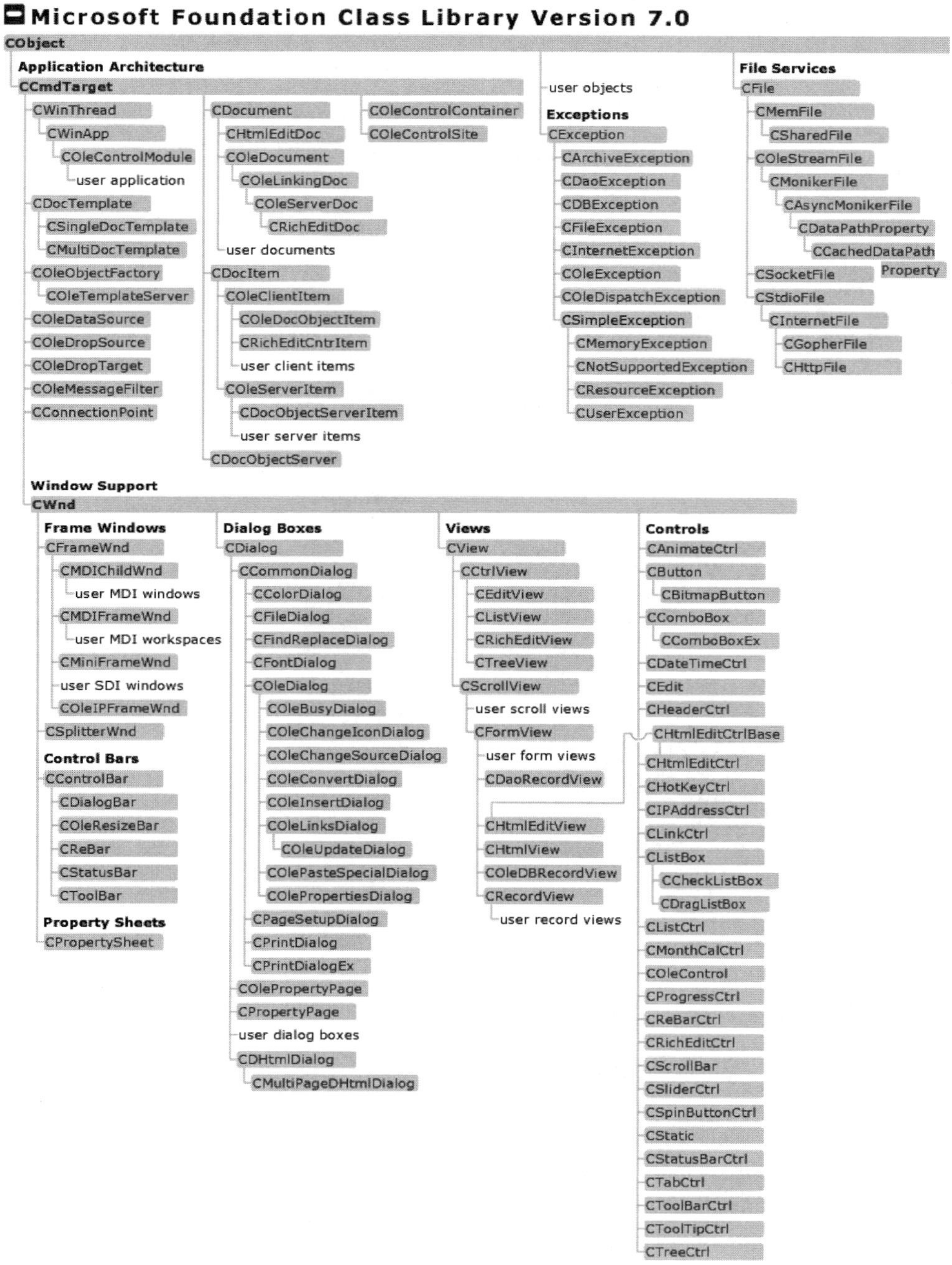

9.1 Grundlagen 297

Microsoft Foundation Class Library Version 7.0

```
CObject
├── Application Architecture
│   ├── CCmdTarget
│   │   ├── CWinThread
│   │   │   └── CWinApp
│   │   │       └── COleControlModule
│   │   │           └── user application
│   │   ├── CDocTemplate
│   │   │   ├── CSingleDocTemplate
│   │   │   └── CMultiDocTemplate
│   │   ├── COleObjectFactory
│   │   │   └── COleTemplateServer
│   │   ├── COleDataSource
│   │   ├── COleDropSource
│   │   ├── COleDropTarget
│   │   ├── COleMessageFilter
│   │   ├── CConnectionPoint
│   │   ├── CDocument
│   │   │   ├── CHtmlEditDoc
│   │   │   ├── COleDocument
│   │   │   │   └── COleLinkingDoc
│   │   │   │       └── COleServerDoc
│   │   │   │           └── CRichEditDoc
│   │   │   └── user documents
│   │   ├── CDocItem
│   │   │   ├── COleClientItem
│   │   │   │   ├── COleDocObjectItem
│   │   │   │   └── CRichEditCntrItem
│   │   │   ├── user client items
│   │   │   ├── COleServerItem
│   │   │   │   └── CDocObjectServerItem
│   │   │   └── user server items
│   │   ├── CDocObjectServer
│   │   ├── COleControlContainer
│   │   └── COleControlSite
│   └── user objects
├── Exceptions
│   └── CException
│       ├── CArchiveException
│       ├── CDaoException
│       ├── CDBException
│       ├── CFileException
│       ├── CInternetException
│       ├── COleException
│       ├── COleDispatchException
│       └── CSimpleException
│           ├── CMemoryException
│           ├── CNotSupportedException
│           ├── CResourceException
│           └── CUserException
├── File Services
│   └── CFile
│       ├── CMemFile
│       │   └── CSharedFile
│       ├── COleStreamFile
│       ├── CMonikerFile
│       │   └── CAsyncMonikerFile
│       │       └── CDataPathProperty
│       │           └── CCachedDataPathProperty
│       ├── CSocketFile
│       ├── CStdioFile
│       └── CInternetFile
│           ├── CGopherFile
│           └── CHttpFile
├── Window Support
│   └── CWnd
│       ├── Frame Windows
│       │   ├── CFrameWnd
│       │   │   ├── CMDIChildWnd
│       │   │   │   └── user MDI windows
│       │   │   ├── CMDIFrameWnd
│       │   │   │   └── user MDI workspaces
│       │   │   ├── CMiniFrameWnd
│       │   │   ├── user SDI windows
│       │   │   └── COleIPFrameWnd
│       │   └── CSplitterWnd
│       ├── Control Bars
│       │   └── CControlBar
│       │       ├── CDialogBar
│       │       ├── COleResizeBar
│       │       ├── CReBar
│       │       ├── CStatusBar
│       │       └── CToolBar
│       ├── Property Sheets
│       │   └── CPropertySheet
│       ├── Dialog Boxes
│       │   └── CDialog
│       │       ├── CCommonDialog
│       │       │   ├── CColorDialog
│       │       │   ├── CFileDialog
│       │       │   ├── CFindReplaceDialog
│       │       │   ├── CFontDialog
│       │       │   └── COleDialog
│       │       │       ├── COleBusyDialog
│       │       │       ├── COleChangeIconDialog
│       │       │       ├── COleChangeSourceDialog
│       │       │       ├── COleConvertDialog
│       │       │       ├── COleInsertDialog
│       │       │       ├── COleLinksDialog
│       │       │       │   └── COleUpdateDialog
│       │       │       ├── COlePasteSpecialDialog
│       │       │       └── COlePropertiesDialog
│       │       ├── CPageSetupDialog
│       │       ├── CPrintDialog
│       │       │   └── CPrintDialogEx
│       │       ├── COlePropertyPage
│       │       ├── CPropertyPage
│       │       ├── user dialog boxes
│       │       └── CDHtmlDialog
│       │           └── CMultiPageDHtmlDialog
│       ├── Views
│       │   └── CView
│       │       ├── CCtrlView
│       │       │   ├── CEditView
│       │       │   ├── CListView
│       │       │   ├── CRichEditView
│       │       │   └── CTreeView
│       │       ├── CScrollView
│       │       │   ├── user scroll views
│       │       │   └── CFormView
│       │       │       ├── user form views
│       │       │       └── CDaoRecordView
│       │       ├── CHtmlEditView
│       │       ├── CHtmlView
│       │       ├── COleDBRecordView
│       │       └── CRecordView
│       │           └── user record views
│       └── Controls
│           ├── CAnimateCtrl
│           ├── CButton
│           │   └── CBitmapButton
│           ├── CComboBox
│           │   └── CComboBoxEx
│           ├── CDateTimeCtrl
│           ├── CEdit
│           ├── CHeaderCtrl
│           ├── CHtmlEditCtrlBase
│           │   └── CHtmlEditCtrl
│           ├── CHotKeyCtrl
│           ├── CIPAddressCtrl
│           ├── CLinkCtrl
│           ├── CListBox
│           │   ├── CCheckListBox
│           │   └── CDragListBox
│           ├── CListCtrl
│           ├── CMonthCalCtrl
│           ├── COleControl
│           ├── CProgressCtrl
│           ├── CReBarCtrl
│           ├── CRichEditCtrl
│           ├── CScrollBar
│           ├── CSliderCtrl
│           ├── CSpinButtonCtrl
│           ├── CStatic
│           ├── CStatusBarCtrl
│           ├── CTabCtrl
│           ├── CToolBarCtrl
│           ├── CToolTipCtrl
│           └── CTreeCtrl
```

Bild 9.2: Ausschnitt aus der MFC, Teil 1

Microsoft Foundation Class Library Version 7.0

CObject

Graphical Drawing	Arrays	Classes Not Derived from CObject	
CDC	CArray (template)	**Internet Server API**	**Support Classes**
— CClientDC	CByteArray	CHttpArgList	CCmdUI
— CMetaFileDC	CDWordArray	CHtmlStream	└ COleCmdUI
— CPaintDC	CObArray	CHttpFilter	CDaoFieldExchange
— CWindowDC	CPtrArray	CHttpFilterContext	CDataExchange
Control Support	CStringArray	CHttpServer	CDBVariant
CDockState	CUIntArray	CHttpServerContext	CFieldExchange
CImageList	CWordArray		CImage
Graphical Drawing Objects	arrays of user types	**Run-Time Object Model Support**	COccManager
CGdiObject	**Lists**	CArchive	COleDataObject
— CBitmap	CList (template)	CDumpContext	COleDispatchDriver
— CBrush	CPtrList	CRuntimeClass	CPropExchange
— CFont	CObList	**Structures**	CRecentFileList
— CPalette	CStringList	CCreateContext	CRectTracker
— CPen	lists of user types	CHttpArg	CWaitCursor
— CRgn	**Maps**	CMemoryState	
Menus	CMap (template)	COleSafeArray	**Typed Template Collections**
CMenu	CMapWordToPtr	CPrintInfo	CTypedPtrArray
Command Line	CMapPtrToWord	**Simple Value Types**	CTypedPtrList
CCommandLineInfo	CMapPtrToPtr	CFileTime	CTypedPtrMap
ODBC Database Support	CMapWordToOb	CFileTimeSpan	**OLE Type Wrappers**
CDatabase	CMapStringToPtr	CPoint	CFontHolder
CRecordset	CMapStringToOb	CRect	CPictureHolder
└ user recordsets	CMapStringToString	CSize	**OLE Automation Types**
CLongBinary	maps of user types	CSimpleStringT	COleCurrency
DAO Database Support	**Internet Services**	└ CStringT	COleDateTime
CDaoDatabase	CInternetSession	└ CFixedStringT	COleDateTimeSpan
CDaoQueryDef	CInternetConnection	CTime	COleVariant
CDaoRecordset	— CFtpConnection	CTimeSpan	**Synchronization**
CDaoTableDef	— CGopherConnection		CMultiLock
CDaoWorkspace	— CHttpConnection		CSingleLock
Synchronization	CFileFind		
CSyncObject	— CFtpFileFind		
— CCriticalSection	— CGopherFileFind		
— CEvent	CGopherLocator		
— CMutex			
— CSemaphore			
Windows Sockets			
CAsyncSocket			
└ CSocket			

Bild 9.3: Ausschnitt aus der MFC, Teil 2

Die Dokument-Ansicht-Architektur sollten wir jedoch nicht mit der Trennung von Programm und Ressourcen unter Windows verwechseln. Windows verwaltet seine Ressourcen zentral. Dabei ist der Ressourcenbegriff recht weit gefasst. Er reicht von ganzen Geräten über Fenster bis hin zu einzelnen Steuerelementen auf dem Bildschirm. Unabhängig von der Programmiersprache sind diese Elemente dem Programm nur durch eine Reihe von Eigenschaften und Methoden bekannt. Windows teilt dem Programm über eine Meldung mit Identnummer und Parametern mit, welches Steuerelement beispielsweise von einem Benutzer bearbeitet wird. Solange die Identnummer erhalten bleibt, können wir das Aussehen eines Steuerelements in weiten Grenzen verändern. Idee dahinter ist der Gedanke, die Oberflächen an verschiedenen Zielgruppen und nationale Eigenheiten anzupassen.

Bei dieser Gelegenheit sollte auch erwähnt werden, dass der Datenaustausch zu den sichtbaren Feldern im Allgemeinen über Zeichenketten erfolgt. Also werden die Ausgaben entsprechend formatiert bzw. die Eingaben bei Bedarf in das interne Zahlenformat gewandelt.

9.1.2 Arbeiten mit der Programmierumgebung von Visual C++

Normalerweise werden wir ein Windows-Programm mit den Hilfsmitteln, die uns das Visual Studio zur Verfügung stellt, erstellen. Das heißt, wir verlassen die DOS-orientierte Konsolenanwendung, um die reichhaltigen Möglichkeiten von Windows zu nutzen.

Die wesentlichen Aufgaben des Programmierens bestehen dabei aus:
- der Festlegung der Anwendungsarchitektur
- der Definition einer oder mehrerer Dokumentklassen zur Verwaltung der Anwendungsdaten
- dem Entwurf von Fenstern zur Darstellung der Anwendungsdaten und Festlegung der interaktiven Elemente zur Verarbeitung der Daten
- der Festlegung von Menüs, Symbolleisten, Schaltflächen und anderer interaktiver Elemente sowie deren Verknüpfung mit Ereignisfunktionen

In der Praxis können wir folgende Schritte unterscheiden:

1. Erstellen eines Programmgerüsts mit Anwendungsassistenten (Application Wizard). Dies ist ein einmaliger, nicht korrigierbarer Schritt. Eine gewisse Sorgfalt ist daher angebracht, da Fehler nur mit hohem Aufwand beseitigt werden können. Wurde die Anwendungsarchitektur falsch gewählt, so muss meist das ganze Programm völlig neu generiert werden.

   Mit dem Anwendungsassistenten legen wir hauptsächlich fest, ob unsere Anwendung kein Dokument (dialogfeldbasierend) nur ein Dokument (SDI Single Document Interface) oder mehrere Dokumente (MDI Multiple Document Interface) verarbeiten soll, ob wir eine Symbolleiste verwenden wollen, ob das Programm drucken soll und ob wir eine kontextsensitive Hilfe anbieten wollen und vieles mehr. Ab der Version 7.0 können wir eine weitere Variante mit mehreren Hauptfenstern wählen, die untereinander Meldungen austauschen.

   Aufgrund dieser Einstellungen wird vom Anwendungsassistenten ein Programmgerüst generiert, das eine Anwendungsklasse, eine Dokumentklasse, eine Ansichtsklasse und eine Klasse für das Hauptfenster der Anwendung besitzt. Bei dieser Gelegenheit müssen wir entscheiden, welche speziellen Eigenschaften das Fenster besitzen soll. Für alle sichtbaren Objekte werden bereits die Ressourcendateien angelegt.

2. Mit dem Ressourcen-Assistenten (Resource Wizard) bearbeiten und erweitern wir dann die Ressourcen. Hierbei handelt es sich um das Festlegen der Menüpunkte, Festlegen

von Schnell- und Kurztasten, Bearbeiten von Ikonen und Bitmaps und die Konstruktion ganzer Benutzerdialoge (Dialogfenster) mit allen Steuerelementen. Dieser Assistent generiert Einträge in den Ressourcendateien mit der Erweiterung .rc. Diese werden vom Ressourcen-Compiler zu .res-Dateien übersetzt.

3. Über den Klassenassistenten (Class Wizard) stellen wir die Verbindung aller interaktiven Elemente zu unserem Programm her. Hierbei definieren wir, auf welche Ereignisse unser Programm reagieren soll und wie dabei die Daten mit den Dialogfenstern ausgetauscht werden. Der Klassenassistent ergänzt das Programmgerüst automatisch durch vorgefertigte Prozeduren für jedes Ereignis und legt Klassenvariablen an.

Der Klassenassistent bearbeitet nicht nur die vom Anwendungsassistenten generierten Klassen, sondern ist selbst in der Lage, neue Dialogklassen zu erzeugen.

4. Mit dem Editor und dem Browser des Visual Studios ergänzen wir nun die Verarbeitungslogik. Hierbei können wir Ereignis für Ereignis einzeln abarbeiten, wobei die Unabhängigkeit der Ereignisse ein wesentliches Entwurfsziel sein sollte. Schließlich kann der Benutzer mit der Maus alles anklicken.

5. Der Compiler und der Linker versuchen danach, ein lauffähiges Programm zu erzeugen. Fehler müssen wir mit dem Editor beseitigen.

6. Eine wesentliche Hilfe bei der Fehlersuche stellt der Debugger dar, der uns den Programmablauf zeigt, Daten anzeigt und ggf. korrigieren lässt usw.

9.1.3 Programmvorbereitung

Die dargestellten Entwicklungsschritte erfordern ein Mindestmaß an Planung:

1. Festlegung der Datenstrukturen von Dokumenten (Was soll eigentlich dargestellt bzw. verarbeitet werden?).
2. Serialisierung der Daten eines Dokuments (Welche Daten sollen über das Programmende hinaus gespeichert werden?). Hierbei kann es sich um das Speichern eines beliebigen Fensterinhalts (z. B. einer Zeichnung), eines genau festgelegten Datensatzes und/oder ganzer Objekte handeln.
3. Darstellung der Daten über das Ansichtsobjekt (Wie soll das Fenster aufgeteilt sein? Reicht ein Fenster?).
4. Reaktion auf Tastatur- und Mausereignisse (Auf welche Ereignisse reagiert das Programm wie?).
5. Reaktion auf Menü- und Ikonenereignisse (Welche Menüoptionen sind vorhanden, welche Ikonen sollen dargestellt werden?).
6. Erweiterungen des vom Anwendungsassistenten erzeugten Programmgerüsts (Wollen wir geteilte Fenster usw.?).
7. Erstellen der Druckausgabe (Soll das Programm überhaupt drucken?).

8. Aufbau des Hilfesystems (Wollen wir dem Benutzer eine kontextsensitive Hilfe anbieten?).
9. Erzeugen eines Setup-Programms zur Anwendungsweitergabe (Wird das Programm weitergegeben?).
10. Zugriffe auf Datenbanken (Benötigen wir eine Datenbank im Hintergrund?).
11. Zugriff auf das Internet (Soll das Programm mit dem Internet kommunizieren?).
12. Und vieles mehr.

9.1.4 Programmgerüst

Wir haben schon mehrfach von den Klassen gehört, die vom Anwendungsassistenten mehr oder weniger automatisch angelegt werden. Es handelt sich hierbei um Nachkommen von Basisklassen der MFC. Die wesentlichen Klassen unserer Programme wollen wir noch einmal etwas genauer anschauen (**Bild 9.4**).

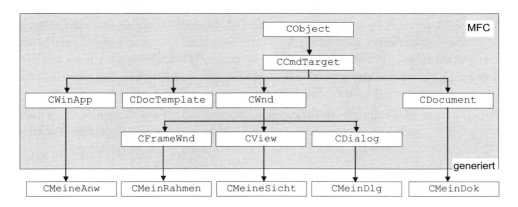

Bild 9.4: Ableitung der Klassen einer SDI-Anwendung aus der MFD

CObject
ist die Basis fast aller anderen Klassen der Bibliothek. Diese Klasse ermöglicht unter anderem das dauerhafte Abspeichern (Serialisieren) von Objekten auf Speichermedien (typischerweise die Festplatte) über die Sitzungszeit hinaus. Sie enthält auch Informationen über die Klasse, die wir zur Laufzeit eines Programms abfragen können.

Einfach gesagt: Damit wir abfragen können, zu welcher Klasse ein Objekt gehört, müssen diese Klassen von `CObject` abgeleitet werden. Diese Informationen werden z. B. beim Einlesen von abgespeicherten Objekten benötigt, um dynamisch die zugehörigen Objekte erzeugen zu können. Das Erzeugen von Objekten, deren Klassen erst zur Laufzeit bekannt sind, beruht auf so genannte Runtime-Type-Informationen (RTTI).

CCmdTarget

stellt die Basis für die Empfängerlisten-Architektur der Bibliotheksklassen dar. Eine Empfängerliste (Meldungsverteiler, Message Map) ordnet den Kommandos und Meldungen (Command Messages) die Methoden zu, die wir zu deren Bearbeitung bereitgestellt haben. Ein Kommando ist eine Meldung von einem Menüpunkt, einer Schaltfläche oder einer Schnelltaste. Diese Windows-Messages `WM_COMMAND` werden in der MFC um Pseudonachrichten (Ereignisse) erweitert, die vom Programmgerüst erzeugt werden.

Einfach gesagt: Alle Kommandoempfänger (Formulare, Steuerelemente usw.) müssen von dieser Klasse abgeleitet werden.

CWinApp

stellt die Basis für Anwendungsobjekte (Programme) dar, repräsentiert also ein Programm unter Microsoft Windows. Die von `CWinApp` definierten Methoden ermöglichen sowohl die Initialisierung einer Anwendung (und jeder weiteren Kopie) als auch den eigentlichen Start des Programms. Jede Anwendung, die die MFC-Klassen verwendet, kann nur ein `CWinApp`-Objekt enthalten. Dieses Objekt wird gemeinsam mit den anderen globalen C++-Objekten erstellt und ist bereits verfügbar, wenn Windows die (ebenfalls von der Bibliothek definierte) Funktion `WinMain` aufruft. Deshalb muss das `CWinApp`-Objekt auf Dateiebene deklariert sein. `CWinApp` erbt über `CWinThread` die Eigenschaften von `CCmdTarget`, ist also Kommandoempfänger. In Windows könnte ein solches Element keine Meldungen empfangen, da es kein Fenster ist. Es wickelt beispielsweise das Kommando zum Anzeigen des Info-Fensters ab.

Einfach gesagt: Das einzige Objekt dieser Klasse stellt den Einsprungpunkt für unsere Anwendung dar. Es entspricht daher der schon erwähnten Funktion `WinMain()` bzw. `main()` aus klassischen C-Programmen.

CDocTemplate

ist eine abstrakte Basisklasse. Sie stellt die grundlegende Funktionalität für Dokumentvorlagen bereit. Eine solche Vorlage definiert die Beziehung zwischen folgenden Klassen:

- Eine von `CDocument` abgeleitete Dokumentklasse.
- Eine Ansichtsklasse, die Daten der Dokumentklasse darstellt. Diese Klasse lässt sich von `CView`, `CScrollView`, `CFormView`, `CEditView` usw. ableiten (`CEditView` ist auch direkt verwendbar).
- Eine Rahmenfensterklasse für das Dokument, die die Ansicht enthält. Für eine SDI-Anwendung wird diese Klasse von `CFrameWnd` abgeleitet, für MDI-Anwendungen dagegen von `CMDIChildWnd`. Falls keine programmspezifischen Anpassungen des Rahmenfensters notwendig sind, lässt sich die Klasse `CFrameWnd` bzw. `CMDIChildWnd` auch direkt verwenden.

Einfach gesagt: Diese Vorlagenklasse sorgt dafür, dass das Dokument mit seinen Ansichten und den Rahmenfenstern kommunizieren (Daten austauschen) kann.

CWnd

stellt die grundlegende Funktionalität aller Fensterklassen der MFC zur Verfügung. Ein Objekt der Klasse CWnd ist nicht dasselbe wie ein Fenster unter Windows, obwohl beide eng miteinander verknüpft sind: CWnd-Objekte werden über den Konstruktor ihrer Klasse erzeugt und über den Destruktor wieder abgebaut, d. h., sind programmeigene Datenstrukturen. Ein Fenster von Windows stellt dagegen eine interne Datenstruktur des Betriebssystems dar, die mit Hilfe der Methode Create erzeugt bzw. über den virtuellen Destruktor von CWnd und die Windows-Funktion DestroyWindow wieder freigegeben wird. Ein Objekt der Klasse CWnd repräsentiert ein Fenster des Betriebssystems nach innen. Andere Klassen, die Betriebssystemobjekte repräsentieren, sind CFile (Datei) und CGdiObject (GDI-Objekte wie Bitmaps, Fonts, Pens usw.). Diese Klassen enthalten alle eine Member-Variable m_hWnd vom Typ HWND, den Betriebssystem-Handle zum entsprechenden Windows-Objekt.

Die Klasse CWnd und die mit ihr aufgebauten Mechanismen zur Weitergabe von Meldungen verkapseln die Funktion WndProc, die sich in traditionellen Windows-Anwendungen findet: Meldungen werden hier anhand einer Empfängerliste zu der entsprechenden OnMessage-Methode der Klasse CWnd weitergeleitet. Zur Behandlung einer bestimmten Meldung können wir eine eigene Klasse von CWnd ableiten und in unserer Empfängerliste eine entsprechende OnMessage-Methode eintragen bzw. die Standardvariante dieser Methode ersetzen.

Die Klasse CWnd stellt nicht nur die Basis für das Hauptfenster einer Anwendung, sondern auch für Child-Fenster dar. In beiden Fällen leiten wir eine eigene Klasse von CWnd ab und fügen ihr die gewünschten programmspezifischen Datenfelder hinzu. Danach brauchen wir in unserer Klasse nur noch die erforderlichen Methoden zur Behandlung von Meldungen und Kommandos zu implementieren und eine Empfängerliste hinzuzufügen, die einzelne Meldungstypen mit diesen Routinen verbindet.

Das Erzeugen von Kindfenstern erfolgt in zwei Schritten: Nach dem Aufruf des Konstruktors zum Anlegen des Objekts wird über die Methode Create ein Windows-Fenster erstellt und mit dem CWnd-Objekt verbunden. Falls der Benutzer das Fenster schließt, muss entweder die Methode DestroyWindow zum Abbau des Windows-Fensters oder der Destruktor für das Objekt aufgerufen werden.

Einfach gesagt: Diese Klasse stellt die Funktionalität eines sichtbaren Elements zur Verfügung, ohne Spezialitäten wie Titelleiste usw. zu enthalten.

CFrameWnd

bietet die volle Funktionalität eines überlagerten Windows-SDI-Dokumentfensters bzw. Popup-Dokumentfensters einschließlich der Komponenten zur Verwaltung. Für Dokumentfenster eigener Anwendungen wird eine von CFrameWnd abgeleitete Klasse um anwendungsspezifische Datenfelder ergänzt. Die Bearbeitung von Meldungen durch Objekte abgeleiteter Klassen geschieht über die Definition und Zuordnung entsprechender Methoden.

Insgesamt gibt es drei verschiedene Möglichkeiten zur Erstellung eines Dokumentfensters:
- Die direkte Konstruktion unter Verwendung von `Create`.
- Die direkte Konstruktion mit Hilfe von `LoadFrame`.
- Die indirekte Konstruktion mit einer Dokumentvorlage.

Einfach gesagt: Diese Klasse legt den Außenrahmen unserer Anwendung mit Titelleiste, Ikonen in der Titelleiste und Rändern fest.

CView

stellt die grundlegende Funktionalität für benutzerdefinierte Ansichten bereit. Eine Ansicht ist mit einem Dokument verbunden und agiert als eine Art Vermittler zwischen dem Anwender und dem Dokument: Sie stellt einen Ausschnitt des Dokuments auf dem Bildschirm oder Drucker dar und interpretiert Anwendereingaben als Aktionen damit.

Ansichten sind grundsätzlich einem Rahmenfenster untergeordnet, wobei sich unter Umständen mehrere Ansichten ein und dasselbe Fenster teilen (siehe `CSplitterWnd`). Die Beziehung zwischen einer Ansicht, einem Dokument und einem Rahmenfenster wird durch ein `CDocTemplate`-Objekt festgelegt. Wenn der Anwender ein neues Fenster öffnet oder ein existierendes Fenster teilt, erstellt das Programmgerüst eine neue Ansicht und verbindet sie mit dem Dokument.

Eine Ansicht kann zu jedem Zeitpunkt nur mit einem Dokument verbunden sein, ein Dokument aber sehr wohl mehrere Ansichten haben, die entweder in einem gemeinsamen (geteilten) Rahmenfenster oder in separaten Rahmenfenstern dargestellt werden. Dokumente lassen sich parallel mit verschiedenen Typen von Ansichten verbinden: Eine Textverarbeitung könnte beispielsweise den zu bearbeitenden Text einmal in normaler Darstellung und über eine zweite Ansicht als Gliederung zeigen. Ansichten verschiedener Typen lassen sich entweder in separaten Rahmenfenstern oder über ein gemeinsames statisch geteiltes Fenster darstellen.

Ansichtsobjekte sind für die Interaktion mit dem Benutzer zuständig, d. h., empfangen vom Rahmenfenster weitergereichte Kommandos sowie Meldungen über Tastatur- und Mausereignisse. Nicht bearbeitete Meldungen werden an das Rahmenfenster zurückgegeben, das sie gegebenenfalls an das Anwendungsobjekt weiterreicht. Wie alle Befehlsempfänger verwenden auch Ansichten eine Empfängerliste zur Zuordnung von Meldungen, Kommandos und Behandlungsroutinen.

Eine Ansicht ist für die Darstellung und Veränderung des Dokuments, nicht aber für die Speicherung dieser Daten zuständig. Man kann eine Ansicht entweder direkt auf die Datenstrukturen des Dokuments zugreifen lassen oder – das ist meist empfehlenswerter – in der Dokumentklasse entsprechende Zugriffs- und Abfragemethoden definieren.

Wenn sich die Daten eines Dokuments ändern, muss die für die Änderungen verantwortliche Ansicht die Methode `CDocument::UpdateAllViews` aufrufen, die dann sämtliche anderen Ansichten des Dokuments über die Methode `CView::OnUpdate` benachrichtigt. Die Standardvariante von `OnUpdate` kennzeichnet den gesamten Anwendungsbereich der Ansicht als ungültig und sollte nach Möglichkeit durch eine eigene Version ersetzt werden, die sich bei Neuausgaben auf die echten Veränderungen beschränkt.

`CView` ist eine abstrakte Basisklasse und macht deshalb in jedem Fall eine eigene Ableitung nötig, die minimal eine eigene Version der Methode `OnDraw` zum Zeichnen der Daten des Dokuments definieren muss. Über `OnDraw` werden nicht nur Ausgaben auf den Bildschirm, sondern auch die Druckvorschau und die Druckausgabe selbst realisiert.

Meldungen von Bildlaufleisten bearbeitet eine Ansicht über die Methoden `CView::OnHScroll` und `OnVScroll`, deren Standardvarianten leere Funktionsrümpfe sind. Wir können diese beiden Methoden durch eigene Versionen ersetzen – oder gleich die von `CView` abgeleitete Klasse `CScrollView` verwenden, die diese Aufgaben automatisch übernimmt.

Einfach gesagt: `CView` und abgeleitete Klassen wie `CEditView`, `CFormView` usw. legen den inneren Bereich (Client Area) unseres Fensters ohne Titel-, Symbol-, Statusleiste und Rahmen fest. In dieser Klasse legen wir die Oberfläche unseres Programms fest.

CDialog

ist die Basisklasse für die Darstellung von Dialogfeldern auf dem Bildschirm und implementiert sowohl modale als auch nichtmodale Dialogfelder. Ein modales Dialogfeld muss vom Benutzer geschlossen werden, bevor er die Arbeit mit der Anwendung fortsetzen kann, ein nichtmodales Dialogfeld erlaubt dagegen weitere Operationen auch während des Zeitraums, in dem sich das Dialogfeld auf dem Bildschirm befindet.

Ein `CDialog`-Objekt stellt eine Kombination aus einer Dialogschablone bzw. -ressource und einer von `CDialog` abgeleiteten Klasse dar. Die Dialogschablone lässt sich mit Hilfe des Dialogeditors erstellen und in einer Ressource speichern. Mit dem Klassenassistenten können wir dann eine von `CDialog` abgeleitete Klasse erstellen.

Ein Dialogfeld empfängt wie jedes andere Fenster Meldungen von Windows. In einem Dialogfeld interessiert vorrangig die Behandlung von Statusmeldungen von Kontrollelementen, da dies die Interaktionen des Anwenders mit dem Dialogfeld widerspiegelt. Der Klassenassistent listet für jedes Steuerelement im Dialogfeld die möglichen Statusmeldungen auf, wobei wir auswählen können, welche dieser Meldungen unser Programm bearbeiten soll. Der Klassenassistent fügt dann die entsprechenden Empfängerlisteneinträge (Message Map) und Bearbeitungsroutinen zur neuen Klasse hinzu; das Ausfüllen dieser Funktionsrümpfe ist wiederum unsere Sache.

Einfach gesagt: Setzen wir in unserem Programm Meldungsfenster ein, so leiten wir diese von `CDialog` ab. Da der automatisch generierte Infodialog von dieser Klasse abgeleitet ist, finden wir diese Klasse fast in allen unseren Anwendungen.

CDocument

stellt die grundlegende Funktionalität für benutzerdefinierte Dokumentklassen bereit. Dokumentklassen repräsentieren Dokumente – also Datensammlungen, die der Benutzer normalerweise en bloc über Menübefehle wie `Datei öffnen` in den Hauptspeicher lädt bzw. mit `Datei speichern` als Datei schreibt.

`CDocument` unterstützt die Standardoperationen wie das Erstellen, Laden und Speichern eines Dokuments. Das Programmgerüst bearbeitet Dokumente über die durch `CDocument` definierte Schnittstelle.

Eine Anwendung kann mehrere Dokumenttypen unterstützen (z. B. Rechenblätter und Textdokumente). Jedem Dokumenttyp ist eine Dokumentvorlage zugeordnet: Wir legen fest, welche Ressourcen (z. B. Menüs, Symbole und Schnelltasten) zu einem Dokument gehören. Jedes Dokument enthält einen Zeiger auf das ihm zugeordnete `CDocTemplate`-Objekt.

Anwender interagieren mit einem Dokument über ein oder mehrere mit ihm verbundene Ansichten, die Objekte der Klasse `CView` darstellen. Eine Ansicht umgibt das Abbild des Dokuments in einem Dokumentfenster und interpretiert die Eingaben des Anwenders als Aktionen mit den Daten des Dokuments. Ein Dokument kann mehrere mit ihm verbundene Ansichten haben. Wenn der Anwender ein Fenster für ein Dokument öffnet, erstellt das Programmgerüst eine Ansicht und verbindet sie mit dem Dokumentobjekt. Die Dokumentvorlage legt dabei den Typ der Ansicht und des Dokumentfensters fest.

Dokumente werden in die vom Programmgerüst definierte Meldungskette mit einbezogen und stellen deshalb Befehlsempfänger für Kommandos der Benutzeroberfläche dar. Von einem Dokumentobjekt nicht bearbeitete Kommandos werden an die Dokumentvorlage weitergegeben, die ihrerseits entweder die Bearbeitung übernimmt oder das Kommando an weitere Objekte des Programms weiterreicht.

Wenn die Daten eines Dokuments verändert wurden, muss jede seiner Ansichten diese Veränderung widerspiegeln. `CDocument` definiert eine Methode `UpdateAllViews`, die sämtliche mit einem Dokument verbundenen Ansichten der Reihe nach zum Neuzeichnen ihres Fensters auffordert. Außerdem kann ein Dokumentobjekt beim Schließen von Ansichten gegebenenfalls dafür sorgen, dass der Benutzer eine Rückfrage des Programmgerüsts und die Gelegenheit zum Speichern veränderter Daten erhält.

Einfach gesagt: In der Dokumentklasse legen wir alle Daten ab, die wir in unserer Anwendung benötigen und die wir persistent speichern wollen. Auf die Daten greifen wir aber normalerweise nicht direkt zu. Vielmehr implementieren wir Übergabefunktionen, die geeignete Plausibilitätsprüfungen durchführen, so dass wir mit konsistenten Daten arbeiten. Damit implementieren wir das Grundprinzip des Information Hidings.

9.1.5 Meldungsverarbeitung

Gegebenenfalls sollten Sie dieses Kapitel erst nach dem Studium des Folgekapitels lesen bzw. später noch einmal nachlesen.

Eine Anwendung ist in das Meldungssystem des Betriebssystems eingebunden (**Bild 9.5**). Windows trägt ein erkanntes Ereignis mit hoher Priorität in die Systemwarteschlange ein. Sollte Windows „kurz vor dem Absturz stehen", dann hört man ein verdächtiges Piepsen von dieser Eintragfunktion, die den Gehorsam verweigert.

Eine Meldung besteht aus dem Meldungstyp, einer Konstanten, die wir am Präfix `WM_` erkennen. Dazu kommen unterschiedliche Zusatzinformationen, für die es zwei spezielle Typen `WPARAM` und `LPARAM` gibt. Die zugehörigen Variablen `wParam` und `lParam` sind unter Win32 jeweils 32 bit-Zeiger auf meldungsabhängige Datenblöcke.

Wenn Windows CPU-Zeit erhält, überträgt es die Meldungen aus der Systemwarteschlange an die verschiedenen Anwendungen, die selbst wieder über eigene Warteschlangen verfügen. Was danach die Anwendung mit der Meldung macht, kümmert Windows erst einmal herzlich wenig.

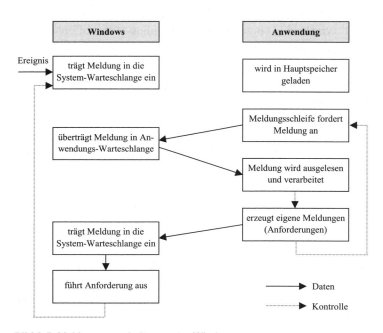

Bild 9.5: Meldungsverarbeitung unter Windows

Ein Ereignis bildet dabei eine Ausnahme. Von den Bewegungen der Maus wird nur die letzte Position aufgehoben. Erkennt Windows eine Bewegung, so schaut es nach, ob das Ereignis `WM_MOUSEMOVE` am Ende der Schlange steht. Ist das der Fall, dann überschreibt es die Mausposition, trägt aber kein neues Ereignis ein. Andere Ereignisse, wie der Mausklick, speichern die aktuelle Position der Maus, so dass das weitere Herumziehen der Maus keine negativen Wirkungen auf den Klick hat.

Hat die Anwendung ihre letzte Aktion abgeschlossen, so fragt sie erneut in ihrer Warteschlange nach, ob noch ein Ereignis anliegt, und übernimmt es. Dabei wird die Meldung übersetzt (virtuelle Tasten werden in Zeichenketten gewandelt usw.) und an die richtige Ereignisfunktion verteilt. Liegt keine Meldung an, so geht das Programm in Dauerschleife über. Die Meldungsschleife hat daher folgendes Aussehen:

```
while ((bRet=GetMessage(&msg,NULL,0,0))!=0) {
  if (bRet == -1)   {
     //Fehlerbehandlung und möglicher Abbruch
  } else {
    TranslateMessage(&msg);
    DispatchMessage(&msg);
  }
}
```

Da die Meldungsschleife keine Informationen über unseren Programmaufbau hat und auch nicht braucht, ruft sie in einem traditionellen Win32-Programm eine Rückruffunktion (Callback-Funktion) auf. Diese heißt `WndProc`. Wir suchen ihren Aufruf in unserem Quelltext vergeblich, da solche Rückruffunktionen von Windows direkt aktiviert werden. Außerdem übernimmt das Anwendungsgerüst nun die Arbeit des Registrierens automatisch für uns. Das Stichwort `WndProc`, eingegeben in die Online-Hilfe, offenbart uns, dass jedes Steuerelement über eine solche Funktion verfügt. Wir müssen uns aber unter der Ägide von MFC über diese Aufrufe keine Sorgen mehr machen.

Die Verarbeitung einer Meldung in einer Anwendung führt meist zu einer Rückmeldung an Windows, z. B. die Oberfläche zu ändern. Hier werden wir eine Besonderheit von Windows kennen lernen, die sich in vornehmer Zurückhaltung äußert. Windows aktualisiert die Oberfläche nicht unbedingt sofort, solange die Anwendung noch CPU-Zeit anfordert, so dass es zu einer verzögerten Ergebnismeldung kommen kann. Eine Anwendung arbeitet grundsätzlich den gesamten Code eines Ereignisses ab und reagiert dabei nicht auf äußere Anreize. In diesem Fall muss die Anwendung willentlich die CPU freigeben, um die Anzeige zu ermöglichen. Hierzu steht in vielen Programmiersprachen eine besondere Funktion wie in Visual Basic:

```
DoEvents();
```

zur Verfügung, die eine Entsprechung in der API findet. Der Aufruf dieser Funktion erlaubt es Windows, die von der Anwendung erzeugten Meldungen zu verarbeiten, also beispielsweise das Anwendungsfenster neu zu zeichnen. Wir programmieren diese in Visual C++ mit den API-Aufrufen:

```
if(::PeekMessage(&message, NULL, 0,0, PM_REMOVE)) {
  ::TranslateMessage(&message);
  ::DispatchMessage(&message);
}
```

Wir hatten schon erwähnt, dass die Meldungsverteilung über Verteillisten (Message Maps) erfolgt, wobei nicht mehr nur Fenster Empfänger solcher Meldungen sein können. Bis zur

9.1 Grundlagen

Version 6.0 waren diese Verteillisten im Quellcode mit besonderen Kommentaren zu finden.

```
BEGIN_MESSAGE_MAP(CMainFrame, CFrameWnd)
  //{{AFX_MSG_MAP(CMainFrame)
  ON_WM_CREATE()
  ON_COMMAND(ID_OPTIONEN_SOFORT, OnOptionenSofort)
  ON_UPDATE_COMMAND_UI(ID_OPTIONEN_SOFORT, OnUpdateOptionenSofort)
  //}}AFX_MSG_MAP
END_MESSAGE_MAP()
```

An den doppelten, geschweiften Klammern erkannte der Klassenassistent diese Verteillisten. In der Version 7.0 sind sie wegrationalisiert worden. Diese Meldungsverteiler ersetzen die klassischen `switch-case`-Konstrukte der klassischen Programmierung.

Die Meldungsverteiler arbeiten mit den ID-Nummern. Damit sowohl Windows wie auch das Programm mit den gleichen IDs arbeiten, sind diese in der Datei `resource.h` abgelegt, die wir schon einmal betrachtet haben.

Da die Verteillisten die Empfängerklassen enthalten, können sie ähnlich den Methoden vererbt werden. Bei einem neu generierten Programm finden wir einen ersten Block in der Datei `MainFrm.cpp`:

```
BEGIN_MESSAGE_MAP(CMainFrame, CMDIFrameWnd)
  ON_WM_CREATE()
END_MESSAGE_MAP()
```

Je nach gewählter Architektur ändert sich die Basisklasse in `CFrameWnd` (SDI-Anwendung) bzw. `CMDIFrameWnd` (MDI-Anwendung). Dieses Makro meldet für die Klasse `CMainFrame` das Ereignis `WM_CREATE` an. Diese Windows-Meldung wird nun vom Hauptrahmen verarbeitet und ist für das Generieren des Anwendungsfensters zuständig.

Haben wir beim Generieren die eine oder andere Option zusätzlich gewählt, so wird die Verteilliste länger:

```
BEGIN_MESSAGE_MAP(CMainFrame, CFrameWnd)
  ON_WM_CREATE()
  // Globale Hilfebefehle
  ON_COMMAND(ID_HELP_FINDER, CFrameWnd::OnHelpFinder)
  ON_COMMAND(ID_HELP, CFrameWnd::OnHelp)
  ON_COMMAND(ID_CONTEXT_HELP, CFrameWnd::OnContextHelp)
  ON_COMMAND(ID_DEFAULT_HELP, CFrameWnd::OnHelpFinder)
END_MESSAGE_MAP()
```

Hier ist die Option `Kontextbezogene Hilfe` aktiviert worden. Ähnliches gilt für die Option `Drucken` und `Druckvorschau` usw. Die Makros `ON_COMMAND` unterscheiden sich vom ersten Makro `ON_WM_CREATE` durch zwei Parameter. Der erste gibt an, welche Windows-Meldung (beginnend mit der Identkennung `ID_`) an welche Ereignisroutine (Meldungsbehandlungsfunktion) weitergeleitet werden soll. Im vorliegenden Fall handelt es sich um bereits generierte Funktionen der Klasse `CFrameWnd`. Damit können diese Namen auf frei wählbare Funktionen umgeleitet werden. Wir werden in den weiteren Beispielen noch ein weiteres Makro finden:

```
BEGIN_MESSAGE_MAP(CMainFrame, CFrameWnd)
  ON_WM_CREATE()
```

```
ON_COMMAND(ID_OPTIONEN_SOFORT, OnOptionenSofort)
ON_UPDATE_COMMAND_UI(ID_OPTIONEN_SOFORT, OnUpdateOptionenSofort)
END_MESSAGE_MAP()
```

Die Makros `ON_UPDATE_COMMAND_UI` sind Command-Messages (*Befehlsmeldungen, Ereignisse*), die keiner Windows-Message (Meldung) entsprechen. Wir werden später noch sehen, dass sie für die Gestaltung der Benutzeroberfläche eingeführt werden. Im Beispiel fragt eine Menüoption `ID_OPTIONEN_SOFORT` vor der eigentlichen Darstellung ab, wie das geschehen soll. Hierzu wird `OnUpdateOptionenSofort` aufgerufen. Dort werden wir unter anderem festlegen, ob diese Option aktivierbar oder gegraut (nicht aktivierbar) ist. Dies ist eine speziell von der MFC eingeführte Meldung. Weil jedes Element sich seine Eigenschaftswerte abholen muss, bezeichnen wir diese Technik als *Holschuld*. Fast alle anderen Programmiersprachen arbeiten dagegen mit der *Bringschuld*. Hierbei werden an vielen Stellen des Programms die Eigenschaften gesetzt, indem beispielsweise die Aktivierung diverser Menüoptionen ein- bzw. ausgeschaltet werden. Probleme, die sich mit dieser besonderen Technik ergeben, werden wir noch einmal näher beleuchten.

Damit eine Meldung an den richtigen Empfänger gelangt, benutzt die MFC ein (bereits bei der Besprechung von `CWnd` erwähntes) spezielles Message-Routing. Bei der klassischen Programmierung hat jedes Fenster eine eigene `WndProc`-Funktion, die von Windows zur Übergabe einer neuen Meldung aufgerufen wird. Mit der MFC gibt es für alle Fenster nur noch eine gemeinsame Rahmenfunktion `AfxWndProc` (Afx ist die Abkürzung von Application Frameworks = Anwendungsgerüst). Wenn Windows diese Funktion aufruft, muss sie aus dem Parameter `hWnd` das Objekt bestimmen, für das die Meldung bestimmt ist. Hierzu setzt `AfxWndProc` mit Hilfe einer Handle-Liste – der so genannten Handle-Map – die `HWND`-Handles in `CWnd`-Zeiger um. Diese Handle-Liste wird mit Hilfe der Funktionen `Attach` bzw. `Detach` gepflegt, indem die Verbindungen zu einem Windows-Objekt hergestellt oder aufgelöst werden.

`AfxWndProc` leitet die Meldung an `CWnd::OnWndMsg` weiter. Diese unterscheidet zwischen den unterschiedlichen Meldungskategorien:

Kategorie	Beschreibung
`WM_COMMAND` Message Handler	bearbeitet `WM_COMMAND`-Meldungen, die vom Benutzer über Menüoptionen oder Schnell-/Kurztasten ausgelöst werden.
Child Window Notification Message Handlers	bearbeitet Hinweis-Meldungen aus Kindfenstern.
`WM_` Message Handlers	bearbeitet `WM_`-Meldungen, angefangen von `WM_ACTIVATE` bis hin zu `WM_WININICHANGE`.
User-Defined Message Handlers	bearbeitet benutzerdefinierte Meldungen.

Sie leitet dann die `WM_COMMAND`-Meldungen an `CWnd::OnCmdMsg` weiter. Bei allen anderen Meldungen wird die Message Map der Klasse durchsucht. Ist die Suche erfolg-

9.1 Grundlagen

reich, so verzweigt das Programm in die Ereignisroutine und führt diese aus. Ist dies nicht der Fall, so werden alle Vorgängerklassen durchsucht. Da die Klasse `CWnd` für alle Meldungen eine Standardimplementation enthält, endet diese Suche spätestens hier. Diese Implementation ruft die Windows-Funktion `DefWindowProc` (Default Window Procedure) auf, die eine Vorgabeaktion für alle nicht abgefangenen Meldungen ausführt.

Da sich die `WM_COMMAND`-Einträge ebenfalls im Meldungsverteiler befinden, durchsucht auch `CWnd::OnCmdMsg` diese Liste und durchwandert gegebenenfalls auch die Klassenhierarchie in Richtung der Wurzel. Wird kein Eintrag gefunden, so findet anders als bei den normalen Meldungen eine zweite Suche statt, und zwar in den anderen Objekten. Dies geschieht dann, wenn Nachfolgerklassen von `CCmdTarget` die von dieser Klasse erstmals definierte Methode `OnCmdMsg` überschreiben und dort die Meldung an ein anderes Objekt weiterleiten. An diesem Routing beteiligen sich alle Klassen, die direkt oder indirekt von `CCmdTarget` abgeleitet sind. Mit dieser Technik ist es möglich, dass auch Nicht-Fenster solche `WM_COMMAND`-Meldungen verarbeiten können.

Beispiel:

Wir wollen nun einmal diese Ausführungen anhand einer neu generierten SDI-Anwendung (oder MDI-Anwendung) erläutern. Diese Anwendung hat ein Rahmenfenster mit einem Menü, über das wir den Info-Dialog (About-Box) auslösen können. Windows sendet diese Meldung als `WM_COMMAND` an die Funktion `WndProc` des Fensters. Da wir die Anwendung mit der MFC entwickelt haben, wird sie von `AfxWndProc` abgefangen. Diese Funktion sucht in der Handle-Liste nach dem zum Handle `hWnd` gehörigen Zeiger auf ein MFC-Objekt. Dies ist unser Rahmenfenster, eine Instanz von `CMainFrame`. Über den Zeiger ruft es die Funktion `OnWndMsg` auf, welche die Kategorie `WM_COMMAND` erkennt und somit den Aufruf an `OnCmdMsg` weiterreicht. Nun wird die Meldung an die im Rahmenfenster aktive Ansicht (View) mit dem zugehörigen aktiven Dokument weitergereicht. Hier führt die Suche nach einer geeigneten Ereignisfunktion aber zu keinem Erfolg, so dass nun die Meldungsverteillisten der Klassen `CMainFrame`, `CFrameWnd` und `CWnd` durchsucht werden. Da auch diese Suchvorgänge in Richtung der Hierarchiewurzel erfolglos bleiben, überprüft `CFrameWnd::OnCmdMsg` anschließend die anderen Ebenen des Routings. Hierbei gelangt es zur Funktion `CWindApp::OnCmdMsg` der aktuellen Anwendung. Diese besitzt eine eigene Meldungsverteilliste, wie unser Beispielprogramm aus dem nächsten Kapitel (ggf. dort nachschauen):

```
// CU101App
BEGIN_MESSAGE_MAP(CU101App, CWinApp)
  ON_COMMAND(ID_APP_ABOUT, OnAppAbout)
  // Dateibasierte Standarddokumentbefehle
  ON_COMMAND(ID_FILE_NEW, CWinApp::OnFileNew)
  ON_COMMAND(ID_FILE_OPEN, CWinApp::OnFileOpen)
  // Standarddruckbefehl "Seite einrichten"
  ON_COMMAND(ID_FILE_PRINT_SETUP, CWinApp::OnFilePrintSetup)
END_MESSAGE_MAP()
```

Jetzt kann endlich die Funktion `OnAppAbout` aufgerufen werden.

Die beschriebene Technik macht es verständlich, warum wir später im Klassenassistenten zu jeder Klasse Ereignisse zuordnen können, was eher zur Verwirrung führen kann.

9.1.6 Ereignis, Meldung und Überschreibung

Während der nachfolgenden Programmierung werden wir immer wieder auf die drei Begriffe *Ereignis, Meldung* und *Überschreibung* stoßen. Um eventuellen Verwirrungen vorzubeugen, sollen die Begriffe näher beleuchtet werden.

Wie wir im letzten Kapitel gehört haben, arbeitet Windows mit Meldungen der Art `WM_`... Diese wurden für die Oberflächenprogrammierung mit Hilfe der MFC zu Ereignissen erweitert. Ereignisse beginnen mit dem Präfix `IDx_`, wobei `x` auf unterschiedliche Ressourcen verweist. Die Namenskonventionen dazu werden im Folgekapitel erläutert.

Meldungen und Ereignisse werden über den Meldungsverteiler im Programm an Ereignisfunktionen weitergeleitet. Sie „lösen diese Ereignisfunktionen aus". Nach Konvention beginnen die Namen der Ereignisfunktionen mit dem Präfix `On`...

Überschreibungen

Der Anwendungsassistent generiert bereits einige Überschreibungen für wichtige Klassenmethoden. Beispielsweise müssen alle rein virtuellen (abstrakten) Methoden der MFC überschrieben werden. Viele Methoden sind aber nur virtuell und werden normalerweise nicht automatisch überschrieben, da sie eine gewisse Grundfunktionalität besitzen.

Eine Windows-Anwendung ist ein „schwarzer Kasten" (**Bild 9.6**), der bis zum Programmende in einer Dauerschleife läuft und auf Meldungen wartet. Die bereits überschriebenen Methoden können durch eigenen Code spezialisiert werden. Wollen wir an die unsichtbaren Methoden heran, dann müssen wir sie durch Überschreiben „sichtbar" machen, d. h., an die Oberfläche holen.

 Zur Erinnerung: Wir können auch nicht-virtuelle Methoden überschreiben. Diese müssen wir dann aber selbst aufrufen, da das Anwendungsgerüst nur dann die Überschreibung aufruft, wenn die Methode vorher virtuell war.

Bei den Überschreibungen kann es sich sowohl um Ereignisfunktionen wie auch um „normale" (virtuelle) Methoden der MFC handeln. Eine Ereignisfunktion, die überschrieben wird, führt bereits einige Grundfunktionen aus. Soll diese Funktionalität erhalten bleiben, so wird meist am Anfang oder Ende der Überschreibung diese Vorgängerfunktion aufgerufen. Der Klassenassistent erledigt dies für uns. Benötigen wir die Grundfunktionalität nicht, so löschen wir den Aufruf.

Ein weiteres Merkmal weist uns auf die Überschreibung vorhandener abstrakter oder realer Methoden hin. Überschreibungen müssen den Namen beibehalten, damit die Überschreibung wirksam wird. Neu angelegte Ereignisfunktionen können wir dagegen frei benennen. Das Präfix `On` ist übrigens kein Kennzeichen für die Kategorie. Wir finden solche Ereignisfunktionen in allen drei Sparten.

9.1 Grundlagen

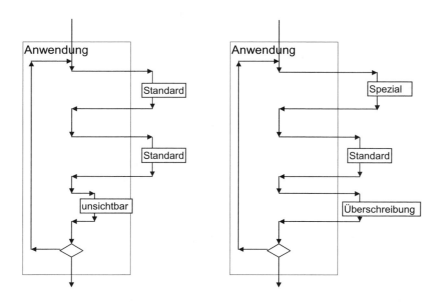

Bild 9.6: Meldungsverarbeitungsschleife und Programmiertechnik

Eine Neuerung der integrierten Entwicklungsoberfläche von Visual Studio .NET hält diese drei Kategorien jetzt unter Visual C++ .NET sauber auseinander. Wir finden die Kategorien auf der Seite `Eigenschaften` (**Bild 9.7**).

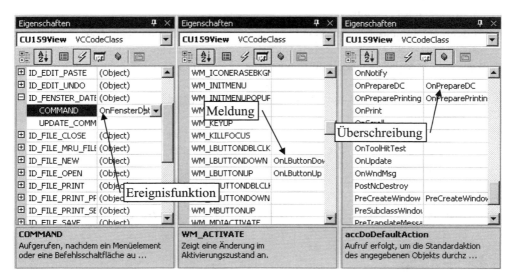

Bild 9.7: Kategorien des Klassenassistenten zum Anlegen von Funktionen

9.1.7 Namens- und Nummerungskonventionen der MFC

Die Namens- und Nummerungskonventionen der MFC dienen dazu:
- Eine einheitliche Namensvergabe über die MFC-Bibliothek und die MFC-Anwendungen herzustellen, um dem Programmierer die Interpretation von Typ und Ursprung zu erleichtern.
- Eine strenge 1:1-Beziehung zwischen bestimmten ID-Bereichen herauszuarbeiten, um die Architektur der MFC zu verdeutlichen.
- Sich an die bereits vorhandenen Namenskonventionen unter Windows anzupassen.
- Eine Trennung interner und benutzerdefinierter IDs zu gewährleisten.

Da wir über die Menüoption `Bearbeiten|Ressourcensymbole` in der Lage sind, die Nummern frei zu vergeben, sollten wir diese Konventionen beachten, um keine Doppelbelegungen oder Verwechslungen heraufzubeschwören. Die folgende Tabelle gibt einen Überblick über die Nummernkreise:

Präfix	Ressourcentyp	Erlaubter Bereich
`IDR_`	multiple	`1 -> 0x6FFF`
`IDD_`	dialog templates	`1 -> 0x6FFF`
`IDC_`, `IDI_`, `IDB_`	cursors, icons, bitmaps	`1 -> 0x6FFF`
`IDS_`, `IDP_`	general strings	`1 -> 0x7FFF`
`ID_`	commands	`0x8000 -> 0xDFFF`
`IDC_`	controls	`8 -> 0xDFFF`

Die Gründe für die Festlegungen sind:
- Die ID `0` wird vereinbarungsgemäß nicht benutzt.
- Beschränkungen durch die Windows-Implementation beschneiden den Bereich der erlaubten IDs auf die Werte bis `0x7FFF`.
- Das MFC-Gerüst benutzt intern und reserviert damit die Bereiche `0xE000` bis `0xEFFF` und `0x7000` bis `0x7FFF`.
- Verschiedene Windows-Systemkommandos benutzen den Bereich `0xF000` bis `0xFFFF`.
- Die Steuerelement-IDs von `1` bis `7` sind für `IDOK`, `IDCANCEL` usw. reserviert.
- Der Bereiche `0x8000` bis `0xFFFF` für Zeichenketten ist reserviert für die Menü-Eingabeaufforderungen von Kommandos.

9.2 Ableiten eigener Klassen von der MFC

9.2.1 Grundlagen

Normalerweise leiten wir bereits mit der Generierung unserer Oberfläche eine Vielzahl von eigenen Klassen aus der MFC ab. Wir erkennen dies an den entsprechenden `class-`

9.2 Ableiten eigener Klassen von der MFC

Anweisungen, die sich in den generierten Units (genauer in deren Kopfdateien) befinden, beispielsweise:

```
class CTestDoc : public CDocument
```

Mit dieser Anweisung wird eine neue Klasse `CTestDoc` angelegt, die sich von `CDocument` ableitet. Dies bedeutet nichts anderes, als dass unsere eigene Klasse alle Daten und alle Methoden von `CDocument` erbt. Durch Auswahl der geeigneten Klasse können wir das Verhalten unseres Programms den Zielen anpassen.

Wir können hauptsächlich folgende Bereiche in der MFC feststellen, von denen wir solche eigenen Ableitungen durchführen:

- Rahmenfenster
- Dokumente
- Dokumentansichten
- Mehrere Ansichten
- Spezielle Ansichtstypen, wie z. B. Bildlauf-, Texteditor- oder Formularansichten
- Dialogfelder und Eigenschaftenfenster
- Windows-Standardsteuerelemente
- Zuordnen von Windows-Meldungen zu Behandlungsroutinen
- Symbolleisten und andere Steuerleisten
- Drucken und Druckvorschau
- Serialisierung von Daten in/aus Dateien und anderen Medien
- Gerätekontexte und GDI-Zeichenobjekte
- Ausnahmebehandlung
- Auflistungen von Datenobjekten
- Diagnose
- Zeichenfolgen, Rechtecke und Punkte
- Datum und Zeit

Bei einer Windows-Anwendung bearbeitet der Benutzer Dokumente (Microsofts Bezeichnung für eine Menge beliebiger Datenmengen), die in einem Rahmenfenster dargestellt werden. Ein solches Rahmenfenster mit Dokument enthält somit die beiden Hauptkomponenten *Rahmen* und *Dokument*. Der Bereich des Fensters ohne Rahmen, Titel-, Menü-, Symbolleiste usw. wird *Client-Bereich* (Anwendungs- oder Innenbereich) genannt. Dieser Bereich selbst kann wiederum von einer einzigen Dokumentansicht (SDI-Anwendung) oder von den Kindfenstern einer MDI-Anwendung belegt sein. Jedes Kindfenster besteht aus einem Kindrahmenfenster und einem Innenbereich. Im Client-Bereich stellt es ein Dokument dar. Dabei kann es sich um eine zweite Ansicht auf dasselbe Dokument oder ein völlig fremdes Dokument handeln. Eine Erweiterung stellen die gesplitteten Fenster mit mehreren, sich nicht überlappenden Scheiben dar.

SDI-Anwendung

In den meisten Anwendungen werden wir die Ansicht(en) auf ein oder mehrere Dokumente von den eigentlichen Dokumenten trennen. Eine normale Anwendung sieht daher wie in **Bild 9.8** aus. Dabei beachten wir, dass ein sichtbares Fenster für Visual C++ im Wesentlichen aus zwei Teilen besteht, dem Rahmenfenster und der Ansicht im Innenbereich.

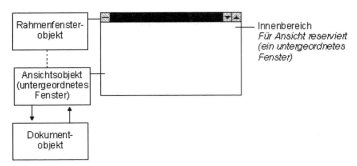

Bild 9.8: Trennung von Ansicht und Dokument

Das Ansichtsobjekt tauscht Daten mit dem Dokumentobjekt aus und stellt diese in einem untergeordneten Fenster dar. Dieses Fenster ist wiederum in den Innenbereich eines Rahmenfensterobjekts eingebettet. Das Ansichtsobjekt erhält vom Rahmenfensterobjekt Meldungen über Ereignisse und meldet selbst Meldungen zurück.

Wir legen ein Rahmenfensterobjekt an, in dessen Innenbereich *Ansichten* dargestellt werden. Der äußere Rahmen sowie die Darstellung im Innenbereich in Ansichten wird durch zwei unterschiedliche Klassen in der MFC verwaltet. Dabei stellt das Ansichtsfenster ein untergeordnetes Rahmenfenster dar, das sich weitgehend wie das äußere Rahmenfenster verhält, selbst aber keine weiteren Ansichten verwaltet.

MDI-Anwendung

Eine MDI-Anwendung muss nicht unbedingt auf eine einzige Ansicht beschränkt bleiben. So können wir durchaus mehrere Ansichten auf das gleiche Dokument kreieren (**Bild 9.9** a), wobei der Dokumentinhalt immer konsistent bleibt. Korrekturen werden daher sofort in den anderen Ansichten dargestellt. Die Ansichtsobjekte kommunizieren mit demselben Dokument. Es ist aber auch denkbar, mehrere Dokumente gleichzeitig zu öffnen. Hierbei ist es nur natürlich, mindestens eine Ansicht pro Dokument anzulegen. Aber auch die Kombination mehrerer Ansichten und mehrerer Dokumente ist denkbar.

Rahmenfenster und unterteilte Fenster (Splitterbox)

Ab Windows 95 stellen wir eine Abkehr vom MDI-Konzept der Version 3.1 mit mehreren Fenstern fest. Stattdessen geht der Trend hin zu Rahmenfenstern mit Scheiben (Butzenscheiben) oder lose gekoppelten Fenstern. Bei gesplitteten Fenstern kann der Benutzer die Stege zwischen den Scheiben bewegen. Damit verändert er aber die Darstellung mehrerer (Fenster-)Scheiben (**Bild 9.9** b).

Im einfachsten Fall sind die Innenbereiche aller Scheiben gleich (Fall a und Fall b). Es ist auch, wie in Fall c dargestellt, denkbar, die Ansichten in ihrer Symbolik zu verändern, also z. B. in der linken Scheibe eine Datenreihe und in der rechten Scheibe das dazugehörige Diagramm darzustellen. Der Explorer zeigt beispielsweise Ordnerbaum und Dateiliste in zwei getrennten Scheiben an. Dazu werden aus demselben Dokumenttyp mehrere unterschiedliche Ansichten generiert.

9.2 Ableiten eigener Klassen von der MFC

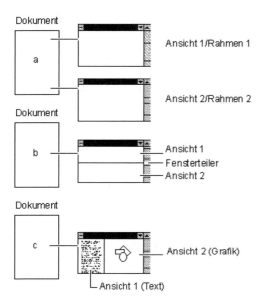

Bild 9.9: Darstellungsmöglichkeiten eines Dokuments in verschiedenen Sichten

Eine weitere Steigerung der Darstellungsmöglichkeiten finden wir in den andockbaren Fenstern, die entweder eigenständig oder als Scheibe agieren. Wir können solche Fenster sowohl frei auf dem Bildschirm positionieren als auch in die Scheibenstruktur einbinden. In diesem Fall erhalten sie den Steg, mit dem ihre Größe im Verhältnis zu den anderen Scheiben verändert werden kann. Sie decken in diesem Zustand keine Elemente der Anwendung ab.

Wollen wir die Struktur der Scheiben noch weiter differenzieren, so ist dies nicht immer über die Visual C++-Assistenten möglich. Hier hilft u. U. der Einsatz von so genannten *Eigenschaftenfenstern* (Property Pages) mit mehreren Registerblättern weiter. Auf diesen lassen sich in übersichtlicher Form unterschiedliche Steuerelemente platzieren.

Beim Umgang mit Word haben Sie sicher bemerkt, dass Microsoft selbst die MDI-Architektur verlässt und auf einzelne Fenster übergeht. Diese stellen jeweils getrennte Tasks dar, so dass jedes Fenster auch in der Taskleiste erscheint und dort angewählt werden kann. Trotzdem sind diese Fenster nicht vollständig unabhängig voneinander. Vielmehr wird ein neues Fenster aus einem bestehenden Fenster heraus angelegt. Wir können auch direkt über die Menüleiste (nicht über die Taskleiste) zu den unterschiedlichen Fenstern navigieren. Wird ein Fenster geschlossen, so benachrichtigt es seine Kollegen, so dass beispielsweise das letzte Word-Fenster zwar sein Dokument schließt, aber nicht sich selbst auflöst. Dabei ist es nicht so, dass z. B. das erste Fenster eine Führungsrolle übernimmt und daher als letztes geschlossen werden muss. Tatsächlich sind alle Fenster nach dem Generieren gleichberechtigt und können die Eigenschaft „letztes Fenster" übernehmen. Unter Visual C++ finden wir diese Technik unter *Mehrere Dokumente der höchsten Ebene*.

9.2.2 Mehrere Dokumenttypen, Ansichten und Rahmenfenster

Um die letzten Aussagen noch einmal zusammenzufassen, können wir feststellen, dass die meisten Anwendungen nur einen Dokumenttyp oder mehrere doch zumindest ähnliche Dokumenttypen unterstützen. Bei einem Grafikprogramm kann man durchaus diskutieren, ob der Dokumenttyp nun „Bild" oder „BMP-Bild", „PCX-Bild" usw. ist. Eine reine Palettendarstellung, ein Histogramm usw. wären dagegen deutlich abzugrenzen.

Die einfachste Anwendung kann nun einen Dokumenttyp in Form eines konkreten Dokuments in einer einzigen Ansicht in einem Rahmenfenster darstellen.

Als erste Steigerung können wir die Fälle sehen:
- mehrere, gleichzeitig geöffnete Dokumente mit je einer Ansicht
- ein geöffnetes Dokument mit mehreren Ansichten.

Der allgemeinste Fall besteht aus mehreren Dokumenten, von denen jedes für sich in mehreren Ansichten auftreten kann. Indem wir eine einzige Dokumentklasse vom Anwendungsassistenten generieren lassen, legen wir uns auf einen einzigen Dokumenttyp fest. Dieser Dokumenttyp hat auch nur eine Dokumentvorlage. Mit dem Ableiten einer MDI-Anwendung öffnen wir uns die Möglichkeit, verschiedene Dokumenttypen zu verarbeiten.

Hierzu aktivieren wir normalerweise den Klassenassistenten und generieren eine neue Klasse vom Typ `CDocument` pro gewünschter Klasse. Diese Klasse müssen wir nun mit den speziellen Datendeklarationen füllen, die unsere Anwendung benötigt.

Um bei der Neuanlage eines solchen Dokuments die Struktur durch den Benutzer vorgeben zu lassen, müssen wir noch je eine Vorlage pro Dokumentklasse generieren. Dies geschieht durch den Aufruf von `AddDocTemplate` in der Methode `InitInstance` unserer Anwendung. Ein erster Aufruf wird generiert, alle weiteren müssen wir selbst programmieren.

Der Einsatz von mehreren Dokumentklassen oder mehreren Ansichten auf dasselbe Dokument wird intern durch Listen verwaltet. So besitzt jedes Dokument eine Liste (genauer einen Zeiger auf eine Liste) aller seiner Ansichten. Löschen wir eine Ansicht auf ein Dokument oder öffnen eine solche neu, dann muss die Liste gekürzt oder verlängert werden.

Ändert sich der Inhalt des Dokuments, so muss mit `UpdateAllViews` eine Schleife aktiviert werden, die alle Ansichten des Dokuments aktualisiert, indem diese die einzelnen Ansichten neu zeichnet.

MFC unterstützt drei allgemeine Benutzeroberflächen, die mehrere Ansichten für dasselbe Dokument benötigen. Diese Modelle sind (**Bild 9.9**):
- Ansichtsobjekte derselben Klasse, jedes in einem eigenen MDI-Dokumentrahmenfenster
- Ansichtsobjekte derselben Klasse in demselben Dokumentrahmenfenster
- Ansichtsobjekte verschiedener Klassen in einem einzelnen Rahmenfenster

Die verschiedenen Varianten wollen wir nun in den folgenden Kapiteln eine nach der andern beispielhaft programmieren.

10

Visual Studio

10	Visual Studio	321
	10.1 Komponenten von Visual Studio	321
	10.2 MDI-Anwendungsgenerierung mit dem Anwendungsassistenten	323
	10.3 Ressourcendesign mit den Ressourcenassistenten	353
	10.4 Ereignisfunktionen programmieren	385
	10.5 Anwendung ohne Dokument/Ansicht-Architektur	398
	10.6 Minimale MFC-Anwendung	401
	10.7 Wie kann ich …	408

10 Visual Studio

In diesem Kapitel wollen wir uns noch einmal intensiver mit dem Visual Studio vertraut machen, indem wir verschiedene Hilfsprogramme aktivieren, um zu einer lauffähigen Anwendung zu gelangen.

10.1 Komponenten von Visual Studio

Das Visual Studio ist die Standardarbeitsfläche des Programmierers. Sie steuert eine Reihe von weiteren Programmen, die spezielle Aufgaben übernehmen. Die wesentlichen Teile sind:

Visual Studio	gemeinsame Oberfläche
Editor	integriert in der Arbeitsscheibe
Anwendungsassistent	Assistent zur (Erst-)Generierung von Anwendungen in Form eines Gerüsts
Klassenassistent	Assistentensammlung zur Verwaltung von Klassen
Ressourcenassistent	Assistentensammlung zum Generieren von Windows-Fenstern u. a.
C++-Compiler	Übersetzer, der aus dem Quellcode Objektdateien erzeugt
Linker	Binder, der aus Objektdateien, Laufzeitbibliotheken, Klassenbibliotheken usw. ein ladefähiges (lauffähiges) Programm erstellt
Loader	Lader, der eine EXE-Datei in einen Teil des Hauptspeichers lädt und ausführt
Ressourcen-Compiler	Übersetzer, der aus RC-Dateien RES-Dateien erzeugt und diese an EXE-Dateien bindet. Damit ist die Oberfläche auswechselbar (z. B. mehrsprachig)

Die Zusammenarbeit können wir, wie in **Bild 10.1** geschehen, darstellen. Das Visual Studio steuert normalerweise alle Aktivitäten. Es ist aber auch möglich, fast alle Programme selbstständig aufzurufen. Den Anwendungsassistenten aktivieren wir einmalig bei der Erstellung einer Anwendung. Mit ihm können wir später keine Änderungen mehr am Programm vornehmen. Eine Reihe anderer Anwendungen kann dagegen mehrfach aufgerufen werden, um Korrekturen und Ergänzungen vorzunehmen. So können wir unsere Anwendung schrittweise weiterentwickeln.

Die Compiler und Linker überschreiben normalerweise ihre Ausgabedateien vollständig. Sie achten jedoch auf das Bearbeitungsdatum, so dass nur geänderte Teile neu übersetzt und gebunden werden (inkrementelle Verarbeitung). Dies setzt jedoch voraus, dass wir keine „verbotenen" Manipulationen am Systemdatum vornehmen.

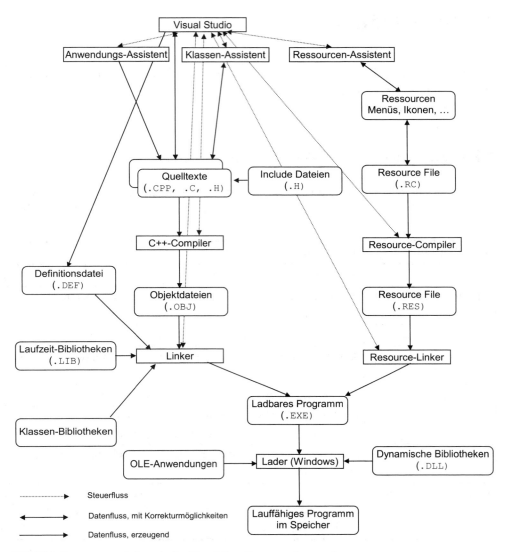

Bild 10.1: Programmerstellung in der Visual C++-Programmierumgebung

Windows-Programme zeichnen sich dadurch aus, dass sie nicht als großer, monolithischer Block vorliegen. Ein Windows-Programm wird erst im Zentralspeicher zusammengebaut, indem dynamische Laufzeitbibliotheken (.DLL) bei Bedarf geladen werden. Über OLE lassen sich Anwendungen aktivieren, an die der Programmierer selbst noch nicht gedacht hat. Dies hat große Vorteile in der Wiederverwendbarkeit von Bausteinen. Andererseits können wir kein Programm in andere Ordner verschieben, ohne uns erhebliche Schwierigkeiten einzuhandeln. Meist wird der absolute Pfad gespeichert, so dass nach einer Verschiebung nichts mehr geht.

Windows sieht eine Trennung von Daten und Oberfläche vor. Die Oberfläche wird von Windows verwaltet. Über eine Schnittstelle werden Daten und Ereignisse mit dem Programm ausgetauscht. Daher können wir Programme mit verschiedenen Oberflächen ausstatten (mehrsprachig, geändertes Layout usw.), die über den Ressourcen-Compiler an die .EXE-Datei gebunden werden, ohne das eigentliche Programm neu übersetzen oder binden zu müssen.

10.2 MDI-Anwendungsgenerierung mit dem Anwendungsassistenten

Zu Beginn eines neuen Projekts sollten wir immer durch Auslösen von Datei|Projektmappe schließen für eine „saubere" Arbeitsumgebung sorgen. Sind die Menüoptionen nicht aktiviert, dann sind keine Reste alter Entwicklungen vorhanden (**Bild 10.2**). In Abhängigkeit vom gewählten Profil erscheint in der Arbeitsscheibe das Startfenster usw.

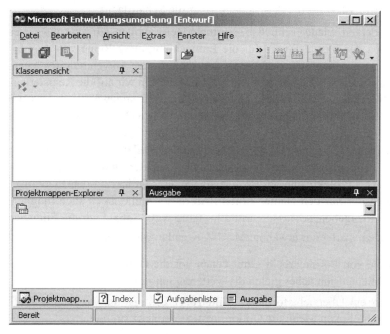

Bild 10.2: Visual Studio .NET im Grundzustand

Sehr viele Scheiben am linken und unteren Rand überlappen sich während der Programmentwicklung. Um einzelne Scheiben nach vorn zu bringen, haben diese kleine Pin-Nadeln, die man anklicken kann.

10.2.1 Aufruf

U101 Der Anwendungszauberer (Application Wizard) (manchmal auch Anwendungshexer genannt) oder *Anwendungsassistent* dient dazu, die Programmarchitektur einer neuen Anwendung aufzubauen. Vielleicht haben Sie die Anwendung aus dem Kapitel «Mein erstes Programm» wieder vergessen, daher wiederholen wir schnell die Schritte, wobei wir das Programm leicht abwandeln.

Wir gehen in folgenden Schritten vor:

1. Wir schließen ein eventuell offenes Projekt und schließen alle Fenster.
2. Zur Aufnahme unserer Übungsprogramme legen wir (wie bisher) einen eigenen Ordner `U10_ViS` an. Dieser Schritt ist nicht unbedingt notwendig, da der Anwendungsassistent auch in der Lage ist, diesen Ordner einzurichten.

10.2.2 Optionen

3. Den Anwendungsassistenten rufen wir über `Datei|Neu`... auf. Es erscheint das Eingangsfenster (**Bild 10.3**) für die Assistenten. Über die Schaltfläche `Abbrechen` können wir ihn jederzeit wieder schließen. Normalerweise wollen wir aber ein neues Projekt anlegen. Da das Visual Studio für die Entwicklung einer Reihe von Anwendungen vorgesehen ist, müssen wir erst einmal den Typ unserer Anwendung festlegen, indem wir den passenden Assistenten wählen. Hierzu wechseln wir auf die Registerkarte `Projekt`. Normalerweise ist diese Registerkarte schon angewählt, so dass wir diesen Schritt in Zukunft nicht mehr erwähnen müssen. Wir wählen aus der Liste den Typ `MFC-Anwendungsassistent (.exe)` aus. Unter `Projektname` geben wir den Projektnamen `U101` ein. Da der Name an vielen Stellen sowohl als Teile der Dateinamen als auch im Quelltext eingesetzt wird, achten wir auf die Groß-/Kleinschreibung. Der Projektname wird sofort als weiterer Ordner an den Pfad angehängt. Hier müssen wir nur den Namen prüfen. An dieser Stelle ist es auch möglich, einen neuen Pfad einzugeben, so dass Schritt 2 hinfällig wird. Sobald wir die Eingaben mit `OK` bestätigen, startet der erwähnte MFC-Anwendungsassistent.

Es läuft nun eine Kette von Formularen ab, mit denen wir die Optionen unserer Anwendung festlegen. Es schließen sich daher gleich die weiteren Schritte an:

4. Zuerst erhalten wir ein Übersichtsformular (**Bild 10.4**), das uns die weiteren Schritte anbietet. Wir lösen im linken Menü die Option `Anwendungstyp` aus.
5. Im folgenden Dialogfeld legen wir den Typ unserer Anwendung fest.
    Diese Übung legen wir als MDI-Anwendung (**Bild 10.5**) an. Auch die Sprache wird nur kontrolliert. Sie ist insbesondere für den Menüeditor wichtig, um deutsche Menüs zu erzeugen.

10.2 MDI-Anwendungsgenerierung mit dem Anwendungsassistenten 325

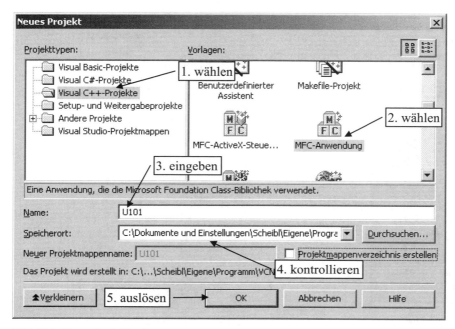

Bild 10.3: Neues Projekt anlegen

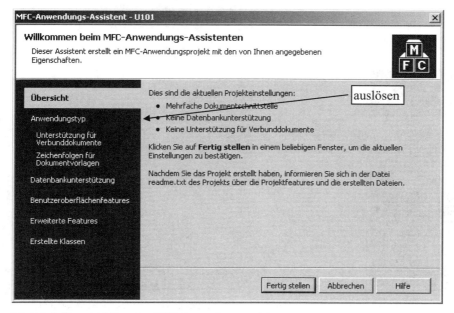

Bild 10.4: Übersicht über den MFC-Anwendungsassistenten

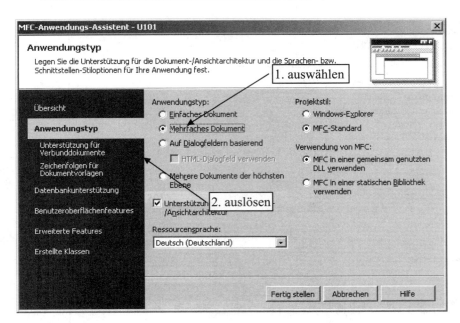

Bild 10.5: Festlegen des Anwendungstyps im MFC-Anwendungsassistenten

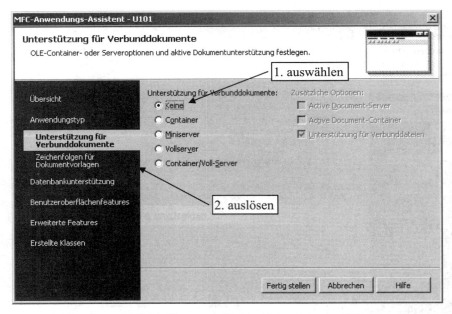

Bild 10.6: Einstellung der Unterstützung von Verbunddokumenten im MFC-Anwendungsassistenten

6. Seltener werden wir Anwendungen schreiben, die eine Unterstützung für Verbunddokumente (OLE-Anwendungen) benötigen (**Bild 10.6**). Auch unsere derzeitige Übung

10.2 MDI-Anwendungsgenerierung mit dem Anwendungsassistenten 327

ändert auf diesem Dialogfeld nichts. Wie wir aus der Liste der Optionen erkennen, greifen solche Anwendungen auf externe Server zu. Wobei Programme wie Word, Excel usw. als Server dienen können.

7. Auch die nächste Option ist im Menü etwas eingerückt, weil wir sie seltener anwählen. Es handelt sich um die Einstellung von Zeichenfolgen für die Dokumentvorlagen (**Bild 10.7**). Dabei handelt es sich um diverse Namensfestlegungen, u. a. für die Dateierweiterung unserer Dokumentdateien. Diese Einstellungen werden wir bei der Serialisierung unserer Daten näher betrachten.

Die etwas drollig anmutenden Bezeichnungen *lokalisierte* und *nicht lokalisierte Zeichenfolgen* zwingen in der Originalbezeichnung keinem Amerikaner ein Lächeln auf die Lippen. Schließlich verpackt er anschließend seine CD in ein Juwelenkästchen (Jewel Case), bevor er weiter an das Entwanzen geht. Lokalisierte Zeichenketten sind individuelle Zeichenketten (Erweiterungen), auf die unser Programm später reagieren soll, indem es z. B. automatisch startet. Hier sollten wir exotische Abkürzungen benutzen, um nicht mit den großen Herstellern in Konflikt zu geraten. Nicht lokalisierte Zeichenketten sind somit das Gegenteil, also international (weitgehend) festgelegte Zeichenketten wie z. B. die Erweiterung `.doc` für Word-Dokumente.

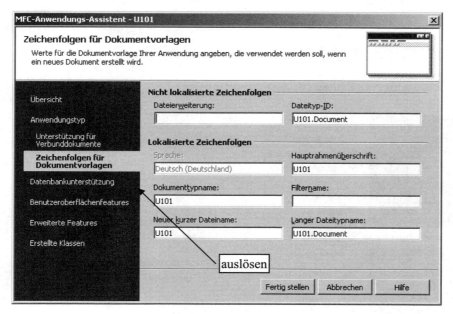

Bild 10.7: Einstellung der Zeichenfolgen für Dokumentvorlagen im MFC-Anwendungsassistenten

8. Mit der Option `Datenbankunterstützung` entscheiden wir, ob ein Zugriff auf eine Datenbank erfolgen soll. Dies ist in unserem Beispiel noch nicht angesagt (**Bild 10.8**), wird aber im Kapitel über die Datenbanken nachgeholt.

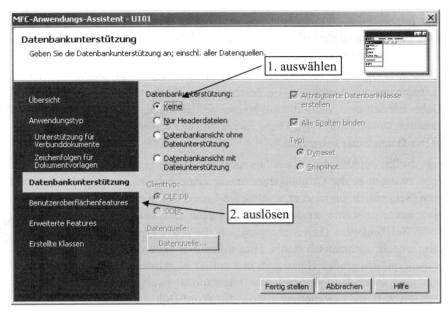

Bild 10.8: Wahl der Optionen zur Datenbankunterstützung im MFC-Anwendungsassistenten

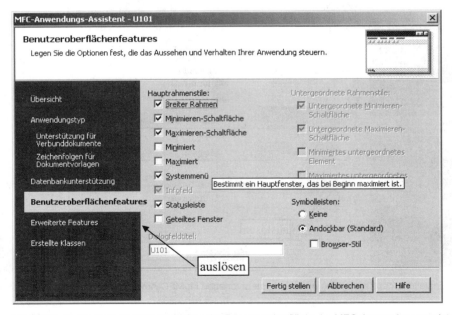

Bild 10.9: Festlegung der Eigenschaften der Benutzeroberfläche im MFC-Anwendungsassistenten

9. Das nächste Dialogfeld (**Bild 10.9**) legt wichtige Eigenschaften des Erscheinungsbilds unserer Anwendung wie Rahmen, Ikonen, Symbolleisten, Statusleiste usw. fest. Viele

10.2 MDI-Anwendungsgenerierung mit dem Anwendungsassistenten 329

Einstellungen sind selbsterklärend, werden durch den zusätzlichen Blasentext erläutert oder können durch einen einfachen Test ausprobiert werden. Derzeit können wir nur den Hauptrahmen beeinflussen, indem wir seinen Rahmen festlegen, die Ikonen der Titelleiste ein- oder ausschalten und festlegen, ob sich die Anwendung mit einem minimierten oder maximierten Fenster öffnen soll. Dies ersetzt den entsprechenden Klick des Anwenders beim Start des Fensters. Auf die Statusleiste und die geteilten Fenster werden wir noch einmal speziell eingehen.

Die rechte Spalte können wir nur dann bearbeiten, wenn wir eine MDI-Anwendung gewählt haben. In diesem Fall passen wir damit die Kindfenster unseren Wünschen an.

10. Im vorletzten Formular (**Bild 10.10**) können wir zusätzliche Funktionen festlegen, die generiert werden sollen. So ist es möglich, für die generierten Steuerelemente eine kontextbezogene Hilfe anzufordern, die wir später für unsere Anwendung erweitern können. Auch diese Funktionalität benötigt eine vertiefende Betrachtung.

Wenn unser Programm das Dokument auch ausdrucken soll, dann ersparen wir uns mit der Option `Druckunterstützung` sehr viel Programmierarbeit.

Interessant kann auch das Erhöhen der Obergrenze für die Liste der zuletzt bearbeiteten Dokumente sein.

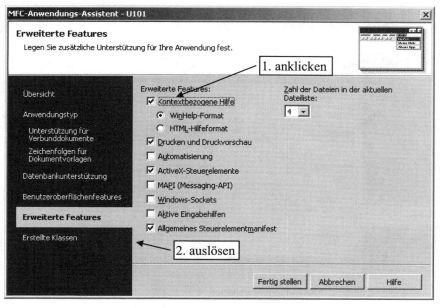

Bild 10.10: Auswahl erweiterter Funktionalität unserer Anwendung im MFC-Anwendungsassistenten

10.2.3 Generierte Klassen

Unsere Anwendung besteht aus mehreren Klassen. Alle ausgewählten Eigenschaften werden in diesen Klassen realisiert. Daher schließen sich zum Ende des Generierens einige wesentliche Schritte an:

11. Im letzten Dialogfeld zeigt uns der Anwendungsassistent die Klassen an, die er generieren wird (**Bild 10.11**). Zu diesem Zeitpunkt können wir einerseits die externen Namen noch einmal beeinflussen und andererseits den Formulartyp wählen.

    Ab der Version 6.0 ist die Ansichtsklasse nach vorn sortiert worden, da sie die Stelle ist, an der wir zuerst Änderungen vornehmen werden. Bei der Klasse CU101View wählen wir als Klasse CView aus. Dies ist die Standardklasse, ein Dialogfeld ohne Bildlaufleisten.

    Würden wir stattdessen CScrollView anklicken (was wir später einmal machen werden), so erhielte unser Dialogfeld bei Bedarf Bildlaufleisten. Diese erscheinen nur dann, wenn das Dialogfeld kleiner als das Dokument ist, vorausgesetzt, wir geben die Größe des Dokuments bekannt.

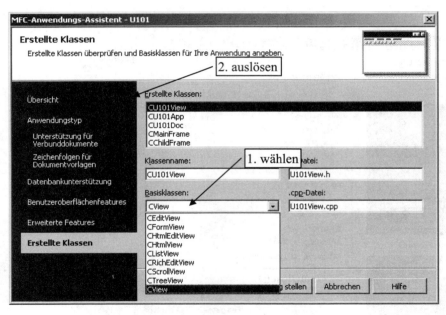

Bild 10.11: Klassendialog im MFC-Anwendungsassistenten

Die anderen Klassen sind weitgehend selbsterklärend. Einige davon werden wir in späteren Übungen einsetzen. So erkennen wir die Klasse CEditView, mit der wir einen einfachen Texteditor programmieren können. Etwas vornehmer ist CRichEditView, der uns die Formatierung des Textes erlaubt. Mit CFormView legen wir eine Anwendung an, die Steuerelemente aufnehmen kann.

10.2 MDI-Anwendungsgenerierung mit dem Anwendungsassistenten

Die letzte Bemerkung zeigt uns, dass `CView` eine Ansicht ist, die keine Steuerelemente enthalten kann. Ihre Funktionalität ist daher recht eingeschränkt, aber für unsere erste Übung vollkommen ausreichend.

12. Da wir nun am „Punkt ohne Wiederkehr" (neudeutsch: Point of no Return) stehen, sollten wir noch einmal mit der Option `Übersicht` unsere Einstellungen kontrollieren (**Bild 10.12**). Die Einstellungen können wir annehmen oder das Generieren durch `Abbrechen` beenden. Die Übersicht enthält im Gegensatz zur Version 6.0 nur noch die Haupteigenschaften, hier also die einfache Dokumentschnittstelle. Leider können wir z. B. hier nicht mehr die Basisklasse unserer Ansicht erkennen usw.

Mit der Bestätigung `Fertigstellen` generiert der Anwendungsassistent das *Anwendungsgerüst* (Application Frameworks AFX), d. h. ein lauffähiges Windows-Programm.

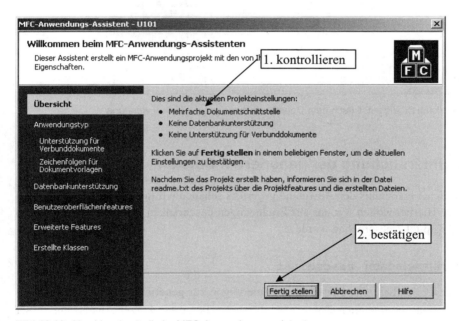

Bild 10.12: Abschlusskontrolle im MFC-Anwendungsassistenten

Es erscheinen in der Arbeitsbereichsscheibe mehrere Registerblätter. u. a. der Projektexplorer, die wir im 2. Kapitel schon kennen gelernt haben.

13. Wir können nun die verschiedenen Elemente expandieren. Ein Doppelklick auf `U101.cpp` lädt den Quelltext in die Bearbeitungsscheibe, d. h. den Editor (**Bild 10.13**). ∎

➢ Aufgabe 10-1:

Erstellen Sie ein Projekt nach der beschriebenen Technik. ∎

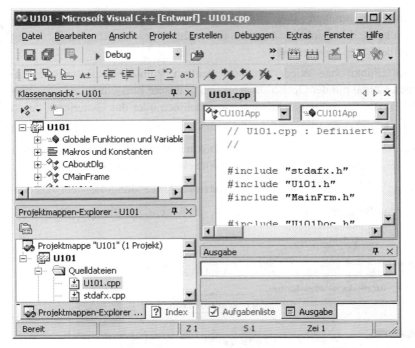

Bild 10.13: Visual Studio .NET nach dem Generieren einer neuen MFC-Anwendung

10.2.4 Untersuchung der generierten Dateien

Zum besseren Verständnis des Anwendungsgerüsts schauen wir uns einige der generierten Dateien an. Hierbei wollen wir uns auf Ergänzungen beschränken, da ein Teil der Dateien bereits im Kapitel 2 besprochen wurde.

10.2.4.1 Hinweisdatei `readme.txt`

`readme.txt` enthält eine Reihe von Erläuterungen zur generierten Applikation. Insbesondere werden die erzeugten Dateien beschrieben. Hierzu ein kurzer Ausriss aus dieser Datei (**Bild 10.14**).

➢ Aufgabe 10-2:

Machen Sie sich mit dem Inhalt der Datei `readme.txt` vertraut. Auch hier werden Sie keinen Hinweis auf die Basisklasse der Ansicht finden. ■

10.2 MDI-Anwendungsgenerierung mit dem Anwendungsassistenten 333

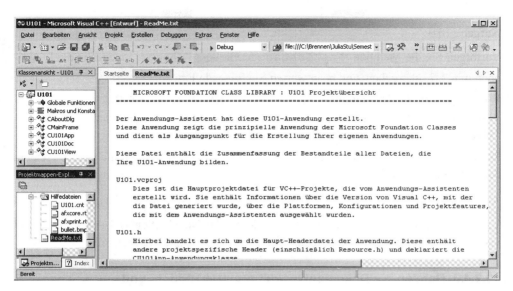

Bild 10.14: Inhalt der Datei `readme.txt`

10.2.4.2 Dateien des Anwendungsgerüsts `U101.h` und `U101.cpp`

Einige wesentliche Eigenschaften der Dateien des Anwendungsgerüsts wurden bereits in Kapitel 2 besprochen. Wir wollen diese Ausführungen noch etwas erweitern.

Die Methode `InitInstance` wurde nur verkürzt aufgelistet. Wir wollen sie jetzt etwas näher untersuchen. Einige Anweisungen sind und bleiben auch in der Zukunft ein Geheimnis von Microsoft. Aber einige Anweisungen können wir heute schon interpretieren bzw. sogar bearbeiten. Die Anweisung:

```
SetRegistryKey(_T("ScheiblSoft"));
```

trägt z. B. unsere Anwendung mit der eingegebenen Zeichenfolge in die Registry ein. Das Makro `_T()` ist übrigens für die Festlegung des Codes (ANSI oder Unicode) zuständig. Hier werden wir natürlich unsere Spuren hinterlassen. Variieren wir den Text von Programm zu Programm und löschen ihn beim Deinstallieren nicht aus der Registry, so freut sich der Anwender über ein immer langsam werdendes Betriebssystem.

Anschließend legt das Programm die Dokumentklasse an, prüft, ob Parameter in der Kommandozeile übergeben wurden, und führt diese bei Bedarf aus. Mit den Anweisungen:

```
m_pMainWnd->ShowWindow(SW_SHOW);
m_pMainWnd->UpdateWindow();
```

wird unser Hauptfenster überhaupt erst einmal angezeigt und dann „zurechtgerückt".

> Aufgabe 10-3:

Verfolgen Sie die Methode `InitInstance` mit dem Debugger, indem Sie die Funktionen mit F10 übergehen, und beantworten Sie folgende Fragen:

Wann erscheint die Anwendung im Task-Manager bzw. in der Taskleiste?

Wann wird das Rahmenfenster zum ersten Mal sichtbar (Achtung, außerhalb von `InitInstance`)?

Sicher überlegen Sie sich auch eigene Fragen. Aber verlieren Sie sich nicht in den Tiefen des Programms! ∎

> Aufgabe 10-4:

Verfolgen Sie auf ähnliche Weise das Auslösen der Menüoption `Hilfe|Info`, und versuchen Sie das Message-Routing aus dem vorherigen Kapitel nachzuvollziehen. ∎

10.2.4.3 Dateien zur Dokumentverwaltung `U101Doc.h` und `U101Doc.cpp`

Die Kopfdatei `U101Doc.h` enthält die Daten unseres noch neuen Programms bzw. wird diese aufnehmen. Unsere Dokumentklasse `CU101Doc` ist ein direkter Nachkomme von `CDocument`. Wir erkennen zwei Überschreibungen:

```
// Überschreibungen
  public:
  virtual BOOL OnNewDocument();
  virtual void Serialize(CArchive& ar);
```

Es handelt sich um die Ereignisfunktion `OnNewDocument`, die beim Anlegen eines neuen Dokuments (Menüoption `Datei|Neu`) ausgelöst wird. Der dazugehörige Implementationsteil:

```
BOOL CU101Doc::OnNewDocument()
{
  if (!CDocument::OnNewDocument())
    return FALSE;

  // TODO: Hier Code zur Reinitialisierung einfügen
  // (SDI-Dokumente verwenden dieses Dokument)

  return TRUE;
}
```

ruft die Vorgängermethode auf und erlaubt uns weitere Korrekturen an den eingelesenen Daten durchzuführen. Die Vorgängermethode lädt standardmäßig eine Objektdatei, die wir mit der zweiten Funktion `Serialize()` schreiben bzw. lesen. Auf diese spezielle Technik der Speicherung von Objekten und Variablen werden wir in einem gesonderten Kapitel eingehen.

10.2.4.4 Ansichtsdateien `U101View.h` und `U101View.cpp`

Öffnen wir nun die beiden Dateien `U101View.h` bzw. `U101View.cpp` unserer Ansichtsklasse auf das Dokument. Dort finden wir eine besondere Funktion:

```
CU101Doc* GetDocument() const;
```

die uns einen Zeiger auf die Dokumentklasse liefert. Über diesen Zeiger werden wir die Funktionen der Dokumentklasse zum Setzen und Holen von Daten ansprechen. Sie wird daher an vielen Stellen unseres Programms aufgerufen.

Zwei weitere Überschreibungen stechen uns ins Auge:

```
// Überschreibungen
public:
  virtual void OnDraw(CDC* pDC); //Überladen, um diese Ansicht darzustellen
  virtual BOOL PreCreateWindow(CREATESTRUCT& cs);
```

Die Ereignisfunktion `OnDraw` wird immer dann von Windows aufgerufen, wenn das Programmfenster vollständig oder in Teilen neu gezeichnet werden muss. Dies ist immer dann der Fall, wenn wir ein Teil des Fensters aufdecken (nicht beim Abdecken) oder das Fenster vergrößern (nicht beim Verkleinern).

Durch Auswechseln des Zeigers auf den Gerätekontext `pDC` kann diese Funktion auch dazu dienen, die Oberfläche auf den Drucker oder ein anderes Ausgabegerät zu senden.

Die zweite Funktion:

```
BOOL CU101View::PreCreateWindow(CREATESTRUCT& cs)
{
  // TODO: Ändern Sie hier die Fensterklasse oder die Darstellung, indem Sie
  //   CREATESTRUCT cs modifizieren.

  return CView::PreCreateWindow(cs);
}
```

ist eine Hilfsfunktion zwischen dem Instanziieren und dem Anzeigen eines Fensters. Hier können wir bei Bedarf noch individuelle Einstellungen vornehmen. Da beim Anlegen eines Fensters die darin enthaltenen Steuerelemente nicht sofort instanziiert werden können, ist dies die richtige Stelle, um dieses nachzuvollziehen. So können wir beispielsweise die Sichtbarkeit oder die Änderbarkeit einstellen.

Sollten wir das Drucken beim Generieren gewählt haben, so finden wir eine Reihe weiterer Funktionen, die sich darauf beziehen.

10.2.4.5 Weitere Dateien

Die weiteren Dateien werden wir relativ selten bearbeiten. Natürlich enthalten auch sie interessante Details. `MainFrm.h` bzw. `MainFrm.cpp` sind für die Gestaltung des Fensterrahmens zuständig. Wir finden dort Anweisungen zum Gestalten der Symbol- und Statusleiste, falls diese generiert wurden.

Die Klasse `CAboutDialog` mit ihren beiden Dateien ist für den Hilfedialog zuständig. Jeder eigenständige Dialog wird als Klasse angelegt.

> Aufgabe 10-5:

Wenn Sie neugierig sind, so können Sie schon einmal einen Blick in die weiteren Textdateien werfen. Sie finden in der Datei `resource.h` die Festlegung von Konstanten zum Datenaustausch zwischen unserem Programm und Windows. Die Datei `U101.rc` gewährt Ihnen einen Blick auf die Programmressourcen. Hierzu werden Sie im Laufe des Manuskripts weitere Informationen erhalten. ∎

10.2.5 Übersetzen des generierten Programms

Nun können wir das Projekt kompilieren, erstellen und/oder gleich ausführen. Hierzu stehen Menüoptionen, Ikonen oder Zugriffstasten bereit. Bei dieser Gelegenheit wählen wir auch die Art der Übersetzung. So können wir zusätzliche Informationen zum Debuggen des Programms erzeugen lassen. Die Menüoptionen zeigen uns die verschiedenen Varianten (**Bild 10.15**).

Bild 10.15: Menüoptionen `Debuggen`

Wir klicken z. B. auf das blaue Dreieck ▶ Debug ▼ oder lösen `Debuggen|Starten ohne Debuggen` auf. Auch die Einzeltaste [F5] bzw. die Tastenkombination [Strg][F5] sind hilfreich. Das blaue Dreieck entspricht der Option `Starten`. Entwickeln wir häufig Konsolenanwendungen, so ist es auf die Dauer hilfreich, auch die zweite Option (rotes Ausrufezeichen) in die Symbolleiste zu übernehmen ▶ Debug ▼ ❗. Das Visual Studio meldet nach dem Auslösen, dass es noch keine Datei `U101.exe` gibt (**Bild 10.16**). Diese Meldung bestätigen wir.

10.2 MDI-Anwendungsgenerierung mit dem Anwendungsassistenten 337

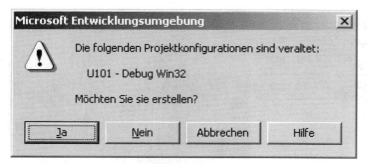

Bild 10.16: Meldung der Entwicklungsumgebung

➢ Aufgabe 10-6:

Starten Sie das Programm mit einer der genannten Techniken. Es erscheinen im Meldungsfenster folgende Übersetzungsmeldungen:

```
------ Erstellen gestartet: Projekt: U101, Konfiguration: Debug Win32 ------

Hilfedatei wird erstellt...
        1 Datei(en) kopiert.
        1 Datei(en) kopiert.
Kompilieren...
stdafx.cpp
Kompilieren...
U101View.cpp
U101Doc.cpp
ChildFrm.cpp
MainFrm.cpp
U101.cpp
Code wird generiert...
Ressourcen werden kompiliert...
Verknüpfen...

Das Build-Protokoll wurde unter "file://c:\Dokumente und
  Einstellungen\Scheibl\Eigene\Programm\VCNET\U10_ViS\U101\Debug\BuildLog.ht
  m" gespeichert.
U101 - 0 Fehler, 0 Warnung(en)


-------------------- Fertig ---------------------

    Neues Erstellen: 1 erfolgreich, 0 fehlgeschlagen, 0 übersprungen
```

Sobald diese Meldung erscheint, ist das Programm ordnungsgemäß übersetzt und startet sofort (**Bild 10.17**). ■

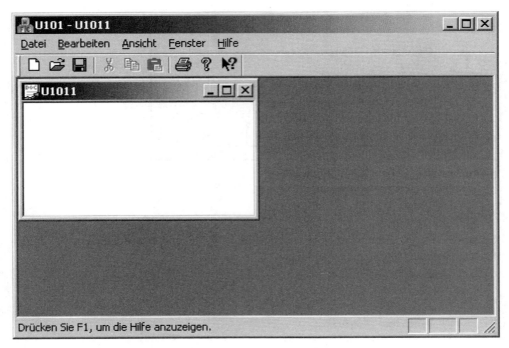

Bild 10.17: Standard-MDI-Anwendung

Das Programm verfügt bereits über eine Menüleiste und einige Standardoptionen. Wir können die Hilfe aktivieren und den Informationsdialog aufspringen lassen.

Auch die anderen Funktionen bzw. die Ikonen sind schon aktivierbar. Es erscheinen Datei-öffnen-Dialoge usw., ohne dass wirklich etwas mit dem Auslösen der Menüoptionen bzw. der Schaltflächen geschieht. Legen wir neue Dateien an, so erscheinen neue, leere Kindfenster.

10.2.6 Programmieren

Da es langweilig wird, mit den leeren Fenstern zu spielen, wollen wir unserer Anwendung eigene Komponenten usw. hinzufügen. Den klassischen Text `Hallo, Welt!` haben wir schon in Kapitel 2 erscheinen lassen. Jetzt wollen wir ein wesentliches Prinzip (Philosophie, Paradigma und ähnlich genannt) ausprobieren, die *Trennung von Dokument und Ansicht*.

⊠ Bevor wir dies aber durchführen, wiederholen wir noch einmal die Grundübung des Programmierens, indem wir eine einzige Zeile ergänzen:

1. Zuerst müssen wir die richtige Stelle finden. Bei der Untersuchung der Kopfdatei `U101View.h` ist uns der Verweis auf die überschriebene Datei `OnDraw` aufgefallen. Sie ist für das Zeichnen des Fensters zuständig.

10.2 MDI-Anwendungsgenerierung mit dem Anwendungsassistenten

2. Wir suchen mit den in **Bild 10.18** dargestellten Schritten sehr schnell die richtige Stelle. Ab der Version 7.0 ist der Parameter pDC auskommentiert. Diese Kommentare entfernen wir und ersetzen die TODO-Zeile (grau unterlegt):

```
void CU101View::OnDraw(CDC* pDC)
{
  CU101Doc* pDoc = GetDocument();
  ASSERT_VALID(pDoc);

  pDC->TextOut(0,0,"Hallo, Welt!",12);
}
```

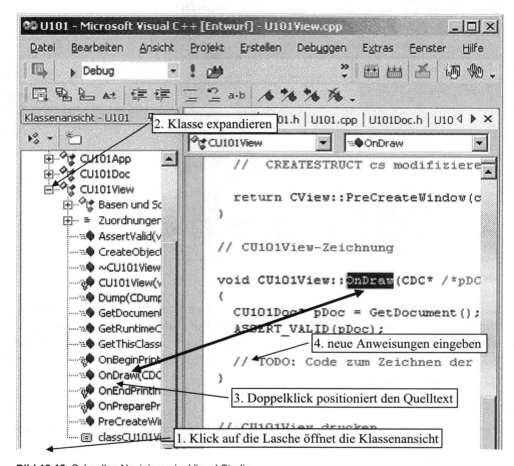

Bild 10.18: Schnelles Navigieren im Visual Studio

Wollen wir unsere Benutzer noch nerven, dann ergänzen wir eine weitere Zeile vor dem Programmende:

```
Beep(1000,300);
```

die einen Ton von 1000 Hz für eine Dauer von 300 ms ausgibt, was jeden aufweckt. Natürlich hat diese Anweisung einen anderen Sinn und Zweck. Wenn der Ton sie trotzdem nervt, so verändern Sie ihn in ein gemütliches Brummen und kürzen ihn noch etwas.

3. Nun können wir das Programm neu starten und erhalten ein erstes Ergebnis (**Bild 10.19**), das uns stark an unser erstes Programm erinnert, das damals aber eine MDI-Anwendung war. ∎

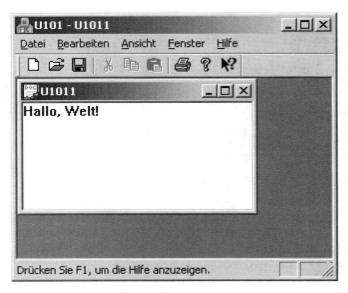

Bild 10.19: U101 im Anfangsstadium

Sicher wollen Sie wissen, was die einzelnen Anweisungen bedeuten. `OnDraw` erhält als Parameter einen Zeiger `CDC* pDC` auf einen Gerätekontext, genauer hier auf den Bildschirm. Mit Hilfe dieses Zeigers können wir die Methode `TextOut()` aufrufen, die die Position, den anzuzeigenden Text und die Länge dieses Texts benötigt.

Die beiden bereits vorhandenen Anweisungen

```
CU101Doc* pDoc = GetDocument();
```

legen eine Zeigervariable `pDoc` vom Typ `CU101Doc` auf die generierte Dokumentklasse an und füllen diese mit dem richtigen Wert. Das Makro:

```
ASSERT_VALID(pDoc);
```

prüft, ob es sich um einen gültigen Zeiger auf diese Klasse handelt.

➢ Aufgabe 10-7:

Programmieren Sie nun das Beispiel selbst. ∎

10.2 MDI-Anwendungsgenerierung mit dem Anwendungsassistenten

➤ Aufgabe 10-8:

Führen Sie nun folgende Experimente durch:
- Ziehen Sie das Fenster über den Bildschirm.
- Verändern Sie das Fenster in der Größe.
- Decken Sie das Fenster mit einer anderen Anwendung ab und lassen es wieder erscheinen.

Nun verstehen Sie sicher, wofür der Pieps gut ist. Können Sie die unterschiedlichen Effekte erklären? ■

10.2.7 Dokument und Ansicht

Nun ist dies noch kein Fortschritt gegenüber unserem ersten Programm. Wir wollen, wie angekündigt, die Trennung von *Dokument* und *Ansicht* durchführen. Bisher haben wir auf diese Trennung keine Rücksicht genommen. Was aber, wenn statt `Hallo, Welt!` ein allgemeiner Text, der sich u. U. verändert, dargestellt werden soll? Dann gehört doch dieser Text in das Dokument und nicht in die Ansicht.

Richtig! Um zu demonstrieren, wie Daten zwischen dem Dokumentobjekt und einem seiner Ansichtsobjekte ausgetauscht werden, legen wir den anzuzeigenden Text in einer Membervariablen des Dokumentobjekts ab. In Zukunft werden wir die Entscheidung, ob eine Variable in die Dokumentklasse oder eine andere Klasse gehört, davon abhängig machen, ob wir ihren Wert bei einer nachfolgenden Sitzung wieder benötigen, d. h., ob wir sie persistent machen müssen.

Diese Membervariable sollte nach unseren bisherigen Ausführungen versteckt und nur über öffentliche Methoden ansprechbar sein. Die Ansichtsklasse ruft den Inhalt des Dokuments ab und stellt ihn dar.

In einem ersten Schritt wollen wir die Membervariable für den anzuzeigenden Text anlegen und den Übergabemechanismus zwischen Dokument und Ansicht realisieren. Hier gibt es eine weitgehend automatische Variante, die wir bei einer unserer nächsten Übungen kennen lernen werden. Jetzt wollen wir es erst einmal „zu Fuß" probieren:

1. Zwar können wir ein laufendes Programm sofort wieder ändern, besser ist es aber, die laufende Anwendung zu beenden. Hierdurch erscheinen die verschiedenen Hilfsscheiben und die Arbeitsscheibe mit dem Editor wieder. Auch die Symbolleiste verändert sich usw. Es ist oft wichtig zu wissen, in welchem Zustand sich unsere Entwicklungsumgebung befindet, da manche Aktionen blockiert werden. Der Anfänger glaubt dann oft, das Visual Studio .NET sei abgestürzt. In diesem Falle sollten Sie immer überprüfen, ob die Anwendung nicht doch noch läuft.

2. In der Scheibe `Klassenansicht` klicken wir doppelt auf die Klasse `CU101Doc`. Sofort öffnet sich die Kopfdatei `U101Doc.h`.

Alternativ können wir über den Projektmappen-Explorer ebenfalls die Datei `U101Doc.h` öffnen.

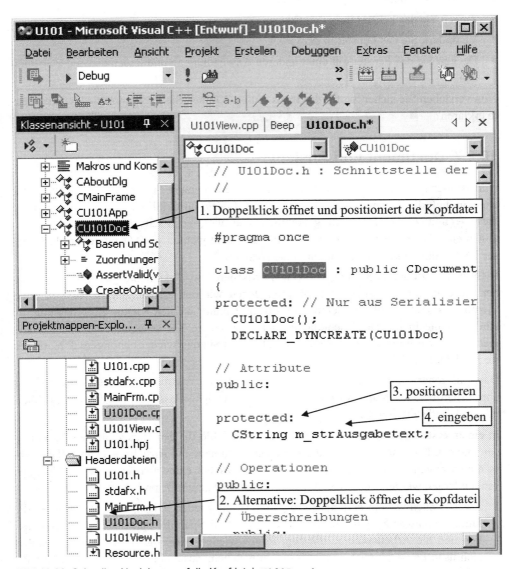

Bild 10.20: Schnelles Navigieren auf die Kopfdatei `U101Doc.h`

3. In der Datei suchen wir den bereits vorhandenen Absatz `Attribute` (**Bild 10.20**) und ergänzen unter der Zeile `public:`

10.2 MDI-Anwendungsgenerierung mit dem Anwendungsassistenten

```
// Attribute
public:

protected:
    CString m_strAusgabetext;
```

Damit wird in der Klasse `CU101Doc` eine geschützte Membervariable `m_strAusgabetext` vorbereitet, die bei der Instanziierung eines Objekts dieser Klasse angelegt wird. Da Membervariablen in Visual C++ mit dem Präfix `m_` beginnen, halten wir uns ebenfalls an diese Konvention. Das Präfix für den Datentyp ist `str`. Es soll auf die Klasse `CString` hinweisen, die erheblich mehr kann als eine nullterminierte Zeichenkette mit dem Präfix `sz`.

4. Im Abschnitt `Operationen` fügen wir unter `public:` folgende öffentlichen Zugriffsoperationen ein:

```
// Operationen
public:
    const CString& GibDaten(void) {return m_strAusgabetext;};
        BOOL SetzDaten (CString Txt);
```

Hiermit werden die Prototypen zweier Methoden (Parameterköpfe) deklariert, die den Inhalt der Membervariablen nach außen exportieren bzw. von außen importieren. Diese Methoden müssen öffentlich zugänglich sein. Die Exportroutine können wir dabei optimiert als Inline-Funktion programmieren, da sie keine Veränderungen vornimmt. Sie gibt eine Referenz auf den Ausgabetext zurück. Die Importfunktion legen wir gleich als logische Funktion an, um später einmal einen Fehlerzustand zurückgeben zu können.

5. Als erfahrene Programmierer sollten wir alle Membervariablen sofort im Konstruktor initialisieren. Wir öffnen daher die Datei `U101Doc.CPP` und suchen den Konstruktor `CU101Doc::CU101Doc()` des Dokuments. Dies geschieht am einfachsten, indem wir wie in **Bild 10.20** die Klasse `CU101Doc` expandieren und auf den Konstruktor doppelt klicken. Hier ersetzen wir die `TODO`-Zeile durch:

```
CU101Doc::CU101Doc()
{
    m_strAusgabetext="Ich komme aus dem Konstruktor!";
}
```

Mit der Instanziierung des Dokuments wird jetzt auch die Variable `m_strAusgabetext` initialisiert. Wir geben einen Text ein, der uns später anzeigt, woher der Inhalt stammt.

Da wir die Instanz einer Klasse und keinen elementaren Datentyp instanziieren, ist diese Anweisung nicht optimal. Besser ist die Verwendung des Elementinitialisierers:

```
CU101Doc::CU101Doc()
: m_strAusgabetext("Ich komme aus dem Konstruktor!")
{
    // TODO: Hier Code für One-Time-Konstruktion einfügen
}
```

6. Nun müssen wir in dieser Datei noch ganz am Ende die Implementierung der neuen Methode `SetzDaten(CString Txt)` ergänzen:

```
// CU101Doc Befehle

BOOL CU101Doc::SetzDaten(CString Txt) {
  m_strAusgabetext=Txt; //Daten aktualisieren
  return TRUE;
}
```

7. Damit haben wir die Vorbereitungen in der Dokumentklasse abgeschlossen und können zusammenfassen: Um Daten in einem Visual C++-Programm in einem Dokument abzulegen, führen wir folgende Schritte durch:

- Deklaration der Membervariablen in den Abschnitten `protected` bzw. `private` der Kopfdatei `U101Doc.h`
- Deklaration von Prototypen für das Setzen und Geben dieser Variablen
- Initialisierung der Variablen im Konstruktor der Dokumentklasse in der Implementationsdatei `U101Doc.cpp`
- Implementierung der `Setz-` und `Gib-`Funktionen ■

⌦ Zur Darstellung der Daten müssen wir diese in die Ansichtsklasse übertragen und darstellen:

1. Wir öffnen nun die Implementierungsdatei `U101View.CPP` und suchen die Zeichenfunktion `OnDraw`. Am schnellsten geht dies wieder über einen Doppelklick auf `OnDraw` im Klassenkatalog.
2. Dort korrigieren wir die direkte Ausgabe des Texts `Hallo, Welt!` in

```
void CU101View::OnDraw(CDC* pDC)
{
  CU101Doc* pDoc = GetDocument();
  ASSERT_VALID(pDoc);

  CString strAusgabetext=pDoc->GibDaten();
  pDC->TextOut(0,0,strAusgabetext);
  Beep(1000,300);
}
```

Um die beiden neuen Zeilen zu verstehen, müssen wir die Zeilen davor betrachten:

Die Methode `GetDocument()` liefert einen Zeiger auf das mit der Ansicht verbundene Dokument. Über diesen Zeiger können wir die Methoden des Dokuments aufrufen, was wir mit `pDoc->GibDaten()` tatsächlich tun. Den Rückgabewert der Methode speichern wir in einer temporären Variablen `strAusgabetext`. Der Name ist bewusst anders gewählt worden als der Name `m_strAusgabetext` der Membervariablen. Dies dient nur der besseren Verständlichkeit. Wir könnten auch den gleichen Namen für die lokale Variable wählen, was zu keinen Problemen führt.

Diese lokale Variable übergeben wir der Funktion `TextOut`, die ihn anzeigt. Die Syntax ist einfach:

```
virtual BOOL TextOut(int x, int y, LPCSTR lpszString[, int nCount]);
```

10.2 MDI-Anwendungsgenerierung mit dem Anwendungsassistenten 345

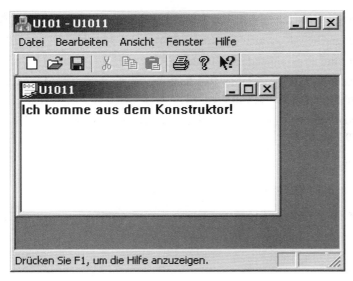

Bild 10.21: Anzeige der Dokumentdaten

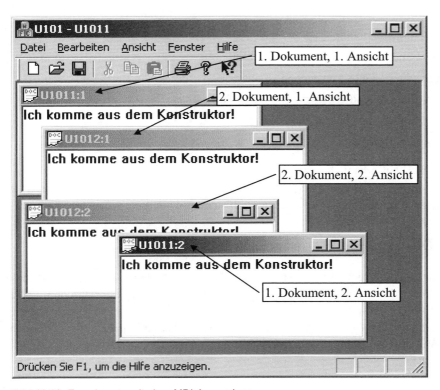

Bild 10.22: Experimente mit einer MDI-Anwendung

`x`	gibt die logische x-Koordinate des Text-Startpunkts an.
`y`	gibt die logische y-Koordinate des Text-Startpunkts an.
`lpszString`	Zeiger auf die zu zeichnende Zeichenkette.
`nCount`	gibt die Anzahl der Bytes in der Zeichenkette an. In den neuen Versionen kann dieser Parameter entfallen.

3. Wir starten nun das Programm neu mit [F5] und erhalten das Ergebnis die Daten aus dem Dokument (**Bild 10.21**). ■

➢ Aufgabe 10-9:

Führen Sie die beschriebenen Schritte aus. ■

☞ Hinweis: Achten Sie auf die Groß- und Kleinschreibung!

➢ Aufgabe 10-10:

Führen Sie nun wieder ein paar Experimente aus:
- Legen Sie über `Datei|Neu` neue Dokumente an (**Bild 10.22**).
- Legen Sie über `Fenster|Neues Fenster` neue Ansichten auf eines der Dokumente an.
- Verschieben Sie die Kindfenster.
- Vergrößern und verkleinern Sie die Kindfenster.
- Decken Sie die gesamte Anwendung ab und wieder auf.

Zählen Sie die Piepse, und erklären Sie deren Häufigkeiten. Beachten Sie auch die Titelleisten der Kindfenster. ■

☞ Achtung: Wir benötigen das Programm für die weiteren Experimente.

Das ist natürlich ein erheblicher Aufwand, um einen solch bescheidenen Text auf dem Bildschirm zu erzeugen. Dass wir unter Windows alle Möglichkeiten haben, die Fenster zu verschieben, zu vergrößern und zu verkleinern, tröstet uns derzeit nur wenig.

10.2.8 SDI-Anwendungsgenerierung

Nachdem wir nun die Trennung von Ansicht und Dokument durchgeführt haben, kommen wir auf die Idee, das ganze Projekt doch lieber als SDI-Anwendung fortzuführen (**Bild 10.23**). Hier sei ein warnendes Wort erlaubt. Es ist mehr oder weniger hoffnungslos, die vielen Änderungen des Anwendungsassistenten manuell durchzuführen, um nachträglich eine MDI-Anwendung in eine SDI-Anwendung zu wandeln (jedenfalls ich habe es noch nicht geschafft).

10.2 MDI-Anwendungsgenerierung mit dem Anwendungsassistenten

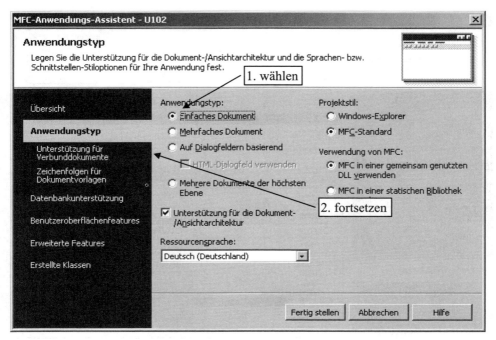

Bild 10.23: Einstellung des Anwendungstyps auf SDI

U102 Der einfachere Weg ist, die ganze Prozedur zu wiederholen. Dabei können natürlich die Codestücke einfach übernommen werden. Dies sollte eigentlich eine gute Übung für Sie sein.

➢ Legen Sie hierzu ein neues Projekt `U102` an, das aus einem SDI-Skelett entwickelt wird:
Behalten Sie dann bis auf die Einstellung des Anwendungstyps und der erstellten Klassen alle Änderungen des vorherigen Beispiels bei. Ändern Sie die Basisklasse des Formulars auf `CScrollView` (**Bild 10.24**).

☞ Achtung: Wir benötigen das Programm für die weiteren Experimente.

Kontrollieren Sie vor dem Generieren sorgfältig die Einstellungen (**Bild 10.25**). Diese sind nicht mehr so aussagekräftig wie noch unter der Version 6.0. Wir sehen lediglich den Anwendungstyp.

10 Visual Studio

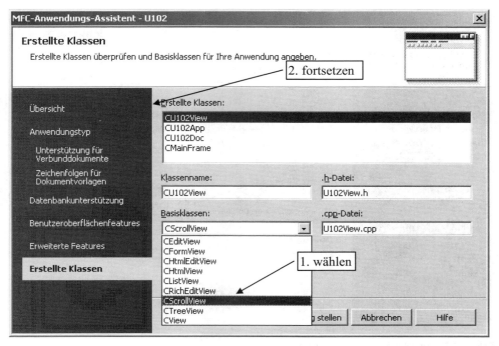

Bild 10.24: Wechsel der Basisklasse der Ansicht

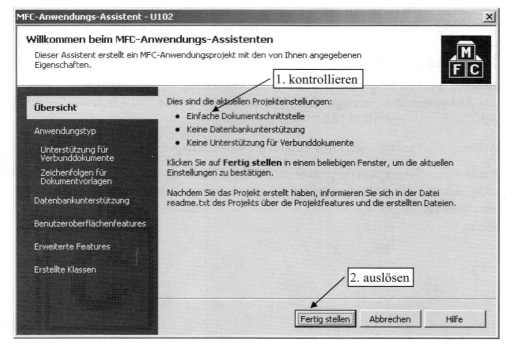

Bild 10.25: Einstellungen für U102

10.2 MDI-Anwendungsgenerierung mit dem Anwendungsassistenten

Diese Wiederholung ist eine gute Gelegenheit, eine zweite Technik zum Anlegen der Membervariablen kennen zu lernen. Hierzu öffnen wir mit Rechtsklick auf das Dokumentobjekt CU101Doc das Kontextmenü und wählen Hinzufügen...|Variable hinzufügen... (**Bild 10.26**).

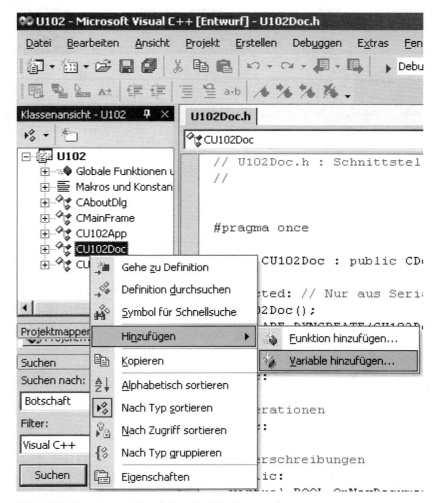

Bild 10.26: Membervariable mit dem Assistenten generieren

Es erscheint ein Assistent, der uns beim Generieren unterstützt. Hierzu benötigt er die entsprechenden Informationen (**Bild 10.27**).

Natürlich sind wir neugierig, was der Assistent alles generiert. Hierzu durchsuchen wir mit Bearbeiten|Suchen und Ersetzen|In Dateien suchen oder Strg ⇧ F den Variablennamen m_strAusgabetext in allen Quelltextdateien des Projekts (**Bild 10.28**).

Visual Studio .NET liefert uns daraufhin eine Liste aller Treffer (**Bild 10.29**), die wir einzeln besuchen können.

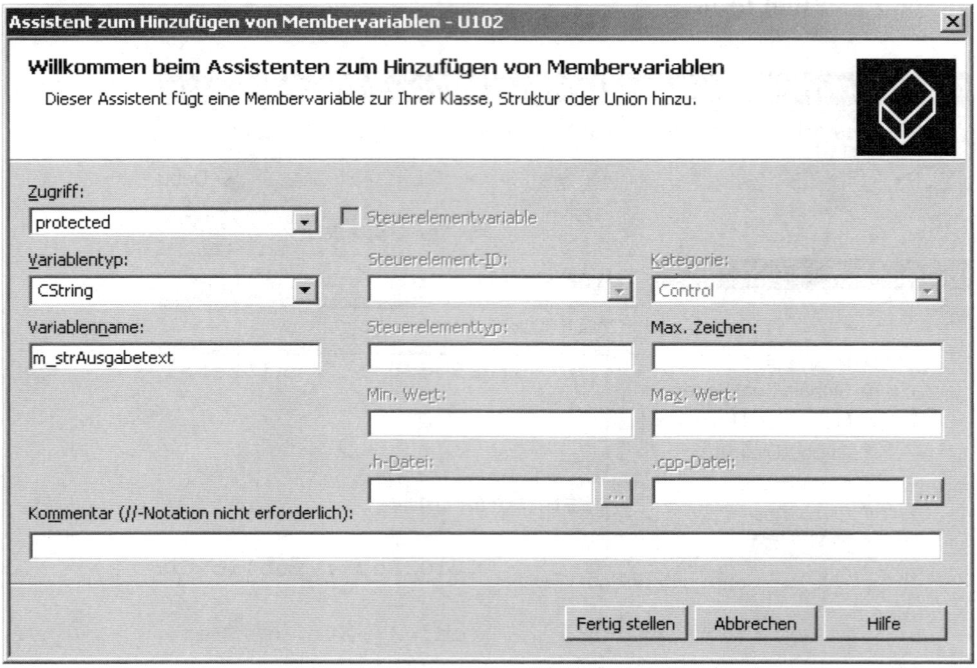

Bild 10.27: Informationen zum Generieren einer Membervariablen

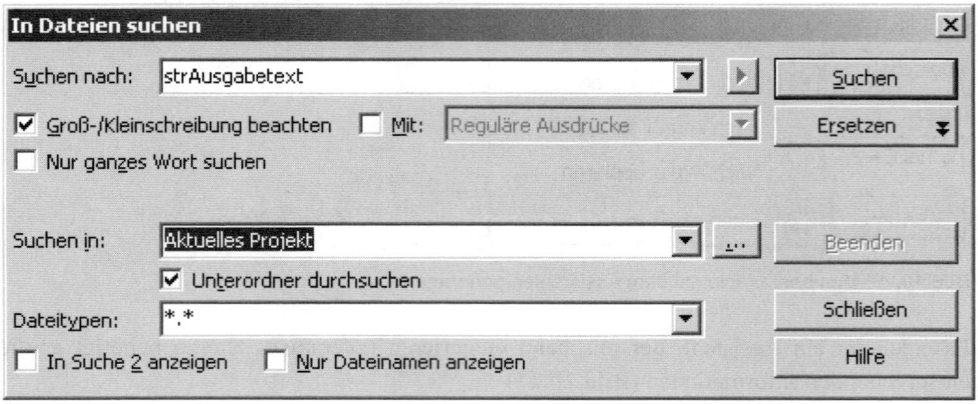

Bild 10.28: Zeichenfolge im gesamten Projekt suchen

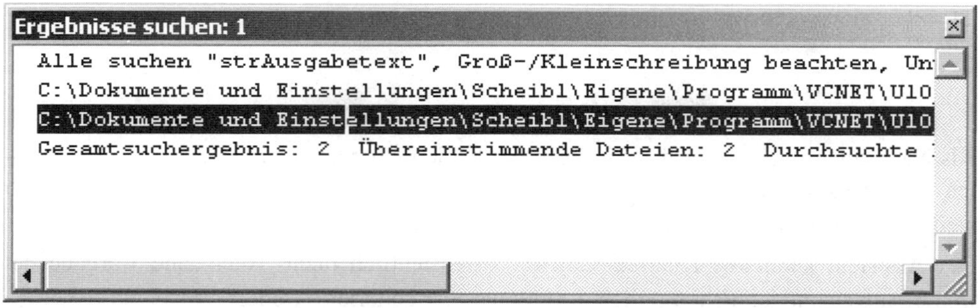

10.2 MDI-Anwendungsgenerierung mit dem Anwendungsassistenten

Bild 10.29: Trefferliste einer globalen Suche

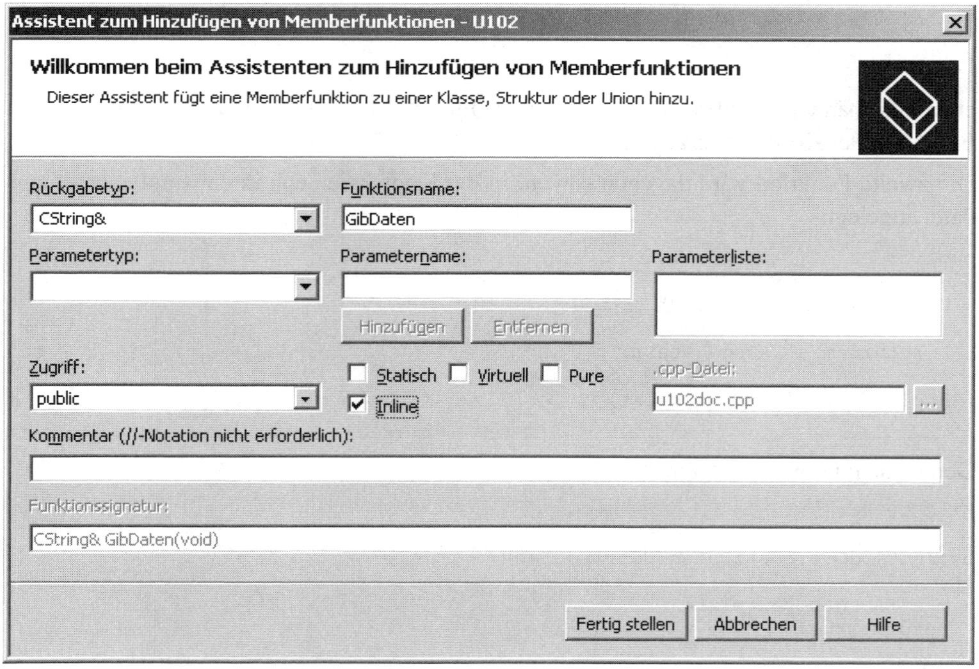

Bild 10.30: Informationen zum Generieren einer Memberfunktion (Methode)

In der Kopfdatei ist die Positionierung etwas wirr:

```
// Generierte Funktionen für die Meldungstabellen
protected:
  DECLARE_MESSAGE_MAP()
  CString m_strAusgabetext;
};
```

Die Initialisierung erfolgt fast optimal, da kein Wert eingebbar ist. Vielmehr müssen wir entsprechend nacharbeiten:

```
CU102Doc::CU102Doc()
: m_strAusgabetext(_T("Ich komme aus dem Konstruktor"))
{
  // TODO: Hier Code für One-Time-Konstruktion einfügen
}
```

Als Nächstes probieren wir das Einfügen der beiden Übergabemethoden aus. Hierzu wählen wir im Kontextmenü die Option F̲unktion hinzufügen... Auch sie möchte mit weiteren Informationen gefüttert werden (**Bild 10.30**).

Der Assistent kennt die Klausel `const` offensichtlich nicht. Auch eine Vorgabe der Inline-Anweisung ist nicht möglich, somit muss der generierte Code:

```
public:
  CString& GibDaten( )
  {
    //TODO: return statement
  }
};
```

ebenfalls manuell nachbearbeitet werden: Aufgrund der Inline-Eigenschaft wird nur der Eintrag in der Kopfdatei erzeugt.

Die zweite Funktion wird dagegen sowohl in der Kopf- wie auch in der Implementationsdatei angelegt:

```
public:
  CString& GibDaten(void)
  {
    return m_strAusgabetext;
  }
  bool SetzDaten(CString Txt);
};
```

Den Code müssen wir ergänzen:

```
// CU102Doc-Befehle

bool CU102Doc::SetzDaten(CString Txt)
{
  m_strAusgabetext=Txt;
  return true;
}
```

Fügen Sie nun die Änderungen aus dem letzten Beispiel in die Ansichtsklasse dieses Programms ein und testen es. Sie werden feststellen, dass es eigentlich keine wesentlichen Unterschiede bei der Programmierung beider Anwendungen gibt.

Das Programm zeigt ein einzelnes Dokument in einem einzigen Fenster an (**Bild 10.31**).

Noch ist der Inhalt des Fensters nicht weltbewegend. Außerdem ist bei der MDI-Variante außer in den Titelleisten kein Unterschied zwischen einem neuen Dokument und einer neuen Ansicht zu erkennen. Um gerade diese wesentlichen Unterschiede herauszuarbeiten, beginnen wir mit der nächsten Übung. Sie soll uns zeigen, dass die angezeigten Daten sowie die Präsentation der Daten in einer MDI-Anwendung unabhängig voneinander verwaltet werden, nämlich in den bereits erwähnten Dokumentobjekten und Ansichtobjekten.

Um z. B. den angezeigten Text von außen ändern zu können, müssen wir etwas weiter ausholen. Schließlich benötigen wir dazu eine Programmsteuerung, die wir über eine Menüoption realisieren wollen.

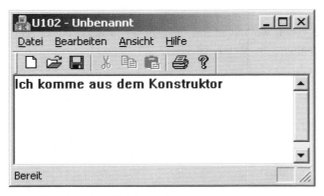

Bild 10.31: Standard-SDI-Anwendung

10.3 Ressourcendesign mit den Ressourcenassistenten

U103 Wir kehren zu unserer Ausgangsübung U101 zurück und werden diese als U103 weiterentwickeln.

Wir stellen uns zuerst die Aufgabe, unser Programm um einen Menüpunkt zu erweitern, mit dem wir einen kleinen Dialog zur Eingabe des anzuzeigenden Texts starten können. Diese Texte sollen natürlich in allen zugehörigen Fenstern erscheinen. Im nächsten Hauptkapitel wollen wir dann den Text mit der Maus auf dem Fenster herumziehen.

Die Überschrift zeigt uns, dass wir dazu Ressourcen entwerfen müssen. Dies sind verschiedene sichtbare Elemente, die mit unterschiedlichen Editoren bearbeitet werden.

10.3.1 Einführung

Im ersten Schritt wollen wir unsere Anwendung um Komponenten (Steuerelemente), genauer um einen weiteren Menüpunkt erweitern. Des Weiteren wollen wir einen einfachen Dialog programmieren. Nach dieser Übung werden Sie eine Vorstellung davon haben, wie mühsam es früher war, die Oberfläche eines Dialogsystems zu programmieren. Vor dem Einsatz der OOP-Technik ging man davon aus, dass ca. $60 \pm 10\%$ des Gesamtaufwands in der Oberflächenprogrammierung steckten. Dabei waren die Oberflächen nicht einmal grafikorientiert. Vielmehr wurden mit Hilfe von Formularen die Textbildschirme entworfen und mühsam operationell unter Angabe aller Koordinaten usw. zeichenweise programmiert.

Heute können wir solche Oberflächen sehr schnell interaktiv entwerfen und gleich als Prototyp für die Besprechungen mit der Fachseite nutzen. Unter Visual C++ steht uns hierzu ein Werkzeug in Form des Ressourcenassistenten zur Verfügung. Bei anderen Entwicklungsumgebungen bzw. bei Windows selbst heißt dieser Assistent etwas schlichter Ressourceneditor.

Für unsere weiteren Experimente gehen wir davon aus, dass unser Projekt U103 eine MDI-Anwendung mit der Funktionalität von U101 ist.

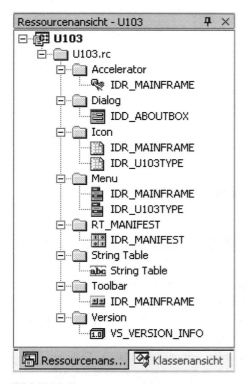

Bild 10.32: Ressourcenansicht

Bevor wir den Ressourcenassistenten aktivieren, schauen wir uns die bereits reichlich vorhandenen Ressourcen an. Hierzu wählen wir die Registerkarte Ressourcen in der Arbeitsbereichsscheibe. Durch Klick auf die [+]-Symbole expandieren wir die Darstellung **Bild 10.32**). Dabei erkennen wir die Komponenten, die jeweils über die Ressourcen verfügen. MAINFRAME verweist auf den Hauptrahmen ohne Kindfenster. U103TYPE besagt, dass es sich um Kindfenster vom Typ U103 handelt. ABOUTBOX ist das Infofenster, das automatisch generiert wird. Auf der obersten Ebene erkennen wir die Datei U103.rc, in der alle Einträge gespeichert sind. Dies ist eine Textdatei, die wir bei Bedarf mit einem Texteditor anschauen und vorsichtig auch außerhalb des Ressourcenassistenten verändern können.

10.3 Ressourcendesign mit den Ressourcenassistenten

Durch einen Doppelklick auf einen der Einträge starten wir den zugehörigen Editor, z. B. für die Kurztasten, den Dialog, die Menüs usw. Die Details erscheinen in der Arbeitsscheibe.

Folgende Ressourcen können wir erkennen:

Accelerator (Beschleuniger mit Zugriffstasten)

Dies sind die Kurztasten (meist mit der Taste [Strg]), die einmal für das gesamte Programm definiert werden (die [Alt]-Tasten variieren von Menü zu Menü).

Dialog

Hier definieren wir alle eigenständigen Dialoge. Es fällt auf, dass wir in der aktuellen Anwendung weder für das Haupt- noch für die Kindfenster Dialoge definieren können. Dies liegt an der Wahl des Anwendungstyps.

Icon (Ikone)

Unter diesem Punkt finden wir zwei Ikonen für das Haupt- bzw. die Kindfenster.

Menu (Menü)

Es existieren bereits zwei unterschiedliche Menüs für das Haupt- bzw. die Kindfenster (genauer das Hauptfenster ohne und mit Kindfenster).

RT-Manifest

Nachdem die zentralen Elemente wie ActiveX-Elemente, DLLs usw. von jedem Programmlieferanten verändert und überschrieben werden, kommt es immer wieder zu Versionsproblemen usw. Die Manifestressourcen sind XML-Dateien zur Beschreibung der von einer Anwendung verwendeten Abhängigkeiten. In Visual Studio wird durch die vom MFC-Assistenten generierte Manifestdatei z. B. definiert, welche DLLs allgemeiner Windows-Steuerelemente – Version 5.0 oder 6.0 – von der Anwendung verwendet werden sollen. Damit soll sichergestellt werden, dass das Programm mit den richtigen Dateien versorgt wird.

Toolbar (Ikonenleiste, Werkzeugleiste)

Eine Standard-Ikonenleiste für das Hauptfenster ist vorbereitet. Diese Ressource taucht nur dann auf, wenn wir die Option beim Generieren aktiviert haben.

String Table (Zeichenfolgentabelle)

In dieser Texttabelle sind die Texte für die Statuszeile abgelegt. Hieran erkennt man besonders deutlich, dass die Oberfläche unabhängig vom Programm geändert werden kann.

Version

Die Version ist eine jüngere Entwicklung, um die Versionskontrolle und Registrierung zu vereinfachen.

An der Namensgebung der einzelnen Komponenten können wir bestimmte Regeln ablesen. So beginnen z. B. alle Bezeichner mit einem Präfix `IDR_` für die Ressourcenidentifizierer, alle Dialoge mit `IDD_` usw.

Die Informationen zu diesen Einträgen sind in der Datei `U101.RC` gespeichert. Diese Quelltextdatei könnten wir direkt programmieren, was aber sehr mühsam ist.

10.3.2 Menügestaltung

Wir haben festgestellt, dass unsere Ansichtsklassen (sowohl vom Typ `CView` als auch vom Typ `CScrollView`) nicht in der Lage sind, Steuerelemente (Schaltflächen, Textfelder usw.) aufzunehmen. Somit können nur das Fenster selbst oder die Elemente des Rahmenfensters (Rahmen, Menü, Ikonenleiste) Anwenderaktionen entgegennehmen. Wollen wir z. B. den angezeigten Text ändern, so benötigen wir einen Dialog zum Entgegennehmen des neuen Textes. Diesen Dialog können wir aber nur mit einer Benutzeraktion aus unserer derzeitigen Anwendung heraus auslösen. Die Ansichtsklasse `CFormView`, die Steuerelemente verwalten kann, besprechen wir in den nachfolgenden Kapiteln.

Im ersten Schritt wollen wir daher die beiden Menüs an unsere Aufgabe anpassen. Das Menü `IDR_MAINFRAME` ist für die Anwendung ohne Kindfenster zuständig, während das Menü `IDR_U103TYPE` die Funktionen zur Bearbeitung eines Kindfensters beinhaltet.

1. Wir klicken auf das Menü `IDR_MAINFRAME` doppelt. Es erscheint der Menüeditor mit den Einträgen des Hauptfensters (**Bild 10.33**).

2. Ein Klick auf die Menüoption `Datei` klappt das Rollomenü auf. Ein Doppelklick auf `Neu` öffnet ein weiteres Eigenschaftsfenster, das uns Änderungen an diesem Menüeintrag erlaubt. Hilfreich ist die Wahl der Sortierung, die entweder nach Kategorien oder alphabetisch erfolgt. Durch den Trick mit der Klammerung wird der `(Name)` nach vorne sortiert. Um eine Beschreibung der einzelnen Eigenschaften zu erhalten, schalten wir über das Kontextmenü (Rechtsklick) die Option `Beschreibung` ein.

3. Im Feld `Beschriftung` legen wir den angezeigten Text der Menüoption fest. Mit dem kaufmännischen Und `&` werden die Alt-Kurztasten markiert. Natürlich können wir auch die Zugriffstasten hinter dem Tabulatorzeichen `\t` verändern. Dabei werden wir aber feststellen, dass hierdurch nur die Beschriftung verändert wird. Das Menü reagiert weiter auf die voreingestellten Zugriffstasten. Die Zugriffstasten müssen wir zusätzlich unter dem Punkt `Accelerator` ändern. Im Feld `Eingabeaufforderung` können wir einen erklärenden Text eingeben, der in der Statuszeile erscheinen soll. Dies ist der Text, den wir unter dem Punkt `String Table` wiederfinden. Wenn wir genau hinschauen, enthält dieser Text eine Escape-Sequenz `\n`, also eine Zeilenschaltung. Hinter ihr steht der Blasentext, der am Cursor erscheint, wenn wir ihn über das Steuerelement ziehen.

10.3 Ressourcendesign mit den Ressourcenassistenten 357

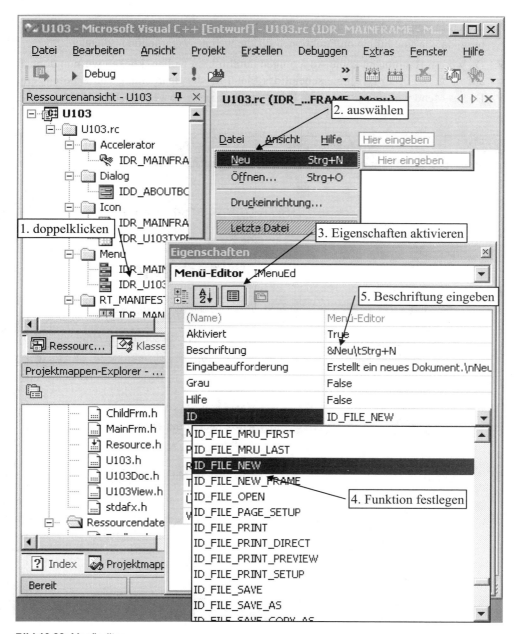

Bild 10.33: Menüeditor

Die `ID` ist mit dem Wert `ID_FILE_NEW` belegt, der nicht direkt mit der Beschriftung korrespondiert (siehe Schritt 9). Dies lässt die Vermutung aufkommen, dass es sich um eine Voreinstellung handelt, welche diese Menüoption mit einer bereits generierten Ereignisfunktion verknüpft. Der Inhalt der Aufklappliste verstärkt diese Vermutung, da wir eine Fülle von Funktionen für die weitere Verarbeitung erkennen.

4. Da wir am Hauptmenü keine Änderungen durchführen wollen, klicken wir nun doppelt auf `IDR_U103TYPE`. Es erscheint das Menü für die Bearbeitung von Kindfenstern. Dieses Menü wollen wir um einen Hauptpunkt Werte erweitern (**Bild 10.34**).

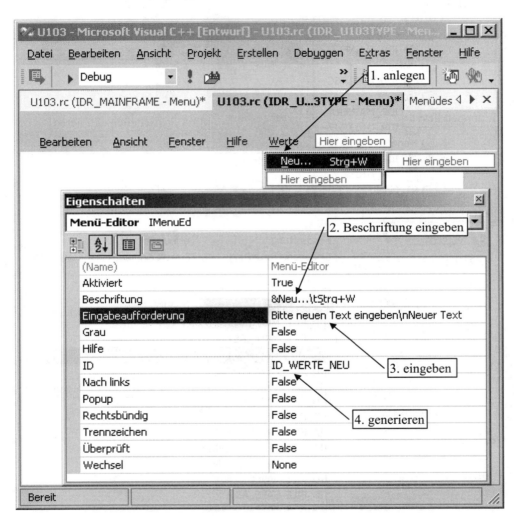

Bild 10.34: Neue Menüoption eingeben

5. Zu diesem Zweck rechtsklicken wir auf das Feld mit der Beschriftung Hier eingeben neben der Menüoption Hilfe. Im aufklappenden Kontextmenü wählen wir Neue einfügen an. Sofort werden neue Menüoptionen erzeugt und die aktuelle Menüoption farbig abgehoben. Im Dialogfeld Eigenschaften sind nun entweder die Einträge leer oder mit Standardwerten belegt.

10.3 Ressourcendesign mit den Ressourcenassistenten

6. In das Feld `Beschriftung` geben wir `&Werte` ein. Sofort erscheint der Text `Werte` im Menü. Da eine Hauptmenüoption keine Aktion auslösen kann, ist das Feld `ID` deaktiviert. Der Kommentar weist uns auf diesen Umstand hin.
7. Wir führen erneut Schritt 5 im Menüpunkt darunter aus, d. h., legen den Menüpunkt `Neu...` an.
8. Zuerst ändern wir die `Beschriftung` in `&Neu\tStrg+W,` wobei wir hoffen, dass diese Tastenkombination noch nicht belegt ist (die Beschreibung der Überprüfung folgt später).
9. Da die `ID` leer und die `Eingabeaufforderung` gesperrt ist, wechseln wir auf eine andere Menüoption und kehren sofort wieder zurück. Dadurch wird die `ID` automatisch aus den Beschriftungen der Hauptoption und der Unteroption zu `ID_WERTE_NEU` generiert. Gleichzeitig ist die `Eingabeaufforderung` freigegeben.
10. Wir wiederholen die Prozedur für die Menüoption `Löschen`. Auf den Umlaut im Text reagiert der ID-Generator mit Abbruch nach dem `L`. Hier legen wir manuell `ID_WERTE_LOESCHEN` fest.
11. Nun wollen wir eine Trennlinie eingeben. Hierzu wählen wir im Kontextmenü die Option `Trennzeichen einfügen`. Das Eigenschaftenfenster zeigt uns, dass eine solche Trennlinie mit der Beschriftung `-` versehen ist.
12. Zuletzt geben wir noch eine Option `Drucken` ein. Zur Demonstration wollen wir diese mit einem Untermenü versehen. Hierzu legen wir in den Optionen rechts neben `Drucken` zwei weitere Einträge `auf Drucker` und `auf Datei` an. Sollten wir `Drucken` bereits eine `ID` zugewiesen haben, wird diese dann wieder gelöscht **(Bild 10.35)**.
13. Soll unser neues Aufklappmenü `Werte` links neben `Hilfe` positioniert werden, so ziehen wir es einfach mit der Maus nach links an seine neue Position.
14. Mit der gezeigten Technik sind wir in der Lage, beliebige Menüs zu gestalten. ∎

Jede auslösbare Menüoption verfügt über eine Identifikation mit dem Präfix `ID_`. Hierunter versteckt sich eine Konstante, welche die Verbindung zu unserem Programm herstellt. Windows sendet eine Meldung vom Typ `WM_COMMAND` mit dieser ID an unser Programm, sobald der Anwender die betreffende Menüoption auslöst. Daher können wir diese IDs als Funktionsaufrufe interpretieren. Es gibt eine Reihe vordefinierter Ereignisfunktionen, die wir im Kombinationsfeld `ID` auswählen können. Wir erkennen diese an den englischen Wörtern (und dem oft fehlenden Unterstrich). Diese Ereignisfunktionen können wir beliebig mit eigenen Menüpunkten verknüpfen. Unsere eigenen IDs werden in diese Liste aufgenommen.

10.3.3 Zugriffstasten festlegen

☒ Wir wollen an dieser Stelle eine kurze Pause einlegen, um danach die vorgesehene Zugriffstaste `Strg` `W` festzulegen. Die Anzeige des Textes Strg+W in der Menüoption reicht dazu allein nicht aus. Da die Zugriffstasten mit der Kombination `Strg` für eine Anwendung global sind, treten sie nur unter: IDR_MAINFRAME auf:

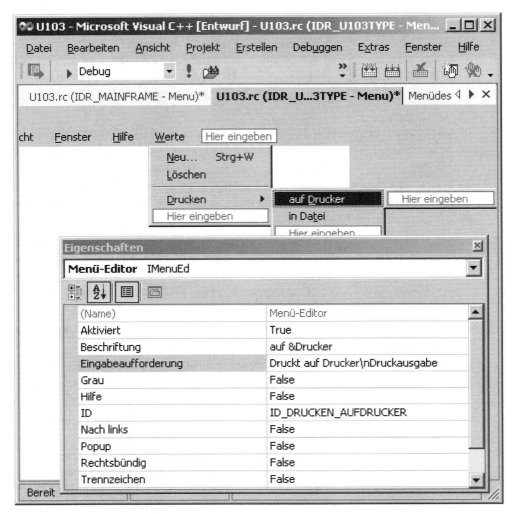

Bild 10.35: Untermenüoption neu anlegen

1. Wir öffnen mit einem Doppelklick auf IDR_MAINFRAME im Ordner Accelerator den Editor für die Zugriffstasten (**Bild 10.36**).

10.3 Ressourcendesign mit den Ressourcenassistenten   361

2. Zuerst kontrollieren wir, ob die Tastenkombination `Strg`·`W` noch frei ist. Da dies der Fall ist, wählen wir den freien Eintrag am Ende der Liste aus. Das Dialogfeld `Eigenschaften` zeigt eine generierte ID an.

3. Im Dialogfeld `Eigenschaften` suchen wir im Feld `ID` die passende ID, nämlich `ID_WERTE_NEU`.

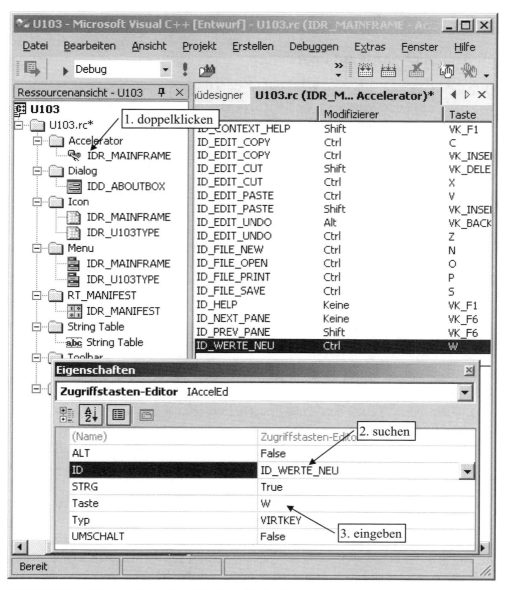

Bild 10.36: Zugriffstasten mit dem Zugriffstasteneditor festlegen

4. Im Feld `Taste` können wir nun unsere gewünschte Taste eingeben. Ggf. korrigieren wir die Zusatztasten [Alt] [Strg] [⇧]. Bei komplizierten Steuertasten können wir auch die Liste der möglichen Tasten aufklappen. Diese zeigen insbesondere die virtuellen Tasten mit dem Präfix `VK_` an, die teilweise tastaturabhängig sind und nur auf bestimmter Hardware problemlos funktionieren.
5. Mit der gleichen Technik verknüpfen wir bei Bedarf weitere Menüoptionen mit Zugriffstasten. ∎

10.3.4 Zeichenfolgen bearbeiten

Nun stellen wir vielleicht fest, dass wir bei den Menüs die Meldungen der Statusleiste vergessen haben oder korrigieren wollen. Dies ist bei diesem Programm nicht schlimm, da wir die Statusleiste beim Generieren ausgeblendet haben. Aber die Blasentexte fehlen uns vielleicht.

> Für die Eingabe der Texte stehen uns zwei Wege zur Verfügung: Wir können sie im Feld `Eingabeaufforderung` der Menüoption direkt eingeben (**Bild 10.34**) oder über die Zeichenfolgentabelle (wie sie noch unter 6.0 hieß) (String Table) ändern. Wir wählen in diesem Kapitel den zweiten Weg.

Eine Anwendung kann mehrere Zeichenfolgentabellen besitzen, z. B. eine für jede Sprache. Hierdurch ist es möglich, eine Anwendung zu lokalisieren (wie Microsoft die Anpassung an nationale Gegebenheiten bezeichnet):

1. Mit einem Doppelklick auf den Eintrag `String Table` öffnen wir den passenden Editor (**Bild 10.37**).
2. Die Tabelle verrät uns einige weitere Geheimnisse, da sie uns die Werte der IDs als Zahlen anzeigt.

    Offensichtlich sind die Zahlen in Gruppen eingeteilt. Die niedrigen Nummern beziehen sich auf die generierten Steuerelemente. So haben die deutschen Rahmenfenster die Werte `128` und `129`. Ab dieser Zahl beginnen die neu angelegten Menüoptionen. Die fehlende `132` ist dem Trennstrich zugeordnet, der hier nicht erscheint, weil er keine Zeichenfolge verwalten kann.

    Sie haben sicher bemerkt, dass das Präfix der Rahmenfenster für die Anwendung bzw. für die Kindfenster `IDR_` und nicht wie bei den Menüoptionen `ID_` heißt. Alle Rahmenfenster erhalten eine ID Resource.

    Alle IDs für die durch die Generatoren vorbereiteten Ereignisfunktionen starten mit einem Wert, der größer als `57344` ist. Die Indikatoren für die Zusatztasten liegen im Bereich ab `59136`.

3. Alle IDs, für die ein Text vorliegt, sind aufgeführt. Falls wir für einen Menüpunkt die Einträge vergessen haben, dann fehlt er in der Tabelle. Da die Tabelle am Ende einen leeren Eintrag besitzt, können wir diesen für die Neueingabe benutzen. Wir können

10.3 Ressourcendesign mit den Ressourcenassistenten

aber über das Dialogfeld Eigenschaften Zeichenfolgen-Editor die IDs suchen und ihnen im Feld Beschriftung einen Wert zuweisen.

4. Analog gehen wir mit den weiteren Menüpunkten vor.

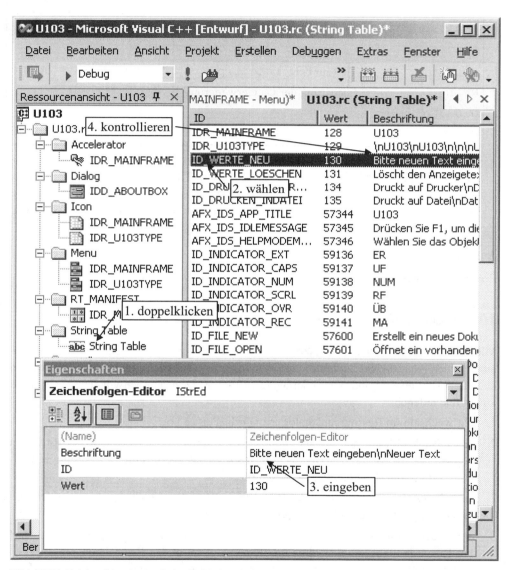

Bild 10.37: Zeichenfolge in der String Table bearbeiten

5. In der Spalte Beschriftung erkennen wir die Steuerzeichen \n (Zeilenschaltung), die die Beschriftung in mehrere Teile zerlegt, z. B. für die Statuszeile und die

Mausbeschriftung (Blasentext). Besonders umfangreich ist der Eintrag unter `IDR_U103TYPE`, der mehrere Felder umfasst.

Standardwert	Bedeutung	Mögliche Variante
`NULL`		
`U103`	Text der Titelleiste	`Mein Programm`
`U103`		
`NULL`	Text im Feld `Dateityp`	`DOC-Dateien (*.doc)`
`NULL`	Suchstring der Dateierweiterung	`.doc`
`U103.Document`		
`U103.Document`		

Mit der Eingabe der Varianten ändert sich u. a. die Titelleiste. Beim `Öffnen` bzw. `Speichern unter` werden jetzt `.doc`-Dateien gesucht bzw. angelegt. Auf die Bedeutung der leeren Felder werden wir noch einmal bei der Serialisierung eingehen. ∎

➢ Aufgabe 10-11:

Ergänzen Sie den Menüeintrag `Werte` in Ihrem Programm. ∎

10.3.5 Dialogfeld anlegen

Mit den Menüoptionen können wir zwar Benutzeraktionen entgegennehmen, um aber einen neuen Ausgabetext zu verarbeiten, benötigen wir ein Dialogfeld, das möglichst den aktuellen Text anzeigt und die Änderungen aufnimmt. Dazu müssen wir jetzt ein eigenes Dialogfeld anlegen:

1. Wir wechseln im Ressourcenkatalog zum Ordner `Dialog`.
2. Unser Blick fällt auf den bereits vorhandenen Eintrag `IDD_ABOUTBOX`. Mit einem Doppelklick öffnen wir den Dialogeditor (**Bild 10.38**), der uns die Bearbeitung von Dialogfenstern mit Steuerelementen erleichtert.

   Sie haben sicher bemerkt, dass das Präfix jetzt `IDD_` und nicht wie bei den Menüoptionen `ID_` heißt. Alle Dialogfelder erhalten eine ID Dialog.
3. Wir klicken nun die einzelnen Elemente an und kontrollieren bzw. ändern bei Bedarf ihre Eigenschaften. So ist es ohne Probleme möglich, in den Bezeichnungsfeldern den Text zu ändern. Im Infodialog werden wir normalerweise nur wenige Änderungen vornehmen. ∎

Etwas aufwändiger gestaltet sich das Anlegen eines neuen Dialogfelds. Dieses hatten wir für unsere neue Menüoption `Werte|Neu...` vorgesehen. Es besteht aus einem Textfeld, aus dem wir die Benutzereingabe übernehmen und auf dem Kindfenster anzeigen:

10.3 Ressourcendesign mit den Ressourcenassistenten 365

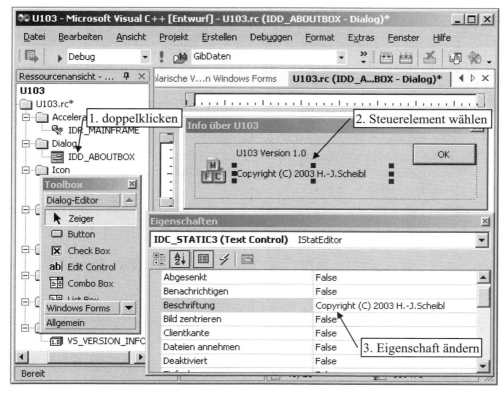

Bild 10.38: Infodialog im Dialogeditor bearbeiten

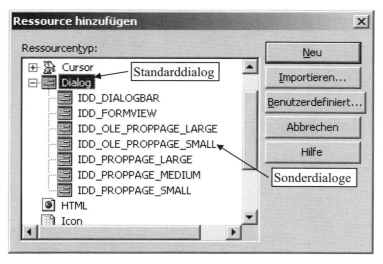

Bild 10.39: Dialogfeld `Ressource hinzufügen`

1. Um eine neue Ressource anzulegen, klicken wir entweder auf Bearbeiten|Ressource hinzufügen... und wählen aus der aufspringenden Liste (**Bild 10.39**) die Zeile Dialog aus (wobei wir noch verschiedene Dialogtypen auswählen können) oder rechtsklicken auf den Ordner Dialog. Es erscheint ein Kontextmenü mit zwei Optionen.

   Die Option Ressource hinzufügen... führt zum gleichen Ergebnis wie der Weg über das Hauptmenü. Die zweite Option Dialog einfügen erzeugt dagegen sehr schnell einen Standarddialog, so dass wir uns für diesen Weg entscheiden. Bei der ersten Variante können wir zusätzlich zu diesem Standarddialog weitere Spezialdialoge wählen. Legen wir dagegen mit Neu den im Bild markierten Dialog an, so erhalten wir auch über diesen Weg den Standarddialog.

2. Es öffnet sich der Dialogeditor mit einem neuen Dialogfeld (Formular). Das Dialogfeld wird auch gleich unter dem Namen IDD_DIALOG1 in die Liste der Ressourcen eingefügt (**Bild 10.40**). Diesen Eintrag markieren wir sogleich.

3. Zuerst wollen wir dem Dialogfeld einen sprechenden Namen geben. Hierzu setzen wir die ID des Dialogfelds auf IDD_WERTE_NEU.

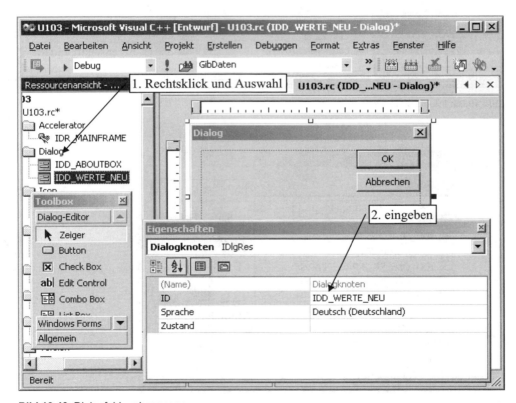

Bild 10.40: Dialogfeld umbenennen

10.3 Ressourcendesign mit den Ressourcenassistenten

4. Damit der Anwender später nicht Hunderte von gleichnamigen Dialogfeldern hat, sollten wir auch die Titelleiste ändern. Zu diesem Zweck klicken wir auf den Formularhintergrund, damit das Formular fokussiert ist. Das Eigenschaftenfenster zeigt im Titel den Namen und in Klammern den Typ an. Jetzt ändern wir den Text der Titelleiste über die Eigenschaft Beschriftung. Die Beschriftung wird nach Bestätigung sofort in die Titelleiste übernommen (**Bild 10.41**).

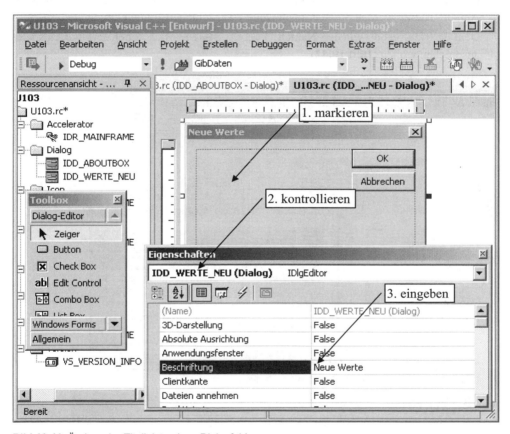

Bild 10.41: Ändern der Titelleiste eines Dialogfelds

5. Das Formular verfügt bereits über zwei Schaltflächen mit geeigneten Eigenschaften, um auf ⏎ (Zeilenschaltung) bzw. auf ␛ (Esc) zu reagieren. Diese Schaltflächen verschieben wir an den unteren Rand des Formulars. Der Generator wird später den Quelltext so erzeugen, dass dem den Dialog aufrufenden Programm gemeldet wird, welche Schaltfläche der Anwender ausgelöst hat.
6. Sollte die Werkzeugscheibe (Toolbox) nicht geöffnet sein, so öffnen wir sie über die Menüoption Ansicht|Toolbox bzw. Strg Alt X (dieser Weg zeigt uns, dass es sich nicht um eine Symbolleiste handelt). Offensichtlich ist sie im Gegensatz zu den

Eigenschaften usw. nicht übersetzt. Aus der Werkzeugscheibe ziehen wir nun ein Bezeichnungsfeld (Static Text) sowie ein Textfeld (Edit Control) auf das Formular. Zur Positionierung sind noch weitere Eingriffe hilfreich. So sollten wir die Symbolleiste `Dialogeditor` aktivieren. Dort können wir von den blauen Führungslinien (die „magnetisch" sind, wenn man ihnen zu nahe kommt) auf das Raster umschalten (je nach Geschmack). Das Raster hat eine erwünschte Fangeigenschaft für die Positionierung und Größeneinstellung. Möglicherweise gelingt Ihnen die Positionierung nicht auf Anhieb. Hierzu werden Sie aber noch weitere Einzelheiten kennen lernen.

7. Dem Textfeld geben wir den Namen `IDC_AUSGABETEXT`, unter dem wir es später ansprechen wollen (**Bild 10.42**).

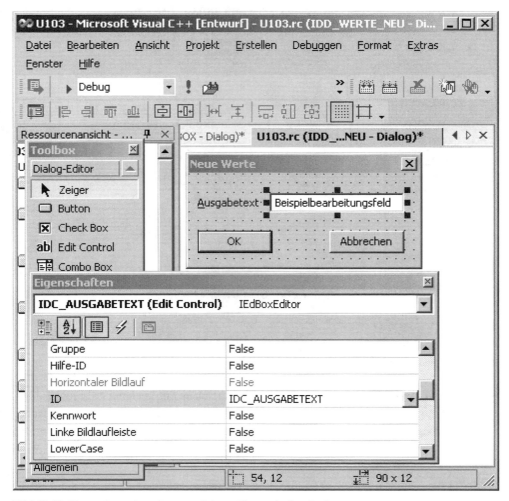

Bild 10.42: Steuerelemente anlegen und deren Eigenschaften festlegen

10.3 Ressourcendesign mit den Ressourcenassistenten

8. Das Bezeichnungsfeld hat die ID `IDC_STATIC`, wodurch es die besondere Eigenschaft erhält, im Programm nicht zu erscheinen. Alle Steuerelemente, die wir mit dieser ID versehen, sind nicht ansprechbar. Wollen wir die Beschriftung dieses Felds programmgesteuert vornehmen, so müssen wir ihm einen Namen geben, was in diesem Fall aber nicht notwendig ist. Als Beschriftung wählen wir `&Ausgabetext:`.

   Sie haben sicher bemerkt, dass das Präfix jetzt `IDC_` und nicht wie bei den Menüoptionen `ID_` heißt. Alle Steuerelemente erhalten eine ID Control.

9. Sobald wir mehr als ein Steuerelement markieren (d. h., mit gedrückter ⇧-Taste anklicken), gibt das Kontextmenü (Rechtsklick) bzw. die Symbolleiste `Dialogeditor` einige Ausrichtfunktionen frei, mit denen wir das Layout unseres Dialogs verbessern können (**Bild 10.43**). Diese Ausrichtfunktionen orientieren sich am Element mit den gefüllten Knöpfen (zuerst markiert). So können wir z. B. zwei Elemente auf den gleichen linken Rand ausrichten oder gleich groß machen usw. Wir sehen weiter, dass in der Eigenschaftenscheibe alle Werte ausgeblendet werden, die unterschiedlich sind, z. B. die `ID`. Solche Eigenschaften können nicht gleichzeitig geändert werden.

10. Die Eigenschaftenscheibe des Dialogfelds sowie der Steuerelemente verfügen über eine Vielzahl weiterer Elemente zum Einstellen. Details können wir der Online-Hilfe entnehmen. Auf einen Punkt sollten wir aber noch eingehen, den es in den Dialogeditoren der anderen Programmiersprachen bisher nicht gab bzw. gibt. Wenn wir genau hinschauen, so sitzt der Beschriftungstext `Ausgabetext:` am oberen linken Rand, während der Text des Textfelds daneben aufgrund des Rands deutlich tiefer liegt. Hier können wir die Eigenschaft `Bild zentrieren` auf `True` setzen, was den optischen Eindruck wesentlich verbessert.

11. Wenn wir mit unserem Entwurf zufrieden sind, speichern wir ihn ab, indem wir den Dialogeditor schließen. Erst dadurch werden die anderen Ressourcen ebenfalls auf den neuesten Stand gebracht. ∎

⊠ Doch halt, der Dialog hat eine Schwäche, die wir auf den ersten Blick nicht sehen, es sei denn, wir testen ihn aus (und sehen es):

1. Zum Testen klicken wir auf den Testschalter des Dialogeditors (**Bild 10.43**). Der Dialog erscheint dann in seiner späteren Form, d. h., ohne Lineale, Raster und Führungslinien usw.

2. Wir erkennen, dass der Fokus auf der Schaltfläche OK liegt. Eigentlich will aber der Anwender einen neuen Text eingeben, also sollte der Cursor im Textfeld stehen. Der Fokus richtet sich nach der so genannten Tabulatorreihenfolge. Er steht auf dem ersten tabulatorfähigen Steuerelement (also nicht auf Bezeichnungsfeldern usw.). Die Reihenfolge ändern wir über die Menüoption `Format|Tabulator-Reihenfolge` bzw. Strg D . Der Editor zeigt diese Reihenfolge als schwarze Marken an jedem Steuerelement (**Bild 10.44**) an.

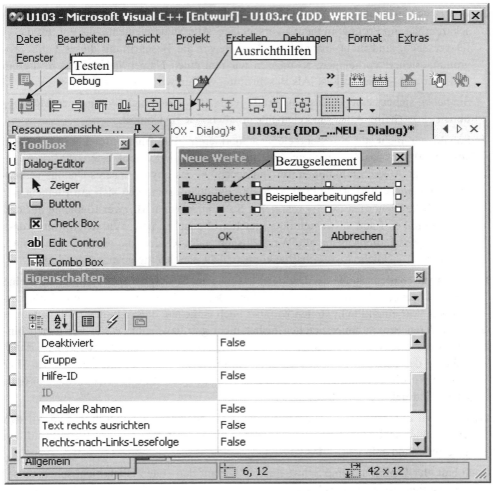

Bild 10.43: Steuerelemente ausrichten

3. Wenn wir auf diese Marken klicken, so werden die entsprechenden Elemente fortlaufend neu nummeriert. Das funktioniert nach einigen Versuchen bei unseren vier Elementen noch ganz zufrieden stellend (**Bild 10.45**). Dabei achten wir darauf, dass die Bezeichnungsfelder in der Reihenfolge immer genau vor den Textfeldern stehen. Wollen wir nämlich mit einer Alt-Taste unser Textfeld fokussieren, so haben wir keine Möglichkeit, das kaufmännische Und & geeignet zu positionieren. Dieses kann nur in der Beschriftung des Bezeichnungsfelds davor aufgenommen werden. Dies bedeutet umgekehrt, dass wir nur auf benannte Textfelder springen können.

4. Was aber, wenn sich viele Steuerelemente auf dem Dialog befinden? Dann sollte es eine Möglichkeit geben, an einer beliebigen Stelle zu beginnen, ohne die davor liegende Reihenfolge zu zerstören. Tatsächlich können wir die letzte Nummer durch Anklicken mit Strg „in die Maus nehmen" und mit dieser Nummer fortfahren. Somit kli-

10.3 Ressourcendesign mit den Ressourcenassistenten

cken wir die erste falsche Nummer an und beginnen dann mit der Nummerierung der restlichen Steuerelemente.

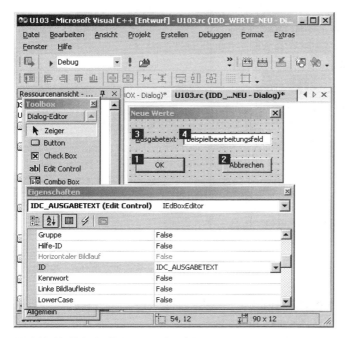

Bild 10.44: Falsche Tabulatorreihenfolge

5. Abschließend lohnt ein Blick auf die zusätzlichen Informationen, die uns der Ressourcenassistent zur Verfügung stellt (**Bild 10.46**). Zuerst einmal erkennen wir an einem Sternchen, dass eine der Ressourcen geändert wurde und noch nicht gespeichert ist. Dies können wir über das Kontextmenü nachholen.

6. Unter der Menüoption Ressourcensymbole... finden wir alle generierten Symbole mit ihren internen Identnummern aufgelistet (**Bild 10.47**), so wie sie auch (teilweise) in der Zeichenfolgentabelle stehen.

Wir erkennen unsere Menüpunkte im Bereich ab 130. Tatsächlich taucht auch die bereits schmerzlich vermisste ID 132 auf. Der Name ID_Menu ist für eine Konstante sehr ungewöhnlich. Den Grund können wir uns erklären, da diese Konstante nie benutzt wird. Der neue Dialog hat mit 136 eine fortlaufende Nummer. Das Eingabefeld dieses Dialogs wird ab 1000 durchgezählt. Natürlich hat auch der Infodialog IDD_ABOUTBOX eine eigene Nummer. Auch das Manifest ist eine allgemeine Ressource mit dem Präfix IDR_ und der laufenden Nummer 1.

372 _____ 10 Visual Studio

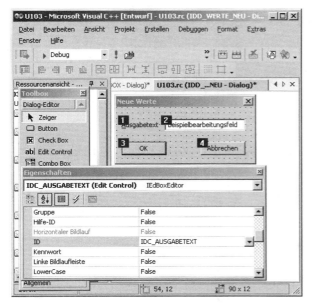

Bild 10.45: Einstellung der richtigen Tabulatorreihenfolge

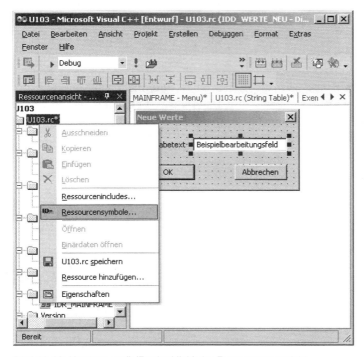

Bild 10.46: Kontextmenü (Rechtsklick) der Ressourcenansicht

10.3 Ressourcendesign mit den Ressourcenassistenten

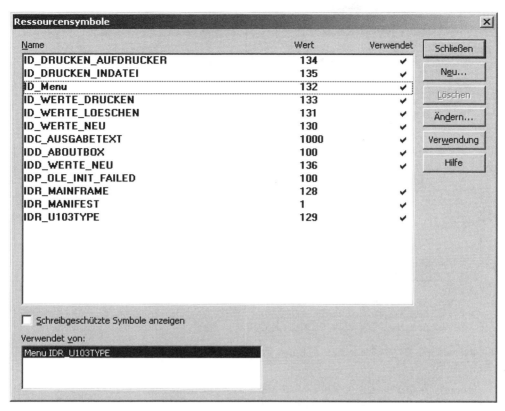

Bild 10.47: Ressourcensymbole

In der Liste `Verwendet von:` sehen wir, wo dieses Symbol überall verwendet wird. Die Schaltfläche `Verwendung` führt uns sofort zur entsprechenden Stelle, um bei Bedarf Änderungen vorzunehmen. So können wir tatsächlich bestätigen, dass `ID_Menu` zur Trennlinie gehört.

7. Die Menüoption `Ressourcen-Includes...` des Kontextmenüs öffnet uns einen Blick auf die Includedateien der Ressourcendatei `resource.h` (**Bild 10.48**). Hier werden wir wohl selbst keine Änderungen vornehmen. Wir erkennen das Einbinden von AFX-Dateien, das Festlegen der Sprache, das Heranziehen einer Codeseite und die Referenz auf das Verzeichnis `res`.

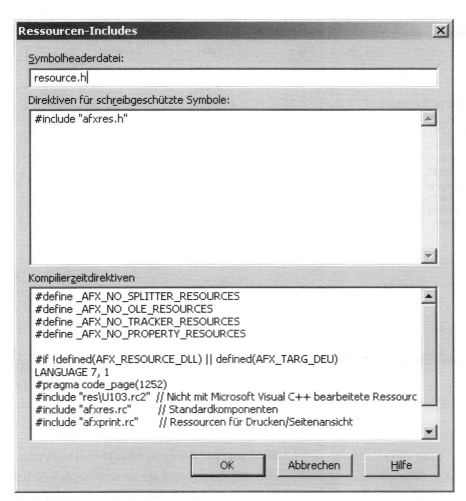

Bild 10.48: Ressourcen-Includes

8. Schon aus Sicherheitsgründen speichern wir jetzt unsere fertigen Ressourcen über das Kontextmenü ab (der Stern an `U103.rc` sollte verschwinden), **beenden aber die Bearbeitung noch nicht,** denn die weitere Verarbeitung lässt sich dadurch etwas erleichtern. Die Ressourcen, die wir an fertige Elemente angehängt haben, also an `IDR_MAINFAME` bzw. `IDR_U103TYPE`, stehen bereits zur Verfügung, d. h., nach der Übersetzung verfügt unser Programm bereits über ein Menü usw. Die Menüoptionen sind aber alle gegraut, da noch keine Ereignisfunktionen für sie geschrieben wurden. ■

➢ Aufgabe 10-12:

Konstruieren Sie nun das Dialogfenster nach den Vorgaben. ■

10.3.6 Dialogklasse anlegen

Nun müssen wir den neuen Dialog noch mit unserer Anwendung verbinden, so dass er aufgerufen wird, wenn wir die Option `Neu` im Menü `Werte` anklicken. Weiterhin müssen wir Daten mit dem Textfeld über eine geeignete Variable austauschen und in unserem Dokument speichern. Bei jeder Änderung sollte der neue Wert auf den Ansichten erscheinen.

☞ Hinweis: Der aus der Version 6.0 bekannte Aufruf des Klassenassistenten über die Menüoption `Ansicht|Klassen-Assistent...` oder `Strg` `W` ist in der Version 7.0 nicht mehr vorhanden. Vielmehr ist seine Aktivierung auf verschiedene Stellen verteilt.

▷ Um aus einer fertig entworfenen Dialog-Ressource eine Klasse generieren zu lassen, gehen wir in folgenden Schritten vor:

1. Sollten wir uns nicht im Dialogeditor mit dem neuen Dialog `IDD_WERTE_NEU` befinden, so öffnen wir ihn über die Ressourcenansicht.
2. Bei einem Doppelklick auf den Dialog springt beim ersten Mal der MFC-Klassenassistent auf (**Bild 10.49**), da eine entsprechende Dialogklasse fehlt.

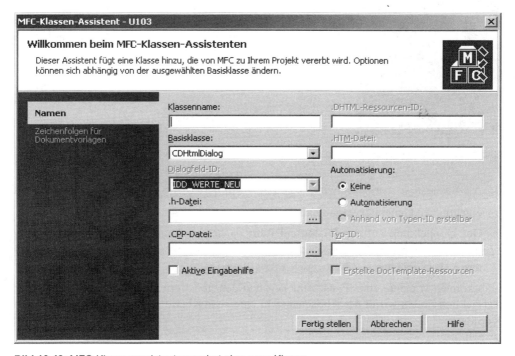

Bild 10.49: MFC-Klassenassistent generiert eine neue Klasse

Er hat die Dialogfeld-ID mit `IDD_WERTE_NEU` eingetragen, die wir logischerweise nicht mehr ändern können. Die `Basisklasse` erlaubt uns beispielsweise dynamische HTML-Seiten zu erzeugen.

3. Wir geben nun `CWerteNeu` in Anlehnung an unsere IDD und die Konvention, Klassen mit `C` beginnen zu lassen, ein. Der Name wird sogleich wie üblich ohne das führende `C` in die Dateinamen übertragen (**Bild 10.50**).

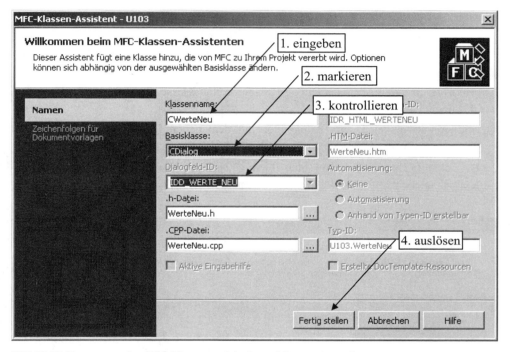

Bild 10.50: Versorgung des MFC-Klassenassistenten mit Parameterwerten

4. Als Basisklasse markieren wir `CDialog`. Mit `Fertig stellen` lösen wir den eigentlichen Generatorvorgang aus.

5. Der Doppelklick auf das Dialogfeld führt danach zu keiner weiteren Reaktion. Bei Bedarf können wir aber über das Kontextmenü `Klasse hinzufügen...` eine weitere Klasse erzeugen. ∎

Nun können wir eine erste Pause einlegen und den generierten Code näher untersuchen. Tatsächlich finden wir in der Klassenansicht eine neue Klasse `CWerteNeu`, aufgeteilt in Kopfdatei:

```
#pragma once

// CWerteNeu-Dialogfeld
```

```
class CWerteNeu : public CDialog
{
  DECLARE_DYNAMIC(CWerteNeu)
public:
  CWerteNeu(CWnd* pParent = NULL);   // Standardkonstruktor
  virtual ~CWerteNeu();

// Dialogfelddaten
  enum { IDD = IDD_WERTE_NEU };

protected:
  virtual void DoDataExchange(CDataExchange* pDX); // DDX/DDV-Unterstützung

};
```

und Implementationsdatei, bei der eigentlich nur eine Methode von Interesse ist:

```
void CWerteNeu::DoDataExchange(CDataExchange* pDX)
{
  CDialog::DoDataExchange(pDX);
}
```

Sie dient, wie der Kommentar aussagt, der DDX/DDV-Unterstützung, was so viel wie Dialog Data Exchange und Dialog Data Validation also Dialog-Daten-Austausch und Dialog-Daten-Prüfung heißt. Sie ruft zwar ihre geerbte Methode auf, tut aber sonst nichts.

10.3.7 Member-Variablen anlegen

Wir sollten unserem Dialog noch sagen, welche Daten er mit Windows austauschen soll. Hierzu gehen wir in folgenden Schritten vor:

1. Wir rechtsklicken in Dialogeditor nun direkt auf das Textfeld (**Bild 10.51**) und wählen aus dem Kontextmenü Variable hinzufügen... aus.

2. Es erscheint der Assistent zum Hinzufügen von Membervariablen (**Bild 10.52**), der wieder mit einer Reihe von Parameterwerten versorgt werden will.

3. Für einen Visual Basic-Programmierer überraschend, für einen altgedienten Visual C++ 6.0-Programmierer dagegen wohl bekannt ist die Tatsache, dass einige Steuerelemente zwei Membervariablen haben können, nämlich all die, die Texte verarbeiten. Bei diesen kann eine Variable für den eigentlichen Inhalt und eine Variable für das Steuerelement angelegt werden.

378 _____ 10 Visual Studio

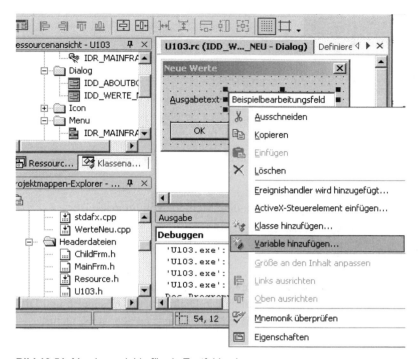

Bild 10.51: Membervariable für ein Textfeld anlegen

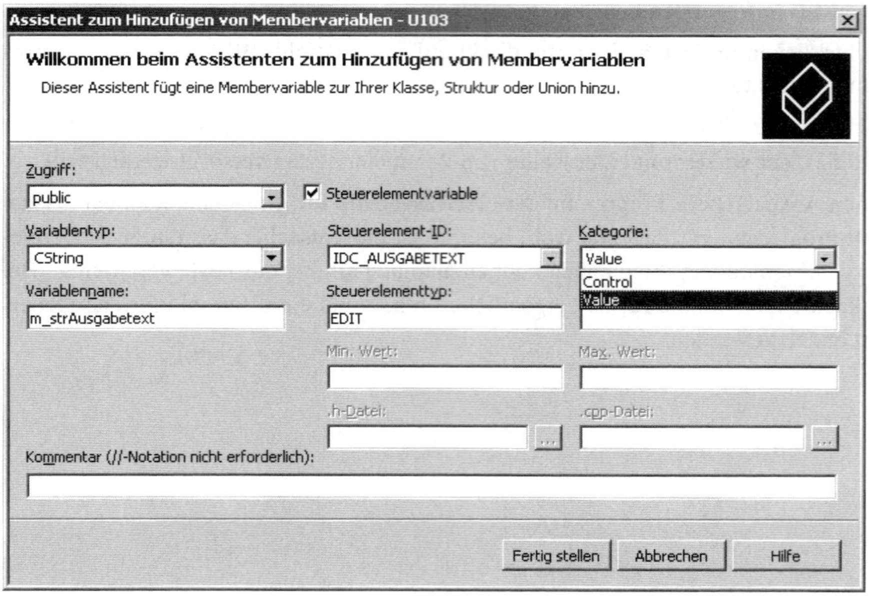

Bild 10.52: Assistent zum Hinzufügen von Membervariablen

10.3 Ressourcendesign mit den Ressourcenassistenten 379

4. Wir wollen vorerst eigentlich nur den Text übernehmen, daher legen wir nur eine Membervariable für den Wert an (**Bild 10.53**). In diesem Fall haben wir eine umfangreiche Liste unterschiedlicher Datentypen. Für die ersten Gehversuche ist `CString` die beste Wahl. Weiterhin können wir die Länge noch eingeben. Für unsere Experimente setzen wir diesen Wert möglichst niedrig an.

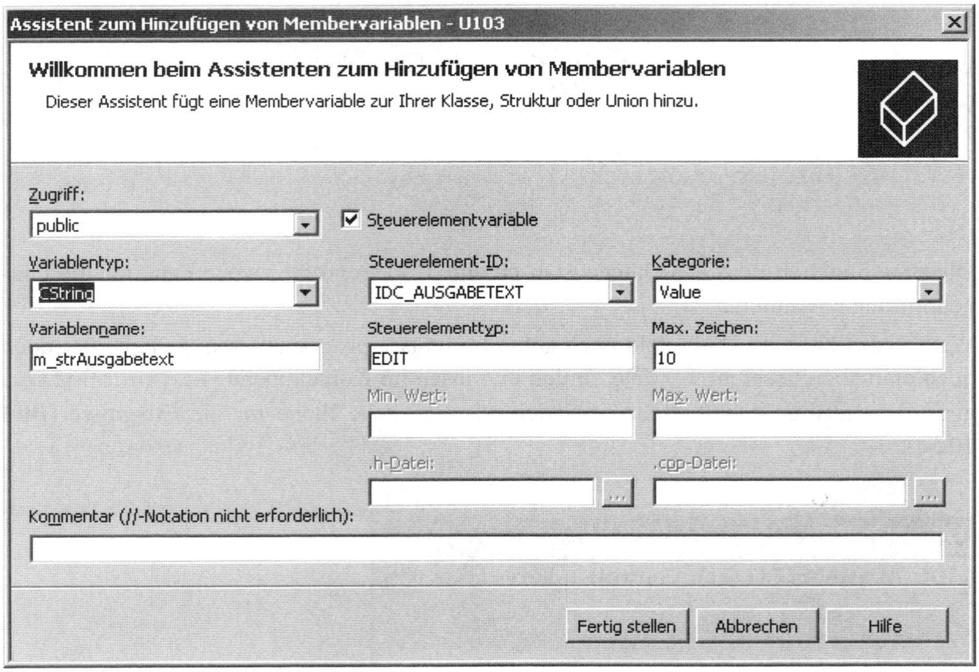

Bild 10.53: Festlegen der Parameter für ein Textfeld

5. Nach einem Klick auf `Fertig stellen` schließt sich der Assistent, und wir haben wieder die Gelegenheit die Änderungen zu verfolgen. ■

In der Kopfdatei ist die Deklaration der Variablen zu finden:

```
protected:
   virtual void DoDataExchange(CDataExchange* pDX); // DDX/DDV-Unterstützung

public:
   CString m_strAusgabetext;
};
```

In der Implementationsdatei wird diese Variable im Konstruktor der Klasse initialisiert:

```
CWerteNeu::CWerteNeu(CWnd* pParent /*=NULL*/)
   : CDialog(CWerteNeu::IDD, pParent)
   , m_strAusgabetext(_T(""))
{
}
```

Sollten wir einen Standardwert wünschen, dann fügen wir ihn hier direkt ein. Also ergänzen wir zum Testen:

```
CWerteNeu::CWerteNeu(CWnd* pParent /*=NULL*/)
  : CDialog(CWerteNeu::IDD, pParent)
  , m_strAusgabetext(_T("CWerteNeu"))
{
}
```

Eine wesentliche Ergänzung finden wir aber in der Übergabefunktion:

```
void CWerteNeu::DoDataExchange(CDataExchange* pDX)
{
  CDialog::DoDataExchange(pDX);
  DDX_Text(pDX, IDC_AUSGABETEXT, m_strAusgabetext);
  DDV_MaxChars(pDX, m_strAusgabetext, 10);
}
```

Die erste Funktion führt den Datenaustausch durch, während die zweite Funktion die Längenprüfung übernimmt.

Wir werden zwar im Dialogfeld noch keine Ereignisse programmieren, kehren aber doch noch einmal zu unserem Textfeld zurück und lösen im Kontextmenü Eigenschaften aus. Auf der Eigenschaftenscheibe finden wir eine neue Ikone für die Ereignisse (**Bild 10.54**).

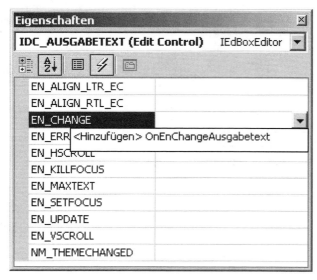

Bild 10.54: Ereignisverteilliste eines Textfelds

Wollen wir für ein bestimmtes Ereignis eine Reaktion unseres Programms auslösen, dann können wir hiermit eine Ereignisfunktion generieren. Die Schaltflächen haben eine etwas anders geartete Liste, da sie eigentlich nur angeklickt werden können (**Bild 10.55**).

Eigenschaften
IDOK (Button Control) IButtonEditor
BCN_HOTITEMCHANGE
BN_CLICKED
BN_DOUBLECLICKE
<Hinzufügen> OnBnClickedOk
BN_KILLFOCUS
BN_SETFOCUS
NM_THEMECHANGED

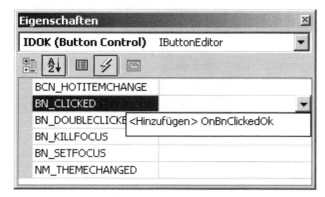

Bild 10.55: Ereignisverteilliste einer Schaltfläche

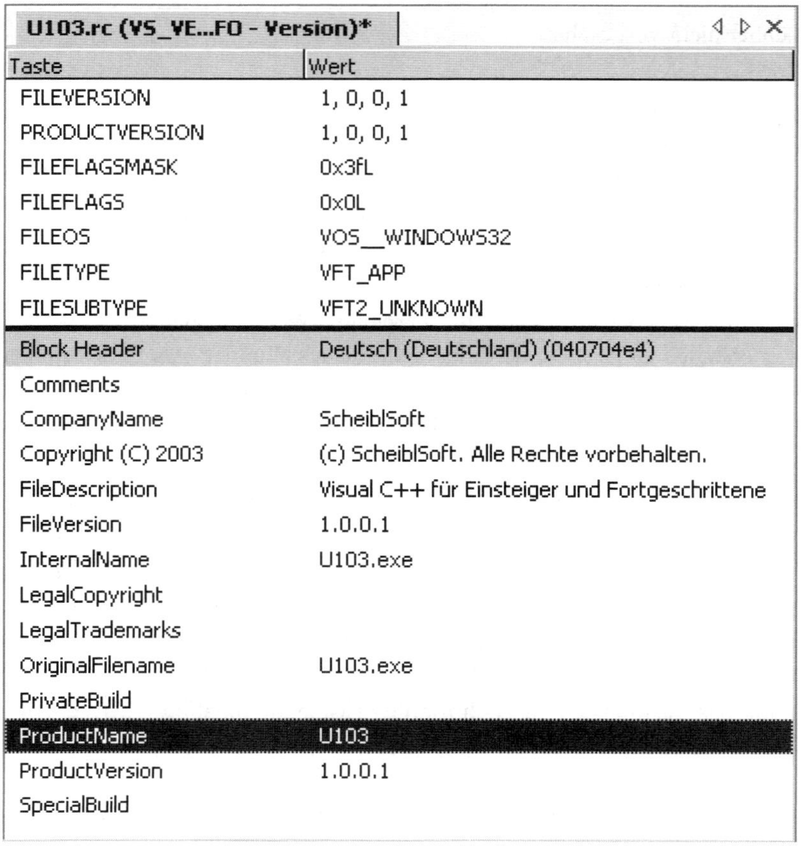

U103.rc (VS_VE...FO - Version)*
Taste
Wert
FILEVERSION
1, 0, 0, 1
PRODUCTVERSION
1, 0, 0, 1
FILEFLAGSMASK
0x3fL
FILEFLAGS
0x0L
FILEOS
VOS__WINDOWS32
FILETYPE
VFT_APP
FILESUBTYPE
VFT2_UNKNOWN
Block Header
Deutsch (Deutschland) (040704e4)
Comments
CompanyName
ScheiblSoft
Copyright (C) 2003
(c) ScheiblSoft. Alle Rechte vorbehalten.
FileDescription
Visual C++ für Einsteiger und Fortgeschrittene
FileVersion
1.0.0.1
InternalName
U103.exe
LegalCopyright
LegalTrademarks
OriginalFilename
U103.exe
PrivateBuild
ProductName
U103
ProductVersion
1.0.0.1
SpecialBuild

Bild 10.56: Versionsressource mit eingegebenen Daten

10.3.8 Versionsinformationen

In der Ressourcenansicht finden wir am Ende den Knoten `Version` mit dem Unterknoten `Visual Studio .NET_VERSION_INFO`. Über diesen öffnen wir den Versionsinfo-Editor (**Bild 10.56**). Es handelt sich um eine gut strukturierte Zusammenstellung von Informationen ohne nachhaltige Wirkung, d. h., es gibt keine Anwendung, die diese Daten zwingend voraussetzt.

Die Bearbeitung ist denkbar einfach, indem die einzelnen Felder angeklickt und überschrieben werden.

Die Daten werden vom Linker als Informationsblock in die EXE-Datei eingebunden. Es ist möglich, mehrere solcher Blöcke anzulegen, um z. B. unterschiedliche Sprachen zu berücksichtigen.

Da ein Visual C++ .NET-Programm häufig übersetzt wird, ist das automatische Hochzählen der Version nicht besonders sinnvoll. Eine solche Option, die Sie vielleicht aus Visual Basic kennen, ist daher nicht vorgesehen.

10.3.9 Anwendungsikone

Jede Anwendung versteckt ihr Systemmenü hinter der Anwendungsikone. Microsoft ist sogar davon überzeugt, dass man die Anwendungen aufgrund dieser Ikonen besser unterscheiden kann als über ihre Namen. Daher ist die Grundstellung des Explorers auf die symbolische Darstellung initialisiert.

Der Grafikeditor erlaubt es uns, die Ikonen zu bearbeiten. Wer nun glaubt, die Ikonen einfach so mit links erstellen zu können, der erlebt sein blaues Wunder. Als Erstes stellen wir fest, dass die meisten Grafikprogramme mit der Erweiterung `.ico` wenig anfangen können. Wir müssen also die Ikonen im Visual Studio .NET bearbeiten, was wiederum bedeutet, eine neue Umgebung zu erlernen.

Je nach Stil unserer Anwendung finden wir eine Ikone oder zwei Ikonen (MDI-Anwendungen). Mutig klicken wir in der Ressourcenansicht auf eines der Symbole. Es öffnet sich der Grafikeditor, in dem wir unseren künstlerischen Ambitionen nachgehen können (**Bild 10.57**). Bei der Bearbeitung stellen wir eine Reihe von Eigenschaften fest.

Ikonen können von unterschiedlicher Größe sein (**Bild 10.58**). So gibt es kleine Ikonen der Größe `16×16` für das Systemmenü und große Ikonen der Größe `32×32` für das Infofeld (**Bild 10.59**) und das Taskfenster, das sich mit der Tastenkombination [Alt][↹] öffnet.

Ikonen haben unterschiedliche Farbtiefen, mit denen sie bereits erzeugt werden. `IDR_MAINFRAME` ist eine Ikone der Größe `32×32` und arbeitet mit 256 Farben, die auf das MFC-Symbol abgestimmt sind. Es ist daher empfehlenswert, seine eigene Palette zu entwickeln und mit der Erweiterung `.pal` abzulegen. Die Ikone für die Kindfenster `IDR_U103TYPE` hat bei gleicher Größe dagegen nur 16 Farben.

10.3 Ressourcendesign mit den Ressourcenassistenten

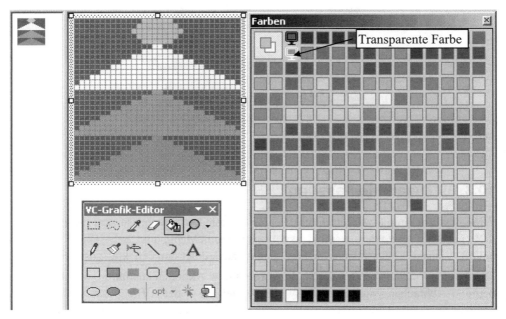

Bild 10.57: Ikone im Grafikeditor anlegen (256 Farben)

Bild 10.58: Bildtypen des Grafikeditors

Eine Ikone besitzt eine transparente Farbe, mit der wir sie an den späteren Hintergrund anpassen können.

Obwohl also der Inhalt der Datei geändert wurde, erscheint die Ikone weder im Explorer noch in der Titelleiste der Anwendung.

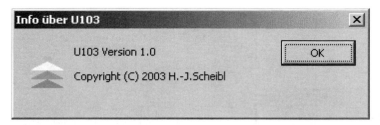

Bild 10.59: Neue Ikone im Info-Dialogfeld

10.3.10 Zusammenfassung

Windows-Programme werden durch Ereignisse gesteuert. Ereignisse sind mit einem Objekt (Fenster, Textfeld, Listenfeld usw.) oder einem Menüpunkt bzw. einer Ikone verknüpft. Visual C++ fasst daher die Menüpunkte auch unter den Objekten zusammen.

Es gibt eine Reihe von Ereignissen, die vordefinierte Aktionen ausführen, wie das Schließen und Abbrechen von Fenstern usw. Diese und alle anderen Ereignisse müssen wir in geeigneten Ereignisfunktionen weiterverarbeiten. Für jedes Objekt gibt es eine unterschiedliche Menge an möglichen Ereignissen, die von einer Meldung über Windows an unser Programm ausgelöst werden können. Wir müssen daher Ereignisfunktionen nicht nur für das Objekt, sondern für jede Meldung an das Objekt programmieren.

Eine Ereignisfunktion kann auch durch unterschiedliche Ereignisse ausgelöst werden. So lösen der Klick auf eine Menüoption und das Drücken einer Kurztastenkombination dieselbe Ereignisfunktion aus. Wir können aber auch bewusst mehrere Ereignisse auf dieselbe Ereignisfunktion legen.

Meist besteht eine Anwendung aus mehreren Fenstern. Die Fenster selbst sind oft von unterschiedlichen Vorfahren abgeleitet, so dass sie sich in ihrer Funktionalität unterscheiden. Dialogfenster sind in ihrer Größe nicht veränderbar. Sie dienen der Ein- und Ausgabe von Daten. Normalerweise sind sie modal, d. h., müssen geschlossen werden, bevor die Verarbeitung weitergeht. Ein Fenster stellt also grundsätzlich eine eigene Klasse dar, die mehrere Objekte enthält.

Ein Hauptproblem liegt im Austausch von Daten zwischen einem Dialogfeld und unserem Programm. Hierzu werden allen Objekten, die austauschfähig sind, Übergabevariablen zugeordnet. Diese sind von außen beschreib- bzw. lesbar.

Allen Fenstern wird eine eigene Klasse zugeordnet. Allen Feldern, deren Werte wir in unserem Programm verarbeiten wollen, müssen wir in diesen Klassen Membervariablen zuordnen. Wollen wir daneben intensiv auf die Eigenschaften eines Steuerelements zugreifen, so ordnen wir auch dem Steuerelement selbst eine Membervariable zu.

10.4 Ereignisfunktionen programmieren

10.4.1 Ereignisfunktion für eine Menüoption hinzufügen

Wir wollen nun für unsere Menüoption `Werte|Neu...` eine Ereignisfunktion vorbereiten und programmieren. Da eine solche Option nur ausgelöst werden kann, erwarten wir keine komplizierten Eingaben.

☞ Wir gehen in folgenden Schritten vor:
1. Wir suchen im Menüeditor die gewünschte Option `Werte|Neu...` aus.
2. Im Kontextmenü (**Bild 10.60**) finden wir die Option `Ereignishandler... wird hinzugefügt...`
3. Lösen wir diese Menüoption aus, dann erscheint der `Ereignishandler-Assistent` (**Bild 10.61**).

Bild 10.60: Ereignisfunktion für eine Menüoption hinzufügen

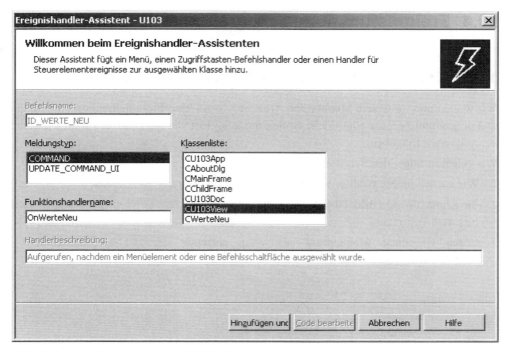

Bild 10.61: Ereignishandler-Assistent für Menüoptionen

4. Eine Menüoption besitzt zwei Meldungstypen, die wir im letzten Kapitel ausführlich beschrieben haben. COMMAND meldet das Auslösen, UPDATE_COMMAND_UI setzt die Darstellungsoptionen fest. Wir können zwar den Namen der Ereignisfunktion ändern, was aber wenig Sinn macht. Die Festlegung der Empfangsklasse ist dabei wichtig, obwohl wir normalerweise alle Ereignisse in der Ansichtsklasse abfangen sollten.

5. Wir bestätigen noch die Eingaben und lösen Hinzufügen und aus (da sieht man einmal mehr, wohin es führt, wenn zu viel Text in eine Schaltfläche gepackt werden soll). ■

Auch jetzt wollen wir wieder die generierten Stellen untersuchen. In der Kopfdatei wird das Ereignis deklariert:

```
// Generierte Funktionen für die Meldungstabellen
protected:
  DECLARE_MESSAGE_MAP()
public:
  afx_msg void OnWerteNeu();
};
```

In der Implementationsdatei ist zum einen der Meldungsverteiler ergänzt worden:

```
BEGIN_MESSAGE_MAP(CU103View, CView)
  // Standarddruckbefehle
  ON_COMMAND(ID_FILE_PRINT, CView::OnFilePrint)
  ON_COMMAND(ID_FILE_PRINT_DIRECT, CView::OnFilePrint)
  ON_COMMAND(ID_FILE_PRINT_PREVIEW, CView::OnFilePrintPreview)
```

10.4 Ereignisfunktionen programmieren

```
ON_COMMAND(ID_WERTE_NEU, OnWerteNeu)
END_MESSAGE_MAP()
```

Schließlich finden wir am Ende der Datei den Rumpf der Ereignisfunktion:

```
// CU103View Meldungshandler

void CU103View::OnWerteNeu()
{
  // TODO: Fügen Sie hier Ihren Befehlsbehandlungscode ein.
}
```

10.4.2 Ereignisfunktion programmieren

▷ Jetzt können wir tatsächlich mit der Programmierung starten.

1. Hierzu geben wir folgenden Code ein:

```
void CU103View::OnWerteNeu() {
  CWerteNeu Dlg;                           //Instanz anlegen
  CU103Doc* pDoc = GetDocument();          //Daten aus dem Dokument holen
  ASSERT_VALID(pDoc);
  if(Dlg.DoModal()==IDOK) {                //Dialog durchführen
    pDoc->SetzDaten(Dlg.m_strAusgabetext); //an Dokument übergeben
  }
} //CU103View::OnWerteNeu
```

Dabei „leihen" wir uns den ersten Teil des Codes aus der Funktion `OnDraw` aus. An dieser haben wir ja gelernt, wie Daten mit dem Dokument ausgetauscht werden. Der Dialog wird *modal* ausgeführt. Dies bedeutet, dass wir den Dialog erst schließen müssen, bevor wir das Hauptfenster weiter bearbeiten können.

Wir hatten bereits angekündigt, dass unsere Schaltflächen melden, welche von beiden gedrückt wurde. Damit ist es möglich, die Anwendereingaben zu verwerfen.

2. Ein erster Übersetzungsversuch geht schief, da unsere Ansichtsklasse den Datentyp `CWerteNeu` und alle dazugehörigen Methoden nicht kennt. Die neue Klasse wurde noch nicht unserer Ansichtsklasse bekannt gemacht. Der Fehler ist einfach zu beseitigen:

```
// U103View.cpp : Implementierung der Klasse CU103View
//

#include "stdafx.h"
#include "U103.h"

#include "U103Doc.h"
#include "U103View.h"
#include "WerteNeu.h"
```

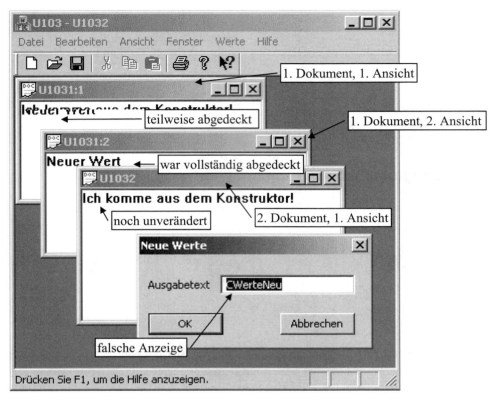

Bild 10.62: Probleme unseres Programms `U103`

3. Ein erster Test zeigt uns einige Schwächen. So wird im Dialogfeld nicht der sichtbare Text, sondern der Text aus dem Konstruktor der Dialogklasse angezeigt. Eine Neueingabe hat erst einmal keine Wirkung. Vielmehr muss das Kindfenster ab- und wieder aufgedeckt werden, bevor der Text richtig zu erkennen ist (**Bild 10.62**).

4. Die Korrektur dieser Fehler erfolgt an verschiedenen Stellen. Die falsche Anzeige kann beim Aufruf des Dialogfelds korrigiert werden:

```
void CU103View::OnWerteNeu() {
  CWerteNeu Dlg;                         //Instanz anlegen
  CU103Doc* pDoc = GetDocument();        //Daten aus dem Dokument holen
  ASSERT_VALID(pDoc);
  Dlg.m_strAusgabetext=pDoc->GibDaten(); //Vorgabewert
  if(Dlg.DoModal()==IDOK) {              //Dialog durchführen
    pDoc->SetzDaten(Dlg.m_strAusgabetext); //an Dokument übergeben
  }
} //CU103View::OnWerteNeu
```

5. Die Korrektur der fehlerhaften Aktualisierung setzt etwas Weitblick voraus. Schließlich könnte der neue Ausgabetext auch über einen anderen Weg in unser Dokument gelangen. Also ist es eine Aufgabe des Dokuments, bei jeder Änderung seine Ansichten

10.4 Ereignisfunktionen programmieren

davon zu informieren und bei Bedarf den angezeigten Ausschnitt des Dokuments neu zu zeichnen.

Wir wechseln daher in die Dokumentklasse und ergänzen eine Zeile:

```
BOOL CU103Doc::SetzDaten(CString Txt) {
  m_strAusgabetext=Txt; //Daten aktualisieren
  UpdateAllViews(NULL); //alle Ansichten neu zeichnen
  SetModifiedFlag(TRUE);//Änderungszustand merken
  return TRUE;
} //CU103Doc::SetzDaten
```

Eine ganz andere Wirkung hat die zweite ergänzte Zeile. Sie setzt einen Merker `bModified`, der vom Programmgerüst beim Schließen der Anwendung ausgewertet wird. Ist er gesetzt, so sollte das ganze Dokument (die Daten) gespeichert werden (**Bild 10.63**).

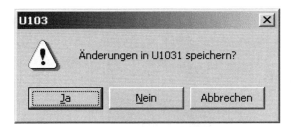

Bild 10.63: Rückfrage des Programmgerüsts, wenn der `bModified`-Merker gesetzt ist

6. Nach diesen Korrekturen sollte das Programm ordnungsgemäß funktionieren. ∎

Die Menüoption `Datei|Neu` legt jeweils ein neues Dokument an, das durch den Konstruktor der Dokumentklasse initialisiert wird. Neue Ansichten auf ein Dokument zeigen jeweils den aktuellen Inhalt des Dokuments an. Das Textfeld wird ebenfalls mit diesem Text gefüllt. Es kann also ab sofort leer initialisiert werden.

10.4.3 Ereignisfunktion für ein Windows-Ereignis hinzufügen

Als Nächstes wollen wir ein Windows-Ereignis – den Mausklick – dazu nutzen, um den Text neu zu positionieren. Die Position des Textes soll eine Information sein, die wir nicht persistent machen wollen. Damit reicht es aus, die Daten in der Ansichtsklasse abzulegen.

In einer ersten Phase bereiten wir nur die Daten vor. Dazu gehen wir in folgenden Schritten vor:

1. Die Position des Textes könnten wir in zwei Ganzzahlvariablen verwalten. Die MFC bietet uns aber eine spezielle Klasse `CPoint` an, die recht einfach ist, weil sie uns direkten Zugang zu den Membervariablen erlaubt. Es werden also keine Prüfungen durchgeführt, ob ein Punkt auf der Leinwand liegt oder nicht:

```
// Attribute
public:
  CU103Doc* GetDocument() const;

private:
  CPoint ptPosition;

// Operationen
```

2. Zur Initialisierung setzen wir wieder den Elementinitialisierer ein, da unsere Variable von einer Klasse instanziiert wurde. Dies ist auf jeden Fall die schnellere Methode als die direkten Zuweisungen:

```
CU103View::CU103View()
: ptPosition(10,20)
{
//   ptPosition.x=10;
//   ptPosition.y=20;
}
```

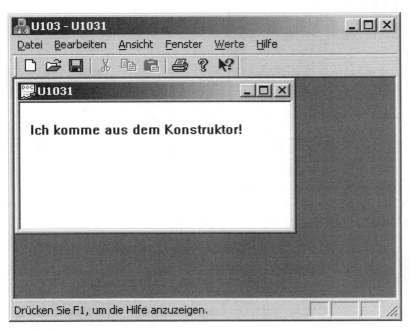

Bild 10.64: Variable Position ist vorbereitet

3. Zuletzt müssen wir noch die Zeichenfunktion abändern:

```
void CU103View::OnDraw(CDC* pDC) {
  CU103Doc* pDoc = GetDocument();
  ASSERT_VALID(pDoc);

  CString strAusgabetext=pDoc->GibDaten();
  pDC->TextOut(ptPosition.x,ptPosition.y,strAusgabetext);
  Beep(1000,300);
} //CU103View::OnDraw
```

10.4 Ereignisfunktionen programmieren

4. In diesem Zustand können wir das Programm übersetzen und testen. Es sollte den Text etwas abgesetzt darstellen (**Bild 10.64**). ■

▶ Als Nächstes müssen wir die Ereignisfunktion für ein Windows-Ereignis generieren und programmieren:

1. Da unser Hauptfenster keine Oberflächenressource besitzt, können wir das Ereignis nicht wie beim Dialogfeld aktivieren. Vielmehr müssen wir in der Klassenansicht die Eigenschaften der Ansichtsklasse `U103View` aktivieren (**Bild 10.65**), die auf den ersten Blick recht mager aussehen.

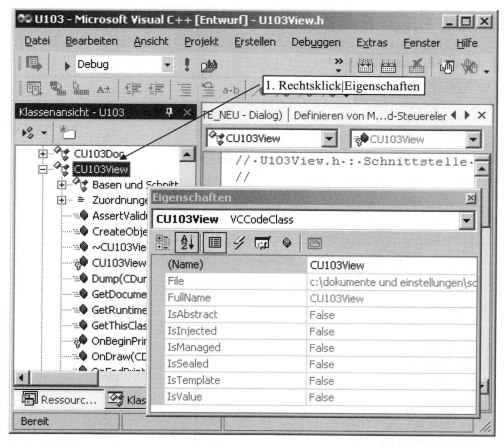

Bild 10.65: Eigenschaften der Ansichtsklasse

2. In Wirklichkeit verbergen sich die Geheimnisse hinter den weiteren Ikonen. So finden wir unter `Ereignisse` alle Menüoptionen, also auch unsere (**Bild 10.66**), die sich jeweils noch expandieren lassen.

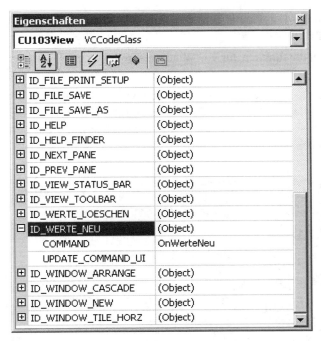

Bild 10.66: Ereignisse der Ansichtsklasse

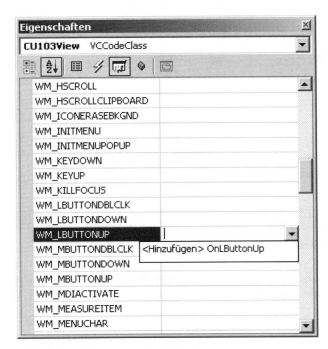

Bild 10.67: Meldungen der Ansichtsklasse

10.4 Ereignisfunktionen programmieren

3. Die Ikone `Meldungen` finden wir zum ersten Mal (**Bild 10.67**). Hier sind alle Windows-Meldungen zusammengefasst. Wir müssen somit nur die richtige finden.

   Aus dem Film „Full Metal Jacket" wissen Sie, dass es gut für den Fortgang des Films und die Gesundheit des Hauptdarstellers ist, wenn eine Miene erst beim Entlasten explodiert. Er hat dann immer noch die Chance, einen Stein auf den Zünder zu platzieren. Auf Windows übertragen bedeutet dies, dass der Anwender noch schnell die Maus auf einen ungefährlichen Platz ziehen kann, wenn er versehentlich schon die Taste niedergedrückt hat. Der konservative Programmierer wählt also das Up-Ereignis.

4. Wir fügen die vorgesehene Ereignisfunktion hinzu. Da hier eine geerbte Funktion überschrieben wird, können wir den Namen der Funktion nicht beliebig wählen.

5. Bevor wir die Ereignisfunktion programmieren, werfen wir noch einen Blick auf die letzte Ikone Überschreibungen (**Bild 10.68**), die uns alle geerbten Methoden und deren aktuelle Überschreibungen in unserer Anwendung zeigt. Hier finden wir beispielsweise die Zeichenfunktion `OnDraw`.

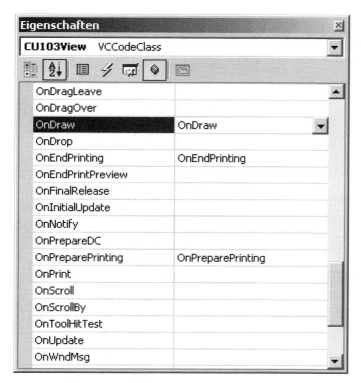

Bild 10.68: Überschreibungen von geerbten Methoden

6. Klappen wir eine Verknüpfung erneut auf, so können wir diese Verknüpfung entweder aufheben oder in den generierten Quellcode springen (**Bild 10.69**).

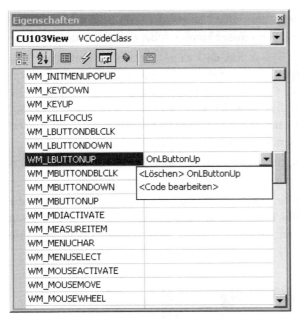

Bild 10.69: Schnelles Navigieren zu einer Ereignisfunktion

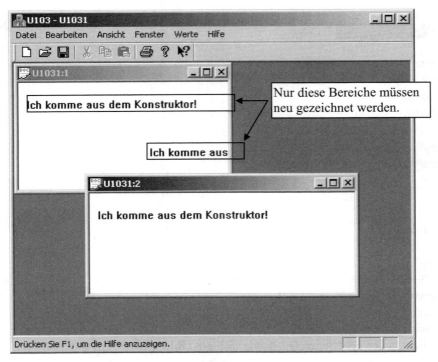

Bild 10.70: Fehler beim Positionieren des Textes

10.4 Ereignisfunktionen programmieren

7. Die Ergänzungen am Quellcode sind minimal:

   ```
   CU103View::OnLButtonUp(UINT nFlags, CPoint point) {
   // TODO: Fügen Sie hier Ihren Meldungsbehandlungscode ein, und/oder
   benutzen Sie den Standard.
   ptPosition.x=point.x;
   ptPosition.y=point.y;
   CView::OnLButtonUp(nFlags, point);
   } //CU103View::OnLButtonUp
   ```

8. Ein erster Test zeigt, dass die Ergänzungen doch wohl zu minimal waren. Der Text springt ganz und gar nicht beim Loslassen der Maustaste. Dafür taucht er beim Ab- und Aufdecken teilweise oder sogar doppelt auf usw. (**Bild 10.70**).

9. Irgendwie kommt uns der Fehler bekannt vor. Jetzt ist aber nicht die Dokument-, sondern die Ansichtsklasse zuständig. Diese muss jeweils eine Ansicht aktualisieren. Wir ergänzen:

   ```
   CU103View::OnLButtonUp(UINT nFlags, CPoint point) {
   // TODO: Fügen Sie hier Ihren Meldungsbehandlungscode ein, und/oder
   benutzen Sie den Standard.
   ptPosition.x=point.x;
   ptPosition.y=point.y;
   Invalidate();
   CView::OnLButtonUp(nFlags, point);
   } //CU103View::OnLButtonUp
   ```

10. Die Funktion `Invalidate` macht den gesamten Innenbereich des Kindfensters ungültig, woraufhin Windows das Programm auffordert, den Innenbereich neu zu zeichnen. Mit dieser Änderung ist das Programm zuerst einmal abgeschlossen. ∎

Wir reichen dieses Programm zur Begutachtung beim Heise-Verlag ein und erhalten nach wenigen Tagen die silberne Zitrone für ein besonders langsames Programm. Warum?

Nun, wir machen einen viel zu großen Bereich ungültig. Es würde doch reichen, wenn wir das den gesamten Text umschließende Rechteck berechnen würden, um es an der Quelle und am Ziel neu zu zeichnen. Wobei wir eventuelle Beschränkungen durch das Fenster usw. berücksichtigen sollten.

Für diese Optimierung reichen unsere Kenntnisse noch nicht aus. Wir müssen uns diese Aufgabe für das Grafikkapitel aufheben.

➢ Aufgabe 10-13:

Führen Sie die beschriebenen Änderungen an Ihrem Programm trotzdem durch. ∎

➢ Aufgabe 10-14:

Variieren Sie das Programm, so dass sich der Text bereits beim Niederdrücken der Maus bewegt. ∎

➢ Aufgabe 10-15:

Variieren Sie das Programm, indem Sie die Zuweisung des alten Werts auskommentieren. Sie werden feststellen, dass jetzt immer derselbe Vorgabewert erscheint. ∎

10.4.4 Zusammenfassung

Im letzten Kapitel haben wir gelernt, wie wir Ereignisfunktionen, die über die MFC angesteuert werden, programmieren. Hierbei erkennen wir eine Trennung von Dokumenten, die die Daten enthalten, und Ansichten, welche die Oberfläche ansteuern.

Alle Ereignisse, die über die Benutzeroberfläche an das Programm gelangen, fangen wir in der Klasse `CU103View` ab. Handelt es sich um Änderungen in den Daten, so geben wir diese an das zugrunde liegende Dokument weiter. Ereignisse, die sich allein auf die (temporäre) Präsentation der Daten beziehen, wickeln wir in der Sichtklasse ab.

Ändern sich Daten im Dokument, so sorgen wir dafür, dass alle Sichten auf das Dokument automatisch aktualisiert werden. Dann kann es auch bei MDI-Anwendungen nie zu Inkonsistenzen zwischen zwei Fenstern kommen.

Da es für einen 'normalen' Programmierer recht undurchsichtig ist, was in unserem Programm eigentlich alles abläuft, wenn wir ein Dialogfeld modal öffnen, machen wir hier den Versuch, zu erläutern, den Hintergrund des Programms etwas aufzuhellen:

`CDialog::DoModal`	aufgerufene Funktion
`CNeueWerte::OnInitDialog`	Dialog angelegt
Anweisungen, die wir programmiert haben	
`CDialog::OnInitDialog`	vererbte Methoden werden aufgerufen
`CWnd::UpdateData(FALSE)`	Vorgabewerte werden angefordert
`CNeueWerte::DoDataExchange`	Vorgabewerte werden übertragen
Anwender bearbeitet das Dialogfeld	
Anwender drückt OK auf dem Dialogfeld	
`CNeueWerte::OnOK`	falls vorhanden mit Plausibilitätsprüfungen
`CDialog::OnOK`	
`CWnd::UpdateData(TRUE)`	Benutzerdaten sollen geliefert werden
`CNeueWerte::DoDataExchange`	Benutzerdaten werden übertragen
`CDialog::EndDialog(IDOK)`	Dialog wird geschlossen

`EndDialog` übergibt den Rückgabewert, den es über sein Argument erhält. `IDOK` ist der Wert, wenn der Benutzer OK gedrückt hat, `IDCANCEL`, wenn er Abbrechen drückt.

Der bescheidene Hinweis auf `CNeueWerte::OnOK` hat natürlich weitreichende Folgen für die professionelle Programmierung. Hier können wir alle Plausibilitätsprüfungen unterbringen. Zu diesem Zweck wird mit dem Klassenassistenten eine Ereignisfunktion `CWerteNeu::OnOK` angelegt (**Bild 10.71**) und z. B. folgendermaßen programmiert:

```
void CWerteNeu::OnOK() {
  UpdateData(TRUE);
  m_strAusgabetext.TrimRight();
  if (m_strAusgabetext!="falsch") {
```

10.4 Ereignisfunktionen programmieren 397

```
        CDialog::OnOK();
    } else {
        MessageBeep((WORD)-1);
        MessageBox("Wert 'falsch' nicht erlaubt!");
    }
}
```

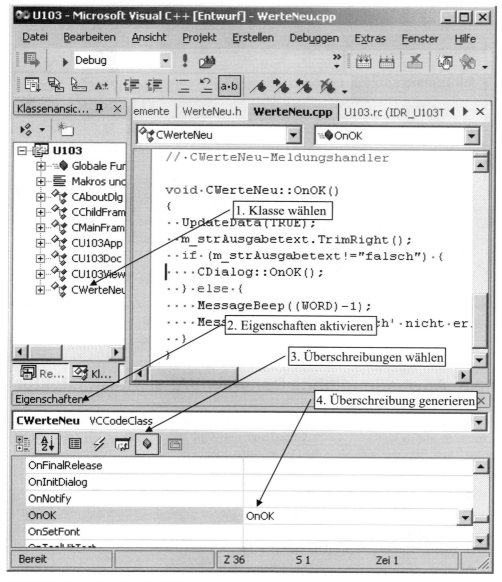

Bild 10.71: Ereignisfunktion für die Klasse `CWerteNeu` anlegen

Gibt der Benutzer nun das Wort `falsch` ein, so kann er den Dialog nicht verlassen. Stattdessen erhält er eine Fehlermeldung (**Bild 10.72**).

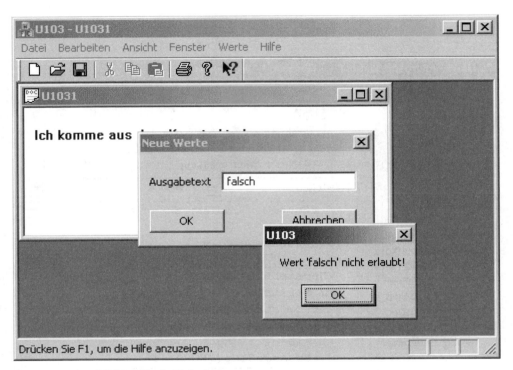

Bild 10.72: Plausibilitätsprüfen in Dialogfeldern

10.5 Anwendung ohne Dokument/Ansicht-Architektur

U104   Nachdem nun alles recht kompliziert erscheint, wollen wir noch einmal zu den einfachen Lösungen zurückkommen. Beim Generieren mit dem Abwendungs-Assistenten ist uns aufgefallen, dass wir auch ohne die Dokument/Ansicht-Architektur auskommen können.

Das Hallo-Welt-Programm haben wir zuerst als SDI- und dann als MDI-Anwendung erzeugt. Daher kehren wir zu einer SDI-Anwendung ohne diese Architekturmerkmale.

☞ Hierzu gehen wir in folgenden Schritten vor:
1. Wir starten das Projekt `U104` als MFC-Anwendung mit SDI-Schnittstelle, aber ohne Dokument/Ansicht-Architektur (**Bild 10.73**).
2. Da die anderen Einstellungen unverändert bleiben, können wir den Anwendungsassistenten bereits abschließen.

10.5 Anwendung ohne Dokument/Ansicht-Architektur

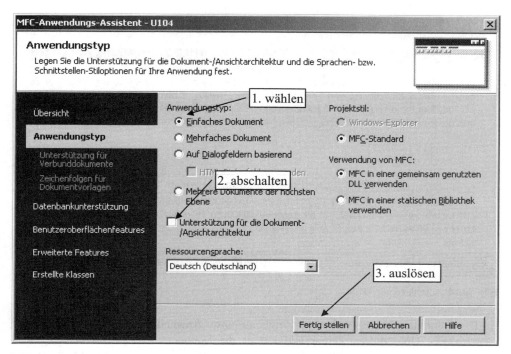

Bild 10.73: Abschalten der Dokument/Ansicht-Architektur bei einer SDI-Anwendung

3. In der Klassenansicht fehlt die Klasse `CU104Doc`. Wir finden nur das Hauptprogramm in `CU104`, den Hauptrahmen in `CMainFrame` und Ansichtsklasse `CChildView` (also nicht `CU104View`).
4. Wir suchen vergeblich nach der Ereignisfunktion `OnDraw`. Vielmehr finden wir eine ganz einfache Version in Form von `OnPaint`. Hier geben wir unsere einzige Programmzeile ein:

```
dc.TextOut(10,20,"Hallo, Welt!",12);
```

Offensichtlich wird der Gerätekontext nicht als Zeiger über die Argumentliste übergeben, sondern als neue Instanz von `CPaintDC` angelegt und mit einem Zeiger `this` auf die eigene Anwendung versorgt.

5. An diesem Programm können wir recht gut verfolgen, was beim Starten der Anwendung geschieht. Ein C-Programmierer sucht die Eintrittsfunktion `main()`, so wie wir sie in den Konsolenanwendungen schon programmiert haben. Erfahrene Windows-Programmierer wissen, dass sie in `WinMain()` umbenannt wurde. In ihr wird das Hauptfenster der Anwendung erzeugt.

MFC-Programme ruft diese unsichtbare Funktion zuerst die globale Funktion `Afx-WinMain()` auf. Auch diese bekommen wir normalerweise nicht zu Gesicht, es sei denn, dass wir die Aufrufliste aus der Debugger-Symbolleiste einschalten (**Bild 10.74**).

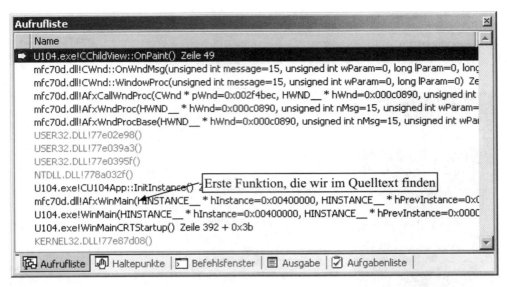

Bild 10.74: Aufrufliste von U104

Diese Funktion besorgt sich einen Zeiger auf unser Anwendungsobjekt mit dem Namen `theApp`. Über diesen Zeiger aktiviert es die Methode `CU104::InitInstance()`. Sie führt die eigentliche Initialisierung der Anwendung vor. Anschließend wird die Methode `CU104::run()` aufgerufen, die erst einmal in die Tiefe der `USER32.DLL` abgleitet. Es handelt sich dabei um eine Endlosschleife, die ständig Meldungspuffer der Anwendung nach neuen Meldungen abfragt. Sollte es eine – wie in unserem Falle `WM_PAINT` – geben, so gelangt das Programm wieder über einige Afx-Funktionen an die für uns sichtbare Oberfläche in `CChildView::OnPaint()`.

6. `CU104::InitInstance()` gehört also zu den zentralen Methoden unserer Anwendung. Der Quelltext ist recht ausführlich kommentiert, so dass nur einige Anmerkungen notwendig sind. Es starten einige Vorbereitungsarbeiten, die unter anderem die Registry beschicken und eine eventuell vorhandene .`INI`-Datei auswerten. Da keinerlei Dokumentunterstützung vorhanden ist, fehlen entsprechende Anweisungen.

Der Aufbau des sichtbaren Fensters erfolgt mit:

```
CMainFrame* pFrame = new CMainFrame;
m_pMainWnd = pFrame;
// Rahmen mit Ressourcen erstellen und laden
pFrame->LoadFrame(IDR_MAINFRAME,
    WS_OVERLAPPEDWINDOW | FWS_ADDTOTITLE, NULL,
    NULL);
// Das einzige Fenster ist initialisiert und kann jetzt angezeigt …
pFrame->ShowWindow(SW_SHOW);
pFrame->UpdateWindow();
```

Es wird zuerst der Konstruktor von `CMainFrame` aufgerufen, der aber leer ist. Eigentlich könnten wir dort die Festlegung der Größe, die Anbindung des Menüs und der

10.6 Minimale MFC-Anwendung

Symbolleisten erwarten. Andererseits finden wir zwei zusätzliche Methoden `CMainFrame::OnCreate` und `CMainFrame::PreCreateWindow`, die mehr Aktivitäten versprechen. So finden wir z. B. einen Hinweis darauf, dass man die Fenstergröße einstellen kann.

Offensichtlich wird erst nach dem Anlegen des Speicherplatzes das Hauptrahmenfenster geladen. Es kann dann angezeigt und aktualisiert werden. Dies sind zwei unterschiedliche Aktionen, so dass mancher „Hüpfer" eines startenden Programms verständlich wird. ■

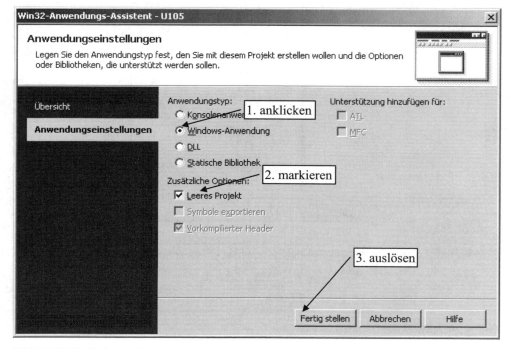

Bild 10.75: Win32-Anwendung

10.6 Minimale MFC-Anwendung

10.6.1 Grundgerüst einer minimalen MFC-Anwendung

U105 Wenn wir also schon die gesamte Dokumentklasse weglassen können, stellt sich die Frage, was denn nun wirklich für ein minimales Windows-Programm mit MFC-Unterstützung notwendig ist.

⊠ Um ein solches minimales Programm zu erzeugen, gehen wir in folgenden Schritten vor:

1. Wir legen ein neues Projekt U105 als Win32-Anwendung mit MFC-Unterstützung an (**Bild 10.75**).
2. Nun fügen wir zwei Dateien für die Kopf- und die Implementationsdatei über die Menüoption Datei|Neues Element hinzufügen... an (**Bild 10.76**).

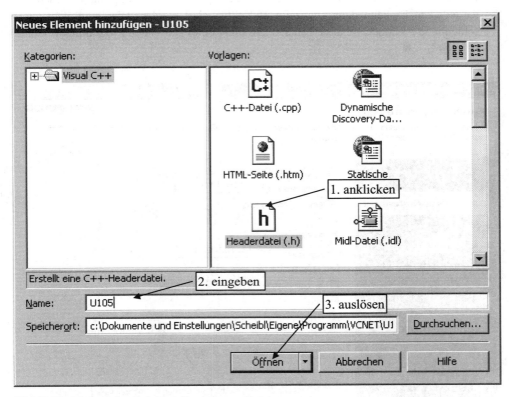

Bild 10.76: Auswahl des Dateityps für eine neue Datei

3. Die Kopfdatei ist übersichtlich. Die Namen der Klassen sind entsprechend des letzten Hauptkapitels gewählt (**Bild 9.4**):

```
//Kopfdatei U105.h (Minimale Windows-Anwendung)
#include <afxwin.h>

class CMeineAnw : public CWinApp {
public:
  virtual BOOL InitInstance(); //Initialisieren
};

class CMeinRahmen : public CFrameWnd {
public:
  CMeinRahmen(); //Konstruktor
};

class CMeineSicht : public CView {
public:
```

10.6 Minimale MFC-Anwendung

```
  CMeineSicht(CFrameWnd *parent); //Konstruktor
protected:
  afx_msg void OnDraw(class CDC *); //Zeichnen
};
```

Da wir keinen weiteren Dialog öffnen wollen und kein Dokument einsetzen, fehlen diese Klassen. Die Methode `CView::OnDraw` ist abstrakt. Daher müssen wir sie auf jeden Fall überschreiben. Die Implementation sieht folgendermaßen aus:

```
// Implementationsdatei U105.cpp

#include "U105.h"

//das einzige, globale Anwendungsobjekt
CMeineAnw Anwendung;

//Anwendung initialisieren
BOOL CMeineAnw::InitInstance() {
  //Instanz des Hauptrahmenfensters erzeugen
  CMeinRahmen *pMainWnd=new CMeinRahmen;
  m_pMainWnd = pMainWnd;
  //Fenster anzeigen
  m_pMainWnd->ShowWindow(m_nCmdShow);
  m_pMainWnd->UpdateWindow();
  return TRUE;
} /*CMeineAnw::InitInstance*/

//Konstruktor des Hauptrahmenfensters
CMeinRahmen::CMeinRahmen() {
  //Fenster erzeugen
  Create(0,"U105",WS_OVERLAPPEDWINDOW,rectDefault);
  new CMeineSicht(this); //Ansicht erzeugen
} /*CMeinRahmen::CMeinRahmen*/

//Konstruktor der Ansichtsklasse
CMeineSicht::CMeineSicht(CFrameWnd *parent) {
  Create(0,0,WS_CHILD|WS_VISIBLE,CRect(),parent,AFX_IDW_PANE_FIRST);
} /*CMeineSicht::CMeineSicht*/

//abstrakte Methoden müssen überschrieben werden
void CMeineSicht::OnDraw(class CDC *dc) {
  RECT rect;
  char* Text="Hallo, Welt!";
  CSize Abmessungen;

  GetClientRect(&rect); //Innenbereich des Fensters
  Abmessungen=dc->GetTextExtent(Text);
  dc->TextOut((rect.right-Abmessungen.cx)/2,
              (rect.bottom-Abmessungen.cy)/2,Text);
} /*CMeineSicht::OnDraw*/
```

Wir finden hauptsächlich Aufrufe von `Create()`. Hierbei sollten wir beachten, dass es sich um unterschiedliche Methoden der jeweiligen Klassen handelt. Der erste Parameter `lpszClassName` ist immer auf `NULL` gesetzt, so dass die Vorgabeklasse benutzt wird. Beispielsweise wird in `CFrameWnd::Create` der Name des Rahmenfensters auf `U104` festgelegt. Unter diesem Namen kennt Windows die Anwendung. Er erscheint sowohl in der Titelleiste des Fensters, der Taskleiste, dem Task-Manager usw. Lassen Sie uns diese Anweisung etwas genauer betrachten:

```
virtual BOOL CFrameWnd::Create(
   LPCTSTR lpszClassName,                  //Klassenname, 0=MFC-Vorgabe
   LPCTSTR lpszWindowName,                 //Fenstername (Titel)
   DWORD dwStyle = WS_OVERLAPPEDWINDOW,    //Stil
   const RECT& rect = rectDefault,         //Bildschirm-Rechteck
   CWnd* pParentWnd = NULL,                //Elternfenster, 0=keines
   LPCTSTR lpszMenuName = NULL,            //Menü, 0=keines
   DWORD dwExStyle = 0,         //erw. Stil, WS_EXT_TOPMOST=immer oben
   CCreateContext* pContext = NULL         //Dokument/Ansicht?, 0=keines
);
```

Außer den ersten beiden Argumenten haben alle anderen einen Vorgabewert, so dass wir ein einfaches Fenster bereits mit zwei Argumenten erzeugen können.

Statt des Vorgaberechtecks `rectDefault` (das ist keine Konstante, sondern ein Rechteck mit vier Werten) können wir selbst ein gewünschtes Rechteck auf dem Bildschirm vorgeben:

```
,CRect(0,19,600,400));  //Bildschirm-Rechteck
```

Da die Abmessungen in Pixeln sind, lässt diese Klausel die Titelleiste eines darunter liegenden Fensters frei.

Es gibt eine Reihe von weiteren Methoden, um die verschiedenen Einstellungen zu verändern:

```
m_pMainWnd->SetWindowText("U105 Minimales Programm");
```

setzt beispielsweise den Windows-Namen und damit den Titel neu.

In einer über den Assistenten generierten Anwendung finden wir diese `Create`-Anweisungen nicht. Stattdessen wird dort intensiv die Anweisung `PreCreateWindow(CREATESTRUCT& cs)` aufgerufen, mit der wir die Werte der Struktur `CREATESTRUCT` verändern können. In ihr finden wir alle Argumente wieder. Die ca. 26 verschiedenen Rahmenstile sollen hier nicht aufgeführt werden. Hier ist die Online-Hilfe ausführlich genug.

In der Methode `CMeineSicht::OnDraw` greifen wir auf Kenntnisse des Kapitels «Grafik» vor. Kurz gesagt werden die Abmessungen des Ausgabetextes in der voreingestellten Schriftart bestimmt, um ihn zentriert im Fenster darzustellen (**Bild 10.77**).

Bild 10.77: Anwendungsfenster des minimalen MFC-Programms U105

10.6 Minimale MFC-Anwendung

4. Versuchen wir das Programm zu übersetzen, dann erhalten wir eine Fehlermeldung des Linkers:

```
U105 error LNK2019: Nicht aufgeloestes externes Symbol __beginthreadex,
   verwiesen in Funktion "public: int __thiscall
   CWinThread::CreateThread(unsigned long,unsigned int,struct
   _SECURITY_ATTRIBUTES *)"
   (?CreateThread@CWinThread@@QAEHKIPAU_SECURITY_ATTRIBUTES@@@Z)
```

Er bindet die MFC nicht richtig ein, so dass wir die Einstellungen korrigieren müssen (**Bild 10.78**).

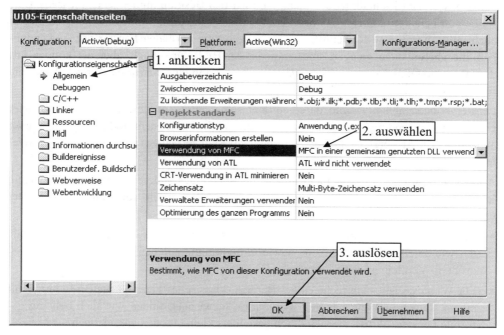

Bild 10.78: Korrektur der Linker-Optionen

5. Das Programm sollte damit fehlerfrei übersetzbar sein. Na ja, beim Laden erhalten wir zumindest einen schwachen Protest des Debuggers:

```
Warning: Creating a pane with no CDocument.
```

➢ Aufgabe 10-16:

Verfolgen Sie das Programm mit dem Debugger. Achten Sie dabei auch auf die Schlüsselwörter `PASCAL` in den aufgerufenen Systemprogrammen, verlieren Sie sich aber nicht im Assembler-Code. ∎

10.6.2 Fensterklassen und Fensterobjekte

Im letzten Kapitel haben wir unser eigenes Rahmenfenster und eine eigene Ansicht erzeugt. Für einen Anwender ist eine Anwendung natürlich mit einem (oder mehreren) Fenstern verbunden. Eigentlich stimmt das nur in der einen Richtung. Ein Fenster gehört immer zu einer Anwendung, aber eine Anwendung kann durchaus ohne Fenster laufen. Trotzdem wollen wir erst einmal den ersten Fall betrachten.

Windows verwaltet Fenster (Anwendungen, Tasks) in Auflistungen. Dabei gibt es bereits einige Besonderheiten. Der Desktop ist das oberste Fenster der Hierarchie und kann nicht gelöscht werden (das heißt jedoch nicht, dass wir den Desktop immer sehen müssen). Eine Reihe von Fenstern drängt sich immer nach vorn (on the top). Sind es mehrere, so gibt es auch unter diesen eine Reihenfolge. Dann folgend die normalen Fenster der Anwendungen, die übereinander gelagert sind. Zwar ist der Bildschirm flach, aber wir können uns dies als dritte Dimension vorstellen. Alle Fenster sind in eine *z-Ordnung* eingebunden, die festlegt, wie die Fenster sich überlagern.

Fenster können abhängig und untergeordnet sein. Untergeordnete Fenster (Kindfenster einer MDI-Anwendung) leben im Inneren eines anderen Fensters und sind somit immer abhängig. Alle Steuerelemente, die Ansichten auf Registerblättern usw. sind untergeordnete Fenster.

Abhängige Fenster sind zwar nicht im Innenbereich eines anderen Fensters eingefangen, leben aber nur, solange die Hauptanwendung lebt. Alle Leisten, auch einige Hilfsfenster usw., sind solche abhängigen Fenster.

- Für den Anwender ist ein Fenster ein sichtbares Objekt mit gewissen Grundeigenschaften wie Titelleiste, Systemikone sowie Grundfunktionalitäten wie Verschieben, Vergrößern, Verkleinern usw.
- Für Windows ist es ein rechteckiger Bereich (klassisches Fenster) des Bildschirms mit einem Namen und angehängtem Programm. Inzwischen finden wir auch beliebig geformte Fenster (Skins), die sich durch besonders kleine Ikonen auszeichnen.

Alle Fenster verfügen unter Windows über ein *Handle*. Experten streiten immer noch, ob es sich hierbei nicht doch um Zeiger auf ein Fensterobjekt handelt. Für uns Programmierer stellt sich ein Fenster so dar. Die MFC kapselt nun ein solches Fenster inklusive Handle in einer geeigneten Fensterklasse. Daher finden wir dieses Handle in den Klassen wieder. Um aus einer Klasse ein reales Objekt zu machen, müssen wir es instanziieren. Dieses muss auch unter nicht OO-Sprachen funktionieren. Daher stellt Windows die API-Funktion `CreateWindow()` zur Verfügung.

OO-Programme legen Instanzen einer Klasse auf dem Freispeicher ab, z. B. wie in U104 mit der Deklaration und dem Aufruf des Konstruktors:

```
CMainFrame* pFrame = new CMainFrame;
```

wobei `CMainFrame` ein Nachfolger der Klasse `CFrameWnd` ist.

10.6 Minimale MFC-Anwendung

Diese Instanz ist aber noch nicht mit einem später sichtbaren Fenster unter Windows verknüpft. Um Windows mitzuteilen, dass hier ein Objekt existiert, das dargestellt und mit dem Daten ausgetauscht werden sollen, rufen wir die Methode `CframeWnd::Create()` – eine Überschreibung von `CWnd::Create()` – auf, welche die erwähnte API-Funktion `CreateWindow()` vor uns versteckt. Diese gibt das Handle auf das Fenster zurück, das in einer Instanzvariablen abgespeichert wird. Damit weiß jedes Objekt, zu welchem Fenster es gehört.

In unserem Minimalprogramm haben wir die Methode `Create()` mit diversen Parametern aufgerufen. Diese Parameter sind von Fenster zu Fenster (auch an die Steuerelemente denken) unterschiedlich.

In generierten Programmen wird statt `CMeinRahmen` die erwähnte Klasse `CMainFrame` angelegt, die je nach den gewählten Einstellungen über zusätzliche Membervariablen, z. B.

```
protected:   // Eingebundene Elemente der Steuerleiste
  CStatusBar   m_wndStatusBar;
  CToolBar     m_wndToolBar;
  CChildView   m_wndView;
```

verfügt. Wir können dabei ganz gut ablesen, um welche Anwendung es sich handelt. Hier also eine MDI-Anwendung mit Kindfenster, Status- und Symbolleiste.

Tatsächlich ist der Konstruktor aber leer. Vielmehr erfolgt die Initialisierung in zwei Schritten. Zuerst wird über die Methode `PreCreateWindow()` die Strukturvariable `cs` vom Typ `CREATESTRUCT` verändert. Diese Methode wird aber erst nachträglich mit `pFrame->LoadFrame()` aufgerufen. Diese Ladefunktion legt die Strukturvariable `cs` an und ruft dann erst über `CFrameWnd::GetIconWndClass()` die Methode `PreCreateWindow()` auf. Diese Funktion setzt den Stil des Fensters. Dann wird das Fenster mit `Create()` bei Windows angemeldet. Windows löst zwischen dem Anlegen des Fensters auf dem Speicher und der Anzeige das Ereignis `WM_CREATE` aus, was wiederum vom Anwendungsgerüst abgefangen wird und dazu führt, dass `CWnd::OnCreate` bzw. dessen Überschreibungen aufgerufen werden. Diese Funktion belegt den Innenbereich des Fensters und ergänzt es um die gewünschten Steuerelemente wie Statusleiste und Symbolleiste.

➢ Aufgabe 10-17:

Legen Sie die Größe des Rahmenfensters fest, indem Sie den linken oberen Eckpunkt `cs.x`, `cs.y` und die Abmessungen `cs.cx`, `cs.cy` in `PreCreateWindow` geeignet zuweisen. Variieren Sie den Stil des Fensters (Details zu den Konstanten finden Sie in der Online-Hilfe). ■

☞ Hinweis: Darstellung, Position und Größe des Fensters legen wir in `PreCreateWindow` fest.

> Aufgabe 10-18:

Schalten Sie das Hinzufügen von Symbol- und Statusleiste in `OnCreate` aus. Dazu müssen Sie nicht unbedingt die Elemente vollständig entfernen. Vielmehr kommentieren Sie die entsprechenden Anweisungen aus und wieder ein.

☞ Hinweis: Steuerelemente stellen wir direkt vor der Anzeige des Fensters in `OnCreate` ein. Dann sind sie nämlich erst vorhanden und können bearbeitet werden.

10.7 Wie kann ich …

10.7.1 … erkennen, welche Veränderungen generiert wurden?

Der folgende Trick gehört vielleicht nicht direkt zur Programmierung und wird u. U. in späteren Versionen nicht mehr funktionieren, er ist für mich persönlich bisher aber durchaus hilfreich.

Die verschiedenen Assistenten von Visual Studio haben die Eigenschaft, auf die Einstellungen (**Bild 10.79**) unter E̲xtras|O̲ptionen…|Registerkarte Text-Editor |C/C++|Tabstopps zu achten.

Markieren wir die Option Leerzeichen einfügen im Optionendialog, so werden die manuellen Veränderungen dagegen mit Leerzeichen eingerückt (im vorliegenden Buch ist aus Platzgründen die Tiefe auf zwei Leerzeichen reduziert).

Damit wir diese Zeichen sehen, aktivieren wir mit B̲earbeiten|E̲rweitert| L̲eerraum anzeigen (oder `Strg`+`R` `Strg` `W`) ihre Anzeige oder schalten diese ab. Wenn wir den gesamten Quelltext mit `Strg` `A` markieren und B̲earbeiten|E̲rweitert|Auswahl mit T̲abstopps versehen auslösen, so verschwinden alle generierten Leerstellen.

Ab sofort erkennen wir in allen so vorbereiteten Dateien die Ergänzungen des Klassenassistenten an den Tabulatorzeichen mehrfache Leerstellen. Diese können wir global suchen.

10.7.2 … verhindern, dass sich der Dialog mit der Zeilenschaltung beendet?

Wenn wir bei unserem letzten Programm während des Dialogs auf ⏎ drücken, dann schließt sich das Dialogfeld, und das Hauptprogramm übernimmt die Kontrolle. D. h. ⏎ wirkt wie ein Klick auf `OK`.

10.7 Wie kann ich ...

Zuerst versuchen wir den Effekt zu verhindern, indem wir im Dialogeditor die Eigenschaft Standardschaltfläche der Schaltfläche OK abschalten. Der dicke Rahmen um die Schaltfläche verschwindet zwar, nicht aber der Effekt.

Visual C++ führt bei ⏎ folgende Logik aus:

1. Ist eine Schaltfläche fokussiert, so wird sie ausgelöst.
2. Ist keine Schaltfläche fokussiert, so wird die Standardschaltfläche ausgeführt.
3. Gibt es keine Schaltfläche, so wird trotzdem die Ereignisfunktion OnOK ausgeführt.

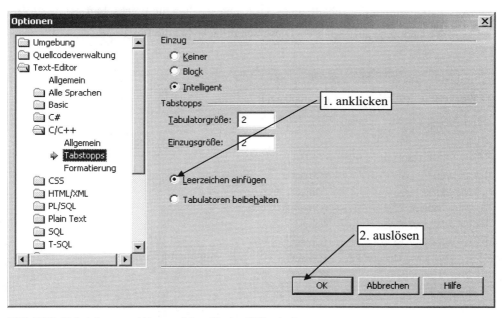

Bild 10.79: Tabulatoren und Trennzeichen für den Editor festlegen

⊠ Nach dieser Logik schließt sich der Dialog immer, wenn wir nichts dagegen unternehmen. Natürlich könnten wir die Standardschaltfläche verbiegen und irgendwelche Abfragen durchführen. Das ist aber nicht sehr elegant. Die Lösungsidee besteht daher darin, die vorgegebene ID IDOK, welche die Funktion OnOK aufruft, „totzulegen", die Schaltfläche aber trotzdem zur Bestätigung zu benutzen:

1. Wir öffnen das Projekt U103, falls es nicht noch geöffnet ist, und navigieren in der Ressourcenansicht (**Bild 10.80**) auf den Dialog IDD_WERTE_NEU.

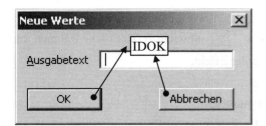

Bild 10.80: Aufruf der Standard-Ereignisfunktion

2. Dort markieren wir die Schaltfläche OK und schalten die Eigenschaft Standardschaltfläche auf False. Diese Schaltfläche hat die ID IDOK.

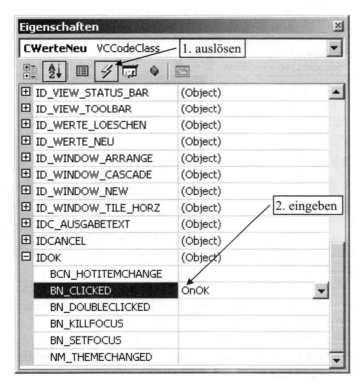

Bild 10.81: Virtuelle Taste umlenken

3. Wir wechseln in die Klassenansicht und öffnen die Eigenschaftenscheibe der Klasse CNeueWerte. Unter der Ikone Ereignisse finden wir immer noch die Schaltfläche IDOK. Man nennt diese Schaltfläche *virtuell*, da sie – wie beschrieben – auch ohne sichtbares Steuerelement vom Programmgerüst ausgelöst wird. Wir ordnen der virtuellen Schaltfläche IDOK für das Ereignis BN_CLICKED eine neue Ereignisfunktion zu. Das Ereignis BN_CLICKED finden wir nach dem Expandieren der virtu-

ellen Schaltfläche `IDOK` (**Bild 10.81**). Die IDE schlägt `OnBnClickedOk` (der Namen ist frei festlegbar) vor. Damit wir aber das Standardverhalten der virtuellen Schaltfläche verändern können, müssen wir den Namen auf **OnOK** ändern. Damit lassen wir eine Methode `CNeueWerte::OnOK` generieren, welche die geerbte Methode `CDialog::OnOK` überschreibt.

4. Dann kehren wir noch einmal zum Formular zurück und ändern die ID der Schaltfläche in `ID_OK` (**Bild 10.82**).

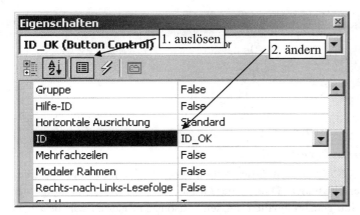

Bild 10.82: Schaltfläche umbenennen

5. Diese nun unabhängige Schaltfläche verknüpfen wir mit einer neuen Ereignisfunktion `OnBnClickedOk` (**Bild 10.83**), die uns die IDE vorschlägt.

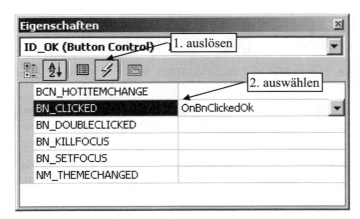

Bild 10.83: Ereignis verknüpfen

6. Anschließend können wir die beiden Funktionen programmieren:

Zuerst legen wir die Standardbehandlung „tot", indem wir die generierte Überschreibung leeren:

```
void CWerteNeu::OnOK()
{
}
```

Als Nächstes schreiben wir die neue Ereignisfunktion für die Schaltfläche, bei der wir die geerbte Funktion `CDialog::OnOK` explizit aufrufen, um nun den Dialog abzuschließen und die geeigneten Plausibilitätsprüfungen durchführen:

```
void CWerteNeu::OnBnClickedOk() {
  if (UpdateData(TRUE)) {
    m_strAusgabetext.TrimRight();
    if (m_strAusgabetext!="falsch") {
      CDialog::OnOK();
    } else {
      MessageBeep((WORD)-1);
      MessageBox("Wert 'falsch' nicht erlaubt!");
    }
  }
} //CWerteNeu::OnBnClickedOk
```

7. Wir erstellen und testen das Projekt. ■

Die virtuelle Schaltfläche `IDOK` ist nach dieser Aktion übrigens aus der Ereignisliste der Klasse `CNeueWerte` verschwunden. Dies ist der Grund, dass wir die Reihenfolge der gerade beschriebenen Schritte genau einhalten müssen. Ansonsten müssten wir die Überschreibung `CWerteNeu::OnOK` „zu Fuß" durchführen.

10.7.3 ... verhindern, dass sich der Dialog mit der Escape-Taste schließt?

Drücken wir die Taste [Esc], so schließt sich der Dialog ohne Datenübernahme. Dies geschieht auch dann, wenn wir die Schaltfläche [Abbrechen] löschen.

⊠ Hier gehen wir nach dem gleichen Rezept wie eben vor, denn auch die Escape-Taste ist eine virtuelle Taste, was wir an der ID `IDCANCEL` ohne Unterstrich erkennen:

1. Zuerst lassen wir den Klassenassistenten für `IDCANCEL` mit der Meldung `BN_CLICKED` eine Ereignisfunktion generieren. Den vorgeschlagenen Namen ändern wir in **OnCANCEL** (**Bild 10.84**). Damit überschreiben wir `CDialog::OnCancel`.

2. Nun benennen wir die Schaltfläche `Abbrechen` um in `ID_CANCEL` und verknüpfen das Ereignis `BN_CLICKED` mit der von der IDE vorgeschlagenen Ereignisfunktion `OnBnClickedCancel`.

3. Nun müssen wir wiederum die beiden Ereignisfunktionen bearbeiten:

   Für die virtuelle Schaltfläche kommentieren wir den generierten Abbruch-Aufruf aus:

```
void CWerteNeu::OnCancel() {
//  OnCancel();
} //CWerteNeu::OnCancel
```

10.7 Wie kann ich ...

Für die Schaltfläche `ID_CANCEL` rufen wir dagegen die Funktion auf:

```
void CWerteNeu::OnBnClickedCancel() {
  CDialog::OnCancel();
} //CWerteNeu::OnBnClickedCancel
```

4. Nun lässt sich das Programm von ⎋ nicht mehr beeindrucken. ∎

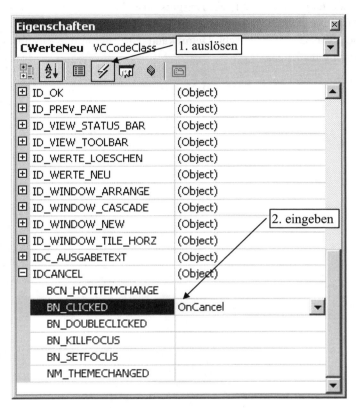

Bild 10.84: Virtuelle Taste `IDCANCEL` verbiegen

Verknüpfen wir die Schaltfläche `Abbrechen` nicht mit einer neuen Ereignisfunktion bzw. löschen sie ganz, so kann man den Dialog nicht mehr ohne richtige Eingabe verlassen, was in dem einen oder anderen Fall durchaus sinnvoll sein kann.

10.7.4 ... mehrere Ereignisse auslösen?

Wir hatten in der Übung für das Auslösen des Menüpunkts `Werte|Neu...` in der Klasse `U103View` eine Ereignisfunktion `CU103View::OnWerteNeu` angelegt. Dabei haben wir es einer Klasse zugeordnet.

Wenn wir den Vorgang wiederholen, dann können wir erneut eine Menüoption mit einer weiteren Ereignisfunktion verknüpfen. Die IDE beachtet die bereits vorhandene Verknüpfung hier nicht.

Es stellt sich dann natürlich die Frage: Was geschieht, wenn wir eine zweite Ereignisfunktion für die Dokumentklasse der Form `CU103Doc::OnWerteNeu` anlegen?

Ein Test ergibt keine Veränderung. Es kann nur ein Ereignis ausgelöst werden. Die Ansichtsklasse hat in diesem Fall die höhere Priorität. Bei Bedarf muss die zweite Funktion gesondert aufgerufen werden, was auch Sinn macht. Damit kann der Programmierer selbst die Reihenfolge der Bearbeitung festlegen.

11

Dialoganwendungen

11	Dialoganwendungen	417
	11.1 Dialoganwendungen generieren	417
	11.2 Programmieren	423
	11.3 Ereignisorientierung	434
	11.4 Menü	462
	11.5 Wie kann ich …	478

11 Dialoganwendungen

Sicher werden Sie sich nach dem letzten Kapitel fragen, ob für Ihre ersten, eigentlich recht einfachen Anwendungen ein solcher Aufwand gerechtfertigt ist. Schließlich haben wir einige weitgehend leere Kindfenster produziert, die recht aufwändig über das Menü weitere Dialogfenster aktivieren. Besteht eine „normale" Anwendung nicht nur aus einem solchen Dialog?

Im folgenden Kapitel wollen wir solche Aufgaben angehen und dabei möglichst viel über die Philosophie der ereignisorientierten Programme lernen. Hierbei werden wir einige Kenntnisse aus den zurückliegenden Kapiteln wiederholen und bei Bedarf erweitern.

Weiterhin wollen wir die Mechanismen darstellen, die das Programmgerüst für den Datenaustausch zur Verfügung stellt.

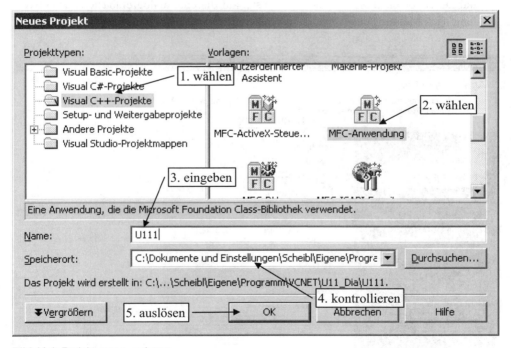

Bild 11.1: Projekt U111 anlegen

11.1 Dialoganwendungen generieren

Einfache Programme melden sich mit ihrer Dialogoberfläche, auf der der Anwender alles Notwendige findet, um seine Aufgabe abzuwickeln. Nach dem Abschluss der Arbeiten wird alles aufgeräumt, nichts erinnert mehr an die aufwändigen Berechnungen. Dies ist das spezifische Einsatzgebiet von Dialoganwendungen.

Als Beispiel wollen wir ein einfaches Kalkulationsprogramm entwickeln, das die Mehrwertsteuer auf einen vorgegebenen Betrag saldiert.

Hierzu gehen wir in folgenden Schritten vor:

1. Wir legen zuerst ein eigenes Verzeichnis U11_Dia für unsere Übungen in diesem Kapitel an.
2. Als Nächstes generieren wir eine MFC-Anwendung (**Bild 11.1**) U111.
3. Den Anwendungstyp legen wir zu Auf Dialogfeldern basierend fest (**Bild 11.2**). Dies ist der einfachste Anwendungstyp ohne Trennung von Dokument und Ansicht. Durch unsere Wahl wird eine Reihe von Teiloptionen gegraut. Sie stehen daher nicht mehr zur Verfügung. Auch in den anderen Registerblättern ist eine Reihe von Einstellungsmöglichkeiten gegraut. Dies reicht von der Unterstützung von Drucken und Druckvorschau bis hin zur Statusleiste, auf die eine dialogfeldbasierende Anwendung nach Meinung des Abwendungs-Assistenten verzichten muss.

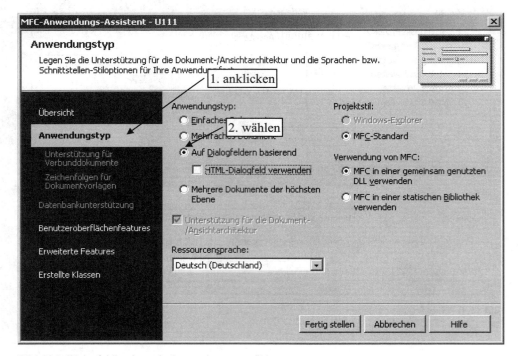

Bild 11.2: Dialogfeldbasierende Anwendung auswählen

4. Möglicherweise überraschend erscheint die Option, ein Infofeld anlegen zu können, obwohl eine dialogfeldbasierende Anwendung über keine Menüleiste verfügt. Tatsäch-

11.1 Dialoganwendungen generieren 419

lich finden wir aber später einen Eintrag im Systemmenü, um dieses Infofeld zu aktivieren.

5. Immer empfehlenswert ist ein Blick auf die erstellten Klassen (**Bild 11.3**). Dort finden wir nur noch zwei zu generierende Klassen, wobei lediglich `CU111Dlg` zwei alternative Basisklassen zulässt.
6. Nun können wir den Anwendungsassistenten abschließen. Er generiert uns den Programmrahmen für eine dialogfeldbasierende Anwendung. ∎

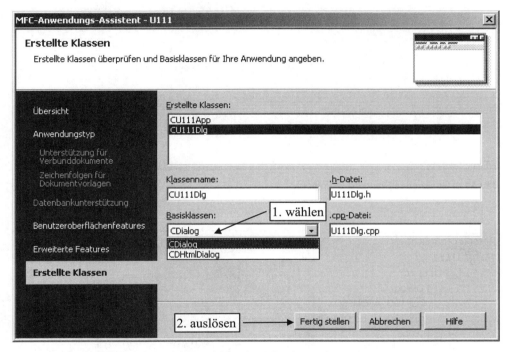

Bild 11.3: Generierte Klassen einer dialogfeldbasierenden Anwendung

Nun können wir durchatmen und die Anwendung ausprobieren. Sie sollte ohne Probleme funktionieren.

☒ Die nächsten Schritte führen zu einer geeigneten Oberfläche. Die Umgebung bietet uns diese bereits als Formular mit zwei Schaltflächen an (**Bild 11.4**):

1. Sollte der Dialogeditor einmal nicht offen sein, so finden wir ihn über die Ressourcenscheibe unter dem Knoten `Dialog`. Standardmäßig hat er die Bezeichnung `IDD_U111_DIALOG`.
2. Zuerst entfernen wir den unnötigen Kommentar, schalten das Raster, löschen eine der beiden Schaltflächen und positionieren die zweite. Da unser Dialog direkt von Windows aufgerufen wird, erfolgt später keine Auswertung der Anwenderaktion. Somit ist es egal, welche Schaltfläche benutzt wird.

3. Da wir die Bearbeitung der Oberfläche bereits recht ausführlich beschrieben haben, wollen wir hier nur eine Kurzfassung angeben. Wir positionieren sieben Bezeichnungsfelder, ein Textfeld und eine Schaltfläche erst einmal grob vor (**Bild 11.5**). Es muss wirklich noch nicht alles genau passen.

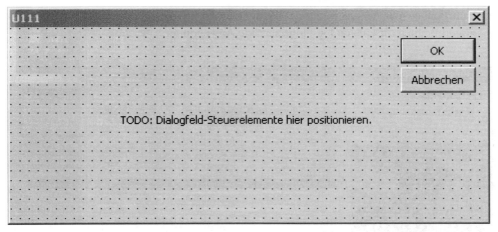

Bild 11.4: Generiertes Standard-Dialogfeld

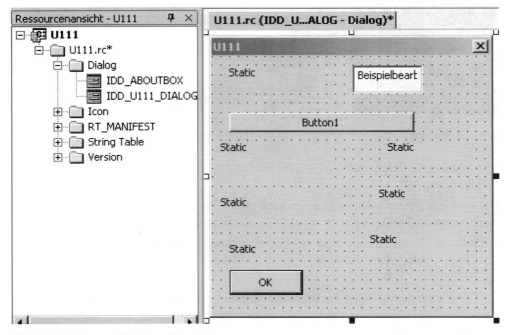

Bild 11.5: Grob vorpositioniertes Formular

11.1 Dialoganwendungen generieren   421

4. Wenn alle Elemente einigermaßen vorpositioniert sind, beginnen wir mit den Feinarbeiten. Dazu suchen wir uns die längste Beschriftung und geben sie in das zugehörige Bezeichnungsfeld ein. Das Textfeld ziehen wir auf eine Breite, die den größten Betrag aufnehmen kann, den wir verarbeiten wollen. In **Bild 11.4** ist dies geschehen. Dabei hilft uns das Umschalten in den Testmodus.
5. Nun richten wir alle anderen Steuerelemente an diese Bezugsfelder aus (**Bild 11.6**). Innerhalb kürzester Zeit haben wir damit ein Layout, das zumindest der wichtigsten Ergonomie-Forderung „von der geschlossenen Gestalt" entspricht.

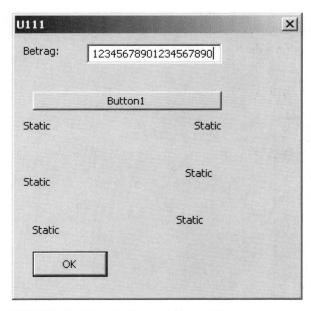

Bild 11.6: Einrichten der Bezugsfelder und Testen

6. Im **Bild 11.7** sind die Steuerelemente bereits mit ihren Identnummern (Bezeichnern) versehen. Anhand dieser Bezeichner können wir nun die Einstellung der verschiedenen Eigenschaften kompakt darstellen. Die eindeutigen Beschriftungen können jeweils aus dem Bild abgelesen werden:

ID	Eigenschaft	Wert
1. Element Static	Beschriftung	&Betrag:
	Bild zentrieren	True
IDC_RECHNEN	Beschriftung	&Rechnen
	Standardschaltfläche	True
IDOK	Standardschaltfläche	False
IDC_NETTO	Beschriftung	leer

ID	Eigenschaft	Wert
IDC_MWST	Clientkante	True
IDC_BRUTTO	Bild zentrieren	True
	Text ausrichten	Right

Um mit der [Alt]-Taste schnell in das Betragsfeld zu kommen, erhält das davor liegende Bezeichnungsfeld eine entsprechende Markierung.

Wir passen das Aussehen der Ergebnisfelder dem Eingabefeld an, indem wir ihnen eine entsprechende Kante zuweisen.

Die Beschriftungen zentrieren wir, damit sie mittig vor den Ergebnisfeldern stehen.

Für das wiederholte Rechnen setzen wir die Standardschaltfläche um.

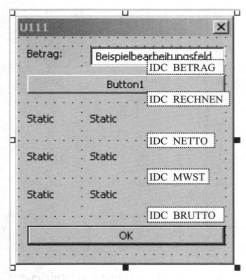

Bild 11.7: Ausgerichtetes Formular

7. Ein erster Test zeigt die falsche Positionierung des Fokus und eine unpassende Tabulatorreihenfolge. Diese korrigieren wir über die Tastenkombination [Alt][D], indem wir die richtige Nummerierung wählen.
8. Ein Abschlusstest zeigt uns, ob dieser Prototyp angenehm zu bearbeiten ist (**Bild 11.8**).
9. Wir können nun noch den Infodialog an unsere Vorstellungen anpassen.
10. Zum Schluss speichern wir vorsichtshalber unser gesamtes Projekt in diesem Zustand ab. ∎

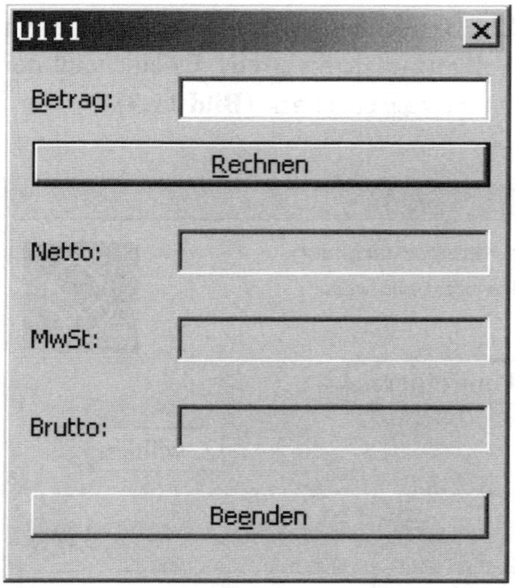

11.2 Programmieren

Bild 11.8: Fertiger Oberflächenentwurf

➢   Aufgabe 11-1:

Führen Sie nun die Schritte selbst aus, und passen Sie den Prototyp ihrem Geschmack an. Testen Sie die Anwendung. Es lassen sich Beträge eingeben, eine Reaktion beim Klicken auf die Schaltfläche `Rechnen` erfolgt aber noch nicht. ■

Bevor wir mit der Programmierung beginnen, sollten wir kurz überlegen, was zu tun ist.

Über das Textfeld erhalten wir unseren Betrag. Diesen müssen wir in das Bezeichnungsfeld `IDC_NETTO` übertragen. Weiterhin wollen wir die Mehrwertsteuer und den Bruttobetrag berechnen und in den entsprechenden Feldern anzeigen. Die Berechnung selbst lösen wir mit der Schaltfläche aus.

Damit haben wir das Ereignis, das die Berechnungen durchführen muss, gefunden.

11.2 Programmieren

Das Programmieren einer Benutzeroberfläche besteht aus drei wesentlichen Schritten:
1. Membervariablen für den Datenaustausch anlegen
2. Ereignisfunktionen generieren
3. Algorithmus eingeben

Danach schließen sich leider unangenehme Schritte wie Test und Fehlerbeseitigung an.

⌦   Um auf die Ein- bzw. Ausgabeelemente unserer Dialoganwendung zugreifen zu können, müssen wir innerhalb der Klasse `CU111Dlg` entsprechende Membervariablen anlegen. Dies haben wir schon einmal durchgeführt, so dass es uns einfach von der Hand gehen sollte:

1. Wir rechtsklicken auf das entsprechende Feld, z. B. auf das Textfeld. Es erscheint ein Kontextmenü. In ihm wählen wir `Variable hinzufügen...` aus. Es erscheint der `Assistent zum Hinzufügen von Membervariablen` (**Bild 11.9**).

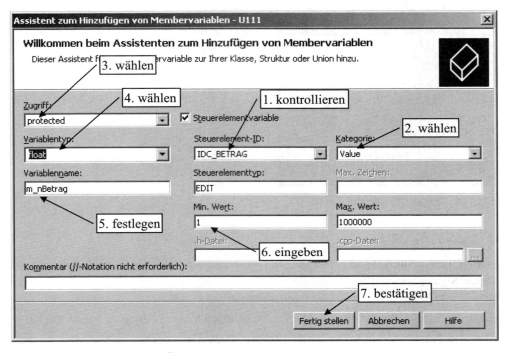

Bild 11.9: Membervariable hinzufügen

2. Jetzt können wir eine Vielzahl von Eigenschaften festlegen. Zuerst kontrollieren wir anhand der `Steuerelement-ID`, ob wir die richtige Variable getroffen haben. Da wir ihren Wert bearbeiten wollen, stellen wir die `Kategorie` auf `Value` um. Alle Membervariablen sollten mindestens `protected` sein. Da es sich um eine Zahl mit Nachkommastellen handelt, wählen wir als (einfachsten) Typ `float`. Der Name `m_nBetrag` erhält das übliche Präfix `m_` für Membervariablen. Dann folgt die Typkennung, die wir etwas allgemeiner mit `n` auf numerisch setzen, was bei den C-Programmierern durchaus gängig ist. Zuletzt legen wir noch Grenzen fest. Unser Anwender soll keine Auszahlungen durchführen können, also darf er keine negativen Werte eingeben. Außerdem verkaufen wir nichts unter 1 €. Das Ganze können wir dann mit `Fertig stellen` bestätigen.

3. Membervariablen lassen sich nur den Steuerelementen zuweisen, deren ID ungleich `IDC_STATIC` ist. Wir wiederholen daher das Verfahren für unsere Ergebnisfelder `m_szNetto`, `m_szMwSt` und `m_szBrutto` (Präfix `sz` von string zero, also nullterminierter String). Diese sind alle vom Typ `CString`, der allein für die Kategorie `Value` zugelassen ist. Da es sich um Ausgabefelder handelt, ist die Angabe der

11.2 Programmieren 425

maximalen Länge eher ungewöhnlich. Aber wir probieren zumindest bei einer der Variablen einmal den Wert 5 aus.

4. Meist wollen wir beim Start eines Anwendungsdialogs bestimmte Vorgabewerte bereitstellen, um dem Anwender die Arbeit zu erleichtern. Diese Vorgabewerte sollten dann in die Felder eingesetzt werden, wenn Windows die Meldung WM_INITDIALOG an unser Programm schickt. Der Assistent gibt uns hierfür keine Hilfestellung. Da wir unsere Grenzen hoch gesetzt haben, wäre ein Vorgabewert 0 nur dann sinnvoll, wenn wir einen Fehler provozieren wollten.

5. Da der Assistent aber immer in den Quelltext wechselt, schauen wir uns gleich die generierten Zeilen an. In der Kopfdatei U111Dlg.h finden wir am Ende:

```
// Implementierung
protected:
  HICON m_hIcon;

  // Generierte Funktionen für die Meldungstabellen
  virtual BOOL OnInitDialog();
  afx_msg void OnSysCommand(UINT nID, LPARAM lParam);
  afx_msg void OnPaint();
  afx_msg HCURSOR OnQueryDragIcon();
  DECLARE_MESSAGE_MAP()
  float m_nBetrag;
  CString m_szNetto;
  CString m_szMwSt;
  CString m_szBrutto;
};
```

Wenn wir jetzt die Anzeige der Leerräume über Bearbeiten|Erweitert| Leerraum anzeigen aktivieren, so sehen wir bei den nachträglich generierten Zeilen Leerstellen, während die anderen Zeilen mit einem Tabulator beginnen.

6. In der Implementationsdatei hat sich sehr viel mehr getan:

```
CU111Dlg::CU111Dlg(CWnd* pParent /*=NULL*/)
  : CDialog(CU111Dlg::IDD, pParent)
  , m_nBetrag(99.95f)
  , m_szNetto(_T(""))
  , m_szMwSt(_T(""))
  , m_szBrutto(_T(""))
{
  m_hIcon = AfxGetApp()->LoadIcon(IDR_MAINFRAME);
}

void CU111Dlg::DoDataExchange(CDataExchange* pDX)
{
  CDialog::DoDataExchange(pDX);
  DDX_Text(pDX, IDC_BETRAG, m_nBetrag);
  DDV_MinMaxFloat(pDX, m_nBetrag, 1, 1000000);
  DDX_Text(pDX, IDC_NETTO, m_szNetto);
  DDV_MaxChars(pDX, m_szNetto, 5);
  DDX_Text(pDX, IDC_MWST, m_szMwSt);
  DDX_Text(pDX, IDC_BRUTTO, m_szBrutto);
}
```

7. Hier erkennen wir im Konstruktor die Elementinitialisatoren der Membervariablen. Somit sind also auch die Basisdatentypen für Visual C++ Objekte. Die Zeichenketten

sind mit dem Makro `_T()` auf den Einsatz von Unicode vorbereitet. An dieser Stelle können wir nun unseren Vorgabewert `99.95f` eingeben, schließlich haben viele unserer Produkte genau diesen Preis. Weitere Einträge wurden in der Funktion `CU111Dlg::DoDataExchange` durchgeführt. Hier finden wir die DDX-Funktionen für den Dialog Data Exchange und die DDV-Funktionen für die Dialog Data Validation. Dabei fällt sofort auf, dass auch die Zahl als Text übertragen wird.

Wir können jetzt das Programm testen. Es zeigt den Vorgabewert an und lässt sich schließen.

8. Da wir Ergebnisse sehen wollen, benötigen wir eine Ereignisfunktion für die Schaltfläche `Rechnen`. Diese generieren wir durch einen Rechtsklick auf die Schaltfläche.

Im Kontextmenü wählen wir `Ereignishandler wird hinzugefügt…` Sofort erscheint der Ereignishandler-Assistent (**Bild 11.10**).

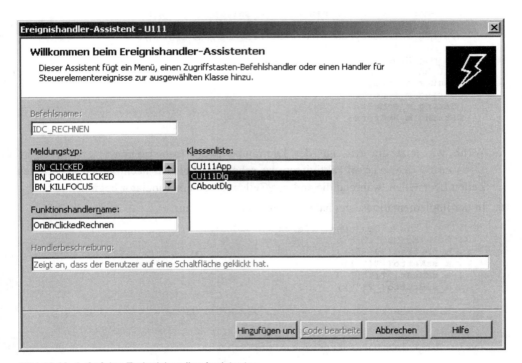

Bild 11.10: Aufruf des Ereignishandler-Assistenten

9. Da er genau richtig eingestellt ist, können wir ihn bestätigen. Er führt uns direkt in den Code:

```
void CU111Dlg::OnBnClickedRechnen()
{
   // TODO: Fügen Sie hier Ihren Kontrollbehandlungscode für die …
}
```

den wir folgendermaßen verändern:

11.2 Programmieren

```
void CU111Dlg::OnBnClickedRechnen() {
  if (UpdateData(TRUE)) {                       //Daten einlesen
    m_strNetto.Format("%.2f",m_nBetrag);        //nach Netto, ggf runden
    m_strMwSt.Format("%.2f",m_nBetrag*0.16f);   //MwSt berechnen
    m_strBrutto.Format("%.2f",m_nBetrag*1.16f); //Brutto berechnen
    UpdateData(FALSE);                          //Daten ausgeben
  }
} //CU111Dlg::OnBnClickedRechnen
```

Mit der Funktion `CWnd::UpdateData(BOOL bSaveAndValidate)` rufen wir indirekt `DoDataExchange` auf, wobei das Argument die Richtung (TRUE=Einlesen, FALSE=Ausgeben) festlegt. Also werden erst die Daten eingelesen, neu berechnet und formatiert. Danach erfolgt die Ausgabe auf das Formular.

10. Jetzt können wir das Programm testen (**Bild 11.11**). ∎

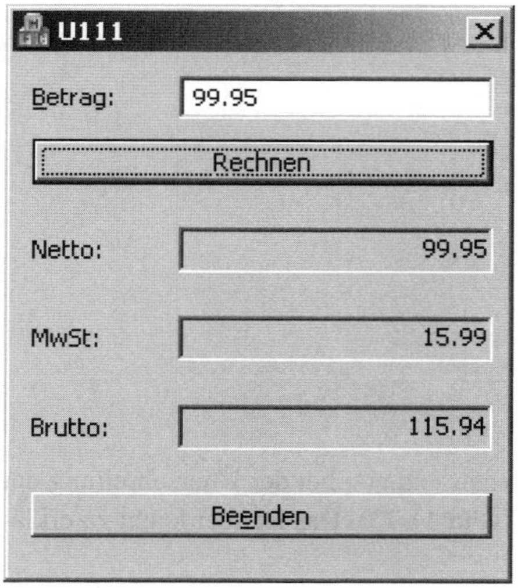

Bild 11.11: U111 rechnet

Um die Werte auszugeben, verwenden wir die Methode `CString::Format`. Sie wirkt wie die Funktion `printf` in C. Wir geben als ersten Parameter einen Formatstring (auch Image genannt) mit Platzhalter für die Zahlen ein. Der 2. Parameter enthält dann die Variable(n), deren Wert(e) in den Formatstring eingesetzt werden.

Mit dem Formatstring `%.2f` bestimmen wir, dass eine Festpunktzahl mit zwei Stellen hinter dem Dezimaltrennzeichen ausgegeben werden soll.

Die weiteren Zeilen sind einfach zu verstehen, wenn wir von einem MwSt.-Satz von 16% ausgehen.

Sobald wir das Programm starten, erscheinen bei einem ersten Test die richtigen Ergebnisse (**Bild 11.11**). Wir stellen aber auch fest, dass:

1. wir mehr als zwei Dezimalstellen eingeben können

2. uns eine Fehlermeldung ins Haus beim Auslösen von [Rechnen] flattert (**Bild 11.12**), wenn wir mehr als fünf Zeichen eingeben, aber nur, wenn die Zahl einen Dezimalpunkt hat
3. trotz Fehlermeldung weitergerechnet wird. Hiergegen müssen wir noch etwas unternehmen

Bild 11.12: Falsche Länge!?!

4. wir eine längere Zahl ohne Punkt eingeben können und erst bei der Überschreitung der Schranke eine andere Fehlermeldung erhalten (**Bild 11.13**). Das ist aber leicht zu erklären, da diese Prüfung vorher abläuft
5. die Eingabe `100.00` auf `100` verändert wird, obwohl wir ja eigentlich diesem Eingabefeld keinen Wert zuweisen
6. alle Ausgabewerte automatisch auf zwei Dezimalstellen gerundet werden
7. das Programm nicht beachtet, welches Dezimaltrennzeichen in Windows eingestellt ist. Sowohl bei der Ein- wie auch bei der Ausgabe erscheinen Punkte
8. die Eingabe einer Zahl mit Komma dazu führt, dass die Ziffern nach dem Komma abgeschnitten werden

Vielleicht entdecken Sie ja noch mehr Ungereimtheiten.

Diese ersten Ergebnisse sollten uns dazu animieren, den Verarbeitungsmechanismus einmal näher zu betrachten.

11.2 Programmieren

Bild 11.13: Fehlermeldung bei Bereichsüberschreitung

Das auslösende Ereignis liegt auf der Hand. Ein Klick auf die Schaltfläche Rechnen ruft unsere Ereignisfunktion auf. Diese überträgt mit `UpdateData(TRUE)` die von Windows entgegengenommenen Daten (hier nur unser Betrag) auf die Membervariablen (hier nur `m_nBetrag`). Eine wichtige Rolle spielt dabei der Übergabeparameter BOOL `bSaveAndValidate`, der die Richtung bestimmt. `CWnd::UpdateData` legt eine Instanz von `CDataExchange` an und überträgt im Konstruktor dieser Klasse die Richtung auf die Membervariablen `CDataExchange::m_bSaveAndValidate`. Nach einigen weiteren Vorbereitungsarbeiten wird dann dieses Objekt an `DoDataExchange` übergeben. Dabei wird prophylaktisch angenommen, dass die Datenübergabe schief geht. Somit wird diese Übergabe in einem Sicherungsblock durchgeführt. Diese Fehlerabsicherung besprechen wir in einem gesonderten Kapitel.

Nun haben wir `DoDataExchange` in unserem Programm überschrieben, so dass diese Funktion aufgerufen wird. Sie ruft zuerst einmal die Vorgängermethode `CDialog::DoDataExchange` auf, um anschließend die Daten auszutauschen. Wir werden aber diese Funktion niemals selbst aufrufen. In der Funktion wird immer wieder das gleiche `CDataExchange`-Objekt benutzt, auf das `pDX` zeigt. Allfällige Bearbeitungsfunktionen müssen daher vor dem nächsten Einlesen erledigt werden. Nach dem Einlesen unseres Vorgabewerts können wir bereits einen kleinen Wandlungsfehler feststellen (**Bild 11.14**).

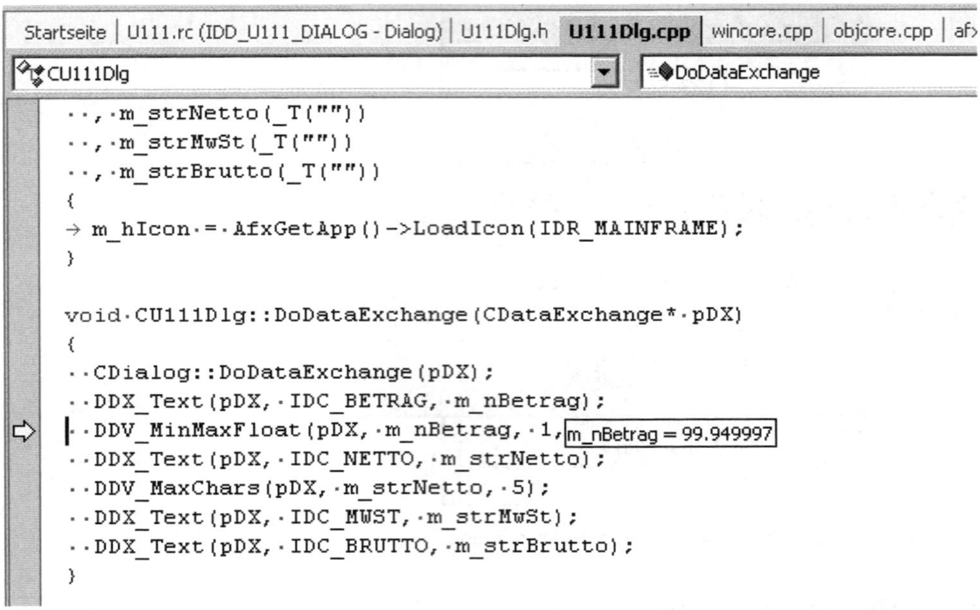
Startseite
U111.rc (IDD_U111_DIALOG - Dialog)
U111Dlg.h
U111Dlg.cpp
wincore.cpp
objcore.cpp
CU111Dlg
DoDataExchange
, m_strNetto(_T(""))
, m_strMwSt(_T(""))
, m_strBrutto(_T(""))
{
m_hIcon = AfxGetApp()->LoadIcon(IDR_MAINFRAME);
}
void CU111Dlg::DoDataExchange(CDataExchange* pDX)
{
CDialog::DoDataExchange(pDX);
DDX_Text(pDX, IDC_BETRAG, m_nBetrag);
DDV_MinMaxFloat(pDX, m_nBetrag, 1,
m_nBetrag = 99.949997
DDX_Text(pDX, IDC_NETTO, m_strNetto);
DDV_MaxChars(pDX, m_strNetto, 5);
DDX_Text(pDX, IDC_MWST, m_strMwSt);
DDX_Text(pDX, IDC_BRUTTO, m_strBrutto);
}

Bild 11.14: Wandlungsfehler beim Einlesen von `99.95`

Tatsächlich lässt sich `99.95` nicht exakt in unserer Maschinenzahl vom Typ `float` speichern. Unter *Maschinenzahlen* verstehen wir Zahlen mit endlicher Genauigkeit. Man kann es einer Dezimalzahl bereits ansehen, ob sie ungenau wird. Ergibt nämlich der Dezimalbruch nicht durch wiederholtes Multiplizieren mit `2` irgendwann `1`, dann ist die Dezimalzahl mit Sicherheit im Zweiersystem *inkommensurabel* (unmessbar).

Beim Debuggen achten wir aber besonders auf den Zeiger `pDX`. Dieser ändert sich beim Aufruf der Bezeichnungsfelder nicht. Lediglich die Variable `m_idLastControl` ändert sich von Aufruf zu Aufruf. Somit müssen die Prüfungen immer direkt hinter der Austauschfunktion stehen, sonst verliert das Programm den Bezugspunkt.

`DoDataExchange` wird insgesamt dreimal aufgerufen. Einmal zum Programmstart und zweimal beim Auslösen der Rechnung. Dabei ist aber die Richtung unterschiedlich. In Abhängigkeit von `CDataExchange::m_bSaveAndValidate` wird dabei gelesen oder geschrieben und die jeweilige Prüfung durchgeführt oder übergangen.

Die Prüfung auf Länge ist somit überflüssig und sollte entfallen. Nein, muss entfallen, denn diese Fehlermeldung verhindert, dass das Beenden des Programms über unsere Schaltfläche `Beenden` erfolgen kann (Erklärungen dazu folgen gleich). In diesem Fall muss das Programm über die Schließikone des Fensters beendet werden. Dieses unterschiedliche Verhalten weist darauf hin, dass hier ein wesentlicher Unterschied in der weiteren Verarbeitung besteht. Ändern wir die `ID` der Schaltfläche, dann ist das Problem verschwunden. Offensichtlich rufen dann die Schaltfläche und die Schließikone dieselbe Funktion zum Abbrechen des Programms auf.

11.2 Programmieren

Dass das Programm auch mit falschen Eingabewerten rechnet, ist ein Programmierfehler von uns. Wir sollten den Rückgabewert von `DoDataExchange` prüfen und nur im Erfolgsfall weiterrechnen:

```
void CU111Dlg::DoDataExchange(CDataExchange* pDX)
{
  CDialog::DoDataExchange(pDX);
  DDX_Text(pDX, IDC_BETRAG, m_nBetrag);
  DDV_MinMaxFloat(pDX, m_nBetrag, 1, 1000000);
  DDX_Text(pDX, IDC_NETTO, m_szNetto);
  //DDV_MaxChars(pDX, m_szNetto, 5);
  DDX_Text(pDX, IDC_MWST, m_szMwSt);
  DDX_Text(pDX, IDC_BRUTTO, m_szBrutto);
}

void CU111Dlg::OnBnClickedRechnen() {
  if (UpdateData(TRUE)) {                           //Daten einlesen
    m_szNetto.Format("%.2f",m_nBetrag);             //nach Netto, ggf runden
    m_szMwSt.Format("%.2f",m_nBetrag*0.16f);        //MwSt berechnen
    m_szBrutto.Format("%.2f",m_nBetrag*1.16f);      //Brutto berechnen
    UpdateData(FALSE);                              //Daten ausgeben
  }
}
```

Ein kurzer Test zeigt den Erfolg dieser Maßnahme. Eine Fehleingabe wird jetzt gemeldet, ohne dass sich die alten Anzeigewerte ändern.

Die Probleme der Zahlendarstellung und der Rechengenauigkeit sind das Tummelfeld der Numeriker. Es gibt kaum Bücher, die mögliche Probleme mit Gleitkommazahlen auch nur erwähnen. Dabei können wir sofort nachweisen, dass die Dezimalzahl $0,1_{10}$ im Dualen zu $0,000110011..._2$ unendlich periodisch wird und somit abgeschnitten werden muss. Sie lässt sich nicht durch eine endliche Summe von Dualbrüchen der Art 2^{-1}, 2^{-2}, 2^{-3}, ... darstellen. Durch solche Fehler sind schon Superraketen wie die Ariane abgestürzt.

Der „Normalprogrammierer" wählt einfach den nächst „genaueren" Datentyp. Genauer steht deshalb in Anführungszeichen, weil bereits dieses Attribut falsch ist. Der Datentyp ist nicht genauer, er ist höchstens länger. Wandeln wir eine Variable vom Typ `float` z. B. in den Typ `double` um, so wird sie dadurch zwar länger, aber nicht genauer. Ein berühmtes Beispiel hierzu lieferten die Programmierer der Apollo-Missionen im Andockprogramm, das nur Treibstoff verbrauchte, aber das Rückkehrmodul nicht an den Orbiter heranführte. Zum Glück konnten die Piloten aber auf manuelle Steuerung umschalten.

Schauen wir uns aber die Ergebnisse ruhig an (**Bild 11.15**). Der Betrag wird als Zeichenkette eingelesen, gewandelt (in anderen Programmiersprachen kann man nur Strings mit Windows austauschen und muss sie dann selbst wandeln) und dann wieder in das Eingabefeld zurückgeschrieben. Dabei werden offensichtlich sechs signifikante Dezimalziffern berücksichtigt, wobei auch dies nicht richtig ist, da es sich intern um eine Binärzahl handelt, die etwa 6½ Dezimalstellen umfasst. Auf jeden Fall wird die Einerstelle aufgerundet. Die Methode `Format` wandelt nun die Binärzahl in einen String um und zwar augenscheinlich mit einem anderen Algorithmus, denn sie generiert (mindestens) acht signifikante Stellen, wobei zwei Stellen nach dem Dezimalpunkt gerundet wird.

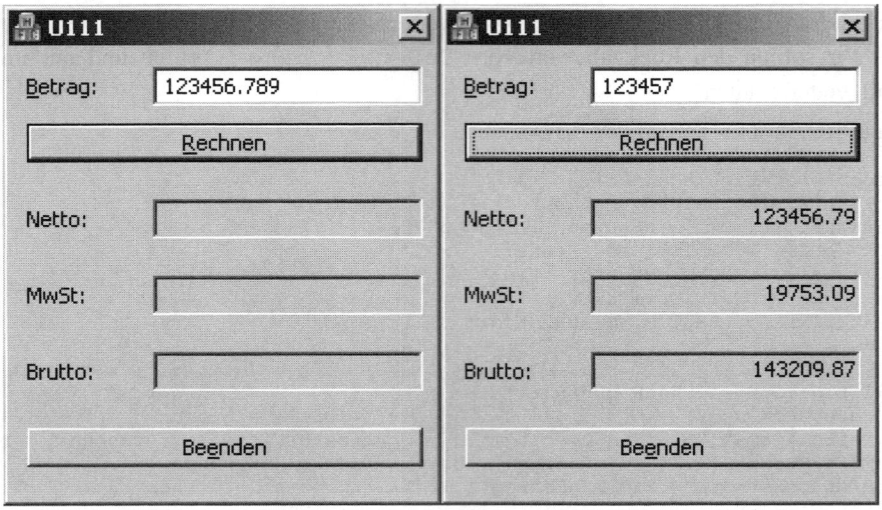

Bild 11.15: Zahlendarstellungen vorher und nachher

Jetzt können wir uns endlich die Meldung einer falschen Länge erklären. Das Ergebnis ist tatsächlich länger als die festgelegten fünf Stellen. Da `IDOK` im Gegensatz zu `IDCANCEL` die Prüfungen durchführt, auch wenn danach das Programm endet, können wir das Fenster nicht mehr ohne Eingabe einer deutlich kürzeren Zahl verlassen.

Das Defizit der Bundesrepublik können wir mit unserem Programm auf jeden Fall nicht auf den Pfennig genau berechnen.

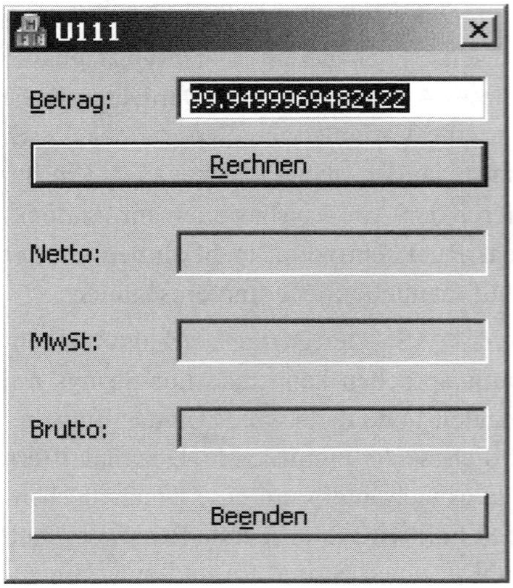

Bild 11.16: `99.95f` wird nach `double` gewandelt und angezeigt

11.2 Programmieren

> Aufgabe 11-2:

Ändern Sie den Typ von Betrag auf `double`, und testen Sie dann die Ergebnisse. Sollten Sie dabei die Initialisierung weiterhin mit `95.95f` durchführen, dann erleben Sie sicher eine kleine Überraschung (**Bild 11.16**). Sicher können Sie diesen Effekt erklären und das Problem korrigieren. Achten Sie auch auf die Warnungen des Compilers, der Ihnen mitteilt, dass die Validierungsfunktion `DDV_MinMaxFloat` nicht mehr zeitgemäß ist. ∎

Vielleicht können wir das Defizit der Bundesrepublik doch noch eingeben. Ein Blick auf die so genannten fundamentalen Datentypen unter C/C++ ist dazu notwendig:

Typ	Bytes	Weitere Namen	Wertebereich
`int`	*	`signed, signed int`	systemabhängig
`unsigned int`	*	`unsigned`	systemabhängig
`__int8`	1	`char, signed char`	–128 bis 127

`__int16`	2	`short`
		 `short int`
		 `signed short int`
			–32.768 bis 32.767

`__int32`	4	`signed` `signed int`	–2.147.483.648 bis 2.147.483.647
`__int64`	8		–9.223.372.036.854.775.808 bis 9.223.372.036.854.775.807
`char`	1	`signed char`	–128 bis 127
`unsigned char`	1		0 bis 255
`short`	2	`short int` `signed short int`	–32.768 bis 32.767
`unsigned short`	2	`unsigned short int`	0 bis 65.535
`long`	4	`long int` `signed long int`	–2.147.483.648 bis 2.147.483.647
`unsigned long`	4	`unsigned long int`	0 bis 4.294.967.295
`enum`	*		wie `int`
`float`	4		3,4 E±38 (7 Ziffern)
`double`	8		1,7 E±308 (15 Ziffern)
`long double`	10		1,2 E±4932 (19 Ziffern)

Die Tabelle zeigt keinen einzigen Währungstyp `currency`, so wie wir ihn in anderen Sprachen finden (aber als Austauschtyp `COleCurrency` ist er zu finden). Wir könnten stattdessen mit `long double` rechnen. Aber auch hier sind die Algorithmen und Rundungseffekte nicht abgesichert. Als Ausweg bleibt daher immer noch, mit Ganzzahlen zu rechnen, indem alle Eingaben z. B. auf tausendstel Cent umgerechnet und erst bei der Ausgabe wieder in Euro gewandelt werden (wie dies die Banken tun).

Kaufmännische Anwendungen sind also nur mit einem gewissen Zusatzaufwand unter Visual C++ exakt (oder sagen wir lieber „regelgerecht") zu realisieren.

➢   Aufgabe 11-3:

Testen Sie die Schaltfläche [Beenden], indem Sie die ID wechseln (beachten Sie auch die Hinweise in Kapitel «Wie kann ich ...»). ∎

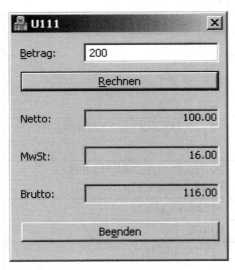

Bild 11.17: Inkonsistente Anzeigen in einem Formular

11.3 Ereignisorientierung

11.3.1 Benutzereingaben auswerten

Nach dieser Abschweifung in die Numerik wollen wir wieder zu unserem Programm zurückkehren, denn es hat noch (viele) andere Schwächen, wenn man es kritisch betrachtet, obwohl es eigentlich extrem einfach aussieht.

Eine der Hauptschwächen ist die Inkonsistenz der Anzeige. Gerade als der Chef auf unseren Bildschirm blickte, hatten wir die Anzeige von **Bild 11.17** auf dem Schirm. Dummer-

11.3 Ereignisorientierung

weise haben wir sie auch noch ausgedruckt. Er fragt dann noch sarkastisch, ob wir wirklich rechnen könnten und was wohl der Kunde dazu sagen würde.

Tatsächlich ist die aktuelle Lösung mit der Schaltfläche Rechnen nicht wirklich ereignisorientiert, d. h., Windows-gerecht. So haben wir schon zu DOS-Zeiten programmiert. Die Schaltfläche muss weg. Egal was wir eingeben, die Anzeige sollte immer stimmen.

U112 Zu diesem Zweck müssen wir interaktiv und nicht reaktiv denken. Jede Änderung im Betrag muss sofort zu richtigen Ergebnissen in den anderen Feldern führen.

⊠ Für dieses Manuskript „kopieren" wir die Anwendung U111 nach U112 um. Sie können dagegen ruhig die alte Anwendung weiterentwickeln:

1. In einem ersten Schritt ändern wir das Layout (**Bild 11.18**), indem wir die Schaltfläche Rechnen entfernen.

Bild 11.18: Formularentwurf ohne Schaltfläche zum Rechnen

2. Wir löschen zwar die Schaltfläche Rechnen, damit verschwinden aber keine der weiteren Programmteile, d. h., die Ereignisfunktion CU112Dlg::OnBnClickedRechnen und auch die Verknüpfung zu Windows:

```
public:
  afx_msg void OnBnClickedRechnen();

BEGIN_MESSAGE_MAP(CU112Dlg, CDialog)
  ON_WM_SYSCOMMAND()
  ON_WM_PAINT()
  ON_WM_QUERYDRAGICON()
  //}}AFX_MSG_MAP
  ON_BN_CLICKED(IDC_RECHNEN, OnBnClickedRechnen)
END_MESSAGE_MAP()
```

bleiben erhalten, obwohl eine solche Meldung sicher nicht mehr ausgelöst werden kann. Wir werden diese Teile manuell löschen.

3. Als Idee schwebt uns vor, dass jede Änderung des Betrags ein Nachführen der Ergebnisse auslöst. Dieses Ereignis kann nur von Textfeld `IDC_BETRAG` ausgelöst werden. Dazu könnten wir im Dialogeditor erneut auf das Textfeld rechtsklicken und über das Kontextmenü einen Ereignishandler hinzufügen. Wir probieren stattdessen wieder etwas Neues aus. Dazu muss im Codeeditor die Kopfdatei `CU112Dlg.h` zu sehen und das Eigenschaftenfenster geöffnet sein.

4. Dort können wir auf die Darstellung der Ereignisse wechseln und das Steuerelement `IDC_Betrag` expandieren (**Bild 11.19**).

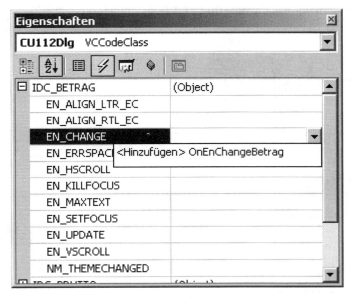

Bild 11.19: Funktionsrahmen für das Ändern von Betrag generieren

5. Dort generieren wir einen Funktionsrahmen für das Ereignis `EN_CHANGE`.

6. In diese Funktion übertragen wir den Quellcode von `CU112Dlg::OnBnClickedRechnen` und löschen diese Funktion. Sollten wir die bereits oben erwähnten Einträge von `OnBnClickedRechnen` noch nicht gelöscht haben, quittiert dies der Linker mit entsprechenden Fehlermeldungen.

7. Unser Quelltext sieht in der Kopf- bzw. Implementationsdatei dann folgendermaßen aus:

```
public:
    afx_msg void OnEnChangeBetrag();

void CU112Dlg::OnEnChangeBetrag() {
    if (UpdateData(TRUE)) {              //Daten einlesen
        m_szNetto.Format("%.2f",m_nBetrag);   //nach Netto, ggf. runden
```

11.3 Ereignisorientierung

```
        m_szMwSt.Format("%.2f",m_nBetrag*0.16f);   //MwSt berechnen
        m_szBrutto.Format("%.2f",m_nBetrag*1.16f);//Brutto berechnen
        UpdateData(FALSE);                          //Daten ausgeben
    }
} //CU112Dlg::OnEnChangeBetrag
```

8. Nun übersetzen wir das Programm neu und testen es. ∎

Zuerst fällt sicher auf, dass beim Start des Programms eigentlich nichts passiert. Der Vorgabewert des Betrags ist zu sehen, aber keine Ergebnisse. Das Formular ist schon wieder in sich inkonsistent. Abweichend von einigen anderen Programmiersprachen (z. B. Visual Basic, Delphi usw.) wird von Visual C++ bei der internen Zuordnung eines Vorgabewerts kein EN_CHANGE-Ereignis ausgelöst. Diesen Mangel beheben wir recht einfach, indem wir die Berechnung automatisch anstoßen:

```
BOOL CU112Dlg::OnInitDialog()
{
  CDialog::OnInitDialog();

  // Hinzufügen des Menübefehls "Info..." zum Systemmenü.
  …

  // Symbol für dieses Dialogfeld festlegen. Wird automatisch erledigt
  //   wenn das Hauptfenster der Anwendung kein Dialogfeld ist
  SetIcon(m_hIcon, TRUE);   // Großes Symbol verwenden
  SetIcon(m_hIcon, FALSE);  // Kleines Symbol verwenden

  OnEnChangeBetrag();

  return TRUE;  // Geben Sie TRUE zurück, außer ein Steuerelement soll …
}
```

Mit dieser Korrektur ist das Formular von Anfang an in sich konsistent. Der Vorgabewert führt zu passenden Ergebnissen.

Löschen wir nun in unserem Betrag von 99.95 die Dezimalstellen, dann springt der Cursor nach links, und es wird 99 angezeigt. Wir haben danach keine Möglichkeit mehr, einen Punkt und weitere Cents einzugeben. Platzieren wir den Punkt aber zwischen zwei vorhandene Ziffern, dann funktioniert es (wenn wenigstens eine der nachfolgenden Ziffern ungleich 0 ist, sonst verschwinden die nachfolgenden Nullen). Das ist natürlich keine Lösung, die wir ins Benutzerhandbuch schreiben können. Wir müssen also dringend eine andere Lösung finden.

Natürlich beginnen wir das Programm zu debuggen. Dabei stellen wir fest, dass zum Zeitpunkt der Anzeige aller berechneten Werte, also bis vor das UpdateData(FALSE);,

```
void CU112Dlg::OnEnChangeBetrag() {
  if (UpdateData(TRUE)) {                     //Daten einlesen
    m_szNetto.Format("%.2f",m_nBetrag);       //nach Netto, ggf. runden
    m_szMwSt.Format("%.2f",m_nBetrag*0.16f);  //MwSt berechnen
    m_szBrutto.Format("%.2f",m_nBetrag*1.16f);//Brutto berechnen
    UpdateData(FALSE);                        //Daten ausgeben
  }
} //CU112Dlg::OnEnChangeBetrag
```
hier ist alles noch in Ordnung

die Anzeige noch mit dem Punkt erfolgt. Diese Funktion schreibt über `DoDataExchange` alle Daten, also auch die Eingabedaten wieder auf den Bildschirm, wobei dies formatiert geschieht, wie wir schon gesehen haben. Dabei entfallen nachfolgende Dezimalpunkte und alle nicht signifikanten Ziffern. Je nach Datentyp wird dabei bereits gerundet. Auf diese Weise erhalten wir viele überraschende Ergebnisse, wenn wir ein Eingabefeld vom Typ `float` mit dem Change-Ereignis verknüpfen.

Wollen wir die obigen Probleme vermeiden, so müssen wir auf diesen Aufruf verzichten. Als Lösung bietet sich folgender Code an, bei dem zwar gemeinsam eingelesen wird, die Ausgabefelder aber einzeln beschickt werden:

```
void CU112Dlg::OnEnChangeBetrag() {
  if (UpdateData(TRUE)) {                          //Daten einlesen
    m_szNetto.Format("%.2f",m_nBetrag);            //nach Netto, ggf runden
    m_szMwSt.Format("%.2f",m_nBetrag*0.16f);       //MwSt berechnen
    m_szBrutto.Format("%.2f",m_nBetrag*1.16f);     //Brutto berechnen
    //UpdateData(FALSE);                           //Daten ausgeben
    SetDlgItemText(IDC_NETTO,m_szNetto);           //einzeln ausgeben
    SetDlgItemText(IDC_MWST,m_szMwSt);
    SetDlgItemText(IDC_BRUTTO,m_szBrutto);
  }
} //CU112Dlg::OnEnChangeBetrag
```

Die Idee, nun die Daten (es handelt sich nur um `m_nBetrag`) mit der umgekehrten Funktion `GetDlgItem…` einzulesen, scheitert nicht nur daran, dass es keine Variante für Gleitpunktzahlen gibt (es existieren nur `GetDlgItemInt` und `GetDlgItemText`), sondern auch an der fehlenden Überprüfung. Natürlich fragen wir uns sofort, ob es dann überhaupt noch notwendig ist, die Ausgabefelder in `DoDataExchange` zu bearbeiten:

```
void CU112Dlg::DoDataExchange(CDataExchange* pDX)
{
  CDialog::DoDataExchange(pDX);
  DDX_Text(pDX, IDC_BETRAG, m_nBetrag);
  DDV_MinMaxDouble(pDX, m_nBetrag, 1, 1000000);
  //DDX_Text(pDX, IDC_NETTO, m_szNetto);
  //DDV_MaxChars(pDX, m_szNetto, 5);
  //DDX_Text(pDX, IDC_MWST, m_szMwSt);
  //DDX_Text(pDX, IDC_BRUTTO, m_szBrutto);
}
```

Schon wird unser Programm wieder etwas schneller, nicht viel, aber Kleinvieh macht auf die Dauer auch …

💣 Noch ein Hinterhalt:

Das folgende Problem ist unabhängig vom Zahlentyp. Geben wir einen erlaubten Bereich von z. B. 10 (also mindestens zweistellig) bis 1000000 an:

```
void CU112Dlg::DoDataExchange(CDataExchange* pDX)
{
  CDialog::DoDataExchange(pDX);
  DDX_Text(pDX, IDC_BETRAG, m_nBetrag);
  DDV_MinMaxDouble(pDX, m_nBetrag, 10, 1000000);
}
```

11.3 Ereignisorientierung

so geschieht Folgendes:

Der Benutzer öffnet die Anwendung oder fokussiert die Eingabe. Windows ist freundlich und markiert die Zahl. Der Anwender will nun seine erlaubte, mindestens zweistellige Zahl eingeben. Mit der ersten Ziffer wird aber das Eingabefeld gelöscht und durch die Ziffer ersetzt, was prompt zu einer Fehlermeldung führt. Der brave Anwender bestätigt diese. Erneut ist nur die Ziffer markiert. Der Anwender tippt sie noch einmal ein und erhält wieder die Fehlermeldung usw.

Folgende Rettungsmaßnahmen stehen zur Auswahl:

1. Selektion verhindern. Dies ist für den Benutzer gewöhnungsbedürftig, weil die Felder i. A. selektiert sind und er damit eine bequeme Eingabemöglichkeit hat.
2. Auf das Einlesen mit `UpdateData` verzichten. Damit verzichten wir aber auf die ganze Prüfroutine. Außerdem müssen wir dann bei allen anderen Feldern (z. B. Skonto usw.) dafür sorgen, dass die internen Membervariablen immer den richtigen Wert haben. Dies ist bei vielen Feldern sehr aufwändig und fehleranfällig.
3. Vor dem Einlesen mit `UpdateData` den Wert allein einlesen und z. B. alle Felder löschen, wenn der Wert noch zu klein ist. Erst wenn er in den erlaubten Bereich eintritt, wird die Berechnung durchgeführt, d. h., `UpdateData` usw. ausgeführt.
4. Auf alle Typen außer `CString` verzichten (so machen es die anderen Programmiersprachen). Schließlich erfolgt die Übergabe von und an Windows als Zeichenkette.

11.3.2 Erweiterungen programmieren

Nach diesen Erfahrungen mit dem Typ `float` entschließen wir uns, auf `double` überzugehen. Bei dieser Gelegenheit wollen wir unseren Kunden auch noch ein Skonto einräumen. Zum Üben geben wir diesem aber wieder den Typ `float`. Was ist alles zu tun?

U113

1. Für die Übungen kopieren wir das Projekt in das Verzeichnis U113 um. Sie können mit dem begonnenen Projekt fortfahren.
2. Das Anpassen der Oberfläche ist kein besonderes Problem (**Bild 11.20**). Wir sollten aber die Korrektur der Tabulatorreihenfolge nicht vergessen. Weiterhin vergessen wir nicht, die Zahlen rechtsbündig anzeigen zu lassen. Jetzt wollen wir auch die Eingabefelder rechtsbündig formatieren.
3. Den neuen Feldern weisen wir die im Bild zu sehenden IDs zu und legen passende Membervariablen ein. Die Grenzen des Skontos liegen bei 3%, wobei wir auf die zum Üben glorreiche Idee kommen, nur die folgenden Werte 0, 1, 1.7, 2.5 und 3.0 zuzulassen. Daher geben wir keine Grenzen für `m_nSkontoSatz` an. Leider ist dieser Assistent manchmal etwas unwillig und verweigert den Eintrag, ohne eine Fehlermeldung auszugeben. Hier muss man etwas experimentieren, indem man die Kommentare aus `DoDataExchange` entfernt usw. Da die aus der Version 6.0 bekannten

Klammern {{...}} für die Assistentenbereiche fehlen, ist nicht ganz ersichtlich, wo die Assistenten suchen.

4. Die Umstellung des Typs von float auf double führen wir direkt im Quellcode der Kopfdatei durch, indem wir den Typ der Membervariablen m_nBetrag auf double ändern. Die anderen Änderungen wurden schon beschrieben. Alternativ könnten wir die Membervariable löschen und mit neuem Typ anlegen.

5. Da wir jetzt die Berechnungen um das Skonto und die Zwischensumme erweitern müssen, stellt sich die Frage, ob die Einführung von lokalen Hilfsvariablen unser Programm nicht auf Kosten des Speicherplatzes schneller macht. Wir wandeln Laufzeit in Speicherbedarf um. Unsere Rechenanweisungen lauten daher jetzt folgendermaßen:

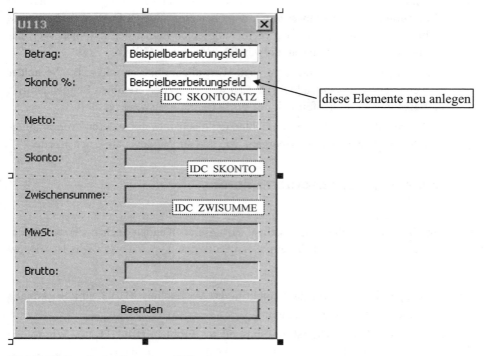

Bild 11.20: Erweitertes Formular mit Skonto

```
void CU113Dlg::OnEnChangeBetrag() {
  double nSkonto,nZwiSumme,nMwSt;
  if (UpdateData(TRUE)) {                    //Daten einlesen
    nSkonto=m_nBetrag*m_nSkontoSatz*0.01;//Werte berechnen
    nZwiSumme=m_nBetrag-nSkonto;
    nMwSt=nZwiSumme*0.16;
    m_szNetto.Format("%.2f",m_nBetrag);
    m_szMwSt.Format("%.2f",nMwSt);
    m_szSkonto.Format("%.2f",nSkonto);
    m_szZwiSumme.Format("%.2f",nZwiSumme);
    m_szBrutto.Format("%.2f",nZwiSumme+nMwSt);
    SetDlgItemText(IDC_NETTO,m_szNetto); //einzeln ausgeben
```

11.3 Ereignisorientierung

```
    SetDlgItemText(IDC_SKONTO,m_szSkonto);
    SetDlgItemText(IDC_ZWISUMME,m_szZwiSumme);
    SetDlgItemText(IDC_MWST,m_szMwSt);
    SetDlgItemText(IDC_BRUTTO,m_szBrutto);
  }
} //CU113Dlg::OnEnChangeBetrag
```

6. Bei der Veränderung des Skontosatzes müssen (fast) alle Ergebnisse ebenfalls neu berechnet werden. Natürlich wollen wir den Quellcode von `OnEnChangeBetrag` verdoppeln, was für eine spätere Programmpflege fatale Folgen haben kann, da der Quelltext zweimal geändert werden muss. Alternativ könnten wir eine gemeinsam genutzte Funktion schreiben, die von beiden Ereignisfunktionen aufgerufen wird. Eine dritte Möglichkeit besteht darin, `OnEnChangeBetrag` selbst aufzurufen:

```
void CU113Dlg::OnEnChangeSkontosatz() {
  OnEnChangeBetrag();
} //CU113Dlg::OnEnChangeSkontosatz
```

All diese Varianten benötigen mindestens einen zusätzlichen Unterprogrammaufruf, der weitgehend unnötig ist.

Den Versuch, die bereits vorhandene Ereignisfunktion `OnEnChangeBetrag` für das Skonto einzugeben, wie dies beispielsweise in Delphi funktioniert, schmettert der Assistent ziemlich ungnädig (**Bild 11.21**) ab.

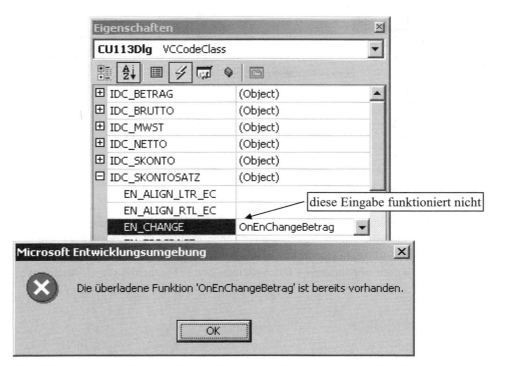

Bild 11.21: Der Assistent lehnt die Verknüpfung zu einer bestehenden Ereignisfunktion ab

7. Wir versuchen daher, ihn zu überlisten, und tragen die Ereignisfunktion in den Meldungsverteiler ein:

```
BEGIN_MESSAGE_MAP(CU113Dlg, CDialog)
    ON_WM_SYSCOMMAND()
    ON_WM_PAINT()
    ON_WM_QUERYDRAGICON()
    //}}AFX_MSG_MAP
    ON_EN_CHANGE(IDC_BETRAG, OnEnChangeBetrag)
    ON_EN_CHANGE(IDC_SKONTOSATZ, OnEnChangeBetrag)
END_MESSAGE_MAP()
```

Natürlich ist der Quellcode eine Quelle der Freude, zeigt er doch noch einen vergessenen Rest aus der Version 6.0, der hier wirklich nichts zu suchen hat (fett).

8. Nach dieser Operation erscheint die Verknüpfung in den Eigenschaften des Steuerelements (**Bild 11.22**).

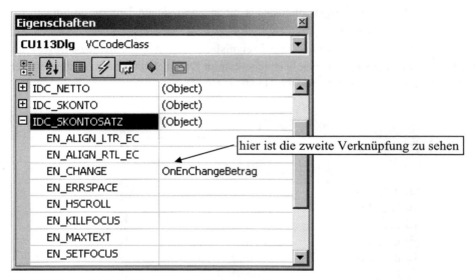

Bild 11.22: Zweite Verknüpfung zu einer Ereignisfunktion

9. Der gute C-Programmierer sieht natürlich sofort, dass es jetzt zwei Zeiger auf dieselbe Ereignisfunktion gibt. Damit fangen die typischen Probleme an. Löschen wir die eine Verknüpfung, dann zeigt die zweite ins Nirwana und lässt sich nicht mit dem Assistenten löschen, womit wir unseren Kenntnisstand über Fehlermeldungen deutlich erweitern (**Bild 11.23**).

11.3 Ereignisorientierung 443

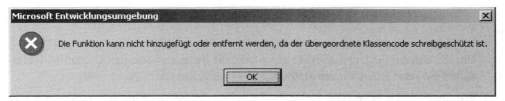

Bild 11.23: Fehler beim Löschen einer bereits gelöschten Ereignisfunktion

10. Noch haben wir eine Kleinigkeit nachzuholen, indem wir am Skontosatz eine Prüfung vornehmen wollen, die nicht mit den Standardfunktionen abgehandelt werden kann. Da wir wissen, dass der Zeiger auf das Datenaustauschobjekt pDX ständig überschrieben wird, müssen wir die Prüfung sofort nach dem Einlesen durchführen, wobei wir die Richtung des Datentransports berücksichtigen müssen.

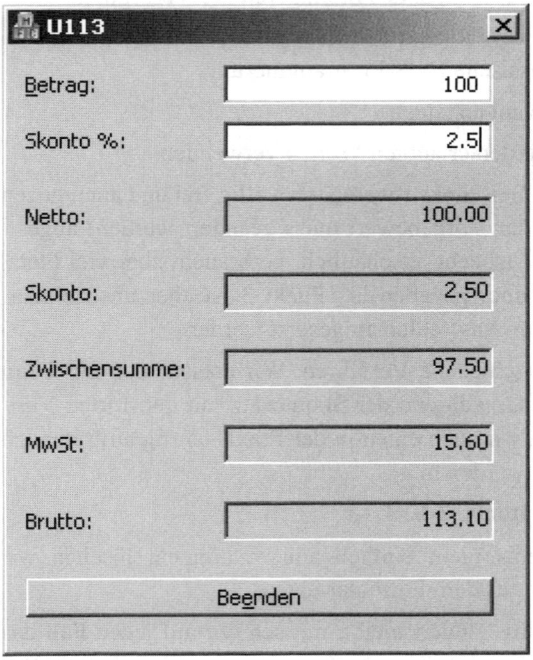

Bild 11.24: Mehrwertsteuerberechnung mit Skonto

```
void CU113Dlg::DoDataExchange(CDataExchange* pDX)
{
  CDialog::DoDataExchange(pDX);
  DDX_Text(pDX, IDC_BETRAG, m_nBetrag);
  DDV_MinMaxDouble(pDX, m_nBetrag, 1, 1000000);
  DDX_Text(pDX, IDC_SKONTOSATZ, m_nSkontoSatz);
  if (pDX->m_bSaveAndValidate==TRUE && m_nSkontoSatz!=0.0 &&
    m_nSkontoSatz!=1.0 && m_nSkontoSatz!=1.7 && m_nSkontoSatz!=2.5 &&
    m_nSkontoSatz!=3) {
    AfxMessageBox("Skontosatz 0, 1.0, 1.7, 2.5, 3.0 erlaubt");
```

```
            pDX->Fail(); /*Fehler aufwerfen*/
        }
    }
```

Um die übliche Fehlerbehandlung zu nutzen, die beispielsweise den Cursor ins fehlerhafte Feld setzt, rufen wir die Methode `CDataExchange::Fail` auf.

11. Wir lassen uns nun von den vielen Fehlermeldungen bei der Eingabe des Skontosatzes nicht abschrecken, übersetzen und testen das Programm (**Bild 11.24**). ∎

Tatsächlich ist das keine brauchbare Lösung. Der Skontosatz muss entweder über Optionenfelder (Radio Buttons) oder über ein Kombinationsfeld festgelegt werden, was wir gleich üben wollen. Da unser Steuersystem verschiedene Steuersätze vorsieht, sollten wir dies ebenfalls berücksichtigen.

Für den Mehrwertsteuersatz gilt das Gleiche wie für unseren auf wenige Werte festgelegten Skontosatz. Es handelt sich um eine Auswahl 1 aus m (mehreren). Für solche immer wieder vorkommenden Auswahlen stehen uns folgende Alternativen zur Verfügung:

1. Wir könnten den Mehrwertsteuersatz so wie jetzt den Skontosatz frei eingeben lassen und reaktiv Fehler melden. Das ist klassische DOS-Programmierung.
2. Wir könnten Optionenfelder zur Auswahl anzeigen.
3. Wir könnten ein Kombinationsfeld mit den erlaubten Werten verwenden.

U114 Jede Lösung hat ihre Vor- und Nachteile. Bei Punkt 1 wären wir völlig frei und auch gegen zukünftige Veränderungen (es sei denn, der Vorgabewert muss geändert werden) abgesichert. Sie ist jedoch umständlich. Punkt 2 ist sehr anschaulich, verbraucht aber viel Platz, der bei größeren Anwendungen nicht immer gegeben ist. Punkt 3 ist eher unscheinbar, kann aber auch bei umfangreichen 1-aus-m-Auswahlen eingesetzt werden.

Zu Übungszwecken wählen wir zwei verschiedene Verfahren. Wir entscheiden uns beim Mehrwertsteuersatz für die zweite Variante, während der Skontosatz mit der dritten Variante eingegeben werden soll. Damit üben wir auch einen in der Praxis häufig auftretenden Fall, dass ein Steuerelement ausgetauscht werden muss:

1. Wir kopieren die Anwendung in den Ordner `U114`.
2. Weil wir den Typ des Steuerelements nicht einfach ändern können, löschen wir `IDC_SKONTOSATZ` im Dialogeditor aus dem Formular heraus.
3. Da der Quelltext davon weitgehend unverändert bleibt, müssen wir auf jeden Fall das Ereignis `ON_EN_CHANGE(IDC_SKONTOSATZ, OnEnChangeBetrag)` aus dem Meldungsverteiler herausnehmen. Diese Stelle wird ein anderes Ereignis einnehmen. Auch die selbst geschriebene Prüfung im `DoDataExchange` entfällt, da eine nachträgliche Prüfung nur dann notwendig ist, wenn wir neben den erlaubten Werten auch frei eingebbare Werte im Kombinationsfeld zulassen. Ggf. sollten wir uns einen Algorithmus überlegen, der nicht mit festen Werten, sondern mit den Einträgen in der Liste des Kombinationsfelds arbeitet. Es ist nämlich nicht so, dass die Kombinationsfelder in den verschiedenen Programmiersprachen gleich sind. So finden wir unter Visual Basic .NET viele andere Eigenschaften wie unter Visual C++ .NET und noch einmal andere

11.3 Ereignisorientierung 445

gegenüber Visual Basic für Anwendungen (in Access können wir festlegen, dass nur Listenelemente auswählbar sind).

4. Wir legen also ein Kombinationsfeld unter gleichem Namen `IDC_SKONTOSATZ` an.
5. Ein Kombinationsfeld kann verschiedene Darstellungsformen annehmen, die wir später noch einmal genauer betrachten werden. Wir wollen ein Aufklappfeld über den `Typ` mit `Dropdown` realisieren. Damit hat das Steuerelement zwei verschiedene Größen, eine im eingeklappten und eine im ausgeklappten Zustand, die wir einstellen müssen. Zwischen beiden schalten wir durch Anklicken des Textfelds oder der Aufklappikone hin und her (**Bild 11.25**). Dabei sehen wir, dass die Ziehpunkte abwechseln schwarz werden.

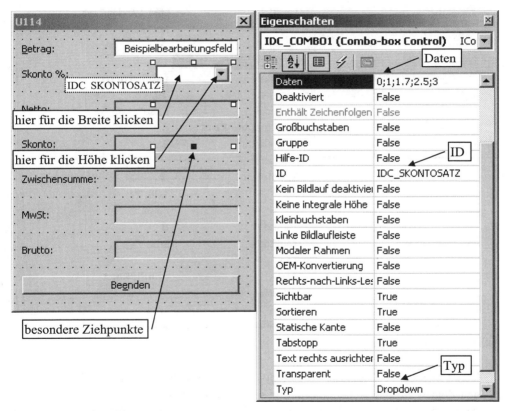

Bild 11.25: Festlegen des Typs und der Daten in einem Kombinationsfeld

6. Die Liste der Eigenschaften gibt uns keinen Hinweis auf ein Sperren gegen freie Benutzereingaben. Wir können aber unter `Daten` eine Liste der möglichen Werte eingeben.

Hier noch der Beweis für die unterschiedlichen Einstellmöglichkeiten von Kombinationsfeldern in Visual Basic (**Bild 11.26**) und Visual Basic für Anwendungen (Access)

(**Bild 11.27**). Wir sehen, dass in Visual C++ .NET weder Farben, Schriftarten noch die erwähnte automatische Sperre eingestellt werden können.

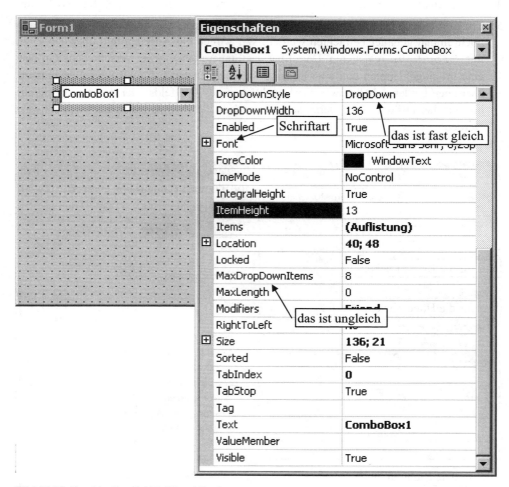

Bild 11.26: Kombinationsfeld in Visual Basic

7. Damit müssen wir wieder selbst eingreifen und programmieren. Zuerst müssen wir uns den Zugriff auf das Steuerelement und seinen Wert beschaffen. Ein Kombinationsfeld vom Typ `CComboBox` kann über zwei Membervariablen angesprochen werden. Wir legen daher zwei Variablen `m_szSkontoSatz` für den Wert und `m_ctlSkontoSatz` für das Steuerelement an (**Bild 11.28**).

8. Da auch das Ereignis des ursprünglichen Textfelds untergegangen ist, müssen wir nun für das Kombinationsfeld ein entsprechendes Ereignis generieren, wobei ein Wechsel des Wertes wiederum so zu behandeln ist wie ein Wechsel des Betrags. Das Ereignis

11.3 Ereignisorientierung

dazu hat sich in `OnCbnSelchangeSkontosatz` geändert. Auf dieses wollen wir bekanntlich verzichten und es auf `OnEnChangeBetrag` umsetzen.

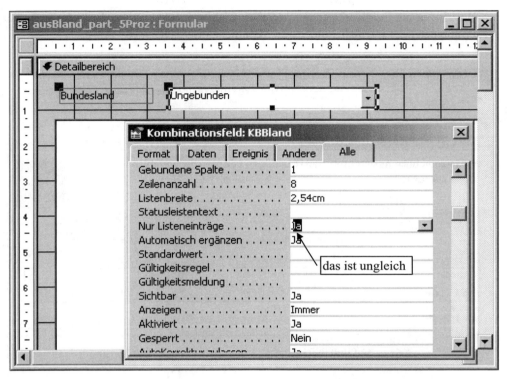

Bild 11.27: Kombinationsfeld in Visual Basic für Anwendungen (Access)

9. Mit Hilfe der Membervariablen können wir dann zur Programmierung schreiten. Die Assistenten sollten in der Kopfdatei `U114Dlg.h` bereits die Elemente angelegt haben, die wir bei Bedarf noch einmal etwas umsortieren:

```
// Implementierung
protected:
  HICON m_hIcon;

  // Generierte Funktionen für die Meldungstabellen
  virtual BOOL OnInitDialog();
  afx_msg void OnSysCommand(UINT nID, LPARAM lParam);
  afx_msg void OnPaint();
  afx_msg HCURSOR OnQueryDragIcon();
  DECLARE_MESSAGE_MAP()
  double m_nBetrag;
  CString m_szNetto;
  CString m_szMwSt;
  CString m_szBrutto;
  CString m_szSkonto;
  CString m_szZwiSumme;
  CComboBox m_ctlSkontoSatz;
  CString m_szSkontoSatz;
```

```
public:
    afx_msg void OnEnChangeBetrag();
    afx_msg void OnCbnSelchangeSkontosatz();
};
```

Wir finden die Deklarationen der Membervariablen im geschützten Bereich sowie die Prototypen der Ereignisfunktionen im öffentlichen Bereich.

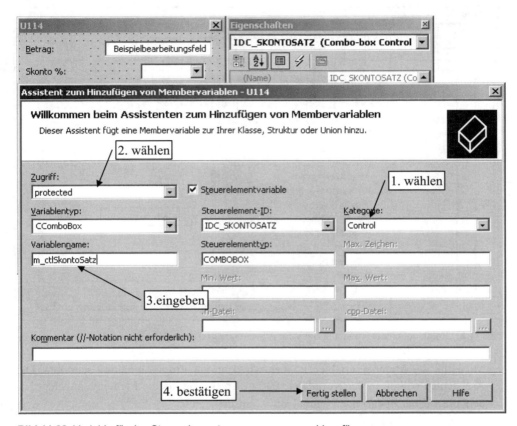

Bild 11.28: Variable für das Steuerelement IDCSKONTOSATZ hinzufügen

In der Implementationsdatei U114Dlg.cpp sind ebenfalls einige Zeilen generiert worden. Wir müssen aber an der einen oder anderen Stelle Hand anlegen. Im Konstruktor setzen wir einen Anfangswert für den Skontosatz ein. Damit verhindern wir eine Fehlermeldung beim Start des Programms:

```
CU114Dlg::CU114Dlg(CWnd* pParent /*=NULL*/)
    : CDialog(CU114Dlg::IDD, pParent)
    , m_nBetrag(99.95)
    , m_szNetto(_T(""))
    , m_szMwSt(_T(""))
    , m_szBrutto(_T(""))
    , m_szSkonto(_T(""))
    , m_szZwiSumme(_T(""))
```

11.3 Ereignisorientierung

```
  , m_szSkontoSatz(_T("0"))
{
  m_hIcon = AfxGetApp()->LoadIcon(IDR_MAINFRAME);
}
```

Im Meldungsverteiler „verbiegen" wir die Ereignisfunktion:

```
BEGIN_MESSAGE_MAP(CU114Dlg, CDialog)
  ON_WM_SYSCOMMAND()
  ON_WM_PAINT()
  ON_WM_QUERYDRAGICON()
  ON_EN_CHANGE(IDC_BETRAG, OnEnChangeBetrag)
  ON_CBN_SELCHANGE(IDC_SKONTOSATZ, OnEnChangeBetrag)
END_MESSAGE_MAP()
```

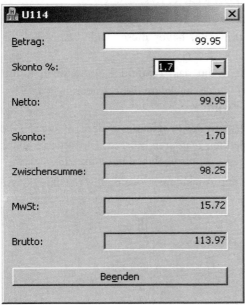

Bild 11.29: Skontosatz über ein Kombinationsfeld einlesen

die wir noch korrigieren:

```
void CU114Dlg::DoDataExchange(CDataExchange* pDX)
{
  CDialog::DoDataExchange(pDX);
  DDX_Text(pDX, IDC_BETRAG, m_nBetrag);
  DDV_MinMaxDouble(pDX, m_nBetrag, 1, 1000000);
  DDX_CBString(pDX, IDC_SKONTOSATZ, m_szSkontoSatz);
  DDX_Control(pDX, IDC_SKONTOSATZ, m_ctlSkontoSatz);
  if (pDX->m_bSaveAndValidate==TRUE &&
      m_ctlSkontoSatz.FindStringExact(-1,m_szSkontoSatz)==LB_ERR) {
    AfxMessageBox("Nur die in der Liste befindlichen Werte sind erlaubt");
    pDX->Fail(); /*Fehler aufwerfen*/
  }
}
```

10. Ein erster Test zeigt, ob alles funktioniert (**Bild 11.29**).

Tatsächlich haben wir Schwierigkeiten mit der Auswahl über einen Mausklick, da das Ergebnis erst beim zweiten Versuch richtig erscheint. Ein erster Klick auf einen Eintrag führt zu keiner Veränderung. Auch eine Direkteingabe führt zu keinem Erfolg. Hier wird kein Ereignis ausgeführt. `ON_CBN_SELCHANGE` wird ausgelöst, wenn wir einen Eintrag in der Liste anklicken oder den Leuchtbalken mit den Pfeiltasten bewegen. Dabei ist offensichtlich der neue Wert noch nicht in das Textfeld übertragen. Wir müssen in diesem Fall mit Hilfe von `GetLBText` den Eintrag aus der Liste auslesen. Zusammen mit den folgenden Erkenntnissen führt dies zu einer völligen Umstrukturierung unseres Programms.

Tatsächlich führt die manuelle Eingabe zu zwei leicht unterschiedlichen Ereignissen:

`ON_CBN_EDITUPDATE` wird ausgelöst, wenn das Textfeld eines Kombinationsfelds verändert wurde, bevor diese Änderung von Windows angezeigt wird.

`ON_CBN_EDITCHANGE` wird ausgelöst, wenn das Textfeld eines Kombinationsfelds verändert wurde, nachdem diese Änderung von Windows angezeigt wird.

Wie schon angekündigt, müssen wir die Struktur des Programms ändern, da wir auf die verschiedenen Benutzeraktionen unterschiedlich reagieren müssen. Eigentlich können wir die bisher benutzte Funktion `UpdateData` nur noch bedingt einsetzen.

Wir fügen eine gemeinsame Berechnungs- und Anzeigemethode in unsere Dialogklasse ein:

```
void CU114Dlg::ChangeBetrag() {
//Berechnung und Ausgabe der Ergebnisse
  double nSkontoSatz,nSkonto,nZwiSumme,nMwSt;
  nSkontoSatz=atof(m_szSkontoSatz);   //Daten wandeln
  nSkonto=m_nBetrag*nSkontoSatz*0.01;//Werte berechnen
  nZwiSumme=m_nBetrag-nSkonto;
  nMwSt=nZwiSumme*0.16;
  m_szNetto.Format("%.2f",m_nBetrag);
  m_szMwSt.Format("%.2f",nMwSt);
  m_szSkonto.Format("%.2f",nSkonto);
  m_szZwiSumme.Format("%.2f",nZwiSumme);
  m_szBrutto.Format("%.2f",nZwiSumme+nMwSt);
  SetDlgItemText(IDC_NETTO,m_szNetto); //einzeln ausgeben
  SetDlgItemText(IDC_SKONTO,m_szSkonto);
  SetDlgItemText(IDC_ZWISUMME,m_szZwiSumme);
  SetDlgItemText(IDC_MWST,m_szMwSt);
  SetDlgItemText(IDC_BRUTTO,m_szBrutto);
} /*CU114Dlg::ChangeBetrag()*/
```

Weiterhin korrigieren wir alle Ereignisfunktionen:

```
void CU114Dlg::DoDataExchange(CDataExchange* pDX)
{
  CDialog::DoDataExchange(pDX);
  DDX_Text(pDX, IDC_BETRAG, m_nBetrag);
  DDV_MinMaxDouble(pDX, m_nBetrag, 1, 1000000);
  DDX_CBString(pDX, IDC_SKONTOSATZ, m_szSkontoSatz);
```

11.3 Ereignisorientierung

```
    DDX_Control(pDX, IDC_SKONTOSATZ, m_ctlSkontoSatz);
    DDX_Text(pDX, IDC_MWSTTEXT, m_szMwStText);
}

void CU114Dlg::OnEnChangeBetrag()
{
  if (UpdateData(TRUE)) {            //Daten einlesen
    ChangeBetrag();
  }
}

void CU114Dlg::OnCbnEditchangeSkontosatz()
{
  m_ctlSkontoSatz.GetWindowText(m_szSkontoSatz);
  if (m_ctlSkontoSatz.FindStringExact(-1,m_szSkontoSatz)==LB_ERR) {
    AfxMessageBox("Nur die in der Liste befindlichen Werte sind
  erlaubt");
  } else {
    ChangeBetrag();
  }
}

void CU114Dlg::OnCbnSelchangeSkontosatz()
{

  m_ctlSkontoSatz.GetLBText(m_ctlSkontoSatz.GetCurSel(),m_szSkontoSatz);
  if (m_ctlSkontoSatz.FindStringExact(-1,m_szSkontoSatz)==LB_ERR) {
    AfxMessageBox("Nur die in der Liste befindlichen Werte sind
  erlaubt");
  } else {
    ChangeBetrag();
  }
}
```

Nicht unbedingt notwendig, aber im Hinblick auf spätere Pflegearbeiten sinnvoll ist folgende Korrektur:

```
BOOL CU114Dlg::OnInitDialog()
{

...

  ChangeBetrag();

  return TRUE;  // Geben Sie TRUE zurück, außer ein Steuerelement ...
}
```

Ein Test zeigt uns den (teilweisen) Erfolg unserer Bemühungen. Noch immer reagiert das Programm etwas voreilig mit Fehlermeldungen auf die manuelle Eingabe des Skontosatzes.

➢ Aufgabe 11-4:

Beseitigen Sie die lästigen Fehlermeldungen bei der Änderung des Skontosatzes. Sie können dazu beispielsweise eine automatische Ergänzung programmieren. Weniger elegant ist die Variante, einen Punkt am Ende zu akzeptieren, da der Wert 2 fehlt. ■

11. Optionenfelder teilen sich eine gemeinsame Marke. Sie ist anfänglich positioniert und springt dann auf das jeweils angeklickte Optionenfeld. Benötigen wir mehrere Marken,

so müssen wir Gruppen bilden. Solche Gruppenbildungen unterstützen wir häufig durch zusätzliche Rahmen oder andere optische Mittel (**Bild 11.30**).

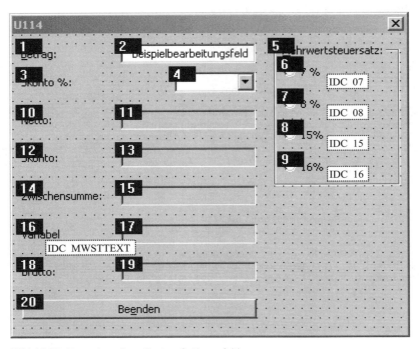

Bild 11.30: Formular mit ergänzten Optionenfeldern

12. In den Rahmen positionieren wir unsere Optionenfelder. Sie erhalten die Namen `IDC_07`, `IDC_08` usw. Beim ersten Optionenfeld `IDC_07` setzen wir die Eigenschaft `Gruppe` auf `True`, bei allen anderen nicht. Alle Elemente zwischen zwei Gruppenmarkierungen innerhalb der Tabulatorreihenfolge gehören zusammen. Aus Sicherheitsgründen sollte daher das Element `10` eine neue Gruppe beginnen.

13. Nachdem wir die Tabulatorreihenfolge angepasst haben, zeigt ein erster Test, dass der Fokus mit der Tastatur nicht umgesetzt werden kann. Da wir später nicht wissen, welches Optionenfeld die Marke besitzt, setzen wir nur für den Rahmen die Eigenschaft `Tabstopp` auf `True`. Ein erneuter Test zeigt zwar keinen Fokus an, da die erste Marke fehlt, wir erkennen aber die „Lücke".

14. Um die gewählte Mehrwertsteuer noch deutlicher zu machen, soll sich das Bezeichnungsfeld vor dem Mehrwertsteuerbetrag automatisch anpassen. Also müssen wir es durch die ID `IDC_MWSTTEXT` ansprechbar machen. Dies genügt aber noch nicht. Vielmehr müssen wir diesem Bezeichnungsfeld eine Membervariable `m_szMwSt-Text` zuordnen, über die wir den jeweiligen Text zur Anzeige übergeben. Die Technik sollte nun hinreichend bekannt sein.

11.3 Ereignisorientierung

15. Immer wenn der Benutzer auf ein Optionenfeld klickt, muss der entsprechende Text gesetzt werden. Gleichzeitig muss eine neue Berechnung mit dem neuen Mehrwertsteuersatz starten. Wir müssen also den Klick in einen neuen Mehrwertsteuersatz umsetzen. Die Berechnungsfunktion sollte dann Zugriff auf diese Variable haben, ohne immer wieder die Optionenfelder durchchecken zu müssen, welches denn gesetzt ist. Für die Deklaration der Variablen haben wir zwei Möglichkeiten:
    1. global (genauer anwendungs- oder modulglobal)
    2. als Membervariable der Klasse `U114Dlg`

    Obwohl die zweite Variante die empfehlenswertere ist, soll aus Übungsgründen auch die Funktionsfähigkeit der ersten Möglichkeit nachgewiesen werden.

16. Hierzu legen wir in der Kopfdatei `U114.h` eine anwendungsglobale Variable `g_nMwStSatz` an, die wir gleich mit `16%` vorbesetzen. Alternativ können wir dies auch in der Dialogdatei `U114Dlg.h` modulglobal durchführen:

```cpp
// U114.h : Hauptheaderdatei für die U114-Anwendung
//

#pragma once

#ifndef __AFXWIN_H__
    #error include 'stdafx.h' before including this file for PCH
#endif

#include "resource.h"       // Hauptsymbole

//Beispiel einer modulglobalen Variablen (kein besonders guter Stil)
static float g_nMwStSatz=0.16f;

// CU114App:
// Siehe U114.cpp für die Implementierung dieser Klasse
//
```

Diese Variable finden wir in der Klassenansicht unter `Globale Funktionen und Variablen`. Wichtig ist die Klausel `static`, um Fehlermeldungen der Art:

```
U114 error LNK2005: "float g_nMwStSatz" (?g_nMwStSatz@@3MA) bereits in
   U114.obj definiert
```

zu vermeiden.

Bei der Initialisierung zeigt sich ein wesentlicher Unterschied zu einer Membervariablen. Diese kann so nicht direkt initialisiert werden. Vielmehr muss dies im Konstruktor der Klasse erfolgen. Dies gilt beispielsweise für unsere Textvariable `m_sMwStText`, die wir dort mit `"MwSt. 16%:"` initialisieren.

17. Das Programm rechnet bereits mit diesem Mehrwertsteuersatz und zeigt den richtigen Text an. Nur das passende Optionenfeld ist noch nicht richtig gesetzt. Ein Klick auf ein anderes Optionenfeld setzt zwar die Marke, rechnet aber nicht neu. Um dieses Manko zu beheben, müssen wir für alle Optionenfelder Ereignisfunktionen generieren und folgendermaßen ändern:

```
void CU114Dlg::OnBnClicked07() {
  m_szMwStText="MwSt. 7%:";
  g_nMwStSatz=0.07f;
  ChangeBetrag();
}

void CU114Dlg::OnBnClicked08() {
  m_szMwStText="MwSt. 8%:";
  g_nMwStSatz=0.08f;
  ChangeBetrag();
}

void CU114Dlg::OnBnClicked15() {
  m_szMwStText="MwSt. 15%:";
  g_nMwStSatz=0.15f;
  ChangeBetrag();
}

void CU114Dlg::OnBnClicked16() {
  m_szMwStText="MwSt. 16%:";
  g_nMwStSatz=0.16f;
  ChangeBetrag();
}
```

Aber auch dies reicht nicht, da noch eine Kleinigkeit fehlt. Wir müssen auch mit dem richtigen Mehrwertsteuersatz rechnen:

```
void CU114Dlg::ChangeBetrag() {
//Berechnung und Ausgabe der Ergebnisse
  double nSkontoSatz,nSkonto,nZwiSumme,nMwSt;
  nSkontoSatz=atof(m_szSkontoSatz);   //Daten wandeln
  nSkonto=m_nBetrag*nSkontoSatz*0.01;//Werte berechnen
  nZwiSumme=m_nBetrag-nSkonto;
  nMwSt=nZwiSumme*g_nMwStSatz;
  m_szNetto.Format("%.2f",m_nBetrag);
  m_szMwSt.Format("%.2f",nMwSt);
  m_szSkonto.Format("%.2f",nSkonto);
  m_szZwiSumme.Format("%.2f",nZwiSumme);
  m_szBrutto.Format("%.2f",nZwiSumme+nMwSt);
  SetDlgItemText(IDC_NETTO,m_szNetto); //einzeln ausgeben
  SetDlgItemText(IDC_SKONTO,m_szSkonto);
  SetDlgItemText(IDC_ZWISUMME,m_szZwiSumme);
  SetDlgItemText(IDC_MWST,m_szMwSt);
  SetDlgItemText(IDC_BRUTTO,m_szBrutto);
} /*CU114Dlg::ChangeBetrag()*/
```

18. Jetzt funktioniert alles bis auf die erste Marke. Da wir die Marke später nicht mehr selbst bearbeiten wollen, wäre es nun sehr aufwändig, für alle Optionenfelder eigene Membervariablen anzulegen. Tatsächlich geht das gar nicht. Für die erste Option `IDC_07` lassen sich als Kategorie sowohl `Control` als auch `Value` auswählen. Für die folgenden Optionenfelder erscheint ein merkwürdiger Assistent (**Bild 11.31**), in den wir eigentlich nicht viel eingeben können.

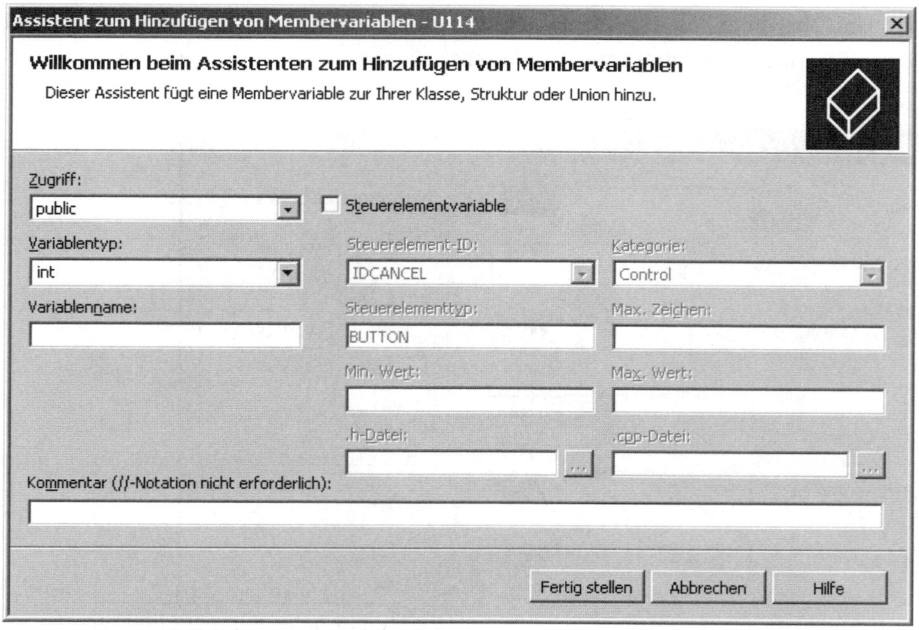

11.3 Ereignisorientierung

Bild 11.31: Assistent zum Hinzufügen von Membervariablen mit gesperrten Feldern

Es wird aber noch spannender: Für die Membervariablen `m_b07`, die wir für den Wert unseres ersten Optionenfelds mit dem Typ `BOOL` angelegt haben, erzeugt der Assistent erwartungsgemäß in der Kopfdatei `U114Dlg.h` eine Variable:

```
BOOL m_b07;
```

Auch die Initialisierung und der Datenaustausch erscheint nicht überraschend:

```
CU114Dlg::CU114Dlg(CWnd* pParent /*=NULL*/)
    : CDialog(CU114Dlg::IDD, pParent)
    , m_nBetrag(99.95)
    , m_szNetto(_T(""))
    , m_szMwSt(_T(""))
    , m_szBrutto(_T(""))
    , m_szSkonto(_T(""))
    , m_szZwiSumme(_T(""))
    , m_szSkontoSatz(_T("0"))
    , m_szMwStText(_T("MwSt. 16%:"))
    , m_b07(FALSE)
{
...
void CU114Dlg::DoDataExchange(CDataExchange* pDX)
{
  CDialog::DoDataExchange(pDX);
  DDX_Text(pDX, IDC_BETRAG, m_nBetrag);
  DDV_MinMaxDouble(pDX, m_nBetrag, 1, 1000000);
  DDX_CBString(pDX, IDC_SKONTOSATZ, m_szSkontoSatz);
  DDX_Control(pDX, IDC_SKONTOSATZ, m_ctlSkontoSatz);
  DDX_Text(pDX, IDC_MWSTTEXT, m_szMwStText);
  DDX_Radio(pDX, IDC_07, m_b07);
}
```

Dass dann aber trotz des Arguments `FALSE` das erste Optionenfeld markiert ist (**Bild 11.32**), lässt uns schon ein wenig nachdenklich werden.

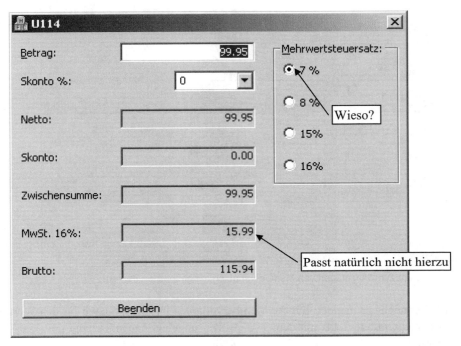

Bild 11.32: Optionenfeld ist trotz `FALSE` markiert

Daher lassen Sie uns nun das Argument einmal auf `3` setzen:

```
, m_b07(3)
```

Dann sieht das Ergebnis (**Bild 11.33**) für uns schon besser aus.

Ob der merkwürdige Assistent so sein muss, soll hier nicht diskutiert werden. Aber vielleicht hilft folgende Erklärung. Der Wert eines Optionenarrays (bitte die Namensgebung beachten) ist der nullbasierte Index der Marke. Alle Optionenfelder einer Gruppe bilden das Optionenarray. Ein Array wird über sein erstes Element und (bei eindimensionalen Arrays) einen Index angesprochen. `FALSE` entspricht dem Wert `0`, also ist das erste Optionenfeld markiert. Das fällt unter Umständen also gar nicht auf. Mit `3` verschieben wir die Marke auf den gewünschten Anfangswert.

19. Nun können wir das Programm übersetzen und testen (**Bild 11.34**). ∎

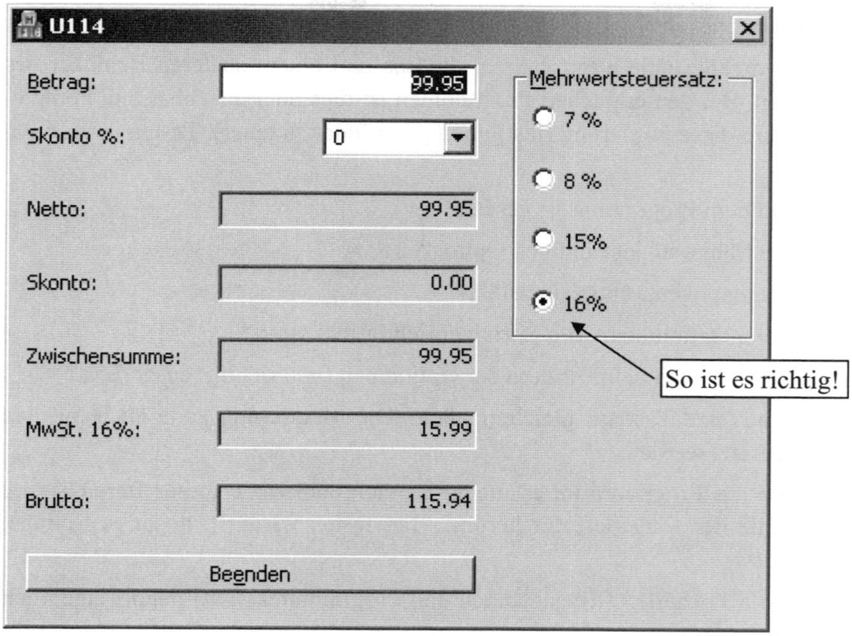

11.3 Ereignisorientierung

Bild 11.33: Ansteuerung eines Optionenarrays

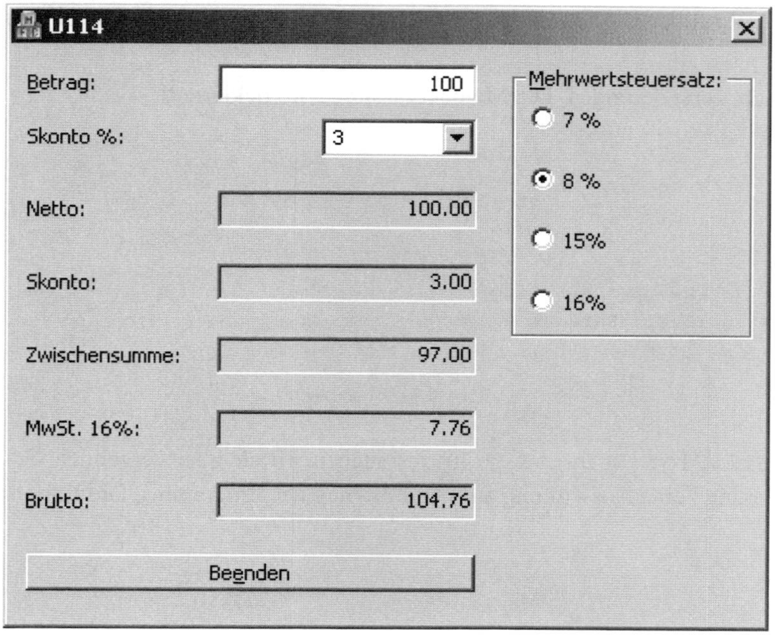

Bild 11.34: Testen und Freigeben des Mehrwertsteuerprogramms

Was heißt eigentlich „testen"?

Eigentlich sollten wir alle Fälle ausprobieren, die uns und einem späteren Benutzer des Programms einfallen. Bei den einfachen Programmen ist dies noch machbar, bei komplexen Programmen wird diese Forderung (fast) unmöglich (oder zu teuer). Testen in unserem Fall bedeutet:

1. Ist die Marke mit dem Programmstart gesetzt?
2. Befindet sich die Marke in der richtigen Option?
3. Werden die Berechnungen richtig ausgeführt?
4. Wird die markierte Option beim Tab-Springen richtig fokussiert?
5. Werden die Berechnungen beim Ändern der Option neu (und richtig) ausgeführt?
6. Gilt dies für Maus und Tastatur gleichermaßen? Die Markierung kann auch mit den Pfeiltasten umgesetzt werden.
7. Wie verhält sich das Programm im erlaubten Bereich, außerhalb dieses Bereichs und um die Grenzfälle der Eingabefelder herum? Hier testen wir z. B. negative Beträge, große Skonten usw.

Eine solche Liste von Prüffällen (Eingabedaten und Programmreaktion) gehört eigentlich zu jedem (guten) Programm.

Offene Fragen

Nachdem wir uns eine Theorie zur Ansteuerung der Optionenfelder parat gelegt haben, sticht uns der Hafer. Wir füllen die Felder des Assistenten für `IDC_08` doch noch einmal aus (**Bild 11.35**).

Dann suchen wir nach Veränderungen. Die Membervariable wird deklariert:

```
CString m_szMwStText;
BOOL m_b07;
// Kategorie nicht änderbar
int m_n08;
```

und initialisiert:

```
CU114Dlg::CU114Dlg(CWnd* pParent /*=NULL*/)
  : CDialog(CU114Dlg::IDD, pParent)
  ...
  , m_b07(3)
  , m_n08(0)
{
```

In der Methode `CU114Dlg::DoDataExchange` suchen wir sie aber vergeblich. Somit hat die Initialisierung keine Auswirkung auf den Fortgang des Programms. Die Variable ist überflüssig.

11.3 Ereignisorientierung

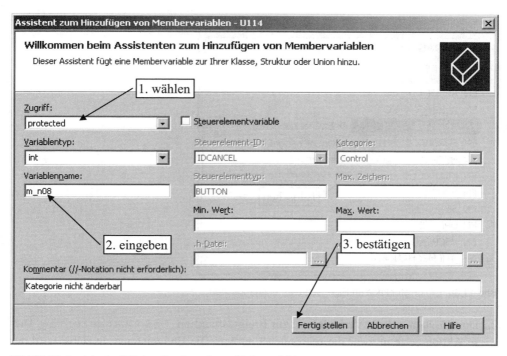

Bild 11.35: Assistent mit Daten für ein weiteres Optionenfeld

11.3.3 Ereignisbearbeitung verzögern

U115 Mit dieser Überschrift ist nicht gemeint, die Berechnung um z. B. 10 s zu verzögern, was natürlich auch ginge. Vielmehr kann es vorkommen, dass die Berechnungen so umfangreich werden, dass wir sie entweder abschaltbar machen oder ganz auf sie verzichten möchten. Eine weitere Alternative besteht darin, die Berechnungen nicht bei jeder Änderung, sondern mit dem Abschluss der Änderungen zu starten.

Den Abschluss der Änderungen erkennen wir z. B. daran, dass der Anwender das Eingabefeld verlässt. Erst dann sollen seine Eingaben wirksam werden. Die weitere Möglichkeit mit einer zusätzlichen Schaltfläche haben wir bereits zu Anfang dieses Kapitels eingesetzt, dann aber eliminiert.

Um diese Idee umzusetzen, mussten wir mit der Übung warten, bis unser Formular wenigstens zwei Eingabefelder hatte (sonst kann man das einzige Feld nicht mit der Maus verlassen, ohne es zu beenden).

☒ Die Lösung dieser Aufgabe ist denkbar einfach und soll am Beispiel der Betragseingabe demonstriert werden:

1. Wir aktivieren das Eigenschaftenfenster von `IDC_BETRAG` und wählen die Ereignisse (**Bild 11.36**).

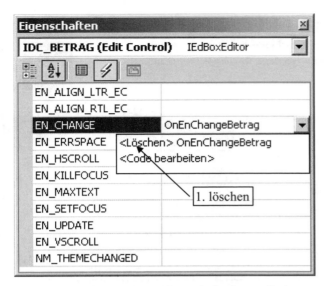

Bild 11.36: Ereignisfunktion im Eigenschaftenfenster löschen

2. Dort löschen wir die Verknüpfung zur Ereignisfunktion OnEnChangeBetrag. Diese Aktion entfernt zwar die relevanten Einträge. Die Ereignisfunktion selbst wird nur auskommentiert.

3. Nun fügen wir ein neues Ereignis OnEnKillfocusBetrag ein. Auf diese Funktion übertragen wir den auskommentierten Quelltext und kommentieren ihn wieder ein.

4. Wir übersetzen und testen das Programm. Jetzt sollte die Berechnung erst stattfinden, wenn wir zum nächsten Eingabefeld oder auf die Schaltfläche wechseln. ∎

U116 Die Idee, die sofortige oder verzögerte Berechnung über ein Kontrollkästchen zu steuern, hat auch einen gewissen Reiz, da wir das Kontrollkästchen kennen lernen und seinen Wert zusammen mit dem Ereignis auswerten müssen. Hierbei interessiert aber nur der Übergang von FALSE auf TRUE, da dann eine Neuberechnung gestartet werden sollte.

Die Programmierung ist relativ einfach:

1. Wir ergänzen in unserem Layout ein Kontrollkästchen IDC_SOFORT vom Typ CButton. Die Beschriftung legen wir zu Sofort rechnen fest.

2. Nachdem wir die Tabulatorreihenfolge korrigiert haben, ist es wichtig, die davor liegende Optionengruppe durch Festlegung der Eigenschaft Gruppe auf True zu beenden.

3. Dann generieren wir eine Ereignisfunktion OnBnClickedSofort für den Mausklick sowie eine Membervariable m_bSofort. Den Vorgabewert dieser Variable legen wir im Konstruktor auf BST_CHECKED (BST von Button State) und nicht auf TRUE fest. Warum? Der erfahrene Programmierer weiß, dass ein Kontrollkästchen drei Zustände BST_UNCHECKED, BST_CHECKED oder BST_INDETERMINATE haben kann (wenn der Stil des Kontrollkästchens BS_3State oder

11.3 Ereignisorientierung

`BS_AUTO3STATE` ist). Die Konstanten `BST_UNCHECKED`, `BST_UNCHECKED` stimmen zwar mit `FALSE` und `TRUE` überein. Man kann aber nie wissen, ob bei einer späteren Änderung nicht doch der dritte Zustand benutzt wird:

```
CU116Dlg::CU116Dlg(CWnd* pParent /*=NULL*/)
  : CDialog(CU116Dlg::IDD, pParent)
  , m_nBetrag(99.95)
  , m_szNetto(_T(""))
  , m_szMwSt(_T(""))
  , m_szBrutto(_T(""))
  , m_szSkonto(_T(""))
  , m_szZwiSumme(_T(""))
  , m_szSkontoSatz(_T("0"))
  , m_szMwStText(_T("MwSt. 16%:"))
  , m_b07(3)
  , m_bSofort(BST_CHECKED) /**/
{
  m_hIcon = AfxGetApp()->LoadIcon(IDR_MAINFRAME);
}
```

4. Damit die automatische Berechnung abgeschaltet wird, ändern wir die Ereignisfunktion. Andererseits wäre es gut, wenn spätestens beim Fokuswechsel das Formular wieder aufgefrischt wird. Je nachdem, ob wir vom letzten oder vorletzten Programm ausgehen, müssen wir eine der beiden Ereignisfunktionen nachgenerieren:

```
void CU116Dlg::OnEnChangeBetrag()
{
  if (m_bSofort==BST_CHECKED) {
    if (UpdateData(TRUE)) { //Daten einlesen
      ChangeBetrag();
    }
  }
}

void CU116Dlg::OnEnKillfocusBetrag()
{
  if (UpdateData(TRUE)) { //Daten einlesen
    ChangeBetrag();
  }
}
```

5. Damit beim Zurückschalten in den Sofortmodus eine erste Aktualisierung erfolgt, müssen wir diese Ereignisfunktion entsprechend vorbereiten. Beim Testen fällt auf, dass das Umschalten den Fokus auf das Kontrollkästchen setzt, so dass wir den Fokus wieder in das Eingabefeld zurücksetzen müssen. Hier ist ein automatisches Umsetzen des Fokus hilfreich:

```
void CU116Dlg::OnBnClickedSofort()
{
  ((CEdit*)GetDlgItem(IDC_BETRAG))->SetFocus();
  if (m_bSofort==BST_CHECKED &&  UpdateData(TRUE)) { //Daten einlesen
    ChangeBetrag();
  }
}
```

Dummerweise haben wir keine Membervariable für das Steuerelement `IDC_BETRAG` angelegt (nicht zu verwechseln mit der Membervariablen für den Wert). Dies könnten wir nachholen. Stattdessen wird im Programm eine andere Technik eingesetzt. Über `GetDlgItem` erhalten wir einen allgemeinen Zeiger auf ein Steuerelement. Diesen müssen wir der richtigen Klasse `CEdit` zuordnen. Dann können wir mit diesem Zeiger den Fokus umsetzen.

6. Wir übersetzen und prüfen das Programm. Dabei beobachten wir, wie der Fokus immer in das Betragsfeld zurückspringt. ∎

➢ Aufgabe 11-5:

Da das Zurücksetzen des Fokus bei einer neuen Wahl des Mehrwertsteuersatzes auch nicht geschieht, könnten Sie dies nun nachholen. ∎

➢ Aufgabe 11-6:

Da wir bereits mehrere Eingabefelder besitzen, können wir aus jeder Situation heraus schnell einmal den Automatismus abschalten. Dabei wäre es schön, wenn der Fokus in das zuletzt fokussierte Feld und nicht in den Betrag zurückspringen würde.

Tipp: Sie müssen sich das zuletzt markierte Steuerelement in einer Variablen merken. ∎

11.4 Menü

11.4.1 Menü einbauen

U117 Unser Programm schleppt seit seiner Generierung einen Infodialog mit sich herum, der aber nur sehr mühsam über die Systemikone zu aktivieren ist (**Bild 11.37**). Wir beschließen daher, unsere Dialoganwendung mit einem Menü zu versehen. Dieses Menü soll dann auch gleich ein weiteres Aufklappmenü `Optionen` erhalten, um eine anklickbare Option zu üben. Mit dieser Übung wollen wir die Vorteile einer dialogfeldbasierenden Anwendung mit denen der Menüsteuerung aus den SDI-/MDI-Anwendungen verknüpfen.

▷ Zur Erstellung eines Menüs führen wir folgende Schritte aus:

1. Um ein Menü einbauen zu können, müssen wir ein solches haben. Wir aktivieren die Ressourcenansicht unserer Anwendung und finden keine Ressource.

2. Über einen Rechtsklick auf die Ressourcendatei öffnet sich das Kontextmenü, in dem wir `Ressource hinzufügen...` aktivieren (**Bild 11.38**).

11.4 Menü

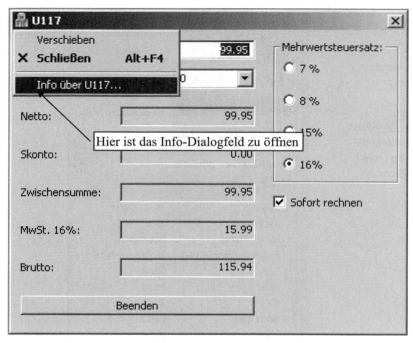

Bild 11.37: Info-Dialogfeld über das Systemmenü aktivieren

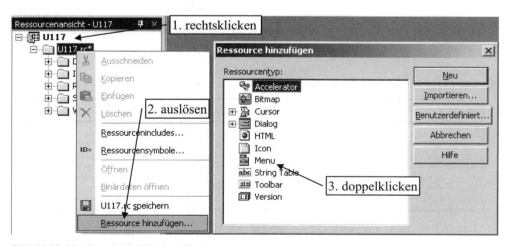

Bild 11.38: Menü nachträglich hinzufügen

3. Die Eingabe eines Menüs ist bereits im letzten Kapitel hinreichend ausführlich beschrieben worden. Daher sollte **Bild 11.39** reichen.

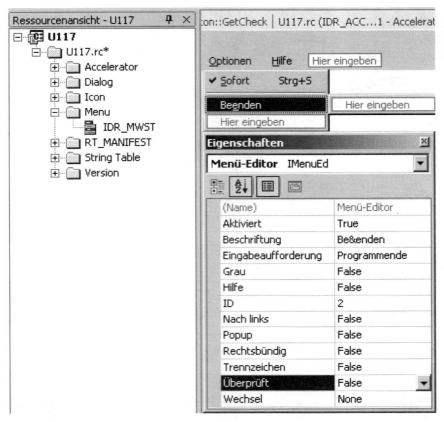

Bild 11.39: Neues Menü generieren

4. Die Eigenschaften der Menüoptionen ändern wir wie in folgender Tabelle dargestellt:

ID	ID_OPTIONEN_SOFORT	IDD_ABOUTBOX	IDCANCEL
Beschriftung	&Sofort\tStrg+S	&Info	Be&enden
Eingabeaufforderung	Automatisch	erscheint automatisch	Programmende
Aktiviert	True	True	True
Überprüft	True	False	False

Die Eigenschaft Überprüft sorgt für ein Häkchen vor dem Menüpunkt, der hin und her geschaltet werden kann. Da wir diesen Menüpunkt mit dem Kontrollkästchen IDC_SOFORT synchronisieren wollen, stellen wir ihn auf den gleichen Wert ein. Besser ist natürlich ein dynamischer Abgleich, so dass nur eine Stelle im Programm den Anfangswert bestimmt. (Das ist eine nette Aufgabe für Sie.)

11.4 Menü

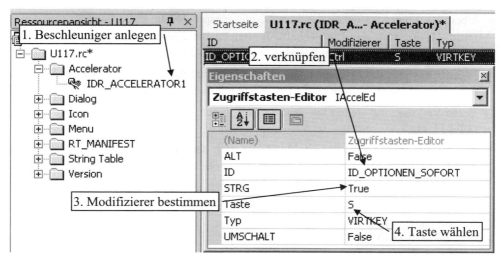

Bild 11.40: Hinzufügen einer Beschleunigertaste (Accelerator)

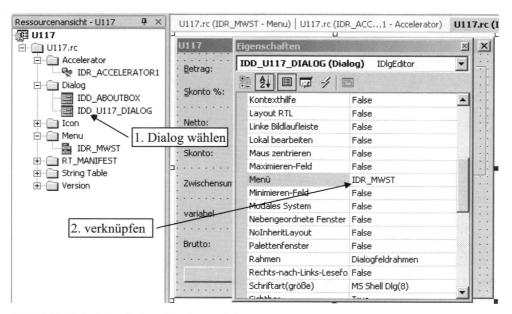

Bild 11.41: Dialogfeld mit einem Menü verknüpfen

5. Da wir bei der Option `Sofort` eine Zugriffstaste [Strg][S] vorgesehen haben, fügen wir entsprechend Schritt 2 auch Beschleuniger (Accelerators) mit dem Standardnamen IDR-ACCELAERATOR1 ein. Es erscheint der Zugriffstasteneditor mit einem leeren Eintrag.

6. Über das Eigenschaftenfenster können wir entsprechende Einstellungen vornehmen (**Bild 11.40**). Statt das Eigenschaftenfenster zu bemühen, können wir auch in jeder Spalte die möglichen Werte über eine Aufklappliste auswählen.
7. Würden wir jetzt das Programm neu übersetzen, wäre das neue Menü **nicht** sichtbar. Es fehlt eine Verknüpfung der Menü-Ressource mit dem Dialogfeld.
8. Diese Verknüpfung stellen wir sehr einfach in den Eigenschaften des Dialogfelds her (**Bild 11.41**).
9. Nun besitzt unser Dialogfeld ein Menü, das nach der Übersetzung auch erscheint (**Bild 11.42**). Es funktioniert auch schon die Menüoption `Beenden`, die wir über die ID `IDCANCEL` mit der entsprechenden Ereignisfunktion verknüpft haben.

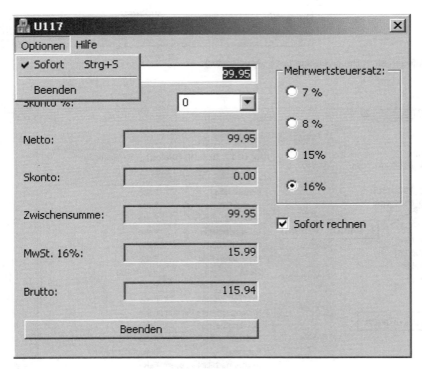

Bild 11.42: Dialogfeldbasierende Anwendung mit eigenem Menü

10. Damit die anderen Optionen auch funktionieren, müssen wir für sie Ereignisfunktionen anlegen. Dies geschieht entweder über das Hinzufügen einer Ereignisfunktion aus dem Dialogeditor heraus (**Bild 11.43**).

11.4 Menü

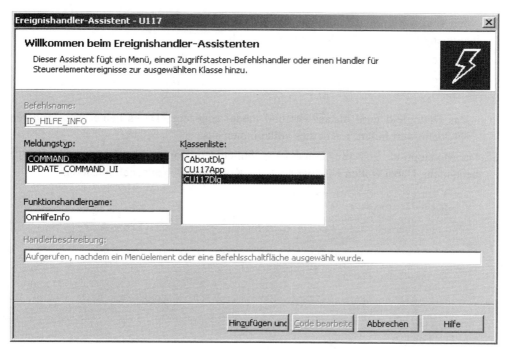

Bild 11.43: Ereignisfunktion mit dem Ereignishandler-Assistenten hinzufügen

oder durch Hinzufügen im Eigenschaftenfenster des Dialogs (**Bild 11.44**).

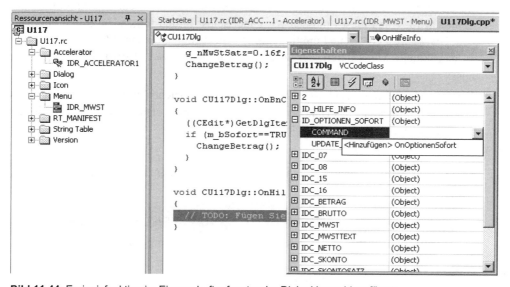

Bild 11.44: Ereignisfunktion im Eigenschaftenfenster der Dialogklasse hinzufügen

11. Noch sind die Ereignisfunktionen leer, so dass wir sie geeignet füllen müssen. Wir beginnen mit der Anzeige des Info-Dialogfelds:

```
void CU117Dlg::OnHilfeInfo() {
  CAboutDlg Dlg;      //Instanz des Dialogfelds anlegen
  Dlg.DoModal();      //Infodialogfeld modal anzeigen
} /*CU117Dlg::OnHilfeInfo*/
```

Das Dialogfeld wird instanziiert und modal angezeigt. Da es keinen auswertbaren Rückgabewert liefert, reicht dies vollkommen aus.

12. Die Menüoption `Sofort` können wir ähnlich dem Kontrollkästchen `IDC_SOFORT` behandeln. Dabei wollen wir aber noch das Kontrollkästchen synchronisieren:

```
void CU117Dlg::OnOptionenSofort() {
  if (UpdateData(TRUE)) {
    m_bSofort=!m_bSofort; //logisches Negieren, 3 Zustände?!?
    ((CButton*)GetDlgItem(IDC_SOFORT))->SetCheck(m_bSofort);
    if (m_bSofort==BST_CHECKED) {
      ((CMenu*)GetMenu())->CheckMenuItem(ID_OPTIONEN_SOFORT,
        MF_CHECKED);
      ChangeBetrag();
    } else {
      ((CMenu*)GetMenu())->CheckMenuItem(ID_OPTIONEN_SOFORT,
        MF_UNCHECKED);
    }
  }
} /*CU117Dlg::OnOptionenSofort*/
```

Das logische Negieren ist bequem, kann aber bei einer Umstellung auf drei Zustände Probleme aufwerfen, daher wird ein Warnhinweis für die Zukunft eingegeben. Anschließend greifen wir wieder direkt mit `GetDlgItem` auf das Kontrollkästchen zu. Ein erster Test zeigt, dass das Häkchen an der Menüoption nicht automatisch umgeschaltet wird. Auch dieses müssen wir daher selbst in den folgenden Zeilen übernehmen. Hierzu wird eine neue Funktion `GetMenu` benutzt, die einen temporären Zeiger auf das aktuelle Menü liefert, der noch einmal in die Klasse `CMenu` gecastet werden muss.

13. Was der Menüoption recht ist, sollte dem Kontrollkästchen billig sein. Daher muss dieses auch umgekehrt das Häkchen steuern können. Eine erste Lösung scheint auf der Hand zu liegen:

```
void CU117Dlg::OnBnClickedSofort() {
  ((CEdit*)GetDlgItem(IDC_BETRAG))->SetFocus();
  if (UpdateData(TRUE) && m_bSofort==BST_CHECKED) { //Daten einlesen
    ChangeBetrag();
  }
  if (m_bSofort==BST_CHECKED) {
    ((CMenu*)GetMenu())->CheckMenuItem(ID_OPTIONEN_SOFORT,MF_CHECKED);
  } else {
    ((CMenu*)GetMenu())->CheckMenuItem(ID_OPTIONEN_SOFORT,
  MF_UNCHECKED);
  }
} /*CU117Dlg::OnBnClickedSofort*/
```

14. Nach dieser recht aufwändigen Programmierung zur Synchronisation der beiden Dialogelemente sollten wir uns das Problem noch einmal näher ansehen. ∎

11.4.2 Menüoptionen im Dialog bearbeiten

U118 Wir lernen aus der letzten Übung, dass sich ein Menü anders als ein Steuerelement verhält. Dies fängt schon bei der Vererbung an. CMenu ist ein direkter Nachkomme von CObject, hat also im Gegensatz zu den Steuerelementen nichts mit CWnd zu tun.

Aber auch in der Verarbeitung stellen Menüs etwas Besonderes dar. So verschwinden Kontext- und Aufklappmenüs automatisch, wenn wir das Fenster verlassen usw. Sie haben somit ein gewisses Eigenleben.

Die Eigenschaften der Menüoptionen werden an sehr unterschiedlichen Stellen des Programms verändert, indem sie ent- oder gegraut (auf- oder abgeblendet) werden, mit oder ohne Häkchen versehen werden, erscheinen oder verschwinden, ja sogar dynamisch erzeugt werden. Einige der Eigenschaften sind binär, andere ternär. Typisch sind Aussagen wie teils – teils, so dass die Option weder ja noch nein ist. Diese Veränderungen werden unabhängig davon ausgeführt, ob das Aufklappmenü sichtbar ist oder nicht.

Zur Steuerung einer Menüoption gibt es nun grundsätzlich zwei Philosophien: Hol- oder Bringschuld. Das bisherige Beispiel zeigt die Bringschuld, d. h., jede Veränderung von Daten steuert den Zustand der Menüoptionen. Dadurch kann es zu einer Vielzahl von Anweisungen kommen oder – wie in unserem Fall – nur eine Bearbeitungsrichtung funktionieren.

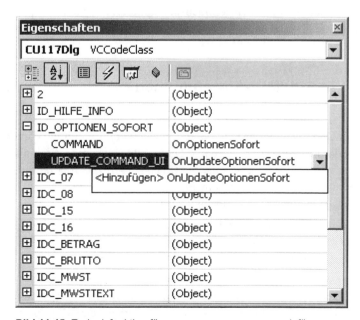

Bild 11.45: Ereignisfunktion für UPDATE_COMMAND_UI einfügen

Der Programmrahmen von Visual C++-Anwendungen ist für die Holschuld konstruiert. Bei der Holschuld wird erst dann der aktuelle Zustand der Optionen eines Aufklappmenüs bestimmt, wenn es angezeigt werden soll. Hierzu wird vom Programmrahmen für jede einzelne Menüoption das Ereignis UPDATE_COMMAND_UI ausgelöst. Fehlt sie, so tut sich nichts.

Um unsere Menüoption also richtig anzusteuern, müssen wir eine passende Ereignisfunktion implementieren. Die Verknüpfung wird wieder klassisch generiert (**Bild 11.45**).

In der generierten Funktion können wir den Zustand der Menüoption steuern:

```
void CU118Dlg::OnUpdateOptionenSofort(CCmdUI *pCmdUI) {
  if (m_bSofort==TRUE) {
    pCmdUI->SetCheck(MF_CHECKED);
  } else {
    pCmdUI->SetCheck(MF_UNCHECKED);
  }
}
```

Anmerkung: So weit die Theorie. Sie funktioniert aber in dieser Form nur bei SDI-/MDI-Anwendungen. Eine nachträglich mit einem Menü versehene, dialogfeldbasierende Anwendung löst das Ereignis UPDATE_COMMAND_UI nicht automatisch vor der Anzeige aus. Dies können Sie mit dem obigen Quelltext im Debugger testen. Ein Haltepunkt auf der markierten Zeile wird erst nach dem Schließen des Aufklappmenüs ausgelöst und nicht vorher. Daher bleiben wir bei der ersten Variante.

Diese Anmerkung zeigt leider ein Grundproblem des Anwendungsassistenten. Eine Reihe von Aussagen in diesem Buch lassen sich nicht einfach auf andere Anwendungstypen übertragen. Was also für dialogfeldbasierende Anwendungen gilt, gilt nicht automatisch für SDI-/MDI-Anwendungen.

11.4.3 Menüoptionen in SDI-/MDI-Anwendungen bearbeiten

Wenn wir die ganze Aktion in einer generierten SDI-/MDI-Anwendung durchführen, dann stellt sich dort die Standardtechnik anders dar. Hier gibt es das Ereignis UPDATE_COMMAND_UI, das vom Anwendungsgerüst in OnInitMenuPopup ausgelöst wird. Diese Ereignisfunktion wird wiederum vom Ereignis WM_INITMENUPOPUP ausgelöst, das durch das Aufklappen eines Menüs entsteht.

Diese Funktion wird in einer Dialoganwendung mit eingehängtem Menü (letzte Übung) nicht in gleicher Weise beim Öffnen eines Aufklappmenüs aufgerufen. Die folgende Technik funktioniert daher **nicht in Dialoganwendungen**.

Kommandomeldungen (Command Messages) werden hauptsächlich von Menüs und Symbolleisten (tool bars) erzeugt. Bei den UI-Kommandomeldungen (User Interface Command Messages) handelt es sich um spezielle MFC-Meldungen, die außerhalb der MFC nicht anzutreffen sind. Sie beeinflussen die Darstellung der Menüs und Ikonen, indem diese sich gegraut oder abgehakt usw. präsentieren. Im letzten Beispiel haben wir die klassische Technik kennen gelernt, bei der jede Zustandsänderung unseres Programms ein Neusetzen der Eigenschaften aller betroffenen Elemente nach sich zieht. Bauen wir eine neue Menü-

11.4 Menü

option ein, so müssen wir u. U. an vielen Stellen des Programms Änderungen vornehmen, was entsprechend fehleranfällig ist. Statt dieser Bringschuld basieren die UI-Kommandomeldungen auf der Holschuld. Jede Menüoption (analog jede Ikone einer Symbolleiste) verfügt über eine Ereignisfunktion, die auf die Meldung `UPDATE_COMMAND_UI` reagiert und nachschaut, wie sich die Option darzustellen hat. Letztendlich greifen diese Ereignisfunktionen auf Merkmale zurück, an denen sie den Programmzustand erkennen können, beispielsweise ob eine Datei geladen ist, eine (logische) Variable gesetzt ist oder nicht usw.

Für das Ereignis `UPDATE_COMMAND_UI` erzeugt der Generator eine Ereignisfunktion `OnUpdateXXX` mit einem Parameter der Klasse `CCmdUI*`. Es handelt sich dabei um eine Basisklasse ohne Vorgänger. Sie wirkt nicht nur auf Menüoptionen, sondern auch auf Ikonen und Symbole der Meldungs- bzw. Taskleiste usw.

Auch in einer SDI-/MDI-Anwendung würden wir die im Kontrollkästchen gespeicherte Information ausnutzen:

```
void CU111Dlg::OnUpdateOptionenSofort(CCmdUI* pCmdUI) {
  pCmdUI->SetCheck(m_bSofort);
}
```

Diese Ereignisfunktion wird vor dem Anzeigen der Option aufgerufen. Damit „holt" sich die Menüoption ihren aktuellen Zustand ab, bevor sie sich selbst anzeigt. Diese Technik erspart uns das ständige präventive Setzen der Optionen an den verschiedensten Stellen im Programm.

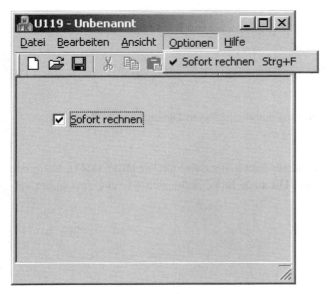

Bild 11.46: Synchronisation der Menüsteuerung in einer SDI-Anwendung

➤ Aufgabe 11-7:

U119 Weisen Sie die Richtigkeit der vorherigen Behauptungen nach, indem Sie:

1. eine SDI-Anwendung U119 generieren, bei der Sie die Sicht CU119View von CFormView (ohne Druckerunterstützung) ableiten,
2. ein Kontrollkästchen IDC_SOFORT mit der Membervariablen m_bSofort für den Wert des Kontrollkästchens anlegen,
3. eine Menüoption Optionen|Sofort wie im letzten Beispiel generieren (**Bild 11.46**),
4. eine Zugriffstaste Strg F einfügen (Strg S ist schon belegt, könnte aber entfallen), diese mit der Menüoption verknüpfen,
5. Ereignisfunktionen OnBnClickedSofort, OnOptionenSofort und OnUpdateOptionenSofort anlegen,
6. und diese Funktionen so programmieren, dass Menüoption sowie Kontrollkästchen entsprechend verknüpft sind. Dabei sollte das Programm mit folgenden Anweisungen auskommen:

```
// CU119View Meldungshandler

void CU119View::OnBnClickedSofort() {
  UpdateData(TRUE);
} /*CU119View::OnBnClickedSofort*/

void CU119View::OnOptionenSofort() {
  UpdateData(TRUE);
  m_bSofort=!m_bSofort;
  ((CButton*)GetDlgItem(IDC_SOFORT))->SetCheck(m_bSofort);
} /*CU119View::OnOptionenSofort*/

void CU119View::OnUpdateOptionenSofort(CCmdUI *pCmdUI) {
  pCmdUI->SetCheck(m_bSofort);
} /*OnUpdateOptionenSofort*/
```

7. Eine mögliche Lösung finden Sie auf dem beigefügten Datenträger. ■

➤ Aufgabe 11-8:

Ergänzen Sie eine Ikone für diesen Menüpunkt in der Symbolleiste (**Bild 11.47**). Entfernen Sie dabei die unnötige Druckerikone. Die neue Ikone sollte sich wie ein Umschalter verhalten (**Bild 11.48**). ■

11.4 Menü 473

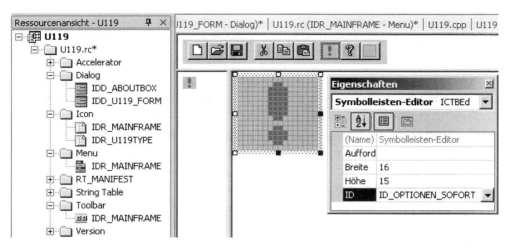

Bild 11.47: Entwurf einer Ikone in der Symbolleiste für die sofortige Verarbeitung

Bild 11.48: Umgeschaltete Ikone im gedrückten Zustand

11.4.4 Kontextmenü

Wenn wir schon die Menüs bearbeiten, so wünschen wir uns vielleicht ein Kontextmenü (Aufspringmenü), das durch Rechtsklick auf unserem Dialog aktiviert wird. Auch hier unterstützt uns die MFC.

⊠ Kontextmenüs unterscheiden sich von einem normalen Menü dadurch, dass es nur eine Ebene gibt, was wir beim Entwurf berücksichtigen müssen:

1. Wir öffnen wieder unser Beispiel U117 und legen im Ressourceneditor ein leeres Menü IDR_KONTEXTMENUE an.
2. Da der Haupteintrag verworfen wird, lassen wir den Eintrag auf der oberen Ebene frei. Darunter ergänzen wir zwei Optionen Sofort und Info...
3. Im Eigenschaftenfenster verbinden wir die IDs mit den bereits vorhandenen Einträgen ID_OPTIONEN_SOFORT und ID_HILFE_INFO. In diesem Fall müssen wir keinen neuen Code eingeben. Soll eine Option dagegen anders wirken als eine vorhandene Option des Hauptmenüs, so müssen wir eine neue ID wählen.
4. Rechtsklicken wir auf den leeren Eintrag, so können wir im Aufspringmenü die Option Als Kontextmenü anzeigen aktivieren. Das Menü wird dann in entsprechender Anordnung dargestellt (**Bild 11.49**).

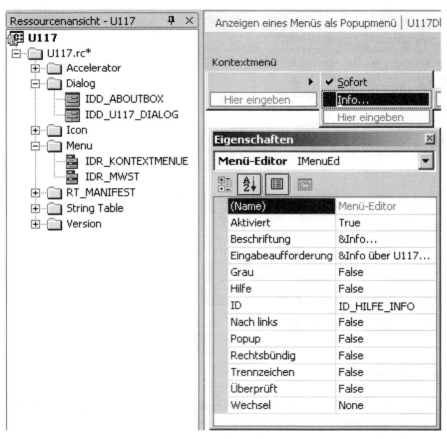

Bild 11.49: Kontextmenü als Aufklappmenü (Popup) vorbereiten

11.4 Menü

5. Nun müssen wir das Kontextmenü mit unserer Anwendung verbinden. Windows setzt die Meldung `WM_CONTEXTMENU` bei einem Rechtsklick auf ein Element ab. Für dieses müssen wir also eine Ereignisfunktion anlegen. Dazu klicken wir im Fenster Eigenschaften der Klasse `CU117Dlg` auf die Ikone Meldungen und suchen den Eintrag `WM_CONTEXTMENU` (**Bild 11.50**).

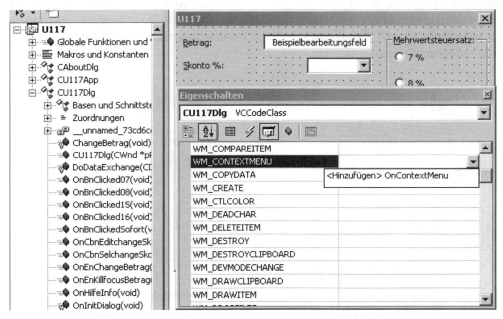

Bild 11.50: Ereignisfunktion für eine Windows-Meldung hinzufügen

6. In der rechten Spalte können wir nun eine Ereignisfunktion `OnContextMenu` hinzufügen und in den Quelltext wechseln.

7. In der Ereignisfunktion programmieren wir:

```
void CU117Dlg::OnContextMenu(CWnd* /*pWnd*/, CPoint point) {
  CMenu Menue;
  VERIFY(Menue.LoadMenu(IDR_KONTEXTMENUE));
  CMenu* pPopup=Menue.GetSubMenu(0);
  ASSERT(pPopup!=NULL);
  pPopup->TrackPopupMenu(TPM_LEFTALIGN|TPM_RIGHTBUTTON,point.x,
                                      point.y,AfxGetMainWnd());
}
```

Das ist die abgesicherte Version. Wer das Risiko liebt, programmiert:

```
void CU117Dlg::OnContextMenu(CWnd* /*pWnd*/, CPoint point) {
  CMenu Menue;
  VERIFY(Menue.LoadMenu(IDR_KONTEXTMENUE));
  Menue.GetSubMenu(0)->TrackPopupMenu(TPM_LEFTALIGN|TPM_RIGHTBUTTON,
                                      point.x,point.y,AfxGetMainWnd());
}
```

Da der Klickpunkt `point` auskommentiert ist, wir ihn aber benötigen, kommentieren wir ihn ein. Dann legen wir eine Instanz `menu` eines Menüs an, das abgesichert geladen wird. Nun navigieren wir über den obersten Eintrag hinweg zum ersten Submenü und zeigen es mit `TrackPopupMenu` an.

8. Nun können wir das Projekt neu erstellen und testen. ■

Klicken wir nun rechts auf den Dialog, so erscheint das Kontextmenü (**Bild 11.51**). Auch bei den Steuerelementen geschieht dies bis auf die Textfelder. Diese besitzen weiterhin ihr Standardkontextmenü. Daran sehen wir, dass wir den Steuerelementen eigene Kontextmenüs zuordnen können.

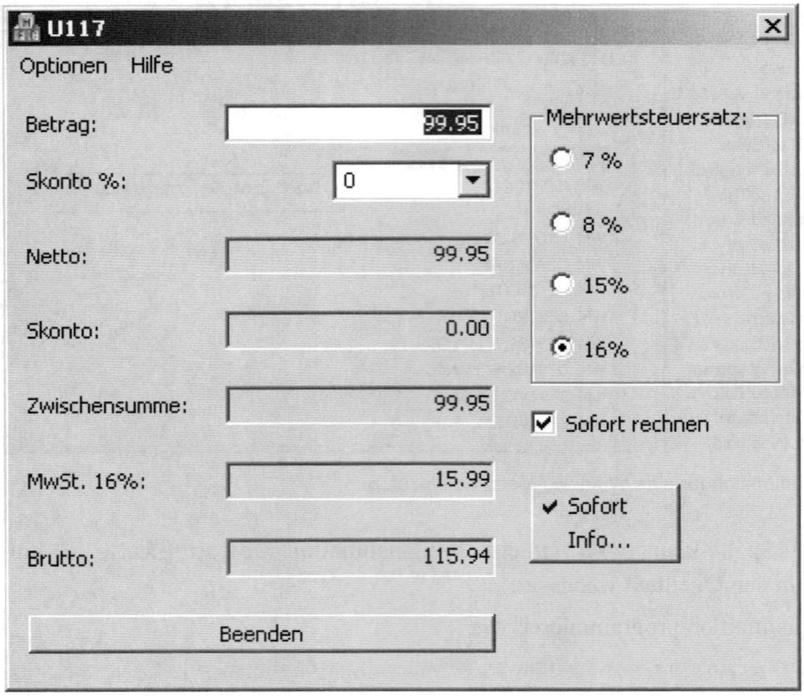

Bild 11.51: Kontextmenü im Einsatz

➤ Aufgabe 11-9:

Sicher haben Sie festgestellt, dass die Menüoptionen des Kontextmenüs ordnungsgemäß arbeiten. Wir schalten unser Kontrollkästchen hin und her und können das Info-Dialogfeld hochklappen. Nur das Häkchen schaltet nicht. Programmieren Sie es nach (bevor Sie jetzt weiterlesen). ■

Die Programmierung zeigt uns, dass wir aus jedem vorhandenen Menü ein beliebiges Aufklappmenü zum Kontextmenü machen können. Auch Folgendes funktioniert:

11.4 Menü

```
void CU117Dlg::OnContextMenu(CWnd* /*pWnd*/, CPoint point) {
  CMenu Menue;
  VERIFY(Menue.LoadMenu(IDR_MWST));
  CMenu* pPopup=Menue.GetSubMenu(0);
  ASSERT(pPopup!=NULL);
  pPopup->TrackPopupMenu(TPM_LEFTALIGN|TPM_RIGHTBUTTON,point.x,
                                         point.y,AfxGetMainWnd());
}
```

Jetzt wird das erste Submenü aus unserem Hauptmenü als Kontextmenü angezeigt (**Bild 11.52**).

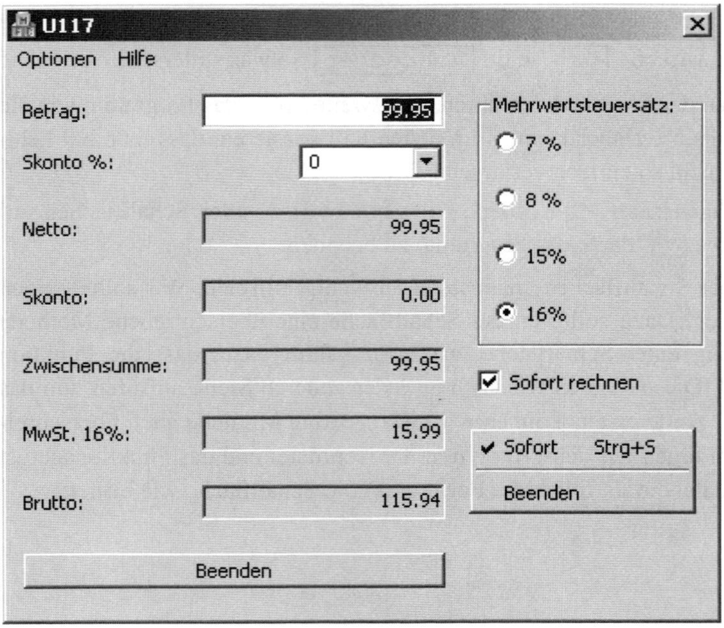

Bild 11.52: Teil eines Hauptmenüs als Kontextmenü

Ein Problem zeigt sich aber erneut bei der Marke (bzw. beim Grauen einer Option). Da der Dialograhmen das Ereignis `WM_INITMENUPOPUP` nicht auswertet, erscheint keine Marke. Dies können wir folgendermaßen reparieren:

```
void CU117Dlg::OnContextMenu(CWnd* /*pWnd*/, CPoint point) {
  CMenu Menue;
  VERIFY(Menue.LoadMenu(IDR_MWST));
  if (m_bSofort==BST_CHECKED) {
    Menue.CheckMenuItem(ID_OPTIONEN_SOFORT,MF_CHECKED);
  } else {
    Menue.CheckMenuItem(ID_OPTIONEN_SOFORT,MF_UNCHECKED);
  }
  CMenu* pPopup=Menue.GetSubMenu(0);
  ASSERT(pPopup!=NULL);
  pPopup->TrackPopupMenu(TPM_LEFTALIGN|TPM_RIGHTBUTTON,point.x,point.y,
                                         AfxGetMainWnd());
}
```

11.5 Wie kann ich ...

11.5.1 ... eine Dialoganwendung beenden?

Bereits im letzten Hauptkapitel haben wir diese Frage untersucht. Statt die Schaltfläche mit einem eigenen Ereignis zu verknüpfen, wollen wir nun die geerbte Funktion überschreiben. Dies hat den Vorteil, dass auch andere Ereignisse wie die Zeilenschaltung ⏎ oder der Klick auf die Schließikone des Fensters abgefangen werden.

Die Dialoganwendung wird bereits mit zwei Schaltflächen generiert. Beide beenden sie ohne Rückfrage. Dabei wirken OK und Abbrechen etwas unterschiedlich. Die Erste führt die Prüfungen der Eingabedaten durch, die Zweite bricht das Programm wie die Schließikone des Fensters ab. Daher kann es im ersten Fall passieren, dass man bei Fehleingabe das Programm nicht so einfach verlassen kann.

Selbst wenn wir die Eigenschaft Standardschaltfläche aller Schaltflächen auf False setzen, führt eine ⏎ dazu, das Programm zu beenden.

Nur die Beschriftung der Schaltflächen anzupassen ist wenig hilfreich. Wir sollten einen anderen Weg einschlagen. Dazu sollte unsere Schaltfläche eine überschriebene Methode aufrufen. Die Zuordnung einer Schaltfläche zu IDOK führt dazu, dass die Funktion OnOK aufgerufen wird. Diese können wir auch an jeder anderen Stelle aufrufen, um das Programm zu verlassen. Andererseits können wir diese geerbte Methode auch überschreiben und abändern. Dazu fügen wir den Prototyp in die Kopfdatei und das Funktionsgerüst in die Implementationsdatei ein. In folgender Form wirkt die Schaltfläche wie bisher:

```
void CU117Dlg::OnOK(void) {
   CDialog::OnOK();
}
```

Nun können wir alles Mögliche davor programmieren:

```
void CU117Dlg::OnOK(void) {
   if (MessageBox("Wollen Sie wirklich beenden?","Abfrage",
       MB_YESNO+MB_DEFBUTTON1+MB_ICONQUESTION)==IDYES) {
     CDialog::OnOK();
   }
}
```

Hier wird eine Abfrage gestartet, die dem Benutzer die Möglichkeit gibt, das Beenden zu bestätigen. Die MessageBox wird im nächsten Hauptkapitel näher untersucht.

11.5.2 ... einen Dialog zentriert auf dem Bildschirm anzeigen?

Hier reicht eine einzige Anweisung in der Ereignisfunktion OnInitDialog aus:

```
// CU117Dlg Meldungshandler

BOOL CU117Dlg::OnInitDialog()
{
   CDialog::OnInitDialog();
   CenterWindow();

   // Hinzufügen des Menübefehls "Info..." zum Systemmenü.
```

11.5.3 ... ein Steuerelement sichtbar bzw. unsichtbar machen?

Bereits im Dialogeditor finden wir im Eigenschaftsfenster fast aller Steuerelemente die Eigenschaft Sichtbar, die normalerweise auf True steht und natürlich auch auf False geändert werden kann. Hierdurch ist es möglich, einige Steuerelemente unsichtbar vorzubereiten.

Um auf ein Steuerelement zugreifen zu können, benötigen wir einen entsprechenden Zeiger. Dieser Zeiger kann von uns schon zur Entwurfszeit als Membervariable permanent angelegt werden. Ist dies nicht geschehen, so muss er temporär erzeugt werden.

Einen permanenten Zeiger auf ein Steuerelement (eigentlich kein Zeiger, sondern das Steuerelement selbst) erzeugen wir durch Anlegen einer Membervariablen der Kategorie Control für das Steuerelement. In diesem Fall können wir über die Variable auf das Steuerelement direkt zugreifen.

Alle Steuerelemente sind Nachkommen der Klasse CWnd, d. h., sie verhalten sich selbst wie kleine Fenster. Diese Klasse verfügt über die Methode:

`CWnd* GetDlgItem(int nID) const;`

die den gewünschten (temporären) Zeiger liefert. Als Parameter übergeben wir nID. Dies ist die ID, die wir dem Steuerelement im Dialogeditor gegeben haben. Dieser beginnt normalerweise mit dem Präfix IDC_ (ID Control).

Über den Zeiger können wir nun auf die Methoden des Steuerelements zugreifen. Alle Steuerelemente erben von CWnd die Methode:

`BOOL ShowWindow(int nCmdShow);`

über die sie in unterschiedlichen Formen angezeigt werden können. Im Gegensatz zu Fenstern usw. lassen sich einfache Steuerelemente nur anzeigen oder verstecken:

SW_HIDE   versteckt das Steuerelement
SW_SHOW   zeigt das Steuerelement

Somit heißt die Anweisung zum Verstecken beispielhaft

`GetDlgItem(IDC_MEINELEMENT)->ShowWindow(SW_HIDE);`

Da wir auf eine Methode der Vorgängerklasse zugreifen, ist kein Casting notwendig.

11.5.4 ... ein Steuerelement aktivieren bzw. deaktivieren?

Diese Aufgabe hat sehr viel Ähnlichkeit mit der letzten. Zum Programmstart orientiert sich Visual C++ am Wert der Eigenschaft `Deaktiviert`.

Wollen wir nun ein Steuerelement zur Laufzeit aktivieren oder deaktivieren, so benötigen wir wieder einen Zeiger auf das Steuerelement. Mit diesem Zeiger rufen wir die Methode:

```
BOOL EnableWindow(BOOL bEnable=TRUE);
```

auf. Durch die Voreinstellung des Parameters wird das Steuerelement auch ohne Parameterangabe aktiviert. Zum Deaktivieren müssen wir explizit `FALSE` übergeben, also:

```
GetDlgItem(IDC_MEINELEMENT)->EnableWindow(FALSE);
```

11.5.5 ... Daten über ein Steuerelement verarbeiten?

In unseren bisherigen Beispielen haben wir den Steuerelementen (d. h. den Bezeichnungs- bzw. Textfeldern) Membervariablen zugeordnet, denen vom Anwender ein Wert zugewiesen werden soll.

Mit den Anweisungen:

`UpdateData(FALSE)`	setzen wir alle Dialogdaten auf die Membervariablen-Werte
`UpdateData(`**`TRUE`**`)`	lesen wir alle Dialogdaten in die Membervariablen ein

☞ Tipp: Über den logischen Rückgabewert stellen wir beim Einlesen fest, ob alle Daten den Eingabeplausibilitäten genügen. In diesem Fall dürfen wir keine neuen Werte berechnen. Typisch ist daher folgende Anweisung am Anfang einer Ereignisfunktion:

```
if (!UpdateData()) return;
```

Der Einsatz der schreibenden Variante `UpdateData(FALSE)` hat, da sie alle Felder prüft und verändert, eine Reihe von Nebenwirkungen, die in diesem Kapitel ausführlich beschrieben wurden. Wollen wir ein einzelnes Feld aufbereiten, so gehen wir folgenden Weg. Nachkommen von `CWnd` verfügen aber auch über die Methoden:

```
SetDlgItemInt            GetDlgItemInt
SetDlgItemText           GetDlgItemText
```

mit denen der Datenaustausch ohne die Zuordnung einer Membervariablen erfolgen kann, aber nur die für beiden Typen `UINT` und `CString`. Bei der Verarbeitung der Ganzzahlen wird sinnigerweise das Vorzeichen in einem dritten Parameter übergeben.

Nun sieht es so aus, als wäre das Einlesen bzw. Setzen eines einzelnen Steuerelements hierüber deutlich einfacher und effektiver. Unsere Experimente in diesem und im nächsten Kapitel zeigen aber einen wesentlichen Unterschied auf. Es erfolgt im Gegensatz zu `UpdateData` keine Plausibilitätsprüfung. Wenn wir nun diese Prüfungen extensiv nutzen

11.5 Wie kann ich …

und ggf. dynamisch verändern, so legen wir uns u. U. einen Hinterhalt, der in den nächsten Kapiteln erläutert wird.

11.5.6 … auf ein Dialogfenster bzw. Steuerelemente zeichnen?

U11A In unserer ersten MFC-Übung hatten wir den Text `Hallo, Welt!` direkt auf den Hintergrund des Anwendungsbereichs geschrieben. In weiteren Übungen werden wir dort auch zeichnen usw. Es stellt sich daher die Frage, ob das auch auf einem Dialogfenster geht.

Die Antwort ist sehr einfach, da wir bereits eine Ereignisfunktion `OnPaint` vorfinden. Einige kleine Änderungen zeigen, dass wir direkt auf den Hintergrund schreiben und zeichnen können:

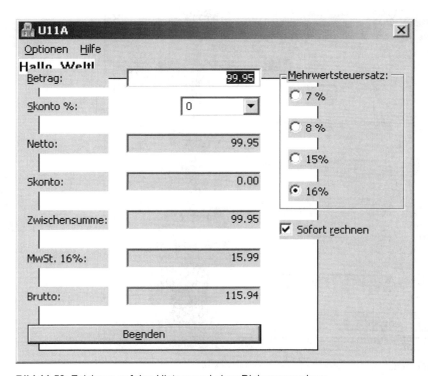

Bild 11.53: Zeichnen auf den Hintergrund einer Dialoganwendung

```
void CU11ADlg::OnPaint() {
  CPaintDC dc(this); // Gerätekontext zum Zeichnen
  if (IsIconic()) {

    ...

  } else {
```

```
    dc.TextOut(0,0,"Hallo, Welt!");
    dc.SelectStockObject(WHITE_BRUSH);
    dc.Rectangle(20,20,300,300);
    CDialog::OnPaint();
  }
} //CU11ADlg::OnPaint
```

Ein erster Test (**Bild 11.53**) zeigt aber, dass die Steuerelemente den Hintergrund hemmungslos überlagern.

Da wir Texte in den Bezeichnungsfeldern auszugeben gelernt haben, bereitet nur noch die Ausgabe einer Zeichnung Schwierigkeiten. Hierzu sollten wir über einen leeren Bereich, eine Leinwand verfügen. Ein solches Steuerelement fehlt aber unter Visual C++. Dies stellt aber kein Problem dar, da wir ein Bezeichnungsfeld zu einer solchen Leinwand umfunktionieren können. Wir legen also ein entsprechend großes Bezeichnungsfeld IDC_LEINWAND an und programmieren:

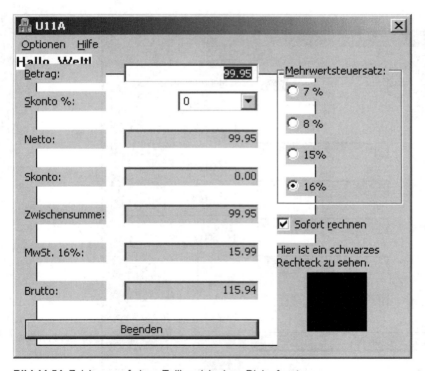

Bild 11.54: Zeichnen auf einen Teilbereich eines Dialogfensters

```
void CU11ADlg::OnPaint() {
  CPaintDC dc(this); // Gerätekontext zum Zeichnen
  if (IsIconic()) {

    ...

  } else {
    dc.TextOut(0,0,"Hallo, Welt!");
```

```
    dc.SelectStockObject(WHITE_BRUSH);
    dc.Rectangle(20,20,300,300);
    CWnd* pLeinwand=GetDlgItem(IDC_LEINWAND);
    CDC* pLeinwandDC=pLeinwand->GetDC();
    pLeinwand->Invalidate();
    pLeinwand->UpdateWindow();
    pLeinwandDC->SelectStockObject(BLACK_BRUSH);
    pLeinwandDC->Rectangle(30,30,90,90);
    pLeinwand->ReleaseDC(pLeinwandDC);
    CDialog::OnPaint();
  }
}
```

mit dem Ergebnis nach **Bild 11.54**.

11.5.7 … einen Dialog umkopieren?

Gerade beim Entwickeln von Programmbeispielen möchte man gern einen Dialog aus einer anderen Anwendung in das aktuelle Programm übernehmen:

Leider stellt der Ressourceneditor nur den Import von (**Bild 11.55**):

```
Bilddateien (.ico, .bmp usw.)
Cusors (.cur)
HTML-Dateien (.html)
```

zur Verfügung. Zur Not lassen sich auch benutzerdefinierte Ressourcen importieren.

Der Grund für dieses Verhalten ist schnell gefunden. Die internen Dialoge sind an vielen Stellen der Anwendung hinterlegt. Wir finden sie in den Dateien:

| Ressourcenbeschreibung | `.rc` |
| Ressourcenkopfdatei | `resource.h` |

Ein Blick in `resource.h` zeigt uns, dass dort die IDs hinterlegt sind, über die Windows und unser Programm miteinander kommunizieren. Wird ein neuer Dialog angelegt, so werden diese Tabellen fortgeschrieben. Allein dies macht den manuellen Import so gut wie unmöglich, selbst wenn die Quelle eine ähnliche Liste hätte.

Wir können nun auf die Idee verfallen, den Oberflächenentwurf unter Visual Basic durchzuführen und dann als Basic-Formular in verschiedene Programme einzufügen.

Diese Technik gab es noch in der Version 6.0, war aber nicht sehr erfolgreich, da Visual C++ nicht alle Steuerelemente aus einem Visual Basic-Formular übernimmt. Das Ergebnis war recht ernüchternd. Aus diesem Grund haben die Microsoft-Entwickler diese Möglichkeiten wegrationalisiert.

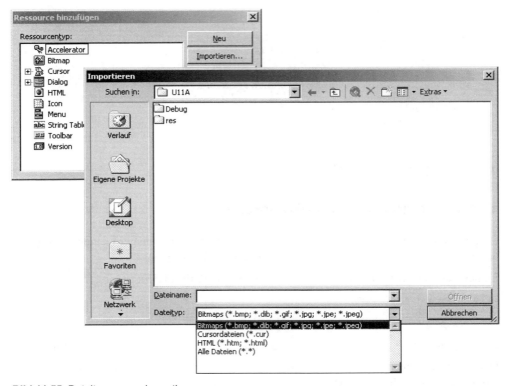

Bild 11.55: Dateitypen zum Importieren

11.5.8 ... die Eingabe auf nationale Eigenheiten umstellen?

Einige Zeit werden die Benutzer ja die Eingabe mit Dezimalpunkten akzeptieren. Aber hat nicht Windows selbst inzwischen die nationalen Eigenheiten akzeptiert? Hier können wir sowohl für die Zahlenangaben wie auch für die Datumswerte die Trennzeichen festlegen.

Diese „lokalen" Einstellungen legen wir mit Hilfe einer Systemvariablen über die Funktion:

```
setlocal(Kategorie,Land);
```

fest. Mit der Konstanten `Kategorie` bestimmen wir die gewünschte Einstellung entsprechend folgender Tabelle:

LC_ALL	alle lokalen Einstellungen, wie sie hier folgen
LC_COLLATE	Sortierreihenfolge in Auflistungen
LC_CTYPE	Zeichenbehandlung (außer `isdigit`, `isxdigit`, `mbstowcs` und `mbtowc`)
LC_MONETARY	Währungsformatierung

`LC_NUMERIC`	Dezimaltrennzeichen
`LC_TIME`	Datums- und Zeitformatierung

Normalerweise sollten wir uns nicht mit den vielen Spezialitäten herumschlagen. Es genügt, die Landessprache zu wählen. Da es sich um eine globale Einstellung handelt, binden wir die Include-Anweisung in die Kopfdatei der Anwendung ein:

```
// U11A.h : Hauptheaderdatei für die U11A-Anwendung
//

#pragma once

#ifndef __AFXWIN_H__
   #error include 'stdafx.h' before including this file for PCH
#endif

#include <locale.h>
#include "resource.h"       // Hauptsymbole
```

und setzen die Systemvariable in der Methode:

```
BOOL CU11AApp::InitInstance()
{
  setlocale(LC_ALL, "German");
```

Danach rechnet unser Programm mit Kommazahlen.

11.5.9 ... Befehlszeilenargumente einlesen?

U11B Eine dialogfeldbasierende Anwendung wird standardmäßig ohne die Möglichkeit, Argumente der Befehlszeile zu verarbeiten, generiert. Andererseits sehen wir in den SDI-/MDI-Anwendungen die Vorbereitungen für eine solche Funktionalität. Dies wollen wir nun in unser Programm einbauen. Dabei gehen wir von `U114` aus und kopieren die Anwendung nach `U11B` um.

Anschließend führen wir folgende Schritte durch:

1. Um die Methode `CCommandLineInfo::ParseParam()` überschreiben zu können, müssen wir eine eigene Klasse `CMeineKommandozeile` ableiten. Dies geschieht am einfachsten über die Menüoption Projekt|Klasse hinzufügen... Es erscheint das Dialogfeld Klasse hinzufügen (**Bild 11.56**).

2. Da `CCommandLineInfo` ein direkter Nachkomme von `CObject` ist, wählen wir MFC-Klasse. Tatsächlich finden wir aber diese Klasse nicht zur Auswahl (**Bild 11.57**).

3. Also müssen wir selbst Hand anlegen. Normalerweise würden wir neue Dateien für die Klasse kreieren, die Ereignisfunktion überschreiben usw. usw. Es wird nicht funktionieren, da eine dialogfeldbasierende Anwendung `CCommandLineInfo::ParseParam` nicht aufruft. Diese wird nämlich durch `CWinApp::ParseCommandLine` für jeden Parameter aufgerufen. Wir haben daher zwei Möglichkeiten. Bei

einem Parameter genügt es, die Funktion `ParseCommandLine` zu überschreiben. Bei mehreren sollten wir den Mechanismus nutzen und `ParseParam` überschreiben.

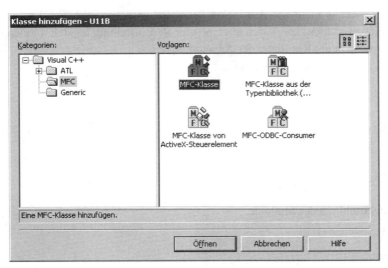

Bild 11.56: Neue Klasse als MFC-Klasse hinzufügen

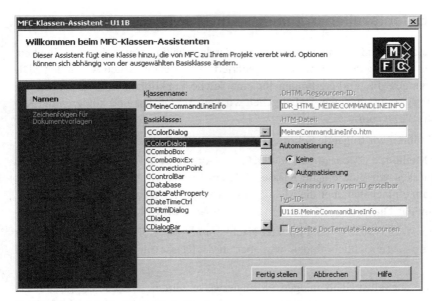

Bild 11.57: Im Assistenten fehlt die Klasse `CCommandLineInfo`

4. Wir demonstrieren den ersten Fall. Wir wechseln in die Kopfdatei `U11B.h` und bereiten das Überschreiben vor:

11.5 Wie kann ich ...

```
class CU11BApp : public CWinApp
{
public:
    CU11BApp();

// Überschreibungen
    public:
    virtual BOOL InitInstance();
    void ParseCommandLine(CCommandLineInfo& rCmdInfo);
```

5. In der Implementationsdatei `U11B.cpp` rufen wir diese Funktion auf:

```
CU11BDlg dlg;
m_pMainWnd = &dlg;

CCommandLineInfo cmdInfo;
ParseCommandLine(cmdInfo);

INT_PTR nResponse = dlg.DoModal();
```

6. Nun können wir die Methode nach unseren Wünschen überschreiben:

```
void CU11BApp::ParseCommandLine(CCommandLineInfo& rCmdInfo) {
  LPCTSTR pszParam=__targv[1]; //ersten Parameter einlesen
  char szParam[81];
  if (strlen(pszParam)>0) {
    sprintf(szParam,
            "Meldung aus CU11BApp::ParseCommandLine: %s",pszParam);
    AfxMessageBox(szParam);
  }
  //Weiterreichen,z. B. für ParseParam
  CWinApp::ParseCommandLine(rCmdInfo);
}
```

7. Nun müssen wir noch einen Parameter vorbereiten. Hierzu wechseln wir in die Klassenansicht und rechtsklicken auf den Knoten `U11B`. Im Kontextmenü wählen wir `Eigenschaften` aus.

8. Im Knoten `Konfigurationseigenschaften|Debugger` finden wir das Feld `Befehlsargumente`, das wir entsprechend setzen (**Bild 11.58**). Dabei wollen wir testen, wie die Parameter zerlegt werden, und geben mehrere Wörter ein.

9. Das Programm zeigt nun den ersten eingegebenen Wert (**Bild 11.59**) vor dem Öffnen des Fensters an. ■

➢ Aufgabe 11-10:

Da wir in der überschriebenen Funktion `ParseCommandLine()` die Methode der Vorgängerklasse aufrufen, können wir das zu weiteren Experimenten nutzen. Legen Sie – wie ursprünglich geplant – eine Klasse `CMeineKommandozeile` an, und überschreiben Sie deren geerbte Methode `ParseParam()`. Übergeben Sie dann eine Instanz dieser neuen Klasse an die Methode `ParseCommandLine()`:

```
CMeineKommandozeile cmdInfo;
ParseCommandLine(cmdInfo);
```

Nun sollten die einzelnen Parameter hintereinander verarbeitet werden. ■

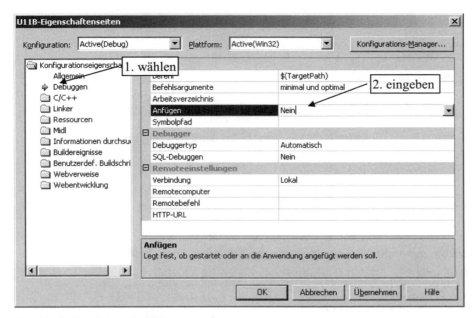

Bild 11.58: Eingabe von Befehlsargumenten

Bild 11.59: Nur der erste Parameter wird erkannt

> Aufgabe 11-11:

Suchen Sie die Hilfe zur Klasse `CCommandLineInfo` auf. Dort finden Sie eine Liste mit Standardbefehlszeilenargumenten. Da eine dialogfeldbasierende Anwendung ohne Datei arbeitet, sind die möglichen Standardargumente wenig sinnvoll. Testen Sie aber einmal eine der Anwendungen mit Dateiverarbeitung, indem Sie die Anweisung:

```
ProcessShellCommand(cmdInfo);
```

einfügen. Dabei wird davon ausgegangen, dass `cmdInfo` vom Typ `CCommandLineInfo` ist und das fertige Fenster an die Variable `p_pMainWnd` übergeben wird. ∎

12

Dialoge und Steuerelemente

12	Dialoge und Steuerelemente	491
12.1	Dialoge	491
12.2	Steuerelemente	513
12.3	Übung zu den Steuerelementen	528
12.4	Eigenschaftenfenster	607
12.5	Wie kann ich ...	636

12 Dialoge und Steuerelemente

Nachdem wir im letzten Kapitel bereits gesehen haben, dass die verschiedenen Steuerelemente ihre Eigenheiten haben, wollen wir uns in diesem Kapitel noch einmal detaillierter mit den Dialogen (Standarddialogen) und Steuerelementen von Windows beschäftigen.

Dabei geht es um den exemplarischen Einsatz. Daher wird auf das Auflisten von einzelnen Eigenschaften, die wir sehr gut in der Online-Hilfe nachlesen können, verzichtet.

12.1 Dialoge

12.1.1 Allgemeines

In fast allen Windows-Anwendungen erfolgt die Kommunikation mit dem Anwender über ein Dialogfenster. Es kann sich dabei um ein einfaches Meldungsfenster handeln, das der Anwender nur bestätigen kann, oder um ein komplexes Formular, über das der Benutzer eine Vielzahl von Eingaben tätigen kann.

Ob man nun zwischen Fenstern und Dialogen unterscheiden soll, ist eher eine philosophische Frage. Betrachten wir die MFC-Vererbungshierarchie, so sehen wir, dass sowohl CView wie auch CDialog parallel von CWnd abgeleitet werden. Somit ist ein Dialog auch ein Fenster, das Nachrichten empfängt und verarbeitet. Aus der Vererbungslogik wissen wir, dass beide Klassen zumindest die Daten von CWnd und einen Teil der Methoden (bis auf die überschriebenen) gemeinsam haben. Um einfache Meldungen auszugeben, benutzen wir gern die Methode MessageBox der Klasse CWnd. Dies zeigt, dass alle wesentlichen Eigenschaften eines Fensters in dieser Klasse vorhanden sind.

Aus der MFC-Hierarchie entnehmen wir weiterhin, dass es eine Anzahl vordefinierter Standarddialoge für das Öffnen von Dateien, das Festlegen von Schriftarten usw. gibt, die wir in einem gesonderten Kapitel besprechen werden, da sie die Programmierung natürlich sehr erleichtern und unserem Programm einen professionellen Touch geben.

Grundsätzlich unterscheiden wir *modale* und *nichtmodale* Dialoge. Beide werden von der Klasse CDialog abgeleitet. Sie unterscheiden sich im Verhalten gegenüber dem Anwender. Modale Dialoge müssen zuerst bestätigt werden, bevor die Anwendung fortgesetzt werden kann. Sie sind typisch für Fehlermeldungen, Abfragen zum Dateinamen usw.

Genau genommen müssen wir sogar mehrere Arten der Modalität unterscheiden. In einem Multitasking-System wie Windows können wir nicht nur zwischen den Fenstern einer Anwendung, sondern auch von einer Anwendung zu einer anderen wechseln. Andererseits gibt es Fehlerzustände, die erst beseitigt werden müssen, bevor irgendeine Anwendung fortgesetzt werden kann. Wir kennen daher:

– systemmodale Dialoge, die für das ganze System modal sind;

- anwendungsmodale Dialoge, die nur für eine Anwendung modal sind.

Da wir kaum mit den ersten in Berührung kommen werden, konzentrieren wir uns auf den zweiten Fall.

Grundsätzlich lassen sich modale Dialoge sehr viel einfacher programmieren als nichtmodale Dialoge. Wir können dies mit dem strengen Ablauf eines DOS-Programms und der Ereignisorientierung unter Windows vergleichen. Bei einem nichtmodalen Dialog müssen sämtliche Nebenwirkungen abgeschätzt werden, wenn ein Benutzer während der Dialogbearbeitung das Fenster wechselt. Vielleicht werden ja dort Daten geändert, die auf dem Zielfenster ebenfalls zu sehen sind usw. In diesem Fall müssen spezielle Update-Mechanismen programmiert werden.

Wie unterscheidet sich nun ein Dialog von einem `CView`-Fenster? Ein Dialog ist fast immer mit einer Windows-Ressource verknüpft. Diese bestimmt die Steuerelemente und das Layout des Dialogs. Wie schon erwähnt, kann die Ressource verändert werden, ohne dass das ganze Programm neu übersetzt werden muss.

Die innere Verwaltung eines Dialogs hat gewisse Ähnlichkeit mit der Verwaltung von Windows selbst. Ein Dialog enthält eine Auflistung aller seiner Steuerelemente. Die Reihenfolge bestimmt die Tabulatorreihenfolge, mit der der Tabulator von Steuerelement zu Steuerelement springt. Wir können aber auch festlegen, ob der Tabulator (Fokus) überhaupt bei einem solchen Element anhält oder nicht.

Jedes Steuerelement ist wiederum selbst ein kleines Fenster, dem aber eine Reihe von Eigenschaften fehlen. Z. B. hat es keine Menüleiste, lässt sich bis auf einige Ausnahmen nicht vom Benutzer herumziehen, vergrößern oder verkleinern usw.

Wir hatten bei unserer ersten Übung bereits gesehen, dass die Kommunikation zwischen der Ressource und dem Programm über Identnummern erfolgt. Diese sind normalerweise hinter so genannten *sprechenden* Namen (Konstanten) versteckt. Mit diesen Namen statt der Nummern machen wir das Programm besser lesbar.

Für jeden Dialog, den wir für unser Programm anlegen, wird eine eigene Klasse (genauer sogar zwei eigene Module – Kopf- und Implementationsmodul) angelegt. Diese Klasse enthält wiederum alle Steuerelemente als Klassenvariablen.

Bevor wir nun mit einem Riesendialog beginnen, der (fast) alle Dialogelemente enthält, wollen wir einen Blick auf die integrierten Dialoge, die grundlegenden Steuerelemente und die Standarddialoge werfen. Da die Steuerelemente in beliebiger Anzahl dynamisch einbindbar sind, kann diese Übersicht nicht vollständig sein. Wir wollen uns daher einzig auf die allgemeinen Steuerelemente beschränken.

12.1.2 Meldungsdialoge

Auf einer sehr einfachen Ebene der Ein- bzw. Ausgabe arbeiten wir mit integrierten Dialogen (Meldungsboxen). Diese können verschiedene Benutzerantworten zurückliefern, sind aber nicht dazu geeignet, Daten entgegenzunehmen. Suchen wir nach diesem Begriff, so geht die Verwirrung schon los. Wir finden nämlich:

12.1 Dialoge

`MessageBox`	SDK	Basis-Meldungsfenster der Windows-API (Software Development Kit)
`AfxMessageBox`	AFX	Meldungsfenster des Anwendungsgerüsts (Application Frameworks)
`CWnd::MessageBox`	MFC	MFC-Meldungsfenster (Microsoft Foundation Class Library)
`CWindow::MessageBox`	ATL	ATL-Meldungsfenster (Active Template Library)

Letztendlich setzen alle „höheren" Meldungsfenster auf der API auf. Sie unterscheiden sich durch die Anzahl der Parameter, deren Reihenfolge und deren Typen. So benötigt die `MessageBox` den aktuellen Fensterhandle, während dies bei den anderen entfällt. Daher ist dieser Dialog etwas unbequemer. In der Beschreibung zu `CWnd::MessageBox` wird ausdrücklich die Verwendung von `AfxMessageBox` empfohlen. Dieser Dialog übernimmt als zusätzlichen Parameter einen Zeiger auf die Hilfe. In den zurückliegenden Programmen haben wir sie bereits aufgerufen. Er ist weiterhin aus allen Klassen aufrufbar, während die MFC-MessageBox nur in Nachkommen von `CWnd` benutzt werden kann.

Nachdem wir nun die Unterschiede kennen, sollten wir die Gemeinsamkeiten betrachten. Ein Meldungsfenster ist ein Dialogfeld mit:

- Titelleiste   veränderbar
- Symbol   einstellbar auf Vorgabewerte
- Anzeigetext   einstellbar
- Schaltflächen   Anzahl, Standardbeschriftungen und Vorgabeposition einstellbar
- Hilfe   wie erwähnt, nicht immer vorhanden

Um die Wirkung der verschiedenen Optionen zu testen, wollen wir ein Programm schreiben, das eine solche Meldungsbox nach unseren Vorgaben zusammenstellt.

Programmentwurf

U121   Zur Demonstration aller Varianten müssen wir fünf Symbole (kein Symbol ist ebenfalls eine Möglichkeit), sechs Schaltflächen und drei Vorgabepositionen (wobei diese von der Anzahl der Schaltflächen reduziert werden) miteinander kombinieren. Theoretisch sind dies 90 Möglichkeiten. Somit scheidet eine Lösung mit verschiedenen Schaltflächen frühzeitig aus. Es bleibt nur die Alternative: Optionenfelder oder Kombinationsfelder. Da wir erstere schon besprochen haben, wählen wir die zweite Lösung. Beim Kombinationsfeld haben wir immer die Alternative zwischen dem Index und dem Wert. Da die Konstanten durchnummeriert sind, kommt für eine schnelle Lösung nur der Index in Frage. Damit kann das Kombinationsfeld aber nicht mehr sortiert sein, da sonst die Indizierung falsch wird.

▷   Die Vorgabe setzen wir in folgenden Schritten in ein Programm um:

1. Wir legen eine neue Dialoganwendung `U121` im Verzeichnis `U12_StE` an (**Bild 12.1**). (Wir sollten nicht vergessen, die Option `Dialogfeldbasierend` anzuklicken.)

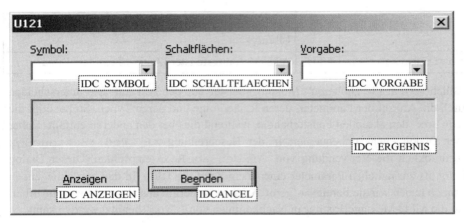

Bild 12.1: Oberflächenentwurf des `MessageBox`-Testers `U121`

2. Als Nächstes entwickeln wir das Layout für die Oberfläche mit dem Dialogeditor. Die Steuerelemente bis auf ein zusätzliches Bezeichnungsfeld im unteren Drittel gehen aus der Vorgabe hervor. Wir löschen das Bezeichnungsfeld und die Schaltfläche OK und positionieren Abbrechen wie Beenden.

3. Die verschiedenen Einstellungen sind in der folgenden Tabelle zusammengefasst, wobei die reinen Bezeichnungsfelder weggelassen sind. Die Beschriftung kann man dem Bild entnehmen:

Eigenschaft	Wert	Membervariable/Ereignisfunktion
ID	`IDC_SYMBOL`	`m_iSymbol`

Daten	`;`
	`MB_ICONERROR;`
	`MB_ICONQUESTION;`
	`MB_ICONINFORMATION;`
	`MB_ICONEXCLAMATION`	

Sortieren	`False`	

12.1 Dialoge

Eigenschaft	Wert	Membervariable/Ereignisfunktion
ID	IDC_SCHALTFLAECHEN	m_iSchaltflächen
Daten	MB_OK; MB_OKCANCEL; MB_ABORTRETRYIGNORE; MB_YESNOCANCEL; MB_YESNO; MB_RETRYCANCEL;	
Sortieren	False	
ID	IDC_VORGABE	m_iVorgabe
Daten	MB_DEFBUTTON1; MB_DEFBUTTON2; MB_DEFBUTTON3;	
Sortieren	False	
ID	IDC_ERGEBNIS	m_strErgebnis
Beschriftung	leer	
ID	IDC_ANZEIGEN	OnBnClickedAnzeigen
Beschriftung	&Anzeigen	
Standardschaltfläche	True	
ID	IDCANCEL	
Beschriftung	Bee&nden	

Das Setzen der meisten Eigenschaften sollte keine Schwierigkeiten bereiten.

Durch die fehlende Sortierung ersparen wir uns eine Menge Probleme, die wir dadurch auf den Benutzer abwälzen. Er muss länger suchen. Bei dieser Menge von Einträgen pro Zeile ist das aber vertretbar.

Wo steckt der Trick? Nun, die Indizes der Einträge stimmen (fast) mit den Werten der Konstanten überein.

Das Anlegen der Membervariablen bzw. der Ereignisfunktionen sollte ebenfalls keine Probleme bereiten. Welche es sind und wie sie heißen, ist in der letzten Spalte angegeben.

Diese Behauptung stimmt natürlich in dieser Form nur, wenn wir bei den Membervariablen in der Kategorie die Einstellung Value vornehmen, den Variablentyp gleichzeitig auf int setzen.

☞ Hinweis: Ein Kombinationsfeld hat zwei verschiedene Größen. Sichtbar ist die „eingeklappte" Größe. Wird das Kombinationsfeld aber aufgeklappt, so benötigt es genügend Platz nach unten. Beim Aufziehen des Felds im Dialogeditor müssen wir dies bereits berücksichtigen, sonst können wir keine Elemente aus der Liste wählen. Daher kontrollieren wir die Anzeige unbedingt im Testmodus.

☞ Tipp: Sind die Felder zu klein, dann fehlen die Aufziehpunkte nach unten. In diesem Fall klicken wir auf die Aufklapp-Ikone. Dadurch wechseln die Aufziehpunkte.

Wenn alle Steuerelemente positioniert und verknüpft sind, können wir mit der Programmierung beginnen:

```
void CU121Dlg::OnBnClickedAnzeigen() {
  int iErgebnis;
  UpdateData(TRUE); //Einlesen
  if (m_iSymbol<0) m_iSymbol=0;
  if (m_iSchaltflaechen<0) m_iSchaltflaechen=0;
  if (m_iVorgabe<0) m_iVorgabe=0;
  iErgebnis=m_iSchaltflaechen+m_iSymbol*16+m_iVorgabe*256;
  iErgebnis=MessageBox("Meldungsfenster","Titelleiste",iErgebnis);
  switch (iErgebnis) {
    case IDABORT:
      m_strErgebnis="Sie haben 'Abbrechen' (Abort) gedrückt";
      break;
    case IDCANCEL:
      m_strErgebnis="Sie haben 'Abbrechen' gedrückt";
      break;
    case IDIGNORE:
      m_strErgebnis="Sie haben 'Ignorieren' gedrückt";
      break;
    case IDNO:
      m_strErgebnis="Sie haben 'Abbrechen' (Abort) gedrückt";
      break;
    case IDOK:
      m_strErgebnis="Sie haben 'OK' gedrückt";
      break;
    case IDRETRY:
      m_strErgebnis="Sie haben 'Wiederholen' gedrückt";
      break;
    case IDYES:
      m_strErgebnis="Sie haben 'Ja' gedrückt";
      break;
  }
  SetDlgItemText(IDC_ERGEBNIS,m_strErgebnis);
} //CU121Dlg::OnBnClickedAnzeigen
```

Hat der Benutzer irgendeinen Text eingegeben, so liefert die Membervariable −1 zurück, was unsere weiteren Berechnungen stören würde. Wir setzen in diesem Fall den Wert auf den Vorgabewert 0. Diese Lösung hat jedoch den Nachteil, dass sie für den Benutzer kaum nachvollziehbar ist.

In iErgebnis berechnen wir nun über den Index die Ganzzahl, die das Erscheinungsbild der Meldungsbox bestimmt. Statt der Multiplikationen mit Zweierpotenzen wäre ein Linksschieben programmtechnisch schneller.

12.1 Dialoge

Die Meldungsbox liefert als Rückgabewert die angeklickte Schaltfläche. Mit Hilfe einer Fallunterscheidung wird ein Text in das Bezeichnungsfeld ausgegeben und angezeigt.

4. Wir übersetzen nun das Programm und testen es (**Bild 12.2**). ∎

Bild 12.2: Anzeige des `MessageBox`-Testers `U121`

Durch Auswahl der drei Werte können wir das Aussehen der Meldungsbox variieren. Im Ergebnisfeld wird gemeldet, welche Schaltfläche wir ausgewählt haben.

12.1.3 Hilfsausgaben

Wollen wir nur Ausgaben während der Fehlersuche durchführen, so können wir die verschiedenen Makros `TRACE`, `TRACE0...4` benutzen, die wir bei der Fehlersuche näher untersuchen werden.

12.1.4 Standarddialoge

In einigen Programmiersprachen finden wir einen direkten Zugriff auf die Windows-Standarddialoge:

1. Öffnen einer Datei
2. Speichern einer Datei unter
3. Druckdialog (mit Druckereinrichtung)
4. Schriftartendialog
5. Farbgebungsdialog
6. Suchen-/Ersetzendialog
7. Hilfedialog

über ein entsprechendes Steuerelement. Dieses fehlt in Visual C++ .NET. Stattdessen sind die Standarddialoge bereits mit den Menüoptionen verknüpft. Dies reicht oft genug nicht aus, so dass wir hin und wieder eigene Standarddialoge öffnen wollen.

Standarddialoge sind Bestandteil von Windows, d. h., sie ändern sich mit jeder Windows-Version. Benutzen wir Standarddialoge, so passt sich unser Programm automatisch an neue Windows-Versionen an.

Im Grunde machen die Menüoptionen der Standardmenüs Datei in den SDI-/MDI-Anwendungen nichts anderes, als die Standardmenüs aufzurufen, um anschließend die Benutzereingaben zu verarbeiten, d. h., eine Datei zu laden oder zu speichern.

Wir wollen uns jetzt der Aufgabe zuwenden, Standarddialoge selbst aufzurufen und die Benutzereingaben zu verwerten.

U122 Alle Standarddialoge basieren auf der Klasse CCommonDialog (**Bild 12.3**) mit den Nachfolgern:

```
CFileDialog
CFontDialog
CColorDialog
CPageSetupDialog
CPrintDialog
CFindReplaceDialog
COleDialog
```

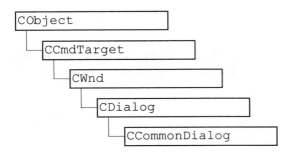

Bild 12.3: Vorgängerklassen von CCommonDialog

12.1.4.1 Datei öffnen-Dialog

> Die Standarddialoge werden häufig über Menüoptionen oder Schaltflächen einer Anwendung aufgerufen. Als Beispiel wollen wir daher ein einfaches Dialogfeld implementieren, das einen Dateidialog aufruft. Die vom Anwender gewählte Datei wird in einem Textfeld angezeigt:
> 1. Für diese einfache Übung legen wir eine dialogfeldbasierende Anwendung U122 an (**Bild 12.4**).

12.1 Dialoge

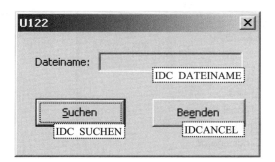

Bild 12.4: Oberfläche von U122 zum Auslösen eines Standarddialogs

2. Auf der Dialogvorlage platzieren wir zwei Bezeichnungsfelder zur Darstellung der gewählten Datei sowie eine Schaltfläche zum Auslösen des Standarddialogs. Die generierten Steuerelemente entfernen wir bis auf die Schaltfläche Abbrechen. Soll der Dateiname eingebbar sein, so ersetzen wir das Bezeichnungsfeld durch ein Textfeld.

3. Die Eigenschaften der Steuerelemente legen wir folgendermaßen fest:

Eigenschaft	Wert	Membervariable/Ereignisfunktion
ID	IDC_DATEINAME	m_strDateiname
Client-Kante	True	
ID	IDC_SUCHEN	OnBnClickedSuchen
Beschriftung:	&Suchen	
Standardschaltfläche	True	

4. Diese programmieren wir folgendermaßen, wobei wir die Aufteilung der Zeichenkette mit Fortsetzung auf der nächsten Zeile ohne Leerstellen beachten:

```
void CU122Dlg::OnBnClickedSuchen() {
  CFileDialog dlg(TRUE,NULL,NULL,
    OFN_HIDEREADONLY|OFN_OVERWRITEPROMPT,
    "BMP - OS/2 oder Windows-Bitmap|*.bmp|GIF - CompuServe|*.gif|"\
    "JPG - JFIF|*.jpg;*.jpeg|Alle Dateien|*.*|");
  dlg.m_ofn.nFilterIndex=2;
  dlg.m_ofn.lpstrTitle="Bilddateien suchen";
  if (dlg.DoModal()==IDOK) {
    m_strDateiname=dlg.GetPathName();
    UpdateData(FALSE);
  }
} //CU122Dlg::OnBnClickedSuchen
```

5. Jetzt können wir das Projekt erstellen und testen (**Bild 12.5**). ∎

In der Musterlösung finden Sie noch Ergänzungen für die Favoritenleiste im Internet-Explorer-Stil.

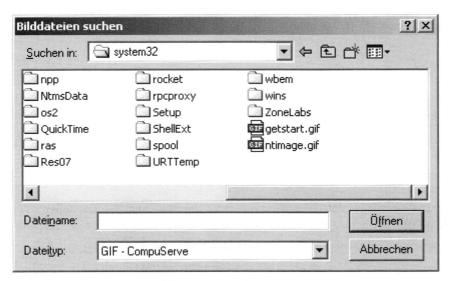

Bild 12.5: Standarddialog zum Öffnen einer Datei

Wir müssen also nur eine Instanz des richtigen Dialogtyps deklarieren und können dann einen Standarddialog wie einen selbst geschriebenen Dialog einsetzen.

Wichtig ist dabei jeweils nur, die richtigen Parameter zu kennen und zu setzen. Für die einfachen Fälle genügt der Konstruktor, für komplexere Fälle müssen wir die Struktur der Instanzvariablen `CFileDialog::m_ofn` kennen. Sie ist vom Typ `OPENFILENAME` mit folgender Feinstruktur:

```
typedef struct tagOFN {
  DWORD          lStructSize;
  HWND           hwndOwner;
  HINSTANCE      hInstance;
  LPCTSTR        lpstrFilter;
  LPTSTR         lpstrCustomFilter;
  DWORD          nMaxCustFilter;
  DWORD          nFilterIndex;
  LPTSTR         lpstrFile;
  DWORD          nMaxFile;
  LPTSTR         lpstrFileTitle;
  DWORD          nMaxFileTitle;
  LPCTSTR        lpstrInitialDir;
  LPCTSTR        lpstrTitle;
  DWORD          Flags;
  WORD           nFileOffset;
  WORD           nFileExtension;
  LPCTSTR        lpstrDefExt;
  LPARAM         lCustData;
  LPOFNHOOKPROC  lpfnHook;
  LPCTSTR        lpTemplateName;
#if (_WIN32_WINNT >= 0x0500)
  void *         pvReserved;
  DWORD          dwReserved;
  DWORD          FlagsEx;
#endif // (_WIN32_WINNT >= 0x0500)
} OPENFILENAME, *LPOPENFILENAME;
```

12.1 Dialoge

Diese Struktur führt uns eindrucksvoll die Nähe zur Windows-API vor. Offensichtlich ist dabei die Struktur mit den Windows-Versionen erweitert worden. Die erweiterten Merker `FlagsEx` dienen zum Schalten der Explorer-Leiste. Eine Vielzahl der Parameter lässt sich auch direkt mit dem Konstruktor `CFileDialog::CFileDialog` setzen:

```
explicit CFileDialog(
    BOOL bOpenFileDialog,    //Öffnen oder Speichern
    LPCTSTR lpszDefExt = NULL,    //Standard-Dateinamenserweiterung
    LPCTSTR lpszFileName = NULL,    //Anfänglicher Dateiname
    DWORD dwFlags = OFN_HIDEREADONLY | OFN_OVERWRITEPROMPT,    //Steuerflags
    LPCTSTR lpszFilter = NULL,    //Filterangaben
    CWnd* pParentWnd = NULL,    //Trägerfenster des Dialogs
    DWORD dwSize = sizeof(OPENFILENAME)    //Länge der Struktur
);
```

Die Angaben zum Filter sind erklärungsbedürftig. Sie bestehen immer aus Pärchen, die durch einen senkrechten Strich getrennt sind. Der erste Teil des Pärchens wird angezeigt, der zweite Teil wird als Filter (im DOS-Stil) eingesetzt. Mehrere Erweiterungen werden dabei mit ; getrennt. Diese Aufzählungsmöglichkeiten sind im Rahmen einer allgemeinen Dateieingabe wie *Bilddateien* gut einzusetzen.

Das Programmbeispiel zeigt weiterhin, wie wir über das Element `nFilterIndex` der `m_ofn`-Struktur einen bestimmten Eintrag im Filter vorwählen können. Wir müssen also nicht immer mit dem obersten Eintrag beginnen. In gleicher Form lässt sich über `lpstrTitle` die Titelzeile ändern usw.

Für die Vielzahl der verschiedenen Parameter und die dort einsetzbaren Werte sollte die Online-Hilfe herangezogen werden. Die Steuerflags ermöglichen uns beispielsweise, die schreibgeschützten Dateien zu verstecken oder das Überschreiben mit einer Rückfrage beim Anwender abzusichern usw.

Auch wenn wir die Parameter bei Bedarf in der Online-Hilfe nachlesen, so sollten wir doch über die Möglichkeiten dieses Standarddialogs Bescheid wissen:

Operationen

`DoModal`	Bietet dem Benutzer das Dialogfenster zur Auswahl an.
`GetFileExt`	Liefert die Dateierweiterung der selektierten Datei.
`GetFileName`	Liefert den Dateinamen der selektierten Datei.
`GetFileTitle`	Liefert den Titel der selektierten Datei.
`GetFolderPath`	Liefert den Pfad des aktuell geöffneten Ordners.
`GetNextPathName`	Liefert die volle Pfadangabe der nächsten selektierten Datei.
`GetOFN`	Liefert die Struktur `OPENFILENAME` des Objekts `CFileDialog`.
`GetPathName`	Liefert den vollen Pfad des aktuell geöffneten Ordners.
`GetReadOnlyPref`	Liefert den Nur-Lese-Status der aktuell selektierten Datei.
`GetStartPosition`	Liefert die Position des ersten Elements der Dateinamensliste.

`HideControl`	Versteckt das angegebene Steuerelement in einem Explorer-Stil-Dialog.
`SetControlText`	Setzt den Text des angegebenen Steuerelements in einem Explorer-Stil-Dialog.
`SetDefExt`	Setzt die Vorgabe-Dateierweiterung eines Explorer-Stil-Dialogs.
`SetTemplate`	Setzt das Dialogfeld-Template.

Überschreibbare Ereignisfunktionen

`OnFileNameChange`	Verarbeitet `WM_NOTIFY CDN_SELCHANGE`.
`OnFileNameOK`	Prüft die Gültigkeit eines eingegebenen Dateinamens.
`OnFolderChange`	Verarbeitet `WM_NOTIFY CDN_FOLDERCHANGE`.
`OnInitDone`	Verarbeitet `WM_NOTIFY CDN_INITDONE`.
`OnLBSelChangedNotify`	Wird aufgerufen, wenn die Selektion des Listenfelds verändert wird.
`OnShareViolation`	Wird aufgerufen, wenn eine Zugriffsverletzung auftritt.
`OnTypeChange`	Verarbeitet `WM_NOTIFY CDN_TYPECHANGE`.

12.1.4.2 Farbdialog

Als weiteres (und letztes) Beispiel wollen wir in unserem Programm einen Farbdialog ergänzen. Er ist vollkommen gleich aufgebaut, wobei sich aber die Datenstruktur sowie die verfügbaren Methoden grundlegend unterscheiden.

Die Instanzvariable `m_cc` ist vom Typ `CHOOSECOLOR`:

```
typedef struct {
   DWORD        lStructSize;
   HWND         hwndOwner;
   HWND         hInstance;
   COLORREF     rgbResult;
   COLORREF   * lpCustColors;
   DWORD        Flags;
   LPARAM       lCustData;
   LPCCHOOKPROC lpfnHook;
   LPCTSTR      lpTemplateName;
} CHOOSECOLOR, *LPCHOOSECOLOR;
```

Entsprechend übersichtlich ist der Konstruktor:

```
CColorDialog(
   COLORREF clrInit = 0,    //Anfangsfarbe
   DWORD dwFlags = 0,       //Steuerflags
   CWnd* pParentWnd = NULL  //Trägerfenster
);
```

und die wenigen Elemente:

12.1 Dialoge

Operationen

DoModal	Zeigt den Farbdialog zur Auswahl einer Farbe an.
GetColor	Gibt den Farbwert als COLOREF-Struktur zurück.
GetSavedCustomColors	Gibt die vom Benutzer gemischte Farbe zurück.
SetCurrentColor	Setzt die aktuelle Farbmarkierung auf die angegebene Farbe.

Überschreibbare Ereignisfunktionen

OnColorOK	Prüft die an den Farbdialog übergebene Farbe.

Damit können wir nun ein Beispiel programmieren. Hierzu legen wir eine neue Schaltfläche an (**Bild 12.6**).

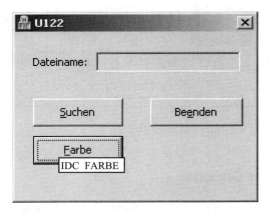

Bild 12.6: Ergänzter Dialog

Das Programm für die Ereignisfunktion ist schnell geschrieben:

```
void CU122Dlg::OnBnClickedFarbe() {
  CColorDialog dlg;
  dlg.m_cc.Flags |= CC_FULLOPEN | CC_RGBINIT;
  dlg.m_cc.rgbResult = RGB(255, 0, 0);
  if (dlg.DoModal()==IDOK) {
    COLORREF clrFarbe=dlg.GetColor();
    TRACE("RGB Wert der Farbe: Rot = %u, Grün = %u, Blau = %u\n",
        GetRValue(clrFarbe),GetGValue(clrFarbe),GetBValue(clrFarbe));
  }
} &&CU122Dlg::OnBnClickedFarbe
```

Wir benutzen den Standardkonstruktor und setzen erst dann die Eigenschaften. Der Dialog startet mit der Farbe Rot im Vollbildmodus (**Bild 12.7**).

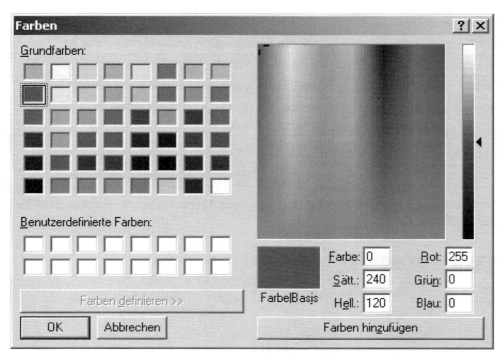

Bild 12.7: Farbdialog im Vollbildmodus

12.1.5 Programmierung modaler Dialoge

Wir wollen die Vorgehensweise beim Programmieren modaler Dialoge (ohne Beispiel) darstellen. Das Beispiel können Sie im Kapitel «Visual Studio» noch einmal nachvollziehen.

Zum sinnvollen Einsatz eines modalen Dialogs müssen folgende Aufgaben erfüllt werden:

1. Der Dialog muss entworfen sein.
2. Die Dialogdaten müssen vorbereitet sein.
3. Der Dialog muss ausgelöst werden.
4. Hierbei muss er sich vor der Anzeige die vorbereiteten Daten holen.
5. Der Dialog muss seine Verarbeitungen durchführen. Hier verhält er sich weitgehend wie eine normale Anwendung.
6. Der Dialog muss beendet (bei Bedarf auch abgebrochen) werden.
7. Dabei muss er die gewünschten Daten zur weiteren Verarbeitung an das auslösende Programm übergeben.

Punkt 1 erscheint auf den ersten Blick trivial, ist aber für die Programmierung sehr wichtig. Denn wir gehen in dieser Reihenfolge vor:

12.1 Dialoge

1. Wir legen im Ressourceneditor eine neue, leere Dialogressource an.
2. Mit dem Dialogeditor füllen wir den Dialog mit den gewünschten Steuerelementen. Der Editor legt eine Ressourcendatei `.rc` mit der Beschreibung aller Ressourcen an.
3. Ein Dialog wird für unser Programm erst dann ansprechbar, wenn für ihn eine Klasse (genauer eine von `CDialog` abgeleitete Klasse) existiert. Diese generieren wir aus dem Kontextmenü des Dialogfensters heraus (Rechtsklick auf den Fensterhintergrund). Sie besteht aus der Kopfdatei `.h` und der Implementationsdatei `.cpp`. Beide Dateien werden dem Projekt hinzugefügt.
4. Mit Hilfe des Eigenschaftenfensters sowie des Kontextmenüs werden die Datenelemente, die Austauschfunktionen und die Plausibilitätsprüfungen eingefügt.
5. Voreinstellungen für die Steuerelemente usw. legen wir in der Ereignisfunktion `OnInitDialog` ab.
6. Der Dialog kann normale Ereignisse verarbeiten, so dass entsprechende Ereignisfunktionen angelegt und programmiert werden können.
7. Bei normalem Ende muss die Ereignisfunktion `OnOK` aufgerufen werden. Dies ist standardmäßig vorgesehen. Wollen wir weitere Ausgänge anlegen, so müssen wir diese Funktion selbst aufrufen.
8. In unsere Ansichtsklasse fügen wir (meist) eine Ereignisfunktion ein, die den Dialog auslöst. Hierbei gehen wir in folgenden Schritten vor:
   - Dialog der gewünschten Dialogklasse instanziieren (Konstruktor aufrufen)
   - Daten übergeben
   - mit `DoModal` aufrufen
   - nach Rückkehr Daten in Abhängigkeit von der Benutzeraktion übernehmen oder verwerfen

12.1.6 Nichtmodale Dialoge

U123 Nichtmodale Dialoge sind deutlich schwieriger zu programmieren als modale Dialoge. Um die Erläuterungen zu vereinfachen, wollen wir unter dem *Trägerdialog* den auslösenden Dialog und unter *Kinddialog* den ausgelösten (Hilfs-)Dialog verstehen Wir müssen dabei unter anderem entscheiden und programmieren, ob

- ein oder mehrere Kinddialoge existieren dürfen,
- eine Synchronisation beider Dialoge erfolgt
- und wie ein offener Kinddialog beim Schließen des Trägerdialogs ebenfalls geschlossen wird.

Zur Demonstration eines nichtmodalen Dialogs wollen wir einen dialogfeldbasierenden Trägerdialog mit einer Liste erstellen, die sowohl im Trägerdialog wie über einen Kinddialog mit Zeichenketten gefüllt werden soll. Hierzu gehen wir in folgenden Schritten vor:

1. Zuerst legen wir den dialogfeldbasierenden Trägerdialog an (**Bild 12.8**). Um das Beispiel etwas spannender zu machen, wollen wir mit einer zweiten Schaltfläche auch Zeichenketten direkt eingeben.

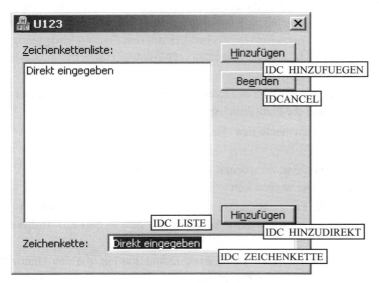

Bild 12.8: Oberflächenentwurf U123 nichtmodaler Dialog

2. Die Eigenschaften der Steuerelemente bestimmen wir nach folgender Tabelle.

Eigenschaft	Wert	Membervariable/Ereignisfunktion
ID	IDC_HINZU	OnBnClickedHinzu
Beschriftung	&Hinzufügen	
ID	IDC_HINZUDIREKT	OnBnClickedHinzuDirekt
Beschriftung:	Hi&nzufügen	
Standardschaltfläche	True	

3. Vor dem Einsatz des Kinddialogs wollen wir die Funktionalität des Trägerformulars programmieren und testen:

```
void CU123Dlg::OnBnClickedHinzuDirekt() {
  CString szZeichenkette;
  GetDlgItemText(IDC_ZEICHENKETTE,szZeichenkette);
  szZeichenkette.Trim();
  if (szZeichenkette!="") {
     ((CListBox*)GetDlgItem(IDC_LISTE))->AddString(szZeichenkette);
  }
  GetDlgItem(IDC_ZEICHENKETTE)->SetFocus(); //für alle Steuerelemente
  ((CEdit*)GetDlgItem(IDC_ZEICHENKETTE))->SetSel(0,-1);
} //CU123Dlg::OnBnClickedHinzuDirekt
```

12.1 Dialoge 507

Die eingegebene Zeichenkette wird von überflüssigen Leerstellen befreit. Dieses sollte man immer bei Eingaben von Einzelwörtern (Namen usw.) durchführen. Ist die Zeichenkette nicht leer, dann fügen wir sie unserer Liste hinzu. Da diese standardmäßig sortiert ist, wird die Zeichenkette an die richtige Stelle einsortiert.

Für weitere Benutzereingaben wollen wir gleich den Fokus zurücksetzen und den aktuellen Text zum Löschen markieren. Stattdessen wäre auch ein automatisches Löschen denkbar.

4. Nun entwickeln wir unseren nichtmodalen Kinddialog `IDD_KINDDIALOG` (**Bild 12.9**).

Bild 12.9: Oberflächenentwurf des Kindfensters

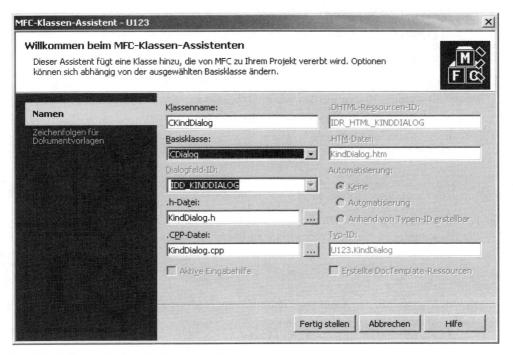

Bild 12.10: Klasse für den Kinddialog generieren

> **Tipp:** Wenn Sie vermeiden wollen, dass das Programm zwar funktioniert, Sie aber stundenlang suchen, warum der Kinddialog nicht erscheinen will, dann kontrollieren Sie die Eigenschaft Sichtbar. Diese muss auf True stehen, wird aber beim Neuanlegen automatisch auf False gesetzt.

5. Für den Kinddialog legen wir mit Rechtsklick auf den Hintergrund eine eigene Klasse CKindDialog an, wobei wir auf die richtige Basisklasse CDialog achten (**Bild 12.10**). Diese steht standardmäßig auf CDHtmlDialog.

6. Wir könnten nun für die Schaltflächen neue Ereignisfunktionen festlegen oder die vorhandenen Verknüpfungen mit IDOK und IDCANCEL überschreiben. Wir entscheiden uns für die erste Variante und generieren entsprechende Überschreibungen OnOK und OnCancel. IDOK soll die Zeichenkette einlesen und in die Liste des Trägerfensters eintragen:

```
void CKindDialog::OnOK(void) {
  /*überträgt die Eingabe in das Listenfeld des Trägerdialogs*/
  CEdit *pZeichenkette=(CEdit*)GetDlgItem(IDC_ZEICHENKETTE);
  CListBox *pListe=(CListBox*)(m_pParent->GetDlgItem(IDC_LISTE));

  VERIFY(pZeichenkette!=NULL);
  VERIFY(pListe!=NULL);

  CString szZeichenkette;
  pZeichenkette->GetWindowText(szZeichenkette);
  szZeichenkette.Trim();
  if (szZeichenkette!="") {
    pListe->AddString(szZeichenkette);
  }
  pZeichenkette->SetFocus();
  pZeichenkette->SetSel(0,-1);
} //CKindDialog::OnOK
```

IDCANCEL bricht den Kinddialog ab und schließt ihn. Dies muss dem Trägerdialog mitgeteilt werden. Hierzu werden wir im Trägerdialog eine Methode KindDialogEndet anlegen, welche die entsprechenden Schritte vornimmt:

```
void CKindDialog::OnCancel(void) {
  /*ruft Abmeldemethode im Trägerdialog auf
   * und zerstört sich selbst*/
  ((CU123Dlg*)m_pParent)->KindDialogEndet();
  DestroyWindow();
} //CKindDialog::OnCancel
```

7. Zwei wichtige Eigenschaften dieser Klasse wollen wir als Membervariablen innerhalb der Klasse anlegen. Sie helfen uns unter anderem zur Instanziierung der Kinddialoge:

```
protected:
  CWnd *m_pParent;
  int m_nID;
```

und im Konstruktor der Kindklasse initialisieren:

```
CKindDialog::CKindDialog(CWnd* pParent /*=NULL*/)
  : CDialog(CKindDialog::IDD, pParent)
  /*, m_pParent(NULL) */
  , m_nID(CKindDialog::IDD)
```

12.1 Dialoge

```
{
  ASSERT(pParent!=NULL);
  m_pParent=pParent;
}
```

Hier wird für `m_pParent` nicht der Elementinitialisierer benutzt, um sicherzustellen, dass es sich um ein Kindfenster mit Zeiger auf ein Trägerfenster handelt.

8. Sollten wir später auf die Idee kommen, mehrere Kinddialoge in einer eigenen Auflistung verwalten zu wollen, so ist die Überschreibung der Methode `CDialog::Create` sinnvoll, mit der wir einen instanziierten Kinddialog zur Anzeige bringen. Dies erfolgt in zwei Schritten. Zuerst generieren wir das Methodengerüst (**Bild 12.11**).

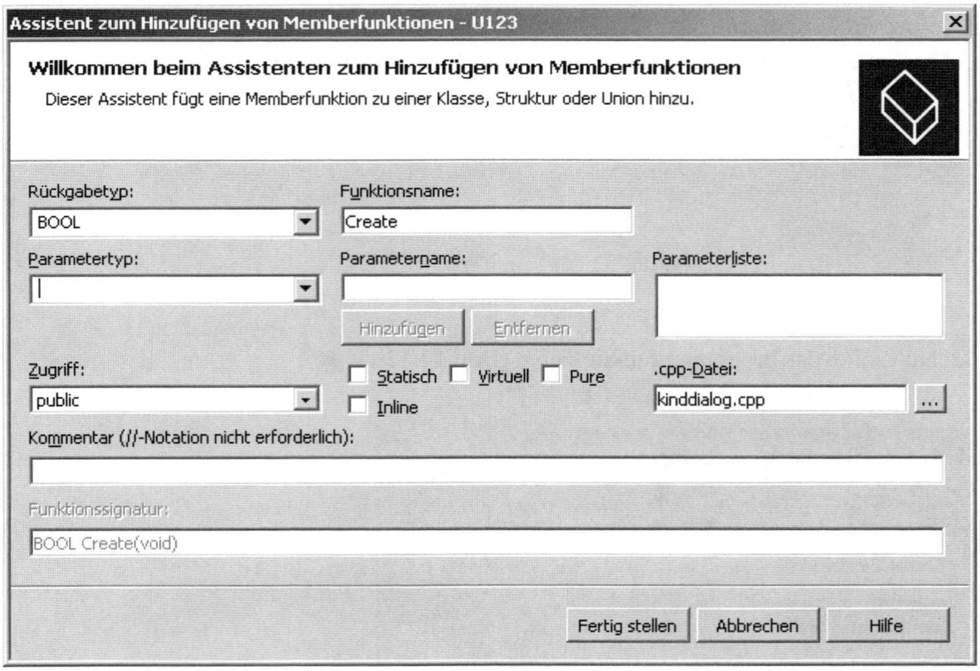

Bild 12.11: Generieren einer überschriebenen Methode mit Hilfe des Assistenten

Anschließend programmieren wir die Methode, wobei die gerade angelegten Instanzvariablen zum Einsatz kommen:

```
BOOL CKindDialog::Create(void) {
  return CDialog::Create(m_nID, m_pParent);
} //CKindDialog::Create
```

9. Weiterhin sollten wir das Rahmenfenster löschen:

```
void CKindDialog::PostNcDestroy(void) {
  delete this;
} //CKindDialog::PostNcDestroy
```

10. Wir kehren nun zum Trägerdialog zurück. Zur bequemen Programmierung legen wir eine Membervariable für den Kinddialog an. Dies erspart uns später komplizierte Anweisungen zum Finden des Kinddialogs:

```
// Implementierung
protected:
  HICON m_hIcon;
  CKindDialog *m_pKindDialog;
```

Diese müssen wir natürlich im Konstruktor der Trägerklasse initialisieren:

```
CU123Dlg::CU123Dlg(CWnd* pParent /*=NULL*/)
  : CDialog(CU123Dlg::IDD, pParent)
{
  m_hIcon = AfxGetApp()->LoadIcon(IDR_MAINFRAME);
  m_pKindDialog=NULL;
} //CU123Dlg::CU123Dlg
```

11. Wird im Trägerformular Hinzufügen angeklickt, so soll das Kindformular erscheinen, aber nur einmal. Hierzu rufen wird deren Ereignisfunktion auf:

```
void CU123Dlg::OnBnClickedHinzu() {
  if (m_pKindDialog==NULL) {
    m_pKindDialog=new CKindDialog(this);
    if (m_pKindDialog->Create()==TRUE) {
      GetDlgItem(IDC_HINZU)->EnableWindow(FALSE);
    }
  } else {
    m_pKindDialog->SetActiveWindow();
  }
} //CU123Dlg::OnBnClickedHinzu
```

12. Nun sollte das Programm funktionieren (**Bild 12.12**). ■

Bild 12.12: Nichtmodaler Dialog im Einsatz

➤ Aufgabe 12-1:

Überlegen Sie, wie dieses Programm so gestaltet werden kann, dass es mehrere Kinddialoge, ggf. mit unterschiedlicher Oberfläche, bearbeiten kann. ∎

Es handelt sich bei der vorgestellten Lösung um eine hierarchische Abhängigkeit. Die Fenster sind nicht gleichberechtigt. Das Trägerfenster überwacht seine Kindfenster. Für gleichberechtigte Fenstersysteme müssen wir ein geeignetes Meldungssystem noch kennen lernen.

12.1.7 Ansichten und/oder Dialoge

Wir haben nun in den verschiedenen Beispielen mehr oder weniger willkürlich SDI, MDI und dialogfeldbasierende Anwendungen generiert. Offensichtlich ist es so, dass diese frühe Entscheidung sehr wichtig für die spätere Programmierung ist. Es ist so gut wie ausgeschlossen, den Typus einer Anwendung nachträglich zu ändern. Wir sollten daher einen zusammenfassenden Blick auf verschiedene Arten werfen.

12.1.7.1 Dialogfeldbasierende Anwendungen

Dialogfeldbasierende Anwendungen bestehen in ihrer einfachsten Form aus zwei Klassen:

`CxxxApp`

`CxxxDlg`

Wenn wir das Kontrollkästchen `Dialogfeld "Info"` markieren, erscheint noch die Klasse `CAboutDlg`. Diese wird aber schon nicht mehr automatisch angesprochen.

Die Klasse `CxxxApp` ist nur für den Anwendungsrahmen zuständig. In ihr verändern wir nur in Ausnahmefällen etwas.

Damit sind die dialogbasierenden Anwendungen sehr einfach zu programmieren, weil wir Daten und Darstellung in einer einzigen Klasse bearbeiten. Grundsätzlich ist kein Mechanismus dafür vorgesehen, den Zustand des Programms (die Daten) über das Ende der Sitzung hinaus zu konservieren.

12.1.7.2 SDI-/MDI-Anwendungen

Diese Anwendungen basieren auf der Trennung von Dokument(en) und Ansicht(en). Sie werden bereits so generiert, dass die Dokumente geladen und gespeichert werden können.

Unsere ersten Übungen machten den Eindruck, als könne man auf eine Ansicht von der Klasse `CView` oder `CScrollView` im Fenster nur zeichnen oder Text ausgeben. Tatsache ist aber, dass wir im letzten Schritt des Generators den Typ des Dialogs festlegen:

`CEditView`	Diese Ansicht verhält sich wie ein (großes) Textfeld (Klasse `CEdit`). Es verarbeitet mehrzeilige Texte und dient dazu, Dokumente in Form des Windows-Editors zu verarbeiten. Die Analogie geht sogar so weit, dass eine solche Anwendung auch nur die Textmenge eines `CEdit`-Felds (64 KByte) verarbeiten kann. Zusätzlich zu den Funktionen des Textfelds finden wir Druckfunktionen sowie Suchen und Ersetzen. Aus `CView` erbt es das Laden und Speichern der Dokumente.
`CFormView`	Diese Ansicht ist im Grunde eine Dialoganwendung mit gleichzeitiger Trennung von Dokumenten und Ansichten. Es handelt sich im Grunde um eine `CScrollView`-Ansicht mit zusätzlicher Ressource. Damit lassen sich beliebige Steuerelemente auf dem Fenster platzieren. Das ganze Fenster ist dabei scrollbar.
`CListView`	Diese Ansicht ermöglicht die Kombination der Dokument-/Ansicht-Architektur mit Listenfeldern.
`CRichEditView`	Eine `CEditView`-Anwendung arbeitet nur in einer einzigen Schrift usw. Wollen wir dagegen mehr Funktionalität in Richtung einer Textverarbeitung, so müssen wir diese Basisklasse wählen.
`CScrollView`	Diese Klasse erweitert `CView` um Bildlaufleisten zur Darstellung großer Dokumente/Formulare.
`CTreeView`	Diese Ansicht unterstützt die Darstellung baumartiger Hierarchien.
`CView`	Diese Basisklasse erzeugt eine Ansicht mit leerem Fenster, auf dem grafische Elemente platziert werden können. Die Steuerung ist auf Menüs und Symbolleisten beschränkt. Daten werden über getrennte Dialoge eingelesen.

Weiter von `CView` abgeleitete Klassen, die im Generator nicht explizit auftauchen, sind:

`CCtrlView`	In dieser Ansicht werden Baum-, Listen- und Rich Edit-Steuerelemente miteinander verknüpft.
`CDaoRecordView`	Mit diesen beiden Ansichten lassen sich Datenbanksätze in Dialogelementen darstellen.
`CRecordView`	Der Unterschied liegt im Datenbankzugriff.

12.2 Steuerelemente

12.2.1 Probleme

Steuerelemente dienen dazu, Ereignisse von Benutzern anzunehmen und Ergebnisse anzuzeigen. In den zurückliegenden Kapiteln sind wir auf das eine oder andere Problem gestoßen, auf das wir noch einmal näher eingehen wollen.

Datenaustausch

Bei den nachfolgenden Übungen werden wir sehen, dass wir Steuerelemente direkt über besondere Befehle oder indirekt über zugeordnete Membervariablen ansprechen können. Beide Techniken sind unabhängig voneinander, was zu manchen nicht vorhergesehenen Effekten führt, wenn wir sie parallel benutzen.

Setzen wir z. B. mit:

```
SetDlgItemText(IDC_LISTENELEMENTERT,"Hallo");
```

den Text eines Textfelds direkt über seine ID, so weiß die zugehörige Membervariable `m_ListenelementWert` nichts davon. Schreiben wir danach alle Membervariablen mit `UpdateData(FALSE)` zurück, so wundert sich der Anwender über das seltsame Verhalten des Programms, weil vielleicht ein alter Wert wieder auftaucht.

Das direkte Setzen hat den Vorteil, dass die Anzeige sofort erscheint, ohne dass die anderen Felder davon betroffen sind. Mit `UpdateData(FALSE)` schreiben wir dagegen alle Membervariablen eines Dialogfelds (fast) gleichzeitig auf den Bildschirm, was durchaus bequem ist.

Beim Einlesen werden dazu noch verschiedene Änderungen (Konvertierungen) und Prüfungen an den Daten vorgenommen, was wir wiederum bei `GetDlgItemText` selbst programmieren müssen.

Beide Techniken haben also ihre Vor- und Nachteile. Wir müssen uns daher grundsätzlich entscheiden, ob wir einen Großteil der Steuerelemente direkt bearbeiten oder ob wir grundsätzlich über die Membervariablen gehen wollen. Ein guter Kompromiss besteht darin, den Werten und den Steuerelementen eine Membervariable zuzuordnen (in diesem Manuskript am Präfix `ctl` erkennbar). Eine Lösung für das obige Problem wäre dann, die Membervariable zu verändern und immer nur diese direkt auszugeben:

```
m_ListenelementWert="Hallo";
SetDlgItemText(IDC_LISTENELEMENTWERT,m_ListenelementWert);
```

So wird auf jeden Fall sichergestellt, dass keine Inkonsistenzen entstehen.

Container für Steuerelement

Noch nicht ganz so deutlich wurde ein weiteres Problem. Wir haben bisher Steuerelemente nur auf eine begrenzte Auswahl von Fenstern platziert. In der Tat haben wir bereits bei unserer ersten MFC-Anwendung gesehen, dass eine Ansicht vom Typ `CView` keine

Steuerelemente aufnehmen kann (zumindest erlaubt es der Dialogeditor nicht). Nun, als Alternative steht uns hier die Klasse `CFormView` zur Verfügung. Trotzdem stellt sich für uns die Frage, ob wir nicht doch von den verbotenen Früchten naschen dürfen. Vielleicht wollen wir doch hin und wieder einmal eine Schaltfläche oder Ähnliches auf eine der vorgefertigten Ansichten setzen.

Sollte uns dies gelingen, so können wir vielleicht dynamisch zur Laufzeit neue Steuerelemente erzeugen und ganze Steuerelementearrays anlegen. Richtig, Sie denken auch an den Mine Sweeper, der ein großes Array aus Schaltflächen ist.

12.2.2 Steuerelemente dynamisch anlegen

U124   Da wir bereits eine Reihe von Steuerelementen kennen, sollten wir uns doch gleich einmal dem letzten Problem zuwenden, bevor wir uns in die Details der verschiedenen Steuerelemente verlieren. Auf der anderen Seite wollen wir es nicht gleich so kompliziert wie im Mine Sweeper machen. Lassen Sie uns also einige Steuerelemente auf einer Ansicht dynamisch erzeugen, für die der Dialogeditor keine Unterstützung bietet.

Dazu gehen wir in folgenden Schritten vor:

1. Wir legen eine neue SDI-Anwendung `U124` an. Die Ansicht wird automatisch von `CView` abgeleitet (**Bild 12.13**).

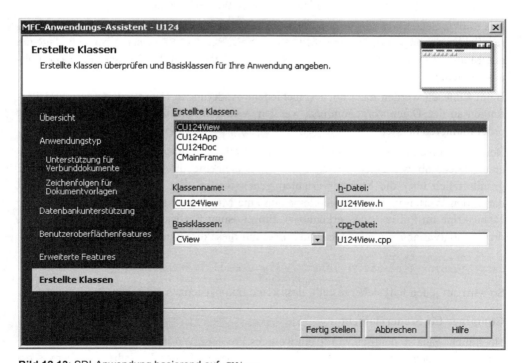

Bild 12.13: SDI-Anwendung basierend auf `CView`

12.2 Steuerelemente 515

2. Die Ansichtsklasse U124View ergänzen wir um ein sehr einfaches Steuerelement, ein Bezeichnungsfeld m_Bezeichnungsfeld (**Bild 12.14**).

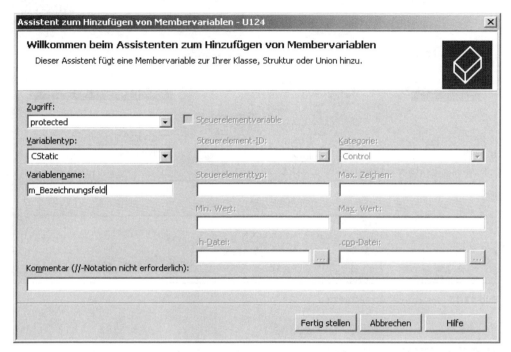

Bild 12.14: Benutzerdefiniertes Bezeichnungsfeld generieren

3. Aus unserer Übung zu den nichtmodalen Dialogen wissen wir, dass wir ein solches Feld beim Kreieren der Ansicht anlegen müssen. Dazu müssen wir aber die Methode OnCreate überschreiben. Diese wird von der Windows-Meldung WM_CREATE ausgelöst, so dass wir hierfür einen Eintrag im Meldungsverteiler eintragen müssen. Dieser Eintrag unterscheidet sich von den anderen Ereignissen dadurch, dass wir ihm keine beliebige Ereignisfunktion zuweisen können:

```
BEGIN_MESSAGE_MAP(CU124View, CView)
  ON_WM_CREATE();
  // Standarddruckbefehle
  ON_COMMAND(ID_FILE_PRINT, CView::OnFilePrint)
  ON_COMMAND(ID_FILE_PRINT_DIRECT, CView::OnFilePrint)
  ON_COMMAND(ID_FILE_PRINT_PREVIEW, CView::OnFilePrintPreview)
END_MESSAGE_MAP()
```

4. Damit ist das Programm für den Empfang dieser Meldung vorbereitet. Wir müssen diese Funktion nur noch überschreiben. Hierzu legen wir ein entsprechendes Gerüst an (**Bild 12.15**).

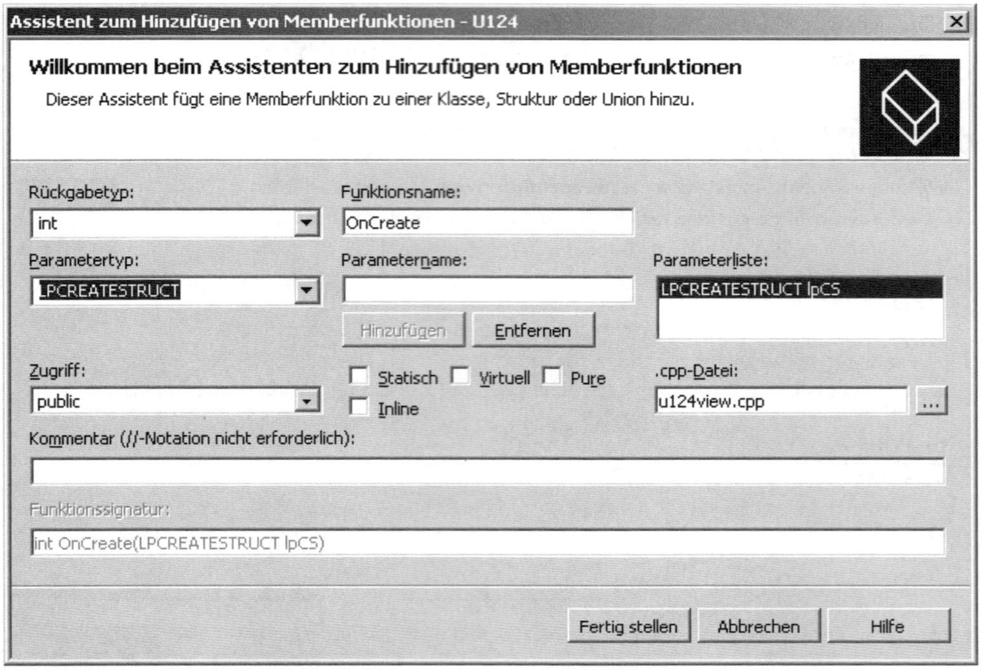

516 _____ 12 Dialoge und Steuerelemente

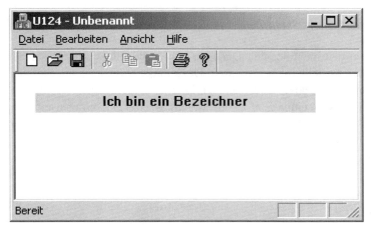

Bild 12.15: `OnCreate` überschreiben

Bild 12.16: SDI-Anwendung mit Steuerelement in einer Ansicht der Klasse `CView`

5. In das vorbereitete Gerüst wird nun die Anweisung zum Erstellen des Bezeichnungsfelds eingefügt:

```
int CU124View::OnCreate(LPCREATESTRUCT lpCS) {
  m_Bezeichnungsfeld.Create("Ich bin ein Bezeichner",
     WS_CHILD | WS_VISIBLE | SS_CENTER,
```

12.2 Steuerelemente

```
        CRect(20,20,300,40),
        this);
    return CView::OnCreate(lpCS);
} /*CU124View::OnCreate*/
```

6. Das Programm ist nun fertig und kann getestet werden (**Bild 12.16**). ∎

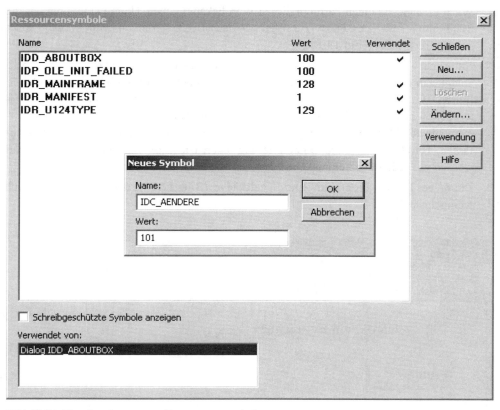

Bild 12.17: Eingabe eines neuen Ressourcensymbols

⊠ Ein Bezeichnungsfeld ist vergleichsweise harmlos, da es keine Interaktion mit dem Anwender erlaubt. Wie wird diese realisiert? Hierzu wollen wir eine Schaltfläche Ändere anlegen, mit der irgendetwas ausgelöst werden kann.

1. Schon beim Anlegen der Schaltfläche:

```
int CU124View::OnCreate(LPCREATESTRUCT lpCS) {
    m_Bezeichnungsfeld.Create("Ich bin ein Bezeichner",
        WS_CHILD | WS_VISIBLE | SS_CENTER,
        CRect(20,20,300,40),
        this);
    m_Aendere.Create("Ändere",
        WS_CHILD | WS_VISIBLE |BS_CENTER,
        CRect(20,60,120,90),
        this,
        IDC_AENDERE);
```

```
            return CView::OnCreate(lpCS);
         } /*CU124View::OnCreate*/
```

fällt der zusätzliche Parameter `UINT nID` auf, den wir auf `IDC_AENDERE` setzen. Nun haben wir aber das Steuerelement nicht generiert, so dass weder Windows noch unser Programm diese Konstante kennen.

2. Wir müssen also beiden Partnern diesen Wert bekannt geben. Hierzu aktivieren wir die Menüoption Bearbeiten|Ressourcensymbole..., die uns die Eingabe einer solchen ID erlaubt (**Bild 12.17**).

   Natürlich wissen wir, dass dieser Editor die Konstante in der Datei `Resource.h` ablegt. Zur Not können wir dies auch mit einem einfachen Editor im Textmodus durchführen. Wir können dabei den Wert frei wählen, sollten uns aber an die Gepflogenheiten der Generatoren halten. Diese nummerieren die Dialoge ab `100` und die Steuerelemente ab `1000`. Durch Vergabe desselben Werts lassen sich Ereignisse zusammenfassen. Durch aufsteigende Nummerierung legen wir „Ereignisvektoren" an. Hierauf werden wir später noch einmal eingehen.

3. Damit besitzt das Programm eine Schaltfläche (**Bild 12.18**), die aber noch herzlich wenig auslöst.

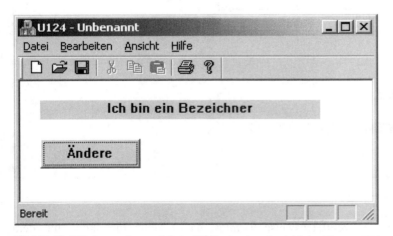

Bild 12.18: SDI-Anwendung mit Schaltfläche in einer Ansicht der Klasse `CView`

4. Eine Schaltfläche löst unter anderem das Ereignis `BN_CLICKED` aus. Wollen wir darauf reagieren, so gehört sie erneut in den Meldungsverteiler:

```
BEGIN_MESSAGE_MAP(CU124View, CView)
   ON_WM_CREATE()
   ON_BN_CLICKED(IDC_AENDERE, OnBnClickedAendere)
   // Standarddruckbefehle
   ON_COMMAND(ID_FILE_PRINT, CView::OnFilePrint)
   ON_COMMAND(ID_FILE_PRINT_DIRECT, CView::OnFilePrint)
   ON_COMMAND(ID_FILE_PRINT_PREVIEW, CView::OnFilePrintPreview)
END_MESSAGE_MAP()
```

12.2 Steuerelemente

5. Wir ergänzen noch die fehlende Ereignisfunktion, die in unserem Fall einfach die Beschriftung der Schaltfläche hin und her schaltet:

```
void CU124View::OnBnClickedAendere(void) {
  CString szBeschriftung;
  m_Aendere.GetWindowText(szBeschriftung);
  if (szBeschriftung=="Ändere") {
    m_Aendere.SetWindowText("Das war's");
  } else {
    m_Aendere.SetWindowText("Ändere");
  }
} /*CU124View::OnBnClickedAendere*/
```

6. Damit ist das Programm wieder in einem testfähigen Zustand (**Bild 12.19**). ∎

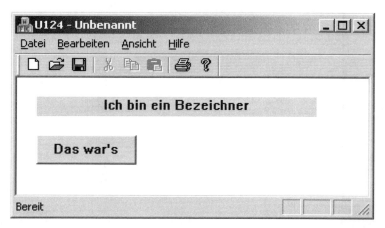

Bild 12.19: Die Schaltfläche verarbeitet Ereignisse

Damit kennen wir das Grundprinzip zur Erstellung beliebiger Steuerelemente. Dieses Prinzip können wir nun auf verschiedene Anwendungen übertragen.

➢ Aufgabe 12-2:

Setzen Sie nun Steuerelemente auf die anderen Ansichtstypen (ohne `CFormView`). Probieren Sie es auch einmal mit dem Hauptrahmen einer MDI-Anwendung. ∎

➢ Aufgabe 12-3:

Sie erinnern sich sicher an unser minimales Windows-Programm. Können Sie auch hier entsprechende Steuerelemente einfügen? ∎

Nun wollen wir natürlich nicht den Rest unseres Programmierlebens damit verbringen, die genauen Rechtecke der notwendigen Steuerelemente zu bestimmen. So haben wir vor der Zeit der grafischen Editoren gearbeitet. Lassen Sie uns daher wieder zum Dialogeditor zurückkehren. Hierzu müssen wir einfach als Basisklasse `CFormView` wählen. Bei einer dialogfeldbasierenden Anwendung ist er sofort vorhanden.

12.2.3 Übersicht über die Standard-Steuerelemente

Der Dialogeditor bietet uns eine Werkzeugbox (Toolbox) mit den allgemeinen Steuerelementen an (**Bild 12.20**). Von Version zu Version sind immer neue Steuerelemente hinzugekommen, so dass die Liste inzwischen in mehrere Bereiche unterteilt wurde. Die Profis unter Ihnen wissen, dass die Steuerelemente beliebig programmierbar sind (was wir im Kapitel ↳ 22 «ActiveX-Steuerelemente» durchführen wollen), so dass wir heutzutage Myriaden von freien und kostenpflichtigen Elementen im Internet finden können.

Bild 12.20: Steuerelemente des Dialogeditors

12.2 Steuerelemente

Wir wollen uns daher ausschließlich auf die Standard-Steuerelemente beschränken.

Wer diese Liste über einige Jahre verfolgt hat, wird feststellen, dass ehemalige Fremdprodukte von Microsoft aufgekauft wurden und heute als Standardelemente zur Verfügung stehen.

Weniger erfreulich ist ein erneuter Wirrwarr in den Bezeichnungen. Die Steuerelemente sind nun wieder englisch beschriftet, ohne immer die Klassenbezeichnung zu treffen. Die Eigenschaften sind deutsch, die Hilfe ist deutsch mit Übersetzungen der Steuerelementbezeichnungen usw. Aber da müssen wir durch. Ob z. B. eine Sortierung auf der Werkzeugbox zu erkennen ist oder warum das Kombinationsfeld doppelt erscheint, sind einige der vielen Geheimnisse von Microsoft.

Die wichtigsten Steuerelemente haben im Einzelnen folgende Wirkung (in der Reihenfolge der Werkzeugleiste):

- *Zeiger* (Select Control) (auch im Bereich `Allgemein`). Mit dem Zeiger schalten wir irgendeine andere Funktion ab. Danach können wir ein oder mehrere Steuerelemente markieren.

- *Schaltfläche* (Button). Mit den Schaltflächen löst der Anwender gezielt Ereignisse aus. Die Schaltflächen werden für wichtige Funktionen (`OK`, `Abbrechen`, `Ja`, `Nein` usw.) zusätzlich oder ersatzweise zu den Menüoptionen angelegt.

- *Kontrollkästchen* (Check Box). Das Kontrollkästchen entspricht einer logischen Variablen, d. h., es kann zwei Zustände einnehmen, so glaubt man. Tatsächlich kann es auch als Steuerelement mit drei Zuständen auftreten, wobei der dritte Zustand (gegrautes Häkchen) nur programmiert, aber nicht vom Anwender gesetzt werden kann. Er dient zur Anzeige von „weiß nicht", „unbekannt", „gemischt" oder „nicht eindeutig". Genau genommen sind Kontrollkästchen verkappte Schaltflächen mit einer anderen Darstellung. Wollen wir einen Taster (Umschalter) realisieren, so erfolgt dies über ein Kontrollkästchen.

- *Textfeld* (Edit Box). In das Textfeld (Editierfeld) kann der Benutzer Text eingeben, ihn ändern oder löschen. Das Textfeld kann programmgesteuert gesperrt werden, so dass wir uns für ein Textfeld entscheiden, wenn zu irgendeinem Zeitpunkt eine Eingabe erforderlich ist. Grundsätzlich werden auch numerische Eingaben über ein Textfeld abgewickelt.

- *Kombinationsfeld* (Combo Box). Das Kombinationsfeld ist eine Mischung aus einem Textfeld und einem Listenfeld. Normalerweise erscheint es als Textfeld. Wir können aber über die Rolloikone am rechten Rand eine Liste herunterklappen, die alle erlaubten Werte enthält.

- *Listenfeld* (List Box). Das Listenfeld enthält eine Liste, in der wir mit Hilfe eines Leuchtbalkens ein oder mehrere Elemente auswählen können.

- *Rahmenfeld* (Group Box). Mit dem Rahmenfeld gruppieren wir Steuerelemente optisch. Dies ist vornehmlich bei Optionenfeldern üblich. Das Rahmenfeld gruppiert aber die Optionenfelder nicht wirklich. Im Gegensatz zu anderen Ressourceneditoren (z. B. Visual Basic) bleiben die Elemente unabhängig voneinander.

- *Bezeichnungsfeld* (Static Text Control). Das Bezeichnungsfeld ist ein statisches Feld, das einen Text auf dem Bildschirm ausgibt. Der Benutzer kann keine Daten in dieses Feld eingeben und kein Ereignis mit diesem Feld auslösen.

- *Optionenfeld* (Radio Button). Das Optionenfeld kann ebenfalls zwei Zustände einnehmen. Es ist aber im Gegensatz zum Kontrollkästchen nicht unabhängig von den anderen Optionenfeldern. Da seine Funktion an die Umschalttasten (älterer) Radios erinnert, ist die englische Bezeichnung sinnigerweise *Radio Button*. Mehrere Optionenfelder können eine Gruppe bilden, indem wir die entsprechende Eigenschaft `Group` setzen.

- *Bildfeld* (Picture Control). Ein Bildfeld nimmt ein Bild auf. Es können in ein solches Bildfeld auch Steuerelemente eingebunden werden, z. B. Schaltflächen.

- *Laufleisten* (Scroll Bars). Mit den Laufleisten können wir numerische Werte zwischen einem Minimum und einem Maximum festlegen. Insgesamt haben wir drei Einstellmöglichkeiten. Durch Ziehen des Laufleistenfelds können wir direkt positionieren. Durch Klick auf die Laufleiste erfolgt ein großer Sprung, durch Klick auf die Pfeilsymbole ein kleiner Sprung.

- *Schieberegler* (Slider, Track Bar Control). Dieser Schieberegler arbeitet ähnlich wie die Laufleisten.

- *Drehfeld* (Spin Control, Updown Control). Mit diesem Regler schalten wir einen Zähler hoch oder herunter.

- *Fortschrittsanzeige* (Progress Control). Mit dieser Anzeige beruhigen wir den ungeduldigen Anwender.

- *Kurztastenfeld* (Hot Key Control). Startet ein Fenster, mit dem der Benutzer Kurztasten festlegen kann.

- *Listenelementfeld* (List Control). Dieses Steuerelement nimmt ein Liste mit Ikonen und Bezeichnungen auf.

- *Strukturansicht* (Tree Control). Dieses Steuerelement zeigt baumartige Strukturen wie z. B. den Verzeichnisbaum an.

- *Register* (Tab Control). Mit diesem Steuerelement können wir eine übersichtliche Eingabe vieler Einzelfelder realisieren.

- *Animationsfeld* (Animate Control). In einem Animationsfeld können wir einen Film im AVI-Format ablaufen lassen.

- *RTF-Element* (Rich Edit). Hierbei handelt es sich um ein Textfeld, das im RTF (Rich Text Format) (allgemeines Austauschformat unter Windows) bearbeitet wird.

12.2 Steuerelemente

- *Datumswähler* (Date Time Picker). Zeigt ein Kombinationsfeld an, mit dem Anwender ein Datum oder eine Uhrzeit festlegen können.
- *Monatskalender* (Month Calendar Control). Zeigt einen grafischen Kalender an, in dem Anwender einen Datumsbereich auswählen können.
- *IP-Adressfeld* (IP Address Control) ist ein Textfeld zur Eingabe von IP-Adressen in Vierergruppen.
- *Erweitertes Kombinationsfeld* (Extended Combo Box). Dieses Kombinationsfeld unterstützt Bildlisten.
- *Benutzerdefiniertes Steuerelement* (Custom Control) ist frei definierbar.

Sehr hilfreich für die Bearbeitung des Layouts sind die Werkzeuge zur Ausrichtung der Steuerelemente (**Bild 12.21**). Wichtig dabei ist das Bezugselement. Wir erkennen es an den schwarz ausgefüllten acht Ziehpunkten (Marken).

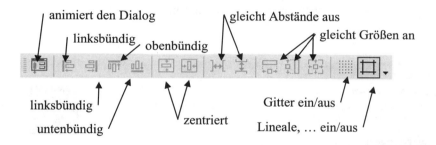

Bild 12.21: Werkzeuge zum Ausrichten von Steuerelementen im Dialogeditor

Bei den meisten Funktionen ist es notwendig, mehrere Elemente zu markieren. Hierzu stehen uns zwei Alternativen offen. Zum einen können wir mit dem Mauszeiger ein Gummiband aufziehen. Alle Elemente im umschlossenen Bereich werden selektiert. Einzelne Elemente können wir bei gedrückter ⇧-Taste mit der Maus selektieren oder deselektieren.

Normalerweise geben wir die Steuerelemente in der Reihenfolge ein, wie sie später auch vom Anwender bearbeitet werden sollen. Haben wir aber Elemente vergessen, so müssen wir die Tabulatorreihenfolge anpassen. Dies ist die Reihenfolge, in der der Fokus beim Drücken von ⇆ springt. Hierzu rufen wir Layout|Tab Order auf und bringen die Elemente in die gewünschte Reihenfolge. Bei komplexen Oberflächen ist es dabei hilfreich, eine Anfangsnummer durch Anklicken mit gedrückter Strg-Taste „in den Cursor" zu nehmen und danach die folgenden Steuerelemente anzuklicken.

In den Bezeichnungsfeldern können wir mit dem Zeichen & eine Alt-Tastenkombination festlegen. Der Fokus springt dann auf das nächste aktivierbare Feld nach dem Bezeichnungsfeld (in der Tabulatorreihenfolge). Bezeichnungsfelder sollte man daher unmittelbar vor ihre Steuerelemente setzen.

Auch alle anderen fokussierbaren Steuerelemente lassen sich in ihrer Beschriftung mit einer solchen Tastenkombination versehen.

12.2.4 Klasse für eine Dialogressource anlegen

Mit Hilfe des Dialogeditors legen wir die Dialogressource an. Diese ist, wie bereits mehrfach erwähnt, zuerst einmal völlig unabhängig von unserem Programm. Sie kann z. B. auf eine andere Sprache umgestellt werden, ohne dass wir das Programm ändern müssen. Genau genommen handelt es sich bei der Ressource um ein Windows-Element, das auch alle anderen Programmiersprachen (außer Java) in gleicher, festgelegter Form erzeugen müssen.

Um nun eine Dialogressource mit einem Visual C++-Programm verbinden zu können, muss eine *formularbasierende Klasse* angelegt werden. Hierbei handelt es sich um zwei Module, die Kopfdatei mit der Erweiterung .h und eine Implementationsdatei mit der Erweiterung .cpp.

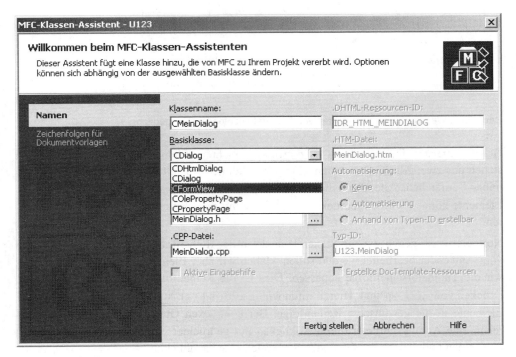

Bild 12.22: Klasse für eine Dialogressource generieren

12.2 Steuerelemente

Im Kontextmenü (Rechtsklick) des Dialogs finden wir die Option `Klasse hinzufügen...`. Im Gegensatz zum allgemeinen Assistenten für MFC-Klassen ist dieser bereits spezialisiert (**Bild 12.22**), bietet also nur noch eine begrenzte Auswahl von Basisklassen usw. an. Mit ihm lässt sich für eine neue Ressource eine Klasse generieren. Meist werden wir `CDialog` oder `CFormView` (für SDI-/MDI-Anwendungen) wählen.

Für jedes Steuerelement werden dann eine oder zwei Membervariablen angelegt. Hierbei haben wir die Möglichkeit, nur den Wert eines Steuerelements zu verarbeiten und/oder weitere Eigenschaften zu beeinflussen. Den Wert sprechen wir mit einer Membervariablen an, die meist vom Typ `CString` ist. Das Steuerelement selbst hat dagegen ein Pendant in Form einer vorbereiteten Klasse wie z. B. `CComboBox` usw. Um beide Membervariablen unterscheiden zu können, geben wir ihnen das Präfix `sz` oder `ctl` (allgemein) oder dem Steuerelement angepasst.

Als dritte Möglichkeit kann ein Steuerelement ein Ereignis auslösen. Für diesen Fall definieren wir die so genannten Meldungshandler (Ereignisfunktionen).

12.2.5 Existenz der Steuerelemente

Wir konstatieren, dass ein Steuerelement auf maximal zwei Membervariablen und einer Reihe von Ereignisfunktionen in unserem Programm abgebildet wird.

Eine Frage, die sich dabei erhebt, ist die nach der Existenz der Membervariablen. Ab wann können wir auf die Membervariablen zugreifen? Nehmen wir als Beispiel ein Kombinationsfeld als Instanz der Klasse `CComboBox`. Für dieses Steuerelement können wir zwei Membervariablen in unserer Dialogklasse anlegen:

```
CString m_strMeinKombinationsfeld;
CComboBox m_cboMeinKombinationsfeld;
```

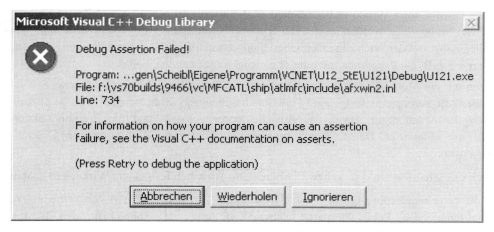

Bild 12.23: Fehlermeldung beim Ansprechen eines noch nicht existierenden Steuerelements

`m_strMeinKombinationsfeld` ist mit der Konstruktion der Dialogklasse vorhanden, kann also im Konstruktor der Dialogklasse initialisiert werden.

`m_cboMeinKombinationsfeld` ist dagegen erst nach dem Kreieren des Dialogs vorhanden und kann daher erst in `OnInitDialog` angesprochen werden.

Rufen wir z. B. `m_cboMeinKombinationsfeld.SetCurSel(2)` bereits im Konstruktor einer Dialogklasse auf, um den Leuchtbalken auf den dritten Eintrag im Kombinationsfeld zu setzen, so erhalten wir die eindrucksvolle Fehlermeldung nach **Bild 12.23**.

Das Steuerelement existiert noch nicht und führt zu einem Zusicherungsfehler während der Laufzeit. Der Compiler entdeckt solche Fehler nicht. Verschieben wir dagegen die Anweisung nach `OnInitDialog`, dann wird der Leuchtbalken wunschgemäß beim Anwendungsstart positioniert.

12.2.6 Dialog mit der Ansicht verbinden

Nun haben wir eine Ressource angelegt und die Klasse samt den Membervariablen und den Ereignisfunktionen in zwei Modulen programmiert. Diese Module müssen wir nun noch mit der Ansicht (sozusagen unserem Hauptprogramm) verbinden. Dies geschieht ganz einfach durch Inkludieren der Module in die Ansicht:

```
#include "MeinDialog";
```

Ist dagegen unser Hauptprogramm selbst eine Dialoganwendung, so verfügt sie über eine eigene Ressource. In diesem Fall werden nur die zusätzlichen Dialoge mit dem Programm verbunden.

12.2.7 Spezielle Ereignisprogrammierung

Jedes Fenster unter Windows besitzt eine Schließikone, die nur bösartige Programmierer mit viel Mühe verschwinden lassen. Ein Klick auf diese Ikone ruft `IDCANCEL` auf. Wir sollten daher bei den nachfolgenden Überlegungen auch immer an dieses Ereignis denken, wenn wir z. B. ein Programm mit oder ohne Rückfrage beenden wollen.

Wenn wir ein Menü oder einen Dialog anlegen, so enthalten diese Optionen bzw. Schaltflächen, die bereits eine festgelegte Funktionalität besitzen. Zum Beispiel wird beim Auslösen der Menüoption `Neu` das Ansichtsfenster gelöscht und die Ereignisfunktion `OnDraw` aufgerufen. Bei `Öffnen` erscheint ein Dialog zur Bestimmung des Dateinamens usw.

Auch die Schaltflächen OK bzw. Abbrechen haben festgelegte Wirkungen. Dabei ist die erste standardmäßig mit der Zeilenschaltung aktivierbar (wenn keine andere Schaltfläche den Fokus besitzt), während wir mit abbrechen, also logisch Abbrechen betätigen. Die Schaltfläche OK ist mit einem dickeren Rand versehen, an dem wir diese Voreinstellung erkennen.

12.2 Steuerelemente

Die Tasten sind über die Identnummern `IDOK` bzw. `IDCANCEL` mit den Ereignisfunktionen `OnOK` bzw. `OnCancel` verknüpft. Wollen wir das Standardverhalten der beiden Tasten ⏎ bzw. Esc ändern, so müssen wir diese Verknüpfung auftrennen oder das Verhalten der beiden Ereignisfunktionen abändern.

Hierzu überschreiben wir die Standardfunktion `CDialog::OnOK`, z. B. durch eine leere Funktion (in der wir auf keinen Fall die Vorgängerfunktion aufrufen). Am einfachsten geht dies über den Klassenassistenten. Über ihn legen wir in der Registerkarte Nachrichtenzuordnungstabelle für die Objekt-ID `IDOK` und die Nachricht `BN_CLICKED` eine neue Ereignisfunktion `CU125Dlg::OnOK` an (im Vorgriff auf die folgende Übung U125). Diese wird folgendermaßen generiert:

```
void CU125Dlg::OnOK() {
  // TODO: Zusätzliche Prüfung hier einfügen
  CDialog::OnOK();
} //CU125Dlg::OnOK
```

Nach dem Löschen der fett markierten Zeile wird der Dialog nicht mehr beendet.

Wir können aber die Schaltfläche OK mit dem Dialogeditor über eine neue ID `ID_KLICKAUFOK` auch mit einer völlig neuen Funktion, z. B. `OnKlickAufOK`, verknüpfen. In dieser rufen wir am Ende `CDialog::OnOK` auf, die das Beenden und Schließen des Fensters abwickelt.

Diese Aussagen gelten analog für die Taste Esc, die standardmäßig die Ereignisfunktion `OnCancel` aufruft. Hier ist aber eine Besonderheit zu beachten.

Geben wir der Schaltfläche Abbrechen eine neue ID `IDKLICKAUFCANCEL`, dann zeigt sich ein Unterschied beim Schließen über die Schließikone des Fensters. Diese ist nicht wie die Schaltfläche Abbrechen mit einer neuen Ereignisfunktion `OnKlickAufCancel` verknüpft, bricht also den Dialog in herkömmlicher Weise ab. So lässt sich auf Wunsch unterschiedliches Verhalten beim Schließen programmieren.

12.2.8 Wie finde ich die Methoden zum Überschreiben?

Das hört sich ja alles ganz gut an, funktioniert aber nur in einer dialogfeldbasierenden Anwendung, die von der Klasse `CDialog` abgeleitet wurde. In Anwendungen mit anderem Anwendungstyp erhalten wir stattdessen eine Fehlermeldung.

Mit der Version 7 hat es eine entscheidende Änderung zu unserem Vorteil gegeben. Die überschreibbaren Methoden sind deutlich „aufgeräumter". Wählen wir in der Klassenansicht eine Klasse z. B. die Ansichtsklasse aus und wechseln anschließend auf das Eigenschaftenfenster, so können wir dort neben den Eigenschaften die Ereignisse (der enthaltenen Steuerelemente), Meldungen und Überschreibungen in drei verschiedenen Listen finden (**Bild 12.24**).

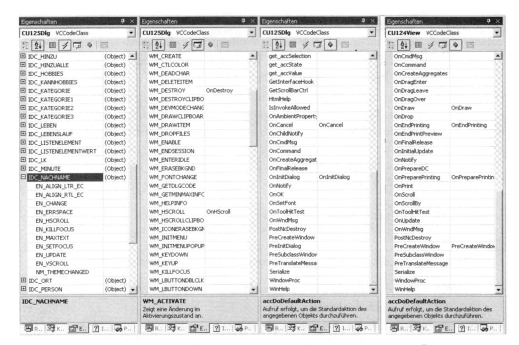

Bild 12.24: Ereignisse, Meldungen, Überschreibungen der Klasse `CDialog` sowie Überschreibungen der Klasse `CView`

In der Liste Ereignisse finden wir auf der ersten Stufe alle Steuerelemente und auf der zweiten Stufe deren Spezialereignisse. Die Liste Meldungen zeigt alle allgemeinen Windows-Meldungen an, die an die Ansichtsklasse gehen. Überschreibungen listet alle geerbten Methoden auf, die wir bei Bedarf durch Überschreiben „an die Oberfläche" ziehen können, um das Verhalten zu ändern und zu erweitern.

Die beiden letzten Spalten enthalten die Überschreibungen der Klasse `CDialog` und `CView`. Wir erkennen deutliche Unterschiede. Somit müssen wir genau darauf achten, welchen Anwendungstyp wir gerade bearbeiten.

12.3 Übung zu den Steuerelementen

Das nachfolgende Beispiel ist eine „Großbaustelle". Man könnte den Vorwurf erheben, dass die einzelnen Steuerelemente doch besser einzeln erklärt werden sollten. Ich persönlich habe aber festgestellt, dass sich die Steuerelemente einzeln sehr viel gutmütiger zeigen als in Kombination mit sich selbst oder mit anderen Steuerelementen. Ein typischer Fall hierfür sind die Laufleisten, bei denen die Probleme erst auftreten, wenn sie zu mehreren angelegt werden. Häufig sind massive Probleme beim Einsatz mehrerer Steuerelemente auf einem Formular festzustellen, die bei einer Einzelbesprechung unter den Tisch fallen würden.

12.3 Übung zu den Steuerelementen

Nicht ganz unproblematisch ist die Frage, ob man mit Membervariablen oder mit temporären Zeigern auf die Steuerelemente zugreifen soll (✎ 12.5.3 ... auf ein Steuerelement zugreifen?). Dabei stellt man fest, dass die eingebauten Funktionen zwar den Wert des Steuerelements verändern, nicht aber den Wert der verknüpften Membervariablen.

12.3.1 Oberflächenentwurf des Dialogfelds

U125 Wir wollen nun in einem Beispiel möglichst viele Steuerelemente ausprobieren.

Hierzu gehen wir in folgenden Schritten vor:

1. Zuerst erzeugen wir mit dem Anwendungsassistenten eine einfache Anwendung `U125` vom Typ `dialogfeldbasierend`. Die weiteren Optionen des Generators werden unverändert übernommen.

2. Um die mit dieser Anwendung verknüpfte Dialogressource zu bearbeiten, öffnen wir aus dem Ressourcenkatalog heraus den Dialogeditor für das Objekt `IDD_U125_DIALOG`.

3. Wir schalten das Fanggitter ein, löschen das Element `TODO` sowie die Schaltfläche `OK`. Die Beschriftung der Schaltfläche `Abbrechen` ändern wir in `Beenden`, lassen aber die ID `IDCANCEL` unverändert. Damit ist diese Schaltfläche weiterhin mit der internen Ereignisfunktion `CDialog::OnCancel()` verknüpft. Diese Ereignisfunktion überschreiben wir und ändern den Quelltext auf:

```
void CU125Dlg::OnCancel() {
  if (AfxMessageBox("Soll das Programm wirklich beendet werden?",
                    MB_YESNO)==IDYES) {
    CDialog::OnCancel();
  }
} //CU125Dlg::OnCancel
```

4. Im Eigenschaftenfenster erscheinen daraufhin erste Einträge unter `Ereignisse` und `Meldungen`, die vorher fehlten.

5. Hier können wir die weiteren Eigenschaften unseres Dialogs verändern. Hier setzen wir den `Rahmen` auf `Dünn` (**Bild 12.25**). Dies führt dazu, dass der Dialog später vom Benutzer nicht mehr in seiner Größe verändert werden kann. Dadurch schalten wir gleichzeitig die Minimier- und Maximierikone ab. Diese haben bei einem Dialogfeld mit dünnem Rahmen keine Wirkung mehr. Wir wollen zusätzlich das Systemmenü verschwinden lassen. Damit hat die Titelleiste des Dialogfelds kein anklickbares Element mehr.

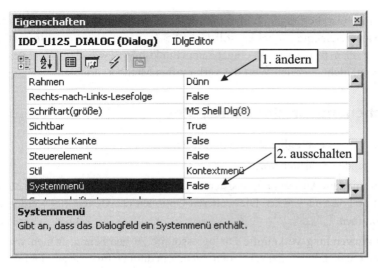

Bild 12.25: Formatieren des Dialogs

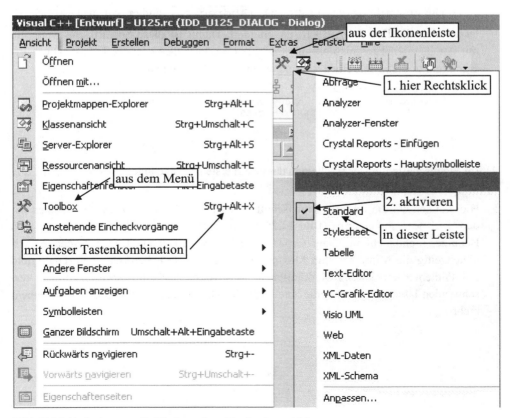

Bild 12.26: Varianten, um die Werkzeugbox (Toolbox) zu aktivieren

12.3 Übung zu den Steuerelementen

6. Jetzt beginnen wir mit dem Einfügen der einzelnen Steuerelemente. Hierzu benötigen wir die Werkzeugbox. Sollte sie nicht sichtbar sein, so können wir sie auf vielfältige Weise aktivieren. Im Menü finden wir sie unter Ansicht|Toolbox mit der Tastenkombination [Strg][Alt][X]. Üblicherweise befindet sich eine Ikone in der Symbolleiste Standard, die wir wiederum im Kontextmenü der Ikonenleisten (Rechtsklick auf den freien Bereich in den Ikonenleisten) aktivieren (**Bild 12.26**). Das Bild zeigt auch, wie wir die Symbolleiste Standard aktivieren können. Da die Toolbox hier nicht auftaucht, handelt es sich bei ihr nicht um eine klassische Werkzeugleiste.

7. Sollte Ihnen dies nicht gelingen oder nicht gefallen, so können Sie über Extras|Anpassen... den Dialog Anpassen öffnen (**Bild 12.27**). Auf der Registerkarte Symbolleisten können dann die Leisten ein- bzw. ausgeschaltet werden.

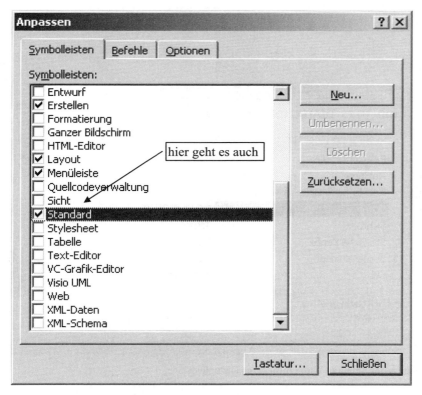

Bild 12.27: Symbolleisten, Befehle und Optionen anpassen

8. Die Toolbox ist ein andockbares Fenster mit mehreren Registerblättern, die aber nicht mit Reitern nebeneinander, sondern Laschen übereinander angeordnet sind. Wir finden die Steuerelemente als Symbol und mit einer Kurzbezeichnung. Die Elemente der beiden Registerblätter Dialogeditor bzw. Windows-Forms werden je nach

Wahl des Layouts unserer Anwendung aktiviert. Wir behandeln hier ausschließlich die Steuerelemente des Dialogeditors.

9. Nach einem Klick auf eine Ikone können wir das zugehörige Steuerelement auf der Dialogoberfläche aufziehen. Danach schaltet die Werkzeugbox auf die Zeigerikone um, damit wir das neue Element bearbeiten können. Wollen wir mehrere Steuerelemente des gleichen Typs hintereinander anlegen, dann aktivieren wir die Ikone mit gedrückter Strg-Taste. Sie bleibt dann dauerhaft eingeschaltet, bis wir selbst z. B. auf die Zeigerikone klicken.

Ein Doppelklick auf eine Ikone erzeugt dagegen das Steuerelement in der linken oberen Ecke unseres Formulars, von wo aus wir es auf die gewünschte Position ziehen können.

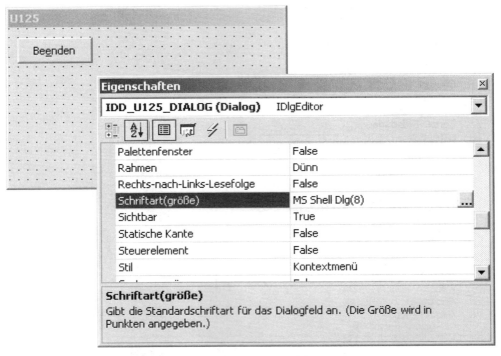

Bild 12.28: Einstellung der Schriftart und -größe eines Dialogfelds

10. Die Position sowie die Größe des jeweiligen Steuerelements sehen wir in der rechten unteren Ecke der Statuszeile 12, 174   50 x 16. Die Zahlen sehen sehr ungewöhnlich aus. Pixel können es nicht sein, sonst müssten wir unsere Grafikkarte beim Händler reklamieren. Da wir uns ja schon an viele Maßeinheiten gewöhnt haben, sollte es auf eine mehr oder weniger nicht ankommen. Die Angaben erfolgen in so genannten DLUs (Dialogbox Units). Nach der Online-Hilfe gibt es sogar zwei DLUs: „Eine horizontale DLU entspricht der durchschnittlichen Breite der Dialog-

12.3 Übung zu den Steuerelementen

feld-Schriftart geteilt durch vier. Eine vertikale DLU entspricht der durchschnittlichen Höhe der Dialogfeld-Schriftart geteilt durch acht." Aha, nur was ist die Dialogfeldschriftart? Im Eigenschaftenfenster des Formulars finden wir die Schriftart `MS Shell Dlg(8)` **(Bild 12.28)**.

Öffnen wir mit einem Klick auf die Ellipsenikone den Schriftarten-Dialog, so finden wir keine solche Schrift **(Bild 12.29)**. Sie scheint identisch mit `Microsoft Sans Serif` zu sein. Näherungsweise können wir also bei der Standardschrift `8 Punkt Microsoft Sans Serif` mit einem absoluten Maß von 2 pt pro DLU rechnen. Ein Punkt (pt = point = 1/72 Inch = 2,54/72 mm) des Drucklayouts ist ein absolutes Maß der Buchstabenhöhe bzw. -breite.

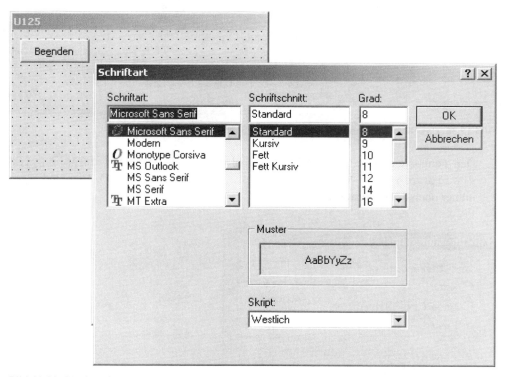

Bild 12.29: Die Schriftart `MS Shell Dlg` existiert nicht

Wenn wir für unseren Dialog eine größere Schrift wählen, ändern sich der absolute Rasterabstand und die Größe sämtlicher Steuerelemente einschließlich des Formulars **(Bild 12.30)**, wobei wir nicht den logischen Abstand der DLUs geändert haben.

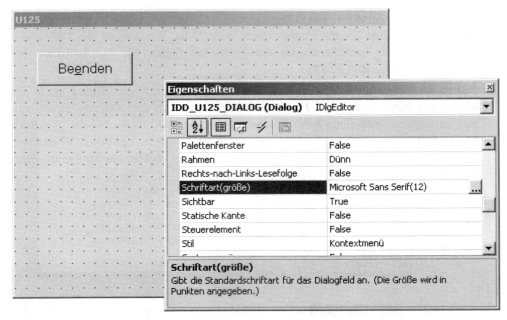

Bild 12.30: Das Dialogfeld hängt von der gewählten Schriftgröße ab

Den Fangbereich des Gitters können wir in diesen Einheiten über `Layout|Einstellungen der Führungslinien...` verändern (**Bild 12.31**). Hier finden wir immer noch die Rasterweite 6.

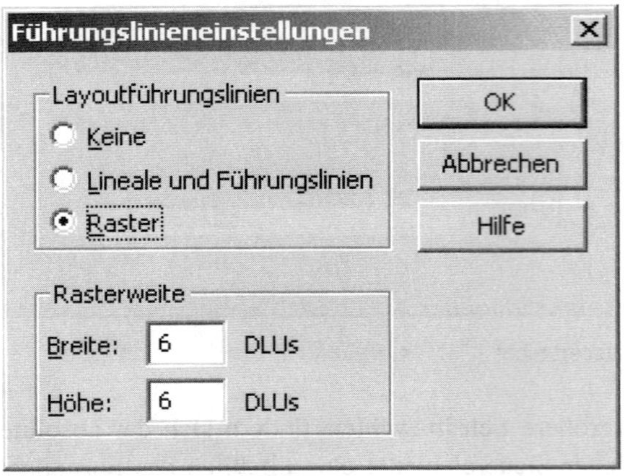

Bild 12.31: Einstellung der Führungslinien

Grundsätzlich finden wir bei keinem Steuerelement die Möglichkeit einer Farbeinstellung zur Entwurfszeit. Mit der Funktion `SetDialogBkColor()` waren wir bis zur Version 6.0 in `CMeineApp::InitInstance()` in der Lage, die Hintergrundfarbe des Dialogfelds zu ändern. Diese Funktion ist inzwischen gestrichen und wirkungslos. Stattdessen besitzt eine Reihe von Steuerelementen eine Ereignisfunktion `OnCtlColor`, die auf die Windows-Meldung `WM_CTLCOLOR` reagiert. Wir finden ein Beispiel hierzu am Ende dieses Kapitels im Abschnitt ✎ «... die Farbe eines Steuerelements ändern?».

Natürlich sollten wir uns fragen, warum diese Besonderheiten existieren. Aus Visual Basic sind wir es gewöhnt, sowohl Vordergrund- wie Hintergrundfarbe und auch die Schriftart jedes einzelnen Steuerelements setzen zu können. Dafür „wachsen" die Steuerelemente aber bei Veränderung des Fensters nicht mit. Eine allgemeine Vergrößerung eines Fensters ist nicht möglich. Dieses automatische Anpassen war wohl ein wesentliches Ziel der Visual C++-Entwickler. ∎

Damit können wir die Grundeinstellung unseres Dialogfelds abschließen.

12.3.2 Bezeichnungs- und Textfelder

⊠ Bezeichnungs- (Static Text) und Textfelder (Edit Control) haben wir bereits häufig eingesetzt. Wir wollen daher unseren Kenntnisstand auffrischen und erweitern.

1. Wo es notwendig erscheint, legen wir gesonderte *Bezeichnungsfelder* für die einzelnen Steuerelemente an. Diesen ordnen wir gleich [Alt]-Tasten zu, mit denen wir den Fokus auf das nächste fokussierbare Feld (in der Tabulatorreihenfolge) setzen können.

   Die Festlegung der Taste erfolgt in der Eigenschaft `Beschriftung` durch Setzen des kaufmännischen Und `&` vor der gewünschten Taste.

   Interessant für die Gestaltung eines Bezeichnungsfelds ist die Eigenschaft `Transparent`. Setzen wir sie auf `True`, so scheint die Hintergrundfarbe des Fensters durch das Bezeichnungsfeld hindurch. Damit passen sich Bezeichnungsfelder automatisch an die Systemfarben an.

   Nutzen wir dagegen Bezeichnungsfelder als Ausgabefelder, so schalten wir diese Eigenschaft ab, so dass sie sich vom Hintergrund abheben und (fast) wie Textfelder aussehen. Dazu setzen wir noch die Eigenschaft `Clientkante` auf `True`. Es gibt eine Reihe weiterer Varianten, die Sie ausprobieren sollten.

   Im Menü finden wir die Option `Format|Größe an den Inhalt anpassen` [⇧][F7], mit der wir das Bezeichnungsfeld automatisch an die Beschriftung anpassen können. Arbeiten wir mit einem Fanggitter, dann hängt die Beschriftung gegenüber dem nachfolgenden Textfeld zu hoch. Hier passen wir die Höhe des Bezeichnungsfelds an die Höhe des Textfelds an und setzen die Eigenschaft `Bild zentrieren` auf `True`. Danach steht die Beschriftung schön mittig.

   Eine Reihe von Eigenschaften enthält den Begriff `Ellipse`, der in diesem Manuskript schon häufiger verwandt wurde. Es handelt sich dabei um drei Punkte als Ersatz- und Fortsetzungszeichen. `Pfadellipsen` sind Ersatzzeichen in der Mitte eines zu langen Texts, so dass nur der Anfang und das Ende zu sehen sind. Wir kennen dieses

Verhalten aus den Standarddialogen. `Endellipse` schneidet den Text am Ende ab und ersetzt ihn durch die drei Punkte ...

Da wir auf unserem Dialog nicht viel Platz haben, fassen wir geeignete Felder unter einer Bezeichnung zusammen. So werden die Benutzer z. B. drei (optisch in der Größe angepasste) Felder unter der Bezeichnung `Ort` als Landeskenner, Postleitzahl und Ortsname akzeptieren, insbesondere wenn wir ihnen z. B. `D` als Landeskenner bereits vorgeben.

2. Ein klassisches Anwendungsgebiet von Textfeldern ist die Erfassung von Personendaten. Bei der Wahl der Länge sollten wir uns an den späteren Anforderungen orientieren. Beim Namen gehen wir entweder von einer statistischen Erhebung im Telefonbuch aus oder orientieren uns an der Norm. An welcher? Nun, ein Fensterbrief hat eine Breite von 30 Zeichen (bei 12 pt Schrift). Ein längerer Name sollte daher sinnvoll aufgeteilt werden. Dies muss der Eingeber machen, da ein Programm hier versagt.

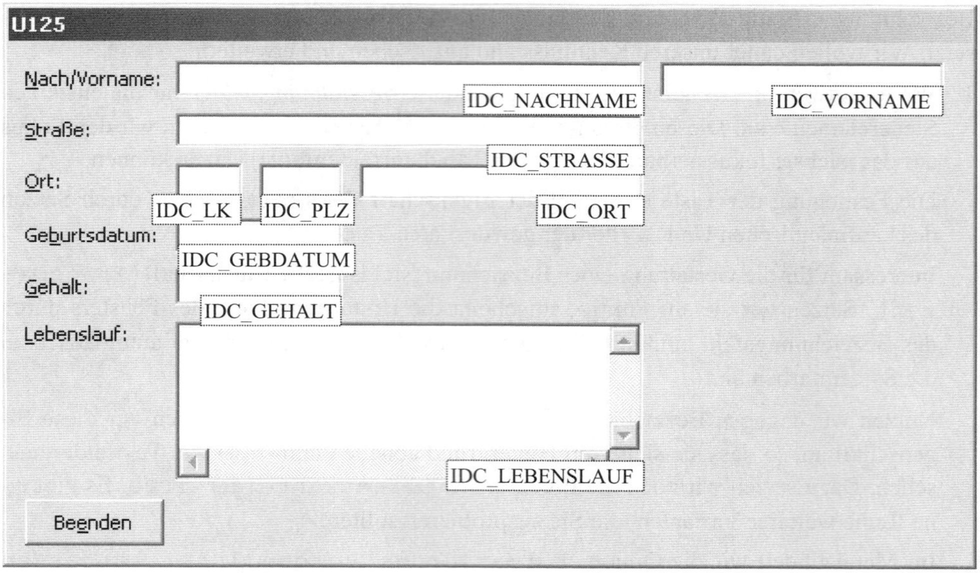

Bild 12.32: Einsatz verschiedener Textfelder

Steht diese Breite, dann passen wir die anderen Felder entsprechend an. Der Landeskenner besitzt drei Zeichen, die Postleitzahl fünf Zeichen. Ziehen wir die zwei Trennzeichen ab, so bleiben für den Ort 20 Zeichen übrig. Dieses Spiel können Sie selbst beliebig fortführen. Entscheidend ist, dass Sie eine gute Erklärung für die Länge Ihrer Felder besitzen, falls Ihr Vorgesetzter einmal danach fragt.

Die Festlegung ist bei Schriftarten mit variabler Lauflänge nicht trivial. Der Pessimist benutzt die Zeichen `M` oder `W`, die besonders breit sind. Der Optimist arbeitet mit einer mittleren Länge, lässt dafür den horizontalen Bildlauf zu.

12.3 Übung zu den Steuerelementen

Um die verschiedenen Datentypen auszuprobieren, legen wir auch ein umfänglicheres *Textfeld* an, das mehrere Zeilen Text verwalten soll (`Lebenslauf`). Bei diesem Feld können wir Bildlaufleisten erzwingen oder automatisch bei Bereichsüberschreitung anzeigen lassen. Das Layout für die Textfelder sieht jetzt wie in **Bild 12.32** aus.

3. Damit der Lebenslauf mehrzeilig eingegeben werden kann, muss diese Eigenschaft gesetzt werden. Damit sind der horizontale und vertikale Bildlauf freigeschaltet, die wir beide auf `True` setzen. Es erscheinen entsprechende Laufleisten an den Rändern.
4. Die Datentypen der einzelnen Felder werden nicht im Layout, sondern erst beim Anlegen der Membervariablen festgelegt. Trotzdem müssen wir einige Vorbereitungen treffen. So werden wir bei allen Feldern mit konstanter Länge (Landeskenner, Postleitzahl, Geburtsdatum) die Eigenschaft `Automatischer horizontaler Bildlauf` nicht markieren. Diese Eigenschaft sorgt dafür, dass Werte, die in ihrer Länge nicht in das Eingabefeld passen, automatisch hin und her geschoben werden. Das Eingabefeld entspricht dann einem Fenster, das sich über den Wert schiebt. Bei den Nachnamen wissen wir heute durch die Doppelnamen kaum noch, wie lang die Namen wirklich werden können.

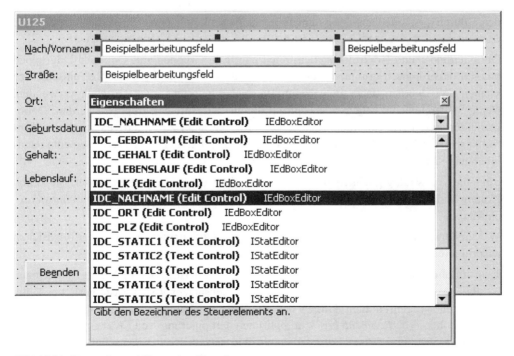

Bild 12.33: Steuerelement über seine ID suchen

Wir geben den Feldern die im Bild sichtbaren IDs und weisen ihnen Membervariablen mit dem gleichen Namen zu, also z. B. `m_strNachname`. Sollte der Zugriff auf das

Steuerelement selbst notwendig sein, so legen wir die Membervariable mit der in der ungarischen Notation festgelegten Kennung an, also `m_txtNachname`.

5. Den Feldern IDs zu verpassen ist eine Seite der Medaille. Was aber, wenn wir die ID kennen, aber nicht wissen, wo sich das Steuerelement auf dem Formular befindet? Vielleicht ist es unter ein größeres gerutscht. Hier hilft uns das Eigenschaftenfenster (**Bild 12.33**), indem es im oberen Kombinationsfeld alle Steuerelemente auflistet und bei Auswahl dieses auch markiert.

6. Ein Testlauf zeigt, ob die Tabulatorreihenfolge stimmt. Sie muss mit Sicherheit verändert werden, da standardmäßig die Schaltfläche den Fokus besitzt. ■

Den Datenaustausch mit Textfeldern haben wir bereits ausführlich behandelt. Wir erinnern uns an die Probleme mit `UpdateData` und wissen, dass es Funktionen `GetDlgItemText` und `SetDlgItemText` zum Holen und Setzen der Inhalte gibt.

12.3.3 Schaltflächen, Optionenfelder und Kontrollkästchen

Auch Vertreter dieser Gattung haben wir schon kennen gelernt, so dass wir uns kurz fassen können. Alle Ausprägungen dieser Steuerelemente stammen von `CButton` ab und werden durch entsprechende Parameter, hauptsächlich dem Stil, den wir über `SetButtonStyle` bzw. `GetButtonStyle` ansprechen können, gesteuert.

Optionenfelder und Kontrollkästchen treten häufig in Gruppen auf. Optionenfeldgruppen müssen dabei logisch gruppiert werden, um mehrere unabhängige „Knöpfe" einsetzen zu können. Wir werden daher in unserem Beispiel mindestens zwei Gruppen verwenden. Beide Steuerelemente sollten auch optisch durch Rahmenfelder gruppiert werden. Optionenfelder setzen wir bei einer 1 aus m-Auswahl, die nicht zu umfangreich ist, ein. Kontrollkästchen erlauben dagegen eine n aus m-Auswahl. Es können mehrere Elemente parallel angekreuzt werden.

Sind die Auswahlmöglichkeiten bei Optionenfelder sehr groß, ist es besser, sie durch Kombinationsfelder zu ersetzen. Für große n aus m-Auswahlen werden wir *Schubsfelder* einführen.

☒ Wir wollen nun eine Reihe von Eigenschaften der Optionenfelder und Kontrollkästchen ausprobieren:

1. Ein Rahmenfeld (Group Box) unter Visual C++ .NET ist trivial. Es kann gerade einmal als Empfänger einer ⸢Alt⸥-Taste dienen. Im Gegensatz zu Visual Basic besitzt es keine Container-Eigenschaften, d. h., es hat keinerlei Beziehungen zu seinem Inhalt. Wir legen daher drei *Rahmenfelder* zur optischen Gruppierung von `Kategorie`, `Geschlecht` und `Versicherung` an und setzen deren Eigenschaft `Tabstopp` auf `True`. Eine Kleinigkeit ist an einem Rahmenfeld aber interessant: Es kann als leeres Rechteck und damit Leinwand benutzt werden. Somit können wir einen Teil des Innenbereichs eines Fensters abteilen und in ihm zeichnen. Wenn wir dann noch selbst die Ränder überwachen, dann wird die Zeichnung sogar beschnitten. Lassen Sie uns dies im Kapitel «Grafik» wieder aufgreifen.

12.3 Übung zu den Steuerelementen

2. Da `Kategorie` eine exklusive Wahl 1 aus m ist, verwenden wir Optionenfelder für die verschiedenen Möglichkeiten. Bei der ersten Option `Arbeiter` setzen wir die Eigenschaft `Gruppe` auf `True`. Diese Gruppierung wirkt so lange, bis in der Tabulatorreihenfolge ein neues Feld mit dem Wert `True` folgt. Dieses müssen wir besonders kontrollieren. Der Editor setzt nämlich diese Eigenschaft nur bei den Bezeichnungsfeldern automatisch.

3. Damit also zwei unabhängige Knöpfe existieren, geben wir allen Rahmenfeldern diese Gruppeneigenschaft. Als vorsichtige Menschen erweitern Sie auch das Geschlecht um weitere Varianten.

4. Mit der Eigenschaft `LeftText` (offensichtlich beim Übersetzen vergessen) können wir die Ausrichtung von Text und Knopf einstellen.

5. Da Optionenfelder wie ein eindimensionales Array über ihren Index angesprochen werden, müssen wir nur den beiden ersten Einträgen sprechende Namen `IDC_KATEGORIE` bzw. `IDC_GESCHLECHT` geben. Den nachfolgenden Optionenfeldern ohne Gruppeneigenschaft können wir keine ID zuweisen.

6. Wir erinnern uns daran, dass die Optionenfelder nicht statisch vorbesetzt werden können. Vielmehr müssen wir im Konstruktor einen Index setzen.
   ```
   CU125Dlg::CU125Dlg(CWnd* pParent /*=NULL*/)
       : CDialog(CU125Dlg::IDD, pParent)
       , m_bKategorie(2)
       , m_bGeschlecht(0)
   {
     m_hIcon = AfxGetApp()->LoadIcon(IDR_MAINFRAME);
   } //CU125Dlg::CU125Dlg
   ```

7. Kontrollkästchen sind dagegen Individualisten. Sie benötigen alle eine eindeutige ID. Bei ihnen sind zwei Eigenschaften besonders interessant. `Drei-Status` erlaubt die Anzeige eines Zwischenstatus `egal` bzw. `weiß nicht`. Markieren wir beispielsweise in Word eine Zeile mit Hoch- oder Tiefstellungen, so ist die Eigenschaft im dritten Zustand .

8. Eine weitere Eigenschaft `Wie Schaltfläche` zeigt uns die Nähe zum Steuerelement `Schaltfläche`. Wir können damit einen rastenden Taster realisieren.

9. Unser Entwurf sieht dann nach einiger Zeit wie in **Bild 12.34** aus.

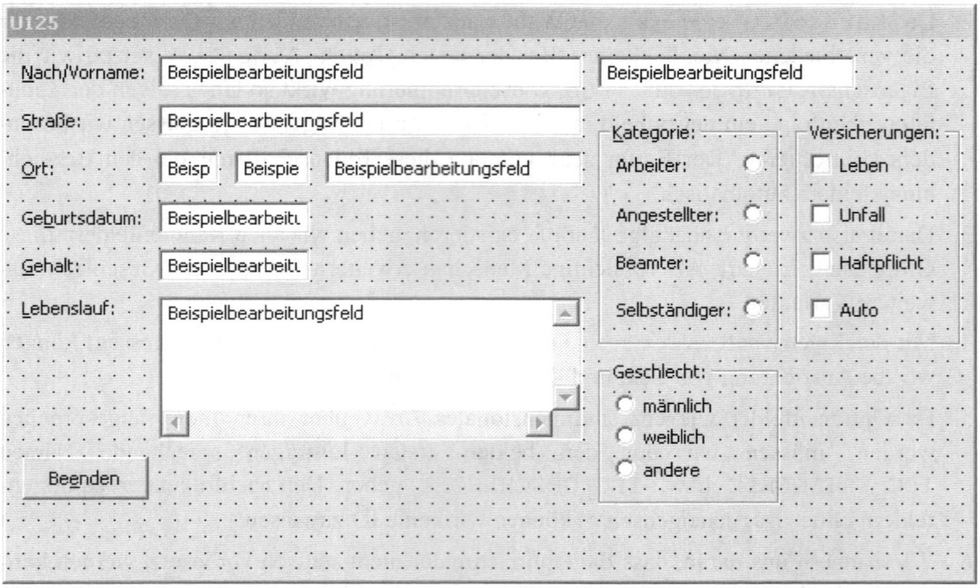

Bild 12.34: Oberflächenentwurf mit Optionenfeldern und Kontrollkästchen

10. Starten wir das Programm, so erscheinen die Knöpfe, die wir unabhängig voneinander bewegen können (**Bild 12.35**). ■

☞ Hinweis: Sollten wir vergessen, das erste Steuerelement nach dem letzten Optionenfeld nicht mit der Eigenschaft `Gruppe=True` zu versehen, so bedankt sich der Lader mit der Warnung:

```
Warning: skipping non-radio button in group.
```

was natürlich nur eine Warnung ist, aber zart besaitete Gemüter stört. In diesem Fall suchen wir über `Strg D` das Folgeelement und setzen dessen Eigenschaft `Gruppe` auf `True`.

➢ Aufgabe 12-4:

Setzen Sie einmal bei einem der Kontrollkästchen die Eigenschaft `Wie Schaltfläche` auf `True`. ■

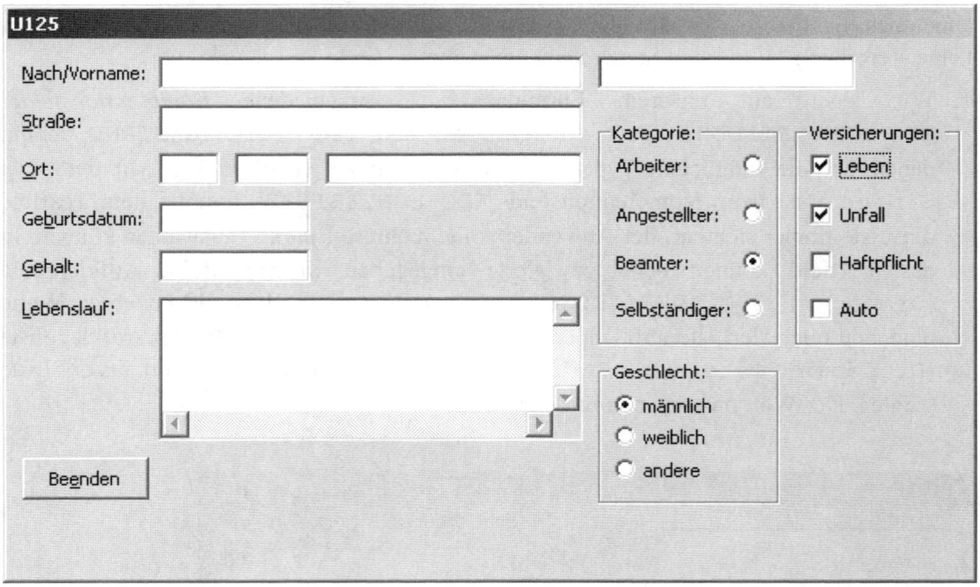

12.3 Übung zu den Steuerelementen 541

Bild 12.35: Optionenfelder und Kontrollkästchen im Einsatz

12.3.4 Listen- und Kombinationsfelder

Listen- und Kombinationsfelder dienen einerseits zur kompakten Darstellung von Informationen, ermöglichen andererseits aber die Entgegennahme von 1 aus m- oder n aus m-Auswahlen des Anwenders. Für n aus m-Auswahlen können wir die Mehrfachmarkierung innerhalb von Listen nutzen. Dies ist ergonomisch problematisch, da sich die Markierungen schnell durch einen falschen Tastendruck des Anwenders deselektieren. Für Anwendungen, bei denen bestehende Auswahlen nur ergänzt werden, eignen sich Listen mit Mehrfachauswahlen daher nicht. Wir wollen für diesen Fall die benutzerfreundliche Technik der *Schubsfelder* einsetzen, die aber einige Programmierung erfordert.

Listen- und Kombinationsfelder haben eine starke Ähnlichkeit, so dass wir sie gemeinsam behandeln können. Ein wesentlicher Unterschied zwischen beiden besteht darin, dass in einem (echten) Kombinationsfeld keine Mehrfachselektion möglich ist. Kombinationsfelder mit diesen einfachen Selektionsmöglichkeiten haben wir bereits in der Übung ✎ U121 am Anfang dieses Hauptkapitels kennen gelernt. Jetzt wollen wir diese Kenntnisse systematisch ausbauen.

12.3.4.1 Kombinationsfelder

▷ Kombinationsfelder sind Listen mit zusätzlichem Textfeld. Das Textfeld kann streng an die Listeneinträge gebunden sein oder auch freie Eingaben erlauben. Man könnte daher annehmen, dass sie in der MFC-Hierarchie aufeinander aufbauen. Tatsächlich findet aber keine Vererbung statt. Beide Steuerelemente stammen direkt von `CWnd` ab:

1. Wir legen auf unserem Formular drei verschiedene *Kombinationsfelder* `IDC_SCHULBILDUNG`, `IDC_AUSBILDUNG` und `IDC_FAMILIENSTAND` an, mit denen wir die möglichen Typen ausprobieren können (**Bild 12.36**). Mit dem Typ `Einfach` ist beim Kombinationsfeld `IDC_SCHULBILDUNG` unter dem Textfeld die Liste immer sichtbar, der Anwender sollte mehrere Einträge auswählen können. In das Textfeld können beliebige Werte eingegeben werden. Beim Aufklappfeld (`Dropdown`) `IDC_AUSBILDUNG` kann der Anwender ebenfalls beliebige Werte eingeben oder die Liste aufklappen und einen Wert auswählen. Bei der Aufklappliste (`Dropdown-Liste`) `IDC_FAMILIENSTAND` kann er nur einen Wert aus der Liste wählen. Der Wert muss also vorhanden sein.

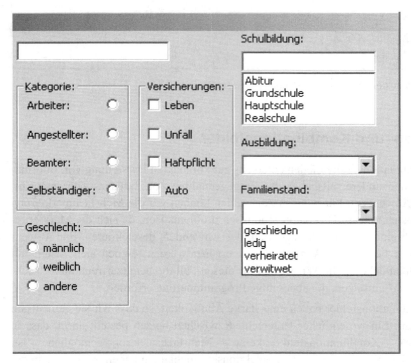

Bild 12.36: Kombinationsfelder in verschiedenen Varianten

2. Die Bearbeitung der Kombinationsfelder ist etwas trickreich, da wir mehrere Zeilen eingeben wollen. Wir suchen hierzu im Eigenschaftenfenster die Eigenschaft `Daten` und tippen die Einträge ein. Als Trennzeichen dient das Semikolon. Es wird später zur Zeilenschaltung. Fügen wir nur einen Eintrag ein, so verschwindet er, obwohl wir ihn zur Laufzeit und beim Testen sehen können. Dummerweise kann man ihn nicht mehr korrigieren, sondern nur noch überschreiben. Es bewährt sich daher, auch nach dem

12.3 Übung zu den Steuerelementen

letzten Eintrag ein Semikolon zu setzen. Ist dagegen mindestens ein Semikolon vorhanden, so bleiben die Einträge im Eigenschaftenfenster sichtbar. Wir tragen bei der Schulbildung `Grundschule;Hauptschule;Realschule;Abitur;` ein.

3. Steht die Eigenschaft `Sortieren` auf `True`, so werden die Einträge alphabetisch sortiert. Daher vermeiden wir unnötige Leerstellen usw. in den Einträgen, welche die Sortierung beeinflussen könnten. Einen Trick können wir von Microsoft aus dem Eigenschaftenfenster abschauen. Wollen wir einen Eintrag nach vorn sortieren, so setzen wir ihn in Klammern.

4. Klicken wir ein Kombinationsfeld an, so sind nur der rechte und der linke Ziehknopf schwarz markiert. Somit können wir einzig die Breite des Kombinationsfelds einstellen. Um die Länge der Liste zu verändern, müssen wir auf die Rolloikone (Pfeiltaste) klicken. In diesem Fall öffnet sich die Markierung der Gesamtgröße einschließlich eines schwarzen Ziehknopfs am unteren Rand, mit dem die Einstellung vorgenommen werden kann. Diesen Rand ziehen wir so weit auf, dass z. B. drei Elemente sichtbar sind (**Bild 12.37**).

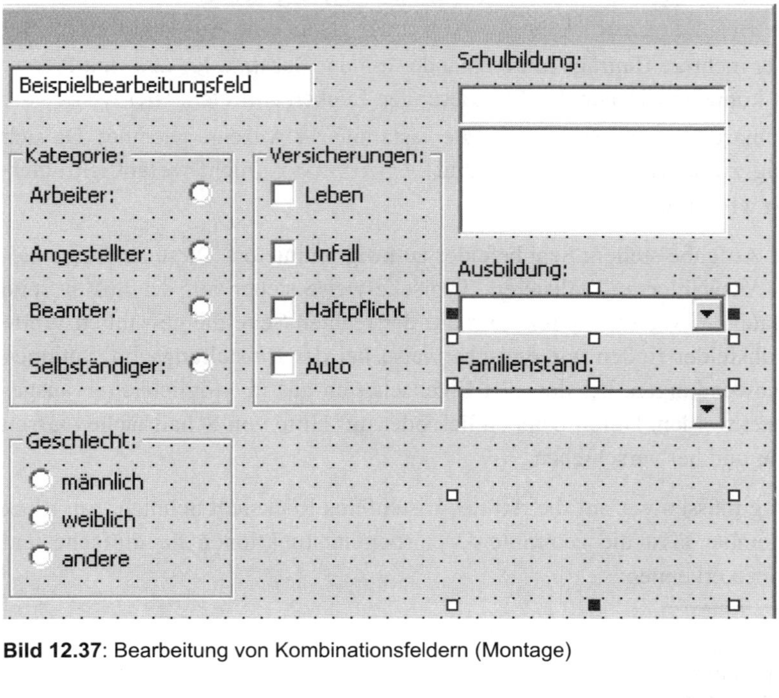

Bild 12.37: Bearbeitung von Kombinationsfeldern (Montage)

5. Mit der Zuordnung einer Membervariablen zum Wert eines Kombinationsfelds legen wir fest, ob wir den Index als Ganzzahl oder den Eintrag als Zeichenkette weiterverarbeiten wollen. Das Programm ✎ U121 in diesem Hauptkapitel zeigt die Verarbeitung von Indizes. Dort haben wir auch das Umsetzen des Leuchtbalkens nach der Erzeugung der Oberfläche erläutert.

6. Starten wir das Programm, so sind die Textfelder der Kombinationsfelder nicht vorbesetzt. Dies liegt am fehlenden Texteintrag im Konstruktor. Dies können wir manuell korrigieren:

```
CU125Dlg::CU125Dlg(CWnd* pParent /*=NULL*/)
  : CDialog(CU125Dlg::IDD, pParent)
...
  , m_strSchulbildung(_T("Abitur"))
  , m_strAusbildung(_T("Lehre"))
  , m_strFamilienstand(_T("verschieden"))
{
  m_hIcon = AfxGetApp()->LoadIcon(IDR_MAINFRAME);
} //CU125Dlg::CU125Dlg
```

Sie erkennen natürlich den kleinen Fehler beim Familienstand. Er sorgt dafür, dass kein Wert erscheint, da dieses Kombinationsfeld nur erlaubte Werte aus der Liste akzeptiert.

7. Wir testen das Programm und speichern es ab. ∎

12.3.4.2 Listenfelder

Listenfelder sind relativ ereignislos. Für uns ist bei ihnen die Eigenschaft `Auswahl` von primärem Interesse. Bei `Einfach` kann der Anwender genau eine Auswahl treffen. Bei `Mehrfach` kann er mehrere Einträge hintereinander mit der Zusatztaste ⇧ markieren. Bei `Erweitert` können zwischen den Markierungen Lücken auftreten. Hier werden die Einträge mit `Strg` markiert. Bei `Keine` ist die Liste nur zur Anzeige geeignet. Da sich die Programmierung zwischen `Mehrfach` und `Erweitert` nicht wesentlich unterscheidet, betrachten wir nur den letzten Fall.

Wir wollen uns die Aufgabe stellen, Schubsfelder zu programmieren. Diese sind eine elegante Art, n aus m-Auswahlen zu realisieren. Typischerweise stehen auf der linken Seite alle möglichen (erlaubten) Werte, während wir auf der rechten Seite die gewählten Werte sehen. Solche Schubsfelder finden wir typischerweise bei der Einstellung von Optionen und in Datenbankanwendungen, bei denen n Eigenschaften aus m Möglichkeiten ausgewählt und zugeordnet werden. Durch Doppelklick oder mit Hilfe von Schaltflächen lassen sich die Einträge hin und her verschieben.

Bei der Verarbeitung müssen wir auf die Art des Listenfelds Rücksicht nehmen. Ein Blick auf die Klassen-Member lässt die getrennten Verarbeitungsfunktionen für einfache und mehrfache Selektionen erkennen:

Konstruktion	
`CListBox`	Konstruktor

Initialisierung	
`Create`	Erzeugt ein Windows-Listenfeld und verknüpft es mit einem `CListBox`-Objekt.

12.3 Übung zu den Steuerelementen

Initialisierung	
`InitStorage`	Präallokiert Speicherblöcke für Listenfeldeinträge und -texte.

Allgemeine Operationen	
`GetCount`	Liefert die Anzahl der Einträge.
`GetHorizontalExtent`	Liefert die Breite in Pixeln, um die horizontal gescrollt werden kann.
`SetHorizontalExtent`	Setzt die Breite in Pixeln, um die horizontal gescrollt werden kann.
`GetTopIndex`	Liefert den nullbasierten Index des ersten sichtbaren Eintrags.
`SetTopIndex`	Liefert den nullbasierten Index des ersten sichtbaren Eintrags.
`GetItemData`	Liefert den 32-Bit-Wert, der mit dem Eintrag verknüpft ist.
`GetItemDataPtr`	Liefert den Zeiger auf einen Eintrag.
`SetItemData`	Setzt den 32-Bit-Wert, der mit dem Eintrag verknüpft ist.
`SetItemDataPtr`	Setzt den Zeiger auf einen Eintrag.
`GetItemRect`	Liefert das umgebende Rechteck, mit dem ein Eintrag gerade angezeigt wird.
`ItemFromPoint`	Liefert den Index des nächstliegenden Eintrags.
`SetItemHeight`	Setzt die Höhe der Einträge.
`GetItemHeight`	Liefert die Höhe der Einträge.
`GetSel`	Liefert den Auswahlstatus eines Eintrags.
`GetText`	Kopiert den Eintrag in einen Puffer.
`GetTextLen`	Liefert die Länge eines Eintrags in Bytes.
`SetColumnWidth`	Setzt die Spaltenbreite eines mehrspaltigen Listenfelds.
`SetTabStops`	Setzt die Tabulator-Stopps innerhalb des Listenfelds.
`GetLocale`	Liefert die lokale ID eines Listenfelds.
`SetLocale`	Setzt die lokale ID eines Listenfelds.

Einfachselektions-Operationen	
`GetCurSel`	Liefert den nullbasierten Index des aktuell markierten Eintrags.
`SetCurSel`	Markiert einen Eintrag.

Einfachselektions-Operationen	
Mehrfachselektions-Operationen	
`SetSel`	Markiert oder entmarkiert einen einzelnen Eintrag.
`GetCaretIndex`	Liefert den Index des Eintrags mit dem Fokusrechteck.
`SetCaretIndex`	Setzt das Fokusrechteck auf einen Eintrag.
`GetSelCount`	Liefert die Anzahl der markierten Einträge.
`GetSelItems`	Liefert die Indizes der derzeit markierten Einträge.
`SelItemRange`	Markiert oder entmarkiert einen Bereich von Einträgen.
`SetAnchorIndex`	Setzt den Anker im Listenfeld, um eine erweiterte Markierung zu starten.
`GetAnchorIndex`	Liefert den nullbasierten Index des aktuellen Ankers.

String-Operationen	
`AddString`	Hängt einen Eintrag an.
`DeleteString`	Löscht einen Eintrag.
`InsertString`	Fügt einen Eintrag an einer bestimmten Stelle ein.
`ResetContent`	Löscht alle Einträge.
`Dir`	Fügt die Dateinamen des aktuellen Verzeichnisses ein.
`FindString`	Sucht nach einem Eintrag.
`FindStringExact`	Sucht den ersten Eintrag, der die Vorgabe trifft.
`SelectString`	Sucht und markiert einen Eintrag in einer Einfachselektionsliste.

Überschreibbare Operationen	
`DrawItem`	Aufgerufen vom Anwendungsrahmen, wenn sich ein Darstellungsaspekt eines benutzererzeugten Listenfelds ändert.
`MeasureItem`	Aufgerufen vom Anwendungsrahmen, wenn ein benutzererzeugtes Listenfeld erzeugt wird, um die Abmessungen zu bestimmen.
`CompareItem`	Aufgerufen vom Anwendungsrahmen, um die Position eines neuen Eintrags in einem sortierten Listenfeld zu bestimmen.
`DeleteItem`	Aufgerufen vom Anwendungsrahmen, wenn der Benutzer einen Eintrag löscht.
`VKeyToItem`	Wird überschrieben, um die benutzerspezifische `WM_KEYDOWN`-Bearbeitung zu realisieren, wenn die `LBS_WANTKEYBOARDINPUT`-Darstellung gesetzt ist.

12.3 Übung zu den Steuerelementen

Überschreibbare Operationen	
`CharToItem`	Wird überschrieben, um die benutzerspezifische `WM_CHAR`-Bearbeitung für Listenfelder zu realisieren, die keine Strings besitzen.

Der Unterschied ist verständlich, da bei einer einfachen Selektion ein einzelner Index zur Identifizierung der Selektion genügt und somit abgefragt werden kann. Bei einer mehrfachen Selektion ist dagegen ein (variabel langes) Indexarray notwendig, um die vom Benutzer markierten Einträge zu speichern.

Entsprechend müssen wir mit unserem Programm reagieren, d. h., einen einzelnen Wert bzw. ein Array in einer Schleife verarbeiten. Die Verarbeitung über den Index hat natürlich nur dann Sinn, wenn wir wissen, welche Zeile sich dahinter versteckt, oder wenn dies unerheblich ist.

Analysieren wir die Aufgabe noch weiter, so sehen wir, dass sie vollkommen symmetrisch ist, d. h., es ist irrelevant, welches die Quell- und welches die Zielliste ist, sie können gegeneinander ausgetauscht werden.

Es bietet sich daher an, allgemein gültige Funktionen zu schreiben, die durch Austausch der Parameter die Elemente von einer zur anderen Liste transportieren. Einzig die Steuerung der vier Schaltflächen ist noch diskutabel. Aber auch diese können wir über die Parameterliste übergeben, wobei sie natürlich schon etwas lang wird.

Listenfelder haben noch eine gewöhnungsbedürftige Eigenschaft, die in fast allen Windows-Anwendungen zu beobachten ist (die auf Windows-Funktionen zurückgreifen):

- alle Elemente sind nicht markiert
- ein Element ist vormarkiert (gestrichelt umrahmt)
- ein (oder mehrere) Elemente sind mit einem Balken markiert

Mit einem Klick auf ein Listenfeld ist dieses zwar fokussiert, es muss aber kein Eintrag markiert sein, wenn der Klick außerhalb der Liste erfolgt. Für eine perfekte Steuerung der Schaltflächen müssen wir diesen Zustand abfragen und entsprechend berücksichtigen. Die Einzelschaltflächen dürfen erst aktiviert werden, wenn wenigstens ein Element in einer der Listen markiert ist. Die Aktivierung der `Alle`-Schaltflächen hängt dagegen nur vom Vorhandensein wenigstens eines Elements in der Liste ab. Sie werden erst deaktiviert, wenn die entsprechende Liste leer ist. Letztendlich werden wir sehen, dass die Steuerung aufwändiger ist als der eigentliche Transport der Elemente.

Eine Kleinigkeit müssen wir bei der Verarbeitung erweiterter Listenfelder beachten. Löschen wir einen Eintrag, so rutschen alle Nachfolger um 1 nach vorn. Das hat Vor- und Nachteile.

⊠ Im Weiteren wollen wir nun unser Beispiel weiterverfolgen, zwischen zwei Listenfeldern beliebig markierte Einträge zu verschieben:

1. Für die Schubsfeldtechnik legen wir zwei Listenfelder `IDC_KANNHOBBIES` (mögliche Hobbies) und `IDC_HOBBIES` nebeneinander an. Dann ergänzen wir die Membervariablen sowohl für die Werte als auch die Steuerelemente. Für unsere Experimen-

te wählen wir aber unterschiedliche Datentypen `m_strKannHobbies` bzw. `m_iHobbies`.

2. Zwischen den Listenfeldern platzieren wir vier Schaltflächen `IDC_HINZU`, `IDC_WEG`, `IDC_HINZUALLE` und `IDC_WEGALLE`. Durch Auslösen dieser Schaltflächen wollen wir später Elemente zwischen den Listenfeldern austauschen. Dazu legen wir für jede Schaltfläche Ereignisfunktionen an. Die Namensvergabe sollte die Funktion deutlich machen. Als präventive Programmierer steuern wir die Schaltflächen so, dass sie nur dann anklickbar sind, wenn auch Einträge verschoben werden können. Anfänglich ist in unserem Beispiel die rechte Liste leer.

3. Sowohl bei den Kombinationsfeldern wie auch bei den Listenfeldern finden wir die Eigenschaft `Sortieren`, die standardmäßig markiert ist. Sie entscheidet, ob zur Laufzeit die Einträge sortiert erscheinen oder nicht. Bei den Hobbies ist eine Sortierung sinnvoll. Bei der Schulbildung wäre die Berücksichtigung des Werts durch unsortierte Festlegung der Einträge möglich.

4. Im Gegensatz zu den Kombinationsfeldern ist es zur Entwurfszeit nicht möglich, in Listenfelder Werte einzugeben. Diese müssen also zur Laufzeit ergänzt werden. Damit fängt die Programmierung an:

```
//Listenfelder bearbeiten----------------------------------------
CListBox* pLB=(CListBox*)GetDlgItem(IDC_KANNHOBBIES);//lokaler Zeiger
pLB->InsertString(-1,"Amateurfunk"); //hinten anhängen
pLB->InsertString(-1,"Basteln");
m_lstKannHobbies.AddString("Gärtnern"); //hinten anhängen
if (m_lstKannHobbies.AddString("Tanzen")<=0) { //Zugriff über Namen
  MessageBox("Fehler beim Füllen des Listenfelds");
 }
m_strKannHobbies="Wandern";              //das geht ins Leere
pLB->SetSel(2);                          //einer sollte markiert sein
m_btnWeg.EnableWindow(FALSE);            //Zugriff über Namen
GetDlgItem(IDC_WEGALLE)->EnableWindow(FALSE);//Zugriff über ID

CComboBox* pCB = (CComboBox*) GetDlgItem(IDC_SCHULBILDUNG);
pCB->AddString("Sonderschule");
pCB->AddString("Baumschule");
```

```
  return TRUE;  // Geben Sie TRUE zurück, außer ein Steuerelement soll
} //CU125Dlg::OnInitDialog
```

Mit Hilfe der Methoden `InsertString` können wir über den ersten Parameter einen Eintrag gezielt durchführen. Dies ist nur sinnvoll, wenn die Sortierung ausgeschaltet ist. Mit dem Wert `-1` wird der Eintrag hinten angehängt. `AddString` erledigt Letzteres etwas weniger aufwändig. Besteht die Gefahr eines Speicherüberlaufs, so sollte man den Rückgabewert der Funktion abfragen, was einmal programmiert wurde.

Die nahe Verwandtschaft von Listen- und Kombinationsfeldern sehen wir in der Ergänzung unserer Liste zur Schulbildung, die bekanntlich zu einem Kombinationsfeld gehört.

5. Wir beginnen nun mit der Programmierung der ersten Schaltfläche `IDC_HINZU`. Hier zögern wir ein wenig, schließlich ist die gesamte Konstruktion symmetrisch, d. h.,

12.3 Übung zu den Steuerelementen

durch Austausch der Listenfelder können wir das Zurückschubsen leicht realisieren. Wie wäre es denn mit einer Lösung, die jeweils zwei Schaltflächen völlig gleich behandelt? Hierzu entwerfen wir folgende öffentliche Hilfsfunktionen:

```
void CU125Dlg::BewegeEinige(CListBox* QuelleStrg,CListBox* ZielStrg,
             int QuelleSF1,int QuelleSF2,int ZielSF1,int ZielSF2) {
  int i;
  int index [NMAXEINTRAEGE];
  CString Temp;
  TRACE("Anzahl= %d\n",QuelleStrg->GetSelCount());
  if (QuelleStrg->GetSelCount()>0) {
    QuelleStrg->GetSelItems(NMAXEINTRAEGE,index);
    for (i=QuelleStrg->GetSelCount()-1;i>=0;i--) {
      QuelleStrg->GetText(index [i],Temp);
      ZielStrg->AddString(Temp);
      QuelleStrg->DeleteString(index [i]);
    }
    if (QuelleStrg->GetCount()<=0) {
      GetDlgItem(QuelleSF1)->EnableWindow(FALSE);
      GetDlgItem(QuelleSF2)->EnableWindow(FALSE);
    }
    GetDlgItem(ZielSF1)->EnableWindow(TRUE);
    GetDlgItem(ZielSF2)->EnableWindow(TRUE);
  }
} //CU125Dlg::BewegeEinige

void CU125Dlg::BewegeAlle(CListBox* QuelleStrg,CListBox* ZielStrg,
             int QuelleSF1,int QuelleSF2,int ZielSF1,int ZielSF2) {
  CString Temp;
  int imax=QuelleStrg->GetCount();
  for(int i=0;i<imax;i++) {
    QuelleStrg->GetText(0,Temp);
    ZielStrg->AddString(Temp);
    QuelleStrg->DeleteString(0);
  }
  GetDlgItem(QuelleSF1)->EnableWindow(FALSE);
  GetDlgItem(QuelleSF2)->EnableWindow(FALSE);
  GetDlgItem(ZielSF1)->EnableWindow(TRUE);
  GetDlgItem(ZielSF2)->EnableWindow(TRUE);
} //CU125Dlg::BewegeAlle
```

Es wird ein Array für die markierten Einträge benutzt. Hierzu ist es notwendig, am Anfang der Implementationsdatei ein Konstante zu definieren:

```
#define NMAXEINTRAEGE 100
```

Nach einer Sicherheitsabfrage, ob überhaupt Einträge vorhanden sind, beginnt die eigentliche Verarbeitung. Die Sicherheitsabfrage ist notwendig, da es keine Möglichkeit gibt festzustellen, ob ein Eintrag markiert ist. Ein Listenfeld löst zwar beim Fokuserhalt usw. ein Ereignis aus. Wird dabei aber kein Eintrag markiert, so ist dies nicht direkt erkennbar.

Theoretisch könnten wir nun alle Einträge selbst auf die Markierung untersuchen. Stattdessen wird aber die Methode `GetSelItems` eingesetzt, die uns ein (nach oben beschränktes) Array von Indizes zurückliefert. Hieran erkennen wir, dass unsere Membervariable für den Wert eines Listenfelds erst einmal nicht zum Einsatz kommt.

Anschließend wird mit Hilfe einer Schleife das Array von hinten her durchlaufen, und die Einträge werden von der einen in die andere Liste übertragen. Die Richtung der Schleife mag überraschen. Wir müssen aber beachten, dass es sich um relative Indizes handelt. Entfernen wir mit einer Schleife einen Eintrag in einer Liste, so rutschen alle Nachfolger nach vorn und erhalten dabei neue Indizes. Das Ergebnis ist bei Verarbeitung von vorn – wie Sie leicht nachprüfen können – chaotisch und führt im schlimmsten Fall zu einem Indexüberlauf.

Zum Abschluss der Funktionen werden die Schaltflächen aufgrund der verbleibenden Einträge gesteuert.

Alle Einträge von einer Seite auf die andere zu bewegen ist deutlich einfacher, da die Markierungen nicht gesucht werden müssen. Auch ist der Abbau der Liste sowohl von hinten wie auch von vorn möglich. Daher ist die Funktion BewegeAlle deutlich einfacher.

6. Mit Hilfe dieser Funktionen ist es nun sehr einfach, die Ereignisfunktionen zu realisieren:

```
void CU125Dlg::OnBnClickedHinzu() {
  BewegeEinige(&m_lstKannHobbies,&m_lstHobbies,IDC_HINZU,IDC_HINZUALLE,
         IDC_WEG,IDC_WEGALLE);
} //CU125Dlg::OnBnClickedHinzu

void CU125Dlg::OnBnClickedHinzualle() {
  BewegeAlle(&m_lstKannHobbies,&m_lstHobbies,IDC_HINZU,IDC_HINZUALLE,
         IDC_WEG,IDC_WEGALLE);
} //CU125Dlg::OnBnClickedHinzualle

void CU125Dlg::OnBnClickedWeg() {
  BewegeEinige(&m_lstHobbies,&m_lstKannHobbies,IDC_WEG,IDC_WEGALLE,
         IDC_HINZU,IDC_HINZUALLE);
} //CU125Dlg::OnBnClickedWeg

void CU125Dlg::OnBnClickedWegalle() {
  BewegeAlle(&m_lstHobbies,&m_lstKannHobbies,IDC_WEG,IDC_WEGALLE,
         IDC_HINZU,IDC_HINZUALLE);
} //CU125Dlg::OnBnClickedWegalle
```

7. Bei der Programmierung der Doppelklicks können wir aus verschiedenen Varianten wählen. Da sich möglicherweise die Parameterliste der Bewege-Funktionen ändern könnte, ist der sicherere Weg, das Ereignis an die Schaltfläche weiterzureichen, also in der Form:

```
void CU125Dlg::OnLbnDblclkKannHobbies() {
  OnBnClickedHinzu();
} //CU125Dlg::OnLbnDblclkKannHobbies

void CU125Dlg::OnLbnDblclkHobbies() {
  OnBnClickedWeg();
} //CU125Dlg::OnLbnDblclkHobbies
```

8. Wir testen nun das Programm (**Bild 12.38**) und speichern es. ■

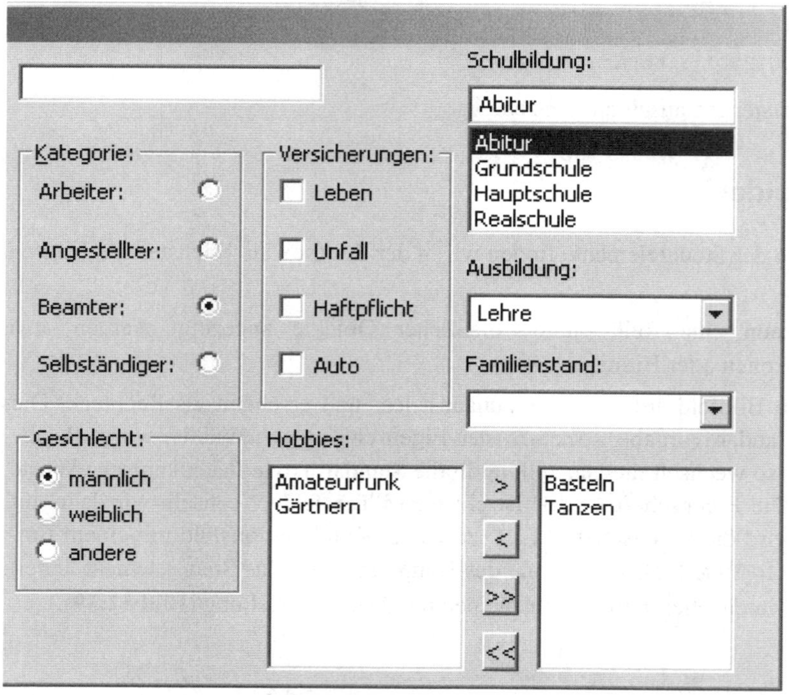

12.3 Übung zu den Steuerelementen 551

Bild 12.38: Schubsfelder in Aktion

➢ Aufgabe 12-5:

Schreiben Sie die Hilfsfunktionen so um, dass diese mit Membervariablen statt mit IDs arbeiten. ∎

☞ Hinweis: Wenn wir mit den Listenfeldern experimentieren, dann kommt es zu einigen Problemen, wenn wir dem Listenfeld eine Membervariable vom Typ CString zugewiesen haben. Schon während des Ladens erhalten wir ohne unser Zutun Warnungen im Ausgabefenster:

```
Warning: no listbox item selected.
```

Die Ursache liegt im Datenaustausch. Visual C++ versucht, die Membervariable zu füllen, was dann misslingt, wenn kein Element selektiert bzw. die gesamte Liste leer ist. Als Verursacher der Meldung können wir die Anweisung

```
void CU125Dlg::DoDataExchange(CDataExchange* pDX) {
  CDialog::DoDataExchange(pDX);
  //{{AFX_DATA_MAP(CU125Dlg)
  ...
    DDX_LBString(pDX, IDC_KANNHOBBIES, m_strKannHobbies);
```

...

```
} //CU125Dlg::DoDataExchange
```

zum Datenaustausch eingrenzen.

12.3.5 Bildfelder

In der Reihenfolge der Steuerelemente finden wir in der Toolbox als Nächstes das Bildfeld (Picture Control).

In *Bildfeldern* kann eine Reihe unterschiedlicher Objekte angezeigt werden, u. a. Grafikelemente, Ikonen oder Bitmaps.

1. Ziehen wir ein Bildfeld auf, so ist es zunächst leer und erscheint als Rechteck. Dies liegt an der Standardvorgabe Rahmen der Eigenschaft Typ. Wählen wir z. B. als Typ Bitmap, so wechselt die Darstellung in die Standardikone (Mexikanische Wüste mit Kaktus). Die Eigenschaft Bild ist ein leeres Textfeld. Wechseln wir dann auf Symbol, so wird die Eigenschaft Bild zu einem Kombinationsfeld mit einem Eintrag IDR_MAINFRAME, also der Ikone des Hauptrahmens. Das Steuerelement ändert sein Aussehen in ein Blatt Papier. Wir bleiben bei dieser Einstellung (**Bild 12.39**).

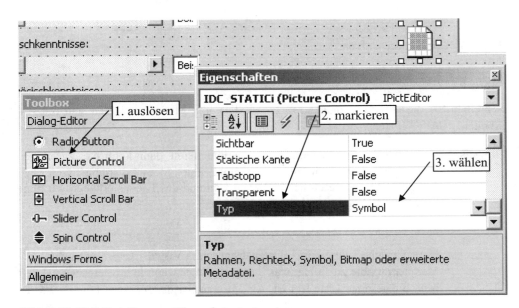

Bild 12.39: Bildfeld einfügen und Typ auf Symbol setzen

2. Um externe Bilder einzufügen, müssen sie erst einmal als Ressource vorhanden sein, d. h., wir können sie nur indirekt einfügen. Dies ist relativ kompliziert, da es zu keiner Verknüpfung, sondern zu einem echten Import kommt. Wir fahren daher mit folgenden Schritten fort:

12.3 Übung zu den Steuerelementen

3. Um eine Ikone oder Bitmap einzufügen, rufen wir über Projekt|Ressource hinzufügen... das Dialogfeld Ressource hinzufügen auf. Dort markieren wir Icon und lösen Importieren... aus. Im folgenden Dialog Importieren können wir eine entsprechende Datei auf unserem Rechner suchen und importieren (**Bild 12.40**).

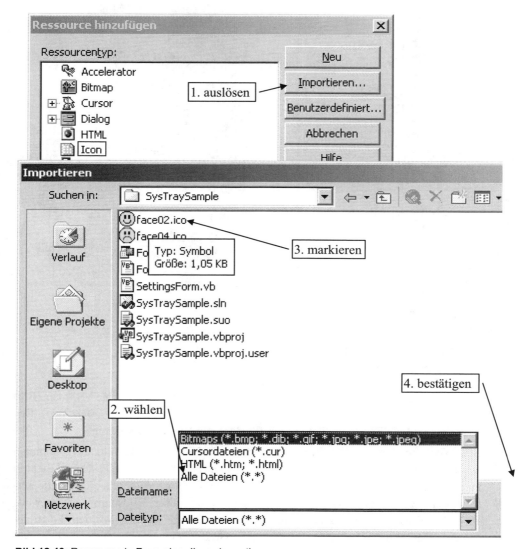

Bild 12.40: Ressource in Form einer Ikone importieren

Gegenüber der Version 6.0 fällt auf, dass die Erweiterung .ico nicht mehr gefiltert werden kann.

4. Sobald wir den Import bestätigen, öffnet sich der Grafikeditor der IDE mit der gewählten Ikone. Ihr geben wir den Namen IDI_IKONE (bitte das Präfix IDI_ beachten) (**Bild 12.41**). Ihr Aussehen kann von uns beliebig verändert werden.

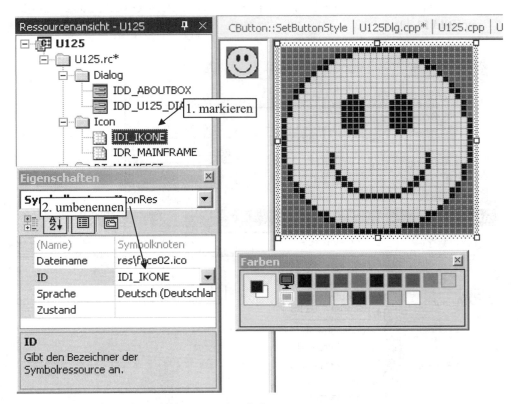

Bild 12.41: Ikone importieren, benennen und verändern

5. Wir wiederholen den Import, um in einem zweiten Schritt eine „echte" Bitmap (**Bild 12.42**) zu importieren. Wir benennen sie IDB_BILD (Präfix IDB_ beachten). Das Aussehen und die Funktionalität des Grafikeditors ändern sich ein wenig.

Beim vorliegenden Beispiel handelt es sich um ein 256-Graustufenbild, aufgenommen zur digitalen Bildverarbeitung. Es arbeitet mit einer Palette, d. h., die Pixel sind nicht in vier Bytes, sondern in einem Byte gespeichert. Da die Ikone ebenfalls eine Palette enthält, steht Visual C++ vor einem Problem, wenn unser Bildschirm weniger als 16,7 Mio. Farben anzeigt, also ebenfalls mit einer Palette arbeitet. Werden die Bilder geladen, dann wird nur eine der Paletten aktiv, so dass eines der Bilder mehr oder weniger „schillernd" erscheint.

Die Ressourcenansicht zeigt uns nun eine ergänzte Bitmap und eine zusätzliche Ikone.

12.3 Übung zu den Steuerelementen 555

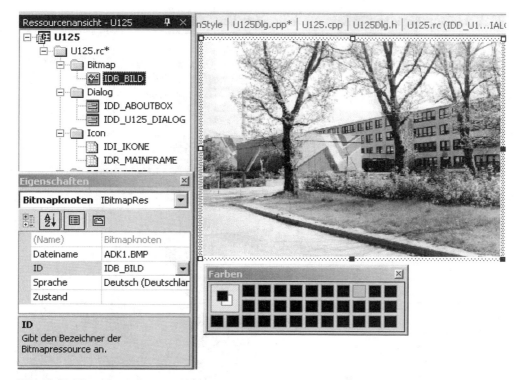

Bild 12.42: Bitmap importieren und benennen

6. Wir wechseln durch Doppelklick zum Dialogeditor zurück. Dort haben wir bereits ein erstes Bildfeld positioniert, das wir nun mit der Ikone füllen wollen. Dazu markieren wir in der Eigenschaft `Bild` den Eintrag `IDI_IKONE`. Auf diese Weise haben wir das Bildfeld mit einer importierten Ressource verknüpft. Die Ikone erscheint in Originalgröße. Wir können nun diese Ikone beliebig oft auf unserem Formular verteilen. Sie ist im Programm nur einmal vorhanden. Dabei sehen wir, dass die Bildfelder alle die ID `IDC_STATIC` erhalten. Es sind vorerst alles statische Steuerelemente, die später nicht mehr verändert werden können.

Sollten sich Steuerelemente überlappen, so bestimmt die Tabulatorreihenfolge die z-Ordnung. Steuerelemente mit höherem Tabulatorindex überdecken solche mit niedrigerem.

7. Wollen wir unsere Bitmap einbinden, so fügen wir ein neues Bildfeld hinzu, dessen Eigenschaft `Typ` auf `Bitmap` gesetzt wird. Jetzt finden wir im Kombinationsfeld `Bild` die Liste der Bitmap-Ressourcen, die aber nur aus einem Eintrag `IDB_BILD` besteht.

8. Nun ergibt sich wieder eine gute Gelegenheit, das Programm neu zu übersetzen und zu speichern (**Bild 12.43**). ∎

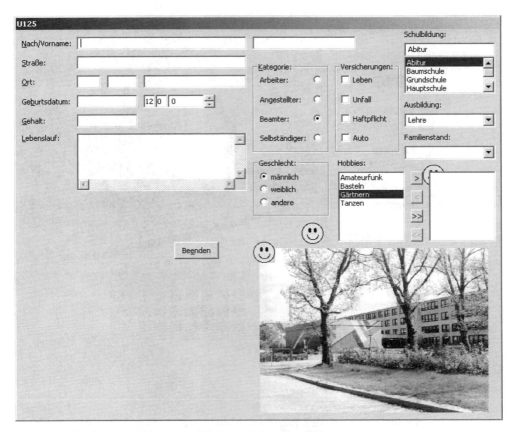

Bild 12.43: Einbinden von Bitmaps und Ikonen auf eine Oberfläche

12.3.6 Laufleisten, Schieberegler und Drehfeld

12.3.6.1 Laufleisten und Schieberegler

Solange nur eine Laufleiste (Scroll Bar) bzw. ein Schieberegler (Slider Control) eingesetzt wird, sind die Verhältnisse einfach und klar. Spannend wird es, wenn wir mehrere dieser Steuerelemente einsetzen, da es nur einen Meldungsempfänger (Ereignisfunktion) gibt. Selbst die erst später eingeführten Schieberegler zeigen dieses Verhalten. Somit wird jeder Klick auf eine Laufleiste inklusive der Laufleisten des Formulars usw. zur selben Ereignisfunktion weitergeleitet. Wir müssen dann die Ereignisse selbst trennen.

Beide Steuerelemente gehören ähnlich wie das Textfeld zu den Steuerelementen, die über zwei Membervariablen vom Typ `int` und vom Typ `CScrollBar` verfügen können. Dabei beeinflussen sich der Wertetyp `int` und die Methoden `SetScrollPos` bzw. `GetScrollPos` gegenseitig. Ein wesentlicher Unterschied besteht darin, dass `Set-`

12.3 Übung zu den Steuerelementen

`ScrollPos` sofort auf dem Bildschirm wirksam wird, während das Setzen des Werteparameters erst nach `UpdateData(FALSE)` eine Positionierung des Schiebers bewirkt.

Die *Laufleisten* dienen zur Einstellung von Zahlenwerten innerhalb eines Bereichs. Minimum, Maximum, Schrittweite klein (beim Klick auf einen Pfeil am Ende) und Schrittweite groß (beim Klick auf den Körper) lassen sich zur Entwurfszeit nicht festlegen.

Fast alle Methoden dieser Steuerelemente haben einen optionalen Parameter `bRedraw=TRUE`, der ein sofortiges Neuzeichnen des Steuerelements auslöst. Stellen wir mehrere Eigenschaften hintereinander ein, so sollten wir diesen Vorgabewert nur für die letzte Einstellung beibehalten. Alle anderen Methodenaufrufe sollten mit `FALSE` erfolgen, um ein wiederholtes Zeichnen des Steuerelements zu vermeiden.

1. Um zu zeigen, welche Probleme bei der Existenz mehrerer Laufleisten entstehen, legen wir zwei Leisten `IDC_EKENNTNISSE` und `IDC_SKENNTNISSE` für die Englisch- und Spanischkenntnisse an. Wir weisen den Laufleisten sowohl eine Membervariable `m_iEKenntnisse` für den Wert vom Typ `int` als `m_clbEkenntnisse` vom Typ `CScrollBar` zu (für die Spanischkenntnisse analog mit `S`).

2. Der *Schieberegler* (Slider Control) arbeitet ähnlich wie eine Laufleiste, bei ihm fehlen aber die Endsymbole. Er besitzt eine Reihe von Eigenschaften, die sein Aussehen verändern. So können wir die Eigenschaften `Teilstriche` und `Autom. Teilstriche` aktivieren, um entsprechende Marken erscheinen zu lassen. Mit einem Schieberegler `IDC_FKENNTNISSE` wollen wir die Französischkenntnisse einstellen.

3. Neben die Laufleisten und den Schieberegler setzen wir Textfelder. Hier sollen die ausgewählten Werte erscheinen. Umgekehrt sollen dort eingegebene Werte die Position der Schieber verändern. Die IDs passen wir mit `IDC_EWERT` usw. an die IDs der Regler an. Die Membervariablen benennen wir dagegen mit `m_strEKenntnisse` usw. Dann können wir so tun, als hätten die Laufleisten ein eigenes Anzeigefeld.

4. Die Liste der Eigenschaften einer Laufleiste ist zur Entwurfszeit erstaunlich kurz. Tatsächlich müssen wir eine große Zahl von Einstellungen zur Laufzeit vornehmen. Erneut wollen wir verschiedene Techniken anwenden (auch wenn der Schieberegler nicht ganz einer Laufleiste entspricht):

   – Initialisierung über die vorhandenen Methoden wie `SetSCrollRange()`, `SetScrollPos()` usw.

   – Initialisierung über eine vorgegebene Struktur vom Typ `SCROLLINFO`, die wir der Laufleiste mit `SetScrollInfo()` übergeben;

   – Initialisierung des Schiebereglers über Methoden wie `SetRange()`, `SetPos()` usw. Bei dieser Gelegenheit fällt auf, dass die Methoden der Laufleisten und der Schieberegler unterschiedlich benannt sind.

Bei der Durchsicht der vorhandenen Parameter bzw. der vorhandenen Methoden stellen wir fest, dass die Laufleiste weitgehend programmiert werden muss, während der Schieber über die Parameter sehr gut gesteuert werden kann.

Bei beiden Steuerelementen finden wir die Begriffe `Line` bzw. `Page` in den Elementnamen. Dies rührt von der Vorstellung her, mit den Steuerelementen ein Fenster über ein Dokument zu schieben. Dies kann zeilenweise (`Line`) oder seitenweise (`Page`) erfolgen. Für beide Werte können wir daher eine Sprunggröße vorgeben.

Bei der Laufleiste können wir die Breite des Läufers über die Eigenschaft `SCROLLINFO.nPage` beeinflussen. Eine passende Methode fehlt dazu. Dies hat aber u. U. den Nebeneffekt, dass wir den rechten Rand zwar optisch erreichen, aber wertemäßig darunter bleiben. Ist z. B. der Läufer zwei Einheiten breit und die Obergrenze auf 15 gesetzt, dann können wir nur 14 erreichen, weil der Bezugspunkt an der linken Kante des Läufers liegt.

Die Bearbeitung der Laufleiste über die Struktur `SCROLLINFO` ist übrigens die modernere und sollte daher bei Neuprogrammierungen bevorzugt werden.

Die Breite des Läufers zeigt bei der Bildlaufleiste den Prozentsatz des im Anwendungsbereich dargestellten Teils des Dokuments an und wird dynamisch berechnet.

5. Die Initialisierung führen wir in zwei Alternativen durch, einmal mit vordefinierten Konstanten, einmal direkt über die Wertangabe. Konstanten haben bei der Pflege des Programms große Vorteile, da sie zum einen „sprechend" sind und zum anderen zentral verwaltet werden können. Hierzu fügen wir am Anfang von `U125Dlg.cpp` zwei Definitionen ein. Gleichzeitig ergänzen wir die beiden Makros aus dem Kapitel «Objektorientierte Programmierung»

```
// U125Dlg.cpp : Implementierungsdatei
//

#include "stdafx.h"
#include "U125.h"
#include "U125Dlg.h"

#ifdef _DEBUG
#define new DEBUG_NEW
#endif

#define NMAXEINTRAEGE 100
#define NMIN 0
#define NMAX 15

// zuerst einige allgemeine verwendete INLINE-Funktionen (Makros)
inline int Max(int a,int b) {return a>b ? a:b; }
inline int Min(int a,int b) {return a>b ? b:a; }
```

6. Mit Hilfe dieser Konstanten können wir nun die eigentliche Initialisierung durchführen:

```
BOOL CU125Dlg::OnInitDialog()
{
  ...

//Laufleisten initialisieren-----------------------------------------
  m_scbEKenntnisse.SetScrollRange(0,15); //Methodenaufrufe
  //Hilfsvariablen zum Debuggen
  int nMin;
  int nMax;
```

12.3 Übung zu den Steuerelementen 559

```
m_scbEKenntnisse.GetScrollRange(&nMin, &nMax);
nMin=m_scbEKenntnisse.GetScrollLimit(); //Variante
m_iEKenntnisse=6;                       //Wertreferenz, ohne Wirkung
m_strEKenntnisse.Format("%d",m_scbEKenntnisse.GetScrollPos());
SetDlgItemText(IDC_EKENNTNISSE,m_strEKenntnisse); //leer

SCROLLINFO *LaufleistenInfo;     //Initialisierung über struct
LaufleistenInfo=new SCROLLINFO;  //Speicher anlegen
LaufleistenInfo->fMask=SIF_ALL;  //Zugriffsmaske setzen
LaufleistenInfo->nMin=NMIN;      //Untergrenze über Konstante
LaufleistenInfo->nMax=NMAX;      //Obergrenze
LaufleistenInfo->nPos=3;         //aktuelle Position direkt
LaufleistenInfo->nPage=1;        //Breite des Schiebers
CScrollBar* pSB = (CScrollBar*) GetDlgItem(IDC_SKENNTNISSE);
pSB->SetScrollInfo(LaufleistenInfo); //Zugriff über temp.Zeiger
//Hilfsvariablen zum Debuggen
pSB->GetScrollRange(&nMin, &nMax);
m_strSKenntnisse.Format("%d",LaufleistenInfo->nPos);
UpdateData(FALSE);               //indirekte anzeigen
delete LaufleistenInfo; //auskommentieren: Fehlermeldungen beobachten

CSliderCtrl* pSC=(CSliderCtrl*)GetDlgItem(IDC_FKENNTNISSE);
pSC->SetRange(0,15);   //Min und Max festlegen
pSC->SetTic(6);        //Anzahl Rastmarken festlegen
pSC->SetTicFreq(1);    //Rastmarken-Periode festlegen
m_iFKenntnisse=12;     //so geht es
UpdateData(FALSE);     // und übertragen
pSC->SetPos(9);        //aktuelle Position
m_sldFKenntnisse.SetPos(6);//Variante dazu
m_strFKenntnisse.Format("%d",pSC->GetPos());
UpdateData(FALSE);     //überschreibt alle Einstellungen
```

```
  return TRUE;  // Geben Sie TRUE zurück, außer ein Steuerelement soll
} //CU125Dlg::OnInitDialog
```

Beide Laufleisten werden auf einen Bereich von 0 bis 15 (Abitur-Punktzahl) eingestellt und positioniert. Im Gegensatz zur Bereichseinstellung wird die Positionierung aber nicht sofort, sondern erst beim nächsten `UpdateData(FALSE)` durchgeführt. Damit entspricht der angezeigte Wert nicht der tatsächlichen Position.

➢ Aufgabe 12-6:

Korrigieren Sie dieses Problem möglichst ohne großen Aufwand. Sie beachten dabei, dass bei einem Aufruf von `UpdateData(FALSE)` alle Daten neu geschrieben werden. Dies kann bei umfangreichen Formularen zu verlängerten Laufzeiten und unerwünschten Nebeneffekten führen. ■

Die Laufleiste für die Spanischkenntnisse legen wir auf eine ganz andere Technik fest. Hierzu benutzen wir die Struktur `SCROLLINFO`, die wir gesondert anlegen, initialisieren und mit `SetScrollInfo` auf die Laufleiste übertragen. Diese Einstellungen werden sofort aktiv, so dass der eingestellte Wert in das Textfeld übernommen wird.

Löschen wir die Struktur, wie im Quelltext vorbereitet, dann erhalten wir am Ende des Programms die Meldungen:

```
Detected memory leaks!
Dumping objects ->
```

```
c:\...\u12_ste\u125\u125dlg.cpp(174) : {69} normal block at 0x002F5500,
  28 bytes long.
 Data: <              > 1C 00 00 00 17 00 00 00 00 00 00 00 0F 00 00
  00
Object dump complete.
Das Programm " [1836] U125.exe: Systemeigen" wurde mit Code 0 (0x0)
  beendet.
```

Beim Schieberegler legen wir sechs Rastmarken fest, so dass fünf Intervalle zu drei Punkten entstehen. An diesen Rastmarken bleibt der Schieber hängen, wenn wir auf die Leiste klicken. Um Zwischenwerte zu erreichen, müssen wir den Schieber mit der Maus direkt positionieren.

Der Periodenabstand wird nur wirksam, wenn wir im Dialogeditor die Eigenschaften Teilstriche und Autom. Teilstriche auf True gesetzt haben.

Die weitere Programmierung zeigt, wie die Position gesetzt wird. Legen wir eine Membervariable für den Wert des Schiebereglers an, so verändert er seinen Wert durch Aufruf der Funktion SetPos nicht. Wir lesen zwar den Wert 6 aus und übertragen ihn in das Textfeld, überschreiben aber anschließend die Position des Reglers mit dem alten Wert m_iFKenntnisse, so dass beim Start der Oberfläche eine Reihe von Widersprüchen zu sehen ist (**Bild 12.44**), als da sind:

- falscher Wert der Englischkenntnisse
- falsche Position der Spanischkenntnisse
- falscher Wert der Französischkenntnisse
- unterschiedliche Breite der Läufer trotz gleicher Grenzen

Dabei ist der letzte Effekt eigentlich nicht erklärbar. Die eingefügten Abfragen (eigentlich ohne Sinn) GetScrollRange zeigen keine Auffälligkeiten.

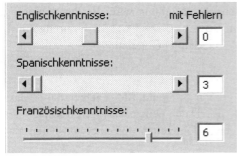

Bild 12.44: Fehlerhafte Einstellungen bei Laufleisten und Schiebereglern

7. Weder für die Laufleiste noch für den Schieberegler finden wir Ereignisse. Einzig das Dialogfeld (Formular) selbst kennt die Nachricht WM_HSCROLL bzw. WM_VSCROLL. Hier werden offensichtlich die Bildlaufleisten, die benutzerdefinierten Laufleisten und die Schieberegler in einen Topf geworfen. Somit müssen wir für den gesamten Dialog jeweils eine Ereignisfunktion für jede Richtung schreiben und dort eine maßstabsgerechte Verschiebung durchführen. Für uns bedeutet dies, die Nachricht

12.3 Übung zu den Steuerelementen

WM_HSCROLL zu aktivieren (**Bild 12.45**) und dort als Erstes die verschiedenen Steuerelemente zu trennen.

Bild 12.45: Einfügen einer zentralen Ereignisfunktion für den horizontalen Bildlauf

8. Die daraufhin generierte Ereignisfunktion weist einen Aufruf der Vorgängerfunktion auf. Wir können nun unsere eigene Verarbeitung vor oder hinter diese allgemeine Verarbeitung einfügen.

Da nun die Methoden von Laufleisten und Schiebereglern unterschiedlich benannt sind, auch wenn sie den gleichen Effekt haben (Position setzen, Grenzen festlegen usw.), können wir kaum Code gemeinsam verwenden. Diese Umbenennung hat natürlich einen Grund, da viele der Funktionen eines Schiebereglers automatisch ablaufen, während wir diese für die Laufleisten selbst programmieren müssen. Wir trennen daher die Bearbeitung beider Steuerelementtypen.

Schwieriger wird es mit den Laufleisten, da diese eigentlich nichts selbst machen, sondern nur Ereignisse melden. Um den Aufwand bei mehreren Laufleisten möglichst klein zu halten, verfallen wir auf den Trick, mit einer variablen ID auf das angekoppelte Textfeld zu arbeiten. Unser erster Entwurf sieht beispielsweise folgendermaßen aus:

```
void CU125Dlg::OnHScroll(UINT nSBCode, UINT nPos,
                                     CScrollBar* pScrollBar) {
  int nPosit,nSchrittG,nSchrittK,nMin,nMax,nAusgabe;
  CString text;

  if (pScrollBar==GetDlgItem(IDC_FKENNTNISSE)) {
    m_iFKenntnisse=((CSliderCtrl*) pScrollBar)->GetPos();
    m_strFKenntnisse.Format("%d",m_iFKenntnisse);
```

```
        SetDlgItemText(IDC_FWERT,m_strFKenntnisse);
        return;
    };

    //ID des zur Laufleiste Textfelds bestimmen
    if (pScrollBar==GetDlgItem(IDC_EKENNTNISSE)) {
        nAusgabe=IDC_EWERT;
        nSchrittG=6; //Einstellungen pro Laufleiste vornehmen
        nSchrittK=1;
    }
    if (pScrollBar==GetDlgItem(IDC_SKENNTNISSE)) {
        nAusgabe=IDC_SWERT;
        nSchrittG=3;
        nSchrittK=1;
    }
    nPosit=pScrollBar->GetScrollPos();          //Position des Schiebers
    pScrollBar->GetScrollRange(&nMin,&nMax);    //Minimum, Maximum abfragen
    switch(nSBCode) {                           //Benutzeraktion
        case SB_THUMBPOSITION:                  //direkt positioniert
            text.Format("%d",nPos);
            SetDlgItemText(nAusgabe,text);
            pScrollBar->SetScrollPos(nPos);
            break;
        case SB_LINELEFT:                       //linke Pfeiltaste
            nPosit=Max(nMin,nPosit-nSchrittK);
            text.Format("%d",nPosit);
            SetDlgItemText(nAusgabe,text);
            pScrollBar->SetScrollPos(nPosit);
            break;
        case SB_PAGELEFT:                       //linker Leistenkörper
            nPosit=Max(nMin,nPosit-nSchrittG);
            text.Format("%d",nPosit);
            SetDlgItemText(nAusgabe,text);
            pScrollBar->SetScrollPos(nPosit);
            break;
        case SB_LINERIGHT:                      //rechte Pfeiltaste
            nPosit=Min(nMax,nPosit+nSchrittK);
            text.Format("%d",nPosit);
            SetDlgItemText(nAusgabe,text);
            pScrollBar->SetScrollPos(nPosit);
            break;
        case SB_PAGERIGHT:                      //rechter Leistenkörper
            nPosit=Min(nMax,nPosit+nSchrittG);
            text.Format("%d",nPosit);
            SetDlgItemText(nAusgabe,text);
            pScrollBar->SetScrollPos(nPosit);
            break;
    }
    CDialog::OnHScroll(nSBCode, nPos, pScrollBar);
}
```

Sind die Schrittweiten der verschiedenen Laufleisten unterschiedlich, müssen wir auch die Schrittweiten usw. an die jeweilige Laufleiste anpassen, indem wir `nSchrittG` und `nSchrittG` neu setzen, wie dies im Beispiel geschieht.

9. Diesen Programmzustand sichern wir vorsichtshalber. Auch ein Zwischentest kann nicht schaden. ■

12.3 Übung zu den Steuerelementen

➤ Aufgabe 12-7:

Stellen Sie eine Laufleiste auf die Notenskala 1 bis 6 um, und ändern Sie die Schrittweite bei ihr entsprechend. ■

12.3.6.2 Drehfeld

Da dieser Schalter bei Microsoft im Laufe der Geschichte einmal `Spin Control`, ein anderes Mal `UpDown` usw. heißt, halten wir uns an den Begriff aus der Version 6.0 `Drehfeld` und schämen uns auch nicht, es hin und wieder Wippschalter zu nennen.

Das Drehfeld der Klasse `CSpinButtonCtrl` ist eine vereinfachte Laufleiste. Es besitzt nur die Endpfeile (der vertikalen Laufleiste) und kann somit nicht über einen Schieber verändert werden. Es ist ein Steuerelement, das selten allein zu finden ist. Meist tritt es mit einem Textfeld (oder auch Bezeichnungsfeld) auf, das es verändert und von dem es verändert wird. Dieser Begleiter wird als *Buddy (Kumpel)* bezeichnet. Der Kumpel eines Drehfelds ist (wenn wir das angeben) das Textfeld, das in der Tabulatorreihenfolge direkt **vor** dem Drehfeld steht. Hier spielt die Tatsache mit, dass ein Drehfeld ähnlich wie die Aufklappikone des Kombinationsfelds meist rechts neben dem Textfeld steht.

⌦ Für den Einsatz des Drehfelds `IDC_DREHER` denken wir uns etwas Besonderes aus. Neben dem Geburtstagsfeld wollen wir noch die genaue Geburtszeit erfassen. Diese soll über ein einziges Drehfeld steuerbar sein, je nachdem welches der Textfelder `IDC_STUNDE`, `IDC_MINUTE` oder `IDC_SEKUNDE` den Fokus besitzt:

1. Zuerst legen wir die bereits benannten drei Textfelder an. Bei ihnen sollten wir die Eigenschaft `Zahl` auf `True` setzen, da nur Ziffern erlaubt sind.

2. Neben das dritte Feld platzieren wir ein Drehfeld `IDC_DREHER`. Es handelt sich um ein Steuerelement, das nur eine Membervariable `m_spnDreher` vom Typ `CSpin-ButtonCtrl` zulässt. Es soll als Kumpel für die drei Textfelder dienen. Damit die Kumpanei auch wirklich funktioniert, muss die Eigenschaft `Auto-Buddy` auf `True` gesetzt sein. Dann zeigt das in der Tabulatorreihenfolge davor liegende Steuerelement den Wert des Drehfelds an. Damit dies auch bei jeder Änderung erfolgt, muss ebenfalls die Eigenschaft `Buddy-Integer festlegen` auf `True` gesetzt werden. Da die Zeitangaben fortlaufend sind, setzen wir auch die Eigenschaft `Umbruch` auf `True`. Der Wert springt dann beispielsweise bei der Stunde von `23` auf `0`.

3. Nach dem Setzen dieser Eigenschaften können wir das Programm gleich testen (**Bild 12.46**). Sobald wir auf das Drehfeld klicken, springt der Cursor in das davor liegende Textfeld. Durch Anklicken der Pfeiltasten können wir den Inhalt des Textfelds verändern.

   Mit diesen Voraussetzungen zählt das Gespann bereits ohne zusätzlichen Programmcode von `100` bis `0` in Schritten zu `1`. Die Anzeige erfolgt dezimal. Wählen wir mit `SetBase(16)` eine andere Basis, so ändert sich die Anzeige in `0x0000`. Für diese Einstellung müssen wir natürlich eine entsprechende Breite der Textfelder vorsehen.

Wieso von 100 bis 0, werden Sie fragen. Die Erklärung ist einfach. Stellen Sie sich einmal ein Einstellrad mit den Ziffern 0 bis 9 vor. Drehen wir es nach oben, so erscheint die nächst kleinere Ziffer. Es ist eine Geschmacksfrage, ob wir dieses Verhalten realisieren wollen und beim Klick auf die Pfeile des Drehfelds nach oben oder nach unten aufwärts zählen. Die Voreinstellung entspricht:

```
m_spnDreher.SetRange(100,0);
```

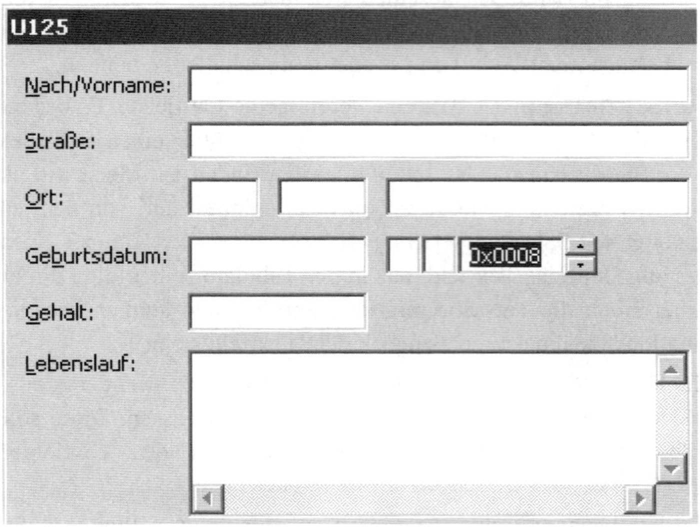

Bild 12.46: Drehfeld mit Kumpel

Ein Klick auf den unteren Pfeil erhöht den Wert um 1. Ändern wir die Voreinstellung auf

```
m_spnDreher.SetRange(0,100);
```

geht es abwärts. Den Bereich und die Richtung können wir also mit SetRange bei der Initialisierung in OnInitDialog verändern.

4. Mit der Methode SetAccel können wird auch das dynamische Verhalten eingestellt. Diese „Beschleuniger"-Methode (Acceleration) erwartet ein Array von UDACCEL-Strukturen, d. h., Kombinationen aus Zeit und Inkrement. Die Zeit legt dabei fest, mit welcher Verzögerung das neue Inkrement wirksam wird. Folgende Anweisungen schalten jede Sekunde die Zählung um eine Zehnerpotenz höher (angenommen das Drehfeld habe die Membervariable m_spnDreher):

```
BOOL CU125Dlg::OnInitDialog()
{
 ...

//Drehfeld initialisieren-------------------------------------------
  UDACCEL accel [4] = {{0,1}, {1,10}, {2,100}, {3,1000}}; //Array

 m_spnDreher.SetRange(0,30000); //max. 32.767, 40.000 wird negativ
```

12.3 Übung zu den Steuerelementen

```
//m_spnDreher.SetBase(16);       //zum Testen
m_spnDreher.SetAccel(4,accel); //Neuzeichnen nicht notwendig
m_iSekunde=25;
SetDlgItemInt(IDC_SEKUNDE,m_iSekunde);
m_spnDreher.SetPos(50); //Alternative überschreibt letzte Einstellung
```

```
  return TRUE;   // Geben Sie TRUE zurück, außer ein Steuerelement soll
} //CU125Dlg::OnInitDialog
```

Dies wird u. U. in der hexadezimalen Darstellung nicht so deutlich. Hierfür kann man aber die Anweisung `SetBase` weglassen oder die Schrittweite auf eine Sechzehner-Potenz umstellen. Beim Testen stellen wir fest, dass die Zahlen in immer größeren Schritten springen, sich aber die Einstellungen überlagern, d. h., auch die Einerstellen verändern sich.

5. Wollen wir mit einem bestimmten Anfangswert starten, so stehen uns zwei Alternativen zur Verfügung, einmal über das Kumpelfeld (angenommen, es habe die Membervariable `m_iSekunde`):

```
m_iSekunde=25;
SetDlgItemInt(IDC_SEKUNDE,m_iSekunde);
```

Durch diese Zuweisung wird automatisch das Drehfeld synchronisiert. Zum anderen können wir das Drehfeld selbst positionieren:

```
m_spnDreher.SetPos(50);
```

In diesem Fall wird wegen der gesetzten Eigenschaft `Buddy-Integer festlegen` die Position direkt in das Kumpelfeld übertragen. Schalten wir dagegen diese Eigenschaft ab, so wird das Feld nur noch fokussiert. ∎

Da sich Drehfelder und ihre Kumpel ähnlich wie Laufleisten verhalten, gilt das dort Gesagte auch hier. Drehfeld und Kumpel synchronisieren sich auf der Oberfläche. Zugehörige Membervariablen müssen bei Bedarf aktualisiert werden. Jede schreibende Anweisung `UpdateData(FALSE)` setzt die Felder auf den Wert der Membervariablen zurück. Ist dieser nicht aktuell, so wird die Anzeige zerstört. Da sowohl der Klick auf das Drehfeld als auch die direkte Eingabe ein Ereignis `EN_Change` auslöst, können wir dieses Ereignis nutzen, um die Membervariable zu aktualisieren.

☒ Wir wollen mit einem Drehfeld drei getrennte Felder (die Uhrzeit) einstellen. Hierzu gehen wir in folgenden Schritten vor:

1. Wir kontrollieren, dass die Membervariablen `m_iStunde`, `m_iMinute` und `m_iSekunde` vom Typ `int` sind.
2. Wir kommentieren bei Bedarf die Anweisungen der letzten Übung aus.
3. Wir ändern die Tabulatorreihenfolge des Zeit- und des Drehfelds so, dass das Drehfeld unmittelbar dem Stundenfeld folgt.
4. Der Dreher wird in `OnInitDialog` der Datei `U125Dlg.cpp` vorbereitet:

```
BOOL CU125Dlg::OnInitDialog()
  {
    ...
```

```
//Drehfeld für Uhrzeit initialisieren --------------------------------
   //m_iStunde=12; //besser im Konstruktor CU125Dlg::CU125Dlg
   OnEnSetfocusStunde(); //Drehfeld ankoppeln
   TRACE("Dreher: "+m_spnDreher.GetPos());
```

wobei die Trace-Ausgabe natürlich entfallen kann.

5. Es kann nun eine Reihe von Ereignissen eintreten. Zuerst wenden wir uns dem Fokussieren zu. Hierbei soll der Wippschalter einen neuen Kumpel erhalten. Wir legen also für die drei Textfelder jeweils eine Ereignisfunktion für das Ereignis EN_SETFOCUS an:

```
void CU125Dlg::OnEnSetfocusStunde() {
   m_spnDreher.SetRange(0,23);
   m_spnDreher.SetBuddy(GetDlgItem(IDC_STUNDE));
} //CU125Dlg::OnEnSetfocusStunde

void CU125Dlg::OnEnSetfocusMinute() {
   m_spnDreher.SetRange(0,59);
   m_spnDreher.SetBuddy(GetDlgItem(IDC_MINUTE));
} //CU125Dlg::OnEnSetfocusMinute

void CU125Dlg::OnEnSetfocusSekunde() {
   m_spnDreher.SetRange(0,59);
   m_spnDreher.SetBuddy(GetDlgItem(IDC_SEKUNDE));
} //CU125Dlg::OnEnSetfocusSekunde
```

In den Ereignisfunktionen stellen wir den erlaubten Bereich ein und verbinden das Steuerelement mit dem Drehfeld.

6. Verändert der Benutzer dagegen den Wert direkt in den Textfeldern, dann muss der Dreher nachgezogen werden. Dies geschieht aufgrund der Eigenschaft Buddy-Ganzzahl setzen automatisch. Wir wissen aber aus den Erfahrungen mit den Laufleisten, dass wir die Membervariablen selbst pflegen müssen. Also ergänzen wir Ereignisfunktionen für den Wertewechsel:

```
void CU125Dlg::OnEnChangeStunde() {
   m_iStunde=GetDlgItemInt(IDC_STUNDE);
} //CU125Dlg::OnEnChangeStunde

void CU125Dlg::OnEnChangeMinute() {
   m_iMinute=GetDlgItemInt(IDC_MINUTE);
} //CU125Dlg::OnEnChangeMinute

void CU125Dlg::OnEnChangeSekunde() {
   m_iSekunde=GetDlgItemInt(IDC_SEKUNDE);
} //CU125Dlg::OnEnChangeSekunde
```

7. Sogleich tritt ein unerwünschter Nebeneffekt auf, den wir durch Tracen im Konstruktor und der Ereignisfunktion schnell lokalisieren können. Die Funktion OnEnChange wird bereits mit dem Laden des Formulars einmal aufgerufen und überschreibt dabei den voreingestellten Wert m_iStunde. Diese erscheint daher mit dem Wert 0 statt mit dem gewünschten Wert 12. Wir müssen daher die Initialisierung wieder auf OnInitDialog verschieben:

```
BOOL CU125Dlg::OnInitDialog()
{
```

12.3 Übung zu den Steuerelementen

```
    ...
//Drehfeld für Uhrzeit initialisieren --------------------------------
    //m_iStunde=12; //besser im Konstruktor CU125Dlg::CU125Dlg
    SetDlgItemInt(IDC_STUNDE,12,FALSE); //das funktioniert
    OnEnSetfocusStunde(); //Drehfeld ankoppeln
    TRACE("Dreher: "+m_spnDreher.GetPos());

    return TRUE;   // Geben Sie TRUE zurück, außer ein Steuerelement soll
} //CU125Dlg::OnInitDialog
```

Kommentieren wir unseren ersten Versuch wieder ein, so funktioniert es wieder nicht, da der Wert nicht übertragen wird. Ein nachfolgendes `UpdateData(TRUE);` liest wieder den Wert 0 ein. Da wir uns nicht darauf verlassen wollen, dass irgendwann einmal ein `UpdateData(FALSE)` das Feld richtig setzt, programmieren wir die bessere Variante. Es zeigt sich wiederum der Vorteil der lokalen Programmierung. Erneut wird der sinnvolle Einsatz von Membervariablen in Frage gestellt.

8. Mit diesen Änderungen funktioniert unsere Zeiteingabe. Wir übersetzen und testen das Programm. ■

Mit dem Start steht die Zeit auf `12:0:0`. Das Drehfeld bewegt die Stunden. Eine direkte Eingabe in ein Feld sorgt dafür, dass die Zahlen ab dem neuen Wert verändert werden können. ✎ Wie ein Datumsfeld mit einem Drehschalter verarbeitet wird, finden Sie im Kapitel «Dokument und Ansicht».

12.3.7 Fortschrittsanzeige und Zeitgeber

Die beiden Elemente der Überschrift gehören eigentlich nicht zusammen. Wir wollen aber unsere Fortschrittsanzeige mit dem Zeitgeber (Timer) steuern, so dass beide Elemente in diesem Kapitel abgehandelt werden. Unter Visual C++ .NET ist der Zeitgeber kein eigenständiges Steuerelement wie in einer Reihe anderer Programmiersprachen. Tatsächlich handelt es sich um eine allgemeine Windows-Ressource. Da es nur endlich viele dieser Zeitgeber gibt, sollten wir sie möglichst nur kurzfristig belegen und sofort wieder freigeben.

Unsere Fortschrittsanzeige `IDC_FORTSCHRITT` ist ein Steuerelement vom Typ `CProgressCtrl`, der ein Nachkomme von `CWnd` ist. Somit verhält es sich wie ein normales Steuerelement. Die wesentlichen Eigenschaften für uns sind der Anzeigebereich und die aktuelle Position. Die Position wird dabei automatisch zum Anzeigebereich ins Verhältnis gesetzt und entsprechend angezeigt:

Wichtige Eigenschaften	
`SetRange(int,int)` `GetRange(int,int)`	Setzt/gibt die Unter- und Obergrenze einer Fortschrittsanzeige und zeichnet sie neu mit den gesetzten Grenzen.
`SetPos(int)` `SetPos(int)`	Setzt/gibt die aktuelle Position der Fortschrittsanzeige und zeichnet sie neu.

Wichtige Eigenschaften	
`OffsetPos(int)`	Erhöht die aktuelle Position um den Parameterwert und zeichnet die Fortschrittsanzeige neu.

Alternativ können wir mit `SetStep(int)` eine Schrittweite setzen und mit `StepIt()` die Fortschrittsanzeige mit dieser Schrittweite durchlaufen.

Ein Zeitgeber ist kein Steuerelement, das wir im Dialogeditor (im Gegensatz zu z. B. Visual Basic) generieren können. Vielmehr müssen wir einen Zeitgeber mit `SetTimer` zur Laufzeit generieren. Da es sich um ein dynamisches Objekt handelt, muss der Zeitgeber explizit mit `KillTimer` zerstört werden.

Die Zeitgeber gehören unter Windows zu den begrenzten Ressourcen, so dass wir prüfen müssen, ob der Zeitgeber auch wirklich angelegt wurde.

Die Konstruktion eines Zeitgebers mit der Methode `CWnd::SetTimer()` enthält eine Besonderheit, und zwar eine Rückruffunktion (Callback Function):

```
UINT SetTimer(UINT_PTR nIDEvent,UINT nElapse,
  void (CALLBACK EXPORT*lpfnTimer)(HWND,UINT,UINT,DWORD));
```

Eine solche Rückruffunktion wird von `SetTimer()` automatisch aufgerufen, wenn keine Ereignisfunktion die Nachricht `WM_TIMER` abfängt. Mit anderen Worten ausgedrückt: Wir übergeben einen variablen Funktionsnamen, der von `SetTimer()` automatisch aufgerufen wird.

Die Methode liefert ihre ID zurück, an der wir prüfen können, ob ein Zeitgeber angelegt werden konnte. Diese ID benötigen wir zum Zerstören des Zeitgebers mit `KillTimer`. Für uns wichtig ist der zweite Parameter, mit dem wir das Zeitgeberintervall in ms (Millisekunden) angeben.

Wollen wir mehrere Zeitgeber benutzen, so unterscheiden wir diese durch den Wert von `nIDEvent`. Da alle Zeitgeber dieselbe Ereignisfunktion `OnTimer` auslösen, können wir den auslösenden Zeitgeber über den Parameter erkennen.

Während der Abarbeitung der Nachricht könnte der Zeitgeber erneut ablaufen, was jedoch nicht zu einer neuen Unterbrechung der laufenden Ereignisfunktion führt. Es verbliebe dann ein nicht verarbeitetes Ereignis in der Nachrichtenschlange unseres Programms (genauer unseres Programmfadens = Thread). Aus diesem Grund werden alle weiteren Zeitgeberereignisse einfach vernichtet.

Wenn wir schon beim Erklären sind, sollte unser Blick auf die Zufallsfunktion `rand()` fallen, mit der wir jetzt unsere Fortschrittsanzeige steuern wollen. Jede Zufallsfunktion ist eine Pseudozufallsfunktion, d. h., die Sprachentwickler suchen sich eine mathematische Funktion, die eine möglichst gleichmäßig verteilte, zufällige Zahlenfolge produziert. Oft sind dies die Iterationen, wie wir sie aus der Chaostheorie kennen. Alle diese Funktionen benötigen einen Startwert, der die Folge eindeutig bestimmt. Durch Variation des Startwerts können wir unterschiedliche Zufallsfolgen erzeugen.

12.3 Übung zu den Steuerelementen

Diese Eigenschaft hat Vor- und Nachteile. Zum einen können wir mit einem festen Anfangswert sehr viel besser testen als mit ständig variierenden Zahlen, zum anderen ist die Funktion aber nicht absolut zufällig. Den Anfangswert setzen wir mit der Funktion `srand(int)`. Hier wird meist die Systemuhr benutzt, da sie mit jedem Programmstart einen anderen Wert hat.

Die Funktion `rand()` liefert einen Wert zwischen 0 und `RAND_MAX =0x7FFF=32767=SHRT_MAX` (größte positive `short`-Zahl), den wir geeignet auf den Anzeigebereich 0...100 abbilden müssen. Bei der Division zweier Ganzzahlen müssen wir normalerweise auf die Rundungsregeln von C achten. Solche Feinheiten sind hier aber nicht vonnöten.

Nach diesen Vorbereitungen gehen wir in folgenden Schritten vor:

1. Wir platzieren einen Fortschrittsanzeiger `IDC_FORTSCHRITT` und ein Bezeichnungsfeld `IDC_FORTSCHRITTSWERT` auf dem Formular an.

2. Für diese Steuerelemente generieren wir die Membervariablen `m_prgFortschritt` und `m_strFortschritt`.

3. Wir müssen für den Zeitgeber eine öffentliche Membervariable in der Kopfdatei `U125Dlg.h` anlegen:

```
// CU125Dlg Dialogfeld
class CU125Dlg : public CDialog
{
// Konstruktion
public:
   CU125Dlg(CWnd* pParent = NULL);        // Standardkonstruktor
   UINT m_ZeitgeberID;
```

4. Zeitgeber und Fortschrittsanzeige initialisieren wir wie üblich bei der Initialisierung des Dialogs:

```
BOOL CU125Dlg::OnInitDialog()
{
  ...

//Fortschrittsanzeige initialisieren----------------------------------
  m_ZeitgeberID=SetTimer(1,500,NULL);//Zeitgeber 1/2 sec, ohne Rückruf
  if (m_ZeitgeberID==0) {
    MessageBox("Kein Zeitgeber mehr verfügbar!");
  }
  m_prgFortschritt.SetRange(0,100);//Fortschrittsanzeige initialisieren
  m_prgFortschritt.SetPos(0);

  return TRUE;   // Geben Sie TRUE zurück, außer ein Steuerelement soll
} //CU125Dlg::OnInitDialog
```

Die Rettungs- bzw. Abbruchmaßnahmen bei fehlendem Zeitgeber sind hier rudimentär. Je nach Anwendungsfall muss hier mehr Code investiert werden.

5. Wie schon erwähnt, muss der Zeitgeber explizit zerstört werden. Hierzu öffnen wir das Eigenschaftenfenster der Dialogklasse und legen eine Ereignisfunktion für das Ereignis `WM_DESTROY` an (**Bild 12.47**). Diese wird automatisch vom Assistenten On-

`Destroy()` benannt. (Wir erinnern uns: Wenn der Name nicht frei gewählt werden kann, dann überschreibt die neue Methode eine bereits vorhandene.)

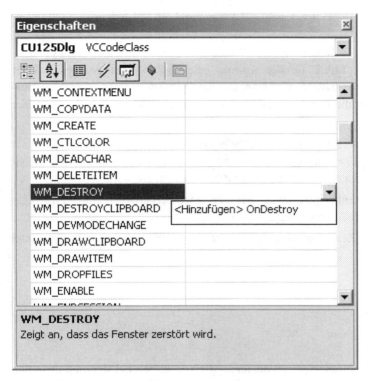

Bild 12.47: Ereignisfunktion für die Meldung `WM_DESTROY` anlegen

Wenn wir schon einmal hier sind, dann legen wir auch gleich noch eine Ereignisfunktion für `WM_TIMER` an.

6. In diese Ereignisfunktion tragen wir die Zerstörungsanweisung ein:

```
void CU125Dlg::OnDestroy() {
  CDialog::OnDestroy();
  KillTimer(m_ZeitgeberID);
} //CU125Dlg::OnDestroy
```

Wir erinnern uns: Wird eine vorhandene (meist virtuelle) Methode überschrieben, so wird in ihr die Vorgängermethode aufgerufen. Dies sorgt dafür, dass die überschriebene Methode die normale Funktionalität zuzüglich weiterer Funktionen enthält.

7. Zuletzt programmieren wir die Ereignisfunktion des Zeitgebers:

```
void CU125Dlg::OnTimer(UINT nIDEvent) {
  UINT i=rand();
  m_strFortschritt.Format("%d",i);
  UpdateData(FALSE); //das bringt den Anwender zum Wahnsinn
  m_prgFortschritt.SetPos(i/(RAND_MAX/100));
```

12.3 Übung zu den Steuerelementen 571

```
    CDialog::OnTimer(nIDEvent);
} //CU125Dlg::OnTimer
```

Die Ereignisfunktion wird mit dem Parameter `nIDEvent` versorgt, die uns den auslösenden Zeitgeber mitteilt. Bei mehreren Zeitgebern werden wir anhand dieses Parameters die gewünschte Aktion durchführen.

8. Wir übersetzen und testen das Programm (**Bild 12.48**). ∎

Bild 12.48: Fortschrittsanzeiger im Betrieb

Das Ausgabefeld `IDC_FORTSCHRITTSWERT` zeigt nun die Werte des Zufallszahlengenerators an. Dies ist für unsere Testzwecke ganz hilfreich, da wir sehen, ob die Anzeige richtig programmiert ist. Die Fortschrittsanzeige sollte nun in den eingestellten Intervallen hin und her springen.

➢ Aufgabe 12-8:

In dieser Form löst der Ablauf des Zeitgebers `UpdateData(FALSE)` aus, womit alle Steuerelemente auf die Werte ihrer Membervariablen gesetzt werden. Dies führt dazu, dass eine (noch nicht abgeschlossene) Eingabe des Benutzers zerstört wird. (Probieren Sie es aus und versuchen Ihren Namen einzugeben!) Was können Sie dagegen tun? ∎

Bis auf den Schieberegler finden wir die bisher besprochenen Steuerelemente bereits unter Windows 3.1. Mit jeder neuen Windows-Version (bzw. Compiler-Version) sind weitere Steuerelemente hinzugekommen, von denen wir einige betrachten wollen. Die nachfolgend beschriebenen Steuerelemente sind beispielsweise erst ab der Version 4.70 `Comctl32.dll` verfügbar.

12.3.8 Listenelement

Das Listenelement der Klasse `CListCtrl` dient zur Darstellung von Symbolen und Texten in zwei Spalten nebeneinander. Die Bilder stammen aus einer Bilderliste der Klasse `CImageList`. Außer dieser zusätzlichen Bilderliste hat das Listenelement starke Ähnlichkeit mit dem Listenfeld.

Um ein Listenelement zu erstellen, müssen wir eine Bilderliste vorbereiten. Die Ikonen der Bilderliste treffen wir unter Windows an vielen Stellen an, z. B. im Explorer (einer Baumansicht). Die Ikonen werden häufig in großer Darstellung (32×32 Pixel) oder in kleiner Darstellung (16×16 Pixel) verwendet. Fehlen die kleinen Ikonen, so schrumpft Windows die großen Ikonen, indem es einfach jedes zweites Pixel weglässt. Leider kann dies häufig das signifikante von zwei benachbarten Pixeln sein. Wollen wir also mehrere Darstellungen zulassen, so sollten wir für alle Auflösungen eine getrennte Ikone erstellen.

Erstellen wir nur kleine Bilder (16×16 Pixel), so werden die großen daraus durch Verdoppelung der Pixel erzeugt. Dies führt nicht immer zu den schönsten Bildern, ist aber der sicherere Weg.

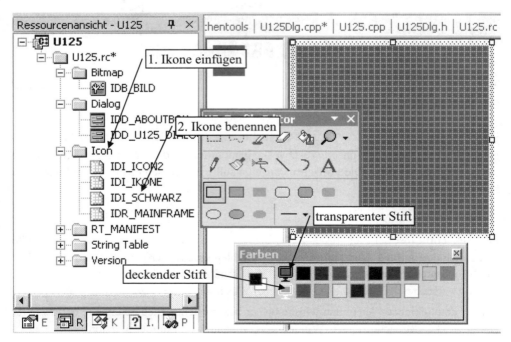

Bild 12.49: Anlegen einer neuen Ikone mit dem Ikoneneditor

12.3 Übung zu den Steuerelementen

Die erstellten Bilder sind vom Typ `.ico` und nicht vom Typ `.bmp`. Sie unterscheiden sich daher im internen Bildformat. Viele gängige Bildverarbeitungsprogramme können mit `.ico` nichts anfangen (auch z. B. Paint).

⌦ Wir stellen uns die Aufgabe, eine Farbauswahl zu programmieren. Hierzu müssen wir die gewünschten Ikonen mit dem Ikoneneditor erstellen:

1. Wir öffnen den Ikoneneditor und legen neben den vorhandenen Ikonen `IDI_IKONE` und `IDR_MAINFRAME` eine weitere neue Ikone an (Rechtsklick auf `Icon` öffnet das Kontextmenü mit der Option `Icon einfügen`). Es erscheint der Ikoneneditor mit einer leeren Ikone (**Bild 12.49**). Standard ist die 32×32 Pixel-Darstellung. Sollte eine der Symbolleisten fehlen, so können wir diese über das Kontextmenü (Rechtsklick) aktivieren. Der VC-Grafik-Editor wird dabei über das Hauptmenü, das Farbfenster über das lokale Menü aktiviert. Im Hauptmenü finden wir einen zusätzlichen Menüpunkt `Bild`, der unter der Option `Tools` auch alle Werkzeuge anzeigt. Wir können jetzt diese Standardikonen erzeugen.

2. Wollen wir Eigenschaften ändern, so müssen wir auf verschiedene Elemente ausweichen. Die ID der neuen Ikone `IDI_SCHWARZ` stellen wir in der Ressourcenansicht ein (**Bild 12.50**). Wechseln wir dann auf die Eigenschaften, so gelangen wir auf die Eigenschaften des Symbolknotens. Hier können wir noch Werte eingeben. Klicken wir auf den Symboleditor, dann wechselt die Eigenschaftenansicht noch einmal. Auf dieser Ansicht sind alle Felder gesperrt. Änderungen erfolgen nur auf der Grafik selbst.

Bild 12.50: Eigenschaftenansicht in verschiedenen Stadien

3. Wollen wir den Typ der Ikone ändern, so klicken wir rechts und wählen aus dem Kontextmenü `Neuer Bildtyp...` aus. Im folgenden Fenster können wir dann `16×16`,

`16 Farben` oder Ähnliches wählen (**Bild 12.51**). Dies ist der niedrigste Bildtyp, der eigentlich noch zu aufwändig ist, da wir nur vier Farben benötigen.

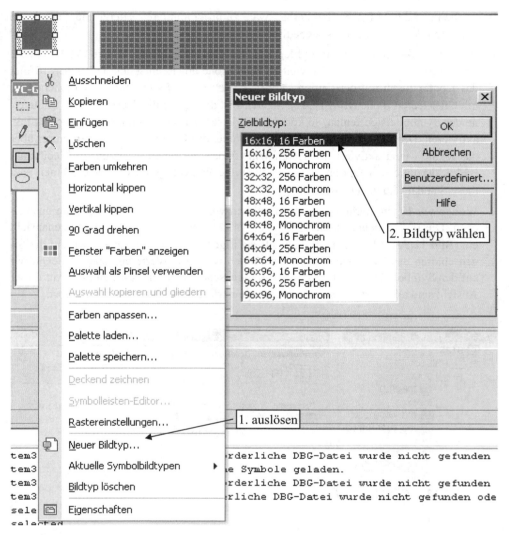

Bild 12.51: Bildtyp wählen

4. Da die Ikonen später auf verschiedenen Hintergründen dargestellt werden sollen, möchte man neben den Zeichenfarben auch noch eine transparente Farbe haben. Zusätzlich zur eigentlichen Bitmap wird daher noch eine Maske gespeichert, in der ein Bit angibt, ob das Pixel darunter transparent (oliv dargestellt) oder deckend (rot dargestellt) ist. Dabei wirken die beiden Masken in den verschiedenen Darstellungen durchaus unterschiedlich. In der Darstellung `Symbol` wirkt die Maske, in der Darstellung `Mi-`

12.3 Übung zu den Steuerelementen   575

niliste werden die Farben Schwarz und Weiß eingesetzt. Schauen wir uns mit dem Explorer das Verzeichnis \res an, dann sehen sie wieder anders aus.

5. Aus der Werkzeugbox wählen wir das gefüllte Rechteck. In der Farbpalette legen wir mit einem Linksklick Schwarz als Vordergrundfarbe und mit einem Rechtsklick Weiß als Hintergrundfarbe fest.

6. Wir ziehen auf der Arbeitsfläche ein Quadrat auf, indem wir außen einen Rand von 2 Pixeln lassen. Den Rand um die Ikone ändern wir in deckende Farbe (wobei wir dies bei einigen Ikonen nicht durchführen, um den Unterschied zu testen) (**Bild 12.52**).

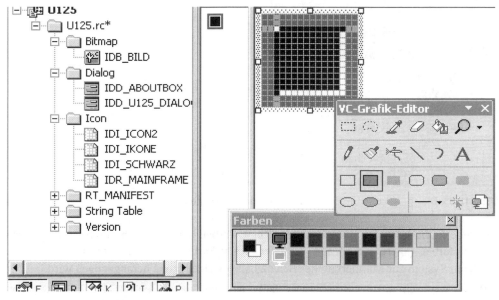

Bild 12.52: Ikone IDI_SCHWARZ zeichnen

7. Über das Eigenschaftenfenster geben wir der Ikone die ID IDI_SCHWARZ.

8. In der gleichen Technik legen wir für alle reinen Farben (Schwarz, Weiß, Rot, Grün, Blau, Magenta, Cyan, Gelb) solche Ikonen an. Die RGB-Werte der gewählten Vordergrundfarben auf dem Fenster Farben finden wir in einem Farbdialog, den wir aus dem Kontextmenü über die Option F̲arben anpassen... aktivieren (**Bild 12.53**). Es handelt sich nicht um den Standard-Farbdialog von Windows. Daher sind Eigentümlichkeiten festzustellen. So wird der Wert 0 in keinem der Eingabefelder angezeigt.

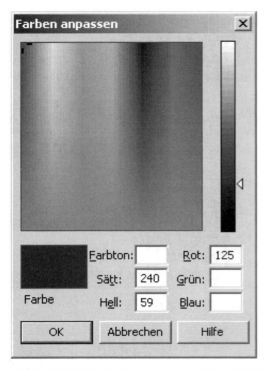

Bild 12.53: Dialog `Farben anpassen` mit fehlenden `0` Werten

9. Jede Farbe lässt sich hier einstellen. Reine Farben zeichnen sich durch gesättigte Primärfarben (Werte `255`) aus. Zu jeder reinen Farbe gibt es eine getrübte Farbe, die vom System zur Markierung des Schaltzustands einer Ikone herangezogen wird.

10. Wir wechseln auf der Ressourcenscheibe auf den Dialog `IDD_U125_DIALOG` und ziehen dort ein Listenelement `IDC_LISTENELEMENT` auf. Die Eigenschaften des Listenelements ändern wir:

ID	IDC_LISTENELEMENT
Ansicht	Minisymbol

hier auf Wunsch variieren.

11. Unter dem Listenelement ziehen wir ein Bezeichnungsfeld auf und ändern dessen Eigenschaften in:

ID	IDC_LISTENELEMENTWERT
Beschriftung	
Clientkante	True

12. Für das Bezeichnungsfeld legen wir eine Membervariable `m_strListenelement` an.

13. Damit sind wir mit dem Oberflächenentwurf fertig. ■

12.3 Übung zu den Steuerelementen

Mit der Einstellung der Eigenschaft Ansicht können wir vier verschiedene Typen einstellen. Der Dialogeditor zeigt das Layout direkt an, so dass eine weitere Erklärung überflüssig ist.

☒ Wir beginnen die Programmierung wie üblich mit der Initialisierung des Steuerelements. Dazu müssen wir eine Bilderliste vorbereiten:

1. In der Kopfdatei unseres Dialogs legen wir zwei Membervariablen für die Bilderlisten in der Auflösung 16×16 und 32×32 Pixel an:

```
// Implementierung
protected:
  HICON m_hIcon;
  CImageList m_BilderListe;
  CImageList m_BilderListeKlein;
```

2. In der Initialisierung lesen wir die Bilderlisten ein und erzeugen eine Textliste. Die Bilderlisten verknüpfen wir über SetImageList mit dem Listenelement:

```
BOOL CU125Dlg::OnInitDialog()
{
...

//Listenelement initialisieren----------------------------------------
#define NFARBENMAX 8

  CU125App  *pApp;
  pApp=(CU125App*)AfxGetApp();

  m_BilderListe.Create(32,32,TRUE/*bMask*/,NFARBENMAX
                                             /*nInitial*/,4/*nGrow*/);
  m_BilderListeKlein.Create(16,16,0,0,NFARBENMAX);//und die kleinen
  m_BilderListe.Add(pApp->LoadIcon(IDI_SCHWARZ));
  m_BilderListe.Add(pApp->LoadIcon(IDI_WEISS));
  m_BilderListe.Add(pApp->LoadIcon(IDI_ROT));
  m_BilderListe.Add(pApp->LoadIcon(IDI_GELB));
  m_BilderListe.Add(pApp->LoadIcon(IDI_GRUEN));
  m_BilderListe.Add(pApp->LoadIcon(IDI_CYAN));
  m_BilderListe.Add(pApp->LoadIcon(IDI_BLAU));
  m_BilderListe.Add(pApp->LoadIcon(IDI_MAGENTA));
  m_BilderListeKlein.Add(pApp->LoadIcon(IDI_SCHWARZ));
  m_BilderListeKlein.Add(pApp->LoadIcon(IDI_WEISS));
  m_BilderListeKlein.Add(pApp->LoadIcon(IDI_ROT));
  m_BilderListeKlein.Add(pApp->LoadIcon(IDI_GELB));
  m_BilderListeKlein.Add(pApp->LoadIcon(IDI_GRUEN));
  m_BilderListeKlein.Add(pApp->LoadIcon(IDI_CYAN));
  m_BilderListeKlein.Add(pApp->LoadIcon(IDI_BLAU));
  m_BilderListeKlein.Add(pApp->LoadIcon(IDI_MAGENTA));
                                         //Textliste anlegen
  static char* Farbe []={"Schwarz","Weiß","Rot","Gelb","Grün","Cyan",
                         "Blau","Magenta" };
  CListCtrl* pListe=(CListCtrl*) GetDlgItem(IDC_LISTENELEMENT);
  ASSERT(NFARBENMAX==8);
  for (int i=0;i<NFARBENMAX;i++) {
    pListe->InsertItem(i,Farbe [i],i);
  }
  pListe->SetImageList(&m_BilderListe,LVSIL_NORMAL); //Bilder<->Text
  pListe->SetImageList(&m_BilderListeKlein,LVSIL_SMALL);
```

```
pListe->SetBkColor(RGB(192,192,192)); //das sieht schlimm aus
                               //immerhin CListCtrl hat eine solche Eigenschaft!
...
} //CU125Dlg::OnInitDialog
```

Bei der Bilderliste handelt es sich um ein dynamisches Array (genauer einen Vektor), bei dem eine anfängliche Dimension und eine Zuwachsrate angegeben werden. Damit besteht kein Problem mit einer möglichen Obergrenze.

3. Nun sind wir bereits in der Lage, das Listenelement zu testen (**Bild 12.54**). ∎

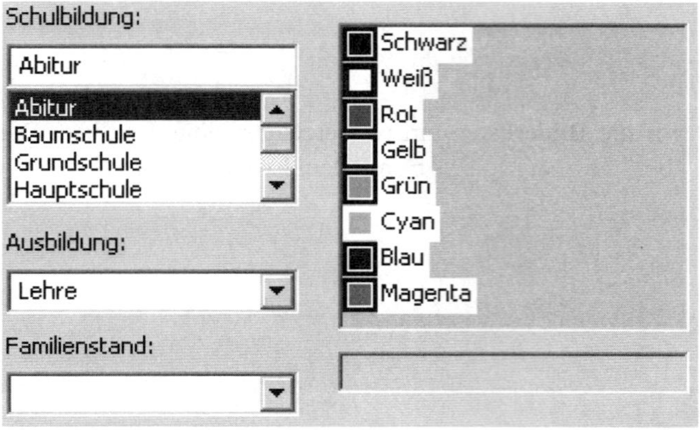

Bild 12.54: Listenelement im Einsatz

Wir erkennen, dass der deckende Stift schwarz dargestellt wird, während der transparente Stift zu weiß wird. Haben wir eine andere Hintergrundfarbe für das Listenelement eingestellt, so erscheint diese als schmaler Streifen zwischen den Ikonen, aber nicht zwischen den Texten. Die Texte werden sogar weiterhin undurchsichtig schwarz auf weiß präsentiert, was nun wahrlich nicht schön aussieht. Wir sollten daher die Hintergrundfarbe des Listenelements notwendigerweise auf Weiß einstellen.

⊠ Damit wir etwas vernünftiges mit dem Listenelement anstellen können, müssen wir eine Ereignisfunktion `OnItemChangedListenelement` für das Ereignis `LVN_ITEMCHANGED` schreiben (Achtung! Das Ereignis nicht mit `HDN_ITEMCHANGED` verwechseln!):

1. Der Klassenassistent generiert hierauf folgendes Gerüst:

```
void CU125Dlg::OnLvnItemchangedListenelement(NMHDR *pNMHDR, LRESULT
*pResult) {
    LPNMLISTVIEW pNMLV = reinterpret_cast<LPNMLISTVIEW>(pNMHDR);
    // TODO: Fügen Sie hier Ihren Kontrollbehandlungscode für die
    Benachrichtigung ein.
    *pResult = 0;
} //CU125Dlg::OnLvnItemchangedListenelement
```

Als Erstes fällt der Operator `reinterpret_cast` auf. Er ermöglicht die Konversion eines beliebigen Zeigers in einen Zeiger eines beliebigen anderen Typs.

12.3 Übung zu den Steuerelementen

Es wird damit ein Zeiger auf eine Struktur vom Typ `LPNMLISTVIEW` vorbereitet, die Informationen zur Nachricht des Listenelements enthält. Der Zeiger `pNMLV` ist eine Umwandlung eines Zeigers vom Typ `NMHDR`. Normale Windows-Steuerelemente versenden ihre Benachrichtigungen als Nachricht `WM_COMMAND` an das Elternfenster. Die dabei übergebenen Parameter `wParam` und `lParam` reichen aber für die neuen Steuerelemente nicht aus, so dass für diese eine neue Nachricht `WM_NOTIFY` definiert wurde. Diese enthält neben `wParam` (ID des sendenden Steuerelements) jetzt einen Zeiger `lParam` auf eine Struktur des Typs `NMHDR`:

```
typedef struct tagNMHDR {
    HWND hwndFrom; //Handle des sendenden Steuerelements
    UINT idFrom;   //ID des sendenden Steuerelements
    UINT code;     //vom Steuerelement abhängiger Code
} NMHDR;
```

Nun reicht auch die obige Struktur für komplexe Steuerelemente wie unser Listenelement nicht aus, so dass diese Struktur von Fall zu Fall vergrößert wird. Bei einem Listenelement sieht das so aus:

```
typedef struct tagNMLISTVIEW {
    NMHDR hdr; //die obige Struktur z. B. mit dem Code LVN_ITEMCHANGED
    int    iItem;     //markierter Eintrag
    int    iSubItem;  //Untereintrag
    UINT   uNewState; //neuer Zustand des Eintrags
    UINT   uOldState; //alter Zustand des Eintrags
    UINT   uChanged;  //Bitmarken, geben die geänderten Eigenschaften an
    POINT  ptAction;  //Punktkoordinaten bei einer Ziehaktion
    LPARAM lParam;    //der alte lParam Parameter
} NMLISTVIEW, FAR *LPNMLISTVIEW;
```

Diese Struktur enthält eine Ganzzahl `iItem`, die uns den Index des markierten Elements liefert. In der Version 6.0 hieß die Struktur noch `NM_LISTVIEW`, wurde aber zur Vereinheitlichung umbenannt.

2. Mit diesem Index können wir programmieren:

```
void CU125Dlg::OnLvnItemchangedListenelement(NMHDR *pNMHDR,
                                              LRESULT *pResult) {
  LPNMLISTVIEW pNMLV = reinterpret_cast<LPNMLISTVIEW>(pNMHDR);

  CListCtrl* pList=(CListCtrl*) GetDlgItem(IDC_LISTENELEMENT);
  int nAuswahl=pNMLV->iItem;
  TRACE("Auswahl= %d %d %d\n",nAuswahl,pNMLV->uNewState,
      pNMLV->uOldState);
  if (nAuswahl>=0) {
    m_strListenelement=pList->GetItemText(nAuswahl,0);
    SetDlgItemText(IDC_LISTENELEMENTWERT,m_strListenelement);
    MessageBox(m_strListenelement);
  }

  *pResult = 0;
} //CU125Dlg::OnLvnItemchangedListenelement
```

Die Methode `CListCtrl::GetItemText` liefert uns den Texteintrag zum Index (Untereintrag=0). Über den Index bzw. mit dem Text können wir nun wie üblich arbeiten.

3. Wir erstellen und testen das Projekt. ■

Der Testausdruck bzw. die Meldungsboxen zeigen uns, dass das Ereignis beim ersten Klick ein einziges Mal für den angeklickten Eintrag durchgeführt wird. Alle folgenden Klicks liefern dagegen drei Ereignisse. Hier wechselt beispielsweise die Anzeige beim Klick auf `Weiß` (1) und anschließend auf `Gelb` (3):

Anzeige	Ikone	Neuer Zustand	Alter Zustand
1 3 0	Weiß	`fokussiert und selektiert`	
1 0 2	Weiß		`selektiert`
1 0 1	Weiß		`fokussiert`
3 3 0	Rot	`fokussiert und selektiert`	

Die Anzeige einer Meldungsbox ist also wegen dieses Mehrfachaufrufs recht zeitaufwändig. Auch das Ausgabefeld wird natürlich dreimal gesetzt. Eine Trace-Ausgabe an dieser Stelle wird aber von den Warnungen über die nicht markierten Listenelemente überschrieben, so dass sie nur kurz sichtbar ist.

Die ausgedruckten Zustände sind in `CommCtrl.h` definiert:

```
#define LVIS_FOCUSED        0x0001    fokussiert, d. h., mit einem gestrichelten
                                      Rechteck umgeben

#define LVIS_SELECTED       0x0002    selektiert, Leuchtbalken abhängig vom
                                      Fokus und den Systemfarben

#define LVIS_CUT            0x0004    markiert für eine Ausschneide- und Ko-
                                      pieroperation

#define LVIS_DROPHILITED    0x0008    markiert für eine Zieh- und Ablegeope-
                                      ration
```

Folgende Korrektur beseitigt bei Bedarf das Problem:

```
void CU125Dlg::OnLvnItemchangedListenelement(NMHDR *pNMHDR,
                                                        LRESULT *pResult) {
  LPNMLISTVIEW pNMLV = reinterpret_cast<LPNMLISTVIEW>(pNMHDR);

  CListCtrl* pList=(CListCtrl*) GetDlgItem(IDC_LISTENELEMENT);
  int nAuswahl=pNMLV->iItem;
  TRACE("Auswahl= %d %d %d\n",nAuswahl,pNMLV->uNewState,
      pNMLV->uOldState);
//  if (nAuswahl>=0) {
  if ((nAuswahl>=0) && (pNMLV->uNewState==(LVIS_FOCUSED+LVIS_SELECTED))) {
    m_strListenelement=pList->GetItemText(nAuswahl,0);
    SetDlgItemText(IDC_LISTENELEMENTWERT,m_strListenelement);
    MessageBox(m_strListenelement);
  }

  *pResult = 0;
} //CU125Dlg::OnLvnItemchangedListenelement
```

Jetzt erscheinen die Kontrollmeldungen nur noch einmal, womit nachgewiesen ist, dass die Änderung wirksam ist. Damit können wir auf ein Ereignis des Listenelements reagieren und uns Zugriff auf das markierte Element verschaffen.

12.3.9 Strukturansicht (Baumfeld)

Die Strukturansicht (Baumfeld) der Klasse `CTreeCtrl` hat für den Programmierer sehr viele Ähnlichkeiten mit dem Listenelement. So können gemeinsame Bilderlisten verwendet werden. Auch einige der Ereignisse sind gleich. Es muss aber zusätzlich eine baumartige Hierarchie der darzustellenden Elemente vorgegeben werden. Dies geschieht über eine spezielle Struktur `TV_INSERTSTRUCT`. Danach ist es nicht mehr möglich, einzelne Einträge über eine schlichte Ganzzahl zu identifizieren. Vielmehr erfolgt der Zugriff über ein Handle `HTREEITEM`.

In einem Baum nennt man Einträge mit Nachkommen *Knoten,* ohne Nachkommen dagegen *Blätter*. Oft werden zur Darstellung unterschiedliche Symbole verwandt.

Nach außen zeichnet sich die Strukturansicht durch eine Reihe weiterer Merkmale und Funktionen aus. Typische Beispiele solcher Bäume finden wir beim Windows-Explorer. Die Hierarchiestufen können durch Linien unterstützt werden. Kleine [+]- bzw. [−]- Ikonen erlauben das Expandieren oder Komprimieren der Hierarchiestufen.

Grundsätzlich können wir als Ikonen Bitmaps der verschiedenen Typen einsetzen, also durchaus die Ikonen `.ico` des Listenelements. Normalerweise wird man aber rechteckige Ikonen statt der quadratischen bevorzugen. Um die Fokussierung eines Elements optisch hervorzuheben, benötigen wir jeweils zwei leicht abgewandelte Ikonen.

☞ Hinweis: Bei diesem Beispiel wollen wir eine neue Technik anwenden, indem wir eine eigene Klasse `CMeinTreeCtrl` anlegen. Vorher sind aber einige Vorbereitungen notwendig.

✗ Als Beispiel wollen wir den Katalog eines Möbelhauses darstellen. Wir legen dazu jeweils zwei Bitmaps der Größe 30×15 Pixel an. Die zweite Bitmap hat z. B. eine andere Hintergrundfarbe als ihr Original:

1. Wir öffnen die Ressourcenscheibe und fügen über das Kontextmenü des Verzeichnisses `Bitmap` eine neue Bitmap hinzu.
2. Die Größe des Gitters reduzieren wir auf 30×15 Pixel.
3. In das Gitter zeichnen wir unser Möbelstück (**Bild 12.55**).
4. Über den Eigenschaftendialog geben wir der Bitmap den Namen `IDB_BAUMname`, wobei `name` der Name des Möbelstücks ist (z. B. SCHRANK, STUHL, TISCH). Das Präfix `BAUM` dient der besseren Sortierung aller Bitmaps. Ggf. hängen wir noch eine Ergänzung an. Wir wiederholen diese Schritte also für alle Symbole, die wir darstellen möchten.

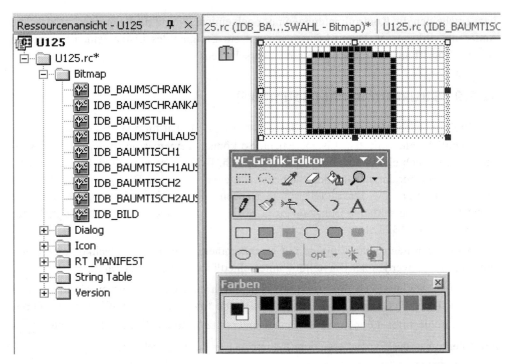

Bild 12.55: Anlegen einer Bitmap `IDB_BAUMSCHRANK` zum Einsatz in einer Strukturansicht

5. Da wir – wie schon erwähnt – Ikonen-Pärchen benötigen, kopieren wir die Bitmap, ändern die Hintergrundfarbe und vergeben die ID `IDB_nameAUSWAHL`. Diese Bitmap soll beim Auswählen angezeigt werden. In anderen Anwendungen werden wir bei Bedarf die Darstellung ändern. Sehen wir uns dazu nur die geschlossenen und offenen Hängeordner des Explorers an.

Tipp: Wir führen die Schritte sehr sorgfältig durch, damit die IDs aufsteigend nummeriert sind. Nur so können wir anschließend in die Trickkiste greifen und uns den Aufbau der Baumstruktur erleichtern. Die Reihenfolge kontrollieren wir mit B̲earbeiten|Ressourcens̲ymbole... (**Bild 12.56**) oder über das Kontextmenü der Bitmap (Rechtsklick). Eine fest geplante Nummer können wir übrigens gleich bei der Vergabe der ID festlegen, indem wir sie hinter den Namen eingeben, also z. B. für die erste Bitmap `IDB_BAUMSCHRANK=172`.

12.3 Übung zu den Steuerelementen

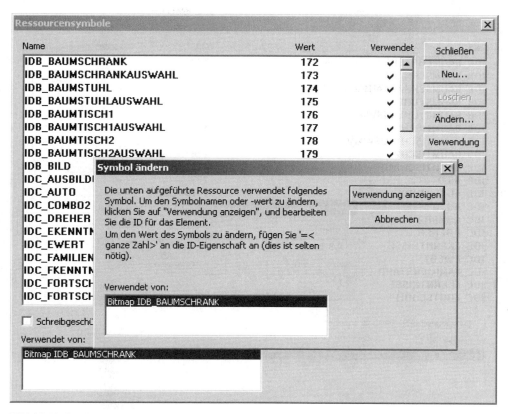

Bild 12.56: Durchnummerierte Ressourcensymbole

6. Im **Bild 12.57** sehen wir schon den nächsten Trick. Wir legen zwei neue Ressourcensymbole `IDB_BAUMERSTER` bzw. `IDB_BAUMLETZTER` mit den zugehörigen Werten an. Diese Grenzen erlauben es uns später, beim Einlesen eine Schleife zu programmieren. Hierzu aktivieren wir `Neu...` und geben einen der beiden Namen sowie den gewünschten Wert an, der durchaus doppelt vorkommen darf.

7. Falls wir einen Fehler in der Reihenfolge vorfinden, so können wir durch Anlegen einer Hilfs-ID mit viel Mühe eine Neunummerierung vornehmen. Dabei müssen wir in der Eigenschaft einer Bitmap den Wert zuweisen, beispielsweise `IDB_BAUMTISCH2=178`. Dieser darf natürlich nicht belegt sein. Zur Not müssen wir zuerst Hilfsnummern einführen, um die geplanten Nummern frei zu bekommen.

8. Wir wechseln auf den Dialog `IDD_U125_DIALOG` und legen eine Strukturansicht `IDC_STRUKTURANSICHT` und ein Bezeichnungsfeld für das Ergebnis einer Aktion auf der Strukturansicht mit der ID `IDC_STRUKTURANSICHTWERT` an. Neben die Strukturansicht fügen wir Kontrollkästchen zur Steuerung verschiedener Eigenschaften ein:

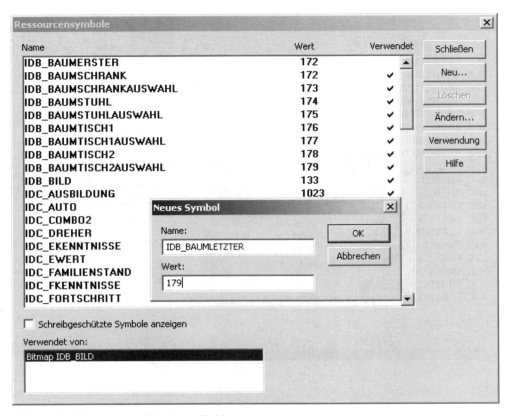

Bild 12.57: Einfügen neuer Konstanten für Identnummern

- `IDC_BAUMSORTIERT`   zum Sortieren der Einträge (zumindest in der Wurzel)
- `IDC_BAUMLINIEN`   zum Einschalten der Hierarchielinien
- `IDC_BAUMWURZELLINIE`   zum Einschalten einer zusätzlichen Wurzellinie
- `IDC_BAUMSCHALTFLAECHEN`   zum Einschalten der Plus-/Minus-Ikonen
- `IDC_BAUMTEXTEINGABE`   erlaubt die Texteingabe in die Beschriftungen
- `IDC_BAUMKONTROLLK`   schaltet zusätzliche Kontrollkästchen ein
- `IDC_BAUNDAUERSELEKTION`   Selektion bleibt auch bei Fokusverlust erhalten
- `IDC_BAUMEXPANSION`   expandiert nur einen Knoten
- `IDC_BAUMANIMATION`   animiert mit Unterstreichung wie ein Hyperlink
- `IDC_BAUMZIEHEN`   schaltet das Ziehen und Ablegen von Einträgen aus
- `IDC_BAUMSYSTEM`   wechselt die Bilderliste auf Systembilder

Ein Textfeld `IDC_BAUMEINZUG` (`m_uBaumEinzug`) vom Typ `UINT` mit einem Wippschalter (`m_spnBaumEinzug`) soll zur Einstellung des Einzugs dienen.

9. Die Eigenschaften von `IDC_STRUKTURANSICHT` legen wir folgendermaßen fest:

12.3 Übung zu den Steuerelementen

ID	IDC_STRUKTURANSICHT
Bildlauf	True

abschalten

Strukturansichten „wachsen", d. h., werden länger, daher sollte der Bildlauf aktiviert werden. Da wir fast alle anderen Eigenschaften über die Oberfläche einstellbar gestalten, legen wir keine weiteren Eigenschaften fest. Weiterhin legen wir eine Membervariable `m_treStrukturansicht` für dieses Steuerelement an.

Dem Bezeichnungsfeld weisen wir die Membervariable `m_strStrukturansicht` zu und formatieren es folgendermaßen:

ID	IDC_STRUKTURANSICHTWERT
Beschriftung	
Clientkante	True

10. Damit sind wir mit der Ausgestaltung der grafischen Oberfläche fertig. ■

> Aufgabe 12-9:

Programmieren Sie das Listenelement aus dem letzten Kapitel so um, dass die Ikonen in einer Schleife eingelesen werden. ■

Mit den folgenden Schritten wollen wir eine Nachfolgerklasse für das Steuerelement anlegen:

1. In der Klassenansicht klicken wir rechts auf den Projektknoten U125. Daraufhin klappt das Kontextmenü herab, in dem wir die Option Hinzufügen|Klasse hinzufügen... auslösen. Es erscheint das Dialogfeld Klasse hinzufügen (**Bild 12.58**).

2. Da wir eine neue MFC-Klasse erzeugen möchten, markieren wir die Vorlage und bestätigen Öffnen. Es erscheint der Klassenassistent, den wir mit den angegebenen Informationen versorgen (**Bild 12.59**).

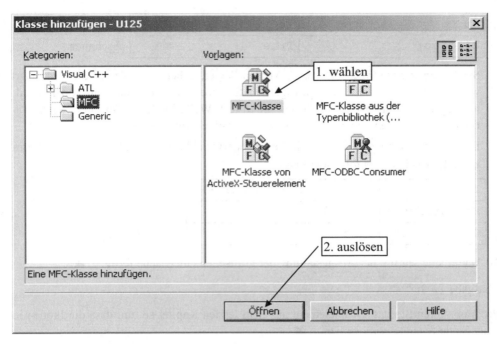

Bild 12.58: Vorlage für eine neue Klasse auswählen

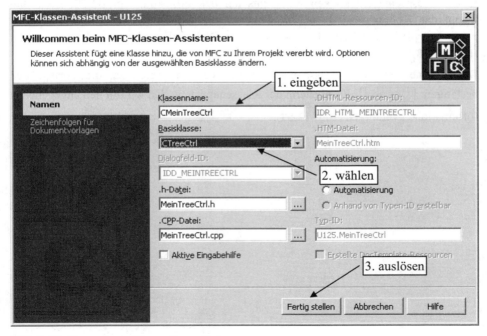

Bild 12.59: Steuerelementklasse überschreiben

12.3 Übung zu den Steuerelementen

3. Durch das Auslösen von `Fertig stellen` wird diese Klasse generiert. Sie ist weitgehend leer und verhält sich noch wie eine normale Strukturansicht.
4. Da wir das Verhalten aber abwandeln wollen, inkludieren wir die Klasse in unsere Dialoganwendung:

   ```
   // U125Dlg.h : Headerdatei
   //

   #pragma once
   #include "c:\programme\microsoft visual studio
     .net\vc7\atlmfc\include\afxwin.h"
   #include "c:\programme\microsoft visual studio
     .net\vc7\atlmfc\include\afxcmn.h"

   #include "MeinTreeCtrl.h"
   ```

5. Danach können wir den Typ der zum Steuerelement gehörigen Membervariablen ändern in:

   ```
   //Membervariablen für die Strukturansicht
     CMeinTreeCtrl m_treStrukturansicht;
     CString m_strStrukturansicht;
   ```

6. Über diese Membervariable können wir die erweiterte Funktionalität des Steuerelements ansprechen. Holen wir uns dagegen über `SetDlgItem()` einen Zeiger auf die Strukturansicht, so steht uns nur die Grundfunktionalität zur Verfügung.
7. Um dies gleich nutzen zu können, wollen wir in der neuen Klasse eine Funktion zum Einstellen des Stils anlegen (wie üblich, benutzen wir dazu den Generator):

   ```
   // CMeinTreeCtrl-Meldungshandler

   void CMeinTreeCtrl::SetzStil(long lNeuerStil,BOOL bEinAus) {
   //gemeinsame Funktion zum Ein-/Ausschalten einer booleschen Eigenschaft
     long lStil=::GetWindowLong(m_hWnd,GWL_STYLE);
     if (bEinAus) {
       lStil|=lNeuerStil;
     } else {
       lStil &= ~lNeuerStil;
     }
     ::SetWindowLong(m_hWnd,GWL_STYLE,lStil);
     //Aufruf von SetWindowPos veranlasst Windows, den Stil anzuwenden
     SetWindowPos(NULL,0,0,0,0,SWP_NOMOVE|SWP_NOSIZE|SWP_NOZORDER);
   } //CMeinTreeCtrl::SetzStil
   ```

   Mit dem ersten Parameter legen wir den gewünschten Stil fest, mit dem zweiten die Art der Eigenschaft.
8. Damit sind vorerst die Arbeiten an der neuen Klasse beendet. ■

⊠ Wir können nun mit der Programmierung der Dialogklasse `CU125Dlg` beginnen:

1. Wir beginnen mit dem Einlesen der Bilderliste. Für sie legen wir eine weitere Membervariable an:

   ```
   class CU125Dlg : public CDialog
   {
   ```

...
```
protected:
  UINT m_ZeitgeberID;
  CImageList m_BilderListe;
  CImageList m_BilderListeKlein;
  CImageList m_BilderListeBaum;
```

2. Das eigentliche Einlesen in `OnInitDialog` ist nun nicht mehr schwer:

```
BOOL CU125Dlg::OnInitDialog()
{
  ...

//Strukturansicht initialisieren-------------------------------------
  CBitmap bitmap;
  int nID;

  m_BilderListeBaum.Create(30,15,TRUE/*bMask*/,6,4);
  for (nID=IDB_BAUMERSTER;nID<=IDB_BAUMLETZTER;nID++) {
    bitmap.LoadBitmap(nID);
    m_BilderListeBaum.Add(&bitmap,(COLORREF)0xFFFFFF);
    bitmap.DeleteObject();
  }
  CTreeCtrl* pTree=(CTreeCtrl*) GetDlgItem(IDC_STRUKTURANSICHT);
  pTree->SetImageList(&m_BilderListeBaum,TVSIL_NORMAL);
  pBaum->SetIndent(20); //linker Einzug der Ebenen in Pixeln
    //wird nach unten von der Systemeinstellung begrenzt
```

Vergleichen Sie einmal diesen Codeabschnitt mit dem Laden der Ikonen für das Listenelement aus dem letzten Kapitel. Fügen wir nun weitere Elemente hinzu, so müssen wir nur die Obergrenze verändern.

Mit den Methoden `Setxxx` lassen sich die verschiedenen Eigenschaften des Steuerelements verändern.

3. Beim Anlegen des Baums können wir wahlweise zuerst in die Breite oder die Tiefe gehen. Beide Varianten haben Vor- und Nachteile. Da man häufig in der Literatur die Programmierung in die Breite sieht, erfolgt hier einmal die Programmierung in die Tiefe. Sie hat den Vorteil der größeren Übersichtlichkeit. Die Anweisungen stehen in der Reihenfolge, in der der Baum nachher erscheint. Sie kostet aber etwas mehr Programmieraufwand, wenn viele Eigenschaften zu wechseln sind. Dieser Aufwand wird bei der Breitenprogrammierung durch Zwischenvariablen aufgefangen, die die verschiedenen Knoten mit Nachfolgern aufnehmen. Die Programmierung in die Breite beschreibt dagegen alle Elemente einer Hierarchieebene, um dann eine Stufe tiefer zu gehen. Die Tiefenprogrammierung sieht folgendermaßen aus (echte Knochenarbeit):

```
BOOL CU125Dlg::OnInitDialog()
{
  ...

//Strukturansicht initialisieren-------------------------------------
  ...

  TVINSERTSTRUCT tvinsert;    //Einfügestruktur deklarieren
  tvinsert.hParent=TVI_ROOT; //allgemeine Werte festlegen
  tvinsert.hInsertAfter=TVI_LAST;
```

12.3 Übung zu den Steuerelementen

```
            tvinsert.item.mask=TVIF_IMAGE|TVIF_SELECTEDIMAGE|TVIF_TEXT;
            tvinsert.item.state=0;                //TVIF_STATE
            tvinsert.item.stateMask=0;            //TVIF_STATE
            tvinsert.item.cchTextMax=6;           //TVIF_TEXT
            tvinsert.item.cChildren=0;            //TVIF_CHILDREN
            tvinsert.item.lParam=0;               //TVIF_PARAM

            //Hierarchiestufe 1: 1. (Ebene 1 Element 1)
            tvinsert.hParent=NULL;                //Ebene festlegen
            tvinsert.item.pszText=_T("Stuhl");//TVIF_TEXT
            tvinsert.item.iImage=2;               //TVIF_IMAGE
            tvinsert.item.iSelectedImage=tvinsert.item.iImage+1;
                                                  //TVIF_SELECTEDIMAGE
            hVorgaenger=pBaum->InsertItem(&tvinsert);
              //Hierarchiestufe 2: 1.1
              tvinsert.hParent=hVorgaenger;
              tvinsert.item.iImage=2;
              tvinsert.item.iSelectedImage=tvinsert.item.iImage+1;
              tvinsert.item.pszText=_T("Bank");
              HTREEITEM hVorgaenger1=pBaum->InsertItem(&tvinsert);
                 //Hierarchiestufe 3: 1.1.1
                 tvinsert.hParent=hVorgaenger1;
                 tvinsert.item.iImage=2;
                 tvinsert.item.iSelectedImage=tvinsert.item.iImage+1;
                 tvinsert.item.pszText=_T("Parkbank");
                 pBaum->InsertItem(&tvinsert);
                 //Hierarchiestufe 3: 1.1.2
                 tvinsert.item.pszText=_T("Spielbank");
                 pBaum->InsertItem(&tvinsert);
              //Hierarchiestufe 2: 1.2
              tvinsert.hParent=hVorgaenger;
              tvinsert.item.iImage=2;
              tvinsert.item.iSelectedImage=tvinsert.item.iImage+1;
              tvinsert.item.pszText=_T("Hocker");
              hVorgaenger1=pBaum->InsertItem(&tvinsert);
                 //Hierarchiestufe 3: 1.2.1
                 tvinsert.hParent=hVorgaenger1;
                 tvinsert.item.iImage=2;
                 tvinsert.item.iSelectedImage=tvinsert.item.iImage+1;
                 tvinsert.item.pszText=_T("Barhocker");
                 pBaum->InsertItem(&tvinsert);
                 //Hierarchiestufe 3: 1.2.2
                 tvinsert.item.pszText=_T("Kniehocker");
                 pBaum->InsertItem(&tvinsert);
              tvinsert.hParent=hVorgaenger;
              tvinsert.item.iImage=2;
              tvinsert.item.iSelectedImage=tvinsert.item.iImage+1;
              tvinsert.item.pszText=_T("Küchenstuhl");
              pBaum->InsertItem(&tvinsert);

            //Hierarchiestufe 1: 2
            tvinsert.hParent=NULL;
            tvinsert.item.pszText=_T("Schrank");
            tvinsert.item.iImage=0;
            tvinsert.item.iSelectedImage=tvinsert.item.iImage+1;
            hVorgaenger=pBaum->InsertItem(&tvinsert);
              //Hierarchiestufe 2: 2.1
              tvinsert.hParent=hVorgaenger;
              tvinsert.item.iImage=0;
              tvinsert.item.iSelectedImage=tvinsert.item.iImage+1;
              tvinsert.item.pszText=_T("Kleiderschrank");
```

```
      pBaum->InsertItem(&tvinsert);
      //Hierarchiestufe 2: 2.2
      tvinsert.item.pszText=_T("Küchenschrank");
      pBaum->InsertItem(&tvinsert);
      //Hierarchiestufe 2: 2.3
      tvinsert.item.pszText=_T("Schuhschrank");
      pBaum->InsertItem(&tvinsert);
      pBaum->Expand(hVorgaenger,TVE_EXPAND); //diese Ebene expandieren

      //Hierarchiestufe 1: 3
   tvinsert.hParent=NULL;
   tvinsert.item.iImage=4;
   tvinsert.item.iSelectedImage=tvinsert.item.iImage+1;
   tvinsert.item.pszText=_T("Tisch");
   hVorgaenger=pBaum->InsertItem(&tvinsert);
      //Hierarchiestufe 2: 3.1
      tvinsert.hParent=hVorgaenger;
      tvinsert.item.iImage=4;
      tvinsert.item.iSelectedImage=tvinsert.item.iImage+1;
      tvinsert.item.pszText=_T("Esstisch");
      pBaum->InsertItem(&tvinsert);
      //Hierarchiestufe 2: 3.2
      tvinsert.item.pszText=_T("Küchentisch");
      pBaum->InsertItem(&tvinsert);
      //Hierarchiestufe 2: 3.3
      tvinsert.item.pszText=_T("Wohnzimmertisch");
      pBaum->InsertItem(&tvinsert);
   m_spnBaumEinzug.SetRange(33,100);
   m_uBaumEinzug=pBaum->GetIndent();
   m_spnBaumEinzug.SetPos(m_uBaumEinzug);

   return TRUE;  // Geben Sie TRUE zurück, außer ein Steuerelement soll
} //CU125Dlg::OnInitDialog
```

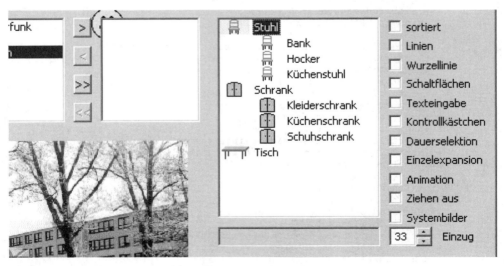

Bild 12.60: Strukturansicht mit selektiertem (expandiertem) Element

12.3 Übung zu den Steuerelementen

Nur die in `item.mask` gesetzten Parameter werden wirklich wirksam. Hinter der Variablen ist daher immer die notwendige Konstante zu finden, mit der dies geschaltet wird. Mit der Methode `Expand` können wir festlegen, ob eine Hierarchieebene beim Start des Programms expandiert dargestellt wird.

Die Zeilen am Ende initialisieren das Textfeld zur Einstellung des Einzugs. Dieser kann nicht unter den im System festgelegten Wert von `33` fallen.

4. Jetzt können wir bereits das Projekt erstellen und testen (**Bild 12.60**). ■

Der Aufbau des Baums wird hauptsächlich durch die Eigenschaft `hParent` der Variablen von der Struktur `TVINSERTSTRUCT` gesteuert. Ist sie `NULL`, so sind wir auf der obersten Stufe, ansonsten werden die Einträge unter dem Eintrag eingeordnet, auf den `hParent` zeigt.

Für jedes Element ist es möglich, eine eigene Ikone festzulegen. Mit etwas mehr Aufwand könnten wir für alle Knoten mit Nachkommen eine Ikone mit einem ⊞-Zeichen einsetzen. Wird sie expandiert, so wechseln wir zum ⊟-Zeichen. Klicken wir auf einen Knoten, so wird das Ereignis `TVN_ITEMEXPANDING` ausgelöst, das wir zum Umschalten nutzen können.

⌦ Wie schon bei der Listenanzeige soll nun gezeigt werden, wie unser Programm auf eine Benutzeraktion reagieren kann. Der Hauptunterschied besteht in der überschriebenen Klasse:

1. Wir suchen in der Klassenansicht die neue Klasse `CMeinTreeCtrl` und aktivieren das Eigenschaftenfenster (**Bild 12.61**). Hierbei fällt bei den Meldungen auf, dass vor allen Einträgen ein Gleichheitszeichen = steht. Die Liste der Ereignisse ist dagegen leer. Die Klasse hat keine eigenen Ereignisse, kann aber auf „durchgereichte" (redirected) Ereignisse reagieren.

2. Wir aktivieren eine Ereignisfunktion `OnTvnSelchanged` für das Ereignis `TVN_SELCHANGED`. Hierdurch wird ein entsprechendes Funktionsgerüst generiert (**Bild 12.61**). Das Funktionsgerüst enthält bereits die Wandlung an die Struktur `LPNMTREEVIEW`:

```
void CMeinTreeCtrl::OnTvnSelchanged(NMHDR *pNMHDR, LRESULT *pResult) {
    LPNMTREEVIEW pNMTreeView = reinterpret_cast<LPNMTREEVIEW>(pNMHDR);
    // TODO: Fügen Sie hier Ihren Kontrollbehandlungscode für die
    Benachrichtigung ein.
    *pResult = 0;
} //CMeinTreeCtrl::OnTvnSelchanged
```

Wir erhalten ähnlich zum Listenelement eine erweiterte Meldung, die in den Typ `LPNMTREEVIEW` gewandelt wird. Diese Struktur hat folgendes Aussehen:

```
typedef struct tagNMTREEVIEW {
    NMHDR hdr;
    UINT action;
    TVITEM itemOld;
    TVITEM itemNew;
    POINT ptDrag;
} NMTREEVIEW, FAR *LPNMTREEVIEW;
```

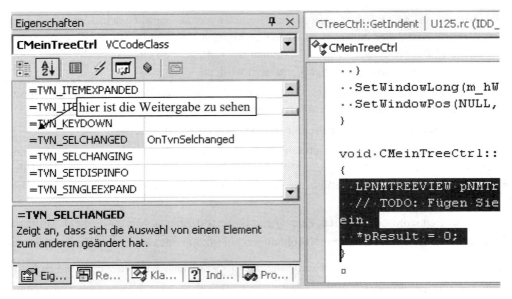

Bild 12.61: Ereignisverarbeitung in einer überschriebenen Steuerelementklasse

Zusätzlich finden wir die folgende Ergänzung:

```
BEGIN_MESSAGE_MAP(CMeinTreeCtrl, CTreeCtrl)
  ON_NOTIFY_REFLECT(TVN_SELCHANGED, OnTvnSelchanged)
END_MESSAGE_MAP()
```

Sie unterscheidet sich von den „normalen" Makros `ON_NOTIFY` durch den Zusatz `REFLECT`, der das Durchreichen der Meldung bewerkstelligt.

3. Da eine `HTREEITEM`-Struktur zurückgeliefert wird, ist die Programmierung etwas aufwändiger:

```
void CMeinTreeCtrl::OnTvnSelchanged(NMHDR *pNMHDR, LRESULT *pResult) {
  LPNMTREEVIEW pNMTreeView = reinterpret_cast<LPNMTREEVIEW>(pNMHDR);
//   NM_TREEVIEW* pNMTreeView = (NM_TREEVIEW*)pNMHDR; //Alternative
   HTREEITEM hAuswahl=GetSelectedItem();
//   HTREEITEM hAuswahl=pNMTreeView->itemNew.hItem;    //Alternative
   if (hAuswahl!=NULL) {
     char text [31];
     TVITEM Eintrag;
     Eintrag.mask=TVIF_HANDLE|TVIF_TEXT;
     Eintrag.hItem=hAuswahl;
     Eintrag.pszText=text;
     Eintrag.cchTextMax=30;
     VERIFY(GetItem(&Eintrag));
     ((CU125Dlg*)GetParent())->m_strStrukturansicht=text;
     GetParent()->SetDlgItemText(IDC_STRUKTURANSICHTWERT,text);
   }
   *pResult = 0;
} //CMeinTreeCtrl::OnTvnSelchanged
```

Im Programm sind zwei Möglichkeiten dargestellt, die `HTREEITEM`-Struktur des gewählten Eintrages zu bearbeiten. Wird ein markiertes Element gefunden, so wird es

12.3 Übung zu den Steuerelementen

eingelesen und an das Elternfenster weitergereicht. Dabei wird zuerst die Membervariable und anschließend das Steuerelement angesprochen.

4. Damit haben wir die Grundfunktionen einer solchen Strukturansicht programmiert. Wir können die Anwendung erstellen und testen (**Bild 12.62**). Sie zeigt jetzt den ausgewählten Eintrag im Ausgabefeld an. ∎

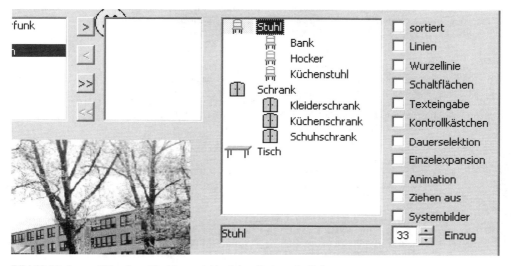

Bild 12.62: Auswahl in einer Strukturansicht wird weiterverarbeitet

Im Gegensatz zum Listenelement wird diese Ereignisfunktion bei jedem Wechsel nur einmal aufgerufen.

Tipp: `lParam` ist eine unbenutzte Ganzzahlvariable. Wir können sie daher für unsere Zwecke verwenden. So können wir jedem Eintrag, unabhängig von seinem Text, einen (festen) Index zuordnen, durch den wir den Eintrag unabhängig von späteren Änderungen machen können.

⌦ Da wir bereits eine Reihe von Steuerelementen neben unsere Strukturansicht gesetzt haben, können wir noch ein wenig experimentieren:

1. Für viele der booleschen Eigenschaften haben wir bereits eine gemeinsame Setzfunktion geschrieben, die wir ausgiebig nutzen. Dazu wird für jedes Kontrollkästchen eine Ereignisfunktion erzeugt:

```
void CU125Dlg::OnBnClickedBaumlinien() {
//zeigt Baumlinien an
  m_treStrukturansicht.SetzStil(TVS_HASLINES,
      ((CButton*)GetDlgItem(IDC_BAUMLINIEN))->GetCheck());
} //CU125Dlg::OnBnClickedBaumlinien

void CU125Dlg::OnBnClickedBaumwurzellinie() {
//zeigt zusätzliche Linie vor den Ikonen an
  m_treStrukturansicht.SetzStil(TVS_LINESATROOT,
      ((CButton*)GetDlgItem(IDC_BAUMWURZELLINIE))->GetCheck());
```

```
} //CU125Dlg::OnBnClickedBaumwurzellinie

void CU125Dlg::OnBnClickedBaumschaltflaechen() {
//zeigt Schaltflächen (Plus/Minus) an
  m_treStrukturansicht.SetzStil(TVS_HASBUTTONS,
    ((CButton*)GetDlgItem(IDC_BAUMSCHALTFLAECHEN))->GetCheck());
} //CU125Dlg::OnBnClickedBaumschaltflaechen

void CU125Dlg::OnBnClickedBaumeingabe() {
//Anwender kann die Einträge öffnen und ändern
  m_treStrukturansicht.SetzStil(TVS_EDITLABELS,
    ((CButton*)GetDlgItem(IDC_BAUMEINGABE))->GetCheck());
} //CU125Dlg::OnBnClickedBaumeingabe

void CU125Dlg::OnBnClickedBaumkontrollk() {
//zeigt Kontrollkästchen an (nicht mehr umkehrbar)
  m_treStrukturansicht.SetzStil(TVS_CHECKBOXES,
    ((CButton*)GetDlgItem(IDC_BAUMKONTROLLK))->GetCheck());
  GetDlgItem(IDC_BAUMKONTROLLK)->EnableWindow(FALSE);
} //CU125Dlg::OnBnClickedBaumkontrollk

void CU125Dlg::OnBnClickedBaumdauerselektion() {
//Dauerselektion der Selektion, auch wenn der Fokus entfernt wird
  m_treStrukturansicht.SetzStil(TVS_SHOWSELALWAYS,
    ((CButton*)GetDlgItem(IDC_BAUMDAUERSELEKTION))->GetCheck());
} //CU125Dlg::OnBnClickedBaumdauerselektion

void CU125Dlg::OnBnClickedBaumexpansion() {
//es ist immer nur ein Knoten der Wurzelebene expandiert
  m_treStrukturansicht.SetzStil(TVS_SINGLEEXPAND,
    ((CButton*)GetDlgItem(IDC_BAUMEXPANSION))->GetCheck());
} //CU125Dlg::OnBnClickedBaumexpansion

void CU125Dlg::OnBnClickedBaumanimation() {
//Animation wie ein Hyperlink
  m_treStrukturansicht.SetzStil(TVS_TRACKSELECT,
    ((CButton*)GetDlgItem(IDC_BAUMANIMATION))->GetCheck());
} //CU125Dlg::OnBnClickedBaumanimation

void CU125Dlg::OnBnClickedBaumziehen() {
//schaltet Ziehen und Ablegen (drag and drop) aus
  m_treStrukturansicht.SetzStil(TVS_DISABLEDRAGDROP,
    ((CButton*)GetDlgItem(IDC_BAUMZIEHEN))->GetCheck());
} //CU125Dlg::OnBnClickedBaumziehen
```

2. Diese Funktion rufen wir z. B. für das Kontrollkästchen `IDC_BAUMSORTIERT` auf:

```
void CU125Dlg::OnBnClickedBaumsortiert() {
  m_treStrukturansicht.Sortiere();
} //CU125Dlg::OnBnClickedBaumsortiert
```

Hiermit wird die Wurzelebene der Strukturansicht sortiert (**Bild 12.63**). Wir benötigen dazu aber eine entsprechende Funktion in unserer Strukturansichtsklasse:

```
void CMeinTreeCtrl::Sortiere(void) {
//sortiert die Wurzelebene
  SortChildren(TVI_ROOT);
} //CMeinTreeCtrl::Sortiere
```

12.3 Übung zu den Steuerelementen

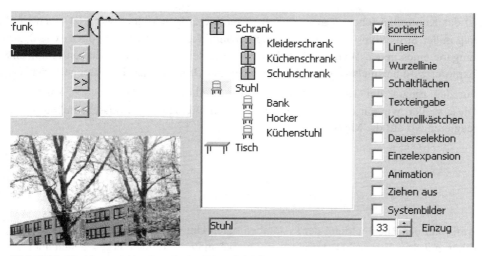

Bild 12.63: Strukturansicht mit sortierten Wurzeleinträgen

3. Wollen wir die benutzerdefinierten Ikonen ausblenden und auf die Systemeinstellungen zurückkehren, so programmieren wir die Ereignisfunktion des Kontrollkästchens IDC_BAUMSYSTEM:

```
void CU125Dlg::OnBnClickedBaumsystem() {
  if (((CButton*)GetDlgItem(IDC_BAUMSYSTEM))->GetCheck()) {
    m_treStrukturansicht.SetzSystembilder(NULL);
  } else {
    m_treStrukturansicht.SetzSystembilder(&m_BilderListeBaum);
  }
} //CU125Dlg::OnBnClickedBaumsystem
```

Die zugehörige Memberfunktion in unserer Strukturansichtsklasse lautet:

```
void CMeinTreeCtrl::SetzSystembilder(CImageList *pimlBilder) {
  SetImageList(pimlBilder,TVSIL_NORMAL);
} //CMeinTreeCtrl::SetzSystembilder
```

➢ Aufgabe 12-10:

Legen Sie mehrere Bildlisten an, und benutzen Sie ein Kombinationsfeld, um zwischen den verschiedenen Bildlisten zu wechseln. ∎

4. Das Öffnen der Einträge zur Eingabe eines neuen Textes hilft nicht viel, wenn der Text nicht erhalten bleibt. Hierzu generieren wir eine Ereignisfunktion für die Meldung TVN_ENDLABELEDIT:

```
void CMeinTreeCtrl::OnTvnEndlabeledit(NMHDR *pNMHDR, LRESULT *pResult) {
//übernimmt den vom Anwender eingegebenen Text
  TV_DISPINFO *ptvInfo;
  ptvInfo=(TV_DISPINFO*)pNMHDR;
  if (ptvInfo->item.pszText!=NULL) {
    ptvInfo->item.mask=TVIF_TEXT;
    SetItem(&ptvInfo->item);
  }
} //CMeinTreeCtrl::OnTvnEndlabeledit
```

Ist das Kontrollkästchen `Texteingabe` markiert, dann können wir jetzt einen Eintrag in der Strukturansicht (langsam) doppelt anklicken. Es öffnet sich ein Textfeld zur Eingabe eines neuen Werts, der auch nach Verlassen des Eintrags erhalten bleibt. Im Explorer wird beispielsweise ein Umbenennen des Ordners oder der Datei gestartet.

5. Für den Einzug der Strukturelemente ist die Methode `SetIndent()` zuständig. Diese wollen wir mit einem Textfeld und einem Drehfeld beeinflussen. Im Formular reagieren wir auf die Meldung `EN_CHANGE`:

```
void CU125Dlg::OnEnChangeBaumeinzug() {
  UINT uEinzug;
  uEinzug=
        m_treStrukturansicht.SetzEinzug(GetDlgItemInt(IDC_BAUMEINZUG));
  SetDlgItemInt(IDC_BAUMEINZUG,uEinzug);
} //CU125Dlg::OnEnChangeBaumeinzug
```

Aufgrund der Rückmeldung der systembedingten Untergrenze lässt sich das Feld zwar schön mit dem Wippschalter einstellen. Die bekannten Probleme ergeben sich aber bei der direkten Eingabe. Einstellige Zahlen werden immer korrigiert. Die eigentliche Einstellung erfolgt in:

```
UINT CMeinTreeCtrl::SetzEinzug(UINT uEinzug) {
  if (uEinzug>0) {
    SetIndent(uEinzug);
    return GetIndent();
  } else {
    return 0;
  }
} //CMeinTreeCtrl::SetzEinzug
```

Da das Ereignis `EN_CHANGE` bereits vor der Existenz der Strukturansicht auftritt, können wir nicht auf die beiden Funktionen zurückgreifen.

Wollen wir dieses Problem umgehen, so lassen wir den Anwender bei der Eingabe „im Dunkeln". Erst mit dem Verlassen des Felds wird dieses auf den wahren Wert gesetzt:

```
void CU125Dlg::OnEnChangeBaumeinzug() {
  UINT uEinzug;
  uEinzug=
        m_treStrukturansicht.SetzEinzug(GetDlgItemInt(IDC_BAUMEINZUG));
//  SetDlgItemInt(IDC_BAUMEINZUG,uEinzug);
} //CU125Dlg::OnEnChangeBaumeinzug

void CU125Dlg::OnEnKillfocusBaumeinzug() {
//Anzeige erst beim Verlassen des Felds korrigieren
  SetDlgItemInt(IDC_BAUMEINZUG,
          ((CTreeCtrl*)GetDlgItem(IDC_STRUKTURANSICHT))->GetIndent());
} //CU125Dlg::OnEnKillfocusBaumeinzug
```

6. Die Strukturansicht kann aber noch viel mehr. Wir wollen z. B. einen Zweig im Baum umhängen. Die Programmierung ist recht aufwändig. Sie benötigt folgende Hilfsvariablen:

```
protected:
//Membervariablen für Ziehen und Ablegen
  BOOL       m_bZiehend;
  HTREEITEM  m_hZiehEintrag;
```

12.3 Übung zu den Steuerelementen

```
    HTREEITEM   m_hAblegEintrag;
    CImageList  *m_pimlBilder;
```

Diese sollten wir geeignet vorbesetzen:

```
// CMeinTreeCtrl

IMPLEMENT_DYNAMIC(CMeinTreeCtrl,CTreeCtrl)
CMeinTreeCtrl::CMeinTreeCtrl()
  : m_bZiehend(FALSE)
  , m_hZiehEintrag(NULL)
  , m_hAblegEintrag(NULL)
  , m_pimlBilder(NULL)
{
} //CMeinTreeCtrl::CMeinTreeCtrl
```

Als Nächstes legen wir Ereignisfunktionen für folgende Ereignisse an:

TVN_BEGINDRAG	Start einer Ziehoperation mit der linken Maustaste
TNV_BEGINRDRAG	Start einer Ziehoperation mit der rechten Maustaste
WM_DESTROY	Zerstören der Anwendung
WM_LBUTTONUP	Loslassen der linken Maustaste
WM_MOUSEMOVE	Ziehen der Maus
WM_RBUTTONUP	Loslassen der rechten Maustaste

wobei wir die ersten beiden Ereignisse zusammenfassen. Da der Generator aber keine Namensänderung zulässt, rufen wir die Ereignisfunktion direkt auf:

```
void CMeinTreeCtrl::OnTvnBeginrdrag(NMHDR *pNMHDR, LRESULT *pResult) {
  OnTvnBegindrag(pNMHDR,pResult);
} //CMeinTreeCtrl::OnTvnBeginrdrag
```

Zuerst müssen wir erkennen, dass eine Ziehoperation gestartet wird. Dazu dient die Meldung TVN_BEGINDRAG, für die wir folgende Ereignisfunktion codieren:

```
void CMeinTreeCtrl::OnTvnBegindrag(NMHDR *pNMHDR,LRESULT *pResult) {
//  LPNMTREEVIEW pNMTreeView=reinterpret_cast<LPNMTREEVIEW>(pNMHDR);
  CPoint ptAktion;
  UINT   nMerker;

  GetCursorPos(&ptAktion);       //aktuelle Cursorpostion
  ScreenToClient(&ptAktion);     //umrechnen in Fensterkoordinaten
  ASSERT(!m_bZiehend);            //nur ein Ziehvorgang darf aktiv sein
  m_bZiehend=TRUE;                //Semaphore setzen
  m_hZiehEintrag=HitTest(ptAktion,&nMerker); //zu ziehender Eintrag
  m_hAblegEintrag=NULL;           //Ziel noch leer

  ASSERT(m_pimlBilder==NULL); //Bilderliste muss leer sein
  m_pimlBilder=CreateDragImage(m_hZiehEintrag);//Bildliste fürs Ziehen
  m_pimlBilder->DragShowNolock(TRUE);
  m_pimlBilder->SetDragCursorImage(0,CPoint(0,0));//zum Cursor hinzu
  m_pimlBilder->BeginDrag(0,CPoint(0,0));
  m_pimlBilder->DragMove(ptAktion);
  m_pimlBilder->DragEnter(this,ptAktion);
  SetCapture();                   //Maus einsperren
//  *pResult=0;
} //CMeinTreeCtrl::OnTvnBegindrag
```

Die generierten Zeilen sind überflüssig, stören aber auch nicht. Die Hauptaufgabe besteht darin, den selektierten Eintrag zu bestimmen, den Mauscursor umzustellen und die Maus in die Strukturansicht einzufangen.

Während ein Baumzweig verschoben wird, müssen wir ihn in der Ereignisfunktion `OnMouseMove` zur Meldung `WM_MOUSEMOVE` begleiten:

```
void CMeinTreeCtrl::OnMouseMove(UINT nFlags,CPoint point) {
  HTREEITEM hEintrag;
  UINT      flags;

  if (m_bZiehend) {
    ASSERT(m_pimlBilder!=NULL);
    m_pimlBilder->DragMove(point);
    if ((hEintrag=HitTest(point,&flags))!=NULL) {
      m_pimlBilder->DragLeave(this);
      SelectDropTarget(hEintrag);
      m_hAblegEintrag=hEintrag;
      m_pimlBilder->DragEnter(this,point);
    }
  }

  CTreeCtrl::OnMouseMove(nFlags,point);
} //CMeinTreeCtrl::OnMouseMove
```

Da es sich um eine allgemeine Ereignisfunktion handelt, müssen wir durch die Semaphore `m_bZiehend` nur feststellen, ob wir einen Eintrag herumziehen oder nicht. Stehen wir über einem möglichen Ablageeintrag, so sollten wir diesen markieren.

Da unser Programm auf beide Maustasten reagiert, müssen wir das Ablegen für die beiden Mausereignisse programmieren. Hier können wir keinen direkten Aufruf implementieren, da die weitere Verarbeitung von der gedrückten Maustaste abhängen könnte:

```
void CMeinTreeCtrl::OnLButtonUp(UINT nMerker,CPoint point) {
  OnButtonUp();                            //gemeinsame Aktion
  CTreeCtrl::OnLButtonUp(nMerker,point);   //spezielle Aktion
} //CMeinTreeCtrl::OnLButtonUp

void CMeinTreeCtrl::OnRButtonUp(UINT nMerker,CPoint point) {
  OnButtonUp();                            //gemeinsame Aktion
  CTreeCtrl::OnRButtonUp(nMerker,point);   //spezielle Aktion
} //CMeinTreeCtrl::OnRButtonUp
```

Die gemeinsame Funktion `OnButtonUp`::

```
void CMeinTreeCtrl::OnButtonUp() {
  if (m_bZiehend) {
    ASSERT(m_pimlBilder!=NULL);
    m_pimlBilder->DragLeave(this);
    m_pimlBilder->EndDrag();
    delete m_pimlBilder;
    m_pimlBilder=NULL;

    if (m_hZiehEintrag!=m_hAblegEintrag &&
        !IstKindKnotenVon(m_hAblegEintrag,m_hZiehEintrag) &&
        GetParentItem(m_hZiehEintrag)!=m_hAblegEintrag) {
      VerschiebeTeilbaum(m_hZiehEintrag,m_hAblegEintrag);
      DeleteItem(m_hZiehEintrag);
```

12.3 Übung zu den Steuerelementen

```
      } else {
        MessageBeep(0);
      }

    ReleaseCapture();  //Maus freigeben
    m_bZiehend=FALSE;
    SelectDropTarget(NULL);
  }
} //CMeinTreeCtrl::OnButtonUp
```

baut den Mauscursor wieder ab, gibt die Maus frei und ruft als wichtigste Aktion `VerschiebeTeilbaum` auf. Diese Funktion muss einen beliebig tiefen Teilbaum durchlaufen und alle Elemente übertragen:

```
BOOL CMeinTreeCtrl::VerschiebeTeilbaum(HTREEITEM hZiehEintrag,
                                       HTREEITEM hAblegEintrag) {
//rekursives Verschieben eines Baumzweiges
  TVINSERTSTRUCT tvStruct;
  TCHAR          sztPuffer [50];
  HTREEITEM      hNeuerEintrag,hErstesKind;

  tvStruct.item.hItem=hZiehEintrag; //Eintrag übertragen
  tvStruct.item.cchTextMax=49;
  tvStruct.item.pszText=sztPuffer;
  tvStruct.item.mask=TVIF_CHILDREN | TVIF_HANDLE | TVIF_IMAGE |
                     TVIF_SELECTEDIMAGE | TVIF_TEXT;
  GetItem(&tvStruct.item); //Informationen zum gezogenen Eintrag
  tvStruct.hParent=hAblegEintrag;
  tvStruct.hInsertAfter=TVI_SORT;
  tvStruct.item.mask=TVIF_IMAGE|TVIF_SELECTEDIMAGE|TVIF_TEXT;
  hNeuerEintrag=InsertItem(&tvStruct);
  //in die Tiefe weitersuchen
  while ((hErstesKind=GetChildItem(hZiehEintrag))!= NULL) {
    VerschiebeTeilbaum(hErstesKind,hNeuerEintrag); //in die Tiefe gehen
    DeleteItem(hErstesKind); //bearbeiteten Knoten löschen
  }
  return TRUE;
} //CMeinTreeCtrl::VerschiebeTeilbaum
```

Die Funktion übernimmt den Quell- und den Zielknoten und überträgt ihn. Anschließend sucht sie in der Tiefe weiter, bis sie keinen Nachfolger (Kindeintrag) mehr findet.

In den Funktionen wird folgende Hilfsfunktion aufgerufen:

```
BOOL CMeinTreeCtrl::IstKindKnotenVon(HTREEITEM hKindEintrag,
                                     HTREEITEM hVermuteterElternEintrag) {
  do {
    if (hKindEintrag==hVermuteterElternEintrag)
      break;
  } while ((hKindEintrag=GetParentItem(hKindEintrag))!=NULL);
  return (hKindEintrag!=NULL);
} //CMeinTreeCtrl::IstKindKnotenVon
```

7. In diesem Zustand ist das Programm wiederum abgeschlossen, kann getestet (**Bild 12.64**) und gespeichert werden. ■

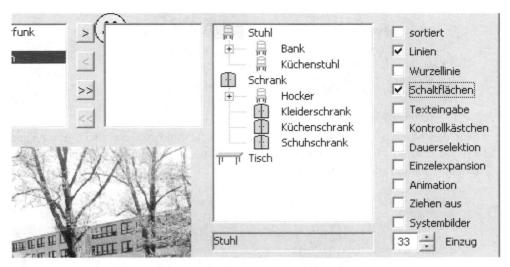

Bild 12.64: Strukturansicht mit verschobenen Einträgen (Hocker)

12.3.10 Register

Register (Tab Control) und die bekannten *Eigenschaftendialoge* (Property Sheets) sind eng miteinander verwandt. Sie ermöglichen eine kompakte Darstellung vieler Steuerelemente und sind deshalb aus modernen Anwendungen nicht mehr wegzudenken.

Die MFC enthält zwei Klassen, die beide von `CWnd` abgeleitet sind:

Register

Ein Register der Klasse `CTabCtrl` hat bereits optisch das Aussehen der Trenner in einem Notizbuch oder einem Karteikasten, d. h., besitzt so genannte *Reiter* zur schnellen Auswahl. Wir können es uns aber auch als einen beschrifteten Ordner vorstellen, der mehrere Einzelblätter zusammenfasst. Ein besonderer Typ zeigt Reiter an, die wie Schaltflächen aussehen, so dass wir Schaltflächenleisten mit gegenseitigem Auslösen realisieren können. Wir wählen sie, um Aktionen auszulösen statt neue Karteikarten anzuzeigen.

Eigenschaftenregister

Eigenschaftenregister der Klasse `CPropertySheet` sehen wie Register aus. Ein Objekt dieser Klasse enthält ein oder mehrere Objekte (Seiten, eigentlich Blätter mit leerer Rückseite, Registerkarten) der Klasse `CPropertyPage`. Für einfache Eigenschaftenfenster benutzen wir daher bevorzugt diese beiden Klassen.

Ein Eigenschaftenregister können wir uns als eine Vielzahl einzelner Dialoge vorstellen, die jedoch nicht frei beweglich sind, sondern auf den Registerblättern sozusagen „eingefroren" sind. Genau in dieser Art und Weise wird ein Eigenschaftenregister mit seinen Registerblättern entwickelt.

12.3 Übung zu den Steuerelementen

Register der Klasse `CTabCtrl` sind somit nicht darauf vorbereitet, Steuerelemente usw. aufzunehmen. Bei ihrem Einsatz simulieren wir einen oft gar nicht mit dem Register verknüpften Inhalt.

✍ Dies soll die Programmierung unseres Registers nachweisen:
1. Unser Register `IDC_REGISTER` ist ein Steuerelement der Klasse `CTabCtrl` mit der Membervariablen `m_tabRegister`. Im Rumpf des Registers ziehen wir ein Bezeichnungsfeld `IDC_PERSON` mit der Membervariablen `m_strPerson` auf. Dabei sollten wir gleich die genaue Größe treffen, da dieses Element später hinter dem Register verschwindet und im Editor nicht mehr fokussierbar ist. Indem wir das Register wegziehen, wird das Bezeichnungsfeld wieder sichtbar. Zur Demonstration setzen wir die `Clientkante` des Bezeichnungsfelds auf `True`.

```
Durch das Hinzufügen mehrerer Reiter legen wir das Aussehen des
  Registers in OnInitDialog fest
BOOL CU125Dlg::OnInitDialog()
{
...

//Register initialisieren----------------------------------------
  TCITEM Registerkarte;
  Registerkarte.mask=TCIF_TEXT;
  Registerkarte.pszText="Meier"; //Reiter anlegen
  m_tabRegister.InsertItem(0,&Registerkarte);
  Registerkarte.pszText="Müller";
  m_tabRegister.InsertItem(1,&Registerkarte);
  Registerkarte.pszText="Scheibl";
  m_tabRegister.InsertItem(2,&Registerkarte);
  m_tabRegister.SetCurSel(2);

#define MEIER "Ein unbeschriebenes Blatt\n2\n3\n4\n5\n6\n7\n8\n9"
#define MUELLER "Noch ein unbeschriebenes
  Blatt\n2\n3\n4\n5\n6\n7\n8\n9"
#define SCHEIBL "Von dem wissen wir gar nichts\n2\n3\n4\n5\n6\n7\n8\n9"
  m_strPerson=SCHEIBL; //Bezeichnungsfeld füllen
  UpdateData(FALSE);

  return TRUE;   // Geben Sie TRUE zurück, außer ein Steuerelement soll
} //CU125Dlg::OnInitDialog
```

Die Anweisungen `#define` gehören üblicherweise in die Kopfdatei. Sie sind hier der besseren Verständlichkeit halber direkt eingefügt.

Wir setzen die Titel und fügen die Reiter über einen nullbasierten Index an der gewünschten Stelle ein. Bei Bedarf aktivieren wir den gewünschten Reiter.

Das Bezeichnungsfeld wird passend zum Reiter gefüllt.

2. Bei jedem Wechsel des Reiters müssen wir nun den Inhalt des Bezeichnungsfelds anpassen:

```
void CU125Dlg::OnTcnSelchangeRegister(NMHDR *pNMHDR, LRESULT *pResult) {
  int nPerson = m_tabRegister.GetCurSel();
  switch(nPerson)  {
    case 0:
      m_strPerson=MEIER;
      UpdateData(FALSE);
```

```
      break;
   case 1:
      m_strPerson=MUELLER;
      UpdateData(FALSE);
      break;
   case 2:
      m_strPerson=SCHEIBL;
      UpdateData(FALSE);
      break;
   }

   *pResult = 0;
} //CU125Dlg::OnTcnSelchangeRegister
```

3. Wir erstellen und testen das Projekt (**Bild 12.65**). ∎

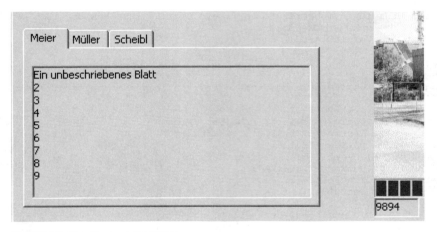

Bild 12.65: Einsatz eines Registers

Es erzeugt ein Register mit drei Reitern. Das Bezeichnungsfeld `m_strPerson` ist mit dem Register verknüpft und wechselt seinen Inhalt beim Wechsel des Reiters. Wir erkennen eine gewisse Ähnlichkeit mit einem Listenfeld, das uns in seiner einfachen Version auch nur einen Index zum markierten Element zurückliefert.

12.3.11 Animationsfeld

Das *Animationsfeld* `IDC_ANIMATION` vom Typ `CAnimateCtrl` zur Wiedergabe von AVI-Clips ist wirklich zum Entspannen geeignet: einerseits wegen seiner multimedialen Eigenschaften, andererseits wegen seiner überaus einfachen Programmierung. Dieses hat zur Entwicklungszeit nur die Eigenschaft `Autom. Wiedergabe` zusätzlich zu den allgemeinen Eigenschaften eines Steuerelements. Setzen wir sie auf `True`, dann startet die Wiedergabe mit dem Öffnen des AVI-Clips und wiederholt ihn automatisch.

12.3 Übung zu den Steuerelementen

⌦ Das hört sich einfach an. Wie immer gibt es einige kleine Probleme. So sind z. B. die Animationen unterschiedlich groß und dehnen sich auch entsprechend. Sie müssen somit in einen freigehaltenen Bereich eingepasst werden.

1. Wir legen ein statisches Bezeichnungsfeld `IDC_ANIMATIONSRAHMEN` (Membervariable `m_aniFilm`) an, das nur dazu dient, ein Begrenzungsrechteck zu definieren.

2. Zur Eingabe eines Dateinamens legen wir ein Textfeld `IDC_ANIMATIONDATEI` (Membervariable `m_strFilm`) mit einer Schaltfläche `IDC_ANIMATIONSUCHEN` an. Weitere Schaltflächen sind `IDC_ANIMATIONSTARTEN` und `IDC_ANIMATIONANHALTEN`. Drei Kontrollkästchen `IDC_ANIMATIONAUTO`, `IDC_ANIMATIONZENTRIERT` und `IDC_ANIMATIONTRANSPARENT` im Stile einer Drucktaste schließen sich an. Für alle Steuerelemente werden Ereignisfunktionen generiert.

3. Folgende Membervariablen werden generiert oder neu angelegt (grau unterlegt):

```
//Membervariablen für das Animationsfeld
  CAnimateCtrl m_aniFilm;
  CString m_strFilm;
  CRect m_rectFilm;
  DWORD m_dwFilmStil;
```

4. Diese werden im Konstruktor geeignet vorbelegt, wobei `m_dwFilmStil` die anfängliche Darstellung bestimmt:

```
CU125Dlg::CU125Dlg(CWnd* pParent /*=NULL*/)
  : CDialog(CU125Dlg::IDD,pParent)

  , m_strFilm(_T(""))
  , m_dwFilmStil(WS_CHILD|WS_VISIBLE)
{
  m_hIcon=AfxGetApp()->LoadIcon(IDR_MAINFRAME);
} //CU125Dlg::CU125Dlg
```

5. Zum Suchen der Animationsdatei programmieren wir einen Standarddialog:

```
void CU125Dlg::OnBnClickedAnimationsuchen() {
  CFileDialog dlg(TRUE,_T("AVI"),_T("*.AVI"),
              OFN_HIDEREADONLY|OFN_OVERWRITEPROMPT,
              _T("Animation (*.AVI)|*.AVI|"));
  if(dlg.DoModal()==IDOK) {
    m_strFilm=dlg.GetPathName();
    SetDlgItemText(IDC_ANIMATIONDATEI,m_strFilm);
    AnimationAendern(0,TRUE);
  }
} //CU125Dlg::OnBnClickedAnimationsuchen
```

Er liest den Dateinamen ein, zeigt ihn an und ruft `AnimationAendern()` auf.

6. Starten und Anhalten sowie das Ändern der Eigenschaften sind einfach programmiert:

```
void CU125Dlg::OnBnClickedAnimationstarten() {
  m_aniFilm.Play(0,0xFFFF,1); //Rahmen 0 bis Ende 0xFFF oder -1, einmal
} //CU125Dlg::OnBnClickedAnimationstarten

void CU125Dlg::OnBnClickedAnimationanhalten() {
  m_aniFilm.Stop();
} //CU125Dlg::OnBnClickedAnimationanhalten
```

```
void CU125Dlg::OnBnClickedAnimationauto() {
  AnimationAendern(ACS_AUTOPLAY,
          ((CButton*)GetDlgItem(IDC_ANIMATIONAUTO))->GetCheck());
} //CU125Dlg::OnBnClickedAnimationauto

void CU125Dlg::OnBnClickedAnimationtransparent() {
  AnimationAendern(ACS_TRANSPARENT,
        ((CButton*)GetDlgItem(IDC_ANIMATIONTRANSPARENT))->GetCheck());
} //CU125Dlg::OnBnClickedAnimationtransparent

void CU125Dlg::OnBnClickedAnimationzentriert() {
  AnimationAendern(ACS_CENTER,
          ((CButton*)GetDlgItem(IDC_ANIMATIONZENTRIERT))->GetCheck());
} //CU125Dlg::OnBnClickedAnimationzentriert
```

7. Die Hauptarbeit übernimmt die Funktion:

```
void CU125Dlg::AnimationAendern(long lNeuerStil,BOOL bEinAus) {
  if(bEinAus) { //übernimmt den neuen Stil
    m_dwFilmStil|=lNeuerStil;
  } else {
    m_dwFilmStil&=~lNeuerStil;
  }
  m_aniFilm.Stop();  //hält die aktuelle Animation an
  m_aniFilm.Close(); //leert den Speicher
  //setzt den neuen Stil
  ::SetWindowLong(m_aniFilm.GetSafeHwnd(),GWL_STYLE,m_dwFilmStil);
  //Aufruf von SetWindowPos veranlasst Windows, den Stil anzuwenden
  m_aniFilm.SetWindowPos(NULL, 0, 0, m_rectFilm.Width(),
         bs   m_rectFilm.Height(),
             SWP_NOZORDER|SWP_NOMOVE|SWP_NOACTIVATE|SWP_SHOWWINDOW);
  m_aniFilm.Open(m_strFilm); //öffnet den Film
  InvalidateRect(&m_rectFilm); //erzwingt das Zeichnen des Filmfensters
  UpdateWindow();
} //CU125Dlg::AnimationAendern
```

8. Damit ist die Animation fertig und kann ausprobiert werden (**Bild 12.66**). ∎

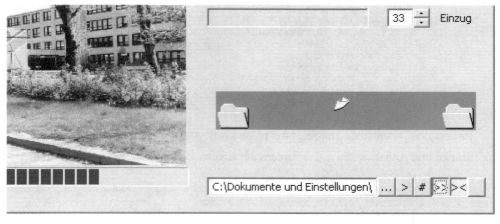

Bild 12.66: Animationsfeld im praktischen Einsatz

12.3.12 Zusammenfassung und Problembehandlung

Damit haben wir fast alle Steuerelemente der Werkzeugbox wenigstens einmal in unserem Layout untergebracht (**Bild 12.67**), und es ist ziemlich voll.

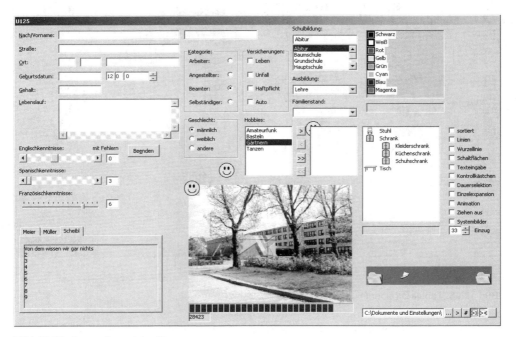

Bild 12.67: Gesamtlayout des Programms `U125`

> Daher wird es Zeit, diese Übung abzuschließen:
> 1. Über `Format|Tabulator-Reihenfolge` stellen wir die Reihenfolge der Fokussierungen fest. Dabei ist es auch wichtig zu wissen, dass bei überlappenden Steuerelementen das Zeichnen entsprechend dieser Ordnung (der so genannten z-Ordnung) durchgeführt wird, d. h., Elemente mit einer höheren Nummer überdecken diejenigen mit niedriger Nummer. Bei der Bearbeitung ist dies jedoch umgekehrt (**Bild 12.68**). (Dies gilt jedoch nicht für Registerfelder!)
>
> Die Tabulatorreihenfolge hat auch Einfluss auf die Gruppierung. Alle ungruppierten Steuerelemente werden dem letzten vorausgegangenen gruppierten Steuerelement zugeschlagen. Diese Lösung ist etwas unglücklich, da nachträgliche Änderungen der Reihenfolge hier leicht zu Problemen führen können.

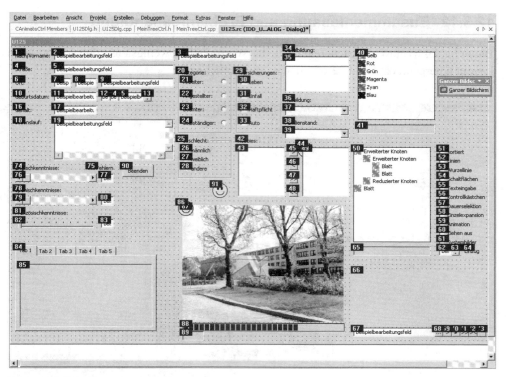

Bild 12.68: Tabulatorreihenfolge festlegen

Leider ist die Idee, grundsätzlich das Rahmenfeld als letztes Element zu tabulieren und gleichzeitig zu gruppieren, problematisch für die Alt-Reihenfolge. (Die Idee dahinter ist, dass immer alle Elemente gemeinsam verschoben werden.) In diesem Fall würde der Fokus auf das nächste fokussierbare Element springen und nicht auf das markierte (oder erste) Optionenfeld. Also müssen wir bei Änderungen auch immer die Gruppierung überprüfen.

Normalerweise startet die Tabulatornummerierung bei 1. Soll aber ab einer bestimmten Stelle neu sortiert werden, dann klicken wir das letzte richtige Element bei gedrückter Strg-Taste an. Die Nummerierung beginnt dann mit der nächsten Nummer.

2. Wir sollten nun diesen Prototyp ausprobieren, indem wir in den Demonstrationsmodus umschalten. Dabei prüfen wir das Gesamtlayout und die Tabulatorreihenfolge. Die Kombinationsfelder klappen wir aus und prüfen die Länge der Listen.

3. Es ist an der Zeit, diese Ressource zu sichern. Dazu klicken wir auf die entsprechende Ikone (Speichern oder Alle speichern), schließen aber den Dialogeditor noch nicht. ■

Einige weitere Steuerelemente wollen wir im nächsten Kapitel testen. Lassen Sie uns vorher aber noch einmal zurückblicken und einige Probleme zusammenfassen:

Einmal abgesehen von individuellen Schwierigkeiten mit den verschiedenen Steuerelementen können wir doch einige Grundprobleme feststellen:

Membervariablen und/oder direkte Programmierung?

Wir müssen jedem Steuerelement eine Identnummer zuweisen und können theoretisch bis zu zwei weitere Membervariablen für das Steuerelement und seinen Wert zuordnen. Visual C++ stellt uns Funktionen zur Verfügung, die entweder alle Daten von und zum Fenster schreiben (`UpdateData`) oder gezielt einzelne Felder ansprechen (`Get/SetDlgItem`). Oft wird mit großem Aufwand das gesamte Formular neu geschrieben, obwohl nur eine Date verändert werden muss. `UpdateData` ist für den Programmierer bequemer als der aufwändig zu schreibende Direktaufruf.

Arbeiten wir gemischt, so muss mit besonderer Sorgfalt dafür gesorgt werden, dass Membervariablen und Formular synchron bleiben. Ändert sich eine Komponente, so muss die zweite nachgeführt werden. Vernachlässigt man diese Sorgfaltspflicht, so kann ein `UpdateData` zur Unzeit die ursprünglichen Werte wieder einsetzen, was notgedrungen zu beliebig komplexen Fehlern führt.

Automatische Berechnungen aufgrund EN_CHANGE

Setzen wir eine Ereignisfunktion für das Ereignis `EN_CHANGE` ein, so kommt es häufig zu Schwierigkeiten, wenn das betreffende Textfeld in dieser Funktion neu geschrieben wird. Hierbei werden jedes Mal die aktuellen Eingaben des Anwenders überschrieben und der Cursor neu positioniert. Dies kann den geduldigsten Anwender zum Wahnsinn treiben. In diesem Fall empfehlen sich andere Techniken. Beispielsweise haben wir für den Einzug einer Strukturansicht eine verzögerte Anzeige programmiert, die erst beim Verlassen des Textfelds den wahren Wert anzeigt.

12.4 Eigenschaftenfenster

Als Eigenschaftenfenster oder Registerkarten-Dialogfeld bezeichnen wir ein Dialogfeld, das mehrere Eigenschaftenseiten enthält. Der Dialog verfügt somit nicht nur über eine einzige, sondern über mehrere Dialogressourcen, die in Abhängigkeit vom Register angezeigt werden. Durch Anklicken eines der Reiter wird der gesamte Dialog ausgetauscht. Damit geht die Funktionalität des Eigenschaftenfensters über die des Register-Steuerelements hinaus. Sie sind hervorragend geeignet, umfangreiche Formulare in mehrere Teile zu gliedern.

Häufig öffnen wir Eigenschaftenfenster modal in anderen Anwendungen über eine Menüoption der Art `Extras|Optionen`, um Einstellungen vorzunehmen. Sie sind aber auch in einem eigenständigen Dialogfenster einsetzbar. Das Steuerelement zur Anzeige des Registers wird aus der Klasse `CPropertySheet` abgeleitet. Wir verknüpfen das Steuerelement mit mehreren Seiten der Klasse `CPropertyPage`. Somit besteht letzteres Steuerelement aus mehreren Einzelseiten.

Wir wollen im Folgenden einige der verbleibenden Steuerelemente in einem solchen Eigenschaftendialog vorstellen.

12.4.1 Eigenschaftendialog vorbereiten

Neben den Registerkarten enthält das Eigenschaftenfenster weitere Steuerelemente, die sich auf alle Seiten beziehen. Somit können wir drei Hauptelemente feststellen:

1. *Eigenschaftendialog*. Es ist das Dialogfeld, das die Registerkarten enthält.
2. *Registerkarten (Eigenschaftenseiten)*. Dies sind (gleich große) Dialogfelder, die den beabsichtigten Dialog bilden.
3. *Register*. Dies ist die Zusammenstellung der Registerkarten zu einem Kartenstapel mit Reitern zur Auswahl der einzelnen Karten.

Bevor wir mit einem Beispiel hierzu beginnen, sollten wir uns über die notwendigen Schritte im Klaren sein:

1. Für jede Eigenschaftenseite legen wir zuerst eine leere Dialogvorlage im Dialogeditor an. Dabei achten wir auf etwa die gleiche Größe der Vorlagen. Das Eigenschaftenfenster wird nach der größten Seite ausgerichtet. Große Unterschiede in Aufbau und Füllung der Seiten stören den Gesamteindruck. Die Dialogtitel der Seiten werden als Texte in die Reiter übernommen, so dass hier zutreffende, knappe Titel gefragt sind.
2. Die Eigenschaften der Dialogvorlagen legen wir folgendermaßen fest:

Eigenschaft	Wert
`Beschriftung`	Text im Reiter (variabel)
`Titelleiste`	True
`Systemmenü`	False
`Stil`	**Untergeordnet**
`Rahmen`	Dünn
`Deaktiviert`	True

Dabei sind die Formateigenschaften unkritisch, weil sie zum großen Teil von der Registerkarte ignoriert bzw. übersteuert werden (so hat z. B. ein interner Dialog kein eigenes Systemmenü usw.). Sie dienen hier nur dem besseren Verständnis. Wichtig ist jedoch die Einstellung der Eigenschaft `Stil`, sonst schwebt später ein rahmenloses Fenster über den Bildschirm.

Diese Eigenschaften werden automatisch eingestellt, wenn wir die Dialogressource in der Ressourcenansicht über die Kontextmenüoption `Ressource einfügen...` generieren (**Bild 12.69**). Wo dabei die Unterschiede in den drei Typen liegen, bleibt zumindest optisch unklar. Sie sind alle gleich groß.

12.4 Eigenschaftenfenster

3. Nun füllen wir die Dialogvorlage mit den jeweiligen Steuerelementen. Hierbei achten wir ebenfalls auf eine gewisse Einheitlichkeit.

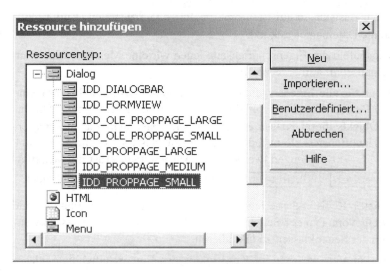

Bild 12.69: Ressourcentyp einer Eigenschaftenseite festlegen

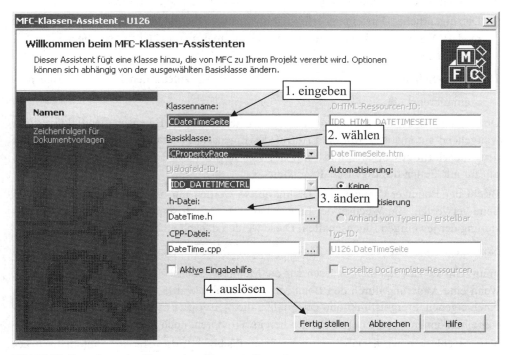

Bild 12.70: Generieren der Klasse einer Eigenschaftenseite

4. Wenn wir mit dem Entwurf zufrieden sind, so generieren wir für jeden (noch offenen) Dialog mit Hilfe des Klassenassistenten eine neue Seitenklasse. Dazu klicken wir rechts auf den Formularhintergrund und wählen Klasse hinzufügen... aus. Dabei ist es wichtig, die Basisklasse auf `CPropertyPage` umzustellen (**Bild 12.70**). Bei Bedarf werden die Dateinamen gekürzt.

5. Für jedes Ein-/Ausgabefeld der Eigenschaftenseite legen wir eine Membervariable an, die den Wert der Eigenschaft aufnehmen soll.

6. Wenn diese Prozedur für alle Eigenschaftenseiten durchgeführt ist, erstellen wir eine neue (formularlose) Registerklasse aus der Basisklasse `CPropertySheet`. Die Instanziierung eines Objekts dieser Klasse erfolgt normalerweise temporär in einer Ereignisfunktion des Hauptfensters. Je nachdem, ob wir dort das Objekt mit `DoModal` anzeigen oder mit `Create` erzeugen, werden vom Anwendungsgerüst die Schaltflächen OK , Abbrechen , Übernehmen und Hilfe generiert oder nicht.

7. In der Kopfdatei dieser Registerklasse legen wir nun für jede Eigenschaftsseite eine Instanz an, die jeweils vom Typ der Seitenklasse aus Punkt 4 ist. Dazu ist es notwendig, die Kopfdateien der Seitenklassen zu inkludieren.

8. Diese Instanzen verknüpfen wir nun im Konstruktor der Eigenschaftendialogklasse über `CPropertySheet::AddPage` mit den vorbereiteten Eigenschaftenseiten. Diese Technik hat den Vorteil, dass nicht sofort Fenster erzeugt werden. Die Eigenschaftenseiten sind jeweils nur eingebettet und werden erst bei Bedarf angezeigt.

9. Die eigentliche Darstellung erfolgt mit `DoModal` (modal) oder `Create` (nicht modal). Wir rufen dabei das Fenster wie ein normales von `CDialog` abgeleitetes Dialogfeld auf.

10. Für die Schaltfläche Übernehmen müssen wir zuletzt den Datenaustausch programmieren. ■

Der Datenaustausch zwischen dem Trägerfenster und dem Eigenschaftendialog erfolgt weitgehend automatisch. Mit dem Aufruf des Eigenschaftendialogs werden die Daten auf den Bildschirm geschrieben und beim Beenden in die Variablen zurückgeschrieben. Dies gilt für alle Seiten des Eigenschaftendialogs.

Bricht der Benutzer dagegen den Dialog ab, so werden nur die Änderungen der aktiven Seite verworfen. Ein Wechsel der Eigenschaftenseite führt somit bereits zu einer Aktualisierung der jeweiligen Eigenschaften. Diese werden danach nicht mehr zurückgenommen.

Normalerweise wird die Schaltfläche Übernehmen vom Anwendungsrahmen gegraut. Um sie zu entgrauen, müssen wir die Methode `SetModified(TRUE)` aufrufen, wenn eine Änderung durch den Benutzer durchgeführt wurde. Durch das Programmieren einer eigenen Ereignisfunktion `OnApply`, die `CPropertyPage::OnApply` überschreibt, können wir die Eigenschaften bereits aktivieren, noch bevor der Eigenschaftendialog geschlossen wird. Dabei wird die Schaltfläche Übernehmen automatisch gegraut.

12.4 Eigenschaftenfenster

U126

⊠ Zum praktischen Testen eines Eigenschaftendialogs beginnen wir auf dem Datumswähler (Date Time Picker) vom Typ:

1. Wir legen eine gewöhnliche, dialogfeldbasierende Anwendung an.
2. Für unsere erste Registerkarte erzeugen wir mit dem Dialogeditor eine zusätzliche Dialogvorlage `IDD_DATETIMECTRL`. Als Beschriftung des Dialogs wählen wir `CDateTimeCtrl`. Ansonsten löschen wir alle generierten Steuerelemente.

   Die Eigenschaften der Dialogvorlage setzen wir auf die in der letzten Tabelle angegebenen Werte. Die geplante Größe können wir am rechten unteren Rand ablesen und alle Registerkarten gleich groß machen.
3. Auf dem nunmehr leeren Formular legen wir alle Steuerelemente an (**Bild 12.71**).

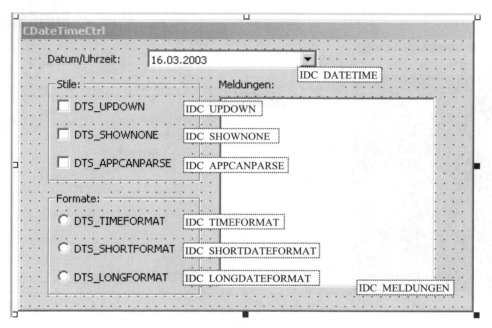

Bild 12.71: Eigenschaftenseite für das Steuerelement vom Typ `CDateTimeCtrl`

4. Mit dem Klassenassistenten legen wir die neue Klasse `CDateTimeKarte` an. Wichtig dabei ist, die Basisklasse auf `CPropertyPage` umzustellen, um aus dem Dialog eine Registerkarte zu machen.
5. Die letzten beiden Schritte wiederholen wir später für alle Registerkarten, die wir einfügen wollen. Wir werden in den nächsten Abschnitten noch eine weitere Registerkarte für ein Rich Edit-Steuerelement beschreiben. Daher legen wir einen Dialog `IDD_RICHEDITCTRL` mit der Beschriftung `CRichEditCtrl` an und lassen hier-

für die Klasse `CRichEditKarte` generieren. Wir können diese Seite für das weitere Vorgehen erst einmal leer lassen.

6. Sind alle Eigenschaftenseiten angelegt, so generieren wir eine Klasse `CRegister` für das Eigenschaftenfenster mit der Basisklasse `CPropertySheet` (**Bild 12.72**). Da diese Klasse nicht an einen Dialog gebunden ist, aktivieren wir sie über das Kontextmenü der Klassenansicht (Rechtsklick auf den Projektknoten `U126`). Hier finden wir im Kontextmenü die Option `Hinzufügen|Klasse hinzufügen…` Nach der bereits bekannten Auswahl einer MFC-Klasse können wir die Klasseneinstellungen für die Klasse `CRegister` vornehmen.

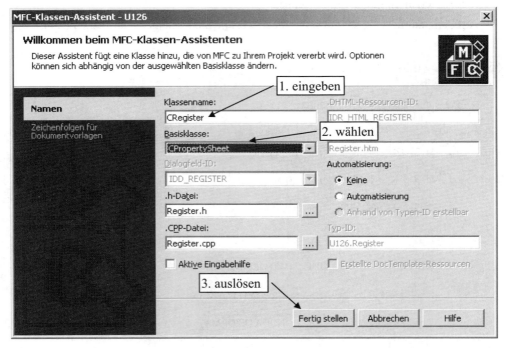

Bild 12.72: Klasse `CRegister` vom Typ `CPropertySheet` für den Eigenschaftendialog anlegen

7. Damit das Eigenschaftenfenster in unserer Anwendung aktivierbar ist, müssen wir diese in den Dialog einbauen. Das Eigenschaftenregister soll aber nur bei Bedarf instanziiert werden. Daher legen wir keine Membervariablen in der Dialogklasse an. Wir bereiten nur die Benutzung vor, indem wir die Kopfdatei inkludieren und eine Membervariable deklarieren:

```
// U126Dlg.cpp : Implementierungsdatei
//

#include "stdafx.h"
#include "U126.h"
#include "U126Dlg.h"
```

12.4 Eigenschaftenfenster

```
#include "Register.h"
...

// Implementierung
protected:
  HICON m_hIcon;
  CRichEditCtrl m_reText;    //wird generiert
  CRegister m_regRegister;
```

Damit dieses Objekt richtig instanziiert wird, ergänzen wir einen Elementinitialisierer am Konstruktor der Dialogklasse:

```
CU126Dlg::CU126Dlg(CWnd* pParent /*=NULL*/)
  : CDialog(CU126Dlg::IDD, pParent),m_prsRegister("U126-Eigenschaften")
{
  m_hIcon = AfxGetApp()->LoadIcon(IDR_MAINFRAME);
} //CU126Dlg::CU126Dlg
```

8. Um die Grundfunktionalität des Eigenschaftenfensters zu testen, verzichten wir vorerst auf die Programmierung der einzelnen Seiten und konzentrieren uns auf das Rahmenprogramm. Auch hier verzichten wir in der ersten Stufe auf das Anlegen einer Menüoption, die ein solches Eigenschaftenfenster auslöst. Vielmehr löschen wir auf unserem Hauptdialog die Schaltfläche OK und benennen die zweite Schaltfläche in Beenden um. Dazu legen wir eine Schaltfläche mit Create IDC_MIT-CREATE und mit Dialog IDC_MITDIALOG an. Für beide wird die Ereignisfunktion generiert.

💣 Die zweite Variante mit Dialog programmieren wir folgendermaßen:

```
void CU126Dlg::OnBnClickedDialog() {
  CRegister m_prsRegister(_T("Eigenschaftenseite"));
  if (m_prsRegister.DoModal()==IDOK) {
    MessageBox("Hier werden die Eigenschaften verarbeitet");
  }
} //CU126Dlg::OnBnClickedDialog
```

Es wird ein Dialog vom Typ `CRegister` instanziiert, mit dem ein modaler Dialog ausgeführt wird. Die Daten werden vorerst nicht verarbeitet. Ein Meldungsfenster zeigt uns aber die Benutzerreaktion an.

Durch das Anlegen eines lokalen Dialogs verstecken wir das dialogglobale Eigenschaftenregister, alle Einstellungen bzw. Änderungen werden so verworfen (probieren Sie es aus). Hier die richtige Lösung:

```
void CU126Dlg::OnBnClickedDialog() {
  //CRegister m_prsRegister(_T("Eigenschaftenseite"));
  if (m_prsRegister.DoModal()==IDOK) {
    MessageBox("Hier werden die Eigenschaften verarbeitet");
  }
} //CU126Dlg::OnBnClickedDialog
```

Alternative:

Mit einem einfachen Trick können wir unsere gesamte Anwendung zum Eigenschaftenfenster umfunktionieren. Dazu ändern wir in der Anwendungsklasse `U126App` folgende Zeilen:

```
// U126.cpp : Legt das Klassenverhalten für die Anwendung fest.
//

#include "stdafx.h"
#include "U126.h"
#include "U126Dlg.h"

#ifdef _DEBUG
#define new DEBUG_NEW
#endif

#define Direktaufruf

  ...

BOOL CU126App::InitInstance() {

  ...

  AfxEnableControlContainer();

#ifdef Direktaufruf
  CRegister dlg("direkt aus der Applikation");
#else
  CU126Dlg dlg;
#endif
  m_pMainWnd = &dlg;

  ...
} //CU126App::InitInstance
```

Mit diesen Anweisungen wechseln wir den Hauptdialog durch den Eigenschaftendialog aus. Daraufhin können wir natürlich unsere Anwendung aufräumen und den generierten Hauptdialog entsorgen. Das Ganze steuern wir über die Präprozessorvariable `Direktaufruf`. Da aber kein Hauptdialog existiert, geht die entsprechende Meldung ins Leere und das Programm stürzt beim Klick auf Übernehmen ab. Aber so weit sind wir noch nicht. Jetzt sollte noch alles gut gehen.

➢ Aufgabe 12-11:

Führen Sie diese Änderung durch und schalten `Direktaufruf` ein bzw. aus. ∎

9. Nun müssen wir die vorbereiteten Seiten in das Register einhängen. Zu diesem Zweck legen wir in der Kopfdatei `CRegister.h` Membervariablen für jede Seite an. Dazu müssen aber zuerst die Kopfdateien aller Eigenschaftsseiten im Register `Register.h` inkludiert werden. Da der Generator diese Klasse erstaunlich mager ausstattet, ergänzen wir noch Kommentare usw.:

12.4 Eigenschaftenfenster 615

```
//Register.h : Kopfdatei des Eigenschaftenregisters
//

#pragma once

#include "DateTime.h"
#include "RichEdit.h"

// CRegister

class CRegister : public CPropertySheet
{
  DECLARE_DYNAMIC(CRegister)

public:
  CRegister(UINT nIDCaption, CWnd* pParentWnd = NULL, UINT iSelectPage
  = 0);
  CRegister(LPCTSTR pszCaption, CWnd* pParentWnd = NULL, UINT
  iSelectPage = 0);
  virtual ~CRegister();

  CDateTimeKarte m_dtcKarte;
  CRichEditKarte m_recKarte;

...

#endif
```

10. Wir fügen die Blätter nun im Konstruktor des Registers in eine Liste ein. Wir finden ihn in `CRegister.cpp`. Da wir mehrere Konstruktoren vorfinden, erzeugen wir noch eine Hilfsfunktion, die aus beiden Konstruktoren heraus aufgerufen wird:

```
// Register.cpp : Implementierungsdatei
//

#include "stdafx.h"
#include "U126.h"
#include "Register.h"

// CRegister

IMPLEMENT_DYNAMIC(CRegister, CPropertySheet)

CRegister::CRegister(UINT nIDCaption, CWnd* pParentWnd,
                                                  UINT iSelectPage)
  :CPropertySheet(nIDCaption, pParentWnd, iSelectPage)
{
  AddRegisterBlaetter(); //wegen überladener Konstruktoren
} //CRegister::CRegister

CRegister::CRegister(LPCTSTR pszCaption, CWnd* pParentWnd,
                                                  UINT iSelectPage)
  :CPropertySheet(pszCaption, pParentWnd, iSelectPage)
{
  AddRegisterBlaetter(); //wegen überladener Konstruktoren
} //CRegister::CRegister

CRegister::~CRegister()
{
  AddRegisterBlaetter(); //wegen überladener Konstruktoren
} //CRegister::~CRegister
```

```
BEGIN_MESSAGE_MAP(CRegister, CPropertySheet)
END_MESSAGE_MAP()

// CRegister-Meldungshandler

void CRegister::AddRegisterBlaetter(void) {
  AddPage(&m_dtcKarte);
  AddPage(&m_recKarte);
} //CRegister::AddRegisterBlaetter
```

11. Jetzt befindet sich das Programm in einem Zustand, in dem wir es zum ersten Mal übersetzen und im modalen Dialog testen können (**Bild 12.73**). ■

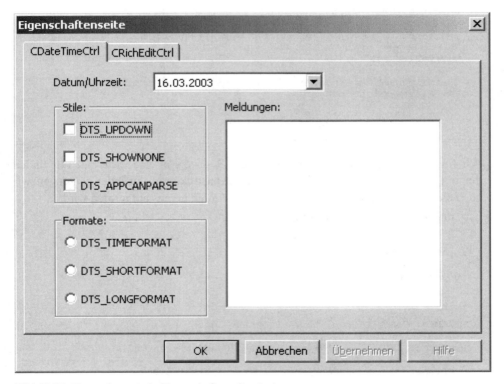

Bild 12.73: Steuerelemente in Eigenschaftenseiten testen

Das Programm zeigt einen Eigenschaftendialog mit den beiden Registern `CDateTimeCtrl` und `CRichEditCtrl` an, die noch leer sind. Unterhalb der Registerblätter befinden sich bereits die erwähnten Schaltflächen. Die Hilfe ist abgeblendet. Wie dies erfolgt, sehen wir im Folgenden.

Zur Gestaltung des Eigenschaftenfensters steht uns eine Variable `p_psh` der Struktur `PROPSHEETHEADER` zur Verfügung:

```
typedef struct _PROPSHEETHEADER {
    DWORD dwSize;
```

12.4 Eigenschaftenfenster

```
    DWORD dwFlags;
    HWND  hwndParent;
    HINSTANCE hInstance;
    union {
        HICON hIcon;
        LPCTSTR pszIcon;
        };
    LPCTSTR pszCaption;
    UINT nPages;
    union {
        UINT nStartPage;
        LPCTSTR pStartPage;
        };
    union {
        LPCPROPSHEETPAGE ppsp;
        HPROPSHEETPAGE FAR *phpage;
        };
    PFNPROPSHEETCALLBACK pfnCallback;
#if (_WIN32_IE >= 0x0500)
    union {
        HBITMAP hbmWatermark;
        LPCTSTR pszbmWatermark;
        };
    HPALETTE hplWatermark;
    union {
        HBITMAP hbmHeader;
        LPCSTR pszbmHeader;
        };
#endif
} PROPSHEETHEADER, FAR *LPPROPSHEETHEADER;
```

Mit Hilfe der Bits in `p_psh.dwFlags` steuern wir das Aussehen des Eigenschaftenfensters. Hierzu gibt es eine Fülle von Konstanten. Wir benutzen im Beispiel folgende Konstanten:

PSH_HASHELP   hiermit steuern wir die Anzeige der Hilfe-Schaltfläche.

                          Dabei müssen wir aber beachten, dass wir die Schaltfläche nur dann abschalten können, wenn alle Eigenschaftenseiten ihre Hilfe mit `PSP_HASHELP` abgeschaltet haben.

PSH_USEHICON   hiermit wird die in `hIcon` festgelegte Ikone in der Titelleiste des Fensters angezeigt.

Mit Hilfe des Bits `PSH_WIZARD` oder des Funktionsaufrufs `SetWizardMode` können wir von der Registeranzeige zur Assistentenanzeige umschalten (die Funktion setzt das Bit). In diesem Fall werden die Eigenschaftenseiten sequenziell angezeigt, wobei die Reiter natürlich verschwinden. Stattdessen erscheinen die Schaltflächen Zurück, Weiter und Fertigstellen, die wir über die Funktion `SetWizardButtons(DWORD dwFlags)` nach unseren Bedürfnissen steuern.

12.4.2 Datumswähler

Auf der ersten Registerkarte wollen wir die lokale Programmierung kennen lernen. Den Oberflächenentwurf dieser Eigenschaftenseite haben wir bereits durchgeführt. Wir können uns daher auf die Programmierung konzentrieren.

▷ Zur Ausgestaltung der Dialoge wechseln wir in den Dialogeditor und führen folgende Schritte aus:

1. Ausgehend vom **Bild 12.73** geben wir den Steuerelementen die eingezeichneten IDs.
2. Mit Hilfe des Klassenassistenten verknüpfen wir die Steuerelemente zur Eingabe (Textfelder, Kontrollkästchen) mit Membervariablen.

Bei der Festlegung der Eigenschaften, der Membervariablen sowie der Ereignisfunktionen hilft uns die folgende Tabellen:

ID	Eigenschaft	Wert	Ereignisfunktion
IDD_DATETIMECTRL	Titelleiste	True	OnInitDialog
	Systemmenü	False	OnShowWindow
	Stil	untergeordnet	
	Rahmen	dünn	
	Deaktiviert	True	

Neben dem Konstruktor und der Ereignisfunktion `OnInitDialog` legen wir eine weitere Ereignisfunktion für `WM_SHOWWINDOW` an. Erst zu diesem Zeitpunkt lassen sich die Werte von Steuerelementen setzen.

ID	Membervariable	Ereignisfunktion
IDC_TIMEDATE	m_dtcDateTime	OnDTNotify
IDC_UPDOWN		OnBnClickedUpdown
IDC_SHOWNONE		OnBnClickedShownone
IDC_APPCANPARSE		OnBnClickedAppcanparse
IDC_TIMEFORMAT		OnBnClickedTimeformat
IDC_SHORTDATEFORMAT		OnBnClickedShortdateformat
IDC_LONGDATEFORMAT		OnBnClickedLongdateformat
IDC_MELDUNG	m_lbMeldung	

Wir legen für alle Kontrollkästchen und Optionenfelder Ereignisfunktionen für den Klick mit der Maus an.

Da der Datumswähler bei Veränderungen Nachrichten der Art `DTN_` abgibt, können wir diese in einzelnen Ereignisfunktionen abfangen. Im Eigenschaftenfenster können

12.4 Eigenschaftenfenster

wir diesen Ereignissen nicht dieselbe Ereignisfunktion zuweisen. Wir müssen dies daher im Quellcode durchführen:

```
BEGIN_MESSAGE_MAP(CDateTimeKarte, CPropertyPage)
  ON_BN_CLICKED(IDC_UPDOWN, OnBnClickedUpdown)
  ON_BN_CLICKED(IDC_SHOWNONE, OnBnClickedShownone)
  ON_BN_CLICKED(IDC_APPCANPARSE, OnBnClickedAppcanparse)
  ON_BN_CLICKED(IDC_TIMEFORMAT, OnBnClickedTimeformat)
  ON_BN_CLICKED(IDC_SHORTDATEFORMAT, OnBnClickedShortdateformat)
  ON_BN_CLICKED(IDC_LONGDATEFORMAT, OnBnClickedLongdateformat)
  ON_WM_SHOWWINDOW()
  ON_NOTIFY(DTN_CLOSEUP, IDC_DATETIME, OnDTNotify)
  ON_NOTIFY(DTN_DATETIMECHANGE, IDC_DATETIME, OnDTNotify)
  ON_NOTIFY(DTN_DROPDOWN, IDC_DATETIME, OnDTNotify)
  ON_NOTIFY(DTN_FORMAT, IDC_DATETIME, OnDTNotify)
  ON_NOTIFY(DTN_FORMATQUERY, IDC_DATETIME, OnDTNotify)
  ON_NOTIFY(DTN_USERSTRING, IDC_DATETIME, OnDTNotify)
  ON_NOTIFY(DTN_WMKEYDOWN, IDC_DATETIME, OnDTNotify)
END_MESSAGE_MAP()
```

Die grau unterlegten Zeilen können in dieser Form nicht mit Hilfe des Assistenten generiert werden.

3. Zum Umschalten der Formate benötigen wir eine Hilfsvariable m_lAktuellerStil, in der die vor dem Umschalten der Optionenfelder gültige Formatierung gespeichert ist. Sie wird im Konstruktor initialisiert:

```
CDateTimeKarte::CDateTimeKarte()
  : CPropertyPage(CDateTimeKarte::IDD)
  , m_lAktuellerStil(DTS_SHORTDATEFORMAT)
{
  m_psp.dwFlags&=~PSP_HASHELP; //ohne Hilfe-Schaltfläche
} //CDateTimeKarte::CDateTimeKarte
```

An dieser Stelle finden wir auch die Vorbereitungen zum Ausschalten der Hilfetaste. Damit das zu diesem gewählten Format gehörige Optionenfeld markiert wird, nutzen wir die zusätzliche Ereignisfunktion:

```
void CDateTimeKarte::OnShowWindow(BOOL bShow, UINT nStatus) {
  CPropertyPage::OnShowWindow(bShow, nStatus);
  ((CButton*)GetDlgItem(IDC_SHORTDATEFORMAT))->SetCheck(TRUE);
} //CDateTimeKarte::OnShowWindow
```

4. Das Umstellen der Stile mit Hilfe der Kontrollkästchen erfordert ein Löschen und Neuerstellen des Datumswählers. Wir fassen daher diese Steuerelementgruppe zusammen:

```
void CDateTimeKarte::SetzStil(long lNeuerStil,BOOL bEinAus) {
  long lStil=::GetWindowLong(m_dtcDateTime.m_hWnd,GWL_STYLE);
  if(bEinAus) {
    lStil|=lNeuerStil;
  } else {
    lStil&=~lNeuerStil;
  }
  CRect rc;
  m_dtcDateTime.GetWindowRect(rc);
  m_dtcDateTime.DestroyWindow();
  ScreenToClient(rc);
  m_dtcDateTime.Create(lStil,rc,this,IDC_DATETIME);
} //CDateTimeKarte::SetzStil
```

```
void CDateTimeKarte::OnBnClickedUpdown() {
  SetzStil(DTS_UPDOWN,((CButton*)GetDlgItem(IDC_UPDOWN))->GetCheck());
} //CDateTimeKarte::OnBnClickedUpdown

void CDateTimeKarte::OnBnClickedShownone() {
  SetzStil(DTS_SHOWNONE,((CButton*)GetDlgItem(IDC_SHOWNONE))
                                                      ->GetCheck());
} //CDateTimeKarte::OnBnClickedShownone

void CDateTimeKarte::OnBnClickedAppcanparse() {
  SetzStil(DTS_APPCANPARSE,((CButton*)GetDlgItem(IDC_APPCANPARSE))
                                                      ->GetCheck());
} //CDateTimeKarte::OnBnClickedAppcanparse
```

5. Die Formate werden dagegen anders behandelt:

```
void CDateTimeKarte::OnBnClickedTimeformat() {
  m_dtcDateTime.ModifyStyle(m_lAktuellerStil,0); //aktueller Stil aus
  m_dtcDateTime.ModifyStyle(0,DTS_TIMEFORMAT,SWP_NOSIZE);//neuen setzen
  m_lAktuellerStil=DTS_TIMEFORMAT; //merken
} //CDateTimeKarte::OnBnClickedTimeformat

void CDateTimeKarte::OnBnClickedShortdateformat() {
  m_dtcDateTime.ModifyStyle(m_lAktuellerStil,0);
  m_dtcDateTime.ModifyStyle(0,DTS_SHORTDATEFORMAT,SWP_NOSIZE);
  m_lAktuellerStil=DTS_SHORTDATEFORMAT;
} //CDateTimeKarte::OnBnClickedShortdateformat

void CDateTimeKarte::OnBnClickedLongdateformat() {
  m_dtcDateTime.ModifyStyle(m_lAktuellerStil,0);
  m_dtcDateTime.ModifyStyle(0,DTS_LONGDATEFORMAT,SWP_NOSIZE);
  m_lAktuellerStil=DTS_LONGDATEFORMAT;
} //CDateTimeKarte::OnBnClickedLongdateformat
```

Mit Hilfe der Zwischenvariablen `m_lAktuellerStil` können wir die aktuelle Eigenschaft löschen und neu setzen.

6. Das Zuweisen einer einzigen Ereignisfunktion zu mehreren Ereignissen wurde schon beschrieben. Die Implementation:

```
void CDateTimeKarte::OnDTNotify(NMHDR *pNMHDR,LRESULT *pResult) {
  switch(pNMHDR->code) {
  case DTN_CLOSEUP:
    m_lbMeldung.AddString(_T("DTN_CLOSEUP"));
    break;
  case DTN_DATETIMECHANGE:
    m_lbMeldung.AddString(_T("DTN_DATETIMECHANGE"));
    break;
  case DTN_DROPDOWN:
    m_lbMeldung.AddString(_T("DTN_DROPDOWN"));
    break;
  case DTN_FORMAT:
    m_lbMeldung.AddString(_T("DTN_FORMAT"));
    break;
  case DTN_FORMATQUERY:
    m_lbMeldung.AddString(_T("DTN_FORMATQUERY"));
    break;
  case DTN_USERSTRING:
    m_lbMeldung.AddString(_T("DTN_USERSTRING"));
    break;
```

12.4 Eigenschaftenfenster

```
case DTN_WMKEYDOWN:
  m_lbMeldung.AddString(_T("DTN_WMKEYDOWN"));
  break;
}
} //CDateTimeKarte::OnDTNotify
```

ist eine große Fallunterscheidung, die einzig eine Zeile auf dem Listenfeld ausgibt.

7. Jetzt ist unser Datumswähler einsatzbereit und kann getestet werden (**Bild 12.74**).

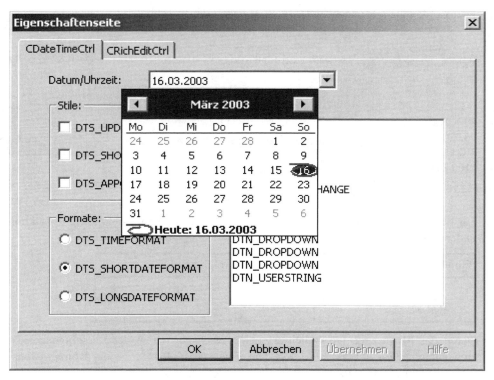

Bild 12.74: Testen eines Steuerelements des Typs `CDateTimeCtrl`

12.4.3 Rich Edit-Steuerelement

Bei diesem Steuerelement wollen wir einen anderen Weg einschlagen, um dabei den Datenaustausch einer Registerkarte mit seinem Eigenschaftenfenster zu erlernen. Das Eigenschaftenfenster dient uns als gesonderter Dialog, der das Rich Edit-Steuerelement entsprechend beeinflusst. Dabei können wir das gesamte Formular mit einem Rich Edit-Steuerelement füllen oder ein getrenntes Rich Edit-Steuerelement schreiben.

Wir nehmen die Gelegenheit wahr und legen ein zusätzliches Menü an.

☒ Zur Lösung der Aufgabe gehen wir wieder in mehreren Blöcken vor. Im ersten Block reaktivieren wir unser Dialogfeld `U126Dlg` und versehen es mit einem Menü:

1. Zuerst legen wir ein neues Menü `IDR_MENU1` mit den Aufklappmenüs `Extras` und `Hilfe` und den jeweils darunter liegenden Menüoptionen `Optionen`, `Beenden` bzw. `Info` an. Der Einsatz des Menüeditors wurde bereits im letzten Kapitel erläutert. Die Menüoptionen erhalten automatisch die IDs `ID_EXTRAS_OPTIONEN` bzw. `ID_HILFE_INFO`.

2. Die ID von `Beenden` stellen wir auf `IDCANCEL` um (alternativ `IDOK`). Dazu klicken wir rechts auf das Menü und aktivieren im Kontextmenü `ID bearbeiten`. Jetzt werden die IDs angezeigt (**Bild 12.75**) und können verändert werden.

Bild 12.75: Einstellen der Identnummern für Menüoptionen

3. Für beide Optionen erzeugen wir aus dem Kontextmenü heraus eine Ereignisfunktion in der Klasse `CU126Dlg`.

Objekt_ID	Ereignis	Ereignisfunktion
ID_EXTRAS_OPTIONEN	COMMAND	OnExtrasOptionen
ID_HILFE_INFO	COMMAND	OnHilfeInfo

4. Damit das Menü auch tatsächlich erscheint, wechseln wir in der Ressourcenansicht zum Dialog `IDD_U126_DIALOG`. Die Eigenschaft `Menü` ist ein Kombinationsfeld, aus dem wir den einzigen Eintrag `IDR_MENU1` auswählen.

5. Wir verknüpfen die Menüoption mit der Schaltfläche, indem wir deren Ereignisfunktion aufrufen:

```
void CU126Dlg::OnExtrasOptionen() {
  OnBnClickedDialog();
} //CU126Dlg::OnExtrasOptionen
```

6. Da der Info-Dialog auch aus dem Systemmenü aufgerufen wird, können wir diesen Mechanismus nutzen. Ein Umstellen der ID auf `IDM_ABOUTBOX` zeigt keine Wirkung, da zwar die Hauptoption `Hilfe`, aber nicht die Option `Info` die Meldung `WM_SYSCOMMAND` erzeugt und damit die Methode `OnSysCommand` aufruft. Wir können dies aber direkt bewerkstelligen:

```
void CU126Dlg::OnHilfeInfo() {
  OnSysCommand(IDM_ABOUTBOX,0);
} //CU126Dlg::OnHilfeInfo
```

12.4 Eigenschaftenfenster

7. Jetzt können wir bereits das Projekt erstellen und testen. ■

Es sollte die generierten Steuerelemente und das hinzugefügte Menü anzeigen. Beim Klick auf die Menüoption erscheint das Eigenschaftenfenster. Aber sonst tut sich nichts.

➢ Aufgabe 12-12:

Ergänzen Sie die Anweisungen zur Anzeige des Infofensters (eine Möglichkeit finden Sie in der Musterlösung). ■

⌦ Nun wollen wir den Dialog mit dem Rich Edit-Steuerelement vorbereiten. Dabei soll das Steuerelement den gesamten Arbeitsbereich des Dialogs ausfüllen:

1. Zuerst löschen wir mit dem Dialogeditor alle generierten Steuerelemente im Dialog `IDD_U126_Dialog`.

2. Damit das Steuerelement beim Erzeugen des Dialogfelds dynamisch angelegt wird, lassen wir vom Klassenassistenten in der Klasse `CU124Dlg` eine Ereignisfunktion `OnCreate` für die Nachricht `WM_CREATE` generieren.

3. Für das Steuerelement legen wir eine Membervariable in der Kopfdatei an:

   ```
   // Implementierung
   protected:
     HICON m_hIcon;
     CRichEditCtrl m_reText;
   ```

4. Mit Hilfe dieser Membervariablen erzeugen wir beim Anlegen des Hauptdialogs ein dynamisches Eingabefeld, das den gesamten Innenbereich des Dialogs ausfüllt. Dazu müssen wir die zugehörige Ereignisfunktion für die Meldung `WM_CREATE` „an die Oberfläche holen", also eine Überschreibung generieren, um sie anschließend zu programmieren:

   ```
   int CU126Dlg::OnCreate(LPCREATESTRUCT lpCreateStruct) {
     if (CDialog::OnCreate(lpCreateStruct) == -1)
       return -1;

     CRect Rechteck(0,0,0,0);
     m_reText.Create(ES_AUTOVSCROLL|ES_MULTILINE|ES_WANTRETURN|WS_CHILD|
       WS_VISIBLE|WS_VSCROLL,Rechteck,this,1);
     m_reText.SetWindowText("Hallo, Welt!");
     return 0;
   }
   ```

5. Damit das Rich Edit-Steuerelement formatfüllend angelegt wird und auch bei einer Größenänderung des Dialogfensters formatfüllend bleibt, müssen wir auch noch die Meldung `WM_SIZE` in eine überschriebene Ereignisfunktion `OnSize` umleiten und behandeln. Wir generieren also mit dem Klassenassistenten diese Ereignisfunktion und ändern sie in:

   ```
   void CU126Dlg::OnSize(UINT nType, int cx, int cy) {
     CDialog::OnSize(nType, cx, cy);

     CRect Rechteck;
     GetClientRect(Rechteck);   //Arbeitsbereich bestimmen
     m_reText.SetWindowPos(&wndTop,0,0,Rechteck.right-Rechteck.left,
       Rechteck.bottom-Rechteck.top,SWP_SHOWWINDOW);

   } //CU126Dlg::OnSize
   ```

6. Erneut ist das Programm in einem Zustand, in dem wir es erstellen und testen können (**Bild 12.76**). ■

Bild 12.76: Rich Text-Feld füllt ein Dialogfenster aus

Es sollte jetzt ein Dialogfenster mit Menü und dem vorgegebenen Text `Hallo, Welt!` erscheinen. Der Text lässt sich bereits verändern. Wahrscheinlich wird sich aber die Größe des Fensters nicht verändern lassen, da es als Dialogfeld angelegt wurde. Diesen Mangel können wir aber relativ leicht durch Änderung der Eigenschaft `Rahmen` des Dialogs `IDD_U126_DIALOG` auf `Größe ändern` reparieren.

Nun sollte das Fenster normal veränderbar sein. Da es ein Rich Edit-Steuerelement enthält, können wir den Text wie mit einem Editor bearbeiten. Bei jeder Größenänderung wird der Text neu umbrochen usw. Sollten Sie die Schaltflächen nicht entfernt haben, so sind diese zwar sichtbar, aber nicht anklickbar, weil sie „hinter" dem Rich Edit-Steuerelement liegen.

Für die Änderungen der Schrifteigenschaften könnten wir theoretisch einen Standarddialog bemühen, was uns aber nicht den Mechanismus des Datenaustauschs zwischen einem Hauptfenster und einem Eigenschaftenfenster zeigen würde. Daher wollen wir unsere eigene Eigenschaftenseite benutzen.

☒ Wir entwickeln die Eigenschaftenseite folgendermaßen:
1. Im Dialogeditor öffnen wir die Dialogvorlage `IDD_RICHEDITCTRL`.
2. Wir füllen den Dialog mit den gewünschten Steuerelementen (**Bild 12.77**).

12.4 Eigenschaftenfenster

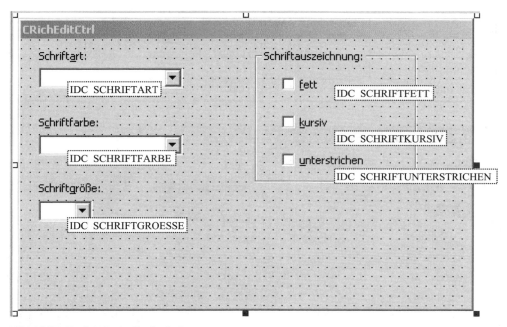

Bild 12.77: Registerkarte für die Optionen von `CRichEditCtrl`

3. Die Eigenschaften, Membervariablen und Ereignisfunktionen der Steuerelemente lauten:

ID	Eigenschaft	Wert	Membervariable	Ereignisfunktion
IDD_RICHEDITCTRL	Titel	CRichEditCtrl	m_RichEditSeite	OnInitDialog
	Stil	Untergeordnet		
	Rahmen	Dünn		

ID	Eigenschaft	Wert
IDC_SCHRIFTART	Daten	Arial;Courier New;Times New Roman;Symbol;
	Typ	Dropdown-Listenfeld
	Sortieren	True
IDC_SCHRIFTFARBE	Daten	Blau;Gelb;Grün;Rot;Schwarz;
	Typ	Dropdown
	Sortieren	False
IDC_SCHRIFTGROESSE	Daten	8;10;12;14;16;
	Typ	Dropdown
	Sortieren	False

ID	Eigenschaft	Wert
IDC_SCHRIFTFETT		
IDC_SCHRIFTKURSIV		
IDC_SCHRIFTUNTERSTRICHEN		

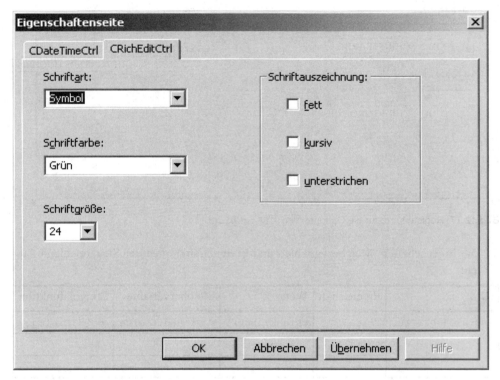

Bild 12.78: Registerkarte `CRichEditCtrl` im Einsatz

4. Die Membervariablen ergeben sich aus dem folgenden Codefragment. Wir legen für die Schriftgröße ein Dropdown-Kombinationsfeld an. Dies hat den Vorteil, dass wir auch Schriftgrößen eingeben können, die nicht in der Liste enthalten sind. Im Konstruktor legen wir die Anfangswerte fest und tragen die Anweisung ein, die Hilfetaste zu deaktivieren:

```
CRichEditKarte::CRichEditKarte()
  : CPropertyPage(CRichEditKarte::IDD)
  , m_strSchriftart(_T("Arial"))
  , m_iSchriftfarbe(4)
  , m_strSchriftgroesse(_T("10"))
  , m_bSchriftfett(FALSE)
  , m_bSchriftkursiv(FALSE)
  , m_bSchriftunterstrichen(FALSE)
{
  m_psp.dwFlags&=~PSP_HASHELP; //ohne Hilfetaste

} //CRichEditKarte::CRichEditKarte
```

12.4 Eigenschaftenfenster

5. Sollte das Registerblatt noch nicht im Register eingebunden sein, so holen wir das entsprechend Seite 614 nach.
6. Auch hier bietet sich ein weiterer Test an (**Bild 12.78**). ■

Bis auf die Kleinigkeit, dass wir die Rückgabewerte des Eigenschaftenfensters nicht auswerten, gleicht die Verarbeitung bisher einem normalen Dialog. Das Besondere besteht aber darin, dass das Eigenschaftenfenster der Basisklasse `CPropertySheet` (Nachkomme von `CWnd`) selbst wieder Dialoge der Basisklasse `CPropertyPage` enthält. Diese Basisklasse ist aber direkter Nachkomme von `CDialog`.

Damit kann der Datenaustausch zwischen dem Eigenschaftenfenster und seinen Eigenschaftsseiten wie bei einem normalen Fenster und einem Dialog über den Austauschmechanismus des Anwendungsrahmens (`DDX` Dialog Data Exchange, `DDV` Dialog Data Verification) erfolgen. Der einzige Unterschied besteht darin, dass die Daten aller Seiten übernommen werden.

Damit sind die Daten im Eigenschaftenfenster aber noch nicht in unserem Anwendungsfenster. Zu diesem Zweck verfügt das Eigenschaftenfenster über eine Schaltfläche Übernehmen, die wir bei einem normalen Dialog nicht finden.

Variante 1:

⊠ Diese Schaltfläche ist normalerweise deaktiviert und muss bei jeder Änderung eines Dialogs mit `CPropertyPage::SetModified(TRUE)` aktiviert werden:

1. In alle Ereignisfunktionen der Eigenschaftenseiten fügen wir die Anweisung:

```
SetModified(TRUE);
```

ein.

2. Dies können wir kurz testen. ■

Variante 2:

Der letzte Arbeitsschritt ist natürlich mit erheblichem Aufwand verbunden, insbesondere da wiederholt dieselbe Funktion aufgerufen wird. Wir suchen daher eine Alternative, die mit erheblich weniger Code auskommt.

⊠ Alle Ereignisse durchlaufen implizit die Ereignisfunktion `OnCommand`. Wenn wir diese überschreiben, dann können wir uns die Vielzahl der Einzelereignisse sparen:

1. Statt der Vielzahl einzelner Ereignisfunktionen legen wir einen Funktionsprototyp in den Kopfdateien der Eigenschaftsseiten an:

```cpp
class CRichEditKarte : public CPropertyPage
{
  DECLARE_DYNAMIC(CRichEditKarte)

public:
  CRichEditKarte();
  virtual ~CRichEditKarte();

// Dialogfelddaten
```

```
        enum { IDD = IDD_RICHEDITCTRL };

    protected:
        virtual void DoDataExchange(CDataExchange* pDX); //DDX/DDV-Unterstütz
        virtual BOOL OnCommand(WPARAM wParam,LPARAM lParam);

        DECLARE_MESSAGE_MAP()
```

3. Diese Ereignisfunktion wird jetzt bei jeder Aktion auf ein Steuerelement ausgeführt

```
    BOOL CRichEditKarte::OnCommand(WPARAM wParam, LPARAM lParam) {
        SetModified(TRUE);
        return CPropertyPage::OnCommand(wParam,lParam);
    } //CRichEditKarte::OnCommand
```

4. Beide Techniken können parallel eingesetzt werden.
5. Auch in diesem Zustand können wir das Programm wieder testen. ∎

Variante 3:

⊠ Diese Variante vereinfacht die letzte Variante und vermeidet mühsame Fehlersuche, da wir genau die Deklaration von `CWnd::OnCommand` treffen müssen:

1. Wir aktivieren in der Klassenansicht `CRichEditKarte` und wechseln auf die Eigenschaften.
2. Dort klicken wir auf die Ikone Überschreibungen. Es öffnet sich die Liste mit allen geerbten, überschreibbaren Methoden (**Bild 12.79**).

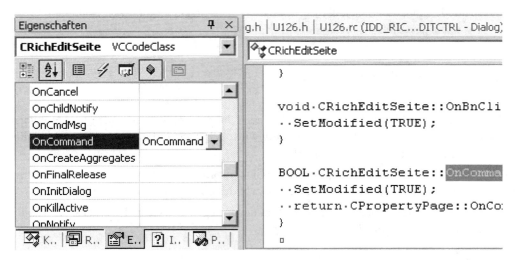

Bild 12.79: Von der MFC geerbte Funktion überschreiben

3. Unter `OnCommand` lässt sich die gewünschte Funktion generieren. ∎

12.4 Eigenschaftenfenster

Nachrichtenaustausch zwischen zwei Fenstern

Mit dem Auslösen der Schaltfläche ⎿Übernehmen⏌ wollen wir, dass die neu gesetzten Eigenschaften im Trägerfenster, d. h., im Hauptdialog aktiv werden. Hierzu muss das Hauptfenster über diesen Wunsch informiert werden, damit es die neuen Eigenschaften verarbeitet, ohne dass das Eigenschaftenfenster geschlossen wird. Hier agiert das Eigenschaftenfenster als Sender, der Hauptdialog als Empfänger.

Das Auslösen und die Übergabe der Information erfolgen durch eine Anweisung `Send-Message`. Die Information besteht aus einem Zeiger `ex_pDlg` auf das Hauptfenster, mit dessen Hilfe der Eigenschaftendialog seine Daten übergeben und entsprechende Aktionen im Hauptfenster auslösen kann. Zu Programmierung benötigen wir neben diesem Zeiger eine Ereignisnummer. Die freien Ereignisnummern liegen oberhalb von `WM_USER` und werden vom Präprozessor verwaltet.

☒ Wir programmieren folgende Codestücke:

1. In der Kopfdatei `Register.h` legen wir eine Ereignisnummer fest, welche die erste freie Nummer sein sollte, und deklarieren die globale Variable `ex_pDlg`:

    ```cpp
    #ifndef _REGISTER_H_
    #define _REGISTER_H_

    #pragma once

    #include "DateTime.h"
    #include "RichEdit.h"

    #define WM_UEBERNEHMEN (WM_USER+1)
    extern CDialog* ex_pDlg;

    // CRegister

    class CRegister : public CPropertySheet
    {
      DECLARE_DYNAMIC(CRegister)
    ```

    Die Variable `ex_pDlg` erscheint damit in der Klassenansicht im virtuellen Ordner `Globale Funktionen und Variablen`.

2. Die eigentliche Deklaration der externen Variablen erfolgt in der Implementierungsdatei `Register.cpp`:

    ```cpp
    // Register.cpp : Implementierungsdatei
    //

    #include "stdafx.h"
    #include "U126.h"
    #include "Register.h"

    CDialog* ex_pDlg; //globaler Zeiger auf das Eigenschaftenfenster

    // CRegister

    IMPLEMENT_DYNAMIC(CRegister, CPropertySheet)

    IMPLEMENT_DYNAMIC(CEigenschaftenRegister, CPropertySheet)
    ```

3. Diese Variable wird vom Hauptdialog initialisiert. Wir wechseln zum Konstruktor von `CU126Dlg`:

    ```
    CU126Dlg::CU126Dlg(CWnd* pParent /*=NULL*/)
      : CDialog(CU126Dlg::IDD, pParent),m_prsRegister("U126-Eigenschaften")
    {
      m_hIcon = AfxGetApp()->LoadIcon(IDR_MAINFRAME);
      ex_pDlg=this; //lädt die eigene Adresse in die globale Variable
    } //CU126Dlg::CU126Dlg
    ```

4. Auf dem Registerblatt `CRichEditCtl` wollen wir die Übergabe realisieren. Damit wir auf diese Elemente zugreifen können, müssen wir die Kopfdatei mit ihren Deklarationen in unsere Seitendatei inkludieren, also in `RichEdit.cpp`:

    ```
    // RichEditSeite.cpp : Implementierungsdatei
    //

    #include "stdafx.h"
    #include "U126.h"
    #include "RichEdit.h"

    #include "Register.h"

    // CRichEditKarte-Dialogfeld

    IMPLEMENT_DYNAMIC(CRichEditKarte, CPropertyPage)
    ```

5. Da die Schaltfläche Übernehmen für alle Eigenschaftenseiten gilt, genügt es, sie einmal zu programmieren. Alle anderen Eigenschaftenseiten bleiben daher unverändert.

    Ein Klick auf die Schaltfläche löst `CPropertyPage::OnApply` aus. Somit können wir eine Überschreibung für diese Funktion in der Klasse `CRichEditKarte` generieren.

6. Die Änderungen in dieser Überschreibung sind nicht besonders umfangreich:

    ```
    BOOL CRichEditKarte::OnApply() {
      TRACE("in CRichEditKarte::OnApply\n");
      ex_pDlg->SendMessage(WM_UEBERNEHMEN);

      return CPropertyPage::OnApply();
    } //CRichEditKarte::OnApply
    ```

    Wir setzen eine einzige Meldung an unser Hauptfenster ab.

7. Da es sich um eine benutzerdefinierte Nachricht an unseren Dialog handelt, wechseln wir in seine Kopfdatei des Empfängers `U126Dlg.h`, um den Funktionsprototyp vorzubereiten. Dies zieht drei Einträge nach sich. Zuerst die Deklaration:

    ```
    // Generierte Funktionen für die Meldungstabellen
    virtual BOOL OnInitDialog();
    afx_msg void OnSysCommand(UINT nID, LPARAM lParam);
    afx_msg void OnPaint();
    afx_msg HCURSOR OnQueryDragIcon();
    DECLARE_MESSAGE_MAP()
    public:
      afx_msg void OnBnClickedDialog();
    ```

12.4 Eigenschaftenfenster

```
    afx_msg void OnExtrasOptionen();
    afx_msg void OnHilfeInfo();
    afx_msg int OnCreate(LPCREATESTRUCT lpCreateStruct);
    afx_msg void OnSize(UINT nType, int cx, int cy);
    afx_msg LRESULT OnUebernehmen(WPARAM wParam,LPARAM lParam); //<-- neu
};
```

8. Damit die Nachricht auch vom Hauptdialog aufgenommen wird, muss dieser über eine Ereignisfunktion für die neue Nachricht WM_UEBERNEHMEN verfügen. Hierzu wird der Meldungsverteiler (Message Map) angepasst:

```
BEGIN_MESSAGE_MAP(CU126Dlg, CDialog)
    ON_WM_SYSCOMMAND()
    ON_WM_PAINT()
    ON_WM_QUERYDRAGICON()
    ON_COMMAND(ID_EXTRAS_OPTIONEN, OnExtrasOptionen)
    ON_COMMAND(ID_HILFE_INFO, OnHilfeInfo)
    ON_WM_CREATE()
    ON_WM_SIZE()
    ON_MESSAGE(WM_UEBERNEHMEN,OnUebernehmen)   //<- neu
END_MESSAGE_MAP()
```

9. Um die Grundfunktionalität der Benachrichtigung zu testen, schreiben wir vorerst eine einfache Ereignisfunktion, die sich nur meldet:

```
LRESULT CU126Dlg::OnUebernehmen(WPARAM wParam,LPARAM lParam)  {
    TRACE("in CU124Dlg::OnUebernehmen: wParam= %d\n",wParam);
    return 0;
} //CU126Dlg::OnUebernehmen
```

10. Nun ist unser Programm wieder in einem übersetzungsfähigen Zustand. ■

Immer wenn wir auf eines der Registerblätter klicken, sollte im Direktfenster die Textzeile:

```
in CU124Dlg::OnUebernehmen: wParam= 0
```

erscheinen.

Vor den nächsten Schritten sollten wir uns Klarheit über die Eigenschaften des Rich Edit-Steuerelements verschaffen, um es und die Steuerelemente der zugehörigen Eigenschaftenseite richtig zu initialisieren. Tatsächlich haben die Vorgaben beim Laden des Eigenschaftenfensters derzeit nur wenig mit den Texteigenschaften des Hauptdialogs zu tun (**Bild 12.80**).

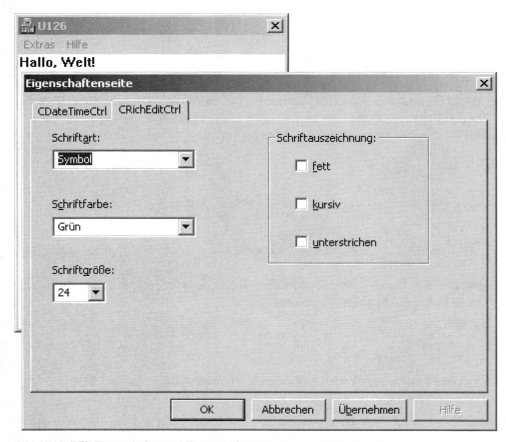

Bild 12.80: RTF-Eigenschaften und Eigenschaftenseite passen nicht zueinander

Die Zeichenformatierung in einem Rich Edit-Steuerelement wird von der Struktur:

```
typedef struct _charformat {
    UINT     cbSize;           //Größe der Struktur in Bytes
    DWORD    dwMask;           //Steuermaske zum Sperren der Eigenschaften
    DWORD    dwEffects;        //Auszeichnungen
    LONG     yHeight;          //Zeichenhöhe
    LONG     yOffset;          //Verschiebung gegenüber der Basislinie
    COLORREF crTextColor;      //Textfarbe
    BYTE     bCharSet;         //Zeichensatz
    BYTE     bPitchAndFamily;  //Zeichenfamilie
    CHAR     szFaceName[LF_FACESIZE]; //Name des Zeichensatzes
} CHARFORMAT;
```

gesteuert.

Bei der Variablen `yHeight` steht zwar Zeichenhöhe. Diese Höhe wird aber nicht in Punkten, sondern in Twips erwartet. 20 Twip sind 1 pt. Somit muss die Zeichenhöhe in der Maßeinheit „Punkt" mit 20 multipliziert werden.

12.4 Eigenschaftenfenster

⊠ Zur Programmierung gehen wir in folgenden Schritten vor:

1. Zuerst wollen wir natürlich alle Eigenschaftenseiten und das Rich Edit-Steuerelement initialisieren. Genauer ausgedrückt sollte das Steuerelement analog zu den Einstellungen der Eigenschaftsseite dargestellt werden. Wir fügen die folgenden Anweisungen wir üblich in `OnInitDialog` ein:

```
BOOL CU126Dlg::OnInitDialog()
{
    ...

//Rich Text Eigenschaftenseite initialisieren--------------------------
    m_prsRegister.m_recKarte.m_strSchriftart="Arial";
    m_prsRegister.m_recKarte.m_strSchriftgroesse="12";
    m_prsRegister.m_recKarte.m_iSchriftfarbe=4; //schwarz;
    m_prsRegister.m_recKarte.m_bSchriftfett=FALSE;
    m_prsRegister.m_recKarte.m_bSchriftkursiv=FALSE;
    m_prsRegister.m_recKarte.m_bSchriftunterstrichen=FALSE;
    CHARFORMAT cf;
    Formatieren(cf);
    m_RichEdit.SetDefaultCharFormat(cf);

    ...

    return TRUE;  // Geben Sie TRUE zurück, außer ein Steuerelement soll…
} //CU126Dlg::OnInitDialog
```

2. Das Textfeld müssen wir gesondert formatieren

```
//Rich Text Steuerelement initialisieren-------------------------------
    CHARFORMAT cf;
    Formatieren(cf);
    m_reText.SetDefaultCharFormat(cf);

    return TRUE;  // Geben Sie TRUE zurück, außer ein Steuerelement soll…
} //CU126Dlg::OnInitDialog
```

3. Die Übertragung der Eigenschaften erfolgt über die Variable `cf`, die wir in der Methode `Formatieren` bearbeiten. Hierzu generieren wir eine neue Funktion und implementieren sie:

```
void CU126Dlg::Formatieren(CHARFORMAT &cf) {
//formatiert ein Richt Text-Steuerelement anhand der Eigenschaftenseite
    cf.cbSize=sizeof(CHARFORMAT);
    cf.dwMask=CFM_BOLD|CFM_COLOR|CFM_FACE|CFM_ITALIC|CFM_SIZE|
              CFM_UNDERLINE; //was ist änderbar?
    cf.dwEffects=(m_prsRegister.m_recKarte.m_bSchriftfett ? CFE_BOLD:0)|
      (m_prsRegister.m_recKarte.m_bSchriftkursiv ? CFE_ITALIC : 0)|
      (m_prsRegister.m_recKarte.m_bSchriftunterstrichen?CFE_UNDERLINE:0);
    cf.yHeight= atol(m_prsRegister.m_recKarte.m_strSchriftgroesse) *20;
    switch (m_prsRegister.m_recKarte.m_iSchriftfarbe) {
      case 0:
        cf.crTextColor=RGB(0,0,255);    //Blau
        break;
      case 1:
        cf.crTextColor=RGB(255,255,0);  //Gelb
        break;
      case 2:
        cf.crTextColor=RGB(0,255,0);    //Grün
        break;
```

```
    case 3:
      cf.crTextColor=RGB(0,0,255);    //Rot
      break;
    default:
    case 4:
      cf.crTextColor=RGB(0,0,0);      //Schwarz
      break;
  }
  cf.bCharSet=0;
  cf.bPitchAndFamily=0;
  strcpy(cf.szFaceName,m_prsRegister.m_recKarte.m_strSchriftart);
} //CU126Dlg::Formatieren
```

Der Code zeigt, dass wir verschiedene Techniken für die Kombinationsfelder anwenden müssen. Die Schriftgröße (Dropdown) liefert einen `CString`-Wert, mit dem wir nach einer Konvertierung rechnen können. Die Schriftart (Dropdown-Listenfeld) übertragen wir dagegen direkt. Dies setzt voraus, dass wir die Windows-Bezeichnung der Schriftarten genau treffen. Die Farbe (Dropdown-Listenfeld) kann als `int`- oder `CString`-Wert übertragen werden. Mit einer `CString`-Variablen können wir aber keine `switch`-Anweisung programmieren.

4. Damit nun auch beim Neueinstellen der Eigenschaften diese zur Laufzeit aktiv werden, ändern wir die Ereignisfunktion ab

```
LRESULT CU126Dlg::OnUebernehmen(WPARAM wParam,LPARAM lParam) {
  TRACE("in CU124Dlg::OnUebernehmen: wParam= %d\n",wParam);
  CHARFORMAT cf;
  Formatieren(cf);
  m_reText.SetDefaultCharFormat(cf);
  return 0;
} //CU126Dlg::OnUebernehmen
```

5. Jetzt ist unser Programm fertig und kann getestet werden (**Bild 12.81**). ∎

Öffnen wir mit `Extras|Optionen` das Eigenschaftenfenster, so können wir über die Registerkarte `CRichEditCtrl` die Eigenschaften des im Hauptfenster angezeigten Texts `Hallo, Welt!` variieren. Bei Übernehmen bleibt das Eigenschaftenfenster weiter geöffnet, wobei sich aber im Hintergrund die Eigenschaft auf Wunsch ändert.

Legen wir eine der individuellen Anweisungen `SetModified(TRUE)` tot, so wird die Schaltfläche Übernehmen nicht aktiviert. Ändern wir dann eines der anderen Felder, so wird die Schaltfläche wieder freigegeben. Lösen wir sie aus, so werden beide neuen Werte übernommen.

Zusammenfassung:

Neben der Programmierung eines Eigenschaftenfensters und dem Einsatz von Datumswähler und Rich Edit-Steuerelement zeigt das Beispiel die besondere Technik der Nachrichtenverarbeitung zwischen zwei Fenstern unter Windows. Hierzu sind folgende Schritte notwendig:

12.4 Eigenschaftenfenster

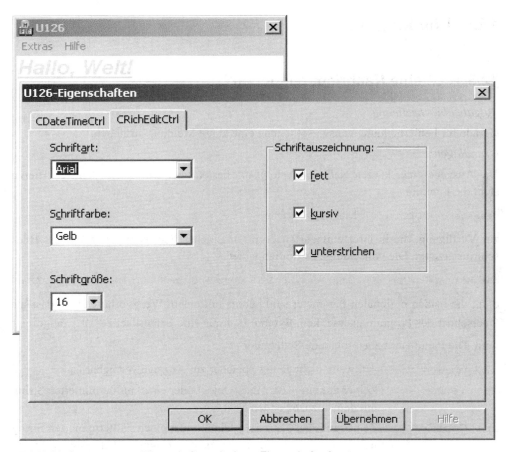

Bild 12.81: Steuerung von Eigenschaften mit einem Eigenschaftenfenster

1. Das sendende Fenster definiert ein Windows-Ereignis (eine Meldung) mit der ID `#define WM_UEBERNEHMEN (WM_USER+1)` (als Beispiel) sowie eine globale Variable, z. B. `extern CDialog* ex_pDlg;`
2. Die Registerkarte kann über diese externe Variable mit `ex_pDlg->SendMessage (WM_UEBERNEHMEN);` eine Meldung an einen „beliebigen" Empfänger absenden. Dies ist die kürzeste Form, wobei nur das Ereignis angezeigt wird.
3. Das/die empfangenden Fenster definieren eine Verknüpfung zu einer Ereignisfunktion `ON_MESSAGE(WM_UEBERNEHMEN,OnUebernehmen)`, in der die von uns gewünschte Verarbeitung angestoßen wird.
4. Auf die Variablen greifen wir dabei mit doppelter Qualifizierung `Fenster.Dialog.Feld` zu.

12.5 Wie kann ich …

12.5.1 … eine Nachricht ausgeben?

Aufgabenbeschreibung:

Gerade für Fehlermeldungen usw. sollte man eine kurze Meldung ausgeben.

Grundlagen:

Die Ausgabe einer kurzen Nachricht erfolgt am besten über ein eigenes Fenster. Hierzu steht die Funktion:

```
MessageBox("Dies ist eine Meldung.");
```

zur Verfügung, die in ihrer einfachsten Form ein solches Fenster in der Mitte des Bildschirms erzeugt. Die vollständige Definition lautet

```
int MessageBox(LPCTSTR lpszText,LPCTSTR lpszCaption=NULL,UINT nType=MB_OK);
```

d. h., die beiden optionalen Parameter sind bereits mit einem Wert vorbesetzt, so dass als Überschrift der Programmname, kein Symbol und nur eine Schaltfläche OK angezeigt wird. Die Parameter haben folgende Bedeutung:

Rückgabewert	=0, wenn nicht genug Speicher zur Anzeige verfügbar ist.
lpszText	Zeiger auf ein CString-Objekt oder einen nullterminierten String mit dem anzuzeigenden Text.
lpszCaption	Zeiger auf ein CString-Objekt oder einen nullterminierten String mit dem Text der Titelleiste. Ist der Zeiger NULL, dann wird der Programmname angezeigt.
nType	bestimmt den Inhalt (angezeigtes Symbol) und das Verhalten (Anzahl und Art der Schaltflächen) der Meldungsbox.

Die möglichen Symbole sind (ihr Aussehen ändert sich von Windows-Version zu Version):

   MB_ICONHAND, MB_ICONSTOP, MB_ICONERROR

   MB_ICONQUESTION

   MB_ICONEXCLAMATION, MB_ICONWARNING

   MB_ICONASTERISK, MB_ICONINFORMATION

Zu den Symbolen können wir die angezeigten Schaltflächen festlegen:

12.5 Wie kann ich …

Konstante	Schaltflächen
`MB_ABORTRETRYIGNORE`	Abbrechen, Wiederholen, Ignorieren
`MB_OK`	OK (Vorgabewert)
`MB_OKCANCEL`	OK, Abbrechen
`MB_RETRYCANCEL`	Wiederholen, Abbrechen
`MB_YESNO`	Ja, Nein
`MB_YESNOCANCEL`	Ja, Nein, Abbrechen

Durch eine Oder-Verknüpfung werden die gewünschten Kombinationen ausgewählt.

Genau genommen müssen wir mehrere Ausprägungen unterscheiden:

`MessageBox`	SDK	Basis-Meldungsfenster der Windows-API (Software Development Kit)
`AfxMessageBox`	AFX	Meldungsfenster des Anwendungsgerüsts (Application Frameworks)
`CWnd::MessageBox`	MFC	MFC-Meldungsfenster (Microsoft Foundation Class Library)
`CWindow::MessageBox`	ATL	ATL-Meldungsfenster (Active Template Library)

Die erste Funktion benötigt ein Handle, die zweite funktioniert in einer MFC-Umgebung immer. Bei den letzten beiden Methoden muss das Elternfenster in der aufrufenden Klasse bekannt sein, d. h., dies muss ein Nachkomme von `CWnd` oder `CWindow` sein. Daher können wir diese Methoden beispielsweise nicht in der Dokumentenklasse aufrufen, um Zwischenwerte anzuzeigen.

Am universellsten ist die Methode `AfxMessageBox` einsetzbar, die in einer MFC-Umgebung eine Meldung ausgibt, ohne dass wir ein Elternfenster angeben müssen (✎ ein Beispiel hierzu finden Sie im Kapitel «… die Ein-/Ausgabe und Prüfungen für ein Steuerelement abwandeln?»).

12.5.2 … einen Warnton (Pieps) ausgeben?

Aufgabenbeschreibung:

Besondere Aufmerksamkeit beim Benutzer können wir durch einen Pieps auslösen. Aber auch beim Debuggen von Methoden, die sich gegen ein „optisches" Debuggen wehren (weil der Fokus umgesetzt wird), ist sie hilfreich.

Grundlagen:

Hierzu benutzen wir die Win32-Funktion:

```
BOOL MessageBeep(UINT uType);
```

Um einen Pieps über den eingebauten PC-Lautsprecher auszugeben, ist folgender Parameter anzugeben:

`0xFFFFFFFF`

Die gesamte Anweisung sieht dann so aus:

`MessageBeep(0xFFFFFFFF);`

oder auch:

`MessageBeep((WORD)-1);`

12.5.3 ... auf ein Steuerelement zugreifen?

Aufgabenbeschreibung:

Beim Programmieren einer Oberfläche müssen wir ständig auf die Steuerelemente zugreifen, um ihren Zustand abzufragen oder zu verändern. In den zurückliegenden Kapiteln haben wir nur untersucht, wie wir den Inhalt von Textfeldern (ihren Wert) verändern können. Jetzt wollen wir auf alle Eigenschaften eines Steuerelements zugreifen.

Grundlagen:

Grundsätzlich können wir auf die Steuerelemente über zwei Wege zugreifen:

1. Wir definieren eine Membervariable für das Steuerelement (einige Steuerelemente erlauben zwei Membervariablen).
2. Wir konvertieren temporär mit `CWnd::GetDlgItem` die ID in einen `CWnd`-Zeiger auf das Element. Diesen Zeiger sollten wir nicht dauerhaft speichern, da er sich verändern kann.

➢ Beispiel:

Mit der folgenden Anweisung wird im Kontrollkästchen `IDC_CTS` die Markierung gesetzt oder nicht. Hierzu muss man wissen, dass die Kontrollkästchen wie Schaltflächen behandelt werden, so dass der Zeiger auf `CWnd`, der von `GetDlgItem` geliefert wird, in einen Zeiger auf ein `CButton`-Objekt gewandelt werden muss. Danach lässt sich die Methode `SetCheck` aufrufen:

`((CButton*)GetDlgItem(IDC_CTS))->SetCheck(m_commMSComm1Strg.GetCTSHolding());`

Besonders bei den Wertevariablen müssen wir aber darauf achten, dass die Inhalte der beiden Elemente (Wertevariable und angezeigtes Steuerelement) unterschiedlich sein können. Wird z. B. der Inhalt eines Textfelds über den Zeiger direkt geändert, so muss die Wertevariable nachgeführt werden. ∎

12.5.4 … die Farbe eines Steuerelements ändern?

Aufgabenbeschreibung:

Um Farbe in die oft grauen Oberflächen von Visual C++-Programmen zu bringen, sollten schon aus Gründen der Ergonomie die Hintergrundfarben einzelner Felder verändert werden. Wir sollten natürlich auch die Textfarbe von Text- und Bezeichnungsfeldern ändern können.

Grundlagen:

Es ist schon überraschend, dass wir bis zur Version 6.0 mit `SetDialogBkColor` in der Methode `InitInstance` unserer Anwendung die Farbe aller Dialoge einstellen können, z. B. auf eine inverse Darstellung:

```
SetRegistryKey(_T("Local AppWizard-Generated Applications"));
```
`SetDialogBkColor(RGB(0,0,0),RGB(255,255,255));`
```
LoadStdProfileSettings();   // Standard-INI-Dateioptionen einlesen ...
```

Einerseits ist sogar diese Methode wegrationalisiert worden, andererseits suchen wir vergeblich nach einer solchen Methode für einzelne Steuerelemente. Offensichtlich haben die Entwickler von Visual C++ die Macht der Oberflächengestaltung unterschätzt.

Wie wir bei den Menüoptionen und Ikonen der Symbolleisten ebenfalls sehen werden, geht Visual C++ hier den Weg der 'Holschuld'. Dieser sieht (im Gegensatz zur 'Bringschuld') vor, dass sich jedes Steuerelement die Farben vor dem Zeichnen vom Elterndialog besorgt. Damit entfallen die Farbeigenschaften im Steuerelement, die wir setzen könnten. Der Aufruf erfolgt über das Auslösen des Ereignisses `WM_CTLCOLOR`. Alle Dialoge lösen übrigens auch dieses Ereignis aus.

U127 Mit anderen Worten müssen wir die vorhandene Ereignisfunktion überschreiben, um unsere Farben für die Vordergrund- und Hintergrundfarbe jedes Steuerelements setzen zu können.

Beispiel:

Hierzu gehen wir in folgenden Schritten vor:

1. Wir erzeugen eine dialogfeldbasierende Anwendung `U127`.
2. Mit dem Dialogeditor legen wir vier Textfelder `IDC_EDIT1` bis `IDC_EDIT4` an.
3. Wir wechseln auf die Eigenschaften des Formulars, genauer auf die Meldungen, und lassen uns ein Funktionsgerüst für die Meldung `WM_CTLCOLOR` generieren (**Bild 12.82**).

640 _____ 12 Dialoge und Steuerelemente

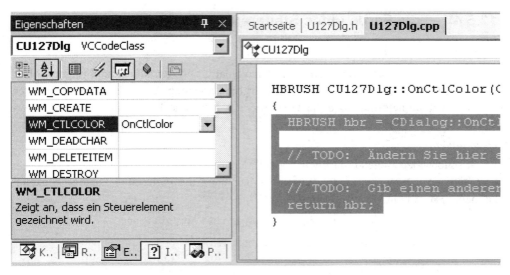

Bild 12.82: Ereignisfunktion zur Farbeinstellung generieren

4. In dieser Ereignisfunktion führen wir folgende Änderungen durch:
```
HBRUSH CU127Dlg::OnCtlColor(CDC* pDC, CWnd* pWnd, UINT nCtlColor) {
  //zuerst die Vorgängermethode aufrufen
  HBRUSH hbr = CDialog::OnCtlColor(pDC, pWnd, nCtlColor);

  if (pWnd->GetDlgCtrlID()==IDC_EDIT1) {
    pDC->SetTextColor(RGB(255,255,255));
    pDC->SetBkColor(RGB(255,0,0));
  }

  return hbr;
} //CU127Dlg::OnCtlColor
```

5. Nun erstellen und testen wir das Programm. ∎

Nun wird der Text und sein unmittelbarer Hintergrund im ersten Textfeld farblich umgestellt, der Feldhintergrund jedoch noch nicht.

Soll die Hintergrundfarbe abgestellt werden, so können wir die Textfarbe transparent einstellen:
```
HBRUSH CU127Dlg::OnCtlColor(CDC* pDC, CWnd* pWnd, UINT nCtlColor) {
  HBRUSH hbr = CDialog::OnCtlColor(pDC, pWnd, nCtlColor);

  if (pWnd->GetDlgCtrlID()==IDC_EDIT1) {
    pDC->SetTextColor(RGB(255,255,255));
    pDC->SetBkColor(RGB(255,0,0));
    return hbr;
  }

  if (pWnd->GetDlgCtrlID()==IDC_EDIT2) {
    pDC->SetTextColor(RGB(0,0,255));
    pDC->SetBkColor(RGB(0,255,255));
    pDC->SetBkMode(TRANSPARENT); //hebt die Hintergrundfarbe auf
    return hbr;
```

12.5 Wie kann ich …

```
    }
    return hbr; //für die sonstigen Fälle
} //CU127Dlg::OnCtlColor
```

6. Jetzt wird nur der Text farbig dargestellt.
7. Das Problem der totalen Füllung erledigen wir im dritten Textfeld mit folgender Lösung:

```
HBRUSH CU127Dlg::OnCtlColor(CDC* pDC, CWnd* pWnd, UINT nCtlColor) {
    HBRUSH hbr = CDialog::OnCtlColor(pDC, pWnd, nCtlColor);

    ATLTRACE2(traceAppMsg,0,"pWnd= %d    bCtlColor= %d\n",
                             pWnd->GetDlgCtrlID(),nCtlColor);
    if (pWnd->GetDlgCtrlID()==IDC_EDIT1) {
        pDC->SetTextColor(RGB(255,255,255));
        pDC->SetBkColor(RGB(255,0,0));
        return hbr;
    }
    if (pWnd->GetDlgCtrlID()==IDC_EDIT2) {
        pDC->SetTextColor(RGB(0,0,255));
        pDC->SetBkColor(RGB(0,255,255));
        pDC->SetBkMode(TRANSPARENT); //hebt die Hintergrundfarbe auf
        return hbr;
    }
    if (pWnd->GetDlgCtrlID()==IDC_EDIT3) {
        pDC->SetTextColor(RGB(0,0,255));
        pDC->SetBkColor(RGB(255,0,255));
        return m_brHgnd; //darf nicht lokal angelegt sei?!?!
    }
    return hbr; //für die sonstigen Fälle
} //CU127Dlg::OnCtlColor
```

8. Das funktioniert aber nur, wenn der Pinsel nicht lokal in der Ereignisfunktion angelegt wird, also durch Deklaration:

```
// Implementierung
protected:
    HICON m_hIcon;
    CBrush m_brHgnd;
```

und Instanziierung:

```
CU127Dlg::CU127Dlg(CWnd* pParent /*=NULL*/)
    : CDialog(CU127Dlg::IDD, pParent)
    , m_brHgnd(RGB(169,112,56))
{
    m_hIcon = AfxGetApp()->LoadIcon(IDR_MAINFRAME);
} //CU127Dlg::CU127Dlg
```

9. Das dritte Textfeld enthält nun insgesamt drei verschiedene Farben. ∎

Alternative:

Ein alternativer Weg besteht darin, diese Meldung zu reflektieren, eine Technik, die ab der MFC-Version 4.0 zur Verfügung steht. Damit können wir eine abgeleitete Klasse definieren, deren Instanzen (also die davon abgeleiteten Steuerelemente) alle die gleiche Farbe besitzen. Dies ist dann interessant, wenn wir eine Vielzahl solcher Steuerelemente benötigen.

So haben wir gesehen, dass die Steuerelemente Benachrichtigungen an ihr Elternfenster senden, um z. B. die Hintergrundfarbe einzustellen. Das Elternfenster versorgt dann das Steuerelement mit einem entsprechenden Pinsel.

In allen Dialogfeldern einer Anwendung müssen wir dann den gleichen Code einbauen, um diese Anfragen zu befriedigen. Die MFC-Version 4.0 bietet dagegen die Möglichkeit, eine Steuerelementklasse zu schreiben, die ihre eigene Hintergrundfarbe verarbeitet, so dass der Code nur einmal geschrieben werden muss. Die dabei eingesetzte Technik wird „Nachrichten-Reflexion" genannt, so dass die Nachricht sowohl vom Kindsteuerelementfenster als auch vom Elternfenster (oder in beiden) abgearbeitet werden kann. Dabei hat die Ereignisfunktion des Elternfensters die höhere Priorität.

Um dies an einem Beispiel umzusetzen, gehen wir in folgenden Schritten vor:
1. Wir benutzen das Textfeld `IDC_EDIT4` aus `U127` (oder legen das Projekt neu an).
2. In der Klassenansicht generieren wir für den Projektknoten `U127` eine neue Klasse `CBlauEdit`, die wir von der zu verändernden Steuerelementklasse ableiten, hier also `CEdit` (**Bild 12.83**).

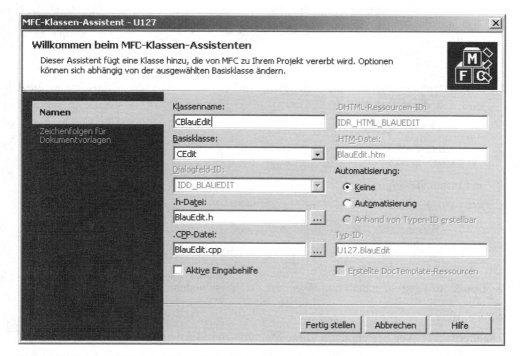

Bild 12.83: Benutzerdefinierte Klasse für ein Steuerelement anlegen

12.5 Wie kann ich … 643

3. Im Konstruktor der Klasse legen wir deren Eigenschaften fest:

    ```
    // BlauEdit.cpp : Implementierungsdatei
    //

    #include "stdafx.h"
    #include "U127.h"
    #include "BlauEdit.h"

    // CBlauEdit

    IMPLEMENT_DYNAMIC(CBlauEdit, CEdit)
    CBlauEdit::CBlauEdit() {
      m_clrText=RGB(255,255,0);
      m_clrTextHgnd=RGB(0,0,255);
      m_brHgnd.CreateSolidBrush(m_clrTextHgnd);
    } //CBlauEdit::CBlauEdit
    ```

4. Die benutzten Variablen deklarieren wir in der Kopfdatei `CBlauEdit.h`:

    ```
    #pragma once

    // CBlauEdit

    class CBlauEdit : public CEdit
    {
      DECLARE_DYNAMIC(CBlauEdit)

    public:
      CBlauEdit();
      virtual ~CBlauEdit();

    protected:
      DECLARE_MESSAGE_MAP()

      COLORREF m_clrText,m_clrTextHgnd;
      CBrush m_brHgnd;

    };
    ```

5. Diese neue Klasse soll nun die Meldungen zur Farbeinstellung reflektieren. Dazu generieren wir im Klassenassistenten der neuen Klasse für die Meldung =WM_CTLCOLOR eine Ereignisfunktion (**Bild 12.84**). Das Gleichheitszeichen vor dem Bezeichner signalisiert, dass die Nachricht reflektiert wird.

💣 Vorsicht! Es existiert auch noch die Originalmeldung `WM_CTLCOLOR`! Nicht miteinander verwechseln!

Die Reflektion wird durch ein spezielles Makro im Meldungsverteiler durchgeführt:

```
BEGIN_MESSAGE_MAP(CBlauEdit, CEdit)
  ON_WM_CTLCOLOR_REFLECT()
END_MESSAGE_MAP()
```

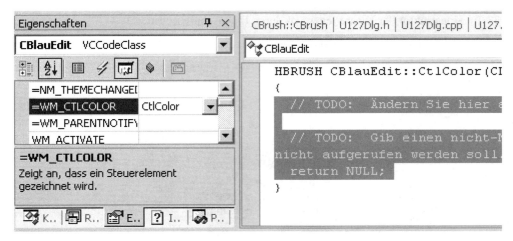

Bild 12.84: Reflektierte Meldung verarbeiten

6. Eine Klasse ohne Objekte ist wenig sinnvoll. Wir sollten daher unsere neue Klasse mit einem konkreten Objekt verknüpfen. Um dem Textfeld `IDC_EDIT3` zur neuen Klasse zu verhelfen, müssen wir ihm eine Membervariable zuordnen. Der Name `m_bedEdit4` deutet bereits auf das blaue Editierfeld hin. Der neue Datentyp kann aber nicht direkt zugeordnet werden, da er im Kombinationsfeld des Klassenassistenten nicht auftritt. Dies ist verständlich, da der Klassenassistent von der neuen Klasse noch keine Kenntnis genommen hat.

7. Wir müssen das Steuerelement daher manuell der neuen Klasse zuordnen. Hierzu muss sie zuerst inkludiert werden, um anschließend eingesetzt zu werden:

```
// U127Dlg.h : Headerdatei
//

#pragma once
#include "c:\programme\microsoft visual studio
  .net\vc7\atlmfc\include\afxwin.h"

#include "BlauEdit.h"

// CU127Dlg Dialogfeld
class CU127Dlg : public CDialog

...

// Implementierung
protected:
  HICON m_hIcon;
  CBrush m_brHgnd;
  CBlauEdit m_bedEdit4;
```

8. Durch Zuordnung einer Membervariablen der spezialisierten Klasse ändert sich das Verhalten des Steuerelements in gewünschter Weise (**Bild 12.85**):

12.5 Wie kann ich ...   645

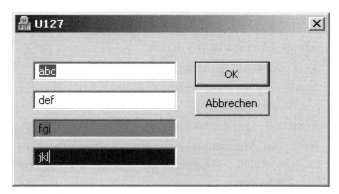

Bild 12.85: Verschiedene Varianten zur Farbgebung

➤ Aufgabe 12-13:

Weisen Sie auch in dieser Klasse dem Pinsel eine dritte Farbe zu, und beobachten Sie das Ergebnis.

12.5.5 ... eine Menüoption auf der Oberfläche beeinflussen?

Aufgabenbeschreibung:

Es ist üblich, Windows-Programme präventiv zu programmieren, d. h., für den Anwender nur die Menüoptionen freizugeben, die in der jeweiligen Situation auslösbar sind. Zu diesem Zweck müssen die Menüoptionen aus dem Programm heraus veränderbar sein.

☞ Die umgekehrte Richtung, d. h., mit einer Menüoption etwas auszulösen, finden Sie in Kapitel «Menü» beschrieben.

Grundlagen:

Das Verändern einer Eigenschaft der Menüoption wird als Nachricht an Windows weitergereicht, da nur dieses die Darstellung ändern kann. Dabei wird (für jede Menüoption) ein Objekt der Klasse `CCmdUI` an Windows geliefert, das in seinen Membervariablen die entsprechenden Werte enthält. Diese Klasse besitzt folgende Klassenmember:

Attribute:

`m_nID`	Die ID des Oberflächenobjekts.
`m_nIndex`	Der Index des Oberflächenobjekts.
`m_pMenu`	Zeiger auf das Menü, das das `CCmdUI`-Objekt repräsentiert.
`m_pSubMenu`	Zeiger auf das enthaltene Untermenü, das das `CCmdUI`-Objekt repräsentiert.
`m_pOther`	Zeiger auf das Windows-Objekt, das die Nachricht sendet.

Operationen:

`Enable(TRUE|FALSE)`	Gibt die Menüoption frei oder sperrt sie.
`SetCheck(0|1|2)`	Setzt oder löscht das Häkchen an der Menüoption.
`SetRadio(TRUE|FALSE)`	Ähnelt `SetCheck`, wobei aber eine Optionengruppe bearbeitet wird.
`SetText("text")`	Ändert den Text der Menüoption.
`ContinueRouting`	Weist den Mechanismus zur Kommandoweiterleitung an, die aktuelle Meldung an die Kette der weiteren Handles zu geben.

Für uns sind die ersten vier Member-Funktionen interessant, bei denen die möglichen Werte in der Liste angegeben sind. Mit `Enable(FALSE)` wird eine Menüoption „gegraut" und ist dann nicht mehr auslösbar. `SetCheck(2)` setzt auf einen „Zwischenzustand". `0` schaltet aus, `1` schaltet ein. Der Zwischenzustand wird dann benötigt, wenn die Option (das Kontrollkästchen) mehrere Eigenschaften summarisch darstellt. In einem Menü kommt so etwas so gut wie nie vor. Aufgrund dieser numerischen Eigenschaft lässt sich der Zustand nicht negieren.

Um `SetRadio(TRUE)` nutzen zu können, müssen mehrere Menüoptionen zu einer Gruppe zusammenfasst werden (✋ Kapitel 12.3.3 «Schaltflächen, Optionenfelder und Kontrollkästchen»).

Vorgehensweise:

➢ Es wird davon ausgegangen, dass eine Menüoption bereits vorhanden ist:

1. Wir öffnen die Eigenschaften des Dialogs und wählen dort `Ereignisse`.
2. Neben den Steuerelementen befinden sich dort auch die Menüoptionen (**Bild 12.86**) mit ihren Ereignissen. Dort finden wir auch Trennzeilen (Zahlen), die eigentlich nicht anklickbar sind.
3. Diese Ereignisse sind übrigens nicht nur in der Dialog- oder Ansichtsklasse zu finden. Vielmehr können wir sie auch in der Anwendungsklasse usw. finden.
4. Durch Aktivierung einer Ereignisfunktion für die Meldung `UPDATE_COMMAND_UI` können wir das Verhalten der Menüoption programmieren. ■

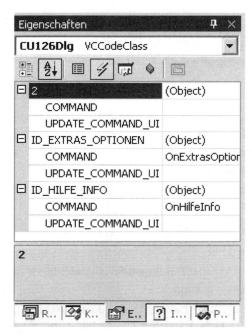

Bild 12.86: Ereignisfunktionen zu Menüoptionen festlegen

Beispiel:

Normalerweise deaktiviert der Anwendungsrahmen automatisch alle Menüoptionen, für die eine Ereignisfunktion fehlt. Ansonsten müssten wir selbst für all diese Optionen `OnUpdateXXXX` Ereignisfunktionen schreiben. Wir können diese Eigenschaft aber auch abschalten:

```
BOOL CMainFrame::PreCreateWindow(CREATESTRUCT& cs) {
  m_bAutoMenuEnable=FALSE;
  return CFrameWnd::PreCreateWindow(cs);
} //CMainFrame::PreCreateWindow
```

12.5.6 … die Ein-/Ausgabe und Prüfungen für ein Steuerelement abwandeln?

Aufgabenbeschreibung:

Die Prüfungen von Eingabefeldern sind zwar vorhanden, aber eher bescheiden. Bei einem Textfeld können wir gerade einmal die Länge festlegen. Wollen wir so eine bescheidene Forderung wie ein Mussfeld realisieren, so können wir dies nicht mit den vorhandenen Mitteln durchführen. Andere Forderungen beständen z. B. darin, ein Datums- oder Zeitfeld einzulesen und zu prüfen.

Beispiel:

Wir kommen auf die Idee, das Textfeld `m_strNachname` der Übung Ü125 auf eine Eingabe zu prüfen. Um dies durchzuführen, benötigen wir einige Hintergrundinformationen.

Grundlagen:

Mit dem Aufruf `UpdateData` stoßen wir die überschriebene Methode `DoDataExchange` an, die nach einer Vorbereitung für jedes mit einer Membervariablen verknüpfte Eingabefeld eine DDX- und bei Bedarf eine DDV-Funktion aufruft, z. B. für den Nachnamen, den wir mit max. 30 Stellen eingeben wollen:

```
void CU125Dlg::DoDataExchange(CDataExchange* pDX)
{
  CDialog::DoDataExchange(pDX);
  DDX_Text(pDX, IDC_NACHNAME, m_strNachname);
  DDV_MaxChars(pDX, m_strNachname, 30);
  DDX_Radio(pDX, IDC_KATEGORIE, m_bKategorie);
```

Der in der Version 6.0 noch vorhandene `AFX_DATA_MAP`-Rahmen fehlt. Änderungen in diesem Bereich sind trotzdem mit einigen Problemen gekoppelt.

Im Beispiel erkennen wir die Übergabefunktion `DDX_Text` (Dialog Data Exchange) und die Prüffunktion `DDV_MaxChars` (Dialog Data Validate). Die Online-Hilfe zeigt uns, dass beispielsweise die Funktion `DDX_TEXT` vielfach für die unterschiedlichen Typen überschrieben ist.

Gleichzeitig sehen wir, dass die Dialogdaten einzeln behandelt werden und nicht in irgendeine Struktur verpackt sind. Sie werden im Konstruktor unserer Ansichtsklasse initialisiert. Dort können wir bei Bedarf Standardwerte eintragen. Visual C++ .NET ist dazu übergegangen, die Variablen per Elementinitialisation vorzubesetzen.

`DoDataExchange` wird, wie bereits erwähnt, von `UpdateData` aufgerufen. Dies geschieht neben unseren programmierten Aufrufen auch automatisch in `Cdialog::OnOK` mit `UpdateData(TRUE)` (Einlesen) und in `CDialog::OnInitDialog` mit `UpdateData(FALSE)` (Ausgeben).

Die `DDX_`-Funktionen benutzen einen Zeiger `pDX` vom Typ `CDataExchange`, der Informationen zum Datenobjekt enthält und mit jeder neuen Variablen überschrieben wird. Dieses Objekt wird anschließend auch bei den Prüfroutinen benutzt. Daher stehen diese Anweisungen immer direkt hintereinander. Es ist keine gute Idee, die Reihenfolge zu verändern und Zeilen auszutauschen. Sollten wir eine Prüfung nachträglich generieren, so wird sie einfach unten angehängt, was im harmlosesten Fall dazu führt, dass die Prüfung nicht erfolgt.

> Aufgabe 12-14:

Schieben Sie probehalber die `DDV_`-Anweisung hinter die nachfolgende `DDX_`-Anweisung. Schon können Sie mehr als 30 Stellen eingeben. ∎

Diese direkte Kopplung ist beispielsweise nötig, damit der Fokus bei einem Fehler von der DDV-Funktion sofort auf das fehlerhafte Feld zurückgesetzt werden kann. Die Prüffunktion

12.5 Wie kann ich ...

orientiert sich dabei nicht an der ID des Felds. Damit beginnt die Crux: Wie sollen wir einerseits unsere eigenen Prüfungen einbauen und andererseits die Reihenfolge beibehalten, ohne dass der Assistent durcheinander gerät?

Einfach Überschreiben geht nicht, da dann alle Aufrufe auf die neue Funktion gehen. Weitere Parameter einzuführen, d. h., die Signatur zu verändern, stören den Assistenten ganz heftig.

Ohne Anspruch auf Vollständigkeit beginnen wir nun zu experimentieren, indem wir eine eigene Prüffunktion beispielsweise für ein Mussfeld schreiben. Diese müssen global deklariert werden:

```
// U125Dlg.h : Headerdatei
//

#pragma once
#include "c:\programme\microsoft visual studio
  .net\vc7\atlmfc\include\afxwin.h"
#include "c:\programme\microsoft visual studio
  .net\vc7\atlmfc\include\afxcmn.h"

#include "MeinTreeCtrl.h"

//modulglobale Funktionen
//void PASCAL DDV_MussFeld(CDataExchange* pDX,CString const& text);
void _stdcall DDV_MussFeld(CDataExchange* pDX,CString const& text);
```

In Anlehnung an die vorhandenen Prüffunktionen werden diese mit der Klausel `_stdcall` versehen. Näheres hierzu finden Sie im Kapitel über die DLLs. Da diese Funktion direkt mit Windows zusammenarbeitet, muss die in Windows übliche Stapelung des Kellerspeichers eingehalten werden. Diese entspricht der Pascal-Konvention.

Die auskommentierte (ältere) Schreibweise funktioniert auch noch. Die Funktion dazu ist folgendermaßen implementiert:

```
//void PASCAL DDV_MussFeld(CDataExchange* pDX,CString const& text)
void _stdcall DDV_MussFeld(CDataExchange* pDX,CString const& text)
{
  if (pDX->m_bSaveAndValidate && text.IsEmpty()) {
    AfxMessageBox("Feld darf nicht leer sein!",MB_ICONEXCLAMATION,0);
    pDX->Fail();
  }
};
```

Um sie auszuprobieren, müssen wir irgendwo die Funktion

```
UpdateData(TRUE);
```

aufrufen und natürlich nichts in den Nachnamen eingeben.

Wir fragen zuerst die Membervariable `pDX->m_bSaveAndValidate` ab, die dem Übergabeparameter von `UpdateData` entspricht. Sie legt die Richtung des Datentransports fest. Bei der Ausgabe wird nicht geprüft. Anschließend kontrollieren wir den Inhalt des Felds. Lesen wir die Daten ein und ist das Feld leer, wird eine Meldung abgegeben und eine Ausnahme aufgeworfen. Diese sorgt dafür, dass der Datenaustausch beendet und der Fokus auf das zuletzt eingelesene Feld gesetzt wird. Diese Prüffunktion lässt Leerzeichen zu.

Soll dies nicht erlaubt sein, so korrigieren wir in:

```
void PASCAL DDV_MussFeld(CDataExchange* pDX,CString const& text)
{
  CString txt=text;
  txt.TrimRight();
  if (pDX->m_bSaveAndValidate && txt.IsEmpty()) {
    AfxMessageBox("Feld darf nicht leer sein!",MB_ICONEXCLAMATION,0);
    pDX->Fail();
  }
};
```

Da der Datenaustauch offensichtlich sequenziell erfolgt, werden nach dem ersten Fehler keine weiteren Daten eingelesen und geprüft. Dies ist für einen Benutzer nicht besonders hilfreich. Stellen wir uns nur vor, der Inhalt des leeren Felds würde für die weiteren Prüfungen benutzt.

`Fail` ist eine der drei für uns interessanten Elemente der Klasse `CDataExchange`:

`m_pDlgWnd`	Zeiger auf das Fenster, das die Steuerelemente enthält. Daher können wir auf die Angabe von `this` in den Aufrufen der `DDX/DDV`-Funktionen verzichten.
`PrepareCtrl` `PrepareEditCtrl`	Bereitet ein Steuerelement für den Datenaustausch vor. Speichert u. a. ein Handle auf das Steuerelement, mit dem im Fehlerfall der Fokus auf das Element gesetzt wird.
`Fail`	Wird im Fehlerfall aufgerufen. Sie setzt den Fokus auf das letzte mit `PrepareCtrl/PrepareEditCtrl` bearbeitete Feld.

Bei der individuellen Anpassung von Eingabefeldern treffen wir meist auf drei Grundprobleme:

1. Anpassung der Eingabe auf einen bestimmten Datentyp. Denkbar wäre die Eingabe eines Datums in einem speziell vorbereiteten Feld mit bereits eingeblendeten Trennzeichen usw. Hierzu muss eine neue `DDX`-Austauschfunktion für die Klasse `CZeit` angelegt werden:

   ```
   void PASCAL DDX_Time(CDataExchange* pDX,int nIDC,CZeit& zeit);
   ```

2. Prüfung des neuen Datentyps mit Hilfe einer `DDV`-Prüffunktion, z. B. für die Zeit:

   ```
   void PASCAL DDV_ZeitInZukunft(CDataExchange* pDX,CZeit zeit,BOOL
     bZukunft);
   ```

   bzw. Erweiterung der Prüffunktionen für eine bestehende Klasse. Dies haben wir für `CString` gerade durchgeführt.

3. Variation der vorhandenen Prüffunktionen. Ein typisches Beispiel ist die Variation der Obergrenze der Tage in Abhängigkeit von Monat und Jahr (Februar in Schaltjahren):

   ```
   DDV_MinMaxInt(pDX,m_nTag,1,m_nMaxTage);
   ```

12.5.7 ... Blasentexte (Tooltips, QuickInfos) anzeigen?

Aufgabenbeschreibung:

Bisher können wir mit der Maus über die sichtbaren Elemente streichen, ohne dass eine hilfreiche Erläuterung erscheint. Diese ist aber bei benutzerfreundlichen Programmen gang und gäbe.

Beispiel:

Wir wollen unsere Eigenschaftenseite `CRichEditKarte` mit dieser Funktionalität ausstatten.

Grundlagen:

Diese Funktionalität wird von der MFC nicht automatisch unterstützt. Auch die Blasentexte fallen unter die Rubrik der „Holschuld", d. h., das Steuerelement muss eine Anforderung absenden, auf die das Programm entsprechend antwortet. Somit benötigen wir zwei Dinge:

1. Aufruf einer Bearbeitungsfunktion im Meldungsverteiler
2. Implementation einer Funktion, die den Blasentext an den Mauszeiger anhängt

Die Steuerelemente erledigen ihre Holschuld mit Hilfe einer `Notify`-Anfrage. Diese werden im Meldungsverteiler durch die Makros `ON_NOTIFY()` für einen Anfragetyp oder `ON_NOTIFY_RANGE()` für einen Anfragebereich abgehandelt. Soll die Anfrage noch weiter verarbeitet werden, so verwenden wir die erweiterten Makros `ON_NOTIFY_EX()` bzw. `ON_NOTIFY_EX_RANGE()`. Diese geben eine boolesche Variable zurück, mit der die Weitergabe der Meldung erlaubt oder gestoppt wird.

Realisation:

Zur Demonstration der Technik gehen wir in folgenden Schritten vor:

1. Wir öffnen die Projektmappe `U126` und wechseln in die Implementierungsdatei des Eigenschaftenfensters `RichEdit.cpp`.
2. Damit das Fenster die Meldung absetzt, müssen wir diese beim Laden des Fensters freischalten:

   ```
   CRichEditKarte::CRichEditKarte()
     : CPropertyPage(CRichEditKarte::IDD)
     , m_strSchriftart(_T("Symbol"))
     , m_iSchriftfarbe(2)
     , m_strSchriftgroesse(_T("24"))
     , m_bSchriftfett(FALSE)
     , m_bSchriftkursiv(FALSE)
     , m_bSchriftunterstrichen(FALSE)
   {
     m_psp.dwFlags&=~PSP_HASHELP; //ohne Hilfetaste
     EnableToolTips(TRUE);   //Blasentexte erlauben
   }
   ```

Wir können uns dies so vorstellen, dass damit immer ein Zeitgeber gestartet wird, der den Mauszeiger überwacht. Steht er länger als eine halbe Sekunde über einem Steuerelement, so wird eine Meldung generiert. Mit dem Parameter `FALSE` können wir die

Anzeige der Blasentexte wieder abschalten, mit `CancelToolTips` kann die aktuelle Anzeige abgebrochen werden.

3. Im Meldungsverteiler fügen wir neue Zeilen ein, die für Windows 9x (ANSI) und Windows NT (Unicode) den Sprung in die Ereignisfunktion `OnToolTipNotify` vorbereiten:

```
BEGIN_MESSAGE_MAP(CRichEditKarte, CPropertyPage)
  ON_CBN_SELCHANGE(IDC_SCHRIFTART, OnCbnSelchangeSchriftart)
  ON_CBN_SELCHANGE(IDC_SCHRIFTFARBE, OnCbnSelchangeSchriftfarbe)
  ON_CBN_SELCHANGE(IDC_SCHRIFTGROESSE, OnCbnSelchangeSchriftgroesse)
  ON_BN_CLICKED(IDC_SCHRIFTFETT, OnBnClickedSchriftfett)
  ON_BN_CLICKED(IDC_SCHRIFTKURSIV, OnBnClickedSchriftkursiv)
  ON_BN_CLICKED(IDC_SCHRIFTUNTERSTRICHEN,
                                OnBnClickedSchriftunterstrichen)
//  ON_NOTIFY_EX_RANGE(TTN_NEEDTEXTW,0,0xFFFF,OnToolTipNotify)//Unicode
//  ON_NOTIFY_EX_RANGE(TTN_NEEDTEXTA,0,0xFFFF,OnToolTipNotify)//ANSI
  ON_NOTIFY_EX(TTN_NEEDTEXT,0,OnToolTipNotify)
END_MESSAGE_MAP()
```

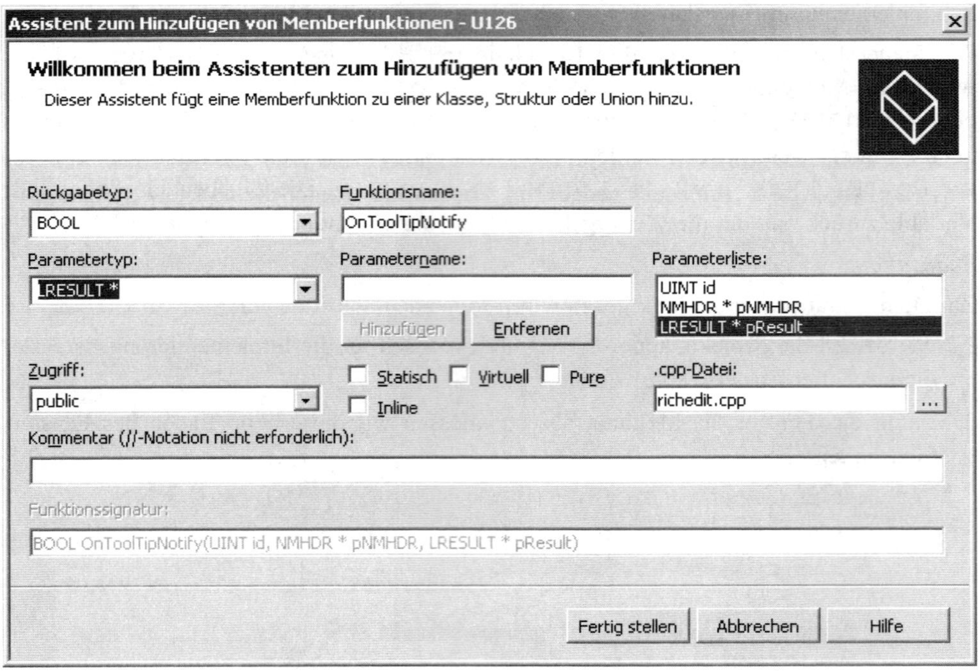

Bild 12.87: Ereignisfunktion zum Anzeigen von Blasentexten generieren

Wird ein Bereich von `0` bis `0xFFF` angegeben, so können wir auch auf das allgemeine Makro zurückgreifen. Ähnliches gilt für die Unterscheidung der Zeichentypen. Diese Differenzierung kann bei Bedarf in der Ereignisfunktion erledigt werden.

4. Für den Klassenknoten `CRichEditKarte` legen wir über das Kontextmenü diese neue Ereignisfunktion an (**Bild 12.87**).

12.5 Wie kann ich ...

5. Diese Ereignisfunktion wird folgendermaßen programmiert:

```
BOOL CRichEditKarte::OnToolTipNotify(UINT id,NMHDR *pNMHDR,
                                    LRESULT * pResult) {
  //ANISI oder Unicode-Umgebung?
  TOOLTIPTEXTA *pTTTA=(TOOLTIPTEXTA*)pNMHDR;//wandelt Meldung
  TOOLTIPTEXTW *pTTTW=(TOOLTIPTEXTW*)pNMHDR;
  CString strTipText; //Hilfsvariable für den Blasentext
  *pResult=0;
  UINT nID=pNMHDR->idFrom; //wo steht der Mauscursor?
  if (pNMHDR->code==TTN_NEEDTEXTA && (pTTTA->uFlags&TTF_IDISHWND) ||
      pNMHDR->code==TTN_NEEDTEXTW && (pTTTW->uFlags&TTF_IDISHWND)) {
    //idFrom in pNMHDR ist ein Handle auf ein Steuerelement
    nID=::GetDlgCtrlID((HWND)nID);
    if (nID!=0) { //Trennzeilen haben keine ID
#ifdef BlasentextEinlesen
      strTipText.LoadString(nID);
#else
      strTipText.Format("Steuerelement ID = %d", nID);
#endif
    }
    if (pNMHDR->code==TTN_NEEDTEXTA) { //Zeichentypen variieren
      lstrcpyn(pTTTA->szText,strTipText,sizeof(pTTTA->szText));
    } else {
      _mbstowcsz(pTTTW->szText,strTipText,sizeof(pTTTW->szText));
    }
    //pTTTA->lpszText=MAKEINTRESOURCE(nID); //Variationen
    //pTTTA->hinst=AfxGetResourceHandle();
    return TRUE; //Meldung erfolgreich bearbeitet
  }
  return FALSE;
} //CRichEditKarte::OnToolTipNotify
```

☞ Hinweis: Die Blasentexte werden nur für Steuerelemente, die nicht von der Klasse `CFrameWnd` sind, mit dieser Technik angezeigt.

Mit der ersten Anweisung wird die erweiterte Meldung in eine für uns interessante Datenstruktur `TOOLTIPTEXT` gewandelt. Nach einer Prüfung bestimmen wir das auslösende Handle, also das Steuerelement, über dem die Maus steht. Aus dem dynamischen Handle muss die ID des Steuerelements bestimmt werden. Falls das Steuerelement einen Blasentext enthalten kann (Trennzeilen in Menüs haben beispielsweise keine solche Texte), legen wir den Ausgabetext fest.

Hier wird eine Präprozessor-Variable `BlasentextEinlesen` benutzt, die dafür sorgt, dass der Ausgabetext aus den Zeichenketten-Ressourcen eingelesen oder aus der ID zusammengesetzt wird.

Danach erfolgt die Ausgabe in Abhängigkeit von der Plattform.

➢ Aufgabe 12-15:

Variieren Sie das Programm. Definieren Sie die Präprozessor-Variable. Probieren Sie die auskommentierten Funktionen aus. Informieren Sie sich darüber in der Online-Hilfe. ■

6. Wahrscheinlich wird das Programm keine Blasentexte anzeigen. Hierzu ist es nämlich notwendig, einige einzugeben. Hierzu aktivieren wir in der Ressourcenansicht den Ordner `String Table` und weisen Texte zu (**Bild 12.88**).

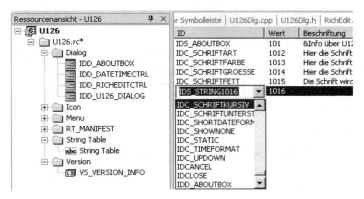

Bild 12.88: Blasentexte eingeben

7. Jetzt sollten die Blasentexte erscheinen (**Bild 12.89**). ■

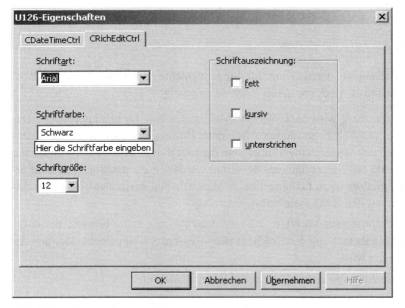

Bild 12.89: Dialog mit angezeigten Blasentexten

13

ActiveX-Steuerelemente nutzen

13	ActiveX-Steuerelemente nutzen	657
13.1	*Grundlagen*	*657*
13.2	*ActiveX-Steuerelement im Testcontainer*	*658*
13.3	*Nutzung des Gittersteuerelements*	*666*
13.4	*Datenübertragung über die serielle Schnittstelle*	*682*
13.5	*Wie kann ich …*	*701*

13 ActiveX-Steuerelemente nutzen

ActiveX-Steuerelemente werden uns noch öfter beschäftigen. In diesem Kapitel lernen wir sie kennen und einsetzen.

- Was will ich?

Ich benötige ein tabellenförmiges Steuerelement, bei dem ich den Inhalt der Zellen eingeben und verändern kann.

- Was habe ich?

Ich finde auf meinem Rechner nur ein Gittersteuerelement der Version 6.0, das Elemente anzeigen kann. Mögliche weitere Kandidaten sind datengebundene Steuerelemente, die aber eine Datenbank voraussetzen. Weiterhin gibt es Textfelder, die aber nur einen Wert aufnehmen.

- Wie löse ich das Problem?

Ich suche mir das erwähnte Gittersteuerelement und platziere ein Textfeld so auf ihm, dass ich bei der Bearbeitung nicht merke, dass es sich um zwei überlappende Steuerelemente handelt.

Dazu aber ein wenig Theorie vorab.

13.1 Grundlagen

ActiveX ist ein neuer Name für eine „alte Technik", die Visual Basic-Programmierer schon seit langer Zeit kennen. Die Entwickler von Visual Basic kamen auf die geniale Idee, auch neue (benutzerdefinierte) Steuerelemente zuzulassen. Damit waren die so genannten VBXen erfunden (Visual Basic Extensions), die genau diese Erweiterung im Dateinamen hatten.

Wie immer in der Technik stiegen mit der Zeit die Ansprüche, so dass die erste Definition verbessert werden musste. Es entstanden die OLE-fähigen (Object Linking and Embedding) OCXen, wieder mit der gleichlautenden Erweiterung.

In der dritten Generation (schließlich musste irgendwann von 16 auf 32 Bit umgestiegen werden) erhielten sie ihren heutigen Namen: ActiveX-Steuerelemente, haben aber immer noch die Erweiterung `.OCX`. Sie sammeln sich im Laufe der Zeit im Ordner `\os \System32` an. Es ist sogar möglich, dass mehrere Steuerelemente in einer Datei zusammengefasst sind. In diesem Fall ist die Erweiterung `.DLL`.

Wie soll man sie nun definieren? Wenn sie in das Visual Studio eingebunden sind, verhalten sie sich genau wie normale Steuerelemente. Das sind sie auch, nur dass sie eben in eigenen Dateien definiert sind, die wir explizit zum Studio hinzu binden müssen.

Da die Schnittstelle der ActiveX-Steuerelemente offen gelegt ist, können wir selbst solche Elemente entwickeln. Visual C++ unterstützt uns hierbei mit entsprechenden Generatoren.

ActiveX-Steuerelemente werden wie die DLLs (Dynamic Link Libraries) erst zur Laufzeit zum Programm (genauer zu Windows) hinzu gebunden. Aufgrund der Speicherung in einer getrennten Datei kann es vorkommen, dass die OCX-Dateien fehlen. Dieser Fehler wird erst zur Laufzeit erkannt. Einige der (käuflichen) ActiveX-Steuerelemente verlangen dazu noch eine ordnungsgemäße Registrierung, bevor wir sie benutzen können. Also einfach nur zusammen mit dem Programm kopieren funktioniert nicht immer.

Sobald wir zusätzliche ActiveX-Steuerelemente in eine Anwendung einbinden, sollten wir diese nur noch mit Hilfe eines Installationsprogramms weiterreichen. Dieses sorgt dafür, dass die notwendigen Dateien eingesammelt und auf dem Zielrechner installiert werden.

13.2 ActiveX-Steuerelement im Testcontainer

Als Beispiel für den Einsatz eines ActiveX-Steuerelements wollen wir ein Element suchen, das wir vergeblich in der Werkzeugleiste suchen. Andererseits sollten wir es mindestens so häufig einsetzen wie das IP Adress-Feld. Ich persönlich vermisse beispielsweise eine allgemeine Tabelle in Gitterform mit Eingabemöglichkeit. Das Listenfeld ist hierzu überhaupt nicht geeignet.

Also lassen Sie uns eine Reise durch unseren Rechner beginnen. Bei dieser Reise werden wir auf das Steuerelement MSFlxGrd.OCX stoßen, das normalerweise automatisch installiert wird. Es scheint aber leider bei der Umstellung von Version 6.0 auf 7.0 untergegangen zu sein. Auf jeden Fall ist es empfehlenswert, die VC++ Version 6.0 nicht vor der Installation der Version 7.0 zu löschen

13.2.1 Vorbereitung

Normalerweise werden die ActiveX-Steuerelemente bei der Installation einer Anwendung vom Installationsprogramm in das Verzeichnis C:\os\system32 kopiert und registriert. Um sicherzugehen, kontrollieren wir dort die Existenz von MSFlxGrd.OCX. Bei einigen Steuerelementen finden wir noch Abhängigkeitsdateien mit der Erweiterung .DEP (Dependency) für den Startup, also MSFlxGrd.DEP. Besonderes Glück haben wir, wenn auch noch eine Hilfedatei existiert, die je nach Alter und Version des Steuerelements unterschiedliche Erweiterungen besitzt. Einige befinden sich ebenfalls im Ordner C:\os\system32, die modernere Variante ist aber der Ordner C:\os\Help, in der wir auf die Datei MSHFlx98.chm (kompilierte HTML-Hilfe) und die Inhaltsdatei MSHFlx98.CHI treffen. Diese Datei ist primär auf das hierarchische Gittersteuerelement abgestimmt, woher der Name der Hilfsdatei abgeleitet werden kann. Die Eigenschaften des einfachen Steuerelements sind aber enthalten. Wenn die Hilfe nicht vorhanden ist, so finden wir sie auf der zweiten CD der MSDN-Bibliothek 6.0a.

Sind die Dateien zu finden, so können wir annehmen, dass sie bereits registriert sind und wir mit Kapitel 13.3 weitermachen können. Wer das Steuerelement ausprobieren möchte

13.2 ActiveX-Steuerelement im Testcontainer

oder wer nicht sicher ist, dass es tatsächlich registriert ist, folgt dagegen der Beschreibung im Kapitel 13.2.2.

Sollten dagegen die Dateien nicht vorhanden sein, so müssen wir `MSFlxGrd.OCX` und `MSFlxGrd.DEP` von der CD-ROM auf unser Systemverzeichnis `\os\SYSTEM` kopieren (`os` als Betriebssystemordner, also `Windows` bzw. `WINNT`). Da dies die Dateien mit dem neuesten Datum sind, beziehen sich die weiteren Ausführungen nur auf diese Version. Bei der Visual Studio 6.0 Enterprise Edition sind diese Dateien mit dem Stand 22.05.2000 im Verzeichnis `\os\system32` zu finden.

Wenn wir uns etwas Gutes antun wollen, dann kopieren wir ebenfalls die beiden Hilfedateien `MSHFlx98.chm` (die eigentliche Hilfe) und `MSHFlx98.chi` (Indexdatei) dorthin, obwohl wir unter Visual C++ mit den Beispielen nicht viel anfangen können, da es eine Beschreibung für Access ist. Wir können aber die Hilfe für dieses Steuerelement direkt aktivieren und eine Transskription nach Visual C++ vornehmen.

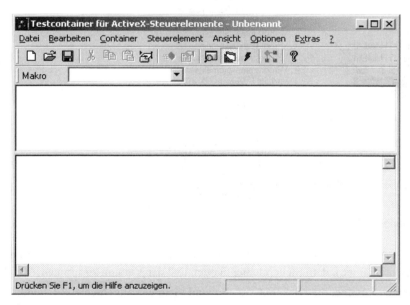

Bild 13.1: Programm: `Testcontainer für ActiveX-Steuerelemente`

13.2.2 Registrierung

Das Kopieren allein reicht jedoch nicht, da das ActiveX-Steuerelement noch in die Registrierung eingetragen werden muss. Sowohl zur Registrierung wie auch zum Test verfügt Visual C++ über einen intelligenten Testcontainer. Dies ist ein Trägerprogramm, das alle Informationen aus der OCX-Datei ausliest, darstellt und verarbeitbar macht.

Wir gehen in folgenden Schritten vor:

1. Wir lösen die Menüoption E̲xtras|Testco̲ntainer für ActiveX-Steuerelement aus. Es erscheint das Fenster des Programms (**Bild 13.1**).

   Das Programm kann bei Bedarf (z. B. im Fehlerfall) auch ohne das Visual Studio mit \Programme\Microsoft Visual Studio .NET\Common\Tools7\TSTCON32.EXE gestartet werden.

2. Wir wählen die Option D̲atei|Ste̲uerelemente registrieren.... Es erscheint das Fenster Steuerelemente registrieren (**Bild 13.2**), das uns alle bereits registrierten Steuerelemente anzeigt.

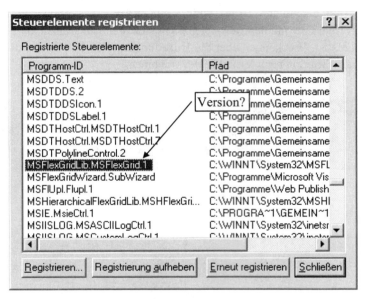

Bild 13.2: Registrierung von Steuerelementen

Die Namen der Steuerelemente setzen sich offensichtlich aus einem Familiennamen (ähnlich dem Dateinamen), dem Steuerelementnamen und der Version zusammen.

Einige der Namen kommen uns bekannt vor. So sind viele der allgemeinen Steuerelemente aus dem letzten Kapitel in COMCTL32.OCX enthalten (Common Controls 32-bit).

3. Ist das Steuerelement nicht in der Liste, dann klicken wir auf die Schaltfläche Registrieren . Es erscheint der Dialog Öffnen, in dem wir MSFlxGrd.OCX suchen und mit Öffnen bestätigen (**Bild 13.3**).

4. Spätestens jetzt sollte das Steuerelement einen Eintrag in der Liste Registrierte Steuerelemente erscheinen. Damit ist es registriert und verfügbar.

13.2 ActiveX-Steuerelement im Testcontainer

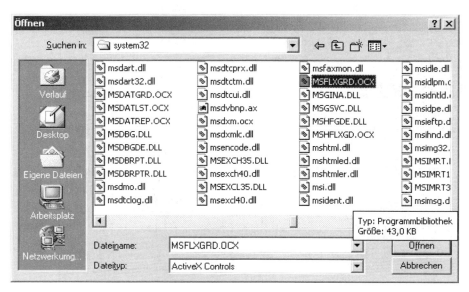

Bild 13.3: Dialog Öffnen von Steuerelementen

5. Mit Schließen beenden wir die Registrierung und kehren in den Testcontainer zurück.

6. Für den Test lösen wir Bearbeiten|Neues Steuerelement einfügen... aus. Daraufhin wird der Dialog Steuerelement einfügen angezeigt (**Bild 13.4**).

7. Nach dem Klick auf OK erscheint das Steuerelement im Containerprogramm (**Bild 13.5**), und es kann mit den Experimenten losgehen. Jetzt können wir nämlich die Wirkung der verschiedenen Aktionen ausprobieren, bevor wir sie (mühsam) programmieren.

8. Ziehen wir die Maus über das Steuerelement, erscheinen in der Ausgabescheibe am unteren Rand sofort die Mausereignisse MouseMove. Ein Steuerelement kann somit selbst Ereignisse auslösen.

9. Ein Klick auf das Steuerelement führt zu Click. Welche Ereignisse gemeldet werden, können wir über Steuerelemente|Protokollieren... einstellen (**Bild 13.6**).

10. Über die Menüoption Steuerelement|Methoden aufrufen... öffnen wir das Dialogfeld Methoden aufrufen (**Bild 13.7**).

In der Liste der Methodennamen finden wir neben den Methoden (Method) auch Eigenschaften wie (PropGet) oder (PropPut), die zum Lesen und Schreiben von Attributen des Steuerelements dienen.

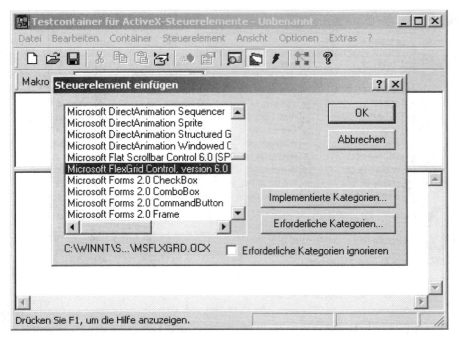

Bild 13.4: ActiveX-Steuerelement einfügen

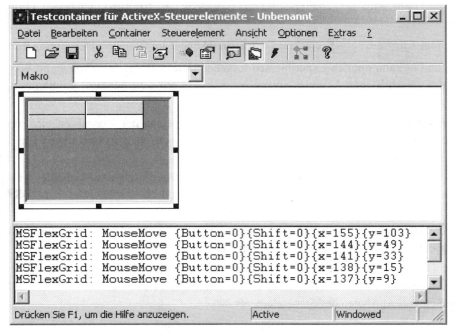

Bild 13.5: Steuerelement zum Testen im Testcontainer

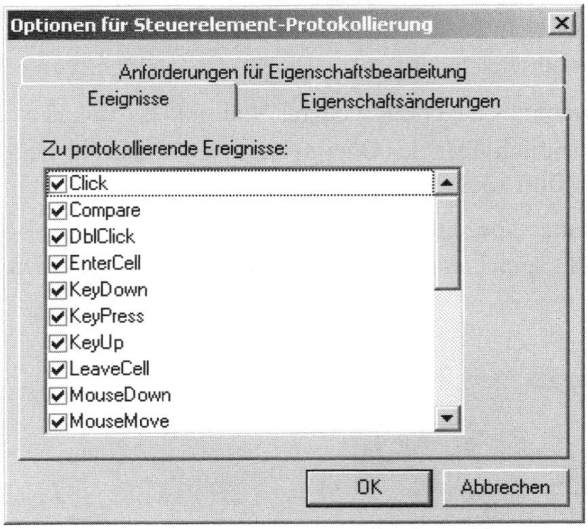

13.2 ActiveX-Steuerelement im Testcontainer   663

Bild 13.6: Mögliche und aktivierte Ereignisse

Beim Wandern durch die Methodennamen öffnen sich die weiteren Felder in diesem Dialogfeld, um Benutzereingaben entgegenzunehmen. Methoden übernehmen Parameter, Eigenschaften können im Wert geändert werden.

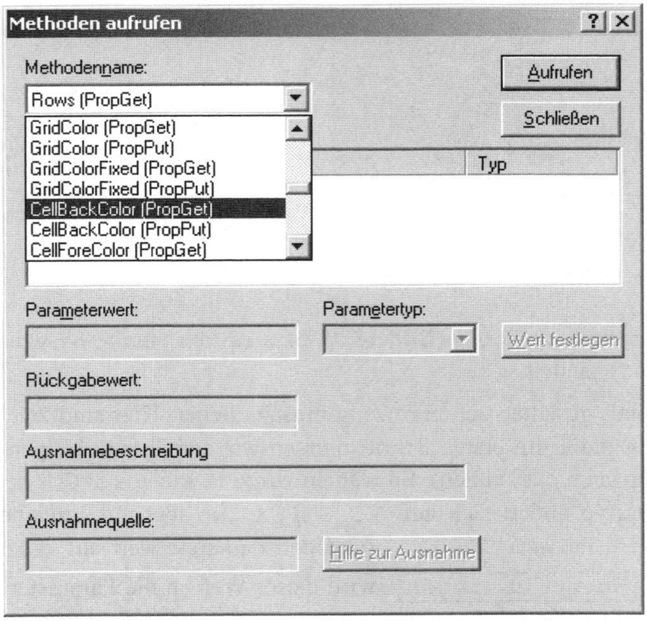

Bild 13.7: Dialogfeld `Methoden aufrufen` zeigt Pflegemethoden für Attribute und Methoden an

11. Wir wollen zuerst einmal ein Attribut auslesen. Daher wählen wir `CellBackColor` und lösen ⌐Aufrufen¬ aus, was unwirsch mit `Eigenschaft nicht verfügbar` abgelehnt wird. Wir probieren es daher ein weiteres Mal mit `BackColor`. Jetzt wird ein Wert angezeigt, der deutlich über der Obergrenze einer Ganzzahl liegt. Als Typ wird `VT_UI4` angegeben (**Bild 13.8**).

Bei `VT_UI4` handelt es sich um einen speziellen Datentyp `Variant Unsigned Integer 4 Bytes`. Dieser ist zum sprachunabhängigen Einsatz von Steuerelementen eingeführt worden.

Bild 13.8: Auslesen einer Eigenschaft aus einem ActiveX-Element

12. Eine Kontrolle im Taschenrechner zeigt uns (**Bild 13.9**), dass es sich um die Systemfarbe `5` (Fensterhintergrund) handelt.

13. Die Eingabe einer Eigenschaft gestaltet sich ein wenig umständlicher. Hier sind zwei Schritte (oder gar drei) notwendig. Im ersten Schritt müssen wir den Typ der Eigenschaft bestimmen (wenn wir ihn nicht kennen). So wählen wir z. B. die `BackColor (PropPut)`. Der Parametertyp ändert sich auf `VT_EMPTY`, der aber zur Eingabe nicht geeignet ist. Wir ändern ihn auf `VT_UI04` und den Parameterwert auf `255` (voll gesättigtes Rot). Mit ⌐Wert festlegen¬ wird dieser Wert in die Parameterliste übernommen. Erst mit ⌐Aufrufen¬ wird er dann aktiv. Die Farbe des aktuellen Monats ändert sich auf Rot (**Bild 13.10**), was hier im Buch natürlich schlecht zu erkennen ist.

13.2 ActiveX-Steuerelement im Testcontainer

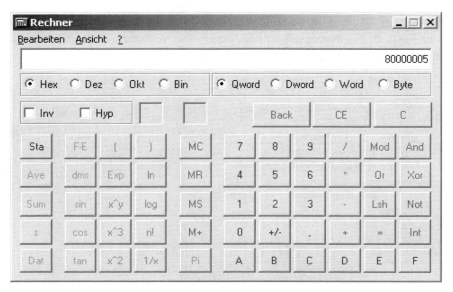

Bild 13.9: Hexadezimale Darstellung der Windows-Systemfarbe Nr. 5 im Taschenrechner

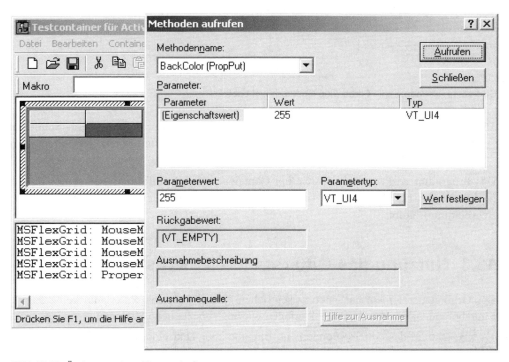

Bild 13.10: Änderung einer Eigenschaft

14. Der Parametertyp `VT_COLOR` lässt die Eingabe über einen Farbdialog zu. Ein Übertragen der Farbe an das Steuerelement funktioniert aber wie schon in der Version 6.0 nicht. Stattdessen wird nun die aktuelle Hintergrundfarbe hexadezimal ausgelesen (**Bild 13.11**).

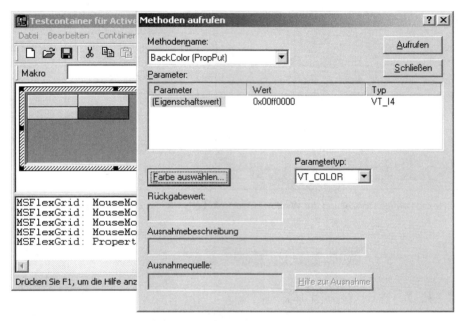

Bild 13.11: Hexadezimale Farbe Blau lässt sich nicht setzen

15. Jetzt können wir eine Eigenschaft nach der anderen ausprobieren. Beim Schließen werden wir noch einmal gefragt, ob wir die aktuelle Konfiguration speichern wollen oder nicht. ∎

Das Programm wirkt tatsächlich wie ein Container, der alle Informationen seines Inhalts liest (natürlich nur die, die das ActiveX-Steuerelement offen legt) und anschließend zur Bearbeitung freigibt.

13.3 Nutzung des Gittersteuerelements

Das Gittersteuerelement hat einen wesentlichen Nachteil für uns. Es erlaubt keine direkte Eingabe von Daten. Als Ausweg überlegen wir uns verschiedene Varianten:

1. Verzicht auf das Gittersteuerelement, Eingabe über Textfelder mit Auflistung in einem Listenfeld
2. Bearbeitung der Daten in einem gesonderten Dialogfeld (↔ siehe Approximator)
3. Bearbeitung der Daten in Textfeldern auf dem gleichen Dialogfeld

13.3 Nutzung des Gittersteuerelements

4. Die letzte Alternative bringt uns auf die Idee, das Textfeld für den Benutzer unsichtbar dynamisch vor die aktuelle Zelle des Gittersteuerelements zu setzen und so zu tun, als sei das Gittersteuerelement eingabefähig.

Wir wollen uns nun ganz auf den letzten Fall konzentrieren.

13.3.1 ActiveX-Steuerelement in ein Projekt einbinden

Bevor wir tief in die Trickkiste greifen, wollen wir das Gittersteuerelement erst einmal grundsätzlich nutzbar machen. Dazu gehen wir in folgenden Schritten vor:

1. Zuerst legen wir eine SDI-Anwendung `U131` im Ordner `U13_AcX` an. Diese Entscheidung ist einfach, da wir die Daten später serialisieren wollen. Aus diesem Grund ändern wir auch die `Zeichenfolgen für Dokumentvorlagen` (**Bild 13.12**).

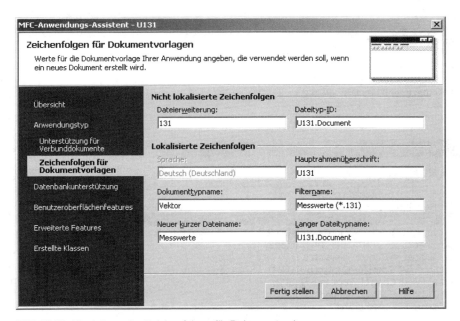

Bild 13.12: Einstellung der Zeichenfolgen für Dokumentvorlagen

2. Um Steuerelemente auf dem Formular anlegen zu können, wechseln wir die Ansichtsklasse in `CFormView` aus. Die Druckerunterstützung wird abgeschaltet.
3. Im folgenden Schritt wechseln wir in den Dialogeditor für den Dialog `IDD_U131_DIALOG`.
4. Wir löschen auf dem Dialog alle vorbereiteten Steuerelemente. Im Kontextmenü des Dialogfelds (Rechtsklick auf den Hintergrund des Dialogfelds) (**Bild 13.13**) lösen wir `ActiveX-Steuerelemente einfügen...` aus. Es erscheint ein zu **Bild 13.4** ähnlicher Dialog (**Bild 13.14**). Er zeigt aber etwas mehr zur Version an.

Bild 13.13: Kontextmenü des Dialogfelds

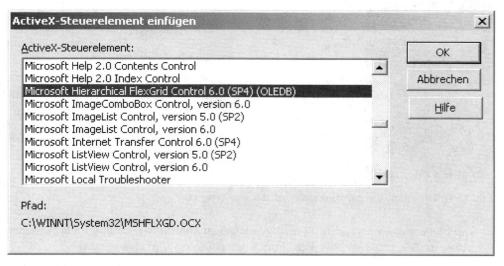

Bild 13.14: Dialogfeld `ActiveX-Steuerelement einfügen`

5. Wir wählen das Gittersteuerelement und bestätigen mit OK. Sofort erscheint das Steuerelement auf unserem Dialog. Lediglich Größe und Position müssen noch angepasst werden. Die ID des Steuerelements legen wir mit `IDC_GITTER` fest.

13.3 Nutzung des Gittersteuerelements

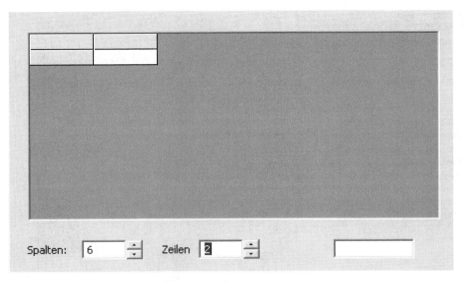

Bild 13.15: SDI-Anwendung mit Gittersteuerelement

6. Wir fügen Bezeichnungs- und Textfelder für die Anzahl der Spalten `IDC_SPALTEN` und Zeilen `IDC_ZEILEN` ein. Drehfelder `IDC_SPALTENDREHER` und `IDC_ZEILENDREHER` ergänzen die beiden Elemente. Zur Synchronisation überprüfen wir die Tabulatorreihenfolge und setzen die Eigenschaften `AutoBuddy` sowie `Buddy-Integer festlegen` auf `True`.

7. Für die Bearbeitung einer Zelle legen wir noch ein Textfeld `IDC_ZELLE` an beliebiger Stelle an. Dieses wird programmgesteuert positioniert (natürlich können wir es auch im Programm kreieren). Die Eigenschaft `Rahmen` setzen wir auf `False`, wenn wir keinen Rahmen über dem Gittersteuerelement sehen wollen, um das Eingabefeld herauszuheben. In diesem Fall muss aber die Positionierung korrigiert werden, da sonst der Zelleninhalt springt. Wird das Gittersteuerelement nicht von Anfang an fokussiert, so müssen wir die Sichtbarkeit des Textfelds ebenfalls gesondert steuern, damit es unsichtbar wird, solange wir nicht auf dem Gittersteuerelement sind.

8. Nach dem Testlauf (**Bild 13.15**) speichern wir die Anwendung. ∎

Wenn wir ein ActiveX-Steuerelement häufiger in unseren Anwendungen benötigen, ist es von Vorteil, das Steuerelement in die Werkzeugleiste aufzunehmen.

☒ Um die Werkzeugleiste um ein weiteres Steuerelement zu ergänzen, gehen wir in folgenden Schritten vor:

1. Wir befinden uns noch immer im Dialogeditor mit geöffneter Werkzeugleiste. Auf diese klicken wir rechts und finden im Kontextmenü die Option `Toolbox anpassen`, die wir auslösen. Es erscheint das Dialogfeld `Toolbox anpassen` mit zwei Registerblättern, die uns neben den registrierten COM-Steuerelementen auch .NET Framework-Komponenten anbieten (**Bild 13.16**).

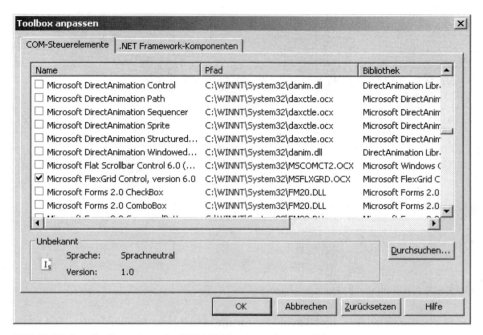

Bild 13.16: Aus der Sammlung der COM-Steuerelemente auswählen

2. Wir bleiben auf dem Registerblatt COM-Steuerelemente und suchen den Eintrag Microsoft FlexGrid Control. Dieser Eintrag enthält weitere Informationen zur Version 6.0 und dem Service Pack SP3. Das Steuerelement ist dazugekauft, was wir später aus der Eigenschaft (About) entnehmen können (**Bild 13.17**). Wir markieren den Eintrag. Die gelbe Färbung deutet übrigens darauf hin, dass das Steuerelement an eine Datenbank-Tabelle anbindbar ist.

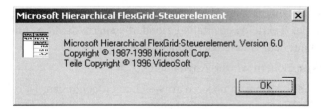

Bild 13.17: Informationen zum FlexGrid-Steuerelement

3. Nach dem Schließen des Dialogfelds befindet sich nun ein neues Symbol in der Werkzeugleiste (**Bild 13.18**), das wir wie jedes andere Steuerelement auf unser Formular ziehen können.

13.3 Nutzung des Gittersteuerelements

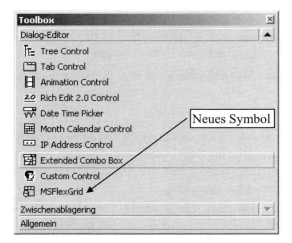

Bild 13.18: Neues Steuerelement in der Werkzeugleiste

4. Das auf dem Formular aufgezogene Steuerelement besitzt noch keine eigene Klassenbeschreibung oder Ähnliches. Wir kommen daher auf die Idee, eine Membervariable `m_gitVektor` in der Ansichtklasse `CU131Dlg` für das Element anzulegen (**Bild 13.19**).

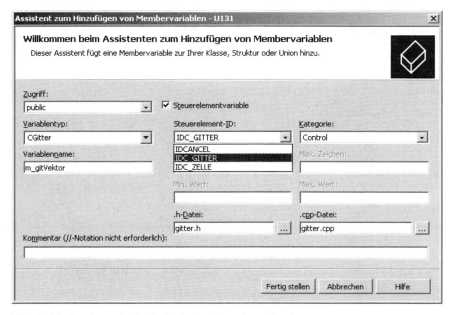

Bild 13.19: Membervariable für das Gittersteuerelement anlegen

5. Diese Aktion führt zwei Dinge aus: Es wird eine Verpackungsklasse `CGitter` generiert und eine Membervariable von diesem Typ angelegt. In der Klassenansicht finden

wir daher eine neue Klasse `CGitter` unterhalb des Projektknotens `U131` und eine Membervariable `m_gitVektor` unterhalb des Klassenknotens `CU131Dlg`. Die Textfelder verknüpfen wir über `IDC_ZELLE` mit `m_strZelle` usw.

6. Natürlich schauen wir in die generierten Dateien. Gleich der erste Kommentar weist uns auf die Bedeutung hin.

```
// Mit Microsoft Visual C++ erstellte IDispatch-Wrapperklasse(n)
```

Es handelt sich um eine Verpackungsklasse (Wrapper Class) für das Steuerelement. Darunter versteht man einige Klassen, welche die Schnittstelle zum Steuerelement in die C++-Syntax übersetzen. In einigen Fällen werden mehrere Klassen angelegt (beispielsweise für die Schriftarten). Wir finden nur eine einzige.

Ein Blick in die Kopf- bzw. Implementationsdatei zeigt deutliche Veränderungen gegenüber der Version 6.0. Insbesondere die Implementationsdatei ist deutlich abgespeckt. Die Aufrufe der Hilfsfunktion `InvokeHelper` sind nun in die Kopfdatei `Gitter.h` gewandert, so dass die Datei `Gitter.cpp` richtig aufgeräumt erscheint. Stellen wir weitere Vergleiche zwischen den Versionen an, so finden wir jetzt eine Vielzahl von Auflistungen `enum`. Visual C++ .NET liest jetzt auch die Konstantendeklarationen aus einem ActiveX-Steuerelement aus, was bisher schmerzlich vermisst wurde. Diese Konstanten sind für die Programmierung sehr hilfreich. Sie müssen, um Namenskonflikte zu vermeiden, qualifiziert angegeben werden (siehe Quelltext von `CU131View::OnInitialUpdate`). Die dort benutzte Konstante ist hier fett markiert:

```
enum
{
    flexAlignLeftTop = 0,
    flexAlignLeftCenter = 1,
    flexAlignLeftBottom = 2,
    flexAlignCenterTop = 3,
    flexAlignCenterCenter = 4,
    flexAlignCenterBottom = 5,
    flexAlignRightTop = 6,
    flexAlignRightCenter = 7,
    flexAlignRightBottom = 8,
    flexAlignGeneral = 9
}AlignmentSettings;
```

Die Hilfsfunktion:

```
void AFX_CDECL InvokeHelper(DISPID dwDispID,WORD
    wFlags,VARTYPE vtRet,void* pvRet,const BYTE*
    pbParamInfo,…);
```

arbeitet still im Hintergrund, indem sie die Methode oder Eigenschaft `dwDispID` aufruft. `wFlags` gibt an, ob es eine Methode ist oder ob eine Eigenschaft gelesen oder geschrieben werden soll. `vtRet` schließlich legt den Typ der Rückgabe fest, die

13.3 Nutzung des Gittersteuerelements

über den Zeiger `pvRet` ansprechbar ist. Die folgende Zeichenkette `pbParamInfo` legt fest, welche weiteren Parameter ausgetauscht werden. An diesen Funktionen werden wir selbst nie etwas ändern müssen. Hier ein Beispiel:

```
long get_Rows()
{
  long result;
  InvokeHelper(0x4, DISPATCH_PROPERTYGET, VT_I4, (void*)&result, NULL);
  return result;
}
void put_Rows(long newValue)
{
  static BYTE parms [] = VTS_I4 ;
  InvokeHelper(0x4, DISPATCH_PROPERTYPUT, VT_EMPTY, NULL, parms,
  newValue);
}
```

7. Damit sind die Vorbereitungsarbeiten abgeschlossen. Die Oberfläche ist fertig. ■

Wir wollen vor der Programmierung einige grundlegende Informationen kennen lernen.

13.3.2 Gittersteuerelement programmieren

Das Steuerelement hat aufgrund seiner Tabellenform starke Ähnlichkeiten mit einem Arbeitsblatt von Excel bzw. mit der Tabellenansicht von Access. Schon in der Grundversion verfügt es über herausgehobene Zellen am oberen und linken Rand, die der Beschriftung dienen.

Das Microsoft FlexGrid-Steuerelement `MSFlexGrid` zeigt tabellarische Daten an und operiert mit diesen. Es ermöglicht das Sortieren, Gruppieren von Zellen in und Formatieren von Tabellen, die Zeichenfolgen und Bilder enthalten. Ist `MSFlexGrid` an ein Daten-Steuerelement gebunden, so zeigt es nur schreibgeschützte Daten an.

Diese Beschreibung aus der Hilfe ist eine vornehme Umschreibung, dass wir die Daten im Gittersteuerelement nicht ändern können. Neben Texten kann es übrigens auch Bilder anzeigen. An dieser Stelle ist es also besonders flexibel.

Da es sich ursprünglich um ein für Visual Basic konzipiertes Steuerelement handelt, verfügt es über eine Vielzahl von Eigenschaften, die wir bereits zur Entwurfszeit festlegen können (**Bild 13.20**).

So können wir die Anzahl der Spalten und Zeilen schon einstellen. Schwierig sind nur die Werte, die mehrfach vorkommen, also Spaltenbreiten, Zeilenhöhen usw.

Zuerst wird man wohl die ersten beiden Werte bestimmen, also die Anzahl der Spalten `Cols` und Zeilen `Rows`. Zusätzlich gibt es diese Eigenschaften noch mit dem Zusatz `Fixed`, die sich auf den Rahmen beziehen. Mit einem Wert `0` können wir die Beschriftungszellen ausblenden.

Wir wollen uns auf einige weitere wichtige Eigenschaften beschränken. So gibt es nicht weniger als vier Hintergrundfarben:

`BackColor`	Zellenhintergrund
`BackColorBkg`	Gesamthintergrund
`BackColorFixed`	Hintergrund der Rahmenzellen
`BackColorSel`	Hintergrund der markierten Zelle

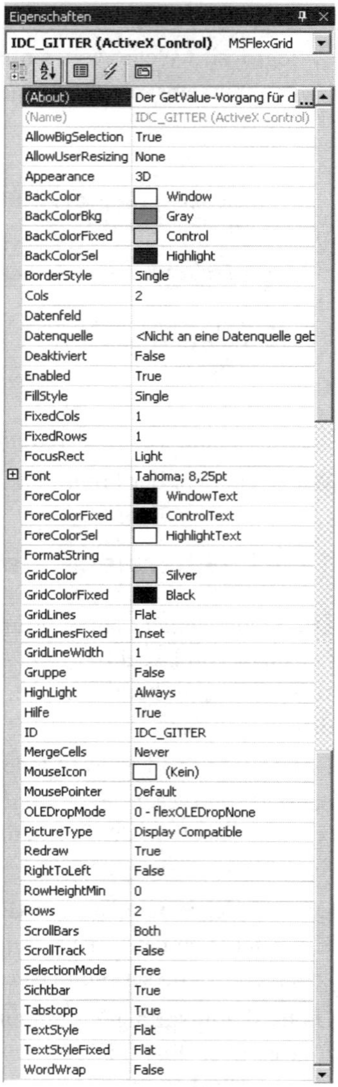

Ähnliche Aussagen lassen sich für die Vordergrundfarbe, die Eigenschaften des Gitters usw. machen. Hier ist – wie bereits erwähnt – die Online-Hilfe sehr aussagekräftig.

⌦ Damit kehren wir wieder zu unserer Visual C++-Anwendung zurück, auf der sich jetzt ein Gitterelement befindet:

1. Da das Gitterelement einen (zweispaltigen) Vektor aufnehmen soll, sollten wir zuerst eine solche Struktur deklarieren. Dazu benötigen wir die entsprechende Kopfdatei, die wir auf höchster Ebene, also in `StdAfx.h` einbinden:

```
#include <afxwin.h>     // MFC-Kern- ...
#include <afxext.h>     // MFC-Erweiterungen
#include <afxdisp.h>    // MFC-Automatisier.
#include <afxtempl.h>   // MFC-Templates
```

2. Nun können wir unsere neuen Auflistungen anwendungsglobal in `U131.h` deklarieren, wobei die Stringliste hier zur Demonstration aufgeführt ist. Das Programm wird später nur auf die Punktliste zugreifen:

```
// U131.h : Hauptheaderdatei für die U131-Anwend
//
#pragma once

#ifndef __AFXWIN_H__
   #error include 'stdafx.h' before including ...
#endif

#include "resource.h"        // Hauptsymbole

typedef CList<CString,CString&> CStringListe; //nur zur Demo
typedef CList<CPoint,CPoint&> CPunktListe;
typedef CArray<CPoint,CPoint&> CPunktArray;
```

Bild 13.20: Eigenschaften eines MSFlexGrid

3. Nach diesen Vorbereitungen können wir alle zur Serialisierung vorgesehenen Variablen in der Dokumentklasse vorbereiten:

```
// U131Doc.h : Schnittstelle der Klasse CU131Doc
//
```

13.3 Nutzung des Gittersteuerelements

```cpp
#pragma once

class CU131Doc : public CDocument
{
protected: // Nur aus Serialisierung erstellen
  CU131Doc();
  DECLARE_DYNCREATE(CU131Doc)

// Attribute
public:
  CPunktArray m_ptArray;
```

Nur zu Testzwecken füllen wir diese Liste. Führen wir die Serialisierung durch, dann entfallen diese Anweisungen:

```cpp
BOOL CU131Doc::OnNewDocument() {
  if (!CDocument::OnNewDocument())
    return FALSE;

  // TODO: Hier Code zur Reinitialisierung einfügen
  // (SDI-Dokumente verwenden dieses Dokument)

#ifdef _DEBUG //zum Testen
  CPoint ptPunkt;
  for (long lngI=0;lngI<10;lngI++) {
   ptPunkt.x=10-lngI;
   ptPunkt.y=lngI*2.0;
   m_ptListe.AddHead(ptPunkt);
   } //for
#endif

  return TRUE;
} //CU131Doc::OnNewDocument
```

Die Serialisierung sowie das Dumpen sind sehr einfach:

```cpp
// CU131Doc Serialisierung

void CU131Doc::Serialize(CArchive& ar) {
  if (ar.IsStoring()) {
    // TODO: Hier Code zum Speichern einfügen
  } else {
    // TODO: Hier Code zum Laden einfügen
  }
  m_ptListe.Serialize(ar);
} //CU131Doc::Serialize

// CU131Doc Diagnose

#ifdef _DEBUG
void CU131Doc::AssertValid() const {
  CDocument::AssertValid();
}

void CU131Doc::Dump(CDumpContext& dc) const {
  CDocument::Dump(dc);
  m_ptListe.Dump(dc);
}
#endif //_DEBUG
```

4. Folgende Eigenschaften des Gittersteuerelements legen wir zur Entwurfszeit fest:

Eigenschaft	Wert	Bedeutung
`AllowBigSelection`	None	ganze Spalte/Zeile markieren
`AllowUserResizing`	Columns	Veränderungen durch den Benutzer
`BackColorXXXX`	nach Geschmack	verschiedene Farben
`Cols`	3	Spaltenzahl

5. Wie bereits erwähnt, können wir einige der Eigenschaften erst zur Laufzeit einstellen. Daher ändern wir die Ereignisfunktion `CU131View::OnInitialUpdate` ab:

```
void CU131View::OnInitialUpdate() {
  CFormView::OnInitialUpdate();
  GetParentFrame()->RecalcLayout();
  ResizeParentToFit();

  CU131Doc *pDoc=GetDocument();
  ASSERT(pDoc);
  long lngI;
  CString strT;
  CPoint ptPunkt;

  long nAnzahlZeilen; //Anzahl der Zeilen in der Liste bestimmen
  if (pDoc->m_ptArray.IsEmpty()) {
    nAnzahlZeilen=20;
  } else {
    nAnzahlZeilen=pDoc->m_ptArray.GetCount();
  }
  ((CSpinButtonCtrl*)GetDlgItem(IDC_SPALTENDREHER))->SetRange(2,10);
  ((CSpinButtonCtrl*)GetDlgItem(IDC_ZEILENDREHER))->SetRange(1,99);
  SetDlgItemInt(IDC_ZEILEN,nAnzahlZeilen-1);
  SetDlgItemInt(IDC_SPALTEN,m_gitVektor.get_Cols());
  m_gitVektor.put_RowHeightMin(300); //Zellenhöhe festlegen
  m_gitVektor.put_ColWidth(0,350); //Spaltenbreiten festlegen
  m_gitVektor.put_ColWidth(1,950);
  m_gitVektor.put_ColWidth(1,950);
  m_gitVektor.put_Rows(nAnzahlZeilen+1); //mit Überschrift
  m_gitVektor.put_TextStyle(m_gitVektor.flexTextInsetLight);
  m_gitVektor.put_FixedAlignment(0,m_gitVektor.flexAlignCenterCenter);
  m_gitVektor.put_Col(0);         //Spaltenüberschriften
  m_gitVektor.put_Row(0);
  m_gitVektor.put_Text("Nr.");
  m_gitVektor.put_FixedAlignment(1,m_gitVektor.flexAlignCenterCenter);
  m_gitVektor.put_Col(1);
  m_gitVektor.put_Text("x");
  m_gitVektor.put_FixedAlignment(2,m_gitVektor.flexAlignCenterCenter);
  m_gitVektor.put_Col(2);
  m_gitVektor.put_Text("y");
  m_gitVektor.put_Col(0);
  for (lngI=1;lngI<=nAnzahlZeilen;lngI++) { //Nummerierung 1. Spalte
    m_gitVektor.put_RowHeight(lngI,350);
    strT.Format("%d.",lngI); //mit Ordinalpunkt
    m_gitVektor.put_Row(lngI);
    m_gitVektor.put_Text(strT);
  }
  //eventuell vorhandene Vektordaten anzeigen
  if (!pDoc->m_ptArray.IsEmpty()) {
```

13.3 Nutzung des Gittersteuerelements

```
      //m_gitVektor.put_Col(1); //einzeln positionieren
      for (lngI=0;lngI<pDoc->m_ptArray.GetCount();lngI++) {
        ptPunkt=pDoc->m_ptArray.GetAt(lngI);
        TRACE2("<-(%d,%d)\n",ptPunkt.x,ptPunkt.y);
        strT.Format("%d",ptPunkt.x);
        //m_gitVektor.put_Row(lngI+1); //einzeln positionieren
        //m_gitVektor.put_Text(strT);
        m_gitVektor.put_TextArray(GibFlexGridIndex(lngI+1,1),strT);
        strT.Format("%d",ptPunkt.y);
        m_gitVektor.put_TextArray(GibFlexGridIndex(lngI+1,2),strT);
      } //for
    } //if (!pDoc->m_ptArray.IsEmpty())
  pDoc->SetModifiedFlag(false); //keine Änderungen an den Daten
  SCROLLINFO ScrollInfo; //Informationen zum Scrollen einlesen

  m_gitVektor.GetScrollInfo(SB_VERT,&ScrollInfo,SIF_POS|SIF_RANGE|SIF_TR
  ACKPOS);
  m_lngAlteScrollPos=ScrollInfo.nPos;
  m_gitVektor.put_Col(1);     //Anfangsposition
  m_gitVektor.put_Row(1);
  SetDlgItemText(IDC_ZELLE,m_gitVektor.get_Text());
  TRACE1("m_gitVektor.get_Text()='%s'\n",m_gitVektor.get_Text());
  SetzEingabezelle(&m_gitVektor); //Eingabezelle überlagern
} //CU131View::OnInitialUpdate
```

Die Zeilen sind ausreichend kommentiert. Die Zellen werden entweder einzeln indiziert und mit `put_Text` gefüllt oder mit `put_TextArray` direkt angesprochen. Hierzu benötigen wir eine Hilfsfunktion, die zwei Dimensionen auf eine Dimension reduziert:

```
long CU131View::GibFlexGridIndex(long lngZeile,long lngSpalte) {
  return lngZeile*m_gitVektor.get_Cols()+lngSpalte;
} //CU131View::GibFlexGridIndex
```

6. Die erste „spannende" Funktion müssen wir vollständig neu einfügen. Wir übergeben ihr das Gittersteuerelement als Parameter, da auf einem Formular natürlich mehrere dieser Elemente existieren können:

```
void CU131View::SetzEingabezelle(CGitter *gitVektor) {
  RECT Rc,gitRc,aRc;
  GetWindowRect(&aRc); //Rechteck um Arbeitsbereich BS-Koordinaten
  gitVektor->GetWindowRect(&gitRc); //Rechteck um Gitterelement BS-Koor
  long Hoehe=gitVektor->get_CellHeight(); //Zelle in Twips
  long Breite=gitVektor->get_CellWidth();
  long Links=gitVektor->get_CellLeft();
  long Oben=gitVektor->get_CellTop();
  CClientDC dc(this); //Umrechnen von Twips in Gerätekoordinaten
  OnPrepareDC(&dc);
  int TwipsPerPixelX=(int)(1440/GetDeviceCaps(dc,LOGPIXELSX));
  int TwipsPerPixelY=(int)(1440/GetDeviceCaps(dc,LOGPIXELSY));
  Rc.left=gitRc.left-aRc.left+(int)(Links/TwipsPerPixelX)-2;
  Rc.top=gitRc.top-aRc.top+(int)(Oben/TwipsPerPixelY)-2;
  Rc.right=Rc.left+(int)(Breite/TwipsPerPixelX);
  Rc.bottom=Rc.top+(int)(Hoehe/TwipsPerPixelY);
  CWnd *pZelle=GetDlgItem(IDC_ZELLE);
  pZelle->SetWindowPos(&wndTop,Rc.left,Rc.top,Rc.right-Rc.left,
                       Rc.bottom-Rc.top,SWP_SHOWWINDOW);
} //CU131View::SetzEingabezelle
```

Da das Gittersteuerelement aufgrund seiner Visual Basic-Vergangenheit intern mit Twips (1440 Twip = 72 pt = 1 inch) rechnet, taucht diese Konstante in der Umrechnung auf Gerätekoordinaten auf.

Das Textfeld füllt den gesamten Zellenbereich einschließlich des Rands aus. Sie stellen natürlich sofort fest, dass die Hintergrundfarbe der Zelle nicht übernommen wird, dass die Ausrichtung immer rechts ist usw. Also warten hier noch Aufgaben auf Sie.

7. Wir wollen aber erst einmal den erreichten Stand testen und speichern (**Bild 13.21**) ∎

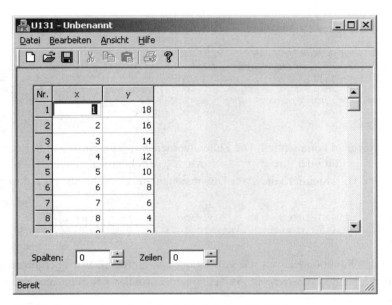

Bild 13.21: Gittersteuerelement mit überlagertem Textfeld

☒ Das Programm positioniert bereits auf das erste Feld und zeigt dessen Inhalt an. Es ist aber noch keine Navigation mit Übernahme eines neuen Werts möglich. Hierzu müssen wir jetzt eine Reihe von Ereignissen auswerten:

1. Die Ereignisse von ActiveX-Steuerelementen finden wir in einem besonderen Zuordnungsbereich der Implementationsdatei U131View.cpp (Ereignissammler):

```
BEGIN_EVENTSINK_MAP(CU131View, CFormView)
  ON_EVENT(CU131View, IDC_GITTER, DISPID_CLICK, ClickGitter, VTS_NONE)
  ON_EVENT(CU131View, IDC_GITTER, DISPID_KEYUP, KeyUpGitter,
                                                  VTS_PI2 VTS_I2)
  ON_EVENT(CU131View, IDC_GITTER, 71, EnterCellGitter, VTS_NONE)
  ON_EVENT(CU131View, IDC_GITTER, 73, ScrollGitter, VTS_NONE)
END_EVENTSINK_MAP()
```

Die Parameter können wir gut ablesen. Zuerst finden wir die Zielklasse, dann die ID des Steuerelements mit dem zugehörigen Ereignis. Es folgt die auszulösende Ereignisfunktion und eine Sequenz von VTS_-Konstanten zur Deklaration der Parametertypen.

13.3 Nutzung des Gittersteuerelements

2. Klicken wir auf eine andere Zelle, so muss das Eingabefeld umgesetzt werden:
   ```
   void CU131View::ClickGitter() {
     GetDlgItem(IDC_ZELLE)->SetFocus();
   } //CU131View::ClickGitter
   ```

3. Bewegen wir uns mit den Pfeiltasten in der Zelle (im Gittersteuerelement), dann müssen wir darauf reagieren. Hier ergibt sich ein Problem, da der Benutzer sich natürlich auch nach links und rechts im Text bewegen will. Wir fangen daher nur die Pfeiltasten ⬆ und ⬇ ab:
   ```
   void CU131View::KeyUpGitter(short* KeyCode, short Shift) {
   //Pfeiltasten auf dem Gittersteuerelement
     if (*KeyCode==VK_UP || *KeyCode==VK_DOWN) {
       GetDlgItem(IDC_ZELLE)->SetFocus();
     }
   } //CU131View::KeyUpGitter
   ```

4. Erreichen wir eine Zelle, so führen wir folgenden Code aus:
   ```
   void CU131View::EnterCellGitter() {
   //aktive Zelle wechselt
     long lngSpalte,lngZeile;
     lngZeile=m_gitVektor.get_Row();
     lngSpalte=m_gitVektor.get_Col();
     if (lngSpalte>0 && lngZeile>0) { //nicht in Beschriftungen
       SetDlgItemText(IDC_ZELLE,m_gitVektor.get_Text());
       SetzEingabezelle(&m_gitVektor);
       CEdit* edtZelle=(CEdit*)GetDlgItem(IDC_ZELLE);
       edtZelle->SetSel(0,-1,false);
       m_bAendern=false;
     }
   } //CU131View::EnterCellGitter
   ```

5. Beim Scrollen des Fensters kann man streiten, ob die aktuelle Zelle oder die relative Position erhalten bleiben soll:
   ```
   void CU131View::ScrollGitter() {
   //sorgt dafür, dass beim Scrollen die relative Zelle markiert bleibt
     SCROLLINFO ScrollInfo;
     m_gitVektor.GetScrollInfo(SB_VERT,&ScrollInfo,SIF_POS|SIF_RANGE|
                                                  SIF_TRACKPOS);
     long Zeile;
     Zeile=m_gitVektor.get_Row();
     long NeueZeile=Zeile-m_lngAlteScrollPos+ScrollInfo.nPos;
     m_gitVektor.put_Row(NeueZeile);
     m_lngAlteScrollPos=ScrollInfo.nPos;
   } //CU131View::ScrollGitter
   ```

6. Das Herz des Programms ist die Positionierung des Eingabefelds:
   ```
   void CU131View::SetzEingabezelle(CGitter *gitVektor) {
     RECT Rc,gitRc,aRc;
     GetWindowRect(&aRc); //Rechteck um Arbeitsbereich BS-Koordinaten
     gitVektor->GetWindowRect(&gitRc); //Rechteck um Gitterelement BS-Koor
     long Hoehe=gitVektor->get_CellHeight(); //Zelle in Twips
     long Breite=gitVektor->get_CellWidth();
     long Links=gitVektor->get_CellLeft();
     long Oben=gitVektor->get_CellTop();
     CClientDC dc(this); //Umrechnen von Twips in Gerätekoordinaten
   ```

```
    OnPrepareDC(&dc);
    int TwipsPerPixelX=(int)(1440/GetDeviceCaps(dc,LOGPIXELSX));
    int TwipsPerPixelY=(int)(1440/GetDeviceCaps(dc,LOGPIXELSY));
    Rc.left=gitRc.left-aRc.left+(int)(Links/TwipsPerPixelX)-2;
    Rc.top=gitRc.top-aRc.top+(int)(Oben/TwipsPerPixelY)-2;
    Rc.right=Rc.left+(int)(Breite/TwipsPerPixelX);
    Rc.bottom=Rc.top+(int)(Hoehe/TwipsPerPixelY);
    CWnd *pZelle=GetDlgItem(IDC_ZELLE);
    pZelle->SetWindowPos(&wndTop,Rc.left,Rc.top,Rc.right-Rc.left,
                          Rc.bottom-Rc.top,SWP_SHOWWINDOW);
} //CU131View::SetzEingabezelle
```

7. Dieses Feld wird gefüllt: Es muss beim Umsetzen seinen Inhalt in das Gittersteuerelement bzw. in das Dokument schreiben:

```
void CU131View::OnEnKillfocusZelle() {
//Eingabezelle wurde verändert
  long lngSpalte,lngZeile;
  long lngZelle;
  CString strT;
  CU131Doc *pDoc=GetDocument();
  lngSpalte=m_gitVektor.get_Col();
  lngZeile=m_gitVektor.get_Row();
  if (lngSpalte>0 && lngZeile>0) {
    lngZelle=GetDlgItemInt(IDC_ZELLE);
    pDoc->SchreibeWert(lngZeile-1,lngSpalte,lngZelle);
    strT.Format("%d",lngZelle);
    m_gitVektor.put_TextArray(GibFlexGridIndex(lngZeile,lngSpalte),
                                                                 strT);
  }
} //CU131View::OnEnKillfocusZelle
```

8. Dazu benutzt es eine Methode der Dokumentklasse:

```
void CU131Doc::SchreibeWert(long lngZeile,long lngSpalte,
                              long lngZelle) {
//schreibt einen Wert in den Datenvektor
  CPoint Punkt=m_ptArray.GetAt(lngZeile);
  switch (lngSpalte) {
    case 1:
      if (Punkt.x!=lngZelle) {
        Punkt.x=lngZelle;
        m_ptArray.SetAt(lngZeile,Punkt);
        SetModifiedFlag(true);
      }
      break;
    case 2:
      if (Punkt.y!=lngZelle) {
        Punkt.y=lngZelle;
        m_ptArray.SetAt(lngZeile,Punkt);
        SetModifiedFlag(true);
      }
      break;
    default:
      AfxMessageBox("Fehlerhafter Spaltenindex");
      break;
  } //switch
} //CU131Doc::SchreibeWert
```

9. Damit haben wir ein zwar noch nicht perfektes, aber doch funktionsfähiges Grundgerüst. Dieses ergänzen wir ggf. noch durch Funktionen zur Steuerung von Zeilen- und

13.3 Nutzung des Gittersteuerelements

Spaltenzahl. Letzteres ist hier nicht sinnvoll, wenn wir mit der Klasse `CPoint` arbeiten. Beliebig hohe Dimensionen können wir nur durch Einzelvektoren realisieren. Das Verändern der Zeilenzahl ist durchaus nicht trivial, wenn bereits ein Feld markiert ist.

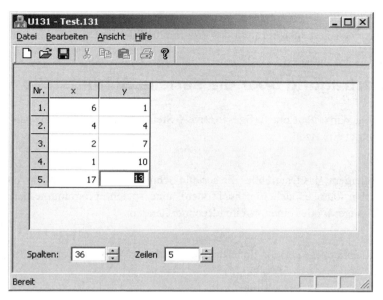

Bild 13.22: Dateneingabe mit einem Textfeld über einem Gittersteuerelement

```
void CU131View::OnEnKillfocusZeilen() {
//Zeilenzahl verändert
  CString strT;
  long lngAlteAnzahl=m_gitVektor.get_Rows()-1;
  long lngNeueAnzahl=GetDlgItemInt(IDC_ZEILEN);
  long lngSpalte=m_gitVektor.get_Col();
  long lngZeile=m_gitVektor.get_Row();
  if (lngNeueAnzahl<1) {
    lngNeueAnzahl=1;
    SetDlgItemInt(IDC_ZEILEN,lngNeueAnzahl);
  }
  if (lngNeueAnzahl==lngAlteAnzahl) return; //keine Änderung
  m_gitVektor.put_Rows(lngNeueAnzahl+1);
  if (lngNeueAnzahl<lngZeile) { //Eingabezelle weg
    lngZeile=lngNeueAnzahl;
  }
  m_gitVektor.put_Col(0);
  for (long lngI=lngAlteAnzahl+1;lngI<=lngNeueAnzahl;lngI++) {
    m_gitVektor.put_Row(lngI);
    m_gitVektor.put_RowHeight(lngI,350);
    strT.Format("%d.",lngI);
    m_gitVektor.put_Text(strT);
  }
  m_gitVektor.Refresh();
  m_gitVektor.put_Row(lngZeile);
  m_gitVektor.put_Col(lngSpalte);
  m_gitVektor.Refresh();
} //CU131View::OnEnKillfocusZeilen
```

Dass die Fehlersuche nicht ganz trivial ist, zeigt folgender Effekt: Das Umstellen der Zeilenzahl erfolgt erst beim Verlassen des Textfelds `IDC_ZEILEN`. Klickt man dazu auf das Gittersteuerelement, dann wird irgendeine Zelle markiert. Langes Rätseln führt dann zur Lösung. Das Gittersteuerelement markiert das nächstliegende Feld, auch wenn man nur auf den Hintergrund klickt.

10. Nach einem ausführlichen Test speichern wir das Programm (**Bild 13.22**). ∎

13.4 Datenübertragung über die serielle Schnittstelle

In diesem Kapitel wollen wir erneut ein fertiges ActiveX-Steuerelement aus einem ganz anderen Anwendungsgebiet einsetzen.

◇ Was will ich?

Ich benötige ein Steuerelement, das Daten über die serielle Schnittstelle mit der Außenwelt austauschen kann. Hierbei kann es sich um ein Modem, eine speicherprogrammierbare Steuerung (SPS), ein Messgerät oder einen zweiten Rechner handeln.

✪ Was habe ich?

Ich finde auf meinem Rechner eine serielle Schnittstelle (Hardware) und ein Kommunikationssteuerelement `MSComm32.ocx` (Software).

➲ Wie löse ich das Problem?

Ich muss die Schnittstelle und das Protokoll verstehen und nachprogrammieren.

U132 Wir finden das ActiveX-Steuerelement in der Datei `MSComm32.OCX`. Diese wird nach `\os\System\` kopiert und vom Installationsprogramm in der Registrierdatenbank registriert.

13.4.1 Installation von ActiveX-Steuerelementen

☒ Um dieses ActiveX-Steuerelement verwenden zu können, legen wir ein neues Projekt an:

1. Wir schließen eventuell offene Projekte und legen ein neues, dialogfeldbasiertes Projekt `U132` im Verzeichnis `U13_AcX` an.
2. Die nachfolgenden Konfigurationsschritte bestätigen wir alle ohne Änderungen.
3. Wir kontrollieren die Projektinformationen und schließen das Generieren ab.
4. Das Importieren eines Steuerelements haben wir im letzten Hauptkapitel bereits erfolgreich durchgeführt. Es sollte daher keine Schwierigkeiten bereiten, `MSComm32.ocx` zu importieren (**Bild 13.23**). ∎

13.4 Datenübertragung über die serielle Schnittstelle

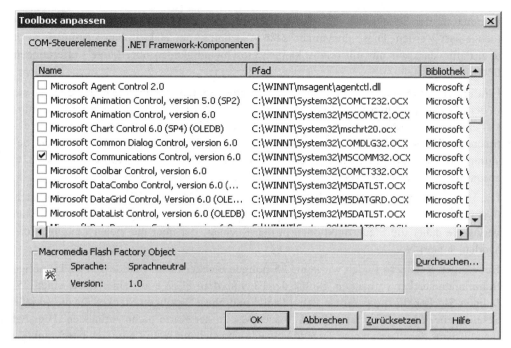

Bild 13.23: ActiveX-Steuerelement `MSComm32.ocx` einfügen

13.4.2 Steuerelement `MSCOMM32.OCX`

Ein Blick in die Kopfdatei zeigt uns die Vielzahl der möglichen Eigenschaften des Steuerelements an. Diese müssen wir vor dem Einsatz natürlich gründlich verstehen.

Die Klasse `CMscomm1` wird von `CWnd` abgeleitet, obwohl das Steuerelement in unserem Programm später nicht sichtbar sein wird. Sie besitzt die beiden Verwaltungsmethoden `GetClsid` und `Create`. Dann schließt sich eine Vielzahl von Methoden an, die erklärungsbedürftig sind.

13.4.3 Funktionsweise der seriellen Schnittstelle

Die *V.24-Schnittstelle* ist die wohl wichtigste *serielle*, *asynchrone* bzw. *synchrone* Schnittstelle im PC-Bereich. Jeder moderne PC verfügt standardmäßig über eine oder zwei entsprechende Schnittstellen. Die serielle Schnittstelle ist im Gegensatz zur parallelen Schnittstelle (Druckerschnittstelle) bitorientiert, da sie Bit für Bit hintereinander (seriell) über zwei Adern (Doppelader) überträgt. Für den Zweirichtungsbetrieb benötigen wir eigentlich zwei Doppeladern (vier Adern). Diese werden auch auf Fernstrecken (z. B. der Post) eingesetzt. Auf kurzen Entfernungen können wir auf einer einzigen Doppelader in beiden Richtungen senden, wie dies bis zur Ortsvermittlungsstelle geschieht. Wir selbst kommen an der Schnittstelle mit drei Leitungen aus, da die beiden Erdleitungen zusammengefasst werden. Diese unsymmetrische Anordnung der elektrischen Leitungen sorgt u. a. dafür, dass wir nur mit relativ kleinen Geschwindigkeiten über kurze Entfernungen übertragen können.

Häufig benutzt man die Bezeichnung V.24 für eine viel umfassendere Anwendung, als sie in der ITU-T-Empfehlung V.24 vorgesehen ist. Die V.24-Empfehlung legt nur die Schnittstellenleitungen fest. Zusätzlich muss die V.28-Empfehlung beachtet werden, die die elektrischen Eigenschaften von unsymmetrischen Doppelstrom-Schnittstellenleitungen bestimmt. Beide Empfehlungen sind dagegen in der amerikanischen Norm EIA RS 232C zusammengefasst, so dass diese die Schnittstelle etwas umfassender erläutert.

Die V.24-Schnittstelle ist eine „alte" Schnittstelle, was wir an der Vielzahl der Schnittstellenleitungen erkennen. Bei der Festlegung gab es noch keine „intelligenten" Modems. Man verlagerte daher die Steuerfunktionen in den Rechner, der über die vielen Leitungen das Modem steuert.

Bei einigen Rechnern finden wir keine 25-poligen Stecker mehr. Stattdessen sind 9-polige Subminiaturstecker vorhanden. So hat der IBM ab dem PC/XT auf einer Karte einen 25-poligen Stecker für die parallele Schnittstelle und einen 9-poligen Stecker für die serielle Schnittstelle. Mehr Platz ist auf der Anschlussseite der Karte nicht vorhanden. Hier hat man also aus der Platznot eine Tugend gemacht und sich auf neun Leitungen beschränkt.

Diese Freizügigkeit der Hersteller führt dazu, dass man zwar davon ausgehen kann, dass eine V.24-Schnittstelle im Normalfall nicht „abbrennt". Häufig jedoch funktioniert die Datenübertragung nicht auf Anhieb.

Es reicht im Allgemeinen aus, sich auf die neun wichtigsten Leitungen zu konzentrieren. Ein Teil der Signale geht von der DEE (PC = Datenendeinrichtung = Data Terminal Equipment = DTE) zur DÜE (Modem = Datenübertragungseinrichtung = Data Communication Equipment = DCE), ein anderer Teil vom Modem zum PC. Um dies auch bei der Beschreibung anzudeuten, benutzen wir:

! hinter Signalen, die von der DEE zur DÜE gehen. Die Ausrufezeichen können wir als Kommandos des PCs an das Modem deuten.

? hinter Signalen, die von der DÜE zur DEE gehen. Diese wollen wir als Anfrage des Modems an den PC interpretieren.

Auch bei den Bezeichnungen der Leitungen finden wir mindestens drei verschiedene Varianten. Wir wollen uns auf die in der PC-Technik üblichen Kürzel beschränken. Am besten erläutern wir die Bedeutung der Leitungen am Sende- und Empfangsprotokoll.

Als Erstes teilt der PC dem Modem mit, dass es grundsätzlich bereit ist, Daten zu senden bzw. zu empfangen:

```
Stift 20 S1.2   Datenendeinrichtung bereit      DTR! Data Terminal Ready.
```

Das Modem antwortet daraufhin mit:

```
Stift 6 M1   Datenübertragungseinrichtung bereit      DSR? Data Set Ready.
```

13.4 Datenübertragung über die serielle Schnittstelle

Mit diesen beiden Leitungen signalisieren sich die Geräte einer Datenstation gegenseitig ihre Betriebsbereitschaft. An einer LED-Box, die wir auf die Schnittstelle setzen, müssen diese beiden Dioden immer leuchten.

Wir müssen natürlich die Möglichkeit in Betracht ziehen, dass diese erste Quittung von der DÜE nicht richtig eintrifft. Der PC würde beliebig lang auf das DSR?-Signal warten und wäre blockiert. Mit dem Setzen des DTR!-Signals wird daher auf der Schnittstellenkarte eine Zeitüberwachung gestartet, die eine *Zeitüberschreitung* (Time-out) erkennt. In diesem Fall meldet das Betriebssystem, dass das Modem nicht bereit ist.

Nach der Signalisierung der Betriebsbereitschaft muss die Übertragungsrichtung festgelegt werden. Da der PC senden will, setzt er die Leitung:

```
Stift 4 S2   Sendeteil einschalten         RTS! Request to Send.
```

Das Modem quittiert mit:

```
Stift 5 M2   Sendebereitschaft             CTS? Clear to Send.
```

Jetzt sind die beiden Einrichtungen bereit, Daten (genauer Nutzdaten) zu übertragen. Zu Beginn der Datenübertragung müssen also vier Leitungen aktiv sein, d. h., es müssen vier LEDs leuchten bzw. an diesen vier Leitungen Spannungen über +3 V messbar sein:

- DTR!   S1.2
- DSR?   M1
- RTS!   S2
- CTS?   M2

Dann erst beginnt die eigentliche Datenübertragung. Den Ablauf dieses Zeitdiagramms zeigt **Bild 13.24**.

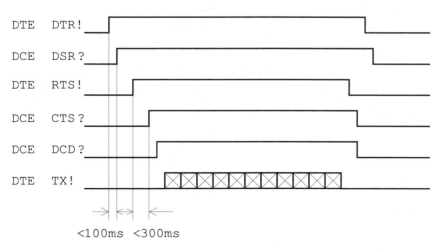

Bild 13.24: Zeitdiagramm einer V.24-Schnittstelle

Eine DEE setzt ihre Steuerleitung `DTR`! und erwartet innerhalb von 100 ms die Meldeleitung `DSR`? von der DÜE. Nach beliebiger Zeit kann dann eine Datenübertragung gestartet werden. Hierzu setzt die DEE die Leitung `RTS`! und erwartet nach spätestens 300 ms die Leitung `CTS`? von der DÜE. Diese Zeiten können wir programmintern in weiten Grenzen variieren.

Empfangen die DÜEs den Träger der Gegenstation, so setzen Sie die Leitung `DCD`?. Diese Leitung kann daher beim Empfang ausgenutzt werden, um die Betriebsgüte der Übertragung zu überwachen. Ein Abfall dieser Leitung bedeutet einen Datenverlust.

☞ Merke: Im Normalbetrieb müssen vier LEDs an einem Schnittstellentester leuchten. Während der Datenübertragung flackern zwei LEDs im Vollduplexbetrieb, eine LED im Halbduplexbetrieb.

Beim Empfangsprotokoll läuft im Grunde das Verfahren in umgekehrter Richtung ab. Dazu kommen aber noch einige Schritte vor der eigentlichen Datenübertragung.

So wollen wir z. B. die DFÜ nur kurzzeitig über ein Modem aufbauen, das von außen angewählt werden kann. Dieses Modem signalisiert dem Rechner über die Leitung:

`Stift 22 M3    ankommender Ruf             RI? Ring Indicator,`

dass das Modem von außen einen Ruf erhält. Jetzt kann die DEE ein internes Programm starten, das diesen Ruf bedient. Auf diese Art reagieren z. B. Mailboxen auf einen Telefonanruf.

Das angerufene Modem signalisiert mit einem Signalton seine Betriebsbereitschaft. Am Telefon hören wir dieses und können dann den Hörer z. B. in einen Akustikkoppler stecken oder die Datentaste drücken. Der PC reagiert dagegen auf das bereits erwähnte Signal `DCD`?, das ihm die Empfangsbereitschaft der Gegenstation mitteilt.

Beide Rechner können jetzt nach einem festgelegten Softwareprotokoll den Datenaustausch aufnehmen, nachdem diese Punkt-zu-Punkt-Verbindung aufgebaut ist.

13.4.4 Eigenschaften des Steuerelements `MSCOMM32.OCX`

Um die Fähigkeiten des Steuerelements kennen zu lernen, gehen wir in folgenden Schritten vor:

1. Wir ziehen ein solches Element im Dialogeditor auf das Dialogfeld und öffnen die Eigenschaften.

2. Zu den wichtigen Eigenschaften gehört die interne Schnittstelle (die Karte) (`Comm-Port`), mit der unser Programm kommuniziert. Des Weiteren legen wir die Übertra-

Baud-Rate	Parität		Datenbit	Stoppbit
110	E	even	4	1
300	M	mark	5	1,5
1200	N	none	6	2
2400	O	odd	7	
4800	S	space	8	
9600				
19200				
38400				
57600				
115200				
230400				
460800				
921600				

13.4 Datenübertragung über die serielle Schnittstelle

gungsparameter (`Settings`) (Geschwindigkeit, Parität, Anzahl der Datenbits, Anzahl der Stoppbits) fest.

Windows muss die serielle Schnittstelle im Hintergrund bedienen, da unser Programm nicht immer aktiv sein wird. Hierzu verfügt es über einen Empfangs- und Sendepuffer. Die Einstellung der Pufferung erfolgt mit zwei Eigenschaften (am Beispiel des Eingabepuffers gezeigt). `InBufferSize` legt die Gesamtgröße des Eingangspuffers fest. Diesen Puffer verwaltet Windows im Hintergrund. Erst wenn die Schwelle `RThreshold` überschritten wird, erhält unser Programm eine Meldung (Software-Interrupt). Dann können wir den Sender auffordern, seine Übertragung zu stoppen, um unserem Programm die Chance zu geben, die Daten zu verarbeiten. Dies wird *Quittungsbetrieb* (Handshaking) genannt.

Das Steuerelement unterstützt den Quittungsbetrieb (`Handshaking`) mit zwei Varianten:

Hardware-Handshake nutzt die Signalleitungen `RTS/CTS`, um den Pufferzustand *voll* bzw. *aufnahmebereit* zu melden. Er wird daher `Request-to-send/clear-to-send handshaking` genannt.

Software-Handshake steuert über die beiden ASCII-Zeichen `XOn` und `XOff` die Übertragung. Er wird daher `XOn/XOff handshaking` genannt.

3. Wir stellen `RThreshold` (Empfangsschwelle) auf `1`, da wir jedes Zeichen sofort verarbeiten wollen. Bei einem Wert von `512` würde Windows erst seinen Puffer zur Hälfte füllen, bevor es sich meldet. Mit `InputLen` legen wir dann fest, wie viele Zeichen wir einlesen wollen.

4. Mit dem Programmstart können wir die `DTR`- bzw. die `RTS`-Leitung setzen oder nicht. Diese beiden Eigenschaften bestimmen somit den Hardware-Zustand der Schnittstelle.

5. Weiterhin können wir entscheiden, mit welchem Buchstaben fehlerhafte Zeichen ersetzt werden sollen (`ParityReplace`) und ob Nullzeichen (hexadezimale Terminierer) beim Empfang weggeworfen werden sollen (`NullDiscard`).

6. Zuletzt legen wir eine Membervariable für das Steuerelement an, wodurch die Verpackungsklasse (Wrapper Class) `CMscomm1` generiert wird. ∎

Genau genommen handelt es sich bei diesen Eigenschaften nur um die Eigenschaften, die zur Entwurfszeit veränderbar sind. Daneben gibt es eine Reihe von Eigenschaften, die erst zur Laufzeit zur Verfügung stehen. So lassen sich die Eigenschaften `CDTimeout`, `CTSTimeout`, `DSRTimeout` nicht über die Eigenschaftenseiten verändern.

Gerade die zuletzt genannten Zeitschranken variieren von Version zu Version bzw. sind nicht oder nur als „toter Briefkasten" vorhanden. Da das Steuerelement ursprünglich nicht von Microsoft stammt, gibt es noch eine voll ausgebaute Version der ursprünglichen Entwicklungsfirma, während Microsoft eine einfache Variante ohne Zeitschranken ausliefert.

13.4.5 Ereignisse des Steuerelements MSCOMM32.OCX

Das Steuerelement ist hier sehr übersichtlich. Es verfügt (ähnlich den Bildlaufleisten) nur über ein einziges Ereignis, bei dem alle Nachrichten zusammenlaufen:

```
void CU132Dlg::OnCommMscomm1()
{
  // TODO: Fügen Sie hier Ihren Meldungsbehandlungscode ein.
} //CU132Dlg::OnCommMscomm1
```

Die Eigenschaft `CommEvent` kann in dieser Ereignisfunktion benutzt werden, die Art des Ereignisses abzufragen.

13.4.6 Steuerleitungen der Schnittstelle ansprechen

☒ Bei der Programmierung der seriellen Schnittstelle wollen wir mit einer einfachen Grundübung starten:

1. Wir ziehen das Telefonsymbol auf unser Dialogfeld.
2. Weiterhin ergänzen wir eine Reihe von Steuerelementen zur Ansteuerung der Leitungen (**Bild 13.25**). Dabei die Tab-Reihenfolge von `IDC_PORT` und `IDC_PORTDREHER` einhalten!

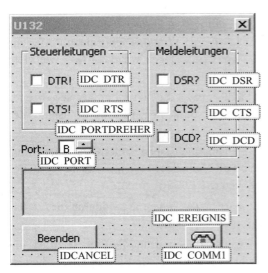

Bild 13.25: Oberflächenentwurf U132

3. Die Eigenschaften der Steuerelemente legen wir folgendermaßen fest:

13.4 Datenübertragung über die serielle Schnittstelle

ID	Eigenschaft	Wert	Membervar.	Ereignis
`IDC_DTR`		False	`m_bDTR`	`OnBnClickedDtr`
`IDC_RTS`	Deaktiviert	True	`m_bRTS`	`OnBnClickedRts`
`IDC_DSR`	Deaktiviert	True	`m_bDSR`	
`IDC_CTS`	Deaktiviert	True	`m_bCTS`	
`IDC_DCD`	Deaktiviert	True	`m_bDCD`	
`IDC_PORT`	Zahl	True	`m_nPort`	`OnChangePort`
`IDC_PORT-DREHER`	Autom. Buddy	True	`m_spnPort`	
	Buddy-Ganzzahl setzen	True		
`IDC_COMM1`			`m_Comm1`	`OnCommComm1`

4. In der Ereignisfunktion `OnInitDialog` legen wir verschiedene Eigenschaften fest. Wichtig dabei ist, die Schnittstelle zu öffnen:

```
BOOL CU132Dlg::OnInitDialog() {
  CDialog::OnInitDialog();

  // Hinzufügen des Menübefehls "Info..." zum Systemmenü.

  // IDM_ABOUTBOX muss sich im Bereich der Systembefehle befinden.
  ASSERT((IDM_ABOUTBOX & 0xFFF0) == IDM_ABOUTBOX);
  ASSERT(IDM_ABOUTBOX < 0xF000);

  CMenu* pSysMenu = GetSystemMenu(FALSE);
  if (pSysMenu != NULL)
  {
    CString strAboutMenu;
    strAboutMenu.LoadString(IDS_ABOUTBOX);
    if (!strAboutMenu.IsEmpty())
    {
      pSysMenu->AppendMenu(MF_SEPARATOR);
      pSysMenu->AppendMenu(MF_STRING, IDM_ABOUTBOX, strAboutMenu);
    }
  }

  // Symbol für dieses Dialogfeld festlegen. Wird automatisch erledigt,
  //  wenn das Hauptfenster der Anwendung kein Dialogfeld ist
  SetIcon(m_hIcon, TRUE);    // Großes Symbol verwenden
  SetIcon(m_hIcon, FALSE);   // Kleines Symbol verwenden

  // TODO: Hier zusätzliche Initialisierung einfügen
  TRACE1("\nSchnittstelle vor Öffnen %d\n",m_Comm1.get_CommPort());
  TRACE1("Einstellungen:         %s\n\n",m_Comm1.get_Settings());
  TRY {
    m_Comm1.put_PortOpen(TRUE);    //Schnittstelle öffnen
  } CATCH_ALL (e) {
    MessageBox("eingestellte Schnittstelle nicht verfügbar","Fehler");
    OnOK();
  }
  END_CATCH_ALL
  m_bDTR=m_Comm1.get_DTREnable();  //aktuelle Einstellungen abfragen
```

13 ActiveX-Steuerelemente nutzen

```
    m_bRTS=m_Comm1.get_RTSEnable();
    GetDlgItem(IDC_DTR)->EnableWindow(!m_bRTS);  //abschalten?
    m_bDSR=m_Comm1.get_DSRHolding();  //Modemleitungen?
    m_bCTS=m_Comm1.get_CTSHolding();
    m_bDCD=m_Comm1.get_CDHolding();
    m_nPort=m_Comm1.get_CommPort();
    GetDlgItem(IDC_RTS)->EnableWindow(m_bDTR);  //RTS-Anzeige steuern
    m_spnPort.SetRange(1,4);              //mögliche Schnittstellen
    UpdateData(FALSE);                    //und anzeigen

    return TRUE;   // Geben Sie TRUE zurück, außer ein Steuerelement soll
} //CU132Dlg::OnInitDialog()
```

Da die Schnittstelle besetzt oder nicht vorhanden sein kann, fangen wir den Fehler in einem Ausnahmeblock ab. Das dies notwendig ist, zeigt ein erster Test (**Bild 13.26**). In diesem Fall ändern wir die Eigenschaft `CommPort` auf eine freie Nummer.

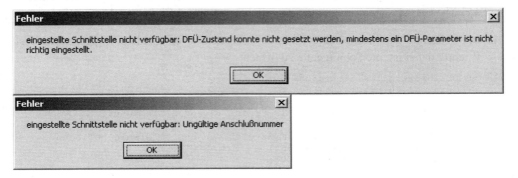

Bild 13.26: Fehlermeldung der seriellen Schnittstelle

➢ Aufgabe 13-1:

U132A Schreiben Sie das Programm so um, dass es automatisch eine freie Anschlussnummer sucht und erst, wenn es keine findet, eine Fehlermeldung ausgibt. ∎

5. Der Benutzer kann nun die Steuerleitungen setzen bzw. löschen. Hierzu benötigen wir entsprechende Ereignisfunktionen, die wir mit dem Anwendungsassistenten bereits vorbereitet haben:

```
void CU132Dlg::OnBnClickedDtr() {
    UpdateData(TRUE);                              //einlesen
    m_Comm1.put_DTREnable(m_bDTR);                 //Leitung setzen
    GetDlgItem(IDC_RTS)->EnableWindow(m_bDTR);     //RTS steuern
} //CU132Dlg::OnBnClickedDtr

void CU132Dlg::OnBnClickedRts() {
    UpdateData(TRUE);
    m_Comm1.put_RTSEnable(m_bRTS);
    GetDlgItem(IDC_DTR)->EnableWindow(!m_bRTS);
} //CU132Dlg::OnBnClickedRts
```

6. Durch die Fehlerbehandlung wird der Wechsel der Schnittstelle wieder aufwändiger:

13.4 Datenübertragung über die serielle Schnittstelle

```
void CU132Dlg::OnEnChangePort() {
  if (m_nPort==0) return;
  short zwi=m_Comm1.get_CommPort();
  TRY {
    UpdateData(TRUE);
    m_Comm1.put_PortOpen(FALSE);      //Schnittstelle schließen
    m_Comm1.put_CommPort(m_nPort);
    m_Comm1.put_PortOpen(TRUE);       //Schnittstelle öffnen
  } CATCH_ALL (e) {
    TCHAR szT[255];
    CString strT="Schnittstelle nicht verfügbar: ";
    e->GetErrorMessage(szT,255);
    strT+=szT;
    MessageBox(strT,"Warnung");
    m_nPort=zwi; //zurücksetzen
    m_Comm1.put_CommPort(m_nPort);
    m_Comm1.put_PortOpen(TRUE);
    UpdateData(FALSE);
  }
  END_CATCH_ALL
} //CU132Dlg::OnEnChangePort
```

7. Die einzige Ereignisfunktion des ActiveX-Steuerelements besteht aus einem großen Verteiler, der die Reaktionen auf die einzelnen Ereignisse realisiert:

```
void CU132Dlg::OnCommComm1() {
  short evnt=m_Comm1.get_CommEvent();
  switch (evnt) { //nicht alle, nur die 1000er-Meldungen
    case m_Comm1.comEvSend:
      SetDlgItemText(IDC_EREIGNIS,"SEND erkannt!");
      break;
    case m_Comm1.comEvReceive:
      SetDlgItemText(IDC_EREIGNIS,"RECEIVE erkannt!");
      break;
    case m_Comm1.comEvCTS:
      SetDlgItemText(IDC_EREIGNIS,"CTS? Änderung erkannt!");
      ((CButton*)GetDlgItem(IDC_CTS))->
                            SetCheck(m_Comm1.get_CTSHolding());
      break;
    case m_Comm1.comEvDSR:
      SetDlgItemText(IDC_EREIGNIS,"DSR? Änderung erkannt!");
      ((CButton*)GetDlgItem(IDC_DSR))->
                            SetCheck(m_Comm1.get_DSRHolding());
      break;
    case m_Comm1.comEvCD:
      SetDlgItemText(IDC_EREIGNIS,"DCD? Änderung erkannt!");
      ((CButton*)GetDlgItem(IDC_DCD))->
                            SetCheck(m_Comm1.get_CDHolding());
      break;
    case m_Comm1.comEvRing:
      SetDlgItemText(IDC_EREIGNIS,"Ankommender Ruf erkannt!");
      break;
    case m_Comm1.comEvEOF:
      SetDlgItemText(IDC_EREIGNIS,"EOF erkannt!");
      break;
    case m_Comm1.comEventBreak:
      SetDlgItemText(IDC_EREIGNIS,"Abbruch erkannt!");
      break;
    case m_Comm1.comEventCTSTO:
      SetDlgItemText(IDC_EREIGNIS,"CTS?-Zeitüberschreitung erkannt!");
      break;
```

```
          case m_Comm1.comEventDSRTO:
            SetDlgItemText(IDC_EREIGNIS,"DSR?-Zeitüberschreitung erkannt!");
            break;
          case m_Comm1.comEventFrame:
            SetDlgItemText(IDC_EREIGNIS,"Rahmenfehler erkannt!");
            break;
          case m_Comm1.comEventOverrun:
            SetDlgItemText(IDC_EREIGNIS,"Überlauf erkannt!");
            break;
          case m_Comm1.comEventCDTO:
            SetDlgItemText(IDC_EREIGNIS,"DCD?-Zeitüberschreitung erkannt!");
            break;
          case m_Comm1.comEventRxOver:
            SetDlgItemText(IDC_EREIGNIS,"Empfangspufferüberlauf erkannt!");
            break;
          case m_Comm1.comEventRxParity:
            SetDlgItemText(IDC_EREIGNIS,"Paritätsfehler erkannt!");
            break;
          case m_Comm1.comEventTxFull:
            SetDlgItemText(IDC_EREIGNIS,"Sendepufferüberlauf erkannt!");
            break;
          case m_Comm1.comEventDCB:
            SetDlgItemText(IDC_EREIGNIS,"Problem im Device Control Block "\
                                        "erkannt!");
            break;
          default:
            MessageBox("unbekanntes Ereignis ","Warnung");
        } //switch
   } //CU132Dlg::OnCommComm1
```

8. In der Kopfdatei unserer Dialogklasse kontrollieren wir den automatischen Eintrag:

```
// U132Dlg.h : Headerdatei
//

#pragma once
#include "mscomm1.h"
```

9. Nun kann die Anwendung erstellt und getestet werden. ∎

13.4.7 Schnittstellentest

Am besten ist es, die Schnittstelle mit einem LED-Tester zu beobachten und einen Kurzschlussstecker bereitzuhalten.

Der Kurzschlussstecker ermöglicht es uns, die ausgesendeten Daten gleich wieder einzulesen. Auch der Chip kann so eingestellt werden, dass er eine interne Schleife (internal Loop) bildet. Dies ist aber unter Windows nicht direkt möglich. Der Kurzschlussstecker stellt die so genannte *nahe digitale Schleife* dar.

➢ Mit dem Kurzschlussstecker können Sie immer eine erste Prüfung Ihrer Schnittstelle durchführen:

Besorgen Sie sich daher je nach Schnittstellenstecker an Ihrem Rechner eine 25- oder 9-polige Buchse (weiblicher Stecker), und verbinden Sie die folgenden Stifte:

13.4 Datenübertragung über die serielle Schnittstelle

1. Testet das Programm keine der Steuerleitungen, dann ist nebenstehende Verbindung ausreichend (`SGR` Signal Ground = Betriebserde).

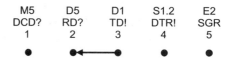

Üblich sind aber auch folgende Verkabelungen:

Hier werden die Steuerleitungen rückgeführt, so dass eine Überprüfung des Modem-Betriebszustands durch das Programm bei fehlendem Modem nicht zu Fehlermeldungen führt.

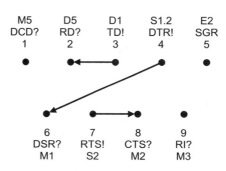

Wird vom eingesetzten Programm der Empfangssignalpegel überprüft, dann muss eine weitere Verbindung zum Stift 1 hergestellt werden. Diese kann zur Leitung `RTS!` hergestellt werden.

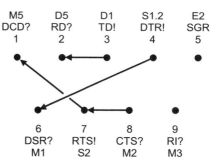

Wird aber vom Programm selbst die Leitung `RTS!` nicht gesetzt, die Leitung `CTS?` aber geprüft, so hilft diese Variante.

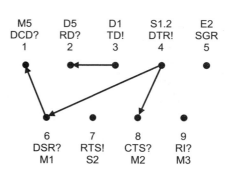

Wollen wir die Reaktion des Programms auf einen Anruf von außen überprüfen, so ist eine kurzfristige Anhebung des Potentials von RI? notwendig. Dies könnte durch einen Schalter geschehen.

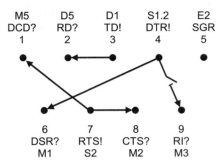

Setzt das benutzte Programm nicht RTS!, dann funktioniert der Teststecker nicht. Wir wandeln ihn daher folgendermaßen ab.

Sie sehen, dass es eine Reihe verschiedener Teststecker gibt, da die Programme sich sehr unterschiedlich verhalten können. Die Normen legen zwar die logischen Leitungen usw. fest. Das Schalten der Leitungen (Protokoll) ist aber nirgends definiert.

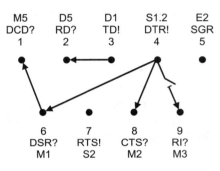

2. Der 25-polige Teststecker für eine vollständige Schnittstelle sieht folgendermaßen aus:

```
     TD!  RD?  RTS! CTS? DSR? SGR  DCD?
     ⌐──⌐ ⌐──⌐ ⌐──⌐ ⌐──⌐                          .    .    .    .    .
  1   2    3    4    5    6  │ 7    8  │ 9   10   11   12   13

     14   15   16   17   18   19 │ 20   21 │ 22   23   24   25
     .    .    .    .    .    .  │      .  │ .    .    .    .
                                 DTR!     RI?
```

3. Mit den Kurzschlusssteckern werden die folgenden Experimente durchgeführt:

- Ohne Kurzschlussstecker erkennen wir beim Anklicken der Steuerleitungen ein Blinken der LEDs. Je nach Ausführung Ihres Testers wechselt eine LED ihren Zustand bzw. eine zweite zeigt die unterschiedliche Polarität auf.
- Mit dem Programmstart ist die DTR!-Leitung gesetzt. Jetzt kann sie abgeschaltet bzw. die RTS!-Leitung eingeschaltet werden.
- Wir sehen, dass ohne besondere Programmüberwachung sämtliche Leitungen (einschließlich der Datenleitung) geschaltet werden können. Das Betriebssystem bzw. der Chip übernehmen hier keine Überwachungsfunktionen.
- Beim Aufstecken des Kurzschlusssteckers erscheinen die Meldeleitungen (**Bild 13.27**). Im Bild sieht man, dass gerade der Schalter für den ankommenden Ruf gedrückt wurde. ■

13.4 Datenübertragung über die serielle Schnittstelle

Bild 13.27: Leitungsüberwachung an der seriellen Schnittstelle

13.4.8 Datenaustausch über die serielle Schnittstelle

➢ Für den Datenaustausch zwischen zwei Rechnern benötigen Sie ein *Nullmodem*. Es simuliert durch Leitungsvertauschung die Existenz zweier Modems.

Kaufen Sie sich zwei passende Buchsen, und koppeln Sie diese über ein Kabel mit der passenden Adernzahl. Sie können aber auch die beiden Buchsen Rücken an Rücken verschrauben und mit kurzen Leitungen verbinden. Verknüpfen Sie die Stifte wie nebenstehend.

```
M5   DCD ?   1  •          •  1   M5   DCD ?
D2   RD  ?   2                 2   D2   RD  ?
D1   TD  !   3                 3   D1   TD  !
S1.2 DTR !   4                 4   S1.2 DTR !
E2   SGR     5                 5   E2   SGR
M1   DSR ?   6                 6   M1   DSR ?
S2   RTS !   7                 7   S2   RTS !
M2   CTS ?   8                 8   M2   CTS ?
M3   RI  ?   9  •          •  9   M3   RI  ?
```

Dieses aufwändige Verbindungskabel ist ausschließlich für Vollduplexbetrieb geeignet! Nur wenn beide Rechner senden wollen, setzen Sie Ihre `RTS!`-Leitungen. Diese werden auf der Gegenseite als `CTS?` empfangen.

Sendet dagegen im Halbduplex- oder Simplex-Verfahren nur eine Station, so fehlt dieser die Rückmeldung `CTS?` des Modems. Hier hilft uns ein fünfadriges Kabel mit Kurzschlüssen in beiden Steckern. Wenn wir schon Kurzschlüsse einfügen, so bedienen wir gleich `DCD?` richtig.

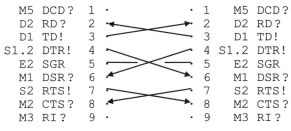

Bei diesem Kabel können wir über die Leitung DTR! wenigstens feststellen, ob der zweite Rechner in Betriebsbereitschaft ist. Da dies i. A. wenig interessant ist, genügt ein dreiadriges Kabel mit einigen Kurzschlüssen in beiden Steckern.

Selbstverständlich sind Nullmodems, die die Leitung DCD? mit RTS! verbinden, in den meisten Fällen ebenso geeignet. Diese Verbindung ist vom logischen Ablauf sogar einsichtiger, führt aber zu Problemen, wenn einer der Rechner RTS! nicht setzt, während der andere DCD? prüft und wartet. ■

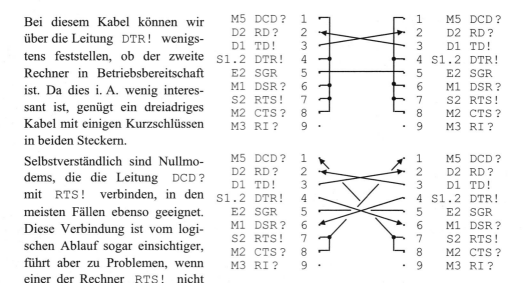

Eine Alternative für den Test können wir mit Hilfe eines Kurzschlusssteckers realisieren. Hierbei empfangen wir, was wir aussenden.

13.4.9 Datentyp `VARIANT`, Klasse `COleVariant`

Bei der nachfolgenden Programmierung des ActiveX-Steuerelements treffen wir auf den Datentyp `VARIANT`, den wir an dieser Stelle erklären wollen.

Der Datentyp `VARIANT` ist ein Typ, der neben dem (den) Wert (Werten) eine Beschreibung des Datentyps (in `vt`) enthält, so dass er zwischen unterschiedlichen Programmen (Programmiersprachen) ausgetauscht werden kann. Die Deklaration sieht wie folgt aus:

```
typedef struct FARSTRUCT tagVARIANT VARIANT;
typedef struct FARSTRUCT tagVARIANT VARIANTARG;

typedef struct tagVARIANT   {
    VARTYPE vt;
    unsigned short wReserved1;
    unsigned short wReserved2;
    unsigned short wReserved3;
    union {
        unsigned char        bVal;           // VT_UI1
        short                iVal;           // VT_I2
        long                 lVal;           // VT_I4
        float                fltVal;         // VT_R4
        double               dblVal;         // VT_R8
        VARIANT_BOOL         boolVal;        // VT_BOOL
        SCODE                scode;          // VT_ERROR
        CY                   cyVal;          // VT_CY
        DATE                 date;           // VT_DATE
        BSTR                 bstrVal;        // VT_BSTR
        IUnknown             FAR* punkVal;   // VT_UNKNOWN
        IDispatch            FAR* pdispVal;  // VT_DISPATCH
```

13.4 Datenübertragung über die serielle Schnittstelle

```
        SAFEARRAY           FAR* parray;        // VT_ARRAY|*
        unsigned char       FAR* pbVal;         // VT_BYREF|VT_UI1
        short               FAR* piVal;         // VT_BYREF|VT_I2
        long                FAR* plVal;         // VT_BYREF|VT_I4
        float               FAR* pfltVal;       // VT_BYREF|VT_R4
        double              FAR* pdblVal;       // VT_BYREF|VT_R8
        VARIANT_BOOL        FAR* pboolVal;      // VT_BYREF|VT_BOOL
        SCODE               FAR* pscode;        // VT_BYREF|VT_ERROR
        CY                  FAR* pcyVal;        // VT_BYREF|VT_CY
        DATE                FAR* pdate;         // VT_BYREF|VT_DATE
        BSTR                FAR* pbstrVal;      // VT_BYREF|VT_BSTR
        IUnknown FAR*       FAR* ppunkVal;      // VT_BYREF|VT_UNKNOWN
        IDispatch FAR*      FAR* ppdispVal;     // VT_BYREF|VT_DISPATCH
        SAFEARRAY FAR*      FAR* pparray;       // VT_ARRAY|*
        VARIANT             FAR* pvarVal;       // VT_BYREF|VT_VARIANT
        void                FAR* byref;         // Generic ByRef
    };
};
```

An den Kommentaren erkennen wir den Typ, der in der großen `Union`-Variablen auftreten kann. Dabei kann der Wert oder ein Zeiger auf die Variable übergeben werden.

Zeichenfolgen stellen eine Besonderheit dar. Der Typ `BSTR` ist ein Zeiger auf eine nullterminierte Zeichenfolge, die am Anfang die Länge enthält (`integer`), so dass sie ähnlich einer Basic-/Delphi-Zeichenfolge aufgebaut ist (aber eine größere Länge erlaubt). Somit können solche Variablen auch Nullbytes (binäre Daten) enthalten, ohne dass die Zeichenkette damit abbricht. Aufgrund dieser verkoppelten Struktur können wir `BSTR`-Variablen wie gewöhnliche `char`-Variablen verwenden. Hierbei muss aber die dynamische Konstruktion beachtet werden. Wird die Variable, d. h., der Zeiger, gelöscht, so bleibt der eigentliche Text als Speicherlücke erhalten. Er sollte daher vorher freigegeben werden.

Für die Verarbeitung durch uns ist wichtig, auf die Variablennamen zu achten. Auf den Wert eines `VARIANT`-Objekts z. B. vom Typ `BSTR` greifen wir über `bstrVal` zu.

In der obigen Liste fehlt der Typ `VT_EMPTY`, der, wie sein Name besagt, leer ist.

Es gibt einige Funktionen, um mit diesen Objekten einfach arbeiten zu können:

Funktion	Beschreibung
`VariantInit`	initialisiert ein `Variant`-Objekt
`VariantClear`	löscht ein `Variant`-Objekt (`VT_EMPTY`) und gibt den Speicher frei
`VariantCopy`	löscht zuerst das Zielobjekt und kopiert das Quellobjekt zum Zielobjekt
`VariantCopyInd`	wie `VariantCopy`, aber mit Ergänzung der notwendigen Zeigeroperationen
`VariantChangeType`	wandelt den Typ des Objekts um

In der MFC ist nun diese Struktur noch einmal als Klasse `COleVariant` verpackt. Die verschiedenen Konstruktoren (für jeden Typ) rufen z. B. `VariantInit` auf, während die Destruktoren die Objekte mit `VariantClear` zerstören.

Dazu kommen die üblichen, überladenen Operatoren zur Zuweisung, zum Vergleich und zur Typumwandlung. Selbstverständlich ist die Klasse dumpfähig und serialisierbar.

13.4.10 Datenaustausch programmieren

U133 Nachdem wir nun die neue Klasse `COleVariant` kennen, können wir sie zum Datenaustausch mit unserem ActiveX-Steuerelement `MSCOMM32` benutzen.

⊠ Hierzu gehen wir in folgenden Schritten vor:

1. Wir kopieren das Projekt `U132` in `U133` um.
2. Dann ergänzen wir mit dem Dialogeditor ein Text- und ein Bezeichnungsfeld (**Bild 13.28**).

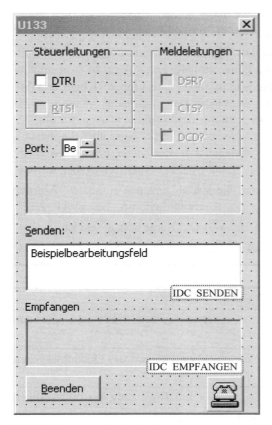

Bild 13.28: `U133` für den Datenaustausch vorbereitet

3. Um nun die Daten der Felder verarbeiten zu können, legen wir mit Hilfe des Klassenassistenten die Membervariablen `m_strSenden` sowie `m_strEmpfangen` an.

13.4 Datenübertragung über die serielle Schnittstelle

Wollen wir mehrzeilige Texte übertragen, so aktivieren wir beim Textfeld die entsprechende Eigenschaft `Mehrfachzeile`.

4. Für das Feld `IDC_SENDEN` lassen wir uns vom Klassenassistenten eine Ereignisfunktion `OnEnChangeSenden` für das Ereignis `EN_CHANGE` generieren.

5. Nun ergänzen wir in dieser Ereignisfunktion die Anweisungen:

```
void CU133Dlg::OnEnChangeSenden() {
  COleVariant var;
  UpdateData(TRUE);
  var=COleVariant(m_strSenden);
  m_Comm1.put_Output(var);
} //CU133Dlg::OnEnChangeSenden
```

Hier sehen wir, wie die Benutzereingabe in ein `VARIANT`-Objekt `var` gewandelt wird, um anschließend der Methode `put_Output` übergeben zu werden. Diese puffert die Ausgabe und sendet sie seriell über die Schnittstelle.

6. Das Senden erfolgt benutzergesteuert. Anders verhält es sich mit dem Empfang. Hier müssen wir auf ein Ereignis von außen reagieren. Alle Ereignisse laufen aber über die Ereignisfunktion `OnOnCommMscomm1`:

```
void CU133Dlg::OnCommComm1() {
  CString strT;
  short evnt=m_Comm1.get_CommEvent();
  switch (evnt) { //nicht alle, nur die 1000er-Meldungen
    case m_Comm1.comEvSend:
      //SetDlgItemText(IDC_EREIGNIS,"SEND erkannt!"); //überdeckt RECEIVE
      break;
    case m_Comm1.comEvReceive:
      SetDlgItemText(IDC_EREIGNIS,"RECEIVE erkannt!");
      strT=(m_Comm1.get_Input()).bstrVal;
      SetDlgItemText(IDC_EMPFANGEN,strT);
      TRACE0("\n"+strT);
      break;
    case m_Comm1.comEvCTS:

    ...

    default:
        MessageBox("unbekanntes Ereignis ","Warnung");
  }
}
```

Beim Testen mit dem Kurzschlussstecker werden wir sehen, dass das Ereignis `comEvSend` direkt nach dem Ereignis `comEvReceive` ausgelöst wird und damit die Anzeige überschreibt.

Um auf den Text zuzugreifen, benutzen wir den Zeiger `bstrVal` des `VARIANT`-Objekts.

7. Damit das Ereignis `comEvReceive` auch wirklich ausgelöst wird, setzen wir die Schwelle `RThreshold` auf 1.

8. Nun erstellen und testen wir die Anwendung. ∎

Die Testausgaben zeigen uns, dass immer unsere gesamte Nachricht übertragen wird. Dies hat Vor- und Nachteile gegenüber der Technik, jedes einzelne Zeichen zu übertragen. So kommen nicht alle Zeichen bei unserem Textfeld an (Cursorsteuerung usw.). Wir wissen also gar nicht, an welcher Stelle der Benutzer eine Änderung vorgenommen hat. Bei einer Übertragung einzelner Zeichen müsste daher besonderer Aufwand betrieben werden, um z. B. den Rückschritt oder die Zeilenschaltung zu verarbeiten.

Auch die Ausgabe im Bezeichnungsfeld `IDC_EMPFANGEN` ist bei längeren Texten unbefriedigend (**Bild 13.29**). Die Anzeige wie auch die Testausgabe zeigen uns, dass Windows die Zeichenkette in mehreren Blöcken an unser Programm übergibt. Nach jeweils 14 Zeichen folgt der nächste Block.

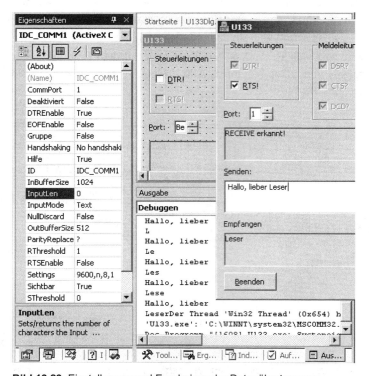

Bild 13.29: Einstellungen und Ergebnisse der Datenübertragung

➢ Aufgabe 13-2:

Machen Sie die Eingabe in das Textfeld `Senden` vom Zustand der Meldeleitungen abhängig, d. h., `RTS!` sollte gesetzt sein, bevor der Benutzer Daten eingeben kann. ∎

➢ Aufgabe 13-3:

Schreiben Sie eine Programmvariante, die alle Zeichen einzeln überträgt und im Empfangsfeld konkateniert. Achten Sie dabei auf Steuerzeichen. ∎

13.5 Wie kann ich …

Natürlich ist alles trivial, wenn es funktioniert. Aber bis dahin hat schon mancher Programmierer Stunden oder Tage mit sinnlosem Grübeln und überflüssigen Fehlversuchen verbracht. Die nachfolgenden Tipps und Tricks sollen helfen, diese Zeiten wesentlich zu verkürzen.

Das Einfachste ist natürlich, fertige Hilfen zu finden, also ein Buch, eine Internetseite, eine Online-Hilfe usw. Es ist aber zu befürchten, dass vieles nicht dokumentiert ist.

13.5.1 … ein „fremdes" Steuerelement nach Visual C++ transponieren?

Selbst wenn eine Hilfedatei wie bei unserem Gitterelement vorhanden ist, gibt es einige Probleme, die umschifft werden müssen. Hierzu betrachten wir ein weiteres Steuerelement, das `Microsoft Kalendersteuerelement, version 8.0`, das noch ein Pendant im `Microsoft MonthView Control, version 6.0` besitzt.

Offensichtlich ist das Steuerelement wohl ursprünglich für Access und VBA entwickelt worden. Visual Basic kennt z. B. das *Attribut*. Hierunter versteckt sich ein vereinfachter Mechanismus, um auf private Klassenvariablen zuzugreifen. So finden wir in der Hilfe z. B. unter `FirstDay` folgende Beschreibung:

Mit der Eigenschaft `FirstDay` können Sie bestimmen, welcher Wochentag in der ersten Spalte des Kalender-Steuerelements angezeigt wird.

Einstellung

Die Einstellung für die Eigenschaft FirstDay ist ein Integer-Wert, der den Wochentagen wie folgt entspricht:

Einstellung	Visual Basic
Sonntag	1
Montag	2
Dienstag	3
Mittwoch	4
Donnerstag	5
Freitag	6
Samstag	7

Sie können diese Eigenschaft im Eigenschaftenfenster des Kalender-Steuerelements oder in Visual Basic einstellen.

Im zugehörigen Beispiel der Hilfe finden wir die Anweisung:

```
' Kombinationsfeld initialisieren.
Private Sub Formular_Laden()
  Dim cbo As ComboBox
  Set cbo = Me!Kombi1
  ' Typ der Ausgangswerte angeben.
  cbo.RowSourceType = "Wertliste"
  ' Werte angeben.
  cbo.RowSource = "Sonntag;Montag"
End Sub
Private Sub Kombi1_NachAktualisierung()
```

```
    Dim ctl As Control
    ' Verweis auf Kalender-Steuerelement zurückgeben.
    Set ctl = Me!ActiveXCtl0
    'FirstDay-Eigenschaft gemäß Auswahl im Kombinationsfeld einstellen.
    If Kombi1 = "Sonntag" Then
' Sonntag als ersten Wochentag festlegen.
        ctl.FirstDay = 1
    Else
        ' Montag als ersten Wochentag festlegen.
        ctl.FirstDay = 2
    End If
    ' Kalender-Steuerelement aktualisieren.
    ctl.Refresh
End Sub
```

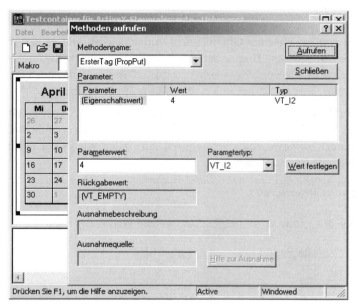

Bild 13.30: Eigenschaft `ErsterTag` setzt Wochenbeginn auf Mittwoch

U134 Wir legen das Steuerelement Microsoft Kalendersteuerelement, Version 8.0, in einer dialogfeldbasierenden Anwendung an und verknüpfen es mit der Membervariablen `m_Kalender`.

Programmieren wir dies in C++-Syntax:

`m_Kalender.FirstDay=1;`

so erhalten wir einen dezenten Hinweis, dass die Klasse `CKalender1` solch eine Variable partout nicht kennt. Also aktivieren wir den Testcontainer und finden eine Eigenschaft `ErsterTag`, die durchaus den Wochenbeginn beeinflusst (**Bild 13.30**).

Wenn es im Testcontainer geht, sollte es auch in Visual C++ 7.0 gehen. Blick in die Klasse `CKalender1` fördert aber Erstaunliches zutage: Sie ist mehr oder weniger leer. Jetzt ist

13.5 Wie kann ich …

es gut, wenn man seine alten Unterlagen aus Visual C++ 6.0 nicht weggeworfen hat. Dort wird das Steuerelement in der Klasse `Cmscal70` verpackt. Der interessante Teil der Kopfdatei `Mscal80.h` sieht folgendermaßen aus:

```
// Attribute
public:
   ...
   short GetLngeDesTages_1();    // LängeDesTages
   void SetLngeDesTages_1(short);  // LängeDesTages
   short GetErsterTag();
   void SetErsterTag(short);
   long GetRastereffekt();
   void SetRastereffekt(long);
   ...
   void PreviousWeek();
   void PreviousYear();
   void Refresh();
   void Today();
   void AboutBox();
};
```

Er zeigt uns, dass das Steuerelement ganz und gar keine Variablen und schon gar nicht `FirstDay` kennt. Offensichtlich liegt hier die Hilfe total daneben.

Die Implementationsdatei `Mscal80.cpp` zeigt uns die beiden Zugriffsmethoden auf die Variable:

```
short CMsacal70::GetErsterTag()
{
   short result;
   GetProperty(0x13, VT_I2, (void*)&result);
   return result;
}
void CMsacal70::SetErsterTag(short propVal)
{
   SetProperty(0x13, VT_I2, propVal);
}
```

Wer sogar noch seine Unterlagen der Version 5.0 hat, findet dort:

```
short CCalendar::GetFirstDay()
{
   short result;
   InvokeHelper(0x13, DISPATCH_PROPERTYGET, VT_I2, (void*)&result, NULL);
   return result;
}
void CCalendar::SetFirstDay(short nNewValue)
{
   static BYTE parms [] = VTS_I2;
   InvokeHelper(0x13, DISPATCH_PROPERTYPUT, VT_EMPTY, NULL, parms,nNewValue);
}
```

Microsoft Visual C++ verfügt also über zwei Funktionen, `GetProperty` bzw. `SetProperty`, mit denen ein solches Attribut bearbeitet werden kann. Diese Funktionen kapseln die etwas schwerfälligen Aufrufe von `InvokeHelper` ab. Der erste Parameter `0x13` ist ein Stellungsparameter. Er zeigt an, dass die Attribute indiziert sind und über diesen Index angesprochen werden (**Bild 13.31**). Da der Zugriff über den Index erfolgt, können wir entweder direkt oder über eine eigene Methode den Wert setzen:

704   13 ActiveX-Steuerelemente nutzen

```
BOOL CU134Dlg::OnInitDialog() {
  CDialog::OnInitDialog();

...

  // TODO: Hier zusätzliche Initialisierung einfügen
  m_Kalender.SetProperty(0x13, VT_I2, 4);

  return TRUE;   // Geben Sie TRUE zurück, außer ein Steuerelement soll
} //CU134Dlg::OnInitDialog
```

Die Eigenschaft existiert also immer noch und kann entsprechend gelesen oder geschrieben werden. Leider wird sie nicht mehr in der Verpackungsklasse aufgeführt, so dass das große Rätseln noch heftiger wird: Welchen Index hat welche Klasse?

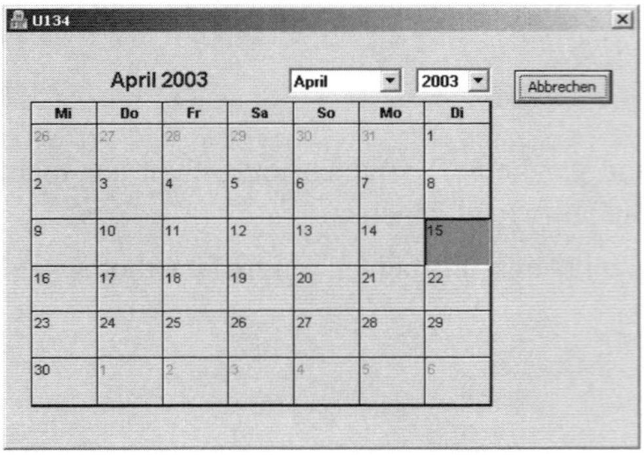

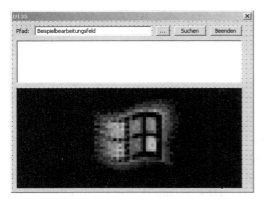

Bild 13.31: Properties mit Visual C++ 7.0 eingestellt

> Aufgabe 13-4:

U135 Schreiben Sie ein Programm, das den Microsoft Webbrowser in eine Anwendung integriert, so dass Internetseiten und lokale Seiten angeschaut werden können (**Bild 13.32**).
■

Bild 13.32: Möglicher Oberflächenentwurf eines Browsers mit Suchfunktion

14

Symbol- und Statusleisten

14	**Symbol- und Statusleisten**	**707**
14.1	*Symbolleisten*	*707*
14.2	*Statusleiste*	*717*
14.3	*Wie kann ich*	*726*

14 Symbol- und Statusleisten

Bei den SDI- bzw. MDI-Anwendungen der vergangenen Kapitel haben wir neben den Menüs auch bei Bedarf Symbolleisten und eine Statusleiste eingebunden. Die Bearbeitung dieser Elemente nach unseren Wünschen soll im Mittelpunkt dieses Kapitels stehen.

Unterscheiden wir zwischen *Leiste* und *Zeile*, dass eine Zeile eine feste Position hat und keine Benutzeraktionen entgegennimmt, dann handelt es sich eigentlich um eine Statuszeile. Meist wird dieser feine Unterschied aber wenig beachtet.

14.1 Symbolleisten

14.1.1 Eigenschaften der Symbolleiste

Da sich die Bearbeitung dieser beiden Steuerelemente auf ein reines Verändern vorhandener Elemente beschränkt, starten wir gleich mit einem Beispiel.

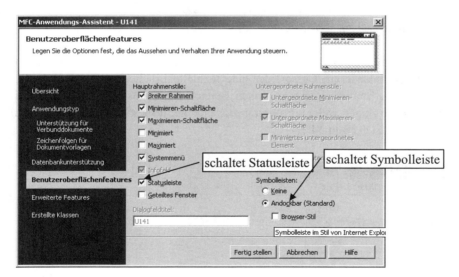

Bild 14.1: Einstellungen zum Generieren von Statusleiste und Symbolleisten

U141 Wir wollen im Hinblick auf unser erstes CAD-Programm die Figuren über ein Menü und über Ikonen auswählen können. Hierzu gehen wir in folgenden Schritten vor:

1. Wir legen eine SDI-Anwendung `U141` im Verzeichnis `U14SLe` an, wobei wir keine der Vorgaben des Anwendungsassistenten verändern (**Bild 14.1**).

2. Für die neuen Ikonen bereiten wir einen Menüeintrag Figuren mit den Optionen Punkt, Rechteck, Kreis usw. vor.
3. Wir erstellen und testen das Projekt. ∎

Das Projekt wird standardmäßig mit einer Symbolleiste und einer Statusleiste generiert (**Bild 14.2**).

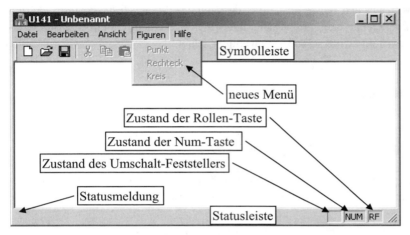

Bild 14.2: SDI-Anwendung mit Status- und Symbolleiste

Die Ikonen der Symbolleiste sind weitgehend selbsterklärend. Nach kurzer Zeit erscheint auch noch eine Sprechblase am Cursor, der eine textuelle Erläuterung der Ikone gibt. Gleichzeitig wird eine Statusmeldung im linken Bereich der Statusleiste angezeigt. Die Felder der Statusleiste zeigen weitere Programmzustände an, insbesondere die Stellungen verschiedener Steuertasten (**Bild 14.3**).

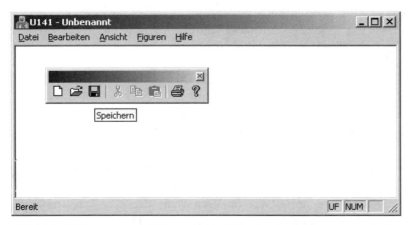

Bild 14.3: SDI-Anwendung mit Blasentext und Anzeige der Steuertastenzustände

14.1 Symbolleisten

Sowohl der Statusleistentext als auch der Blasentext sind in den Ressourcen, genauer in der Zeichenfolgentabelle, abgespeichert, d. h., sie können verändert werden, ohne dass unser Programm neu übersetzt werden muss. Lediglich die Ressource ist neu zu übersetzen und an das Programm zu binden.

Die Änderungen nehmen wir im Zeichenfolgeneditor vor (**Bild 14.4**). Jede Ikone ist mit einer Menüoption verknüpft, die zumindest denselben Meldungstext wie die Ikone anzeigt. Beide Texte sind durch die Escape-Sequenz \n (Zeilenschaltung) voneinander getrennt und können nach unseren Wünschen geändert werden.

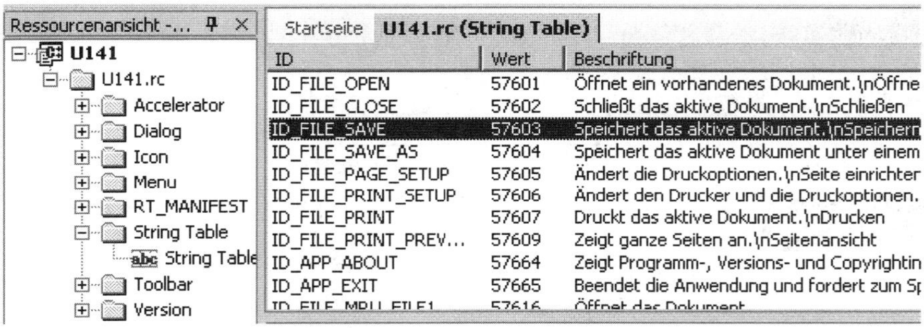

Bild 14.4: Festlegung der Zeichenketten

Die Darstellung beider Leisten ist übrigens über die Menüoptionen des Aufklappmenüs `Ansicht` ein- bzw. ausblendbar.

Die Symbolleiste verhält sich (im Gegensatz zur Statusleiste) wie ein kleines Fenster, d. h., sie kann mit der Maus herumgezogen werden. Dazu muss sie im Bereich vor dem abschließenden Strich angeklickt und bewegt werden. Dies kann seitlich innerhalb der Symbolleiste oder auch an einer beliebigen Stelle geschehen (sogar außerhalb des Anwendungsfensters). Kommen wir dabei in die Nähe der seitlichen Ränder, so schaltet sie auf eine senkrechte Darstellung um. In der Nähe der Ränder wird sie an diese *angedockt*.

Liegt die Leiste in beliebiger Lage, so besitzt sie eine Kopfzeile und eine Löschikone, mit der sie ausgeblendet werden kann. In den so genannten *verankerten* (oder angedockten) Positionen unter dem Menü oder an den Rändern fehlen diese dagegen.

Die verschiedenen Möglichkeiten sind in **Bild 14.5** zusammenmontiert dargestellt.

Ein Programm kann über mehrere Symbolleisten verfügen, die weitgehend eigenständig sind. Einige Programme haben einen aufwändigen Mechanismus, um die Symbolleisten zu verwalten und an die Wünsche des Benutzers anzupassen.

Die Symbolleiste wird in der Ressourcendatei `U141.rc` verwaltet:

```
/////////////////////////////////////////////////////////////////////////////
//
// Symbolleiste
//
IDR_MAINFRAME TOOLBAR  16, 15
```

```
BEGIN
    BUTTON      ID_FILE_NEW
    BUTTON      ID_FILE_OPEN
    BUTTON      ID_FILE_SAVE
    SEPARATOR
    BUTTON      ID_EDIT_CUT
    BUTTON      ID_EDIT_COPY
    BUTTON      ID_EDIT_PASTE
    SEPARATOR
    BUTTON      ID_FILE_PRINT
    BUTTON      ID_APP_ABOUT
END
```

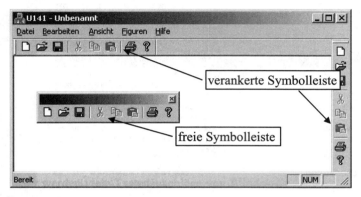

Bild 14.5: Positionierung der Symbolleiste (Montage)

Es handelt sich um eine Aufzählung der Typen (BUTTON oder SEPARATOR) sowie der zugehörigen IDs. Aufgrund der beiden Typen wird die zugehörige Bitmap unterteilt.

Die Ikonen sind über die Identnummern mit Menüoptionen verbunden. Wollen wir neue Ikonen anlegen, so sollten wir vorher das Menü der Anwendung erweitern.

14.1.2 Symbolleisten bearbeiten

☞ Wenn wir Menüoptionen entfernen oder hinzufügen, so sollten wir auch die entsprechenden Ikonen verändern. Hierzu steht uns ein spezieller Symbolleisteneditor zur Verfügung. Wir finden ihn über die Ressourcenansicht:

1. Wir wechseln auf die Ressourcenansicht des Projekts.

2. Dort expandieren wir das Element Toolbar. Es erscheint ein einziger Eintrag IDR_MAINFRAME für die vorbereitete Symbolleiste.

3. Ein Doppelklick auf IDR_MAINFRAME öffnet den Symbolleisteneditor (**Bild 14.6**). Er ähnelt dem Bitmap- bzw. Ikoneneditor, extrahiert aber aus der Symbolleistenbitmap bereits ein Symbol. Gleichzeitig erscheint ein neues Aufklappmenü Bild in der Menüleiste.

14.1 Symbolleisten

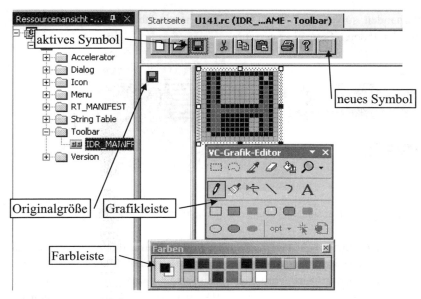

Bild 14.6: Symbolleisteneditor mit einzelner Ikone

4. Wenn wir auf ein anderes Symbol in der Symbolleistenbitmap klicken, dann wechselt das dargestellte Symbol. Rechts außen befindet sich ein leeres Feld für unsere Erweiterungen.

5. Da es sich bei der Symbolleistenbitmap um eine einzige, zusammenhängende Bitmap handelt, können wir sie auch als solche bearbeiten. Hierzu schalten wir bei Bedarf die Darstellung mit `Bild|Symbolleisten-Editor…` um (**Bild 14.7**). Da die rechte Maustaste für das Zeichnen der zweiten Farbe benutzt wird, ist kein Kontextmenü vorhanden. Das Umschalten ist z. B. dann sinnvoll, wenn wir die Farben in allen Symbolen gleichzeitig umstellen wollen usw.

6. Meist ist jedoch die Einzelverarbeitung vorteilhafter, zu der wir bei Bedarf zurückkehren. Ein Druck auf [Entf] führt nicht, wie vielleicht erwartet, zum Löschen des Symbols. Vielmehr wird der Grafikbereich gelöscht. Das Symbol ist leer. Um ein Symbol vollständig zu löschen, müssen wir es aus der Symbolleistenbitmap seitlich herausziehen. Damit ist zwar das Symbol gelöscht und nicht mehr anklickbar, die gesamte Funktionalität (z. B. der dazugehörigen Menüoption und der Schnelltasten) bleibt aber erhalten. Diese Einträge müssen bei Bedarf manuell gelöscht werden.

7. Um die Symbole neu anzuordnen, müssen wir ebenfalls die Maus bemühen. Wir ziehen einfach das fokussierte Symbol etwa in die Mitte zweier anderer Symbole und lassen es dann los. Es wird dort eingefügt.

8. Ähnlich trickhaft ist es, Abstände zwischen zwei Symbole einzufügen bzw. zu entfernen. Hierzu wird das Symbol ein wenig nach der Seite geschoben, bis es etwa das Nachbarsymbol zur Hälfte überdeckt. Ist kein Leerraum vorhanden, so wird er einge-

fügt. Ist er vorhanden, so verschwindet er dann. Ziehen wir dabei etwas über die Mitte, so entsteht auf der anderen Seite ein Leerraum.

Bild 14.7: Symbolleisteneditor mit Gesamtdarstellung der Bitmap (Vergrößerung 1:6)

9. Da das Neuzeichnen immer recht viel Zeit in Anspruch nimmt, möchten wir hin und wieder Symbole wiederverwenden und leicht abändern. Hierzu fokussieren wir das Wunschsymbol und ziehen es mit gedrückter [Strg]-Taste an eine zweite Position. Das Symbol behält seine Verknüpfung (also seine ID), was wir im Eigenschaftenfenster kontrollieren können.
10. Sollte die Grafik- bzw. Farbleiste nicht sichtbar sein, so aktivieren wir sie im Kontextmenü der Symbolleisten (Rechtsklick auf einen freien Bereich in der Symbolleiste von Visual Studio).

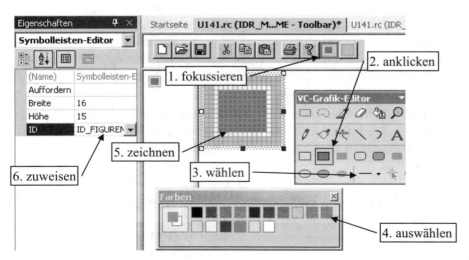

Bild 14.8: Entwicklung einer neuen Ikone für die Symbolleiste

11. Für ein neues Symbol fokussieren wir das leere Symbol ganz rechts. Als Nächstes wählen wir in der Grafikleiste das (leere) Rechteck aus. Im unteren Teil der Grafikleiste wird die aktive Strichstärke angezeigt. Auf der Farbpalette wandelt sich der Cursor

14.1 Symbolleisten

zur Pipette, mit der wir die Vordergrundfarbe auf Rot setzen (der Rechtsklick wählt die Hintergrundfarbe). Nun ziehen wir ein umrandetes Rechteck auf unserem leeren Symbol auf. Sobald wir eine Kleinigkeit an unserem leeren Symbol ändern, wird sofort ein neues, leeres Symbol neben unserem Rechteck generiert (**Bild 14.8**).

12. Jetzt ist eine gute Gelegenheit, einen Test einzulegen. ■

Die geänderte Symbolleiste erscheint mit dem übersetzten Programm. Das Rechteck ist aber ganz und gar nicht rot, sondern gegraut. Dies rührt wie bei den Menüoptionen daher, dass für die zugehörige ID noch kein Code hinterlegt ist.

Öffnen wir die Eigenschaften für das Symbol, so zeigt es uns jetzt eine generierte ID an. Theoretisch können wir diese ID neu setzen bzw. so benutzen. Es zeugt von schlechtem Programmierstil, eine Funktion zu generieren, die zwar mit der Maus über eine Ikone, aber nicht mit der Tastatur über das Menü ansprechbar ist. Dies ist daher eine gute Gelegenheit, eine Aufgabe zu stellen.

➤ Aufgabe 14-1:

Erweitern Sie das Menü um das Aufklappmenü `Figuren` mit den Unterpunkten `Punkt`, `Rechteck` und `Kreis`. Geben Sie diesem Menüpunkt die ID `ID_FIGUREN_PUNKT` usw. ■

⊗ Wir sparen uns dieses und programmieren direkt:

1. Im Symbolleisteneditor fokussieren wir das neue Symbol und aktivieren die Eigenschaft. Dort geben wir die ID `ID_FIGUREN_RECHTECK` ein (und bestätigen die Eingabe z. B. mit ⏎). Das Feld `Anfordern` ändern wir auf `Zeichnet ein Rechteck`. Da das Feld `Eingabeaufforderung` einer Menüoption mit dieser Ikone gekoppelt ist, ändert sich diese dazu parallel.

2. Als Nächstes generieren wir für das Symbol in der Sichtklasse `CU141View` mit dem Klassenassistenten eine Ereignisfunktion `OnFigurenRechteck`.

3. Hier geben wir zum Testen eine einzige Zeile ein:
   ```
   void CU141View::OnFigurenRechteck() {
     MessageBeep((WORD)-1);
   }
   ```

4. Wir erstellen und testen das Projekt. ■

➤ Aufgabe 14-2:

Führen Sie die Schritte für die Ikonen `Punkt` und `Kreis` durch. ■

Bei jedem Klick auf die neue Ikone hören wir nun einen Pieps. Es erscheint zwar der Statusleistentext, aber keine Textblase.

⊗ Um dies zu reparieren, gehen wir folgendermaßen vor:

1. Wir öffnen die Zeichenfolgentabelle.

2. In dieser ist die ID `ID_FIGUREN_RECHTECK` bereits zu finden, da wir einen Statusleistentext eingegeben haben. Wurde dies nicht gemacht, so können wir ihn eben-

falls nachtragen, indem wir folgende Änderungen auf der untersten, leeren Zeile der Zeichenfolgentabelle ausführen.

3. Wir öffnen für die ID `ID_FIGUREN_RECHTECK` den Eigenschaftendialog (**Bild 14.9**).

4. In der `Beschriftung` ergänzen wir `\nRechteck`. Dieses zweite Feld wird als Blasentext benutzt.

5. Wenn wir nun das Programm neu übersetzen (nur die Ressourcen sind betroffen), erscheinen Statusleisten- und Blasentext wie erwartet. ∎

Klicken wir nun auf die Rechteck-Ikone, dann führt sie einen optischen Schaltvorgang aus, und das Programm piepst. Normalerweise werden wir in einem Zeichenprogramm neben dem Rechteck noch eine Reihe weiterer Ikonen für die anderen Symbole anlegen. Diese Ikonen sollten sich dann wie Optionenfelder verhalten, sich also gegenseitig auslösen und dann gedrückt bleiben.

➢ Aufgabe 14-3:

Probieren Sie verschiedene Klangfunktionen wie `MessageBeep(0xFFFF)`, `Beep(100,100)` usw. aus. ∎

☞ Hinweis: Ein wahrer Profi wird natürlich in Zukunft den Statusleistentext in folgender Form in die Eigenschaft `Eingabeaufforderung` eingeben (für den nächsten Eintrag): `Zeichnet Kreis\nKreis`, also mit dem Blasentext. Es ist auch möglich, diesen Text nachträglich auf den Eigenschaftenseiten sowohl im Menüeditor wie auch im Ikoneneditor zu ergänzen.

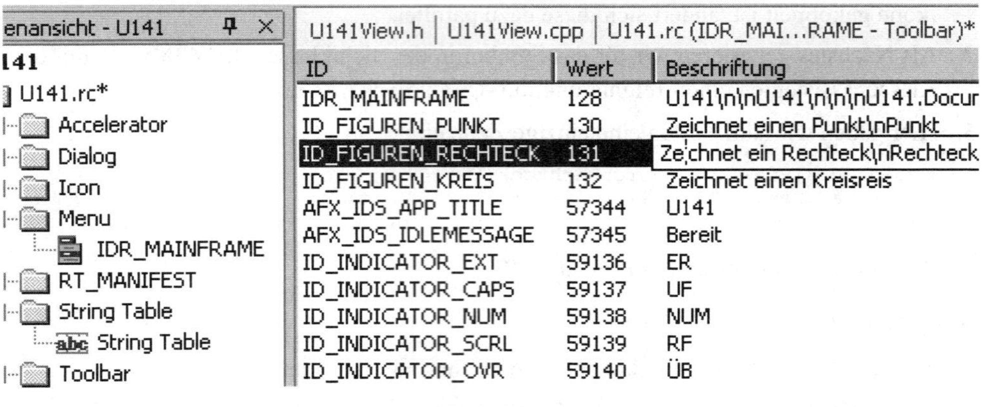

Bild 14.9: Blasentexte für Menüpunkte und Ikonen eintragen

▣ Das Umschalttastenverhalten können wir ohne Probleme realisieren:

1. Wir legen dazu einfach den Menüpunkt `Figuren|Punkt` aus Ihrer letzten Aufgabe an (was Sie natürlich schon gemacht haben). Durch die automatische Generierung der ID aus den Beschriftungen `Figuren` und `Punkt` erhält diese Option sofort die ID

14.1 Symbolleisten

`ID_FIGUREN_PUNKT` und wird der vorhandenen Ereignisfunktion `OnFiguren-Punkt` zugeordnet.

2. Weiterhin ergänzen wir eine Variable `m_SelektierteFigur` in der Kopfdatei der Sichtklasse `U141View.h` (oder generieren sie wie bekannt):

```
class CU141View : public CView
{
protected: // Nur aus Serialisierung erstellen
   CU141View();
   DECLARE_DYNCREATE(CU141View)

// Attribute
public:
   CU141Doc* GetDocument() const;
protected:
   CString m_strSelektierteFigur;
```

Sie soll einen Bezeichner für die vom Benutzer gewählte Figur aufnehmen.

3. Haben wir nicht mit dem Generator gearbeitet, so müssen wir die Initialisierung selbst vornehmen:

```
CU141View::CU141View()
: m_strSelektierteFigur(_T("PUNKT"))
{
   // TODO: Hier Code zum Erstellen einfügen
}
```

Trotz Generator legen wir noch einmal Hand an und bestimmen die anfänglich markierte Ikone.

4. Diese Variable hilft uns nun, das Menü zu steuern. Alle Optionen in diesem Menü erhalten Ereignisfunktionen der Form:

```
void CU141View::OnUpdateFigurenPunkt(CCmdUI *pCmdUI) {
   if (m_strSelektierteFigur=="PUNKT") {
      pCmdUI->SetCheck(TRUE);
   } else {
      pCmdUI->SetCheck(FALSE);
   }
}
```

die wir für das Ereignis `UPDATE_COMMAND_UI` mit dem Klassenassistenten in der Klasse `CU141View` anlegen. Wir haben bereits gelernt, dass dieses Ereignis vor dem Öffnen des Aufklappmenüs aufgerufen wird (Holschuld), um i. A. seinen Zustand zu steuern. Mit anderen Worten, wir müssen den Zustand nicht selbst umschalten.

5. Beim Klick auf die Ikone den Zustand merken:

```
void CU141View::OnFigurenRechteck() {
   Beep(1000,1000);
   m_strSelektierteFigur="RECHTECK";
}
```

6. Wir erstellen und testen das Projekt (**Bild 14.10**). ∎

Obwohl wir keine einzige Anweisung zur Darstellung der Punkte programmiert haben, ist sie jetzt von Anfang an markiert und bleibt auch so. Versuchen wir nun die Funktion

`OnUpdateFigurenPunkt` zu debuggen, indem wir einen Haltepunkt einfügen, stellen wir fest, dass diese Funktion ständig angesprungen wird (genauer in den so genannten Idle-Zeiten des Prozesses), ohne dass wir das Menü öffnen. Das Ereignis wird jetzt durch die Ikone ausgelöst, die auf dem Fenster sichtbar wird. Wir können uns vorstellen, dass Menüoption und Ikone parallel geschaltet sind. Für eine Menüoption tritt das Ereignis `UPDATE_COMMAND_UI` genau dann ein, wenn wir das Hauptmenü öffnen. Erst dann wird die Menüoption sichtbar. Eine Ikone ist aber dauerhaft sichtbar und muss daher ständig aktualisiert werden.

Bild 14.10: Symbolleiste mit umschaltenden, rastenden Ikonen

Um nun nachzuweisen, dass diese Ereignisfunktion tatsächlich ständig auf Benutzeraktionen reagiert, weichen wir wieder auf unseren hilfreichen Pieps aus, d. h., wir löschen die vorhandenen `MessageBeep`-Anweisungen in den Zeichenfunktionen und fügen sie stattdessen in die Ereignisfunktion ein:

```
void CU141View::OnFigurenRechteck() {
//   MessageBeep((WORD)-1);
  m_SelektierteFigur="RECHTECK";
} //CU141View::OnFigurenRechteck

void CU141View::OnUpdateFigurenRechteck(CCmdUI* pCmdUI) {
  if (m_SelektierteFigur=="RECHTECK") {
    pCmdUI->SetCheck(TRUE);
  } else {
    pCmdUI->SetCheck(FALSE);
  }
  MessageBeep((WORD)-1);
} //CU141View::OnUpdateFigurenRechteck
```

Alles, was wir jetzt machen, jede Mausbewegung, jeder Klick auf das Fenster, auch jede Tastatureingabe wird mit einem mehr oder weniger regelmäßigen Pieps beantwortet. Dies belastet den Rechner nicht unerheblich.

Tipp: Bevor Sie dem Wahnsinn verfallen, schalten Sie diese Piepse wieder um und schauen sich das CAD-Programm ✎ U15I an.

➢ Aufgabe 14-4:

Ergänzen Sie das Programm so, dass auf Mausklick tatsächlich ein Punkt, ein Rechteck (fester Größe) oder ein Kreis gezeichnet wird. ■

Tipp: Denken Sie an die Trennung von Dokument und Sicht. Verlagern Sie die Eigenschaften der Figur in die Dokumentklasse. Die notwendigen Zeichenfunktionen lernen wir im nächsten Kapitel kennen.

➢ Aufgabe 14-5:

Serialisieren Sie das Programm nach der Trennung von Dokument und Sicht. ■

Tipp: Geben Sie als Dateierweiterung `.dat` vor.

14.2 Statusleiste

14.2.1 Eigenschaften

Die Statusleiste besitzt, wie wir bereits gesehen haben, einen Bereich zur Anzeige der Statusmeldungen (das *Meldungsfeld*) sowie drei Zustandsfelder (die *Zustandsindikatoren*). Diese informieren uns über den Zustand der Tasten `Umschalt-Feststeller`, `Rollen` und `Num`. Die Statusleiste ist ein Fenster mit der beschriebenen Unterteilung in Scheiben.

Im Meldungsfeld treten die verschiedenen Texte aus der Zeichenfolgentabelle auf, wenn wir mit der Maus über die Steuerelemente unseres Programms fahren.

In den Zustandsindikatoren stehen verschiedene Abkürzungen. Wir können diese Abkürzungen in der Zeichenfolgentabelle unter der ID `ID_INDICATOR_xxx` verändern. Dort finden wir einige Einträge, für die keine Scheiben vorhanden sind (**Bild 14.11**).

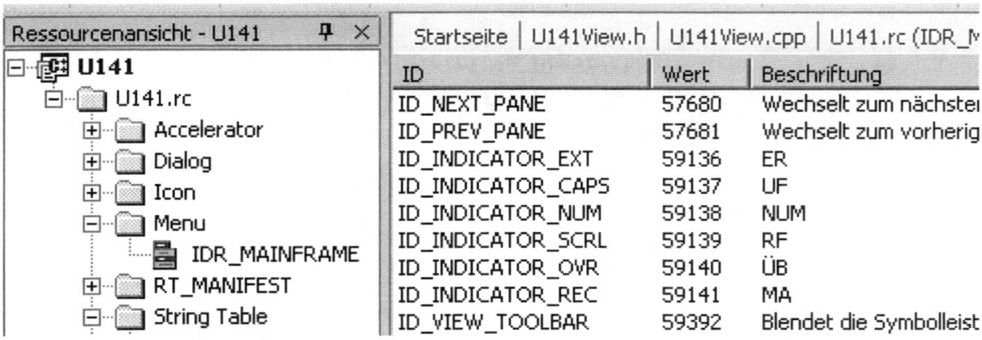
Ressourcenansicht - U141
U141
U141.rc
Accelerator
Dialog
Icon
Menu
IDR_MAINFRAME
RT_MANIFEST
String Table
Startseite | U141View.h | U141View.cpp | U141.rc (IDR_M
ID | Wert | Beschriftung
ID_NEXT_PANE 57680 Wechselt zum nächste
ID_PREV_PANE 57681 Wechselt zum vorherig
ID_INDICATOR_EXT 59136 ER
ID_INDICATOR_CAPS 59137 UF
ID_INDICATOR_NUM 59138 NUM
ID_INDICATOR_SCRL 59139 RF
ID_INDICATOR_OVR 59140 ÜB
ID_INDICATOR_REC 59141 MA
ID_VIEW_TOOLBAR 59392 Blendet die Symbolleist

Bild 14.11: Beschriftung der Indikatoren

In der Implementierungsdatei `MainFrm.cpp` unserer Programme finden wir den Code für das Anlegen der Indikatoren:

```
static UINT indicators[] =
{
  ID_SEPARATOR,            // Statusleistenanzeige
```

```
    ID_INDICATOR_CAPS,
    ID_INDICATOR_NUM,
    ID_INDICATOR_SCRL,
};
```

Er besteht aus einem Array mit IDs für insgesamt vier Felder. Die letzten drei Konstanten sind IDs, die wir auch in der Zeichenkettentabelle in der Kategorie 'Indikatoren' finden. Die erste Konstante zeigt auf ein Meldungsfeld. Es können mehrere dieser Konstanten z. B. ID_SEPARATOR vorhanden sein, wobei die zugehörigen Felder dann von 0 beginnend indiziert sind.

Da die Statusleiste nicht wie die Symbolleisten mehrzeilig usw. werden kann, wird bei Änderungen der Fenstergröße zuerst das erste Feld verkleinert. Erst dann fallen die anderen Felder dem Platzmangel zum Opfer. Bei den Zustandsindikatoren berechnet Visual C++ aus der Zeichenkettentabelle die Länge des Textes, so dass diese in der notwendigen Größe vorbereitet werden.

Man könnte nun einfach mit:

```
static UINT indicators[] =
{
    ID_SEPARATOR,            // Statusleistenanzeige
    ID_INDICATOR_CAPS,
    ID_INDICATOR_NUM,
    ID_INDICATOR_SCRL,
    ID_INDICATOR_OVR,
    ID_SEPARATOR,
};
```

noch schnell einen Zustandsindikator für das Überschreiben/Einfügen und ein weiteres Feld anhängen. Der Indikator wird auch mit dem Wert ÜB angezeigt, er reagiert nicht auf unsere Tastenanschläge. Der zusätzliche Separator wird im Gegensatz zum ersten vertieft dargestellt (**Bild 14.12**).

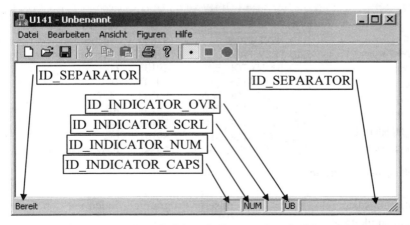

Bild 14.12: Statusleiste mit zusätzlichem Indikator und zusätzlichem Separator

14.2 Statusleiste 719

Für das Setzen der Indikatoren ist `Winfrm.cpp` zuständig. Dort sind aber nur folgende Indikatoren (also noch einmal andere):

```
// turning on and off standard mode indicators
ON_UPDATE_COMMAND_UI(ID_INDICATOR_CAPS, OnUpdateKeyIndicator)
ON_UPDATE_COMMAND_UI(ID_INDICATOR_NUM, OnUpdateKeyIndicator)
ON_UPDATE_COMMAND_UI(ID_INDICATOR_SCRL, OnUpdateKeyIndicator)
ON_UPDATE_COMMAND_UI(ID_INDICATOR_KANA, OnUpdateKeyIndicator)
```

mit der Ereignisfunktion `CFrameWnd::OnUpdateKeyIndicator`:

```
/////////////////////////////////////////////////////////////////////////
// Support for standard status bar

void CFrameWnd::OnUpdateKeyIndicator(CCmdUI* pCmdUI)
{
  UINT nVK;
  UINT flag = 0x0001;

  switch (pCmdUI->m_nID)
  {
  case ID_INDICATOR_CAPS:
    nVK = VK_CAPITAL;
    break;

  case ID_INDICATOR_NUM:
    nVK = VK_NUMLOCK;
    break;

  case ID_INDICATOR_SCRL:
    nVK = VK_SCROLL;
    break;

  case ID_INDICATOR_KANA:
    nVK = VK_KANA;
    break;

  default:
    TRACE(traceAppMsg, 0, "Warning: OnUpdateKeyIndicator - unknown indicator 0x%04X.\n",
      pCmdUI->m_nID);
    pCmdUI->ContinueRouting();
    return; // not for us
  }

  pCmdUI->Enable(::GetKeyState(nVK) & flag);
    // enable static text based on toggled key state
  ASSERT(pCmdUI->m_bEnableChanged);
}
```

verknüpft. Diese Funktion erscheint jedoch nicht in der Liste der Überschreibungen von `CMainFrame`. Es ist daher besser, bei Bedarf die Standard-Statusleiste links liegen zu lassen und eine eigens zu entwickeln.

14.2.2 Benutzerdefinierte Statusleiste

U142 Als Beispiel für eine benutzerdefinierte Statusleiste wollen wir für unser CAD-Programm die Position des Mauszeigers und die Benutzeraktionen anzeigen. Um diese Aufgabe zu lösen, benötigen wir:

- natürlich eine eigene Statusleiste, die wir ersatzweise in das Fenster einfügen
- innerhalb der Statusleiste zwei Meldungsfelder für die Koordinaten
- einen Zugriffsmechanismus auf die Meldungsfelder
- zwei Zustandsindikatoren für die gedrückten Maustasten

Bei Bedarf können wir weitere Indikatoren und Separatoren hinzufügen.

Da die Statusleiste ein besonderes Fenster ist, das einerseits ein Fenster darstellt, aber gleichzeitig fest am unteren Rand eines Fensters angedockt ist, gibt es keinen Generator für es. Wir müssen daher das Generieren per Hand durchführen.

Durch das Umschalten auf eine eigene Statusleiste geht natürlich der interne Anzeigemechanismus verloren. Somit werden keine Meldungstexte usw. mehr angezeigt. Umgekehrt können wir die Statusleiste umgestalten.

Hierzu gehen wir in folgenden Schritten vor:

1. Wir führen unsere SDI-Anwendung U141 als U142 weiter.
2. Da die Zustandsindikatoren von Windows verwaltet werden, bereiten wir entsprechende Ressourcen vor, d. h., wechseln auf die Ressourcenansicht und fügen am Ende der Zeichenfolgentabelle zwei Zeichenketten ein (**Bild 14.13**).

Die große Schreibweise der Texte passt sich an die übliche Anzeige an, ist aber nicht unbedingt nötig.

ID	Text
ID_INDICATOR_LINKS	LINKS
ID_INDICATOR_RECHTS	RECHTS

Bild 14.13: Indikator-Zeichenketten einfügen

14.2 Statusleiste

3. Für die eigene Statusleiste benötigen wir eine neue Ressource. Um sie anzulegen, wechseln wir in die Ressourcenansicht und klicken rechts auf den Ressourcenknoten U142.rc. Im Kontextmenü lösen wir Ressourcensymbole... aus. Es erscheint das Fenster Ressourcensymbole, das uns die bisher verwendeten Ressourcen-IDs mit ihren Werten anzeigt (**Bild 14.14**). Dort finden wir auch unsere beiden neuen Indikatortexte.

4. Mit Neu starten wir den Dialog Neues Symbol. Hier geben wir den Namen ID_STATUSLEISTE ein. Den vorgeschlagenen Wert übernehmen wir.

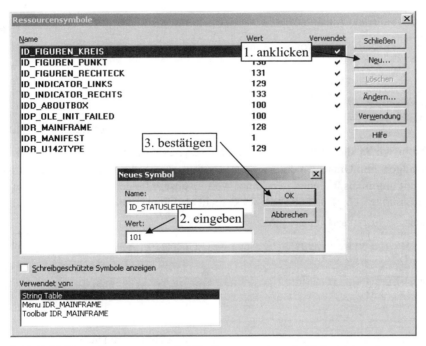

Bild 14.14: Neues Ressourcensymbol für die zu generierende Statusleiste anlegen

5. Damit unsere eigene Statusleiste auch über die übliche Menüoption Ansicht|Statusleiste ein- bzw. ausgeblendet werden kann, müssen wir die vorhandenen Ereignisfunktionen für die Menüoption ID_VIEW_STATUS_BAR auf unsere Statusleiste „umbiegen". Wir suchen daher in den Ereignissen von U142App diese ID und generieren für die Meldungen COMMAND bzw. UPDATE_COMMAND_UI die vom Generator vorgeschlagenen Ereignisfunktionen OnViewStatusBar und OnUpdateViewStatusBar.

6. Nun schreiben wir zur Programmierung in der Kopfdatei MainFrm.h. Um in der Sichtklasse U142View in der Statusleiste die Mauskoordinaten eintragen zu können, benötigen wir für den Zugriff entweder eine öffentliche Methode oder ein öffentliches

Statusleisten-Objekt. Das öffentliche Objekt ist die einfachere Technik, also erklären wir das Objekt als öffentlich.

Des Weiteren benötigen wir zwei zusätzliche Prototypen für die Maustastenanzeige, die wir unmittelbar hinter die gerade generierten Prototypen für die Statusleiste einfügen:

```
public:   // Eingebundene Elemente der Steuerleiste
  CStatusBar   m_wndStatusBar;

protected:   // Eingebundene Elemente der Steuerleiste
  //CStatusBar  m_wndStatusBar;
  CToolBar     m_wndToolBar;

// Generierte Funktionen für die Meldungstabellen
protected:
    afx_msg int OnCreate(LPCREATESTRUCT lpCreateStruct);
    DECLARE_MESSAGE_MAP()
public:
    afx_msg void OnViewStatusBar();                        ◄── generiert
    afx_msg void OnUpdateViewStatusBar(CCmdUI *pCmdUI);
    afx_msg void OnUpdateLinks(CCmdUI* pCmdUI);
    afx_msg void OnUpdateRechts(CCmdUI* pCmdUI);           ◄── manuell ergänzt
};
```

7. Nun wechseln wir in die Implementationsdatei `MainFrm.cpp` und ergänzen dort die Anweisungen zum Umsetzen der Ereignisse auf interne Methoden, die der Klassenassistent nicht automatisch generieren kann, weil er unsere beiden neuen Zeichenkettentabellen Einträge `ID_INDICATOR_xxx` nicht als Objekt-IDs erkennt:

```
BEGIN_MESSAGE_MAP(CMainFrame, CFrameWnd)
    ON_WM_CREATE()
    ON_COMMAND(ID_VIEW_STATUS_BAR, OnViewStatusBar)                      ◄── generiert
    ON_UPDATE_COMMAND_UI(ID_VIEW_STATUS_BAR, OnUpdateViewStatusBar)
    ON_UPDATE_COMMAND_UI(ID_INDICATOR_LINKS, OnUpdateLinks)
    ON_UPDATE_COMMAND_UI(ID_INDICATOR_RECHTS, OnUpdateRechts)            ◄── manuell ergänzt
END_MESSAGE_MAP()
```

8. Unsere eigene Statusleiste ist vorbereitet und muss nun noch zusammengesetzt werden, indem das Array `indicators[]` beschickt wird:

```
static UINT indicators[] =
{
  ID_SEPARATOR,              //Statusleistenanzeige
  ID_SEPARATOR,              //zweite Meldungsscheibe
  ID_INDICATOR_LINKS,
  ID_INDICATOR_RECHTS,
  //ID_INDICATOR_OVR,        //Tastenzustand
};
```

9. Für die Ereignisfunktionen haben wir zwar die Prototypen eingegeben, diese aber nicht implementiert:

```
// CMainFrame Meldungshandler

void CMainFrame::OnViewStatusBar() {
  m_wndStatusBar.ShowWindow((m_wndStatusBar.GetStyle() & WS_VISIBLE)
```

14.2 Statusleiste

```
    ==0);
  RecalcLayout();
} //CMainFrame::OnViewStatusBar

void CMainFrame::OnUpdateViewStatusBar(CCmdUI *pCmdUI) {
  pCmdUI->SetCheck((m_wndStatusBar.GetStyle() & WS_VISIBLE)!=0);
} //CMainFrame::OnUpdateViewStatusBar

void CMainFrame::OnUpdateLinks(CCmdUI* pCmdUI) {
  pCmdUI->Enable(::GetKeyState(VK_LBUTTON)<0);
} //CMainFrame::OnUpdateLinks

void CMainFrame::OnUpdateRechts(CCmdUI* pCmdUI) {
  pCmdUI->Enable(::GetKeyState(VK_RBUTTON)<0);
} //CMainFrame::OnUpdateRechts
```

Das Programm ist bereits ohne Fehler übersetzbar, zeigt aber noch nicht das Gewünschte an. Aber wenigstens die Grundfunktionen sind vorhanden:

`OnViewStatusBar` wird ausgelöst, wenn wir auf die Menüoption Ansicht| Statusleiste klicken. War Statusleiste nicht sichtbar, so sollte sie sichtbar werden und umgekehrt. Wir erkennen die Anweisung `ShowWindow`, um die Statusleiste anzuzeigen bzw. auszublenden. In beiden Fällen müssen die Abmessungen des Fensters neu berechnet werden, z. B. ändert sich jeweils die Größe des Anwendungsbereichs.

`OnUpdateViewStatusBar` sorgt für die richtige Markierung des Menüeintrags.

Die Maustasten besitzen virtuelle Tastencodes, die wir mit `GetKeyState` abfragen. Die beiden Ereignisfunktionen `OnUpdateLinks` bzw. `OnUpdateRechts` verhalten sich wie die entsprechenden Menüoptions- bzw. Symbolleistenfunktionen. Sie werden somit bei jeder Gelegenheit aufgerufen, wenn Windows den Zustand dieser Elemente korrigiert. Da sie sich den Tastenzustand holen, sind wir völlig unabhängig von Mausereignissen. So wäre auch eine Lösung denkbar, mit dem Drücken der Maustaste das Zustandsfeld zu setzen und beim Loslassen zu löschen.

10. Damit haben wir die Standard-Statusleiste aber immer noch nicht eliminiert. Schlussendlich müssen wir die neue Statusleiste überhaupt erst einmal anzeigen. Hierzu wird die Ereignisfunktion `OnCreate` umgekrempelt, indem wir den Standardaufruf auskommentieren und unsere eigene Leiste anzeigen:

```
int CMainFrame::OnCreate(LPCREATESTRUCT lpCreateStruct) {
  if (CFrameWnd::OnCreate(lpCreateStruct) == -1)
    return -1;

  if (!m_wndToolBar.CreateEx(this, TBSTYLE_FLAT, WS_CHILD | WS_VISIBLE
  | CBRS_TOP
    | CBRS_GRIPPER | CBRS_TOOLTIPS | CBRS_FLYBY | CBRS_SIZE_DYNAMIC) ||
    !m_wndToolBar.LoadToolBar(IDR_MAINFRAME))
  {
    TRACE0("Symbolleiste konnte nicht erstellt werden\n");
    return -1;    // Fehler bei Erstellung
  }

  //if (!m_wndStatusBar.Create(this) ||
  //    !m_wndStatusBar.SetIndicators(indicators,
```

```
//     sizeof(indicators)/sizeof(UINT)))
//{
//   TRACE0("Statusleiste konnte nicht erstellt werden\n");
//   return -1;      // Fehler bei Erstellung
//}
if (!m_wndStatusBar.Create(this,
  WS_CHILD|WS_VISIBLE|CBRS_BOTTOM,ID_STATUSLEISTE)||
  !m_wndStatusBar.SetIndicators(indicators,
  sizeof(indicators)/sizeof(UINT))) {
    TRACE0("Fehler beim Erzeugen der Statusleiste\n");
    return -1;
}
// TODO: Löschen Sie diese drei Zeilen, wenn Sie nicht möchten, dass
die Systemleiste andockbar ist
m_wndToolBar.EnableDocking(CBRS_ALIGN_ANY);
EnableDocking(CBRS_ALIGN_ANY);
DockControlBar(&m_wndToolBar);

return 0;
} //CMainFrame::OnCreate
```

Mit diesen Änderungen ist der Anwendungsrahmen vorbereitet, die Statusleiste ist aber immer noch weitgehend leer. Jetzt müssen die Ereignisse, die auf die Sichtklasse wirken – also die Mausbewegungen und -klicke, – angezeigt werden.

11. Wir wechseln daher in die Implementationsdatei U142View.cpp, um dort die entsprechenden Ereignisse auszuwerten. Damit wir auf die Statusleiste zugreifen können, müssen wir den Anwendungsrahmen verfügbar machen:

```
#include "U142Doc.h"
#include "U142View.h"
#include "MainFrm.h"
```

Immer wenn wir die Maus bewegen, sollen die Koordinaten in der Statusleiste geändert werden. Hierzu benötigen wir eine Ereignisfunktion OnMouseMove für das Ereignis WM_MOUSEMOVE in der Sichtklasse. Diese Funktion ändern wir wie folgt:

```
void CU142View::OnMouseMove(UINT nFlags, CPoint point) {
  CString strText;
  CMainFrame* pFrame=(CMainFrame*) AfxGetApp()->m_pMainWnd;
  CStatusBar* pStatus=&pFrame->m_wndStatusBar;
  if (pStatus) {
    strText.Format("x = %d",point.x);
    pStatus->SetPaneText(0,strText);  //oder: SetWindowText(strText);
    strText.Format("y = %d",point.y);
    pStatus->SetPaneText(1,strText);  //absolute Indizierung
  }
} //CU142View::OnMouseMove
```

Der Zugriff auf die Statusleiste erfolgt in zwei Schritten. Zuerst holen wir uns einen Zeiger auf das Hauptfenster, um dann von dort aus die Statusleiste zu finden. Mit der Methode SetPaneText können wir dann Text in die einzelnen Scheiben schreiben, wobei der erste Parameter den Index der Scheibe angibt. Für die erste Scheibe können wir auch die normale Methode SetWindowText für Steuerelemente einsetzen.

12. Jetzt sind unsere Änderungen vollständig. Wir erstellen und testen daher die Anwendung (**Bild 14.15**). ■

14.2 Statusleiste

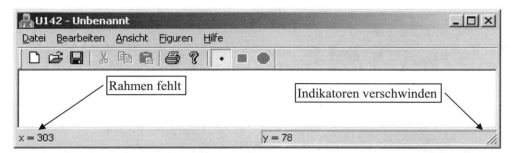

Bild 14.15: Anzeige der Mausposition in einer benutzerdefinierten Statusleiste

Wenn wir nun die Maus über das Fenster ziehen, so wird ständig deren Position angezeigt.

Vergrößern oder verkleinern wir das Fenster, so wirkt sich das sehr schnell in den Indikatoren aus. Diese verschwinden einfach, obwohl eigentlich noch genügend Platz vorhanden ist. Auch erscheint die erste Scheibe ohne Vertiefungsrahmen.

Ehrlich gesagt, werden nur die Hartgesottenen sagen: Nicht schön, Hauptsache es funktioniert. Die Schwächen können wir mit Hilfe der Methode `SetPaneInfo` ausgleichen, z. B.:

```
m_wndStatusBar.SetPaneInfo(0,0,SBPS_STRETCH,0); //erste Scheibe mit Rahmen
```

Die Syntax lautet:

```
SetPaneInfo  void SetPaneInfo( int nIndex, UINT nID,
                               UINT nStyle, int cxWidth );
```

mit den Parametern:

`nIndex`	Index der zu verändernden Indikatorscheibe
`nID`	Neue ID für die Indikatorscheibe
`nStyle`	Neuer Stil für die Indikatorscheibe
`cxWidth`	Neue Breite für die Indikatorscheibe

wobei folgende Stile vorbereitet sind:

`SBPS_NOBORDERS`	Kein 3D-Rand um die Scheibe
`SBPS_POPOUT`	Inverser Rand, so dass die Scheibe erhaben erscheint
`SBPS_DISABLED`	Text wird nicht angezeigt
`SBPS_STRETCH`	In dieser Scheibe wird der unbenutzte Platz durch Dehnung der Scheibe vernichtet. Nur eine Scheibe kann diesen Stil haben
`SBPS_NORMAL`	Keine Dehnung, keine Ränder, nicht erhaben

Wir können daher mit festen Werten experimentieren (**Bild 14.16**):

```
m_wndStatusBar.SetPaneInfo(0,0,SBPS_STRETCH,0);//1.Scheibe mit Rahmen
m_wndStatusBar.SetPaneInfo(1,0,0,50); //2. Scheibe mit fester Breite
```

Bild 14.16: Verbesserte Anzeige

➢ Aufgabe 14-6:

Suchen Sie einen Weg, dass sich die Indikatorscheiben automatisch der Länge des enthaltenen Textes anpassen. Noch einfach ist es, mit einer Scheibe zu arbeiten und den Text zusammenzufassen. ■

➢ Aufgabe 14-7:

Sicher haben Sie den verschämten Kommentar in der Aufzählung der Indikatoren gesehen. Versuchen Sie nun, einen Standardindikator mit einzubauen. ■

14.3 Wie kann ich ...

14.3.1 ... eine eigene Symbolleiste erstellen?

✎ «15.5.3.6 Histogramm als Dialogleiste programmieren»

In diesem Beispiel wird eine Dialogleiste von Typ `CDialogBar` erzeugt und zur Darstellung eines Histogramms eingesetzt. Es zeigt, wie Steuerelemente und Leistencharakter miteinander vereinigt werden können.

14.3.2 ... Steuerelemente in eine Symbolleiste einbauen?

Das CAD-Programm ✎ U15I zeigt, wie wir Steuerelemente (Kombinationsfelder, Textfelder usw.) in eine zweite Symbolleiste einbauen können. Das Geheimnis besteht darin, leere Separatoren in der Ressourcendatei vorzubereiten, in welche die Steuerelemente programmgesteuert eingefügt werden.

Das Programm zeigt auch, wie wir rastende Ikonen (Drucktaster) in der Symbolleiste erzeugen. Außerdem wir die Statusleiste deutlich intensiver genutzt und sämtliche Zugriffe nicht mit absoluten Indizes, sondern über `CommandToIndex` realisiert.

15

Grafik

15	**Grafik**	**729**
15.1	Windows Graphical Device Interface (GDI)	729
15.2	Übungen mit dem GDI	749
15.3	Mathematische Funktionen	782
15.4	Bitmaps	829
15.5	Darstellung geräteunabhängiger Bitmaps (DIBs)	837
15.6	Dateiformate	864
15.7	Wie kann ich ...	873

15 Grafik

In diesem Kapitel wollen wir folgende Lernziele erreichen:
- Vollständige Kenntnis der Grafikverarbeitung unter Windows mit Visual C++ .NET
- Erlernen grundlegender Algorithmen zum Zeichnen und Bewegen von Grafikobjekten
- Anwendung erweiterter Algorithmen zur Darstellung von Messwerten durch Interpolatoren bzw. Approximatoren (Vektorgrafik)
- Anwendung erweiterter Algorithmen zur Darstellung von digitalisierten Bildern (Pixelgrafik)

Bereits in unserer ersten MFC-Anwendung haben wir in der Ereignisfunktion `OnDraw` Grafikelemente eingesetzt, deren Hintergründe wir nun beleuchten wollen.

15.1 Windows Graphical Device Interface (GDI)

Statt wie MS-DOS-Programmierer direkt auf den Bildschirm zu schreiben und bei jedem neuen Bildschirm einen passenden Treiber zu benötigen, benutzen wir das Windows Graphical Device Interface (GDI). Das GDI ist eine Abstraktionsschicht, die eine festgelegte Datenstruktur, den *Gerätekontext*, definiert, über den ein Programm auf ein beliebiges grafisches Gerät zugreifen kann. Tatsächlich ist diese Abstraktionsschicht eine komplexe Klasse, stellt somit auch Funktionen zur Verfügung, mit denen wir eine Vielzahl von grafischen Aktionen durchführen können. Durch Austausch der darunter liegenden Schichten ist es möglich, Grafiken auf verschiedenen Zielgeräten auszugeben bzw. von diesen Geräten Meldungen entgegenzunehmen.

Der Gerätekontext wird normalerweise als Zeiger an die Ereignisfunktion übergeben:
- `UxxxView::OnDraw`, also der Ansichtsklasse einer SDI/MDI-Anwendungen (Nachfolgerklasse von `CView` bzw. deren Spezialisierungen wie `CFormView` usw.
- `UxxxDlg::OnPaint`, also der Ansichtsklasse einer dialogfeldbasierenden Anwendung (Nachfolgerklasse von `CDialog` und dadurch von `CWnd`)

Der Gerätekontext repräsentiert ein physikalisches Gerät. Zu jedem Visual C++-Gerätekontext gehört ein Windows-Gerätekontext, der durch ein Handle vom Typ `HDC` repräsentiert wird. Zum Programmieren können wir uns den Gerätekontext als Leinwand oder Stiftplotter vorstellen, bei dem wir mit gehobenen oder abgesenktem Stift zeichnen wollen. Damit ergibt sich bereits eine logische Trennung zwischen dem Plotter und seinem Zeichenstift. Unter Beibehaltung des Plotters können wir den Zeichenstift auswechseln usw.

Die Microsoft Foundation Class Library (MFC) stellt daher zwei Grundklassen zur Verfügung:

- `CDC` – die *Gerätekontextklasse*. Ihre Nachfolger sind verschiedene, spezialisierte „Leinwände". Sie enthält bereits viele (meist virtuelle) Methoden zum Zeichnen (**Bild 15.1**). Unsere Hauptaufgabe besteht darin, diese Methoden richtig einzusetzen
- `CGdiObject` – die *Zeichenwerkzeugklasse*. Ihre Nachfolger sind spezialisierte Zeichenobjekte. Das sind die Werkzeuge in der Hand des „Malers". Wir werden diese Werkzeuge vorbereiten und jeweils vor dem Zeichenvorgang auswählen.

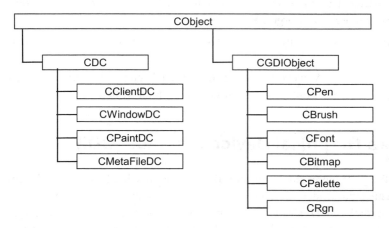

Bild 15.1: Klassenhierarchie der Grafikelemente

15.1.1 Klasse CDC

Die Klasse `CDC` stellt sowohl Methoden zur Arbeit mit einem Gerätekontext (wie z. B. einem Bildschirm oder Drucker) als auch zur Arbeit mit einem mit dem Anwendungsbereich eines Fensters verbundenen Ausgabekontext bereit.

Sämtliche Zeichenvorgänge werden über die Methoden eines von `CDC` abgeleiteten Objekts ausgeführt. Die Methoden dieser Klasse umfassen Operationen mit Gerätekontexten selbst, die Arbeit mit Zeichenwerkzeugen, die typensichere Auswahl von GDI-Objekten und die Manipulation von Farben und Farbpaletten. Des Weiteren gibt es Methoden für das Ermitteln und Setzen von Zeichenattributen, das Festlegen des Koordinatensystems, die Arbeit mit dem Zeichenfenster, den Umgang mit den Fensterabmessungen, die Umwandlung von Koordinaten, die Arbeit mit Regionen, das Clipping und das Zeichnen von Strecken, einfachen Formen, Ellipsen und Polygonen. Schließlich stehen Methoden für die Ausgabe von Text, die Veränderung von Schriften, die Ausgabe von Escape-Aufrufen, den Bildlauf und das Abspielen von Zwischendateien zur Verfügung.

Ein `CDC`-Objekt wird verwendet, indem man es erstellt und dann seine Methoden benutzt. Diese rufen ihrerseits die jeweiligen Windows-Funktionen zur Arbeit mit Geräte- und Ausgabekontexten auf.

15.1 Windows Graphical Device Interface (GDI)

Die Bibliothek stellt zur speziellen Verwendung einige von `CDC` abgeleitete Klassen zur Verfügung.

- Die Klasse `CPaintDC` verkapselt Aufrufe von `BeginPaint` und `EndPaint`.
- `CClientDC` handhabt den mit dem Anwendungsbereich (Innenbereich ohne Rahmen) eines Fensters verbundenen Ausgabekontext.
- `CWindowDC` verwaltet den Ausgabekontext, der ein komplettes Fenster einschließlich seines Rahmens und seiner Kontrollelemente repräsentiert.
- `CMetaFileDC` verbindet einen Gerätekontext mit einer Zwischendatei.

`CDC` beinhaltet zwei Gerätekontexte, `m_hDC` und `m_hAttribDC`, die sich beim Erstellen des `CDC`-Objekts auf dasselbe Gerät beziehen. `CDC` leitet alle Ausgabe-GDI-Funktionen an `m_hDC` und die meisten Attributfunktionen der GDI an `m_hAttribDC` weiter. (Ein Beispiel für eine Attributfunktion ist `GetTextColor`, während `SetTextColor` eine Ausgabefunktion ist.)

Das Programmgerüst verwendet diese beiden Gerätekontexte, um z. B. ein `CMetaFileDC`-Objekt anzulegen, das Ausgaben an eine Zwischendatei sendet, während es Attribute von einem physikalischen Gerät liest. Die Druckvorschau im Programmgerüst ist auf eine ähnliche Art und Weise implementiert. Auch im anwendungsspezifischen Code lassen sich die beiden Gerätekontexte in diesem Sinne verwenden.

Verschiedentlich werden wir Informationen zur Textmetrik von beiden Gerätekontexten benötigen. Die folgenden Funktionspaare ermöglichen dies:

Verwendet `m_hAttribDC`	Verwendet `m_hDC`
`GetTextExtent`	`GetOutputTextExtent`
`GetTabbedTextExtent`	`GetOutputTabbedTextExtent`
`GetTextMetrics`	`GetOutputTextMetrics`
`GetCharWidth`	`GetOutputCharWidth`

Bis auf die Klasse `CMetaFileDC` unterscheiden sich die abgeleiteten Klassen nur in ihren Konstruktoren und Destruktoren. Zum Zeichnen auf dem Bildschirm (in Fenstern) werden wir i. A. die abgeleiteten Klassen `CClientDC` oder `CWindowDC` einsetzen. Für andere Geräte müssen wir selbst Nachfolgerklassen von `CDC` konstruieren.

Entscheidend für den Einsatz der Klasse `CDC` ist die Virtualität. Diese gestattet es uns, z. B. mit der gleichen Anweisung in der Ereignisfunktion `OnDraw`:

```
void CU022View::OnDraw(CDC* pDC)
{
  CU022Doc* pDoc = GetDocument();
  ASSERT_VALID(pDoc);
  pDC->TextOut(0,0,"Hallo, Welt!");
}
```

Text entweder auf den Bildschirm oder auf den Drucker auszugeben, je nachdem auf welchen Gerätekontext der Zeiger `pDC` zeigt. Normalerweise versorgt das Anwendungsgerüst diese Ereignisfunktion mit dem passenden Zeiger, wenn z. B. der Anwender die Ausgabe auf den Bildschirm, den Drucker oder das Faxgerät usw. wünscht.

15.1.2 Anzeigekontextklassen `CClientDC` und `CWindowDC`

Der Anwendungsbereich eines Fensters ist das Fenster ohne Rand und ohne die Leisten (Titel-, Menü-, Symbol-, Statusleiste(n)). Dies ist unser Zeichenbereich, den wir durch das Erzeugen eines `CClientDC`-Objekts ansprechen können. Durch die Nutzung des Gerätekontexts wird ein Zeichnen außerhalb des Anwendungsbereichs verhindert (Beschneiden, Clipping). Der Ursprung des Koordinatensystems `(0,0)` liegt in der linken oberen Ecke. Dies sind somit relative Koordinaten.

Abweichend davon liegt der Ursprung eines `CWindowDC`-Objekts in der linken oberen Ecke des Bildschirms. Hier handelt es sich um absolute Koordinaten, was Vor-, aber auch Nachteile hat. Probleme ergeben sich, wenn wir außerhalb unseres Anwendungsbereichs zeichnen wollen. Die Koordinaten des gesamten Fensters (einschließlich Rahmen, Leisten und Bildlaufleisten) können wir mit der Funktion `CWnd::GetWindowRect` als Rechteck abrufen.

Eine wichtige Funktion in diesem Zusammenhang ist das Umrechnen der jeweiligen Koordinaten:

```
ScreenToClient    void ScreenToClient(LPPOINT lpPoint) const;
                  void ScreenToClient(LPRECT lpRect) const;
```

um einen Punkt oder ein Rechteck in die Koordinaten des Anwendungsbereichs zu transformieren. Die ursprünglichen Werte werden dabei zerstört. Die Umkehrungsfunktion:

```
ClientToScreen    void ClientToScreen(LPPOINT lpPoint) const;
                  void ClientToScreen(LPRECT lpRect) const;
```

rechnet die Anwendungsbereichskoordinaten in Pixel um, da die Bildschirmkoordinaten in geräteabhängigen Pixeln angegeben werden.

15.1.3 Konstruieren und Zerstören von `CDC`-Objekten

`CDC`-Objekte müssen immer dann, wenn sie nicht mehr benötigt werden, zerstört werden, da Windows nur eine begrenzte Anzahl von Gerätekontexten verwalten kann. Da wir an vielen Stellen unseres Programms auf den Gerätekontext zugreifen wollen, ohne dass dieser als Parameter übergeben wird, müssen wir ihn z. B. in einer Ereignisfunktion gesondert anfordern, die Verarbeitung durchführen und am Ende der Ereignisfunktion wieder (auto-

15.1 Windows Graphical Device Interface (GDI)

matisch) freigeben. Die automatische Freigabe geschieht am einfachsten durch Verwendung einer lokalen Instanz (auf dem Stack). Typisch für unsere Programme ist z. B. ein Linksklick mit der Maus auf ein grafisches Fenster. Das Programmgerüst einer solchen Ereignisfunktion sieht folgendermaßen aus:

```
void CMeineAnsicht::OnLButtonDown(UINT nFlags, CPoint point) {
   CRect Rechteck;
   CClientDC DC(this);        //Konstruktion eines lokalen Gerätekontextes
   DC.GetClipBox(Rechteck);   //Clipping-Rechteck abfragen
   ...                        //jetzt kommen die weiteren Zeichenroutinen
}                             //hier wird der Gerätekontext automatisch zerstört
```

Zur Konstruktion unseres lokalen Gerätekontexts verwenden wir im Beispiel den `CClientDC`-Konstruktor und übergeben ihm einen Zeiger auf ein Fenster. Dies ist im vorliegenden Fall der Zeiger auf das aktive Fenster `this`. Der `CClientDC`-Destruktor wird automatisch am Ende der Ereignisfunktion aufgerufen.

Eine weitere Möglichkeit besteht darin, mit einem Zeiger `pDC` auf den Gerätekontext zu arbeiten:

```
void CMeineAnsicht::OnLButtonDown(UINT nFlags, CPoint point) {
   CRect Rechteck;
   CDC* pDC=GetDC();           //Zeiger auf den internen Gerätekontext
   pDC->GetClipBox(Rechteck);  //Clipping-Rechteck abfragen
   ...                         //jetzt kommen die weiteren Zeichenroutinen
   ReleaseDC(pDC);             //explizit internen Gerätekontext freigeben!
}
```

In diesem Fall müssen wir den Gerätekontext explizit freigeben, da auf dem Stack nur der Zeiger `pDC` liegt und wieder zerstört wird. Das daran hängende Objekt bliebe auf dem Freispeicher erhalten. Diesen Zeiger sollten wir auf keinen Fall zwischenspeichern, da er temporär ist.

Die Beispiele zeigen den Einsatz einer von zwei sehr häufig eingesetzten Methoden. Die Methode `GetClientRect`:

| GetClientRect | void **GetClientRect**(LPRECT lpRect) const; |

liefert uns das Rechteck auf den Anwendungsbereich, also die Abmessungen des Innenbereichs eines Fensters. Den Beschneidebereich erhalten wir mit:

| GetClipBox | virtual int **GetClipBox**(LPRECT lpRect) const; |

Der Rückgabewert zeigt uns, dass diese Funktion offensichtlich aufwändiger ist. Tatsächlich kann der Beschneidebereich ein komplexes Gebilde sein, wobei immer das umhüllende Rechteck bestimmt wird.

15.1.4 Einstellung des Gerätekontexts

Um nun im gewählten Gerätekontext zu zeichnen, müssen wir eine Reihe weiterer Einstellungen vornehmen. Hierzu gehören im Wesentlichen:

- Festlegen der GDI-Zeichenobjekte wie Stift, Pinsel oder Schriftart
- Skalierung der Zeichenfläche
- Objektabhängige Details wie Farben, Strichstärken, Fülleigenschaften, Textausrichtung usw.

Der Gerätekontext hat vorgegebene Einstellungen, die wir individuell einstellen können. Zur Festlegung der GDI-Zeichenobjekte setzen wir die Funktion:

```
SelectObject      CDC::SelectObject
```

ein, von der es für jede GDI-Klasse eine Überschreibung gibt:

```
CPen* SelectObject(CPen* pPen);
CBrush* SelectObject(CBrush* pBrush);
virtual CFont* SelectObject(CFont* pFont);
CBitmap* SelectObject(CBitmap* pBitmap);
int SelectObject(CRgn* pRgn);
CGdiObject* SelectObject(CGdiObject* pObject);
```

Aus der Aufzählung erkennen wir, dass die Klasse `CGdiObject` fünf spezialisierte GDI-Klassen (Stifte, Pinsel, Schriften, Bitmaps und Regionen) zur Verfügung stellt. Die zusätzliche Überschreibung liefert ein allgemeines Objekt.

Die Methode liefert einen Zeiger auf das zuvor eingesetzte Objekt derselben Klasse zurück. Falls ein Fehler auftrat, hat das Ergebnis den Wert `NULL`. Wir werden den Rückgabewert immer zwischenspeichern, um so am Ende einer Funktion den Gerätekontext wieder in seinen alten Zustand zurückzusetzen (dringend empfohlen!).

15.1.5 GDI-Objekte

Aus dem vorherigen Kapitel wissen wir, dass ein Gerätekontext über fünf unabhängige GDI-Objekte verfügt. Die Vererbungshierarchie ist in **Bild 15.1** bereits dargestellt worden. Die folgende Tabelle gibt einige weitere Erläuterungen auch zu einer weiteren Klasse, der Palette. Diese ist offensichtlich nicht so einfach auszutauschen, da es keine Überschreibung `SelectObject` für sie gibt. Andererseits wird sie im Zeitalter der modernen Grafikkarten mit 16,7 Millionen Farben nur noch in Spezialfällen eingesetzt:

Klasse	Anmerkung
`CPen`	Diese Klasse verkapselt Zeichenstifte von Windows und stellt Methoden zu ihrer Initialisierung zur Verfügung wie z. B. Farbe, Strichstärke, Strichstil.

15.1 Windows Graphical Device Interface (GDI)

Klasse	Anmerkung
CBrush	Diese Klasse verkapselt durchgehende, schraffierte und gemusterte Pinsel der grafischen Schnittstelle von Windows.
CFont	Diese Klasse verkapselt Schriften der Windows-GDI und stellt Methoden zu deren Bearbeitung bereit. Die Konstruktion von CFont-Objekten ist wie üblich zweistufig: Nach dem Aufruf des Konstruktors muss mit CreateFont oder CreateFontIndirect eine Windows-Schrift zugeordnet werden, die sich anschließend über die Methoden von CFont bearbeiten bzw. verwenden lässt. Hier legen wir u. a. den Schriftgrad (Größe), den Schriftschnitt usw. fest.
CBitmap	Diese Klasse verkapselt ein Bitmap der Windows-GDI und stellt Methoden zu dessen Bearbeitung bereit. Ein CBitmap-Objekt lässt sich anlegen, indem wir es mit dem Konstruktor erstellen und dann mit einer der Initialisierungsfunktionen das zugehörige GDI-Objekt erzeugen.
CPalette	Diese Klasse verkapselt eine Windows-Farbpalette und stellt die Schnittstelle zwischen einer Anwendung und einem farbfähigen Ausgabegerät dar. Diese Schnittstelle erlaubt der Anwendung, sämtliche Farbeigenschaften des Ausgabegeräts zu verwenden, ohne dabei übermäßig in die von anderen Anwendungen dargestellten Farben eingreifen zu müssen. Anwendungen definieren eine logische Farbtabelle (mit der Liste der gewünschten Farben), die Windows mit der Systempalette (den verfügbaren Farben) kombiniert und so die tatsächlich dargestellten Farben festlegt.
CRgn	Diese Klasse verkapselt Regionen von Windows – also GDI-Objekte, die eine Fläche innerhalb eines Fensters über Ellipsen oder Polygone beschreiben (und im Gegensatz zu den ansonsten verwendeten Rechtecken stehen). Die Methoden dieser Klasse erlauben das Anlegen, Verändern und Abfragen von Regionen; in Kombination mit den Methoden der Klasse CDC lässt sich eine Region auch als Clipping-Bereich benutzen.

Die Erläuterungen lassen erkennen, dass Windows die Klassen bereits bereitstellt, die von den entsprechenden Visual C++-Klassen gekapselt werden, so dass deren Verwendung nicht mehr über die API-Funktionen erfolgen muss.

Wir konstruieren nie eine Instanz der Klasse CGdiObject selbst, sondern immer eine Instanz der dargestellten Spezialisierungen. Einige Objekte lassen sich direkt konstruieren. Konstruktoren wie CFont bzw. CRgn benötigen dagegen einen zweiten Schritt zur vollständigen Erzeugung. Hier legen wir erst ein Basisobjekt mit dem Standardkonstruktor an und rufen danach eine weitere Methode wie CreateFont oder CreatePolygonRgn auf, die dann das Objekt vervollständigen.

Die Klasse CGdiObject verfügt über einen virtuellen Destruktor, der von allen Nachfolgern überladen wird. Um also den Speicher für ein GDI-Objekt wieder freizugeben, müssen wir es erst vom Gerätekontext lösen und anschließend zerstören. Wir können uns dies so vorstellen, dass im Gerätekontext ein Zeiger auf ein GDI-Objekt existiert, der zuerst gelöst werden muss. Die Zerstörung überlassen wir danach dem Standarddestruktor.

Was heißt aber „lösen"? Die einfachste Lösung besteht darin, den alten Zustand wiederherzustellen. Hierzu halten wir Zwischenvariablen für die alten GDI-Objekte bereit. Mit dem Aufruf der Methode `SelectObject` weisen wir einerseits ein neues Objekt zu und speichern andererseits den Zeiger auf das alte Objekt in einer Zwischenvariablen. Am Ende unserer Zeichenfunktionen restaurieren wir dann den alten Gerätekontext, denn die anderen Programmteile wollen auch noch auf das Ausgabegerät zugreifen. Somit haben unsere Zeichenprogramme folgende Struktur:

```
void CMeineAnsicht::OnDraw(CDC* pDC) {
  CBrush NeuerPinsel(HS_BDIAGONAL,(COLORREF) 0); //Abwärtsschraffur,schwarz
  CBrush* pAlterPinsel=pDC->SelectObject(&NeuerPinsel);
  ...                            //weitere Anweisungen
  pDC->SelectObject(pAlterPinsel);  //alten Zustand wiederherstellen
}                                //neuerPinsel wird automatisch zerstört
```

Es wird ein neuer Pinsel direkt durch Aufruf des Konstruktors der Klasse `CBrush` erzeugt. Alternativ kann zuerst das Objekt ohne Parameter angelegt werden, um es anschließend mit `CreateBrush` zu initialisieren. Mit der nächsten Anweisung wird der Zeiger auf den alten Pinsel gesucht und zwischengespeichert, wobei er gegen den neuen Pinsel ausgetauscht wird, indem wir eine Referenz auf ihn übergeben. Es folgen beliebige Operationen zum Zeichnen. Nach dem Zeichnen wird der alte Zustand wiederhergestellt.

Das zweistufige Erzeugen eines Zeichengeräts sieht so aus:

```
void CMeineAnsicht::OnDraw(CDC* pDC) {
  CPen NeuerStift;                          //in zwei Schritten
  if(NeuerStift.CreatePen(PS_DOT,5,RGB(0,0,0))) { //initialisieren
    CPen* pAlterStift=pDC->SelectObject(&NeuerStift);
    ...    //hier wird er verwendet
    pDC->SelectObject(pAlterStift); //alten Zustand wiederherstellen
  }
}
```

Diese kompliziert anmutende Technik ist notwendig, wenn der Gerätekontext erhalten bleiben soll. Wird er selbst zerstört, dann zerstört er automatisch seine GDI-Objekte, so dass das Restaurieren entfallen kann. Weisen wir einen Pinsel oder Stift einer Ansichtsklasse zu, dann werden diese mit der Zerstörung des Ansichtsobjekts zerstört.

Windows stellt eine Reihe von vordefinierten GDI-Objekten zur Verfügung (Lagerobjekte). Diese werden von Windows verwaltet, indem z. B. die Destruktor-Anweisungen ignoriert werden. Windows selbst kümmert sich um die Zerstörung der Lagerobjekte.

Die Methode `SelectStockObject` liefert einen Zeiger auf ein Objekt der Klasse `CGdiObject`, dem wir einen Gerätekontext zuweisen können. Dies kann dazu verwendet werden, den Pinsel neu zu setzen bzw. wieder zurückzusetzen:

```
void CMeineAnsicht::OnDraw(CDC* pDC) {
  CBrush NeuerPinsel(HS_BDIAGONAL,(COLORREF) 0); //Abwärtsschraffur,schwarz
  pDC->SelectObject(&NeuerPinsel);      //NeuerPinsel aktivieren
  ...                              //weitere Anweisungen
  pDC->SelectStockObject(BLACK_BRUSH);//Standardpinsel => NeuerPinsel lösen
}                                //NeuerPinsel wird automatisch zerstört
```

15.1 Windows Graphical Device Interface (GDI)

Es ist nun eine wichtige Frage, wie lange der Gerätekontext und die GDI-Zuordnungen existieren. Mit dem Aufruf einer Ereignisfunktion erhalten wir für den Anzeige-Gerätekontext einen neuen Gerätekontext. Es bestehen daher noch keine GDI-Zuordnungen, so dass wir jedes Mal unseren Gerätekontext neu konfigurieren müssen. Hier hilft uns die virtuelle Methode `OnPrepareDC` der Klasse `CView` beim Festlegen der Zuordnungen. Die GDI-Objekte müssen wir aber selbst anlegen.

Bei einigen Gerätekontexten (z. B. Drucker oder Speicherpuffer) können die Zuordnungen durchaus länger bestehen bleiben. Das Problem stellen die GDI-Objektzeiger dar, die als temporäre Zeiger von `SelectObject` zurückgegeben werden. Solche temporären C++-Objekte werden vom Programmgerüst zerstört, wenn sich das Programm im Leerlauf befindet, manchmal nachdem die Ereignisfunktion den Aufruf zurückgegeben hat. Daher können wir einen solchen Zeiger nicht einfach in einer Objektvariablen der Klasse speichern, um ihn dauerhaft zu machen. Vielmehr müssen wir ihn mit Hilfe der Methode `GetSafeHdc` in ein Windows-Handle wandeln. Im folgenden Beispiel gehen wir davon aus, dass zwei Objektzeiger in der Klasse `CMeineAnsicht` deklariert sind:

```
CFont mein_pPrintFont;
HFONT mein_hAlterFont
```

Beide werden im Konstruktor von `CMeineAnsicht` initialisiert. Jetzt können wir zwei Methoden zum Umschalten der Schriftarten schreiben:

```
void CMeineAnsicht::SchalteAufCourier(CDC* pDC) {
  mein_pPrintFont->CreateFont(30,10,0,0,400,FALSE,FALSE,0,ANSI_CHARSET,
  OUT_DEFAULT_PRECIS,CLIP_DEFAULT_PRECIS,DEFAULT_QUALITIY,DEFAULT_PITCH|FF_M
  ODERN,"Courier New");
  CFont* pAlterFont=(CFont*)(pDC->SelectObject(mein_pPrintFont));
  m_hObject=(HFONT) pAlterFont->GetSafeHdc();
}
void CMeineAnsicht::SchalteAufOriginalFont(CDC* pDC) {
  if (mein_hAlterFont) {
    pDC->SelectObject(CFont::FromHandle(mein_hAlterFont));
  }
}
```

`m_hObject`   ist ein öffentlicher `HANDLE` der Klasse `CGdiObject` des Typs `HBITMAP`, `HPALETTE`, `HRGN`, `HBRUSH`, `HPEN` oder `HFONT`, in dem wir unser gewandeltes Objekt zwischenspeichern.

`FromHandle`   ist eine statische Methode, die einen Objektzeiger zurückgibt.

Die Zuordnung der Schrift auf die lokale Variable `mein_pPrintFont` wird im Destruktor `CMeineAnsicht` aufgehoben. Hier müssen wir besonders vorsichtig mit der Aufhebung der Zuordnung sein. Einen temporären Zeiger wie im Beispiel können wir nicht selbst löschen.

Nun ist es recht mühsam, bei jeder Ereignisfunktion einen neuen Anzeige-Gerätekontext zu konfigurieren. Es wäre doch ganz hilfreich, einen solchen Gerätekontext für die ganze Lebensdauer eines Fensters festlegen zu können. Ein solcher permanenter Gerätekontext wird mit dem Fenster erzeugt. Er behält seine gesamten Eigenschaften einschließlich der zugeordneten GDI-Objekte (außer der Farbpalette) bei. Beim Wechseln eines Fensters wechselt Windows die Farbpalette automatisch. Hier sehen wir einen Grund, warum die Farbpalette anders behandelt wird als die anderen GDI-Objekte.

Einen solchen permanenten Windows-Gerätekontext erzeugen wir mit dem Aufruf der Funktion `AfxRegisterWndClass`. Den Parameter `nClassStyle` setzen wir auf `CS_OWNDC` oder `CS_CLASSDC`. Auch wenn dieser Windows-Gerätekontext permanent ist, so müssen wir ihn doch am Ende jeder Ereignisfunktion freigeben, wenn wir ihn benutzen.

Der Name der Funktion deutet an, dass wir eine Fensterklasse bei Windows anmelden. Die Funktion dient dazu, bestimmte Fenstermerkmale festzulegen. So legen wir mit ihr u. a. fest, welche Ikonen in der Titelleiste (Systemmenü, Minimier-, Maximier-Ikone) erscheinen, auf welche Mausereignisse das Fenster reagiert usw. Wir rufen `AfxRegisterWndClass` auf, indem wir die virtuelle Methode `PreCreateWindow` der Klasse `CWnd` geeignet überladen. Diese Methode wird vor der Erzeugung des mit dem `CWnd`-Objekt verknüpften Fensters aufgerufen, so dass wir alle Eigenschaften einstellen können.

Wir legen also einen Prototyp in der Deklaration von `CMeineAnsicht` an und implementieren die folgende Methode:

```
BOOL CMeineAnsicht::PreCreateWindow(CREATESTRUCT& cs) {
  cs.lpszClass=AfxRegisterWndClass(CS_HREDRAW|CS_VREDRAW|CS_OWNDC,NULL);
  return TRUE;
}
```

15.1.6 Farbgebung unter Windows

Die Grafikkarten zeigen sehr typisch die Entwicklungen auf dem Gebiet der Hardware. Wer von den „Kids" erinnert sich noch an die CGA-, Hercules-, EGA- usw. Karten? Es soll sogar einmal eine Zeit gegeben haben, während der eine einzige Firma die Hardwarestandards gesetzt hat. Aber das ist lange her. Heute haben wir es mit Treibern zu tun, die unter diesem und jenem Betriebssystem gerade funktionieren oder nicht.

Windows tritt nun an, hier eine hardwareunabhängige Schnittstelle zu bieten. Theoretisch ganz interessant, praktisch aber kaum durchführbar. Deshalb sollten wir einige Kenntnisse über gewisse Hardwareeigenschaften im Kopf behalten.

Im Wesentlichen ist die Grafikdarstellung eine Frage der schnellen, preisgünstigen Speicher. Wir benötigen diesen Speicher zur Darstellung der Grafik. Bei endlichem Speicher können wir zwischen Auflösung und Farbtiefe wählen. Daher lassen sich viele Grafikkarten in verschiedenen Modi betreiben. Hierbei wird der Speicher einfach neu aufgeteilt.

Für die Darstellung in Schwarz-Weiß benötigen wir pro Pixel genau 1 Bit. Mit 2 Bit (CGA-Standard = Color Graphic Adapter) können schon vier Farben (inklusive Schwarz und Weiß) dargestellt werden. Der EGA-Standard (Enhanced Graphic Array) arbeitet mit 4 Bit pro Farbe, so dass 16 Farben pro Pixel möglich sind. Pro Pixel benötigen wir also ein Halbbyte (Nibble). Schon hier verfiel man auf den Gedanken, diese Farben aus einer größeren Menge zu wählen, der so genannten *Palette*. Eine Farbpalette bedeutet nichts ande-

15.1 Windows Graphical Device Interface (GDI)

res als eine indirekte Adressierung der verschiedenen Farben. Jede mögliche Farbe erhält einen Farbindex. Zuvor muss festgelegt werden, welcher Index zu welcher Farbe gehört.

Eigentlich müssten wir erst einmal den Begriff „Farbe" definieren, was im Rahmen dieses Buches nicht möglich ist. Es muss daher ein Schnelldurchgang reichen. Unser Gesichtssinn ist extrem nichtlinear. Wir sehen Farben, die physikalisch schwer beschreibbar und technisch teilweise nicht zu erzeugen sind usw.

Dazu kommt noch die Problematik der additiven Farbmischung auf dem Bildschirm und der subtraktiven Farbmischung auf den Druckern. Dies führt zu verschiedenen Farbsystemen. Allen gemeinsam ist, das Farbempfinden des Menschen auf drei Größen zu reduzieren, was bereits einer Vereinfachung entspricht. Bekannt ist das RGB-System. Jede Farbe lässt sich additiv aus den drei Grundfarben Rot, Grün und Blau zusammensetzen. Dies stimmt z. B. nicht für die Farben der Purpurlinie sowie sämtliche Körperfarben, mit denen ein Farbfernseher so seine Schwierigkeiten hat. Ein zweites System geht vom Farbton und der Intensität aus. Es hilft nun wenig, in die Tiefen dieser erkennungspsychologischen Theorien einzusteigen. Sehen wir uns einfach an, was Windows bietet.

Windows arbeitet klassisch nach dem RGB-System, d. h., wir benutzen drei Angaben, um die Farbe darzustellen. Legen wir pro Anteil die Speichertiefe fest, so benötigen wir den dreifachen Speicher für das Gesamtsystem.

Der VGA-Standard definiert z. B. pro Farbe eine Tiefe von 6 Bit, so dass die Summe 18 Bit beträgt. Damit lassen sich 262.144 verschiedene Farben darstellen. 18 Bit lassen sich aber schlecht verwalten, besser sind 16 Bit mit 32.768 Farben (HighColor). Hier erfolgt keine Aufteilung auf die einzelnen Farbkomponenten. Mit 8 Bit pro Farbe, d. h. 24 Bit pro Pixel, sind dies bereits 16.777.216 Farben. Da der Mensch aber nur etwa 7 Millionen Farben tatsächlich unterscheiden kann, liegen wir mit dem Standard „TrueColor" weit über dieser Grenze. Somit müssen wir nun nicht mehr die Farbtiefe vergrößern, auch wenn uns die Scanner-Hersteller dies verkaufen möchten. Vielmehr unterscheiden sich die Grafikkarten nur noch in ihrer geometrischen Auflösung und der Anzahl der parallel gespeicherten Grafiken. Durch Umschalten zwischen den Grafiken wird der eigentliche Zeichenvorgang kaschiert und damit eine störungsfreie Darstellung ermöglicht.

Alle „Standards", die weniger Farben als TrueColor darstellen, gehen von einer Palette aus, d. h., die Farben erhalten eine Farbnummer aus einer Farbtabelle. Die Farbtabelle ist entweder vorgegeben oder kann durch eine vorgeschaltete Funktion individuell eingestellt werden.

Ein Problem besteht nun darin, dass Windows selbst Farben benötigt. Was geschieht, wenn wir die Palette umstellen? Ändert sich die Darstellung des gesamten Bildschirms oder nur die des Fensters? Können wir überhaupt für ein Fenster die Farben individuell einstellen?

Hier müssen wir verstehen, wie die Farben erzeugt werden. Zu diesem Zweck stellen wir uns ein Palettenregister vor, das für jede der möglichen Farben eine RGB-Kombination an den Bildschirm sendet. Das Bild ist in einem Vektor gespeichert, der für jedes Pixel einen Palettenwert enthält. Mit diesem Wert gehen wir in die Palette und bestimmen daraus den RGB-Wert, der aus drei Byte besteht. Dieser wird dann an der Position des Pixels auf dem

Bildschirm dargestellt. Für den EGA-Standard (16 Farben) würde dies folgendermaßen aussehen:

Bild Wert	Palette				
	Farb-Nr.	Rot	Grün	Blau	Farbempfinden
	0	0	0	0	schwarz
	1	0	0	255	strahlend blau
	2	0	255	0	strahlend grün
	3	0	255	255	cyan
	4	255	0	0	strahlend rot
	5	255	0	255	magenta
	6	255	255	0	strahlend gelb
4	7	255	255	255	weiß
	8	0	0	128	dunkelblau
	9	0	128	0	dunkelgrün
	10	0	128	128	blaugrün
	11	128	0	0	braun
	12	128	0	128	dunkelpurpur
	13	128	128	0	oliv
	14	128	128	192	dunkelgrau
	15	192	192	192	hellgrau

Bildschirm

Ist nun das Palettenregister hardwaremäßig als so genannte LookUp-Table realisiert, dann würde der gesamte Bildschirm nach jeder Änderung einschließlich der Fensterrahmen usw. in seiner Darstellung umkippen, was fatale Folgen für die Bedienung des Bildschirms haben kann, wenn man keine Fenster, keine Ikonen usw. mehr sieht. Windows reserviert daher für sich selbst eine Anzahl von Standardfarben, um sich selbst darzustellen und gegen solche Fälle zu schützen.

Welche Möglichkeiten stehen den Windows-Entwicklern zur Verfügung, um aus diesem Dilemma das Beste zu machen? Auf der Softwareseite können wir einfach so tun, als könnte der Bildschirm alle Farben darstellen, d. h., wir akzeptieren 24-Bit-Farbangaben. Da die DV keine „ungeraden" Variablen verarbeitet, bietet es sich an, die Farbe als Long Integer in 4 Byte zu speichern und das vorderste Byte zu ignorieren. Die farborientierten GDI-Funktionen übernehmen daher einen COLORREF-Parameter dieser Länge. Beispiele der RGB-Farbangaben sind in der nebenstehenden Tabelle dargestellt. Wir sehen, dass das vorderste Byte unbesetzt ist. Es bietet sich also an, dieses so genannte Alphabyte anderweitig zu benutzen. Tatsächlich wird es für verschiedene Zwecke genutzt. Eine Farbe, bei dem das vorderste Bit gesetzt ist, enthält im Rest (also im letzten Byte) eine laufende Nummer der Systemfarbe. So ist:

Wert	Farbe
0x000000FF	Rot
0x0000FF00	Grün
0x00FF0000	Blau
0x00000000	Schwarz
0x00FFFFFF	Weiß
0x00808080	Grau

15.1 Windows Graphical Device Interface (GDI)

`0x8000000F`

die Systemfarbe für die Oberfläche eines Schalters. Systemfarben können vom Anwender unter Windows eingestellt werden. Sie passen sich der Farbgebung von Windows automatisch an.

Kommen wir aber zu unserem Problem zurück, dass die Farbkarte des Rechners die angeforderten Farben nicht darstellen kann.

Das einfachste Verfahren besteht darin, die nächst mögliche Farbe darzustellen, was aber zu sehr unbefriedigenden Ergebnissen führt. In zweiter Näherung könnten wir unser Auge ein wenig betrügen, indem wir einfach mehrere verschiedenfarbige Pixel in den möglichen Farben nebeneinander setzen, um die gewünschte Farbe zu erzeugen. Diese Technik des Rasterns eines Farbpunkts nennt man Dithering. Windows benutzt ein geordnetes Dithering, das man an einer erkennbaren Musterbildung in gleichfarbigen Bereichen erkennt.

Das Verfahren soll grundsätzlich am Beispiel eines Farbauszugs erklärt werden. Dabei gehen wir davon aus, dass wir nur zwei Farben darstellen können, nämlich Weiß und eine weitere Farbe (z. B. der Einfachheit halber Schwarz). Die Pixel dieses Farbauszugs können die Werte von `0` bis `255` annehmen. Legen wir nun auf die Pixel des Bilds links oben beginnend eine Maske mit Schwellwerten:

$$\underline{S} = \begin{bmatrix} 0 & 128 & 32 & 160 \\ 192 & 64 & 224 & 96 \\ 48 & 176 & 16 & 144 \\ 240 & 112 & 208 & 80 \end{bmatrix},$$

so können die wahren Werte darunter oder darüber liegen. Liegen sie darunter, so wird die Farbe Weiß angezeigt. Liegen sie darüber, so wird die Grundfarbe (z. B. Schwarz) angezeigt. Dann verschieben wir die Maske um ihre Breite nach rechts und entscheiden wieder. Am Ende einer Zeile versetzen wir die Maske um ihre Höhe und beginnen von vorne. (Probieren Sie es einmal mit einer gleichmäßig grauen Fläche mit den Farbwerten `127` aus.)

Normalerweise wird das Dithering für Ausgabegeräte eingesetzt, bei denen die Auflösung höher als ein Pixel ist. Ein SW-Drucker, der eine Punktmatrix von 4×4 Dots pro Pixel drucken würde, druckt für einen Grauwert im Bereich von `0` bis `255` die in **Bild 15.2** dargestellten Muster aus.

Die Tabelle zeigt uns, dass die Farbfestlegung ziemlich mühsam ist. Daher greifen wir gern auf die Funktion:

`COLORREF farbe=RGB(rot,gruen,blau);`

zurück, die diese Umwandlung durchführt.

Der VGA-Standard arbeitet bei der Farberzeugung zwar mit 6 Bit pro Farbauszug. Dies bedeutet aber nicht, dass unser Bild so gespeichert ist. Stellen wir uns vor, wir würden pro Pixel 1 Byte = 8 Bit vorsehen. Hiermit ließen sich nur 256 Farben aus einer Palette von

262.144 (6 Bit pro Farbauszug) oder gar 16,7 Mio. (8 Bit pro Farbauszug) verschiedenen Farben darstellen. Eine Grafik kann mit 8 Bit pro Pixel, also 256 Farben, gespeichert sein. Eine zweite Grafik hat z. B. eine Farbtiefe von 16 Bit. Unsere Grafikkarte könnte dagegen 16,7 Mio. Farben darstellen, wobei aber nur 256 Farben oder 32.768 Farben angesteuert werden. In diesem Fall könnte der Farbraum erweitert werden.

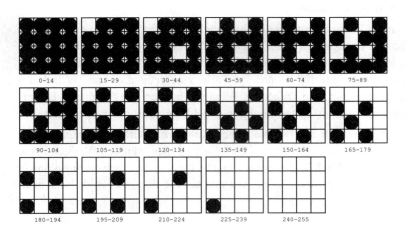

Bild 15.2: Beispiel für eine 4x4-Dithering-Matrix

Umgekehrt könnte das Bild mit 3 Byte = 24 Bit pro Pixel (16,7 Mio. Farben) gespeichert sein. Unsere Grafikkarte könnte aber nur 256 Farben aus 262.144 möglichen Farben darstellen. In diesem Fall muss die Farbtiefe des Bilds entsprechend reduziert werden. Im Kapitel über die Pixelgrafik werden wir näher auf dieses Problem eingehen.

Grundsätzlich müssen wir nur wissen, dass bei einer 24-Bit-Speicherung die Pixelfarbe direkt generiert werden kann. Bei allen niedrigeren Farbtiefen müssen wir die Palette laden. Hierzu steht uns die Klasse `CPalette` zur Ver-

Farb-Nr.	Rot	Grün	Blau	Farbempfinden
16	192	220	192	leicht grün
17	166	202	240	hellblau
18	255	251	240	gebrochen weiß
19	160	160	164	mittelgrau

fügung. In diesem Fall legt Windows 20 Szstemfarben (abhängig von der Farbtiefe auch nur 16) für seine Zwecke fest. Wäre dies nicht der Fall, könnten wir durch unsere Farbmanipulationen die gesamte Fensterstruktur auf dem Bildschirm zerstören.

15.1.7 Koordinatensystem

Als Nächstes müssen wir ein Koordinatensystem zur Darstellung festlegen. Eigentlich handelt es sich um mehrere Koordinatensysteme. Wenn wir etwas (aus der realen Welt) darstellen wollen, dann müssen wir es dort vermessen. Dies sind die *Weltkoordinaten* (auch *physische Koordinaten* genannt). Über eine Abbildung wollen wir dann diesen Aus-

15.1 Windows Graphical Device Interface (GDI)

schnitt aus der Welt auf unseren Bildschirm zaubern. Auf dem Bildschirm benötigen wir *Gerätekoordinaten*. Wechseln wir den Bildschirm bzw. dessen Auflösung, so müssen wir die Gerätekoordinaten mit einer anderen Formel berechnen. Da Windows hardwareunabhängig sein soll, wäre ein drittes „logisches" Koordinatensystem sinnvoll, das unabhängig von der Hardware ist.

Was zeichnet die Anweisung:

```
pDC->Rectangle(CRect(0,0,300,300));
```

nun eigentlich? Sind es Pixel, mm, Punkte, Twips? In Gerätekoordinaten (also Pixel) würde das Quadrat auf einem VGA-Bildschirm mit 640×480 Pixel deutlich größer aussehen als auf einem Super-VGA-Bildschirm mit 1024×768 Pixel. Ganz zu schweigen von unserem Drucker, der 600 dpi druckt (also ein Quadrat von 1,25 cm Kantenlänge). Ist die Figur eigentlich wirklich ein Quadrat, d. h., wird die unterschiedliche physikalische Auflösung des Bildschirms berücksichtigt?

Windows sollte eigentlich mit Hilfe des Gerätekontexts in der Lage sein, dies sinnvoll zu realisieren. Tatsächlich finden wir eine Methode `CDC::SetMapMode`, die den Zuordnungsmodus „Koordinatensystem" festlegt. Für den einzigen Parameter stehen folgende Konstanten zur Verfügung:

`MM_ANISOTROPIC`	Logische Einheiten werden in beliebige Einheiten mit beliebig skalierten Achsen umgewandelt. Beim Setzen des Koordinatensystems `MM_ANISOTROPIC` werden die Einstellungen für das logische Fenster und das Zeichenfenster nicht beeinflusst. Die Einheiten, die Ausrichtung und Skalierung lassen sich mit den Methoden `SetWindowExt` und `SetViewportExt` modifizieren.
`MM_HIENGLISH`	Jede logische Einheit entspricht 0,001 Zoll. Positive x-Werte erstrecken sich nach rechts, positive y-Werte nach oben.
`MM_HIMETRIC`	Jede logische Einheit entspricht 0,01 Millimeter. Positive x-Werte erstrecken sich nach rechts, positive y-Werte nach oben.
`MM_ISOTROPIC`	Logische Einheiten werden in beliebige Einheiten mit gleich skalierten Achsen umgewandelt. Damit hat eine Einheit entlang der x-Achse dieselben Abmessungen wie eine Einheit entlang der y-Achse. Die Einheiten und die Ausrichtung lassen sich mit den Methoden `SetWindowExt` und `SetViewportExt` modifizieren. Die GDI-Funktionen nehmen dabei Anpassungen vor und stellen dadurch sicher, dass Breite und Höhe der Pixel identisch sind.
`MM_LOENGLISH`	Jede logische Einheit entspricht 0,01 Zoll. Positive x-Werte erstrecken sich nach rechts, positive y-Werte nach oben.
`MM_LOMETRIC`	Jede logische Einheit entspricht 0,1 Millimeter. Positive x-Werte erstrecken sich nach rechts, positive y-Werte nach oben.

`MM_TEXT` — Jede logische Einheit entspricht einem Gerätepixel. Positive x-Werte erstrecken sich nach rechts, positive y-Werte nach unten.

`MM_TWIPS` — Jede logische Einheit entspricht 1/20 Punkt. (Da ein Punkt 1/72 Zoll entspricht, entspricht ein „Twip" 1/1440 Zoll.) Positive x-Werte erstrecken sich nach rechts, positive y-Werte nach oben.

Am Anfang stehen die logischen Einheiten im englischen wie im metrischen System. Es existieren je zwei Auflösungen für beide Systeme. Daneben gibt es eine Windows-spezifische Maßeinheit, die Twips. Ein Twip ist vom Punkt `Pt` der Drucktechnik abgeleitet, in dem wir z. B. die Größe unserer Buchstaben messen. 1 Twip = 1/20 Pt = 1/1440 Zoll (siehe auch nachfolgendes Kapitel). Der Modus `MM_TEXT` erweckt den Anschein von Gerätekoordinaten. Dies stimmt auch fast bis auf den Umstand, dass wir den Ursprung des Koordinatensystems nicht in die linke obere Fensterecke legen müssen. Vielmehr können wir mit den Methoden `CDC::SetViewportOrg` den Ursprung des Zeichenfensters und mit `CDC::SetWindowOrg` den Ursprung des logischen Fensters verändern.

Zuletzt fallen uns noch zwei weitere Modi auf. Mit `MM_ISOTROPIC` legen wir eine unveränderbare Skalierung fest, die im Seitenverhältnis 1:1 steht. Mit `MM_ANISOTROPIC` können wir die Abbildungsmaßstäbe für beide Koordinatenrichtungen unabhängig festlegen (die Namen erinnern uns an die Anisotropie = Doppelbrechung einiger Kristalle). U. a. können wir damit auf Veränderungen der Fenstergröße durch den Benutzer reagieren usw.

Ist der Zuordnungsmodus einmal festgelegt, so können wir fast alle `CDC`-Methoden mit logischen Koordinaten aufrufen. Es erfolgt ein automatisches Umrechnen auf Gerätekoordinaten. Einige wenige Methoden arbeiten auch weiterhin mit Gerätekoordinaten. So werden z. B. die Koordinaten des Mauszeigers stets in Gerätekoordinaten zurückgeliefert. Viele andere Methoden der MFC arbeiten ausschließlich in Gerätekoordinaten, z. B. die Methoden der Klasse `CRect`.

Die Skalierung, d. h., die Umrechnung von Weltkoordinaten in logische Koordinaten mit Hilfe der Maßstabsfaktoren (wie auf einer Landkarte), müssen wir selbst durchführen. Das Windows-GDI führt dann die Umwandlung der logischen Koordinaten in Gerätekoordinaten selbst aus. Die `CDC`-Methoden `LPtoDP` und `DPtoLP` führen diese Umwandlungen in beiden Richtungen durch, sofern der Gerätekontext entsprechend vorbereitet wurde. Beide Funktionen sind sich recht ähnlich. Mit der ersten können wir ein ganzes Array umwandeln, bei Bedarf auch einen einzelnen Punkt:

```
LPtoDP     void LPtoDP(LPPOINT lpPoints, int nCount = 1) const;
           void LPtoDP(LPRECT lpRect) const;
           void LPtoDP(LPSIZE lpSize) const;
```

Folgende Liste zeigt auf, wann wir das eine oder andere System einsetzen sollten:

15.1 Windows Graphical Device Interface (GDI)

- Die `CDC`-Methoden arbeiten in der Regel mit logischen Koordinaten. Eine Ausnahme bilden die Methoden, die sich auf eine Region beziehen.
- Die `CWnd`-Methoden verwenden Gerätekoordinaten.
- Für die Überprüfung bestimmter Positionen auf dem Bildschirm benutzen wir Gerätekoordinaten. Typischerweise werden Regionen in Gerätekoordinaten angegeben. Die Methode `CRect::PtInRect` arbeitet ausschließlich mit nicht-negativen (Null oder positiv) Koordinaten. Auch an die Position des Mauszeigers usw. werden von Windows in Gerätekoordinaten geliefert.
- Die Verwendung von Gerätekoordinaten sollte im Programm auf zeitlich eng zusammenhängende Bereiche konzentriert werden. Ein Zwischenspeichern von Gerätekoordinaten zu sichtbaren Objekten kann zu Fehlern führen, sobald der Benutzer einen Bildlauf durchführt.

15.1.8 Zeichenfunktionen

Haben wir:
- den Gerätekontext organisiert
- die GDI-Objekte vorbereitet (Stift für die Linien, Pinsel für die Füllung)
- die Farben eingestellt
- das Koordinatensystem gewählt

dann können wir zum Zeichnen schreiten. Hierzu benötigen wir eine Reihe von Funktionen, die nur grundlegend aufgezählt werden sollen. Details finden Sie in der Online-Hilfe bzw. in den folgenden Beispielen.

Punkt- und Linien-Funktionen

`AngleArc`	zeichnet einen Bogen und setzt den Grafikcursor an dessen Ende
`Arc`	zeichnet einen elliptischen Bogen
`ArcTo`	zeichnet einen elliptischen Bogen und setzt den Grafikcursor
`GetArcDirection`	liefert die aktuelle Bogenrichtung
`GetCurrentPosition`	liefert die aktuelle Position des Stifts (in logischen Koordinaten)
`LineTo`	zeichnet eine Strecke von der aktuellen Position bis zum Endpunkt (jedoch ohne diesen selbst)
`MoveTo`	bewegt den Grafikcursor (abgehobener Stift)
`PolyBezier`	zeichnet eine oder mehrere Bézier-Kurven
`PolyBezierTo`	zeichnet einen oder mehrere Bézier-Kurven und bewegt den Grafikcursor ans Ende der letzten Kurve

`PolyDraw`	zeichnet eine Menge von Segmenten und Bézier-Kurven. Der Grafikcursor wird an das Ende verschoben
`Polyline`	zeichnet ein offenes Polygon durch eine Punktwolke
`PolylineTo`	zeichnet ein offenes Polygon durch eine Punktwolke und setzt den Grafikcursor auf den letzten Punkt
`PolyPolyline`	zeichnet eine Folge von verbundenen Streckensegmenten. Der Grafikcursor wird nicht verändert
`SetArcDirection`	setzt die Bogenrichtung
`SetPixel`	setzt ein Pixel (zeichnet einen Punkt)

Einfache Zeichenfunktionen

`Draw3dRect`	zeichnet ein dreidimensionales Rechteck
`DrawDragRect`	löscht und zeichnet ein Rechteck hervorgehoben
`DrawEdge`	zeichnet die Ecken eines Rechtecks
`DrawFrameControl`	zeichnet ein Rahmenelement
`DrawIcon`	zeichnet eine Ikone
`DrawState`	zeigt ein Bild und wendet einen Effekt an, um den Status zu markieren
`FillRect`	füllt ein vorgegebenes Rechteck mit Hilfe des Pinsels
`FillSolidRect`	füllt ein vorgegebenes Rechteck mit einer einheitlichen Farbe
`FrameRect`	zeichnet den Rand um ein Rechteck
`InvertRect`	invertiert den Inhalt eines Rechtecks

Punkt-, Polygon- und Ellipsen-Funktionen

`Chord`	zeichnet ein geschlossenes Bogensegment
`DrawFocusRect`	zeichnet ein Rechteck im Fokusstil
`Ellipse`	zeichnet eine Ellipse (Kreis)
`Pie`	zeichnet ein Tortendiagramm
`Polygon`	zeichnet ein geschlossenes Polygon mit mindestens zwei Punkten
`Polyline`	zeichnet ein offenes Polygon aus einer Punktliste
`PolyPolygon`	zeichnet ein gefülltes Polygon, bei dem sich die Linien überkreuzen dürfen
`Rectangle`	zeichnet ein gefülltes Rechteck
`RoundRect`	zeichnet ein gefülltes Rechteck mit abgerundeten Ecken

Die wichtigsten Funktionen wollen wir näher betrachten. Um einen Punkt zu setzen, finden wir zwei Funktionen:

15.1 Windows Graphical Device Interface (GDI)

```
COLORREF SetPixel(int x,int y,COLORREF crColor );
COLORREF SetPixel(POINT point,COLORREF crColor);
```

mit Übergabe zweier (logischer) Koordinaten oder eines Punkts (`POINT`-Struktur oder `CPoint`-Objekt). Es handelt sich eigentlich um eine Bitmap-Funktion, da wir die Farbe angeben können. Das Anlegen eines Zeichenstifts ist nicht nötig.

Die zurückgegebene Farbe kann sich von der gewünschten Farbe unterscheiden, wenn wir mit einer Palette arbeiten, weil dann die nächstliegende Farbe berechnet wird.

Eine Strecke zeichnen wir ab der aktuellen Position des Grafikcursors mit:

```
BOOL LineTo(int x,int y);
BOOL LineTo(POINT point);
```

Diese Funktion benutzt den aktuellen Stift und verschiebt den Grafikcursor an den angegebenen Endpunkt.

Das Rechteck wird mit dem aktuellen Stift gezeichnet und mit dem Pinsel gefüllt:

```
BOOL Rectangle(int x1,int y1,int x2,int y2);
BOOL Rectangle(LPCRECT lpRect);
```

Die Parameter können als logische Koordinaten oder als Rechteck-Struktur übergeben werden.

15.1.9 Schriftarten

Windows bietet uns eine Reihe geräteunabhängiger Schriftarten an, die wir in (fast) beliebiger Größe skalieren können. Diese Schriftarten sind die so genannten *TrueType*-Schriften. Daneben gibt es geräteabhängige Schriftarten wie die Schriftart `System`, die Windows für seine eigenen Anzeigen benutzt usw. In der Systemverwaltung von Windows können die entsprechenden Schriften ausgewählt werden.

Für die Schriftarten steht eine eigene Klasse `CFont` zur Verfügung, so dass sie sich wie andere GDI-Klassen verhalten. Somit können wir sie ausschneiden, kopieren, einfügen, skalieren, ihnen ein GDI-Objekt in Form eines Stifts oder Pinsels zuordnen usw.

Windows stellt uns zur Auswahl der Schriftarten ein Standarddialogfeld zur Verfügung, so dass die Wahl der verschiedenen Eigenschaften einer Schrift sehr einfach ist. Da Windows den angeschlossenen Drucker normalerweise im Grafikmodus ansteuert, sind wir weitgehend unabhängig von dessen Möglichkeiten. Windows generiert mit Hilfe des Druckerkontexts eine entsprechende Pixelmatrix für jedes Zeichen, die dem angezeigten Zeichen entspricht. Es gibt daher kaum Gründe, auf gerätespezifische Schriftarten auszuweichen.

Die Schriftgröße oder der *Schriftgrad,* wie die Setzer sagen, wird in Punkten (Pt) gemessen. 1 Pt entspricht dabei 1/72 Zoll (2,54 cm), das sind ca. 0,35 mm. Ein Schriftgrad von 10 Pt ist etwa 3,5 mm hoch. Zur noch genaueren Positionierung ist in Windows die Einheit Twip eingeführt worden. 1 Twip = 1/20 Pt = 1/1440 Zoll. Damit wir auf dem Bildschirm und auf dem Drucker den gleichen Schrifteindruck haben, setzen wir den Zuordnungsmodus auf Twip:

```
pDC->SetMapMode(MM_ANISOTROPIC);
pDC->SetWindowsExt(1440,1440);
pDC->SetViewPortExt(pDC->GetDeviceCaps(LOGPIXELSX),
                    pDC->GetDeviceCaps(-LOGPIXELSY));
```

Zuerst wählen wir den Modus `MM_ANISOTROPIC`, um in beiden Koordinatenrichtungen unterschiedliche Maßstabsfaktoren wählen zu können. Anschließend setzen wir die Abmessungen des logischen Fensters auf `1440×1440` Einheiten. Zum Setzen der Abmessungen des Zeichenfensters rufen wir mit `GetDeviceCaps` die Geräteeigenschaften ab. Mit dem Parameter `LOGPIXELSX` erhalten wir die Anzahl der Pixel pro logischem Inch in x-Richtung (Breite). Das Minuszeichen des zweiten Parameters richtet das Koordinatensystem auf.

Zur Berechnung der Schrifteigenschaften benutzen wir die Methode `GetTextMetrics`. Diese liefert uns im Strukturtyp `TEXTMETRIC` eine Vielzahl von Werten:

```
typedef struct tagTEXTMETRIC {  /* tm */
  int    tmHeight;              //Gesamthöhe über alle Ober-/Unterlängen
  int    tmAscent;
  int    tmDescent;
  int    tmInternalLeading;     //Höhe der diakritischen Symbole
  int    tmExternalLeading;     //Abstand zwischen Oberrand und vorherig.Unterrand
  int    tmAveCharWidth;
  int    tmMaxCharWidth;
  int    tmWeight;
  BYTE   tmItalic;
  BYTE   tmUnderlined;
  BYTE   tmStruckOut;
  BYTE   tmFirstChar;
  BYTE   tmLastChar;
  BYTE   tmDefaultChar;
  BYTE   tmBreakChar;
  BYTE   tmPitchAndFamily;
  BYTE   tmCharSet;
  int    tmOverhang;
  int    tmDigitizedAspectX;
  int    tmDigitizedAspectY;
} TEXTMETRIC;
```

Die wichtigsten Eigenschaften sind kommentiert. Viele Zeichen verfügen über so genannte diakritische Zeichen (Umlautpünktchen, Tilde usw.). Diese gehen in die Gesamthöhe ein. Zusammen mit dem Abstand zwischen den Zeilen ergibt sich die Zeichenhöhe, die dann in Punkten angegeben wird.

Eine 12-Punkt-Schrift besitzt eine Zeichenhöhe von `240 Twip`. Dies ist die Bruttohöhe. Hiervon gehen `tmExternalLeading` für den Zeilenabstand ab, z. B. `55 Twip`, so dass als Nettohöhe `195 Twip` verbleiben. Damit sind die größten Buchstaben ca. 3,4 mm groß.

15.2 Übungen mit dem GDI

15.2.1 Freihandzeichnen

U151 Wir beginnen mit einem einfachen Programm zum Freihandzeichnen mit Hilfe der Maus (Kritzeleien). Dabei werden wir feststellen, wie ungeschickt wir mit der Maus im Vergleich zu einem Zeichenstift sind.

Der Vorteil der Übung besteht darin, dass es ein Programm ohne „Gedächtnis" ist. Wird ein Punkt gezeichnet, so können wir uns gleich auf den nächsten konzentrieren, ohne groß Dokumentdaten zu pflegen. Es ist wohl eines der einfachsten Programme in diesem Buch.

Anschließend werden wir verlangen, dass einzelne Kurvenzüge gezeichnet werden, d. h., eine neue Figur beginnt mit dem Drücken der Maustaste und endet mit ihrem Loslassen. Dazu werden wir ein Gedächtnis einbauen müssen usw.

Wir gehen in folgenden Schritten vor:

1. Zuerst legen wir im Verzeichnis `U15_Gra` eine dialogfeldbasierende Anwendung `U151` an. Im Generator nehmen wir keine Änderungen vor.

2. Wir aktivieren den Dialogeditor und wechseln zu `IDD_U151_DIALOG`. Wie schon mehrfach geübt, löschen wir alle Steuerelemente bis auf die Schaltfläche `Abbrechen`, die wir in Beenden umbenennen.

3. In einer ersten einfachen Version „pixeln" wir das Bild während der Mausbewegung mit gedrückter Maustaste. Hierfür müssen wir in den Eigenschaften|Meldungen dem Ereignis `WM_MOUSEMOVE` des Dialogs `CU151Dlg` die Ereignisfunktion `OnMouseMove()` zuordnen.

4. Ist die linke Maustaste gedrückt, zeichnen wir ein schwarzes Pixel:

```
void CU151Dlg::OnMouseMove(UINT nFlags, CPoint point) {
  if ((nFlags & MK_LBUTTON)==MK_LBUTTON) { //mit linker Maustaste
    CClientDC DC(this);                    //Gerätekontext
    DC.SetPixel(point.x,point.y,RGB(0,0,0));//Pixel setzen
  }
  CDialog::OnMouseMove(nFlags,point);
}
```

5. Wir erstellen und testen das Programm (**Bild 15.3**). ∎

Das Programm ist schnell erklärt. Für die Zeichenfunktion benötigen wir einen Handle `DC` auf den Gerätekontext des Arbeitsbereichs des Fensters (Client-Bereich). Diesen holen wir uns über die Funktion `GetClientDC`. Mit diesem Handle können wir die Zeichenfunktion `SetPixel` aufrufen.

Und-Funktion `&`: Sie liefert uns als Ergebnis alle in beiden Operanden gesetzten Bits zurück. Da in `MK_LBUTTON` nur ein Bit gesetzt ist, kann das Ergebnis nur dieses Bit oder 0 sein.

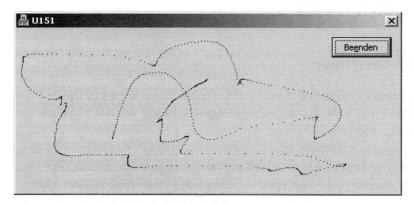

Bild 15.3: Freihandgrafik (Kritzeln) mit Pixeln

`MouseMove` liefert uns in `nFlags` den Mauszustand (gedrückte Tasten) und in `point` die Position der Maus zurück. Die Position zerlegen wir in die Einzelkoordinaten und übergeben sie der Zeichenmethode `SetPixel()`. Als dritter Parameter wird die Farbe als RGB-Wert eingestellt.

➢ Aufgabe 15-1:

Verändern Sie die Zeichenfarben. ∎

Beim Zeichnen fällt auf, dass die Punktabstände von der Ziehgeschwindigkeit abhängen. Tatsächlich behandelt Windows die Mausbewegung in besonderer Weise, da sie eigentlich ständig vorkommt. Würde jede einzelne Bewegung im Meldungspuffer abgespeichert, so würde dieser schnell überlaufen. Daher wird immer die letzte Mausbewegung im Puffer so lange überschrieben, bis ein anderes Ereignis eintritt und sozusagen die letzte Mausposition vor dem Überschreiten „schützt" oder die Mausbewegung verarbeitet wird.

Nun hat unser Programm eine endliche Verarbeitungsgeschwindigkeit, so dass es in bestimmten Zeitabständen den Meldungspuffer abfragt (wenn es nicht durch andere Ereignisse unterbrochen wird). Aufgrund dieser Taktung und unserer variablen Handbewegung sind die Abstände zwischen den Pixeln unterschiedlich groß.

Kommen wir mit dem Mauszeiger auf die Schaltfläche, so erhält der Arbeitsbereich keine Meldungen mehr. Es wird nicht gezeichnet. Auch wenn wir die linke Maustaste gedrückt von der Schaltfläche herunterziehen, erscheinen keine Pixel. Das Ereignis wird also blockiert.

15.2 Übungen mit dem GDI

Da damit die Zeichnungen etwas dünn aussehen, verfallen wir auf verschiedene Alternativen:

- Polygon-Interpolation
- Spline-Interpolation
- Approximation mit verschiedenen Basisfunktionen

Ohne nun gleich in die Tiefen der Mathematik zu verfallen (kommt später bei der Messwertverarbeitung), können wir folgende Aussagen treffen:

Polygon-Interpolation	Sie ist eine stückweise stetige Interpolation, die nicht glatt ist (d. h., Knicke aufweist). Sie ist sehr einfach zu realisieren, da weder die Vorgeschichte (vorhergehende Punkte) noch die Nachgeschichte (alle weiteren Punkte) Einfluss auf die Verbindungslinie haben.
Spline-Interpolation	Sie ist die glatte Interpolation mit kubischen Parabeln, d. h., sie besitzt keine Knicke. Die erste und zweite Ableitung der stückweise definierten Parabeln gehen an den Stützstellen stetig ineinander über. Das Hauptproblem ist dabei, dass erst alle Punkte bekannt sein müssen, bevor der Spline gezeichnet werden kann. Wir brauchen also ein Programm mit „Gedächtnis".
Bézier-Interpolation	Auch wenn diese Interpolation in Visual C++ getrennt von der Spline-Interpolation geführt wird, handelt es sich nur um eine andere Darstellungsform. Bei gleichen Stützstellen erhält man identische Kurven.
Approximation	Solche Kurven setzt man ein, wenn die Stützstellen mit Fehlern beaufschlagt sind (was eigentlich bei einer Freihandzeichnung durchaus gegeben ist). Schwierig ist jedoch die Wahl der Basisfunktionen und die Berechnung der Koeffizienten.

Wir entscheiden uns für eine einfache Polygon-Interpolation. Zur Realisation gibt es zwei Alternativen. Entweder wir merken uns die letzte Mausposition, oder wir arbeiten mit dem *Grafikcursor*. Dieser merkt sich sozusagen implizit die letzte Zeichenposition und setzt die Zeichnung ab diesem Punkt fort.

U152 Leider ist das mit dem Grafikcursor erst einmal ein Problem, da wir, wie für Visual C++ empfohlen, immer einen Gerätekontext öffnen, um ihn nach dem Zeichnen eines Elements sofort wieder zu schließen. Damit vergisst der Zeichenstift ständig seine letzte Position. Entweder versuchen wir nun, einen dauerhaften Gerätekontext anzulegen oder einfach die Position zwischenzuspeichern.

☒ Für das Programm mit Gedächtnis führen wir folgende Schritte durch:
1. Die Übung `U151` wird als `U152` fortgeführt.
2. Wir legen einen eigenen Grafikcursor innerhalb der Klasse an. Daher ergänzen wir in `U152Dlg.h` (schneller mit dem Assistenten):

```
// CU152Dlg Dialogfeld
class CU152Dlg : public CDialog
{
// Konstruktion
public:
    CU152Dlg(CWnd* pParent = NULL);          // Standardkonstruktor
protected:
    CPoint m_ptGrafikcursor;
```

3. Die Zeichenfunktion in U152Dlg.cpp ändern wir, wie folgt:

```
void CU152Dlg::OnMouseMove(UINT nFlags, CPoint point) {
   if ((nFlags & MK_LBUTTON)==MK_LBUTTON) {//mit linker Maustaste
      CClientDC DC(this);                    //Gerätekontext anfordern
      DC.MoveTo(m_ptGrafikcursor);           //Anfangspunkt setzen
      DC.LineTo(point);                      //Linie fortsetzen
      m_ptGrafikcursor=point;                //Position merken
   }
   CDialog::OnMouseMove(nFlags, point);
}
```

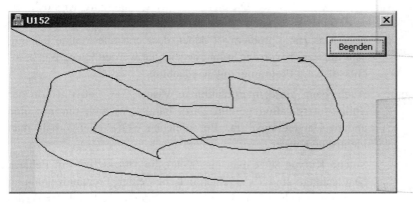

Bild 15.4: Linien kritzeln

Wir benutzen die Grafikfunktion MoveTo(), um „mit abgehobenem Zeichenstift" auf die letzte Position zu fahren.

4. Ein erster Test zeigt schnell, dass es Probleme mit dem ersten Punkt und den Lücken gibt. Diese werden mit einer geraden Strecke ausgefüllt (**Bild 15.4**).

5. Das Signal für eine neue Figur gibt der Benutzer durch Drücken der linken Maustaste. Also generieren wir mit dem Klassenassistenten eine weitere Ereignisfunktion für das Ereignis WM_LBUTTONDOWN und programmieren:

```
void CU152Dlg::OnLButtonDown(UINT nFlags, CPoint point) {
   m_ptGrafikcursor=point;                   //Grafikcursor setzen
   CDialog::OnLButtonDown(nFlags,point);
}
```

6. Wir erstellen und testen das Programm (**Bild 15.5**). ∎

Die Ereignisfunktion OnLButtonDown liefert uns im Parameter point die aktuelle Mausposition. Diese speichern wir in unserem Grafikcursor ab.

15.2 Übungen mit dem GDI 753

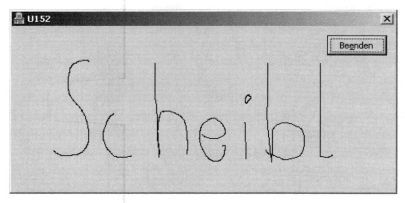

Bild 15.5: Freihandzeichnen mit Strecken

⊗ Trotz aller Mühen gelingt es uns jedoch nicht, gerade Strecken auf den Bildschirm zu zeichnen. Hier können vielleicht die Modifizierer in Form der Steuertasten einspringen:

1. Um einerseits das Konstrukt `switch` anwenden zu können, das einen konstanten Ausdruck zur Auswertung benötigt, und andererseits auf zwei verschiedene Tasten reagieren zu können, verknüpfen wir die beiden Möglichkeiten zu einer gemeinsamen Maske. Die Summation wirkt hierbei wie eine Oder-Verknüpfung:

```
void CU151Dlg::OnMouseMove(UINT nFlags,CPoint point) {
   if ((nFlags & MK_LBUTTON)==MK_LBUTTON) {     //mit linker Maustaste
      CClientDC DC(this);                        //Gerätekontext anfordern
      DC.MoveTo(m_ptGrafikcursor);               //Anfangspunkt setzen
      switch (nFlags & (MK_CONTROL+MK_SHIFT)) {
         case MK_CONTROL:
            DC.LineTo(point.x,m_ptGrafikcursor.y);//senkrechte Linie
            m_ptGrafikcursor.x=point.x;
            break;
         case MK_SHIFT:
            DC.LineTo(m_ptGrafikcursor.x,point.y);//waagerechte Linie
            m_ptGrafikcursor.y=point.y;
            break;
         default:
            DC.LineTo(point);                     //Linie fortsetzen
            m_ptGrafikcursor=point;
            break;
      }
   }
   CDialog::OnMouseMove(nFlags,point);
}
```

2. Wir erstellen und testen das Programm (**Bild 15.6**). ∎

Wir können nun mit den Modifizierern ⇧ und Strg senkrechte und waagerechte Linien zeichnen, wobei wir sogar während des Zeichnens die Tasten wechseln können. Natürlich drücken wir auch einmal beide Tasten, was genauso wirkt, als hätten wir keine Taste gedrückt.

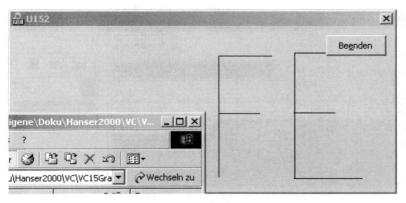

Bild 15.6: Senkrechte und waagerechte Strecken mit Modifizierern zeichnen

Das Programm ist auch gut geeignet, die Persistenz (genauer das Gegenteil) der Zeichnung zu überprüfen. Wird ein Teil der Zeichnung überdeckt, so ist er für immer verloren. Dies gelingt uns z. B. dadurch, dass wir das Bild über den Bildschirmrand hinausziehen. Die Zeichnung ist nicht beständig (persistent). Auf dieses Problem werden wir später noch einmal eingehen.

15.2.2 Zeichnung beschneiden (Clipping)

U152 Da auf unserem Formular noch Steuerelemente existieren und später bei Bedarf hinzugefügt werden sollten, werden wir wie im letzten Beispiel ganz selten auf den gesamten Innenbereich eines Fensters zeichnen können. Wir sollten daher den Zeichenbereich beschränken.

⌦ Hier erinnern wir uns an das Rahmenfeld (Group Box), die als Besonderheit auch als Leinwand dienen kann. Vielleicht können wir diese Eigenschaft für unsere Zwecke nutzen:

1. Dazu ziehen wir auf dem Formular ein Rahmenfeld auf und geben ihm die ID `IDC_LEINWAND`, um es ansprechen zu können. Es sollte die Schaltflächen natürlich aussparen.
2. Wenn wir die `Beschriftung` löschen, schließt sich der Rahmen zu einem Rechteck.
3. Das Rahmenfeld dient uns als optische Unterstützung und als Lieferant eines Beschneiderechtecks. Mit Hilfe dieses Rechtecks überprüfen wir, ob gezeichnet werden soll:

```
void CU152Dlg::OnMouseMove(UINT nFlags, CPoint point) {
  CRect rc;
  GetDlgItem(IDC_LEINWAND)->GetWindowRect(&rc);//Beschneiderechteck
  ScreenToClient(&rc);
  if (rc.PtInRect(point)) {
     if ((nFlags & MK_LBUTTON)==MK_LBUTTON) {    //mit linker Maustaste
        CClientDC DC(this);                     //Gerätekontext anfordern
        DC.MoveTo(m_ptGrafikcursor);            //Anfangspunkt setzen
        switch (nFlags & (MK_CONTROL+MK_SHIFT)) {
```

15.2 Übungen mit dem GDI

```
            case MK_CONTROL:
              DC.LineTo(point.x,m_ptGrafikcursor.y);//senkrechte Linie
              m_ptGrafikcursor.x=point.x;
              break;
            case MK_SHIFT:
              DC.LineTo(m_ptGrafikcursor.x,point.y);//waagerechte Linie
              m_ptGrafikcursor.y=point.y;
              break;
            default:
              DC.LineTo(point);                      //Linie fortsetzen
              m_ptGrafikcursor=point;
              break;
          }
      }
    }
    CDialog::OnMouseMove(nFlags, point);
}
```

Nachdem wir das Beschneiderechteck mit `GetWindowRect()` bestimmt haben, rechnen wir es in Clientkoordinaten um und testen mit der Methode `PtInRect()`, ob der Mauszeiger sich im Beschneiderechteck befindet.

4. Das Ergebnis ist erst einmal überraschend (**Bild 15.7**).

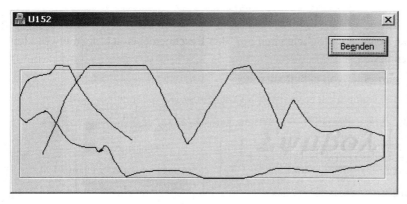

Bild 15.7: Erster Versuch einer Beschneidung

Es wird ohne Zweifel beschnitten. Am oberen Rand stimmt dies nicht ganz. Offensichtlich reicht das Rechteck aufgrund der Beschriftung noch etwas über die Berandung hinaus.

Weiterhin wird auf dem Rand „weitergezeichnet", wenn wir den Beschneidebereich verlassen.

Drücken wir außerhalb des Beschneiderechtecks, so wird von dort eine Linie gezeichnet, sobald wir in das Beschneiderechteck eindringen.

Ziehen wir die Maus aus dem Dialogfenster heraus und lassen sie dort los, dann wird dies nicht erkannt.

5. Wir müssen diesen unsichtbaren Rand verschwinden lassen. Dazu verschieben wir einfach den Eckpunkt des Beschneiderechtecks:

```
void CU152Dlg::OnMouseMove(UINT nFlags, CPoint point) {
  CRect rc;
  GetDlgItem(IDC_LEINWAND)->GetWindowRect(&rc);//Beschneiderechteck
  ScreenToClient(&rc);
  rc.TopLeft().y+=7;
  if (rc.PtInRect(point)) {
    if ((nFlags & MK_LBUTTON)==MK_LBUTTON) {      //mit linker Maustaste
      CClientDC DC(this);                          //Gerätekontext anfordern
      DC.MoveTo(m_ptGrafikcursor);                 //Anfangspunkt setzen
      switch (nFlags & (MK_CONTROL+MK_SHIFT)) {
        case MK_CONTROL:
          DC.LineTo(point.x,m_ptGrafikcursor.y);//senkrechte Linie
          m_ptGrafikcursor.x=point.x;
          break;
        case MK_SHIFT:
          DC.LineTo(m_ptGrafikcursor.x,point.y);//waagerechte Linie
          m_ptGrafikcursor.y=point.y;
          break;
        default:
          DC.LineTo(point);                       //Linie fortsetzen
          m_ptGrafikcursor=point;
          break;
      }
    }
  }
  CDialog::OnMouseMove(nFlags, point);
}
```

Die Anweisung zeigt uns Möglichkeiten auf, den Beschneidebereich noch etwas kleiner zu gestalten usw.

6. Die Idee, den Startfehler von außerhalb mit:

```
void CU152Dlg::OnLButtonDown(UINT nFlags, CPoint point) {
  CRect rc;
  GetDlgItem(IDC_LEINWAND)->GetWindowRect(&rc);//Beschneiderechteck
  ScreenToClient(&rc);
  rc.TopLeft().y+=7;
  if (rc.PtInRect(point)) {
    m_ptGrafikcursor=point;                      //Grafikcursor setzen
  }
  SetCapture(); //Maus einfangen
  CDialog::OnLButtonDown(nFlags,point);
}
```

zu beseitigen, bringt uns nur bedingt weiter, da jetzt der Anfangspunkt auf den Ursprung verschoben wird. Dort setzen wir aber `SetCapture()` ein. Damit teilen wir Windows mit, dass weitere Mausereignisse zu uns umgeleitet werden sollen, auch wenn diese außerhalb des Fensters erfolgen. Natürlich müssen wir die Maus wieder freigeben. Hierzu generieren wir die Ereignisfunktion:

```
void CU152Dlg::OnLButtonUp(UINT nFlags, CPoint point) {
  ReleaseCapture();
  CDialog::OnLButtonUp(nFlags,point);
}
```

7. In einer letzten Aktion wollen wir noch das Nullpunktproblem lösen. Dazu setzen wir den Grafikcursor auf einen „verbotenen" Wert:

15.2 Übungen mit dem GDI

```
CU152Dlg::CU152Dlg(CWnd* pParent /*=NULL*/)
  : CDialog(CU152Dlg::IDD, pParent)
  , m_ptGrafikcursor(-1,-1)
{
  m_hIcon = AfxGetApp()->LoadIcon(IDR_MAINFRAME);
}
```

Jetzt können wir abfragen, ob die Maus von außen kommt, und setzen:

```
void CU152Dlg::OnMouseMove(UINT nFlags, CPoint point) {
  CRect rc;
  GetDlgItem(IDC_LEINWAND)->GetWindowRect(&rc);//Beschneiderechteck
  ScreenToClient(&rc);
  rc.TopLeft().y+=7;
  if (rc.PtInRect(point)) {
    if (m_ptGrafikcursor==CPoint(-1,-1)) {
      m_ptGrafikcursor=point;
    }
    if ((nFlags & MK_LBUTTON)==MK_LBUTTON) {    //mit linker Maustaste
```

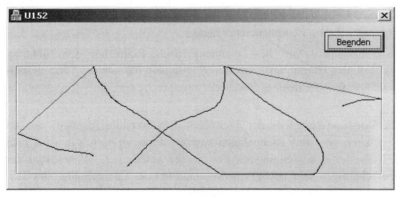

Bild 15.8: Kritzeln mit Problemstellen

8. Wir testen und speichern das Programm (**Bild 15.8**). Es zeigt immer noch Probleme beim Verlassen und erneutem Eindringen (die wir in der nächsten Übung an einem anderen Beispiel beseitigen werden). Aber vielleicht versuchen Sie es ja selbst einmal. ■

➢ Aufgabe 15-2:

U153 Wenn Ihnen das Zeichnen auf dem Rand oder über die Ecken nicht gefällt, dann muss man beim Verlassen des Beschneiderechtecks die Figur beenden und den Grafikcursor beim erneuten Eintritt in das Rechteck setzen.

Tipp: Da Sie den Benutzer nicht dazu bringen, die Maustaste loszulassen, müssen Sie mit Hilfe einer weiteren Membervariablen `m_bLMausTaste` festhalten, ob die Maustaste beim Verlassen des Beschneiderechtecks gedrückt war oder nicht.

Mit dem Drücken und Loslassen der Maustaste wird die Membervariable gesteuert. ■

15.2.3 Zeichnungen persistent machen

Ausgehend von der (hoffentlich) gelösten letzten Aufgabe wollen wir nun versuchen, die Zeichnung dauerhaft (persistent) zu machen. Hierbei können wir zwei Arten unterscheiden:

- Persistenz während der Laufzeit (Auffrischen des Bildinhalts)
- Persistenz über die Laufzeit hinaus (Abspeichern des Bilds auf Datenträger)

Beide Aufgaben bauen aufeinander auf, können aber auch unabhängig voneinander betrachtet werden.

Grundsätzlich können wir den Inhalt eines Formulars als vollständige Kopie im Zentralspeicher ablegen. Bei einer Standardauflösung von 1024×768 Pixel ergibt dies knapp 3 MBytes Speicherbedarf pro Fenster. Eine Reihe von Programmiersprachen unterstützt diesen Modus. In Visual Basic finden wir einen Schalter `AutoRedraw`, mit dem dies gesteuert wird. Damit wird automatisch das Fenster in den Zentralspeicher gelegt und von dort auf den Bildschirm übertragen. Ist das Neuzeichnen eines Teils des Bildschirms notwendig, so geschieht dies aus dem Zentralspeicher heraus.

Die zweite Technik besteht darin, die Zeichnung nach Eintreffen der Meldung `WM_PAINT` neu zu zeichnen. Hierzu muss das Bild ebenfalls in irgendeiner Form gespeichert sein. Liegt es als Formel oder in einer Beschreibungssprache vor, dann können wir es neu zeichnen.

Damit erkennen wir Vor- und Nachteile der Techniken. Ein Pixelbild (Bitmap), das als Datei gespeichert ist, kann von dort nachgeladen werden. Eine Vektorgrafik wird man dagegen bei Bedarf aus der Beschreibungssprache heraus auffrischen. Wäre dabei der Aufwand der Neuberechnungen sehr hoch, so würde man bei der Erstrechnung eine Bitmap anlegen und aus dieser heraus das Bild regenerieren.

Da wir die Bitmaps in einem Folgekapitel gesondert behandeln, wollen wir uns hier dem vektoriellen Speichern zuwenden und eine Containerklasse der MFC kennen lernen. Für solche Listen ist die Klasse `CList` zuständig. Den verschiedenen Containerklassen werden wir uns noch einmal im Kapitel «Serialisierung» gesondert zuwenden. An dieser Stelle genügt es, sich diese als (fast) unendlichen (solange der Speicher reicht) Vektor vorzustellen, dessen Elemente Basistypen oder mehr oder minder komplexe Strukturen bzw. Objekte sind. Intern handelt es sich um eine verkettete Liste, an deren Knoten die Objekte angehängt sind. Die Syntax lautet allgemein:

```
CONTAINERTYP <TYP, PARAMETERTYP> BEZEICHNER;
```

bzw. in unserem Fall:

```
CList <TYP, PARAMETERTYP> BEZEICHNER;
```

`TYP` gibt den Typ der angehängten Objekte an, also den Strukur- oder Klassennamen. Oft werden die Elemente als Parameter an eine Funktion übergeben. Dazu muss der `PARAMETERTYP` angegeben werden. In der Regel wird eine Referenz von `TYP` übergeben. Die Liste erhält einen eindeutigen Namen `BEZEICHNER`.

15.2 Übungen mit dem GDI

Wenn wir unsere Daten analysieren, so finden wir sogar zwei Listen:
- Liste der Figuren (zwischen einem Start- und einem Endpunkt)
- Liste der Zwischenpunkte (Polylinie)

Zusätzlich zu den Koordinaten können wir weitere Daten zuordnen. Betrachten wir als Beispiel die Farbe. Fügen wir sie der Liste der Zwischenpunkte zu, so kann jede Strecke eine neue Farbe erhalten. Ordnen wir sie dagegen in die Figuren ein, so kann jede Figur eine neue Farbe haben.

Die Liste der Zwischenpunkte mag vordergründig auf der Hand liegen. Denken wir aber später an 3D-Objekte, so können von einem Punkt mehrere Kanten weglaufen. In diesem Fall wäre eine Kantenliste von Vorteil. Unsere Polylinie ist dann eine Liste von Kanten.

Zur Verarbeitung von Listen sind einige Grundfunktionen wichtig:
- Hinzufügen eines Elements
- Löschen eines Elements
- Auslesen eines Elements
- Navigieren in der Liste (Erstes, Letztes, Nächstes, Vorheriges)
- Iterieren durch die Liste

⌦ In der folgenden Übung wählen wir den einfacheren Weg, keine doppelte Listenverwaltung zu programmieren. Vielmehr legen wir nur eine einzige Punktliste an und markieren mit dem Punkt `(-1,-1)` den Beginn einer neuen Linie. Konkret gehen wir in folgenden Schritten vor:

1. Wir bereiten in der Kopfdatei die Listenverarbeitung vor, indem wir die passende Kopfdatei `afxtempl.h` einbinden:

```
// U153Dlg.h : Headerdatei
//
#pragma once
#include <afxtempl.h> //Auflistungen
// CU153Dlg Dialogfeld
class CU153Dlg : public CDialog
```

2. In der Kopfdatei ergänzen wir auch die Liste selbst und vereinfachen die Programmierung mit Verarbeitungsfunktionen:

```
protected:
  CList<CPoint,CPoint&> m_PunktListe;
  POSITION m_PositionInPunktListe;
public:
  void AddierePunkt(CPoint &Punkt);
  BOOL GibNaechstenPunkt(CPoint &Punkt);
  void LoeschePunktListe();
  void StartePunktListe();
};
```

Die Membervariable `m_PunktListe` wird als Auflistung der vorhandenen Punktklasse `CPoint` angelegt. Ein Zeiger `m_PositionInPunktListe` dient zur Verwaltung des Cursors in dieser Auflistung.

Die Aufgaben der weiteren Methoden ergeben sich aus den Bezeichnern.

3. Die Methoden müssen implementiert werden:

```
//Methoden zur Listenverarbeitung*****************************
void CU153Dlg::AddierePunkt(CPoint &Punkt) {
//hängt einen Punkt an die Punktliste an
  m_PunktListe.AddTail(Punkt);
} //CU153Dlg::AddierePunkt

BOOL CU153Dlg::GibNaechstenPunkt(CPoint &Punkt) {
//liefert nächsten Punkt aus der Punktliste
  if (m_PositionInPunktListe) {
    Punkt=m_PunktListe.GetNext(m_PositionInPunktListe);
    return TRUE;
  } else {
    return FALSE;
  }
} //CU153Dlg::GibNaechstenPunkt

void CU153Dlg::LoeschePunktListe() {
//löscht die Punktliste
  m_PunktListe.RemoveAll();
} //CU153Dlg::LoeschePunktListe

void CU153Dlg::StartePunktListe() {
//setzt den Auflistungscursor an den Startpunkt
  m_PositionInPunktListe=m_PunktListe.GetHeadPosition();
} //CU153Dlg::StartePunktListe
```

4. Nach diesen Vorarbeiten können wir darangehen, die Liste einzusetzen. Hierzu muss am Start einer Linie der Anfangspunkt gesetzt werden. Beim Weiterziehen der Maus werden dann die Zwischenpunkte angehängt:

```
void CU153Dlg::OnMouseMove(UINT nFlags, CPoint point) {
  CRect rc;
  GetDlgItem(IDC_LEINWAND)->GetWindowRect(&rc);//Beschneiderechteck
  ScreenToClient(&rc);
  rc.TopLeft().y+=7;
  if (nFlags==MK_LBUTTON && m_ptGrafikcursor==CPoint(-1,-1) &&
  m_bLMausTaste==FALSE) {
    //mit gedrückter Maustaste auf die Leinwand eindringen
    m_ptGrafikcursor=point;
    AddierePunkt(CPoint(-1,-1));
    AddierePunkt(point);
    m_bLMausTaste=TRUE;
  }
  if (rc.PtInRect(point) && m_bLMausTaste) {
    CClientDC DC(this);                     //Gerätekontext anfordern
    DC.MoveTo(m_ptGrafikcursor);            //Anfangspunkt setzen
    switch (nFlags & (MK_CONTROL+MK_SHIFT)) {
      case MK_CONTROL:
        DC.LineTo(point.x,m_ptGrafikcursor.y);//senkrechte Linie
        m_ptGrafikcursor.x=point.x;
        break;
      case MK_SHIFT:
        DC.LineTo(m_ptGrafikcursor.x,point.y);//waagerechte Linie
        m_ptGrafikcursor.y=point.y;
        break;
      default:
        DC.LineTo(point);                     //Linie fortsetzen
```

15.2 Übungen mit dem GDI

```
            m_ptGrafikcursor=point;
            break;
        } //switch
        AddierePunkt(m_ptGrafikcursor);
    } else {
        m_bLMausTaste=FALSE;
        m_ptGrafikcursor=CPoint(-1,-1);
    } //if
    CDialog::OnMouseMove(nFlags, point);
}
void CU153Dlg::OnLButtonDown(UINT nFlags, CPoint point) {
    CRect rc;
    GetDlgItem(IDC_LEINWAND)->GetWindowRect(&rc);//Beschneiderechteck
    ScreenToClient(&rc);
    rc.TopLeft().y+=7;
    if (rc.PtInRect(point)) {
        m_ptGrafikcursor=point; //Grafikcursor setzen
        AddierePunkt(CPoint(-1,-1));
        AddierePunkt(point);
    }
    m_bLMausTaste=TRUE;
    SetCapture(); //Maus einfangen
    CDialog::OnLButtonDown(nFlags,point);
}
```

5. Mit Hilfe einer weiteren Schaltfläche `IDC_LOESCHEN` können wir die Leinwand löschen:

```
void CU153Dlg::OnBnClickedLoeschen() {
    CRect rc;
    GetDlgItem(IDC_LEINWAND)->GetWindowRect(&rc);//Beschneiderechteck
    ScreenToClient(&rc);
    InvalidateRect(rc,TRUE);
    LoeschePunktListe();
} //CU153Dlg::OnBnClickedLoeschen
```

Um wirklich nur die Leinwand zu löschen, benutzen wir nicht die Funktion `Invalidate()`, sondern berechnen das betroffene Rechteck und löschen es.

6. Wir testen und speichern das Programm. Es hat sich auf den ersten Blick nichts verändert. Wird das Fenster jedoch abgedeckt, so erscheinen beim Aufdecken alle Linien in ursprünglicher Form.

➢ Aufgabe 15-3:

U154 Führen Sie die geplante zweite Auflistung für Figuren ein. Eröffnen Sie mit Hilfe weiterer Schaltflächen die Möglichkeit, den Figuren Farben zuzuordnen usw.

Tipp: Legen Sie gesonderte Klassen (nicht Strukturen) für die Punktliste an. Benutzen Sie dabei die Auflistungsklasse `CArray`. Die Figurenliste wir vorteilhaft als Auflistung vom Typ `CTypedPtrList` angelegt. ∎

15.2.4 Interaktiv zeichnen

U155a Wir wollen in dieser Übung erneut direkt auf den Client-Bereich eines Fensters zeichnen, wie wir es bereits im Kapitel «Mein erstes Programm» gemacht haben. Dort hatten wir

Text in der Ereignisfunktion `OnDraw` ausgegeben, wobei die Darstellung von Text auch eine grafische Aufgabe ist. Jetzt wollen wir eine Ellipse zeichnen und die Größe der Ellipse durch einen Mausklick interaktiv verändern. Hierzu ist es notwendig, eine Objektinstanz vom Typ `CRect` einzuführen und die Methode `InvalidateRect` anzuwenden. In der Folgeübung sorgen wir dafür, die Figur herumziehen zu können. Dies ist Voraussetzung, um beispielsweise einzelne Messpunkte interaktiv auf dem Bildschirm bearbeiten (verschieben) zu können.

Für die Entscheidung, ob wir diese Übung als SDI- oder dialogfeldbasierende Anwendung entwerfen, ist eigentlich nur wichtig, ob wir ein Steuerelement auf das Hauptfenster platzieren wollen oder nicht.

Eine SDI-Anwendung hat bereits ein vorgefertigtes Menü sowie eine Symbolleiste, die wir sofort an unsere Wünsche anpassen können, während wir diese bei einer dialogfeldbasierenden Anwendung mühsam integrieren müssen. Außerdem haben wir diese Variante bereits in der letzten Übung eingesetzt. Wir entscheiden uns daher für eine SDI-Anwendung.

⊠ Wir gehen in folgenden Schritten vor:

1. Mit dem Anwendungsassistenten erstellen wir ein SDI-Programmgerüst `U155` ohne Unterstützung für den Druck und die ActiveX-Steuerelemente, die wir auf der Seite `Erweiterte Features` abschalten.

2. Wir lassen uns vom Assistenten zum Hinzufügen von Membervariablen eine (Rechteck-)Variable vom `CRect` für die zu zeichnende Ellipse generieren. Durch das umhüllende Rechteck ist eine Ellipse vollständig beschrieben:

   ```
   class CU155View : public CView {
   protected: // Nur aus Serialisierung erstellen
     CU155View();
     DECLARE_DYNCREATE(CU155View)
   // Attribute
   public:
     CU155Doc* GetDocument() const;
   protected:
     CRect m_rcEllipse;
   ```

3. Sie wird nicht automatisch initialisiert, was wir nachholen:

   ```
   CU155View::CU155View()
   : m_rcEllipse(0,0,100,100) //Grundellipse
   {
     // TODO: Hier Code zum Erstellen einfügen
   }
   ```

4. Mit dem Klassenassistenten erstellen wir eine Ereignisfunktion `OnLButtonDown`, die auf jeden Mausklick innerhalb des Anwendungsbereichs von `CU155View` reagiert.

5. In dieser Ereignisfunktion programmieren wir die Anweisungen zum Festlegen der zu zeichnenden Ellipse:

   ```
   void CU155View::OnLButtonDown(UINT nFlags, CPoint point) {
     InvalidateRect(m_rcEllipse);
   ```

15.2 Übungen mit dem GDI 763

```
    m_rcEllipse=CRect(0,0,point.x,point.y);
    CView::OnLButtonDown(nFlags, point);
}
```

6. Da damit aber immer noch nicht die Ellipse gezeichnet wird, verändern wir noch die Zeichenfunktion folgendermaßen:

```
void CU155View::OnDraw(CDC* pDC) {
    CU155Doc* pDoc = GetDocument();
    ASSERT_VALID(pDoc);
    pDC->SelectStockObject(GRAY_BRUSH);
    pDC->Ellipse(m_rcEllipse);
}
```

7. Wir erstellen und testen das Programm (**Bild 15.9**). ■

Bei unseren Experimenten stellen wir fest, dass eine Vergrößerung der Ellipse erst auf einen zweiten Klick vollständig erfolgt. Eine Verkleinerung funktioniert dagegen ohne Probleme. Bei der Vergrößerung wird die neue Ellipse zunächst nur in der ursprünglichen Größe gezeichnet, um beim zweiten Klick vollständig zu erscheinen. Dieses Indiz lässt uns vermuten, dass wir den falschen Bereich ungültig machen.

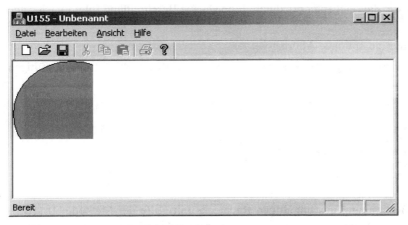

Bild 15.9: U155 zeichnet noch nicht richtig

▷ Wir experimentieren daher:

1. Eine Möglichkeit besteht darin, den ganzen Anwendungsbereich ungültig zu erklären:

```
void CU155View::OnLButtonDown(UINT nFlags, CPoint point) {
    CRect rcAnwendungsbereich;
    GetClientRect(rcAnwendungsbereich);
    m_rcEllipse=CRect(0,0,point.x,point.y);
    InvalidateRect(rcAnwendungsbereich);
    CView::OnLButtonDown(nFlags, point);
}
```

2. Wir erstellen und testen das Programm. Jetzt wird die neue Ellipse tatsächlich vollständig gezeichnet.

3. Ein weiterer Vorschlag läuft in folgende Richtung:
```
void CU155View::OnLButtonDown(UINT nFlags, CPoint point) {
  InvalidateRect(m_rcEllipse);            //aktuelle Ellipse löschen
  m_rcEllipse=CRect(0,0,point.x,point.y);//neue Ellipse festlegen
  InvalidateRect(m_rcEllipse);            //neue Ellipse zeichnen
  CView::OnLButtonDown(nFlags, point);
}
```

4. Wir testen beide Vorschläge, die ohne Probleme funktionieren. ■

Die erste Lösung, bei der jedes Mal der gesamte Anwendungsbereich des Fensters gelöscht wird, oder die zweite Lösung, bei der zweimal ein Rechteckbereich gezeichnet wird, sind sicher nicht die optimalen Lösungen.

Es müsste doch genügen, das umschließende Rechteck von ursprünglichem und neuem Rechteck zu bestimmen, das neu gezeichnet werden muss. In unserem Fall ist das sogar recht einfach, da sich der linke obere Eckpunkt nicht bewegt. Damit müssen wir nur die beiden Maximalwerte in x- und y-Richtung bestimmen und erhalten den neuen linken unteren Eckpunkt des umschließenden Rechtecks.

Da solche Operationen in der Grafik häufig vorkommen, verfügt Visual C++ über einige Zusatzmethoden, die dies eleganter erledigen. Eine genaue Beschreibung folgt im nächsten Kapitel.

⌦ Hier folgt daher nur die optimale Alternative:

1. Wir benötigen zwei temporäre Variablen für das neue Rechteck und den ungültigen Bereich:
```
void CU155View::OnLButtonDown(UINT nFlags, CPoint point) {
  CRect rcNeu,rcUngueltig;
  rcNeu=CRect(0,0,point.x,point.y);
  rcUngueltig.UnionRect(m_rcEllipse,rcNeu);
  InvalidateRect(rcUngueltig);
  m_rcEllipse=rcNeu;
  CView::OnLButtonDown(nFlags, point);
}
```

die wir zur Bestimmung des ungültigen Rechtecks mit Hilfe der Methode `Union-Rect` benötigen. Da wir niemals außerhalb des Anwendungsbereichs klicken können, müssen wir keine besonderen Maßnahmen für diesen Fall vorsehen.

2. Wir erstellen und testen das Programm. ■

Es verhält sich auf den ersten Blick wie die ersten Alternativen. Jetzt wird aber wirklich nur der tatsächlich notwendige Bereich des Fensters neu gezeichnet. Damit ist die Zeichenoperation optimal. Die eingesetzte Methode `UnionRect` ist vergleichsweise simpel. Es werden von ihr nur die Minimal- und Maximalwerte aus zwei Rechtecken bestimmt.

15.2.5 Ziehen und Ablegen (Drag and Drop)

Nun wollen wir das Programm so erweitern, dass wir mit der rechten Maustaste die Ellipse verschieben können. Hierzu müssen wir beim Niederdrücken der Maustaste die Ellipse

15.2 Übungen mit dem GDI

einfangen, beim Bewegen der Maus die Ellipse verschieben und beim Loslassen die Ellipse positionieren.

Ganz so einfach wie es sich hier liest, ist es nicht. Die Ellipse kann nur eingefangen werden, wenn sich der Mauscursor wirklich über ihr befindet. Eine Verschiebung soll erst dann erfolgen, wenn die Ellipse eingefangen ist. Das Ablegen kann erst dann erfolgen, wenn die vorherigen Aktionen erfolgreich waren. Die Ellipse soll auch nicht aus dem Fenster heraus verschoben werden, so dass wir sie nicht mehr erreichen können.

Weiterhin müssen wir daran denken, dass der Benutzer die Maus über den Fensterrand zieht und dort erst die gedrückte Taste loslässt.

Zur Realisation gehen wir folgendermaßen vor:

1. Wir rufen den Klassenassistenten auf und fügen drei Ereignisfunktionen in der Ansichtsklasse `CU155View` hinzu:

Ereignis	Methode
WM_RBUTTONDOWN	OnRButtonDown
WM_RBUTTONUP	OnLButtonUp
WM_MOUSEMOVE	OnMouseMove

2. Bei dieser Gelegenheit legen wir noch die Membervariablen `BOOL m_bEingefangen`, die mit `FALSE` initialisiert wird, und `CPoint m_ptMausPosition`. (auf den Nullpunkt initialisiert) an.

3. Wir wechseln in den Programmcode und ergänzen die Anweisungen für die Ereignisse:

```
void CU155View::OnRButtonDown(UINT nFlags, CPoint point) {
  CRgn rgnElliptisch; //Variable für Region anlegen und dann
  rgnElliptisch.CreateEllipticRgnIndirect(m_rcEllipse); //bestimmen
  if (rgnElliptisch.PtInRegion(point)) { //Mausklick innerhalb Ellipse?
    SetCapture();                         //Maus einfangen
    m_bEingefangen=TRUE;                  //Zustand merken
    m_ptMausPosition=point;               //Position merken
    ::SetCursor(::LoadCursor(NULL,IDC_CROSS));//Mauscursor wechseln
  }
  CView::OnRButtonDown(nFlags, point);
}
void CU155View::OnMouseMove(UINT nFlags, CPoint point) {
  CSize sizVerschiebung;
  CRect rcTemp,rcNeu,rcUngueltig,rcAnwendungsbereich;
  if (m_bEingefangen) {                   //Ellipse verschiebbar?
    GetClientRect(rcAnwendungsbereich);   //das Innere des Fensters
    if (rcAnwendungsbereich.PtInRect(point)) { //Klick im Fenster?
      sizVerschiebung=point-m_ptMausPosition; //Verschiebungsvektor
      rcNeu=m_rcEllipse+(CPoint(0,0)+sizVerschiebung);
      rcTemp.UnionRect(m_rcEllipse,rcNeu);
      rcUngueltig.IntersectRect(rcTemp,rcAnwendungsbereich);
      InvalidateRect(rcUngueltig);        //weniger geht nicht
      m_ptMausPosition=point;             //Zwischenposition
      m_rcEllipse=rcNeu;                  //neue Lage
    }
  }
  CView::OnMouseMove(nFlags, point);
```

```
    }
void CU155View::OnRButtonUp(UINT nFlags, CPoint point) {
  if (m_bEingefangen) {
    ReleaseCapture();      //Maus freigeben
    m_bEingefangen=FALSE;  //Zustand merken
  }
  CView::OnRButtonUp(nFlags, point);
}
```

4. Wir erstellen und testen das Programm. ∎

Bevor wir das Ergebnis beurteilen, erklären wir einige der eingesetzten Konstrukte:

Die Objektvariablen `m_rcEllipse` und `m_ptMausPosition` sowie die logische Variable `m_bEingefangen` dienen zum Datenaustausch zwischen den einzelnen Funktionen. Sie enthalten das umschließende Rechteck und die aktuelle Mausposition. Letztere benötigen wir zur Bestimmung des Verschiebevektors, wobei sich die Position während einer Verschiebung durchaus mehrfach ändern kann. Die Variable `m_bEingefangen` zeigt an, ob wir überhaupt eine Ellipse angeklickt haben.

Klickt der Benutzer auf den Anwendungsbereich, so müssen wir prüfen, ob er damit die angezeigte Ellipse meint. Mit der Methode `CreateEllipticRgnIndirect(LPCRECT lpRect)` definieren wir eine elliptische Region über dem mit `lpRect` angegebenen Rechteck und speichern sie in der lokalen Variablen `rgnElliptisch`. Die Größe der Region ist auf 32.767 x 32.767 logische Einheiten bzw. 64 K Speicher beschränkt. Anschließend können wir mit der Methode `PtInRegion` überprüfen, ob der gegebene Punkt innerhalb der im `CRgn`-Objekt gespeicherten Region liegt. In früheren Versionen von Visual C++ gab es nur eine rechteckige Region, so dass wir eine Ellipse durchaus außerhalb ihres sichtbaren Bereichs (in den Ecken) einfangen konnten.

In der Ereignisfunktion `OnMouseMove` überprüfen wir mit einer ähnlichen Methode `PtInRect`, ob der Mauscursor noch im Anwendungsbereich (einem klassischen Rechteck) ist. Damit stellen wir sicher, dass die Ellipse nicht vollständig aus dem Anwendungsbereich hinausgeschoben wird und dann nicht mehr erreichbar ist. Den Anwendungsbereich holen wir uns mit `GetClientRect()` in die lokale Variable `rcAnwendungsbereich`.

Dass wir die Ellipse verschwinden lassen können, indem wir einfach das Fenster verkleinern, gilt hier natürlich nicht. Spätestens im Vollbildmodus ist zumindest ein Stückchen der Ellipse sichtbar.

Haben wir nun die Ellipse angeklickt, dann weisen wir mit `SetCapture()` Windows an, alle weiteren Mausereignisse an das aktuelle `CWnd`-Objekt zu senden – unabhängig von der Position des Cursors. Dabei kann sich der Mauszeiger auch aus dem Fenster heraus bewegen. In diesem Fall würde sofort das darunter liegende Fenster aktiviert werden, was wir verhindern müssen. Schließlich möchten wir ja nicht, dass der Benutzer irgendwann entnervt die Maustaste loslässt. Das Ereignis `WM_LBUTTONUP` würde dann nicht mehr an das Fenster gesendet usw. Über die Windows-Funktion `ReleaseCapture()` geben wir die Maus erst wieder frei, wenn wir die rechte Maustaste loslassen. Dann wird

15.2 Übungen mit dem GDI

die standardmäßige Zuordnung von Mausereignissen zu den betroffenen Fenstern wiederhergestellt, so dass ein Klick außerhalb des Fensters an darunter liegende Fenster gesandt wird.

Einige der Windows-Funktionen werden nicht von der MFC abgedeckt, wie z. B. das Verändern des Mauszeigers. Es wird dringend empfohlen, dass wir den Bereichs-Auflösungsoperator :: von C++ benutzen, um diese Windows-Funktionen direkt aufzurufen. Es gibt zwar keine gleichnamige Methode in der MFC, es könnte aber sein, dass wir selbst eine solche in einer unserer abgeleiteten Klassen anlegen. In diesem Fall muss der Auflösungsoperator die Eindeutigkeit herstellen. Die Methode `SetCursor` ruft `LoadCursor` auf, der den Cursor bereitstellt, um ihn dann selbst anzuzeigen. Ist der erste Parameter NULL (HANDLE), dann erzeugt diese Methode eine „Zeigerressource" aus dem von Windows verwendeten, vordefinierten Mauszeiger. Näheres finden wir in der Hilfe zu den API-Funktionen.

Während der Mausbewegung führen wir eine Reihe von Berechnungen durch. Hierbei greifen wir auf Instanzen der Klassen `CRect`, `CPoint` und `CSize` zurück. Alle drei Klassen verfügen über eine Vielzahl von überladenen Operatoren:

Oper.	Wirkung
+=	Addiert eine `SIZE`-Struktur zu einem `CPoint`-Objekt.
-=	Subtrahiert eine `SIZE`-Struktur von einem `CPoint`-Objekt.
+	Liefert ein `CPoint`-Objekt, zu dem eine `SIZE`-Struktur addiert wurde.
-	Liefert ein `CPoint`-Objekt, von dem eine `SIZE`-Struktur subtrahiert wurde.
-	Liefert die Größendifferenz zweier Punkte als `SIZE`-Struktur.
+	Addiert ein `CPoint`-Objekt zu einem `CRect`-Objekt.
-	Subtrahiert ein `CPoint`-Objekt von einem `CRect`-Objekt.

Somit können wir eine Differenz zwischen zwei Punkten in einem `CSize`-Objekt ablegen. Diese Differenz können wir als Verschiebevektor zu einem Punkt hinzuaddieren, um das Ergebnis dann auf ein Rechteck zu addieren. Eine direkte Verschiebung eines Rechtecks mit einer `Size`-Struktur wird dagegen vom Compiler abgelehnt.

Beim Verschieben der Ellipse könnten wir nun wieder den gesamten alten Bereich für ungültig erklären, um die Ellipse an der neuen Stelle zu zeichnen. Dies ist aber sehr zeitaufwändig. Wir berechnen daher den Bereich, der sich durch eine Verschiebung der Ellipse tatsächlich verändert (**Bild 15.10**).

Hierzu steht uns die Methode `UnionRect` aus der Klasse `CRect` zur Verfügung. Sie berechnet das ungültige Rechteck. Dies ist nicht besonders aufwändig, weil einfach die minimalen und maximalen Kanten (Koordinatenwerte in der jeweiligen Richtung) bestimmt werden.

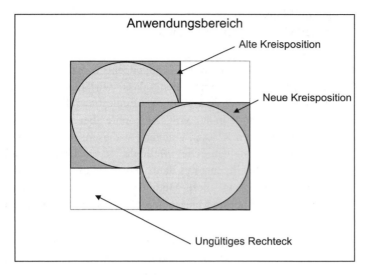

Bild 15.10: Berechnung des ungültigen Rechtecks zum Neuzeichnen

Im Gegensatz zum Zeichnen der Ellipse müssen wir daran denken, dass die Vereinigung der Rechtecke teilweise aus dem Anwendungsbereich herausragen kann. Erst die Schnittmenge mit dem Anwendungsbereich liefert uns das tatsächlich ungültige Rechteck. Die Methode `IntersectRect` ist dazu vorgesehen.

Die gerade beschriebenen Methoden einschließlich `InvalidateRect` erwarten einen Parameter vom Typ `LPRECT` und nicht vom Typ `CRect`. `LPRECT` ist ein Zeiger auf eine `RECT`-Struktur von Windows. Die Methoden von `CRect` können sowohl auf Instanzen der Klasse `CRect` als auch auf `RECT`-Strukturen angewandt werden, was nichts anderes heißt, als dass die Klasse `CRect` von einer Struktur `RECT` abgeleitet ist. Diese Ableitung sorgt dafür, dass ein Zeiger `CRect *` und kein Objekt `CRect` an die Funktion übergeben wird. Trotzdem ist ein Aufruf mit einem `CRect`-Objekt erlaubt, da diese Klasse überladene Operatoren definiert:

`operator LPCRECT`	konvertiert ein `CRect`-Objekt in eine Variable des Typs `LPCRECT`.
`operator LPRECT`	konvertiert ein `CRect`-Objekt in eine Variable des Typs `LPRECT`.

die die Konvertierung automatisch vornehmen.

Mit dem so erweiterten Programm können wir nun die Figur rechts anklicken und herumziehen. Lassen wir die rechte Maustaste los, dann bleibt die Figur (**Bild 15.11**) positioniert.

Beim Herumziehen können wir deutlich die Zeichenvorgänge am Flackern der Ellipse erkennen.

15.2 Übungen mit dem GDI

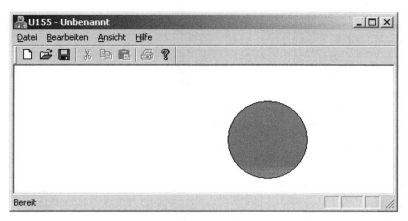

Bild 15.11: Herumziehen eines grafischen Objekts

Ein wenig unerwartet arbeitet das Programm immer noch. Klicken wir nach einer Verschiebung links, so wird das Ellipsenrechteck wieder in den Nullpunkt positioniert, was der Benutzer so sicher nicht erwartet. Wir ändern daher einfach den Bezugspunkt:

```
void CU155View::OnLButtonDown(UINT nFlags, CPoint point) {
  CRect rcNeu,rcUngueltig;
  rcNeu=CRect(m_rcEllipse.TopLeft().x,
                       m_rcEllipse.TopLeft().y,point.x,point.y);
  rcUngueltig.UnionRect(m_rcEllipse,rcNeu);
  InvalidateRect(rcUngueltig);
  m_rcEllipse=rcNeu;
}
```

wobei wir die Methode `m_rcEllipse.TopLeft()` aufrufen, die uns die aktuellen Koordinaten des linken oberen Eckpunkts liefert, unabhängig davon, ob er als erster oder zweiter Punkt eingegeben wurde.

Ein erster Test zeigt, dass sich jetzt die Ellipse an der neuen Position nach rechts unten verändern lässt. Ein Klick links oder oben bringt sie aber zum Verschwinden.

Jetzt kommt es zu einer schwierigen Entscheidung. Korrigieren wir die Ursache oder die Wirkung? Warum das schwierig sein soll? Nun, wenn wir die Ursache korrigieren, dann bleibt der Bezugspunkt immer links oben, auch dann, wenn wir die Ellipse umklappen. In diesem Fall springt der Bezugspunkt einfach von rechts nach links. Im anderen Fall bleibt er rechts, so dass der Benutzer die Ellipse mehrfach nach links vergrößern oder verkleinern kann. Leider sieht er den Bezugspunkt nicht, so dass er bei einer Ablenkung usw. nicht mehr weiß, in welche Richtung sich die Ellipse ändert.

Daher wird die erste Variante bevorzugt. Wir müssen nur die Koordinaten entsprechend austauschen:

```
void CU155View::OnLButtonDown(UINT nFlags, CPoint point) {
  CRect rcNeu,rcUngueltig;
  CPoint LinksOben,RechtsUnten;
  LinksOben.x=m_rcEllipse.TopLeft().x;
  LinksOben.y=m_rcEllipse.TopLeft().y;
  RechtsUnten.y=point.y;
```

```
  if (m_rcEllipse.TopLeft().x<=point.x) {
    LinksOben.x=m_rcEllipse.TopLeft().x;
    RechtsUnten.x=point.x;
  } else {
    LinksOben.x=point.x;
    RechtsUnten.x=m_rcEllipse.TopLeft().x;
  }
  if (m_rcEllipse.TopLeft().y<=point.y) {
    LinksOben.y=m_rcEllipse.TopLeft().y;
    RechtsUnten.y=point.y;
  } else {
    LinksOben.y=point.y;
    RechtsUnten.y=m_rcEllipse.TopLeft().y;
  }
  rcNeu=CRect(LinksOben.x,LinksOben.y,RechtsUnten.x,RechtsUnten.y);
  rcUngueltig.UnionRect(m_rcEllipse,rcNeu);
  InvalidateRect(rcUngueltig);
  m_rcEllipse=rcNeu;
  CView::OnLButtonDown(nFlags, point);
}
```

➢ Aufgabe 15-4:

Modifizieren Sie das Programm, so dass die Ellipsen in verschiedenen Farben gezeichnet werden. Setzen Sie dazu eine besondere Menüoption ein, die einen Dialog zur Auswahl der Farbe anzeigt. ■

➢ Aufgabe 15-5:

Im Internet finden Sie eine Klasse `CMemDC` von Keith Rule zur flackerfreien Darstellung der Bewegungen. Setzen Sie diese ein. Versuchen Sie dabei auch, die Variable `m_bEingefangen` einzusparen. ■

15.2.6 Grafikfenster mit Bildlaufleisten

In diesem Kapitel wollen wir uns der Frage zuwenden, ob wir nicht auch größere grafische Elemente darstellen können. Dies ist gleichbedeutend mit der Aufgabe, Elemente aus dem Anwendungsbereich hinausziehen zu können. Was geschieht eigentlich, wenn wir bei unserer letzten Übung das Fenster nachträglich verkleinern? Dann verschwindet die Ellipse, obwohl wir uns alle Mühe gegeben haben, diese im Anwendungsbereich zu halten.

Zur Lösung des Problems benötigen wir eine andere Fensterklasse `CScrollView`. Diese ist ein direkter Nachkomme von `CView`, stellt also eine Spezialisierung (**Bild 15.12**) dar. Diese Klasse ist dazu geeignet, einen Anwendungsbereich darzustellen, der größer als die maximale Bildschirmauflösung ist. Dies wollen wir an einem Beispiel demonstrieren, bei dem der Anwendungsbereich (genauer das ganze Fenster inklusive der Elemente zu seiner Verwaltung) doppelt so groß wie die Bildschirmauflösung ist.

Neben der Maussteuerung können wir auch Tastaturereignisse zum Bewegen einsetzen. So soll der dargestellte Bildausschnitt nicht nur über die Bildlaufleisten, sondern auch über die Tastatur (genauer die Pfeiltasten) positionierbar sein.

15.2 Übungen mit dem GDI

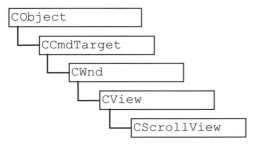

Bild 15.12: Vererbungshierarchie eines Grafikfensters mit Bildlaufleisten `CScrollView`

> Wir gehen in folgenden Schritten vor:
> 1. Wir generieren mit dem Anwendungsassistenten eine neue SDI-Anwendung `U156`, bei der wir aber die Ansichtsklasse von `CScrollView` ableiten (**Bild 15.13**).

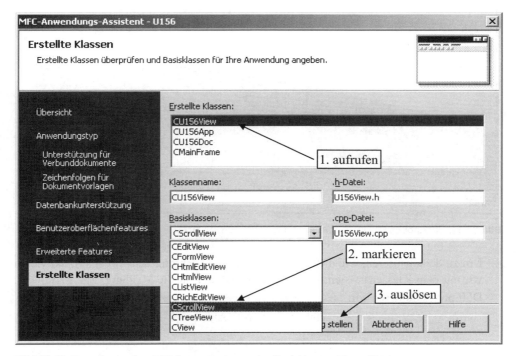

Bild 15.13: Generieren einer SDI-Anwendung aus der Basisklasse `CScrollView`

2. Die anderen Eigenschaften stimmen mit den bisherigen Übungen überein.
3. Wir verändern in `U156View.cpp` die bereits vorbereitete Ereignisfunktion `OnInitialUpdate` so, dass das Darstellungsfeld doppelt so groß wie der Bildschirm (in seiner Pixel-Auflösung) ist:

```
void CU156View::OnInitialUpdate() {
  CScrollView::OnInitialUpdate();
  //Gesamtgröße=doppelter BS, Fenstergröße festlegen, Textmodus
  CSize GesamtGroesse=CSize(::GetSystemMetrics(SM_CXSCREEN)*2,
                   ::GetSystemMetrics(SM_CYSCREEN)*2);
  CSize SeitenGroesse=CSize(GesamtGroesse.cx/2,
                   GesamtGroesse.cy/2);
  CSize ZeilenGroesse=CSize(GesamtGroesse.cx/100,
                   GesamtGroesse.cy/100);
  SetScrollSizes(MM_TEXT,GesamtGroesse,SeitenGroesse,ZeilenGroesse);
}
```

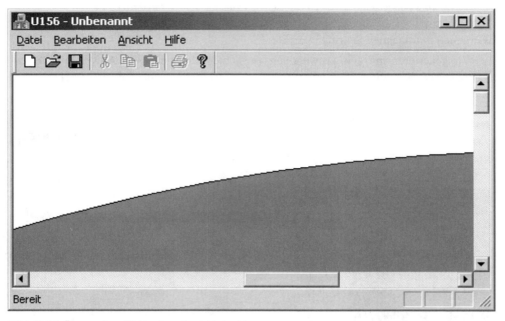

Bild 15.14: Übergroßes Bild in einer Ansicht des Typs `CScrollView`

4. Um zu demonstrieren, wie die Anwendung auf die Richtungstasten reagiert, aktivieren wir mit dem Klassenassistenten die Ereignisfunktion für die Meldung WM_KEYDOWN. Dort programmieren wir:

```
void CU156View::OnKeyDown(UINT nChar, UINT nRepCnt, UINT nFlags) {
  switch(nChar) {
    case VK_HOME:  OnVScroll(SB_TOP,0,NULL);
                   OnHScroll(SB_LEFT,0,NULL);
                   break;
    case VK_END:   OnVScroll(SB_BOTTOM,0,NULL);
                   OnHScroll(SB_RIGHT,0,NULL);
                   break;
    case VK_UP:    OnVScroll(SB_LINEUP,0,NULL);
                   break;
    case VK_DOWN:  OnVScroll(SB_LINEDOWN,0,NULL);
                   break;
    case VK_PRIOR: OnVScroll(SB_PAGEUP,0,NULL);
                   break;
```

15.2 Übungen mit dem GDI

```
         case VK_NEXT:  OnVScroll(SB_PAGEDOWN,0,NULL);
                        break;
         case VK_LEFT:  OnHScroll(SB_LINELEFT,0,NULL);
                        break;
         case VK_RIGHT: OnHScroll(SB_LINERIGHT,0,NULL);
                        break;
         default: break;
      }
      CScrollView::OnKeyDown(nChar, nRepCnt, nFlags);
   }
```

5. Jetzt müssen wir nur noch die Ellipse in ausreichender Größe auf unser Darstellungsfeld zeichnen. Hierzu ändern wir die Ereignisfunktion `OnDraw`:

```
void CU156View::OnDraw(CDC* pDC) {
   //CU156Doc* pDoc = GetDocument();
   //ASSERT_VALID(pDoc);

   int x=::GetSystemMetrics(SM_CXSCREEN);
   int y=::GetSystemMetrics(SM_CYSCREEN);
   pDC->SelectStockObject(GRAY_BRUSH);
   pDC->Ellipse(CRect(x/10,y/10,3*x,3*y));
}
```

6. Wir erstellen und testen das Programm (**Bild 15.14**). ■

Das Ergebnis sollte ein Fenster der halben Bildschirmgröße mit einer großen Ellipse genau in der Bildschirmmitte sein. Das Fenster lässt sich mit der Maus über die Bildlaufleisten bzw. mit den Richtungstasten in alle Richtungen scrollen. Die Ellipse ist jedoch nach links unten größer als das Fenster.

Auch in diesem Programm sollen einige der Anweisungen näher betrachtet werden:

Mit der Windows-Funktion `GetSystemMetrics` können wir die absoluten Abmessungen unseres Bildschirms in Pixeln abfragen.

Die virtuelle Methode `OnInitialUpdate` wird, nachdem das Fenster auf dem Freispeicher angelegt (mit der Meldung `WM_CREATE`) und die Verbindung zwischen Ansicht und Dokument hergestellt ist, aufgerufen, noch bevor das Fenster auf dem Bildschirm mit `OnDraw` dargestellt wird. Es ist daher sinnvoll, an dieser Stelle das Fenster in seiner Größe usw. zu initialisieren.

`SetScrollSizes` definiert das Koordinatensystem, die Gesamtgröße und den horizontalen und vertikalen Bildlaufbereich der Ansicht. Die Syntax lautet:

```
void SetScrollSizes(int nMapMode,SIZE sizeTotal,const SIZE&
   sizePage=sizeDefault,constSIZE& sizeLine=sizeDefault);
```

mit den Parametern:

nMapMode   gewünschtes Koordinatensystem für die Ansicht:

Koordinatensystem (mapping mode)	Logische Einheit	Positive y-Achse zeigt nach ...
MM_TEXT	1 Pixel	unten
MM_HIMETRIC	0.01 mm	oben

Koordinatensystem (mapping mode)	Logische Einheit	Positive y-Achse zeigt nach ...
MM_TWIPS	1/1440 Zoll	oben
MM_HIENGLISH	0.001 Zoll	oben
MM_LOMETRIC	0.1 mm	oben
MM_LOENGLISH	0.01 Zoll	oben

Diese Modi werden sämtlich von Windows definiert.

SizeTotal Gesamtgröße der Ansicht (Darstellungsfeld), d. h., der gesamte Platzbedarf zur Darstellung des Dokuments in logischen Einheiten. Die Komponente cx enthält die horizontale Ausdehnung, die Komponente cy die vertikale Ausdehnung. Beide Werte müssen größer gleich 0 sein.

SizePage horizontale und vertikale Größe einer „Seite" in logischen Einheiten – also der Betrag der Verschiebung bei Mausklicks innerhalb der Bildlaufleiste (großer Sprung).

SizeLine horizontale und vertikale Größe einer „Zeile" in logischen Einheiten – also der Betrag der Verschiebung bei Mausklicks auf die Pfeilsymbole der Bildlaufleiste (kleiner Sprung).

Zwar werden viele Tastenanschläge von Windows oder der Oberfläche (Kurztasten) verarbeitet, trotzdem ist es hin und wieder notwendig, diese direkt zu behandeln. Die Windows-Meldung WM_KEYDOWN liefert uns genau einen Tastenanschlag nChar, den wir in der Ereignisfunktion OnKeyDown verarbeiten. In einer großen Fallanweisung switch können wir die verschiedenen Möglichkeiten differenzieren. Da die Steuertasten nicht zu den ANSI-Zeichen gehören, können wir die Meldung WM_CHAR (Zeichen gedrückt) an dieser Stelle nicht auswerten.

Die Benutzeraktivitäten auf Bildlaufleisten führen zu den Meldungen WM_HSCROLL und WM_VSCROLL. Diese werden über die virtuellen Methoden OnVScroll bzw. OnHScroll verarbeitet. Beide Methoden sorgen bereits dafür, das Darstellungsfeld wie gewünscht zu bewegen. Wir müssen also zur reinen Mausbedienung nichts weiter programmieren. Wollen wir aber, wie hier vorgesehen, auch eine Tastensteuerung implementieren, dann müssen wir diese Ereignisfunktionen von „innen heraus" aktivieren, wie es im Programm geschehen ist. Wir übergeben dabei im ersten Parameter diverse Konstanten, die diese Methoden steuern. Die Größe der Zeile (Line) bzw. Seite (Page) haben wir bereits mit in der Initialisierung SetScrollSizes() festgelegt.

15.2.7 Schriften

Schriften sind ein durchaus heikles Kapitel. Selbst professionelle Programme haben hinlänglich Schwierigkeiten mit diesen. So sieht auch unter Word nicht immer der gedruckte

15.2 Übungen mit dem GDI

Text wie der angezeigte Text aus. Trotz TrueType-Schriften sind (und erscheinen nicht nur) verschiedene Schriftarten trotz gleicher Größenangabe unterschiedlich groß usw.

Wir wollen uns daher in diesem Kapitel mit einigen Besonderheiten der Schriftdarstellung herumschlagen.

15.2.7.1 Schriftgrade (Schriftgrößen)

U157 In dieser Übung wollen wir uns den Spezialitäten der Schriftarten zuwenden. Ein Beispieltext soll in verschiedenen Schriftgraden dargestellt werden.

☒ Hierzu gehen wir in folgenden Schritten vor:

1. Wir generieren mit dem Anwendungsassistenten eine SDI-Anwendung U157. Bei ihr kontrollieren wir die gesetzte Option `Druck und Druckvorschau`.

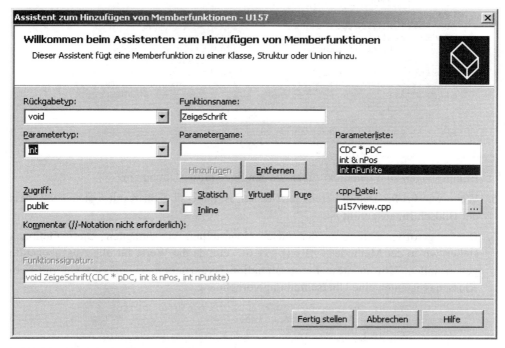

Bild 15.15: Prototyp der Memberfunktion `ZeigeSchrift`

2. In der Ereignisfunktion `OnDraw` wollen wir in einer Schleife mit Hilfe der benutzerdefinierten Funktion `ZeigeSchrift` mehrere Zeilen mit unterschiedlichen Schriftgraden ausgeben:

```
void CU157View::OnDraw(CDC* pDC) {
  //CU157Doc* pDoc = GetDocument();
  //ASSERT_VALID(pDoc);
  int nYPosition=0;
  for (int i=6;i<=24;i+=2) {
```

```
      ZeigeSchrift(pDC,nYPosition,i);
   }
} //CU157View::OnDraw
```

3. Die benutzerdefinierte Funktion für die Klasse `CU157View` generieren wir mit dem Assistenten (**Bild 15.15**).
4. Der Programmcode ist recht aufwändig, da er einige Debug-Ausgaben enthält. Die Funktion übernimmt den Gerätekontext, die Zeilenposition und den Schriftgrad. Sie gibt eine neue Zeilenposition in Abhängigkeit von der Schriftgröße zurück:

```
void CU157View::ZeigeSchrift(CDC *pDC,int &nPos,int nPunkte) {
   TEXTMETRIC tm;
   CFont      Testschrift;
   char       Beispieltext [80];
   CSize      Textausdehnung;
   Testschrift.CreateFont(-nPunkte*20,0,0,0,400,FALSE,FALSE,0,
     ANSI_CHARSET,OUT_DEFAULT_PRECIS,CLIP_DEFAULT_PRECIS,DEFAULT_QUALITY,
     DEFAULT_PITCH|FF_SWISS,"Arial");
   CFont *pAlteSchrit=(CFont*) pDC->SelectObject(&Testschrift);
   pDC->GetTextMetrics(&tm);
   TRACE("Punkte = %d, tmHeight = %d, tmInternalLeading = %d,"
         " tmExternalLeading = %d\n",nPunkte,tm.tmHeight,
         tm.tmInternalLeading,tm.tmExternalLeading);
   wsprintf(Beispieltext,"Dies ist %d-Punkt Arial",nPunkte);
   Textausdehnung=pDC->GetTextExtent(Beispieltext,strlen(Beispieltext));
   TRACE("Textlänge = %d, Texthöhe = %d\n",Textausdehnung.cx,
         Textausdehnung.cy);
   pDC->TextOut(0,nPos,Beispieltext);
   pDC->SelectObject(pAlteSchrit);
   nPos-=tm.tmHeight+tm.tmExternalLeading;
} //CU157View::ZeigeSchrift
```

Erläuterungen zum Quelltext fügen wir am Ende dieser Übung ein.

5. Wenn wir das Programm bereits jetzt testen, ist die erste Schrift mit 6 pt so groß, dass der Bildschirm ausgefüllt ist.
6. Dies liegt offensichtlich an den falsch eingestellten Maßeinheiten. Diese Optionen stellen wir in der Methode `OnPrepareDC` ein, da die Werte für alle Ausgabegeräte gelten sollen. Um an diese Ereignisfunktion heranzukommen, müssen wir mit dem Klassenassistenten eine Überschreibung vornehmen:

```
void CU157View::OnPrepareDC(CDC* pDC, CPrintInfo* pInfo) {
//Optionen des Gerätekontextes einstellen
   pDC->SetMapMode(MM_ANISOTROPIC);
   pDC->SetWindowExt(1440,1440);
   pDC->SetViewportExt(pDC->GetDeviceCaps(LOGPIXELSX),
                      -pDC->GetDeviceCaps(LOGPIXELSY));
   CView::OnPrepareDC(pDC, pInfo);
} //CU157View::OnPrepareDC
```

7. Jetzt können wir das Programm testen und ausführen. Wir schalten den Trace-Modus ein (dieser ist normalerweise bei unseren Programmen automatisch aktiv) und erhalten in der Ausgabescheibe folgende Angaben (abhängig von der Grafikkarte und dem Darstellungsmodus des Treibers):

```
Punkte = 6, tmHeight = 150, tmInternalLeading = 30, tmExternalLeading = 4
Textlänge = 1065, Texthöhe = 150
```

15.2 Übungen mit dem GDI

```
Punkte = 8,  tmHeight = 210, tmInternalLeading = 45, tmExternalLeading = 5
Textlänge = 1485, Texthöhe = 210
Punkte = 10, tmHeight = 240, tmInternalLeading = 45, tmExternalLeading = 6
Textlänge = 1950, Texthöhe = 240
Punkte = 12, tmHeight = 270, tmInternalLeading = 30, tmExternalLeading = 8
Textlänge = 2325, Texthöhe = 270
Punkte = 14, tmHeight = 330, tmInternalLeading = 45, tmExternalLeading = 9
Textlänge = 2775, Texthöhe = 330
Punkte = 16, tmHeight = 360, tmInternalLeading = 45, tmExternalLeading = 10
Textlänge = 3105, Texthöhe = 360
Punkte = 18, tmHeight = 405, tmInternalLeading = 45, tmExternalLeading = 12
Textlänge = 3540, Texthöhe = 405
Punkte = 20, tmHeight = 480, tmInternalLeading = 75, tmExternalLeading = 13
Textlänge = 4035, Texthöhe = 480
Punkte = 22, tmHeight = 495, tmInternalLeading = 60, tmExternalLeading = 14
Textlänge = 4305, Texthöhe = 495
Punkte = 24, tmHeight = 540, tmInternalLeading = 60, tmExternalLeading = 16
Textlänge = 4710, Texthöhe = 540
```

Obwohl die Schriftgrade linear steigen, sind die Ergebnisse alles andere als linear. Aber das Ergebnis sieht ganz gut aus (**Bild 15.16**).

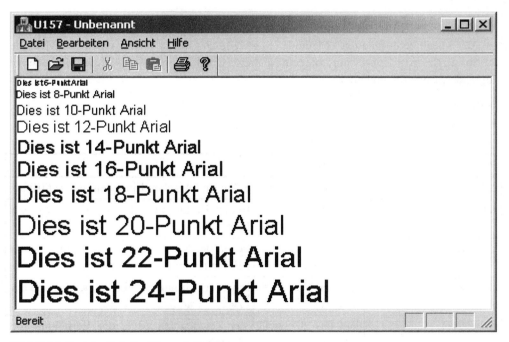

Bild 15.16: Test der Schriftgrößen mit dem Programm U157

8. Lösen wir nun den Menüpunkt Datei|Seitenansicht auf, der das Drucken auf den Bildschirm umleitet, dann wird die Zeichenmethode erneut benutzt, jetzt aber mit dem Printer-Objekt. Schon sehen die Werte anders aus:

```
Punkte = 6, tmHeight = 137, tmInternalLeading = 17, tmExternalLeading = 4
Textlänge = 1126, Texthöhe = 137
```

```
Punkte = 8, tmHeight = 180, tmInternalLeading = 19, tmExternalLeading = 5
Textlänge = 1498, Texthöhe = 180
Punkte = 10, tmHeight = 221, tmInternalLeading = 22, tmExternalLeading = 7
Textlänge = 1958, Texthöhe = 221
Punkte = 12, tmHeight = 269, tmInternalLeading = 29, tmExternalLeading = 8
Textlänge = 2366, Texthöhe = 269
Punkte = 14, tmHeight = 314, tmInternalLeading = 33, tmExternalLeading = 9
Textlänge = 2770, Texthöhe = 314
Punkte = 16, tmHeight = 358, tmInternalLeading = 39, tmExternalLeading = 10
Textlänge = 3149, Texthöhe = 358
Punkte = 18, tmHeight = 403, tmInternalLeading = 43, tmExternalLeading = 12
Textlänge = 3535, Texthöhe = 403
Punkte = 20, tmHeight = 449, tmInternalLeading = 48, tmExternalLeading = 13
Textlänge = 3943, Texthöhe = 449
Punkte = 22, tmHeight = 490, tmInternalLeading = 51, tmExternalLeading = 14
Textlänge = 4332, Texthöhe = 490
Punkte = 24, tmHeight = 535, tmInternalLeading = 55, tmExternalLeading = 16
Textlänge = 4718, Texthöhe = 535
```

Aufgrund der Angaben in den beiden Gerätetreibern werden die Texteigenschaften immer speziell auf das Gerät abgestimmt. Diese variieren also von Drucker zu Drucker.

∎

Erläuterungen zum Programm:

In der benutzerdefinierten Methode `ZeigeSchrift` rufen wir die Methode `CFont::CreateFont` auf, die ein `CFont`-Objekt initialisiert. Diese Methode ist folgendermaßen dokumentiert:

```
BOOL CreateFont( int nHeight, int nWidth, int nEscapement, int nOrientation,
    int nWeight, BYTE bItalic, BYTE bUnderline, BYTE cStrikeOut, BYTE
    nCharSet, BYTE nOutPrecision, BYTE nClipPrecision, BYTE nQuality, BYTE
    nPitchAndFamily, LPCSTR lpszFacename );
```

Parameter	Bedeutung
nHeight	gibt die gewünschte Höhe (in logischen Einheiten) der Schrift an.
nWidth	gibt die durchschnittliche Breite (in logischen Einheiten) der Zeichen in der Schrift an.
nEscapement	legt den Winkel zwischen der Schreibrichtung und der x-Achse des Ausgabegeräts in Einheiten zu 0,1 Grad fest.
nOrientation	legt den Winkel zwischen der Grundlinie eines Zeichens und der x-Achse in Einheiten zu 0,1 Grad fest.
nWeight	legt das „Gewicht" der Zeichen fest (d. h. das Verhältnis von schwarzen zu weißen Punkten).
bItalic	gibt an, ob die Schrift kursiv erscheinen soll.
bUnderline	gibt an, ob die Schrift unterstrichen erscheinen soll.
cStrikeOut	gibt an, ob die Schrift durchgestrichen erscheinen soll.
NCharSet	legt den Zeichensatz der Schrift fest.

15.2 Übungen mit dem GDI

Parameter	Bedeutung
NOutPrecision	legt die gewünschte Ausgabepräzision fest. Diese definiert, wie exakt die Ausgabe den Vorgaben der Schrift entsprechen muss.
NClipPrecision	legt die gewünschte Clipping-Präzision fest. Diese definiert, wie Zeichen abzuschneiden sind, die teilweise außerhalb der Clipping-Region liegen.
nQuality	legt die Ausgabequalität der Schrift fest und definiert, wie sorgfältig die GDI versuchen soll, die logischen Schriftenattribute auf eine existierende Schrift abzubilden.
nPitchAndFamily	setzt sich aus zwei Komponenten zusammen. Die zwei untersten Bits unterscheiden zwischen Proportional- und Rationalschriften. Durch Hinzufügen von TMPF_TRUETYPE zu diesem Parameter lässt sich eine TrueType-Schrift auswählen. Die vier höherwertigen Bits des Parameters legen die Schriftfamilie fest.

Über den Wert und das Vorzeichen von nHeight bestimmen wir den Schriftgrad:
- Ein Wert größer als 0 bestimmt, dass die Höhe in Geräteeinheiten umzuwandeln und an die Zellenhöhe der verfügbaren Schriften anzupassen ist.
- Der Wert 0 bestimmt, dass für die Höhe eine angemessene Standardgröße zu verwenden ist.
- Ein Wert kleiner als 0 bestimmt, dass die Höhe in Geräteeinheiten umzuwandeln und der absolute Wert an die Zeichenhöhe der verfügbaren Schriften anzupassen ist.

15.2.7.2 Schriftarten

U158 In dieser Übung wollen wir nun den Schriftgrad beibehalten, die Schriftart dagegen variieren.

Wir gehen in ähnlichen Schritten vor:
1. Mit dem Anwendungsassistenten generieren wir eine SDI-Anwendung mit Druckunterstützung.
2. Da wir wissen, dass der Gerätekontext vorbereitet werden will, überschreiben wir die vorhandene Ereignisfunktion:

```
void CU158View::OnPrepareDC(CDC* pDC, CPrintInfo* pInfo) {
  CRect rcAnwendungsbereich;
  GetClientRect(&rcAnwendungsbereich);
  pDC->SetMapMode(MM_ANISOTROPIC);
  pDC->SetWindowExt(800,800);
  pDC->SetViewportExt(rcAnwendungsbereich.right,
                      rcAnwendungsbereich.bottom);
  pDC->SetViewportOrg(0,0);
  CView::OnPrepareDC(pDC, pInfo);
} //CU158View::OnPrepareDC
```

3. Die eigentlichen Ausgaben fügen wir in die bereits überschriebene Ereignisfunktion OnDraw in U158View.CPP ein, indem wir das Programmgerüst abändern:

```
void CU158View::OnDraw(CDC* pDC) {
  //CU158Doc* pDoc = GetDocument();
  //ASSERT_VALID(pDoc);
  CFont Testschrift1,Testschrift2,Testschrift3,Testschrift4;
  Testschrift1.CreateFont(50,0,0,0,400,FALSE,FALSE,0,ANSI_CHARSET,
              OUT_DEFAULT_PRECIS,CLIP_DEFAULT_PRECIS,DEFAULT_QUALITY,
              DEFAULT_PITCH|FF_SWISS,"Arial");
  CFont* pAlteSchrift=(CFont*) pDC->SelectObject(&Testschrift1);
  TraceMetriken(pDC);
  pDC->TextOut(0,0,"Dies ist Arial, vorgegebene Breite");
  Testschrift2.CreateFont(50,0,0,0,400,FALSE,FALSE,0,ANSI_CHARSET,
              OUT_DEFAULT_PRECIS,CLIP_DEFAULT_PRECIS,DEFAULT_QUALITY,
              DEFAULT_PITCH|FF_MODERN,"Courier");
  pDC->SelectObject(&Testschrift2);
  TraceMetriken(pDC);
  pDC->TextOut(0,100,"Dies ist Courier, vorgegebene Breite");
  Testschrift3.CreateFont(50,10,0,0,400,FALSE,FALSE,0,ANSI_CHARSET,
              OUT_DEFAULT_PRECIS,CLIP_DEFAULT_PRECIS,DEFAULT_QUALITY,
              DEFAULT_PITCH|FF_ROMAN,NULL);
  pDC->SelectObject(&Testschrift3);
  TraceMetriken(pDC);
  pDC->TextOut(0,200,"Dies ist generisches Roman, geänderte Breite");
  Testschrift4.CreateFont(50,0,0,0,400,FALSE,FALSE,0,ANSI_CHARSET,
              OUT_DEFAULT_PRECIS,CLIP_DEFAULT_PRECIS,DEFAULT_QUALITY,
              DEFAULT_PITCH|FF_MODERN,"LinePrinter");
  pDC->SelectObject(&Testschrift4);
  TraceMetriken(pDC);
  pDC->TextOut(0,300,"Dies ist LinePrinter, vorgegebene Breite");
  pDC->SelectObject(pAlteSchrift);
} //CU158View::OnDraw
```

Bei Courier handelt es sich um keine TrueType-Schrift, so dass der Mosaikcharakter bei Vergrößerung immer deutlicher wird. Bei der Schrift Roman wird von Windows New Times Roman als generische Schrift gewählt. Die Breite ist an die horizontale Fensterskalierung gebunden. Die Schriftart LinePrinter ist keine Anzeigeschrift. Sie wird durch die generische Schrift für FF_MODERN ersetzt.

4. Im Quelltext benutzen wir eine Hilfsfunktion zur Ausgabe der Textmetriken, die wir über den Assistenten generieren und anschließend programmieren:

```
void CU158View::TraceMetriken(CDC *pDC) {
  //tracet die Textmetriken
  TEXTMETRIC tm;
  CString Schriftartname;
  pDC->GetTextMetrics(&tm);
  pDC->GetTextFace(Schriftartname);
  TRACE("Schrift = %s, tmHeight = %d, tmInternalLeading =%d,"
        " tmExternalLeading = %d\n",Schriftartname,tm.tmHeight,
        tm.tmInternalLeading,tm.tmExternalLeading);
} //CU158View::TraceMetriken
```

5. Wir erstellen und testen das Projekt (**Bild 15.17**). Wenn wir das Fenster nun in seiner Größe verändern, dann verändern sich auch die Schriftgrade. Für eine gewisse Zeit bleibt dabei Courier konstant und springt dann. Die Schrift Roman verändert sich dagegen kontinuierlich auch in ihrer Breite.

15.2 Übungen mit dem GDI

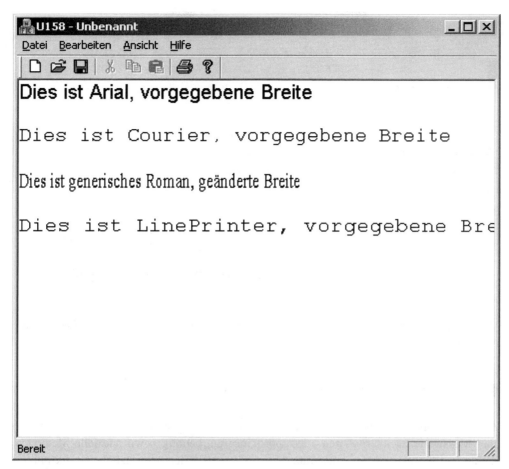

Bild 15.17: Schriftarten verändern mit U158

Auch hier beobachten wir wieder unsere Testausdrucke. Mit dem Programmstart erscheint:

```
Schrift = Arial, tmHeight = 48, tmInternalLeading =5, tmExternalLeading = 1
Schrift = Courier, tmHeight = 45, tmInternalLeading =0, tmExternalLeading = 0
Schrift = Times New Roman, tmHeight = 50, tmInternalLeading =7, tmExternalLeading = 2
Schrift = Courier New, tmHeight = 50, tmInternalLeading =7, tmExternalLeading = 0
```

Verändern wir nun die Fenstergröße, so verändern sich auch die Werte der Schriftgrößen. Die Schriften passen sich automatisch dem Fenster an:

```
Schrift = Arial, tmHeight = 53, tmInternalLeading =16, tmExternalLeading = 1
Schrift = Courier, tmHeight = 69, tmInternalLeading =0, tmExternalLeading = 0
Schrift = Times New Roman, tmHeight = 53, tmInternalLeading =16, tmExternalLeading = 2
Schrift = Courier New, tmHeight = 43, tmInternalLeading =0, tmExternalLeading = 0
```

6. Wählen wir wieder den Menüpunkt Datei|Seitenansicht, dann unterscheiden sich die Schriften sehr deutlich. Auch die Parameter werden neu gesetzt (**Bild 15.18**).

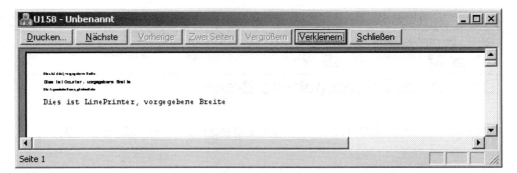

Bild 15.18: Schriftarten in der Druckvorschau

```
Schrift = Arial, tmHeight = 50, tmInternalLeading =8, tmExternalLeading = 1
Schrift = Courier, tmHeight = 92, tmInternalLeading =0, tmExternalLeading = 0
Schrift = Times New Roman, tmHeight = 50, tmInternalLeading =8, tmExternalLeading = 2
Schrift = Courier New, tmHeight = 50, tmInternalLeading =8, tmExternalLeading = 0
```

Somit sind die Schriftbeschreibungen in beiden Gerätekontexten nicht identisch. ∎

➢ Aufgabe 15-6:

Verändern Sie Fensterbreite sowie die Druckereinstellungen usw., und beobachten Sie die Auswirkungen. ∎

15.3 Mathematische Funktionen

Zur Darstellung von Funktionen benutzen wir natürlich die eingebauten Funktionen. Um aber Messwerte zu interpolieren oder approximieren, benötigen wir spezielle Methoden. Zumindest die Interpolation unterstützt Visual C++ .NET durch zusätzliche Grafikfunktionen. Diese wollen wir in diesem Kapitel kennen lernen.

15.3.1 Mathematische Grundlagen

Üblicherweise steht jetzt in den meisten anderen Büchern, dass Sie dieses Kapitel überspringen können. Ich kann das ganz und gar nicht unterstützen. Ohne Mathematik geht so gut wie nichts in der Programmierung.

Messwerte stellen i. A. eine zwei- oder mehrdimensionale Punktwolke dar. Von der unabhängigen Variablen x sind ein oder mehrere Variablen y bzw. y_1, y_2, ... abhängig.

Eine Hauptaufgabe besteht darin, diese Punktwolke durch „glatte" Kurven darzustellen. Hierzu stehen uns die verschiedenen Verfahren der Interpolation bzw. der Approximation zur Verfügung.

Gegeben seien $m+1$ nicht notwendig äquidistante Zwischenwerte (Stützwerte) einer Funktion $y(x)$ an den so genannten *Stützstellen* x_i. Diese bilden die Punktmenge **P** (Stützpunkte):

15.3 Mathematische Funktionen

$$P = \{x_i, y_i = y(x_i) \mid i = 0,1,2, \ldots, m\} \tag{15-1}$$

Die Stützstellen seien vorerst streng monoton $a = x_0 < x_1 < \ldots < x_m = b$ geordnet. Diese Forderung werden wir später dadurch umgehen, dass wir parametrische Kurven benutzen. In diesem Fall müssen die Stützstellen nur in der Reihenfolge geordnet sein. Jedoch dürfen zwei benachbarte Stützstellen nicht aufeinander fallen:

$$x_i \neq x_{i+1}, \quad \forall i = 0,1,2, \ldots, m-1 \tag{15-2}$$

Gesucht ist eine stetige oder stückweise stetige Funktion $f(x)$, die:

- genau durch alle Punkte der Punktmenge P geht
- möglichst „nahe" an alle Punkte der Punktmenge P herankommt

Die erste Aufgabe nennt man *Interpolation*, die zweite *Approximation*.

15.3.2 Interpolation mit stückweise definierten Funktionen

Bei der Interpolation mit stückweise definierten Funktionen, genauer mit stückweise definierten, stetigen Funktionen legen wir zwischen jede Stützstelle eine neue Funktion fest.

15.3.2.1 Lineare/quadratische Interpolation

Die einfachste Interpolationsaufgabe besteht darin, eine stückweise stetige Funktion durch die Stützpunkte zu legen (**Bild 15.19**). Mit anderen Worten, die Stützstellen durch Strecken zu verbinden. Ohne Schwierigkeiten kann man die einzelnen Punkte (mit einem Lineal) durch gerade Strecken miteinander verbinden. Für diese lineare Interpolation benötigt man die Zweipunktformel der Geradengleichung:

$$s_i(x) = y_{i-1} + \frac{y_i - y_{i-1}}{x_i - x_{i-1}}(x - x_{i-1}), \quad x_{i-1} \leq x \leq x_i, i = 1, \ldots, m \tag{15-3}$$

Nimmt man statt zwei Punkte drei Punkte zur Interpolation, dann erhält man die quadratische Interpolation (**Bild 15.20**):

$$s_i(x) = y_i + a(x - x_i) + b(x - x_i)^2, \quad x_{i-1} \leq x \leq x_i, i = 1, \ldots, m \tag{15-4}$$

Die Funktion erfüllt automatisch die Interpolationsbedingung für die Stützstellen x_i, d. h., es gilt:

$$s_i(x_i) = y_i$$

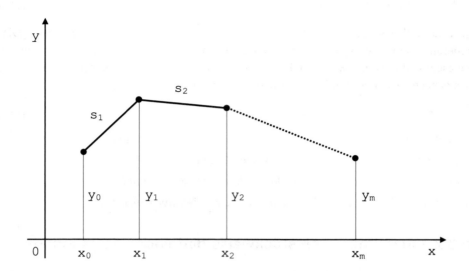

Bild 15.19: Polygon-Interpolation

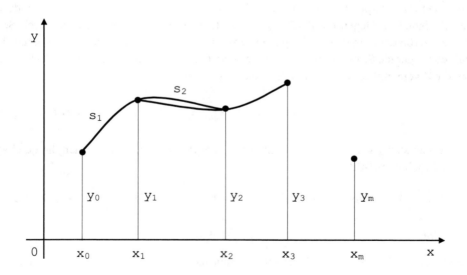

Bild 15.20: Interpolation mit quadratischen Parabeln (was nicht funktioniert)

Die Koeffizienten a und b müssen wir aus den Bedingungen:

$$s_i(x_{i-1}) = y_{i-1} \quad \text{und} \quad s_i(x_{i+1}) = y_{i+1}$$

15.3 Mathematische Funktionen

bestimmen. Daraus folgt ein Gleichungssystem mit zwei Unbekannten:

$$y_{i-1} = y_i + a(x_{i-1} - x_i) + b(x_{i-1} - x_i)^2$$
$$y_{i+1} = y_i + a(x_{i+1} - x_i) + b(x_{i+1} - x_i)^2$$

$$a = \frac{y_{i-1} - y_i}{x_{i-1} - x_i} - b(x_{i-1} - x_i)^2$$

$$b = \frac{y_{i+1} - y_i}{(x_{i+1} - x_i)(x_{i+1} - x_{i-1})} - \frac{y_{i-1} - y_i}{(x_{i+1} - x_{i-1})(x_{i-1} - x_i)}$$

(15-5)

Diese quadratische Interpolation eignet sich wirklich nur für drei Punkte, da man mehrere Intervalle nur schlecht aneinander anpassen kann. Es entstehen zwar keine Knickpunkte an den Übergangsstellen, aber die Krümmung ändert sich deutlich, da Parabeln keine Wendepunkte haben. Da nur die 1. Ableitung stetig übergeht, spricht man von der $C^{(1)}$-Stetigkeit.

Um mehrere Punkte möglichst glatt miteinander verbinden zu können, benötigt man Funktionen, die im Gegensatz zu den quadratischen Parabeln die Krümmung ändern, d. h., Kurven nach 'links' und 'rechts' ausführen können. Das Polynom mit dem niedrigsten Grad, das einen Wendepunkt hat, ist die kubische Parabel. Interpolationen mit Polynomen 3. Grades bezeichnet man als Spline-Interpolationen. Diese Interpolation erfüllt die $C^{(2)}$-Stetigkeit.

15.3.2.2 Spline-Interpolation

Spline ist die englische Bezeichnung für ein biegsames Kurvenlineal (niederdeutsch: Straak), wie es die Bootsbauer bzw. Geografen benutzen, um Schiffsspanten bzw. Höhenlinien zu erzeugen. Markiert man die Messpunkte an einer senkrechten Wand mit Pflöcken und legt das Gewichtslineal darüber, so nimmt dies nach einiger Zeit den energetisch günstigsten Zustand im Sinne der Potenzialtheorie an (Kriterium von D'Alambert):

$$d E^2 = 0$$

Das elastische Lineal legt sich in eine Form (Biegelinie) $s(x)$, die folgende Eigenschaften besitzt:

1. Die Spline-Funktion nimmt an den nicht notwendigerweise äquidistanten, jedoch monoton steigenden x_i-Werten die vorgegebenen Funktionswerte y_i an:

$$s(x_i) = y_i, \quad \{x_i, y_i \mid i = 0, 1, \ldots, m\}$$

2. $s(x)$ ist mindestens zweimal stetig differenzierbar.

3. $s(x)$ hat die kleinste Schwankung:

$$\int_{x_0}^{x_m} [s''(x)]^2 dx = \min\left(\int_{x_0}^{x_m} [\varphi''(x)]^2 dx\right)$$

unter allen zweimal stetig differenzierbaren Funktionen $\varphi(x)$.

Aus den möglichen Funktionen mit den genannten Eigenschaften zeichnen sich die kubischen Polynome besonders aus, da sie den niedrigsten Grad besitzen.

15.3.2.2.1 Spline-Interpolation in kartesischen Koordinaten

Durch geschickte Wahl der Ausgangsfunktionen in den einzelnen Intervallen:

$$S_i(x) := \tilde{a}_i + \tilde{b}_i x + \tilde{c}_i x^2 + \tilde{d}_i x^3 \tag{15-6}$$

oder

$$R_i(x) := a_i^* + b_i^*(x - x_{i-1}) + c_i^*(x - x_{i-1})^2 + d_i^*(x - x_{i-1})^3 \tag{15-7}$$

oder

$$Q_i(x) := \overline{a}_i + \overline{b}_i(x - x_i) + \overline{c}_i(x - x_i)^2 + \overline{d}_i(x - x_i)^3 \tag{15-8}$$

oder

$$P_i(x) := a_i + b_i x + c_i \frac{(x - x_{i-1})^3}{6(x_i - x_{i-1})} - c_{i-1} \frac{(x - x_i)^3}{6(x_i - x_{i-1})} \tag{15-9}$$

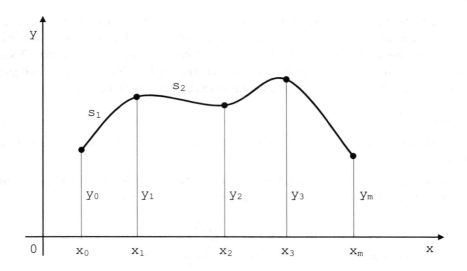

Bild 15.21: Kubische Spline-Interpolation

lässt sich der spätere Rechenaufwand minimieren. Die Ergebnisse sind aber jeweils bis auf zusätzliche Faktoren gleich. Es gibt nur eine einzige kubische Spline-Interpolation (**Bild 15.21**), die durch alle Stützstellen geht und die Randbedingungen erfüllt.

15.3 Mathematische Funktionen

In der letzten Formel werden einige Eigenschaften berücksichtigt, die die Berechnungen erleichtern. Statt vier Unbekannten haben wir im Grunde nur noch drei Unbekannte a_i, b_i, c_i. Der Index i läuft bei den Stützstellen von 0 bis m. Zwischen den $(m+1)$-Punkten gibt es m Verbindungsfunktionen $P_i(x)$, $1 \leq i \leq m$, d. h., wir haben bei der letzten Darstellungsart $(3m+1)$ Unbekannte. Bei allen anderen Ansätzen gibt es $4m$ Unbekannte.

Wir untersuchen daher den letzten Ansatz $P_i(x)$ weiter. Die Ableitungen lauten:

$$P_i'(x) = b_i + c_i \frac{(x - x_{i-1})^2}{2(x_i - x_{i-1})} - c_{i-1} \frac{(x - x_i)^2}{2(x_i - x_{i-1})}$$

$$P_i''(x) = c_i \frac{(x - x_{i-1})}{(x_i - x_{i-1})} - c_{i-1} \frac{(x - x_i)}{(x_i - x_{i-1})}$$

Nun muss diese stückweise definierte Funktion die Randbedingungen an den Stützstellen erfüllen:

$$P_i(x_{i-1}) := y_{i-1} = a_i + b_i x_{i-1} + c_{i-1} \frac{(x_i - x_{i-1})^2}{6}$$

$$P_i(x_i) := y_i = a_i + b_i x_i + c_i \frac{(x_i - x_{i-1})^2}{6}$$

Damit kann man zwei Unbekannte z. B. a_i und b_i eliminieren und erhält:

$$P_i = \left(\frac{y_i}{x_i - x_{i-1}} - c_i \frac{x_i - x_{i-1}}{6} \right)(x - x_{i-1}) - \left(\frac{y_{i-1}}{x_i - x_{i-1}} - c_{i-1} \frac{x_i - x_{i-1}}{6} \right)(x - x_i)$$
$$+ c_i \frac{(x - x_{i-1})^3}{6(x_i - x_{i-1})} - c_{i-1} \frac{(x - x_i)^3}{6(x_i - x_{i-1})}$$

Die Stetigkeit der Ableitungen für $x = x_i$ führt zu:

$$c_{i-1} \frac{x_i - x_{i-1}}{6} + c_i \frac{x_i - x_{i-1}}{3} + c_i \frac{x_{i+1} - x_i}{3} + c_{i+1} \frac{x_{i+1} - x_i}{6} =$$
$$\frac{y_{i+1} - y_i}{x_{i+1} - x_i} - \frac{y_i - y_{i-1}}{x_i - x_{i-1}}$$

$$c_{i-1} \frac{x_i - x_{i-1}}{6} + c_i \frac{x_{i+1} - x_{i-1}}{3} + c_{i+1} \frac{x_{i+1} - x_i}{6} = \frac{y_{i-1} - y_i}{x_{i-1} - x_i} - \frac{y_i - y_{i-1}}{x_i - x_{i-1}}$$

in den Intervallen $1 \leq i \leq m-1$.

Das sind $(m-1)$ Gleichungen für die $(m+1)$ Unbekannten $c_0, \ldots, c_m$. Wir erhalten eine rechteckige Matrix mit $(m-1)$ Zeilen und $(m+1)$ Spalten:

$$\begin{pmatrix} ? & ? & 0 & 0 & . & 0 & 0 \\ q_1 & 2(q_1+q_2) & q_2 & 0 & . & 0 & 0 \\ 0 & q_2 & 2(q_2+q_3) & q_3 & . & 0 & 0 \\ . & . & . & . & . & . & . \\ . & . & . & . & . & . & . \\ 0 & 0 & 0 & 0 & . & q_{m-2} & 0 \\ 0 & 0 & 0 & 0 & \ldots & 2(q_{m-2}+q_{m-1}) & q_{m-1} \\ 0 & 0 & 0 & 0 & \ldots & ? & ? \end{pmatrix} \begin{pmatrix} c_0 \\ c_1 \\ . \\ . \\ . \\ c_{m-2} \\ c_{m-1} \\ c_m \end{pmatrix} = \begin{pmatrix} ? \\ Y_1 \\ . \\ . \\ . \\ Y_{m-2} \\ Y_{m-1} \\ ? \end{pmatrix} \quad (15\text{-}10)$$

mit den Abkürzungen:

$$q_i = x_i - x_{i-1}$$

$$Y_i = 6\left(\frac{y_{i+1} - y_i}{x_{i+1} - x_i} - \frac{y_i - y_{i-1}}{x_i - x_{i-1}} \right)$$

Das Gleichungssystem ist **unterbestimmt**. Es fehlen zwei Gleichungen. Wir müssen zur Vervollständigung des Systems noch zwei zusätzliche Bedingungen festlegen. Dies geschieht z. B. durch Festlegung der Anfangs- und Endsteigung. Die Vorgabe der Steigungen führt zu den so genannten *gebundenen Splines*.

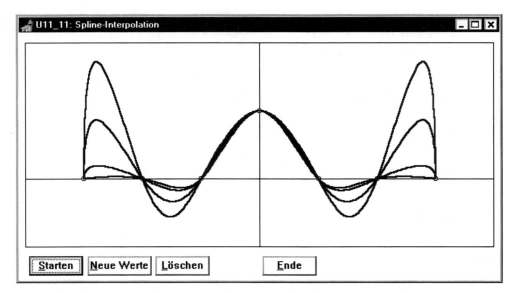

Bild 15.22: Unterschiedliche Spline-Interpolationen durch Variation der Randsteigungen

15.3 Mathematische Funktionen

$$P_0' := y_0'$$
$$P_m' := y_m'$$

durch den Benutzer (**Bild 15.22**). Die entstehenden Kurven sind je nach den eingegebenen Steigungen recht unterschiedlich. Durch die Vorgabe der beiden Randsteigungen y_0', y_m' finden wir zwei zusätzliche Gleichungen:

$$c_0 \frac{x_1 - x_0}{3} + c_1 \frac{x_1 - x_0}{6} = \frac{y_1 - y_0}{x_1 - x_0} - y_0'$$

$$c_{m-1} \frac{x_m - x_{m-1}}{6} + c_m \frac{x_m - x_{m-1}}{3} = y_m' - \frac{y_m - y_{m-1}}{x_m - x_{m-1}}$$

(15-11)

Eine zweite Ansatz zur Lösung der Unbestimmtheit besteht darin, die Welligkeit zu verringern, d. h., einfach die beiden fehlenden Koeffizienten auf null zu setzen (freier Spline):

$$c_0 := 0, \quad c_m := 0$$

Die beiden angrenzenden Intervalle haben die Krümmung 0, d. h., das 'biegsame Lineal' wird gerade fortgesetzt. Diese Eigenschaft zeigt uns, dass wir Spline-Interpolationen auf keinen Fall extrapolieren (nach außen fortsetzen) dürfen.

Dadurch entfallen zwei Gleichungen. Das Gleichungssystem wird besonders einfach:

$$\begin{pmatrix} 2(q_1+q_2) & q_2 & 0 & 0 & \cdots & 0 \\ q_2 & 2(q_2+q_3) & q_3 & 0 & \cdots & 0 \\ 0 & q_3 & 2(q_3+q_4) & q_4 & \cdots & 0 \\ \cdot & \cdot & \cdot & \cdot & \cdots & \cdot \\ 0 & 0 & 0 & 0 & \cdots & 2(q_{m-1}+q_m) \end{pmatrix} \begin{pmatrix} c_1 \\ c_2 \\ c_3 \\ \cdot \\ c_{m-1} \end{pmatrix} = \begin{pmatrix} Y_1 \\ Y_2 \\ Y_3 \\ \cdot \\ Y_{m-1} \end{pmatrix}$$

(15-12)

Diese Forderung ist ein Sonderfall der allgemeineren Festlegung:

$$c_0 := \alpha c_1$$
$$c_m := \beta c_{m-1}$$

(15-13)

mit den Parametern $\alpha = \beta = 0$. Die Nachbarintervalle schließen sich mit konstanter Krümmung an. Mit der verallgemeinerten Festlegung ergibt sich:

$$c_1 \frac{\left(1 + \frac{\alpha}{2}\right)(x_1 - x_0) + (x_2 - x_1)}{3} + c_2 \frac{x_2 - x_1}{6} = \frac{y_2 - y_1}{x_2 - x_1} - \frac{y_1 - y_0}{x_1 - x_0}$$

$$c_{m-2} \frac{x_{m-1} - x_{m-2}}{6} + c_{m-1} \frac{(x_{m-1} - x_{m-2}) + \left(1 + \frac{\beta}{2}\right)(x_m - x_{m-1})}{3} = \frac{y_m - y_{m-1}}{x_m - x_{m-1}} - \frac{y_{m-1} - y_{m-2}}{x_{m-1} - x_{m-2}}$$

Der Ansatz (15-8) führt übrigens auf eine vergleichbare Lösung, bei der sich nur die Koeffizienten ein wenig unterscheiden.

Mit den Abkürzungen:

$$q_i = x_i - x_{i-1}$$

$$Y_i = 3\left(\frac{y_{i+1} - y_i}{x_{i+1} - x_i} - \frac{y_i - y_{i-1}}{x_i - x_{i-1}}\right)$$

ergibt sich dann folgendes Gleichungssystem für die Unbekannten $\overline{c}_i$ für den Ansatz $c_0 = c_m = 0$:

$$\begin{pmatrix} 2(q_1+q_2) & q_2 & 0 & 0 & \cdots & 0 \\ q_2 & 2(q_2+q_3) & q_3 & 0 & \cdots & 0 \\ 0 & q_3 & 2(q_3+q_4) & q_4 & \cdots & 0 \\ \cdot & \cdot & \cdot & \cdot & \cdots & \cdot \\ 0 & 0 & 0 & 0 & \cdots & 2(q_{m-1}+q_m) \end{pmatrix} \begin{pmatrix} \overline{c}_1 \\ \overline{c}_2 \\ \overline{c}_3 \\ \cdot \\ \overline{c}_{m-1} \end{pmatrix} = \begin{pmatrix} Y_1 \\ Y_2 \\ Y_3 \\ \cdot \\ Y_{m-1} \end{pmatrix} \quad \text{(15-14)}$$

Die Hauptdiagonalelemente sind $2(q_i + q_{i+1}) = 2(x_{i+1} - x_{i-1})$.

Haben wir die $\overline{c}_i$ bestimmt, dann berechnen sich die anderen Koeffizienten entweder direkt aus den Stützstellen:

$$\overline{a}_i = y_i \quad \text{(15-15)}$$

oder aus den $\overline{c}_i$ zu:

$$\overline{b}_i = \frac{y_{i+1} - y_i}{x_{i+1} - x_i} - \frac{\overline{c}_{i+1} - 2\overline{c}_i}{3}(x_{i+1} - x_i)$$

$$\overline{d}_i = \frac{\overline{c}_{i+1} - \overline{c}_i}{2(x_{i+1} - x_i)} \quad \text{(15-16)}$$

Die Matrix ist symmetrisch, positiv definit (reelle, positive Eigenwerte) und hat Tridiagonalform (Dreibandform).

Um diese Matrix zu triangulieren, d. h., in eine Superdiagonalform (obere Dreiecksmatrix) umzuformen, müssen wir nur die Subdiagonale eliminieren. Hierzu benötigen wir folgende Operationen:

1 Division z. B. $\quad \dfrac{2(q_1 - q_2)}{q_2}$

1 Multiplikation $\quad \dfrac{2(q_1 - q_2)}{q_2} y_1$

1 Subtraktion $\quad y_2 - \dfrac{2(q_1 - q_2)}{q_2} y_1$

Das Diagonalelement berechnet sich dabei aus:

15.3 Mathematische Funktionen

$$2(q_2 + q_3) - q_2 \frac{2(q_1 + q_2)}{q_2} = 2(q_3 - q_1)$$

Auch die Rückrechnung ist sehr einfach, da sie sich auf zwei Elemente (mit Ausnahme der letzten Zeile) beschränkt.

Da man nur die Koeffizienten $\overline{c}_i$ berechnen will, kann man auf die Speicherung der Nullen im Rest der Matrix verzichten. Es genügt, in drei Vektoren der Länge $m-1$ die:

- Diagonalelemente
- Superdiagonalelemente
- Elemente der rechten Seite

zu speichern und den Eliminationsalgorithmus für Gleichungssysteme entsprechend auf diese Speicherungsform abzuwandeln.

Sehr interessant wird das Gleichungssystem, wenn man äquidistante Stützstellen x_i vorfindet. Dann gilt nämlich:

$$q = q_1 = q_2 = \ldots = q_{m-1}$$
$$Y_i = \frac{y_{i+1} - 2y_i + y_{i-1}}{q}$$

Das Gleichungssystem vereinfacht sich auf folgende Form:

$$q \begin{pmatrix} 4 & 1 & 0 & 0 & \ldots & 0 \\ 1 & 4 & 1 & 0 & \ldots & 0 \\ 0 & 1 & 4 & 1 & \ldots & 0 \\ \cdot & \cdot & \cdot & \cdot & & \cdot \\ \cdot & \cdot & \cdot & \cdot & & \cdot \\ \cdot & \cdot & \cdot & \cdot & & \cdot \\ 0 & 0 & 0 & 0 & \ldots & 4 \end{pmatrix} \begin{pmatrix} \overline{c}_1 \\ \overline{c}_2 \\ \overline{c}_3 \\ \cdot \\ \cdot \\ \cdot \\ \overline{c}_{m-1} \end{pmatrix} = \begin{pmatrix} Y_1 \\ Y_2 \\ Y_3 \\ \cdot \\ \cdot \\ \cdot \\ Y_{m-1} \end{pmatrix} \quad \textbf{(15-17)}$$

und kann daher sehr einfach, d. h., direkt gelöst werden, da man folgende Dreiecksmatrix erhält, die nur aus Konstanten besteht. Einzig die rechte Seite ist variabel:

$$\begin{pmatrix} 4 & 1 & 0 & 0 & \ldots & 0 \\ 0 & \frac{15}{4} & 1 & 0 & \ldots & 0 \\ 0 & 0 & \frac{56}{15} & 1 & \ldots & 0 \\ \cdot & \cdot & \cdot & \cdot & & \cdot \\ \cdot & \cdot & \cdot & \cdot & & \cdot \\ \cdot & \cdot & \cdot & \cdot & & \cdot \\ 0 & 0 & 0 & 0 & \ldots & \star \end{pmatrix} \begin{pmatrix} \overline{c}_1 \\ \overline{c}_2 \\ \overline{c}_3 \\ \cdot \\ \cdot \\ \cdot \\ \overline{c}_{m-1} \end{pmatrix} = \frac{1}{q} \begin{pmatrix} Y_1 \\ Y_2 - \frac{1}{4} Y_1 \\ Y_3 - \frac{4}{15}\left(Y_2 - \frac{1}{4} Y_1\right) \\ \cdot \\ \cdot \\ \cdot \\ Y_{m-1} - \ldots \end{pmatrix} \quad \textbf{(15-18)}$$

15.3.2.2.2 Eigenschaften der Spline-Interpolation

Numerische Stabilität

Zur Untersuchung der numerischen Stabilität betrachten wir die Konditionszahlen. Die genaueste Abschätzung liefert bekanntlich die Spektralkondition als Verhältnis des betragsmäßig größten Eigenwertes zum kleinsten Eigenwert:

$$\text{cond}_s = \left|\frac{\lambda_{max}}{\lambda_{min}}\right|$$

Wegen der positiven Definitheit der Matrix sind alle Eigenwerte λ reell. Nach dem Satz von Gerschgorin gilt:

$$\lambda_{max} \leq \max_{1 \leq i \leq m-1} \left[3(q_i + q_{i+1})\right]$$

$$\lambda_{min} \geq \min_{1 \leq i \leq m-1} \left[q_i + q_{i+1}\right]$$

Von den beiden Summanden nimmt man den größeren bzw. kleineren, so dass gilt:

$$\lambda_{max} \leq 2 \max \left[3q_i\right]$$
$$\lambda_{min} \geq 2 \min \left[q_i\right]$$

Damit ergibt sich:

$$\text{cond}_s \leq 3 \frac{\max \left[x_{i+1} - x_i\right]}{\min \left[x_{i+1} - x_i\right]} = 3 \frac{\text{maximaler Abstand}}{\text{minimaler Abstand}}$$

Legt man den Abstand der Messwerte sinnvoll fest, dann ist der Unterschied zwischen `max` und `min` nicht allzu groß. Die Konditionszahl ist entsprechend klein. Damit ist das Gleichungssystem numerisch gutartig. Im Sonderfall der äquidistanten Schrittweite ergibt sich die numerisch außerordentlich günstige Abschätzung der Spektralkondition:

$$\text{cond}_s \leq 3$$

Auch wenn das Gleichungssystem recht gutartig ist, entstehen bei einer Vielzahl von Stützstellen erkennbare Fehler. Ein Lösungsverfahren ohne die Auflösung eines Gleichungssystems ist daher effizienter und genauer. Dieses werden wir im nächsten Abschnitt kennen lernen.

Differenzierbarkeit

Im Gegensatz zur rationalen oder trigonometrischen Interpolation näherte die Spline-Interpolation auch die 1. Ableitung der Funktion $y=f(x)$ an, wenn $f(x)$ zweimal differenzierbar ist, d. h., es gilt:

$$s'(x) = \text{approx}\left[f'(x)\right]$$

Extremaleigenschaften

Unter allen möglichen Funktionen $\varphi(x)$, die:
- zweimal differenzierbar sind
- durch die Stützpunkte gehen $\varphi(x_i) = y_i$

hat der Spline die kleinste Schwankung:

$$\int_{x_0}^{x_m} [s''(x)]^2 \, dx \leq \int_{x_0}^{x_m} [\varphi''(x)]^2 \, dx$$

erfüllt also das D'Alambert-Kriterium.

Mechanisch betrachtet hat das Spline-Lineal die kleinst mögliche potenzielle Energie.

Unter den gleichen Voraussetzungen gilt:

$$\int_{x_0}^{x_m} [f''(x) - s''(x)]^2 \, dx \leq \int_{x_0}^{x_m} [f''(x) - \sigma''(x)]^2 \, dx$$

d. h., der approximierende Spline s nähert unter allen möglichen Splines σ die 2. Ableitung der Funktion $f(x)$ im Sinne des kleinsten Fehlerquadrates am besten an.

Konvergenzeigenschaft

Unterteilt man das Intervall $[x_0, x_m]$ immer feiner und untersucht die dazugehörigen Splines mit den aufgeführten Zusatzbedingungen (jedoch $\alpha=\beta=0$), dann konvergieren die Splines und deren 1. Ableitungen gleichmäßig gegen die Funktion $f(x)$ bzw. $f'(x)$.

Extrapolation

Da durch Vorgabe der Randsteigungen jede beliebige Fortsetzung der Kurve nach außen denkbar ist, eignet sie sich nicht für Extrapolationen (Voraussagen).

15.3.2.2.3 Parametrische Splines

In der bisherigen Form der Definition besteht die Gefahr, dass bestimmte Fälle zu Problemen führen. So haben wir z. B. strenge Monotonie der Stützstellen vorausgesetzt. Selbst bei einfacher Monotonie können zwei Stützstellen senkrecht übereinander liegen. Die Verbindungslinie hat die Steigung ∞. Hier versagt die kartesische Definition der Spline-Funktionen. Wir gehen daher zur parametrischen Form über (**Bild 15.23**). Hierdurch erreichen wir auf jeden Fall wieder Monotonie der Stützstellen.

Für parametrische Darstellungen von Funktionen führen wir eine dritte, unabhängige Variable t ein. Wir können uns diese als Zeitpunkt vorstellen, zu dem wir an einem bestimmten Punkt der Kurve sind, wenn wir diese entlangfahren.

Das Polynom dritten Grades (Spline) wird durch vier Parameter bestimmt. Dies sind:

Anfangspunkt $P_0(x, y)$
Endpunkt $P_1(x, y)$
Anfangssteigung $T_0(x, y)$ (Tangentenvektor)
Endsteigung $T_1(x, y)$

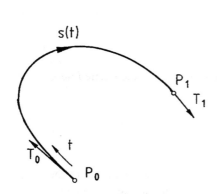

$$s(t) = P_0(2t^3-3t^2+1) + P_1(-2t^3+3t^2) + T_0(t^3-2t^2+t) + T_1(t^3-t^2)$$

Bild 15.23: Parametrischer Spline

Die gewählte Schreibweise $P(x, y)$ soll andeuten, dass jeder Punkt zwei (oder im 3D-Raum sogar drei) Komponenten hat. In den Formeln werden wir (x, y) der Einfachheit halber weglassen. Mit anderen Worten: Wir können die parametrische Spline-Interpolation für beliebige Dimensionen anwenden.

In parametrischer Form gilt für die Spline-Funktion:

$$s(t) = P_0(x, y)(2t^3 - 3t^2 + 1) + P_1(x, y)(-2t^3 + 3t^2) + T_0(x, y)(t^3 - 2t^2 + t) + T_1(x, y)(t^3 - t^2) \qquad (15\text{-}19)$$

Die einzelnen Terme sind so gewählt, dass sich die Haupteigenschaften der Interpolation sofort ergeben. Man sieht leicht ein, dass für:

$t = 0$: $s(0) = P_0(x, y)$, $s'(0) = T_0(x, y)$,
$t = 1$: $s(1) = P_1(x, y)$, $s'(1) = T_1(x, y)$

gilt. Die Ausmultiplikation des Ansatzes führt auf folgendes Polynom:

$$s(t) = a_3 t^3 + a_2 t^2 + a_1 t^1 + a_0 t^0 = a_3 t^3 + a_2 t^2 + a_1 t + a_0$$

mit den Koeffizienten:

15.3 Mathematische Funktionen

$$a_3 = -2(P_1(x,y) - P_0(x,y)) + T_0(x,y) - T_1(x,y)$$
$$a_2 = 3(P_1(x,y) - P_0(x,y)) - 2T_0(x,y) - T_1(x,y)$$
$$a_1 = T_0(x,y)$$
$$a_0 = P_0(x,y)$$
(15-20)

Diese Form kann man durch das Horner-Schema numerisch optimieren:

$$s(t) = ((a_3 t + a_2)t + a_1)t + a_0 \qquad (15\text{-}21)$$

Will man die verschiedenen Eigenschaften der Spline-Interpolation untersuchen, so reicht ein einfaches Programm mit nur zwei Stützstellen, bei dem die Randpunkte und die Steigungen interaktiv variiert werden können (**Bild 15.24**).

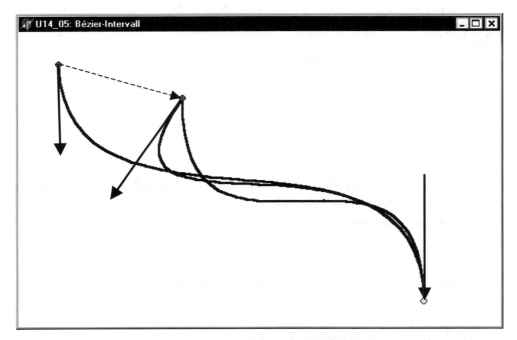

Bild 15.24: Spline-Interpolation mit Variation der Randpunkte und Steigungen

15.3.2.2.4 Spline-Interpolation mit mehreren Stützstellen

Die Programme mit einem Anfangs- und einem Endpunkt eignen sich gut, um die Eigenschaften der Spline-Kurven auszuprobieren.

In der Praxis will man dagegen mehrere, d. h. ($m+1$) Punkte durch eine glatte Kurve miteinander verbinden, wobei die Tangentenvektoren an den Stützpunkten jeweils gleich sein müssen (**Bild 15.25**). Die $m+1$ Stützstellen werden durch m Teilkurven verbunden.

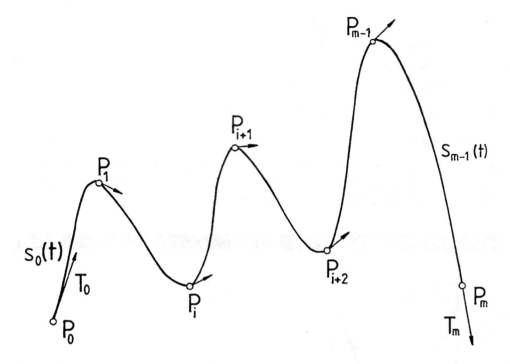

Bild 15.25: Verkettung von Spline-Intervallen

Die Stetigkeit an den Stützstellen ist durch die Definition der Spline-Funktionen bereits gegeben, d. h., die erste Funktion endet, die zweite Funktion startet an der Stützstelle.
Wir leiten unseren Funktionsansatz einmal ab:

$$s'_i(t) = P_i(6t^2 - 6t) + P_{i+1}(-6t^2 + 6t) + T_i(3t^2 - 4t + 1) + T_{i+1}(3t^2 - 2t)$$

Die Stetigkeit der ersten Ableitung an der Übergangsstützstelle:

$$s'_i(1) = s'_{i+1}(0)$$

ist ebenfalls durch den Ansatz erfüllt, da wir:

$$T_{i+1} = T_{i+1}$$

erhalten.
Die Stetigkeit der 2. Ableitung:

$$s''_i(t) = 6P_i(2t - 1) + 6P_{i+1}(-2t + 1) + 2T_i(3t - 2) + 2T_{i+1}(3t - 1)$$

$$s''_i(1) = s''_{i+1}(0)$$

15.3 Mathematische Funktionen

$$6P_i - 6P_{i+1} + 2T_i + 4T_{i+1} = -6P_{i+1} + 6P_{i+2} - 4T_{i+1} - 2T_{i+2}$$
$$T_i + 4T_{i+1} + T_{i+2} = 3(P_{i+2} - P_i)$$

ist nicht automatisch erfüllt. Jetzt müssen wir tatsächlich Übergangsbedingungen berechnen. Für die $m-1$ Übergangspunkte erhalten wir folgendes Gleichungssystem:

$$\begin{pmatrix} 4 & 1 & 0 & 0 & \cdots & 0 & 0 & 0 \\ 1 & 4 & 1 & 0 & \cdots & 0 & 0 & 0 \\ 0 & 1 & 4 & 1 & \cdots & 0 & 0 & 0 \\ \cdot & \cdot & \cdot & \cdot & & \cdot & \cdot & \cdot \\ \cdot & \cdot & \cdot & \cdot & & \cdot & \cdot & \cdot \\ \cdot & \cdot & \cdot & \cdot & & \cdot & \cdot & \cdot \\ 0 & 0 & 0 & 0 & \cdots & 1 & 4 & 1 \\ 0 & 0 & 0 & 0 & \cdots & 0 & 1 & 4 \end{pmatrix} \begin{pmatrix} T_1 \\ T_2 \\ T_3 \\ \cdot \\ \cdot \\ \cdot \\ T_{m-2} \\ T_{m-1} \end{pmatrix} = \begin{pmatrix} 3(P_2 - P_0) - T_0 \\ 3(P_3 - P_1) \\ 3(P_4 - P_2) \\ \cdot \\ \cdot \\ \cdot \\ 3(P_{m-1} - P_{m-3}) \\ 3(P_m - P_{m-2}) - T_m \end{pmatrix} \quad (15\text{-}22)$$

Dieses Gleichungssystem hat sehr große Ähnlichkeit mit dem Gleichungssystem (15-17) für die klassische Spline-Interpolation bei äquidistanten Stützstellen in kartesischen Koordinaten. Damit vereinigt dieser Ansatz den Vorteil der numerischen Einfachheit mit der absoluten Freiheit in der Wahl der Stützstellen.

Es handelt sich um ein zweidimensionales oder ein dreidimensionales Gleichungssystem, je nachdem ob man die Punkte zwei- oder dreidimensional einsetzt, also $P_i(x,y)$, $T_i(x,y)$ oder $P_i(x,y,z), T_i(x,y,z)$. Man muss das Gleichungssystem für jede Koordinatenrichtung simultan lösen.

Hat man die Tangentenvektoren bestimmt, dann berechnet man die Kurvenstücke zu:

$$s_i(t) = \underbrace{\begin{pmatrix} t^3 & t^2 & t & 1 \end{pmatrix}}_{\text{transp. Parametervektor}} \underbrace{\begin{pmatrix} 2 & -2 & 1 & 1 \\ -3 & 3 & -2 & -1 \\ 0 & 0 & 1 & 0 \\ 1 & 0 & 0 & 0 \end{pmatrix}}_{\text{Koeffizientenmatrix}} \underbrace{\begin{pmatrix} P_i \\ P_{i+1} \\ T_i \\ T_{i+1} \end{pmatrix}}_{\text{Geometrievektor}} \quad (15\text{-}23)$$

Je nachdem wie man die Matrizen miteinander multipliziert, ergeben sich interessante Varianten:

$$s_i(t) = \begin{pmatrix} 2t^3 - 3t^2 + 1 & -2t^3 + 3t^2 & t^3 - 2t^2 + t & t^3 - t^2 \end{pmatrix} \begin{pmatrix} P_i \\ P_{i+1} \\ T_i \\ T_{i+1} \end{pmatrix}$$

$$= \begin{pmatrix} t_3 & t_2 & t_1 & t_0 \end{pmatrix} \begin{pmatrix} P_i \\ P_{i+1} \\ T_i \\ T_{i+1} \end{pmatrix}$$

oder

$$s_i(t) = \begin{pmatrix} t^3 & t^2 & t & 1 \end{pmatrix} \begin{pmatrix} 2(P_i - P_{i+1}) + T_i + T_{i+1} \\ -3(P_i - P_{i+1}) - 2T_i - T_{i+1} \\ T_i \\ P_i \end{pmatrix}$$

$$= \begin{pmatrix} t^3 & t^2 & t & 1 \end{pmatrix} \begin{pmatrix} a_3 \\ a_2 \\ a_1 \\ a_0 \end{pmatrix}$$

15.3.2.2.5 Programmtechnische Bemerkungen

Bei einer großen Anzahl von Intervallen kann man durch geschickte Wahl des Berechnungsalgorithmus Rechenzeit einsparen. Jedes Intervall muss man, um es auf dem Bildschirm glatt zeichnen zu können, selbst noch einmal in n Teile unterteilen.

Es bieten sich folgende Varianten an:

1. Zwischenspeicherung

$$s_i(t) = \underbrace{(2t^3 - 3t^2 + 1)}_{t_3} P_i + \underbrace{(-2t^3 + 3t^2)}_{t_2} P_{i+1} + \underbrace{(t^3 - 2t^2 + t)}_{t_1} T_i + \underbrace{(t^3 - t^2)}_{t_0} T_{i+1}$$

Es werden zu Beginn der Berechnungen die Parameterkoeffizienten $t_0, \ldots, t_3$ für alle gewünschten n Zwischenpunkte jedes Intervalls i berechnet. Damit ergeben sich:

$$\left.\begin{array}{l} 9 \text{ Multiplikationen} \\ 5 \text{ Additionen} \end{array}\right\} \cdot (n-1) \text{ Punkte}$$

Diese Werte müssen zwischengespeichert werden. Für jedes der m Intervalle müssen wir $4(n+1)$ Multiplikationen und $3(n+1)$ Additionen durchführen. Wir berechnen die Summe:

$$(9M + 5A)(n + 1) + m(n + 1)(4M + 3A) = (n + 1)(14 + 7m)$$

2. Horner-Schema

$$s_i(t) = ((a_3 t + a_2)t + a_1)t + a_0$$
$$a_3 = -2(P_{i+1} - P_i) + T_i + T_{i+1}$$
$$a_2 = 3(P_{i+1} - P_i) - 2T_i - T_{i+1}$$
$$a_1 = T_i$$
$$a_0 = P_i$$

Für die m Intervalle benötigen wir:

$(2M + 6A)\ m$

15.3 Mathematische Funktionen

Operationen für die Koeffizientenberechnung. Die Anwendung des Horner-Schemas erfordert (3M + 3A) Operationen für jeden einzelnen Punkt, also insgesamt:

(3M + 3A)(n + 1) m .

Die Summation ergibt:

(6(n + 1) + 8) m

Operationen. Die Grenzkurve, für die der Aufwand gleich ist, zeichnet man am besten in ein m-n-Koordinatensystem ein (**Bild 15.26**):

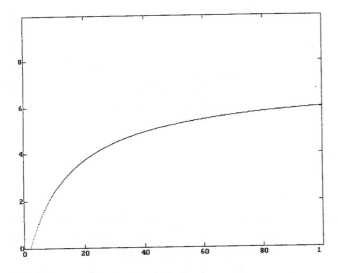

Bild 15.26: Grenzkurve des Aufwands n über m

$$(n + 1)(14 + 7m) = m(6(n + 1) + 8) = m(6n + 14)$$
$$n = \frac{7m - 14}{m + 14}$$

Je nach m und n wählt der Benutzer die günstigere Formel.

Die Lösung des Gleichungssystems ist relativ einfach, wobei man den Speicherbedarf minimieren kann, da die Koeffizientenmatrix nicht gespeichert werden muss. Wir müssen Zeile für Zeile abziehen, um die untere Nebendiagonale verschwinden zu lassen. Dabei verändern sich die Hauptdiagonale und die rechte Seite:

$$a_{i+1,i+1} := a_{i+1,i+1} - \frac{1}{a_{i,i}}, \qquad b_{i+1} := b_{i+1} - \frac{b_i}{a_{i,i}}$$

Da wir die Hauptdiagonalelemente für die Rückrechnung benötigen, speichern wir diese in einem Hilfsvektor (**Bild 15.27**).

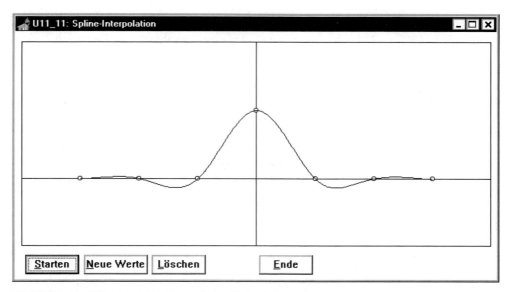

Bild 15.27: (m+1)-Punkte Spline-Interpolation (freier Spline mit minimaler Krümmung)

15.3.2.3 Bézier-Interpolation

15.3.2.3.1 Allgemeine Vorbetrachtungen

Die Bézier-Kurven sind sozusagen eine natürliche Erweiterung der Spline-Kurven, indem man im Geometrievektor der Spline-Interpolation die beiden Tangentenvektoren durch zwei Hilfspunkte, die so genannten Bézier-Punkte, ersetzt (**Bild 15.28**).

Die Bézier-Kurven sind nach dem Mathematiker P. E. Bézier benannt, der sie während seiner Tätigkeit bei Renault entdeckt hat, was darauf schließen lässt, dass er in der Design-Abteilung dieser Firma tätig war.

Die Theorie (der Splines und damit der Bézier-Kurven) ist nicht auf Polynome 3-ten Grades beschränkt, sondern wurde auf allgemeine Polynome $(n-1)$-ten Grades erweitert, deren Eigenschaften durch n Punkte festgelegt werden. Die wichtigsten Polynome sind in der Praxis aber weiterhin die kubischen Polynome.

Bevor wir die Bézier-Kurven im Einzelnen betrachten, sehen wir uns doch die entscheidenden Vorteile gegenüber der Polynom-Interpolation oder der Spline-Interpolation an:

1. Bézier-Kurven benötigen nicht die Eingabe von Anfangs- und Endsteigungen. Die Erfahrungen mit unseren Beispielprogrammen zeigen, dass der Einfluss der Randvektoren auf die Kurvenform nicht einfach zu verstehen ist. Man muss u. U. doch recht lange experimentieren, um ein befriedigendes Ergebnis zu erhalten. Dies geht mit den Bézier-Punkten einfacher.

15.3 Mathematische Funktionen

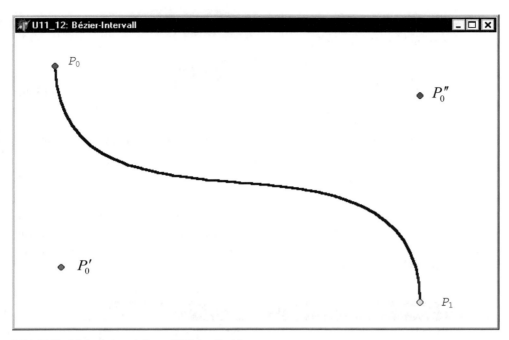

Bild 15.28: Bézier-Interpolation mit Bézier-Punkten

2. Die Eingabe der Hilfspunkte ist sehr einfach interaktiv z. B. mit Hilfe einer Maus möglich. Über die Bézier-Punkte lässt sich die Kurve „beliebig" verbiegen, obwohl sie weiterhin durch die beiden Endpunkte des Intervalls geht.

3. Die vier beteiligten Punkte spannen eine konvexe Hülle der Kurve auf, d. h., solange die Punkte zu sehen sind, ist die gesamte Kurve auf dem Fenster zu sehen. Bei der Spline-Interpolation verschwindet die Kurve durch Eingabe einer großen Steigung schnell im Nirwana.

4. Der Grad der Bézier-Kurve ist variabel, d. h., man kann durch die Auswahl der Intervalle zwischen Interpolation an den Intervallgrenzen und Approximation der dazwischen liegenden Punkte variieren. Der Grad der Polynome kann daher von Intervall zu Intervall variieren.

5. Der Bézier-Algorithmus benötigt i. A. etwas weniger Speicher- und Rechenaufwand als z. B. der Spline-Algorithmus, so dass er insbesondere Vorteile bei der Massendatenverarbeitung hat.

Sehen wir uns nun nach dieser allgemeinen Diskussion der Eigenschaften die Bézier-Kurven im Detail an.

Auf die genaue Ableitung der benutzten Polynome wollen wir verzichten. An dieser Stelle genügt eine Zusammenfassung. Die Bézier-Kurven erhält man, indem man zwischen zwei Punkte unserer Ausgangsmenge $P_0, \ldots, P_m$ zwei, drei oder mehr Zwischenpunkte einfügt.

Bei zwei Bézier-Punkten ergibt sich die klassische kubische Interpolation. Die Parameterform der verwendeten Polynome lautet:

$$B^{(\mu)}(t) = \sum_{i=0}^{\mu} P_i \frac{\mu!}{i!\,(\mu-1)!} t^i (1-t)^{\mu-i} = \sum_{i=0}^{\mu} P_i \binom{\mu}{i} t^i (1-t)^{\mu-i},$$

$$0 \leq t \leq 1$$

(15-24)

Die einzelnen Gewichtsfaktoren der Punkte sind die so genannten Bernstein-Polynome:

$$Bs_i^{(\mu)} = \binom{\mu}{i} t^i (1-t)^{\mu-i} \tag{15-25}$$

In dieser Formel wird nicht zwischen den Randpunkten und den Bézier-Punkten unterschieden! In den nachfolgenden Formeln werden wir dies aber tun, um zwischen den vorgegebenen, zu interpolierenden Punkten P und den berechneten Zwischenpunkten $P', P'', \ldots$ unterscheiden zu können.

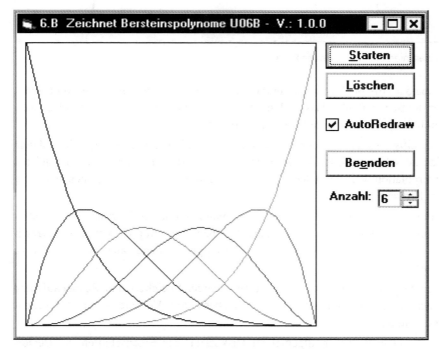

Bild 15.29: Bernstein-Polynome verschiedener Ordnung (hier 6. Grades)

15.3.2.3.2 Parametrische Bézier-Interpolation

Man beachte wieder, dass diese Gleichung beliebig viele Dimensionen haben kann, d. h., in der Ebene wie im Raum gleich definiert ist. Der hintere Teil dieser Definition wird dem

15.3 Mathematische Funktionen

Leser vielleicht als Binominalverteilung bekannt sein. Da $t \leq 1$ ist, wird jeder Punkt mit dieser Wahrscheinlichkeitsfunktion gewichtet. Für $t=0$ erhält man gerade P_0. P_0 hat somit das Gewicht 1, alle anderen Punkte haben das Gewicht 0.

Die Kurve geht durch P_0. Mit steigendem Parameter t verliert P_0 an Einfluss, während die nachfolgenden Punkte an Einfluss gewinnen. Dieser Einfluss ist für einen beliebigen Punkt P_i dann am größten, wenn $t=i/\mu$ gilt. Der Einfluss beträgt hier etwa 44 %.

Am Endpunkt P_m verschwindet dieser Einfluss für alle Punkte $P_0,\ldots,P_{m-1}$, die Kurve geht genau durch P_m. Den Zwischenpunkten nähert sich die Bézier-Kurve dagegen nur an. Mit Hilfe eines Funktionszeichenprogramms können wir diese Abhängigkeiten verdeutlichen (**Bild 15.29**).

Für unsere ersten Untersuchungen benutzen wir natürlich das einfachste Polynom vom Grad 3:

$$B^{(3)}(3) = (1-t)^3 P_0 + 3t(1-t)^2 P_0' + 3t^2(1-t)P_0'' + t^3 P_1 \qquad (15\text{-}26)$$

Die Punkte P_0 und P_1 sind die zu interpolierenden Randpunkte. Die Punkte P_0' und P_0'' sind die neu eingeführten Bézier-Punkte (**Bild 15.30**).

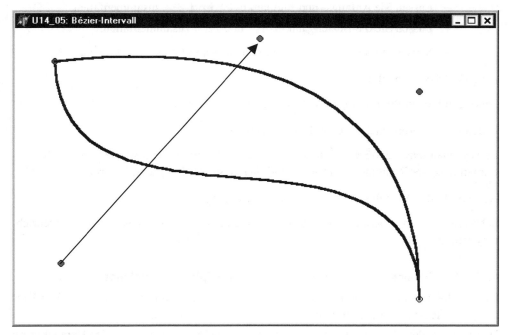

Bild 15.30: Bézier-Punkte

Zur DV-Realisierung multiplizieren wir das Bézier-Polynom aus und fassen die Terme neu zusammen:

$$B^{(3)}(t) = a_3 t^3 + a_2 t^2 + a_1 t + a_0 \qquad (15\text{-}27)$$

mit den Koeffizienten oder programmtechnisch geschickter

$a_3 = -P_0 + 3P_0' - 3P_0'' + P_1 \qquad a_0 = P_0$

$a_2 = 3(P_0 - 2P_0' + P_0'') \qquad a_1 = 3(P_0' - P_0)$

$a_1 = 3(P_0' - P_0) \qquad a_2 = 3(P_0'' - P_0') - a_1$

$a_0 = P_0 \qquad a_3 = -3(P_0'' - P_0') + P_1 - P_0$

Wie man leicht sieht, ist die Bézier-Kurve nicht allein durch die Randpunkte P_0, P_1 festgelegt. Vielmehr muss man die beiden Bézier-Punkte zusätzlich vorgeben. Also auch hier fehlen zwei Randbedingungen.

Mit dem folgenden Übungsprogramm kann man nun folgendermaßen experimentieren:

➢ Aufgabe 15-7: Variation der Punkte

Variieren Sie die vier Punkte:

- Lassen Sie Anfangs- und Endpunkt P_0 und P_1 zusammenfallen.
- Lassen Sie die Bézier-Punkte P_0' und P_0'' zusammenfallen.
- Versuchen Sie eine Schlaufe mit einem Schnittpunkt zu erzeugen. ∎

➢ Aufgabe 15-8: Doppelte Bézier-Punkte

Schreiben Sie ein Programm, das diesen doppelten Bézier-Punkt bewegt. ∎

➢ Aufgabe 15-9: Verschiebungen in Koordinatenrichtung

Bewegt man einen der Steuerpunkte in x- oder y-Richtung, dann werden nur die Koeffizienten in dieser Richtung beeinflusst. Optimieren Sie das Programm entsprechend. ∎

➢ Aufgabe 15-10: Verschiebungen in Tangentenrichtung

Schreiben Sie ein Programm, das nur die Bewegung der Bézier-Punkte in Tangentenrichtung zulässt. ∎

15.3.2.3.3 Zusammenhang zwischen Bézier- und Spline-Interpolation

Bei den Bézier- und Spline-Interpolationen handelt es sich um die absolut gleichen Kurven! Nur die Ansteuerung durch den Benutzer ist unterschiedlich.

Wir rechnen den Zusammenhang aus, indem wir die Koeffizienten beider Darstellungen gleichsetzen:

15.3 Mathematische Funktionen

$$a_3 = -P_0 + 3P_0' - 3P_0'' + P_1 = -2(P_1 - P_0) + T_0 + T_1$$
$$a_2 = 3(P_0 - 2P_0' + P_0'') = 3(P_1 - P_0) - 2T_0 + T_1$$
$$a_1 = 3(P_0' - P_0) = T_0$$
$$a_0 = P_0 = P_0$$

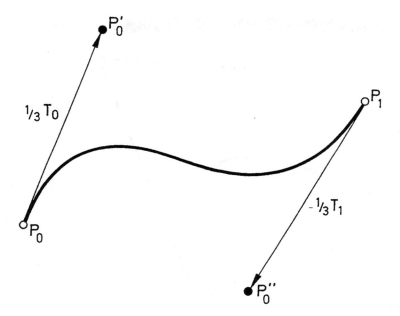

Bild 15.31: Zusammenhang zwischen Bézier-Punkten und Spline-Tangenten

Somit besteht der folgende Zusammenhang:

$$T_0 = 3(P_0' - P_0) \qquad T_1 = 3(P_1 - P_0'')$$

bzw.

$$P_0' = P_0 + \frac{1}{3}T_0 \qquad P_0'' = P_1 - \frac{1}{3}T_1$$

den wir grafisch darstellen können. Die Bézier-Punkte liegen also auf dem ersten Drittel der Randtangenten (**Bild 15.31**).

Neben der Anschaulichkeit hat die Bézier-Darstellung noch den weiteren Vorteil, dass die vier Steuerpunkte die konvexe Hülle der Bézier-Kurve aufspannen (**Bild 15.32**).

Die Bézier-Kurve liegt vollständig in dem Vier- bzw. Dreieck, das man erhält, wenn man ein „Gummiband" über die Punkte stülpt und loslässt.

Diese Eigenschaft ist beim interaktiven Grafikentwurf natürlich sehr interessant, da die Kurve nicht wie z. B. bei der Polynom-Interpolation zu schwingen beginnt, sondern garantiert innerhalb der konvexen Hülle bleibt.

Sind also die Steuerpunkte auf dem Bildschirm zu sehen, so geht die Kurve garantiert nicht über den Bildschirmrand hinaus.

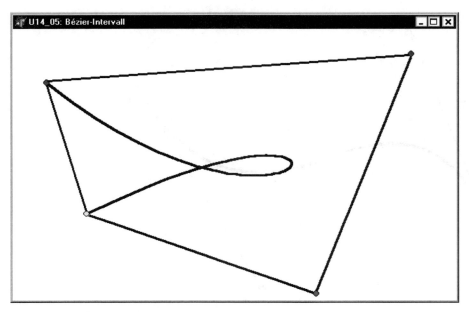

Bild 15.32: Konvexe Hülle der Bézier-Kurve

15.3.2.3.4 Parametrische Bézier-Interpolation mit m Stützpunkten

Wirklich einsatzfähig wird die Bézier-Interpolation erst dadurch, dass man mehrere Punkte $P_0,\ldots,P_m$ interpoliert.

Die Tangentenbedingung lässt sich aufgrund der Umrechnungsformeln leicht in eine neue Bedingung umwandeln. Die Bézier-Punkte zweier aneinanderstoßender Intervalle müssen symmetrisch zur Stützstelle liegen (**Bild 15.33**).

Es muss an allen inneren Punkten die $C^{(2)}$-Stetigkeit (Stetigkeit der 2. Ableitung) gelten:

$$\overline{P_i''P_{i+1}} = \overline{P_{i+1}P_{i+1}'}$$

Fordert man mit:

$$\overline{P_i''P_{i+1}} = a \cdot \overline{P_{i+1}P_{i+1}'}$$

15.3 Mathematische Funktionen

nur noch die $C^{(1)}$-Stetigkeit, dann ergeben sich interessante, neue Möglichkeiten. Wir fordern dann nur noch, dass die Bézier-Punkte auf der gleichen Geraden durch P_{i+1} liegen, aber nicht den gleichen Abstand haben.

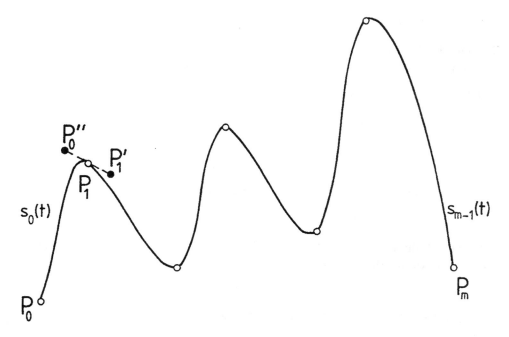

Bild 15.33: Verkettung von Bézier-Kurven

15.3.2.3.5 Programmtechnische Bemerkungen

Für die DV-Realisierung gehen wir wieder auf die Matrizendarstellung über. Das Bézier-Polynom eines Intervalls lässt sich folgendermaßen schreiben:

$$B^{(3)}(t) = s(t) = \underbrace{\begin{pmatrix} t^3 & t^2 & t & 1 \end{pmatrix}}_{\text{transp. Parametervektor}} \underbrace{\begin{pmatrix} -1 & 3 & -3 & 1 \\ 3 & -6 & 3 & 0 \\ -3 & 3 & 0 & 0 \\ 1 & 0 & 0 & 0 \end{pmatrix}}_{\text{Koeffizientenmatrix}} \underbrace{\begin{pmatrix} P_0 \\ P_0' \\ P_0'' \\ P_1 \end{pmatrix}}_{\text{Geometrievektor}} \quad (15\text{-}28)$$

Die Übergangsbedingungen der Bézier-Interpolation leiten wir aus den Übergangsbedingungen der Spline-Interpolation ab.

Für den Spline zwischen den Stützstellen P_i und P_{i+1} gilt:

$$s_i(t) = P_i(2t^3 - 3t^2 + 1) + P_{i+1}(-2t^3 + 3t^2) + T_i(t^3 - 2t^2 + t) + T_{i+1}(t^3 - t^2)$$

mit

$$T_i = 3(P'_i - P_i)$$
$$T_{i+1} = 3(P_{i+1} - P''_i)$$

Daraus folgt:

$$s_i(t) = P_i(-t^3 + 3t^2 - 3t + 1) + P_{i+1}t^3 + 3P'_i(t^3 - 2t^2 + t) + 3P''_i(t^3 - t^2)$$

Damit die 1. Ableitung stetig übergeht, muss gelten:

$$s'_i(1) = s'_{i+1}(0)$$

Hierzu bilden wir die 1. Ableitung:

$$s'_i(t) = P_i(-3t^2 + 6t - 3) + 3P_{i+1}t^2 + 3P'_i(3t^2 - 4t + 1) - 3P''_i(3t^2 - 2t)$$

$$s'_i(1) = 3P_{i+1} - 3P''_i \stackrel{!}{=} s'_{i+1}(0) = -3P_{i+1} + 3P'_{i+1}$$

Die Nachbarpunkte liegen auf der gemeinsamen Tangente:

$$P''_i + P'_{i+1} = 2P_{i+1} \quad P''_i = 2P_{i+1} - P'_{i+1}$$

Damit entfällt die Hälfte der Unbekannten. Den Rest (bis auf die zwei Randpunkte) bestimmen wir aus der Stetigkeit der 2. Ableitung:

$$s''_i(t) = P_i(-6t + 6) + 6P_{i+1}t + 3P'_i(6t - 4) - 3P''_i(6t - 2)$$

$$s''_i(1) = 6P_{i+1} + 6P'_i - 12P''_i \stackrel{!}{=} s''_{i+1}(0) = 6P_{i+1} - 12P'_{i+1} + 6P''_{i+1}$$

$$P'_i - P''_i = -2P'_{i+1} + P''_{i+1}$$

Eliminiert man nun z. B. alle P'', dann ergibt sich:

$$P'_i + 4P'_{i+1} + 2P'_{i+2} = 4P_{i+1} + 2P_{i+2}$$

Für die $m-1$ Übergangspunkte finden wir also das Gleichungssystem:

$$\begin{pmatrix} 4 & 1 & 0 & 0 & \cdots & 0 & 0 & 0 \\ 1 & 4 & 1 & 0 & \cdots & 0 & 0 & 0 \\ 0 & 1 & 4 & 1 & \cdots & 0 & 0 & 0 \\ \cdot & \cdot & \cdot & \cdot & & \cdot & \cdot & \cdot \\ \cdot & \cdot & \cdot & \cdot & & \cdot & \cdot & \cdot \\ \cdot & \cdot & \cdot & \cdot & & \cdot & \cdot & \cdot \\ 0 & 0 & 0 & 0 & \cdots & 1 & 4 & 1 \\ 0 & 0 & 0 & 0 & \cdots & 0 & 1 & 4 \end{pmatrix} \begin{pmatrix} P'_1 \\ P'_2 \\ P'_3 \\ \cdot \\ \cdot \\ \cdot \\ P'_{m-2} \\ P'_{m-1} \end{pmatrix} = \begin{pmatrix} 4P_1 + 2P_2 - P'_0 \\ 4P_2 + 2P_3 \\ 4P_3 + 2P_4 \\ \cdot \\ \cdot \\ \cdot \\ 4P_{m-2} + 2P_{m-1} \\ 4P_{m-1} + 2P_m - P'_m \end{pmatrix} \quad (15\text{-}29)$$

Dieses Gleichungssystem hat mit Ausnahme der rechten Seite die gleiche Struktur wie das Spline-Gleichungssystem. Es kann daher völlig analog gelöst werden. Normalerweise

15.3 Mathematische Funktionen

kennen wir aber nicht den Bézier-Punkt P_m' im Folgeintervall sondern P_{m-1}'' aus dem letzten Intervall, was bei der Aufstellung der letzten Gleichung zu berücksichtigen ist. Mit $P_i'' = 2P_{i+1} - P_{i+1}'$ ergibt sich die Bézier-Kurve zu:

$$s_i(t) = P_i(-t^3 + 3t^2 - 3t + 1) + P_{i+1}(-5t^3 + 6t^2) + P_i'(3t^3 - 6t^2 + 3t) + P_{i+1}''(3t^3 - 3t^2)$$

Mit dieser Beziehung bestimmen wir den ungekannten Bézier-Punkt P_m' zu:

$$P_m' = 2P_m - P_{m-1}''$$

Programmtechnisch recht kompliziert ist die Bestimmung der konvexen Hüllen von vier Punkten, so dass wir diese Betrachtungen noch anfügen wollen.

15.3.2.4 Konvexe Hülle eines Vierecks

Ein Dreieck ist immer konvex (**Bild 15.34**). Ein vierter Punkt liegt nun innerhalb des Dreiecks oder außerhalb. Im zweiten Fall gehört P_3 zur konvexen Hülle. Wir müssen die Lage von P_3 zu den Kanten P_0P_1, P_1P_2, P_2P_3 untersuchen. Liegt P_3 links von der Kante, dann gehört diese Kante zur konvexen Hülle. Liegt P_3 rechts von der Kante, dann ersetzt er mit seinen Verbindungsstrecken diese Kante. Die Lage des Punktes P_3 gegenüber der Strecke P_1P_2 berechnet sich aus der Determinante:

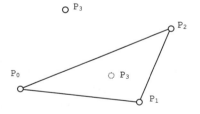
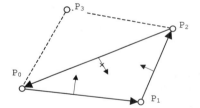

Bild 15.34: Konvexe Hülle von vier Punkten

$$\begin{vmatrix} x_3 & y_3 & 1 \\ x_1 & y_1 & 1 \\ x_2 & y_2 & 1 \end{vmatrix} = \begin{vmatrix} x_2 - x_1 & y_2 - y_1 \\ x_3 - x_1 & y_3 - y_1 \end{vmatrix} \begin{cases} > 0 & P_3 \text{ liegt links} \\ = 0 & P_3 \text{ liegt zwischen} \\ < 0 & P_3 \text{ liegt rechts} \end{cases} \quad (15\text{-}30)$$

Die Determinante berechnet sich aus:

$$\det(P_3P_1P_2) = x_3y_1 + x_3y_1 + x_3y_1 - x_3y_1 - x_3y_1 - x_3y_1$$
$$= (x_2 - x_1)(y_3 - y_1) - (x_3 - x_1)(y_2 - y_1)$$

wobei die zweite Form numerisch günstiger ist.

Da nun alle Punkte gleichberechtigt sind, kann jeder Punkt $P_0, \ldots, P_3$ der „innere" Punkt sein. Wir müssen daher auf jeden Fall zuerst einen äußeren Punkt bestimmen. So liegen z. B. die Koordinatenextrempunkte immer auf der konvexen Hülle.

Beginnt man mit einem solchen Extrempunkt, dann kann man z. B. im mathematisch positiven Sinn die Hüllpunkte einen nach dem anderen bestimmen.

15.3.3 Realisationen

Die Realisation eines Interpolators in Visual C++ .NET erfordert noch weitere Überlegungen. Messwerte kann man als Wertetabelle und als Kurve darstellen. Die Kurven können ggf. auf unterschiedlichen mathematischen Modellen beruhen. Zur Darstellung könnten wir daher einen geteilten Bildschirm (↳ Kapitel 19 «Erweiterte Ansichten») oder eine MDI-Anwendung wählen. Wir denken auch an unser Gittersteuerelement aus Kapitel 13.

15.3.3.1 Grundfunktionen des Bézier-Interpolators

Wegen der größeren Flexibilität entscheiden wir uns für eine MDI-Anwendung, die beim senkrechten oder waagerechten Stapeln in das geteilte Fenster übergeht. Die Grundlagen von MDI-Anwendungen werden erst im nächsten Hauptkapitel behandelt. Daher sollte dieses parallel oder im Nachhinein gelesen werden.

U159 Als erste Übung wollen wir ein einzelnes Bézier-Intervall programmieren. Dabei können wir bereits die Ziehoperation für die Punkte nutzen. Die zentrale Funktion ist:

```
PolyBezier
        BOOL PolyBezier(const POINT* lpPoints,int nCount);
```

Sie übernimmt ein aus Stützstellen und Bézier-Punkten „gemischtes" Punktearray `lpPoints`, das in den ersten vier Elementen ein vollständiges Intervall enthält. Danach folgen Dreiergruppen mit zwei Bézier-Punkten und einem weiteren Endpunkt. Als Anfangspunkt des Nachfolgeintervalls wird der letzte Punkt des Vorgängerintervalls benutzt. Der Zähler `nCount` ist somit ein Vielfaches von 3 plus 1.

Der erste Punkt des Arrays wird als Startpunkt benutzt. Ist der Anfangspunkt gesetzt, so setzen wir die Funktion:

```
PolyBezierTo
        BOOL PolyBezierTo(const POINT* lpPoints,int nCount);
```

Bei ihr fehlt der erste Punkt, so dass `nCount` ein Vielfaches von 3 ist.

Diese Methoden sind Verpackungen für die gleichnamigen API-Funktionen, die ein zusätzliches Handle auf den Gerätekontext übernehmen. Der Datentyp `POINT` statt `CPoint` weist auf diese Tatsache hin.

15.3 Mathematische Funktionen

Wir gehen in folgenden Schritten vor:

1. Wir legen ein neues MDI-Projekt `U159` ohne besondere Änderungen der Vorgaben an.
2. Wie schon in den letzten Übungen leiten wir die Methode `OnPrepareDC` für die Ansichtsklasse `U159View` aus den Überschreibungen ab, um die Abbildungseigenschaften einzustellen:

```
void CU159View::OnPrepareDC(CDC* pDC, CPrintInfo* pInfo) {
  CRect rc;
  GetClientRect(&rc);                 //Arbeitsbereich
  pDC->SetMapMode(MM_ISOTROPIC);      //unverzerrte Darstellung in DLUs
  pDC->SetWindowExt(1000,1000);       //Leinwandparameter setzen
  pDC->SetViewportExt(rc.right,rc.bottom);
  CView::OnPrepareDC(pDC,pInfo);
}
```

Da die Zeichnung verzerrungsfrei sein soll, wählen wir den Modus `MM_ISOTROPIC`, um anschließend die logischen Koordinaten zu setzen.

3. Für einen ersten Test definieren wir die Punkte direkt in der Zeichenfunktion:

```
void CU159View::OnDraw(CDC* pDC)  {
  //CU159Doc* pDoc = GetDocument();
  //ASSERT_VALID(pDoc);
  short nI;
  //POINT ptBezier []={ {100,100 }, {300,800 }, {600,200 }, {900,900 }};
  POINT ptBezier []={ {100,100 }, {300,800 }, {600,200 }, {900,900 },
                      {600,500 }, {300,500 }, {100,900 }};
  CSize sz;
  sz=pDC->GetWindowExt();
  pDC->Rectangle(0,0,sz.cx,sz.cy);
  for (nI=0;nI<sizeof(ptBezier)/sizeof(ptBezier[0]);nI+=3) {
    pDC->Rectangle(ptBezier[nI].x-QUADRAT,ptBezier[nI].y-QUADRAT,
      ptBezier[nI].x+QUADRAT,ptBezier[nI].y+QUADRAT);
  }
  for (nI=1;nI<sizeof(ptBezier)/sizeof(ptBezier[0]);nI+=3) {
    pDC->Ellipse(ptBezier[nI].x-QUADRAT,ptBezier[nI].y-QUADRAT,
      ptBezier[nI].x+QUADRAT,ptBezier[nI].y+QUADRAT);
    pDC->Ellipse(ptBezier[nI+1].x-QUADRAT,ptBezier[nI+1].y-QUADRAT,
      ptBezier[nI+1].x+QUADRAT,ptBezier[nI+1].y+QUADRAT);
  }
  pDC->PolyBezier(ptBezier,sizeof(ptBezier)/sizeof(ptBezier[0]));
} //CU159View::OnDraw
```

Die Stützstellen und die Bézier-Punkte werden als Quadrate bzw. Kreise dargestellt. Dazu wird eine Konstante definiert:

```
#define QUADRAT 10
```

Das Zeichnen dieser Punkte wurde für beliebig viele Intervalle in Schleifen implementiert. Damit können wir ein wenig experimentieren.

4. Wir testen und speichern das Programm (**Bild 15.35**). ∎

Bei einem Intervall fällt es noch nicht auf, bei zweien sehen wir es aber deutlich. Die Methode `PolyBezier` fühlt sich nur immer für ein Intervall zuständig. An den Stützstellen geht die Kurve nicht von allein glatt weiter. Wir müssen also selbst für die richtigen Bézier-Punkte sorgen, falls wir einen solchen Übergang wünschen.

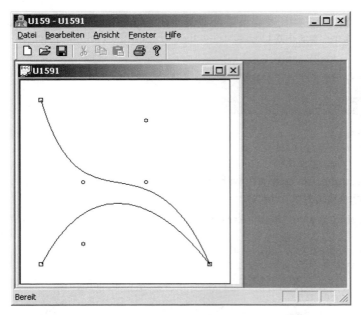

Bild 15.35: Interpolation mit Bézier-Kurven, die ohne Beziehungen zueinander stehen

15.3.3.2 Dokument-/Ansicht-Struktur und Serialisierung

Für eine spätere Serialisierung wollen wir nun die Daten in die Dokumentklasse verschieben. Wir könnten zwar eine eigene Klasse anlegen, aber eigentlich reicht es für den Anfang, die von `PolyBezier` vorgegebene Arraystruktur zu verwenden.

Da wir einerseits nicht mehr so einfach eine Membervariable bei der Deklaration initialisieren können, andererseits ganze Arrays aus der Dokumentklasse übergeben wollen, führen wir eine Konstante zur Deklaration ein und stellen wir auf Zeiger um:

1. Zuerst legen wir die Konstante in der Dokumentklasse `U159Doc` an. Mit ihr können wir den Datenspeicher deklarieren:

```
// U159Doc.h : Schnittstelle der Klasse CU159Doc
//

#pragma once

#define BEZIERMAX 7

class CU159Doc : public CDocument
{
protected: // Nur aus Serialisierung erstellen
  CU159Doc();
  DECLARE_DYNCREATE(CU159Doc)
```

15.3 Mathematische Funktionen

```
// Attribute
public:

protected:
  POINT m_ptBezier [BEZIERMAX];
```

2. Da wir eine solche Membervariable nur schlecht mit dem Assistenten anlegen können, wird sie auch nicht im Konstruktor initialisiert. Wir müssen die Initialisierung des Arrays selbst vornehmen. Beim Anlegen eines neuen Dokuments wird der Konstruktor durchlaufen. Anschließend wird `OnNewDocument` ausgeführt. Beide Varianten sind daher ähnlich gut geeignet. Aus Übungszwecken überschreiben wir daher diese Ereignisfunktion:

```
BOOL CU159Doc::OnNewDocument() {
  if (!CDocument::OnNewDocument())
    return FALSE;
  m_ptBezier [0].x=100;m_ptBezier [0].y=100;
  m_ptBezier [1].x=300;m_ptBezier [1].y=800;
  m_ptBezier [2].x=600;m_ptBezier [2].y=600;
  m_ptBezier [3].x=900;m_ptBezier [3].y=900;

  m_ptBezier [4].x=600;m_ptBezier [4].y=500;
  m_ptBezier [5].x=300;m_ptBezier [5].y=600;
  m_ptBezier [6].x=100;m_ptBezier [6].y=900;
  return TRUE;
}
```

3. Zur Übergabe eines Zeigers auf dieses Array legen wir eine Methode `GibBezierPunkte()` an. Da der Zeiger keine Informationen über die Größe des Arrays besitzt, benötigen wir eine zweite Übergabefunktion. Beide können wir inline implementieren:

```
protected:
  POINT m_ptBezier [BEZIERMAX];

// Operationen
public:
  POINT *GibBezierPunkte()  {return m_ptBezier; };
  short GibObergrenze() const
                  {return sizeof(m_ptBezier)/sizeof(m_ptBezier [0]); };
  POINT GibBezierPunkt(short nI) const  {return m_ptBezier [nI]; };
  void SetzBezierPunkt(short nI, CPoint Punkt);

// Überschreibungen
  public:
  virtual BOOL OnNewDocument();
  virtual void Serialize(CArchive& ar);
```

Die dritte Methode demonstriert die Möglichkeit, die Arrayelemente einzeln auszulesen. Zuletzt schreiben wir eine Funktion zum Schreiben eines Knotens. Diese reicht aus, da wir immer nur einen Knoten ziehen können.

4. In der Ansichtsklasse besorgen wir uns die Obergrenze und einen Zeiger auf dieses Array. Der Rest ist Routine, wobei auch noch die zweite Methode zur Einzelübergabe eingesetzt wird:

```
void CU159View::OnDraw(CDC* pDC)  {
  CU159Doc* pDoc = GetDocument();
```

```
    ASSERT_VALID(pDoc);
    short nI;
    CSize sz;
    short nObergrenze=pDoc->GibObergrenze();
    POINT ptBezier;
    POINT *pptBezier=pDoc->GibBezierPunkte();
    sz=pDC->GetWindowExt();
    pDC->Rectangle(0,0,sz.cx,sz.cy);
    for (nI=0;nI<nObergrenze;nI+=3) {
      ptBezier=pptBezier[nI]; //nur der Deutlichkeit zuliebe
      pDC->Rectangle(ptBezier.x-QUADRAT,ptBezier.y-QUADRAT,
                     ptBezier.x+QUADRAT,ptBezier.y+QUADRAT);
    }
    for (nI=1;nI<nObergrenze;nI+=3) {
      ptBezier=pDoc->GibBezierPunkt(nI);
      pDC->Ellipse(ptBezier.x-QUADRAT,ptBezier.y-QUADRAT,
        ptBezier.x+QUADRAT,ptBezier.y+QUADRAT);
      ptBezier=pDoc->GibBezierPunkt(nI+1);
      pDC->Ellipse(ptBezier.x-QUADRAT,ptBezier.y-QUADRAT,
        ptBezier.x+QUADRAT,ptBezier.y+QUADRAT);
    }
    pDC->PolyBezier(pDoc->GibBezierPunkte(),nObergrenze);
} //CU159View::OnDraw
```

5. In dieser Form arbeitet das Programm wie die erste Variante und kann gespeichert werden.

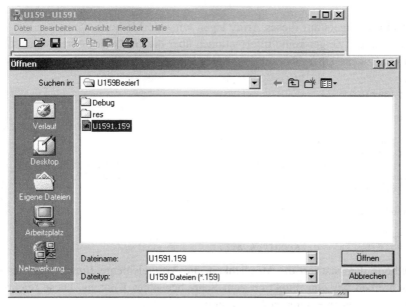

Bild 15.36: Serialisierung der Daten von U159

6. Der ganze Aufwand wurde aber im Hinblick auf die Serialisierung gemacht, der wir uns nun zuwenden, auch wenn Details hierzu in einem extra Kapitel zusammengefasst sind. Zum Serialisieren korrigieren wir die bereits vorhandene Überschreibung:

15.3 Mathematische Funktionen

```
// CU159Doc Serialisierung

void CU159Doc::Serialize(CArchive& ar) {
  if (ar.IsStoring()) {
    for (short nI=0;nI<BEZIERMAX;nI++) {
      ar << m_ptBezier[nI];
    }
  } else {
    for (short nI=0;nI<BEZIERMAX;nI++) {
      ar >> m_ptBezier[nI];
    }
  }
}
```

7. Da wir dummerweise vergessen haben, eine Erweiterung und ein Filter beim Generieren des Anwendungsgerüsts einzugeben, müssen wir dies nachholen. Hierzu öffnen wir die Zeichenfolgentabelle in der Ressourcenansicht und korrigieren die Beschriftung des Eintrags `IDR_U159TYPE` in:

   \nU159\nU159\n**U159 Dateien (*.159)**\n**.159**\nU159.Document\nU159.Document

   Der erste, fett markierte Eintrag steuert die Anzeige, der zweite steuert das Filter (ohne den Platzhalter *).

8. Jetzt wird die Erweiterung automatisch beim Speichern angehängt bzw. die Dateiliste beim Öffnen gefiltert (**Bild 15.36**).

9. Damit ist das Programm in einem speicherfähigen Zustand. ∎

15.3.3.3 Oberflächenprogrammierung

Gegenüber der nun folgenden Programmierung der Benutzer-Interaktion sind die bisherigen Programmierungen vergleichsweise einfach. Wieder einmal werden wir sehen, dass die Oberflächenprogrammierung ganz erheblichen Aufwand nach sich zieht.

➢ Aufgabe 15-11:

Lesen Sie bei Bedarf noch einmal das ✋ Kapitel «15.2.4 Interaktiv zeichnen» durch.

⌧ Wir fahren mit folgenden Schritten fort:

1. Zur Steuerung hatten wir zwei Statusvariablen in der Ansichtsklasse vorbereitet. Um nun mehrere Knoten (Stütz- oder Bézier-Punkt) auseinander halten zu können, ersetzen wir die logische Variable durch einen Index:

```
class CU159View : public CView
{
protected: // Nur aus Serialisierung erstellen
  CU159View();
  DECLARE_DYNCREATE(CU159View)

// Attribute
public:
  CU159Doc* GetDocument() const;
protected:
  short m_nEingefangen;
  CPoint m_ptMausPosition;
```

Wenn dies nicht mit dem Assistenten erfolgt, müssen wir sie noch initialisieren:

```
CU159View::CU159View()
: m_nEingefangen(-1)
, m_ptMausPosition(-1) //nicht erlaubter Wert
{
  // TODO: Hier Code zum Erstellen einfügen
}
```

2. Damit wir einen Knoten ziehen können, müssen wir die Ereignisfunktionen für die (linke) Maustaste (drücken, ziehen, loslassen) aktivieren. Aufgrund der unterschiedlichen Form der Knoten können wir entweder großen Aufwand betreiben oder uns auch bei den Quadraten auf den eingeschriebenen Kreis beschränken (bzw. das umhüllende Rechteck):

```
void CU159View::OnLButtonDown(UINT nFlags, CPoint point) {
  CU159Doc* pDoc = GetDocument();
  ASSERT_VALID(pDoc);
  CRect rc,rcKind;
  CRgn rgnElliptisch; //Variable für Region anlegen und dann
  short nObergrenze=pDoc->GibObergrenze();
  short nI;
  POINT ptBezier;
  POINT *pptBezier=pDoc->GibBezierPunkte();
  GetWindowRect(rcKind);   //Kindrechteck in Pixel

  CClientDC *pDC=new CClientDC(this);
  OnPrepareDC(pDC,NULL); //unbedingt aufrufen

  //point relative Koordinaten
  pDC->DPtoLP(&point); //Umrechnung auf logische Koordinaten

  for (nI=0;nI<nObergrenze;nI++) {
    ptBezier=pptBezier [nI];
    rc=CRect(ptBezier.x-QUADRAT,ptBezier.y-QUADRAT,
             ptBezier.x+QUADRAT,ptBezier.y+QUADRAT);
    rgnElliptisch.CreateEllipticRgnIndirect(rc);
    //rgnElliptisch.CreateEllipticRgn(ptBezier.x-QUADRAT,
    //           ptBezier.y-
    QUADRAT,ptBezier.x+QUADRAT,ptBezier.y+QUADRAT);
    if (rgnElliptisch.PtInRegion(point)) { //Mausklick in Ellipse?
    //if (rc.PtInRect(point)) {             //Mausklick in Rechteck?
      //Beispiel für das Umfärben des markierten Knotens
      //InvalidateRect(rc); //lässt zeichnen
      Invalidate(NULL);
      //pDC->Rectangle(rc); //zeichnet selbst
      SetCapture();                         //Maus einfangen
      m_nEingefangen=nI;                    //Knoten merken
      m_ptMausPosition=point;               //Position merken
      ::SetCursor(::LoadCursor(NULL,IDC_CROSS));//Mauscursor wechseln
      break;
    } //if
    rgnElliptisch.DeleteObject();
  } //for
  TRACE1("Knoten=%d\n",m_nEingefangen);
  CView::OnLButtonDown(nFlags, point);
}

void CU159View::OnLButtonUp(UINT nFlags, CPoint point) {
  m_nEingefangen=-1;
```

15.3 Mathematische Funktionen

```
      ReleaseCapture();
      Invalidate(); //setzt markiertes Element zurück

      CView::OnLButtonUp(nFlags, point);
   }
   void CU159View::OnMouseMove(UINT nFlags, CPoint point) {
      if (m_nEingefangen>=0) { //Knoten wird bewegt
         CPoint Mauszeiger=point; //umspeichern wegen CView::OnMouseMove
         CU159Doc *pDoc=GetDocument();
         ASSERT_VALID(pDoc);
         CClientDC DC(this);
         OnPrepareDC(&DC,NULL); //unbedingt nötig
         DC.DPtoLP(&Mauszeiger);
         CSize sz=DC.GetWindowExt();
         TRACE2("Fenster-Abmessungen=%d x %d\n",sz.cx,sz.cy);
         Mauszeiger.x=Max(0,Mauszeiger.x);
         Mauszeiger.x=Min(sz.cx,Mauszeiger.x);
         Mauszeiger.y=Max(0,Mauszeiger.y);
         Mauszeiger.y=Min(sz.cy,Mauszeiger.y);
         pDoc->SetzBezierPunkt(m_nEingefangen,Mauszeiger);
      }
      CView::OnMouseMove(nFlags, point);
   }
```

Beim Drücken der Maustaste müssen wir feststellen, ob ein Knoten getroffen wurde, um dessen Index abzuspeichern. Das Hauptproblem besteht darin, die Koordinatensysteme anzupassen. Hierzu verwenden wir die Funktion `DPtoLP` (Device Point to Logical Point), welche die Gerätekoordinaten (Pixel) in logische Einheiten umrechnet. Die Umkehrfunktion lautet `LPtoDP`. Die folgende Tabelle zeigt die eingebauten Umwandlungsfunktionen. Details dazu finden wir in der Online-Hilfe:

`DPtoHIMETRIC`	konvertiert Geräteeinheiten in HIMETRIC Einheiten
`DPtoLP`	konvertiert Geräteeinheiten in logische Einheiten
`HIMETRICtoDP`	konvertiert HIMETRIC Einheiten in Geräteeinheiten
`HIMETRICtoLP`	konvertiert HIMETRIC Einheiten in logische Einheiten
`LPtoDP`	konvertiert logische Einheiten in Geräteeinheiten
`LPtoHIMETRIC`	konvertiert logische Einheiten in HIMETRIC Einheiten

Lassen wir die Maus los, dann setzen wir den Merker zurück und geben die Maus frei. Eigentlich werden die vorausgegangenen Bewegungen von der Ereignisfunktion `OnMouseMove` abgefangen. Trotzdem müssen wir noch die Anweisung `Invalidate()` an dieser Stelle ergänzen, um die rote Farbmarkierung zu beseitigen. Diese ist nur auf dem aktiven Kindfenster und nicht auf weiteren Fenstern zu sehen. Arbeiten wir nur mit einem anderen Mauszeiger, so ist diese Anweisung überflüssig.

In der Ereignisfunktion `OnMouseMove` besorgen wir uns einen Zeiger auf das Dokument, sperren die Maus in ihren Käfig (das Zeichenrechteck) und übergeben die neue Position an das Dokument. Auch hier wäre ein Neuzeichnen mit `Invalidate()` falsch. Für das Einsperren der Maus nutzen wir unsere wohl bekannten Inline-Funktionen:

```
inline int Max(int a,int b)  {return a>b ? a:b; }
inline int Min(int a,int b)  {return a<b ? a:b; }
```

3. Nun fehlt uns die Implementation der Setzfunktion. Diese übernimmt drei Aufgaben:

```
void CU159Doc::SetzBezierPunkt(short nI,CPoint ptPunkt) {
   m_ptBezier [nI]=ptPunkt;   //Punkt schreiben
   UpdateAllViews(NULL);      //alle Ansichten neu zeichnen
   SetModifiedFlag(TRUE);     //Änderungen merken
}
```

In einer MDI-Anwendung sollte das Neuzeichnen immer von der Dokumentklasse veranlasst werden, da dann alle Ansichten die neuen Werte anzeigen.

4. Nun können wir das Programm testen und speichern (**Bild 15.37**). ■

➢ Aufgabe 15-12:

Führen Sie nun eigene Experimente durch. Erweitern Sie beispielsweise das Programm um ein weiteres Intervall. Bilden Sie Schlaufen usw. Verändern Sie die Größe des Kindfensters. Beobachten Sie dabei das Zoomen des Zeichenfensters. Der Zeichenbereich wird entweder durch die Höhe oder die Breite des Kindfensters beschränkt. Die Knoten sollten nicht aus dem Zeichenfenster heraus ziehbar sein.

Legen Sie ein zweites Kindfenster auf das Dokument an. Legen Sie ein neues Dokument an. Schließen Sie die Kindfenster und bestätigen das Speichern. Laden Sie die veränderten Kurven (**Bild 15.38**). ■

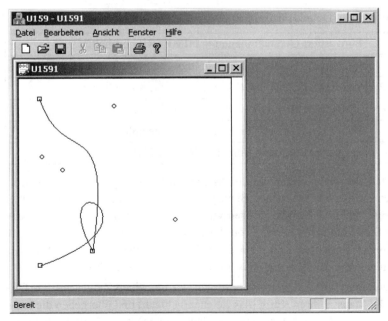

Bild 15.37: Bézier-Kurven mit der Maus zur Schlaufe gebogen

15.3 Mathematische Funktionen

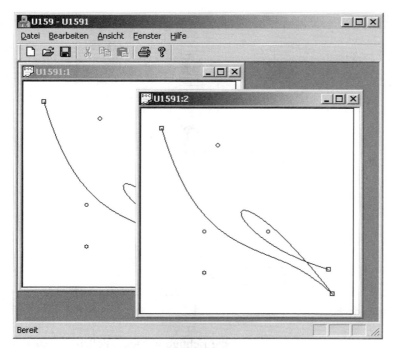

Bild 15.38: Zwei Ansichten auf ein Dokument

15.3.3.4 MDI-Anwendung mit zweiter Ansichtsklasse

In unserer Aufgabenstellung hatten wir noch eine zweite Darstellung der Knoten angekündigt, die wir nun realisieren wollen. Dazu sind folgende Aufgaben zu erfüllen:

1. Anlegen einer neuen Ansichtsklasse
2. Einbinden der neuen Ansichtsklasse in das bestehende Anwendungsgerüst
3. Aktivieren (Öffnen) eines Objekts der neuen Ansichtsklasse
4. Bearbeiten von Benutzeraktionen auf der neuen Ansichtsklasse
5. Synchronisation (Aktualisieren) der Ansichten (Objekte unterschiedlicher Klassen) untereinander
6. Zerstören eines Objekts der neuen Ansichtsklasse

Das ist eine Vielzahl von Aufgaben, die im Detail umgesetzt werden müssen. Wir beginnen mit dem Anlegen einer zweiten Ansichtsklasse:

1. Über einen Rechtsklick auf Projektknoten U159 in der Klassenansicht oder über den Menüpunkt Projekt|Klasse hinzufügen... öffnen wir das Dialogfeld Klasse hinzufügen (**Bild 15.39**).
2. Dort markieren wir den Ordner MFC und die Vorlage MFC-Klasse. Ein Klick auf Öffnen führt uns zum Dialogfeld MFC-Klassenassistent (**Bild 15.40**).

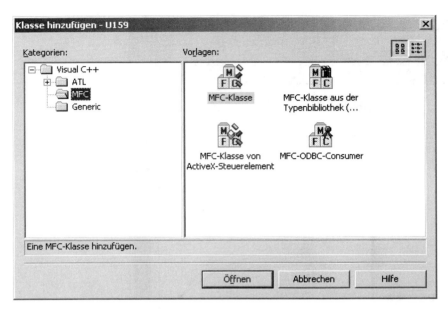

Bild 15.39: Hinzufügen einer neuen Klasse

3. Aus der Vielfalt der Klassen müssen wir nun die richtige wählen. Wollen wir Steuerelemente auf der neuen Ansicht platzieren, dann wählen wir `CFormView`. Uns reicht aber die Anzeige der verschiedenen Punkte, also entscheiden wir uns für `CListView`. Sie ist eine Spezialisierung von `CView` und ist in der Lage, eine Tabelle anzuzeigen.

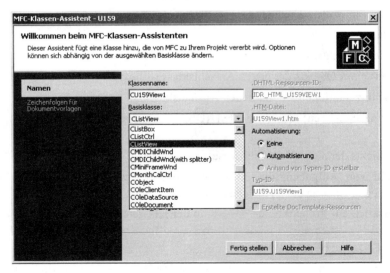

Bild 15.40: MFC-Klassenassistent

15.3 Mathematische Funktionen

4. Die Klasse ist nun angelegt und taucht in der Projekt- und Klassenansicht auf. ∎

Um nun die neue Klasse einzubinden, müssen wir uns über den Standardalgorithmus klar werden, also wie die bereits generierte Ansichtsklasse eingebunden wird. Eine Anwendung wird zu diesem Zweck schrittweise aufgebaut, indem:

- das Hauptrahmenfenster angelegt wird
- die Dokumentklasse eingebunden wird
- die Ansichtsklasse bekannt gegeben wird
- und mit einem Kindfenster verknüpft wird

Dabei sind natürlich Abhängigkeiten zu beachten. Ein Hauptrahmen kann allein existieren. Ein Kindfenster benötigt aber immer eine Ansichtsklasse für seinen Anwendungsbereich, die gleichzeitig mit einer Dokumentklasse verknüpft sein muss. Da das Dokument seine Ansichtsklasse kennt, öffnet es diese beim Anlegen eines neuen Dokuments innerhalb des Hauptrahmens in einem neuen Kindfenster.

Damit sollte es möglich sein:

- mehrere, unterschiedliche Dokumentklassen zu verwalten
- eine Dokumentklasse mit mehreren Ansichtsklassen zu verknüpfen
- von Dokument- bzw. Ansichtsklassen beliebig viele Instanzen zu generieren

Wir wollen nun unsere neue Ansichtsklasse mit der einzigen vorhandenen Dokumentklasse verknüpfen. Zu diesem Zweck muss die Ansichtsklasse wissen, zu welcher Dokumentklasse sie gehört, und die Dokumentklasse muss erfahren, dass es eine neue Ansichtsklasse gibt. Dabei können wir das Verbinden der drei Komponenten mit der Anwendung:

```
CMultiDocTemplate* pDocTemplate;
pDocTemplate = new CMultiDocTemplate(IDR_U159TYPE,
    RUNTIME_CLASS(CU159Doc),
    RUNTIME_CLASS(CChildFrame), // Benutzerspezifischer MDI-Child-Rahmen
    RUNTIME_CLASS(CU159View));
AddDocTemplate(pDocTemplate);
```

nicht direkt verwenden. Hier wird in `CU159App::InitInstance` eine temporäre Vorlagen-Variable erzeugt und an die Anwendung angefügt. Dies funktioniert nur einmal. Daher müssen wir unsere neue Klasse selbst verwalten:

1. Damit wir die neue Ansichtsklasse `U159View1` in der Anwendungsklasse `CU129` bearbeiten können, müssen wir sie in `U159.cpp` bekannt machen:

```
// U159.cpp : Definiert das Klassenverhalten für die Anwendung.
//

#include "stdafx.h"
#include "U159.h"
#include "MainFrm.h"

#include "ChildFrm.h"
#include "U159Doc.h"
#include "U159View.h"
#include "U159View1.h"
```

2. Anschließend müssen wir sie auf den Speicher legen, also instanziieren und mit der Dokumentklasse verknüpfen. Zu diesem Zweck muss ein Zeiger auf die Dokumentvorlage in der Kopfdatei `U159.h` vorbereitet werden, den wir anschließend selbst verwalten:

```
// U159.h : Hauptheaderdatei für die U159-Anwendung
//
#pragma once

#ifndef __AFXWIN_H__
    #error include 'stdafx.h' before including this file for PCH
#endif

#include "resource.h"       // Hauptsymbole


// CU159App:
// Siehe U159.cpp für die Implementierung dieser Klasse
//

class CU159App : public CWinApp
{
public:
    CU159App();
    CMultiDocTemplate *m_pTemplateView1;
```

3. Die Instanziierung der einzelnen Elemente erfolgt in der Methode `InitInstance` der Anwendungsklasse. Dort verknüpfen wir nun Dokument und Ansicht:

```
BOOL CU159App::InitInstance()
{
    // InitCommonControls() ist für Windows XP erforderlich, wenn ein
    Anwendungsmanifest
    ...

    // Dokumentvorlagen der Anwendung registrieren. Dokumentvorlagen
    //  dienen als Verbindung zwischen Dokumenten, Rahmenfenstern und
    Ansichten.
    CMultiDocTemplate* pDocTemplate;
    pDocTemplate = new CMultiDocTemplate(IDR_U159TYPE,
        RUNTIME_CLASS(CU159Doc),
        RUNTIME_CLASS(CChildFrame), // Benutzerspezifischer MDI-Child-Rah..
        RUNTIME_CLASS(CU159View));
    AddDocTemplate(pDocTemplate);

    //Neue Ansichtsklasse mit der Dokumentvorlage verknüpfen
    m_pTemplateView1 = new CMultiDocTemplate(IDR_U159TYPE,
        RUNTIME_CLASS(CU159Doc),
        RUNTIME_CLASS(CChildFrame), // Benutzerspezifischer MDI-Child-Rah..
        RUNTIME_CLASS(CU159View1));

    // Haupt-MDI-Rahmenfenster erstellen
    CMainFrame* pMainFrame = new CMainFrame;
    if (!pMainFrame->LoadFrame(IDR_MAINFRAME))
        return FALSE;
```

4. Übersetzen wir das Programm in diesem Zustand, so läuft es an, liefert aber beim Beenden Hinweise auf Speicherlecks:

15.3 Mathematische Funktionen 823

```
Detected memory leaks!
Dumping objects ->
{69} normal block at 0x002F5198, 81 bytes long.
 Data: < .|@   @        > 10 FF 2E 7C 40 00 00 00 40 00 00 00 01 00 ...
```

5. Dies veranlasst uns, das selbst angelegte Objekt am Programmende auch wieder zu zerstören. Hierzu aktivieren wir die Überschreibung `ExitInstance` und ergänzen:

   ```
   // CU159App Meldungshandler

   int CU159App::ExitInstance() {
     delete(m_pTemplateView1);
     return CWinApp::ExitInstance();
   }
   ```

6. Nach dieser Korrektur lässt sich nun das Programm ohne Meldungen auszuführen. ∎

⊠ Der Anwendungsrahmen aktiviert zwar die normale Ansichtsklasse in den Kindfenstern, es gibt aber noch kein Ereignis, das eine Instanz der neuen Ansichtsklasse anlegt und auf den Bildschirm zaubert. Wir wollen daher einen Menüpunkt ergänzen, der die neue Ansicht in einem Kindfenster öffnet. Da das Dokument stabil bleibt, gehört dieser Punkt unter `Fenster`. Da die nachfolgenden Aktionen nicht trivial sind, schreiben wir diese aus der Ereignisfunktion `CMDIFrameWnd::OnWindowNew` ab. Diese Funktion finden wir in der Datei `C:\Programme\Microsoft Visual Studio .NET\Vc7\atlmfc\src\mfc\winmdi.cpp`.

7. Wir ergänzen das Hauptmenü `Fenster` um einen Menüpunkt `Datenfenster`. Damit keine Warnungen gemeldet werden, ergänzen wir die Eigenschaft `Eingabeaufforderung` mit dem Wert `Zeigt Liste mit Koordinaten an`.

8. Bei dieser Gelegenheit können wir auch einen Fehler und eine Nachlässigkeit korrigieren. Seit Menschengedenken werden die Fenster bei `Nebeneinander` nach meiner Meinung in Visual C++ untereinander angeordnet, während `Untereinander` fehlt, obwohl eine ID dazu existiert und ohne Probleme aktiviert werden kann. Tauschen Sie also die ID um in `ID_WINDOW_TILE_HORZ` und ergänzen eine neue Option mit der ID `ID_WINDOW_TILE_HORZ`.

9. Wir generieren eine Ereignisfunktion für die Klasse `CMainFrame`.

10. Aus der erwähnten Ereignisfunktion schreiben wir ab und korrigieren sie an einer Stelle (außer den Kommentaren):

    ```
    // CMainFrame Meldungshandler

    void CMainFrame::OnFensterDatenfenster() {
      CMDIChildWnd* pActiveChild = MDIGetActive(); //aktives Kindfenster
      CDocument* pDocument;         //Zeiger auf das Dokument
      if (pActiveChild == NULL ||
          (pDocument = pActiveChild->GetActiveDocument()) == NULL) //Fenster?
      {
        TRACE(traceAppMsg, 0, "Kein aktives Kindfenster gefunden.\n");
        AfxMessageBox(AFX_IDP_COMMAND_FAILURE);
        return;
      }
    ```

```
//neues Fenster erzeugen
CDocTemplate* pTemplate=((CU159App*)AfxGetApp())->m_pTemplateView1;
ASSERT_VALID(pTemplate);
CFrameWnd* pFrame=pTemplate->CreateNewFrame(pDocument,pActiveChild);
if (pFrame == NULL) {
  TRACE(traceAppMsg,0,"Warning: Kein neues Rahmenfenster
erzeugt.\n");
  return;
}

pTemplate->InitialUpdateFrame(pFrame,pDocument);
}
```

11. Jetzt können wir das Programm wieder testen. Die Menüoption erzeugt ein leeres Kindfenster, was darauf schließen lässt, dass die neue Klasse aktiv wird. ∎

> Mit diesen Schritten haben wir die neue Ansichtsklasse in der Anwendung eingehängt und mit der Dokumentklasse verknüpft. Das Umgekehrte gilt noch nicht, d. h., die Ansichtsklasse kennt ihr Dokument noch nicht. Da dies der Klassenassistent nicht weiß und auch nicht abfragt, müssen wir selbst Hand anlegen:

12. Da wir auf die Dokumentklasse zugreifen wollen, ergänzen wir in der Implementationsdatei `U159View1.h` die Anweisung:

```
#pragma once

#include "U159Doc.h"

// CU159View1-Ansicht

class CU159View1 : public CListView
{
  DECLARE_DYNCREATE(CU159View1)
```

13. Der Aufruf von `GetDocument()` liefert uns einen Zeiger auf das Dokument der allgemeinen Klasse `CDocument`. Diesen können wir überall dort, wo wir sie benötigen, einfach in die gewünschte Klasse umwandeln (Beispiel):

```
void CU159View1::ZeigeNeueDaten(void) {
  CListCtrl &lcListe=GetListCtrl();
  CU159Doc *pDoc=(CU159Doc*)GetDocument(); //einfache Variante
  ASSERT_VALID(pDoc);
```

14. Wem das zu einfach erscheint, der orientiert sich an der generierten Klasse `CU159View`. Diese sieht für die Release-Version eine spezielle `inline`-Methode vor. Wollen wir unsere neue Klasse entsprechend anpassen, so legen wir eine neue Methode in der Kopfdatei an:

```
#pragma once

#include "U159Doc.h"

// CU159View1-Ansicht

class CU159View1 : public CListView
{
  DECLARE_DYNCREATE(CU159View1)
```

15.3 Mathematische Funktionen

```
// Attribute
public:
  CU159Doc* GetDocument() const;

...

#ifndef _DEBUG  // Debugversion in U159View1.cpp
inline CU159Doc* CU159View1::GetDocument() const
   { return reinterpret_cast<CU159Doc*>(m_pDocument); }
#endif
```

und der Implementationsdatei an:

```
#ifdef _DEBUG
void CU159View1::AssertValid() const
{
  CListView::AssertValid();
}

void CU159View1::Dump(CDumpContext& dc) const
{
  CListView::Dump(dc);
}
CU159Doc* CU159View1::GetDocument() const //Nicht-Debugvers. ist inline
{
  ASSERT(m_pDocument->IsKindOf(RUNTIME_CLASS(CU159Doc)));
  return (CU159Doc*)m_pDocument;
}
#endif //_DEBUG
```

15. In diesem Fall kann das Casting der einfachen Variante entfallen:

```
void CU159View1::ZeigeNeueDaten(void) {
  CListCtrl &lcListe=GetListCtrl();
  //CU159Doc *pDoc=(CU159Doc*)GetDocument(); //einfache Variante
  CU159Doc *pDoc=GetDocument();
  ASSERT_VALID(pDoc);
```

16. Damit sind die Vorbereitungsarbeiten abgeschlossen. ∎

15.3.3.5 Ansichtsklasse `CListView` und Steuerelementklasse `CListCtrl`

Die Ansichtsklasse `CListView` verpackt ähnlich wie viele der anderen Ansichtsklassen (`CEditView`, `CRichEditView` usw.) ein Steuerelement der Klasse `CListCtrl` in ein Fenster. Wir können daher die Steuerelementklasse auch direkt in einem Fenster einsetzen. Das Steuerelement füllt dabei den gesamten Arbeitsbereich eines MFC-Fensters aus.

Mit `CListView::GetListCtrl()` erhalten wir aus der Ansicht heraus eine Referenz auf das Steuerelement. Anschließend können wir es wie ein normales Steuerelement benutzen.

Das Steuerelement ist bei der Darstellung von Daten in Tabellenform recht flexibel. Es bietet auch die Möglichkeit der direkten Benutzereingabe in die Beschriftung (jedoch nicht in die weiteren Spalten), wie wir diese beispielsweise aus dem Explorer oder vom Desktop kennen (langsames Doppelklicken öffnet das Feld). Somit kann es nicht als Gitterelement genutzt werden. Wir finden folgende Varianten:

- Ikonenansicht

  Jeder Eintrag erscheint als Vollikone (32×32 Pixel) mit einer Beschriftung. Die Ikone kann herumgezogen werden.

- Kleinikonenansicht

  Jeder Eintrag erscheint als kleine Ikone (16×16 Pixel) mit einer Beschriftung auf der rechten Seite. Die Ikone kann herumgezogen werden.

- Listenansicht

  Jeder Eintrag erscheint mit einer kleinen Ikone links von der Beschriftung. Die Einträge sind in Spalten angeordnet und können nicht herumgezogen werden.

- Reportansicht (Tabellenansicht)

  Jeder Eintrag erscheint als einzelne Zeile mit zusätzlichen Informationen in Spalten. In der äußerst linken Spalte kann eine Ikone mit einer Beschriftung verknüpft werden. Die Spalten nach rechts enthalten Untereinträge (Subitems). Über die Tabelle kann auf Wunsch eine Kopfzeile angebracht werden.

Die letzte Variante werden wir nun zur Anzeige unserer Daten nutzen:

1. Damit unser Listenfenster bereits beim Kreieren richtig initialisiert wird, nutzen wir für die anfänglich angelegten Elemente den Konstruktor. Einige Einstellungen können aber erst nach Anlegen des Fensters durchgeführt werden. Wir generieren daher mit dem Klassenassistenten eine Ereignisfunktion für die Meldung `WM_CREATE`:

```
int CU159View1::OnCreate(LPCREATESTRUCT lpCreateStruct) {
  //legt den Stil der Tabelle fest
  lpCreateStruct->style|=LVS_REPORT|LVS_SINGLESEL|LVS_SHOWSELALWAYS
                        |LVS_NOSORTHEADER;
  if (CListView::OnCreate(lpCreateStruct) == -1)
    return -1;
  return 0;
}
```

Hier greifen wir auf die in der Konstruktion vorbereitete Struktur vom Typ `LPCREATESTRUCT` zu und verändern den Stil wie angekündigt in die Reportansicht. Diese Struktur erbt alle Ansichten von `CWnd`. Die Stilangaben sind dabei unterschiedlich für die verschiedenen Fenstertypen. Details hierzu finden Sie in der Online-Hilfe unter dem Stichwort `LVS_`... Wir stellen weiterhin ein, dass nur eine Zeile markiert werden kann, dass diese Markierung auch nach dem Fokusverlust erhalten bleibt und dass ein Klick auf die Spaltenüberschrift nicht zum Sortieren der Tabelle führt, damit unsere Punkte nicht durcheinander fliegen.

2. Nachdem die Listenansicht weiß, dass sie ein Report ist, können wir die Tabelle füllen. Hierzu holen wir die Funktion `OnInitialUpdate` durch Überschreiben an die Oberfläche und programmieren:

```
void CU159View1::OnInitialUpdate() {
  CListView::OnInitialUpdate();
```

15.3 Mathematische Funktionen 827

```
  CListCtrl &lcListe=GetListCtrl(); //Referenz auf die Liste
  lcListe.InsertColumn(0,"Element",LVCFMT_LEFT,100);
  lcListe.InsertColumn(1,"x",LVCFMT_CENTER,100);
  lcListe.InsertColumn(2,"y",LVCFMT_CENTER,100);
  ZeigeZeilen();
  ZeigeNeueDaten();
  lcListe.SetColumnWidth(0,LVSCW_AUTOSIZE_USEHEADER);
  lcListe.SetColumnWidth(1,LVSCW_AUTOSIZE);
  lcListe.SetColumnWidth(2,LVSCW_AUTOSIZE);
} //CU159View1::OnInitialUpdate
```

Es wird die Kopfzeile vorbereitet. Zwei Hilfsfunktionen `ZeigeZeilen` und `ZeigeNeueDaten()` füllen die Tabelle. Die erste Funktion legt für jeden Knoten eine Zeile an, die zweite füllt die nachfolgenden Spalten. Danach werden die Spaltenbreiten automatisch angepasst.

3. Wir benutzen hier noch nicht vorhandene Hilfsfunktionen. Bei dieser Gelegenheit legen wir noch zwei weitere Funktionen an, die eine neue Zeile beginnen bzw. die restlichen Zellen auffüllen:

```
void CU159View1::ZeigeZeilen(void) {
  CListCtrl &lcListe=GetListCtrl();
  //CU159Doc *pDoc=(CU159Doc*)GetDocument(); //einfache Variante
  CU159Doc *pDoc=GetDocument();
  ASSERT_VALID(pDoc);
  short nObergrenze=pDoc->GibObergrenze();
  for (int nI=0;nI<nObergrenze;nI++) {
    AddiereZeile(lcListe,nI,0,nI);
  } //for
}
void CU159View1::ZeigeNeueDaten(void) {
  CListCtrl &lcListe=GetListCtrl();
  //CU159Doc *pDoc=(CU159Doc*)GetDocument(); //einfache Variante
  CU159Doc *pDoc=GetDocument();
  ASSERT_VALID(pDoc);
  short nObergrenze=pDoc->GibObergrenze();
  POINT ptBezier;
  POINT *pptBezier=pDoc->GibBezierPunkte();
  for (int nI=0;nI<nObergrenze;nI++) {
    AddiereZeile(lcListe,nI,0,nI);
    ptBezier=pptBezier[nI];
    SetzZelle(lcListe,nI,1,ptBezier.x);
    SetzZelle(lcListe,nI,2,ptBezier.y);
  } //for
}
void CU159View1::AddiereZeile(CListCtrl &lcListe,int nZeile,
                              int nSpalte,int nZahlenwert) {
  LV_ITEM lvEintrag;
  char pszZelle[10];
  lvEintrag.mask=LVIF_TEXT;
  lvEintrag.iItem=nZeile;
  lvEintrag.iSubItem=nSpalte;
  itoa(nZahlenwert,pszZelle,10);
  lvEintrag.pszText=pszZelle;
  lcListe.InsertItem(&lvEintrag);
}
```

4. Ein erster Test zeigt uns noch einen Mangel. Da sich unsere Daten beim Herumziehen der Knoten immer noch nicht ändern, zweifeln wir zuerst, ob die Anweisung `U159Doc::UpdateAllViews` auch wirklich unser Fenster erreicht. Tatsächlich ist dies der Fall, nur weiß unser Datenfenster nicht, was es in diesem Fall unternehmen muss. Die Benachrichtigung durch die Dokumentklasse gelangt zur Ereignisfunktion `OnUpdate`, die wir noch programmieren müssen:

```
void CU159View1::OnUpdate(CView* /*pSender*/, LPARAM /*lHint*/,
                          CObject* /*pHint*/) {
    ZeigeNeueDaten();
}
```

Jetzt verstehen wir, warum die Ausgabe der Koordinaten in zwei Schritten zusammen mit `ZeigeZeilen()` erfolgt. `ZeigeNeueDaten()` soll keine neuen Zeilen anlegen, sondern die vorhandenen Zellen neu schreiben.

5. Wir testen und speichern unser Programm (**Bild 15.41**). ■

➤ Aufgabe 15-13:

Fügen Sie zwei Symbole (Quadrate und Rechteck) ein, und markieren Sie in der Tabelle den Typ des Knotens durch diese Symbole, also Stützstellen mit einem Quadrat und Bézier-Punkte mit einem Kreis. ■

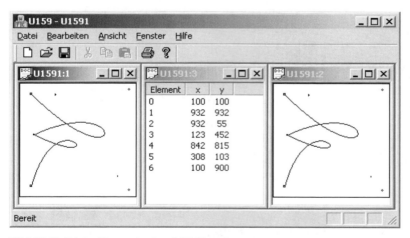

Bild 15.41: Bézier-Kurven in einer MDI-Umgebung

☞ Hinweis: Die „glatte" Verkettung mehrerer Bézier-Kurven mit Aufstellung und Lösung des dargestellten Gleichungssystems finden Sie im Programm ✋ U15I.

15.4 Bitmaps

Bitmaps, die in die Ressourcen integriert sind, lassen sich recht einfach verarbeiten (GDI-Bitmap). Schwieriger wird es mit allgemeinen Bildern, die ggf. noch in einem speziellen Format vorliegen. Die Verarbeitung solcher Bilder gehört sicher zu den anspruchsvolleren Themen der Visual C++ .NET-Programmierung.

Grundsätzlich müssen wir uns vor Augen halten, dass solche externen Bilder weitgehend geräteunabhängig gespeichert werden. Die bisherigen Experimente haben aber gezeigt, dass wir mit dem GDI geräteabhängige Bilder erzeugen, die in einem bestimmten Gerätekontext dargestellt werden.

Dass die Anwendung geräteunabhängiger Bitmaps (Device Independent Bitmaps DIB) am Ende eines Lernprozesses mit vielen Irrungen und Wirrungen steht, zeigen z. B. einige ältere Grafikformate, die zwar die Anzahl der Pixel und vieles andere speichern, aber z. B. nicht die Originalgröße des Bilds bzw. die Auflösung, mit der es digitalisiert wurde. Somit ist es (fast) unmöglich, ein solches Bild in der Originalgröße wiederzugeben. Sind diese Felder vorhanden, so wurden und werden sie von einigen Grafikprogrammen nicht beachtet. Ja, es gibt Anwendungen, die diese Werte beim Speichern schlichtweg vergessen.

15.4.1 GDI-Bitmaps und DIBs

Wie erwähnt unterscheidet Windows geräteabhängige GDI-Bitmaps und geräteunabhängige DIBs. GDI-Bitmaps werden mit Hilfe der Klasse `CBitmap` verarbeitet. Ein Objekt dieser Klasse hat eine zugeordnete, geräteabhängige Datenstruktur, die auf die jeweilige Hardware abgestimmt ist. Sie wird mit der Installation durch die erkannte Grafikkarte bestimmt. Wir können zwar eine Kopie der internen Bilddaten erstellen und bearbeiten, müssen aber zur Darstellung diese Kopie immer wieder in das Darstellungsobjekt zurückschreiben. Innerhalb eines Rechners können wir GDI-Bitmaps ohne Probleme austauschen, indem wir einen GDI-Bitmap-Handle in die Zwischenablage legen. Zwischen unterschiedlichen Rechnern geht das meist schief. Selbst Windows wandelt vorsichtshalber eine solche GDI-Bitmap in eine DIB um, um sie dann zu übertragen. Somit ist es wenig sinnvoll, GDI-Bitmaps extensiv zu verwenden.

Ein wenig verwunderlich ist die Tatsache, dass DIBs z. B. ihre eigene Farbpalette besitzen, obwohl sie doch geräteunabhängig sein sollen. Wenn wir aber genau nachdenken, so gibt es verschiedene Stufen der „Geräteunabhängigkeit". Die Reduktion der Farben auf eine begrenzte Palette liegt zwar in der teuren Hardware begründet, ist aber letztendlich für alle Rechner gleich.

15.4.2 Einsatz von GDI-Bitmaps

GDI-Bitmaps sind Pixelbilder, die in den Ressourcen eines Programms gespeichert sind. Selbst wenn sie in einer geräteunabhängigen Form vorliegen, werden sie mit dem Generieren der Anwendung in die Ressourcendatei kopiert. Sie lassen sich dann zwar anzeigen, aber nicht verändern bzw. zurückschreiben.

Somit eignen sich GDI-Bitmaps zur Bereicherung der Oberfläche, aber nicht zur weiteren Bearbeitung.

15.4.3 Bitmaps als Ressource anzeigen

U15A- In diesem Kapitel wollen wir die einfache Verarbeitung von Bitmaps üben, die als Ressource bereits vorhanden sind. Eine erste Übung dazu haben wir bei den Steuerelementen absolviert, indem wir eine Bitmap in einem Bildfeld anzeigen. Jetzt wollen wir die Bitmap während der Darstellung verändern.

Zur Programmerstellung führen wir folgende Schritte aus:

1. Wir legen eine dialogfeldbasierende Anwendung `U15A` an. Wir übernehmen in allen Schritten die Standardeinstellungen.

2. Um die mit dieser Anwendung verknüpfte Dialogressource zu bearbeiten, öffnen wir den Dialogeditor für `IDD_U15A_DIALOG`.

3. Wir schalten das Fanggitter ein, löschen das Bezeichnungsfeld sowie die Schaltfläche [OK]. Die Beschriftung der Schaltfläche [Abbrechen] ändern wir in `Be&enden`, lassen aber die ID `IDCANCEL` unverändert.

4. Nun wollen wir dem Dialog ein neues Menü zuordnen. Da unsere Anwendung noch keine Dialogressource besitzt, legen wir sie neu an und öffnen den Menüeditor (P̱rojekt|Ṟessource hinzufügen..., Menu markieren, [Neu]) (alternativ: Rechtsklick auf den Projektknoten `U15A|Hinzufügen` usw. oder Rechtsklick auf `U15A.rc` usw.).

5. Das Menü legen wir mit folgenden Einträgen an (in der letzten Zeile steht die ID):

    Ḏatei   H̱ilfe
    Be̱enden   I̱nfo

    IDCANCE   IDS_ABOUTBOX

    Menüoptionen Ṉeu oder Ö̱ffnen sind nicht erforderlich, da wir Ressourcen zur Laufzeit nicht einfach nachladen können. ✎ Kapitel «11.4.1 Menü einbauen».

6. Um das Menü in unsere Anwendung einzubauen, wechseln wir auf die Eigenschaften der Ressource `IDD_U15A_DIALOG` und wählen im Aufklappfeld Menü den nun sichtbaren Eintrag `IDR_MENU1` aus.

7. Jetzt können wir das Programm testen. Die Menüoption Be̱enden funktioniert, I̱nfo dagegen nicht. Für sie erzeugen wir mit dem Klassenassistenten eine Ereignisfunktion `OnAboutbox` für die Meldung COMMAND des Objekts `IDS_ABOUTBOX`.

15.4 Bitmaps

8. Im Quelltext dieser Ereignisfunktion ergänzen wir

```
void CU15ADlg::OnAboutbox() {
  CAboutDlg Dlg;
  Dlg.DoModal();
}
```

9. Nun können wir das Projekt erstellen und testen. ∎

In diesem Zustand sollten die beiden erwähnten Menüoptionen und die Schaltfläche ordnungsgemäß funktionieren.

⊠ Um eine Bitmap anzeigen zu können, benötigen wir eine solche mit der Endung `.BMP`. Eine kurze Suche liefert eine Fülle von Bitmap-Dateien, z. B. unter `C:\Programme\Microsoft Visual Studio .NET\ FrameworkSDK\Samples\Technologies\Interop\Einfach\DirectX\DirectDraw\sample1\cs\background.bmp`. Diese importieren wir als Ressource mit folgenden Schritten:

1. Wir wechseln auf die Ressourcenansicht des Projekts. Dort finden wir keine Bitmaps, also müssen wir sie (wie das Menü) neu einfügen oder importieren.

2. Hierzu klicken wir rechts auf `U15A.rc` und lösen aus dem Kontextmenü `Ressource hinzufügen...` aus. Im Dialogfeld `Ressource hinzufügen` markieren wir die Bitmap und lösen `Importieren` aus. Im folgenden Dateidialog suchen wir die oben angegebene Datei (oder eine Ihrer Wahl).

3. Mit der Bestätigung der Schaltfläche `Öffnen` wird ein (logisches) Verzeichnis `Bitmap` und ein Eintrag `IDB_BITMAP1` angelegt. An `U15A Ressourcen` erscheint das Geändert-Sternchen.

4. Nach `Datei|Alle speichern` oder einer Probeübersetzung verschwindet das Sternchen. Gleichzeitig finden wir die importierte Bitmap-Datei im Verzeichnis `\res` unseres Projekts (so vermehren sich die Dateien auf unseren Rechnern). ∎

Sollte der Compiler bei dieser Aktion melden, dass die Ressourcendatei schon angegeben sei, so hilft ein vollständiges Neuerstellen.

Mit diesen Schritten ist eine Bitmap als Ressource in unser Projekt eingefügt. In dieser Form hat sie aber keine Wirkung. Wir haben nun die Möglichkeit, diese Ressource in einem Bildfeld darzustellen, wie wir es in der Übung `U113` bereits hinlänglich vorgeführt haben. Dieses Verfahren zeigt die Bitmap in ihrer ursprünglichen Größe an. Wir haben keine Möglichkeit, irgendwelche Anpassungen vorzunehmen.

⊠ Um z. B. die Bitmap formatfüllend als Hintergrundbild einzufügen und ggf. mehrere Bitmaps gegeneinander auszutauschen, müssen wir einen anderen Weg einschlagen:

1. Wir suchen die Ereignisfunktion `OnPaint` auf (z. B. aus dem Klassenassistenten über das Ereignis `WM_PAINT` oder über die verschiedenen Kataloge).

2. Die Ereignisfunktion ändern wir folgendermaßen ab:

```
void CU15ADlg::OnPaint() {
  CPaintDC DC(this); // Gerätekontext zum Zeichnen
```

```
    if (IsIconic()) {
      ...
    } else {
      HBITMAP hbitmap;
      hbitmap=::LoadBitmap(::AfxGetInstanceHandle(),
                                      MAKEINTRESOURCE(IDB_BITMAP1));
      HDC hMemDC=CreateCompatibleDC(NULL);
      SelectObject(hMemDC,hbitmap);
      ::StretchBlt(DC.m_hDC,50,50,80,80,hMemDC,0,0,110,110,SRCCOPY);
      ::DeleteDC(hMemDC);
      ::DeleteObject(hbitmap);
      CDialog::OnPaint();
    }
} //CU15ADlg::OnPaint
```

Wichtig ist dabei, die Anweisungen **vor** `CDialog::OnPaint()` zu platzieren, sonst erscheint das Bild nicht.

3. Wir erstellen und testen das Projekt (**Bild 15.42**). ■

Bild 15.42: Geladene Bitmap auf dem Hintergrund anzeigen

Bevor wir weiter experimentieren bzw. eine zweite Lösung betrachten, wollen wir die einzelnen Anweisungen verstehen lernen:

`CPaintDC DC(this)` erzeugt über seinen Konstruktor einen Gerätekontext (Device Context) auf `this`, also auf unser Fenster. Da wir ihn für beide Alternativen der Bedingung benötigen, ziehen wir ihn aus dem `if`-Konstrukt heraus.

`hbitmap` vom Type `HBITMAP` ist ein Handle, was so viel wie ein besonderer Zeiger auf eine komplexe Struktur bedeutet. In diesem Fall ist es ein Handle auf eine Bitmap.

Die Bitmap wird über `LoadBitmap()` geladen. Diese Funktion besitzt zwei Parameter. Im ersten Parameter müssen wir ihr die Instanz der Anwendung übergeben, deren .EXE-Datei die zu ladende Bitmap enthält. Diese geschraubte Darstellung heißt nichts anderes, als dass wir Bitmaps aus jedem anderen Programm herauslösen können. Hier übergeben wir mit `::AfxGetInstanceHandle()` den Handle auf die aktuelle Anwendung. Im zweiten Parameter erwartet die Funktion einen Zeiger auf einen nullterminierten String mit dem Namen der Bitmap-Ressource oder die ID in einer besonderen Form. Das Makro `MAKEINTRESOURCE()` erzeugt diese Form aus einer normalen Bitmap-ID.

Hinweis: Während der Entwicklungszeit ist die Bitmap als eigenständige Datei im Verzeichnis \res zu finden. Mit dem Übersetzen wird sie in die .EXE-Datei integriert. Damit haben wir die dritte (diesmal nicht sichtbare) Kopie der Bitmap auf unserer Platte.

Der Vorteil dieser Technik liegt darin, dass die .EXE-Datei „vollständig", bis auf die OCXen bzw. DLLen, ist. Andererseits haben wir keine Chance, die Bitmap zu wechseln oder zu verändern.

Nun ist es an der Zeit, einen Gerätekontext mit CreateCompatibleDC(NULL) im Speicher anzulegen. Ein solcher Speicherkontext stellt in unserem Fall die Kopie des Bildschirmkontexts dar. Wir zeichnen unsere Bitmap nicht direkt in den Bildwiederholspeicher, sondern auf diesen Speicherkontext.

Mit SelectObject(hMemDC,hbitmap) wählen wir aus dem Speicherkontext die Bitmap aus und legen dort die geladene Bitmap ab. Nun können wir mit StretchBlt(...) oder BitBlt(...) die Bitmap aus dem Speicherkontext in den Bildwiederholspeicher übertragen. StretchBlt() verfügt über zwei zusätzliche Parameter, mit denen wir die Größe des Zielbereichs angeben können, so dass die Bitmap bei dieser Gelegenheit an eine neue Größe angepasst werden kann, indem z. B. Zwischenpixel berechnet werden:

```
::StretchBlt(dc.m_hDC,   //Ziel
             50,          //links oben
             50,
             80,          //Breite
             80,          //Höhe
             hMemDC,      //Quelle
             0,           //links oben
             0,
             110,         //Breite
             110,         //Höhe
             SRCCOPY);    //Modus
```

Als Parameter übergeben wir jeweils ein Rechteck im Ziel und in der Quelle, die aufeinander abgebildet werden sollen. Mit dem Modus können wir die Verknüpfung der Bitmap mit den bereits vorhandenen Pixeln steuern. Im Beispiel überschreiben wir einfach vorhandene Pixel.

Die beiden letzten Anweisungen zerstören den Speicherkontext und die Bitmap.

➢ Aufgabe 15-14:

Durch die Variation der Quell- und Zielrechtecke können Sie verschiedene Effekte realisieren, wie Vergrößern, Verkleinern, Verzerren usw.

Verändern Sie bei Ihren Experimenten auch immer die Größe des Fensters. ∎

Beim Verändern der Fenstergröße werden Sie feststellen, dass das Bild in seiner Lage und Größe unverändert bleibt. Wollen wir dagegen den gesamten Hintergrund unseres Fensters mit dem Bild ausfüllen, dann müssen wir das Zielrechteck variabel gestalten, damit es sich bei Bedarf an die aktuelle Größe und die Größe nach einer Veränderung anpasst (**Bild 15.43**).

Bild 15.43: Verzerrtes Hintergrundbild

Zur Lösung dieses Problems können wir zwei Wege einschlagen:

1. Wir fragen vor dem Zeichnen die aktuelle Größe des Anwendungsbereichs (das Innere des Fensters) ab.
2. Wir verwalten die Größe selbst und passen sie bei jeder Veränderung des Fensters an.

Beide Lösungen haben für das Verständnis von Visual C++ .NET Vorteile, wobei die erste die kompaktere und damit elegantere Lösung ist:

```
void CU15ADlg::OnPaint() {
  CPaintDC dc(this); // Gerätekontext für Zeichnen
  if (IsIconic()) {
    ...
  } else {
    HBITMAP hbitmap;
    hbitmap=::LoadBitmap(::AfxGetInstanceHandle(),
                MAKEINTRESOURCE(IDB_BITMAP1));
    HDC hMemDC=CreateCompatibleDC(NULL);
    SelectObject(hMemDC,hbitmap);
    //::StretchBlt(DC.m_hDC,50,50,80,80,hMemDC,0,0,110,110,SRCCOPY);
    CRect Rechteck;
    GetClientRect(&Rechteck);
    ::StretchBlt(DC.m_hDC,0,0,Rechteck.Width(),Rechteck.Height(),
              hMemDC,0,0,110, 110,SRCCOPY);
    ::DeleteDC(hMemDC);
    ::DeleteObject(hbitmap);
    CDialog::OnPaint();
  }
} //CU15ADlg::OnPaint
```

Auf den ersten Blick scheint das Programm genau das zu tun, was wir möchten. Es füllt den Anwendungsbereich aus.

☒ Bekanntlich lässt sich aber die Ressourcenbeschreibung ohne Neuübersetzung des Programms verändern:

1. Wir ändern die Eigenschaft Rahmen unseres Dialogfelds IDD_U15A_DIALOG auf Größe ändern.

15.4 Bitmaps

2. Ein Neustart des Programms zeigt, dass nur die Ressourcen neu übersetzt werden, um an das bestehende Programm gelinkt zu werden.
3. Vergrößern wir jetzt aber das Fenster, so erhalten wir **Bild 15.44**. Damit zeigt unser Programm eine unerwünschte Spätwirkung. ∎

Bild 15.44: Dialogfeld mit Hintergrundbild nach Größenänderung

Jetzt heißt es kombinieren. Windows ist so intelligent und zeichnet nur die zusätzlich frei gewordenen Bereiche. Unser Speichergerätekontext ist aber richtig gesetzt. Dies können wir dadurch überprüfen, dass wir das Bild über den Bildschirmrand und wieder zurück ziehen oder mit einem anderen Fenster teilweise oder ganz abdecken und wieder aufdecken. In beiden Fällen wird das Hintergrundbild entweder teilweise oder ganz wiederhergestellt.

Da unser Programm nun nicht weiß, dass wir ein Hintergrundbild gezeichnet haben, müssen wir ihm mitteilen, dass es sich bei einer Größenänderung vollständig neu zeichnen soll. Hierzu müssen wir mehrere Schritte durchführen:

1. Zuerst mit dem Klassenassistenten für das Ereignis `WM_SIZE` eine Ereignisfunktion anlegen. Präzise müssen wir sagen, dass wir die vorhandene Ereignisfunktion `CDialog::OnSize()` überschreiben. Der Generator rettet die Funktion, indem er sie in der Überschreibung direkt aufruft.
2. Wir ergänzen eine einzige Zeile, damit sich der ganze Anwendungsbereich neu zeichnet:
```
void CU15ADlg::OnSize(UINT nType, int cx, int cy) {
  CDialog::OnSize(nType, cx, cy);
  Invalidate();
}
```
3. Wir erstellen und testen das Projekt. Jetzt streckt sich das Hintergrundbild nach der Fenstergröße, wobei wir das mehrfache Zeichnen deutlich sehen. ∎

> Aufgabe 15-15:

  Realisieren Sie die zweite Variante, bei der die Fenstergröße verwaltet wird.

  Tipp: Die Größe des Anwendungsbereichs wird von `OnSize` mit den beiden Parametern `cx`, `cy` geliefert. Legen Sie zwei Variablen für die Größe des Anwendungsbereichs an, und speichern Sie diese Parameter in ihnen. Greifen Sie beim Zeichnen der Bitmap dann auf diese Variablen zurück. ∎

Ist Ihnen das Programm auch zu kryptisch? Lauter Handles, AFX-Funktionen, Makros und obskure Datentypen, Bereichsauflösungsoperatoren usw. Gibt es nicht vielleicht doch eine MFC-gerechtere Lösung? Hier ist sie:

```cpp
void CU15ADlg::OnPaint() {
   CPaintDC dc(this);  // Gerätekontext für Zeichnen
   if (IsIconic()) {
      ...
   } else {
#ifdef MFCGerecht
      CBitmap Bitmap;                    //Reihenfolge beachten!
      CDC MemDC;
      CRect Rechteck;
      Bitmap.LoadBitmap(IDB_BITMAP1);   //Bitmap laden
      MemDC.CreateCompatibleDC(&DC);    //Speicherkontext anlegen
      MemDC.SelectObject(&Bitmap);      //Bitmap in Kontext einhängen
      GetClientRect(&Rechteck);         //in den Bildwiederholspeicher damit
      DC.StretchBlt(0,0,Rechteck.Width(),Rechteck.Height(),&MemDC,0,0,
                    110,110, SRCCOPY);
      MessageBeep((WORD)-1);            //nur zum Testen
#else
      HBITMAP hbitmap;
      hbitmap=::LoadBitmap(::AfxGetInstanceHandle(),
                                 MAKEINTRESOURCE(IDB_BITMAP1));
      HDC hMemDC=CreateCompatibleDC(NULL);
      SelectObject(hMemDC,hbitmap);
      //::StretchBlt(DC.m_hDC,50,50,80,80,hMemDC,0,0,110,110,SRCCOPY);
      CRect Rechteck;
      GetClientRect(&Rechteck);
      ::StretchBlt(DC.m_hDC,0,0,Rechteck.Width(),Rechteck.Height(),
                                 hMemDC,0,0,110, 110,SRCCOPY);
      ::DeleteDC(hMemDC);
      ::DeleteObject(hbitmap);
#endif
      CDialog::OnPaint();
   }
} //CU15ADlg::OnPaint
```

☞ Tipp: Zeichnungsprogramme lassen sich sehr schwer debuggen, da der Fokus immer zwischen dem Programm und dem Debugger hin- und herspringt. Nur wenn beide Fenster sich nicht überlappen, kommt es zu keiner Rekursion. Ein einfacher Trick besteht im Piepsen. Ein Pieps zeigt akustisch an, dass `OnPaint` abläuft. Nicht viel, aber immerhin etwas.

Das Programm legt eine temporäre Variable `Bitmap` für die Bitmap an, die ebenfalls mit `LoadBitmap` aus der Ressource geladen wird. Gleichzeitig wird ein Speichergerätekontext `MemDC` angelegt, der die Eigenschaften des angezeigten Gerätekontexts übernimmt. In ihn hängen wir die neue Bitmap ein und übertragen sie zur Ansicht.

15.5 Darstellung geräteunabhängiger Bitmaps (DIBs)

15.5.1 Klasse `CDib`

Trotz der Bedeutung der DIBs suchen wir in der MFC vergeblich nach einer besonderen Klasse für diese Bilder. Wir sind also gezwungen, eine eigene Bibliothek anzulegen. Dies kann aber nicht Aufgabe eines jeden Programmierers sein.

Schauen wir in die Literatur von Visual C++ .NET, so finden wir nur bei ganz wenigen Autoren eigenständige Programme, einige andere verschweigen das Thema oder verweisen auf Demoprogramme aus dem Internet. Überall wird aber betont, wie aufwändig die Erstellung einer solchen Klasse ist.

Auch in diesem Manuskript wird auf die Erstellung einer eigenen Klasse `CDib` verzichtet. Vielmehr wollen wir auf eine kostenlose Klasse aus dem Internet zurückgreifen. Sie finden eine ältere Version unter den Adressen der Autoren:

René Dencker Eriksen `http://www.mip.sdu.dk/~edr/`

Hans-Martin Brændmose Jensen `http://home16.inet.tele.dk/hansm/visualc/cdib.htm`

Die Autoren empfehlen eine neuere Variante der IPL (Image Processing Library) unter der Adresse:

`http://www.mip.sdu.dk/ipl98/`

Die Autoren weisen darauf hin, dass diese Klassenbibliothek keine plattformabhängigen Funktionen enthält. Wir wollen daher diese Klassen um solche geräteabhängigen Methoden erweitern. So kommen wir auf die Idee, verschiedene Bildformate einzulesen. Dies wollen wir am Beispiel von PCX-Dateien demonstrieren. Viele wichtige Aussagen zu einem Bild lassen sich über sein Histogramm ableiten. Dies ist die (relative) Verteilung der Grau- bzw. Farbwerte. Hierbei handelt es sich um ein eigenständiges Dialogfeld, dessen Inhalt sich beim Wechsel des Bilds natürlich ändern muss.

Andererseits gibt es die eine oder andere Spezialaufgabe, die mit den vorhandenen Bibliotheken nur bedingt zu lösen ist. Wollen wir beispielsweise die Banner auf einer Web-Seite ausfindig machen, so kann das Seitenverhältnis als Kriterium dienen. Hier genügt es, die Abmessungen aus den `.gif`- bzw. `.jpg`-Dateien auszulesen und ins Verhältnis zu setzen.

Unter Windows finden wir einige DIB-Dateien im Verzeichnis `C:\Programme\Microsoft Office\Templates\1031\Pages\toc.tem\`.

15.5.2 PCX-Format für Bilddateien

Das PCX-Format ist das älteste Bildformat, das weite Verbreitung gefunden hat. Es wurde von der Fa. Zsoft entwickelt und zuerst im Programm Paintbrush eingesetzt.

Wir wollen PCX-Dateien mit unserem Programm verarbeiten. Dazu müssen wir das PCX-Format kennen. Es besteht im Wesentlichen aus drei großen Bereichen, dem Kopf (Header), dem eigentlichen Bild und der Palette.

In dieser Aufteilung zeigt sich das „Alter" des Formats. Bei modernen Formaten befindet sich die Palette (wenn notwendig) direkt hinter dem Kopf. Eine Palette finden wir auch im Kopf des PCX-Formats. Sie ist aber auf max. 256 Farben ausgelegt und „platzte" daher mit Einführung der SVGA-Grafikkarten. In dieser Notsituation haben die Entwickler des Formats die erweiterte Palette einfach an das Ende der Datei angehängt. Damit ist der Palettenbereich im Kopf überflüssig geworden.

Im nächsten Kapitel werden wir sehen, wie der Datenbereich eines PCX-Bilds angeordnet und komprimiert ist. Die Speicherung erfolgt nicht pro Pixel, sondern in so genannten *Farbebenen*, d. h., die einzelnen Farbauszüge eines Bilds werden getrennt hintereinander gespeichert. Wie dies geschieht, wird mit zwei Bytes gesteuert. Byte `3` und Byte `65` stehen in folgender Relation zueinander:

Bit/Pixel/Ebene Byte `3=03h`	Anzahl Farbebenen Byte `65=41h`	Bedeutung
1	1	monochrom
1	3	8 Farben
1	4	16 Farben
2	1	4 Farben, CGA-Palette
4	1	16 Farben, EGA-Palette
8	1	256 Farben, Palette am Dateiende
8	3	16,7 Millionen Farben (Echtfarben)

15.5.2.1 PCX-Kopfinformationen

Der Kopf einer PCX-Datei hat folgenden Aufbau:

Byte		Länge	Inhalt	Anmerkung
0	00	1	Hersteller	immer `0Ah` = Zsoft PCX
1	01	1	Version	Versionen `0,2,3,4` oder `5`
2	02	1	Codierung	`1` = Lauflängencodierung (einzige Variante)
3	03	1	Bit pro Pixel	`1,2,4` oder `8 Bit/Pixel` (2,4,16,256 Farben)

15.5 Darstellung geräteunabhängiger Bitmaps (DIBs)

Byte	Länge		Inhalt	Anmerkung
4	04	8	Bildgröße	X_MIN, Y_MIN, X_MAX, Y_MAX mit jeweils zwei Bytes. Die horizontale Breite berechnet sich daraus zu X_MAX-X_MIN+1, analog die Höhe zu Y_MAX-Y_MIN+1
12	0C	2	horiz. Auflösung	Punkte/Inch beim Ausdrucken in horizontaler Richtung (ohne Bedeutung)
14	0E	2	vert. Auflösung	Punkte/Inch beim Ausdrucken in vertikaler Richtung (ohne Bedeutung)
16	10	48	Header-Palette	Farbpalette, wenn weniger als 256 Farben verwendet werden
64	40	1	reserviert	immer 0
65	41	1	Farbebenen	Werte zwischen 1 und 4 sind möglich
66	42	2	Bytes/Zeile	Anzahl der Bytes/Zeilen pro Farbebene
68	44	2	Palettentyp	1 = Farbe oder schwarzweiß 2 = Grauwerte
70	46	2	hor. Bildschirmgröße	Anzahl horizontaler Bildpunkte - 1
72	48	2	ver. Bildschimrgröße	Anzahl vertikaler Bildpunkte - 1
74	4A	54	unbenutzt	leer bis Byte 128

Einen solchen Kopf können wir als Struktur in Visual C++ ablegen und als Einheit verarbeiten, d. h., aus einer Datei einlesen bzw. auf eine Datei ausgeben usw. Statt einer Struktur können wir eine Klasse anlegen. Bei dieser Gelegenheit können wir einige Methoden definieren. Eine passende Struktur hat in der Klasse CDib folgendes Aussehen:

```
typedef struct tagPCXFILEHEADER {
  BYTE   bfType;
  BYTE   bfVersion;
  BYTE   bfCode;
  BYTE   bfBitsPerPix;
  WORD   bfXMin;
  WORD   bfYMin;
  WORD   bfXMax;
  WORD   bfYMax;
  DWORD  bfReserved1;
  BYTE   bfColorTable [48];
  BYTE   bfReserved2;
  BYTE   bfPlanes;
  WORD   bfBytePerLine;
  WORD   bfTypOfColorTable;
  WORD   bfHScreenSize;
  WORD   bfVScreenSize;
  BYTE   bfReserved3 [54];
} PCXFILEHEADER, FAR *LPPCXFILEHEADER, *PPCXFILEHEADER;
```

Wird keine Farbpalette eingesetzt, so stellen die Pixelwerte die direkte RGB-Codierung dar. Diese sind in den drei Ebenen getrennt gespeichert. Somit liegen in der Datei die Farbanteile für ein Pixel nicht direkt hintereinander, sondern an unterschiedlichen Stellen.

Bei zwei Farbebenen sind die Farben willkürlich. Bei vier Ebenen kommt zu den drei Grundfarben noch die Intensität hinzu.

15.5.3 Programmierung

U15B In diesem Kapitel werden einige wesentliche Punkte der Programmierung unter Verwendung der Klasse `CDib` dargestellt. Das Ergebnis ist kein vollständiges Programm (solche gibt es für einige tausend Euro am Markt zu kaufen). Es zeigt aber die wesentlichen Prinzipien auf. Wir beziehen uns dabei teilweise auf MDI-Anwendungen, die erst im nächsten Kapitel näher betrachtet werden. Es ist daher empfehlenswert, dieses Kapitel vorher oder parallel zu studieren.

15.5.3.1 Externe Bibliothek einbinden

Da wir mehrere Bilder in parallelen Kindfenstern verarbeiten wollen, gehen wir in folgenden Schritten vor:

1. Wir legen eine MDI-Anwendung an. Von den Vorgabewerten tauschen wir einzig die Basisklasse der Ansicht auf `CScrollView`, um bei Bedarf auch große Bilder bearbeiten zu können.

2. Wir wechseln in den Menüeditor und bearbeiten die beiden vorbereiteten Menüs.

    Im Menü `IDR_MAINFRAME` ergänzen wir unter `Ansicht` nach einer Trennzeile die Option `Histogramm`. Damit lässt sich das Histogramm auch bei leerem Rahmenfenster aktivieren.

    Im Menü `IDR_U15BTYPE` ergänzen wir ebenfalls die Option `Histogramm`, legen aber noch ein Hauptmenü `Farben` mit einer Menüoption `Farben reduzieren...` an. Bei ihr kürzen wir die ID auf `ID_FARBEN_REDUZIEREN`.

    Weiterhin ergänzen wir unter `Fenster` die Option `Untereinander` und weisen die richtigen IDs zu, ↳ Übung U159.

3. Um die beiden Klassendateien `dibkernel.h` bzw. `dibkernel.cpp` aus dem Internet zu integrieren, kopieren wir diese Dateien in unser Verzeichnis.

4. Dem Projekt führen wir sie über `Projekt|Vorhandenes Element hinzufügen...` und Auswahl der beiden Dateien im Dateidialog zu.

5. Damit die Klasse `CDib` auch erkannt wird, fügen wir sie der Kopfdatei `U15Bdoc.h` der Dokumentklasse hinzu und legen eine Variable vom Typ `CDib` an:

    ```
    // U15BDoc.h : Schnittstelle der Klasse CU15BDoc
    //

    #include "dibkernel.h"
    ```

15.5 Darstellung geräteunabhängiger Bitmaps (DIBs)

```
#pragma once

class CU15BDoc : public CDocument
{
protected: // Nur aus Serialisierung erstellen
  CU15BDoc();
  DECLARE_DYNCREATE(CU15BDoc)

// Attribute
public:
  CDib m_DIB;

// Operationen
```

6. Da die Klasse `CDib` über eine eigene Serialisierung verfügt, rufen wir diese in der Implementationsdatei `U15Bdoc.cpp` auf:

```
// CU15BDoc Serialisierung

void CU15BDoc::Serialize(CArchive& ar) {
  m_DIB.Serialize(ar);
  if (ar.IsStoring())
  {
    // TODO: Hier Code zum Speichern einfügen
  }
  else
  {
    // TODO: Hier Code zum Laden einfügen
  }
}
```

7. In diesem Zustand ist das Programm zwar ohne Funktionen, aber übersetzungsfähig. ∎

15.5.3.2 Dateidialog einer MDI-Anwendung anpassen

Wir wollen uns nun daran machen, den Eingabedialog für unsere Dateinamen auf einem alternativen Weg vorzubereiten. Dieser wird beim Klick auf die Menüoption `Öffnen` aktiviert. Das MFC-Programmgerüst ruft dazu folgende Methoden auf:

```
CWinApp::OnFileOpen()
CDocManager::OnFileOpen()
CDocManager::DoPromptFileName
```

Die letzten beiden Funktionen sind in `C:\Programme\Microsoft Visual Studio .NET\Vc7\atlmfc\src\mfc\docmgr.cpp` definiert.

> Um das Verhalten des Dateidialogs zu ändern, wollen wir diese Klasse austauschen. Sie verfügt nämlich über keine virtuellen Methoden, die wir gezielt überschreiben können. Hierzu gehen wir in folgenden Schritten vor:
> 1. Als Erstes legen wir eine eigene Klasse `CU15BDocManager` als Nachkomme von `CDocManager` an, die die Methode `DoPromptFileName` an unsere Wünsche anpasst. Am einfachsten geht dies über das Kontextmenü des Projektknotens `U15B` mit der Option `Hinzufügen|Klasse hinzufügen...` (**Bild 15.45**). Dabei kürzen wir den externen Namen auf acht Stellen.

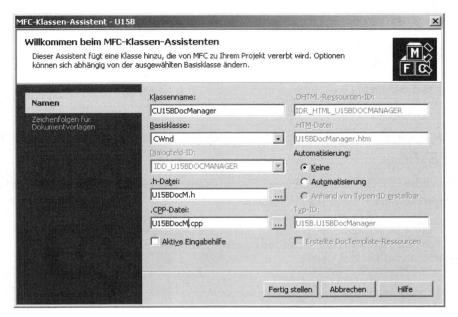

Bild 15.45: Neue Klasse für den Dokument-Manager anlegen

Da der Klassenassistent die Klasse `CDocManager` nicht zur Auswahl anbietet, müssen wir eine beliebige Klasse wählen, um sie anschließend umzuwidmen und die Überschreibungen vorzunehmen. Die im Beispiel gewählte Klasse `CWnd` nimmt Meldungen entgegen, was `CDocManager` nicht tut. Also werden wir alle Anweisungen zum Verteilen der Meldungen auskommentieren. Die Implementierung von `CDocManager` finden wir in `C:\Programme\Microsoft Visual Studio .NET\Vc7\atlmfc\src\mfc\docmgr.cpp`. Sie verwaltet die Dokumentvorlagen unseres Programms.

2. Wir beginnen in der Kopfdatei `U15BDocM.h`. Zuerst kommentieren wir die Anweisung zum Anlegen des Meldungsverteilers im Bereich `protected` aus und überschreiben die Abfragemethode. Danach sieht die Kopfdatei folgendermaßen aus:

```
#pragma once

// CU15BDocManager

class CU15BDocManager : public CDocManager
{
  DECLARE_DYNAMIC(CU15BDocManager)

public:
  CU15BDocManager();
  virtual ~CU15BDocManager();
  virtual BOOL DoPromptFileName(CString& fileName,UINT nIDSTitle,
      DWORD lFlags,BOOL bOpenFileDialog,CDocTemplate* pTemplate);

protected:
  //DECLARE_MESSAGE_MAP()

};
```

15.5 Darstellung geräteunabhängiger Bitmaps (DIBs)

3. Die zugehörige Implementationsdatei `U15BDocMa.cpp` wird nun um diese Methode ergänzt:

```cpp
// CU15BDocManager-Meldungshandler

BOOL CU15BDocManager::DoPromptFileName(CString& fileName,
                    UINT nIDSTitle,DWORD lFlags,BOOL bOpenFileDialog,
                    CDocTemplate* pTemplate) {
  CString Titel;
  VERIFY(Titel.LoadString(nIDSTitle));
  CString strDefault; //Filter aus der Zeichenfolgentabelle lesen
  VERIFY(strDefault.LoadString(IDS_FILTERVORGABE));
  CString strFilter;
  VERIFY(strFilter.LoadString(IDS_FILTERLISTE));
  if(bOpenFileDialog) {
    //"*.*" Alle-Dateien-Filter anhängen
    CString alleFilter;
    VERIFY(alleFilter.LoadString(AFX_IDS_ALLFILTER));
    strFilter+=alleFilter; //Anzeigetext
    strFilter+=(TCHAR)'|'; //Trenner
    strFilter+=_T("*.*");  //Filter
  }
  strFilter+=(TCHAR)'|';   //Abschluss
  CFileDialog dlgDatei(bOpenFileDialog,strDefault,NULL,lFlags,
                    strFilter);
  dlgDatei.m_ofn.lpstrTitle=Titel;
  dlgDatei.m_ofn.lpstrFile=fileName.GetBuffer(_MAX_PATH);
  int nResult=dlgDatei.DoModal(); //Dialog anzeigen
  fileName.ReleaseBuffer();
  return nResult==IDOK;
} //CU15BDocManager::DoPromptFileName()
```

Titel und Filter werden aus der Zeichenfolgentabelle ausgelesen und an den Dateidialog übergeben. Üblicherweise hängen wir dort den neuen Filter an. Dieser wird angezeigt. Die Benutzereingabe wird eingelesen und als Parameter zurückgeliefert.

4. Da wir in `DoPromptFileName` die Filtereigenschaften aus den Ressourcen auslesen, benötigen wir noch die beiden IDs `IDS_FILTERVORGABE` und `IDS_FILTERLISTE`, die wir in der Zeichenfolgentabelle mit folgenden Werten anlegen:

IDS_FILTERVORGABE	*.bmp
IDS_FILTERLISTE	Windows Bitmap Dateien (*.bmp;*.dib)|*.bmp;*.dib|ZSoft PCX Dateien (*.pcx)|*.pcx|

5. Damit diese Klasse wirksam wird, müssen wir sie in unsere Anwendung einbinden. Dazu inkludieren wir sie in der Datei `U15B.cpp`:

```cpp
// U15B.cpp : Definiert das Klassenverhalten für die Anwendung.
//

#include "stdafx.h"
#include "U15B.h"
#include "MainFrm.h"
```

```
#include "ChildFrm.h"
#include "U15BDoc.h"
#include "U15BView.h"
#include "U15BDocM.h"          //neuer Dokument-Manager

#ifdef _DEBUG
```

Der Aufruf des Dateidialogs erfolgt in der Methode `CWinApp::InitApplication()`, die wir durch Aktivierung in den `Eigenschaften|Überschreibungen` an die Oberfläche bringen.

6. Hier müssen wir den Zeiger `m_pDocManager` des Programmgerüsts `CWinApp` auf die neue `DoPromptFileName` Methode „verbiegen", damit sie in Zukunft vom Programmgerüst aufgerufen wird:

```
// CU15BApp Meldungshandler

BOOL CU15BApp::InitApplication() {
  CWinApp::InitApplication();
  m_pDocManager=new CU15BDocManager;
  return ((m_pDocManager == NULL) ?FALSE:TRUE);
  //return CWinApp::InitApplication();
}
```

7. In diesem Zustand ist die Anwendung wieder übersetzungsfähig. Der Dialog sollte mit den dargestellten Filtern funktionieren (**Bild 15.46**). Eine Verarbeitung findet aber noch nicht statt. ■

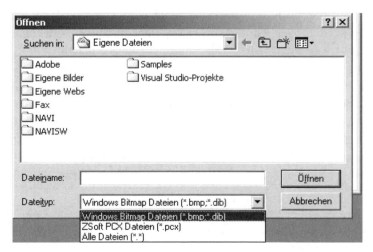

Bild 15.46: Neuer Dateidialog für den Menüpunkt `Öffnen`

15.5.3.3 Einlesen und Darstellen eines Bildes

☒ Wenn alles funktioniert, können wir die Darstellung eines Bilds realisieren:

15.5 Darstellung geräteunabhängiger Bitmaps (DIBs)

☞ Hinweis: Die Darstellung funktioniert nur, wenn Ihr Bildschirmmodus mehr als 256 Farben darstellen kann.

1. Die Reihenfolge der Methodenaufrufe während des Programmstarts ist `PreCreate-Window`, `OnInitialUpdate` und `OnDraw`. Wir müssen uns überlegen, wo wir welche Ergänzungen vornehmen. Wir beginnen mit `OnInitialUpdate`. Diese Methode wird auch beim Öffnen eines neuen Bilds aufgerufen. Sie ist bereits vom Anwendungsgenerator überschrieben und kann daher gleich korrigiert werden:

```
void CU15BView::OnInitialUpdate() {
  CScrollView::OnInitialUpdate();
  CU15BDoc* pDoc = GetDocument();
  ASSERT_VALID(pDoc);
  //Gesamte Größe dieser Ansicht berechnen
  SetScrollSizes(MM_TEXT,GetDocument()->m_DIB.GetDimensions());
  //Fenster an Größe anpassen
  if (pDoc->m_DIB.m_lpBMIH!=NULL) {
    GetParentFrame()->RecalcLayout();
    //TRUE=Schrumpft bei Bedarf, FALSE immer exakte Größe (gefährlich!)
    ResizeParentToFit(FALSE); //<-- variieren!
  }
} //CU15BView::OnInitialUpdate()
```

Wir rufen mit `m_DIB.GetDimensions` eine Methode der Klasse `CDib` auf, die uns die Abmessungen des aktuellen Bilds liefert. Diese übertragen wir auf die Bildlaufleisten. Anschließend passen wir die Bildschirmgröße an das geladene Bild an.

2. Der eigentliche Zeichenvorgang wird ebenfalls über die Klasse `CDib` in der Ereignisfunktion `OnDraw` abgewickelt:

```
void CU15BView::OnDraw(CDC* pDC) {
  CU15BDoc* pDoc = GetDocument();
  ASSERT_VALID(pDoc);
  CRect Rechteck(CPoint(0,0),pDoc->m_DIB.GetDimensions());
  pDoc->m_DIB.Draw(pDC,Rechteck);
}
```

Die bereits bekannte Methode `GetDimensions` dient dazu, ein Zeichenrechteck zu definieren, in das das Bild eingefügt wird.

3. Dies genügt schon, um die Anwendung zu erstellen und zu testen. ■

Wir laden „das Testbild" der digitalen Bildverarbeiter, nämlich `Lena.bmp` (**Bild 15.47**). Nachdem wir nun `.BMP`- und `.PCX`-Bilder laden können, wollen wir sie weiter bearbeiten. Dabei wollen wir das Originalbild unverändert lassen, müssen also das Bild umkopieren. Sozusagen als Vorübung für die Veränderung der Bilder programmieren wir diesen Vorgang direkt über die Zwischenablage.

☺ Zum Schmunzeln: Lena stammt natürlich aus dem Playboy, so dass der Rest von ihr in diesem Buch nicht einfach dargestellt werden darf. Kürzlich ging ein Aufstöhnen durch die Szene, da Lena die Verwendung ihres Bilds als Testbild in der digitalen Bildverarbeitung untersagen wollte. Zum Glück ist dieses Ansinnen aber vom Gericht abgelehnt worden.

Bild 15.47: Standardtestbild `Lena` in `U15B`

15.5.3.4 Programmierung der Zwischenablage

Wir wollen nun einige der bisher vernachlässigten Optionen aus dem Standardmenü mit Leben erfüllen. Unter `Bearbeiten` finden wir die Kopierfunktionen über die Zwischenablage. Diese werden vom Windows-API (Application Programming Interface) zur Verfügung gestellt.

⊠ Um ein Bild in die Zwischenablage zu kopieren und von dort wieder einzufügen, gehen wir in folgenden Schritten vor:

1. Wir lassen uns vom Klassenassistenten für die Meldung COMMAND der Menüoptionen `ID_EDIT_COPY` und `ID_EDIT_PASTE` in der Klasse `CU15BView` die Ereignisfunktionen `OnEditCopy` und `OnEditPaste` generieren.

2. Die Kopierfunktion `CopyToClipboard` überträgt das aktuelle Bild in die Zwischenablage. Da wir nur mit Bildern arbeiten, müssen wir keine Prüfungen vornehmen:

```
// CU15BView Meldungshandler

void CU15BView::OnEditCopy() {
  CU15BDoc *pDoc=GetDocument();
  if (OpenClipboard()) {
    if (!(pDoc->m_DIB.CopyToClipboard())) {
```

15.5 Darstellung geräteunabhängiger Bitmaps (DIBs)

```
        MessageBox("Bild wurde nicht in die Zwischenablage kopiert!");
      }
    }
  } //CU15BView::OnEditCopy()
```

Es wird geprüft, ob sich die Zwischenablage öffnen lässt. Ist das der Fall, so wird die Memberfunktion `CopyToClipboard` aufgerufen.

3. Beim Einfügen kopieren wir die Zwischenablage in das aktuelle Kindfenster:

```
void CU15BView::OnEditPaste() {
  if (OpenClipboard()) {
    CU15BDoc* pDoc = GetDocument();
    if (pDoc->m_DIB.PasteFromClipboard()) {
      pDoc->SetModifiedFlag(TRUE);
      SetScrollSizes(MM_TEXT,pDoc->m_DIB.GetDimensions());
      pDoc->UpdateAllViews(NULL);
    } else {
      MessageBox("Kann Zwischenablage nicht darstellen!");
    }
  }
} //CU15BView::OnEditPaste()
```

4. Sehr empfehlenswert ist es, bei dieser Übung den Betrachter für die Zwischenablage zu öffnen. Wir finden ihn im Windows-Ordner unter `clipbrd.exe`. Er kann über Start|Ausführen der Taskleiste gestartet werden. Bei intensiver Nutzung ist ein Einbinden in das Startmenü oder als Ikone empfehlenswert. Da die Datei nicht automatisch installiert wird, sollte sie bei Bedarf von der Windows-CD nachinstalliert werden. Besonders interessant ist der Menüpunkt Ansicht. Er zeigt nämlich viele Geheimnisse der kopierten Elemente an (**Bild 15.48**).

5. Wir erstellen und testen die Anwendung. ■

Um ein zweites Bildfenster anzulegen, müssen wir das Bild mit Bearbeiten|Kopieren in die Zwischenablage kopieren, dann mit der Menüoption Neu ein neues Fenster öffnen und das Bild mit Bearbeiten|Einfügen in das neue Bild kopieren (**Bild 15.49**).

➤ Aufgabe 15-16:

Geben Sie Antwort auf diese Frage, indem Sie verschiedene Elemente in sie hineinkopieren und die Veränderungen der Menüoption Ansicht beobachten. ■

Warum ist die Zwischenablage so spannend?

Sie werden feststellen, dass sich die IDE je nach Sprachvariante unterschiedlich verhält. Kopieren Sie beispielsweise eine Schaltfläche unter Visual C++, so erscheint diese nicht in der Zwischenablage. Führen Sie dasselbe auf einem Visual Basic-Formular durch, dann zeigt die Zwischenablage ein ganz anderes Verhalten (**Bild 15.50**). Wobei sich die Einträge deutlich von der Version 6.0 unterscheiden. In der Zwischenablage befindet sich ein Objekt, auf das eine Verknüpfung durchgeführt werden kann (Object Linking and Embedding). Visual C++ kopiert somit seine Elemente nicht über die Zwischenablage.

Bild 15.48: Zwischenablage mit einer Bitmap

Bild 15.49: Über die Zwischenablage umkopierte Bilder

15.5 Darstellung geräteunabhängiger Bitmaps (DIBs)

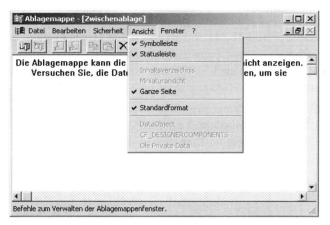

Bild 15.50: Visual Basic-Steuerelement in der Zwischenablage

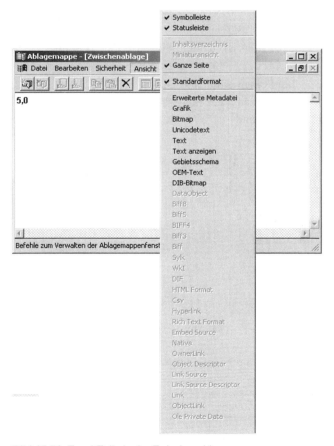

Bild 15.51: Excel-Zelle in der Zwischenablage

Kommen Sie dabei auch bei Excel vorbei und kopieren eine Zelle, so reicht der Bildschirm fast nicht aus, um die Liste darzustellen (**Bild 15.51**). Sie erkennen alle Möglichkeiten, in die ein Excel-Element transformiert werden kann. So tauchen die Dateierweiterungen von Lotus 1-2-3 bis Works auf. Die Zelle kann aber auch als Bitmap verarbeitet werden. Da es sich aber um eine Vielfarben-Bitmap handelt, können wir sie derzeit nicht importieren.

Die Zwischenablage enthält eine Vielzahl von Varianten eines Objekts, wobei wir in einigen Programmen die Möglichkeit haben, verschiedene Varianten der Zwischenablage zu importieren. Dabei werden umfangreiche Formattransformationen durchgeführt. Die Zwischenablage ist daher ein recht komplexes Programm.

Lassen Sie uns aber wieder zu unserer ursprünglichen Aufgabe zurückkehren.

15.5.3.5 Bildbearbeitung

Ein wichtiges (und bis heute nicht gelöstes) Problem der digitalen Bildverarbeitung ist die *Binarisierung*, d. h., die Umwandlung in ein Zweifarbenbild (schwarz-weiß). Diese Funktion ist die Basis vieler weiterer Funktionen, wie das Auszählen, Vermessen und Erkennen von Objekten vor einem andersfarbigen Hintergrund.

⌦ Da der Mensch hier noch immer unübertroffen ist, wollen wir diese Funktion über einen Dialog realisieren:

1. Wir legen mit Hilfe des Dialogeditors einen einfachen Dialog `IDD_SCHWELLWERT` an (**Bild 15.52**). Er enthält im Wesentlichen zwei Steuerelemente zur Einstellung des Schwellwerts, die miteinander gekoppelt sind.

Bild 15.52: Vorlage für das Dialogfeld `Schwellwert einstellen`

Außer für den Schieberegler lassen sich die Eigenschaften aus dem Bild entnehmen. Den Schieberegler formatieren wir folgendermaßen:

Eigenschaft	Wert
`Autom. Teilstriche`	True
`Punkt`	Unten/Rechts

15.5 Darstellung geräteunabhängiger Bitmaps (DIBs) 851

Eigenschaft	Wert
Teilstriche	True

2. Für den Dialog legen wir über das Kontextmenü die Klasse `CSchwellwertDlg` an. Die Dateinamen kürzen wir auf `Schwell.h` bzw. `Schwell.cpp`.
3. Die öffentlichen Member-Variablen sind `m_sldSchwellwert` vom Typ `CSliderCtrl` und `m_nSchwellwert` vom Typ `int`.
4. Im Ressourceneditor können wir sofort folgende Ereignisfunktionen programmieren:

ID	Ereignis	Meldung	Ereignisfunktion
IDC_SCHWELLWERT	EN_CHANGE		OnEnChangeSchwellwert
IDD_SCHWELLWERT		WM_HSCROLL	OnHScroll

5. Nach dem Wechsel in die Klassenansicht ergänzen wir die Überschreibungen:

ID	Überschreibung
CSchwellwertDlg	OnInitDialog

6. Die zuletzt generierten Rahmenfunktionen füllen wir nun mit Code:

```
BOOL CSchwellwertDlg::OnInitDialog() {
  CDialog::OnInitDialog();
  m_nSchwellwert=127;
  m_sldSchwellwert.SetRange(0,255);
  m_sldSchwellwert.SetPos(m_nSchwellwert);
  m_sldSchwellwert.SetTicFreq(32);
  return TRUE; //return TRUE unless you set the focus to a control
               //AUSNAHME: OCX-Eigenschaftenseite muss FALSE zurückgeben.
} //CSchwellwertDlg::OnInitDialog()
```

7. Den Vorgabewert für den Schieberegler legen wir im Konstruktor fest:

```
CSchwellwertDlg::CSchwellwertDlg(CWnd* pParent /*=NULL*/)
  : CDialog(CSchwellwertDlg::IDD, pParent)
  , m_nSchwellwert(127)
{
}
```

8. Die Synchronisation zwischen dem Textfeld und dem Schieberegler programmieren wir folgendermaßen:

```
// CSchwellwertDlg-Meldungshandler

void CSchwellwertDlg::OnEnChangeSchwellwert() {
  UpdateData(TRUE);
  m_sldSchwellwert.SetPos(m_nSchwellwert);
} //CSchwellwertDlg::OnEnChangeSchwellwert()

void CSchwellwertDlg::OnHScroll(UINT nSBCode,UINT nPos,
                                CScrollBar* pScrollBar) {
  m_nSchwellwert=m_sldSchwellwert.GetPos();
  UpdateData(FALSE);
  CDialog::OnHScroll(nSBCode, nPos, pScrollBar);
} //CSchwellwertDlg::OnHScroll
```

Hierbei kommt uns zugute, dass es nur eine Laufleiste im Dialog gibt (✥ mehrere Laufleisten haben wir im Kapitel «Steuerelemente» betrachtet).

9. Damit der Dialog wirksam wird, müssen wir mit dem Klassenassistenten in der Klasse `CU15BView` für die Menüoption `ID_FARBEN_REDUZIEREN` eine Ereignisfunktion `OnFarbenReduzieren` anlegen und programmieren:

```
void CU15BView::OnFarbenReduzieren() {
  CSchwellwertDlg Dlg;
  CU15BDoc* pDoc=GetDocument();
  if (Dlg.DoModal()==IDOK) {
    if (pDoc->m_DIB.ConvertDepth8to1(Dlg.m_nSchwellwert)) {
      pDoc->SetModifiedFlag(TRUE);
      pDoc->UpdateAllViews(NULL);
    }
  }
} //CU15BView::OnFarbenReduzieren()
```

wobei wir wieder eine in `CDib` vorbereitete Funktion benutzen.

10. Damit der Schwellwertdialog in der Ansichtsklasse angesprochen werden kann, müssen wir ihn inkludieren:

```
// U15BView.cpp : Implementierung der Klasse CU15BView
//

#include "stdafx.h"
#include "U15B.h"

#include "U15BDoc.h"
#include "U15BView.h"
#include "Schwell.h"
```

11. Wir erstellen und testen das Programm. ∎

Wir können nun ein Bild im PCX- oder BMP-Format laden, es umkopieren und seine Farbtiefe reduzieren (**Bild 15.53**).

15.5.3.6 Histogramm als Dialogleiste programmieren

Zur Festlegung des Schwellwerts ist die Grauwertverteilung des Bilds wichtig. In einer professionellen Lösung würde man die Grauwertverteilung und die Festlegung des Schwellwerts sicher in einem einzigen Dialogfeld zusammenfassen. Wir wollen dagegen das *Histogramm* erst einmal getrennt anlegen.

Den Quelltext des Anwendungsgerüsts finden wir unter `C:\Programme\Microsoft Visual Studio .NET\Vc7\atlmfc\src\mfc\bardlg.cpp`.

15.5 Darstellung geräteunabhängiger Bitmaps (DIBs) 853

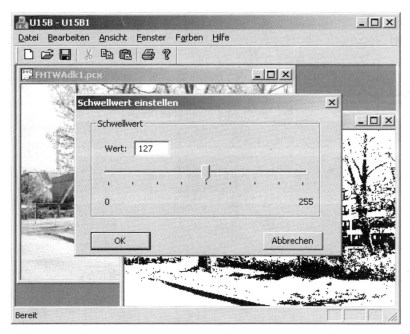

Bild 15.53: PCX-Datei laden, umkopieren und Farbtiefe verringern (Binarisierung)

> Hierbei wollen wir den Dialogtyp `CDialogBar` kennen lernen und testen. Dieser Typ verhält sich wie die Werkzeug- und Statusleisten, so dass wir dieses Verhalten geschickt ausnutzen können. Er bleibt z. B. automatisch im Vordergrund usw. Im Histogramm wollen wir Informationen zum dargestellten Bild, wie Mittelwert (Helligkeit), (später einmal) mittlere quadratische Abweichung (Kontrast) usw. darstellen:

1. In Anlehnung an das Histogramm in Paint Shop Pro legen wir einen weiteren, einfachen Dialog `IDD_HISTOGRAMM` mit vier Kontrollkästchen und einem Bezeichnungsfeld an (**Bild 15.54**). Da diese Ansicht kein eigenständiges Dialogfeld werden soll, setzen wir die Eigenschaft `Stil` auf `Untergeordnet`. Dadurch ist es möglich, dieses Formular in einen Rahmen einzupassen. In diesem Fall benötigen wir auch keine Titelleiste. Insgesamt legen wir folgende Eigenschaften fest:

Eigenschaft	Wert
Stil	Untergeordnet
Titelleiste	False

2. Aus der Formularvorlage generieren wir mit den Klassenassistenten eine neue Klasse `CHistogrammDlg` vom Typ `CDialog` (die Basisklasse `CDialogBar` steht im Klassenassistenten nicht zur Verfügung) und kürzen die Dateinamen auf `HistoDlg`.

3. Für alle Kontrollkästchen werden Member-Variablen vom Typ `BOOL` und Ereignisfunktionen für das Ereignis `BN_CLICKED` angelegt. Da das Histogramm in allen Fällen neu gezeichnet werden muss, verknüpfen wir die Ereignisse mit einer einzigen Er-

eignisfunktion `OnBnClickedFarbe`. Da sich der Assistent schon beim zweiten Kontrollkästchen gegen denselben Namen wehrt, führen wir das im Meldungsverteiler direkt durch:

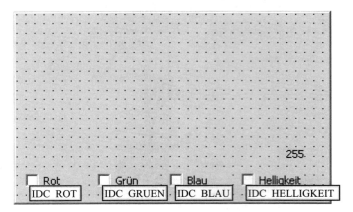

Bild 15.54: Oberflächenentwurf des Histogrammdialogs

```
BEGIN_MESSAGE_MAP(CHistogrammDlg, CDialog)
  ON_BN_CLICKED(IDC_ROT, OnBnClickedFarbe)
  ON_BN_CLICKED(IDC_GRUEN, OnBnClickedFarbe)
  ON_BN_CLICKED(IDC_BLAU, OnBnClickedFarbe)
  ON_BN_CLICKED(IDC_HELLIGKEIT, OnBnClickedFarbe)
END_MESSAGE_MAP()
```

4. Allen Kontrollkästchen werden nun passende Membervariablen zugewiesen, die im Konstruktor initialisiert werden. Auch sollten wir einen Zeiger `m_pDaten` vom Typ `DWORD` auf die Bilddaten vorbereiten:

```
CHistogrammDlg::CHistogrammDlg(CWnd* pParent /*=NULL*/)
    : CDialog(CHistogrammDlg::IDD, pParent)
    , m_bRot(FALSE)
    , m_bGruen(FALSE)
    , m_bBlau(FALSE)
    , m_bHelligkeit(TRUE)
    , m_pDaten(NULL)
{
}
```

Wenn wir die Kontrollkästchen manuell programmieren, dann dürfen wir den Datenaustausch nicht vergessen:

```
void CHistogrammDlg::DoDataExchange(CDataExchange* pDX) {
  CDialogBar::DoDataExchange(pDX);
  DDX_Check(pDX, IDC_ROT, m_bRot);
  DDX_Check(pDX, IDC_GRUEN, m_bGruen);
  DDX_Check(pDX, IDC_BLAU, m_bBlau);
  DDX_Check(pDX, IDC_HELLIGKEIT, m_bHelligkeit);
} //CHistogrammDlg::DoDataExchange
```

5. Damit das Histogramm gezeichnet werden kann, benötigen wir eine Ereignisfunktion für das Ereignis `WM_PAINT`, dessen Quellcode nicht mehr ganz trivial ist:

15.5 Darstellung geräteunabhängiger Bitmaps (DIBs)

```cpp
void CHistogrammDlg::OnPaint() {
//zeichnet ein Histogramm
  CPaintDC DC(this); //Gerätekontext zum Zeichnen
  CRect rcAnwendungsbereich;
  GetClientRect(rcAnwendungsbereich);
  CPen RoterStift  (PS_SOLID,1,0x000000ff), //Zeichenstifte
       GruenerStift(PS_SOLID,1,0x0000ff00),
       BlauerStift (PS_SOLID,1,0x00ff0000),
       HelleStift  (PS_SOLID,1,0x00000001);
  CPen *pen[HISTOGRAMME]={&RoterStift,&GruenerStift,&BlauerStift,
                         &HelleStift };
  int i,j,l;
  DWORD max,min,groesse,mwert,abw;
  CString info;
  BYTE gewaehlt=(m_bRot<<0) | (m_bGruen<<1) | (m_bBlau<<2)
               | (m_bHelligkeit<<3);
  DC.MoveTo(X_VERSCHIEBUNG,     Y_VERSCHIEBUNG); //Achsen
  DC.LineTo(X_VERSCHIEBUNG,     Y_VERSCHIEBUNG+100);
  DC.LineTo(X_VERSCHIEBUNG+256, Y_VERSCHIEBUNG+100);
  for (i=0;i<10;i++) { //Rastermarken
    DC.MoveTo(X_VERSCHIEBUNG  ,Y_VERSCHIEBUNG-1+(i*10));
    DC.LineTo(X_VERSCHIEBUNG-3,Y_VERSCHIEBUNG-1+(i*10));
  }
  for (i=1;i<=16;i++) {
    DC.MoveTo(X_VERSCHIEBUNG+(i*16),Y_VERSCHIEBUNG+100);
    DC.LineTo(X_VERSCHIEBUNG+(i*16),Y_VERSCHIEBUNG+103);
  }
  if (m_pDaten==NULL) //Abbruch, wenn keine Daten vorhanden
    return;
  groesse=0; //Bildgröße bestimmen
  for (i=0;i<256;i++) {
    groesse+=m_pDaten[i];
  }
  max=0; //Maximum, Minimum und Durchschnitt
  min=0xffffffff;
  l=0;
  mwert=0;
  for (i=0;i<HISTOGRAMME;i++) {
    if ((gewaehlt&(1<<i))!=0) {
      for (j=0;j<256;j++) {
        if (m_pDaten[j+(i*256)]>max) max=m_pDaten[j+(i*256)];
        if (m_pDaten[j+(i*256)]<min) min=m_pDaten[j+(i*256)];
        mwert+=m_pDaten[j+(i*256)]*j;
      }
      l++;
    }
  }
  if (l>0)
    mwert=mwert/(l*groesse);
  abw=0; //Standardabweichung
  for (i=0;i<HISTOGRAMME;i++) {
    if ((gewaehlt & (1<<i))!=0) {
      for (j=0;j<256;j++) {
        abw+=abs((m_pDaten[j+(i*256)]*mwert)-(m_pDaten[j+(i*256)]*j));
      }
    }
  }
  if (l > 0)
    abw=abw/(l*groesse);
  for (i=0;i<HISTOGRAMME;i++) { //Histogramm zeichnen
    if ((gewaehlt & (1<<i))!=0) {
```

```
      DC.SelectObject(pen [i]);
      DC.MoveTo(X_VERSCHIEBUNG+1,Y_VERSCHIEBUNG+100-1-
                                  (m_pDaten [(i*256)]*100/max));
      for (j=0;j<256;j++) {
        DC.LineTo(X_VERSCHIEBUNG+1+j,Y_VERSCHIEBUNG+100-1
                                 -(m_pDaten [j+(i*256)]*100/max));
      }
    }
  }
  if (gewaehlt==0) //min setzen, wenn keine Farbe gewählt
    min=0;
  //Ausgabe der Kopfzeile
  info.Format("Max: %d (%d%c), Min: %d, MWert: %d, Abw: %d",max,
                          max*100/groesse,'%',min,mwert,abw);
  DC.SelectStockObject(ANSI_VAR_FONT);
  DC.TextOut(X_VERSCHIEBUNG,3,info,info.GetLength());
} //CHistogrammDlg::OnPaint()
```

Wie Sie sicher schon bemerkt haben, enthält das Formular keine eigene Leinwand. Das Histogramm, genauer die vier verschiedenen Histogramme (drei Farben, Helligkeit) werden auf die Hintergrundleinwand gezeichnet. Dazu ist es notwendig, die Achsen sowie die Marken selbst zu erzeugen.

In mehreren zweifach geschachtelten Schleifen werden dann die Farben durchgearbeitet. Zuerst werden Minimum, Maximum und Mittelwert gebildet. Mit Hilfe des Mittelwerts kann die Standardabweichung bestimmt werden. Hierzu müssen wir das Byte isolieren und ohne Vorzeichen verarbeiten.

Zum Schluss findet dann das eigentliche Zeichnen statt.

6. Diese Funktion benutzt folgende Konstanten:

```
// HistoDlg.cpp : Implementierungsdatei
//

#include "stdafx.h"
#include "U15B.h"
#include "HistoDlg.h"

#define X_VERSCHIEBUNG    25
#define Y_VERSCHIEBUNG    25
#define HISTOGRAMME       4
```

7. Um nun aus dem Histogrammdialog vom Typ `CDialog` einen Nachfolger von `CDialogBar` zu machen, müssen wir einige Änderungen im Quellcode vornehmen. Dazu werden alle Vorkommen von `CDialog` in `CDialogBar` umgewandelt. Dies führen wir sowohl in der Datei `HistoDlg.h` einmal:

```
#pragma once


// CHistogrammDlg-Dialogfeld

class CHistogrammDlg : public CDialogBar
{
```

15.5 Darstellung geräteunabhängiger Bitmaps (DIBs)

wie auch in `HistoDlg.cpp` mehrfach durch. Weiterhin entfallen alle Parameter beim Aufruf des Konstruktors, da eine Leiste immer mit dem Rahmenfenster verknüpft ist:

```cpp
// HistoDlg.cpp : Implementierungsdatei
//

#include "stdafx.h"
#include "U15B.h"
#include "HistoDlg.h"

#define X_VERSCHIEBUNG   25
#define Y_VERSCHIEBUNG   25
#define HISTOGRAMME       4

// CHistogrammDlg-Dialogfeld

IMPLEMENT_DYNAMIC(CHistogrammDlg, CDialogBar)
CHistogrammDlg::CHistogrammDlg(CWnd* pParent /*=NULL*/)
  : CDialogBar()
  , m_bRot(FALSE)
  , m_bGruen(FALSE)
  , m_bBlau(FALSE)
  , m_bHelligkeit(TRUE)
  , m_pDaten(NULL)
{
}

CHistogrammDlg::~CHistogrammDlg()
{
}

void CHistogrammDlg::DoDataExchange(CDataExchange* pDX)
{
  CDialogBar::DoDataExchange(pDX);
  DDX_Check(pDX, IDC_ROT, m_bRot);
}

BEGIN_MESSAGE_MAP(CHistogrammDlg, CDialogBar)
  ON_BN_CLICKED(IDC_ROT, OnBnClickedFarbe)
  ON_BN_CLICKED(IDC_GRUEN, OnBnClickedFarbe)
  ON_BN_CLICKED(IDC_BLAU, OnBnClickedFarbe)
  ON_BN_CLICKED(IDC_HELLIGKEIT, OnBnClickedFarbe)
  ON_WM_PAINT()
END_MESSAGE_MAP()

// CHistogrammDlg-Meldungshandler

void CHistogrammDlg::OnBnClickedFarbe()
{
  // TODO: Fügen Sie hier Ihren Kontrollbehandlungscode für die
  Benachrichtigung ein.
}

void CHistogrammDlg::OnPaint() {

...

} //CHistogrammDlg::OnPaint()
```

Das Programm sollte an dieser Stelle ohne Fehler übersetzbar sein.

8. Mit dem Laden des Histogramms muss dieses zum ersten Mal gefüllt werden. Dazu überschreiben wir die Kreationsmethode `CDialogBar::Create()` mit der Nachfolgermethode `CHistogrammDlg::Create()`:

   ```
   BOOL CHistogrammDlg::Create(CWnd* pParentWnd, UINT nIDTemplate,
                               UINT nStyle, UINT nID) {
     m_pDaten=NULL;
     return CDialogBar::Create(pParentWnd, nIDTemplate, nStyle, nID);
   }
   ```

9. Da es für Dialoge noch eine zweite Kreationsmethode gibt, generieren wir eine weitere Überschreibung:

   ```
   BOOL CHistogrammDlg::Create(CWnd* pParentWnd, LPCTSTR lpszTemplateName,
                               UINT nStyle, UINT nID) {
     m_pDaten=NULL;
     return CDialogBar::Create(pParentWnd, lpszTemplateName, nStyle, nID);
   }
   ```

   Für diese Methode sollten wir in der Kopfdatei den äquivalenten Prototyp ergänzen.

10. Die noch leere Ereignisfunktion, die auf eine Veränderung der Kontrollkästchen reagiert, füllen wir;

    ```
    // CHistogrammDlg-Meldungshandler

    void CHistogrammDlg::OnBnClickedFarbe() {
      UpdateData(TRUE);
      InvalidiereHistogramm();
    } //CHistogrammDlg::OnBnClickedFarbe()
    ```

11. Nach dem Einlesen der Daten rufen wir folgende Hilfsfunktion auf (deren Prototyp erst noch mit dem Assistenten generiert werden muss):

    ```
    void CHistogrammDlg::InvalidiereHistogramm() {
      InvalidateRect(CRect(X_VERSCHIEBUNG+1,0,X_VERSCHIEBUNG+257,
                                             Y_VERSCHIEBUNG+100),TRUE);
      UpdateWindow();
    } //CHistogrammDlg::InvalidiereHistogramm
    ```

    Sie legt das neu zu zeichnende Rechteck fest und sorgt für die Ausführung.

12. Das Histogramm wird von außen geöffnet und muss von außen über Änderungen an den Daten informiert werden. Hierzu benötigen wir eine Übergabefunktion. Diese generieren wir mit dem Assistenten und ergänzen den Quellcode.

    ```
    void CHistogrammDlg::PflegeHistogramm(CDocument *pDoc) {
      if (m_pDaten!=NULL) {
        free(m_pDaten);
        m_pDaten=NULL;
      }
      if (pDoc!=NULL)
        m_pDaten=((CU15BDoc*) pDoc)->m_DIB.GetHistogram();
      InvalidiereHistogramm();
    }
    ```

15.5 Darstellung geräteunabhängiger Bitmaps (DIBs)

Wenn wir der Methode noch die Dokumentklasse bekannt machen, dann ist die Histogrammklasse abgeschlossen:

```
// HistoDlg.cpp : Implementierungsdatei
//

#include "stdafx.h"
#include "U15B.h"
#include "HistoDlg.h"
#include "U15BDoc.h"
```

13. Jetzt brauchen wir nur noch eine Heimat für die Histogrammklasse, die dafür sorgt, dass das Fenster geöffnet und mit den aktuellen Daten versorgt wird. Aufgrund seiner Herleitung von `CDialogBar` sollte es wie die Werkzeug- und Statusleisten immer sichtbar sein, wenn der Hauptrahmen sichtbar ist. Also legen wir in der Kopfdatei `MainFrm.h` eine entsprechende Variable an:

```
// MainFrm.h : Schnittstelle der Klasse CMainFrame
//

#pragma once

#include "HistoDlg.h"

class CMainFrame : public CMDIFrameWnd
{
  DECLARE_DYNAMIC(CMainFrame)

...

protected:  // Eingebundene Elemente der Steuerleiste
  CStatusBar     m_wndStatusBar;
  CToolBar       m_wndToolBar;
  CHistogrammDlg m_wndHistogramm; //Histogrammleiste
```

14. Das Histogramm muss ständig an veränderte Umgebungsbedingungen angepasst werden, d. h., das Neuzeichnen muss an verschiedenen Stellen gestartet werden. Der eigentliche Zeichenprozess wird aber vom Histogrammdialog selbst durchgeführt. Die auslösenden Stellen sind:

- das Rahmenfenster mit seinem Menü
- die Ansicht als Empfänger verschiedener Meldungen
- ein Kindfenster, wenn es den Fokus erhält

In allen drei Klassen bereiten wir daher eine Methode `PflegeHistogramm` vor, die das Ereignis an den Histogrammdialog weiterreicht und ein Neuzeichnen veranlasst.

15. Da wir uns gerade in `MainFrm.h` befinden, ergänzen wir den Prototypen dieser Funktion:

```
// Implementierung
public:
  virtual ~CMainFrame();
  virtual void PflegeHistogramm(CDocument *pDoc);
#ifdef _DEBUG
```

```
  virtual void AssertValid() const;
  virtual void Dump(CDumpContext& dc) const;
#endif
```

16. Diese Methode dient nur dazu, die Partnermethode des Histogrammfensters aufzurufen und ihr einen Zeiger auf das Dokument zu übergeben:

```
void CMainFrame::PflegeHistogramm(CDocument *pDoc) {
  ASSERT(m_wndHistogramm);
  m_wndHistogramm.PflegeHistogramm(pDoc);
} //CMainFrame::PflegeHistogramm
```

17. Alle Leisten des Hauptrahmens werden in `CMainFrame::OnCreate` erzeugt. Also wechseln wir zu `MainFrm.cpp` und ergänzen:

```
int CMainFrame::OnCreate(LPCREATESTRUCT lpCreateStruct) {
  if (CMDIFrameWnd::OnCreate(lpCreateStruct) == -1)
    return -1;

  if (!m_wndToolBar.CreateEx(this, TBSTYLE_FLAT, WS_CHILD | WS_VISIBLE
  | CBRS_TOP
    | CBRS_GRIPPER | CBRS_TOOLTIPS | CBRS_FLYBY | CBRS_SIZE_DYNAMIC) ||
    !m_wndToolBar.LoadToolBar(IDR_MAINFRAME))
  {
    TRACE0("Symbolleiste konnte nicht erstellt werden\n");
    return -1;      // Fehler bei Erstellung
  }

  if (!m_wndStatusBar.Create(this) ||
    !m_wndStatusBar.SetIndicators(indicators,
      sizeof(indicators)/sizeof(UINT)))
  {
    TRACE0("Statusleiste konnte nicht erstellt werden\n");
    return -1;      // Fehler bei Erstellung
  }

  EnableDocking(CBRS_ALIGN_ANY); //vorbereiten
  if (!m_wndHistogramm.Create(this,IDD_HISTOGRAMM,
    WS_CHILD|WS_VISIBLE|CBRS_SIZE_FIXED|CBRS_TOP,IDD_HISTOGRAMM))
  {
    TRACE0("Histogramm konnte nicht erstellt werden\n");
    return -1;      // Fehler bei Erstellung
  }
  m_wndHistogramm.SetWindowText(_T("Histogramm")); //Rahmentitel
  m_wndHistogramm.EnableDocking(0);
  m_wndHistogramm.UpdateData(FALSE);
  //feste Position, nicht persistent
  CPoint Punkt(GetSystemMetrics(SM_CXSCREEN)/2,
            GetSystemMetrics(SM_CYSCREEN)/3);
  FloatControlBar(&m_wndHistogramm,Punkt,CBRS_ALIGN_TOP); //freigeben

  //Löschen Sie diese drei Zeilen für nicht andockbar Systemleiste
  m_wndToolBar.EnableDocking(CBRS_ALIGN_ANY);
  EnableDocking(CBRS_ALIGN_ANY);
  DockControlBar(&m_wndToolBar);

  return 0;
} //CMainFrame::OnCreate
```

Da unsere Dialogleiste vom Typ `CDialogBar` keine Werkzeugleiste vom Typ `CToolBar` ist, wird sie etwas anders als die normale Symbolleiste behandelt. Wir

15.5 Darstellung geräteunabhängiger Bitmaps (DIBs) 861

müssen das Andocken des Hauptrahmens freischalten. Danach kreieren wir die Dialogleiste und verknüpfen sie mit unserem Formular. Da sie noch keine Beschriftung hat, geben wir diese vor. Dann Schreiben wir die aktuellen Daten in die Steuerelemente des Formulars. Der Einfachheit halber wird eine feste Position für das Histogramm berechnet, an der es dann frei positioniert wird.

18. Um das Histogramm ein- und auszuschalten, haben wir bereits eine Menüoption Ansicht|Histogramm vorbereitet. Da das Histogramm am Rahmenfenster hängt, legen wir entsprechende Ereignisfunktionen für das Ereignis COMMAND und UPDATE_COMMAND_UI mit Hilfe des Klassenassistenten in der Klasse CMainFrame an. Nun können wir diese Ereignisfunktionen programmieren:

```
void CMainFrame::OnAnsichtHistogramm() {
  BOOL bSichtbar=((m_wndHistogramm.IsWindowVisible())!=0);
  ShowControlBar(&m_wndHistogramm,!bSichtbar,FALSE);
} //CMainFrame::OnAnsichtHistogramm

void CMainFrame::OnUpdateAnsichtHistogramm(CCmdUI *pCmdUI) {
  BOOL bSichtbar=((m_wndHistogramm.IsWindowVisible())!=0);
  pCmdUI->SetCheck(bSichtbar);
  //alternativ
  //if ((m_wndHistogramm.GetStyle() & WS_VISIBLE) != 0) {
  //   pCmdUI->SetCheck(TRUE);
  // } else {
  //   pCmdUI->SetCheck(FALSE);
  // }
} //CMainFrame::OnUpdateAnsichtHistogramm
```

19. Wie schon erwähnt, müssen wir auch bei einigen Verarbeitungsfunktionen der Ansichtsklasse das Histogramm neu zeichnen. Zu diesem Zweck ergänzen wir (oder generieren mit dem Assistenten) in der Datei U15BView.h einen Prototyp der Pflegemethode, bei der wir auf die Übergabe des Dokumentzeigers verzichten können:

```
class CU15BView : public CScrollView
{
protected: // Nur aus Serialisierung erstellen
  CU15BView();
  DECLARE_DYNCREATE(CU15BView)

// Attribute
public:
  CU15BDoc* GetDocument() const;

// Operationen
public:
  void PflegeHistogramm(void);
```

20. In die Implementationsdatei U15BView.cpp inkludieren wir weitere Kopfdateien, implementieren die Pflegemethode und ergänzen deren Aufrufe beim Einfügen eines neuen Bilds bzw. bei der Reduktion der Farbtiefe

```
// U15BView.cpp : Implementierung der Klasse CU15BView
//

#include "stdafx.h"
#include "U15B.h"
```

```
#include "U15BDoc.h"
#include "U15BView.h"
#include "MainFrm.h"
#include "Schwell.h"

#ifdef _DEBUG
#define new DEBUG_NEW
#endif

    ...

void CU15BView::PflegeHistogramm(void) {
  CMDIChildWnd *pWnd=(CMDIChildWnd *) GetOwner();
  ASSERT(pWnd);
  CMainFrame *pFrame=(CMainFrame *) pWnd->GetMDIFrame();
  ASSERT(pFrame);
  CU15BDoc* pDoc=GetDocument();
  pFrame->PflegeHistogramm(pDoc);
} //CU15BView::PflegeHistogramm
```

Um die Pflege des Histogramms durchzuführen, suchen wir – ausgehend vom Kindfenster – das Rahmenfenster, welches das Histogramm verwaltet. Dieses können wir dann veranlassen, das Histogramm neu zu zeichnen.

21. Das Histogramm muss auch bei jedem Bildwechsel an die neuen Daten angepasst werden. Windows zeigt den Bildwechsel durch die Meldung `WM_MDIACTIVATE` an, für die wir mit dem Klassenassistenten eine Ereignisfunktion `OnMDIActivate` in der Klasse `CChildFrame` anlegen. Diese Ereignisfunktion programmieren wir wie folgt in `ChildFrm.cpp`:

```
// CChildFrame Meldungshandler

void CChildFrame::OnMDIActivate(BOOL bActivate,CWnd* pActivateWnd,
                                CWnd* pDeactivateWnd) {
  CMDIChildWnd::OnMDIActivate(bActivate,pActivateWnd, pDeactivateWnd);
  CMDIChildWnd::OnMDIActivate(bActivate,pActivateWnd, pDeactivateWnd);
  CMainFrame *pFrame=(CMainFrame*) GetMDIFrame();
  CDocument *pDoc=GetActiveDocument();
  if (pFrame!=NULL) {
    pFrame->PflegeHistogramm(bActivate?pDoc:NULL);
  }
} //CChildFrame::OnMDIActivate
```

Auch diese Funktion sucht einen Zeiger auf das Rahmenfenster, um über ihn die Pflege des Histogramms zu aktivieren. Hier sehen wir eine Alternative zur vorherigen Funktion, die bei fehlendem Kindfenster die Pflege übergeht, statt einen Fehler (im Debug-Modus) zu melden.

22. Wenn wir nichts vergessen haben, so sollte die Anwendung ohne Probleme laufen (**Bild 15.55**). ∎

15.5 Darstellung geräteunabhängiger Bitmaps (DIBs)

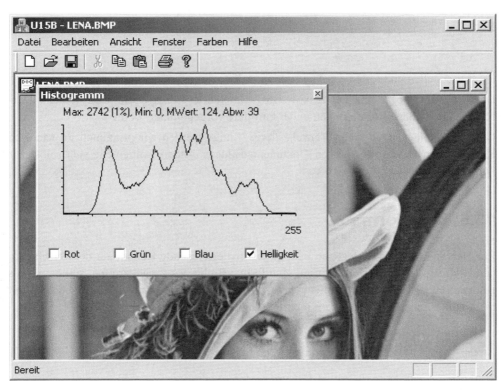

Bild 15.55: Digitale Bildverarbeitung mit Histogrammanzeige

15.5.3.7 Speichern von Bilddateien

> Vor allem zur Bildverarbeitung benötigen wir eine Methode zum Umspeichern:

1. Das Speichern eines Dokuments über die Menüoptionen Speichern bzw. Speichern unter... löst jeweils getrennte (aber vorbereitete) Ereignisfunktionen aus, die beide im Kern die Methode OnSaveDocument zum Schreiben benutzen. Überschreiben wir diese, so können wir das Speichern z. B. von der Dateierweiterung abhängig machen. Wir generieren also diese Methode mit dem Klassenassistenten in der Klasse CU15BDoc.

2. Als Beispiel wollen wir zeigen, wie das Speichern als BMP- bzw. PCX-Datei erfolgen könnte. Dazu wechseln wir in die Dokumentklasse CU15BDoc:

```
// CU15BDoc-Befehle

BOOL CU15BDoc::OnSaveDocument(LPCTSTR lpszPathName) {
  CString strPfad (lpszPathName);
  if ((strPfad.Right(4).CompareNoCase(".pcx") == 0) &&
      ((m_DIB.m_lpBMIH->biBitCount != 8) &&
       (m_DIB.m_lpBMIH->biBitCount != 24))) {
    AfxMessageBox("Nur 8 oder 24 bit-Bilder lassen sich als PCX-"\
                                         "Dateien speichern!");
```

```
    return FALSE;
  }
  return CDocument::OnSaveDocument(lpszPathName);
}
```

3. Wir erstellen und testen die Anwendung. ∎

Das Programm sollte nun PCX- bzw. BMP-Dateien lesen bzw. schreiben können. Zwischenzeitlich können Änderungen in der Farbtiefe vorgenommen werden.

Natürlich bleiben noch viele Wünsche übrig. Einige werden wir prinzipiell im nächsten Kapitel lösen (Laden des letzten Dokuments/Bildes). Andere sollten Sie sich selbst zur Aufgabe stellen.

15.6 Dateiformate

Zur Bearbeitung von Bilddateien benötigen wir tiefreichende Kenntnisse der verschiedenen Bildformate. Auch wenn wir auf eine fertige Bibliothek zurückgreifen, sollten wir als Bildverarbeiter und -programmierer einige Grundkenntnisse besitzen. Dieses Kapitel ist nicht vollständig. Es wird aber im Internet ständig erweitert.

15.6.1 Einführung

15.6.1.1 Grundlagen

Bilder werden in zwei grundsätzlich unterschiedlichen Formaten gespeichert:
- Pixelgrafiken (Bitmaps)
- Vektorgrafiken

Beide Techniken haben Vor- und Nachteile. Bei einer Pixelgrafik wird das Bild in kleine (rechteckige) Bereiche eingeteilt (Rastern), den *Pixeln* (**Pic**ture **El**ement). Jedem Pixel wird ein endlicher Farbwert zugeordnet (Quanteln). Genau genommen wird das Bild in mehreren Dimensionen diskretisiert. Es ist selbst zweidimensional, so dass das Rastern eine zweidimensionale Diskretisierung darstellt. Die Farbwerte können wir uns als Gebirge über dieser Fläche vorstellen. Mit der Quantelung digitalisieren wir das Bild in einer dritten Dimension. Solche Gebirge würden wie aus Basaltsäulen gebildet aussehen.

Eigentlich finden wir mehrere Diskretisierungen, denn diese Technik wird sowohl bei der Aufnahme als auch bei der Wiedergabe eingesetzt. Viele technische Probleme ergeben sich, wenn sich die Eigenschaften beider Geräte stark unterscheiden.

Als wichtige Aufnahmegeräte finden wir:
- Digitale Kamera
- Scanner
- Framegrabber

15.6 Dateiformate

Die verbreitetsten Ausgabegeräte sind:
- Kathodenstrahlröhre
- LCD-Flachbildschirm
- Drucker mit unterschiedlichen Drucktechniken
- Plotter

Zunächst zur digitalen Kamera, die es in den Auflösungen 640×480 Pixel = 307.200 Pixel (Web-Kameras 307.200_{10} = $4B00_{16}$ = $0100\ 1101\ 0000\ 0000_2$) bis zu mehreren Gigabyte gibt. Dabei übersteigt die Auflösung einer High-End-Kamera bei weitem die Auflösung der Wiedergabegeräte mit 1024×768 = 786432 Pixel oder 1280×1024 = 1.319.72 Pixel ≈ 1,3 MPixel, d. h., die Bilder werden nur in Ausschnitten oder verkleinert dargestellt. Bei den Druckern ist es im Vergleich zu deren Auflösung (in Dots per Inch gemessen) eher umgekehrt. Handelsübliche Drucker erzeugen ein Bild mit 300 bis 600 dpi. Bei einer 1:1-Übertragung wäre damit ein Bild, das einen ganzen Bildschirm ausfüllt, gerade einmal 2 Inch oder ca. 5 cm groß.

Stiftplotter gehören dagegen zur Kategorie der vektorgesteuerten Ausgabegeräte, die einen Kreis nach Angabe eines Bezugspunkts und des Radius (Mittelpunkt, Radius oder umhüllendes Quadrat usw.) zeichnen.

Moderne Scanner zeichnen sich durch erstaunliche Auflösungen und besonders hohe Farbtiefen (bis 32 bit) aus. Die hohen Auflösungen werden oft durch *Softwareinterpolation* erreicht, die wir dann bei der Bildschirmdarstellung wieder zurückrechnen. Die hohen Farbtiefen werden meist nicht an den Rechner weitergereicht, da die so genannte Twain-Schnittstelle normalerweise nur 3 Byte (24 bit) verarbeitet.

Framegrabber digitalisieren die Bilder analoger Kameras. Auch sie gibt es in vielfältigen Varianten.

Grundsätzlich lassen sich Vektorgrafiken viel einfach in Pixelgrafiken umrechnen als umgekehrt. Aus eingescannten Grafiken lassen sich dagegen nur mit recht großem Aufwand und vielfältigen manuellen Eingriffen Vektorgrafiken erzeugen. Bilder (Fotos) usw. lassen sich dagegen bisher nicht übertragen, obwohl die animative Bildverarbeitung inzwischen in der Lage ist, realitätsnahe Bilder zu erzeugen. Damit können wir ableiten, dass die Vektorgrafik mehr Informationen speichern kann als die Pixelgrafik. Andererseits holen die Bitmaps durch Multispektralbilder usw. auf.

Der Speicherbedarf von Pixelgrafiken hängt von der Bildgröße und der Farbtiefe ab, nicht vom Bildinhalt, d. h. der Menge der dargestellten Elemente. Sie lassen sich nicht beliebig vergrößern, da jedes Bildpixel auf ein „Superpixel" ohne weitere Struktur aufgeblasen wird. Pixelbilder können somit nur in einem engen Skalenbereich dargestellt werden.

Wir wollen im Weiteren nur die Pixelgrafiken weiter behandeln.

15.6.1.2 Kompression

Um den sehr hohen Speicherbedarf einer Grafik zu reduzieren, versucht man die Bilder zu komprimieren. Die Kompressionsverfahren lassen sich in zwei große Klassen einteilen:

- Verlustlose Kompressionsverfahren
- Verlustbehaftete Kompressionsverfahren

Die Namensgebung ist weitgehend selbsterklärend. Verlustlos komprimierte Dateien lassen sich wieder vollständig in den Originalzustand zurückwandeln, während dies bei den verlustbehafteten Kompressionsverfahren nicht möglich ist.

Verlustlose Kompressionsverfahren

Die verlustlosen Kompressionsverfahren werden nach ihrer Technik in:

- Entropiekodierer und
- Korrelationskodierer

bzw. nach ihrem Einsatzgebiet in:

- Mehr-Pass-Komprimierer
- Strom-Kodierer (Ein-Pass-Kodierer)

aufgeteilt. Dabei unterscheiden sich natürlich auch die jeweils eingesetzten Techniken.

Entropiekodierer minimieren die Entropie eines Bilds. Dazu suchen sie einen auf das Bild abgestimmten, ungleichmäßigen Kode (Kode mit unterschiedlich langen Wörtern), um die Entropie zu minimieren. Shannon hat die Entropie einer Nachricht (ein Bild ist nichts anderes als eine Nachricht) definiert. Bekanntestes Verfahren ist das Verfahren von Huffman.

Korrelationskodierer untersuchen dagegen die Beziehung benachbarter Pixel und leiten daraus eine Kompressionsvorschrift ab. Bekanntestes Verfahren ist die Lauflängenkodierung (RLE = Run Length Encoding). Bei ihm werden wiederholte, gleichfarbige Pixel in ein einziges Farbpixel mit Zählbyte zusammengezogen.

Steht die Nachricht über längere Zeit zur Verfügung, so kann sie mehrfach durchlaufen werden (Mehr-Pass-Verfahren). So muss man bei den Entropiekodierern zuerst einmal die Häufigkeit der verschiedenen Pixel bestimmen, um daraus den optimalen Kode abzuleiten. In einem zweiten Durchlauf wird dann erst die eigentliche Kodierung vorgenommen. Es handelt sich somit um ein Zwei-Pass-Verfahren.

Den Strom- oder Ein-Pass-Kodierern steht immer nur ein Ausschnitt aus der Nachricht, aber nie die gesamte Nachricht zur Verfügung. Verfahren zur (Daten-)Stromkodierung werden typischerweise in Modems eingesetzt, die eine Nachricht online komprimieren und übertragen sollen. Hierbei stellen diese Modems mit dem Durchlauf der Nachricht immer mehr Wiederholsequenzen fest und reduzieren diese (nach Absprache mit der Gegenstelle) auf eine kürzere Sequenz.

15.6 Dateiformate

Verlustbehaftete Kompression

Die verlustbehafteten Komprimierer zielen hauptsächlich darauf ab, unnötige (irrelevante) Informationen zu beseitigen. Dabei lässt sich das Auge etwas weniger überlisten als das Ohr.

Die wichtigsten Vertreter dieser Gattung sind:
- JPEG-Verfahren (inverse Kosinus-Transformation)
- Wavelet-Verfahren
- Fraktale

Bei allen Verfahren stellen sich die Fragen, ob es ein Maß der Güte (Abstand zum Originalbild) gibt, was bei wiederholter Anwendung des Verfahrens geschieht usw. So ist es nicht unbedingt trivial, wenn wir ein komprimiertes Bild drehen und dann erneut speichern.

15.6.1.3 Byte und Bit-Ordnung

Wer Windows-Programme für Intel-Prozessoren kennt, wird sich über die Überschrift nicht wundern. Diese Prozessorfamilie speichert nämlich Ganzzahlen mit mehreren Bytes in umgekehrter Reihenfolge ab.

Da all Bitmap-Dateiformate Ganzzahlen unterschiedlicher Längen enthalten, müssen hier allgemeine Regeln aufgestellt werden, die auf solche prozessorspezifischen Eigenheiten keine Rücksicht nehmen. Bei Ein-Byte-Ganzzahlen gibt es keine Probleme. Bei Mehr-Byte-Ganzzahlen stellt sich die Frage, ob die Zahl in mathematisch richtiger Reihenfolge stehen oder in umgekehrter Byte-Reihenfolge.

Eigentlich sollte man erwarten, dass es einen einfachen Befehl zum Einlesen einer Ganzzahl gibt. Tatsächlich ist dies aber prozessorabhängig. Normalerweise bemerken wir diese Unterschiede nicht. Tauschen wir aber Bilddateien mit einem anderen System aus, so kann es zu erheblichen Schwierigkeiten kommen.

Gehen wir von der Dezimalzahl 11745_{10} aus, so ergibt dies mathematisch exakt:

11745_{10} = $2DE1_{16}$ = $00101101\ 11100001_2$

Drehen wir nun die Bytes in ihrer Reihenfolge um:

57645_{10} = $E12D_{16}$ = $11100001\ 00101101_2$

so ergibt sich ein völlig anderer Wert.

Die Bytes indizieren wir aufsteigend von links nach rechts. Steht das signifikanteste Byte vorn (auf kleinerem Index), so nennen wir dies *big-endian*. In dieser Form speichern Prozessoren wie die Motorola 680x0 oder die Sun SPARC-Familien ihre Ganzzahlen. Sie wird auch *Netzwerkreihung* (Network Order) genannt, weil sie bei der Datenübertragung mit dem Internetprotokoll benutzt wird. Die umgekehrte Reihenfolge der Bytes wird *little-endian* genannt. Mit ihr arbeitet die Intel 80x86-Familie in den Personal-Computern.

U15C Zum Testen, welches Speichermodell vorliegt, entwickeln wir ein Programm, das dieses feststellt und zwei Funktionen zum Drehen enthält:

```
/*U15C stellt die Speicherform für Ganzzahlen (endian) fest*/
#include <iostream>
using namespace std;

unsigned short tauscheBytes(unsigned short Quelle) {
  unsigned short Ziel;
  Ziel=((Quelle & 0xFF)<<8)|((Quelle & 0xFF00)>>8);
  return Ziel;
} //tauscheBytes

unsigned long tauscheBytes(unsigned long Quelle) {
  unsigned long Ziel;
  Ziel=((Quelle & 0x000000FFL)<<24)
      |((Quelle & 0x0000FF00L)<<8)
      |((Quelle & 0x00FF0000L)>>8)
      |((Quelle & 0xFF000000L)>>24);
  return Ziel;
} //tauscheBytes

int main(void) {
  unsigned short wert=1;
  unsigned char* zeiger=(unsigned char*) &wert;
  unsigned short zahl1=0x2DE1;
  unsigned short zahl2;
  unsigned long zahl3=0x2DE10000L;
  unsigned long zahl4;
  if (*zeiger==1) {
    cout << "Speichertyp 'little-endian'" << endl;
    zahl2=tauscheBytes(zahl1);
    zahl4=tauscheBytes(zahl3);
  } else
    cout << "Speichertyp 'big-endian'" << endl;
  cout << dec << zahl1 << " <-> " << zahl2 << endl;
  cout << dec << zahl3 << " <-> " << zahl4 << endl << endl;
  return 0;
} //U15C
```

Die Erkennung des Speichertyps beruht auf der Zahl `wert`, auf die wir einen Zeiger vom Typ `unsigned char` setzen. Hierdurch wird ein Byte abgeschnitten. Das verbleibende Byte prüfen wir. Die Funktionen zum Tauschen von Bytes schneiden jeweils ein Byte aus und schieben es an die richtige Stelle. Anschließend werden die Bytes wieder vereinigt.

15.6.1.4 Farb-Quantisierung

Die Bilddatei-Formate JPEG und PNG können Bilder mit einer Farbtiefe von mehr als 24 bit speichern. Um sie auf einem Bildschirm mit 24 bit-Farbtiefe darstellen zu können, müssen wir die Farben umrechnen (ähnlich den erwähnten Scannern, die bis 32 bit-Farbtiefe arbeiten). Unter Umständen kann der Rechner sogar noch weniger Farben darstellen. Ein ähnliches Problem stellt sich bei der schrittweisen Reduktion der Farbtiefe bei GIF-Bildern. Die Aufgabe besteht somit darin, einen Farbraum auf einem geeignet gewählten, kleineren Farbraum abzubilden.

Das in vielen Bildverarbeitungsprogrammen (**Bild 15.56**) realisierte *Median-Schnitt-Verfahren* sucht die entsprechenden Mediane im Farbraum. Der Median einer Zahlen-

15.6 Dateiformate

gruppe ist bekanntlich das mittlere Element der sortierten Zahlengruppe (Achtung! Nicht der Mittelwert).

Bild 15.56: Farbreduktion mit dem Median-Schnitt-Verfahren in Paint Shop Pro

Wenden wir das Median-Filter auf ein Bild an, so benutzen wir z. B. eine 3×3- oder 5×5-Maske, um den neuen Farbwert des zentralen Pixels zu bestimmen. Im folgenden Beispiel:

```
000 255 000
000 001 001
001 002 002
```

sehen wir, dass in einer weitgehend schwarzen Umgebung ein einzelnes weißes Pixel existiert. Sortieren wir die Farbwerte:

```
000 000 000 001 001 001 002 002 255
```

und wählen das mittlere Element aus, so wird bei allen Positionen unserer Maske immer der hohe Wert 255 eliminiert. Das Median-Filter ist also dazu geeignet, Störungen zu beseitigen. Dieses Verhalten ist beispielsweise in der Bildverarbeitung deutlich besser als beispielsweise das Mittelwertfilter.

Zur Bestimmung der gesuchten Palette wird das Histogramm (Häufigkeitsverteilung) der drei Farbwerte eines Bilds bestimmt. Es entsteht ein dreidimensionaler Farbwürfel. Für jeden Punkt in diesem Farbwürfel kennen wir seine Häufigkeit. Wir wollen nun Farben für eine Palette zusammenfassen. Dies bedeutet nichts anderes, als die Farbpunkte durch mehr oder weniger große Teilwürfel zu ersetzen. Alle Farbpunkte in einem Teilwürfel erhalten die gleiche Farbe. Dazu muss aber unser Ausgangswürfel in Teilwürfel zerlegt werden. Dies soll exemplarisch an der Farbe Blau erläutert werden.

In einem ersten Schritt suchen wir den Median der Farbe Blau. Dies ist der Blauwert, der die Häufigkeiten des Würfels genau in zwei Hälften teilt. Würden wir nur ein Zwei-Farben-Bild erzeugen wollen, so wären wir fertig. Die eine Hälfte der Pixel erhielte den ersten Blauwert (z. B. den Farbwert im Mittelpunkt des Würfels), die zweite Hälfte den zweiten Farbwert.

Erlauben wir dagegen vier Farben, so wiederholen wir das Verfahren jeweils für die zwei Teilwürfel. Der Algorithmus ist somit *rekursiv*. Da er zudem noch *endrekursiv* ist, können wir ihn durch Wiederholungen ersetzen.

Der Algorithmus arbeitet mit einem dreidimensionalen Array der Häufigkeiten. Benutzen wir dazu eine Ganzzahl vom Typ `long` (4 Byte), dann beansprucht dieses Array 64 MByte Zentralspeicher. Dies ist für einen etwas schwach ausgerüsteten Rechner, der auch noch das Betriebssystem und andere Anwendungen bedienen sollte, doch eine erhebliche Belastung. Wir sollten uns daher Algorithmen überlegen, die etwas weniger aufwändig sind. Mögliche Auswege wären:

- Vorverarbeitung der Farbwerte
- Dynamische Speicherung
- Kombination aus beiden Verfahren

Bei der Vorverarbeitung der Farbwerte reduzieren wir diese bereits vor der Zählung, lassen z. B. die beiden letzten Bits weg. Dadurch reduzieren sich die möglichen Indizes von 2^8 auf 2^6. Der Speicherbedarf unseres Arrays geht auf 1 MByte zurück (Division durch $(2^2)^3 = 64$).

Häufig ist der Farbwürfel „sparsam besetzt", d. h., es sind nicht alle Farbwerte vorhanden. Dann lohnt es, sich ein dynamisches Array nur für diese Farbwerte aufzubauen, wobei diese Technik mehr Overhead benötigt.

15.6.1.5 Basisklasse zur Bildverarbeitung

Für die Programmierung von Bildverarbeitungsprogrammen müssen wir das Bild in den Speicher einlesen. Deshalb lohnt es sich, über eine allgemeine Klasse zur Bildverarbeitung nachzudenken. Diese Klasse umfasst folgende Elemente (Member):

- Bild, abgeleitet von einer geeigneten Datenstruktur (geräteabhängig)
- Kodierer zum Berechnen des geräteunabhängigen Speicherformats
- Dekodierer zum Wandeln aus dem Speicher- in das Rechnerformat
- Datenkanäle (Ströme) zum Lesen und Schreiben der Speicherbilder
- Schreib- und Lesemethoden auf diese Kanäle
- Anzeigemethode für das geräteabhängige Bild

Sind Dekodierer und Kodierer nicht gleich, so können wir damit Bilder aus einem Format in ein anderes wandeln.

In den nachfolgenden Beschreibungen werden mit `typedefs` vordefinierte Datentypen benutzt, deren Namen weitgehend selbsterklärend sind (**Tabelle 15.1**).

15.6 Dateiformate

Tabelle 15.1: Datentypen für die Bildverarbeitung

Typ	Beschreibung
BYTE1	Vorzeichenbehaftete 8 bit-Ganzzahl
UBYTE1	Vorzeichenlose 8 bit-Ganzzahl
BYTE2	Vorzeichenbehaftete 16 bit-Ganzzahl
UBYTE2	Vorzeichenlose 16 bit-Ganzzahl
BYTE4	Vorzeichenbehaftete 32 bit-Ganzzahl
UBYTE4	Vorzeichenlose 32 bit-Ganzzahl

15.6.2 BMP-Format

Das BMP-Format (Bitmap-Format) ist das Standardformat für Windows. Im Laufe der Zeit haben sich einige, teilweise inkompatible Varianten entwickelt, die aber meistens schon wieder verschwunden sind. Wir behandeln hier die Version 3 von IBM für das Betriebssystem OS/2. Obwohl das BMP-Format die Lauflängenkompression kennt, finden wir sehr selten solcherart komprimierte Dateien. Windows und seine Hilfsprogramme gehen sehr sorglos mit dem Festplattenspeicher um.

Das BMP-Format unterstützt Bilder mit den Farbtiefen 1, 4, 8, 16, 24 und 32 bit pro Pixel. Es unterstützt die einfache Lauflängenkompression für die Farbtiefen 4 und 8 bit pro Pixel. Diese Art der Kompression eignet sich – wie schon erwähnt – nur bei Strichzeichnungen mit großen Blöcken gleicher Farbe.

Die Dateistruktur ist einfach. Sie besteht aus vier Blöcken (**Bild 15.57**).

File-Header
Image-Header
Farbtabelle
Bilddaten

Bild 15.57: BMP-Dateistruktur

Inkludieren wir die Datei `windows.h` in unser Programm, dann sind die Beschreibungen der Datenstrukturen automatisch vorhanden, ansonsten muss die Struktur gesondert deklariert werden. Dabei sollte man sich an die vorgegebenen Namen halten, da der Compiler auf bestimmten Präfixen besteht.

BMP File-Header

Der Dateikopf:

```
struct BITMAPFILEHEADER
{
  BYTE2   bfType ;      /*Kennung BM für Bitmaps*/
  UBYTE4  bfSize ;      /*Dateigröße*/
  BYTE2   bfReserved1   /*reserviert auf 0x00 stehend*/;
  BYTE2   bfReserved2   /*reserviert auf 0x00 stehend*/;
  UBYTE4  bfOffBits     /*Zeiger auf die Bilddaten*/;
} ;
```

Die Kopfdaten können uns zur Prüfung der Datei dienen. So muss die Kennung BM immer vorhanden sein. Fragen wir die Länge der aktuellen Datei ab und vergleichen diese mit dem Eintrag, erkennen wir, ob die Datei vollständig ist.

Leider fehlt eine Variable mit der Versionsangabe, wie wir sie bei anderen Dateiformaten vorfinden. Abweichungen in den Versionen können daher nur schlecht festgestellt werden.

Der Zeiger auf die Bilddaten sollte beachtet werden, da zwischen dem Image-Header und den Bilddaten bzw. zwischen der Farbtabelle und den Bilddaten noch Füllzeichen existieren können.

Bildkopf

Direkt an den Dateikopf schließt sich der Bildkopf an. Ihn gibt es in zwei unterschiedlichen Varianten:

- BITMAPINFOHEADER   ≥ 40 Byte   üblicher Windows-Bildkopf
- BITMAPCOREHEADER   = 12 Byte   OS/2-Bildkopf

Da eine Versionsangabe fehlt, kann man beide Strukturen nur an ihrer Länge erkennen.

Die Datenstruktur BITMAPINFOHEADER sieht folgendermaßen aus:

```
struct BITMAPINFOHEADER
{
  UBYTE4 biSize;            /*Größe des Kopfs*/
  BYTE4  biWidth;           /*Bildbreite*/
  BYTE4  biHeight;          /*Bildhöhe*/
  BYTE2  biPlanes;          /*muss 1 sein*/
  BYTE2  biBitCount;        /*Farbtiefe 1,4,8,16,24 oder 32*/
  UBYTE4 biCompression;     /*Art der Kompression*/
  UBYTE4 biSizeImage;       /*Bildgröße*/
  BYTE4  biXPelsPerMeter;   /*x-Auflösung in Pixel pro Meter*/
  BYTE4  biYPelsPerMeter;   /*y-Auflösung in Pixel pro Meter*/
  UBYTE4 biClrUsed;         /*Zahl der aktuellen Farben*/
  UBYTE4 biClrImportant;    /*Zahl der signifikanten Farben*/
};
```

Wir finden die Größe des Bilds und – z. B. im Gegensatz zum PCX-Format – die Auflösung, mit der das Bild aufgenommen wurde. Dieser Wert wird aber nicht von allen Programmen gesetzt, ja, er kann bei der Bearbeitung sogar verschwinden. Das Besondere an den Werten ist die ungewöhnliche Maßeinheit. Sicher haben Sie schon einmal mehrere metergroße Bilder aufgenommen.

Eigentlich sollte die Bildgröße immer positiv sein. Es wurde aber der vorzeichenbehaftete Datentyp gewählt. Ein negatives Vorzeichen bei der Höhe zeigt an, dass die Bilddaten in umgekehrter Reihenfolge – also von oben nach unten – abgespeichert sind. Normalerweise sind dagegen die Bilddaten in mathematischer Reihenfolge – also von unten nach oben – gespeichert. Diese Normallage ist ebenfalls ungewöhnlich. BMP-Bilder füllen sich von unten nach oben.

Die OS/2-Variante `BITMAPCOREHEADER` des Bildkopfs:

```
struct BITMAPCOREHEADER
{
  UBYTE4 bcSize;   /*Größe des Kopfs, muss 12 sein*/
  UBYTE2 bcWidth;    /*Bildbreite*/
  UBYTE2 bcHeight;   /*Bildhöhe*/
  UBYTE2 bcPlanes;   /*muss 1 sein*/
  UBYTE2 bcBitCount; /*Farbtiefe 1,4,8 oder 24*/
};
```

enthält beispielsweise keinen Hinweis zur Kompression. Somit können solche Bilddateien nie komprimiert sein.

Farbpalette

Eine Farbpalette folgt unmittelbar auf den Bildkopf in einem von drei möglichen Formaten. Die beiden ersten Formate werden dazu verwendet, um die Pixeldaten (Daten eines Pixels in den Bilddaten) auf eine RGB-Farbe abzubilden, wenn die Farbtiefe 1, 4 oder 8 ist. Im Windows-BMP-Format besteht ein Eintrag aus vier Werten. Dieser wird als `RGBQUAD` bezeichnet. Im OS/2-BMP-Format enthält jeder Eintrag nur drei Bytes und wird daher `RGBTRIPLE` genannt.

Der Hintergrund für diese Erweiterung auf vier Bytes ist schnell erklärt. Einmal abgesehen davon, dass ein Rechner mit 4 besser rechnen kann als mit 3, liegt dies in der Einführung des so genannten Alpha-Bytes.

15.7 Wie kann ich …

15.7.1 … die Schrifteigenschaften zur Laufzeit einstellen?

Die Ausgabe der Schrift erfolgt in der Ereignisfunktion `OnPaint` oder `OnDraw` (je nach gewähltem Anwendungstyp). Dort können wir vor der eigentlichen Ausgabe des Texts mit `CreateFont` die Eigenschaften der Schrift genau spezifizieren. Diese Eigenschaften speichern wir in unserem Programm am besten in einem eigenen Satz von Member-Variablen. Für die Festlegung dieser Member-Variablen setzen wir den Standarddialog `CFontDialog` ein.

15.7.2 ... Spezialeffekte in Schriften erzeugen?

Schriften gibt es in vielen Variationen. Trotzdem möchte man hin und wieder einige Spezialeffekte programmieren. Zwei Effekte sind recht einfach zu realisieren (**Bild 15.58**):

Bild 15.58: Schrifteffekte

Entkernen Hier wird eine hellere Kopie der Buchstaben über eine dunklere gesetzt.

Schattieren Hier wird eine dunklere Kopie der Buchstaben über eine hellere gesetzt.

Bei dieser Gelegenheit können wir noch eine Verschiebung vornehmen, so dass ein schräger Lichteinfall simuliert wird. Dieser kommt in unserem Kulturkreis von links oben, so dass der Schatten nach rechts unten fällt.

Wählen wir den Hintergrund farbig, so können wir durch die Wahl von Schwarz und Weiß Prägeschriften in die Tiefe und die Höhe simulieren.

15.7.3 ... einen Funktionator schreiben?

◈ Was will ich?

Ein Funktionator zeichnet eine in mathematisch geschlossener Form vorgegebene Funktion. Da wir dem Benutzer nicht zumuten können, das Programm bei jeder neuen Funktion neu zu übersetzen, sollte der Funktionator eine freie (mathematisch saubere) Eingabe der Funktion zulassen. Des Weiteren sollen die Parameter, der Zeichenausschnitt, das Zeichengitter usw. einstellbar sein.

✪ Was habe ich?

Eigentlich nichts. Aber ich weiß, wie man mit der GDI zeichnet. Ich erinnere mich an das Kapitel C mit seiner Automatentheorie und den formalen Sprachen. Dort habe ich den Ableitungsbaum kennen gelernt. Eine mathematische Funktion wird in einer formalen Sprache dargestellt, die in einem solchen Ableitungsbaum dargestellt und ausgewertet werden kann.

➲ Wie löse ich das Problem?

U15D Ich schreibe einen Parser für mathematische Funktionen (**Bild 15.59**) und zeichne dann die Funktion auf (**Bild 15.60**).

15.7 Wie kann ich …

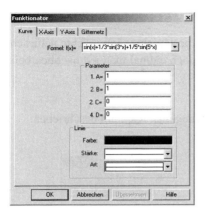

Bild 15.59: Eingabe einer mathematischen Funktion in einen Parser

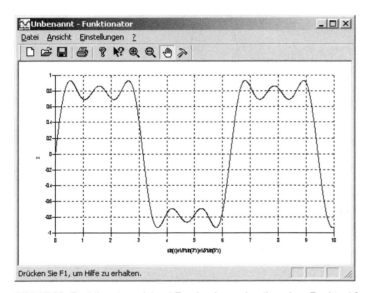

Bild 15.60: Funktionator zeichnet Fourier-Approximation einer Rechteckfunktion

15.7.4 … einen Interpolator schreiben?

◈ Was will ich?

Der Interpolator zeichnet eine glatte (zweimal stetig differenzierbare) Funktion durch vorgegebene Messwerte (Stützstellen) (**Bild 15.61**).

⊗ Was habe ich?

Die Theorie der stückweisen Interpolation wurde bereits beschrieben. Ich möchte natürlich die Messwerte aus einer Datei auslesen und bei Bedarf noch einmal manuell nachbearbeiten.

➲ Wie löse ich das Problem?

U15E Ich programmiere den Interpolator wie in den vorausgegangenen Kapiteln beschrieben.

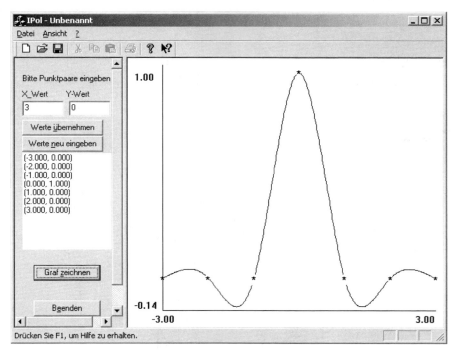

Bild 15.61: Interpolator mit einfacher Messdateneingabe

15.7.5 ... einen Approximator schreiben?

◇ Was will ich?

Der Approximator zeichnet eine Linearkombination vorgegebener Funktionen, wobei er versucht, den Fehler (Abstand) von den Messwerten minimal zu halten (**Bild 15.62**).

⊗ Was habe ich?

Nicht einmal die Theorie ist in diesem Buch beschrieben. Aber ich versuche es einmal auf der Hausseite des Autors.

➲ Wie löse ich das Problem?

U15F Ich programmiere den Approximator. Bei ihm lese ich die Daten aus einer Datei ein.

15.7 Wie kann ich ... 877

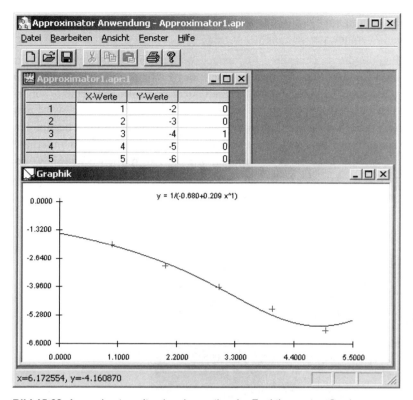

Bild 15.62: Approximator mit gebrochen rationaler Funktion ersten Grads

15.7.6 ... einen Fraktator schreiben?

◈ Was will ich?

Der Fraktator zeichnet „Apfelmännchen" oder allgemeiner Julia-Mengen (**Bild 15.63**). Das Ganze wollen wir vielleicht als Multithreading-Anwendung (Vielfaden-Anwendung) noch einmal aufgreifen.

✪ Was habe ich?

Die Theorie ist einfach: Iteriere eine komplexe Funktion der Art $z_{i+1}=z_i^2+c$ mit einer vorgegebenen Anzahl von Schritten. Eine komplexe Zahl $z = x + \mathtt{i}y$ setzt sich aus dem Realteil x und dem Imaginärteil y zusammen. Die imaginäre Einheit $\mathtt{i}$ ist die Wurzel aus -1. Pro Schritt wird die zweidimensionale Zahl z auf die komplexe Ebene abgebildet und wandert dabei herum.

Nehmen wir $c=0$ an, dann bleiben alle Punkte des Einheitskreises auf diesem, wandern aber um den Kreis herum. Ihr Abstand (Betrag) zum Nullpunkt bleibt konstant, ihr Winkel verdoppelt sich bei jedem Schritt. Basis hierfür ist die Eulersche Beziehung $z = x + \mathtt{i}y = a\ \mathrm{e}^{\mathtt{i}\varphi}$, wobei a der Betrag und φ der Winkel ist. Quadrieren ergibt dann $z^2 = a^2 \, e^{i2\varphi}$. Somit wird der Betrag quadriert und der Winkel verdoppelt. Ist der Betrag gerade 1, dann verändert er sich nicht.

Es gibt besondere Punkte, die so genannten *Fixpunkte*, die sich überhaupt nicht bewegen. Dies ist hier nur der Nullpunkt. Alle Punkte innerhalb des Einheitskreises wandern zum Nullpunkt hin, es ist daher ein anziehender (kontrahierender) Fixpunkt. Alle Punkte außerhalb des Einheitskreises divergieren gegen Unendlich. Durch die Konstante c wird nun dieses Verhalten verändert. Nach einer festen Anzahl von Iterationsschritten bestimmen wir den Betrag (Abstand vom Nullpunkt). Entscheiden wir nur, ob der Punkt innerhalb oder außerhalb des Einheitskreises liegt, so erhalten wir ein Zweifarben-Bild (Schwarz-Weiß-Bild). Führen wir Abstandsbereiche ein, so können wir diesen Bereichen unterschiedliche Farben zuordnen. Das Apfelmännchen wird farbig.

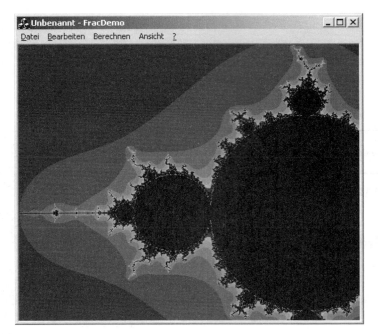

Bild 15.63: Apfelmännchen

Das Besondere ist nun, dass durch Vergrößerung eines Ausschnitts die Funktion nicht linearisiert wird. Vielmehr ergeben sich „selbstähnliche" Figuren, d. h., wir finden erneut kleine Apfelmännchen usw. Die in der Infinitesimalrechnung übliche Annäherung durch die Tangente funktioniert nicht mehr. Das System ist „chaotisch".

➲ Wie löse ich das Problem?

U15G Ich programmiere den Fraktator. Dazu verwende ich entweder eine selbstgeschriebene Klasse `CKomplex` oder setze die Vorlagenklasse `complex` ein, die ich mit der Kopfdatei `<complex>` einbinde. Das Besondere an einer Vorlagenklasse ist, dass als Basis-

15.7 Wie kann ich ... 879

klasse der Zahlen verschiedene Gleitpunktzahlen gewählt werden können. Daher gibt es die Spezialisierungen:

```
complex<double>
complex<float>
complex<long double>
```

Es ergibt sich das Apfelmännchen und ein selbstähnlicher Ausschnitt (**Bild 15.64**).

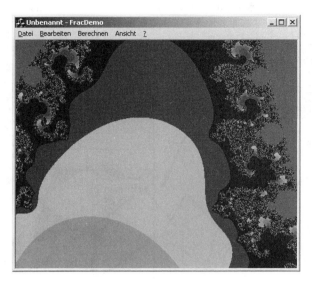

Bild 15.64: Ausschnitt aus einem Apfelmännchen

15.7.7 ... ein CAD-Programm schreiben?

U15I Wir sollten natürlich auf keinen Fall unser CAD-Programm aus dem ersten Kapitel vergessen. Schließlich haben wir an ihm die Vererbung und Polymorphie gelernt.

◇ Was will ich?

Ich möchte die erwähnte Klassenhierarchie umsetzen. Dabei soll jetzt aber die grafische Oberfläche zum Einsatz kommen, so dass das Programm etwas professioneller wird als Konsolenprogramm ↳ U07A, mit dem wir bereits eine primitive Variante entwickelt haben, bei der aber die Strecken nur waagerecht lagen usw.

✪ Was habe ich?

Ich habe die MFC, also sollte das Programm **MFC-fähig** werden. Der Entwurf sieht eine **Mehrfachvererbung** vor, also sollten wir diese wirklich (koste es was es wolle) am Beispiel der Klasse `CPolygon` realisieren. Hierbei werden wir sehen, dass sich eine Vielzahl nicht trivialer Problem eröffnet.

Wir sollten auch an die grafische Oberfläche denken und dem Benutzer einige Schmankerl wie **rastende Ikonen, Steuerelemente in der Symbolleiste, Anzeige aller wichtigen Daten in der Statusleiste, Einsatz des Gummibands** usw. bieten.

➪ Wie löse ich das Problem?

Leider sprengt die schrittweise Beschreibung dieser Aufgabe den Umfang des Kapitels. Deshalb sollten Sie auf den Quelltext und die Kommentare des Programms zurückgreifen. Hier muss eine Vorausschau genügen (**Bild 15.65**) und eine Aufzählung der Highlights.

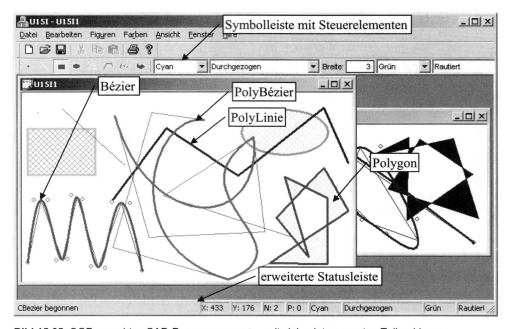

Bild 15.65: OOP-gerechtes CAD-Proogramm `U15I` mit vielen interessanten Teilproblemen

- Mehrstufige, optimiert Klassenhierarchie
- Echte Mehrfachvererbung, Polygon erben sowohl von PolyLinie als auch Flächenfigur
- PolyBezier- und echte Bezier-Kurven
- Zweite Symbolleiste mit Ikonen und Steuerelementen
- Statusleiste mit vielen Anzeigen
- Alle Figuren ziehbar, alle Punkte veränderbar
- Alle Figuren sind anklickbar und können verzogen werden
- MDI-Anwendung mit Gedächtnis, d. h., die Symbolleisten werden an das Kindfenster angepasst
- Rastende Ikonen, der gewählte Figurentyp bleibt aktiviert
- Gummibandfunktion

16

Dokument und Ansicht, Auflistungen

16	Dokument und Ansicht, Auflistungen	883
	16.1 Hauptrahmenfenster	883
	16.2 Interaktionen zwischen Dokument und Ansicht	886
	16.3 Ausgewählte Klassen der MFC	892
	16.4 Auflistungen	897
	16.5 Übungen	910
	16.6 Wie kann ich …	938

16 Dokument und Ansicht, Auflistungen

Bei den zurückliegenden Betrachtungen und Übungen haben wir mehr oder weniger abwechselnd dialogfeldbasierende, SDI- und auch schon MDI-Anwendungen eingesetzt. In diesem Kapitel wollen wir die Trennung von Dokumenten und Ansichten in den SDI-/MDI-Anwendungen näher betrachten. Diese Trennung stellt ein wesentliches Architekturmerkmal dar, das Visual C++ von *Smalltalk* übernommen hat.

Eine Ansicht ist (vereinfacht gesagt) all das, was der Benutzer von einem Dokument in einem Fenster auf seinem Bildschirm sieht. Damit ist es möglich, mehrere unterschiedliche Ansichten auf dasselbe Dokument zu realisieren, wie Sie es z. B. aus Word für Windows kennen. Dabei müssen wir den Begriff *Dokument* durchaus weiter fassen. Neben dem Textdokument kann auch eine CAD-Zeichnung, eine Datentabelle usw. als Dokument aufgefasst werden. Da ein Dokument im Allgemeinen eine Auflistung von Elementen (Zeilen), eine Zeile eine Auflistung von Elementen (Spalten) usw. ist, wollen wir uns in diesem Kapitel auch besonders diesen Datenstrukturen zuwenden.

16.1 Hauptrahmenfenster

16.1.1 Kindfenster des Hauptrahmenfensters

Betrachten wir ein Anwendungsfenster genauer, dann handelt es sich bereits in der SDI-Variante um ein Fenster, das selbst wieder Fenster enthält. Der Unterschied zwischen SDI und MDI (Multiple Document Interface) besteht hauptsächlich darin, dass im zweiten Fall der Programmierer weitere Fenstertypen anlegen und verwalten kann. Beide Anwendungstypen verfügen über ein so genanntes Hauptrahmenfenster (Mainframe), das im Wesentlichen aus dem Rahmen und der Titelleiste und ggf. aus der Menüleiste besteht. Das Ansichtsfenster füllt den verbleibenden Rest, den so genannten Client-Bereich (Anwendungsbereich), aus. Es teilt sich diesen Bereich aber mit anderen Kindfenstern (des Hauptrahmens), nämlich dem Werkzeugleistenfenster und dem Statusleistenfenster usw.

Das Hauptrahmenfenster ist für die Interaktionen mit dem Benutzer zuständig, d. h., es stellt sich und seine Kindfenster dar und empfängt die Benutzeraktionen, die es als Meldungen an die Ansicht weiterreicht. Den Code finden wir in den Dateien `MainFrm.h` bzw. `MainFrm.cpp`. Dort sehen wir, dass das Hauptrahmenfenster von der Klasse `CFrameWnd` abgeleitet wird. Das Dokument stammt dagegen von `CDocument` ab.

16.1.2 Meldungsverarbeitung

Die Benutzeroberfläche von Windows bietet eine Vielzahl von Möglichkeiten für den Anwender, Befehlsnachrichten einzugeben: Menüoptionen, Abkürzungstasten, Mausklicks auf Werkzeugleisten, Schaltflächen oder Ansichtsobjekte. Daneben können wir selbst durch Aufrufe der Funktionen `CWnd::SendMessage` oder `CWnd::PostMessage` Befehlsnachrichten an andere Anwendungen absetzen. Jeder Meldung wird eine Ganzzahl zugeordnet. Da wir sie hauptsächlich im Anwendungsassistenten festlegen, finden wir die von uns festgelegten Meldungen als Liste in `resource.h`:

```
//{{NO_DEPENDENCIES}}
// Microsoft Visual C++ generated include file.
// Used by U103.rc
//
#define IDR_MANIFEST                    1
#define IDD_ABOUTBOX                    100
#define IDP_OLE_INIT_FAILED             100
#define IDR_MAINFRAME                   128
#define IDR_U103TYPE                    129
#define ID_WERTE_NEU                    130
#define ID_WERTE_LOESCHEN               131
#define ID_Menu                         132
#define ID_WERTE_DRUCKEN                133
#define ID_DRUCKEN_AUFDRUCKER           134
#define ID_DRUCKEN_INDATEI              135
#define IDD_WERTE_NEU                   136
#define IDC_AUSGABETEXT                 1000
#define ID_OK                           1003
#define ID_CANCEL                       1004

// Next default values for new objects
//
#ifdef APSTUDIO_INVOKED
#ifndef APSTUDIO_READONLY_SYMBOLS
#define _APS_NEXT_RESOURCE_VALUE        141
#define _APS_NEXT_COMMAND_VALUE         32773
#define _APS_NEXT_CONTROL_VALUE         1005
#define _APS_NEXT_SYMED_VALUE           101
#endif
#endif
```

Daneben gibt es eine unsichtbare Liste mit Befehlsnachrichten wie z. B. `ID_FILE_OPEN` oder `ID_FILE_PRINT`, die fest mit einer internen Funktion verknüpft sind. Die meisten Befehlsnachrichten werden dem Hauptrahmenfenster der Anwendung übergeben. Dort müssten wir nun die Meldungen verteilen. Hier hilft uns der MFC-Anwendungsrahmen, der sie mit Hilfe eines Meldungsverteilers in unserem Programm automatisch der richtigen Ereignisfunktion zuordnet. Dabei geht er in folgender Reihenfolge vor:

SDI-Anwendung	MDI-Anwendung
Ansicht Dokument SDI-Hauptrahmenfenster Anwendung	Ansicht Dokument MDI-Kindfenster MDI-Hauptrahmenfenster Anwendung

Wird kein Empfänger der Meldung gefunden, so geht diese ins Leere. Für den Anwender bedeutet das, dass die Anwendung z. B. auf einen bestimmten Mausklick nicht reagiert.

16.1 Hauptrahmenfenster

Auch wenn wir nur selten selbst den Verteilmechanismus programmieren werden, so ist es ganz interessant, einmal festzustellen, wo er implementiert ist. Wir finden drei markante Stellen. In der Kopfdatei unserer Ansichtsklasse `UxxxView.h` finden wir folgenden Code:

```
// U103View.h : Schnittstelle der Klasse CU103View
//

#pragma once

class CU103View : public CView {
    ...
// Generierte Funktionen für die Meldungstabellen
protected:
  DECLARE_MESSAGE_MAP()
public:
  afx_msg void OnWerteNeu();
  afx_msg void OnLButtonUp(UINT nFlags, CPoint point);
};

#ifndef _DEBUG  // Debugversion in U103View.cpp
inline CU103Doc *CU103View::GetDocument() const
   { return reinterpret_cast<CU103Doc*>(m_pDocument); }
#endif
```

mit dem die Funktionsprototypen festgelegt werden. Im Implementationsteil der Ansicht finden wir an zwei Stellen Code. Zuerst kommt der Meldungsverteiler mit den beiden unterschiedlichen Meldungstypen:

```
// CU103View

IMPLEMENT_DYNCREATE(CU103View, CView)

BEGIN_MESSAGE_MAP(CU103View, CView)
  // Standarddruckbefehle
  ON_COMMAND(ID_FILE_PRINT, CView::OnFilePrint)
  ON_COMMAND(ID_FILE_PRINT_DIRECT, CView::OnFilePrint)
  ON_COMMAND(ID_FILE_PRINT_PREVIEW, CView::OnFilePrintPreview)
  ON_COMMAND(ID_WERTE_NEU, OnWerteNeu)
  ON_WM_LBUTTONUP()
END_MESSAGE_MAP()
```

Der erste Eintrag behandelt ein Ereignis. Der Methodenname als zweiter Parameter kann frei gewählt werden (in Abstimmung mit den beiden anderen Codestellen). Die Methode wird aufgerufen. Sie überschreibt keine vorhandene Methode.

Der zweite Eintrag behandelt eine Meldung, für die bereits eine Methode `CView::OnLButtonUp` existiert. Diese wird jetzt überschrieben.

Für jede Befehlsnachricht wird eine individuelle Ereignisfunktion programmiert:

```
// CU103View Meldungshandler
void CU103View::OnWerteNeu() {
  CWerteNeu Dlg;                        //Instanz anlegen
  CU103Doc *pDoc = GetDocument();       //Daten aus dem Dokument holen
  ASSERT(pDoc);
  ASSERT_VALID(pDoc);
  Dlg.m_strAusgabetext=pDoc->GibDaten();   //Vorgabewert
```

```
  if(Dlg.DoModal()==IDOK) {                //Dialog durchführen
    pDoc->SetzDaten(Dlg.m_strAusgabetext); //an Dokument übergeben
  }
} //CU103View::OnWerteNeu

void CU103View::OnLButtonUp(UINT nFlags, CPoint point) {
  ptPosition.x=point.x;
  ptPosition.y=point.y;
  Invalidate();
  CView::OnLButtonUp(nFlags, point);
} //CU103View::OnLButtonUp
```

In der überschriebenen Methode wird die Vorgängerfunktion aufgerufen, womit die Methode mehr macht als die Standardmethode. Sie ist spezialisiert.

16.1.3 Aktualisierung von Menüoptionen

Eine wesentliche Philosophie bei der Gestaltung von Benutzeroberflächen unter Windows besteht darin, dem Anwender ständig die möglichen Verarbeitungsfunktionen (zumindest in den Menüleisten usw.) anzuzeigen. Hierzu werden Menüoptionen aktiviert und deaktiviert (gegraut). So werden z. B. die Bearbeitungsfunktionen erst aktiviert, wenn ein Dokument geladen ist usw. Die Menüoptionen müssen also ständig an den Zustand der Anwendung angepasst werden, was dazu führen würde, dass wir an vielen Stellen unseres Programms die Menüoptionen speziell steuern müssten.

Die MFC-Bibliothek stellt uns stattdessen für jede Menüoption eines Aufklappmenüs eine spezielle Bearbeitungsfunktion zur Zustandsaktualisierung zur Verfügung, die ausgeführt wird, wenn das Menü aufgeklappt wird. Da diese Bearbeiter nur für die Optionen in den Aufklappmenüs existieren, können wir die Einträge der Hauptmenüleiste nicht verändern.

Dieser Bearbeiter besitzt einen Parameter vom Typ `CCmdUI`, der einen Zeiger auf die zugehörige Menüoption enthält. Über diesen Zeiger kann der Zustand der Menüoption geändert werden. Normalerweise bereiten wir die Verarbeitung von Menüoptionen ähnlich den anderen Ereignisfunktionen vor. In die Ereignisfunktion fügen wir eine logische Abfrage ein, die den Zustand der Menüoption steuert. Hierbei handelt es sich um Abfragen bestehender Informationen oder um die Steuerung über eine logische Variable, die wir speziell für diesen Zweck anlegen und auf `TRUE` oder `FALSE` setzen.

16.2 Interaktionen zwischen Dokument und Ansicht

Üblicherweise entwerfen wir unsere Anwendungen so, dass das Dokumentobjekt abgeleitet von der Klasse `CDocument` die Daten enthält, während die Ansichtsobjekte abgeleitet von `CView` diese Daten anzeigen. Die Kommunikation zwischen beiden Klassen erfolgt im Wesentlichen über fünf Methoden. Es handelt sich dabei um zwei nichtvirtuelle Basismethoden, die wir direkt aufrufen, sowie um drei virtuelle Methoden, die wir in unseren abgeleiteten Klassen normalerweise überschreiben.

16.2.1 Methoden der Klasse `CView`

Um zur Präsentation überhaupt an die Daten heranzukommen, benötigen wir eine Methode, die uns den Zugriff auf die Dokumentklasse ermöglicht:

```
CDocument *GetDocument() const;
```

Die Methode `GetDocument` liefert uns einen Zeiger auf das Dokumentobjekt. Über diesen Zeiger können wir dann die Methoden unseres Dokumentobjekts ansprechen. Diese Methode wird vom Anwendungsassistenten so überschrieben, dass wir nach der Generierung einer eigenen Ansicht über diese Methode unser abgeleitetes Dokument erhalten.

Wir haben diese Methode in unseren Beispielen in der Ereignisfunktion `OnDraw` verwendet, um das Anwendungsfenster zu zeichnen. Dieses Ereignis wird immer dann ausgelöst, wenn sich in der Darstellung des Fensters etwas ändert, sei es am Anfang, bei einer Größenänderung oder nach einer Überdeckung.

Im nächsten Kapitel werden wir die Methode `CDocument::UpdateAllViews` einsetzen, die alle Ansichten darüber informiert, dass sich Daten im Dokument geändert haben. Genauer gesagt wird der Anwendungsrahmen informiert, der seinerseits alle Ansichten benachrichtigt. Diese Meldung löst bei jeder Ansicht das Ereignis:

```
virtual void OnUpdate(CView *pSender,LPARAM
             lHint,CObject *pHint);
```

aus. Dies bedeutet, dass diese Methode nur für MDI-Anwendungen interessant ist.

pSender Zeiger auf die ändernde Ansicht oder `NULL`, falls alle Ansichten aufgefrischt werden sollen. Die ändernde Ansicht wird im ersten Fall nicht aufgefrischt.

lHint   Zusatzinformationen zum Auffrischen

pHint   Zeiger auf ein Objekt, das Zusatzinformationen zum Auffrischen enthält.

Da die Standardimplementierung den gesamten Anwendungsbereich für ungültig erklärt, wird anschließend das Fenster neu gezeichnet. Wenn dies sinnvoll ist, dann müssen wir nichts an dieser Methode ändern. Es kann aber sinnvoll sein, einen kleineren Bereich als ungültig zu markieren oder nur spezielle Elemente zu ändern. In diesem Fall überschreiben wir die Methode mit einer eigenen Version und steuern sie über den Parameter `lHint`. Im Allgemeinen werden wir nicht selbst auf die Ansicht zeichnen. Vielmehr erklären wir einen Rechteckbereich als ungültig, so dass er beim nächsten Zeichenvorgang aufgefrischt wird.

Die Methode:

```
virtual void OnInitialUpdate();
```

wird von der Rahmenanwendung aufgerufen, sobald eine Ansicht zum ersten Mal mit einem Dokument verknüpft wird, noch bevor die Ansicht angezeigt wird. Dieses Ereignis tritt beim Start der Anwendung und immer dann auf, wenn der Anwender die Befehle Neu bzw. Öffnen aus dem Dateimenü aktiviert. Der Anwendungsrahmen ruft OnInitialUpdate direkt nach OnCreate (wenn vorhanden) auf. OnCreate wird aber nur einmal aufgerufen, während OnInitialUpdate, wie erwähnt, mehrfach aufgerufen wird, und zwar in SDI- und MDI-Anwendungen.

Die Standardimplementation in CView löst nur das Ereignis OnUpdate aus. Wenn wir diese Ereignisfunktion überschreiben, so sollten wir darauf achten, dass wir entweder die Methode OnInitialUpdate der Basisklasse oder die Methode OnUpdate der abgeleiteten Klasse aufrufen.

Wir überschreiben diese Ereignisfunktion, um das Ansichtsobjekt erstmalig (in Abhängigkeit vom darzustellenden Dokument) zu initialisieren. Dies ist beispielsweise dann sinnvoll, wenn unsere Anwendung Dokumente fester Größe besitzt, um die Rollgrenzen des Fensters festzulegen (also z. B. bei der Darstellung eines Bitmap-Bilds). Ändert sich dagegen die Dokumentgröße (Bildgröße), dann passen wir die Grenzen jeweils im Ereignis OnUpdate an.

16.2.2 Methoden der Klasse CDocument

Natürlich ist es bei MDI-Anwendungen wichtig, innerhalb des Dokuments zu wissen, welche Ansichten auf das Dokument bestehen. Zur Abfrage existieren zwei Methoden:

```
virtual POSITION GetFirstViewPosition() const;
```

liefert uns die POSITION der ersten Ansicht, über die wir dann die Ansichten bestimmen können, und zwar mit der Methode:

```
virtual CView *GetNextView(POSITION& rPosition) const;
```

die uns einen Zeiger auf die zugeordnete Ansicht liefert, indem wir als Parameter die soeben bestimmte erste Position oder die Position des letzten Aufrufs übergeben.

Mit diesen beiden Methoden können wir durch alle Ansichten eines Dokuments iterieren:

16.2 Interaktionen zwischen Dokument und Ansicht

```
//Dieses Beispiel benutzt CDocument::GetFirstViewPosition
// und GetNextView, um alle Ansichten des Dokuments neu zu zeichnen
void CMeinDoku::OnZeichenAlleAnsichten() {
  POSITION pos=GetFirstViewPosition();
  while (pos!=NULL) {
    CView *pView=GetNextView(pos);
    pView->UpdateWindow();
  }
} //CMeinDoku::OnZeichenAlleAnsichten
```

Nun wird diese Funktion eigentlich ständig benötigt, wenn sich die Daten eines Dokuments ändern. Visual C++ hat daher logischerweise eine Methode, die diese Schleife automatisch abarbeitet, so dass wir die erwähnten Methoden nur in Ausnahmefällen benötigen, um bestimmte Ansichten auszuschließen oder anders zu behandeln:

```
void UpdateAllViews(CView *pSender,LPARAM
                    lHint=0L,CObject *pHint= NULL);
```

Normalerweise benachrichtigen wir mit dieser Methode alle Ansichten des Dokuments über eine Änderung der Daten. Diese Ansichten sollen sich dann auf die neuen Daten einstellen. Die ruft dazu die Methode `CView::OnUpdate()` der Ansichtsklasse auf, die wir schon besprochen haben.

Rufen wir `UpdateAllViews` aus einer Methode einer abgeleiteten Dokumentklasse auf, dann übergeben wir als Parameter die aktuelle Ansicht:

```
GetDocument()->UpdateAllViews(this);
```

Dadurch verhindern wir, dass der Anwendungsrahmen die aktuelle Ansicht benachrichtigt. Hierbei gehen wir davon aus, dass die aktuelle Ansicht bereits die geänderten Daten anzeigt. Über die weiteren, optionalen Parameter können wir steuern, welcher Teil der Ansicht geändert werden soll. In unmittelbarer Nachbarschaft zu diesem Aufruf finden wir häufig den Aufruf von:

```
virtual void SetModifiedFlag(BOOL bModified=TRUE);
```

Diese Funktion verändert die interne Variable `bModified`. Sie wird beim Schließen eines Dokuments abgefragt und sorgt dafür, dass die Veränderungen am Dokument bei Bedarf gespeichert werden. Es ist daher sinnvoll, diese Methode bei jeder Schreiboperation auf das Dokument aufzurufen. Im Implementationsteil des Dokumentobjekts finden wir eine weitere wichtige Ereignisfunktion:

```
virtual BOOL OnNewDocument();
```

Der Anwendungsrahmen löst dieses Ereignis nach der Erzeugung eines Dokumentobjekts aus. In einer SDI-Anwendung wird das Ereignis durch den Anwender über die Option `Datei|Neu` aktiviert. Wollen wir ein Dokument vorbelegen, dann ist die zugehörige Ereignisfunktion der geeignete Platz. Aus diesem Grund generiert der Anwendungsassistent eine Überschreibung:

```
BOOL CU103Doc::OnNewDocument()
{
  if (!CDocument::OnNewDocument())
    return FALSE;

  // TODO: Hier Code zur Reinitialisierung einfügen
  // (SDI-Dokumente verwenden dieses Dokument)

  return TRUE;
}
```

Wir sollten – wie bereits vorgesehen – die Methode der Basisklasse aufrufen, um deren Funktionalität zu nutzen. Die Standardimplementation der Methode ruft die Methode `DeleteContents` auf, um das existierende Dokument zu löschen. Danach wird ein Merker gesetzt, der diesen Zustand signalisiert. Diese Methode ist damit ein guter Platz, um Sicherheitsabfragen usw. einzubauen. Da es in einer SDI-Anwendung nur ein Dokument gibt, wird dieses nicht wirklich zerstört, um anschließend wieder angelegt zu werden. Vielmehr wird das Dokument nur gelöscht. Somit initialisieren wir ein neues Dokument nicht über den Konstruktor, sondern benutzen die Ereignisfunktion `OnNewDocument`, um das neue Dokument anzulegen.

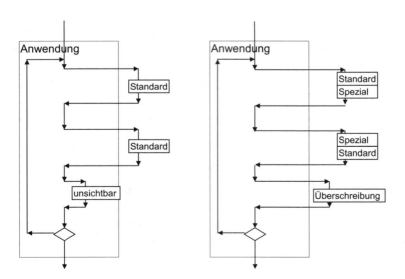

Bild 16.1: Programmiertechniken

16.2.3 Reihenfolge der Ereignisse

Wie wir bereits mehrfach erfahren haben, lösen bestimmte Ereignisse weitere Ereignisse aus. Moderne, ereignis- und objektorientierte Programmiersprachen machen daraus oft ein Geheimnis, da das Programm erst einmal in den Tiefen des Programmcodes verschwindet, um hin und wieder die Kontrolle an eines unserer Programmstücke zu übergeben. Ein Großteil der Ereignisfunktionen ist vordefiniert und reagiert standardmäßig. Wollen wir ein anderes Verhalten erzeugen, dann müssen wir die Methode finden, die überschrieben werden muss, um dieses Verhalten zu erzeugen (**Bild 16.1**).

Benötigen wir die Standardfunktionalität, so rufen wir sie innerhalb unserer Speziallösung auf. Das kann im Grunde an drei Stellen geschehen: Bevor wir Daten verändern, nachdem wir Daten verändert haben bzw. an beliebiger Stelle zwischen anderen Operationen. Die Reihenfolge ist dann wichtig, wenn z. B. die Eingabe des Anwenders ausgewertet und ggf. verändert wird.

Bei einer einfachen SDI-Anwendung können wir folgende Reihenfolge der internen Funktionsaufrufe feststellen:

Ereignis	Funktion	Anzeige
Start	Objekt `MeinDoku` wird konstruiert	
	Objekt `MeineAnsicht` wird konstruiert	
	Ansichtsfenster wird erzeugt	
	Aufruf: `CMeineAnsicht::OnCreate` (wenn ein Bearbeiter vorhanden ist)	
	Aufruf: `CmeinDoku::OnNewDocument`	
	Aufruf: `CMeineAnsicht::OnInitialUpdate`	
		Ansichtsobjekt wird initialisiert
		Ansichtsfenster wird ungültig markiert
		Ansichtsfenster wird neu gezeichnet
Benutzereingaben	Aufruf der zugehörigen `CMeineAnsicht`-Ereignisfunktionen	
	Übergabe der Daten an `MeinDoku`	
Ende	Objekt `MeineAnsicht` wird zerstört	
	Objekt `MeinDoku` wird zerstört	

16.3 Ausgewählte Klassen der MFC

16.3.1 Klasse `CFormView`

Die Klasse `CFormView` ist eine häufig verwendete Klasse, die uns viele Eigenschaften eines nichtmodalen Dialogfensters zur Verfügung stellt. Sie ist die Basisklasse für all unsere Fenster, die weitere Steuerelemente enthalten. Ähnlich wie die von `CDialog` abgeleiteten Klassen sind sie mit einer Dialogressource verknüpft, die das äußere Erscheinungsbild festlegt. Die abgeleiteten Klassen verfügen über die gleichen Dialogdatenaustausch- und -überprüfungsfunktionen (DDX bzw. DDV) wie die `CDialog`-Klassen.

Es erhebt sich die Frage, wie sich beide Klassen unterscheiden. Ein `CFormView`-Objekt erhält (im Gegensatz zu `CDialog`-Objekten) Ereignisse direkt von seinen Steuerelementen ebenso wie Meldungen vom Anwendungsrahmen. Dadurch ist eine Ansicht dieses Typs schneller und einfacher über das Hauptmenü bzw. die Werkzeugleiste zu steuern.

Ein Blick auf die Klassenhierarchie zeigt (**Bild 16.2**), dass beide Klassen von `CWnd` abstammen. Danach geht ihr Stammbaum aber auseinander, so dass sich die Funktionalität einerseits gleicht, andererseits jedoch – wie beschrieben – unterscheidet.

`CFrameView`-Objekte besitzen keine Methode `OnInitDialog`. Da sie auch nicht automatisch mit Schaltflächen ausgestattet werden, existieren keine Ereignisfunktionen `OnOK` bzw. `OnCancel`. Die Methode `UpdateData` bzw. eine der DDX-Funktionen werden ebenfalls nicht automatisch aufgerufen, so dass wir den Datenaustausch mit `UpdateData` zur geeigneten Zeit selbst durchführen müssen. Hier eignen sich Meldungen oder Ereignisse (z. B. das Schließen des Fensters).

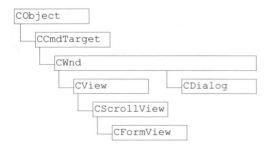

Bild 16.2: Klassenhierarchie `CFormView`

Auch wenn sich die Klassen unterscheiden, so können wir doch einige der Methoden von `CDialog` verwenden, ohne sie ererbt zu haben. Zu diesem Zweck müssen wir nur den Zeiger auf ein `CFormView`-Objekt in einen Zeiger auf ein `CDialog`-Objekt umwandeln. Auf diese Weise können wir Methoden für Nachfolger von `CFormView` schreiben, die auf `CDialog`-Methoden zurückgreifen. Das folgende Beispiel:

16.3 Ausgewählte Klassen der MFC

```
((CDialog*) this)->GotoDlgCtrl(GetDlgItem(IDC_NAME));
```

geht von einem Steuerelement `IDC_NAME` in einem von `CFrameView` abgeleiteten Fenster aus. Wir wandeln den Zeiger auf das Fenster in einen Zeiger auf ein `CDialog`-Objekt um. Daher können wir auf die Methode `GotoDlgCtrl` zugreifen, die den Eingabefokus auf ein benanntes Steuerelement setzt. Den notwendigen Zeiger liefert uns die Methode `GetDlgItem` der Klasse `CWnd`, die damit an beide Klassen vererbt wird, wobei wir hier über `CFrameView` zugreifen.

Bei aller Freude über diese Eigenschaft sollten wir nicht vergessen, dass es immer noch die Methode `CWnd::SetFocus()` gibt.

⌦ Beim Anlegen eines Fensters der Klasse `CFrameView` müssen wir einige Punkte beachten ✎ U119:

1. Erzeugen wir ein Fenster mit dem Ressourceneditor, dann müssen wir nebenstehend Dialogeigenschaften eingeben.

Eigenschaft	Wert
Stil	Untergeordnet
Rahmen	None
Sichtbar	False

2. Im Anwendungsassistenten wählen wir den Typ `CFormView`. Die Eigenschaften werden automatisch richtig eingestellt. Danach werden mit dem Klassenassistenten die Bearbeiter angelegt. Damit der Klassenassistent Bearbeiter für die Menüereignisse richtig anlegt, muss er aus dem Ressourceneditor aufgerufen werden. ■

16.3.2 Klasse `CObject`

Fast alle Klassen der MFC stammen von `CObject` ab. Sie bildet die Wurzel des Hierarchiebaums. Somit besitzen alle Nachkommen die Eigenschaften der Klasse `CObject`.

Diese Klasse vererbt eine Grundfunktionalität und eine Reihe weiterer Fähigkeiten z. B. zur Serialisierung und Diagnose.

16.3.2.1 Grundfunktionalität

Bei Ableitung einer Klasse von `CObject`:

```
class CObjectNachfolger : public CObject {
  //eigene Ergänzungen (Variablen, Methoden usw.)
};
```

können wir zwischen folgenden Funktionalitätsstufen wählen:

Stufe	Grundfunktionalität und Speicherverwaltungsdiagnose
DECLARE_DYNAMIC	plus Laufzeitinformationen über Klassen
DECLARE_DYNCREATE	plus dynamische Erstellung
DECLARE_SERIAL	plus Serialisierung

Dabei enthalten die höheren Stufen jeweils die Funktionalitäten aller niedrigeren Stufen. Wollen wir später eine Klasse selbst als Basisklasse einer Vererbungshierarchie benutzen, so sollten wir sie zumindest als `DECLARE_DYNAMIC` erklären. Enthält sie Daten, die über das Programmende hinaus gespeichert werden sollten, so wählen wir `DECLARE_SERIAL`. Die Wahl geben wir über zwei Makros innerhalb der Kopf- und der Implementationsdatei unserer neuen Klasse `CMeineKlassse` bekannt. Zu jedem `DECLARE`-Makro gibt es hierfür ein entsprechendes `IMPLEMENT`-Makro, also z. B.:

```
DECLARE_DYNAMIC(CObjectNachfolger)    in ObjectNachfolger.h
IMPLEMENT_DYNAMIC(CObjectNachfolger)  in ObjectNachfolger.cpp
```

Wir fügen diese Makros folgendermaßen in unsere Kopfdateien:

```
class CObjectNachfolger : public CObject {
  DECLARE_DYNAMIC(CObjectNachfolger)
  //eigene Ergänzungen (Variablen, Methoden usw.)
};
```

und Implementationsdateien ein:

```
IMPLEMENT_DYNAMIC(CObjectNachfolger)
```

Weiterhin sind folgende Zusatzaktionen notwendig:

Funktionalitätsstufe	Zusätzliche Aktionen
`DECLARE_DYNCREATE`	`Standardkonstruktor` notwendig
`DECLARE_SERIAL`	`Serialize` überschreiben

Mit der Deklaration stehen folgende Elemente zur Verfügung:

Funktionalitätsstufe	`CObject::IsKindOf`	`CRuntimeClass::CreateObject`	`CArchive::operator>>` `CArchive::operator<<`
	Nein	Nein	Nein
`DECLARE_DYNAMIC`	Ja	Nein	Nein
`DECLARE_DYNCREATE`	Ja	Ja	Nein
`DECLARE_SERIAL`	Ja	Ja	Ja

Normalerweise werden wir nach der Ableitung eine Reihe der Methoden von `CObject` überschreiben. Typisch ist die Methode `Dump`. Details folgen in den nächsten Kapiteln. Der Serialisierung widmen wir ein eigenes Kapitel.

16.3.2.2 Diagnosefunktionen

Die MFC-Bibliothek stellt eine Reihe von Diagnosefunktionen zur Verfügung, die während des Debugmodus aktiv sind. Dies ist der Modus, der automatisch beim Anlegen eines neuen Projekts aktiv ist. Wir schalten über `Build|Set Default Configuration...` bei Bedarf in den Modus `Win32-Release` um. Wir gehen im Kapitel ↬ «Fehlersuche und Ausnahmebehandlung» noch einmal näher auf diese Funktionen ein.

16.3 Ausgewählte Klassen der MFC

Der Debugmodus sorgt dafür, dass der gesamte Diagnosecode hinzugelinkt wird. Die Ausgabe erfolgt in der Debugansicht des Ausgabefensters.

16.3.2.2.1 TRACE-Makro

Das Makro `TRACE` gibt Daten auf der Debugansicht aus. Sie sind aktiv, wenn die Konstante `_DEBUG` definiert ist. Dies ist der Fall, wenn wir im Debugmodus sind und die Variable `afxTraceEnabled` den Wert `TRUE` hat. Sie hat starke Ähnlichkeit mit der Anweisung `printf`, d. h., erlaubt eine entsprechende Formatierung. Da die Typüberprüfung bei diesem Makro nicht angewandt wird, müssen die Formatangaben sorgfältig überprüft werden, da sonst falsche Ergebnisse angezeigt werden können. Objekte der Klasse `CString` müssen explizit in `const char*` gewandelt werden, um angezeigt zu werden.

16.3.2.2.2 Objekt `afxDump`

Die MFC-Bibliothek bietet uns eine Visual C++ .NET-gerechtere Variante in Form des Objekts `afxDump` an. Es arbeitet ähnlich wie das Ausgabestromobjekt `cout` bzw. das Archivobjekt `ar`. Dabei können wir auf komplexe Formatierungen verzichten. Eine typische Anweisung lautet:

```
#ifdef _DEBUG
    afxDump << "Anzahl = " << nAnzahl << ", Bemerkung = ", strBem << "\n";
#endif
```

Zwar haben `cout` und `afxDump` den gleichen, aber nicht denselben Einfügeoperator `<<`, d. h., sie verwenden den gleichen Code, da `cout` aus der `IOStream`-Bibliothek von Visual C++, `afxDump` aber aus der MFC-Bibliothek stammt. Daher kann es zu Unterschieden in der Ausgabe kommen.

`afxDump` ist eine Instanz der Klasse `CDumpContext`, die eine Vielzahl von überladenen Einfügeoperatoren besitzt, um möglichst viele Datentypen automatisch zu akzeptieren:

```
CDumpContext& operator <<( const CObject *pOb );
throw( CFileException );
CDumpContext& operator <<( const CObject& ob );
throw( CFileException );
CDumpContext& operator <<( LPCTSTR lpsz );
throw( CFileException );
CDumpContext& operator <<( const void *lp );
throw( CFileException );
CDumpContext& operator <<( BYTE by );
throw( CFileException );
CDumpContext& operator <<( WORD w );
throw( CFileException );
CDumpContext& operator <<( DWORD dw );
throw( CFileException );
CDumpContext& operator <<( int n );
throw( CFileException );
CDumpContext& operator <<( double d );
throw( CFileException );
CDumpContext& operator <<( float f );
throw( CFileException );
CDumpContext& operator <<( LONG l );
```

```
throw( CFileException );
CDumpContext& operator <<( UINT u );
throw( CFileException );
CDumpContext& operator <<( LPCWSTR lpsz );
throw( CFileException );
CDumpContext& operator <<( LPCSTR lpsz );
throw( CFileException );
```

Es fehlen alle Klassen, die nicht von `CObject` abgeleitet sind, wie `CString`, `CTime`, `CRect` und `CPoint`. Diese enthalten ihre eigenen überladenen Einfügeoperatoren. Wir sehen, dass es zwei Einfügeoperatoren für Referenzen und Zeiger auf `CObject`-Objekte gibt. Da alle abgeleiteten Klassen diese Einfügeoperatoren erben, können wir damit sehr einfach ganze Objekte ausgeben. Als Beispiel betrachten wir folgende einfache Nachfolgerklasse:

```
class CObjectNachfolger : public CObject {
public:
   int m_nVariable;
};
```

Rufen wir nun das Debugobjekt mit:

```
CObjectNachfolger ObjectNachfolger;
      //...
#ifdef _DEBUG
      afxDump << ObjectNachfolger;
#endif
```

auf, so wird die an die Methode `CObject::Dump` weitergereicht. Diese liefert aber nur die Adresse des Objekts. Wollen wir aber den aktuellen Inhalt des Objekts anzeigen, so überschreiben wir `Dump` für das gewünschte Objekt:

```
#ifdef _DEBUG
void CObjectNachfolger:Dump(CDumpContext& dc) const {
    CObject::Dump(dc);   //auf jeden Fall Basismethode aufrufen
    dc << "\nVariable = " << m_nVariable << "\n";
}
#endif
```

Die Basismethode gibt die Adresse des Objekts aus. Daran schließt sich unsere Ausgabe an:

```
a CObject at $9999
Variable = 999
```

Da es beliebig viele Instanzen unserer abgeleiteten Klasse geben kann, wollen wir u. U. den Namen des Objekts vor die Ausgabe stellen. Hier helfen uns zwei Makros, die wir in die Deklaration bzw. in die Implementation von `CObjectNachfolger` aufnehmen müssen. Damit sieht die Kopfdatei beispielsweise folgendermaßen aus:

```
class CObjectNachfolger : public CObject {
    DECLARE_DYNAMIC(CObjeckNachfolger)
public:
    int m_nVariable;
};
```

Den Implementationsteil ändern wir auf:

```
#include "StdAfx.h"
#include "ObjectNachfolger.h"

IMPLEMENT_DYNAMIC(CObjectNachfolger,CObject)

#ifdef _DEBUG
void CObjectNachfolger:Dump(CDumpContext& dc) const {
    CObject::Dump(dc);     //auf jeden Fall Basismethode aufrufen
    dc << "\nVariable = " << m_nVariable << "\n";
}
#endif
```

Die Makros `DECLARE_SERIAL` und `IMPLEMENT_SERIAL` wirken analog.

16.3.2.3 Überwachung des Freispeichers

Im Debugmodus gibt der Anwendungsrahmen alle Objekte aus, die zum Programmende noch nicht gelöscht waren und damit zu so genannten Speicherlecks (Memory Leaks) führen. Wenn wir es uns angewöhnen, alle Objekte grundsätzlich auch vor dem Programmende zu löschen, so hilft uns diese Liste, Programmfehler frühzeitig zu entdecken.

In unseren Programmen finden wir folgende generierte Zeilen:

```
// U119Doc.cpp : Implementierung der Klasse CU119Doc
//

#include "stdafx.h"
#include "U119.h"

#include "U119Doc.h"

#ifdef _DEBUG
#define new DEBUG_NEW
#endif
```

Durch die fett markierte Zeile wird die Debug-Laufzeitbibliothek angewiesen, die Dateinamen und die Zeilennummern aufzulisten, an denen Speicherreservierungen vorgenommen werden.

Beispiele für solche Meldungen haben wir bereits in Kapitel ↳ 15 «Grafik» beim Programm `U159` und anderen kennen gelernt.

16.4 Auflistungen

16.4.1 Grundlagen

Auflistungen (dynamische Listen) sind eines der flexibelsten Werkzeuge moderner Programme und Programmiersprachen. Das Betriebssystem Windows selbst ist ein typischer Vertreter für die intensive Anwendung solcher Auflistungen. In der historischen Entwicklung der Programmiersprachen ist die Entwicklung der verschiedenen Auflistungstypen nachvollziehbar. Sie beginnt mit den statischen Arrays und entwickelt sich zu den beliebig zusammenstellbaren Listen unterschiedlichster Typen. Visual C++ bietet ab der Version 3.0 Vorlagen für verschiedene Auflistungsklassen an, in die der Programmierer seine eigenen Typen integrieren kann.

Auflistungsklassen unterscheiden sich einmal in ihrer Architektur (Shape) und zum anderen in den erlaubten Datentypen der Elemente. Einige der Architekturen sind Ihnen vielleicht schon begegnet. So ist ein Array eine Wiederholungsstruktur von Elementen des gleichen Typs. Da ein solches Array wiederum zu neuen Arrays zusammengestellt werden kann, handelt es sich um eine rekursive Anordnung von Daten. Ein (eindimensionaler) Ganzzahlvektor ist z. B. die Wiederholung von Elementen des Typs int. Eine Matrix (zweidimensional) ist die Wiederholung von Ganzzahlvektoren, ein Würfel (dreidimensional) die Wiederholung von Matrizen usw. Listen kennen wir als einfach oder mehrfach verkettete Listen, als Ringlisten, FIFO-Listen, Kellerspeicher usw. Schauen wir zuerst einmal, was Visual C++ alles bietet. Dort finden wir drei grundsätzliche Architekturen:

Liste (list)

Dies ist eine sortierte, nicht indizierte Auflistung, die intern als doppelt verkettete Liste realisiert ist. Diese Definition besagt, dass wir immer nur über den *Kopf* einsteigen und uns dann sequenziell in Richtung des *Schwanzes* vorwärts bewegen können. Die doppelte Verknüpfung erlaubt es auch, rückwärts zu laufen. Die Elemente der Liste sind beliebig im Zentralspeicher verstreut und über Zeiger miteinander verknüpft. Das Einfügen oder Löschen von Elementen erfolgt (bis auf den Suchvorgang) sehr schnell durch „Verbiegen" der Zeiger.

Feld (Array)

Ein Array („Feld" wird für zu viele unterschiedliche Elemente gebraucht) ist in seiner klassischen Form eine indizierte Auflistung von Elementen gleichen Typs. Dies bedeutet, dass die Elemente gleich groß sind, so dass das Referenzieren eines Elements auf eine einfache Adressberechnung (Startadresse des Arrays plus Offset) zurückgeführt wird. Visual C++ bietet diese Arrays als dynamische Arrays an, wobei das Array und auch die Elemente ungleich lang sein können. Damit entspricht das Array einer Liste mit einer zusätzlichen Indizierung.

Tabelle (Wörterbuch, Map, Dictionary)

In Tabellen wird ein Schlüsselobjekt (Primärschlüssel) mit Werteobjekten (Datensätzen) verknüpft. Die Schlüsselobjekte sind als Hash-Tabellen organisiert. An ihnen hängen die Werteobjekte über Zeiger.

Hash-Tabellen ermöglichen eine schnelle Schlüsselsuche. Hierbei wird der Schlüssel in einen Hash-Wert umgerechnet, der deutlich kürzer als der Schlüssel ist. Als Beispiel können wir uns dies an Namen vorstellen, bei denen wir alle Vokale weglassen und den verbleibenden Rest auf eine bestimmte Anzahl Buchstaben kürzen. Das kann zu doppelten Hash-Werten führen, für die ein Kollisionsmechanismus aktiviert werden muss. Um die

16.4 Auflistungen

Kollisionen niedrig zu halten, sollte man die Größe der Hash-Tabelle als Primzahl wählen, die mindestens 20% größer als die erwartete Anzahl der Tabelleneinträge ist.

Hash-Tabellen können (im Gegensatz zu den B-Bäumen einer Datenbank) nicht sequenziell durchlaufen werden, d. h., wir haben keinen indexsequenziellen, sondern nur einen indizierten Zugriff auf die Elemente der Tabelle.

Visual C++ unterscheidet noch zwischen typunsicheren und typsicheren Auflistungen. Beim ersten Typ hängen die Elemente über Zeiger an den Knoten, ohne dass bei der Verarbeitung eine Überprüfung auf den erlaubten Typ erfolgt. Hier helfen die typsicheren Auflistungen weiter, die bereits zur Übersetzungszeit eine Reihe von Fehlern erkennen lassen.

Auf Vorlagen basierende Auflistungsklassen

Die einfachste und sicherste Methode, um Auflistungen zu nutzen, sind Auflistungsklassen, die auf die Vorlagen der MFC zurückgreifen:

Inhalt	Felder	Listen	Tabellen
Auflistungen von Objekten beliebigen Typs	`CArray`	`CList`	`CMap`
Auflistungen von Zeigern auf Objekte beliebigen Typs	`CTypedPtrArray`	`CTypedPtrList`	`CTypedPtrMap`

Nicht auf Vorlagen basierende Auflistungsklassen

Diese Klassen sind sozusagen die Vorläufer der Vorlagen-Auflistungen und in Sonderfällen einfacher zu handhaben:

Felder (Arrays)	Listen (Lists)	Tabellen (Maps)
`CObArray`	`CObList`	`CMapPtrToWord`
`CByteArray`	`CPtrList`	`CMapPtrToPtr`
`CDWordArray`	`CStringList`	`CMapStringToOb`
`CPtrArray`		`CMapStringToPtr`
`CStringArray`		`CMapStringToString`
`CWordArray`		`CMapWordToOb`
`CUIntArray`		`CMapWordToPtr`

`CObArray`/`CObList` und `CPtrArray`/`CPtrList` unterscheiden sich dabei im erlaubten Typ Knotenelemente (Zeiger auf Objekte, die von `CObject` abgeleitet sind, oder typenlose `void`-Zeiger), was wiederum Auswirkungen auf die Diagnoseausgaben und die Serialisierung hat (Kapitel ↳ 16.3.2 «Klasse `CObject`»). Beide Auflistungen sind nicht typsicher, d. h., sie können Zeiger auf Objekte unterschiedlicher Klassen aufnehmen (bei `CObArray`/`CObList` müssen sie nur Nachkommen von `CObject` sein).

Welche Klasse sollen wir aber nehmen?

Die Anmerkungen zu den letzten Klassen zeigen, dass die Verwendung von C++-Klassen oder der Serialisierung Kriterien für die Auswahl sein können.

Wir können folgende Eigenschaften zusammenstellen:

Architektur	Sortiert?	Indiziert?	Element		
			einfügen	suchen	Duplikate?
Feld (Array)	Ja	Nach Ganzzahlen	Langsam	Langsam	Ja
Liste	Ja	Nein	Schnell	Langsam	Ja
Tabelle	Nein	Nach Schlüsseln	Schnell	Schnell	Nein (Schlüssel) Ja (Werte)

Bei der Sortierung handelt es sich nicht um eine inhaltliche Sortierung (wie bei der Tabelle), sondern um die Beibehaltung der Reihenfolge der Eingabe.

Aussagen zu weiteren Details wie:
- verwendet C++-Vorlagen
- kann serialisiert werden
- kann zur Diagnose ausgegeben werden
- typsicher

finden Sie in der Online-Hilfe.

Bei den vorlagenbasierten Auflistungen ist die Anzahl der Möglichkeiten deutlich reduziert worden, da wir nun in der Lage sind, `CObList` als `CTypedPtrList` für Elemente einer einzigen Klasse anzulegen.

16.4.2 Typsichere Auflistungen

Wie erwähnt, werden wir nur die typsicheren Auflistungen näher betrachten. Hierbei unterscheiden wir die einfachen Auflistungsklassen und die Klassen mit Typzeigern. Alle einfachen Klassen `CArray`, `CList`, `CMap` sind von `CObject` abgeleitet, so dass sie die bereits beschriebenen Eigenschaften wie Diagnoseausgaben, dynamisches Erstellen und Serialisierung erben.

Bei den Auflistungen mit Typzeigern müssen wir eigene Klassen ableiten und dabei die Basisklasse angeben.

16.4.2.1 Anlegen einfacher Arrays und Listen

Die Deklaration einfacher Arrays bzw. Listen unterscheidet sich etwas von den Tabellen. Hier geben wir über die beiden Parameter `TYPE` bzw. `ARG_TYPE` die Klasse der Datenelemente und den Typ der Funktionsparameter an, mit dem wir die Daten an die Auflistung übergeben. Bei den Datentypen haben wir freie Hand zwischen:
- Grundlegende C++-Datentypen, zum Beispiel `int`, `char` und `float`

16.4 Auflistungen

- C++-Strukturen und -Klassen
- andere von uns definierte Typen

Der zweite Parameter ist meist der grundlegende Datentyp oder die Referenz auf den komplexeren Datentyp:

```
CArray<int,int> MeinArray;
CList<CPersonInfo,CPersonInfo&> MeinePersonenListe;
```

Das erste Beispiel zeigt ein Array `MeinArray` vom Typ `int`. Im zweiten Beispiel legen wir eine Liste `MeinePersonenListe` an, die Objekte vom Typ `CPersonInfo` enthält. Diese Objekte übergeben wir als Referenz an einige der Methoden wie z. B. `Add`:

```
CPersonInfo Person;
...
MeinePersonenListe->Add(Person);
```

16.4.2.2 Anlegen einfacher Tabellen

Die einfache Tabellenklasse `CMap` hat vier Parameter `KEY`, `ARG_KEY`, `VALUE` und `ARG_VALUE`, die notwendig sind, um die zusätzliche Schlüsselklasse zu deklarieren. Über den Schlüssel greifen wir dann auf die Werte zu:

```
CMap<int,int,MEINE_STRUKTUR,MEINE_STRUKTUR&> MeineTabelle1;
CMap<CString,LPCSTR,CPersonInfo,CPersonInfo&> MeineTabelle2;
```

Die beiden Beispiele zeigen den typischen Einsatz bei einer Datenstruktur oder einer Klasse. Bei der Struktur greifen wir über einen Ganzzahlschlüssel, bei der Klasse über einen Text vom Typ `CString` zu. In beiden Fällen erfolgt die Rückgabe der gefundenen Einträge über Verweise (Referenzen). Die Übergabe der Suchschlüssel ist unterschiedlich. In der Klassenvariante haben wir den Parameter `KEY` zu `CString` gewählt. Der `KEY_TYPE` ist vom Typ `LPCSTR`. Dies ist eine schreibgeschützte Variante von `LPSTR`, dem Zeiger auf eine konstante, nullterminierte Windows-Zeichenkette. `LPCSTR` ist definiert als `(const char FAR*)`. Die Schlüssel werden also intern als `CString`-Objekte gespeichert. Die Übergabe erfolgt aber als Zeiger auf eine Zeichenkette. Um z. B. auf eine bestimmte Zeile in der Tabelle zu positionieren, verwenden wir:

```
CMap<CString,LPCSTR,CPersonInfo,CPersonInfo&> MeineTabelle2;
CPersonInfo Person;
LPCSTR lpstrName="Scheibl";
MeineTabelle2->SetAt(lpstrName,Person);
```

Zu jeder Auflistung mit Objekten gibt es die analoge Auflistung mit Typzeigern.

16.4.2.3 Anlegen von Arrays und Listen mit Typzeigern

Die beiden Aufzählungsklassen mit Typzeigern `CTypedPtrArray` und `CTypedPtrList` haben zwei Parameter: `BASE_CLASS` und `TYPE`. Damit können wir Arrays oder Listen für jeden beliebigen Datentyp anlegen, den wir unter `TYPE` angeben. Im Parameter `BASE_CLASS` wählen wir die Basisklasse aus:

Array	Liste
CObArray	CObList
CPtrArray	CPtrList

Die Liste erhält damit einerseits die Eigenschaften der Basisklasse sowie die Eigenschaften der übergebenen Elementklasse. Sie sorgt dafür, dass entsprechend typsichere Methoden und Operatoren für die Elementklasse zur Verfügung stehen. Die Syntaxbeispiele sehen folgendermaßen aus:

```
CTypedPtrArray<CObArray,CPersonInfo*> MeinArray;
CTypedPtrList<CPtrList,MEINE_STRUKTUR*> MeineListe;
```

`MeinArray` verarbeitet Zeiger auf Objekte vom Typ `CPersonInfo`, wobei `CPersonInfo` von `CObject` abgeleitet ist (sonst müssten wir auf `CPtrArray` umschwenken). `MeineListe` ist ein Beispiel für eine Liste von Elementen, die nicht auf `CObject` aufbauen. Typisch hierfür sind alle Strukturen, die ja keine Vererbung kennen.

16.4.2.4 Anlegen von Tabellen mit Typzeigern

Die Typzeiger-Tabellenklasse `CTypedPtrMap` hat drei Parameter: BASE_CLASS, KEY und VALUE. KEY und VALUE entsprechen den Parametern von CMap, also dem Typ des Schlüssels und dem Typ der gespeicherten Elemente. Mit BASE_CLASS geben wir die Klasse an, von der unsere Auflistung abgeleitet werden soll. Erlaubt sind:

CMapPtrToWord

CMapPtrToPtr

CMapStringToOb

CMapStringToPtr

CMapStringToString

CMapWordToOb

CMapWordToPtr

Die Syntaxbeispiele lauten:

```
CTypedPtrMap<CMapPtrToPtr,CString,MEINE_STRUKTUR*> MeineZeigerTabelle;
CTypedPtrMap<CMapStringToOb,CString,CPersonInfo*> MeinePersonenTabelle;
```

Im ersten Beispiel legen wir eine Tabelle auf Basis der Klasse `CMapPtrToPtr` an. Der Schlüssel ist vom Typ `CString`, d. h., wir suchen nach Texten, die mit Zeigern auf Elemente vom Typ `MeineStruktur` verknüpft sind. Im zweiten Beispiel legen wir eine Tabelle auf Basis der Klasse `CMapStringToOb` an. Auch hier ist der Schlüssel vom Typ `CString`, der jeweils mit einem Objekt vom Typ `CPersonInfo` über einen Zeiger verknüpft ist.

Die Klasse `CTypedPtrMap` stellt einige typsichere Methoden zur Verfügung, die die gleichnamigen Methoden der Basisklasse ersetzen. Daneben können wir aber auch die

16.4 Auflistungen

Methoden der Basisklasse weiter verwenden. Für sieht das z. B. folgendermaßen aus (die neuen, typsicheren Methoden sind mit X markiert):

`Lookup`	sucht nach einem gespeicherten Zeiger.	X
`SetAt`	fügt ein Element in die Tabelle ein; ersetzt das Element, wenn ein passender Schlüssel gefunden wurde.	X
`operator []`	fügt ein Element in die Tabelle ein; ersetzt das Element, wenn ein passender Schlüssel gefunden wurde (Ersatzoperator für `SetAt`).	X
`RemoveKey`	entfernt das durch den Schlüssel angegebene Element.	X
`RemoveAll`	löscht die gesamte Tabelle.	
`GetStartPosition`	liefert die Position des ersten Elements.	
`GetNextAssoc`	holt das nächste Element für die Schleifenverarbeitung.	X

Bei den nicht markierten Methoden können wir nichts falsch machen.

16.4.2.5 Bewegen innerhalb von Auflistungen

Zum Ende des letzten Kapitels haben wir bereits einige Methoden der Tabellen kennen gelernt. Zum Verständnis dieser Methoden sind Kenntnisse über den Ablauf der Verarbeitung in den Auflistungen hilfreich. Die folgenden Aussagen sind weitgehend unabhängig von der Basisklasse der Auflistung.

Auf Arrays greifen wir über Indizes zu. In Listen fehlen diese. In Tabellen können wir wenigstens nach einem Element über den Schlüssel suchen. Was aber, wenn wir die gesamte Liste oder Tabelle verarbeiten wollen? Hier hilft uns ein Auflistungscursor vom Typ `POSITION` weiter. Diesen müssen wir selbst initialisieren und der Auflistung mit weiteren Informationen zur Positionierung übergeben. Die Methode setzt die Position neu und liefert sie zurück. Ist die Positionierung nicht erfolgreich, so ist die Position `NULL`, was wir entsprechend auswerten müssen. Dies tritt z. B. dann auf, wenn wir über das Ende einer Liste hinaus positionieren wollen.

Die sequenzielle Verarbeitung einer Auflistung soll nun für alle drei Architekturen dargestellt werden:

Durchlaufen eines Arrays

Die Technik unterscheidet sich eigentlich nicht wesentlich von einem klassischen Array. Mit Hilfe einer Laufvariablen i besuchen wir alle Elemente über die Methode `GetAt`:

```
CTypedPtrArray<CObArray,CPersonInfo*> MeinArray;

for(int i=0;i<MeinArray.GetSize();i++) {
    CPersonInfo *Person=MeinArray.GetAt(i);
    ...
}
```

Die Deklaration der Auflistung wurde bereits beschrieben. Wir benutzen die Methoden `GetSize`, um die Größe des (dynamischen) Arrays abzufragen, und `GetAt`, um das Element `i` auszulesen. Diese Methode können wir aber auch mit Hilfe des Operators `[]` ersetzen, so dass das Array nun wirklich wie ein solches aussieht:

```
CTypedPtrArray<CObArray,CPersonInfo*> MeinArray;

for(int i=0;i<MeinArray.GetSize();i++) {
    CPersonInfo *Person=MeinArray[i];
    ...
}
```

Durchlaufen einer Liste

Hätten wir unsere Personen als Liste angelegt, so würde das Durchlaufen folgendermaßen aussehen:

```
CTypedPtrList<CObList,CPersonInfo*> MeineListe;

POSITION pos=MeineListe.GetHeadPosition();
while(pos!=NULL) {
  CPersonInfo *Person=MeineListe.GetNext(pos);
  ...
}
```

Neben der Deklaration der Liste müssen wir auch eine Variable zur Aufnahme der Position anlegen. Diese positionieren wir mit `GetHeadPosition` an den Anfang der Liste. `GetNext` liefert dann das aktuelle Element, auf das `pos` zeigt, und schaltet dieses weiter. Ist die Liste zu Ende, dann enthält `pos` den Wert `NULL`, den wir in der `while`-Schleife auswerten.

Durchlaufen einer Tabelle

Die Tabelle ist nicht sortiert, sondern enthält die Elemente in der Reihenfolge ihrer zeitlichen Eingabe. Eine einfache Tabelle arbeiten wir folgendermaßen sequenziell durch:

```
CMap<CString,LPCTSTR,CPersonInfo*,CPersonInfo*> MeineTabelle;

POSITION pos=MeineTabelle.GetStartPosition();
while(pos!=NULL) {
    CPersonInfo *pPerson;
    CString schluessel;
    MeineTabelle.GetNextAssoc(pos,schluessel,pPerson);
}
```

Auch hier deklarieren wir die Tabelle und eine Variable `pos` für die Position. Mit `GetStartPosition` erhalten wir den ersten (zeitlich ältesten) Eintrag in unserer Tabelle. Die Methode `GetNextAssoc` liefert uns den Schlüssel und den Zeiger auf den Tabelleneintrag. Gleichzeitig wird `pos` um einen Eintrag weitergeschaltet.

16.4.2.6 Ergänzende Funktionen

Hier wollen wir noch schnell einen Blick auf die weiteren Funktionen werfen, wobei wir uns auf die typsicheren, vorlagenbasierten Auflistungen beschränken wollen.

16.4 Auflistungen

Da die Auflistungen mit Zeigertypen immer nur einen Teil der Methoden besitzen, sind die entsprechenden Methoden in den folgenden Tabellen mit P gekennzeichnet.

Methoden von CArray/CTypedPtrArray

Eigenschaften

`GetSize`	liefert die Anzahl der Elemente im Array.	
`GetUpperBound`	liefert den größten erlaubten Index (`GetSize()-1`).	
`SetSize`	legt die Anzahl der möglichen Elemente in einem Array fest.	

Operationen

`FreeExtra`	löscht den unbenutzten Speicher oberhalb der aktuellen Obergrenze.	
`RemoveAll`	löscht sämtliche Elemente des Arrays.	

`CTypedPtrArray` überschreibt keine dieser Methoden. Sie sind alle bereits in den Basisklassen `CObArray` bzw. `CPtrArray` enthalten und typsicher. Dabei müssen wir aber bei Auflistungen mit Zeigertypen beachten, dass das Entfernen wie `RemoveAll` sich nur auf die Zeiger und nicht auf die Objekte bezieht. Hier müssen wir immer zuerst die Objekte selbst zerstören (siehe folgendes Kapitel).

Zugriff auf Elemente

`GetAt`	liefert den Wert mit einem bestimmten Index.	P
`SetAt`	setzt den Wert eines bestimmten Indexes. Dabei darf das Array nicht anwachsen.	P
`ElementAt`	liefert eine temporäre Referenz auf den Elementzeiger innerhalb eines Arrays.	P
`GetData`	ermöglicht den Zugriff auf die Elemente des Arrays, kann `NULL` sein.	

Vergrößerung des Arrays

`SetAtGrow`	setzt den Wert eines gegebenen Indexes, lässt bei Bedarf das Array wachsen.	P
`Add`	hängt ein Element an das Ende des Arrays an, lässt es ggf. wachsen.	P
`Append`	hängt ein zweites Array (mit gleichen Elementen) an das Ende des Arrays an, lässt es ggf. wachsen.	P
`Copy`	kopiert ein zweites Array (mit gleichen Elementen) an das Ende des Arrays an, lässt es ggf. wachsen.	P

Einfügen/Entfernen

`InsertAt`	fügt ein Element (oder alle Elemente eines zweiten Arrays) an einen gegebenen Index an.	P
`RemoveAt`	entfernt ein Element an einem vorgegebenen Index.	

Operatoren

`operator []`	setzt oder liefert das Element an einem vorgegebenen Index.	P

Methoden von CList

Kopf/Schwanz-Zugriff

`GetHead`	liefert das Kopfelement der Liste (kann nicht leer sein).	P
`GetTail`	liefert das Schwanzelement der Liste (kann nicht leer sein).	P

Die Anmerkung besagt, dass wir vorher prüfen müssen, ob die gewünschten Elemente überhaupt existieren.

Operationen

`RemoveHead`	löscht das Kopfelement.	P
`RemoveTail`	löscht das Schwanzelement.	P
`AddHead`	fügt ein Element (oder die Elemente einer zweiten Liste) an den Kopf der Liste ein und erzeugt damit einen neuen Kopf.	P
`AddTail`	hängt ein Element (oder die Elemente einer zweiten Liste) an den Schwanz der Liste ein und erzeugt damit einen neuen Schwanz.	P
`RemoveAll`	entfernt alle Elemente der Liste.	

Iteration

`GetHeadPosition`	liefert die Position des Kopfelements einer Liste.	
`GetTailPosition`	liefert die Position des Schwanzelements einer Liste.	
`GetNext`	liefert das nächste Element während einer Iteration.	P
`GetPrev`	liefert das vorherige Element während einer Iteration.	P

Finden und Ändern

`GetAt`	liefert das Element an einer vorgegebenen Position zurück.	P
`SetAt`	setzt das Element an eine vorgegebene Position.	P
`RemoveAt`	entfernt das Element an einer vorgegebenen Position.	

Einfügen

`InsertBefore`	fügt ein neues Element vor einer gegebenen Position ein.	
`InsertAfter`	fügt ein neues Element hinter einer gegebenen Position ein.	

An dieser Stelle wird man sich fragen, ob die beiden Funktionen nur zur Bequemlichkeit vorhanden sind oder einem unterschiedlichen Zweck dienen. Auf den ersten Blick sieht man vielleicht nicht, dass nur mit Hilfe beider Funktionen eine Listenverarbeitung möglich ist. Gäbe es nur `InsertAfter`, so können wir niemals ein Element an den Kopf der Liste bringen. Alternativ könnten wir mit `InsertAfter` und `AddHead` auskommen.

16.4 Auflistungen

Suchen

Find	liefert die Position eines Elements, das durch einen Zeigerwert spezifiziert wurde.	
FindIndex	liefert die Position eines Elements, das durch einen nullbasierten Index spezifiziert wurde.	

Status

GetCount	liefert die Anzahl der Elemente in der Liste.	
IsEmpty	prüft, ob eine Liste leer ist (keine Elemente enthält).	

Methoden von CMap/CTypedPtrMap

Zugriff auf Elemente

Lookup	sucht den Wert, der mit einem gegebenen Schlüssel verknüpft ist.	P
SetAt	fügt ein Element in eine Tabelle ein, ersetzt ein existierendes Element, falls der Schlüssel bereits existiert.	P
RemoveKey	entfernt das durch den Schlüssel bestimmte Element.	P
RemoveAll	entfernt alle Elemente der Tabelle.	
GetStartPosition	liefert die Position des ersten Elements (mit kleinstem Schlüssel).	
GetNextAssoc	liefert das nächste Element während einer Iteration.	P
GetHashTableSize	liefert die Größe (Anzahl der Elemente) der Hash-Tabelle.	
InitHashTable	initialisiert die Hash-Tabelle und legt dabei die Größe fest.	

Operatoren

operator []	fügt ein Element in die Tabelle ein, entspricht SetAt.	P

Status

GetCount	liefert die Anzahl der Elemente in der Tabelle.	
IsEmpty	prüft, ob eine Tabelle leer ist (keine Elemente enthält).	

16.4.2.7 Löschen aller Elemente aus Auflistungen mit Zeigerelementen

Bei der Betrachtung der vorhandenen Methoden haben wir festgestellt, dass die Löschfunktionen bei Auflistungen mit Zeigerelementen zwar den Zeiger, aber nicht das Objekt löschen. Daher müssen wir in diesem Fall die Objekte selbst löschen. Hierzu greifen wir auf das schon besprochene Durchlaufen der Auflistung zurück.

Intern sind die Auflistungen mehr oder minder doppelt verkettete Listen (**Bild 16.3**). Sie benötigen einen Anker (Haken oder bei Bäumen eine Erde), aus dem heraus sie wachsen.

☞ Tipp: Lesen Sie noch einmal das Kapitel ✎ 3 «Einführung in C» durch. Hier wird in der Automatentheorie sogar die allgemeine Struktur eines Netzes vorgestellt.

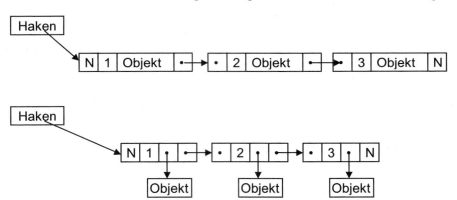

Bild 16.3: Doppelt verkettete Listen (N = NULL oder NIL Not In List)

☞ Hinweis: Auflistungen können parallel verarbeitet werden. Beim Löschen müssen wir daher darauf achten, dass solche Programmteile (Fäden) sicher beendet sind.

Löschen aller Elemente eines Arrays

Wir durchlaufen in einer Schleife alle Elemente und löschen zuerst die verknüpften Objekte. Anschließend löschen wir die Zeiger selbst. Dabei bleibt am Ende nur der Haken (die Variable) übrig, deren Wert NULL ist:

```
CArray<CPersonInfo*,CPersonInfo*> MeinArray;

int i=0;
while (i<MeinArray.GetSize()) {
  delete MeinArray.GetAt(i++); //anhängende Objekte löschen
}
MeinArray.RemoveAll();          //Array abbauen
```

Löschen aller Elemente einer Liste

In einer ersten Variante gehen wir wie beim Array vor:

```
CTypedPtrList<CObList,CPersonInfo*> MeineListe;
POSITION pos=MeineListe.GetHeadPosition();

while(pos!=NULL) {
  delete MeineListe.GetNext(pos);
}
MeineListe.RemoveAll();
```

Diese Alternative ist nicht besonders elegant, da die Kette unnötigerweise erhalten bleibt. Wir versuchen es daher mit folgender Lösung, welche die Liste vom Kopf her abbaut:

```
CTypedPtrList<CObList,CPersonInfo*> MeineListe;

while (MeineListe.GetHeadPosition()) {
  delete MeineListe.RemoveHead();
}
```

Im Gegensatz zu `RemoveAll` wird von `RemoveHead` das Objekt und der Zeiger auf das Objekt zerstört. Wir können uns dies so vorstellen, dass der Inhalt des Hakens auf das zweite Element verschoben wird. Anschließend wird das erste Element aufgeräumt.

Löschen aller Elemente einer Tabelle

```
CMap<CString,LPCSTR,CPersonInfo*,CPersonInfo*> MeineTabelle;
POSITION pos=MeineTabelle.GetStartPosition();

while(pos!=NULL) {
  CPersonInfo *pPerson;
  CSchluessel Schluessel;
  MeineTabelle.GetNextAssoc(pos,Schluessel,pPerson);//holt Zeiger auf Objekt
  delete pPerson;
}
MeineTabelle.RemoveAll(); //löscht die Schlüssel
```

Auch hier wird die Tabelle zweimal durchlaufen (`RemoveAll` tut dieses noch einmal). Den Schlüssel können wir auch gleichzeitig mit den Elementen in der ersten Schleife zerstören:

```
CMap<CString,LPCSTR,CPersonInfo*,CPersonInfo*> MeineTabelle;
POSITION pos=MeineTabelle.GetStartPosition();

while(pos!=NULL) {
  CPersonInfo *pPerson;
  CSchluessel Schluessel;
  MeineTabelle.GetNextAssoc(pos,Schluessel,pPerson);//holt Zeiger auf Objekt
  delete pPerson;
  MeineTabelle.RemoveKey(Schlüssel);
}
```

Es besteht aber der Verdacht, dass bei dieser Lösung erst ein Suchvorgang gestartet wird, bevor der Schlüssel entfernt wird, obwohl er ja bereits in der unmittelbar davor liegenden Anweisung angesprochen wurde.

16.4.2.8 Spezielle Auflistungen

Es gibt eine Reihe von speziellen Auflistungen, die mit Hilfe der vordefinierten Klassen recht einfach realisiert werden können. Hierzu gehen wir wieder von unseren Personen aus, die sich beim Finanzamt anstellen. Dies ist eine *Warteschlange* (neudeutsch FIFO = First in, First out). Der Finanzbeamte holt die entsprechende Akte und legt sie auf seinen Schreibtisch, räumt sie dann aber nicht weg. Nach dem Ende der Sprechzeit beginnt er die Akten zu bearbeiten. Das ist ein *Stapel* oder *Keller(-speicher)* (wie ein Kohlenkeller, bei denen die aufgeschüttete Kohle von oben abgetragen wird) (neudeutsch LIFO = Last in, First out oder Stack).

Einen *Ringspeicher* setzen wir z. B. ein, wenn nebenläufige (parallele), asynchrone Prozesse im Erzeuger-/Verbraucher-Modus arbeiten. Der Erzeuger füllt den Ringspeicher am Ende, während der Verbraucher die Elemente am Kopf entnimmt. Dabei sollten aber nicht unnötig Objekte neu angelegt bzw. zerstört werden. Somit laufen zwei Zeiger durch den

Ring, die sich aber nicht überholen dürfen, sonst gehen erzeugte Elemente vor dem Verbrauch verloren.

Warteschlange

Wenn wir keine besonderen Anforderungen stellen, können wir über die Methoden `AddTail` und `RemoveHead` sehr einfach die Warteschlange realisieren. Diese müssen wir nur um zwei weitere Methoden ergänzen. Wir machen diese Aufgabe wieder an unserer Klasse `CPersonInfo` fest:

```
class CWarteschlange : public CTypedPtrList<CObList,CPersonInfo*> {
public:
  void Anstellen(CPersonInfo *pNeuePerson) {AddTail(pNeuePerson); }
  CPersonInfo *Anschauen() {return IsEmpty() ? NULL : GetHead(); }
  CPersonInfo *Abarbeiten() {return IsEmpty() ? NULL : RemoveHead(); }
};
```

Wir leiten also eine eigene Klasse mit den Eigenschaften von `CTypedPtrList` ab und erweitern sie durch zwei weitere Methoden.

Stapel

Ändern wir das Einfügen, so wird aus der Warteschlange ein Stapelspeicher:

```
class CWarteschlange : public CTypedPtrList<CObList,CPersonInfo*> {
public:
  void Anstellen(CPersonInfo *pNeuePerson) {AddHead(pNeuePerson); }
  CPersonInfo *Anschauen() {return IsEmpty() ? NULL : GetHead(); }
  CPersonInfo *Abarbeiten() {return IsEmpty() ? NULL : RemoveHead(); }
};
```

Nun wird jedes neue Element auf den Stapel gelegt und von dort wieder abgeholt.

16.5 Übungen

Die Grundzüge der Trennung von Dokument und Ansicht haben wir bereits in unserer ersten Übung zu MFC im Kapitel «Visual Studio») kennen gelernt.

U161 In dieser Übung wollen wir die Trennung von Dokument und Ansicht noch einmal wiederholen und gleichzeitig unsere Klassen `CDatum` und `CPersonInfo` aus den ersten Kapiteln an die MFC anpassen.

16.5.1 MFC-gerechte Datenklassen

Als Erstes wollen wir unsere Klassen aus den Konsolenanwendungen MFC-gerecht gestalten:

1. Wir generieren eine SDI-Anwendung U161 im Verzeichnis U16_Dok. Bei den Generatorschritten übernehmen wir die Voreinstellungen bis auf die Druckunterstützung. Im sechsten Schritt ändern wir die Basisklasse unserer Ansicht auf `CFormView`, um später Steuerelemente einfügen zu können (**Bild 16.4**). Da solche Formulare

16.5 Übungen

nicht druckbar sind, schalten wir die Druckunterstützung ab oder warten auf die Fehlermeldung, die diese Option ebenfalls löscht.

2. Nun kopieren wir im Verzeichnis `U00_Incl` die Dateien `DatumV.h` bzw. `DatumV.cpp` in `DatumMFC.h` bzw. `DatumMFC.cpp` um oder schreiben diese neu.
3. Über Pro̲jekt|Vo̲rhandenes Element hinzufügen... fügen wir beide Dateien unserem Projekt hinzu.
4. Nun können wir diese Klasse „MFC-fähig" machen. Was heißt das? Als Erstes leiten wir sie von `CObject` ab, so dass wir die Grundeigenschaften der MFC erben und alle Möglichkeiten der Fehlersuche einbinden können. Weiterhin entfernen wir alle direkten Ausgaben auf den Bildschirm (Win32-Befehle). Die Präsentation der Daten auf dem Bildschirm übernimmt in Zukunft die MFC. Stattdessen ergänzen wir den Kopierkonstruktor und überladen die wichtigsten Operatoren. Die Kopfdatei `DatumMFC.h` sieht nach diesen umfangreichen Eingriffen wie folgt aus:

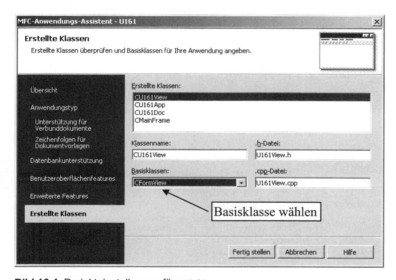

Bild 16.4: Projekteinstellungen für `U161`

```
//DatumMFC.H   Kopfdatei für die Klasse CDatum MFC-fähig
//31.12.2002   Prof. Scheibl

#if ! defined _DatumMFC_H_
#define      _DatumMFC_H_

class CDatum : public CObject {
  DECLARE_DYNAMIC(CDatum) //Anzeige des Klassennamens in der Diagnose
public:
        CDatum(int Tg=1,int Mt=1,int Jr=1980);   //Konstruktor
        CDatum(const CDatum &d);                 //Kopierkonstruktor
   int  GibTag()   const   {return Tag;  }       //liefert den Tag
   int  GibMonat() const   {return Monat;}       //liefert den Monat
```

```
     int   GibJahr() const        {return Jahr;}        //liefert das Jahr
     int   GibJulDatum() const {return JulDatum();}     //liefert Jul. Datum
     void  SetzTag(int Tg);                             //setzt den Tag
     void  SetzMonat(int Mt);                           //setzt den Monat
     void  SetzJahr(int Jr);                            //setzt das Jahr
     void  SetzDatum(int Tg,int Mt,int Jr);             //setzt das Datum
     const CDatum &operator= (const CDatum &d);         //Zuweisungsoperator
     BOOL         operator==(const CDatum &d) const;//Gleichoperator
     BOOL         operator!=(const CDatum &d) const;//Ungleichoperator
      ~CDatum()                 {}                      //Destruktor
#if _DEBUG
    virtual void Dump(CDumpContext &dc) const;
#endif
protected:
    int Jahr,Monat,Tag;                                 //protected Datenelemente
    int JulDatum() const;                               //protected Methode
}; //END class CDatum
#endif //_DatumMFC_H_
```

5. Auch die Implementationsdatei `DatumMFC.cpp` hat sich kräftig verändert:

```
//DatumMFC.CPP   Implementationsdatei für die Klasse CDatum MFC
// ohne Schaltjahr
//31.12.2002   Prof. Scheibl

#include <StdAfx.h>
#include "DatumMFC.h"

IMPLEMENT_DYNAMIC(CDatum,CObject) //Anzeige Klassennamen in Diagnose

//zuerst einige allgemeine verwendete INLINE-Funktionen (Makros)
inline int Max(int a, int b)  {return a>b ? a:b;}
inline int Min(int a, int b)  {return a>b ? b:a;}

//Implementationen der Klasse CDatum

//Konstruktor der Klasse CDatum
CDatum::CDatum(const int Tg,const int Mt,const int Jr) {
  SetzDatum(Tg,Mt,Jr);
} //END CDatum::CDatum(int Tg,int Mt,int Jr)

//Methode der Klasse CDatum zur Berechnung des Julianischen Datums
int CDatum::JulDatum() const {
  static int Laenge []={31,28,31,30,31,30,31,31,30,31,30,31 };

  int Summe=0;
  for (int i=0;i<Monat-1;i++) Summe+=Laenge [i];
  return Summe+=Tag;
} //END CDatum::JulDatum()

//Methode der Klasse CDatum zum Setzen des Tages
void CDatum::SetzTag(int Tg)  {
  static int Laenge []={31,28,31,30,31,30,31,31,30,31,30,31 };

  Tag  =Max(1,Tg);
  Tag  =Min(Tag,Laenge [Monat-1]);
} //END CDatum::SetzTag(int Tg)

//Methode der Klasse CDatum zum Setzen des Monats
void CDatum::SetzMonat(int Mt) {
  Monat=Max(1,Mt);
  Monat=Min(Monat,12);
```

16.5 Übungen

```cpp
} //END CDatum::SetzMonat(int Mt)

//Methode der Klasse CDatum zum Setzen des Jahres
void CDatum::SetzJahr(int Jr) {
  Jahr =Max(1,Jr);
} //END CDatum::SetzJahres(int Jr)

//Methode der Klasse CDatum zum Setzen des Datums
void CDatum::SetzDatum(int Tg,int Mt,int Jr) {
  SetzJahr(Jr);
  SetzMonat(Mt);
  SetzTag(Tg);
} //END CDatum::SetzDatum(int Tg,int Mt,int Jr)

//überladener Zuweisungsoperator der Klasse CDatum
const CDatum& CDatum::operator =(const CDatum& d) {
  Jahr=d.Jahr;
  Monat=d.Monat;
  Tag=d.Tag;
  return *this;
} //END CDatum::operator =(const CDatum& d)

//überladener Gleichoperator der Klasse CDatum
BOOL CDatum::operator ==(const CDatum& d) const {
  if (Tag==d.Tag && Monat==d.Monat && Jahr==d.Jahr)
    return TRUE;
  else
    return FALSE;
} //END CDatum::operator ==(const CDatum& d)

//überladener Ungleichoperator der Klasse CDatum
BOOL CDatum::operator !=(const CDatum& d) const {
  return !(*this==d); //Nutzung des überladenen Gleichoperators
} //END CDatum::operator !=(const CDatum& d)

#ifdef _DEBUG
void CDatum::Dump(CDumpContext& dc) const {
  CObject::Dump(dc);
  dc << "\nDatum= " << Tag << "." << Monat << "." << Jahr << "\n";
} //END CDatum::Dump(CDumpContext& dc)
#endif
```

6. Weil das so gut ging, legen wir analog eine Klasse `CPersonInfo` für unsere Personen an. Auch hierbei achten wir auf konsequentes Abschotten der internen Variablen. Wir beginnen mit der Kopfdatei `PInfoMFC.h`, die wir gleich im Verzeichnis `U00_Incl` ablegen:

```cpp
//PInfoMFC.H   Kopfdatei für die Klasse CPersonInfo MFC
//31.12.2002   Prof. Scheibl

#if ! defined _PInfoMFC_H_
#define        _PInfoMFC_H_

#include <afxtempl.h>         //<-neu
#include "DatumMFC.h"

class CPersonInfo : public CObject
{
  DECLARE_DYNAMIC(CPersonInfo) //Anzeige des Klassennamens in Diagnose
  public:
```

```
            CPersonInfo(const char *Nm="",const char *Ot="",
                       const int Tg=1,const int Mt=1,const int Jr=1980);
            CPersonInfo(const CPersonInfo &d);           //Kopierkonstruktor
    CString GibName() const {return Name; }              //Gib-Methoden
    CString GibOrt()  const {return Ort; }
    int     GibTag()   const {return Geburtsdatum.GibTag(); }
    int     GibMonat() const {return Geburtsdatum.GibMonat(); }
    int     GibJahr()  const {return Geburtsdatum.GibJahr(); }
    BOOL    SetzName(const CString Nm);                  //Setz-Methoden
    BOOL    SetzOrt(const CString Ot);
    BOOL    SetzGeburtsdatum(const CDatum Gm);
    BOOL    SetzGeburtsdatum(const int Tg,const int Mt,const int Jr);
    const CPersonInfo &operator =(const CPersonInfo &d);//Zuweisung
    BOOL    operator ==(const CPersonInfo &p) const;     //Gleichoperator
    BOOL    operator !=(const CPersonInfo &p) const;     //Ungleichoperator
           ~CPersonInfo() {}                             //Destruktor
  #ifdef _DEBUG
    virtual void Dump(CDumpContext &dc) const;
  #endif
  protected:
    CString Name;
    CString Ort;
    CDatum Geburtsdatum;
}; //END class CPersonInfo

typedef CTypedPtrArray<CObArray,CPersonInfo*> CPersonenArray;
typedef CTypedPtrList<CObList,CPersonInfo*> CPersonenListe;
typedef CTypedPtrMap<CMapStringToOb,CString,CPersonInfo*>
  CPersonenTabelle;

#endif //_PersonInfoMFC_H_
```

Die letzten drei `typdef`-Anweisungen zur Vorbereitung der Auflistungsverarbeitung sind in dieser Übung noch unnötig. Sie werden erst bei der nächsten Übung aktiviert.

7. Wir implementieren die verschiedenen Elemente in `PInfoMFC.CPP` ebenfalls im Verzeichnis `U00_Incl`:

```
//PInfoMFC.CPP  Implementationsdatei für die Klasse CPersonInfo MFC
//31.12.2002   Prof. Scheibl

#include <StdAfx.h>
#include "PInfoMFC.h"

IMPLEMENT_DYNAMIC(CPersonInfo,CObject)//Anzei. Klassennamen in Diagnose

//Implementationen der Klasse CPersonInfo

//Konstruktor der Klasse CPersonInfo
CPersonInfo::CPersonInfo(const char *Nm,const char *Ot,
                         const int Tg,const int Mt, const int Jr)
 : Name(Nm),Ort(Ot),Geburtsdatum(Tg,Mt,Jr)
{
} //END CPersonInfo::CPersonInfo

//Setz-Methoden werden bei Bedarf um Prüfungen erweitert
BOOL CPersonInfo::SetzName(CString Nm)  {
  Name=Nm;
  return TRUE;
} //END CPersonInfo::SetzName
```

16.5 Übungen 915

```
BOOL CPersonInfo::SetzOrt(CString Ot) {
  Ort=Ot;
  return TRUE;
} //END CPersonInfoSetzOrt

BOOL CPersonInfo::SetzGeburtsdatum(CDatum Gm) {
  Geburtsdatum=Gm;
  return TRUE;
} //END CPersonInfoSetzGeburtsdatum

BOOL CPersonInfo::SetzGeburtsdatum(const int Tg,const int Mt,
                                   const int Jr) {
  Geburtsdatum.SetzDatum(Tg,Mt,Jr);
  return TRUE;
} //END CPersonInfo::SetzGeburtsdatum

//überladener Zuweisungsoperator der Klasse CPersonInfo
const CPersonInfo &CPersonInfo::operator=(const CPersonInfo &p) {
  Name=p.Name;
  Ort=p.Ort;
  Geburtsdatum=p.Geburtsdatum;
  return *this;
}  //END CPersonInfo::operator=

//überladener Gleichoperator der Klasse CPersonInfo
BOOL CPersonInfo::operator==(const CPersonInfo &p) const
{
  if (Name==p.Name && Ort==p.Ort && Geburtsdatum==p.Geburtsdatum)
    return TRUE;
  else
    return FALSE;
}   //END CPersonInfo::operator==

//überladener Ungleichoperator der Klasse CPersonInfo
BOOL CPersonInfo::operator!=(const CPersonInfo &p) const {
  return !(*this==p); //Nutzung des überladenen Gleichoperators
}   //END CPersonInfo::operator!=

#ifdef _DEBUG
void CPersonInfo::Dump(CDumpContext &dc) const {
  CObject::Dump(dc);
  dc << "\nName= " << Name << " Ort=" << Ort << "\n";
  Geburtsdatum.Dump(dc);
}
#endif
```

Im Gegensatz zu unseren ersten Übungen benutzen wir für die Texte die MFC Klasse `CString`, so dass alle unsere Klassenvariablen selbst wieder von Klassen abstammen. So können wir z. B. ausgiebig die Elementinitialisatoren usw. nutzen.

8. Auch diese beiden Dateien fügen wir unserem Projekt hinzu, wenn dies nicht schon automatisch geschehen sein sollte, und inkludieren die Kopfdatei `PersonInfoMFC.h` in die Implementationsdatei `U161Doc.cpp`:

```
// U161Doc.cpp : Implementierung der Klasse CU161Doc
//

#include "stdafx.h"
#include "U161.h"
```

```
#include "U161Doc.h"
#include "PInfoMFC.h"

#ifdef _DEBUG
#define new DEBUG_NEW
#endif
```

9. Nun können wir die Anwendung probehalber erstellen und sehen, ob Syntaxfehler vorhanden sind. ■

Die externen Dateien können entweder über die Importfunktion dem Projekt direkt hinzugefügt oder in den Suchpfad aufgenommen werden. Hierzu öffnen wir über `Ex-tras|Optionen...` das Dialogfeld `Optionen`. Unter dem Knoten `Projekte|VC++-Verzeichnisse` wählen wir im Kombinationsfeld `Verzeichnisse anzeigen für:` den Eintrag `Includedateien` und ergänzen den Pfad zum zentralen Includeverzeichnis: `C:\Dokumente und Einstellungen\Scheibl\Eigene\Programm\VCNET\U00_Incl`.

⌦ Nun kehren wir zum Hauptprogramm zurück:

1. Wir wechseln auf die Ressourcenansicht, um die Oberfläche zu gestalten.
2. Im Dialog `IDD_U161_FORM` löschen wir die generierten Felder. Stattdessen legen wir unsere eigenen Felder an (**Bild 16.5**).

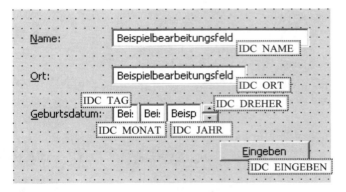

Bild 16.5: Oberflächenentwurf des Formulars zur Personeneingabe in `U161`

3. Die Tabulatorreihenfolge [Strg][D] sollte dem natürlichen Ablauf des Formulars entsprechen. Dabei achten wir auch auf die Reihenfolge der Bezeichnungs- und Textfelder, um die [Alt]-Taste erfolgreich einsetzen zu können.
4. Die Eigenschaften der verschiedenen Elemente setzen wir entsprechend der folgenden Tabelle. Die Eigenschaften des Dialogformulars müssen wir dabei im Zusammenhang mit dem Rahmenfenster sehen. Das Formular wird als Kind im Rahmenfenster angezeigt. Die Ereignisse werden alle nach `U161View` geleitet.

16.5 Übungen

ID	Eigenschaft	Wert	Membervar.	Ereignisfunktion
IDD_U161_FORM	Stil	Untergeordnet		
	Rahmen	None		
	Sichtbar	False		
IDC_NAME	Max. Zeichen	30		
	Variablentyp	CString	m_strName	
IDC_ORT	Max. Zeichen	20		
	Variablentyp	CString	m_strOrt	
IDC_TAG				OnEnSetfocusTag
	Min/Max.Wert	1 bis 31		OnEnKillfocusTag
	Variablentyp	int	m_nTag	
IDC_MONAT				OnEnSetfocusMonat
	Min/Max.Wert	1 bis 12		OnEnChangeMonat
	Variablentyp	int	m_nMonat	
IDC_JAHR			m_nJahr	OnEnSetfocusJahr
	Min/Max.Wert	1800 bis 2100		OnEnChangeJahr
	Variablentyp	int	m_nMonat	
IDC_DREHER	Auto-Buddy	False	m_spnDreher	
	Buddy-Integer	True		
	Keine Tausend	True		
IDC_EINGEBEN				OnBnEingeben
CU161View				OnIntialUpdate
CU161Doc				DeleteContents

Die beiden letzten Einträge sind Überschreibungen, von denen OnInitialUpdate bereits vom Anwendungsassistenten generiert wurde. Der Meldungsverteiler sollte daher folgendermaßen aussehen:

```
BEGIN_MESSAGE_MAP(CU161View, CFormView)
   ON_EN_SETFOCUS(IDC_TAG,    OnEnSetfocusTag)
   ON_EN_KILLFOCUS(IDC_TAG,   OnEnKillfocusTag)
   ON_EN_CHANGE(IDC_MONAT,    OnEnChangeMonat)
   ON_EN_SETFOCUS(IDC_MONAT,  OnEnSetfocusMonat)
   ON_EN_CHANGE(IDC_JAHR,     OnEnChangeJahr)
   ON_EN_SETFOCUS(IDC_JAHR,   OnEnSetfocusJahr)
   ON_BN_CLICKED(IDC_EINGEBEN, OnBnEingeben)
END_MESSAGE_MAP()
```

5. Für die meisten Eingabefelder legen wir Member-Variablen an. Die Typen ergeben sich aus den Präfixen. Die Längen der Textfelder sollten den internen Längen 30

bzw. `20` entsprechen. Die Grenzen der Datumsangaben werden zuerst einmal auf `1` bis `31` für den Tag, `1` bis `12` für den Monat und z. B. `1800` bis `2100` für das Jahr festgelegt. Hier stellen wir aber bereits fest, dass eine weiterreichende Prüfung z. B. in Abhängigkeit vom Monat notwendig ist.

6. Wenn wir in diesem Zustand das Dialogfeld über die Ikone oder die Tastenkombination `Strg T` testen, dann erscheint ein Formular ohne Ränder und Titelleiste, was an der Eigenschaft `Untergeordnet` liegt. Die Ansicht wird ja in einem Rahmenfenster dargestellt, so dass entsprechende Elemente stören würden.

7. Bei geöffnetem Dialogeditor können wir auch gleich die Ereignisfunktionen in der Ansichtsklasse `CU161View` generieren. Die Ereignisse sind aus dem Namen der Ereignisfunktion abzuleiten. Bei dieser Gelegenheit überschreiben wir auch die Methode `OnInitalUpdate` der Klasse `CU161View`, in die wir unsere eigenen Initialisierungsanweisungen eingeben wollen.

8. In der Dokumentklasse `CU161Doc` überschreiben wir die Methode `DeleteContents`. Sie dient dazu, das Dokument zu löschen. So wird sie zu Anfang und am Ende des Programms aufgerufen. Aber auch die Menüoption `Neu` nutzt sie, um ein leeres Dokument anzulegen.

9. Damit wir `DeleteContents` explizit aufrufen können, wechseln wir in den Menüeditor und ergänzen im Menü `IDR_MAINFRAME` unter dem Hauptmenü Bearbeiten die Menüoption Alles löschen. Die ID müssen wir aufgrund des Umlauts in `ID_BEARBEITEN_ALLESLOESCHEN` korrigieren.

10. Für diesen Menüpunkt denken wir uns etwas Ungewöhnliches aus, das möglicherweise als „Verletzung des guten Programmierstils" gelten kann. Wir werden diesen Mangel zu einem späteren Zeitpunkt ausbügeln. Der Versuch, die Schaltfläche über den Assistenten direkt für die Klasse `CU161Doc` mit `DeleteContents` zu verknüpfen, scheitert an dessen Weigerung, diese Methode erneut zu generieren. Wir haben nun zwei Möglichkeiten:

    - indirekter Aufruf durch eine Ereignisfunktion:

    ```
    void CU161Doc::OnBearbeitenAllesloeschen() {
       DeleteContents();
    }
    ```

    Erzwingen der Meldungsverteilung an `DeleteContents`, denn es muss keine spezialisierte Funktion sein, die im Meldungsverteiler steht:

    ```
    BEGIN_MESSAGE_MAP(CU161Doc, CDocument)
       ON_COMMAND(ID_BEARBEITEN_ALLESLOESCHEN, DeleteContents)
    END_MESSAGE_MAP()
    ```

11. Nun können wir die Anwendung erstellen und testen. ∎

In diesem Zustand kann man den Programmentwurf sehr gut mit den vorgesehenen Benutzern (bzw. dem Auftraggeber) diskutieren (neudeutsch: Rapid Prototyping). Es sollten schon Eingaben möglich sein. Eine Verarbeitung findet aber noch nicht statt. Der Compiler warnt aber dreimal, dass einige Anfangswerte außerhalb der Gültigkeitsbereiche liegen:

`Warning: initial dialog data is out of range`. Wir vermuten ganz richtig, dass dies von den drei Feldern des Geburtsdatums herrührt, die keinen leeren Wert zulassen.

Eingabe des Geburtsdatums

Wir kommen nun auf die Idee, die Eingabe des Geburtsdatums ordentlich zu testen. Hier müssen wir einige auf den ersten Blick nicht erkennbare Probleme beseitigen:

1. Der Eingabebereich und der Drehbereich des Drehfelds müssen für das Tagesfeld dynamisch geändert werden.
2. Diese Grenzen sind von weiteren Feldern, nämlich Jahr und Monat, abhängig.
3. Die Prüfung sollte für den Benutzer online erfolgen.
4. Eine Änderung des Monats oder Jahrs kann sich auf den Tag auswirken.

Die dritte Forderung erscheint vielleicht unverständlich, hängt aber stark mit der Verarbeitungsreihenfolge zusammen. Visual C++ prüft nämlich nicht beim Ereignis `WM_KILL-FOCUS` oder beim Einlesen mit `GetDlgItemInt`, ob z. B. der Wert des Tags richtig ist, sondern erst beim Einlesen mit `UpdateData`. Wechselt der Benutzer nur vom Tag auf den Monat, so wird also nicht sofort geprüft. Wir stehen daher vor der interessanten Frage, wie wir diese Datumsprüfung trotzdem optimal durchführen.

Immer wenn wir den Monat bzw. das Jahr ändern, muss die Obergrenze der Tage neu bestimmt werden. Für diese Obergrenze legen wir in `U161View.h` eine Variable `m_nMaxTage` an. Die Bestimmung des Werts erfolgt an verschiedenen Stellen, somit ist eine eigene Methode `MaxTage()` sinnvoll, die die Schaltjahre berücksichtigt. Die Bestimmung ist einfach. Ein Schaltjahr liegt vor, wenn:

- die Jahreszahl durch 4 teilbar ist
- sie aber nicht durch 100 teilbar ist (Säkularjahre; also ist 1900 kein Schaltjahr)
- aber wiederum durch 400 teilbar ist (also ist das Jahr 2000 ein Schaltjahr)

```
int CU161View::MaxTage(int nMonat,int nJahr) {
  static int Laenge []={31,28,31,30,31,30,31,31,30,31,30,31 };
  if ((nMonat==2 && ((nJahr%4)==0) && !((nJahr%100)==0))||(nMonat==2
      && (nJahr%400)==0))
    return 29;
  else
    return Laenge [nMonat-1];
} //CU161View::MaxTage
```

Die vierte Forderung tritt dann ein, wenn wir auf den Februar wechseln. In diesem Fall könnte ja das Datum bereits über der Obergrenze liegen. Hier müssen wir uns etwas einfallen lassen.

- Wir programmieren daher die Ereignisfunktionen folgendermaßen:
  1. Wir führen die private Variable `m_nMaxTage` in der Klasse `CU161View` ein.
  2. Wir ergänzen die obige, private Funktion `MaxTage()`.
  3. Immer wenn der Benutzer den Fokus auf eines der Datumsfelder setzt, müssen wir es mit dem Drehfeld verknüpfen. Diese Aufgabe kennen wir schon:

```cpp
void CU161View::OnEnSetfocusTag() {
  m_spnDreher.SetRange(1,m_nMaxTage);
  m_spnDreher.SetBuddy(GetDlgItem(IDC_TAG));
} //CU161View::OnEnSetfocusTag

void CU161View::OnEnSetfocusMonat() {
  m_spnDreher.SetRange(1,12);
  m_spnDreher.SetBuddy(GetDlgItem(IDC_MONAT));
} //CU161View::OnEnSetfocusMonat

void CU161View::OnEnSetfocusJahr() {
  m_spnDreher.SetRange(1800,2100);
  m_spnDreher.SetBuddy(GetDlgItem(IDC_JAHR));
} //CU161View::OnEnSetfocusJahr
```

4. Wechseln wir den Monat oder das Jahr, so setzen wir die Tagesgrenze `m_nMaxTage` und reduzieren einen möglichen Tagesüberhang (mit einem Aufmerksamkeitssignal für den Benutzer):

```cpp
void CU161View::OnEnChangeMonat() {
  UpdateData(TRUE);
  int MxTage=MaxTage(m_nMonat,m_nJahr);
  m_nMaxTage=MxTage;
  if (m_nTag>MxTage) {
    MessageBeep((WORD)-1);
    m_nTag=MxTage;
    UpdateData(FALSE);
  }
} //CU161View::OnEnChangeMonat
```

Das Wechseln des Jahrs kann von oder zu einem Schaltjahr führen. Daher müssen wir die gleichen Berechnungen wie beim Monatswechsel durchführen:

```cpp
void CU161View::OnEnChangeJahr() {
  OnEnChangeMonat(); //Es könnte ein Schaltjahr wechseln
} //CU161View::OnEnChangeJahr
```

Hier kann u. U. ein Problem entstehen. Die Zusammenarbeit zwischen einem Drehfeld und seinem Kumpel führt bereits beim Aufbau des Dialogs zu einem `EN_CHANGE`-Ereignis, ohne dass die Felder Werte enthalten. Ist aufgrund der Tabulatorreihenfolge der Monat oder das Jahr Kumpel unseres Drehfeldes, so erhalten wir (im Debug-Modus) eine Meldung über eine verletzte Zusicherung. Wir vermeiden diese durch Zuordnung des Tags als Kumpel.

5. Um die Tagesprüfung auf eine variable Obergrenze einzustellen, wechseln wir einfach die Prüfroutine:

```cpp
void CU161View::DoDataExchange(CDataExchange* pDX) {
  CFormView::DoDataExchange(pDX);
  DDX_Text(pDX, IDC_NAME, m_strName);
  DDV_MaxChars(pDX, m_strName, 30);
  DDX_Text(pDX, IDC_ORT, m_strOrt);
  DDV_MaxChars(pDX, m_strOrt, 20);
  DDX_Text(pDX, IDC_TAG, m_nTag);
  DDV_MinMaxInt(pDX, m_nTag, 1, m_nMaxTage);
  DDX_Text(pDX, IDC_MONAT, m_nMonat);
  DDV_MinMaxInt(pDX, m_nMonat, 1, 12);
  DDX_Text(pDX, IDC_JAHR, m_nJahr);
```

16.5 Übungen

```
    DDV_MinMaxInt(pDX, m_nJahr, 1800, 2200);
    DDX_Control(pDX, IDC_DREHER, m_spnDreher);
}
```

Der Assistent zum Hinzufügen von Membervariablen ist ab der Version 7.0 in der Lage, auch damit umzugehen. Er zeigt nun die neue, variable Obergrenze an (**Bild 16.6**).

Wir sollten auch die Reihenfolge der generierten Funktionsaufrufe ändern, damit der Fokus im Fehlerfall auf den Tag gesetzt wird.

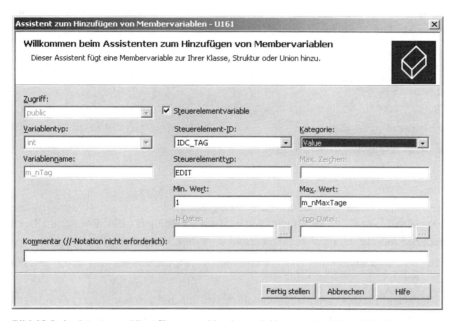

Bild 16.6: Assistent zum Hinzufügen von Membervariablen verarbeitet variable Grenzen

6. In dieser Form funktioniert die Eingabe über das Drehfeld. Gibt der Benutzer aber im Februar einen falschen Tag an, so wird dies erst beim Verarbeiten des Formulars erkannt. Um die Prüfung schon beim Verlassen des Felds anzustoßen, müssen wir das Ereignis `WM_KILLFOCUS` verwenden:

```
void CU161View::OnEnKillfocusTag() {
    UpdateData(TRUE); //erzwingt Prüfung
} //CU161View::OnEnKillfocusTag
```

Jetzt spricht die Prüfung an. Ähnliches gilt übrigens auch für die anderen Felder. Wollen wir auch den Monat usw. sofort prüfen, so müssen wir entsprechende Ereignisfunktionen vorbereiten.

💣 Warnung: An dieser Stelle sei vor einem Problem gewarnt. Wir dürfen in dieser Ereignisfunktion bei einer Fehlererkennung nicht selbst den Fokus setzen, wenn nicht alle anderen Felder bereits geprüft sind (also z. B. über eine vergleichbare Ereignisfunktion verfügen). Prüfen wir z. B. den Namen auf Benutzereingabe und programmieren:

```
void CU161View::OnKillfocusTag() {
  if (!UpdateData(TRUE)) //erzwingt Prüfung
    GetDlgItem(IDC_TAG)->SetFocus();
}
```

dann versucht `OnDataExchange` den Fokus auf den leeren Namen zusetzen, was wir aber übersteuern. Es ist jetzt nicht mehr möglich, diesen Monats-/Tagesfehler zu reparieren, weil wir den Fokus partout nicht umsetzen können.

7. Übersetzen wir das Programm, dann stürzt es bereits beim Laden mit einem Zusicherungsfehler ab. Die Vorgabewerte der Datumsvariablen sind fehlerhaft. Wir korrigieren:

```
CU161View::CU161View()
  : CFormView(CU161View::IDD)
  , m_strName(_T(""))
  , m_strOrt(_T(""))
  , m_nTag(1)
  , m_nMonat(1)
  , m_nJahr(1980)
  , m_nMaxTage(31)
{
  // TODO: Hier Code zum Erstellen einfügen
}
```

Vergessen wir beim Drehfeld die Eigenschaft Keine Tausender-Trennzeichen auf True umzustellen, dann „randaliert" das Programm beim Verändern der Jahreszahl, da sich das Textfeld über den Punkt aufregt.

8. Damit ist die Programmierung der Datumseingabe abgeschlossen und kann getestet werden. ■

Bei all dem Aufwand für das Geburtsdatum sollten wir unsere Person nicht aus den Augen verlieren. Schließlich wollen wir deren Daten vollständig in das Dokument verschieben, um sie dauerhaft in eine Datei retten zu können. Dazu sollten die Daten mit der Ansichtsklasse austauschbar sein. Bereits in unseren ersten Übungen zur MFC hatten wir dieses Problem durch eine Methode `GibDaten` der Dokumentklasse gelöst.

Jetzt wollen wir eine Alternative kennen lernen, die die Daten in der Ansichtsklasse `CU161View` aus der Dokumentklasse `CU161Doc` holt. Diese hat den Vorteil, dass wir die Daten nicht über die vielen Parameter von `GibDaten` übergeben und anschließend den Member-Variablen des Formulars zuweisen, sondern diese Übergabe direkt durchführen:

1. Zuerst sollten wir eine öffentliche Person `m_Person` in der Dokumentklasse anlegen. Damit die Klasse `CPersonInfo` in der Dokumentklasse bekannt ist, inkludieren wir in `CU161Doc.h` die Kopfdatei:

```
// U161Doc.h : Schnittstelle der Klasse CU161Doc
//

#pragma once

#include "PInfoMFC.h"
```

16.5 Übungen

```
class CU161Doc : public CDocument
{
protected: // Nur aus Serialisierung erstellen
  CU161Doc();
  DECLARE_DYNCREATE(CU161Doc)

// Attribute
public:
  CPersonInfo m_Person;
```

2. Dieses Objekt wird im Konstruktor der Implementationsdatei CU161Doc.cpp initialisiert:

```
// CU161Doc Erstellung/Zerstörung

CU161Doc::CU161Doc()
  : m_Person("unbekannt","unbekannt",1,1,1990)
{
  // TODO: Hier Code für One-Time-Konstruktion einfügen
}
```

Diese Initialisierung überschreibt die Initialisierungen in der Ansichtsklasse.

3. Für das Auslesen der Personendaten legen wir in der Kopfdatei der Ansichtsklasse CU161View.h einen privaten Funktionsprototyp für die Hilfsmethode HolDatenAusDoc an (oder generieren ihn wie üblich):

```
private:
  int m_nMaxTage;
  int MaxTage(int nMonat, int nJahr);
  void HolDatenAusDoc(void);
}; //END class CU161View
```

4. Die Funktion implementieren wir in der Datei U161View.cpp:

```
void CU161View::HolDatenAusDoc(void)  {
  CU161Doc *pDoc=GetDocument();
  ASSERT(pDoc);
  m_strName=pDoc->m_Person.GibName();
  m_strOrt=pDoc->m_Person.GibOrt();
  m_nTag=pDoc->m_Person.GibTag();
  m_nMonat=pDoc->m_Person.GibMonat();
  m_nJahr=pDoc->m_Person.GibJahr();
  UpdateData(FALSE);
} //CU161View::HolDatenAusDoc
```

Sie holt sich über den Zeiger pDoc den Zugriff auf alle öffentlichen Elemente der Klasse CU161Doc, also auch der Person. Über deren öffentliche Methoden transportiert sie dann alle Daten in die Membervariablen der Ansichtsklasse.

5. Diese Methode können wir auch bei der Initialisierung einsetzen:

```
void CU161View::OnInitialUpdate() {
  //m_nMaxTage=31; //Reihenfolge beachten!
  HolDatenAusDoc();
  CFormView::OnInitialUpdate();
  GetParentFrame()->RecalcLayout();
  ResizeParentToFit();
} //
```

Damit bei der Übertragung die Obergrenze des Drehfelds gesetzt ist, müssen die Anweisungen in dieser Reihenfolge programmiert werden. Dies ist aber nur dann notwendig, wenn wir diesen Wert nicht schon im Konstruktor der Ansichtsklasse auf einen zulässigen Wert gesetzt haben.

6. Damit die Daten überhaupt in die Dokumentklasse gelangen, benutzen wir die Schaltfläche `IDC_EINGEBEN` mit ihrer bereits generierten Ereignisfunktion:

```
//Ereignisfunktion der Schaltfläche IDC_EINGEBEN
void CU161View::OnBnEingeben() {
  CU161Doc *pDoc=GetDocument();
  ASSERT(pDoc);
  UpdateData(TRUE);
  pDoc->m_Person.SetzName(m_strName);
  pDoc->m_Person.SetzOrt(m_strOrt);
  pDoc->m_Person.SetzGeburtsdatum(m_nTag,m_nMonat,m_nJahr);
} //CU161View::OnBnEingeben
```

7. Die noch leere Methode `DeleteContents`, mit der das Dokument gelöscht wird, programmieren wir folgendermaßen:

```
void CU161Doc::DeleteContents() {
  m_Person=CPersonInfo();
  UpdateAllViews(NULL);
  CDocument::DeleteContents();
} //CU161Doc::DeleteContents
```

Wir nutzen also den Konstruktor aus, um eine „leere" Person zu erzeugen, und weisen sie mit Hilfe des überladenen Zuweisungsoperators der bestehenden Person zu.

8. Als letzte, noch leere Methode verbleibt `Dump`, welche die Objekte des Dokuments ausgeben soll:

```
void CU161Doc::Dump(CDumpContext& dc) const {
  CDocument::Dump(dc);
  dc << "\n" << m_Person << "\n"; //m_Person dumpt sich selbst }
}
#endif //_DEBUG
```

9. Die Dump-Methode können wir nutzen, um festzustellen, ob unsere Person ordnungsgemäß gespeichert wurde. Da Visual C++ das Datenobjekt vor dem Aufruf des Destruktors bereits zerstört, ändern wir die überschriebene Zerstörfunktion noch einmal (denn es stellt sich die Frage, warum wir sie überhaupt angelegt haben):

```
void CU161Doc::DeleteContents() {
#ifdef _DEBUG
  Dump(afxDump);
#endif
  m_Person=CPersonInfo();
  UpdateAllViews(NULL);
  CDocument::DeleteContents();
} //CU161Doc::DeleteContents
```

Um nachzuweisen, dass der Destruktor nur mit einem leeren Datenobjekt arbeitet, ergänzen wir auch hier:

```
CU161Doc::~CU161Doc() {
#ifdef _DEBUG
```

16.5 Übungen 925

```
    Dump(afxDump);
#endif
}
```

10. Nun ist das Programm fertig und kann getestet werden. ■

Die zwischenzeitlichen Warnhinweise und Verletzungsmeldungen erscheinen nicht mehr. Es fällt aber auf, dass nicht die Vorgabewerte der angelegten Person, sondern eine leere Person angezeigt wird. Tatsächlich können wir nachvollziehen, dass mit dem Start des Programms `DeleteContents` aufgerufen wird, das die Person löscht und das Geburtsdatum auf `1.1.1980` setzt, was im Ausgabefenster protokolliert wird:

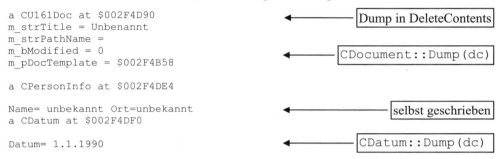

Wir können nun die Daten einer Person eingeben (**Bild 16.7**) und in der Dokumentklasse mit Klick auf `Eingeben` abspeichern.

Dabei haben wir unter Umständen die bekannten Probleme bei der Eingabe der Jahreszahl, die beim Überschreiben natürlich meldet, dass sie kleiner als 1800 ist. Mit dem Beenden des Programms erhalten wir den Kontrollausdruck:

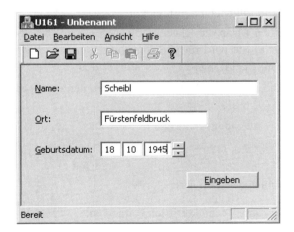

Bild 16.7: Eingabe einer Person in `U161`

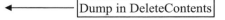

```
m_pDocTemplate = $002F4B58

a CPersonInfo at $002F4DE4

Name= Scheibl Ort=Fürstenfeldbruck
a CDatum at $002F4DF0

Datum= 18.10.1945

a CU161Doc at $002F4D90
m_strTitle = Unbenannt                    ◄──────── Dump in ~CU161Doc
m_strPathName =
m_bModified = 0
m_pDocTemplate = $002F4B58

a CPersonInfo at $002F4DE4

Name=  Ort=
a CDatum at $002F4DF0

Datum= 1.1.1980

Das Programm " [1240] U161.exe: Systemeigen" wurde mit Code 0 (0x0) beendet.
```

Durch die Aufnahme der Dump-Anweisung in `DeleteContents` können wir auch zwischenzeitlich diese Ausgaben durch Auslösen der Menüoption Alles löschen erzeugen. Dabei fällt uns auf, dass die Anzeige nicht zurückgesetzt wird. Tatsächlich löst die Anweisung `UpdateAllViews` in `DeleteContents` nichts in unserem Fenster aus. Der gleiche Versuch mit der Menüoption Neu führt dagegen zu einem sauber aufgeräumten Formular. Es sorgt also selbst für ein Neuzeichnen des Formulars. Offensichtlich bemerkt unsere Ansichtsklasse nicht, dass die Dokumentklasse eine solche Meldung absetzt.

Um dieses Manko zu beseitigen, gehen wir in folgenden Schritten vor:

1. Mit dem Klassenassistenten überschreiben wir in der Klasse `CU161View` die bereits vorhandene Überschreibung `OnUpdate`. Sie wird für alle Ansichten (bei einer SDI-Anwendung für die einzige Ansicht) von `UpdateAllViews` aufgerufen.

2. In dieser Ereignisfunktion laden wir die aktuellen Daten aus dem Dokumentobjekt in das Ansichtsobjekt:

   ```
   void CU161View::OnUpdate(CView* /*pSender*/, LPARAM /*lHint*/,
                            CObject* /*pHint*/) {
       HolDatenAusDoc();
   }
   ```

3. Nun sollte sich das Programm ohne Probleme starten lassen. ■

Kritik: Wie schon erwähnt, sollten wir diese Technik kritisch betrachten:

1. Das Ereignis wird nicht durch die Ansichtsklasse verarbeitet.
2. Das Ereignis ruft keine Ereignisfunktion der Konvention On... auf.

16.5 Übungen

➤ Aufgabe 16-1:

Korrigieren Sie das Programm an beiden Punkten. Rufen Sie dazu eine Ereignisfunktion der Ansichtsklasse auf, besorgen sich dann einen Zeiger auf die Dokumentklasse und aktivieren die Methode `DeleteContents`.

Untersuchen Sie dabei, was geschieht, wenn Sie den Meldungsverteiler der Dokumentklasse nicht korrigieren, d. h., das Makro:

```
BEGIN_MESSAGE_MAP(CU161Doc, CDocument)
  ON_COMMAND(ID_BEARBEITEN_ALLESLOESCHEN, DeleteContents)
END_MESSAGE_MAP()
```

weiter aktiv lassen. ■

16.5.2 Listenverarbeitung mit Personen `CPersonInfo`

Dieses Kapitel zeigt die Verarbeitung einer einfachen Personenliste vom Typ `CList`.

16.5.3 Listenverarbeitung mit Typzeigern

U162 Die Verwaltung einer einzigen Person wird in der Praxis kaum auftreten. Wir wollen daher eine ganze Liste von Personen anlegen und typsicher bearbeiten. Sowohl Windows wie auch alle Programmiersprachen unter Windows basieren auf dynamischen Listen. Diese verwalten die Prozesse, die Fenster, die Steuerelemente in den Fenstern usw. Viele unserer Programme werden solche Listen enthalten, wobei zu entscheiden ist, ob diese dynamisch im Zentralspeicher oder als Datenbank auf der Festplatte verwaltet werden sollen.

Auf Wunsch können wir dem Programm eine erweiterte Ikonenleiste verpassen, deren Programmierung wir aber erst im Kapitel «Symbol- und Statusleisten» näher betrachten.

Grundsätzlich müssen wir uns an dieser Stelle für eine der drei Architekturen Array, Liste oder Tabelle entscheiden. Wir beginnen mit einer Personenliste. In den Aufgaben wollen wir dann das Array und die Tabelle betrachten.

16.5.3.1 Klasse auflistungsfähig machen

⌦ Es bereitet keine große Schwierigkeit, eine bestehende Klasse für die Auflistungsverarbeitung vorzubereiten (was bereits in der letzten Übung vorbereitet wurde):

1. Wir können sogar so weit gehen, die Klasse für alle drei Architekturen vorzubereiten. Hierzu ergänzen wir in der Kopfdatei `CPersonInfoMFC.h` die Zeilen:

   ```
   }; //END class CPersonInfo
   ```
   ```
   typedef CTypedPtrArray<CObArray,CPersonInfo*> CPersonenArray;
   typedef CTypedPtrList<CObList,CPersonInfo*> CPersonenListe;
   typedef CTypedPtrMap<CMapStringToOb,CString,CPersonInfo*>
     CPersonenTabelle;
   ```
   ```
   #endif //_PersonInfoMFC_H_
   ```

2. Die Deklaration von MFC-Template-Collection-Klassen benötigt das Inkludieren der Kopfdatei `sfxtemp.h` in dieser Kopfdatei:

```
//PInfoMFC.H   Kopfdatei für die Klasse CPersonInfo MFC
//31.12.2002   Prof. Scheibl

#if ! defined _PInfoMFC_H_
#define       _PInfoMFC_H_

#include <afxtempl.h>        //<-neu
#include "DatumMFC.h"
```

3. Dies ist bereits alles. Wir müssen weder an der Klasse selbst etwas ändern noch zusätzlichen Code implementieren. ■

16.5.3.2 Oberfläche gestalten

Wir fahren mit der Oberflächengestaltung unserer Anwendung `U162` fort:

1. Dazu kopieren wir `U161` in `U162` um.
2. Die Verwaltung einer Liste erfordert eine Reihe von Funktionen. Getreu der Maxime, dass alle Funktionen über die Menüleiste zu erreichen sein sollen, ändern wir das Aufklappmenü `Bearbeiten` nach unseren Wünschen (**Bild 16.8**).

   Die Namen ergeben sich automatisch, die Umlaute müssen korrigiert werden.

Bild 16.8: Menüentwurf der Listenverarbeitung `U162`

3. Da wir zwei Einfügefunktionen benötigen, gestalten wir auch die Oberfläche neu (**Bild 16.9**). Mit `Rücksetzen` setzen wir alle Eingabefelder in die Grundstellung. Die Schaltflächen verknüpfen wir sehr bequem mit den Menüoptionen, indem wir die dort deklarierten IDs verwenden.

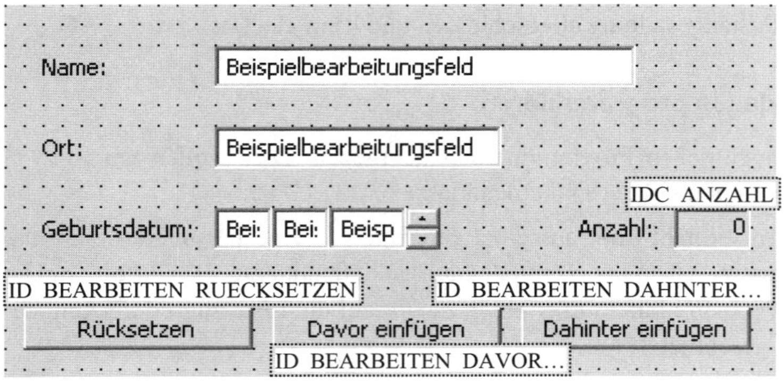

16.5 Übungen

Bild 16.9: Oberflächenentwurf der Listenverarbeitung `U162`

4. Das Bezeichnungsfeld `IDC_ANZAHL` soll die Anzahl der gespeicherten Elemente aufnehmen. Da bei einer Liste keine Indizierung möglich ist, können wir jedoch keine Darstellung wie `3 von 5` wählen. Dazu müssten wir ein Array verwalten.

   Weil der angezeigte Wert unabhängig von den Personen ist, legen wir für ihn keine Membervariable an.

5. Da wir keine weiteren Member-Variablen benötigen, können wir uns gleich den Ereignisfunktionen zuwenden. Bei diesen müssen wir jeweils entscheiden, ob sie auch steuerbar sein sollen. Ich gebe zu, dass die Schaltflächen bewusst so gewählt wurden, dass sie zu den nicht zu steuernden Menüoptionen gehören. Sie müssten sonst nämlich zusätzlich recht aufwändig geschaltet werden.

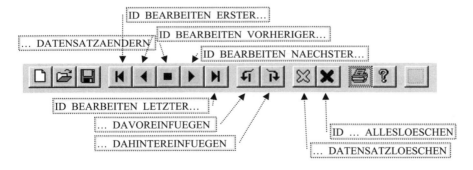

Bild 16.10: Ikonen der Symbolleiste

6. Wer jetzt Lust auf eine Symbolleiste hat, liest das Kapitel ✥ 14 «Symbol- und Statusleisten» durch und bereitet eine Symbolleiste vor (**Bild 16.10**). Die Ikonen werden einfach mit den passenden Menüoptionen verknüpft und benötigen keinen weiteren Code.

7. Da wir im Entwurf die Schaltfläche `Eingeben` gelöscht haben, entfernen wir auch die Meldung und den Quelltext dazu.

8. Damit ist die Oberflächengestaltung abgeschlossen und kann getestet werden. ■

16.5.3.3 Dokumentklasse programmieren

▷ Nun können wir zur eigentlichen Programmierung übergehen. Dies wollen wir in zwei Abschnitten tun. Wir beginnen mit der Dokumentklasse `CU161Doc`:

1. Der wichtigste Schritt besteht drin, aus einer Einzelperson eine Personenliste zu machen. Diese instanziieren wir in der Kopfdatei der Dokumentklasse `U161Doc.h`. Um zu demonstrieren, wie man indirekt über einen Zeiger auf die Liste zugreifen kann, deklarieren wir sie als geschützt:

```
class CU162Doc : public CDocument
{
protected: // Nur aus Serialisierung erstellen
  CU162Doc();
  DECLARE_DYNCREATE(CU162Doc)

// Attribute
//public:
//  CPersonInfo m_Person;
protected:
  CPersonenListe m_PersonenListe;
```

2. Um Operationen in der Liste durchführen zu können, müssen wir in der Ansichtsklasse auf sie zugreifen. Dazu übergeben wir ihr einen Zeiger auf die Liste (ähnlich wie `GetDocument`):

```
// Operationen
public:
  CPersonenListe *GibListe() {return &m_PersonenListe; }//<-neu
```

3. Statt eines Objekts müssen wir in `DeleteContents` eine ganze Liste löschen:

```
void CU162Doc::DeleteContents() {
#ifdef _DEBUG
  Dump(afxDump);
#endif
  while (m_PersonenListe.GetHeadPosition()) {//<-neu: Schleife
    delete m_PersonenListe.RemoveHead();
  }
  //m_Person=CPersonInfo();
  UpdateAllViews(NULL);
  CDocument::DeleteContents();
} //CU162Doc::DeleteContents
```

4. Damit die Methode `Dump` weiterhin richtig funktioniert, muss sie ebenfalls auf die Liste umgestellt werden:

```
void CU162Doc::Dump(CDumpContext& dc) const {
  CDocument::Dump(dc);
//  dc << "\n" << m_Person << "\n"; //m_Person dumpt sich selbst
  dc << "\n" << m_PersonenListe <<"\n"; //<-neu Liste dumpt sich selbst
}
```

Das sieht sehr einfach aus. Offensichtlich dumpt sich eine ganze Liste von allein. Dazu wird sie einfach auf den Dumpkontext geschoben.

5. Um der Methode `Dump` des Anwendungsrahmens mitzuteilen, dass die ganze Liste ausgeben werden soll, muss noch mit der Konstruktion des Dokuments ein Parameter gesetzt werden, der den Umfang der Ausgabe bestimmt. Gleichzeitig verschwindet die Initialisierung der Einzelperson:

```
CU162Doc::CU162Doc()
//    : m_Person("unbekannt","unbekannt",1,1,1990)
{
#ifdef _DEBUG
   afxDump.SetDepth(1);   //dumpt alle Listenelemente
   ASSERT(afxDump.GetDepth()==1);
#endif
}
```

6. Damit sind die Änderungen in der Dokumentklasse abgeschlossen. ∎

16.5.3.4 Ansichtsklasse programmieren

Ursprünglich haben wir ein Ereignis direkt an die Dokumentklasse weitergereicht. Dies wollten wir aber sauberer programmieren. Sicher haben Sie die Aufgabe gelöst, denn nun können wir das Ergebnis einsetzen.

1. Das Löschen der gesamten Liste wollen wir von außen wie im letzten Beispiel steuern. Daher legen wir für die Menüoption `ID_BEARBEITEN_ALLESLOESCHEN` sowohl für die Meldung `COMMAND` als auch `UPDATE_COMMAND_UI` Ereignisfunktionen mit dem Klassenassistenten an, die wir folgendermaßen programmieren:

```
//benutzerdefinierte Methode, die alle Datensätze löscht---------------
void CU162View::OnBearbeitenAllesloeschen() {
   //saubere Lösung zur Bearbeitung der Menüoption
   CU162Doc *pDoc=GetDocument();
   ASSERT(pDoc);
   pDoc->DeleteContents();
   m_nAnzahl=m_pListe->GetCount();
   //ASSERT(m_nAnzahl==0); //nur Debug-Modus
   VERIFY(m_nAnzahl==0); //auch Release-Modus
   SetDlgItemInt(IDC_ANZAHL,m_nAnzahl);
   //pDoc->SetModifiedFlag(FALSE); //so keine Sicherung, alte Daten
} //CU162View::OnBearbeitenAllesloeschen
```

Die Verlagerung von `UpdateAllViews` an diese Stelle bringt den Vorteil, nicht zwischen den verschiedenen impliziten und expliziten Aufrufen von `DeleteContents` unterscheiden zu müssen. Eine Prüfung stellt fest, ob alle Datensätze gelöscht wurden. Nur wenn der Benutzer alle Datensätze löscht, wird die Ansicht neu aufgebaut. Dies führt übrigens dazu, dass alle relevanten Menüoptionen gelöscht werden.

```
void CU162View::OnUpdateBearbeitenAllesloeschen(CCmdUI *pCmdUI) {
   pCmdUI->Enable(m_pListe->GetCount()>0);
} //CU162View::OnUpdateBearbeitenAllesloesche
```

Die Menüoption soll nur dann aktivierbar sein, wenn die Liste Datensätze enthält.

Derzeit löschen wir die gesamte Liste über die Menüoption `Datei|Neu`.

2. Da wir die Verarbeitungsposition innerhalb der Liste überwachen müssen, deklarieren wir in der Kopfdatei `U161View` einen Auflistungscursor (Iterator) und einen Zeiger auf die Liste. Letzterer erspart uns das wiederholte Aufrufen von `GibListe()`:

```
private:
    int m_nMaxTage;
    int MaxTage(int nMonat, int nJahr);
protected:
    POSITION         m_Position;//<-neu: Auflistungscursor
    CPersonenListe *m_pListe;  //<-neu: Zeiger auf Liste
```

3. Des Weiteren benötigen wir einige allgemeine Hilfsmethoden, um einen einzelnen Datensatz zu lesen, zu schreiben, in Grundstellung zu setzen und verändert zu setzen. Hierzu legen wir die notwendigen Prototypen an:

```
protected:
    //void HolDatenAusDoc(void);
    virtual BOOL EinfuegeDatensatz(POSITION pos,BOOL Stelle);
    virtual void HolDatensatzAusListe(POSITION pos);
    virtual void RuecksetzeDatensatz();
    virtual BOOL SetzDatensatzInListe(POSITION pos);
```

Wenn wir diese Hilfsmethoden als `protected` und `virtual` deklarieren, so können wir die gesamte Ansichtsklasse vererben und diese Methoden ggf. durch Überschreiben abwandeln.

Die Methode `HolDatensatzAusListe` ersetzt dabei die Methode `HolDatenAusDoc`, die wir ganz entfernen.

4. Die beiden neuen Membervariablen initialisieren wir in:

```
void CU162View::OnUpdate(CView* /*pSender*/, LPARAM /*lHint*/,
                        CObject* /*pHint*/) {
    //wird von OnInititalUpdate und UpdateAllViews aufgerufen
    //positioniert die Liste neu und zeigt Element an
    //HolDatenAusDoc();
    m_pListe=GetDocument()->GibListe();    //<-neu: Zeiger auf Liste
    m_Position=m_pListe->GetHeadPosition();//<-neu: an den Listenanfang
    HolDatensatzAusListe(m_Position);
}
```

die von:

```
void CU162View::OnInitialUpdate() {
    //m_nMaxTage=31; //Reihenfolge beachten!
    //HolDatenAusDoc();
    CFormView::OnInitialUpdate();
    GetParentFrame()->RecalcLayout();
    ResizeParentToFit();
} //CU162View::OnInitialUpdate
```

indirekt aufgerufen wird.

5. Die bereits deklarierten Hilfsmethoden implementieren wir folgendermaßen:

```
//CU161View geschützte, virtuelle Methoden===========================

//benutzerdefinierte Methode, die einen Datensatz einfügt------------
BOOL CU162View::EinfuegeDatensatz(POSITION pos,BOOL Stelle) {
    if (UpdateData(TRUE)) { //Formular einlesen und prüfen
```

16.5 Übungen

```
    m_strName.TrimLeft(); //keine führenden Leerstellen
    m_strOrt.TrimLeft();
    CPersonInfo *pPerson=new CPersonInfo(m_strName,m_strOrt,m_nTag,
                                        m_nMonat,m_nJahr);
    if (Stelle) {
      m_Position=m_pListe->InsertBefore(pos,pPerson);
    } else {
      m_Position=m_pListe->InsertAfter(pos,pPerson);
    }
    m_nAnzahl=m_pListe->GetCount();
    SetDlgItemInt(IDC_ANZAHL,m_nAnzahl);
    TRACE("in EinfuegenDatensatz %p %p\n",pos,m_Position);
    return TRUE;
  }
  return FALSE;
} //CU162View::EinfuegeDatensatz

//benutzerdefinierte Methode, die die Daten aus dem Dokument holt------
void CU162View::HolDatensatzAusListe(POSITION pos) {
  if(pos) {
    CPersonInfo *pPerson=m_pListe->GetAt(pos);
    m_strName=pPerson->GibName();
    m_strOrt=pPerson->GibOrt();
    m_nTag=pPerson->GibTag();
    m_nMonat=pPerson->GibMonat();
    m_nJahr=pPerson->GibJahr();
  } else {
    RuecksetzeDatensatz();
  }
  UpdateData(FALSE);
} //CU162View::HolDatensatzAusListe

//benutzerdefinierte Methode, die einen leeren Datensatz anzeigt-------
void CU162View::RuecksetzeDatensatz() {
  m_strName="unbekannt";
  m_strOrt="unbekannt";
  m_nTag=1;
  m_nMonat=1;
  m_nJahr=1980;
  UpdateData(FALSE);
  GetDlgItem(IDC_NAME)->SetFocus();
  ((CEdit*)GetDlgItem(IDC_NAME))->SetSel(0,m_strName.GetLength());
} //CU162View::RuecksetzeDatensatz

//benutzerdefinierte Methode, die Daten ins Dokument setzt-------------
BOOL CU162View::SetzDatensatzInListe(POSITION pos) {
  if (UpdateData(TRUE)) {
    CPersonInfo *pPerson=m_pListe->GetAt(m_Position);//Zeiger DS holen
    pPerson->SetzName(m_strName);
    pPerson->SetzOrt(m_strOrt);
    pPerson->SetzGeburtsdatum(m_nTag,m_nMonat,m_nJahr);
    HolDatensatzAusListe(m_Position);//falls Setzmethoden Daten korrig.
    return TRUE;
  }
  return FALSE;
} //CU162View::SetzDatensatzInListe
```

In `EinfügenDatensatz` steuern wir mit einer booleschen Variablen die Stelle, an der der Datensatz eingefügt werden soll. Um eventuell unsaubere Eingaben zu korrigieren, entfernen wir führende Leerstellen (nachfolgende Leerstellen stören nicht, können aber auch bei Bedarf entfernt werden). Sollen die internen Korrekturen sichtbar werden, dann müssen wir noch `UpdateData(FALSE)` ergänzen. Da sich die Anzahl der gespeicherten Datensätze vergrößert, korrigieren wir die Anzeige.

In `HolDatensatzAusListe` holen wir den mit `pos` festgelegten Datensatz und transportieren ihn in die Member-Variablen der Steuerelemente. Zeigt `pos` auf einen leeren Datensatz, so setzen wir die Anzeige zurück.

Die Methode `RuecksetzeDatensatz` setzt die Anzeige auf die Ausgangswerte. Sie zeigt darüber hinaus, wie der Fokus und die Selektion eines Textfelds gesetzt wird.

Die Methode `SetzDatensatzInListe` schreibt die Dialogdaten in den angegebenen (vorhandenen) Datensatz. Es könnten von der Dokumentklasse Änderungen am übergebenen Datensatz vorgenommen werden, daher die „Angstanweisung", die den Datensatz nachliest.

6. Nun ist noch eine Vielzahl von Ereignisfunktionen für die Menüoptionen über den Klassenassistenten anzulegen und zu programmieren (außer für `ID_BEARBEITEN_ALLESLOESCHEN`). Da die Menüoptionen in Abhängigkeit vom Inhalt der Liste gesteuert werden sollen, lassen wir vom Klassenassistenten auch die Steuerungsfunktionen generieren. Zum besseren Verständnis sind dabei einige dieser Steuerungsfunktionen zwar angelegt, aber leer:

```
//CU161View Ereignisfunktionen=====================================

//benutzerdefinierte Methode, die alle Datensätze löscht---------------
void CU162View::OnBearbeitenAllesloeschen() {
  //saubere Lösung zur Bearbeitung der Menüoption
  CU162Doc *pDoc=GetDocument();
  ASSERT(pDoc);
  pDoc->DeleteContents();
  m_nAnzahl=m_pListe->GetCount();
  ASSERT(m_nAnzahl==0);
  SetDlgItemInt(IDC_ANZAHL,m_nAnzahl);
  //pDoc->SetModifiedFlag(FALSE); //so keine Sicherung, alte Daten
}

void CU162View::OnUpdateBearbeitenAllesloeschen(CCmdUI *pCmdUI) {
  pCmdUI->Enable(m_pListe->GetCount()>0);
}

//benutzerdefinierte Ereignismethode, Datensatz zurücksetzen-----------
void CU162View::OnBearbeitenAnzeigezuruecksetzen() {
  RuecksetzeDatensatz();
}

void CU162View::OnUpdateBearbeitenAnzeigezuruecksetzen(CCmdUI *pCmdUI) {
//leer, geht immer
}

//benutzerdefinierte Ereignismethode, einen DS hinter anderem einfügen-
void CU162View::OnBearbeitenDahintereinfuegen() {
  if (EinfuegeDatensatz(m_Position,FALSE)) {
    CU162Doc *pDoc=GetDocument();
    pDoc->SetModifiedFlag();
    pDoc->UpdateAllViews(this);
  }
```

```cpp
}
void CU162View::OnUpdateBearbeitenDahintereinfuegen(CCmdUI *pCmdUI) {
//leer, geht immer auch an leer Liste
}

//benutzerdefinierte Ereignismethode, Datensatz in Liste ändern--------
void CU162View::OnBearbeitenDatensatzaendern() {
  if (SetzDatensatzInListe(m_Position)) {
    CU162Doc *pDoc=GetDocument();
    pDoc->SetModifiedFlag();
    pDoc->UpdateAllViews(this);
  }
}

void CU162View::OnUpdateBearbeitenDatensatzaendern(CCmdUI *pCmdUI) {
  //Ändern können wir nur, wenn positioniert ist
  pCmdUI->Enable(m_Position!=NULL);
}

//benutzerdefinierte Ereignismethode, Datensatz löschen----------------
void CU162View::OnBearbeitenDatensatzloeschen() {
  POSITION pos=m_Position; //hier kommen wir nicht ungeprüft hin
  m_pListe->GetNext(pos);   //in pos Nachfolger
  if (pos==NULL) {          //kein Nachfolger
    pos=m_Position;         //noch einmal von vorn
    m_pListe->GetPrev(pos);//also Vorgänger nehmen
    if(pos==m_Position) pos=NULL;//letzter Datensatz wird gelöscht
  }
  CPersonInfo *pPerson=m_pListe->GetAt(m_Position);//Zeiger DS holen
  m_pListe->RemoveAt(m_Position);//Zeiger in Liste löschen
  delete pPerson;           //Datensatz löschen
  HolDatensatzAusListe(pos);   //neuen Datensatz anzeigen
  //SetDlgItemInt(IDC_ANZAHL,m_pListe->GetCount());//Anzahl anzeigen
  m_nAnzahl=m_pListe->GetCount(); //wird mit nächstem DS angezeigt
  m_Position=pos;
  CU162Doc *pDoc=GetDocument();
  pDoc->SetModifiedFlag();
  pDoc->UpdateAllViews(this);
}

void CU162View::OnUpdateBearbeitenDatensatzloeschen(CCmdUI *pCmdUI) {
  //Löschen können wir nur, wenn positioniert ist
  pCmdUI->Enable(m_Position!=NULL);
}

//benutzerdefinierte Ereignismethode, einen DS vor anderem einfügen----
void CU162View::OnBearbeitenDavoreinfuegen() {
  CU162Doc *pDoc=GetDocument();
  if (EinfuegeDatensatz(m_Position,TRUE)) {
    pDoc->SetModifiedFlag();
    pDoc->UpdateAllViews(this);
  }
}

void CU162View::OnUpdateBearbeitenDavoreinfuegen(CCmdUI *pCmdUI) {
//leer, geht immer
}

//benutzerdefinierte Ereignismethode, an den Listenanfang springen-----
void CU162View::OnBearbeitenErsterdatensatz() {
```

```cpp
    if (!m_pListe->IsEmpty()) { //Anfang oder letztes Element gelöscht
      m_Position=m_pListe->GetHeadPosition();
      HolDatensatzAusListe(m_Position);
    }
}

void CU162View::OnUpdateBearbeitenErsterdatensatz(CCmdUI *pCmdUI) {
  //Positionieren können wir nur, wenn die Liste nicht leer ist und
  // sich nicht am Anfang befindet
  pCmdUI->Enable((m_Position!=NULL) && ((m_pListe->GetHeadPosition())!=
                                                           m_Position));
}

//benutzerdefinierte Ereignismethode, an das Listenende springen-------
void CU162View::OnBearbeitenLetzterdatensatz() {
  if (!m_pListe->IsEmpty()) {
    m_Position=m_pListe->GetTailPosition();
    HolDatensatzAusListe(m_Position);
  }
}

void CU162View::OnUpdateBearbeitenLetzterdatensatz(CCmdUI *pCmdUI) {
  //Positionieren können wir nur, wenn die Liste nicht leer ist und
  // sich nicht am Ende befindet
  pCmdUI->Enable((m_Position!=NULL) && ((m_pListe->GetTailPosition())!=
                                                           m_Position));
}

//benutzerdefinierte Ereignismethode, zum nächsten Datensatz springen--
void CU162View::OnBearbeitenNaechsterdatensatz() {
  m_pListe->GetNext(m_Position);//hier kommen wir nicht ungeprüft hin
  ASSERT(m_Position!=NULL);
  HolDatensatzAusListe(m_Position);
}

void CU162View::OnUpdateBearbeitenNaechsterdatensatz(CCmdUI *pCmdUI) {
  //Positionieren können wir nur, wenn die Liste nicht leer ist und
  // sich nicht am Ende befindet
  pCmdUI->Enable((m_Position!=NULL) && ((m_pListe->GetTailPosition())!=
                                                           m_Position));
}

//benutzerdefinierte Ereignismethode, zum vorherigen Datensatz springen
void CU162View::OnBearbeitenVorherigerdatensatz() {
  m_pListe->GetPrev(m_Position);//hier kommen wir nicht ungeprüft hin
  ASSERT(m_Position!=NULL);
  HolDatensatzAusListe(m_Position);
}

void CU162View::OnUpdateBearbeitenVorherigerdatensatz(CCmdUI *pCmdUI) {
  //Positionieren können wir nur, wenn die Liste nicht leer ist und
  // wir nicht am Anfang stehen
  pCmdUI->Enable((m_Position!=NULL) && ((m_pListe->GetHeadPosition())!=
                                                           m_Position));
}
```

Die meisten Anweisungen erklären sich von selbst. Bei einigen kann man sich philosophisch streiten. So wird beim Löschen eines Datensatzes der Auflistungscursor auf den nächsten Datensatz gesetzt. Sind wir am Ende, dann versuchen wir es mit dem vorherigen Datensatz. Auch ein Sprung an den Anfang wäre denkbar, was einfach über:

16.5 Übungen

```
if (pos==NULL) {                        //kein Nachfolger
  pos=m_pListe->GetHeadPosition();//also Kopf nehmen
  if(pos==m_Position) pos=NULL;   //letzter Datensatz wird gelöscht
}
```

erfolgt.

7. Wir erstellen und testen das Projekt (**Bild 16.11**). ∎

16.5.3.5 Programmtest

Das Testen dieses Programms ist schon ziemlich umfangreich, weil wir diverse Fälle unterscheiden müssen. Grundsätzlich stellen sich in allen Situationen die folgenden Fragen:
- Sind alle Menüoptionen und Steuerelemente im richtigen Zustand?
- Sind alle Eingabefelder im richtigen Zustand (angezeigte Werte, Veränderbarkeit)?

Bild 16.11: Verwaltung einer Personenliste mit U161

Als Nächstes testen wir den Normalbetrieb:
- Lassen sich die Datensätze in den verschiedenen Formen eingeben?
- Sind sie richtig gespeichert?
- Lassen sie sich löschen?

Besonders wichtig sind die Grenzfälle:
- Lässt sich der Kopf/Schwanz eingeben?
- Lässt sich der Kopf/Schwanz löschen?
- Lässt sich das letzte (einzige) Element löschen?
- Lässt sich die ganze Liste löschen?

16.5.3.6 Programmkritik

Einerseits sind wir froh, dass es überhaupt funktioniert, andererseits sollten wir uns darauf aber nicht ausruhen. Sicher wird Ihnen der eine oder andere Kritikpunkt auffallen. Dazu möchte ich anmerken:

Die Menüoptionen (Ikonen) werden noch nicht optimal gesteuert:

- Das Ändern sollte erst aktiv werden, wenn der Benutzer etwas geändert hat.
- Das Löschen sollte nur aktiv werden, wenn der Benutzer nichts geändert hat. Es kann z. B. vorkommen, dass der zu ändernde Datensatz nicht mehr auf dem Formular sichtbar ist, weil der Benutzer alles überschrieben oder die Anzeige zurückgesetzt hat.

Sie können also gern die folgenden Aufgaben angehen:

➢ Aufgabe 16-2:

Steuern Sie die Menüoptionen `Datensatz ändern` bzw. `Datensatz löschen` über den Änderungszustand der Dialogfelder. Den Zustand von Textfeldern können Sie über `CEdit::GetModify` abfragen. ■

➢ Aufgabe 16-3:

Stellen Sie das Programm auf ein Personenarray um. ■

➢ Aufgabe 16-4:

Stellen Sie das Programm auf eine Personentabelle um. Hierbei sollte es möglich sein, eine Person über ihren Namen suchen zu können. ■

Kommen wir vielleicht zum größeren Kritikpunkt: der *Programmierstil*. In der jetzigen Form holt sich das Programm einen Zeiger auf die Personenliste und programmiert damit in der Ansichtsklasse, als wäre die Liste dort deklariert. Denkbar und für die Zukunft besser wäre es, alle Bearbeitungsfunktionen an den Daten in die Dokumentklasse zu verschieben, so dass sich die Ansichtsklasse wieder voll auf die Präsentation konzentrieren kann.

➢ Aufgabe 16-5:

Verlagern Sie das Einfügen, Löschen usw. in die Dokumentklasse. ■

16.6 Wie kann ich ...

16.6.1 ... eine Liste von Punkten `CPoint` verwalten?

Die Verarbeitung einer einfachen Punktliste vom Typ `CList` haben wir bereits im Kapitel ↳ 15.2.3 «Zeichnung persistent machen» bei der Besprechung der Grafik ausführlich abgehandelt. Im Programm ↳ U15I finden Sie Aufzählungen für die Figuren und die Punkte der Mehrpunktfiguren.

17

Serialisierung und Persistenz

17	Serialisierung und Persistenz	940
17.1	*Grundlagen der Serialisierung*	*940*
17.2	*Klassen* `CFile` *und* `CArchive`	*941*
17.3	*Entwurf einer serialisierbaren Klasse*	*941*
17.4	*Persistenz über die Registrierung*	*946*
17.5	*Übungen*	*948*
17.6	*Wie kann ich …*	*970*

17 Serialisierung und Persistenz

In diesem Kapitel wollen wir das Laden und Speichern von Dokumenten besprechen. Dabei gelangen wir zu einem wesentlichen Begriff der objektorientierten Programmierung, der *Serialisierung*.

Bei den Programmbeispielen mit Auflistungen des letzten Kapitels werden wir vor dem Beenden gefragt, ob wir die Daten nicht speichern wollen. Das Dokument erhält vom Anwendungsrahmen eine Nachricht, sich aufzulösen. Haben wir an irgendeiner Stelle unseres Programms mit `CDocument::SetModifiedFlag` die Marke gesetzt, so fragt das Dokument entsprechend nach. Auch sind im Aufklappmenü `Datei` die Optionen zum Laden und Speichern zu finden.

Die Serialisierung ist eine Möglichkeit, die Eigenschaften unserer Anwendung dauerhaft (persistent) über das Programmende hinaus zu speichern. Weitere Möglichkeiten der Persistenz von Anwendungsdaten sind die Speicherung in eigenen `.INI`-Dateien oder Einträge in der Registrierung.

17.1 Grundlagen der Serialisierung

Ein Dokument ist ein Objekt im allgemeinen Sinn. Unser Ziel besteht darin, ein solches Objekt dauerhaft zu speichern, das Objekt wird *persistent*. Der Vorgang selbst ist die *Serialisierung*. Wir können damit Objekte am Programmende einfrieren und mit dem Neustart des Programms wieder auftauen.

Der Begriff ist eigentlich sehr zutreffend, da er deutlich macht, dass wir ein Objekt sequenziell oder linear abspeichern. Dies hat sehr viel Ähnlichkeit mit der klassischen Datenverarbeitung. Diese speicherte in den 50er-Jahren ebenfalls in sequenzielle Dateien. Beim Lesen der Datei musste man ganz genau die Reihenfolge kennen, in der die Daten geschrieben waren. Die Datenelemente hatten unterschiedliche Längen und Formate, so dass auch nicht vorausberechnet werden konnte, wo sich eine bestimmte Information befand. Die technische Weiterentwicklung führte dann zu den indexsequenziellen Dateien, die mit Datensätzen konstanter Länge arbeiteten. Auf diese konnte über den Index schnell zugegriffen werden.

Was hat dies nun mit der Serialisierung zu tun? Nun, ein Objekt „weiß" natürlich, wie groß es ist. Enthält es aber seinerseits Objekte, so stimmt diese Aussage nicht mehr. Denken wir nur an ein CAD-Programm, das eine Vielzahl von Objekten auf der Zeichenfläche darstellt. Die Liste der Objekte ist beliebig lang, da sie vom Anwender angelegt wird. Somit benötigt das Speichern einer solchen Auflistung eine andere Technik als die Verwaltung einer Datenbank. Beim Serialisieren sind die einzelnen Objekte zwar auch strukturiert. In ihrer Gesamtheit stellen sie aber eine mehr oder weniger zusammenhanglose Anhäufung dar, die als solche in eine Datei auf der Festplatte geschrieben wird.

17.2 Klassen `CFile` und `CArchive`

Zur Serialisierung setzen wir die Methode `Serialize` ein. Diese ist bereits für die Klasse `CObject` definiert, so dass alle Nachkommen von `CObject` über sie verfügen. Andererseits werden Dateien in der MFC-Bibliothek durch Objekte der Klasse `CFile` dargestellt. Ein solches Objekt kapselt das zugehörige Datei-Handle ein, das durch die Windows API-Funktion `CreateFile` erzeugt wird. Die API-Funktionen `ReadFile`, `WriteFile` und `SetFilePointer` werden vom Anwendungsrahmen mit diesem Handle versorgt, um den richtigen E/A-Kanal zu treffen.

Benutzen wir nur Serialisierungsfunktionen, so müssen wir nicht direkt auf die Klasse `CFile` zugreifen. Vielmehr benutzen wir die eigenständige Klasse `CArchive`, die nicht von `CObject` abgeleitet wird. Das Zusammenspiel der Objekte der beschriebenen Klassen können wir aus **Bild 17.1** erkennen.

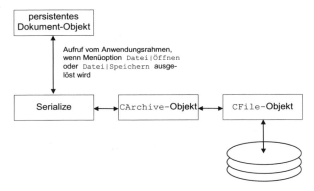

Bild 17.1: Prozess der Serialisierung

Die Instanz der Klasse `CArchive` puffert die Daten für das `CFile`-Objekt. Weiterhin enthält sie einen Merker, der anzeigt, ob das Archiv geladen oder gespeichert wird. Wir müssen unsere Daten nur von dieser Instanz abholen oder in dieses Objekt schreiben. Der Anwendungsrahmen konstruiert automatisch das `CFile`-Objekt, verknüpft es mit unserem Archiv und wickelt die Dateiverarbeitung ab.

17.3 Entwurf einer serialisierbaren Klasse

17.3.1 Benutzerdefinierte Methode `Serialize`

Grundsätzlich muss eine serialisierbare Klasse direkt oder indirekt von `CObject` abgeleitet werden. Da nur die Klasse selbst weiß, wie sie sich abspeichert, müssen wir die Methode `Serialize` für unsere neue Klasse schreiben. Diese überschreibt die Basismethode und muss daher der vorgegebenen Syntax entsprechen:

```
void CMeineKlasse::Serialize(CArchive& ar);
```

`ar` ist ein `CArchive`-Referenzparameter, der das Archivobjekt unserer Anwendung bezeichnet. In der Implementation fragen wir ab, ob sich das System beim Laden oder beim Speichern befindet. Danach richtet sich die Funktionalität unserer Methode:

```
void CMeineKlasse::Serialize(CArchive& ar) {
  VorgängerKlasse::Serialize(ar); //wenn CMeineKlasse abgeleitet ist
  if(ar.IsStoring()) {
    ar << m_MeineVariable;
  }
  else {
    ar >> m_MeineVariable;
  }
}
```

Wir benutzen die für die verschiedenen Datentypen überladenen Einfüge- `<<` oder Entnahmeoperatoren `>>` der Klasse `CArchive`.

Da wir insbesondere bei „fremden" Vorgängern (z. B. aus der MFC-Bibliothek) nicht wissen, welche Klassenvariablen wie zu sichern sind, rufen wir i. A. vorsichtshalber die Methode `Serialize` der Vorgängerklasse auf. Diese „weiß", wie sie sich zu speichern bzw. zu laden hat, d. h., wir müssen uns nur um die neu hinzukommenden Klassenvariablen kümmern. Wichtig ist hier die Reihenfolge. Wenn wir unsere neuen Daten laden, so müssen die Vorgänger bereits ihre Vorarbeiten abgeschlossen haben.

Die nächste Frage, die sich stellt, ist die Art und Weise des Speicherns bzw. Ladens. Diese muss nicht gleich sein. Bei einer Bitmap werden wir z. B. den Namen der Datei und nicht die ganze Bitmap speichern. Beim Laden muss die Datei geladen werden, wobei natürlich technische Fehler, wie das Fehlen der Datei, abzufangen sind, weil sie seit der Serialisierung gelöscht wurde. Aber auch bei den Basistypen sind einige Hinweise angebracht.

Um persistente Objektdaten zwischen Win16 und Win32 austauschen zu können, fehlen in der Klasse `CArchive` alle Einfüge- und Entnahmeoperatoren für Datentypen, die von der Wortbreite des Betriebssystems abhängig sind. Somit wird z. B. der Datentyp `int` nicht unterstützt. Wir müssen daher die Typen ggf. wandeln:

```
class CMeineKlasse : public CObject {
public:
  int m_nVariable;
};

void CMeineKlasse::Serialize(CArchive& ar)
  {
  if(ar.IsStoring()) {
    ar << (LONG) m_nVariable;
  }
  else {
```

Typ	Beschreibung
BYTE	8 Bit ohne Vorzeichen
WORD	16 Bit ohne Vorzeichen
LONG	32 Bit mit Vorzeichen
DWORD	32 Bit ohne Vorzeichen
float	32 Bit
double	64 Bit, IEEE-Standard

17.3 Entwurf einer serialisierbaren Klasse

```
    ar >> (LONG&) m_nVariable;
  }
}
```

Da die Methoden `Serialize` für die Klassen `CObject` bzw. `CDocument` nichts abspeichern, können wir auf deren Aufruf verzichten. Die kleine Tabelle zeigt die von `CArchive` unterstützten Datentypen.

17.3.2 Eingebettete Objekte und Zeiger

Enthält eine Klasse eingebettete Objekte oder Zeiger als Klassenvariablen, so müssen diese natürlich auch serialisiert werden (Objekt in Objekt). Z. B. könnte dies folgendermaßen aussehen:

```
class CMeineKlasse : public CObject {
public:
  int m_nVariable;
  CWeitereKlasse m_WeitereKlasse;
};
```

Ist `CWeitereKlasse` ebenfalls von `CObject` abgeleitet und besitzt es eine eigene Methode `CWeitereKlasse::Serialize`, so müssen wir diese statt der Einfüge- bzw. Entnahmeoperatoren von `CArchive` benutzen, da diese Klasse natürlich die Operatoren für benutzerdefinierte Objekte nicht vorbereitet hat:

```
void CMeineKlasse::Serialize(CArchive& ar) {
  if(ar.IsStoring()) {
    ar << (LONG) m_nVariable;
  }
  else {
    ar >> (LONG&) m_nVariable;
  }
  m_WeitereKlasse::Serialize(ar);
}
```

Damit die Methode `CMeineKlasse::Serialize` die Daten richtig aus dem Archiv in die Anwendung übernehmen kann, wird vorher der Konstruktor für das `CMeineKlasse`-Objekt aufgerufen. Dabei wird ebenfalls das eingebettete Objekt `m_WeitereKlasse` angelegt. Daher kann der Aufruf `m_WeitereKlasse::Serialize(ar)` die Daten richtig zuordnen.

Betten wir einen Zeiger auf ein Objekt statt des Objekts in eine Klasse ein:

```
class CMeineKlasse : public CObject {
public:
  int m_nVariable;
  CWeitereKlasse *m_pWeitereKlasse;
};
```

dann legt der Konstruktor für das `CMeineKlasse`-Objekt zwar den Zeiger, aber nicht das Objekt an. Wir müssen in diesem Fall das `CWeitereKlasse`-Objekt selbst erzeugen:

```
void CMeineKlasse::Serialize(CArchive &ar) {
  if(ar.IsStoring()) {
```

```
    ar << (LONG) m_nVariable;
  }
  else {
    m_pWeitereKlasse = new CWeitereKlasse;
    ar >> (LONG&) m_nVariable;
  }
  m_WeitereKlasse::Serialize(ar);
} //CMeineKlasse::Serialize
```

Betrachten wir in der Hilfe die überladenen Entnahmeoperatoren von CArchive:

```
friend CArchive& operator >>( CArchive& ar, CObject *& pOb );
  throw( CArchiveException, CFileException, CMemoryException );

friend CArchive& operator >>( CArchive& ar, const CObject *& pOb );
  throw( CArchiveException, CFileException, CMemoryException );

CArchive& operator >>( BYTE& by );
  throw( CArchiveException, CFileException );

CArchive& operator >>( WORD& w );
  throw( CArchiveException, CFileException );

CArchive& operator >>( LONG& l );
  throw( CArchiveException, CFileException );

CArchive& operator >>( DWORD& dw );
  throw( CArchiveException, CFileException );

CArchive& operator >>( float& f );
  throw( CArchiveException, CFileException );

CArchive& operator >>( double& d );
  throw( CArchiveException, CFileException );
```

so erkennen wir zwei freundschaftliche Methoden, die uns folgende Kurzform erlauben:

```
void CMeineKlasse::Serialize(CArchive& ar) {
  if(ar.IsStoring()) {
    ar << (LONG) m_nVariable << m_pWeitereKlasse;
  } else {
    ar >> (LONG&) m_nVariable >> m_pWeitereKlasse;
  }
} //CMeineKlasse::Serialize
```

Wie aber wird beim Laden des Archivs das CWeitereKlasse-Objekt angelegt, in die die Daten aus dem Archiv geschrieben werden sollen? Hierzu dienen zwei Makros DECLARE_SERIAL und IMPLEMENT_SERIAL. Sie sorgen dafür, dass beim Speichern eines CWeitereKlasse-Objekts (genauer des Zeigers auf ein solches Objekt) auch der Klassenname ins Archiv geschrieben wird. Beim Laden wird anhand des Klassennamens ein Objekt der richtigen Klasse CWeitereKlasse konstruiert. Ihre Serialize-Methode lädt die Daten aus dem Archiv. Anschließend wird der Zeiger auf dieses neue Objekt in m_pWeitereKlasse gespeichert. Da dies automatisch geschieht, wird ein eventuell vorhandener Zeiger überschrieben, und es bleibt ein unreferenzierbares Objekt im Freispeicher zurück. Wir sollten daher das Laden unmittelbar nach der Konstruktion des CMeineKlasse-Objekts durchführen, da dann noch der Zeiger auf NULL steht.

17.3.3 Serialisierung von Auflistungen (Collections)

Verwenden wir in einer Klasse Auflistungen, so müssten wir die Serialisierung für jedes Element der Auflistung selbst aufrufen. Alle Auflistungsklassen stammen aber von `CObject` ab und enthalten das Makro `DECLARE_SERIAL`, so dass wir Auflistungen einfach durch den Aufruf ihrer Methode `Serialize` serialisieren. Dabei werden alle Elemente der Auflistung automatisch gespeichert. Beim Laden aus dem Archiv müssen wir folgende Besonderheiten beachten:

- Die Auflistung speichert bei Zeigern auf Objekte unterschiedlicher Klassen (aber Nachfolger von `CObject`) auch die einzelnen Klassennamen ab, so dass die Elemente mit den zugehörigen Konstruktoren angelegt werden.
- Enthält ein Containerobjekt (z. B. ein Dokument) eine eingebettete Auflistung, so werden die geladenen Daten an die vorhandene Auflistung angehängt. Wir müssen ggf. diese Auflistung laden, bevor wir die Daten aus dem Archiv einlesen. Dazu wird normalerweise die Methode `DeleteContents` aus dem Anwendungsrahmen heraus aufgerufen.
- Das Laden einer Auflistung mit `CObject`-Zeigern läuft für alle Elemente folgendermaßen ab:
  - Die Klasse des Objekts wird festgestellt.
  - Für das Objekt wird Freispeicher reserviert.
  - Die Daten des Objekts werden in den Freispeicher geladen.
  - Ein Zeiger auf das Objekt wird an die Auflistung angehängt.

17.3.4 Aufruf der Methode `Serialize`

Wir rufen zwar die `Serialize`-Methoden von Vorgänger- und eingebetteten Klassen auf und verschachteln damit die Methoden ineinander, doch wann wird diese Kette gestartet? Der Serialisierungsprozess ist auf die Speicherung von Dokumenten ausgerichtet. Wenn wir die Optionen `Öffnen` oder `Speichern` aus dem Menü `Datei` aufrufen, erzeugt der Anwendungsrahmen ein `CArchive`-Objekt sowie ein zugeordnetes `CFile`-Objekt und ruft dann die Methode `Serialize` unserer Dokumentklasse mit dem Referenzparameter auf dieses Archivobjekt auf:

```
////////////////////////////////////////////////////////////////
// CU026Doc serialization

void CU026Doc::Serialize(CArchive& ar) {
  if (ar.IsStoring()) {
    // TODO: add storing code here
  } else {
    // TODO: add loading code here
  }
} //CU026Doc::Serialize
```

Diese Methode haben wir entsprechend geändert, so dass alle persistenten Datenelemente gespeichert werden, wobei wir geeignete weitere Serialisierungsfunktionen aktivieren.

In der generierten Dokumentklasse finden wir statt der Makros `DECLARE_SERIAL` und `IMPLEMENT_SERIAL` die Anweisungen:

`DECLARE_DYNCREATE(CU026Doc)`

`IMPLEMENT_DYNCREATE(CU026Doc, CDocument)`

Dieses sind vereinfachte Varianten, da Dokumentobjekte niemals mit `CArchive`-Schiebeoperatoren bewegt bzw. nie in Auflistungen eingefügt werden. Da wir eine solche Aussage für unsere abgeleiteten Objekte nicht machen können, verwenden wir immer die beschriebenen Makros `DECLARE_SERIAL` und `IMPLEMENT_SERIAL`.

17.4 Persistenz über die Registrierung

Wir hatten schon zum Eingang dieses Kapitels darauf hingewiesen, dass es neben der Serialisierung weitere Möglichkeiten gibt, Informationen über den Zustand des Programms abzuspeichern und damit über die Laufzeit des Programms hinaus aufzubewahren.

Im Grunde können wir alle Daten selbst auf eine Datei schreiben. Interessanter sind dagegen Möglichkeiten, die bereits vorgegeben sind. Typisch für Windows 3.1 waren die `.INI`-Dateien, die an vielen Stellen durch die Registrierdatenbank (Registry) abgelöst wurden.

17.4.1 Registrierdatenbank

Sie sollten an dieser Stelle einmal das Programm `regedit.exe` im Windows-Ordner suchen und starten. Sie erhalten damit Zugriff auf die Registrierdatenbank. Sie ist dafür verantwortlich, dass unter Windows alles ordnungsgemäß funktioniert.

Wir können sicher darüber streiten, ob es sich um eine Datenbank handelt oder nicht. Auf jeden Fall hat sie wenig mit Relationen usw. am Hut. Vielmehr ist sie eine hierarchisch gegliederte Liste, über die Windows gesteuert wird. Hierarchisch bedeutet, dass es Hauptschlüssel und Unterschlüssel gibt. Auf der obersten Stufe finden wir folgende Einträge:

`HKEY_CLASSES_ROOT`	Informationen zur OLE und Dateiverknüpfung
`HKEY_CURRENT_USER`	Informationen zum aktuell angemeldeten Benutzer
`HKEY_LOCAL_MACHINE`	Informationen zur Konfiguration des lokalen Rechners
`HKEY_USERS`	Informationen über alle Benutzer
`HKEY_CURRENT_CONFIG`	Informationen für die Plug & Play-Funktionen
`HKEY_DYN_DATA`	Daten, die wegen des häufigen Zugriffs in den RAM gelesen werden

17.4 Persistenz über die Registrierung

`HKEY_CLASSES_ROOT` enthält die Informationen zur OLE und Dateiverknüpfung. Hierbei handelt es sich um eine Liste mit den Dateierweiterungen und den zugehörigen Programmen. Diese Einträge dienen u. a. dazu, dass wir eine Datendatei direkt mit einem passenden Programm starten können. Eine Datei (ein Dokument) „weiß", zu welchem Programm es gehört. Wenn irgendwann etwas nicht mehr funktioniert, weil wir Dateien verschoben oder Ordner umbenannt haben, dann können wir hier den Fehler beseitigen.

Die Informationen zu einem Programm (das so genannte *Profil*) sind benutzerabhängig, da jeder Benutzer ein Programm in einem anderen Zustand verlassen kann. Wir werden also das Profil üblicherweise unter `HKEY_CURRENT_USER` ablegen. Dabei können wir wiederum einen Baum unterhalb dieser Hierarchie anlegen, z. B.:

```
ScheiblSoft                                         SetRegistryKey
  U172                                                in IDR_MAINFRAME
    Hauptfenster                                      Sektion
      Layout "1, -1, -1, -1, -1, 370, 112, 809, 413"    Schlüssel
    Personalliste                                     Sektion
      Name "                                          Schlüssel
```

indem wir die Abmessungen (Lage, Größe usw.) des Hauptfensters und den Namen der zuletzt bearbeiteten Personalliste abspeichern. Diese Stufung ist vierstufig, wobei wir die ersten beiden Stufen mit dem Programmstart festlegen, während wir die untersten Stufen während des Programms variieren. Die Stufen unterhalb von *Programm* benennen wir mit *Sektion* und *Schluessel*.

Das Visual Studio legt dort z. B. eine große Anzahl von Informationen ab, angefangen von der Liste der zuletzt bearbeiteten Dateien bis hin zu den Einträgen in den verschiedenen Kombinationsfeldern.

17.4.2 Zugriffsmethoden auf die Registrierdatenbank

Die MFC kapselt die Windows-APIs in vier Methoden der Klasse `CWinApp`, die in der Lage sind, auf `.ini`-Dateien oder auf die Registrierdatenbank zuzugreifen. Die Entscheidung darüber fällt mit dem Aufruf Methode `CWinApp::SetRegistryKey` in `InitInstance`. Geben wir dort einen Wert an, so wird auf die Registrierdatenbank zugegriffen. Dabei finden wir Methoden, die eine Ganzzahl oder eine Textkette lesen bzw. schreiben:

```
                                                              CWinApp
UINT GetProfileInt(LPCTSTR lpszSection, LPCTSTR
                   lpszEntry,int nDefault );
```

liefert den Ganzzahlwert vom Eintrag unter `lpszSection|lpszEntry`. Die Vorgabe wird eingesetzt, wenn der Eintrag nicht zu finden ist. Der Rückgabewert ist 0, wenn der vorgefundene Eintrag keine Ganzzahl ist. Der Wert wird als Hex-Zahl abgespeichert, wobei ein mögliches Vorzeichen in der Verschlüsselung versteckt ist.

```
                                                                CWinApp
BOOL WriteProfileInt(LPCTSTR lpszSection,LPCTSTR
                     lpszEntry,int nValue);
```

schreibt einen Ganzzahlwert `nValue` an die Stelle `lpszSection|lpszEntry`.

```
                                                                CWinApp
CString GetProfileString(LPCTSTR lpszSection, LPCTSTR
                         lpszEntry, LPCTSTR
                         lpszDefault=NULL);
```

liefert eine Textkette.

```
                                                                CWinApp
BOOL WriteProfileString( LPCTSTR lpszSection, LPCTSTR
                         lpszEntry, LPCTSTR lpszValue );
```

schreibt eine Textkette.

Um diesen Methoden Nachrichten zukommen zu lassen, benötigen wir einen Zeiger auf das Anwendungsobjekt. Diesen erhalten wir über die globale Funktion:

```
CWinApp *AfxGetApp();
```

Andererseits existiert auch die globale Variable `theApp`. Wollen wir sie benutzen, so müssen wir sie extern deklarieren.

17.5 Übungen

17.5.1 Serialisierung der Personalliste

U171 In der ersten Übung wollen wir unsere Personalliste serialisieren. Hierzu müssen wir die einzelnen Komponenten serialisierbar machen. Der einfachste Weg besteht darin, die Anwendung U162 in den Ordner U17_Ser\171 umzukopieren.

⊠ Im ersten Schritt bearbeiten wir unsere eingebundenen Klassen CDatum und CPersonInfo:

1. In der Kopfdatei PInfoMFC.h führen wir die nachfolgende Änderungen durch und speichern sie als **PInfoSer.h** ab. Geschickterweise ersetzen wir jedes Auftreten von MFC durch Ser, um den Bearbeitungsaufwand zu reduzieren. Dann wechseln

17.5 Übungen

wir das Makro DECLARE aus und ergänzen den Prototyp der virtuellen Serialisierungsmethode in den öffentlichen Methoden:

```cpp
//PInfoSer.H  Kopfdatei für die Klasse CPersonInfo mit Serialisierung
//31.12.2002   Prof. Scheibl

#if ! defined _PInfoSer_H_
#define       _PInfoSer_H_

#include <afxtempl.h>
#include "DatumSer.h"

class CPersonInfo : public CObject
{
  DECLARE_SERIAL(CPersonInfo) //mit Serialisierung
  public:
         //Konstruktor einschließlich Standardkonstruktor
         CPersonInfo(const char* Nm="",const char* Ot="",
           const int Tg=1,const int Mt=1,const int Jr=1980);
         CPersonInfo(const CPersonInfo& d);   //Kopierkonstruktor
    CString GibName() const {return Name;}    //Gib-Methoden
    CString GibOrt() const {return Ort;}
    int    GibTag() const {return Geburtsdatum.GibTag();}
    int    GibMonat() const {return Geburtsdatum.GibMonat();}
    int    GibJahr() const {return Geburtsdatum.GibJahr();}
    BOOL   SetzName(const CString Nm);        //Setz-Methoden
    BOOL   SetzOrt(const CString Ot);
    BOOL   SetzGeburtsdatum(const CDatum Gm);
    BOOL   SetzGeburtsdatum(const int Tg,const int Mt,const int Jr);
    const CPersonInfo& operator =(const CPersonInfo& d);//Zuweisungsop.
    BOOL   operator ==(const CPersonInfo& p) const; //Gleichoperator
    BOOL   operator !=(const CPersonInfo& p) const; //Ungleichoperator
    virtual void Serialize(CArchive& ar);           //Serialisierung
         ~CPersonInfo() {}                    //Destruktor (unnötig)
  #ifdef _DEBUG
    virtual void Dump(CDumpContext& dc) const;
  #endif
  private:
    CString Name;
    CString Ort;
    CDatum Geburtsdatum;
}; //END class CPersonInfo

//Auflistungen
typedef CTypedPtrArray<CObArray,CPersonInfo*> CPersonenArray;
typedef CTypedPtrList<CObList,CPersonInfo*> CPersonenListe;
typedef CTypedPtrMap<CMapStringToOb,CString,CPersonInfo*>
  CPersonenTabelle;

#endif //_PInfoSer_H_
```

Die dazugehörige Implementationsdatei PInfoMFC.cpp ändern wir wie folgt und speichern sie als **PInfoSer.cpp** ab. Hier müssen wir den Namen der Includedatei ändern, das Makro IMPLEMENT umstellen und den Code für die Serialisierungsmethode schreiben:

```cpp
//PInfoSer.CPP  Implementationsdatei CPersonInfo mit Serialisierung
//31.12.2002   Prof. Scheibl
#include <StdAfx.h>
```

```
#include "PInfoSer.h"

IMPLEMENT_SERIAL(CPersonInfo,CObject,0) //mit Serialisierung

//Implementationen der Klasse CPersonInfo

//Konstruktor der Klasse CPersonInfo
CPersonInfo::CPersonInfo(const char* Nm,const char* Ot,
                         const int Tg,const int Mt, const int Jr)
  : Name(Nm),Ort(Ot),Geburtsdatum(Tg,Mt,Jr) {
} //END CPersonInfo::CPersonInfo

//Setz-Methoden werden bei Bedarf um Prüfungen erweitert
BOOL CPersonInfo::SetzName(CString Nm) {
  Name=Nm;
  return TRUE;
} //END CPersonInfo::SetzName(CString Nm)

BOOL CPersonInfo::SetzOrt(CString Ot) {
  Ort=Ot;
  return TRUE;
} //END CPersonInfoSetzOrt(CString Ot)

BOOL CPersonInfo::SetzGeburtsdatum(CDatum Gm) {
  Geburtsdatum=Gm;
  return TRUE;
} //END CPersonInfoSetzGeburtsdatum(CDatum Gm)

BOOL CPersonInfo::SetzGeburtsdatum(const int Tg,const int Mt,
                                   const int Jr) {
  Geburtsdatum.SetzDatum(Tg,Mt,Jr);
  return TRUE;
} //END CPersonInfo::SetzGeburtsdatum

//überladener Zuweisungsoperator der Klasse CPersonInfo
const CPersonInfo& CPersonInfo::operator =(const CPersonInfo& p) {
  Name=p.Name;
  Ort=p.Ort;
  Geburtsdatum=p.Geburtsdatum;
  return *this;
}   //END CPersonInfo::operator =(const CPersonInfo& p)

//überladener Gleichoperator der Klasse CPersonInfo
BOOL CPersonInfo::operator ==(const CPersonInfo& p) const {
  if (Name==p.Name && Ort==p.Ort && Geburtsdatum==p.Geburtsdatum)
    return TRUE;
  else
    return FALSE;
}   //END CPersonInfo::operator ==(const CPersonInfo& p)

//überladener Ungleichoperator der Klasse CPersonInfo
BOOL CPersonInfo::operator !=(const CPersonInfo& p) const {
  return !(*this==p); //Nutzung es überladenen Gleichoperators
}   //END CPersonInfo::operator !=(const CPersonInfo& p)

#ifdef _DEBUG
void CPersonInfo::Dump(CDumpContext& dc) const {
  CObject::Dump(dc);
  dc << "\nName= " << Name << " Ort=" << Ort << "\n";
  Geburtsdatum.Dump(dc); //benutzte Klasse dumpt sich selbst
} //END CPersonInfo::Dump(CDumpContext& dc)
```

17.5 Übungen

```
#endif
```

```
//überschriebene Funktion zur Serialisierung
void CPersonInfo::Serialize(CArchive& ar) {
  if (ar.IsStoring()) {
    ar << Name << Ort;
  } else {
    ar >> Name >> Ort;
  }
  Geburtsdatum.Serialize(ar);   //benutzte Klasse serialisiert sich
} //END CPersonInfo::Serialize(CArchive& ar)
```

Die Serialisierungsmethode gleicht bis auf den Wechsel der Richtung in Abhängigkeit von `IsStoring` der Dumpmethode. Wir schieben alle Variablen (mit einfachem Typ) ins Archiv. Danach rufen wir die Serialisierungsmethode(n) der von uns benutzten Klasse(n) auf. Diese Aufrufe müssen nicht in der Abfrage stehen, da jede Serialisierungsmethode selbst wieder die Richtung bestimmt.

2. Wir wiederholen das Ganze für die Kopfdatei `DatumMFC.h`, die wir als `DatumSer.h` abspeichern:

```
//DatumSer.H   Kopfdatei für die Klasse CDatum mit Serialisierung
//31.12.2002   Prof. Scheibl

#if ! defined _DatumSer_H_
#define         _DatumSer_H_

class CDatum : public CObject
{
  DECLARE_SERIAL(CDatum) //mit Serialisierung
  public:
          //Konstruktor inklusive Standardkonstruktor
          CDatum(const int Tg=1,const int Mt=1,const int Jr=1980);
          CDatum(const CDatum& d);                 //Kopierkonstruktor
    int   GibTag()    const    {return Tag;}       //liefert den Tag
    int   GibMonat()  const    {return Monat;}     //liefert den Monat
    int   GibJahr()   const    {return Jahr;}      //liefert das Jahr
    int   GibJulDatum() const  {return JulDatum();}//liefert julian.Datum
    void  SetzTag(int Tg);                         //setzt den Tag
    void  SetzMonat(int Mt);                       //setzt den Monat
    void  SetzJahr(int Jr);                        //setzt das Jahr
    void  SetzDatum(int Tg,int Mt,int Jr);         //setzt das Datum
    const CDatum& operator =(const CDatum& d);     //Zuweisungsoperator
    BOOL  operator ==(const CDatum& d) const;      //Gleichoperator
    BOOL  operator !=(const CDatum& d) const;      //Ungleichoperator
    virtual void Serialize(CArchive& ar);          //Serialisierung
    ~CDatum()                  {}                  //Destruktor
#ifdef _DEBUG
    virtual void Dump(CDumpContext& dc) const;
#endif
  private:
    int Jahr,Monat,Tag;        //private Datenelemente
    int JulDatum() const;      //private Methode
}; // END class CDatum

#endif   // _DatumSer_H_
```

Die Implementationsdatei speichern wir als `DatumSer.cpp` ab:

```cpp
//DatumSer.CPP Implementationsdatei: Klasse CDatum mit Serialisierung
//31.12.2002   Prof. Scheibl
#include <StdAfx.h>
#include "DatumSer.h"

IMPLEMENT_SERIAL(CDatum,CObject,0) //mit Serialisierung

//zuerst einige allgemeine verwendete INLINE-Funktionen (Makros)
inline int Max(int a,int b) {return a>b ? a:b;}
inline int Min(int a,int b) {return a>b ? b:a;}

//Implementationen der Klasse CDatum

//Konstruktor der Klasse CDatum
CDatum::CDatum(const int Tg,const int Mt,const int Jr) {
  SetzDatum(Tg,Mt,Jr);
} //END CDatum::CDatum(int Tg,int Mt,int Jr)

//Methode der Klasse CDatum zur Berechnung des julianischen Datums
int CDatum::JulDatum() const {
  static int Laenge[]={31,28,31,30,31,30,31,31,30,31,30,31};

  int Summe=0;
  for (int i=0;i<Monat-1;i++) Summe+=Laenge[i];
  return Summe+=Tag;
} //END CDatum::JulDatum()

//Methode der Klasse CDatum zum Setzen des Tages
void CDatum::SetzTag(int Tg) {
  static int Laenge[]={31,28,31,30,31,30,31,31,30,31,30,31};

  Tag  =Max(1,Tg);
  Tag  =Min(Tag,Laenge[Monat-1]);
} //END CDatum::SetzTag(int Tg)

//Methode der Klasse CDatum zum Setzen des Monats
void CDatum::SetzMonat(int Mt) {
  Monat=Max(1,Mt);
  Monat=Min(Monat,12);
} //END CDatum::SetzMonat(int Mt)

//Methode der Klasse CDatum zum Setzen des Jahres
void CDatum::SetzJahr(int Jr) {
  Jahr =Max(1,Jr);
} //END CDatum::SetzJahres(int Jr)

//Methode der Klasse CDatum zum Setzen des Datums
void CDatum::SetzDatum(int Tg,int Mt,int Jr) {
  SetzJahr(Jr);
  SetzMonat(Mt);
  SetzTag(Tg);
} //END CDatum::SetzDatum(int Tg,int Mt,int Jr)

//überladener Zuweisungsoperator der Klasse CDatum
const CDatum& CDatum::operator =(const CDatum& d) {
  Jahr=d.Jahr;
  Monat=d.Monat;
  Tag=d.Tag;
  return *this;
} //END CDatum::operator =(const CDatum& d)
```

17.5 Übungen

```
//überladener Gleichoperator der Klasse CDatum
BOOL CDatum::operator ==(const CDatum& d) const {
  if (Tag==d.Tag && Monat==d.Monat && Jahr==d.Jahr)
    return TRUE;
  else
    return FALSE;
} //END CDatum::operator ==(const CDatum& d)

//überladener Ungleichoperator der Klasse CDatum
BOOL CDatum::operator !=(const CDatum& d) const {
  return !(*this==d); //Nutzung des überladenen Gleichoperators
} //END CDatum::operator !=(const CDatum& d)

#ifdef _DEBUG
void CDatum::Dump(CDumpContext& dc) const {
  CObject::Dump(dc);
  dc << "\nDatum= " << Tag << "." << Monat << "." << Jahr << "\n";
} //END CDatum::Dump(CDumpContext& dc)
#endif

//überschriebene Funktion zur Serialisierung
void CDatum::Serialize(CArchive& ar) {
  if (ar.IsStoring()) {
    ar << (short)Jahr << (short)Monat << (short)Tag;
  } else {
    ar << (short&)Jahr >> (short&)Monat >> (short&)Tag;
  }
} //END CDatum::Serialize(CArchive& ar)
```

Die Serialisierungsmethode wandelt vor dem Speichern die Ganzzahlen in den Typ `long` um, da nur dieser serialisierbar ist.

3. Damit sind unsere Klassen für die Serialisierung über die MFC vorbereitet. ■

⊠ Die Änderungen an den Programmdateien wollen wir auf ein Minimum beschränken. Dabei gehen wir davon aus, dass `U162` nach `U171` übertragen wurde:

1. Zuerst entfernen wir in der Dateischeibe (FileView) die vier Dateien mit dem Postfix `MFC`. Stattdessen fügen wir dem Projekt die neuen Ser-Dateien hinzu. Dies dient nur zur einfacheren Bearbeitung. Die Dateien findet der Compiler sonst direkt über den Suchpfad.

2. Als Nächstes ändern wir in der `Kopfdatei CU171Doc.h` der Dokumentklasse die Include-Anweisung:

   ```
   #endif // _MSC_VER >= 1000

   #include "PInfoSer.h"

   class CU171Doc : public CDocument
   ```

3. Nun müssen wir nur noch eine einzige Zeile in der Serialisierungsmethode der Dokumentklasse hinzufügen:

   ```
   // CU171Doc Serialisierung

   void CU171Doc::Serialize(CArchive& ar) {
     if (ar.IsStoring())
     {
       // TODO: Hier Code zum Speichern einfügen
   ```

```
    }
    else
    {
       // TODO: Hier Code zum Laden einfügen
    }
    m_PersonenListe.Serialize(ar);
} //CU171Doc::Serialize
```

4. Diese wenigen Änderungen reichen vollständig aus, um die Benutzerdaten abzuspeichern und wieder einzulesen. Wir erstellen und testen daher das Programm.
5. So ganz zufrieden können wir nicht sein. ∎

Wir geben einige Personen ein und beenden das Programm. Bei der Rückfrage des Programms bestätigen wir das Speichern und geben einen beliebigen Namen, z. B. Test, ein.

Beim Neustart des Programms können wir die Personenliste über die Menüoption Datei|Öffnen… wieder einlesen und sofort weiter bearbeiten. Gleichzeitig taucht der Name der geöffneten (bzw. der gespeicherten) Datei in der Titelleiste auf.

Als Erstes sehen wir, dass beim Laden die Anzahl der Datensätze nicht richtig dargestellt wird. Dies reparieren wir durch:

```
void CU171View::OnInitialUpdate() {
  m_nMaxTage=31;                     //Reihenfolge beachten!
  CFormView::OnInitialUpdate(); //ruft OnUpdate auf
  GetParentFrame()->RecalcLayout();
  ResizeParentToFit();
  SetDlgItemInt(IDC_ANZAHL,m_pListe->GetCount());
}
```

Weiterhin fällt uns auf, dass wir eine gerade eingelesene Liste auch gleich wieder speichern können, was eigentlich erst nach einer Änderung notwendig sein sollte. Die Menüoption Datei|Speichern ist über die ID ID_FILE_SAVE mit der bereits generierten Ereignisfunktion OnFileSave verknüpft. Daher können wir eine Ereignisfunktion:

```
void CU171Doc::OnUpdateFileSave(CCmdUI* pCmdUI) {
  pCmdUI->Enable(IsModified());
}
```

in der Dokumentklasse CU171Doc ergänzen. Diese steuert nun die Menüoption und die Ikone.

Beim Speichern öffnet sich der Dateidialog mit dem Dateityp Alle Dateien (*.*), was natürlich nicht sehr benutzerfreundlich ist. Auch dieses Problem können wir bei dieser Gelegenheit korrigieren, indem wir die Zeichenfolge von IDR_MAINFRAME auf den folgenden Wert setzen:

U171\n\nU171\n**Personalliste (*.171)**\n.171\nU171.Document\nU171 Document

Im 4. und 5. Feld legen wir die Standarderweiterung der Dokumentdatei fest. Wir wählen 171, um keine Namensüberschneidungen mit den anderen Übungen zu erzeugen. Normalerweise wird man aber eine griffigere Endung wie z. B. .lst wählen.

17.5 Übungen

Diese Änderungen retten uns zwar beim Sichern, aber nicht beim Doppelklick auf die Dokumentdatei (`test.171`) im Explorer oder beim Ziehen und Ablegen (Drag & Drop) dieser Datei auf unsere Anwendung. Irgendetwas fehlt noch.

Dieser fehlende Teil wird normalerweise in Schritt 4 durch den Anwendungsassistenten erzeugt. Er fehlt uns natürlich bei der nachträglichen Ergänzung.

☞ Tipp: Die Erweiterung der Dokumentdatei sollten wir in Zukunft schon bei der Erstellung des Projekts mit Hilfe des Anwendungsassistenten eingeben. Hier finden wir im Schritt 4 unter der Schaltfläche `Weitere Optionen...` den gleichnamigen Dialog, mit dem wir die Werte einstellen können (**Bild 17.2**).

Vergleichen wir den dann generierten Quelltext mit unserem aktuellen Programm, so finden wir beim Initialisieren der Anwendung in `U171.CPP` zusätzliche Anweisungen, die bei unserem jetzigen Programm noch fehlen.

```
BOOL CU171App::InitInstance() {
    // InitCommonControls() ist für Windows XP erforderlich, wenn ein Anwendu
    // die Verwendung von ComCtl32.dll Version 6 oder höher zum Aktivieren
    // von visuellen Stilen angibt. Ansonsten treten beim Erstellen von Fenst
    InitCommonControls();

    CWinApp::InitInstance();

    ...

    AddDocTemplate(pDocTemplate);
    // DDE-Execute-Open aktivieren
    EnableShellOpen();
    RegisterShellFileTypes(TRUE);
    // Befehlszeile parsen, um zu prüfen auf Standardumgebungsbefehle DDE, Da
    CCommandLineInfo cmdInfo;

    m_pMainWnd->UpdateWindow();
    // Rufen Sie DragAcceptFiles nur auf, wenn eine Suffix vorhanden ist.
    //   In einer SDI-Anwendung ist dies nach ProcessShellCommand erforderlich
    m_pMainWnd->DragAcceptFiles();

    return TRUE;
} //CU171App::InitInstance
```

Die ersten beiden Funktionsaufrufe dienen zum Aktivieren von DDE-Execute-Open, was nichts anderes bedeutet, als dass ein Doppelklick im Windows-Explorer auf eine `.171`-Datei unser Programm sofort mit der Personalliste startet. Die erste Anweisung `EnableShellOpen` sorgt für dieses Verhalten. `RegisterShellFileTypes` ist dafür verantwortlich, dass ein Eintrag in die Registrierdatenbank unter dem Schlüssel `HKEY_CLASSES_ROOT` der folgenden Form eingetragen wird:

`.171    (Standard)   "U171.Document"`

Wenn wir diese Zuordnungen in der Registrierdatenbank manuell durchführen wollen, dann können wir auf den Funktionsaufruf von `RegisterShellFileTypes` verzichten (aber wer will das schon?).

Diese Zuordnung ist eindeutig, d. h., es kann nur ein Programm mit einer solchen Erweiterung verknüpft sein. Das Umgekehrte gilt nicht, ein Programm kann durchaus mehrere Erweiterungen verarbeiten. Die Suche nach einer „freien" Erweiterung gestaltet sich u. U. in der Menüoption `Optionen` des Windows-Explorers kompliziert, weil dort nur eine Liste der registrierten Programme mit den Erweiterungen, aber keine Liste der Erweiterungen mit den Programmen zu finden ist. Aber hier hilft ein Trick. Wir legen einfach eine Datei mit dieser Endung an. Erscheint eine Programmikone vor dem Namen, so existiert diese Verknüpfung bereits. Ansonsten sehen wir die Windows-Ikone.

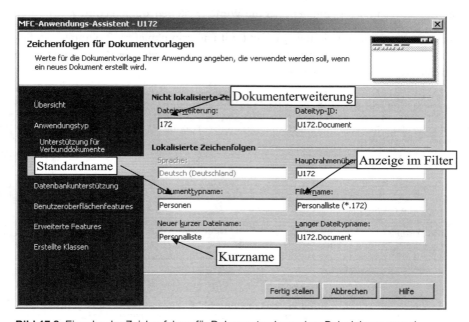

Bild 17.2: Eingabe der Zeichenfolgen für Dokumentvorlagen (am Beispiel von `U172`)

In der Registrierdatenbank wird die Endung auf eine ID umgesetzt. Mit dieser wird die Datenbank erneut durchsucht, um den absoluten Pfad zu unserem Programm zu finden. Jetzt kann das Programm gestartet und die Personalliste über den Parameter `%1` übergeben werden (**Bild 17.3**).

Die weitere, ergänzte Codeserie besteht nur aus einer einzigen Anweisung `m_pMainWnd->DragAcceptFiles()`. Diese Methode sorgt dafür, dass wir eine Personalliste aus dem Explorer direkt auf unser Programm ziehen können, wobei diese dann geöffnet wird.

Es genügt, einfach die oben markierten Zeilen noch zu ergänzen, und schon sollte das Programm, wie beschrieben, reagieren. Es muss jedoch einmal direkt gestartet werden, um die Registrierinformationen in die Registrierdatenbank einzutragen.

17.5 Übungen

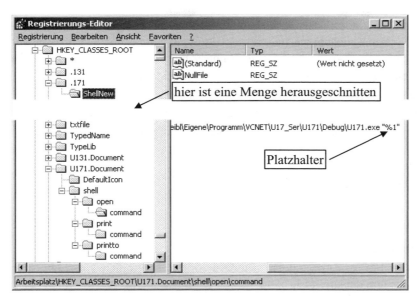

Bild 17.3: U171 in der Registry (unterschiedliche Stellen)

17.5.2 Persistente Fenster

U172 Nachdem sich unser Programm in die Registrierdatenbank einträgt, können wir auch weitere Informationen zu ihm dort ablegen. Wir kopieren also U171 nach U172 um.

Zum Ablegen der Informationen stehen uns zwei Datentypen, nämlich UINT und CString zur Verfügung. Alle anderen Datentypen müssen in diese Typen gewandelt werden. Wollen wir die Informationen für ein Fenster ablegen, so greifen wir am besten auf die Datenstruktur:

```
typedef struct tagWINDOWPLACEMENT {      /* wndpl */
    UINT   length;
    UINT   flags;
    UINT   showCmd;
    POINT  ptMinPosition;
    POINT  ptMaxPosition;
    RECT   rcNormalPosition;
} WINDOWPLACEMENT;
```

zurück. Ein kurzer Überschlag ergibt, dass es sich um zehn Ganzzahlen handelt, die wir speichern müssten. Wir können uns nun entscheiden, ob wir hierfür neun Schlüssel anlegen wollen oder ob wir eine Zusammenfassung der Variablen anstreben.

Für die Ausgabe mehrerer Variablen als String steht uns eine Vielzahl von Methoden zur Verfügung, z. B. die verschiedenen Varianten von printf oder die Methoden CString::Format. Schwieriger ist das Einlesen, da wir den String in die verschiedenen Zahlen zerlegen müssen.

▷ Wir legen ein Modul mit den Hilfsprogrammen an, das wir nach und nach erweitern können. Die beiden Dateien speichern wir im Ordner `U00_Incl`. Im ersten Schritt legen wir eine Funktion `SpalteAbZahl` an, die nacheinander Zahlen aus einem String liefert, die durch beliebig viele Leerstellen und ggf. ein Komma voneinander getrennt sind:

1. Das Modul besteht aus der Kopfdatei `Hilfspro.h` und aus der Implementationsdatei `Hilfspro.cpp`. Sie sind in klassischem C geschrieben und können auf der CD eingesehen werden. Sie müssen dem Projekt entweder explizit hinzugefügt werden oder über den Suchpfad zugänglich sein.

2. Wir binden die Hilfsdatei am besten in `stdafx.h` ein:

   ```
   #endif // _AFX_NO_AFXCMN_SUPPORT

   //eigene Hilfsprogramme
   #include "Hilfspro.h"
   ```

   da das Modul damit „überall" hinkommt.

3. Da wir die Variable `theApp` global benutzen wollen, kontrollieren wir, ob sie in `U172App.h` extern deklariert ist:

   ```
   // Implementierung
     afx_msg void OnAppAbout();
     DECLARE_MESSAGE_MAP()
   };

   extern CU172App theApp;
   ```

4. Damit sind die Vorbereitungsarbeiten abgeschlossen. Das Programm sollte ohne Fehler übersetzbar sein. ■

☞ Tipp: Um das Hilfsprogramm zu testen, reicht eine einfache Konsolenanwendung der Art:

```
#include <IOSTREAM.H>
#include "Hilfspro.h"

void main() {
  int i=0;
  char* text="   123,    456   ";
  cout << SpalteAbZahl(&text,&i) << "\n";
  cout << SpalteAbZahl(&text,&i) << "\n";
}
```

Sie zeigt, warum wir eine doppelte Referenzierung `lplp**` (long pointer-long pointer) einsetzen.

▷ Im nächsten Schritt kümmern wir uns um das Fenster:

1. Wir können die Schlüssel als Konstanten in unserem Programm verdrahten oder für Änderungen offen halten. Wir entscheiden uns für die zweite Variante und legen die Schlüsselbezeichner als Einträge in der Zeichenfolgetabelle ab. Diese öffnen wir über die Ressourcenansicht und ergänzen am Ende der Zeichenfolgentabelle (String Table) folgende Zeilen:

17.5 Übungen

IDS_INI_FENSTER	129	Hauptfenster
IDS_INI_FENSTER_LAYOUT	130	Layout
IDS_INI_PLISTE	131	Personalliste
IDS_INI_PLISTE_NAME	132	Name
IDS_INI_FENSTER_FEST	133	Festformat

Die Konstanten können dabei von den angegebenen Werten abweichen. Die letzte ID dient nur für eine Variante und kann ggf. entfallen.

Die Einträge lassen sich über das Kontextmenü des Knotens Dialog mit der Option Resssourcensymbole... kontrollieren.

2. Der Generator hat bereits in InitInstance des Hauptprogramms CU172App einen Standardeintrag eingetragen, den wir ändern. Damit legen wir eine Registriergruppe für all unsere Programme an:

```
// Ändern Sie den Registrierungsschlüssel unter dem Ihre Einstellu...
// TODO: Ändern Sie diese Zeichenfolge entsprechend,
// z.B. zum Namen Ihrer Firma oder Organisation.
SetRegistryKey(_T("ScheiblSoft"));
LoadStdProfileSettings(4);  // Standard INI-Dateioptionen laden ...
```

3. Als Nächstes müssen wir den Code zum Einlesen des Profils und zu dessen Anwendung schreiben. Da sich das Fenster in irgendeiner Form positionieren muss, suchen wir nach der entsprechenden Methode. Wir finden sie als ActivateFrame. Wenn wir sie überschreiben, so können wir das Aussehen unseres Rahmenfensters nach Bedarf verändern. Also legen wir mit dem Klassenassistenten eine entsprechende Methode in der Klasse CMainFrame an. Der generierte Code enthält als letzte Anweisung den Aufruf der Vorgängermethode CFrameWnd::ActivateFrame(nCmdShow). Unseren Code schreiben wir vor diese generierte Anweisung:

```
void CMainFrame::ActivateFrame(int nCmdShow) {
  CString strSektion;
  CString strSchluessel;
  CString strWert;
  WINDOWPLACEMENT wp;
  wp.length=sizeof(WINDOWPLACEMENT);
  wp.flags=0;
  strSektion.LoadString(IDS_INI_FENSTER);
  int nWert;
  strSchluessel.LoadString(IDS_INI_FENSTER_LAYOUT);
  TRY {
    strWert=theApp.GetProfileString(strSektion,strSchluessel,_T("")) ;
    if (strWert.IsEmpty())
      AfxThrowMemoryException();
    LPTSTR lp=(LPTSTR)strWert.GetBuffer(255);
    wp.flags=(UINT)SpalteAbZahl(&lp,&nWert);
    if (!nWert) AfxThrowMemoryException();
    wp.showCmd=(UINT)SpalteAbZahl(&lp,&nWert);
    if (!nWert) AfxThrowMemoryException();
    wp.ptMinPosition.x=SpalteAbZahl(&lp,&nWert);
    if (!nWert) AfxThrowMemoryException();
    wp.ptMinPosition.y=SpalteAbZahl(&lp,&nWert);
```

```
        if (!nWert) AfxThrowMemoryException();
        wp.ptMaxPosition.x=SpalteAbZahl(&lp,&nWert);
        if (!nWert) AfxThrowMemoryException();
        wp.ptMaxPosition.y=SpalteAbZahl(&lp,&nWert);
        if (!nWert) AfxThrowMemoryException();
        wp.rcNormalPosition.left=SpalteAbZahl(&lp,&nWert);
        if (!nWert) AfxThrowMemoryException();
        wp.rcNormalPosition.top=SpalteAbZahl(&lp,&nWert);
        if (!nWert) AfxThrowMemoryException();
        wp.rcNormalPosition.right=SpalteAbZahl(&lp,&nWert);
        if (!nWert) AfxThrowMemoryException();
        wp.rcNormalPosition.bottom=SpalteAbZahl(&lp,&nWert);
        if (!nWert) AfxThrowMemoryException();
        //Der minimierte Zustand wird immer zurueckgesetzt:
        if (wp.showCmd==SW_SHOWMINIMIZED) wp.showCmd=SW_SHOWNORMAL;
        //Wenn das Fenster weder SW_SHOWNORMAL noch SW_NORMAL
        // erscheinen soll, dann wird nicht restauriert, sondern
        // der übergebene Wert übernommen:
        if (nCmdShow != SW_SHOWNORMAL || nCmdShow != SW_NORMAL)
           wp.showCmd=nCmdShow;
     }
     CATCH(CException,pException) {
        //ShowWindow(SW_SHOWNORMAL);
        return;
     }
     END_CATCH

     LoadBarState(AfxGetApp()->m_pszProfileName);
     SetWindowPlacement(&wp);
     CFrameWnd::ActivateFrame(nCmdShow);
  } //CMainFrame::ActivateFrame
```

4. Nach einem Test stehen aber noch keine Einträge in der Registrierdatenbank. Das stimmt nicht ganz, da natürlich die früheren Programme und auch die laufende Anwendung Spuren hinterlassen haben (**Bild 17.4**). Die Daten über unser Fenster müssen wir am Programmende abspeichern. Im Grunde stehen uns zwei Möglichkeiten offen.

Bild 17.4: Unvollständiger Eintrag in der Registrierung

Wir können auf die Nachricht WM_CLOSE in der Ereignisfunktion OnClose (d. h., die aktuelle Ereignisfunktion überschreiben) oder auf das Ereignis WM_DESTROY reagieren. Bei der Nachricht WM_CLOSE ist das Fenster noch sichtbar, so dass wir z. B. eine Rückfrage starten und das Schließen noch abbrechen können. Die Standardfunkti-

17.5 Übungen

on `CFrameWnd::OnClose()` ruft `DestroyWindow` auf. Diese Methode zerstört alle Anwendungsfenster (in unserem Fall nur eines). Also wäre auch sie als Kandidat geeignet. `DestroyWindow` sendet die Nachricht `WM_DESTROY` aus, die wir ebenfalls nutzen können. Wenn wir mehrere Kindfenster hätten, so könnten auch diese individuelle Einträge hinterlassen. Hier würden wir die Ereignisfunktion `OnDestroy` überschreiben und abändern. Wir entscheiden uns für die erste Alternative und legen mit dem Klassenassistenten eine Ereignisfunktion für das Ereignis `WM_CLOSE` in der Klasse `CMainFrame` an. Diese ändern wir auf:

```
void CMainFrame::OnClose() {
  CString strSektion;
  CString strSchluessel;
  CString strWert;
  WINDOWPLACEMENT wp;
  wp.length = sizeof(WINDOWPLACEMENT);
  GetWindowPlacement(&wp);//Haupt-Fenster-Eigenschaften abfragen:
  strSektion.LoadString(IDS_INI_FENSTER);
  strSchluessel.LoadString(IDS_INI_FENSTER_LAYOUT);
  LPTSTR p = strWert.GetBuffer(255);
  wsprintf(p, _T("%d, %d, %d, %d, %d, %d, %d, %d, %d, %d"),
          wp.flags, wp.showCmd,
          wp.ptMinPosition.x, wp.ptMinPosition.y,
          wp.ptMaxPosition.x, wp.ptMaxPosition.y,
          wp.rcNormalPosition.left, wp.rcNormalPosition.top,
          wp.rcNormalPosition.right, wp.rcNormalPosition.bottom);
  strWert.ReleaseBuffer();
  theApp.WriteProfileString(strSektion,strSchluessel,strWert);
  SaveBarState(AfxGetApp()->m_pszProfileName);
  CFrameWnd::OnClose();
} //CMainFrame::OnClose
```

5. Das Programm kann nun übersetzt und getestet werden. In der Registrierung finden wir nun die geplanten Daten (**Bild 17.5**). ■

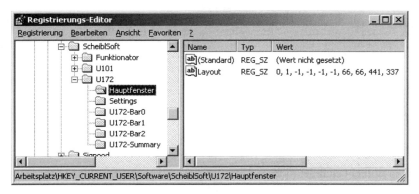

Bild 17.5: U172 schreibt sein Layout in die Registrierung

In dieser Form können wir das Fenster in seiner Größe einstellen, das Fenster maximieren usw. und das Programm beenden. Es sollte sich beim Neustart in gleicher Form wieder positionieren.

☞ Hinweis: Die Größe der `.ncb`-Datei überschreitet während des Übersetzens die 10 MByte-Grenze!

Abwandlungen

Wie immer können wir eine gefundene Lösung überdenken, verändern und ggf. verbessern oder – wie mein Vater zu sagen pflegte – „Das Bessere ist der Feind des Guten".

Der Einsatz von `SpalteAbZahl` ist natürlich ein erheblicher Aufwand, weil wir die Daten mit freiem Format in die Registrierdatenbank schreiben. Dies ist für das Üben und den Betrachter der Registrierdatenbank ganz hilfreich, kostet aber unnötige Entwicklungs- und Bearbeitungszeit.

Ersatzweise können wir die Werte mit einem festen Format ausgeben. Dabei können wir uns für eine hexadezimale oder eine genügend lange dezimale Ausgabe entscheiden. Genügend lang heißt hier zehn Ziffern plus Vorzeichen, wenn alle Bits einer Ganzzahl gesetzt sind. Wir können die Länge aber z. B. auf vier Stellen beschränken, da die Bildschirmabmessungen höchstens vier Ziffern haben (zumindest für die nächsten Jahre), die Schalter zwar negativ werden können, aber dafür weniger Ziffern benötigen.

⌧ Damit ändern sich unsere Anweisungen zum Speichern und Einlesen:

1. Wir kopieren `U172` nach `U173` um.
2. Wir schreiben die Daten spaltengenau mit führenden Nullen durch folgende Änderung in die Registrierdatenbank:

```
void CMainFrame::OnClose() {
  CString strSektion;
  CString strSchluessel;
  CString strWert;
  WINDOWPLACEMENT wp;
  wp.length = sizeof(WINDOWPLACEMENT);
  GetWindowPlacement(&wp);//Haupt-Fenster-Eigenschaften abfragen:
  strSektion.LoadString(IDS_INI_FENSTER);
  strSchluessel.LoadString(IDS_INI_FENSTER_FEST);
  strWert.Format("%04d %04d %04d %04d %04d %04d %04d %04d %04d %04d",
          wp.flags, wp.showCmd,
          wp.ptMinPosition.x, wp.ptMinPosition.y,
          wp.ptMaxPosition.x, wp.ptMaxPosition.y,
          wp.rcNormalPosition.left, wp.rcNormalPosition.top,
          wp.rcNormalPosition.right, wp.rcNormalPosition.bottom);
  strWert.ReleaseBuffer();
  theApp.WriteProfileString(strSektion,strSchluessel,strWert);
  SaveBarState(AfxGetApp()->m_pszProfileName);
  CFrameWnd::OnClose();
} //CMainFrame::OnClose
```

3. Das Einlesen vereinfacht sich deutlich:

```
void CMainFrame::ActivateFrame(int nCmdShow) {
  CString strSektion;
  CString strSchluessel;
  CString strWert;
  WINDOWPLACEMENT wp;
  wp.length=sizeof(WINDOWPLACEMENT);
  wp.flags=0;
  strSektion.LoadString(IDS_INI_FENSTER);
```

17.5 Übungen

```
    strSchluessel.LoadString(IDS_INI_FENSTER_FEST);
    strWert=theApp.GetProfileString(strSektion,strSchluessel,_T("")) ;
    wp.flags=(UINT)atoi((const char*) strWert);
    wp.showCmd=(UINT)atoi((const char*) strWert + 5);
    wp.ptMinPosition.x=atoi((const char*) strWert + 10);
    wp.ptMinPosition.y=atoi((const char*) strWert + 15);
    wp.ptMaxPosition.x=atoi((const char*) strWert + 20);
    wp.ptMaxPosition.y=atoi((const char*) strWert + 25);
    wp.rcNormalPosition.left=atoi((const char*) strWert + 30);
    wp.rcNormalPosition.top=atoi((const char*) strWert + 35);
    wp.rcNormalPosition.right=atoi((const char*) strWert + 40);
    wp.rcNormalPosition.bottom=atoi((const char*) strWert + 45);
    LoadBarState(AfxGetApp()->m_pszProfileName);
    SetWindowPlacement(&wp);
    CFrameWnd::ActivateFrame(nCmdShow);
} //CMainFrame::ActivateFrame
```

4. Wir probieren auch diese Variante aus (**Bild 17.6**). ■

Beim ersten Start findet diese Variante noch keine Werte in der Registrierdatenbank, so dass das Fenster minimal erscheint. Mit dem ersten Abspeichern werden dann die aktuellen Werte berücksichtigt.

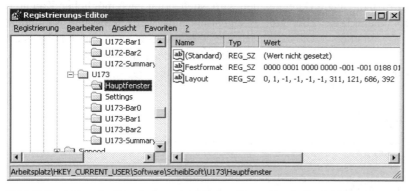

Bild 17.6: U173 schreibt sein Layout mit festem Format in die Registrierung

Es wäre eigentlich nicht nötig, einen neuen Schlüssel zu wählen. Für die Übersichtlichkeit ist es aber angebracht.

➢ Aufgabe 17-1:

Erweitern Sie das Einlesen so, dass auch beim Erststart das Fenster eine Standardgröße besitzt. ■

17.5.3 Persistente Personalliste

Soll beim Start der Anwendung sofort das zuletzt bearbeitete Dokument geöffnet werden, so müssen wir den bereits vorbereiteten Eintrag zur `PLISTE` in der Registrierdatenbank nutzen.

▷ Nun hat das Dokument eigentlich wenig mit dem Hauptfenster zu tun. Daher ist es am besten, den Namen des aktuellen Dokuments in der Dokumentklasse zu speichern bzw. dort wieder einzulesen:

1. Wir wechseln in die Dokumentklasse und lassen uns vom Klassenassistenten eine Überschreibung für die Ereignisfunktion `OnCloseDocument` in `CU173Doc` generieren.

2. Mit Hilfe der Methode `CDocument::GetPathName` können wir den aktuellen Dokumentnamen abfragen und in der Registrierdatenbank ablegen. Dies geschieht bedingungslos, also auch wenn keine Änderungen an den Daten vorgenommen wurden:

```
void CU173Doc::OnCloseDocument() {
  CString strSektion;
  CString strSchluessel;
  CString strWert;
  strSektion.LoadString(IDS_INI_PLISTE);
  strSchluessel.LoadString(IDS_INI_PLISTE_NAME);
  theApp.WriteProfileString(strSektion,strSchluessel,GetPathName());
  CDocument::OnCloseDocument();
} //CU173Doc::OnCloseDocument
```

3. Damit beim Öffnen die letzte Datei geladen wird, suchen wir nach möglichen Kandidaten in der Dokumentklasse. Hier gibt es eigentlich nur zwei interessante Methoden, `OnNewDocument` und `OnOpenDocument`. `OnNewDocument` ist bereits überschrieben. Schauen wir uns den Quelltext dieser Methoden in `doccore.cpp` an, dann sehen wir, dass `CDocument::OnNewDocument`:

```
BOOL CDocument::OnNewDocument()
{
#ifdef _DEBUG
  if(IsModified())
    TRACE(traceAppMsg, 0, "Warning: OnNewDocument replaces an unsaved document.\n");
#endif

  DeleteContents();
  m_strPathName.Empty();      // no path name yet
  SetModifiedFlag(FALSE);     // make clean

  return TRUE;
}
```

`DeleteContents` aufruft, den Namen der Dokumentdatei löscht und den Änderungsmarker zurücksetzt. Wenn wir einen Haltepunkt in diese Methode setzen, stellen wir fest, dass sie auch beim Start des Programms aufgerufen wird, d. h., das Programm löst diese Funktion aus. Wenn wir sie überschreiben, um eine Datei zu laden, dann müssen wir zwischen diesem Erstaufruf und den weiteren Benutzeraktionen unterscheiden. Zu diesem Zweck legen wir in der Kopfdatei `U173Doc.h` eine logische Variable an:

```
class CU173Doc : public CDocument
{
protected: // Nur aus Serialisierung erstellen
  CU173Doc();
```

17.5 Übungen

```
  DECLARE_DYNCREATE(CU173Doc)
// Attribute
//public:
//  CPersonInfo m_Person;
protected:
  bool m_bErstesMal;
  CPersonenListe m_PersonenListe;
```

4. Die Initialisierung dieser Variablen ändern wir im Konstruktor der Dokumentklasse:

```
CU173Doc::CU173Doc()
//  : m_Person("unbekannt","unbekannt",1,1,1990)
 : m_bErstesMal(true)
{
#ifdef _DEBUG
  afxDump.SetDepth(1);    //dumpt alle Listenelemente
  ASSERT(afxDump.GetDepth()==1);
#endif
}
```

5. Nun können wir sie dazu verwenden, unsere Ladefunktion zu steuern:

```
BOOL CU173Doc::OnNewDocument() {
  if (!CDocument::OnNewDocument())
    return FALSE;
  if (m_bErstesMal) {
    CString strSektion;
    CString strSchluessel;
    CString strWert;
    strSektion.LoadString(IDS_INI_PLISTE);
    strSchluessel.LoadString(IDS_INI_PLISTE_NAME);
    strWert=theApp.GetProfileString(strSektion,strSchluessel,_T(""));
    if (!strWert.IsEmpty()) {
      if (OnOpenDocument(strWert)) {
        SetPathName(strWert);
      };
    }
    m_bErstesMal=FALSE;
  }
  return TRUE;
} //CU173Doc::OnNewDocument
```

Wie der Code zeigt, sollten wir darauf gefasst sein, dass kein Eintrag in der Registrierdatenbank existiert oder die Datei verschwunden ist. Haben wir den Dokumentdateinamen dagegen gefunden, dann simulieren wir das Auslösen der Menüoption Öffnen.

6. Nun ist die Anwendung fertig und kann getestet werden. Sie sollte immer die zuletzt gespeicherte Datei automatisch laden. ■

17.5.4 Serialisierung und Dateiverarbeitung

U174 Untersuchen wir dialogfeldbasierende Anwendungen, so stellen wir fest, dass bei diesen die Serialisierung unbekannt zu sein scheint. Daher fehlt z. B. die Möglichkeit zur Eingabe der Dateierweiterung, weil es kein Dokument nicht gibt. Weiterhin treffen wir häufig auf die Aufgabe, Daten in klassisch sequenzieller Form (also zeitlich geordnet) abzuspeichern. Denken wir nur wieder an die Messdatenverarbeitung oder an ein Fehlerprotokoll.

Wir haben schon im Kapitel ⇘ 3 «Einführung in C» mit klassischer Verarbeitung Daten aus einer Datei gelesen bzw. in eine Datei geschrieben. Warum sollten wir aber auf den Mechanismus der Klasse CFile verzichten, Daten in eine sequenzielle Datei zu schreiben und wieder aus ihr zu lesen? Normalerweise werden wir die Daten programmgesteuert schreiben und lesen, so dass die Reihenfolge der Daten und ihrer Datentypen genau feststeht. Im interaktiven Betrieb unseres Beispiels müssen wir daher die Datentypen auf genau einen einschränken, da die Reihenfolge nicht gesichert werden kann.

▷ Wir gehen für diese Übung in folgenden Schritten vor:
1. Wir legen eine neues dialogfeldbasiertes Projekt U174 im Ordner U17_Ser an, ohne die Vorgaben zu ändern. Es öffnet sich der Dialogeditor.
2. Wir löschen das Bezeichnungsfeld sowie die Schaltfläche OK.
3. Die Beschriftung der Schaltfläche Abbrechen ändern wir auf Beenden.
4. Die restlichen Steuerelemente legen wir entsprechend **Bild 17.7** an und vergeben die angegebenen IDs.
5. Über Format|Tabulator-Reihenfolge kontrollieren wir das Verhalten des Fokus und korrigieren die Reihenfolgen bei Bedarf.
6. Damit ist der visuelle Entwurf beendet. ∎

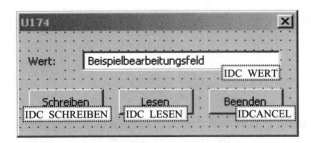

Bild 17.7: Oberflächenentwurf für U174

▷ Wir wollen nun die eingegebenen Werte in einer Datei ablegen und bei Bedarf wieder einlesen. In dieser Übung soll der Name der Datei noch fest vorgegeben sein. Es ergibt sich das Problem, die Datei schreibend bzw. lesend zu öffnen. Dazu benötigen wir die zwei bereits vorbereiteten Schaltflächen:

1. Zur Dateibearbeitung benötigen wir neben der Datei (genauer: dem Handle auf eine Datei) einen Puffer zur Aufnahme der Datensätze. Die Deklarationen dazu legen wir in der Kopfdatei U174Dlg.h an. Da der Generator etwas gegen die Dimensionierung hat, müssen wir diese manuell ergänzen, was natürlich zu Problemen in der Initialisierung führt. Puffergröße und Dateiname legen wir als Konstante an:

17.5 Übungen

```
// U174Dlg.h : Headerdatei
//

#pragma once

#define PUFFERGROESSE 512
#define DATEINAME "test.txt"

// CU174Dlg Dialogfeld
class CU174Dlg : public CDialog
{
// Konstruktion
public:
  CU174Dlg(CWnd* pParent = NULL); // Standardkonstruktor

// Dialogfelddaten
  enum { IDD = IDD_U174_DIALOG };

  protected:
  virtual void DoDataExchange(CDataExchange* pDX);  // DDX/DDV-
  Unterstützung


// Implementierung
protected:
  HICON m_hIcon;
  CFile m_fDatei;
  char m_Puffer[PUFFERGROESSE];

  // Generierte Funktionen für die Meldungstabellen
  virtual BOOL OnInitDialog();
  afx_msg void OnSysCommand(UINT nID, LPARAM lParam);
  afx_msg void OnPaint();
  afx_msg HCURSOR OnQueryDragIcon();
  DECLARE_MESSAGE_MAP()
};
```

2. Aus Sicherheitsgründen initialisieren wir – wie gewohnt – die verschiedenen Variablen im Konstruktor der Dialogklasse `CU174Dlg`, wenn dies nicht vom Generator beim Anlegen der Variablen vorbereitet wird. Wie üblich setzen wir den Datei-Handle auf NULL, was aber zu einem heftigen Zusicherungsfehler führt:

```
// CU174Dlg Dialogfeld

CU174Dlg::CU174Dlg(CWnd* pParent /*=NULL*/)
  : CDialog(CU174Dlg::IDD, pParent)
//  , m_fDatei(NULL) //führt zu einem Zusicherungsfehler
  , m_strWert(_T(""))
{
  m_hIcon = AfxGetApp()->LoadIcon(IDR_MAINFRAME);
  m_Puffer[0]='\0';
}
```

Verfolgen wir die Initialisierung des Handles, so wird dieser in `filecore.cpp` auf eine Konstante gesetzt:

```
CFile::CFile() {
  m_hFile = INVALID_HANDLE_VALUE;
  m_bCloseOnDelete = FALSE;
}
```

die später abgeprüft wird. Da sie nicht `NULL` ist, überschreiben wir sie und handeln uns den besagten Fehler ein.

3. Mit Hilfe des Klassenassistenten legen wir für die beiden Schaltflächen die Ereignisfunktionen `OnBnClickedSchreiben` und `OnBnClickedLesen` an. Die Daten übergeben wir mit der Member-Variable `m_strWert` an die Oberfläche.

4. Die generierten Ereignisfunktionen ergänzen wir durch geeignete Anweisungen:

```cpp
void CU174Dlg::OnBnClickedSchreiben() {
  CFileException e;
  if(!m_fDatei.Open(DATEINAME,CFile::modeCreate|CFile::modeWrite,&e)) {
    #ifdef _DEBUG
      afxDump << "Datei konnte nicht geöffnet werden " << e.m_cause
              << "\n";
    #endif
    return;
  }
  UpdateData(TRUE);
  strcpy(m_Puffer,LPCTSTR(m_strWert));
  m_fDatei.Write(m_Puffer,m_strWert.GetLength());
  m_fDatei.Close();
  m_strWert.SetAt(0,NULL);
  UpdateData(FALSE);     //zur Demonstration
} //CU174Dlg::OnBnClickedSchreiben

void CU174Dlg::OnBnClickedLesen() {
  CFileException e;
  if(!m_fDatei.Open(DATEINAME,CFile::modeRead,&e)) {
    #ifdef _DEBUG
      afxDump << "Datei konnte nicht geöffnet werden " << e.m_cause <<
"\n";
    #endif
    return;
  }
  UINT nZeichenGelesen=m_fDatei.Read(m_Puffer,sizeof(m_Puffer));
  m_fDatei.Close();
  LPTSTR p=m_strWert.GetBuffer(nZeichenGelesen);
  strncpy(p,m_Puffer,nZeichenGelesen);
  UpdateData(FALSE);
} //CU174Dlg::OnBnClickedLesen
```

5. Nun ist die Anwendung fertig und kann getestet werden. ∎

Wenn wir den Quelltext betrachten, so erkennen wir die klassischen Methoden der Klasse `CFile` zum Öffnen und Schließen der Datei sowie zum Schreiben und Lesen. Beachtenswert ist auf jeden Fall die Fehlerbehandlung mit Hilfe des Rückgabewerts der Methode `Open` und der Auswertung eines Fehlerobjekts. Normalerweise fangen wir aber solche reparablen Fehler anders ab, so dass sich auch die nachfolgende Alternative anbietet. Wir sollten aber beachten, dass diese Alternative nicht mit einer globalen Variablen arbeitet. Vielmehr öffnen wir mit dem Konstruktor die Datei direkt. `m_fDatei` ist also nur innerhalb des `TRY CATCH`-Blocks gültig (weitere Details zur Fehlerbehandlung finden Sie im gleichnamigen Kapitel). Der Konstruktor wirft einen Fehler vom Typ `CFileException` auf, was die Methode `Open` nicht tut.

1. Wir kopieren `U174` nach `U175` um.

2. Die Schreibfunktion ergänzen wir mit einer modernen Ausnahmebehandlung:

```
void CU175Dlg::OnBnClickedSchreiben() {
  TRY {
    CFile m_fDatei(DATEINAME,CFile::modeCreate | CFile::modeWrite);
    UpdateData(TRUE);
    strcpy(m_Puffer,LPCTSTR(m_strWert));
    m_fDatei.Write(m_Puffer,m_strWert.GetLength());
    m_fDatei.Close();
    m_strWert.SetAt(0,NULL);
    UpdateData(FALSE);       //zur Demonstration
  } CATCH(CFileException, e) {
  #ifdef _DEBUG
    afxDump << "Datei konnte nicht geöffnet werden " << e->m_cause
                                                     << "\n";
  #endif
  } END_CATCH
} //CU175Dlg::OnBnClickedSchreiben
```

3. Wenn wir schon bei den Varianten sind, so können wir auch das Lesen kürzer (und kryptischer) schreiben:

```
void CU175Dlg::OnBnClickedLesen() {
  CFileException e;
  if(!m_fDatei.Open(DATEINAME,CFile::modeRead,&e)) {
  #ifdef _DEBUG
    afxDump << "Datei konnte nicht geöffnet werden " << e.m_cause
                                                     << "\n";
  #endif
    return;
  }
  UINT nZeichenGelesen=m_fDatei.Read(m_Puffer,sizeof(m_Puffer));
  m_fDatei.Close();
  strncpy(m_strWert.GetBuffer(nZeichenGelesen),
                                  m_Puffer,nZeichenGelesen);
  UpdateData(FALSE);
} //CU175Dlg::OnBnClickedLesen
```

4. Auch dieses Programm testen wir, indem wir einen Text abspeichern und laden. ∎

➢ Aufgabe 17-2:

Korrigieren Sie das Programm so, dass der Dateiname eingelesen werden kann.

Tipp: Führen Sie einen modalen Dialog aus, etwa in der Form:

```
CFileDialog fDlg(TRUE,NULL,NULL,OFN_HIDEREADONLY,"Textdateien
(*.txt)|*.txt|Alle Dateien (*.*)|*.*||",this);
if (fDlg.DoModal() == IDOK) {
  ...
} ∎
```

17.5.5 Textdateien

Unser letztes Beispiel arbeitet mit einer Datei, die wir in einem gewöhnlichen Texteditor öffnen können. Trotzdem ist sie eigentlich keine Textdatei. Hierzu müsste sie aus mehreren Zeilen bestehen. Etwas technischer ausgedrückt bedeutet dies, dass sie bestimmte vorgegebene Trennzeichen (hier die Kombination CRLF = Carriage Return und Line Feed oder nur CR) besitzen sollte. Es wäre wünschenswert, wenn das Verarbeitungsprogramm diese Zeichen erkennen und automatisch verarbeiten würde.

Da es sich um eine Spezialisierung der allgemeinen Datei handelt, ist die passende Klasse `CStdioFile` (Standardein-/-ausgabe-Datei) ein Nachfolger von `CFile`. Damit besitzt die Klasse `CStdioFile` alle (ggf. überschriebenen) Methoden von `CFile` und einige mehr. Hier soll nur das zeilenweise Lesen und Schreiben herausgehoben werden:

`ReadString`	liest eine einzelne Textzeile ein
`WriteString`	schreibt eine einzelne Textzeile aus

Durch die Vererbung der Methoden können wir aber auch weiterhin beliebig viele Zeichen ohne Rücksicht auf die Trennzeichen mit `Read` lesen bzw. mit `Write` schreiben. `ReadString` gibt es in zwei Ausführungen (Ein Beispiel für die Anwendung eines solchen Typs finden Sie im Kapitel ↳ «Internet»):

zum einen zur Verarbeitung eines klassischen Puffers vom Typ `char`

```
virtual LPTSTR ReadString(LPTSTR lpsz, UINT nMax);
throw(CFileException);
```

zum anderen zur Verarbeitung von Objekten der Klasse `CString`

```
BOOL ReadString(CString& rString);
throw(CFileException);
```

17.6 Wie kann ich …

17.6.1 … eine erfolgreiche Serialisierung sicherstellen?

Folgende Empfehlungen gelten für die Erstellung eigener serialisierbarer Klassen:

1. Serialisierbare Klassen leiten wir von der Klasse `CObject` ab.
2. Wir implementieren eine Methode `Serialize` für unsere neue Klasse.
3. Enthält unsere Klasse Objekte anderer Klassen, so rufen wir nach der eigenen Serialisierung deren Methode `Serialize` auf.

17.6.2 … eine Serialisierungsdatei untersuchen?

Das Visual Studio .NET verfügt über einen geeigneten Hex-Editor:

1. Wir wählen die Datei über `Datei|Öffnen|Datei…` `Strg O`. Die Schaltfläche `Öffnen` bietet uns `Öffnen mit…` für den Binär-Editor an.
2. Die Datei ist nun sowohl im Klartext als auch hexadezimal zu sehen. ■

18

MDI- und (fast) gleichberechtigte Fenster

18 MDI- und (fast) gleichberechtigte Fenster 973

    18.1   Grundlagen der MDI-Anwendungen 973

    18.2   MDI-Rahmen- und Kindfenster 976

    18.3   Übungen 978

    18.4   Wie kann ich 991

18 MDI- und (fast) gleichberechtigte Fenster

In diesem Kapitel wollen wir uns intensiv mit Multidokument-Anwendungen beschäftigen. Dabei werden wir insbesondere der Frage nachgehen, wie MDI-Anwendungen mehrere Dokumente verwalten und mehrere Ansichten pro Dokument generieren.

Dabei finden wir mit Visual C++ .NET zwei Varianten vor:

MDI-Anwendung	Ein Rahmenfenster umfasst mehrere Kindfenster für ein oder mehrere Dokumente. Das Rahmenfenster beschneidet die Kindfenster.
gleichberechtigte Fenster	Jedes Fenster ist (fast) gleichberechtigt direkt unterhalb des Desktops angesiedelt. Damit können die Fenster unabhängig voneinander agieren. Sie tauchen als einzelne Tasks in der Taskleiste auf.

In den Richtlinien von Windows steht, dass die MDI-Anwendungen in Zukunft durch die (fast) gleichberechtigten Fenster auf höchster Ebene (Desktop) abgelöst werden. Ein typischer Vertreter ist Word, dessen Dokumente jetzt in einzelnen Fenstern bearbeitbar sind.

Die Fenster kennen sich. Man sieht es in Word daran, dass das letzte Fenster nicht geschlossen wird, wenn wir das Dokument schließen. Es ähnelt dann einem MDI-Fenster mit leerem Hintergrund. Dies ist unter Visual C++ nicht so vorgesehen. Das erste Fenster ist immer das Hauptfenster, das beim Schließen auch alle anderen Rahmenfenster zerstört.

Nicht verwechseln sollten wir diese Anwendungen mit Multiprojekt-Anwendungen wie das Visual Studio .NET. Dieses stellt unterschiedliche Dateien unter einer gemeinsamen Oberfläche dar. Eine solche Anwendung besteht somit aus mehreren Ansichten auf mehrere, gekoppelte Dokumente.

18.1 Grundlagen der MDI-Anwendungen

Da wir schon mehrfach MDI-Anwendungen eingesetzt haben, wollen wir uns nur auf das Wesentlichste konzentrieren.

18.1.1 Begriffe

Eine MDI-Anwendung (**Bild 18.1**) vereinigt mehrere Kindfenster unter einem gemeinsamen Dach, dem MDI-Rahmenfenster (Frame Window). Die Kindfenster (Child Windows) können innerhalb des MDI-Rahmenfensters bewegt werden, bleiben dabei aber immer im Anwendungsbereich (Client Window) des Rahmens, d. h., werden entsprechend abgeschnitten. Mit der Verschiebung des MDI-Rahmenfensters verschieben sich auch alle Kindfenster. Schließen wir die MDI-Anwendung, so werden alle Kindfenster geschlossen.

Ein Kindfenster ist aktiv und überdeckt (normalerweise) die anderen Kindfenster. Der Name der Dokumentdatei des aktiven Kindfensters wird in der Titelleiste des MDI-Rahmens angezeigt. Die Anwendung verfügt nur über eine Menüleiste und eine Symbolleiste, die sich je nach Inhalt des Arbeitsbereichs ändern. Alle ausgelösten Menüoptionen werden an das aktive Kindfenster weitergeleitet. Damit ähnelt eine MDI-Anwendung in ihrem Verhalten Windows selbst.

Jedes Kindfenster verfügt wie der MDI-Rahmen über Minimier-, Maximier- und Schließschaltfläche. Damit werden die Kindfenster entsprechend innerhalb des MDI-Rahmens gesteuert. Zusätzlich zu den Menüoptionen einer SDI-Anwendung finden wir ein Aufklappmenü Fenster, das folgende Optionen ermöglicht:

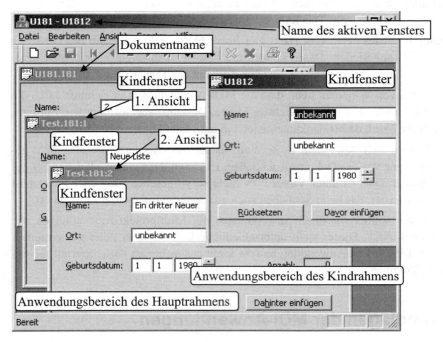

Bild 18.1: Begriffe rund um eine MDI-Anwendung

Menüoption	Beschreibung
Neues Fenster	öffnet für das ausgewählte Dokument (im aktiven Kindfenster) eine neue Ansicht (neues Kindfenster).
Überlappend	ordnet alle Kindfenster wie eine Staffelkartei an.
Nebeneinander	ordnet alle Kindfenster in Kacheln an.
Symbole anordnen	ordnet die Fensterikonen im MDI-Rahmen an.
(Fensterliste)	setzt den Fokus auf das entsprechende Kindfenster.

Die Menüleiste verkürzt sich meist deutlich, wenn wir alle Kindfenster schließen. Somit verfügt jede MDI-Anwendung über mindestens zwei Menüleisten, eine für den leeren MDI-Rahmen und eine für die (gleichartigen) Kindfenster.

18.1 Grundlagen der MDI-Anwendungen

Normalerweise startet jede MDI-Anwendung mit einem leeren Dokument (wie Word, Excel usw.) oder aktiviert den letzten Stand. Der Anwendungsassistent generiert eine neue Anwendung immer mit einem leeren Kindfenster. Wollen wir dies verhindern, d. h., soll unsere Anwendung mit einem leeren MDI-Rahmen starten, dann müssen wir den ersten Aufruf `OnFileNew` in irgendeiner Form verhindern. Nun finden wir aber einen solchen Aufruf nicht in unseren Programmdateien. Dazu müssen wir das Programm in die Tiefen der vorgefertigten Quelltextdateien verfolgen. Eine Lösung finden Sie in Kapitel ✎ 18.4.1 «... eine MDI-Anwendung ohne Kindfenster öffnen?».

18.1.2 MDI-Anwendungsobjekt

Vergleichen wir den generierten Code einer SDI- und einer MDI-Anwendung, so beginnen die ersten Unterschiede bei der überschriebenen Methode `InitInstance`.

18.1.3 MDI-Dokumentvorlage

Die Instanziierung der Dokumentvorlage einer MDI-Anwendung sieht wie folgt aus:

MDI	SDI

`CMultiDocTemplate* pDocTemplate;`
`pDocTemplate=new CMultiDocTemplate(`
`  IDR_U181TYPE,`
`  RUNTIME_CLASS(CU181Doc),`
`  RUNTIME_CLASS(CChildFrame),//Kin`
`  RUNTIME_CLASS(CU181View));`
`AddDocTemplate(pDocTemplate);`
	`CSingleDocTemplate* pDocTemplate;`
	`pDocTemplate = new CSingleDocTemplate(`
	`  IDR_MAINFRAME,`
	`  RUNTIME_CLASS(CU141Doc),`
	`  RUNTIME_CLASS(CMainFrame),//Hauptfen.`
	`  RUNTIME_CLASS(CU141View));`
	`AddDocTemplate(pDocTemplate);`

Im Unterschied zur SDI-Anwendung wird die Dokumentvorlage von `CMultiDocTemplate` abgeleitet, die die Verarbeitung mehrerer Dokumente erlaubt, d. h., eine Auflistung von Dokumenten verwaltet. Weiterhin wird eine Verknüpfung zur Ressource `IDR_U181TYPE`, also zum Kindfenster, hergestellt. In beiden Programmen erfolgt dann eine Verknüpfung zwischen Dokument-, Ansichts- und Fensterobjekt, wobei einmal das Kindfenster- und einmal das einzige Fensterobjekt (Hauptrahmenfenster) eingetragen ist.

Dass es sich um Auflistungen handelt, erkennt wir an den MDI-spezifischen Methoden `GetFirstDocTemplatePosition`, `GetNextDocTemplate`, `GetFirstDocPosition` und `GetNextDoc`, mit denen wir uns durch die Vorlagen bzw. durch die Dokumente hangeln können. Über `CDocument::GetDocTemplate` erhalten wir einen Zeiger auf die Vorlage eines Dokuments.

18.2 MDI-Rahmen- und Kindfenster

18.2.1 Anwendungsrahmen

Der Anwendungsassistent legt für MDI-Anwendungen wie für SDI-Anwendungen eine Klasse `CMainFrame` mit einer einzigen Instanz an. Dazu kommt aber noch eine Klasse `CChildFrame`, von der es mehrere Instanzen geben kann:

Klasse	Basisklasse	Instanzen	Menü	Ansicht	Erzeugung
CMainFrame	CMDIFrameWnd	1	Ja	Nein	InitInstance
CChildFrame	CMDIChildWnd	1 pro Kindfenster	Nein	Ja	Anwendungsrahmen erzeugt Instanz beim Öffnen eines neuen Kindfensters

Das `CMainFrame`-Objekt einer SDI-Anwendung bildet das Rahmenfenster und die Ansicht auf das Dokument. In einer MDI-Anwendung werden beide Aufgaben voneinander getrennt. Das `CMainFrame`-Objekt enthält den Rahmen mit Titelleiste, Menüleiste, Symbolleistenfenster usw., während die Ansicht dem `CChildFrame` zugeordnet wird. Das MDI-Rahmenfenster wird folgendermaßen erzeugt:

```
// Haupt-MDI-Rahmenfenster erzeugen
CMainFrame* pMainFrame = new CMainFrame;
if (!pMainFrame->LoadFrame(IDR_MAINFRAME))
   return FALSE;
m_pMainWnd = pMainFrame;

// Öffnen per DragDrop aktivieren
m_pMainWnd->DragAcceptFiles();

// DDE-Execute-Open aktivieren
EnableShellOpen();
RegisterShellFileTypes(TRUE);

// Befehlszeile parsen, um zu prüfen auf Standard-Umgebungsbefehle DDE,...
CCommandLineInfo cmdInfo;
ParseCommandLine(cmdInfo);

// Verteilung der in der Befehlszeile angegebenen Befehle
if (!ProcessShellCommand(cmdInfo))
   return FALSE;

// Das Hauptfenster ist initialisiert und kann jetzt angezeigt und ...
pMainFrame->ShowWindow(m_nCmdShow);
pMainFrame->UpdateWindow();
```

Zuerst wird ein Zeiger auf ein neues `CMainFrame`-Objekt angelegt und die Ressource `IDR_MAINFRAME` geladen. Dieser Zeiger wird dann an `m_pMainWnd`, eine Klassenvariable von `CWinThread`, übergeben. Die Objekte dieser Klasse stellen eine Verarbeitungskette innerhalb einer Anwendung dar. Da die Hauptverarbeitungskette `CWinApp` ein Nachfolger von `CWinThread` ist, führt dieses einen Zeiger auf das MDI-Rahmen-

18.2 MDI-Rahmen- und Kindfenster

fenster. Diesen können wir über die globale Funktion `AfxGetApp` ansprechen, die uns einen Zeiger auf das einzige Anwendungsobjekt liefert. Die nächsten Anweisungen zum Öffnen per Drag & Drop bzw. über DDE-Execute-Open kennen wir bereits aus den SDI-Anwendungen. Es folgen nun zwei Anweisungen, um die Kommandozeile einzulesen und zu zerlegen. Damit wird die Kommandozeile analog zur Übergabe der Kommandozeile in C über den Parameter von `main()`

```
int main( int argc [ , char *argv[ ]   [, char *envp[ ] ] ] );
```

vorverarbeitet. Es schließt sich eine anscheinend damit verknüpfte Funktion an, die Kommandozeile zu verarbeiten. Diese Funktion hat es aber in sich, da sie auch, wenn die Kommandozeile leer ist, im Modul `APPUI2.CPP` die Funktion `OnFileNew()` mit all ihren Folgen aufruft. Löschen wir diese Zeilen aus unserer Anwendung heraus, dann startet die Anwendung mit einem leeren MDI-Rahmenfenster. Die letzten beiden Anweisungen zeigen dann das MDI-Rahmenfenster ggf. mit dem ersten Kindfenster an.

18.2.2 Ressourcen

Eine MDI-Anwendung hat, wie wir schon kennen gelernt haben, zwei Menüressourcen für das leere MDI-Rahmenfenster und das „gefüllte" (mindestens mit einem Kindfenster) MDI-Rahmenfenster. Zu jedem Menü gehört auch eine Zeichenkettenressource mit den Kommentaren.

In der Zeichenkettentabelle finden wir jetzt zwei getrennte IDs für das Rahmenfenster `IDR_MAINMENU` und die Kindfenster `IDR_U181TYPE`. Die Verwaltungseinträge sind dabei im Unterschied zur SDI-Anwendung nach `IDR_U181TPYE` gewandert, während der Inhalt des ersten Felds (Titel des Anwendungsfensters) in `IDR_MAINFRAME` geblieben ist:

```
IDR_MAINFRAME   128   U181
IDR_U181TYPE    129   \nU181\nU181\nPersonalliste (*.181)\n181\n
                      U181.Document\n U181 Document
```

Die Bedeutung der einzelnen Felder zwischen den Zeilenschaltungen `\n` ist im Kapitel «Serialisierung und Persistenz» näher erläutert.

18.2.3 Menüs

An dieser Stelle soll nur ein knapper Hinweis zur Bearbeitung der generierten Menüs innerhalb von MDI-Anwendungen gegeben werden. Da wir oft nicht alle generierten Menüpunkte benötigen, werden wir den einen oder anderen einfach im Menüeditor (über die Ressourcenscheibe erreichbar) löschen. Dabei können wir einzelne Menüoptionen oder ganze Aufklappmenüs entfernen.

Unter Umständen übersehen wir aber, dass das Löschen von Menüpunkten wie Öffnen, Speichern, Speichern unter... usw. nicht dazu führt, die generierten Standardfunktionen zu löschen. Die Funktionalität bleibt erhalten, was wir schon dadurch testen können, dass wir einmal die Zugriffstasten wie z. B. Strg O betätigen. Sofort erscheint das Öffnen-Dialogfeld.

Um wenigstens diesen Effekt zu beseitigen, müssen wir auch die nicht belegten Zugriffstasten des Hauptrahmens IDR_MAINFRAME im Verzeichnis Accelerator löschen.

Soll Ihr Programm besonders „schlank" sein, so müssten Sie statt der vorgefertigten Quelltextdateien Ihre eigenen Dateien erstellen und diese verwenden. Den Quelltext, mit dem Microsoft den Öffnen-Dialog abwickelt, finden wir z. B. in der Datei docmgr.cpp:

```
void CDocManager::OnFileNew()
{
  if (m_templateList.IsEmpty())
  {
    TRACE0("Error: no document templates registered with CWinApp.\n");
    AfxMessageBox(AFX_IDP_FAILED_TO_CREATE_DOC);
    return;
  }

  CDocTemplate* pTemplate = (CDocTemplate*)m_templateList.GetHead();
  if (m_templateList.GetCount() > 1)
  {
    // more than one document template to choose from
    // bring up dialog prompting user
    CNewTypeDlg dlg(&m_templateList);
    int nID = dlg.DoModal();
    if (nID == IDOK)
      pTemplate = dlg.m_pSelectedTemplate;
#ifndef _MAC
    else
#else
    else if (nID != IDCANCEL || GetLastError() !=
     ERROR_INTERACTION_NOT_ALLOWED)
#endif
      return;     // none - cancel operation
  }

  ASSERT(pTemplate != NULL);
  ASSERT_KINDOF(CDocTemplate, pTemplate);

  pTemplate->OpenDocumentFile(NULL);
    // if returns NULL, the user has already been alerted
}
```

18.3 Übungen

18.3.1 Umwandlung einer SDI- in eine MDI-Anwendung

U181 Wir wollen nun unser SDI-Personallisten-Programm in eine MDI-Anwendung umwandeln.

☒ Dabei wollen wir möglichst geringen Aufwand betreiben und tricksen ein wenig:

18.3 Übungen

1. Wir legen das Verzeichnis `U18_MDI` an und generieren in ihm eine MDI-Anwendung `U181` ohne Druckunterstützung. Wir ändern die Zeichenvorlagen, wie im **Bild 18.2** dargestellt.

2. Wir fügen dem Projekt die Dateien `DatumSer` und `PInfoSer` (jeweils Kopf- `.h` und Implementationsdatei `.cpp`) hinzu.

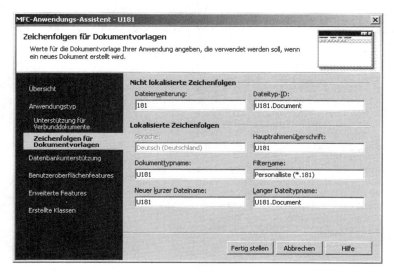

Bild 18.2: Zeichenfolgen für Dokumentvorlagen der Anwendung `U181` festlegen

1. Nun stellen wir das Projekt fertig, entfernen es aus dem Visual Studio .NET. und wechseln in den Explorer. Dort löschen wir die Dateien:
   ```
   U181Doc.cpp
   U181Doc.h
   U181View.cpp
   U181View.h
   ```

3. Wir kopieren die gleichen Dateien aus dem zuletzt gültigen Personallisten-Programm, also `U173` in das Verzeichnis und benennen sie wie die soeben gelöschten Dateien.

4. Nun öffnen wir wieder unser Projekt und ersetzen global `152` mit `181` in den vier kopierten Dateien.

5. Ein erster Übersetzungsversuch zeigt, dass der Dialog, alle Steuerelemente und Menüoptionen fehlen.

6. Da wir nicht in der Lage sind, Menüs oder Dialogfelder aus einem anderen Projekt zu importieren, müssen wir diese manuell anlegen. Mit etwas Mut funktioniert folgender Weg ganz passabel. Wir beginnen mit dem Menü:

   - Wir öffnen im Visual Studio die Datei `resource.h` und mit einem gewöhnlichen Editor `U173\resource.h` und beginnen die fehlenden Teile zu übertragen. Dabei wird `173` jeweils in `181` geändert. Das Programm ist in diesem Zustand bereits übersetzungsfähig, hat aber noch Laufzeitfehler, da beispielsweise das gesamte Dialogfeld noch fehlt.

```
//{{NO_DEPENDENCIES}}
// Microsoft Visual C++ generated include file.
// Used by U181.rc
//
#define IDR_MANIFEST                    CREATEPROCESS_MANIFEST_RESOURCE_ID
#define IDD_ABOUTBOX                    100
#define IDP_OLE_INIT_FAILED             100
#define IDD_U181_FORM                   101
#define IDR_MAINFRAME                   128
#define IDR_U181TYPE                    129
#define IDS_INI_FENSTER                 129
#define ID_BEARBEITEN_ALLESLOESCHEN     130
#define IDS_INI_FENSTER_LAYOUT          130
#define ID_BEARBEITEN_ERSTERDATENSATZ   131
#define IDS_INI_PLISTE                  131
#define ID_BEARBEITEN_VORHERIGERDATENSATZ 132
#define IDS_INI_PLISTE_NAME             132
#define ID_BEARBEITEN_NAECHSTERDATENSATZ 133
#define IDS_INI_FENSTER_FEST            133
#define ID_BEARBEITEN_LETZTERDATENSATZ  134
#define ID_BEARBEITEN_DAVOREINFUEGEN    135
#define ID_BEARBEITEN_DAHINTEREINFUEGEN 136
#define ID_BEARBEITEN_DATENSATZAENDERN  137
#define ID_BEARBEITEN_DATENSATZLOESCHEN 138
#define ID_BEARBEITEN_ANZEIGEZURUECKSETZEN 139
#define IDC_NAME                        1000
#define IDC_ORT                         1001
#define IDC_TAG                         1002
#define IDC_MONAT                       1003
#define IDC_JAHR                        1004
#define IDC_DREHER                      1005
#define IDC_ANZAHL                      1009

// Nächste Standardwerte für neue Objekte
//
#ifdef APSTUDIO_INVOKED
#ifndef APSTUDIO_READONLY_SYMBOLS
#define _APS_NEXT_RESOURCE_VALUE        157
#define _APS_NEXT_COMMAND_VALUE         32771
#define _APS_NEXT_CONTROL_VALUE         1010
#define _APS_NEXT_SYMED_VALUE           101
#endif
#endif
```

7. Die Beschreibung der Menüpunkte befindet sich in der Ressourcendatei U181.rc, die wir im Visual Studio über einen Rechtsklick als Textdatei öffnen, während wir U173.rc mit einem normalen Editor öffnen und das Aufklappmenü &Bearbeiten aus der Ressourcendatei U173.rc übernehmen. Hier muss man ein wenig aufpassen, um das Kindfenstermenü zu treffen, also:

```
IDR_U181TYPE MENU
BEGIN
  POPUP "&Datei"
  ...
  END
  POPUP "&Bearbeiten"
```

18.3 Übungen

```
    BEGIN
      MENUITEM "&Rückgängig\tStrg+Z",       ID_EDIT_UNDO
      MENUITEM SEPARATOR
      MENUITEM "&Ausschneiden\tStrg+X",     ID_EDIT_CUT
      MENUITEM "&Kopieren\tStrg+C",         ID_EDIT_COPY
      MENUITEM "&Einfügen\tStrg+V",         ID_EDIT_PASTE
      MENUITEM SEPARATOR
      MENUITEM "Er&ster Datensatz",         ID_BEARBEITEN_ERSTERDATENSATZ
      MENUITEM "&Vorheriger Datensatz",     ID_BEARBEITEN_VORHERIGERDATENSATZ
      MENUITEM "&Nächster Datensatz",       ID_BEARBEITEN_NAECHSTERDATENSATZ
      MENUITEM "&Letzter Datensatz",        ID_BEARBEITEN_LETZTERDATENSATZ
      MENUITEM SEPARATOR
      MENUITEM "Da&vor einfügen",           ID_BEARBEITEN_DAVOREINFUEGEN
      MENUITEM "Da&hinter einfügen",        ID_BEARBEITEN_DAHINTEREINFUEGEN
      MENUITEM SEPARATOR
      MENUITEM "Datensatz &ändern",         ID_BEARBEITEN_DATENSATZAENDERN
      MENUITEM "Datensatz l&öschen",        ID_BEARBEITEN_DATENSATZLOESCHEN
      MENUITEM "Alles &löschen",            ID_BEARBEITEN_ALLESLOESCHEN
      MENUITEM SEPARATOR
      MENUITEM "Anzeige &zurücksetzen",ID_BEARBEITEN_ANZEIGEZURUECKSETZEN
    END
    POPUP "&Ansicht"
    BEGIN
      ...
```

8. Dieser Weg mag für das Menü eher umständlich erscheinen. Um aber den Dialog „pixelgenau" zu kopieren, lohnt sich der Weg allemal. Hierzu arbeiten wir uns folgendermaßen weiter:

- Hinter den Dialog `IDD_ABOUTBOX` fügen wir nun den gesamten Dialog `IDD_U173_FORM` ein.
- Wir korrigieren den Namen `U173` auf `U181`.

In diesem Zustand ist das Programm übersetzbar und lauffähig. Es lädt aber keine Datei, weil `U181` noch keinen Eintrag in der Registrierung hat und auch noch keine Datei mit der Erweiterung `.181` gespeichert ist.

9. Wenn wir schon die Ressourcendatei geöffnet haben, dann übertragen wir auch die Beschreibung der Symbolleiste:

```
    IDR_MAINFRAME TOOLBAR  16, 15
    BEGIN
        BUTTON      ID_FILE_NEW
        BUTTON      ID_FILE_OPEN
        BUTTON      ID_FILE_SAVE
        SEPARATOR
        BUTTON      ID_BEARBEITEN_ERSTERDATENSATZ
        BUTTON      ID_BEARBEITEN_VORHERIGERDATENSATZ
        BUTTON      ID_BEARBEITEN_DATENSATZAENDERN
        BUTTON      ID_BEARBEITEN_NAECHSTERDATENSATZ
        BUTTON      ID_BEARBEITEN_LETZTERDATENSATZ
        SEPARATOR
        BUTTON      ID_BEARBEITEN_DAVOREINFUEGEN
        BUTTON      ID_BEARBEITEN_DAHINTEREINFUEGEN
        SEPARATOR
        BUTTON      ID_BEARBEITEN_DATENSATZLOESCHEN
        BUTTON      ID_BEARBEITEN_ALLESLOESCHEN
```

```
            SEPARATOR
            BUTTON      ID_FILE_PRINT
            BUTTON      ID_APP_ABOUT
    END
```

Zusätzlich müssen wir aber auch noch die Bitmap `res\toolbar.bmp` überschreiben, damit die richtigen Ikonen angezeigt werden. Da wir keine neuen IDs einfügen, reicht dies bereits aus.

Erneut ist das Programm übersetzbar und zeigt nun die Werkzeugleiste an.

10. Um die Zeichenfolgentabelle zu aktualisieren (d. h., die fehlenden `IDS`-Einträge zu ergänzen), können wir entweder die Ressourcendatei `U181.rc` und die Kopfdatei `Resource.h` anpassen oder die fehlenden Einträge im Zeichenfolgeneditor eingeben. Hier muss man etwas auf die Position achten, da es mehrere Blöcke gibt:

```
/////////////////////////////////////////////////////////////////////////
//
// String Table
//

STRINGTABLE
BEGIN
    IDR_MAINFRAME           "U181"
    IDR_U181TYPE            "\nU181\nU181\nPersonalliste (*.181)\n.181…
    IDS_INI_FENSTER         "Hauptfenster"
    IDS_INI_FENSTER_LAYOUT  "Layout"
    IDS_INI_PLISTE          "Personalliste"
    IDS_INI_PLISTE_NAME     "Name"
    IDS_INI_FENSTER_FEST    "Festformat"
END
```

Dieser Weg ist nicht unproblematisch, da auch der Anwendungsassistent neue IDs angelegt hat, die sich jetzt überschneiden. Wir ändern daher noch einmal die Überschneidung auf eine freie ID:

```
//{{NO_DEPENDENCIES}}
// Microsoft Visual C++ generated include file.
// Used by U181.rc
//
#define IDR_MANIFEST                    1
#define IDD_ABOUTBOX                    100
#define IDP_OLE_INIT_FAILED             100
#define IDD_U181_FORM                   101
#define IDR_MAINFRAME                   128
#define IDR_U181TYPE                    129
#define IDS_INI_FENSTER                 134
#define ID_BEARBEITEN_ALLESLOESCHEN     130
#define IDS_INI_FENSTER_LAYOUT          130
```

11. Durch das Umkopieren sind weder der Quelltext des Hauptprogramms `CU181App` noch des Hauptrahmenfensters `CMainFrame` verändert worden. Hier müssen wir noch einige Kleinigkeiten nachtragen. Als Erstes kontrollieren wir wieder in `U181.h` die Globalisierung des Anwendungsobjekts `theApp`:

```
// U181.h : Hauptheaderdatei für die U181-Anwendung
//
#pragma once
```

18.3 Übungen

```
 ...
// Implementierung
   afx_msg void OnAppAbout();
   DECLARE_MESSAGE_MAP()
};
```

extern CU181App theApp;

12. In `U181.cpp` sollten wir noch die Registrierung ändern, obwohl das Programm auch mit der Standardeinstellung funktioniert:

```
// CU181App Initialisierung

BOOL CU181App::InitInstance()
{
   ...
   SetRegistryKey(_T("ScheiblSoft"));

   ...
} //CU181App::InitInstance
```

13. Größere Änderungen sind noch im Hauptrahmenfensters durchzuführen. Hier können wir aber den Quelltext einfach übertragen. Es fehlt die Überschreibung `CMainFrame::ActivateFrame` und die Ereignisfunktionen `CMainFrame::OnClose`, deren Inhalt wir direkt übernehmen.

14. In diesem Zustand sollte sich das Programm übersetzen und testen lassen. ■

Anmerkung: Die Beschreibung der Werkzeugleiste enthält die einzelnen Schaltflächen. Wenn wir auf die Idee kommen, die Bitmap einer solchen Werkzeugleiste aus einem anderen Projekt zu kopieren, so wird diese ggf. vom Visual Studio auf die Anzahl der vorbereiteten Schaltflächen reduziert. Durch Ergänzung entsprechender Einträge können wir alle Schaltflächen aktivieren.

Durch das Umkopieren ergeben sich einige kleine Ungereimtheiten. Öffnen wir z. B. das Dialogfeld im Dialogeditor, so liegen die Führungslinien mitten im Formular. Der Editor hat noch die alte Größe gespeichert usw.

Das Programm startet nun als MDI-Anwendung mit einem einzigen Fenster, das beim ersten Programmstart eine leere Liste anzeigt. Später wird hier sofort die zuletzt bearbeitete Personalliste erscheinen.

Wir testen natürlich den Start aus dem Explorer heraus über den Doppelklick auf eine Datei mit der Dateierweiterung `.181` und das Ziehen einer Datei aus dem Explorer auf das geöffnete Programm. Beide Funktionen funktionieren wie erwartet. Die gezogene Datei wird als zusätzliches Kindfenster zum bestehenden Fenster geöffnet. So können wir beispielsweise die Liste `Test.181` nun parallel zu einer anderen Liste oder sich selbst öffnen. Letzteres erreichen wir aber nicht durch Hereinziehen. Vielmehr müssen wir über F̲enster|Neues F̲enster eine weitere Ansicht öffnen (**Bild 18.3**).

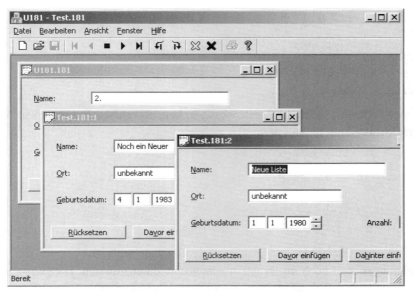

Bild 18.3: MDI-Anwendung aus einer SDI-Anwendung generiert

Damit können wir nun mehrere Ansichten auf eine Personalliste öffnen, die unterschiedliche Datensätze und sogar den gleichen Datensatz anzeigen können. Ändern wir in einem Kindfenster einen Datensatz, so werden die weiteren Kindfenster auf das Dokument auf den ersten Datensatz zurückgesetzt, d. h., sie zeigen den ersten Eintrag der Personalliste an. Schließen wir ein Fenster, so wird `CU181Doc::OnCloseDocument` nicht ausgeführt. Schließen wir das letzte Kindfenster, so wird diese Funktion aufgerufen. Sie überschreibt den aktuellen Eintrag.

Wir können auch mehrere unterschiedliche Personallisten parallel bearbeiten. Beim Schließen der Anwendung wird immer der Pfad der Personalliste im obersten Fenster in der Registrierdatenbank abgespeichert. Das stimmt nicht ganz, wenn mehrere Ansichten für ein Dokument geöffnet sind. Dann wird das oberste Dokument zuletzt gespeichert, auch wenn über ihm noch Ansichten anderer Dokumente liegen. Liegen von unten nach oben `D1 D2 D1`, dann wird zuerst `D1` gespeichert, und beide Ansichten werden gelöscht. Dann folgt `D2`, das den Eintrag in der Registrierung überschreibt.

Ein weiteres Problem fällt aber sofort auf. Mit Datei|Neu öffnet sich jetzt immer diese Datei und nicht eine leere Liste. In der Tat wird immer ein neues Dokument angelegt, das keinerlei Informationen darüber besitzt, ob es das erste oder ein weiteres Dokument ist. Unsere Variable `m_bErstesMal` ist wirkungslos, ja sogar überflüssig, weil sie nun in einem anderen Dokument liegt. Wir benötigen einen Informationsaustausch zwischen den Fenstern, um festzustellen, ob ein Kindfenster das erste ist oder nicht.

⊠ Als einfache Lösung können wir die Variable `m_bErstesMal` extern deklarieren. Hierzu gehen wir in folgenden Schritten vor:

1. In der Kopfdatei `U181Doc.h` der Dokumentklasse ändern wir zwei Stellen:

18.3 Übungen

```
// U181Doc.h : Schnittstelle der Klasse CU181Doc
//

#pragma once
#include "PInfoSer.h"
```
```
  extern m_bErstesMal; //<- geändert
```
```
class CU181Doc : public CDocument
```

2. Damit entfällt auch die Initialisierung im Konstruktor:

```
CU181Doc::CU181Doc()
//  : m_Person("unbekannt","unbekannt",1,1,1990)
//  : m_bErstesMal(true) //<- geändert
{
#ifdef _DEBUG
  afxDump.SetDepth(1);   //dumpt alle Listenelemente
  ASSERT(afxDump.GetDepth()==1);
#endif
}
```

3. Stattdessen müssen wir die Variable in `MainFrm.h` deklarieren:

```
// MainFrm.h : Schnittstelle der Klasse CMainFrame
//

#pragma once
```
```
extern m_bErstesMal;
```
```
class CMainFrame : public CMDIFrameWnd
```

4. und in `MainFrm.cpp` initialisieren:

```
// MainFrm.cpp : Implementierung der Klasse CMainFrame
//

#include "stdafx.h"
#include "U181.h"

#include "MainFrm.h"

#ifdef _DEBUG
#define new DEBUG_NEW
#endif
```
```
BOOL m_bErstesMal=TRUE;
```
```
// CMainFrame
```

5. In dieser Form sollte das Programm nur noch beim Start die letzte Personalliste öffnen. Alle weiteren Dokumente starten mit einer leeren Liste (**Bild 18.4**). ∎

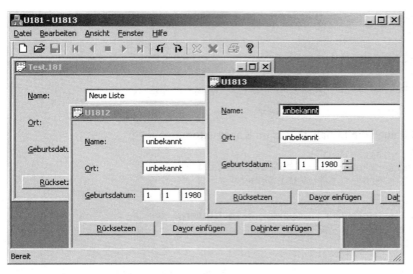

Bild 18.4: Neues Dokument wird angelegt

Bei den Tests stellen wir weiterhin fest, dass die gesamte Technik der Persistenz des Rahmenfensters verloren gegangen ist. Man könnte auch einwenden, dass sich das Programm nicht so wieder öffnet, wie es geschlossen wurde, denn es erscheint immer nur ein Kindfenster des zuletzt gespeicherten Dokuments.

Das erste Problem liegt natürlich an der originalen Rahmenfensterklasse, die wir doch eigentlich angepasst haben. Ein Blick in die Registrierungsdatenbank zeigt, dass die Felder geschrieben wurden. Auch ein Haltepunkt im `CMainFrame::OnClose` bestätigt dies. Ein weiterer Haltepunkt in `ActivateFrame` reagiert nicht, was uns zeigt, dass diese virtuelle Methode für das MDI-Rahmenfenster nicht aufgerufen wird (auch wenn sie ererbt wird). Vielmehr erfolgt die Anzeige des Hauptrahmenfensters direkt durch den entsprechenden Aufruf in der Methode `InitInstance`.

Wir führen daher folgende einfache Änderungen durch:

1. Zuerst übertragen wir den gesamten Quelltext von `CMainFrame::Activate-Frame` in die Initialisierungsmethode der Anwendung `InitInstance`:

```
BOOL CU181App::InitInstance() {

   ...

   // Das Hauptfenster ist initialisiert und kann jetzt angezeigt und a…
   CString strSektion;
   CString strSchluessel;
   CString strWert;
   WINDOWPLACEMENT wp;
   wp.length=sizeof(WINDOWPLACEMENT);
   wp.flags=0;
   strSektion.LoadString(IDS_INI_FENSTER);
   strSchluessel.LoadString(IDS_INI_FENSTER_FEST);
   strWert=theApp.GetProfileString(strSektion,strSchluessel,_T("")) ;
   wp.flags=(UINT)atoi((const char*) strWert);
```

18.3 Übungen

```
        wp.showCmd=(UINT)atoi((const char*) strWert + 5);
        wp.ptMinPosition.x=atoi((const char*) strWert + 10);
        wp.ptMinPosition.y=atoi((const char*) strWert + 15);
        wp.ptMaxPosition.x=atoi((const char*) strWert + 20);
        wp.ptMaxPosition.y=atoi((const char*) strWert + 25);
        wp.rcNormalPosition.left=atoi((const char*) strWert + 30);
        wp.rcNormalPosition.top=atoi((const char*) strWert + 35);
        wp.rcNormalPosition.right=atoi((const char*) strWert + 40);
        wp.rcNormalPosition.bottom=atoi((const char*) strWert + 45);
        pMainFrame->LoadBarState(AfxGetApp()->m_pszProfileName);
        pMainFrame->SetWindowPlacement(&wp);

    pMainFrame->ShowWindow(m_nCmdShow);
    pMainFrame->UpdateWindow();
    return TRUE;
} //CU181App::InitInstance
```

Gegenüber der SDI-Lösung sind nur zwei Qualifizierungen mit `pMainFrame` zusätzlich notwendig (fett markiert).

2. Dann werfen wir die Überschreibung `CMainFrame::ActivateFrame` aus dem Programm heraus.
3. Wir können das Programm übersetzen und testen. ■

Natürlich erhebt sich die Frage, wozu dann `ActivateFrame` überhaupt noch da ist. `ActivateFrame` wird für die `CMDIChildWnd`-Objekte aufgerufen, so dass wir diese Methode zusammen mit `DestroyWindow` für die Persistenz der Kindfenster nutzen können. Damit sind wir bei unserem zweiten Problem.

Dieses zweite Problem ist ein doppeltes. Wir müssen die Eigenschaften der Kindfenster sowie der zugeordneten Dokumente aufbewahren. Im Ansatz tun wir dieses bereits für die Dokumente. Dabei überschreiben aber die Dokumente ständig den Eintrag in der Registrierdatenbank. Dort müsste für jedes Kindfenster ein individueller Schlüssel angelegt werden. Hierbei genügt aber nicht das reine Überschreiben, da die Liste je nach Anzahl der Kindfenster variieren kann. Vereinfachen können wir unsere Lösung dadurch, dass wir die maximale Anzahl fest vorgeben, wie es bei der Liste der zuletzt geöffneten Dateien vorexerziert wird.

➢ Aufgabe 18-1:

Erweitern Sie das Gedächtnis des Programms auch auf mehrere Dokumente mit ihren Ansichten. ■

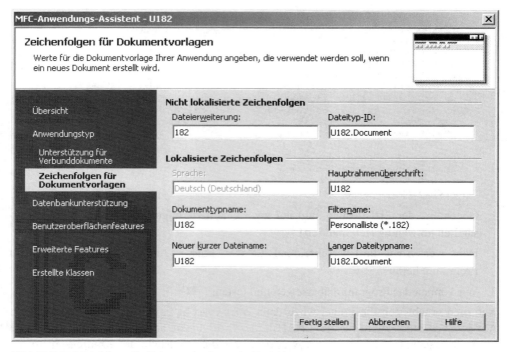

Bild 18.5: Zeichenfolgen für Dokumentvorlagen im Projekt `U182`

18.3.2 Fenster auf höchster Ebene

Um die einzige Neuerung in der Version 7.0 des Anwendungsassistenten auszuprobieren, programmieren wir eine einfache Anwendung, die wie unser erstes Programm die wesentliche Trennung von Dokument und Ansicht herausarbeitet.

Hierzu gehen wir in folgenden Schritten vor:

1. Wir legen ein neues Projekt `U182` an. Den Anwendungstyp legen wir mit `Mehrere Dokumente der höchsten Ebene` fest.
2. Die `Zeichenfolgen für Dokumentvorlagen` füllen wir nach **Bild 18.5** aus.
3. Auf der Seite `Erstellte Klassen` wählen wir `CFormView` als Basisklasse der Ansicht und lassen die Anwendung generieren.
4. Durch die Wahl der Basisklasse wird eine Dialogfeldressource generiert, die wir nach **Bild 18.6** mit einem Textfeld `IDC_AUSGABE` und zwei Schaltflächen `IDC_SCHREIBEN` und `IDC_LESEN` ergänzen:
5. Das Textfeld erhält eine Membervariable `m_strAnzeigetext`.
6. Für die zwei Schaltflächen generieren wir Ereignisfunktionen, die den Datenaustausch mit der Dokumentklasse auslösen:

18.3 Übungen

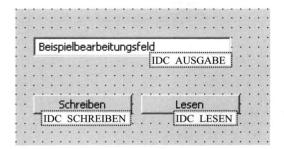

Bild 18.6: Oberflächengestaltung von U182

```
void CU182View::OnBnClickedLesen() {
  CU182Doc *pDoc=GetDocument();
  ASSERT(pDoc);
  m_strAnzeigetext=pDoc->GibDaten();
  UpdateData(FALSE);
} //CU182View::OnBnClickedLesen

void CU182View::OnBnClickedSchreiben() {
  CU182Doc *pDoc=GetDocument();
  ASSERT(pDoc);
  UpdateData(TRUE);
  pDoc->SetzDaten(m_strAnzeigetext);
} //CU182View::OnBnClickedSchreiben
```

7. In der Dokumentklasse legen wir eine geschützte Variable `m_strAusgabetext` und zwei öffentliche Übergabefunktionen an, die wir folgendermaßen deklarieren:

```
// U182Doc.h : Schnittstelle der Klasse CU182Doc
//

#pragma once

class CU182Doc : public CDocument
{
protected: // Nur aus Serialisierung erstellen
  CU182Doc();
  DECLARE_DYNCREATE(CU182Doc)

// Attribute
public:

// Operationen
public:
  const CString GibDaten(void)  {return m_strAusgabetext; };
  BOOL SetzDaten(CString Txt);
```

und programmieren:

```
BOOL CU182Doc::SetzDaten(CString Txt) {
  m_strAusgabetext=Txt+" Zusatz";
  SetModifiedFlag(TRUE);
  UpdateAllViews(NULL);
  return 0;
} //CU182Doc::SetzDaten
```

Die Ergänzung des Textstücks `Zusatz` dient dazu, die Rückmeldung des Dokuments an die Ansicht zu testen.

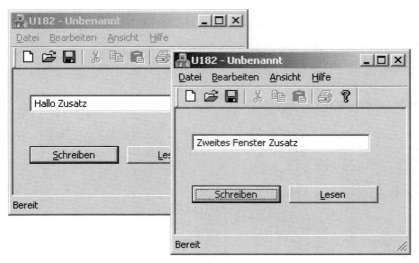

Bild 18.7: Dokumente auf höchster Ebene

8. Ein erster Laufversuch zeigt uns, dass die neuen Daten geschrieben und gelesen werden können, ein automatisches Auffrischen aber nicht erfolgt (es erscheint der Text `Zusatz` nicht). Hier fehlt noch eine Ereignisfunktion in der Ansichtsklasse, die auf `UpdateAllViews` reagiert:

```
void CU182View::OnUpdate(CView* /*pSender*/, LPARAM /*lHint*/,
                         CObject* /*pHint*/) {
  CU182Doc *pDoc=GetDocument();
  ASSERT(pDoc);
  m_strAnzeigetext=pDoc->GibDaten();
  UpdateData(FALSE);
} //CU182View::OnUpdate
```

9. Jetzt können wir die Anwendung übersetzen und testen (**Bild 18.7**). ∎

Wir stellen Folgendes fest:

- Die Dokumente sind nicht unabhängig voneinander. Das Schließen des ersten Fensters zerstört auch alle anderen (vergleiche hierzu das Beispiel im Kapitel ✍ «Multithreading»).
- Die Dokumente hinter jedem Fenster sind unabhängig voneinander.
- Es lässt sich pro Dokument keine zweite Ansicht öffnen.

Insgesamt stellt also dieser Anwendungstyp eine Mischung aus MDI- und SDI-Anwendung dar. Die Fenster lassen sich über das Menü generieren. Alle Kindfenster hängen aber vom ersten Hauptfenster ab.

18.4 Wie kann ich ...

18.4.1 ... eine MDI-Anwendung ohne Kindfenster öffnen?

Wenn wir tracen, dann sehen wir, dass im Hauptprogramm U181.cpp die Methode InitInstance die Methode CWinApp::ProcessShellCommand aufruft:

```
BOOL CU181App::InitInstance() {
...
  // Befehlszeile parsen, um zu prüfen auf Standard-Umgebungsbefehle ...
  CCommandLineInfo cmdInfo;
  ParseCommandLine(cmdInfo);

  // Verteilung der in der Befehlszeile angegebenen Befehle
  if (!ProcessShellCommand(cmdInfo))
    return FALSE;
...
  return TRUE;
}
```

Diese Methode erhält Informationen über das Objekt cmdInfo vom Typ CCommandLineInfo. Windows übergibt damit z. B. den Namen der Dokumentdatei, mit der wir das Programm öffnen wollen. Dieser wird z. B. durch den Doppelklick auf die Personaldatei im Explorer übergeben. Wir können ihn aber auch manuell im Startmenü unter Ausführen angeben (**Bild 18.8**).

Entfernen wir diese Anweisungen, so öffnet das Programm die übergebene Datei nicht mehr. Es wird auch kein Kindfenster angelegt.

Bild 18.8: Programm direkt über Ausführen starten

➢ Aufgabe 18-2:

Stimmt das wirklich?

Sie sollten nicht alles glauben. Der Aufruf nach **Bild 18.8** enthält keinen Programmaufruf mit Argumenten. Es wird die Datendatei selbst angegeben. Hier greift die Windows-Technik, ein Programm aufgrund seiner Erweiterung zu starten.

Sie testen also sofort die zweite Variante. Das erste Problem sind nun die vielen Leerstellen. Ausführen kann nicht mehr erkennen, wann das Programm und wann das Argument zu Ende ist:

```
C:\Dokumente und Einstellungen\Scheibl\Eigene\Programm\VCNET\U18_MDI\U181\
Debug\U181.exe C:\Dokumente und Einstellungen\Scheibl\Eigene\Programm\
VCNET\U18_MDI\U181\U181.181
```

Probieren Sie es einmal mit Anführungszeichen:

```
"C:\Dokumente und Einstellungen\Scheibl\Eigene\Programm\VCNET\U18_MDI\U181\
Debug\U181.exe" Test.181
```

Dann sollte sich natürlich `Test.181` im gleichen Pfad befinden, oder es geht so:

```
"C:\Dokumente und Einstellungen\Scheibl\Eigene\Programm\VCNET\U18_MDI\U181\
Debug\U181.exe" ..\Test.181
```

Die Steigerung ist natürlich auch ein absoluter Pfad bei der Datei mit Leerstellen. ∎

18.4.2 ... Kindfenster ordentlich anordnen?

In frühe Windows 3.1-Zeiten fühlt man sich zurückversetzt, wenn wir das Hauptmenü Fenster öffnen. Es gibt nur den Menüpunkt Nebeneinander und nicht Untereinander, wie wir es aus den aktuellen Programmen kennen.

Der Menüpunkt Nebeneinander setzt dazu noch die Fenster (**Bild 18.9**) untereinander. An genau diesen Fehler kann man sich vielleicht noch bei den frühen Word-Versionen erinnern.

Dabei ist das Problem denkbar einfach zu lösen. Zu diesem Zweck gehen wir in folgenden Schritten vor:

1. Im Menüeditor ergänzen wir eine Menüoption Untereinander.
2. Diese Menüoption verknüpfen wir mit der ID `ID_WINDOW_TILE_HORZ`, während wir Nebeneinander mit `ID_WINDOW_TILE_VERT` belegen.
3. Nun können wir die Anwendung neu erstellen und testen. ∎

Bild 18.9: Erstaunliche Wirkung der Menüoption `Nebeneinander`

19

Erweiterte Ansichten

19 Erweiterte Ansichten **994**

    19.1   *Teilbare Fenster*.. *994*

    19.2   *Übungen zu SDI-Anwendungen* *997*

    19.3   *Wie kann ich …* *1012*

19 Erweiterte Ansichten

Sozusagen als Fortsetzung des MDI-Kapitels schließt sich dieses Kapitel an, in dem wir teilbare Fenster und Mehrfachsichten betrachten wollen. Beim teilbaren Fenster sind die Scheiben (Facetten) nicht unabhängig voneinander. Vergrößern wir die eine, so verkleinert sich automatisch die andere und umgekehrt. Das zweite Problem stellt eine Erweiterung der Kindfenster dar, die bisher zwar unterschiedliche Ansichten auf ein Dokument erlaubten, aber diese waren immer vom gleichen Typ. Schwieriger ist es, unterschiedliche Ansichtsklassen auf dasselbe Objekt zu realisieren.

19.1 Teilbare Fenster

19.1.1 Grundlagen

Das teilbare Fenster ist ein Rahmenfenster mit mehreren Facetten (Scheiben), die durch Stege voneinander getrennt sind. Ein typischer Vertreter solcher Fensteranwendungen ist der Explorer mit der Baum- und der Detailansicht. Hierbei ist das Fenster schon mit dem Start des Programms geteilt. Es ist aber auch denkbar, dass ein Fenster erst später durch den Benutzer über entsprechende Menüoptionen in Scheiben unterteilt wird. Die Größe der Scheiben wird mit einer Verschiebemarke gegeneinander gesteuert. Wird die Marke an den Rand geschoben, so verschwindet die Scheibe vollständig.

Die Eigenschaft der Teilbarkeit ist unabhängig von der Eigenschaft SDI bzw. MID, d. h., wir können auch Kindfenster teilbar anlegen. Teilbare Fenster werden von der Klasse `CSplitterWnd` abgeleitet. Sie füllen den Arbeitsbereich eines Rahmenfensters (`CFrameWnd`) oder eines Kindfensters (`CMDIChild`) vollständig aus. Jede Scheibe wird durch das zugeordnete Ansichtsfenster ausgefüllt.

Ein teilbares Fenster kann entweder von Anfang an geteilt sein oder erst später auf Verlangen des Benutzers geteilt werden (deshalb teilbar und nicht geteilte Fenster).

Teilbare Fenster verarbeiten keine Befehlsmeldungen, d. h., diese Nachrichten gehen an das Rahmenfenster und von dort an alle Scheiben des teilbaren Fensters. Die Veränderung der Stege wird von Windows selbst verarbeitet. Unser Programm hat damit weitgehend nichts zu tun.

Insgesamt können wir folgende wesentliche Varianten klassifizieren:
- SDI-Anwendung mit teilbarem Fenster und einer Ansichtsklasse. Jede Scheibe zeigt einen anderen Teil des einzigen Dokuments an. Im Programm ist die maximale Zahl der Scheiben festgelegt, bis zu der der Anwender gehen kann.

19.1 Teilbare Fenster

- SDI-Anwendung mit teilbarem Fenster und mehreren Ansichtsklassen. Im Programm ist die Anzahl der Scheiben und deren Reihenfolge festgelegt. Der Anwender bestimmt die Scheibengröße.
- SDI-Anwendung mit normalem Fenster und mehreren Ansichtsklassen. Der Anwender schaltet zwischen den Ansichtsklassen nach seinen Bedürfnissen hin und her.
- MDI-Anwendung mit normalen Kindfenstern und einer Ansichtsklasse. Dies ist die Standardlösung für mehrere (gleichartige) Ansichten auf ein Dokument.
- MDI-Anwendung mit normalem Kindfenster und mehreren Ansichtsklassen. Hierdurch ist es u. a. möglich, ein Dokument in verschiedenen Formen darzustellen (z. B. Layout- und Gliederungssicht).
- MDI-Anwendung mit teilbaren Kindfenstern.
- Anwendungen mit teilbaren Fenstern auf höchster Ebene.

Legen wir teilbare Fenster an, so können wir zwischen statischer und dynamischer Fensterteilung wählen. Bei der statischen Aufteilung bleiben die Scheiben immer erhalten. Der Anwender kann zwar die Stege bewegen und damit die Größe der Fenster ändern; die Teilung und damit die Anzahl der Fenster usw. ist aber geschützt. Statisch geteilte Fenster können verschiedene Ansichtsklassen einsetzen. Die Ansichtsobjekte für jede Scheibe werden automatisch erzeugt, sobald der Rahmen des geteilten Fensters erzeugt wird. Ebenso werden die Ansichtsobjekte wieder zerstört, wenn der Rahmen zerstört wird.

Dynamisch geteilte Fenster werden entweder über besondere Menüoptionen, Schaltflächen oder eine vorbereitete Teilermarke auf der Bildlaufleiste geteilt. Die Ansichtsklassen der Scheibenobjekte sind dabei meist gleich. Die Scheibenobjekte müssen aber mit bestimmten Ansichtsklassen (fest) initialisiert werden.

19.1.2 Vorbereitete Methoden

Das geteilte Fenster erzeugen wir innerhalb der Methode `OnCreateClient()` der Rahmenfensterklasse `CMainFrame` mit dem Aufruf der Methode `Create()` (dynamisches Fenster) oder `CreateStatic()` (statische geteiltes Fenster). Die Syntax lautet für die statisch geteilten Fenster:

```
BOOL CSplitterWnd::CreateStatic( CWnd* pParent,
                                 int nRows, int nCols,
                                 DWORD dwStyle,
                                 UINT nID);
```

Sie besitzt folgende Parameter:

`pParent`	Zeiger auf das Elternfenster, entweder das Rahmenfenster oder ein geteiltes Fenster.
`nRows,nCols`	Anzahl der Zeilen bzw. Spalten (jeweils max. 16).
`dwStyle`	Stil des Fensters (z. B. Rahmen zwischen den Scheiben).
`nID`	Die Kindfenster-ID des Fensters bzw. der Fensterscheibe.

Wird ein statisch geteiltes Fenster erzeugt, müssen außerdem die Fensterobjekte sämtlicher Teilbereiche erzeugt werden. Als Fensterobjekte können wir prinzipiell alle von `CWnd` abgeleiteten Fenster benutzen. Da es sich in den meisten Fällen jedoch um Ansichten (direkt oder indirekt von `CView` abgeleitete Ansichten) handelt, trägt die dafür vorgesehene Methode den Namen `CreateView()`:

```
BOOL CSplitterWnd::CreateView( int Row, int Col
                               CRuntimeClass* pClassInfo,
                               SIZE InitSize,
                               CCreateContext* pContext);
```

`Row,Col`	Zeile und Spalte des Teilbereichs, in den die Ansicht eingefügt werden soll.
`pClassInfo`	Da das Splitterfenster die eingebetteten Fensterobjekte selbst erzeugen will, benötigt es einen Hinweis auf deren Klasse. Diese Information wird in Form einer `CRuntimClass`-Struktur übergeben.
`sizeInit`	Größe des zu erzeugenden Teilbereichs.
`pContext`	Zeiger auf die Beschreibung der Dokument-Ansicht-Beziehung der Anwendung. Er ist hier nur dann von Bedeutung, wenn wirklich eine Ansicht erzeugt werden soll. Wir reichen hier normalerweise den Kontext weiter, der uns mit der Methode `OnCreateClient()` mitgeliefert wird.

Die Syntax, um ein dynamisch geteiltes Fenster zu erzeugen, lautet:

```
BOOL CSplitterWnd::Create( CWnd* pParentWnd,
                           int nMaxRows, int nMaxCols,
                           SIZE sizeMin,
                           CCreateContext* pContext,
          DWORD dwStyle = WS_CHILD | WS_VISIBLE |WS_HSCROLL |
          WS_VSCROLL | SPLS_DYNAMIC_SPLIT,
                           UINT nID = AFX_IDW_PANE_FIRST );
```

und besitzt die Parameter:

`pParentWnd`	Elternfenster des geteilten Fensters.
`nMaxRows,nMaxCols`	Maximale Zahl von Zeilen und Spalten des Fensters (≤ 2).
`sizeMin`	Minimale Größe, auf die eine Scheibe verkleinert werden darf.
`pContext`	Zeiger auf die Beschreibung der Dokument-Ansicht-Beziehung der Anwendung und ist hier nur dann von Bedeutung, wenn wirklich eine Ansicht erzeugt werden soll. Wir reichen hier normalerweise den Kontext weiter, der uns mit der Methode `OnCreateClient()` mitgeliefert wird.
`dwStyle`	Stil des Fensters (z. B. Rahmen zwischen den Scheiben).
`nID`	Die Kindfenster-ID des Fensters bzw. der Fensterscheibe.

Wir sehen, dass die Anzahl von Zeilen und Spalten auf 2×2 beschränkt ist. Da 1×1 wenig Sinn macht, bleiben nur die drei Varianten 1×2, 2×1 und 2×2 übrig.

19.2 Übungen zu SDI-Anwendungen

19.2.1 SDI-Anwendung mit dynamischer Teilung, gleiche Ansichten

Wir beginnen mit einer einfachen Übung, bei der ein Anwender ein Fenster in vier Scheiben teilen kann, die den Inhalt eines einzigen Dokuments anzeigen:

U191

1. Wir starten wie üblich mit einer neuen Anwendung, d. h., schließen den Arbeitsbereich und legen mit Datei|Neu...|Projekt... eine neue MFC-Anwendung `U191` im Verzeichnis `U19_ErS` an.

2. Im Fenster `Anwendungstyp` klicken wir `Einfaches Dokument (SDI)` an. Im Fenster `Benutzeroberflächenfeatures` weichen wir vom bisherigen Pfad ab und aktivieren das Kontrollkästchen `Geteiltes Fenster` (**Bild 19.1**).

    Hierdurch wird der passende Code in unser Programm (genauer in die Klasse `CMainFrame`) integriert.

3. Im Fenster `Erstellte Klassen` ändern wir die Basisklasse von `CU191View` auf `CScrollView`.

4. Wir können nun das Projekt ein erstes Mal übersetzen. Dabei stellen wir fest, dass der Menüpunkt `Ansicht` eine neue Option `Teilen` besitzt. Nach dem Auslösen erscheint sofort ein Fensterkreuz, mit dem eine Vierteilung des Hauptfensters vorgenommen werden kann (**Bild 19.2**). ■

Auf unseren Fensterscheiben wollen wir natürlich etwas anzeigen. Dazu legen wir ein Textarray an, das wir von der Klasse `CStringArray` der MFC ableiten. Diese Klasse vereinigt den Vorteil einer dynamischen Größe mit der gewohnten Indizierung der Elemente.

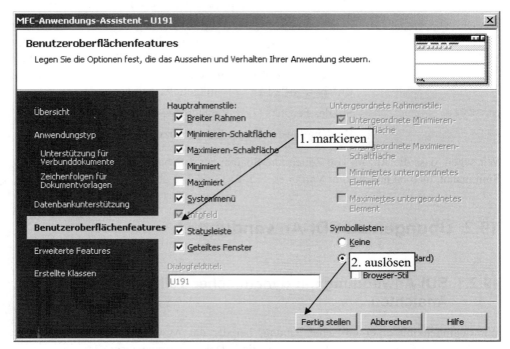

Bild 19.1: Teilbares Fenster vorbereiten

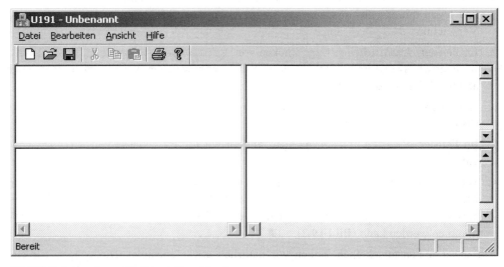

Bild 19.2: Anwendung mit viergeteiltem Fenster

19.2 Übungen zu SDI-Anwendungen

▷ Zur weiteren Bearbeitung verändern wir folgende Module:

1. Hierbei beginnen wir mit den Daten in der Kopfdatei `U191Doc.h`:

   ```
   class CU191Doc : public CDocument
   {
   protected: // Nur aus Serialisierung erstellen
     CU191Doc();
     DECLARE_DYNCREATE(CU191Doc)

   // Attribute
   public:
     CStringArray m_astrTextVektor;
   ```

2. Da ein Array nicht automatisch initialisiert wird, füllen wir das Array beim Anlegen eines neuen Dokuments (Konstruktor) oder in der Ereignisfunktion `OnNewDocument`. Die Kommentare in den beiden Funktionen erläutern den Unterschied:

   ```
   CU191Doc::CU191Doc()
   {
     // TODO: Hier Code für One-Time-Konstruktion einfügen
   }

   BOOL CU191Doc::OnNewDocument()
   {
     if (!CDocument::OnNewDocument())
       return FALSE;

     // TODO: Hier Code zur Reinitialisierung einfügen
     // (SDI-Dokumente verwenden dieses Dokument)

     return TRUE;
   }
   ```

   Wir entscheiden uns, wie üblich, für die Ereignisfunktion, deren Grundgerüst bereits vorhanden ist und nur abgeändert werden muss, indem wir den Textvektor dimensionieren und füllen:

   ```
   BOOL CU191Doc::OnNewDocument() {
     if (!CDocument::OnNewDocument())
       return FALSE;
     m_astrTextVektor.SetSize(5);
     m_astrTextVektor [0]="Dies ist die erste Zeile";
     m_astrTextVektor [1]="Dies ist die zweite Zeile";
     m_astrTextVektor [2]="Dies ist die dritte Zeile";
     m_astrTextVektor [3]="Dies ist die vierte Zeile";
     m_astrTextVektor [4]="Dies ist die fünfte Zeile";
     return TRUE;
   } //CU191Doc::OnNewDocument
   ```

3. Da, wie bereits erwähnt, ein Objekt des Typs `CStringArray` dynamisch ist, wird es nicht automatisch zerstört. Wir müssen es gezielt selbst zerstören. Hier bietet sich die Überschreibung `DeleteContents()` an, da sie sowohl vom Konstruktor als auch vom Destruktor automatisch aufgerufen wird. Wir erzeugen diese Überschreibung mit dem Klassenassistenten und kodieren:

   ```
   void CU191Doc::DeleteContents() {
     m_astrTextVektor.RemoveAll();
     CDocument::DeleteContents();
   } //CU191Doc::DeleteContents
   ```

Hier können wir die Methode `RemoveAll` für Arrays benutzen, um deren Inhalt zu löschen.

Damit sind die Vorbereitungen in der Dokumentklasse abgeschlossen. Ein Test des Programms zeigt nun ein anderes Verhalten. Das Fenster erscheint zunächst leer. Tatsächlich finden wir aber zwei Teilmarken, mit denen wir die Scheiben aufziehen können (**Bild 19.3**).

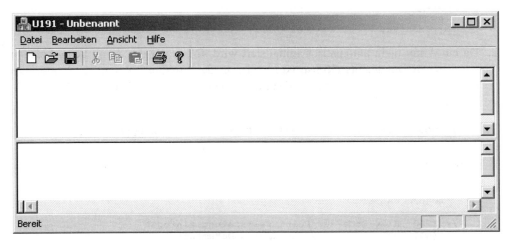

Bild 19.3: Teilbares Fenster mit Teilmarken (eine ist aufgezogen)

4. Wir wechseln daher in die Sichtklasse. Damit ein Fenster vom Typ `CScrollView` überhaupt funktioniert, müssen die Größe des Fensters und die Schrittweiten der Laufleisten festgelegt werden:

```
void CU191View::OnInitialUpdate()  {
  CScrollView::OnInitialUpdate();
  CSize sizeTotal(11906,16838);       //21x29,7 cm DIN A4 in Twips
  CSize sizePage(sizeTotal.cx/2,
                 sizeTotal.cy/2);    //Sprung bei Seitenwechsel
  CSize sizeLine(sizeTotal.cx/100,
                 sizeTotal.cy/100);  //Sprung bei Zeilenwechsel
  SetScrollSizes(MM_TWIPS,sizeTotal,sizePage,sizeLine);
} //CU191View::OnInitialUpdate
```

☞ Hinweis: Sobald wir den Abbildungsmodus von `MM_TEXT` auf einen der anderen Modi umstellen, gilt das mathematische Koordinatensystem mit der y-Achse nach oben zeigend. Druckausgaben müssen dann mit negativen y-Werten erfolgen.

5. Die eigentliche Darstellung wird in `OnDraw()` aufgebaut:

```
void CU191View::OnDraw(CDC* pDC)  {
  CU191Doc* pDoc = GetDocument();
  ASSERT_VALID(pDoc);
```

19.2 Übungen zu SDI-Anwendungen

```
   int         i,n,nHoehe;
   CFont       font;
   TEXTMETRIC tm;
   font.CreateFont(-200,0,0,0,400,FALSE,FALSE,0,ANSI_CHARSET,
              OUT_DEFAULT_PRECIS,CLIP_DEFAULT_PRECIS,
              DEFAULT_QUALITY,DEFAULT_PITCH | FF_ROMAN,
              "Times New Roman");
   CFont* pAlterFont=(CFont*) pDC->SelectObject(&font);
   pDC->GetTextMetrics(&tm);
   nHoehe=tm.tmHeight+tm.tmExternalLeading;
   n=pDoc->m_astrTextVektor.GetSize();
   for(i=0;i<n;i++) {
     pDC->TextOut(0,-i*nHoehe,pDoc->m_astrTextVektor [i]);
   }
   pDC->SelectObject(pAlterFont);
} //CU191View::OnDraw
```

Wir kreieren zuerst einen neuen Font (Times New Roman, 10 pt), den wir in unseren Gerätekontext einbinden. Anschließend können wir die Zeilen unseres Textvektors in einer Schleife ausgeben, wobei wir selbst für den Zeilenvorschub zu sorgen haben.

6. Wir erstellen und testen das Programm. ■

Beim Start wird ein einziges Fenster angezeigt. Mit der Menüoption Ansicht|Teilen können wir dann mit der Maus eine Vierteilung des Fensters vornehmen (**Bild 19.4**). Die Bildlaufleisten wirken dabei immer auf zwei benachbarte Scheiben. Natürlich lassen sich auch die Teilmarken sofort bewegen.

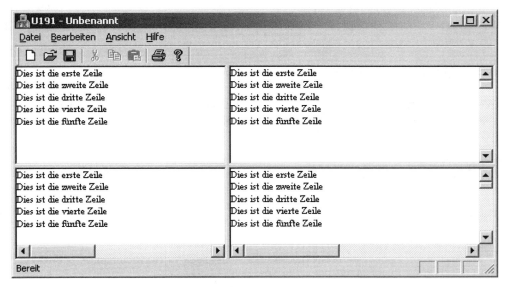

Bild 19.4: Viergeteiltes Fenster mit Datenanzeige

> Aufgabe 19-1:

  Ändern Sie das Programm so ab, dass links und oben ein Abstand von 1 cm zum Rand entsteht (Tipp: 1 cm sind 567 Twips) (**Bild 19.5**). ■

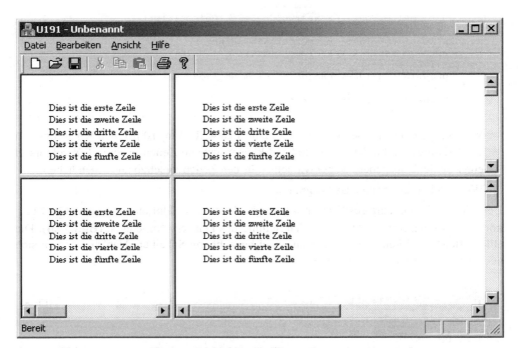

Bild 19.5: Positionierung eines Textes (zum späteren Drucken)

Wenn wir nun unsere Klasse `CMainFrame` untersuchen, so stellen wir folgende Änderungen fest. In der Kopfdatei `MainFrm.h` finden wir folgende Zusätze:

```
// Attribute
protected:
  CSplitterWnd m_wndSplitter;
public:

// Operationen
public:

// Überschreibungen
public:
  virtual BOOL OnCreateClient(LPCREATESTRUCT lpcs,CCreateContext* pContext);
  virtual BOOL PreCreateWindow(CREATESTRUCT& cs);
```

Es wird ein Objekt `m_wndSplitter` vom Typ `CSplitterWnd` angelegt. Weiterhin ruft der Anwendungsrahmen die virtuelle Ereignisfunktion `OnCreateClient()` auf, wenn er das Rahmenfenster erzeugt.

19.2 Übungen zu SDI-Anwendungen

Die Implementation der Basisklasse öffnet ein einziges Fenster. Die vom Anwendungsassistenten in `MainFrm.cpp` generierte Überschreibung erzeugt dagegen ein teilbares Fenster, das die erste Ansicht auf dem Bildschirm anzeigt:

```
BOOL CMainFrame::OnCreateClient(LPCREATESTRUCT /*lpcs*/,
  CCreateContext* pContext)
{
  return m_wndSplitter.Create(this,
    2, 2,                // TODO: Spalten- und Zeilenzahl festlegen
    CSize(10, 10),       // TODO: Minimale Größe des Bearbeitungsbereichs …
    pContext);
}
```

Dabei wird die Methode `Create` der neuen Membervariablen `m_wndSplitter` aufgerufen, die ein dynamisch teilbares Fenster erzeugt. Dieses Objekt kennt die Ansichtsklasse, den sie als Zeiger `pContext` auf eine `CCreateContext`-Struktur erhält. Die oben benutzten (wesentlichen) Parameter sind:

```
CSplitterWnd::Create
BOOL Create(CWnd* pParentWnd, int nMaxRows, int nMaxCols,
            SIZE sizeMin, CCreateContext* pContext);
```

pParentWnd	Das Elternfenster des geteilten Fensters.
nMaxRows	Maximale Anzahl von Zeilen im geteilten Fenster ($\leq$ 2).
nMaxCols	Maximale Anzahl von Spalten im geteilten Fenster ($\leq$ 2).
sizeMin	Minimale Größe einer der Scheiben.
pContext	Zeiger auf eine `CCreateContext`-Struktur.

Über die Anzahl der Zeilen und Spalten können wir die Form der Butzenscheiben beeinflussen, also z. B. eine reine senkrechte oder waagerechte Teilung vornehmen. Weiterhin können wir eine minimale Größe festlegen, bei deren Unterschreitung die Scheiben geschlossen werden.

➢ Aufgabe 19-2:

Probieren Sie verschiedene Spalten- und Zeilenzahlen aus. Variieren Sie die minimale Scheibengröße. ■

Wir sehen, dass die Teilung dynamisch, d. h., erst nach Start der Anwendung erfolgt. Die Teilung können wir aufheben, indem wir das Fensterkreuz bis an den Rand des Hauptfensters verschieben.

19.2.2 SDI-Anwendung mit unterschiedlichen Ansichten

Im nächsten Beispiel erweitern wir das vorangegangene Beispiel um eine zweite Ansichtsklasse, die in einem statisch geteilten Fenster eine zweite Ansicht auf das gleiche Dokument zeigt.

Im Gegensatz zu den dynamischen Fenstern starten solche Anwendungen nicht mit einer Scheibe, um dann geteilt zu werden. Vielmehr sind die Scheiben schon vorhanden und werden nur noch vom Anwender justiert.

Die einfachste Technik besteht darin, die Anwendung, wie schon beschrieben, als dynamisch teilbares Fenster zu kreieren und die soeben beschriebene Ereignisfunktion `CMainFrame::OnCreateClient` abzuwandeln.

⌫ In den zurückliegenden Übungen haben wir immer die Projekte umkopiert. Dieses Mal lernen wir eine andere Technik kennen, indem wir uns die Dokumentklasse `CU191Doc` aus der letzten Übung „ausleihen". Praktisch geschieht das folgendermaßen:

1. Wir legen ein neues Projekt `U192` analog zur letzten Übung an und schließen das Projekt.
2. Mit dem Windows-Explorer löschen wir nun die Datei `U192Doc.cpp`, kopieren `U191Doc.cpp` in diesen Ordner und nennen die Datei in `U192Doc.cpp` um.
3. Jetzt öffnen wir das Projekt wieder und korrigieren in `U192Doc.cpp` alle `191` in `192`. Danach sollte das Projekt wieder übersetzbar sein. Es zeigt aber keine Daten an.
4. Auf der zweiten Scheibe wollen wir nun die Daten hexadezimal anzeigen. Sozusagen als Vorbereitung wollen wir dazu die letzte Übung wiederholen. Hierzu kopieren wir den Quelltext von `OnInitialUpdate` um und ändern die Elementfunktion `OnDraw` um (es sind nur die Änderungen gegenüber der Übung `U191` markiert):

```
void CU192View::OnDraw(CDC* pDC) {
  CU192Doc* pDoc = GetDocument();
  ASSERT_VALID(pDoc);
  CString    Ausgabezeile,Zeichen;
  int        k,m,z;
  int        i,n,nHoehe;
  CFont      font;
  TEXTMETRIC tm;
  font.CreateFont(-200,0,0,0,400,FALSE,FALSE,0,ANSI_CHARSET,
                  OUT_DEFAULT_PRECIS,CLIP_DEFAULT_PRECIS,
                  DEFAULT_QUALITY,DEFAULT_PITCH | FF_MODERN,
                  "Courier New");
  CFont* pAlterFont=(CFont*) pDC->SelectObject(&font);
  pDC->GetTextMetrics(&tm);
  nHoehe=tm.tmHeight+tm.tmExternalLeading;
  n=pDoc->m_astrTextVektor.GetSize();
  for(i=0;i<n;i++)  {
    Ausgabezeile.Format("%02x    ",i);
    m=pDoc->m_astrTextVektor [i].GetLength();
    for(k=0;k<m;k++)  {
      z=pDoc->m_astrTextVektor [i] [k] & 0x00FF;
      Zeichen.Format("%02x ",z);
      Ausgabezeile+=Zeichen;
    }
    pDC->TextOut(0,-i*nHoehe,Ausgabezeile);
  }
  pDC->SelectObject(pAlterFont);
} //CU192View::OnDraw

void CU192View::OnInitialUpdate()  {
  CScrollView::OnInitialUpdate();
  CSize sizeTotal(11906,16838);        //21x29,7 cm DIN A4 in Twips
```

19.2 Übungen zu SDI-Anwendungen

```
    CSize sizePage(sizeTotal.cx/2,
                   sizeTotal.cy/2);    //Sprung bei Seitenwechsel
    CSize sizeLine(sizeTotal.cx/100,
                   sizeTotal.cy/100); //Sprung bei Zeilenwechsel
    SetScrollSizes(MM_TWIPS,sizeTotal,sizePage,sizeLine);
} //CU192View::OnInitialUpdate
```

Wir wählen eine nichtproportionale Schrift, um eine geordnete Anzeige zu erhalten. Vor der Ausgabe der Zeile müssen wir jedes Zeichen in seinen Hexadezimalwert umwandeln.

5. Das Programm ist bereits lauffähig und arbeitet wie das letzte Beispiel (**Bild 19.6**), wobei es aber den Hex-Code des Textarrays anzeigt. ■

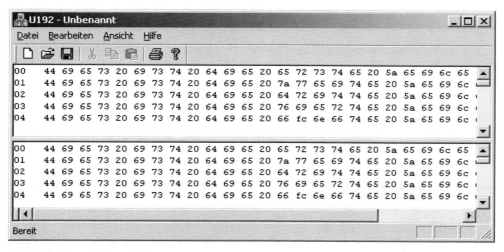

Bild 19.6: Hexadezimale Darstellung der Dokumentdaten

◇ Was wollen wir?
1. statisch geteiltes Fenster in waagerechter Richtung (zwei Scheiben untereinander)
2. im oberen Fenster die Darstellung aus Übung U191
3. im unteren Fenster die neue, hexadezimale Darstellung

○ Was haben wir?

Zwei Anwendungen, die jeweils die gleichen Daten in unterschiedlichen Formaten anzeigen.

⊃ Wie lösen wir das Problem?

Wir müssen statisch geteilte Scheiben einsetzen, denen wir zwei unterschiedliche Ansichtsklassen zuordnen.

⊠ Wir gehen in folgenden Schritten vor:
1. Wir ändern die Erstellung der Scheiben im Rahmenfenster `MainFrm.cpp` folgendermaßen:

```
BOOL CMainFrame::OnCreateClient(LPCREATESTRUCT /*lpcs*/,
    CCreateContext* pContext) {
    m_wndSplitter.CreateStatic(this,2,1);
    m_wndSplitter.CreateView(0,0,RUNTIME_CLASS(CU192View),CSize(100,100),
                    pContext);
    m_wndSplitter.CreateView(1,0,RUNTIME_CLASS(CU192View),CSize(100,100),
                    pContext);
    return TRUE;
} //CMainFrame::OnCreateClient
```

2. Da wir in `CMainFrame` nun `CU192View` referenzieren, erfordert es, einerseits die Kopfdatei der Ansicht, aber auch die Kopfdatei des Dokuments zu integrieren:

```
// MainFrm.cpp : Implementierung der Klasse CMainFrame
//

#include "stdafx.h"
#include "U192.h"
#include "U192Doc.h"
#include "U192View.h"

#include "MainFrm.h"
```

3. Die Anwendung kann nun erstellt und getestet werden. ∎

Die Anwendung startet nun sofort mit zwei Fenstern, die aber immer noch den gleichen Inhalt haben (**Bild 19.7**). Die Fenster verschwinden nicht vollständig. Es bleibt immer die Trennkante sichtbar.

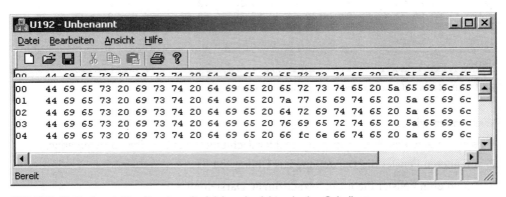

Bild 19.7: Statisch geteiltes Fenster mit gleichen Ansichten in den Scheiben

☒ Nun ist es an der Zeit, zwei unterschiedliche Ansichten in die vorbereiteten Scheiben zu integrieren. Die zweite Ansicht haben wir aber bereits in der Übung U191 vorbereitet. Wir können sie uns dort ausleihen:

1. Wir kopieren die beiden Ansichtsdateien U191View.h und U191View.cpp in den Ordner U192 um und integrieren sie über Projekt|Vorhandenes Element hinzufügen...

19.2 Übungen zu SDI-Anwendungen

2. Da die kopierte Ansichtsklasse noch die falsche Dokumentklasse anspricht, suchen wir am besten über alle Dateien die Referenzen auf U191Doc und ändern diese auf U192Doc. Auch der Bezug zum Hauptprogramm muss angepasst werden:

   ```
   // U191View.cpp : Implementierung der Klasse CU191View
   //
   
   #include "stdafx.h"
   #include "U192.h"
   ```

3. Dann kann diese Ansicht in die erste Fensterscheibe gesetzt werden:

   ```
   BOOL CMainFrame::OnCreateClient(LPCREATESTRUCT /*lpcs*/,
     CCreateContext* pContext)  {
     m_wndSplitter.CreateStatic(this,2,1);
     m_wndSplitter.CreateView(0,0,RUNTIME_CLASS(CU191View),CSize(100,100),
                              pContext);
     m_wndSplitter.CreateView(1,0,RUNTIME_CLASS(CU192View),CSize(100,100),
                              pContext);
     return TRUE;
   } //CMainFrame::OnCreateClient
   ```

4. Wir erstellen und testen die Anwendung. ■

Die Anwendung startet nun mit zwei Scheiben (**Bild 19.8**). In der oberen Scheibe finden wir das Textarray im Klartext. In der unteren Scheibe finden wir die hexadezimale Darstellung.

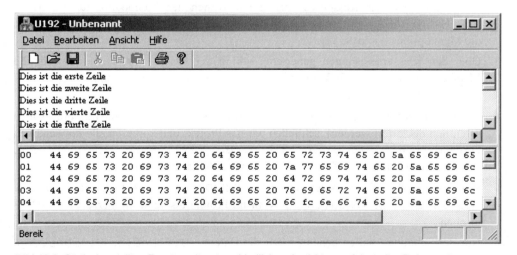

Bild 19.8: Statisch geteiltes Fenster mit unterschiedlichen Ansichten auf dasselbe Dokument

➢ Aufgabe 19-3:

Dieses Programm lässt sich natürlich noch ausbauen. Statt der Ansichten CScrollView können Sie CRichEditView (zur Texteingabe) oder CFormView (mit Steuerelementen) einfügen. Dabei können sich die Typen der Fenster untereinander durchaus unterscheiden. ■

19.2.3 Umschalten von Ansichtsklassen in einer SDI-Anwendung

◈ Was wollen wir?

Eigentlich benötigen wir immer eine der Sichten. Können wir nicht zwischen beiden umschalten?

✪ Was haben wir?

Zwei vorbereitete Ansichten stehen uns bereits zur Verfügung.

➪ Wie lösen wir das Problem?

Es handelt sich hierbei um eine SDI-Anwendung, bei der wir durch ein äußeres Ereignis zwischen den Ansichten umschalten. Dies bedeutet, dass wir zwei Dinge unternehmen müssen:

1. Ein äußeres Ereignis z. B. in Form einer schaltbaren Menüoption einführen.
2. Das Ereignis auswerten und in der Datei `MainFrame.cpp` eine Umschaltung vornehmen.

⊠ Zur Realisation der Aufgabe gehen wir in folgenden Schritten vor:

1. Wir legen eine neue SDI-Anwendung `U193` ohne teilbare Fenster an. Die Ansichtsklasse leiten wir von `CScrollView` ab.
2. Wir wechseln in die Ressourcenansicht und öffnen den Menüeditor für das Menü `IDR_MAINFRAME` und ergänzen im Hauptmenü <u>A</u>nsicht nach einer Trennlinie die Menüoption He<u>x</u>adezimal.
3. Über den Klassenassistenten generieren wir in der Klasse `CMainFrame` für die Menüoption die Ereignisfunktionen `OnAnsichtHexadezimal` und `OnUpdateAnsichtHexadezimal`.
4. Da wir Änderungen an den Ansichten vornehmen müssen (die Konstruktoren sollen öffentlich deklariert werden), schließen wir das Projekt und kopieren alle notwendigen Dateien, sprich `U191Doc.h`, `U191Doc.cpp`, `U191View.h`, `U191View.cpp`, `U192View.h` und `U192View.cpp` in das Arbeitsverzeichnis `U193` um.
5. Wir können die überflüssigen Dateien `U193Doc.h`, `U193Doc.cpp`, `U193View.h` und `U193View.cpp` sowohl im Projekt als auch im Verzeichnis `U193` löschen.
6. Nur der Schönheit willen benennen wir die Dateien `U191Doc.h`, `U191Doc.cpp`, `U192View.h` und `U192View.cpp` in `U193xxx` um.
7. Nun öffnen wir das Projekt und ändern alle Vorkommen von `191` bzw. `192` in `193` um. Wenn wir alle Dateien durchsuchen, sollte keine der beiden Werte mehr auffindbar sein. Als weiteren Test übersetzen wir das Projekt. Es sollte sich mit der hexadezimalen Darstellung öffnen.
8. Nun fügen wir die Ansicht `U191View` dem Projekt hinzu.

19.2 Übungen zu SDI-Anwendungen 1009

9. In beiden Kopfdateien `U193View.h` und `U191View.h` deklarieren wir die Konstruktoren öffentlich:

   ```
   // U193View.h : Schnittstelle der Klasse CU193View
   //

   #pragma once

   class CU193View : public CScrollView
   {
   public:
     CU193View();

   protected: // Nur aus Serialisierung erstellen
     DECLARE_DYNCREATE(CU193View)
   ```

10. Erneut müssen wir alle Dokumentverweise in `U191View` auf `U193Doc` umstellen. Hierzu setzen wir die Funktion `Ersetzen in Dateien` ein. Da diese Klasse in der Sichtklasse nicht bekannt ist, ergänzen wir:

    ```
    // U191View.h : Schnittstelle der Klasse CU191View
    //

    #pragma once

    #include "U193Doc.h"

    class CU191View : public CScrollView
    ```

11. Zuletzt bleibt ein Verweis auf das Hauptprogramm in `U191View.cpp` übrig:

    ```
    // U191View.cpp : Implementierung der Klasse CU191View
    //

    #include "stdafx.h"
    #include "U193.h"

    #include "U193Doc.h"
    #include "U191View.h"
    ```

12. Das Programm ist übersetzbar, zeigt aber keine neuen Ergebnisse. ■

⊠ Diese Manipulationen zeigen uns, wie wir bereits vorgefertigte Klassen statt generierter Klassen in ein Projekt einbinden können. Wir können nun mit der Programmierung des Umschaltens zwischen den beiden Ansichten beginnen:

1. Da wir das Umschalten in der Hauptrahmenklasse vornehmen, müssen wir die Sichten dort bekannt geben:

   ```
   // MainFrm.cpp : Implementierung der Klasse CMainFrame
   //

   #include "stdafx.h"
   #include "U193.h"
   #include "U191View.h" //Textausgabe
   #include "U193View.h" //Hex-Ausgabe

   #include "MainFrm.h"
   ```

2. Der Zustand der Menüoption Hexadezimal soll die Darstellung umschalten. Daher legen wir in MainFrm.h eine interne Variable für den Zustand der Menüoption an:

```
// MainFrm.h : Schnittstelle der Klasse CMainFrame
//

#pragma once

class CMainFrame : public CFrameWnd
{
private:
  BOOL m_bHexadezimal;
```

3. Diese Variable initialisieren wir im Konstruktor des Moduls MainFrm.cpp. Dabei können wir einstellen, mit welcher Ansicht das Programm starten soll:

```
CMainFrame::CMainFrame()
: m_bHexadezimal(TRUE)
{
  // TODO: Hier Code für die Memberinitialisierung einfügen
}
```

4. Den Zustand der Variablen signalisieren wir im Menü durch:

```
void CMainFrame::OnUpdateAnsichtHexadezimal(CCmdUI *pCmdUI) {
  if (m_bHexadezimal) ((CMenu*)GetMenu())->
              CheckMenuItem(ID_ANSICHT_HEXADEZIMAL,MF_CHECKED);
  else ((CMenu*)GetMenu())->
              CheckMenuItem(ID_ANSICHT_HEXADEZIMAL,MF_UNCHECKED);
} //CMainFrame::OnUpdateAnsichtHexadezimal
```

5. Wird die Menüoption geändert, erfolgt gleichzeitig das Umschalten der Ansicht:

```
void CMainFrame::OnAnsichtHexadezimal() {
  CView *pAlteAktiveAnsicht=GetActiveView();
  CView *pNeueAktiveAnsicht;
  int Nr;
  if (m_bHexadezimal) {
    pNeueAktiveAnsicht=(CView*) new CU191View;
    Nr=1;
  } else {
    pNeueAktiveAnsicht=(CView*) new CU193View;
    Nr=2;
  }
  m_bHexadezimal=!m_bHexadezimal;
  CCreateContext Kontext;
  Kontext.m_pCurrentDoc=pAlteAktiveAnsicht->GetDocument(); //Dokument
  pNeueAktiveAnsicht->Create(NULL,NULL,WS_BORDER,CFrameWnd::rectDefault
                  ,this,Nr,&Kontext);
  pNeueAktiveAnsicht->OnInitialUpdate();
  SetActiveView(pNeueAktiveAnsicht);
  pNeueAktiveAnsicht->ShowWindow(SW_SHOW);
  pAlteAktiveAnsicht->ShowWindow(SW_HIDE);
  pAlteAktiveAnsicht->SetDlgCtrlID(
    pAlteAktiveAnsicht->GetRuntimeClass()==
                  RUNTIME_CLASS(CU191View) ?1:2);
  pNeueAktiveAnsicht->SetDlgCtrlID(AFX_IDW_PANE_FIRST);
  RecalcLayout();
} //CMainFrame::OnAnsichtHexadezimal
```

Diese Anweisungen führen in etwa die Schritte aus, die auch der Anwendungsrahmen bei der Darstellung des (ersten) Fensters durchführt.

6. Wir erstellen und testen die Anwendung. ∎

Wir können nun zwischen beiden Ansichten hin- und herschalten.

19.3 Wie kann ich …

19.3.1 … ein mehrstufig geteiltes Fenster erzeugen (Fenster im Fenster)?

U194 Die bisherigen Beispiele haben eigentlich nur eine einfache Aufteilung in waagerechter oder senkrechter Richtung erzeugt. Wer z. B. schon einmal eine Webseite angelegt hat, weiß, dass es vielfältige Möglichkeiten gibt, eine Tabelle zu unterteilen. Besonders interessant ist dabei die beliebige Schachtelung von Fenstern in Fenstern.

Statisch bzw. dynamisch geteilte Fenster werden aus der Klasse `CSplitterWnd` erzeugt. Da in der Regel kein Anlass besteht, an der Funktionalität dieser Klasse etwas zu ändern, brauchen wir keine eigene Klasse von `CSplitterWnd` abzuleiten, sondern können sie direkt benutzen:

1. Wir starten eine neue SDI-Anwendung U194, wobei wir die Ansichtsklasse von `CScrollView` ableiten.

2. Als Erstes fügen wir in der Kopfdatei `MainFrm.h` unserer Rahmenfensterklasse `CMainFrame` zwei Member-Variablen des Typs `CSplitterWnd` hinzu (die Scheibe mit den Stegen). Dabei soll eine Scheibe die oberste Hierarchieebene darstellen, während die zweite Instanz die Scheibe in der Scheibe (Fenster im Fenster) bilden wird:

```
// MainFrm.h : Schnittstelle der Klasse CMainFrame
//

#pragma once

class CMainFrame : public CFrameWnd
{
protected: // Nur aus Serialisierung erstellen
    CMainFrame();
    DECLARE_DYNCREATE(CMainFrame)

    CSplitterWnd m_wndSplitter1;
    CSplitterWnd m_wndSplitter2;

// Attribute
```

Dies sind zunächst leere Behälter, die wir noch füllen müssen.

3. Eine Instanz einer solchen Scheibe erzeugen wir in der Methode `OnCreate-Client()` der Rahmenfensterklasse über den Aufruf der Methode `Create()` als

dynamisch teilbares Fenster oder über `CreateStatic()` als statisch geteiltes Fenster. Also müssen wir mit dem Klassenassistenten diese Methode überschreiben und programmieren:

```cpp
// CMainFrame Meldungshandler

BOOL CMainFrame::OnCreateClient(LPCREATESTRUCT lpcs,
                                CCreateContext* pContext) {
  RECT rcRect; //Hilfsvariablen
  SIZE szSize;

  //Erzeugen von m_wndSplitter1 mit 1 Zeile und 2 Spalten:
  if (!m_wndSplitter1.CreateStatic(this,1,2)) {
    TRACE0("Fehler beim Erzeugen von Splitter 1\n");
    return FALSE;
  }

  //Erzeugen von m_wndSplitter2 mit 2 Zeilen und 1 Spalte
  // in der rechten Spalte (0,1) von m_wndSplitter1
  if (!m_wndSplitter2.CreateStatic(&m_wndSplitter1,2,1,
      WS_CHILD | WS_VISIBLE | WS_BORDER,
      m_wndSplitter1.IdFromRowCol(0,1))) {
    TRACE0("Fehler beim Erzeugen von Splitter 2\n");
    return FALSE;
  }

  GetClientRect(&rcRect); //Arbeitsbereich abfragen

  //Ansichtsklasse in m_wndSplitter1 in linke Spalte (0,0) einhängen
  szSize.cx=(rcRect.right-rcRect.left)/3; //1/3 der Breite
  if (!m_wndSplitter1.CreateView(0,0,
      RUNTIME_CLASS(CU194View),szSize,pContext)) {
    TRACE0("Fehler beim Einsetzen der Ansicht\n");
    return FALSE;
  }

  // Ansicht in m_wndSplitter2 in erste Zeile
  szSize.cx*=2; //2/3 der Breite
  szSize.cy=(long)((rcRect.bottom-rcRect.top)*0.6); //60% Höhe
  if (!m_wndSplitter2.CreateView(0,0,
      RUNTIME_CLASS(CU194View),szSize,pContext)) {
    TRACE0("Fehler beim Einsetzen der Ansicht\n");
    return FALSE;
  }

  // Ansicht in m_wndSplitter2 in zweite Zeile
  szSize.cy=rcRect.bottom-rcRect.top-szSize.cy; //Resthöhe
  if (!m_wndSplitter2.CreateView(1,0,
      RUNTIME_CLASS(CU194View),szSize,pContext)) {
    TRACE0("Fehler beim Einsetzen der Ansicht\n");
    return FALSE;
  }

  return TRUE;
} //CMainFrame::OnCreateClient
```

Wir müssen zwei wesentliche Schritte durchführen: Verschachtelung der Scheiben und Einhängen der Ansichtsklassen in die einzelnen Scheiben. Dabei muss die Größe jeder Scheibe berechnet werden.

19.3 Wie kann ich ...

4. Da wir die ursprüngliche Ansichtsklasse CU194View sowie die verknüpfte Dokumentklasse CU194Doc in der Rahmenklasse direkt aufrufen, müssen wir sie noch in der Kopf- oder der Implementationsdatei von CMainFrame inkludieren:

```
// MainFrm.cpp : Implementierung der Klasse CMainFrame
//

#include "stdafx.h"
#include "U194.h"
#include "U194Doc.h"
#include "U194View.h"

#include "MainFrm.h"
```

Soll in jeder Fensterscheibe ein eigenes Formular erscheinen, so müssen wir für jede Ausprägung ein eigenes Dialogfeld erzeugen und beim Kreieren des geteilten Fensters einhängen.

5. Wir erstellen unsere Anwendung und testen sie. ■

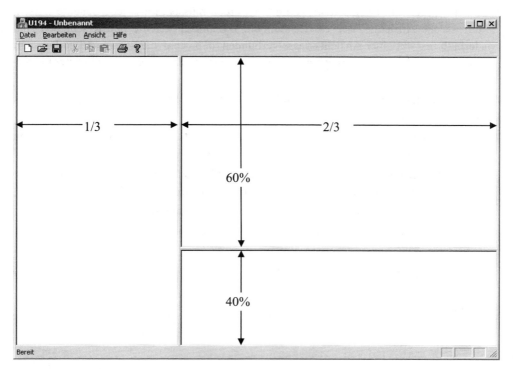

Bild 19.9: Zweistufig geteiltes Fenster

Mit dem Start des Programms erscheint nun ein zweistufig geteiltes Fenster (**Bild 19.9**), dessen Scheiben wie bei einem einstufig geteilten Fenster beliebig verändert werden können.

➢ Aufgabe 19-4:

Teilen Sie die Scheibe rechts oben noch einmal senkrecht. ∎

➢ Aufgabe 19-5:

Bei einer Größenveränderung des Fensters verändern sich die Scheiben nicht. Was müssen Sie tun, um die Scheiben dynamisch anzupassen? ∎

19.3.2 ... dynamisch geteilte Fenster verarbeiten?

Dynamisch geteilte Fenster zeichnen sich durch folgende Eigenschaften aus:
- Während der Laufzeit können weitere Scheiben hinzugefügt werden.
- Während der Laufzeit können Scheiben entfernt werden.

Aber:
- Da die Scheiben mit Ansichten verknüpft werden müssen, muss jede Scheibe wissen, um welche Ansichtsklasse es sich handelt. Dynamisch geteilte Fensterscheiben sind deshalb fest mit einer Ansichtsklasse verbunden, d. h., in dynamisch geteilten Fenstern sind alle Ansichten vom gleichen Typ, was gegenüber statisch geteilten Fenstern natürlich eine wesentliche Einschränkung darstellt.

Im folgenden Beispiel wollen wir ein grafisch effektvolles Beispiel als dynamisch geteiltes Fenster programmieren:

1. Wir erzeugen eine neue SDI-Anwendung U195, bei der wir die Ansichtsklasse von CView ableiten.
2. Wir fügen in der Kopfdatei MainFrm.h der Klasse CMainFrame eine einzige Member-Variable hinzu, die die Scheibe aufnehmen wird:

```
// MainFrm.h : Schnittstelle der Klasse CMainFrame
//

#pragma once

class CMainFrame : public CFrameWnd
{
protected: // Nur aus Serialisierung erstellen
    CMainFrame();
    DECLARE_DYNCREATE(CMainFrame)

    CSplitterWnd m_wndSplitter;

// Attribute
```

3. Damit wir die Instanz dieser Scheibe anlegen können, überschreiben wir mit dem Klassenassistenten die Methode OnCreateClient() der Klasse CMainFrame.
4. In dieser Methode ergänzen wir eine einzige Zeile zum Anlegen der teilbaren Ansicht:

19.3 Wie kann ich ...

```
///////////////////////////////////////////////////////////////
// CMainFrame Nachrichten-Handler

BOOL CMainFrame::OnCreateClient(LPCREATESTRUCT lpcs,
                                         CCreateContext* pContext)
{
  return m_wndSplitter.Create(this, 2, 2, CSize(50,50), pContext);
}
```

5. Wir können das Programm jetzt bereits starten, wobei aber nur eine Scheibe angezeigt wird. Uns fehlt noch eine Möglichkeit, diese Scheibe zu teilen.

6. Wir legen daher mit dem Menüeditor eine Menüoption Fenster|Teilen an. Als ID suchen wir aus der Liste ID_WINDOW_SPLIT aus. Für diese ID stellt die MFC eine vordefinierte Ereignisfunktion zur Verfügung, mit der sich das Fenster teilen lässt.

7. Um auf der Scheibe eine Ausgabe zu erzeugen, ergänzen wir die Zeichenfunktion in der Ansicht U195View.cpp:

```
// CU195View-Zeichnung

void CU195View::OnDraw(CDC* pDC) {
  CRect rcKlientbereich;
  int xo,yo;
  const int nPunkte=50;

  pDC->SetMapMode(MM_LOMETRIC);
  GetClientRect(&rcKlientbereich);
  pDC->DPtoLP(&rcKlientbereich);

  int xm=rcKlientbereich.Width();
  int ym=rcKlientbereich.Height();
  double dAspW=xm/(double)nPunkte;
  double dAspH=ym/(double)nPunkte;
  CPen* pOldPen=(CPen*)pDC->SelectStockObject(BLACK_PEN);
  for (int i=0;i<50;i++) {
    xo=(int)(i * dAspW);
    yo=(int)(i * dAspH);

    pDC->MoveTo(xo,0);
    pDC->LineTo(xm,yo);
    pDC->LineTo(xm-xo,ym);
    pDC->LineTo(0,ym-yo);
    pDC->LineTo(xo,0);
  }
  pDC->SelectObject(pOldPen);
} //CU195View::OnDraw
```

8. Nun können wir die Anwendung endgültig erstellen und testen. ■

Beim Start erzeugt sie ein einziges Fenster (**Bild 19.10**).

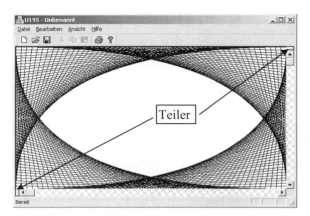

Bild 19.10: Gitternetze mit U195 erzeugt

Da wir die Teilung selbst programmiert haben, fehlt die Menüoption Fenster|Teilen. Wir sind also nur über die Randmarken in der Lage, das Fenster in bis zu vier Teilfenster zu zerlegen. Jetzt können wir die Stege mit der Maus bewegen. Verkleinern wir dabei ein Bild unter die minimale Größe, so verschwindet es ganz. Zurück bleibt eine kleine Schaltfläche in der Bildlaufleiste, mit der wir die Teilung wieder vergrößern können (**Bild 19.11**).

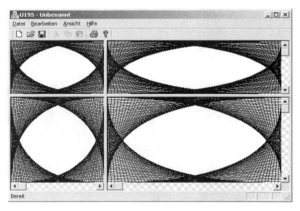

Bild 19.11: Dynamisch geteiltes Fenster

Der Konstruktor der Ansicht wird zum Beginn des Programms einmal ausgeführt. Beim Teilen weitere dreimal, so dass die erste Ansicht unverändert bestehen bleibt.

Unterschreiten wir eine Grenze in waagerechter oder senkrechter Richtung, so wird der Destruktor zweimal (dreimal, wenn wir beide Grenzen gleichzeitig unterschreiten) aufgerufen. Es bleiben zwei Scheiben übrig. Am Programmende werden dann die beiden verbleibenden Scheiben zerstört.

20

Softwaremodule

20 Softwaremodule 1018
   20.1 Grundlagen 1018
   20.2 Erstellen einer `.LIB`-Bibliothek 1019

20 Softwaremodule

Softwaremodule dienen dazu, professionelle Software herzustellen. Durch die Aufteilung in einzelne Module ist es einerseits möglich, Software für den Vertrieb und Verkauf vorzubereiten, andererseits aber auch die konsequente Wiederverwendung im Unternehmen voranzutreiben.

20.1 Grundlagen

Softwaremodule werden von Programmierern für Programmierer geschrieben. Sie werden von Letzteren für die eigenen Entwicklungen eingesetzt. Dabei erhebt sich natürlich die Frage, warum nicht der Quelltext einfach weitergereicht wird. Folgende Gründe sprechen gegen eine solche Technik:

- Durch Änderungen am Originalcode entstehen innerhalb kurzer Zeit verschiedene Versionen im Betrieb. Eine ordnungsgemäße Verwaltung ist dadurch so gut wie nicht möglich.
- Die Änderungen werden ohne das entsprechende Hintergrundwissen durchgeführt. „Es muss schnell etwas angepasst werden." Die Konsequenzen werden nur selten bis zu Ende durchdacht.
- Die Module enthalten Ihr Know-how, das Sie nicht ohne Grund preisgeben wollen.
- Der nutzende Programmierer will nicht mit Details verwirrt werden. Er erwartet einen funktionierenden „Schwarzen Kasten".

Unter Visual C++ können wir uns für verschiedene Formate der Module entscheiden:

.LIB   Statische Bibliotheksdateien für die Verwendung in anderen Visual C++-Programmen

.DLL   Dynamische Bibliotheksdateien für die Verwendung in beliebigen Windows-Programmen

.OCX   ActiveX-Steuerelemente für das Einbinden in andere Programmiersprachen

Natürlich fragen wir uns, wozu diese Differenzierung gut sein soll. Zur Klärung dieser Frage müssen wir uns von den einfachen Funktionsbibliotheken lösen und an die Klassen mit ihren vielfältigen neuen Eigenschaften denken.

Tatsache ist, dass es (derzeit noch) kein einheitliches Objektmodell gibt, so dass eine Klasse zwischen Visual C++, Visual Basic, Delphi oder Visual J++ nicht so einfach ausgetauscht werden kann.

Microsoft stellt somit drei Formate zur Verfügung, die einen vollständigen Datenaustausch innerhalb von Visual C++ gestatten. „Klassische" Funktionen können wir in dynamischen Bibliotheken sammeln. Den Schritt in einen allgemeinen Austausch erlauben ActiveX-

20.2 Erstellen einer .LIB-Bibliothek

Steuerelemente, die aber keinen nachgeordneten Vererbungsmechanismus zulassen. Sie sind aber hervorragend für die Konstruktion neuer Steuerelemente usw. geeignet.

20.2 Erstellen einer .LIB-Bibliothek

In diesem Kapitel wollen wir die vorhandenen Klassen CDatum und CPersonInfo als statische Bibliothek realisieren. Nachdem dies geschehen ist, müssen wir die Bibliothek in einem getrennten Projekt austesten.

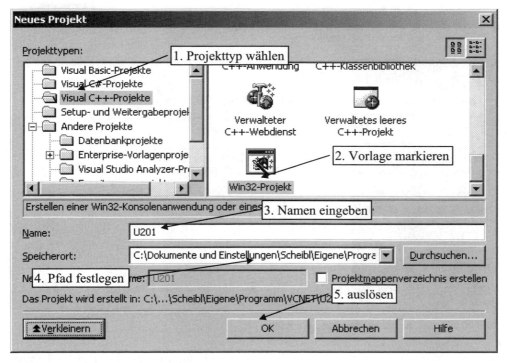

Bild 20.1: Projekttyp und Projektvorlage für U201

20.2.1 Vorhandene Klassen in eine .LIB-Bibliothek integrieren

U201 Wie schon angekündigt, wollen wir bereits vorhandene Klassen in einer statischen Bibliothek zusammenfassen.

☒ Hierzu gehen wir in folgenden Schritten vor:

1. Wir starten Visual C++ und legen über die Menüoption Datei|Neu|Projekt... ein neues Projekt U201 im Ordner U20_Lib an. Als Vorlage wählen wir

Win32-Projekt (**Bild 20.1**). Es erscheint das Dialogfeld Win32-Anwendungs-Assistent.

2. Hier wechseln wir auf die Anwendungseinstellungen (**Bild 20.2**) und markieren die Optionen Vorkompilierte Header und MFC. Hierdurch werden die Dateien stdafx.h und stdafx.cpp generiert. Diese Unterstützung benötigen wir, da unsere Klassen von CObject abgeleitet sind und auch die Auflistungstypen der MFC benutzen.

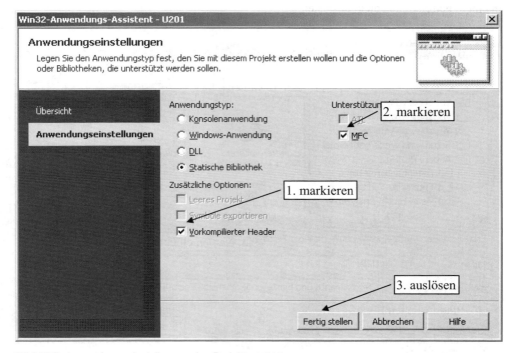

Bild 20.2: Anwendungseinstellungen des Projekts U201

3. Es ist durchaus empfehlenswert, die Klassen, wie im vorliegenden Fall, vollständig auszutesten, bevor sie in eine Bibliothek eingebunden werden. Wir schalten daher in der Menüoption Erstellen|Konfigurations-Manager... auf Win32 Release um und lösen Schließen aus (**Bild 20.3**). ∎

Mit diesen Schritten haben wir alle Einstellungen für das Erstellen einer Bibliothek vorbereitet. Jetzt müssen wir entweder die verschiedenen Klassen neu erstellen oder auf vorhandene Klassen zurückgreifen.

Anschließend müssen wir nur noch das geschnürte Paket übersetzen, um eine fertige Bibliothek zu erhalten.

20.2 Erstellen einer .LIB-Bibliothek

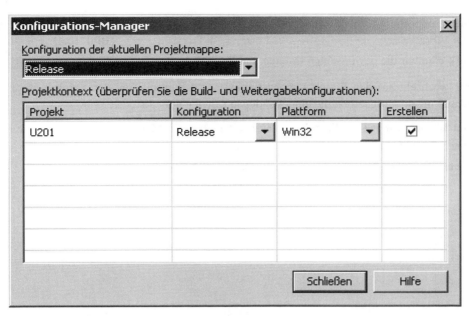

Bild 20.3: Einstellungen des Konfigurations-Managers

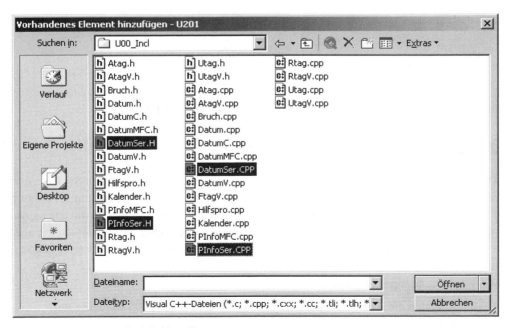

Bild 20.4: Dateien dem Projekt hinzufügen

⊠ Hierzu gehen wir in folgenden Schritten vor:

1. Zuerst importieren wir alle notwendigen Dateien aus unserem Ordner `U00_Incl` über Projekt|Vo_r_handenes Element hinzufügen... (**Bild 20.4**). Hierzu markieren wir die gewünschten Dateien und lösen Öffnen aus.

2. Wir wechseln auf den Projektmappen-Explorer und kontrollieren den Erfolg unserer Bemühungen. Dort sollten die eingebundenen Dateien aufgelistet werden.

3. Nun können wir die Bibliothek mit F7 oder über die Menüoption Erstellen| Projektmappe _e_rstellen erzeugen lassen.

4. Die erfolgreiche Übersetzung wird folgendermaßen bestätigt:

```
------ Erstellen gestartet: Projekt: U201, Konfiguration: Release Win32 ----

Kompilieren...
stdafx.cpp
Kompilieren...
DatumSer.CPP
PInfoSer.CPP
Code wird generiert...
Bibliothek wird erstellt...

Das Build-Protokoll wurde unter "file://c:\Dokumente und
   Einstellungen\Scheibl\Eigene\Programm\VCNET\U20_Lib\U201\Release\BuildLog.
   htm" gespeichert.
U201 - 0 Fehler, 0 Warnung(en)



-------------------- Fertig --------------------

   Erstellen: 1 erfolgreich, 0 fehlgeschlagen, 0 übersprungen
```

5. Wir kontrollieren vorsichtshalber im Ordner `U20_Lib\U201\Release`. Dort sollte sich die Datei `U201.lib` befinden.

6. Zum Aufräumen schließen wir nun die gesamten Projektmappe. ∎

20.2.2 Statische Bibliothek nutzen

U202 Damit sind wir im Grunde fertig und können diese Bibliothek weiterreichen. Sie kann nun nicht mehr verändert werden. Auch der innere Aufbau bleibt unser Geheimnis. Als gute Programmierer wollen wir sie aber vorsichtshalber testen. Hierzu erinnern wir uns an das passende Programm aus dem Kapitel ↱ 16 «Dokument und Sicht». Dabei müssen wir aber etwas umdenken, da die Möglichkeiten des Debugmodus nicht mehr zur Verfügung stehen.

⊠ Wir gehen in folgenden Schritten vor:

1. Wir kopieren die Anwendung `U173` nach `U202` im Ordner `U20_Lib` um.
2. Ein Test zeigt, dass alles funktioniert.
3. Jetzt entfernen wir die eingebundenen Dateien `DatumSer` und `PInfoSer` mit den Erweiterungen `.h` bzw. `.cpp`.

20.2 Erstellen einer .LIB-Bibliothek

4. Weiterhin wählen wir als Konfiguration `Release`.

5. Erneutes vollständiges Kompilieren produziert eine Vielzahl von Fehlermeldungen (gekürzt):

```
------ Neues Erstellen gestartet: Projekt: U202, Konfiguration: Debug Win32

Kompilieren...
stdafx.cpp
Kompilieren...
U202View.cpp

...

Code wird generiert...
Ressourcen werden kompiliert...
Verknüpfen...
U202View.obj : error LNK2019: Nicht aufgeloestes externes Symbol "public:
   __thiscall CPersonInfo::CPersonInfo(char const *,char const
   *,int,int,int)" (??0CPersonInfo@@QAE@PBD0HHH@Z), verwiesen in Funktion
   "protected: virtual int __thiscall CU202View::EinfuegeDatensatz(struct
   __POSITION *,int)" (?EinfuegeDatensatz@CU202View@@MAEHPAU__POSITION@@H@Z)
U202View.obj : error LNK2019: Nicht aufgeloestes externes Symbol "public: …
U202View.obj : error LNK2019: Nicht aufgeloestes externes Symbol "public: …
U202View.obj : error LNK2019: Nicht aufgeloestes externes Symbol "public: …
Debug/U202.exe : fatal error LNK1120: 4 unaufgeloeste externe Verweise

Das Build-Protokoll wurde unter "file://c:\Dokumente und
   Einstellungen\Scheibl\Eigene\Programm\VCNET\U20_Lib\U202\Debug\BuildLog.ht
   m" gespeichert.
U202 - 5 Fehler, 1 Warnung(en)


---------------------- Fertig ----------------------

    Neues Erstellen: 0 erfolgreich, 1 fehlgeschlagen, 0 übersprungen
```

Die Ursache ist klar. Die Quelltextdateien fehlen, und die Bibliothek wird natürlich noch nicht gefunden.

6. Eine erste Technik besteht darin, die Bibliothek explizit unserem Projekt hinzuzufügen. Hierzu lösen wir `Projekt|Vorhandenes Element hinzufügen...` aus und suchen die Datei (**Bild 20.5**).

7. Taucht die Bibliothek in den Ressourcen auf (**Bild 20.6**), sollte das Programm (bis auf die üblichen Warnungen) übersetz- und bindbar sein.

8. Eine alternative Technik besteht darin, dem Linker die Datei explizit anzubieten. Hierzu klicken wir rechts auf den Projektknoten `U202` und wählen im Kontextmenü `Eigenschaften`. Dort suchen wir den Knoten `Linker`, speziell den Eintrag `Befehlszeile`, und ergänzen die Bibliotheksdatei (**Bild 20.7**).

9. Und noch eine dritte Möglichkeit gibt es, diesen Verweis in die Projekteigenschaften einzuschleusen. Hierzu wählen wir den Eintrag `Eingabe` und ergänzen die Bibliothek unter `Zusätzliche Abhängigkeiten` (**Bild 20.8**). Dieser Wert wird dann ebenfalls in die Linker-Direktiven übernommen (**Bild 20.9**). ■

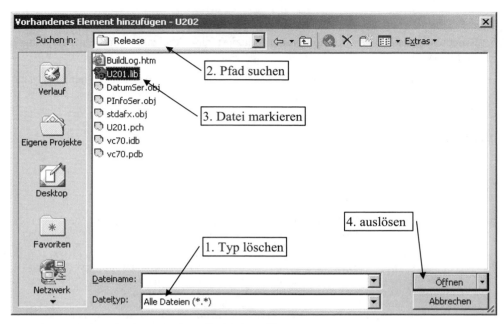

Bild 20.5: Bibliotheksdatei explizit einem Projekt hinzufügen

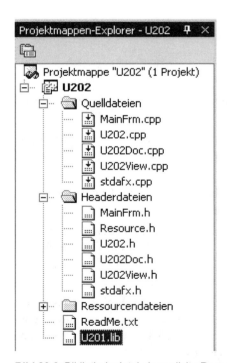

Bild 20.6: Bibliotheksdatei als explizite Ressource

20.2 Erstellen einer .LIB-Bibliothek

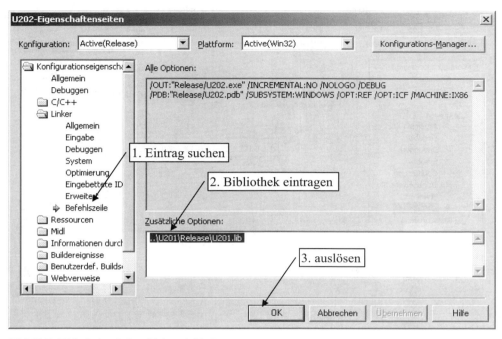

Bild 20.7: Bibliothek mit dem Linker einbinden

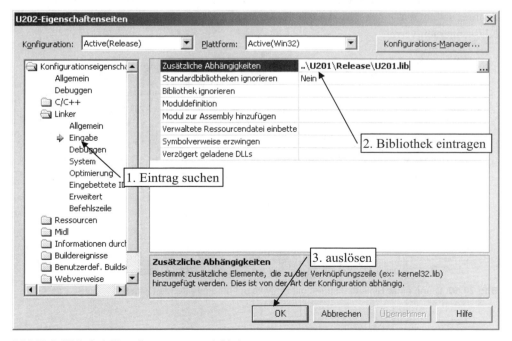

Bild 20.8: Bibliothek über die `Eingabe` einbinden

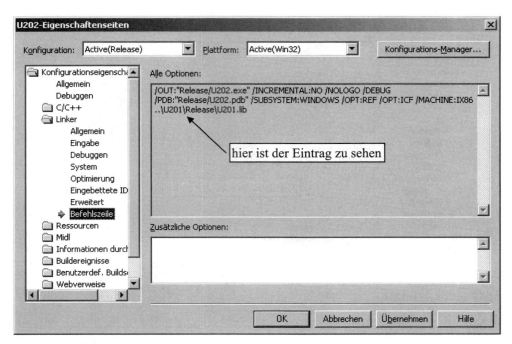

Bild 20.9: Übernahme der `Eingabe` in die `Optionen`

Kommen wir auf die Idee, die Bibliothek im Zustand nach **Bild 20.6** doppelt anzuklicken, dann erhalten wir einen Hex-Dump (**Bild 20.10**), der uns zumindest Hinweise auf die Klassennamen verrät.

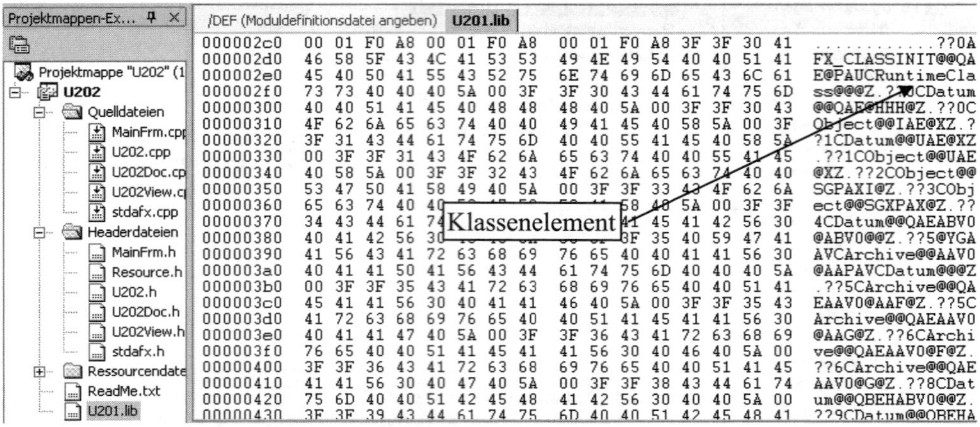

Bild 20.10: Dump einer Bibliotheksdatei mit Hinweis auf die enthaltenden Klassen

21

Dynamic Link Libraries

21	Dynamic Link Libraries	1029
	21.1 Grundlagen	*1029*
	21.2 Erstellen einer regulären DLL	*1036*
	21.3 MFC-Erweiterungs-DLL	*1064*
	21.4 DLL-Spion	*1075*

21 Dynamic Link Libraries

Im Umgang mit den DLLs haben sich beim Übergang auf .NET einige kleine, aber doch schwer in Erfahrung zu bringende Änderungen ergeben.

21.1 Grundlagen

In den Zeiten der DOS-Programmierung mussten die meisten Programmierer ihre Programme weitgehend vollständig kompilieren. Bei großen Programmen stand die Möglichkeit der *Overlaytechnik* zur Verfügung. Hierbei wurde oft eine Vielzahl gleicher Funktionen für unterschiedliche Anwendungen mehrfach programmiert.

Windows stellt nun mit den DLL (Dynamic Link Libraries) eine Technik zur Verfügung, um Funktionen erst zur Laufzeit in ein Programm einzubinden, diese Funktionen mehrfach zu verwenden, ja sogar die Funktion während ihrer Existenz im Speicher mit unterschiedlichen Daten mehrfach zu verwenden. Diese Eigenschaft nennt man *reentrant*.

DLLs sind also die Erweiterung der *Modularisierung* bis hin zur Laufzeit.

Die Entwicklung von DLL war in der Vergangenheit mit einigen Mühen verbunden. Visual C++ stellt uns jetzt ein Programmgerüst zur Verfügung, das weitgehend automatisch solche DLLs erstellt.

Natürlich reicht das Erstellen nicht allein. Vielmehr müssen wir die Funktionalität auch nutzen können. Daher betrachten wir natürlich auch die Einbindung solcher DLLs in unsere Programme.

Im letzten Kapitel hatten wir bereits erwähnt, dass DLLs aufgrund ihrer Allgemeinheit nicht für die Weitergabe von Klassen geeignet sind. Unter Windows ist es durchaus möglich, Programme ganz ohne Klassen und deren Vererbungsmechanismus zu schreiben.

Es stellt sich daher die Frage, wie wir Klassen in einer DLL unterbringen können.

21.1.1 Architektur

Um den Einsatz von DLL zu verstehen, müssen wir uns über die Architektur von Windows bzw. der Windows DLL klar werden.

Agieren mehrere Prozesse (Tasks) parallel unter Windows, so können wir dies relativ leicht verstehen, solange diese Prozesse in unterschiedlichen Speicherbereichen arbeiten. Windows muss dann nur den Beginn und das Ende dieser Prozesse überwachen und dafür sorgen, dass sich die Prozesse nicht gegenseitig stören. Schwieriger wird es schon mit der Meldungsverarbeitung zwischen den Prozessen. Alle Anwenderaktionen gehen auf eine Oberfläche, müssen daher über Windows laufen und von diesem in Meldungsschlangen für jeden Prozess aufgeteilt werden.

Die Prozesse sind übrigens nicht alle in der Taskleiste zu sehen. Hier finden wir nur die Hauptprozesse mit ihrem Fenster. Wenn wir einen genaueren Überblick haben möchten, dann aktivieren wir z. B. das externe Programm Spy, das mit Visual C++ ausgeliefert wird und im Menüpunkt E_xtras zu finden ist, aber auch explizit gestartet werden kann. Es zeigt uns eine Vielzahl verschiedener Prozesse an, u. a. natürlich auch sich selbst. Beim Start sehen wir die aktuellen Fenster (**Bild 21.1**), wobei das Fenster im Windows-Sinne zu verstehen ist, also auch jedes Steuerelement usw., also alles, was Meldungen empfangen kann.

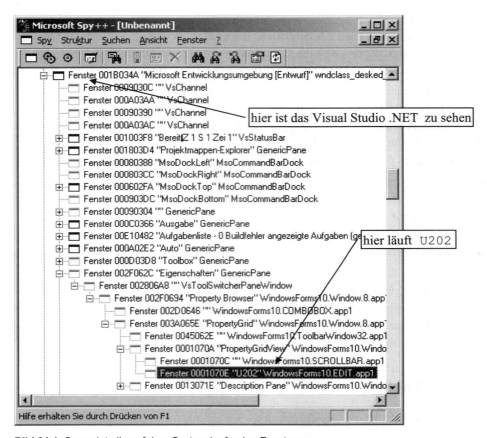

Bild 21.1: Spy zeigt alle auf dem System laufenden Fenster an

Das Bild zeigt übrigens die Anwendung U202 unter dem Visual Studio .NET laufend, so dass es mehrere Stufen eingerückt ist.

Fenster sind Teile von Prozessen, die sich in mehrere parallele *Programmfäden* (Threads) aufspalten können. Auch diese Elemente zeigt Spy an (**Bild 21.2**).

21.1 Grundlagen

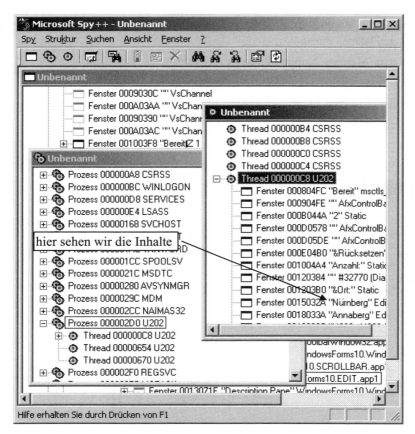

Bild 21.2: Spy zeigt auch die Prozesse und Fäden an

Unser einfaches Programm U202 besteht nur aus einem einzigen Faden (die zwei weiteren tauchen rechts nicht auf). In den Kindfenstern sehen wir aber auch CSRSS mit einem Prozess und mehreren Fäden.

Expandieren wir die Knoten, so sehen wir die Steuerelemente mit ihrem aktuellen Inhalt. So ist der Name Annaberg und der Ort Nürnberg zu sehen.

Wollen wir die Meldungen an ein Element verfolgen, so aktivieren wir Meldungen protokollieren (**Bild 21.3**). In diesem Register haben wir dann vielfältige Möglichkeiten, die Meldungen zu filtern.

Untersuchen wir den Speicherbereich eines Prozesses, der max. 4 GByte groß sein kann (Long Pointer), so finden wir dort:

- eine Kopie der EXE-Datei
- alle „privaten" DLLs (nicht zum System gehörend), die unser Prozess benötigt
- die globalen Daten des Programms
- den Stapel (Stack) für die Parameter und lokalen Variablen

- den Freispeicher (Free Memory) (auch Heap, Halde, Haufenspeicher genannt) für dynamisch angelegte Datenelemente
- Speicherbilddateien (Memory Mapped Files)
- von mehreren Prozessen gemeinsam genutzter Datenspeicher
- lokale Speicher der einzelnen Programmfäden
- spezielle Speicherblöcke
- Windows-Kern mit Erweiterungen, einschließlich der DLL

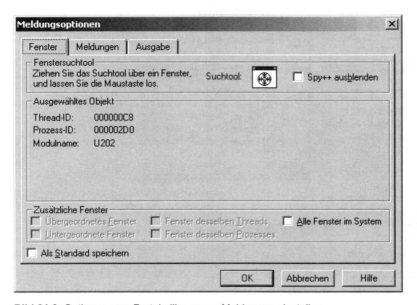

Bild 21.3: Optionen zum Protokollieren von Meldungen einstellen

Der Adressraum von 4 GByte kann nicht vollständig privat sein, sonst wäre keine Kommunikation zwischen den Prozessen möglich (Interprozesskommunikation). So sind die oberen 2 GByte grundsätzlich nicht privat, sondern haben bei allen Prozessen denselben Inhalt. Nur die unteren 2 GByte sind wirklich privat.

Starten wir nun z. B. dasselbe Programm zweimal, so könnten wir beide Instanzen völlig getrennt mit entsprechendem Speicherbedarf laufen lassen. Als weitere Möglichkeit wäre es denkbar, den Code und die nur lesbaren Daten (Konstanten) gemeinsam zu nutzen. Alle beschreibbaren (veränderbaren) Daten müssen für jede Instanz individuell angelegt werden.

Um dies zu realisieren, muss der gemeinsame Teil nur einmal geladen werden. Beide Prozesse müssen dann nur noch den Einsprungspunkt erhalten und „sehen" den gemeinsamen Code gleichzeitig. Für .EXE-Dateien liegt diese Adresse bei 0x400000. An dieser Adresse wird das gemeinsame Programm „eingeblendet". Ähnliches gilt für die DLL.

21.1 Grundlagen

Alle lokalen Daten sowie der Programmzähler, der anzeigt, wo sich der Prozess gerade befindet, müssen in einem getrennten Speicherbereich in den unteren 2 GByte liegen.

Im Gegensatz zu Windows NT sind unter Windows 95 nur die unteren 2 GByte zwischen den Prozessen schreibgeschützt (privat). Es kann daher vorkommen (und es kommt bekanntlich vor), dass fehlerhafte Programme in den oberen Bereich schreiben, wo auch wichtige Systemtabellen von Windows selbst liegen. Es folgen daraus die allseits bekannten globalen Systemabstürze.

21.1.2 Struktur einer DLL

Hier interessiert uns nur die Struktur zum Erstellen und Nutzen der DLL. Am Ende dieses Kapitels werden wir auf die Interna eingehen und versuchen, einen Spion zu schreiben. Solange wir ihn nicht haben, müssen wir auf mitgelieferte Hilfsprogramme zurückgreifen. Wohl dem, der seine Version 6.0 nicht weggeworfen hat. Dort gibt es einen so genannten `Dependency Walker` (Abhängigkeits-Wanderer), der uns vieles über eine DLL verrät (**Bild 21.4**).

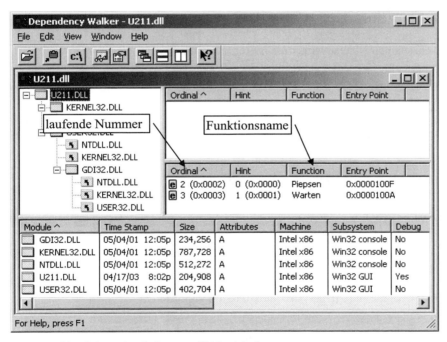

Bild 21.4: DLL-Spion zeigt die internen Abhängigkeiten

Wir sehen bereits die DLL, die wir gleich selbst schreiben werden. Sie exportiert zwei Funktionen `Piepsen` und `Warten`. Selbst greift sie dazu auf Systemfunktionen zurück. Auf dieses Bild werden wir noch einmal zurückkommen.

Eine DLL hat ein oder mehrere *exportierte* Funktionen. Diese können wir uns als Einsprungszeiger auf Codestücke in der DLL vorstellen. Unser Prozess will nun diese Funktionen aufrufen, wobei er natürlich die Einsprungspunkte zur Übersetzungszeit nicht kennt. Er hält also diese Referenzen offen (unbefriedigte Referenzen). Dies geschieht auch beim Übersetzen von einzelnen Modulen unseres Programms. Der Linker würde aber normalerweise versuchen, diese Referenzen alle zu befriedigen. Beim Einsatz von DLLs werden dagegen diese Referenzen erst zur Laufzeit befriedigt, indem die erwähnten Einsprungspunkte eingetragen werden. Somit muss der Linker diese Referenzen weiter offen lassen.

Somit ist verständlich, dass eine DLL eine besondere Struktur haben muss, z. B. in Form einer gesonderten Tabelle mit den Einsprungspunkten der exportierten Funktionen. Es handelt sich hier um symbolische Namen und eine Ordnungsnummer mit dem angehängten Einsprungpunkt. Über beide Werte ist ein Zugriff möglich.

Ändern wir nun eine DLL im Implementationsteil, so ändern sich u. U. zwar die Einsprungspunkte, ein aufrufendes Programm kann aber durch diese Technik sofort die neue Funktionalität nutzen, ohne neu kompiliert zu werden. Dies ist erst dann erforderlich, wenn wir die Funktionsnamen oder die Funktionsparameter ändern.

21.1.3 Deklaration exportierter DLL-Funktionen

Um den beschriebenen Mechanismus realisieren zu können, steht eine Windows-spezifische Erweiterung von C++ zur Verfügung:

```
__declspec
__declspec ( extended-attribute ) declarator
extended-attribute
allocate("segname")
dllimport
dllexport
naked
nothrow
property({get=get_func_name|, put=put_func_name})
selectany
thread
uuid("ComObjectGUID")
```

Von den vielen Attributen interessieren uns nur die beiden, mit denen wir eine DLL nutzen können. Die DLL muss eine Funktion exportieren. Dies geschieht mit:

```
__declspec (dllexport) BOOL MeineFunktion(int npara);
```

Das aufrufende Programm (Client) muss die Funktion importieren:

```
__declspec (dllimport) BOOL MeineFunktion(int npara);
```

Damit die Sache nicht so einfach ist, wird vom C++-Compiler ein *dekorierter* Name (Decorated Name) (auch *ergänzter Name* genannt) erzeugt, den andere Programmiersprachen in dieser Form nicht kennen. Dies erinnert uns an die Eigenheiten der Signatur einer Methode, die nicht aufgrund ihres Namens, sondern nur zusammen mit den Datentypen eindeutig bezeichnet wird.

21.1 Grundlagen

Wie erwähnt existieren pro Funktion ein symbolischer Name und eine Ordnungszahl. Auch wenn unter Win32 die Effizienz der symbolischen Bindung verbessert wurde und auch von Microsoft daher empfohlen wird, so ist die Bindung über die Ordnungszahl die effizientere, da sie zu kürzeren .EXE-Dateien führt. Sie ist aber recht mühsam zu programmieren.

21.1.4 Suchhierarchie des aufrufenden Programms

Wenn wir nicht mit `LoadLibrary` eine DLL mit vollständigem Pfad laden, wird diese implizit durch Windows geladen. Hier gilt folgende Suchhierarchie:

1. im Ordner der .EXE-Datei
2. im aktuellen Ordner des Prozesses
3. im Systemverzeichnis von Windows
4. im Ordner von Windows
5. in den Ordnern, die in der Umgebungsvariablen `PATH` genannt sind

21.1.5 Reguläre DLLs und MFC-Erweiterungs-DLLs

Beim Start des Anwendungsassistenten erkennen wir die Möglichkeiten, MFC-DLLs zu generieren (**Bild 21.5**). Im **Bild 20.2** aus dem letzten Kapitel finden wir aber auch den Eintrag `DLL`. Also gibt es zwei Varianten: *reguläre* und *MFC-Erweiterungs-DLLs*.

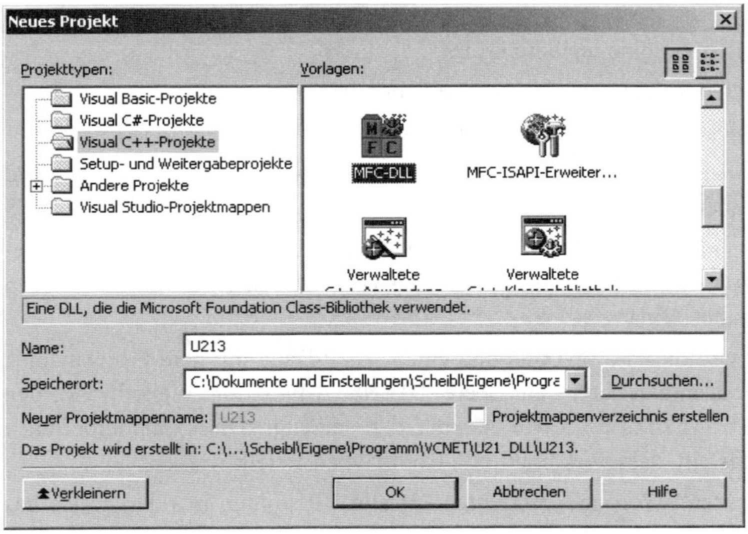

Bild 21.5: Vorlage für eine MFC-DLL

Win32-DLLs verfügen über eine `DllMain`-Funktion und einige exportierte Funktionen. MFC-Programme erweitern aber C++ durch eine eigene Schicht.

MFC-DLLs binden die DLL-Version der MFC-Bibliothek automatisch mit ein. Somit muss auch das aufrufende Programm diese MFC-DLLs benutzen, genauer sogar dieselbe Version. Solche Erweiterungs-DLLs sind in der Lage, ganze Klassen zu exportieren, von denen das aufrufende Programm Objekte instanziieren kann. Sie unterstützen also den Sprachumfang von C++ (mit Betonung von ++), sind aber sozusagen auf die Visual C++-Welt beschränkt.

Wollen wir dagegen allgemein verwendbare DLLs schreiben (z. B. für Visual Basic), so müssen wir den Win32-Assistenten aufrufen.

21.2 Erstellen einer regulären DLL

In diesem Kapitel wollen wir eine reguläre (normale) DLL im klassischen Stil erstellen. Sie enthält daher nur Funktionen, die mit einfachen Daten der Basistypen arbeiten. Auch hier werden wir schnell erkennen, dass die verschiedenen Programmiersprachen durchaus unterschiedliche Vorstellungen von den Basistypen besitzen. Ein Hauptgedanke von .NET ist die Vereinheitlichung und Vereinfachung dieser Datentypen.

Die Entwicklung einer DLL erfolgt wie die einer statischen Bibliothek in zwei Schritten, d. h., wir werden zuerst die DLL erzeugen, um sie dann in einer Anwendung zu testen.

21.2.1 DLL erstellen

U211a Im ersten Schritt erstellen wir eine reguläre DLL.

Um eine DLL zu erstellen, gehen wir in folgenden Schritten vor:

1. Wir starten ein Projekt `U221` im Ordner `U21_DLL` als `Win32-Projekt`.
2. Auf der Seite `Anwendungseinstellungen` wählen wir die Option `DLL` (**Bild 21.6**) und können noch entscheiden:
   - `Leeres Projekt` Es wird ein leeres DLL-Projekt ohne weitere Dateien angelegt. Diese Option wählen wir, wenn wir eine vollkommen eigene DLL erstellen wollen. Sie schaltet `Symbole exportieren` ab.
   - Als Gegenteil wird die `.DSP`-Datei und eine `.CPP`-Datei mit dem Projektnamen angelegt. Letztere enthält bereits eine leere `DllMain`-Funktion. Weiterhin werden die Dateien `StdAfx.cpp` sowie `StdAfx.h` erzeugt. Die Compileroptionen werden so eingestellt, dass vorkompilierte Kopfdateien erstellt werden.

   Wir gehen den „harten" Weg und verzichten auf alle Hilfsmittel, markieren also das Kontrollkästchen `Leeres Projekt`.
3. Damit ist der Grundstein für das Erstellen einer DLL gelegt. ∎

21.2 Erstellen einer regulären DLL

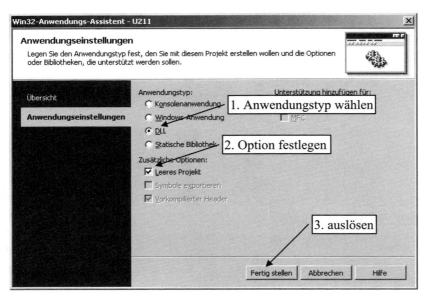

Bild 21.6: Leeres DLL-Projekt anlegen

Eine DLL gibt ihre Funktionalität nach außen bekannt. Kennen wir die Struktur einer DLL, so können wir diese Beschreibung auslesen, da sie für alle DLLs gleich ist. Umgekehrt müssen wir diesen beschreibenden Kopf vorbereiten.

Wiederum sollten wir uns vor Augen halten, dass es eine Reihe von Programmiersprachen unter Windows gibt, die nichts mit Kopfdateien der Erweiterung .h usw. zu tun haben. Die Zugriffstechnik muss daher eine andere sein.

Hierzu gehen wir in folgenden Schritten vor:

1. Wenn wir jetzt erneut `Datei|Neu|Datei...` auslösen, erscheint das Dialogfeld `Neue Datei`.
2. Hier wählen wir `C++-Datei (.cpp)` aus (**Bild 21.7**). Da sie als leere Datei angelegt wird, speichern wir sie gleich als `U211.cpp` ab.
3. Zuerst wollen wir uns auf den beschreibenden Rahmen der DLL konzentrieren:

```
//U211.cpp Implementationsdatei einer selbst geschriebenen DLL
#include <windows.h>
//Einsprungpunkt der DLL mit Verteiler für die Aktionen
BOOL WINAPI DllEntryPoint(HINSTANCE hDLL,DWORD dwReason,
                                                    LPVOID Reserved) {
  switch (dwReason) {
    case DLL_PROCESS_ATTACH: {break;}
    case DLL_PROCESS_DETACH: {break;}
  }
  return true;
} //END BOOL WINAPI DllEntryPoint
```

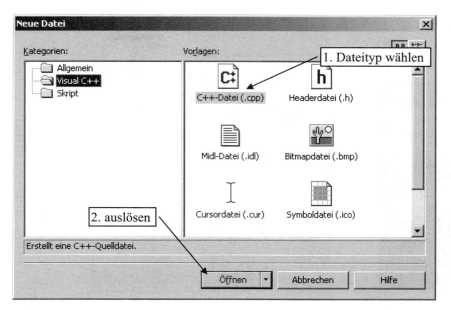

Bild 21.7: Quelltextdatei anlegen

4. Wir speichern diese Datei ab.
5. Wir kontrollieren, ob diese Datei im Projektmappen-Explorer erscheint. Dieser ist aber gähnend leer. Wir müssen daher die neue Datei dem Projekt manuell hinzufügen. ∎

Sobald eine DLL von Windows geladen wird (dies geschieht z. B. auf Anforderung durch unser Hauptprogramm), wird die Funktion `DllEntryPoint()` aufgerufen. Sie entspricht somit der Funktion `main()` eines Anwendungsprogramms.

Diese Funktion besteht aus einer einzigen `switch`-Anweisung, die über den Parameter `dwReason` (Doppelwort: `Grund`) gesteuert wird. Die beiden Werte `DLL_PROCESS_ATTACH` bzw. `DLL_PROCESS_DETACH` geben Hinweise auf ihre Funktion. Im ersten Fall wird die DLL mit der anfordernden `.EXE`-Datei verknüpft, im zweiten Fall wird diese Verknüpfung gelöst. Somit können wir vorbereitende Arbeiten (Initialisierungen) und aufräumende Arbeiten durchführen.

☒ Damit Visual C++ eine DLL erstellen kann, benötigt es noch eine zusätzliche Definitionsdatei `.def` für den Linker, damit der die gewünschten Funktionen frei gibt. Diese legen wir folgendermaßen an:

1. Wir öffnen mit `Datei|Neu|Datei...` eine neue Datei vom Typ `Textdatei` und speichern sie unter dem Namen `U211.def`. Hier müssen wir unbedingt die Erweiterung `.def` eingeben, da sonst eine Datei mit der Erweiterung `.txt` erzeugt wird. Mit OK erscheint eine leere Textdatei.

2. In diese Datei geben wir folgende Beschreibung ein:

```
;U211.def   Definitionsdatei für U211.dll
LIBRARY     "U211"
```

21.2 Erstellen einer regulären DLL

```
DESCRIPTION  'U211 statische Bibliothek'
EXPORTS
  ; hier folgen die Namen der enthaltenen Funktionen
```

3. Nach dieser Eingabe speichern wir sie ab.
4. Da auch sie nicht im Projektmappen-Explorer erscheint, fügen wir sie manuell hinzu.
5. Unser Projekt besteht danach aus zwei Dateien `U211.cpp` und `U211.def`. ∎

Bei dieser Definitionsdatei erkennen wir bereits am Kommentarzeichen Semikolon, dass es sich nicht mehr um eine C-Datei handelt. Das Semikolon ist ein typisches Kommentarzeichen für Assembler-Programme.

Wir wollen nun die DLL mit zwei einfachen Funktionen füllen, die nur den Zweck haben, ihre Existenz zu melden, also zu piepsen. Da eine Trennung in Kopf- und Implementationsdatei entfallen kann, fassen wir den gesamten Code in den beiden existierenden Dateien zusammen.

Hierzu gehen wir in folgenden Schritten vor:

1. In der Implementationsdatei `U211.cpp` ergänzen wir:

```cpp
//U211.cpp Implementationsdatei einer selbst geschriebenen DLL
#include <windows.h>
//Die Prototypen der enthaltenen Funktionen
BOOL piepsen(void);
BOOL warten(long zeit);
//Einsprungpunkt der DLL mit Verteiler für die Aktionen
BOOL WINAPI DllEntryPoint(HINSTANCE hDLL,DWORD dwReason,LPVOID
  Reserved)
{
  switch (dwReason) {
    case DLL_PROCESS_ATTACH: {
      //TRACE0("U211: Initialisierung\n");
      MessageBox(NULL,"U211: Prozess-Initialisierung\n","Meldung",0);
      break;} //Prozess-Initialisierung
    case DLL_THREAD_ATTACH: {
      MessageBox(NULL,"U211: Thread-Initialisierung\n","Meldung",0);
      break;} //Threadinitialisierung (falls notwendig)
    case DLL_THREAD_DETACH: {
      MessageBox(NULL,"U211: Thread-Deinstallation\n","Meldung",0);
      break;} //Threadaufräumarbeiten
    case DLL_PROCESS_DETACH: {
      MessageBox(NULL,"U211: Prozess-Deinstallation\n","Meldung",0);
      break;} //Prozessaufräumarbeiten
  }
  return true;
}
BOOL piepsen(void) {
  MessageBeep((WORD) -1);
  return TRUE;
}
BOOL warten(long zeit) {
  Sleep(zeit);
  return true;
}
```

Die Ergänzungen in `DLLMain` demonstrieren die Möglichkeiten, eine Meldung für Demozwecke usw. einzubauen.

2. Die beiden Funktionen müssen wir nun noch in der Definitionsdatei ergänzen:

```
;U211.def   Definitionsdatei für U211.dll
LIBRARY     "U211"
DESCRIPTION 'U211 statische Bibliothek'
EXPORTS
   ; hier folgen die Namen der enthaltenen Funktionen
 piepsen
 warten
```

3. Wir speichern beide Dateien mit Datei|Alle speichern ab.

4. Nun können wir mit [F7] oder Erstellen|Projektmappe erstellen die DLL generieren. Es erscheinen die Meldungen:

```
------ Erstellen gestartet: Projekt: U211, Konfiguration: Debug Win32 ------

Kompilieren...
U211.cpp
Verknüpfen...

Das Build-Protokoll wurde unter "file://c:\Dokumente und
 Einstellungen\Scheibl\Eigene\Programm\VCNET\U21_DLL\U211\Debug\BuildLog.ht
 m" gespeichert.
U211 - 0 Fehler, 0 Warnung(en)


-------------------- Fertig ---------------------

   Erstellen: 1 erfolgreich, 0 fehlgeschlagen, 0 übersprungen
```

5. Tatsächlich finden wir die genannten Dateien im Ordner Debug. ∎

☞ Hinweis: Sollten wir, wie gewohnt, auf [F5] drücken, so erscheint ein Abfragedialog (**Bild 21.8**). Er zeigt uns, dass wir die DLL durchaus testen können, wenn wir eine Trägeranwendung vorbereitet haben. Diese fehlt aber noch.

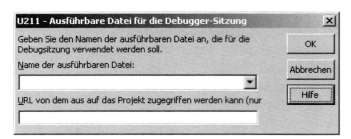

Bild 21.8: Zum Debuggen muss eine Trägeranwendung vorbereitet sein

Wir können diese Trägeranwendung auch während des Programmierens dem Projekt hinzufügen. In den Eigenschaften (Kontextmenü des Projektknotens) ist dafür eine spezielle Zeile vorgesehen (**Bild 21.9**).

21.2 Erstellen einer regulären DLL

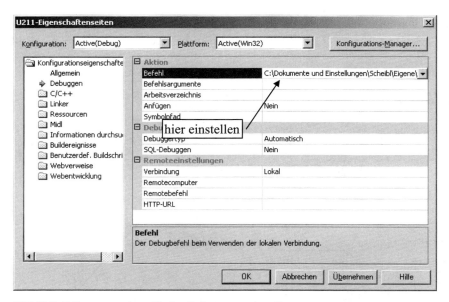

Bild 21.9: Trägeranwendung für das Debuggen vorbereiten

Bis hierher entspricht das der Version 6.0, und wir freuen uns schon auf den Erfolg. Der DLL-Spion (Dependency Walker) zeigt uns aber eine DLL ohne Einsprungspunkte (**Bild 21.10**).

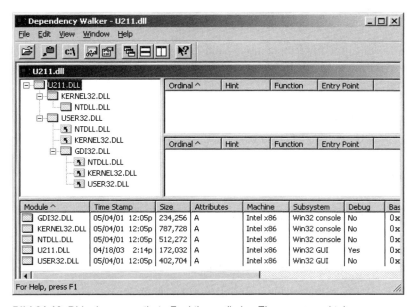

Bild 21.10: DLL ohne exportierte Funktionen (keine Einsprungspunkte)

Offensichtlich wird die .def-Datei nicht automatisch genutzt. Wir müssen diese explizit dem Linker bekannt geben. Dies geschieht in den Eigenschaften des Projektknotens (**Bild 21.11**).

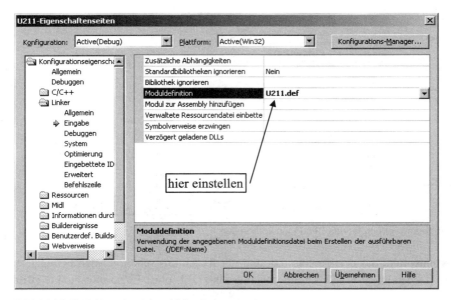

Bild 21.11: Definitionsdatei dem Linker bekannt geben

Alternative:

U211b Die Zwei-Dateien-Lösung mit Implementations- und Definitionsdatei ist natürlich recht unhandlich. Daher wurde eine Möglichkeit entwickelt, die Freigabe auch in der Implementationsdatei anzukündigen:

```
//U211.cpp Implementationsdatei einer selbst geschriebenen DLL
// Variante ohne .def-Datei

//Die Prototypen der enthaltenen Funktionen

__declspec(dllexport) BOOL Piepsen(void);
__declspec(dllexport) BOOL Warten(long zeit);
```

21.2.2 DLL unter Visual Basic testen

21.2.2.1 Testprogramm entwerfen

U212 Bevor wir nun diese DLL weiterreichen, wollen wir sie natürlich testen. Ein echter Programmierer lässt sich auch von der Überschrift nicht abschrecken. Schließlich soll unser Programm auch für diese Programmiersprache funktionieren.

21.2 Erstellen einer regulären DLL

⊠ Wir gehen hierzu in folgenden Schritten vor:
1. Wir legen ein neues Projekt `U212` als Visual Basic-Projekt an (**Bild 21.12**).

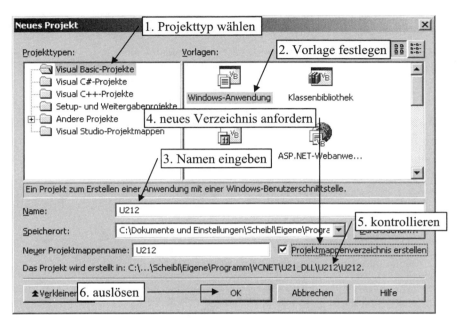

Bild 21.12: Visual Basic-Projekt anlegen

2. Auf dem Formular platzieren wir eine Schaltfläche, die wir `sfPiepsen` nennen (**Bild 21.13**).

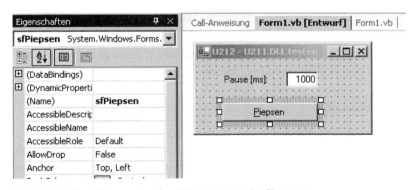

Bild 21.13: Oberflächenentwurf und Namensvergabe für `U212`

3. Mit einem Doppelklick auf die Schaltfläche öffnen wir den Codeeditor und geben folgende Zeilen ein:

```
Public Class Form1
    Inherits System.Windows.Forms.Form

...

  Private Declare Function Piepsen Lib "C:\Dokumente und
  Einstellungen\Scheibl\Eigene\Programm\VCNET\U21_DLL\U211a_PiepsenDLL\D
  ebug\U211.dll" () As Integer
  Private Declare Function Warten Lib "C:\Dokumente und
  Einstellungen\Scheibl\Eigene\Programm\VCNET\U21_DLL\U211a_PiepsenDLL\D
  ebug\U211.dll" (ByVal Dauer As Long) As Integer

    Private Sub sfPiepsen_Click(ByVal sender As System.Object, _
                ByVal e As System.EventArgs) Handles sfPiepsen.Click
      Dim Dauer As Long, i As Integer
      If IsNumeric(tfDauer.Text) Then
        Dauer = CLng(Me.tfDauer.Text)
      Else
        Dauer = 0
      End If
      If Dauer < 0 Then Dauer = 0
      Try
        Call Piepsen()
        For i = 1 To 5
          Call Warten(Dauer)
          Call Piepsen()
          Debug.WriteLine("Durchlauf " & i)
        Next i
      Catch ex As Exception
        MsgBox("Fehler= " & ex.Message, MsgBoxStyle.OKOnly And _
                                  MsgBoxStyle.Critical, "Fehler")
      Finally
        MsgBox("Alles zu Ende")
      End Try
    End Sub 'sfPiepsen
End Class
```

4. Mit [F5] oder Ausführen|Starten bringen wir das Programm zum Laufen.

5. Jetzt sollte es bei jedem Klick auf die Schaltfläche mehrfach piepsen. Die Anzahl wird im Ausgabefenster durchgezählt. ∎

Die Sprachen von Microsoft scheinen sich angenähert zu haben, denn in der Version 6.0 stieg Warten wegen falscher Parameterübergabe aus.

21.2.2.2 Aufrufkonventionen

Hierzu muss man wissen, dass der Aufruf eines Unterprogramms vielfältig programmiert werden kann. Die Aufrufkonventionen von C sind nicht die von Windows, Basic, Delphi usw. Hier hat Microsoft eine spezielle Technik, die wir in unserem Programm berücksichtigen müssen. Diese unterscheidet sich beispielsweise von C und Delphi. Wir kehren daher noch einmal zu U211 zurück und korrigieren das Programm zu (hier nur die Variante b):

```
//U211.cpp Implementationsdatei einer selbst geschriebenen DLL
// Variante ohne .def-Datei

//Experimente
//1. Aufrufkonventionen
```

21.2 Erstellen einer regulären DLL   1045

```
#define stdcall //auch aus Visual Basic bzw. Delphi aufrufbar
//#undef stdcall //führt zu Abstürzen in Visual Basic bzw. Delphi

//Um von fremden Programmen aufrufbar zu sein, muss _stdcall angegeben
// werden. Damit ist festgelegt, wie die Parameter übergeben werden,
// welches Programm (das rufende oder die DLL) zuständig für das
// Aufräumen des Kellerspeichers (Stack) ist usw.
//Experiment: Schalter stdcall umstellen und aus Visual Basic oder
// Delphi aufrufen

//2. Testumgebung ändern
//Menüpunkt Projekt|Einstellungen|Debug

#include <windows.h>
//#include <afxwin.h>//MFC-Kern- und -Standardkomponenten (hier: TRACE)

//Die Prototypen der enthaltenen Funktionen

#ifdef stdcall
  __declspec(dllexport) BOOL __stdcall Piepsen(void);
  __declspec(dllexport) BOOL __stdcall Warten(long zeit);
#else
  __declspec(dllexport) BOOL Piepsen(void);
  __declspec(dllexport) BOOL Warten(long zeit);
#endif

//(optionaler) Einsprungspunkt der DLL mit Verteiler für die Aktionen
//in älteren Versionen DllEntryPoint()
BOOL WINAPI DllMain(HINSTANCE hDLL,DWORD dwReason,LPVOID Reserved)
{
  switch (dwReason) {
    case DLL_PROCESS_ATTACH: {
      //TRACE0("U211: Initialisierung\n");
      MessageBox(NULL,"U211: Prozess-Initialisierung\n","Meldung",0);
      break;} //Prozess-Initialisierung
    case DLL_THREAD_ATTACH: {
      MessageBox(NULL,"U211: Thread-Initialisierung\n","Meldung",0);
      break;} //Threadinitialisierung (falls notwendig)
    case DLL_THREAD_DETACH: {
      MessageBox(NULL,"U211: Thread-Deinstallation\n","Meldung",0);
      break;} //Threadaufräumarbeiten
    case DLL_PROCESS_DETACH: {
      MessageBox(NULL,"U211: Prozess-Deinstallation\n","Meldung",0);
      break;} //Prozessaufräumarbeiten
  }
  return true;
} //DllMain

#ifdef stdcall
BOOL __stdcall Piepsen(void) {
#else
BOOL Piepsen(void) {
#endif
  //MessageBeep(0xFFFFFFFF); //Knack
  //MessageBeep(DWORD (-1)); //Knack
  //MessageBeep(MB_ICONQUESTION); //Klang
  Beep(1000,500); //Frequenz, Länge (wird von Windows u. U. umgesetzt)
  return TRUE; //Konstante TRUE
} //Piepsen

#ifdef stdcall
```

```
BOOL __stdcall Warten(long zeit) {
#else
BOOL Warten(long zeit) {
#endif
  Sleep(zeit);
  return true; //Schlüsselwort true
} //Warten
```

Mit Hilfe des Präprozessorschalters `stdcall` können wir zwischen beiden Aufrufkonventionen umschalten.

☺ Zum Schmunzeln: Früher hieß die Klausel `PASCAL`, was aber echte C-Entwickler nicht auf sich sitzen lassen konnten:

```
extern "C" BOOL PASCAL EXPORT ExportedFunction()
```

Für `_stdcall` gelten folgende Aussagen:

Element	Implementation
Reihenfolge der Parameterübergabe	rechts nach links
Konvention der Parameterübergabe	Werteparameter, es sei denn ein Zeiger- oder Referenztyp wird übergeben
Verantwortung für die Stackbearbeitung	**gerufene Funktion leert den Stack**
Konventionen zur Namensdekoration	Ein Unterstrich wird dem Namen voran-, ein @ nachgestellt. Dann folgt die dezimale Anzahl von Bytes in der Argumentliste. Beispiel: `int func(int a,double b)` wird dekoriert zu: `_func@12` (4+8 Bytes)
Groß-/Klein-Transformation	keine

Die C-Konvention ist `_cdecl` führt zu:

Element	Implementation
Reihenfolge der Parameterübergabe	rechts nach links
Verantwortung für die Stackbearbeitung	**Rufende Funktion leert Stack**
Konventionen zur Namensdekoration	Ein Unterstrich wird dem Namen vorangestellt
Groß-/Klein-Transformation	keine Veränderung

Übersetzen wir die DLL, dann funktioniert gar nichts mehr. Visual Basic findet zwar die DLL, aber keine Funktion mehr. Entweder sind die Einsprungspunkte wieder weg, oder sie heißen ganz anders. Wir aktivieren also wieder unseren DLL-Spion, experimentieren aber ein wenig an den Aufrufen:

```
#ifdef stdcall
extern "C" __declspec(dllexport) BOOL __stdcall Piepsen(void);
          __declspec(dllexport) BOOL __stdcall Warten(long zeit);
```

21.2 Erstellen einer regulären DLL 1047

```
//extern "C" __declspec(dllexport) BOOL __stdcall Warten(long zeit);
#else
   __declspec(dllexport) BOOL Piepsen(void);
   __declspec(dllexport) BOOL Warten(long zeit);
#endif
```

Vor `Piepsen` steht noch die Klausel `extern "C"`. Welche Auswirkungen dies hat, zeigt **Bild 21.14**. Wir sehen die *dekorierten* Namen, die uns schon in den zurückliegenden Tabellen aufgefallen sind.

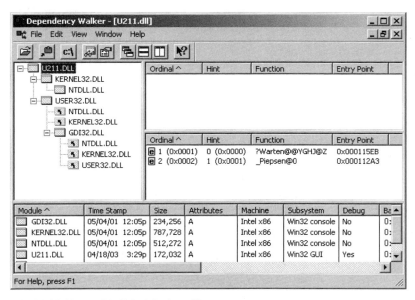

Bild 21.14: Unterschiedlich dekorierte Namen

21.2.2.3 Ergänzte Funktionsnamen

Klassisches, nicht klassenbasiertes C dekoriert die Namen mit einem vorangestellten Unterstrich und einem nachgestellten Klammeraffen `@`. Dann folgt die Länge der Parameterliste in Bytes. Da `Piepsen` keine Parameter besitzt, ist der Wert `0`.

Die C++-Namenskonventionen bestehen aus einem vorangestellten Fragezeichen und nachgestellten Klammeraffen und Zeichen, welche die Parametertypen charakterisieren. Dies ist aber zwischen Compilern und einzelnen Versionen desselben Compilers unterschiedlich.

Nachdem nun mit Hilfe von `__stdcall` die Aufrufkonventionen angepasst sind (die aufgerufene Funktion bereinigt den Stapel, und die Parameter werden von rechts nach links übergeben), sollten wir das Problem der dekorierten Namen lösen, die von anderen Programmiersprachen nicht so gebildet werden. Setzen wir `__declspec(dllexport)` für eine exportierte Funktion in einer DLL ein, so können wir diesen nicht mehr ändern. In diesem Fall hilft ein Aliasname auf der rufenden Seite (am Beispiel von Visual Basic):

```
Declare Function Piepsen Lib "…U211.dll" Alias "_Piepsen@0" () As Integer
```

der den internen Namen in einen verständlichen Bezeichner umsetzt.

Besser ist es natürlich, dies auf der DLL-Seite durchzuführen. Hier müssen wir aber wieder die Definitionsdatei `.def` bemühen:

```
;U211.def   Definitionsdatei für U211.dll
;Über diese Datei werden die Funktionen der DLL nach außen exportiert
; so dass diese Funktionen von fremden Programmen benutzt werden können
; die .def-Datei ermöglicht es, jeder Funktion eine Ordnungszahl
; zuzuweisen, über die diese Funktion ebenfalls aufgerufen werden kann.
; Alternativ lassen sich die Funktionen auch über __declspec(dllexport)
; ohne die .def-Datei exportieren (ohne freie Nummernvergabe)

LIBRARY        "U211"
DESCRIPTION    'U211 dynamische Bibliothek mit zwei Demofunktionen'

EXPORTS
  Piepsen=_Piepsen@0   @2 ;@1 ist Standard
  Warten=_Warten@4     @4 ;@3 fehlt, wird aber im DLL-Spion angezeigt
```

Bei dieser Gelegenheit geben wir auch feste Nummern für die Funktionen ein. Unser DLL-Spion zeigt uns das Ergebnis (**Bild 21.15**).

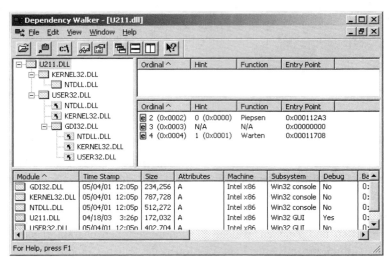

Bild 21.15: Angepasste Aufrufkonventionen, einfache Funktionsnamen und vorgegebene Nummern

Die Lücke in den Nummern wird angezeigt und verweist auf `NULL`. Damit liefert eine solche Funktion keine Ergebnisse. Es soll so verhindert werden, dass ältere Programme möglicherweise abstürzen.

21.2.3 DLL unter Visual C++ testen

21.2.3.1 DLL programmgesteuert laden und entladen

U213 Der Test unter Visual Basic ist für einen echten Visual C++-Programmierer viel zu banal und zeugt von schlechtem Programmierstil. Sollten wirklich fünf Schritte zum Testen ausreichen?

⊠ Hier also der Anlauf, um das Ganze unter Visual C++ zu testen, der zugegebenermaßen natürlich etwas mehr kann als unser Basic-Programm:

1. Wir schließen ein eventuell vorhandenes Projekt und legen ein neues, dialogfeldbasierendes Projekt U213 mit den Standardeinstellungen an.

2. Wir wechseln in den Dialogeditor für IDD_U213_DIALOG (wenn es nicht gleich geschieht).

3. Dort entfernen wir das Bezeichnungsfeld und die Schaltfläche OK.

4. Stattdessen legen wir drei neue Schaltflächen IDC_LADEN, IDC_FREIGEBEN und IDC_PIEPSEN an (**Bild 21.16**).

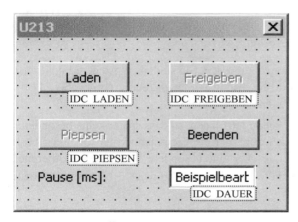

Bild 21.16: Oberflächenentwurf U213

5. Wir setzen die Eigenschaft Deaktiviert der Schaltfläche IDC_PIEPSEN und IDC_FREIGEBEN auf True. Die Textausrichtung des Eingabefelds IDC-DAUER wir auf Right gestellt.

6. Für die neuen Schaltflächen generieren wir Ereignisfunktionen.

7. Damit ist die Oberflächenprogrammierung abgeschlossen. ■

Bitte nicht zu früh freuen, das war noch lange nicht alles.

⊠ Wir kommen nun zur Einbindung einer DLL. Diese DLL muss in unserem Programm irgendwo angehängt werden. Diesen Handle deklarieren wir am besten als globale Variable, um überall im Programm auf ihn zugreifen zu können. Ähnliches gilt für die eingeladenen Programme. Für diese müssen wir aber zuerst einen Variablentyp deklarieren, um dann einen Zeiger dieses Typs anlegen zu können:

1. In der Dialogdatei `U213Dlg.cpp` fügen wir drei globale Variablen für einen Handle auf die DLL sowie für beide Funktionen ein:

```
// U213Dlg.cpp : Implementierungsdatei
//

#include "stdafx.h"
#include "U213.h"
#include "U213Dlg.h"

#ifdef _DEBUG
#define new DEBUG_NEW
#endif

const CString DLLPFAD="C:\\Dokumente und Einstellungen\\Scheibl\\"\
 "Eigene\\Programm\\VCNET\\U21_DLL\\U211b_PiepsenDLL\\Debug\\U211.dll";
//const CString DLLPFAD="..\\U211b_PiepsenDLL\\Debug\\U211.dll";//IDE
//const CString DLLPFAD="..\\..\\U211b_PiepsenDLL\\Debug\\U211.dll";
```

```
HINSTANCE gU211DLL=NULL;                 //Handle auf die DLL
typedef BOOL (_stdcall *PIEPSEN)(void);//Funktionen der DLL deklarieren
PIEPSEN Piepsen;                         // und stdcall deklarieren
typedef BOOL (_stdcall *WARTEN)(long);
WARTEN Warten;
```

Ab sofort können wir auf die Funktionen zugreifen. Sie sind als typsichere Funktionen deklariert. Die Pfadangaben sind sowohl absolut wie auch relativ vorgegeben. Dabei müssen wir beachten, dass in der IDE eine Stufe entfällt.

2. Normalerweise werden wir die DLL schon jetzt laden, so dass später keine besonderen Maßnahmen erforderlich sind. Typisch wäre hier die Ereignisfunktion `OnInitDialog()`. Aus Übungsgründen haben wir aber eine besondere Schaltfläche vorbereitet, mit der wir das Laden gezielt starten können. Jetzt erweitern wir die bereits vorhandene Ereignisfunktion:

```
void CU213Dlg::OnBnClickedLaden() {
//manuelles Laden ist unüblich, absoluter Pfad ist ungewöhnlich
//der relative Pfad ändert sich dagegen beim Aufruf im Studio
//und aus dem Explorer heraus, weil Quelltext und DLL in verschiedenen
//Verzeichnissen stehen.
  gU211DLL=LoadLibrary(DLLPFAD); //absolut
  if (gU211DLL==NULL) {
    MessageBox(DLLPFAD + " wurde nicht geladen");
    return;
  }
  TRACE1("U213-OnLaden: Zeiger gU211DLL %d\n",gU211DLL);
  Piepsen=(PIEPSEN)GetProcAddress(gU211DLL,"Piepsen");
  if (Piepsen==NULL) {
    MessageBox(DLLPFAD + " enthält 'Piepsen' nicht!");
    return;
  }
  TRACE1("U213-OnLaden: Zeiger Piepsen %d\n",Piepsen);
```

21.2 Erstellen einer regulären DLL

```
  Warten=(WARTEN)GetProcAddress(gU211DLL,"Warten");
  if (Warten==NULL) {
    MessageBox(DLLPFAD + " enthält 'Warten' nicht!");
    return;
  }
  TRACE1("U213-OnLaden: Zeiger Warten %d\n",Warten);
  GetDlgItem(IDC_LADEN)->EnableWindow(FALSE);
  GetDlgItem(IDC_FREIGEBEN)->EnableWindow(TRUE);
  GetDlgItem(IDC_PIEPSEN)->EnableWindow(TRUE);
} //CU213Dlg::OnBnClickedLaden
```

Mit `LoadLibrary()` wird die Bibliothek geladen. Den Pfad wird man normalerweise nicht angeben. Windows sucht dann im aktuellen Pfad und im Ordner `\os\System\` nach der DLL. Um dort das Ansammeln von „Schrott" zu vermeiden, wird hier auf das Umkopieren unserer DLL dorthin verzichtet.

Da sowohl die DLL wie auch die erwarteten Funktionen fehlen können, wird die Schaltfläche `IDC_PIEPSEN` erst dann freigegeben, wenn alle notwendigen Funktionen geladen wurden. Diese präventive Programmierung ist für Windows-Anwendungen typisch und ersetzt das „Nachtarocken" (nachträgliche Fehlermeldungen) von DOS-Anwendungen.

3. Damit der Klick auf Piepsen auch wirkt, ergänzen wir die Ereignisfunktion:

```
void CU213Dlg::OnBnClickedPiepsen() {
  UpdateData(true);
  for (int i=1;i<=5;i++) {
    TRACE1("U213-OnPiepsen: %d\n",i);
    Piepsen();
    Warten(m_nDauer);
  } //for
} //CU213Dlg::OnBnClickedPiepsen
```

4. Das Freigeben einer DLL bedeutet nicht unbedingt auch ein Entladen, da auch andere Programme noch auf die DLL zugreifen könnten. Hierzu wird die DLL mit einem *Verweiszähler* geladen. Das Entladen verringert den Verweiszähler der DLL. Steht der Zähler auf 0, so wird die DLL von Windows entladen:

```
void CU213Dlg::OnBnClickedFreigeben() {
  FreeLibrary(gU211DLL);
  GetDlgItem(IDC_LADEN)->EnableWindow(TRUE);
  GetDlgItem(IDC_FREIGEBEN)->EnableWindow(FALSE);
  GetDlgItem(IDC_PIEPSEN)->EnableWindow(FALSE);
  TRACE1("U213-OnFreigeben: Zeiger gU211DLL %d\\n",gU211DLL);
  gU211DLL=NULL;
} //CU213Dlg::OnBnClickedFreigeben
```

5. Nun endlich ist die Anwendung fertig und kann erstellt und getestet werden. ■

Beim Klick auf Laden erscheint das programmierte Hinweisfenster (**Bild 21.17**).

Bild 21.17: Prozess-Initalisierung wird gemeldet

Die Schaltfläche `Piepsen` wird aktivierbar und löst ein kleines Konzert aus. Das Entladen wird wieder mit einem Meldungsfenster signalisiert (**Bild 21.18**).

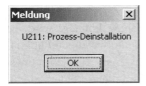

Bild 21.18: Prozess-Deinstallation wird gemeldet

21.2.3.2 Programm automatisch laden

U214 Im Ordner `Debug` bzw. `Release` finden wir neben der Datei `U211.dll` auch eine Bibliotheksdatei `U211.lib`. Diese erinnert uns an das letzte Kapitel über die Softwaremodule. Sollte es vielleicht möglich sein, ohne dieses aufwändige Laden und Entladen auszukommen?

Zur Realisation dieser Aufgabe gehen wir in folgenden Schritten vor:

1. Wir legen ein neues Projekt `U214` wieder als dialogfeldbasierende Anwendung an.
2. Die Oberfläche gleichen wir unserem Visual Basic-Programm an (**Bild 21.19**).

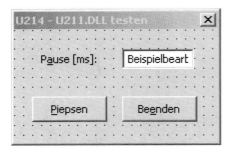

Bild 21.19: Oberflächenentwurf U214

3. Dem Textfeld weisen wir die Membervariablen `m_nDauer` zu und initialisieren sie auf `1000`.
4. Die Schaltfläche liefert uns das Ereignis:

21.2 Erstellen einer regulären DLL

```
void CU214Dlg::OnBnClickedPiepsen() {
  UpdateData(true);
  for (int i=1;i<=5;i++) {
      TRACE1("U213-OnPiepsen: %d\n",i);
      Piepsen();
      Warten(m_nDauer);
  } //for
} //CU214Dlg::OnBnClickedPiepsen
```

5. Jetzt fehlt noch die Bekanntgabe der Funktionen. Dazu schreiben wir in der Kopfdatei U214.h einige Anweisungen:

```
// U214Dlg.h : Headerdatei
//

#pragma once

/********************************************************************/
/*Ein Verweis auf pfad\U211.lib muss im Projekt|Eigenschaften|Linker|*/
/* Eingabe|Zusätzliche Abhängigkeiten eingefügt werden               */
/*Die Datei U211.dll muss sich im Projektpfad befinden (umkopieren!) */
/*U211.dll muss mit _stdcall übersetzt sein                          */
/********************************************************************/

/*
//so geht es einfach
extern BOOL _stdcall Piepsen();
extern BOOL _stdcall Warten(long Dauer);
*/

//aber so geht es auch
#define DllImport __declspec( dllimport )

__declspec( dllimport ) BOOL _stdcall Piepsen(); //direkt
DllImport BOOL _stdcall Warten(long Dauer);    //Variante mit Definition

// CU214Dlg Dialogfeld
class CU214Dlg : public CDialog
```

6. Die Kommentarzeilen beschreiben, was noch zu tun ist. Die Bibliothek muss explizit angegeben werden. Die DLL-Datei muss sich im Suchpfad befinden.

7. Jetzt sollte das Programm übersetzbar sein und lustig vor sich hin piepsen. ■

☞ Hinweis: Kontrollieren Sie die erstellte DLL mit dem Dependency Walker, wie im **Bild 21.4** dargestellt wurde.

21.2.4 Probleme der Parameterübergabe

Wir können uns nun fragen, ob das Schlimmste überstanden ist. Aber ehrlich gesagt haben wir bisher zwei kleine Funktionen aufgerufen und eine einzige numerische Variable in eine Richtung übertragen.

Was ist mit Zeichenketten (Array of char), eigene Arrays, Strukturen oder gar Objekte samt zugehöriger Klassenbeschreibung? Warum wohl wird von Version zu Version die Dekoration der Bezeichner komplizierter?

Wir wollen für die nächsten Übungen immer eine DLL und ein passendes Testprogramm in Visual C++ oder Visual Basic schreiben.

21.2.4.1 Parameterrückgabe

U215 Mit diesem Programm wollen wir die Rückgabe eines Funktionswertes programmieren. Dazu entwickeln wir ein einfaches Summationsprogramm, das zwei Zahlen übernimmt und die Summe zurückliefert.

⮕ Wir gehen in folgenden Schritten vor:

1. Wir legen ein neues `Win32-Projekt U215` an, bei dem wir die `Anwendungseinstellungen` auf `DLL` setzen. Die generierten Dateien sind sehr übersichtlich:

   ```
   // U215.cpp : Definiert den Einstiegspunkt für die DLL-Anwendung.
   //

   #include "stdafx.h"
   BOOL APIENTRY DllMain( HANDLE hModule,
                          DWORD  ul_reason_for_call,
                          LPVOID lpReserved
                        )
   {
       return TRUE;
   }
   ```

2. Das Programm ergänzen wir mit einer Funktion:

   ```
   /*dies ist die exportierte Funktion*/
   //extern "C" __declspec(dllexport) short __stdcall Summe(short a,
   //                                                       short b) {
   short _stdcall Summe(short a,short b) { //Eintrag in U215.def notwendig
      return a+b;
   } //Summe
   ```

3. Je nach Wahl der Technik benötigen wir noch eine Definitionsdatei für den Linker:

   ```
   ; U215.def : Deklariert die Modul-Parameter für die DLL.

   LIBRARY       "U215"

   EXPORTS
       ; Explizite Exporte können hier eingefügt werden
       Summe @1
   ```

4. Damit diese dem Linker bekannt ist, tragen wir sie in die Eigenschaft `Moduldefinition` ein (analog zu **Bild 21.11**).

⮕ Als Testprogramm legen wir eine Visual Basic-Anwendung an:

1. Wir generieren ein Visual Basic-Projekt `U215` vom Typ `Windows-Anwendung`.
2. Die Oberfläche entwerfen wir nach **Bild 21.20** mit den Textfeldern `tfZahl1` und `tfZahl2` sowie einem Bezeichnungsfeld `bfSumme` und der Schaltfläche `sfRechnen`.

21.2 Erstellen einer regulären DLL

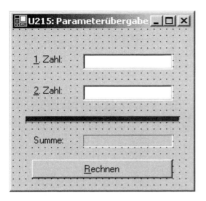

Bild 21.20: Oberflächenentwurf für das Summationsprogramm U215

3. Bei der Programmierung wählen wir eine erweiterte Einbindung, die in dieser Form aber der klassischen `Declare`-Anweisung entspricht. Die Ereignisfunktion `sfRechnen_Click` generieren wir durch Doppelklick auf die Schaltfläche:

```
Imports System.Runtime.InteropServices

Public Class U215
  Inherits System.Windows.Forms.Form

  <DllImport("..\..\U215NumParam\Debug\U215.dll", EntryPoint:="Summe", _
  SetLastError:=True, CharSet:=CharSet.Unicode, ExactSpelling:=True, _
  CallingConvention:=CallingConvention.StdCall)> _
  Public Shared Function U215Summe(ByVal a As Short, ByVal b As Short) _
                                                                As Short
  End Function

  Private Sub sfRechnen_Click(ByVal sender As System.Object, _
               ByVal e As System.EventArgs) Handles sfRechnen.Click
    'ruft die DLL auf
    Dim a As Short, b As Short, s As Short
    a = Val(tfZahl1.Text)
    b = Val(tfZahl2.Text)
    s = U215Summe(a, b)
    bfSumme.Text = Format(s, "#,##0")
  End Sub

  Private Sub tfZahl2_TextChanged(ByVal sender As System.Object, ByVal _
   e As System.EventArgs) Handles tfZahl2.TextChanged
End Class
```

4. Jetzt können wir das Programm mit der DLL testen (**Bild 21.21**). Es ist sogar möglich, wenn das Trägerprogramm als `.EXE` vorliegt, die DLL zu debuggen. ■

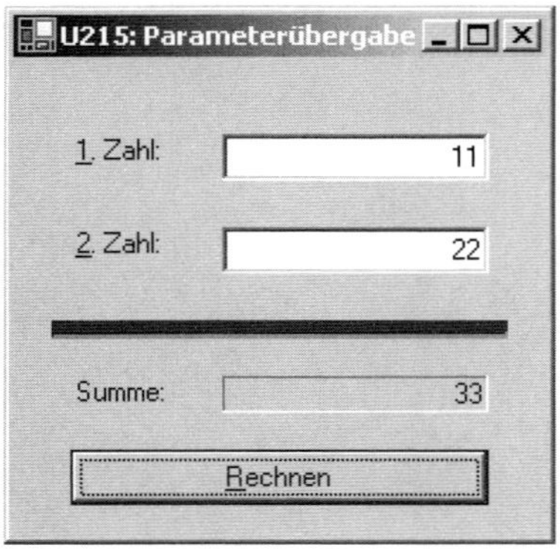

Bild 21.21: U215 mit Parametereingabe und -rückgabe

💣 Rätsel: Ich gebe es offen zu, dass ich es nicht verstehe. In der abgedruckten Version funktioniert es unter Visual C++ 7.0 und 6.0. Ändert man aber den Datentyp von `short` auf `long`, dann funktioniert es immer noch unter der Version 6.0, aber nicht mehr unter 7.0.

21.2.4.2 Array als Übergabeparameter

U216 Arrays können aufgrund ihrer Größe nicht per Werteparameter an eine DLL übergeben werden. Erhält die DLL aber nur einen Zeiger, dann kann sie daraus die Struktur des Arrays nicht ableiten. Wir müssen daher die fehlenden Informationen als Parameter übergeben. Als Beispiel sortieren wir ein Array nach dem Shell-Sort-Verfahren.

Für unser Beispiel gehen wir in folgenden Schritten vor:

1. Wir legen ein neues `Win32-Projekt U216` an, bei dem wir die `Anwendungseinstellungen` auf `DLL` setzen.
2. An das Ende der Quelltextdatei `U216.cpp` hängen wir die Sortierroutine an:

```
// U216.cpp : Definiert den Einstiegspunkt für die DLL-Anwendung.
//

#include "stdafx.h"
BOOL APIENTRY DllMain( HANDLE hModule,
                       DWORD  ul_reason_for_call,
                       LPVOID lpReserved
                     )
{
    return TRUE;
}
void _stdcall Sortieren(double a[],long n) {
  long i,j,k;
  double zwi;
  k=n/2;
  while (k>0) {
    for (i=0;i<n-k;i++) {
      j=i;
      while (j>=0 && a[j]>a[k+j]) {
```

21.2 Erstellen einer regulären DLL

```
        zwi=a[j];
        a[j]=a[j+k];
        a[j+k]=zwi;
        j=j-k;
      } //while
    } //for
    k=k/2;
  } //while
} //Sortieren
```

Die Funktion übernimmt einen Zeiger auf einen Vektor und benötigt dessen Länge, da es aus dem Zeiger allein diesen Wert nicht ableiten kann.

3. Um die Funktion zu veröffentlichen, schreiben wir folgende Definitionsdatei U216.def:

```
;U216.def Definitionsdatei für U216.dll

LIBRARY       U217

EXPORTS
    Sortieren    @1
```

4. Sobald wir diese Datei dem Linker als Moduldefinition bekannt gegeben haben, können wir die DLL erstellen, aber noch nicht testen. Eine Kontrolle mit dem Dependency Walker ist aber sinnvoll. ∎

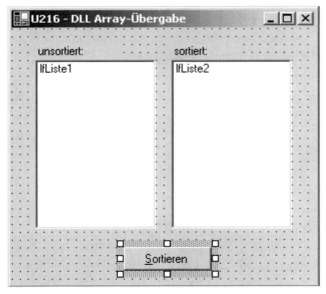

Bild 21.22: Oberflächenentwurf U216 zum Sortieren einer Liste von Zahlen

> Als Testprogramm schweben uns zwei Listenfelder unsortiert und sortiert vor. Also legen wir eine Visual Basic-Anwendung an:
>
> 5. Wir generieren ein Visual Basic-Projekt U216 vom Typ Windows-Anwendung.

6. Die Oberfläche entwerfen wir nach **Bild 21.22** mit den Listenfeldern `lfListe1` und `lfListe2` sowie der Schaltfläche `sfSortieren`.
7. Mit dem Laden des Formulars werden Zufallszahlen generiert, in einem Vektor abgespeichert und in der linken Liste dargestellt:

```
Public Class Form1
    Inherits System.Windows.Forms.Form

...

   Private Declare Sub Sortiere Lib "..\..\U216ArraySort\Debug\U216.dll" _
   Alias "Sortieren" (ByRef Feld As Double, ByVal Laenge As Long)

   Dim Feld(10) As Double

   Private Sub Form1_Load(ByVal sender As System.Object, _
                ByVal e As System.EventArgs) Handles MyBase.Load
      Dim i&
      Randomize()
      For i = 0 To UBound(Feld)
         Feld(i) = CDbl(Rnd() * 100000)
         lfListe1.Items.Add(CStr(Feld(i)))
         Debug.WriteLine(Feld(i))
      Next i
      Debug.WriteLine(vbCr & "Unsortiert")
      For i = 0 To UBound(Feld)
         Debug.WriteLine(Feld(i))
      Next i
   End Sub 'Form1_Load
```

8. Mit Klick auf die Schaltfläche wird das Array `ByRef` an die Sortierfunktion in der DLL übergeben. Anschließend wird der sortierte Vektor angezeigt:

```
   Private Sub sfSortieren_Click(ByVal sender As System.Object, _
                ByVal e As System.EventArgs) Handles sfSortieren.Click
      Dim i&
      Try
         Sortiere(Feld(0), CLng(UBound(Feld)) + 1)
         Debug.WriteLine(vbCr & "Sortiert")
         For i = 0 To UBound(Feld)
            lfListe2.Items.Add(CStr(Feld(i)))
            Debug.WriteLine(Feld(i))
         Next i
      Catch ex As Exception
         MsgBox(ex.ToString)
      End Try
   End Sub 'sfSortieren_Click
End Class
```

9. Damit ist das Programm einsatzfähig (**Bild 21.23**). ■

21.2 Erstellen einer regulären DLL

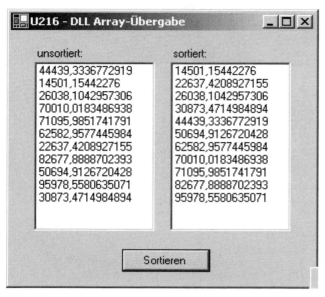

Bild 21.23: U216 sortiert eine Liste von Zufallszahlen über eine DLL

21.2.4.3 Alle Datentypen

U217 Statt nun weiter jeden einzelnen Datentyp zu bearbeiten, machen wir Nägel mit Köpfen und zeigen, wie die einfachen Datentypen zwischen einer DLL und einem rufenden Programm ausgetauscht werden.

> Für unser Beispiel gehen wir in folgenden Schritten vor:
> 1. Wir legen ein neues Win32-Projekt U217 an, bei dem wir die Anwendungseinstellungen auf DLL setzen.
> 2. Für jeden Basistyp legen wir eine Funktion an, die den Wert anzeigt (bei Werteübergabe) oder verändert (bei Referenzübergabe):

```
// U217.cpp : Definiert den Einstiegspunkt für die DLL-Anwendung.
//

#include "stdafx.h" //generiert
#include <ole2.h>   //für BSTR und VARIANT

BOOL APIENTRY DllMain( HANDLE hModule,
                       DWORD ul_reason_for_call,
                       LPVOID lpReserved
                     )
{
    return TRUE;
} //DllMain

void _stdcall TestBYTE(BYTE x,LPBYTE px) {
  *px=2*x;
} //TestBYTE
```

```
void _stdcall Testshort(short x,short far *px) {
  *px=x+2;
} //Testshort

void _stdcall TestBoolean(short x,short far *px) {
  *px=!x;
} //TestBoolean

void _stdcall TestLONG(LONG x,LPLONG px) {
  *px=3*x;
} //TestLONG

void _stdcall Testfloat(float x,float far *px) {
  *px=x-0.1f;
} //Testfloat

void _stdcall Testdouble(double x,double far *px) {
  *px=x+2.5;
} //Testdouble

void _stdcall Teststring(BSTR x,BSTR *px) {
  MessageBox(NULL,(LPCTSTR) x,"Übergabe",MB_OK | MB_SYSTEMMODAL);
  SysReAllocString(px,(BSTR) " Anhängsel");
} //Teststring

void _stdcall TestVARIANT(VARIANT x) {
  switch (x.vt) {
    case VT_EMPTY:
      MessageBox(NULL,"VARIANT ist VT_EMPTY (undefiniert)","Übergabe",
                                        MB_OK | MB_SYSTEMMODAL);
      break;
    case VT_NULL:
      MessageBox(NULL,"VARIANT ist VT_NULL (Null)","Übergabe",
                                        MB_OK | MB_SYSTEMMODAL);
      break;
    case VT_I2:
      MessageBox(NULL,"VARIANT ist VT_I2 (2-Byte-Integer mit "\
                  "Vorzeichen)","Übergabe",MB_OK | MB_SYSTEMMODAL);
      break;
    case VT_I4:
      MessageBox(NULL,"VARIANT ist VT_I4 (4-Byte-Integer mit "\
                  "Vorzeichen)","Übergabe",MB_OK | MB_SYSTEMMODAL);
      break;
    case VT_R4:
      MessageBox(NULL,"VARIANT ist VT_R4 (4-Byte-Reell)","Übergabe",
                                        MB_OK | MB_SYSTEMMODAL);
      break;
    case VT_R8:
      MessageBox(NULL,"VARIANT ist VT_R8 (8-Byte-Reell)","Übergabe",
                                        MB_OK | MB_SYSTEMMODAL);
      break;
    case VT_CY:
      MessageBox(NULL,"VARIANT ist VT_CY (Währung, Currency)",
                                "Übergabe",MB_OK | MB_SYSTEMMODAL);
      break;
    case VT_DATE:
      MessageBox(NULL,"VARIANT ist VT_DATE (Datum)","Übergabe",
                                        MB_OK | MB_SYSTEMMODAL);
      break;
    case VT_BSTR:
      MessageBox(NULL,"VARIANT ist VT_BSTR (binärer String UNICODE)",
```

21.2 Erstellen einer regulären DLL

```
                                    "Übergabe",MB_OK | MB_SYSTEMMODAL);
       break;
/*   case VT_BSTRT:
       MessageBox(NULL,"VARIANT ist VT_BSTRT (binärer String ANSI)",
                                    "Übergabe",MB_OK | MB_SYSTEMMODAL);
       break; //unbekannt? */
     case VT_DISPATCH:
       MessageBox(NULL,"VARIANT ist VT_DISPATCH (IDispatch COM-Kompone"\
           "nten=Automationsobjekt)","Übergabe",MB_OK | MB_SYSTEMMODAL);
       break;
     case VT_ERROR:
       MessageBox(NULL,"VARIANT ist VT_ERROR (Fehlercode SCODE)",
                                    "Übergabe",MB_OK | MB_SYSTEMMODAL);
       break;
     case VT_BOOL:
       MessageBox(NULL,"VARIANT ist VT_BOOL (logisch True=-1, False=0)",
                                    "Übergabe",MB_OK | MB_SYSTEMMODAL);
       break;
     case VT_VARIANT:
       MessageBox(NULL,"VARIANT ist VT_VARIANT (VARIANT FAR* Array von"\
                   "VARIANT)","Übergabe",MB_OK | MB_SYSTEMMODAL);
       break;
     case VT_UNKNOWN:
       MessageBox(NULL,"VARIANT ist VT_UNKNOWN (IUnknown FAR* COM-Komp"\
              "onenten DAO-Objekt)","Übergabe",MB_OK | MB_SYSTEMMODAL);
       break;
     case VT_UI1:
       MessageBox(NULL,"VARIANT ist VT_UI1 (Unsigned char, Byte)",
                                    "Übergabe",MB_OK | MB_SYSTEMMODAL);
       break;
  }
} //TestVARIANT

void _stdcall TestARRAY(double x[],long a,long n) {
  long i;
  for (i=a;i<=n;i++) {x[i]=2.0*x[i];}
} //TestARRAY
```

3. Die Definitionsdatei des Linkers ist jetzt etwas umfangreicher:

```
;U217.def Definitionsdatei für U217.dll

LIBRARY      "U217"

EXPORTS
   TestBYTE        @1
   Testshort       @2
   TestBoolean     @3
   TestLONG        @4
   Testfloat       @5
   Testdouble      @6
   Teststring      @7
   TestVARIANT     @8
   TestARRAY       @9
```

4. Nach Bekanntgabe dieser Datei im Feld `Moduldefinition` kann das Projekt erstellt, aber noch nicht getestet werden. ■

✍ Da wir nur die Übergabe testen wollen, verzichten wir auf allen Schnickschnack. Also legen wir eine Visual Basic-Anwendung an:

1. Wir generieren ein Visual Basic-Projekt `U217` vom Typ `Windows-Anwendung`.
2. Die Oberfläche der Anwendung bleibt leer.
3. Der eigentliche Test erfolgt beim Laden des leeren Formulars:

```
Public Class Form1
    Inherits System.Windows.Forms.Form

...

    Private Declare Sub TestBYTE Lib "..\..\U217AlleTypen\Debug\U217.dll"
    (ByVal x As Byte, ByRef px As Byte)
    Private Declare Sub Testshort Lib
    "..\..\U217AlleTypen\Debug\U217.dll" (ByVal x As Integer, ByRef px As
    Integer)
    Private Declare Sub TestBoolean Lib
    "..\..\U217AlleTypen\Debug\U217.dll" (ByVal x As Boolean, ByRef px As
    Boolean)
    Private Declare Sub TestLONG Lib "..\..\U217AlleTypen\Debug\U217.dll"
    (ByVal x As Long, ByRef px As Long)
    Private Declare Sub Testfloat Lib
    "..\..\U217AlleTypen\Debug\U217.dll" (ByVal x As Single, ByRef px As
    Single)
    Private Declare Sub Testdouble Lib
    "..\..\U217AlleTypen\Debug\U217.dll" (ByVal x As Double, ByRef px As
    Double)
    Private Declare Sub Teststring Lib
    "..\..\U217AlleTypen\Debug\U217.dll" (ByVal x As String, ByRef px As
    String)
    Private Declare Sub TestVARIANT Lib
    "..\..\U217AlleTypen\Debug\U217.dll" (ByVal x As Object)
    Private Declare Sub TestARRAY Lib
    "..\..\U217AlleTypen\Debug\U217.dll" (ByRef x As Double, ByVal a As
    Long, ByVal n As Long)

    Private Sub Form1_Load(ByVal sender As System.Object, _
                 ByVal e As System.EventArgs) Handles MyBase.Load
        Dim Byt As Byte, pByt As Byte
        Byt = 2
        Call TestBYTE(Byt, pByt)
        Debug.WriteLine(Byt.ToString & " -> " & pByt.ToString)
        Dim j As Integer, pj As Integer
        j = 8
        Call Testshort(j, pj)
        Debug.WriteLine(j.ToString & " -> " & pj.ToString)
        Dim b As Boolean, pb As Boolean
        b = False
        Call TestBoolean(b, pb)
        Debug.WriteLine(b.ToString & " -> " & pb.ToString)
        Dim l As Long, pl As Long
        l = 27
        '    Call TestLONG(l, pl) 'Warum gibt es hier einen Fehler?
        'der Zeiger auf den 2. Parameter steht auf null
        Debug.WriteLine(l.ToString & " -> " & pl.ToString)
        Dim s As Single, ps As Single
        s = -22.1
        Call Testfloat(s, ps)
        Debug.WriteLine(s.ToString & " -> " & ps.ToString)
        Dim d As Double, pd As Double
        d = -22.1
        Call Testdouble(d, pd)
```

21.2 Erstellen einer regulären DLL

```
            Debug.WriteLine(d.ToString & " -> " & pd.ToString)
            Dim txt As String, ptxt As String
            txt = "Hallo miteinander"
            Call Teststring(txt, ptxt)
            Debug.WriteLine(txt, ptxt)
            Dim v As Object, pv As Object
            Call TestVARIANT(v)
            Debug.WriteLine(VarType(v))
            v = Nothing
            Call TestVARIANT(v)
            Debug.WriteLine(VarType(v))
            v = 1
            Call TestVARIANT(v)
            Debug.WriteLine(VarType(v))
            v = 1&
            Call TestVARIANT(v)
            Debug.WriteLine(VarType(v))
            v = True
            Call TestVARIANT(v)
            Debug.WriteLine(VarType(v))
            v = 1.0!
            Call TestVARIANT(v)
            Debug.WriteLine(VarType(v))
            v = 1.0#
            Call TestVARIANT(v)
            Debug.WriteLine(VarType(v))
            v = 100.123@
            Call TestVARIANT(v)
            Debug.WriteLine(VarType(v))
            v = CDate("1.1.2000")
            Call TestVARIANT(v)
            Debug.WriteLine(VarType(v))
            v = "Hallo"
            Call TestVARIANT(v)
            Debug.WriteLine(VarType(v))
            Dim Feld(10) As Double, i&
            For i = 0 To UBound(Feld)
               Feld(i) = CDbl(Rnd() * 100000)
            Next i
            Debug.WriteLine("Unsortiert")
            For i = 0 To UBound(Feld)
               Debug.WriteLine(Feld(i))
            Next i
            Call TestARRAY(Feld(0), 0, CLng(UBound(Feld)) + 1)
            Debug.WriteLine("Verdoppelt")
            For i = 0 To UBound(Feld)
               Debug.WriteLine(Feld(i))
            Next i
         End Sub 'Form1_Load
      End Class
```

4. Wir testen und speichern die Anwendung. ■

💣 Rätsel: Auch hier gibt es das bereits beschriebene Problem, wenn der erste Parameter vom Typ `long` ist.

21.3 MFC-Erweiterungs-DLL

In diesem Kapitel wollen wir uns der etwas schwierigeren Aufgabe zuwenden, eine MFC-DLL zu erstellen, die die Klasse `CFestesFenster` verkapselt. Die Vorarbeiten hierzu haben wir bereits im Kapitel «Serialisierung und Persistenz» gelegt. Die dortigen Erkenntnisse wollen wir verallgemeinern und in eine DLL umsetzen.

Wir gehen in folgenden Schritten vor:
- Erstellen der Klasse als normale Anwendung
- Umsetzen in eine MFC-DLL
- Testen der MFC-DLL

21.3.1 Klasse `CFestesFenster`

Diese Klasse soll eine SDI-Anwendung realisieren, die sich einige Eigenschaften merkt:
- Fenstergröße
- Fensterposition
- Darstellungszustand
- Aktivierungszustand

Diese Informationen können wir als Stream in einer Datei oder als Eintrag in der Registrierdatenbank speichern. Wir entscheiden uns für die zweite Möglichkeit. Somit muss das Programm beim Schließen diese Daten abspeichern, um sie beim Neustart wieder einzulesen.

U218   Wir planen folgenden Ablauf:
1. Beim Öffnen der Anwendung muss das Profil des Fensters aus der Registrierdatenbank ausgelesen werden.
2. Sollte kein Profil gespeichert sein, so nehmen wir eine Standardeinstellung vor.
3. Beim Schließen der Anwendung schreiben wir die Daten in die Registrierdatenbank.

Wir gehen in folgenden Schritten vor:
1. Wir legen eine neue SDI-Anwendung `U218` an, deren Ansicht vom Typ `CFormView` ist. Die weiteren Optionen sind unkritisch, da die Anwendung nur als Träger unserer Klasse `CFestesFenster` dienen soll. Es ist also sinnvoll, die Druckfunktion zu löschen, da ein Formular nicht druckbar ist. Aber dieses bemerkt der Anwendungsassistent automatisch.
2. Als Nächstes erzeugen wir mit dem Klassenassistenten eine neue Klasse `CFestesFenster`, die wir von `CFrameWnd` ableiten. Wir lösen also das Kontextmenü des Projektknotens aus und wählen die Option Hinzufügen|Klasse hinzufügen... aus. Die Dateinamen kürzen wir auf `FFenster`.
3. Wir bestätigen mit OK (**Bild 21.24**).

21.3 MFC-Erweiterungs-DLL

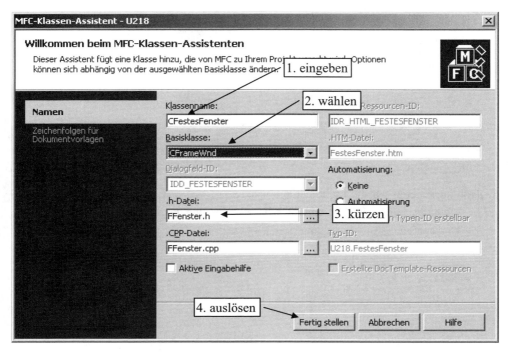

Bild 21.24: Klasse `CFestesFenster` anlegen

4. Aufgrund unserer Vorüberlegungen benötigen wir in der neuen Klasse die Überschreibungen:

`ActivateFrame`	hier wird das Fenster angezeigt, d. h., vorher müssen seine Eigenschaften gesetzt werden.
`DestroyWindow`	vor dem Zerstören des Fensters sollten seine Eigenschaften zurückgeschrieben werden.
`PreCreateWindow`	Bei Bedarf können wir hier noch weitere Einstellungen vornehmen.

Wir lassen somit vom Klassenassistenten für diese Aufrufe die passenden Überschreibungen generieren.

5. Nun gehen wir daran, Anweisungen zusätzlich zu programmieren. Zuerst müssen wir in der Kopfdatei `ErinnerungsFenster.h` Konstanten bzw. Variablen deklarieren. Es handelt sich dabei um die Parameter zum Datenaustausch mit der Registrierdatenbank: Diese müssen während der Laufzeit auch beim Schließen des Fensters erhalten bleiben, also werden sie statisch angelegt.

```
//CFestesFenster Fenster mit Erinnerungsvermögen

#pragma once

// CFestesFenster-Rahmen
```

```
class CFestesFenster : public CFrameWnd
{
  DECLARE_DYNCREATE(CFestesFenster)
protected:
  CFestesFenster(); //Dyn. Erstellung verwendet geschützten Konstruktor
  virtual ~CFestesFenster();
  static const CRect s_rcStandard;
  static const char s_acProfilKopf[];
  static const char s_acProfilRechteck[];
  static const char s_acProfilIkone[];
  static const char s_acProfilMax[];
  static const char s_acProfilSymbol[];
  static const char s_acProfilStatus[];
  BOOL m_bErstesMal;
```

6. Nun korrigieren wir die Implementationsdatei FFenster.cpp, indem wir eine Reihe von Konstanten festlegen und die Überschreibungen codieren:

```
// FFenster.cpp : Implementierungsdatei
//

#include "stdafx.h"
#include "U218.h"
#include "FFenster.h"

// CFestesFenster

const CRect CFestesFenster::s_rcStandard(20,20,600,400);
const char CFestesFenster::s_acProfilKopf[]="Fenstergroesse";
const char CFestesFenster::s_acProfilRechteck[]="Rechteck";
const char CFestesFenster::s_acProfilIkone[]="Ikone";
const char CFestesFenster::s_acProfilMax[]="Max";
const char CFestesFenster::s_acProfilSymbol[]="Symbol";
const char CFestesFenster::s_acProfilStatus[]="Status";

IMPLEMENT_DYNCREATE(CFestesFenster, CFrameWnd)


// CFestesFenster-Meldungshandler

void CFestesFenster::ActivateFrame(int nCmdShow) {
  CString strText;
  BOOL bIkonisiert, bMaximiert;
  UINT flags;
  WINDOWPLACEMENT wndpl;
  CRect rect;
  if (m_bErstesMal) {
    m_bErstesMal=FALSE;
    strText=AfxGetApp()->GetProfileString(s_acProfilKopf,
                                          s_acProfilRechteck);
    if (!strText.IsEmpty()) {
      rect.left=atoi((const char*) strText);
      rect.top=atoi((const char*) strText + 5);
      rect.right=atoi((const char*) strText + 10);
      rect.bottom=atoi((const char*) strText + 15);
    } else {
      rect=s_rcStandard;
    }
    bIkonisiert=AfxGetApp()->GetProfileInt(s_acProfilKopf,
                                           s_acProfilIkone,0);
```

21.3 MFC-Erweiterungs-DLL

```cpp
      bMaximiert=AfxGetApp()->GetProfileInt(s_acProfilKopf,
                                            s_acProfilMax,0);
    if (bIkonisiert) {
      nCmdShow=SW_SHOWMINNOACTIVE;
      if (bMaximiert) {
        flags=WPF_RESTORETOMAXIMIZED;
      } else {
        flags=WPF_SETMINPOSITION;
      }
    } else {
      if (bMaximiert) {
        nCmdShow=SW_SHOWMAXIMIZED;
        flags=WPF_RESTORETOMAXIMIZED;
      } else {
        nCmdShow=SW_NORMAL;
        flags=WPF_SETMINPOSITION;
      }
    }
    wndpl.length=sizeof(WINDOWPLACEMENT);
    wndpl.showCmd=nCmdShow;
    wndpl.flags=flags;
    wndpl.ptMinPosition=CPoint(0, 0);
    wndpl.ptMaxPosition =
        CPoint(-::GetSystemMetrics(SM_CXBORDER),
               -::GetSystemMetrics(SM_CYBORDER));
    wndpl.rcNormalPosition=rect;
     LoadBarState(AfxGetApp()->m_pszProfileName);
    //setzt die Fensterposition und den Status
    BOOL bRet=SetWindowPlacement(&wndpl);
  }
  CFrameWnd::ActivateFrame(nCmdShow);
} //CFestesFenster::ActivateFrame

BOOL CFestesFenster::DestroyWindow() {
  CString strText;
  BOOL bIkonisiert, bMaximiert;
  WINDOWPLACEMENT wndpl;
  wndpl.length=sizeof(WINDOWPLACEMENT);
  // aktuelle Fensterposition und Status abfragen
  BOOL bRet=GetWindowPlacement(&wndpl);
  if (wndpl.showCmd==SW_SHOWNORMAL) {
    bIkonisiert=FALSE;
    bMaximiert=FALSE;
  } else if (wndpl.showCmd==SW_SHOWMAXIMIZED) {
      bIkonisiert=FALSE;
      bMaximiert=TRUE;
    } else if (wndpl.showCmd==SW_SHOWMINIMIZED) {
      bIkonisiert=TRUE;
      if (wndpl.flags) {
        bMaximiert=TRUE;
      } else {
        bMaximiert=FALSE;
      }
    }
  strText.Format("%04d %04d %04d %04d",
                 wndpl.rcNormalPosition.left,
                 wndpl.rcNormalPosition.top,
                 wndpl.rcNormalPosition.right,
                 wndpl.rcNormalPosition.bottom);
  AfxGetApp()->WriteProfileString(s_acProfilKopf,s_acProfilRechteck,
                                                            strText);
```

```
    AfxGetApp()->WriteProfileInt(s_acProfilKopf,s_acProfilIkone,
                                                       bIkonisiert);
    AfxGetApp()->WriteProfileInt(s_acProfilKopf,s_acProfilMax,
                                                       bMaximiert);
    SaveBarState(AfxGetApp()->m_pszProfileName)
    return CFrameWnd::DestroyWindow();
} //CFestesFenster::DestroyWindow

BOOL CFestesFenster::PreCreateWindow(CREATESTRUCT& cs) {
    //cs.dwExStyle|=WS_EX_TOPMOST; //Fenster immer oben
    return CFrameWnd::PreCreateWindow(cs);
} //CFestesFenster::PreCreateWindow
```

Die beiden umfangreichen Programmstücke dienen dazu, die extrahierten Fensterdaten in die Registrierdatenbank zu schreiben bzw. sie wieder auszulesen.

7. Wenn wir das Programm jetzt schon ausprobieren, so ist es noch nicht besonders erfolgreich. Der beabsichtigte Effekt tritt nicht ein. Dies ist darin begründet, dass wir unsere Anwendung ja noch nicht von dieser neuen Sichtklasse ableiten. Zu diesem Zweck müssen wir noch die Datei `MainFrm.h` ändern:

```
// MainFrm.h : Schnittstelle der Klasse CMainFrame
//

#pragma once

#include "FFenster.h"

class CMainFrame : public CFestesFenster
```

Wir binden die Kopfdatei des Erinnerungsfensters ein und leiten unser Hauptfenster von unserer neuen Fensterklasse ab.

8. Es ist weiterhin sinnvoll, den Eintrag in die Registrierdatenbank zu individualisieren. Dieser befindet sich in der Datei `U218.cpp`:

```
BOOL CU218App::InitInstance() {

    ...

    // TODO: Ändern Sie diese Zeichenfolge entsprechend,
    // z.B. zum Namen Ihrer Firma oder Organisation.
    SetRegistryKey(_T("ScheiblSoft"));
```

9. Jetzt können wir die Anwendung erstellen und testen. ■

Das Fenster zeigt das gewünschte Erinnerungsvermögen, d. h., es öffnet sich an der letzten Position mit der gleichen Größe, mit der es geschlossen wurde.

21.3 MFC-Erweiterungs-DLL

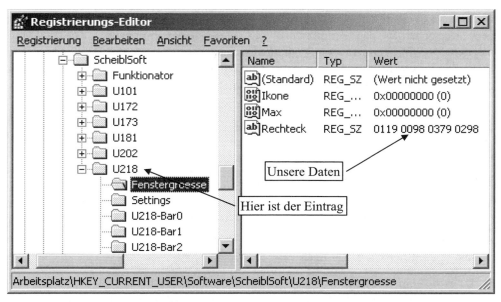

Bild 21.25: Eintrag in der Registrierungsdatenbank

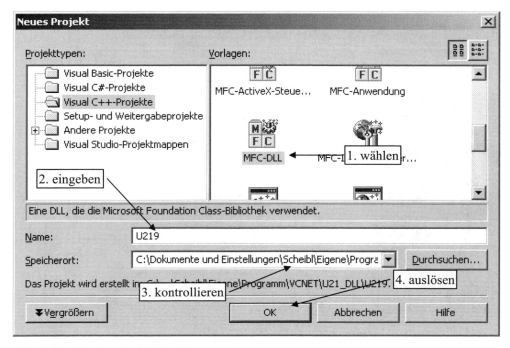

Bild 21.26: Projekttyp MFC-DLL wählen

Zum Schluss wollen wir noch untersuchen, wie die Informationen in der Registrierdatenbank gespeichert werden. Zu diesem Zweck rufen wir das Programm `RegEdit.exe` aus dem Ordner `Windows` auf und suchen nach `ScheiblSoft`. Der Suchvorgang findet den entsprechenden Eintrag unter dem Schlüssel `HKEY_CURRENT_USER` (**Bild 21.25**). Dort können wir auch die von uns geschriebenen Daten kontrollieren.

21.3.2 Erzeugung der DLL

U219 Nach ausführlichen Tests können wir die neue Klasse als DLL zur Verfügung stellen:

Wir erzeugen eine DLL in folgenden Schritten:

1. Wir beginnen ein neues Projekt (schließen also ggf. ein noch offenes Projekt), wählen aber im Gegensatz zum letzten Kapitel als Projekttyp `MFC-DLL` (**Bild 21.26**).

2. Wie üblich geben wir den Namen der DLL ein, kontrollieren den Pfad und bestätigen mit OK . Es erscheint ein Assistentenfenster.

3. Da es sich um eine Erweiterungs-DLL handelt, wählen wir im nun folgenden Assistentendialog die Option `MFC-Erweiterungs-DLL` (**Bild 21.27**). Die Beschriftung weist uns bereits darauf hin, dass wir diese DLL nur mit MFC-Anwendungen benutzen können (d. h. mit anderen Visual C++-Programmen).

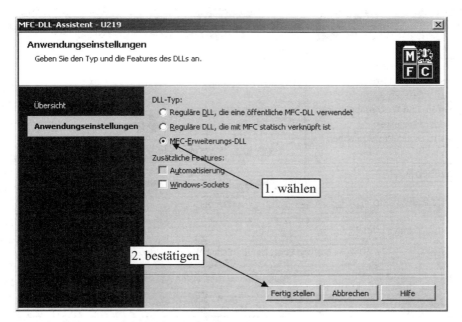

Bild 21.27: Eigenschaften der Anwendung einstellen

21.3 MFC-Erweiterungs-DLL

4. Wir untersuchen den generierten Code in `U219.cpp`. Er enthält die Funktion `DllMain`. Sie entspricht in ihrer Syntax der uns schon bekannten Funktion `DllEntryPoint()` aus der regulären DLL.

   Wollen wir ein Eingangs- oder Ausgangslogo einbauen, so werden wir hier Änderungen vornehmen. Normalerweise werden wir diesen Code aber in Ruhe lassen.

5. Da wir einige Kleinigkeiten ändern müssen, kopieren wir die beiden Klassendateien `FFenster.h/.cpp` aus der letzten Übung in unseren neuen Ordner `U219`.

6. Nun müssen wir die Klasse in unsere DLL einfügen. Hierzu wählen wir P̲rojekt|Vo̲rhandenes Element hinzu̲fügen... und übernehmen die beiden kopierten Dateien.

7. In der Datei `FFenster.cpp` befindet sich noch ein (eigentlich unnötiges) Einbinden der Kopfdatei der Anwendung `U218`, die jetzt natürlich entfällt. Wir reduzieren daher die Includeanweisungen auf:

```
// FFenster.cpp : Implementierungsdatei
//

#include "stdafx.h"
#include "FFenster.h"

// CFestesFenster
```

8. Damit die Klasse nach außen exportiert wird, müssen wir die Deklaration in der Kopfdatei `FFenster.h` folgendermaßen ändern:

```
//CFestesFenster Fenster mit Erinnerungsvermögen

#pragma once

// CFestesFenster-Rahmen

//class CFestesFenster : public CFrameWnd
class AFX_EXT_CLASS CFestesFenster : public CFrameWnd
```

   Das Makro `AFX_EXT_CLASS` sorgt dafür, dass die markierte Klasse exportiert wird. Mit dem dazu passenden Import-Makro werden wir dann die Klasse in eine andere Anwendung importieren.

9. Bevor wir Letzteres tun können, müssen wir unsere DLL übersetzen. Sollten wir hierbei versehentlich den Debugmodus anwählen (nicht mit der aktiven Debugkonfiguration verwechseln!), so fragt uns Visual C++ nach einer Anwendung, die uns aber noch fehlt. Richtig wäre ein einfaches Erstellen mit [F7] oder E̲rstellen|U219 erstellen.

10. Wenn alles funktioniert, so sollten wir vom Debugmodus in den Release-Modus wechseln und das Programm noch einmal übersetzen. Wir benötigen die Datei `U219.dll` im Ordner `Release` für den nächsten Schritt. ∎

21.3.3 Testprogramm für eine DLL

U21A Um unsere DLL testen zu können, benötigen wir ein Client-Programm. Dieses sollte die Klasse `CFestesFenster` importieren und als Basisklasse des eigenen SDI-Fensters verwenden.

Zur Erstellung des Testprogramms gehen wir in folgenden Schritten vor:

1. Wir schließen ein eventuell offenes Projekt und generieren eine neue SDI-Anwendung U21A. Insbesondere achten wir darauf, dass die MFC-Bibliothek als gemeinsam genutzte DLL eingebunden wird. Die Ansicht stammt von der Klasse `CFormView` ab.

2. Um den Typ des Rahmenfensters zu ändern, wechseln wir nach `CMainFrame.h` und ändern die Basisklasse auf `CFestesFenster`. Damit dies fehlerfrei funktioniert, müssen wir die Kopfdatei einbinden. Hierzu stehen uns zwei Alternativen zur Verfügung:

   - Wir kopieren **nur** die Kopfdatei `FFenster.h` aus dem Ordner `U219` in den neu entstandenen Ordner `U21A` und programmieren:

   ```
   // MainFrm.h : Schnittstelle der Klasse CMainFrame
   //

   #pragma once

   #include "FFenster.h"

   class CMainFrame : public CFestesFenster
   ```

   - Wir geben einen weiteren Suchpfad für das Projekt an (**Bild 21.28**).
   - Wir geben den Pfad direkt in der Include-Anweisung an:

   ```
   // MainFrm.h : Schnittstelle der Klasse CMainFrame
   //

   #pragma once

   #include "..\U219MFCDLL\FFenster.h"

   class CMainFrame : public CFestesFenster
   ```

3. Jetzt kann das Programm bereits fehlerfrei übersetzt werden. Einzig der Linker beschwert sich, dass er einige externe Referenzen nicht auflösen kann. Dieses Problem lösen wir, indem wir dem Linker die Importbibliothek bekannt geben (**Bild 21.29**).

21.3 MFC-Erweiterungs-DLL

Bild 21.28: Zusätzliche Includeverzeichnisse einfügen

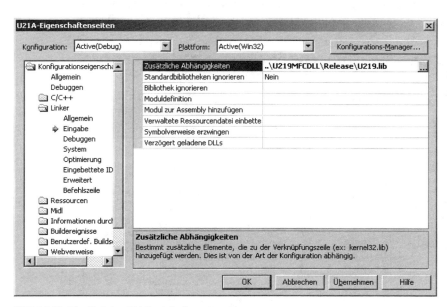

Bild 21.29: Zusätzliche Abhängigkeiten eingeben

4. Damit ist auch der Linker zufrieden, nur beim Anlaufen des Programms kommt es zu Fehlermeldungen (**Bild 21.30**).

Bild 21.30: Laufzeitfehler: DLL nicht gefunden

5. Die Fehlermeldung zeigt uns die Suchpfade. Wir können nun entweder die Suchpfade erweitern (was alle anderen Anwendungen auch betrifft) oder die DLL in das erste, d. h., das eigene Debugverzeichnis kopieren.
6. Wenn wir nun auch dieses erledigt haben, funktioniert die Anwendung ohne Probleme und kann getestet werden. U21A müsste sich genau wie die Vorlage U218 verhalten. ■

Damit haben wir eine Klasse, genauer einen Nachfolger einer MFC-Klasse, in eine DLL verpackt und anderen Anwendungen zur Verfügung gestellt.

Interessant ist natürlich ein Blick in die DLL hinein (**Bild 21.31**).

Wir erkennen die Klasse und ihre bekannten und weniger bekannten Methoden. Auch die statischen Elemente werden exportiert.

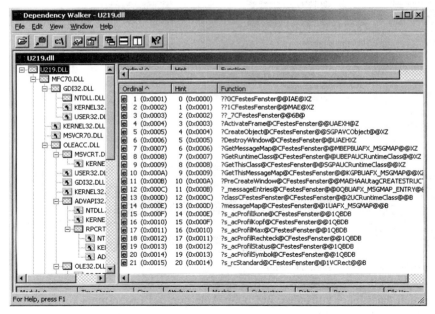

Bild 21.31: Exportierte Funktionen einer MFC-Erweiterungs-DLL

21.4 DLL-Spion

U21B Da die DLL über eine festgelegte Struktur verfügt, kann man diese ausnutzen und die Interna einer DLL untersuchen. Es handelt sich um das so genannte PE/COFF-Dateiformat (Common Object File Format). Dieses Format lässt sich – wie bereits mehrfach geschehen – im Dependency Walker oder mit dem Programm `DumpBin.exe` in der Win32-Konsole anschauen. Falls Sie den Dependency Walker nicht besitzen und über die Oberfläche von `DumpBin` (**Bild 21.32**) nicht so glücklich sind, dann schreiben Sie sich doch Ihren DLL-Spion selbst.

Dazu folgen einige wichtige Informationen. Auf der CD finden Sie weitere Anregungen.

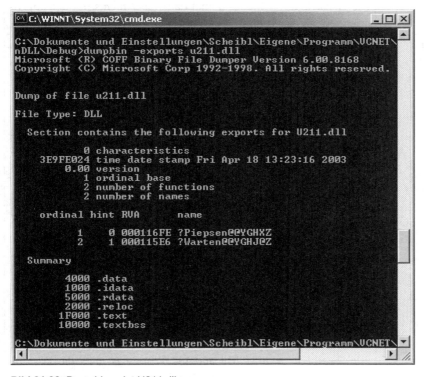

Bild 21.32: Dumpbin zeigt U211.dll an

21.4.1 PE/COFF-Dateiformat

Das generelle Konzept, das hinter dem PE/COFF-Format steckt, ist ein Dateiformat zu schaffen, welches unabhängig von der Maschine und, mit Einschränkungen[1], vom verwen-

---

[1] Bisher definiert sind: alle 32 bit-Windows-Versionen (inklusive Windows CE), OS/2 und Posix

deten Betriebssystem ist. Einige Basiskonzepte erscheinen dabei immer wieder in der Spezifikation und sind in der folgenden Tabelle aufgeführt:

Name	Beschreibung
Image File	Ausführbare Datei: Eine .EXE- oder .DLL-Datei. Ein Image File kann man sich wie ein Speicherabbild vorstellen. Die Bezeichnung wurde gewählt, um eine klare Abtrennung von Executables (.EXE) zu schaffen.
Object File	Eine Datei, die vom Linker verarbeitet wird. Der Linker produziert aus einem oder mehreren Object Files ein Image File, welches dann vom Betriebssystem Loader verarbeitet werden kann. Die Bezeichnung Object File hat dabei aber nichts mit der objektorientierten Programmierung zu tun.
Relative Virtual Address (RVA)	Dies ist die relative Adresse[2] eines Teils (z. B. einer Section) des Image Files, wenn dieses in den Speicher geladen wurde. Die RVA unterscheidet sich in fast allen Fällen von der Position in der Datei (File Pointer). In einem Object File ist die RVA weniger bedeutsam, da hier noch keine Speicheradressen zugewiesen wurden. In diesem Fall ist eine RVA meist die relative Adresse innerhalb einer Section, welche während des Linkens eine Adresse erhält. Der Einfachheit halber setzen die meisten Compiler die erste RVA in einer Section auf Null.
Virtual Address (VA)	Eine VA ist fast das Gleiche wie eine RVA mit der Ausnahme, dass sie nicht relativ ist, sondern absolut in den physikalischen Speicher zeigt. Sie ist nicht vorhersagbar, da es dem Loader des Betriebssystems freisteht, das Image an eine andere als seine bevorzugte Adresse zu laden.
File Pointer	Dies ist die relative Adresse eines Teils (z. B. einer Section) des Image Files innerhalb der Datei selbst, bevor diese vom Linker (im Falle eines Object File) oder vom Loader (im Falle eines Image File) bearbeitet wurde. Mit anderen Worten ist dies die Position innerhalb der Datei, wie sie auf dem Datenträger liegt.
Date/Time Stamp	Date/Time Stamps werden an verschiedenen Stellen innerhalb einer PE/COFF-Datei verwendet und haben dort unterschiedliche Zwecke. Das Format ist dasselbe wie in der C Run-Time Library, so dass die Verarbeitung in Programmen, die mit C oder C++ erstellt wurden, sehr einfach ist.

---

[2] Zum Anfang des Speicherabbilds

21.4 DLL-Spion

Name	Beschreibung
Section	Eine Section ist die Basiseinheit für Code oder Daten innerhalb einer PE/COFF-Datei. Eine Section ist vergleichbar mit einem Segment in einer Intel® 8086-Architektur. Die gesamten Rohdaten einer Section müssen zusammenhängend in den Speicher eingelesen werden. Zusätzlich zu den normalen Code- und Daten-Sections kann ein Image File zusätzliche Sections wie `.tls` oder `.reloc` enthalten.

Die nächste Tabelle zeigt einen Überblick über die Dateistruktur einer PE/COFF-Datei.

MS-DOS 2.0 kompatibler `.EXE`-Kopf	Basis des Image Headers
Unbenutzt	
OEM Identifier	MS-DOS 2.0 kompatible Sektion
OEM Informationen	
Offset zum PE-Header	
MS-DOS 2.0 Stub Programm[3] & Reloc. Tabelle	
Unbenutzt	
PE Header auf einer 8 Byte-Grenze	
Section Headers	
Image-Seiten • Import-Information • Export-Information • Fix-up-Information • Ressourcen-Information • Debug-Information	

21.4.2 Datei-Header

Der PE-Header enthält den MS-DOS Stub, die PE-Signatur, den COFF-Dateikopf und einem optionalen Dateikopf.

MS-DOS Stub

Dieser Teil des Headers ist eine gültige MS-DOS-Applikation. Er gibt die Meldung „This Program runs under Microsoft Windows" aus.

An der Adresse `0x3C` enthält der Stub den Offset auf die Portable Executable(PE)-Signatur.

---

[3] Hier wird die Meldung „This Program runs under Microsoft Windows" ausgegeben

Signatur

Direkt nach dem MS-DOS Stub folgt eine vier Byte lange Signatur, welche die Datei als PE-Datei kennzeichnet. Diese Signatur lautet: `PE\0\0`.

COFF File Header

Der COFF Header ist nun der erste Teil der PE/COFF-Datei, der für unser Programm wichtige Daten enthält. Er hat folgendes Format:

Feld	Beschreibung
`Machine`	Nummer, die angibt, auf welcher Maschine dieses Image lauffähig ist.
`NumberOfSections`	Anzahl der Sections. Legt die Größe der Section-Tabelle fest, welche sich den Headern anschließt.
`TimeDateStamp`	Erstellungszeit und -datum.
`PointerToSymbolTable`	File Offset zur COFF-Symboltabelle, falls diese vorhanden ist (andernfalls 0).
`NumberOfSymbols`	Anzahl der Einträge in der Symboltabelle. Dieser Wert kann benutzt werden um die Position der Stringtabelle zu bestimmen (diese schließt direkt an die Symboltabelle an).
`SizeOfOptionalHeader`	Größe des Optional Header.
`Characteristics`	Bit-Tabelle für bestimmte Dateicharakteristika, auf die hier nicht näher eingegangen wird.

Optional Header

Der optionale Kopf besteht aus bis zu drei Teilen:

Kopf Teil	Beschreibung
`Standard fields`	Definiert für alle Versionen des COFF-Formats, inklusive UNIX®.
`Windows specific fields`	Zusätzliche Felder für Windows-Betriebssysteme.
`Data directories`	Diese Felder enthalten Adresse/Größen-Paare für spezielle Tabellen (z. B. Importtabelle, Exporttabelle)

Optional Header Standard Fields

Hierin befinden sich die im COFF-Standard definierten Felder der Standard Fields.

Feld	Beschreibung
Magic	Vorzeichenlose Zahl, die den Status des Image Files beschreibt, die meist verwendete Nummer ist `0413 octal` (`0x10B`) für ausführbare Dateien. `0407` (`0x107`) steht hingegen für ROM-Image.
MajorLinkerVersion	Linker major Versionsnummer.

21.4 DLL-Spion

Feld	Beschreibung
MinorLinkerVersion	Linker minor Versionsnummer.
SizeOfCode	Größe der Code Section oder Summer der Größen falls mehrere Code Sections vorhanden sind.
SizeOfInitializedData	Größe der Initialized Data Section oder Summer der Größen falls mehrere initialized data Sections vorhanden sind.
SizeOfUninitializedData	Größe der Uninitialized Data Section oder Summer der Größen, falls mehrere Uninitialized Data Sections vorhanden sind.
AddressOfEntryPoint	Einsprungsadresse als relative Adresse vom Start des Speicherabbilds, wenn die Datei geladen wurde. Für Programme ist dies die Startadresse, für Gerätetreiber die Adresse der Initialisierungsfunktion. Bei DLLs ist diese Angabe optional. Wenn keine Einsprungsadresse vorhanden ist, sollte dieses Feld `null` sein.
BaseOfCode	Relative Adresse der Code Section, wenn die Datei geladen wurde.
BaseOfData	Relative Adresse der Data Section, wenn die Datei geladen wurde.

Optional Header Windows NT-Specific Fields

Hier enthalten sind spezielle Felder, die für Windows notwendig sind. Diese sind nicht im COFF-Standard definiert.

Feld	Beschreibung
`ImageBase`	Vorzugsadresse, wenn das Image in den Speicher geladen wird. Diese Adresse muss ein Vielfaches von 64 K sein. Die Standardadresse für DLL ist 0x10000000, für Windows CE EXE 0x00010000 und für Windows NT, Windows 95 und Windows 98 ist sie 0x00400000.
`SectionAlignment`	Standardabstand für Sektionen beim Laden in den Speicher. Standard ist hier die Seitengröße der Speicherverwaltung.
`FileAlignment`	Standardabstand für Sektionen innerhalb der Datei. Dieser Wert soll eine Potenz von 2 zwischen 512 und 64 K sein. Der Standardwert ist 512.
`MajorOperatingSystemVersion`	Major Versionsnummer des benötigten Betriebssystems.
`MinorOperatingSystemVersion`	Minor Versionsnummer des benötigten Betriebssystems.
`MajorImageVersion`	Major Versionsnummer des Images.
`MinorImageVersion`	Minor Versionsnummer des Images.
`MajorSubsystemVersion`	Major Versionsnummer des Subsystems.
`MinorSubsystemVersion`	Minor Versionsnummer des Subsystems.
`Reserved`	
`SizeOfImage`	Größe des Images inklusive aller Köpfe. Muss ein vielfaches des `SectionAlignment` sein.

Feld	Beschreibung
SizeOfHeaders	Größe der Köpfe inklusive MS-DOS Stub, PE-Kopf und Sektionsköpfen auf ein Vielfaches von `File-Alignment` aufgerundet.
CheckSum	Image Datei Checksumme nach dem Algorithmus in `IMAGEHELP.DLL`.
Subsystem	Subsystem, das für dieses Image benötigt wird.
DLL Characteristics	DLL-Charakteristika
SizeOfStackReserve	Größe des zu reservierenden Stapelspeichers.
SizeOfStackCommit	Größe des zu übergebenen Stapelspeichers.
SizeOfHeapReserve	Größe des zu reservierenden lokalen Haufenspeichers.
SizeOfHeapCommit	Größe des zu übergebenen lokalen Haufenspeichers.
LoaderFlags	Nicht mehr benutzt.
NumberOfRvaAndSizes	Anzahl der Einträge im Data Directory.

Optional Header Data Directories

Hier kommen nun für uns wichtige Adressangaben für die Export- und Importtabellen.

Feld	Beschreibung
Export Table	Exporttabelle: Adresse und Größe.
Import Table	Importtabelle: Adresse und Größe.
Resource Table	Ressourcentabelle: Adresse und Größe.
Exception Table	Ausnahmentabelle: Adresse und Größe.
Certificate Table	Attribute Certificate-Tabelle: Adresse und Größe.
Base Relocation Table	Base Relocation-Tabelle: Adresse und Größe.
Debug	Debug Data Starting: Adresse und Größe.
Architecture	Architecture-specific Data: Adresse und Größe.
Global Ptr	RVA für den globalen Adressenzeiger. Die Größe muss auf null gesetzt sein.
TLS Table	Thread Local Storage (TLS) Tabelle: Adresse und Größe.
Load Config Table	Load Configuration-Tabelle: Adresse und Größe.
Bound Import	Bound Import-Tabelle: Adresse und Größe.
IAT	Import Address-Tabelle :Adresse und Größe.
Delay Import Descriptor	Adresse und Größe der verzögerten Importbeschreibung.
COM+ Runtime Header	COM+ Runtime-Kopf :Adresse und Größe.
Reserved	

Die auf der CD beigefügten Musterlösungen zeigen einmal die Informationen in einem gesplitteten Fenster mit Baum- und Listenansicht. Die zweite Lösung ruft das externe Programm `DumpBin.exe` und stellt dessen Ergebnis in einem mehrzeiligen Feld dar.

22

ActiveX-Steuerelemente

22 ActiveX-Steuerelemente 1083

22.1 Grundlagen 1083

22.2 ActiveX-Steuerelemente erstellen 1087

22 ActiveX-Steuerelemente

Wir gehen nach den DLLs noch einen Schritt in Richtung wiederverwendbarer Komponenten weiter und gelangen zu den ActiveX-Steuerelementen. Im Laufe der Entwicklung haben die „nachladbaren" Steuerelemente (Custom Controls) verschiedene Namen erhalten. Angefangen hat alles mit den VBX-Komponenten (Visual Basic Extension) ab 1991. Dies waren Steuerelemente, mit denen wir unsere Visual Basic-Anwendungen erweitern konnten. Nachteilig war nur, dass solche Komponenten nicht unter Visual Basic erstellbar waren. Hier musste auf jeden Fall eine andere Programmiersprache herangezogen werden, z. B. Visual C++.

Da beim Übergang auf die 32 bit-Anwendungen diese Steuerelemente der 16 bit-Welt nicht mehr eingesetzt werden konnten, wurde von Microsoft ein neuer Standard festgelegt, die so genannten OCX-Komponenten (OLE Control Extension), da sie gleichzeitig auf der OLE-2 (Object Linking and Embedding)-Technik beruhten.

Im Rahmen der Erweiterung auf Internet-Techniken usw. wurden aus den OCX-Komponenten so genannten *ActiveX-Komponenten*, die aber weiterhin die Namenserweiterung `.ocx` besitzen.

22.1 Grundlagen

Ein ActiveX-Steuerelement ist als prozessinterner Server implementiert (im Allgemeinen als kleines Objekt), das in jedem OLE-Container verwendet werden kann. Zu beachten ist dabei, dass der volle Funktionsumfang der ActiveX-Steuerelemente nur dann zur Verfügung steht, wenn diese in OLE-Containern verwendet werden, die ActiveX-Steuerelemente unterstützen. Dieser Container-Typ, der so genannte *Steuerelement-Container,* kann ein ActiveX-Steuerelement über seine Eigenschaften und Methoden steuern und erhält Benachrichtigungen vom ActiveX-Steuerelement in Form von Ereignissen (**Bild 22.1**). Aufgrund dieser Beschreibung verstehen wir die Erweiterung `.ocx` für die ActiveX-Steuerelemente.

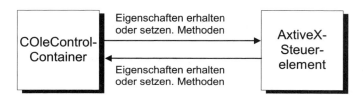

Bild 22.1: Interaktion zwischen einem ActiveX-Steuerelement-Container und einem ActiveX-Steuerelement mit Fenster

22.1.1 Hauptkomponenten eines ActiveX-Steuerelements

Die erwähnte Kommunikation zwischen einem ActiveX-Steuerelement und einem Steuerelement-Container erfolgt über die Klasse `COleControl`, eine Sammlung von ereignisauslösenden Funktionen und eine `Dispatch`-Zuordnung.

Jedes unserer neuen ActiveX-Steuerelemente erbt verschiedene Funktionsmerkmale von seiner MFC-Basisklasse `COleControl`. Diese Funktionsmerkmale beinhalten die direkte Aktivierung und Automatisierungslogik. `COleControl` kann dabei das Steuerelementobjekt mit der gleichen Funktionalität ausstatten wie ein MFC-Fensterobjekt. Dazu erhalten aber ActiveX-Steuerelemente die Fähigkeit, Ereignisse auslösen zu können.

Wir können von `COleControl` auch fensterlose Steuerelemente ableiten, die sich bei einigen Funktionen eines Fensters auf die Hilfe ihres Containers verlassen müssen (Auffangen von Mauseingaben, Tastatur, Fokus, Bildlauf).

Als Nachkomme von `COleControl` erbt ein ActiveX-Steuerelement die Fähigkeiten, unter bestimmten Umständen Nachrichten an den Container zu senden, was wir als Auslösen von *Ereignissen* kennen. Mit den Ereignissen informiert das ActiveX-Steuerelement seinen Steuerelement-Container über wichtige Vorkommnisse. Die Nachricht kann dabei um Parameter ergänzt werden, um zusätzliche Informationen zu übertragen.

22.1.2 Steuerelemente mit Fenstern und ActiveX-Steuerelement-Container

Wenn wir ein Steuerelement in einem Steuerelement-Container verwenden, so setzt es zwei Mechanismen für die Kommunikation ein: Es legt seine Eigenschaften und Methoden offen, und es löst Ereignisse aus. **Bild 22.2** zeigt diese Mechanismen im Detail. Die gesamte Kommunikation eines Steuerelements (neben Automatisierung und Ereignissen) wird dabei über die Klasse `COleControl` abgewickelt.

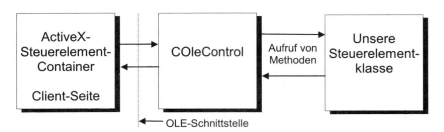

Bild 22.2: Kommunikation zwischen einem ActiveX-Steuerelement-Container und einem ActiveX-Steuerelement

22.1 Grundlagen

COleControl seinerseits ruft die in der Steuerelementklasse implementierten Memberfunktionen auf, um einige Anfragen des Containers zu behandeln. Auf diese Weise werden alle Methoden und einige Eigenschaften verarbeitet.

Die Klasse unseres Steuerelements kann die Kommunikation mit dem Container ebenfalls über den Aufruf der Memberfunktionen von COleControl einleiten. So werden die Ereignisse vom ActiveX-Steuerelement ausgelöst.

22.1.3 Aktive und inaktive Zustände eines ActiveX-Steuerelements

Ein Steuerelement besitzt zwei Grundzustände: *aktiv* und *inaktiv*. Früher wurden diese Zustände dadurch unterschieden, ob das Steuerelement ein Fenster besaß (aktiv) oder nicht (inaktiv). Mit der Einführung der fensterlosen Aktivierung gilt dieser Unterschied nicht mehr allgemein. Er kann aber noch für viele Steuerelemente angenommen werden.

Wenn ein fensterloses Steuerelement in den aktiven Zustand wechselt, bezieht es das Auffangen von Mauseingaben, den Tastaturfokus, den Bildlauf und andere Fensterdienste seines Containers mit ein. Wir können auch Mausinteraktionen für inaktive Steuerelemente bereitstellen sowie Steuerelemente erstellen, die darauf warten, bis sie aktiviert werden, um ein Fenster zu erstellen.

Wenn ein Steuerelement mit einem Fenster aktiviert wird, kann es vollständig mit seinem Steuerelement-Container, dem Benutzer und Windows in Beziehung treten. **Bild 22.3** veranschaulicht die Kommunikationswege zwischen dem ActiveX-Steuerelement, dem Steuerelement-Container und dem Betriebssystem.

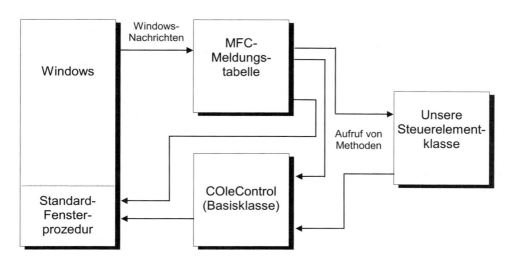

Bild 22.3: Verarbeitung von Fenstermeldungen

22.1.4 Serialisieren

Da wir im Kapitel «Serialisierung und Persistenz» festgestellt haben, dass Steuerelemente durchaus in der Lage sein sollten, ihren Zustand abzuspeichern, um wieder in diesem Zustand geladen zu werden, ist es nicht verwunderlich, dass ActiveX-Steuerelemente diese Fähigkeiten ebenfalls besitzen.

Da das ActiveX-Steuerelement natürlich nicht weiß, wo es seine Daten abspeichern soll, ist der Steuerelement-Container dafür verantwortlich, diese Daten zu übernehmen und an das Speichermedium weiterzureichen.

22.1.5 Unterschiede zwischen ActiveX- und normalen Steuerelementen

Normale Steuerelemente sind Kindfenster eines Anwendungsrahmens mit eingeschränkter Funktionalität (z. B. fehlen oft der Rahmen, die Titelleiste und die Systemikonen). Sie sind alle von `CWnd` abgeleitet, die diese Eigenschaften bereitstellt. Normale Steuerelemente sowie die Erweiterungen ab Windows 95 senden z. B. `WM_COMMAND`-Nachrichten an ihr Elternfenster.

An dieser Stelle beginnen sich ActiveX-Steuerelemente von den normalen Komponenten zu unterscheiden. Wir sehen, dass ActiveX-Steuerelemente offensichtlich Eigenschaften besitzen und Methoden zur Verfügung stellen. Die Eigenschaften haben symbolische Namen, über die wir sie zur Entwurfszeit ansprechen können. Über diese Namen lassen sie sich dann zur Laufzeit ändern. Einige dieser symbolischen Namen sehen wir in der zugehörigen Eigenschaftenseite.

ActiveX-Methoden haben sehr viel mit normalen Funktionen gemeinsam. Sie verfügen über einen symbolischen Namen, erwarten Parameter und besitzen einen Rückgabewert. Wir werden die Methoden durch eine Memberfunktion ansprechen, die in eine Klasse für das ActiveX-Steuerelement eingebunden ist. Hierzu werden wir die entsprechende Klasse generieren.

ActiveX-Steuerelemente senden aber keine `WM_`-Nachrichten an den Container, wie wir es von den normalen Steuerelementen her kennen. Vielmehr lösen sie *Ereignisse* aus. Hierbei handelt es sich um einen Funktionsaufruf, mit dem auch Parameter übergeben werden können. Diese Ereignisfunktionen geben aber wie auch die Bearbeitungsfunktionen normaler Steuerelemente keinen Wert zurück. Ereignisse können daher in der Client-Klasse (normalerweise unser Programm) wie Nachrichten bearbeitet werden.

In der MFC-Umgebung verhalten sich ActiveX-Steuerelemente fast wie Kindfenster. Es gibt aber noch eine dazwischen gelagerte Softwareschicht. So ist es möglich, ein ActiveX-Steuerelement auch ohne sichtbares Fenster zu betreiben. Zu diesem Zweck wird mit `Create` das ActiveX-Steuerelement geladen, aber noch nicht angezeigt. Es selbst erhält die Nachricht, sich zu aktivieren. Das ActiveX-Steuerelement kann nun seinerseits ein

Fenster erzeugen oder nicht. Mit der Erzeugung liefert es einen Zeiger vom Typ `CWnd` an das Client-Programm zurück.

Ein eingebundenes ActiveX-Steuerelement verhält sich wie eine DLL. Es wird erst dann in den Speicher geladen, wenn es benötigt wird. Diese Verwandtschaft sorgt auch dafür, dass alle VBX-Steuerelemente (nach dem 16 bit-Standard) nicht mehr benutzt werden können und durch entsprechende Neuentwicklungen ersetzt werden müssen.

22.2 ActiveX-Steuerelemente erstellen

In diesem Kapitel lernen wir die Schritte zur Erstellung eines eigenen ActiveX-Steuerelements kennen:

1. Erstellen der Grundstruktur mit Hilfe des Anwendungsassistenten
2. Testen des generierten (später des veränderten) ActiveX-Steuerelements im Testcontainer `C:\Programme\Microsoft Visual Studio .NET\Common7\Tools\tstcon32.exe` oder im Internet Explorer
3. Freigeben von Standardelementen
4. Hinzufügen von spezifischen Eigenschaften, Methoden und Ereignissen sowie Freigabe dieser Elemente
5. Erstellen von Eigenschaftenseiten zur Verwendung von ActiveX-Steuerelementen durch Dritte
6. Testen der neuen Eigenschaften, Methoden und Ereignisse im Testcontainer

22.2.1 Grundstruktur erstellen

In diesem Kapitel wollen wir ein einfaches, benutzerdefiniertes Steuerelement zur Darstellung einer analogen Uhr erstellen. In der ersten Stufe verzichten wir dabei auf die Beeinflussung der Eigenschaften, Methoden und Ereignisse:

U221

1. Wir starten ein neues Projekt `U221` im Ordner `U22_OCX`. Als Projekttyp wählen wir `Visual C++-Projekte` und als Vorlage `MFC-ActiveX-Steuerelement` (**Bild 22.4**).
2. Auf der Seite `Anwendungseinstellungen` können wir `Laufzeitlizenz` und `Hilfedateien erstellen` aktivieren. Damit legen wir fest, ob das ActiveX-Steuerelement mit Laufzeitlizenz und/oder Hilfedateien verteilt werden soll.
3. Auf der Seite `Steuerelementnamen` (**Bild 22.5**) können wir eine Vielzahl von Namen einstellen, die für das Generieren des neuen Steuerelements benutzt werden.

22 ActiveX-Steuerelemente

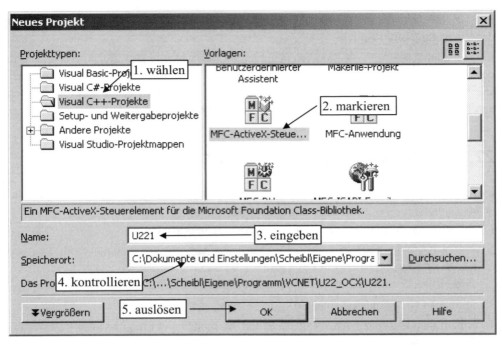

Bild 22.4: Start des MFC-ActiveX-Steuerelementassistenten

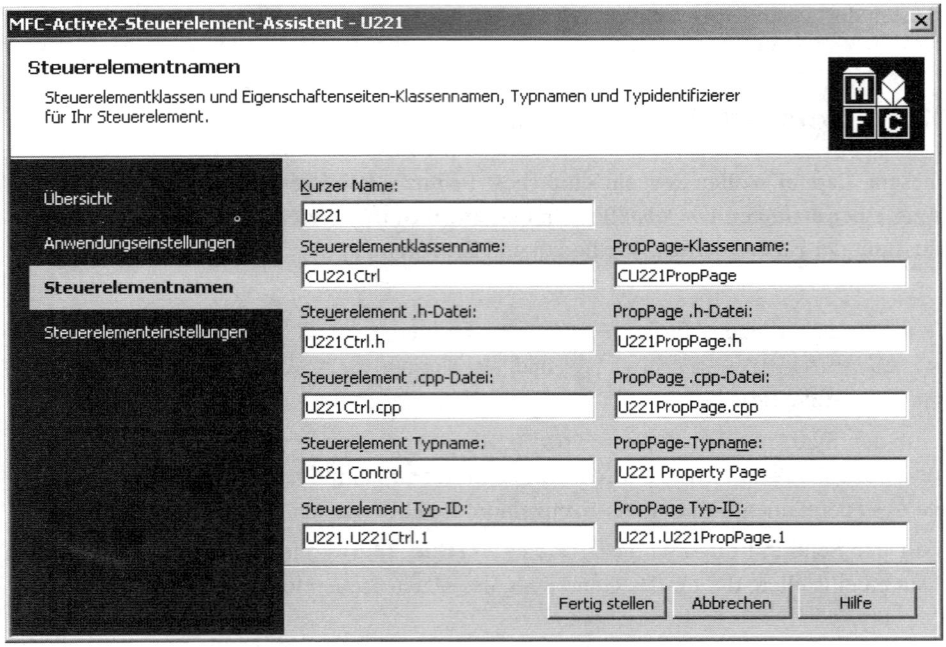

Bild 22.5: Steuerelementnamen einstellen

22.2 ActiveX-Steuerelemente erstellen

4. Die Seite Steuerelementeinstellungen ist die wichtigste Seite (**Bild 22.6**). Wir können das Steuerelement beispielsweise auf der Grundlage vorhandener Windows-Steuerelementtypen entwickeln, das Verhalten und die Darstellung des Steuerelements optimieren oder angeben, dass das Steuerelement für andere Steuerelemente die Funktion eines Containers übernehmen kann. Einige wichtige Eigenschaften wollen wir näher betrachten:

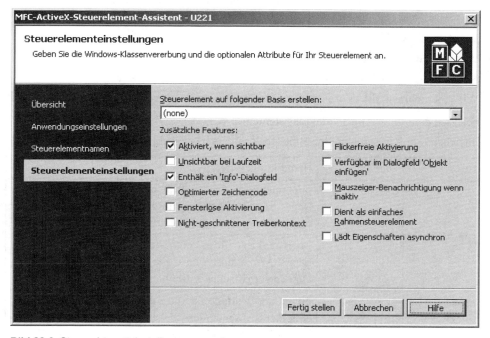

Bild 22.6: Steuerelementeinstellungen vornehmen

Steuerelement auf folgender Basis erstellen

Soll ein ActiveX-Steuerelement einem vorhandenen Steuerelement ähneln, dann hilft uns dieses Feld. So müssen wir nicht selbst das Layout einer Schaltfläche entwickeln:

BUTTON	Schaltfläche
COMBOBOX	Kombinationsfeld
EDIT	Textfeld
LISTBOX	Listenfeld
SCROLLBAR	Bildlaufleiste
STATIC	Bezeichnungsfeld
msctls_hotkey32	allgemeines Abkürzungstaste-Steuerelement
msctls_progress32	allgemeines Fortschrittsleiste-Steuerelement
msctls_statusbar32	allgemeines Statusleiste-Steuerelement
msctls_trackbar32	allgemeines Trackleiste-Steuerelement
msctls_updown32	allgemeines Drehfeld-Steuerelement

`SysAnimate32`	allgemeines Animations-Steuerelement
`SysHeader32`	allgemeines Header-Steuerelement
`SysListView32`	allgemeines Listenansicht-Steuerelement
`SysTabControl32`	allgemeines Register-Steuerelement
`SysTreeView32`	allgemeines Strukturansicht-Steuerelement

Unsichtbar zur Laufzeit

Mit diesem Kontrollkästchen können wir einstellen, dass ein Steuerelement nicht auf der Oberfläche erscheinen soll.

Fensterlose Aktivierung

Wird das Steuerelement beim Aktivieren nicht in ein Fenster gestellt, so können wir es anschließend in beliebiger (nicht rechteckiger) Form (z. B. transparent) darstellen.

5. Wir übernehmen die Voreinstellungen und lösen `Fertig stellen` aus und beenden damit den Anwendungsassistenten. ∎

Es entstehen drei Klassen und eine Bibliothek mit einer Vielzahl von Quellcodedateien:

Klasse	Dateien	Bemerkungen
`CU221App`	`U221.H` `U221.CPP`	implementiert den zentralen DLL-Quelltext. In der Regel ist es nicht nötig, diesen Code zu verändern. Wir werden ihn nur für die Versionsverwaltung bearbeiten.
`CU221Ctrl`	`U221Ctl.h` `U221Ctl.cpp`	implementiert die eigentliche Funktion des Steuerelements. Wir ändern den Code dieser Klasse, um steuerelementspezifisches Verhalten zu implementieren.
`CU221PropPage`	`U221PPG.H` `U221PPG.CPP`	bietet eine Vorlage für die Eigenschaftenseite des Steuerelements. Wir ändern diese Klasse und ihre Dialogfeldvorlage, um eine steuerelementspezifische Eigenschaftenseite zu implementieren.

Der Steuerelementassistent erstellt einige andere Dateien, die wir später verändern werden:

Datei	Bemerkungen
`U022.IDL`	Interface Definition Language-Datei: Quelltext der Typbibliothek für ein ActiveX-Steuerelementprojekt. Diese Datei wird vom Klassenassistenten geändert, wenn wir Eigenschaften, Ereignisse oder Methoden zum Steuerelement hinzufügen. Sie wird vom MIDL-Compiler verarbeitet, um die Typbibliothek (`U221.tlb`) zu erstellen, die als Ressource in `U221.ocx` verwendet wird.
`U221.DEF`	Definitionsdatei für den Linker.
`U221.RC`	Standardressourcendatei. Enthält je eine Vorlage für die benutzerdefinierten Eigenschaftenseite(n) des Steuerelements.
`U221CTL.BMP`	Die Darstellung des Steuerelements auf einer Symbolpalette.

22.2 ActiveX-Steuerelemente erstellen

Datei	Bemerkungen
U221.ICO	Das Symbol des Dialogfelds.

Außer der Datei `U221.IDL` kennen wir die Dateien aus den normalen Anwendungen oder den DLLs.

Der Steuerelementassistent erstellt auch weitere Standarddateien: `U221.SLN`, `U221.SUO`, `README.TXT`, `RESOURCE.H`, `STDAFX.CPP` und `STDAFX.H`, die wir vorerst nicht manuell verändern.

Schauen wir in die Klassenansicht, so fallen uns neue Einträge mit bisher unbekannten Symbolen auf (**Bild 22.7**). Unterhalb des Bibliotheksknotens `U221Lib` finden wir in `U221` die Datei `U221.IDL`. Die beiden folgenden Eigenschaftenknoten sind bis auf die Methode `AboutBox` leer. Hier werden wir später die vom ActiveX-Steuerelement exportierten Eigenschaften, Methoden und Ereignisse vorfinden.

Bild 22.7: Neue Elemente und neue Symbole in der Klassenansicht

Weiterhin fällt auf, dass es neben der Methode `AboutBox(void)` keine Klasse `CAboutBox` gibt.

Der Generator hat damit bereits das Gerüst für ein funktionsfähiges ActiveX-Steuerelement erstellt, das wir bereits testen können:

1. Wir übersetzen mit <u>E</u>rstellen|U221 <u>e</u>rstellen (oder F7) das Steuerelement. Es erscheinen folgende Meldungen:

```
------ Erstellen gestartet: Projekt: U221, Konfiguration: Debug Win32 ------
Typbibliothek wird erstellt...
Processing .\U221.idl
U221.idl
```

```
Processing C:\Programme\Microsoft ... .NET\Vc7\PlatformSDK\include\oaidl.idl
oaidl.idl
Processing C:\Programme\Microsoft .. .NET\Vc7\PlatformSDK\include\objidl.idl
objidl.idl
Processing C:\Programme\Microsoft .. .NET\Vc7\PlatformSDK\include\unknwn.idl
unknwn.idl
Processing C:\Programme\Microsoft .. .NET\Vc7\PlatformSDK\include\wtypes.idl
wtypes.idl
Processing C:\Programme\Microsoft ... .NET\Vc7\PlatformSDK\include\basetsd.h
basetsd.h
Processing C:\Programme\Microsoft ... .NET\Vc7\PlatformSDK\include\guiddef.h
guiddef.h
Processing C:\Programme\Microsoft ... .NET\Vc7\PlatformSDK\include\oaidl.acf
oaidl.acf
Kompilieren...
stdafx.cpp
Kompilieren...
U221PropPage.cpp
U221Ctrl.cpp
U221.cpp
Code wird generiert...
Ressourcen werden kompiliert...
Verknüpfen...
   Bibliothek Debug/U221.lib und Objekt Debug/U221.exp wird erstellt
Registrierung wird ausgeführt

Das Build-Protokoll wurde unter "file://c:\... \BuildLog.htm" gespeichert.
U221 - 0 Fehler, 0 Warnung(en)


--------------------- Fertig ---------------------

   Erstellen: 1 erfolgreich, 0 fehlgeschlagen, 0 übersprungen
```

Mit dem Übersetzen wird auch automatisch die Typbibliothek (`TLB`) generiert und das ActiveX-Steuerelement registriert, d. h., wir finden `U0222 Control` im Dialogfeld `Toolbox anpassen` (**Bild 22.8**).

2. Da ein ActiveX-Steuerelement alle Informationen eines visuellen Steuerelements enthält, kann es eigenständig getestet werden. Dies geschieht in einem `Testcontainer`. Es ist aber auch möglich, ein eigenständiges Programm zu schreiben.

   Sollten wir versehentlich das Steuerelement mit `F5` auch starten wollen, so fragt das Visual Studio nach einem solchen Programm (**Bild 22.9**).

   Etwas umständlicher ist der Aufruf über die Menüoption `Extras|Testcontainer für ActiveX-Steuerelemente`. Es erscheint in beiden Varianten ein eigenständiges (noch leeres) Fenster.

3. Wir befinden uns nun im Testcontainer und fügen das Steuerelement mit `Bearbeiten|Neues Steuerelement einfügen...` ein. Das Dialogfeld `Steuerelement einfügen` wird angezeigt (**Bild 22.10**).

4. Wir wählen im Listenfeld die Option `U221 Control` aus.

22.2 ActiveX-Steuerelemente erstellen

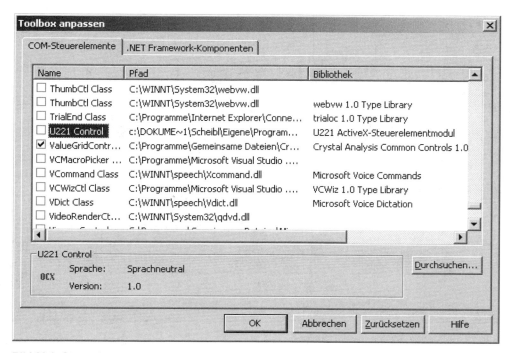

Bild 22.8: Steuerelement `U221 Control` ist in der Liste der COM-Steuerelemente zu sehen

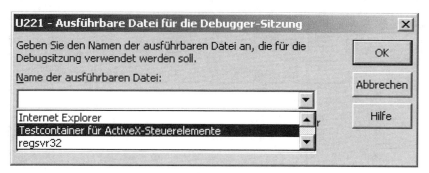

Bild 22.9: Ausführbare Datei für ein ActiveX-Steuerelement festlegen

5. Mit OK wird das Dialogfeld `Steuerelement einfügen` geschlossen und das Steuerelement in den `Testcontainer` eingefügt. Das U221-Steuerelement wird nun im `Testcontainer` angezeigt (**Bild 22.11**). Wir sehen, dass das Steuerelement als Ellipse innerhalb des umschließenden Rechtecks des Steuerelements gezeichnet wird. Diese Ellipse ist der Platzhalter für unsere eigenen Programmierungen. Der `Testcontainer` zeigt auch eine Ikone mit der Beschriftung `OCX` an.

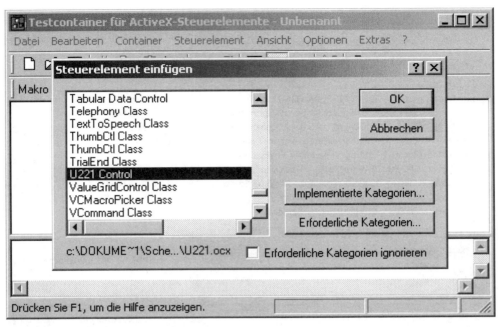

Bild 22.10: ActiveX-Steuerelement einfügen

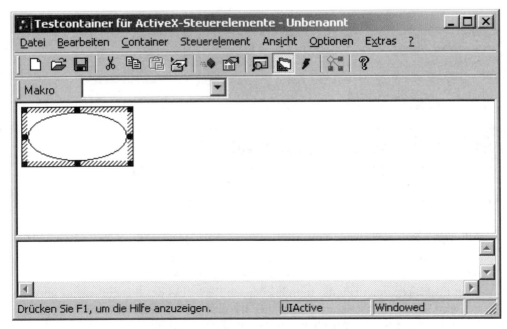

Bild 22.11: Testcontainer mit selbst geschriebenem ActiveX-Steuerelement

22.2 ActiveX-Steuerelemente erstellen

Dem Quelltext des Steuerelements entnehmen wir die entsprechende Zeichenfunktion:

```
void CU221Ctrl::OnDraw(CDC* pdc,const CRect& rcBounds,
                      const CRect& rcInvalid) {
  // TODO: Folgenden Code durch eigene Zeichenfunktion ersetzen.
  pdc->FillRect(rcBounds,
           CBrush::FromHandle((HBRUSH)GetStockObject(WHITE_BRUSH)));
  pdc->Ellipse(rcBounds);
} //CU221Ctrl::OnDraw
```

6. Wir können nun das Steuerelement innerhalb des Containers verschieben. Dabei sehen wir, wie das Steuerelement neu gezeichnet wird. Wenn wir die Größe des Steuerelements ändern, passt sich die Ellipse an die Größe des umschließenden Rechtecks an.

7. Weiterhin können wir ein weiteres Steuerelement generieren, das sich unabhängig von den anderen Steuerelementen bearbeiten lässt.

   Wir klicken auf Steuerelement|Methoden aufrufen... Das Dialogfeld Methoden aufrufen wird angezeigt (**Bild 22.12**). Wir sehen, dass AboutBox im Kombinationsfeld Methodenname markiert ist. Dies ist die einzige Methode, die im U221-Steuerelement derzeit definiert ist.

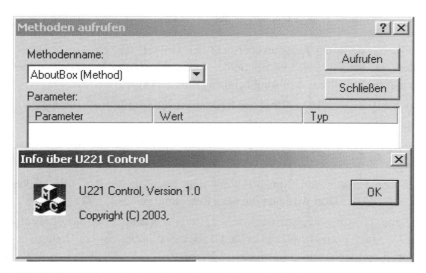

Bild 22.12: Aufruf der einzigen Steuerelementeigenschaft AboutBox

8. Wir klicken nun auf Aufrufen. Das Infodialogfeld About U221 Control wird angezeigt. Es enthält die üblichen, rudimentären Informationen.

9. Um das Dialogfeld wieder zu schließen, klicken wir auf OK.

10. Wir beenden das Testen im Testcontainer, speichern aber die Konfiguration nicht. ∎

⊠ Als Nächstes ändern wir die beiden Grafiken des Steuerelements, die standardmäßig die Symbole MFC und OCX enthalten (**Bild 22.13**):

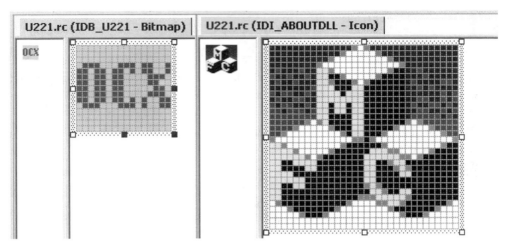

Bild 22.13: Standardsymbole eines ActiveX-Steuerelements

1. Hierzu expandieren wir in der Ressourcenansicht den Ordner U221 Ressourcen mit dem Ordner Bitmap bzw. Icon. Beide werden gleichartig behandelt, wobei wir Rücksicht auf die jeweilige Auflösung nehmen (**Bild 22.14**).
2. Ein Doppelklick auf IDB_U221 öffnet den Ressourcen-Editor für diese Bitmap.
3. Wir ändern die Bitmap auf ein Uhrsymbol.
4. Wir lösen die Menüoption Datei|U221.rc speichern aus, um die Änderungen zu speichern.
5. Wir schließen das Fenster des Bitmap-Editors und wechseln in den Info-Dialog IDD_ABOUTBOX_U221. Dort wird nun die neue Ressource geladen. ∎

⊠ Da wir auf der Seite Steuerelementeinstellungen (**Bild 22.6**) das Kontrollkästchen Enthält ein 'Info'-Dialogfeld belassen haben, ist ein Dialog vorbereitet, den wir bei dieser Gelegenheit korrigieren können:

1. Im bereits expandierten Ressourcenkatalog expandieren wir den Ordner Dialog.
2. Dort klicken wir doppelt auf IDD_ABOUTBOX_U221, um den Dialogeditor für dieses Symbol zu starten.
3. Jetzt können wir die verschiedenen Elemente korrigieren (**Bild 22.15**).
4. Die vorbereitete Ikone wird in der Eigenschaft Bild eingetragen.
5. Wir schließen das Fenster des Dialogeditors. ∎

Jetzt möchten wir diese Änderungen am Steuerelement natürlich noch testen. Hierzu klicken wir auf die Menüoption Erstellen|U221 erstellen (oder F7). Es findet keine Übersetzung des Programms statt. Nur die Ressourcen werden neu kompiliert und

22.2 ActiveX-Steuerelemente erstellen 1097

hinzugebunden. Wollen wir das Steuerelement auch gleich ausprobieren, dann starten wir es im Testcontainer. Es hat jetzt einen angepassten Info-Dialog.

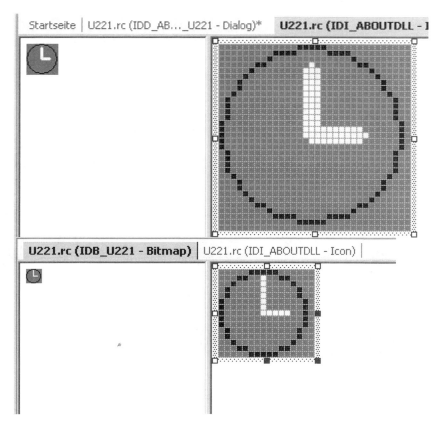

Bild 22.14: Bitmap `IDB_U221` und Ikonen-Ressource `IDI_ABOUTDLL` bearbeiten

Bild 22.15: `AboutBox` ändern

Bis jetzt haben wir noch keine Eigenschaften oder Ereignisse für das U221-Steuerelement definiert. Wenn wir im Testcontainer auf den Menüpunkt Bearbeiten|Eigenschaften... klicken, sehen wir, dass keine Eigenschaften vorhanden sind. Es erscheint nur ein Dialogfeld mit zwei leeren Registerkarten. Es werden auch keine Ereignisse in der Ausgabescheibe protokolliert, weil wir noch keine Programmierung vorgenommen haben.

☞ Hinweis: Solange ein Steuerelement im `Testcontainer` geöffnet ist, kann es nicht neu erstellt werden. Wir schließen daher nach jedem Test das Steuerelement, ohne den `Testcontainer` zu schließen.

22.2.2 Programmieren eines ActiveX-Steuerelements

Nachdem wir nun das Gerüst eines ActiveX-Steuerelements angelegt haben, können wir mit der Deklaration von Eigenschaften und der Programmierung des Zeichenvorganges fortfahren.

22.2.2.1 Standardeigenschaft hinzufügen

Alle ActiveX-Steuerelemente verfügen über eine Reihe von Standardeigenschaften (Stock Properties). Sie bilden die minimale Menge aller möglichen Eigenschaften eines (sichtbaren) Steuerelements:

Eigenschaft	Bedeutung
`Appearance`	Erscheinung (3D oder flach) des ActiveX-Steuerelements
`BackColor`	Hintergrundfarbe
`BorderStyle`	Rahmenart
`Caption`	Beschriftung
`Enabled`	Status
`Font`	Schriftart für Texte
`ForeColor`	Vordergrundfarbe
`hWnd`	Fensterhandle
`Text`	Text

▷ Die Freigabe von Standardeigenschaften wollen wir am Beispiel der Farbe (`BackColor`, `ForeColor`) demonstrieren:

1. Eigenschaften usw. werden in der *Dispatch-Schnittstelle* `_D221` des ActiveX-Steuerelements freigegeben. Deshalb suchen wir den *Schnittstellenknoten* auf und aktivieren durch Rechtsklick das Kontextmenü (**Bild 22.16**).

22.2 ActiveX-Steuerelemente erstellen

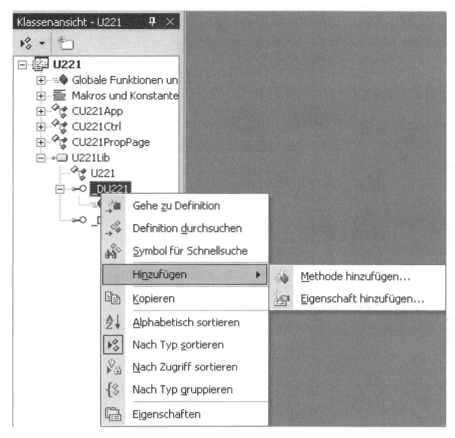

Bild 22.16: Kontextmenü zum Freigeben von Eigenschaften und Methoden eines ActiveX-Steuerelements

2. Da wir eine vordefinierte Eigenschaft wählen wollen, suchen wir diese gleich im Feld `Eigenschaftsname` (**Bild 22.17**), weil uns das eine Menge Eingabearbeit spart. Sofort werden viele der anderen Felder ausgeblendet.

    Tatsächlich verbleibt nur der `Implementierungstyp` und die `Standardeigenschaft` veränderbar. Da es sich um eine vordefinierte Eigenschaft des Steuerelements handelt, verschieben wir die Erläuterungen zum `Implementierungstyp` auf später.

    Die `Standardeigenschaft` können wir nur für eine einzige Eigenschaft setzen. Diese wird dann benutzt, wenn wir das Steuerelement ohne Qualifizierung ansprechen. Dieses aus Visual Basic stammende Verhalten für „schreibfaule" Programmierer ist dort inzwischen längst wieder abgeschafft.

    Wir erkennen den Übergabetyp `OLE_COLOR`, der uns an unsere Übungen zum Einbinden von ActiveX-Steuerelementen erinnert.

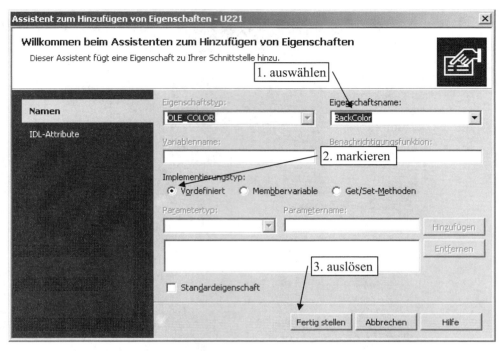

Bild 22.17: Standardeigenschaft `BackColor` freigeben

3. Mit `Fertig stellen` schließen wir das Dialogfeld und gelangen in den Quelltext zurück. In `U221.idl` finden wir den neuen Eintrag:

```
//  Primäre Verteilschnittstelle für CU221Ctrl

[ uuid(E38A9352-7E79-48CE-B1E0-5A2A70F2612D),
  helpstring("Dispatchschnittstelle für U221 Control")]
dispinterface _DU221
{
  properties:
  [id(DISPID_BACKCOLOR), helpstring("property BackColor")]
                                                OLE_COLOR BackColor;
```

der für die Verteilung der Schnittstellenmeldungen verantwortlich ist. Aber auch in unserer Steuerelementklasse hat sich etwas getan. In der Kopfdatei `U221Ctrl.h` finden wir eine Aufzählung der Übergabemethoden:

```
// Dispatch- und Ereignis-IDs
public:
  enum {
  };
  STDMETHOD_(int, get_BackColor)(OLE_COLOR* pVal);
  STDMETHOD_(int, put_BackColor)(OLE_COLOR newVal);
};
```

während die Implementationsdatei `U221Ctrl.cpp` erlaubt, eigene Prüfungen für die übergebenen Werte vorzunehmen:

22.2 ActiveX-Steuerelemente erstellen

```
// CU221Ctrl-Meldungshandler

STDMETHODIMP_(int) CU221Ctrl::get_BackColor(OLE_COLOR* pVal)
{
  // TODO: Fügen Sie hier Ihren Dispatchhandlercode ein.

  return 0;
}

STDMETHODIMP_(int) CU221Ctrl::put_BackColor(OLE_COLOR newVal)
{
  // TODO: Fügen Sie hier Ihren Dispatchhandlercode ein.

  return 0;
}
```

In der Klassenansicht taucht diese freigegebene Eigenschaft als Variable auf (**Bild 22.18**).

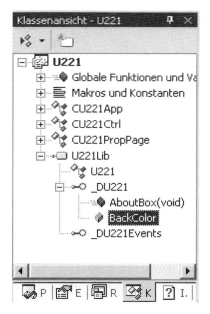

Bild 22.18: Freigegebene Standardvariable in der Klassenansicht

4. Wir wiederholen den Vorgang für die Eigenschaft `ForeColor`.
5. Da es sich um vordefinierte Eigenschaften handelt, sollten diese vielleicht schon wirksam werden. Tatsächlich zeigt ein schneller Test keinen Erfolg. Aber immerhin hat sich die Liste der verfügbaren Methoden um die neuen Übergabefunktionen verlängert.
6. Wollen wir die Eigenschaftenübergabe wirksam werden lassen, so müssen wir noch ein wenig programmieren. ■

22.2.2.2 Verhalten des Steuerelements verändern

⌦ Nun sollen natürlich die neu gewählten Farben auch aktiviert werden. Hierzu führen wir folgende Schritte aus:

1. Das Zeichnen erfolgt in der Ereignisfunktion `CU221Ctrl::OnDraw` der Implementationsdatei `U221Ctl.cpp`, die wir daher aufsuchen. Damit `OnDraw` die neuen Farbwerte verwendet, ändern wir den Code folgendermaßen:

   ```
   // CU221Ctrl::OnDraw - Zeichnungsfunktion

   void CU221Ctrl::OnDraw(CDC* pdc,const CRect& rcBounds,
                          const CRect& rcInvalid) {
     CBrush* pAlterPinsel;
     CBrush hgPinsel(TranslateColor(GetBackColor())); //neuer Pinsel
     CPen* pAlterStift;
     CPen vgStift(PS_SOLID,1,TranslateColor(GetForeColor()));//neuer Stift
     pdc->FillRect(rcBounds,&hgPinsel); //Hintergrund mit BackColor füllen
     pAlterPinsel=pdc->SelectObject(&hgPinsel);
     pAlterStift=pdc->SelectObject(&vgStift);
     pdc->Ellipse(rcBounds); //Ellipse mit BackColor und ForeColor Stift
     pdc->MoveTo(rcBounds.Width()/2,rcBounds.Height()/2);
     pdc->LineTo(rcBounds.Width()/2,(int)((double)rcBounds.Height()*
                                                                0.05));
     pdc->MoveTo(rcBounds.Width()/2,rcBounds.Height()/2);
     pdc->LineTo((int)((double)rcBounds.Width()*0.8),rcBounds.Height()/2);
     pdc->SelectObject(pAlterStift);
     pdc->SelectObject(pAlterPinsel);
   } //CU221Ctrl::OnDraw
   ```

   Das Programm erzeugt einen neuen Pinsel `hgPinsel` mit der Hintergrundfarbe. Da für das Initialisieren des Pinsels ein `COLORREF`-Wert erwartet wird, die `BackColor`-Eigenschaft einen `OLE_COLOR`-Wert hat, wird zunächst `TranslateColor` aufgerufen. Das umschließende Rechteck des Steuerelements wird mit Hilfe von `CDC::FillRect` gezeichnet, wobei `hgPinsel` als Füllpinsel angegeben wird.

   Weiterhin wird ein neuer Stift `vgStift` erzeugt, der die Vordergrundfarbe erhält.

   Die Ellipse wird innerhalb des umschließenden Rechtecks des Steuerelements mit Hilfe der Memberfunktion `CDC::Ellipse` gezeichnet. Bevor die Ellipse gezeichnet wird, muss der Pinsel der Hintergrundfarbe und der Stift in den Gerätekontext gewählt werden. Dies geschieht durch Aufrufen von `CDC::SelectObject` mit den vorbereiteten Zeichenwerkzeugen. Jetzt wird die Ellipse mit einem Stift in Vordergrundfarbe gezeichnet und mit der richtigen Hintergrundfarbe gefüllt.

   Die folgenden Zeilen dienen dazu, die Uhrzeiger zu simulieren.

   Schließlich werden der alte Stift und Pinsel wieder in den Gerätekontext zurückgesetzt.

2. Wir erstellen das ActiveX-Steuerelement neu und testen es. Es sieht nun aus wie ein „Neger im Tunnel". Sollten wir die Initialisierung übersehen haben? Nein, diese muss manuell durchgeführt werden. Der Kommentar im Konstruktor lädt uns dazu ein:

   ```
   // CU221Ctrl::CU221Ctrl - Konstruktor

   CU221Ctrl::CU221Ctrl() {
     InitializeIIDs(&IID_DU221, &IID_DU221Events);
   ```

22.2 ActiveX-Steuerelemente erstellen

```
    // TODO: Daten der Steuerelementinstanz hier initialisieren.
    SetBackColor(RGB(0,0,0)); //schwarz
    SetForeColor(RGB(255,255,255)); //weiß
} //CU221Ctrl::CU221Ctrl
```

3. Die inversen Farben unterscheiden sich deutlich von den Windows-Farben. Nun erstellen wir das neue Steuerelement. ■

Jetzt können wir das geänderte ActiveX-Steuerelement ausprobieren. Ein Wechsel der Systemfarben von Windows zeigt keine Wirkung auf das Steuerelement. Wollen wir das abstellen, so müssen wir als Voreinstellung eine Systemfarbe wählen:

```
CU221Ctrl::CU221Ctrl() {
    InitializeIIDs(&IID_DU221, &IID_DU221Events);
    // TODO: Daten der Steuerelementinstanz hier initialisieren.
    //SetBackColor(RGB(0,0,0)); //schwarz
    //SetForeColor(RGB(255,255,255)); //weiß
    SetBackColor(0x8000000F); //Schaltflächenoberseite
    SetForeColor(0x80000012); //Schaltflächentext
} //CU221Ctrl::CU221Ctrl
```

Wir starten nun unser geändertes ActiveX-Steuerelement im `Testcontainer` und probieren Folgendes aus:

1. Beim Einladen des Steuerelements sehen wir nun unser Steuerelement mit den vorgegebenen Farben.

2. Ein Wechsel der Systemfarben führt ebenfalls zu einem Wechsel der Farben unseres Steuerelements.

3. Wir markieren das Steuerelement und rufen mit `Container|Ambient-Eigenschaften...` das Dialogfeld `Ambient-Eigenschaften` auf (**Bild 22.19**). Das Auslesen und das Eingeben sind von mäßigem Erfolg gekrönt (was in der Version 6.0 noch ging).

4. Also probieren wir es über die Menüoption `Steuerelement|Methoden aufrufen`. `BackColor (PropGet)` führt zu keiner Anzeige eines Werts. Wir lassen es daher mit dem Testcontainer.

5. Um eine der beiden anderen Übergabetechniken auszuprobieren, versuchen wir eine der Eigenschaften wieder zu entfernen. Als Menüpunkt gibt es eine solche Funktion nicht. Also probieren wir den mühsamen Weg, die Vordergrundfarbe manuell aus den Programmen zu entfernen.

6. Dass danach das Programm trotz `SetForeColor`-Anweisung immer noch funktioniert, legt den Verdacht nahe, dass es sich um eine Methode der Basisklasse `COleControl` handelt. Für die weiteren Experimente sollten wir auffälligere Farben benutzen:

```
    SetBackColor(RGB(0,255,0)); //grün
    SetForeColor(RGB(255,0,0)); //rot
```

7. Dann fügen wir die Eigenschaft wieder mit der Option `Get/Set-Methoden` hinzu.

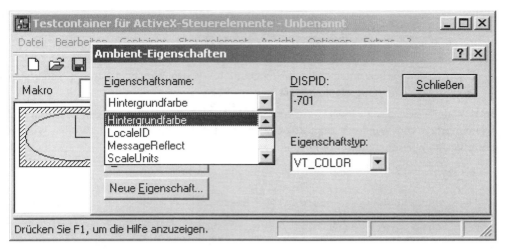

Bild 22.19: Ambiente Eigenschaften auslesen bzw. eingeben

8. Ein erster Test zeigt, dass jetzt die Vordergrundfarbe wieder auf Schwarz steht. Die beiden generierten Übergabefunktionen sind keine der üblichen Überschreibungen. Es fehlt der Aufruf der Vorgängermethoden. Dieses holen wir also nach:

```
OLE_COLOR CU221Ctrl::GetForeColor(void) {
  AFX_MANAGE_STATE(AfxGetStaticModuleState());
  // TODO: Fügen Sie hier Ihren Dispatchhandlercode ein.
  //return RGB(0,0,0);
  return COleControl::GetForeColor();
} //CU221Ctrl::GetForeColor

void CU221Ctrl::SetForeColor(OLE_COLOR newVal) {
  AFX_MANAGE_STATE(AfxGetStaticModuleState());
  // TODO: Fügen Sie hier Ihren Eigenschaftenhandlercode ein.
  COleControl::SetForeColor(newVal);
  SetModifiedFlag();
} //CU221Ctrl::SetForeColor
```

9. Jetzt zeigt ein Testlauf, dass die Vordergrundfarbe wieder gesetzt wird und über den Testcontainer abgefragt bzw. neu eingestellt werden kann. Immerhin fällt uns damit ein nicht zu kleiner Stein vom Herzen.

10. Nun versuchen wir ganz mutig, eine weitere vorhandene Eigenschaft als Membervariable freizugeben. Hierzu wird eine interne Variable `m_BorderStyle` angelegt, die nirgends initialisiert oder verwendet wird. Sie meldet aber jede Änderung (nachträglich) mit `OnBorderStyleChanged`. Auch dies müssen wir manuell nachprogrammieren. Im Konstruktor lesen wir den Wert aus:

```
CU221Ctrl::CU221Ctrl() {
  InitializeIIDs(&IID_DU221, &IID_DU221Events);
  // TODO: Daten der Steuerelementinstanz hier initialisieren.
  //SetBackColor(RGB(0,0,0)); //schwarz
  //SetForeColor(RGB(255,255,255)); //weiß
  //SetBackColor(0x8000000F); //Schaltflächenoberseite
  //SetForeColor(0x80000012); //Schaltflächentext
```

22.2 ActiveX-Steuerelemente erstellen

```
    SetBackColor(RGB(0,255,0)); //grün
    SetForeColor(RGB(255,0,0)); //rot
    m_BorderStyle=GetBorderStyle();
    TRACE1("BorderStyle= %d\n",m_BorderStyle);
} //CU221Ctrl::CU221Ctrl
```

und verarbeiten ihn nach Änderung:

11. Nachdem wir die vordefinierten Eigenschaften jetzt etwas umständlich pflegen können, machen uns die Meldungen auch keine Probleme mehr (**Bild 22.20**).

Bild 22.20: Vordefinierte Eigenschaften werden bearbeitet

22.2.2.3 Anfängliche Größe des Steuerelements festlegen

Die Darstellung der Uhr als Ellipse ist durchaus ungewöhnlich. Wir werden auch Schwierigkeiten mit den Zeigern bekommen. Schließlich gibt es (bis jetzt zumindest) noch keine Uhr, bei der sich die (mechanischen) Zeiger in der Länge verändern. Es wäre daher angebracht, das Steuerelement in seiner Größe von Anfang an quadratisch festzulegen. Dies ist eine Aufgabe des Konstruktors:

1. Wir suchen den Konstruktor `CU221Ctrl::CU221Ctrl`.
2. Wir fügen folgende Änderungen ein:

```
// CU221Ctrl::CU221Ctrl - Konstruktor

CU221Ctrl::CU221Ctrl() {
    InitializeIIDs(&IID_DU221, &IID_DU221Events);
    // TODO: Daten der Steuerelementinstanz hier initialisieren.
    //SetBackColor(RGB(0,0,0)); //schwarz
    //SetForeColor(RGB(255,255,255)); //weiß
    //SetBackColor(0x8000000F); //Schaltflächenoberseite
    //SetForeColor(0x80000012); //Schaltflächentext
```

```
    SetBackColor(RGB(0,255,0)); //grün
    SetForeColor(RGB(255,0,0)); //rot
    m_BorderStyle=GetBorderStyle();
    TRACE1("BorderStyle= %d\n",m_BorderStyle);
    SetInitialSize(100,100);
} //CU221Ctrl::CU221Ctrl
```

3. Wir testen das Steuerelement. Es öffnet sich in der vorgegebenen Größe. ■

22.2.3 Benutzerdefinierte Eigenschaft hinzufügen

22.2.3.1 Benutzerdefinierte Eigenschaft generieren

Nachdem wir nun die (vordefinierten) Eigenschaften des ActiveX-Steuerelements ändern können, sollte es durch benutzerdefinierte Eigenschaften erweitert werden.

ActiveX-Steuerelementklassen unterstützen vier Arten von mit OLE automatisierten Eigenschaften, die durch folgende Makros im Verteiler festgelegt werden:

`DISP_PROPERTY`	wird durch eine Membervariable implementiert.
`DISP_PROPERTY_NOTIFY`	wird durch eine Membervariable und eine Benachrichtigungsfunktion implementiert.
`DISP_PROPERTY_EX`	wird durch `Get/Set`-Funktionen implementiert.
`DISP_PROPERTY_PARAM`	wird durch `Get/Set`-Funktionen und eine Parameterliste implementiert.

Ihr aktueller Zustand ist:

```
BEGIN_DISPATCH_MAP(CU221Ctrl, COleControl)
    DISP_FUNCTION_ID(CU221Ctrl, "AboutBox", DISPID_ABOUTBOX, AboutBox,
                                                VT_EMPTY, VTS_NONE)
    DISP_PROPERTY_EX_ID(CU221Ctrl, "ForeColor", dispidForeColor,
                              GetForeColor, SetForeColor, VT_COLOR)
    DISP_PROPERTY_NOTIFY_ID(CU221Ctrl, "BorderStyle", dispidBorderStyle,
                     m_BorderStyle, OnBorderStyleChanged, VT_I2)
END_DISPATCH_MAP()
```

Hier wird sogar ein weiteres Makro `DISP_PROPERTY_EX_ID` eingesetzt, das in der Online-Hilfe nicht beschrieben ist. Es hat ein Argument mehr als `DISP_PROPERTY_EX`.

Das letzte Makro ist bei strukturierten Datentypen interessant, da es eine Parameterliste enthält. Damit ist es möglich, mit:

```
DISP_PROPERTY_PARAM(CMeinCtrl, "Array", GetArray, SetArray, VT-I2, VTS_I2
    VTS_I2 )
```

Elemente eines zweidimensionalen Arrays über den Zeilen- und Spaltenindex anzusprechen.

22.2.3.2 Benutzerdefinierte Eigenschaft als Membervariable

Da der Benutzer die Form des Steuerelements derzeit immer noch ändern kann, zerstört er damit die ursprüngliche Kreisform. Wir wollen die logische Eigenschaft `Kreisform` hinzufügen, die die Form der Uhr auf jeden Fall kreisförmig erhält. Sie ist ein Beispiel einer Eigenschaft vom Typ `DISP_PROPERTY_NOTIFY`. `Kreisform` ist eine boolesche Eigenschaft, die bei `TRUE` das Steuerelement als Kreis und bei `FALSE` als Ellipse darstellt.

Die Funktionalität der `Kreisform`-Eigenschaft ist einfach zu verstehen. Bei dem Wert `TRUE` wird der größtmögliche Kreis in das Rechteck gezeichnet, der als Durchmesser die kleinere der beiden Rechteckseiten besitzt. Ist der Wert `FALSE`, so wird die einbeschriebene Ellipse gezeichnet. Dies ist das (bisherige) Standardverhalten des Steuerelements.

Wir müssen also die Funktion `CU221Ctrl::OnDraw` nur für den Fall `TRUE` ändern, indem wir das in `rcBounds` enthaltene Quadrat ermitteln und an die Funktion `CDC::Ellipse` übergeben.

Um auf die `Kreisform`-Eigenschaft zugreifen zu können, führen wir folgende Aktionen durch:

- Hinzufügen der `Kreisform`-Eigenschaft zum Steuerelement mit Hilfe des Klassenassistenten.
- Einstellen des Standardwerts der `Kreisform`-Eigenschaft bei der Erstellung des Steuerelements.
- Definieren der Memberfunktion `GibZeichenRechteck` in der `CU221Ctrl`-Klasse, um auf seine Werte zugreifen zu können. Mit diesen Werten wird dann direkt gezeichnet oder zuerst das Zeichenquadrat bestimmt.
- Modifizieren von `CU221Ctrl::OnDraw`, um beim Zeichnen des Steuerelements die Koordinaten zu verwenden, die von der Memberfunktion `CU221Ctrl::GibZeichenRechteck` zurückgegeben werden.
- Modifizieren der `CU221Ctrl::OnKreisformChanged`-Memberfunktion, um das Steuerelement ungültig zu machen.

Die Schritte des angegebenen Verfahrens lassen sich in den meisten Anwendungsfällen einsetzen, um eine benutzerdefinierte Eigenschaft hinzuzufügen. Die Verwendung des Klassenassistenten zum Hinzufügen der Eigenschaft vereinfacht den Vorgang sehr, indem die entsprechenden Klassen und die Dateien der ODL-Bibliothek (Object Definition Library) aktualisiert werden (die zum Erstellen der Typbibliothek verwendet werden). Es ist auch immer sinnvoll, einen Standardwert für die neue Eigenschaft festzulegen, indem der Initialisierungscode für die Eigenschaft zur Memberfunktion `DoPropExchange` in der Steuerelementklasse hinzugefügt wird.

Im Detail gehen wir in folgenden Schritten vor:

1. In der Klassenansicht suchen wir unterhalb des Bibliotheksknotens `U221Lib` den Schnittstellenknoten `_DU221`.

2. Im Kontextmenü aktivieren wir die Option Hinzufügen|Eigenschaft hinzufügen... Es erscheint der Assistent zum Hinzufügen von Eigenschaften (**Bild 22.21**).

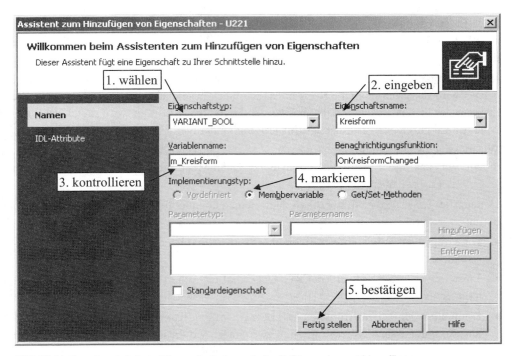

Bild 22.21: Benutzerdefinierte Eigenschaft einem ActiveX-Steuerelement hinzufügen

3. Wir geben die Daten wie vorgegeben ein und bestätigen mit Fertig stellen.
■

Damit wird die Eigenschaft Kreisform in die Schnittstellenliste und die Variable m_Kreisform in die Variablenliste von U221Ctrl aufgenommen. Der Meldungsverteiler enthält ein weiteres DISP_PROPERTY_NOTIFY-Makro, und die Ereignisfunktion OnKreisformChanged wird ergänzt:

```
void CU221Ctrl::OnKreisformChanged(void) {
  AFX_MANAGE_STATE(AfxGetStaticModuleState());
  // TODO: Fügen Sie hier Ihren Eigenschaftenhandlercode ein.
  SetModifiedFlag();
} //CU221Ctrl::OnKreisformChanged
```

22.2.3.3 Wert einer benutzerdefinierten Eigenschaft vorgeben

Da das U221-Steuerelement die Kreisform-Eigenschaft zum Ermitteln der eigenen Zeichenmethode verwendet, ist es wichtig, die Kreisform-Eigenschaft mit einem bestimmten Wert zu initialisieren:

22.2 ActiveX-Steuerelemente erstellen

1. Wir suchen die Funktion `CU221Ctrl::DoPropExchange` in der Datei `U221Ctl.cpp` und ändern sie, indem wir die folgende Zeile hinzufügen:

   ```
   void CU221Ctrl::DoPropExchange(CPropExchange* pPX) {
     ExchangeVersion(pPX, MAKELONG(_wVerMinor, _wVerMajor));
     COleControl::DoPropExchange(pPX);
     // TODO: PX_ Funktionen für jede dauerhafte benutzerdefinierte Eigens
     //PX_Bool(pPX, _T("Kreisform"),(BOOL&) m_Kreisform, TRUE);
     PX_Bool(pPX, _T("Kreisform"),m_Kreisform, TRUE);
   } //CU221Ctrl::DoPropExchange
   ```

   Damit unsere Uhr kreisförmig erscheint, setzen wir den Wert auf TRUE. Diese Überschreibung ist für die Serialisierung der Eigenschaften eines ActiveX-Steuerelements zuständig. Wir werden darauf noch einmal gesondert eingehen.

   Der Eigenschaftsname wird erst vom _T-Makro verarbeitet und dann als Parameter an die PX_Bool-Funktion weitergereicht. Dieses Makro verarbeitet auch Unicode-Zeichenfolgen. Die Parameter des Aufrufs:

   ```
   BOOL PX_Bool(CPropExchange* pPX,LPCTSTR pszPropName,BOOL& bValue);
   BOOL PX_Bool(CPropExchange* pPX,LPCTSTR pszPropName,BOOL& bValue,
                                                     BOOL bDefault);
   ```

   sind ein Zeiger auf ein DoPropExchange-Objekt, der Name der Eigenschaft, der Speicherort (typischerweise die interne Variable) und der Vorgabewert.

2. Das Übersetzen geht schief, weil PX_Bool mit dem vom Assistenten erzwungenen Datentyp VARIANT_BOOL überhaupt nichts am Hut hat. Wem sollen wir nun mehr glauben?

   Nachdem ein Casting-Versuch der Art:

   ```
   PX_Bool(pPX, _T("Kreisform"),(BOOL&) m_Kreisform, TRUE);
   ```

   zu einem heftigen Debugfehler nach Beendigung des Testcontainers führt, kehren wir reumütig zum Datentyp BOOL zurück. Es fällt schon etwas schwer, die Sinnhaftigkeit des Datentyps VARIANT_BOOL einzusehen, für den es keine Austauschfunktion gibt.

   ```
   class CU221Ctrl : public COleControl
   ...
     void OnKreisformChanged(void);
     //VARIANT_BOOL m_Kreisform;
     BOOL m_Kreisform;
   public:
     void GibZeichenRechteck(CRect * rc);
   };
   ```

3. Wir speichern das Programm ab und erstellen es mit [F7]. Die richtige Arbeitsweise können wir im Testcontainer überprüfen. Dort sollte unter Steuerelement|Methoden aufrufen... die Variable Kreisform in der Liste Methodennamen auftreten. Lösen wir für Kreisform (PropGet) die Schaltfläche Aufrufen aus, so erscheint ihr Wert TRUE. ■

22.2.3.4 Benutzerdefinierte Eigenschaft im Programm nutzen

Nachdem wir die `Kreisform`-Eigenschaft zur Klasse `CU221Ctrl` hinzugefügt und ihren Ausgangswert in `DoPropExchange` gesetzt haben, können wir sie im Programm verwenden.

Wir überlegen uns folgende Schritte:

- Implementieren einer `GibZeichenRechteck`-Funktion, um die Koordinaten der Fläche des Quadrats zu berechnen.
- Ändern der `OnDraw`-Funktion, um `GibZeichenRechteck` aufzurufen.
- Ändern der `OnKreisformChanged`-Funktion, um das Steuerelement immer dann ungültig zu machen, wenn die Eigenschaft verändert wird.

GibZeichenRechteck-Funktion

Die `GibZeichenRechteck`-Funktion legt die Koordinaten des umschließenden Rechtecks fest, in dem die Ellipse gezeichnet werden soll. Nur wenn der Wert von `Kreisform TRUE` ist, soll ein neues Quadrat bestimmt werden, das sich genau in der Mitte des Rechtecks `rc` befindet, wobei `rc` als Parameter an `GibZeichenRechteck` übergeben wird. Bei dieser Gelegenheit können wir eine alternative Technik kennen lernen, um eine selbst definierte Methode (Memberfunktion) zu erzeugen. Sie reduziert den Aufwand, da die Eingabe des Prototyps in der Kopfdatei entfällt:

1. Wir generieren für die Klasse `CU221Ctrl` durch Rechtsklick auf den Klassenknoten in der Klassenansicht und Auslösen der Menüoption Hinzufügen|Funktion hinzufügen... des Kontextmenüs eine neue, geschützte Memberfunktion GibZeichenRechteck. Die im Dialogfeld `Assistent zum Hinzufügen von Memberfunktionen - U221` notwendigen Informationen (Sichtbarkeit, Name, Parameter) entnehmen wir dem folgenden Quelltext:

```
// Implementierung
protected:
   void GibZeichenRechteck(CRect *rc);
   ~CU221Ctrl();
```

2. Wir fügen den folgenden Code zur Funktion in `U221Ctl.cpp`, wie dargestellt, hinzu:

```
void CU221Ctrl::GibZeichenRechteck(CRect *rc) {
  if (m_Kreisform) {
    int cx=rc->right-rc->left;
    int cy=rc->bottom-rc->top;
    if (cx>cy) {
      rc->left+=(cx-cy)/2;
      rc->right=rc->left+cy;
    } else {
      rc->top+=(cy-cx)/2;
      rc->bottom=rc->top+cx;
    }
  }
} //CU221Ctrl::GibZeichenRechteck
```

22.2 ActiveX-Steuerelemente erstellen

3. Wir suchen die Funktion `OnDraw` in `U221CT.CPP` und führen folgende Änderungen durch:

```
// CU221Ctrl::OnDraw - Zeichnungsfunktion
void CU221Ctrl::OnDraw(CDC* pdc,const CRect& rcBounds,
                       const CRect& rcInvalid) {
  CRect rc=rcBounds;
  CBrush* pAlterPinsel;
  CBrush hgPinsel(TranslateColor(GetBackColor())); //neuer Pinsel
  CPen* pAlterStift;
  CPen vgStift(PS_SOLID,1,TranslateColor(GetForeColor()));//neuer Stift
  pdc->FillRect(rcBounds,&hgPinsel); //Hintergrund mit BackColor füllen
  pAlterPinsel=pdc->SelectObject(&hgPinsel);
  pAlterStift=pdc->SelectObject(&vgStift);
  GibZeichenRechteck(&rc);
  pdc->Ellipse(rc); //Ellipse mit BackColor-Füllung und ForeColor Stift
  int cx=(rc.left+rc.right)/2;
  int cy=(rc.top+rc.bottom)/2;
  pdc->MoveTo(cx,cy);
  pdc->LineTo(cx,cy-(int)((double)rc.Height()*0.475));
  pdc->MoveTo(cx,cy);
  pdc->LineTo(cx+(int)((double)rc.Width()*0.4),cy);
  pdc->SelectObject(pAlterStift);
  pdc->SelectObject(pAlterPinsel);
} //CU221Ctrl::OnDraw
```

4. Wir speichern das Projekt ab und testen es. ■

Die Uhr sollte nach jeder Änderung des Containers immer mittig stehen (**Bild 22.22**).

Bild 22.22: Benutzerdefinierte Eigenschaft in einem ActiveX-Steuerelement auswerten

Da wir jetzt unter Steuerelement|Methoden aufrufen... die Methode Kreisform (PropPut) finden, können wir die Eigenschaft von außen steuern. In der Hilfe zum Testcontainer steht:

Bei Methoden mit Parametern werden Bearbeitungssteuerelemente angezeigt. Geben Sie geeignete Werte ein.

Hin und wieder ist die Suche nach geeigneten Werten etwas mühsam. Sie tauchen beim Klick auf ⌈Übernehmen⌉ nicht in der Liste auf usw. Das Setzen auf `False` funktioniert, `True` wird dagegen nicht akzeptiert. Hier hilft der Übergang auf `VT_I2` mit dem Wert 1.

Die neue Eigenschaft wird aber immer erst dann aktiv, wenn wir den Container vollständig abdecken. Bei teilweiser Abdeckung kann es sein, dass wir ein Stück kreisförmige und ein Stück elliptische Uhr sehen (**Bild 22.23**). Dagegen müssen wir noch etwas unternehmen.

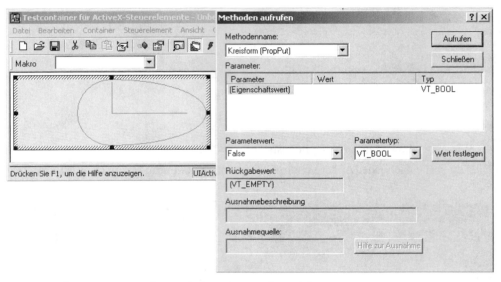

Bild 22.23: Änderungen einer Eigenschaft werden verzögert aktiv

Ändern von `OnKreisformChanged`

Da `Kreisform` eine Eigenschaft vom Typ `DISP_PROPERTY_NOTIFY` ist, erstellt der Klassenassistent bereits den benötigten Code, um den Aufruf einer Ereignisfunktion `OnKreisformChanged` zu erzwingen, falls sich der Wert der `Kreisform`-Eigenschaft ändert.

Die `Kreisform`-Eigenschaft ist eine beständige Eigenschaft, weil sie durch Aufrufen der Funktion `PX_Bool` in der Funktion `COleControl::DoPropExchange` initialisiert wird. Das Attribut für die Änderung beständiger Eigenschaften sollte immer dann durch Aufrufen der Funktion `COleControl::SetModifiedFlag` gesetzt werden, wenn sich der Wert der beständigen Eigenschaft ändert. Da die meisten Eigenschaften beständig sind, fügt der Klassenassistent einen Aufruf der Funktion `CU221Ctrl::SetModifiedFlag` in alle Benachrichtigungsfunktionen ein.

22.2 ActiveX-Steuerelemente erstellen

⊠ Wenn sich der Wert der `Kreisform`-Eigenschaft ändert, muss sich das Steuerelement selbst neu zeichnen, um die korrekte Darstellung als Kreis oder als Ellipse sicherzustellen. Dazu wird das Steuerelement ungültig gemacht, wenn die Memberfunktion `OnKreisformChanged` aufgerufen wird. Durch das Ungültigmachen wird die Memberfunktion `OnDraw` aufgerufen:

1. Wir suchen in `U221Ctl.cpp` die Ereignisfunktion `OnKreisformChanged()` und ändern sie folgendermaßen:

   ```
   void CU221Ctrl::OnKreisformChanged() {
     InvalidateControl();
     SetModifiedFlag();
   }
   ```

2. Um nun diese Änderung zu testen, erstellen wir das Steuerelement neu und fügen es im `Testcontainer` ein. Die Uhr wird auch bei Änderungen der Abmessungen des Containers als Kreis dargestellt. Wir ziehen auf jeden Fall den Container etwas auseinander, um sofort eventuelle Änderungen zu bemerken.

3. Nun rufen wir in der Menüoption S̲teuerelement|M̲ethoden aufrufen... auf. Es erscheint das Dialogfeld Methoden aufrufen.

4. Da wir zuerst den aktuellen Wert abfragen wollen, markieren wir im Kombinationsfeld M̲ethodenname (`PropGet`) und klicken auf Au̲frufen . Im Feld Rückgabewert erscheint `TRUE` (`VT_BOOL`), also ein varianter Datentyp.

5. Im Kombinationsfeld M̲ethodenname markieren wir nun `Kreisform` (`PropPut`). Im Feld Parametere̲rt wird kein Wert angezeigt.

6. Wir geben nun in Parameterwert den Wert `False` ein. Mit Klick auf Wert festlegen wird der Wert nicht in das Listenfeld P̲arameter übernommen. Damit ist die Behauptung bestätigt.

   Wenn wir nun auf Au̲frufen klicken, wandelt sich die Uhr sofort in eine Ellipse, da die Ereignisfunktion `OnKreisformChanged` aufgerufen wird, die ein vollständiges Neuzeichnen auslöst.

7. Wir können nun die Eingabe ohne Erfolg auf `True` setzen. Erst der Übergang auf den Datentyp `VT_I2` und der Wert `1` ergeben ein erfolgreiches Zurückschalten.

8. Wir schließen den `Testcontainer`. ∎

22.2.4 Hinzufügen einer benutzerdefinierten `Get/Set`-Eigenschaft

Die ActiveX-Steuerelementklassen unterstützen einen weiteren Eigenschaftstyp, auf den nur über ein `Get/Set`-Methodenpaar zugegriffen werden kann. Indem wir eine Eigenschaft mit `Get`- und `Set`-Methoden umgeben, können wir die interne Darstellung und Implementierung der Eigenschaft verbergen. Insbesondere ist dies vorteilhaft, wenn wir die `Set`-Methode so programmiert haben, dass sie die Gültigkeit eines Eingabewerts überprüft, bevor die Eigenschaft umgesetzt wird.

KreisVerschiebung-Eigenschaft

Wir wollen uns als Aufgabe stellen, die Uhr innerhalb des Containers zu verschieben. Dazu muss sie natürlich kreisförmig sein, denn nur dann ist Platz für eine Verschiebung. Beziehen wir die Deltas (Verschiebungswerte) auf den Mittelpunkt des Containers, so sind symmetrische Werte um den Nullpunkt zulässig, wobei es aber darauf ankommt, ob das Rechteck senkrecht steht oder waagerecht liegt.

Dies ist eine gute Gelegenheit, die Deltas zu überprüfen. Alle Deltas, die die Uhr aus dem Container herausschieben, werden verworfen. Wir dürfen aber die anderen Benutzeraktionen nicht vergessen. Der Benutzer kann die Größe des Steuerelements verändern oder die Eigenschaft `Kreisform` negieren. In beiden Fällen wird die Uhr zentriert.

Hinzufügen der `KreisVerschiebung`-Eigenschaft

Der erste Schritt besteht darin, die Eigenschaft `KreisVerschiebung` zum Steuerelement hinzuzufügen:

1. Wir suchen dazu in der Klassenansicht den Schnittstellenknoten `_DU221` auf und fügen über das Kontextmenü eine neue Eigenschaft `KreisVerschiebung` hinzu (**Bild 22.24**).

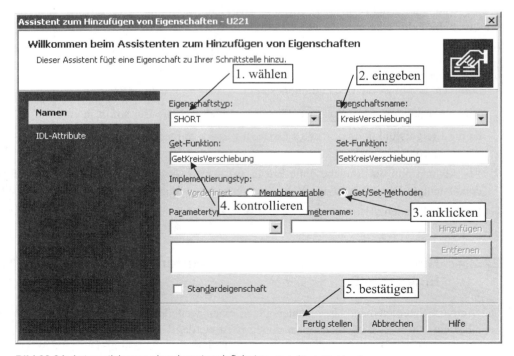

Bild 22.24: Automatisierung einer benutzerdefinierten `Get/Set-Methode`

22.2 ActiveX-Steuerelemente erstellen

2. Klicken wir unter `Implementierungstyp` die Option `Get/Set-Methoden` an. Hierdurch werden die beiden Felder `Variablenname` und `Benachrichtigungsfunktion` durch `Get-Funktion` und `Set-Funktion` ersetzt. In beiden Feldern stehen die passenden Funktionsnamen `GetKreisVerschiebung` bzw. `SetKreisVerschiebung`.

3. Mit `Fertig stellen` schließen wir den Assistenten und kehren in den Quelltext zurück. Dort sind zwei neue Methoden generiert:

    ```
    SHORT GetKreisVerschiebung(void);
    void SetKreisVerschiebung(SHORT newVal);
    ```

    die natürlich auch in der Verteilungstabelle auftauchen:

    ```
    // Dispatchzuordnung

    BEGIN_DISPATCH_MAP(CU221Ctrl, COleControl)
        DISP_FUNCTION_ID(CU221Ctrl, "AboutBox", DISPID_ABOUTBOX, AboutBox,
                                                       VT_EMPTY, VTS_NONE)
        DISP_PROPERTY_EX_ID(CU221Ctrl, "ForeColor", dispidForeColor,
                                          GetForeColor, SetForeColor, VT_COLOR)
        DISP_PROPERTY_NOTIFY_ID(CU221Ctrl, "BorderStyle", dispidBorderStyle,
                                     m_BorderStyle, OnBorderStyleChanged, VT_I2)
        DISP_PROPERTY_NOTIFY_ID(CU221Ctrl, "Kreisform", dispidKreisform,
                                      m_Kreisform, OnKreisformChanged, VT_BOOL)
        DISP_PROPERTY_EX_ID(CU221Ctrl, "KreisVerschiebung",
            dispidKreisVerschiebung,GetKreisVerschiebung,SetKreisVerschiebung,
                                                                        VT_I2)
    END_DISPATCH_MAP()
    ```

4. Da der Klassenassistent nur die `Get`- und `Set`-Funktionen erstellt, ist es erforderlich, dass wir eine Membervariable zur Klasse `CU221Ctrl` hinzufügen, um den tatsächlichen Wert der `KreisVerschiebung`-Eigenschaft zu verfolgen. Die Methoden `Get` und `Set` fragen diese Variable ab und verändern sie. Wir fügen eine Membervariable `m_KreisVerschiebung` mit Hilfe des Assistenten ein. Diese wird im Konstruktor initialisiert:

    ```
    CU221Ctrl::CU221Ctrl()   : m_KreisVerschiebung(0)
    {
    ```

5. Die Datenübergabe müssen wir dagegen selbst programmieren, indem wir beide Austauschmethoden programmieren:

    ```
    SHORT CU221Ctrl::GetKreisVerschiebung(void) {
      AFX_MANAGE_STATE(AfxGetStaticModuleState());
      // TODO: Fügen Sie hier Ihren Dispatchhandlercode ein.
      return m_KreisVerschiebung;
    } //CU221Ctrl::GetKreisVerschiebung

    void CU221Ctrl::SetKreisVerschiebung(SHORT newVal) {
      AFX_MANAGE_STATE(AfxGetStaticModuleState());
      // TODO: Fügen Sie hier Ihren Eigenschaftenhandlercode ein.
      if ((m_KreisVerschiebung!=newVal)&&m_Kreisform&&InGrenzen(newVal)) {
        m_KreisVerschiebung = newVal;
        SetModifiedFlag();
        InvalidateControl();
      }
    } //CU221Ctrl::SetKreisVerschiebung
    ```

6. Dabei benutzen wir eine neue Funktion `InGrenzen`, die wir vollständig neu anlegen:

```
BOOL CU221Ctrl::InGrenzen(short nDelta) {
  CRect rc;
  int durchmesser;
  int laenge;
  int cx,cy;
  GetControlSize(&cx,&cy);
  if (cx>cy) {
    laenge=cx;
    durchmesser=cy;
  } else {
    laenge = cy;
    durchmesser = cx;
  }
  if (nDelta<0) nDelta = -nDelta;
  return (durchmesser/2+nDelta)<=(laenge/2);
} //CU221Ctrl::InGrenzen
```

7. Natürlich vergessen wir die Serialisierung nicht:

```
void CU221Ctrl::DoPropExchange(CPropExchange* pPX) {
  ExchangeVersion(pPX, MAKELONG(_wVerMinor, _wVerMajor));
  COleControl::DoPropExchange(pPX);
  // TODO: PX_ Funktionen für jede dauerhafte benutzerdefinierte
  Eigenschaft aufrufen.
  //PX_Bool(pPX, _T("Kreisform"),(BOOL&) m_Kreisform, TRUE);
  PX_Bool(pPX, _T("Kreisform"),m_Kreisform, TRUE);
  PX_Short(pPX,_T("KreisVerschiebung"),m_KreisVerschiebung,0);
} //CU221Ctrl::DoPropExchange
```

Nun wird die Membervariable `m_KreisVerschiebung` noch einmal initialisiert. Auch wenn wir den Elementinitialisierer aus dem Konstruktor entfernen, ist laufzeitmäßig nicht viel gewonnen, da der Standardkonstruktor auf jeden Fall aufgerufen wird. Aber wir denken an nachfolgende Programmierer, die nicht wissen, dass es zwei Stellen zur Initialisierung in diesem Programm gibt.

8. Die Zeichenfunktion müssen wir nicht umstellen, da sie mit einem vorgegebenen Rechteck arbeitet. Es genügt somit, `GibZeichenRechteck` zu ändern, indem die Verschiebungen berücksichtigt werden:

```
void CU221Ctrl::GibZeichenRechteck(CRect *rc) {
  if (m_Kreisform) {
    int cx=rc->right-rc->left;
    int cy=rc->bottom-rc->top;
    if (cx>cy) {
      rc->left+=(cx-cy)/2;
      rc->right=rc->left+cy;
      rc->left+=m_KreisVerschiebung;    //Kreis verschieben
      rc->right+=m_KreisVerschiebung;
    } else {
      rc->top+=(cy-cx)/2;
      rc->bottom=rc->top+cx;
      rc->bottom-=m_KreisVerschiebung;  //Kreis verschieben
      rc->top-=m_KreisVerschiebung;
    }
  }
} //CU221Ctrl::GibZeichenRechteck
```

22.2 ActiveX-Steuerelemente erstellen 1117

9. In der Ereignisfunktion `OnKreisformChanged` setzen wir die Verschiebung immer dann auf den Wert `0`, wenn die Eigenschaft `Kreisform` auf `TRUE` gesetzt wird:

   ```
   void CU221Ctrl::OnKreisformChanged(void) {
     AFX_MANAGE_STATE(AfxGetStaticModuleState());
     // TODO: Fügen Sie hier Ihren Eigenschaftenhandlercode ein.
     InvalidateControl();
     SetModifiedFlag();
     if (!m_Kreisform) SetKreisVerschiebung(0);
   } //CU221Ctrl::OnKreisformChanged
   ```

10. Um die Uhr ebenfalls bei jeder Größenänderung des Containers neu zu zentrieren, müssen wir zuerst seine Ereignisfunktion `OnSize` überschreiben. Hierzu lassen wir uns für die Klasse `CU221Ctrl` in den Eigenschaften für die Meldung `WM_SIZE` eine Ereignisfunktion generieren. Diese füllen wir dann mit der Anweisung:

    ```
    void CU221Ctrl::OnSize(UINT nType, int cx, int cy) {
      COleControl::OnSize(nType, cx, cy);
      // TODO: Fügen Sie hier Ihren Meldungsbehandlungscode ein.
      if (m_Kreisform) SetKreisVerschiebung(0);
    } //CU221Ctrl::OnSize
    ```

11. Nun haben wir alle Änderungen durchgeführt und können das Steuerelement neu erstellen und im `Testcontainer` testen. ■

Zu diesem Zweck verändern wir zuerst die Größe des Containers. Dabei sollte die Uhr stets mittig bleiben.

Als Nächstes rufen wir über `Steuerelement|Methoden aufrufen...` den Eigenschaftsdialog für `KreisVerschiebung` auf und ändern die Werte (**Bild 22.25**). Dabei muss sich die Uhr bis an den Rand, aber nicht darüber hinaus verschieben lassen. Ist der Wert zu groß, wird er ignoriert.

Wir ändern nun die Größe des Containers. Sofort positioniert sich die Uhr in die Mitte des neuen Containers. Solange die aktuelle Verschiebung gültig ist, bleibt sie erhalten und kann sofort angewandt werden. Erst wenn wir den Container zu klein machen, wird die Verschiebung auf `0` gesetzt.

22.2.5 Ereignisse programmieren

22.2.5.1 Zeit digital anzeigen

Irgendwie sollten wir den eigentlichen Zweck unseres Steuerelements nicht vergessen. Es soll die Uhrzeit anzeigen. Das mit der Uhrzeit ist gar nicht so einfach. Hier müssen wir etwas ausholen, um die Zeitrechnung unter Windows zu verstehen. Windows liefert mit der Funktion:

```
time(lZeit)
```

im Parameter `lZeit` die Anzahl der Sekunden, die seit Mitternacht des 1. Januars 1970 vergangen sind. Da Hunderttausende von Programmierern das Umrechnen anfangen müssten, um die Zeitzone und Sommer/Winterzeit zu berücksichtigen, wandelt die Funktion:

```
NeueZeit=localtime(&lZeit);
```

die Sekunden in eine Struktur vom Typ `tm` um, die wiederum mit:

```
strcpy(Zeit,asctime(NeueZeit));
```

in einen lesbaren Text mit 24 Zeichen gewandelt wird.

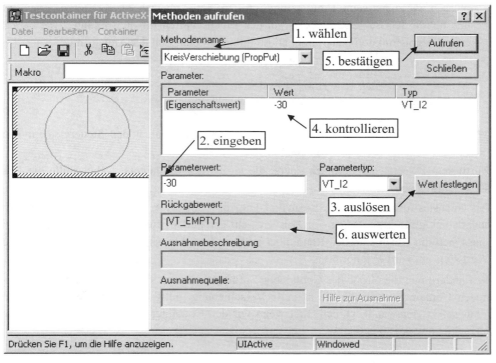

Bild 22.25: `KreisVerschiebung` ändern

⊠ Wir programmieren daher:

1. Wir suchen z. B. in der Klassensicht der Klasse `CU221Ctrl` die Ereignisfunktion `OnDraw` und fügen die obigen Anweisungen ein:

```
void CU221Ctrl::OnDraw(CDC* pdc,const CRect& rcBounds,
                const CRect& rcInvalid) {
   CRect rc=rcBounds;
   CBrush* pAlterPinsel;
   CBrush hgPinsel(TranslateColor(GetBackColor())); //neuer Pinsel
   CPen* pAlterStift;
   CPen vgStift(PS_SOLID,1,TranslateColor(GetForeColor()));//neuer Stift
   char Zeit[26];
```

22.2 ActiveX-Steuerelemente erstellen

```
    struct tm *NeueZeit;
    long lZeit;
    time(&lZeit);
    NeueZeit=localtime(&lZeit);
    strcpy(Zeit,asctime(NeueZeit));
    Zeit[24]=' ';
    Zeit[25]='\0';
    pdc->FillRect(rcBounds,&hgPinsel); //Hintergrund mit BackColor füllen
    pAlterPinsel=pdc->SelectObject(&hgPinsel);
    pAlterStift=pdc->SelectObject(&vgStift);
    GibZeichenRechteck(&rc);
    pdc->Ellipse(rc); //Ellipse mit BackColor-Füllung und ForeColor Stift
    int cx=(rc.left+rc.right)/2;
    int cy=(rc.top+rc.bottom)/2;
    pdc->MoveTo(cx,cy);
    pdc->LineTo(cx,cy-(int)((double)rc.Height()*0.475));
    pdc->MoveTo(cx,cy);
    pdc->LineTo(cx+(int)((double)rc.Width()*0.4),cy);
    pdc->ExtTextOut(rcBounds.left,rcBounds.top,ETO_CLIPPED,rcBounds,Zeit,
                                                   strlen(Zeit),NULL);
    pdc->SelectObject(pAlterStift);
    pdc->SelectObject(pAlterPinsel);
} //CU221Ctrl::OnDraw
```

2. Nach dem Übersetzen zeigt sich das ActiveX-Steuerelement im `Testcontainer` wie in **Bild 22.26**. ■

Einmal abgesehen von der befremdlichen Reihenfolge der Angaben hat das ActiveX-Steuerelement einen wesentlichen Mangel, der es kaum verkäuflich macht. Leider bewegt sich die Uhr um keine Sekunde weiter. Richtig wäre es, wenn die Zeichenfunktion z. B. alle Sekunde aufgerufen würde, um die Zeit zu aktualisieren.

Bild 22.26: ActiveX-Steuerelement mit Zeitanzeige

⊠ Hierzu müssen wir einen Zeitgeber (Timer) bemühen. Dies ist aber relativ einfach (siehe Kapitel ↳ 12 «Dialoge und Steuerelemente» für weitere Informationen):

1. Zuerst müssen wir einen Zeitgeber installieren. Dies geschieht am besten gleich mit der Erzeugung des Steuerelements, was durch WM_CREATE von Windows ausgelöst wird. Wir generieren also für das Steuerelement CU221Ctrl zu dieser Meldung die Ereignisfunktion:
2. Jetzt suchen wir noch die Meldung WM_TIMER und fügen auch für diese eine Ereignisfunktion hinzu.
3. In der ersten Ereignisfunktion müssen wir einen geeigneten Zeitgeber anlegen:

```
int CU221Ctrl::OnCreate(LPCREATESTRUCT lpCreateStruct) {
  if (COleControl::OnCreate(lpCreateStruct) == -1)
    return -1;
  // TODO:   Fügen Sie Ihren spezialisierten Erstellcode hier ein.
  if (SetTimer(1,1000,NULL)==0)
    return -1;
  return 0;
} //CU221Ctrl::OnCreate
```

wobei wir als vorsichtige Programmierer daran denken, dass die Anzahl der Zeitgeber begrenzt ist. Läuft der Zeitgeber ab, so löst er die folgende Funktion aus:

```
void CU221Ctrl::OnTimer(UINT nIDEvent) {
  // TODO: Fügen Sie hier Ihren Meldungsbehandlungscode ein, und/oder
  benutzen Sie den Standard.
  InvalidateControl();
  COleControl::OnTimer(nIDEvent);
} //CU221Ctrl::OnTimer
```

4. Wirklich vorausschauende Programmierer zerstören noch den Zeitgeber, bevor sie das Steuerelement auflösen. Hierzu fügen sie mit dem Klassenassistenten für das Ereignis WM_DESTROY die Ereignisfunktion OnDestroy hinzu und programmieren:

```
void CU221Ctrl::OnDestroy() {
  COleControl::OnDestroy();
  // TODO: Fügen Sie hier Ihren Meldungsbehandlungscode ein.
  KillTimer(1);
} //CU221Ctrl::OnDestroy
```

5. Wir übersetzen das Steuerelement und probieren es im Testcontainer aus. Es sollte nun jede Sekunde eine neue Zeit anzeigen.
6. Wir schließen den Testcontainer, wenn wir zufrieden sind.
7. Ansonsten testen wir, wie viele Zeitgeber wir wirklich anlegen können. ∎

22.2.5.2 Zeit analog anzeigen

Nachdem also die digitale Anzeige funktioniert, sollten wir stattdessen eine analoge Darstellung realisieren. Hierzu müssen die digitalen Werte in Koordinaten umgerechnet werden. Da sich die Zeiger im Kreis bewegen, wäre eine Darstellung in Polarkoordinaten vorteilhaft. Minuten und Sekunden lassen sich durch Multiplikation mit 6 auf einen Kreis von 360° abbilden. Die Stunden müssen vorher noch mit 5 multipliziert werden (dabei springt aber unsere Uhr jede Stunde). Hier wären also noch Zwischenwerte sinnvoll.

22.2 ActiveX-Steuerelemente erstellen

Wir müssen weiter beachten, dass der mathematische Umlaufsinn genau entgegengesetzt zur Uhr verläuft. Dazu kommt, dass der „Ursprung" der Uhr bei 12 Uhr liegt. Da Visual C++ aber keine Polarkoordinaten (Radius ρ und Winkel φ) kennt, müssen wir sie noch in kartesische Koordinaten umrechnen. Die allgemeine Beziehung lautet:

$$x = \rho \cos(\varphi)$$
$$y = \rho \sin(\varphi)$$

Wir programmieren daher:

1. Zuerst suchen wir in der Klasse `CU221Ctrl` die Ereignisfunktion `OnDraw` und ändern sie unter Verzicht der digitalen Anzeige folgendermaßen:

```cpp
// U221Ctrl.cpp : Implementierung der CU221Ctrl ActiveX-
    Steuerelementklasse.

#include "stdafx.h"
#include "U221.h"
#include "U221Ctrl.h"
#include "U221PropPage.h"

#include <math.h>

...

void CU221Ctrl::OnDraw(CDC* pdc,const CRect& rcBounds,
                     const CRect& rcInvalid) {
    CRect rc=rcBounds;
    CBrush* pAlterPinsel;
    CBrush hgPinsel(TranslateColor(GetBackColor())); //neuer Pinsel
    CPen* pAlterStift;
    CPen vgStift(PS_SOLID,1,TranslateColor(GetForeColor()));//neuer Stift
    //char Zeit[26];
    struct tm *NeueZeit;
    long lZeit;
    time(&lZeit);
    NeueZeit=localtime(&lZeit);
    //strcpy(Zeit,asctime(NeueZeit));
    //Zeit[24]=' ';
    //Zeit[25]='\0';
    pdc->FillRect(rcBounds,&hgPinsel); //Hintergrund mit BackColor füllen
    pAlterPinsel=pdc->SelectObject(&hgPinsel);
    pAlterStift=pdc->SelectObject(&vgStift);
    GibZeichenRechteck(&rc);
    pdc->Ellipse(rc); //Ellipse mit BackColor-Füllung und ForeColor Stift
    int cx=(rc.left+rc.right)/2;
    int cy=(rc.top+rc.bottom)/2;
    //pdc->MoveTo(cx,cy);
    //pdc->LineTo(cx,cy-(int)((double)rc.Height()*0.475));//großer Zeiger
    //pdc->MoveTo(cx,cy);
    //pdc->LineTo(cx+(int)((double)rc.Width()*0.4),cy);  //kleiner Zeiger
//pdc->ExtTextOut(rcBounds.left,rcBounds.top,ETO_CLIPPED,rcBounds,Zeit,
//                                         strlen(Zeit),NULL);

    pdc->MoveTo(cx,cy);
    int cxx=cx+(int)((double)rc.Width()*0.5*cos(-(NeueZeit->tm_sec*6-90)*
                                             0.01745));
    int cyy=cy-(int)((double)rc.Width()*0.5*sin(-(NeueZeit->tm_sec*6-90)*
                                             0.01745));
    pdc->LineTo(cxx,cyy);
```

```
    pdc->MoveTo(cx,cy);
    cxx=cx+(int)((double)rc.Width()*0.475*cos(-(NeueZeit->tm_min*6-90)*
                                                              0.01745));
    cyy=cy-(int)((double)rc.Width()*0.475*sin(-(NeueZeit->tm_min*6-90)*
                                                              0.01745));
    pdc->LineTo(cxx,cyy);
    pdc->MoveTo(cx,cy);
    cxx=cx+(int)((double)rc.Width()*0.4*cos(-(NeueZeit->tm_hour*30-90)*
                                                              0.01745));
    cyy=cy-(int)((double)rc.Width()*0.4*sin(-(NeueZeit->tm_hour*30-90)*
                                                              0.01745));
    pdc->LineTo(cxx,cyy);
    pdc->SelectObject(pAlterStift);
    pdc->SelectObject(pAlterPinsel);
} //CU221Ctrl::OnDraw
```

2. Man kann nun darüber streiten, ob eine eigene Memberfunktion für die Umrechnung sinnvoll ist oder nicht. Probieren Sie es einmal selbst aus.

3. Wir übersetzen das ActiveX-Steuerelement und probieren es im `Testcontainer` aus (**Bild 22.27**). Die Uhrzeit sollte nun im Sekundentakt angezeigt werden. ■

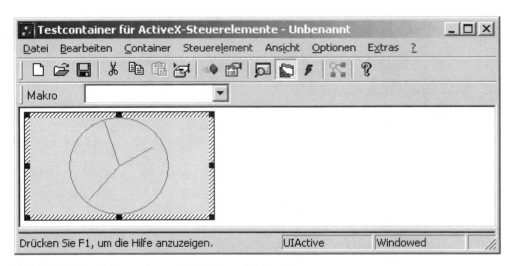

Bild 22.27: ActiveX-Steuerelement mit analoger Zeitanzeige

22.2.5.3 Spezialeffekte hinzufügen

Bisher reagiert unsere Uhr nicht auf Benutzeraktionen. Wir wollen in diesem Kapitel eine interne Reaktion auf ein Mausereignis programmieren. Dabei soll die Hintergrundfarbe wechseln, solange wir die linke Maustaste gedrückt halten. Diese Farbe legen wir als Eigenschaft `KlickFarbe` an. Sie ist ein 32 bit-Wert vom Typ `OLE_COLOR`, der bei Bedarf in den Windows-Typ `COLORREF` gewandelt werden muss.

⌦ Um die Eigenschaft anzulegen, gehen wir in folgenden Schritten vor:

22.2 ActiveX-Steuerelemente erstellen

1. Im Schnittstellenknoten _DU221 legen wir die Eigenschaft KlickFarbe mit der Membervariablen m_KlickFarbe an (**Bild 22.28**).

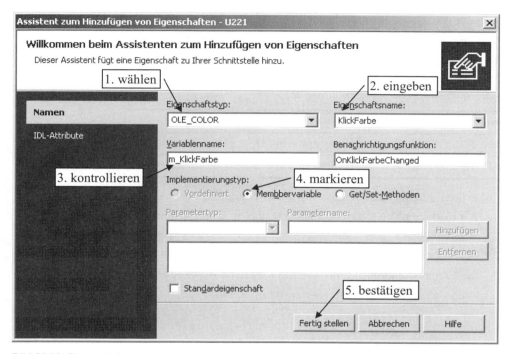

Bild 22.28: Eigenschaft KlickFarbe als Membervariable freigeben

2. Wir suchen die Memberfunktion DoPropExchange in U221Ctl.cpp und ergänzen folgende Zeile zur Initialisierung der Membervariablen:

```
void CU221Ctrl::DoPropExchange(CPropExchange* pPX) {
  ExchangeVersion(pPX, MAKELONG(_wVerMinor, _wVerMajor));
  COleControl::DoPropExchange(pPX);
  // TODO: PX_ Funktionen für jede dauerhafte benutzerdefinierte
  Eigenschaft aufrufen.
  //PX_Bool(pPX, _T("Kreisform"),(BOOL&) m_Kreisform, TRUE);
  PX_Bool(pPX, _T("Kreisform"),m_Kreisform, TRUE);
  PX_Short(pPX,_T("KreisVerschiebung"),m_KreisVerschiebung,0);
  PX_Long(pPX,_T("KlickFarbe"),(long &)m_KlickFarbe,
                                        RGB(0x00,0x00,0xFF));
} //CU221Ctrl::DoPropExchange
```

3. Jetzt können wir das Steuerelement bereits testen, wobei wir aber nur den Farbwert mit Steuerelement|Methoden aufrufen... kontrollieren. Er steht auf 16711680 (VT_I4), also Spektralblau. ∎

Der Farbwert ist eine 32 bit-Ganzzahl ohne Vorzeichen, bei der die unteren drei Bytes für die RGB-Werte stehen. Die gewünschten Werte können wir direkt über das Makro RGB() eingeben. Bei der direkten Eingabe müssen wir die Reihenfolge der Farbwerte beachten. So entspricht der Wert `0x000000FF` der Farbe Rot, `0x0000FF00` Grün und `0x00FF0000` Blau.

Da die `PX_Long` eine Referenz auf `long` erwartet und `m_KlickFarbe` vom Typ `unsigned long` ist, müssen wir eine geeignete Typumwandlung durchführen.

Nun kommen wir zum Neuen dieses Kapitels, der Reaktion auf Mausereignisse.

Wir beabsichtigen, die Hintergrundfarbe beim Niederdrücken der linken Maustaste auf `KlickFarbe` zu ändern und beim Loslassen auf `BackColor` zurückzusetzen. Hierzu fangen wir folgende Mausereignisse ab:

Nachricht	Antwort
`WM_LBUTTONDOWN`	Hintergrund auf `KlickFarbe` setzen.
`WM_LBUTTONUP`	Hintergrund auf `BackColor` setzen.

Diese drei Ereignisroutinen müssen wir nun aktivieren:

1. Wir markieren den Klassenknoten `CU221Ctrl` und öffnen die `Eigenschaften|Meldungen`.
2. Für die beiden Mausereignisse generieren wir die Ereignisfunktionen.
3. Die Ereignisfunktionen füllen wir mit folgenden Anweisungen:

   ```
   void CU221Ctrl::OnLButtonDown(UINT nFlags, CPoint point) {
     CDC* pdc;
     if (InEllipse(point)) { //in der Uhr?
       pdc=GetDC();
       SetzKlickFarbe(pdc);
       ReleaseDC(pdc);
     }
     COleControl::OnLButtonDown(nFlags, point);
   } //CU221Ctrl::OnLButtonDown

   void CU221Ctrl::OnLButtonUp(UINT nFlags, CPoint point) {
     if (InEllipse(point))
       InvalidateControl();
     COleControl::OnLButtonUp(nFlags, point);
   } //CU221Ctrl::OnLButtonUp
   ```

   `OnLButtonDown` zeichnet die Uhr in der `KlickFarbe`. Die Funktion `OnLButtonUp` macht das Steuerelement ungültig, so dass das Steuerelement wieder mit dem Standardhintergrund erscheint.

4. In den Ereignisfunktionen benutzen wir zwei neue Funktionen, `InEllipse` und `SetzKlickFarbe`. Das Aufblitzen soll nur dann erfolgen, wenn der Benutzer auf die Uhr klickt. Dies überprüfen wir in der booleschen Funktion `InEllipse`.
5. Beide Funktionen generieren wir für die Klasse `CU221Ctrl`.
6. Wir fügen den folgenden Code zur Funktion `InEllipse` in `U221Ctl.cpp` hinzu:

   ```
   BOOL CU221Ctrl::InEllipse(CPoint &punkt) {
     CRect rc;
     GetClientRect(rc);
   ```

22.2 ActiveX-Steuerelemente erstellen

```
    GibZeichenRechteck(&rc);
    CRgn  Elliptisch;
    Elliptisch.CreateEllipticRgnIndirect(rc);
    return (Elliptisch.PtInRegion(punkt)); //Mausklick in Ellipse?
    //selbst geschriebener Test
    //double a=rc.Width()/2; //Hauptradien
    //double b=rc.Height()/2;
    //double x=punkt.x-(rc.left + rc.right)/2; // x, y bestimmen
    //double y=punkt.y-(rc.top + rc.bottom)/2;
    ////Ellipsenformel für Hauptachsenlage anwenden
    //return ((x*x)/(a*a)+(y*y)/(b*b)<=1);
  } //CU221Ctrl::InEllipse
```

Die Funktion berechnet, ob sich der Punkt innerhalb der Ellipse befindet oder nicht, und gibt einen logischen Wert zurück. Dabei wird die neue Klasse `CRgn` benutzt, die elliptische Bereiche verarbeitet. Die auskommentierten Anweisungen entsprechen der „konservativen" Programmierung.

7. Wir fügen den folgenden Code zur Funktion `SetzKlickFarbe` hinzu:

```
  void CU221Ctrl::SetzKlickFarbe(CDC *pdc) {
    CBrush* pAlterPinsel;
    CBrush KlickPinsel(TranslateColor(m_KlickFarbe));
    CPen* pAlterStift;
    CPen vgStift(PS_SOLID,1,TranslateColor(GetForeColor())); //Stift
    CRect rc;
    GetClientRect(rc);
    GibZeichenRechteck(&rc);
    pAlterPinsel=pdc->SelectObject(&KlickPinsel);
    pAlterStift=pdc->SelectObject(&vgStift);
    pdc->Ellipse(rc);
    pdc->SelectObject(pAlterStift);
    pdc->SelectObject(pAlterPinsel);
  } //CU221Ctrl::SetzKlickFarbe
```

Die Variable `KlickPinsel` enthält einen ausgefüllten Pinsel mit dem Wert der Eigenschaft `KlickFarbe`. Dieser Pinsel wird in den Gerätekontext `pdc` gewählt. Dann wird der Kreis (ohne die Zeiger) neu gezeichnet.

8. Nun können wir das ActiveX-Steuerelement neu erstellen und im `Testcontainer` überprüfen.

Klicken wir nun auf die Uhr, so wird diese mit einem farbigen Kreis überlagert. Die Farbe entspricht unserem Standardwert. Wir können die Farbe über die Option `Steuerelement|Methoden aufrufen...` und die Eigenschaft `KlickFarbe` (`PropPut`) einstellen. Mögliche Farbwerte sind z. B.:

Farbe	Hexadezimaler Wert	Dezimalwert
Weiß	0x00FFFFFF	16777215
Schwarz	0x00000000	0
Grau	0x00808080	8421504
Rot	0x000000FF	255
Gelb	0x0000FFFF	65535

Farbe	Hexadezimaler Wert	Dezimalwert
Grün	`0x0000FF00`	65280
Zyan	`0x00FFFF00`	16776960
Blau	`0x00FF0000`	16711680
Magenta	`0x00FF00FF`	16711935

Üblicherweise werden die Ereignisse in der Ausgabescheibe angezeigt. Die Benutzeraktionen werden im ActiveX-Steuerelement selbst abgearbeitet und gelangen nicht an den Container. Daher ist die Ausgabescheibe leer.

22.2.5.4 Vordefinierte Ereignisse hinzufügen

Ein Steuerelement kann vordefinierte Ereignisse (Standardereignisse) an seinen Container weiterreichen, der das Ereignis dann weiterverarbeitet. Damit kann ein solches Ereignis in unterschiedlichen Containern zu unterschiedlichen Ergebnissen führen.

Vordefinierte Ereignisse unterscheiden sich von benutzerdefinierten Ereignissen dadurch, dass sie bereits in der Klasse `COleControl` definierte Ereignisfunktionen besitzen, die sie an die Containerklasse weiterreichen können. Es gibt folgende vordefinierte Ereignisse:

Ereignis	**Auslösende Funktion**
`Click`	`void FireClick()`
`DblClick`	`void FireDblClick()`
`Error`	`void FireError(SCODE scode,LPCSTR lpszDescription,UINT nHelpID = 0)`
`KeyDown`	`void FireKeyDown(short nChar,short nShiftState)`
`KeyPress`	`void FireKeyPress(short* pnChar)`
`KeyUp`	`void FireKeyUp(short nChar,short nShiftState)`
`MouseDown`	`void FireMouseDown(short nButton,short nShiftState,float x,float y)`
`MouseMove`	`void FireMouseMove(short nButton,short nShiftState,float x,float y)`
`MouseUp`	`void FireMouseUp(short nButton,short nShiftState,float x,float y)`
`ReadyStateChange`	`void FireReadyStateChange()`

> Auch wenn der Linksklick vom Steuerelement selbst verarbeitet wird, so könnte er im Container ausgewertet werden. Alternativ dazu könnten wir auch nur den Rechtsklick auswerten:

22.2 ActiveX-Steuerelemente erstellen 1127

1. Wir suchen den Klassenknoten `U221Ctrl` und öffnen durch Rechtsklick das Kontextmenü. Es öffnet sich das Dialogfeld `Assistent zum Hinzufügen von Ereignissen` (**Bild 22.29**).

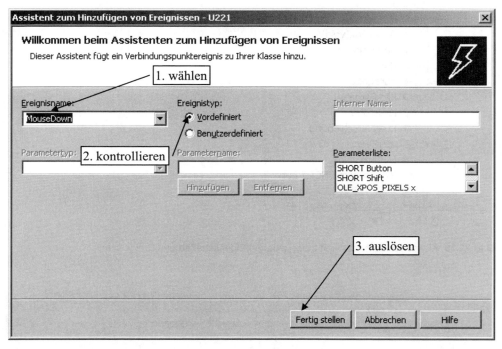

Bild 22.29: Vordefiniertes Ereignis einem ActiveX-Steuerelement hinzufügen

2. Sobald wir das vordefinierte Ereignis `MouseDown` angewählt haben, grauen sich die anderen Felder. Die Parameterliste enthält eine feste Anzahl von Parametern.
3. Mit einem Klick auf `Fertig stellen` schließen wir das Fenster. Es erscheint ein neues Ereignis in der Klassenansicht (**Bild 22.30**).
4. Da ein solches Ereignis nur an den Container weitergereicht wird, müssen wir im Steuerelement nichts weiter programmieren. Wir übersetzen unser Steuerelement und testen es im `Testcontainer`. ∎

Da der `Testcontainer` ebenfalls nicht für das Ereignis programmiert ist, begnügt er sich mit der Anzeige der Ereignisse (**Bild 22.31**).

Durch Auswerten des Ereignisses in der Trägeranwendung können wir dort etwas Sinnvolles damit programmieren.

Bild 22.30: Klassenansicht 221 mit freigegebenen Eigenschaften und Ereignissen

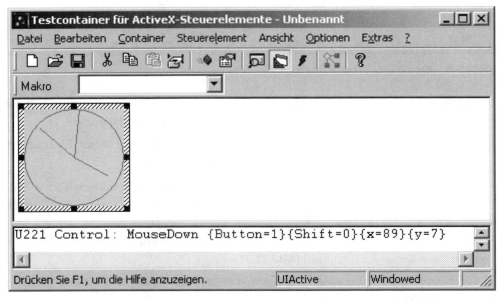

Bild 22.31: Testcontainer meldet Ereignisse aus einem benutzerdefinierten ActiveX-Steuerelement

22.2 ActiveX-Steuerelemente erstellen

22.2.5.5 Benutzerdefinierte Ereignisse hinzufügen

Neben den vordefinierten Ereignissen kann ein Steuerelement auch benutzerdefinierte Ereignisse erzeugen. Wir wollen nun unserer Uhr ein Ereignis `NeueMinute` hinzufügen, das im Container ausgewertet werden kann. Denkbar wäre auch eine Weckfunktion, die zu einem über einen Eigenschaftswert festgelegten Zeitpunkt aktiv wird. Damit könnten wir unser Steuerelement zu einem Terminplanungsprogramm (Scheduler) ausbauen.

In den folgenden Schritten fügen wir unserer Uhr ein benutzerdefiniertes Ereignis zu:

1. Wir suchen erneut den Klassenknoten `U221Ctrl` in der Klassenansicht und generieren eine neue Ereignisfunktion (**Bild 22.32**).

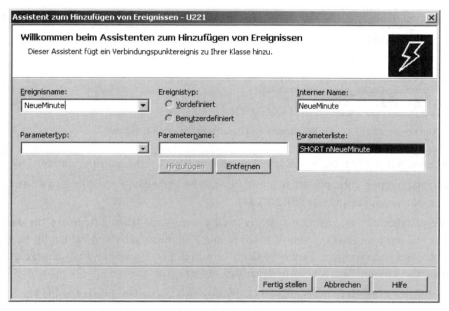

Bild 22.32: Benutzerdefiniertes Ereignis eines ActiveX-Steuerelements freigeben

2. Bei einem solchen Ereignis müssen wir die Übergabeparameter selbst festlegen. Wir wollen die Minute melden. Möglich wäre auch die Übergabe des vollständigen Datums.

   Auffällig ist, dass in der Version 7.0 nun fast alle Datentypen auch als Zeiger übergeben werden können. Bei den Eigenschaften ist dies jedoch nicht der Fall. Das Trägerprogramm hat somit Zugriff auf den Adressraum des Steuerelements (aber nicht umgekehrt).

3. Mit einem Klick auf `Fertig stellen` schließen wir das Fenster. Es erscheint ein neues Ereignis in der Klassenansicht (**Bild 22.33**).

Bild 22.33: Klassenansicht 221 mit freigegebenem benutzerdefinierten Ereignis

4. Jetzt können wir das Steuerelement erstellen und im Testcontainer starten. ■

Im Testcontainer überprüfen wir mit Steuerelement|Protokollieren... die Existenz des neuen Ereignisses (**Bild 22.34**).

Auf der Registerkarte Ereignisse lassen sich die verschiedenen Ereignisse für das Protokoll aktivieren oder deaktivieren. Wir lassen alle Ereignisse aktiv und warten bis zum Durchlauf des Sekundenzeigers. Es wird jedoch kein Ereignis NeueMinute angezeigt. Es wird niemals aktiviert. Wir schließen daher den Testcontainer.

Benutzerdefinierte Ereignisse lösen also im Gegensatz zu Standardereignissen keine Nachricht an den Container aus. Wir müssen selbst den entsprechenden Code ergänzen. Hierzu müssen wir im Steuerelement die Bedingung für das Ereignis erkennen und das Ereignis „feuern". Leider ist das eindruckvolle Präfix Fire den Aufräumarbeiten zur Version 7.0 zum Opfer gefallen. Die zugehörige Funktion heißt NeueMinute(). Die erwähnte Bedingung besteht darin, dass sich der Wert der Minute ändert.

Es lohnt daher wieder ein Blick auf die generierten Anweisungen. In U221Ctl.cpp finden wir das Ereignis neben den bestehenden Ereignissen. Es wird auf die Ereignisfunktion FireNeueMinute umgeleitet:

```
// Ereignisdispatchschnittstelle für CU221Ctrl

  [ uuid(D3CEDCAA-0C39-4186-8FDC-8CF319BC4212),
    helpstring("Ereignisschnittstelle für U221 Control") ]
  dispinterface _DU221Events
  {
    properties:
      // Ereignisschnittstelle hat keine Eigenschaften
```

22.2 ActiveX-Steuerelemente erstellen 1131

```
methods:
   [id(DISPID_MOUSEDOWN)] void MouseDown(SHORT Button, SHORT Shift,
                              OLE_XPOS_PIXELS x, OLE_YPOS_PIXELS y);
   [id(1)] void NeueMinute(SHORT nNeueMinute);
};
```

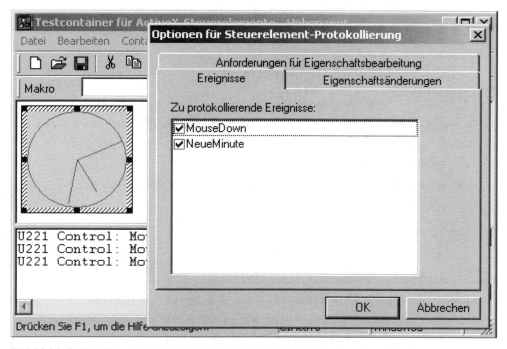

Bild 22.34: Ereignisliste eines ActiveX-Steuerelements zum Protokollieren bearbeiten

Der Klassenassistent hat diese Funktion als Inline-Funktion generiert, welche die ererbte Funktion `COleControl::FireEvent` aufruft, um das Feuern wirklich durchzuführen. Diese erhält die Parameterliste zur Weitergabe an den Container:

```
protected:
   void NeueMinute(SHORT nNeueMinute) {
      FireEvent(eventidNeueMinute, EVENT_PARAM(VTS_I2), nNeueMinute);
   }
};
```

⌦ Um ein benutzerdefiniertes Ereignis zu aktivieren, gehen wir in folgenden Schritten vor:

1. Wir generieren für die Klasse `CU221Crtl` eine neue Membervariable:

```
protected:
   void NeueMinute(SHORT nNeueMinute)   {
      FireEvent(eventidNeueMinute, EVENT_PARAM(VTS_I2), nNeueMinute);
   }
   short m_nAlteMinute;
};
```

2. Im Konstruktor der Klasse `CU221Ctrl` initialisieren wir diese Variable mit einem Wert, der auf jeden Fall sofort zum Auslösen eines Ereignisses führt:

```
CU221Ctrl::CU221Ctrl()   : m_nAlteMinute(61) {
   InitializeIIDs(&IID_DU221, &IID_DU221Events);
   // TODO: Daten der Steuerelementinstanz hier initialisieren.
   //SetBackColor(RGB(0,0,0)); //schwarz
   //SetForeColor(RGB(255,255,255)); //weiß
   //SetBackColor(0x8000000F); //Schaltflächenoberseite
   //SetForeColor(0x80000012); //Schaltflächentext
   SetBackColor(RGB(0,255,0)); //grün
   SetForeColor(RGB(255,0,0)); //rot
   m_BorderStyle=GetBorderStyle();
   TRACE1("BorderStyle= %d\n",m_BorderStyle);
   SetInitialSize(100,100);
} //CU221Ctrl::CU221Ctrl
```

3. Da wir in `OnDraw` den Zeitgeber auswerten, können wir dort auch das Ereignis feuern:

```
// CU221Ctrl::OnDraw - Zeichnungsfunktion

void CU221Ctrl::OnDraw(CDC* pdc,const CRect& rcBounds,
                       const CRect& rcInvalid) {
   ...
   pdc->SelectObject(pAlterPinsel);
   if(m_nAlteMinute!=NeueZeit->tm_min) {
      m_nAlteMinute=NeueZeit->tm_min;
      NeueMinute(m_nAlteMinute);
   }
} //CU221Ctrl::OnDraw
```

Immer dann, wenn sich der Minutenwert ändert, rufen wir `NeueMinute()` aus und übergeben den neuen Minutenwert, den wir zwischenspeichern. Dies funktioniert auch dann, wenn wir das Zeitgeberintervall auf sehr große Werte setzen (solange sie unter 1 Stunde sind).

4. Nun können wir diese Änderungen bereits ausführen, d. h., wir erstellen `U221.ocx` neu und starten es im `Testcontainer`. ■

Mit dem Start des Steuerelements wird bereits das erste Ereignis ausgelöst (**Bild 22.35**). Danach werden die weiteren Ereignisse protokolliert. Dabei kann es sich um Standard- und benutzerdefinierte Ereignisse handeln.

Fügen wir ein weiteres Steuerelement ein, so erhält es die Ordnungsnummer 1. Dieses führt sofort das Ereignis aus. Beim nächsten Umlauf des Sekundenzeigers feuern beide ActiveX-Steuerelemente, wobei sich optisch 1 nach dem Urelement bewegt, aber vor dem Urelement feuert (**Bild 22.36**).

➢ Aufgabe 22-1:

Schreiben Sie ein benutzerdefiniertes Ereignis, welche das Wechseln der Stunde meldet.
■

22.2 ActiveX-Steuerelemente erstellen 1133

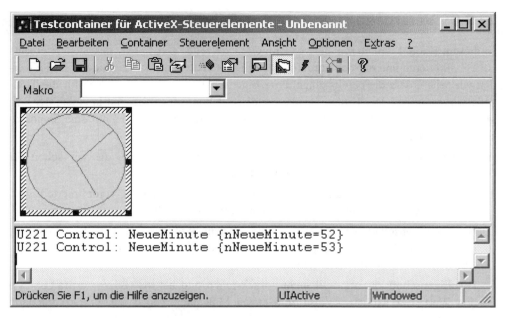

Bild 22.35: Benutzerdefinierte Ereignisse protokollieren

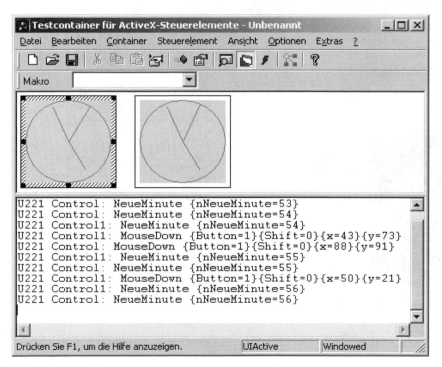

Bild 22.36: Zwei Steuerelemente feuern (fast) gleichzeitig

22.2.6 Verarbeiten von Text und Schriftarten

In diesem Kapitel wollen wir die vordefinierte Titelzeile `Caption` des Steuerelements U221 aktivieren und mit den vordefinierten Eigenschaften `Font` verändern. Dabei werden wir sehen, dass die bereits eingeführte Eigenschaft `ForeColor` auch für die Titelzeile wirksam wird. Der Hintergedanke bei dieser Übung zeigt sich erst in einem der Folgekapitel, wenn wir die Eigenschaftenseiten implementieren und dabei auf eine Standardseite für die Schriftart zurückgreifen.

> Ansonsten entspricht die Vorgehensweise der bekannten Technik, die wir schon für `BackColor` und `ForeColor` angewandt haben:

1. Wir suchen den Schnittstellenknoten `_DU221` auf und geben die vordefinierte Eigenschaft `Caption` (**Bild 22.37**) und anschließend `Font` frei.

2. Bei der Eigenschaft `Caption` fällt neben dem besonderen Stringtyp auf, dass sie nicht als Membervariable implementiert werden kann. Wir wollen ihr zusätzlich die `Standardeigenschaft` geben.

   Die Eigenschaft `Font` will nicht zurückstehen und hat als `Eigenschaftstyp` den Wert `IDispFont*`, also zum ersten Mal einen Zeiger auf eine komplizierte Struktur.

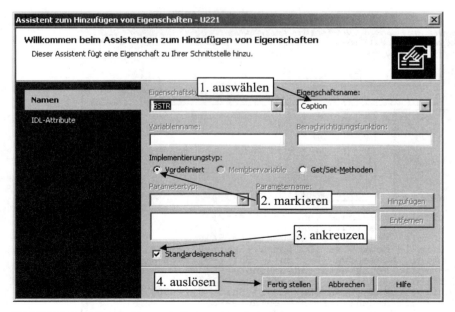

Bild 22.37: Vordefinierte Eigenschaft `Caption` freigeben

3. Mit Fertig stellen schließen wir den Assistenten und kehren in den Quelltext zurück.

22.2 ActiveX-Steuerelemente erstellen

4. Hier stellt sich die Frage der Initialisierung. Im Konstruktor können wir zwar einen Anfangswert vorgeben, dieser wird aber später nicht sichtbar. Auf den ersten Blick erfolgreicher ist die Ereignisfunktion:

    ```
    int CU221Ctrl::OnCreate(LPCREATESTRUCT lpCreateStruct) {
      if (COleControl::OnCreate(lpCreateStruct) == -1)
        return -1;
      // TODO:   Fügen Sie Ihren spezialisierten Erstellcode hier ein.
      if (SetTimer(1,1000,NULL)==0) {
        AfxMessageBox("Kein Zeitgeber mehr verfügbar");
        return -1;
      }
      //SetText("Uhr");//zerstört aus DoPropExchange eingeles. Eigenschaft
      return 0;
    } //CU221Ctrl::OnCreate
    ```

    Leider hat sie den Nachteil, dass sie erst hinter `DoPropExchange` aufgerufen wird und somit eventuell eingelesene Standardattribute überschreibt.

5. Also versuchen wir es mit der Überschreibung:

    ```
    BOOL CU221Ctrl::PreCreateWindow(CREATESTRUCT& cs) {
      SetText("Uhr");
      return COleControl::PreCreateWindow(cs);
    } //CU221Ctrl::PreCreateWindow
    ```

    ebenfalls mit nur mäßigem Erfolg. Auch hier werden die eingelesenen Werte zerstört.

    Hier zeigt es sich wieder, dass man die Reihenfolge der Funktionsaufrufe beachten muss, um die richtige Stelle für eine Anweisung zu finden.

6. Damit ist die Eigenschaft vorbereitet und veröffentlicht. ■

Ich denke, dass wir in Zukunft auf die Kontrolle der generierten Einträge verzichten können, es sei denn, sie stellen etwas Neues dar.

Schauen wir in die Hilfe für die Klasse `COleControl`, so finden wir dort den Hinweis, dass die Eigenschaft `Caption` ein Alias für die vordefinierte Eigenschaft `Text` ist. Wir arbeiten daher auf derselben Eigenschaft, unabhängig davon, ob wir `Caption` oder `Text` verwenden. Die `Get-` und `Set`-Methoden und die Benachrichtigungsfunktion für die Eigenschaft `Caption` sind die Funktionen `GetText`, `SetText` und `OnTextChanged` von `COleControl`.

`COleControl::OnTextChanged` wird aufgerufen, wenn die `Caption`-Eigenschaft durch die Funktion `SetText` geändert wird. Standardmäßig macht `OnTextChanged` das Steuerelement ungültig.

Ereignisfunktionen vordefinierter Eigenschaften wie `OnTextChanged` können wir in der abgeleiteten Steuerelementklasse überschreiben. Wir können z. B. die Änderung des Titels dadurch optimieren, dass wir das ganze Steuerelement nicht ungültig machen, so dass es nicht neu gezeichnet wird.

Statt über `GetText` können wir auf `Caption` auch direkt mit der Funktion `InternalGetText` der Klasse `COleControl` zugreifen. Dies ist z. B. nützlich, wenn wir auf die `Caption`-Eigenschaft intern zugreifen, z. B. von der Funktion `OnDraw` des Steuerelements aus. Wir werden dies im Folgenden einsetzen.

Die Eigenschaft `Font` ist ein Zeiger auf ein Schriftart-Objekt, das von der Klasse `CFontHolder` eingekapselt ist. Das Schriftart-Objekt enthält verschiedene Eigenschaften, die die aktuelle Schriftart beschreiben. Diese Eigenschaften sind über die Schnittstelle `IDispatch` des Schriftart-Objekts zugänglich.

Ähnlich der Eigenschaft `Caption` ist auch die Eigenschaft `Font` als eine `Get/Set`-Eigenschaft implementiert. Die Eigenschaft `Font` unterstützt eine Ereignisfunktion `OnFontChanged`, die in `COleControl` definiert ist. In der Standardeinstellung macht diese Funktion das Steuerelement ungültig. Auch diese Funktion können wir durch Überschreiben optimieren.

> Nach diesen Vorbemerkungen können wir nun mit der Programmierung beginnen:
> 1. Wir suchen die Ereignisfunktion `CU221Ctrl::OnDraw` in `U221Ctl.cpp`.
> 2. Wir können jetzt ähnlich wie bei unseren ersten Übungen vorgehen, bei denen wir die Eigenschaften `BackColor` bzw. `ForeColor` benutzt haben, um die digitale Uhrzeit anzuzeigen. Jetzt müssen wir noch die Eigenschaft `Font` in den Gerätekontext stellen, bevor wir den Text ausgeben. Die Funktion `InternalGetText` ruft den gezeichneten Titeltext mit Hilfe der Funktion `ExtTextOut` ab.

Die Ereignisfunktion `OnDraw` sieht nun folgendermaßen aus:

```cpp
void CU221Ctrl::OnDraw(CDC* pdc,const CRect& rcBounds,
                const CRect& rcInvalid) {
...
  //Zeit[24]=' ';
  //Zeit[25]='\0';
    CFont* pAlterFont;
  TEXTMETRIC tm;
  const CString& strCaption=InternalGetText();
  // ForeColor und transparenten Hintergrundmodus einstellen
  pdc->SetTextColor(TranslateColor(GetForeColor()));
  pdc->SetBkMode(TRANSPARENT);
...
  // Titel mit den Eigenschaften Font und ForeColor zeichnen
  pAlterFont=SelectStockFont(pdc);
  pdc->GetTextMetrics(&tm);
  pdc->SetTextAlign(TA_CENTER|TA_TOP);
  pdc->ExtTextOut((rc.left+rc.right)/2,(rc.top+rc.bottom-tm.tmHeight)/2
            ,ETO_CLIPPED,rc,strCaption,strCaption.GetLength(),NULL);
  pdc->SelectObject(pAlterFont);
  pdc->SelectObject(pAlterStift);
  pdc->SelectObject(pAlterPinsel);
  if(m_nAlteMinute!=NeueZeit->tm_min) {
    m_nAlteMinute=NeueZeit->tm_min;
    NeueMinute(m_nAlteMinute);
  }
} //CU221Ctrl::OnDraw
```

Zuerst deklarieren wir drei neue, lokale Variablen `pAlterFont` als Speicher für den derzeitigen Font, `tm` für die Informationen zur jeweiligen Schriftart sowie `strCaption`, die den Text der Eigenschaft `Caption` übernimmt. Der Wert wird

22.2 ActiveX-Steuerelemente erstellen

durch Aufrufen der Funktion `InternalGetText` übertragen. Wir benutzen diese Funktion an Stelle von `GetText`, wenn der zurückgegebene Text vom Steuerelement (also unserem Programm) nicht verändert wird. `InternalGetText` liefert eine Zeichenfolge vom Typ `BSTR`, die eine Kopie des Titeltexts enthält, der freigegeben werden muss.

Das Setzen der Textfarbe entspricht dem Setzen der Stiftfarbe (einige Zeilen vorher). Der Hintergrundmodus des Textes wird im Gerätekontext durch Aufrufen der Funktion `SetBkMode` transparent gemacht, wodurch der Text keinen eigenen Farbblock erhält.

Der Aufruf der Funktion `SelectStockFont` (die in der Basisklasse `COleControl` definiert wird) stellt die neue Schriftart in den Gerätekontext. Sie liefert uns die gerade aktive Schriftart, die wir in den Zeiger `pAlterFont` retten.

Da wir den Text im Steuerelement zentrieren wollen, benötigen wir einen Zugriff auf die Texteigenschaften, die wir uns über den Aufruf der Funktion `GetTextMetrics` besorgen. Den Text zentrieren wir horizontal über den Aufruf der Funktion `SetTextAlign`. Zum eigentlichen Zeichnen mit der Funktion `ExtTextOut` berechnen wir dann noch die Position.

Nach der Ausgabe setzen wir die alte Schriftart wieder ein.

3. Nun erstellen wir das Steuerelement neu und testen es im `Testcontainer`. ∎

Zuerst erscheint unsere Uhr wie üblich. Nun öffnen wir mit Steuerelement|Methoden aufrufen... das Dialogfeld Methoden aufrufen. Hier können wir die verschiedenen Eigenschaften im Kombinationsfeld Methodenname auswählen und deren Wert verändern. Bei Aufruf der Methode `Caption` (PropGet) finden wir keinen Wert, so dass wir beim Start auch keine Änderungen im Steuerelement entdeckt haben. Haben wir dagegen die Initialisierung in `OnCreate` durchgeführt, so erscheint die Beschriftung sofort.

Nun können wir durch Aufruf der Methode `Caption` (PropPut) den Wert Uhr eingeben. Dabei gehen wir wieder zweistellig vor, d. h., wir müssen den Wert erst festlegen und können ihn dann mit Aufrufen an das Steuerelement übergeben. Der Text sollte dann mittig in der Uhr erscheinen (**Bild 22.38**).

Auffällig sind wieder die zwei Übergabefunktionen `_Caption`, die aber keine Wirkung haben.

Bemerkenswert sind nun die zusätzlichen Ereignisse, die gemeldet werden, wenn wir die Beschriftung setzen. Es handelt sich immer um zwei Ereignisse, wobei das erste eine Anfrage darstellt, ob die Änderung erlaubt ist, während das zweite die Änderung signalisiert.

```
U221 Control: Property Edit Request: Caption (Allowed)
U221 Control: Property Change: Caption
```

Rufen wir nun die Eigenschaft `Font` mit der Methode `Font` (PropGet) ab, so erhalten wir `MS Sans Serif` (VT_FONT), also einen speziellen Datentyp.

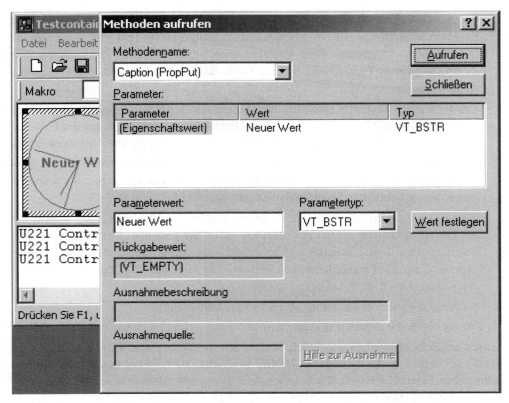

Bild 22.38: Veränderung der Eigenschaft Caption eines ActiveX-Steuerelements

Wählen wir nun die Methode Font (PropPut) und den Parametertyp VT_FONT, so wechselt der Fensterinhalt. Eine Schaltfläche Schriftart wählen... taucht auf. Font ist eine *Komplexeigenschaft* (oder Struktur, Objekt usw.), die sich aus mehreren Eigenschaften zusammensetzt.

Ein Klick auf Schriftart wählen... lässt daher den Standard-Font-Dialog erscheinen, so wie wir ihn aus vielen anderen Programmen kennen (**Bild 22.39**). Hier können wir alle Eigenschaften einer Schriftart einstellen.

22.2 ActiveX-Steuerelemente erstellen

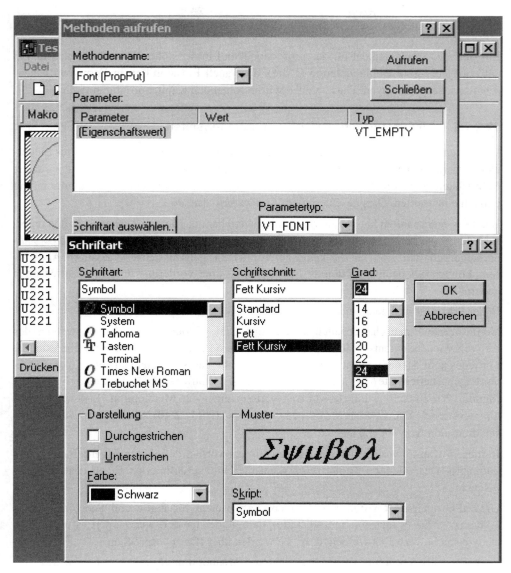

Bild 22.39: Eingabe einer Komplexeigenschaft mit `PropPut`

Von den Änderungen, die wir vornehmen, erscheint nur der Name der Schriftart in der Liste der Parameter, und auch nur diese wird mit Aufrufen wirksam. Schriftschnitt und Schriftgrad verpuffen.

➢ Aufgabe 22-2:

Stellen Sie statt einer Überschrift die digitale Uhrzeit dar. Stellen Sie die Überschrift und die Uhrzeit zweizeilig dar. ∎

22.2.7 Eigenschaftenseiten programmieren

Ein ActiveX-Steuerelement für den professionellen Einsatz sollte neben der Funktionalität natürlich eine gute Dokumentation (Hilfe), aber auch Einstellhilfen in Form von Eigenschaftenseiten mitbringen. Diese wollen wir im folgenden Kapitel programmieren.

22.2.7.1 Einsatz vordefinierter Eigenschaftenseiten

Wir hatten schon angekündigt, dass es möglich sein sollte, dem Verwender unseres Steuerelements (also dem Programmierer und nicht dem Anwender/Benutzer) eine einfache Möglichkeit zu geben, die Eigenschaften des Steuerelements während der Programmierung einfach einzustellen. Dies geschieht über *Eigenschaftenseiten*.

Bei den Eigenschaften hatten wir vordefinierte und benutzerdefinierte Eigenschaften unterschieden. Dies können wir nicht 1 zu 1 auf die Eigenschaftenseiten übertragen, da es Standardeigenschaften gibt, für die keine vordefinierte Eigenschaftenseite existiert. Andererseits können wir benutzerdefinierte Eigenschaften über vordefinierte Eigenschaftenseiten ändern.

In der Praxis ist dies ganz leicht umsetzbar.

Vordefinierte Eigenschaftenseiten sind fertige Dialogfelder, die es dem Anwender des ActiveX-Steuerelements erlauben, eine oder mehrere Eigenschaften interaktiv einzustellen. Für jedes neue Steuerelement stellt uns der Generator für Steuerelemente eine (leere) Standardeigenschaftenseite `General` und eine Eigenschaftenseite `Erweitert` zur Verfügung. Wir finden sie im `Testcontainer` unter der Menüoption Bearbeiten| Eigenschaften... `U221 Control Objekt` (**Bild 22.40**). Sie sehen wie die Eigenschaftenseiten von VC 6.0 aus.

In diesem Kapitel wollen wir uns um den Einsatz von vordefinierten Eigenschaftenseiten kümmern. Das folgende Kapitel wird dann die benutzerdefinierten Eigenschaften näher beleuchten.

Die MFC unterstützt vordefinierte Eigenschaftenseiten für Farbe und Schriftart (sowie `Picture`). Da es sich um spezialisierte Dialogfelder handelt, verwundert es nicht, dass sie wie solche verwaltet werden, d. h., sie werden über IDs angesprochen.

Sozusagen als Vorübung öffnen wir über die Menüoption Ansicht|Ressourcensymbole... das Dialogfeld `Ressourcensymbole` (**Bild 22.41**). In der Liste Verwendet von sehen wir immer das/die übergeordneten Objekte. Wir erkennen die Bitmap `IDB_U221`, den Infodialog `IDD_ABOUTBOX_U221`, einen Eigenschaftendialog `IDD_ PROPPAGE_U221`, eine Ikone `IDI_ABOUTDLL` und drei Einträge in der Zeichenfolgentabelle (Strings) `IDS_`....

Letzteres veranlasst uns, die Zeichenfolgentabelle über die Ressourcenansicht zu öffnen. Hier sehen wir, warum der `Testcontainer` das Steuerelement mit englischen Bezeichnungen öffnet. Die Standardeinträge sind (noch) nicht übersetzt. Es ist jetzt keine große Mühe, dies durchzuführen (**Bild 22.42**).

22.2 ActiveX-Steuerelemente erstellen 1141

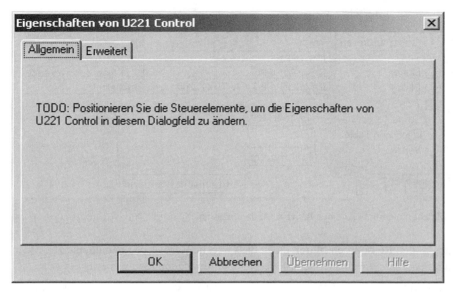

Bild 22.40: Vordefinierte Eigenschaftenseiten

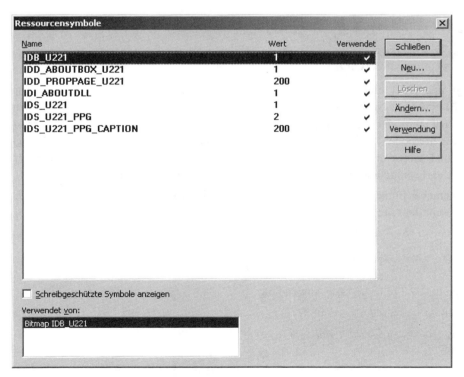

Bild 22.41: Liste der Ressourcensymbole

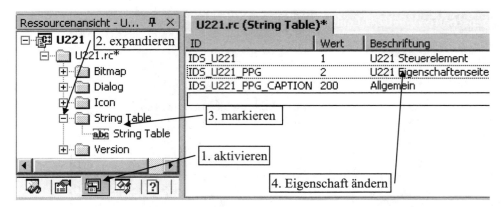

Bild 22.42: Zeichenfolgentabelle eines ActiveX-Steuerelements

Änderungen in den Ressourcen führen dazu, dass nur die Ressourcen neu übersetzt werden und anschließend zum vorübersetzten Steuerelement hinzugebunden werden.

Die Eigenschaftenseite wurde vom Anwendungsassistenten bereits in unser Programm eingebunden. Wir finden den Code in der Datei U221Ctl.cpp:

```
// Eigenschaftenseiten

// TODO: Fügen Sie mehr Eigenschaftenseiten ein, als erforderlich sind.
   Denken Sie daran, den Zähler zu erhöhen!
BEGIN_PROPPAGEIDS(CU221Ctrl, 1)
   PROPPAGEID(CU221PropPage::guid)
END_PROPPAGEIDS(CU221Ctrl)
```

Er zeigt uns, dass eine Eigenschaftenseite guid vorbereitet ist. Sie ist vom Typ CU221PropPage. Nach unserem Wissensstand handelt es sich um eine Klasse, die wir auch tatsächlich in der Klassenansicht aufgelistet finden. Sie verfügt über einen Konstruktor und die Methode DoDataExchange, was wir mit dem Datenaustausch eines Dialogfensters und seines erzeugenden Fensters assoziieren. Wie wir über das Steuerelement Daten einlesen, sollte uns daher in einem weiteren Kapitel beschäftigen.

Wir suchen aber immer noch nach guid. Hierzu finden wir zwei Makroaufrufe, einen in der Eigenschaftenseite U221Ppg.cpp zur Vorbereitung:

```
// Klassenfactory und GUID initialisieren

IMPLEMENT_OLECREATE_EX(CU221PropPage, "U221.U221PropPage.1",
   0x10527c68, 0x3f58, 0x4812, 0x9a, 0x88, 0x2, 0x1d, 0xf2, 0xb4, 0x10, 0xc7)
```

und einen in U221Ctl.h zur Anwendung:

```
// Implementierung
protected:
   void GibZeichenRechteck(CRect *rc);
   ~CU221Ctrl();

   DECLARE_OLECREATE_EX(CU221Ctrl)      // Klassenfactory und GUID
   DECLARE_OLETYPELIB(CU221Ctrl)        // GetTypeInfo
   DECLARE_PROPPAGEIDS(CU221Ctrl)       // Eigenschaftenseiten-IDs
   DECLARE_OLECTLTYPE(CU221Ctrl)        // Typname und versch. Status
```

22.2 ActiveX-Steuerelemente erstellen

⊠ Leider ist keiner der Assistenten in der Lage, neue Eigenschaftenseiten automatisch hinzuzufügen. Wir beachten daher den Hinweis des Assistenten und gehen in folgenden Schritten vor:

1. Wir suchen in der Datei U221Ctl.cpp den oben gezeigten Code (wenn dies nicht schon geschehen ist).
2. Da wir für die Schriftart und die Farbe vordefinierte Eigenschaftenseiten hinzufügen wollen, erhöhen wir den Zähler auf 3.
3. Für die Standardeigenschaften Font und Farbe existieren zwei vordefinierte Eigenschaften. Hierzu tragen wir die Aufrufe in unser Programm ein:

   ```
   // ZU ERLEDIGEN: Fügen Sie mehr Eigenschaftenseiten ein, als
       erforderlich sind.  Denken Sie daran, den Zähler zu erhöhen!
   BEGIN_PROPPAGEIDS(CU221Ctrl, 3)
       PROPPAGEID(CU221PropPage::guid)
       PROPPAGEID(CLSID_CColorPropPage)
       PROPPAGEID(CLSID_CFontPropPage)
   END_PROPPAGEIDS(CU221Ctrl)
   ```

4. Wir erstellen das Steuerelement neu und testen es. ■

Wenn wir das Steuerelement in den Testcontainer laden, so sehen wir, dass es unter dem Objekttyp U221 Steuerelement firmiert, d. h., unsere Änderungen in der Zeichenfolgentabelle werden hier wirksam.

Wir öffnen nun über Bearbeiten|Eigenschaften... U221 Steuerelement Objekt das Dialogfeld Eigenschaften von U221 Steuerelement. Es zeigt zwei zusätzliche Registerkarten. Wenn wir nun die Registerkarte Farben wählen, so können wir über das Kombinationsfeld Eigenschaftsname alle Farbvariablen unseres Steuerelements ändern (**Bild 22.43**) und dabei auf Systemfarben setzen. Dies ist bemerkenswert, da wir beim Methodenaufruf nicht automatisch den richtigen Variablentyp erhalten.

Wir können sogar selbst definierte Farbvariablen umstellen, was wir an KlickFarbe erkennen.

Wir können jetzt die Eigenschaften ändern und ausprobieren. Dabei fällt uns auf, dass:

- mit der Änderung einer Eigenschaft die Schaltfläche Übernehmen aktivierbar wird
- ein Klick auf diese Schaltfläche sofort den neuen Eigenschaftswert wirksam werden lässt
- die Registerkarte Erweitert (im Gegensatz zu den anderen Karten) über eine Hilfe verfügt usw.

Jetzt funktioniert auch die Einstellung der Schrift vollständig (**Bild 22.44**), d. h., es werden jetzt auch der Schriftschnitt und die -größe übernommen.

Eher mühsam ist es, Informationen über die vordefinierten Eigenschaftenseiten aus dem System zu bekommen. Die Datei OleCtl.h im Verzeichnis von Visual Studio C:\Programme\Microsoft Visual Studio .NET\Vc7\PlatformSDK\ Include\ zeigt uns z. B. die vorhandenen Eigenschaftenseiten:

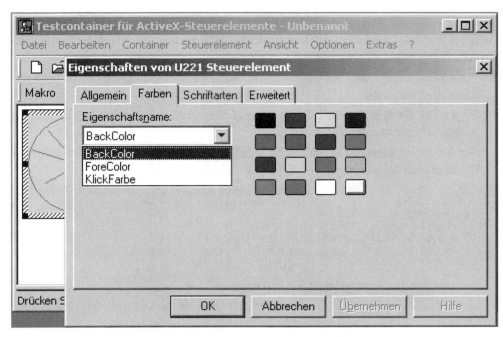

Bild 22.43: Farb-Eigenschaftenseite des ActiveX-Steuerelements U221

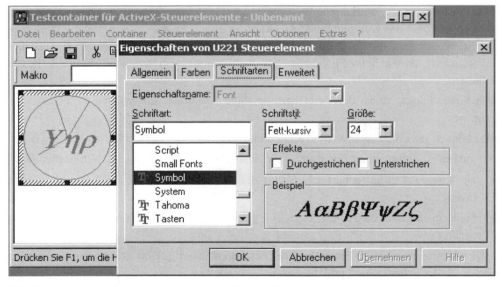

Bild 22.44: Font-Eigenschaftenseite des ActiveX-Steuerelements U221

22.2 ActiveX-Steuerelemente erstellen

```
//
// Class IDs for property sheet implementations
//
DEFINE_GUID(CLSID_CFontPropPage,
  0x0be35200,0x8f91,0x11ce,0x9d,0xe3,0x00,0xaa,0x00,0x4b,0xb8,0x51);
DEFINE_GUID(CLSID_CColorPropPage,
  0x0be35201,0x8f91,0x11ce,0x9d,0xe3,0x00,0xaa,0x00,0x4b,0xb8,0x51);
DEFINE_GUID(CLSID_CPicturePropPage,
  0x0be35202,0x8f91,0x11ce,0x9d,0xe3,0x00,0xaa,0x00,0x4b,0xb8,0x51);
```

22.2.7.2 Ändern der Standard-Eigenschaftenseite

Wenn wir genau hinschauen, so können wir über die vordefinierten Eigenschaftenseiten nun sowohl vordefinierte Eigenschaften vom Typ `Font`, `Farbe` oder `Picture` wie auch benutzerdefinierte Eigenschaften (`KlickFarbe`) von ebensolchen Typen verändern. Alle anderen Eigenschaften, also auch die anderen vordefinierten Eigenschaften, können wir nur über selbst geschriebene Eigenschaftenseiten benutzerfreundlich offen legen. Wobei wir natürlich mehrere unterschiedliche Eigenschaftenseiten anlegen können.

Die derzeit unbehandelten Eigenschaften sind `Caption`, `Kreisform` und `Kreis-Verschiebung`. Die notwendige Eigenschaftenseite bearbeiten wir wie ein Dialogfeld:

1. Wir expandieren auf der `Ressourcenansicht` den Projektordner `U221 Ressourcen` und in gleicher Form den darunter liegenden Ordner `Dialog`.
2. Nach einem Doppelklick auf den Eintrag `IDD_PROPPAGE_U221` öffnet sich der Dialogeditor mit dem vorbereiteten Eigenschaftsdialog (**Bild 22.45**).

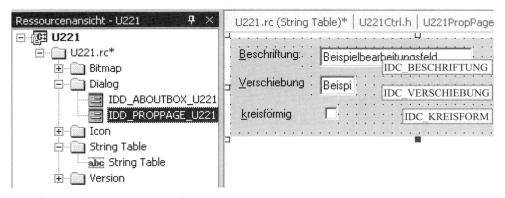

Bild 22.45: Oberflächenentwurf der Eigenschaftenseite zum ActiveX-Steuerelement `U221`

3. Wir haben wie bei einem normalen Dialog zwei Bezeichnungsfelder, zwei Textfelder und ein Kontrollkästchen angelegt. Beim Kontrollkästchen markieren wir die Eigenschaft `LeftText`, so dass die Reihenfolge von Text und Kästchen vertauscht wird.
4. Den drei wichtigen Feldern geben wir IDs, wie sie auf dem Bild zu erkennen sind.
5. Wir kontrollieren über die Reihenfolge der Tabulatoren und testen den Entwurf.

6. Damit ist der visuelle Entwurf der Eigenschaftenseite fertig, so dass wir ihn speichern können. Wir schließen ihn aber noch nicht. ∎

☞ Tipp: Die Größe des Dialoges sollten Sie nicht verändern, da die anderen Dialoge auf eine Größe von 250×62 bzw. 250×110 ausgelegt sind. Es ergibt sich außer einer Fehlermeldung kein Vorteil bei einer Veränderung des Außenrahmens.

Jetzt gehen wir daran, die Steuerelemente mit den Eigenschaften zu verknüpfen. Dazu ordnen wir den Steuerelementen Membervariablen zu:

1. Es sollte der Dialog `IDD_PROPPAGE_U221` geöffnet sein, sonst müssten wir ihn wieder öffnen.
2. Für die drei Eingabefelder legen wir Membervariablen mit den Bezeichnungen `m_strBeschriftung`, `m_nVerschiebung` und `m_bKreisform` an.
3. Jetzt sollten wir diese Membervariablen mit den Eigenschaften des Steuerelements verknüpfen. Letztere gibt es in zwei Varianten: selbst als Membervariable bzw. als geschützte Eigenschaft, die nur über `Get/Set`-Methoden ansprechbar sind. Somit können wir sie nicht einfach durch gleiche Namenswahl miteinander bekannt machen. Vielmehr benötigen wir einen speziellen Synchronisationsmechanismus.

Bis zur Version 6.0 konnte diese Verknüpfung über die Angabe des Eigenschaftennamens im Feld `Name der optionalen Eigenschaft` automatisch hergestellt werden. Dieses Feld ist in Version 7.0 nicht mehr vorhanden.

4. Wir müssen daher die Synchronisation zwischen dem Feld auf der Eigenschaftenseite und der Steuerelementeigenschaft manuell herstellen. Dazu studieren wir die in Version 6.0 generierten Anweisungen und finden folgende Lösung:

```
// CU221PropPage::DoDataExchange - Verschiebt Daten zwischen der Seite
   und den Eigenschaften.

void CU221PropPage::DoDataExchange(CDataExchange* pDX) {
   DDP_Text(pDX, IDC_BESCHRIFTUNG, m_strBeschriftung, _T("Caption") );
   DDX_Text(pDX, IDC_BESCHRIFTUNG, m_strBeschriftung);
   DDP_Text(pDX, IDC_VERSCHIEBUNG, m_nVerschiebung,
                                        _T("KreisVerschiebung"));
   DDX_Text(pDX, IDC_VERSCHIEBUNG, m_nVerschiebung);
   DDP_Check(pDX,IDC_KREISFORM, m_bKreisform, _T("Kreisform") );
   DDX_Check(pDX,IDC_KREISFORM, m_bKreisform);
   DDP_PostProcessing(pDX);
} //CU221PropPage::DoDataExchange
```

Vor jeder Dialog Data Exchange(`DDX_`)-Anweisung steht eine `DDP_`-Anweisung, die aufgrund der Parameter eine Dialogvariable mit einer Eigenschaft verknüpft. Am Ende der Funktion wird durch Aufruf von `DDP_PostProcessing` der Datenaustausch endgültig durchgeführt, und die neuen Eigenschaften werden zur Wirkung gebracht.

Hinter den `DDX_`-Anweisungen können noch die üblichen `DDV_`-Anweisungen zur Validierung der Dialogdaten stehen.

22.2 ActiveX-Steuerelemente erstellen 1147

5. Wir haben damit alle Eigenschaften unseres Uhr-Steuerelements auf der Standardeigenschaftenseite untergebracht. Wir können das Steuerelement somit neu erstellen und im Testcontainer testen (**Bild 22.46**). ■

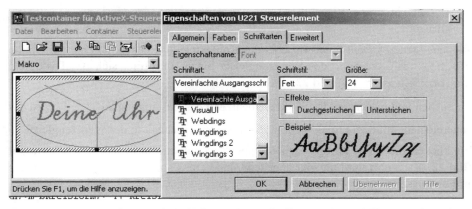

Bild 22.46: Benutzerdefiniertes ActiveX-Steuerelement im Testcontainer mit Eigenschaftenseiten

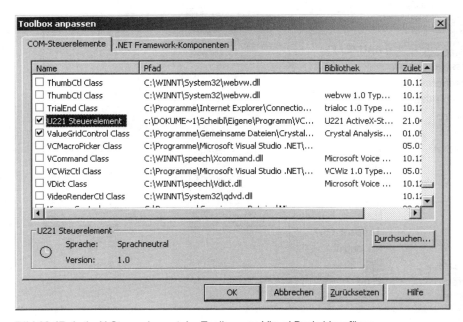

Bild 22.47: ActiveX-Steuerelement der Toolbox von Visual Basic hinzufügen

22.2.8 ActiveX-Steuerelement unter Visual Basic testen

⊠ Wirklich spannend ist es, das neue Steuerelement in einer anderen Programmierumgebung auszuprobieren:

1. Wir starten ein neues Visual Basic-Projekt U221 von der Vorlage Windows-Anwendung.
2. Das neue Steuerelement fügen wir über das Kontextmenü (Rechtsklick) mit der Option Toolbox anpassen... der Werkzeugleiste hinzu. Es öffnet sich das Dialogfeld Toolbox anpassen (**Bild 22.47**).
3. Wir suchen und markieren das Steuerelement. Mit der Bestätigung auf OK wird das Steuerelement mit dem Projekt verknüpft. Die Ikone erscheint in der Werkzeugleiste.
4. Wir klicken die Ikone an und ziehen dann die Komponente in der leeren Form auf (**Bild 22.48**). Sofort wird die Uhr angezeigt und bereits animiert, d. h., sie läuft bereits zur Entwurfszeit.

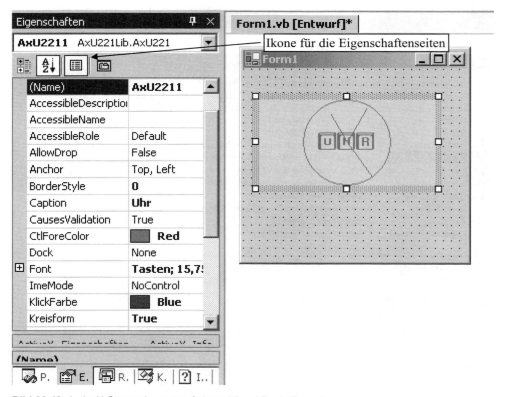

Bild 22.48: ActiveX-Steuerelement auf einem Visual Basic-Formular

22.2 ActiveX-Steuerelemente erstellen 1149

Überhaupt ist es eine besondere Stärke von Visual Basic, fast alle Eigenschaften bereits zur Entwurfszeit ändern zu können. Wir sehen das am Beispiel der Schriftart.

5. Besonders interessant ist der Blick auf die Eigenschaften. Wir finden dort Eigenschaften des Containers wie `Name`, `Location`, usw. Die freigegebenen, vordefinierten Eigenschaften erscheinen mit speziellen Namen wie `CtlForeColor`, `Caption` usw. Aber auch die benutzerdefinierten Eigenschaften `KlickFarbe`, `Kreisform` usw. sind zu sehen. Übrigens fehlt `BackColor`.

6. Mit einem Rechtsklick auf das Steuerelement können wir aus dem Kontextmenü heraus auch unsere entwickelten Eigenschaftenseiten und den Info-Dialog starten (**Bild 22.49**). Die Klassenansicht sieht übrigens für diese Eigenschaftsseite eine Ikone vor.

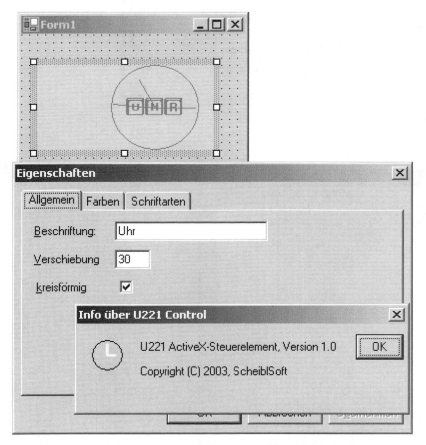

Bild 22.49: Eigenschaftenseiten und Info-Dialog unter Visual Basic aktiviert

7. Mindestens genauso interessant sind die Ereignisse des neuen Steuerelements. Visual Basic hat einige davon zu bieten, u. a. auch das benutzerdefinierte Ereignis `NeueMi-`

nute (**Bild 22.50**), das wir gleich programmieren wollen, indem wir die Meldung in ein Listenfeld übertragen.

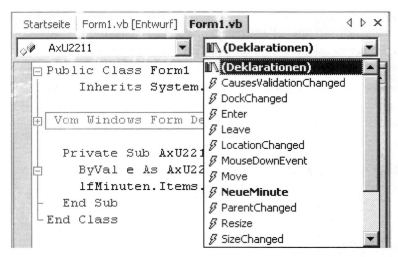

Bild 22.50: Container- und ActiveX-Ereignisse

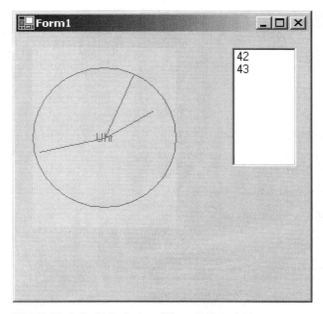

Bild 22.51: ActiveX-Ereignisse füllen ein Listenfeld

```
Private Sub AxU2211_NeueMinute(ByVal sender As System.Object, _
    ByVal e As AxU221Lib._DU221Events_NeueMinuteEvent) Handles _
AxU2211.NeueMinute
```

22.2 ActiveX-Steuerelemente erstellen

```
       lfMinuten.Items.Add(e.nNeueMinute)
End Sub 'AxU2211_NeueMinute
```

Jede Minute wird nun der Wert in die Liste eingetragen (**Bild 22.51**).

8. Wenn wir genug getestet haben, so schließen wir Visual Basic. ∎

22.2.8.1 Einfügen einer benutzerdefinierten Eigenschaftenseite

Noch ist unsere Standardeigenschaftenseite übersichtlich. Es kann aber vorkommen, dass wir so viele Eigenschaften nach außen freigeben wollen, dass diese Eigenschaftenseite zur Darstellung nicht ausreicht. Wir müssen also eine eigene Eigenschaftenseite anlegen.

Zur Erstellung einer eigenen Eigenschaftenseite legen wir zuerst ein weiteres Dialogfeld an:

1. Hierzu wechseln wir in die Ressourcenansicht und fügen über die Option `Dialog einfügen` des Kontextmenüs (Rechtsklick auf den Dialogknoten) einen neuen Dialog `IDD_PROPPAGE_U221_2` ein.
2. Da wir zum Umbenennen des Dialogfelds seine Eigenschaftenseite öffnen müssen, ändern wir auch `Stil` in `Untergeordnet` sowie `Rahmen` in `None`.
3. Die Größe des Dialogs legen wir auf 250×62 bzw. 250×110 fest. Dazu beobachten wir die Größenangabe rechts außen in der Statusleiste.
4. Da eine Eigenschaftenseite keine Schaltflächen benötigt, löschen wir alle vorhandenen Steuerelemente.
5. Zur Demonstration wollen wir das Kontrollkästchen `kreisförmig` verlagern. Dazu schneiden wir es aus dem Dialog `IDD_PROPPAGE_U221` heraus und fügen es in den neuen Dialog `IDD_PROPPAGE_U221_2` ein.
6. Wir speichern vorsichtshalber beide Dialogfelder ab.
7. Da die neue Eigenschaftenseite keine Klasse besitzt, generieren wir diese über das Kontextmenü (Rechtsklick auf den Formularhintergrund) mit den Einstellungen nach **Bild 22.52**.
8. Im Dialogfeld `Neue Klasse` geben wir `CU221PropPage2` ein.
9. Der entscheidende Schritt ist nun, die `Basisklasse` auf `COlePropertyPage` zu setzen. Die `Dialogfeld-ID` lassen wir unverändert.
10. Jetzt müssen wir noch die Membervariable `IDC_KREISFORM` im Dialogfeld `IDD_PROPPAGE_U221` löschen und im Dialogfeld `IDD_PROPPAGE_U221_2` eintragen. Dazu sind mehrere Korrekturen notwendig:
    - Deklaration in der Kopfdatei
    - Initialisierung im Konstruktor
    - Datenaustausch in der Funktion `DoDataExchange`
11. Mit OK beenden wir den Klassenassistenten. ∎

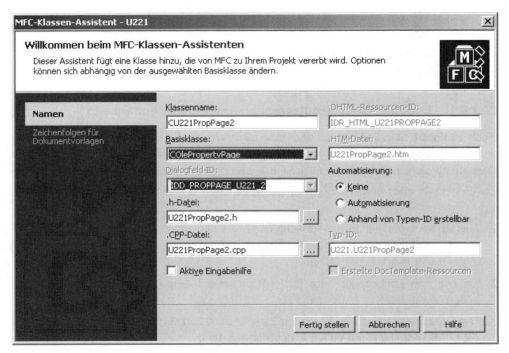

Bild 22.52: MFC-Klassenassistent legt eine Klasse für die neue Eigenschaftenseite an

▷ Nun müssen wir, wie schon erwähnt, dieses Dialogfeld als neue Eigenschaftenseite einrichten:

1. Wir wechseln daher in die Implementationsdatei `U221Ctl.cpp` und erweitern den Makroabschnitt:

```
// Eigenschaftenseiten

// TODO: Fügen Sie mehr Eigenschaftenseiten ein, als erforderlich sind.
   Denken Sie daran, den Zähler zu erhöhen!
BEGIN_PROPPAGEIDS(CU221Ctrl, 4)
   PROPPAGEID(CU221PropPage::guid)
   PROPPAGEID(CU221PropPage2::guid)
   PROPPAGEID(CLSID_CColorPropPage)
   PROPPAGEID(CLSID_CFontPropPage)
END_PROPPAGEIDS(CU221Ctrl)
```

Dabei dürfen wir nicht vergessen, den Zähler zu erhöhen.

2. Damit die Klasse `CU221PropPage2` auch bekannt ist, müssen wir die Kopfdatei importieren:

```
// U221Ctrl.cpp : Implementierung der CU221Ctrl ActiveX-
   Steuerelementklasse.

#include "stdafx.h"
#include "U221.h"
#include "U221Ctrl.h"
#include "U221PropPage.h"
```

22.2 ActiveX-Steuerelemente erstellen

```
#include "U221PropPage2.h"

#include <math.h>
```

3. Damit ist die Codeeingabe beendet. ■

Ein Übersetzungsversuch bringt zwar keine Compilerfehler, dafür aber einen Registrierungsfehler (**Bild 22.53**). Wenn wir das ActiveX-Steuerelement im `Testcontainer` starten, so hat die Registerkarte die Beschriftung `(unbekannt)`. Wir müssen also noch etwas unternehmen.

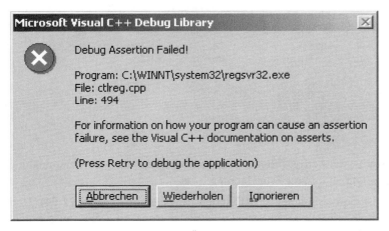

Bild 22.53: Registrierungsfehler beim Übersetzen einer neuen Eigenschaftenseite

☞ Tipp: Sollte das Dialogfeld losgelöst vom Eigenschaftenfenster ohne Rahmen in der linken oberen Ecke des Bildschirms erscheinen, so haben Sie die Eigenschaft `Stil` nicht richtig auf `Untergeordnet` gesetzt.

▷ Damit die Beschriftung stimmt, gehen wir in folgenden Schritten vor:

1. Wir öffnen in der Ressourcenansicht im Ordner `String Table` die Zeichenfolgentabelle.
2. In die leere (letzte) Zeile geben wir mit der ID `IDS_U221_PPG2_CAPTION` die gewünschte Beschriftung der Registerkarte `Weitere Eigenschaften` ein.
3. Wir wiederholen Schritt 2 für den Typnamen, geben als ID `IDS_U221_PPG2` und als Titel `U221 Eigenschaftenseite 2` ein.
4. Damit sind die Arbeiten in der Zeichenfolgentabelle abgeschlossen. ■

▷ Nun müssen wir das Dialogfeld mit diesen Konstanten und der Eigenschaftenseite verknüpfen:

1. Wir öffnen die Implementationsdatei der neuen Eigenschaftenseite `U221PropPage2.cpp` und korrigieren:

```
BOOL CU221PropPage2::CU221PropPage2Factory::UpdateRegistry
                                              (BOOL bRegister) {
```

```
        //TODO: Definieren Sie eine Zeichenfolgenressource für den Seitentyp.
        //Ersetzen Sie '0' durch die ID.

        if (bRegister)
           return AfxOleRegisterPropertyPageClass(AfxGetInstanceHandle(),
//              m_clsid, 0); //erzeugt Registrierungsfehler
              m_clsid, IDS_U221_PPG2);
        else
           return AfxOleUnregisterClass(m_clsid, NULL);
     } //CU221PropPage2::CU221PropPage2Factory::UpdateRegistry
```

Bei dieser Gelegenheit blicken wir natürlich begeistert auf die doppelte Bereichsauflösung im Methodennamen.

2. Die Beschriftung der Registerkarte wird im Konstruktor vorgenommen:

```
     // TODO: Definieren Sie eine Zeichenfolgenressource für die Seitenbe-
     //       schriftung. Ersetzen Sie '0' durch die ID.

     CU221PropPage2::CU221PropPage2()
//       : COlePropertyPage(IDD, 0)
         : COlePropertyPage(IDD, IDS_U221_PPG2_CAPTION)
         , m_bKreisform(FALSE)
     {
     } //CU221PropPage2::CU221PropPage2
```

3. Jetzt übersetzen wir unser ActiveX-Steuerelement und testen es. Die Fehlermeldung zum Registrieren entfällt zu unserer Erleichterung. ■

Es gibt nun zwei Registerkarten mit selbst definierten Eingabefeldern (**Bild 22.54**). Und wieder reift die Erkenntnis in uns, dass in Visual C++ nichts trivial ist. Alles muss einmal selbst programmiert werden.

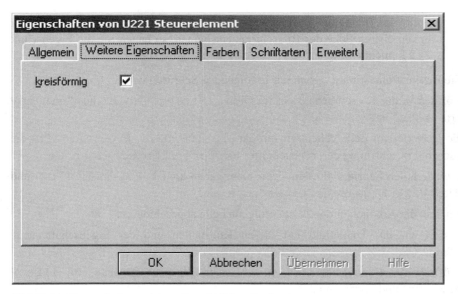

Bild 22.54: Eigenschaftenregister mit zusätzlicher Registerkarte

22.2.9 Einfache Datenverbindung

Einige wichtige Mechanismen fehlen uns noch im Umgang mit ActiveX-Steuerelementen. Wir wollen vielleicht eine Abhängigkeit zwischen Container und Steuerelement programmieren, so dass beim Ändern einer einzelnen Date, das jeweilig andere Element sofort angepasst wird (z. B. indem dort Felder und Listen automatisch aktualisiert werden usw.). Wir haben zwar bereits mit der Funktion `Fire` einen Datenaustausch während einer Benachrichtigung des Containers durch ein Steuerelement realisiert, gehen jetzt aber einen Schritt weiter und automatisieren dies stärker. *Binden* wir nämlich eine Eigenschaft eines Steuerelements an den Container, so wird dieser automatisch über jede Änderung der Eigenschaft informiert und kann darauf reagieren.

Hinweis: Es besteht ein Unterschied zwischen einer Binden-Eigenschaft und einer gebundenen Eigenschaft. Der Begriff Binden-Eigenschaft weist auf die Tatsache hin, dass die Eigenschaft für eine Verbindung zur Verfügung steht. Eine Binden-Eigenschaft wird während der Laufzeit zu einer gebundenen Eigenschaft, sobald das Steuerelement erzeugt und in den Container eingefügt wird, der auf Benachrichtigungen der gebundenen Eigenschaft reagiert.

Wir finden den Begriff der gebundenen Steuerelemente sehr häufig beim Einsatz von Datenbanken. Hier sollen die Steuerelemente in Abhängigkeit der Daten in der Datenbank aktuell gehalten werden. Da es sich meist um Multiuser-Anwendungen handelt, muss der Auslöser der Änderung gar nicht das eigene Programm sein.

Unbeschränkte und beschränkte Datenverbindung

Es gibt zwei Typen von Datenverbindungen:

1. Bei einer *unbeschränkten Datenverbindung* geht das Steuerelement davon aus, dass Änderungen an der gebundenen Eigenschaft jederzeit durchgeführt werden können.
2. Bei einer *beschränkten Datenverbindung* fragt das Steuerelement den Container um Erlaubnis, bevor es die gebundene Eigenschaft ändert.

Eine Benachrichtigung des Containers findet bei jeder Änderung der gebundenen Eigenschaft statt. Unterschiedlich ist dagegen die weitere Vorgehensweise der Steuerelemente mit unbeschränkter und beschränkter Datenverbindung:

Typ	Nachricht an den Container mit	Aktion des Steuerelements
unbeschränkt	`BoundPropertyChanged`	läuft weiter
beschränkt	`BoundPropertyRequestEdit`	logische Rückmeldung `TRUE` erlaubt Änderung, `FALSE` verbietet sie

Die Benachrichtigung des Containers können wir in beiden Fällen im `Testcontainer` über das Dialogfeld `Benachrichtigungsprotokoll` testen. Bei der beschränkten Datenverbindung legen wir den Rückgabewert manuell fest.

In unserem Beispiel werden wir die unbeschränkte Datenverbindung untersuchen. Um den Unterschied zwischen `Binden`-Eigenschaften und `Nicht-Binden`-Eigenschaften eindeutig aufzuzeigen, wird eine `Get/Set`-Eigenschaft mit der Bezeichnung `Hinweis` implementiert und in zwei separaten Schritten in eine `Binden`-Eigenschaft umgewandelt.

Anlegen der `Hinweis`-Eigenschaft als einfache Eigenschaft

Zur Implementation der `Hinweis`-Eigenschaft gehen wir in den schon bekannten Schritten vor:

1. Im Schnittstellenknoten `_DU221` legen wir eine neue Eigenschaft `Hinweis` mit den Einstellungen nach **Bild 22.55** an, wobei wir einige Änderungen an den IDL-Attributen durchführen, um die Eigenschaft später bindbar zu machen (**Bild 22.56**).

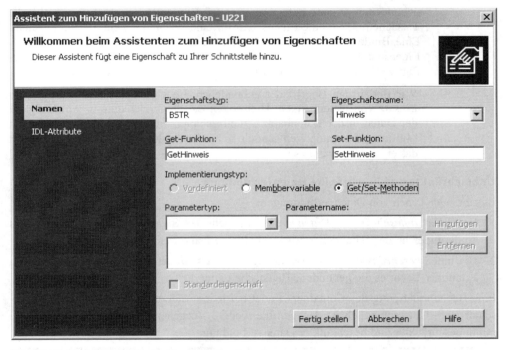

Bild 22.55: Einstellungen für die Eigenschaft `Hinweis`

Da wir eine benutzerdefinierte Eigenschaft anlegen wollen, geben wir im Kombinationsfeld `Eigenschaftsname` den Namen `Hinweis` ein und wählen unter `Implementierungstyp` die Option `Get/Set-Methoden`. Hierdurch ändert sich die Anzeige der Felder. `Hinweis` soll eine Zeichenkette übergeben, daher wählen wir im Kombinationsfeld `Eigenschaftstyp` die Option `BSTR`.

22.2 ActiveX-Steuerelemente erstellen

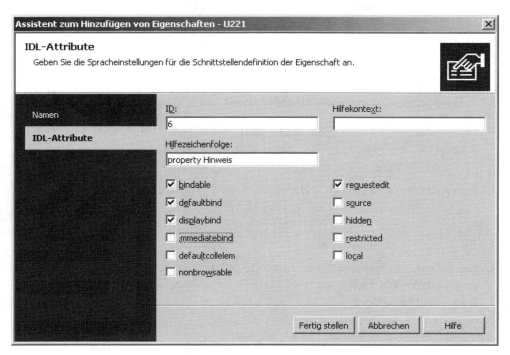

Bild 22.56: Ergänzung von IDL-Attributen, um eine Steuerelementeigenschaft bindbar zu machen

Die gewählten Attribute haben folgende Bedeutung:

Attribut	Beschreibung
`bindable`	die Eigenschaft unterstützt Datenbindungen
`defaultbind`	die einzelne bindable-Eigenschaft stellt das Objekt am besten dar
`displaybind`	die Eigenschaft soll dem Benutzer als `bindable`-Eigenschaft angezeigt werden
`requestedit`	die Eigenschaft ist beschränkt bindbar, unterstützt also die `OnRequestEdit`-Benachrichtigung

Natürlich erhebt sich die Frage, ob wir dieses auch nachträglich noch ändern können oder alles genau beim Anlegen der Eigenschaft voraussehen müssen. Die Attribute sind an einer Stelle der IDL-Datei `U221.idl` konzentriert und können direkt in den Quelltext eingegeben werden:

```
    dispinterface _DU221
    {
      properties:
       [id(DISPID_BACKCOLOR), helpstring("property BackColor")] OLE_COLOR
BackColor;
        [id(1), helpstring("property ForeColor")] OLE_COLOR ForeColor;
        [id(2), helpstring("property BorderStyle")] SHORT BorderStyle;
        [id(3), helpstring("property Kreisform")] VARIANT_BOOL Kreisform;
```

```
    [id(4), helpstring("property KreisVerschiebung")] SHORT
KreisVerschiebung;
    [id(5), helpstring("property KlickFarbe")] OLE_COLOR KlickFarbe;
    [id(DISPID_CAPTION), helpstring("property Caption")] BSTR Caption;
    [id(0)] BSTR _Caption;
    [id(DISPID_FONT), helpstring("property Font")] IFontDisp*Font;
    [id(6), helpstring("property Hinweis"), bindable, defaultbind,
displaybind, requestedit] BSTR Hinweis;
```

2. Mit einem Klick auf ⌊Fertig stellen⌉ schließen wir den Klassenassistenten und wechseln in den Quellcode von `GetHinweis`. Dabei programmieren wir im ersten Schritt so, als wäre `Hinweis` eine normale Eigenschaft.

3. Dort geben wir eine noch zu deklarierende Membervariable aus:

```
BSTR CU221Ctrl::GetHinweis(void) {
  AFX_MANAGE_STATE(AfxGetStaticModuleState());
  return m_Hinweis.AllocSysString();
} //CU221Ctrl::GetHinweis
```

4. Das Setzen der Eigenschaft machen wir davon abhängig, ob überhaupt ein Wert übergeben wurde. Wir ändern die `SetHinweis`-Funktion, indem wir die folgende `if`-Anweisung hinzufügen:

```
void CU221Ctrl::SetHinweis(LPCTSTR newVal) {
  AFX_MANAGE_STATE(AfxGetStaticModuleState());
  if (m_Hinweis!=newVal) {
    m_Hinweis=newVal;
    SetModifiedFlag();
    InvalidateControl();
  }
} //CU221Ctrl::SetHinweis
```

Da es sich bei `Hinweis` um eine beständige Eigenschaft handeln soll, behalten wir den Aufruf der `SetModifiedFlag`-Funktion bei, um das Attribut `Modified` zu setzen. Dies sorgt dafür, dass bei einer Sicherung des Programms das Steuerelement als geändert erkannt wird.

Wir wollen natürlich die Änderung der `Hinweis`-Eigenschaft in irgendeiner Form anzeigen. Daher ruft eine Änderung die `InvalidateControl`-Funktion auf, um das Steuerelement neu zu zeichnen.

5. Da wir die Eigenschaft `Hinweis` in der ganzen Klasse verwenden wollen, müssen wir noch die Membervariable `m_Hinweis` für die Klasse `CU221Ctrl` generieren. Bei dieser Gelegenheit geben wir ihr einen (unnötigen) Anfangswert:

```
CU221Ctrl::CU221Ctrl()
  : m_nAlteMinute(61)
  , m_Hinweis(_T("Standardhinweis")) //unnötig
{
```

6. Um die Beständigkeit (die Serialisierung wird im folgenden Kapitel ausführlich behandelt) der Eigenschaft `Hinweis` zu unterstützen, initialisieren wir die Membervariable in der Funktion `DoPropExchange`:

```
void CU221Ctrl::DoPropExchange(CPropExchange* pPX) {
  ExchangeVersion(pPX, MAKELONG(_wVerMinor, _wVerMajor));
```

22.2 ActiveX-Steuerelemente erstellen

```
    COleControl::DoPropExchange(pPX);
    // TODO: PX_ Funktionen für jede dauerhafte benutzerdefinierte
    Eigenschaft aufrufen.
    //PX_Bool(pPX, _T("Kreisform"),(BOOL&) m_Kreisform, TRUE); //geht
    nicht
    PX_Bool(pPX, _T("Kreisform"),m_Kreisform, TRUE);
    PX_Short(pPX,_T("KreisVerschiebung"),m_KreisVerschiebung,0);
    PX_Long(pPX,_T("KlickFarbe"),(long &)m_KlickFarbe,
                                              RGB(0x00,0x00,0xFF));
    PX_String(pPX,_T("Hinweis"),m_Hinweis,_T("in DoPropExchange"));
} //CU221Ctrl::DoPropExchange
```

7. Wenn wir jetzt bereits die Anzeige der Eigenschaft `Hinweis` in der Ereignisfunktion `OnDraw` programmieren:

```
// CU221Ctrl::OnDraw - Zeichnungsfunktion

void CU221Ctrl::OnDraw(CDC* pdc,const CRect& rcBounds,
                  const CRect& rcInvalid) {
    ...
    // Titel mit den Eigenschaften Font und ForeColor zeichnen
    pAlterFont=SelectStockFont(pdc);
    pdc->GetTextMetrics(&tm);
    pdc->SetTextAlign(TA_CENTER|TA_TOP);
    pdc->ExtTextOut((rc.left+rc.right)/2,(rc.top+rc.bottom-tm.tmHeight)/2
             ,ETO_CLIPPED,rc,strCaption,strCaption.GetLength(),NULL);
    // Hinweis mit den Font- und ForeColor-Eigenschaften zeichnen
    pdc->SetTextAlign(TA_LEFT|TA_TOP);
    pdc->ExtTextOut(rc.left,rc.top,ETO_CLIPPED,rc,m_Hinweis,
                                 m_Hinweis.GetLength(),NULL);
    pdc->SelectObject(pAlterFont);
    pdc->SelectObject(pAlterStift);
    pdc->SelectObject(pAlterPinsel);
    if(m_nAlteMinute!=NeueZeit->tm_min) {
      m_nAlteMinute=NeueZeit->tm_min;
      NeueMinute(m_nAlteMinute);
    }
} //CU221Ctrl::OnDraw
```

8. dann können wir das ActiveX-Steuerelement neu erstellen und austesten. ∎

Beim Laden des Steuerelements wird der Vorgabetext in `DoPropExchange` bereits im linken oberen Eck des Steuerelements angezeigt (**Bild 22.57**). Das Ändern der Eigenschaft `Hinweis` im Testcontainer führt zur Anzeige des geänderten Textes.

➢ Aufgabe 22-3:

Der Hinweistext wird auf den ersten Blick „an die falsche Stelle" geschrieben. Zeichnen Sie um die Uhr ein umhüllendes Rechteck, und weisen Sie damit nach, dass der Hinweistext linksbündig steht. ∎

⊠ Wir fügen die `Hinweis`-Eigenschaft zur Standardeigenschaftenseite hinzu, um Benutzern des `U221`-Steuerelements die Änderung des Werts zu ermöglichen:

1. Wir öffnen in der `Ressourcenansicht` den Projektordner `U221 Ressourcen` und expandieren das Verzeichnis `Dialog`.

2. Durch Doppelklick auf `IDD_PROPPAGE_U221` wird die Eigenschaftenseite im Dialogeditor angezeigt.

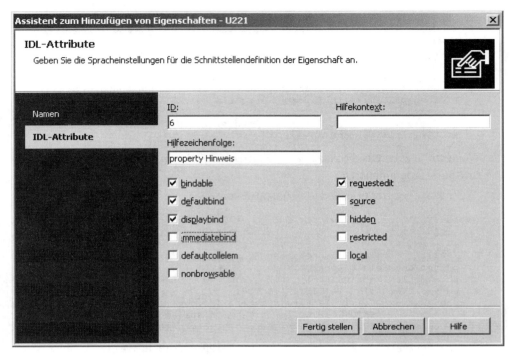

Bild 22.57: Eine Binden-Eigenschaft vorbereiten

3. Wir ergänzen ein Bezeichnungsfeld mit dem Inhalt `&Hinweis:` und das dazugehörige Textfeld mit der ID `IDC_HINWEIS` (**Bild 22.58**).

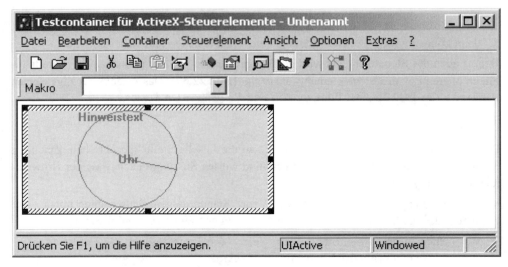

Bild 22.58: Ergänzte Eigenschaft auf der Standardeigenschaftenseite

22.2 ActiveX-Steuerelemente erstellen

4. Um die `Hinweis`-Eigenschaft mit dem neuen Textfeld `IDC_Hinweis` auf der Standard-Eigenschaftenseite zu verknüpfen, doppelklicken wir bei gedrückter [Strg]-Taste auf das Steuerelement. Es öffnet sich das Dialogfeld `Membervariable hinzufügen` des Klassenassistenten.

5. Im Textfeld `Variablenname` der Membervariablen ergänzen wir `m_strHinweis`. Im Kombinationsfeld `Kategorie` wählen wir `Value` und im Kombinationsfeld `Variablentyp` den Eintrag `CString`.

6. Mit einem Klick auf [Fertig stellen] schließen wir das Dialogfeld.

7. Es fehlt noch die Verknüpfung der Membervariablen zur Eigenschaft:

   ```
   void CU221PropPage::DoDataExchange(CDataExchange* pDX) {
     DDP_Text(pDX, IDC_BESCHRIFTUNG, m_strBeschriftung, _T("Caption") );
     DDX_Text(pDX, IDC_BESCHRIFTUNG, m_strBeschriftung);
     DDP_Text(pDX, IDC_VERSCHIEBUNG, m_nVerschiebung,
       _T("KreisVerschiebung"));
     DDX_Text(pDX, IDC_VERSCHIEBUNG, m_nVerschiebung);
     DDP_Text(pDX, IDC_HINWEIS, m_strHinweis, _T("Hinweis") );
     DDX_Text(pDX, IDC_HINWEIS, m_strHinweis);
     DDP_PostProcessing(pDX);
   } //CU221PropPage::DoDataExchange
   ```

   Die `DDX_Text`-Anweisung ist zwar schon vorhanden, aber vom Assistenten an der falschen Stelle eingefügt worden.

8. In diesem Zustand ist die Eigenschaft `Hinweis` als normale `Get/Set`-Eigenschaft implementiert und kann ausgetestet werden. ■

Bis zu diesem Zeitpunkt verhält sich unsere Eigenschaft wie alle anderen Eigenschaften auch.

Umwandeln der `Hinweis`-Eigenschaft in eine `Binden`-Eigenschaft

Als Nächstes wandeln wir die `Hinweis`-Eigenschaft in eine `Binden`-Eigenschaft um:

1. Die entsprechenden IDL-Attribute sind entweder bereits beim Generieren in der IDL-Datei `U221.idl` richtig gesetzt worden oder müssen nachgetragen werden:
   ```
   [id(6), helpstring("property Hinweis"), bindable, defaultbind,
     displaybind, requestedit] BSTR Hinweis;
   ```

2. Ein Steuerelement muss seinen Container über Änderungen an einer gebundenen Eigenschaft benachrichtigen, indem es die `BoundPropertyChanged`-Funktion aufruft. In unserem Beispiel handelt es sich bei der gebundenen Eigenschaft `Hinweis` um eine `Get/Set`-Eigenschaft, die nur durch die `SetHinweis`-Funktion geändert wird. Dort müssen wir also dort die `BoundPropertyChanged`-Funktion aufrufen:

   ```
   void CU221Ctrl::SetHinweis(LPCTSTR newVal) {
     AFX_MANAGE_STATE(AfxGetStaticModuleState());
     if (m_Hinweis!=newVal) {
       m_Hinweis=newVal;
       SetModifiedFlag();
       InvalidateControl();
       BoundPropertyChanged(dispidHinweis);
     }
   } //CU221Ctrl::SetHinweis
   ```

Einziger Parameter von `BoundPropertyChanged`, nämlich `dispidHinweis`, ist die `Dispatch`-ID für die `Hinweis`-Eigenschaft. Dieser Parameter wird in einer Aufzählung der Kopfdatei `U221Ctl.h` definiert:

```
// Dispatch- und Ereignis-IDs
public:
  enum {
    dispidHinweis = 6,
    eventidNeueMinute = 1L,
    dispidKlickFarbe = 5,
    dispidKreisVerschiebung = 4,
    dispidKreisform = 3,
    dispidBorderStyle = 2,
    dispidForeColor = 1
  };
```

3. Nun können wir das Steuerelement neu erstellen und im `Testcontainer` testen. ■

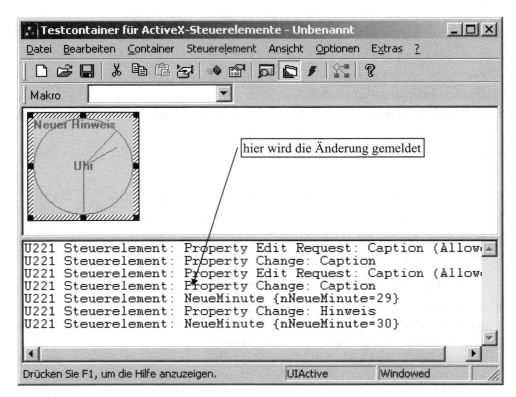

Bild 22.59: Test einer gebundenen Eigenschaft

Wenn wir das Steuerelement laden, wird wie üblich nur das Ereignis `NeueMinute` ausgelöst. Das erstmalige Laden löst also kein Ereignis `Hinweis` aus. Ändern wir jetzt

22.2 ActiveX-Steuerelemente erstellen

aber z. B. mit Hilfe der Eigenschaftenseiten den Hinweistext, so wird beim Übernehmen des Werts auch für eine benutzerdefinierte Eigenschaft ein Ereignis gemeldet (**Bild 22.59**).

➢ Aufgabe 22-4:

Die Rückmeldung, dass sich der Wert aufgrund einer äußeren Eingabe geändert hat, mag trivial erscheinen. Schreiben Sie das Datum oder Ähnliches von innen auf die Eigenschaft `Hinweis` und beobachten die Ereignisse. ∎

➢ Aufgabe 22-5:

Wenn Sie letzte Aufgabe realisiert haben, dann wird die Eigenschaft `Hinweis` nun sekündlich neu geschrieben. Versuchen Sie nun einmal, eine der anderen Eigenschaften auf dem Registerblatt des Eigenschaftenregisters zu ändern. Gelingt Ihnen das?

22.2.10 Versionierung und Serialisierung

22.2.10.1 Grundlagen

Bisher haben wir ohne großen Aufwand dafür gesorgt, dass sich unser neues ActiveX-Steuerelement serialisieren lässt. Hierzu müssen nur alle benutzerdefinierten Eigenschaften in die Methode `DoPropExchange` aufgenommen werden. Bei dieser Gelegenheit werden sie auch initialisiert:

```
void CU221Ctrl::DoPropExchange(CPropExchange* pPX) {
  ExchangeVersion(pPX, MAKELONG(_wVerMinor, _wVerMajor));
  COleControl::DoPropExchange(pPX);
  // TODO: PX_ Funktionen für jede dauerhafte benutzerdefinierte
  //       Eigenschaft aufrufen
  //PX_Bool(pPX, _T("Kreisform"),(BOOL&) m_Kreisform, TRUE); //geht nicht
  PX_Bool(pPX, _T("Kreisform"),m_Kreisform, TRUE);
  PX_Short(pPX,_T("KreisVerschiebung"),m_KreisVerschiebung,0);
  PX_Long(pPX,_T("KlickFarbe"),(long &)m_KlickFarbe,
                                          RGB(0x00,0x00,0xFF));
  PX_String(pPX, _T("Hinweis"),m_Hinweis,"in DoPropExchange");
} //CU221Ctrl::DoPropExchange
```

In dieser Methode fällt der Aufruf von `ExchangeVersion` auf, deren Bedeutung erst auf den zweiten Blick verständlich wird. Wir müssen nämlich davon ausgehen, dass wir im Rahmen der Weiterentwicklung unseres Steuerelements aus der ursprünglichen Version 1.0 eine verbesserte Version 2.0 usw. entwickeln. Diese Versionen sollten möglichst (zumindest abwärts) kompatibel sein, d. h., mit Programmen zusammenarbeiten, die eine der älteren Versionen benutzen.

Da bei neueren Versionen meist die Funktionalität und damit auch die Anzahl der Eigenschaften steigt, liegt die Idee nahe, dies über die Versionsinformation zu steuern.

Serialisieren von Steuerelement-Versionsinformationen

Wir erinnern uns, dass die Serialisierung alle Daten in einem für jeden Datentyp geeigneten Format seriell an ein Austauschobjekt übergibt, das dafür sorgt, dass sie dauerhaft (meist auf Platte) gespeichert werden. Das Austauschobjekt liest die Daten auch wieder in umgekehrter Reihenfolge von der Platte ein.

`DoPropExchange` sorgt nun dafür, dass zuerst die Versionsinformationen, anschließend die Standardeigenschaften und zuletzt die benutzerdefinierten Eigenschaften in genau der programmierten Reihenfolge, in der sie initialisiert werden, abgespeichert bzw. geladen werden.

Der Steuerelementassistent hat beim Generieren des Steuerelements bereits die Aufrufe von `ExchangeVersion` und `COleControl::DoPropExchange` erstellt. Die verwendeten Konstanten `_WVerMajor` bzw. `_WVerMinor` (was so viel wie Haupt- und Unterversion heißt) werden in der Kopfdatei unserer Anwendung `U221App.h` als `extern` deklariert:

```
// CU221App : Siehe U221.cpp für Implementierung.

class CU221App : public COleControlModule
{
public:
  BOOL InitInstance();
  int ExitInstance();
};

extern const GUID CDECL _tlid;
extern const WORD _wVerMajor;
extern const WORD _wVerMinor;
```

und global in der Implementationsdatei `U221App.cpp` mit 1.0 initialisiert:

```
// U221.cpp : Implementierung von CU221App und DLL-Registrierung.

#include "stdafx.h"
#include "U221.h"

#ifdef _DEBUG
#define new DEBUG_NEW
#endif


CU221App NEAR theApp;

const GUID CDECL BASED_CODE _tlid =
    { 0xF6D76EE9, 0x2D49, 0x4D76, { 0xB5, 0x6A, 0x8E, 0x8B, 0x1E, 0x7E,
  0xD7, 0x86 } };
const WORD _wVerMajor = 1;
const WORD _wVerMinor = 0;
```

Die Funktion `ExchangeVersion` serialisiert die Version eines Steuerelements und legt die Version fest, die vom Austauschobjekt verwendet wird. Dieser Aufruf sollte immer vor dem Serialisieren von versionsrelevanten Daten gemacht werden. Diese Version wird beim Schreiben in der Datei abgelegt bzw. beim Laden aus der Datei gelesen.

22.2 ActiveX-Steuerelemente erstellen

Serialisieren verschiedener Versionen von beständigen Daten

Entwickeln wir unser Steuerelement weiter, so wissen wir, welche Eigenschaften in den vorherigen Versionen serialisiert wurden. Normalerweise werden wir mit der Weiterentwicklung neue Eigenschaften festlegen und abspeichern. Es kann aber auch sein, dass wir einige Eigenschaften in einer neueren Version nicht mehr benötigen.

Wir können uns nun überlegen, was beim Austausch einer Version 1.0 mit der neueren Version 2.0 geschehen könnte.

Der schlimmste Fall liegt dann vor, wenn wir in der neueren Version unnötige Eigenschaften aus `DoPropExchange` einfach entfernt haben oder wenn wir die Reihenfolge vertauschen. Liest ein Steuerelement die Daten einer Datei mit älterer Version ein, so kann es die vorgefundenen Eigenschaften nicht mehr seinen aktuellen Eigenschaften zuordnen. Es kommt im harmlosesten Fall zu einem Typfehler. Normalerweise werden aber die Werte durcheinander gemischt. Dies führt zur Erkenntnis:

☞ Hinweis: Es ist nicht empfehlenswert, in neueren Versionen eines Steuerelements Eigenschaften aus früheren Versionen wegzulassen.

Wir lesen in einer älteren Version diese Eigenschaften ein, berücksichtigen sie aber nicht im Programm (es sammelt sich Überflüssiges an, unser ActiveX-Steuerelement „altert").

Fügen wir dagegen in einer neueren Version Eigenschaften ein, die in den älteren fehlen, so darf das Einlesen der Daten einer älteren Version zu keinem Fehler führen. Eventuell fehlende Eigenschaften müssen durch einen sinnfälligen Standardwert ersetzt werden.

22.2.10.2 Erstellen einer neuen Version

⊠ Schließen wir den aktuellen Stand unseres Uhren-Steuerelements als Version 1.0 ab, so könnte es z. B. nach einiger Zeit wünschenswert sein, die Breite der Linien als Eigenschaft den Anwendern zugänglich zu machen. Hierzu legen wir eine neue, benutzerdefinierte Eigenschaft `RandBreite` vom Typ `short` mit dem Vorgabewert `1` an.

Da wir auf jeden Fall die Anzahl und Reihenfolge aller Eigenschaften beibehalten, ändern wir unser Austauschprogramm folgendermaßen:

1. Wir kopieren das Projekt `U221` in `U222` um, lassen aber alle Dateinamen und internen Variablen auf `U221` stehen.

2. Die Version wird auf 2.0 gesetzt:

```
// U221.cpp : Implementierung von CU221App und DLL-Registrierung.

#include "stdafx.h"
#include "U221.h"

#ifdef _DEBUG
#define new DEBUG_NEW
#endif


CU221App NEAR theApp;
```

```
const GUID CDECL BASED_CODE _tlid =
    { 0xF6D76EE9, 0x2D49, 0x4D76, { 0xB5, 0x6A, 0x8E, 0x8B, 0x1E, 0x7E,
0xD7, 0x86 } };
const WORD _wVerMajor = 2;
const WORD _wVerMinor = 0;
```

3. Dann legen wir eine neue Eigenschaft `Randbreite` vom Typ `short` an. Der Implementierungstyp ist `Get/Set`-Methoden. Die Technik haben wir bereits mehrfach geübt.

4. Zur Aufnahme des Werts generieren wir für die Klasse `CU221Ctrl` eine Membervariable `m_RandBreite`.

5. Die Übergabefunktionen sind schnell geschrieben:

```
SHORT CU221Ctrl::GetRandBreite(void) {
  AFX_MANAGE_STATE(AfxGetStaticModuleState());
  // TODO: Fügen Sie hier Ihren Dispatchhandlercode ein.
  return m_RandBreite;
} //CU221Ctrl::GetRandBreite

void CU221Ctrl::SetRandBreite(SHORT newVal) {
  AFX_MANAGE_STATE(AfxGetStaticModuleState());
  m_RandBreite=newVal;
  SetModifiedFlag();
} //CU221Ctrl::SetRandBreite
```

6. Da wir auf jeden Fall die Anzahl und Reihenfolge aller Eigenschaften beibehalten, ändern wir unser Austauschprogramm folgendermaßen:

```
// CU221Ctrl::DoPropExchange - Beibehaltungsunterstützung

void CU221Ctrl::DoPropExchange(CPropExchange* pPX) {
  ExchangeVersion(pPX, MAKELONG(_wVerMinor,_wVerMajor),FALSE);
  COleControl::DoPropExchange(pPX);
  // TODO: PX_ Funktionen für jede dauerhafte benutzerdefinierte
  //       Eigenschaft aufrufen
  PX_Bool(pPX, _T("Kreisform"),m_Kreisform, TRUE);
  PX_Short(pPX,_T("KreisVerschiebung"),m_KreisVerschiebung,0);
  PX_Long(pPX, _T("KlickFarbe"),(long &)m_KlickFarbe,
                                          RGB(0x00,0x00,0xFF));
  PX_String(pPX, _T("Hinweis"),m_Hinweis,"in DoPropExchange");
  if (pPX->GetVersion()>=(DWORD)MAKELONG(_wVerMinor,_wVerMajor))
    PX_Short(pPX, _T("RandBreite"),m_RandBreite,1);
  else
    if (pPX->IsLoading())
      m_RandBreite=1;
} //CU221Ctrl::DoPropExchange
```

Durch den dritten, optionalen Parameter von `ExchangeVersion` bestimmen wir mit `FALSE`, dass das Steuerelement in der gleichen Version gespeichert wird, in der es eingelesen wird. Bei `TRUE` wird immer die neueste Version gespeichert.

Danach lassen wir das Programm gegenüber der Version 1.0 unverändert. Die Eigenschaft `RandBreite` serialisieren wir aber in Abhängigkeit von der gewählten Version. Nur wenn sie größer oder gleich der Version des Steuerelements ist, wird die

22.2 ActiveX-Steuerelemente erstellen

Randbreite geschrieben oder geladen. Andernfalls wird sie nicht geschrieben bzw. beim Lesen auf den Wert `1` gesetzt.

Ignorieren unterschiedlicher Versionen beständiger Daten

Die eben gezeigte Technik lässt sich so verallgemeinern, dass wir bei einer falschen Version alle Eigenschaften auf ihre Vorgabewerte setzen und damit die gespeicherten Eigenschaften verwerfen (Kompatibilität der Versionen):

```
// CU221Ctrl::DoPropExchange - Beibehaltungsunterstützung

void CU221Ctrl::DoPropExchange(CPropExchange* pPX) {
  ExchangeVersion(pPX, MAKELONG(_wVerMinor,_wVerMajor),FALSE);
  COleControl::DoPropExchange(pPX);
  // TODO: PX_ Funktionen für jede dauerhafte benutzerdefinierte
  //       Eigenschaft aufrufen
  if (pPX->GetVersion()>=(DWORD)MAKELONG(_wVerMinor,_wVerMajor)) {
    PX_Bool(pPX, _T("Kreisform"),m_Kreisform, TRUE);
    PX_Short(pPX,_T("KreisVerschiebung"),m_KreisVerschiebung,0);
    PX_Long(pPX,_T("KlickFarbe"),(long &)m_KlickFarbe,
                                            RGB(0x00,0x00,0xFF));
    PX_String(pPX, _T("Hinweis"),m_Hinweis,"in DoPropExchange");
    PX_Short(pPX, _T("RandBreite"),m_RandBreite,1);
  } else {
    if (pPX->IsLoading()) {
      m_Kreisform=TRUE;
      m_KreisVerschiebung=0;
      m_KlickFarbe=RGB(0x00,0x00,0xFF);
      m_Hinweis=_T("Hinweistext");
      m_RandBreite=1;
    }
  }
} //CU221Ctrl::DoPropExchange
```

7. Natürlich wollen wir den Erfolg der neuen Eigenschaft sehen und korrigieren die Zeichenfunktion:

```
    // CU221Ctrl::OnDraw - Zeichnungsfunktion

    void CU221Ctrl::OnDraw(CDC* pdc,const CRect& rcBounds,
                     const CRect& rcInvalid) {
  CRect rc=rcBounds;
  CBrush* pAlterPinsel;
  CBrush hgPinsel(TranslateColor(GetBackColor())); //neuer Pinsel
  CPen* pAlterStift;
  //CPen vgStift(PS_SOLID,1,TranslateColor(GetForeColor()));
  CPen vgStift(PS_SOLID,m_RandBreite,TranslateColor(GetForeColor()));
  //char Zeit[26];

  ...

  pAlterFont=SelectStockFont(pdc);
  pdc->GetTextMetrics(&tm);
  pdc->SetTextAlign(TA_CENTER|TA_TOP);
  pdc->ExtTextOut((rc.left+rc.right)/2,(rc.top+rc.bottom-tm.tmHeight)/2
            ,ETO_CLIPPED,rc,strCaption,strCaption.GetLength(),NULL);
  CString strVersion;
  strVersion.Format("V:%d.%d",_wVerMajor,_wVerMinor);
  pdc->SetTextColor(0); //schwarz
  pdc->TextOut(0,0,strVersion);
```

```
     pdc->SelectObject(pAlterFont);
  ...

} //CU221Ctrl::OnDraw
```

Die zweite Korrektur dient dazu, die aktuelle Version des Steuerelements anzuzeigen.

8. Wollen wir die Eigenschaft `RandBreite` auch auf die Eigenschaftenseite bringen, so ändern wir den Oberflächenentwurf der Seite, indem ein neues Textfeld `IDC_RANDBREITE` eingeführt wird.

9. Für dieses Steuerelement legen wir eine Membervariable `m_nRandBreite` vom Typ `short` für den Wert an.

10. Das Ganze verknüpfen wir noch mit der Eigenschaft `RandBreite` und deren Variable `m_RandBreite`:

```
void CU221PropPage::DoDataExchange(CDataExchange* pDX) {
  DDP_Text(pDX, IDC_BESCHRIFTUNG, m_strBeschriftung, _T("Caption") );
  DDX_Text(pDX, IDC_BESCHRIFTUNG, m_strBeschriftung);
  DDP_Text(pDX, IDC_VERSCHIEBUNG, m_nVerschiebung,
     _T("KreisVerschiebung"));
  DDX_Text(pDX, IDC_VERSCHIEBUNG, m_nVerschiebung);
  DDP_Text(pDX, IDC_HINWEIS, m_strHinweis, _T("Hinweis") );
  DDX_Text(pDX, IDC_HINWEIS, m_strHinweis);
  DDP_PostProcessing(pDX);
} //CU221PropPage::DoDataExchange
```

11. Damit können wir die neue Version abschließen und testen (**Bild 22.60**). ∎

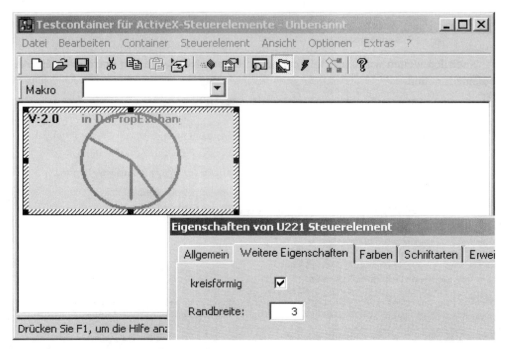

Bild 22.60: Steuerelement der Version 2.0 mit variabler Randbreite

22.2 ActiveX-Steuerelemente erstellen

22.2.10.3 Steuerelement mit mehreren Versionen testen

Da ein Steuerelement auf einem Rechner nur in einer Version registriert sein kann, gestaltet sich das Testen etwas komplizierter als gewöhnlich. Wir müssen nämlich die Versionen neu kompilieren, um sie in der Registrierungsdatenbank einzutragen.

Der `Testcontainer` hat weiterhin die unangenehme Eigenschaft, ein einmal eingefügtes Steuerelement nicht mehr freizugeben, d. h., wir können ihm keine neue Version „unterschieben".

Aber wir können trotzdem etwas ausprobieren.

So testen wir den Serialisierungscode des Steuerelements `U221`:

1. Wir öffnen die Version 1.0 aus dem Ordner `U221` im Visual Studio .NET.
2. Vorsichtshalber erstellen wir das Steuerelement neu (damit es registriert wird) und starten es mit [F5]. Es öffnet sich der `Testcontainer`.
3. Wir laden das Steuerelement `U221Ctrl`. Die fehlende Versionsangabe zeigt, dass es sich um die ursprüngliche Version 1.0 handelt.
4. Wir korrigieren einige Eigenschaften. Dabei achten wir auf die Länge der Texte, um später einen besseren Vergleich machen zu können (**Bild 22.61**).

Bild 22.61: Testentwurf

5. Um das Steuerelement zu speichern, lösen wir die Menüoption `Steuerelement| Als Stream speichern...` aus. Als Namen geben wir z. B. `V10.TSM` ein. Damit haben wir die Version 1.0 des Steuerelements ein erstes Mal serialisiert.
6. Laden wir über die Menüoption `Bearbeiten|Steuerelement aus Stream einfügen...` dieses Element erneut, so hat es die falsche `Caption`. Die anderen

Daten sind aber ordnungsgemäß serialisiert. Da die `Caption` richtig gespeichert ist, müssen wir sie nur gut darstellen.

7. Wir wiederholen die Aktion mit einer anderen Klickfarbe und abgeschalteter Kreisform. Speichern Sie diese Version unter `V11.TSM`.
8. Wir wechseln zurück ins Visual Studio und laden mit `Datei|Öffnen|Datei...` die Dateien `V10.TSM` und `V11.TSM` im Binärmodus in den Editor (**Bild 22.62**).

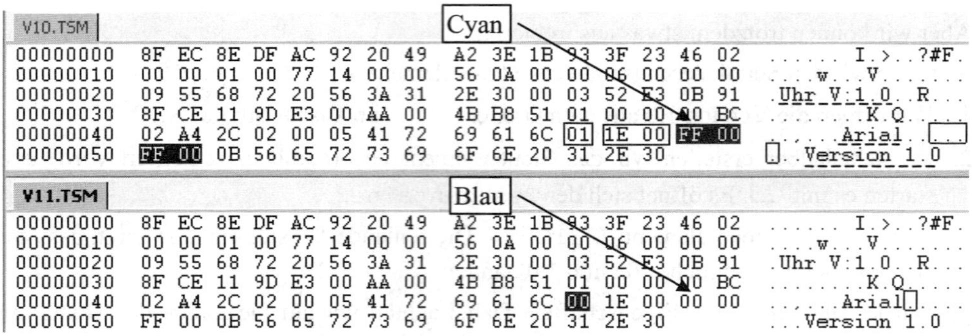

```
V10.TSM                                          Cyan
00000000  8F EC 8E DF AC 92 20 49  A2 3E 1B 93 3F 23 46 02   ...... I.>..?#F.
00000010  00 00 01 00 77 14 00 00  56 0A 00 00 86 00 00 00   ....w...V.......
00000020  09 55 68 72 20 56 3A 31  2E 30 00 03 52 E3 0B 91   .Uhr V:1.0..R...
00000030  8F CE 11 9D E3 00 AA 00  4B B8 51 01 00 00 A0 BC   ........K.Q.....
00000040  02 A4 2C 02 00 05 41 72  69 61 6C 01 1E 00 FF 00   ......Arial.....
00000050  FF 00 0B 56 65 72 73 69  6F 6E 20 31 2E 30        ...Version 1.0

V11.TSM                                          Blau
00000000  8F EC 8E DF AC 92 20 49  A2 3E 1B 93 3F 23 46 02   ...... I.>..?#F.
00000010  00 00 01 00 77 14 00 00  56 0A 00 00 86 00 00 00   ....w...V.......
00000020  09 55 68 72 20 56 3A 31  2E 30 00 03 52 E3 0B 91   .Uhr V:1.0..R...
00000030  8F CE 11 9D E3 00 AA 00  4B B8 51 01 00 00 A0 BC   ........K.Q.....
00000040  02 A4 2C 02 00 05 41 72  69 61 6C 00 1E 00 00 00   ......Arial.....
00000050  FF 00 0B 56 65 72 73 69  6F 6E 20 31 2E 30        ...Version 1.0
```

Bild 22.62: Inhalt der Datei `V10.TSM`

Es lassen sich einige markante Daten wie die Schriftart `Arial` oder `Uhr V:1.0` und `Version 1.0` erkennen. Wer Lust hat, kann versuchen, die verschlüsselten Zahlenwerte zu entdecken. Im Bild sind beispielsweise die Klickfarbe (oben) und die Kreisform (unten) markiert.

Tipp: Die Variablen liegen in der Reihenfolge `Kreisform`, `KreisVerschiebung`, `KlickFarbe`, `Hinweis` im Speicher. Vor den Zeichenketten finden wir zwei Längenbytes. Also gehört das Byte `0x0B` in der letzten Zeile zum Hinweis, der genau 11 Bytes lang ist.

Tipp: Indem Sie jeweils nur einen Wert ändern, können Sie durch Vergleiche die richtige Position feststellen. Versuchen Sie es mit einfachen Zahlen, möglichst ohne negatives Vorzeichen.

9. Wir schließen den `Testcontainer` und tauschen die Version 1.0 gegen die Version 2.0 aus dem Ordner `U222`.
10. Dieses Projekt erstellen wir neu und setzen die gleichen Attribute ein, erhöhen zusätzlich die Randbreite (**Bild 22.63**). Dann speichern wir das Steuerelement im `Testcontainer` in die Datei `V20.TSM`.

22.2 ActiveX-Steuerelemente erstellen

Bild 22.63: Steuerelement Version 2.0

11. Vergleichen wir erneut die beiden Dateien V10.TSM und V20.TSM, so erkennen wir die unterschiedlichen Versionsangaben und die Verlängerung der Datei durch die neue Eigenschaft RandBreite (**Bild 22.64**).

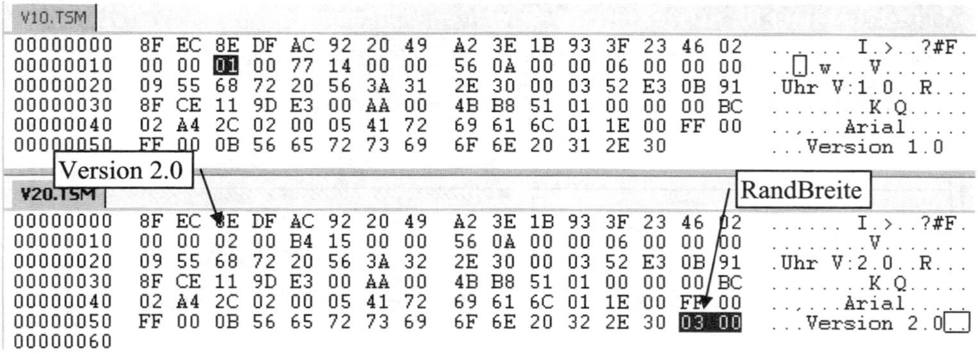

```
V10.TSM
00000000  8F EC 8E DF AC 92 20 49  A2 3E 1B 93 3F 23 46 02   ...... I.>..?#F.
00000010  00 00 01 00 77 14 00 00  56 0A 00 00 06 00 00 00   ....w...V.......
00000020  09 55 68 72 20 56 3A 31  2E 30 00 03 52 E3 0B 91   .Uhr V:1.0..R...
00000030  8F CE 11 9D E3 00 AA 00  4B B8 51 01 00 00 00 BC   ........K.Q.....
00000040  02 A4 2C 02 00 05 41 72  69 61 6C 01 1E 00 FF 00   ..,...Arial.....
00000050  FF 00 0B 56 65 72 73 69  6F 6E 20 31 2E 30         ...Version 1.0
```
                 Version 2.0   RandBreite
```
V20.TSM
00000000  8F EC 8E DF AC 92 20 49  A2 3E 1B 93 3F 23 46 02   ...... I.>..?#F.
00000010  00 00 02 00 B4 15 00 00  56 0A 00 00 06 00 00 00   ........V.......
00000020  09 55 68 72 20 56 3A 32  2E 30 00 03 52 E3 0B 91   .Uhr V:2.0..R...
00000030  8F CE 11 9D E3 00 AA 00  4B B8 51 01 00 00 00 BC   ........K.Q.....
00000040  02 A4 2C 02 00 05 41 72  69 61 6C 01 1E 00 FF 00   ..,...Arial.....
00000050  FF 00 0B 56 65 72 73 69  6F 6E 20 32 2E 30 03 00   ...Version 2.0.
00000060
```

Bild 22.64: Serialisierte Steuerelemente unterschiedlicher Versionen

12. Laden wir jetzt mit dem Steuerelement der Version 2.0 die Daten eines Steuerelements der Version 1.0, so wird der Rand auf die Breite 1 gesetzt (**Bild 22.65**).

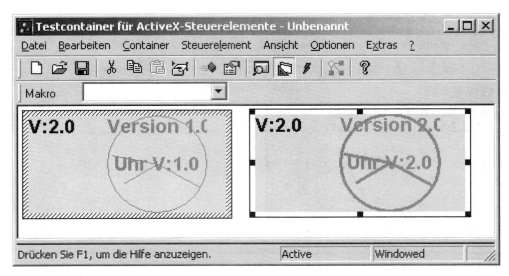

Bild 22.65: ActiveX-Steuerelement der Version 2.0 liest auch die serialisierte Version 1.0

13. Versuchen wir dagegen mit einem Steuerelement der Version 1.0 die serialisierte Version 2.0 zu lesen, so wird die neue Eigenschaft einfach überlesen (**Bild 22.66**). ∎

Bild 22.66: Steuerelement der Version 1.0 liest auch die serialisierte Version 2.0

Damit haben wir unser Ziel der Abwärtskompatibilität erreicht.

23

Multitasking/Multithreading

23	Multitasking/Multithreading	1175
	23.1 Grundlagen	1175
	23.2 Programmierung paralleler Prozesse	1177
	23.3 Beispiele	1194
	23.4 Wie kann ich	1210

23 Multitasking/Multithreading

In diesem Kapitel wollen wir uns den Multitasking-/Multithreading-Fähigkeiten von Visual C++ zuwenden. Diese haben sich im Laufe der Windows-Entwicklung grundlegend geändert.

Multitasking startet bereits mit den letzten DOS-Versionen und ist heute fast selbstverständlich. Kaum jemand macht sich Gedanken darüber, wie zwei parallel laufende Tasks eigentlich drucken.

In diesem Kapitel lernen Sie, wie …

- man die Leerlaufzeiten des Programms für eine Hintergrundaufgabe nutzen kann,
- Arbeiterfäden starten und beenden kann,
- Arbeiterfäden Daten austauschen,
- sich Oberflächenfäden über Meldungen unterhalten,
- was kritische Bereiche eines Programms sind.

23.1 Grundlagen

Wenn wir ein Programm (Anwendung) starten, so erzeugen wir damit einen *Prozess*. Ein Prozess ist somit die laufende (ausführende) Instanz eines Programms. Es gibt Programme, die wir mehrfach starten können (reentrant Programme), und solche, die nur einmal laufen können oder wollen.

Das Betriebssystem startet den Prozess an einem bestimmten *Einsprungpunkt,* das ist die Adresse des Hauptprogramms `main` bzw. `WinMain`. Diese Funktion stellt den Hauptfaden (primärer Faden, Primary Thread) des Programms dar. Ein Faden ist ein Ausführungspfad durch eine Anzahl von Anweisungen mit einem Start- und einem Endpunkt (fehlt Letzterer, so terminiert das Programm nie, es ist ein „Dauerläufer").

23.1.1 Multitasking

Unter Multitasking verstehen wir die Eigenschaft eines Betriebssystems, mehrere Prozesse (quasi) parallel auf einem oder mehreren Prozessoren abzuarbeiten. Bei nur einem Prozessor bedeutet dies, dass die Parallelität serialisiert werden muss, d. h., jeder Prozess (Task) erhält eine gewisse Zeitscheibe zur Verarbeitung, bevor auf den nächsten Prozess umgeschaltet wird.

Diese Verteilung der Zeitscheiben kann *kooperativ*, d. h., *nichtpräemptiv* (Windows 3.1), oder unterbrechend, d. h., *präemptiv* (ab Windows 95) erfolgen. Bei einem kooperativen System behält ein Prozess so lange den Prozessor, bis er ihn selbst wieder freigibt (sich also „kooperativ" zeigt). Bei einem präemptiven Verfahren wird dagegen die Verteilung der Zeitscheiben vom Betriebssystem nach einer Prioritätsliste durchgeführt. Damit ist sichergestellt, dass alle Prozesse die Chance haben, Prozessorzeit zu erhalten.

Die (präemptive) Multitasking-Fähigkeit ist somit eine Eigenschaft des Betriebssystems und nicht unserer Anwendung. Das kooperative Multitasking ist ebenfalls eine Eigenschaft des Betriebssystems, wobei die beteiligten Programme aber entsprechende Meldungen an das Betriebssystem abgeben bzw. verarbeiten müssen. Tun sie es nicht, so hat das Betriebssystem so gut wie keine Möglichkeit, ein nicht oder nicht mehr kooperatives Programm zu beeinflussen. Den letzten Zustand nennt man auch gern „Programmabsturz". Somit riss ein dauerlaufendes Programm auch das ganze Betriebssystem ins Unglück.

Prozesse erhalten einen eigenen und einen gemeinschaftlich genutzten Adressraum. Über Letzteren können sie miteinander kommunizieren.

Beim Prozesswechsel muss der gesamte Prozesszustand einschließlich der Register usw. zwischengespeichert werden, um bei der nächsten Zeitscheibe wieder geladen zu werden. Diesen Vorgang unterstützen moderne Prozessoren inzwischen hardwaremäßig.

23.1.2 Multithreading

Visual C++ erweitert nun die Multitasking-Fähigkeit bis auf Programmebene herab. Zur Unterscheidung vom Prozess (Task) bezeichnet man die parallelen Aufgaben auf Programmebene als Programmfäden, Ausführungsfäden oder nur Fäden (Threads). Wir treffen daher oft auf den Begriff *Multithreading*. Er bedeutet nichts anderes als eine zweite Ebene der Parallelität. Besitzt unser Prozess (das ausführende Programm) den Prozessor, dann kann er ihn noch einmal seinen Programmfäden zuordnen.

Damit sich der erhöhte Aufwand lohnt, muss eine Aufgabe natürlich parallelisierbar sein. In diesem Fall wird man sich u. U. fragen, ob dann nicht mehrere Prozessoren sinnvoll sind. Typisch für solche Anwendungen sind geeignete mathematische Aufgaben (z. B. Fourier-Transformationen in der Bildverarbeitung, paralleles Zeichnen verschiedener Bildteile usw.).

Auf einem Einprozessorsystem wie dem (üblichen) PC lohnen sich Multithreading-Programme dann, wenn die einzelnen Programmfäden hohe Stillstandszeiten erwarten lassen. Typisch hierfür sind z. B. Internet-Anwendungen. Bei diesen möchte man z. B. die Textanteile und die Bilder unabhängig voneinander laden, um den Text bereits anzeigen zu können, obwohl die Bilder erst langsam aufgebaut werden. Ein größeres Beispiel wird gesondert behandelt.

> Tipp: Multithreading ist ein recht aufwändiger Aufrufbetrieb (Interruptbetrieb). Einige Aufgaben lassen sich stattdessen einfacher im Abfragebetrieb (Pollingbetrieb) realisieren. Hierzu verwenden wir den Zeitgeber, der bereits im Kapitel «Dialoge und Steuerelemente» besprochen wurde.

23.2 Programmierung paralleler Prozesse

Bevor wir uns an ein Beispiel heranwagen, sollten wir überlegen, was eigentlich alles für eine Parallelverarbeitung (auf Programmebene) notwendig ist.

23.2.1 Multitasking

Multitasking bedeutet nach unserer Definition, dass das Betriebssystem die Prozessorkapazität allen Prozessen anbietet. Diese müssen nun entscheiden, ob sie damit arbeiten möchten oder nicht.

Ist unser Programm das aktive, so erwarten wir, dass es für uns arbeitet. Was geschieht aber, wenn wir ein anderes Programm in den Vordergrund holen? Für diesen Fall müssen wir festlegen, ob das Programm weitermachen soll und was ihm dann erlaubt ist. Es kann beispielsweise die freie Prozessorkapazität im Hintergrund (oder auch im Vordergrund) nutzen. Im Vordergrund bedeutet hierbei, dass es sich natürlich den Prozessor mit Windows selbst, aber auch mit der Ereignisverarbeitung der Oberfläche teilen muss.

Die grundlegende Technik des Multitaskings besteht darin, dass Windows den Prozessor jedem Programm reihum anbietet. Im Programm erkennen wir das Angebot in der Ereignisfunktion:

```
CWinApp::OnIdle
virtual BOOL OnIdle(LONG lCount);
```

Mit dem Rückgabewert TRUE melden wir weiteren Bedarf an Prozessorzeit an.

Soll unser Programm also irgendetwas nebenbei oder im Hintergrund erledigen, dann gehört es in diese Funktion hinein. Oft ist es so, dass diese Hintergrundaufgabe gestartet werden muss und sich zurückmelden sollte, wenn sie fertig ist. Die Nutzung der Leerlaufzeiten des Prozessors wollen wir in unserer ersten Übung realisieren.

23.2.2 Multithreading

23.2.2.1 Grundlagen

Da unser Programm unter Windows arbeitet, wird es selbst zu einem Prozess. Unsere bisherigen Beispiele hatten einen einzigen Faden (zumindest nach außen sichtbar), der in Abhängigkeit von den Benutzereingaben abgearbeitet wurde.

Dieser Hauptfaden wird sicher auch in Zukunft notwendig sein, da er als Träger möglicher weiterer Programmfäden auftritt und verhindert, dass sich diese verknäueln oder selbstständig machen usw.

Wir finden daher folgende Grundaufgaben:

- Starten eines Fadens
- Synchronisation mehrerer Fäden

- Meldungsaustausch zwischen den Fäden
- Beenden eines Fadens

Die *Synchronisation* muss dabei relativ weit gefasst werden, da sie sich auf alle Ressourcen bezieht, insbesondere solche, um die die Programmfäden konkurrieren. Es kann sich dabei um den Prozessor, Ein-/Ausgabekanäle, Dateien, Datenbanken usw. handeln.

Ein Programm (Prozess) besteht aus einem oder mehreren Fäden. Ein „normales" Programm hat zur Laufzeit an einem bestimmten Zeitpunkt:

- einen definierten Zustand der Prozessor-Register
- einen Stapelspeicher (Kellerspeicher, Stack)
- einen Freispeicher (Haufenspeicher, Free Memory, Heap)
- offene Kanäle zu verschiedenen Ressourcen wie Dateien, E/A-Geräten usw.

Die Verwaltung dieser Ressourcen übernimmt das Betriebssystem. Mit der Einführung der Fäden müssen wir nun selbst überlegen, welche dieser Elemente gemeinsam sind und welche jedem Faden individuell zugewiesen werden. Es handelt sich um:

- den definierten Zustand der Prozessor-Register
- den Stapelspeicher (Kellerspeicher, Stack)

Dies sind sozusagen die dynamischen Daten eines Fadens. Die anderen Ressourcen des Prozesses teilen sich alle Fäden.

Dazu müssen die verschiedenen Fäden vom Betriebssystem verwaltet werden. Hierzu besitzt jeder Faden einen Eintrag im Systemverwalter (System-Scheduler). Ein Faden ist die kleinste verwaltete Einheit unter Windows.

Diese Verwaltung erfolgt in erster Linie über *Semaphoren* (Staffelstäbe). Wer ein Semaphor besitzt, kann über die Ressource gebieten. Daher zählt man die Semaphoren ebenfalls zu den Ressourcen.

Theoretisch könnten die Fäden völlig allein arbeiten. Aber wenigstens am Ende sollten sie dem Prozess ihr Ende mitteilen, damit dieser sich selbst nach dem Ende aller Fäden schließen kann usw. Hin und wieder müssen aber auch die Fäden untereinander kommunizieren, um Verklemmungssituationen (Dead Locks) zu vermeiden oder (wenn sie trotzdem aufgetreten sind) zu beseitigen.

Es gibt Ressourcen, die sich aufteilen lassen (CPU, Speicher usw.), und solche, die nur exklusiv genutzt werden können (Drucker, Band usw.). Bei Letzteren müssen besondere Maßnahmen getroffen werden, um den Zugriff zu serialisieren. Typisch hierbei ist die Zwischenspeicherung auf einer teilbaren Ressource (z. B. Spoolerdateien für den Ausdruck).

Arbeitet ein Faden nur mit seinen (stackbasierten) Daten, so ist er *reentrant*, d. h., er kann beliebig oft gestartet werden, ohne dass er sich mit seinen anderen Instanzen stört. Greift aber ein Faden auf einen bestimmten, statischen Datenbereich zu, so würde eine zweite Instanz das ebenfalls tun. Das Umschalten zwischen den Fäden würde dann zu einem Chaos führen.

23.2 Programmierung paralleler Prozesse

In einer Multithreading-Umgebung hängen die Fäden teilweise voneinander ab. So kann ein Druckfaden erst dann starten, wenn die Berechnungsfäden ihre Daten bereitgestellt haben usw. Der Druckfaden wird also erst dann gestartet, wenn alle Berechnungsfäden ihr Ende melden. Eine andere Technik bestände daraus, den (gestarteten) Druckfaden anzuhalten, bis das gewünschte Ereignis eintritt.

Eine wesentliche Aufgabe des Programmierers besteht somit in der Verwaltung der Programmfäden. Zum besseren Verständnis wollen wir bereits jetzt auf die Anweisung zur Erstellung eines unabhängigen Arbeiterfadens (Worker Thread) blicken:

```
CWinThread* AfxBeginThread(AFX_THREADPROC pfnThreadProc, LPVOID pParam, int
   nPriority = THREAD_PRIORITY_NORMAL, UINT nStackSize = 0, DWORD
   dwCreateFlags = 0, LPSECURITY_ATTRIBUTES lpSecurityAttrs = NULL);
CWinThread* AfxBeginThread(CRuntimeClass* pThreadClass, int nPriority =
   HREAD_PRIORITY_NORMAL, UINT nStackSize = 0, DWORD dwCreateFlags = 0,
   LPSECURITY_ATTRIBUTES lpSecurityAttrs = NULL);
```

Beide Aufrufe unterscheiden sich in den beiden ersten Argumenten. Beim ersten Aufruf hängen wir den Faden an einen Trägerfaden `pfnThreadProc` und versorgen ihn mit Parametern. Im zweiten Fall übergeben wir die Laufzeitklasse eines vorbereiteten Fadens.

Gemeinschaftlich ist die Prioritätssteuerung, die Festlegung der Stackgröße, Merker zum Start des Fadens (vielleicht soll er ja gar nicht gleich loslaufen) und Sicherheitsattribute.

Es wird ein Zeiger auf den erzeugten Faden zurückgeliefert.

Mit diesen Anweisungen können wir daher ein ganzes Netz verschiedener Fäden aufspannen, die sich im wahrsten Sinn des Bildes über- und untereinander kreuzen, leider auch verknoten können. Solche Verklemmungen treten hauptsächlich bei gemeinschaftlich genutzten Ressourcen auf (**Bild 23.1**). Solange die Ressource lokal ist, kommt es zu keinen Überschneidungen. Gemeinschaftlich genutzte Ressourcen benötigen unsere gesonderte Aufmerksamkeit.

Da wir fast immer gezwungen sind, zentrale Ressourcen zur Verfügung zu stellen, tritt das Verwaltungsproblem immer auf. Betrachten wir hierzu ein Praxisbeispiel. Datenbankanfänger sind unter Access schier verzweifelt, wenn nach einem Eingabeabbruch ein als Primärschlüssel eingesetztes AutoInkrement-Feld (das einfach stur weiterzählt) eine Lücke aufweist. Tatsächlich sorgt damit die Datenbank dafür, dass ein Schlüssel höchstens einmal (also einmal oder keinmal) vergeben wird. Fordert ein Benutzer einen neuen Datensatz an, so erhält er die nächste Nummer, der Zähler wird inkrementiert. Der nächste Benutzer erhält diese Nummer, der Zähler wird wieder inkrementiert usw. Die Eingabe dauert beim einen Benutzer etwas länger (weil das Telefon gerade klingelt), beim anderen etwas kürzer. Die Reihenfolge der Datensätze ist von der Anforderung und nicht vom Schreibvorgang abhängig. Der dritte Benutzer bricht seine Eingabe ab, weil noch Daten fehlen. Wer soll all diese Fälle abfangen, nur damit die Datenbank nachher „schön" aussieht, also keine Lücken in den Primärschlüsseln aufweist?

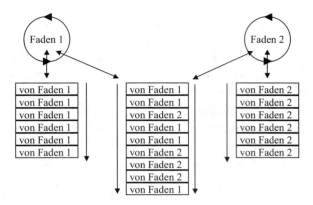

Bild 23.1: Zwei Fäden füllen lokale und zentrale Arrays

Lassen Sie uns nun die Möglichkeiten der Verwaltung der Programmfäden betrachten.

23.2.2.2 Verwaltung von Programmfäden

Eine griffige Vorstellung eines Fadens entsteht dadurch, sich den Ablauf konkret vorzustellen. Wird ein laufender Faden unterbrochen, so muss alles gerettet werden, was zum späteren Neustart notwendig ist. Der Stapelspeicher eines Fadens liegt bereits im Zentralspeicher (oder auf Platte). Hier muss nur verhindert werden, dass der Bereich überschrieben wird. Bei einem Einprozessorsystem muss dessen gesamter Inhalt auf einen „permanenten" Speicher gerettet werden, bevor ein anderer Faden startet. Erhält der Faden wieder Prozessorzeit, muss der Stapelspeicher wieder geladen werden, damit der Prozess an der alten Stelle fortfahren kann.

Kritischer Abschnitt

Unter einem *kritischen Abschnitt* versteht man eine Codesequenz, die auf keinen Fall unterbrochen werden darf. Beim Programmieren im Großen würde man dies als *Transaktion* bezeichnen. Auf Assemblerebene finden wir hierzu entsprechende Sperrmechanismen für Interrupts. Ein ganzes Programm zum kritischen Abschnitt zu machen ist wenig hilfreich, da dann der Vorteil des Multitasking bzw. Multithreading zunichte gemacht wird.

In unserem Beispiel ist das Abholen einer laufenden Nummer und das Inkrementieren des Zählers ein kritischer Abschnitt, der nicht unterbrochen werden darf. Würde ein zweiter Benutzer genau zwischen diesen beiden Anweisungen seine Anforderung platzieren, so würde er die gleiche Nummer erhalten, und der Zähler würde um zwei Werte springen, es sei denn ein dritter, vierter usw. Benutzer funkt nicht dazwischen.

Semaphor

Das/der Semaphor ist ein Signalmast mit verstellbaren Flügeln zur Nachrichtenübertragung. Es wurden auch Flaggen oder Stäbe so benannt, die man auf eingleisigen Bahnstrecken einsetzte. Wer das Semaphor hatte, war im Recht.

23.2 Programmierung paralleler Prozesse

Nicht teilbare Ressourcen verwaltet man häufig über die schon erwähnten *Semaphoren*. Dies sind eigentlich nichts anderes als Merker, die eine Belegung anzeigen. Nur der Besitzer eines Semaphors kann sie wieder freigeben. Bei beschränkten Ressourcen sind die Semaphoren als Zähler ausgebildet, die ab einer eingestellten Obergrenze ein weiteres Anfordern von Ressourcen verhindern.

Mutex

Ein *Mutex* (*Mut*ual *Ex*clusion = gegenseitiger Ausschluss) ist ein Sonderfall des Semaphors mit der Obergrenze 1. Durch das Setzen eines Mutex wird die entsprechende Ressource für alle anderen Fäden gesperrt. Typische Vertreter sind die Satzsperren in einer Datenbank, die zwar den einzelnen Satz, aber nicht die ganze Tabelle sperren. Er wirkt im Gegensatz zum Semaphor systemweit.

Ereignis

Programmfäden können durch *Ereignisse* gesteuert werden, sie müssen es aber nicht. So werden Arbeiterfäden gestartet und enden selbstgesteuert nach der Bearbeitung ihrer Aufgabe. Benutzerschnittstellen-Fäden (User-Interface-Threads) besitzen dagegen die Fähigkeit, auf Ereignisse zu reagieren und die damit verknüpfte Meldung zu verarbeiten.

23.2.2.3 Kategorien von Programmfäden

Unsere bisherigen Programme können wir uns als solche mit einem einzigen Faden vorstellen. Diesem Faden 1 (Trägerfaden) wird automatisch der Standard-Stack zugeordnet (um den wir uns eigentlich nicht kümmern müssen). Starten wir dagegen einen neuen Faden, so müssen wir ihm einen ausreichenden Stapelspeicher zuordnen. Die Größe des notwendigen Speichers ist schwer abzuschätzen, da wir oft nicht wissen, welche Funktionen und Methoden im Faden aufgerufen werden. Hier können wir die neue Technik des lokalen Fadenspeichers (TLS Thread Local Storage) einsetzen.

Die MFC unterstützt, wie bereits erwähnt, zwei Arten von Programmfäden:

- Arbeiterfäden, die keine Ereignisse verarbeiten
- Benutzerschnittstellen-Fäden (User-Interface-Threads, UI-Fäden), die Ereignisse verarbeiten

Den Namen entsprechend dienen die Benutzerschnittstellen-Fäden dazu, vom Benutzer erzeugte Ereignisse und Meldungen zu verarbeiten, während die Arbeiterfäden für Hintergrund- und Wartungsarbeiten eingesetzt werden.

Diese Unterscheidung ist nur in der MFC zu finden. Die Win32-API kennt diese verschiedenen Arten nicht. Die MFC setzt ein spezielles Verfahren ein, um die Ereignisse auf der Benutzeroberfläche an die richtigen Fäden weiterzureichen. Ein Benutzerschnittstellen-Faden besitzt im Gegensatz zu einem Arbeiterfaden eine eigene Meldungsschleife.

Ein typisches Beispiel eines Benutzerschnittstellen-Fadens ist die Klasse `CWinApp`, die ein Nachkomme von `CWinThread` ist (**Bild 23.2**). Unsere Anwendung wird als Instanz dieser Klasse in `InitInstance` angelegt.

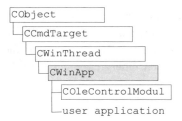

Bild 23.2: Vererbungshierarchie eines Hauptprogramms der Klasse `CWinApp`

23.2.2.4 Arbeiterfäden (Worker Threads)

Arbeiterfäden setzen wir für Aufgaben ein, die zwar zeitintensiv sind, aber von deren Ergebnis der Benutzer nicht abhängig ist, auf die er also nicht warten muss. Ein Beispiel ist das Drucken im Hintergrund. Da der Benutzer nach dem Start dieser Funktion weiterarbeiten will, sollte er nicht auf das Ende des Druckens warten müssen. Andererseits sollten aber die neuen Änderungen nicht im Druck erscheinen. Unter Word erkennen wir die Technik. Es wird zuerst eine temporäre Kopie des Dokuments angelegt (auf deren Abschluss der Benutzer warten muss), danach startet das Drucken im Hintergrund.

Wir erzeugen einen Arbeiterfaden in zwei Schritten. Als Erstes implementieren wir eine Funktion, die die gewünschte Arbeit erledigt. Sie muss vom Typ:

```
UINT MeineFadenFunktion(LPVOID pParam);
```

sein. Sie liefert eine Ganzzahl zurück, über die sie ihren Abschlusszustand signalisiert (0 bedeutet erfolgreicher Abschluss). Der Parameter `pParam` ist vom Typ `LPVOID`, was so viel wie `(void*)` heißt, also 32 bit-Zeiger auf einen generischen Typ. Dieser Zeiger wird beim Erzeugen des Fadens an die Funktion übergeben. Er kann auf beliebige Datenstrukturen zeigen, so dass wir hierüber unserer Fadenfunktion Daten übergeben können, ja, umgekehrt Daten auch empfangen können.

Damit sind wir bereits beim Start eines Arbeiterfadens, was recht einfach zu programmieren ist:

```
Zeiger=&IrgendWelcheDaten;
CWinThread* pMeinFaden=AfxBeginThread(MeineFadenFunktion,Zeiger);
```

`AfxBeginThread` erhält zwei Zeiger, einen auf die Fadenfunktion, einen zweiten auf den Datenblock. Wollen wir über diesen Zeiger auch Daten empfangen, so müssen wir uns einen Mechanismus überlegen, um herauszufinden, wann die Daten gültig sind.

Neben diesen beiden obligaten Parametern gibt es eine Reihe optionaler Parameter. Da sie mit den Benutzerschnittstellen-Fäden übereinstimmen, werden sie dort näher erläutert. Hier soll eine Aufzählung reichen:

- Die gewünschte Priorität des Threads. Der Standard ist „normale Priorität".
- Die gewünschte Stack-Größe des Fadens. Der Standard ist die gleiche Größe wie der erzeugende Faden.

23.2 Programmierung paralleler Prozesse

- `CREATE_SUSPENDED`, falls der Faden in einem angehaltenen Zustand erzeugt werden soll. Der Standard ist 0 normal.
- Die gewünschten Sicherheitsattribute. Standardmäßig dieselben Zugriffsrechte wie der übergeordnete Faden.

Der Rückgabewert der Funktion ist ein Zeiger auf das von `AfxBeginThread()` erzeugte Objekt der Klasse `CWinThread`. Wenn die Fadenfunktion endet, wird auch der Faden beendet und das Objekt vom Typ `CWinThread` automatisch gelöscht.

Auch wenn ein Arbeiterfaden selbst keine Meldungen verarbeitet, so reagiert er doch auf die Methoden `CWinThread::SuspendThread` zum Anhalten des Fadens und `CWinThread::ResumeThread` zum Weiterlaufen des Fadens. Beide Methoden arbeiten mit einem Semaphor, d. h., mehrfaches `SuspendThread` zählt das Semaphor hoch. `ResumeThread` zählt sie herunter. Beim Übergang von 0 auf 1 wird der Faden angehalten, beim Übergang von 1 auf 0 wird er wieder gestartet. Diese Technik hat den Vorteil, dass mehrere Sperren erst wieder alle aufgehoben werden müssen, bevor der Faden seine Arbeit erneut startet.

23.2.2.5 Benutzerschnittstellen-Fäden (User-Interface-Threads)

Zum Erzeugen eines Benutzerschnittstellen-Fadens (UI-Fadens) ist einiges mehr an Arbeit erforderlich. UI-Fäden werden eingesetzt, um auf Benutzeraktionen oder sonstige Ereignisse zu reagieren. Die Fäden benötigen also die Fähigkeit, Ereignisse zu empfangen und zu verarbeiten, was eine Meldungsschlange voraussetzt. Auch sie werden von der Klasse `CWinThread` abgeleitet. Um einerseits die Funktionen dieser Klasse zu nutzen und andererseits unsere eigene Funktionalität zu ergänzen, sind wir gezwungen, eine eigene Klasse von `CWinThread` abzuleiten:

```
class CMeinFaden : public CWinThread {...}
```

Wir müssen nun in den ererbten Methoden die Stellen suchen, die für unsere Änderungen geeignet sind. Der erster Blick fällt dabei auf die Methode `InitInstance()`. Wir überschreiben diese normalerweise in der Art:

```
BOOL CMeinFaden::InitInstance() {
  BearbeitungsFunktion();  //erste Bearbeitungsfunktion anstoßen
  return TRUE;
} //CMeinFaden::InitInstance
```

Zum Aufräumen dynamischer Variablen usw. dient die Methode `ExitInstance()`. Auch sie überschreiben wir bei Bedarf. Die anderen Methoden werden wir dagegen nicht verändern. Stattdessen schreiben wir einige neue Methoden für die Verarbeitung.

Nachdem wir die Fadenklasse vorbereitet haben, rufen wir wieder die Methode `AfxBeginThread()` in der folgenden, gegenüber der Methode für den Arbeiterfaden leicht abgeänderten Form auf:

```
//Faden-Objekt erzeugen:
CMeinFaden * ptrThread=(CMeinFaden *)
  AfxBeginThread(RUNTIME_CLASS(CMeinFaden),    //Basisklasse des Fadens
```

```
                    THREAD_PRIORITY_BELOW_NORMAL,  //Priorität
                    0,                             //Größe des Stacks
                    CREATE_SUSPENDED);             //Anlaufen
ptrThread->InitFaden(m_nThreadID,m_pDocument);     //Faden initialisieren
ptrThread->ResumeThread();                         //Faden starten
```

Mit dem ersten Parameter teilen wir der Funktion mit, aus welcher Klasse das Fadenobjekt erzeugt werden soll. Die folgenden drei Parameter sind optional und können auch beim Erzeugen eines Arbeiterfadens angegeben werden. Die Bedeutung der Parameter, nämlich:

- die Priorität des Fadens, Genaueres dazu im nächsten Kapitel
- die Größe des Faden-Stacks in Bytes (als Vorgabewert wird die Größe des Erzeugerfadens übernommen)
- gibt an, ob der Faden nach dem Erzeugen sofort gestartet werden soll (0) oder ob ein explizites Starten mit `ResumeThread()` erfolgen soll (CREATE_SUSPENDED)
- unter Windows NT und den Nachfolgern lassen sich weitere Sicherheitsattribute angeben, die von Windows 95 ignoriert werden

wollen wir näher betrachten.

Fäden, die mit `CREATE_SUSPENDED` erzeugt werden, können vor ihrem Start noch mit vorbereiteten Methoden initialisiert werden. Wird der Faden dann mit `Resume-Thread()` gestartet, läuft er so lange bzw. wartet auf Ereignisse, bis er terminiert oder mit `SuspendThread()` von seinem Trägerfaden angehalten wird. Ein Faden terminiert, sobald er `AfxEndThread()` selbst aufruft oder die Meldung `WM_QUIT` empfängt.

23.2.2.6 Priorität des erzeugten Fadens

Jeder Faden besitzt eine effektive Priorität, die durch den *Prioritätswert des Fadens* und die *Prioritätenklasse seines Prozesses* bestimmt wird. Durch den Vergleich der effektiven Priorität aller Fäden legt der Scheduler fest, welchem Faden als nächstem die CPU zugeteilt wird.

Dabei wird das Ringelreihe-Verfahren (Round-Robin-Algorithmus) innerhalb der Prioritätsklassen angewandt. Zuerst werden die Anforderungen aller Fäden der höheren Klassen befriedigt, bis das Recht an die nächst tiefere Ebene weitergereicht wird.

Die Werte für die effektive Priorität eines Fadens liegen zwischen 0 (niedrigste) und 31 (höchste Priorität). Der Wert 0 kann nur von einem Systemfaden angenommen werden. Eine vollständige Liste der effektiven Prioritätswerte ist in der Online-Hilfe zu finden. Hier soll ein Überblick über die Bedeutung der Prozess-Prioritätenklassen und der Thread-Prioritätswerte ausreichen:

23.2 Programmierung paralleler Prozesse

Prozess-Prioritätenklassen	Anmerkungen	Wert
REALTIME_PRIORITY_CLASS	Klasse mit höchstmöglicher Priorität. Vorsicht!! Solche Prozesse verdrängen sogar Prozesse des Betriebssystems, wie das Schreiben des Festplattencache. Sollte für Nutzerprozesse nie verwendet werden!	24
HIGH_PRIORITY_CLASS	Zeitkritische Prozesse. Sie verdrängen Prozesse mit normaler und idle-Priorität. Vorsicht! Solche Prozesse können leicht die gesamte CPU-Zeit beanspruchen.	13
NORMAL_PRIORITY_CLASS	Priorität für gewöhnliche Anwenderprozesse ohne besondere Scheduling-Anforderungen.	7/9[1]
IDLE_PRIORITY_CLASS	Solche Prozesse bekommen nur dann CPU-Zeit, wenn das System nichts mehr zu tun hat.	4

Faden-Prioritätswerte	Anmerkungen	Wert
THREAD_PRIORITY_HIGHEST	Zwei über der Prozess-Prioritätenklasse	+2
THREAD_PRIORITY_ABOVE_NORMAL	Eins über der Prozess-Prioritätenklasse	+1
THREAD_PRIORITY_NORMAL	Gleich der Prozess-Prioritätenklasse (Vorgabewert)	±0
THREAD_PRIORITY_BELOW_NORMAL	Eins unter der Prozess-Prioritätenklasse	-1
THREAD_PRIORITY_LOWEST	Zwei unter der Prozess-Prioritätenklasse	-2
THREAD_PRIORITY_TIME_CRITICAL	Setzt die effektive Priorität auf 15 für Prozesse der Prioritätenklassen: IDLE_PRIORITY_CLASS, NORMAL_PRIORITY_CLASS, HIGH_PRIORITY_CLASS und auf 31 für Prozesse der Prioritätenklasse: REALTIME_PRIORITY_CLASS.	15/31
THREAD_PRIORITY_IDLE	Setzt die effektive Priorität auf 1 für Prozesse der Prioritätenklassen: IDLE_PRIORITY_CLASS, NORMAL_PRIORITY_CLASS, HIGH_PRIORITY_CLASS und auf 16 für Prozesse der Prioritätenklasse: REALTIME_PRIORITY_CLASS.	1/16

---

[1] Dynamische Priorität: Ausführung im Hintergrund erhält Priorität 7. Interaktive Ausführung (Vordergrund) erhält Priorität 9.

Die Berechnung einer effektiven Priorität folgt aus der Überlegung heraus, die Priorität eines Fadens von der Priorität seines Prozesses abhängig zu machen. Ein Faden kann seine Priorität nur relativ zu seinem Prozess verändern:

Prozess-Prioritätenklassen	Faden-Prioritätswerte	gibt:
IDLE_PRIORITY_CLASS, NORMAL_PRIORITY_CLASS, HIGH_PRIORITY_CLASS	THREAD_PRIORITY_IDLE	1
IDLE_PRIORITY_CLASS	THREAD_PRIORITY_LOWEST	2
IDLE_PRIORITY_CLASS	THREAD_PRIORITY_BELOW_NORMAL	3
IDLE_PRIORITY_CLASS	**THREAD_PRIORITY_NORMAL**	**4**
IDLE_PRIORITY_CLASS	THREAD_PRIORITY_ABOVE_NORMAL	5
Background NORMAL_PRIORITY_CLASS	THREAD_PRIORITY_LOWEST	5
IDLE_PRIORITY_CLASS	THREAD_PRIORITY_HIGHEST	6
Background NORMAL_PRIORITY_CLASS	THREAD_PRIORITY_BELOW_NORMAL	6
Foreground NORMAL_PRIORITY_CLASS	**THREAD_PRIORITY_LOWEST**	**7**
Background NORMAL_PRIORITY_CLASS	THREAD_PRIORITY_NORMAL	7
Foreground NORMAL_PRIORITY_CLASS	THREAD_PRIORITY_BELOW_NORMAL	8
NORMAL_PRIORITY_CLASS	THREAD_PRIORITY_ABOVE_NORMAL	8
Foreground NORMAL_PRIORITY_CLASS	**THREAD_PRIORITY_NORMAL**	**9**
NORMAL_PRIORITY_CLASS	THREAD_PRIORITY_HIGHEST	9
Foreground NORMAL_PRIORITY_CLASS	THREAD_PRIORITY_ABOVE_NORMAL	10
HIGH_PRIORITY_CLASS	THREAD_PRIORITY_LOWEST	11
Foreground NORMAL_PRIORITY_CLASS	THREAD_PRIORITY_HIGHEST	11
HIGH_PRIORITY_CLASS	THREAD_PRIORITY_BELOW_NORMAL	12
HIGH_PRIORITY_CLASS	**THREAD_PRIORITY_NORMAL**	**13**
HIGH_PRIORITY_CLASS	THREAD_PRIORITY_ABOVE_NORMAL	14
IDLE_PRIORITY_CLASS, NORMAL_PRIORITY_CLASS, HIGH_PRIORITY_CLASS	THREAD_PRIORITY_TIME_CRITICAL	15
HIGH_PRIORITY_CLASS	THREAD_PRIORITY_HIGHEST	15
REALTIME_PRIORITY_CLASS	THREAD_PRIORITY_IDLE	16
REALTIME_PRIORITY_CLASS	THREAD_PRIORITY_LOWEST	22
REALTIME_PRIORITY_CLASS	THREAD_PRIORITY_BELOW_NORMAL	23
REALTIME_PRIORITY_CLASS	**THREAD_PRIORITY_NORMAL**	**24**

23.2 Programmierung paralleler Prozesse

Prozess-Prioritätenklassen	Faden-Prioritätswerte	gibt:
REALTIME_PRIORITY_CLASS	THREAD_PRIORITY_ABOVE_NORMAL	25
REALTIME_PRIORITY_CLASS	THREAD_PRIORITY_HIGHEST	26
REALTIME_PRIORITY_CLASS	THREAD_PRIORITY_TIME_CRITICAL	31

23.2.2.7 Daten in Mehrfaden-Anwendungen

Wenn wir beabsichtigen, mehrere Fäden auf gemeinsame Daten zugreifen zu lassen, gibt es einiges zu beachten.

Zu Beginn soll ein typisches Problem anhand eines Beispiels vor Augen geführt werden. Betrachten wir den Zugriff mehrerer Fäden auf dieselbe Zeichenkette. Wird ein Faden zu dem Zeitpunkt vom Betriebssystem suspendiert, zu dem er gerade ein Teil der Zeichenkette manipuliert hat (z. B. wenn er nur einen Teil kopiert hat), wird die Zeichenkette in einem inkonsistenten Zustand zurückgelassen. Erhält anschließend ein Faden CPU-Zeit, der ebenfalls auf diese Zeichenkette zugreift, so arbeitet er mit falschen Daten. Die Probleme treten nicht auf, wenn der Kopiervorgang des ersten Fadens vollständig abgeschlossen würde.

Das Beispiel demonstriert einen *zeitkritischen* Codeabschnitt. Beim Entwurf von Multithreading-Anwendungen müssen solche Abschnitte erkannt werden. Die Betonung liegt hier auf Entwurf, da die Fehlersuche in Programmen mit zeitkritischen Abläufen sehr schwierig ist. Fehlersituationen treten relativ selten auf, hängen von sehr vielen Bedingungen ab und lassen sich kaum reproduzieren (so genannte *transiente* Fehler).

Das Beispiel zeigt, dass Fäden synchronisiert werden müssen. Dies geschieht z. B. dadurch, dass verändernde Zugriffe auf gefährdete Daten streng sequenziell erfolgen.

Die MFC stellt dem Programmierer dafür eine Reihe von Synchronisationsprimitiven zur Verfügung. Dem Grundgedanken der objektorientierten Programmierung entspricht die Technik, die gemeinsam genutzte Ressource in einer Klasse zu kapseln und alle notwendigen Schritte, um den Zugriff fadensicher zu gestalten, innerhalb der Methoden vorzunehmen. Die Nutzer der Instanzen einer solche Klasse müssen sich um mögliche Gefahren nicht mehr kümmern und können sich ganz auf die effektive Anwendung konzentrieren. Man spricht dann von fadensicheren Objekten.

Objekte der MFC sind nicht von vornherein fadensicher. Genauer: Sie sind fadensicher auf Klassenebene, aber nicht auf Objektebene, d. h., zwei Fäden können problemlos verschiedene Objekte der gleichen Klasse, nicht jedoch zwei gleiche Objekte nutzen.

Klassen, die zur Synchronisation von Fäden zur Verfügung stehen, sind:

`Csemaphore`   begrenzt den gleichzeitigen Zugriff (auf eine Ressource) auf eine bestimmte Anzahl von Fäden.

`CcriticalSection`   sorgt für den exklusiven Zugriff durch einen Faden.

`Cmutex`   wie `CCriticalSection`, jedoch über Prozessgrenzen hinweg anwendbar.

`CEvent` erlaubt einem Faden, einen anderen über ein bestimmtes Ereignis zu benachrichtigen.

Für den Einsatz der verschiedenen Klassen lassen sich folgende Regeln aufstellen:

Bedingung	Ja	Nein
Muss ein Faden auf einen bestimmten Vorgang warten, bevor er auf die Ressource zugreifen kann?	`CEevent`	
Können mehrere Fäden innerhalb derselben Anwendung auf diese Ressource gleichzeitig zugreifen?	`CSemaphore`	
Können mehrere Anwendungen diese Ressource verwenden?	`CMutex`	`CCriticalSection`

In einem Programm können durchaus mehrere dieser Bedingungen zutreffen, so dass mehrere Synchronisationsprimitiven zum Einsatz kommen. Um die Sache jedoch zu vereinfachen, bietet die MFC zwei weitere, eigenständige Klassen `CSingleLock` bzw. `CMultiLock` an, die – wie es die Namen schon andeuten – für den Zugriff auf eine einzelne, gesteuerte Ressource oder auf mehrere, gesteuerte Ressourcen verwendet werden. Wichtig ist hierbei nur, wie dies zur gleichen Zeit geschieht. Werden die Ressourcen nacheinander benötigt, so genügt die Klasse `CSingleLock`.

Beispiele für den Gebrauch von Synchronisationsprimitiven

Über die beschriebenen zeitkritischen Abläufe hinaus gibt es weitere MFC-bedingte Einschränkungen beim Zugriff auf gemeinsam genutzte Ressourcen. Dies betrifft die Instanzen so genannter Wrapper-Klassen (kurz: Wrapper-Objekte). Wrapper-Objekte (Verpackungsobjekte) sind die Objekte, die ein Windows-Handle kapseln. Beispiele für Wrapper-Klassen sind `CWnd(HWND)`, `CSocket(SOCKET)`, `CDC(HDC)` und `CMenu(HMENU)`. Um die Funktion der Wrapper-Klassen zu verdeutlichen, müssen wir etwas weiter ausholen.

In der MFC wurde großen Wert auf eine strikte 1-zu-1-Beziehung zwischen System-Handles und C++-Klassen gelegt. Die Gründe hierfür sind vielfältig. Die Fensterbeziehungen beispielsweise werden von Windows verwaltet, und Windows selbst arbeitet genau mit diesen Handles. Ruft ein `CWnd`-Objekt seine Memberfunktion `GetParent()` auf, um sein übergeordnetes Fenster zu ermitteln, so muss anhand des in einer Membervariablen gespeicherten eigenen Fenster-Handles (`HWND`) eine eindeutige Verbindung zu einem weiteren `CWnd`-Objekt hergestellt werden können:

1. Ermitteln des eigenen Fenster-Handles
2. Ermitteln des Handles des übergeordneten Fensters mit der API-Funktion `::GetParent()`
3. Ermitteln des entsprechenden CWnd-Objekts

23.2 Programmierung paralleler Prozesse

Ein weiterer Mechanismus, der die eindeutige Zuordnung von MFC-Objekten zu System-Handles erfordert, ist die Meldungsbehandlung.

Die eindeutige Verbindung zwischen einem System-Handle und einem C++-Objekt wird durch eine Tabelle, die so genannte `PermMap` hergestellt. Die `PermMap` enthält alle vom Programmierer selbst explizit erzeugten Wrapper-Objekte. Nun ist es aber nicht erforderlich, für jedes existierende System-Handle ein entsprechendes Wrapper-Objekt zu erzeugen. Existiert zum Beispiel für das übergeordnete noch kein Wrapper-Objekt, so wird von der MFC automatisch ein temporäres Wrapper-Objekt erzeugt. Die Zuordnung von temporären Wrapper-Objekten zu ihren System-Handles erfolgt über die so genannte `TempMap`. Wie der Name bereits andeutet, sind diese Objekte nur vorübergehend existent. Ein MFC-Faden löscht die Einträge in der `TempMap` und die dazugehörigen Wrapper-Objekte in seiner Leerlaufzeit (Idle Time). Zeiger auf die temporären Wrapper-Objekte sollten also nicht für eine spätere Nutzung gespeichert werden, weil sie zwischenzeitlich verloren gehen könnten.

An dieser Stelle kommen wir wieder zurück auf unsere Multithreading-Anwendung. Da sich mehrere Fäden zu verschiedenen Zeitpunkten „im Leerlauf" befinden können (Idle Time), müssen sowohl die `PermMap` also auch die `TempMap` separat für jeden Faden verwaltet werden. Im Übrigen hat die „private" fadeninterne Verwaltung der Maps auch den Vorteil, dass die oben beschriebenen Vorkehrungen zum Schutz vor zeitkritischen Abläufen beim Zugriff auf die Tabellen entfallen können.

Allerdings kauft man sich mit dieser Lösung auch Nachteile ein. Wrapper-Objekte können nun nicht mehr einfach vom einen zum anderen Faden übergeben werden. Der Empfängerfaden besitzt in seiner Tabelle noch keinen Eintrag für dieses Wrapper-Objekt. Lösbar ist dieses Problem, indem statt des Wrapper-Objekts das zugehörige Handle übergeben wird. Mit Hilfe der Funktion `FromHandle()` erzeugt der Empfängerfaden einfach ein neues temporäres Wrapper-Objekt und den entsprechenden Eintrag in der `TempMap`:

```
CWnd* tmpWnd;
tmpWnd = CWnd::FromHandle(hWnd);
```

Ist ein permanentes Wrapper-Objekt erforderlich, so kann dieses erzeugt werden durch:

```
CWnd* tmpWnd;
tmpWnd = new CWnd;
tmpWnd->Attach(hWnd);
```

Wird das permanente Wrapper-Objekt gelöscht, wird automatisch das verknüpfte Fenster vernichtet. Um das zu verhindern, kann mit Hilfe der Funktion `Detach()` die Verbindung zwischen Handle und Wrapper-Objekt aufgehoben werden:

```
tmpWnd->Detach();
delete tmpWnd;
```

Wir können also zusammenfassen: Objekte, die ein System-Handle kapseln, sollten nicht zwischen Fäden ausgetauscht werden. Das System-Handle selbst sollte übergeben werden.

23.2.2.8 Kommunikation zwischen Fäden

Neben dem Gebrauch von Synchronisationsprimitiven, die ja in gewissem Sinne auch eine Form der Kommunikation darstellen, bietet uns Windows die Möglichkeit, Meldungen zu verschicken. Die meisten Meldungen werden durch die Interaktion des Nutzers mit dem Programm hervorgerufen.

Windows unterscheidet dabei drei Kategorien von Meldungen:

- **Window Messages**

  Alle Meldungen mit dem Typ-Präfix `WM_` (mit Ausnahme der `WM_COMMAND`-Meldung) sind Window Messages. Solche Meldungen werden von Fenstern und Ansichten (allen Klassen, die ein Windows-Handle `HWND` kapseln) behandelt.

  Beispiel für eine Window Message ist `WM_MOVE`. `WM_MOVE` wird gesendet, wenn das Fenster auf dem Bildschirm verschoben wurde.

- **Control Notification Messages**

  Sie umfassen die Meldungstypen `WM_COMMAND` und `WM_NOTIFY`. Control Notification Messages werden von Fenstersteuerelementen und anderen Kindfenstern an ihre Elternfenster gesandt, um beispielsweise Nutzereingaben zu signalisieren (Notification Code: `EN_CHANGE`).

- **Command Messages**

  Command Messages sind ebenfalls Meldungen des Typs `WM_COMMAND` und werden erzeugt, wenn der Nutzer auf Menüpunkte oder Tasten der Werkzeugleiste klickt und Beschleunigertasten betätigt. Die Verarbeitung solcher Meldungen unterscheidet sich von denen der anderen Kategorien. Command Messages können von weit mehr Objekten behandelt werden als Window Messages oder Control Notification Messages.

23.2.2.9 Message-Routing

Die Funktion `Run()` eines Windows-Fadens (`CWinThread` und abgeleitete Klassen wie z. B. `CWinApp`) holt die Meldungen aus der Warteschlange des Fadens und beginnt mit der Weiterleitung an andere Objekte. Durch diese Weiterleitung ermöglicht es die MFC verschiedenen Objekten, Meldungen zu behandeln. Dazu werden Meldungen von Objekt zu Objekt weitergereicht, bis ein entsprechender Meldungsbehandler (Ereignisfunktion) gefunden wird. Man spricht von Message-Routing. Die Zuordnung einer Funktion zu einer bestimmten Meldung wird als Message-Mapping (Meldungsverteilung) (siehe auch Kapitel „Message-Maps") bezeichnet.

Das Message-Routing ist vom Typ der Meldung abhängig. *Window Messages* und *Control Notification Messages* werden ausschließlich von Fensterobjekten (`CWnd` und abgeleitete Klassen) empfangen. Command Messages dagegen werden durch eine ganze Kette von Objekten weitergeleitet (**Bild 23.3**).

23.2 Programmierung paralleler Prozesse

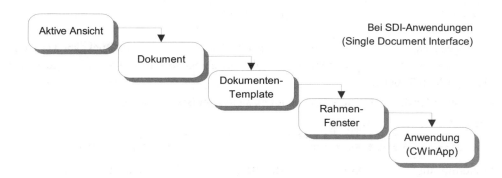

Bild 23.3: Message-Routing bei Command Messages

Bei Anwendungen mit mehreren Ansichten oder mehreren Dokumenten (MDI-Anwendungen) wird die Meldungskette noch erweitert. Findet ein Objekt in seiner Message-Map einen passenden Eintrag, so wird die Behandler-Funktion aufgerufen.

23.2.2.10 Message-Maps

Aufbau von Message-Maps

Die Meldungsverarbeitung wird mit Hilfe von Message-Mapping-Makros programmiert:

```
BEGIN_MESSAGE_MAP(CMeinDokument,CDocument)
  ON_COMMAND(ID_MEINKOMMANDO,OnMeinKommando)
  // ... weitere Einträge für andere Kommandos
END_MESSAGE_MAP( )
```

Durch das Makro `ON_COMMAND` werden Meldungen (Ereignisse), die Windows über die ID z. B. wie `ID_MEINKOMMANDO` absendet, programmintern an eine Ereignisfunktion `OnMeinKommando` weitergeleitet.

Diese Technik können wir nutzen, um eigene Ereignisse zu definieren und auf diese (an anderer Stelle) zu reagieren. Normalerweise werden wir diese Makros aber nicht selbst programmieren, sondern vom Klassenassistenten erstellen lassen.

Das Makro `BEGIN_MESSAGE_MAP` erweitert die Klassendeklaration um das private Array `_messageEntries []`. Diese Tabelle ist als `static` (also als so genannte Klassenvariable) deklariert. Diese Tabelle wird somit beim Start des Programms erzeugt. Legen wir eine neue Instanz der Klasse an, so wird keine neue Tabelle erzeugt. Stattdessen benutzen alle Instanzen die gleiche Tabelle. Ein Eintrag in `_messageEntries []` hat folgende Struktur:

```
struct AFX_MSGMAP_ENTRY
{
  UINT nMessage; // Windows Message (WM_PAINT, WM_COMMAND, ...)
  UINT nCode;    // Control Code oder WM_NOTIFY Code
  UINT nID;      // Control ID (0 bei Windows Messages)
  UINT nLastID;  // für Bereiche von Control ID's (sonst 0)
```

```
  UINT nSig;        // Beschreibung Signatur der Handlerfunktion
  AFX_PMSG pfn;     // Adresse der Handlerfunktion
};
```

Die Eigenschaft `nSig` beschreibt die Signatur (Name plus Typ des Rückgabewerts und der Parameter) der Ereignisfunktion. Es gibt verschiedene Formate für Einträge in der Message-Map-Tabelle.

Ein Eintrag für die `WM_HSCROLL`-Meldung sieht zum Beispiel so aus:

```
{WM_HSCROLL, 0, 0, 0, AfxSig_vwwW, OnHScroll }
// AfxSig_vwwW ist eine von vielen definierten Konstanten
// und steht für die Funktionssignatur: void (UINT, UINT, CWnd*)
```

Weiterhin fügt das Makro `BEGIN_MESSAGE_MAP` die geschützte Membervariable `messageMap` in die Klassendeklaration ein. Auch diese ist als `static` deklariert und hat folgende Struktur:

```
struct AFX_MSGMAP
{
  const AFX_MSGMAP* pBaseMap;
  const AFX_MSGMAP_ENTRY* lpEntries;
};
```

Die Variable `pBaseMap` ist ein Zeiger auf dieselbe Struktur in der Basisklasse. `lpEntries` ist ein Zeiger auf die Tabelle `_messageEntries[]`.

Als Drittes und Letztes fügt das Makro `BEGIN_MESSAGE_MAP` die geschützte virtuelle Memberfunktion `GetMessageMap()` in die Klassendeklaration ein. Sie soll einen Zeiger auf `messageMap` liefern.

Auch die Definition der Message-Maps in der Implementierungsdatei einer Klasse wird vollständig über Makros realisiert. Das Makro `BEGIN_MESSAGE_MAP` eröffnet die Message-Map-Definition. Es fügt die Implementation von `GetMessageMap()` ein und initialisiert die Struktur `messageMap` mit der Adresse der `messageMap`-Struktur der Basisklasse und der Adresse des Arrays `_messageEntries[]`. Hier wird auch deutlich, weshalb dieses Makro die Angabe der beiden Klassen als Parameter erwartet. Außerdem wird die Initialisierung des Arrays eröffnet.

Dem Makro `BEGIN_MESSAGE_MAP` folgt nun eine Reihe von Entry-Makros, die für jede gewünschte Ereignisfunktion einen Eintrag in `_messageEntries[]` erzeugen. Für jede Art von Meldung ist ein eigenes Makro vorgesehen.

Zum Abschluss der Message-Map-Definition wird das Makro `END_MESSAGE_MAP` aufgerufen. Es fügt als Endemarkierung in `_messageEntries[]` einen „Null-Eintrag" ein, also das in C übliche Abschusszeichen `Null`.

Verarbeiten der Meldungen

Die `Run()`-Funktion eines jeden Fadens (jedes Windows-Programm besteht aus mindestens einem Faden) implementiert die Meldungsschleife. Die Meldungsschleife ist sozusagen das Herz eines Windows-Programms. Hier werden Meldungen aus der Warteschlange geholt und als Reaktion Funktionen aufgerufen. Die Meldungsschleife wird nur dann ver-

23.2 Programmierung paralleler Prozesse

lassen, wenn das Programm (Faden) die Meldung `WM_QUIT` empfängt. Diese Meldung beendet jedes Programm.

Nachdem der Faden die nächste Meldung aus der Warteschlange genommen hat, wird geprüft, ob die Meldung ein gültiges Fensterhandle als Ziel enthält. Ist kein gültiges Fensterhandle angegeben, so handelt es sich um eine so genannte Threadmessage, die das Threadobjekt selbst verarbeitet. Ist das Ziel einer Meldung ein Fensterhandle, so wird dem Zielfenster und jedem Elternfenster (ab dem Zielfenster aufwärts bis zum Hauptfenster) die Möglichkeit eingeräumt, die Meldung vor der eigentlichen Verarbeitung abzufangen (`PreTranslateMessage()`). Wurde die Meldung nicht abgefangen, so werden (falls es sich um solche handelt) alle „Virtual-Key Messages" in „Character Messages" umgewandelt (`TranslateMessage()`)[1]. Und schließlich wird die Meldung dispatcht, d. h., sie wird an das Zielfenster zur Verarbeitung weitergereicht (`DispatchMessage()`).

```
// Verarbeitung einer Meldung:
if (!PreTranslateMessage(&m_msgCur))
{
   ::TranslateMessage(&m_msgCur);
   ::DispatchMessage(&m_msgCur);
}
return TRUE;
```

Die dispatchte Meldung wird an die Funktion `WindowProc()` des Fensterobjekts übergeben. Dort trennen sich nun die Wege von Window Messages, Command Messages und Control Notification Messages. Während für Letztere der beiden Kategorien das MFC-spezifische Routing beginnt, wird für Window Messages in der Message-Map nach einem entsprechenden Eintrag gesucht. Wird kein entsprechender Eintrag gefunden, werden – ähnlich den virtuellen Funktionen – der Reihe nach die Message-Map-Tabellen der übergeordneten Klasse in der Klassenhierarchie nach einem Eintrag durchsucht. Zum Referenzieren der Basisklassen-Message-Maps dient der Zeiger in der internen Struktur `messageMap`. Wird dennoch kein passender Message-Map-Eintrag gefunden, so wird eine Standardbehandlung durchgeführt.

Meldungen an Fäden können nur gepostet werden. Bei geposteten Meldungen kann kein Rückgabewert ausgewertet werden.

---

[1] Folgende Meldungen werden transformiert:
- `WM_KEYDOWN` -> `WM_CHAR`
- `WM_KEYUP` -> `WM_DEADCHAR`
- `WM_SYSKEYDOWN` -> `WM_SYSCHAR`
- `WM_SYSKEYUP` -> `WM_SYSDEADCHAR`

23.3 Beispiele

23.3.1 Multitasking in einer dialogfeldbasierenden Anwendung

Wir wollen in der ersten Übung auf den einfacheren Fall des Multitaskings eingehen. Dies bedeutet, dass unser Programm auch dann weiterläuft, wenn es sich im Hintergrund befindet oder eine zweite Aktion für uns durchführt. Wir versuchen dies mit einer dialogfeldbasierenden Anwendung.

U231 Dieses Programm ist beigefügt, um zu zeigen, dass es nicht funktioniert.

Warum soll es nicht gehen? Programmtechnisch ist es keine Mühe, wie aus dem Beispielprogramm ersichtlich ist. Wenn wir das Programm aber starten, wird niemals die Ereignisfunktion `OnIdle` aufgerufen. Im Nachhinein ist man gescheiter.

Die Ursache liegt einfach darin, dass die dialogfeldbasierende Anwendung (das Formular) als modaler Dialog aufgerufen wird. Ein solcher Dialog hält bekanntlich die Trägeranwendung so lange an, wie er existiert. Damit gibt es auch keine Meldungen, die beantwortet werden könnten. Somit wird auch unsere Variante im nächsten Kapitel durch das Aufklappen eines Menüs oder die Anzeige eines modalen Dialogfelds angehalten.

23.3.2 Multitasking in einer SDI-/MDI-Anwendung

Nach diesem Aha-Effekt benutzen wir die nächst anspruchsvollere Vorlage, eine SDI-Anwendung. Dabei werden wir sehen, dass es keine entscheidenden Vor- bzw. Nachteile gegenüber der MDI-Anwendung gibt, denn das Hauptproblem ist davon unabhängig. Dieses besteht darin, aus der Hauptprogrammklasse `CU232App` Zugriff auf die Ansichtsklasse zu erhalten. Dies geht nur über die Dokumentenklasse, da in einer MDI-Anwendung mehrere Ansichten auf ein Dokument existieren können. Die SDI-Anwendung ist sozusagen die unterste Grenze mit nur einer einzigen Ansicht.

U232 Als Vordergrundaktion stellen wir dem Benutzer ein mehrzeiliges Textfeld und einen Schieberegler zur Verfügung, mit dem er die Geschwindigkeit beeinflussen kann. Im Hintergrund soll dabei eine Fortschrittsanzeige laufen, die am Ende ein akustisches Signal abgibt und endet.

> Zur Realisation des Programms gehen wir in folgenden Schritten vor:
> 1. Wir generieren eine SDI-Anwendung `U232` im Ordner `U23_MuT` ohne irgendwelchen Zusätze (kein Drucken). Die Ansichtsklasse setzen wir auf CFormView. Dies erlaubt uns, Steuerelemente auf dem Formular zu platzieren.
> 2. Im so generierten Projekt ist ein vereinfachtes Menü `IDR_MAINFRAME` vorhanden. Wir löschen sämtliche Menüeinträge im Menüeditor bis auf `Datei|Beenden` und `?|Info über U232...` Da wir ohne Dokument arbeiten, sind die anderen Menüpunkte überflüssig.

23.3 Beispiele

3. Wenn wir das Programm in dieser Form testen, stellen wir fest, dass Kurztasten wie `Strg`+`O` oder `Strg`+`U` usw. trotz fehlender Menüoptionen noch funktionieren.
4. Wir öffnen daher die Beschleuniger (Accelerator) und löschen alle Einträge.
5. Nun können wir die Oberfläche `IDD_U231_FORM` entwerfen (**Bild 23.4**).

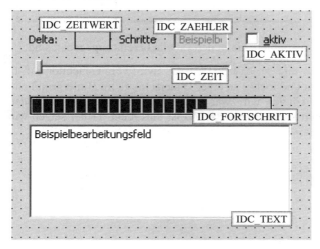

Bild 23.4: Oberflächenentwurf `U231`

6. Die Eigenschaften legen wir für die öffentlichen Elemente (von links oben nach rechts unten) entsprechend der folgenden Tabelle fest (die IDs ergeben die Verbindung). Wir wählen öffentliche Elemente, da wir auf sie bequem aus der Anwendungsklasse zugreifen wollen.

Eigenschaft	Wert	Membervariable	Typ
ID	IDC_ZEITWERT	m_strZeitwert	CString
Beschriftung			
Text ausrichten	Right		
Abgesenkt	False		
ID	IDC_ZAEHLER	m_nZaehler	UINT
Deaktiviert	True		
ID	IDC_AKTIV	m_bAktiv	BOOL
Beschriftung	aktiv		
Text ausrichten	Right		
ID	IDC_ZEIT	m_sldZeit	CSliderCtrl
ID	IDC_FORTSCHRITT	m_prgFortschritt	CProgressCtrl

Eigenschaft	Wert	Membervariable	Typ
ID	IDC_TEXT	m_strText	CString
Mehrfachzeile	True		
Auto. Hor. Bildlauf	True		
Vertik. Bildlauf	True		

7. Weiterhin ergänzen wir Membervariablen, die in der Tabelle bereits angegeben sind.

💣 Hinweis: Die anfängliche Schrittweite `m_strZeitwert` wird vom Generator auf 0 gesetzt. Das führt leicht und locker zu einer Dauerschleife im Hintergrund ohne Fortschritte. Diese können wir zwar jetzt durch Programmabbruch oder durch einen neuen Wert stoppen. Aber schön ist dies nicht. Daher setzen wir den Wert auf 50:

```
CU232View::CU232View()
  : CFormView(CU232View::IDD)
  , m_strZeitwert(_T("50"))
  , m_nZaehler(0)
  , m_bAktiv(FALSE)
  , m_strText(_T(""))
{
  // TODO: Hier Code zum Erstellen einfügen
} //CU232View::CU232View
```

8. Ein Test zeigt uns, ob die Oberfläche in Ordnung ist, d. h., die Tabulatorreihenfolge stimmt usw.

9. Nun ist es an der Zeit zu programmieren. Hierzu legen wir zwei Ereignisfunktionen `CU232App::OnIdle` und `CU232View::OnNMCustomdrawZeit` an. Die Klassen ergeben sich aus den Namen.

10. Wir beginnen mit der Initialisierung:

```
void CU232View::OnInitialUpdate() {
  CFormView::OnInitialUpdate();
  GetParentFrame()->RecalcLayout();
  ResizeParentToFit();
  m_bAktiv=FALSE;
  if (atoi(m_strZeitwert)<1) m_strZeitwert="1";
  m_sldZeit.SetRange(1,100);
  m_sldZeit.SetPos(atoi(m_strZeitwert));
  m_strZeitwert.Format("%d",m_sldZeit.GetPos());
  m_nZaehler=0;
  m_prgFortschritt.SetRange(0,10000);
  m_prgFortschritt.SetPos(0);
  m_strText="Hier können Sie im Vordergrund arbeiten";
  UpdateData(FALSE);
} //CU232View::OnInitialUpdate
```

Es werden die verschiedenen Variablen gesetzt und angezeigt. Eine „Angstanweisung" schützt das Programm gegen das gerade beschriebene Problem. Da ein Bezeichnungsfeld zur Darstellung der Zeitintervalle vom Typ `CString` ist, müssen die Umwandlungen in Zahlen programmiert werden.

23.3 Beispiele

11. Eine Veränderung des Schiebereglers wird direkt in das Bezeichnungsfeld übertragen:

    ```
    void CU232View::OnNMCustomdrawZeit(NMHDR *pNMHDR, LRESULT *pResult) {
      LPNMCUSTOMDRAW pNMCD = reinterpret_cast<LPNMCUSTOMDRAW>(pNMHDR);
      // TODO: Fügen Sie hier Ihren Kontrollbehandlungscode für die
      Benachrichtigung ein.
      UpdateData(TRUE);
      m_strZeitwert.Format("%d",m_sldZeit.GetPos());
      UpdateData(FALSE);
      *pResult = 0;
    } //CU232View::OnNMCustomdrawZeit
    ```

12. Damit ist die Oberfläche vorbereitet. Wir erstellen das Projekt zum ersten Mal und testen es. ■

⊠ Die Steuerelemente sollten anklickbar sein. Der Wert des Inkrements erscheint, Delta Schritte usw. sind zu sehen Es sind aber keine Aktivitäten zu erkennen. Daher programmieren wir das Hintergrundprogramm:

1. Für das Hintergrundprogramm haben wir die Überschreibung `OnIdle()` zu generieren. Die Ereignisfunktion dazu finden wir in der Klasse `U231App`. Wir verändern sie auf:

   ```
   BOOL CU232App::OnIdle(LONG lCount) {
     CWinApp::OnIdle(lCount);//allgemeine Arbeiten erledigen
     POSITION Position=GetFirstDocTemplatePosition();
     ASSERT(Position!=NULL);
     CDocTemplate *pDocTemplate=GetNextDocTemplate(Position);
     ASSERT(pDocTemplate!=NULL);
     Position=pDocTemplate->GetFirstDocPosition();
     ASSERT(Position!=NULL);
     CDocument *pDoc=pDocTemplate->GetNextDoc(Position);
     ASSERT(pDoc!=NULL);
     Position=pDoc->GetFirstViewPosition();
     ASSERT(Position!=NULL);
     CU232View* pView=(CU232View*) pDoc->GetNextView(Position);
     ASSERT(pView!=NULL);

     static DWORD LetzteZeit=0;
     DWORD AktuelleZeit;
     AktuelleZeit=GetTickCount();
     pView->UpdateData(TRUE);
     //Sleep(100);
     if (AktuelleZeit>LetzteZeit+pView->m_sldZeit.GetPos() &&
                                                 pView->m_bAktiv) {
       pView->m_nZaehler+=pView->m_sldZeit.GetPos();
             //sollte besser als '+=atoi(pView->m_strZeitwert);' sein
       pView->UpdateData(FALSE);
       pView->m_prgFortschritt.SetPos(pView->m_nZaehler);
       LetzteZeit=AktuelleZeit;
       int nMin,nMax;
       pView->m_prgFortschritt.GetRange(nMin,nMax);
       if (pView->m_nZaehler>nMax) {
         MessageBeep((WORD)-1);
         pView->m_nZaehler=0;
         pView->m_bAktiv=FALSE;
         pView->UpdateData(FALSE);
         return FALSE;
       }
     }
   ```

```
        return TRUE; //damit OnIdle mehr Prozessorzeit erhält
} //CU232App::OnIdle(LONG lCount)
```

Die Funktion zerfällt in zwei Teile. Allein sechs Anweisungen beschäftigen sich damit, einen Zeiger auf die Ansicht zu erzeugen. Dazu kommen sechs „Angstanweisungen", falls etwas schief geht. Dabei geht der Weg über die Dokumentvorlagen zu den Dokumenten und über diese zur Ansicht. Überall steht `GetFirst...`, was darauf schließen lässt, dass wir bei einer MDI-Anwendung erst die richtige Dokumentvorlage mit dazugehörigem Dokument finden, um dann über alle Ansichten iterieren zu können.

2. Wir erstellen das Projekt und testen es. ■

Das Programm startet ohne Hintergrundaktivitäten. Erst wenn wir aktiv markieren, beginnt die Fortschrittsanzeige anzusteigen (**Bild 23.5**). Schalten wir aktiv ab, so bleibt sie stehen. Grundsätzlich wird die Funktion `OnIdle()` gestoppt, wenn wir das Menü des Programms öffnen.

Versuchen wir die Ereignisfunktion `OnIdle()` zu debuggen, dann stellen wir fest, dass sie ständig aufgerufen wird. Mit dem Rückgabewert können wir steuern, ob wir weitere Prozessorzeit benötigen.

Übrigens nutzen alle Programme mit Symbolleisten die `Idle`-Zeiten, um den Zustand der Ikonen auf dem neuesten Stand zu halten.

Bild 23.5: Im Hintergrund von `U232` läuft und läuft eine Verarbeitung

➢ Aufgabe 23-1:

Sie sollten auf jeden Fall Ihre Prozessorbelastung beobachten. Steigt diese stark an? Dann sollten Sie etwas sparsamer mit den Anforderungen sein. Nehmen sie aber dazu die künstliche Pause `Sleep` heraus. ■

23.3 Beispiele

Während dieser Verarbeitung kann ungestört Text eingegeben werden. Dazwischen lässt sich die Schrittweite ändern, die sofort aktiv wird.

Gegenüber dem generierten Code:

```
BOOL CU232App::OnIdle(LONG lCount) {
  // TODO: Speziellen Code hier einfügen und/oder Basisklasse aufrufen
  return CWinApp::OnIdle(lCount);
} //CU232App::OnIdle
```

fallen zuerst einmal einige Umstellungen auf. `CWinApp::OnIdle(lCount)` ist nach vorn gewandert und der Rückgabewert auf `TRUE` gesetzt. Dies sorgt dafür, dass zuerst die Standardverarbeitung gestartet und erneut Prozessorzeit angefordert wird.

Die sechs (zwölf mit Test) Anweisungen sind aufgrund der Dokumentstruktur unter Visual C++ notwendig. Alle Dokumente gehören primär einer *Vorlage* an. Daher müssen wir uns einen Zeiger auf die Liste der *Dokumentvorlagen* holen, um dann auf die erste Vorlage zuzugreifen (weitere gibt es bei SDI-Anwendungen nicht). Die Dokumentvorlagen enthalten wiederum alle Dokumente dieses Vorlagentyps. Also benötigen wir wiederum zwei Anweisungen, um an das erste (und einzige) Dokument heranzukommen. Jedes Dokument kann nun in einer oder mehreren Ansichten angezeigt werden. Also folgen noch einmal zwei Anweisungen, um an die erste (und einzige) Ansicht heranzukommen.

Danach legen wir zwei Variablen für die Zeitsteuerung an. `LetzteZeit` ist dabei `static`, was bedeutet, dass diese Variable nicht auf dem Stack abgelegt und am Ende des Programms vernichtet wird. Sie bleibt nicht nur erhalten, sondern besitzt auch noch ihren letzten Wert. Damit kann die Fortschrittsanzeige eingefroren und fortgesetzt werden.

Die aktuelle Zeit finden wir über `GetTickCount()` als Zeit ab dem Start von Windows. Damit entfallen alle Zeitumrechnungen einer absoluten Zeit. Ist genügend Zeit verstrichen und das Kontrollkästchen markiert, werden Zähler und Fortschrittsanzeige inkrementiert. Die neue Zeit wird als Startzeit gespeichert.

Ist die Grenze erreicht, so wird der Zähler zurückgesetzt und das Kontrollkästchen abgeschaltet. Dies sorgt dafür, dass das Hintergrundprogramm stoppt. Ein Pieps sagt dem Benutzer, dass das Hintergrundprogramm fertig ist.

Unser Programm arbeitet somit quasi parallel an zwei verschiedenen Stellen:

- Im Vordergrund arbeitet das Textfeld
- Im Hintergrund arbeitet die Fortschrittsanzeige

Beide greifen auf die gleichen Daten zurück, d. h., wir können während der Hintergrundverarbeitung das Zeitintervall ändern usw. Bei zwei eigenständigen Prozessen würde dagegen der gesamte Datenbestand bei jedem Prozesswechsel ausgetauscht.

Dass es sich wirklich um einen einzigen Prozess mit einem einzigen Faden handelt, können wir auch leicht mit dem Programm `Spy` nachprüfen. Es lässt sich eigenständig oder über das Visual Studio, hier mit E_xtras|S_py++, aufrufen. Im Fenster `Threads` finden wir unser Programm mit seinen Steuerelementen (**Bild 23.6**).

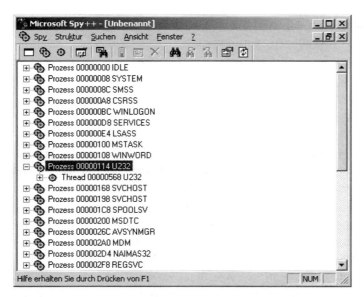

Bild 23.6: U232 arbeitet nur mit einem Faden

Das Programm läuft zwar in einer Schleife, die aber vom Betriebssystem gesteuert wird. Pro Durchlauf wird nur ein Wert berechnet. Führen wir aber umfangreichere Berechnungen durch, dann zeigt es sich, dass das Programm keine Benutzerwünsche mehr annimmt. In diesem Fall sollten wir die Hintergrundverarbeitung in überschaubaren Intervallen unterbrechen und mit PeekMessage nachschauen, ob weitere Benutzeraktionen in der Warteschlage des Programms stehen.

➢ Aufgabe 23-2:

Machen Sie das Hintergrundprogramm zu einer Dauerschleife, und testen Sie es dann. ∎

23.3.3 Multithreading

Jetzt wollen wir uns den Programmen mit mehreren Fäden zuwenden. Im Vordergrund steht dabei die Kommunikation zwischen den Fäden, die wir systematisch ausprobieren wollen.

23.3.3.1 Arbeiterfaden mit Datenaustausch über globale Variablen

Wir beginnen mit einer einfachen Übung, wobei der Hauptfaden über eine globale Variable mit seinem Arbeiterfaden kommuniziert. Der Arbeiterfaden inkrementiert die globale Variable während seines Ablaufs. Er beendet seine Tätigkeit, wenn er die Obergrenze erreicht hat.

23.3 Beispiele

Der Hauptfaden kann nun den Zustand des Arbeiterfadens regelmäßig abfragen und z. B. optisch darstellen. Bei Bedarf setzt er die Variable auf die Obergrenze und beendet dadurch den Arbeiterfaden.

Da wir nicht wissen, wann die Haupt- und Arbeiterfäden jeweils aktiv sind, kann es vorkommen, dass die globale Variable nur in den Registern eines der Fäden verändert wird, so dass der zweite Faden einen veralteten Wert vorfindet. Diese Effekte sind meist auf die Optimierungen zurückzuführen, die der Compiler vornimmt. Um sie abzuschalten, müssen wir die globale Variable als `volatile` (flüchtig) deklarieren. Damit kann eine solche Variable vom Betriebssystem, der Hardware oder nebenläufigen Fäden geändert werden. Sie wird nicht unnötig lang durch den Optimierer in den Registern gehalten.

Am Ende des Fadens sollte dieser eine geeignete Meldung an den Hauptfaden abgeben.

Dies könnte natürlich auch über die globale Variable geschehen. Dazu müsste aber der Hauptfaden diese Variable regelmäßig abfragen, was aber wiederum die weitere Ereignisverarbeitung blockiert. Da aber der Hauptfaden eine Meldungsschleife besitzt, kann der Arbeiterfaden eine benutzerdefinierte Meldung absenden, die vom Hauptfaden ausgewertet wird.

Wir gehen zur Programmierung in folgenden Schritten vor:

1. Wir erstellen eine neue, dialogfeldbasierte Anwendung `U233`, wobei wir die Grundeinstellungen übernehmen.
2. Der Oberflächenentwurf sowie die Objekt-IDs legen wir wie in **Bild 23.7** an. Wir kontrollieren die Tabulatorreihenfolge und machen `IDC_STARTEN` der Bequemlichkeit halber zur Standardschaltfläche. Wichtig ist, die Schaltfläche `IDC_ABBRECHEN` auf eine eigene Ereignisfunktion umzusetzen, um später den Programmfaden richtig aufräumen zu können.
3. Für die neuen Schaltflächen lassen wir die Ereignisfunktionen `OnBnClickedStarten`, `OnBnClickedAnhalten` und `OnBnClickedAbbrechen` vom Klassenassistenten generieren.
4. Für die Schaltfläche `IDC_ANHALTEN` legen wir eine Membervariable `m_btnAnhalten` vom Typ `CButton` an und deaktivieren sie, da ein nicht existenter Faden auch nicht angehalten werden kann.
5. Zusätzlich erzeugen wir für die Meldung `WM_TIMER` die Ereignisfunktion OnTimer in der Dialogklasse `CU233Dlg`.
6. Nun wechseln wir in die Kopfdatei `U233Dlg.h` und ergänzen im globalen Bereich die Definition der zwei Konstanten `NMAXCOUNT` als Obergrenze, `WM_FADENBEENDET` als benutzerdefinierte Meldung und den Prototyp `FadenFunktion` der Arbeitsfunktion.

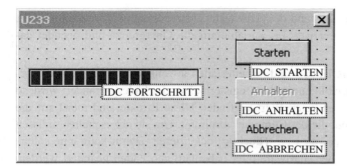

Bild 23.7: Oberflächenentwurf U233

In der Dialogklasse CU233Dlg kommen zwei öffentliche Membervariablen für den Faden und den Zeitgeber sowie der Funktionsprototyp für die Ereignisfunktion hinzu:

```
// U233Dlg.h : Headerdatei
//

#pragma once
#include "c:\programme\microsoft visual studio
  .net\vc7\atlmfc\include\afxwin.h"

#define NMAXCOUNT 30000
#define WM_FADENBEENDET (WM_USER+1)
UINT FadenFunktion(LPVOID pParam);

// CU233Dlg Dialogfeld
class CU233Dlg : public CDialog
{
// Konstruktion
public:
    CU233Dlg(CWnd* pParent = NULL);  // Standardkonstruktor
    afx_msg void OnBnClickedStarten();
    afx_msg void OnBnClickedAnhalten();
    afx_msg void OnBnClickedAbbrechen();
    afx_msg void OnTimer(UINT nIDEvent);
    UINT_PTR m_nZeitgeber;
    CButton m_btnAnhalten;
    CWinThread *m_pthrFaden;

// Dialogfelddaten
    enum { IDD = IDD_U233_DIALOG };

    protected:
    virtual void DoDataExchange(CDataExchange* pDX);  // DDX/DDV-
    Unterstützung

// Implementierung
protected:
    HICON m_hIcon;

    // Generierte Funktionen für die Meldungstabellen
    virtual BOOL OnInitDialog();
    afx_msg void OnSysCommand(UINT nID, LPARAM lParam);
    afx_msg void OnPaint();
    afx_msg HCURSOR OnQueryDragIcon();
    DECLARE_MESSAGE_MAP()
```

23.3 Beispiele

```
   LONG OnFadenBeendet(UINT wParam,long lParam);
};
```

7. In der Implementierungsdatei `U233Dlg.cpp` ergänzen wir zuerst die globale, flüchtige Variable `g_nZaehler` und definieren eine Verzögerungskonstante `PAUSE`. Die zweite Konstante ist für schöne Fehlermeldungen zuständig:

```
// U233Dlg.cpp : Implementierungsdatei
//

#include "stdafx.h"
#include "U233.h"
#include "U233Dlg.h"

#ifdef _DEBUG
#define new DEBUG_NEW
#endif

#define PAUSE 1
#define AUFRAEUMPROBLEM

volatile int g_nZaehler=0; //global, flüchtige Variable

// CAboutDlg-Dialogfeld für Anwendungsbefehl 'Info'
```

Es folgt die Umleitung der benutzerdefinierten Meldung auf eine Ereignisfunktion:

```
BEGIN_MESSAGE_MAP(CU233Dlg, CDialog)
   ON_WM_SYSCOMMAND()
   ON_WM_PAINT()
   ON_WM_QUERYDRAGICON()
   ON_BN_CLICKED(IDC_STARTEN, OnBnClickedStarten)
   ON_BN_CLICKED(IDC_ANHALTEN, OnBnClickedAnhalten)
   ON_BN_CLICKED(IDC_ABBRECHEN, OnBnClickedAbbrechen)
   ON_WM_TIMER()
   ON_MESSAGE(WM_FADENBEENDET, OnFadenBeendet)
END_MESSAGE_MAP()
```

Es folgen die umfangreichen Anweisungen in den verschiedenen Funktionen:

```
void CU233Dlg::OnBnClickedStarten() {
  m_nZeitgeber=SetTimer(1,10,NULL); //1/100 Sekunde
  ASSERT(m_nZeitgeber!=0);           //Zeitgeber aktiv?
  GetDlgItem(IDC_STARTEN)->EnableWindow(FALSE);
  m_btnAnhalten.EnableWindow(TRUE);
  m_pthrFaden=AfxBeginThread(FadenFunktion,GetSafeHwnd(),
                                    THREAD_PRIORITY_NORMAL);
  //m_pthrFaden->m_bAutoDelete=FALSE; //zum Experimentieren am Laufende

} //CU233Dlg::OnBnClickedStarten
```

Mit dem Klick auf die Schaltfläche `Starten` wird ein Zeitgeber gestartet und die Schaltfläche gegraut. Stattdessen ist nun die Schaltfläche `Anhalten` aktiviert. Es wird der Kindfaden mit `AfxBeginThread` gestartet. Um einige Experimente durchführen zu können, wird die Eigenschaft `m_bAutoDelete` am Laufende auf `FALSE` gesetzt, damit der Faden sich nicht selbst beendet. Wir können dann testen, welchen Ärger das nach sich zieht.

```
void CU233Dlg::OnBnClickedAnhalten() {
  CString Text;
  m_btnAnhalten.GetWindowText(Text);
  if (Text=="&Anhalten") {
    m_pthrFaden->SuspendThread();
    m_btnAnhalten.SetWindowText("&Fortsetzen");
  } else {
    m_pthrFaden->ResumeThread();
    m_btnAnhalten.SetWindowText("&Anhalten");
  }
} //CU233Dlg::OnBnClickedAnhalten
```

Die Beschriftung der Schaltfläche `IDC_ANHALTEN` wird als Kriterium benutzt, den Faden anzuhalten oder fortzusetzen.

```
void CU233Dlg::OnBnClickedAbbrechen() {
  if (g_nZaehler==0) { //noch vor dem Start
    CDialog::OnCancel();
  } else {             //Faden gestartet
    m_pthrFaden->ResumeThread();//falls angehalten
    g_nZaehler=NMAXCOUNT;    //Faden beenden
  }
} //CU233Dlg::OnBnClickedAbbrechen
```

Ein möglicherweise angehaltener Faden wird fortgesetzt und die globale Variable auf ihren Maximalwert gesetzt. Das sollte den Faden veranlassen, sich selbst zu beenden, indem er `OnFadenBeendet` aufruft.

```
void CU233Dlg::OnTimer(UINT nIDEvent) {
  CProgressCtrl* pPC=(CProgressCtrl*) GetDlgItem(IDC_FORTSCHRITT);
  pPC->SetPos(g_nZaehler*100/NMAXCOUNT);
}//CU233Dlg::OnTimer
```

Der Zeitgeber sorgt dafür, dass die Anzeige regelmäßig angepasst wird.

```
UINT FadenFunktion(LPVOID pParam) {
  if (pParam==NULL) return -1; //Test auf ungültigen Parameter
  volatile long i; //Optimierung verhindern
  for (g_nZaehler=0;g_nZaehler<NMAXCOUNT;g_nZaehler++) {
    //for (i=0;i<100000;i++) {} //Pause, vom Prozessor abhängig
    Sleep(PAUSE);
  }
  g_nZaehler=0;                          // Zeiger auf das eigene Fenster
  ::PostMessage((HWND)pParam,WM_FADENBEENDET,0,0);
  AfxEndThread(99,TRUE); //welcher Code gilt?
  return 3; //für den Compiler, Zahl zur Demo
} //FadenFunktion
```

Die eigentliche Fadenfunktion zählt die globale Variable in einer Schleife hoch. Damit dies nicht zu schnell geschieht, müssen wir eine kleine Bremse einbauen. Ist die Schleife fertig, dann wird dies mit `PostMessage` als Meldung `WM_FADENBEENDET` an ein Fenster (hier das eigene) abgesandt, in der Hoffnung, dass es einer hört. Alternativ zu `return 0;` ist hier `AfxEndThread()` programmiert. Der Rückgabewert in der Ausgabescheibe ist dann 99. Trotzdem mahnt der Compiler ein fehlendes `return` an.

```
LONG CU233Dlg::OnFadenBeendet(UINT wParam,long lParam) {
  DWORD dwExitCode;
  int i=GetExitCodeThread(m_pthrFaden->m_hThread,&dwExitCode);
```

23.3 Beispiele

```
    TRACE("%d %d\n",i,dwExitCode);
    if (i==0) { //Fehlercode abfragen
      CHAR szPuffer[80];
      DWORD dw=GetLastError();
      sprintf(szPuffer,"%s fehlgeschlagen: GetLastError= %u\n",
        "U233",dw);
      MessageBox(szPuffer,"Fehler",MB_OK);
      ExitProcess(dw); //sauberes Programmende
    }
#ifndef AUFRAEUMPROBLEM
    while (m_pthrFaden!=0 && GetExitCodeThread(m_pthrFaden->m_hThread,
                              &dwExitCode) && dwExitCode==STILL_ACTIVE) {
      //MessageBox("Immer noch aktiv","Fehler",MB_OK);
      i=GetExitCodeThread(m_pthrFaden->m_hThread,&dwExitCode);
      if (i==0) { //Fehlercode abfragen
        LPVOID lpMsgBuf;
        FormatMessage(
          FORMAT_MESSAGE_ALLOCATE_BUFFER |
          FORMAT_MESSAGE_FROM_SYSTEM |
          FORMAT_MESSAGE_IGNORE_INSERTS,
          NULL,
          GetLastError(),
          MAKELANGID(LANG_NEUTRAL, SUBLANG_DEFAULT), //Vorgabesprache
          (LPTSTR) &lpMsgBuf,
          0,
          NULL
        );
        MessageBox((LPCTSTR)lpMsgBuf,"Fehler",MB_OK|MB_ICONINFORMATION);
        LocalFree(lpMsgBuf);
      } //if
    } //while
#endif
    //delete m_pthrFaden; //nur wenn m_pthrFaden->m_bAutoDelete=FALSE;
    KillTimer(1); //Zeitgeber freigeben
    CDialog::OnOK();
    return 0;
} //CU233Dlg::OnFadenBeendet
```

Die Meldung WM_FADENBEENDET verhallt nicht ungehört, sondern kommt im Hauptfaden an und löst die zugeordnete Ereignisfunktion aus. Hier taucht ein Problem auf, das jeder Programmierer wie die Pest hasst: sporadische Fehler mit falschen Zeigern usw. (**Bild 23.8**):

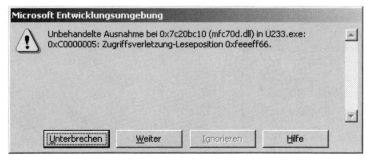

Bild 23.8: Sporadische Fehlermeldung

```
Eine Ausnahme (erste Chance) bei 0x77e76f09 in U233.exe: 0xC0000005:
  Zugriffsverletzung-Leseposition 0xfeeefeee.
ASSERT_VALID fails with illegal vtable pointer.
Eine Ausnahme (erste Chance) bei 0x7c20bc10 (mfc70d.dll) in U233.exe:
  0xC0000005: Zugriffsverletzung-Leseposition 0xfeeeff66.
Unbehandelte Ausnahme bei 0x7c20bc10 (mfc70d.dll) in U233.exe: 0xC0000005:
  Zugriffsverletzung-Leseposition 0xfeeeff66.
```

Da der Fehler nach einem Haltepunkt auf `delete m_pthrFaden;` verschwindet, könnte man diese Anweisung weglassen. Dann lebt man mit Speicherlecks (Memory Leaks), was wir auch nicht wollen. Der Effekt zeigt aber den Weg zur Lösung auf. Offensichtlich überholt der Hauptfaden die Aufräumarbeiten, weil er den Zeiger auf den Arbeiterfaden zerstört. Wir sollten ihm eine Chance geben, wie im Programm zu sehen ist.

➢ Aufgabe 23-3:

Schalten Sie die Konstante `AUFRAEUMPROBLEM` um und testen das Programm dann. Aktivieren Sie auch die `MessageBox`. Sie erhalten die Meldung, dass der Faden immer noch aktiv ist. ∎

8. Wir erstellen und testen das Projekt. ∎

Mit dem Klick auf die Startschaltfläche starten wir einen Zeitgeber, der die Methode `CU233Dlg::OnTimer` des Hauptfadens regelmäßig aufruft. Dort wird die Fortschrittsanzeige aktualisiert. Weiterhin werden die Schaltflächen aktiviert bzw. deaktiviert. Zuletzt wird ein Kindfaden gestartet, der `FadenFunktion` ausführt. Wir übergeben ihm den Zeiger auf das eigene Fenster. Aus Sicherheitsgründen prüfen wir den Datentyp.

In der Fadenfunktion zählen wir verzögert die globale Variable `g_nZaehler` hoch. Ist der Faden zu Ende, dann setzt er die Meldung `WM_FADENBEENDET` an das Fenster ab und beendet sich, ohne die Bearbeitung abzuwarten. Dies ist mit einer Benutzereingabe vergleichbar. Sobald das Dialogfenster diese Meldung empfängt, schließt es sich mit `OnOK()`.

Mit einem Klick auf die Schaltfläche Anhalten unterbrechen wir den Faden, um ihn mit einem erneuten Klick wieder zu starten (**Bild 23.9**).

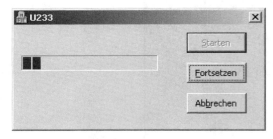

Bild 23.9: Angehaltener Faden

23.3 Beispiele

Tipp: Sollten Sie Schwierigkeiten mit dem Anhalten und Fortsetzen haben, so kontrollieren Sie die Beschriftung der Schaltfläche. Sie wird auf `&Anhalten` getestet, d. h., das kaufmännische Und muss vorhanden sein.

23.3.3.2 Arbeiterfaden mit Synchronisation über globale Ereignisse

In der letzten Übung haben wir die Steuerung des Arbeiterfadens über eine globale Variable realisiert. Jetzt wollen wir den Meldungsaustausch über Ereignisse realisieren. Da ein Arbeiterfaden über keine eigene Meldungsschleife verfügt, müssen wir ein globales Meldungsobjekt einsetzen, auf das alle Fäden zugreifen können.

Da der Arbeiterfaden bei Bedarf warten soll, ist ein Objekt der Klasse `CEvent` geeignet. Diese Objekte können wie logische Variablen zwei Zustände annehmen:

signalisiert (signaled)   eingeschaltet, gesetzt, an

nicht signalisiert (not signaled)   ausgeschaltet, zurückgesetzt, aus

Mit der Konstruktion dieses Ereignisobjekts können wir im zweiten Parameter wählen:

```
CEvent::CEvent
CEvent(BOOL bInitiallyOwn=FALSE, BOOL bManualReset=FALSE, LPCTSTR
  lpszName=NULL, LPSECURITY_ATTRIBUTES lpsaAttribute=NULL);
```

Parameter	Wirkung
`bInitiallyOwn`	mit `TRUE` wird der Faden für das `CMultilock`- oder `CSingleLock`-Objekt gestartet. Andernfalls müssen alle Fäden warten, die auf die Ressource zugreifen wollen.
`bManualReset`	legt das Ereignisobjekt als manuelles Objekt (`TRUE`) oder automatisches Objekt (`FALSE`) fest.
`lpszName`	Name des Objekts. Diese Angabe ist notwendig, wenn wir ein Ereignis über Prozessgrenzen hinweg wirken lassen wollen.
`lpsaAttribute`	Sicherheitsattribute

ob es sich um ein manuelles oder ein automatisches Ereignis handelt. Ein automatisches Objekt setzt sich automatisch zurück, wenn es von einem Faden verarbeitet wird. Somit kann ein automatisches Objekt nur einen wartenden Faden anstoßen, ein manuelles dagegen alle wartenden Fäden.

Die Methoden eines Objekts der Klasse `CEvent` sind:

`SetEvent`   setzt das Ereignis auf signalisiert und löst damit alle wartenden Fäden aus.

`PulseEvent` setzt das Ereignis auf signalisiert, löst damit alle wartenden Fäden aus und setzt das Ereignis wieder zurück.

`ResetEvent` setzt das Ereignis auf nicht signalisiert.

`Unlock`   gibt das Ereignisobjekt frei.

U234 Wir können mit `CEvent`-Objekten einen Faden nicht nur starten oder beenden, sondern auch anhalten, d. h., den Zustand `Suspend` erzeugen.

☒ Zur Demonstration dieser Möglichkeiten gehen wir in folgenden Schritten vor:

1. Wir erstellen `U234` genau wie `U233` als dialogfeldbasierte Anwendung. Wir verzichten auf einige der Experimente aus der letzten Übung. Aus diesem Grund fehlen die meisten Schalter usw.

2. In der Implementierungsdatei `U233Dlg.cpp` legen wir drei globale Ereignisobjekte an:

```cpp
// U234Dlg.cpp : Implementierungsdatei
//

#include "stdafx.h"
#include "U234.h"
#include "U234Dlg.h"
#include <afxmt.h>

#ifdef _DEBUG
#define new DEBUG_NEW
#endif

#define PAUSE 1

volatile int g_nZaehler=0; //global, flüchtige Variable
CEvent g_eventStarten;
CEvent g_eventLaufen(FALSE,TRUE);
CEvent g_eventBeenden;

// CAboutDlg-Dialogfeld für Anwendungsbefehl 'Info'
```

Die Klassendefinition von `CEvent` ist in `afxmt.h` abgelegt, so dass wir diese Kopfdatei inkludieren müssen. Das Ereignis `g_eventLaufen` legen wir als manuelles Ereignis an.

3. Dieses Mal starten wir den Faden bereits mit dem Anlegen des Fensters:

```cpp
BOOL CU233Dlg::OnInitDialog()
{
  ...

  // TODO: Hier zusätzliche Initialisierung einfügen
  //m_btnAnhalten.EnableWindow(FALSE); //Deaktivierung zur Entwurfszeit
  m_pthrFaden=AfxBeginThread(FadenFunktion,GetSafeHwnd(),
                                         THREAD_PRIORITY_NORMAL);
  g_eventLaufen.SetEvent();
  return TRUE;   // Geben Sie TRUE zurück, außer ein Steuerelement soll...
} //CU234Dlg::OnInitDialog
```

und setzen das Ereignis `g_eventLaufen`.

4. Um nun den Faden zu starten, setzen wir das Ereignis in der Funktion:

```cpp
void CU234Dlg::OnBnClickedStarten() {
  m_nZeitgeber=SetTimer(1,10,NULL); //1/100 Sekunde
  ASSERT(m_nZeitgeber!=0);          //Zeitgeber aktiv?
  GetDlgItem(IDC_STARTEN)->EnableWindow(FALSE);
  m_btnAnhalten.EnableWindow(TRUE);
```

23.3 Beispiele

```
      g_eventStarten.SetEvent();
    } //CU234Dlg::OnBnClickedStarten
```

5. Mit der gleichen Technik wollen wir den Faden beenden:
   ```
   void CU234Dlg::OnBnClickedAbbrechen() {
     if (g_nZaehler==0) { //noch vor dem Start
       CDialog::OnCancel();
     } else {               //Faden gestartet
       g_eventLaufen.SetEvent(); //falls angehalten
       g_eventBeenden.SetEvent();//Faden beenden
     }
   } //CU234Dlg::OnBnClickedAbbrechen
   ```

6. Auch das Anhalten ist nicht schwierig:
   ```
   void CU234Dlg::OnBnClickedAnhalten() {
     CString Text;
     m_btnAnhalten.GetWindowText(Text);
     if (Text=="&Anhalten") {
       g_eventLaufen.ResetEvent();
       m_btnAnhalten.SetWindowText("&Fortsetzen");
     } else {
       g_eventLaufen.SetEvent();
       m_btnAnhalten.SetWindowText("&Anhalten");
     }
   } //CU234Dlg::OnBnClickedAnhalten
   ```

7. Nun muss noch unsere Fadenfunktion auf diese Meldungen reagieren:
   ```
   UINT FadenFunktion(LPVOID pParam) {
     if (pParam==NULL) return -1; //Test auf ungültigen Parameter
     ::WaitForSingleObject(g_eventStarten,INFINITE);
     for (g_nZaehler=0;g_nZaehler<NMAXCOUNT;g_nZaehler++) {
       //for (i=0;i<100000;i++) {} //Pause, vom Prozessor abhängig
       Sleep(PAUSE);
       ::WaitForSingleObject(g_eventLaufen,INFINITE);
       if (::WaitForSingleObject(g_eventBeenden,0)==WAIT_OBJECT_0) break;
     }
     g_nZaehler=0;
     ::PostMessage((HWND)pParam,WM_FADENBEENDET,0,0);
     return 0;
   } //FadenFunktion
   ```

Die Fadenfunktion tut dies, indem sie zuerst auf das Ereignis `g_eventStarten` beliebig lange wartet. In der Schleife fragt sie dann den Zustand der beiden anderen Ereignisse ab. Da `g_eventLaufen` manuell ist, bleibt es bei der Abfrage unverändert. Erst ein gezieltes Abschalten hält den Faden beliebig lange an. Dieser Zustand belastet die CPU kaum, ist also wesentlich effektiver als eine selbst programmierte Abfrageschleife.

`g_eventBeenden` wird dagegen ohne Zeitschranke aufgerufen, was einer einfachen Abfrage entspricht. Hier werten wir den Rückgabewert aus:

Wert	Bedeutung
WAIT_ABANDONED	Das Objekt ist ein Mutex-Objekt, das nicht von seinem Besitzerfaden freigegeben wurde, bevor der Trägerfaden endete. Das Besitzrecht wurde an den Trägerfaden zurückgegeben, und der Mutex wird auf nicht signalisiert gesetzt.
WAIT_OBJECT_0	Das Ereignis ist signalisiert
WAIT_TIMEOUT	Die Zeitschranke ist überschritten, und das Ereignis ist immer noch nicht signalisiert.

8. Nun sind wir mit dem Programm fertig und speichern es. ∎

Starten wir das Programm, ohne auf `Starten` zu klicken, laufen bereits zwei Fäden, was uns das Programm `Spy` verrät (**Bild 23.10**).

Ansonsten verhält sich das Programm wie sein Vorgänger. Es sollte keine bösen Meldungen wie Speicherlöcher oder Zusicherungsfehler usw. melden.

23.4 Wie kann ich ...

23.4.1 ... feststellen, ob ein Faden noch aktiv ist?

Wenn wir feststellen wollen, ob ein bestimmter Faden gerade noch aktiv ist, so verwenden wir die Funktion `GetExitCodeThread`. Mit dieser Funktion können wir bei Bedarf und unter gewissen Umständen auch den Beendigungscode eines schon beendeten Fadens bestimmen:

```
BOOL GetExitCodeThread(
  HANDLE hThread,    //Zugriffsnummer (Handle) des Fadens
  LPDWORD lpExitCode,//Zeiger auf ein Doppelwort als Empfänger des Status
);
```

Der Rückgabewert ist im Erfolgsfall ungleich 0.

Die Zugriffsnummer des Fadens ist nicht der Zeiger auf das `CWinThread`-Objekt, das wir anlegen. Vielmehr wird sie durch `AfxBeginThread` festgelegt und in der öffentlichen Membervariablen `m_hThread` abgespeichert. Wir erzeugen z. B. einen Arbeiterfaden mit:

```
m_pthrFaden=AfxBeginThread(FadenFunktion,GetSafeHwnd(),
                                         THREAD_PRIORITY_NORMAL);
```

und bereiten die Aufnahme des Rückgabewerts einer Variablen vor:

```
DWORD dwExitCode;
```

23.4 Wie kann ich …

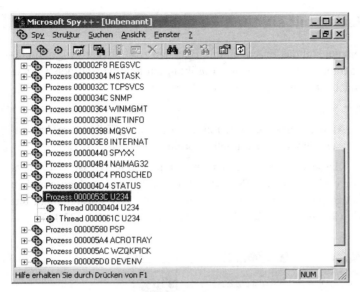

Bild 23.10: U234 startet mit zwei Programmfäden

Dann können wir die Aktivität des Fadens mit:

```
if (m_pthrFaden != NULL &&
                GetExitCodeThread(m_pthrFaden->m_hThread,&dwExitCode) &&
                dwExitCode == STILL_ACTIVE)
    MessageBox("Der Faden ist noch existent");
```

feststellen. Dabei prüfen wir, ob das `CWinThread`-Objekt überhaupt existiert, ob die Abfrage erfolgreich ist und ob dann der Rückgabewert mit `STILL_ACTIVE` übereinstimmt.

Dabei stellen wir fest, dass auch ein suspendierter Faden noch als aktiv gilt.

➢ Zum Testen geben Sie die Anweisungen in die Datei U233Dlg.cpp ein:

```
void CU233Dlg::OnBnClickedAnhalten() {
  CString Text;
  m_btnAnhalten.GetWindowText(Text);
  if (Text=="&Anhalten") {
    m_pthrFaden->SuspendThread();
    m_btnAnhalten.SetWindowText("&Fortsetzen");
  } else {
    m_pthrFaden->ResumeThread();
    m_btnAnhalten.SetWindowText("&Anhalten");
  }
#ifdef SUSPENDAKTIV
  DWORD dwExitCode;
  if (m_pthrFaden != NULL &&
    GetExitCodeThread(m_pthrFaden->m_hThread,&dwExitCode) &&
    dwExitCode == STILL_ACTIVE)
    MessageBox("Der Faden ist noch existent");
#endif
} //CU233Dlg::OnBnClickedAnhalten
```

Diesen Programmteil können Sie wieder mit einem Schalter ein- oder ausschalten. ■

23.4.2 ... weitere Fäden mit eigenen Fenstern starten?

U235 Das folgende Programmbeispiel soll das Erzeugen und Beenden zusätzlicher Programmfäden mit eigenen Fenstern demonstrieren. Es ist als Vorübung zu automatisch generierten, unabhängigen Fenstern gedacht, so wir wie sie aus Word kennen.

Dazu gehen wir in folgenden Schritten vor:

1. Wir legen mit Hilfe des Anwendungsassistenten eine neue, dialogfeldbasierte Anwendung U235 an. Dabei übernehmen wir sämtliche Voreinstellungen.

2. Mit Unterstützung des Klassenassistenten erzeugen wir nun eine Klasse CFaden. Hierzu rechtsklicken wir einfach auf den Projektknoten U235 und wählen aus dem Kontextmenü Hinzufügen|Klasse hinzufügen... aus. Als Vorlage dient uns eine MFC-Klasse. Dazu wählen wir als Basisklasse CWinThread (**Bild 23.11**).

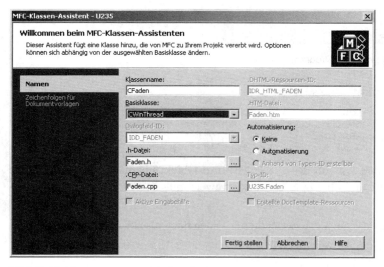

Bild 23.11: Klasse CFaden mit dem Assistenten von CWinThread ableiten

3. Mit dem Start unserer Anwendung wollen wir gleich mehrere dieser Programmfäden starten. Hierzu importieren wir die neue Klasse in die Implementierungsdatei U235.cpp unserer Anwendungsklasse CU235:

```
// U235.cpp : Definiert das Klassenverhalten für die Anwendung.
//

#include "stdafx.h"
#include "U235.h"
#include "U235Dlg.h"
#include "Faden.h"

#ifdef _DEBUG
#define new DEBUG_NEW
#endif
```

4. Dann können wir mehrere Fäden in der Methode `InitInstance` dieser Klasse starten (genau drei im Beispiel). Weiterhin ergänzen wir in der Titelleiste des Fensters die Ausgabe des Namens und der Fadennummer, die wir aus der öffentlichen Variable `m_nThreadID` des Fadens entnehmen können:

```
BOOL CU235App::InitInstance() {
...
    // Erzeugen der Threads:
    for (int i=0;i<3;i++) {
        AfxBeginThread(RUNTIME_CLASS(CFaden),THREAD_PRIORITY_BELOW_NORMAL,
                       0, 0);
    } //for
    CU235Dlg dlg;
    dlg.m_strCaption.Format("Haupt-Fenster (ID: %lu=h%lX)",m_nThreadID,
                            m_nThreadID);
    m_pMainWnd = &dlg;
...
} //CU235App::InitInstance
```

Wir benutzen für die Titelzeile eine Variable `m_strCaption`, die wir noch in der Kopfdatei `U235Dlg.h` der Klasse `CU235Dlg` öffentlich generieren müssen, um sie bei der Initialisierung des Dialogs in der Implementierungsdatei `U235Dlg.cpp` der Klasse `CU235Dlg` zu nutzen:

```
BOOL CU235Dlg::OnInitDialog() {
...
    // TODO: Hier zusätzliche Initialisierung einfügen
    SetWindowText(m_strCaption);
    return TRUE;   // Geben Sie TRUE zurück, außer ein Steuerelement soll…
} //CU235Dlg::OnInitDialog
```

5. Wenn wir nun die Anwendung übersetzen und testen, werden wir nicht viel erkennen. Die Fäden scheinen gar nicht zu bestehen, aber im `Spy` entdecken wir sie (**Bild 23.12**). Also sind sie da. Das Hauptfenster trägt auch schon die richtige ID.

6. Wir müssen ihnen also noch etwas Arbeit verschaffen. Am besten wäre es, wenn sich jeder Faden mit einem eigenen Fenster melden würde. Dazu haben wir bereits den Dialog vorbereitet, d. h., wir können die Dialogklasse für diesen Zweck verwenden.

7. Bevor wir dieses tun, wollen wir aber auf dem Dialogfeld selbst für ein wenig Bewegung sorgen. Wir wechseln daher in den Dialogeditor und legen eine Fortschrittsanzeige `IDC_FORTSCHRITT` und ein Bezeichnungsfeld `IDC_Wert` zur Ausgabe des jeweiligen Werts an (**Bild 23.13**). (Orientieren Sie sich dabei am gleichen Steuerelement im Kapitel «Dialoge und Steuerelemente».)

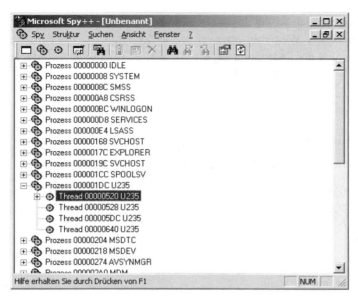

Bild 23.12: Spy zeigt uns vier Fäden an

Den Steuerelementen weisen wir die Membervariablen `m_prgFortschritt` vom Typ `CProgressCtrl` und `m_strWert` vom Typ `CString` zu.

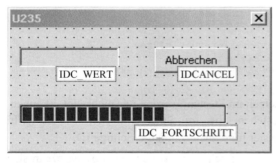

Bild 23.13: Oberflächenentwurf U235

8. Um diese beiden Steuerelemente zu programmieren, benötigen wir einen Zeitgeber und die Anweisungen zur Veränderung der Steuerelemente. Wir wollen wieder eine Zufallszahl in der Fortschrittsanzeige darstellen. Da der Zufallszahlengenerator aber über die aktuelle Zeit gesteuert wird, kann es vorkommen, dass wir auf den Dialogfeldern die gleichen Werte vorfinden. Wir können unterschiedliche Startwerte für die Generatoren z. B. dadurch erzeugen, dass wir die Uhrzeit mit der Faden-ID multiplizieren. Hierzu müssen wir diese in den Konstruktor übergeben. Wir ändern also den Konstruktor in der Kopfdatei `U235Dlg.h`:

```
// CU235Dlg Dialogfeld
class CU235Dlg : public CDialog
```

```
{
// Konstruktion
public:
    CU235Dlg(long nThreadID=0,CWnd* pParent = NULL); //Std.-Konstruktor

protected:
    UINT m_nZeitgeber;
```

9. Wenn wir den Prototyp des Konstruktors ändern, müssen wir auch die Implementation in U235.cpp korrigieren:

```
CU235Dlg::CU235Dlg(long nThreadID,CWnd* pParent /*=NULL*/)
    : CDialog(CU235Dlg::IDD, pParent)
    , m_strCaption(_T(""))
    , m_strWert(_T(""))
    , m_nZeitgeber(0)
{
    m_hIcon = AfxGetApp()->LoadIcon(IDR_MAINFRAME);
    srand((unsigned)time(NULL)*nThreadID);//initialisiert Zufallszahleng.
} //CU235Dlg::CU235Dlg
```

10. Es schließt sich eine erweiterte Initialisierung an:

```
BOOL CU235Dlg::OnInitDialog() {

...

    // TODO: Hier zusätzliche Initialisierung einfügen
    SetWindowText(m_strCaption);
    m_nZeitgeber=SetTimer(1,500,NULL); //Zeitgeber auf 1/2 sec setzen
    if (m_nZeitgeber==0)
                    MessageBox("Zeitgeber wurde nicht instantiiert!");
    m_prgFortschritt.SetRange(0,100); //Fortschrittsanzeige setzen
    m_prgFortschritt.SetPos(0);
    return TRUE;   // Geben Sie TRUE zurück, außer ein Steuerelement soll…
} //CU235Dlg::OnInitDialog
```

11. Um den Zeitgeber auszuwerten, benötigen wir eine Ereignisfunktion OnTimer für das Ereignis WM_TIMER, die wir mit Hilfe des Klassenassistenten anlegen. Bei dieser Gelegenheit generieren wir auch die Ereignisfunktion OnDestroy.

12. Beide Ereignisfunktionen ändern wir folgendermaßen:

```
void CU235Dlg::OnDestroy() {
    CDialog::OnDestroy();
    KillTimer(m_nZeitgeber);
} //CU235Dlg::OnDestroy

void CU235Dlg::OnTimer(UINT nIDEvent) {
    UINT i;
    CDialog::OnTimer(nIDEvent);
    i=rand();
    m_strWert.Format("%d",i);
    UpdateData(FALSE);
    m_prgFortschritt.SetPos(i/(RAND_MAX/100));
    CDialog::OnTimer(nIDEvent);
} //CU235Dlg::OnTimer
```

Sie lässt mehr oder weniger den Fortschrittsanzeiger herumspringen.

13. Damit nun jeder Faden auch diesen Dialog anzeigt, ändern wir noch die Methode `InitInstance` der Klasse `CFaden` völlig analog zur gleichnamigen Methode der Dialogklasse:

```
BOOL CFaden::InitInstance() {
  CU235Dlg dlg; //erzeugt das Dialogfenster
  dlg.m_strCaption.Format("Faden-Fenster (ID: %lu=h%lX)",m_nThreadID,
                    m_nThreadID);
  m_pMainWnd = &dlg;
  int nResponse=dlg.DoModal();
  if (nResponse==IDOK)
  {
    //irgendwelche Aktionen
  }
  else if (nResponse==IDCANCEL)
  {
    //irgendwelche Aktionen
  }
  return FALSE;
} //CFaden::InitInstance
```

14. Dazu müssen wir die Dialogklasse in der Fadenklasse bekannt machen:

```
// Faden.cpp : Implementierungsdatei
//

#include "stdafx.h"
#include "U235.h"
#include "Faden.h"
#include "U235Dlg.h"

// CFaden
```

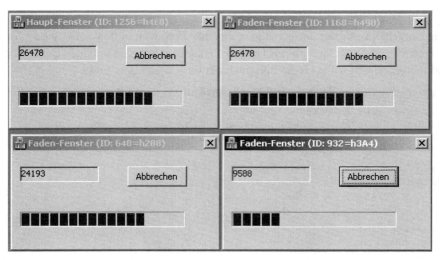

Bild 23.14: Fäden zeigen Fenster an

15. Jetzt erstellen wir unsere Anwendung und testen sie. ■

23.4 Wie kann ich ...

Tatsächlich erscheinen mit dem Programmstart vier Fenster sowie vier Einträge in der Taskleiste (**Bild 23.14**).

Das Programm scheint auf den ersten Blick zu funktionieren. Schließen wir aber das Hauptfenster vor den Fadenfenstern, dann erscheinen folgende Fehlermeldungen:

```
Der Thread '_threadstartex' (0x3a4) hat mit Code 0 (0x0) geendet.
Der Thread '_threadstartex' (0x288) hat mit Code 0 (0x0) geendet.
Der Thread '_threadstartex' (0x490) hat mit Code 0 (0x0) geendet.
Detected memory leaks!
Dumping objects ->
{148 } normal block at 0x002F85D8, 25 bytes long.
 Data: <    .|           > 10 FF 2E 7C 04 00 00 00 08 00 00 00 01 00 00 00
{62 } normal block at 0x002F3070, 46 bytes long.
 Data: <    .|           > 10 FF 2E 7C 1D 00 00 00 1D 00 00 00 01 00 00 00
{53 } client block at 0x002F2CD0, subtype c0, 68 bytes long.
a CFaden object at $002F2CD0, 68 bytes long
Object dump complete.
Das Programm " [1624] U235.exe: Systemeigen" wurde mit Code 0 (0x0) beendet.
```

Diesen Fehler können wir vermeiden, wenn wir erst alle Fadenfenster schließen, um dann das Hauptfenster zu beenden. Wir benötigen daher noch eine bessere Lösung.

23.4.3 ... mehrere Fäden ordnungsgemäß beenden?

Die Experimente zur letzten Aufgabenstellung haben ein Problem aufgeworfen. Die Fadenfenster sind zwar verschwunden, der Debugger hat aber Fehler gemeldet. Offensichtlich wurden die Fadenfenster nicht durch das Hauptfenster, sondern durch einen weiteren „Rettungsalgorithmus" geschlossen, der Reste auf dem Heap hinterlassen hat.

U236 Richtig wäre es, wenn das Hauptfenster die Meldung `WM_QUIT` sendet, damit sich die Fadenfenster ordnungsgemäß schließen, bevor sich die Anwendung mit ihrem Hauptfenster schließt. Dazu muss sich aber die Anwendung ihre gestarteten Fäden „merken". Es liegt nahe, dieses im Windows-Stil in einer dynamischen Liste zu machen.

Hierzu gehen wir in folgenden Schritten vor:

1. Wir klonen die vorherige Anwendung als `U236`.

2. Nun benötigen wir eine Liste, genauer eine fadensichere Liste. (Typsichere) Auflistungen haben wir im Kapitel «Dokument und Ansicht» bereits kennen gelernt. Fadensichere Listen zeichnen sich jedoch dadurch aus, dass sie zu einem bestimmten Zeitpunkt nur durch einen Faden verändert werden können, während die anderen Fäden warten müssen. Wir entwerfen daher eine eigene Klasse für unsere fadensichere Liste, die wir nicht von einer der vorhandenen MFC-Auflistungen ableiten, sondern nur von `CObject`, um die Serialisierung zu nutzen. Wir legen daher eine neue Klasse `CFadenListe` für unser Projekt an.

3. Wir füllen die einzelnen Felder nach **Bild 23.15** aus und bestätigen mit `Fertig stellen`.

4. Im Quelltext der beiden generierten Dateien müssen wir nun größere Änderungen vornehmen. Wir beginnen mit der Kopfdatei `FadenLis.h`. Hier inkludieren wir die notwendigen Kopfdateien und bereiten die Methoden für die kritischen Bereiche vor:

```
#pragma once

#include <afx.h>        // CObject
#include <afxtempl.h>   // CTypedPtrList, CPtrList
#include <afxmt.h>      // CCriticalSection

typedef CTypedPtrList<CPtrList, CWinThread*> CMeineListe;

// CFadenListe-Befehlsziel

class CFadenListe : public CObject
{
public:
  CFadenListe();
  virtual ~CFadenListe();

  // kritische Funktionen:
  void Einfuegen(CWinThread* pFaden);
  CWinThread* Entfernen(void);
  bool Entfernen(CWinThread* pFaden);
protected:
  //Liste
  CMeineListe m_Liste;
  // Schutzmechanismus:
  CCriticalSection m_CS;
};
```

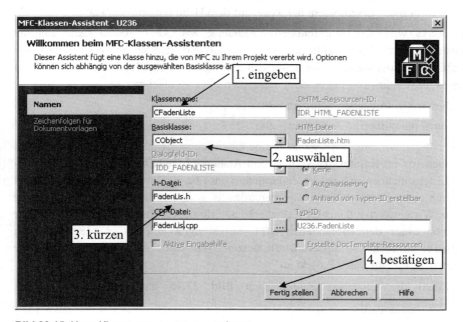

Bild 23.15: Neue Klasse `CFadenListe` anlegen

23.4 Wie kann ich ...   **1219**

5. Die Implementation in `FadenLis.cpp` muss ebenfalls (fast) vollständig neu vorgenommen werden:

```cpp
// FadenLis.cpp : Implementierungsdatei
//

#include "stdafx.h"
#include "U236.h"
#include "FadenLis.h"

// CFadenListe

CFadenListe::CFadenListe()
  : m_CS()
{
}

CFadenListe::~CFadenListe()
{
  //ASSERT m_Liste.IsEmpty();
}

// CFadenListe-Memberfunktionen

//------------------------------------------------------------------
// Einfuegen (kritischer Abschnitt!)
//------------------------------------------------------------------
void CFadenListe::Einfuegen(CWinThread* pFaden) {
//Wenn die Liste manipuliert werden soll, darf kein anderer Faden
// auf die Liste zugreifen!
  m_CS.Lock();
  m_Liste.AddTail(pFaden);
  m_CS.Unlock(); //Der Abschnitt kann wieder freigegeben werden
} //CFadenListe::Einfuegen

//------------------------------------------------------------------
// Entfernen des Kopfes (kritischer Abschnitt!)
//------------------------------------------------------------------
CWinThread* CFadenListe::Entfernen(void) {
//Wenn die Liste manipuliert werden soll, darf kein anderer Faden
// auf die Liste zugreifen!
  CWinThread* pFaden=NULL;
  m_CS.Lock();
  if (m_Liste.GetCount()>0)
    pFaden=m_Liste.RemoveHead();
  m_CS.Unlock(); //Der Abschnitt kann wieder freigegeben werden
  return pFaden; //Das Kopfelement gibt sich selbst zurück
} //CFadenListe::Entfernen

//------------------------------------------------------------------
// Entfernen eines Eintrags (kritischer Abschnitt!)
//------------------------------------------------------------------
bool CFadenListe::Entfernen(CWinThread* pFaden) {
//Wenn die Liste manipuliert werden soll, darf kein anderer Faden
// auf die Liste zugreifen!
  m_CS.Lock();
  POSITION pos=m_Liste.Find(pFaden);
  if (pos ) m_Liste.RemoveAt(pos);
  m_CS.Unlock(); //Der Abschnitt kann wieder freigegeben werden
  if (pos) {
    return true;
```

```
    } else {
      return false;
    }
} //CFadenListe::Entfernen
```

Wir implementieren mit Hilfe der Klasse `CCriticalSection` drei Methoden zum Einfügen und Entfernen von Programmfäden in der Liste. Die Manipulationen an der Liste müssen exklusiv laufen.

Es existieren zwei Methoden zum Entfernen. Die erste entfernt das Kopfelement und liefert es als Rückgabewert. Damit ist es über eine Schleife leicht möglich, die gesamte Liste abzubauen.

Die zweite Methode sucht den übergebenen Faden und löscht ihn. Diese wird eingesetzt, wenn einzelne Fenster geschlossen werden.

6. Nun müssen wir noch die Verwaltung der Fadenliste übernehmen. Am Programmende müssen alle noch offenen Fäden beendet werden. Hierzu programmieren wir die Überschreibung:

```
int CU236App::ExitInstance() {
//alle Fäden beenden
  while ((m_pFaden=(CFaden*)FadenListe.Entfernen())!=NULL) {
    m_pFaden->PostThreadMessage(WM_QUIT,0,NULL); //WM_QUIT senden
    //Warten, bis Thread wirklich terminiert ist
    ASSERT(WaitForSingleObject(m_pFaden->m_hThread,INFINITE)==
                                                   WAIT_OBJECT_0);
  }
  return CWinApp::ExitInstance();
} //CU236App::ExitInstance
```

Es wird eine Schleife über alle vom Kopf der Liste entfernten Fäden durchgeführt. An diese wird die Aufforderung gesandt, sich zu beenden. Anschließend wird mit `WaitForSingleObject` synchronisiert. Diese Funktion liefert als Rückgabewerte:

WAIT_OBJECT_0	0	Objekt ist signalisiert
WAIT_ABANDONED	128	abgelehnt
WAIT_TIMEOUT	258	Zeitüberschreitung, Objekt ist nicht signalisiert

7. Immer wenn ein neuer Faden startet, muss er sich in die Liste eintragen. Am Ende muss er sich entfernen. Wir ändern die Implementierungsdatei `Faden.cpp` der Fadenklasse `CFaden`, indem wir fehlende Überschreibungen generieren und codieren:

```
BOOL CFaden::InitInstance() {
  FadenListe.Einfuegen(this); //Faden in FadenListe eintragen
  CU236Dlg dlg; //Dialogfenster erzeugen

  ...

} //CFaden::InitInstance

int CFaden::ExitInstance() {
//Der Faden trägt sich aus der globalen Liste aus
// (wenn er nicht vom Init-Thread beendet wird und schon aus der
// Liste ausgetragen ist):
  FadenListe.Entfernen(this);
```

23.4 Wie kann ich …

```
      return CWinThread::ExitInstance();
} //CFaden::ExitInstance
```

8. Dabei greifen wir auf eine globale Liste `FadenListe` zurück, die wir in der Anwendung anlegen müssen. In der Kopfdatei `U236.h` machen wir die Variable `FadenListe` bekannt. Weiterhin benötigen wir eine Variable `m_pFaden`:

```
// U236.h : Hauptheaderdatei für die U236-Anwendung
//

#pragma once

#ifndef __AFXWIN_H__
    #error include 'stdafx.h' before including this file for PCH
#endif

#include "resource.h"     // Hauptsymbole
#include "Faden.h"
#include "FadenLis.h"

// CU236App:
// Siehe U236.cpp für die Implementierung dieser Klasse
//

class CU236App : public CWinApp
{
public:
    CU236App();

protected:
    CFaden *m_pFaden;

// Überschreibungen
    public:
    virtual BOOL InitInstance();

// Implementierung

    DECLARE_MESSAGE_MAP()
    virtual int ExitInstance();
};

extern CU236App theApp;
extern CFadenListe FadenListe;
```

und legen sie in der Implementierungsdatei `U236.cpp` an:

```
// U236.cpp : Definiert das Klassenverhalten für die Anwendung.
//

#include "stdafx.h"
#include "U236.h"
#include "U236Dlg.h"
#include "Faden.h"

#ifdef _DEBUG
#define new DEBUG_NEW
#endif

//Globale Variablen
CFadenListe FadenListe;
```

9. Wenn wir nichts vergessen haben, so sollte sich die Anwendung erstellen und testen lassen. ■

Sie macht nichts anderes als die letzte Übung, nur besser, d. h., ohne Fehlermeldungen.

23.4.4 ... mehrere Arbeiterfäden verarbeiten?

U237 Wir können uns natürlich die Frage stellen, ob wir das Ganze nicht auf Arbeiterfäden umstellen können. Damit kommen wir ohne eine abgeleitete Klasse von `CWinThread` aus. Das folgende Beispiel zeigt, dass es auch ohne diese Vererbung geht.

Wir gehen in folgenden Schritten vor:

1. Wir klonen die letzte Anwendung als U237 bis auf die Fadendateien `Faden.h` und `Faden.cpp`.

2. Statt einer Klasse legen wir nun einen Prototypen der Fadenfunktion in der Kopfdatei `Faden.h` an:

   ```
   #pragma once

   UINT FadenFunktion(LPVOID pParam);
   ```

3. In der Implementierungsdatei `Faden.cpp` ändern wir ebenfalls fast vollständig:

   ```
   // Faden.cpp : Implementierungsdatei
   //

   #include "stdafx.h"
   #include "U237.h"
   #include "Faden.h"
   #include "U237Dlg.h"

   #ifdef _DEBUG
   #define new DEBUG_NEW
   #undef THIS_FILE
   static char THIS_FILE [] = __FILE__;
   #endif

   extern CU237App theApp;

   UINT FadenFunktion(LPVOID pParam)  {
     CWinThread* selbst=AfxGetThread(); //Zeiger auf sich selbst
     FadenListe.Einfuegen(selbst); //Faden in FadenListe eintragen
     CU237Dlg dlg(selbst->m_nThreadID); //Dialogfenster erzeugen
     dlg.m_strCaption.Format("Faden-Fenster (ID: %lu=h%lX)",
                             selbst->m_nThreadID,selbst->m_nThreadID);
   //  m_pMainWnd = &dlg;
     int nResponse = dlg.DoModal();
     if (nResponse == IDOK)
     {
     }
     else if (nResponse == IDCANCEL)
     {
     }
     //Der Faden trägt sich aus der globalen Liste aus
     // (wenn er nicht vom Init-Thread beendet wird und schon aus der
     // Liste ausgetragen ist):
   ```

```
    FadenListe.Entfernen(selbst);
    return 0;
} //FadenFunktion
```

4. Es wird daher keine Instanz für die Klasse `CFaden`, sondern für die Basisklasse deklariert:

```
// U237.h : Hauptheaderdatei für die U237-Anwendung
//
...

class CU237App : public CWinApp
{
public:
    CU237App();

protected:
    CWinThread *m_pFaden;
```

5. Damit muss sich auch die Erzeugung der Fäden ändern:

```
// CU237App Initialisierung

BOOL CU237App::InitInstance() {
    // InitCommonControls() ist für Windows XP erforderlich, wenn ein Anwendungsmanifest
    // die Verwendung von ComCtl32.dll Version 6 oder höher zum Aktivieren
    // von visuellen Stilen angibt. Ansonsten treten beim Erstellen von Fenstern Fehler auf.
    InitCommonControls();

    CWinApp::InitInstance();

    AfxEnableControlContainer();

    // Erzeugen der Threads:
    for (int i=0;i<3;i++) {
        AfxBeginThread(FadenFunktion,NULL,THREAD_PRIORITY_BELOW_NORMAL,
                        0, 0);
    } //for
    CU237Dlg dlg;
```

6. Nun können wir die Anwendung wieder erstellen und zu testen. ■

Das Programm sollte sich wie die letzte Übung verhalten.

Tipp: Sie sollten das Programm einmal in Einzelschritten verfolgen.

23.4.5 ... gleichberechtigte Fäden untereinander kommunizieren lassen?

In den zurückliegenden Beispielen gab es immer einen Hauptfaden, der die anderen Fäden gestartet und ggf. geschlossen hat, wenn er selbst geschlossen wurde. Wir wollen nun die Möglichkeit untersuchen, gleichberechtigte Fäden zu erzeugen, die sich über selbst definierte Meldungen miteinander unterhalten und dabei synchronisieren. Ein solcher Faden muss solche Meldungen generieren und empfangen können. Diese zusätzlichen Eigenschaften haben die Benutzerschnittstellen-Fäden. Wir nähern uns mit großen Schritten dem Ziel, das Verhalten von Microsoft Word zu verstehen.

> Um die Kommunikation gleichberechtigter Fäden zu programmieren, gehen wir in folgenden Schritten vor:

1. Wir legen eine neue dialogbasierte Anwendung `U0238` an.
2. Um den Meldungsaustausch zu protokollieren, fügen wir mit dem Dialogeditor ein Listenfeld `IDC_MELDUNG` ein und wandeln eine der generierten Tasten in `Senden` um (**Bild 23.16**).

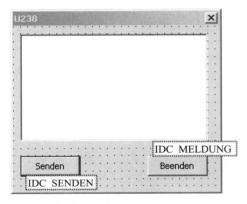

Bild 23.16: Oberflächenentwurf `U238`

3. Da das Listenfeld nur zur Ausgabe dient, die Schaltfläche Standardschaltfläche werden soll usw., setzen wir die folgenden Eigenschaften fest:

Eigenschaft	Wert	Membervariable	Typ
ID	IDC_MELDUNG	m_lbMeldung	ClistBox
Deaktiviert	True		

Eigenschaft	Wert	Ereignisfunktion
ID	IDC_SENDEN	OnBnClickedSenden
Standardschaltfläche	True	

4. Mit einem Klick auf die Schaltfläche `Senden` soll eine Meldung an alle Fäden der Anwendung gesandt werden, die von diesen wiederum im Listenfeld protokolliert wird. Dazu erweitern wir den Quellcode der Ereignisfunktion `OnBnClickedSenden` in `U238Dlg.cpp`:

23.4 Wie kann ich ...

```
void CU238Dlg::OnBnClickedSenden() {
  CWinThread *pFaden, *selbst=AfxGetThread();
  for(POSITION pos=FadenListe.GibKopfPosition();pos;) {
    pFaden=FadenListe.GibNaechsten(pos);
    if (pFaden!=selbst)
      TRACE3("CU238Dlg ::PostMessage(%d,%d,0,%d) \n",pFaden->
              m_pMainWnd->m_hWnd,WM_TEXTMELDUNG,selbst->m_nThreadID);
      ::PostMessage(pFaden->m_pMainWnd->m_hWnd,WM_TEXTMELDUNG,0,
              selbst->m_nThreadID);
  }
} //CU238Dlg::OnBnClickedSenden
```

5. Wie wir sehen, wird die Fadenliste durchgearbeitet und an alle fremden Fäden eine Meldung `WM_TEXTMELDUNG` versandt, die die Fadenkennung des Absenders enthält. Die Meldung müssen wir in `U238Dlg.cpp` noch deklarieren:

   ```
   #define WM_TEXTMELDUNG (WM_USER + 1)
   ```

6. Die Fadenklasse sowie die Fadenlistenklasse können wir aus dem Projekt `U236` entlehnen, d. h., wir kopieren `Faden.h`, `Faden.cpp`, `FadenLis.h` und `FadenLis.cpp` in unser Verzeichnis `U238` um.

7. Mit Projekt|Vorhandenes Element hinzufügen... öffnen wir diese Dateien für unser Projekt und ändern in allen Dateien die Referenzen von `U236` auf `U238`.

8. In unserer Anwendungsklasse `CU238App` müssen wir noch (analog zu allen anderen Übungen) die Fäden erzeugen und kenntlich machen:

   ```
   // U238.cpp : Definiert das Klassenverhalten für die Anwendung.
   //

   #include "stdafx.h"
   #include "U238.h"
   #include "U238Dlg.h"
   #include "Faden.h"

   ...

     CWinApp::InitInstance();

     AfxEnableControlContainer();
     // Erzeugen der Threads:
     for (int i=0;i<3;i++) {
       AfxBeginThread(RUNTIME_CLASS(CFaden),THREAD_PRIORITY_BELOW_NORMAL,
                      0, 0);
     } //for
     CU238Dlg dlg;
     dlg.m_strCaption.Format("Haupt-Fenster (ID: %lu=h%lX)",m_nThreadID,
                                                           m_nThreadID);
     m_pMainWnd = &dlg;
   ```

9. Weiterhin müssen wir die Fadenliste global anlegen. Auch dieses haben wir bereits in `U236` durchgeführt. Hier noch einmal die Kurzfassung. In der Kopfdatei `U238.h` machen wir die Variable `FadenListe` bekannt. Weiterhin benötigen wir dort eine Variable `m_pFaden`:

```
// U238.h : Hauptheaderdatei für die U238-Anwendung
//

#pragma once

#ifndef __AFXWIN_H__
    #error include 'stdafx.h' before including this file for PCH
#endif

#include "resource.h"    // Hauptsymbole
#include "Faden.h"
#include "FadenLis.h"
//Bekanntmachung globaler Variablen:
extern CFadenListe FadenListe;

// CU238App:
// Siehe U238.cpp für die Implementierung dieser Klasse
//

class CU238App : public CWinApp
{
public:
    CU238App();
protected:
    CFaden* m_pFaden;
```

10. Die eigentliche Deklaration erfolgt in der Implementierungsdatei `U238Dlg.cpp`:

    ```
    // U238Dlg.cpp : Implementierungsdatei
    //

    #include "stdafx.h"
    #include "U238.h"
    #include "U238Dlg.h"

    #ifdef _DEBUG
    #define new DEBUG_NEW
    #endif

    #define WM_TEXTMELDUNG (WM_USER + 1)
    // Globale Variablen
    CFadenListe FadenListe;
    ```

11. Wir generieren für diese Klasse eine öffentliche Variable `m_strCaption` vom Typ `CString`, die auch gleich zum Einsatz kommt:

    ```
        // TODO: Hier zusätzliche Initialisierung einfügen
        SetWindowText(m_strCaption);
        return TRUE;  // Geben Sie TRUE zurück, außer ein Steuerelement soll.
    } //CU238Dlg::OnInitDialog
    ```

12. Die Fadenliste müssen wir noch um einige unkritische Funktionen erweitern. Hierzu ändern wir die Kopfdatei `FadenLis.h` folgendermaßen:

    ```
    class CFadenListe : public CObject
    {
    public:
        CFadenListe();
        virtual ~CFadenListe();
    ```

23.4 Wie kann ich …

```
    // kritische Funktionen:
    void Einfuegen(CWinThread* pFaden);
    CWinThread* Entfernen(void);
    bool Entfernen(CWinThread* pFaden);
    // unkritische Funktionen
    POSITION GibKopfPosition() const {return m_Liste.GetHeadPosition(); }
    CWinThread* GibNaechsten(POSITION& pos) const {return
                                                   m_Liste.GetNext(pos); }
```

Es handelt sich um Inline-Funktionen, so dass die Implementierung bereits in der Kopfdatei erfolgt.

13. Zuletzt müssen wir noch die Meldungen in den parallel geöffneten Dialogfeldern auffangen und darstellen. Hierzu müssen wir aber nur in der Dialogklasse `CU238Dlg` Änderungen vornehmen. In der Kopfdatei `U238Dlg.h` wird eine Behandlungsfunktion vorbereitet:

```
// U238Dlg.h : Headerdatei
//

#pragma once
#include "afxwin.h"

// CU238Dlg Dialogfeld
class CU238Dlg : public CDialog
{
...

// Implementierung
protected:
    HICON m_hIcon;
    //Ereignisfunktion für selbst definierte Meldung
    void OnTextMeldung(UINT wParam, LONG lParam);
```

14. In der Implementierungsdatei `U238Dlg.cpp` müssen wir die Message-Map-Struktur erweitern:

```
BEGIN_MESSAGE_MAP(CU238Dlg, CDialog)
    ON_WM_SYSCOMMAND()
    ON_WM_PAINT()
    ON_WM_QUERYDRAGICON()
    ON_BN_CLICKED(IDC_SENDEN, OnBnClickedSenden)
    //Die selbst definierten Windows-Meldungen
    ON_THREAD_MESSAGE(WM_TEXTMELDUNG, OnTextMeldung)
END_MESSAGE_MAP()
```

und die Ereignisfunktion definieren:

```
void CU238Dlg::OnTextMeldung(UINT wParam, LONG lParam) {
    CString strMeldung;
    strMeldung.Format("Meldung von Faden %lu=h%lX erhalten",lParam,
                                                             lParam);
    m_lbMeldung.AddString(strMeldung);
} //CU238Dlg::OnTextMeldung
```

15. Nun können wir die Anwendung erstellen und testen. ∎

Wird das Hauptfenster nicht in die Fadenliste aufgenommen, so kann es zwar Meldungen senden, bleibt aber beim Empfangen unberücksichtigt (**Bild 23.17**).

Üblicherweise werden wir das Hauptfenster als Verwaltungsfenster ausgestalten und die anderen Fenster als gleichberechtigte Fenster, so dass diese Technik verständlich wird.

Wir können aber durch entsprechende Programmierung auch eine vollständige Gleichberechtigung im Meldungsaustausch programmieren.

➤ Aufgabe 23-4:

Übergeben Sie jeder Meldung noch einen Text, z. B. den Absender. ∎

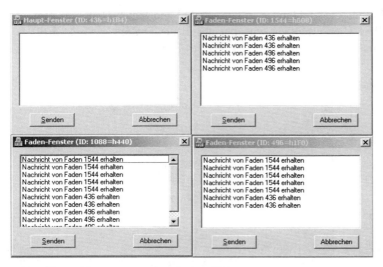

Bild 23.17: Meldungsaustausch zwischen Fäden

➤ Aufgabe 23-5:

Machen Sie nun alle Fenster gleichberechtigt. Dabei können Sie verschiedene Varianten implementieren:

Es können vom Hauptfenster mehrere Fenster geöffnet werden, wobei das Programm erst beendet wird, wenn:

    a) das letzte offene Fenster geschlossen wird,

    b) das Hauptfenster geschlossen oder

    c) der Menüpunkt Beenden aufgerufen wird.

Es besteht die Möglichkeit, während das Programm läuft, zwischen Variante a) und b) umzuschalten, sofern das Hauptfenster noch existiert. ∎

24

Internet/Intranet/lokale Netzwerke

24	Internet/Intranet/lokale Netzwerke	1230
	24.1 Grundlagen	*1230*
	24.2 Sockets	*1242*
	24.3 Socket-Programmierung mit der MFC	*1244*
	24.4 Übungen	*1249*

24 Internet/Intranet/lokale Netzwerke

24.1 Grundlagen

In diesem Kapitel wollen wir grundsätzliche Aspekte der Webprogrammierung für das Internet betrachten, die über die normale Gestaltung entsprechender Webseiten hinausgehen. Als Beispiele sollen dabei eine Client-/Server-Anwendung für den täglichen Gebrauch im Intranet und ein kleiner „Datensauger" für das Internet entstehen. Dieser soll eine vorgegebene Liste von Webadressen (so genannte URLs) abarbeiten und diese Seiten auf unseren Rechner herunterladen.

In diesem Kapitel lernen wir,

- wie die offene Kommunikation nach dem ISO/OSI-Referenzmodell abläuft,
- auf welche Schicht die Winsock-Schnittstelle aufsetzt, um eine Netzwerkverbindung zu beliebig vielen Computern herzustellen,
- wie eine Client-/Server-Anwendung aufgebaut ist,
- wie man eigene Nachkommen der Winsock-Schnittstelle ableitet, um sehr einfach eine Kommunikation aufzubauen,
- wie man einen allgemeinen Datensauger für das Internet programmiert.

24.1.1 Das ISO-Referenzmodell

Das ISO-Komitee *„Rechner und Informationsverarbeitung"* (ISO/TC 97/SC16) der International Standardization Organisation hat 1977 ein Referenzmodell für die Kommunikation offener Systeme entwickelt und als Internationalen Standard (ISO IS 7498) *„OSI-(Open Systems Interconnection-)Modell"* veröffentlicht. Es dient dazu, bereits vorhandene Normen einzuordnen und weiterzuentwickeln und natürlich neue Normen in das Modell einzupassen. Die OSI-Architektur ist also ein konzeptioneller Rahmen für ein Kommunikationssystem oder einen Rechner, in dem Funktionen, Schnittstellen und Verfahren festgelegt sind, um in einer heterogenen Umgebung zu funktionieren.

Aus dieser Beschreibung erkennt man, dass das OSI-Modell:

- weder Schnittstellen noch Protokolle festlegt
- einen Rahmen für andere Normen der Telekommunikation darstellt

Der Internationale Standard (IS) ist inzwischen von der ITU-T (ehemalige CCITT) als Empfehlung X.200 übernommen worden.

Das *OSI-Modell* beschreibt, *wie* sich ein System nach außen verhalten soll. Es beschreibt nicht, *was* das System selbst enthalten muss. Es ist eine funktionale bzw. schnittstellenorientierte Beschreibung eines schwarzen Kastens (Black Box).

24.1 Grundlagen

Ein System im OSI-Sinne ist eine vollständige Kommunikationskomponente mit:
- Rechner
- Peripherie
- Betriebssystem
- Anwendungsprogrammen

Ein solches System wird *offen* genannt, wenn es:
- mit einer genormten Schnittstelle (oder mehreren)
- mit einem genormten Protokoll

an ein *Kommunikationssystem* angeschlossen werden und dadurch mit beliebigen anderen Partnern kommunizieren kann.

Das Kommunikationssystem erbringt alle Funktionen zur Übertragung der Informationen (Schicht 1 bis 6). Die notwendigen Komponenten können Teil des Systems oder eigenständige Komponenten des Übertragungsnetzes sein.

Das OSI-Modell dient zur Kommunikation in heterogenen Umgebungen (verschiedenen Rechnerwelten). Es stellt hierzu Grunddienste zur Anwendungsunterstützung bereit. Diese Grunddienste sind z. B. die Dateiübertragung (FTP File Transfer Protocol), das virtuelle Terminal, der Fernzugriff auf Dateien und der Austausch elektronischer Post. Zur Abwicklung dieser Anwendungen benötigen wir neben den eigentlichen Anwendungsdaten strukturelle und prozedurale Verwaltungsdaten, die als OSI-Protokolle festgelegt sind.

Die Kommunikation wird durch *Dienstelemente* oder *Arbeitseinheiten* realisiert, deren Position im Modell und deren Aufgaben genau definiert sind. Die Realisation (von Hardware, Firmware und Software) ist dagegen dem Systemhersteller überlassen. Die Elemente mit vergleichbaren Funktionen befinden sich normalerweise auf unterschiedlichen Systemen. Sie sind in so genannten *Schichten* angeordnet. Jede Schicht beschreibt die Funktionen der Elemente. Ein Element, das Objekte realisiert und Operationen bereitstellt, wird als *Arbeitseinheit* (Entity) bezeichnet. In der Referenzstruktur müssen demnach die:

- Aufteilung der Architektur in Schichten,
- Aufteilung der Schichten in Arbeitseinheiten,
- Kooperation der Arbeitseinheiten innerhalb einer Schicht,
- Kooperation der Arbeitseinheiten in benachbarten Schichten und die
- Kooperation der Arbeitseinheiten in gleichen Schichten verschiedener Systeme

festgelegt werden. Die *Schnittstelle* zwischen zwei Schichten ist von oben nach unten gesehen eine Auftraggeber-/Auftragnehmer-Schnittstelle (Client/Server). Eine Arbeitseinheit innerhalb einer Schicht leistet einen gewissen Service. Dabei kann sie Hilfsmittel benutzen, die ihr lokal zur Verfügung stehen oder die von einer Arbeitseinheit der darunter liegenden Schicht zur Verfügung gestellt werden. Neben dieser Schnittstelle ist die Einhaltung eines Regelwerkes mit gleich gestellten Arbeitseinheiten auf einem anderen System wichtig. Ein solches Regelwerk nennt man *Protokoll*.

Das OSI-Modell besteht aus:

Schichten, deren Funktionalität festgelegt ist

Schnittstellen zwischen unterschiedlichen Schichten

Protokollen zwischen gleichen Schichten

Entscheidend ist, dass nicht jede Schnittstelle zwischen jeder Schicht existiert. Vielmehr dürfen immer nur benachbarte Schichten:

Dienstelemente zur Steuerung und für Meldungen

Daten als Nutzdaten

über den Dienstzugriffspunkt zwischen ihnen (SAP Service Access Point) austauschen.

Die in der Dienstdefinition festgelegte Schnittstelle zwischen einer Schichteninstanz und einem Dienstnutzer wird als Dienstprimitiv bezeichnet. Es gibt laut Vereinbarung vier Dienstprimitive:

- Anforderung
- Anzeige
- Antwort
- Bestätigung

Ggf. werden Steuerungselemente oder Meldungen nur weitergereicht, um in einer höheren oder tieferen Ebene wirksam zu werden. Die Schichten stellen also *Dienste* zur Verfügung.

Ein *Dienst* ist nach OSI eine besondere Fähigkeit oder Funktionssammlung einer Schicht, die diese einer übergeordneten Schicht am so genannten *Dienstzugriffspunkt* anbietet. Ein Dienst wird immer der direkt übergeordneten Schicht angeboten.

In der Telekommunikation wird der Begriff Dienst etwas verallgemeinert. Hier bezeichnet man als Dienste alle Funktionen, die ein System dem Anwender zur Verfügung stellt.

Die aktiven Elemente innerhalb einer Schicht sind die *Instanzen*. Eine Instanz kann Informationen empfangen und senden und ist damit eine kommunikationsfähige Einrichtung. Eine Schicht eines Endsystems kann mehrere Instanzen haben. Korrespondierende Instanzen derselben Schicht in verschiedenen End- oder Transitsystemen werden *Partnerinstanzen* (Peer-to-Peer-Entities) genannt. Über das Benutzerelement hat ein Anwendungsprozess Zugriff auf eine oder mehrere Anwendungsinstanzen. Die ITU bezeichnet eine Entity als eine konkrete oder abstrakte Einheit in einer Abhandlung. Im OSI-Referenzmodell bezeichnet Entity das konzeptionelle Objekt, das die notwendigen Funktionen in einer der beiden Schichten bereitstellt.

Der Schichtendienstzugriffspunkt ist der definierte Punkt für die Bereitstellung der Dienste zwischen der Schicht N und der übergeordneten Schicht (N+1) in einem Kommunikationssystem nach dem OSI-Referenzmodell. Er wird oft verkürzt auch als N-Dienstzugriffspunkt bezeichnet. Der englische Terminus N-Service-Access-Point mit seiner Abkürzung N-SAP wird in Fachtexten häufig verwendet. Der Schichtendienstzugriffspunkt verwirklicht eine logische Schnittstelle. Der streng geregelte Zugriff zu den Diensten erfolgt gene-

24.1 Grundlagen

rell „von oben nach unten". Die Dienstebereitstellung wird dagegen einheitlich „von unten nach oben" durchgesetzt. Für den Zugriff gelten vorgegebene Zugriffsregeln:

Regel 1: Eine N-Einrichtung darf mehrere N-Zugriffspunkte bedienen.

Regel 2: Mehrere N-Einrichtungen dürfen nicht denselben Zugriffspunkt bedienen.

Regel 3: Eine (N+1)-Einrichtung darf mehrere N-Dienstzugriffspunkte benutzen.

Regel 4: Ein N-Dienstzugriffspunkt darf nur von einer (N+1)-Einrichtung benutzt werden.

Zwischen korrespondierenden Schichtendienstzugriffspunkten besteht immer eine Schichtenverbindung (N-Verbindung) als logisches Sender-Empfänger-Verhältnis.

Das OSI-Modell sieht sieben Schichten vor (**Bild 24.1**).

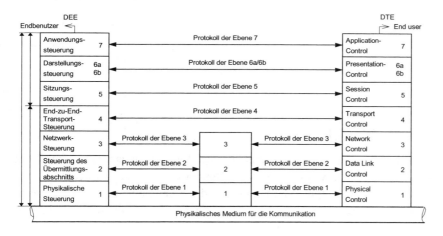

Bild 24.1: OSI-7-Schichten-Referenzmodell

Die unteren vier Schichten sind *Transportdienste*. Hiervon stellen die drei untersten Schichten das eigentliche Übertragungssystem dar, das z. B. aus:

- Netzknotenrechner
- Nebenstellenanlage
- Kabel und Stecker

besteht. Die vierte Schicht sorgt dafür, dass eine End-zu-End-Übertragung realisiert wird.

Mit diesen vier Schichten ist eine Punkt-zu-Punkt-Verbindung vorhanden, der Datenaustausch kann erfolgen.

Die Schichten sind als austauschbare Module zu verstehen. Es sollte dem Anwender verborgen bleiben, ob er über Ethernet, Token-Ring, ATM usw. mit der Außenwelt verbunden ist. Die höheren Schichten sollten auf allen Varianten funktionieren.

Es entstehen daher unterschiedliche „Protokollstapel", je nach Ausstattung und Zielrichtung (und dem Alter) der Anwendungen:

OSI-Modell	XNS-Protokoll	IBM-SNA		CCITT/ISO	DoD/DARPA
7 Anwendung	Appl.Services Inf.Encoding Ap.Supp.Envir	Document Interchange Arch. usw.		X.400 FTAM usw.	Telenet
6 Darstell.	Courier: Remote Procedure Call	Presentation Services		ISO-Presentation	FTP SMTP
5 Sitzung		Session Control	Data Flow Control	ISO-Session	HTTP usw.
4 Transport	Sequenced Paket Protocol, Internet	Transmission		ISO-Transport	TCP Transmission Control
3 Netzwerk		Path Control		X.25	IP Internet Protocol
2 Sicherung	Ethernet	Synchronous P.to P	Syn.Data Link Control SDLC	High Level Data Link Control HDLC	
1 Bitübertragung		RS 232 usw.	RS 232 C usw.	X.21	

Das Internet wurde ursprünglich vom amerikanischen Verteidigungsministerium (DoD, Department of Defense) als DARPA entwickelt. Dessen Grundstruktur finden wir auch heute noch im Internet. Das Hauptziel bestand darin, das Kommunikationsnetz trotz Ausfall einiger seiner Komponenten aufrechtzuerhalten. Aber der Feind hat auch dazugelernt und legt das Internet durch das Internet lahm.

Basis des Internets ist eine beliebige, abschnittsgesicherte Datenverbindung (d. h. gesicherte Übertragung zwischen verschiedenen Netzknoten). Dies kann auf Kabeln erfolgen, über Richtfunk oder Satelliten gehen usw. Darauf baut das IP (Internet Protocol) auf. Es zerlegt die Informationen in kleine Pakete und sendet sie durch das Netz. Das TCP (Transmission Control Protocol) sorgt dafür, dass keines der Pakete verloren geht, indem es die Pakete nummeriert und fehlende oder falsche Pakete erneut anfordert.

Auf dieser gesicherten End-zu-End-Verbindung können wir dann verschiedene höhere Protokolle fahren, z. B. Telnet zur Fernsteuerung eines Rechners (genauer seiner Programme), FTP zum Dateiaustausch oder HTTP (Hypertext Transport Protocol) für das WWW (World Wide Web, auch nur mit Web abgekürzt), VoIP (Voice over IP) als Telefonersatz und vieles mehr.

24.1.2 TCP/IP

TCP (Transmission Control Protocol) bildet die Schicht 4, IP (Internet Protocol) die Schicht 3 des weltüberspannenden Netzwerks Internet.

24.1 Grundlagen

Wie das **Bild 24.2** zeigt, finden wir innerhalb der Schichten wiederum Einzelfunktionen, die spezielle Dienste zur Verfügung stellen. Hier kann es sich einerseits um Verwaltungsfunktionen und andererseits um „abgespeckte" Funktionen zur Beschleunigung handeln.

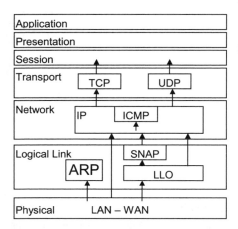

Bild 24.2: TCP/IP-Hierarchie (Protokollstapel)

Da wir auf der Schicht 4 aufsetzen, sind die darunter liegenden Details weniger interessant. Wir sehen uns daher nach einer Alternative für TCP um:

UDP (User Datagram Protocol) (Schicht 4)

Dieses Protokoll hält Funktionen bereit, die es ermöglichen, mit einem Minimum an Protokollmechanismen Nachrichten zwischen Programmen auszutauschen. Es ist transaktionsorientiert. Das Protokoll ist nicht gegen Blockverlust oder Blockverdopplung geschützt. Anwendungen, die eine geordnete, zuverlässige Übertragung eines Datenstroms benötigen, sollten TCP benutzen.

IP-Paket

Der IP-Paket besteht aus dem IP-Header und den Daten. Der IP-Header (**Bild 24.3**) enthält eine Vielzahl von Feldern, die zur Protokollsteuerung notwendig sind.

Die ersten Felder dienen der Versionskontrolle. Dann folgen:

Type of Service

Mit diesen acht Bits werden abstrakte Parameter zur gewünschten Qualität des Dienstes bekannt gegeben. Diese abstrakten Parameter dienen im Einzelfall dazu, die Auswahl konkreter Dienstparameter zu steuern, um damit ein Datagramm durch ein bestimmtes Netzwerk zu übertragen. Verschiedene Netze bewerten Nachrichten mit hohen Anforderungen als wichtiger verglichen mit normalem Verkehr. Sie akzeptieren bei hoher Netzlast nur noch Nachrichten über einem bestimmten Schwellwert. Die Idee hinter diesem Parameter ist, geringe Laufzeiten, hohe Zuverlässigkeit und hohen Durchsatz zu optimieren.

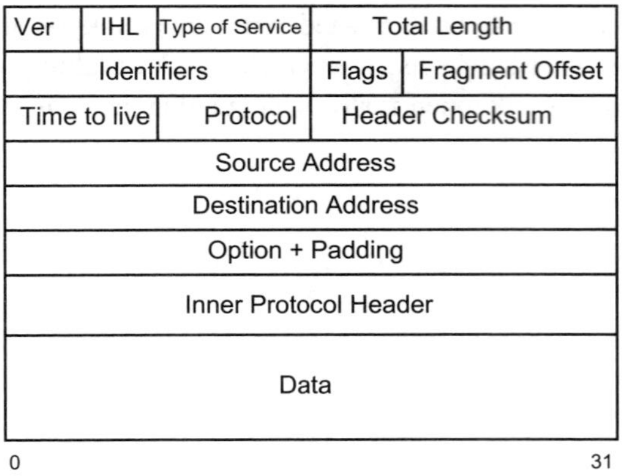

```
| Ver | IHL | Type of Service |     Total Length         |
|         Identifiers          | Flags | Fragment Offset  |
| Time to live |  Protocol     |     Header Checksum      |
|                  Source Address                          |
|                Destination Address                       |
|                  Option + Padding                        |
|                Inner Protocol Header                     |
|                       Data                               |
0                                                        31
```

Bild 24.3: IP-Paket mit Header

Total Length

In diesen 16 bit ist die gesamte Länge des Datagramms inklusive Internet-Header in Oktetts (Bytes) gespeichert. Die maximale Länge ist also 65.535. Alle Hosts müssen einen Mindestspeicher für 576 Oktetts bereithalten, so dass diese große Blockgröße eher unpraktisch ist. Bei größerer Blocklänge muss vorher die neue Länge unter den beteiligten Stationen verhandelt werden. Die Zahl 576 ist die Summe aus 512 Datenbytes zuzüglich 64 Headerbytes. Der größte Internet-Header ist 60 Oktetts lang. Im Durchschnitt reichen etwa 20 Oktetts, so dass eine Reserve für höhere Protokolle verfügbar ist.

Flags

In diesen drei Bits sind Steuerinformationen zur Fragmentierung einer Nachricht enthalten:

Time To Live (TTL)

In diesen acht Bits ist ein interessanter Zähler gespeichert, der die maximale Zeit festlegt, in der ein Datagramm im Internet verbleiben kann. Ist der TTL-Wert null, dann muss die Nachricht zerstört werden. Dieses Feld wird bei jeder Header-Verarbeitung verändert. Jedes Modul zählt diesen Wert um 1 herab, unabhängig von der tatsächlich verbrauchten Zeit. Damit wird also keine wirkliche Zeit festgelegt. Vielmehr bestimmen wir, wie oft ein Datagramm weitergereicht werden kann. Wird dann das Datagramm wiederholt von einem Knoten (Empfänger) nicht angenommen, so wird es vom System zerstört. Damit wird verhindert, dass ein Block „ewig" durch das Netz vagabundiert.

Destination Address

Bei der Zieladresse in 32 bit wird zwischen Namen, Adressen und Wegen differenziert. Ein „Name" gibt an, was wir suchen. Eine Adresse zeigt an, wo es sich befindet. Ein Weg beschreibt, wie man dorthin gelangt. Im Internet-Protokoll arbeitet man hauptsächlich mit Adressen. Es gehört zu den Aufgaben der höheren Protokolle (z. B. bei der Rechnerkopplung), diese Zuordnung von Namen zu Adressen durchzuführen (Auflösung eines symbolischen Namens in eine IP-Adresse durch den DNS Domain Name Service). Die Internet-Module ordnen lokale Netzadressen den Adressen zu. Es gehört zu den Aufgaben der nied-

24.1 Grundlagen

rigeren Schichten (z. B. der lokalen Netze, der Gateways usw.), den lokalen Netzadressen Wege zuzuordnen. Die Adresse ist hierarchisch aufgebaut, d. h., die Adresse beginnt mit einer Netzwerkadresse. Das Restfeld enthält die lokale Adresse.

Options

Optionen mit variabler Länge können optional in einem Datagramm erscheinen. Sie müssen aber von allen IP-Modulen verarbeitet werden, wenn sie vorhanden sind.

UDP-Paket

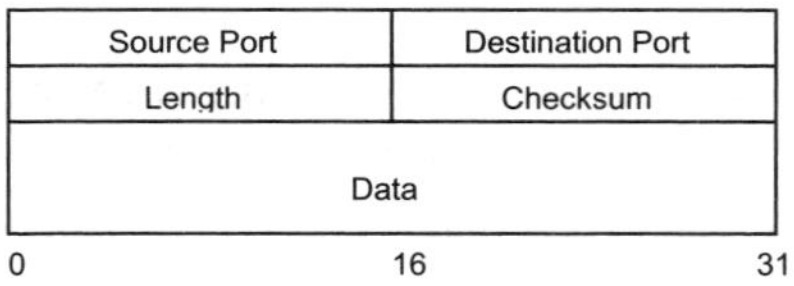

Source Port	Destination Port
Length	Checksum
Data	

0   16   31

Bild 24.4: UDP-Paket mit Header

Dieses ungesicherte Protokoll (**Bild 24.4**) hat deutlich weniger Informationen im Header.

Source Port

Source Port ist ein 16 bit-langes, optionales Feld, das, wenn es vom Sender gesetzt ist, dann Bedeutung erlangt, wenn eine Antwort zurückgesandt werden soll und keine weiteren Informationen vorliegen.

Destination Port

Dieses 16 bit-lange Feld hat im Zusammenwirken mit bestimmten Internet-Zieladressen eine besondere Bedeutung.

24.1.3 Adressierung

Bei der Besprechung der Destination Address haben wir gehört, dass jeder Host im Internet eine eindeutige Adresse haben muss. Hierfür stehen 32 bit zur Verfügung, so dass insgesamt 2^{32} Adressen vergeben werden können. Dies sind etwa 4,2 Milliarden Rechner, die angesprochen werden könnten.

Tatsächlich werden aber einige der Bits (die letzten 8) für die Adressierung innerhalb der Netzwerke benutzt, so dass nur etwa 1,6 Millionen Netzwerke (Domains) angesprochen werden können. Innerhalb jedes Netzwerkes können dann bis zu 2^8 oder 256 einzelne Rechner adressiert werden. Die hier beschriebene Technik wird als Klasse C bezeichnet. Die Klassen A und B, die eine größere Anzahl von Einzelrechnern in einem Netzwerk erlauben, sind schon alle vollständig vergeben, so dass über eine Erweiterung der Adressierung (IPv6 Version 6) nachgedacht wird, was einen Sprung auf 128 bit bringen wird.

Die Adressen sehen wir meist im Dezimalformat in Punktnotation. Typisch hierfür sind:

`141.45.188.14`   eigene Adresse

`141.45.188.6`	Domain Name Server für den Domain Name Service
`141.45.188.1`	Internet Gateway
`127.0.0.1`	lokaler Webserver

Interessant an dieser Zusammenstellung ist der Domain Name Server (DNS), der das Domain Name System unterstützt. Ein normaler Internet-Benutzer wird nur in ganz seltenen Fällen die IP-Adresse direkt eingeben. Vielmehr benutzen die meisten Internet-Anbieter einen aussagekräftigen Namen für ihre Domäne, wie `www.aldi.de`. Dieser Name muss in eine IP-Adresse umgesetzt werden. Hierfür stehen die DNS in verschiedenen Hierarchieebenen zur Verfügung.

Eine Klartextadresse (URL = Uniform Resource Locator) wie beispielsweise `http://www.microsoft.com` wird vom örtlichen Internetserver an den örtlichen Namensserver weitergereicht. Dieser sucht in seiner eigenen Datenbank nach der entsprechenden IP-Adresse. Findet er sie dort, wird sie sofort eingesetzt. Findet er sie nicht, so fragt er bei einem übergeordneten Namensserver (z. B. den für Deutschland) nach. Diese Technik wiederholt sich, bis die IP-Adresse gefunden ist oder nicht.

Die Klartextadresse besteht aus mehreren Teilen:

`http://www.f1.fhtw-berlin.de:80/scheibl/pers.asp?name=schiffer&vorname=cl…`

`http:`	Protokoll, mit dem der Datentransfer erfolgt
`www.f1.fhtw-berlin.de`	Netzadresse der Domäne (Host), auf dem die Daten zu finden sind
`80`	Optionale Portangabe
`scheibl`	Logischer Ordner (Ordnerhierarchie) des Hosts
`pers.asp`	Anzuzeigende/auszuführende Datei (hier eine Active Server Page-Datei)
`?name=schiffer&vorname=claudia`	benannte Parameter (hier ein CGI-Skript = Common Gateway Interface-Skript)

Die Seiten sind dann in HTML (Hypertext Markup Language) geschrieben. Das Wesentliche an HTML sind, wie es der Name schon ausdrückt, die Hyperlinks (Querverweise), die auf weitere URLs verweisen. Dabei kann es sich um beliebige Adressen handeln, da jedes Mal eine unabhängige Verbindung aufgebaut wird.

Die Suchebenen werden Domänen (Domains) genannt. Normalerweise erkennen wir die Hauptdomänen an der Endung des URL (es heißt *der* Locator und nicht die Locator, also der URL) wie:

`com`	Kommerzielle Anbieter (der USA)
`edu`	Schulen, Weiterbilder (der USA)
`de`	Landeskenner für Deutschland

Oberhalb dieser Schicht existieren weltweit verteilte, „unsichtbare" Namensserver der InterNIC, einer zentralen Vereinigung, die die URLs verwaltet. Die deutsche Ausprägung dieser Vereinigung ist die DeNIC.

Ist der Server erreicht, dann stellt dieser einen Internetdienst (Webserver) zur Verfügung. Dies sind Programme wie `Apache` oder `IIS` (Internet Information Server), die den Datenverkehr abwickeln. Normalerweise warten sie auf ankommende Abfragen (Requests) und verteilen diese ähnlich einer Nebenstellenanlage an die Ports. Fehlt im URL die Portangabe, dann wählt der Webserver einen Standardport. Die wichtigsten sind:

Port	Dienst:
`20`	FTP-Server
`25`	Posteingangsserver (Mail-Server)
`80`	HTTP-Server (Webserver)
`110`	Postausgangsserver
`1433`	SQL-Datenbank-Server
`8080`	Proxy-Server

Die angeschlossenen Dienste sind dann für die eigentliche Verarbeitung der Abfrage zuständig.

24.1.4 Protokolle höherer Ebenen

Wie bereits erwähnt, deckt das Internet mit TCP/IP eigentlich nur die Transportschicht ab. Auf den Ebenen darüber sind die Zugriffsdienste angesiedelt. Auch wenn moderne Browser in der Lage sind, diese Zugriffsdienste unter einer Oberfläche einheitlich darzustellen, so handelt es sich doch um unterschiedliche, höhere Protokolle. Die bekanntesten sind:

`ftp`	File Transfer Protocol
`http`	Hypertext Transfer Protocol
`gopher`	älteres Protokoll
`file`	direkter Dateizugriff im eigenen Netz

von denen wir HTTP näher betrachten wollen. Das Protokoll verfügt über relativ wenige Befehle, um die Wünsche von TCP/IP einerseits und seinen eigenen Bedürfnissen andererseits zu befriedigen. Die Spezifikation von HTTP/1.0 erfolgt in der RFC 1945.

Das *Hypertext Transfer Protocol* ist ein Protokoll der Anwendungsebene. Es basiert auf dem Anfrage-Antwort-Schema. Aufgrund seiner Einfachheit kann es für viele Zwecke angewendet werden. Neben der direkten Kommunikation zwischen Client und Server sei hier die Client-Proxy- und Proxy-Server-Kommunikation als Beispiel erwähnt. Das Protokoll arbeitet mit so genannten Methoden (bzw. Kommandos). Die Menge der unterstützten

Methoden lässt sich prinzipiell beliebig erweitern. Für die einfache Client-Server-Verbindung sind folgende Methoden von Bedeutung:

- `GET`
  Der Client fordert eine Internet-Ressource vom Server.
- `HEAD`
  Der Client fordert Informationen über eine Internet-Ressource vom Server.
- `POST`
  Der Client sendet Daten an den Server und erwartet Daten vom Server als Antwort.

Grundsätzlich ist HTTP ein Ein-Weg-Protokoll. Auf Anforderung des Clients werden Daten vom Server zum Client übertragen. Allerdings gibt es die Möglichkeit, dem Server innerhalb der Anfrage Daten zu übermitteln. Dazu existieren zwei Methoden. Diese unterscheiden sich hauptsächlich in der Parameterübergabe, also wie Daten (aus Formularen) des Benutzers vom Client an den Server geschickt werden.

Die `GET`-Methode besteht darin, die Parameter an den URL anzuhängen. Hätte beispielsweise ein Formular die Felder `name` und `vorname`, so würde der Aufruf des Serverskripts `pers.asp` so aussehen:

```
http://www.f1.fhtw-berlin.de/scheibl/pers.asp?name=schiffer&vorname=claudia
```

Diese Möglichkeit ist natürlich bei sehr vielen Parametern ungünstig, da der URL sehr schnell extrem lang wird und beim Übertragen von großen Datenmengen im ungünstigsten Fall auf dem Server zur Überlastung der Eingangspuffer führen kann (ein beliebtes Angriffsziel für Hacker). Geeignet ist sie für Skripte, die man aufrufen will, ohne vorher ein Formular auszufüllen. So kann man Skripte mit Parametern z. B. als Bookmarks speichern.

Die zweite, etwas elegantere Methode für größere Formulare ist die `POST`-Methode. Hier werden die Formulardaten innerhalb des *Anfrageblocks* gesendet, also dort, wo auch die Browserversion u. Ä. übermittelt wird. Ein Anfrageblock hat ungefähr folgende Form:

```
POST /scheibl/pers.asp HTTP/1.0
Connection: Keep-Alive
User-Agent: Mozilla/4.05 [de] (WinNT; I)
Host: ntpower.f1.fhtw-berlin.de
Accept: image/gif, image/x-xbitmap, image/jpeg, image/pjpeg, image/png, */*
Accept-Language: de
Accept-Charset: iso-8859-1,*,utf-8
Content-type: application/x-www-form-urlencoded
Content-length: 29

name=Schiffer&vorname=Claudia
```

(Die Leerzeile ist wichtig!) Die Auswahl eines der Verfahren erfolgt bei der Definition des Formular-Tags in der aufrufenden HTML-Seite. Die `POST`-Methode wird durch die Spezifikation `<FORM METHOD=post>` gewählt.

Der Anfrageblock verrät dem Server einiges über den Client, z. B.:

- wie die Verbindung zu behandeln ist
- welcher Browser benutzt wird
- welche Dateien verarbeitet werden (MIME-Typ)

24.1 Grundlagen

- Sprache und Zeichensatz
- Typ und Länge der übertragenen Nachricht
- nach einer Leerzeile die Nachricht selbst

Wie wir sehen, handelt es sich um benannte Parameter, die in Reihenfolge und Umfang variieren können. Durch neue Parameter ist daher das Protokoll (fast) beliebig erweiterbar.

Der Server antwortet auf die Anfrage i. A. mit einer HTML-Seite etwa in der Form:

```
HTTP/1.0 200 OK
Server: Microsoft-IIS/2.0
Content-Type: text/html
Content-Lenght: 531
... usw.
<HTML>
....
</HTML>
```

Wir können also zusammenfassend sagen, dass eine Anfrage an einen Webserver aus der Abfragezeile, optionalen Kopfinformationen sowie (allerdings nur bei der `POST`-Methode) einem Block mit beliebigen Daten besteht. Die Abfragezeile setzt sich aus den Teilen Methode, URL und Protokoll-/Versionskennung zusammen:

```
<Methode> <URL> HTTP/1.0
<Kopfinformationen>
CRLF
<Daten>
```

Die Antwort eines Webservers besteht aus der Statuszeile, Kopfinformationen und optionalen Daten. Die Statuszeile besteht aus der Protokoll-/Versionskennung und dem Statuscode mit einer kurzen textuellen Erläuterung:

```
HTTP/1.0 <Statuscode mit Erläuterung>
<Kopfinformationen>
CRLF
<Daten>
```

Einige Informationsangebote erfordern eine Nutzer-Authentifizierung. Der Nutzer gibt dazu eine Nutzer-ID und ein Passwort ein. Beides wird zum Webserver übertragen und von ihm auf Gültigkeit überprüft. Die Spezifikation von HTTP in der Version 1.0 legt als Verfahren „Basic Access Authentication" fest. Hier werden Nutzer-ID und Passwort zusammen in einer base64-verschlüsselten (RFC 1521) Zeichenkette zum Webserver übertragen. Der Webserver vergleicht die verschlüsselten Zeichenketten. Die verschlüsselte Zeichenkette kann theoretisch vom Netzwerk abgehört werden. Aus ihr lässt sich zwar die Nutzer-ID und das Passwort nicht wieder zurückgewinnen, sie kann aber dazu benutzt werden, die Daten vom Webserver abzurufen, indem ein Eindringling sie einfach an den Server sendet. Mit der neuen Version 1.1 der HTTP-Spezifikation (RFC 2068) wurde aus diesem Grund eine verbesserte Authentifizierungtechnik, die „Digest Access Authentication", eingeführt. Viele der verbreiteten Client- und Serverprogramme unterstützen diese neue Methode jedoch noch nicht.

Für ein Internet-Programm ist die Auswertung des Statuscodes sehr wichtig. Folgende Werte sind definiert:

Code	Kommentar	Bedeutung
1xx	Informational	Wird nicht verwendet. Reserviert für zukünftige Nutzung.
2xx	Success	Die Anfrage wurde empfangen, verstanden und akzeptiert.
200	OK	Erfolgreich bearbeitet, Dokument folgt.
201	Created	
202	Accepted	
204	No Content	Dokument enthält keine Daten.
3xx	Redirection	Eine weitere Anfrage muss durchgeführt werden, um die Daten zu erhalten.
301	Moved Permanently	Dauerhaft verschoben.
302	Moved Temporarily	Temporär verschoben.
304	Not Modified	
4xx	Client Error	Die Anfrage des Clients war fehlerhaft – nicht verstanden.
400	Bad Request	Fehlerhafte Anfrage.
401	Unauthorized	Nicht autorisiert.
403	Forbidden	Verboten.
404	Not Found	Nicht gefunden.
5xx	Server Error	Der Server scheiterte beim Bereitstellen der (scheinbar korrekt) angeforderten Daten.
500	Internal Server Error	Interner Serverfehler.
501	Not Implemented	
502	Bad Gateway	Fehler im Gateway.
503	Service Unavailable	Dienst steht nicht zur Verfügung.

Einige der Fehlermeldungen, wie der berühmte 404 page not found, sollten Ihnen bei den Wanderungen durchs Internet schon untergekommen sein.

24.2 Sockets

24.2.1 Einführung

Sockets stellen eine programmierbare Netzwerk-Schnittstelle dar, die eine protokollunabhängige Netzwerk-Kommunikation ermöglicht. Das Socket-Konzept wurde ursprünglich für das Betriebssystem UNIX entwickelt. Microsoft Windows unterstützt seit Windows 95 ebenfalls die Socket-Programmierung. Die Windows Sockets basieren auf der Berkeley-UNIX-Implementation.

Ein Socket ist ein Kommunikationsendpunkt, über den ein Anwendungsprogramm Datenpakete sendet und empfängt. Ein Socket ist immer mit einem einzigen Prozess verbunden. Es gibt zwei verschiedene Typen von Sockets. Beide Typen sind bidirektional, d. h., derselbe Socket kann zum Senden und Empfangen verwendet werden (Vollduplexbetrieb). Die Socket-Typen sind:

- **Stream Sockets**
  Stream Sockets garantieren stets die korrekte Übertragung der Daten. Man spricht auch von *verbindungsorientierter* Datenübertragung.

- **Datagram Sockets**
  Datagram Sockets stellen eine blockorientierte Datenübertragung zur Verfügung. Die einzelnen Datenblöcke können verloren gehen, können in anderer Reihenfolge oder auch doppelt den Empfänger erreichen. Man spricht auch von *verbindungsloser* Datenübertragung.

Sinn der Sockets ist es, dem Anwendungsprogrammierer eine Programmierbasis bereitzustellen, die von der darunter liegenden Netzwerkarchitektur abstrahiert. Das bedeutet: Socket-Anwendungen laufen über jedes Netzwerk, das Sockets unterstützt. Für den Programmierer stellen Sockets Funktionen zur Verfügung, die sich mit den traditionellen Dateifunktionen vergleichen lassen. Zu den wichtigsten Funktionen gehören:

- `Connect()` baut die Verbindung zu einem entfernten Computer auf und ist vergleichbar mit der Dateifunktion `open()`.

- `Send()` sendet Daten zum entfernten Computer und ist vergleichbar mit der Dateifunktion `Write()`.

- `Receive()` empfängt Daten von dem entfernten Computer und ist vergleichbar mit der Dateifunktion `read()`.

- `Close()` schließt die Verbindung zu dem entfernten Computer und ist vergleichbar mit der Dateifunktion `close()`.

24.2.2 Socket-Modi

Es gibt zwei grundsätzliche Modi für Windows Sockets. Ein Socket kann im *blockierenden* (synchronen) oder *nicht blockierenden* (asynchronen) Modus sein.

Blockierender Modus

Die Funktionsaufrufe von Sockets im blockierenden Modus kehren erst dann zurück, wenn sie ihre Aufgabe vollständig erfüllt haben. Der Programmfaden blockiert also beim Aufruf einer Socket-Funktion. Wenn mit der Funktion `send()` ein großer Datenblock über eine „langsame" Netzwerkverbindung gesendet werden soll, kann dies sehr viel Zeit in Anspruch nehmen. Die Anwendung reagiert also für diese Zeit nicht auf Benutzeraktionen. Dieser Zustand ist verständlicherweise möglichst zu vermeiden, denn die Benutzer von

Computern sind bekanntlich sehr ungeduldige Zeitgenossen und neigen zu äußersten Reaktionen, wenn ihr Computer „hängt" (wenn auch nur vorübergehend)!

Eine Lösung dieses Problems für Multitasking-Betriebssysteme ist es, die Netzwerkfunktionalität in separate Programmfäden (Threads) auszugliedern. Ein Socket in einem separaten Programmfaden kann blockieren, ohne andere Aktivitäten einzuschränken und ohne CPU-Zeit zu verbrauchen. In solchen Programmen kann man also den blockierenden Modus nutzen, um das Programmdesign möglichst einfach zu halten.

Nicht blockierender Modus

Die Funktionsaufrufe von Sockets im nicht blockierenden Modus kehren auch dann zurück, wenn sie ihre Aufgabe *nicht* vollständig erfüllt haben. Im Falle der Funktion send() bedeutet dies, es wurde ein Teil der Daten gesendet, unter Umständen jedoch nicht alle! Das Programm muss darauf Rücksicht nehmen. Wenn das Netzwerk-Interface wieder bereit ist, Daten zu senden, wird das Programm durch eine Windows-Nachricht davon unterrichtet. Für den Programmierer stellt dieser Mechanismus, bedingt durch die erforderliche Nachrichtenbehandlung, einen erhöhten Aufwand dar.

24.3 Socket-Programmierung mit der MFC

Die MFC stellt dem Programmierer zwei Klassen für die Netzwerkprogrammierung zur Verfügung, die die Windows-Sockets kapseln (**Bild 24.5**). Diese beiden Klassen stehen für zwei grundsätzlich verschiedene Programmiermodelle.

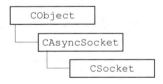

Bild 24.5: Vererbungshierarchie der MFC-Socketklassen

Das Bild zeigt, dass CSocket eine Spezialisierung von CAsyncSocket ist, d. h., über eine erweiterte Funktionalität und weitere Eigenschaften verfügt.

Um mit einem Socket zu programmieren, werden wir ihn beim Start der Anwendung anlegen:

```
BOOL CUxxxApp::InitInstance() {
...
  if(!AfxSocketInit()) {
    AfxMessageBox("Socket-Initialisierung fehlerhaft",MB_OK|MB_ICONSTOP);
    return FALSE;
  }
...
  return CWinApp::InitInstance();
} //CUxxxApp::InitInstance
```

24.3 Socket-Programmierung mit der MFC

☞ Hinweis: Einen ähnlichen Quelltext generiert der Anwendungsassistent, wenn wir das Kontrollkästchen `Windows-Sockets` aktivieren.

Alternativ können wir einen Socket auch über ein Ereignis, z. B. eine Schaltfläche, gezielt anlegen. Hierzu stehen uns zwei Klassen zur Verfügung, die in den nächsten Abschnitten besprochen werden. Um sie direkt einzusetzen, werden wir zuerst eine Variable in der Kopfdatei unserer Anwendung anlegen:

```
class CUxxxDlg : public CDialog
{
...
private:
  CAsyncSocket m_asWebSocket;
  ...
};
```

und für diese ein Objekt auf dem Freispeicher kreieren:

```
if (m_asWebSocket.Create()) {
  //hier die eigentliche Verarbeitung durchführen
} else {
  AfxMessageBox("Socket-Initialisierung fehlerhaft",MB_OK|MB_ICONSTOP);
  return FALSE;
}
```

Durch den Aufruf des Standardkonstruktors legen wir zwar den Socket an, er hört aber auf den Port 0, was zu keinem durchgreifenden Erfolg führt. Es ist daher sinnvoll, ihn gleich mit der Portnummer zu versorgen, über die der Datenverkehr abgewickelt werden soll:

```
if (m_asWebSocket.Create(5000)) {
  //hier die eigentliche Verarbeitung durchführen
} else {
  AfxMessageBox("Socket-Initialisierung fehlerhaft",MB_OK|MB_ICONSTOP);
  return FALSE;
}
```

Über die weiteren Parameter gibt die Online-Hilfe Aufschluss.

24.3.1 Die Klasse `CAsyncSocket`

Die Klasse `CAsyncSocket` kapselt die Windows-Socket-API in eine C++-Klasse. Neben dieser Kapselung ist die einzige zusätzliche Funktionalität die Definition einiger Callback-Funktionen zu socketbezogenen Windows-Nachrichten. Der Einsatz dieser Klasse setzt voraus, dass der Programmierer mit der Netzwerkprogrammierung vertraut ist. Die Klasse `CAsyncSocket` arbeitet im asynchronen, d. h., *nicht* blockierenden Modus (siehe dazu Kapitel „Socket-Modi"). Der Einsatz der Klasse `CAsyncSocket` bringt auch einen Gewinn an Effizienz.

Die beiden folgenden Programmfragmente sollen den Gebrauch dieser Klasse auf der **Client-Seite** demonstrieren. Wir legen unsere eigene Klasse `CWebSocket` an, um die Funktionalität auf unsere Wünsche anzupassen. Die Kopfdatei deklariert die Schnittstelle:

```
//-----------------------------------------------------------
// WebSocket.h
//-----------------------------------------------------------
class CWebSocket : public CAsyncSocket
{
public:
  int GibWebDatei(CWebDatei* ptrWebDatei);
  void BaueGetAbfrage(const CWebDatei* pWebDatei);
  virtual void OnSend(int nErrorCode);
  virtual void OnReceive(int nErrorCode);
  virtual void OnClose(int nErrorCode);
protected:
  CWebDatei* m_pWebDatei;
  CString m_Abfrage;
  char m_Puffer[BLOCKSIZE];
};
```

Die drei Variablen `m_pWebDatei`, `m_Abfrage` und `m_Puffer` sind nach gutem OOP-Stil gekapselt. Die Methoden zerfallen in zwei normale Methoden und drei Ereignismethoden. Die Ereignismethoden sind Überschreibungen der entsprechenden Ereignismethoden von `CAsyncSocket` und müssen daher genau so geschrieben werden. Wir erkennen die Grundstruktur, eine Verbindung aufzubauen, während der Verbindung zu senden und zu empfangen und die Verbindung wieder abzubauen. Diese werden folgendermaßen implementiert:

```
//-----------------------------------------------------------
// WebSocket.cpp
//-----------------------------------------------------------
void CWebSocket::BaueGetAbfrage(const CWebDatei* pWebDatei) {
//Hilfsfunktion, um eine GET-Abfrage zu formatieren
  m_Abfrage.Format("GET %s HTTP/1.0",pWebDatei->GetPfad());
  m_Abfrage+=CRLF;
  ...
  m_Abfrage+=CRLF; //abschließende Leerzeile anhängen
} //CWebSocket::BaueGetAbfrage

int CWebSocket::GibWebDatei(CWebDatei* ptrWebDatei) {
//Daten vom Host anfordern
  m_pWebDatei=ptrWebDatei;
  if (!Create()) return -1;
  AsyncSelect( FD_WRITE | FD_CLOSE );
  if (!Connect(m_pWebDatei->GetHostname(),m_pWebDatei->GetPort()))
    if (GetLastError()!=WSAEWOULDBLOCK)
      return -1;
  BaueGetAbfrage(m_pWebDatei);
  return 0;
} //CWebSocket::GibWebDatei

void CWebSocket::OnSend(int nFehlerCode) {
//Ereignisfunktion zum Senden von Daten an den Host
  int nBytes=Send(LPCSTR(m_Abfrage),m_Abfrage.GetLength());
  if (nBytes==SOCKET_ERROR) {
    if (GetLastError()!=WSAEWOULDBLOCK) ShutDown(both);
    else AsyncSelect(FD_WRITE | FD_CLOSE);
  } else
    if (nBytes<m_Abfrage.GetLength()) {      //nicht alles gesendet
      m_Abfrage.Mid(nBytes);
      AsyncSelect(FD_WRITE | FD_CLOSE);
    } else                                   //alles gesendet
```

24.3 Socket-Programmierung mit der MFC

```
      if (nBytes==m_Abfrage.GetLength()) {
        AsyncSelect(FD_READ | FD_CLOSE);
      }
} //CWebSocket::OnSend
void CWebSocket::OnReceive(int nFehlerCode) {
//Ereignisfunktion zum Empfangen von Daten vom Host
   int nOffset=0,nResult,nBytes;
   nBytes=Receive(m_Puffer, BLOCKSIZE); //nächsten Datenblock lesen
   if (nBytes==SOCKET_ERROR) return;
   if (nBytes==0) {         // Verbindung wurde geschlossen
     AsyncSelect(FD_CLOSE);
     ShutDown(both);
     return;
   }
   //empfangene Daten verarbeiten:
   ...
} //CWebSocket::OnReceive

void CWebSocket::OnClose(int nFehlerCode) {
//Ereignisfunktion zum Abbau der Verbindung
   Close();//Sockethandle freigeben
} //CWebSocket::OnClose
```

Mit der Methode `AsyncSelect()` lassen sich die Socket-Nachrichten auswählen, deren Callback-Funktion aufgerufen werden sollen. So wird beispielsweise erst dann die Methode `OnReceive()` freigegeben, wenn der Sendevorgang abgeschlossen ist. Der Socket selbst wird automatisch durch den Aufruf von `AsyncSelect()` in den asynchronen Modus versetzt.

Das Senden und Empfangen ist nicht ganz trivial, da alle Arten von digitalisierten Daten über den Socket laufen können. Damit ist der Datentyp nicht festgelegt. Vielmehr arbeiten wir mit einem generischen Zeiger `m_Puffer` auf einen allgemeinen Speicherbereich. Die Umwandlung des Puffers für eine möglicherweise anschließende Verarbeitung bleibt uns überlassen.

Im Wesentlichen arbeiten wir auf der Client-Seite mit folgenden Grundoperationen, die wiederum in der Online-Hilfe ausführlich beschrieben sind:

`AsyncSelect`	fordert die Benachrichtigung des Sockets bei Ereignissen an.
`Close`	schließt den Socket.
`Connect`	baut eine Verbindung zu einem End-Socket auf.
`Receive`	empfängt Daten vom Socket.
`Send`	sendet Daten auf einen verbundenen Socket.
`ShutDown`	sperrt den Socket gegen `Send`- und/oder `Receive`-Anforderungen.

Auf der **Server-Seite** gibt es eine Reihe anderer/weiterer Operationen:

`Accept`	akzeptiert eine Verbindung auf diesem Socket.
`Listen`	baut einen Socket auf, der die ankommende Abfrage einliest.

Der Server befindet sich normalerweise im Zustand `Listen` und geht durch ankommende Daten in den Zustand `Accept` über. Dort kann er entscheiden, was zu tun ist.

Da Datagramm-Sockets keine Verbindung aufbauen, müssen wir ihnen beim Senden immer die Zieladresse übergeben. Hier arbeiten wir mit `SendTo` bzw. `ReceiveFrom`.

Ein asynchroner Socket wirft eine Reihe von Ereignissen auf, von denen wir bisher drei überschrieben haben:

`OnAccept`	informiert einen wartenden Server-Socket darüber, dass ein Verbindungswunsch ansteht, den er durch Aufruf von `Accept` bedienen soll.
`OnClose`	signalisiert einem Socket, dass die Socket-Verbindung geschlossen wurde. Ursache kann das Schließen durch die Gegenseite oder eine erkannte Unterbrechung sein.
`OnConnect`	informiert einen verbindenden Client-Socket, dass die Verbindung erfolgreich oder mit Fehler abgeschlossen ist.
`OnOutOfBandData`	signalisiert einem empfangenden Client-Socket, dass Daten höherer Priorität einzulesen sind, die nicht zur aktuellen Verbindung gehören.
`OnReceive`	informiert einen wartenden Server-Socket darüber, dass Daten durch Aufruf von `Receive` abzurufen sind.
`OnSend`	signalisiert einem Socket, dass er über `Send` Daten abschicken kann. Dies erfolgt einmal direkt nach dem Verbindungsaufbau und später, wenn mehr Daten übergeben werden, als in ein Paket passen, am Ende der Übertragung.

24.3.2 Die Klasse `CSocket`

Die Klasse `CSocket` erbt die Kapselung der Windows-Socket-API von der Klasse `CAsyncSocket`, ist aber weiter spezialisiert. Mit Hilfe der Klasse `CArchive` wird der MFC-typische Mechanismus zum Datentransfer übernommen. Uns stehen mit dem Einsatz dieser Klasse blockierende Socket-Funktionen zur Verfügung, d. h., die Funktionen erfüllen bei jedem Aufruf ihre komplette Aufgabe. Dieses Merkmal ist für uns eine wesentliche Erleichterung. Der vollständige Abschluss einer Operation ist eine unabdingbare Voraussetzung für den Einsatz des `CArchive`-Mechanismus.

Nach außen finden wir folgende wichtige Erweiterungen der Eigenschaften:

`IsBlocking`	zeigt an, dass eine blockierende Abfrage aktiv ist.

und folgende Überschreibung:

`OnMessagePending`	wird aufgerufen, wenn eine Meldung im Meldungspuffer auf die Bearbeitung wartet, während eine blockierende Abfrage läuft.

Standardmäßig ruft `CAsyncSocket` alle, `CSocket` keine der beiden gemeinsamen Ereignisse auf. Um zu steuern, welche der Ereignisse ausgelöst werden oder nicht, können wir in einer Überschreibung von `CAsyncSocket.Create` diese als dritten Parameter angeben. Da diese Methode in `CSocket` so überschrieben ist, dass dies verhindert wird, können wir diese Objekte nur über die Methode `AsyncSelect` steuern.

24.4 Übungen

24.4.1 Netzwerkanwendung

- Was will ich?

  Ich will mit einem zweiten Rechner entweder als Client oder als Server kommunizieren. Dabei soll dieser mehr als die bei der RS 232 nach Norm erlaubten 15 m entfernt stehen.

- Was habe ich?

  Einen einzigen Rechner mit einem Webserver, beispielsweise den IIS. Zwei Rechner mit Ethernet-Karten über ein Null-Modem-Kabel (gekreuzte Adern) miteinander verbunden. Mehrere Rechner über einen Hub oder ein lokales Intranet miteinander verbunden. Einen Internetzugang.

- Wie löse ich das Problem?

U241 Ich erstelle eine dialogfeldbasierende Anwendung, die sowohl als Client als auch als Server eingesetzt werden kann. Dann müssen nur auf beiden Rechnern Kopien dieses Programms laufen, um eine Kommunikation zu ermöglichen.

- Zur Erstellung des Anwendungsrahmens gehen wir in folgenden Schritten vor:

  1. Wir erstellen eine dialogfeldbasierende Anwendung U241 im Ordner U24_Inf. Dabei fordern wir die Unterstützung von `Windows-Sockets` an (**Bild 24.6**).

     Ein Blick in den Quelltext zeigt uns, dass in `stdafx.h` die Kopfdatei:

     ```
     #include <afxsock.h>      // MFC-Socket-Erweiterungen
     ```

     eingebunden wurde. Die Initialisierung erfolgt jetzt in der Anwendung:

     ```
     BOOL CU241App::InitInstance()
     {
     ...
       CWinApp::InitInstance();

       if (!AfxSocketInit()) {
         AfxMessageBox(IDP_SOCKETS_INIT_FAILED);
         return FALSE;
       }

       AfxEnableControlContainer();
     ```

Diese benutzt eine Konstante, die sowohl in `resource.h` wie auch in `U241.rc` definiert wird. Im Ressourceneditor könnten wir sie auf einen Wunschtext abwandeln.

2. Wir wechseln in den Dialogeditor und entwerfen die Benutzeroberfläche (**Bild 24.7**). Beim Element `IDC_VERBINDEN` handelt es sich um ein Kontrollkästchen.

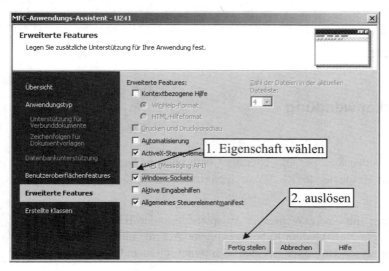

Bild 24.6: Windows-Sockets in die Anwendung `U241` einbinden

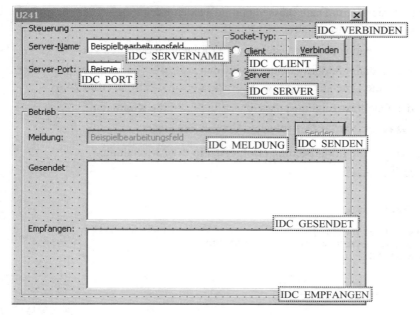

Bild 24.7: Oberflächenentwurf `U241`

24.4 Übungen

3. Den Feldern geben wir folgende Eigenschaften, soweit diese nicht aus dem Bild ersichtlich sind:

ID	Eigenschaft	Wert	Membervariable	Ereignis
IDC_SERVERNAME			m_strServername	
IDC_PORT			m_nPort	
IDC_MELDUNG	Deaktiviert	True	m_strMeldung	
IDC_CLIENT	Beschriftung	&Client	m_nTyp	OnBnClickedTyp
	Gruppe	True		
IDC_SERVER	Beschriftung	&Server		OnBnClickedTyp
IDC_VERBINDEN	Beschriftung	&Verbinden	m_bnVerbinden	OnBnClickedVerbinden
			m_bVerbinden	
IDC_SENDEN	Beschriftung	&Senden		OnBnClickedSenden
	Deaktiviert	True		
	Gruppe	True		
IDC_GESENDET	Tabstopp	False		
	Sortieren	False		
	Auswahl	None		
IDC_EMPFANGEN	Tabstopp	False		
	Sortieren	False		
	Auswahl	None		

Die zweite Gruppe dient nur dazu, Warnungen des Laufzeitsystems zu beseitigen. Eine angefangene Gruppe sollte irgendwann abgeschlossen werden.

Die beiden Optionenfelder lösen die gleiche Ereignisfunktion aus. Dabei können wir eine Funktion generieren lassen, während wir die zweite manuell im Meldungsverteiler nachtragen:

```
BEGIN_MESSAGE_MAP(CU241Dlg, CDialog)
    ON_WM_SYSCOMMAND()
    ON_WM_PAINT()
    ON_WM_QUERYDRAGICON()
    ON_BN_CLICKED(IDC_CLIENT, OnBnClickedTyp)
    ON_BN_CLICKED(IDC_SERVER, OnBnClickedTyp)
    ON_BN_CLICKED(IDC_VERBINDEN, OnBnClickedVerbinden)
    ON_BN_CLICKED(IDC_SENDEN, OnBnClickedSenden)
END_MESSAGE_MAP()
```

4. Diese Funktion programmieren wir auch gleich:

```
void CU241Dlg::OnBnClickedTyp() {
    UpdateData(TRUE); //Daten einlesen
```

```
    if (m_nTyp==0) {   //welche Option ist gewählt?
      m_bnVerbinden.SetWindowText("&Verbinden");
    } else {
      m_bnVerbinden.SetWindowText("Star&ten");
    }
  } //CU241Dlg::OnBnClickedTyp
```

Ein Client fordert die Verbindung an, ein Server wird gestartet (und nicht wieder beendet).

5. Jetzt können wir das Programm bereits testen. Es wechselt bei Klick auf eine der Optionen die Beschriftung des Kontrollkästchens aus. ■

Wie bereits angekündigt wollen wir nun eine Nachfolgeklasse von `CAsyncSocket` anlegen. Sie soll auf die Ereignisse des Sockets reagieren und in geeigneter Weise die Kommunikation mit der Dialogklasse herstellen. Die Kommunikation mit der Basisklasse ist durch die Vererbung gesichert, für die Kommunikation mit der Dialogklasse legen wir einen Zeiger auf diese an.

Hierzu gehen wir in folgenden Schritten vor:

1. Mit einem Rechtsklick auf den Projektknoten `U241` der Klassenansicht öffnen wir das Kontextmenü und lösen die Option `Hinzufügen|Klasse hinzufügen...` aus. Es erscheint das Dialogfeld `Klasse hinzufügen`.

2. Als `Vorlage` wählen wir `MFC-Klasse` (**Bild 24.8**). Mit dem Auslösen von `Öffnen` erscheint das Dialogfeld `MFC-Klassen-Assistent`.

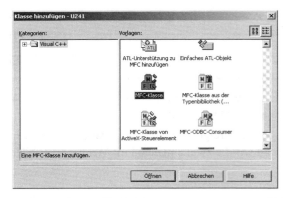

Bild 24.8: Vorlage für die Klasse `CWebSocket` auswählen

3. In ihm legen wir die Klasse `CWebSocket` an, wählen die richtige Basisklasse und kürzen die externen Namen (**Bild 24.9**). Der Name ist nicht wie im Beispiel `CWebSocket`, da es sich um einen allgemeinen Socket handelt. Mit dem Auslösen von `Fertig stellen` erscheint die neue Klasse in der Klassenansicht.

24.4 Übungen

4. Wir klicken gleich wieder rechts auf diesen Klassenknoten und erzeugen eine geschützte Membervariable `m_pwndTraeger` für den Trägerdialog vom Typ `CDialog*`. Ein Socket möchte irgendeinem Element dienen, dies ist normalerweise das Dialogfeld.

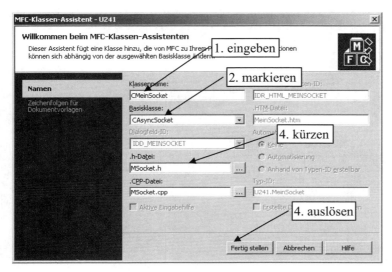

Bild 24.9: Versorgung des MFC-Klassenassistenten mit Parameterwerten

5. Um nun von außen diesen Zeiger übergeben zu können, müssen wir eine öffentliche Funktion einfügen. Also klicken wir erneut rechts auf den Klassenknoten `CWebSocket` und generieren eine öffentliche Funktion `void CWebSocket::SetzTraeger(CDialog *pDlg)`.

6. Diese Funktion übernimmt nur den Wert in die interne Variable:

```
void CWebSocket::SetzTraeger(CDialog *pDlg) {
  m_pwndTraeger=pDlg;
} //CWebSocket::SetzTraeger
```

7. Die Klasse `CWebSocket` ist immer noch ziemlich leer. Daher wollen wir fast alle ererbten Methoden überschreiben. Wir wechseln daher auf die `Eigenschaften|Überschreibungen` und generieren für die Funktionen `Dump`, `OnAccept`, `OnClose`, `OnConnect`, `OnReceive` und `OnSend` Überschreibungen. Es fehlt `OnOutOfBandData`, da wir keine Alarmmeldungen verarbeiten (denken Sie dabei an den militärischen Hintergrund). Es gibt auch nichts zum Serialisieren (dialogfeldbasierende Anwendungen tun dies bekanntlich nicht).

8. Diese programmieren wir folgendermaßen:

```
void CWebSocket::Dump(CDumpContext& dc) const {
  CAsyncSocket::Dump(dc);
  dc << "Trägerzeiger= " << m_pwndTraeger;
} //CWebSocket::Dump

void CWebSocket::OnAccept(int nErrorCode) {
```

```
    if (nErrorCode==0) //keine Fehler
      ((CU241Dlg*)m_pwndTraeger)->OnAccept(); //OnAccept der Dialogklasse
    CAsyncSocket::OnAccept(nErrorCode);
} //CWebSocket::OnAccept

void CWebSocket::OnClose(int nErrorCode) {
    if (nErrorCode==0) //keine Fehler
      ((CU241Dlg*)m_pwndTraeger)->OnClose(); //OnClose der Dialogklasse
    CAsyncSocket::OnClose(nErrorCode);
} //CWebSocket::OnClose

void CWebSocket::OnConnect(int nErrorCode) {
    if (nErrorCode==0) //keine Fehler
      ((CU241Dlg*)m_pwndTraeger)->OnConnect(); //OnConnect der Dialogklas
    CAsyncSocket::OnConnect(nErrorCode);
} //CWebSocket::OnConnect

void CWebSocket::OnReceive(int nErrorCode) {
    if (nErrorCode==0) //keine Fehler
      ((CU241Dlg*)m_pwndTraeger)->OnReceive(); //OnReceive der Dialogklas
    CAsyncSocket::OnReceive(nErrorCode);
} //CWebSocket::OnReceive

void CWebSocket::OnSend(int nErrorCode) {
    if (nErrorCode==0) //keine Fehler
      ((CU241Dlg*)m_pwndTraeger)->OnSend(); //OnSend der Dialogklasse
    CAsyncSocket::OnSend(nErrorCode);
} //CWebSocket::OnSend
```

Bis auf das Dumpen rufen die Funktionen einfach ihre Pendants in der Dialogklasse auf. Damit dies funktioniert, muss diese Klasse noch bekannt gemacht werden:

```
// WSocket.cpp : Implementierungsdatei
//

#include "stdafx.h"
#include "U241.h"
#include "WSocket.h"
#include "U241Dlg.h"

// CWebSocket

CWebSocket::CWebSocket()
: m_pwndTraeger(NULL)
{
}
```

9. Damit haben wir die Socket-Klasse abgeschlossen. ■

▷ Da wir quasi alle Funktionen aus der Socket-Klasse in die Dialogklasse exportiert haben, müssen wir uns nun um diese intensiv kümmern. Eigentlich ist es kein vollständiger Export, da nur das Ereignis weitergereicht wird:

1. In der Dialogklasse muss die Socket-Klasse in Form von Variablen eine Heimat finden. Arbeitet die Klasse als Server, benötigen wir sogar zwei Variablen, eine, die den eingehenden Verkehr überwacht (Listener), und eine zweite, welche die Verbindung aufbaut und hält. Diesen können wir auch für den Client verwenden. Weiterhin benötigen wir die fehlenden Ereignisfunktionen. Das Ganze ist eine Aufgabe der Assistenten. Wir

24.4 Übungen 1255

klicken also rechts in der Klassenansicht auf den Klassenknoten `U241Dgl` und generieren die Variablen:

```
protected:
  CWebSocket m_socHoerer;
  CWebSocket m_socVerbinder;
```

und die Ereignisfunktionen:

```
public:
  afx_msg void OnBnClickedTyp();
  afx_msg void OnBnClickedVerbinden();
  afx_msg void OnBnClickedSenden();
  void OnAccept(void);
  void OnClose(void);
  void OnConnect(void);
  void OnReceive(void);
  void OnSend(void);
```

Da die Variablen nicht von einem Basistyp abstammen, werden vom Generator keine Initialisierungen vorgenommen.

```
// CU241Dlg Meldungshandler

BOOL CU241Dlg::OnInitDialog() {
...
   // TODO: Hier zusätzliche Initialisierung einfügen
   //Steuerelementvariablen initialisieren
   m_nTyp=0;              //Client
   m_strName="loopback";//Rückkopplung auf sich selbst: 127.0.0.1
   m_nPort=5000;          //Port
   UpdateData(FALSE);     //Steuerelemente schreiben
   m_socVerbinder.SetzTraeger(this); //Zeiger in den Sockets setzen
   m_socHoerer.SetzTraeger(this);

   return TRUE;   // Geben Sie TRUE zurück, außer ein Steuerelement soll
} //CU241Dlg::OnInitDialog
```

Die Standardeinstellung ist `Client`, der Port wird auf `5000` gesetzt. Der Computername `loopback` ist ein spezieller Name aus dem TCP/IP-Protokoll. Er kennzeichnet den eigenen Rechner. Er wird intern auf die IP `127.0.0.1` umgesetzt, die wir schon als lokalen Webserver kennen gelernt haben. Auf der Browser-Ebene kennen wir die Adresse `loopback` auch als `localhost`. Er wird in der Datei `\os\system32\drivers\etc\hosts` hinterlegt:

```
# Copyright (c) 1993-1999 Microsoft Corp.
#
# Dies ist eine HOSTS-Beispieldatei, die von Microsoft TCP/IP
# für Windows 2000 verwendet wird.
#
# Diese Datei enthält die Zuordnungen der IP-Adressen zu Hostnamen.
# Jeder Eintrag muss in einer eigenen Zeile stehen. Die IP-
# Adresse sollte in der ersten Spalte gefolgt vom zugehörigen
# Hostnamen stehen.
# Die IP-Adresse und der Hostname müssen durch mindestens ein
# Leerzeichen getrennt sein.
#
# Zusätzliche Kommentare (so wie in dieser Datei) können in
# einzelnen Zeilen oder hinter dem Computernamen eingefügt werden,
```

```
# aber müssen mit dem Zeichen '#' eingegeben werden.
#
# Zum Beispiel:
#
#       102.54.94.97     rhino.acme.com          # Quellserver
#       38.25.63.10      x.acme.com              # x-Clienthost

127.0.0.1            localhost
```

Unser Rechner verfügt also über einen eigenen DNS, wie man sieht.

2. Nach der Einstellung der Parameter klickt der Benutzer als Erstes auf $\boxed{\text{Verbinden}}$:

```
void CU241Dlg::OnBnClickedVerbinden() {
  CString strBeschriftung;
  GetDlgItemText(IDC_VERBINDEN,strBeschriftung);
  if (strBeschriftung!="&Trennen") { //verbinden oder starten
    UpdateData(TRUE); //Daten einlesen
    SchalteSteuerelemente(FALSE); //Steuerelemente grauen
    if (m_nTyp==0) { //Client?
      m_socVerbinder.Create(); //Standard-Socket kreieren
      m_socVerbinder.Connect(m_strName,m_nPort); //verbinden
      SetDlgItemText(IDC_VERBINDEN,"&Trennen");
    } else { //Server
      m_socHoerer.Create(m_nPort); //an Port gebundenen Socket erzeugen
      m_socHoerer.Listen();         //und warten
      GetDlgItem(IDC_VERBINDEN)->ShowWindow(FALSE);
    }
  } else { //trennen
    OnClose(); //als hätte die Gegenstation geschlossen
  }
} //CU241Dlg::OnBnClickedVerbinden
```

Da wir die Schaltfläche als Taster entworfen haben, müssen wir entscheiden, ob wir Verbinden oder Trennen wollen. Beim Schließen tun wir so, als hätte die Gegenstation die Verbindung geschlossen.

Wir lesen die Daten ein und sperren alle Eingabefelder, denn eine aufgebaute Verbindung kann nicht mitten im Betrieb mit neuen Parametern versehen werden. Anschließend unterscheiden wir in Client oder Server. Ein Client baut die Verbindung über einen Socket `m_socVerbinder` auf. Diese Verbindung wird bei Bedarf getrennt.

Für den Server starten wir den Hörer, der das Netz nach Abfragen abhorcht. Da er nicht mehr (mit normalen Mitteln) beendet werden soll, löschen wir die Schaltfläche.

3. Im echten Leben kann es natürlich vorkommen, dass der Server noch nicht gestartet ist, wenn der Client seine Verbindung startet. Solange der Client keinen Server findet, soll keine Übertragung möglich sein. Ist er gefunden, so wird die Funktionalität der Übertragung freigeschaltet. Findet der Client keinen Server, so wartet er beliebig lang und muss manuell beendet werden. Auch wenn zwischenzeitlich der Server gestartet wird, ist die Meldung schon verpufft. Somit sollte immer zuerst der Server gestartet werden, bevor der Client Abfragen beginnt.

Der gestartete Server erhält vom Hörer die Meldung über ein Verbindungsgesuch (`Connect`) und akzeptiert diese ohne Bedingung (**Bild 24.10**):

24.4 Übungen

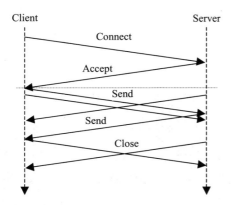

Bild 24.10: Zeitdiagramm einer Socket-Verbindung

```
void CU241Dlg::OnAccept(void) {
  m_socHoerer.Accept(m_socVerbinder);   //Verbindungswunsch akzeptieren
  GetDlgItem(IDC_MELDUNG)->EnableWindow(TRUE); //STE aktivieren
  GetDlgItem(IDC_SENDEN)->EnableWindow(TRUE);
} //CU241Dlg::OnAccept
```

An dieser Stelle wird man ggf. Hindernisse und Sperren einbauen. Wir schalten dagegen die Steuerelemente im Betriebsbereich frei. Dies meldet der Server über den Socket an den Client.

4. Natürlich ist es viel einfacher, einen fehlerhaften Verbindungsaufbau festzustellen, indem der Socket das Problem meldet:

```
void CWebSocket::OnConnect(int nErrorCode) {
  if (nErrorCode==0) //keine Fehler
    ((CU241Dlg*)m_pwndTraeger)->OnConnect(); //OnConnect der Dialogklas
  CAsyncSocket::OnConnect(nErrorCode);
  if (nErrorCode!=0) {
    AfxMessageBox("Verbindung nicht hergestellt",MB_OK);
  }
} //CWebSocket::OnConnect
```

oder ganz aussagekräftig mit detaillierter Fehlermeldung:

```
void CWebSocket::OnConnect(int nErrorCode) {
  if (nErrorCode==0) //keine Fehler
    ((CU241Dlg*)m_pwndTraeger)->OnConnect(); //OnConnect der Dialogklas
  CAsyncSocket::OnConnect(nErrorCode);
  if (nErrorCode!=0) {
    switch(nErrorCode) {
      case WSAEADDRINUSE:
        AfxMessageBox("Die angegebene Adresse wird schon benutzt.\n");
        break;
      case WSAEADDRNOTAVAIL:
        AfxMessageBox("Die angegebene Adresse ist auf der lokalen"\
                                  "Maschine nicht verfügbar.\n");
        break;
      case WSAEAFNOSUPPORT:
        AfxMessageBox("Adressen der angegebenen Kategorie können nich"\
                                  "t mit diesem Socket benutzt werden.\n");
        break;
```

```
            case WSAECONNREFUSED:
               AfxMessageBox("Das Verbindungsgesuch wurde zurückgewiesen.\n");
               break;
            case WSAEDESTADDRREQ:
               AfxMessageBox("Eine Zieladresse ist erforderlich.\n");
               break;
            case WSAEFAULT:
               AfxMessageBox("Das lpSockAddrLen Argument ist falsch.\n");
               break;
            case WSAEINVAL:
               AfxMessageBox("Der Socket ist bereits an eine Adresse gebunde"\
                             "n.\n");
               break;
            case WSAEISCONN:
               AfxMessageBox("Der Socket ist bereits verbunden.\n");
               break;
            case WSAEMFILE:
               AfxMessageBox("Keine weiteren Datei-Deskriptoren verfügbar."\
                             "\n");
               break;
            case WSAENETUNREACH:
               AfxMessageBox("Das Netzwerk kann von diesem Host derzeit nich"\
                             "t erreicht werden.\n");
               break;
            case WSAENOBUFS:
               AfxMessageBox("Es steht kein Pufferspeicher zur Verfügung. De"\
                             "r Socket kann nicht verbunden werden.\n");
               break;
            case WSAENOTCONN:
               AfxMessageBox("Der Socket ist nicht verbunden.\n");
               break;
            case WSAENOTSOCK:
               AfxMessageBox("Der Descriptor ist eine Datei, kein Socket.\n");
               break;
            case WSAETIMEDOUT:
               AfxMessageBox("Das Verbindungsgesuch überschritt die Zeit, "\
                             "ohne eine Verbindung zu etablieren.\n");
               break;
             default:
                TCHAR szFehler[256];
                wsprintf(szFehler, "Unbekannter OnConnect-Fehler: %d",
                                                             nErrorCode);
             AfxMessageBox(szFehler);
             break;
         }
         AfxMessageBox("Bitte die Anwendung schließen!");
      }
   } //CWebSocket::OnConnect
```

5. In diesem Zustand werden die Felder im Arbeitsbereich freigeschaltet, wenn die Verbindung aufgebaut werden kann. Zu diesem Zweck starten wir das Programm zweimal, zuerst als Server und dann als Client. Dabei kann nur jeweils eine Anwendung im Debug-Modus laufen. So können wir entweder den Server- oder den Client-Anteil testen.

6. Steht der Verbindungsaufbau, so können wir uns dem Senden und Empfangen der Meldungen zuwenden. Dazu haben wir eine Schaltfläche Senden vorbereitet und mit einer Ereignisfunktion versehen:

24.4 Übungen

```cpp
void CU241Dlg::OnBnClickedSenden() {
  int nLaenge;
  int nGesendet;

  UpdateData(TRUE); //Daten einlesen
  if (m_strMeldung!="") { //ist etwas zum Senden da?
    nLaenge=m_strMeldung.GetLength(); //Länge der Meldung
    //Nachricht senden
    nGesendet=m_socVerbinder.Send(LPCTSTR(m_strMeldung),nLaenge);
    if (nGesendet!=SOCKET_ERROR) { //Sendung erfolgreich?
      m_lbGesendet.AddString(m_strMeldung);//Nachricht in Gesendet-List
      UpdateData(FALSE); //alles schreiben
    }
  }
} //CU241Dlg::OnBnClickedSenden
```

Wieder ist die Fehlerbehandlung minimal, um das Wesentliche zu zeigen. Auch wird davon ausgegangen, dass die Meldungen die Paketgröße nicht überschreiten. Ansonsten müssen wir über eine `while`-Schleife den Block mehrfach versenden, wobei wir die tatsächlich übertragenen Bytes aus `nGesendet` ablesen können. Tritt kein Fehler ein, so wird die Sendung zur Kontrolle in die Sendeliste eingetragen.

Da es sich um eine Vollduplex-Verbindung handelt, können nun beide Seiten ziemlich hemmungslos senden.

7. Selbstverständlich sollten wir die ausgesandten Meldungen auch irgendwo empfangen und zur Anzeige bringen:

```cpp
void CU241Dlg::OnReceive(void) {
  char *pPuffer=new char[1025];
  int nPufferGroesse=1024;
  int nEmpfangen;
  CString strEmpfangen;

  //Meldung empfangen
  nEmpfangen=m_socVerbinder.Receive(pPuffer,nPufferGroesse);
  if (nEmpfangen!=SOCKET_ERROR) { //etwas empfangen?
    pPuffer[nEmpfangen]='\0';      //Puffer begrenzen
    strEmpfangen=pPuffer;          //in CString übertragen
    m_lbEmpfangen.AddString(strEmpfangen); //in Empfangsliste eintragen
    UpdateData(FALSE);             //alles schreiben
  }
  delete pPuffer;
} //CU241Dlg::OnReceive
```

Es wird ein Puffer angelegt und über `m_socVerbinder.Receive` gefüllt. Bei Textnachrichten können wir getrost ein abschließendes Nullzeichen anhängen und das Ganze in eine Variable vom Typ `CString` wandeln. Diese wird in die Empfangsliste eingehängt.

8. Zum Trennen der Verbindung haben wir bereits die Funktion `OnClose` aufgerufen. Sie wird auch von der Gegenstation ausgelöst:

```cpp
void CU241Dlg::OnClose(void) {
  m_socVerbinder.Close(); //zugehörigen Socket schließen
  // Steuerelemente zum Senden deaktivieren
  GetDlgItem(IDC_MELDUNG)->EnableWindow(FALSE);
  GetDlgItem(IDC_SENDEN)->EnableWindow(FALSE);
```

```
    if (m_nTyp==0) { //Client
      SchalteSteuerelemente(TRUE);
      SetDlgItemText(IDC_VERBINDEN,"&Verbinden");
    }
} //CU241Dlg::OnClose
```

Wir trennen die Socket-Verbindung, sperren die Schaltflächen des Arbeitsbereichs und geben die Schaltflächen im Steuerbereich wieder frei.

9. Wenn alles funktioniert, können wir das Programm speichern und testen. ■

➢ Aufgabe 24-1:

Bauen Sie eine Zeitschranke ein, so dass der Client nach einer vorgegebenen Wartezeit meldet, wenn er keinen Server findet. ■

Wir fangen natürlich heftig an zu experimentieren:

1 Server, 1 Client in der richtigen Reihenfolge geöffnet ergibt einen zufrieden stellenden Betrieb (**Bild 24.11**).

2 Server mit unterschiedlichen Portadressen, 1 Client abwechselnd funktioniert ohne Probleme.

1 Server, 2 Clients mit gleicher Portadresse stürzen ab.

2 Server, 2 Clients mit paarweise gleichen Adressen funktionieren ohne Probleme.

2 Server mit gleicher Portadresse, 1 Client abwechselnd funktionieren ohne Absturz aber nur mit einem Server. Der zweite wird einfach ignoriert.

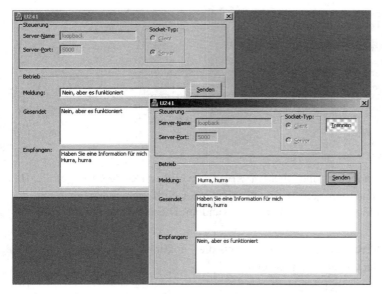

Bild 24.11: Client-/Server-Anwendung über einen Windows-Socket vom Typ `CAsyncSocket`

24.4 Übungen

➢ Aufgabe 24-2:

U252 Wie erwähnt, stürzt das Programm, genauer der Server, bei Anforderung einer zweiten Verbindung ab. Der Server versucht nämlich, die zweite Anwendung auch auf den schon belegten Socket zu schieben. Sie haben viele Möglichkeiten der Lösung: Sichern Sie den Server gegen ein zweites Verbindungsgesuch ab. Lassen Sie zwei, drei, ... n Verbindungen zu, und verteilen Sie die Verbindungsgesuche auf einen freien Socket. Lehnen Sie auch hier bei Überlast weitere Verbindungswünsche ab. ■

24.4.2 Datensauger

◇ Was will ich?

Ich will regelmäßig einige interessante Internetseiten mit bekanntem URL herunterladen. Diese sammle ich in einer Textdatei.

✪ Was habe ich?

Einen Rechner mit Internetzugang.

➲ Wie löse ich das Problem?

U243a Wir schreiben ein Programm, das beliebige, von uns vorgegebene Webseiten aus dem Internet anfordert und auf der lokalen Platte speichert. Es ist daher ein Mini-Datensauger. Das Programm ist als Ergänzung zu anderen Programmen gedacht, die solche Seiten oder ganze Sites einlesen. Oft kommt es dann zu Störungen, so dass einige Seiten fehlen. Es ist aber auch möglich, dass ein Anwender während des Surfens interessante URLs sammelt und mit dem Windows-Editor in eine Textdatei stellt. Somit gehen wir davon aus, dass eine sequenzielle Textdatei existiert, die zeilenweise URLs enthält.

☒ Unser Programm soll die URLs aus dieser Textdatei zeilenweise auslesen und die angegebenen Dateien bei den verschiedenen Servern anfordern. Der Erfolg des Saugvorgangs muss natürlich geeignet dargestellt werden. Die Darstellung der URLs und der Erfolg des Saugens erfolgt in einem Listenelement:

1. Wir legen eine dialogfeldbasierte Anwendung `U243` im Ordner `U25_Int` an. Auf der Seite `Erweiterte Features` markieren wir das Kontrollkästchen `Windows-Sockets`. Alle anderen Einstellungen lassen wir unverändert.

2. Auf der Oberfläche platzieren wir mit Hilfe des Dialogeditors ein Listenelementfeld, ein Bezeichnungsfeld und drei Schaltflächen und ein Kontrollkästchen `IDC_STOPPEN` (**Bild 24.12**). Die Tabulatorreihenfolge wählen wir so, dass die Schaltfläche `Laden` anfänglich fokussiert ist.

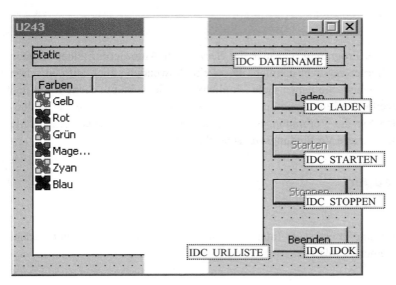

Bild 24.12: Oberflächenentwurf U243 (der mittlere Teil fehlt)

3. Die Eigenschaften der Steuerelemente legen wir folgendermaßen fest:

ID	Eigenschaft	Wert	Membervar.	Ereignis
IDC_DATEINAME	Beschriftung			
	Rahmen	True		
IDC_URLLISTE	Ansicht	Bericht	m_lcURLListe	
	Einfache Ausw.	True		
IDC_LADEN			m_bnLaden	OnBnClickedLaden
IDC_STARTEN	Deaktiviert	True	m_bnStarten	OnBnClickedStarten
IDC_STOPPEN	Deaktiviert	True	m_bnStoppen	OnBnClickedStoppen
	Wie Schaltfl.	True		
IDCANCEL	Beschriftung	Be&enden		
IDD_U243_DIALOG	Minimierfeld	True		

Wir ändern also die Ansicht der Elemente im Listenelementfeld und legen Ereignisfunktionen für alle Schaltflächen an. Das Kontrollkästchen IDC_STOPPEN wird wie eine Schaltfläche behandelt, so dass es wie ein Taster wirkt. Erst nach dem Laden einer Datei werden die anfänglich deaktivierten Schaltflächen freigegeben. Um den Dialog minimieren zu können, markieren wir die entsprechende Eigenschaft des Dialogfelds.

4. Für die weitere Verarbeitung benötigen wir einige globale Membervariablen. So ist es notwendig, die URL-Datei m_filURL über den gesamten Saugzeitraum offen zu halten. Da es sich um eine Textdatei mit einzelnen Zeilen handelt, wählen wir als Typ

24.4 Übungen

`CStdioFile`. Die Ausgabedatei `m_filAusgabe` für die gesaugten Webseiten legen wir dagegen mit `CFile` als binäre Datei an. Die Variable `m_bStoppen` zeigt an, ob der Benutzer den Saugvorgang abbrechen will. Neben der zentralen Methode `Saugen` benötigen wir zwei geschützte Variablen als Puffer und den eigentlichen Socket `m_socWeb`. Diese Variablen legen wir im Kopf der Anwendung `U243.h` an:

```cpp
// U243.h : Hauptheaderdatei für die U243-Anwendung
//

#pragma once

#ifndef __AFXWIN_H__
    #error include 'stdafx.h' before including this file for PCH
#endif

#include "resource.h"        // Hauptsymbole
#include "WSocket.h"
#include <stdio.h>
#define PUFFERGROESSE 512

// CU243App:
// Siehe U243.cpp für die Implementierung dieser Klasse
//

class CU243App : public CWinApp
{
public:
    CU243App();
    bool m_bStoppen;
    CFile m_filAusgabe;
    CStdioFile m_filURL;
    bool Saugen(void);
protected:
    char m_Puffer[PUFFERGROESSE];
    CWebSocket m_socWeb;

// Überschreibungen
    public:
    virtual BOOL InitInstance();

// Implementierung

    DECLARE_MESSAGE_MAP()
};

extern CU243App theApp;
```

5. Die für die Anwendung wichtige Methode `Saugen` wird in der Implementationsdatei `U243.cpp` definiert. Weiterhin führen wir die Initialisierung der beiden Dateien durch. Der Anwendungsassistent inkludiert die Kopfdatei und initialisiert den Socket in `InitInstance`. Dadurch sind wir in der Lage, den Socket anzusprechen. Bei dieser Gelegenheit können wir uns auch Gedanken zum Beenden der Anwendung über die Schaltfläche und die Schließikone ☒ machen:

```cpp
// CU243App-Erstellung

CU243App::CU243App()
```

```
    : m_filURL()
    , m_filAusgabe()
    , m_bStoppen(FALSE)
{
    // TODO: Hier Code zur Konstruktion einfügen
    // Alle wichtigen Initialisierungen in InitInstance positionieren
}

...

// CU243App Initialisierung

BOOL CU243App::InitInstance() {
...
    if (!AfxSocketInit()) {
        AfxMessageBox(IDP_SOCKETS_INIT_FAILED);
        return FALSE;
    }
...

    if (nResponse == IDOK)
    {
        // TODO: Fügen Sie hier Code ein, um das Schließen des
        //   Dialogfelds über OK zu steuern
    }
    else if (nResponse == IDCANCEL)
    {
        // TODO: Fügen Sie hier Code ein, um das Schließen des
        //   Dialogfelds über "Abbrechen" zu steuern
        if (theApp.m_filURL) { //Datei schließen
            theApp.m_filURL.Close();
        }
    }
...
} //CU243App::InitInstance

bool CU243App::Saugen() {
    int nPos;
    //Referenz auf das Listenelement
    CListCtrl& liste=((CU243Dlg*)m_pMainWnd)->m_lcURLListe;
    LV_ITEM ins={LVIF_TEXT,liste.GetItemCount(),0};

    CString m_Dateipfad;
    while (!m_bStoppen) {
        if (m_filURL.ReadString(m_Dateipfad)) {
            if (char* p=strstr(m_Dateipfad,"\n")) *p='\0';
            ins.pszText=m_Dateipfad.GetBuffer(m_Dateipfad.GetLength());
            nPos=liste.InsertItem(&ins);
            liste.EnsureVisible(nPos,FALSE);
            if (m_socWeb.HoleDatei(m_Dateipfad)==0) {
                liste.SetItemText(nPos,1,
                                  m_socWeb.ErzeugeDateiName(m_Dateipfad));
                return true;
            } else
                liste.SetItemText(nPos,1,"Fehler: "+m_socWeb.m_FehlerText);
        } else {
            ins.pszText="Fertig";
            nPos=liste.InsertItem(&ins);
            liste.EnsureVisible(nPos,FALSE);
            ((CU243Dlg*)m_pMainWnd)->m_bnStoppen.EnableWindow(FALSE);
```

24.4 Übungen

```
        return false;
    }
}
return false;
} //CU243App::Saugen
```

In der Funktion `Saugen()` lesen wir die URL-Datei zeilenweise ein. Die URLs werden dann an die Funktion `HoleDatei()` der Klasse `CWebSocket` übergeben, die das eigentliche Einlesen übernimmt.

Zur Ausgabe auf die Liste holen wir uns eine Referenz auf diese und schreiben den Erfolg oder Misserfolg darauf.

Ist der Saugvorgang beendet, wird die Liste mit `Fertig` abgeschlossen und das Dialogfeld in Grundzustand gebracht. Da normalerweise nicht zweimal gesaugt wird, muss erst wieder eine neue Datei geladen werden.

6. Eine zentrale Rolle in unserem Programm spielt die Klasse `CWebSocket`, die wir am Anfang dieses Kapitels bereits besprochen haben. Die Kopf- und Implementationsdatei erzeugen wir über den Klassenassistenten (**Bild 24.13**), was wir in diesem Kapitel bereits geübt haben.

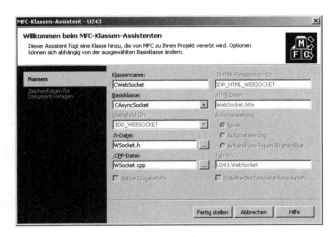

Bild 24.13: Klasse `CWebSocket` anlegen

7. In der Kopfdatei `WebSocket.h` ist es ziemlich leer, also ergänzen wir die notwendigen Deklarationen für die Variablen und Methoden. Die Überladungen für die Client-Funktionen sollten wir auf jeden Fall generieren (fett markiert). Damit sieht die Kopfdatei folgendermaßen aus:

```
#pragma once

#define BLOCKGROESSE 1024

// CWebSocket-Befehlsziel

class CWebSocket : public CAsyncSocket
{
```

```
public:
  CWebSocket();
  virtual ~CWebSocket();

  //öffentliche Methoden
  int HoleDatei(const char* pstrFileName);
  CString ErzeugeDateiName(const CString& strPfad);
  //öffentliche Variablen
  CString m_FehlerText;
  //geschützte Methoden
protected:
  void ErzeugeGetRequest(void);
  int LiesDatenVomSocket(void);
  bool VerarbeiteKopf(void);
  //geschützte Variablen
  CString m_strHostname,m_strPfad;
  UINT m_nPort;
  CString m_strRequest;
  char* m_pResHeader;
  char m_Puf[BLOCKGROESSE];

public:
  virtual void OnClose(int nErrorCode);
  virtual void OnReceive(int nErrorCode);
  virtual void OnSend(int nErrorCode);
}; //class CWebSocket
```

8. In der Implementierungsdatei `WebSocket.cpp` ergänzen wir den notwendigen Code:

```
// WSocket.cpp : Implementierungsdatei
//

#include "stdafx.h"
#include "U243.h"
#include "WSocket.h"
#include <io.h>        //für _findfirst()

#define CRLF "\x0d\x0a"
#define DEFAULT_HEADER "HTTP/1.0 200 OK\x0d\x0a"

// CWebSocket

CWebSocket::CWebSocket()
{
}

CWebSocket::~CWebSocket()
{
}

// CWebSocket-Memberfunktionen

void CWebSocket::OnClose(int nErrorCode) {
  LiesDatenVomSocket(); //restliche Daten vom Socket lesen
  if (theApp.m_filAusgabe) { //Datei schließen
    theApp.m_filAusgabe.Close();
  }
  if (m_pResHeader) { //Speicher freigeben
    free(m_pResHeader);
    m_pResHeader = NULL;
```

24.4 Übungen

```cpp
  }
  Close(); //Sockethandle freigeben
  theApp.Saugen(); //nächsten Ladevorgang beginnen
} //CWebSocket::OnClose

void CWebSocket::OnReceive(int nErrorCode) {
  if (nErrorCode==WSAENETDOWN) {
    AfxMessageBox("Netzwerkfehler!",MB_ICONSTOP);
    return;
  }
  LiesDatenVomSocket();
} //CWebSocket::OnReceive

void CWebSocket::OnSend(int nErrorCode) {
  int nBytes=Send(LPCSTR(m_strRequest),m_strRequest.GetLength());
  if (nBytes==SOCKET_ERROR) {
    if (GetLastError()==WSAEWOULDBLOCK) {
      AsyncSelect(FD_WRITE | FD_CLOSE);
    } else {
      ShutDown(both);
    }
  } else {
    if (nBytes<m_strRequest.GetLength()) {
      //Es konnte nicht alles gesandt werden
      m_strRequest=m_strRequest.Mid(nBytes);
      AsyncSelect(FD_WRITE | FD_CLOSE);
    } else {
      if (nBytes==m_strRequest.GetLength()) {
        //Alles versandt
        AsyncSelect(FD_READ | FD_CLOSE);
      }
    }
  }
} //CWebSocket::OnSend

//******************************************************************
//Zusätzliche Funktionen
//------------------------------------------------------------------
// HoleDatei
//    holte eine Datei vom Internet
// return:
//    0 Alles OK! Verbindung wurde hergestellt.
//   -1 Fehler! Netzwerksocket konnte nicht erzeugt werden.
//   -2 Fehler! Verbindung zum Server konnte nicht hergestellt werden.
//------------------------------------------------------------------
int CWebSocket::HoleDatei(const char* pstrFileName) {
  int nIdx;
  CString strTemp(pstrFileName);
  ASSERT(pstrFileName!=NULL);
  strTemp.Replace("\\","/"); //aus Sicherheitsgründen
  if ((nIdx=strTemp.Find("://"))!=-1) { //Hostname extrahieren
    strTemp=strTemp.Mid(nIdx+3);
    if ((nIdx=strTemp.Find("/"))!=-1)
      m_strHostname=strTemp.Left(nIdx);
  }
  if ((nIdx=strTemp.Find(":"))!=-1) { //Port extrahieren
    strTemp=strTemp.Mid(nIdx+1);
    if ((nIdx=strTemp.Find("/"))!=-1)
      m_nPort=atoi(strTemp.Left(nIdx));
  }
  if (m_nPort==0) m_nPort=80;
```

```cpp
    if ((nIdx=strTemp.Find("/"))!=-1) { //Pfad extrahieren
      m_strPfad=strTemp.Mid(nIdx);
    }
    if (!Create()) { //Netzwerksocket erzeugen
      m_FehlerText="Erzeugen des Netzwerksockets schlug fehl!";
      return -1;
    }
    AsyncSelect( FD_WRITE | FD_CLOSE );
    if (!Connect(m_strHostname,m_nPort)) { //Verbindung aufbauen
      if (GetLastError()!=WSAEWOULDBLOCK) {
        m_FehlerText="Verbindung konnte nicht hergestellt werden!";
        Close();
        return -2;
      }
    }
    ErzeugeGetRequest();
    return 0;
} //CWebSocket::HoleDatei

//-----------------------------------------------------------------
// ErzeugeGetRequest
//-----------------------------------------------------------------
void CWebSocket::ErzeugeGetRequest(void) {
  m_strRequest.Format("GET %s HTTP/1.0",m_strPfad);
  m_strRequest+=CRLF;
  m_strRequest+="User-Agent: Socketanwendung";
  m_strRequest+=CRLF;
  m_strRequest+="Host: " + m_strHostname;
  m_strRequest+=CRLF;
  m_strRequest+="Accept: */*";
  m_strRequest+=CRLF;
  m_strRequest+=CRLF;   // abschließende Leerzeile
} //CWebSocket::ErzeugeGetRequest

//-----------------------------------------------------------------
// ErzeugeDateiName
//-----------------------------------------------------------------
CString CWebSocket::ErzeugeDateiName(const CString& strPfad) {
  struct _finddata_t c_datei;
  CString str=strPfad.Mid(strPfad.ReverseFind('/')+1);
  CString strTemp=str;
  short i=str.ReverseFind('.');
  CString str2=str.Mid(i+1);
  str=str.Left(i);
  for (int nIdx=1;_findfirst(strTemp,&c_datei)!=-1;nIdx++)
    strTemp.Format("%s_%d.%s",str,nIdx,str2);
  return strTemp;
} //CWebSocket::ErzeugeDateiName

//-----------------------------------------------------------------
// LiesDatenVomSocket
//-----------------------------------------------------------------
int CWebSocket::LiesDatenVomSocket(void) {
  int nVerschiebung=0,nBytes;
  nBytes=Receive(m_Puf,BLOCKGROESSE); //nächsten Datenblock lesen
  if (nBytes==SOCKET_ERROR) {
    ASSERT(GetLastError()==WSAEWOULDBLOCK);
    return SOCKET_ERROR;
  }
  if (nBytes==0) {
    AsyncSelect(FD_CLOSE);
```

24.4 Übungen

```
      ShutDown(both);
      return 0;
    }
    if (m_pResHeader==NULL) { //Response-Header extrahieren
      while ((nVerschiebung<nBytes) &&
          (strncmp(m_Puf+nVerschiebung,"\x0d\x0a\x0d\x0a",4)!=0))
        nVerschiebung++;
      if (nVerschiebung<nBytes) { //Response-Header abspeichern
        nVerschiebung+=4;
        m_pResHeader=(char*) malloc(nVerschiebung+1);
        memcpy(m_pResHeader,m_Puf,nVerschiebung);
        m_pResHeader[nVerschiebung]='\0';
        //nach dem Empfangen des Headers prüfen wir, ob wir
        // die Datei überhaupt vollständig herunterladen müssen
        if (!VerarbeiteKopf()) { //Wir können die Verbindung abbrechen
          ShutDown(both);
          AsyncSelect(FD_CLOSE);
          return 0;
        }
      } else {
        //Wir haben das Ende des Headers nicht gefunden!
        // Wir simulieren einfach einen OK-Header
        m_pResHeader=_strdup(DEFAULT_HEADER);
        nVerschiebung=0;
      }
    }
    ASSERT(m_pResHeader!=NULL);
    if (nBytes-nVerschiebung>0) {
      CString name=theApp.m_filAusgabe.GetFileName();
      //Datenbytes ohne Response-Header in Datei schreiben
      if (theApp.m_filAusgabe.GetFileName().GetLength()==0)
        theApp.m_filAusgabe.Open(ErzeugeDateiName(m_strPfad),
                         CFile::modeCreate|CFile::modeWrite);
      theApp.m_filAusgabe.Write(m_Puf+nVerschiebung,
                                            nBytes-nVerschiebung);
    }
    return nBytes;
} //CWebSocket::LiesDatenVomSocket

//-----------------------------------------------------------------
// VerarbeiteKopf
//-----------------------------------------------------------------
bool CWebSocket::VerarbeiteKopf(void) {
    return true;
} //CWebSocket::VerarbeiteKopf
```

9. Die Steuerung des Programms erfolgt natürlich über den Benutzerdialog in den Dateien U243Dlg.h (die unverändert bleibt) und U243Dlg.cpp. Da wir im Listenelementfeld zwei Spalten mit den URLs und dem Erfolg des Saugens benötigen, müssen wir entsprechende Spaltenelemente in das Listenelementfeld einfügen. Dies geschieht am besten bei der Initialisierung des Dialogs:

```
// CU243Dlg Meldungshandler

BOOL CU243Dlg::OnInitDialog() {

    ...

    // TODO: Hier zusätzliche Initialisierung einfügen
    //Spalten in das Listenelement einfügen:
```

```
    RECT aRect;
    m_lcURLListe.GetClientRect(&aRect);      //Innenabmessungen holen
    LV_COLUMN Column;                                   //Spalte anlegen
    Column.mask=LVCF_FMT|LVCF_WIDTH|LVCF_TEXT;// und formatieren
    Column.fmt=LVCFMT_LEFT;
    Column.pszText="Ergebnis";                          //Spaltenkopf
    Column.cx=(aRect.right-aRect.left)>>1;              //halbe Breite
    m_lcURLListe.InsertColumn(0,&Column);    //2. Spalte
    Column.pszText="URL";
    Column.cx=(aRect.right-aRect.left)-Column.cx;//Rest
    m_lcURLListe.InsertColumn(0,&Column);    //1. Spalte
    return TRUE;  // Geben Sie TRUE zurück, außer ein Steuerelement soll
} //CU243Dlg::OnInitDialog
```

10. Mit Hilfe des Klassenassistenten generieren wir für die Schaltflächen auf der Dialogoberfläche die entsprechenden Ereignisfunktionen, die wir wie folgt programmieren:

```
void CU243Dlg::OnBnClickedLaden() {
  CFileException e;
  CFileDialog fDlg(TRUE,NULL,NULL,OFN_HIDEREADONLY,
     "Text Dateien (*.txt)|*.txt|Alle Dateien (*.*)|*.*||",this);
  if (fDlg.DoModal()==IDOK) {
    if (theApp.m_filURL.GetFileName()!="") {//alte Datei schließen:
      theApp.m_filURL.Close();
    }
    if (!theApp.m_filURL.Open(fDlg.m_ofn.lpstrFile,
                        CFile::modeRead|CFile::typeText,&e)) {
      m_bnStarten.EnableWindow(FALSE); //Datei nicht gefunden
      #ifdef _DEBUG
        afxDump <<"Datei wurde nicht geöffnet " << e.m_cause << "\n";
      #endif
      return;
    }
    m_bnStarten.EnableWindow(TRUE);
    m_bnStarten.SetFocus();
    SetDlgItemText(IDC_DATEINAME,fDlg.m_ofn.lpstrFile);
    m_lcURLListe.DeleteAllItems();
  }
} //CU243Dlg::OnBnClickedLaden

void CU243Dlg::OnBnClickedStarten() {
  theApp.m_bStoppen=false;
  if (theApp.Saugen()) {
    m_bnStarten.EnableWindow(FALSE);
    m_bnStoppen.EnableWindow(TRUE);
  } else {
    m_bnStarten.EnableWindow(TRUE);
    m_bnStoppen.EnableWindow(FALSE);
  }
} //CU243Dlg::OnBnClickedStarten

void CU243Dlg::OnBnClickedStoppen() {
  theApp.m_bStoppen=m_bnStoppen.GetCheck();
} //CU243Dlg::OnBnClickedStarten
```

In vielen Funktionen wird die Existenz des Dateinamens dazu benutzt, das Schließen bzw. Öffnen zu veranlassen. Dies verhindert einige Zusicherungsfehler.

24.4 Übungen

11. Die Ereignisfunktion `OnBnClickedStarten` ruft die zentrale Saugfunktion `theApp.Saugen()` auf, die wir bereits in Schritt 4 implementiert haben. Wir können daher die Anwendung erstellen und testen. ■

Um den Programmieraufwand gering zu halten, werden alle erfolgreichen Saugversuche am Anfang des Listenelements aufgeführt (**Bild 24.14**). Danach folgt die Meldung `Fertig`. Alle Fehlversuche (**Bild 24.15**) stehen hinter dieser Meldung. In der ersten Spalte sind die eingelesenen URLs zu erkennen. In der zweiten Spalte wird der Erfolg oder Misserfolg kommentiert. Dort steht der Name der Datei, in den die Seite übertragen wurde. Ist der Dateiname schon vorhanden, so wird ein freier Name der Form `Name_9` gesucht und die Datei dort abgelegt.

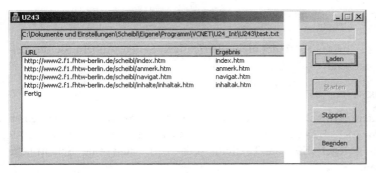

Bild 24.14: Erfolgreiche Saugvorgänge mit `U243`

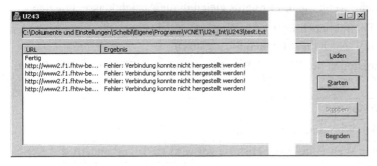

Bild 24.15: Fehlermeldungen bei fehlender Internetverbindung

U243b Eine zweite Lösung der Aufgabe mit „klassischem" Dateizugriff zeigt das Programm `U243A`.

➢ Aufgabe 24-3:

Natürlich lässt sich dieses Programm nun vielfältig erweitern. Hier nur einige Vorschläge:

1. Zeitüberwachung des Saugvorgangs, um Unterbrechungen abfangen zu können.
2. Wiederholungen für eine vorgegebene Anzahl von Versuchen.

3. Multithreading einführen.
4. URLs erfolgreicher Saugversuche in eine zweite Datei transportieren, um die Sitzung mit den nicht erfolgreichen URLs zu einem anderen Zeitpunkt zu wiederholen.
5. Anzeige des Saugvorgangs in Bytes und Prozenten. ∎

> Aufgabe 24-4:

U244 Schreiben Sie einen Internet-Browser, indem Sie die Basisklasse einer SDI-Anwendung auf `CHtmlView` einstellen und diese ohne Symbolleiste generieren.

Ändern Sie die Startseite auf eine von Ihnen gewünschte Seite:

```
void CU244View::OnInitialUpdate() {
   CHtmlView::OnInitialUpdate();
   Navigate2(_T("file://C:/Inetpub/wwwroot/public/index.htm"),NULL,NULL);
} //CU244View::OnInitialUpdate
```

Die Menüoption `Datei öffnen` findet nicht die richtigen Seiten. Ändern Sie die Zeichenfolgentabelle entsprechend:

```
U244\n\nU244\nHTML-Dateien (*.html,*.htm)|Alle Dateien (*.*)\n.html;.htm|.*
   \nU244.Document\nU244.Document
```

Ergänzen Sie eine weitere Symbolleiste zur Eingabe eines URL. Hierzu legen Sie einen neuen Dialog vom Typ `IDD_DIALOGBAR` an und benennen Sie sie in `IDD_URLBAR` um. Auf diesem Dialog legen Sie ein Textfeld `IDC_URL` und eine Schaltfläche `IDC_WECHSELNZU` an.

Wenn Sie versuchen, für die Schaltfläche eine Ereignisfunktion zu generieren, so erhalten Sie eine Fehlermeldung, da wir keine Klasse für die neue Dialogleiste angelegt haben. Sie benötigen diese auch nicht, wenn Sie das Ereignis gleich in die Ansichtklasse umleiten.

Weiterhin verfügt das Textfeld noch über keine Kopiermöglichkeiten (die entsprechenden Menüpunkte sind gegraut). Auch diese können Sie ergänzen.

Mit Hilfe folgender Funktionen der Klasse `CHtmlView` können Sie nun weitere Funktionen implementieren:

Methode	Beschreibung
`GoBack`	geht eine Web-Seite in der Historie zurück (falls vorhanden)
`GoForward`	geht eine Web-Seite in der Historie vorwärts (falls vorhanden)
`GoHome`	geht auf die festgelegte Startseite des Internet Explorers
`GoSearch`	geht auf eine Suchseite des Internets
`Navigate`	geht auf eine Web-Seite, die durch einen URL festgelegt ist
`Navigate2`	wie `Navigate`, verarbeitet aber auch Dateinamen
`Refresh`	lädt die aktuelle Seite erneut
`Stop`	unterbricht das Laden der aktuellen Seit

Setzen Sie diese Funktionen sinnvoll ein. ∎

25

Datenbankzugriff

25	Datenbankzugriff	1275
25.1	Grundlagen	1275
25.2	Datenbanken und/oder Serialisierung?	1279
25.3	Datenbankentwurf	1281
25.4	Open Database Connectivity (ODBC)	1288
25.5	DAO (Data Access Objects)	1293
25.6	ADO (ActiveX Data Objects) und ADO.NET	1294
25.7	Anwendungsbeispiele zur DAO	1307
25.8	Anwendungsbeispiele zur ADO	1318
25.9	Visual C++-Erweiterungen für ADO	1338
25.10	Verwenden der ADO-Datenbindung in VC++	1348

25 Datenbankzugriff

Sobald ein Programm etwas größer wird, arbeitet es mit einer Vielzahl von Daten, und es stellt sich die Frage, diese zu organisieren. Fast alle Datenbankanwendungen sind klein entstanden und haben sich im Laufe der Zeit weiterentwickelt. Daher ist es kein Wunder, dass heute viele Datenbankentwürfe fehlerhaft oder schlecht sind. Sollten Sie sich mit dem Gedanken tragen, eine größere Datenbankanwendung zu entwickeln, so sollten Sie mehr Wert auf den Entwurf als auf die Programmierung legen. Hier empfehle ich beispielsweise mein Buch „Datenbanken im Internet" im Hanser-Verlag. Wahrscheinlich gehören Sie aber zu den Menschen, die mit einer existenten Datenbank arbeiten müssen. Daher wollen wir uns in diesem Kapitel nur auf den Zugriff konzentrieren.

In diesem Kapitel lernen wir:

- welche Zugriffsmöglichkeiten auf Datenbanken unter Visual C++ existieren,
- welche allgemeinen Schnittstellen es zu Datenbanken unterschiedlicher Hersteller gibt,
- wie man ADO (ActiveX Data Objects) für den Zugriff auf Datenbanken nutzt.

25.1 Grundlagen

25.1.1 Microsoft Datenbankkomponenten

Im Laufe der Zeit hat Microsoft eine Reihe von Datenbankschnittstellen entwickelt, die für verschiedene Zwecke ausgelegt und mehr oder weniger einfach zu bedienen sind. Im Allgemeinen können wir unter Visual C++ entweder direkt über entsprechende API-Funktionen oder über MFC-gekapselte Methoden auf die Schnittstellen zugreifen.

Wer DAO- oder ODBC-API-Funktionen einsetzen möchte, muss entsprechende Informationen aus *DAO SDK* bzw. *ODBC SDK* entnehmen. Diese Funktionen werden wir aber nur in ganz seltenen Fällen wirklich benötigen.

Um die Begriffe in diesem Zusammenhang abzuklären, sollen sie kurz erklärt werden.

ODBC (Open Database Connectivity) ist eine Standardschnittstelle für Datenbankserver (**Bild 25.1**). Wir sehen als Anwender von dieser Schnittstelle eine einheitliche Oberfläche. Jeder Hersteller einer Datenbank stellt einen speziellen Treiber für sein DBMS zur Verfügung. ODBC wurde am Ende der 80er- und zu Beginn der 90er-Jahre entwickelt. ODBC beruht auf SQL (Standard Query Language) und ist auf die Fähigkeiten dieser Sprache beschränkt. ODBC unterstützt somit keine Klassen und Objekte.

DAO (Data Access Objects = Datenzugriffsobjekte) war die erste objektorientierte Schnittstelle, mit der Visual Basic-Programme auf die Microsoft Jet-Engine (so genanntes Jet-Datenbankmodul oder kurz Jet-Maschine) über ODBC direkt auf Access-Tabellen – und andere ODBC-fähige Datenbanken – zugreifen konnten (**Bild 25.2**). DAO eignet sich besonders für Einzelplatzanwendungen oder kleine, lokale Entwicklungen. Die DAO-Klassen können direkt auf die Jet-Engine zugreifen, sind aber auch in der Lage, über die ODBC-Schnittstelle mit fremden Datenbanken zu arbeiten.

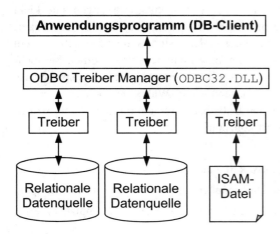

Bild 25.1: ODBC-Architektur

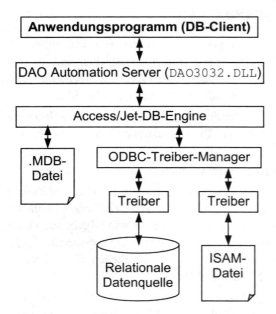

Bild 25.2: DAO-Architektur

25.1 Grundlagen

RDO (Remote Data Objects = Remote Datenobjekte) ist die zweite Entwicklung, die eine objektorientierte Schnittstelle in DAO-ähnlicher Form realisiert. Sie stellt (fast) die gesamte Leistungsfähigkeit von ODBC auf Systemebene zur Verfügung. Im praktischen Einsatz hat sich gezeigt, dass der Zugriff auf Jet- oder ISAM-Dateien (Index Sequential Access Method) nicht optimal ist.

ADO (ActiveX Data Objects) und **OLE DB** sind die neuesten Entwicklungen von Microsoft (**Bild 25.3**). Die Funktionsmerkmale von ADO 2.0+ sind denen von RDO ähnlich, so dass eine Transformation ohne großen manuellen Eingriff möglich ist. ADO bietet eine „flachere" Hierarchie als DAO bzw. RDO an. Die Anzahl der Ebenen ist zugunsten von Eigenschaften, Methoden (Argumente) und Ereignisse verkleinert worden. Darüber hinaus gibt es weitere Funktionen, die im ADO-Objektmodell nicht vorhanden sind. Ist die Struktur der Datenbank statisch, so ist die ADO-Schnittstelle die einfachste Möglichkeit des Datenbankzugriffs im Inter- und Intranet.

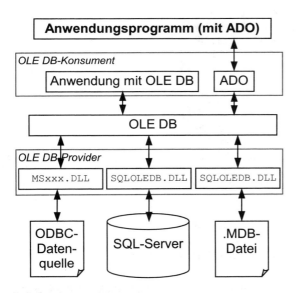

Bild 25.3: ADO/OLE DB-Architektur

ADO hat die Versionen 1.0, 1.5, 2.0, 2.1 durchlaufen. In der Version 1.0 war es noch eine Untermenge von RDO für ASP-(Active Server Pages)-Programmierer. Mit der Version 1.5 (IIS 4.0 und IE 4.0) übertraf es bereits RDO bzw. DAO. Die aktuelle Version lautet 2.7.

25.1.2 Architektur einer Microsoft-Datenbankanwendung

Die Software-Architektur von Datenbankanbindungen unter Windows ist zugegebenermaßen nicht nur für den Leser, sondern auch für den Autor verwirrend. Das **Bild 25.4** soll daher ein wenig Licht in das Dunkel bringen. Dabei wurde versucht, die zeitliche Reihenfolge der Entwicklung von links nach rechts nachzuvollziehen. Mit den Basisfunktionen der API bzw. der MFC begann alles. Die DAO (Details folgen im nächsten Kapitel) arbeitet nur mit der Jet-Engine zusammen. RDO stellt eine allgemeinere Schnittstelle zu allen ODBC-fähigen Datenbanken zur Verfügung. ADO ist die letzte Entwicklung, die sowohl über ODBC wie auch über OLE DB auf Datenbanken zugreifen kann.

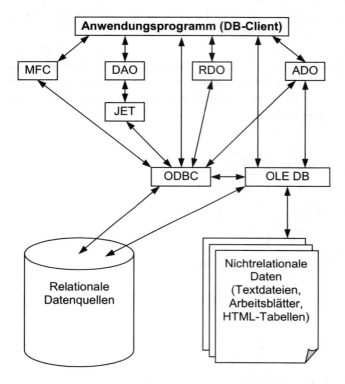

Bild 25.4: Software-Architektur des Datenbankzugriffs unter Windows

Bevor wir die einzelnen Komponenten betrachten, sollten wir einen Blick auf die Gesamtstruktur werfen (**Bild 25.5**). Wir finden zwei große – durch eine waagerechte Linie getrennte – Bereiche:

- Datenkonsumenten
- Datenlieferanten

Die eingezeichnete Linie gibt sozusagen den Verantwortungsbereich für beide Anwendergruppen wieder. Als reine Anwendungsprogrammierer gehören wir zu den Datenkonsumenten. Wir können sowohl über einen Browser wie auch eine Anwendung Kontakt zur Datenbank aufnehmen.

25.2 Datenbanken und/oder Serialisierung?

Ein Entwickler für Datenbankmanagementsysteme bzw. für allgemeine Datenhaltungssysteme entwickelt dagegen im Bild von unten nach oben, indem er ein entsprechendes System programmiert und mit einer OLE DB-Datenprovider-Schnittstelle versieht.

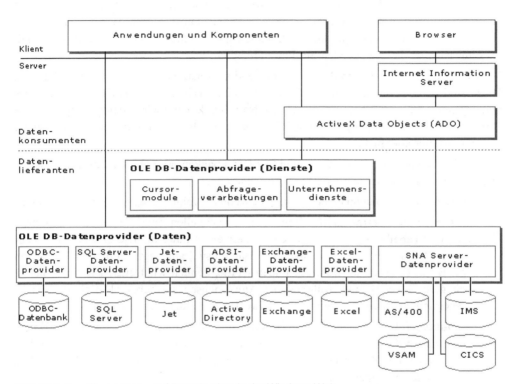

Bild 25.5: Zugriffsarchitektur auf Datenbanken in der Windows-Welt

Die Schnittstellen im Übergang (OLE DB-Datenprovider (Dienste) und ActiveX Data Objects) sind bereits von Microsoft bereitgestellt und können genutzt werden.

☞ Hinweis: Die eingezeichnete Trennlinie ist eine *logische* Trennlinie. Die physikalische Trennlinie zwischen Client und Server liegt direkt unterhalb der oberen Kästchen. Der IIS (Internet Information Server) läuft bereits auf dem Server.

25.2 Datenbanken und/oder Serialisierung?

In einer OO-Programmiersprache wie Visual C++ lernen wir bereits frühzeitig das Speichern von Objekten durch *Serialisierung*. Dieses Modell geht davon aus, dass wir die Größe und Struktur eines Objekts nicht kennen, ja nicht kennen müssen.

Denken wir nur an unser CAD-Programm, bei dem zur Programmierzeit nicht bekannt ist, welche und wie viele Zeichnungsobjekte der Benutzer später anlegt. Diese Zeichnungsobjekte sind i. A. unterschiedlich groß und in einer dynamischen Liste angelegt. Soll die Oberfläche gespeichert werden, so wird diese Meldung nacheinander (daher Serialisierung) an die verschiedenen Objekte gesandt. Diese müssen wissen, wie sie sich speichern. Bestehen sie selbst wieder aus einer Liste weiterer Objekte, so reichen sie die Meldung zuerst an diese Unterobjekte weiter, bevor sie sich selbst abspeichern. Wir finden also eine selbstähnliche (rekursive) Struktur. Das Lokalisieren einzelner Objekte ist nur durch serielles Einlesen aller davor liegenden Strukturen möglich.

Moderne Datenbanken liegen derzeit weitgehend als relationale Datenbanken (RDB) vor. Diese sind dann optimal, wenn die Datensätze einer Tabelle alle gleich lang sind. Dies widerspricht grundsätzlich dem OO-Modell. Natürlich können wir versuchen, dynamische Objekte mehr oder weniger gut in eine RDB abzulegen. Ein natürlicher und damit trivialer Vorgang ist dies aber nicht.

Neuere Entwicklungen von so genannten OO-Datenbanken oder objektrelationalen Datenbanken haben sich bisher nicht am Markt durchgesetzt.

RDBM (Relationales Datenbanken Management) bieten folgende wesentliche Merkmale:

- **indizierter Datensatzzugriff** – Benötigen wir schnellen Zugriff über ein bestimmtes Feld einer Tabelle, so legen wir für dieses Feld einen Index an. Dieser Index wird heute als B-Baum oder Varianten davon (B^+-Baum usw.) angelegt. Da diese Technik von Prof. Bayer (Universität Bonn) erfunden wurde, nennen wir Deutschen diese Bäume auch gern Bayer-Bäume, während die Angelsachsen sie lieber als Balanced Trees (ausgeglichene Bäume) bezeichnen, da ihre Tiefe in allen Pfaden gleich groß ist.
- **Datenintegrität** – Fast alle DBMS bieten heute die Möglichkeit, nicht nur die Daten, sondern auch die Feldeigenschaften und darüber hinaus Konsistenzregeln für die Daten und zwischen den Daten zu speichern. Dadurch verhindert die Datenbank selbst, falsche Daten aufzunehmen.
- **Transaktionskonzept** – Meist werden bei einem Geschäftsprozess mehrere Tabellen geändert, u. U. sogar in mehreren Datenbanken, die über die ganze Welt verteilt sind. Denken Sie nur an eine Überweisung in ein fernes Land. Eine Transaktion ist dann abgeschlossen, wenn alle beteiligten Datenbanken wieder in sich konsistent sind. Bricht dagegen die Transaktion ab, so müssen die bereits vorgenommenen Änderungen wieder zurückgenommen werden.
- **Mehrbenutzerbetrieb** – Eine Datenbank ist dazu ausgelegt, dass mehrere Benutzer quasiparallel Zugriffe auf unterschiedliche Teile der Datenbank durchführen. Kommt es zu einem Konflikt, so muss die Datenkonsistenz und das Weiterarbeiten sichergestellt werden. Die Datenbank darf sich nicht verklemmen.
- **Persistenz** – Der Benutzer geht davon aus, dass eine bestätigte Transaktion auch durch Rechnerausfall usw. nicht wieder rückgängig gemacht wird.

25.3 Datenbankentwurf

25.3.1 Theorie

Bevor wir uns in Details der Registrierung und des Zugriffs verlieren, benötigen wir eine Datenbank. Natürlich könnten wir auf eine der von Microsoft mitgelieferten Datenbanken wie `NWind.mdb` oder Ähnliches zurückgreifen. Diese ist beispielsweise in den Attributen umfangreich ausgestattet. Dort, wo es aber spannend wird, hört die beispielhafte Programmierung auf. So besitzt die Tabelle `Personal` ein Feld `Vorgesetzter`. Dieses deutet auf einen Hierarchiebaum (Stücklistenproblem) hin. Leider sind die meisten Zellen leer, d. h., in dieser Firma existieren Äonen von Mitarbeitern ohne Vorgesetzte.

Das Wesentliche an einer Datenbank ist die Existenz mindestens zweier Tabellen, die in Beziehung zueinander stehen. Alles, was darunter liegt, ist reine Dateiverarbeitung. Das ist natürlich eine wissenschaftlich angreifbare Definition, aber sie reicht für unser Modell vollständig aus.

Zwischen zwei Tabellen kann es genau 16 Beziehungstypen geben, wobei eigentlich nur zehn interessant sind, weil die anderen sechs durch Vertauschen der Tabellen in eine der vorhandenen Beziehungstypen übergehen. Ein Beziehungstyp ist binär, kann aber durch Betrachtung von jeder Seite bestimmt werden.

In unserem Beispiel einer Fachhochschule können wir folgende wahre Aussagen (Fakten) aufstellen:

1. Ein Student geht in keine oder eine Klasse (geht möglicherweise in eine Klasse).
2. Eine Klasse besteht aus keinem, einem oder vielen Studenten (besteht möglicherweise aus vielen Studenten).

Sie bemerken, dass die Möglichkeit der Vielfachheit 0 wichtig ist. Gibt es zu einem beliebigen Zeitpunkt einen Studenten, der in keine Klasse geht? Wenn es auch nur einen einzigen gibt, dann nennen wir den Beziehungstyp *konditional*. In der Literatur finden wir dies als Abkürzung `c` oder als Ziffer 0. Weiterhin ist neben der 1 die Mehrfachheit `m` wichtig. Die Zeilen einer Tabelle werden als Entitäten, Instanzen, Objekte usw. bezeichnet. Ein Student, eine Klasse usw. sind also jeweils einzelne Entitäten.

Stellen wir uns nun auf eine Klasse und betrachten ihre Beziehung zu den Studenten. Es gibt Klassen, die noch leer sind, andere haben bereits eine Vielzahl von Studierenden usw. Fassen wir alle Beziehungen zusammen, so entsteht der *Beziehungstyp* sozusagen als Minimierung und Maximierung der einzelnen Beziehungen.

Wir sprechen daher insgesamt von einem `c:mc`-Beziehungstyp (vom Studenten aus gesehen) oder von einem `mc:c`-Beziehungstyp von der Klasse aus gesehen. Diese Symmetrie erklärt die Reduktion auf zehn unterschiedliche Beziehungstypen. Wir wollen die Fälle noch einmal aufzeichnen:

	1	c	m	mc
1	~~1:1~~	1:c	1:m	1:mc
c	c:1	~~c:c~~	c:m	c:mc
m	m:1	m:c	~~m:m~~	m:mc
mc	mc:1	mc:c	mc:m	~~mc:mc~~

Insgesamt gibt es 16 Fälle, wovon acht Fälle (dick umrahmt) die Menge der hierarchischen Beziehungstypen bilden, also die Beziehungen aus der Ansicht der Menge A als Subjekt beschreiben. Vier Beziehungen (doppelt umrahmt) umfassen die beidseitig multiplen Beziehungstypen. Die restlichen vier Beziehungen sind direkte Beziehungen zwischen je zwei Entitäten, bei denen eigentlich nur die Konditionalität interessant ist. Die 1:1-Beziehung ist ja durch die Bildung des Entitätstyps selbst gegeben. Alle Attribute einer (richtig entworfenen) Entität stehen in dieser Beziehung, d. h., alle Attribute werden gleich in einem Entitätstyp zusammengefasst.

Die Matrix ist symmetrisch. Aus einer 1:m-Beziehung wird eine m:1-Beziehung, wenn wir das Diagramm einfach umgekehrt zeichnen. Da die Reihenfolge der Entitätstypen zufällig gewählt werden kann, muss die Matrix entsprechend symmetrisch sein.

Der hierarchische Beziehungstyp erlaubt uns, Konsistenzbedingungen zu berücksichtigen. Dabei stellen wir uns logisch auf eine Entitätsmenge und definieren, welchen Beziehungstyp sie zu den anderen Entitätsmengen hat. Beispiel: Ein Student geht in höchstens eine Klasse, d. h., es ist nicht von Anfang an festgelegt, in welche. Eine Klasse hat keinen oder mindestens einen Studenten, d. h., kann auch mehrere Studenten enthalten. Ein Student geht aber nur in eine vorhandene Klasse.

Einen 1:1-Beziehungstyp kann es in einem Entwurf nicht geben. Dies ist die Tabelle selbst. Warum sollten wir eine Tabelle unnötigerweise zerlegen?

Alle vier mx:mx-Beziehungstypen (x soll für nichts oder c stehen) lassen sich in einem relationalen Datenbanksystem nicht direkt darstellen. Hier wird immer eine Zwischentabelle eingeführt.

Jede Tabelle (Entitätstyp) **muss** einen *Primärschlüssel* besitzen, der dauerhaft ist. Temporäre Abfragen haben keine solchen Primärschlüssel. Sobald wir die Primärschlüssel für jede Tabelle definiert haben, gibt es einige wenige Regeln, um die Beziehungstypen technisch umzusetzen:

1. In hierarchischen Beziehungstypen wandert der Primärschlüssel der *Mastertabelle* als *Fremdschlüssel* in die *Detailtabelle*. In unserem Beispiel erhält also ein Student als Detail einer Klasse die Klassennummer als Fremdschlüssel. Erlauben wir dort leere Einträge (NULL-Werte), dann handelt es sich um einen konditionalen Beziehungstyp. Muss immer eine Klasse angegeben sein, so gibt es keine Studenten ohne eine solche Zuordnung (was im Leben eher selten vorkommt).

25.3 Datenbankentwurf

2. Bei den multiplen Beziehungstypen wird eine Zwischentabelle mit den Primärschlüsseln der beteiligten Tabellen als Fremdschlüssel angelegt. Da sie einen eigenen Primärschlüssel benötigt, fassen wir beide Fremdschlüssel zum neuen Primärschlüssel zusammen.

Wenn also der Entwurf steht, ist die Umwandlung ein Kinderspiel. Einige kleine Regeln sollten wir aber noch beachten. Es handelt sich um die so genannten Normalformen. Auch hier wollen wir auf eine wissenschaftliche Definition verzichten und es griffiger darstellen. Außerdem sind von den 5+1 Normalformen höchstens drei für uns wichtig.

> **1NF kurz gefasst**
> Die 1NF verhindert logische Feldwiederholungen in *waagerechter* Richtung einer Tabelle. Die Feldinhalte sind atomar. Die Datensätze sind alle gleich breit.

Wie erkennt der Professor schnell Entwurfsfehler in einer Klausur?

1. In einem Feld befinden sich gewollte Trennzeichen wie Komma, Semikolon, Punkt, Schrägstrich, Rückstrich (Back Slash), Leerstelle usw.
2. Mehrere Felder haben den gleichen Namen mit Indizierung.

Also, all das ist verboten!

> **2NF kurz gefasst**
> 2NF liegt vor, wenn der Primärschlüssel chaotisch ist. Ist er selbsterklärend, d. h., ist er zusammengesetzt, so darf keines der Attribute nur von einem Teil des Schlüssels abhängen. Der Schlüssel muss also *minimal* sein.

Wie erkennt der Professor schnell Entwurfsfehler in einer Klausur?

1. Notwendigerweise müssen in mindestens zwei Spalten Datenwiederholungen in senkrechter Richtung auftreten. Dabei ist eine Spalte der Primärschlüssel bzw. ein Teil des Primärschlüssels (notwendiges Kriterium).
2. Die Wiederholungen müssen voneinander abhängig sein (hinreichendes Kriterium).

> **3NF kurz gefasst**
> Ein Verstoß gegen die 3NF liegt mit hoher Wahrscheinlichkeit dann vor, wenn in einer Tabelle immer wieder Attributpaare (auch in kombinierter Form) zwischen den Nichtschlüsselattributen vorkommen.

Wie erkennt der Professor schnell Entwurfsfehler in einer Klausur?

3. Notwendigerweise müssen in mindestens zwei Spalten Datenwiederholungen in senkrechter Richtung auftreten. Beide Spalten gehören nicht zum Primärschlüssel.
4. Die Wiederholungen müssen voneinander abhängig sein (hinreichendes Kriterium).

25.3.2 Das Datenbankbeispiel

Um ein gutes Beispiel zu entwickeln, sollte es möglichst viele der angesprochenen Beziehungstypen enthalten. Die Anzahl der Attribute (Felder) ist uninteressant, wichtiger sind die verschiedenen Datentypen. Wir wollen also auf keinen Fall 37 Textfelder auf einem Formular vereinigen. Das ist die „Knochenarbeit" des wahren Lebens.

Wir stellen daher noch einige weitere wahre Fakten auf:

1. Eine Klasse hört möglicherweise mehrere Themen.
2. Ein Thema wird möglicherweise von vielen Klassen gehört.
3. Ein Professor liest möglicherweise mehrere Themen.
4. Ein Thema kann von möglicherweise vielen Professoren gelesen werden.
5. Klassen wählen nach einiger Zeit einen Studenten aus ihrer Mitte zum Klassensprecher.
6. Eine Klasse hat möglicherweise höchstens einen Klassensprecher.

Sind alle Fakten aufgestellt, so entwickeln wir die Datenbank in Access (**Bild 25.6**).

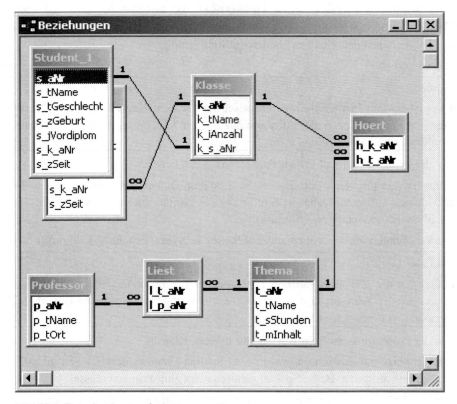

Bild 25.6: Datenbankentwurf `FH01Dat.mdb`

Die Namensvergabe ist einfach zu verstehen:

1. Jede Tabelle erhält ein eindeutiges Präfix, das mit einem Unterstrich vor das Attribut gesetzt wird (klein geschrieben), also `s_` für Student, `p_` für Professor usw.

25.3 Datenbankentwurf

2. Es folgt eine Typkennung nach den Bezeichnungen von Access, also `t` für Text, `a` für Autowert usw. (klein geschrieben).
3. Der erste große Buchstabe bestimmt den Anfang des Attributnamens. Dabei versuchen wir die Namen anzupassen, also `t_tName` statt `t_tThema`.
4. Ein Feld, das aus einer anderen Tabelle als Fremdschlüssel übernommen wird, behält seinen ursprünglichen Namen. Es wird das Tabellenpräfix davor gesetzt. `s_k_aNr` ist also die Klassennummer in der Tabelle `Student`. Er ist dort ein Autowert.

Der Entwurf ist aus folgenden Gründen ungewöhnlich:
1. Die Tabelle `Student` tritt zweimal auf. Die zweite Tabelle hat den Aliasnamen `Student_1`.
2. Es existiert eine Überkreuzbeziehung zwischen `Student` und `Klasse`. Es handelt sich um den `geht_in`- und den `ist_Klassensprecher`-Beziehungstyp.
3. In den Zwischentabellen sind zwei Felder fett (als Primärschlüssel gewählt).

Leider ist der Entwurf schön, aber falsch. Eine einfache Testabfrage `s_hoert_p` (also Student hört Professor) zeigt, dass jeder Student jedes Thema bei jedem Professor hören kann, der es liest. Kein Student wird aber so dumm sein, ein Thema beliebig oft zu hören.

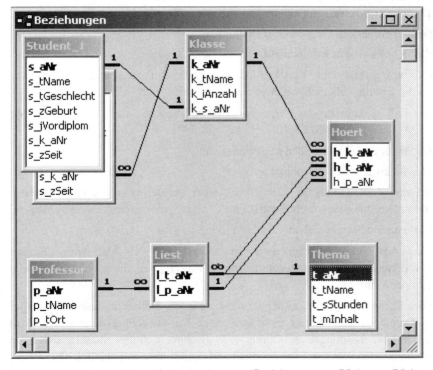

Bild 25.7: Verbesserter Entwurf ohne zwei `mx:mx`-Beziehungstypen Rücken an Rücken

An was liegt dies? Nun, zwei `mx:mx`-Beziehungstypen Rücken an Rücken (oder neudeutsch: back to back) liefern das *kartesische Produkt:* jeder mit jedem.

Also korrigieren wir unseren Entwurf zu `FH02.dat` (**Bild 25.7**).

Ein Student bzw. eine Klasse hört natürlich ein Thema bei genau einem Professor. Damit dieser das Thema auch wirklich liest, darf es keine Beziehung zum Thema mehr geben, vielmehr dürfen nur die Kombinationen Professor-Thema in `Hoert` auftauchen, die auch in `Liest` vorhanden sind.

Der Entwurf ist aus folgenden Gründen ungewöhnlich:

1. Wir finden nun eine Doppelbeziehung (zwei Linien) zwischen zwei Zwischentabellen.
2. `Hoert` setzt sich aus drei Fremdschlüsseln zusammen, aber nur zwei dienen der Primärschlüsselbildung.
3. Es gibt keine direkte Beziehung zwischen `Hoert` und `Thema`.

Im Rahmen der Sparmaßnahmen sollen nun für bestimmte Fächer mehrere Klassen zu Oberklassen, ja vielleicht zu OberOberklassen zusammengefasst werden. Sofort brennt uns die Frage auf den Lippen: Ist das ein Baum oder ein Netz? Kann also eine Klasse nur zu einer Oberklasse oder zu beliebig vielen gehören?

Der einfachere Fall ist ein Baum. Hier gehört eine Klasse höchstens zu einer Oberklasse (**Bild 25.8**). Das ist vergleichbar mit einem Ordnerbaum auf einem Datenträger.

Der Entwurf ist aus folgenden Gründen ungewöhnlich:

1. Die Tabelle `Klasse` tritt zweimal auf.
2. Die Verknüpfung erfolgt über `k_aNr` und `k_k_aNr` auf sich selbst. Dies ist etwas anderes als die Überkreuzbeziehung zwischen `Student` und `Klasse`.

Der schlimmste Fall ist natürlich das Netz. Auch dies soll unsere Datenbank erfüllen. Wir entwerfen `FH04Dat.mdb` (**Bild 25.9**).

Der Entwurf ist aus folgenden Gründen ungewöhnlich:

1. Die Tabelle `Klasse` taucht zweimal auf.
2. Es existiert eine Zwischentabelle `Ist_Teil_von`, bei der es zu Namensschwierigkeiten kommt. Hier müssen wir ein Postfix `k_k_aNrO` für die Oberklasse anhängen.
3. Die Zwischentabelle bezieht sich zweimal auf die `Klasse`.

Sie meinen nun sicher, das Beispiel sei an den Haaren herbeigezogen. Aber denken Sie nur an Bauteile, die sich zu Baugruppen zusammensetzen, Baugruppen, die wiederum Bauteile größerer Baugruppen sind.

Natürlich ist der Entwurf der Fachhochschule nicht zu Ende. Schließlich kann nicht jeder Student jedes Thema hören, wenn er nicht bestimmte Voraussetzungen mitbringt. Also wollen wir noch Vorbedingungen einführen. Alle Fachhochschulen modularisieren im europäischen Sinne. Also werden Themen zu Moduln zusammengefasst. Das sind erneut zwei netzartige Beziehungstypen.

25.3 Datenbankentwurf

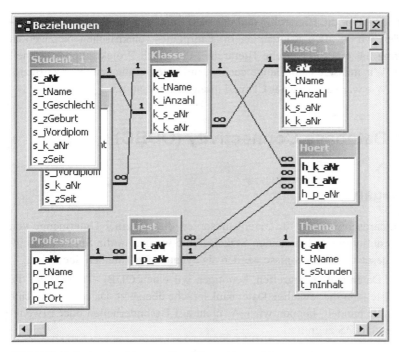

Bild 25.8: Datenbank mit baumartiger Hierarchie `FH03Dat.mdb`

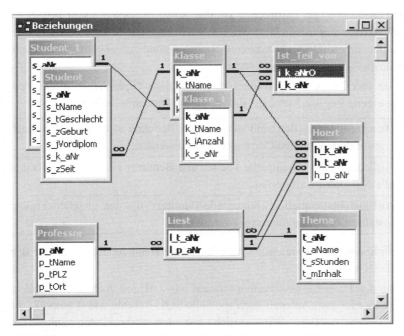

Bild 25.9: Datenbankentwurf mit vernetztem Beziehungstyp `FH04Dat.mdb`

Der multiple Beziehungstyp, die Hierarchie und das Netz sind eher die Regel als die Ausnahme. Netze finden wir in allen Routenplanern, Fahrplänen, elektrischen Netzwerken usw. Jede gute Firma hat eine ordentliche Hierarchie, die durch Projektgruppen schnell netzartig wird usw. Wir müssen schon lange suchen, um einen einfachen `x:mx`-Beziehungstyp zu finden. Wie wäre es mit einer CD und ihrem Ordnerbaum?

25.4 Open Database Connectivity (ODBC)

25.4.1 Grundlagen

ODBC ist eine Standardschnittstelle für Datenbankserver, die auf einer Untermenge von SQL basiert. Die so definierten, allgemeinen SQL-Befehle werden in die Sprache des jeweiligen DBMS umgesetzt. Die Ergebnisse werden als dynamische Tabellen übergeben.

Um auf eine fremde Datenbank zuzugreifen, benötigen wir einen ODBC-Treiber, der die beschriebene Schnittstelle in die jeweilige Datenbanksprache übersetzt. Da es sich um eine allgemeine Schnittstelle handelt, können wir i. A. nicht auf Besonderheiten oder Erweiterungen des jeweiligen DBMS zugreifen.

25.4.2 Registrierung von ODBC/OLE DB-Datenbanken

Auch wenn wir Datenbanken direkt ansprechen können, so ist es doch ein sehr bequemer Weg, die Datenbank zu registrieren. Sie lässt sich danach über einen Aliasnamen dem – so genannten Datenquellennamen (DSN Data Source Name) – ohne Angabe absoluter Pfade usw. von allen Windows-Anwendungen ansprechen.

Es werden drei Typen von ODBC-Quellen unterschieden. Diese Typen haben in den Formularen jeweils eine eigene Registerkarte, auf denen wir die Datenquelle festlegen:

Benutzer-DSN	Benutzerdatenquellen sind nur für den Benutzer sichtbar und können nur auf dem aktuellen Computer benutzt werden.
System-DSN	Auf eine Systemdatenquelle können alle Benutzer eines Computers und alle NT-Dienste zugreifen.
Datei-DSN	Auf Dateidatenquellen können alle Benutzer, die den gleichen Treiber installiert haben, gemeinsam zugreifen.

Aufgrund der Beschreibung bieten sich für lokale Tests die Benutzer-DSN und für den Einsatz die System-DSN an.

Vor der Verwendung des Datenbankassistenten müssen wir z. B. mit Access eine Datenbank angelegt haben. Es gibt zum Anlegen auch spezielle SQL-Befehle wie `CREATE`, die wir hier nicht behandeln wollen. Wir werden mit der vorbereiteten Datenbank `FH02Dat.mdb` arbeiten.

25.4 Open Database Connectivity (ODBC)

⊗ Damit wir mit einem der Programme eine Datenbank bearbeiten können, muss diese als ODBC-Datenbank angemeldet werden. Die Formulare sind in den verschiedenen Windows-Versionen recht unterschiedlich. Hierbei handelt es sich aber im Wesentlichen um Abweichungen in der Oberfläche (den Formularen) und in der Einstellung der Zugriffsrechte usw. Hier wird nur die Windows 2000-Variante dargestellt:

1. Die Anmeldung einer Datenbank erfolgt in der Systemsteuerung, die wir über das Startmenü erreichen `Start|Einstellungen|Systemsteuerung|Verwaltung`. Es erscheint das Dialogfeld für die Verwaltung (**Bild 25.10**).

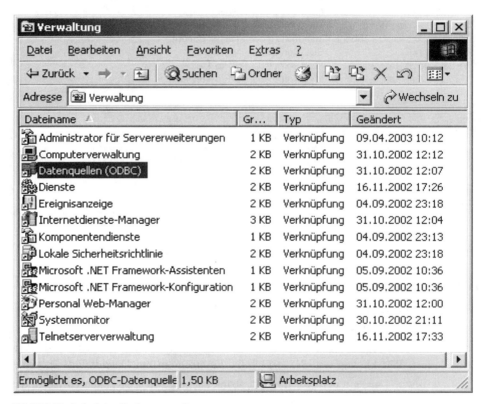

Bild 25.10: Aufruf der Systemverwaltung

2. Hier wählen wir `Datenquellen (ODBC)` aus. Es erscheint das Dialogfeld `ODBC-Datenquellen-Administrator` (**Bild 25.11**).

3. Wir erkennen die verschiedenen Registerblätter der System-DSN sowie der Datei-DSN. Je nach Zielvorstellung wählen wir Benutzer- oder System-DSN aus.

   Wir demonstrieren das weitere Vorgehen an einer benutzerbeschränkten Registrierung.

4. Auf dem Registerblatt `Benutzer-DSN` lösen wir `Hinzufügen` aus. Es erscheint das Dialogfeld `Neue Datenquelle erstellen` (**Bild 25.12**).

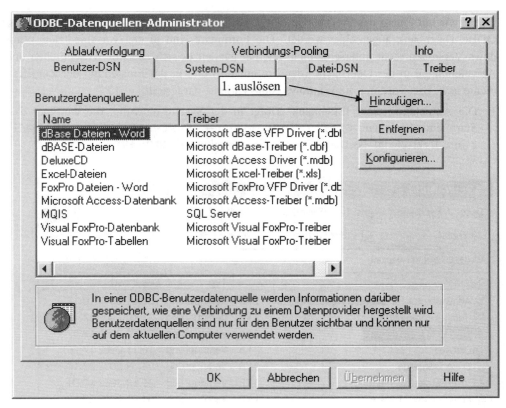

Bild 25.11: Registerblatt Benutzer-DSN im ODBC-Datenquellen-Administator

5. In der Liste markieren wir den gewünschten Treiber, hier den Access Treiber, und lösen Fertig stellen aus. Es erscheint das Dialogfeld ODBC Microsoft Access Setup (**Bild 25.13**).

   Im folgenden Dialogfeld ODBC Microsoft Access Setup legen wir die Datenbank fest. Wir klicken auf Auswählen. Es erscheint ein Dateidialog Datenbank auswählen, mit dem wir die Datenbank suchen. Mit OK kehren wir in das Setup-Dialogfeld zurück. Dort ist dann der Pfad auf die Datenbank zu finden.

   Die restlichen Felder füllen wir nach unseren Bedürfnissen aus, geben also einen Namen ein, unter dem später die Datenbank von anderen Anwendungen angesprochen wird, und ergänzen eine Beschreibung.

6. Dort können wir unter Optionen>> noch die Eigenschaften der ODBC-Schnittstelle festlegen, z. B. wie lange auf eine Antwort gewartet wird, wie groß der Datenpuffer ist und ob die Datenbank exklusiv und/oder schreibgeschützt geöffnet wird.

25.4 Open Database Connectivity (ODBC)

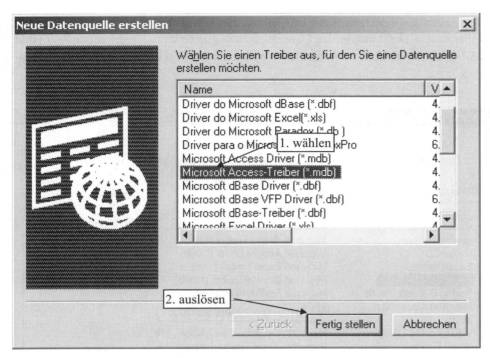

Bild 25.12: Auswahl des Treibers im Dialogfeld `Neue Datenquelle erstellen`

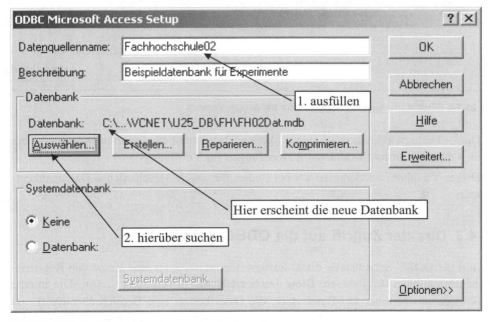

Bild 25.13: Dialogfeld `ODBC Microsoft Access Setup`

7. Wir bestätigen das Hinzufügen und kehren damit in den Administrator zurück. Dort sollte unsere Datei nun in der Liste Benutzerdatenquellen auftauchen (**Bild 25.14**). Das Dialogfeld schließen wir mit OK und kehren in die Systemsteuerung zurück.

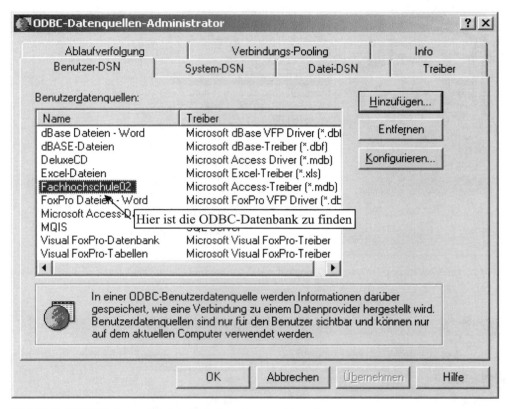

Bild 25.14: ODBC-Datenquellen-Administrator mit neuem Verweis

8. Dieses Dialogfeld können wir nun schließen. Damit steht die gewählte Datenbank über die ODBC-Schnittstelle anderen Anwendungen zur Verfügung.
9. Dieses Verfahren wiederholen wir bei Bedarf für unsere verschiedenen Datenbankentwürfe. ■

25.4.3 Direkter Zugriff auf die ODBC-Schnittstelle

Um auf die ODBC-Schnittstelle direkt zuzugreifen, müssen wir eine Reihe von Registrierungsinformationen bereitstellen. Diese Datei erhält die Erweiterung .dsn. Die interne Struktur entspricht einer INI-Datei, d. h., die Datei besitzt eine Bereichsüberschrift und eine Reihe von benannten Parametern. Diese Parameter werden nicht in die Registry geschrieben. Für den direkten Zugriff auf eine Datenbank benötigen wir daher mindestens zwei Dateien:

| `.mdb` | Access-Datenbank (als Beispiel) |
| `.dsn` | Datenquellenname |

Bei Textdateien, die wir als Tabelle einsetzen können, kommt eine weitere Datei hinzu:

| `schema.ini` | Beschreibung der Dateistruktur, um aus einer Textdatei eine Datenbanktabelle zu erzeugen. |

Um die Parameter versorgen zu können, benötigen wir den absoluten Pfad auf unsere Datenbank. Ist diese bekannt, können wir an die Programmierung der Parameterdatei gehen. Das folgende Beispiel geht davon aus, dass die Datenbank `FH02Dat.mdb` über den Pfad `C:\Dokumente und Einstellungen\Scheibl\Eigene\Programm\ VCNET\U25_DB\FH\FH02Dat.mdb` erreichbar ist. Als Namen für die Datei verwenden wir `FH02Dat.dsn`, um den Bezug zur Datenquelle herauszuarbeiten:

```
[ODBC ]
DRIVER=Microsoft Access-Treiber (*.mdb)
UID=admin
UserCommitSync=Yes
Threads=3
SafeTransactions=0
PageTimeout=5
MaxScanRows=8
MaxBufferSize=2048
FIL=MS Access
DriverId=25
DefaultDir=C:\Dokumente und Einstellungen\Scheibl\Eigene\Programm\VCNET\
   U25_DB\FH\
DBQ=C:\Dokumente und Einstellungen\Scheibl\Eigene\Programm\VCNET\U25_DB\FH\
   FH02Dat.mdb
```

Wir erkennen die Festlegung des Treibers, verschiedene Einstellwerte sowie die Angabe des Standardpfads und der Datenbank. Die meisten Werte können wir wie angegeben unverändert übernehmen.

 Warnung: Achten Sie darauf, dass die Datenbank mit der gleichen Version erstellt wurde, für die auf dem Provider-Rechner der Treiber installiert ist.

25.5 DAO (Data Access Objects)

DAO oder ADO ist unter Visual C++ .NET ziemlich widersprüchlich. Einerseits verkapselt die MFC ausschließlich die DAO (**Bild 25.15**) und besitzt noch Rudimente eines Assistenten für diese Objekte. Andererseits sagt die Hilfe eindeutig, dass ADO anstelle von DAO zu benutzen ist. Wir verzichten daher auf eine tiefergehende Betrachtung der DAO. Einige programmierte Beispiele folgen aber.

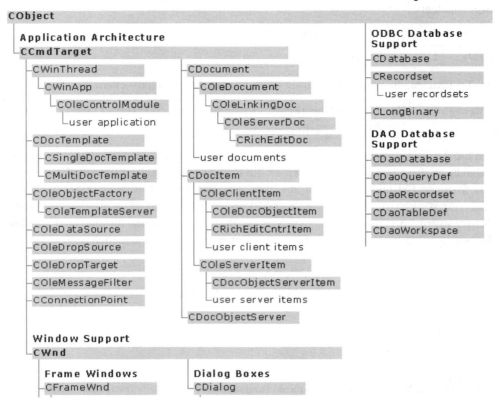

Bild 25.15: DAO-Klassen innerhalb der MFC

25.6 ADO (ActiveX Data Objects) und ADO.NET

Ist ADO auch schon wieder veraltet und durch ADO.NET überholt? Dem ist zum Glück nicht so. ADO benutzen wir bei der direkten Programmierung einer Datenquelle, während ADO.NET eine Erweiterung für die Komponentenentwicklung ist.

Da allein die Behandlung von ADO.NET wiederum ein ganzes Buch füllen kann, konzentrieren wir uns in diesem Kapitel ausschließlich auf ADO.

25.6.1 Architektur von ADO

Mit ADO kann eine Anwendung direkt auf die Datenquelle zugreifen und diese verändern (dies wird auch Zwei-Ebenen-System = Two-Tier-Architecture genannt).

25.6 ADO (ActiveX Data Objects) und ADO.NET

Greifen wir dagegen über einen Vermittler (Provider) wie den Internet Information Server (IIS) auf die Datenquelle zu, so handelt es sich um eine Drei-Ebenen-Architektur (Three-Tier-Architecture).

ADO geht von einem festen Szenario aus, das an vielen Stellen gegenüber den bisher eingesetzten Verfahren vereinfacht wurde:

1. Wir stellen immer zuerst eine Verbindung zu einer Datenquelle her.
2. Meist werden wir ein Objekt anlegen, das die SQL-Befehle aufnimmt.
3. Um diese SQL-Befehle dynamisch zu gestalten, werden wir sie über Textmanipulationen mit Hilfe von Variablen den gewünschten Aufgaben anpassen.
4. Der SQL-Befehl wird dann ausgeführt. Insbesondere die Abfragen geben eine Datensatzgruppe zurück (die wir uns als flache Tabelle vorstellen können). Für diese Datensätze muss ein Speicherobjekt bereitstehen, das (fast) beliebig viele Datensätze aufnehmen kann.
5. Bei der eigentlichen Verarbeitung werden wir uns durch die Datensätze bewegen, um sie anzuzeigen, zu verändern oder zu bearbeiten. Dazu setzen wir einen Zeiger ein.
6. Änderungen wollen wir auf die Datenbank zurückschreiben. Hierbei sollten wir das Transaktionskonzept beachten, um aus einem konsistenten Datenbestand einen neuen, wiederum konsistenten Datenbestand zu erzeugen. Bei Bedarf setzen wir im Fehlerfall wieder auf den letzten Stand zurück (Rollback).
7. Bei allen Aktionen achten wir auf die notwendige Sicherheit.

Neben den Standardverfahren stellen die ADO eine Reihe von Kurzformen zur Verfügung. So können wir auf fast alle Objekte verzichten, indem wir auf ihre Basisimplementation zurückgreifen. Dies bedeutet aber, dass eine Reihe von Einstellungen dann nicht möglich ist. Legen wir keine Objekte bestimmter Klassen an, so lassen sich deren Eigenschaften auch nicht ändern.

Den Zugriff auf eine Datenbank wickeln wir über eine *Verbindung* ab. Dies können wir uns als einen Kanal vorstellen, über den später die Daten meist in beiden Richtungen fließen. Dazu müssen auf beiden Seiten (Konsument und Lieferant) die entsprechenden Schieber geöffnet werden. Als *Provider* wird in diesem Zusammenhang allgemein die Schnittstelle bezeichnet, welche die Daten zur Verfügung stellt. Hierbei kann es sich um einen Internet-Provider oder um eine Datenbankschnittstelle usw. handeln.

Je nach Lage der Dinge benötigen wir mehr oder weniger umfangreiche Informationen, um eine solche Verbindung aufzubauen. Arbeiten wir mit einem einzigen Rechner, so ist ein erneutes Abfragen von Benutzerkennung und Passwort z. B. nicht notwendig. Ein Internet-Provider wird diese Daten aber sicher wissen wollen. Es ist daher nicht verwunderlich, dass die Anweisung zum Herstellen der Verbindung diese Informationen abfragt.

Wir können, wie bereits erwähnt, auf den expliziten Aufbau von Verbindungen verzichten und im Schnellverfahren gleich Datensatzgruppen (Recordsets) anlegen. In diesem Fall wird in einem Schritt die Verbindung hergestellt und ein Befehl darüber abgewickelt.

Meist werden wir keine festen Befehle an die Datenbank senden. Normalerweise werden die Befehle erst dynamisch aufgebaut und mit Variablen versorgt. Eine Abfrage wird z. B. vom Benutzer gesteuert. Die Eingabe eines neuen Datensatzes erfolgt über ein Formular, das der Anwender ausfüllt usw.

Dazu werden oft umfangreiche Stringmanipulationen durchgeführt, die wir aus dem eigentlichen Befehlsaufruf herausnehmen sollten. Hilfreich sind hierbei natürlich erweiterte Bearbeitungsfunktionen, die wir in einem *Befehlszeichenobjekt* vorfinden. Wir werden daher im Normalfall ein solches Objekt von einer entsprechenden Klasse ableiten.

In den meisten Anwendungsfällen liefert ein SQL-Befehl (Abfrage) eine Datensatzgruppe zurück. Zur Aufnahme dieser in Tabellenform vorliegenden Informationen eignet sich ein abgeleitetes Objekt der Klasse `Recordset`. Andererseits ist es aber durchaus möglich, auf ein solches spezialisiertes Objekt zu verzichten.

Die Komponente `ADODB` (**A**ctiveX **D**ata **O**bject **D**ata**b**ase) ist eine Zusammenstellung mehrerer Objekte (anderer Klassen), die im Vergleich zu RDO (Remote Data Objects) oder DAO (Data Access Objects) flacher (mit weniger Objekten und geringerer Hierarchie) angelegt und somit einfach zu programmieren ist. Diese Klasse (Version 1.5) ist in `C:\Programme\Gemeinsame Dateien\System\ADO\msado15.dll` zu finden.

25.6.2 Klassen-/Objektmodell von ADO

Bild 25.16 zeigt die Struktur der ADO. Wir können drei Klassen erkennen. Bei dem Bild handelt es sich nicht um eine Klassenhierarchie. Vielmehr wird die „Enthält"-Beziehung dargestellt. Die Komponente `ADODB` enthält eine Reihe von Klassen, u. a. `Connection`, `Command` und `Recordset`. Ein Objekt der Klasse `Connection` enthält wiederum eine Auflistung der Klasse `Errors`. Alle Bezeichner im Plural sind dynamische Listen von mehr oder weniger komplexen, weiteren Objekten der Klassenbezeichner im Singular. Somit besteht die Auflistung `Errors` aus Objekten des Typs `Error`.

Auch wenn wir die genannten Klassen unabhängig voneinander anlegen können, so ist in allen Fällen eine Verbindung zu einer bestehenden Datenbank notwendig.

Die Aufgaben der wichtigsten sieben Klassen und der daraus abgeleiteten Objekte lassen sich folgendermaßen charakterisieren:

Objekt	Aufgabe
`Connection`	Stellt die Verbindung zu einem SQL-Server her und verwaltet die zentralen Daten, wie z. B. Cursortyp, Verbindungszeichenfolge, Abfragezeitlimit, Verbindungszeitlimit und Standarddatenbank. Eine Instanz kann unabhängig von allen anderen Objekten erstellt werden.
`Property`	Eine Eigenschaft aus der Auflistung `Properties` des Objekts.
`Error`	Das Objekt zur Fehlerbehandlung mit erweiterten Fehlermeldungen.

25.6 ADO (ActiveX Data Objects) und ADO.NET

Objekt	Aufgabe
`Command`	Verwaltet Informationen zu einem Befehl und unterstützt so den Datenzugriff. Das Erzeugen einer Instanz setzt die Existenz eines `Connection`-Objekts voraus.
`Recordset`	Ist eine Auflistung von Datensätzen bzw. ein Datensatz selbst einer Tabelle oder Abfrage, die über einen Datensatzcursor angesprochen werden können.
`Record`	Stellt eine Zeile in einem `Recordset`, einer Datei oder einem Dateiensystem dar.
`Field`	Enthält Informationen zu den einzelnen Feldern (Spalten) eines `Recordsets`.
`Parameter`	Erlaubt den Zugriff auf die Rückgabewerte sowie die Parameter gespeicherter Prozeduren.
`Stream`	Stellt einen binären Datenstrom dar.

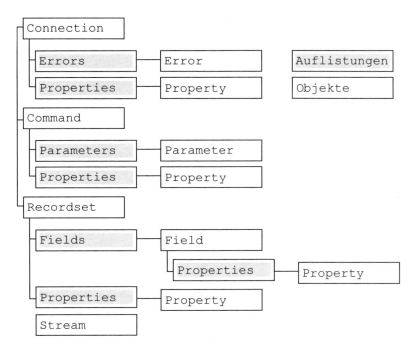

Bild 25.16: Struktur der Klassenhierarchie ADODB (Vererbungshierarchie)

Analog zur Dateiverarbeitung müssen wir eine Datenbank öffnen, die Tabelle(n) ansprechen und Aktionen ausführen. Zusätzlich zu dieser Vorgehensweise werden wir sozusagen die Datenbankverwaltung über ein `Connection`-Objekt anmelden.

Die Tabelle zeigt nur die Klassen, nicht aber deren Zusammenspiel. In den folgenden Kapiteln werden wir die einzelnen Klassen näher betrachten. Hierbei sollten wir uns aber immer das Diagramm nach **Bild 25.17** vor Augen halten, das die Verwendung zeigt.

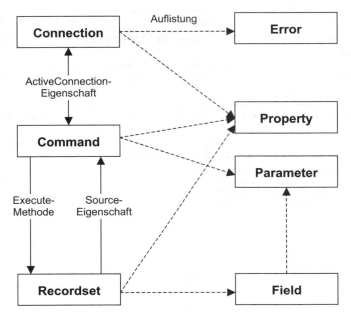

Bild 25.17: ADO-Objektmodell (Verwendungsnetz)

25.6.3 Auflistungen unter ADO

Die gerade erwähnten Auflistungen spielen eine zentrale Rolle in ADO. Wir wollen daher einen gesonderten Blick auf sie werfen. Auflistungen sind dynamisch lange, eindimensionale Vektoren (Listen), die jeweils Objekte der gleichen Klasse verwalten (typsichere Auflistungen).

Auflistung	Beschreibung
Errors	Alle Error-Objekte, die als Reaktion auf einen einzelnen Fehler in der Verbindung erstellt worden sind.
Parameters	Alle Parameter-Objekte, die mit einem Command-Objekt verbunden sind.
Fields	Alle Field-Objekte, die mit einem Recordset-Objekt verbunden sind.

25.6 ADO (ActiveX Data Objects) und ADO.NET

Auflistung	Beschreibung
`Properties`	Alle `Property`-Objekte, die mit einem `Connection`-, `Command`-, `Recordset`- oder `Field`-Objekt verbunden sind.

Es sei noch einmal darauf hingewiesen, dass die Auflistungen Hilfsobjekte sind, die eine dynamische Liste der jeweiligen eingehängten Objekte verwalten. Wir erkennen die Auflistungen am Plural-S. Alle Auflistungen verfügen über eine Reihe gleichartiger Elemente.

Die Auflistungen erben die `Count`-Eigenschaft und die `Refresh`-Methode. Alle Auflistungen fügen die (individuelle) `Item`-Eigenschaft hinzu. Die `Errors`-Auflistung fügt die `Clear`-Methode hinzu. Die `Parameters`-Auflistung erbt die Methoden `Append` und `Delete`, während die Fields-Auflistung die Methoden `Append`, `Delete` und `Update` hinzufügt.

Eigenschaften

`Count`	Gibt die Anzahl der Objekte in einer Auflistung an. Da die Indizierung der Auflistungen bei `0` beginnt, laufen unsere Schleifen bis `Count-1`.
`Item []`	Gibt einen Objektverweis (Element) zurück. Wir geben dabei den Index des Elements an. Bei einigen Auflistungen können wir auch den Namen des Elements verwenden.

Schreibende Methoden

`Append`	Hängt ein Objekt an eine Auflistung an. Diese Methode existiert nur bei Auflistungen, die wir selbst erweitern können, z. B. die `Fields`-Auflistung.
`Delete`	Löscht ein Objekt aus der Auflistung.
`Update`	Speichert die vorgenommenen Änderungen.
`Clear`	Entfernt alle Elemente einer Auflistung. Die Online-Hilfe empfiehlt z. B. die `Errors`-Auflistung vor dem Aufruf der Methoden `Recordset.Resync`, `Recordset.UpdateBatch`, `Recordset.CancelBatch` oder `Recordset.Filter` und `Connection.Open` aufzurufen, um eventuelle Warnungen zu löschen bzw. neue zu erkennen.

Lesende Methoden

`Refresh`	Aktualisiert die Objekte in einer Auflistung. Die Wirkung von `Refresh` ist dabei von der jeweiligen Auflistung abhängig.

Alle Auflistungen mit Ausnahme der Fehlerliste (also `Fields`, `Parameters`, `Properties`) besitzen die Methode:

Refresh	auflistung.**Refresh**

welche die Objekte durch eine Rückfrage an den Provider auffrischt. Logischerweise lässt sich die Fehlerauflistung nicht erneuern. Dabei unterscheidet sich das Ergebnis von Auflistung zu Auflistung:

`Fields`

Auf die Feldliste angewandt, zeigt `Refresh` kein erkennbares Ergebnis. Wir benutzen hier die Methode `Requery`, um Änderungen in der zugrunde liegenden Datenbankstruktur abzufragen (bzw. `MoveFirst`, wenn die Datensatzgruppe keine Buchzeichen (`bookmarks`) unterstützt.

`Parameters`

Mit `Refresh`, angewandt auf ein `Command`-Objekt, können wir die Parameterliste der vom Provider unterstützten gespeicherten Prozeduren oder parametrisierten Abfragen auslesen, die wir im `Command`-Objekt angeben.

`Properties`

Hiermit fragen wir die Eigenschaftsliste einiger Objekte ab, die über die eingebauten ADO-Eigenschaften hinausgehen.

Wir verarbeiten – wie angedeutet – Auflisten in Zählschleifen von `0` bis `Count-1` oder in Mengenschleifen.

25.6.4 Ereignisprozeduren unter ADO

Die Ereignisse spielen unter Windows eine zentrale Rolle. Ereignisse (Meldungen) werden von Ereignisprozeduren behandelt. ADO-Ereignisse werden in zwei Gruppen unterteilt. Die `ConnectionEvent`-Gruppe enthält die Ereignisse, die von der Verbindung ausgelöst bzw. behandelt werden:

ConnectionEvents	Beschreibung
`BeginTransComplete,` `CommitTransComplete,` `RollbackTransComplete`	Transaktionsmanagement – Meldung, dass die aktuelle Transaktion auf der Verbindung gestartet worden ist, ausgeführt oder zurückgesetzt wird.
`WillConnect,` `ConnectComplete,` `Disconnect`	Verbindungsmanagement – Meldung, dass die aktuelle Verbindung beginnen wird, gestartet oder beendet worden ist.

25.6 ADO (ActiveX Data Objects) und ADO.NET

ConnectionEvents	Beschreibung
`WillExecute, ExecuteComplete`	Befehlsausführungsmanagement – Meldung, dass die Ausführung des aktuellen Befehls auf der Verbindung gestartet oder beendet worden ist.
`InfoMessage`	Information – Meldung über zusätzliche Informationen zur aktuellen Operation.

Zur `RecordsetEvent`-Gruppe gehören die Operationen auf dem `Recordset`-Objekt.

RecordsetEvents	Beschreibung
`FetchProgress, FetchComplete`	Abfragestatus – Meldung über den Fortschritt der Datenabrufoperation oder die Beendigung der Abrufoperation.
`WillChangeField, FieldChangeComplete`	Feldänderungsmanagement – Meldung, dass sich der Wert des aktuellen Feldes ändert oder geändert hat.
`WillMove, MoveComplete, EndOfRecordset`	Navigationsmanagement – Meldung, dass sich die aktuelle Zeilenposition in einem `Recordset`-Objekt ändert, geändert hat oder das Ende des `Recordset`-Objekts erreicht wurde.
`WillChangeRecord, RecordChangeComplete`	Zeilenänderungsmanagement – Meldung, dass sich Daten in der aktuellen Zeile eines `Recordset`-Objekts ändern oder geändert haben.
`WillChangeRecordset, RecordsetChangeComplete`	Recordset-Änderungsmanagement – Meldung, dass sich Daten im aktuellen `Recordset`-Objekt ändern oder geändert haben.

25.6.5 Datenbankzugriff

Nach so viel Theorie wollen wir nun einige grundlegende Methoden für den Datenbankzugriff festlegen, wie sie in allen Datenbankanwendungen vorkommen.

Wir können den Datenbankzugriff in verschiedene Bereiche klassifizieren:

1. Vor- und Nachbereitung

   Dies sind Funktionen zum Öffnen und Schließen der Datenbank. Programmtechnisch werden dabei sowohl beim Lieferanten wie auch beim Konsumenten Informationen zur Datenbankverknüpfung in Listen eingetragen und Puffer angelegt bzw. am Ende der Sitzung wieder aufgelöst.

2. Erstellen von Datensatzgruppen

   Ist die Verbindung hergestellt, so werden wir zuerst einmal den Interessenbereich ROI (Region of Interest) bestimmen, den wir bearbeiten wollen. Hier kann es sich um eine einzelne Tabelle, eine Abfrage oder einen einzelnen Datensatz handeln.

3. Navigieren in Datensatzgruppen

   Häufig werden wir den Interessenbereich ändern, indem wir ihn entweder völlig neu aufbauen oder uns in ihm satzweise bewegen. Für Letzteres steht uns ein Datensatzcursor zur Verfügung, der sowohl ins „Nichts" wie auch auf einen aktuellen Datensatz zeigen kann. Wir bewegen ihn entweder satzweise oder in Sprüngen nach vorn oder hinten. Kommen wir dabei über die Grenzen der Datensatzgruppe hinaus, dann zeigt er z. B. ins „Nichts". Aber auch beim Löschen des aktuellen Datensatzes wird der Cursor von vielen DBMS nicht automatisch neu positioniert.

4. Suchen in Datensatzgruppen

   Das Suchen bestimmter Informationen gehört mit zu den wesentlichen Aufgaben in einer Datenbank. Bereits die Bestimmung des Interessenbereichs ist eine Filteraufgabe, die eine Art des Suchens darstellt. Diese Art des Suchens liefert i. A. eine Datensatzgruppe. Es gibt aber auch Funktionen, den Datensatzcursor aufgrund vorgegebener Suchkriterien neu zu positionieren.

5. Verändern von Datenfeldern

   Eine Datenbank ist nicht statisch. Vielmehr müssen Daten verändert, gelöscht und neu hinzugefügt werden.

6. Verwaltungsfunktionen

   Da eine Datenbank mit der Zeit „altert", müssen vielfältige Funktionen zum Komprimieren, Restaurieren, Korrigieren von Datenbanken existieren.

7. Fehlerbehandlung

   Die Fehlerbehandlung bzw. etwas vornehmer Ausnahmebehandlung dient dazu, erwartete oder unerwartete Zustände zu verarbeiten. Der weiter gefasste Ausdruck „Ausnahme" wurde deshalb gewählt, um dies deutlich zu machen. Wir unterscheiden reparable und nicht reparable Fehler. Erstere lassen sich durch Standardannahmen oder Benutzereingriffe reparieren. Letztere führen zu einem Programmabbruch.

25.6.6 ADO und COM

ADO ist ein COM-Server, d. h., unterstützt folgende Eigenschaften:

- Befindet sich in einer DLL, so dass er im Adressraum des einbindenden Prozesses läuft. Damit garantiert ein COM-Server optimale Leistung.
- Stellt eine Automatisierungsschnittstelle zur Verfügung, die von Klienten in fast allen Programmiersprachen genutzt werden kann.
- Veröffentlicht eine Typbibliothek, die von Clientanwendungen ausgelesen wird.

25.6 ADO (ActiveX Data Objects) und ADO.NET

Für den letzten Punkt stellt uns das Visual Studio ein Hilfsprogramm in Form des *OLE-Objektbetrachters* (OLE Object Viewer) zur Verfügung:

1. Wir öffnen ihn über das Studio mit E<u>x</u>tras|OLE/COM-O<u>b</u>jektkatalog (**Bild 25.18**).

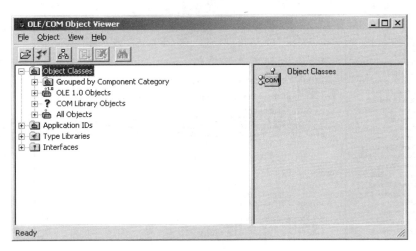

Bild 25.18: Aufruf des `OLE/COM Object Viewers`

2. Durch Auslösen des Menüpunkts <u>F</u>ile|<u>T</u>ype Lib... oder über die Ikone starten wir den `ITypeLib Viewer`. Alternativ können wir die Bibliothek auch über den Knoten `Type Libraries` suchen (**Bild 25.19**). Durch einen Doppelklick öffnet sich der `ITypeLib Viewer` direkt, und wir überspringen den nächsten Punkt elegant.

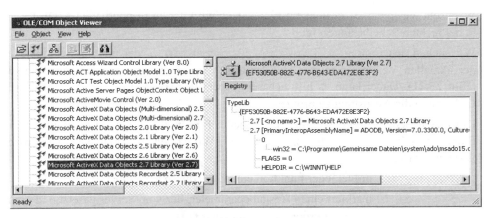

Bild 25.19: Suche der ADO-Komponente im Knoten `Type Libraries`

3. Ansonsten suchen wir die Datei `MSADO15.DLL` im Standardinstallationspfad `C:\Programme\Gemeinsame Dateien\SYSTEM\ADO` und lösen Öffnen aus. Es erscheint das gewünschte Dialogfeld `ITypeLib Viewer` (**Bild 25.20**).

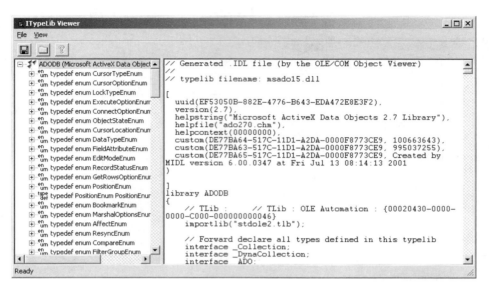

Bild 25.20: `ITypeLib Viewer` zeigt uns die Beschreibungsdatei `MSADO15.DLL`

4. Bereits auf dem Eingangsfenster erkennen wir den Namen `ADODB` der Bibliothek.
5. Die linke Fensterscheibe enthält eine Baumdarstellung der Typbibliothek, während die rechte Scheibe die Beschreibung der Schnittstelle in der Interface Definition Language (IDL) anzeigt, die der MIDL-Compiler zur Erzeugung der Typbibliothek nutzt. Es handelt sich um einen sprachunabhängigen Header mit starken C++-Ähnlichkeiten.
6. Wechseln wir in der Baumsicht ein Element, so wird der korrespondierende IDL-Code in der rechten Scheibe angezeigt.
7. Wir suchen den Eintrag `interface _Connection15`, der uns die Schnittstelle der aktuellen Version anzeigt. Diese kann sich in den folgenden Versionen ändern (**Bild 25.21**). Dabei kann es hilfreich sein, über `View|Group by type kind` Ordnung in die Auflistung zu bringen.
8. Die rechte Scheibe zeigt uns die Schnittstelle. Eine vollständige Beschreibung aller Elemente finden wir in der Hilfe zu Visual C++. Wir wollen nur einige wichtige Punkte zusammenfassen:

    `id` ordnet jeder Funktion eine Zahl, die so genannte `DISPID`, zu.

    `out` markiert einen Ausgabeparameter, der vom Server gesetzt und vom rufenden Programm genutzt wird.

25.6 ADO (ActiveX Data Objects) und ADO.NET 1305

`in` markiert einen Eingabeparameter, um Daten an den Server weiterzugeben. Der Klient ist für das Auflösen des allokierten Speichers zuständig.

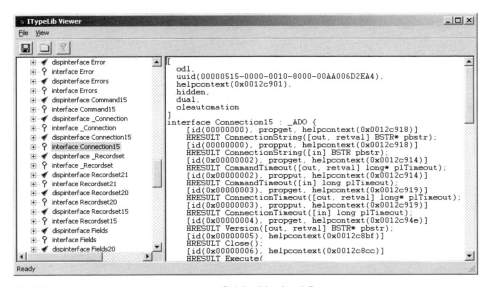

Bild 25.21: Schnittstelle des `Connection`-Objekts Version 1.5

`retval` markiert in Verbindung mit `out` ein Argument, das als Rückgabewert (Return Value) dient (alle Funktionen einer COM-Schnittstelle liefern einen Rückgabewert vom Typ `HRESULT`, so dass ein Parameter als Rückgabewert spezifiziert werden kann.

`optional` zeigt an, dass der Parameter einen `NULL`-Wert akzeptiert.

`defaultvalue` legt einen Vorgabewert für einen optionalen Parameter fest (diese Eigenschaft wird normalerweise nicht implementiert, wenn `#import` eingesetzt wird).

9. Wir expandieren nun die Ebene unterhalb von `_Connection15` und markieren `Execute` (**Bild 25.22**).

10. Die rechte Scheibe zeigt uns die Aufrufkonventionen für diese Funktion an. Diese Schnittstelle wird von der Direktive `#import` eingelesen und dient der Verpackung der Komponente in C++-Code.

11. Unmittelbar vor dem Eintrag `interface _Connection15` (bzw. in der entsprechenden Kategorie) finden wir in der linken Scheibe den Eintrag `dispinterface _Connection15`, das die Dispatch-Schnittstelle des ADO-`_Connection`-Objekts enthält. Diese Schnittstelle `IDispatch` ist die COM Schnittstelle, die eine Aufruf-(Invoke-)Funktion enthält. Programmiersprachen, die keine Zeiger unterstützen (aber zur Automation fähig sind), können Funktionen in COM-Servern durch Übergabe der

`DISPID` der gewünschten Funktion an diese Aufruffunktion aktivieren. Diese Technologie wurde ursprünglich OLE-Automation genannt. Inzwischen wird sie aber nur Automation genannt. Auch hier finden wir die Funktion `Execute` (**Bild 25.23**).

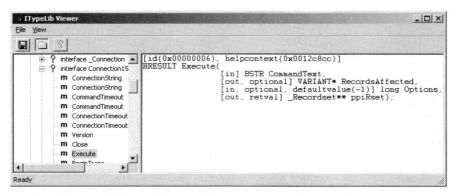

Bild 25.22: Schnittstellenbeschreibung der Funktion `Execute`

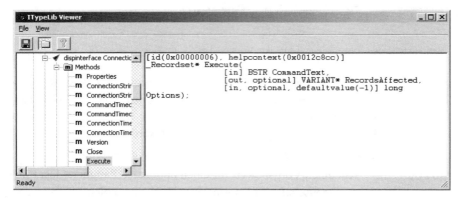

Bild 25.23: Schnittstelle `dispinterface` der Funktion `Execute`

12. Der IDL-Code der Automation-Schnittstelle ähnelt dem IDL-Code der Benutzerschnittstelle. Ein wesentlicher Unterschied besteht aber darin, dass die Automation-Funktion keinen Rückgabewert vom Typ `HRESULT` liefert. Des weiteren ist der `retval`-Parameter nicht als Rückgabewert in der Automation-Funktion vorhanden.

13. Nutzt eine Anwendung die Benutzerschnittstelle der `_Connection::Execute`-Funktion, so muss die Anwendung einen Zeiger auf einen Zeiger eines Recordsets als fünften Parameter übergeben. Die Funktion liefert dann einen Rückgabewert vom Typ `HRESULT`.

14. Verwenden wir die `#import`-Direktive, so liefert dagegen die Funktion `_Connection::Execute` einen Zeiger auf einen Recordset analog zur Automation version der Funktion.

25.7 Anwendungsbeispiele zur DAO

Da die DAO ein wenig vom Anwendungsassistenten unterstützt werden, können wir damit relativ schnell lauffähige Programme erstellen.

25.7.1 Grundprogramm

U251   In unserem ersten Beispiel wollen wir eine Tabelle beispielhaft in einem Formular bearbeiten. Wir wählen die Tabelle `Thema`.

Hierzu gehen wir in folgenden Schritten vor:

1. Über die Menüoption `Datei|Neu...` legen wir im Verzeichnis `U25_DB` (ggf. anlegen) eine neue SDI-Anwendung `U251` an. Wir schalten die Druckunterstützung ab, da ein Formular nicht zu drucken ist.

2. Auf der Seite `Datenbankunterstützung` des Anwendungsassistenten wählen wir die Optionen (**Bild 25.24**) `Datenbankansicht ohne Dateiunterstützung` und `ODBC` aus. Die Direkthilfe unterrichtet uns darüber, dass die Datenbankunterstützung nicht bei dialogfeldbasierenden Anwendungen einsetzbar ist. Weiterhin muss die Datenbank vorhanden sein, um eingebunden zu werden. Wir lösen daher die Schaltfläche `Datenquelle...` aus.

3. Es erscheint das Dialogfeld `Datenquelle auswählen` (**Bild 25.25**), in dem wir auf dem Registerblatt `Computerdatenquelle` unsere Datenbank finden und auswählen. Die Datenbank `FH01Dat.mdb` ist als System-Datenbank eingetragen.

4. Mit der Bestätigung auf `OK` öffnet sich erst einmal ein Anmeldeformular (**Bild 25.26**), in das wir bei Bedarf die Zugangsdaten eingeben.

5. Ist die Anmeldung erfolgreich, so gelangen wir direkt in die Datenbank und können aus den Tabellen wählen (**Bild 25.27**). Hier hatten wir uns für die Tabelle `Thema` entschieden.

6. Der Assistent legt die Zugangsdaten erst einmal im Klartext an, den ein geschulter Hacker auch in der übersetzten Datei finden könnte. Deshalb erfolgt ein Sicherheitshinweis (**Bild 25.28**). Die Daten sollten daher verschlüsselt an einer anderen Stelle des Programms abgelegt und bei der Verbindungsaufnahme dynamisch entschlüsselt werden. Damit der Compiler noch einmal dringlich vor dieser Gefahr warnt, existiert eine Präprozessorvariable `error`. Da in den folgenden Beispielen die gesamte Funktion entfällt, verschwindet auch dieser Hinweis.

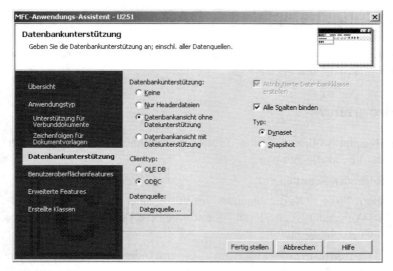

Bild 25.24: Datenbankunterstützung im Anwendungsassistenten anfordern

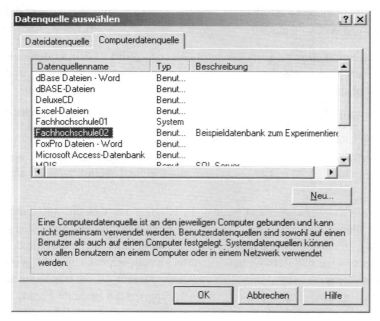

Bild 25.25: Registrierte Datenbank als Computerdatenquelle auswählen

7. Die neue Klasse ist von der Basisklasse `CRecordset` abgeleitet. Erwartet hätten wir aber `CDaoRecordset`. Die Online-Hilfe klärt uns endgültig auf:

Hinweis Ab Visual C++ .NET wird DAO von der Visual C++-Umgebung und den Assistenten nicht mehr unterstützt. (Die DAO-Klassen sind allerdings weiterhin enthalten und können ver-

25.7 Anwendungsbeispiele zur DAO

wendet werden.) Sie müssen jetzt für viele der Aufgaben, die vorher von Assistenten ausgeführt wurden, den Code manuell erstellen, z. B. für eine **DoFieldExchange**-Überschreibung oder das Erstellen von DFX in der Recordset-Klasse. Microsoft empfiehlt für neue Projekte die Verwendung von OLE DB-Vorlagen oder ODBC. DAO sollte lediglich zur Verwaltung bereits bestehender Anwendungen eingesetzt werden.

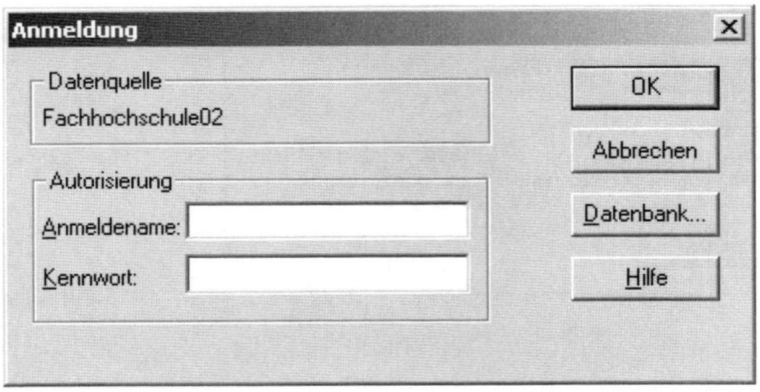

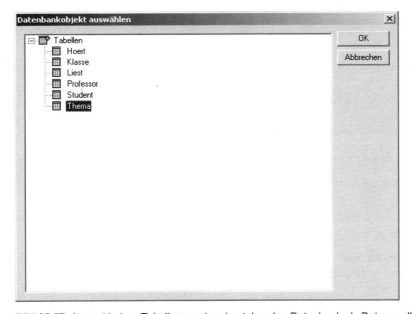

Bild 25.26: Anmeldung für den Zugang zu einer ODBC-Datenquelle

Bild 25.27: Auswahl einer Tabelle aus einer bestehenden Datenbank als Datenquelle

Das nennt man ein Begräbnis erster Klasse. Wir sollten uns danach richten und auf die ADO umsteigen, aber ein Beispiel wollen wir mit der DAO durchziehen. Daher ändern wir alle Referenzen:

```
CDatabase        →    CDaoDatabase
CFieldExchange   →    CDaoFieldExchange
```

```
RFX_          →    DFX_
CStringW      →    CString
CRecord       →    CDaoRecord
```

Die letzte Umstellung betrifft sowohl `CRecordset` als auch `CRecordView`.

Bild 25.28: Sicherheitswarnung

8. In der zentralen Kopfdatei `stdafx.h` stellen wir von ODBC auf DAO um:

```
#ifndef _AFX_NO_AFXCMN_SUPPORT
#include <afxcmn.h>  // MFC-Unterstützung für allgemeine Windows-Steuere
#endif // _AFX_NO_AFXCMN_SUPPORT

//#include <afxdb.h>       // ODBC
#include <afxdao.h>        // MFC DAO-Datenbankklassen
```

9. Eine leichte Korrektur des Konstruktors ist nötig, da die Konstanten falsch sind:

```
CU251Set::CU251Set(CDaoDatabase* pdb)
  : CDaoRecordset(pdb)
{
  m_t_aNr = 0;
  m_t_tName = _T("");
  m_t_sStunden = 0.0;
  m_t_mInhalt = _T("");
  m_nFields = 4;
  m_nDefaultType = dbOpenDynaset;
}
```

Wenn wir nun auf die Idee kommen, einzelne Felder wegzulassen, dann müssen wir auch die Anzahl `m_nFields` anpassen.

💣 Achtung: Auf keinen Fall dürfen der Primärschlüssel (oder Teile davon) und später notwendige Fremdschlüssel gelöscht werden.

10. Die Klasse `CDaoRecordset` besitzt keine Methode `GetDefaultConnect`, die wir überschreiben könnten. Stattdessen generieren wir die Überschreibung `GetDefaultDBName`. Mit anderen Worten, wir löschen die erste Methode sowohl in der Kopfdatei `U251Set.h`:

```
// Überschreibungen
  // Vom Assistenten generierte virtuelle Funktionsüberschreibungen
  public:
  //virtual CString GetDefaultConnect();   // Standard-Verbindungszeich…
  virtual CString GetDefaultDBName();  //Standard-Dateiname
```

25.7 Anwendungsbeispiele zur DAO

als auch in der Implementationsdatei `U251.cpp` und ersetzen sie durch:

```
CString CU251Set::GetDefaultDBName() {
  return _T("C:\\Dokumente und
  Einstellungen\\Scheibl\\Eigene\\Programm\\VCNET\\U25_DB\\FH\\FH02Dat.m
  db");
} //CU251Set::GetDefaultDBName
```

11. Wir können damit die Vorbereitungsarbeiten abschließen und die Anwendung generieren lassen, ■

Das Programm ist in einem übersetzungsfähigen Zustand und kann zum ersten Mal getestet werden. Es liefert aber vorerst ein leeres Formular, das in den weiteren Schritten angepasst werden muss. Auf den zweiten Blick fällt auf, dass die Symbolleiste bereits über Ikonen zum Navigieren in einer Tabelle enthält.

Natürlich fragen wir uns sofort, was die ganze Aktion gebracht hat. Im Klassenassistent finden wir eine neue Klasse `U251Set` (**Bild 25.29**). Sie enthält die Datenbankvariablen sowie eine Methode zum Datenaustausch `DoFieldExchange` und Methoden, die Standardwerte festlegen (eine haben wir gerade geändert):

```
CString CU251Set::GetDefaultDBName() {
  return _T("C:\\Dokumente und Einstellungen\\Scheibl\\Eigene\\Programm\\
  VCNET\\U25_DB\\FH\\FH02Dat.mdb");
} //CU251Set::GetDefaultDBName

CString CU251Set::GetDefaultSQL() {
  return _T("[Thema]");
} //CU251Set::GetDefaultSQL
```

Sie liefern uns den Datenbankpfad und den Namen der Tabelle.

Zum ersten Mal werden auch Datum und Uhrzeit der Codegenerierung vom Assistenten in einer Datei abgelegt.

In der Dokumentklasse finden wir eine Instanz der Klasse `m_U251Set`, so dass wir von dort auf die Datenbanktabelle zugreifen können.

Eine wichtige Rolle in der weiteren Programmierung spielt der Zeiger `m_pSet`, der beim Aufbau der Ansichtsklasse gesetzt wird:

```
void CU251View::OnInitialUpdate() {
  m_pSet = &GetDocument()->m_U251Set;
  CDaoRecordView::OnInitialUpdate();
  GetParentFrame()->RecalcLayout();
  ResizeParentToFit();
} //CU251View::OnInitialUpdate
```

Sollten Sie dabei Ähnlichkeiten mit dem Zeiger `pDoc` erkennen, so ist dieses durchaus richtig. Über diesen Zeiger greifen wir ständig auf die Datenbank zu. Die nachfolgende Anweisung `CDaoRecordView::OnInitialUpdate()` öffnet die Datenbank, wenn dies noch nicht geschehen ist, und füllt die Datensatzgruppe mit den gewünschten Daten. Dabei handelt es sich entweder um alle Datensätze einer gewählten Tabelle oder das Ergebnis einer Abfrage. Dies stellen wir in der Funktion `GetDefaultSQL` ein.

Bild 25.29: Klasse `CU251Set` für den Zugriff auf eine Datenbanktabelle/-abfrage

Damit sich unser Rahmenfenster an die vorgegebene Ansicht anpasst, sind die zwei weiteren Anweisungen hilfreich, aber nicht lebensnotwendig.

⊗ Wir können jetzt die Felder der Datenbank auf unserem Bildschirm anzeigen. Hierzu legen wir die Steuerelemente des Formulars an und mit den Spalten der Tabelle verknüpfen:

1. Wir wechseln in die Ressourcensicht und entwerfen die Oberfläche (**Bild 25.30**). Dabei verändern wir die vorgegebenen Eigenschaften entsprechend folgender Tabelle:

ID	Eigenschaft	Wert	Membervariable	Typ
IDC_T_ANR	Deaktiviert	True	m_t_aNr	long
	Tabstopp	False		
	Text ausrichten	Right		
IDC_T_TNAME			m_t_tName	CString
IDC_T_SSTUNDEN	Text ausrichten	Left	m_t_sStunden	float
IDC_T_MINHALT	Mehrfachzeile	True	m_t_mInhalt	CString
	Auto Hor. Bildlauf	True		
	Auto Vert. Bildlauf	True		
	Eingabetaste erwartet	True		

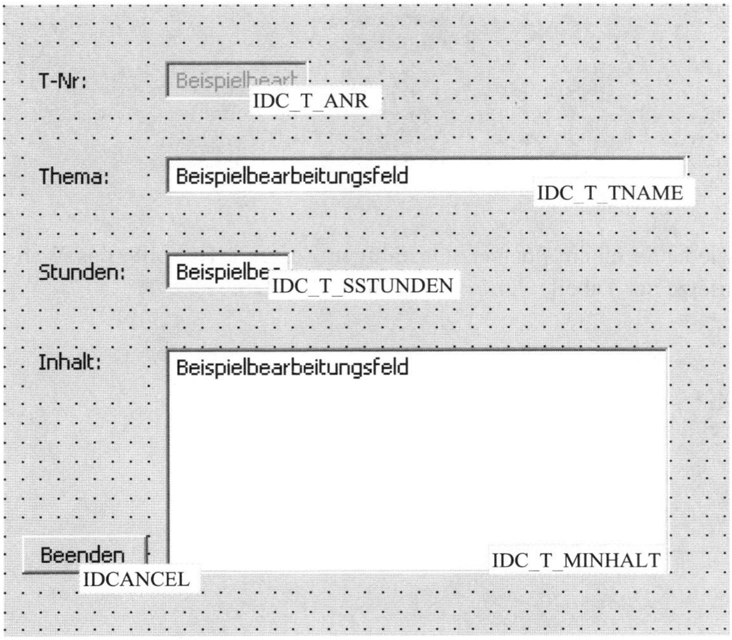

25.7 Anwendungsbeispiele zur DAO   1313

Bild 25.30: Oberflächenentwurf U251

💣 Hinweis: Ist der Primärschlüssel vom Typ `AutoWert`, dann muss er gegen Eingabe gesperrt werden!

Wenn die Bildlaufleisten nicht erscheinen, so probieren Sie es einmal ohne die Automatik. `Eingabetaste erwartet` sorgt dafür, dass die Zeilenschaltung akzeptiert wird.

Ist diese Eigenschaft `False`, können wir Zeilenschaltungen nur mit Hilfe der Kombination [Strg][↵] erzeugen.

Bei der Vergabe der Alt-Tasten achten wir darauf, dass das Menü der Anwendung bereits die Buchstaben `ABDS` belegt.

2. Wenn wir den Dialog testen, so fällt auf, dass er weder einen Rahmen noch ein Menü enthält. Er wird als rahmenloses Dialogfeld in einen Hauptrahmen gestellt.
3. Nun verknüpfen wir die Felder des Dialogs mit den Membervariablen der Datensatzgruppen-Klasse. Die Plausibilitätsregeln müssen wir ebenfalls programmieren:

```
void CU251View::DoDataExchange(CDataExchange* pDX) {
    CDaoRecordView::DoDataExchange(pDX);
    //Sie können hier DDX_Field*-Funktionen einfügen, um die Steuerele-
    // mente mit den Datenbankfeldern zu verbinden:
    // DDX_FieldText(pDX, IDC_MYEDITBOX, m_pSet->m_szColumn1, m_pSet);
    // DDX_FieldCheck(pDX, IDC_MYCHECKBOX, m_pSet->m_bColumn2, m_pSet);
    // Weitere Informationen finden Sie in den MSDN- und ODBC-Beispielen.
    //DDX_Text(pDX, IDC_T_ANR, m_t_aNr);
    //DDX_Text(pDX, IDC_T_TTHEMA, m_t_tName);
```

```
    //DDX_Text(pDX, IDC_T_SSTUNDEN, m_t_sStunden);
    //DDX_Text(pDX, IDC_T_MINHALT, m_t_mInhalt);
    DDX_FieldText(pDX, IDC_T_ANR, m_pSet->m_t_aNr, m_pSet);
    DDX_FieldText(pDX, IDC_T_MINHALT, m_pSet->m_t_mInhalt, m_pSet);
    DDX_FieldText(pDX, IDC_T_SSTUNDEN, m_pSet->m_t_sStunden, m_pSet);
    DDV_MinMaxFloat(pDX, m_pSet->m_t_sStunden, 0.f, 1024.f);
    DDX_FieldText(pDX, IDC_T_TNAME, m_pSet->m_t_tName, m_pSet);
    DDV_MaxChars(pDX, m_pSet->m_t_tName, 50);
} //CU251View::DoDataExchange
```

4. Das Programm ist wieder in einem übersetzungsfähigen Zustand. Es sollte das Wandern durch die Datensätze der Tabelle Thema erlauben (**Bild 25.31**). ■

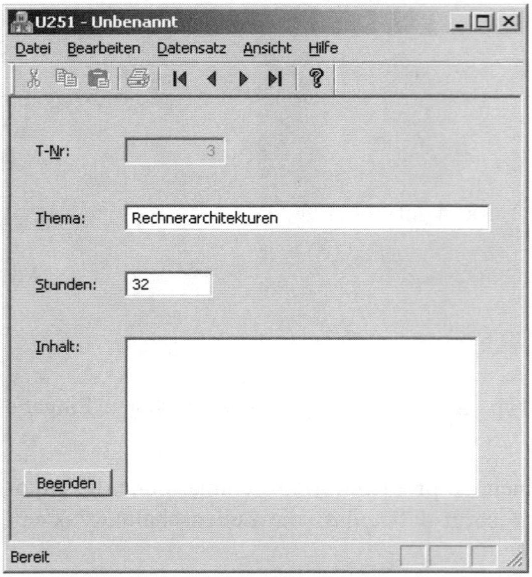

Bild 25.31: Direkter Datenbankzugriff über eine DAO-Anwendung

Wir testen nun dieses Programm intensiv. Wir können durch die Datensätze navigieren, wobei die Sortierung nach der Nummer geschieht. Natürlich fragen wir uns, ob eine Umstellung der Sortierung wie beim ODBC-Zugriff möglich ist.

Wir führen Änderungen an den Feldern aus und stellen fest, dass diese automatisch gespeichert werden. Wir müssen also im Gegensatz zum ODBC-Zugriff das Schreiben der Änderungen nicht selbst vornehmen.

25.7.2 Sortierung

Die folgenden Programme sind als Ergänzungen und Anregungen gedacht. Sie werden daher nur knapp erläutert.

25.7 Anwendungsbeispiele zur DAO

☞ Hinweis: Die folgenden Sortier- und Filtermechanismen funktionieren nur bei Datensatzgruppen, die als `Dynaset` geöffnet werden. Datensatzgruppen vom Typ `Table` können nur über ihren Index angesprochen werden.

U252 Das Programm hat eine Kontrollkästchen (auf Wunsch auch als Taster auszulegen) `Sortiert`, mit dem die Reihenfolge der Datensätze von der internen Nummerierung auf alphabetische Sortierung umgestellt werden kann. Das Herzstück ist die Ereignisfunktion:

```
void CU252View::OnBnClickedSort() {
  m_pSet=&GetDocument()->m_U252Set; //Zeiger auf die Datensatzgruppe
  //UpdateData(TRUE); //Daten einlesen
  m_bSortiert=((CButton*)GetDlgItem(IDC_SORT))->GetCheck();
  if (m_bSortiert==1) { //soll sortiert werden?
    m_pSet->m_strSort="t_tName";
  } else {
    m_pSet->m_strSort="";
  }
  try {
      m_pSet->Requery();; //neue Abfrage
  } catch(CDaoException* e) {
    AfxMessageBox(e->m_pErrorInfo->m_strDescription,MB_ICONEXCLAMATION);
    e->Delete();
    return;
  }
  UpdateData(FALSE); //eine Möglichkeit den DB-Zeiger neu zu positionieren
} //CU252View::OnBnClickedSort
```

Sie benutzt eine der beiden Membervariablen `m_strSort` und `m_strFilter` der Klasse `CDaoRecordset`.

Leider funktioniert das Programm nicht, da das anschließende Navigieren zu einer Fehlermeldung führt. Die Oberfläche verliert ihren Datenbankzeiger durch das `Requery`.

➤ Aufgabe 25-1: Positionierung

Welche Möglichkeiten gibt es, um die verlorene Positionierung wiederherzustellen? ∎

💣 Achtung: Wird die Datensatzgruppe in irgendeiner Form verändert, so muss die Anzeige aufgefrischt werden, um Fehler zu vermeiden.

➤ Aufgabe 25-2: Positionierung

In einer einfachen Variante wird nach der Sortierung der erste Datensatz (mit alphabetisch erstem Thema) angezeigt. Wie können Sie nun die Anzeige wieder auf den aktuellen Datensatz setzen? ∎

25.7.3 Filterung

U253 Wie wir gesehen haben, gibt es noch eine weitere Membervariable `m_strFilter`. Auch diese wollen wir nutzen.

Da ein Filter vom Benutzer eingegeben wird, muss dieser das Ende der Eingabe signalisieren. Wir müssen davon ausgehen, dass die Eingabe fehlerhaft ist, und bei Bedarf das Filter zurücksetzen (**Bild 25.32**).

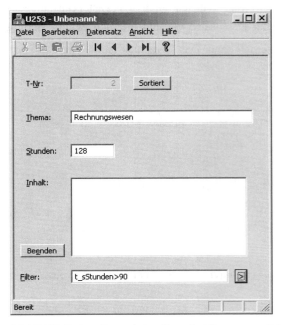

Bild 25.32: Datensätze werden über ein Filter ausgewählt

Probieren Sie folgende Eingaben aus:

```
t_sStunden>90
t_tName LIKE 'D*'
```

Das mag ja für eine Demo-Anwendung gehen. Aber vorher sollten Ihre Anwender SQL lernen. Denn es handelt sich tatsächlich um den Zusatz der WHERE-Klausel.

☞ Hinweis: `m_strFilter` funktioniert nur, wenn der SQL-Befehl selbst keine WHERE-Klausel besitzt.

Da die Eingabe des Filters in dieser Form Kenntnisse der Datenbankstruktur und der SQL-Syntax voraussetzt, ist sie sehr fehleranfällig. Wir müssen also konservativ programmieren und einen solchen Fehler erwarten. In diesem Fall setzen wir den Filter wieder zurück.

Zwar wird der Filter in **Bild 25.32** richtig erkannt. Sicherer ist es aber, die Bedingung so:

```
[t_sStunden]>90
```

zu formulieren, also mit den eckigen Klammern zur Kennzeichnung von Datenbankfeldern.

25.7.4 Neueingeben und Löschen von Datensätzen

Unsere Anwendung kann Datensätze darstellen und Änderungen entgegennehmen. Wir können aber noch keine neuen Datensätze anlegen oder bestehende Datensätze löschen.

Grundsätzlich können wir beim Neueingeben aus einer Reihe von Verfahren wählen:

- Überschreitet der Benutzer beim Navigieren das Ende der Datensatzgruppe, so wird ein neuer Datensatz angelegt, wie es unter Access üblich ist.
- Das Neueingeben wird mit Hilfe von Menüpunkten und/oder Schaltflächen realisiert.

Wir wählen hier die zweite Möglichkeit, wobei wir wissen, dass wir dazu mehrere Aufgaben realisieren müssen:

- Abfragen eines neuen Primärschlüssels (automatisch oder benutzerdefiniert)
- Löschen der Felder (wobei dies in manchen Fällen unerwünscht ist)
- Entgegennahme der Benutzereingabe
- Schreiben des neuen Datensatzes in die Datenbank

Bevor wir aber mit der Programmierung beginnen, sollten wir wissen, was das generierte Programmgerüst, d. h., die Klassen bzw. deren Vorgängerklassen, bereits erledigen.

Die Basisklasse `CRecordView` unseres Formulars erledigt folgende Funktionen automatisch:

- Ist der aktuelle Datensatz verändert, so wird dieser auf die Datenbank zurückgeschrieben. Hierzu läuft folgender Mechanismus ab:
  - `CRecordView` ruft die Methode `Edit` der Datensatzgruppe auf und sperrt damit den Datensatz (Näheres folgt gleich)
  - `CRecordView` ruft `UpdateData` auf. Dies ist eine von `CFormView` geerbte Methode, welche die Oberflächenwerte in die Membervariablen der Ansicht transportiert
  - `CRecordView` ruft dann die Methode `Update` der Datensatzgruppe auf, welche die Werte in die Datenbank schreibt
- Bei jedem Satzwechsel wird der neue Datensatz eingelesen und dargestellt.
- Es ist *keine* Standardimplementierung zum Hinzufügen neuer Datensätze vorgesehen. Dies hängt z. B. damit zusammen, dass es Tabellen mit automatisch hochgezählten Primärschlüsseln (`Autowert`), frei vergebbaren Primärschlüsseln, zusammengesetzten Primärschlüsseln usw. gibt. Für jede Variante muss eine angepasste Lösung erstellt werden. Diese folgt bis auf den ersten Schritt dem Ändern eines vorhandenen Datensatzes:
  - Durch den Aufruf von `AddNew` der Datensatzgruppe legen wir einen (fast) leeren Datensatz an. Bei Tabellen mit automatischem Primärschlüssel wird der Datenbankzähler dabei erhöht
  - Ist der neue, leere Datensatz vorhanden, so wird dieser wie ein zu ändernder Datensatz behandelt

- Das Löschen eines Datensatzes ist recht einfach über die Methode `Delete` der Datensatzansicht möglich. Es gibt aber an dieser Stelle einige Probleme:
  - Ist der Datensatz in der Datenbank über eine referenzielle Integrität einer oder mehrerer Beziehungstypen als Mastersatz von weiteren Detailsätzen geschützt, so wird er vom DBMS nicht gelöscht. Das DBMS wird einen solchen Datensatz nicht löschen und eine Ausnahme auslösen.
  - Mit dem Löschen des Datensatzes verlieren wir die Position des Tabellenzeigers. Der Zeiger muss neu gesetzt werden, primitiv auf den Anfang, benutzerfreundlich auf den nächsten Datensatz in der Sortierreihenfolge (wenn dieser existiert).

Das ergänzte Menü enthält eine Reihe weiterer Funktionen (**Bild 25.33**).

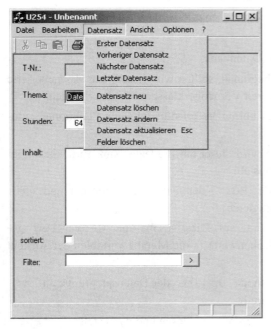

Bild 25.33: Ergänztes Menü zur Datensatz-Verwaltung

25.8 Anwendungsbeispiele zur ADO

25.8.1 Grundprogramm

ADO ist mit Hilfe von COM-Schnittstellen (Component Object Model) implementiert. Allerdings ist für Programmierer die Handhabung von COM mit einigen Programmiersprachen einfacher als mit anderen Sprachen. Beispielsweise werden in Visual Basic fast

25.8 Anwendungsbeispiele zur ADO

alle Details der COM-Programmierung implizit behandelt, während Visual C++-Programmierer sich um jedes dieser Details selbst kümmern müssen.

Wir werden uns daher in den folgenden Kapiteln mit den Details der COM-Programmierung beschäftigen. Dabei werden wir COM-spezifische Datentypen (`Variant`, `BSTR` und `SafeArray`) und die Fehlerbehandlung (`_com_error`) kennen lernen.

25.8.2 Verwenden der #import-Compilerdirektive

Die `#import`-Compilerdirektive von Visual C++ vereinfacht das Arbeiten mit den Methoden und Eigenschaften von ADO. Die Direktive übernimmt den Namen einer Datei, die eine Typbibliothek enthält, beispielsweise die ADO-DLL (`MSADO15.dll`), und generiert Headerdateien, die `typedef`-Deklarationen enthalten. Diese Deklarationen werden auch als *intelligente Zeiger* für Schnittstellen und Aufzählungskonstanten bezeichnet. Jede Schnittstelle ist in eine Klasse eingeschlossen. Wir können diesen Vorgang als Visual C++-konforme Verpackung der ADO interpretieren.

Nutzen wir diese Direktive später in unseren Programmen in der Form:

```
#import "c:\Programme\Gemeinsame Dateien\System\ADO\msado15.dll" \
        no_namespace rename("EOF", "EndOfFile")
```

dann finden wir im Debug- oder Release-Ordner zwei neue Dateien:

```
msado15.tlh
msado15.tli
```

Es sind Kopf- und Interface-Dateien einer Typenbibliothek (Type Library), die wir uns im Klartext anschauen können.

Somit existieren für jedes Element einer Klasse (Methode bzw. Eigenschaft) zwei Deklarationen: ein Original zum direkten Aufruf und eine Rohoperation, um bei Bedarf einen COM-Fehler auszulösen, falls die Operation fehlschlägt. Ist die Operation (das Element) eine Eigenschaft, so gibt es im Allgemeinen eine Visual Basic ähnliche Anweisung, um auf die Eigenschaft zuzugreifen.

Die Namen von Operationen, die den Wert einer Eigenschaft abrufen, haben die Form **Get**Property. Operationen, die den Wert einer Eigenschaft festlegen, haben Namen in der Form **Put**Property. Benutzen sie dabei einen Zeiger auf ein ADO-Objekt, haben sie einen Namen der Form **Put**RefProperty. Genau diese Namenskonventionen haben wir bereits im Kapitel ↻ «ActiveX-Steuerelemente» in der Verpackungsklasse (Wrapper Class) kennen gelernt.

Der Wert einer Eigenschaft kann mit Hilfe von Aufrufen der folgenden Art festgelegt oder abgerufen werden:

```
variable = objectPtr->GetProperty();   //Eigenschaftswert abrufen
objectPtr->PutProperty(value);         //Eigenschaftswert festlegen
objectPtr->PutRefProperty(&value);     //Eigenschaft mit Objektzeiger festleg.
```

U255 Wir wollen das Importieren der ADO-Komponente gleich einmal mit einem einfachen Konsolenprogramm ausprobieren. Dabei können wir die verschiedenen Möglichkeiten des Verbindungsaufbaus testen.

☒ Hierzu gehen wir in folgenden Schritten vor:

1. Wir legen ein `Win32-Projekt` an und wählen auf der Seite Anwendungseinstellungen die Option Konsolenanwendung.

2. Das Programm ändern wir wie folgt:

```
// U255.cpp : Definiert den Einstiegspunkt für die Konsolenanwendung.
//
//Beispiel für die ConnectionString-, ConnectionTimeout- und State-
// Eigenschaften (VC++)
//Dieses Beispiel zeigt, wie wir ein Connection-Objekt mit der
// ConnectionString-Eigenschaft auf unterschiedliche Art öffnen können.
// Darüber hinaus wird die ConnectionTimeout-Eigenschaft verwendet, um
// ein Zeitlimit für eine Verbindung festzulegen, und die State-Eigen-
// schaft, um den Status der Verbindungen zu überprüfen.
//Zum Ausführen dieser Prozedur ist die GibStatus-Funktion
  erforderlich.

#include "stdafx.h"

#import "C:\Programme\Gemeinsame Dateien\SYSTEM\ADO\MSADO15.DLL" \
        no_namespace rename("EOF", "EndOfFile")
```

Durch diese Anweisung wird die Komponente `ADODB` geladen.

```
/*hinter der Festlegung eines Namensraums definieren*/

//es sollte immer nur ein Eintrag aktiv sein
#define DIREKT    //direktes Öffnen ohne Registrierung
//#define MITDNS1 //Registrierung der DB notwendig, Syntaxvariante 1
//#define MITDNS2 //Registrierung der DB notwendig, Syntaxvariante 2
```

Mit Hilfe dieser Konstanten können wir verschiedene Öffnungstechniken auswählen.

```
#define DSNNAME "Fachhochschule02"
//#define DBNAME "C:\\Dokumente und
  Einstellungen\\Scheibl\\Eigene\\Programm\\VCNET\\U25_DB\\FH\\FH01Dat.m
  db"
#define DBNAME "..\\FH\\FH01Dat.mdb"
```

Dies sind Konstanten für den DNS oder den direkten Zugriff. Der Pfad wird bei Ihnen sicher ein anderer sein, aber vielleicht hilft die relative Pfadangabe.

```
#include <ole2.h>
#include <stdio.h>
#include <conio.h>
```

Damit werden die notwendigen Kopfdateien geladen.

```
//Funktionsdeklarationen
inline void TESTHR(HRESULT x) {if FAILED(x) _com_issue_error(x);};
void OeffneVerbindung();
```

25.8 Anwendungsbeispiele zur ADO

```
_bstr_t GibStatus(int nStatus);
void ZeigeProviderFehler(_ConnectionPtr pobjCn);
void ZeigeCOMFehler(_com_error &e);
```

Die Prototypen der verschiedenen Funktionen benutzen die erwähnten Datentypen.

```
int _tmain(int argc, _TCHAR* argv[]) {
  if(FAILED(::CoInitialize(NULL)))
    return -1;
  OeffneVerbindung(); //die Arbeitsfunktion
  ::CoUninitialize();
  return 0;
} //_tmain
```

Das Hauptprogramm initialisiert zuerst die COM-Umgebung mit Hilfe der Funktion CoInitialize(NULL). Danach können wir ActiveX-Objekte aufrufen. Wenn Sie diese Initialisierung auslassen, können Sie einen schönen COM-Fehler beim Aufruf des ersten Objekts provozieren. Nach der Hauptverarbeitung sollte man die COM-Umgebung wieder schließen.

```
void OeffneVerbindung() {
//Wir befinden uns im ADODB::-Namespace
  _ConnectionPtr pobjCn=NULL; //Zeiger auf Connection-Objekt

  //Hilfsvariablen
  HRESULT hr=S_OK;
  char strCn[255];

  try {
    TESTHR(pobjCn.CreateInstance(__uuidof(Connection)));
    pobjCn->ConnectionTimeout=30; //Parameter setzen

    #ifdef DIREKT //über ADO
    //direktes Öffnen einer Datenquelle
    strcpy(strCn,"Provider=Microsoft.Jet.OLEDB.4.0;Data Source=");
    strcat(strCn,DBNAME);
    strcat(strCn,";");
    pobjCn->ConnectionString=strCn;
    pobjCn->Open("","","",NULL);
    #endif

    #ifdef MITDNS1
    //Öffnen einer Verbindung mithilfe eines DSN und ODBC-Tags
    strcpy(strCn,"DSN=");
    strcat(strCn,DSNNAME);
    strcat(strCn,";UID=;PWD=;");
    pobjCn->ConnectionString=strCn;
    pobjCn->Open("","","",NULL);
    #endif

    #ifdef MITDNS2
    //Öffnen einer Verbindung mithilfe eines DSN und ODBC-Tags
    strcpy(strCn,"Data Source=");
    strcat(strCn,DSNNAME);
    strcat(strCn,"User ID=;Password=;");
    pobjCn->ConnectionString=strCn;
    pobjCn->Open("","","",NULL);
    #endif
```

```
    #ifdef ARGUMENTE
    //Öffnen einer Verbindung unter Verwendung eines DSN und
    // einzelner Argumente statt einer Verbindungszeichenfolge.
    pobjCn->Open(DSNNAME,"","",NULL);
    #endif

      //Status der Verbindung anzeigen
      printf("pobjCn Status: %s\n",(LPCTSTR)GibStatus(pobjCn->State));

      pobjCn->Close(); //Verbindung schließen
    } catch (_com_error &e) {
      ZeigeProviderFehler(pobjCn); //Fehler? Fehlermeldung!
    } //try
} //OeffneVerbindung
```

Diese Funktion macht mehrfach dasselbe. Sie baut eine Verbindungszeichenfolge auf und öffnet die Verbindung. Scheitert dieser Versuch, so wird eine Fehlerbehandlung angestoßen. Ansonsten erfolgt eine Statusmeldung.

```
_bstr_t GibStatus(int nStatus) {
//liefert den Status
  _bstr_t strStatus;
  switch(nStatus) {
    case adStateClosed:
      strStatus="adStateClosed";
      break;
    case adStateOpen:
      strStatus="adStateOpen";
      break;
    default:
      strStatus="gib's nicht";
  } //switch
  return strStatus;
} //GibStatus
```

Eigentlich sollte im Erfolgsfall nur `adStateOpen` gemeldet werden.

```
void ZeigeCOMFehler(_com_error &e) {
  _bstr_t bstrSource(e.Source());
  _bstr_t bstrDescription(e.Description());

  printf("COM-Fehler\n");
  printf("\tCode = %08lx\n", e.Error());
  printf("\tBedeutung = %s\n", e.ErrorMessage());
  printf("\tQuelle = %s\n", (LPCSTR) bstrSource);
  printf("\tBeschreibung = %s\n", (LPCSTR) bstrDescription);
} //ZeigeCOMFehler
```

Es können COM-Fehler auftreten, die wir anzeigen sollten.

```
void ZeigeProviderFehler(_ConnectionPtr pobjCn) {
//zeigt die ProviderFehler aus dem Connection-Objekt
// pobjCn  fehlerhaftes Connection-Objekt
  ErrorPtr pErr=NULL; //Hilfszeiger auf ein Fehlerobjekt in der Auflist

  if ((pobjCn->Errors->Count)>0) { //Fehler vorhanden?
    printf("Provider-Fehler\n");
    //Fehler-Auflistung abarbeiten
```

25.8 Anwendungsbeispiele zur ADO

```
    for(long i=0;i<pobjCn->Errors->Count;i++) {
      pErr=pobjCn->Errors->GetItem(i);
      printf("Fehler-Nummer: %x\t%s\n",pErr->Number,
                                      (LPCSTR)pErr->Description);
    } //for
  } //if
} //ZeigeProviderFehler
```

Das Fehlerobjekt ist eine Auflistung. Hier sieht man gut, wie diese in einer Schleife abgearbeitet wird.

3. Wir testen und speichern das Programm. ■

Wenn wir Pech haben, dann wurde das Betriebssystem oder die Treiber einmal kurz gewechselt. In diesem Fall ergeben sich entsprechende Fehlermeldungen (**Bild 25.34**).

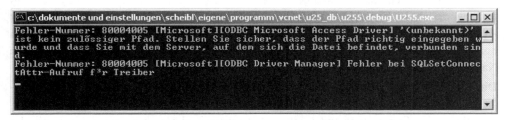

Bild 25.34: Fehlermeldung bei falschem Treiber

Die Fehlernummer beginnt mit `h8`, was nichts anderes bedeutet, als dass das erste Bit gesetzt ist. Als Zahl interpretiert ist diese negativ.

25.8.3 Verwenden von Property-Direktiven

Die `__declspec(property...)`-Compilerdirektive ist eine Microsoft-spezifische Erweiterung der C-Sprache, die für eine Funktion, die als Eigenschaft verwendet wird, eine alternative Syntax deklariert. Das führt dazu, dass die Werte einer Eigenschaft auf ähnliche Weise festgelegt und abgerufen werden können wie in Visual Basic, also wie eine „normale" Variable. Beispielsweise kann eine Eigenschaft folgendermaßen festgelegt und abgerufen werden:

```
variable=objectPtr->property;   //Eigenschaftswert abrufen
objectPtr->property=value;      //Eigenschaftswert festlegen
```

Der Compiler generiert die geeigneten **Get**Property-, **Put**Property- oder **Put-Ref**Property-Aufrufe in Abhängigkeit von der jeweils deklarierten alternativen Syntax und im Hinblick darauf, ob die Eigenschaft lese- oder schreibgeschützt ist.

Die `__declspec(property...)`-Compilerdirektive kann für eine Funktion nur `get`, `put` oder `get` und `put` als alternative Syntax deklarieren. Schreibgeschützte Operationen haben nur eine `get`-Deklaration, Nur-Schreiben-Operationen nur eine `put`-Deklaration. Operationen mit Lese- und Schreibzugriff haben sowohl `get`- als auch `put`-Deklarationen.

Die `ActiveConnection`-Eigenschaft des `Command`-Objekts ist beispielsweise mit einer alternativen Syntax für **Get**`ActiveConnection` und **PutRef**`ActiveConnection` deklariert. Die `PutRef`-Syntax stellt eine gute Wahl dar, da in der Praxis normalerweise beabsichtigt wird, der Eigenschaft ein geöffnetes `Connection`-Objekts (d. h. einen Zeiger auf ein `Connection`-Objekt) zuzuweisen. Andererseits besitzt das `Recordset`-Objekt zwar **Get**`ActiveConnection`-, **Put**`ActiveConnection`- und **PutRef**`ActiveConnection`-Operationen, aber keine alternative Syntax.

25.8.4 Auflistungen, `GetItem`-Methode und die `Item`-Eigenschaft

ADO definiert mehrere Auflistungen, z. B. `Fields, Parameters, Properties` und `Errors`. In Visual C++ gibt die **GetItem(**`index`**)**-Methode ein Element der Auflistung zurück. `Index` ist ein Wert vom Datentyp `Variant`, der entweder einen numerischen Index des Elements innerhalb der Auflistung oder eine Zeichenfolge mit dem Namen des Elements darstellt.

Die `__declspec(property...)`-Compilerdirektive deklariert zu jeder `GetItem()`-Basismethode einer Auflistung als alternative Syntax die `Item`-Eigenschaft. Die alternative Syntax verwendet eckige Klammern und ähnelt einem Feldverweis. Im Allgemeinen haben beide Formen folgendes Aussehen:

```
collectionPtr->GetItem(index);
collectionPtr->Item[index];
```

Beispielsweise soll einem Feld eines `Recordset`-Objekts mit dem Namen `objRs` ein Wert zugewiesen werden, und zwar abgeleitet von der Tabelle `Student` der Datenbank `FH01.mdb`. Das Attribut `s_tName` ist das zweite Feld (die zweite Spalte) in unserer Tabelle. Da die `Fields`-Auflistung von `0` an zählt, können wir folgendermaßen auf den Inhalt des Felds zugreifen, zuerst über die Methoden:

```
objRs->Fields->GetItem(1)->PutValue("Meier");
objRs->Fields->GetItem("s_tName")->PutValue("Meier");
```

alternativ über die Array-Eigenschaften der Auflistung:

```
objRs->Fields->Item [1]->Value="Meier";
AobjRs->Fields->Item ["s_tName" ]->Value="Meier";
```

Auflistungen sind eine Quelle der Freude für jeden Programmierer, da er sie abarbeiten kann, ohne die einzelnen Elemente wirklich zu kennen. Wollen wir alle Spalten einer Tabelle bearbeiten, so müsste man deren Namen kennen. Bei jeder Veränderung der Struktur muss das Programm angepasst werden. Setzen wir eine Auflistung ein, dann passt sich unser Programm automatisch der Struktur an.

Ein Beispiel zu diesem Thema haben wir bereits in der letzten Übung in Form der Fehlerauflistung kennen gelernt.

25.8.5 COM-spezifische Datentypen

Die COM-spezifischen Datentypen müssen in allen Programmiersprachen angesprochen werden können. Daher ist eine gewisse Beschränkung und Anpassung notwendig:

Visual C++	Visual Basic
`unsigned char`	`Byte`
`short`	`Integer`
`long`	`Long`

Den Syntaxindizes können wir entnehmen, welche Datentypen für die Operanden einer gegebenen Methode oder Eigenschaft erforderlich sind.

Die Ausnahmen von dieser Regel bilden die COM-spezifischen Datentypen `Variant`, `BSTR` und `SafeArray`.

`Variant`

`Variant` bezeichnet einen strukturierten Datentyp, der einen Wert und einen Datentyp als Elemente enthält. Ein `Variant`-Datentyp kann Werte einer Vielzahl anderer Datentypen enthalten, einschließlich einem weiteren `Variant`-Datentyp, `BSTR`, `Boolean`, `IDispatch`- oder `IUnknown`-Zeiger, Währungs- und Datumsangaben. COM stellt Methoden bereit, welche die Konvertierung von einem Datentyp in den anderen vereinfachen. Die `_variant_t`-Klasse schließt den `Variant`-Datentyp ein und verwaltet ihn. Er ist in der Kopfdatei `<comdef.h>` deklariert.

Daten vom Typ `Variant` enthalten neben dem Wert noch Informationen über den Datentyp, so dass diese Informationen bei der Übergabe an eine fremde Anwendung nicht verloren gehen. Somit ist dieser Datentyp essenziell für die Verarbeitung in Client-/Server-Umgebungen.

BSTR

BSTR (**B**asic **STR**ing) ist ein strukturierter Datentyp, der eine Zeichenfolge und die Länge der Zeichenfolge enthält. COM stellt Methoden zum Zuweisen, Bearbeiten und Freigeben von `BSTR` zur Verfügung. Die `_bstr_t`-Klasse schließt den `BSTR`-Datentyp ein und verwaltet ihn.

Konvertieren der `_variant_t`- und `_bstr_t`-Klassen

Es ist häufig nicht erforderlich, eine `_variant_t`- oder `_bstr_t`-Klasse in einem Argument explizit zu einer Operation zu codieren. Wenn die `_variant_t`- oder die `_bstr_t`-Klasse einen Konstruktor besitzt, der dem Datentyp des Arguments entspricht, wird der Compiler den geeigneten `_variant_t`- bzw. `_bstr_t`-Wert generieren.

Wenn das Argument jedoch nicht eindeutig ist und sein Datentyp mehr als einem Konstruktor entspricht, muss das Argument in den geeigneten Datentyp konvertiert werden, damit der richtige Konstruktor aufgerufen wird.

Die Deklaration der `Recordset::Open`-Methode lautet beispielsweise folgendermaßen:

```
HRESULT Open (
  const _variant_t & Source,
  const _variant_t & ActiveConnection,
  enum CursorTypeEnum CursorType,
  enum LockTypeEnum LockType,
  long Options );
```

Das `ActiveConnection`-Argument übernimmt einen Verweis auf ein `_variant_t`-Objekt, der in Form einer Verbindungszeichenfolge oder eines Zeigers auf ein geöffnetes `Connection`-Objekt codiert werden kann.

Der richtige `_variant_t`-Wert wird implizit erstellt, wenn wir eine Zeichenfolge wie z. B. `"DSN=pubs;uid=sa;pwd=;"` oder einen Zeiger wie z. B. `"(IDispatch *) pConn"` übergeben.

Wir können einen `_variant_t`-Wert, der z. B. einen Zeiger wie `"_variant_t((IDispatch *) pConn, true)"` enthält, auch explizit codieren. Die Konvertierung, `(IDispatch *)`, löst die Mehrdeutigkeit auf, die aus der Übereinstimmung mit einem anderen Konstruktor resultiert, der einen Zeiger auf eine `IUnknown`-Schnittstelle übernimmt.

Es ist eine entscheidende, aber selten beachtete Tatsache, dass ADO eine `IDispatch`-Schnittstelle ist. Immer dann, wenn ein Zeiger auf ein ADO-Objekt als Wert vom Datentyp `Variant` übergeben wird, muss der Zeiger in einen Zeiger auf eine `IDispatch`-Schnittstelle konvertiert werden.

In dem zuletzt erwähnten Fall wird das zweite boolesche Argument des Konstruktors mit dem optionalen Standardwert `true` codiert. Dieses Argument veranlasst den `Variant`-Konstruktor, seine `AddRef()`-Methode aufzurufen. Dieser Aufruf kompensiert den Umstand, dass ADO automatisch die `_variant_t::Release()`-Methode aufruft, wenn der Aufruf der ADO-Methode oder -Eigenschaft abgeschlossen ist.

SafeArray

`SafeArray` ist ein strukturierter Datentyp, der ein Feld aus anderen Datentypen enthält. `SafeArray` wird *sicher* (englisch: *safe*) genannt, da es die Unter- und Obergrenzen jeder Arraydimension speichert und den Zugriff auf Feldelemente innerhalb dieser Grenzwerte beschränkt.

Wenn in der API-Referenz von ADO beschrieben ist, dass eine Methode oder Eigenschaft ein Array übernimmt bzw. zurückgibt, ist damit gemeint, dass ein Wert vom Typ `SafeArray` und nicht ein C/C++-spezifisches Array übergeben oder zurückgegeben wird.

Der zweite Parameter der `OpenSchema`-Methode des `Connection`-Objekts erfordert z. B ein Feld mit Werten vom Datentyp `Variant`. Die Werte vom Datentyp `Variant` müssen als Elemente eines `SafeArray`-Datentyps übergeben und der `SafeArray`-Datentyp selbst muss als Wert eines anderen `Variant`-Datentyps festgelegt werden.

25.8 Anwendungsbeispiele zur ADO

Genau dieser andere `Variant`-Datentyp wird als zweites Argument an `OpenSchema` übergeben.

Weiterhin ist z. B. das erste Argument der `Find`-Methode ein `Variant`-Datentyp, dessen Wert ein eindimensionaler `SafeArray` ist. Jedes der ersten beiden optionalen Argumente der `AddNew`-Methode ist ein eindimensionaler `SafeArray`-Datentyp. Des Weiteren ist der Rückgabewert der `GetRows`-Methode ein `Variant`-Datentyp mit einem zweidimensionalen `SafeArray` als Wert.

25.8.6 Fehlende Parameter und Standardparameter

Visual Basic ermöglicht das Weglassen von Parametern in Methoden. Beispielsweise besitzt die `Open`-Methode des `Recordset`-Objekts fünf Parameter. Wir können jedoch Parameter an Zwischenstellen überspringen und die am Ende stehenden Parameter weglassen. Je nach Datentyp des fehlenden Operanden wird ein Standardwert vom Typ `BSTR` oder `Variant` ersetzt.

In C/C++ müssen alle Operanden angegeben werden. Bei Bedarf müssen wir dazu fehlende („leere") Parameter erzeugen:

Parameter	Übergabe
`String`	`_bstr_t` mit einer leeren Zeichenfolge, z. B. `_bstr_t strFehlend(L"");`
`Variant`	`_variant_t` mit einem Wert vom Typ `DISP_E_PARAMNOTFOUND` und einem Typ `VT_ERROR`
`Variant`	Alternative: `_variant_t`-Konstante `vtMissing`

Drei Methoden stellen Ausnahmen zu der normalen Verwendung von `vtMissing` dar. Es handelt sich um die `Execute`-Methoden des `Connection`- und des `Command`-Objekts sowie um die `NextRecordset`-Methode des `Recordset`-Objekts. Die Methoden haben folgende Signaturen:

```
_RecordsetPtr Execute(_bstr_t CommandText, VARIANT * RecordsAffected,
 long Options); // Verbindung
_RecordsetPtr Execute(VARIANT * RecordsAffected, VARIANT * Parameters,
 long Options); // Befehl
_RecordsetPtr NextRecordset(VARIANT * RecordsAffected); // Recordset
```

Die Parameter `RecordsAffected` und `Parameters` sind Zeiger auf einen `Variant`-Datentyp. `Parameters` ist ein Eingabeparameter, der die Adresse eines `Variant`-Datentyps bezeichnet, der einen einzelnen Parameter oder ein Array mit Parametern enthält. Diese Parameter sollen den gerade ausgeführten Befehl verändern. `RecordsAffected` ist ein Ausgabeparameter, der die Adresse eines `Variant`-Datentyps angibt, in dem die Anzahl der Datensätze zurückgegeben wird, auf die sich die Methode auswirkt.

In der `Execute`-Methode des `Command`-Objekts kann durch das Festlegen von `Parameters` auf `&vtMissing` (empfohlen) oder auf den Nullzeiger (`Null` bzw. `Null(0)`) angegeben werden, dass keine Parameter angegeben wurden. Falls `Parameters` auf den Nullzeiger festgelegt wird, ersetzt die Methode intern das Äquivalent von `vtMissing` und schließt die Operation ab.

In allen genannten Methoden kann durch Festlegen von `RecordsAffected` auf den Nullzeiger angezeigt werden, dass die Datensätze, auf die sich die Methode auswirkt, nicht zurückgegeben werden sollen. In diesem Fall ist der Nullzeiger weniger ein fehlender Parameter, sondern eher ein Hinweis darauf, dass die Methode die Anzahl der Datensätze, auf die sich die Methode auswirkt, ignorieren soll.

Für diese drei Methoden ist daher ein Code wie der folgende zulässig:

```
pConnection->Execute("commandText", NULL, adCmdText);
pCommand->Execute(NULL, NULL, adCmdText);
pRecordset->NextRecordset(NULL);
```

25.8.7 Fehlerbehandlung

In COM geben die meisten Operationen einen `HRESULT`-Rückgabecode zurück, der anzeigt, ob eine Funktion erfolgreich abgeschlossen wurde. Die `#import`-Direktive generiert für jede Raw-Methode oder Eigenschaft den Wrappercode und überprüft das zurückgegebene `HRESULT`. Weist `HRESULT` auf eine fehlgeschlagene Operation hin, löst der Wrappercode einen COM-Fehler aus, indem er `_com_issue_errorex()` aufruft und dabei den `HRESULT`-Rückgabecode als Argument übergibt. COM-Fehlerobjekte können innerhalb eines `try catch`-Blocks gefunden werden. (Aus Effizienzgründen fangen wir einen Verweis auf ein `_com_error`-Objekt auf.)

Eine ADO-Operation kann zwei Fehlerarten melden, ADO- und Provider-Fehler. ADO-Fehler ergeben sich aus einer fehlgeschlagenen ADO-Operation. Fehler, die vom zugrunde liegende Provider zurückgegeben werden, werden als `Error`-Objekte in der `Errors`-Auflistung des `Connection`-Objekts angezeigt.

Die `#import`-Direktive erstellt nur für die in der ADO-DLL deklarierten Methoden und Eigenschaften Fehlerbehandlungsroutinen. Allerdings können wir denselben Fehlerbehandlungsmechanismus nutzen, indem wir ein eigenes Makro oder eine eigene Inline-Funktion zur Fehlerprüfung schreiben. Entsprechende Beispiele werden wir in den folgenden Abschnitte darstellen.

25.8.8 Visual C++-Äquivalente zu den Visual Basic-Konventionen

Die folgenden Ausführungen stellen eine Zusammenfassung der verschiedenen in Visual Basic codierten Konventionen der ADO-Dokumentation und ihre Äquivalenten in Visual C++ dar.

25.8 Anwendungsbeispiele zur ADO

25.8.8.1 Deklarieren eines ADO-Objekts

In Visual Basic wird eine ADO-Objektvariable (in diesem Beispiel für ein `Recordset`-Objekt) auf folgende Weise deklariert:

```
Dim objRs As ADODB.Recordset
```

Die `ADODB.Recordset`-Klausel gibt die Programm-ID des `Recordset`-Objekts an, wie sie in der Registrierung definiert ist. Eine neue (dynamische) Instanz eines `Record`-Objekts wird folgendermaßen deklariert:

```
Dim pobjRs As New ADODB.Recordset
```

oder

```
Dim pobjRs As ADODB.Recordset
Set pobjRs = New ADODB.Recordset
```

In Visual C++ generiert die `#import`-Direktive für alle ADO-Objekte Deklarationen auf der Basis intelligenter Zeiger. Beispielsweise hat eine Variable, die auf ein `_Recordset`-Objekt verweist, den Typ `_RecordsetPtr`. Sie wird auf folgende Weise deklariert:

```
_RecordsetPtr pobjRs;
```

Eine Variable, die auf eine neue Instanz eines `_Recordset`-Objekts verweist, wird folgendermaßen in einem Schritt deklariert:

```
_RecordsetPtr pobjRs("ADODB.Recordset");
```

oder in zwei Schritten:

```
_RecordsetPtr pobjRs;
objRs.CreateInstance("ADODB.Recordset");
```

oder durch automatische Suche der GUID der Klasse `_Recordset`:

```
_RecordsetPtr pobjRs;
pobjRs.CreateInstance(__uuidof(_Recordset));
```

Nach dem Aufruf der `CreateInstance`-Methode kann die Variable in folgender Weise verwendet werden:

```
pobjRs->Open(...);
```

Die Syntax ist so gewählt, dass im einen Fall der `.`-Operator (Punktoperator) zum Einsatz kommt, so als wäre die Variable `pobjRs` eine Instanz einer Klasse, die wir mit `pobjRs.CreateInstance` erzeugt haben. Im anderen Fall wird der `->`-Operator (Zeigeroperator) verwendet, als ob die Variable einen Zeiger auf eine Schnittstelle darstellt (`pobjRs->Open`).

Eine Variable kann auf zwei Arten verwendet werden, da der `->`-Operator entsprechend überladen wurde, um einer Klasseninstanz zu ermöglichen, sich wie ein Zeiger auf eine Schnittstelle zu verhalten. Ein privates Klassenelement der Instanzvariablen enthält einen Zeiger auf die `_Recordset`-Schnittstelle. Der `->`-Operator gibt diesen Zeiger zurück, und dieser zurückgegebene Zeiger ermöglicht dann den Zugriff auf die Elemente des `_Recordset`-Objekts.

25.8.8.2 Codieren eines fehlenden `String`-Parameters

Wollen wir einen fehlenden Zeichenketten-Parameter in Visual Basic an ein Unterprogramm weitergeben, so lassen wir ihn einfach weg. Das kann dazu führen, dass im Aufruf mehrere Kommata hintereinander stehen. Da Visual Basic die Zeichenkettenvariablen leer initialisiert, wird somit ein leerer String übergeben.

In Visual C++ muss der Operand angegeben werden. Hierzu legen wir uns am besten eine Variable der `_bstr_t`-Klasse an, die leer ist:

```
_bstr_t strFehlend(L"");
```

25.8.8.3 Codieren eines fehlenden `Variant`-Parameters

Wollen wir einen fehlenden `Variant`-Operanden in Visual Basic als Parameter übergeben, so lassen wir den Operanden einfach weg. In Visual C++ müssen alle Operanden angegeben werden. Dazu legen wir eine Variable für einen fehlenden `Variant`-Parameter an, wobei `_variant_t` auf einen speziellen Wert, `DISP_E_PARAMNOTFOUND`, und einen speziellen Typ, `VT_ERROR`, festgelegt ist.

```
_variant_t vtMissingYours(DISP_E_PARAMNOTFOUND, VT_ERROR);
```

Alternativ dazu können wir auch `vtMissing` angeben, das eine gleichwertige, vordefinierte Konstante darstellt, die über die `#import`-Direktive bereitgestellt wird.

```
...vtMissing...;
```

25.8.8.4 Deklarieren einer `Variant`-Variablen

In Visual Basic wird ein `Variant` mit der `Dim`-Anweisung folgendermaßen deklariert:

```
Dim VariableName As Variant
```

In Visual C++ müssen wir eine Variable vom Typ `_variant_t` deklarieren. Die folgenden, schematischen `_variant_t`-Deklarationen müssen bei Bedarf an den jeweiligen Typ angepasst werden.:

```
_variant_t   VariablenName(wert);
_variant_t   VariablenName((data type cast) wert);
_variant_t   VariablenName(wert, VT_DATATYPE);
_variant_t   VariablenName(interface * wert, bool fAddRef = true);
```

25.8.8.5 Verwenden von `Variant`-Arrays

In Visual Basic können `Variant`-Arrays mit Hilfe der `Dim`-Anweisung deklariert werden. Wir können aber auch die `Array`-Funktion verwenden, wie das folgende Beispiel zeigt:

```
Public Sub ArrayOfVariants
  Dim objCn As ADODB.Connection
  Dim objRs As ADODB.Recordset
  Dim objFld As ADODB.Field

  objCn.Open "DSN=Fachhochschule01","","" //DSN, User, Pw
  objRs = objCn.OpenSchema(adSchemaColumns, Array(Empty, Empty, "Student",
Empty))
  For Each objFld in objRs.Fields
    Debug.Print "Name = "; objFld.Name
  Next objFld
  objRs.Close
  objCn.Close
End Sub
```

Dieses Beispielprogramm öffnet eine Datenbank und listet alle Feldnamen im Ausgabefenster auf.

Das folgende Visual C++-Beispiel demonstriert die Verwendung von `SafeArray` in Verbindung mit einer `_variant_t`.

1. Zuerst wird die `TESTHR()`-Inline-Funktion definiert, um die Vorteile des bereits bestehenden Fehlerbehandlungsmechanismus zu nutzen.

2. Es wird nur ein eindimensionales Array benötigt. Wir können daher `SafeArray-CreateVector` statt der allgemeineren `SAFEARRAYBOUND`-Deklaration und der `SafeArrayCreate`-Funktion verwenden. Bei Verwendung von `SafeArrayCreate` würde der entsprechende Code folgendermaßen aussehen:

    ```
    SAFEARRAYBOUND sabound [1];
    sabound [0].lLbound=0;
    sabound [0].cElements=4;
    pSa=SafeArrayCreate(VT_VARIANT,1,sabound);
    ```

3. Das durch die Aufzählungskonstante `adSchemaColumns` identifizierte Schema ist mit den folgenden vier Einschränkungsspalten verbunden:

    ```
    TABLE_CATALOG
    TABLE_SCHEMA
    TABLE_NAME
    COLUMN_NAME
    ```

Folglich wird ein Array aus Werten vom Datentyp `Variant` mit vier Elementen erstellt. Anschließend wird ein Einschränkungswert angegeben, welcher der dritten Spalte (`TABLE_NAME`) entspricht.

Das zurückgegebene `Recordset`-Objekt besteht aus mehreren Spalten, einer Teilmenge der Einschränkungsspalten. Für jede zurückgegebene Zeile müssen die Werte der Einschränkungsspalten mit den entsprechenden Einschränkungswerten übereinstimmen.

4. Programmierer, die sich mit `SafeArray` auskennen, werden vielleicht überrascht feststellen, dass ein Aufruf von `SafeArrayDestroy()` vor dem Ende der Sequenz fehlt. Tatsächlich würde das Aufrufen von `SafeArrayDestroy()` in diesem Fall zu einer Laufzeitausnahme führen. Denn der Destruktor für `vtCriteria` ruft `VariantClear()` auf, wenn `_variant_t` den Gültigkeitsbereich verlässt, was zur Freigabe von `SafeArray` führt. Ein Aufrufen von `SafeArrayDestroy` ohne manuelles Löschen von `_variant_t` würde den Destruktor veranlassen, einen ungültigen `SafeArray`-Zeiger zu löschen.

Bei einem Aufruf von `SafeArrayDestroy` würde der entsprechende Code folgendermaßen aussehen:

```
TESTHR(SafeArrayDestroy(pSa));
vtCriteria.vt=VT_EMPTY;
vtCriteria.parray=NULL;
```

5. Es ist jedoch einfacher, `_variant_t` das Verwalten von `SafeArray` zu überlassen. Dazu legen wir eine Konsolenanwendung U256 an.

U256 Diese programmieren wir folgendermaßen:

```
// U256.cpp : Definiert den Einstiegspunkt für die Konsolenanwendung.
//

#include "stdafx.h"

#import "c:\Programme\Gemeinsame Dateien\System\ADO\msado15.dll" \
  no_namespace rename("EOF", "EndOfFile")
#include <stdio.h>

//Funktionsdeklarationen
inline void TESTHR(HRESULT _hr) {if FAILED(_hr) _com_issue_error(_hr);}
void ZeigeProviderFehler(_ConnectionPtr pobjCn);
void ZeigeCOMFehler(_com_error &e);

int _tmain(int argc, _TCHAR* argv[]) {
  if (FAILED(::CoInitialize(NULL))) //COM-Umgebung starten
    return -1;
  _ConnectionPtr pobjCn(NULL);
  _RecordsetPtr  pobjRs(NULL);

  try {
    if (FAILED(pobjCn.CreateInstance("ADODB.Connection")))
      return -2;
    if (FAILED(pobjRs.CreateInstance("ADODB.Recordset")))
      return -3;
    _variant_t    vtTableName("Student"), vtCriteria;
    long          ix [1];
    SAFEARRAY     *pSa=NULL; //typsicheres Array

    pobjCn->Open("DSN=Fachhochschule02;User ID=;pwd=;", "", "",
                                          adConnectUnspecified);
    pSa=SafeArrayCreateVector(VT_VARIANT,1,4); //Vektor anlegen
    if (!pSa)  _com_issue_error(E_OUTOFMEMORY);
    ix [0]=1; //TABLE_NAME im zweiten Element (Index gleich 1) angeben
    TESTHR(SafeArrayPutElement(pSa,ix,&vtTableName)); //prüfen
    //Es gibt keinen Variant-Konstruktor für SafeArray, daher müssen
    // wir den Typ (SafeArray von Variant) und Wert (Zeiger auf ein
```

25.8 Anwendungsbeispiele zur ADO 1333

```
      // SafeArray) manuell festlegen.
      vtCriteria.vt=VT_ARRAY|VT_VARIANT;
      vtCriteria.parray=pSa;
      pobjRs=pobjCn->OpenSchema(adSchemaColumns,vtCriteria,vtMissing);
      long limit=pobjRs->GetFields()->Count;
      //Auflistung abarbeiten
      for (long i=0;i<pobjRs->GetFields()->Count;i++) {
        printf("%d: %s\n",i+1,((char*) pobjRs->GetFields()->Item[i]
                                                              ->Name));
      }
      pobjRs->Close(); //Recordset schließen
      pobjCn->Close(); //Verbindung schließen
    } catch (_com_error &e) { //Fehler? Fehlermeldung!
      ZeigeCOMFehler(e);
      ZeigeProviderFehler(pobjCn);
    } //try
    ::CoUninitialize();
    return 0;
  } //_tmain

  ... //hier folgen ZeigeProviderFehler und ZeigeCOMFehler
```

6. Das Programm liest die Eigenschaften einer Datenbank als Auflistung ein und zeigt diese an (**Bild 25.35**). Jetzt wissen Sie, warum eine Auflistung so viel Freude macht. Es gibt Eigenschaften, von denen wir noch nie etwas gehört haben. Die Funktionen zur Fehlerbehandlung gleichen denen aus dem vorherigen Programm. ∎

25.8.8.6 GetProperty, PutProperty und PutRefProperty

In Visual Basic ist der Name einer Eigenschaft nicht durch die Angabe der Zugriffsart (Abrufen, Zuordnen oder Zuordnen eines Verweises) qualifiziert.

```
Public Sub GetPutPutRef
  Dim objRs As New ADODB.Recordset
  Dim objCn As New ADODB.Connection
  Dim sz as Integer
  objCn.Open "Provider=sqloledb;Data Source=Fachhochschule01;" & _
                          "Initial Catalog=pubs;User Id=sa;Password=;"
  objRs.PageSize = 10
  sz = objRs.PageSize
  objRs.ActiveConnection = objCn
  objRs.Open "Student",,adOpenStatic
  ' ...
  objRs.Close
  objCn.Close
End Sub
```

Das folgende Visual C++-Beispiel demonstriert die Verwendung von **Get**Property, **Put**Property und **PutRef**Property.

1. Dieses Beispiel verwendet zwei Arten eines fehlenden Zeichenfolgenarguments: Eine explizite Konstante mit dem Namen strFehlend und eine Zeichenfolge, die der Compiler verwendet, um ein temporäres _bstr_t zu erstellen, das im Gültigkeitsbereich der Open-Methode vorhanden ist.

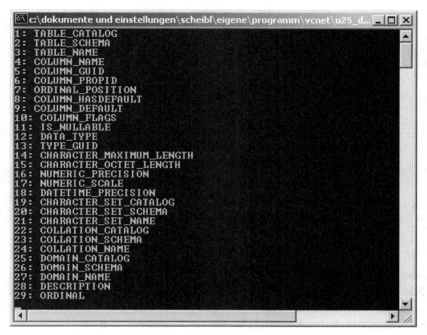

Bild 25.35: Eigenschaften einer Access-Datenbank einlesen

2. Es ist nicht nötig, den Operanden von `pobjRs->PutRefActiveConnection (pobjCn)` in `(IDispatch *)` zu konvertieren, da der Operand bereits den Typ `(IDispatch *)` hat.

U257 Zum Testen wollen wir die Seitengröße unserer Tabelle Student neu setzen.

3. Wir legen eine leere Konsolenanwendung U257 an und programmieren:

```
// U257.cpp : Definiert den Einstiegspunkt für die Konsolenanwendung.
//

#include "stdafx.h"

#import "c:\Programme\Gemeinsame Dateien\System\ADO\msado15.dll" \
        no_namespace rename("EOF", "EndOfFile")
#include <stdio.h>

// Funktionsdeklarationen
void ZeigeProviderFehler(_ConnectionPtr pobjCn);
void ZeigeCOMFehler(_com_error &e);

int _tmain(int argc, _TCHAR* argv []) {
  if (FAILED(::CoInitialize(NULL))) //COM-Umgebung starten
    return -1;
  _ConnectionPtr pobjCn(NULL); //COM muss vorbereitet sein
  _RecordsetPtr  pobjRs(NULL);
  _bstr_t        strFehlend(L"");
  long           alteSeitenGroesse=0,
                 neueSeitenGroesse=5;

  try {
```

25.8 Anwendungsbeispiele zur ADO

```
        if (FAILED(pobjCn.CreateInstance("ADODB.Connection")))
          return -2;
        if (FAILED(pobjRs.CreateInstance("ADODB.Recordset")))
          return -3;
        objCn->Open("Provider=Microsoft.Jet.OLEDB.4.0;Data
    Source=C:\\Dokumente und
    Einstellungen\\Scheibl\\Eigene\\Programm\\VCNET\\U25_DB\\FH\\FH01Dat.m
    db;User Id=;Password=;",strFehlend,"",adConnectUnspecified);

        alteSeitenGroesse=objRs->GetPageSize();
        //oder: alteSeitenGroesse=objRs->PageSize;
        objRs->PutPageSize(neueSeitenGroesse);
        //oder: objRs->PageSize=neueSeitenGroesse;

        objRs->PutRefActiveConnection(objCn); //Recordset mit Connection
        objRs->Open("Student",vtMissing,adOpenStatic,adLockReadOnly,
                                                             adCmdTable);
        printf("Originale Seitengroesse = %d, Neue Seitengroesse = %d\n",
                            alteSeitenGroesse, objRs->GetPageSize());
        objRs->Close();
        objCn->Close();
      } catch (_com_error &e) {
        //printf("Beschreibung = %s\n", (char*) e.Description());
        ZeigeCOMFehler(e);
        ZeigeProviderFehler(objCn);
        return -1;
      }
      ::CoUninitialize();
      return 0;
    } //_tmain

    ... //hier folgen ZeigeProviderFehler und ZeigeCOMFehler
```

4. Das Programm zeigt im Erfolgsfall die alte und die neue Seitengröße an. ∎

25.8.8.7 Verwenden von `GetItem(x)` und `Item[x]`

Das folgende Visual Basic-Beispiel zeigt die Standardsyntax und die alternative Syntax für `Item()`:

```
Public Sub GetItemItem
  Dim objRs As New ADODB.Recordset
  Dim Name as String
  objRs = objRs.Open "Student", "DSN=pubs;", adOpenDynamic,
adLockBatchOptimistic, adTable
  Name = objRs(1) 'oder: Name = objRs.Fields.Item(1)
  objRs(1) = "NeuerName" 'Name ändern
  objRs.UpdateBatch
  objRs(1) = Name 'Name wiederherstellen
  objRs.UpdateBatch
  objRs.Close
End Sub
```

1. Beim Zugreifen auf die Auflistung mit `Item` muss der Index (die 1) in einen `long`-Datentyp konvertiert werden, damit ein geeigneter Konstruktor aufgerufen wird.

Wir testen dies an einem Programm, das den Wert eines Datensatzfelds ändert und wieder zurücksetzt.

2. Dazu legen wir ein Konsolenprogramm U258 an und programmieren:

```cpp
// U258.cpp : Definiert den Einstiegspunkt für die Konsolenanwendung.
//

#include "stdafx.h"

#import "c:\Programme\Gemeinsame Dateien\System\ADO\msado15.dll" \
        no_namespace rename("EOF", "EndOfFile")
#include <stdio.h>

// Funktionsdeklarationen
inline void TESTHR(HRESULT x) {if FAILED(x) _com_issue_error(x); };
void ZeigeProviderFehler(_ConnectionPtr pobjCn);
void ZeigeCOMFehler(_com_error &e);

int _tmain(int argc, _TCHAR* argv[]) {
  if(FAILED(::CoInitialize(NULL)))
      return -1;
      _RecordsetPtr pobjRs(NULL);
      _variant_t    vtNachname;

  try {
    TESTHR(pobjRs.CreateInstance("ADODB.Recordset"));//2x gesichert
    //ohne Connection-Objekt
    pobjRs->Open("Student","Provider=Microsoft.Jet.OLEDB.4.0;Data
Source=C:\\Dokumente und
Einstellungen\\Scheibl\\Eigene\\Programm\\VCNET\\U25_DB\\FH\\FH01Dat.m
db;User Id=;Password=;",adOpenStatic,adLockOptimistic,adCmdTable);
    pobjRs->MoveFirst(); //an den Anfang

    //ein Feld abrufen.
    vtNachname=pobjRs->Fields->GetItem((long)1)->GetValue();
    //oder: vtNachname=pobjRs->Fields->Item [(long)1]->Value;
    printf("Nachname = '%s'\n",(char*)((_bstr_t)vtNachname));//casten
    pobjRs->Fields->GetItem((long)1)->Value = L"Müller"; //Testname
    pobjRs->Update(vtMissing,vtMissing); //Name ändern
    pobjRs->Fields->GetItem((long)1)->PutValue(vtNachname);
    //oder: pobjRs->Fields->GetItem((long)1)->Value=vtNachname;
    pobjRs->Update(vtMissing, vtMissing); //Namen wiederherstellen
    pobjRs->Close();
  } catch (_com_error &e) {
    ZeigeCOMFehler(e);
    ZeigeProviderFehler(pobjRs->GetActiveConnection());
  }
  ::CoUninitialize();
  return 0;
} //_tmain
... //hier folgen ZeigeProviderFehler und ZeigeCOMFehler
```

Auf den Ausdruck der Fehlerfunktionen können wir hier wohl verzichten. Interessant an diesem Beispiel ist der Verzicht auf ein Connection-Objekt. Das Recordset-Objekt enthält ein vollständiges Connection-Objekt. Diese setzen wir beispielsweise bei der Fehlerbehandlung ein.

3. Das Programm ändert kurzzeitig einen Nachnamen, korrigiert ihn dann wieder auf seinen ursprünglichen Wert. ■

25.8 Anwendungsbeispiele zur ADO

25.8.8.8 Konvertieren von Zeigern auf ADO-Objekte

U259 Das folgende Visual C++-Beispiel zeigt die Verwendung von `(IDispatch *)` bei der Konvertierung von Zeigern auf ADO-Objekte.

1. In einem explizit codierten `Variant`-Datentyp wird ein geöffnetes `Connection`-Objekt angegeben. Dann wird eine Konvertierung in `(IDispatch *)` durchgeführt, damit der richtige Konstruktor aufgerufen wird. Außerdem wird der zweite `_variant_t`-Parameter auf den Standardwert `true` festgelegt, so dass der Objektreferenzzähler den richtigen Wert aufweist, wenn die `Recordset::Open`-Operation endet.

2. Der Ausdruck `(bstr t)` ist keine Konvertierung, sondern ein `_variant_t`-Operator, der eine `_bstr_t`-Zeichenfolge aus dem `Variant`-Datentyp extrahiert, der von `Value` zurückgegeben wird.

   Auch der Ausdruck `(char *)` ist keine Konvertierung, sondern ein `_bstr_t`-Operator, der einen Zeiger auf die eingeschlossene Zeichenfolge in einem `_bstr_t`-Objekt extrahiert.

   Dieser Abschnitt des Codes zeigt einige nützliche Verhaltensweisen der `_variant_t`- und `_bstr_t`-Operatoren:

```cpp
// U259.cpp : Definiert den Einstiegspunkt für die Konsolenanwendung.
//

#include "stdafx.h"

#import "c:\Programme\Gemeinsame Dateien\System\ADO\msado15.dll" \
        no_namespace rename("EOF", "EndOfFile")
#include <stdio.h>

// Funktionsdeklarationen
inline void TESTHR(HRESULT x) {if FAILED(x) _com_issue_error(x); };
void ZeigeProviderFehler(_ConnectionPtr pobjCn);
void ZeigeCOMFehler(_com_error &e);

int _tmain(int argc, _TCHAR* argv []) {
  if(FAILED(::CoInitialize(NULL)))
    return -1;
  _ConnectionPtr pobjCn(NULL);
  _RecordsetPtr  pobjRs(NULL);
  try {
    TESTHR(pobjCn.CreateInstance("ADODB.Connection"));//2x gesichert
    TESTHR(pobjRs.CreateInstance("ADODB.Recordset"));
    pobjCn->Open("Provider=Microsoft.Jet.OLEDB.4.0;Data Source=..\\F"\
      "H\\FH01Dat.mdb;User Id=;Password=;","","",adConnectUnspecified);
    //Tabelle öffnen
    pobjRs->Open(
      "Student",
      _variant_t((IDispatch *) pobjCn,true),
      adOpenStatic,
      adLockReadOnly,
      adCmdTable);
    pobjRs->MoveLast(); //letzter Datensatz
    printf("Nachname: '%s' Geschlecht: '%s'\n",(char*)
      ((_bstr_t)pobjRs->GetFields()->GetItem("s_tName")->GetValue()),
```

```
        (char*)((_bstr_t)pobjRs->Fields->Item ["s_tGeschlecht"]->Value));
    pobjRs->Close();
    pobjCn->Close();
} catch (_com_error &e) {
    ZeigeCOMFehler(e);
    ZeigeProviderFehler(pobjCn);
} //try
::CoUninitialize();
    return 0;
} //_tmain
... //hier folgen ZeigeProviderFehler und ZeigeCOMFehler
```

3. Das Programm liest den letzten Datensatz ein und zeigt ihn an. ∎

25.9 Visual C++-Erweiterungen für ADO

Eine der aufwändigsten Arbeiten für Visual C++-Programmierer beim Abrufen von Daten mit ADO besteht darin, als VARIANT-Datentyp zurückgegebene Daten in einen C++-Datentyp zu konvertieren und anschließend die konvertierten Daten in einer Klasse oder Struktur zu speichern. Abgesehen davon, dass diese Aufgabe sehr mühsam ist, wird durch das Abrufen von C++-Daten über einen VARIANT-Datentyp auch die Leistung vermindert.

ADO stellt eine Schnittstelle zur Verfügung, die das Abrufen von Daten in systemeigene C/C++-Datentypen unterstützt, ohne dass ein VARIANT-Datentyp verwendet werden muss; außerdem verfügt es auch über Präprozessormakros, durch welche die Verwendung der Schnittstelle vereinfacht wird. Das Ergebnis ist ein flexibles Werkzeug, das einfach zu verwenden und sehr leistungsstark ist.

In einem häufig vorkommenden C/C++-Clientszenario wird ein Datensatz in einem Recordset-Objekt an eine C/C++-Struktur oder -Klasse gebunden, die systemeigene C/C++-Typen enthält. Wenn Sie Daten des Typs VARIANT verwenden, müssen Sie Konvertierungscode schreiben, der VARIANT-Daten in systemeigene C/C++-Typen konvertiert. Die Visual C++-Erweiterungen für ADO sind dazu bestimmt, dieses Szenario für Visual C++-Programmierer erheblich zu vereinfachen.

25.9.1 Verwenden der Visual C++-Erweiterungen für ADO

25.9.1.1 Die IADORecordBinding-Schnittstelle

Durch die Visual C++-Erweiterungen für ADO werden die Felder eines Recordset-Objekts an C/C++-Variablen gebunden. Immer dann, wenn sich die aktuelle Zeile des gebundenen Recordset-Objekts ändert, werden die Inhalte aller gebundenen Felder des Recordset in die C/C++-Variablen kopiert. Gegebenenfalls werden die kopierten Daten in den deklarierten Datentyp konvertiert.

25.9 Visual C++-Erweiterungen für ADO

Die `BindToRecordset`-Methode der `IADORecordBinding`-Schnittstelle bindet Felder an C/C++-Variablen. Die `AddNew`-Methode fügt eine neue Zeile zum gebundenen `Recordset` hinzu. Die `Update`-Methode füllt die Felder in neuen Zeilen des Recordsets auf oder aktualisiert Felder in bereits vorhandenen Zeilen mit den Werten der C/C++-Variablen.

Die `IADORecordBinding`-Schnittstelle ist durch das `Recordset`-Objekt implementiert. Wir brauchen die Implementierung nicht selbst zu codieren.

25.9.1.1.1 Bindungseinträge

Durch die Visual C++-Erweiterungen für ADO werden die Felder eines Recordset-Objekts bestimmten C/C++-Variablen zugeordnet. Die Definition einer Zuordnung eines Feldes zu einer Variablen wird *Bindungseintrag* genannt. Makros stellen Bindungseinträge für numerische Variablen, Variablen mit fester Länge und Variablen mit variabler Länge zur Verfügung. Die Bindungseinträge und C/C++-Variablen sind in einer Klasse deklariert, die sich aus der zu den Visual C++-Erweiterungen gehörenden Klasse `CADORecordBinding` ableitet. Die `CADORecordBinding`-Klasse ist intern durch die Makros für die Bindungseinträge definiert.

ADO ordnet die Parameter der Makros intern einer `DBBINDING`-Struktur von OLE DB zu und erstellt ein `Accessor`-Objekt von OLE DB, um die Datenbewegungen und -konvertierungen zwischen Feldern und Variablen zu verwalten. Mit OLE DB definierte Daten bestehen aus drei Teilen: Einem *Puffer*, in dem die Daten gespeichert sind, einem *Status*, der anzeigt, ob der Inhalt eines Feldes erfolgreich im Puffer gespeichert wurde bzw. wie der Variableninhalt in dem Feld wiederhergestellt werden sollte, sowie der *Länge* der Daten.

25.9.1.1.2 Headerdatei

Wir schließen die folgende Datei in unsere Anwendung ein, damit wir die Visual C++-Erweiterungen für ADO verwenden können:

```
#include <icrsint.h>
```

25.9.1.1.3 Binden von Recordset-Feldern

So binden wir `Recordset`-Felder an C/C++-Variablen:

1. Wir erstellen eine von der `CADORecordsetBinding`-Klasse abgeleitete Klasse.
2. Wir legen in der abgeleiteten Klasse die Bindungseinträge und die entsprechenden C/C++-Variablen fest. Wir setzen die Bindungseinträge zwischen die Makros `BEGIN_ADO_BINDING` und `END_ADO_BINDING`. Dabei schließen wir die Makroaufrufe nicht mit Kommata oder Semikolons ab. Geeignete Begrenzungszeichen werden automatisch von jedem Makro festgelegt.

   Wir geben einen Bindungseintrag für jedes Feld an, das einer C/C++-Variablen zugeordnet werden soll. Verwenden Sie dazu das geeignete Element aus der mit

`ADO_FIXED_LENGTH_ENTRY`, `ADO_NUMERIC_ENTRY` und `ADO_VARIABLE_LENGTH_ENTRY` gegebenen Gruppe von Makros.

3. Wir erstellen in der Anwendung eine Instanz der von `CADORecordsetBinding` abgeleiteten Klasse. Wir rufen die `IADORecordBinding`-Schnittstelle aus dem `Recordset`-Objekt ab. Dann rufen wir die `BindToRecordset`-Methode auf, um die `Recordset`-Felder an die C/C++-Variablen zu binden.

Die Anwendung dieser Regeln werden wir in den folgenden Beispielen durchführen.

25.9.1.1.4 Schnittstellenmethoden

Die `IADORecordBinding`-Schnittstelle umfasst drei Methoden, `BindToRecordset`, `AddNew` und `Update`. Das einzige Argument für jede dieser Methoden ist ein Zeiger auf eine Instanz der von `CADORecordBinding` abgeleiteten Klasse. Deshalb können die Methoden `AddNew` und `Update` keinen Parameter ihrer gleichnamigen ADO-Methoden angeben.

Syntax

Die `BindToRecordset`-Methode verknüpft die `Recordset`-Felder mit C/C++-Variablen:

```
BindToRecordset(CADORecordBinding *binding)
```

Die `AddNew`-Methode ruft ihre gleichnamige Entsprechung auf, die `AddNew`-Methode von ADO, um eine neue Zeile zum `Recordset` hinzuzufügen:

```
AddNew(CADORecordBinding *binding)
```

Die `Update`-Methode ruft ihre gleichnamige Entsprechung auf, die `Update`-Methode von ADO, um das `Recordset`-Objekt zu aktualisieren:

```
Update(CADORecordBinding *binding)
```

25.9.1.1.5 Makros für Bindungseinträge

Die Makros für Bindungseinträge definieren die Verknüpfung eines `Recordset`-Felds mit einer Variablen. Ein Makro am Anfang und ein zweites Makro am Ende begrenzen die Gruppe der Bindungseinträge.

Gruppen von Makros werden für Daten mit fester Länge wie z. B. `adDate` oder `adBoolean`, für numerische Daten wie z. B. `adTinyInt`, `adInteger` oder `adDouble`, und für Daten mit variabler Länge wie z. B. `adChar`, `adVarChar` oder `adVarBinary` zur Verfügung gestellt. Alle numerischen Typen außer `adVarNumeric` sind ebenfalls Datentypen fester Länge. Jede Gruppe verwendet andere Parameter, so dass uninteressante Bindungsinformationen ausgeschlossen werden können.

Startmakro für Bindungseinträge:

```
BEGIN_ADO_BINDING(Class)
```

25.9 Visual C++-Erweiterungen für ADO

Daten fester Länge:

ADO_FIXED_LENGTH_ENTRY(Ordinal,DataType,Buffer,Status,Modify)
ADO_FIXED_LENGTH_ENTRY2(Ordinal,DataType,Buffer,Modify)

Numerische Daten:

ADO_NUMERIC_ENTRY(Ordinal,DataType,Buffer,Precision,Scale,Status,Modify)
ADO_NUMERIC_ENTRY2(Ordinal,DataType,Buffer,Precision,Scale,Modify)

Daten variabler Länge:

ADO_VARIABLE_LENGTH_ENTRY(Ordinal,DataType,Buffer,Size,Status,Length,Modify)
ADO_VARIABLE_LENGTH_ENTRY2(Ordinal,DataType,Buffer,Size,Status,Modify)
ADO_VARIABLE_LENGTH_ENTRY3(Ordinal,DataType,Buffer,Size,Length,Modify)
ADO_VARIABLE_LENGTH_ENTRY4(Ordinal,DataType,Buffer,Size,Modify)

Endmakro für Bindungseinträge:

END_ADO_BINDING()

Parameter	Beschreibung
Class	Klasse, in der die Bindungseinträge und die C/C++-Variablen definiert sind.
Ordinal	Ordinalzahl für das Recordset-Feld, das der C/C++-Variablen entspricht. Die Zählung beginnt mit 1.
DataType	ADO-Datentypäquivalent der C/C++-Variablen. Der Wert des Recordset-Felds wird gegebenenfalls in diesen Datentyp konvertiert.
Buffer	Name der C/C++-Variablen, in welcher der Wert des Recordset-Felds gespeichert wird.
Size	Maximale Größe von Buffer in Bytes. Falls Buffer eine Zeichenfolge mit variabler Länge enthalten soll, muss Platz für ein terminierendes Nullzeichen vorhanden sein.
Status	Name einer Variablen, die anzeigt, ob Buffer einen gültigen Inhalt hat und ob die Umwandlung des Feldinhalts in einen DataType-Wert erfolgreich verlaufen ist. Die zwei wichtigsten Werte für diese Variable sind adFldOK, der anzeigt, dass die Konvertierung erfolgreich war, und adFldNull, der anzeigt, dass das Feld den Wert null hatte (und nicht einfach leer war). Die für Status möglichen Werte sind in der nachfolgenden Tabelle zu den Statuswerten aufgelistet.

Parameter	Beschreibung
Modify	Ein boolesches Attribut. TRUE zeigt an, dass ADO das entsprechende Recordset-Feld mit dem in Buffer enthaltenen Wert aktualisieren darf. Legen Sie den booleschen Parameter modify auf TRUE fest, damit ADO das gebundene Feld aktualisieren kann, und auf FALSE, wenn Sie das Feld nur überprüfen, aber nicht ändern möchten.
Precision	Anzahl der Ziffern, die in einer numerischen Variablen dargestellt werden können.
Scale	Anzahl der Dezimalstellen in einer numerischen Variablen.
Length	Name einer vier Byte langen Variablen, welche die tatsächliche Länge der in Buffer gespeicherten Daten enthält.

25.9.1.1.6 Status-Werte

Der Wert der *Status*-Variablen gibt an, ob der Inhalt eines Feldes erfolgreich in eine Variable kopiert wurde.

Beim Festlegen von Daten kann Status auf adFldNull festgelegt werden, um anzuzeigen, dass das Recordset-Feld auf Null festgelegt werden sollte.

Konstante	Wert	Beschreibung
adFldOK	0	Ein Feldwert ungleich null wurde zurückgegeben.
adFldBadAccessor	1	Angegebene Bindung ist ungültig.
adFldCantConvertValue	2	Wert konnte nicht konvertiert werden (jedoch nicht wegen unverträglicher Vorzeichen oder Datenüberlauf).
adFldNull	3	Zeigt beim Abrufen eines Feldinhalts an, dass ein Null-Wert zurückgegeben wurde. Zeigt beim Festlegen eines Feldes an, dass das Feld auf null festgelegt werden sollte, wenn das Feld selbst den Null-Wert nicht codieren kann (beispielsweise ein Array mit Zeichen oder ein Integer).
adFldTruncated	4	Daten mit variabler Länge oder numerischer Daten wurden abgeschnitten.
adFldSignMismatch	5	Wert hat ein Vorzeichen, während der Datentyp kein Vorzeichen hat.

25.9 Visual C++-Erweiterungen für ADO

Konstante	Wert	Beschreibung
`adFldDataOverFlow`	6	Wert ist zu groß, um in Variable des gegebenen Datentyps gespeichert zu werden.
`adFldCantCreate`	7	Unbekannter Spaltentyp, Feld ist bereits geöffnet.
`adFldUnavailable`	8	Feldwert konnte nicht bestimmt werden, z. B. in einem neuen, nicht verknüpften Feld ohne Standardwert.
`adFldPermissionDenied`	9	Keine Berechtigung für den Schreibzugriff auf Daten beim Aktualisieren.
`adFldIntegrityViolation`	10	Feldwert würde beim Aktualisieren die Spaltenintegrität verletzen.
`adFldSchemaViolation`	11	Feldwert würde beim Aktualisieren das Spaltenschema verletzen.
`adFldBadStatus`	12	Ungültiger Statusparameter während Aktualisierung.
`adFldDefault`	13	Beim Aktualisieren wurde ein Standardwert verwendet.

Damit es auf keinen Fall zu einfach für den Programmierer ist, benennen wir die Datentypen möglichst unterschiedlich oder überschneidend:

Deklaration der Tabellenfelder in MS Access	Wert im Feld `Abfrageparameter` in Microsoft Access	Visual Basic	ADO, Konstanten für `Data Type`-Eigenschaft	Jet-Datenbank-Engine-SQL und Synonyme
Nicht unterstützt	`Binary`	Nicht unterstützt	`adBinary`	`BINARY` *) (Synonym: `VARBINARY`)
Ja/Nein	`Yes/No`	`Boolean`	`adBoolean`	`BOOLEAN` (Synonyme: `BIT`, `LOGICAL`, `LOGICAL1`, `YESNO`)
Zahl (Feldgröße = `Byte`)	`Byte`	`Byte`	`adUnsigned TinyInt`	`BYTE` (Synonym: `INTEGER1`)
Autowert (Feldgröße= `Long Integer`)	`Long Integer`	`Long`	`adInteger`	`COUNTER` (Synonym: `AUTOINCREMENT`)
Währung (Synonym: `MONEY`)	`Currency`	`Currency`	`adCurrency`	`CURRENCY`
Datum/Uhrzeit	`Date/Time`	`Date`	`adDate`	`DATETIME` (Synonyme: `DATE`, `TIME`, `TIMESTAMP`)

Deklaration der Tabellenfelder in MS Access	Wert im Feld `Abfrageparameter` in Microsoft Access	Visual Basic	ADO, Konstanten für `Data Type`-Eigenschaft	Jet-Datenbank-Engine-SQL und Synonyme
`Zahl` (Feldgröße = `Double`)	`Double`	`Double`	`adDouble`	`DOUBLE` (Synonyme: `FLOAT`, `FLOAT8`, `IEEEDOUBLE`, `NUMBER`, `NUMERIC`)
`Autowert/GUID` (Feldgröße = `Replikations-ID`)	`Replication ID`	Nicht unterstützt	`adGUID`	`GUID`
`Zahl` (Feldgröße = `Long Integer`)	`Long Integer`	`Long`	`adInteger`	`LONG` *) (Synonyme: `INT`, `INTEGER`, `INTEGER4`)
`OLE-Objekt`	`OLE Object`	`String`	`adLongVarBinary`	`LONGBINARY` (Synonyme: `GENERAL`, `OLEOBJECT`)
`Memo`	`Memo`	`String`	`adLongVarWChar`	`LONGTEXT` (Synonyme: `LONGCHAR`, `MEMO`, `NOTE`)
`Zahl` (Feldgröße = `Single`)	`Single`	`Single`	`adSingle`	`SINGLE` (Synonyme: `FLOAT4`, `IEEESINGLE`, `REAL`)
`Zahl` (Feldgröße = `Integer`)	`Integer`	`Integer`	`adSmallInt`	`SHORT` *) (Synonyme: `INTEGER2`, `SMALLINT`)
`Text`	`Text`	`String`	`adVarWChar`	`TEXT` (Synonyme: `ALPHANUMERIC`, `CHAR`, `CHARACTER`, `STRING`, `VARCHAR`)
`Hyperlink`	`Memo`	`String`	`adLongVarWChar`	`LONGTEXT` (Synonyme: `LONGCHAR`, `MEMO`, `NOTE`)
Nicht unterstützt	`Value`	`Variant`	`adVariant`	`VALUE` *)

*) Anmerkungen

- Microsoft Access selbst verwendet den Datentyp `BINARY` nicht. Dieser Datentyp wird nur in Abfragen akzeptiert, für die Folgendes gilt: Sie basieren auf verknüpften Tabellen, die aus anderen Datenbankprodukten stammen, die wiederum den Datentyp `BINARY` unterstützen.

- Der in Jet-Datenbank-Engine-SQL verwendete Datentyp `INTEGER` entspricht nicht dem Datentyp Integer, wie er für Tabellenfelder, Abfrageparameter oder in Visual Basic definiert ist. Der SQL-Datentyp INTEGER entspricht stattdessen dem Datentyp Long Integer für Tabellenfelder und Abfrageparameter bzw. dem Datentyp Long in Visual Basic.

- Das reservierte Wort `VALUE` entspricht keinem der Datentypen, die für die Jet-Datenbank-Engine definiert sind. In Microsoft Access oder SQL-Abfragen kann es aber als zulässiges Synonym für den Visual Basic-Datentyp `Variant` angesehen werden.

- Wenn wir in Visual Basic-Code den Datentyp eines DAO-Objekts einstellen, müssen wir die `Type`-Eigenschaft des Objekts einstellen.

25.9.2 ADO mit Visual C++-Erweiterungen (Beispiel)

Das folgende Programm zeigt, wie Werte aus Feldern abgerufen und in C/C++-Variablen konvertiert werden.

Dieses Beispiel nutzt außerdem die Vorteile der so genannten intelligenten Zeiger, die automatisch die COM-spezifischen Details handhaben, die mit dem Aufruf von `Query-Interface` und des Referenzzählers für die `IADORecordBinding`-Schnittstelle verbunden sind.

Ohne intelligente Zeiger würde der Code folgendermaßen aussehen (siehe Folgeprogramm):

```
IADORecordBinding *picRs = NULL;

TESTHR(pobjRs->QueryInterface(__uuidof(IADORecordBinding),
  (LPVOID*)&picRs));

if (picRs) picRs->Release();
```

Bei Verwendung intelligenter Zeiger wird der `IADOrecordBindingPtr`-Typ mit der folgenden Anweisung von der `IADORecordBinding`-Schnittstelle abgeleitet:

```
_COM_SMARTPTR_TYPEDEF(IADORecordBinding, __uuidof(IADORecordBinding));
```

Eine Instanziierung dieses Zeigers erfolgt z. B. folgendermaßen:

```
IADORecordBindingPtr picRs(pobjRs);
```

U25A Da die Visual C++-Erweiterungen durch das `Recordset`-Objekt implementiert sind, übernimmt der Konstruktor des intelligenten Zeigers `picRs` als Argument den `_RecordsetPtr`-Zeiger `pobjRs`. Der Konstruktor ruft `QueryInterface` mit `pobjRs` auf, um einen Zeiger auf die `IADORecordBinding`-Schnittstelle zu finden.

```
// U25A.cpp : Definiert den Einstiegspunkt für die Konsolenanwendung.
//

#include "stdafx.h"

// Beispiel für Visual C++-Erweiterungen
#import "c:\Programme\Gemeinsame Dateien\System\ADO\msado15.dll" \
        no_namespace rename("EOF", "EndOfFile")

#include <stdio.h>
#include <icrsint.h>
_COM_SMARTPTR_TYPEDEF(IADORecordBinding, __uuidof(IADORecordBinding));

// Funktionsdeklarationen
inline void TESTHR(HRESULT _hr) {if FAILED(_hr) _com_issue_error(_hr); }
void ZeigeProviderFehler(_ConnectionPtr pobjCn);
void ZeigeCOMFehler(_com_error &e);

class CStudentRs : public CADORecordBinding {
BEGIN_ADO_BINDING(CStudentRs)
  ADO_VARIABLE_LENGTH_ENTRY2(2,adVarChar,m_t_tName,
                             sizeof(m_t_tName),m_t_tNameStatus,false)
  ADO_VARIABLE_LENGTH_ENTRY2(3,adVarChar,m_t_tGeschlecht,
```

```
                        sizeof(m_t_tGeschlecht),m_t_tGeschlechtStatus,false)
END_ADO_BINDING()
public:
  CHAR  m_t_tName [31]; //NULL-Byte nicht vergessen
  ULONG m_t_tNameStatus;
  CHAR  m_t_tGeschlecht [2];
  ULONG m_t_tGeschlechtStatus;
}; //class CStudentRs

int _tmain(int argc, _TCHAR* argv []) {
  if(FAILED(::CoInitialize(NULL)))
     return -1;
  _RecordsetPtr pobjRs(NULL);
  try {
    TESTHR(pobjRs.CreateInstance("ADODB.Recordset")); //2x gesichert
    CStudentRs objRs;
    IADORecordBindingPtr picRs(pobjRs);

    pobjRs->Open("Student","Provider=Microsoft.Jet.OLEDB.4.0;Data
Source=C:\\Dokumente und
Einstellungen\\Scheibl\\Eigene\\Programm\\VCNET\\U25_DB\\FH\\FH01Dat.mdb;U
ser Id=;Password=;",adOpenStatic,adLockOptimistic,adCmdTable);
    TESTHR(picRs->BindToRecordset(&objRs));

    while (!pobjRs->EndOfFile) {
      //Daten in den Variablen der C++-Instanz CStudentRs verarbeiten
      printf("Name= %s, Geschlecht= %s\n",
         (objRs.m_t_tNameStatus==adFldOK ? objRs.m_t_tName:"<Error>"),
         (objRs.m_t_tGeschlechtStatus==adFldOK ? objRs.m_t_tGeschlecht:
                                                                "<Error>"));
      pobjRs->MoveNext(); //nächster DS, automatische Datenübertragung
    }
    pobjRs->Close();
    if (picRs) picRs->Release(); //IADORecordset-Schnittstelle freien
    picRs=NULL;
  } catch (_com_error &e) {
    ZeigeCOMFehler(e);
    ZeigeProviderFehler(pobjRs->GetActiveConnection());
  } //try
  ::CoUninitialize();
  return 0;
} //_tmain
... //hier folgen ZeigeProviderFehler und ZeigeCOMFehler
```

25.9.2.1 Beispiel für das ADO-Ereignismodell (VC++)

Benutzen wir ADO-Ereignisse, so greifen wir normalerweise auf die Datei `adoint.h` zurück. Hier gibt es aber bei der Verwendung der `#import`-Anweisung einige Abweichungen zu beachten:

- Die `#import`-Anweisung löst `typedefs` sowie Datentypen und Modifizierer von Methodensignaturen in ihre ursprünglichen Formen auf.
- Den reinen virtuellen Methoden, die überschrieben werden sollen, muss `raw_` vorangestellt werden.

Einige Bereiche des Codes spiegeln lediglich den Codierungsstil wider:

25.9 Visual C++-Erweiterungen für ADO 1347

- Der von der `Advise`-Methode verwendete Zeiger auf `IUnknown` wird mit einem Aufruf von `QueryInterface` explizit angefordert.
- Wir müssen einen Destruktor in den Klassendefinitionen nicht explizit kodieren.
- Möglicherweise möchten wir stabilere Implementierungen der Methoden `QueryInterface`, `AddRef` und `Release` kodieren.
- Die `__uuidof()`-Anweisung wird extensiv verwendet, um Schnittstellen-IDs zu erhalten.

Das folgende Beispiel zeigt bzw. ermöglicht eigene praktische Experimente:

- Das Beispiel wurde der Übersichtlichkeit halber als Konsolenanwendung geschrieben.
- Wir können eigenen Code beim Kommentar `//Ausführen einiger Aufgaben"` einfügen.
- Sämtliche Ereignisfunktionen führen standardmäßig keine Aktion aus und brechen weitergehende Meldungen ab. Wir können bei Bedarf eigene Aktionen ausführen und weitere Meldungen zulassen.

U25B Der Quellcode befindet sich auf der beigefügten CD.

25.9.2.2 Beispiel für `AbsolutePage`, `PageCount` und `PageSize`

U25C In diesem Beispiel werden die Eigenschaften `AbsolutePage`, `PageCount` und `PageSize` verwendet, um Blöcke von fünf Datensätzen aus der Tabelle `Student` gleichzeitig anzuzeigen (**Bild 25.36**). Den Quelltext zu dieser Übung finden Sie auf der CD.

Bild 25.36: Blockweise Darstellung mit Hilfe der Eigenschaften `AbsolutePage`, `PageCount` und `PageSize`

25.9.2.3 Beispiel zum Transaktionskonzept

U25D Durch die VC++-Erweiterungen kann auf die Verwendung der unhandlichen `VARIANT`-Datentypen verzichtet werden. In dieser Übung wird auch das Transaktionskonzept eingesetzt. Es ermöglicht, eine Aktion in einer Datenbank in allen Schritten wieder rückgängig zu machen, wenn einer der Schritte fehlschlägt.

Den Quelltext finden Sie auf der CD.

In dieser Übung wird außerdem auch die `#import`-Anweisung verwendet, mit der die ADO-Klassenbibliothek in eine Headerdatei konvertiert wird. Durch die Headerdatei erhalten einige ADO-Funktionen ähnliche Verwendungsmöglichkeiten und ein ähnliches Erscheinungsbild wie in Visual Basic:

```
// Schritt 6, Teil B - Abschließen der Aktualisierung

    pobjCn->Rollback();
    }

  if (picRs)
    picRs->Release();

  ::CoUninitialize();
}
```

25.10 Verwenden der ADO-Datenbindung in VC++

Nach diesen vielen Übungen wollen wir nun die MFC mit ihrer Oberflächengestaltung einbeziehen. Grundsätzlich stehen uns zwei Möglichkeiten zur Verfügung:

1. Manuelle Programmierung
2. Nutzung einer ADO-Datenbindung

25.10.1 Programmierter ADO-Zugriff

Der programmierte Zugriff über ADO unter Visual C++ .NET läuft in folgenden Schritten ab:

- Generieren des Grundprogramms mit geeigneter Oberfläche
- Erstellen einer benutzerdefinierten Datenklasse
- Verbinden der Datensatzklasse mit der Dokumentklasse
- Verbinden der Datensatzklasse über die Dokumentklasse zur Ansichtsklasse
- Programmieren der Bearbeitungsfunktionen: Füllen, Navigieren, Hinzufügen, Löschen

25.10.1.1 Grundprogramm generieren

U25E Wir wollen in diesem Kapitel die Oberfläche einer Studentenverwaltung entwickeln.

Wir gehen in folgenden Schritten vor:

1. Wir erstellen eine neue MFC-Anwendung `U25E`. Es soll eine SDI-Anwendung sein, deren Ansichtsklasse von `CFormView` abgeleitet wird. Wir wählen **keine** Datenbankunterstützung an.

25.10 Verwenden der ADO-Datenbindung in VC++

2. Auf dem Dialogfeld legen wir für alle Attribute der Tabelle Student Felder an (**Bild 25.37**).

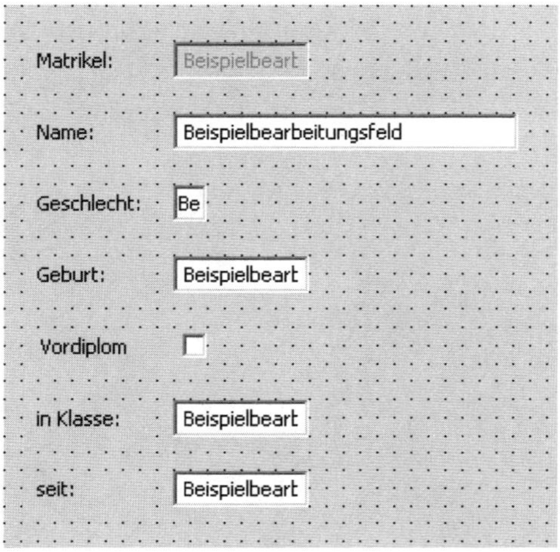

Bild 25.37: Oberflächenentwurf U25E Datenbankzugriff auf Tabelle Student

3. Die Eigenschaften bearbeiten wir folgendermaßen:

ID	Eigenschaft	Wert	Membervariable	Typ
IDC_S_ANR	Deaktiviert	True	m_aNr	long
	Tabstopp	False		
	Text ausrichten	Left		
IDC_S_TNAME			m_tName	CString
IDC_S_TGESCHLECHT			m_tGeschlecht	float
IDC_S_GEBURT			m_zGeburt	COleDateTime
IDC_S_JVORDIPLOM			m_jVordiplom	BOOL
IDC_S_K_ANR			m_k_aNr	long
IDC_S_ZSEIT			m_zSeit	COleDateTime

Dabei achten wir besonders auf den Datumstyp COleDateTime.

4. Zur Navigation führen wir die notwendigen Menüpunkte ein (**Bild 25.38**). Das Ergänzen von Ikonen in der Symbolleiste ist dann auch kein Problem mehr.
5. Damit ist die Oberfläche fertig. Nach einem Reihenfolgetest speichern wir das Projekt ab. ∎

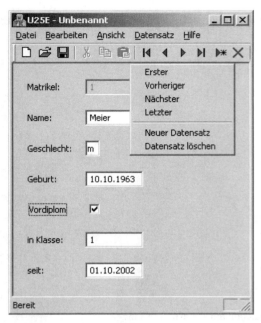

Bild 25.38: Ergänzte Symbolleiste und Menüoptionen (Montage)

25.10.1.2 Spezielle Datensatzklasse erstellen

Aus den Übungen kennen wir bereits die Datensatzklassen, die von CADORecordBinding abgeleitet wurden. Dies müssen wir natürlich auch in der MFC-Anwendung durchführen:

1. Wir legen für das Projekt eine neue Klasse CStudentRs an. Als Basisklasse wollen wir natürlich Cadorecordbinding eintragen. Da dies keine MFC-Klasse ist, wählen wir aus der Liste Vorlage den Eintrag Allgemeine Klasse (**Bild 25.39**). Es erscheint der generische C++-Klassenassistent.

2. Hier geben wir wie üblich die Felder ein und kürzen die Dateinamen (**Bild 25.40**). Nach der Bestätigung wird eine ziemlich leere Klasse erzeugt. Aber auch das ist noch zu viel, so dass wir Konstruktor und Destruktor in beiden Dateien löschen.

3. In die Kopfdatei importieren wir den Verweis auf die ADO-Komponente und fügen die Struktur unserer Tabelle ein. Die Implementationsdatei bleibt ein weitgehend leeres Anhängsel. Die Klasse dient daher als reine Beschreibungsklasse:

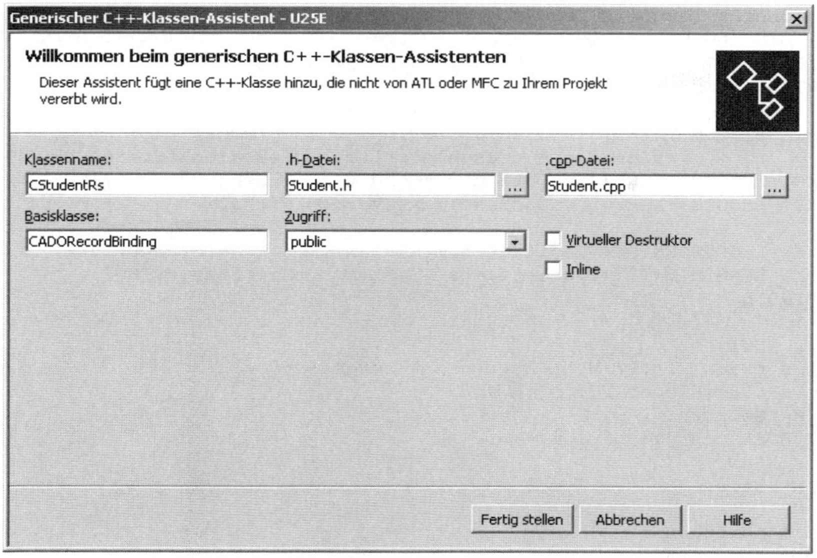

25.10 Verwenden der ADO-Datenbindung in VC++

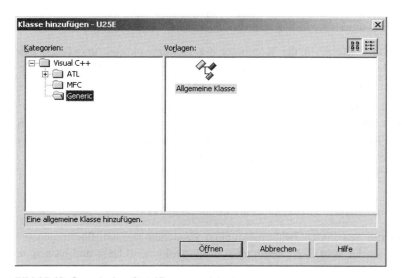

Bild 25.39: Vorlage für eine Datenbindungsklasse wählen.

Bild 25.40: Generischer C++-Klassenassistent

```
#pragma once

#define INITGUID
#import "c:\Programme\Gemeinsame Dateien\System\ADO\msado15.dll" \
        rename_namespace("ADODB") rename("EOF","EndOfFile")
using namespace ADODB;
#include "icrsint.h"
```

```
class CStudentRs : public CADORecordBinding {
BEGIN_ADO_BINDING(CStudentRs)
  ADO_FIXED_LENGTH_ENTRY(1,adInteger,m_s_aNr,m_s_aNrStatus,FALSE)
  ADO_VARIABLE_LENGTH_ENTRY2(2,adVarChar,m_s_tName,
                    sizeof(m_s_tName),m_s_tNameStatus,TRUE)
  ADO_VARIABLE_LENGTH_ENTRY2(3,adVarChar,m_s_tGeschlecht,
                    sizeof(m_s_tGeschlecht),m_s_tGeschlechtStatus,TRUE)
  ADO_FIXED_LENGTH_ENTRY(4,adDate,m_s_zGeburt,m_s_zGeburtStatus,TRUE)
  ADO_FIXED_LENGTH_ENTRY(5,adBoolean,m_s_jVordiplom,
                                m_s_jVordiplomStatus,TRUE)
  ADO_FIXED_LENGTH_ENTRY(6,adInteger,m_s_k_aNr,m_s_k_aNrStatus,TRUE)
  ADO_FIXED_LENGTH_ENTRY(7,adDate,m_s_zSeit,m_s_zSeitStatus,TRUE)
END_ADO_BINDING()
public:
  LONG m_s_aNr;
  CHAR  m_s_tName [31]; //NULL-Byte nicht vergessen
  CHAR  m_s_tGeschlecht [2];
  DATE m_s_zGeburt;
  VARIANT_BOOL m_s_jVordiplom;
  LONG m_s_k_aNr;
  DATE m_s_zSeit;

  ULONG m_s_aNrStatus;
  ULONG m_s_tNameStatus;
  ULONG m_s_tGeschlechtStatus;
  ULONG m_s_zGeburtStatus;
  ULONG m_s_jVordiplomStatus;
  ULONG m_s_k_aNrStatus;
  ULONG m_s_zSeitStatus;
}; //class CStudentRs
```

4. Wir inkludieren diese Klasse in die Kopfdatei der Dokumentklasse und legen eine geschützte Variable `m_studRs` als Instanz der neuen Klasse an. Der Generator erledigt beide Aufgaben für uns.

5. Damit wir nicht zu umständlich aus der Ansichtsklasse auf die Datensatzklasse zugreifen, fügen wir der Dokumentklasse eine Übergabefunktion `GibStudenten` hinzu. Diese liefert eine Referenz auf die Dokumentvariable. Da wir sie inline deklarieren wollen, lohnt es sich nicht, sie mit dem Assistenten zu erstellen:

```
// Implementierung
public:
  virtual ~CU25EDoc();
  CStudentRs *GibStudenten(void)  {return &m_studRs; };
```

6. Da wir nicht auf die gewohnten Fehlermeldungen verzichten wollen, übertragen wir Funktionen aus einer der Win32-Anwendungen in die Dokumentklasse und passen sie der MFC an:

```
void CU25EDoc::ZeigeCOMFehler(_com_error &e,CString strQuelle) {
  _bstr_t bstrSource(e.Source());
  _bstr_t bstrDescription(e.Description());
  CString strFehler;
  strFehler.Format("Fehler in %s\n\tCode = %08lx\n\tBedeutung = %s\n" \
          "\tQuelle = %s\n\tBeschreibung = %s\n",strQuelle,e.Error(),
          e.ErrorMessage(),(LPCSTR) bstrSource,(LPCSTR)bstrDescription);
  AfxMessageBox(strFehler);
} //CU25EDoc::ZeigeCOMFehler
```

25.10 Verwenden der ADO-Datenbindung in VC++

```
void CU25EDoc::ZeigeProviderFehler(_ConnectionPtr pobjCn,
                                    CString strQuelle) {
//zeigt die ProviderFehler aus dem Connection-Objekt
// pobjCn  fehlerhaftes Connection-Objekt
   ErrorPtr pErr=NULL; //Hilfszeiger auf ein Fehlerobjekt in der Auflist
   CString strFehler,strF;

   if ((pobjCn->Errors->Count)>0) { //Fehler vorhanden?
     strFehler.Format("Provider-Fehler in %s\n",strQuelle);
     //Fehler-Auflistung abarbeiten
     for(long i=0;i<pobjCn->Errors->Count;i++) {
       pErr=pobjCn->Errors->GetItem(i);
       strF.Format("Fehler-Nummer: %x\t%s\n",pErr->Number,
                                 (LPCSTR)pErr->Description);
       strFehler+=strF;
     } //for
     AfxMessageBox(strFehler);
   } //if
} //CU25EDoc::ZeigeProviderFehler
```

Der zweite Parameter ermöglicht uns die Übergabe der Fehlerquelle. Aus Kompatibilitätsgründen würde man diesen in der Klassendeklaration vorbesetzen:

```
class CU25EDoc : public CDocument
{
protected: // Nur aus Serialisierung erstellen
   CU25EDoc();
   DECLARE_DYNCREATE(CU25EDoc)
   void ZeigeCOMFehler(_com_error &e,CString strQuelle="");
   void ZeigeProviderFehler(_ConnectionPtr pobjCn,CString strQuelle="");
```

7. Damit haben wir die Datensatzklasse integriert. ■

25.10.1.3 Verbindungen herstellen

Um nun die automatische Verbindung zwischen der Datensatzklasse und der Dokumentklasse herzustellen, gehen wir in folgenden Schritten vor:

1. Analog zu unseren Einzelübungen legen wir eine Reihe von geschützten Variablen in der Dokumentklasse an:

```
protected:
   _RecordsetPtr m_pobjRs;
   IADORecordBinding* m_picRs;
   CString m_strConnection;
   CString m_strSQL;
public:
   BOOL m_bBOF;
   BOOL m_bEOF;
```

Außer einer weiteren Variablen für den SQL-Befehl haben wir diese bereits mehrfach eingesetzt. Zwei öffentliche Hilfsvariablen dienen uns später zur Steuerung der Menüoptionen bzw. der Ikonen.

2. Der Zugriff auf die Datenbank sollte immer dann erfolgen, wenn wir (in einer MDI-Anwendung) ein neues Dokument eröffnen. Dies wird in einer SDI-Anwendung ebenfalls durchgeführt, aber nur einmal. Wir suchen daher die Überschreibung auf und programmieren:

```
BOOL CU25EDoc::OnNewDocument() {
  if (!CDocument::OnNewDocument())
    return FALSE;
  // TODO: Hier Code zur Reinitialisierung einfügen
  // (SDI-Dokumente verwenden dieses Dokument)
  //absoluter Pfad
  //m_strConnection=_T("Provider=Microsoft.Jet.OLEDB.4.0;Data
  Source=C:\\Dokumente und
  Einstellungen\\Scheibl\\Eigene\\Programm\\VCNET\\U25_DB\\FH\\FH01Dat.m
  db;User Id=;Password=;");
  //relativer Pfad
  m_strConnection=_T("Provider=Microsoft.Jet.OLEDB.4.0;Data Source="\
                     "..\\FH\\FH01Dat.mdb;User Id=;Password=;");
  //Access-DB über den ODBC-Provider für die OLE DB-Technik einsetzen
  //m_strConnection=_T("Provider=MSDASQL.1;Data Source=Fachhochschule"\
  //                   "02;");

  m_strSQL=_T("SELECT * FROM Student;");
  if(FAILED(::CoInitialize(NULL)))
    return FALSE;
  try {
    // Datensatzobjekt erzeugen
    m_pobjRs.CreateInstance(__uuidof(Recordset));

    //Datensatzgruppe öffnen
    m_pobjRs->Open((LPCTSTR)m_strSQL,(LPCTSTR)m_strConnection,
                    adOpenDynamic,adLockOptimistic,adCmdUnknown);
    //Zeiger auf die Bindungsschnittstelle des Datensatzes holen
    if (FAILED(m_pobjRs->QueryInterface(__uuidof(IADORecordBinding),
                                        (LPVOID *)&m_picRs)))
      _com_issue_error(E_NOINTERFACE);
    m_picRs->BindToRecordset(&m_studRs); //DSklasse an Recordset binden
    POSITION pos=GetFirstViewPosition(); //Zeiger auf Ansicht holen
    CU25EView *pView= (CU25EView*)GetNextView(pos);
    if (pView) {
      pView->ZeigeGebundeneDaten(); //auf Formular ausgeben
      m_bBOF=m_pobjRs->BOF;
      m_bEOF=m_pobjRs->EndOfFile;
      TRACE2("BOF= %d EOF= %d\n",m_bBOF,m_bEOF);
    }
  } catch (_com_error &e) { //Fehler?
    ZeigeCOMFehler(e,"CU25EDoc::OnNewDocument");
    //ZeigeProviderFehler(m_pobjRs->GetActiveConnection());
  } //try
  return TRUE;
} //CU25EDoc::OnNewDocument
```

Am Anfang experimentieren wir noch einmal mit der Verbindungszeichenfolge. Hier sind zwei neue Varianten mit relativem Pfad und direktem Zugriff auf die registrierte Datenbank zu sehen. Der Rest der Funktion ähnelt unseren Übungen.

Da wir Elemente der Ansichtsklasse benutzen, muss diese in der Dokumentklasse bekannt sein:

```
// U25EDoc.cpp : Implementierung der Klasse CU25EDoc
//

#include "stdafx.h"
#include "U25E.h"

#include "U25EDoc.h"

#include "U25EView.h"
```

25.10 Verwenden der ADO-Datenbindung in VC++

3. Am Ende der Verarbeitung sollten wir die Verbindung zur Datensatzklasse wieder ordnungsgemäß abbauen. Hierfür ist ebenfalls die Dokumentklasse zuständig. Die notwendige Funktion liegt aber noch versteckt in der Vorgängerklasse, so dass wir erst die Überschreibung generieren müssen:

```
void CU25EDoc::DeleteContents() {
   if (m_pobjRs) //Datensatzobjekt schließen
     m_pobjRs->Close();
   if (m_picRs) //Datensatzbindung aufheben
     m_picRs->Release();
   m_pobjRs=NULL;
   ::CoUninitialize(); //COM-Umgebung schließen
   CDocument::DeleteContents();
} //CU25EDoc::DeleteContents
```

25.10.1.4 Daten zwischen Tabelle und Formular austauschen

Um die Attribute eines Datensatzes mit den sichtbaren Feldern des Formulars zu koppeln, gehen wir in folgenden Schritten vor:

1. Wir fügen eine neue, öffentliche Memberfunktion `ZeigeGebundeneDaten` in die Ansichtsklasse `CU24EView` ein:

```
void CU25EView::ZeigeGebundeneDaten(void) {
   CStudentRs* pRs;
   pRs=GetDocument()->GibStudenten(); //Zeiger auf Datensatzobjekt
   m_aNr=(pRs->m_s_aNrStatus==adFldOK ? pRs->m_s_aNr:0L);
   m_tName=(pRs->m_s_tNameStatus==adFldOK ? pRs->m_s_tName:"<Fehler>");
   m_tGeschlecht=(pRs->m_s_tGeschlechtStatus==adFldOK ?
                                           pRs->m_s_tGeschlecht:"?");
   m_zGeburt=(pRs->m_s_zGeburtStatus==adFldOK ? pRs->m_s_zGeburt:NULL);
   //Trick: Umwandlung von -1 in +1
   m_jVordiplom=(pRs->m_s_jVordiplomStatus==adFldOK ?
                                         -pRs->m_s_jVordiplom:FALSE);
   m_k_aNr=(pRs->m_s_k_aNrStatus==adFldOK ? pRs->m_s_k_aNr:NULL);
   m_zSeit=(pRs->m_s_zSeitStatus==adFldOK ? pRs->m_s_zSeit:NULL);
   UpdateData(FALSE); //Daten schreiben
} //CU25EView::ZeigeGebundeneDaten
```

Die Funktion besorgt sich einen Zeiger auf das Datensatzobjekt und überträgt in Abhängigkeit vom Status die Felder.

Ob man das so machen darf, sei dahingestellt, es funktioniert. Das Kontrollkästchen ist ein dreiwertiges Feld mit positiven Zuständen 0, 1, 2. Die boolesche Variable einer Datenbank wird mit 0 (false) und -1 (true) verschlüsselt. Durch einen einfachen Vorzeichenwechsel passen wir die Werte aneinander an. Ob das mit allen Datenbanken funktioniert, muss jeweils getestet werden.

2. Was in der einen Richtung funktioniert, muss auch für die Gegenrichtung programmiert werden:

```
BOOL CU25EView::SchreibeGebundeneDaten(void) {
   CStudentRs *pRs;
   pRs=GetDocument()->GibStudenten(); //Zeiger auf Datensatzobjekt
```

```
    BOOL bGeaendert=FALSE; //nicht unnötig auf Platte schreiben

    UpdateData(TRUE); //Daten einlesen
    if (m_tName!=pRs->m_s_tName) { //Feld geändert?
      strcpy(pRs->m_s_tName,(LPCTSTR)m_tName);
      bGeaendert=TRUE;
    }
    if ((m_tGeschlecht!=pRs->m_s_tGeschlecht) &&
                      (m_tGeschlecht.GetLength()>0)) { //Feld geändert?
      strcpy(pRs->m_s_tGeschlecht,(LPCTSTR)m_tGeschlecht);
      bGeaendert=TRUE;
    }
    if ((((DATE)m_zGeburt)!=pRs->m_s_zGeburt) &&
                      (m_zGeburt!=COleDateTime(0,0,0,0,0,0))) {
      pRs->m_s_zGeburt=(DATE)m_zGeburt;
      bGeaendert=TRUE;
    }
    //Trick: Umwandlung von -1 in +1
    if (m_jVordiplom!=-pRs->m_s_jVordiplom) {
      pRs->m_s_jVordiplom=-m_jVordiplom;
      bGeaendert=TRUE;
    }
    if ((m_k_aNr!=pRs->m_s_k_aNr) && (m_k_aNr>0)) {
      pRs->m_s_k_aNr=m_k_aNr;
      bGeaendert=TRUE;
    }
    if ((((DATE)m_zSeit)!=pRs->m_s_zSeit) && (m_zSeit!=0)) {
      pRs->m_s_zSeit=(DATE)m_zSeit;
      bGeaendert=TRUE;
    }
    return bGeaendert;
} //CU25EView::SchreibeGebundeneDaten
```

Da jeder, aber auch jeder Plattenzugriff sorgfältig überlegt sein sollte, führen wir einen Parameter `bGeaendert` ein und setzen ihn, auch wenn es etwas mühsam ist.

Weiterhin beginnen wir ansatzweise mit den Plausibilitätsprüfungen. Ein Autowert kann nicht gesetzt werden, also taucht er hier nicht auf. Mussfelder werden überprüft, leere Felder nicht übertragen usw. Die Überprüfung der referenziellen Integrität überlassen wir der Datenbank. Aber verbotene, negative Werte im Fremdschlüssel können wir schon abfangen.

In dieser Funktion können Sie noch herumwerkeln. So sollte das Datum `m_zSeit` nicht vor dem aktuellen Datum liegen (oder eine andere Regel einsetzen). Das Geschlecht hat nur zwei (vielleicht auch mehr) Zustände.

Die Datumsvergleiche von `m_zGeburt` und `m_zSeit` zeigen keine wesentlichen Unterschiede. Offensichtlich ist null gleich null.

3. Damit haben wir den wichtigen Datenaustausch programmiert. ∎

25.10.1.5 Navigation in einer Datensatzgruppe

Die Navigation durch eine Datensatzgruppe ist sehr vielfältig, aber auch sehr ähnlich, gehen wir in folgenden Schritten vor:

25.10 Verwenden der ADO-Datenbindung in VC++

1. Da die Meldungen – wie üblich – in der Ansichtsklasse auflaufen, müssen wir diese an die Dokumentklasse weiterreichen, damit diese wiederum den Datenbankcursor in der Datensatzgruppe bewegt. Wir haben bereits eine Reihe von Menüpunkten und Ikonen vorbereitet. Für diese generieren wir die entsprechenden Ereignisfunktionen und die Abfragefunktionen für die Darstellung.

2. Die Navigationsfunktionen werden nun am Beispiel `Nächster` demonstriert:

   ```
   void CU25EView::OnDatensatzNaechster() {
   // TODO: Fügen Sie hier Ihren Befehlsbehandlungscode ein.
     BOOL bGeaendert;
     bGeaendert=SchreibeGebundeneDaten(); //Daten übertragen
     GetDocument()->GeheNaechster(bGeaendert); //zum naechsten Datensatz
     ZeigeGebundeneDaten(); //neue Daten anzeigen
   } //CU25EView::OnDatensatzNaechster

   void CU25EView::OnUpdateDatensatzNaechster(CCmdUI *pCmdUI) {
     pCmdUI->Enable(!GetDocument()->m_bEOF);
   } //CU25EView::OnUpdateDatensatzNaechster
   ```

   `SchreibeGebundeneDaten` füllt den Datensatzspeicher mit den Änderungen und liefert uns darüber eine Information. Diese reichen wir an die Funktion `Gehe-Naechster` der Dokumentklasse weiter. Zuletzt zeigen wir die eventuell verarbeiteten Daten erneut an.

3. In der Dokumentklasse benötigen wir die passende Funktion:

   ```
   void CU25EDoc::GeheNaechster(BOOL bGeaendert) {
     HRESULT hr;
     try {
       if (m_pobjRs->Supports(adUpdate)) { //Äendern erlaubt?
         if (bGeaendert) //aktueller Datensatz verändert?
           if (FAILED(hr=m_picRs->Update(&m_studRs)))
             _com_issue_error(hr); //Aktuellen schreiben
       } else {
         AfxMessageBox("Ändern nicht möglich");
       }
       m_pobjRs->MoveNext(); //zum nächsten Datensatz gehen
       m_bBOF=m_pobjRs->BOF;
       m_bEOF=m_pobjRs->EndOfFile;
     } catch (_com_error &e) { //Fehler?
       ZeigeCOMFehler(e);
     } //try
   } //CU25EDoc::GeheNaechster
   ```

   Die Funktion prüft, ob die Datensatzgruppe überhaupt zur Änderung freigegeben ist und ob eine Änderung vorliegt. In diesem Fall werden die Daten des aktuellen Datensatzes geschrieben. Danach bewegt sich der Datenbankzeiger auf den nächsten Datensatz. Zur Steuerung der Menüoptionen bzw. richtungsabhängig wird einer der beiden Schalter neu gesetzt. Dabei signalisieren nicht der erste und der letzte Datensatz diese Eigenschaften. Vielmehr führt der Versuch, vor dem ersten bzw. hinter dem letzten Datensatz zu lesen, dazu, dass die Variablen von `false` (0) auf `true` (-1) übergehen. Dies wird in den Hilfsvariablen gespeichert.

Bei den Funktionen `GeheErster` bzw. `GeheLetzter` wird, wenn mindestens ein Datensatz vorhanden ist, keine Überschreitung erkannt, so dass dort diese Abfragen entfallen können.

4. Damit ist die Navigation programmiert. Eine Bewegung des Datenbankzeigers sorgt dafür, dass ein geänderter Datensatz sofort gespeichert wird. ∎

25.10.1.6 Datensätze löschen und hinzufügen

Das Löschen ist einfach, das Hinzufügen birgt seine Mucken:

1. Zum Löschen muss der Datenbankzeiger positioniert sein. Dann reichen wir die Benutzeraktion über:

```
void CU25EView::OnDatensatzLoeschen() {
  // TODO: Fügen Sie hier Ihren Befehlsbehandlungscode ein.
  GetDocument()->LoescheDatensatz(); //Datensatz löschen
  ZeigeGebundeneDaten(); //neue Daten anzeigen
} //CU25EView::OnDatensatzLoeschen
```

an die Dokumentklasse weiter. Hier ist es natürlich wenig sinnvoll, den Datensatz noch einmal zu speichern, auch wenn er vorher kräftig verändert wurde. Schließlich ist er danach weg.

2. In der Dokumentklasse führen wir dann das Löschen aus:

```
void CU25EDoc::LoescheDatensatz() {
  try   {
    if (m_pobjRs->Supports(adDelete)) { //Löschen erlaubt?
      //Sicherheitsabfrage
      if (AfxMessageBox("Wirklich löschen?",MB_YESNO|MB_ICONQUESTION)
                                                         ==IDYES) {
        m_pobjRs->Delete(adAffectCurrent); //Datensatz löschen
        m_pobjRs->MovePrevious(); //auf Vorgänger positionieren
      }
    } else {
      AfxMessageBox("Löschen nicht möglich");
    }
  } catch (_com_error &e) { //Fehler?
    ZeigeCOMFehler(e,"CU25EDoc::LoescheDatensatz");
  } //try
} //CU25EDoc::LoescheDatensatz
```

Nach einer Prüfung, ob der Benutzer das Recht zum Löschen besitzt, wird eine Sicherheitsabfrage gestartet. Bei Bestätigung wird der Datensatz gelöscht und der Datenbankzeiger neu positioniert.

3. Das Hinzufügen sieht in der Ansichtsklasse noch einfach aus:

```
void CU25EView::OnDatensatzNeuer() {
  BOOL bGeaendert;
  bGeaendert=SchreibeGebundeneDaten(); //Daten übertragen
  GetDocument()->AddiereDatensatz(bGeaendert); //Datensatz addieren
  ZeigeGebundeneDaten(); //neue Daten anzeigen
} //CU25EView::OnDatensatzNeuerdatensatz
```

25.10 Verwenden der ADO-Datenbindung in VC++

Hier wird der aktuelle, ggf. veränderte Datensatz gespeichert und die Aufgabe an die Dokumentklasse weitergereicht:

4. Jetzt fangen aber die Schwierigkeiten an. Wie funktioniert das Einfügen? Nun, man stellt dem Benutzer einfach ein leeres Formular, höchstens mit einigen Vorgabewerten zur Verfügung, in das er seine Daten eingibt. Dummerweise sind aber unsere Felder mit einem Datensatz verknüpft. Also muss erst ein leerer Datensatz angehängt werden.

„Leere" Datensätze gibt es in einer Tabelle nicht, da sich alle eindeutig identifizieren lassen müssen. Somit sorgt schon der Autowert dafür, dass die Datensatznummer hochgezählt wird. Aber auch solchermaßen leere Datensätze gibt es nicht, schließlich verlangen wir, dass der Name ein Mussfeld ist, der Student ein Geschlecht haben muss, sein Alter 15 Jahre überschreitet usw. usw. (**Bild 25.41**).

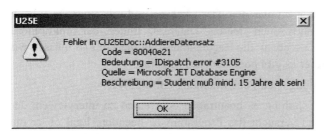

Bild 25.41: Fehlermeldung, wenn der „leere" Datensatz die Plausibilitäten verletzt

Nun wollen wir nicht noch ein Formular ganz ohne Datensatzbindung anlegen, in das zuerst einmal die Daten eingegeben werden. Also bleibt uns nichts anderes übrig, als einen einigermaßen vernünftigen *Leersatz* zu konstruieren:

```
void CU25EDoc::ErzeugeLeerenDatensatz(void) {
//der "leere" Datensatz muss alle Plausibilitäten erfüllen
  m_studRs.m_s_aNr=0;
  strcpy(m_studRs.m_s_tName,_T("unbekannt"));
  strcpy(m_studRs.m_s_tGeschlecht,_T("m"));
  //m_studRs.m_s_zGeburt=COleDateTime::GetCurrentTime();
  m_studRs.m_s_zGeburt=COleDateTime(1980,1,1,0,0,0);
  m_studRs.m_s_jVordiplom=VARIANT_FALSE;
  m_studRs.m_s_k_aNr=1;
  m_studRs.m_s_zSeit=COleDateTime::GetCurrentTime();
} //CU25EDoc::ErzeugeLeerenDatensatz
```

5. Damit können wir nun die Dokumentklasse programmieren:

```
void CU25EDoc::AddiereDatensatz(BOOL bGeaendert) {
  HRESULT hr;
  try  {
    if (m_pobjRs->Supports(adUpdate)) { //Ändern erlaubt?
      if (bGeaendert) //aktueller Datensatz verändert?
        if (FAILED(hr=m_picRs->Update(&m_studRs)))
          _com_issue_error(hr); //Aktuellen schreiben
      if (m_pobjRs->Supports(adAddNew)) { //Hinzufügen erlaubt?
        ErzeugeLeerenDatensatz();    //Leeren Datensatz erzeugen
        m_picRs->AddNew(&m_studRs);  //Leeren Datensatz hinzufügen
        m_pobjRs->MoveLast();        //zum leeren Datensatz gehen
```

```
        } else {
            AfxMessageBox("Hinzufügen nicht möglich");
        }
    } else {
      AfxMessageBox("Ändern nicht möglich");
    }
  } catch (_com_error &e) { //Fehler?
    ZeigeCOMFehler(e,"CU25EDoc::AddiereDatensatz");
  } //try
} //CU25EDoc::AddiereDatensatz
```

➢ Aufgabe 25-3: Neueingabe ohne leeren Datensatz

Natürlich nehmen Sie die Herausforderung an und probieren Alternativen aus. Eine Variante besteht darin, den aktuell sichtbaren Datensatz als neuen Datensatz zu klonen. Dabei werden Änderungen nur noch in den neuen Datensatz übernommen. ■

6. Wir können die ganze Problematik unter den Tisch kehren und mit einer Datenbank ohne Prüfungen leben, wir können einen „leeren" Datensatz finden, der funktioniert, und hoffen, dass keiner in der Datenbank die Regeln ändert. In diesem Fall müssen wir auch das Programm ändern. Aber es gibt noch andere Probleme.

Der Benutzer erhält Fehlermeldung nach Fehlermeldung (**Bild 25.42**).

Er beschließt daraufhin, eine Schulung zu beantragen oder einen zu interviewen, der sich besser damit auskennt, und versucht das Programm zu beenden. Egal ob er die Menüoption oder die Schließikone anklickt, immer erscheint eine unbehandelte Ausnahme (**Bild 25.43**)

Bild 25.42: Noch eine Fehlermeldung aus der Datenbank heraus

Bild 25.43: Ausnahme beim Abbruch der Neueingabe

25.10.2 ADO-Datenbindung in Visual C++

Die Anbindung von Visual C++ an eine Datenbanktabelle war schon ziemlich mühsam. Wie machen dies die vielen Programme, die Tabellen in Gitterelementen darstellen? Hier sollte es eine einfachere Lösung geben. Diese finden wir im Einsatz der ADO-Datenbindung in Visual C++, die mit folgenden Aufgaben verbunden ist:

- Import der geeigneten Steuerelemente in die Werkzeugleiste
- Einfügen (mindestens) eines ADO-Daten-Steuerelements in das Formular
- Verknüpfen des ADO-Daten-Steuerelements mit einem Datenanbieter (Provider)
- Festlegen der Datensatzquelle (SQL-Abfrage oder Datenempfangssprache)
- Hinzufügen eines datengebundenen ADO-Steuerelements
- Verbinden des datengebundenen Steuerelements mit einem ADO-Daten-Steuerelement
- Auswählen der Felder, die an die Datensatzquelle des ADO-Daten-Steuerelements gebunden werden.
- Erstellen der Verarbeitungsfunktionen

25.10.2.1 ADO-Datenbindung in Visual C++

U25F Wir erkennen zwei große Bereiche:
- Einbindung eines ADO-Daten-Steuerelements und Anbindung an einen äußeren Provider
- interne Verknüpfung der Steuerelemente an dieses Datenbanksteuerelement

Wir gehen bei der ADO-Datenbindung in folgenden Schritten vor:

1. Wir erstellen mit dem MFC-Anwendungsassistenten eine neues dialogfeldbasierendes Projekt `U25F` ohne Datenbankunterstützung. Das Projekt öffnet das Formular im Dialogeditor.
2. Nach Rechtsklick auf die Toolbox lösen wir `Toolbox anpassen` aus. Es erscheint das gleichnamige Dialogfeld (**Bild 25.44**).
3. Hier markieren wir die ADO-Datenbindung `Microsoft ADO Data Control` und das datengebundene Gitterelement `Microsoft DataGrid Control` in der Version für OLEDB.
4. Diese Elemente tauchen nach der Bestätigung mit OK in der Werkzeugleiste auf (**Bild 25.45**) und können wie normale Steuerelemente verarbeitet werden.

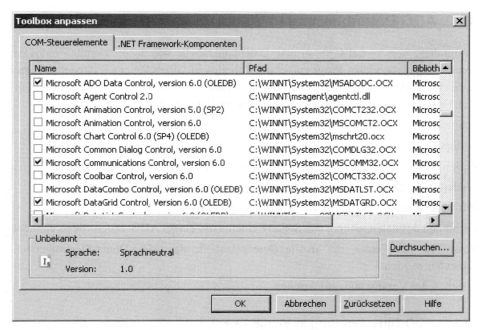

Bild 25.44: ADO-Steuerelemente in die Werkzeugleiste aufnehmen

Bild 25.45: ADO-Steuerelemente in der Werkzeugleiste

5. Da wir die Tabelle Professor darstellen wollen, ziehen wir beide Steuerelemente auf unserem Formular auf (**Bild 25.46**).

25.10 Verwenden der ADO-Datenbindung in VC++

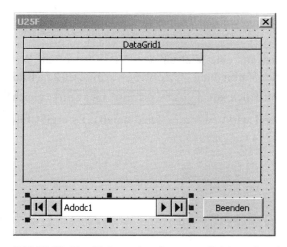

Bild 25.46: Oberflächenentwurf `U25F` mit datengebundenen ADO-Steuerelementen

6. Die ADO-Datenbindung stellt die Verbindung zur Außenwelt her. Wir stellen daher zuerst die Eigenschaften dieses Steuerelements `IDC_PROFESSOR` ein. Die Beschriftung in `Caption` ist schnell auf `Professoren` umgestellt.

7. Aufwändiger, aber mit guter Assistentenunterstützung erfolgt die Bindung an eine Datenquelle. Hierzu klicken wir auf die Ellipsenikone der Eigenschaft `ConnectionString`. Es öffnet sich das Dialogfeld `Tabellenverknüpfungseigenschaften` mit vier Registerblättern (**Bild 25.47**).

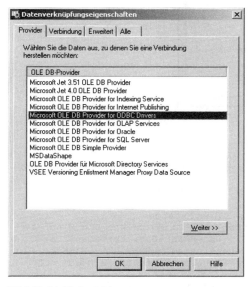

Bild 25.47: Dialogfeld `Tabellenverknüpfungseigenschaften`

8. Auf dem Registerblatt `Provider` wählen wir den Treiber für die ODBC-Anbindung unter OLE DB.
9. Das Registerblatt `Verbindung` lässt uns eine Vielzahl von Varianten offen. Wir wählen beispielsweise die registrierte Verbindung Fachhochschule02 (**Bild 25.48**). Die Verbindung können wir mit Klick auf [Verbindung testen] gleich ausprobieren, was ungeheuer beruhigend wirkt (wenn es funktioniert). Es ergibt folgende Verbindungszeichenfolge:

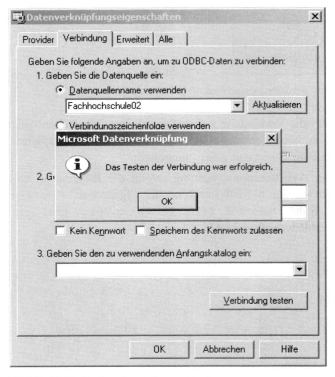

Bild 25.48: Verbindung herstellen und testen

```
Provider=MSDASQL.1;Persist Security Info=False;Data Source=Fachhochschule02
```

Eine direkte Verbindung ergibt folgende Verbindungszeichenfolge:

```
Provider=MSDASQL.1;Persist Security Info=False;Extended
 Properties="DSN=Microsoft Access-Datenbank;DBQ=C:\Dokumente und Einstel-
 lungen\Scheibl\Eigene\Programm\VCNET\U25_DB\FH\FH02Dat.mdb;DefaultDir=C:\D
 okumente und Einstellungen\Scheibl\Eigene\Programm\VCNET\U25_DB\FH\;
 DriverId=25;FIL=MS Access;MaxBufferSize=2048;PageTimeout=5;UID=admin;"
```

10. Damit ist der Datenlieferant festgelegt. Wir müssen bei ihm in die Details gehen. Dazu legen wir die Eigenschaft `RecordSource` fest. Spätestens jetzt muss die Verbin-

25.10 Verwenden der ADO-Datenbindung in VC++

dung stehen, sonst erscheint das Dialogfeld `IDC-PROFESSOR(ActiveX Control)` Eigenschaftenseiten nicht (**Bild 25.49**).

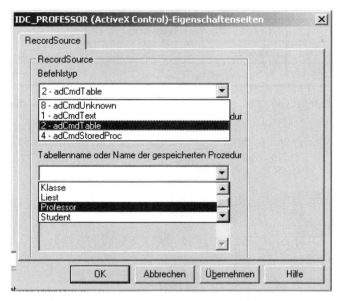

Bild 25.49: Datenquelle `Professor` für das ADO-Datenbindung festlegen (Montage)

Das Eigenschaftsblatt bietet uns eine Reihe von Befehlstypen an, bei denen sich verschiedene Steuerelemente öffnen:

- `1 - adCmdText` erlauben uns die Eingabe einer Abfrage in das Feld `Befehlstext (SQL)` ein. Die datengebundenen Steuerelemente sind in der Lage, eine Verbindung mit dem Ergebnis der Abfrage herzustellen. Die Abfrage erfolgt in der Regel in SQL. Jedoch verwenden einige OLE Datenbank-Provider SQL nicht.
- `2 - adCmdTable` erlaubt uns die Auswahl einer Tabelle.
- `4 - adCmdStoredProc` erlaubt uns die Auswahl aus den gespeicherten Abfragen. Da dies von Access nicht unterstützt wird, bleibt das Kombinationsfeld leer. Bei anderen Datenbanken finden wir hier die so genannten *Trigger* aufgelistet.

11. Damit haben wir unser Projekt mit einem externen Datenanbieter verknüpft. ■

Aufbauend auf einer ADO-Datenbindung können wir nun eine zweite Schicht zur Darstellung der Datensatzgruppe aufbauen:

1. Das Gitterelement `IDC_PROFGITTER` haben wir bereits platziert.
2. Ihm geben wir verschiedene Eigenschaften:

Eigenschaft	Wert	Erläuterung
`AllowAddNew`	`True`	Fügt eine leere Zeile am Ende für einen neuen Datensatz ein
`AllowDelete`	`True`	Erlaubt das Löschen von Datensätzen
`AllowUpdate`	`True`	Erlaubt das Ändern von Datensätzen
`Caption`	`Professoren`	Titelleiste
`Datenquelle`	`IDC_PROFESSOR`	

Die entscheidende Eigenschaft ist die `Datenquelle`, die das Gitterelement an die ADO-Datenbindung koppelt.

3. Das war schon alles. Wir können nun das Programm testen und speichern (**Bild 25.50**).
∎

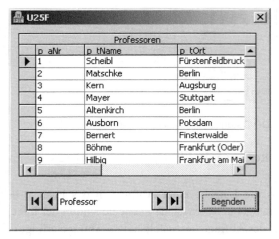

Bild 25.50: ADO-Steuerelemente im Einsatz

Es ist nun durchaus denkbar, die ADO-Datenbindung unsichtbar zu steuern und das Navigieren vollständig über das Gitterelement abzuwickeln.

Sicher haben Sie es bemerkt. Wir haben nicht eine Codezeile geschrieben.

26

Verwalteter Code im .NET Framework

26	**Verwalteter Code im .NET Framework** 1369	
	26.1 Grundlagen des .NET Frameworks 1369	
	26.2 Verwaltete C++-Anwendung erstellen 1372	
	26.3 Windows Form-Anwendung programmieren 1374	
	26.4 Bestehende MFC-Anwendung mit verwalteten Erweiterungen 1378	
	26.5 Steuerelemente und Grafik 1380	

26 Verwalteter Code im .NET Framework

In diesem Kapitel kommen wir endlich zum namensgebenden Anteil der neuen Version des Visual Studios .NET, zum Visual C++ .NET (gesprochen DOTNET). Offensichtlich wurde der Großteil der Microsoft-Entwickler zur Entwicklung von C# (gesprochen C sharp, musikalisch vorgebildete Menschen sprechen eher von Cis, dem hochgestellten C) eingesetzt, denn die Unterstützung von Visual C++ für das .NET Framework (Rahmengerüst) ist ähnlich wie für ADO und ADO.NET rudimentär. Wir finden keine Assistenten usw., aber der Compiler stürzt wenigstens nicht ab.

Es gibt genug Gurus, die vorschlagen, dann doch gleich in C# oder doch lieber in Java zu programmieren. Schließlich ist C# fast zu 100 Prozent reines Java. Vornehm ausgedrückt würde man sagen: „Microsoft hat auf die Erfahrungen bei der Implementierung der Java-Laufzeitumgebung zurückgegriffen."

In diesem Kapitel lernen Sie,

- was das neue .NET Framework von Microsoft ist,
- woraus das .NET Framework besteht,
- welches die wichtigsten Komponenten sind,
- was der Zwischencode ist,
- wie man eine Windows Form-Anwendung programmiert.

26.1 Grundlagen des .NET Frameworks

Das Ziel von Java ist eine plattformübergreifende Programmierung. Als starke Nachempfindung dieser Technik versucht nun auch das .NET Framework dieser Philosophie nachzueifern. Wesentliche Punkte in diesem Konzept sind:

- einheitliche Programmierung von Internet- und GUI-Anwendungen
- Verteilung der Anwendung auf mehrere Computer
- einheitliche, vereinfachte Datentypen über alle Programmiersprachen
- Zwischencode (IL Intermediate Language), der erst vom Zielsystem in Maschinencode übersetzt wird

Die letzte Aussage zeigt uns den wesentlichen Schritt. Der Zwischencode kann auf die verschiedensten Plattformen übertragen werden. Dabei kann es sich um eingebettete Mikrosysteme, ferne Internet-Browser oder Großrechner, Spielekonsolen, intelligente Fernseher oder Ähnliches handeln.

Auf allen Plattformen muss es nur einen Interpreter oder Compiler geben, der den Zwischencode auf die Plattform umsetzt.

Das Ganze ist übrigens keine Erfindung von Sun (Java) oder Microsoft (.NET Framework). Vielmehr hatten die frühen Pascal-Compiler bereits den so genannten P-Code. Auch BASICA wandelte die Befehle in so genannte Token um, die nur aus einem Byte bestanden.

Der Zwischencode hat den Vorteil, den Quelltext nicht offen zu legen und bereits optimiert zu sein.

Nachteilig ist, dass immer erst der Interpreter geladen werden muss, bevor das Programm startet. Diesen Effekt kennen Sie bereits aus Java-Applets im Internet. Sie werden ihn jetzt auch bei Microsoft-Anwendungen kennen lernen. Ist der Interpreter geladen, läuft die Verarbeitung deutlich schneller ab.

Mit dem Einsatz von .NET Framework passt Microsoft sogar seine *Namenskonventionen* an. Diese sind sehr einfach. Eine Klasse beginnt mit einem großen Buchstaben (nicht notwendigerweise C). Variablen starten mit einem Kleinbuchstaben.

Um dem Compiler mitzuteilen, dass wir Klassen und Strukturen als verwaltete Elemente erstellen möchten, fügen wir den Modifizierer `__gc` hinzu.

Das .NET Framework besteht aus:

- einer allgemeinen Laufzeitumgebung (CLR Common Language Runtime) für alle Programmiersprachen des Rahmengerüsts
- einer Klassenbibliothek für die Erstellung von Konsolen-, Windows- und Webanwendungen. Sie besteht aus Klassen, Schnittstellen und Wertetypen

In starker Anlehnung an Java ist die Klassenbibliothek in *Namensräume* aufgeteilt. Durch Auswahl der Namensräume machen wir die Klassen einem Programm bekannt und zugänglich. Die Hierarchie der Klassen ergibt sich durch die Bezeichner der Namensräume, die in allen Sprachen außer Visual C++ durch Punkte eine immer feinere Spezialisierung andeuten. In Visual C++ wird zur Abtrennung der Bereichsauflösungsoperator `::` benutzt. Die Klasse `ArrayList` ist also folgendermaßen vollständig qualifiziert:

`System::Collections::ArrayList`

Aus der Vielzahl der Namensräume seien nur einige ausgewählt:

Namensraum	Beschreibung
`System`	enthält grundlegende Klassen und Basisklassen, die von den meisten .NET-Programmen genutzt werden. Typisch sind Wert- und Verweisdatentypen (Referenzen), Ereignisse und Ereignishandler, Schnittstellen, Attribute und Ausnahmen.
`Microsoft`	enthält produktspezifische Elemente der jeweiligen Sprache.
`System.Collections`	enthält Schnittstellen und Klassen, die verschiedene Auflistungen von Objekten definieren, z. B. Listen, Warteschlangen, Bitarrays, Hashtabellen und Wörterbücher.
`System.Data`	stellt die Klassen, um auf Datenlieferanten zuzugreifen.

26.1 Grundlagen des .NET Frameworks

Namensraum	Beschreibung
System.Drawing	verpackt die Grafikfunktionen der GDI+. Die Namensräume System.Drawing.Drawing2D, System.Drawing.Imaging und System.Drawing.Text stellen weitere Funktionen zur Verfügung.
System.IO	enthält Klassen für synchrones sowie asynchrones Lesen und Schreiben auf Datenströme und Dateien.
System.Net	ermöglicht mit seinen Klassen den Zugriff auf das Netz mit seinen verschiedenen Protokollen.
System.Security	ist für die Erstellung von Sicherheitsmechanismen zuständig.
System.Text	enthält Klassen, die ASCII-, Unicode-, UTF-7- und UTF-8-Verfahren für die Zeichencodierungen darstellen und ineinander konvertieren.
System.Web	ermöglicht mit seinen Klassen und Schnittstellen eine Browser-/Server-Kommunikation über das Internet.
System.Web.Services	besteht aus den Klassen, welche die Erstellung und Verwendung von Webdiensten ermöglichen.
System.Windows.Forms	enthält Klassen zum Erstellen Windows-basierter Anwendungen, welche die auf dieser Plattform gegebenen grafischen Möglichkeiten optimal nutzen.
System.Xml	stellt die Unterstützung für die XML-Verarbeitung bereit.

Namensräume dürfen beliebig viele Komponenten enthalten. Jedoch besteht keine Vererbungsbeziehung oder Ähnliches zwischen den Stammkomponenten und den Spezialisierungen. Es handelt sich um logische Zusammenfassungen.

☞ Hinweis: Die Namensräume ähneln den Java-Paketnamen. Dort finden wir die Pakete in entsprechenden Ordnerbäumen. Die Klassen von Microsoft-Namensräumen können dagegen auf beliebige DLLs verteilt sein. Es ist jede Kombination denkbar. Zwischen den Klassen der Namensräume und den DLLs besteht ein m:m-Beziehungstyp.

Die im Namensraum `System` definierten Basistypen sind:

System::	Byte	Bereich	verwalteter C++-Typ
Boolean		true oder false	bool
Char	2	Ein beliebiges Unicode-Zeichen.	wchar_t
Single	4	etwa -10^{38} bis 10^{38} bei einer Genauigkeit von ca. 7 Stellen. Kann kleine Zahlen bis 10^{-44} darstellen.	float
Double	8	etwa -10^{308} bis 10^{308} bei einer Genauigkeit von ca. 15 Stellen. Kann kleine Zahlen bis 10^{-323} darstellen.	double
Decimal	12	etwa -10^{28} bis 10^{28} bei einer Genauigkeit von 28 Stellen. Kann kleine Zahlen bis 10^{-28} darstellen.	Decimal
Byte	1	0 bis 255	char
UInt16	2	0 bis 65,535	unsigned short
UInt32	4	0 bis 4,294,967,295	unsigned int unsigned long

System::	Byte	Bereich	verwalteter C++-Typ
UInt64	8	0 bis ungefähr 10^{20}	unsigned _int64
SByte	1	-128 bis 127	signed char
Int16	2	-32.768 bis 32.767	short
Int32	4	-2.147.483.648 bis 2.147.483.647	int oder long
Int64	8	Ungefähr -10^{19} bis 10^{19}	_int64
IntPtr		plattformabhängig	nicht integriert
UintPtr		plattformabhängig	nicht integriert

Die Gleitkommatypen entsprechen der IEEE-754-Empfehlung, sind also zu jedem Zeitpunkt definiert und enthalten Informationen über einen Überlauf (Unendlich, NaN Not a Number) usw.

26.2 Verwaltete C++-Anwendung erstellen

U261 Wir wollen nun eine einfache Anwendung programmieren, die das berühmte „Hallo, Welt!" auf den Bildschirm zaubert.

Dazu gehen wir in folgenden Schritten vor:

1. Wir generieren ein neues Projekt `U261` im Ordner `U26_VwC`. Der Projekttyp ist `Visual C++-Projekte`, die Vorlage `Verwaltete C++-Anwendung` (**Bild 26.1**).

2. Ohne viele Rückfragen oder Auswahlmöglichkeiten wird sofort eine Programm generiert, das tatsächlich das Gewünschte erledigt. Es sieht aus wie ein Konsolenprogramm aus dem ersten Kapitel, ja es hat dieselben Macken und schließt sich im Debug-Modus sofort wieder.

3. Wir korrigieren den Quelltext daher ein wenig und passen ihn an den Stil des Buchs an:

```
// Die Hauptprojektdatei für ein VC++-Anwendungsprojekt,
// das mit dem Anwendungs-Assistenten generiert wurde.

#include "stdafx.h"

#using <mscorlib.dll>
#include <tchar.h>

using namespace System;

// Dies ist der Einstiegspunkt für die Anwendung
int _tmain(void) {
    // TODO: Ersetzen Sie den Beispielcode durch Ihren eigenen Code.
    Console::WriteLine(S"Hallo, Welt");
    Console::ReadLine();
    return 0;
} //_tmain
```

26.2 Verwaltete C++-Anwendung erstellen

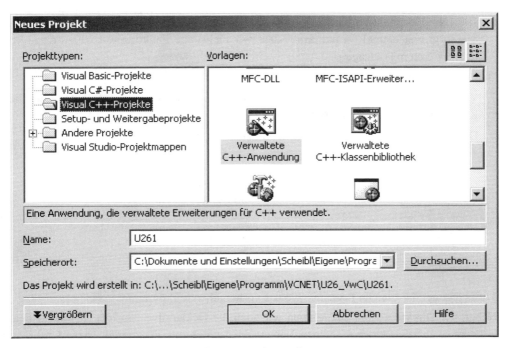

Bild 26.1: Projekt U261 als verwaltete C++-Anwendung anlegen

4. Jetzt bleibt das Programm auch im Debug-Modus stehen und wartet auf eine Benutzereingabe (**Bild 26.2**).

Bild 26.2: U261 liefert eine erste Ausgabe

5. Damit können wir das Programm abspeichern und analysieren. ∎

Vergleichen wir das Programm mit dem Konsolenprogramm aus dem ersten Kapitel, so fallen einige Punkte ins Auge:

- Es wird eine DLL mit der folgenden Präprozessordirektive eingebunden: `#using <mscorlib.dll>`. Diese Direktive kennen wir bereits aus dem letzten Kapitel.
- Eine neue Kopfdatei `#include <tchar.h>` scheint die Datentypen festzulegen.

- Die Compilerdirektive `using namespace System;` legt den *Namensraum* fest. Sie sorgt erst einmal formal dafür, dass wir nicht jede Funktion mit `System.fkt` qualifizieren müssen.

U261 Den Einsatz von Namensräumen können wir ganz einfach testen:

1. Wir legen ein leeres Projekt `U622` an. Dies generieren wir am einfachsten über die Konsolenanwendung.
2. Dem Projekt fügen wir folgende Datei hinzu:

```
// U262.cpp testet Namensräume

#include <iostream>

void main() {
  std::cout << "Hallo, ";       //explizit
  using namespace std;          //Namensraum festlegen
  cout << "Welt!" << endl;      //einsetzen
  char cEingabe=' ';
  cin >> cEingabe;
} //main
```

3. Es erzeugt das gleiche Ergebnis wie das vorhergehende Programm. ∎

Neben der Direktive `using` können wir noch die Deklarative `using` unterscheiden. Letztere qualifiziert einen einzelnen Namen für das gesamte Programm. Diese wird man einsetzen, wenn eine einzelne Funktion usw. aus einem anderen Namensraum angefordert werden soll.

Natürlich funktioniert das Programm auch noch in der alten Form, da die Standardkopfdateien die Namensräume implizit mitbringen.

Als zusätzliche Datei finden wir `AssemblyInfo.cpp`, die eine Reihe von Informationsvariablen belegt. Es handelt sich um in eckige Klammern eingeschlossene Metadaten, deren Werte derzeit leer sind. Wir können hier unsere Informationen über Firma, Copyright usw. ablegen.

26.3 Windows Form-Anwendung programmieren

Eine Windows Form-Anwendung unter der Verwendung von `System::Windows::Forms` ist die Abbildung des Microsoft Visual Basic-Formularkonzepts auf verwaltete Anwendungen. Eine solche Anwendung besteht aus einem oder mehreren Formularen beliebiger Art, also auf oberster Ebene, untergeordnet (modal) oder Dialoge. Für Visual C++ existiert (noch) kein Assistent für die Formulargestaltung.

Windows Form und MFC haben nichts miteinander zu tun. Wir müssen uns also entscheiden, welche Technik wir bei Neuentwicklungen einsetzen. Aus der Vielzahl von Klassen seien nur die wichtigsten herausgegriffen. Fast alle kennen wir aus der :"normalen" Programmierung mit der MFC.

26.3 Windows Form-Anwendung programmieren

Klasse	Beschreibung
`Application`	stellt Methoden und Eigenschaften für die Verwaltung einer Anwendung zur Verfügung, z. B. Methoden zum Starten und Beenden, zum Verarbeiten von Windows-Meldungen sowie Informationen über eine Anwendung.
`AxHost`	erstellt einen Wrapper für ActiveX-Steuerelemente, um diese in Windows Form-Anwendungen einzusetzen.
`Button`	repräsentiert ein Schaltflächen-Steuerelement von Windows.
`ButtonBase`	Implementiert die Grundfunktionen, die alle Schaltflächen-Steuerelemente aufweisen.
`CheckBox`	repräsentiert ein Windows-Kontrollkästchen.
`Clipboard`	stellt Methoden bereit, über die Daten mit der Zwischenablage ausgetauscht werden.
`ComboBox`	repräsentiert ein Kombinationsfeld-Steuerelement von Windows.
`Cursor`	repräsentiert das Bild, das zum Zeichnen des Mauszeigers verwendet wird.
`DataGrid`	zeigt ADO.NET-Daten in einem bildlauffähigen Datenblatt an.
`DateTimePicker`	repräsentiert ein Windows-Steuerelement für die Datums-/Zeitauswahl.
`Form`	repräsentiert ein Fenster oder ein Dialogfeld.
`HScrollBar`	repräsentiert eine horizontale Standard-Bildlaufleiste von Windows.
`ImageList`	stellt Methoden zur Verwaltung einer Auflistung von Image-Objekten bereit.
`Label`	repräsentiert ein Windows-Standardlabel.
`ListBox`	repräsentiert ein Listenfeld-Steuerelement von Windows.
`ListView`	zeigt eine Auflistung von Elementen in einer von vier Varianten an.
`Menu`	repräsentiert die Basisfunktionen für alle Menüs.
`MessageBox`	zeigt ein Meldungsfeld an.
`Panel`	repräsentiert ein Panel-Steuerelement von Windows.
`PictureBox`	repräsentiert ein Windows-Bildfeld-Steuerelement für die Anzeige eines Bildes.
`ProgressBar`	repräsentiert ein Statusanzeige-Steuerelement von Windows.
`RadioButton`	repräsentiert ein Windows-Optionsfeld.
`RichTextBox`	repräsentiert ein Windows-Textfeld-Steuerelement für RTF.
`Splitter`	verleiht einem Fenster die Möglichkeit, aufgeteilt zu werden.
`StatusBar`	repräsentiert ein Statusleiste-Steuerelement von Windows.
`TextBox`	repräsentiert ein Textfeld-Steuerelement von Windows.
`ToolBar`	repräsentiert eine Windows-Symbolleiste.
`TreeView`	zeigt eine baumartige Auflistung an.
`VScrollBar`	repräsentiert eine vertikale Standard-Bildlaufleiste von Windows.

Natürlich hat das manuelle Programmieren einer grafischen Oberfläche seinen besonderen Reiz, weil wir dann die inneren Abläufe besser verstehen. Die Produktivität ist aber erheblich eingeschränkt. Wir begnügen uns daher erst einmal mit einer einzelnen Schaltfläche.

U263 Java-Programmierer wissen, dass ein Applet in jedem Trägerprogramm laufen kann. Somit müssen wir es nur in einen Browser einbinden, um es im Internet lauffähig zu machen. Soll es dagegen auf dem lokalen Rechner laufen, so wird es in einem geeigneten Hauptprogramm gestartet. Idealerweise erkennt es, welche der beiden Varianten angefordert wird.

Es ist auf dem lokalen Rechner zwar ein Konsolenfenster zu sehen, das Applet zeigt sich aber als ordentliche Fenster-Anwendung. Ein solches Formular wollen wir nun ebenfalls unter Visual Studio .NET erzeugen. Es heißt hier *Windows Form*.

Mit den folgenden Schritten wollen wir ein Formular generieren, das eine Schaltfläche als Steuerelement enthält, mit der wir einige der Umgebungsvariablen auf der Konsole ausgeben.

1. Wir generieren eine verwaltete C++-Anwendung U263 wie im ersten Beispiel.
2. Ein Formular wird unter Visual C++ wie eine Ansicht durch eine eigenständige Klasse repräsentiert, die wir nun anlegen müssen. Leider wird dies nicht vom Assistenten unterstützt, da er die Basisklassen, z. B. Form, nicht kennt. Wir müssen also zuerst die Kopfdatei U263.h mit P̲rojekt|Neues Element hinzu̲fügen... (**Bild 26.3**).
3. Die Kopfdatei füllen wir mit:

```
#using <mscorlib.dll>
#using <System.Windows.Forms.dll>
#using <System.dll>

using namespace System;
using namespace System::Windows::Forms;

__gc class U263Form : public Form
{
public:
  U263Form();
  void OnButtonClicked(Object *sender, EventArgs *e);
}; //class U263Form
```

Mit dem Modifizierer __gc wird eine verwaltete Klasse von Form abgeleitet. Neben dem Konstruktor besitzt sie eine Ereignisfunktion.

4. Dann wiederholen wir das Ganze für die Implementationsdatei U263Form.cpp. Diese füllen wir mit:

26.3 Windows Form-Anwendung programmieren

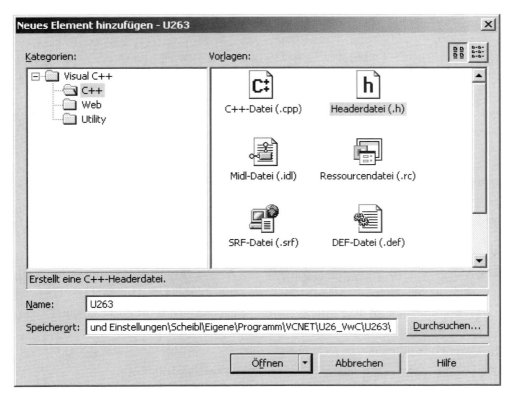

Bild 26.3: Kopfdatei der Formularklasse `U263Form` hinzufügen

```
//U263Form.cpp Implementationsdatei des Formulars

#include "stdafx.h"
#include "U263Form.h"

#using <mscorlib.dll>
#include <tchar.h>

using namespace System;
using namespace System::Windows::Forms;

U263Form::U263Form()
: Form() {
  Width=150; //Größe des Formulars festlegen
  Height=60;
  Button *pButton = new Button();//neue Schaltfläche anlegen
  pButton->Text="System"; //Schaltflächeneigenschaften setzen
  pButton->Left=40;
  pButton->Top=5;
  //Ereignisbehandlung delegieren
  pButton->Click+=new EventHandler(this, OnButtonClicked);
  Controls->Add(pButton); //Schaltfläche zur Windows Form hinzufügen
} //U263Form::U263Form

void U263Form::OnButtonClicked(Object *sender,EventArgs *e) {
  String* strZeile;
```

```
//aktuelle Version des Betriebssystems ermitteln
strZeile=String::Concat(S"OS-Version:              ",
                            Environment::get_OSVersion());
Console::WriteLine(strZeile);
strZeile=String::Concat(S"Maschinen-Name:          ",
                            Environment::get_MachineName());
Console::WriteLine(strZeile);
strZeile=String::Concat(S"Aktueller Ordner:        ",
                            Environment::get_CurrentDirectory());
Console::WriteLine(strZeile);
strZeile=String::Concat(S"Systemordner:            ",
                            Environment::get_SystemDirectory());
Console::WriteLine(strZeile);
strZeile=String::Concat(S"Benutzername:            ",
                            Environment::get_UserName());
Console::WriteLine(strZeile);
strZeile=String::Concat(S"Netzwerkdomänenname:    ",
                            Environment::get_UserDomainName());
Console::WriteLine(strZeile);
Version *verCLR=Environment::get_Version();
strZeile=String::Concat(S"Common Language Runtime-Version: ",
verCLR->ToString());
Console::WriteLine(strZeile);
} //U263Form::OnButtonClicked
```

Im Konstruktor wird die Fenstergröße festgelegt und eine Schaltfläche kreiert. Das Ereignis wird an die Ereignisfunktion weitergereicht (delegiert).

5. Unser Hauptprogramm ist recht übersichtlich:

```
// Die Hauptprojektdatei für ein VC++-Anwendungsprojekt,
// das mit dem Anwendungs-Assistenten generiert wurde.

#include "stdafx.h"
#include "U263Form.h"x

#using <mscorlib.dll>
#include <tchar.h>

// Hauptprogramm
int _tmain(void) {
  Application::Run(new U263Form());
  return 0;
} //_tmain
```

Eigentlich wird nur eine Meldungsschleife für das Formular erzeugt.

6. Wir starten das Programm und testen es (**Bild 26.4**). ■

26.4 Bestehende MFC-Anwendung mit verwalteten Erweiterungen

U264 Wollen wir in einer bestehenden MFC-Anwendung die verwalteten Erweiterungen nutzen, dann müssen wir in den Projekteigenschaften eine Reihe von Schaltern umstellen:

1. Wir klonen `U111` zu `U264`.

26.4 Bestehende MFC-Anwendung mit verwalteten Erweiterungen 1379

2. Zum Übersetzen ändern wir die Eigenschaften des Projektknotens. Die wichtigste Eigenschaft ist `Als verwaltet compilieren`, die wir auf `Assemblyunterstützung (/CLR)` einstellen (**Bild 26.5**).

3. Daraufhin wird eine Reihe weiterer Eigenschaften bemängelt, die wir anpassen müssen. Sie befinden sich alle im Knoten `Codeerstellung` (**Bild 26.6**).

Bild 26.4: Systemeigenschaften mit einer verwalteten Anwendung ausgegeben

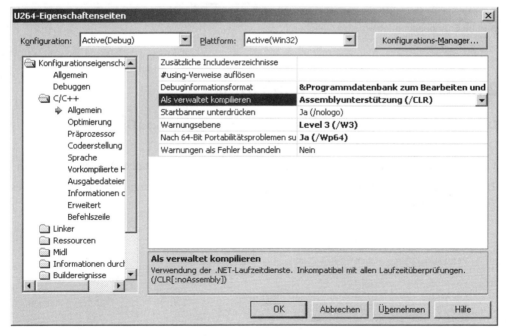

Bild 26.5: Auswahl der verwalteten Erweiterungen

4. Nun lässt sich das Programm erneut übersetzen. Es verhält sich äußerlich unverändert.
∎

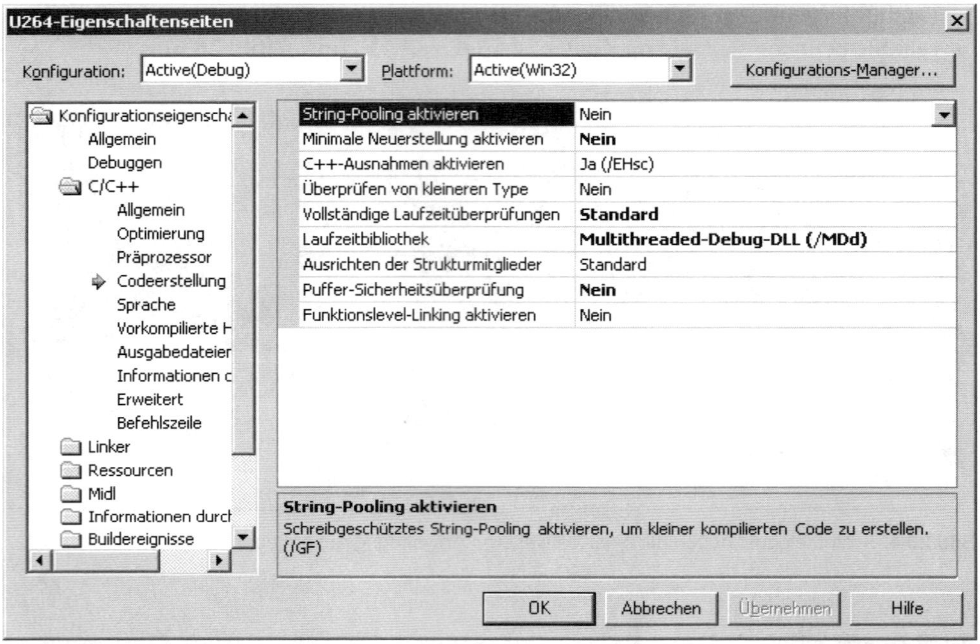

Bild 26.6: Anpassung fehlerhafter Optionen

26.5 Steuerelemente und Grafik

U246 Die nächste Übung zeigt uns den Einsatz von Steuerelementen und Grafiken.

Dazu gehen wir in folgenden Schritten vor:

1. Wir legen eine neue `Verwaltete C++-Anwendung` mit dem Namen U265 an.
2. In der Implementationsdatei `U265.cpp` bereiten wir den Zugriff auf die Assemblies vor und geben diese Namensräume an:

```
// Die Hauptprojektdatei für ein VC++-Anwendungsprojekt,
// das mit dem Anwendungs-Assistenten generiert wurde.

#include "stdafx.h"

#using <mscorlib.dll>
#using <System.dll>
#using <System.Windows.Forms.dll>
#using <System.Drawing.dll>

#include <tchar.h>
```

26.5 Steuerelemente und Grafik

```
using namespace System;
using namespace System::ComponentModel;
using namespace System::Windows::Forms;
using namespace System::Drawing;
```

Hierbei wird auch schon der Zugriff auf die Grafikschnittstelle GDI+ eingefügt, um spätere Korrekturen zu vermeiden.

3. Im nächsten Schritt legen wir eine leere Formularklasse an:

```
__gc public class U265Form : public Form {
public:
  U265Form() {}; //Konstruktor
}; //class U265Form
```

4. Damit das Formular erscheint, ändern wir das Hauptprogramm:

```
// Dies ist der Einstiegspunkt für die Anwendung
int _tmain(void) {
  Application::Run(new U265Form());
  return 0;
} //_tmain
```

5. In diesem Zustand ist das Programm übersetzungsfähig. Es erzeugt ein Konsolenfenster und ein Formular (**Bild 26.7**). ■

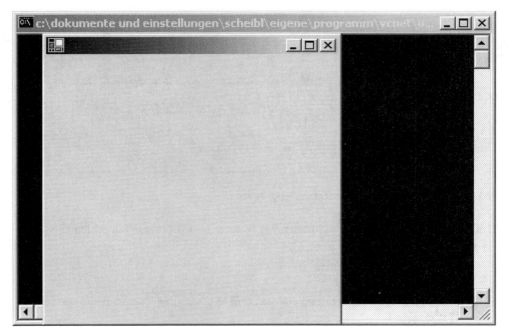

Bild 26.7: Vor dem Konsolenfenster wird ein leeres Formular angezeigt

Wir wollen nun ein Simulationsprogramm für eine Ampelsteuerung vorbereiten. Da beim Zurückschalten der Ampel auch die Farbkombination Rot-Gelb aktiv sein kann, können wir keine Optionenfelder benutzen, sondern setzen Kontrollkästchen ein. Trotzdem wollen wir diese in ein Rahmenfeld setzen, da dieses im Gegensatz zum gleichen Steuerelement in Visual C++ als Container dienen kann.

> Wir fahren daher mit folgenden Schritten fort:

1. Da Visual C++ über keinen angepassten Assistenten verfügt, ist es durchaus denkbar, über Visual Basic oder C# die Oberfläche zu entwerfen. C# hat dabei den Vorteil, dass die Sprachfamilie sehr ähnlich ist (**Bild 26.8**).

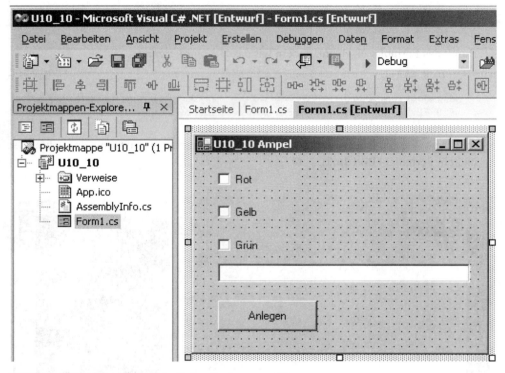

Bild 26.8: Entwurf des Formulars mit dem Designer von C#

2. Die Oberflächenbeschreibung finden wir in einer normalerweise ausgeblendeten Region:

```
#region Windows Form Designer generated code
/// <summary>
/// Erforderliche Methode für die Designerunterstützung.
/// Der Inhalt der Methode darf nicht mit dem Code-Editor geändert
werden.
/// </summary>
private void InitializeComponent()
{
    this.chkRot = new System.Windows.Forms.CheckBox();
    this.chkGelb = new System.Windows.Forms.CheckBox();
    this.chkGruen = new System.Windows.Forms.CheckBox();
    this.btnAnlegen = new System.Windows.Forms.Button();
    this.tbAusgabe = new System.Windows.Forms.TextBox();
```

26.5 Steuerelemente und Grafik

```csharp
            this.SuspendLayout();
            //
            // chkRot
            //
            this.chkRot.Location = new System.Drawing.Point(24, 16);
            this.chkRot.Name = "chkRot";
            this.chkRot.Size = new System.Drawing.Size(88, 24);
            this.chkRot.TabIndex = 0;
            this.chkRot.Text = "Rot";
            //
            // chkGelb
            //
            this.chkGelb.Location = new System.Drawing.Point(24, 56);
            this.chkGelb.Name = "chkGelb";
            this.chkGelb.Size = new System.Drawing.Size(80, 16);
            this.chkGelb.TabIndex = 1;
            this.chkGelb.Text = "Gelb";
            //
            // chkGruen
            //
            this.chkGruen.Location = new System.Drawing.Point(24, 88);
            this.chkGruen.Name = "chkGruen";
            this.chkGruen.Size = new System.Drawing.Size(72, 24);
            this.chkGruen.TabIndex = 2;
            this.chkGruen.Text = "Grün";
            //
            // btnAnlegen
            //
            this.btnAnlegen.Location = new System.Drawing.Point(24, 160);
            this.btnAnlegen.Name = "btnAnlegen";
            this.btnAnlegen.Size = new System.Drawing.Size(104, 32);
            this.btnAnlegen.TabIndex = 3;
            this.btnAnlegen.Text = "Anlegen";
            this.btnAnlegen.Click += new
       System.EventHandler(this.btnAnlegen_Click);
            //
            // tbAusgabe
            //
            this.tbAusgabe.Location = new System.Drawing.Point(24, 120);
            this.tbAusgabe.Name = "tbAusgabe";
            this.tbAusgabe.Size = new System.Drawing.Size(264, 20);
            this.tbAusgabe.TabIndex = 4;
            this.tbAusgabe.Text = "";
            //
            // f10_10
            //
            this.AutoScaleBaseSize = new System.Drawing.Size(5, 13);
            this.ClientSize = new System.Drawing.Size(304, 213);
            this.Controls.AddRange(new System.Windows.Forms.Control[] {
                                        this.tbAusgabe,
                                        this.btnAnlegen,
                                        this.chkGruen,
                                        this.chkGelb,
                                        this.chkRot});
            this.Name = "f10_10";
            this.Text = "U10_10 Ampel";
            this.Load += new System.EventHandler(this.Form1_Load);
            this.ResumeLayout(false);

        }
        #endregion
```

3. Ehrlich gesagt kann man den Quelltext umkopieren und ein wenig mit dem Editor manipulieren. Dann kommt Folgendes heraus. Zuerst betrachten wir die Deklarationen:

```
__gc public class U265Form : public Form {
public:
  U265Form() {InitialisiereKomponenten();}; //Konstruktor
private:
  GroupBox * gbFarben; //einfache Deklaration
  System::Windows::Forms::CheckBox *chkRot;
  System::Windows::Forms::CheckBox *chkGelb;
  System::Windows::Forms::CheckBox *chkGruen;
  System::Windows::Forms::Button *btnAnlegen;
  System::Windows::Forms::TextBox *tbAusgabe;
  //Ereignisfunktionen
  void btnAnlegen_Click(Object *pSender,EventArgs *pArgs);
  //Hilfsfunktionen
  void InitialisiereKomponenten();
}; //class U265Form
```

Wir können die kurze oder die vollständige Qualifikation einsetzen (der Designer generiert immer die Vollversion). Sie unterscheidet sich von C# durch den Bereichsauflösungsoperator :: statt des Punkts. In Anlehnung an C# legen wir eine Hilfsfunktion InitialisiereKomponenten an. Der deutsche Name sagt uns, dass es sich um keine Überschreibung oder Ähnliches handelt.

Die Hilfsfunktion legt die Steuerelemente an:

```
void U265Form::InitialisiereKomponenten() {
  gbFarben=new GroupBox(); //einfach
  this->chkRot=new CheckBox();
  this->chkGelb=new CheckBox();
  this->chkGruen=new CheckBox();
  this->btnAnlegen=new Button();
  this->tbAusgabe=new TextBox();
  this->SuspendLayout();
  //gbFarben anlegen
  this->gbFarben->Location=System::Drawing::Point(24,8);
  this->gbFarben->Name=S"gbFarben";
  this->gbFarben->Size=System::Drawing::Size(112,112);
  this->gbFarben->TabIndex=0;
  this->gbFarben->Text=S"Farben:";
  //chkRot anlegen
  this->chkRot->Location=System::Drawing::Point(16,16);
  this->chkRot->Name=S"chkRot";
  this->chkRot->Size=System::Drawing::Size(52,24);
  this->chkRot->TabIndex=1;
  this->chkRot->Text=S"Rot";
  this->chkRot->Checked=true;
  //chkGelb
  this->chkGelb->Location=System::Drawing::Point(16,48);
  this->chkGelb->Name=S"chkGelb";
  this->chkGelb->Size=System::Drawing::Size(52,16);
  this->chkGelb->TabIndex=2;
  this->chkGelb->Text=S"Gelb";
  //chkGruen
  this->chkGruen->Location=System::Drawing::Point(16,74);
  this->chkGruen->Name=S"chkGruen";
  this->chkGruen->Size=System::Drawing::Size(52,24);
  this->chkGruen->TabIndex=3;
  this->chkGruen->Text=S"Grün";
```

26.5 Steuerelemente und Grafik

```
//tbAusgabe
this->tbAusgabe->Location=System::Drawing::Point(24,152);
this->tbAusgabe->Name=S"tbAusgabe";
this->tbAusgabe->Size=System::Drawing::Size(264,20);
this->tbAusgabe->TabIndex=5;
this->tbAusgabe->Text=S"";
//btnAnlegen
this->btnAnlegen->Location=System::Drawing::Point(24,192);
this->btnAnlegen->Name=S"btnAnlegen";
this->btnAnlegen->Size=System::Drawing::Size(104,32);
this->btnAnlegen->TabIndex=4;
this->btnAnlegen->Text=S"Anlegen";
//Ereignis delegieren
this->btnAnlegen->Click+=new EventHandler(this,
                                  &U265Form::btnAnlegen_Click);
//Formular gestalten und Steuerelemente einhängen
this->AutoScaleBaseSize=System::Drawing::Size(5,13);
this->ClientSize=System::Drawing::Size(304, 269);
this->Text="U265";
Controls->Add(this->gbFarben);
gbFarben->Controls->Add(this->chkRot);
gbFarben->Controls->Add(this->chkGelb);
gbFarben->Controls->Add(this->chkGruen);
Controls->Add(this->tbAusgabe);
Controls->Add(this->btnAnlegen);
} //U265Form::InitialisiereKomponenten
```

Auch hier sind wieder einige Qualifizierungen mit `this->` usw. eigentlich unnötig, aber an den Designer angepasst. Wir erkennen die unterschiedliche Syntax zum Qualifizieren von Zeigern. Auch beim Aufbau des Formulars ergeben sich leichte Unterschiede.

Interessant ist die Verschachtelung der Steuerelemente. Das Rahmenfeld `gbFarben` enthält die Kontrollkästchen und ist selbst ins Formular eingehängt.

4. Die Ereignisfunktion zur Bearbeitung des Klick-Ereignisses wird an einen Delegaten `btnAnlegen_Click` weitergeleitet. Dieser wird beim Aufbau des Formulars scharf geschaltet und muss von uns programmiert werden. Dazu haben wir bereits den Prototypen vorbereitet, den wir folgendermaßen programmieren:

```
void U265Form::btnAnlegen_Click(Object *sender,EventArgs *e) {
  Pen *schwarzerStift=Pens::Black;
  Brush *roterPinsel=Brushes::Red;
  Brush *gelberPinsel=Brushes::Yellow;
  Brush *gruenerPinsel=Brushes::Green;
  Brush *grauerPinsel=Brushes::LightGray;
  if(sender==btnAnlegen) {
    neueAmpel=new Ampel((this->chkRot->Checked),this->chkGelb->Checked,
                                      this->chkGruen->Checked);
    tbAusgabe->Text=tbAusgabe->Text->Concat((Ampel::GibAnzahl()).
                                ToString(),S". Ampel angelegt (");
    tbAusgabe->Text=tbAusgabe->Text->Concat(tbAusgabe->Text,S"rot=",
                                neueAmpel->GibRot().ToString());
    tbAusgabe->Text=tbAusgabe->Text->Concat(tbAusgabe->Text,S" gelb=",
                                neueAmpel->GibGelb().ToString());
    tbAusgabe->Text=tbAusgabe->Text->Concat(tbAusgabe->Text,S" grün=",
                                neueAmpel->GibGruen().ToString(),")");
    Graphics *pg=CreateGraphics();
    if (chkRot->Checked) pg->FillEllipse(roterPinsel,184,16,40,40);
```

```
            else pg->FillEllipse(grauerPinsel,184,16,40,40);
            pg->DrawEllipse(schwarzerStift,184,16,40,40);
            if (chkGelb->Checked) pg->FillEllipse(gelberPinsel,184,56,40,40);
            else pg->FillEllipse(grauerPinsel,184,56,40,40);
            pg->DrawEllipse(schwarzerStift,184,56,40,40);
            if (chkGruen->Checked) pg->FillEllipse(gruenerPinsel,184,96,40,40);
            else pg->FillEllipse(grauerPinsel,184,96,40,40);
            pg->DrawEllipse(schwarzerStift,184,96,40,40);
        } //if
} //U265Form::btnAnlegen_Click
```

Wir bereiten einige Zeichenutensilien vor und übertragen den Zustand der Benutzereingabe auf die Ausgabefelder. Dabei bei müssen wir kein `UpdateData` oder Ähnliches aufrufen. Der Datenaustausch erfolgt durch Abfragen (lesend) oder Setzen (schreibend).

Die Textverarbeitung ist bereinigt. Es gibt nicht mehr die verwirrende Fülle verschiedener Datentypen. Trotzdem müssen wir auch hier einige Einschränkungen hinnehmen und die Ausgabe etwas stückeln.

Zum Zeichnen holen wir uns einen Zeiger auf den Gerätekontext, der hier vom Typ `Graphics` ist. Die Zeichenfunktionen haben dann wiederum eine gewisse Ähnlichkeit mit dem gewohnten C.

5. Wir setzen eine neue Klasse `Ampel` ein, die noch nicht definiert ist. Hier müssen wir auf die Reihenfolge im Quellcode achten. Die Klasse `Ampel` muss unbedingt vor ihrer ersten Verwendung deklariert sein.

```
__gc public class Ampel {
private:
    static char anzahlAmpeln=0;
    bool rot,gelb,gruen;
public:
    Ampel();
    Ampel(bool ro, bool ge, bool gr);
    void SetzAnzahl();
    void SetzRot(bool ro);
    void SetzGelb(bool ge);
    void SetzGruen(bool gr);
    static char GibAnzahl();
    bool GibRot();
    bool GibGelb();
    bool GibGruen();
}; //class Ampel
```

Es fällt die Klassenvariable `anzahlAmpeln` auf, die erhalten bleibt, auch wenn die Ampel am Ende eines Unterprogramms zerstört würde. Mit ihr zählen wir, wie viele Ampeln bereits generiert wurden.

6. Die Implementation der Funktionen:

```
void Ampel::SetzAnzahl() {
    anzahlAmpeln++;
} //Ampel::SetzAnzahl

/*static*/ char Ampel::GibAnzahl() {
    return anzahlAmpeln;
} //Ampel::GibAnzahl
```

26.5 Steuerelemente und Grafik

```
void Ampel::SetzRot(bool ro) {
  rot=ro;
} //Ampel::SetzRot

void Ampel::SetzGelb(bool ge) {
  gelb=ge;
} //Ampel::SetzGelb

void Ampel::SetzGruen(bool gr) {
  gruen=gr;
} //Ampel::SetzGruen

bool Ampel::GibRot() {
  return rot;
} //Ampel::GibRot()

bool Ampel::GibGelb() {
  return gelb;
} //Ampel::GibGelb

bool Ampel::GibGruen() {
  return gruen;
} //Ampel::GibGruen
```

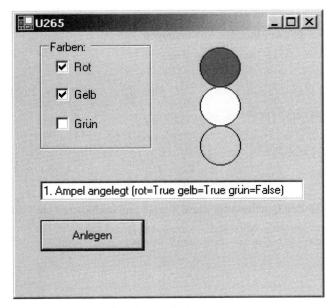

Bild 26.9: U265 läuft und zeigt die Ampel an

entspricht natürlich keinerlei gesetzlichen Bestimmungen. Wir prüfen nicht, ob ein bestimmter Zustand erlaubt ist oder nicht. Aber dies sind Aufgaben, die Sie sicher gern übernehmen. Beispielsweise darf Rot niemals geschaltet werden, wenn Grün an ist. Also sollte die Farbe Grün auf jeden Fall abgeschaltet werden. Auch bestimmte Übergänge sind nicht erlaubt. Hier liegt noch ein breites Feld der Logik vor Ihnen.

7. Unser Ziel ist aber erreicht. Wir testen und speichern das Programm (**Bild 26.9**). ■

Wollen wir nun die Anwendung zerlegen, so gehen wir in folgenden Schritten vor:

1. Die Klassenbeschreibung kopieren wir in die Datei `Ampel.h`. Zusätzlich müssen wir für den Modifizierer `__gc` die DLL `mscorlib.dll` einbinden:

   ```
   //Ampel.h Kopfdatei der Klasse Ampel

   #using <mscorlib.dll>

   __gc public class Ampel {
   private:
     static char anzahlAmpeln=0;
     bool rot,gelb,gruen;
   public:
     Ampel();
     Ampel(bool ro, bool ge, bool gr);
     void SetzAnzahl();
     void SetzRot(bool ro);
     void SetzGelb(bool ge);
     void SetzGruen(bool gr);
     static char GibAnzahl();
     bool GibRot();
     bool GibGelb();
     bool GibGruen();
   }; //class Ampel
   ```

2. Die Implementationsdatei benötigt zwei Include-Anweisungen:

   ```
   //Ampel.cpp Implementationsdatei der Klasse Ampel

   #include "stdafx.h"
   #include "Ampel.h"

   Ampel::Ampel() { //Standardkonstruktor
     rot=true;
     gelb=false;
     gruen=false;
     SetzAnzahl();
   } //Ampel::Ampel
   ...
   ```

3. Im Hauptprogramm löschen wir den Quelltext für diese Klasse und inkludieren sie:

   ```
   // Die Hauptprojektdatei für ein VC++-Anwendungsprojekt,
   // das mit dem Anwendungs-Assistenten generiert wurde.

   #include "stdafx.h"

   #using <mscorlib.dll>
   #using <System.dll>
   #using <System.Windows.Forms.dll>
   #using <System.Drawing.dll>

   #include <tchar.h>
   #include "Ampel.h"

   using namespace System;
   ```

4. Damit steht die Klasse `Ampel` auch anderen Anwendungen zur Verfügung. ■

27

Druckfunktionen

Dieses Kapitel finden Sie als besondere Zugabe im PDF-Format auf der Begleit-CD.

27 Druckfunktionen 3

27.1 Grundlagen 3
   27.1.1   Standarddialoge 3
   27.1.2   Seitenauswahl 5
   27.1.3   Unterschiede zwischen angezeigten und gedruckten Seiten 6

27.2 Druckvorschau 6

27.3 Druckerprogrammierung 7
   27.3.1   Druckerkontext 7
   27.3.2   Ereignisfunktion CView::OnPrint 9
   27.3.3   Druckbeginn und Druckende 10

27.4 Beispiele 11
   27.4.1   WYSIWYG-Druckausgabe 11
   27.4.2   Mehrseitiger Druck 15

28

Kontextabhängige Hilfe

Dieses Kapitel finden Sie als besondere Zugabe im PDF-Format auf der Begleit-CD.

28 Kontextabhängige Hilfe 3

   28.1   Grundlagen *3*

   28.2   Help Workshop zur Erstellung einer Hilfe *4*

      28.2.1   Einführung 4

      28.2.2   Rich Text Format (RTF) 8

      28.2.3   Interne Logik einer Hilfedatei 10

      28.2.4   Klassische Hilfe 11

      28.2.5   Hilfe im Win32-Stil 18

   28.3   HTML Help Workshop zur Erstellung einer Hilfe *23*

28

Kontraktabhängige ...

29

Fehlersuche und Ausnahmebehandlung

Dieses Kapitel finden Sie als besondere Zugabe im PDF-Format auf der Begleit-CD.

29 Fehlersuche und Ausnahmebehandlung 3

29.1 Debugmodus und Auslieferungsmodus 3

29.2 Compilerfehler 5
    29.2.1 Unerwartete Fehlerstelle 5
    29.2.2 Fehlende Semikola 7
    29.2.3 Ignorierte oder nicht gefundene Funktionsaufrufe 8

29.3 Fehlersuche im Debugmodus 11
    29.3.1 Fehlersuche mit der MFC 12
    29.3.2 Compilervariable _DEBUG 12
    29.3.3 Zwischenausgaben 13
        29.3.3.1 Zwischenausgaben mit dem TRACE-Makro 13
        29.3.3.2 Zwischenausgaben mit dem ATLTRACE2-Makro 14
        29.3.3.3 Ausgabe des Inhalts eines Objektes mit DUMP 15
    29.3.4 Zusicherungen 16
        29.3.4.1 Zusicherungen mit ASSERT 16
        29.3.4.2 Zusicherungen mit ASSERT_VALID 22

29.3.4.3	Zusicherungen mit VERIFY	24
29.3.5	Speicherüberwachung	25
29.3.5.1	Verfolgen der Speicherreservierung	27
29.3.5.2	Feststellen von Speicherverlusten	27
29.3.5.3	Speicherdiagnose	28
29.3.5.4	Eingrenzen von Speicherverlusten	29
29.3.5.5	Ausgeben der Speicherstatistik	30
29.3.5.6	Ausgabe aller Objekte	32

29.4 Automatische Überprüfungen 33
    29.4.1   Undefinierte Variablen 33
    29.4.2   Undefinierte Zeiger 34
    29.4.3   Zerstörung des Kellerspeichers (Stacks) 35
    29.4.4   Zerstörung des Heaps 36
    29.4.5   Zahlenüber- und -unterläufe 36
    29.4.6   Überläufe des Stacks bzw. Heaps 38

29.5 Manuelle Fehlersuche 39

29.6 Ausnahmebehandlung 40
    29.6.1   Grundlagen 40
    29.6.2   Interne Ausnahmen auslösen 42
    29.6.3   Benutzerdefinierte Ausnahmebehandlung 45

29.7 Ausnahmebehandlung in verwaltetem C++ 47
    29.7.1   Ausnahmen abfangen 47
    29.7.2   Ausnahmen aufwerfen 49
    29.7.3   Ausnahmen im Konstruktor verwenden 50

Index

#
#define 60, 138
#ifdef 138
#ifndef 180
#import 1319
#include 59, 177
#pragma 60
#region 1382

*
* Zeigeroperator 62

.
.BMP 831
.BSC 172
.DEF 1038
.DEP 658
.DLL 322, 657, 1018, 1029, 1076
.DSN 1292
.DSP 1036
.EXE 323, 832, 1032, 1076
.gif 837
.ICO 573, 581
.ILK 107
.INI 940, 947
.jpeg 837
.jpg 837
.LIB 1018, 1052
.NCB 962

.NET
 Framework 1369
.OBJ 107
.OCX 657, 1018
.PCH 107
.PDB 107
.RC 104, 505
.RES 107
.TLB 1090

[
[] 62, 903, 906, 907

\
\n 65, 157, 709

_
__declspec 1047
__gc
 verwalteter Code 1370
__purecall 255
__vfptr 253
_bstr_t 1334
_cdecl 1046
_ConnectionPtr 1334
_DEBUG 138, 895
_mbstowcsz 653
_RecordsetPtr 1334
_set_new_handler 223
_stdcall 649, 1046

`_T` 333
`_TCHAR` 61
`_tmain` 61
`_UNICODE` 62
`_variant_t` 1337

{
{ } Blockbildung 62

<
<< 895, 942

>
>> 942

1
1NF 1283

2
2NF 1283

3
3NF 1283

A
Abbrechen
   Schaltfläche 526
Abfrage
   SQL 1296
Abfragebetrieb 1176
Absicherung 133
`AbsolutePage`
   ADO 1347
Abstand
   zwischen zwei Symbole 711
abstrakt 245, 254
Abstrakte Datentypen 15
Abwärtskompatibilität 1172
Accelerator 355, 360, 465
`Accept` 1247
Access 1275
   Treiber 1290
`ActivateFrame` 959, 986, 1065

ActiveX Data Objects 1277, 1294
   Beispiele 1318
ActiveX-Steuerelement 657, 1083
   auf Basis eines vorhandenen
      Steuerelements 1089
   benutzerdefinierte Eigenschaft 1107
   benutzerdefinierte Ereignisse 1129
   binden 1155
   Datenverbindung 1155
   einfügen 667
   einsetzen 682
   Ereignisse 1117
   erstellen 1087
   fensterlos aktivieren 1090
   installieren 682
   Schriftart 1134
   serialisieren 1086, 1163
   Standardeigenschaften 1098
   Standardereignis 1126
   Stock Properties 1098
   unsichtbar 1090
   versionieren 1163
   Zustand 1085
`Add` 577, 905
`AddDocTemplate` 318
`AddHead` 906
`AddNew`
   ADO 1339
`AddPage` 610, 615
`AddString` 620
`AddTail` 906, 1219
ADO *Siehe* ActiveX Data Objects
ADO.NET 1294
ADO-Datenbindung 1361
ADODB
   Komponente 1296
ADO-Ereignisse 1346
ADO-Zugriff
   programmierter 1348
Adressierung 1237
`Afx` 61, 310
`AFX_DATA_MAP` 648
`AFX_EXT_CLASS` 1071

Index

`AfxBeginThread` 1179, 1182, 1183, 1225
`afxdao.h` 1310
`afxdb.h` 1310
`afxDump` 895
`AfxEndThread` 1184, 1204
`AfxGetApp` 948, 977, 1066
`AfxGetInstanceHandle()` 832
`AfxGetMainWnd` 475
`AfxGetResourceHandle` 653
`AfxGetThread` 1222
`AfxMessageBox` 493, 637
`AfxRegisterWndClass` 738
`AfxSocketInit` 1244
`afxTraceEnabled` 895
`AfxWndProc` 310
Aliasname
    für eine Tabelle 1285
`Ambient-Eigenschaften` 1103
andocken 76, 317
`AngleArc` 745
Animate Control *Siehe* Animationsfeld
Animationsfeld 522, 602
Ankommender Ruf 694
ANSI 193
Ansicht 296, 341, 511, 883
    umschalten 1008
Ansichtsklasse 91
Anwendung
    dialogfeldbasierend 418, 511, 883
    MDI 883, 973
    SDI 883
Anwendungsarchitektur 299
Anwendungsassistent 299, 321
    aufrufen 83
Anwendungsbereich 732, 883, 887, 973
Anwendungsgerüst 295, 301, 331
anwendungsglobal 453
Anwendungsklasse 91
anwendungsmodaler
    Dialog 492
Anwendungsobjekt 295
Anwendungstyp 53

Anzeige
    aktualisieren 1200
Apfelmännchen 877
API 293, 493
`Append` 905
    ADO 1299
Applet 1376
Application Framework 295
Application Program Interface *Siehe* API
Applikation *Siehe* Anwendung
Approximation 751, 782
Approximator 876
Arbeiterfaden 1179, 1181, 1182, 1200, 1222
Arbeitsspeicher
    anzeigen 125
`Arc` 745
Architektur
    Anwendung 80
`ArcTo` 745
`ARG_KEY` 901
`ARG_TYPE` 900
`ARG_VALUE` 901
Argumente 61
Array 151, 221, 277, 897
    an DLL übergeben 1056
    dynamisches Klassen- 222
    Klasse 278
    Operatoren 277
    statisches Klassen- 221
    von Objekten 189
ASCII 193
`asctime` 1118
Assembler 123
Assemblies 1380
`AssemblyInfo.cpp` 1374
`ASSERT` 133, 475 *Siehe* Zusicherungen
`ASSERT_VALID` 340
`AssertValid` 98
asynchrone Schnittstelle 683
asynchroner Socket 1243
`AsyncSelect` 1247
`Attach` 310
Attribut 701

Aufgabenliste 121
Aufklappliste 542
Auflistung 761, 897
    löschen 907
    serialisieren 945
    typsichere 900
    unter ADO 1298
Aufrufbetrieb 1176
Aufrufliste 122
Aufspringmenü *Siehe* Kontextmenü
Aufziehpunkt 496
ausblenden
    Statusleiste 709, 721
    Symbolleiste 709
ausführen
    Programme 63
Ausgabefenster *Siehe* Ausgabescheibe
Ausgabescheibe 63, 121
Ausnahmen 690
Aussage
    wahre 1281
AX_Steuerelement
    in Visual Basic testen 1148

B

B$^+$-Baum 1280
Balanced Tree 1280
BASE_CLASS 901, 902
Basisklasse 258
    virtuelle 266
Basistypen
    verwalteter Code 1371
Baum
    im DB-Entwurf 1286
Baumfeld 581 *Siehe* Strukturansicht
Bayer-Baum 1280
B-Baum 1280
Bedienungsfehler 115
Beep 339, 714
Befehlsfenster 121
Befehlszeilenargumente
    dialogfeldbasierend 485
BEGIN_ADO_BINDING 1339

BEGIN_MESSAGE_MAP 1191
BeginPaint 731
Begriffe 46
Benutzer-DSN 1288
Benutzereingabe 434
Benutzerschnittstellen-Faden 1181, 1183, 1224
Bereichsauflösungsoperator 1370 *Siehe* Zugriffsoperator
Bereichskommentar 59
Bereichsüberprüfung 279
Bernstein-Polynome 802
Beschleuniger 465
beschneiden
    Grafik 733, 754
Bezeichnungsfeld 522, 535
    hinzufügen 516
Beziehungstyp
    hierarchischer 1282
    multipel 1282
Bézier-Interpolation 751, 800
Bézier-Kurven 800
Bézier-Punkte 800
Bibliothek
    nutzen 1022
big-endian 867
Bilddateien
    binarisieren 850
    BMP-Format 871
    Dateiformate 864
    komprimieren 866
    speichern 863
Bilder
    strecken 833
Bilderliste 572
Bildfeld 522, 552
Bildlaufleiste 537
binär 270
Binarisierung 850
Binden 1155
Binden-Eigenschaft 1161
Binding *Siehe* Bindung
BindToRecordset 1339

Index

Bindung
   dynamische 11
   frühe 11, 31
   späte 11, 31, 247, 250
BitBlt 833
Bitmap 552, 734, 829
BITMAPCOREHEADER 873
BITMAPFILEHEADER 872
BITMAPINFOHEADER 872
Bit-Ordnung 867
Blasentext 651, 714
Blatt
   im Baum 581
Block 62
blockierender Socket 1243
BMP-Datei 831
BMP-Format 871
BN_CLICKED 518, 527
BoundPropertyChanged 1155, 1161
BoundPropertyRequestEdit 1155
Bringschuld 310, 469
Browser 300
Brüche 271
BSTR 697, 1156
bstrVal 697
Buddy *Siehe* Kumpel
BuildLog.htm 65
Button *Siehe* Schaltfläche
ByRef 1058
Byte-Ordnung 867

C

$C^{(1)}$-Stetigkeit 785
$C^{(2)}$-Stetigkeit 785, 806
C++ 13
CAboutDialog 97, 335
CAboutDlg 511
CAD 20
CADORecordsetBinding 1339
CAD-Programm 183, 879
Call
   by Reference 205
   by Value 204

Callback-Funktion 1245
CancelToolTips 652
CAnimateCtrl 602
   Close 603
   Open 603
   Play 603
   Stop 603
CArchive 941
   << 942
   >> 942
   IsStoring 951
CArray 761 Siehe CTypedPtrArray
   RemoveAll 1000
Casting 67
   bei ActiveX-Steuerelementen 1109
CAsyncSocket 1244
Connect 1256
   Accept 1247
   AsyncSelect 1247
   Close 1247, 1259
   Connect 1247
   Create 1245
   Listen 1247
   OnAccept 1248
   OnClose 1248
   OnConnect 1248, 1257
   OnOutOfBandData 1248
   OnReceive 1248
   OnSend 1248
   Receive 1247, 1259
   Send 1247, 1258
   ShutDown 1247
CAtag 229
CBitmap 735, 829
   LoadBitmap 588
   DeleteObject 588
CBruch 271
CBrush 734, 736
CButton 460, 538
   GetButtonStyle 538
   SetButtonStyle 538
CByteArray 899
CChildFrame 91, 976

```
    OnActivate  142
    OnMove  142
CClientDC  677, 731
CCmdTarget  295, 302, 311
CCmdUI  471, 645, 886
    ContinueRouting  646
    SetCheck  646
    SetRadio  646
    SetText  646
CColorDialog  498
CComboBox  446, 525
    GetLBText  450
    ON_CBN_EDITCHANGE  450
    ON_CBN_EDITUPDATE  450
    ON_CBN_SELCHANGE  450
CCommandLineInfo  991
    ParseParam  485
CCriticalSection  1187
    Lock  1219
    Unlock  1219
CCtrlView  512
CDaoRecordset  1310
    Delete  1318
    Edit  1317
    Update  1317
CDaoRecordView  512, 1311
    OnInitialUpdate  1311
CDaoRecordView:GetDefaultSQL
        1311
CDataExchange  648
    Fail  650
    PrepareCtrl  650
    PrepareEditCtrl  650
CDateTimeCtrl  611
CDatum  223, 229
    als statische Bibliothek  1019
    Klasse  154
    konstant  179
    MFC-gerecht  911
    serialisierbar  948
    virtuell  243
CDC  730, 1188
    AngleArc  745
```

```
Arc  745
ArcTo  745
BitBlt  833
Chord  746
CreateBrush  736
CreateCompatibleDC  833
DPtoHIMETRIC  817
DPtoLP  744, 817
Draw3dRect  746
DrawDragRect  746
DrawEdge  746
DrawFocusRect  746
DrawFrameControl  746
DrawIcon  746
DrawState  746
Ellipse  746, 1102
ExtTextOut  1137
FillRect  746, 1102
FillSolidRect  746
FrameRect  746
FromHandle  737
GetArcDirection  745
GetClipBox  733
GetCurrentPosition  745
GetDC  483, 733
GetDeviceCaps  748
GetSafeHdc  737
GetTextExtent  776
GetTextFace  780
GetTextMetrics  748, 776, 1137
HIMETRICtoDP  817
HIMETRICtoLP  817
Invalidate  483
InvertRect  746
konstruieren  732
LineTo  745
LPtoDP  744, 817
LPtoHIMETRIC  817
MoveTo  745, 752
Pie  746
PolyBezier  745, 810
PolyBezierTo  745, 810
PolyDraw  746
```

Index

```
Polygon  746
Polyline  746
PolylineTo  746
PolyPolygon  746
PolyPolyline  746
Rectangle  481, 746, 747
ReleaseDC  483, 733
RoundRect  746
SelectObject  734, 736, 833, 1102
SelectStockObject  481, 736
SetArcDirection  746
SetBkColor  641
SetBkMode  641
SetMapMode  743
SetPixel  746, 747, 749
SetTextAlign  1137
SetTextColor  641
SetViewportExt  743
SetViewportOrg  744
SetWindowExt  743
SetWindowOrg  744
StretchBlt  833
TextOut  339, 344, 481, 731
```
CDHtmlDialog 508
CDialog 97, 305, 491, 525, 610, 892
    ```Create 509```
    ```GotoDlgCtrl 893```
    ```OnInitDialog 478, 505```
    ```OnOK 478, 527```
    ```OnSize 835```
    ```PostNcDestroy 509```
CDialogBar 726, 853
CDib
    Klasse zur Bildverarbeitung 837
CDocManager 841
    ```DoPromptFileName 841```
    ```OnFileNew 978```
CDocTemplate 302, 304, 306
    ```GetFirstDocPosition 975, 1197```
    ```GetNextDoc 975, 1197```
CDocument 302, 306, 315, 886
    ```DeleteContents 890, 918, 925, 964, 999```
    ```GetDocTemplate 975```
    ```GetFirstViewPosition 888, 1197```
    ```GetNextView 888```
    ```GetPathName 964```
    ```OnCloseDocument 964```
    ```OnNewDocument 334, 813, 889, 964, 999```
    ```OnOpenDocument 964```
    ```SetModifiedFlag 889, 940```
    ```UpdateAllViews 304, 306, 318, 887, 889, 926, 931, 990```
CDWordArray 899
CEdit 462, 938
    ```GetModify 938```
CEditView 91, 302, 305, 330, 512
CellBackColor 664
cerr 224
CEvent 1188, 1207
    ```PulseEvent 1207```
    ```ResetEvent 1207```
    ```SetEvent 1207```
    ```Unlock 1207```
CFestesFenster 1064
CFigur 183, 259
CFile 303, 941, 966, 1263
CFileDialog 498, 603
CFileException 968
CFindReplaceDialog 498
Cfont
    ```CreateFont 735```
CFont 734, 747
    ```CreateFont 778```
    ```CreateFontIndirect 735```
CFontDialog 498
CFontHolder 1136
CFormView 302, 305, 330, 512, 514, 525, 892
CFrameView 892
CFrameWnd 302, 303, 309, 653, 883, 994
    ```ActivateFrame 959, 986, 1065```
    ```Create 304```
    ```LoadFrame 304```
    ```

OnClose 961
OnCreateClient 995
OnUpdateKeyIndicator 719
CFtag 229
CFUtag
   Mehrfachvererbung 263
CGdiObject 303, 730
CGitter
   get_CellHeight 677
   get_CellWidth 677
   Verpackungsklasse 671
char 697
CHARFORMAT 632
check box *Siehe* Kontrollkästchen
Check-box *Siehe* Kontrollkästchen
CHOOSECOLOR 502
Chord 746
CImageList 572
   Add 577
   DragEnter 598
   DragLeave 598
   DragMove 598
CKalender 241
CKette 190
CKomplex 183, 290, 878
class 152, 314
Clear
   ADO 1299
CLeinwand 183
Client 1231
Client-Bereich 315
ClientToScreen 732
Clipboard *Siehe* Zwischenablage
clipbrd.exe 847
Clipping *Siehe* beschneiden
CList 758, 899
   AddHead 906
   AddTail 906
   Find 907
   FindIndex 907
   GetAt 906, 932
   GetCount 907, 931, 932
   GetHead 906

GetHeadPosition 906, 932, 934
GetNext 906, 934
GetPrev 906, 934
GetTail 906
GetTailPosition 906, 934
InsertAfter 906, 932
InsertBefore 906, 932
IsEmpty 934
Personenliste 927
RemoveAll 906
RemoveAt 906, 934
RemoveHead 906
RemoveTail 906
SetAt 906
CListBox 508, 544
   AddString 506, 546, 548, 620
   CharToItem 547
   CompareItem 546
   Create 544
   DeleteItem 546
   DeleteString 546, 549
   Dir 546
   DrawItem 546
   FindString 546
   FindStringExact 546
   GetAnchorIndex 546
   GetCaretIndex 546
   GetCount 545, 549
   GetCurSel 545
   GetHorizontalExtent 545
   GetItemData 545
   GetItemDataPtr 545
   GetItemHeight 545
   GetItemRect 545
   GetLocale 545
   GetSel 545
   GetSelCount 546, 549
   GetSelItems 546, 549
   GetText 545
   GetTextLen 545
   GetTopIndex 545
   InitStorage 545
   InsertString 546, 548

Index

ItemFromPoint 545
MeasureItem 546
ResetContent 546
SelectString 546
SelItemRange 546
SetAnchorIndex 546
SetCaretIndex 546
SetColumnWidth 545
SetCurSel 545
SetHorizontalExtent 545
SetItemData 545
SetItemDataPtr 545
SetItemHeight 545
SetLocale 545
SetSel 546, 548
SetTabStops 545
SetTopIndex 545
VKeyToItem 546
CListCtrl 572, 825
GetItemText 579
InsertItem 577
LVN_ITEMCHANGED 578
SetBkColor 577
SetImageList 577
CListe 217
CListenZeiger 217
CListView 512, 820, 825
Close 603, 1243, 1247, 1259
CLR *Siehe* Common Language Runtime
CMainFrame 91, 309, 861, 976, 995
ActivateFrame 986
OnCreateClient 1004
CMap *Siehe* CTypedPtrMap
CMapPtrToPtr 899, 902
[] 903
GetAt 903
GetHeadPosition 904
GetNext 904
GetNextAssoc 903
GetSize 904
GetStartPosition 903, 904
Lookup 903
RemoveAll 903

RemoveKey 903
SetAt 903
CMapPtrToWord 899, 902
CMapStringToOb 899, 902
CMapStringToPtr 899, 902
CMapStringToString 899, 902
CMapWordToOb 899, 902
CMapWordToPtr 899, 902
CMDIChild 994
CMDIChildWnd 98, 302, 987
CMDIFrameWnd 309
CMenu 469, 1188
CheckMenuItem 477
GetSubMenu 475
LoadMenu 475
TrackPopupMenu 475
CMetaFileDC 731
CMscomm1 683
CommEvent 688
InBufferSize 687
NullDiscard 687
ParityReplace 687
RThreshold 687
CMultiDocTemplate 975
CMultiLock 1188
CMutex 1187
CObArray 899
CObject 97, 295, 301, 893
Serialize 334, 941
CObList 899
Code
ANSI 333
Unicode 333
CoInitialize 1321
COleControl 1084
BoundPropertyChanged 1161
DoPropExchange 1109, 1158, 1164
ExchangeVersion 1164, 1166
FireEvent 1131
GetBackColor 1104
GetForeColor 1104
GetText 1135
InternalGetFont 1135

InternalGetText 1135
InvalidateControl 1158
OnBorderStyleChanged 1104
OnDraw 1102
OnTextChanged 1135
SelectStockFont 1137
SetBackColor 1103
SetForeColor 1103
SetInitialSize 1106
SetModifiedFlag 1112, 1158
SetText 1135
TranslateColor 1102
COleCurrency 433
COleDateTime 1349
COleDialog 498
COlePropertyPage 1151
COleVariant 697
COLORREF 740, 1102
COM *Siehe* Component Object Model
combo box *Siehe* Optionenfeld
COMCTL32.OCX 660
Command
   ADODB 1297
Command Message 302, 1190
CommandToIndex 726
CommCtrl.h 580
CommEvent 688
Common Language Runtime 1370
Common Run-Time Libraries 40
CommPort
   CMscomm1 690
Compiler 300, 321
Component Object Model 1318
COM-Schnittstellen 1318
COM-Server 1302
Connect 1243, 1247, 1256
Connection *Siehe* Verbindung
   ADODB 1296
ConnectionEvent
   ADO 1300
Console
   ReadLine 1372
   WriteLine 1372

const 99, 174, 200, 205, 277
Containerklasse
   der MFC 758
ContinueRouting 646
Control Notification Messages 1190
Copy 905
Count
   ADO 1299
CPageSetupDialog 498
CPaintDC 731, 832
CPalette 735, 742
CPen 734
CPersonInfo 172, 210
   als statische Bibliothek 1019
   MFC-gerecht 913
   serialisierbar 948
CPoint 759, 767
CPrintDialog 498
CProgressCtrl 567
   GetPos 567
   GetRange 567
   OffsetPos 568
   SetPos 567
   SetRange 567
   SetStep 568
   StepIt 568
CPropertyPage 600, 1142
   Create 619
   OnApply 610
   SetModified 627
CPropertySheet 600, 607
   AddPage 610, 615
   PROPSHEETHEADER 616
CPropExchange
   GetVersion 1166
   IsLoading 1166
CPtrArray 899
CPtrList 899
Create 303, 610, 619, 995, 996, 1245
   ActiveX-Steuerelement 1086
CREATE_SUSPENDED 1184
CreateBrush 736
CreateCompatibleDC 833

Index

CreateEllipticRgnIndirect 766
CreateFile 941
CreateFont 735, 778
CreateFontIndirect 735
CreatePolygonRgn 735
CreateStatic 995
CreateView 996
CRecordView 512
CRect 140, 744, 762, 767
   IntersectRect 765, 768
   PtInRect 745, 766
   TopLeft 769
   UnionRect 764, 767
CRegister 612
CRgn 734, 1125
   CreateEllipticRgnIndirect 766
   CreatePolygonRgn 735
   PtInRegion 766
CRichEditCrtl
   CHARFORMAT 632
CRichEditCtrl 611
   SetDefaultCharFormat 633
CRichEditView 330, 512
CRtag 233
CRTL *Siehe* **Common Run-Time Libraries**
CRuntimClass 996
CScrollBar 556
   GetScrollPos 556
   Line 558
   Page 558
   SCROLLINFO 557
   SetScrollInfo 557
   SetScrollPos 556
   SetScrollRange 557
CScrollView 302, 305, 356, 512, 770, 840, 997
   SetScrollSizes 773
CSemaphore 1187
CSingleLock 1188
CSize 767
CSliderCtrl 851
   GetRange 557

GetTic 557
GetTicArray 557
GetTicPos 557
Line 558
Page 558
SetPos 557
SetRange 557
SetTicFreq 557
CSocket 1188, 1244
   IsBlocking 1248
   OnMessagePending 1248
CSparer 210
CSpinButtonCtrl 563
   GetAccel 564
   GetBuddy 566
   GetPos 565
   SetAccel 564
   SetBase 565
   SetBuddy 566
   SetPos 565
   SetRange 564
   UDACCEL 564
CSplitterWnd 304, 994, 1011
   Create 996, 1003
   CreateStatic 995
   CreateView 996
CStatusBar
   CommandToIndex 726
   SetPaneInfo 725
   SetPaneText 724
CStdioFile 970
   ReadString 970
   WriteString 970
CString 152, 343, 424
   Format 427
   LoadString 653
   Trim 506
CStringArray 899, 997, 999
   RemoveAll 1000
CStringList 899
CStringT
   FormatMessage 1204
CTabCtrl 600

    GetCurSel 601
    InsertItem 601
    TCITEM 601
CTreeCrl
    LPNMTREEVIEW 591
CTreeCtrl 581
    DeleteItem 598
    GetIndent 596
    GetIntend 588
    GetItem 592
    GetParentItem 598
    HTREEITEM 581, 592
    InsertItem 588
    OnTvnSelchanged 591
    SelectDropTarget 598
    SetImageList 588
    SetIndent 596
    SetIntend 588
    SortChildren 594
    Teilbaum umhängen 596
    TV_DISPINFO 595
    TV_INSERTSTRUCT 581
    TVINSERTSTRUCT 588
    TVN_BEGINDRAG 597
    TVN_ENDLABELEDIT 595
    TVN_ITEMEXPANDING 591
CTreeView 512
CTS? 685
CTypedPtr
    MapSetAt 907
CTypedPtrArray 899, 901
    [] 906
    Add 905
    Append 905
    Copy 905
    ElementAt 905
    FreeExtra 905
    GetAt 905
    GetData 905
    GetSize 905
    GetUpperBound 905
    InsertAt 905
    RemoveAll 905

    SetAt 905
    SetAtGrow 905
    SetSize 905
CTypedPtrList 761, 899, 901
    AddTail 1219
    Find 1219
    GetCount 1219
    RemoveAt 1219
    RemoveHead 1219
CTypedPtrMap 899
    [] 907
    GetCount 907
    GetHashTableSize 907
    GetNextAssoc 907
    GetStartPosition 907
    InitHashTable 907
    IsEmpty 907
    Lookup 907
    RemoveAll 907
CUIntArray 899
currency 433
Custom Control *Siehe* **ActiveX-Steuerelement**
CUtag 229
CView 302, 304, 330, 491, 512, 886
OnPrepareDC 776
    GetDocument 335
    OnCreate 515
    OnDraw 305, 335, 338, 729, 1000
    OnHScroll 305
    OnInitialUpdate 888, 1004
    OnPrepareDC 737
    OnUpdate 304, 887, 990
    OnVScroll 305
    PreCreateWindow 335
    UpdateData 892
CWinApp 94, 182, 302, 1181
    AddDocTemplate 318
    EnableShellOpen 955
    GetFirstDocTemplatePosition 975, 1197
    GetNextDocTemplate 975

Index

GetNextDocTemplatePosition 1197
GetProfileInt 947
InitInstance 318, 975, 1181
LoadIcon 577
OnFileNew 975
OnIdle 1177, 1194, 1197
ProcessShellCommand 488, 991
RegisterShellFileTypes 955
SetRegistryKey 947
WriteProfileInt 947
Zugriff auf Ansichtsklasse 1197
CWindApp
GetProfileInt 1066
GetProfileString 1066
InitInstance 333
WriteProfileInt 1066
WriteProfileString 1066
CWindowDC 731
CWinThread 302, 1181
ExitInstance 1183
InitInstance 1183
OnIdle 1177
PostThreadMessage 1220
PreTranslateMessage 1193
ResumeThread 1183
Run 1190
SuspendThread 1183
CWnd 295, 303, 491, 1086, 1188
OnPaint 729
BeginPaint 731
CancelToolTips 652
ClientToScreen 732
Create 303, 995
DestroyWindow 303, 508, 619, 1065
DoDataExchange 426, 648
DragAcceptFiles 956
EnableToolTips 651
EnableWindow 480
EndPaint 731
FromHandle 1189
GetClientRect 623, 733, 766
GetClipBox 733

GetDlgCtrlID 640
GetDlgItem 479, 893
GetDlgItemInt 438, 919
GetDlgItemText 438, 513
GetParent 592
GetWindowRect 619
Invalidate 761
InvalidateRect 761
KillTimer 568
ModifyStyle 619
OnCommand 627
OnContextMenu 475
OnCreate 888
OnDestroy 1120
OnPaint 481
OnSize 1117
OnWndMsg 310
PostMessage 884
PreCreateWindow 738, 1065
ReleaseCapture 756, 766
ScreenToClient 619, 732
SendMessage 884
SetActiveWindow 510
SetCapture 756, 766
SetDlgItemText 513
SetFocus 506, 893
SetTimer 568
SetWindowPos 623
SetWindowText 724
ShowWindow 333, 479
UpdateData 427, 480, 648
UpdateWindow 333
WndProc 308, 310
CWordArray 899

D

DAO *Siehe* Data Access Objects
Data Access Objects 1275, 1293
Beispiele 1307
Zugriff 1307
Data Source Name 1288
Datagram Sockets 1243
Date/Time Stamp 1076

Datei
　öffnen 497
　speichern unter 497
Dateidialog
　MDI anpassen 841
Datei-DSN 1288
Dateiformate 864
Dateistruktur
　Beschreibung 1293
Daten
　austauschen 384, 695
　dynamische 191
　statische 191, 210
Datenaustausch
　Formular und Tabelle 1355
Datenbank
　Zugriff 1275
Datenbankassistent 1288
Datenbankentwurf 1281
Datenbits 687
Datenintegrität 1280
Datenkapselung 227
Datenklasse
　MFC-gerecht 910
Datenkonsument 1278
Datenlieferant 1278
Datenprovider 1279
Datensatz
　einfügen 932
　filtern 1315
　hinzufügen 1317, 1358
　löschen 932, 1317, 1358
　sortieren 1314
　suchen 932
Datensatzgruppen 1295
Datensatzklasse
　erstellen 1350
Datensatzzugriff
　indizierter 1280
Datensauger 1261
Datenstrukturen 151, 300
Datentyp
　`VT_COLOR` 666

`VT_EMPTY` 664
`VT_UI4` 664
Datentypen
　verwalteter Code 1371
Datenverbindung 1155
　beschränkte 1155
　unbeschränkte 1155
Datenverbund 151
Datenwiederholungen 1283
Datum 153
　julianisches 160
Datumswähler 523, 611, 618
`DatumV.h` 243
DCD? 686
DCE 684
DDE-Execute-Open 955
`DDP_` 1146
`DDP_PostProcessing` 1146
`DDV_` 426, 648
DDV-Datenprüfung 648
`DDX_` 426, 648
`DDX_Field...` 1313
DDX-Datenaustausch 648
dead lock *Siehe* Verklemmung
Debugger 115, 300, 836
Debugmodus 65, 101
`Declare` 1043
`DECLARE_DYNAMIC` 97, 894
`DECLARE_DYNCREATE` 98, 893
`DECLARE_SERIAL` 894, 944
Decomposition *Siehe* Zerlegung
DEE 684
DEF-Datei 1038
Definitheit
　positive 792
Deklaration
　exportierter DLL-Funktionen 1034
dekorierter Name 1034
`delete` 188, 256
　`[]` 222
`Delete` 1318
　ADO 1299

Index

`DeleteContents` 890, 918, 925, 945, 964, 999
`DeleteItem` 598
DeNIC 1239
`Dependency Walker` 1057, 1075
   Hilfsprogramm 1033
dereferenzieren 253
Desktop 70
`DestroyWindow` 303, 619, 961, 1065
Destruktor 97, 155, 189, 255
`Detach` 310, 1189
Detailtabelle 1282
Device Context *Siehe* Gerätekontext
Device Independent Bitmap 829
Dezimaltrennzeichen 427
Dialog 353, 355, 491, 511
   integrierter 492
   modal 491
   modaler 504
   nicht modal 491
   nichtmodaler 505
Dialoganwendung 417
Dialogbox Units 532
Dialoge
   modale 97
Dialogfeld 364, 417
   modal 305
   nicht modal 305
   zentrieren 478
dialogfeldbasierend 511, 529
   Anwendung 295
DIB *Siehe* Device Independent Bitmap
`dibkernel.h` 840
Dienstzugriffspunkt 1232
Differenzierbarkeit
   der Spline-Funktionen 792
Direktmodus 65
disassemblieren 125
`DISP_PROPERTY` 1106
`DISP_PROPERTY_EX` 1106
`DISP_PROPERTY_NOTIFY` 1106
`DISP_PROPERTY_PARAM` 1106
`Dispatch` 1084

`DispatchMessage` 308, 1193
DISPID 1304
Dithering 741
DLL
   MFC-Erweiterung 1035, 1064
   reguläre 1035
   testen mit VC++ 1049
   testen mit Visual Basic 1042
   Zeichenketten übergeben 1053
DLL-Datei 1018, 1029
`DllEntryPoint` 1038, 1071
`dllexport` 1034
DLL-Funktionen
   Deklaration exportierter 1034
`dllimport` 1034
`DllMain` 1036, 1071
DLU 532
DNS 1238
`DoDataExchange` 426, 648
`DoEvents` 308
`DoEvents` aus VB *Siehe* `PeekMessage`
Dokument 74, 295, 341, 883
   speichern 940
Dokument-Ansicht-Architektur 296, 341
Dokumentklasse 91, 299
Domain 1238
Domain Name Server 1238
Domäne 1238
`DoModal` 97, 610
Doppelbeziehung 1286
`DoPromptFileName` 841
`DoPropExchange` 1109, 1158, 1164
DOS-Box 55
`double` 431
`DPtoHIMETRIC` 817
`DPtoLP` 744, 817
Drag and Drop *Siehe* ziehen und ablegen
`DragAcceptFiles` 956
`DragEnter` 598
`DragLeave` 598
`DragMove` 598
`Draw3dRect` 746
`DrawDragRect` 746

```
DrawEdge  746
DrawFocusRect  746
DrawFrameControl  746
DrawIcon  746
DrawState  746
DrawText  139
Drehfeld  522, 563
    zur Datumseingabe  919
Drei-Ebenen-Architektur  1295
Drucken  99, 497
Drucker einrichten  497
Druckunterstützung  329
Druckvorschau  731
DSN  Siehe Data Source Name
DSN-Datei  1292
DSP-Datei  1036
DSR?  684
DTE  684
DTR!  684
DÜE  684
Dump  924
    einer Bibliotheksdatei  1026
DumpBin.exe  1075
Dynamic Link Library  658, 1029, 1087
```

E

```
Edit  1317
edit box  Siehe Textfeld
Editierfeld  Siehe Textfeld
Editor  300, 321
Eigenschaft
    ActiveX-Steuerelement  1086
    beständige  1112, 1158
Eigenschaften  10
    übernehmen  629
Eigenschaftendialog  600
Eigenschaftenfenster  313, 607
Eigenschaftenregister  600
Eigenschaftenseite
    benutzerdefiniert  1151
    vordefinierte  1140
Eigenwert  792
Eingabe
```

```
Benutzer  434
Eingabeaufforderung  362, 714
Eingabefeld  Siehe Textfeld
Eingabeprüfung  647
Einrücktiefe  82
ElementAt  905
Elementinitialisierer  172, 232, 264, 343
Ellipse  746, 762, 1102
Empfangspuffer  687
EN_CHANGE  436, 596, 920
EN_SETFOCUS  566
EnableShellOpen  955
EnableToolTips  651
END_ADO_BINDING  1339
END_MESSAGE_MAP  1192
endian
    big  867
    little  867
EndPaint  731
Enter  Siehe Zeilenschaltung
Entität  1281
Entkernen  874
Entropiekodierer  866
Entwicklung
    Vorgehensmodell  115
Entwicklungsumgebung
    starten  53
Entwurf
    Datenbank-  1281
Ereignis  296, 312, 384, 435, 525, 1181
    ActiveX-Steuerelement  1117
    ADO  1300, 1346
    durch ActiveX-Steuerelement  1084
    global  1207
    V.24  688
    verzögern  459
Ereignisfunktion  95, 296, 396
    hinzufügen  426
Ereignishandler  436
Ereignishandler-Assistent  467
ereignisorientiert  9
Ereignissammler  678
Ereignisse
```

Reihenfolge 891
Ergonomie 69
Erreichbarkeit 69, 115
`Error`
    `ADODB` 1296
erstellen
    Programm 63, 336
Erweitertes Kombinationsfeld 523
Erweiterungen
    Dateinamen 73
Escape
    Sequenz 157
Escape-Taste 412
`EVENTSINK_MAP` 678
`ExchangeVersion` 1164, 1166
`EXE-Datei` 832, 1032
`ExitInstance` 1183
Expandieren 581
Explorer 73
    Projektmappen 109
`extern` 629
`extern "C"` 1047
Extrapolation
    von Spline-Funktionen 793
`ExtTextOut` 1137

F

Faden 1030, 1175, 1244
    beenden 1178, 1217
    starten 1177, 1212
    synchronisieren 1177, 1187
    Träger- 1179
    Verwaltung 1180, 1217
    Zustand 1178
Fadenliste 1219, 1225
`Fail` 650
`FAILED` 1332
Fakt 1281
Fangbereich
    Gitter 534
Farbdialog 497, 502
Farbebenen 838
Farben 738

HighColor 739
TrueColor 739
Windows 739
Farbpalette 712
Farb-Quantisierung 868
Farbwert 1125
Fehler
    Compiler 67
    Laufzeit- 115
    Linker 115
    logische 115
    Syntax 115
Fehlermeldung 66
Fehlersuche 65, 114
Fenster
    Anordnung 823
    auf höchster Ebene 988
    dynamisch geteilte 1014
    gleichberechtigte 1223
    Größe ändern 140
    im Fenster 1011
    mehrstufig geteilt 1011
    mehrstufig geteilte 1013
    mit dynamischer Teilung 997
    persistent 957
    positionieren 72
    teilbare 994
    zentrieren 139
    zum Debuggen 121
Fensterscheiben 75
`Field`
    `ADODB` 1297
FIFO 909
File Pointe 1076
File Transfer Protocol 1231
`FillRect` 746, 1102
`FillSolidRect` 746
Filter
    für Dateinamen 501
Filterung
    von Datensätzen 1315
`Find` 907, 1219
`FindIndex` 907

Fire 1155
FireEvent 1131
float 431
Fokus
    umsetzen 461
Folienfenster 81
Formatieren 427
    von Rich Edit-Texten 633
Formatierung 135
FormatMessage 1204
Fortschrittsanzeige 522, 567
Fraktator 877
FrameRect 746
Framework *Siehe* Rahmengerüst
free 188
Free Store 187
FreeExtra 905
FreeLibrary 1051
Freihandzeichnen 749
Freispeicher 187
Freispeicherüberwachung 897
Fremdschlüssel 1282
Freundschaft 215
friend 216, 275, 285
FromHandle 737, 1189
FTP 1231
Führungslinien 534
Füllfarbe
    eines Steuerelements 641
Funktion
    darstellen 782
Funktionator 874
Funktionen
    benutzerdefinierte 203
    exportieren von DLL 1034
    Objekte 203
Funktionentabelle
    virtuelle 31
Funktionsergebnisse 204, 284
Funktionskopf 61
Funktionsrumpf 62

G

Ganzzahl 61
GDI *Siehe* Graphical Device Interface
Geburtsdatum 172
gedockt 709
Generalisierung 24
Gerätekontext 100, 119, 729, 1386
Gerätekoordinaten 743
Gerschgorin
    Satz von 792
Geschwindigkeit
    mangelhafte 174
GET
    im HTTP 1240
get_CellHeight 677
get_CellWidth 677
GetAccel 564
GetActiveView 141
GetArcDirection 745
GetAt 903, 905, 906, 932
GetBackColor 1104
GetBuddy 566
GetClientRect 140, 623, 733, 766
GetClipBox 733
GetClsid 683
GetCount 907, 931, 932, 1219
GetCurrentPosition 745
GetCurSel 601
GetData 905
GetDC 733
GetDefaultSQL 1311
GetDeviceCaps 677, 748
GetDlgCtrlID 640
GetDlgItem 462, 893
GetDlgItemInt 438, 919
GetDlgItemText 438
GetDocTemplate
    GetDocTemplate 975
GetDocument 99, 335, 887
GetExitCodeThread 1204, 1210
GetFirstDocPosition 975, 1197
GetFirstDocTemplatePosition
    975, 1197

Index

```
GetFirstViewPosition  888, 1197
GetForeColor  1104
GetHashTableSize  907
GetHead  906
GetHeadPosition  904, 906, 932, 934
GetIndent  596
GetIntend  588
GetItem  592
```
    ADO 1336
```
GetItemText  579
GetKeyState  723
GetLastError  1204
GetLBText  450
GetMessageMap  1192
Get-Methode  1113
GetNext  904, 906, 934
GetNextAssoc  903, 904, 907
GetNextDoc  975, 1197
GetNextDocTemplate  975
GetNextDocTemplatePosition
    1197
GetNextView  888
GetParent  592, 1188
GetParentItem  598
GetPathName  964
GetPos  565, 567
GetPrev  906, 934
GetProfileInt  947, 1066
GetProfileString  1066
GetProperty  703, 1319
GetRange  557, 567
GetSafeHdc  737
GetSafeHwnd  604
GetScrollPos  556
GetSize  904, 905
GetStartPosition  903, 904, 907
GetSystemMetrics  773
GetTail  906
GetTailPosition  906, 934
GetText  1135
GetTextColor  731
GetTextExtent  776
GetTextFace  780
```

```
GetTextMetrics  748, 776, 1137
GetTickCount  1199
GetUpperBound  905
GetVersion  1166
GetWindowLong  587
GetWindowPos  587
GetWindowRect  619, 677, 732
```
Gittersteuerelement 657
    Navigation im 678
    nutzbar machen 667
Gleichungssystem 788
global 629
    anwendungs- 453
    modul- 453
globale Variable 1050, 1204
Globale Variablen 111
```
GotoDlgCtrl  893
```
Grafik
    Windows Form 1380
Grafikcursor 751
Grafikkarten 738
Graphical Device Interface 729
```
Graphics  1386
```
Grauwertverteilung 852
Größe
    eines Steuerelements 532
Group Box 754 *Siehe* Rahmenfeld
Gruppenbildung
    bei Optionenfeldern 452
```
guid  1142
```

H

Halbduplex 695
Haltepunkt 115, 117, 127
Handle 294
Handle-Map 310
Handshaking 687
Haufenspeicher 152, 187
Hauptprogramm 91
Hauptrahmenfenster 883
Hauptrahmenfensterklasse 91
```
HBITMAP  832
HBRUSH  641
```

```
HDC  729
HDN_ITEMCHANGED  578
HEAD
    im HTTP  1240
header file  Siehe Kopfdatei
Heap  152, 187
hexadezimal  67, 1004
Hex-Editor  125, 1003
Hierarchiebaum  1281
Hierarchiestufe  581
HighColor  739
Hilfe
    Online  68
Hilfedialog  497
Hilfspro.h  958
Hilfsprogramm
    Dependency Walker  1033
    Spy  1030, 1199
    Testcontainer  1092
Hilfsprogramme  958
HIMETRICtoDP  817
HIMETRICtoLP  817
Hintergrundfarbe  535
    ändern  639
    Gittersteuerelement  674
Histogramm  840, 852
HKEY_CLASSES_ROOT  946, 955
HKEY_CURRENT_CONFIG  946
HKEY_CURRENT_USER  946, 1070
HKEY_DYN_DATA  946
HKEY_LOCAL_MACHINE  946
HKEY_USERS  946
Holschuld  310, 469, 715
Hot Key Control  Siehe Listenelement
Hotkey  Siehe Kurztaste
HTREEITEM  581, 592
HTTP  1234
Hülle
    konvexe  801, 805, 809
hWnd  310
HWND  303
Hypertext Transport Protocol  1234
```

I

```
IADORecordBinding
    Schnittstelle  1339
ID  107
ID_FILE_NEW  95
ID_INDICATOR  717
ID_SEPARATOR  718
ID_VIEW_STATUS_BAR  721
ID_WINDOW_SPLIT  1015
IDCANCEL  314, 432, 508, 527
IDD  94
IDE  Siehe Entwicklungsumgebung
Identnummer  298
IDispatch  1136, 1337
IDL  Siehe Interface Definition Language
IDOK  314, 432, 508, 527
IDR  94
IDR_MAINFRAME  710
IIS  Siehe Internet Information Server
Ikone  70, 355
Ikonen
    ergänzen  929
Ikoneneditor  573
Ikonenleiste  355
IL  Siehe Intermediate Language
Image  135
Image File  1076
IMPLEMENT_SERIAL  944
Implementationsdatei  59, 175
InBufferSize  687
Index Sequential Access Method  1277
indicators  111, 717
Individuum  152
indizierter Datensatzzugriff  1280
Infodialog
    dialogfeldbasierend  462
INI-Datei  940, 947, 1292
InitHashTable  907
initialisieren
    Membervariable  343
Initialisierung  200, 232
InitInstance  94, 182, 318, 333, 975,
    986, 1181, 1183
```

Index

Inkarnation 152
Inkonsistenz 434
inline 163
InsertAfter 906, 932
InsertAt 905
InsertBefore 906, 932
InsertItem 577, 588, 601
Installation
    von Visual Studio .NET 34
Instanz 13, 152
    im OSI-Modell 1232
Instanziierung 10, 152, 211
    konstanter Objekte 175
int 61
Interaktionen
    Dokument-Ansicht 886
interaktiv 435
interface 1304
Interface Definition Language 1304
Intermediate Language 1369
InternalGetFont 1135
InternalGetText 1135
Internet 1176, 1230
Internet Information Server 1295
Internet Protocol 1234
InterNIC 1239
Interpolation 751, 782
    lineare 783
    quadratische 783
Interpolator 875
Interruptbetrieb 1176
IntersectRect 765, 768
Invalidate 141, 761
InvalidateControl 1158
InvalidateRect 143, 761
InvertRect 746
InvokeHelper 672
IOStream 895
IP 1234
IP-Adressfeld 523
ISAM-Dateien 1277
IsBlocking 1248
IsEmpty 907, 934

IsLoading 1166
ISO 1230
ISO/OSI-Referenzmodell 1230
IsStoring 951
Item
    ADO 1336
Item []
    ADO 1299
ITU-T 1230

J

Java 1376
Jet-Engine 1275
Julia-Mengen 877
Julianischer Kalender 161

K

Kapselung 15, 158
kartesisches Produkt 1286
kaufmännisch 434
Kellerspeicher 163, 187, 909, 910
    Überlauf 234
KEY 901
KillTimer 568, 1120
Kindfenster 81, 139, 883, 973
    nebeneinander 992
    neu zeichnen 141
    untereinander 992
Kindrahmenklasse 91
Klasse
    auflistungsfähig 927
    für Dialog 524
    serialisierbar 948
Klassen 10, 152
    abgeleitete 231
    abstrakte 27, 255
    Eigenschaften 210
    konkrete 255
Klassenansicht 58, 100, 110
Klassenarray
    dynamisches 222
    statisches 221
Klassenassistent 300, 321

Klassenbildung 19, 228
Klassenentwurf 172
Klassenhierarchie 5, 83, 170, 227, 229, 293
klonen 32
    Objekte 240
Knoten
    im Baum 581
Kombinationsfeld 444, 521, 541, 542
    Größen einstellen 495
Kommentar 58
Kommunikation
    eines ActiveX-Steuerelements 1084
    zwischen Fäden 1190, 1223
Kommunikationssystem 1230
Kompatibilität
    der Versionen 1167
kompilieren 63
    Programm 336
Komplexeigenschaft 1138
Komponente
    ADODB 1296
Kompression 866
    verlustbehaftet 867
Komprimieren 581
konditionaler Beziehungstyp 1281
Konditionalität 1282
Konditionszahl 792
Konsistenzbedingung 1282
Konsolenanwendung 55
Konstruktor 95, 155, 211, 284, 343
    direkt aufrufen? 168
    Kopier- 201
    mehrfacher 165
    Nachfolger 231
    Standard- 165
Kontextmenü 71, 117, 473
Kontrollkästchen 460, 521
    Zustände 460
Konventionen
    MFC-Namen 314
    MFC-Nummern 314
    Namensvergabe 1284
Konvertierung

Mehrdeutigkeiten 287
Konvertierungsoperator 285
kooperativ 1175
Koordinaten
    absolute 732
    anisotrop 743
    berechnen 141
    isotrop 743
    metrisch 743
    relative 732
Koordinatensystem 732, 742
Kopfdatei 59, 175
Kopierkonstruktor 201
Korrelationskodierer 866
kritischer Abschnitt 1180
Kritzeln *Siehe* Freihandzeichnen
Kumpel 563
Kurzschlussstecker 692
    für V.24-Schnittstelle 692
Kurztaste 46, 522

L

Label *Siehe* Bezeichnungsfeld
Lagerobjekt 736
Lauflängenkodierung 866
Laufleiste 522, 556
Laufzeitbibliothek
    dynamische 322
Laufzeitklasse 1179
Layout
    Norton Commander 72
LIB-Datei 1018, 1052
Library 1018
LIFO 909
Line 558, 774
LineTo 745, 747
Linker 300, 321
Linkerfehler 115
List Box *Siehe* Listenfeld
List View Control *Siehe* Listenelement
Liste 62, 217, 898
    dynamische 156
    von Personen 913

Index

Listen 1247
Listenelement 522, 572
Listenfeld 521, 541
Listenverarbeitung 1219, 1225
little-endian 867
LoadBitmap 832
LoadCursor 767
Loader 321
LoadFrame 304
LoadLibrary 1035, 1051
LoadString 653
LocalFree 1204
localtime 1118
Lock 1219
Lokale Einstellungen 484
lokaler Webserver 1255
long double 434
Lookup 903, 907
LookUp-Table 740
loopback 1255
Löschen
   Arrays 908
   Liste 908
   Steuerelemente 435
   Symbol 711
   Tabelle 909
lParam 593
LPARAM 307
LPCSTR 901
LPNMLISTVIEW 579
LPNMTREEVIEW 591
LPRECT 768
LPSTR 901
LPtoDP 744, 817
LPtoHIMETRIC 817
lstrcpyn 653
LVN_ITEMCHANGED 578

M

m_ 343
m_hAttribDC 731
m_hDC 731
m_hObject 737
m_hWnd 303
main 61, 1175
Mainframe 883
MainFrm.cpp 309
MainFrm.h 335
MAKEINTRESOURCE 653, 832
malloc 187
Marken 155
Maschinencode 125
Maschinenzahl 430
Mastertabelle 1282
math.h 1121
Matrix 151
Maus 69
Mauskoordinaten
   anzeigen 721
Maustasten
   anzeigen 722
MDI 295
   ohne Kindfenster 991
MDI-Anwendung 71, 93, 316, 338, 973
   mit zwei Ansichtsklassen 819
MDIGetActive 141
MDINext 141
Median-Schnitt-Verfahren 868
Mehrbenutzerbetrieb 1280
Mehrdeutigkeit
   bei Mehrfachverbung 263
Mehrfachvererbung 29, 262
Mehrscheiben-Anwendung 80
Mehrwertsteuer 418
Meldeleitung 694
Meldung 6, 14, 312
   ausgeben 636
   benutzerdefinierte 629
   reflektieren 641
   verarbeiten 307
Meldungsaustausch 1178, 1207
Meldungsbox 492
Meldungspuffer 750
Meldungsverarbeitung 883, 1029
Meldungsverteiler 95, 302, 308, 518, 884

Meldungsverteilungsplan *Siehe*
    Meldungsverteiler
Membervariable
    anlegen 341
    über Assistenten hinzufügen 423
    zu Steuerelementen 423
Menü 353, 355, 622, 977
    dialogfeldbasierend 462
Menüleiste 973
Menüoption 886
    ändern 645
Message Map 302
    Siehe Meldungsverteiler
`MessageBeep` 638, 714, 716
`MessageBox` 491, 493, 636
`Message-Map` 1191
Message-Routing 1190
Messwerte
    darstellen 782
Methoden 10, 14, 152, 661
    abstrakte 24, 94, 255
    ActiveX-Steuerelement 1086
    rein virtuelle *Siehe* abstrakt
    statische 212
    überschriebene 33, 233
    virtuelle 30, 94, 242, 243
Methodentabelle *Siehe* Funktionentabelle
MFC 293 *Siehe* Microsoft Foundation
    Class Library
MFC-Anwendung 83
    mit verwaltetem Code 1378
Microsoft Foundation Class Library 30, 729
    Siehe MFC
MIDL-Compiler 1304
modal 384, 491
    Dialogfeld 305
Modem 684
modifier *Siehe* Modifizierer
Modifizierer 753
`ModifyStyle` 619
Modul 1018
Modularisierung 1029
modulglobal 453

Monatskalender 523
`MouseMove` 661
`MOUSEMOVE` 307
`MoveTo` 745, 752
`MSComm32.OCX` 682
MS-DOS Stub 1077
`MSFlexGrid` 673
    `CellBackColor` 664
`MSFlxGrd.OCX` 658
Multitasking 1175, 1194
Multithreading 1175
Mussfeld 647
Mutex 1181

N
Nachricht 158
Nachrichtenaustausch
    zwischen Fenstern 629
Name
    dekorierter 1034
Name Space *Siehe* Namensraum
Namenskonventionen 47, 314
    verwalteter Code 1370
Namensraum 1370
    Liste der wichtigen 1370
Namensvergabe 1284
`namespace` 1372
Nationale Einstellungen 484
Navigation
    im Gittersteuerelement 678
    in Datensatzgruppen 1356
NCB-Datei 962
Netz
    im DB-Entwurf 1286
    Vererbung 262
`new` 187, 223
New Line *Siehe* Zeilenvorschub
`NMHDR` 579
Normalform
    einer Tabelle 1283
Norton Commander
    Layout 72
Notation

Index

ungarische 47
Nullbyte 67, 687
NullDiscard 687
Nullmodem 695
Nummerungskonventionen 314

O

Oberfläche 354, 494
Oberflächenbedienung 68
Oberflächenprogrammierung 815
Oberklassen 228
Object File 1076
Object Modeling Technique 23
Object Windows Library 30
Objekt 6, 9
   in Objekt 172
   konstantes 175, 179
   ziehen und ablegen 764
Objektarray 189
Objektbaum 113
Objektbrowser 112
objektorientiert 4, 9, 151
Objekttypen 152
OCX-Datei 657, 1018
ODBC *Siehe* Open Database Connectivity
OffsetPos 568
OK
   Schaltfläche 526
OLE 322
OLE DB *Siehe* ActiveX Data Objects
OLE Object Viewer 1303
OLE_COLOR 1099, 1122
OLE-Container 1083
OLE-Objektbetrachter 1303
OMT *Siehe* Object Modeling Technique
ON_CBN_EDITCHANGE 450
ON_CBN_EDITUPDATE 450
ON_CBN_SELCHANGE 450
ON_COMMAND 95, 309, 1191
ON_NOTIFY 651
ON_NOTIFY_EX 651
ON_NOTIFY_EX_RANGE 651
ON_NOTIFY_RANGE 651

ON_NOTIFY_REFLECT 592
ON_UPDATE_COMMAND_UI 310
ON_WM_CREATE 309
ON_WM_CTLCOLOR_REFLECT 643 *Siehe auch* ON_NOTIFY_REFLECT
OnAccept 1248
OnApply 610
OnBnClicked 426
OnBorderStyleChanged 1104
OnCancel 508, 892
OnCbnSelchange 447
OnClose 961, 1248
OnCloseDocument 964
OnCommand 627
OnCommMscomm1 688
OnConnect 1248, 1257
OnCreate 98, 623, 888
OnCreateClient 995, 1004
OnCtlColor 535
OnDestroy 570, 1120
OnDraw 99, 305, 335, 338, 729, 1000, 1102
   debuggen 126
OnEnChange 566
OnEnKillfocus 460, 680
OnFileNew 975, 977, 978
OnHScroll 305
OnIdle 1177, 1194, 1197
OnInitDialog 892
OnInitialUpdate 888, 1004, 1311
OnItemChanged 578
OnKillFocus 596
OnLButtonUp 598
OnMessagePending 1248
OnMouseMove 598, 724, 749
OnNewDocument 334, 813, 889, 964, 999
OnOK 508, 892
OnOpenDocument 964
OnOutOfBandData 1248
OnPaint 729, 831
OnPrepareDC 677, 737, 776
OnRButtonUp 598
OnReceive 1248

OnSend 1248
OnSize 141, 623, 835, 1117
OnSysCommand 622
OnTextChanged 1135
OnTvnSelchanged 591
OnUpdate 887, 990
OnUpdateKeyIndicator 719
OnUpdateViewStatusBar 721
OnViewStatusBar 721
OnVScroll 305
OnWndMsg 310
OO
   Analyse 5
   Design 5
   Programmierung 5
OO Design
   Beispiel 16, 20
OOP 3
Open 603
Open Database Connectivity 1275, 1288
OpenClipboard 846
OPENFILENAME 500
operator [] 279
Operatoren 194
   arithmetische 277, 283
   new 188
   überladene 269, 288
Opertoren
   überladen 913
Optionen
   Visual Studio .NET einstellen 82
Optionenfeld 444, 451, 522, 539, 714
   Vorgabewert 456
Ordner 44
OSI-Modell 1230
OWL *Siehe* Object Windows Library

P

Page 558, 774
PageCount
   ADO 1347
PageSize
   ADO 1347

Palette 738
Parallelverarbeitung 1177
Parameter 61
   ADODB 1297
Parameterrückgabe
   bei DLLs 1054
Parameterübergabe 284
   an DLL Datentypen 1059
   an DLLs 1053
   Array an DLL 1056
Parität 687
ParityReplace 687
Parser
   für Funktionen 874
Pascal 13
   Konvention 649
PCX-Datei 838
PE/COFF-Format 1075
PeekMessage 308, 1200
PE-Header 1077
PermMap 1189
Persistenz 754, 758, 940, 1280
   über die Registrierung 946
Personalstammdatei 172
Personenliste 913
   mit CPersonInfo 927
PE-Signatur 1077
Picture Control *Siehe* Bildfeld
Pie 746
Pieps 637
Pinsel 734
Pixel 743
Pixelbilder 829
Plausibilitäten 647
Plausibilitätsprüfung 1114
Play 603
Polarkoordinaten 1121
Pollingbetrieb 1176
PolyBezier 745, 810
PolyBezierTo 745, 810
PolyDraw 746
Polygon 746
Polygon-Interpolation 751

Index

Polyline 746
PolylineTo 746
Polymorphie 16, 27, 183, 227, 235, 246
Polynome
   Bernstein- 802
PolyPolygon 746
PolyPolyline 746
Popup-Menü *Siehe* Kontextmenü
Port 1239
Position
   eines Steuerelements 532
POSITION 903, 1197
Positionierung
   einer Gitterzelle 679
POST
   im HTTP 1240
PostMessage 884, 1204, 1224
PostThreadMessage 1220
präemptiv 1175
Präprozessor 176
Präprozessordirektiven 59, 138
Präprozessorschalter
   stdcall 1046
Präsentation 296
PreCreateWindow 97, 98, 335, 738, 1065
PrepareCtrl 650
PrepareEditCtrl 650
PreTranslateMessage 1193
Primärschlüssel 1282
Printer 777
printf 135, 427
Printing 99
Prioritätenklasse 1184
private 155, 158, 256
ProcessShellCommand 991
Produkt
   kartesisches 1286
Profil 69, 947
Programm
   erstellen 116, 336
   im Debugmodus starten 117
Programmentwicklung 300

Programmfaden 1030 *Siehe* Faden
Programmgerüst *Siehe* Anwendungsgerüst
Programmiersprachen
   deklarative 7
   ereignisoriente 8
   funktionale 7
   Geschichte 11
   imperative 6
   objektoriente 8
Programmierumgebung 103
Programmierung
   modulare 203
Programmtest 62
Progress Control *Siehe* Fortschrittsanzeige
Projekt 323
   anlegen 53
Projektmappen-Explorer 57
Projekttyp 53
Property
   ADODB 1296
property sheets *Siehe* Eigenschaftendialog
PropGet 661
PROPPAGEID 1143
PropPut 661
PROPSHEETHEADER 616
protected 233, 256
Protokoll 1231
Protokolldatei 65
Prototyp 354
Provider 1279
Prozess 1175
Prozess-Initalisierung 1052
Prozessor 1175
Prüfung 647
Pseudozufallsfunktion 568
PSH_HASHELP 617
PSH_USEHICON 617
Pt
   Maßeinheit 744
PtInRect 745, 766
PtInRegion 766
public 155, 158
PulseEvent 1207

Punkt
    Maßeinheit 744
Punktwolke 782
PutProperty 1319
PutRefProperty 1333
PX_Bool 1109
PX_Long 1124

Q

qualifizieren 155
Qualifizierung
    von Variablen 140
Quellcode-Browser 169
QuickInfo 651
Quittungsbetrieb 687

R

Radio Button *Siehe* Optionenfeld
Rahmenfeld 522, 538, 754
Rahmenfensterklasse 302
Rahmengerüst 84, 93
rand 568
RDB *Siehe* Relationale Datenbank
RDBM *Siehe* Relationales Datenbanken
    Management
RDO *Siehe* Remote Data Objects
ReadFile 941
ReadLine 1372
readme.txt 332
Readme.txt 61
ReadString 970
Receive 1243, 1247, 1259
Rechengenauigkeit 431
Record
    ADODB 1297
Recordset 1295
    ADODB 1297
RecordsetEvent
    ADO 1301
Rectangle 746, 747
reentrant 1175, 1178
Referenzen 199
    suchen 170

Referenzierung
    von Variablen 140
Referenzmodell
    ISO/OSI 1230
Referenzparameter 205
Refresh
    ADO 1299
regedit.exe 946, 1068
Region 734
Register 522, 600
Registerkarte 76, 608
Registerkarten-Dialogfeld *Siehe*
        Eigenschaftenfenster
RegisterShellFileTypes 955
Registrierdatenbank 946, 1070
Registrierung 659, 946
    einer ODBC-Datenbank 1289
    Visual Studio 947
    von ODBC-Datenbanken 1288
Registry 333 *Siehe* Registrierung
Reihenfolge
    Ereignisse 891
    von Steuerelementen 605
    [Alt] 606
reinterpret_cast 578
Reiter 600
Rekursion 235
    Baum verschieben 599
rekursiv 151
Relationale Datenbank 1280
Relationales Datenbanken Management
        1280
Relative Virtual Address 1076
Release 1023
ReleaseCapture 756, 766
ReleaseDC 733
Remote Data Objects 1277
RemoveAll 903, 905, 906, 907, 1000
RemoveAt 906, 934, 1219
RemoveHead 906, 1219
RemoveKey 903, 907
RemoveTail 906
res 107

Index

`ResetEvent` 1207
`res`-Ordner 833
`Resource.h` 93, 309, 336, 884
Ressourcen 299, 354, 526, 830, 1178
    MDI-Anwendung 977
    teilbare 1178
Ressourcenansicht 58
Ressourcenassistent 321
Ressourcen-Assistent 299
Ressourcendatei 93, 104
Ressourcensymbol 517
Ressourcensymbole 371
    anlegen 721
`ResumeThread` 1183
`return` 62
`RGB` 1123
`RGB()` 741
`RGBQUAD` 873
RGB-System 739
`RGBTRIPLE` 873
RI? 686
Rich Edit *Siehe* RTF-Element
Ringspeicher 909
RLE Kompression 866
`RoundRect` 746
RS 232C-Schnittstelle 684
RTF-Element 522, 621
`RThreshold` 687, 699
RT-Manifest 355
RTS! 685
RTTI 301
Rückgabecode 63
`Run` 1190
Run Length Encoding 866
Runtime-Type-Informationen 301
RVA *Siehe* Relative Virtual Address

S

Säkularjahr 156
Schablone
    für printf 135
Schalten
    von Symbolen 714
Schaltfläche 435, 521
Schaltjahr 156, 919
Schaltvorgang 714
Schattieren 874
Scheibe
    Fenster 994
Scheiben *Siehe* Fensterscheiben
    in Fensterscheibe 1011
`schema.ini` 1293
Schichten
    des OSI-Modells 1231
Schieberegler 522, 556
Schließikone 82
Schnelleüberwachung 120
Schnellstartleiste 71
Schnelltaste 47
Schnittstelle 155, 175
    asynchron 683
    `IDispatch` 1136
    im OSI-Modell 1231
    serielle 682
Schrift
    einstellen 774
    Spezialeffekte 874
Schriftart 734, 747, 775
    ActiveX-Steuerelement 1134
Schriftartendialog 497
Schrittweite
    äquidistant 792
Schubsfelder 538
`ScreenToClient` 619, 732
Scroll Bars *Siehe* Laufleiste
Scrollen
    von Fenstern 679
`SCROLLINFO` 557
SDI 295
    in MDI wandeln 978
SDI-Anwendung 315
Section 1077
select control 521
`SelectDropTarget` 598
`SelectObject` 734, 736, 833, 1102

SelectStockFont 1137
SelectStockObject 736
selektieren
    Steuerelemente 523
Selektor 158
Semaphor 1178, 1180
Send 1243, 1247, 1258
Sendepuffer 687
SendMessage 629, 884
SEPARATOR 709
serialisieren
    ActiveX-Steuerelement 1086
Serialisieren
    Auflistungen 945
    CDatum 948
    CPersonInfo 948
    unterschiedliche Versionen 1165
    von ActiveX-Steuerelementen 1116
    von Objekten 943
Serialisierung 300, 812, 940, 1279
    dialogfeldbasierende Anwendung 965
Serialize 334, 941
serielle Schnittstelle 682
Server 1083, 1231
SetAccel 564
SetArcDirection 746
SetAt 903, 905, 906, 907
SetAtGrow 905
SetBackColor 1103
SetBase 565
SetBkColor 577, 641
SetBkMode 641
SetBuddy 566
SetCapture 756, 766
SetCheck 646
SetCursor 767
SetDefaultCharFormat 633
SetDialogBkColor 534
SetEvent 1207
SetFilePointer 941
SetFocus 461, 893
SetForeColor 1103
SetImageList 577, 588

SetIndent 596
SetInitialSize 1106
SetIntend 588
setlocal 484
SetMapMode 743
Set-Methode 1113
SetModified 610, 627
SetModifiedFlag 889, 940, 1112, 1158
SetPaneInfo 725
SetPaneText 724
SetPixel 746, 749
SetPos 565, 567
SetProperty 703
SetRadio 646
SetRange 557, 564, 567
SetRegistryKey 333, 947
SetScrollInfo 557
SetScrollPos 556
SetScrollRange 557
SetScrollSizes 773
SetSize 905
SetStep 568
SetText 646, 1135
SetTextAlign 1137
SetTextColor 641, 731
SetTimer 568
SetViewportExt 743
SetViewportOrg 744
SetWindowExt 743
SetWindowLong 587, 604
SetWindowOrg 744
SetWindowPos 604, 623
SetWindowText 724
Shell-Sort-Verfahren 1056
Shortkey *Siehe* Schnelltaste
ShowWindow 333
ShutDown 1247
Sicht *Siehe* Ansicht
Signalsymbol 110
Signatur 1034
Simplex 695
SIMULA 12
sizeof 191

Index 1425

Skalierung 734
Skonto 439
Slider *Siehe* Schieberegler
SMALLTALK 12
Socket
    asynchroner 1243
    synchroner 1243
Software-Architektur 1277
Softwareentwicklung 3
Softwaremodule 1018
Solution 103
Sonderzeichen 60
`SortChildren` 594
Sortierung 495
    von Datensätzen 1314
Speicher
    statischer 187
Speicherleck 194, 897
Speicherverwaltung
    dynamische 187
Spektralkondition 792
Spezialisierung 24
Spezialisierungen 228
Spin Control *Siehe* Drehfeld
Spline 785
    freier 789
    gebunden 788
Spline-Interpolation 751
    kartesisch 786
    parametrisch 793
Splitterfenster 81, 316, 994
Spooler 1178
Sprachkonzept 3
`Spy`
    Hilfsprogramm 1030, 1199
SQL *Siehe* Standard Query Language
`srand` 569
Stabilität
    numerische 792
Stack 910 *Siehe* Kellerspeicher
Stack-Overflow 234
Standard Query Language 1275
Standarddialog 491, 497

Standard-Eigenschaftenseite
    verändern 1145
Standardereignisse
    ActiveX-Steuerelement 1126
Standardfehlerstrom 224
Standardkonstruktor 165, 172, 222
Standardwert
    für benutzerdefinierte Eigenschaft 1108
Stapel 910
Startmenü 70
`static` 210, 243
Static Text Control *Siehe* Bezeichnungsfeld
Statusleiste 707, 717, 883
    benutzerdefiniert 720
`stdafx.h` 59
`stdcall` 1046
`stdio.h` 60
`StepIt` 568
Steuerelement 491, 513
    ausrichten 523
    Datenaustausch 513
    dynamisch hinzufügen 514
    unsichtbar machen 479
    Zeiger auf 462
    zugreifen 638
Steuerelement-Container 1083
Steuerelemente
    mit Memvervariablen 423
    Windows Form 1374, 1380
Steuerleitungen
    setzen 690
Stift 734
Stil
    schlechter 174
Stimulus 115
`Stop` 603
Stoppbits 687
Stream 1064
    `ADODB` 1297
Stream Sockets 1243
`StretchBlt` 833
Strichstärke
    Symbolleisteneditor 712

string 152
String Table *Siehe* Zeichenfolgentabelle
Strings
    nullterminierte 67
struct 152
Strukturansicht 522, 581
Stücklistenproblem 1281
Suchen-/Ersetzendialog 497
Suchhierarchie
    von DLLs 1035
Suchpfad
    für Inlcude-Dateien 178
SuspendThread 1183
switch 253, 753
Symbol 493
    kopieren 712
    löschen 711
Symbole
    Haltepunkt- 116
    im Buch verwendet 46
    Klassenansicht 110
    zur Formatierung 135
Symbolleiste 71, 106, 107, 707, 709, 973
    ein-/ausschalten 77
    erweitern 929
Symbolleisteneditor 710
Symbole
    mit Abstand 711
synchroner Socket 1243
Synchronisation 1178
    Primitive 1187
    von Dialogen 505
synchronisieren 1187
Syntaxfehler 115
System.Drawing
    Point 1382
    Size 1382
System.Windows.Forms
    Button 1382
    CheckBox 1382
    GroupBox 1384
    TextBox 1382
System-DSN 1288

Systemfarbe 740
Systemmenü 419
systemmodal 491
System-Scheduler 1178
Systemsteuerung 1289
Systemverwalter 1178

T

Tab Control *Siehe* Register
Tabelle 898
Tabulatorreihenfolge 369, 422, 523
task *Siehe* Prozess
Taskleiste 70, 72, 1030
Tastatur 69
Tastenzustand 723
Taster
    in Symbolleiste 714
tchar.h 60
TCITEM 601
TCP 1234
TempMap 1189
Testcontainer 658
    Hilfsprogramm 1092
testen 458
    Programme 62
Textdatei 969
    als Datentabelle 1293
Textfarbe
    ändern 639
Textfeld 521, 535, 537
TEXTMETRIC 748
TextOut 117, 339, 344, 731
theApp 111
this 155, 198, 212, 216, 277
Thread *Siehe* Faden
Thread Local Storage 1181
Three-Tier-Architecture 1295
time 1117
Timer *Siehe* Zeitgeber
Titelleiste 493
TLB-Datei 1090
Toolbar *Siehe* Symbolleiste

Index

Tooltip 651
TOOLTIPTEXT 653
TopLeft 769
TRACE 121, 135, 497, 895
TRACE0 98
tracen 117
track bar control 522
Trägerfaden 1179
Transaktion 1180
Transaktionskonzept 1280, 1347
TranslateColor 1102
TranslateMessage 308, 1193
Transmission Control Protocol 1234
Transportdienst 1233
Tree Control *Siehe* Strukturansicht
Treiber 1290
Trennung
   Dokument-Ansicht 883
TrueColor 739
TrueType 747, 775
try catch 689
TRY CATCH 968
TTN_NEEDTEXT 652
TV_DISPINFO 595
TV_INSERTSTRUCT 581
TVINSERTSTRUCT 588
TVN_BEGINDRAG 597
TVN_ENDLABELEDIT 595
TVN_ITEMEXPANDING 591
Twip 743
Typbibliothek 1090
Typdeklarationen 61
TYPE 900
typedef
   ADO 1319
typisiert 240
Typografie 45
typsicher 899
Typumwandlung 269, 284
   implizite 284

Ü

Überkreuzbeziehung 1285

überladen
   Operatoren 194
Überladen 183
   Grenzen 271
überschreiben 94, 312
Überschreiben 183
Übertragungsparameter
   V.24 686
Überwachungsfenster
   für Variablen 120

U

UDACCEL 564
UDP 1235
UI-Faden *Siehe* Benutzerschnittstellen-Faden
UML 229 *Siehe* Unified Modeling Language
UML-Diagramm 229
Umwandlung
   SDI in MDI 978
unär 270
undef 138
Unicode 60
Unicode-Zeichenfolgen 1109
Unified Modeling Language 23 *Siehe* UML
Uniform Resource Locator 1238
union 227
Union 697
UnionRect 764, 767
Unlock 1207, 1219
Unterklassen 228
Unterprogrammaufrufe
   anzeigen 122
Update 1317
   ADO 1299
UPDATE_COMMAND_UI 470, 715
UpdateAllViews 304, 306, 318, 887, 889, 926, 931, 990
UpdateData 427, 437, 648, 892
UpdateWindow 333, 604
URL 1238
User Datagram Protocol 1235

User-Interface-Thread *Siehe*
    Benutzerschnittstellen-Faden
`using` 1372

V

V.24-Schnittstelle
    Funktionsweise 683
    Leitungsbelegung 684
VA *Siehe* Virtual Address
`VALUE` 901
Variablen
    globale 111, 1050, 1204
    Inhalte anzeigen 121
`VARIANT` 696
`VARIANT_BOOL` 1109
`VariantChangeType` 697
`VariantClear` 697
`VariantCopy` 697
`VariantCopyInd` 697
`VariantInit` 697
VBX 657
Vektor 189, 279
Verbindung
    ADO 1295
    Datensatz- und Dokumentklasse 1353
Vererbung 10, 227
    `private` 257
    `public` 257
    von der MFC 314
`VERIFY` 133, 475
Verklemmung 1178
Verpackungsklasse 1188
    CGitter 671
Version
    eines ActiveX-Steuerelements 1165
    von Visual Studio .NET 34
Verwaltete Anwendung
    erstellen 1372
Verzeichnisse *Siehe* Ordner
`vftable` 31
Vielfachheit 1281
`virtual` 243, 247
Virtual Address 1076

Virtual Method Table 251
Virtualität 227
virtuell Siehe Methoden
Visual Basic 1042
Visual Basic .NET 40
Visual Basic Extensions 657
Visual C# .NET 41
Visual J++ .NET 41
Visual Studio 300, 321
    Registrierung 947
VMT *Siehe* Virtuelle Funktionentabelle
Voice over IP 1234
`void` 157
VoIP 1234
`volatile` 1201
Vollduplex 695
Vordergrundfarbe
    Gittersteuerelement 674
Vorgabewert 425
Vorgabewerte
    für Parameter 166, 180
Vorlagen 91
`VT_` 696
`VT_COLOR` 666
`VT_EMPTY` 664, 697
`VT_FONT` 1137
`VT_UI4` 664
`VTS_`
    Konstanten 678

W

`WaitForSingleObject` 1220
wandeln 242
Warnung 66
Warteschlange 909
Webprogrammierung 1230
Webserver
    lokaler 1255
Weltkoordinaten 742
Werkzeugbox 520, 531
Werkzeugleiste 355, 883 *Siehe*
    Symbolleiste
    vom Typ `CDialogBar` 852

Werteparameter 204
Wertzuweisung 283
Wiederverwendung 5
WinApp
   OnFileNew 977
Window Messages 1190
WINDOWPLACEMENT 957, 1066
WindowProc 1193
Windows Farben 739
Windows Form-Anwendung 1374
Winfrm.cpp 719
WinMain 302, 1175
WM_ 307
WM_CHAR 774
WM_CLOSE 960
WM_COMMAND 302, 310, 579, 1086, 1190
WM_CONTEXTMENU 475
WM_CREATE 98, 309, 515, 623, 1120
WM_CTLCOLOR 535, 639
WM_DESTROY 569, 960, 1120
WM_HSCROLL 560, 774, 1192
WM_INITDIALOG 425
WM_INITMENUPOPUP 470
WM_KEYDOWN 772, 774
WM_KILLFOCUS 919, 921
WM_LBUTTONDOWN 752
WM_LBUTTONUP 1124
WM_MOUSEMOVE 598, 724, 749, 765
WM_NOTIFY 579, 1190
WM_PAINT 758, 831, 854
WM_QUIT 1184, 1193, 1217
WM_RBUTTONDOWN 765
WM_RBUTTONUP 765
WM_SIZE 141, 623, 835, 1117
WM_SYSCOMMAND 622
WM_TEXTMESSAGE 1225
WM_TIMER 568, 1120, 1201
WM_USER 629
WM_VSCROLL 560, 774
WndProc 303, 308, 310
Worker Thread *Siehe* Arbeitsfaden
World Wide Web 1234
WPARAM 307

Wrapper Class *Siehe* Verpackungsklasse
Wrapper-Klasse 1188
WriteFile 941
WriteLine 1372
WriteProfileInt 947, 1066
WriteProfileString 1066
WriteString 970
wsprintf 776
WWW 1234

X

XOn/XOff
   Protokoll 687

Z

Zahlen
   komplexe 183
Zeichenfolgentabelle 355, 362, 709
Zeichenkette
   an DLL übergeben 1053
Zeichenketten 62, 66, 190
Zeichenobjekt 730, 734
Zeichensätze 60
zeichnen 481
Zeiger 152, 521
   auf ein Steuerelement 462
   auf Objekte 188
Zeilenkommentar 58
Zeilenschaltung 408, 526
Zeilenvorschub 65
Zeitfunktion 1117
Zeitgeber 567, 1119
zeitkritischer Abschnitt 1187
zentrieren
   Fenster 139
Zerlegung
   schrittweise 4, 5
   zusammengesetzter Eigenschaften 21
ziehen und ablegen
   Objekt 764
Ziehpunkt 523
z-Ordnung 605

Zufallsfunktion 568
Zugriff
   auf Daten 162
Zugriffsbeschränkungen
   bei Freundschaften 215
Zugriffsoperator 156, 211, 234, 263, 1370
Zuordnungen 678
Zusatzprogramme 41
Zusicherung 133
Zustand
   eines Fadens 1178

Zustandsindikatoren 717
Zuweisung 195, 200
Zuweisungskompatibilität 236
Zuweisungsoperator 193, 194, 205
Zweifarbenbild 850
Zwischenablage 846
   betrachten 847
Zwischencode 1369
Zwischentabelle
   für multiple Beziehungstypen 1282